질병 색인*

각 질병의 명칭 다음에는 그 정보가 제시되는 장-절, 그리고 초점 글상자의 번호가 명시되어 있다.

ㄱ

가속보행(festination) 16-3절
강박장애(obsessive-compulsive disorder, OCD) 5-4절, 7-1절, 15-7절, 16-2절, 16-3절
거식증(anorexia nervosa) 7-1절, 12-4절
경도인지장애(mild cognitive impairment) 초점 14-3, 16-3절
계절성 정동장애(seasonal affective disorder, SAD) 초점 13-2
공감각(synesthesia) 8-2절, 9-1절, 15-2절, 15-5절
공포증(phobias) 12-1절, 13-6절, 16-1절, 16-2절
공황장애(panic disorder) 13-6절, 14-3절, 14-5절, 16-2절
과다수면증(hypersomnia) 13-6절
과식증(hyperphagia) 12-4절, 13-6절
구심로 차단(deafferentation) 11-4절, 11-5절
귀음향 방사(otoacoustic emissions) 초점 10-3, 초점 10-5
근시(myopia) 9-2절
근위축성 측색경화증(amyotrophic lateral sclerosis, ALS) 초점 4-4, 초점 11-1
근육긴장이상(dystonia) 초점 3-1, 11-3절, 초점 14-5
기능해리(diaschisis) 16-3절
기분장애(mood disorders) 16-2절
기억 결함(memory deficit) 7-1절, 7-5절, 14-1절, 14-2절, 초점 14-2, 14-3절, 초점 14-3, 초점 14-4, 14-5절
기억상실(amnesia) 7-1절, 14-1절, 14-2, 초점 14-2, 14-3절, 초점 14-4, 15-7절

ㄴ

난독증(dyslexia) 초점 14-1
노안(presbyopia) 9-2절
녹내장(glaucoma) 6-2절, 초점 9-3
뇌동맥류(cerebral aneurysm) 초점 16-4
뇌성마비(cerebral palsy) 초점 3-1, 6-1절, 11-1절, 11-2절, 16-4절
뇌수막염(meningitis) 2-1절, 초점 2-2
뇌염(encephalitis) 초점 2-2, 12-6절, 초점 14-2, 16-3절
뇌전증(epilepsy) 초점 2-2, 2-6절, 초점 4-1, 4-1절, 6-2절, 7-1절, 7-2절, 9-3절, 10-4절, 12-6절, 14-1절, 14-2, 초점 15-1, 15-4절, 15-5절, 16-3절
뇌졸중(stroke) 2-1절, 초점 2-3, 2-6절, 6-4절, 7-1절, 7-3절, 7-5절, 7-8절, 초점 8-3, 초점 9-1, 9-6절, 10-4절, 11-2절, 11-5절, 14-3,절 초점 14-3, 14-4절, 14-5절, 15-2절, 초점 15-3절, 15-5절, 16-1절, 16-3절
뇌종양(brain tumors) 3-1절, 초점 3-2, 7-3절, 8-2절
뇌진탕(concussion) 초점 1-1, 7-3절, 8-4절, 16-3절, 초점 16-3

ㄷ

다발성 경화증(multiple sclerosis, MS) 3-1절, 4-3절, 초점 4-3, 6-2절, 7-3절, 16-1절, 16-3절
다운증후군(Down syndrome) 3-3절, 8-5절, 15-6절, 16-1절, 16-3절
단안맹(monocular blindness) 9-5절
당뇨병(diabetes mellitus) 5-4절
대사증후군(metabolic syndrome) 초점 13-1, 13-1절, 13-4절
대측성 무시(contralateral neglect) 15-2절, 15-4절
동맥류(aneurysm) 초점 16-4, 16-5절

ㄹ

루게릭병(Lou Gehrig disease, ALS) 초점 4-4, 초점 11-1
루이체 치매(lewy body dementia) 16-3절

ㅁ

마비(paralysis) 2-3절, 초점 2-4, 3-1절, 11-1절, 11 2절
만성 외상성 병증(chronic traumatic encephalopathy, CTE) 초점 16-3
맹시(blindsight) 초점 9-1, 9-2절, 15-7절
메니에르병(Ménière disease) 11-4절
몽유병(sleepwalking) 13-6절
무뇌증(anencephaly) 8-5절

ㅁ

무미증(ageusia) 12-3절
무시(neglect) 15-2절, 15-4절, 15-7절, 16-3절
무취증(anosmia) 12-3절
물 중독(water intoxication) 12-4절
물질사용장애(substance use disorder, SUD) 6-1절, 초점 6-5, 6-3절, 6-4절, 7-3절

ㅂ

반맹증(hemianopia) 9-5절
발달장애(developmental disability) 초점 6-1, 8-4절, 8-5절, 초점 8-5, 11-4절, 16-1절
발달장애(developmental disorders) 8-5절, 16-1절
발린트증후군(Bálint syndrome) 9-5절, 15-2절
발작(seizure) 초점 3-2, 3-3절, 초점 4-1, 4-1절, 6-2절, 초점 6-6, 7-1절, 7-2절, 8-5절, 초점 11-2, 14-2절, 초점 14-2, 초점 15-1, 15-4절, 15-5절, 초점 15-4, 16-1절, 16-3절
부분경련(focal seizure) 16-3절
부신생기증후군(androgenital syndrome) 초점 12-4
불면증(insomnia) 6-2절, 6-4절, 13-6절, 초점 13-4, 13-7절
불안장애(anxiety disorders) 5-4절, 6-2절, 6-3절, 7-5절, 8-5절, 12-5절, 12-6절, 16-1절, 16-2절, 초점 16-5
비만(obesity) 7-1절, 12-4절, 초점 12-2, 12-5절, 13-1절, 초점 13-1
비행시차증(jet lag) 13-1절, 13-6절

ㅅ

사건수면증(parasomnias) 13-6절
사분맹(quadrantanopia) 9-5절
사지마비(quadriplegia) 11-1절
소거(extinction) 15-2절
소뇌의 발육부전(agenesis of cerebellum) 초점 2-1, 2-6절,
수두증(hydrocephalus) 초점 2-2, 3-1절, 초점 11-2
수막종(meningioma) 초점 3-2, 15-4절, 15-4절, 15-6절
수면 관련 섭식장애(sleep-related eating disorder) 13-6절
수면 관련 운동장애(sleep-related movement disorder) 13-6절
수면 관련 환각(sleep-related hallucination) 13-6절
수면마비(sleep paralysis) 13-6절, 13-7절
수면 무호흡증(sleep apnea) 5-3절, 13-6절
수초장애(disorders of myelin) 16-3절
스트레스(stress) 1-5절, 2-4절, 2-5절, 초점 4-2, 5-2절, 5-4절, 6-1절, 6-2절, 7-1절, 7-5절, 초점 8-1, 8-2절, 8-4절, 8-5절, 12-6절, 13-1절, 13-6절, 14-3절, 14-4절, 초점 16-1, 16-1절, 16-2절, 초점 16-2, 16-3절, 16-4절
시각 운동실조증(optic ataxia) 9-5절, 15-2절
시각 형태 실인증(visual-form agnosia) 9-5절
시신경염(optic neuritis) 16-3절
시 조도(visual illuminance) 초점 9-2
식물인간 상태(persistent vegetative state) 1-1절
신경교종(glioma) 초점 3-2
신경독성물질(neurotoxins) 4-2절, 초점 5-2, 5-3절, 초점 5-5, 6-1절, 6-4절
신경인지장애(neurocognitive disease) 14-1절, 14-2절, 초점 14-2, 14-3절, 초점 14-4, 초점 14-4, 16-3절, 초점 16-3, 16-5절
실식증(aphagia) 12-4절
실어증(aphasias) 7-3절, 10-4절, 15-4절 15-5절, 초점 15-4, 15-6절
실음악증(amusia) 초점 10-6
실인증(agnosias) 9-2절, 9-5절, 12-6절, 14-2절, 15-2절, 15-7절
실행증(apraxia) 11-5절, 15-4절, 15-5절, 15-6절

ㅇ

악몽장애(nightmare disorder) 13-6절
안드로겐 불감증후군(androgen insensitivity syndrome) 초점 12-4
안면신경마비(bell palsy) 초점 2-4

안면실인증(prosopagnosia) 9-2절, 14-2절
알츠하이머병(alzheimer disease) 2-6절, 3-1절, 3-2절, 3-3절, 초점 5-3, 5-2절, 5-3절, 5-4절, 6-2절, 6-4절, 초점 7-3, 12-5절, 14-3절, 초점 14-3, 16-1절, 초점 16-3, 16-3절
암점(scotoma) 초점 9-1, 9-5절
야경증(night terror) 13-6절
약물 유도 정신병(drug-induced psychosis) 6-2절, 초점 6-6
약물 유도 행동민감화(drug-induced behavioral sensitization) 14-4절
약시(amblyopia) 8-4절
양극성장애(bipolar disorder) 초점 6-1, 초점 6-4, 16-2절
영아돌연사증후군(sudden infant death syndrome, SIDS) 5-3절, 8-5절, 13-6절
오피오이드사용장애(opioid use disorder, OUD) 6-2절, 초점 6-5
외상성 뇌 손상(traumatic brain injury, TBI) 초점 1-1, 초점 2-1, 6-4절, 7-1절, 10-4절, 12-6절, 14-1절, 초점 14-2, 14-5절, 16-1절, 16-3절, 초점 16-3
외상후 둔마(posttraumatic apathy) 16-5절
외상후스트레스장애(posttraumatic stress disorder, PTSD) 5-4절, 6-2절, 14-3절, 16-1절, 초점 16-1
우울증(depression) 초점 2-3, 초점 3-3, 초점 4-2, 5-3절, 6-1절, 초점 6-1, 6-2절, 초점 6-4, 6-3절, 7-1절, 7-5절, 8-5절, 10-4절, 12-4절, 12-6절, 12-7절, 초점 13-2, 13-6절, 14-4절, 14-5절, 16-1절, 16-2절, 초점 16-2, 16-3절
운동 실조(ataxia) 초점 2-1, 9-5절
운동이상증(dyskinesia) 5-3절, 초점 5-4, 6-2절, 초점 11-2, 11-3절, 16-3절
원시(hyperopia) 9-2절
유전 질환(genetic disorders) 초점 3-3, 3-3절
이갈이(bruxism) 13-6절
이명(tinnitus) 초점 10-2
인지장애(cognitive disorders) 14-3절, 14-4절, 16-1절, 16-3절, 초점 16-5
일산화탄소 중독(carbon monoxide poisoning) 9-5절

ㅈ
자가면역성 질환(autoimmune disease) 3-1절, 초점 4-3, 4-3절, 16-3절
자기 중심적 지남력 상실(egocentric disorientation) 15-2절
자살(suicide) 5-3절, 5-4절, 6-2절, 초점 6-4, 7-6절, 8-2절, 16-2절, 초점 16-3
자폐스펙트럼장애(autism spectrum disorder, ASD) 1-5절, 초점 8-2, 11-3절, 12-6절
잠김증후군(locked-in syndrome) 1-1절, 초점 11-1
잠자는 미녀 증후군(sleeping beauty syndrome) 13-6절
전두엽 발육부전(agenesis of frontal lobe) 초점 12-5
전신경련(generalized seizure) 16-3절
전이성 종양(metastatic tumor) 초점 3-2
전향성 기억상실(anterograde amnesia) 초점 14-4
정동장애(affective disorders) 13-1절, 13-2절
정신증(psychosis) 6-2절, 6-4절, 초점 6-6, 16-2절
정좌불능(akathisia) 16-3절
조증(mania) 5-3절, 16-2절
조현병(schizophrenia) 3-3절, 5-3절, 6-1절, 6-2절, 7-1절, 7-4절, 7-5절, 8-5절, 초점 8-5, 12-6절, 15-7절, 16-1절, 16-2절, 16-3절, 16-4절
종양(tumor) 초점 3-2, 초점 4-1, 7-3절, 8-2절, 11-4절, 16-3절
주요우울장애(major depression) 5-3절, 6-2절 초점 6-4, 7-1절, 12-7절, 16-2절, 초점 16-2
주의력결핍 과잉행동장애(attention-deficit/hyperactivity disorder, ADHD) 3-3절, 5-3, 초점 6-1, 6-2절, 초점 6-3, 7-8절
중독(addiction) 2-6절, 3-1절, 초점 5-2, 5-3절, 6-1절, 6-1절, 6-2절, 6-5절, 6-3절, 6-4절, 초점 6-6, 7-1절, 7-3절, 7-5절, 8-2절, 11-3절, 12-2절, 12-7절
중증근무력증(myasthenia gravis) 4-4절, 6-1절, 16-1절
지연성 운동이상(tardive dyskinesia) 6-2절, 16-3절
지형적 지남력 상실(topographic disorientation) 15-2절
질병불각증(anosognosia) 15-2절

ㅊ
척수 손상(spinal cord injury) 6-2절, 11-1절, 11-2절, 11-4절, 12-6절
척추피열증(spina bifida) 8-5절
청각장애(deafness) 초점 2-2, 10-3절, 초점 10-5
최소의식상태(minimally conscious state, MCS) 1-1절
출혈성 뇌졸중(hemorrhagic stroke) 초점 2-3, 16-3절
치매(dementia) 2-6절, 3-3절, 초점 5-3, 5-3절, 7-2절, 7-5절, 초점 8-3, 8-5절, 12-3절, 13-6절, 14-3절, 초점 14-3, 초점 16-3, 16-3절
치명적 가족성 불면증(fatal familial insomnia) 13-6절

ㅋ
코르사코프증후군(Korsakoff syndrome) 14-3절, 초점 14-4
크로이츠펠트-야콥병(Creutzfeldt-Jakob disease) 3-2절, 16-3절
클라인-레빈증후군(Kleine-Levin syndrome) 13-6절

ㅌ
탈력발작(cataplexy) 13-6절, 초점 13-4, 13-7절
태아알코올스펙트럼장애(fetal alcohol spectrum disorder, FASD) 1-5절, 초점 6-2, 8-5절
테이-삭스병(Tay-Sachs disease) 3-3절, 16-1절
통증(pain) 6-2절, 초점 6-5, 7-1절, 7-3절, 11-4절, 초점 12-1, 12-7절, 16-1절, 16-2절, 16-3절, 초점 16-4, 초점 16-5
투렛증후군(Tourette syndrome) 2-3절, 2-6절, 7-1절, 11-3절, 초점 11-3

ㅍ
파킨슨병(Parkinson disease) 2-3절, 2-6절, 3-2절, 초점 5-2, 5-2절, 초점 5-4, 5-3절, 초점 5-5, 7-1절, 초점 7-3, 7-5절, 11-3절, 12-3절, 14-2절, 14-3절, 14-5절, 16-1절, 16-3절, 16-4절
페닐케톤뇨증(phenylketonuria, PKU) 8-5절, 16-1절, 16-3절
편두통(migraine) 초점 9-1, 9-5절
프리온병(prion disease) 3-2절, 초점 14-3, 16-3절

ㅎ
하반신 불수(paraplegia) 11-1절, 16-3절
하지불안증후군(restless legs syndrome, RLS) 13-6절
학습장애(learning disability) 3-3절, 초점 6-2, 8-5절, 14-1절
행동민감화(behavioral sensitization) 14-4절
허혈성 뇌졸중(ischemic stroke) 초점 2-3, 16-3절
헌팅턴병(huntington disease) 3-3절, 초점 3-3, 11-3절, 16-1절
현기증(vertigo) 11-4절
혈관종(angioma) 16-3절
호르몬장애(hormonal disorders) 5-4절
혼수상태(coma) 1-1절, 초점 2-1, 6-2절, 7-2절, 13-5절, 초점 14-2, 14-5절, 16-3절
환각(hallucinations) 5-3절, 초점 5-5, 6-2절, 6-4절, 초점 6-4, 초점 8-5, 13-3절, 13-6절, 13-7절, 15-7절, 16-2절, 초점 16-5
환상지통(phantom limb pain) 11-4절, 초점 11-4, 14-4절
횡단성 척수염(transverse myelitis) 16-3절
후성유전적 요인(epigenetic factors) 1-2절, 2-1절, 3-3절, 7-5절, 초점 8-2, 8-3절, 12-5절, 15-2절, 15-5절, 15-6절, 16-1절
후향성 기억상실(retrograde amnesia) 14-3절, 초점 14-4, 14-4절

Klüver-Bucy 증후군(Klüver-Bucy syndrome) 12-6절
MPTP 중독(MPTP poisoning) 초점 5-5, 16-3절
N-사건수면증(N-parasomnia) 13-6절
R-사건수면증(R-parasomnia) 13-6절
R-수면 행동장애(R-sleep behavioral disorder) 13-6절

* 일반적인 치료 범주에 대한 요약은 16장에 나와 있으며 연구 기법에 대한 요약은 표 7-1과 7-2를 참조하라.

Bryan Kolb • Ian Q. Whishaw • G. Campbell Teskey

뇌와 행동의 기초 | 제7판 |

김명선, 김재진, 박순권 옮김

Σ 시그마프레스

뇌와 행동의 기초, 제7판

발행일 | 2023년 9월 1일 1쇄 발행

저　자 | Bryan Kolb, Ian Q. Whishaw, G. Campbell Teskey
역　자 | 김명선, 김재진, 박순권
발행인 | 강학경
발행처 | (주)시그마프레스
디자인 | 이상화, 우주연, 김은경
편　집 | 문승연, 김은실, 윤원진
마케팅 | 문정현, 송치헌, 최성복, 김미래, 김성옥

등록번호 | 제10-2642호
주소 | 서울시 영등포구 양평로 22길 21 선유도코오롱디지털타워 A401~402호
전자우편 | sigma@spress.co.kr
홈페이지 | http://www.sigmapress.co.kr
전화 | (02)323-4845, (02)2062-5184~8
팩스 | (02)323-4197

ISBN | 979-11-6226-455-3

An Introduction to Brain and Behavior, 7th Edition

Kolb와 Whishaw의 *An introduction to brain and behavior* 3판과 5판을 뇌와 행동의 기초라는 제목으로 번역 및 출판한 것에 뒤이어 7판을 새로이 번역 및 출판하게 된 것을 감사하게 여긴다. Kolb와 Whishaw는 이 책 외에도 *Fundamentals of human neuropsychology*라는 전 세계적으로 널리 읽히고 있는 신경심리학 교재를 저술한 학자들로, 풍부한 기초연구 경력과 임상 지식을 겸비한 인물들이다. 따라서 이 책에는 뇌에 관한 기초연구 일화와 임상적 일화가 많이 소개되어 있다. 3판과 5판이 인지신경과학, 뇌 과학 및 신경심리학 분야에서 제공하는 당시의 최신 내용을 소개했는데 특히 7판은 뇌 연구에 사용되는 최신 기법, 최근 들어 발달하였거나 많은 관심을 받고 있는 주제, 예를 들어 후생유전학, 계산 신경과학, 딥러닝, 신경윤리학, 커넥톰 프로젝트 등을 소개하고 있다.

뇌에 관한 관심이 전공 학생뿐만 아니라 일반인 사이에도 날로 증가하고 있고 미디어에서도 뇌에 관한 많은 정보를 소개하고 있다. 특히 세련되고 정교한 뇌영상 기법의 발전으로 말미암아 이제까지 베일에 싸여 있던 많은 인간 행동의 신경학적 기제가 점차 밝혀지고 있다. 뇌에 관한 관심은 인류 역사와 더불어 시작되었지만, 특히 미국 부시 대통령 재임 당시 시행한 '뇌의 10년(The Decade of the Brain, 1990~1999)' 프로젝트에 의해 급증하였다. 이 프로젝트 덕분에 뇌와 행동 사이의 이해가 엄청나서 일부 학자는 1990년 이후에 얻은 뇌 관련 정보가 1990년 이전까지 얻은 정보를 능가하게 되었다고 주장하였다. 이후 우리나라도 뇌 연구의 중요성을 인식하여 '뇌 프런티어 사업' 등을 통해 뇌 연구에 막대한 재원과 인력을 투입하고 있다. 뇌의 궁극적인 목적이 우리로 하여금 적응에 유용한 행동을 하게 한다는 점을 고려하면 뇌에 관한 이해가 우리에게 매우 중요하다는 것을 느낄 수 있다.

역자들은 모두 20대부터 뇌를 공부하고 또 뇌 연구에 매진해왔으며, 뇌 연구의 중요성과 밝혀진 지식을 후학에게 잘 전달하는 것이 뇌 연구의 소중한 가치를 더 잘 키워 나가는 것이라고 믿고 있다. 이러한 활동의 일환으로 최신의 뇌 연구가 잘 요약된 교재를 학생들에게 소개하는 것이 중요하다고 생각하여 이 책을 번역하게 되었다. 1~5장은 박순권 교수, 6~11장은 김명선 교수, 12~16장은 김재진 교수가 번역하였다. 역자들이 원서에 충실하게 번역하려고 노력하였으나 용어 번역의 미숙함이나 원저자들의 의도를 잘못 전달하는 등의 실수를 범하지 않았는지 우려된다. 번역에는 많은 시간과 인내가 필요하다.

한 권의 번역을 마치고 나면 다시는 번역을 하지 않겠다고 마음먹곤 하지만 그럼에도 불구하고 역자들이 이 책을 처음 보았을 때 학생들에게 이 책을 소개하고 싶다는 마음이 컸으므로 선뜻 서로 번역에 동의하고 시작하게 되었다. 바라건대 독자들은 이 책의 본문뿐만 아니라 책 속의 그림이나 도표들을 모두 꼼꼼히 다 읽어 보고 뇌 과학이 주는 매력적인 지식을 모두 습득해서 역자들의 수고가 그 가치를 발했으면 좋겠다. 세심한 교정을 거쳐 멋진 책으로 완성될 때까지 수고를 아끼지 않은 (주)시그마프레스 여러분께 감사의 말을 전한다.

이전 판들처럼 이번 7판은 가장 최신의 연구 및 과학 기술 발전을 소개하는데, 이는 학생들에게 오늘날 받아들여지고 수행되고 있는 행동신경과학의 기초를 제공하기 위해서이다. 유전학/후생유전학, 유전변이, 커넥토믹스, 뇌영상, 유전공학과 유전자 이식기법에 관한 새로운 정보와 뇌 질환, 뇌장애의 이해 및 분류가 책 전반에 걸쳐 소개되고 있다.

이러한 갱신(update)에 덧붙여 오늘날의 개념에 대한 이해와 이를 학생들에게 더 잘 전달하기 위해 일부 절의 내용이 상당히 수정되었다. 예를 들어 이 책의 전 장에 걸쳐 소개된 신경계 기능의 열 가지 원리 목록을 감각 및 통합과 움직임의 과정에 관여하는 신경회로의 중추적 역할을 강조하기 위해 개정하였다. 4장의 경우 활동전위의 전파와 단계를 기술하기 전에 학생들이 등급전위의 흥분과 억제를 충분히 이해하도록 재구성했다. 호르몬에 관한 논의를 6장에서 5장으로 옮겼는데, 이는 호르몬과 신경전달물질의 기능을 비교하는 것을 용이하게 하기 위해서이다. 습관화와 민감화에 관한 논의는 5장에서 14장으로 옮겼는데 이는 습관화와 민감화를 뇌 가소성의 맥락에서 설명하기 위해서이다. 7장에는 계산신경과학과 딥러닝에 관한 새로운 절과 최근에 생긴 신경윤리학 분야를 포함했다. 13장의 수면장애에 관한 논의는 수면장애의 국제 분류(International Classification of Sleep Disorders) 범주에 가깝게 개선했다. 이 예들은 7판에서 이루어진 갱신과 개정된 내용 중 단지 몇 가지에 불과하다.

서문의 각 페이지 여백에 7판의 각 장에서 갱신되거나 새로 첨부된 내용을 기술했다. 이를 통해 개정 범위나 폭을 쉽게 볼 수 있다. 이러한 변화 때문에 책의 길이가 더 늘어나지는 않았다. 학생이 책의 내용에 집중할 수 있도록 새로 첨부된 내용을 벌충하기 위해 일부 내용을 신중하게 삭제했다.

이 책의 성공을 가능하게 한 '목소리와 스타일을 유지한다'는 목표를 가지고 이 책의 새로운 판들이 개정되었으며 7판도 이전 판들이 개발한 도구와 특징을 유지하고 있다. 독자들로부터 받은 격려의 피드백을 반영하여 각 장의 주요 절 마지막에 복습 문제를 만들어 두었다. 이 '복습'을 통해 학생들은 자신의 이해도가 어떻게 향상되어 가는지 알게 될 것이다. 복습 문제 해답은 책 뒷부분에 제시되어 있다.

우리는 인기가 많은 여백글을 더 확장했다. 본문 옆에 유용한 정보를 제공하는 것을 넘어 이 여백글은 책의 앞부분에서 개념을 소개하고 후속 장들에서 내용을 심도 있게 다루는 경우 독자들이 그 정보를 쉽게 찾을 수 있게 해줄 것이다. 독자는 자신의 지식을 되살리기 위해 이전의 논점으로 돌아갈 수도 있고 더 많은 것을 학습하기 위해 앞으로 나아갈 수도 있다. 또한 여백글은 강의자가 나중에 나오는 내용을 미리 살펴보는 데도 도움이 될 것이다. 2장에서 소개한 신경계의 열 가지 원리는 이와 직접 관련된 내용이 각 장에 등장할 경우 여백에 다시 기술했다. 물론 이 기술이 결코 포괄적이지는 않지만 상당히 관련된 내용이 기술되어 있는 장소에 이 원리를 재언급함으로써 독자들은 주요 개념과 개념이 반영하는 신경계 기능을 더 잘 이해할 수 있을 것이다.

이 책에서 가장 인기 있는 것 중 하나인 삽화로 보는 실험은 연구자들이 어떻게 실험을 설계하는지, 다시 말해 어떻게 뇌-행동 사이의 관련성을 연구하는지 보여준다. 또한 기본 지식 글상자를 통해 독자들은 행동신경과학을 이해하는 데 도움이 되는 지식인 과학적 기초를 복습하거나 공고히 할 수 있다.

제7판에서 개정된 내용

1장
개정 1-1절은 우리가 뇌와 행동을 연구하는 이유를 논의하면서 신경다양성(neurodiversity)과 인공지능에 관해 언급한다.

개정 1-2절은 오늘날의 의식에 대한 이론에 관한 논의로 마무리한다.

신규 1-4절은 인간 지능의 중요성과 지능의 정의 및 측정에 관한 이슈를 기술한다.

2장
갱신 임상 초점 2-3은 뇌졸중에 관한 새로운 신경영상기법 및 다른 치료법을 기술하고 뇌졸중 발견에 사용되는 FAST 방법을 설명한다.

개선 신경계 기능의 열 가지 원리의 순서와 기술을 개정하고 새로운 원리 1은 신경회로의 역할을 강조한다.

3장
갱신 3-1절은 Barbara Webb의 연구와 로봇 지능 및 AI의 연구 방법에 관해 기술한다.

갱신 3-1절의 교세포의 기능에 관한 논의에 성상세포 연구인 세 부분 시냅스학(tripartite synaptosomics) 연구에 관한 논의를 포함한다.

갱신 3-3절의 유전공학 기법의 논의에 CRISPR의 상세한 기술을 그림과 함께 제시한다.

4장
재구성 4-2절과 4-3절의 시냅스에서 일어나는 전기적 활동에 관한 논의에 활동전위를 설명하기 전에 입력의 통합을 먼저 기술한다.

갱신 임상 초점 4-4는 근위축성 측색경화증(ALS)의 치료에 사용되는 뇌-기계 인터페이스에 중점을 둔 최근 임상시험에 관해 논의한다.

5장
개정 임상 초점 5-2는 파킨슨병과 관련된 생표지자를 발견한 조이 밀른의 업적을 강조한다.

신규 5-3절의 신경전달물질 체계의 논의 일부에 신경조절에 관한 기술을 새로이 첨부한다.

개정 호르몬에 관한 논의가 6장에서 5-4절로 이동했다.

우리는 이 판에서 큰 변화를 시도하는 동시에 책의 많은 부분을 기존 판과 같게 유지하였다. 책 전체 내용을 구성함에 있어 신경계의 기능, 우리의 행동과 뇌가 어떻게 상호작용하는가에 초점을 두었다. 이 과정에서 우리는 학생들과 신경과학자가 궁금해하는 다음 질문에 답하고자 하였다.

- 우리는 왜 뇌를 가지고 있는가?
- 신경계는 해부학적 · 기능적으로 어떻게 조직되어 있는가?
- 약물이 뇌와 행동에 어떻게 영향을 미치는가?
- 뇌는 어떻게 학습하는가?
- 뇌는 어떻게 생각하는가?
- 우리는 왜 잠을 자고 꿈을 꾸는가?

각 장의 핵심적인 질문은 뇌와 행동의 관련성을 강조하는 것이다. 예를 들어 5장에서 어떻게 뉴런들이 의사소통하는지를 처음 기술할 때 시냅스가 경험에 근거하여 변할 수 있는지도 기술하였다. 이후 14-4절에서 학습과 기억을 다룰 때 시냅스 가소성을 상세하게 기술하였다.

이 책의 초판을 썼을 때와 다름없이 이 개정판에서도 학생들이 큰 그림을 이해하는 데 도움이 되도록 방대한 주제들을 일관성 있게 다루려고 노력하였다. 뇌에 관한 기본적인 질문을 던지는 것은 다른 이점을 제공하는데, 즉 학생들의 관심과 도전을 부추겨 뇌 과학 발견의 여정에 동참하게 한다.

인간 뇌와 행동에 관한 과학적 이해는 놀라운 속도로 성장해왔다. 우리가 뇌와 행동을 연구하는 동안 우리 자신이 경험한 것뿐만 아니라 뇌 과학에서 밝혀진 최근의 획기적 발견이 주는 흥분을 독자들과 공유하고 싶다. 이 공유를 통해 이 분야의 핵심적인 개념과 최신의 발견들을 이해하기 쉽게 풀어 아직 생소한 학생들이 생리심리학의 최첨단을 느끼게 하고자 한다.

강조된 내용

연구자들이 신경과학을 이해함에 따라 느끼는 흥분을 전달하기 위해 우리는 진화, 유전학과 후생유전학, 정신약물학, 중추신경계와 장신경계를 포함한 신경가소성과 연결성 등을 책 전반에 걸쳐 조화롭게 소개한다.

진화 진화론적 맥락에서 신경과학이라는 우리의 관점이 거의 모든 장에서 반복된다. 비교 행동과 해부학에 초점을 맞추어 1장과 2장에서 신경계의 진화, 5-1절에서는 시냅스의 진화, 9-2절에서는 시각 경로의 진화를 알아본다. 또한 12-1절에서는 진화가 공격성과 짝 선택에 미치는 영향, 13-4절에는 수면과 꿈의 진화론적 이론, 14-3절에는 기억의 진화론적 근원을 기술했다. 15-5절에는 공간인지와 언어에서의 성차 진화와 16-2절에는 진화된 스트레스 반응과 불안장애 사이의 관련성을 기술했다.

유전학과 후생유전학 1-3절과 2-1절에 유전학과 후생유전학 연구의 기초가 소개되고, 3-3절에서 이에 대한 자세한 설명이 시작된다. 5장은 대사성 수용기와 DNA에 대해 기술하고 있다. 유전자와 약물작용의 상호작용이 6장의 핵심 주제이고, 유전자와 유전자 메틸화의 발달적 역할 역시 8장의 필수적인 내용이다. 9-4절은 색각(color vision)의 유전학을 설명하며, 수면장애의 유전학에 관한 설명은 13-6절에 있다. 14-4절은 기억에서 후생유전학의 역할을 강조한다. 16-3절

제7판에서 개정된 내용

6장

갱신 6-2절의 향정신성 약물의 기술에 전자담배의 해로운 효과와 주요 우울증의 치료에 사용되는 SSRI에 관한 논의를 포함한다.

개정 ADHD에 관한 연구 초점 6-3이 7장에서 6장으로 이동했다.

신규 임상 초점 6-5는 오피오이드의 급속한 확산과 이에 대한 혁신적인 개입 및 치료에 관해 기술한다.

갱신 6-3절과 6-4절의 물질사용장애와 중독에 관한 논의에 물질사용장애의 DSM 준거를 표로 제시한다.

7장

갱신 CRISPR, HIFU, 미니현미경과 설치류 터치스크린 방안을 포함한 뇌 조작 기법을 7-1절에 제시한다.

갱신 연구 초점 7-2 '뇌무지개 : 무지개 뉴런'이 3장에서 7장으로 이동했다.

갱신 연구 초점 7-1은 fNIRS를 사용하여 신생아의 언어 발달을 조사한 새로운 연구에 관해 기술한다.

신규 7-1절의 유전 조작의 논의에 GRAB 기법(그림 포함)에 관한 기술을 첨부한다.

신규 임상 초점 7-3은 뇌 오르가노이드와 개인맞춤형 의료를 다룬다.

신규 7-7절은 떠오르는 분야인 계산 신경과학과 딥러닝에 관해 기술한다.

개정 7-8절은 신경윤리학 분야에 관해 논의한다.

8장

갱신 임상 초점 8-2는 회백질 부피와 ASD 사이의 관련성을 기술한다.

신규 8-2절에 성인의 신경발생 연구에 관한 기술을 포함했다.

신규 8-4절은 환경이 뇌 발달에 미치는 효과를 중점적으로 다루는데, 여기에 SES와 인지능력에 관한 논의와 장박테리아와 뇌 발달 사이의 관련성(새로운 그림 포함)에 관한 상세한 기술을 포함했다.

9장

신규 그림 9-2는 감각경로에 관한 단순 도표이다.

갱신 임상 초점 9-3은 mTOR 신호 경로와 이외의 다른 치료법을 포함한 녹내장 치료에 관해 논의한다.

신규 9-6절은 시각 경로의 가소성에 관해 기술한다.

10장

개정 연구 초점 10-1은 호미닌의 리드미컬한 발성을 가능하게 하는 인지적 기제로 음악과 언어의 관련성에 관해 기술한다.

신규 임상 초점 10-5는 선천성 청각장애를 앓는 아동의 와우관 이식에 관해 기술한다.

11장

갱신 임상 초점 11-1은 뇌-컴퓨터 인터페이스와 컴퓨터-뇌 인터페이스에 관해 기술한다.

갱신 척수 손상의 치료에 나노기술을 접목한 내용을 11-1절에 기술한다.

확장 11-4절은 통증관문에 관해 기술한다.

개정 11-5절에 신체와 행동 지도를 제시한다.

12장

갱신 연구 초점 12-1은 신체 통증의 신경구조와 사회적 통증 사이의 관련성을 기술한다.

재구성 12-2절과 12-3절에 화학감각에 관한 논의를 동기 행동의 논의 뒤에 기술한다.

개정 12-3절의 화학적 감각의 소개에 혐오감의 진화적 발달과 화학적 감각의 손상에 관해 기술한다.

갱신 연구 초점 12-3의 '뇌 성구분'을 포함한 성차에 관해 기술하고 시스젠더와 트랜스젠더의 구조적 차이에 관해 상세하게 기술한다.

개정 12-6절의 정서이론의 기술에 다중요소 정서 과정 모델(그림과 더불어)을 포함했다.

13장

갱신 임상 초점 13-2는 계절성 정동장애에 관한 최근 연구와 개입에 관해 기술한다.

갱신 13-2절은 SCN과 인위적 빛에 관해 기술한다.

신규 자각몽에 관한 논의를 13-3절에 제시한다.

신규 13-4절은 수면기억 저장 이론과 수면의 시냅스 항상성 기억 이론에 관해 기술한다.

확장 13-5절에 RAS 경로를 기술한다.

재구성 13-6절에 수면장애를 기술한다.

14장

갱신 임상 초점 14-1은 '난독증 교정'에 관한 내용이다.

신규 흔적변형 이론을 14-3절에 제시한다.

개정 습관화와 민감화에 관한 논의가 5장에서 이 장으로 이동하여 뇌 가소성의 맥락에서 기술된다.

에서는 행동장애의 원인을 이해하는 데 있어 유전과 프리온의 역할을 살펴본다.

정신약물학 5장은 행동 조절에서 호르몬의 역할을 기술하고, 6장은 약물이 행동에 미치는 효과를 통해 5장에서 다룬 역할을 계속해서 기술하며 이 주제는 이 책 전반에 걸쳐 자주 재검토된다. 5-3절은 약물과 세포 사이의 소통, 7-1절은 합성생물학과 약물 조작에 관해 기술하고 있다. 12-7절은 약물과 정서행동, 13-6절은 약물과 수면장애, 14-4절은 약물 사용으로 인한 뉴런의 변화를 기술한다. 16-2절과 16-3절은 다양한 행동장애의 치료에 사용되는 약물을 기술한다.

연결성 신경가소성이 이 책의 특징점이다. 1-1절에 이 개념을 소개하고, 2-1절과 2-6절에서 더 자세하게 소개하며, 이후 이 책 전반에 걸쳐 상세하게 기술한다. 14-4절의 결론에서 우리는 뇌 가소성의 일곱 가지 길잡이 원칙을 자세하게 살펴본다. 1-4절은 떠오르는 분야인 커넥토믹스를 소개하고, 이에 관해서는 15장에서 더 깊이 있게 논의한다. 장 미생물과 이 미생물이 중추신경계와 장신경계에 미치는 효과 사이의 관련성을 밝히는 새로운 분야인 사이코바이오틱스(psychobiotics)는 2-5절에 소개되어 있다. 신경 네트워크의 구성과 이에 관한 지식을 딥러닝과 인공지능 연구에 적용하는 계산신경과학은 7-7절에 소개했다.

과학적 배경 제시

우리는 뇌와 행동에 관한 공부를 시작한 학생들이 이해할 수 있는 방식으로 신경과학에서의 발견을 기술하고, 이 발견과 우리가 당면한 문제와의 관련성을 임상 사례를 사용하여 제공하고자 한다. 우리의 접근 방식은 학생들이 입문 뇌 과학을 이해하는 데 필요한 배경지식을 제공하는 것이다. 다양한 그림 예시의 실험들(13장)은 과학적 방법과 과학자들의 사고방식을 시각화하는 데 도움이 된다. 기본 지식(6장)은 뇌 기능을 이해하려면 모든 기본 과학의 정보를 이해하는 것이 요구된다는 사실을 언급했다.

신경과학에서 접하는 일부 사실은 과학적 지식이 없는 학생들에게 놀라움을 줄 수 있다. 1장과 2장의 기본 지식은 진화와 해부학적 배경지식을 제공한다. 3장의 기본 지식은 뇌의 화학적 활동을 기술하기 전에 기초화학에 관해 간략하게 기술한다. 4장의 기본 지식은 뇌의 전기적 활동을 논의하기 전에 전기에 대해 소개한다.

이러한 정보에 이미 익숙한 독자는 앞서 언급한 기본 지식을 쉽게 건너뛸 수 있고, 경험이 부족한 독자는 그것을 배우고 신경과학의 맥락으로 사용할 수 있다. 이 배경을 가진 학생들은 더 큰 자신감으로 뇌 과학을 다룰 수 있다. 기본 심리학에 대한 지식이 부족한 학생들을 위해 8장에 행동발달 단계, 14장에 학습과 기억 유형이 제시되어 있다.

사회과학 분야의 학생들은 종종 이 책의 생물학과 화학에 관한 양을 언급하는 한편 동등한 숫자의 생물과학 분야 학생들은 심리학에 관한 양을 언급한다. 레스브리지대학교의 신경과학 과학부 프로그램에 등록한 학생 중 절반 이상이 이 과정을 수료한 후 생화학 혹은 심리학 전공에서 신경과학으로 전환하였다. 신경과학은 흥미진진하다!

7장은 행동신경과학자가 뇌와 행동의 측정 및 조작에 사용하는 다양한 방법을 소개하는데, 즉 전통적인 방법뿐만 아니라 광유전학, 광단층촬영술, 휴지상태 fMRI, 화학유전학, GRAB, DREADD 및 CRISPR 등과 같은 최첨단 기법을 소개하고 있다. 이 기법들에 관한 논의는 책의 적절한 부분에서 다시 언급되는데 특히 초점 4-2의 '광유전학과 광-민감성 이온 채널', 초점 7-2의 '뇌무지개 : 무지개 뉴런', 초점 7-3의 '뇌 오르가노이드와 개인맞춤형 의료', 초점 1-1의

'신경보철학'과 가상현실 노출치료에 기반한 치료법을 소개하는 초점 16-1의 '외상후스트레스 장애'에서 다시 언급하고 있다.

비판적 사고는 과학 발전에 필수적이므로 책 전반에 기술된 논의는 뇌 연구에서 언급되는 철학적 문제를 중심으로 한다. 1-2절은 '과학과 신념의 구분'으로 결론 맺는다. 7-8절은 신경윤리학 영역에서 현재 다루는 신경과학 연구와 실제에서 고려해야 할 다양한 윤리적 문제와 과학적 연구에 사용되는 동물 복지에 관련된 이슈들을 기술한다. 15-2절의 거울뉴런의 성쇠는 연구 결과의 타당성에 대해 의문을 갖지 못한 언론과 과학자들을 보여준다. 12-5절, 특히 연구 초점 12-3의 '뇌 성구분'은 성정체감이 단순한 여성-남성 이분법보다는 광범위한 스펙트럼으로 구성된다는 개념을 소개한다.

임상 초점 유지

신경과학은 인간 과학이다. 이 책의 모든 내용은 우리와 우리가 아는 사람의 삶과 관련이 있으며 우리 삶의 모든 것이 신경과학과 관련된다. 신경과학을 이해하면 우리가 어떻게 학습하고 어떻게 발달하며 뇌와 행동장애를 가진 사람을 어떻게 도울 수 있는지를 이해하는 데 도움이 된다. 우리가 어떻게 학습하고 발달하는지와 뇌 및 행동장애의 증상에 관한 지식은 신경과학에 대한 통찰력을 제공한다.

임상 자료는 또한 생명과학 분야의 학생뿐만 아니라 심리학, 사회복지학 혹은 정신건강과 관련된 직업에 종사할 계획인 학생에게도 도움을 준다. 우리는 책 전반에 걸쳐 기술된 임상 초점을 통해 임상 자료를 통합하며 이 책의 마지막 16장에서 이를 더 상세하게 기술한다.

이 책에서 일부 주제의 배치는 전통적인 것과 비교해 색다르다. 기본적인 연관 과정의 논의 가까이에 뇌 질환에 대한 간략한 설명이 기술되어 있다. 예를 들어 파킨슨병에 관한 설명이 5장 '뉴런은 어떻게 교신하고 적응하는가?'에 기술되어 있다. 이 전략은 처음 배우는 학생들이 자신이 학습하는 것과 실생활 문제 사이의 긴밀한 연결 고리를 반복적으로 만들어내는 데 도움을 준다.

일관된 질병 명명법을 제공하기 위해 7판은 발견자로 추정되는 사람의 이름을 따서 병명이 주어진 질병에 대해 세계보건기구(WHO)가 지지하는 시스템을 따른다. 예를 들어 대중 혹은 과학 문헌에 있는 다운 증후군(Down's syndrome)은 다운증후군(Down syndrome)으로 대체되었다. 이런 관례를 파킨슨병과 알츠하이머병으로 확대하였다.

우리가 다루는 거의 150가지 장애가 책 앞표지 안의 '질병 색인'에서 교차 참조된다. 16장은 이전 장들에서 논의된 신경 및 정신장애에 대한 신경과학적 연구와 다학제적 치료법을 자세하게 설명한다.

우리는 행동의 생물학적 근거와 관련된 질문을 강조한다. 우리에게 신경과학의 흥분은 말하든, 잠을 자든, 보든 혹은 배우든, 우리가 하는 일을 뇌가 어떻게 설명하는지 이해하는 데 있다. 따라서 독자는 뇌에 관한 그림뿐만 아니라 행동에 관한 그림을 많이 발견할 것이다. 행동의 생물학적 기초를 설명하는 것을 강조하기 위해 책 전체에 걸쳐 임상, 연구 및 비교 초점을 혼합하여 포함했다.

풍부한 장 교육 자료

지금까지 설명한 혁신적인 교육 방법을 기반으로 한 많은 교육 자료가 각 장을 장식하고, 각 장은 학생들을 그 장의 주제로 끌어들이는 개요 및 개시 초점으로 시작한다. 뇌와 행동을 관련 임

제7판에서 개정된 내용

15장

개정 집행 기능에 관한 논의를 15-2절의 계획 능력과 더불어 제시한다.

갱신 거울뉴런의 논의를 15-2절에 제시한다.

갱신 뇌 커넥톰, 지도와 분할에 관한 논의를 15-3절에 제시한다.

개정 임상 초점 15-3은 신경심리평가에 관한 내용이다.

신규 네트워크 신경과학 이론을 15-6절에 제시한다.

개선 의식의 신경 기제에 관한 논의는 전반적 신경적 작업공간 이론과 더불어 15-7절에 제시한다.

16장

확장 임상신경과학에 관한 논의를 16-1절에 제시한다.

갱신 정신과적 장애와 신경학적 장애 및 치료에 관한 논의를 16-2절과 16-3절에 제시한다.

개정 다발성 경화증에 관한 논의를 '수초장애'라는 새로운 제목으로 기술한다.

신규 아밀로이드 베타 단백질과 타우 단백질을 16-3절의 프리온 장애의 논의에 제시한다.

개선 16-5절은 외상후 성장의 관점에서 회복을 논의한다.

상 혹은 연구 경험과 연결하는 초점이 모든 장에 제시되어 있다. 각 장 안에는 책에 소개된 주요 용어의 정의가 볼드체로 여백에 제시되며, 여백글이 주제를 서로 연결한다. 그리고 각 절 마지막의 '복습' 문제는 학생들이 주요 요점을 파악하는 데 도움을 준다.

뛰어난 시각 자료 강화

우리의 가장 중요한 학습 지원이 책의 거의 모든 페이지에 표시된다. 즉 이례적일 정도로 우수하고 광대한 삽화 세트가 제시된다. 독자들은 이 그림들이 신경계를 생생하게 기술하고 조명한다는 데 압도적으로 동의한다. 중요한 해부학적 삽화는 쉽게 읽을 수 있도록 큼직하게 실었다. 우리는 논의를 생동감 있고 풍부하게 하는 시각 자료를 선택하였는데, 즉 5-3절에 파킨슨병 환자들을 위한 댄스 수업, 7-3절에는 환자와 신경외과 의사가 가상현실 모델을 직접 소통할 수 있게 하는 가상현실 수술실과 16-3절에 기술되어 있는 인지 자극 활동을 설명하기 위해 노인이 브리지 게임을 하는 모습을 제시하였다.

삽화들을 서로를 보강하기 위해 장에서 장까지 일관성 있게 제시했다. 뉴런의 각 측면을 설명하고, 뇌의 각 구조 영역을 묘사하며, 신경계 분할을 표시하는 색상 부호의 그림들을 일관되게 사용했다. 특정 신경 구조가 실제 어떻게 생겼는지 보여주기 위해 많은 종류의 현미경 양상들을 포함했다.

은유, 예제 및 원칙을 통한 교육

교재가 흥미롭지 않으면 교습의 기회가 거의 없다. 우리는 은유와 예제를 많이 사용함으로써 학생들의 흥미를 높였다. 학생들은 뇌 손상으로 인해 뇌 기능에 대한 통찰력을 제공하는 환자에 관해 읽고 우리는 같은 목적으로 자동차 엔진, 로봇 및 선사시대의 플루트를 조사한다. 빈번하게 예시된 실험, 비교 생물학 예제, 그리고 대표적인 '비교 초점' 단편들은 학생들이 우리 인간이 바다 민달팽이처럼 우리와 멀리 떨어져 있고 침팬지처럼 우리와 가까운 생물체들과 얼마나 많은 공통점을 갖는지를 이해하도록 돕는다.

우리는 또한 주요 요점들을 재강조하고 학생들의 사고를 인도하는 틀을 제공하는 뇌 기능에 관한 원칙들을 뽑아냄으로써 학습을 촉진한다. 따라서 2-6절은 신경계의 각 부분이 어떻게 같이 작동하는지를 설명하는 열 가지 핵심 원리를 소개한다. 14-4절은 신경가소성의 일곱 가지 길잡이 원칙을 요약한다. 이러한 일련의 원칙들은 이 책 전반에 걸쳐 기술된 많은 논의의 기초를 형성한다. 여백글은 독자들이 이러한 원칙을 다시 접할 때 그리고 깊이 있게 재검토할 수 있는 곳을 상기하게 한다.

큰 그림 강조

어떤 주제에 관한 개론적인 책을 쓸 때의 어려움은 포함할 내용과 제외할 내용을 결정하는 것이다. 우리는 더 큰 그림에 초점을 맞추기 위한 고찰을 조직화하며, 이 초점은 2-6절에 소개된 신경계 기능의 열 가지 원리를 통해 예시되고 책 전체에 걸쳐 반복된다. 물론 어떤 원칙은 임의적일 수 있지만, 그럼에도 불구하고 학생들에게 뇌의 활동을 이해하는 데 유용한 틀을 제공한다.

8장에서 16장까지 우리는 대부분의 동시대 책들보다 더 일반적인 방식으로 행동 주제를 다룬다. 16-4절의 연구 과제는 뇌 질환 치료의 도전 과제를 요약 기술한다. 예를 들어 12장에서 우리는 1960년대의 실험과 아이디어를 재검토하여 왜 동물들이 그렇게 행동하는지 이해하고, 그다음 인간의 섭식행동과 불안발작과 같은 다양한 정서 및 동기 행동을 살펴본다. 14장에서는 외상성 뇌 손상으로부터의 회복에 관한 논의와 함께 학습과 기억에 관한 보다 큰 그림을 제시한다.

이 광범위한 초점은 학생들이 행동신경과학이 그리는 큰 그림을 파악하는 데 도움을 준다. 우리의 초점을 넓히는 데 세부 사항 일부를 빠뜨릴 수밖에 없지만 이전의 여섯 판을 경험한 학생들과 교수들에 의하면 맥락이 없는 무수한 세부 사항보다 뇌와 행동에 관한 더 큰 문제와 이슈를 논의하는 것이 학생, 특히 이 분야가 새로운 학생에게 더 큰 흥미를 불러일으키는 것이 확실하다고 한다.

이전 판들과 마찬가지로 우리는 너무 많은 인용이 본문의 흐름을 방해하고 학생들이 개념을 숙지하는 데 혼란을 줄 수 있다고 믿기 때문에 뇌와 행동에 관한 방대한 문헌 중에서 선택적으로 인용하였다. 우리는 연구자의 이름을 포함하고 연구가 수행된 곳을 언급함으로써 고전적 연구의 인용을 제공한다. 논쟁이나 새로운 획기적 약진이 두드러지는 영역에는 2018~2021년까지의 문헌(특히 종설)에 대한 상세한 인용도 포함했다. 책 끝부분의 '참고문헌'은 책을 집필하면서 사용된 모든 문헌을 장별로 열거하였고, 이번 판에서 많은 새로운 인용을 첨부했으며 대체된 다른 연구들은 삭제했다.

Bryan Kolb

1973년 펜실베이니아주립대학교에서 박사학위(Ph.D)를 받았고 웨스턴온타리오대학교와 몬트리올신경학연구소에서 박사후 과정을 마쳤다. 1976년 레스브리지대학교로 옮겨 현재 신경과학 교수로 재직 중이며 신경과학이사회의 회장도 맡고 있다. 그는 현재 다양한 요인, 예를 들어 호르몬, 경험, 향정신성 약물, 신경영양인자, 손상 등에 반응하여 대뇌피질의 뉴런이 어떻게 변화하는지와 이러한 변화가 정상 및 비정상적 뇌를 가진 사람의 행동과 어떻게 관련되는지에 대한 연구를 수행하고 있다. Kolb는 레스브리지대학교에서 우수강의상도 받았다. 그는 현재 캐나다왕립협회, 캐나다심리학회(Canadian Psychological Association, CPA), 미국심리학회 및 심리과학회 회원이다. CPA와 캐나다의 뇌, 행동 및 인지과학회로부터 Hebb상을 받았고 4개의 명예박사학위를 가지고 있다. 그는 캐나다 선진연구소의 아동 뇌 발달 프로그램 선임연구원이다.

Ian Q. Whishaw

웨스턴대학교에서 박사학위(Ph.D)를 받았고 레스브리지대학교의 신경과학 교수로 재직하고 있다. 그는 텍사스대학교 오스틴캠퍼스, 미시간대학교, 케임브리지대학교, 스트라스부르대학교에서 방문교수로 연구하였다. 케임브리지 클레르 홀, 캐나다심리학회, 미국심리학회 및 캐나다왕립학회 회원이기도 한 Whishaw는 뛰어난 연구 및 강의 업적으로 다수의 상을 수상하였고 브리티시컬럼비아대학교, 톰슨리버스대학과 레스브리지대학교로부터 명예박사학위를 받았다. 그는 숙련된 손 움직임의 진화 과정 및 신경학적 근거, 뇌 질환의 신경학적 근거에 관한 연구를 하고 있다. 그는 과학정보연구소(Institute for Scientific Information)가 발표한 가장 인용이 많이 된 신경과학자에 포함되기도 하였다.

G. Campbell Teskey

1990년 웨스턴대학교에서 박사학위(Ph.D)를 받고 맥마스터대학교에서 박사후 연구원 생활을 하였다. 1992년에 캘거리대학교로 옮겨 현재 세포생물 및 해부학과와 호치키스 뇌연구소 교수로 재직하고 있다. 그는 현재 운동피질의 발달, 구성 및 가소성을 연구하고 있으며 아울러 발작이 혈류, 뇌 기능과 행동을 어떻게 변화시키는가에 관한 연구도 수행하고 있다. 그는 여러 차례 우수강의상을 수상하였고 새로운 강의를 개발하였으며 신경과학 프로그램에 학부 과정을 설립하기도 하였다. 그는 호치키스뇌연구소의 교육담당 디렉터와 앨버타캠퍼스의 신경과학교육위원회 회장을 역임하였다.

요약 차례

제 1 장　뇌와 행동의 기원은 무엇인가?　1

제 2 장　신경계의 기능해부학이란?　37

제 3 장　신경계의 기능 단위는 무엇인가?　81

제 4 장　뉴런은 정보를 전달하기 위해 전기적 신호를 어떻게 이용하는가?　121

제 5 장　뉴런은 어떻게 교신하고 적응하는가?　153

제 6 장　약물과 호르몬이 어떻게 뇌와 행동에 영향을 미치는가?　191

제 7 장　뇌의 구조와 기능을 어떻게 연구하는가?　229

제 8 장　신경계는 어떻게 발달하고 적응하는가?　269

제 9 장　우리는 어떻게 세상을 느끼고 지각하고 보는가?　311

제 10 장　우리는 어떻게 듣고 말하며 음악을 만드는가?　353

제 11 장　신경계가 어떻게 자극에 반응하고 운동을 산출하는가?　389

제 12 장　무엇이 정서적 행동과 동기적 행동을 일으키는가?　435

제 13 장　우리는 왜 잠을 자고 꿈을 꾸는가?　485

제 14 장　우리는 어떻게 배우고 기억하는가?　527

제 15 장　뇌는 어떻게 생각하는가?　575

제 16 장　뇌가 잘못 행동하면 무슨 일이 일어나는가?　621

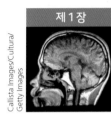

제 1 장

Callista Images/Cultura/
Getty Images

뇌와 행동의 기원은 무엇인가?

임상초점 1-1 뇌 손상을 입은 채로 살아가기 2

1-1 21세기의 뇌 2
왜 뇌와 행동을 연구하는가? 3 · 뇌라는 것은 무엇인가? 4
행동이란 무엇인가? 7

1-2 뇌와 행동에 관한 이론 9
아리스토텔레스와 정신론 9 · 데카르트와 이원론 10
비교초점 1-2 말하는 뇌 11
다윈과 물질론 11
실험 1-1 질문 : 유전 요인은 모주에서 후대로 어떻게 전달되는가? 13
의식에 대한 현재 관점 14

1-3 뇌와 행동의 진화 16
뇌세포와 뇌의 기원 16 · 동물에서 신경계의 진화 17
기본지식 생물의 분류 18
척색동물의 신경계 18

1-4 인간 뇌와 행동의 진화 20
인류 : 영장류목의 일원 21 · 오스트랄로피테쿠스 : 우리의 먼 조상 22
최초의 인간 22 · 뇌의 복잡성과 행동의 관계 24
비교초점 1-3 코끼리의 뇌 26
사람족의 뇌가 더 복잡해진 이유 27

1-5 현대 인류의 뇌 크기, 지능, 문화 30
인간 뇌의 크기를 비교하는 중요성 31 · 인간 지능의 중요성 31
인간 문화의 중요성 32
요약 34 · 핵심 용어 35

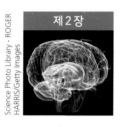

제 2 장

Science Photo Library · ROGER
HARRIS/Getty Images

신경계의 기능해부학이란?

연구초점 2-1 소뇌의 발육부전 38

2-1 뇌의 기능과 구조 개관 39
신경 구성의 가소성 39 · 신경계의 기능적 구성 40
뇌 표면의 특징 41
기본지식 뇌 알아보기 42
임상초점 2-2 뇌수막염과 뇌염 44
뇌 내부의 특징 47
임상초점 2-3 뇌졸중 48

2-2 신경계 발달의 보존된 양식 52
뇌 진화 비교 52 · 신경계와 지적 행동 53
실험 2-1 질문 : 지적 행동에 척추동물의 신경계 조직이 필요한가? 54

2-3 중추신경계 : 행동 중재 55
척수 55 · 뇌간 55 · 전뇌 59 · 대뇌피질 59 · 기저핵 63

2-4 체성신경계 : 정보 전달 64
뇌신경 64 · 척수신경 65 · 체성신경계의 연결 66
통합적 척수 기능 67
임상초점 2-4 안면신경마비 68

2-5 자율 및 장 신경계 : 장기와의 관계 68
자율신경계 : 내부 기능 조절 69 · 장신경계 : 장 통제 69

2-6 신경계 기능의 열 가지 원리 71
원리 1 : 신경회로는 신경계의 기능 단위이다 72
원리 2 : 감각부와 운동부는 신경계 전체에 퍼져 있다 72
원리 3 : 중추신경계는 다양한 수준에서 기능하며 위계적이고 병렬적으로 조직화되어 있다 73
원리 4 : 많은 뇌 회로는 교차한다 74
원리 5 : 뇌 기능은 영역별로 분산되어 있다 74
원리 6 : 뇌는 대칭이면서 비대칭이다 75
원리 7 : 신경계의 작용에는 흥분과 억제가 공존한다 75
원리 8 : 뇌는 감각 정보를 대상 인식 및 운동을 위한 것으로 구분한다 76
원리 9 : 신경계는 뇌가 구성하는 지각 세계에서 움직임을 생성한다 76
원리 10 : 신경가소성은 신경계의 특징적인 기능이다 77
요약 78 · 핵심 용어 79

입력 정보의 통합　136

4-3 활동전위의 생성과 전파　138

활동전위의 촉발　139 · 전압-활성화 이온 채널의 역할　139

다양한 뉴런　141 · 활동전위와 불응기　141

연구초점 4-2　광유전학과 광-민감성 이온 채널　142

신경 충동　143 · 불응기와 신경 작용　144 · 도약전도와 수초　145

임상초점 4-3　다발성 경화증　147

4-4 신경계 살펴보기　148

감각 자극이 활동전위를 일으키는 방식　148

신경 충동이 운동을 일으키는 방식　149

임상초점 4-4　근위축성 측색경화증　149

요약　151 · 핵심 용어　152

제 3 장

Lichtman Lab/Harvard University

신경계의 기능 단위는 무엇인가?

연구초점 3-1　유전 진단　82

3-1 신경계의 세포　82

뉴런 : 정보처리의 기초　84 · 교세포의 유형　88

실험 3-1　질문 : 신경계의 흥분 및 억제 원리로 귀뚜라미처럼 작동하는 단순한 로봇의 활동을 통제할 수 있는가?　89

임상초점 3-2　뇌종양　91

3-2 세포의 내부 구조　94

세포라는 공장　95

기본 지식　화학에 대한 개관　96

세포막 : 장벽과 문지기　99 · 핵과 단백질 합성　100

단백질과 RNA : 세포의 생산품　102

골지체와 미세소관 : 단백질 포장과 수송　103

세포막 통과 : 채널, 관문, 펌프　104

3-3 유전자, 세포, 그리고 행동　105

멘델 유전학과 유전 암호　105 · 멘델의 법칙 적용　107

임상초점 3-3　헌팅턴병　110

유전공학　111 · 후생유전의 암호　114

요약　118 · 핵심 용어　119

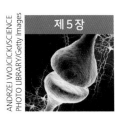

제 5 장

ANDRZEJ WOJCICKI/SCIENCE PHOTO LIBRARY/Getty Images

뉴런은 어떻게 교신하고 적응하는가?

연구초점 5-1　심장박동에서 신경 교신의 기초　154

5-1 화학적 메시지　154

실험 5-1　질문 : 뉴런은 어떻게 정보를 전달하는가?　155

시냅스의 구조　156

임상초점 5-2　파킨슨병　158

신경전달의 5단계　158 · 시냅스의 다양성　161

흥분성 및 억제성 메시지　163

연구초점 5-3　수상돌기가시 : 작지만 강하다　164

복잡한 신경전달계의 진화　164

5-2 신경전달물질과 수용기의 다양성　165

신경전달물질임을 확인하는 네 가지 기준　166

신경전달물질의 분류　167

임상초점 5-4　놀라운 L-도파　169

수용기의 다양성　172

5-3 신경전달물질 체계와 행동　176

체성신경계에서의 신경전달　176 · 자율신경계의 이중 활성 체계　176

장신경계의 자율성　177 · 중추신경계의 네 가지 활성 체계　177

임상초점 5-5　경직된 중독자 사례　181

5-4 호르몬　182

호르몬의 위계적 통제　183 · 호르몬의 분류와 기능　183

항상성호르몬　184 · 아나볼릭-남성화 스테로이드　185

글루코코르티코이드와 스트레스　185

요약　189 · 핵심 용어　190

제 4 장

BSIP SA/Alamy Stock Photo

뉴런은 정보를 전달하기 위해 전기적 신호를 어떻게 이용하는가?

임상초점 4-1　뇌전증　122

4-1 신경계의 전기적 활동 탐구　123

전기와 신경 활동을 연결한 초기의 단서　123

기본 지식　전기와 전기적 자극　124

뉴런의 전기적 활동을 측정하는 도구　126

이온 이동이 전하를 일으키는 방식　128

4-2 수상돌기와 세포막에서 일어나는 전기적 활동　131

안정전위　131 · 안정전위의 유지　131 · 등급전위　133

뉴런이 정보를 통합하는 방식　135

흥분성 및 억제성 시냅스후 전위　135

실험 4-1　질문 : 자극이 뉴런의 흥분성에 어떻게 영향을 미칠까?　136

제6장

약물과 호르몬이 어떻게 뇌와 행동에 영향을 미치는가?

임상초점 6-1 인지 향상? 192

6-1 정신약물학의 원리 193
약물의 신경계 경로 193 • 시냅스에서의 약물 작용 : 효능제와 길항제 196
아세틸콜린 시냅스 : 약물 작용의 예 196 • 내성 198
실험 6-1 질문 : 지속적인 알코올 섭취가 내성을 초래하는가? 199
실험 6-2 질문 : 약물 주사가 항상 동일한 행동을 일으키는가? 200
민감화 200

6-2 향정신성 약물 201
아데노신계(Adenosinergic) 202 • 아세틸콜린계(cholinergic) 203
GABA계(GABAergic) 204 • 글루타메이트계(Glutamatergic) 205
임상초점 6-2 태아알코올스펙트럼장애 206
도파민계(dopaminergic) 207
연구초점 6-3 주의력결핍 과잉행동장애 209
세로토닌계 210 • 오피오이드계(opioidergic) 212
임상초점 6-4 주요우울장애 212
칸나빈계(cannabinergic) 213
임상초점 6-5 오피오이드 과다 복용으로 인한 급속한 사망 확산 214

6-3 약물에 대한 개인 반응에 영향을 미치는 요인 215
알코올에 대한 행동 215 • 물질사용장애, 금단, 중독 217
물질사용장애의 위험 요인 218 • 물질사용장애의 개인차와 성차 218

6-4 약물 사용과 남용에 관한 설명 219
원함과 좋아함 이론 220
왜 모든 사람이 물질사용장애로 발전하지 않는가 221
물질사용장애의 치료와 관련된 이슈 222
약물이 뇌 손상을 초래하는가 223
임상초점 6-6 약물 유도 정신병 225
요약 226 • 핵심 용어 227

제7장

뇌의 구조와 기능을 어떻게 연구하는가?

연구초점 7-1 언어에 맞추어져 있다 230

7-1 뇌와 행동의 측정과 조작 231
행동신경과학의 초기 기원 231
연구초점 7-2 뇌무지개 : 무지개 뉴런 232
실험 7-1 질문 : 해마 뉴런이 기억 형성에 관여하는가? 233
행동신경과학의 연구 방법 234 • 뇌-행동 상호작용의 조작 238
임상초점 7-3 뇌 오르가노이드와 개인맞춤형 의료 244

7-2 뇌의 전기적 활동 측정 244
단일 세포의 활동전위 기록 245 • EEG : 수많은 세포의 등급전위 측정 246
사건관련전위를 사용한 뇌 기능 매핑 247 • 뇌자도 248

7-3 해부학적 영상 기법 : CT와 MRI 249

7-4 기능 뇌영상 252
기능자기공명영상법 252 • 광단층촬영술 253
양전자방출단층촬영술 254

7-5 뇌의 화학적 · 유전적 측정과 행동 256
뇌의 화학물질 측정 256 • 뇌의 유전자 측정과 행동 257
후생유전학 : 유전자 발현의 측정 258

7-6 신경과학 연구 방법 비교 259

7-7 계산 신경과학과 딥러닝 261

7-8 윤리적 고려 262
신경윤리학 263 • 뇌-행동 연구에서 비인간종의 사용 263
요약 266 • 핵심 용어 267

제8장

신경계는 어떻게 발달하고 적응하는가?

연구초점 8-1 사회경제적 지위와 피질 발달의 관계 270

8-1 뇌 발달에 관한 세 가지 견해 271
뇌 구조 출현과 행동 출현 사이의 상관 271
행동 출현과 신경 성숙 사이의 상관 271
뇌와 행동에 영향을 미치는 요인 272

8-2 발달의 신경생물학 272

인간 신경계의 발달 273 · 뉴런과 교세포의 기원 275

뉴런의 성장과 발달 277

임상초점 8-2 자폐스펙트럼장애 280

교세포의 발달 283 · 전두엽 발달의 독특한 특징 285

8-3 행동 발달로부터 신경계 성숙 추론 286

운동행동 286 · 언어 발달 287 · 문제 해결 능력 발달 288

실험 8-1 질문 : 학습과 기억의 성숙에 필요한 전뇌 구조들이
어떤 순서로 발달하는가? 291

상관을 인과로 관련짓는 것에 관한 주의 292

8-4 뇌 발달과 환경 292

경험과 피질 조직화 293 ·

연구초점 8-3 음악 훈련이 뇌를 젊게 유지하게 한다 295

환경이 뇌 발달 속도에 미치는 영향 295 · 경험과 신경 연결 297

경험과 뇌 발달의 결정적 시기 298 · 장박테리아와 뇌 발달 301

8-5 비정상적인 경험과 뇌 발달 302

부정적 경험과 뇌 발달 302

임상초점 8-4 루마니아 고아들 304

손상과 뇌 발달 305 · 기타 비정상적 뇌 발달의 원인 306

발달장애 307

임상초점 8-5 조현병 307

어떻게 뇌가 정상적으로 발달하는가? 308

요약 309 · 핵심 용어 310

제 9 장

Science Photo Library/Alamy

우리는 어떻게 세상을 느끼고 지각하고 보는가?

임상초점 9-1 편두통과 맹시 사례 312

9-1 감각과 지각의 본질 313

감각 수용기 313 · 신경 연결 315

감각 부호화와 표상 315 · 지각 316

9-2 시각계의 기능적 해부 317

망막의 구조 317

기본 지식 가시광선과 눈의 구조 318

광수용기 321

임상초점 9-2 시 조도 323

망막 뉴런 유형 324

임상초점 9-3 녹내장 324

시각 경로 326 · 배측과 복측 시각 흐름 327

9-3 시각 세계에서의 위치 332

망막에서의 위치 부호화 333 · 외측슬상핵과 V1에서의 위치 333

시각 뇌량 335

9-4 뉴런 활동 335

형태 보기 336 · 색채 보기 342

연구초점 9-4 색채 결핍 시각 343

배측 흐름에서의 뉴런 활동 345

9-5 활동하는 시각 뇌 346

피질에 이르는 시각 경로의 손상 346 · '무엇' 경로의 손상 347

'어떻게' 경로의 손상 349

9-6 시각 경로의 가소성 350

요약 351 · 핵심 용어 352

제 10 장

SCIENCE PHOTO LIBRARY/
Science Source

우리는 어떻게 듣고 말하며 음악을 만드는가?

연구초점 10-1 음악과 언어의 진화 354

10-1 음파 : 청자극 355

음파의 물리적 속성 355

임상초점 10-2 이명 358

소리 지각 359 · 소리로서 구어와 음악 속성 360

10-2 청각계의 기능적 해부 362

귀의 구조 362 · 청각 수용기 365

연구초점 10-3 귀음향 방사 366

청각피질까지의 경로 367 · 청각피질 367

연구초점 10-4 소리로 보기 368

10-3 신경 활동과 듣기 369

음고 듣기 369

임상초점 10-5 청각장애 아동의 와우관 이식 372

음강 탐지 372 · 음원 탐지 372 · 소리 패턴 탐지 374

10-4 언어와 음악의 해부 375

언어 처리 375 · 음악 처리 381

연구초점 10-6 뇌의 음악 체계 382

10-5 청각을 사용한 비인간종의 의사소통 383

새 지저귐 384 · 고래 노래 386

요약 387 · 핵심 용어 388

제 11 장　신경계가 어떻게 자극에 반응하고 운동을 산출하는가?

연구초점 11-1　신경보철학　390

11-1 운동의 위계적 · 병렬적 통제　390

전뇌 : 행동의 조직　392
기본 지식　체감각계와 운동계의 관련성　394
뇌간 : 종 특유 행동　396
실험 11-1　질문 : 서로 다른 조건에서 일어나는 뇌간 자극의 효과는 무엇인가?　396
척수 : 움직임의 집행　397
임상초점 11-2　뇌성마비　398

11-2 운동계의 조직　400

운동피질　400
실험 11-2　질문 : 운동피질이 어떻게 운동 통제에 관여하는가?　403
실험 11-3　질문 : 뇌 손상 후 실시된 재활이 앞다리의 피질 표상에 어떤 효과를 내는가?　404
피질척수로　404 · **운동뉴런**　405 · **근육의 통제**　406

11-3 기저핵, 소뇌와 움직임　407

기저핵과 운동 힘　407
임상초점 11-3　투렛증후군　409
소뇌와 운동기술　410
실험 11-4　질문 : 소뇌가 움직임이 정확하게 일어나도록 조율하는 것에 도움이 되는가?　412

11-4 체감각계의 수용기와 경로　413

체감각 수용기와 지각　414 · **후근신경절 뉴런**　416
뇌까지의 체감각 경로　418 · **척수 반사**　419
통증 느끼기와 치료　420
연구초점 11-4　환상지통　421
전정계와 균형　424

11-5 체감각피질의 탐색　426

체감각 신체 지도　427
연구초점 11-5　간지럼　428
이차체감각피질　428 · **체감각피질의 손상 효과**　429
체감각피질과 움직임에 대한 위계적 · 병렬적 통제　431
요약　432 · 핵심 용어　433

제 12 장　무엇이 정서적 행동과 동기적 행동을 일으키는가?

연구초점 12-1　거절의 고통　436

12-1 행동의 원인 알기　437

뇌 유지를 위한 행동　438 · **신경회로와 행동**　438
행동에 미치는 진화적 영향　439 · **행동에 대한 환경적 영향**　441

12-2 동기적 행동의 신경해부학　443

제어행동과 비제어행동　444 · **시상하부 회로의 활동**　445

12-3 동기적 행동에서 화학적 감각의 역할　450

후각　451 · **미각**　453 · **화학적 감각의 손상과 행동**　455

12-4 제어행동의 조절　456

섭식 조절　456
실험 12-1　질문 : 시상하부가 섭식에 역할을 하는가?　458
임상초점 12-2　다이어트와 리듬　459
음수 조절　460

12-5 성차와 성행동　461

뇌의 성 분화　461
연구초점 12-3　뇌 성별 연속체　463
성호르몬이 뇌에 미치는 효과　464
임상초점 12-4　안드로겐 불감증후군과 부신성기증후군　465
성행동의 신경 조절　466 · **성적 지향, 성 정체성, 뇌 구성**　467
성행동에 대한 인지적 영향　468

12-6 정서의 신경 조절　469

정서 이론　470 · **정서와 변연 회로**　471
임상초점 12-5　전두엽의 발육부전　476

12-7 보상　478

보상 체계　478 · **뇌에서 쾌감 매핑**　480 · **쾌감 전극?**　481
요약　482 · 핵심 용어　483

제 13 장

Ashima Narain/Getty Images

우리는 왜 잠을 자고 꿈을 꾸는가?

연구초점 13-1   올바른 시간에 올바른 것 하기   486

13-1 모든 계절을 위한 시계   486

생체 리듬   486 · 바이오리듬의 기원   487

실험 13-1   질문 : 식물의 움직임이 외인성인가, 아니면 내인성인가?   488

자유진행 리듬   489 · 시간 부여자   490

임상초점 13-2   계절성 정동장애   492

13-2 시교차상 생체시계   494

시교차상 리듬   494 · 시간 지키기   494

일주기 리듬의 박동조율   496

연구초점 13-3   분자 수준의 바이오리듬 동기화   497

연주기 리듬의 박동조율   498 · 시간형   499

인지적 · 정서적 행동의 리듬   499

13-3 수면 단계와 꿈꾸기   500

얼마나 오래 자는지 측정하기   501 · 수면 측정   501

각성과 수면의 단계   502 · 전형적인 밤잠   504

N-수면과 R-수면의 비교   505 · 꿈   505

무엇에 대해 꿈을 꾸는가   506

13-4 수면은 무엇을 성취하는가?   509

생물학적 적응으로서 수면   509 · 회복 과정으로서 수면   510

기억 저장을 위한 수면   511 · 수면 기억 저장 동안의 뇌 사건   512

13-5 수면의 신경 기반   515

망상활성계와 수면   515 · R-수면의 신경 기반   517

13-6 수면장애   518

불면증 : 잠을 잘 수 없음   518 · 과다수면증 : 깨어 있을 수 없음   519

호흡장애   519 · 사건수면증   520 · 탈력발작   522

연구초점 13-4   오렉신   523

수면 관련 운동장애   523

13-7 수면은 뇌에 대해 우리에게 무엇을 말해주는가?   524

요약   525 · 핵심 용어   526

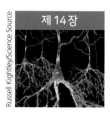

제 14 장

Russell Kightley/Science Source

우리는 어떻게 배우고 기억하는가?

연구초점 14-1   난독증 교정   528

14-1 학습과 기억의 연결   529

실험실에서 학습과 기억 연구   529

실험 14-1   질문 : 동물이 정서 경험과 환경 자극 사이의 연합을 학습할 수 있는가?   531

기억의 두 가지 범주   531

무엇이 외현적 기억과 암묵적 기억을 다르게 만드는가?   533

개인적 기억의 무엇이 특별한가?   535

14-2 기억 회로의 분리   537

외현적 기억의 붕괴   537 · 암묵적 기억의 붕괴   539

임상초점 14-2   환자 보즈웰의 기억상실증   539

14-3 외현적 기억과 암묵적 기억 기반의 신경 체계   540

외현적 기억의 신경회로   540

임상초점 14-3   알츠하이머병   542

임상초점 14-4   코르사코프증후군   546

외현적 기억의 공고화   547 · 암묵적 기억의 신경회로   548

정서적 기억의 신경회로   548 · 기억 체계의 진화   550

14-4 뇌 가소성의 구조적 기초   550

군소의 습관화 및 민감화   551

실험 14-2   질문 : 반복적 자극 후에 아가미 반응에 무엇이 일어나는가?   551

실험 14-3   질문 : 민감화에서 아가미 반응에 무엇이 일어나는가?   553

장기강화   553 · 시냅스 변화의 측정   556

풍요로워진 경험과 가소성   558 · 감각 혹은 운동 훈련과 가소성   559

실험 14-4   질문 : 미세 운동기술 학습이 피질의 운동 지도를 변화시킬까?   559

연구초점 14-5   운동, 학습, 신경가소성   561

기억의 후생유전학   562 · 가소성, 호르몬, 영양인자, 약물   563

실험 14-5   질문 : 정신운동 자극제인 암페타민을 반복 주입하면 뉴런에 어떤 영향을 주는가?   565

뇌 가소성에 대한 몇 가지 길잡이 원칙   566

14-5 뇌 손상으로부터의 회복   568

외상성 뇌 손상이 있는 도나의 경험   568

요약   572 · 핵심 용어   573

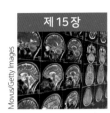

제 15 장

뇌는 어떻게 생각하는가?

연구초점 15-1   분리 뇌   576

15-1 사고의 본질   576
인간 사고의 특성   577 · 사고의 신경 단위   578
비교 초점 15-2   동물 지능   579
실험 15-1   질문 : 어떻게 개별 뉴런이 인지 활동을 매개하는가?   580

15-2 인지와 연합피질   582
사물에 대한 지식   583 · 다감각 통합   583 · 공간 인지   584
주의   586 · 계획하기와 집행 기능   588 · 모방과 이해   589

15-3 인지신경과학의 경계 확장   590
임상 초점 15-3   신경심리평가   591
뇌 매핑   591 · 인지와 소뇌   594 · 사회신경과학   594
신경경제학   596

15-4 사고의 대뇌 비대칭   597
해부학적 비대칭   597 · 신경학적 환자에서 기능적 비대칭   598
건강한 뇌에서 기능적 비대칭   600 · 분리 뇌에서 기능적 비대칭   601
실험 15-2   질문 : 뇌량 절단이 뇌의 반응 양식에 영향을 미칠까?   601
실험 15-3   (A) 질문 : 분리 뇌 환자의 우반구가 정보를 알고 있음을 어떻게
   드러낼 수 있는가?   (B) 질문 : 양쪽 반구로 하여금 경쟁적 정보에 반응하
   게 하면 무슨 일이 일어날까?   602
대뇌 비대칭에 대한 설명   603 · 좌반구와 언어 및 사고   604

15-5 인지 조직화의 변이   605
인지 조직화의 성차   605 · 손잡이와 인지 조직화   608
임상 초점 15-4   소디움 아모바비탈 검사   609
공감각   610

15-6 지능   611
일반지능의 개념   611 · 확산적 지능과 수렴적 지능   612
지능, 유전, 후생유전, 시냅스   613 · 스마트 뇌가 어떻게 다른가   613

15-7 의식   615
우리는 왜 의식이 있을까?   615
실험 15-4   질문 : 사람이 의식적 인식 없이 자신의 동작을 변경할 수
   있는가?   616
의식의 신경 기반은 무엇인가?   616
요약   618 · 핵심 용어   619

제 16 장

뇌가 잘못 행동하면 무슨 일이 일어나는가?

연구초점 16-1   외상후스트레스장애   622

16-1 뇌와 행동에 대한 다분야적 기여   622
임상신경과학   623 · 행동장애   624

16-2 정신과적 장애   630
조현병 스펙트럼 및 기타 정신병적 장애   630 · 기분장애   632
연구초점 16-2   항우울제의 작용과 뇌 복구   635

16-3 신경학적 장애   636
외상성 뇌 손상   636
임상 초점 16-3   뇌진탕   637
뇌졸중   638
임상 초점 16-4   대뇌 동맥류   639
뇌전증   640 · 수초장애   642 · 신경인지장애   643
신경인지장애의 치료   650
연구초점 16-5   경두개자기자극을 이용한 행동장애 치료   652

16-4 연구 과제   653
구성의 복잡성   653 · 체계의 복잡성   654 · 신경가소성   654
보상적 가소성   654 · 기술적 해상도   654 · 모델 단순성   654
모델의 한계   655

16-5 외상후 성장과 둔마   655
요약   656 · 핵심 용어   657

해답   659
용어해설   666
참고문헌   677
찾아보기   695

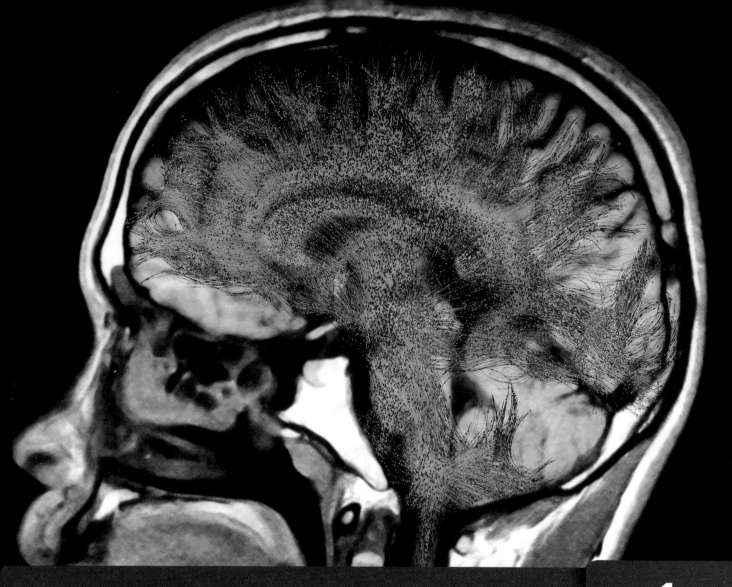

뇌와 행동의 기원은 무엇인가?

1

1-1 21세기의 뇌

임상 초점 1-1 뇌 손상을 입은 채로 살아가기
왜 뇌와 행동을 연구하는가?
뇌라는 것은 무엇인가?
행동이란 무엇인가?

1-2 뇌와 행동에 관한 이론

아리스토텔레스와 정신론
데카르트와 이원론
비교 초점 1-2 말하는 뇌
다윈과 물질론
실험 1-1 질문 : 유전 요인은 모주에서 후대로
어떻게 전달되는가?
의식에 대한 현재 관점

1-3 뇌와 행동의 진화

뇌세포와 뇌의 기원
동물에서 신경계의 진화
기본 지식 생물의 분류
척색동물의 신경계

1-4 인간 뇌와 행동의 진화

인류 : 영장류목의 일원
오스트랄로피테쿠스 : 우리의 먼 조상
최초의 인간
뇌의 복잡성과 행동의 관계
비교 초점 1-3 코끼리의 뇌
사람족의 뇌가 더 복잡해진 이유

1-5 현대 인류의 뇌 크기, 지능, 문화

인간 뇌의 크기를 비교하는 중요성
인간 지능의 중요성
인간 문화의 중요성

임상 초점 1-1

뇌 손상을 입은 채로 살아가기

뇌 연구로 학위를 받은 임상심리학자인 Fred Linge는 교통사고로 뇌 손상을 입었고, 12년 만에 이 글을 썼다.

한순간 내 차는 정면충돌했고 내 인생은 영원히 변했다. 나는 소위 '침묵의 유행병'이라 일컫는 문제의 한 사례가 되어버린 것이다.

그 이후 몇 개월에 걸쳐서 내 가족과 나 자신은 두뇌 손상이 무엇인지 실감하게 되었다. 나에게 일어난 신체적·정신적·정서적 장애를 인정하고 받아들이는 고통스러운 과정을 거쳐야 했다. 나는 맛을 느낄 수도 없고 냄새를 맡을 수도 없었다. 나는 문장의 끝에 이르기도 전에 첫 부분을 잊어버렸기 때문에 아주 단순한 문장조차도 읽을 수 없었다. 완전히 신경이 곤두서서 아주 사소한 일에도 분노가 치솟았다.

뇌 손상을 입은 지 2년 후에 '뇌 손상을 입으면 기분이 어떤지 아는가?'라는 제목으로 짧은 글 한 편을 썼다. 그 무렵 나는 다른 뇌 손상을 입은 사람들과 어울리기 시작하였다. 그 글로 인해 엄청난 양의 편지, 전화, 그리고 개인적 방문을 오늘날까지 받고 있다. 많은 사람이 나처럼 고생하고 있었는데 명확한 진단도, 치료 계획도, 재활치료도 없었고, 제일 답답한 것은 아무런 희망도 없이 살아가고 있다는 사실이었다. 뇌 손상이 나에게 가져다준 가장 파국적인 결과는 내가 산산이 부서져 재구성되었으며, 그 경험을 통해 신념, 가치, 삶의 우선순위가 이전과는 다른 완전히 다른 사람이 되었다는 것이다(Linge, 1990).

손상된 뇌에 적응하는 과정은 뇌 손상과 질병을 경험한 당사자의 삶뿐 아니라 친구와 가족의 삶에도 영향을 줄 수 있다. 적절한 진단과 치료가 이루어지지 않으면 뇌 손상으로 발생한 문제가 의료 체계와 지역사회가 제공할 수 있는 지원을 넘어서기도 한다.

세계적으로 뇌의 질병과 손상은 장애의 첫 번째 원인이고, 사망의 두 번째 원인이다(GBD 2016 Neurology Collaborators, 2019). 미국의 국립 뇌 질환 및 뇌졸중 연구원의 추정에 의하면 매년 170만 명의 미국 거주자가 머리에 가해진 타격이나 **뇌진탕**(concussion) 때문에 뇌가 다치는 **외상성 뇌 손상**(traumatic brain injury, TBI)을 경험한 후에 의료 조치를 받는다고 한다.

TBI는 스포츠, 낙상, 자동차 사고로 생기는 경우도 빈번하고, 병역 면제의 가장 흔한 원인이기도 하다. 이 책에서 다루는 뇌 질환은 2,000가지가 넘는다(이 책의 앞 속표지에 있는 주요 질병 색인 참조). 뇌 질환은 뇌를 다학제적으로 연구하는 신경과학 분야의 연구자가 해결해야 할 과제이다. TBI로 고통을 받는 대부분 사람은 Linge가 말했던 '진단도, 계획도, 재활치료도, 희망도 없는' 상황에 적어도 어느 정도는 대처해야 한다.

신경과학은 뇌 질환뿐 아니라 뇌의 해부학과 화학, 물리학, 계산 과정을 다루고, 뇌가 심리적 기능과 사회적 및 경제적 요인에 미치는 영향을 연구한다. 신경과학 연구는 성적 지향, 인지 기능, 사회행동, 의식에서의 차이 등의 개인차에 관한 통찰을 제공할 수 있다. 또한 신경과학 연구는 Linge가 언급했던 문제, 예컨대 뇌의 해부학, 화학, 전기적 활동을 영상화하는 기법을 사용하여 진단 향상에 도움을 주고, 컴퓨터-조력 훈련과 보철학을 활용하여 재활에도 이바지할 수 있다.

Fred Linge는 2021년 84세의 나이로 생을 마감하였지만, 자신의 삶에서 외상후 성장의 본보기를 보여주었다. 즉 그는 TBI라는 악조건을 수용하고, '믿음, 소망, 사랑'이라는 비전통적 치료로 삶의 의미를 찾았다. 16-5절에서 외상후 성장을 다룰 것이다.

뇌진탕 머리에 갑자기 가해진 흔들림 또는 타격으로 일어난 뇌 기능의 변경으로, 특히 반복될 경우 심각한 뇌 손상이 일어날 수 있고, 증상은 일시적일 수 있으며 기억, 의식, 시각, 협응, 기분 등에 영향을 줄 수 있다.

외상성 뇌 손상(TBI) 머리에 물리적 충격을 받아서 뇌에 생긴 손상

이 책의 목적은 행동을 산출하기 위해 뇌가 어떻게 조직화되어 있는지를 탐색함으로써 뇌와 행동의 관계를 이해할 수 있도록 해주는 것이다. 또한 이 책은 여러분을 초대하여 자신의 뇌와 행동을 연구하는 참여자가 되게 한다. 뇌를 이해하면 자신과 다른 사람에 대해 생각하는 방식과 교육 및 사회적 상호작용을 보는 방식이 바뀔 것이고, 신경과학 분야의 직업에 관한 관심도 불러일으킬 것이다.

이 책으로 공부하다 보면 '임상 초점 1-1 : 뇌 손상을 입은 채로 살아가기'에서 보았듯이 신경과학이 단순히 뇌의 기능과 질환을 연구하는 것이 아니라 철학, 심리학, 경제학과 같은 다양한 연구 영역과 서로 연관되어 있다는 것이 분명해질 것이다.

학습 목표
- 뇌와 행동에서 얻을 수 있는 연구 및 사회적 이점을 기술한다.
- 인간의 뇌를 구성하는 성분을 확인하고, 각 성분과 행동의 관계를 설명한다.

1-1

21세기의 뇌

이 장에서는 뇌와 행동의 관계를 설명하고자 한다. 이 첫 절에서는 먼저 행동에서 뇌의 역할에 관한 현재의 이해를 이끈 아이디어를 제시한다. 그다음 150만 종의 동물이 하나씩 가지고 있는 뇌 또는 뇌-유사 구조물에 관해서 설명한다. 마지막으로 인간을 포함하여 각 동물종의 뇌를 만든 것이 무엇인가를 논의한다.

신경윤리학이라는 새로운 분야는 신경과학 분야의 훈련과 연구 모두에 관한 다양성, 형평성,

포용과 관련된 문제를 다룬다. 연구비 지원 기관과 대학에서 진행되는 점점 더 많은 프로그램이 연구의 자금을 지원하는 측면에서 그리고 역사적으로 소외된 집단을 위한 네트워크와 직업의 기회를 확장하려는 노력을 통하여 신경과학 분야를 더 다양하게 만들려고 한다(Jones-London, 2020). 미국 국립보건원은 2021년에 생의학 및 건강 과학 전반에 만연한 유서 깊은 인종 불평등을 척결하기 위한 UNITE 계획을 시작하였다. 신경과학회와 다른 기관에 의한 최근의 다양성과 포용을 향한 노력이 대표성의 불평등을 해결하고, 역사적으로 소외된 집단의 직업 및 연구 기회를 높이는 방향으로 기울어졌다. 뇌와 행동을 소개하는 이 장에서는 신경윤리의 문제를 다룰 것이다.

왜 뇌와 행동을 연구하는가?

뇌는 하나의 물체이고, 하나의 살아 있는 조직이며, 하나의 신체 기관이다. **행동**이란 순간순간 나타났다 사라지는 관찰 가능한 활동이다. 뇌와 행동은 아주 다른 것이지만 깊게 연관되어 있다. 그 둘은 같이 진화되었다. 즉 서로가 서로에게 영향을 미친다. 뇌 연구와 행동 연구를 연관시키는 데에는 다섯 가지 이유가 있다.

1. **뇌가 어떻게 행동을 일으키는가 하는 것은 중요한 과학적 질문이다.** 과학자들과 학생들은 인간성을 이해하기 위해 뇌를 연구한다. 뇌의 기능을 더 잘 이해하게 되면 교육, 경제, 사회 체계를 포함하는 세상의 많은 부분도 더 잘 이해할 수 있다. 우리의 뇌를 이해하는 것은 우리의 많은 문화적, 종교적, 성적 차이를 이해하는 데에도 도움이 된다. 요약하면 우리의 뇌를 이해하는 것은 우리 인간이 왜 행동적으로 가장 다양한 종인지를 이해하는 데 도움이 될 것이다.

2. **뇌는 지구상에서 가장 복잡한 기관이며, 여러 동물군에서도 발견된다.** 우리는 지구에 존재하는 생물학적 질서에서 뇌가 차지하는 위치를 알기 위해 뇌를 연구한다. 많은 공상과학 소설에서 외계 생명체에게 뇌가 있다고 가정해서 묘사하는 것처럼 우리가 뇌에 부여하는 중요성은 우리 문화 깊숙이 확장되어 있다. 이 장에서는 지구상의 뇌, 특히 인간 뇌의 기본 기능과 진화를 살펴본다.

3. **증가하는 행동 질환은 뇌에 대한 이해가 증가함에 따라 설명할 수 있고 치료할 수 있다.** 무려 2,000가지 이상의 장애가 어떤 방식으로든 뇌의 이상과 관련되어 있다. 이 책의 속표지에는 행동 질환의 목록이 제시되어 있고, 행동 질환과 뇌 질환의 관계에 대해서는 각 장들, 특히 초점 상자에서 자세히 설명하고 있다. 뇌를 이해하는 것은 아동기에 나타나서 전 생애를 통해 계속 영향을 미치는 질병을 포함하여 우리가 발달하고 늙어감에 따라 나타나는 신체적, 정신적, 정서적 변화를 이해하는 데에도 도움이 된다. 뇌와 뇌 질환의 본질에 대해 교육을 더 잘 받을수록 이들 질환에 대한 더 효과적인 치료를 개발할 수 있게 되는 것이다.

4. **뇌 연구는 다양성에 관한 이해로 이어진다.** 신경과학 연구를 통해 발달적 복잡성과 개인차를 더 넓게 이해하게 되고, 질환이 있는 사람에게 부담을 주는 낙인과 사회적 장벽을 없앨 수 있다. 신경과학 분야가 편견과 선입견의 영향을 받지 않는 것은 아니지만 뇌 질환과 차이를 더 잘 이해하기 위한 연구는 종종 사회적 진보에 앞서 진행되었고, 고정관념과 오해를 불식시키는 중요한 도구로 작용한다.

5. **뇌 연구는 다른 분야의 지식에 대한 통찰을 일으키고, 고용의 원천이 된다.** 신경과학 분야는 신경심리학, 신경철학, 신경경제학, 신경생물학, 신경윤리학과 같은 새로운 연구 영역이 나타나는

이 책에 삽화와 함께 실린 실험은 신경과학자들이 연구를 하는 방법을 보여주는 것으로, 1-2절의 실험 1-1로 시작한다.

1990년대 후반 사회학자인 Judy Singer가 제안한 개념인 *신경다양성*은 개인 간에 나타나는 광범위한 정상적 변이라는 관점에서 인지적 및 행동적 장애를 조망한다.

뉴런 정보처리에 관여하는 특수한 신경세포

교세포 뉴런의 기능을 지원하는 뇌세포

중추신경계(CNS) 뇌와 척수이고, 함께 행동을 매개한다.

말초신경계(PNS) 뇌와 척수 바깥에 있는 신체의 모든 뉴런

대뇌(전뇌) 대칭인 좌반구, 우반구로 구성되어 의식적 행동 대부분을 담당하는 전뇌의 주요 구조물

뇌반구 문자 그대로 구의 반쪽이나 대뇌의 한쪽 면을 가리킨다.

신피질 인간과 뇌가 큰 다른 동물에서 뇌의 가장 바깥 부위로 표면에 주름이 많다.

뇌간 무의식적 행동 대부분을 담당하는 뇌의 중심부 구조물

2장에서는 뇌의 기능해부학을 다룬다.

것에서 알 수 있듯이 훨씬 다양해지고 있다. 또한 신경과학은 비즈니스에도 영향을 미치는데, 이는 의학, 약 개발, 자료 저장과 분석, 로봇공학을 포함하는 다양한 산업으로 신경과학의 발견이 적용되는 것에서 잘 나타난다. 예를 들어 뇌 네트워크 연구에서 발달한 **인공지능**의 일종인 딥러닝이 아주 정교해져서 과학자들이 진짜 뇌와 유사한 속성을 가진 기계를 만들어낼 수 있게 되었다.

아무도 뇌와 행동에 관한 지식이 얼마나 유용할지 예측할 수 없다. 심리학을 전공한 한 학생은 듣고 싶은 다른 과목을 수강할 수 없었기 때문에 심리학을 전공하게 되었다고 하였다. 그 학생은 뇌와 행동에 관한 과목이 흥미롭기는 하였지만 '생물학이지 심리학은 아니다'라고 느꼈다고 하였다. 대학을 졸업하고 사회사업 기관에서 일해본 다음에야 뇌와 행동의 관계에 대한 이해가 내담자들의 질환을 이해하고 치료 방식을 정하는 데 도움이 된다는 것을 알고 기뻐하였다.

뇌라는 것은 무엇인가?

뇌는 앵글로색슨 어휘로 두개골 안에 있는 조직을 가리키는 것이다. 뇌는 다른 신체 부위와 광범위하게 연결된 인간 신경계의 일부이다(**그림 1.1**). 다음 절에서는 신경계를 가진 많은 동물종과 어떤 유형이든 뇌를 포함한 신경계를 가진 하위 종의 관계를 살펴볼 것이다.

인간 신경계는 신체의 다른 부분과 마찬가지로 세포로 이루어져 있다. 이 신경세포 중에서 절반 정도(860억 개)가 뉴런이다. **뉴런**(neuron)은 다른 뉴런, 근육, 다른 신체 기관과 상호 연결되어 있다는 것과 정보처리와 관련되어 있다는 점에서 특수하다. 신경계의 다른 절반(850억 개)은 **교세포**(glial cell)이고, 뉴런의 기능을 지원한다. 이 두 가지 유형의 세포에 관해서는 2장에서 자세하게 설명한다.

상호 연결을 통해서 뉴런은 다른 뉴런, 피부의 감각 수용기(수용체), 근육, 내부 신체 기관과 교신하기 위한 전기적 및 화학적 신호를 보낸다. 뇌와 다른 신체 부위의 상호 연결 대부분은 척추에 싸여 있는 관 모양의 신경 조직인 척수를 통해 이루어진다.

뇌와 척수가 합하여 **중추신경계**(central nervous system, CNS)를 이루고, 이 중추신경계는 뼈로 둘러싸여 있다. 이것을 **중추**라는 하는 이유는 신체적으로도 신경계의 중심부에 있을 뿐 아니라 행동을 매개하는 중심적 구조물이기 때문이다. 뇌와 척수에서 뻗어져 나온 모든 신경 가지들이 **말초신경계**(peripheral nervous system, PNS)를 형성한다.

인간 뇌는 많은 구조물을 포함하는 2개의 큰 부분으로 구성되어 있다. **그림 1.2A**의 **대뇌**(cerebrum) 또는 **전뇌**(forebrain)는 **뇌반구**(hemisphere)라고 부르는 거의 대칭인 좌, 우 2개의 반쪽으로 구성되어 있다. 전뇌에는 많은 구조물이 포함되는데, 인간 뇌에서 가장 눈에 띄는 것은 신피질이다. 새로운 피질을 뜻하는 **신피질**(neocortex)은 간단하게 피질이라고도 하는데, 뇌의 나머지 대부분 영역을 덮고 있는 주름진 조직이다(라틴어 *cortex*는 '껍질'을 의미). 이 피질이 의식적 행동을 담당하는 것으로 알려져 있다.

피질은 대부분의 무의식적 행동을 담당하는 일련의 구조물로 이루어진 **뇌간**(brainstem)을 감

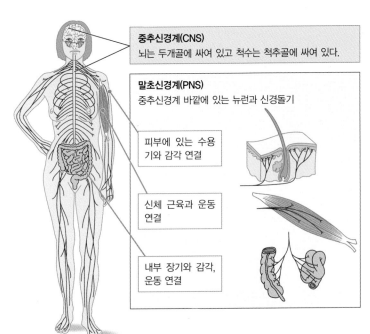

그림 1.1 인간 신경계의 주요 부분

뇌와 척수가 중추신경계를 형성한다. 뇌와 척수에서 뻗어나가는 모든 신경 가지와 중추신경계 바깥의 모든 뉴런이 감각 수용기, 근육, 내부 신체 기관과 연결되어 말초신경계를 형성한다.

중추신경계(CNS)
뇌는 두개골에 싸여 있고 척수는 척추골에 싸여 있다.

말초신경계(PNS)
중추신경계 바깥에 있는 뉴런과 신경돌기

피부에 있는 수용기와 감각 연결

신체 근육과 운동 연결

내부 장기와 감각, 운동 연결

(A) 대뇌(전뇌)

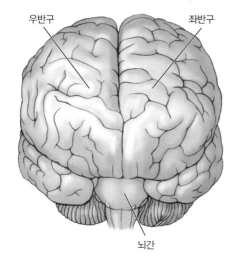

우반구　　　　　　　좌반구

뇌간

(B) 대뇌의 우반구

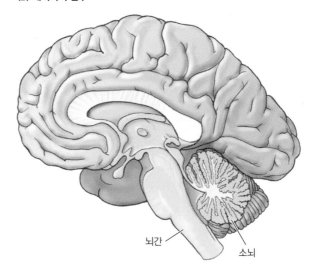

뇌간　　소뇌

그림 1.2　인간 뇌
(A) 두개골 내의 뇌를 정면에서 바라본 모습에서 대뇌의 좌반구, 우반구가 거의 대칭임을 알 수 있다. (B) 뇌의 정중 절단 면에서 대뇌와 소뇌의 우반구와 오른쪽 뇌간을 보여준다. 그림에 나타나지는 않았으나 뇌간 아래로 척수가 연결된다.

싸고 있다(그림 1.2B). 인간 뇌간의 지배적인 구조물인 **소뇌**(cerebellum)는 운동을 학습하고 조정 하는 전문적인 역할을 담당한다. 전뇌와 뇌간이 각기 다른 일반적인 기능과 연관되어 있지만, 이 둘은 상대 구조물이 없으면 각각의 기능을 해내지 못한다. 따라서 의식적 및 무의식적 행동은 복 잡하게 뒤얽혀 있고, 이에 대해서는 후속 장들에서 다룰 것이다.

　지금까지는 뇌와 신경계의 주요 성분에 초점을 두었지만, 할 이야기는 더 많다. 우리의 동료인 Harvey는 자신의 대학원 시절 연구를 위해 마취된 동물의 뇌에서 일어나는 전기적 활동을 연구 하기로 하였다. 그는 육체가 죽어서 몸에서 들어오는 감각 정보가 없고 신체 운동을 통제하지 않 는 상태에서도 시험관에서 뇌를 살려놓을 수 있다고 생각하였다. 그는 자신의 연구에 힘입어 시 험관에 담긴 뇌가 그 뇌의 전기신호를 해독할 수 있는 사람들과 소통할 수 있게 될 것이라고 기 대하였다.

　Harvey는 분명 시험관에서 뇌는 보존하였으나 **자아**, 즉 우리를 자각하게 하여 다른 사람과 상 호작용할 수 있게 해주는 언어와 기억 같은 의식적 과정을 구현하지는 못하였다. 뇌라고 하는 것 은 두개골 안에 머무는 신체 기관 이상의 어떤 것을 의미한다. 영리한 사람을 '브레인'이라고 부 르거나 우주선을 통제하는 컴퓨터를 그 우주선의 '브레인'이라고 할 때 의도하는 것은 바로 뇌이 다. 그러므로 뇌라고 할 때는 그 기관 자체를 지칭하기도 하고, 그 기관이 행동을 통제한다는 사 실을 지칭하기도 하는 것이다.

　Harvey의 실험으로 돌아가서, 전체 CNS를 시험관에 넣는다는 것은 PNS, 나아가 PNS가 매개 하는 감각과 운동으로부터 CNS가 분리된다는 것을 의미한다. 감각 정보와 움직이는 능력이 없 어도 뇌는 각성과 의식을 유지할 수 있을까? 이 의문은 행동에 관한 이론뿐 아니라 우리에게 이 의문과 관련된 정보를 제시하였던 많은 관찰과 환상적인 실험과도 관련되어 있다.

　체화된 행동(embodied behavior)이라는 이론에서는 사고와 움직임이 분리될 수 없는 것이라고 주장한다(Conca et al., 2021). 예컨대 우리는 말을 듣는 것뿐만 아니라 몸짓이나 신체언어를 관 찰함으로써 서로를 이해한다. 또한 내면의 목소리뿐만 아니라 외현적인 몸짓이나 신체언어로도 생각한다. 이 견해에 따르면 지적인 실체로서의 뇌는 신체 활동과 분리될 수 없는 것이다.

소뇌　뇌간의 주요 구조물로, 학습과 운동 통합 에 관여하며, 뇌를 지원하여 많은 행동이 생성 되게 한다.

체화된 행동　우리가 수행하는 운동과 우리가 지각한 타인의 운동이 그들과의 소통에 핵심이 라는 이론

잠김증후군 눈을 제외한 거의 모든 수의적 근육이 마비되어 깨어서 인식은 하지만 움직이거나 언어로 소통을 할 수 없는 상태

최소의식상태(MCS) 미소 짓거나 몇 개의 단어를 구사하는 정도의 초보적인 행동을 보일 뿐 그 밖의 의식이 없는 상태

임상시험 치료법 개발을 목적으로 합의된 실험

1920년대에 Edmond Jacobson은 움직이지 않을 때도 우리는 여전히 우리의 생각과 연관된 역치하(subliminal)의 움직임을 하고 있다고 주장하였다. 예컨대 단어를 생각할 때 의식되지는 않지만 후두근육이 움직이고, 어떤 행위, 사람, 장소 등을 떠올리거나 상상할 때 역치하의 안구운동이 일어난다. Jacobson은 참가자들에게 완전한 이완에 이르도록 훈련시킨 다음, 그 느낌이 어떤지 물어보았다. 그들은 뇌가 백지상태가 된 것 같은 '정신적 텅빔(mental emptiness)' 상태를 보고하였다(Jacobson, 1932).

한국전쟁(1950~1953)에서 사용되었던 고문의 한 유형인 **감각박탈**(sensory deprivation)의 효과를 연구하던 1957년에 Woodburn Heron은 Jacobson의 연구를 한 단계 발전시켰다. 그가 한 질문은 '감각 입력이 없을 때 뇌가 어떻게 대처할까?'였다. 그는 운동으로부터 오는 되먹임(feedback)까지 차단하기 위해 자발적으로 참여한 학생들이 알몸으로 방음이 된 방에서 가만히 누워 있도록 했다. 팔에는 덮개를 씌워서 아무런 촉각 자극도 받지 않게 했고, 시각 자극을 차단하기 위해서 반투명 안경을 쓰게 했다. 참여자들은 그런 경험이 엄청나게 불쾌했다고 보고했는데, 그 이유는 그들이 사회적 격리를 경험했을 뿐 아니라 집중도 할 수 없었기 때문이었다. 심지어 어떤 참여자들은 환각을 경험했는데, 마치 뇌가 갑자기 없어진 감각 경험을 스스로 만들어내고 있는 듯했다. 참여자 대부분은 실험이 종료되기 전에 실험에서 벗어나게 해달라고 요청하였다.

신경계가 손상된 사람들에서 나온 증거는 드러난 행동과 의식의 관계가 중요하다는 것을 보여준다. Martin Pistorius가 12세였을 때 그의 건강은 황폐화하기 시작하였다. 결국 그는 완전히 무의식 상태로 보이는 혼수상태에 빠졌다. 부모는 그를 요양병원으로 옮겼고 그곳에서 그는 마비된 채 오랜 기간 머물게 되었다.

Martin Pistorius

Martin의 상태는 25세가 될 때까지 계속되었는데, 그때 한 간호사가 그의 안면 근육이 살짝 움직인다는 것을 알아차렸다. 그는 의사소통을 시도하는 것처럼 보였다. 그는 무의식 상태가 아닌, 의식이 있지만 움직이지 못하는 **잠김증후군**(locked-in syndrome) 상태에 있었던 것이다. 재활치료가 진행되면서 상당한 향상이 있었고, 머리와 팔의 운동이 회복되었다. 마침내 음성 합성장치를 사용하여 언어적 소통을 할 수 있게 되었고, 2015년에는 TED 강의도 하였다. 그는 결혼하여 아버지가 되었고, 웹 개발자로 일한다. 2011년에 출판한 *Ghost Boy*라는 책에 인식할 수 없는 잠김증후군을 견디는 동안 그가 경험한 좌절과 무력감이 묘사되어 있다. 이 이야기는 겉으로 드러나는 움직임이 거의 없어도 의식이 지속될 수 있음을 보여준다.

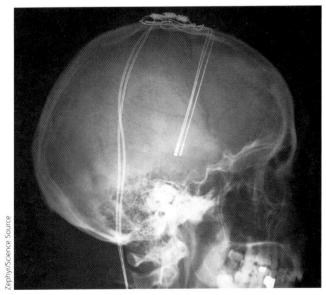

그림 1.3 뇌심부자극
DBS를 위해 뇌간의 상단 부근에 위치하는 심부 구조인 시상에 전극이 삽입된 모습을 보여주는 X선 사진. DBS로 파킨슨병이나 우울증과 같은 장애를 치료할 수 있고(16-3절 참조), TBI로부터의 회복을 도울 수도 있다(14-5절 참조).

다른 사례 연구는 의식에서 각성 또는 깨어 있음이 중요하다는 것을 잘 보여준다. 폭행으로 뇌간이 손상된 38세의 한 남성 환자가 6년도 넘게 **최소의식상태**(minimally conscious state, MCS)에 빠져 있었다. 그는 간혹 간단한 요구에 따르고 단일 단어를 사용하여 대화할 수 있었다. 약간 움직일 수는 있었으나 2년의 입원 재활치료와 4년의 요양병원 치료에도 불구하고 스스로 음식을 먹을 수도 없었다.

Nicholas Schiff와 동료들(Edlow et al., 2021)은 약한 전류로 남아 있는 뇌간을 자극할 수 있다면 그의 각성 수준을 높여 행동능력을 증진할 수 있을 것으로 생각하였다. 한 **임상시험**(clinical trial, 치료법을 개발할 목적으로 수행되는 합의된 실험)의 일부로 그들은 환자의 뇌간에 심은 가는 전극을 통해 약한 전류를 흘릴 수 있었다.

그림 **1.3**의 X-선 촬영 사진에 보이는 전극을 통해서 연구자들은 매일 12시간씩 전기적 자극을 가하였는데, 이 절차를 **뇌심부자극**(deep brain stimulation, DBS)이라고 한다. 연구자들은 환자의 각성에서 현저한 향상을 관찰하였다. 폭행을 당한 후 처음으로 그는 스스로 음식을 먹고 삼킬 수 있었다. 뇌 자극 동안 그는 보호자와 상호작용할 수 있었고, 텔레비전을 볼 수 있었으며, 재활치료에 대한 반응에서도 큰 진전을 보여주었다. 각성과 의식이 연관되어 있음이 분명하다.

모든 수의적 운동이 없어도 의식이 나타날 수 있음을 보여주는 또 다른 놀라운 연구가 있다. 심한 뇌 손상으로 **식물인간 상태**(persistent vegetative state, PVS)에 빠진 환자들은 살아 있지만, 대화도 할 수 없고 인지 기능이 수행된다는 어떤 낌새도 보여주지 못한다. Adrian Owen과 동료들은 뇌영상을 이용하여 환자의 의식 정도를 평가할 수 있는지 알고 싶었다. 산소 사용 정도로 뇌 기능을 측정하는 자기공명영상(MRI)을 이용하여 Owen 연구진은 일부 혼수상태 환자가 의식을 하고 있으며, 기회가 주어질 때 대화를 할 수 있다는 것을 발견하였다(Owen의 실험과 이 실험의 현대 의학적 권장 사항의 관련성에 관한 논의는 Scolding et al., 2021 참조).

Owen 연구진은 뇌 활동 패턴의 신호를 이용하여 환자와 소통하는 방법을 고안하였다(우리의 동료 Harvey가 상상했던 것처럼). Owen의 연구진은 뇌영상을 찍으면서 통제 집단의 참여자들이 라켓으로 테니스공을 치는 것을 상상하게 하였다. 참여자들이 그렇게 하였을 때 연구자들은 그들의 뇌 활동이 상상의 행위와 연관되어 변화한다는 것을 관찰하였다. 그다음 연구진은 환자들에게 테니스공을 치는 상상을 하라고 요청하였다. 일부 환자들에서 통제 참여자들과 유사한 뇌 활동이 나타났는데, 이는 환자들이 연구진의 지시를 이해하였을 보여주는 것이다. Owen의 연구는 일부 환자가 의식을 하고 있음을 보여주었기에 그는 의사소통과 재활을 위한 더 많은 연구를 할 수 있게 되었다.

종합하면 이들 연구는 행동 대부분이 겉으로 드러나지 않아도 뇌가 상당한 정도로 의식을 유지할 수 있음을 보여준다. 또한 이들 연구는 드러난 행동이 없는 경우에도 Harvey가 주장한 것처럼 뇌 활동으로 발생한 신호를 통해서 의사소통할 수 있다는 것도 보여준다. 시험관 속의 뇌를 대상으로 한 Harvey의 연구 문제 중 하나였던 모든 감각 경험과 움직임이 없을 때도 뇌가 의식을 유지할 수 있는지는 예측하지 못한 곳에서 답이 나올 수도 있지만 아직은 해결되지 않은 의문이다.

인공지능을 적용한 결과물은 체스와 바둑 같은 복잡한 게임에서 컴퓨터가 전문 기사를 이긴 것과 같은 놀라운 일을 할 수 있음을 보여준다. 학교 가기, 소셜 미디어 확인하기, 스포츠를 하는 것과 같이 인간이 하는 방식으로 세상을 직접 경험하지 않고도, 즉 우리가 일상에서 행하는 방식으로 감지하고 반응하지 않고도 컴퓨터가 의식을 가질 수 있는지 알아보기 위한 많은 연구가 진행 중이다. 노트북이나 태블릿과 같은 컴퓨터가 체화된 행동 없이 의식을 가질 가능성에 대한 답은 인간 의식에 대한 통찰을 제공할 것이다(Blum & Blum, 2021).

행동이란 무엇인가?

Irenäus Eibl-Eibesfeldt는 그가 1970년에 쓴 책인 *Ethology: The Biology of Behavior*에서 다음과 같이 정의하였다. "행동은 적시에 나타난 패턴들로 구성된다." 이런 패턴은 운동, 소리내기, 미소 지을 때의 얼굴 움직임과 같은 용모의 변화 등으로 이루어진다. 적시에 나타난 패턴이라는 표현에는 생각하기도 포함된다. 우리는 타인의 생각을 직접 관찰할 수 없다. 그러나 생각과 연관된 뇌의 전기적 및 생화학적 변화를 살펴보면 생각하기도 적시에 나타나는 패턴을 만들어내는 하나

뇌심부자극(DBS) 뇌에 삽입된 전극을 통해 목표 영역을 낮은 전류로 자극하여 행동을 촉진시키려는 신경수술

식물인간 상태(PVS) 환자가 살아 있으나 의사소통이나 다른 최소한의 기본적 기능도 독립적으로 할 수 없는 상태

자발적으로 연구에 참여하는 사람과 환자로서 연구를 위해 뇌 및 행동장애 치료를 받는 사람을 참여자라 하고, 인간이 아닌 동물은 피험동물이라 한다.

TBI와 다른 신경과적 질환 그리고 그에 대한 치료를 위한 더 많은 연구는 7-1절, 14-5절, 16-3절에서 살펴본다. 뇌진탕은 임상 초점 16-3의 주제이다.

잣새의 부리는 태어날 때부터 솔방울을 까먹기 좋게 되어 있다. 잣새가 솔방울을 까먹는 행동은 선천적이다.

새끼 집쥐는 솔방울 까먹는 행동을 어미로부터 배워야 한다. 집쥐가 솔방울을 까먹는 행동은 학습된 것이다.

그림 1.4 선천적 행동과 학습된 행동
어떤 동물의 행동은 다분히 선천적이고 고정되어 있는 데(잣새의 경우) 비해서 다른 동물의 행동은 학습된 것(집쥐의 경우)이다. 이런 학습은 문화적 전달의 한 예이다.
출처 : (위) Weiner(1995). (아래) Terkel(1995).

의 행동임을 알 수 있다.

동물의 행동 패턴은 아주 다양하고, 이런 변이는 뇌의 기능이 다양하다는 것을 잘 보여준다. 동물은 주로 유전에 의존적인 행동을 하는데, 이는 그들이 이전 경험을 거의 필요로 하지 않는 행동을 한다는 것을 의미한다. 그렇게 하기 위해서는 그 행동을 일으키는 데 필요한 방식으로 동물의 뇌가 조직화되어 있어야 한다. 또한 동물은 학습을 할 수도 있는데, 이는 그들이 경험과 연습을 통해 새로운 행동을 습득할 수 있음을 의미한다. 이런 학습된 행동은 뇌의 **가소성**(plasticity)에 의존하는데, 이는 학습 경험에 대한 반응으로 뇌가 변화하는 능력이다.

그림 1.4는 두 동물종인 잣새와 집쥐의 섭식행동에서 유전과 학습의 역할을 보여준다. 잣새의 부리는 끝이 어긋나 이상하게 보이지만 솔방울을 잘 먹을 수 있게 진화된 것이다. 만일 잣새의 이런 부리가 조금이라도 변형되면 다시 부리가 자라기 전에는 좋아하는 솔방울을 먹을 수 없다. 잣새의 먹기에는 학습을 통한 많은 수정이 필요치 않다. 반면에 집쥐는 어떤 것이라도 자를 수 있게 진화되었을 것 같은 날카로운 앞니를 가진 설치류이다. 생소한 먹이이긴 하지만 쥐도 솔방울을 먹는 것으로 알려져 있다. 집쥐는 숙련된 어미 쥐에게 솔방울을 먹는 방법을 배운 다음에야 그것을 효과적으로 먹을 수 있다. 이런 먹기는 학습되는 것이며, 나아가 어미가 새끼들에게 가르치는 하나의 문화이다. 1-5절에서 문화의 개념을 확장할 것이다.

선천적 및 후천적 행동과 관련하여 서로 다른 동물종에서 나타나는 변이에서 알 수 있는 것은 많은 조직화 덕분에 뇌는 행동을 일으킬 뿐 아니라 스스로 변화할 준비를 하고 있으며, 뇌의 이런 기능은 뇌가 조직화되어 있기 때문에 가능하다는 점이다. 예컨대 선택적 교배를 통해 양이나 소를 몰고 다니는 방법을 배울 준비가 된 목양견을 생산할 수 있지만, 이들이 실제로 성공적인 목양견이 되려면 훈련이 필요하다. 다른 동물과 마찬가지로 인간도 신생아의 빨기 반응과 같은 많은 유전된 반응을 한다. 심장박동, 소화, 호흡을 포함한 대부분 신체 기능은 무의식적인 신경계 활동에 의해 통제된다. 평생 우리의 학습 준비가 우리의 학습능력에 영향을 미친다. 학교 체계는 인간의 성숙이 학습능력과 관련이 있다는 생각에 기반을 두고 있다. 읽기, 쓰기, 수학, 스마트폰 사용과 같은 인간의 복잡한 행동은 우리의 뇌가 진화를 거쳐 현재의 모습을 갖춘 후 오랫동안 학습된 것이기 때문에 우리는 분명히 다재다능한 뇌를 물려받은 것이다.

타고난 능력과 학습의 복합적 영향은 연구자에게 많은 실험적 질문을 제기한다. 뇌는 조직화된 행동을 생성하는 데 필요한 조직화를 어떻게 물려받았을까? 뇌는 어떻게 학습하는가? 유전된 행동과 학습된 행동을 생성하는 뇌 과정은 같은 것인가? 이러한 질문은 또한 학습 기능이 내장된 기계를 만드는 로봇공학 분야, 그리고 자기-교육이 되도록 설계된 기계를 만드는 인공지능 분야와 관련이 있다. 다음 장들에 등장하는 유전학, 학습을 중재하는 신경계 변화, 인간 지능과 인공지능을 모두 생산하는 네트워크에 대한 논의에서 이런 질문을 다룰 것이다.

1-1 복습

진도를 계속 나가기 전에 앞 절을 얼마나 이해했는지 확인해보자. 정답은 이 책의 뒷부분에 있다.

1. _____은/는 머리에 충격이 가해진 결과 나타나는 뇌의 부상이다.

2. 뇌와 척수가 합쳐져 _____을/를 구성한다. 뇌와 척수 바깥에 있는 모든 뉴런과 뇌 및 척수에서 뻗어나온 모든 신경섬유가 _____을/를 형성한다.

3. 뇌에는 2개의 주요 부분이 있다. _____은/는 의식적 행동을 지원하고, 무의식적 행동을 지원하는 _____을/를 감싼다.

가소성 신체가 구조적 및 화학적 변화를 일으키는 능력으로, 환경 변화에 대한 적응성과 상해에 대한 보상능력을 촉진한다. (뇌와 신경계에서는 이 능력을 *신경가소성*이라 한다.)

4. 행동에 대한 간단한 정의는 '살아 있는 유기체에서 나타나는 모든 종류의 움직임'이다. 각각의 행동에는 원인과 기능이 있지만, 행동마다 _____ 또는 선천적인 정도, _____에 의존하는 정도, 그리고 복잡성이 서로 다르다.

5. 체화된 행동이라는 개념이 무엇을 의미하는가?

6. 로봇공학과 인공지능에 기반을 둔 발명품이 뇌의 작용을 모방하는 방식을 설명하시오.

정신　마음과 동의어이며, 한때 인간 행동(특히 의식, 상상, 의견, 욕망, 즐거움, 통증, 기억, 이성)의 원천으로 가정된 실체

정신론　비물질적인 마음의 기능으로 행동을 설명하는 견해

1-2

뇌와 행동에 관한 이론

'뇌와 행동이 어떻게 연관되어 있는가?' 하는 주제로 돌아가보자. 많은 사람이 행동의 원인을 추론하였다. 그들의 추론은 정신론, 이원론, 물질론의 세 가지로 구분할 수 있다. 이들 각각을 기술한 다음 현대의 뇌 과학자들이 물질론자들의 견해에 동의하는 이유를 설명할 것이다. 이 이론들을 살펴보면 현재에도 여전히 각 이론의 영향을 받고 있다는 것을 알게 될 것이다. Melanie Challenger(2021)는 자신의 저서 *How to Be an Animal*에서 이 이론들이 우리에게 부과하는 많은 갈등을 제시하는데, '왜 우리는 원숭이 복제는 수용하면서 인간 복제는 수용하지 않는가?'가 그중 하나이다.

학습 목표
• 정신에 관한 고대의 개념에서부터 마음을 이해하였던 역사적 과정을 정신론, 이원론, 물질론을 통해 서술한다.
• 뇌와 행동에 대한 현재의 이해에 유전학과 유전이 미친 영향을 설명한다.
• 의식에 관한 현재의 이해를 요약한다.

아리스토텔레스와 정신론

마음(또는 영혼)이 행동을 통제한다는 가설은 많은 문화에서 발견된다. 이 생각은 고대 그리스-로마 신화에 나오는 프시케의 성격에 구현되어 있다. 죽음을 피할 수 없는 존재인 프시케는 큐피드라는 젊은 신의 아내가 되었다. 큐피드의 어머니인 비너스는 아들의 결혼에 반대하여 거의 불가능한 과제로 프시케를 괴롭혔다. 프시케는 헌신과 동정심으로 과제를 해결하여 불멸의 존재가 되었고 비너스의 반대도 극복했다.

고대 그리스의 철학자인 아리스토텔레스(384~322 B.C.E.)는 인간의 모든 지성이 개인의 **정신**(psyche)에서 비롯된다고 제안하면서 이 이야기를 언급했다. 정신은 육체와 독립적인 비물질적 실체로 의식, 지각, 정서, 그리고 상상, 의견, 욕망, 쾌락, 고통, 기억, 이성과 같은 과정을 담당한다. 아리스토텔레스는 정신이야말로 생명을 주관하는 것이며, 정신이 신체를 떠나면 그것이 죽음이라고 하였다.

행동에 대한 아리스토텔레스의 설명이 근대 심리학의 시작이긴 하지만, 거기에는 뇌의 역할이 없었다. 그는 뇌가 피를 식혀주기 위해 존재한다고 생각했다. 뇌가 행동을 만들어낸다고 생각했더라도 당시의 일부 철학자와 의사들이 그랬던 것처럼 한 신체 기관이 어떻게 행동을 일으킬수 있는지를 설명하지 못한 상황에서 그런 생각은 의미가 없었을 것이다(Gross, 1995). 영혼이라는 개념을 정립하려는 다양한 종교에서 비물질적 실체가 우리의 행동을 지배하고 우리의 근원적의식이 사후에도 생존한다는 아리스토텔레스의 견해를 채택하였다.

정신(psyche)은 영어 단어 마음(mind)으로 번역되었는데, 이는 앵글로색슨계 단어로는 기억(memory)에 해당한다. 인간의 마음(정신)이 행동을 관장한다는 철학적 견해를 **정신론**(mentalism)이라고 한다. 의식, 감각, 지각, 주의, 상상, 정서, 동기, 기억, 의지 등과 같은 많은 용어가 오늘날에도 행동을 기술하는 데 사용되고 있으므로, 정신론이 현대의 행동과학에까지 계속 영향을 미치고 있다고 할 수 있다. 이들 용어는 실제로 이 책을 비롯하여 현대의 심리학 및 신경

몸과 관련이 있지만 분리된 것이라는 정신에 대한 아리토스텔레스의 개념화는 이슬람 학문 연구와 정신장애를 포함하여 그 후의 많은 문화에 영향을 주었다.

François Gérard, 〈프시케와 큐피드(1798)〉

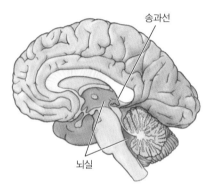

그림 1.5 이원론적 가설
마음이 신체를 통제하는 방식을 설명하기 위해서 데카르트는 마음이 송과선에 위치하며, 그곳에서 뇌실을 통해 근육으로 체액이 흐르도록 하면 몸이 움직이게 된다고 생각하였다. 실제로 송과선은 24시간 및 계절성 생체 리듬에 영향을 미치는데, 이에 대해서는 13-2절에서 살펴볼 것이다.

2014년에 나온 영화 〈이미테이션 게임(Imitation Game)〉은 제2차 세계대전 동안 나치의 암호를 해독하는 Turing의 노력을 극화한 것이다. '모방게임'은 질문자와 컴퓨터 간의 가설적 상호작용을 참조하여 컴퓨터가 의식이 있는지를 판단하는 것이다.

이원론 비물질적인 마음과 물질적인 신체가 행동에 관여한다는 철학적 견해
마음-신체 문제 비물질적 마음과 물질적 신체가 상호작용하는 방식을 설명하는 난해한 문제

과학 교과서에서 장의 제목으로 흔히 사용된다.

데카르트와 이원론

프랑스의 철학자인 르네 데카르트는 뇌와 행동에 관한 그의 첫 번째 책 *Treatise on Man* (1972/1664)에서 뇌의 중요한 역할은 인정하지만 마음을 우선시하는 행동에 관한 새로운 설명을 제시하였다. 데카르트는 뇌 안에 마음의 자리가 있다고 하면서 마음과 신체를 연결하였다. 그 책의 첫 문장에서 그는 마음과 몸이 "인간이 형성되기 위해서는 반드시 연결되어 하나가 되어야 한다"고 하였다.

데카르트는 당시 파리에 많았던 톱니바퀴, 시계, 물레방아 등의 다양한 기계에 영향을 받았고 움직임, 소화, 호흡 같은 신체와 뇌의 활동이 기계적이고 물리적 원리에 의해서 설명될 수 있다고 생각하였다. 예컨대 파리의 한 수변 공원에는 산책하는 사람들이 지나가면 갑자기 숨겨진 조각상이 나타나서 물을 뿌리는 장치가 있었다. 그런 조각상의 움직임은 산책하는 사람이 도로변에 감추어진 페달을 밟으면 시작되는 것이었다. 데카르트는 이런 반사적 작용을 일으키는 기계적 원리로 신체 기능도 설명할 수 있다고 주장하였다.

그러나 그는 의식이 기계적 설명으로 환원되는 방법에 대해서는 알지 못했다. 따라서 그는 뇌 중앙의 작은 구조물인 송과체(pineal body) 또는 송과선(pineal gland)을 통해 마음과 몸이 상호작용함으로써 움직임을 만들어낸다고 주장하였다. 마음이 뇌실이라는 체액으로 채워진 공동 옆에 있는 송과체에 지시를 내려 뇌실의 체액이 신경을 거쳐 근육으로 흐르게 한다(그림 1.5). 이런 방식으로 체액이 근육을 확장하면 몸이 움직인다는 것이 그의 생각이었다.

행동이 두 가지 실체, 즉 비물질인 마음과 물질인 몸에 의해서 통제된다는 견해가 **이원론** (dualism)이다. 이원론에 반하는 주장은 비물질의 실체가 신체에 영향을 줄 방법이 없고, 그렇게 하려면 에너지가 자발적으로 생성되어야 하는데, 이는 질량과 에너지 보존에 관한 물리학의 법칙을 위반하게 된다는 것이다. 비물질적인 마음과 물질인 뇌가 상호작용하는 방법을 설명하지 못한 것을 **마음-신체 문제**(mind-body problem)라 한다.

그럼에도 불구하고 데카르트는 언어사용능력과 기억능력을 기반으로 마음의 존재를 입증할 두 가지 검사를 제안하였다. 그는 인간이 아닌 동물과 기계는 마음을 갖지 않았기 때문에 그런 검사들을 통과할 수 없을 것으로 생각하였다.

데카르트 검사의 현대판이라 할 수 있는 튜링검사라는 것이 있는데, 이는 영국의 수학자 Alan Turing의 이름을 딴 것이다. 1950년에 Turing은 자신이 만든 **모방게임**(현재의 튜링검사)에서 질문자가 사람에서 나온 답과 기계에서 나온 답을 구분할 수 없으면 그 기계가 의식을 가진 것으로 판단할 수 있다고 주장하였다. 현대의 컴퓨터는 튜링검사를 통과할 수 있겠지만, 그 모방게임의 핵심 성분은 인간 판단자의 주관적 평가, 즉 지능의 출현을 의식의 증거로 해석하려는 우리의 의지였다. 인간-기계의 상호작용 역사를 논의하면서 Simone Natale(2021)는 그 모방게임이 정적이지 않다고 지적하였는데, 인공지능이 인간을 변화시키고 있고, 그렇게 함으로써 인공지능은 우리가 모방게임을 판단하는 방법을 변화시킨다는 것이다.

실험 연구 또한 인간이 아닌 동물이 '의식' 검사를 통과할 수 없다는 데카르트의 견해에 의문을 제기한다. 유인원과 다른 동물에서 수행된 의사소통 연구는 다른 종의 동물이 말할 수 있고 나타나지 않은 것에 대해서 추론할 수 있는지 알아보려고 하였다. '비교 초점 1-2 : 말하는 뇌'에 동물의 의사소통을 연구하는 현대의 기법을 요약하였다.

말하는 뇌

어떤 연구 영역도 인간 언어의 기원에 관한 연구만큼 다양하고 상상력이 풍부한 문헌을 생산하지 못했다. Robert Berwick와 Noam Chomsky(2016)는 그들의 저서 *Why Only Us*에서 동물 중에서 오직 인간만이 무한 수의 개념을 만들기 위해 단어와 개념을 병합하는 독특한 능력을 가졌기에 언어를 진화시켰다고 주장하였다. 이 주장을 하면서 그들은 언어가 처음부터 현대 인류가 구사하는 완전한 형태로 나타나지 않았을 것이라고 설명하는 진화론과 부딪혔다. 인간 언어의 고유성을 받아들인 뇌와 행동에 관한 연구는 다양한 동물종의 의사소통에서 뇌가 어떤 역할을 하는지를 알아봄으로써 언어의 기원에 대한 이해에 도움을 주었다. 물고기와 개구리를 포함하여 작은 대뇌를 가진 많은 동물종은 정교한 발성을 할 수 있으며, 새, 설치류, 고래 및 영장류와 같이 큰 대뇌를 가진 종에서 발성은 더 정교하다. 인간과 가장 가까운 계통인 침팬지를 대상으로 한 언어 연구에서 과학자들은 언어 학습, 자발적 발성 및 몸짓, 뇌 해부학을 연구하였다.

Beatrice와 Gardner(1969)는 워쇼라는 침팬지에게 미국 수화를 가르쳤다. 그 후에 Sue Savage-Rumbaugh와 공동 연구자들(1999)은 칸지라는 이름을 가진 보노보(다른 침팬지 종보다 인간과 훨씬 더 가까운 계통이라고 생각되는 침팬지 종)에게 상징 언어인 여키스어를 가르쳤다. 칸지도 복잡한 인간의 말을 이해한다는 분명한 증거를 보여주었다.

사람들과 상호작용할 때와 먹을 때 나오는 칸지의 자발적 발성은 그가 의미 또는 의미론적 맥락과 연관된 많은 소리를 낸다는 것을 보여주었다. 예컨대 칸지는 다양한 엿보기를 특정 음식과 연관시킨다. 침팬지는 인간이 말할 때 사용하는 것과 같은 리듬으로 입술을 때리고, 인간을 포함한 다른 개체의 주의를 끌기 위해 특정 맥락에서 야유 소리(raspberry) 또는 늘어진 않는(grunt) 소리를 낸다. 그들은 의도를 알리기 위해 소리지를 때 얼굴과 팔의 움직임으로 몸짓을 한다. 또한 먹는 장소로 다른 개체를 끌어들이기 위해 하나의 독특한 신호음을 내고, 여행을 시작하기 위해서는 또 다른 신호음을 낸다. Stewart Watson과 동료들(2015)은 2개의 침팬지 군락에서 동물들이 사과를 지칭하기 위해서 서로 다른 지시적 신호(referential call, 명칭)를 사용한다고 보고하였다. 집단들이 결합할 때는 두 집단 모두 신호를 바꾸어 하나의 공통 신호를 채택하는데, 이것은 사람들이 주변의 다른 사람들의 말소리 패턴을 취하는 것과 유사한 일종의 몸짓 전파(gestural drift)이다.

해부학적 연구는 인간 언어에 중요한 피질 뇌 영역이 침팬지에도 있음을 보여주었다. 이들 뇌 구조물의 뇌 혈류 영상을 찍어보면 의사소통을 할 때 인간과 침팬지에서 동일한 뇌 영역이 활성화된다는 것을 알 수 있다. 뇌의 신경로를 관찰한 영상 연구에서도 소리를 사용하여 연구자를 유인하는 것을 자발적으로 학습한 침팬지는 그런 신호 학습을 하지 않은 침팬지와 달리 이들 동일 뇌 영역에 구조적 변화가 일어난다고 보고하였다.

침팬지 연구에서 수집된 풍부한 정보를 요약하면서 Sam Roberts와 Anna Roberts(2020)는 침팬지의 의사소통능력을 많은 수의 동물이 집단으로 함께 살 수 있게 해주는 행동 특성이라고 하였다. Michael Wilson(2021)은 침팬지가 나타내는 언어와 유사한 행동은 현대 인류가 행하는 동일 행동에 앞서 나타난 것이라고 주장하였다.

칸지

Barcroft/Getty Images

마음에 관한 데카르트의 이론은 몇 가지 나쁜 결과를 낳았다. 이원론에 근거해서 어떤 사람들은 어린아이나 정신 질환 진단을 받은 사람들은 마음이 없다고 주장하였는데, 그 이유는 그들이 종종 적절히 추론하지 못하기 때문이었다. ['정신없는 사람(lost their mind)'이라는 묘사에서 이를 엿볼 수 있다.] 이원론을 옹호하는 일부 사람들은 여전히 정신없는 사람은 존경이나 친절을 받을 자격이 없는 기계에 불과하다고 여겼다. 동물, 어린이, 정신 질환자에 대한 잔인한 대우는 아마도 데카르트의 이론에 의해 정당화되기도 했을 것이다. 그러나 데카르트 자신이 그런 해석을 하지는 않았을 것이다. 그는 자신이 기르던 그라트라는 개를 따뜻하게 돌보았다고 한다.

> 역사적으로 다양한 질병이 있는 사람들을 기술하기 위해 사용되었던 '정신병(mentally ill)'이라는 용어는 부정확하고, 종종 낙인을 찍는 것이어서 현재는 사용하지 않는다.

다윈과 물질론

19세기 중반에 **물질론**(materialism)이라는 이론이 등장하였는데, 당시 이 이론은 앨프리드 월리스와 찰스 다윈이 주장한 진화론의 지지를 받았다. 물질론에서는 뇌를 포함한 신경계의 작용만으로 행동을 완전하게 설명할 수 있다고 한다.

> **물질론** 마음이라는 수단을 사용하지 않고도 신경계의 작용만으로 행동을 설명할 수 있다는 철학적 견해

자연선택 오랜 시간에 걸쳐서 새로운 종이 출현하고 기존의 종이 변화하는 방식을 설명하는 다윈의 이론. 이 이론에서는 어떤 특성(표현형)이 성공적으로 재생산되느냐 하는 것이 유기체와 환경 간 상호작용의 결과라고 본다.

종 교배할 수 있는 유기체들의 집단

표현형 나타나거나 측정될 수 있는 개체 특성(신체적 또는 행동적 특질)의 집합

멘델 유전학 멘델의 실험에서 밝혀진 유전 원리로, 유전 인자(유전자)가 한 세대에서 다음 세대로 전해진다는 관찰을 근거로 하였다.

유전형 한 개체가 가지는 고유한 유전적 구조

그림 2.1은 표현형의 가소성을 설명한다.

자연선택에 의한 진화

많은 동물종이 유사한 모습과 환경에 적응하는 행동적 특수성을 가지고 있다는 관찰은 기원전 3세기 아리스토텔레스에서 중국의 도교 사상가까지, 그리고 9세기 이슬람 학자 알자히즈에 이르기까지 역사 전반에서 발견된다. 그러나 19세기 중반이 되어서야 비로소 월리스와 다윈이 각기 별도로 모든 생명체가 연관되어 있다고 주장하였다. 다윈은 1859년에 출판한 그의 책 종의 기원(*On the Origin of Species by Means of Natural Selection*)에서 과거의 개념을 정교하게 수정하였고, 그로 인해 그는 현대 진화론의 창시자로 인정받게 되었다(Darwin, 1963/1859). 다윈은 신체와 행동의 작은 변화가 한 세대에서 다음 세대로 전달된 결과 모든 종의 생명체가 존재하게 되었다고 하였다.

자연선택(natural selection)은 시간이 지남에 따라 새로운 종이 진화하고 기존의 종이 변화되는 방식을 설명해주는 이론이다. 하나의 **종**(species)은 통상 그들 내에서 번식이 가능한 동물의 집단으로 정의된다. 어느 종이든 그에 속하는 개체들은 관찰 또는 측정이 가능한 특성인 **표현형**(phenotype)이 다양하다. 그래서 종 내의 어떤 개체도 똑같지는 않다. 어떤 개체는 크고, 어떤 개체는 작으며, 어떤 개체는 뚱뚱하고, 어떤 개체는 빠르고, 어떤 개체는 색깔이 옅으며, 어떤 개체는 큰 이빨을 가지고 있다.

서식 환경에서 생존에 가장 많은 도움을 주는 특성을 가진 개체가 그렇지 못한 개체보다 더 많은 자손을 남길 것이다. 이러한 생존과 번식능력의 개체차가 긴 세월에 걸쳐서 해당 종에서 점진적 변화를 일으킨다. 자연선택은 원하는 특성을 가진 동물이나 식물을 얻기 위해서 오랫동안 인공 선택을 시행한 육종 전문가에게는 자연이 내린 청사진이라 할 수 있다.

자연선택과 유전되는 인자

다윈과 월리스 중 누구도 그들이 관찰한 식물과 동물종에서 나타나는 변이의 근원을 알지 못했다. 수도사인 그레고어 멘델이 표현형적 변이의 근원과 그 특질이 부모 세대에서 자식 세대로 전달되는 원리를 발견하였다. 멘델은 수도원 정원에 심은 완두로 1857년에 시작한 실험을 통해 우리가 오늘날 유전자라고 부르는 유전 인자가 그 종에서 나타나는 신체적 특성을 결정지을 것이라고 추론하였다.

실험을 통해 멘델이 입증한 유전 원리는 오늘날 **멘델 유전학**(Mendelian genetics)이라고 하는 것과 관련된 수많은 발견을 끌어내었다(멘델 유전학이 생소하다면 **실험 1-1** 참조). 특정 유전 구조(genetic makeup) 또는 **유전형**(genotype)을 가진 한 종의 개체들은 유사한 특질 혹은 표현형을 발현할 것이다. 만일 어떤 특성을 나타내는 유전자 또는 유전자 조합이 자손에게 전달되면 그 자손도 동일한 특성을 보일 것이다. 각 유기체가 가진 생존 및 생식능력의 차이는 그들이 부모로부터 물려받은 유전자의 차이와 관련이 있다. 이와 마찬가지로 종 내 또는 종 간에 나타나는 유사한 특성도 유사한 유전자에 기인하는 것이 보통이다. 예컨대 서로 다른 동물종의 신경계에서 유사한 특성이 있다면, 그것을 만들어내는 유전자도 유사하다.

유전자, 환경, 그리고 경험의 상호작용

3-3절은 유전자의 구성, 기능, 변화, 즉 돌연변이를 포함하여 기본적인 몇 가지 유전학 및 후생유전학의 원리를 설명한다.

한 유기체의 표현형, 즉 모든 특질을 유전자만으로 설명할 수는 없다. 멘델은 환경이 특성의 발현에 관여한다는 것을 알았는데, 예를 들면 토양이 나쁘면 키 큰 완두를 심어도 키 작은 완두가 나왔던 것이다. 경험 또한 영향을 미친다. 예컨대 표준 이하의 학교에 다니는 아동의 경험은

····> 실험 1-1

질문 : 유전 요인은 모주에서 후대로 어떻게 전달되는가?

절차

특정 유전형을 가진 종에 속하는 개체들은 유사한 표현형 또는 개체 특성을 발현할 것이다. 어떤 특수한 특질(예 : 꽃의 색)에 대한 유전자 혹은 유전자 조합이 후대로 전해지면, 그 후대는 그 특질을 나타낼 것이다. 흰 꽃을 피우는 2개의 완두콩 식물은 제1세대(그림의 F_1)에서 흰 꽃을 피우는 후대를 낳고, 2개의 보라 꽃 모주는 보라 꽃을 피우는 후대를 낳는다. 이 결과를 바탕으로 멘델은 두 가지 대체적 유전 요인이 꽃 색이라는 특질을 결정한다고 추론하였다.

멘델은 보라 꽃 F_1과 흰 꽃 완두를 교배시키는 실험을 하였다. 제2세대(F_2)의 모든 후대는 보라 꽃 표현형을 발현하였다. 흰 꽃을 발현하는 요인은 사라져버린 것인가? 이를 알아보기 위해 멘델은 보라 꽃 F_2들을 교배시켰다. 제3세대(F_3)에서는 흰 꽃과 보라 꽃의 비율이 거의 1 : 3으로 피었다.

결과

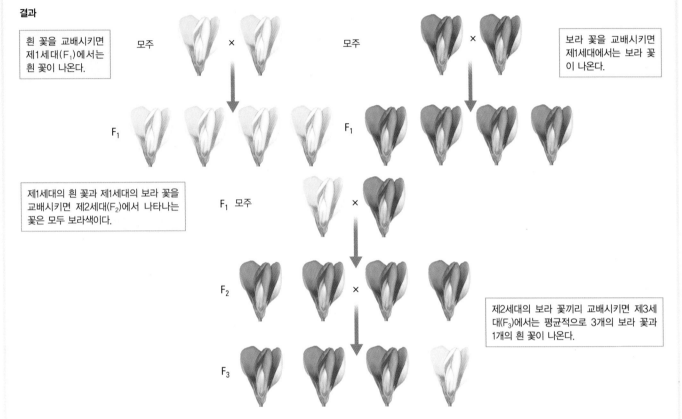

흰 꽃을 교배시키면 제1세대(F_1)에서는 흰 꽃이 나온다.

모주

모주

보라 꽃을 교배시키면 제1세대에서는 보라 꽃이 나온다.

F_1

F_1

제1세대의 흰 꽃과 제1세대의 보라 꽃을 교배시키면 제2세대(F_2)에서 나타나는 꽃은 모두 보라색이다.

F_1 모주

F_2

제2세대의 보라 꽃끼리 교배시키면 제3세대(F_3)에서는 평균적으로 3개의 보라 꽃과 1개의 흰 꽃이 나온다.

F_3

결론 : 이 결과에서 멘델은 흰 꽃의 특질이 사라지는 것이 아니라 보라 꽃의 특질에 의해 가려진다는 것을 알게 되었다. 그는 각 개체는 각 특질에 대한 2개의 요인(또는 유전자)을 물려받지만, 개체 내에서 하나가 우세하여 다른 하나를 가려서 억압할 수 있다는 결론을 내렸다.

표준적인 학교에 다니는 아동의 그것과는 아주 다르다.

유전자와 그것의 효과가 정적이지 않음을 우리는 알고 있다. 유전자는 우리가 살아가는 동안 다른 시기와 다른 조건에서 활성화될 수 있다. **후생유전학**(epigenetics, '유전자를 넘어서'라는 의미) 또는 후생학 분야는 유전자 발현이 다른 시기에 켜지거나 꺼지는 방식, 그리고 환경과 경험이 행동에 영향을 미칠 때 유전자에 어떤 방식으로 작용하는지를 연구한다.

물질론 요약

자연선택, 유전, 그리고 후생유전학의 이론은 신경과학을 물질론적으로 이해하는 기초이다. 이 이론들은 뇌와 행동 연구에서 네 가지 중요한 의미를 가진다.

1. 동물종이 모두 연관되어 있기 때문에 그들의 뇌도 연관되어 있음이 틀림없다. 많은 연구를 통해 확신할 수 있는 것은 첫째, 모든 동물의 뇌세포가 아주 유사한 것을 보면 그 세포들이 관련되어 있음이 틀림없고 둘째, 모든 동물의 뇌가 아주 유사하므로 동물들의 뇌 또한 관련되어 있음이

후생유전학 환경 및 경험과 관련된 유전자 발현의 차이

뉴런과 다른 뇌세포의 다양성은 3-1절에서 설명한다.

틀림없다는 것이다. 뇌 연구자들은 동물에서 나온 연구 결과가 인간의 신경계까지 확장될 수 있다는 것을 알기 때문에 민달팽이, 초파리, 쥐, 원숭이와 같은 다양한 동물의 신경계를 연구하고 있다.

2. 동물의 종들이 모두 연관되어 있다면 그들의 행동도 연관되어 있음이 분명하다. *The Expression of the Emotions in Man and Animals*라는 저서에서 다윈(1965/1872)은 인간과 여타 동물들의 정서 표현이 유사한 것은 우리가 정서 표현을 공통의 조상으로부터 물려받았기 때문이라고 하였다. **그림 1.6**에 그 증거가 제시되어 있다. 세계 각지에 사는 사람들이 같은 행동을 보이는 것은 그 특질이 유전된 것임을 시사한다.

정서 및 정서의 표현은 12-6절과 14-3절에서 자세하게 언급한다.

3. 인간과 같이 복잡한 동물의 뇌와 행동은 보다 단순한 동물의 뇌와 행동에서 진화한 것이다. 다음 절에서는 인간 신경계가 단순한 망과 같은 구조에서 행동을 통제하는 뇌를 포함하는 다중 영역의 신경계로 진화되고, 행동의 목록도 점차 복잡해지는 과정을 보게 될 것이다.

4. 마음에 귀속되는 의식과 다른 과정들은 신경계의 산물임이 분명하다. 다음 절에서는 의식의 측면들을 살펴볼 것이고, 이 주제는 후속 장들에서도 다룰 것이다.

의식에 대한 현재 관점

현재 뇌와 행동 연구는 의식을 설명할 수 있는가? Donald O. Hebb은 1949년에 출판한 그의 유명한 책 *The Organization of Behavior*에서 최초로 뇌 기능을 기초로 의식을 설명하였다. 그는 학습의 결과 소집단의 뉴런들 사이에 새로운 연결이 만들어져 **세포연합체**(cell assembly)를 형성하며, 이것이 기억의 기반이 된다고 하였다. 세포연합체는 상호작용하고, 그 결과 하나의 세포연합체가 다른 것과 연결된다. 따라서 세포연합체의 연결이 바로 기억의 연결이고, Hebb은 우리 자신과 타인의 행위에 대한 의식을 생성하는 것이 이 연결이라고 하였다.

Hebb은 자신의 견해를 다음과 같이 소탈하게 요약하였다.

현대 심리학은 행동과 신경 기능이 완전하게 연관되어 있고, 하나가 다른 것에 의해 완벽하게 초래된다는 것을 당연시한다. 이따금 뇌에 손가락을 집어넣어 그렇지 않았다면 신경세포들이 하지 않았을 일을 하도록 만드는 별개의 영혼이나 생명력은 없다(Hebb, 1949, p. iii).

Patricia Churchland는 자신의 저서 *Neurophilosophy*(1986)에서 의식, 고통, 주의와 같은 속성이

그림 1.6 유전된 행동

세계 곳곳에 있는 사람들은 다른 사람을 만나서 미소를 보일 때 사진에서 보는 바와 같이 똑같은 정서 표현을 보인다. 이런 증거는 정서 표현이 유전된 것이라는 다윈의 제안을 지지한다.

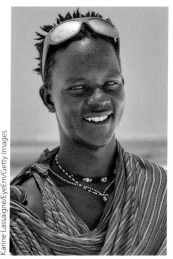

물리적 기제로 설명될 수 있다면 정신적 설명에 매달릴 필요가 없다는 주장으로 이 견해를 요약하였다.

뇌의 구조와 기능에 대한 보다 최근의 접근은 의식에 관한 또 다른 통찰을 제시하는데, 여기에는 우리의 의식이 뇌의 구조물과 그것들의 연결로 이루어진 전용 네트워크에 의해 지원된다는 생각도 포함된다. Giulio Tononi(2012)는 자신이 제안한 의식의 **통합정보 이론**(integrated information theory of consciousness, IIT; 파이 이론이라고도 함)에서 우리가 잠들면 파이 네트워크가 꺼지고, 깨어나면 그것이 다시 켜진다고 주장하였다. Tononi에 의하면 파이 네트워크의 각 성 활동이 우리가 의식이라고 경험하는 것을 만든다고 한다.

Tononi의 이론은 뇌의 구조와 기능을 영상화하는 MRI를 이용하는 새로운 기법에서 나온 것이었다. MRI는 뇌에서 나오는 전자기 신호를 탐지하여 뇌의 구조와 기능을 영상으로 나타내는 기법이다. **기능자기공명영상**(functional magnetic resonance imaging, fMRI)이라는 방법은 산소화된 혈액의 흐름을 추적 관찰하여 어느 뇌 구조물들이 함께 활동하는가에 관한 정보를 제공한다. fMRI를 통해 의식과 같은 기능이 네트워크, 즉 많은 영역의 상호작용과 연결의 지원을 받는다는 것을 알게 되었다.

의식과 파이 이론(IIT)의 신경 기초는 15-7절에서 자세히 다룬다.

수면(13장)과 사고(14장)에 관해 논의할 때 의식이라는 주제를 살펴볼 것이다.

과학과 신념의 분리된 영역

뇌가 종교를 부정한다고 생각하기 때문에 뇌만이 행동을 담당한다는 물질론의 신조에 의문을 제기하는 사람이 있을 수 있다. 실제로 물질론은 종교와의 관계에서 중립적이다. 세계의 많은 주요 종교는 행동에 있어서 뇌의 중심성과 진화를 과학 이론으로 받아들인다. 임상 초점 1-1에 소개된 Fred Linge는 다른 가족 구성원과 마찬가지로 종교적 신념을 가지고 있다. 그들은 그의 회복을 돕기 위해 종교적인 힘을 사용하였다. 그러나 종교적 믿음에도 불구하고 그들은 Linge의 뇌 손상이 그의 행동을 변화시켰고, 손상을 보상하는 학습으로 그의 뇌 기능이 좋아졌다는 것을 알고 있다.

많은 행동과학자는 종교적 신념을 가지고 있으며, 그들과 과학의 관계에 어떤 모순도 없다고 생각한다. 과학은 신념 체계가 아니라 연구자가 질문에 대한 답을 독립적으로 확인할 수 있도록 설계된 일련의 절차이다. 실험 1-1에서 살펴본 4단계 실험 절차는 누구나 원래 결론을 **재현** 또는 반복할 수 있게 해주거나, 그들이 그렇게 할 수 없다는 것을 알게 해준다.

실험은 (1) 문제 제기(가설), (2) 가설을 검증하기 위한 절차 설계, (3) 결과 평가, (4) 가설의 확증 또는 수정이라는 4단계 절차로 진행된다.

1-2 복습

진도를 계속 나가기 전에 앞 절을 얼마나 이해했는지 확인해보자. 정답은 이 책의 뒷부분에 있다.

1. 행동이 마음(정신)이라는 무형적 실체의 산물이라는 이론은 _____이다. 물질이 아닌 마음이 물질인 뇌에 작용하여 언어와 이성적 행동을 일으킨다고 하는 이론은 _____이다. 뇌 기능으로 모든 행동을 완전하게 설명한다는 이론인 _____이/가 뇌와 행동에 관한 오늘날의 연구를 이끌었다.

2. 인간과 같은 복잡한 동물의 뇌와 행동이 더 단순한 동물의 뇌와 행동에서 진화되었다는 제안이 _____(이)라는 이론을 이끌었다.

3. 뇌 손상을 입은 사람도 간혹 의사소통을 하고 단순한 요구에 따를 수 있지만, 그렇지 않고 의식이 없는 사람은 _____에 있는 것으로 간주된다.

4. 표현형을 설명하는 두 분야의 연구는 _____와/과 _____이다.

5. 언어와 기억이 의식 연구에서 중심이 되는 이유를 설명하시오.

6. 의식에 관한 Hebb의 이론이 이원론자의 설명과 어떻게 다른지 간략히 서술하시오.

1-3

뇌와 행동의 진화

(1) 신경계 그리고 움직이기 위해 근육을 맨 처음 발달시킨 동물, (2) 복잡한 행동을 조정할 수 있도록 뇌가 진화해감에 따라 신경계가 더 복잡해져 가는 방식, (3) 현재 인간의 뇌로 복잡하게 진화된 방식을 기술함으로써 인간 뇌와 행동의 진화를 재구성할 수 있다. 이에 대해서는 1-4절에서 알아볼 것이다.

뇌의 진화를 재구성하기 위한 한 방법은 **공통조상**의 원리를 이용하는 것이다. **공통조상**(common ancestor)이란 둘 이상의 혈통 또는 가계 집단이 유래된 조상을 말한다. 공통조상과 친척을 구분하기 위해서 한 동료가 들려준 다음의 이야기를 살펴보자.

존 캠벨이라는 이름을 가진 두 사람이 한 학술대회에서 소개되었고, 그 이름은 많은 대화의 출발점이 되었다. 두 사람 모두 캠벨 가문이기는 하지만 한 존이 다른 존에게서 나온 것은 아니다. 그 두 여자는 북미의 다른 곳, 즉 한 사람은 텍사스에 살고 다른 사람은 온타리오에 살며, 두 가계는 각기 여러 세대 동안 그렇게 살아왔었다.

그럼에도 불구하고 가계의 역사를 비교한 두 존은 그들이 공통조상을 가지고 있다는 사실을 알게 된다. 텍사스의 캠벨은 지브스 캠벨의 후손이고, 온타리오의 캠벨은 그와 형제인 매튜 캠벨의 후손이었다. 17세기에 지브스와 매튜 두 사람은 식민지 개척 시대에 북미로 향하기 전 식수 공급을 위해 스코틀랜드 북쪽의 오크니 제도에 배가 정박했을 때 같은 모피 무역선에 올랐다.

따라서 두 존 캠벨의 공통조상은 지브스와 매튜 형제의 부모였다. 텍사스와 온타리오에 사는 캠벨 가계는 이들 부부의 후손이다. 만일 두 존 캠벨의 유전자를 비교하였다면 지브스와 매튜의 부모였던 공통조상에 상응하는 유사성을 발견하였을 것이다.

이와 유사하게 인간과 다른 유인원도 공통조상에서 유래되었다. 하지만 2명의 존 캠벨과는 달리 우리는 먼 조상이 누구인지 정확하게 모른다. 그러나 과학자들은 인간과 관련된 동물들의 뇌와 행동상의 특성, 그리고 그들의 유전자를 비교함으로써 공통의 조상에 근거하여 혈통을 재구성할 수 있다.

몇몇 현존하는 동물종은 다른 동물보다는 공통조상을 가진 종들과 더 유사한 특성을 보일 것이다. 예컨대 침팬지는 어떤 방식으로든 현재 인간보다는 침팬지와 인간의 공통조상과 더 유사할 것이다. 따라서 침팬지의 진화 역사가 인간의 진화 역사만큼 길다는 것을 알고 있음에도 불구하고 침팬지를 그 조상의 대리자로 이용할 수 있다. 다음 절에서는 공통조상의 원리를 이용하여 인간의 뇌와 행동을 탄생시킨 중요한 진화적 사건을 추적할 것이다.

뇌세포와 뇌의 기원

지구는 약 45억 년 전에 형성되었고, 대략 10억 년 후에 최초의 생명체가 나타났다. 약 7억 년 전에 동물에서 최초로 뇌세포가 진화되었고, 2억 5,000만 년 전에 최초의 뇌가 출현하였다. 인간의 것과 유사한 뇌가 진화된 것은 불과 약 600만 년 전이었으며, 약 20만 년 전에야 비로소 현재의 인간 뇌가 진화되었다.

이 이야기는 지구의 역사 초기에 생명체가 나타났지만, 뇌세포와 뇌는 최근에야 진화되었음을 말해준다. 진화의 역사라는 측면에서 볼 때 인간의 것과 같은 크고 복잡한 뇌는 극히 최근 찰나의 순간에 나타난 것이라 할 수 있다. 만약 살아 있는 생명체들을 진화의 맥락에 따라 명칭을 붙이고 규칙적으로 배열하는 분류학적 원리를 이미 알고 있다면 계속 읽어나가면 될 것이다. 생명체의 분류학을 간략하게 살펴보고자 한다면 생명체의 분류를 설명한 '기본 지식 : 생물의 분류'를 참조하라.

동물에서 신경계의 진화

신경계가 생명에 꼭 필요한 것은 아니다. 실제로 과거 또는 현재의 많은 생명체가 신경계 없이도 잘 살았고 잘 산다. 신경계를 가진 동물에서 나온 증거는 신경계가 일반적인 단계를 거쳐 진화되었음을 시사한다.

1. **뉴런과 근육**　뇌세포와 근육이 함께 진화되었고, 그 결과 동물이 움직일 수 있게 되었다. 뉴런과 근육의 기원은 다양한 방식의 움직임을 발달시킨 단세포 동물(예 : 아메바)에 있을 것이다. 그러한 특질이 나중에 다세포 동물에서 더 전문화되었을 것이다.

2. **신경망**　해파리나 말미잘같이 진화적으로 오래된 대표적 동물문의 신경계는 아주 단순하다. 이 신경계는 산만한 **신경망**(nerve net)으로 이루어져 있으며, 뇌 또는 척수와 비슷한 구조를 갖는 것이 아니라 감각 정보를 받아들이는 뉴런이 근육을 움직이는 뉴런과 직접 연결되는 방식으로 구성되어 있다. 그림 1.1을 다시 보고 뇌와 척수가 제거되었다고 상상해보라. 인간의 PNS는 계통발생적으로 더 단순한 동물의 신경망을 연상시킨다.

3. **양측 대칭**　편형동물과 같은 보다 복잡한 동물의 신경계는 조직화가 더 진행되어 **양측 대칭**(bilateral symmetry), 즉 동물의 양쪽 신경계가 대칭인 모습을 보여준다. 인간의 신경계도 양측 대칭이다(그림 1.1 참조).

4. **분절화**　지렁이와 같은 동물의 몸은 일련의 유사한 근육 분절로 구성되어 있다. 그들의 신경계 또한 유사한 분절이 반복되는 형태이다. 인간의 척수와 뇌도 **분절화**(segmentation)를 보여준다. 척추에는 유사한 구조가 반복되는 신경계 분절로 구성된 척수가 들어 있다.

5. **신경절**　보다 최근에 진화된 동물문에 속하는 종인 대합조개, 달팽이, 문어 등은 **신경절**(ganglia)이라 부르는 뉴런의 집합체를 가지고 있다. 이런 신경절은 원시적인 뇌와 닮았고, 명령 센터라는 점에서 기능적으로도 비슷하다. 어떤 동물문에서는 머릿속에 신경절이 위치하는 **뇌화**(encephalization)가 뚜렷한 특징으로 나타난다. 예를 들어 곤충의 신경절은 머릿속에 있으며 크기도 상당하여 뇌라고 불러도 될 정도이다.

6. **척수**　비교적 진화가 많이 되고 뇌와 척수를 모두 가진 **척색동물**(chordate)에서는 뇌가 단일 신경계 통로를 통해 감각 수용기 및 근육과 연결된다. 척색동물이라고 부르는 이유는 등을 따라 달리는 유연한 신경다발인 **척삭**(notochord)이 있기 때문이다. 인간의 경우에는 척삭이 태아에만 존재하고, 출생할 무렵 뼈 구조인 척추가 척수를 감싼다.

7. **뇌**　척색동물문 중에서도 양서류, 파충류, 조류, 포유류는 뇌화가 가장 많이 진행되어 진정한 뇌를 가지고 있다. 그중에서 인간은 신체 크기에 비해 가장 큰 뇌를 가지고 있지만 다른 많은 척색동물도 큰 뇌를 가지고 있다. 공통의 계획하에서 만들어졌지만 각 척색동물종의 뇌는 그 종에서 독특하게 나타나는 행동을 잘 수행할 수 있도록 **전문화**(specialization)되어 있다.

신경망　중추가 없는 간단한 신경계로, 감각 정보를 받아들이는 뉴런과 근육을 움직이는 뉴런의 직접적인 연결로 이루어져 있다.

양측 대칭　신체 양편에 있는 기관이나 부위가 외관상 같아 보이는 신체 구조. 예컨대 손은 좌우대칭이지만 심장은 그렇지 않다.

분절화　유사한 여러 부분으로 나뉘는 것. 척추동물을 포함해서 많은 동물이 유사하게 조직화된 신체 분절로 구성되어 있음을 가리키는 개념

신경절　어느 정도 뇌와 유사한 기능을 하는 신경세포의 집합

척색동물　뇌와 척수를 가지고 있는 동물

그림 2.30에서 인간 척수의 분절 그림을 볼 수 있다.

기본 지식

생물의 분류

분류학(taxonomy)은 공통적 특성과 상호 관련성에 따라 대표적인 유기체들을 집단화하는 방식으로 종을 분류하고 이름을 붙이는 생물학의 한 영역이다.

인류의 계보를 나타낸 '현대 인류의 분류학' 그림의 왼쪽에서 볼 수 있듯이 가장 광범위한 분류 단위는 계(kingdom)이고, 그 하위 구분으로 문(phylum), 강(class), 목(order), 과(family), 속(genus), 종(species)이 있다. 이 분류 위계는 뇌세포와 뇌의 진화를 추적하는 데 유용하다.

인류는 동물계, 척색동물문, 포유동물강, 영장목, 큰유인원과, 호모속, 사피엔스종이다. 보통 동물은 속과 종의 명칭으로 식별된다. 그래서 우리 인류를 호모 *사피엔스*(Homo sapiens)라고 부르며, '영리한 인류(wise human)'라는 의미이다.

동물계의 분류를 나타낸 그림인 진화계통도에서의 가지들은 모든 생명체를 연결해주는 진화의 연쇄(계통발생)를 나타낸다. 진화계통도는 왼쪽에서 오른쪽으로 읽으며, 가장 최근에 진화된 유기체(동물) 또는 특성(근육 또는 뉴런)이 가장 오른쪽에 있다.

진화계통도에 제시된 다섯 가지 동물계의 생명체 가운데 가장 최근에 진화된 동물계만이 근육과 신경계를 가진 종들을 포함한다. 근육과 신경계가 함께 진화되어 운동(행동)의 기초가 되었고, 그에 따라 동물계의 생명체들이 구분된다는 점은 주목할 만하다.

'신경계의 진화' 그림은 신경계와 운동의 복잡성에 따라 분류된 15개 동물 집단 또는 문을 보여준다. *신경망*에서부터 오른쪽으로 나아가면서, 편형동물처럼 더 최근에 진화된 문의 신

현대 인류의 분류학

분류학에서는 대표적인 생명체 집단을 더 특수한 하위 집단으로 나눈다.

생명체
박테리아계, 단세포 생물계, 식물계, 균류계, 동물계라는 다섯 가지의 중요한 계로 분류한다.

계 : 동물
특징 : 이동하기 위해 뉴런과 근육 사용

문 : 척색동물
특징 : 뇌와 척수

강 : 포유동물
특징 : 큰 뇌와 사회적 행동

목 : 영장류
특징 : 시각적으로 손발 통제

과 : 큰유인원
특징 : 도구 사용

속 : 호모
특징 : 언어 사용

현대 인류는 멸종된 많은 사람과 유사한 동물종에서 유일하게 살아남은 종이다.

종 : 현생 인류
특징 : 복잡한 문화

진화계통도 반복적으로 가지치기가 일어나는 계통발생학적 나무그림으로, 진화적 가지치기가 일어나는 시간적 순서에 따라 생명체가 분류되는 것을 보여준다.

척색동물의 신경계

동물종들 간의 가설적인 계통발생적 관계를 나타내기 위해 **진화계통도**(cladogram, 그리스어 단어 *clado*는 'branch'를 의미)가 사용된다. 진화계통도의 분기점은 2개의 가지 각각의 공통조상이 존재하는 지점이다. 그러므로 이전 가지의 살아 있는 종은 공통조상을 대신할 수 있다. 분기점 사이의 거리는 관계의 거리를 나타낸다.

그림 1.7의 진화계통도에는 약 3만 8,500종류의 척색동물종을 이루는 9개 강 중에서 7개 강이 나타나 있다. 척색동물의 신경계는 변이가 크지만, 좌우대칭이고, 분절화되어 있으며, 연골조직이나 뼈로 뇌와 척수가 싸여 있다는 등의 기본 구조는 동일하다.

진화계통도

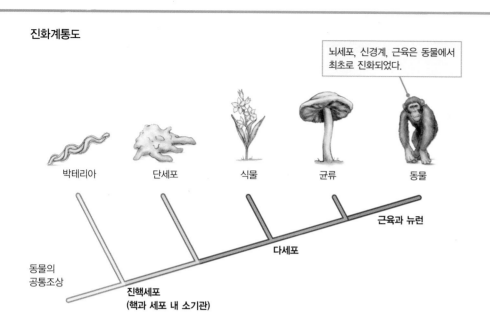

뇌세포, 신경계, 근육은 동물에서 최초로 진화되었다.

박테리아　단세포　식물　균류　동물

근육과 뉴런

다세포

동물의
공통조상

진핵세포
(핵과 세포 내 소기관)

경계는 더 복잡한 구조를 가진다. 이들 유기체는 머리와 꼬리를 가지고 있고, 몸은 양측 *대칭*(몸의 좌, 우가 거울상처럼 대칭)이고 *분절화*(비슷하게 조직화된 부분들로 구성)되어 있다. 인간 척수의 구조도 이 신경계와 비슷하게 분절화되어 있다.

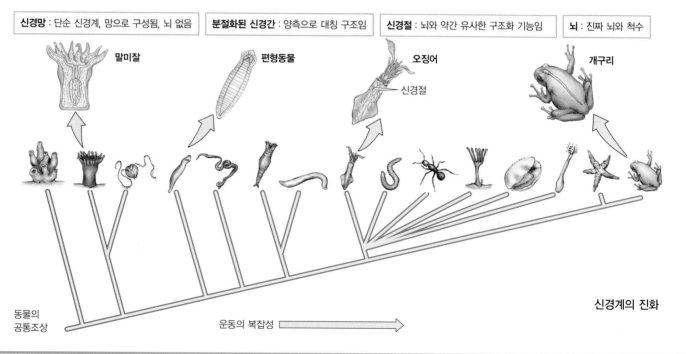

신경망 : 단순 신경계, 망으로 구성됨, 뇌 없음　　**분절화된 신경간** : 양측으로 대칭 구조임　　**신경절** : 뇌와 약간 유사한 구조화 기능임　　**뇌** : 진짜 뇌와 척수

말미잘　　편형동물　　오징어　　개구리

신경절

동물의
공통조상

운동의 복잡성

신경계의 진화

　척색동물의 뇌 크기가 증가한 것은 새로운 형태의 보행 및 움직임과 관련이 있다. 예를 들면 모든 척색동물은 뇌간을 갖지만 조류와 포유류는 큰 전뇌를 가지고 있다. 척색동물에서 복잡한 행동의 진화는 대뇌와 소뇌의 진화와 관련되어 있다. 여러 종류의 척색동물에서 대뇌와 소뇌의 크기가 증가하는 것을 **그림 1.8**에서 볼 수 있다. 뇌가 큰 여러 포유류에서 이들 구조물은 접혀 있어서 표면적이 넓지만 작은 두개골에 담길 수 있는데, 이는 큰 종이를 접으면 작은 봉투에 넣을 수 있는 것과 같다. 크기가 크고 주름이 많은 것은 영장류처럼 몸통의 크기에 비해 큰 뇌를 가진 동물에서 쉽게 볼 수 있다. 이 구조물의 크기 증가는 먹기를 위한 입과 손의 조작, 향상된 학습능력, 고도로 조직화된 사회행동 등의 복잡한 움직임을 가능하게 해주었다.

연구 초점 2-1은 소뇌가 없이 태어난 사례를 기술함으로써 소뇌의 기능을 자세하게 보여준다.

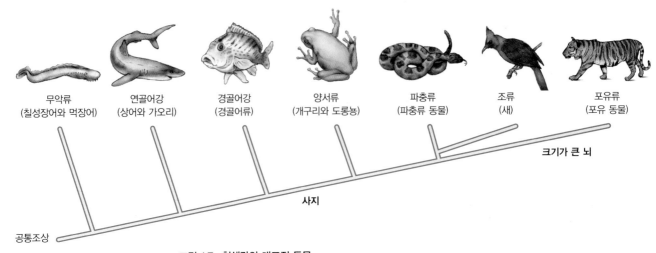

무악류	연골어강	경골어강	양서류	파충류	조류	포유류
(칠성장어와 먹장어)	(상어와 가오리)	(경골어류)	(개구리와 도롱뇽)	(파충류 동물)	(새)	(포유 동물)

크기가 큰 뇌

사지

공통조상

그림 1.7 척색강의 대표적 동물
이 진화계통도는 뇌와 척수가 있는 동물의 진화적 관계를 보여주고 있다. 양서류는 사지가 발달함으로써 뇌의 크기가 증가했다. 새와 인간은 가장 최근에 진화한 척색동물인데 신체 크기에 비해서 뇌가 상대적으로 크다.

그림 1.8 뇌의 진화
대표적 척색동물의 뇌는 공통적 구조를 가지는데, 이것은 척색동물종에서 뇌를 만드는 단일한 설계가 있다는 것을 말해주고 있다.

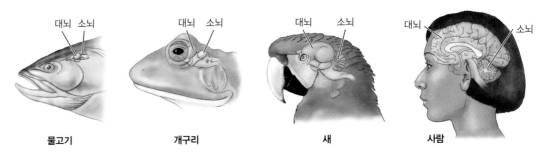

대뇌 소뇌	대뇌 소뇌	대뇌 소뇌	대뇌 소뇌
물고기	**개구리**	**새**	**사람**

1-3 복습

진도를 계속 나가기 전에 앞 절을 얼마나 이해했는지 확인해보자. 정답은 이 책의 뒷부분에 있다.

1. 뇌세포는 _____과/와 거의 동시에 진화되었는데, 이것은 두 가지 사이에 밀접한 관계가 있음을 보여준다.

2. 동물 계통에서 신경계 간의 진화적 관계는 단순한 _____에서 복잡한 _____(으)로 그 복잡성이 증가하는 정도에 따라 분류된다.

3. 관련된 동물군을 나타내는 나뭇가지 그림을 _____(이)라 한다.

4. 움직임에 관한 연구가 뇌의 진화를 이해하는 데 중요한 이유는 무엇인가?

5. "인간을 이해하려면 인간만 연구해야 한다"라는 말을 논평하시오.

1-4

인간 뇌와 행동의 진화

인간과 유인원(ape, 역주 : ape는 오랑우탄, 침팬지, 고릴라와 같이 꼬리 없는 원숭이를 지칭함) 및 원숭이가 유사하다는 것은 누구나 알 수 있다. 그와 같은 유사성은 뇌에서도 볼 수 있다. 이 절에서는 먼저 우리의 뇌와 행동이 다른 영장류의 그것과 어떻게 연관되는지 살펴볼 것이다. 그 다음 현생 인류를 탄생시킨 여러 종의 인간을 대상으로 뇌의 복잡성과 행동의 관련성을 탐구할 것이다. 뇌가 어떻게 그렇게 커졌는지와 큰 뇌가 어떻게 복잡한 행동을 일으키는지에 관한 이론을 살펴보는 것으로 마무리할 것이다.

인류 : 영장류목의 일원

인류는 포유동물의 하위 범주인 영장류목의 일원인데, 여기에는 유인원, 구세계원숭이, 신세계원숭이, 안경원숭이, 여우원숭이도 포함된다(**그림 1.9**). 우리는 대략 376가지로 추정되는 영장동물종 중 하나이다. 평균적으로 영장류의 뇌는 설치류(생쥐, 쥐, 비버, 다람쥐 등)나 육식동물(늑대, 곰, 고양잇과 동물, 족제비 등)과 같은 다른 포유동물목에 속하는 동물의 뇌보다 크다.

영장류의 뇌 크기는 동물의 독특한 행동적 특질과 연관된다. 영장류는 뛰어난 색채 시각을 지니고 있고, 깊이 지각을 잘 할 수 있도록 두 눈이 얼굴의 앞면에 위치한다. 이런 뛰어난 시감각능력 덕분에 손과 팔을 능숙하게 움직일 수 있다. 영장류 암컷은 통상 한 번에 한 마리의 새끼를 낳고, 그들을 보살피는 데 다른 동물보다 많은 시간을 투자한다. 또한 영장류 대부분은 사회적 동물이다.

인류는 큰유인원과의 일원으로, 여기에는 오랑우탄, 고릴라, 침팬지도 포함된다. 유인원의 뇌는 모든 영장류 중에서 가장 크다. 유인원은 낮에 활동하는 주행성이고 삼원색 시각을 가지기 때문에 아주 다양한 색을 식별할 수 있다. 또한 이들은 유연한 어깨를 가지고, 손가락을 능숙하게 움직일 수 있다. 이들은 양손으로 번갈아 매달리며 나무 사이를 이동하는데, 오늘날 인간은 나무 위에서 살지 않아도 그 특성은 여전히 가지고 있다. 어깨 관절에 연결되어 자유로이 움직이는 팔과 능숙한 손가락 움직임은 놀이터의 정글짐에서 돌아다니고, 올림픽 경기에서 해머를 던지고, 교실에서 질문하기 위해 손을 들며, 컴퓨터 자판을 치는 것까지 모든 종류의 인간 활동에 유용하다.

유인원 가운데 우리는 침팬지와 보노보를 포함하는 침팬지속에 속하는 동물과 가장 가까운 관계이다. 침팬지속에 속하는 동물은 500만~1,000만 년 전에 공통조상으로부터 갈라져 나왔다. 그 공통조상과 현재의 인간 사이에 직립보행을 하는 영장류인 많은 **사람족**(hominin)의 종이 진화되었다. 현재까지 생존하고 있는 사람족의 종은 우리 인류가 유일하다. 그러나 약 2만 년 전만 해도 많은 사람족의 종이 공존하였고, 그 무렵 현생 인류가 유일한 사람족의 종이 된 것이었다.

사람족　직립 보행하는 유인원을 가리키는 일반명사로, 여기에는 현존하거나 멸종한 모든 유형의 인류가 포함된다.

오스트랄로피테쿠스는 오스트레일리아 사람인 Raymond Dart가 1924년에 남아프리카의 타웅 근처 석회암 채석장에서 발견된 한 아동의 두개골에 붙인 명칭이다. 그 명칭은 아마도 그의 조국의 이름을 따서 붙였을 것이다.

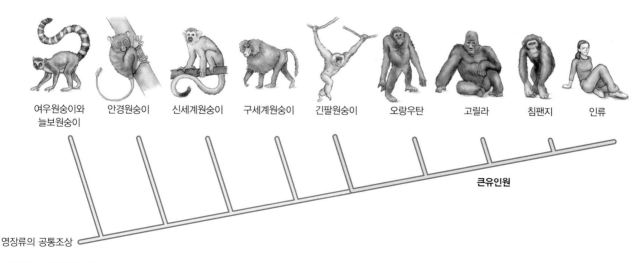

| 여우원숭이와 늘보원숭이 | 안경원숭이 | 신세계원숭이 | 구세계원숭이 | 긴팔원숭이 | 오랑우탄 | 고릴라 | 침팬지 | 인류 |

큰유인원

영장류의 공통조상

그림 1.9　영장류목의 대표적 동물
이 진화계통도는 영장류목 동물의 가설적 관계를 보여주고 있다. 인류는 큰유인원과의 일원이다. 일반적으로 오른쪽 집단으로 갈수록 뇌의 크기가 커지는데, 인류가 영장류 중에서는 가장 큰 뇌를 가지고 있다.

오스트랄로피테쿠스 : 우리의 먼 조상

우리 사람족의 조상 중 하나는 아마도 **오스트랄로피테쿠스**(Australopithecus, 라틴어로 *austral*은 '남쪽'이라는 의미이며, 그리스어로 *pithekos*는 '유인원'이라는 의미)일 것이다. **그림 1.10**은 그중 하나인 **오스트랄로피테쿠스 아프리카누스**(africanus)의 얼굴과 신체를 재구성하여 보여주고 있다. 많은 오스트랄로피테쿠스종이 살았고, 몇 종은 같은 시대를 살았으나 오스트랄로피테쿠스 아프리카누스가 우리의 공통조상임을 시사하는 증거가 있다.

직립보행과 도구 사용 같은 독특한 인간의 특성을 보여준 최초의 영장류 가운데 이들 초기 사람족의 종들이 있었다. 과학자들은 그 동물들의 등뼈, 골반뼈, 무릎과 발의 뼈 모습, 약 380만 년 전에 일군의 오스트랄로피테쿠스들이 막 떨어진 화산재에 남겨놓은 발자국 화석으로부터 그들의 직립 자세를 추론한다. 그들의 발자국 화석을 살펴보면 다른 유인원보다는 인간과 훨씬 유사하게 잘 발달된 발바닥의 아치와 회전되지 않는 엄지발가락을 가지고 있었다는 점이 인상적이다. 손뼈를 분석해보면 그들은 능숙하게 나무를 타는 능력을 갖추고 있었다는 것과 도구를 사용하였다는 것을 알 수 있다(Gunz et al., 2020).

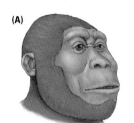

오스트랄로피테쿠스

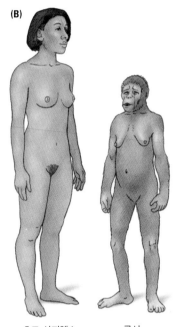

호모 사피엔스   루시

그림 1.10 오스트랄로피테쿠스

(A) 사람족인 오스트랄로피테쿠스는 직립보행을 했기 때문에 현재 인류가 하듯이 손을 자유롭게 사용할 수 있었을 것이다. 하지만 뇌의 크기는 현재 원숭이의 뇌 크기 정도이며, 인간 뇌 크기의 약 3분의 1 정도이다. **(B)** 현재 발견된 가장 완전한 오스트랄로피테쿠스의 골격을 근거로 해서 인간과 오스트랄로피테쿠스의 모습을 비교한 그림이다. 루시라고 널리 알려진 젊은 여성은 키가 1m 정도이고 300만 년 전에 살았다.

아프리카

초기 인류가 아프리카로부터 왔다고 추정하는 경로로서, 처음에는 아시아와 유럽으로, 그 이후에는 오스트레일리아로, 그리고 중국에는 아메리카로 건너갔다.

최초의 인간

Mary Leakey와 Louis Leakey가 1964년 탄자니아의 올두바이 계곡에서 사람속, 즉 **호모**(Homo)로 지칭되는 최초 동물의 두개골을 발견하였다. Leakey 부부는 그들이 도구 제작자였음을 표명하기 위해서 **호모 하빌리스**(Homo habilis, 도구를 만드는 인간)라고 명명하였다. 현재까지 발견된 많은 종의 호모 하빌리스 중 최초의 것은 에티오피아에서 발견되었고, 연대는 약 280만 년 전으로 추정된다. 그 화석에 나타난 턱과 치아는 다른 어떤 종의 오스트랄로피테쿠스보다 작았으나 인간과 유사한 특징을 가지고 있었고, 뇌는 다른 오스트랄로피테쿠스보다 컸는데, 특히 전뇌가 컸다는 점이 인간과 유사한 특징이었다(Villmoare et al., 2015).

아프리카를 떠난 최초의 인간이 유럽과 아시아로 이주하였다. 이 종들을 **호모 에렉투스**(Homo erectus, 직립인간)라고 부르는데, 이것은 그들의 선조인 호모 하빌리스가 구부정한 자세를 가지고 있었다는 오해에서 비롯되었다. 호모 에렉투스는 약 160만 년 전의 화석에서 처음 나타났다. **그림 1.11**에서 볼 수 있듯이 이 초기 인간은 현재 인간과 비슷한 크기의 뇌를 가지고 있었다. 이 하위 종은 감소된 성적 이형과 긴 다리를 가지고 있었는데, 이런 특징 때문에 여행이 용이하여 유럽과 아시아 곳곳으로 퍼져나갔다. 호모 에렉투스 하위 종이 거의 200만 년 동안 생존하였기 때문에 그들은 아프리카를 드나드는 이주를 많이 하였고, 그 와중에 교배도 하였다.

호모 에렉투스가 만든 도구는 호모 하빌리스가 만든 도구보다 더 정교하였는데, 이 향상된 도구 사용을 가능하게 한 것은 의심할 여지 없이 큰 뇌였다. 키가 90cm 정도에 불과한 호모 에렉투스 중에서도 특히 작은 종들이 인도네시아의 플로레스섬에서 발견되었다. **호모플로레시엔시스**(Homo floresiensis)라는 이 종은 약 1만 3,000년 전까지 살았다(Gordon et al., 2008). 이는 지구에 단 하나의 인류종만 존재한 것이 비교적 최근이라는 사실을 다시 한 번 강조한다.

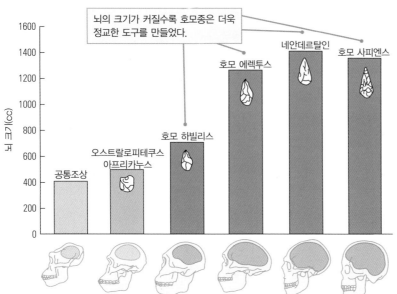

뇌의 크기가 커질수록 호모종은 더욱 정교한 도구를 만들었다.

공통조상 / 오스트랄로피테쿠스 아프리카누스 / 호모 하빌리스 / 호모 에렉투스 / 네안데르탈인 / 호모 사피엔스

그림 1.11 사람족 뇌 크기의 증가
오스트랄로피테쿠스의 뇌는 현존하는 원숭이의 뇌와 비슷한 크기이지만 그 후 나타난 인간 계통에서 뇌의 크기가 증가하였다.
출처 : Johanson & Edey, 1981.

많은 **호모 사피엔스**(Homo sapiens)종이 약 100만 년 전에 출현하였는데, 이들을 총칭해서 고대 인류라 한다. 그들의 두개골이 처음 발견된 독일의 네안데르 계곡의 지명을 딴 네안데르탈인(H. neanderthalis)은 유럽과 아시아로 넓게 퍼져나갔다. 최초의 화석화된 인류인 것으로 밝혀졌고, 발견된 화석도 아주 많았기 때문에 네안데르탈인은 1,500편 이상의 학술논문에 등장한다. 현생 인류인 호모 사피엔스는 약 20만 년 전에 나타났다. 유럽에서 그들은 고대 네안데르탈인과 공존하고 교배하였으며, 약 2~4만 년 전 무렵 네안데르탈인을 대체하였다.

네안데르탈인은 현재 인류와 비슷하거나 더 큰 뇌를 가지고 있었고, 유사한 도구를 사용하였으며, 장식과 화장을 하였다. 그들은 현대 인류처럼 가족 집단으로 살았고, 음악을 만들었고, 노인을 돌보았으며, 시신을 매장하였다. 이러한 고고학적 발견을 통해 네안데르탈인들이 언어로 의사소통을 하고 종교적 신념을 가졌을 것으로 추측할 수 있다. 네안데르탈인과 현생 인류가 창의성에 필요한 특질인 정서성, 자기 통제, 자기 인식에 대한 공통의 유전자를 공유했을 것이라는 견해도 있다(Zwir et al., 2021).

현대 인류가 어떻게 고대 인류의 종을 완전하게 대체하였는지는 모르지만 아마도 그들은 도구 제작, 언어 사용, 사회 조직화에서 이점을 가지고 있었을 것이다. 현재의 유전적 증거는 네안데르탈인의 유전자를 물려받은 현대의 유럽인들이 종종 추위와 새로운 질병에 잘 견디고 피부가 빛을 받으면 비타민 D를 더 잘 흡수하는 밝은 피부색을 갖도록 하는 유전 구조를 가지고 있음을 보여준다. 심각한 COVID-19 질병에 취약한 사람 역시 네안데르탈인으로부터 물려받은 특정 유전자로 인해 그러한 경향성을 보일 수 있다(Zeberg & Pääbo, 2020). **그림 1.12**의 재구성된 얼굴 모습은 네안데르탈인이 현재의 인류와 얼마나 닮았는지 보여준다.

하나의 가능한 인간 계통이 **그림 1.13**에 제

Philippe Plailly & Atelier Daynes/Science Source

그림 1.12 네안데르탈 여인
두개골을 바탕으로 Elisabeth Daynes가 재구성한 얼굴. 발견자가 피에레트라 명명한 이 여인은 17~20세 사이에 폭행으로 죽었다. 36,000년의 세월이 지난 1979년에야 프랑스 서부에서 발견된 이 여인 곁에는 네안데르탈인들이 사용했던 도구도 있었다.

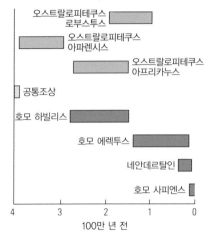

그림 1.13 인류의 기원
약 400만 년 전에 인간 계보와 지금은 멸종된 '오스트랄로피테쿠스' 계보의 공통조상이 나타났다. 그러므로 인간 계보의 '호모'는 '오스트랄로피테쿠스 아프리카누스'와 비슷한 동물이었을 것이다.

시되어 있다. 한 공통조상에서 **오스트랄로피테쿠스**가 나왔고, 그 집단의 일원에서 **호모** 계통이 나왔다. 그림에 제시된 것보다 더 많은 인류종이 발견되었기 때문에 그림 1.13의 막대들 사이에 공백이 있고, 직접적인 조상이 어떤 종인지는 확실치 않다.

뇌의 복잡성과 행동의 관계

뇌의 진화 연구에서 뇌의 복잡성을 기술하는 세 가지 지표는 크기, 세포의 수, 조직화이다. 불행하게도 화석 기록에는 뇌가 아닌 두개골이 있고, 그것으로부터 계산할 수 있는 유일한 측정치는 크기이므로 크기가 복잡성에 관한 논의를 지배한다. 뇌의 조직을 수집할 수 있는 경우 세포가 고려될 수 있고, 측정된 뇌세포의 수가 유용하게 사용될 수 있다. 뇌의 크기와 세포의 수를 정확하게 알 때 세포의 크기 및 밀도와 같은 다른 지표가 추정될 수 있다. 뇌의 조직화를 요약한 지도에 제시된 것처럼 뇌의 크기와 세포 수가 증가하면 뇌의 복잡성도 증가한다. 여기에서는 뇌의 크기, 세포 수, 조직화 지도를 활용하여 뇌와 행동에 관한 논의할 것이다.

뇌 크기 측정

Harry Jerison(1973)은 동물의 행동에 대해 밝혀진 것이 없더라도 동물의 상대적인 뇌 크기를 알면 그 동물의 행동이 얼마나 복잡할지 짐작할 수 있다고 하였다. 그는 여러 종을 대상으로 뇌의 크기를 신체에 대한 비율로 나타내는 지표를 개발하였다. 그의 계산에 의하면 신체 크기가 증가할 때 뇌의 크기가 증가하는 정도는 체중이 증가하는 정도의 3분의 2쯤 된다고 한다.

뇌화 지수(EQ) Jerison이 제안한 뇌 크기의 정량적 측정치로, 특정 신체 크기를 가진 동물에게 적정 질량의 법칙을 적용하여 추측된 신체 크기에 대한 실제 뇌 크기의 비율을 산출한 값이다.

예측된 크기에 대한 실제 뇌 크기의 비율을 사용하여 Jerison은 뇌 크기의 정량적 측정치인 **뇌화 지수**(encephalization quotient, EQ)를 개발하였는데, 이 지수는 모든 동물종의 뇌를 비교하는 데 이용할 수 있다. 그는 EQ가 1인 경우를 평균 동물(그가 선택한 동물은 애완용 고양이)로 정의하였다. **그림 1.14**에서 볼 수 있는 대각의 추세선은 EQ가 1인 동물에서 예측되는 뇌-신체 크기의 비율을 나타낸다. 그 선 아래쪽에 있는 종은 신체의 크기가 그 정도인 동물에서 예측되는 것보다 작은 뇌를 가진 동물이다. 선의 위쪽에 있는 종은 그 크기의 신체를 가진 동물에서 예측되는 것보다 더 큰 뇌를 가진 동물이다.

어떤 동물의 뇌가 그림 1.14의 추세선보다 아래에 있을수록 그만큼 EQ는 낮아진다. 반대로 추세선보다 위에 위치할수록 EQ는 그만큼 더 높아진다. 예측되는 것보다 쥐의 뇌는 약간 작고

그림 1.14 포유동물의 뇌-신체 크기 비
이 도표에는 광범위한 신체와 뇌의 크기가 로그 수치로 나타나 있다. 뇌 크기와 신체 크기의 평균치가 대각선을 따라 표시되어 있다. 고양이는 대각선 위에 위치해 있다는 것을 알 수 있다.
출처 : Jerison, 1973.

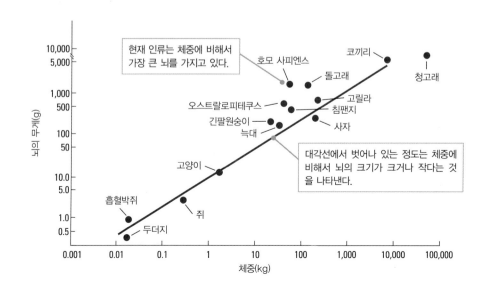

(낮은 EQ), 코끼리의 뇌는 약간 크다(높은 EQ)는 것을 주목하라. 현대의 인간은 다른 어떤 동물보다 추세신 위쪽의 높은 곳에 위치하고, 가장 높은 EQ를 가지고 있다.

Jerison의 EQ는 상대적인 뇌 크기에 대한 대략적 추정치가 되지만 몸의 크기와 뇌의 크기는 독립적으로 달라질 수 있고, 행동적 복잡성이 뇌 크기로 예측한 것과 다를 수 있으므로 연구자들은 몇 가지 문제에 부딪힌다(**그림 1.15**, 위쪽). 고릴라와 같은 유인원은 몸이 특별히 크지만, 인간은 뇌가 특별히 크다. 더구나 돌고래의 EQ는 현대 인류만큼 크지만 행동은 별로 복잡하지 않다. 측정 단위로서 EQ가 가진 일부 단점은 뇌세포의 수를 세거나 크기를 측정하는 것과 같은 다른 방법으로 극복할 수 있다.

뇌세포 수를 세고 측정하기

뇌의 행동능력을 추정하는 또 다른 방법은 뇌세포 수를 세는 것이다. 유전체 서열과 모든 뇌세포 및 그 연결이 밝혀진 최초의 동물이며, 길이 1mm의 원형동물인 예쁜꼬마선충(*Caenorhabditis elegans*)에 대해서 생각해보자. 이 선충은 959개의 세포로 이루어져 있고, 그중 302개가 뉴런이다. 이와 대조적으로 현존하는 동물 가운데 가장 큰 대왕고래(blue whale)는 체중이 200톤이나 되지만 뇌의 무게는 1만 5,000g에 불과하다.

EQ를 근거로 할 때 몸의 3분의 1이 뉴런인 예쁜꼬마선충은 뇌세포가 몸의 0.01%에 불과한 대왕고래보다 더 복잡한 행동 목록을 가질 것으로 예측할 수 있다. 그러나 벌레의 행동이 고래의 것보다 더 복잡하다는 것은 말이 안 된다. 뇌세포 수를 세는 것이 더 좋은 측정치이다.

Suzana Herculano-Houzel(2019)가 뇌세포 각각을 분리한 다음 계수기를 이용하여 뇌세포 수를 세는 방법을 고안하였는데, 이 방법은 염색된 뇌 절편에서 뇌세포를 하나씩 세는 것보다 훨씬 빠르다. 이 기법을 적용하면 뇌 또는 특정 뇌 영역에 있는 세포의 수는 물론 뇌세포의 밀도도 추정할 수 있다. 예컨대 크기가 비슷한 2개의 뇌가 하나는 느슨하게 분포된 큰 세포들로 구성되고 다른 하나는 조밀하게 채워진 작은 세포들로 구성될 수 있다. 뇌세포 수에서는 대왕고래의 300억 개가 예쁜꼬마선충의 302개에 비해 월등하게 많고, 이 차이가 상대적인 크기보다 행동을 더 잘 설명해준다.

세포 수와 밀도를 측정해보면 영장류 계통에서는 단위 면적당 뉴런의 수가 비교적 일정해서 EQ와 세포 수 모두 뇌 크기를 비교하기 위한 좋은 지표가 된다(그림 1.15, 아래). 이들 측정치에 근거할 때 오스트랄로피테쿠스는 약 300억 개(침팬지와 비슷한 수), 호모 하빌리스는 약 600억 개, 호모 에렉투스는 750억 개, 그리고 현대 인간은 약 860억 개의 뉴런을 가진다. 뇌세포 수 측정치를 살펴보면 현재 인류의 뇌세포가 다른 유인원보다 많은 것은 현재 인류의 뇌가 더 크기 때문이라는 것을 알 수 있다.

다른 뇌 영역의 세포 수가 그렇듯이 세포의 크기가 다르면 밀도도 달라지기 때문에 계통이 다른 동물의 뇌세포 수를 비교하는 것은 더 어려운 일이다. '비교 초점 1-3 : 코끼리의 뇌'에 자세하게 설명한 바와 같이 후피동물(pachyderm)은 엄청나게 많은 뉴런을 갖지만 대부분은 소뇌에 있고, 인지 기능과 관련이 있는 대뇌를 구성하는 뉴런의 수는 돌고래나 침팬지와 비슷하다. 뉴런의 수에서 나타나는 이런 양상은 유인원과 코끼리의 인지능력이 비슷함을 시사하는데, 실제로도 그렇다. 게다가 아주 큰 뇌를 가진 또 다른 동물인 돌고래의 전체 뉴런 수는 약 300억 개로 침팬지와 비슷하고 더 작은 뇌를 가진 인간보다는 적은데, 이는 돌고래의 뉴런이 느슨하게 분포되어 있기 때문이다. "인간과 다른 종의 차이는 피질 뉴런의 크기 차이나 밀도 차이가 아니라 일

그림 1.15 뇌화 지수(EQ)의 비교
친숙한 동물의 뇌화 지수가 도표의 위쪽에 나타나 있고, 영장류 계통의 지수는 아래에 나타나 있다. 이 도표를 보면 동물 사이의 지능 차이를 확실하게 알 수 있다.

◎ 비교 초점 1-3

코끼리의 뇌

코끼리의 뇌는 우리에게 많은 것을 알려준다. 아프리카코끼리는 거대한 동물이다. 코끼리가 육지에 서식하는 동물 중에서 가장 큰 뇌(인간 뇌의 3배)를 가지고 있다는 것은 놀라운 일이 아니다. 그렇게 큰 뇌를 가지고 있으면서도 왜 코끼리는 인간과 같은 인지능력을 갖추지 못했을까?

Suzana Herculano-Houzel과 동료 연구자들(2014)은 아프리카코끼리의 뉴런을 세어본 결과, 뇌에 있는 뉴런의 수가 인간 뇌의 3배(2,570억 개 대 860억 개)라는 것을 알게 되었다. 그러나 놀랍게도 그중에서 97.5%에 해당하는 2,510억 개의 뉴런이 코끼리의 소뇌에 있었다.

코끼리 소뇌는 대뇌보다 약 45배나 되는 많은 뉴런을 가지고 있지만, 영장류에서 그 비율은 4 : 1이다. 이 숫자가 코끼리의 행동에 관해 말해주는 것은 무엇일까? 코끼리는 아주 자유롭게 몸을 쓸 수 있어서 목욕하고, 나무둥치를 들며, 땅콩을 집어 올리고, 새끼를 보살피고, 그림을 그린다. 코끼리는 또한 몸을 이용하여 바람을 불어 대상을 조작하고, 흡입력을 만들어 토르티야 칩과 같은 섬세한 물건을 집는 동시에 촉각과 냄새로 그 대상을 식별하고, 몸을 확장하여 최대 10ℓ의 물을 모을 수 있다(Schultz et al., 2021). 아마도 덩치가 큰 코끼리의 감각과 운동능력을 통제하는 데 그렇게 엄청난 수의 소뇌 뉴런이 필요할 것이다.

이와 대조적으로 인간 피질의 2배 정도인 코끼리의 피질을 구성하는 뉴런은 56억 개에 불과하다. 이 숫자는 대부분 동물에 비해서는 많은 것이지만, 침팬지의 피질에서 발견되는 것보다 약간 적다. 코끼리의 인지능력도 침팬지와 비슷한 수준이다.

Suzana Herculano-Houzel과 동료들(2014)은 인간 대뇌의 기능과 관련된 결론도 제시하였다. 모든 다른 동물종을 능가하는 인간의 뛰어난 인지능력을 가장 잘 설명해주는 것은 코끼리처럼 훨씬 더 큰 뇌를 가진 동물을 포함하여 모든 다른 동물보다 더 많은 대뇌 뉴런을 가지고 있다는 점이다.

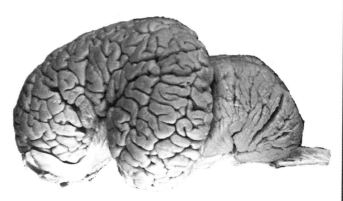

아프리카 코끼리의 뇌 육상동물 중에서 가장 큰 뇌를 가진 코끼리의 대뇌(왼쪽)와 소뇌(오른쪽)는 인간의 뇌와 비교할 수 없을 정도로 거대하다. 그러나 소뇌가 전체 뉴런의 97.5%를 가지고 있다.
출처 : http://www.brains.rad.msu.edu and http://brainmuseum.org ,supported by the U.S. National Science Foundation.

생을 살면서 수행해야 할 일을 하는 데 얼마나 많은 피질 뉴런이 있어야 하는가이다"라고 말한 Suzana Herculano-Houzel(2018)의 결론은 인지 기능을 고려할 때 피질을 구성하는 뉴런의 수가 중요하다는 것이다. 모든 피질 뉴런이 사회적 행동과 관련이 있다는 견해를 수긍하면 인간과 제일 친한 친구인 개가 육식동물 중 가장 많은 피질 뉴런을 가지고 있는 이유를 짐작할 수 있다. 뇌 크기와 뇌세포 수에 관한 미래 연구에는 틀림없이 뉴런 유형별 수를 비교하는 것과 뇌에서 각 유형의 뉴런이 분포하는 위치가 포함될 것이다.

뉴런 수를 행동의 복잡성과 연관시키는 유용성은 포유류에게만 국한되지 않는다. 연구자들은 앵무새나 까마귀와 같은 새의 영리한 행동이 다른 새에 비해 대뇌에 더 많은 뉴런이 밀집된 것과 관련이 있음을 발견하였다.

뇌세포 연결과 뇌 지도

뉴런이 많아지면 뇌의 구조가 바뀌고 뉴런 간의 연결도 비약적으로 증가한다. 이런 현상은 사람이 살아가는 공간 배열에 비유된다. 마을이 읍, 그리고 시로 성장함에 따라 더 많은 도로와 고속도로가 연결되어야 한다. 결국 길을 찾아가기 위해 지도가 필요하다.

그림 1.16은 더 많은 뉴런이 추가됨에 따라 뇌의 복잡성이 어떻게 진화하였는지에 관한 한 관점을 보여준다. 그림의 첫 칼럼은 뉴런의 기능을 다른 색으로 나타내고 있다. 물고기와 같이 크기가 더 작은 뇌(아랫부분)의 대뇌 대부분은 일차 감각 및 운동을 담당한다. 이 뇌는 시각, 청각, 촉각, 후각, 운동을 위한 뉴런을 포함한다. 서로 다른 기능을 가진 뉴런들이 흩어진 점들처럼 조직화되어 있을 뿐 특정 영역을 차지하고 있지는 않다.

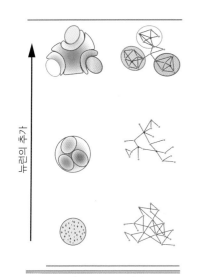

국소해부도 　　커넥톰 지도

그림 1.16 피질의 복잡성 진화
왼쪽 칼럼의 국소해부 그림은 뉴런이 추가됨에 따라 뇌가 변화한 방식을 보여준다. 각 색은 시각, 촉각, 청각과 같은 기능을 나타낸다. 회색 음영은 여러 영역의 새로운 기능을 나타낸다. 오른쪽 칼럼의 커넥톰 그림은 뉴런이 추가되어 국소해부 영역들이 분리되고 더 커질 때 연결이 변화한 방식을 보여준다.

동물의 뇌가 점차 커짐에 따라 일차 기능을 표상하는 뉴런들은 짧은 연결을 만들기 위해 합쳐진다(윗쪽 두 그림). 수가 증가함에 따라 일차 영역들도 새로운 영역을 형성하기 시작한다(회색 음영). 예컨대 물고기에서 운동 영역으로 연결되는 시각신경로가 몸 전체의 움직임 방향을 조정하여 물고기를 한 곳에서 다른 곳으로 이동하게 한다. 영장류의 시각신경로는 이동 방향을 조정할 뿐 아니라 팔과 손을 뻗치도록 제어한다. 이런 새로운 기능은 새로운 영역과 새로운 연결을 필요로 한다.

그림 1.16의 첫 칼럼의 도식은 시각, 청각, 촉각, 후각, 운동을 통제하는 영역과 같은 뇌의 여러 기능 영역을 나타내는 **국소해부도**(topography)이다. 둘째 칼럼은 다른 유형의 지도, 즉 이들 각 영역이 다른 영역에 영향을 주는 연결을 나타내는 **커넥톰**(connectome)이다. 뇌를 묘사하는 두 가지 방식은 컴퓨터가 제공하는 도시 지도와 유사한데, 하나는 건물 장면 지도이고 다른 하나는 도로 경로 지도이다. 이 책 곳곳에서 뇌를 국소해부도 및 커넥톰으로 묘사한다.

사람족의 뇌가 더 복잡해진 이유

현대 인류의 진화, 즉 처음으로 사람족 비슷한 동물이 출현한 때에서부터 우리와 같은 인간이 출현할 때까지 400만 년 이상이 소요되었다. 이 기간이 긴 시간으로 보일 수도 있지만, 다른 동물 종에서는 같은 기간에 많은 변화가 일어나지 않았음을 감안할 때 사람족에서 나타난 뇌와 행동 진화는 급속하게 진행된 것이었다. 무엇이 그런 변화를 일으켰을까? 왜 사람족에서 그렇게 많은 세포를 가진 큰 뇌가 진화하였고, 그 행동이 그렇게 복잡해졌을까? 왜 사람족은 유인원 크기의 뇌를 가진 유인원으로 남지 않은 것일까?

다음 절에서는 인간이 독특한 뇌를 갖게 된 방식에 관한 네 가지 선도적인 가설인 생활방식의 영향, 성숙 비율, 기후 변화, 유전적 변이를 살펴볼 것이다.

영장류의 생활방식

영국의 인류학자인 Robin Dunbar(1998)는 생활방식의 근간인 영장류의 사회 집단 크기가 뇌의 복잡성과 상관이 있다고 주장하였다. 그가 내린 결론은 현대 인류가 선호한 평균 150명 정도의 집단 크기가 인간의 큰 뇌를 설명해준다는 것이다. 이 가설에 대한 증거로 그가 제시한 것은 수렵-채취 생활을 한 집단과 오늘날 많은 조직(예 : 군대의 중대)의 평균 크기가 150명 정도이고, 우연한 일치이겠지만 우리가 수다의 대상으로 삼을 수 있는 사람의 수도 그 정도라는 것이다(소셜미디어가 등장하기 전에 Dunbar가 이 글을 쓰고 있었음에 유의하라).

집단의 크기가 영장류의 먹이 구하기에 어떤 영향을 주었을까? 먹이 구하기는 모든 동물에게 중요하지만, 어떤 동물의 먹이 구하기 행동은 단순하고 어떤 동물은 복잡하다. 풀이나 채소를 먹는 것은 개인적인 일이라 뜯어먹고 나서 이동하면 그만이다. 고릴라와 같은 초식동물은 몸집에 비해 특별히 큰 뇌를 가지고 있지 않다. 그러나 침팬지와 인간처럼 과일을 먹는 유인원은 상대적으로 큰 뇌를 가지고 있다.

과일을 먹이로 삼는 것과 큰 뇌를 가지는 것이 관련된다는 사실은 몸의 크기가 같은 두 종류의 남미(신세계)원숭이의 섭식행동을 관찰한 Katharine Milton(2003)의 연구에서 밝혀졌다. **그림 1.17**에서 볼 수 있듯이 거미원숭이는 그들이 섭취하는 영양소의 거의 4분의 3을 과일에서 얻고, 영양소의 2분의 1 이하를 과일에서 섭취하는 짖는원숭이에 비해 2배나 큰 뇌를 가지고 있다.

과일을 먹는 것이 뭐 그리 특별할까? 과일 구하기에는 그것을 볼 수 있는 색채시각능력, 그것

국소해부도 중추신경계의 다른 기능적 영역을 나타내는 그림

커넥톰 중추신경계의 영역들을 연결하는 모든 신경로

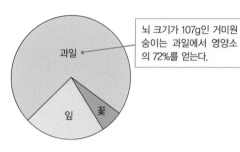

거미원숭이의 식습관

> 뇌 크기가 107g인 거미원숭이는 과일에서 영양소의 72%를 얻는다.

과일

잎

꽃

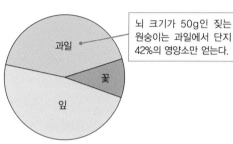

짖는원숭이의 식습관

> 뇌 크기가 50g인 짖는원숭이는 과일에서 단지 42%의 영양소만 얻는다.

과일

꽃

잎

그림 1.17   입맛 까다로운 원숭이
Katharine Milton은 두 종류의 신세계원숭이의 식습관과 뇌 크기를 비교했다. 두 종류의 원숭이들은 체중은 같지만 뇌 크기와 식습관은 서로 다르다.

작은 턱은 지금까지 발견된 초기 인류 화석의 특징이다.

에 도달하고 조작하기 위한 운동기술, 그것을 찾기 위한 공간능력, 그것을 다시 찾아갈 기억능력, 그것을 찾고 경쟁자의 접근을 막는 데 도움을 줄 친구를 사귀는 능력과 같은 다양한 기술이 요구된다. 과일을 찾는 기술을 가르쳐줄 부모를 가지는 것과 우수한 학습자가 되는 것 또한 유용하다. 과일을 먹고 사는 데 따르는 비용은 신체 자원의 20% 이상을 사용하는 에너지 의존적인 큰 뇌를 유지하기 위한 영양소를 공급하는 것이다. 이와 동일한 기술은 먹을 것을 주우려고 헤매고, 사냥하고, 채집하는 인간의 음식 획득 전략을 통해 얻은 것과 같이 일시적이고 상하기 쉬운 다른 유형의 음식을 획득하는 데에도 유용하다.

뉴런의 대사(에너지) 비용은 다양한 종에서 비교적 일정한 것으로 추정되지만 다른 유형의 신체세포보다는 상대적으로 높다. 그래서 더 많은 뉴런을 가짐으로써 얻는 모든 적응적 이점에는 에너지 소비가 뒤따른다. Fonseca-Azevedo와 Herculano-Houzel(2012)은 찬 요리와 뜨거운 요리 모두 사람족의 뇌 진화에 기여했다고 주장하였다. 찬 요리에는 음식을 먹을 수 있게 준비할 도구가 필요하고, 뜨거운 요리에는 먹을 수 있는 음식을 만들어 영양 섭취를 최대화할 수 있는 열이 필요하다. 음식을 채집하고 요리하기 위해 남성-남성, 여성-여성, 그리고 여성-남성이 고도로 협력하는 것이 사람족의 특징적 생활방식이고, 나아가 인간 뇌의 진화를 돕는다. 인간이 요리할 수 없었다면 다른 유인원과 비슷한 생활방식에 얽매여 먹이를 구하기 위해 깨어 있는 시간 대부분을 사용했을 것이다.

요리는 음식 섭취를 더 쉽게 하였다. 그래서 요리는 힘으로 하는 운동을 기술로 하는 운동으로 바꾸는 것, 그리고 손과 얼굴(예 : 저작 근육)의 근육 조직을 더 정교하게 하는 것과 연관된 유전적 변이를 조장하였다(Marcé-Nogué et al., 2020).

변경된 성숙

모든 동물종이 살아온 역사는 단계로 구분할 수 있다. 이시성(heterochrony, '다른 시기'를 의미하는 그리스어)은 삶의 단계(임신, 유아기, 아동기, 성인기) 및 발달의 속도와 기간을 조절하는 과정에 관한 개념이다. 변경된 이시성이 인간의 큰 뇌와 다른 독특한 인간 특성을 설명해준다는 몇 가지 견해가 있다.

유형성숙(neoteny)은 선조에서는 어린 단계에 나타났던 특성이 후손에서는 성숙 단계에서 나타나서, 그들을 더 어리게 보이게 만드는 것이다. 이 유형성숙은 동물 세계에서 일반적인 현상이다. 날지 못하는 새는 유형성숙 어미 새이고, 가축화된 개는 유형성숙 늑대이며, 양은 유형성숙 염소이다. 많은 해부학적 특징이 인간과 다른 영장류의 어린 단계를 연결해주는데, 여기에는 작은 얼굴, 둥근 두개골, 회전되지 않는 엄지발가락, 직립 자세, 털이 주로 분포된 부위가 머리, 겨드랑이, 치골이라는 것 등이 포함된다.

인간 유아의 머리는 신체에 비해 크기 때문에 성인이 큰 뇌를 담기 위한 큰 두개골과 그에 비례하여 큰 신체를 가졌다는 것도 유형성숙의 한 예이다. 어린 침팬지의 머리 모양은 성숙한 침

유형성숙 조상 세대에서는 어린이의 특성이었던 것이 후손에서는 성인의 특성이 되는 것으로, 이 개념은 최근에 진화된 종에서 공통조상의 어린이 특성과 닮은 점이 있다는 데에서 유래되었다.

팬지의 머리보다 성숙한 인간의 머리 모양과 더 유사하다(**그림 1.18**). 이런 신체 형태와 함께 인간 성인은 또한 놀이하고 탐색하며 새로운 것과 학습에 강한 흥미를 갖는 것과 같은 어린 영장류의 일부 행동을 하고 있다. 그리하여 학습을 뒷받침해주는 뇌 과정이 성인기에도 유지되는 것이다.

유형성숙을 지지하는 증거는 인간 발달의 각 단계인 임신, 유아기, 아동기, 성인기가 침팬지와 같은 조상종에 비해 길어졌다는 것이다. 유아기가 길어져 더 많은 뉴런이 만들어지고 발달하였기에 뇌도 더 커졌다. 아동기가 길어짐에 따라 학습할 시간이 많아졌고, 성인기가 길어져 신체가 더 크게 성장할 수 있었다(Li et al., 2020).

PHOTO 24/Getty Images

imageBROKER/Alamy Stock Photo

그림 1.18 유형성숙

인간 성인의 머리 모양은 어른 침팬지의 머리 모양(오른쪽 사진)보다 어린 침팬지의 머리 모양(왼쪽 사진)과 많이 비슷하다. 이런 사실은 우리 인간이 유인원 공통조상의 유형성숙 후손이라는 가설을 낳았다.

기후와 진화하는 사람족의 뇌

기후 변화가 사람족의 신체 변화는 물론 뇌의 변화에서 인류 문화의 출현에 이르는 광범위한 변화를 일으켰다. 기후 변화로 과거 환경이 새로운 것으로 바뀐 뒤에 새로운 사람족이 나타났음을 보여주는 증거가 있다(Challa et al., 2021).

약 800만 년 전에 일어난 거대한 지각변동으로 아프리카 동부의 남북을 종단하는 그레이트리프트밸리라는 지구대가 생겼다. 새로 형성된 대륙에 의해 서쪽은 습한 정글 기후로, 동쪽은 건조한 사바나 기후로 나누어졌다. 서쪽의 유인원들은 이전 서식지에서 그대로 살았다. 그러나 건조한 동부 지역의 화석을 살펴보면 새로운 서식지를 형성한 선택적인 환경의 압력을 받아 유인원들이 직립 사람족으로 빠르게 진화했음을 알 수 있다.

그 후에도 동아프리카의 기후는 정적인 상태에 머물지 않고 많이 변경되었다. 그러한 변경 중 일부가 사람족이라는 모집단을 분리하였고, 다른 변경은 다른 모집단을 낳았다. 300만 년 전의 호모 하빌리스와 100만 년 전의 호모 에렉투스의 출현은 이런 기후 변화와 관련이 있다. 기후 변화는 또한 사람족에 속하는 다른 종족들을 사라지게도 하였다. 예컨대 약 3만 년 전 유럽이 온난화되어 빙하시대가 막을 내리자 현대 인류는 그곳에서 번성하였고, 네안데르탈인을 비롯한 다른 원시 유럽 및 아시아의 사람족 집단들은 사라졌다.

우리 인간 조상의 뇌를 더 크게 만들었을 따뜻한 기후에 대한 한 가지 특수한 생리적 변화는 두개골의 형태학이다. Dean Falk(Kunz & Iliadis, 2007)는 자동차 엔진의 크기를 늘리려면 엔진을 식히는 라디에이터의 크기를 키워야 한다는 자동차 정비사의 말에서 라디에이터 가설을 발전시켰다. Falk는 뇌에서 라디에이터 역할을 하는 순환하는 혈액이 더 효과적인 냉각 시스템의 역할을 하도록 진화하면 그와 동시에 뇌 크기가 증가할 수 있다고 추론하였다. 뇌의 대사활동이 많은 양의 열을 발생시키고 뇌는 운동이나 열 스트레스 조건에서 과열될 위험이 있으므로 뇌 냉각이 중요하다. Falk는 오스트랄로피테쿠스의 두개골과 달리 호모의 두개골에는 두개혈관이 통과하는 구멍이 있다고 주장하였다. 두개골에 있는 이들 구멍이 시사하는 것은 이전의 사람족과 비교할 때 호모종의 뇌가 훨씬 더 광범위하게 퍼져나가는 혈류를 가졌고, 이것이 뇌의 냉각 작용을 현저하게 높였다는 것이다.

아프리카

그레이트리프트밸리

건조 기후

습한 기후

아프리카 그레이트리프트밸리 서쪽의 습한 기후에 사는 유인원종은 사람족으로 진화하여 동쪽의 건조한 기후에 적응한 종들과 단절되었다.

인간 유전체

앞서 살펴본 사람족 진화에 대한 영향은 틀림없이 유전적 변화에 의해 매개되었을 것이다. 그 변화는 무엇이었을까? 유인원, 고대 인류, 그리고 현대 인류의 **유전체**(즉 전체 유전자 집합)만 유전자 서열이 확인되었기 때문에 과학자들이 사람족 유전체의 기원을 연구하기 위해 활용할 수 있는 자료 표본은 완전하지 않다. 유인원과 현대 인류의 유전자는 96%가 공통이지만 유전자에는 많은 미세한 차이가 존재하고, 각각의 미세한 차이가 어떤 역할을 하는지 규명하기 어렵다.

사람족 유전체의 기원을 이해하는 다른 방법은 각각의 새로운 사람족이 출현할 때 유전자 변화가 발생하였는지 알아보는 것이다(Changeux et al., 2021). 일부 유전자는 대뇌가 발달할 때 활성화되어 대뇌를 구성하는 뉴런의 수를 결정한다. 340만 년, 240만 년, 100만 년 전과 같은 중요한 시점에 이들 유전자에서 유전적 돌연변이가 발생했을 수 있다. 이러한 돌연변이 사건이 호모 하빌리스, 호모 에렉투스, 호모 사피엔스에서 발생한 뇌 크기의 도약과 관련될 수 있다. 실제 이야기가 이처럼 단순할 것 같지는 않지만, 유전체 연구에서 나온 결과에 고무되어 우리는 유전자 변화와 인간 진화 사이의 다른 연관성을 찾으려고 노력한다.

1-4 복습

진도를 계속 나가기 전에 앞 절을 얼마나 이해했는지 확인해보자. 정답은 이 책의 뒷부분에 있다.

1. 현대 인류는 우리와 가장 가까운 생존하는 친척인 _____와/과 _____을/를 공유한다.
2. 현대 인류는 동시대에 존재하였던 다양한 _____의 계통에서 진화하였다.
3. 뇌의 크기와 뉴런의 수에만 의존하여 종 간을 비교하는 것은 불완전할 수 있는데, 그 이유는 그 비교가 면적당 뉴런의 수로 정의되는 뉴런 _____을/를 고려하지 않기 때문이다.
4. 모든 뉴런은 작용에 거의 동일한 _____을/를 필요로 한다.
5. 인간 뇌 진화에서 요리의 가설적 역할을 설명하시오.
6. 뇌세포 분석이 다양한 동물종의 행동을 이해하는 데 어떻게 기여할 수 있는지 설명하시오.

1-5

현대 인류의 뇌 크기, 지능, 문화

저서 *The Descent of Man*에서 다윈은 다음의 역설을 피력하였다.

고릴라와 오랑우탄에 비해 인간의 뇌가 신체에서 차지하는 비율이 높은 것이 더 높은 지적인 능력과 밀접하게 관련되어 있음을 의심할 사람은 없을 것이다. … 반면에 누구도 두 동물 또는 두 사람의 지적 능력이 두개골의 용적으로 정확하게 평가될 수 있다고 생각하지 않을 것이다 (Darwin, 1871, p. 37).

다윈의 생각을 무시하는 많은 사람이 개인의 지능과 전체 뇌의 크기를 관련지으려 하였고, 뇌 크기와 지능에 관한 뒤이은 논쟁은 교훈을 준다. 다음 절에서는 뇌 크기, 지능, 그리고 문화와 관련된 문제를 기술하고, 다윈의 경고에 대해서 자세하게 살펴볼 것이다.

인간의 큰 뇌가 어떻게 진화하였는지를 설명하기 위해 사용한 진화적 접근은 종 간의 비교에 근거를 두고 있다. 그런 진화적 원리를 종 내에서의 신체적 비교, 특히 현대 인류 집단 내 또는 집단 사이의 생물학적 비교로 확장할 때 특별한 주의가 필요하다. 이 절에서는 먼저 인간 뇌 크기와 지능을 관련짓는 것에 수반되는 복잡성을 살펴봄으로써 종 내의 비교가 어렵다는 것을 보여주고자 한다(Deary, 2000). 그리고 현대 인류에서 뇌와 행동을 연구하는 또 다른 측면, 즉 다른 동물종과는 달리 아주 많은 현대 인류의 행동이 문화적으로 학습된 것이라는 사실에 대해서도 알아볼 것이다.

인간 뇌의 크기를 비교하는 중요성

Stephen Jay Gould는 1981년에 쓴 그의 책 *The Mismeasure of Man*에서 뇌 크기와 지능이 관련이 있다고 한 많은 연구를 비판하였다. 그는 사람의 뇌를 측정하기 어렵지만, 지능 측정은 훨씬 더 어렵다는 것과 이 영역에서 수행되는 많은 연구의 주요 동기가 성, 집단, 인종 우월성에 관한 선입관을 지지하는 것이라고 지적하였다. 여기에서는 개인차 연구는 의미가 있을 수 있지만, 오측정은 그렇지 않은 이유를 자세히 기술할 것이다.

뇌의 크기를 측정하려고 줄자로 머리둘레를 잴 때 두개골의 두께를 고려하지 못하는 오류를 범할 수 있다. 또한 연구자들은 부피 또는 무게 중 어느 것이 더 좋은 측정치인지에 대해서도 동의하지 않는다. 그리고 더 정교한 측정치가 사용될 때도 신체의 크기를 꼭 고려해야 한다. 인간 뇌의 무게는 약 1,000g에서부터 2,000g이 넘는 사람도 있고, 신체 질량 또한 개인에 따라 다르다. 특정 뇌가 큰지 작은지 결정할 때 신체 질량을 어느 정도나 고려해야 할까? 그리고 사람의 전체 체중이 시기에 따라 변화를 보인다면 신체 질량을 어떻게 측정해야 할까?

사람들의 뇌에는 많은 차이가 있고, 차이에 대한 이유는 많고 복잡하다. 몇 가지 예를 들어보자. 사람은 큰 뇌세포를 가질 수도 있고 작은 뇌세포를 가질 수도 있다. 몸집이 큰 사람은 통제할 근육의 양도 많은 까닭에 작은 사람보다 뇌도 더 클 것이다. 남성의 뇌가 여성에 비해 다소 크고, 신체의 크기도 그러하다. 그런데도 소녀가 소년보다 빨리 성숙하기 때문에 성인과 달리 청소년기에는 뇌와 신체 크기에 차이가 없다. 일반적으로 나이를 먹어감에 따라 뇌세포가 상실되기 때문에 뇌도 위축된다.

노화와 연관된 신경학적 질환이 뇌 크기의 노화 관련 감소를 가속한다. 출생 무렵 뇌 상해는 뇌 크기를 현저하게 감소시키는데, 이런 감소는 손상 부위와 멀리 떨어진 영역에서도 나타난다. 유아기의 신체적 및 행동적 박탈과 관련된 스트레스도 뇌의 크기를 감소시킨다(Herringa et al., 2013). 태아알코올스펙트럼장애(fetal alcohol spectrum disorder, FASD)와 같이 부모의 알코올 또는 다른 약물 남용과 관련된 신경학적 장애도 뇌의 크기를 크게 감소시킨다. 대개 유전적 요인이 발달에 영향을 미치는 조건인 **자폐스펙트럼장애**(autism spectrum disorder, ASD)는 사람에 따라서는 뇌의 크기를 증가 또는 감소시키는 것을 포함하여 다양한 뇌의 비정상을 일으킨다.

뇌의 크기는 일생을 통해 변화할 수도 있다. 예를 들어 생애 초기의 좋은 영양 상태는 더 큰 신체 크기와 연관되고, 이 요인이 뇌의 크기 증가와도 연관될 수 있다. 풍부한 환경에 대한 반응으로 뇌에 변화가 일어나는 뇌 가소성(plasticity)이 현존하는 뇌세포를 성장하게 하여 뇌의 크기와 행동적 기능을 증가시킬 수 있다(Tooley et al., 2021). 더구나 뇌가 새로운 기술과 기억을 저장하는 한 가지 방식은 세포들 사이의 새로운 연결을 형성하는 것이고, 이런 연결이 뇌의 크기 증가에 이바지한다.

인간 지능의 중요성

지능을 정의하고 측정하는 것 또한 난제이다. 종 간의 행동을 비교할 때 **종 특유 행동**(species-

특수한 조건에 관한 정보는 이 책의 속 표지에 있는 질병 목록을 참조하라.

가소성에 대해서는 2-1절과 2-6절에서 다루고, 환경과 뇌 발달은 8-1절과 8-4절에서 공부하며, 운동은 11-3절, 기억은 14-1절에서 살펴본다.

칠성장어   도롱뇽

지능 측정은 우생학 정책을 포함하여 차별적 사회 정책을 지원하기 위해 오용되었었다. 지능의 개념화와 측정에 관한 문제는 15-6절에서 자세하게 살펴본다.

typical behavior), 즉 한 종의 모든 구성원이 나타내는 행동을 비교한다. 예를 들면 칠성장어는 사지가 없으므로 걸을 수 없는 반면에 도롱뇽은 사지가 있으니 걸을 수 있는데, 이런 특질의 차이는 두 종 사이의 뇌 크기의 차이와 상관될 수 있다. 그러나 한 종 안에서 행동(지능)을 비교할 때 한 개체가 어떤 과제를 다른 개체보다 얼마나 잘 수행하는지를 비교하게 된다. 예를 들면 어떤 도롱뇽이 다른 도롱뇽보다 얼마나 잘 걸을 수 있느냐를 비교하는 것이다. 우리가 다루고 있는 차이는 비교적 작고, 측정이 이루어지는 조건에 따라 변화하고, 객관적으로 정의하기도 어려울 것이다.

20세기 초 Charles Spearman이 지능 평가에 사용된 여러 검사를 바탕으로 최초의 공식적 수행 분석을 하였다. 그는 검사들 간의 정적 상관을 발견하였고, 그것을 설명해주는 하나의 공통 요인이 있다고 생각하였다. Spearman은 이 **일반지능요인**(general intelligence factor)을 가리켜 g라 하였지만, 이 또한 바뀌는 것으로 밝혀졌다. 선천적 능력과 관련이 없는 많은 요인, 즉 기회, 흥미 수준, 훈련, 동기, 건강 등이 과제에서 측정되는 개인의 수행에 영향을 미친다.

예를 들어 한 세대의 젊은 성인에게 실시된 지능검사는 다음 세대에 실시될 때 점수가 25점 정도 향상되는데, 이런 현상을 **플린 효과**(Flynn effect)라 한다(Flynn, 2012). 실제로 그렇지는 않을 것이지만 표면적으로는 인간의 g가 두 세대 사이에서 그 정도로 높아진 것은 많은 젊은 성인이 할아버지 세대에 비해 우수한 범주에 속한다는 것을 보여준다. 점수의 이런 변화에 뇌의 크기 증가가 수반되지 않은 것은 분명하다. 교육을 비롯한 다른 경험으로 이 플린 효과를 설명할 수 있을 것이다.

15-3절에서 뇌의 신경망을 지도로 작성하는 다양한 기법을 논의하고, 15-6절에서 신경망의 효율성과 지능의 관련성을 다룬다.

Howard Gardner(2006)는 사람들이 언어, 음악, 수학, 사회 지능 등 여러 종류의 지능을 가진다고 주장하였다. 이런 각 유형의 지능은 특정 뇌 영역 또는 영역들의 기능과 관련된다. C. Branton Shearer(2020)는 안정 신경망과 뇌영상 연구에서 부과된 여러 행동 검사와 관련된 행동을 분석하였고, 많은 신경망이 Gardner의 다중지능 이론에서 기술되는 여러 종류의 지능과 관련이 있음을 알게 되었다. 더 나아가 Shearer는 학교에서 이루어지는 개인화된 교육이 개인의 여러 잠재 지능을 강화할 수 있다고 주장하였다. 말하자면 예술, 수학, 창조적 글쓰기와 같은 영역의 교육이 사람들의 노력 속에서 잠재능력을 키울 수 있다는 것이다. Gardner의 주장도 비판받았으나 가장 분명한 점은 전체 지능에 몇 종류의 지능을 더하거나 빼는 것이 쉬워 보인다는 것이다.

지능에 관한 논의에 한 가지 추가할 것은 능력의 변이가 집단에게 제공하는 적응적 가치이다. 다양한 특질을 가진 개인들로 구성된 집단이 동질적 집단보다 더 적응적일 수 있다. 진화생물학에서 인정받은 원리는 유전적 및 표현적 변이가 중요하다는 것이다(Conroy et al., 2021). 변이가 없는 집단은 아마도 소수만 살아남게 하는 동종교배 또는 병목 사건의 결과일 것이고, 환경의 변화와 질병 상황에서 높은 위험성을 보여준다. 이와 유사하게 각 성원이 행동적 변동성을 가진 집단은 새롭고 유익한 방식으로 혁신할 수 있다. 유전적 변동성이 낮은 비인간 동물 집단이 위태로운 것처럼 개인의 변동성이 낮은 인간 집단 역시 위태로울 수 있다.

인간 문화의 중요성

우리의 뇌가 만들어낸 가장 놀라운 것은 훨씬 더 복잡하고 다양한 **문화**(culture)인데, 이것은 가르침과 경험을 통해 세대에서 세대로 전해진 학습된 행동이다. 인간은 수천 가지 언어를 구사하고, 수많은 사회적 및 종교적 관습을 가지며, 엄청나게 다양한 방식으로 세상에 적응한다. 문화 대부분은 우리의 뇌가 진화한 한참 후에 생겨났다.

문화의 성장과 적응으로 인해 현재의 많은 인간 행동은 20만 년 전에 살았던 호모 사피엔스의

종 특유 행동 양서류의 걷기처럼 한 종의 모든 구성원이 특징적으로 보여주는 행동
문화 가르침과 모방을 통해 한 세대에서 다음 세대로 계승되는 학습된 행동

그것과는 현저하게 달라졌다. 불과 3만 년 전에 현대 인류는 최초의 예술적 유물인 정교한 동굴 벽화를 그렸고 상아 조각과 작은 돌 조각상을 만들었다. 시간이 더 흐른 15,000년 전에야 농업이 시작되었고, 읽기와 쓰기가 발명된 것은 불과 7,000년 전이었다.

수학의 많은 유형과 기계 및 디지털 장치를 사용하는 많은 기술은 훨씬 최근에 발달하였다. 예컨대 컴퓨터 프로그래밍 언어는 1950년대에 등장하였다. 현재 우리는 인류의 역사에서 매우 독특한 스마트폰과 사회적 매체의 시대를 경험하고 있다. 분명히 인류의 뇌는 무언가 하도록 진화했을 것이고, 거기에는 보다 정교한 기술에 적응하는 데 필요한 요소도 포함될 것이다.

Maxime Derex와 Alex Mesoudi(2020)는 **밈**(meme, 신체 진화의 요소인 gene을 본뜬 용어)이라 불리는, 사람들 사이에 확산된 문화적 요소, 아이디어, 행동, 스타일도 진화의 틀에서 연구될 수 있다고 하였다. 그들은 뇌 구조의 개인차가 특정 밈의 발달을 선호한다고 제안한다. 일단 밈이 발달하면 그것은 또 다른 뇌 발달에 대해 선택적 압력으로 작용한다. 예를 들어 개인의 뇌 구조에 나타난 우연한 변이가 일부 사람들에서 도구를 사용하도록 하였을 것이다. 도구 사용은 아주 유익한 것이어서 도구 만들기 그 자체가 집단에 선택적 압력을 주어 도구 제작 기술이 좋은 사람을 선호하도록 했을 것이다.

언어에서 음악으로 또 수학에서 예술에 이르는 다른 밈에 대해서도 유사한 주장을 할 수 있다. 이런 추론은 뇌과학이 언어학, 예술, 경영, 경제학을 포함하는 여러 학문 분야로 계속 확장되고 있는 것과 궤를 같이한다. 단순히 인체 기관의 구조를 살피는 것과 다르게, 인간의 뇌를 연구하는 것은 세상이 변화하고 또 뇌가 세상을 변화시키는 과정에서 뇌가 문화를 습득하고 적응을 촉진하는 방식을 탐구하는 것을 의미한다.

4세기에 살았던 Saint Ambrose는 소리 없이 읽을 수 있었던 최초의 사람으로 알려져 있다.

밈 특정 문화 내에서 개인에서 개인으로 전파되는 생각, 행동, 양식

15-3절에서 신경심리학을 확장한 개척자들을 살펴본다.

1-5 복습

진도를 계속 나가기 전에 앞 절을 얼마나 이해했는지 확인해보자. 정답은 이 책의 뒷부분에 있다.

1. 한 종에 속하는 모든 구성원이 나타내는 행동을 _____(이)라 한다.

2. Spearman은 자신이 주장한 일반 지능요인을 _____ (이)라고 하였다.

3. 지능검사 점수가 세대를 거치면서 향상된다는 발견을 _____(이)라 한다.

4. Gardner는 _____ 이론을 주장하였다.

5. 문화적 _____은/는 신체적 유전자에 비유된다.

6. 종 간의 진화적 비교에서 사실인 것이 단일 종 내의 비교에서 사실이 아닐 수 있다는 진술은 어떤 추론에서 나왔을까?

7. 지능의 변이가 집단의 성공에 어떻게 이바지할 수 있었을까?

요약

1-1 21세기의 뇌

뇌와 행동에 관한 연구를 함으로써 인류의 기원, 본성, 문화, 개인 차와 여러 행동장애의 원인과 치료 원리를 더 잘 이해할 수 있다.

인간의 신경계는 뇌와 척수를 포함하는 중추신경계(CNS)와 말초신경계(PNS)로 이루어져 있는데, 뇌와 척수는 말초신경계를 통해 감각 수용기, 근육과 다른 조직, 내부 장기와 소통한다. 대뇌와 소뇌는 큰 뇌를 가진 동물종에서 가장 많이 성장하였다.

행동을 사고와 상상 같은 정신 과정을 포함하는 일종의 운동이라고 정의한다. 동물에서 행동은 신경계의 활동으로 일어난다. 신경계가 그렇듯이 행동의 유연성과 복잡성도 종에 따라 매우 다르다.

인간을 포함한 일부 종에서 뇌는 행동을 통제하는 기관이다. 뇌의 지적인 활동이 유지되려면 지속적인 감각 및 운동 자극이 필요하다.

1-2 뇌와 행동에 관한 이론

정신론에서 행동은 마음(정신)이라는 무형적 실체의 산물이고 뇌는 중요하지 않다고 본다. 이원론에서는 비물질인 마음이 물질인 뇌를 통해서 언어와 이성적 행동을 만들어내는 반면, 뇌만으로는 우리와 다른 동물이 공통적으로 나타내는 '낮은' 수준의 활동밖에 할 수 없다고 주장한다.

뇌 기능으로 모든 행동, 언어, 추론을 완전하게 설명할 수 있다는 견해인 물질론이 오늘날의 뇌와 행동 연구를 이끌고 있다. 물질론적 관점을 지지하는 증거는 인간 언어와 같은 행동이 인류의 조상이 사용했던 더 간단한 언어능력에서 비롯되었다는 진화론, 즉 자연선택에 관한 연구와 유전자가 작용하는 방식에 대한 발견에서 나왔다. 실험은 (1) 이론을 만들고, (2) 물음(가설)을 제기하고, (3) 가설을 검증하기 위한 절차를 계획하며, (4) 결과를 평가하여 그 가설을 확증하거나 수정하는 과학적 과정을 따른다.

심각한 외상성 뇌 손상(TBI)을 입은 후에 뇌에서 상당한 회복력이 나타나지만, 약하든 심하든 손상을 입은 사람은 이전의 기능 수준을 완전하게 회복하지 못하고 장애 상태에 머물 수 있다. 뇌영상 기법을 사용하면 최소의식상태(MCS), 잠김증후군, 식물인간 상태(PVS)와 같은 심각한 장애를 확인할 수 있다.

1-3 뇌와 행동의 진화

행동신경과학자들은 모든 생명체가 하나의 공통조상으로부터 유래했다는 진화론을 받아들인다. 뇌세포와 근육은 지구상에 일어난 생명체의 진화에서 아주 최근에 발달한 것이다. 그것들은 단 한 번 진화되었기 때문에 유사한 기본 패턴이 모든 동물의 신경계에 나타난다.

일부 동물 계통의 신경계가 더 복잡해진 것은 먼저 신경망이 생겼고, 뒤이어 양측 대칭의 분절화된 신경계와 신경절에 의해 통제되는 신경계가 나타났으며, 마지막으로 척색동물에서 뇌와 척수를 갖춘 신경계가 발달한 진화의 결과이다.

포유동물은 몸의 크기에 비해 뇌가 큰 것이 특징인 척색동물강에 속한다. 현대 인류는 큰 뇌를 가지고 있는 것으로 구분되는 영장류 목, 그리고 양손으로 번갈아 나무에 매달리며 이동할 수 있으며, 인간의 경우 강한 힘과 정확성으로 물건을 던질 수 있는 유연한 어깨를 가진 큰유인원과에 속한다.

1-4 인간 뇌와 행동의 진화

인류의 초기 사람족 조상은 아마도 수백만 년 전에 아프리카에서 살았던 오스트랄로피테쿠스였을 것이다. 오스트랄로피테쿠스종으로부터 호모 하빌리스와 호모 에렉투스를 거쳐 호모가 진화하였다. 현대 인류인 호모 사피엔스는 약 20만 년 전에 출현하였다.

오스트랄로피테쿠스 이후로 사람족의 뇌는 거의 3배 정도 커졌고, 뇌세포의 수도 그 정도 증가하였다. 이런 증가는 뇌의 영역 및 연결의 변화와 관련이 있다. 신체 크기에 대한 뇌의 상대적인 크기를 뇌화 지수(EQ)라 하는데, 여러 종의 뇌를 완전하게 비교하려면 뇌세포의 수를 측정해야 한다. 사람족에서 뇌의 진화를 촉진한 것으로 추측되는 요인 중 하나가 기후 변화와 같은 환경적 도전과 기회인데, 이들 요인이 작용한 결과 적응과 더 복잡한 행동 패턴이 자연선택된 것으로 보인다. 사람족에서 뇌와 행동 변화는 그들에서 새로 나타난 것으로 추측되는 몇 가지 유전자에 의해 매개되었다. 또한 사람족에서 뇌 진화의 바탕이 된 요인으로는 사회적 협력과 요리 같은 생활양식의 변화, 생리적 변화, 성숙률의 변화 등이 있다.

1-5 현대 인류의 뇌 크기, 지능, 문화

종들 사이의 뇌와 행동에 대한 연구에서 나온 진화의 원리가 호모 사피엔스와 같은 단일 종 내에서의 뇌와 행동에 쉽게 적용되지 않는다. 사람에 따라서 신체 및 뇌의 크기, 뇌세포의 수, 뇌세포 사이의 연결은 크게 다르다. 또한 사람에 따라 뇌의 산물인 동시에 뇌에 중요한 영향을 미치는 문화도 다르다. 이들 요인 중 어느 것이라도 다른 종류의 지능 발달에 이바지할 수 있으므로 뇌 크기와 일반 지능을 단순히 비교하는 것은 현명하지 못하다.

현대 인류의 행동 중 상당한 정도가 우리의 신경계에 유전되어 있는 것이 아니라 문화적 학습과 전달의 결과라고 인식하는 것이 우리의 뇌가 작용하는 방식을 이해하는 데 가장 중요하다. 사람에서 사람으로, 문화에서 문화로 밈이 전파되는 것이다.

핵심 용어

가소성	마음-신체 문제	신경절	정신론
공통조상	말초신경계(PNS)	신피질(피질)	종
교세포	멘델 유전학	양측 대칭	종 특유 행동
국소해부도	문화	외상성 뇌 손상(TBI)	중추신경계(CNS)
뇌간	물질론	유전형	진화계통도
뇌반구	밈	유형성숙	척색동물
뇌심부자극(DBS)	분절화	이원론	체화된 행동
뇌진탕	사람족	임상시험	최소의식상태(MCS)
뇌화 지수(EQ)	소뇌	자연선택	커넥톰
뉴런	식물인간 상태(PVS)	잠김증후군	표현형
대뇌(전뇌)	신경망	정신	후생유전학

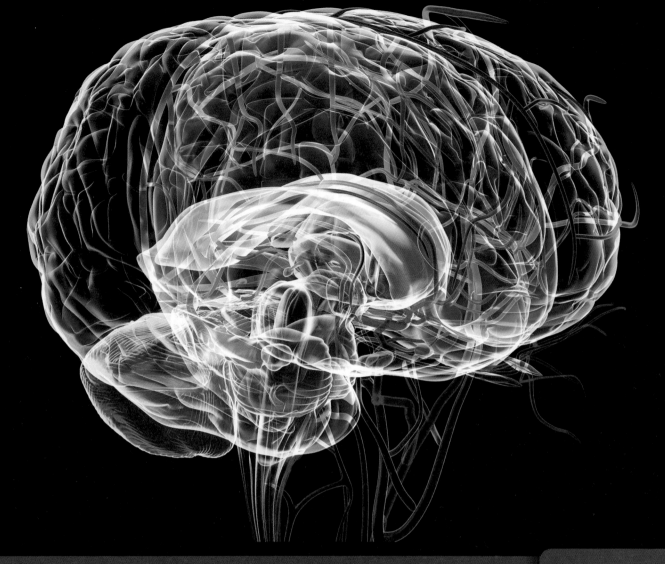

신경계의 기능해부학이란?

2

2-1 뇌의 기능과 구조 개관

연구 초점 2-1 소뇌의 발육부전

신경 구성의 가소성

신경계의 기능적 구성

뇌 표면의 특징

기본 지식 뇌 알아보기

임상 초점 2-2 뇌수막염과 뇌염

뇌 내부의 특징

임상 초점 2-3 뇌졸중

2-2 신경계 발달의 보존된 양식

뇌 진화 비교

신경계와 지적 행동

실험 2-1 질문 : 지적 행동에 척추동물의 신경계 조직이 필요한가?

2-3 중추신경계 : 행동 중재

척수

뇌간

전뇌

대뇌피질

기저핵

2-4 체성신경계 : 정보 전달

뇌신경

척수신경

체성신경계의 연결

통합적 척수 기능

임상 초점 2-4 안면신경마비

2-5 자율 및 장 신경계 : 장기와의 관계

자율신경계 : 내부 기능 조절

장신경계 : 장 통제

2-6 신경계 기능의 열 가지 원리

원리 1 : 신경회로는 신경계의 기능 단위이다

원리 2 : 감각부와 운동부는 신경계 전체에 퍼져 있다

원리 3 : 중추신경계는 다양한 수준에서 기능하며 위계적이고 병렬적으로 조직화되어 있다.

원리 4 : 많은 뇌 회로는 교차한다

원리 5 : 뇌 기능은 영역별로 분산되어 있다

원리 6 : 뇌는 대칭이면서 비대칭이다

원리 7 : 신경계의 작용에는 흥분과 억제가 공존한다

원리 8 : 뇌는 감각 정보를 대상 인식 및 운동을 위한 것으로 구분한다

원리 9 : 신경계는 뇌가 구성하는 지각 세계에서 움직임을 생성한다

원리 10 : 신경가소성은 신경계의 특징적인 기능이다

소뇌의 발육부전

외상성 뇌 손상 사례('임상 초점 1-1 : 뇌 손상을 입은 채로 살아가기'의 Fred Linge 사례)에서 보았듯이 성인의 뇌가 손상될 때 나타나는 행동 변화 양상을 관찰하고, 뇌 기능에 관한 통찰을 얻게 된다. 자연스러운 뇌 손상에서 나머지 영역은 온전하게 유지된 채 단일 영역만 완전하게 제거되는 일은 거의 일어나지 않는다. 그러나 뇌 영역이 정상적으로 발달하지 못하는 *발육부전* (agenesis)은 다른 뇌 영역은 정상적인 것처럼 보이지만 하나의 뇌 영역이 완전하게 존재하지 않는 희귀한 사례로, 뇌의 구성과 기능을 들여다볼 수 있는 독특한 창을 제공한다.

역사적으로 소뇌는 운동 구조로 여겨졌고, 손상될 때 나타나는 가장 뚜렷한 징후는 근육 협응과 균형이 상실되는 *운동실조*(ataxia)이다. 오늘날 우리는 소뇌의 기능이 운동 통제보다 훨씬 광범위하다는 것을 알고 있다(예 : Sokolov et al., 2017). 소뇌가 손상된 성인 환자들은 운동장애를 보이지만, 추상적 사고나 언어 같은 인지적 결손과 정서 통제의 결손도 보여준다.

소뇌는 가장 많은 뉴런을 가진 뇌 영역으로 인간에서는 뉴런의 80%를 차지하고, 코끼리의 경우에는 엄청나게도 97.5%를 차지하는데, 이것은 코끼리 몸통의 능숙한 움직임과 관련이 있을 것으로 추측된다. 다른 뇌 영역은 정상인 것처럼 보이지만 소뇌가 발달하지 않는다면 어떤 일이 생길까? 우리 인간에서는 80%의 뉴런이 사라지는 것이 아닌가!

소뇌 발육부전을 가진 사람을 대상으로 한 연구들에서는 이질적인 일련의 증상들이 밝혀졌지만, 신경심리학적 평가에서는 그 영역들이 손상되지 않았음에도 불구하고 전두 및 두정 피질 영역이 손상된 사람들에게서 볼 수 있는 행동적 결함을 떠올리게 된다(예 : Baumann et al., 2015). 소뇌 발육부전을 가진 사람들의 언어 및 운동 기능 발달이 느리긴 하지만 시간이 지남에 따라 상당한 향상이 일어나는 것을 볼 때, 그들이 가진 증상의 많은 것이 보상될 수 있는 것 같다.

여기에 수록된 사진은 소뇌 발육부전을 가지고 태어난 한 젊은이의 뇌(C와 D)와 뇌가 정상적으로 발달한 사람의 뇌(A와 B)를 대조적으로 보여준다. 이 사람은 아동기와 청소년기에 심한 시각운동공간장애를 보여주었지만, 30세 무렵에는 유의미한 향상을 보여주었다(Jeremy D. Schmahmann and Janet C. Sherman, personal communication). 뉴런의 80%가 없음에도 불구하고 이 젊은이의 행동능력은 상당하여 사무직으로 일하며 혼자서 생활하였다. 그러나 그의 행동이 보편적인 것은 아니었다. 그는 독특한 양식으로 말하고, 서툴

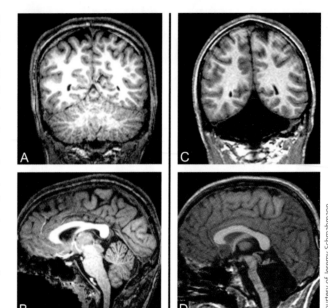

소뇌 발육부전을 가진 사람의 MRI 영상(C, D)과 비교된 같은 나이의 개인의 뇌영상(A, B). A와 C는 관상면이고 B와 D는 정중시상면이다. 이에 대한 더 많은 자료는 다음을 참고하라. www.npr.org/blogs/health/2015/03/16/393351760.

게 걷고, 균형을 잘 잡지 못하고, 계획을 세우고 추상적 사고를 하는 데에도 결함을 보여주었다. 그런 결함들이 있지만 그는 양호한 사회적 기술과 장기기억을 가지고 있고, 일상적 활동에도 능숙하였다.

소뇌 발육부전이 있는 사람에서는 초기 혼란에 대한 반응으로 유발된 뇌 가소성으로 보상이 일어나 대뇌피질의 일부 영역이 훨씬 효과적으로 작용하는 것으로 생각된다. 흥미롭게도 소뇌 발육부전이 있는 사람들이 생애 초기에 *자폐*(autism)의 일부 증상을 가지고 있는 것 같다는 보고가 있다. 이런 관찰은 소뇌의 기능부전(결여가 아닌)이 자폐와 관련되어 있다는 증거와 부합된다(자세한 내용은 '임상 초점 8-2 : 자폐스펙트럼장애' 참조).

이 책 전체를 통해서 신경계를 그 기능, 즉 뇌가 행동에 미치는 영향과 행동이 뇌에 미치는 영향에 중점을 두고 살펴보려고 한다. 이 장에서는 신경계의 해부학과 기능적 조직화, 구성 성분이 어떻게 함께 작용하여 행동을 일으키는지 알아볼 것이다. 또한 '연구 초점 2-1 : 소뇌의 발육부전'에서 다룬 가소성이라는 맥락에서 뇌가 어떻게 변화하는지 살펴볼 것이다.

먼저 뇌의 해부학을 중점적으로 살펴본 다음 뇌가 나머지 신경계와 어떻게 조화를 이루어 행동을 일으키는지를 자세히 다룰 것이다. 이 장 전반에 걸쳐서 신경계의 구성 요소, 기능, 가소성이 어떻게 신경계 조직화의 기초인 기본 원리를 제시하는지 설명할 것이다. 2-6절에서 자세하게 다루는 이들 원리는 이 장에서 제시되는 신경계의 미시적 및 거시적 관점과 후속 장들에 나올 행동에 대한 더 큰 그림에도 적용된다.

우리가 *기능*(function)이라는 용어를 두 가지 다른 방식으로 사용하고 있음에 유의하라. 뇌의 목적, 즉 행동을 생성하는 것이 뇌의 기능이라는 의미로 사용될 수 있다. 또한 이 용어는 뇌의 작용 방식을 지칭하기 위해 사용될 수도 있다.

Courtesy of Jeremy Schmahmann

뇌의 기능과 구조 개관

뇌의 가장 중요한 기능은 움직임(movement)을 만들어내는 것이고, 이 움직임을 총칭하여 **행동**(behavior)이라고 한다. 효과적으로 행동하기 위해 주변 환경에서 무언가를 찾고, 탐색하며, 그것을 조작할 때 우리는 시각, 청각, 후각, 미각, 신체감각과 같은 감각 정보를 받아들인다. 이런 자극(stimulation)이 없으면 뇌가 적합한 행동을 만들어내기 위해 몸의 방향을 잡거나 몸에 지시를 내릴 수 없다. 신경계의 감각 기관들은 세상으로부터 정보를 받아들이고 이를 생물학적 활동으로 전환하는데, 이를 통해 우리가 보고, 듣고, 냄새 맡고, 맛보고, 느끼는 지각(perception)이 형성된다. 어떤 복잡한 행동을 수행하든 이 주관적 현실 경험이 필수적이다.

예를 들어 전화벨이 울릴 때 신경계가 진동하는 공기 분자에 반응하여 벨소리라는 주관적인 경험을 일으킴에 따라 여러분의 뇌는 여러분을 전화기로 달려가게 한다. 우리는 그 자극을 소리로 지각하고 마치 그것이 존재하는 것처럼 그에 반응하는데, 실제로 소리라는 것은 뇌가 만들어낸 허구일 뿐이다. 이 허구는 진동하는 공기 분자가 고막을 때릴 때 발생하는 연쇄 반응을 통해 만들어진다. 신경계, 특히 뇌가 없다면 공기 분자의 움직임이 있을 뿐 소리라는 지각은 있을 수 없다.

그러나 전화벨 소리를 듣는 것에는 진동하는 공기 분자 그 이상의 것이 있다. 현실에 대한 우리의 정신적 구성 개념은 우리가 받아들인 감각 정보뿐 아니라 유입되는 정보와 상호작용하기 위해 우리가 이용하는 인지 과정(cognitive process)에도 근거를 두고 있다. 전화를 기다리고 있을 때 듣는 벨 소리와 새벽 3시에 갑자기 들리는 벨 소리는 그 의미가 전혀 다르다.

뇌가 구성하는 주관적 현실을 더 잘 이해하기 위해서 종류가 다른 두 동물의 감각적 현실을 비교해보자. 잘 알겠지만 개는 인간이 지각하지 못하는 높은 진동의 소리도 지각할 수 있다. 이러한 지각의 차이가 개의 신경계가 인간보다 우월하다거나 인간의 청각이 열등하다는 것을 의미하지는 않는다. 개의 뇌가 만든 지각 세계가 인간의 뇌가 만든 것과 다를 뿐이다. 두 경험 모두 '옳은' 것이 아니다. 이런 주관적 경험의 차이는 감각 자극을 처리하기 위해서 서로 다르게 진화된 체계 때문에 나타난다.

시지각의 경우 우리가 지각하는 세계는 색이 풍부하지만 개는 색을 거의 보지 못한다. 그러므로 인간의 뇌와 개의 뇌는 다른 현실을 구성한다. 뇌에 이런 주관적 차이가 존재하는 데에는 이유가 있다. 그런 차이가 존재하기 때문에 서로 다른 동물들이 주변 환경에서 다른 특성들을 이용할 수 있다. 개는 풀밭의 쥐와 같은 먹잇감의 움직임을 탐지하기 위해 청각을 사용하지만, 초기 인류는 나무에서 잘 익은 과일을 골라내기 위해 시각을 사용했을 것이다. 그러므로 진화는 적응성(adaptability), 즉 오랜 역사적 도전에 대한 해결책을 만들어내어 동물종들이 제각기 생존에 도움이 되는 방식으로 세상을 볼 수 있게 해주었다.

신경 구성의 가소성

뇌에는 가소성이 있다. 다시 말해 신경 조직은 그것이 구성되는 방식을 바꿈으로써 세상에 반응하여 변화하는 능력을 갖추고 있다. 연구 초점 2-1에 소개한 한 젊은이의 뇌가 소뇌의 발육부전에 적응했듯이 선천적인 시각장애인은 뛰어난 청각능력을 보여주는데, 이것은 뇌 시각 영역 일부가 듣기에도 활용되었기 때문이다. 또한 뇌는 특정 기능을 담당하는 체계에 속한 뉴런 간의 연결이 경험에 대한 반응으로 계속 변화한다는 점에서도 가소적이다.

학습 목표
• 신경가소성이란 무엇이고 적응에서 어떤 역할을 하는지 기술한다.
• 뇌의 주요 영역별 구조물과 내부 특징을 확인한다.
• 신경계의 주요 부문을 열거하고, 그들이 상호작용하는 방식을 기술한다.

10장에서 음파가 신경계 신호로 바뀌는 단계를 기술하고, 이 청각 자극을 처리하는 데 관여하는 신경해부학을 살펴본다.

원리 9. 신경계는 뇌가 구성하는 지각 세계에서 움직임을 생성한다.

9-1절에서 감각과 지각의 특성을 자세히 알아본다.

행동 내부에서 생성되고 조정된 움직임의 집합으로, 종종 자극에 대한 반응으로 나타난다.

신경가소성 환경의 변화에 적응하고 노화 관련 및 부상을 보상하기 위해 신경계가 자체에 구조적 및 화학적 변화를 일으키는 능력
표현형적 가소성 특정 범위의 표현형을 발달시키는 개체의 능력

원리 10. 신경가소성은 신경계의 특징적인 기능이다.

1-2절에서 진화적 맥락에서 유전형, 표현형, 후생유전학을 소개하였다.

Randy L. Jirtle, Adjunct Professor of Epigenetics, Department of Biological Sciences, NC State University, Raleigh, NC

그림 2.1 표현형적 가소성
이 두 생쥐는 유전적으로 동일하지만 전혀 다른 표현형을 보여주고 있다. 이는 이들의 어미가 임신 중에 다른 보조먹이를 먹었기 때문이다.

그림 1.1에서 인간의 중추 및 말초신경계 삽화를 제시하였다.

어떤 새로운 것을 배우고 기억하려면 신경회로가 그 지식을 표상하고 저장하기 위해 변화해야 한다. 어떤 악기 연주나 새로운 언어를 배울 때 이에 관여하는 피질 영역은 그 새로운 기술을 수용하기 위해 실제로 크기를 증가시킬 수 있다. 인간의 학습과 뇌 가소성에서 한 가지 중요한 측면이 언어 발달 및 언어와 관련된 뇌 영역의 확장과 연관되어 있다. 우리는 읽고, 계산하고, 창작하고, 곡을 연주하고, 과학을 발전시켜 왔다. 우리가 이런 성취를 이루기 훨씬 오래전에 이미 인간의 신경계는 진화하였으나, 뇌의 가소성이 있기에 우리는 여전히 이들 새로운 능력을 학습하고 기억할 수 있다.

또한 문화도 우리의 행동 형성에서 지배적인 역할을 한다. 우리는 운전을 하고 전자장치를 통해 의사소통하기 때문에 우리 그리고 우리의 신경계는 이러한 활동을 하지 않았던 우리의 조상과 비교할 때 어떤 새로운 방식으로 수정되었다. 신경계에서 일어나는 변화의 기초는 **신경가소성**(neuroplasticity)인데, 이것은 환경 변화에 대한 반응으로 스스로를 물리적 또는 화학적으로 수정하고, 노화와 관련된 변화와 상해를 보상하는 신경계의 잠재능력이다.

신경가소성을 동물 신경계의 고유한 특성으로 보고 싶겠지만, 그것은 **표현형적 가소성**(phenotypic plasticity)이라고 하는 보다 광범위한 생물학적 능력의 일부로 한 가지 이상의 표현형을 발달시킬 수 있는 개체의 능력이고, 우리가 관찰하고 측정할 수 있는 특성이다(생물학적 가소성에 대한 출중한 논의인 Gilbert & Epel, 2009 참조). 예를 들면 우리의 피부는 자외선에 대한 반응으로 더 많은 멜라닌을 동원하는데, 그렇게 하면 피부가 검어져 보호 수단이 되는 것이다. 간단히 설명하면 한 개체의 유전형(genotype, 유전 구조)이 환경과 상호작용하여 특수한 표현형을 끌어낸다. 이 표현형은 가능한 대규모 유전적 레퍼토리에서 나오는 한 현상으로 후생유전학적 영향을 받은 것이다.

후생유전학적 요인은 유전자에 변화를 일으키지 않고 부모로부터 물려받은 유전자가 특정 특질을 발현하는 방식에 영향을 미친다. **그림 2.1**에 있는 두 마리의 생쥐는 서로 달라서 하나는 뚱뚱하고 털빛이 옅지만 다른 하나는 야위고 털빛이 진하다. 그러나 이들 생쥐는 유전적으로 같은 복제 동물이다. 이들이 다르게 보이는 것은 임신 동안에 그들의 어미가 다른 먹이를 먹었기 때문이다. 동물이 먹이 보조제를 먹으면 그에 포함된 화학적 표지물질(marker) 또는 후생유전학적 추적물질(tag)이 특정 유전자에 결합하게 된다. 추적물질을 통해 유전자가 뉴런을 포함하여 세포에 영향을 미칠 수 있는지, 그리고 그 결과 신체 구조와 섭식행동에서 차이가 생길 수 있는지 알 수 있다.

신경계의 기능적 구성

해부학적 관점에서 보면 뇌와 척수가 중추신경계를 구성한다. 뇌와 척수 바깥으로 뻗어나가는 신경섬유 및 뇌와 척수 바깥에 있는 모든 뉴런이 말초신경계를 형성한다. **그림 2.2A**는 이런 해부학적 구성을 보여준다. 말초신경계의 신경들은 중추신경계로 감각 정보를 보내고, 중추신경계로부터의 운동 명령을 신체의 근육과 조직으로 보내는데, 여기에는 소화와 혈액 순환 같은 기능을 수행하는 것들이 포함된다.

그림 2.2B를 보라. 이 기능적 구성에서는 그 체계를 구성하는 부분들이 어떻게 함께 작용하는가에 중점을 두고 있다. 말초신경계 중 체성신경계의 뉴런은 뇌신경과 척수신경을 통해 신체 표면과 근육의 수용기와 연결된다. 체성신경계의 뉴런은 감각 정보를 취합하여 중추신경계로 보

(A) 해부학적 구조

신경계
- 중추신경계
  - 뇌
  - 척수
- 말초신경계
  - 체성신경계
  - 자율신경계
  - 장신경계

(B) 기능적 구조

신경계
- 중추신경계 (행동의 중재)
  - 뇌
  - 척수
- 체성신경계 (감각의 전달 및 운동의 창출)
  - 뇌신경
  - 척수신경
- 자율신경계 (내부 기능의 균형)
  - 교감부(각성)
  - 부교감부(안정)
- 장신경계 (장을 통제)

그림 2.2 신경계 구조 분석

신경계는 해부학적(A) 및 기능적(B)으로 개념화될 수 있다. 이 책에서의 기능적 접근은 신경계의 주요 4개 부분이 상호작용하는 방식에 중점을 둔다.

내고, 중추신경계에서 나온 정보를 머리, 목, 얼굴, 몸통, 사지에 있는 근육으로 전달하여 운동을 일으킨다. 이와 유사하게 중추신경계는 말초신경계의 자율신경계를 통해 신체 내부 장기의 작용, 즉 심장박동, 배뇨, 동공 반사, 폐를 팽창 또는 수축시키는 횡격막의 움직임 등을 통제한다. 자율신경계 일부로 간주하기도 하는 장신경계는 소화와 위 수축을 통제한다.

기능적 관점에서 볼 때 말초신경계의 주요 부분이 중추신경계와 4개 부분이 상호작용하는 하나의 체계를 구성한다.

- 중추신경계는 행동을 매개하는 신경계의 핵심으로, 뇌와 척수를 포함한다.
- **체성신경계**(somatic nervous system, SNS)는 근육, 관절 및 피부에서 들어오는 감각 정보를 중추신경계로 보내는 척수신경(spinal nerve)과 뇌신경(cranial nerve)으로 구성된다. 또한 체성신경계는 운동 명령을 내보내어 운동을 일으킨다.
- **자율신경계**(autonomic nervous system, ANS)는 부교감신경(parasympathetic nerve, 안정)의 작용을 통해 휴식과 소화 반응을 일으키고, 이와 반대로 교감신경(sympathetic nerve, 각성)을 통해 싸움 혹은 도주 반응이나 강력한 활동을 일으킨다.
- **장신경계**(enteric nervous system, ENS)는 장벽에 분포된 뉴런 망으로 구성되며 장을 통제한다. 장신경계는 자율신경계를 통해 중추신경계와 교신하지만, 대부분은 자율적으로 작용한다.

신경 정보가 전달되는 방향이 중요하다. **구심성**(afferent, 입력) 정보는 감각 정보이고 중추신경계 또는 그것의 일부로 들어가는 것이다. 반면에 **원심성**(efferent, 출력) 정보는 중추신경계 또는 그 일부에서 나가는 것이다. 우리가 압정을 밟았을 때 구심성 감각 신호가 몸에서 뇌로 전달되고 그 경험이 통증으로 지각된다. 뇌에서 나온 원심성 신호가 운동 반응을 일으킬 때 우리는 발을 들어 올린다(**그림 2.3**).

뇌 표면의 특징

사람들은 새 차를 사면 덮개를 열고 엔진을 살펴보기도 하는데, 이 부분이 자동차를 움직이게 한다. 대개의 사람은 복잡하게 배치된 튜브, 전선, 상자, 액체 용기들을 멍하니 바라볼 뿐, 거기에는 상식 이상의 어떤 의미는 없다. 우리는 엔진이 어떻게든 동력을 만들어 차를 움직이게 하고, 음향 기기, 조명, 와이퍼를 작동시킨다는 것을 안다. 그러나 이 정도로 엔진의 모든 부분이 무엇을 하는 것인지 안다고 할 수는 없다.

인간의 행동에 대해서 말할 때 뇌는 엔진이다. 여러 측면에서 뇌를 처음 살펴보는 것은 자동차의 덮개를 열고 그 내부를 들여다보는 것과 비슷하다. 우리는 뇌가 하는 일을 막연하게 알고 있지만, 뇌의 각 부분이 어떻게 그 일을 하는지는 모른다. 심지어 각 부분을 구분하지도 못한다. 뇌

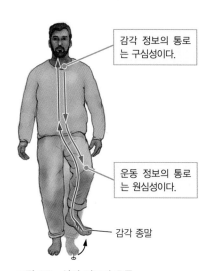

감각 정보의 통로는 구심성이다.

운동 정보의 통로는 원심성이다.

감각 종말

그림 2.3 신경 정보의 흐름

체성신경계(SNS) 말초신경계의 일부분으로 근육, 관절, 피부와 서로 정보를 주고받는 뇌신경과 척수신경을 포함한다. 체성신경계는 운동을 일으키고, 들어오는 감각 입력을 전달하며, 신체의 위치와 운동에 관한 정보를 중추신경계로 보낸다.

자율신경계(ANS) 말초신경계의 일부분으로 내장기와 분비선의 기능을 조절한다.

장신경계(ENS) 식도에서 장을 통해 대장에 이르는 장의 내벽에 분포한 뉴런들로, 장을 통제한다.

구심성 중추신경계 구조물로 들어가는 정보 전달

원심성 중추신경계 구조물에서 밖으로 나가는 정보 전달

척수 반사에 대해서는 11-4절과 그림 11.21에 자세하게 기술하였다.

뇌 알아보기

해부학자들이 당시의 조악한 도구를 이용하여 처음으로 뇌 연구를 시작했을 때 뇌 영역에 붙인 명칭을 살펴보면 뇌의 작용 방식을 잘못 추측했음을 알 수 있다. 해부학자들이 뇌의 한 영역이 성적 기능과 관련이 있을 것이라 생각하여 *gyrus fornicatus*(간음한 회)라고 명명하였지만, 실제 이 영역은 성적 활동과 관련이 없다.

혼란스러운 명명법

시간이 지나면서 뇌에 대한 추측과 연구 도구가 향상되었지만, 명칭은 여전히 임의적이고 일관성이 없다. 많은 뇌 구조물은 여러 개의 명칭을 가지고 있으며, 용어는 종종 서로 바꾸어 사용되기도 한다. 이렇듯 명명법이 유별난 이유는 뇌와 행동에 관한 연구가 수 세기에 걸쳐 이루어졌고 연구자들의 국적과 언어가 다양했기 때문이다.

초기 연구자들은 대상(베개처럼 생겨서 *pulvinar*), 또는 개념(변연계가 성욕과 정서를 담당한다고 생각)을 근거로 구조물의 명칭을 붙였다. 그들이 사용한 언어는 다양하였고, 특히 라틴어와 고대 그리스어를 많이 사용하였다. 살아 있는 단어가 변하는 것과 달리 사용되지 않는 죽은 언어에서 유래된 이들 단어의 의미는 정적이어서 시간에 따라 변하지 않으므로 잘못 붙여진 명칭이 그대로 유지된 것이었다. 최근의 연구자들은 숫자나 문자로 구조를 식별하지만, 여기에도 숫자를 아라비아어 또는 로마자로 표기하거나 그리스어나 라틴 문자와 조합하여 사용하는 등 여전히 일관성이 없다.

뇌와 신체의 구조에 명칭을 붙이는 일은 19세기 말에 주로 영어를 사용한 서구의 과학자들에 의해 거의 완성되었고, 그 무렵에 영어가 과학적 소통에서 표준이 되었다. 명칭은 학술잡지와 여러 학회의 논문집을 통해 퍼져나갔고, 다른 문화 및 언어권의 과학자들도 널리 사용하였다. 이런 유산의 결과로 연구

뇌-몸 방향성

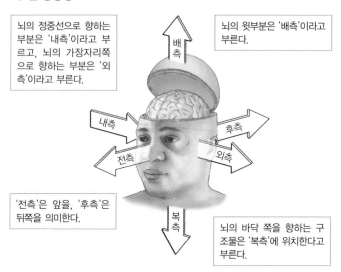

뇌의 정중선으로 향하는 부분은 '내측'이라고 부르고, 뇌의 가장자리쪽으로 향하는 부분은 '외측'이라고 부른다.

뇌의 윗부분은 '배측'이라고 부른다.

'전측'은 앞을, '후측'은 뒤쪽을 의미한다.

뇌의 바닥 쪽을 향하는 구조물은 '복측'에 위치한다고 부른다.

가 세계화되었음에도 학술지와 학회에서는 여전히 영어를 표준어로 사용하며, 연구 결과도 지역과 관계없이 통상 영어로 작성된다.

뇌에서의 위치 설명

신경계 구조물의 많은 명칭은 다른 해부학적 구조물(예 : 시상하부는 시상 아래에 위치), 부위의 공간적 상대 위치(예 : 측뇌실은 다른 뇌실의 바깥쪽에 위치), 관찰자의 관점(예 : 시상의 전배측핵은 다른 시상핵의 앞쪽이면서 위쪽에

공간적 방향성

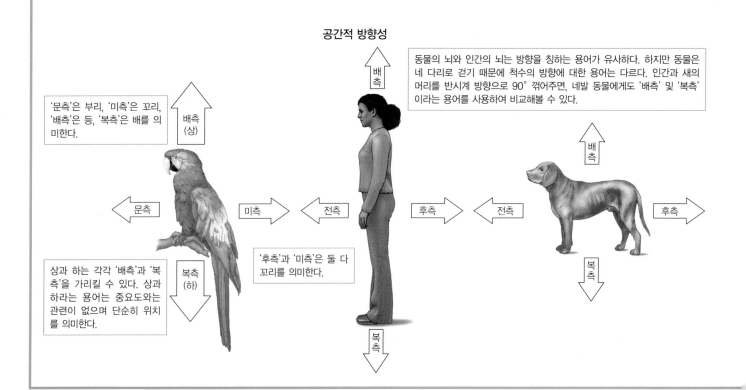

'문측'은 부리, '미측'은 꼬리, '배측'은 등, '복측'은 배를 의미한다.

배측 (상)

문측

미측

전측

동물의 뇌와 인간의 뇌는 방향을 칭하는 용어가 유사하다. 하지만 동물은 네 다리로 걷기 때문에 척수의 방향에 대한 용어는 다르다. 인간과 새의 머리를 반시계 방향으로 90° 꺾어주면, 네발 동물에게도 '배측' 및 '복측'이라는 용어를 사용하여 비교해볼 수 있다.

후측

전측

후측

배측

복측

상과 하는 각각 '배측'과 '복측'을 가리킬 수 있다. 상과 하라는 용어는 중요도와는 관련이 없으며 단순히 위치를 의미한다.

복측 (하)

'후측'과 '미측'은 둘 다 꼬리를 의미한다.

복측

해부학적 방향성

(A) 절단면의 방향

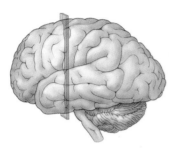

관상면

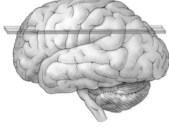

수평면

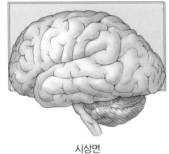

시상면

(B) 관찰자의 관점

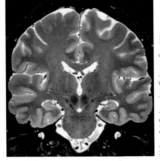

전두 모습

배측 모습

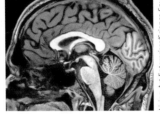

내측 모습

Living Art Enterprises/Science Source

'관상면'은 머리의 위부터 아래쪽으로 절단한 면이며 뇌의 전두 모습을 통해 내부 구조물을 볼 수 있다.

'수평면'은 수평면의 방향으로 뇌를 절단한 면이며 위로부터의 모습, 즉 배측 모습을 볼 수 있다.

'시상면'은 앞쪽에서 뒤쪽으로 머리를 절단한 면이며 뇌의 내측 모습을 볼 수 있다. 뇌의 방향성을 화살표로 상상해보라. (라틴어의 *sagitta*에서 유래하였다.) 정중시상면을 따라 자르면 뇌는 대칭의 반으로 나뉘고, 내측 모습이 드러난다.

위치)을 고려한 해부학적 위치를 반영한다.

- 뇌-몸 방향성(brain-body orientation)은 사람의 얼굴을 기준으로 뇌 구조물의 위치를 나타낸다.
- 공간적 방향성(spatial orientation)은 다른 신체 부위와 몸의 방향을 고려하여 뇌 구조물의 위치를 나타낸다.
- 해부학적 방향성(anatomical orientation)은 관찰자의 관점(B)에서 바라본 뇌 절단면의 방향(A)을 나타낸다.

방향을 가리키는 용어는 라틴어에서 유래되었다. 아래에 수록된 '위치와 방향을 나타내는 해부학 용어' 표를 참조하라. 일반적으로 방향을 나타내는 용어는 결합하여 사용한다. 예를 들어 배외측 전전두피질(dorsolateral prefrontal cortex)처럼 배외측이라고 기술된 구조물은 그것이 위쪽이면서 바깥쪽(up and to the side)에 위치한다는 의미이다.

끝으로 몸과 마찬가지로 신경계는 양측, 즉 왼쪽과 오른쪽이 대칭이다. 같은 쪽에 위치하는 구조물들에 대해서는 동측(ipsilateral), 반대 쪽에 위치하면 서로 *대측*(contralateral)이라고 묘사한다. 구조물들이 양쪽 반구에 존재하면 양측(bilateral)이라고 한다. 구조물들이 가깝게 위치하면 *근위*(proximal)라 하고, 멀리 떨어져 있으면 *원위*(distal)라 한다.

위치와 방향을 나타내는 해부학 용어

용어	신경계에서의 상대적인 의미
전측(anterior)	동물 또는 머리의 앞쪽 또는 그 부근(전두 및 문측 참조)
미측(caudal)	동물의 꼬리 쪽 또는 그 부근(후측 참조)
관상(coronal)	머리의 위에서 아래로 수직으로 절단하여 앞에서 바라본 뇌 절편을 나타내기 위해 사용
배측(dorsal)	네발 동물의 등쪽(인간 척수의 후측에 해당), 인간 뇌의 신경핵에서는 윗부분, 뇌 절편에서는 위에서 본 평면을 지칭
전두(frontal)	뇌의 앞부분(전측과 문측 참조), 앞에서 본 뇌 절편을 지칭
수평(horizontal)	수평으로 자른 면으로 위에서 본 뇌 평면을 보여주기 위해 사용
하(inferior)	아래(복측 참조)

용어	신경계에서의 상대적인 의미
외측(lateral)	뇌와 몸의 가장자리 쪽
내측(medial)	중앙, 특히 몸의 정중을 가리키는 것으로, 중추 구조물을 옆에서 바라본 평면을 지칭
후측(posterior)	동물의 꼬리 쪽(미측 참조), 인간 척수의 뒤쪽을 가리킴
문측(rostral)	동물의 부리(주둥이) 쪽(전측과 전두 참조)
시상(sagittal)	두개골을 앞에서 뒤로 절단하여 측면에서 바라 본 뇌의 내측을 보여주는 평면, 정중시상면은 뇌를 대칭의 절반으로 나눔
상(superior)	위쪽(배측 참조)
복측(ventral)	네발 동물의 배쪽(하 참조), 인간 뇌 신경핵에서 아래쪽을 지칭

뇌척수막 뇌와 척수를 감싸는 세 겹의 보호 조직으로 경막, 지주막, 유막으로 구성되어 있다.

뇌척수액(CSF) 뇌실에서 만들어지는 맑은 용액으로 나트륨, 염소 및 다른 이온을 함유하며, 뇌와 척수 둘레를 순환하다가 지주막하강의 지주막 밑에서 흡수된다.

그림과 영상을 이해하는 데 사용되는 해부학 용어와 방향들을 알고 있다면 이 책을 계속 읽어나가도 된다. 만약 계속하기 전에 그 용어들에 대해 알고 싶다면 '기본 지식 : 뇌 알아보기'를 읽어보라.

신경계 보호 장치

뇌의 기능을 알아보기 위해 두개골을 열고 그 안에 감추어져 있는 뇌를 관찰해보자. 처음 나타나는 것은 뇌가 아니라 뇌를 덮고 있는 세 겹의 질긴 보호막인 **뇌척수막**(meninges)이다(**그림 2.4**). 가장 바깥의 경막(dura mater, '강한 어머니'를 의미하는 라틴어)은 두껍고 질긴 두 겹의 섬유질 조직으로, 느슨한 주머니처럼 뇌와 척수를 둘러싸고 있다. 중간층은 지주막(arachnoid layer, '거미줄 모양'을 뜻하는 그리스어)이라고 하고, 얇고 부드러우며 섬세한 조직으로 뇌의 윤곽대로 그 위를 덮고 있다.

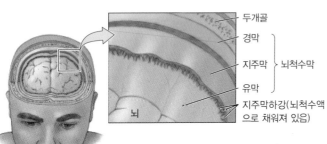

내막 또는 유막(pia mater, 라틴어로 '부드러운 어머니'를 의미)은 뇌의 표면에 밀착된 약간 질긴 섬유질의 결합 조직 막이다.

그림 2.4 뇌의 보호 장치

유막과 지주막 사이에는 **뇌척수액**(cerebrospinal fluid, CSF)이 흐르는데, 이것은 나트륨, 염소

◎ 임상 초점 2-2

뇌수막염과 뇌염

유해한 바이러스 또는 박테리아, 곰팡이, 원생동물과 같은 미생물이 때때로 뇌척수막, 특히 유막과 지주막, 그리고 이들 막 사이를 흐르는 뇌척수액에 침입하여 증식한다. 뇌에 이런 일이 일어나면 *뇌수막염*(meningitis, '뇌척수막의 염증'을 의미)이라는 감염이 발생한다. 감염에 대한 반응으로 신체에서 백혈구가 생성되어 침입자를 공격하고 잡아먹는다. 이 염증 반응은 뇌의 압력을 높여 뇌 기능을 해친다. 해소되지 않은 뇌압으로 섬망이 나타날 수 있고, 감염이 심해지면 졸음, 지각 마비, 혼수상태, 그리고 죽음에 이를 수도 있다.

흔히 나타나는 뇌수막염의 초기 증상은 심한 두통과 목의 경직(경추 경직)이다. 경추 경직이 극단적으로 심해지면 머리가 뒤로 젖혀지는 두부 후굴(head retraction) 상태가 된다. 아동에서 흔히 나타나는 증상은 경련이고, 이것은 염증이 뇌에 영향을 주었음을 의미한다. 뇌수막염 치료에는 원인이 미생물이면 항생제가 적용되고, 바이러스 감염이면 항바이러스제가 적용된다. 뇌수막염에서 회복된 생존자들은 농, 뇌전증, 수뇌증, 인지장애와 같은 장기 후유증을 경험할 수 있다.

뇌 자체에서 일어나는 감염을 *뇌염*(encephalitis, '뇌의 염증'을 의미)이라 한다. 뇌척수막과 같이 뇌염도 다양한 바이러스 또는 미생물의 침입으로 생길 수 있다. 예를 들어 COVID-19 바이러스(SARS-CoV2)는 후각 신경로, 뇌신경, 혈뇌장벽이 와해될 때는 백혈구를 통해 뇌로 들어갈 수 있다(Keyhanian et al., 2020). 그다음 바이러스는 뉴런과 교세포, 특히 뇌간의 심장 및 호흡 중추 세포로 들어간다. 바이러스가 이들 중추에 염증을 일으키면 심장 및 호흡 발작이 일어날 수 있는데, 종종 이것이 COVD-19로 인한 사망의 근원이 되기도 한다. 2021년 10월, 세계적으로 이 바이러스로 사망한 사람이 490만 명 이상인 것으로 확인되었다.

예방 접종은 특정 유형의 뇌염에 매우 효과적인 방어이지만 많은 취약한 집단에서 아직 접종이 이루어지지 않았다. 가용한 최신의 자료에 의하면 전문가

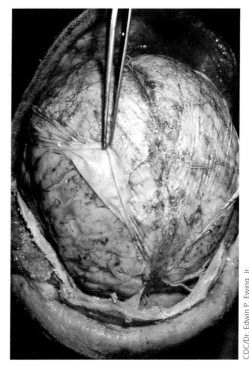

죽은 백혈구, 조직 잔해와 뒤섞인 박테리아, 혈청으로 이루어진 고름이 뇌수막염으로 감염된 뇌의 표면에 보인다.

들은 2015년에 세계적으로 430만 명이 뇌염에 걸렸고, 15만 명이 사망했을 것으로 추정했다고 한다.

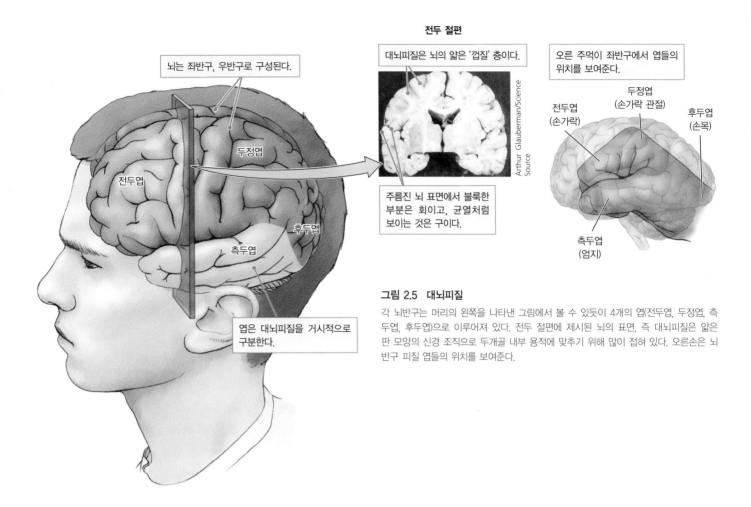

그림 2.5 대뇌피질

각 뇌반구는 머리의 왼쪽을 나타낸 그림에서 볼 수 있듯이 4개의 엽(전두엽, 두정엽, 측두엽, 후두엽)으로 이루어져 있다. 전두 절편에 제시된 뇌의 표면, 즉 대뇌피질은 얇은 판 모양의 신경 조직으로 두개골 내부 용적에 맞추기 위해 많이 접혀 있다. 오른손은 뇌반구 피질 엽들의 위치를 보여준다.

등의 이온이 녹아 있는 무색의 용액이다. 뇌척수액의 완충작용 때문에 뇌는 두개골에 압력을 가하지 않으면서도 미세하게 움직이거나 팽창할 수 있다. 뇌척수막이나 뇌척수액이 감염된 경우인 뇌수막염 증상은 '임상 초점 2-2 : 뇌수막염과 뇌염'을 참조하라.

대뇌의 생김새

뇌척수막들을 제거하면 나타나는 가장 눈에 띄는 뇌 표면의 모습은 좌, 우가 거의 대칭인 2개의 대뇌반구이다. **그림 2.5**에는 직립 자세의 인간 두개골 안에 있는 좌반구의 전뇌가 나와 있다. 바깥의 전뇌는 얇고 주름진 신경 조직의 층인 **대뇌피질**(cerebral cortex)로 이루어져 있는데, 그림 2.5의 전두면에서 자세한 부분을 볼 수 있다. 라틴어로 '나무껍질'을 의미하는 피질(cortex)이라는 단어를 사용하는 것은 그것의 주름진 표면과 위치, 그리고 뇌의 나머지 영역을 대부분 덮고 있다는 점을 생각할 때 적절하다. 그러나 나무의 껍질과 달리 뇌의 주름은 아무렇게 만들어진 것이 아니라 피질의 기능적 영역을 구분하고 있다.

오른손으로 주먹을 쥐고 들어 올리면 그림 2.5의 우측에서 볼 수 있는 것처럼 두개골 안에 있는 전뇌의 영역들 또는 **엽**(lobe)의 대략적 윤곽이 나타난다. 각 엽의 명칭은 그 위를 덮고 있는 두개골의 명칭에 따라 붙여졌다.

- 엄지손톱 바로 위에 있는 손가락들이 **전두엽**(frontal lobe)의 위치에 해당하는데, 이 전두엽은 결정하기와 수의적 운동을 일으키는 것과 같은 뇌의 집행 기능을 담당한다.

대뇌피질 전뇌의 바깥층을 형성하는 주름이 많고 층을 이루는 조직으로, 신피질과 부등피질로 구성되어 있다.

전두엽 대뇌피질 중 중심구 앞쪽 부위로 전두골 아래에 위치하며, 결정하기 및 수의적 운동과 같은 뇌의 집행 기능을 담당한다.

• 두개골의 꼭대기에 위치하는 **두정엽**(parietal lobe)은 손가락 관절(knuckle)에 해당하며 전두엽의 뒤에 있다. 두정엽의 기능에는 목표 지향적 운동을 수행하고, 어떤 대상을 잡는 것과 같은 것이 포함된다.

• 앞쪽을 향하는 **측두엽**(temporal lobe)은 두정엽 아래 뇌의 측면에 있으며, 이는 들어 올린 주먹의 엄지와 거의 같은 위치이다. 측두엽은 고차 듣기, 언어, 음악 능력, 얼굴 재인 및 정서 처리를 담당한다.

• 손목 부근에 해당하는 양쪽 대뇌반구의 뒷부분이 **후두엽**(occipital lobe)이고, 여기에서 시각 정보처리가 시작된다.

여러 각도에서 뇌 표면 살펴보기

그림 2.6A의 배측에서 볼 수 있는 것처럼 주름진 뇌의 좌반구, 우반구가 대뇌를 구성하는데, 이 대뇌는 주요 전뇌 구조로 포유류 중추신경계 중에서 가장 최근에 확장되었다. 반대쪽의 복측에서 본 **그림 2.6B**에서는 크기가 작은 주름진 소뇌의 반구들을 포함하는 뇌간을 볼 수 있다. 소뇌와 뇌간은 외측 모습(**그림 2.6C**) 및 내측 모습(**그림 2.6D**)에서도 볼 수 있다.

주름 잡힌 대뇌피질의 많은 부분은 뇌 표면에서는 보이지 않는다. 우리가 볼 수 있는 것은 언덕처럼 보이는 **회**(gyrus, 복수형은 gyri)와 골짜기처럼 보이는 **구**(sulcus, 복수형은 sulci)이다. 구 가운데 깊이가 깊은 것을 **열**(fissure)이라고 한다. 두 대뇌반구 사이에는 종열(longitudinal fissure)이 있고, 뇌의 측면에는 외측렬(lateral fissure)이 있다. 그림 2.6의 여러 그림에서 이들 두 열과 함께 외측렬에서 뇌의 꼭대기로 향하는 중심구(central sulcus)를 볼 수 있다.

그림 2.6B에 뇌를 밑에서 바라본 복측 모습이 나와 있는데, 여기에서는 주름진 대뇌의 중앙부이면서 소뇌의 복측에 작은 관 모양의 돌기들이 붙어 있는 표면이 매끈하고 하얗게 보이는 하나

뇌에는 동공의 크기를 조절하고, 일주기(낮/밤 주기) 체계로 입력을 제공하는 것 등 서로 다른 기능을 하는 몇 가지 시각에 기반을 둔 체계가 있다. 시각장(visual scene)은 시각적 세계를 지각하게 해주는 시각 체계이다.

두정엽 어떤 물체를 거머쥐는 것과 같은 목표 지향적 운동이나 과제를 수행하는 대뇌피질 부위로, 중심구의 뒤쪽 영역이며 두개골의 꼭대기인 두정골 아래에 있다.

측두엽 듣기, 언어, 음악적 기능, 얼굴 재인, 기억, 정서 처리를 담당하는 대뇌피질의 일부로, 외측렬 아래이면서 두개골 옆부분인 측두골 밑에 위치한다.

후두엽 시각적 처리가 시작되는 대뇌피질 부위로, 뇌의 뒷부분이며 후두골 아래에 있다.

회 대뇌피질이 접히면서 형성된 작은 돌출 부분

구 뇌 표면의 움푹 파인 홈으로 주로 신피질과 소뇌에서 발견된다.

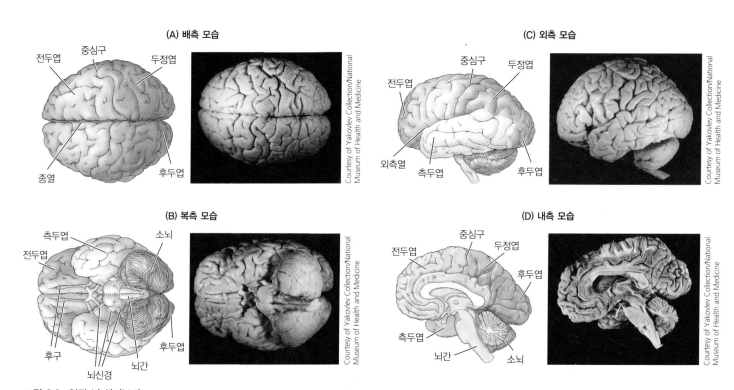

그림 2.6 인간 뇌 살펴보기
배측, 복측, 외측, 내측에서 본 엽의 위치. 소뇌, 종렬, 외측렬, 중심구를 볼 수 있다.

의 구조를 볼 수 있다. 이것이 뇌간(brainstem)으로 심장박동, 호흡, 수면, 먹기와 같은 생명에 필수적인 기능을 담당한다. 관처럼 보이는 작은 돌기들은 체성신경계의 한 부분으로, 뇌로 드나드는 뇌신경(cranial nerve)이다.

뇌의 혈액 순환

뇌의 표면은 혈관으로 덮여 있다. 우리 몸의 다른 부분들처럼 산소를 포함한 혈액은 동맥을 통해 뇌로 공급되고, 정화와 산소화를 위해 산소를 잃은 혈액은 정맥을 통해 신장과 폐로 되돌아간다. 대뇌동맥(cerebral artery)은 목에서 올라와서 뇌간, 소뇌, 대뇌의 외부를 둘러싸며, 궁극적으로 영양 공급을 위해 뇌의 표면을 뚫고 내부로 들어간다.

  3개의 주요 동맥이 대뇌로 혈액을 보내는데, 전대뇌동맥(anterior cerebral artery), 중대뇌동맥(middle cerebral artery), 후대뇌동맥(posterior cerebral artery)이 그것들이다(**그림 2.7**). 뇌는 혈액 결핍에 아주 민감해서 대뇌동맥이 막히면 그와 연관된 뇌 영역이 죽을 수 있다. **뇌졸중**(stroke)이라는 이 상태는 심각한 혈류 차단의 결과로 갑자기 나타나는 신경학적 증상이다. 3개의 대뇌동맥이 뇌의 서로 다른 부분으로 혈액을 공급하기 때문에 차단된 혈관에 따라 나타나는 뇌 기능의 장애도 서로 다르다.

  뇌의 신경 연결들이 교차하므로 좌반구의 뇌졸중은 신체 우측의 감각 또는 운동에 영향을 미친다. 우반구에 뇌졸중이 발생한 사람에서는 반대 현상이 나타난다. '임상 초점 2-3 : 뇌졸중'에서는 환자와 그를 돌보는 보호자 모두에게 나타날 수 있는 뇌졸중에 의한 손실을 다룬다.

뇌 내부의 특징

어떤 것의 내부를 알아보는 가장 간단한 방법은 그것을 반으로 자르는 것이다. 하지만 자르는 방향에 따라서 관찰할 수 있는 것은 달라진다. 배라는 과일을 자른다고 가정해보자. 배를 횡으로 자르면 배의 중심이 잘려져 배측 모습을 볼 수 있고, 상하로 자르면 중심과 평행하게 잘리기 때문에 내측 모습을 관찰할 수 있다. 자르는 방식에 따라 관찰하는 배의 내부 모양도 분명히 달라지는데, 이것은 뇌에서도 마찬가지이다.

뇌졸중 뇌 혈류가 심각하게 감소됨으로써 갑자기 나타나는 신경학적 증상

16-3절에서 뇌졸중의 영향과 치료를 다룬다.

원리 4. 많은 뇌 회로는 교차한다.

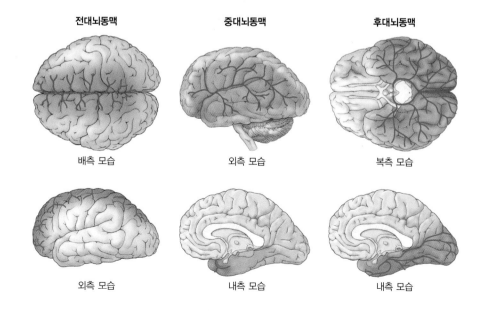

전대뇌동맥   **중대뇌동맥**   **후대뇌동맥**

배측 모습   외측 모습   복측 모습

외측 모습   내측 모습   내측 모습

그림 2.7 주요 뇌동맥
대뇌반구로 혈액을 공급하는 3개의 주요 동맥에서 많은 가지가 뻗어나와 분홍색으로 표시된 영역으로 혈액을 공급한다. 16-3절에서 뇌졸중의 영향과 치료에 대해 살펴본다.

임상 초점 2-3

뇌졸중

세계보건기구에 따르면 뇌졸중은 세계적으로 두 번째 사망 원인(허혈성 심장질환에 이어)이라고 한다. 미국에서는 분당 1명꼴로 누군가는 가시적인 증상이 있는 뇌졸중을 앓게 되는데, 이 비율은 매년 50만 명 이상의 사람들이 뇌졸중에 걸린다는 것을 의미한다. 급성 증상으로는 얼굴 처짐(facial droop), 사지의 운동 약화, 시각장애, 어눌한 언어, 갑자기 발생하는 심한 두통 등이 나타난다.

최상의 가장 신속한 의학적 처치를 하더라도 뇌졸중을 겪은 사람의 대부분에서 운동, 감각 및 인지 장애가 나타난다. 10명의 뇌졸중 환자 가운데 2명은 사망하고, 6명은 다양한 정도의 장애를 보이며, 2명은 회복하지만 삶의 질이 낮아진다(Goyal et al., 2015). 생존자 10명 중에서 1명은 또 다른 뇌졸중을 경험할 위험성이 높아진다.

뇌졸중은 환자는 물론 가족과 그들의 생활양식에 큰 영향을 미친다. 세 살 된 아들과 함께 어느 토요일 오후에 극장에 갔다가 쓰러진 45세의 전기기사인 앤더슨에 대해서 생각해보자. 그의 좌반구 중대뇌동맥에 심한 뇌졸중이 발생하였다. 뇌졸중으로 인해 앤더슨은 언어 기능이 손상되었고, 뇌가 반대쪽과 연결되어 있어서 신체 우측의 운동 통제도 손상되었다.

뇌졸중에 걸린 지 7년이 지난 후에도 앤더슨은 간단한 대화는 이해할 수 있었으나 여전히 말을 할 수 없었다. 그는 오른쪽 다리를 움직이기가 힘들었기 때문에 휠체어를 사용하였다. 또한 오른쪽 손가락들을 움직일 수 없었기 때문에 스스로 식사하기도 어려웠다. 그는 전기기사의 일, 운전, 또는 혼자서 돌아다니는 것을 다시 할 수 없을 것이다.

앤더슨처럼 많은 뇌졸중 생존자는 일상생활을 하려면 누군가의 도움을 받아야 한다. 미국을 비롯한 많은 국가에서 간병인의 대다수는 여성이고, 그들은 종종 본인의 직업과 다른 개인적인 일을 포기한 친척들이다(간병인의 성별 불일치와 간병의 영향에서의 성차에 관한 더 많은 정보는 Sharma et al., 2016 참조). 간병인의 절반가량은 1년 정도 지나면 주로 우울이나 불안과 같은 정서적 질환을 나타낸다. 수입의 상실과 뇌졸중 관련 의료비도 가족의 생활 수준에 지대한 영향을 미친다.

뇌졸중을 단일 질환으로 보는 경향이 있지만, 뇌졸중에는 허혈성과 출혈성의 두 가지 주요 유형이 있다. 흔히 발생하는 *허혈성 뇌졸중*(ischemic stroke)은 혈전과 색전이라고 하는 지방, 박테리아 혹은 암 덩이와 같은 차폐물에 의해 혈관이 막혀서 발생한다. *허혈성*이란 세포의 대사에 필요한 산소, 포도당, 다른 영양소가 충분하게 공급되지 못하는 것과 이산화탄소와 같은 대사 노폐물이 제대로 제거되지 못하는 상태를 의미한다.

생명에 더 위협적인 *출혈성 뇌졸중*(hemorrhagic stroke)은 뇌로 들어가는 혈관이 파열된 결과로 발생한다. 허혈성 뇌졸중과 유사하게 출혈에 의해서도 중요한 분자들의 공급과 제거가 차단되지만, 뉴런이 고농도의 이온을 함유하는 적혈구의 가스-운반 분자인 헤모글로빈의 악영향에 노출된다는 점이 추가된다.

희망적인 소식은 허혈성 뇌졸중이 *조직 플라스미노겐 활성인자*(tissue plasminogen activator, t-PA)로 신속한 치료가 가능하다는 것이다. 우리 몸에서는 과도한 혈액 응고를 방지하기 위해 천연 t-PA를 생산한다. 허혈성 증상 발생 후 3시간 이내에 t-PA를 투여하면 환자의 t-PA 수준이 정상의 1,000배 정도로 높아져 응고가 중단되고 영향을 받은 영역으로 혈액이 정상적으로 공급된다. 불행히도 출혈성 뇌졸중에 혈전을 없애는 t-PA를 사용하면 매우 위험할 수 있으며, 아직 마땅한 치료법이 없다.

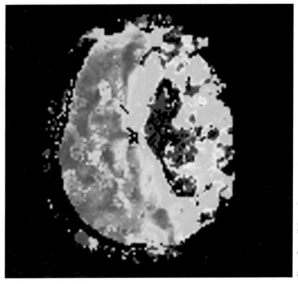

뇌졸중 환자의 컴퓨터단층촬영 사진으로, 배측의 모습을 보여준다. 우반구의 어둡게 표시된 부분이 혈류가 중단되어 손상된 곳이다.

t-PA 치료를 받고 거의 완전하게 회복하는 환자의 수가 위약 처치에 비해 25% 정도 더 높다(Hatcher & Starr, 2011). 게다가 t-PA 처치가 최소한의 효과라도 있을 때 생존한 환자들에서 나타나는 결함도 줄어든다. 불행히도 t-PA 처치로 이점을 보이지 않은 소수의 환자에게서는 결과가 더 나빠질 수도 있다. 위약 처치 환자의 경우 출혈의 위험이 없는 데 반해 t-PA 처치 환자의 경우 출혈의 위험성이 6% 정도이다.

신경영상기법의 장점을 활용하면 뇌혈관의 혈전을 기계적으로 제거할 수 있다(Goyal et al., 2015). 먼저 방사성 영상 기술을 이용하여 끝에 스프링과 같은 장치가 달린 길고 가는 카테터 튜브가 사타구니 근처의 대퇴동맥으로 삽입된다. 이 튜브는 몸을 지나서 뇌로 들어가 혈전에 도달하면 그곳에서 스프링처럼 생긴 장치로 혈전을 잡거나 깨뜨릴 수 있다. 이 새 기법을 적용하면 허혈성 뇌졸중 발생 12시간 후까지 치료의 혜택 기간을 연장할 수 있다.

많은 관심을 끄는 다른 방법은 뇌졸중이 생긴 후에 뇌를 자극하여 복구 과정이 일어나도록 하는 치료법을 개발하는 것이다. 환자의 기능 향상을 촉진하기 위한 전기 자극, 약, 줄기세포, 운동을 포함하는 처치가 적용된다(Zeiler, 2019).

뇌졸중 희생자의 대부분은 증상 발생 24시간 후까지 응급실로 가지 않는데, 이렇게 되면 너무 늦어서 치료의 효과가 나타날 수 없다. 많은 사람이 뇌졸중에 대처할 응급의학적 주의 사항을 모른다. 뇌졸중의 징조와 증상을 기억하는 데 두문자 **FAST**가 유용하다. 얼굴의 한쪽이 처지고(Facial drooping), 무감각하며, 웃는 표정이 고르지 못한다. 아래로 처진 한쪽 팔이 약하거나(Arm weakness) 무감각하다. 불분명하거나 이해되지 않는 말을 하는 언어 곤란(Speech difficulty) 또는 말을 전혀 못한다. 끝으로 이런 증상이 나타나면 이들 증상이 계속되지 않더라도 환자를 병원으로 데려가거나, 119로 전화할 시간(Time to call)이다.

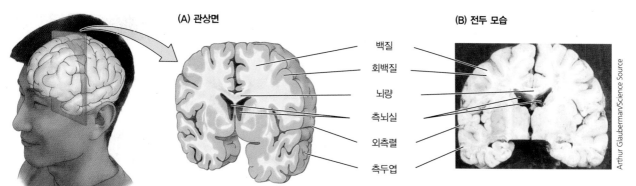

(A) 관상면

백질
회백질
뇌량
측뇌실
외측렬
측두엽

(B) 전두 모습

Arthur Glauberman/Science Source

그림 2.8 뇌의 관상면

(A) 몸의 정면과 평행하게 뇌의 중앙을 절단하면 거의 정면에서 볼 수 있는 관상면이 나타난다. **(B)** 이 전두 절면에서 백질, 회백질, 뇌실을 볼 수 있다. 뇌실 위에 보이는 큰 섬유 다발이 두 대뇌반구를 연결하는 뇌량이다.

거시적 관찰 : 영역과 반구

앞쪽에서 평행하게 신체를 계속 잘라 들어가면 관상면(coronal section)에서 뇌의 내부 모습을 내보일 수 있다(**그림 2.8A**). 결과로 나타나는 전두 모습(그림 2.8B)은 뇌의 내부는 동질적이지 않다는 것을 명백하게 보여준다. 조직에서 어두운 회색 영역과 밝은 영역을 모두 볼 수 있다. 이들 영역이 자동차의 부품처럼 분명하게 구분되지는 않지만, 뇌의 다른 성분들이라는 것은 알 수 있다.

어두운 영역이 **회백질**(gray matter)인데, 주로 세포체와 모세혈관으로 구성되어 있다. 회백질의 뉴런은 정보를 수집하고 수정한 다음 내보낸다. 밝은 영역은 **백질**(white matter)이고 지방 함량이 높은 수초로 덮여 있는 신경섬유가 대부분을 차지한다. 이들 섬유가 하얗게 보이는 것은 우유의 지방질 방울이 하얗게 보이는 것과 같다. 백질의 섬유는 뇌세포들 사이의 장거리 연결을 형성한다.

두 번째 특징은 그림 2.8B에 제시된 전두 모습의 중앙에 나타나는 **뇌실**(ventricle)인데, 이것은 양 날개 모양의 공동으로 뇌척수액을 담고 있다. **그림 2.9**에서 볼 수 있는 것처럼 뇌에는 4개의 뇌실이 있고, 이곳은 뇌실벽의 **맥락총**이라는 혈관망에서 만들어진 뇌척수액으로 채워져 있다. 4개의 뇌실은 서로 연결되어 있어서 뇌척수액은 2개의 측뇌실(lateral ventricle)에서 뇌의 정중선에 위치하는 제3뇌실로 흐르고, 그곳에서 척수 방향으로 배열된 통로인 **중뇌수도**(cerebral aqueduct)를 거쳐 제4뇌실로 들어간다. 뇌척수액은 뇌 둘레를 감싸 흐르고, 뇌척수막의 하부 층들 사이의 공간을 순환하며, 그곳에서 흡수되어 정맥의 혈류로 들어간다(그림 2.4 참조).

회백질 정보를 수집하고 변경하는 뉴런의 세포체와 이들 활동을 지원하는 모세혈관으로 이루어진 신경계의 일부 영역

백질 지방이 풍부한 유수축색을 포함하는 신경계의 일부 영역으로, 뉴런 사이의 연결을 형성한다.

뇌실 뇌척수액을 만들고, 그것을 담고 있는 뇌 안의 공동

그림 2.9 상호 연결된 뇌실

측뇌실은 대칭이며 반구마다 하나씩 있다. 제3뇌실과 제4뇌실은 뇌의 정중선에 위치하고, 척수의 길이 방향으로 배열된 중뇌수도로 연결된다.

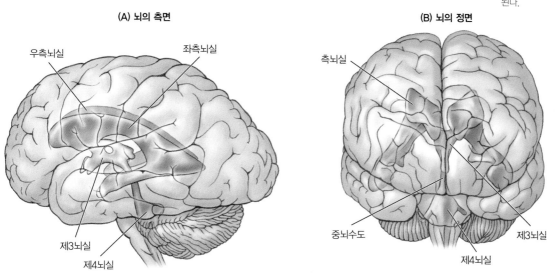

(A) 뇌의 측면

우측뇌실
좌측뇌실
제3뇌실
제4뇌실

(B) 뇌의 정면

측뇌실
중뇌수도
제4뇌실
제3뇌실

그림 2.10 뇌의 시상면

두 대뇌반구를 나누는 하나의 절단면인 정중시상면(A)은 뇌의 정중선에 인접한 구조물을 보여주는데(B), 여기에는 뇌량 복측의 피질하구조물이 포함된다.

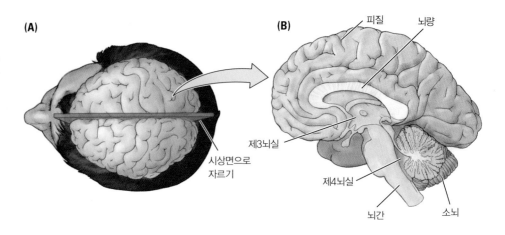

뇌척수액은 몇 가지 중요한 뇌 기능을 한다. 이 액체가 뇌를 부유시키면 중성 부력이 형성되고, 뇌는 실제 질량의 30분의 1밖에 되지 않는 상태가 된다. 뇌척수액은 충격 흡수장치로 작용하여 머리에 가해진 약한 충격으로부터 뇌를 보호하는 역할도 한다. 가장 적절한 뇌 기능 수행에 필요한 안정적 환경을 제공하기 위해 뇌척수액의 화학적 성분이 정밀하게 조절된다. 뇌척수액의 화학적 구성에 생긴 작은 변화가 현기증과 실신을 일으킬 수 있다. 뇌는 또한 매시간 약 25ml의 뇌척수액을 생산하는데, 이 분량은 전체 뇌척수액의 5분의 1에 해당한다. 이런 방식을 통해 필요한 물질은 뇌세포로 효과적으로 공급되고 노폐물은 제거된다.

뇌를 측면에서 수직으로 잘라 들어가면 시상면이 나타난다(그림 2.10A). 이런 방식으로 뇌의 정중선을 자르면 뇌를 2개의 반구로 나누는 정중시상면이 나타나고, 이 내측 모습에서 여러 독특한 구조들을 볼 수 있다(그림 2.10B). 한 가지 특징은 대뇌반구의 전체 길이의 대부분을 차지하는 백질의 긴 띠를 볼 수 있다는 것이다. **뇌량**(corpus callosum)이라는 이 띠는 두 뇌반구를 연결하여 상호 소통이 가능하게 해주는 약 2억 개의 신경섬유로 구성되어 있다.

그림 2.10B는 대뇌피질이 뇌량 위의 대뇌반구를 덮고 있고, 그 아래에 내부의 여러 **피질하 영역**이 있음을 잘 보여준다. 피질하 영역은 감각, 지각, 인지 및 운동 기능을 처리하는 피질 영역과 상호 밀접하게 연결되어 있다. 분노한 개와 같은 어떤 위협을 지각하는 것은 이미 피질 영역이 피질하 영역과 소통하여 교감신경계를 통해 호흡과 심장박동을 높이기 시작한 다음의 일이다. 피질 영역과 피질하 영역 사이의 이런 관계는 중추신경계 구성의 또 다른 원리인데, 그것은 여분의 중복 기능이 신경계의 많은 수준에 존재한다는 것이다.

내측 모습에서 뇌의 좌반구와 우반구를 비교해본다면 뇌가 가진 대칭성에 놀랄 것이다. 뇌를 구성하는 대부분 구조물은 반구마다 하나씩, 거의 같은 2개로 구성되어 있다. 이와 대조적으로 인간에서 구조적 비대칭성은 신피질의 청각 영역에서 발견된다. 이 영역이 언어 이해를 담당하는 **편평 측두**(planum temporale)이고, 오른손잡이의 경우 좌반구에서 더 크다. 반면에 음악을 분석하는 **헤쉴회**(Heschl's gyrus)는 우반구에서 더 크다.

제3뇌실과 제4뇌실처럼 하나로 이루어진 소수의 구조물은 정중선에 위치한다(그림 2.9B). 또 다른 독특한 구조물은 송과선인데, 이것도 두 뇌반구에 걸쳐 있다.

미시적 관찰 : 세포와 신경섬유

뇌의 기본적인 단위인 세포는 크기가 너무 작아서 현미경의 도움이 있어야만 관찰할 수 있다. 현미경으로 들여다보면 뇌에는 **그림 2.11**에서 볼 수 있는 것과 같은 두 종류의 세포가 있음을 알 수

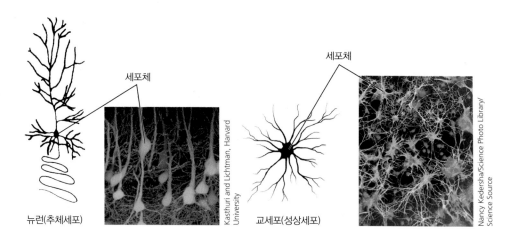

그림 2.11 뇌세포

전형적인 뉴런(왼쪽)과 교세포(오른쪽)의 세포체에서는 가지들이 뻗어나온다. 이 가지 조직이 세포의 표면적을 크게 만든다. 세포체의 모양이 피라미드와 비슷한 이 뉴런을 추체세포라 하고, 세포체가 별처럼 생긴 교세포를 성상세포라 한다.

있다. 뉴런은 뇌의 소통 및 정보처리 기능을 수행하고, **교세포**는 뉴런을 절연하는 것과 같은 방식으로 뉴런의 활동을 돕거나 조절하기 위한 여러 중요한 기능을 한다. 뉴런과 교세포 모두 다양한 형태를 띠고, 그 형태는 기능에 따라 달라진다.

특수한 염료로 세포를 염색하면 뇌의 내부 구조를 더 자세하게 살필 수 있다(**그림 2.12**). 예를 들어 세포체를 선택적으로 염색하는 염료를 사용하면 대뇌피질 회백질의 뉴런이 층을 이루어 띠 모양의 조직처럼 보인다는 것을 알 수 있다(그림 2.12A와 C). 각각의 층은 특이한 방식으로 염색되는 세포를 가지고 있다. 그림 2.12A와 B는 염색된 피질하 영역이 유사한 세포들의 집단 또는 **핵**(nucleus, 복수형은 nuclei)으로 구성되어 있음을 보여준다.

층과 핵은 아주 다르게 보이지만, 모두 뇌의 기능적인 단위를 형성한다. 특정 뇌 영역이 층 또는 핵을 가지느냐 마느냐 하는 것은 거의 진화의 산물이다. 그림 2.12B와 D에서 볼 수 있는 것처럼 뉴런의 섬유를 선택적으로 염색하면 피질하 신경핵의 경계가 더 분명히 드러난다. 또한 염색된 세포체가 대부분 섬유를 가진 세포체와 인접한 영역에 있다는 것도 알 수 있다.

뉴런의 주요 특징은 **축색**(axon)이라는 신경섬유로 서로 연결되어 있다는 것이다. 자동차의 엔

인간의 뇌에는 약 860억 개의 뉴런과 약 850억 개의 교세포가 있다. 3-1절에서 이들의 구조와 기능을 자세하게 공부한다.

핵 특정 기능을 수행하는 세포들의 집단으로 특수한 염색법으로 식별할 수 있다.

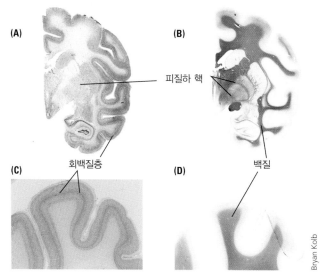

그림 2.12 피질 층과 교세포

현미경으로 본 원숭이 좌반구의 뇌 절편(각 그림의 왼쪽이 정중선). 세포체가 선택적으로 염색된 세포(A와 C)와 절연성 교세포 또는 수초(백질)가 선택적으로 염색된 세포(B와 D). 그림은 거시적(A와 B) 및 미시적(C와 D) 수준에서 뇌의 다른 모습을 보여준다.

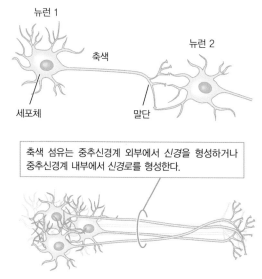

그림 2.13 신경 연결

신경 중추신경계 외부에 있는 큰 축색 다발

신경로 중추신경계 내부의 큰 축색 다발

진에서 계기판으로 전선들이 연결되어 있듯이 뻗어나가는 축색들도 함께 모여서 **신경**(nerve) 또는 **신경로**(tract)를 형성한다(**그림 2.13**). 관례상 뇌와 척수에 있는 신경섬유 다발을 신경로라 하고, 그것들이 중추신경계 바깥에 있으면 신경이라 한다. 그래서 눈에서 뇌로 향하는 통로는 시신경(optic nerve)이고, 대뇌피질에서 척수로 향하는 통로는 피질척수로(corticospinal tract)이다.

2-1 복습

진도를 계속 나가기 전에 앞 절을 얼마나 이해했는지 확인해보자. 정답은 이 책의 뒷부분에 있다.

1. 신경계의 기능은 _____에 의해 형성되는 지각 세계에서 움직임 또는 _____을/를 창출하는 것이다.

2. 좌, 우 대뇌반구는 4개의 엽으로 나뉘는데, 그것들은 _____, _____, _____, _____이다.

3. 인간의 신경계는 환경의 변화에 적응하고 상해를 보상하는 것과 같이 변화될 수 있도록 진화하였다. 이런 속성을 _____(이)라 한다.

4. 신경 조직에는 두 가지 유형이 있다. (1) _____은/는 세포들 사이를 연결하고, (2) _____은/는 들어오는(구심성) 감각 또는 나가는(원심성) 정보를 수집하고 처리한다.

5. 뇌와 척수에 있는 신경섬유(축색) 다발은 _____이고, 뇌와 척수 바깥의 신경섬유 다발은 _____이다.

6. 인간 신경계의 기능적 구성을 그려보시오.

학습 목표
• 초기 척추동물에서 인간에 이르는 진화적 발달 과정을 그려본다.

1-3절에서 신경계의 진화를 대략 살펴볼 수 있고, 8-2절에서는 수정에서 어린 시절까지 인간의 신경 발달을 차트로 보여준다.

2-2

신경계 발달의 보존된 양식

신경계의 기본 구조에 대한 계획은 발달 중인 배아의 뇌에 있으며, 발달 초기에는 양서류와 포유류처럼 전혀 다른 동물에서도 배아의 주요 부분은 놀라울 정도로 유사하다. 진화가 뇌 구조를 만드는 발달 프로그램을 수정하는 방식으로 작용하기 때문에 더 단순하고 진화적으로 더 원시적인 형태는 폐기 또는 대체되기보다는 수정되고 추가된다. 결과적으로 더 단순한 신경계의 모든 해부학적 및 기능적 특징이 인간의 것처럼 가장 복잡한 신경계에서도 나타나고 그것의 기초를 형성한다.

예컨대 단순한 벌레 신경계의 양측 대칭성은 복잡한 신경계에서도 나타난다. 실제로 가장 단순한 어류에서 신경계 대부분을 차지하는 척수를 인간에게서도 볼 수 있다. 더 복잡한 어류, 양서류, 파충류의 뇌간 또한 마찬가지이다. 인간의 경우 특히 크고 복잡하지만, 신피질은 다른 포유동물에서도 발견되는 것과 분명히 같은 구조물이다.

뇌 진화 비교

척추동물의 배아에서 신경계는 세포들로 이루어진 하나의 판에서 시작된다. 이 판이 접혀서 빈 관이 되고, 배아 척수의 끝에서 세 부분이 확장되어 전뇌, 중뇌, 후뇌로 발달한다(**그림 2.14A**). 성숙한 어류, 양서류, 파충류의 뇌도 이와 비슷하게 세 가지 부분으로 구성되어 있다. **전뇌**(prosencephalon, front brain)는 냄새를 맡는 후각을 담당하고, **중뇌**(mesencephalon, middle brain)는 시각과 청각을 담당하는 곳이며, **능뇌**(rhombencephalon, hindbrain)는 운동과 균형을 통제한

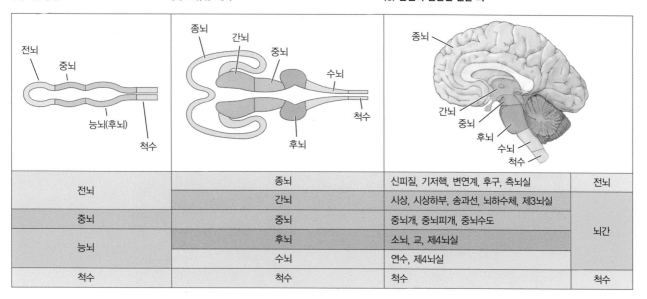

(A) 척추동물	(B) 포유류 배아	(C) 완전히 발달된 인간 뇌	
전뇌	종뇌	신피질, 기저핵, 변연계, 후구, 측뇌실	전뇌
	간뇌	시상, 시상하부, 송과선, 뇌하수체, 제3뇌실	뇌간
중뇌	중뇌	중뇌개, 중뇌피개, 중뇌수도	뇌간
능뇌	후뇌	소뇌, 교, 제4뇌실	뇌간
	수뇌	연수, 제4뇌실	뇌간
척수	척수	척수	척수

그림 2.14 뇌의 진화와 발달 비교

포유동물의 뇌가 진화함에 따라 전뇌가 극적으로 확장되었다.

다. 척수는 능뇌의 일부이다.

포유류 배아의 경우(그림 2.14B) 전뇌가 더 발달하여 피질하 구조들을 가리키는 간뇌(diencephalon, between brain)와 대뇌반구 및 피질을 지칭하는 **종뇌**(telencephalon, endbrain)를 형성한다. 포유류의 능뇌는 소뇌를 포함하는 **후뇌**(metencephalon, across brain)와 척수를 포함하는 **수뇌**(myelencephalon, spinal brain)로 더 발달한다.

인간의 뇌는 큰 대뇌반구를 가지고 있으면서도 다른 포유류의 뇌가 가진 대부분 특징도 가지고 있어서 특히 복잡하다(그림 2.14C). 언어 생성에 필요한 인간 뇌의 다양한 영역, 즉 전두엽, 측두엽, 두정엽의 영역은 다른 영장류의 상응하는 영역에 비해 더 크다. 언어는 우리가 생각하고, 우리 자신의 생각에 대해서 숙고하며, 상상하는 방식에서 새로운 세계관을 조장해온 것으로 생각된다.

신경계와 지적 행동

대부분 행동은 뇌의 단일 영역이 아닌 상호작용하는 뇌의 여러 영역과 수준을 통해서 생성된다. 이러한 신경계의 여러 영역은 단순히 같은 기능을 반복하는 것이 아니라 각 부분은 행동에 제각기 다른 차원을 추가한다. 이러한 위계적 구성이 실제로 모든 행동에 영향을 미친다. 분리된 상태로는 기이하게 보이는 뇌의 부상 및 뇌 질환과 관련된 비정상성도 실제로는 위계적으로 조직화된 뇌의 부분에서 나오는 정상적 현상이다. 우리의 진화적, 발달적, 개인적 역사가 신경계의 다양한 해부학적 및 기능적 수준에 통합되어 있다.

척추동물의 신경계가 지적 행동을 진화시킨 유일한 경로인가? 문어와 같은 무척추동물은 7억 년 이상 동안 척추동물과는 다른 나름의 진화적 경로를 거쳐 왔다. 문어의 신경계는 우리의 것과는 아주 다르고, 또 복잡하다. 문어가 척추동물만큼 학습할 수 있을까?

이탈리아의 생물학자인 Graziano Fiorito와 Pietro Scotto(1992)는 독립적으로 물이 공급되는 별개의 수조에 문어를 한 마리씩 넣고 2시간 동안 시각적으로만 상호작용할 수 있게 하였다. **실험 2-1**의 절차 부분에서 설명한 것처럼 관찰 문어는 인접한 수조에서 투명한 벽을 통해 시연 문어를 보았다. 시연 문어는 빨간 공과 보상, 흰 공과 약한 전기충격을 연합하는 학습을 하도록 조건

원리 3. 중추신경계는 다양한 수준에서 기능하며 위계적이고 병렬적으로 조직화되어 있다.

····> 실험 2-1

질문 : 지적 행동에 척추동물의 신경계 조직이 필요한가?

절차

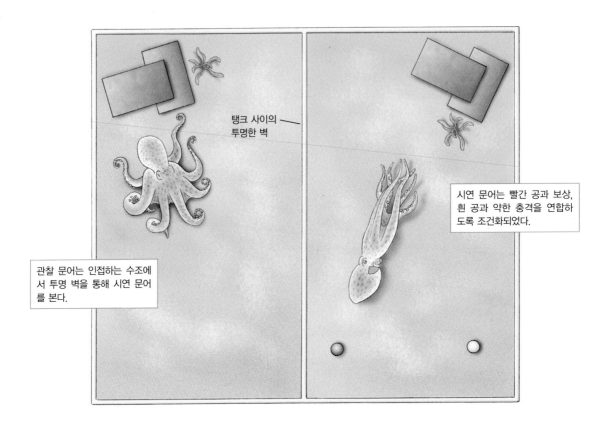

탱크 사이의 — 투명한 벽

시연 문어는 빨간 공과 보상, 흰 공과 약한 충격을 연합하도록 조건화되었다.

관찰 문어는 인접하는 수조에서 투명 벽을 통해 시연 문어를 본다.

결과

1. 시연 동물은 색이 다른 공을 식별하는 학습을 신속하게 한다.
2. 그 후 한 마리씩 분리시켜 놓았을 때 관찰 동물은 시연 동물이 보여준 것과 같은 선택을 하였고, 더 빨리 반응하였으며, 큰 오류 없이 5일 동안 그 과제를 정확하게 수행하였다.

결론 : 무척추동물은 관찰을 통한 학습과 같은 지적 행동을 보여준다.

출처 : G. Fiorito and P. Scotto, (1992), Observational learning in *Octopus vulgaris* . *Science, 256,* 545 – 547.

화되었다.

결과 부분에 제시한 것처럼 시연 동물은 빠르게 공 색깔을 식별하는 학습을 하였다. 그다음 관찰 동물을 분리하였다. 나중의 검사에서 그들은 시연 동물이 선택했던 것과 같은 대상을 선택하였고, 시연 동물이 조건화 동안에 보여주었던 것보다 더 빠르게 반응하였으며, 많은 오류나 추가적인 조건화 없이 5일 동안 그 과제를 정확하게 수행하였다.

2-2 복습

진도를 계속 나가기 전에 앞 절을 얼마나 이해했는지 확인해보자. 정답은 이 책의 뒷부분에 있다.

1. 척추동물의 배아에서 세포들로 구성된 하나의 판이 접혀서 빈 관이 되고, 이것이 척수와 세 가지 기본 뇌 영역인 _____, _____, _____가/이 된다.

2. Fiorito와 Scotto의 문어 실험이 지능의 출현에서 보여주는 것은 무엇인가?

3. 포유동물의 전뇌 진화가 중추신경계가 다양한 수준에서 기능을 하는 원리를 강화한 방식을 간단하게 설명하시오.

2-3

중추신경계 : 행동 중재

자동차의 덮개를 열고 내부를 들여다보면 자동차 엔진의 각 부분이 어떤 역할을 하는지 어느 정도 추측해볼 수 있다. 예를 들어 배터리는 내장된 컴퓨터와 조명을 작동시키기 위한 전력을 공급하는 것이 분명하다. 배터리는 충전되어야 하므로 엔진에는 틀림없이 충전 장치가 있어야 할 것이다. 뇌의 각 부분의 기능에 대해서 추론할 때도 이와 비슷한 접근을 할 수 있다. 눈에서 나온 시신경과 연결된 영역은 시각과 관련된 어떤 일을 할 것이 틀림없다. 귀 양쪽에서 나온 청신경과 연결된 구조물은 듣기와 관련된 어떤 일을 하는 것이 분명하다.

이런 단순한 관찰로부터 뇌가 어떻게 조직되어 있는지에 대한 이해를 시작할 수 있다. 추측의 진위는 마구잡이로 뒤엉킨 것처럼 보이는 뇌의 부분이 어떻게 인간의 생각과 같이 복잡한 경험을 만들어내는가와 같은 실제의 뇌 기능을 분석할 때 가려진다. 최상의 출발점은 뇌의 기능해부학이다. 왜냐하면 뇌 구조물의 기능을 등한시한 채 그것의 명칭만 공부하는 것은 무의미하기 때문이다. 이제 중추신경계의 주요 세 부분인 척수, 뇌간, 전뇌의 명칭과 기능에 집중할 것이다.

척수

운동을 일으키는 것이 뇌의 주요 기능이지만 궁극적으로는 근육과 연결된 척수가 대부분 신체 운동을 **실행**하는데, 대개는 뇌의 명령에 따라 그렇게 하지만 때로는 체성신경계를 거쳐 독립적으로 작용하기도 한다. "목이 잘린 닭처럼 정신없이 뛰어다닌다"라는 옛말을 생각해보면 척수의 중요성을 이해할 수 있다. 머리가 잘렸음에도 불구하고 닭은 출혈로 쓰러지기 전까지 헛간 앞뜰을 뛰어다닐 수 있다. 이것이 가능한 것은 척수가 뇌와 독립적으로 작용하기 때문이다.

척수가 단일 구조물이 아니라 분절화된 교환소(switching station)라는 것을 알면 척수의 복잡성을 이해하기 쉬워진다. 2-4절에서 보았듯이 각 척수 분절은 신체의 각 부위로부터 정보를 받아들이고, 그곳으로 명령을 내보낸다. 체성신경계의 일부분인 척수신경은 피부, 근육, 그리고 관련 구조물에서 들어오는 감각 정보를 척수로 보내고, 각 근육을 통제하기 위한 운동 명령을 내보낸다.

슬개골 바로 아래의 슬개건(patellar tendon)을 가볍게 두드려보면 척수에 의해 통제되는 운동을 확인할 수 있다(**그림 2.15**). 두드리는 감각 정보가 하지를 차올리게 한 것이다. 각자 시도해보면 알겠지만 이 운동을 억제하기는 매우 어렵다. 즉 이 운동은 자동적이어서 뇌가 이 척수 반사를 억제하기 어려운 것이다.

뇌간

뇌간(brainstem)는 척수가 두개골로 들어가는 곳에서 시작하여 위로 전뇌의 밑부분까지 뻗어 있다. 뇌간은 신체 모든 감각에서 들어오는 구심성 신호를 받아들이고, 척수로 원심성 신호를 내보내어 손가락과 발가락의 가장 복잡한 움직임을 제외한 신체의 모든 움직임을 통제하도록 한다. 따라서 뇌간은 감각 세계를 만들기도 하고 운동을 지시하기도 한다.

개구리와 같은 일부 척추동물에서 전체 뇌는 포유류나 조류의 뇌간과 거의 같다. 그런 개구리가 잘살아간다는 것은 뇌간이 정교한 장치임을 보여주는 것이다. 우리가 뇌간만 가지고 있었더

학습 목표

• 뇌간, 전뇌, 대뇌피질, 기저핵의 주요 기능을 살펴본다.

• 부등피질과 신피질을 구분하는 특징과 기능을 설명한다.

• 신피질의 층과 다른 뇌 구조물들의 구성이 어떻게 다른지 설명한다.

• 4개의 주요 피질엽을 확인하고 그 기능을 요약한다.

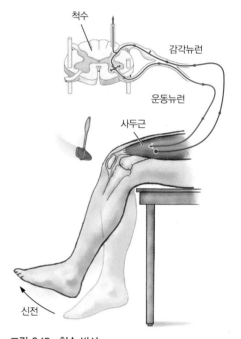

그림 2.15 척수 반사

반사에 대해서는 11-4절에서 설명한다.

두 용어를 쉽게 기억하는 방법은 다음과 같다. 가나다순으로 보면 구심성이 원심성보다 먼저 나오는데, 이는 감각 신호가 뇌로 먼저 들어간 다음 운동 반응을 일으키기 위한 신호가 출력되는 것과 마찬가지이다.

뇌간 후뇌, 중뇌, 시상 및 시상하부를 포함하는 뇌의 주요 구조물로, 대부분의 무의식적 행동을 담당한다.

그림 2.16　혈뇌장벽
(A) 뇌의 내측면으로 뇌간과 대뇌반구의 연결을 보여준다. (B) 뇌간의 모양과 상대적인 크기는 손, 손목, 팔뚝에 비유해볼 수 있다.

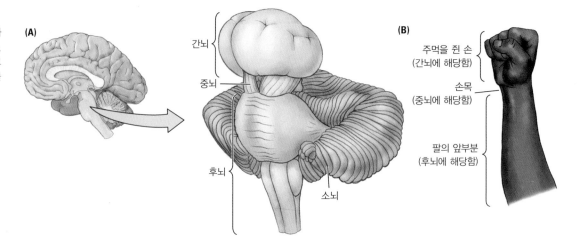

라도 여전히 세상을 경험할 수는 있었을 테지만, 그것은 훨씬 단순한 감각운동적 세상에 불과하여 개구리가 경험하는 세상에 더 가까웠을 것이다.

대부분 생명 유지에 필요한 행동을 담당하는 뇌간은 후뇌, 중뇌, 간뇌('뇌의 윗부분과 아랫부분을 경계 짓는다'는 의미로 붙여진 명칭)의 세 부분으로 나뉜다. **그림 2.16A**는 대뇌반구 아래에 있는 세 가지 뇌간 영역을 보여준다. 그림 2.16B는 뇌간을 곧추세운 팔의 아랫부분과 비유해서 보여준다. 후뇌는 팔뚝처럼 길고 두껍고, 중뇌는 팔목같이 짧고 작으며, 끝부분의 간뇌는 주먹처럼 둥근 모습이다.

후뇌와 중뇌는 근본적으로 척수의 연장부이며, 척추동물 신체의 앞쪽 끝부분에서 뇌가 진화될 때 처음으로 발달한 것이다. 뇌간 하부 영역이 감각 기능을 담당하는 구조물과 운동 기능을 담당하는 구조물 사이에 있는 부위를 포함했어야 했다는 것은 의미가 있다. 왜냐하면 뇌간의 배측에는 감각 구조물이 있고 복측에는 운동 구조물이 있기 때문인데, 직립한 사람의 경우 이들 방향은 각기 후측과 전측에 해당한다.

뇌간의 각 부분은 한 가지 이상의 과업을 수행한다. 각 부분은 상이한 목적을 수행하는 다양한 핵으로 구성된 하위 구조로 이루어져 있다. 실제로 뇌간의 세 가지 구조물은 감각 기능과 운동 기능을 모두 가진다. 그러나 후뇌는 특히 운동 기능에 중요하고, 중뇌는 감각 기능에 중요하며, 간뇌는 통합적인 감각운동 과업을 담당한다. 여기에서는 세 부분의 핵심적인 기능을 알아보고 세부 사항은 나중에 자세하게 살펴볼 것이다.

원리 2. 감각부와 운동부는 신경계 전체에 퍼져 있다.

후뇌

후뇌(hindbrain)는 호흡에서부터 무용에서 사용되는 것과 같은 정교한 움직임까지 다양한 운동 기능을 통제한다. 인간의 뇌에서 가장 크고 독특한 구조물은 소뇌이다. 소뇌의 상대적 크기는 몸을 빠르고 능숙하게 움직이는 동물종일수록 증가한다.

나무늘보처럼 상대적으로 천천히 움직이는 동물은 몸의 크기에 비해서 상대적으로 소뇌가 작다. 매와 고양이처럼 빠르고 곡예와 같은 정교한 운동을 하는 동물은 전체 뇌 크기에 비해 아주 큰 소뇌를 가지고 있다. **그림 2.17**에 제시된 것처럼 인간 소뇌의 내측면은 콜리플라워와 비슷하고 복잡한 운동을 통제하는 데 중요한 역할을 한다. 그러나 인간 소뇌의 크기는 인지능력과도 관련이 있다. 다른 포유동물에 비해 유인원은 큰 소뇌를 가지는데, 이것은 도구 및 언어 사용과 같은 복잡한 행동 연쇄를 계획하고 실행하기 위한 능력 향상과 상관이 있다(Barton, 2012).

후뇌　진화적으로 가장 오래된 뇌 영역으로 교, 연수, 망상체, 소뇌를 포함하며 대부분의 수의적 및 불수의적 운동을 조정한다.

망상체　신경핵과 섬유로가 혼재하여 그물처럼 보이는 중뇌 영역으로, 수면-각성 행동 및 행동적 각성과 관련이 있다.

중뇌　뇌의 중심부에 위치하며 청각, 시각, 정향 운동에 대한 신경회로를 포함한다.

중뇌개　뇌실 위쪽에 위치하는 중뇌의 지붕으로 감각, 특히 시각과 청각 정보를 처리하고 정향 운동을 일으킨다.

중뇌피개　뇌실의 아래에 위치하는 중뇌의 바닥으로, 운동과 관련된 기능, 종 특유 행동, 통증 지각 등을 담당하는 핵들의 집합체이다.

정향 운동　소리가 나는 쪽으로 머리를 돌리는 것과 같은 감각 입력과 관련된 운동

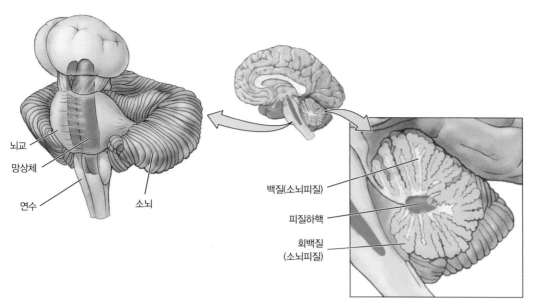

그림 2.17 후뇌

주요 후뇌 구조물이 수의적 및 불수의적 신체 운동을 통합한다. 망상체를 망상활성계라고도 한다. 대뇌와 마찬가지로 인간의 소뇌에도 좌반구, 우반구, 백질과 회백질로 이루어지고 주름이 많은 피질, 피질하핵이 있다.

그림 2.17에서 볼 수 있는 바와 같이 후뇌에는 소뇌 이외에도 망상체, 교, 연수와 같은 세 가지 하위 구조물이 있다. **망상체**(reticular formation)는 뇌간의 중심부에 길게 뻗어 있고, 회백질의 신경세포와 백질의 신경섬유가 그물처럼 뒤섞인 구조물이다. 이런 신경망으로 인해 구조물이 얼룩덜룩하게 보이고 망상체라는 명칭도 갖게 되었다(라틴어 *rete*는 '그물'을 의미). 망상체의 신경핵(또는 핵)들은 이 구조물의 길이를 따라 여러 부위에 작은 반점처럼 분포되어 있으며, 각각은 전뇌를 자극하여 수면에서 각성으로 바꾸는 것과 같은 특별한 기능을 담당한다.

교(pons)와 **연수**(medulla)에는 생명 유지에 필수적인 운동을 통제하는 구조물이 위치한다. 교의 핵은 소뇌로부터 입력 정보를 받아들이고, 실제로 소뇌와 뇌의 다른 부분을 연결하는 교량과 같은 역할을 한다(라틴어 *pons*는 '다리'를 의미). 척수의 맨 끝에 있는 연수의 핵은 호흡과 심혈관계를 통제하는 것과 같은 생명 유지 기능을 담당한다. 이 때문에 머리 뒤쪽에 타격이 가해져 후뇌의 이런 중추가 다치면 호흡이 멈추어 사망할 수 있다.

중뇌

중뇌(midbrain)에서 감각 요소를 담당하는 **중뇌개**(tectum, 지붕)는 중뇌의 배측에 있고(직립하는 인간에서는 후측), 운동을 담당하는 **중뇌피개**(tegmentum, 마루)는 복측에 있다(인간에서는 전측, **그림 2.18**A). 중뇌개는 눈과 귀에서 들어오는 많은 양의 감각 정보를 받아들인다. 시신경에서 나온 많은 섬유다발은 **상소구**(superior colliculus)로 들어가고, **하소구**(inferior colliculus)는 청각 통로로부터 많은 입력 정보를 받는다. 상소구와 하소구는 감각 정보를 처리할 뿐만 아니라, 입력되는 감각 정보와 관련된 **정향 운동**(orienting movement), 즉 소리가 어디에서 나는가를 살피기 위해 머리를 돌리는 것과 같은 운동을 일으킨다.

이 정향 운동은 겉보기와 달리 그렇게 단순하지 않다. 정향 운동을 일으키기 위해서는 청각 체

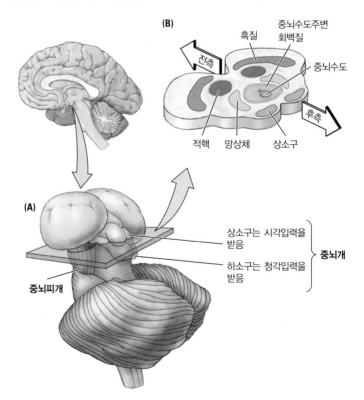

그림 2.18 중뇌

(A) 중뇌 구조물은 정향 운동 생성, 시각 및 청각 자극의 단순한 패턴 인식, 종 특유의 행동, 통증 지각에 중요하다. **(B)** 중뇌피개의 횡단절편으로 다양한 핵을 보여준다. 소구(colliculus)는 '언덕'을 의미하는 라틴어 *collis*에서 유래되었다. 소구는 중뇌 후측면에 있으며, 4개의 작은 언덕 모양을 하고 있다.

계와 시각 체계가 외부 세계에 대한 지도를 일정 부분 공유하고 있어야만 하며, 그렇게 되었을 때 비로소 귀로 들은 소리를 바탕으로 눈이 어디를 보아야 할지를 결정할 수 있다. 청각 지도와 시각 지도가 서로 다르면 두 정보를 함께 사용할 수 없을 것이다. 사실 이들 소구는 촉각 지도도 가지고 있다. 만약 다리의 가려운 곳을 찾아 긁으려 한다면 여러분의 시각 체계와 촉각 체계가 공통의 표상을 가져야 팔과 손을 어디로 옮겨야 할지 결정할 수 있다.

중뇌개의 복측에 있는 중뇌피개(그림 2.18B)는 주로 운동과 관련된 기능을 하는 많은 핵으로 구성되어 있다. 피개의 일부 핵은 눈의 움직임을 통제한다. 적핵(red nucleus)은 사지의 움직임을 통제하고(그래서 뱀에는 이 부위가 없다), 흑질(substantia nigra)은 전뇌와 연결되는데, 이 연결은 특히 운동의 시발에 중요하고, 우리에게 보상이 되는 것에 가치를 부여하는 기능도 가진다(임상 초점 5-2는 파킨슨병 환자의 증상이 흑질의 손상과 관련이 있음을 보여준다). 중뇌수도 주변 회 백질(periaqueductal gray matter, PAG)은 제3뇌실에서 제4뇌실로 연결되는 중뇌수도를 둘러싼 뉴 런의 세포체로 이루어져 있으며, 종 특유 행동(예 : 여성의 성 행동)을 통제하는 회로를 가지고 있다. 이 부위의 핵은 오피오이드계 약물(opioid drug)에 의한 통증 조절 과정에 중요한 역할을 하 는데, 이에 대해서는 6장에서 공부할 것이다.

간뇌

그림 2.19의 중앙 시상면에 보이는 **간뇌**(diencephalon)는 대뇌피질로 향하는 감각 정보와 운동 정 보를 통합한다. 간뇌의 주요 구조물은 시상과 시상하부이다. 시상은 각 반구에 하나씩 뇌간의 꼭 대기 끝부분에 위치하고, 시상하부는 각 반구에서 시상 아래에 위치한다.

각 반구의 **시상하부**(hypothalamus, 라틴어 *hypo*는 '아래'를 의미)는 뇌의 정중선에 접해 있고, 약 22개의 작은 핵과 그것들을 통과하는 신경섬유로 이루어져 있다. 시상하부의 주요 기능은 그 림 2.19의 왼쪽에서 볼 수 있는 뇌하수체(pituitary gland)와의 상호작용을 통해서 신체의 호르몬 생성을 조절하는 것이다. 뇌 전체 무게의 0.3%에 지나지 않는 시상하부는 섭식, 수면, 체온 조 절, 성 및 정서 행동, 운동을 포함하는 거의 모든 종류의 행동에 관여한다.

앞서 언급하였듯이 뇌하수체와 조화를 이루어 작용하는 시상하부는 호르몬 생성을 정교하게 조절하는 데 핵심적 역할을 한다. **그림 2.20**은 시상하부가 신경호르몬을 생산하고, 그것이 뇌하 수체를 자극하여 방출호르몬을 순환계로 분비하는 과정을 보여준다. 뒤이어 뇌하수체호르몬이 내분비선에 영향을 주고, 그곳에서 자체 호르몬이 혈류로 방출되어 다양한 신체 표적 조직에 작

원리 8. 뇌는 감각 정보를 대상 인식 및 운동을 위한 것으로 구분한다.

간뇌 명칭은 사이에 있는 뇌(between brain) 라는 의미이고, 대뇌피질로 향하는 감각 정보와 운동 정보를 통합한다.

시상하부 체온조절, 섭식, 물 마시기 및 성 행 동과 관련이 있는 다양한 핵을 포함하는 간뇌 구조물

시상 모든 감각 정보를 조직화하고 통합하여 신피질의 해당 영역으로 투사하는 간뇌 구조물

전뇌 진화적으로 가장 최근에 추가된 뇌 부위 로 사고, 계획, 언어 등의 고등 인지 기능을 조 율하며 부등피질, 신피질, 기저핵을 포함한다.

부등피질 3개 또는 4개의 층으로 구성된 피질 부분으로, 동기 및 정서 상태와 특정 유형의 기 억을 통제한다.

신피질 가장 최근에 발달한 전뇌의 바깥층으 로 6개의 회백질 층으로 구성된다. 명칭이 잘못 붙여진 측면이 있는데, 실제로 같은 시기에 다 른 유형의 피질도 진화하였다. 몇몇 예외가 있 지만 거의 항상 6개의 층으로 이루어지기 때문 에 등피질(isocortex)이라고도 한다.

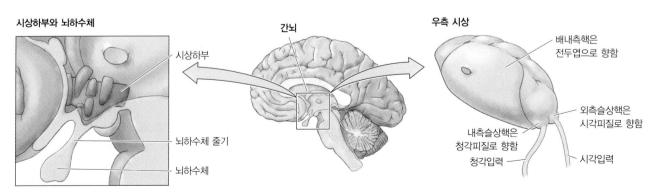

그림 2.19 간뇌

간뇌(중앙)는 송과선을 포함하는 상시상, 시상(오른쪽 그림), 시상하부(뇌하수체의 후측, 왼쪽 그림), 하시상으로 구성된다. 시상의 영역은 별도의 피질 영역과 연결된다. 시상의 아래, 즉 뇌의 바닥에 있는 시상하부와 뇌하수체의 위치는 입천장의 위에 해당한다. 시상하부는 많은 핵으로 이루어져 있고, 각기 고유한 기능을 한다.

용하게 되며, 이와 함께 추가적인 호르몬 방출의 필요성에 관한 피드백 정보가 뇌로 전달된다.

간뇌의 또 다른 주요 구조물인 **시상**(thalamus)은 시상하부보다 훨씬 크고 약 20개의 핵을 가지고 있다. 시상의 가장 독특한 기능은 뇌로 들어가는 감각 정보를 조직하고 통합하는 역할일 것이다. 예를 들어 시삭(optic tract)은 큰 섬유 다발을 통해 그림 2.19의 시상에서 우측 끝에 있는 **외측슬상핵**(lateral geniculate nucleus, LGN)으로 정보를 전달한다. 그다음 외측슬상핵은 이 정보의 일부를 처리하여 각 반구의 후두엽에 있는 시각피질로 보낸다.

시상으로 들어가는 경로가 간접적인 경우도 있다. 예컨대 후각로는 몇 번의 시냅스를 거친 후에 배내측시상핵(dorsomedial thalamic nucleus)으로 들어가고, 거기서 전뇌로 향한다. 전두엽으로 투사하는 이 신경핵은 통합적 과제를 수행하기에 주의, 계획 수립, 추상적 사고, 기억에도 중요한 역할을 한다. 시상의 유사한 감각 영역은 청각 및 촉각 정보를 받아들이는데, 그 후 이들 정보는 각기 각 반구의 청각피질과 촉각피질로 전달된다. 운동 기능에 관여하는 또 다른 시상 영역도 있는데, 이들은 어떤 운동이 적절한 것인지 결정하는 영역으로부터 입력받은 정보를 운동 계획을 세우는 신피질 영역으로 전달한다.

전뇌

전뇌(forebrain)는 포유류의 뇌에서 가장 크고 최근에 진화된 영역이다. **그림 2.21**에서 전뇌의 주요 내부 및 외부 구조를 볼 수 있다. 전뇌를 구성하는 두 가지 주요 구조물이 각기 다양한 기능을 담당한다. 간단히 말하면 대뇌피질은 지각에서 계획 수립, 정서, 기억에 이르는 방대한 정신활동을 조절하고, 기저핵은 수의적 운동 통제와 인지 기능에 관여한다.

뇌간과 팔뚝을 비교한 것에서 나아가 주먹(간뇌)을 수박 속으로 밀어 넣었다고 상상해보자. 여기에서 수박은 전뇌에 해당하고, 수박 껍질은 피질에 해당하며, 수박 속은 부등피질과 기저핵에 해당한다. 수박의 크기가 다양하듯 진화의 정도에 따라 뇌의 크기도 다양하고, 종에 따라 전뇌 또한 그 크기가 상당히 다르다.

대뇌피질

전뇌에는 동심원 구조의 층이 3개, 4개, 6개인 대뇌피질이 있다. 간명하게 설명하면 3개 및 4개 층의 피질을 **부등피질**(allocortex, '다른 껍질'을 의미)이라 한다. 다른 척색동물(조류, 파충류, 포유류)에서 발견되는 구조인 부등피질은 동기 및 정서 상태 조절과 특정 유형의 기억에 관여한다. 6개 층의 **신피질**(neocortex, 문자 그대로 '새로운 껍질'을 의미)은 바깥에서 뇌를 볼 때 나타나는 조직이다(그림 2.5). 더 최근에 확장된 신피질은 포유류 특유의 구조이며, 주요 기능은 지각 세계를 만들고 그 세계에 반응하는 것이다. 신피질과 부등피질은 해부학적·기능적으로 다르지만, 대부분 신경과학자는 이 두 유형의 조직을 그냥 **피질**이라고 한다.

전뇌 대부분을 차지하는 피질은 그 부피가 전체 인간 뇌의 80%에 해당한다

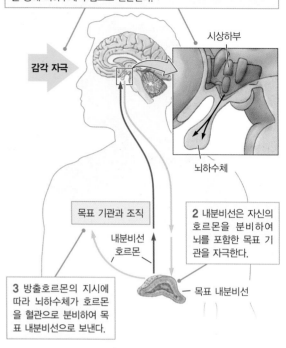

1 감각 자극과 인지 활동에 대한 반응으로 시상하부가 신경호르몬을 생산하고 신경호르몬이 정맥을 통해 뇌하수체 전엽으로 그리고 축색을 통해 뇌하수체 후엽으로 전달된다.

감각 자극

시상하부

뇌하수체

목표 기관과 조직

2 내분비선은 자신의 호르몬을 분비하여 뇌를 포함한 목표 기관을 자극한다.

내분비선 호르몬

3 방출호르몬의 지시에 따라 뇌하수체가 호르몬을 혈관으로 분비하여 목표 내분비선으로 보낸다.

목표 내분비선

그림 2.20   호르몬 위계

9-2절, 10-2절, 11-4절, 12-2절에서는 시상 감각핵의 입력 정보 처리 방식을 다루고, 14-3절에서는 기억을 담당하는 신경로에 대해 알아본다.

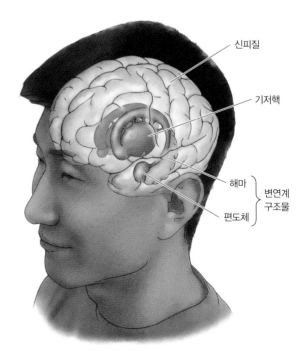

신피질

기저핵

해마

변연계 구조물

편도체

그림 2.21   전뇌 구조물
전뇌의 주요 구조물은 감각, 정서, 기억을 통합하여 사고, 계획, 언어 등과 같은 고등 인지 기능을 가능하게 한다.

왜 소뇌가 전뇌보다 훨씬 작은데도 뉴런의 80%를 가지고 있을까? 그것은 소뇌의 뉴런이 크기가 작고 조밀하게 분포되어 있기 때문이다.

뇌에 회나 구가 없어서 표면이 평평하면 *매끈한* 뇌라고 하고, 회와 구가 많아서 표면이 접혀 있으면 *주름진* 뇌라고 한다.

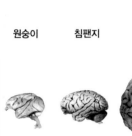

원숭이   **침팬지**   **인간**

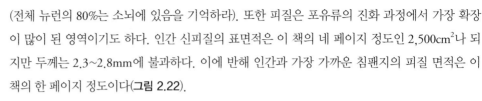

그림 2.22 3종의 영장류 뇌
붉은털원숭이, 침팬지, 인간의 뇌는 크기와 외양이 아주 다르다. 뇌화 지수가 2.0인 붉은털원숭이의 뇌는 크기에서 인간(EQ 7.0)의 4분의 1을 약간 상회한다. 침팬지 뇌(EQ 2.5)는 인간 뇌의 3분의 1보다 조금 더 크다(그림 1.15 참조).

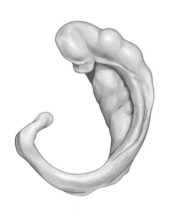

그림 2.23 해마
인간 뇌에서 적출한 해마(왼쪽). 이 명칭은 바다에 사는 동물인 해마(seahorse, 오른쪽)에서 따온 것이다.

동기와 정서는 12장, 기억은 14-3절에서 자세하게 다루고, 뇌 질환은 연구 초점 16-1과 16-4절에서 더 많은 것을 공부한다.

변연계 신피질과 뇌간 사이에 위치하는 여러 주요 부위를 지칭하는 개념적 체계로, 대상피질, 편도체, 해마 등 다양한 구조물을 포함하며, 정동, 동기 관련 행동, 특정 유형의 기억을 통제한다.

(전체 뉴런의 80%는 소뇌에 있음을 기억하라). 또한 피질은 포유류의 진화 과정에서 가장 확장이 많이 된 영역이기도 하다. 인간 신피질의 표면적은 이 책의 네 페이지 정도인 2,500cm²나 되지만 두께는 2.3∼2.8mm에 불과하다. 이에 반해 인간과 가장 가까운 침팬지의 피질 면적은 이 책의 한 페이지 정도이다(**그림 2.22**).

피질의 주름으로 생긴 구(sulci)와 회(gyri)의 모양은 종마다 다르다. 뇌의 크기가 작은 포유동물인 쥐와 생쥐는 구 또는 회가 없는 매끈한(lissencephalic) 뇌를 가지고 있다. 뇌가 큰 고양이와 같은 육식동물은 세로 방향의 회를 가지고 있다. 영장류의 구와 회는 더 복잡한 형태를 띤다. 이런 **주름진**(gyrencephalic) 뇌가 형성된 것은 두개골의 제한된 공간에 맞도록 넓은 신피질 조직이 여러 번 접힌 결과이다. 회와 구의 형태가 임의적인 것이 아니라는 견해가 있다(van Essen & Glasser, 2018). 이 연구는 대부분 피질 세포가 이웃하는 세포와 연결되고, 이웃하는 세포들이 서로 당기는 경향이 있다는 증거를 제시하였다. 그러므로 연결이 많은 기능 영역의 세포들이 서로를 향해 접혀서 구로 구분되는 회가 만들어진다. 결과적으로 피질의 많은 회는 피질의 특정 기능과 밀접한 관련이 있는 것으로 보인다.

부등피질

부등피질은 몇 가지 독특한 3층 및 4층 구조물로 이루어지는데, 여기에는 해마, 편도체의 일부, 대상피질, 후각계를 구성하는 몇 가지 구조물, 그리고 다른 관련 영역이 포함된다.

치상회와 합쳐진 해마는 해마라는 동물과 매우 흡사한 모습이기에 그 명칭을 갖게 되었다(**그림 2.23**). 이 구조물은 단기기억이 장기기억으로 굳어지는 과정인 응고화(consolidation)에 관여한다. 해마가 손상되면 길을 찾아가는 탐색과 단어 찾기에 어려움이 생긴다.

편도체('아몬드'를 의미)는 불안과 공포에서 중요한 역할을 한다. 이 구조물이 제거되면 정서행동에 놀랄 만한 변화가 생긴다. 편도체가 제거된 고양이는 원숭이 무리 속을 돌아다니고, 그들의 야유와 위협에 전혀 방해받지 않는다. 자존심이 있고 정상적 기능을 하는 어떤 고양이도 그와 같은 난장판에는 얼씬도 하지 않았을 것이다.

대상피질은 정중선에 가까운 뇌량 위에 위치한다. 이것은 정서 형성과 처리, 학습, 기억에 관여하며, 행동의 결과를 동기와 연결하는 데에도 큰 영향을 미친다.

변연계의 개념 변연계(limbic system)라는 개념은 신경과학에서 오랜 논란의 역사를 가진다. 1930년대의 정신의학은 인간 행동에서 성욕과 정서의 역할을 강조한 Sigmund Freud의 이론이 지배적이었다. 그 당시에는 아직 이들 행동을 통제하는 뇌 영역이 밝혀지지 않았다. 또한 뇌간의 피질하 영역과 신피질 사이의 경계(또는 **가장자리**) 영역의 기능도 규명되지 않았다. 기민한 독자라면 지금 이야기가 부등피질에 관한 것이라고 짐작할 것이다. 아마도 변연계 구조물이 성욕과 정서에서 중요한 역할을 한다고 생각하는 것이 간단했을 것이다.

변연계라는 개념에 따르는 한 가지 문제는 신경과학자들이 어떤 해부학적 구조물이 그에 포함되어야 하는지 동의한 바가 없다는 것이다. 또 다른 문제는 변연계가 정서 중추이고 신피질이 인지의 주체라는 원래 견해가 통하지 않는다는 것인데, 이는 인지가 부등피질 구조물인 해마가 중요한 역할을 함으로써 형성되고 유지되는 기억에 의존하기 때문이다. 그래서 일부 신경과학자들은 **변연계**라는 용어가 낡은 것이기 때문에 사용하지 말아야 한다고 주장하였다. 보다 최근 견해는 특정 기능을 하는 특정 회로를 여러 대뇌피질, 신피질, 뇌간 구조물을 통해 찾을 수 있다는 것이다.

후각 뇌의 맨 앞쪽에는 냄새를 탐지한 다음 냄새 지각을 담당하는 다른 뇌 영역으로 그 정보를 보내는 기관인 **후구**(olfactory bulb)가 있다. **그림 2.24**에서 볼 수 있듯이 거의 전부가 전뇌 구조라는 점에서 후각계는 인간의 감각 중에서 특이하다. 다른 감각계는 감각 수용기에서 입력된 감각 정보 대부분을 중뇌와 시상으로 투사한다. 후각 입력은 덜 직접적인 경로를 거치는데, 후구는 대부분 입력 정보를 뇌의 바닥 부분에 있는 부등피질의 한 부분인 **이상피질**(pyriform cortex)로 보낸다. 그다음 감각 입력이 편도체와 배내측 시상을 경유하여 전두엽으로 전달된다(그림 2.20의 오른쪽 참조).

후각은 동물에서 진화된 최초의 감각 중 하나이지만, 이상하게도 인간의 경우에는 후각계가 뇌의 앞쪽에 위치하며 전뇌 일부로 간주된다(그림 2.6B 복측 모습 참조). 후구는 비강(nasal cavity)의 후각 수용기 근처에 있다. 진화 동안 이들 기관이 입력 정보를 포유동물의 이상피질로 보내게 되었지만, 더 단순한 뇌를 가진 동물에서는 이 입력 정보가 뇌간으로 바로 들어간다.

우리보다 후각에 대한 의존도가 큰 동물인 쥐, 고양이, 개의 후구에 비해 인간의 후구는 상대적으로 작다. 그렇지만 인간의 후구는 아주 민감하여 놀라울 정도로 많은 수의 냄새를 구분할 수 있다. 후각은 섭식 및 성 행동의 여러 측면에서 중요한 역할을 한다.

보습코기관(vomeronasal organ, VNO)에는 같은 종의 동물들 사이에 정보를 전달하는 분자인 페로몬을 탐지하는 감각 뉴런이 있다. 이 뉴런의 축색은 순차적으로 편도체와 해마로 연결되는 부후구로 투사된다. 보습코기관은 많은 포유동물에서 생식과 사회 행동에 중요한 역할을 하지만, 인간의 경우에는 존재와 기능에 많은 논란이 있다.

신피질의 층

신피질에는 6개의 회백질 층이 있고, 그 아래에 신피질의 축색으로 구성된 백질 구조물로 두 뇌반구를 연결하는 뇌량이 있다. 신피질의 6개 층은 각기 고유한 특징을 가지고 있다.

- 각 층은 서로 다른 유형의 세포로 이루어져 있다.
- 층마다 세포의 밀도가 달라서 가장 꼭대기 층인 I층에는 세포가 거의 없고, IV층의 세포 분포는 매우 조밀하다(**그림 2.25**).
- 피질 영역에 따라 모습과 기능이 다르다.

이러한 가시적인 차이에 착안하여 1세기 전의 해부학자들이 신피질지도를 만들었다. Korbinian Brodmann이 1909년에 **그림 2.26**에 있는 지도

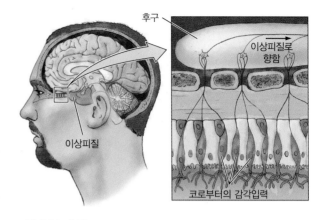

그림 2.24 후각
전뇌의 바닥에 있는 후구는 비강의 수용기 세포와 연결되어 있고, 이곳에 입력된 정보의 대부분은 이상피질을 거쳐 편도체와 시상으로 들어간다.

12-3절은 정서 및 동기 행동의 맥락에서 화학적 감각인 후각과 미각을 다룬다.

보습코기관(VNO) 페로몬을 탐지하는 뉴런으로 구성된 기관으로, 많은 포유동물에서 생식과 사회행동에 관여하지만, 인간에게는 그 특수 기능은 논란의 대상이다.

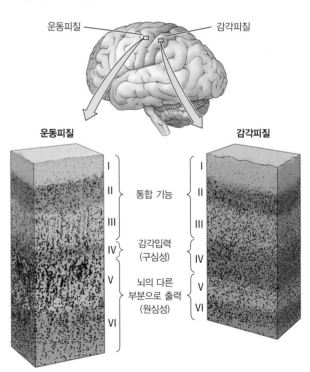

그림 2.25 신피질의 층
감각피질에서는 IV층이 상대적으로 두껍지만, 운동피질에서는 상대적으로 얇다. 이것은 시상에서 나오는 풍부한 구심성 감각 정보가 IV층으로 연결되기 때문이다. 이와 반대로 V층과 VI층은 운동신피질에서 상대적으로 두껍고, 감각신피질에서는 상대적으로 얇다. V층에서 나오는 원심성 운동 정보가 피질척수로를 통해 척수로 전달되어 운동을 생성한다. VI층은 다른 피질 영역으로 연결된다.

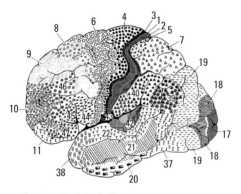

그림 2.26 초기의 뇌 지도

브로드만은 세포구축학적 방법으로 피질의 지도를 그렸다. 그는 세포들의 조직과 특성에 따라 영역을 나누었다. 단순한 감각지각과 관련된 부분은 빨간색으로, 시각 관련 부분은 보라색으로, 청각과 관련된 부분은 주황색으로 나타냈다 (감각 정보를 처리하는 피질 영역은 브로드만의 기본 영역보다 훨씬 더 광범위하다).

를 만들었다. 세포의 특성을 연구하는 세포학(cytology)을 근거로 했기에 이런 묘사를 **세포구축도**(cytoarchitectonic map)라 한다. 예를 들어 현미경으로 살펴보면 그림 2.25에 빨간색으로 표시된 두정엽의 감각신피질에서는 IV층이 크고, 푸른색으로 표시된 전두엽의 운동신피질에서는 V층이 크다. IV층은 구심성이고, V층은 원심성이다. 감각 영역에서는 입력층이 큰 반면 운동 영역에서는 출력층이 크다는 점은 의미가 있다.

해부학적 기반에서 만들어진 브로드만의 지도와는 달리 현대의 다중모드 뇌지도는 자기공명영상의 정보를 통합한다. 브로드만 영역이 여전히 새롭고 더 복잡한 지도의 기초가 되고, 다른 방법으로 발견한 영역과도 잘 부합한다. 이런 관계에서 기능 영역에 대한 *FACT* 정의가 나왔다. 이것은 각 영역을 그것의 기능(**F**unction), 해부학(**A**natomy), 연결(**C**onnection), 국소해부도(**T**opography)로 정의하는 것이다. 이 정의를 적용하면 브로드만의 많은 영역이 더 자세한 하위 영역으로 나누어지고, 52개의 브로드만 영역보다 더 많은 180개의 피질 영역을 가진 지도가 만들어진다(Glasser et al., 2016). 15-3절에서 이 지도에 대해서 다시 살펴볼 것이다.

신피질 조직을 염색해보면 세포와 층 사이에 화학적 차이가 있음을 알 수 있다. 즉 영역에 따라 풍부하게 분포된 화학물질의 종류가 다르다. 아마도 이런 차이는 각 신피질 영역의 기능적 전문화와 관련이 있을 것이다.

신피질과 다른 뇌 부위의 구성에서 나타나는 한 가지 뚜렷한 차이는 연결의 범위이다. 특정 뇌 영역과만 연결된 대부분의 구조물과 달리 신피질은 뇌의 거의 모든 다른 부위와 연결된다. 달리 말하면 신피질은 최고의 참견꾼이다. 신피질은 모든 일에 관여한다. 이런 사실이 특정 신피질의 기능을 규정하기 어렵게 하고, 다른 뇌 영역에 대한 연구도 복잡하게 만들기 때문에 다른 뇌 영역을 연구할 때도 그에 관여하는 신피질의 역할을 항상 고려해야 한다.

구름을 지각하는 과정을 살펴보자. 한 여름날 구름을 바라보고는 항해하는 배, 코끼리, 얼굴 등 수많은 대상을 상상했을 것이다. 구름이 실제로 코끼리와 닮지 않았더라도 우리는 전두엽을 살짝 속여서, 즉 상상력을 동원하여 감각 입력을 바탕으로 코끼리라는 이미지를 만들어낼 수 있다. 이러한 피질의 활동을 **하향처리**(top-down processing)라 하는데, 그것은 신경계의 최고 수준인 피질이 낮은 위계, 이 경우에는 중뇌와 후뇌에서 이루어지는 정보처리 방식에 영향을 미치기 때문이다.

신피질은 대상 지각 이외에도 많은 행동에 영향을 미친다. 피질은 음식에 대한 갈망이나 대상 (또는 사람)에 대한 욕망, 그리고 추상적인 개념, 단어, 또는 이미지의 의미를 해석하는 방식에도 영향을 미친다. 또한 신피질은 궁극적으로 우리의 현실을 만들어내는데, 그것이 가능한 한 가지 이유는 연결이 아주 훌륭하기 때문이다.

신피질의 엽

인간의 피질은 거의 대칭인 좌반구, 우반구로 구성되어 있고, 이들 두 뇌반구는 종열(longitudinal fissure)에 의해 분리되어 있다(**그림 2.27**). 오른쪽 그림에서 볼 수 있듯이 각 반구는 그 위를 덮고 있는 두개골에 상응하는 4개의 엽(lobe)으로 나뉘는데, 전두엽(frontal lobe), 두정엽(parietal lobe), 측두엽(temporal lobe), 후두엽(occipital lobe)이 그것이다. 그런데 두개골의 위치와 뇌 기능은 관련이 없다. 그래서 피질의 엽은 다소 임의로 정의된 해부학적 영역이고, 거기에는 많은 기능 영역이 포함되어 있다.

세포구축도 세포들의 구조화, 구조, 분포를 근거로 작성한 신피질지도

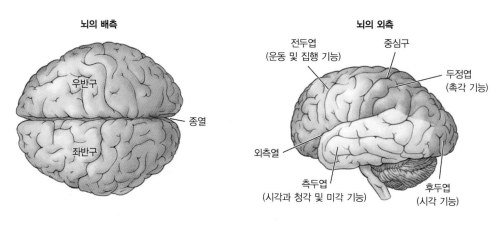

그림 2.27 피질의 경계

뇌의 배측

우반구
종열
좌반구

뇌의 외측

전두엽
(운동 및 집행 기능)
중심구
두정엽
(촉각 기능)
외측열
측두엽
(시각과 청각 및 미각 기능)
후두엽
(시각 기능)

그럼에도 불구하고 각 엽에는 몇 가지 거시적 기능이 할당되어 있다. 전두엽은 운동 기능을 담당하며, 감각과 운동 기능을 통합하고, 행동 계획을 세우며, 일차 운동피질을 포함하기 때문에 뇌의 집행 기관이라고도 한다. 세 가지 후측 엽은 감각 기능을 담당하는데, 두정엽은 촉각 기능, 측두엽은 시각과 청각 그리고 미각 기능, 후두엽은 시각 기능을 담당한다. 따라서 각 엽이 손상되었을 때 나타날 효과를 예측할 수도 있다.

- 전두엽에 손상을 입은 사람은 미래에 대한 계획 수립은 물론 현재 진행 중인 행동을 조직화하고 평가하는 데 결함을 보일 수 있다.
- 두정엽에 손상을 입으면 피부에 가해진 자극이 무엇인지 또는 그곳이 어디인지를 식별하지 못한다. 공간의 특정 지점으로 팔과 손을 움직이지 못하는 결함이 나타난다.
- 측두엽이 손상된 사람은 후두엽이 손상된 사람과는 달리 자신이 어떤 것을 듣고 있다는 것은 느끼지만 소리 인식에는 결함을 보인다. 또한 측두엽이 손상되면 얼굴과 같은 복잡한 시각 정보를 처리하지 못한다.
- 후두엽이 손상된 사람은 시각 정보 처리에 결함을 보인다. 그들이 밝은 것과 어두운 것을 지각하기는 하지만 대상의 모양이나 색을 구분하지는 못한다.

열(fissure)과 구(sulci)는 피질을 나누는 경계를 이룬다. 예를 들어 인간의 경우 중심구(central sulcus)와 외측열(lateral fissure)이 전두엽의 경계이고, 중심구 뒤쪽은 두정엽이 된다. 외측열은 측두엽의 배측 경계를 형성한다. 후두엽과 두정엽을 나누는 경계는 두정후두구(parietooccipital sulcus)이다.

기저핵

피질의 백질 바로 아래 전뇌에 있는 핵들의 집합인 **기저핵**(basal ganglia)은 3개의 주요 구조물인 미상핵(caudate nucleus), 피각(putamen), 담창구(globus pallidus)로 구성된다(**그림 2.28**). 시상(thalamus), 그리고 밀접하게 연관된 두 구조물인 흑질(substantia nigra)과 시상하핵(subthalamic nucleus)과 함께 기저핵은 세 가지 주요 기능을 수행한다. (1) 피질의 두 영역인 감각 영역과 운동 영역을 연결하고, (2) 운동이 부드럽게 이루어지도록 조절하며, (3) 한 자극 또는 사건이 다른 것과 연합되는 연합학습과 때로는 감각과 운동기술을 조직화하는 데 필요한 학습에 관여한다.

기저핵의 기능은 이 신경핵의 정상적인 기능을 가로막는 여러 질병에서 관찰되는 행동을 분석해보면 알 수 있다. 심한 떨림, 근 경직, 수의적 운동의 감소 등이 특징인 **파킨슨병**(Parkinson disease)은 노인에게서 나타나는 가장 일반적인 운동장애 중 하나이다. 파킨슨병이 있는 사람은

원리 1. 신경회로는 신경계의 기능단위이다.

신피질 또는 신피질의 층을 종종 *피질*이라고 기술한다. 그러나 이 용어는 전뇌의 일부 혹은 모든 층 구조를 가리킬 때도 사용될 수 있다. 이 책에서는 그와 같은 다른 구조물과 구분할 때만 *신피질* 또는 *부등피질*이라는 용어를 사용한다.

원리 5. 뇌 기능은 영역별로 분산되어 있다.

후두엽의 경계는 9-2절에 제시한 해부학적 특징에 따른다.

기저핵 사지와 몸통의 수의적 운동을 조절하는 피질하 전뇌 신경핵들로 시상및 중뇌와 연결되어 있다.

파킨슨병 흑질에서 방출되는 도파민 결핍과 관련된 운동계의 장애로 진전, 근 경직, 수의적 운동의 감소 등의 증상이 나타난다.

그림 2.28 기저핵

이 관상면에서 기저핵과 주변 구조물을 볼 수 있다. 운동의 조정 및 통제를 담당하는 데 관련된 2개의 구조물인 흑질과 시상하핵도 볼 수 있다.

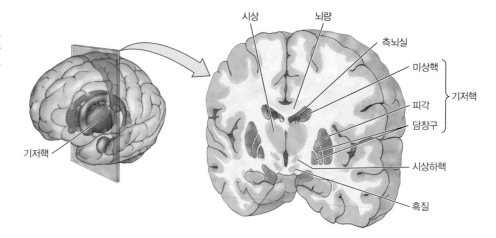

파킨슨병에 대한 구체적인 설명은 5-2절, 5-4절, 5-5절, 11-3절, 16-3절에서 한다. 투렛증후군은 임상 초점 11-3에서 자세하게 다룬다.

투렛증후군 운동계 장애이며, 특징적 증상으로 틱, 불수의적 소리 지르기(욕이나 동물의 울부짖음), 신체 특히 얼굴과 목에 특이하고 불수의적인 운동이 나타난다.

뇌신경 머리와 목 및 내장기의 감각 및 운동기능을 통제하는 12쌍의 신경

짧고 비틀거리는 걸음을 걷고, 구부정한 자세를 취하며, 보행기가 있어야 다닐 수 있다. 대부분 지속적인 손 떨림이 있으며 때때로 머리를 떨기도 한다. 기저핵과 관련된 또 다른 장애는 **투렛증후군**(Tourette syndrome)인데, 특징적인 증상으로는 다양한 운동 경련(틱), 욕이나 동물의 울음을 포함하는 불수의적인 발성, 신체 특히 얼굴과 머리의 이상한 불수의적인 운동 등이 있다.

마비와 대조적으로 파킨슨병과 투렛증후군 어느 것도 운동 **발생**(producing)의 장애가 아니다. 이들 질병은 운동 **통제**(controlling)의 장애이다. 그러므로 기저핵은 근육을 움직이도록 활성화하기보다는 운동 패턴을 통제하고 조정하는 역할을 하는 것이 틀림없다.

2-3 복습

진도를 계속 나가기 전에 앞 절을 얼마나 이해했는지 확인해보자. 정답은 이 책의 뒷부분에 있다.

1. _____은/는 피부와 근육에서 들어오는 감각을 수용하고, 뇌와 독립적으로 운동을 일으킨다.

2. 뇌간에는 세 가지 기능적 영역이 있다. _____은/는 척수의 연장이고, _____은/는 감각 입력을 받아들이는 첫 번째 뇌 영역이며, _____은/는 대뇌피질로 유입되는 감각 및 운동 정보를 통합한다.

3. _____은/는 정교한 운동을 조정하며, 복잡한 행동 연쇄를 계획하고 집행하는 것과 같은 동물의 여러 인지능력과도 관련이 있다.

4. 대뇌피질의 두 유형은 3개 및 4개 층의 _____와/과 _____이다. 후자는 밀도가 서로 다른 6개의 층으로 이루어져 있으며 _____, _____, _____ 기능을/를 담당한다.

5. 뇌 기능 분석에서 두문자 FACT는 _____을/를 의미한다.

6. 뇌의 다른 영역들과 비교할 때 신피질의 고유한 기능은 무엇인가?

학습 목표

• 체성신경계와 중추신경계의 관계를 기술한다.
• 벨-마장디 법칙을 요약한다.
• 척수신경 간의 연결이 운동 조정을 촉진하는 방식을 설명한다.

2-4

체성신경계 : 정보 전달

체성신경계는 중추신경계에 의해서 감시되고 통제되는데, 그중에서 뇌신경은 뇌가 담당하고, 척수신경은 척수의 각 분절이 담당한다.

뇌신경

머리와 목의 여러 부분은 물론 다양한 내장기와 뇌를 연결하는 **뇌신경**(cranial nerve)이 **그림 2.29**

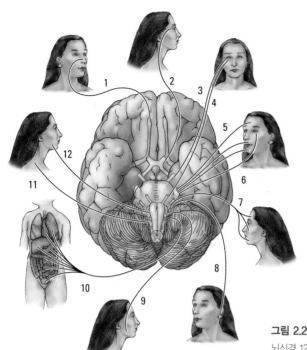

번호	이름	기능
1	후각신경	후각
2	시신경	시각
3	동안신경	안구운동
4	활차신경	안구운동
5	삼차신경	저작운동과 안면 대부분의 피부감각
6	외전신경	안구운동
7	안면신경	얼굴 움직임과 감각
8	청각전정신경	청각과 평형
9	설인신경	혀의 움직임과 미각
10	미주신경	심장, 혈관, 내장의 움직임
11	부신경	목과 어깨 운동 조절
12	설하신경	혀의 움직임

그림 2.29 뇌신경
뇌신경 12쌍은 각기 다른 기능을 가진다. 뇌신경을 외우는 한 가지 방법은 "On Old Olympus's Towering Top A Finn and German View Some Hops"라는 문장으로 익히는 것이다. 각 단어의 첫 글자가 순서대로 각 신경의 명칭 첫 글자이다.

에 그림과 표로 제시되어 있다. 뇌신경은 눈, 귀, 입, 코의 감각 정보를 뇌로 전달하는 구심성 기능과 얼굴 근육, 혀, 눈의 운동 통제와 같은 원심성 기능을 한다. 어떤 뇌신경은 감각 및 운동 기능을 모두 가지는데, 얼굴의 감각과 운동 모두를 조절하는 것이 한 예이다.

그림 2.29에 기술된 바와 같이 12쌍의 뇌신경에는 번호와 이름이 붙여져 있다. 12개의 뇌신경 한 세트가 머리의 왼쪽을 통제하고 나머지 한 세트는 오른쪽을 통제한다. 눈처럼 머리의 양쪽에 있는 구조물의 경우 좌, 우 한 쌍의 뇌신경이 지배하는 것은 이해되지만, 혀처럼 단일 구조물에도 뇌신경이 왼쪽과 오른쪽을 나누어 지배하는 이유는 분명하지 않다. 어쨌든 뇌신경은 이런 방식으로 작용한다. 치과 치료를 위해 어느 한쪽의 잇몸에 리도카인(노보카인이라고도 함) 주사를 맞았다면, 혀의 같은 쪽이 무감각해지는 것을 경험했을 것이다. 이와 마찬가지로 머리 양쪽의 나머지 피부와 근육도 같은 쪽에 있는 뇌신경에 의해서 통제된다.

뇌신경에 대한 더 자세한 내용은 시각, 청각, 후각, 미각 및 스트레스 반응 등의 주제를 다루는 이후의 장들에서 논의할 것이다. 지금은 뇌신경이 체성신경계의 일부이고, 머리의 감각 기관이나 근육으로부터의 입력 정보를 뇌로 전달하고, 머리와 얼굴의 움직임을 통제한다는 것만 알면 된다. 또한 일부 뇌신경은 뇌와 내장기를 연결하고(10번 뇌신경인 미주신경), 타액 분비와 같은 다른 자율 반응에 영향을 미침으로써 자율 기능을 유지하는 데에도 기여한다.

시신경은 9-2절, 청신경은 10-2절, 후각신경은 12-3절을 참조하라.

척수신경

척수는 **추골**(vertebrae, 단수형은 vertebra)이라고 하는 일련의 작은 뼈들로 구성된 척주(spinal column) 안에 있다. 척주는 위에서 아래로 5개의 해부학적 영역, 즉 경추(cervical), 흉추(thoracic), 요추(lumbar), 천추(sacral), 미추(coccygeal)로 나뉜다(**그림 2.30A**). 이 5개 영역의 각 추골을 척주의 작은 분절이라 생각할 수 있다. 척주의 각 분절에 상응하는 척수 분절(spinal cord segment)은 그 분절의 소형뇌(minibrain)처럼 작용한다.

추골 척주를 구성하는 여러 개의 뼈

11-2절과 11-4절에서 척수 손상이 운동과 체감 각에 미치는 영향을 알아본다.

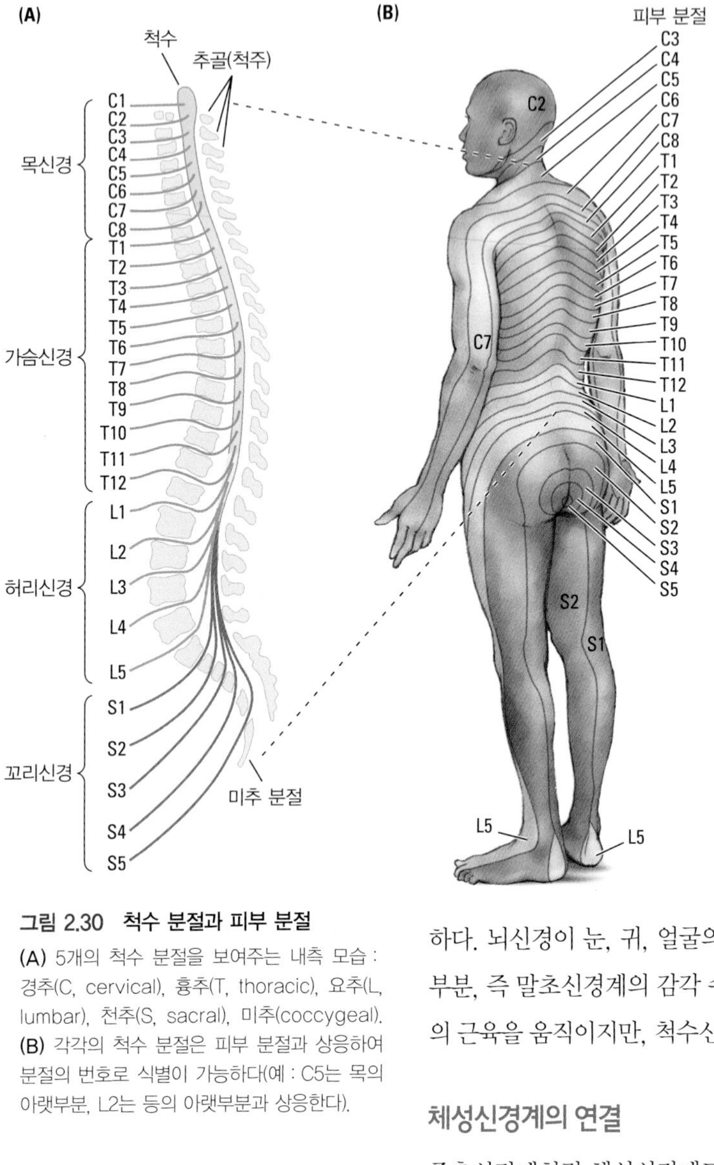

(A)

척수

추골(척주)

C1
C2
C3
C4
C5
C6
C7
C8
T1

목신경

T2
T3
T4
T5
T6
T7
T8
T9
T10
T11
T12

가슴신경

L1
L2
L3
L4
L5

허리신경

S1
S2
S3
S4
S5

꼬리신경

미추 분절

(B)

피부 분절

C3
C4
C5
C6
C7
C8
T1
T2
T3
T4
T5
T6
T7
T8
T9
T10
T11
T12
L1
L2
L3
L4
L5
S1
S2
S3
S4
S5

C2

C7

S2

S1

L5　L5

그림 2.30 척수 분절과 피부 분절
(A) 5개의 척수 분절을 보여주는 내측 모습 : 경추(C, cervical), 흉추(T, thoracic), 요추(L, lumbar), 천추(S, sacral), 미추(coccygeal).
(B) 각각의 척수 분절은 피부 분절과 상응하여 분절의 번호로 식별이 가능하다(예 : C5는 목의 아랫부분, L2는 등의 아랫부분과 상응한다).

약간 이상해 보일 수도 있는 이런 배열에는 오랜 진화의 역사가 있다. 몸의 구조가 비교적 단순한 뱀과 같은 동물에 대해 생각해보자. 뱀의 몸은 분절화된 관이다. 그 관속에는 척수라는 또 다른 관이 있고 이것도 분절화되어 있다. 뱀의 각 신경계 분절은 인접한 신체 부위의 감각 수용기에서 나온 신경섬유를 받아들이고, 각 신경계 분절에서 나온 섬유는 그 신체 부위의 근육으로 연결된다. 그러므로 각 분절의 기능은 독립적으로 이루어지는 것이다.

인간과 같은 동물에서는 더 복잡해지는데, 하나의 척수 분절에서 유래된 팔과 다리가 우리의 직립 자세 때문에 척주의 다른 분절로 확장된다. 예를 들어 어깨는 경추 5번 분절에서 시작하지만, 팔을 아래로 떨어뜨리면 천추 분절 너머까지 내려간다. 척수 분절이 인접한 신체 분절과 바로 연결된 뱀과 달리 인간의 신체 분절은 그림 2.30B에서 볼 수 있는 것처럼 조각보 무늬에 가깝다. 네 발로 걸을 때 팔의 위치를 생각해보면 이런 신체 구조를 이해할 수 있다.

우리의 신체 분절은 여전히 척수 분절과 상응한다. 각각의 신체 분절을 **피부 분절**(dermatome, '피부를 절단한다'는 의미)이라고 한다. 각 피부 분절에는 피부, 관절, 근육에서 들어오는 정보를 척수로 보내는 감각신경과 해당 신체 분절의 근육운동을 통제하기 위한 운동신경이 모두 있다.

척수신경(spinal nerve) 또는 **말초신경**(peripheral nerve)이라고 하는 감각신경과 운동신경은 기능적으로 머리의 뇌신경과 동등하다. 뇌신경이 눈, 귀, 얼굴의 피부 등에서 들어오는 정보를 받지만, 척수신경은 신체의 나머지 부분, 즉 말초신경계의 감각 수용기로부터 정보를 받는다. 이와 비슷하게 뇌신경은 눈, 혀, 얼굴의 근육을 움직이지만, 척수신경은 사지와 몸통의 근육을 움직인다.

체성신경계의 연결

중추신경계처럼 체성신경계도 양측성이다. 뇌신경이 그것이 존재하는 머리 쪽의 기능을 통제하듯이 척수의 왼쪽에 있는 척수신경은 신체의 왼쪽 부분을, 척수의 오른쪽에 있는 척수신경은 신체의 오른쪽 부분을 통제한다.

그림 2.31A는 척주의 횡단면을 보여주고 있다. 먼저 뒤쪽으로 들어가는 신경섬유(적색)를 보라. 이들 후측 섬유(네발 동물에서는 배측)는 구심성으로 신체의 감각 수용기에서 들어오는 정보를 전달한다. 척수 분절로 들어갈 때 합쳐지는 섬유들의 집합을 **후근**(posterior root, 네발 동물에서는 dorsal root)이라 한다.

척수의 앞쪽에서 출발하는 섬유(청색)는 원심성이며 척수에서 나가는 정보를 근육으로 전달한다. 이 섬유들 또한 척수를 떠날 때 함께 다발을 이루어 **전근**(anterior root, 네발 동물에서는 ventral root)을 형성한다. 그림 2.31B는 백질 혹은 중추신경계 신경로(CNS nerve tract)로 이루어진 척수의 외부 모습을 보여준다. 이들 신경로의 구성을 살펴보면 몇 가지 예외를 제외한 대부분의 후측로(posterior tract)는 감각 경로이고, 전측로(anterior tract)는 운동 경로이다. 나비처럼 보

피부 분절 척수의 분절에 상응하는 신체 분절

(A)

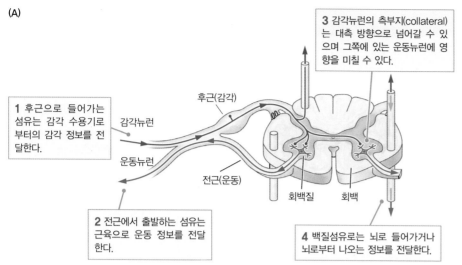

1 후근으로 들어가는 섬유는 감각 수용기로부터의 감각 정보를 전달한다.

감각뉴런

운동뉴런

후근(감각)

전근(운동)

3 감각뉴런의 측부지(collateral)는 대측 방향으로 넘어갈 수 있으며 그쪽에 있는 운동뉴런에 영향을 미칠 수 있다.

회백질　회백

2 전근에서 출발하는 섬유는 근육으로 운동 정보를 전달한다.

4 백질섬유로는 뇌로 들어가거나 뇌로부터 나오는 정보를 전달한다.

(B)

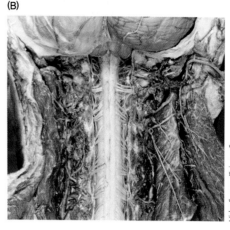

VideoSurgery/Science Source

그림 2.31　척수신경의 연결

(A) 척수횡단면의 모습이다. 나비 모양의 내부는 신경세포체로 구성된 회백질이 있고, 외부는 신경로인 백질로 구성되어 있다. 후근은 감각 정보를 담당하고 전근은 운동 정보를 담당한다. (B) 배측면의 사진이며 척수의 완전한 모습을 보여주고 있다.

11-1절과 11-4절에서 척수 손상과 치료에 대해 알아본다.

벨-마장디 법칙과 안면신경마비(Bell palsy)라는 병명은 Charles Bell의 이름을 딴 것이다. 그는 유명한 외과의사, 신경과의사, 해부학자, 생리학자, 예술가이자 철학적 신학자였다.

이는 척수의 내부에는 주로 세포체들로 구성된 회백질이 있다.

　모든 척추동물에서 후측/배측 척수는 감각 경로이고 전측/복측은 운동 경로라는 관찰이 신경계에서는 많지 않은 법칙 중 하나인 **벨-마장디 법칙**(law of Bell and Magendie)이다. 척수의 분절 조직화에 대한 이해와 더불어 이 법칙은 신경학자들이 감각 및 운동에서의 변화를 근거로 하여 척수 손상 또는 질환의 위치를 정확하게 추론할 수 있게 해준다. 예를 들어 손은 거의 정상적으로 움직이지만 왼손의 손가락이 무감각하다면, 척수 분절의 C7번과 C8번의 후근신경이 손상된 것이 틀림없다. 이와 반대로 손의 감각은 정상이지만 손가락을 움직일 수 없다면, 동일 분절의 전근신경이 손상된 것이다. '임상 초점 2-4 : 안면신경마비'에서 운동 기능 상실에 대해서 더 알아볼 것이다.

통합적 척수 기능

지금까지는 척수의 분절화를 강조하였지만, 척수는 어떤 방식으로든 여러 분절을 드나드는 입력과 출력 정보를 조정해야 한다. 예를 들어 많은 신체 운동에는 다양한 분절에 의해 통제되는 근육을 조정하는 것이 필요하고, 감각 경험이 일어나기 위해서는 척수의 여러 부분에서 입력되는 정보가 조정되어야 한다. 이런 조정은 어떻게 이루어지는 것일까? 이에 대한 답은 복잡한 운동을 조정하기 위해 인접 분절이 함께 작동할 수 있도록 척수 분절이 서로 연결되어 있다는 것이다.

　이런 통합적 척수 활동에는 뇌가 관여하지 않으며, 목 잘린 닭이 뛰어다닐 수 있는 것도 이 때문이다. 하지만 여전히 뇌와 척수의 작동은 밀접하게 관련되어 있다. 그렇지 않다면 우리가 어떻게 수의적 운동을 의식적으로 계획하고 수행할 수 있겠는가?

　어떤 방식으로든 정보가 상호 전달되는 것이 틀림없고, 이러한 정보 공유의 예는 많다. 예를 들어 피부의 감각신경에서 발생한 촉각 정보는 척수뿐 아니라 시상을 통해 대뇌피질로도 전달된다. 마찬가지로 대뇌피질과 다른 뇌 구조물은 척수의 전근에 이르는 연결을 통해 운동을 통제할 수 있다. 그래서 뇌와 척수가 독립적으로 작용할 수 있지만, 중추신경계 수준의 기능에서는 둘이 밀접하게 연관되는 것이다.

2-4 복습

진도를 계속 나가기 전에 앞 절을 얼마나 이해했는지 확인해보자. 정답은 이 책의 뒷부분에 있다.

벨-마장디 법칙　한 가지 예외는 있지만 감각섬유는 배측(후측)에 위치하고 운동섬유는 복측(전측)에 위치한다는 법칙

◎ 임상 초점 2-4

안면신경마비

C.T.는 아침에 일어나서 일상적으로 활동하였다. 식탁에 앉아 신문을 앞에 두고 아침 식사로 시리얼을 먹기 시작하였다. 시리얼과 우유가 입에서 흘러내렸다. 그는 그것을 닦고 다시 먹었으나 같은 일이 반복되었다. 그다음 그는 거울을 보고 왼쪽 얼굴이 완전히 마비되었음을 알게 되었다. 왼쪽의 눈썹, 웃음근육, 그리고 다른 얼굴 표정 근육을 움직일 수 없었다. 두 눈을 감을 수는 있었지만, 왼쪽 눈으로 윙크를 할 수 없었다. 왼쪽 얼굴의 감각과 오른쪽 얼굴의 감각 및 운동은 완전히 정상이었다. 신경과학자인 C.T.는 바로 의학 정보를 찾아보고 자신이 안면신경마비(Bell palsy)에 걸렸다고 생각하였고, 주치의는 그것을 확진하였다.

안면신경마비는 배제 절차로 진단된다. 많은 요인이 안면마비를 일으킬 수 있으므로 진단을 위해서 요인을 하나씩 제외해 나간다. 당뇨와 라임병을 제외하기 위한 혈액검사, 뇌졸중을 제외하기 위한 신경학적 검사, 종양을 제외하기 위한 컴퓨터단층촬영술(CT)이 C.T.에게 실시되었다.

안면신경마비는 바이러스 또는 다른 염증 유발 요인에 감염되어 생겼던 안면(7번)신경의 염증이 원인이다. 7번 신경은 몸에서 가장 긴 골격 관인 나팔관을 통과한다. 염증이 생기면 신경이 붓지만, 이 관의 직경이 좁아서 부풀지 못한 신경은 압력을 받아 기능하지 못하고 마비된다. 압력이 3주 이상 지속되면 축색이 모두 죽는다. 따라서 주된 치료는 염증을 줄이는 것이다.

안면신경마비가 갑자기 시작되고 처음 2주 동안 C.T.의 얼굴 왼쪽이 완전히 마비되었다. 그는 각막이 건조하여 손상되지 않도록 밤에는 테이프로 왼쪽 눈을 가렸다. 그의 말은 불분명하였고, 자신의 말처럼 들리지 않았다. 오른쪽 얼굴의 근육이 왼쪽으로 당겨져서 얼굴 모습이 비대칭으로 되었다(아래 사진 참조). 음식을 먹는 일도 어려웠다. 마시기는 빨대를 이용하면 용이하였다. 약 2주가 지나자 증상이 많이 완화되어 왼쪽 눈썹을 최소한으로 움직이기 시작하였다. 몇 주가 지나면서 왼쪽 얼굴을 점차 더 많이 움직일 수 있었다. 6주쯤 되었을 때 친구와 동료들은 그가 자신의 모습과 말소리를 되찾았다고 하였지만, 여전히 왼쪽의 마비가 40% 정도 남아 있었다.

안면신경마비는 일생을 살면서 65명 중 1명이 걸리는 질병이다. C.T.를 포함하여 대부분은 완전히 회복하지만, 마비가 영구적이어서 삶에 심각한 영향을 주는 소수의 사례도 있다. 중요한 사회적 신호인 웃음을 짓지 못하면 사람들은 그것을 반대의 의미로 해석한다. 그래서 당사자가 사회적으로 소외되고, 심리적 문제로 발전할 수 있다.

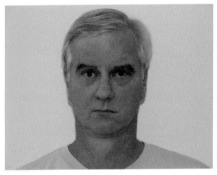
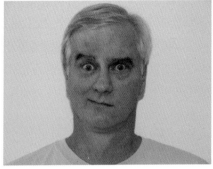
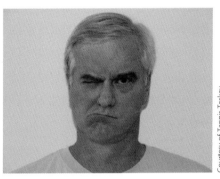

Courtesy of Tannis Teskey

(A) 이완된 얼굴. 얼굴 우측의 강한 근육이 코를 오른쪽으로 당기고, 좌측의 마비된 근육은 코를 반대 방향으로 당기지 못한다. (B) 미소짓고 두 눈썹을 올리려는 시도가 얼굴의 우측에서는 성공하지만 마비된 좌측에서는 그렇지 못한다. (C) 얼굴을 찌푸리고 두 눈썹을 내리려는 시도가 얼굴의 우측에서는 성공하지만 마비된 좌측에서는 그렇지 못하다.

1. 체성신경계 신경의 두 세트는 _____와/과 _____이고, 감각 정보를 받아들이거나 근육으로 운동 정보를 전달하거나 또는 두 가지 다 한다.
2. 척수 왼쪽의 체성신경계 신경은 몸의 _____쪽 기능을 통제한다.
3. 뇌신경은 감각 및 운동 기능을 수행하므로 _____와/과 _____(으)로 정보를 주고받는다.
4. 벨-마장디 법칙을 정의하고 그것이 중요한 이유를 설명하시오.

학습 목표

- 자율신경계과 장신경계의 기능을 비교하고, 이들 각각이 중추신경계와 상호작용하는 방식을 설명한다.
- 자율신경계의 두 가지 부문을 기술한다.

2-5

자율 및 장 신경계 : 장기와의 관계

심장, 장, 간, 폐 등의 내장기를 통제하려면 복잡한 신경계가 필요하다. 중추신경계가 지각과 행동을 통제할 때 자율신경계와 장신경계는 숨겨진 파트너로서 배후에서 기능을 수행한다. 우리가 장기 활동에 계속해서 주의를 두어야 한다면 다른 어떤 일도 할 수 없을 것이다. 자율신경계와 장신경계는 중추신경계와 상호작용하지만, 각각은 고유의 해부학과 기능을 가지고 있다.

자율신경계 : 내부 기능 조절

우리가 의식적으로 자각하지 않아도 자율신경계는 심장박동, 간의 호르몬 방출, 빛에 따른 동공 조절 등의 기능을 계속 수행한다. 체성신경계를 경유한 중추신경계와의 연결을 통해 내장기와 분비선을 조절하는 자율신경계가 없다면 생명은 바로 멈출 것이다. 자율신경계 활동의 일부를 의식적으로 통제하는 학습을 할 수는 있지만, 정상적으로는 그런 의식적 간섭이 필요하지 않다. 한 가지 중요한 이유는 의식적 자각이 정지된 상태인 수면 동안에도 자율신경계가 계속 작용해야 하기 때문이다. 심장을 강하고 빠르게 뛰게 하는 것과 같이 심리적 스트레스가 자율신경계의 기능에 영향을 주기도 한다. 그와 같은 자율신경계 증상이 지속한다면 심리적 치료가 스트레스를 낮추는 데 효과적일 수 있다.

그 기능이 우리의 의식적 자각에서 벗어나 있어서 자율신경계의 구성이 아주 단순할 것으로 생각하기 쉽다. 그러나 체성신경계가 그렇듯이 자율신경계의 구성도 매우 복잡하다. 자율신경계의 두 부분은 반대 방식으로 작용한다. **교감부**(sympathetic division)는 예를 들어 운동하거나 스트레스를 받는 상황에서 '싸움 혹은 도주' 반응을 할 때 심장박동이 빨라지고 소화가 억제되도록 함으로써 신체를 각성시켜 적절한 행위를 하게 한다. **부교감부**(parasympathetic division)는 신체를 안정화하는데, 예를 들어 심장박동을 느리게 하고 소화를 촉진함으로써 활동 이후의 조용한 시간 동안 휴식 또는 소화가 잘 이루어지게 한다.

체성신경계와 마찬가지로 자율신경계도 신경계의 다른 부분들과 상호작용하고, 동측으로 연결되어 있다. 척수신경이 목표 장기를 직접 통제하지는 않지만, 교감부의 활동은 척수의 흉추와 요추 부분에서 시작된다. 척수는 세포 집합체로 자율통제센터(autonomic control center) 역할을 하는 **신경절**(ganglia)과 연결되어 있다. 이들 신경절은 내부 장기를 통제하며 각 신경절은 특정 장기에 대해 소형뇌로 작용한다.

교감신경절(sympathetic ganglia)은 척수 가까이 양쪽에 위치하며 **그림 2.32**에 나타난 것과 같이 척수와 나란히 배열된 연쇄를 형성한다. 부교감부 또한 척수, 구체적으로 천추 영역에 연결되어 있지만, 더 많은 부분은 3개의 뇌신경, 즉 대부분 내장기를 안정화하는 미주신경(vagus nerve), 각기 타액 분비와 동공 확장을 통제하는 안면신경(facial nerve)과 동안신경(oculomotor nerve)에서 유래된다(그림 2.29 참조). 교감부와 달리 부교감부는 그림 2.32의 오른쪽에 제시된 것처럼 목표 장기와 가까운 곳에 있는 신경절과 연결된다.

장신경계 : 장 통제

장신경계는 자율신경계와 거의 독립적이다. 소화는 복잡하고, 그것을 통제하기 위해 진화를 통해 이 헌신적인 신경계가 발달하였다. 중추신경계가 초기의 아주 단순한 유기체의 장에서 진화되었다고 주장하는 진화생물학자도 있다.

실제로 장신경계는 제2의 뇌라고도 불리는데, 그것은 이 신경계가 중추신경계에 비견할 정도로 다양한 유형의 뉴런, 같은 화학적 신경전달물질, 풍부한 교세포, 복잡하고 통합된 신경회로를 가지고 있기 때문이다. 장신경계를 구성하는 세포의 수는 2~5억 개 정도로 척수의 세포 수와 비슷하다. 장은 다양한 호르몬과 정교한 신경 반응을 하는 다른 화학물질에 대해서도 반응한다. 장신경계는 장의 운동, 분비, 혈류를 통해 체액과 영양소를 흡수하고 노폐물을 제거하는 과정을 통

교감부 자율신경계의 일부로 신체가 활동하도록 각성시킨다. 즉 비상시 심장박동률과 혈압을 높임으로써 불수의적인 '싸움 혹은 도주' 반응을 매개한다.

부교감부 자율신경계의 일부로 교감부와 반대작용을 한다. 예를 들어 경고 반응을 억제하고 소화를 자극함으로써 신체를 쉬게 하거나 소화를 촉진한다.

5-3절은 중추신경계와 자율신경계 간의 교신을 다루고, 그림 5.22는 스트레스 반응을 보여주며, 16-2절은 기분이 스트레스에 대한 반응에 영향을 미치는 방식을 설명한다.

원리 7. 신경계의 작용에는 흥분과 억제가 공존한다.

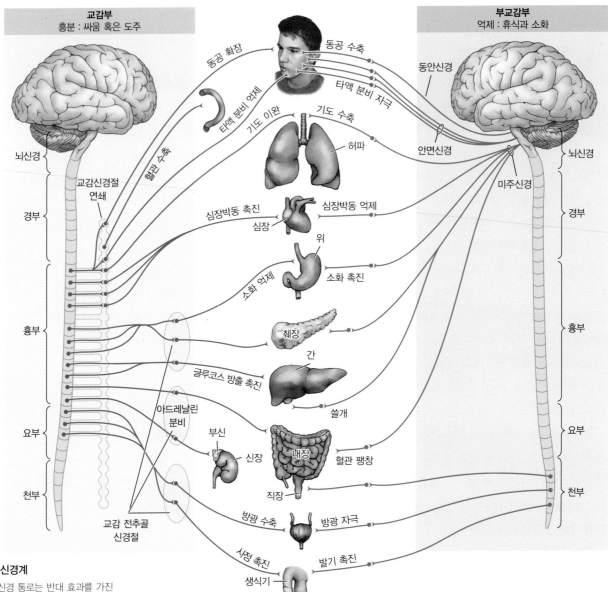

그림 2.32 자율신경계
자율신경계의 두 신경 통로는 반대 효과를 가진다. 모든 신경섬유는 중추신경계에서 자율신경계의 표적 기관으로 가는 도중의 신경절들로 형성된 '정거장'에서 연결된다. 왼쪽 : 각성을 일으키는 교감신경섬유는 척수 가까이 있는 신경절 연쇄와 연결된다. 오른쪽 : 안정 작용을 하는 부교감신경섬유는 표적 기관 가까이 있는 각 신경절과 연결된다.

장신경계와 섭식의 관계는 12-4절에서 탐구하고, 정서와 장신경계의 상호작용 방식은 12-6절에서 설명한다.

제한다(Avetisyan et al., 2015). 신체에서 이런 기능이 수행되기 위해서는 여러 영양소가 균형을 이루어야 하므로 간단한 일이 아니다.

장신경계의 뉴런은 식도, 위, 소장, 대장의 벽을 이루는 얇은 조직에 위치한다. 장신경계의 뉴런과 교세포는 두 층의 장 조직에 있는 신경섬유에 의해 연결되는 신경절을 형성한다(**그림 2.33**). 뇌와 장신경계는 자율신경계, 특히 미주신경을 통해 광범위하게 연결되어 있다. 우리는 장의 '생각'을 의식하지 못하지만, 장신경계는 뇌로 직접 정보를 보내고, 그 정보는 우리의 정신 상태에 영향을 주며, 뇌는 장의 기능을 변경시키는 반응을 한다. 실제로 많은 행동장애, 스트레스, 불안 상태에서 장신경계가 장의 기능을 변경시키는 것이 흔한 일이고, 그로 인해 구역질과 설사 같은 증상이 나타난다.

장신경계는 일괄하여 **미생물총**(microbiome)으로 불리는 장의 박테리아와 상호작용한다. 성인의 장에 머무는 **미생물균총**(microbiota)의 개수는 3.9×10^{13}으로 숙주세포 수의 1.3배나 된다 (Sender et al., 2016). 미생물균총은 영양소 흡수에 영향을 미치며, 여러 생리적 및 심리적 과정을 조절하는 신경화학물질의 근원이다. 이런 관련성이 밝혀지자 행동장애 치료에 사용되는 다양한

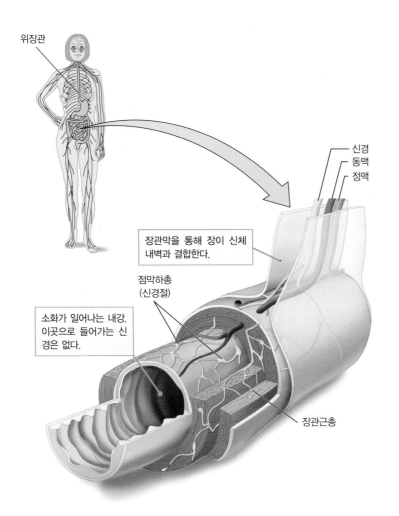

위장관

신경
동맥
정맥

장관막을 통해 장이 신체 내벽과 결합한다.

점막하층 (신경절)

소화가 일어나는 내강. 이곳으로 들어가는 신경은 없다.

장관근총

그림 2.33 장신경계
장신경계는 위장관 내벽에 자리잡고 있는 뉴런의 망으로 구성된다. 뉴런들이 뭉쳐서 자율신경계와 중추신경계로 투사하는 신경절을 형성한다. 일부는 미주신경(10번 뇌신경)을 통해 장의 기능을 통제한다.

종류의 살아 있는 미생물, 즉 **사이코바이오틱스**(psychobiotics)가 개발되었다. 그러므로 미생물균총은 중추신경계와 장신경계 모두에 영향을 미쳐 행동에 변화를 일으킬 수 있다.

2-5 복습

진도를 계속 나가기 전에 앞 절을 얼마나 이해했는지 확인해보자. 정답은 이 책의 뒷부분에 있다.

1. 자율신경계는 내장기를 통제하는 소형뇌로 작용하는 _____(으)로 알려진 자율통제센터를 경유하여 중추신경계 및 체성신경계와 상호작용한다.

2. 자율신경계 중 _____은/는 신체를 각성시켜 행위(싸움 혹은 도주)를 하게 하고, _____은/는 기관들을 진정시킨다(휴식과 소화).

3. 우리의 신체 조절에서 자율신경계의 핵심적 역할을 설명하시오.

4. 장신경계를 제2의 뇌라고도 하는 이유는 무엇인가?

5. 사이코바이오틱스란 무엇인가?

2-6

신경계 기능의 열 가지 원리

신경계의 구조와 신경계의 작용에 대한 일반적 개념을 아는 것은 시작에 불과하다. 각 부분이 함께 작용하는 방식을 알면 이 책의 후속되는 장들을 공부하면서 뇌가 행동을 일으키는 방식을 더

학습 목표
- 신경계 기능의 10가지 원리를 열거한다.
- 신경회로를 정의하고, 그것의 행동 촉진 기능을 설명한다.
- 신경의 가소성을 신경계의 특징적인 기능이라고 하는 이유를 설명한다.

신경회로   시냅스로 상호 연결된 일련의 뉴런들로, 활성화될 때 주어진 기능을 한다.

자세하게 이해하는 데 도움이 된다. 신경계의 작용 방식을 더 깊이 알려면 중추신경계의 구성과 기능에 관한 원리를 먼저 이해해야 한다.

지금까지는 신경계의 기능에 대한 열 가지 원리를 확인하였다. 여기에서 그것들을 하나하나씩 상세하게 알아보자. 이 책을 읽어가면서 그 원리들을 단순히 암기하기보다는 이해하는 것을 목표로 규칙적으로 복습하라. 그러다 보면 뇌와 행동에 관한 새로운 정보를 접하게 될 때 이 원리들을 자연스럽게 적용할 수 있을 것이다.

원리 1 : 신경회로는 신경계의 기능 단위이다

뉴런을 상호 교신하는 흥분하는 세포로 개념화한 Sherrington과 Adrian의 혁신적인 견해가 뇌와 행동에 관한 현대적 이해를 가능하게 하였다.

Edgar Adrian은 뉴런의 작용 방식을 설명하였고, Charles Scott Sherrington은 뉴런이 신경계 내에서 연결되는 방식을 설명하였는데, 이러한 중대한 발견의 공로로 이들은 1932년에 노벨상을 공동 수상하였다. 개별 뉴런은 각기 분리된 상태로는 어떤 기능도 하지 못한다. 동물에서 감각, 통합, 운동은 신경회로에 의해 수행된다. **신경회로**(neuronal circuit)는 활성화되었을 때 어떤 기능을 촉진하는 시냅스로 상호 연결된 일련의 뉴런들로 구성된다.

가장 간단한 신경회로는 상호 연결된 2개의 뉴런만으로 구성되는데, 하나의 감각뉴런이 하나의 운동뉴런과 단일 시냅스 연결을 만드는 것이다. **단일시냅스 회로**(monosynaptic circuit)라고 하는 이 회로가 지연 없이 뇌로 신호를 보내기 때문에 가장 빠르다. 척수에서 볼 수 있는 이들 회로는 무릎반사와 같은 단순 반사를 매개한다(그림 2.15).

감각뉴런과 운동뉴런 사이에 최소한 1개의 **개재뉴런**(interneuron)이 있는 **다시냅스 회로**(polysynaptic circuit)는 전체 시냅스 수가 많아지기 때문에 단일시냅스 회로보다 느리다. 뜨거운 물체에 닿은 후 손가락을 철수하는 행위는 **그림 2.34**에서 볼 수 있듯이 다시냅스 회로에 의해 매개된다.

신경회로의 각 시냅스에서 일어나는 지연은 1~4ms 정도이다. 따라서 특정 회로에서 시냅스로 연결되는 뉴런의 수가 많아질수록 그 회로는 그만큼 느려진다. 게다가 단일 뉴런들이 하나 이상의 후속 뉴런들과 연결될 수 있고, 그 결과 더 크고 더 복잡한 회로가 형성된다. 신경회로들이 서로 연결되면 대규모 뇌 신경망이 만들어져 시각 장면 처리(9장)와 음악 및 언어 처리(10장)의 기초가 된다.

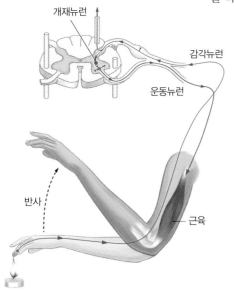

그림 2.34   다시냅스 회로
단순화한 그림에서 볼 수 있듯이 다시냅스 회로에서는 적어도 1개의 개재뉴런이 감각뉴런과 운동뉴런을 연결한다.

생물학적 신경회로는 인공 신경회로 설계를 위한 형판으로 적용되어 딥러닝과 일부 인공지능을 탄생시켰는데, 이에 대해서는 7장에서 살펴볼 것이다.

원리 2 : 감각부와 운동부는 신경계 전체에 퍼져 있다

감각 기능과 운동 기능이 분리되어 있다는 벨-마장디 법칙은 신경계 전반에 적용된다. 척수신경은 감각 기능 또는 운동 기능을 담당한다. 어떤 뇌신경은 감각 기능만을 담당하고, 다른 뇌신경은 운동 기능만을 담당한다. 또 어떤 뇌신경은 피부와 근육으로 연결되는 척수신경과 같이 각기 감각 기능과 운동 기능을 담당하는 두 부분을 가지고 있다.

그림 2.29와 2.30에서 뇌신경과 척수신경의 연결을 파악하라.

뇌간의 하부인 후뇌와 중뇌는 본질적으로 척수의 연장부이다. 척수처럼 감각 구조물은 배측에, 운동 구조물은 복측에 자리하고 있다. 이곳에는 인간의 경우 후측은 감각 구조, 전측은 운동 구조인 척수의 속성이 유지된다. 중뇌의 주요 기능은 자극 방향으로 몸을 지향하는 것이다. 이 정향 운동에는 중뇌의 소구(중뇌개의 후측)에서 들어오는 감각 입력과 중뇌피개(전측)가 통제하는 운동 출력이 모두 필요하다. 운동과 감각 기능의 구분이 전뇌에서는 훨씬 미묘해진다.

그림 2.16~20은 뇌간의 구조를 보여준다.

하부 구조물에서처럼 위치가 구분되는 것은 아니지만 시상에도 별개의 감각핵이 있다. 모든 감각 정보는 시상을 거쳐서 전뇌에 도달하므로 시상에 시각, 청각, 촉각과 관련이 있는 여러 핵이 있다는 사실이 놀라운 것은 아니다. 별개의 시상핵은 운동도 통제한다. 시상에는 감각 기능도 운동 기능도 담당하지 않는 다른 핵이 있는데, 이들은 보다 통합적인 과제를 수행하는 전두엽과 같은 피질 영역과 연결되어 있다.

마지막으로 감각 기능과 운동 기능은 피질에서 두 가지 방식으로 나누어진다.

1. 별개의 감각피질과 운동피질 영역이 시각, 청각, 촉각과 같은 특정 감각입력을 처리한다. 다른 피질 영역은 손가락과 같이 분리된 신체 부위의 미세한 운동을 통제한다.
2. 전체 피질은 감각 영역과 운동 영역으로 분리되어 구성되어 있다. 피질의 IV층은 항상 감각입력을 받아들이고, V층과 VI층은 항상 운동출력을 내보내며, I층, II층, III층은 감각과 운동 조작을 통합한다(그림 2.25).

감각계와 운동계가 모든 수준에서 함께 작용한다는 사실을 명심하라. 예컨대 근육으로 이루어진 운동 구조인 동공은 감각 망막에 도달할 빛의 양을 통제한다. 또한 근육 안에 있는 **추내근계**(intrafusal muscle system)라는 감각계는 실제로 기능을 수행하는 **추외근**(extrafusal muscle)에서 일어나는 변화의 양과 속도를 탐지한다.

원리 3 : 중추신경계는 다양한 수준에서 기능하며 위계적이고 병렬적으로 조직화되어 있다

벌레와 같은 비교적 단순한 동물에서는 신경삭(nerve cord)이 신경계를 구성한다. 어류처럼 더 복잡한 동물에는 뇌간이 있고, 포유류처럼 훨씬 더 복잡한 동물에는 전뇌까지 진화하였다. 이처럼 중추신경계에 구조물이 추가되었다는 것은 행동능력에서도 이전의 통제 수준을 폐기하지 않고 그 위에 새로운 것이 추가되었음을 의미한다. 예를 들어 동물에서 다리가 진화할 때 그 다리를 움직이게 할 뇌 구조물도 동시에 진화한 것이다. 이 새로운 수준은 독자적이라기보다는 기존의 신경 체계에 통합되어 과거 수준의 통제를 개선하고 정교화한 것이다.

다양한 수준의 기능은 뇌간 수준의 통제를 개선하기 위해 전뇌 영역이 추가되었다는 점은 물론 전뇌 그 자체에서도 이해될 수 있다. 포유동물이 진화함에 따라 피질에 세상을 표상하는 능력, 즉 더 많은 지도를 추가하는 것과 연관된 능력이 향상되었다. 새로운 지도는 과거의 것과 연관이 있지만, 이 또한 기존에 존재하던 지각된 감각 세계를 정교화한 것이다. 중추신경계의 기능 수준은 광범위하게 상호 연결되어 정보처리를 통합하고 통합된 지각 또는 운동을 생성한다.

신경 연결의 이런 특성이 뇌가 순차적(위계적) 및 병렬적 회로 모두를 가진다는 원리를 낳았다. 위계적 회로는 특정 기능과 관련된 모든 영역을 선형적 순서로 연결한다. 시각에 대해서 생각해보자. 순차적 체계에서는 눈에서 입력된 정보는 색이나 밝기와 같은 가장 단순한 특징을 탐지하는 영역으로 전달된다. 이후 그 정보는 형태를 결정하는 영역을 거쳐 움직임을 측정하는 또 다른 영역으로 들어가는 과정을 거쳐 가장 복잡한 수준에 이르면 비로소 그 정보가 할머니로 인식된다. 그러므로 **그림 2.35A**에 도식화되어 있는 것처럼 정보는 더 단순한 변별을 하는 영역에서 더 복잡한 변별을 하는 영역으로 위계에 따라 순차적으로 흘러간다.

그러나 기능적으로 연결된 뇌 구조물들이 항상 선형적으로 연결되지는 않는다. 뇌에는 많은 순차적 연결이 있지만, 예상되는 많은 연결은 존재하지 않는다. 시각계의 경우 모든 피질

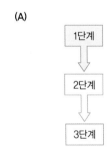

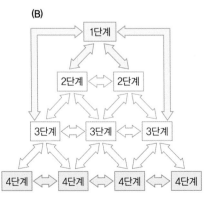

그림 2.35 신경 정보 처리 모델

(A) 순차적 피질 처리에 대한 단순한 위계적 모델. **(B)** 분산 위계처리 모델에서 다수의 처리 흐름 각각은 여러 수준을 가진다. 각 수준에서 영역들은 상호 작용한다.

영역이 서로 연결되어 있지는 않다. 가장 간명한 설명은 연결되지 않은 영역들은 크게 다른 기능을 하고 있음이 틀림없다는 것이다.

병렬적 신경회로는 다른 원리에 의해서 작동되는데, 이 또한 시각계를 통해 살펴보자. 컵을 바라본다고 상상해보자. 일련의 시각로는 색과 모양 같은 컵의 특성을 처리하고, 다른 신경로는 컵을 입으로 가져가는 것과 같은 운동에 관한 정보를 처리한다. 이들 두 시각 체계는 서로 독립적이지만, 어떤 방식으로든 상호작용해야 한다. 컵을 들어 올릴 때 우리는 2개의 다른 표상, 즉 한편으로는 컵의 크기, 모양, 색깔에 대한 표상을, 다른 한편으로는 컵을 들어 올리는 운동에 대한 표상을 지각하지 않는다. 컵을 들어 올릴 때 우리의 의식적 경험은 통합된 느낌이다.

그림 2.35B는 하나의 분산된 위계(distributed hierarchy)에서 일어나는 정보의 흐름을 보여준다. 1차(primary) 영역에서 2, 3, 4 수준으로의 정보 흐름을 추적해보면 병렬 경로도 볼 수 있다. 그리고 이 다양한 병렬 경로 역시 상호 연결되어 있지만, 이들 연결은 순수한 순차적 회로의 연결보다 훨씬 선택적이다.

뇌의 하위 체계는 다양한 병렬 경로로 구성되어 있지만, 우리의 의식적 경험은 항상 통합되어 있다. 이 책을 통해 이러한 수수께끼들을 탐색할 때 뇌의 작동 방식에 관한 우리의 상식적 생각이 늘 정확하지는 않다는 점을 명심해야 한다.

원리 4 : 많은 뇌 회로는 교차한다

많은 뇌의 입력과 출력은 교차하여 몸의 반대쪽을 담당한다. 각 뇌반구는 몸의 반대쪽(대측)에서 들어오는 감각 자극을 받아들이고, 대측의 근육을 통제한다. 이러한 교차 조직화가 좌반구에 뇌졸중이나 손상을 입은 환자들이 신체의 오른쪽 부분에 대한 자극을 감지하지 못하거나 신체의 오른쪽 부분을 움직이는 데 어려움을 보이는 현상을 설명해준다. 이와 반대로 우반구 뇌졸중 환자들은 왼쪽 신체에서 이런 어려움을 호소한다.

11-2절과 11-4절에서 볼 수 있듯이 뇌와 신체의 많은 운동 및 체감각 신경로는 척수에서 교차한다.

교차된 신경계는 어떤 방식으로든 지각된 세상의 양쪽을 통합해야 한다. 뇌의 왼쪽과 오른쪽을 연결하는 수많은 신경 연결이 바로 그 일을 한다. 가장 눈에 띄는 연결 케이블은 뇌량인데, 이것은 약 2억 개의 신경섬유로 이루어져 왼쪽과 오른쪽의 대뇌반구를 연결하여 상호작용하게 한다.

교차회로 원리의 예외가 되는 네 가지는 후각 감각, 체성신경계, 자율신경계, 장의 말초신경계 연결이다. 후각 정보는 교차하지 않고 뇌의 동측으로 직접 투사된다. 체신경계를 구성하는 뇌신경과 척수신경도 동측으로 연결되며, 자율신경계의 교감부와 비교감부의 연결도 그렇다. 이와 마찬가지로 동측의 장신경계가 양쪽의 자율신경계와 연결된다.

원리 5 : 뇌 기능은 영역별로 분산되어 있다

초기 뇌 연구에서 가장 큰 논쟁거리는 다양한 기능이 특정 뇌 영역에 나뉘어 있는지였다. 특정 기능이 분산되어 있으며, 어떤 특정 영역도 우월적 중요성을 갖지 않는다고 주장한 사람도 있다. 국재화(localization)를 주장한 사람도 있었는데, 두 가지 특정 언어 기능이 국재화되어 있음을 명확하게 보여준 Paul Broca와 Karl Wernicke가 그들이다. Broca는 전두엽의 복후측 영역이 손상된 사람이 구어를 구사하지 못한다는 것을 발견하였다. Wernicke는 좌측 후상측두회라는 다른 영역이 손상된 사람이 언어를 이해하는 데 심각한 결함이 있음을 발견하였다. 본질적으로 Broca, Wernicke 및 다른 사람들이 적어도 성인에 있어서 특정 기능이 국재화되어 있고, 뇌의 일부 영역

브로카와 베르니케 영역에 대해서는 10장에서 자세하게 공부한다. 이들 영역에 대한 Penfield의 연구는 10-4절에서 논의한다.

이 특히 중요하다는 것을 보여주었다.

그러나 이것이 기능이 분산되어 있지 않다는 것을 의미하지는 않는다. 전혀 그렇지 않다. 특정 뇌 영역이 작용하는 방식을 생각해보자. 특정 영역의 뉴런은 입력을 받아들이고, 그 영역 내에서 많은 내부 연결을 형성하여 출력을 내보낸다. 어떤 영역 내의 작은 손상이 반드시 뚜렷한 어떤 결함을 일으키는 것은 아니다. 그것은 하나의 뇌 영역 내에서 기능이 정보를 처리하는 뉴런들 사이에 분산되어 있기 때문이다. 일부 뉴런이 손상되어도 나머지 뉴런이 계속해서 그 기능을 수행할 수 있다. 특정 기능 영역 내의 많은 뉴런이 손상될 때에만 연관된 기능에서 심각한 결함이 나타난다.

다양한 기능이 뇌에 국재화되어 있으면서 그 영역 내에서 분산되어 있으므로 특정 유형의 뇌 손상을 입을 때 역설적 효과가 나타날 수 있다. 예컨대 아주 국소적인 영역이 완전히 또는 거의 완전히 손상되면 역전될 수 없는 기능 손상이 나타나지만, 넓지만 분산된 손상의 경우에는 개인의 능력이 온전하게 유지될 수 있다. 실제로 치매 유형의 질병이 보여주는 한 가지 특징은 피질이 계속 광범위하게 악화되지만 그 질병의 말기에 이르기 전까지는 언어 기능이 정상적으로 유지된다는 점이다. **알츠하이머병**(Alzheimer disease)은 노화와 관련된 퇴행성 뇌 질환으로 초기에는 점진적으로 기억이 손상되고, 후기에 가서야 비로소 전반적인 치매로 발전한다.

알츠하이머병의 신경화학은 5-3절, 발생과 가능한 원인은 임상 초점 14-3, 해부학적 관련성과 치료는 16-3절을 참조하라.

원리 6 : 뇌는 대칭이면서 비대칭이다

뇌의 좌반구와 우반구는 마치 거울상처럼 비슷해 보이지만, 몇 가지 다른 특징을 가지고 있다. 특히 피질의 비대칭성은 통합적 과제, 언어 및 신체 통제를 위해서 필수적이다.

말하기에 대해 생각해보자. 만일 언어 영역이 양반구에 존재한다면 각 뇌반구가 입의 한쪽과 연결되어 있으므로 우리는 입의 양쪽을 동시에 사용하여 말할 수 있어야 했을 것이다. 그것은 최소한 우리의 말하기를 어색하게 했을 것이다. 이에 대한 한 가지 해결책은 입을 통제하는 언어 영역을 뇌의 한쪽에 두는 것이다. 이런 방식으로 뇌가 구성되었으므로 우리는 하나의 목소리로 말할 수 있게 되었다.

유사한 문제는 공간에서 신체의 움직임을 통제하는 것에서도 제기된다. 우리는 좌반구와 우반구가 각기 우리를 다른 곳으로 움직이게 하는 것을 원하지 않았을 것이다. 이 역시 뇌의 단일 영역에서 이런 유형의 공간 처리를 통제한다면 문제는 해결된다.

전형적으로 언어 통제는 왼쪽에 위치하고 공간 기능은 오른쪽에 위치한다. 많은 종의 뇌는 대칭이면서 동시에 비대칭적인 특징을 가지고 있다. 새의 지저귐을 통제하는 부분은 새의 한쪽(통상 왼쪽)에 위치하는데, 이는 인간의 언어와 마찬가지이다. 새와 인간에서 그 통제 기능을 뇌의 한쪽에만 두는 것 같은 해결책이 독립적으로 진화하였을 것이다.

원리 7 : 신경계의 작용에는 흥분과 억제가 공존한다

지금까지 뇌의 운동 생성 기능을 강조하였지만, 뇌가 운동을 방지한다는 점도 꼭 알아야 한다. 물컵을 잡는 것과 같은 정해진 동작을 하기 위해서는 손을 앞뒤로 흔드는 등의 여타 행동은 삼가야 한다. 뇌는 운동을 생성하는 과정에서 어떤 동작을 만들어내기 위한 **흥분**(excitation, 신경 활동의 증가)과 다른 행위를 차단하기 위한 **억제**(inhibition, 신경 활동의 감소)를 모두 이용한다.

뇌 손상 또는 질환으로 흥분과 억제 사이의 균형이 무너지면 행동의 **상실** 또는 **방출**이 나타난다. 정상적으로 말하기를 시작할 수 있도록 해주는 뇌 영역이 손상된 사람은 말을 할 수 없는 행

알츠하이머병 노화와 관련된 퇴행성 뇌 질환으로, 처음에는 점진적 기억상실이 나타나고 나중에 전반적인 치매로 진행된다.
흥분 뉴런 또는 뇌 영역의 활동 증가
억제 뉴런 또는 뇌 영역의 활동 감소

동의 상실을 보인다. 욕설과 같은 부적절한 언어를 억제하는 영역에 이상이 있는 사람은 욕설 행위를 억제할 수 없다. 이런 행동의 방출 현상은 투렛증후군이 있는 사람들에서 나타난다.

파킨슨병이 있는 사람들은 움직임을 억제하는 신경계가 작용하지 못하기 때문에 통제할 수 없는 손 떨림 증상을 보여준다. 역설적으로 이들은 행동을 개시하지 못하고 경직되어 보이는데, 이는 그들이 의도적인 운동을 개시하는 데 필요한 흥분을 일으키지 못하기 때문이다.

뇌에서 행동이 생성되는 방식에 핵심적인 흥분과 억제의 공존은 개별 뉴런 수준에서도 관찰된다. 모든 뉴런은 증가(흥분)되거나 감소(억제)될 수 있는 자발적인 활동률을 가지고 있다. 어떤 뉴런은 다른 뉴런을 흥분시키는 반면, 또 다른 뉴런은 그것을 억제한다. 두 효과 모두 특정 이온 통로를 개방하는 신경화학물질을 통한 신경 교신에 의해 발생한다.

투렛증후군과 파킨슨병은 수의적 운동을 조절하는 기저핵의 기능장애이다.

신경계 세포의 구조는 3장, 뉴런이 정보를 전달하고 통합하는 방식은 4장, 뉴런의 교신과 적응은 5장에서 자세하게 살펴본다.

원리 8 : 뇌는 감각 정보를 대상 인식 및 운동을 위한 것으로 구분한다

감각계는 사물 인식보다는 운동 통제를 위해 진화하였다. 단순한 생명체도 빛과 같은 자극을 탐지할 수 있고, 그것에 다가가거나 그것으로부터 멀어지기 위해 움직일 수 있다. 어떤 대상을 지각하기 위해서 반드시 그것에 접근하거나 그로부터 회피하는 운동이 필요한 것은 아니다. 동물만이 뇌가 복잡해지면서 환경을 표상하기 시작하였다. 복잡한 뇌를 가진 동물에서는 대상을 인식하는 체계와 움직이는 체계가 별도로 진화하였다. 시각 장면을 지각하고 시각적으로 움직임을 이끄는 인간의 시각계는 이런 분리를 잘 보여준다(원리 3의 컵을 상기하라).

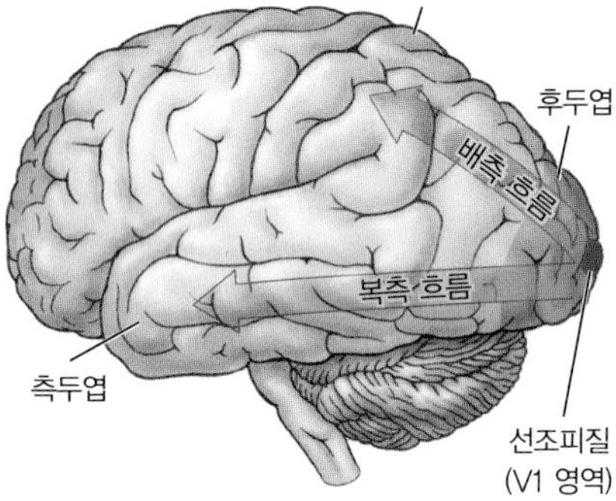

시각 정보는 눈에서 출발하여 시상을 지나 후두엽의 시각 영역으로 전달된다. 후두엽에서부터 이 정보는 두 가지의 경로 가운데 어느 하나로 들어가는데, 한 경로는 대상 식별을 위해 측두엽으로 향하는 **복측 흐름**(ventral stream)이고, 다른 경로는 대상과 관련된 운동을 유도하는 두정엽으로 향하는 **배측 흐름**(dorsal stream)이다(**그림 2.36**). 복측 흐름이 손상된 사람은 대상 인식을 할 수 없다. 그들은 컵과 숟가락을 구분하지 못한다. 그러나 그들에게 인식하지 못했던 물건을 손으로 만지라고 하면, 그 대상에 적합한 손 모양을 취한다. 이와 달리 배측 흐름이 손상된 사람은 대상을 인식할 수는 있지만, 그 대상에 손이 닿을 때까지는 적절한 손 모양을 취하지 못하기 때문에 대상에 접근하는 손의 움직임이 어색하다. 그들은 촉각 정보에 근거해야만 손 모양을 취할 수 있다.

움직임에 대한 지각과 대상 인식에 대한 지각이 독립적인 과정이라는 것을 알게 되면 뇌의 구성을 이해하는 데 필요한 중요한 세 가지 사항을 알 수 있다.

1. 배측계와 복측계는 뇌의 병렬적 정보처리(원리 3)에 대한 중요한 예시이기도 하다.
2. 우리가 감각 세계를 전부 자각한다고 생각할지 모르지만 일부 운동에 필요한 감각 분석은 명확하게 의식되지 않는다.
3. 무의식 및 의식적인 뇌의 처리가 우리의 인지 기능에서 중요한 차이의 기초가 된다. 무의식적 운동 체계는 항상 현재 시점에서 작용하며 진행 중인 감각입력에 반응한다. 반면 의식적 대상 인식 체계는 우리로 하여금 현재에서 벗어나 과거의 정보를 이용할 수 있게 해주기 때문에 기억 유지를 위한 신경적 기초가 된다.

원리 9 : 신경계는 뇌가 구성하는 지각 세계에서 움직임을 생성한다

신경계의 기본 기능은 행동을 구성하는 움직임을 만들어내는 것이다. 움직임은 진공 상태에서

그림 2.36 신경 정보의 흐름
배측 및 복측 흐름은 각기 시각 정보를 중재하여 행위와 인식을 일으킨다.

두정엽
후두엽
배측 흐름
복측 흐름
측두엽
선조피질
(V1 영역)

9-2절과 9-3절에 제시된 증거를 통해 시각 흐름의 기능과 시각적 정보처리를 이해할 수 있다.

만들어지는 것이 아니라 대상, 장소, 기억, 무수히 많은 힘 및 요인과 관련되어 있다. 세상에 대한 표상은 뇌로 전달되는 정보, 과거 경험, 신경계의 신경 구조망에 의존한다. 색맹인 사람이 지각하는 세계는 색을 지각하는 사람들의 것과는 전혀 다르다. 또한 절대 음감인 사람의 지각 세계는 그렇지 않은 사람과 크게 다르다.

우리는 자신이 지각한 세상이 실제라고 생각하는 경향이 있지만, 각 개체가 지각한 현실은 종 간은 물론 종 내에서도 서로 다르고 실제로 존재하는 세상의 근사치일 뿐이다. 각 개체의 뇌는 특정 환경 맥락에서 그 종에 보편적인 어떤 계획에 따라 발달한다. 달리 말하면 뇌가 만들어내는 행동은 뇌가 구성해낸 세상과 직접 관련된다.

원리 10 : 신경가소성은 신경계의 특징적인 기능이다

경험에 따라 뇌의 구성이 바뀌고, 이런 신경가소성은 학습과 기억에도 필요하다. 실제로 신경계는 신경 연결이 변화할 때만 정보를 저장한다. 망각은 기억을 표상하는 연결이 손실되었기 때문에 나타날 것이다.

실험 2-1에서 다루었듯이 신경가소성은 포유류 뇌만의 특성은 아니다. 모든 동물, 심지어 가장 단순한 벌레의 신경계에서도 신경가소성은 나타난다. 하지만 뇌가 클수록 변화의 가능성이 커지며, 그에 따라 신경 구성의 가소성도 증가한다.

가소성은 뇌의 상해와 질병 같은 장애로부터의 회복과 노화에 대한 대처에 유익할 수 있다. 가소성이 있으므로 뇌는 연구 초점 2-1에서 논의한 뇌 구조물의 발육부전과 같은 발달적 비정상성을 보상할 수 있다. 이처럼 가소성이 유익한 상황도 있지만, 극단적인 자극이나 질병 상태에서 신경가소성은 결점이 될 수도 있다. 코카인이나 모르핀 등의 약물에 중독된 동물을 분석한 결과에 의하면 신경 연결의 광범위한 변화가 관찰되고 이 변화가 중독과 관련된 부적응 행동의 근거가 될 것으로 의심된다. 병리적 신경가소성이 관련되어 있는 것으로 알려진 다른 예로는 통증, 뇌전증, 치매 등이 있다.

가소성과 약물중독은 14-4절, 통증과 치료는 11-4절, 뇌전증은 임상 초점 4-1, 뇌전증 및 치매의 진단과 치료는 16-3절에서 자세하게 살펴본다.

2-6 복습

진도를 계속 나가기 전에 앞 절을 얼마나 이해했는지 확인해보자. 정답은 이 책의 뒷부분에 있다.

1. 신경회로란 무엇이며, 그것을 신경계의 기능단위라고 하는 이유는 무엇인가?
2. 많은 뇌의 입력 및 출력 회로는 교차한다. 신경계에서 이 원칙에 대한 네 가지 예외는 _____, _____, _____, _____ 이다.
3. 신경 활동에서 디지털 장치의 온-오프 체계와 비슷한 점은 _____와/과 _____의 공존 이다.
4. 지각이 현실이 아니라는 진술을 설명하시오.

요약

2-1 뇌의 기능과 구조 개관

뇌의 일차적인 기능은 뇌가 구성한 지각 세계에서 행동을 일으키는 운동을 생성하는 것이다. 지각 세계는 계속 변한다. 이 역동적 환경에 적응하기 위해서 뇌도 변화해야 하는데, 이런 속성을 신경가소성이라 한다.

신경계가 작용하는 방식을 공부하기 위해 중추신경계와 말초신경계 사이의 해부학적 구분보다는 기능, 즉 중추신경계가 말초신경계의 여러 부분인 체성신경계, 자율신경계, 장신경계와 상호작용하는 방식에 중점을 둔다.

2-2 신경계 발달의 보존된 양식

세대를 거듭하면서 척추동물의 신경계는 반사와 같은 행동을 매개하는 상대적으로 단순한 구조물에서 고등 인지 과정을 매개하는 복잡한 인간의 뇌로 진화하였다. 점차 복잡해진 지각 세계에서 좀 더 복잡한 행동을 일으키기 위해 원시적인 형태가 대체되는 것이 아니라 새로운 구조물이 진화되면서 적응되고 수정되었다.

신경계의 구성과 기능에 대한 원리는 척추동물의 세 가지 뇌 영역인 후뇌, 중뇌, 전뇌로 일반화되었고, 다양한 기능 수준이 나타나게 되었다. 따라서 신경 수준의 통제가 진화됨에 따라 행동 통제에 유연성이 추가되었다.

2-3 중추신경계 : 행동 중재

중추신경계는 뇌와 척수를 포함한다. 척수는 피부와 근육으로부터 감각 정보를 받아들이고 뇌와 별개로 운동을 일으킬 수 있다. 뇌는 뇌간과 전뇌로 나눌 수 있으며 각각은 많은 하위 부분으로 이루어져 있다. 뇌간은 감각계, 척수, 전뇌와의 연결을 통해 운동을 일으키고 감각 세계를 만들어낸다. 전뇌는 기본적인 감각과 운동 기능을 수정하고 정교화시키고, 사고, 기억과 같은 인지 기능을 조절하며, 궁극적으로 운동을 통제한다. 뇌의 가장 정교한 부분인 대뇌피질과 소뇌는 인간의 뇌에서 유난히 크다.

2-4 체성신경계 : 정보 전달

체성신경계는 좌, 우 두 세트의 척수신경과 뇌신경으로 구성되어 있다. 척수신경은 척주를 드나들며 근육, 피부 및 관절과 연결되며, 뇌신경은 얼굴 근육 및 일부 내장기와 뇌를 연결한다. 두 세트의 체성신경계는 대칭이고, 각기 신체의 한쪽을 통제한다. 어떤 뇌신경은 감각 기능을 담당하고, 다른 것은 운동 기능을 담당하며, 일부는 두 기능을 모두 담당한다. 척수는 다섯 가지의 분절을 드나드는 말초신경(척수신경)에 대해서 소형뇌로 작용한다. 중추신경계가 이들을 상호 연결하고 그 활동을 조정하지만 각 척수 분절은 독립적으로 작용한다.

2-5 자율 및 장신경계 : 장기와의 관계

자율신경계는 신체의 내분비선과 내장기를 통제하고 주로 의식적 자각 없이 작용한다. 교감신경부(각성) 및 부교감신경부(안정)는 반대로 작용한다. 부교감신경부는 내장기가 휴식을 취하게 하고 소화를 촉진하는 반면, 교감신경부는 '싸움 혹은 도주'에 대한 준비를 하게 한다.

장신경계는 자율신경계를 통해 뇌와 상호작용함으로써 식도에서 대장에 이르는 전체 장을 통제한다. 장신경계의 활동은 우리의 행동과 정신 상태에 영향을 미칠 수 있다. 그리고 장신경계는 장에 서식하는 39조 개 정도의 박테리아로 구성되는 미생물총의 영향을 받는다.

2-6 신경계 기능의 열 가지 원리

다음에 제시된 열 가지 원리는 이 책 전체에서 다루는 논점의 기초가 된다. 이들 원리를 잘 이해하면 뇌와 행동에 대한 학습에 크게 도움이 될 것이다.

신경계 기능의 열 가지 원리

1	신경회로는 신경계의 기능 단위이다.
2	감각부와 운동부는 신경계 전체에 퍼져 있다.
3	중추신경계는 다양한 수준에서 기능하며 위계적이고 병렬적으로 조직화되어 있다.
4	많은 뇌 회로는 교차한다.
5	뇌 기능은 영역별로 분산되어 있다.
6	뇌는 대칭이면서 비대칭이다.
7	신경계의 작용에는 흥분과 억제가 공존한다.
8	뇌는 감각 정보를 대상 인식 및 운동을 위한 것으로 구분한다.
9	신경계는 뇌가 구성하는 지각 세계에서 움직임을 생성한다.
10	신경가소성은 신경계의 특징적인 기능이다.

핵심 용어

간뇌	망상체	신피질	측두엽
교감부	백질	알츠하이머병	투렛증후군
구	벨-마장디 법칙	억제	파킨슨병
구심성	변연계	원심성	표현형적 가소성
기저핵	보습코기관	자율신경계(ANS)	피부 분절
뇌간	부교감부	장신경계(ENS)	핵
뇌량	부등피질	전뇌	행동
뇌신경	세포구축도	전두엽	후두엽
뇌실	시상	정향 운동	회
뇌졸중	시상하부	중뇌	회백질
뇌척수막	신경	중뇌개	후뇌
뇌척수액(CSF)	신경가소성	중뇌피개	흥분
대뇌피질	신경로	체성신경계(SNS)	
두정엽	신경회로	추골	

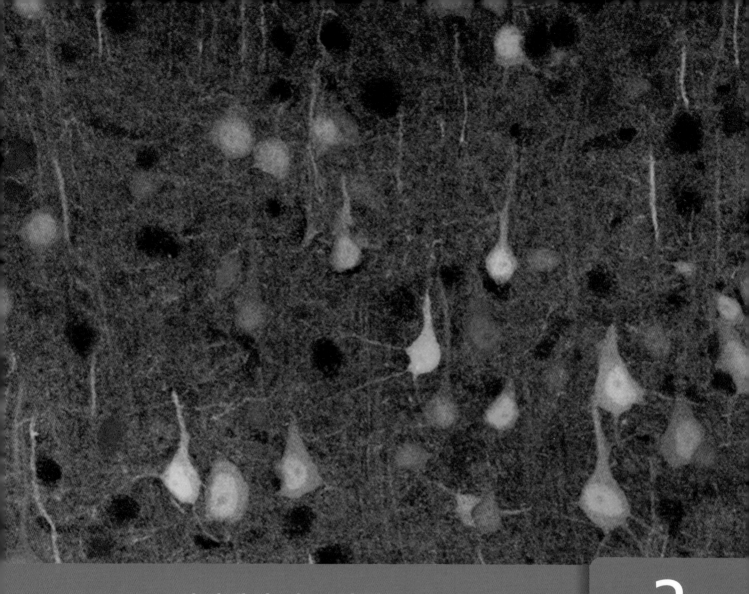

Lichtman Lab/Harvard University

신경계의 기능 단위는 무엇인가?

3

3-1 신경계의 세포

연구 초점 3-1 유전 진단

뉴런 : 정보처리의 기초

교세포의 유형

실험 3-1 질문 : 신경계의 흥분 및 억제 원리로 귀뚜라미처럼 작동하는 단순한 로봇의 활동을 통제할 수 있는가?

임상 초점 3-2 뇌종양

3-2 세포의 내부 구조

세포라는 공장

기본 지식 화학에 대한 개관

세포막 : 장벽과 문지기

핵과 단백질 합성

단백질과 RNA : 세포의 생산품

골지체와 미세소관 : 단백질 포장과 수송

세포막 통과 : 채널, 관문, 펌프

3-3 유전자, 세포, 그리고 행동

멘델 유전학과 유전 암호

멘델의 법칙 적용

임상 초점 3-3 헌팅턴병

유전공학

후생유전의 암호

연구 초점 3-1

유전 진단

이란성 쌍둥이인 알렉스와 노아 비어리는 출생 무렵 뇌간이 손상된 것으로 추측된다. 뇌성마비로 진단되는 이런 아동들은 시간이 경과해도 더 나빠지지 않는 것이 일반적이지만, 이 쌍둥이의 상황은 계속 나빠졌다. 그들은 근력이 너무 약해 걷고 앉는 것도 겨우 할 수 있는 정도였다. 노아는 침을 흘리고 구토를 하였으며, 알렉스는 진전(tremor)으로 고통을 받았다.

1991년에 어머니인 레타 비어리가 처음에 뇌성마비로 진단되었다가 나중에 도파-반응성 **근실조증**(dystonia, 비정상적 근육 긴장)이라는 희귀한 질병이 있는 것으로 밝혀진 한 아동을 다룬 새로운 기사를 보았다. 이 조건은 중뇌에 있는 비교적 작은 세포 집단에서 생성되는 도파민이라는 신경전달물질이 결핍될 때 나타난다(도파민에 대해서는 5장과 6장 참조). 특정 뇌세포에서 도파민으로 전환되는 화학물질인 L-도파를 매일 투여받았을 때 알렉스와 노아의 증상은 상당히 호전되었다. 이에 대해 리타는 "우리는 기적이 일어나고 있음을 알았어요"라고 회상하였다.

몇 년이 지난 2005년에 알렉스는 새로운 증상으로 호흡 곤란을 나타내기 시작하였다. 그 당시 쌍둥이의 아버지인 조는 유전 암호 분자인 DNA의 염기 서열을 분석하는 데 사용되는 장비를 만드는 라이프테크놀로지라는 바이오텍 회사에 근무하고 있었다. 조는 쌍둥이의 혈액을 준비하여 베일러의과대학 유전자 분석 센터로 보냈다.

이 쌍둥이의 유전체 염기 서열이 분석되었고, 부모 및 가까운 친척들과 비교되었다. 쌍둥이의 유전체를 분석한 결과 2번 염색체에 위치하면서 도파민뿐 아니라 뇌간의 세포에서 만들어지는 또 다른 화학물질인 세로토닌 합성을 촉진하는 효소를 만드는 유전자에 이상이 있음이 밝혀졌다(Bainbridge et al., 2011).

의사가 세로토닌으로 전환되는 물질인 5-하이드록시트립토판(5-hydroxy-tryptophan)을 L-도파와 함께 처치하자 쌍둥이의 상태가 현저하게 좋아졌다.

NIH가 개최한 한 연구 증진 행사에 참여한 리타, 노아, 자크(쌍둥이의 동생), 알렉스, 조

운동 기능이 호전되어 알렉스는 중학교 과정을 마쳤고, 노아는 주니어 올림픽에서 배구 선수로 활약하였다. 이 사례는 유전체 분석이 치료의 성공으로 연결된 과학적 기적이 일어난 최초의 진단이었다.

인간의 전체 유전체를 식별하기 위한 13년짜리 연구 계획인 인간 유전체 프로젝트는 과학 연구의 새로운 분야와 비어리 쌍둥이의 유전체 분석과 같은 새로운 응용 영역을 열었다. 이 쌍둥이에서 도파-반응성 근실조증을 발견하고 치료한 것에서 유전 진단으로 개인 맞춤형 치료를 추구하는 정밀 의학(precision medicine) 분야가 탄생하였다(Sisodiya, 2021).

근실조증　근육이 불수의적으로 수축한 결과 반복적 또는 비틀림 운동이 나타나는 질병

기적과 같은 비어리 쌍둥이에 관한 이야기('연구 초점 3-1 : 유전 진단')는 신경과학자들이 유전학의 발전적 성과를 어떻게 뇌 질환 치료에 적용하는지를 잘 보여준다. 유전자, 단백질, 세포의 기능을 이해함으로써 건강한 뇌의 기능도 이해할 수 있다.

신경계 세포의 구조와 기능을 살펴보는 것으로 이 장을 시작할 것이다. 뇌세포는 신경계의 구조를 규정할 뿐 아니라 행동의 기초가 되는 신경계의 활동을 순간순간 조절한다. 멘델의 유전학과 멘델의 이론을 보완하는 새로운 유전학 분야인 후생유전학을 살펴보는 것으로 이 장을 마무리할 것이다.

학습 목표

- 뉴런의 주요 구조의 명칭과 정보처리에서의 기능을 익힌다.
- 뉴런의 다섯 가지 주요 유형과 기능을 기술한다.
- 교세포의 다섯 가지 유형과 기능을 기술한다.

3-1

신경계의 세포

신경계의 전문화된 세포인 뉴런이 신경계와 행동을 구성하는 기초라는 이론은 이탈리아의 Camillo Golgi와 스페인의 Santiago Ramón y Cajal의 논쟁에서 비롯되었다. 이 두 사람은 신경계의 세포에 관한 업적을 인정받아 1906년에 노벨상을 공동 수상하였다.

여러분이 실험실에서 열심히 신경계 조직을 염색하고 관찰하는 Camillo Golgi라고 생각해보자. 얇은 뇌 조직 절편을 질산은과 다른 화학물질이 담긴 용액에 넣는데, 당시 이 기법은 흑백

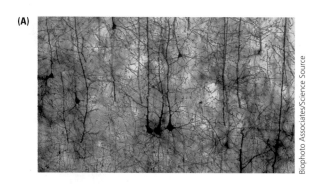

그림 3.1 세포에 대한 두 견해

(A) 인간의 추체세포를 보여주는 골지기법으로 염색한 조직 표본. **(B)** 골지 염색한 조직을 보고 Cajal이 그린 단일 *퍼킨지세포*

세포체 세포의 핵심 영역이며 단백질 합성을 위한 핵과 다른 소기관을 포함한다.

수상돌기 뉴런의 세포막에서 뻗어나온 가지로, 세포의 표면적을 크게 넓히고, 다른 세포로부터 정보를 수집한다.

축색 뉴런의 뿌리 또는 단일 섬유로, 다른 뉴런으로 메시지를 전달한다.

사진을 만드는 데 사용되던 것이었다. **그림 3.1A**는 현대 기법으로 만든 컬러 현미경 사진으로, Golgi가 본 것과 비슷하다. 이미지는 아름답고 흥미롭지만 이것에 대해 어떤 판단을 할 것인가? Golgi는 이 구조를 보고 신경계가 상호 연결된 신경섬유의 망이라고 생각하였다. 그는 관을 흐르는 물처럼 정보가 이 '신경망'을 따라 흐르며 그것이 행동을 만들어낸다고 생각했다.

Santiago Ramón y Cajal은 Golgi의 염색법을 이용하여 병아리 배아의 뇌 조직을 연구하여 다른 결론을 내렸다. 그는 병아리의 발달 중인 신경계가 성체의 신경계보다 단순하고 이해하기 쉬울 것으로 생각했다. 그림 3.1B는 그가 Golgi 염색을 사용하여 신경세포로부터 얻은 그림 중 하나이다. Cajal은 신경계가 별개의 세포로 구성되며, 세포들은 단순한 구조로 시작하여 나이가 들수록 복잡해진다고 결론지었다. 성숙한 각 세포는 몸통과 몸통에서 뻗어나온 가지들로 이루어진다(Ramón y Cajal, 1909~1911).

그 구조는 위로는 가지가, 바닥으로는 뿌리가 뻗어 있는 식물처럼 보인다. Cajal은 뉴런의 모양과 크기가 다양하다는 것과 뉴런이 뇌 조직의 다른 반을 형성하는 교세포와 구분될 수 있다는 것을 보여주었다. 뉴런이 신경계의 기능적 단위라는 **뉴런 이론**(neuron theory)은 현재 수용되는 뇌의 구성에 관한 이론이다. 뉴런 이론에는 분리된 뉴런들 간의 상호작용이 행동을 가능하게 하고, 동물이 더 많은 뉴런을 가질수록 행동도 복잡해진다는 생각도 포함되어 있다.

Golgi와 Cajal의 선도적인 연구 이후 과학자들이 뉴런을 시각화하기 위한 많은 다른 방법을 개발하였는데, 여기에는 영양액이 담긴 접시에서 배양된 살아 있는 세포를 관찰하는 방법도 포함된다. 심지어 뉴런의 구조와 활동을 살피기 위해 내시경 혹은 **미세내시경**(조직 속을 들여다보는 작은 현미경)이라는 소형 현미경을 뇌 속으로 삽입할 수도 있다. 그러므로 다양한 시각화기법이 뉴런이 행동을 일으키는 방식과 관련된 여러 문제를 연구하기 위해 사용되는 것이다. 후속 연구는 Golgi가 말한 신경망과 비슷하게 생긴 **뉴런주위망**(perineuronal net)이라는 구조가 Golgi가 제안했던 방식으로 작용하지는 않지만, 뉴런이 성숙함에 따라 그 주변에서 형성된다는 것을 확인하였다(Carulli & Verhaagen, 2021). 오늘날 연구자들은 성숙한 뉴런의 구조를 안정화하는 역할, 잘 학습된 행동을 보존하는 역할, 약물 중독과 나이가 듦에 따라 나타나는 기억상실 질환에 미치는 영향 등의 이러한 뉴런주위망의 역할을 다양한 관점에서 조사하고 있는데, 이에 대해서는 후속 장들에서 살펴볼 것이다.

그림 3.2에서 뉴런의 기본적인 세 가지 하위 부분을 볼 수 있다. 핵심 영역은 **세포체**(cell body, 또는 그리스어로 '몸'을 의미하는 *soma*)이다. 뉴런에서 분기한 가지, 즉 **수상돌기**(dendrite, '나무'를 뜻하는 그리스어에서 유래)는 다른 세포로부터 정보를 수집하고, 주된 뿌리인 단일 **축색**(axon, '수레축'을 뜻하는 그리스어에서 유래)은 다른 뉴런으로 메시지를 전달한다. 뉴런은 단 하

Golgi는 자신이 염색법을 어떻게 개발하게 되었는지 밝힌 적이 없다.

1장에서는 뉴런의 수가 뇌 크기보다 뇌 기능에 대한 더 좋은 측정치라는 증거를 제시하였는데, 그 결론은 Cajal의 뉴런 이론과 일치한다.

뉴런주위망은 8-4절에서 뇌 발달의 맥락에서 논의한다.

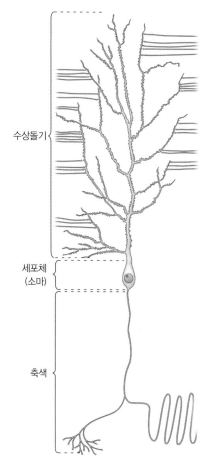

수상돌기

세포체
(소마)

축색

그림 3.2 뉴런의 기본 구조

수상돌기는 다른 뉴런으로부터 정보를 모으고, 세포체는 정보를 통합하며, 축색은 정보를 다른 세포로 전달한다. 수상돌기는 많지만 축색은 하나뿐임에 주목하라.

신경망 뇌와 척수의 광범위한 영역을 연결하는 뉴런들의 기능적 집단

수상돌기가시 수상돌기의 표면적을 크게 넓히는 돌기로, 수상돌기가 다른 세포의 축색과 접촉하는 지점이 된다.

축색소구 세포체와 축색의 연접부

축색 측부지 축색의 가지

종말단추 다른 뉴런으로 정보를 보내는 축색 끝의 둥근 부분. 종족이라고도 한다.

나의 축색을 가지고 있지만, 대부분 뉴런에서 수상돌기는 많이 있다. 어떤 뉴런은 수상돌기가 너무 많아서 Cajal이 그린 그림 3.1B와 같이 정원 울타리처럼 보이기도 한다.

인간의 신경계에는 860억 개의 뉴런과 뉴런의 기능을 지원하는 850억 개의 교세포가 있으며, 거의 1 : 1인 이 비율은 모든 동물 뇌에 공유된 특성이다(Herculano-Houzel et al., 2014). 모든 뉴런은 공통의 계획을 가지고 있어서 한 뉴런이 작용하는 방법을 탐구하면 다른 유형의 뉴런으로 일반화할 수 있는 통찰을 얻을 수 있다. 서로 다른 유형의 뉴런과 교세포에 대해 알게 되면 각 뉴런의 특이한 구조가 그것의 기능에 이바지하는 방식에 대해서도 이해하게 될 것이다.

뉴런 : 정보처리의 기초

신경계의 정보처리 단위로서 뉴런은 정보를 습득하고, 그것을 기억으로 저장하며, 해석하고, 행동을 일으키기 위해 그 정보를 다른 뉴런으로 전달한다. 그렇게 하면서 뉴런은 호흡, 심장박동, 체온과 같은 신체 과정도 조절하는데, 우리는 그것을 의식하지 못한다. 또한 뉴런은 학습, 결정하기, 사고를 포함한 인지 과정을 조절한다. 과학자들은 뉴런이 수백에서 수천 개의 집단으로 함께 작용하여 대부분의 행동을 만들어낸다고 생각한다. 그러므로 개별 뉴런과 교세포가 작용하는 방식뿐 아니라 그들이 상호 연결되어 서로 영향을 미치는 방식을 이해하는 것이 중요하다.

원리 1. 신경회로는 신경계의 기능단위이다.

뉴런의 기능적 단위 또는 **신경망**(neural network)이 뇌와 척수의 광범위한 영역을 연결한다. 하나의 신경망에서 뉴런 1~2개가 상실되는 것은 환호하는 군중에서 1~2명이 빠지는 것과 비슷하다. 전체적인 소리를 내는 것은 군중이지 각 개인이 아니다. 전체 인간 뇌의 구조적인 연결, 즉 물리적 연결 또는 **커넥톰**(connectome)을 밝히려는 연구가 진행되고 있다.

커넥톰은 1-4절에서 소개하였다.

각 뉴런의 모습은 독특하지만 가소성이라는 본질을 가지고 있다. 살아 있는 뇌 조직을 현미경으로 관찰해보면 뉴런이 매우 활동적으로 새로운 가지를 만드는가 하면 오래된 것은 없애며, 서로 연결을 만들기도 없애기도 한다는 것을 알 수 있다. 이런 역동적 활동이 우리 행동의 일관성과 순간순간 변화의 기초가 된다.

원리 10. 신경가소성은 신경계의 특징적인 기능이다.

뉴런의 구조와 기능

그림 3.3에 뉴런의 공통적인 외부 및 내부 특징이 자세히 나와 있다. 세포의 표면적은 수상돌기와 축색이 뻗어나감으로써 엄청나게 증가한다(그림 3.3A와 B). 수상돌기의 면적 또한 **수상돌기가시**(dendritic spine)라는 조그마한 돌출부에 의해 증가한다(그림 3.3C). 하나의 뉴런에는 많게는 20개 정도의 수상돌기가 있으며, 각 수상돌기에는 또한 여러 개의 분지가 있고, 각 분지에 있는 가시의 수는 수천 개에 이른다. 수상돌기의 구조와 기능은 동물의 종에 따라 다르다. 포유류의 수상돌기는 다른 세포로부터 정보를 수집하고, 가시는 뉴런 간의 중요한 접촉점이다. 수상돌기의 분지가 뻗어가는 정도와 가시의 수는 그 뉴런의 정보처리능력에 상응한다.

각 뉴런은 단 하나의 축색을 가지고 있으며, 이 축색이 다른 뉴런으로 메시지를 전달한다. 축색은 세포체의 한쪽 끝에 있는 **축색소구**(axon hillock, 작은 언덕)로 알려진 팽창부에서 시작한다(그림 3.3D). 축색에서 하나 혹은 다수의 **축색 측부지**(axon collateral)가 분기되며, 그림 3.3B의 아래 그림처럼 축색에서 직각으로 나온다. 이들 투사로 인해 한 뉴런이 많은 다른 뉴런으로 메시지를 전달할 수 있다.

축색 측부지는 여러 작은 가지(teleodendria, 종지)로 나뉠 수 있다. 각 종지의 끝에는 **종족**(end foot) 혹은 **종말단추**(terminal button)라는 둥그런 혹이 있다. 종말단추는 다른 세포의 수상돌기가

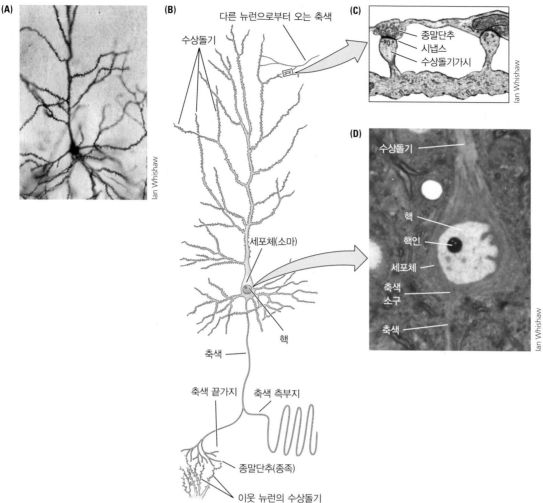

(B)

다른 뉴런으로부터 오는 축색

수상돌기

(C)

종말단추
시냅스
수상돌기가시

세포체(소마)

핵

축색

축색 끝가지　　축색 측부지

종말단추(종족)

이웃 뉴런의 수상돌기

(A)

Ian Whishaw

(D)

수상돌기

핵

핵인

세포체

축색
소구

축색

Ian Whishaw

Ian Whishaw

그림 3.3　뉴런의 주요 부분

(A) 전형적인 뉴런. 수상돌기와 세포체를 보기 위해 골지 기법을 이용해 염색했다. **(B)** 뉴런의 기본 구조를 보여준다. **(C)** 전자현미경으로 본 뉴런의 축색과 수상돌기 가시 사이의 시냅스 사진. **(D)** 고성능 광학현미경으로 본 세포체 내부. 세포체와 축색의 사이에 있는 축색소구를 보라.

시나 다른 부분에 매우 근접하지만 직접 접촉하지 않는 것이 보통이다(그림 3.3C). 이런 두 뉴런 사이의 근접 연결을 **시냅스**(synapse)라 하는데, 여기에는 종족의 표면, 인근의 수상돌기가시, 그리고 그들 사이의 공간까지 포함된다.

　4장에서 뉴런이 교신하는 법에 대해 자세히 설명할 것이며, 이 장에서는 뉴런의 형태를 살펴봄으로써 그 대략적 기능만을 설명한다. 비행기에서 강을 내려다보고 있다고 상상해보자. 많은 작은 개울이 모여서 계곡이 되고, 계곡이 모여서 지류를 형성하고, 지류들이 합쳐져 강이 된다. 그 강이 하류의 삼각지에 도달하면 강은 다시 작은 물줄기로 나뉘어서 바다로 흘러 들어간다.

　뉴런의 일반적 형태는 강줄기와 비슷하며, 뉴런은 강물이 흐르는 것과 비슷한 방식으로 작용한다. **그림 3.4**에 묘사된 것처럼 뉴런은 유입되는 다양한 정보를 수상돌기에서 수집한다. 뉴런은 자체의 축색으로 그 정보를 보내는데, 이 축색은 모든 측부지와 종족으로 단일 메시지만 내보낼 수 있다. 시냅스는 뉴런 간의 주요 정보 전달 부위이다. 시냅스에서 많은 입력이 의미 있는 정보로 통합되어 다른 뉴런으로 전달되기 때문에 인간의 뉴런은 추상 작용에 필요한 인간 뇌의 구조와 작동 요소를 모방하고자 하는 **뉴로모픽 컴퓨팅**(neuromorphic computing)의 대규모 컴퓨터 구성 원리의 모형이 된다(Wang et al., 2021).

뉴런의 세 가지 기능

모양과 크기가 다양한 뉴런은 세 가지 전문화된 기능을 수행하기에 적합한 구조로 되어 있다. 감

시냅스　한 뉴런과 다른 뉴런 간의 공간적 연접 부로, 뉴런들 사이에서 정보가 전달되는 부위가 된다.

(A) 뉴런을 통한 정보 흐름

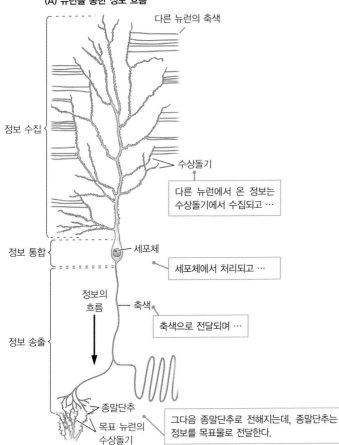

다른 뉴런의 축색

정보 수집

수상돌기

다른 뉴런에서 온 정보는
수상돌기에서 수집되고 …

정보 통합

세포체

세포체에서 처리되고 …

정보의
흐름

축색

축색으로 전달되며 …

정보 송출

종말단추

목표 뉴런의
수상돌기

그다음 종말단추로 전해지는데, 종말단추는
정보를 목표물로 전달한다.

(B) 하천계에서 물의 흐름

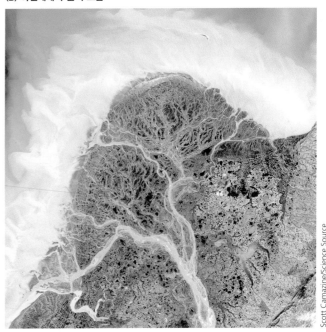

Scott Camazine/Science Source

그림 3.4　뉴런을 통해 흐르는 정보의 흐름
뉴런 내에서 정보의 흐름(A)은 하천계에서 물과 영양소의 이동(B)과 유사하다.

감각뉴런　감각 정보를 탐지하여 척수와 뇌로
전달하는 세포

개재뉴런　감각뉴런과 운동뉴런 사이에 있는
연합세포로, 포유류 뇌의 대부분을 차지한다.

운동뉴런　근육을 수축시키기 위해 뇌와 척수
에서 나온 정보를 전달하는 세포

양극세포　하나의 축색과 하나의 수상돌기를
가진 감각뉴런

감각뉴런(sensory neuron, 그림 3.5A)은 신체의 감각 수용기에서 들어오는 신호를 척수와 뇌로 전달
한다. **개재뉴런**(interneuron, 그림 3.5B)은 중추신경계에서 감각 및 운동 활동을 연합하고, **운동
뉴런**(motor neuron, 그림 3.5C)은 뇌와 척수에서 생성된 신호를 신체의 근육으로 내보낸다.

감각뉴런　감각뉴런은 세 가지 유형의 뉴런 중 구조적으로 가장 단순하다. 예를 들어 눈의 망막
에 있는 **양극세포**(bipolar neuron)는 세포체의 한쪽 끝에는 하나의 짧은 수상돌기를, 다른 쪽에는
하나의 짧은 축색을 가진다. 양극세포는 망막의 광 수용기에서 유입되는 구심성 감각 정보를 다

(A) 감각뉴런
중추신경계로 정보를 가져온다.

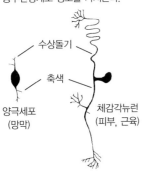

수상돌기

축색

양극세포
(망막)

체감각뉴런
(피부, 근육)

(B) 개재뉴런
중추신경계에서 감각 활동과 운동 활동을 연합한다.

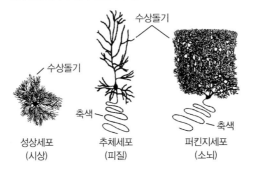

수상돌기

수상돌기

축색

축색

성상세포
(시상)

추체세포
(피질)

퍼킨지세포
(소뇌)

(C) 운동뉴런
뇌와 척수에서 근육으로 신호를 전달한다.

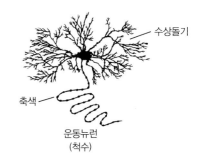

수상돌기

축색

운동뉴런
(척수)

그림 3.5　뉴런의 형태와 기능
감각뉴런(A)은 하나의 정보원으로부터 정보를 모으고 개재뉴런(B)으로 정보를 전달한다. 개재뉴런의 많은 가지는 많은 정보원으로부터 정보를 모으고 운동
뉴런(C)과 연결하는데, 운동뉴런은 특히 크며, 정보를 전달하여 근육이 움직이도록 명령을 내린다. 이 세포들은 일정한 비례로 그려진 것이 아니다.

른 뉴런으로 보내고, 이 뉴런은 다시 뇌의 시각중추로 그 정보를 전달한다.

구조적으로 조금 더 복잡한 **체감각뉴런**(somatosensory neuron)은 신체의 감각 정보를 멀리 떨어진 척수로 보낸다. 구조적으로 체감각뉴런의 수상돌기는 축색과 직접 연결되어 있어서 세포체는 이 긴 경로의 한쪽에 위치한다.

개재뉴런 감각뉴런과 운동뉴런을 연결하기 때문에 **연합세포**(association cell)라고도 하는 개재뉴런은 가지가 널리 뻗어 있어서 많은 정보원으로부터 정보를 모으기에 좋다. 개재뉴런의 한 유형인 **성상**(stellate, 별 모양의)세포는 그 크기가 작고 세포체 둘레에 많은 수상돌기를 가지고 있는 것이 특징이다. 이 뉴런의 축색은 복잡한 수상돌기들 속에 있어서 식별하기 어렵다. 종에 따라 뇌의 크기가 다른 주요 이유 중 하나는 작은 뇌를 가진 동물에 비해 큰 뇌를 가진 동물은 더 많은 개재뉴런을 가지고 있고, 그 개수가 행동적 복잡성과 상관이 있다는 것이다.

추체세포(pyramidal cell)는 하나의 긴 축색, 피라미드 모양의 세포체, 두 세트의 수상돌기를 가지고 있다. 첨부 수상돌기 세트는 세포체의 꼭대기에서 나오고, 기저 수상돌기 세트는 세포체의 기저부에서 나온다. 추체 개재뉴런은 피질의 정보를 뇌의 다른 부분과 척수로 전달한다. **퍼킨지세포**(Purkinje cell, 발견자의 이름을 붙였음)는 수상돌기가 부채 모양으로 광범위하게 뻗어나가는 독특한 개재뉴런이다. 이 뉴런은 소뇌에서 생성된 정보를 뇌의 여러 부분과 척수로 보낸다.

운동뉴런 많은 정보원으로부터의 입력을 받아들이기 위해 운동뉴런은 광범위한 수상돌기 망, 큰 세포체, 근육과 연결되는 긴 축색을 가지고 있다. 운동뉴런은 뇌간 하부와 척수에 위치한다. 모든 원심성 신경 정보는 운동뉴런을 거쳐야만 근육에 도달할 수 있다.

신경망

감각뉴런은 신체의 구심성(입력) 정보를 수집하여 연결된 개재뉴런으로 보내고, 개재뉴런이 그 정보를 처리하여 운동뉴런으로 전달한다. 운동뉴런의 원심성 연결이 근육을 움직여 행동을 일으킨다. 이 책 전반에 걸쳐서 신경망을 특징짓는 뇌 기능에 관한 많은 접근을 논의하지만 모든 신경망이 이와 똑같은 입력, 연합, 출력이라는 세 가지 기능적 구성을 가지는 것은 아니다.

체감각뉴런, 추체뉴런, 운동뉴런처럼 먼 거리까지 투사하는 뉴런은 비교적 크다. 일반적으로 세포체가 큰 뉴런은 긴 돌기를 가지고, 성상 개재뉴런처럼 세포체가 작은 뉴런은 짧은 돌기를 가진다.

긴 돌기는 신경계의 먼 부분으로 정보를 보내고, 짧은 돌기는 국소적 처리에 관여한다. 예를 들어 어떤 체감각뉴런의 수상돌기 끝은 엄지발가락에 위치하는데, 그 축색의 목표는 뇌의 기저부에 있다. 이들 감각뉴런은 2m 또는 동물의 크기에 따라 그 이상의 거리까지 정보를 보낸다. 어떤 추체뉴런의 축색은 피질에서부터 척수의 하부에 이르는데, 그 거리는 1m가량 된다. 따라서 이 추체세포의 세포체가 상당히 큰 것은 축색과 수상돌기로 영양소와 세포에 필요한 다른 물질을 공급해야 하는 역할과 부합한다.

뉴런의 언어 : 흥분과 억제

정교하게 상호 연결된 신경망의 주체인 뉴런들은 어떻게 교신하는가? 간단히 말하자면 뉴런은 다른 뉴런을 흥분시키거나(켜거나) 억제한다(끈다). 디지털 컴퓨터처럼 뉴런은 '예' 혹은 '아니요' 신호를 다른 뉴런으로 보내는데, '예' 신호는 흥분성이고 '아니요' 신호는 억제성이다. 각 뉴

체감각뉴런 신체에서 들어오는 감각 정보를 척수로 보내는 뇌세포

추체세포 대뇌피질에 있는 독특한 모양의 개재뉴런

퍼킨지세포 소뇌에 있는 독특한 모양의 개재뉴런

원리 2. 감각부와 운동부는 신경계 전체에 퍼져 있다.

원리 7. 신경계의 작용에는 흥분과 억제가 공존한다.

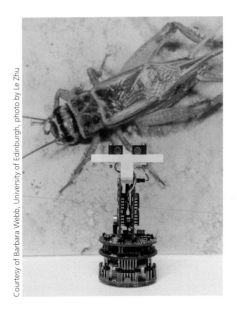

그림 3.6 신경계 모방 로봇
Barbara Webb(오른쪽)이 귀뚜라미 행동 연구에서 자신이 개발한 규칙을 Lego라는 귀뚜라미 로봇(3개의 그림 모두에 등장)에 적용하는 프로그램을 짰다. 시간이 지남에 따라 Webb의 로봇은 부분이 소형화되고 연결이 더 많아지면서 점차 정교해졌다.

런은 매초 수천 개의 흥분성과 억제성 신호를 받고, 이를 바탕으로 자체의 신호를 변화시키므로 라디오나 스피커처럼 작용하여 가변적인 신호를 만들어낼 수 있다.

모든 입력에 대한 뉴런의 반응은 매우 평등해서 신호들을 모두 합한다. 하나의 뉴런은 흥분성 입력이 억제성 입력을 초과할 때만 행위에 박차를 가하고 다른 뉴런으로 메시지를 보낸다. 역으로 억제성 입력이 흥분성 입력을 초과하면 뉴런은 교신하지 않는다.

다른 뉴런을 흥분 또는 억제함으로써 어떤 신경망의 구성 요인은 감각 정보를 탐지하고, 그 정보에 대해 나타내어야 할 운동 반응의 유형을 '결정'할 수 있다. 앞서 뉴런의 기능이 어떻게 컴퓨터 공학의 모형이 될 수 있는지 살펴보았다. 전체 신경망이 행동을 일으키는 방식을 이해하였는지 알아보기 위해 과학자들은 같은 방식으로 작용하도록 제작된 로봇과 같은 모형을 만들 수 있을 것이다. 무엇보다도 로봇은 동물이 그러한 것처럼 목표 지향적으로 작동한다. 로봇을 통제하는 컴퓨터는 어떤 방식으로든 세상을 탐지하고, 그에 대한 반응으로 작동을 조정하며, 동물의 신경계가 수행하는 것만큼이나 많은 일을 해야 한다. 연구자들은 신경계의 작용 방식에 관한 가설을 확인하는 데 도움이 되는 컴퓨터 기반 학습법에 근거한 로봇 모형을 만들고, 훈련에서 나온 정보를 이용하여 동물의 신경계와 더 비슷하게 작동하는 더 정교한 후속 로봇 모형을 만들려고 한다.

이 두 가지 모형화 과정이 신경계의 작용 원리를 근거로 하는 뉴로모픽 컴퓨팅, 기계 학습, 로봇지능 또는 인공지능에 관한 다른 접근기법의 핵심이다. 예를 들어 Barbara Webb의 귀뚜라미 로봇(**그림 3.6**)은 수컷의 울음소리를 듣고 그에 접근하는 귀뚜라미 암컷을 흉내 내도록 설계되었다 (Webb, 2020). Webb과 다른 인공지능 연구자들은 우리 인간이 하는 것처럼 자연계의 불확실성과 모호성을 처리하여 그에 반응할 수 있는 더 지적인 로봇을 만들고 싶어 한다. **실험 3-1**은 억제와 흥분이 귀뚜라미 로봇을 작동하게 하는 방식의 다른 예를 보여준다.

4-2절에서 뉴런이 흥분성 및 억제성 신호를 통합하는 방식을 설명한다.

교세포 절연, 영양분 공급, 구조적 지지를 담당하고 뉴런의 회복을 돕고 폐기물을 제거하는 신경계 세포

교세포의 유형

교세포(glial cell, '접착제'를 뜻하는 그리스어 *glue*에서 유래)는 신경계의 지지세포이다. 많은 유

질문 : 신경계의 흥분 및 억제 원리로 귀뚜라미처럼 작동하는 단순한 로봇의 활동을 통제할 수 있는가?

절차 A

수컷을 향해 접근하는 암컷 귀뚜라미는 포식동물이 탐지하기 쉬운 넓고 밝은 장소를 피해야 한다. 이 암컷은 종종 경쟁하는 수컷 중에서 자신이 선호하는 울음소리가 가장 긴 수컷을 선택해야 한다. 이 가상의 귀뚜라미 로봇의 양쪽에 있는 소리 탐지 마이크 사이에 감각뉴런을 삽입한다면 두 가지 규칙만으로 암컷 로봇이 울음소리를 내는 수컷 귀뚜라미를 찾아가도록 지시할 수 있다.

규칙 1 어느 마이크가 수컷 귀뚜라미의 울음소리를 탐지할 때 흥분성 메시지가 바퀴의 모터로 전송되어 그것을 활성화하면 로봇은 수컷 귀뚜라미를 향해 움직인다.

규칙 2 귀뚜라미 소리가 왼쪽 혹은 오른쪽에서 온다면 그 방향에 설치된 마이크에서 더 큰 소리로 탐지될 것이고, 그로 인해 한쪽 바퀴가 약간 더 빨리 회전하여 로봇은 소리가 나는 쪽으로 회전한다.

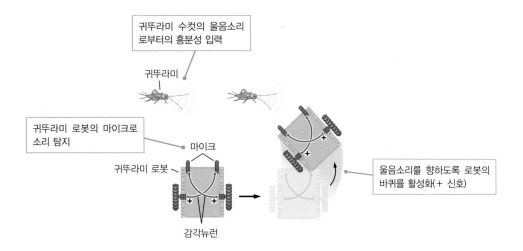

절차 B

로봇에 광 수용기의 입력을 받아들이는 2개의 감각뉴런을 추가한다. 활성화되었을 때 이들 빛 탐지 감각뉴런은 바퀴와 연결된 운동뉴런을 억제하여 로봇이 수컷 귀뚜라미를 향해 움직이지 못하게 한다. 이제 암컷 귀뚜라미 로봇은 어두워 안전할 때에만 움직일 것이다.

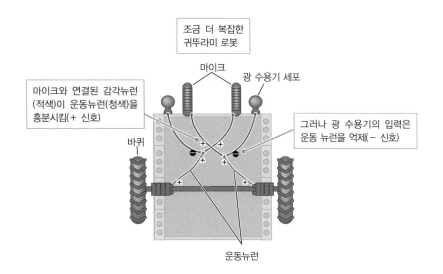

결과

이 가상 로봇이 감각 및 운동 뉴런의 생물학적 기능과 흥분성과 억제성 신호를 합하는 신경 원리를 모방한다. 그러나 놀랍게도 이 장치는 단 6개의 뉴런으로 구성되고, 각 뉴런은 단 하나의 다른 뉴런과만 연결될 뿐이다.

결론 : 수많은 뉴런으로 이루어진 인체 부분을 모방하도록 부품이 구성된 로봇을 *인체모방로봇*(anthropomimetic robot)이라고 하는데, 현재 복잡한 행동을 모델링하여 손상 또는 상실된 사지를 대체할 목적으로 이 로봇을 설계 중이다(Webb, 2020). 또한 전체 로봇은 인간 행동의 많은 측면을 모방하도록 구성되고 있다.

형의 교세포가 있지만 여기에서는 다섯 가지 유형만 다룰 것이다. 통상 교세포는 정보를 전달하지 않고 뉴런의 정보 전달을 돕고, 뉴런을 함께 결합하고(접착제의 역할), 지지하며, 영양소를 공급하고, 보호하는 등의 역할을 한다. **표 3.1**은 교세포의 다섯 가지 주요 유형과 구조적 특징 및

표 3.1 교세포의 유형과 기능

유형	모양	특징과 기능
뇌실막세포		작은 타원형으로 뇌척수액을 분비한다.
성상세포		별 모양이고 뉴런을 위해 영양 공급, 지지, 복구 기능을 수행하며 혈뇌장벽 형성에 기여하고 손상에 의한 상처를 치유한다.
미세교세포		혈액에서 유래된 작은 세포로, 죽은 조직을 제거하는 방어 기능을 수행한다.
핍돌기교세포		뇌와 척수에서 중추신경계 축색을 수초화한다.
슈반세포		말초신경을 둘러싸서 수초를 형성한다.

그림 2.9는 중뇌수도와 4개의 뇌실 위치를 보여준다.

기능을 함께 보여준다.

유기체의 일생에 걸쳐 여러 유형의 교세포가 만들어지고, 복제의 오류가 비정상적 성장, 즉 뇌종양을 일으킨다는 점에서 교세포는 뉴런과 다르다. '임상 초점 3-2 : 뇌종양'에서 교세포의 통제 불가능한 성장이 어떤 결과를 낳는지 기술하였다.

뇌실막세포

뇌 안의 체액이 가득한 공동인 뇌실의 벽에는 **뇌실막세포**(ependymal cell)가 있어서 뇌실을 채우는 뇌척수액을 만들어 분비한다. 뇌척수액은 지속적으로 방출되고, 뇌실을 거쳐 뇌의 기저부로 흘러가서 혈관으로 흡수된다. 뇌척수액은 여러 가지 기능을 한다. 뇌척수액은 뇌가 충격을 받을 때 충격 흡수재 역할을 하고, 폐기물을 제거하며, 뇌가 항온을 유지하도록 하고, 뇌실에 인접한 부위로 영양소를 공급한다.

뇌척수액이 뇌실을 따라 흐르면서 중뇌수도에서 제4뇌실로 가는 좁은 통로를 지나서 뇌간으로 간다. 이 좁은 통로가 완전히 혹은 부분적으로 막히면 뇌척수액의 흐름이 제한된다. 뇌척수액은 지속적으로 생성되기 때문에 흐름이 차단되면 압력이 높아지고 뇌실이 팽창하여 주변 조직을 누르게 된다.

신생아의 두개골이 봉합되기 전에 통로가 막히면 뇌에 가해진 압력이 두개골로 전달되어 아기의 머리가 팽창한다. **수두증**(hydrocephalus)이라는 이 상태는 심각한 지적장애, 심지어는 사망에 이르게 할 수 있다. 이를 치료하기 위해 의사들은 단락(shunt)이라는 관의 한쪽 끝을 막힌 뇌실에, 다른 쪽 끝을 정맥에 삽입하여 잉여분의 척수액이 혈류로 빠지게 해준다.

성상세포

성상세포(astrocyte, 표 3.1에 제시한 별 모양의 교세포) 또는 **성상교세포**(astroglia)는 중추신경계를 구조적으로 지지한다. 성상세포의 돌기들이 혈관과 뇌에 달라붙어 뉴런의 위치를 유지하는 발판을 형성한다. 또한 이들 돌기는 혈관과 뉴런 간에 특정 영양소가 이동하는 통로가 되기도 한다. 성상세포는 화학물질도 분비하는데, 이 물질들은 뉴런을 건강하게 유지하고, 뉴런이 손상되면 치유를 돕는다. 위성세포(satellite cell, 근육 줄기세포)도 말초신경계에서 다소 유사한 기능을 한다.

또한 성상세포는 혈관과 뇌 사이의 보호벽인 **혈뇌장벽**(blood-brain barrier)에도 이바지한다. **그림 3.7**에 보이는 것처럼 성상세포의 종족이 혈관세포에 들러붙으면 이 둘이 단단하게 결합된다. 이렇게 형성된 치밀한 연접이 여러 독성물질을 포함한 많은 물질이 혈관에서 뇌로 들어가지 못하도록 차단한다. 이런 물질의 분자는 너무 커서 혈뇌장벽이 제 기능을 발휘하기만 하면 혈관세포들 사이의 틈을 통과하지 못한다. 그러나 이 보

뇌실막세포 뇌실벽에 있는 교세포로, 뇌척수액을 만들고 분비한다.

수두증 신생아에서 뇌척수액의 흐름이 막힘에 따라 뇌의 체액 압력이 높아져 머리가 부풀어 오르는 질환으로, 지적장애를 일으킬 수 있다.

성상세포 별 모양의 교세포로, 중추신경계 뉴런을 구조적으로 지지하고 뉴런과 모세혈관 사이에서 물질을 운반한다.

혈뇌장벽 뇌혈관을 구성하는 세포 간의 치밀한 이음부이고, 뇌와 혈관 사이의 보호 장치로 독소와 같은 물질이 뇌로 들어가는 것을 막는 장벽 역할을 한다.

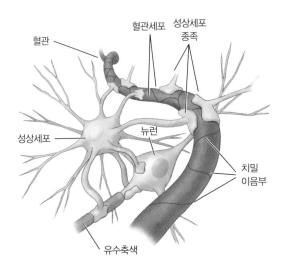

그림 3.7 혈뇌장벽

성상세포의 돌기들이 뉴런과 혈관에 붙어서 그것들을 자극하면 치밀이음부가 형성되어 혈뇌장벽의 기능을 하게 된다. 또한 성상세포는 혈관과 뉴런 사이에서 영양소와 다른 화학물질을 이동시키고, 뇌 구조물을 지지하며, 손상된 뇌조직의 복구를 촉진한다.

◎ 임상 초점 3-2

뇌종양

어느 날 19세의 대학 2학년생이었던 R. J.가 신경심리학 수업에서 영화를 보다가 바닥에 쓰러져 경련 증상을 보였다. 강사는 그녀를 대학교 보건소로 데려갔고, 두통이 심하기는 했으나 그녀는 회복되었다. 그녀는 여러 차례 심각한 두통에 시달렸다고 했다.

며칠 후 실시한 컴퓨터단층촬영(CT) 결과 그녀의 왼쪽 전두엽에 종양이 발견되었다. 종양 제거 수술 후 특별한 문제 없이 회복되어 그녀는 학교로 복귀하였다. 그녀의 증상은 재발하지 않았다.

종양(tumor)은 주변 구조물과 무관하게 자란 통제 불가능한 새로운 조직이다. 신체 어느 영역에서도 생길 수 있지만 뇌는 120가지 이상의 종양이 발생하는 부위이다. 아동에서 뇌암의 일반적 원인은 성장이다.

미국의 중앙 뇌종양 기록에 따르면 미국의 뇌종양 발생은 10만 명당 20명 정도이다(Ostrom et al., 2020). 성인에서는 뇌종양이 뉴런보다는 교세포나 다른 지지세포에서 발생하지만, 유아에서는 발달하는 뉴런에서 생긴다. 종양이 성장하는 속도는 영향을 받는 세포의 유형에 따라 다르다.

어떤 종양은 R. J.의 경우처럼 양성이어서 제거 후 거의 재발하지 않는다. 그러나 다른 유형인 악성 종양은 진행이 빠르고, 다른 조직으로 침투하고, 제거 후에도 재발이 잘된다. 두 종류의 종양 모두 제거하기 어려운 곳에 발생하면 생명에 위험할 수 있다.

뇌종양의 초기 증상은 보통 커지는 세포 덩이로 인해 주변 뇌 구조물에 대한 압력이 증가하는 것에서 발생한다. 두통, 구토, 정신적 둔감, 감각 및 운동 능력의 변화, 그리고 R. J.가 경험한 발작 등이 그 증상이다. 나타나는 증상은 종양의 위치에 따라 다르다.

뇌종양의 세 가지 주요 유형은 다음과 같다.

1. *신경교종*(glioma)은 교세포에서 생기며, 가장 흔한 뇌종양이다. 성상세포에서 생기는 신경교종은 보통 느리게 자라며, 악성인 경우가 드물고, 비교적 치료하기 쉽다. 반면 교세포로 발달하게 되는 전구세포인 미분화세포 또는 생식세포에서 발생하는 신경교종은 악성인 경우가 더 많고, 더 빠르게 자라며, 치료 후에도 흔히 재발한다. 미국 대통령 조 바이든의 아들인 보 바이든은 이 질환으로 2015년에 42세의 나이로 사망하였다.
2. *수막종*(meningioma)은 R. J.가 걸렸던 유형의 종양으로 뇌척수막에 붙어 있

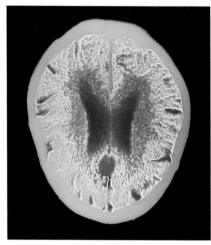

임의의 색으로 표시한 CT 영상에서 적색 영역은 수막종으로, 뇌를 감싸고 있는 뇌척수막에서 발생한 암이 아닌 양성 종양이다. 큰 수막종은 뇌를 압박할 수는 있지만 통상 뇌 조직을 침범하지 않는다.

고 제시된 CT 영상에서 볼 수 있는 것처럼 완전히 뇌 밖에서 자란다. 이 종양들은 막으로 둘러싸여 있으며, 수술이 가능하면 수술 후 회복도 양호하다.
3. *전이성 종양*(metastatic tumor)은 몸의 한 영역에서 생긴 종양세포가 다른 영역으로 이동할 때 발생한다. 전형적으로 전이성 종양은 몸의 여러 곳에서 발생하므로 치료가 어렵다. 기저 질환의 증상은 종종 종양세포가 뇌에 도달할 때 처음 나타난다.

뇌종양의 치료법은 일반적으로 수술이며, 수술은 종양을 진단하는 주요 수단이기도 하다. 화학요법은 몸의 다른 부분보다는 뇌종양 치료에 덜 성공적인데, 그 이유는 화학물질들이 혈뇌장벽을 통과하기 어렵기 때문이다. 방사선(X선)요법은 뇌종양세포 파괴에 더 유용하지만 부적 효과가 나타날 수 있는데, 발달 중인 뇌에서 특히 그렇다. 종양을 일으키는 유전체를 식별하고, 그것의 독특한 유전 성분을 표적으로 삼아 파괴하는 것과 같은 대안적 치료가 현재 연구 중이다(Anirudh et al., 2021).

호 장벽의 문제점은 감염 치료에 사용되는 항생제를 포함하여 많은 유용한 약물이 뇌로 들어가지 못하게 한다는 것이다. 결과적으로 뇌의 감염은 치료하기 어렵다. 과학자들은 뇌에 작은 관을 삽입하여 혈뇌장벽을 우회하는 방식으로 약물을 목표 뇌 영역으로 직접 주입할 수 있다.

성상세포의 또 다른 중요한 기능은 뇌 활동을 높이는 것이다. 우리가 읽기든 달리기든 어떤 행동을 할 때 그 행동을 담당하는 신경망은 더 많은 연료, 즉 산소와 포도당을 요구한다. 신경 활동에 대한 반응으로 산소와 포도당을 공급하는 혈관이 확장되면 더 많은 산소와 포도당이 혈류를 통해서 운반될 수 있다. 무엇이 혈관이 확장되도록 하는 것일까? 여기에 성상세포가 관여한다. 성상세포가 뉴런에서 신호를 받아 혈관으로 전달하는 방식으로 혈류와 연료 공급을 높인다(Kenny et al., 2018).

성상세포는 손상된 뇌 조직의 치유를 촉진하기도 한다. 머리를 세게 얻어맞거나 어떤 물체가 머리를 관통해서 뇌가 손상되면 성상세포는 손상된 영역을 봉쇄하기 위해 흉터를 만든다. 이 흉

종양 주변 구조물과 무관하게 통제되지 않는 방식으로 자라는 새로운 조직 덩어리

미세교세포 혈액에서 생성되는 교세포로, 세포의 복구를 돕고 신경계의 잔해물을 제거한다.

터 조직은 손상 치료에는 유익하지만, 손상된 뉴런의 재생을 막는 장벽으로도 작용한다. 뇌 조직을 복구하기 위한 한 가지 실험적 접근은 중추신경계 뉴런의 축색과 수상돌기가 교세포 흉터를 통과하거나 우회하는 방법을 찾는 것이다.

성상세포의 기능을 연구하는 최신의 연구 분야가 세 부분 시냅스학(tripartite synaptsomics, 여기에서 '세 부분'은 '연결된 두 뉴런과 성상세포'를 의미)인데, 이 분야는 뉴런과 뉴런의 교신에서 성상세포의 역할을 연구한다(Takano & Soderling, 2021). 신경계의 많은 곳에서 성상세포는 시냅스와 매우 근접한 곳에서 작용하고, 많은 신경화학적 상호작용이 2개의 연결된 뉴런과 성상세포 사이에서 일어난다. 이런 증거는 성상세포가 정보의 흐름과 학습 및 기억을 포함하는 시냅스 연결의 많은 기능에서 어떤 역할을 할 것임을 시사한다.

8-2절에 소개되는 성장인자는 뇌세포의 성장, 생존, 가소성(14-4절 참조)까지 자극하고 지원하는 화학물질이다.

미세교세포

뇌에서 발생하는 다른 교세포들과 달리 **미세교세포**(microglia)는 면역계의 파생물로서 혈액에서 생성되어 신경계 전체로 이동하며, 전체 교세포의 20% 정도를 차지한다. 혈뇌장벽이 대부분 면역세포가 뇌로 들어가지 못하게 막는다. 미세교세포가 뇌 조직의 건강 상태를 감시하고, 건강하게 유지되게 한다. 이 세포는 외래 조직을 식별하여 공격한다(**그림 3.8**). 뇌세포가 손상을 입으면 미세교세포는 그 영역에 들어가 회복을 돕는 **성장인자**(growth factor)를 제공한다.

미세교세포는 기능에 따라 모양이 다른 몇 가지 종류로 구분된다. 미세교세포는 외래 조직과 죽은 뇌세포를 잡아 삼키는데, 이것은 **식작용**(phagocytosis)이라는 면역 과정과 같다. 포만 상태가 되어 더 기능을 수행할 수 없는 미세교세포는 특이한 외형을 띠는데, 그림 3.8C에서 볼 수 있는 것처럼 손상된 뇌 영역이나 그 부근에서 작고 어두운 물체로 탐지된다.

미세교세포가 일선에서 신경계를 보호하고 노폐물을 제거하기 때문에 많은 연구자는 이 세포가 질병으로부터 신경계를 보호하는 과정에 관여하는 정도에 관심을 둔다. 노화와 관련된 퇴행성 뇌 질환인 알츠하이머병의 한 가지 특징은 손상 영역에 반점이라는 독특한 물질이 축적되는 것이다. 건강한 상태였다면 미세교세포가 이 반점을 제거하였을 것이다. 또한 미세교세포는 뇌를 치유하기 위해 성상세포와 상호작용을 한다. 불행하게도 미세교세포는 유해한 역할도 하는데, 그것은 염증이 생긴 조직을 보호하는 것이 아니라 제거하는 것이다. 그 이름이 말하듯이 크기는 작지만 미세교세포는 뇌의 건강을 지키기 위한 강력한 역할을 하고, 새로운 뇌세포가 만들

알츠하이머병의 이해와 치료에 관한 자세한 정보는 16-3절을 참조하라.

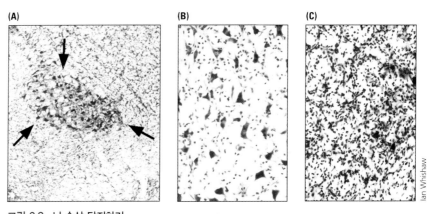

그림 3.8 뇌 손상 탐지하기

(A) 화살표는 쥐의 뇌에서 적핵을 가리킨다. (B) 크레실 바이올렛으로 염색된 뉴런을 확대한 것으로 건강한 적핵에서 크고 진하게 보인다. (C) 신경독에 노출된 후의 현미경 사진에서 미세교세포만 살아남아 작고 진하게 보인다.

어지는 과정에도 관여한다(Pérez-Rodríguez et al., 2021).

핍돌기교세포와 슈반세포

플라스틱 재질로 전선을 절연하듯이 **수초**(myelin)가 인접한 뉴런 간의 합선을 막아준다. 수초를 가진 유수 뉴런은 그것이 없는 뉴런보다 정보를 더 빠르게 전달하여 교신의 속도를 높인다. 감각 및 운동 뉴런을 포함하여 먼 거리까지 메시지를 신속하게 보내는 뉴런은 전송 속도를 높이기 위해 수초화가 잘되어 있다.

핍돌기교세포와 슈반세포는 뉴런 축색을 절연하는 두 종류의 교세포이다. **핍돌기교세포**(oligodendroglia)가 크고 평평한 가지를 뻗어 인근 축색들을 감싸고 분리시켜 뇌와 척수의 축색을 수초화한다(접두사 *oligo*는 '조금'을 의미하며, 여기에서는 이 교세포들이 성상세포에 비해 적은 수의 가지를 가지고 있다는 뜻이다. 표 3.1 참조). **슈반세포**(Schwann cell)는 말초신경계의 축색을 수초화한다. 각 슈반세포는 축색 일부분의 주변을 반복적으로 감싸서 줄에 꿰인 구슬 같은 구조를 만든다. 수초화에 더하여 슈반세포와 핍돌기교세포는 뉴런이 방출하는 화학물질을 흡수하고 뉴런이 흡수하는 화학물질을 방출하는 방식으로 뉴런의 영양과 기능에도 기여한다.

교세포, 질병, 뉴런의 복구

뉴런과 교세포의 다면적 관계를 잘 알면 신경계 질환 및 뇌의 상해와 그로부터의 회복을 이해하는 데 도움이 된다. 핍돌기교세포와 슈반세포가 손상되면 뉴런 자체가 손상되는 것만큼이나 뉴런의 기능이 약화된다. 예컨대 퇴행성 신경 질환이면서 가장 일반적인 자가면역 질환인 다발성 경화증(multiple sclerosis, MS)은 신경 통로에서 뉴런에 수초가 아니라 흉터를 남기는 핍돌기교세포의 손상과 관련이 있다. 그 결과 영향을 받은 신경을 통한 정보의 흐름이 방해받아 운동 및 인지 기능에 결함이 생긴다.

교세포는 신경계의 복구에도 도움을 줄 수 있다. 팔이나 다리에 깊은 상처를 입으면 척수를 근육 및 감각 수용기와 연결하는 축색이 잘릴 수 있다. 운동뉴런 축색이 잘리면 상해를 입은 부위를 움직일 수 없을 것이고, 감각섬유가 잘리면 그 신체 부위의 감각을 잃을 것이다. 운동과 감각 모두 없어지는 것이 **마비**(paralysis)이다. 운동 축색 및 감각 축색이 손상된 후 몇 주에서 몇 달이 지나면 운동과 감각이 돌아올 수 있다. 무엇이 이 회복을 매개할까?

미세교세포와 슈반세포 모두 말초신경계의 손상 복구에 관여한다. 말초신경계의 축색이 잘리면 그 축색은 퇴화하고 세포체만 남게 된다(**그림 3.9**). 미세교세포는 죽은 축색이 남긴 모든 잔해물을 제거한다. 그동안 축색에 수초를 만들었던 슈반세포는 수축되고 나뉨으로써 많은 작은 교세포가 되어 축색이 이전에 차지하고 있던 길을 따라 늘어선다. 그다음 세포체에서 축색 싹이 돋아 슈반세포가 만들어놓은 길을 찾아서 따라간다.

마침내 목표 지점에 도달한 하나의 싹은 새로운 축색이 되고, 다른 싹들은 모두 위축된다. 슈반세포는 새로운 축색을 감싸고, 그림 3.9에서 볼 수 있는 것처럼 새로운 수초를 형성하여 기능을 회복시킨다. 그런 다음에 말초신경계에서 슈반세포는 이정표

4-2절은 수초가 뉴런의 정보 흐름을 빠르게 하는 방식을 설명한다.

수초 중추신경계와 말초신경계에서 축색을 감싸고 있는 교세포 피막으로 인접 뉴런과의 합선을 방지한다.
핍돌기교세포 중추신경계에서 축색을 수초화하는 교세포
슈반세포 말초신경계에서 감각뉴런 및 운동뉴런 축색을 수초화하는 교세포
마비 신경계 손상으로 인한 감각 및 운동의 상실

수초 상실로 발생하는 다발성 경화증에 대해서는 임상 초점 4-2에서 자세히 설명한다.

1 말초 축색이 잘리고 그 축색이 죽는다.

축색　절단　슈반세포
세포체

2 수축되었던 슈반세포가 분열하여 교세포로 바뀐 다음 이전의 축색 경로를 따라 늘어선다.

축색 싹　　없어진 축색
분열하는 슈반세포

3 뉴런이 축색 싹들을 내고, 그중에 하나가 슈반세포의 길을 찾은 다음에 새 축색이 된다.

슈반세포가 수초를 형성

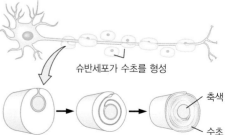

4 슈반세포가 새로운 축색을 감싸고, 수초를 새로 형성한다.

축색
수초

그림 3.9 뉴런 복구
슈반세포가 체성신경계에서 축색의 재성장을 돕는다.

역할을 하여 축색을 적절한 목표 지점으로 유도한다. 그러나 간혹 절단된 사지를 접합하는 수술 후에 나타나듯이 축색이 길을 잃어버리기도 한다. 한 손가락을 지배해야 할 축색이 다른 손가락을 대신 지배하게 되면 그 축색을 따라 메시지가 전달되었을 때 엉뚱한 손가락이 움직이게 된다.

척수 손상의 원인과 치료에 대해서는 11-1절과 11-4절을 참조하라.

척수 절단처럼 중추신경계가 손상되었을 때는 재성장과 복구가 일어나지 않는데, 손상된 섬유가 연결해야 할 거리가 아주 짧아도 그렇다. 말초신경계에서는 회복이 일어나지만 중추신경계에서는 그렇지 않다는 사실은 당황스럽다. 중추신경계에서 재성장이 일어나지 않는 부분적 이유는 신경회로가 성숙함에 따라 필연적으로 개인화된 행동을 조절하도록 조율될 것이고, 그래서 새로운 세포의 증식이나 현존하는 축색의 재성장을 방해하는 화학적 전략이 발달하기 때문일 것이다. 중추신경계 세포에서 수초를 만드는 핍돌기교세포는 말초신경계의 슈반세포와 달리 뇌의 복구를 촉진하는 작용을 하지 않는다. 실제로 핍돌기교세포는 뉴런의 재성장을 억제함으로써 현존하는 중추신경계 구조를 보호하는 역할을 한다(Hernaiz-Llorens et al., 2021). 재성장이 억제되는 방식을 잘 이해한다면 손상된 중추신경계가 스스로 복구할 수 있도록 만들 방법을 찾아낼 수 있을지 모른다.

3-1 복습

진도를 계속 나가기 전에 앞 절을 얼마나 이해했는지 확인해보자. 정답은 이 책의 뒷부분에 있다.

1. 신경계의 세포의 두 가지 유형은 _____과/와 _____이다.

2. 신경계에서 정보를 전달하는 단위인 뉴런은 서로 연결된 시냅스를 통해 다른 뉴런을 _____ 또는 _____하는 방식으로 작용한다.

3. 뉴런의 다섯 가지 유형은 _____, _____, _____, _____, _____이다.

4. 교세포의 다섯 가지 유형은 _____, _____, _____, _____, _____이다.

5. 세 부분 시냅스학은 뉴런 간의 교신에서 _____의 역할을 연구한다.

6. 로봇공학 분야와 신경과학 분야의 두 가지 관계를 설명하시오.

7. 인공지능 연구 모형으로서 뇌는 어떤 도움을 주는가?

학습 목표
- 세포의 내부 구조를 공장에 비유하여 기술한다.
- 세포막이 안팎으로 물질 이동을 조절하는 방식을 설명한다.
- 세포에서 단백질이 합성되는 방식과 이 단백질이 세포막에서 하는 역할을 기술한다.

3-2

세포의 내부 구조

거의 무한대의 정보를 받아들이고, 처리하고, 저장하고, 내보내는 놀라운 능력은 뉴런의 어떤 구조에서 나오는 것일까? 이 질문에 답하려면 뉴런의 안을 살펴서 뉴런의 구성 요소가 무엇이며 그것들이 무엇을 하는지 이해해야 한다. 뉴런은 아주 작지만 전자현미경으로 들여다보면 그 안에는 세포가 작용하게 해주는 많은 상호관련된 구성 요소로 꽉 채워져 있음을 알 수 있다.

세포의 특징과 기능의 상당 부분은 세포의 단백질에 의해 결정된다. 각 세포는 많은 종류의 단백질을 합성하고, 그 단백질들은 세포를 구성하고 다른 세포와 교신하는 것에 관여한다. 기억 형성에 단백질이 관여하며, 어떤 뉴런의 기능적 결함 또는 오류에도 단백질이 연루되어 있고, 뇌 부상 후의 기능 회복에도 단백질이 개입한다. 이 절에서는 세포의 여러 부분이 단백질 합성에 기여하는 방식을 설명할 것이고, 단백질이 무엇이며 신경계에서 그 구체적 기능이 무엇인지도 살펴볼 것이다.

물, 염류, 이온은 세포의 기능에서 중요한 역할을 하는데, 이 장과 다음 여러 장에서 배우게 될 것이다. 물의 구조에 대해 이미 이해하고 있으며, 염이 무엇이고 이온이 무엇인지 안다면 이 장을 계속 보면 된다. 화학에 대해 간략하게 살펴보고 싶으면 '기본 지식 : 화학에 대한 개관'을 먼저 공부하는 것이 바람직하다.

세포라는 공장

앞 절에서는 세포를 생산물인 단백질 등을 만들고 수송하는 작업장을 가진 소형 공장에 비유하였다. 세포의 내부 성분인 세포소기관(organelle)과 그것들이 작동하는 방식을 알아보기 위해 먼저 세포의 내부 구조부터 살펴보기로 하자.

그림 3.10은 세포의 다양한 외부 및 내부 성분을 보여준다. 외벽은 공장을 외부 세계와 분리하여 안전하게 보호한다. 이와 마찬가지로 세포의 이중 외벽, 즉 **세포막(cell membrane)**도 세포를 주변과 분리하고 물질의 출입을 조절한다. 세포막은 뉴런의 내용물을 감싸며, 세포체, 수상돌기와 그 가시, 그리고 축색과 그 종말을 형성하는 데 이바지한다. 이런 방식으로 세포막은 이어지

그림 3.10 전형적인 신경세포
뉴런의 내, 외부를 보여주는 이 그림에서 뉴런 전체의 구조, 내부 소기관, 다른 성분을 볼 수 있다.

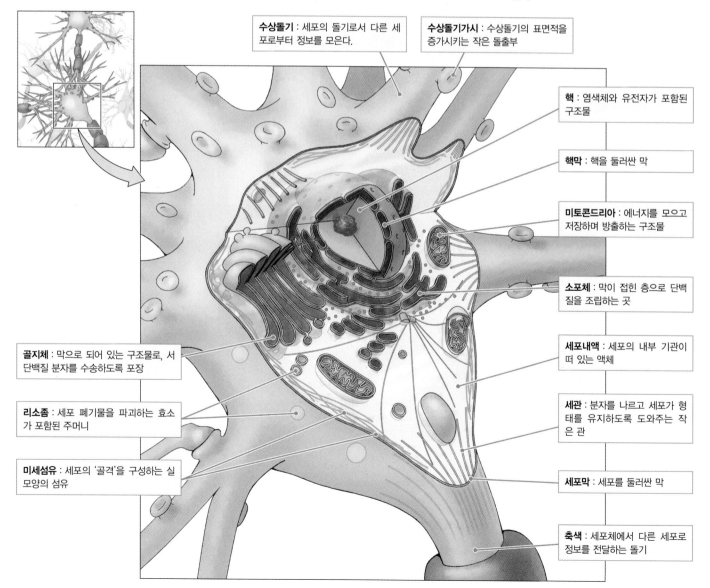

수상돌기 : 세포의 돌기로서 다른 세포로부터 정보를 모은다.

수상돌기가시 : 수상돌기의 표면적을 증가시키는 작은 돌출부

핵 : 염색체와 유전자가 포함된 구조물

핵막 : 핵을 둘러싼 막

미토콘드리아 : 에너지를 모으고 저장하며 방출하는 구조물

소포체 : 막이 접힌 층으로 단백질을 조립하는 곳

세포내액 : 세포의 내부 기관이 떠 있는 액체

세관 : 분자를 나르고 세포가 형태를 유지하도록 도와주는 작은 관

세포막 : 세포를 둘러싼 막

축색 : 세포체에서 다른 세포로 정보를 전달하는 돌기

골지체 : 막으로 되어 있는 구조물로, 서 단백질 분자를 수송하도록 포장

리소좀 : 세포 폐기물을 파괴하는 효소가 포함된 주머니

미세섬유 : 세포의 '골격'을 구성하는 실 모양의 섬유

◎ **기본 지식**

화학에 대한 개관

단백질 또는 다른 화학물질의 최소 단위는 분자이다. 분자와 그 분자를 구성하는 원소인 작은 원자가 세포라는 공장의 원료이다.

원소, 원자, 그리고 이온

화학자들은 다른 물질로 더 이상 쪼개지지 않는 물질인 원소(element)를 나타내기 위해 기호를 사용하는데, 산소는 O, 탄소는 C, 수소는 H로 표기한다. 아래의 표('뇌의 화학적 구성')에 열거된 10개의 원소가 살아 있는 일반 세포의 전체 구성을 이룬다. 다른 많은 원소도 세포에 필수적이지만 그 양은 극히 적다.

해당 원소의 속성을 가진 원소의 최소량이 원자(atom)이다. '이온 형성' 그림의 A에서 볼 수 있는 것처럼 원자는 전기적으로 중성이다. 즉 원자가 가진 양전하와 음전하의 수가 같다.

나트륨과 염소처럼 화학적 반응성이 있는 원소의 원자는 음전하를 띤 입자인 전자를 쉽게 잃거나 얻을 수 있다. 원자가 전자를 잃으면 양으로 하전되고, 전자를 얻으면 음으로 하전된다('이온 형성' 그림의 B). 어느 방향이든 하전된 원자를 이온(ion)이라 한다. 이온이 가진 양전하 또는 음전하 때문에 이온들은 상호작용한다. 이 특성이 세포 기능의 핵심이다.

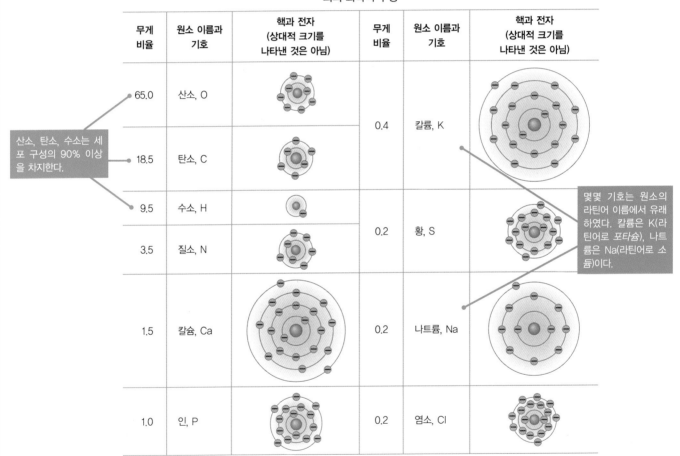

뇌의 화학적 구성

무게 비율	원소 이름과 기호	핵과 전자 (상대적 크기를 나타낸 것은 아님)	무게 비율	원소 이름과 기호	핵과 전자 (상대적 크기를 나타낸 것은 아님)
65.0	산소, O		0.4	칼륨, K	
18.5	탄소, C				
9.5	수소, H		0.2	황, S	
3.5	질소, N				
1.5	칼슘, Ca		0.2	나트륨, Na	
1.0	인, P		0.2	염소, Cl	

> 산소, 탄소, 수소는 세포 구성의 90% 이상을 차지한다.

> 몇몇 기호는 원소의 라틴어 이름에서 유래하였다. 칼륨은 K(라틴어로 *포타슘*), 나트륨은 Na(라틴어로 *소듐*)이다.

세포 기능에 중요한 이온

Na^+	나트륨
K^+	칼륨
Ca^{2+}	칼슘
Cl^-	염소

> 전자를 잃어서 만들어진 이온은 원소 기호 뒤에 하나 혹은 그 이상의 (+) 부호로 나타낸다.

> 전자를 얻어서 만들어진 이온은 원소 기호 뒤에 (−) 부호로 나타낸다.

이온 형성

(A) 원자

원자에서 양(+)과 음(−)의 총하전량은 동일하다. 핵은 중성자(전하 없음)와 양성자(양전하)를 포함한다. 핵의 궤도에 전자(음전하)가 있다.

최외각 궤도에 전자 7개가 있다.

최외각 궤도에 전자 1개가 있다.

Cl 원자는 17개의 양성자와 17개의 전자를 가지고 있다.

Na 원자는 11개의 양성자와 11개의 전자를 가지고 있다.

(B) 이온

최외각 궤도에서 전자 하나를 얻었다.

전자 하나를 잃어버려서 최외각 궤도가 사라졌다.

하전된 염소 이온(Cl⁻)

하전된 나트륨 이온(Na⁺)

물의 화학적 성질

(A) 물 분자

2개의 수소 원자가 하나의 산소 원자와 불균등하게 전자를 공유하여, 극성 물 분자를 만드는데, 수소 끝은 양으로 하전되고 산소 끝은 음으로 하전된다.

H　H

O

H₂O

(B) 수소 결합

수소 결합으로 물 분자는 최대 네 가지 결합을 할 수 있다.

각 물 분자의 H⁺과 O²⁻은 인근 물 분자에 끌린다.

분자 : 소금과 물

소금 결정은 이온 간의 전기적 인력을 통해 결합한다. 식용 소금의 화학식 NaCl(염화나트륨)은 이 분자가 나트륨 하나와 염소 하나로 구성되어 있음을 의미한다. 염화칼륨의 화학식 KCl은 칼륨 이온(K⁺) 하나와 염소 이온(Cl⁻) 하나로 이루어져 있다는 것을 나타낸다.

　원자들이 함께 결합하여 분자를 형성하는데, 분자는 물질의 최소 단위로 그 물질의 속성을 모두 가진다. 물 분자(H₂O)는 물의 최소 단위이며 물의 속성을 그대로 가진다. 물 분자를 더 쪼개면 그것을 구성하는 원소인 수소 기체와 산소 기체가 방출된다. H₂O라는 기호는 하나의 물 분자가 수소 원자 2개와 산소 원자 1개의 결합체임을 나타낸다.

　이온 결합으로 소금 분자들이 함께 유지되지만, 물 분자의 원자들은 전자를 공유하고, 전자 공유는 동일하지 않다. 즉 수소의 전자가 각 수소 원자의 궤도를 돌 때보다 산소 원자의 궤도를 돌 때 더 많은 시간이 걸린다. '물의 화학적 성질' 그림 A에서처럼 이 구조로 인해 물 분자의 산소 영역은 약한 음전하를 띠고, 수소 영역은 약한 양전하를 띠게 된다. 원자처럼 대부분 분자도 전기적으로 중성이지만, 물은 극성을 가지고 있어서 양쪽 끝의 전하가 반대이다.

　물 분자는 극성을 띠기 때문에 다른 하전된 물질 및 다른 물 분자에게 끌린다. '물의 화학적 성질' 그림 B는 수소 결합(hydrogen bond)이라고 하는 인력을 보여준다. 수소 결합 덕분에 물은 전기적으로 중성인 소금 결정을 그것을 구성하는 이온으로 용해시킬 수 있다. 따라서 소금이 물에 들어가면 원래의 형태를 유지하지 못하고 용해된다. '소금물' 그림에 제시되어 있듯이 극성을 가진 물 분자는 Na⁺과 Cl⁻ 격자에 끼어들어 이온들을 둘러싸고 분리시킨다.

　본질적으로 뇌세포는 소금물에 담겨 있고, 이 소금물이 뇌세포들이 활동하는 매체가 되고, 세포들의 교신을 지원하며, 뇌척수액을 구성한다. 뇌의 소금물 성분에는 염화나트륨 그리고 KCl(염화칼륨)과 CaCl₂(염화칼슘)를 포함하는 다른 여러 용해된 염이 포함되어 있다.

소금물

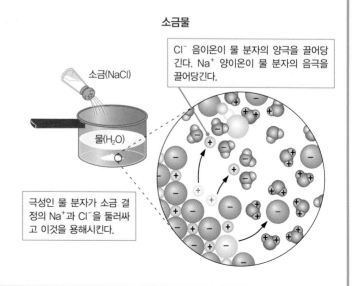

Cl⁻ 음이온이 물 분자의 양극을 끌어당긴다. Na⁺ 양이온이 물 분자의 음극을 끌어당긴다.

소금(NaCl)

물(H₂O)

극성인 물 분자가 소금 결정의 Na⁺과 Cl⁻을 둘러싸고 이것을 용해시킨다.

는 세포 내 구획 주변의 경계를 형성한다.

소수의 물질은 자발적으로 세포를 드나들 수 있지만, 세포막은 많은 물질의 통과를 조절할 수 있다. 세포에서 만들어진 어떤 단백질은 세포막에 삽입되어 세포 안팎으로의 물질 수송을 촉진한다. 따라서 이들 단백질은 세포라는 공장의 관문 역할을 하는 것이다. 세포막이 통과할 수 있는 물질을 선택하기 때문에 이를 **반투과성막**(semipermeable membrane)이라 한다.

뉴런과 교세포가 서로 밀접하게 결합된 것처럼 보이지만 다른 모든 세포와 마찬가지로 그것들은 주로 소금과 다른 화학물질이 녹아 있는 **세포외액**(extracellular fluid)에 의해 분리되어 있다. 세포 안에는 그와 유사한 **세포내액**(intracellular fluid)이 있다. 세포로의 물질 유입과 유출을 결정하는 가장 중요한 요인은 세포막의 반투과성인데, 이 때문에 세포 안팎의 물질 농도가 달라진다.

그림 3.10에 그려진 세포 내부에는 소기관을 둘러싸는 막이 있는데, 이것은 공장의 여러 작업장이 내벽으로 구분되는 것과 유사하다. 각 소기관의 막도 상대적인 비투과성을 가지고 있어서 필요한 화학물질은 경계 안에 모으고 필요 없는 것은 내보낸다.

중요한 **핵막**(nuclear membrane)이 세포의 **핵**(nucleus)을 둘러싸고 있다. 세포핵에서는 세포의 단백질에 대한 청사진인 유전자가 저장되고, 복제되며, 그다음 작업 현장에 해당하는 **소포체**(endoplasmic reticulum, ER)로 보내진다. 핵막의 연장부인 소포체에서는 핵에서 전송된 지시에 따라 세포의 단백질 산물이 조립된다. 일단 단백질들이 조립되면 꾸러미로 만들어져 세포 곳곳으로 보내진다. 우편물실이라 할 수 있는 **골지체**(Golgi body)에서 단백질 포장, 주소 기입, 배송이 이루어진다.

다른 세포 성분으로 3종류의 **세관**(tubule)인 미세소관, 신경미세섬유, 미세섬유가 있다. **미세섬유**(microfilament)와 **신경미세섬유**(neurofilament)는 세포의 구조를 강화하여 세포가 고유의 형태를 띠게 할 뿐 아니라 세포가 생존하는 동안 그 형태와 기능이 변할 수 있게 해준다. **미세소관**(microtubule)은 수송망을 형성하여 단백질을 목적지로 운반하는 데 기여하는데, 이는 공장의 트럭과 지게차가 제품을 목적지로 옮길 때 이용하는 도로와 비슷하다.

여러 세관은 단백질로 만들어진 구형 또는 섬유형 구조물로 한쪽 끝은 양전하, 다른 쪽 끝은 음전하를 띤다. 이 상반된 전하로 인해 성분들이 함께 결합하여 발판(scaffold, 공사 중인 건물의 비계와 유사) 또는 세포의 구조를 결정하고 통신선으로 작용하는 궤도(철로의 레일과 유사)를 만들 수 있다. 발판을 무너뜨리는 병에 걸리면 세포가 그 형태를 잃게 되고(건물에서 지지빔을 제거하는 상황과 유사), 수송 궤도를 파괴하는 병에 걸리면 세포가 그 기능을 잃게 된다. 알츠하이머병의 일부 유형과 같은 퇴행성 질환은 세포 위축이 특징이다. 뇌진탕과 같은 종양성 뇌 질환은 뉴런 수송 체계의 기능장애와 관련이 있을 수 있다.

그림 3.10에 보이는 세포 공장의 중요한 다른 두 부분은 **미토콘드리아**(mitochondria, 단수형은 mitochondrion)와 **리소좀**(lysosome)이다. 미토콘드리아는 세포의 발전소로 필요한 에너지를 공급하고, 리소좀은 유입되는 물자를 수송하며 쓰레기를 모으고 제거한다. 흥미롭게도 어린 세포보다 나이 든 세포에 더 많은 리소좀이 있다. 우리 사회가 그런 것처럼 세포도 쓰레기 처리라는 난제를 가지고 있는 것 같다.

여러 유형의 미토콘드리아 질병은 기원이 주로 유전적이며, 만성 피로를 비롯한 여러 증상을 나타낸다. 일차 미토콘드리아 질병은 유전적이고, 하나 이상의 기관에서 미토콘드리아가 정상 기능에 필요한 충분한 에너지를 생산하지 못한다. 이차 미토콘드리아 질병은 다른 질병(알츠하이머병, 당뇨병, 암 등)과 연관되어 나타난다.

세포막 : 장벽과 문지기

세포막이 세포내액과 세포외액을 분리하기 때문에 세포는 독립된 단위로 기능할 수 있다. **그림 3.11A**에 보이는 것처럼 세포막의 이중 구조가 세포의 안팎으로의 물질 이동을 조절하는데, 여기에는 물도 포함된다. 너무 많은 물이 세포 안에 들어오면 세포는 터지고, 너무 많은 물이 세포 밖으로 나가면 세포는 쪼그라든다. 세포막의 구조는 이 두 가지 사건이 일어나지 않게 해준다.

또한 세포막은 세포의 안팎에 있는 염류와 다른 화학물질의 농도 차이도 조절할 수 있다. 화학물질 농도의 균형이 무너지면 세포가 정상적으로 기능할 수 없으므로 이 농도 조절은 중요하다. 세포막의 어떤 속성이 세포 안의 물과 염의 농도를 조절하게 하는가? 한 속성은 세포막의 특수한 분자 구조이다. 인지질(phospholipid)이라는 이 분자는 확대한 그림(그림 3.11B)에서 볼 수 있듯이 그것의 구조를 묘사하는 명칭이다.

그림 3.11C에 인지질 분자의 공간-채움(space-filling) 화학 모형이 나와 있다. 이 분자의 머리에는 다른 원자들과 결합한 인(P) 원소가 있고, 두 꼬리는 지질 혹은 지방 분자이다. 머리 영역은 전기적 극성을 가지는데, 물 분자처럼 한쪽은 양전하, 다른 쪽은 음전하를 띤다. 꼬리는 공유된 전자에 의해 단단히 결합된 수소와 탄소 원자로 구성되어 있으며, 이 지질 꼬리에는 극성을 띠는 영역이 없다.

극성 머리와 비극성 꼬리는 인지질 분자가 세포막을 형성할 수 있는 근본적인 이유이다. 머리는 친수성(hydrophilic, '물'을 뜻하는 그리스어 *hydro*와 '사랑'을 뜻하는 *philia*에서 유래)이어서 다른 인지질 분자 및 극성을 가진 물 분자에 끌린다. 비극성인 지질 꼬리는 물에 끌리지 않는다. 그것은 소수성(hydrophobic, '공포'를 뜻하는 그리스어 *phobia*에서 유래) 또는 물 혐오적이다.

문자 그대로 인지질의 머리는 물을 좋아하고 꼬리는 물을 싫어한다. 물을 피하기 위해 인지질 분자의 꼬리는 서로를 향하고, 친수성 머리는 다른 인지질 분자의 머리와 나란히 정렬하여 세포내액 및 세포외액 쪽을 향한다. 이중의 인지질 분자 층이 이런 방식으로 배열되어 세포막을 구성한다(그림 3.11A 참조).

이중 세포막은 유연하면서도 다양한 물질에 대해 강력한 장벽 역할을 한다. 세포막은 세포내

중추신경계에서 세포외액은 뇌척수액이다.

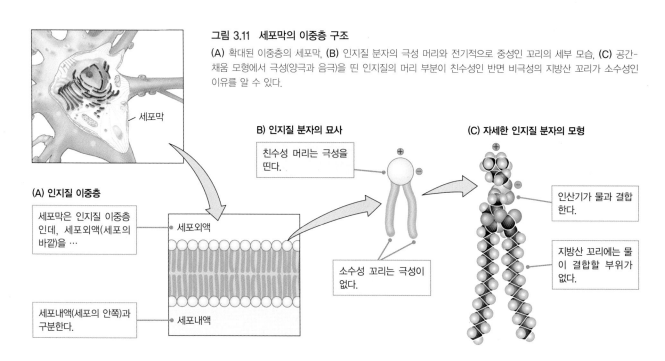

그림 3.11　세포막의 이중층 구조
(A) 확대된 이중층의 세포막, (B) 인지질 분자의 극성 머리와 전기적으로 중성인 꼬리의 세부 모습, (C) 공간-채움 모형에서 극성(양극과 음극)을 띤 인지질의 머리 부분이 친수성인 반면 비극성의 지방산 꼬리가 소수성인 이유를 알 수 있다.

세포막

(A) 인지질 이중층

세포막은 인지질 이중층인데, 세포외액(세포의 바깥)을 …

세포외액

세포내액

세포내액(세포의 안쪽)과 구분한다.

B) 인지질 분자의 묘사

친수성 머리는 극성을 띤다.

소수성 꼬리는 극성이 없다.

(C) 자세한 인지질 분자의 모형

인산기가 물과 결합한다.

지방산 꼬리에는 물이 결합할 부위가 없다.

유전자 특성 단백질 합성을 암호화하는 DNA 분절

액 및 세포외액의 물에 대해 비투과적인데, 이것은 극성인 물 분자가 막 내부의 소수성 꼬리를 통과할 수 없기 때문이다. 세포외액과 세포내액의 이온들도 이 막을 관통할 수 없는데, 그것은 전하를 띤 이온이 극성인 인지질 머리에 의해 차단되기 때문이다. 이 때문에 산소(O_2), 이산화탄소(CO_2), 포도당과 같은 일부 크기가 작은 소수의 분자만 인지질 이중층을 통과할 수 있다.

핵과 단백질 합성

공장에 비유하면 핵은 세포의 사장실로, 이곳에서 단백질을 만들기 위한 청사진이 저장되고, 복제되며, 작업장으로 전달된다. **유전자**(gene)라고 하는 이 청사진은 DNA의 분절로 특정 단백질의 합성을 암호화하고 있다. 유전자는 **염색체**(chromosome)에 위치하며, 염색체는 유기체의 전체 DNA 라이브러리를 가진 이중 나선 구조물이다.

염색체는 청사진 책과 같다. 각 염색체에는 수천 개의 유전자가 있다. 각 유전자는 하나의 단백질을 만들기 위한 청사진 또는 암호를 가지고 있다. 세포핵에서 염색체의 위치, 염색체의 생김새, 염색체 안의 DNA 구조가 **그림 3.12**에 나와 있다.

이 정적인 염색체 그림은 살아 있는 세포에서의 염색체 모습을 그대로 보여주지 못한다. 세포핵의 영상물에서는 염색체의 형태와 위치가 계속 바뀌는 것을 볼 수 있는데, 이는 핵 안에서 최상의 위치를 차지하려는 다툼일 것이다. 염색체의 형태가 바뀜에 따라 주변 체액에 노출되는 유전자가 달라지고, 노출된 유전자에서 단백질을 만들기 위한 과정이 시작될 수 있다.

인간의 체세포는 23쌍의 염색체, 즉 합계 46개의 염색체를 가지고 있다(반면 생식세포에 있는 23개의 염색체는 짝이 없다). 각 염색체는 디옥시리보핵산(deoxyribonucleic acid, DNA)의 이중 가닥 분자이다. DNA 분자의 두 가닥은 그림 3.12처럼 서로 감고 있다.

각 가닥에는 유전자 암호의 구성 분자인 4개의 뉴클레오티드 염기(nucleotide base), 즉 아데닌(adenine, A), 티민(thymine, T), 구아닌(guanine, G), 시토신(cytosine, C)이 다양한 서열로 배열되어 있다. 한 가닥의 아데닌은 언제나 반대편 가닥의 티민과 짝을 이루고, 구아닌은 언제나 반대편의 시토신과 짝을 이룬다. DNA 나선의 두 가닥은 각 쌍의 염기들이 서로 끌어당기는 힘으로 결합한다(그림 3.12). 염색체 안에 있는 수백 개의 뉴클레오티드 염기의 서열이 바로 유전 암호이다. 과학자들은 이 암호를 뉴클레오티드 염기의 첫 글자를 따서 ATGCCG 등으로 표기한다.

인간의 생식세포는 정자(남성)와 난자(여성)이다.

염색체라는 명칭은 '채색된 물체'를 의미하고, 또한 이 명칭은 특정 염료로 쉽게 염색될 수 있기 때문에 붙여졌다.

이미 보았듯이 유전자는 DNA 가닥의 한 분절이다. 하나의 유전자 암호는 많은 뉴클레오티드 염기의 서열이다. 글자의 서열이 단어이듯이 ACTG라는 염기쌍의 서열은 특정 단백질을 만들기 위해서 그 구성 분자인 아미노산(amino acid)이 조립될 순서를 가리킨다. 평균적으로 각 유전자는 30,000개 정도의 염기쌍을 가지며, 인간의 전체 유전체는 약 30억 개의 염기쌍으로 구성된다. 인간의 유전체를 출력하면 175권의 큰 책을 꽉 채우는 정도인데, 각 책은 적절한 순서로 유전 암호가 인쇄된 약 1,500쪽으로 구성된다(Brooks, 2016).

단백질 합성을 시작하려면 먼저 DNA 가닥의 해당 유전자 분절이 풀려서 염기가 노출되어야 한다. DNA

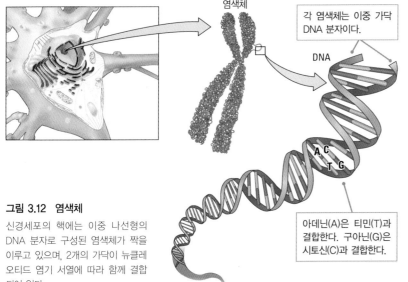

염색체

각 염색체는 이중 가닥 DNA 분자이다.

DNA

A
C
T
G

아데닌(A)은 티민(T)과 결합한다. 구아닌(G)은 시토신(C)과 결합한다.

그림 3.12 염색체
신경세포의 핵에는 이중 나선형의 DNA 분자로 구성된 염색체가 짝을 이루고 있으며, 2개의 가닥이 뉴클레오티드 염기 서열에 따라 함께 결합되어 있다.

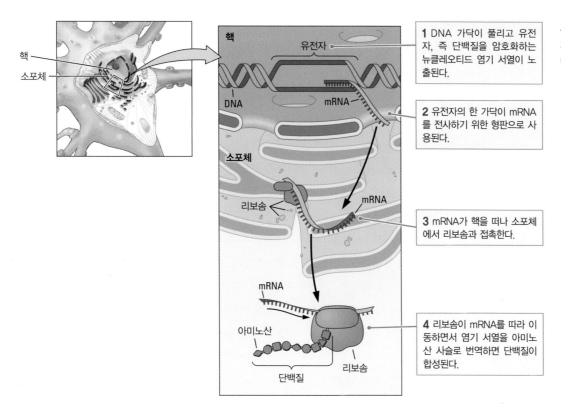

그림 3.13 단백질 합성

세포 내의 정보 흐름은 DNA → mRNA → 단백질의 순서이다.

1 DNA 가닥이 풀리고 유전자, 즉 단백질을 암호화하는 뉴클레오티드 염기 서열이 노출된다.

2 유전자의 한 가닥이 mRNA를 전사하기 위한 형판으로 사용된다.

3 mRNA가 핵을 떠나 소포체에서 리보솜과 접촉한다.

4 리보솜이 mRNA를 따라 이동하면서 염기 서열을 아미노산 사슬로 번역하면 단백질이 합성된다.

가닥에서 노출된 뉴클레오티드 염기 서열은 유리되어 떠다니는 다른 뉴클레오티드 분자를 끌어당기는 형판으로 작용한다. 그 형판에 달라붙은 뉴클레오티드는 상보적인 **리보핵산**(ribonucleic acid, RNA) 가닥을 형성한다. 그다음 이 단일 가닥 핵산 분자는 DNA에서 분리되어 세포 구조 내에서 단백질 합성을 위한 암호를 가지고 세포핵을 떠난다. **전사**(transcription)라 불리는 이 과정이 **그림 3.13**의 1~2단계에 나와 있다(전사한다는 것은 '복사한다'는 의미이고, 이는 텍스트로 수신한 메시지 일부를 복사하는 것과 같다).

소포체와 단백질 합성

전사를 통해 만들어진 RNA는 염기 티민이 우라실(uracil, U)로 대치되었다는 점을 제외하면 단일 가닥의 DNA와 흡사하다. DNA에서 티민처럼 우라실이 아데닌으로 끌리고, 그 밖의 RNA와 DNA의 염기 암호는 유사하다. 전사된 RNA 가닥을 **전령 RNA**(messenger RNA, mRNA)라고 하는데, 그 이유는 그것이 단백질 암호(메시지)를 핵에서 단백질이 만들어지는 소포체로 전달하기 때문이다.

그림 3.13의 3~4단계에서 얇은 막이 접혀 통로를 만드는 형태를 취하고 있는 소포체를 볼 수 있다. 소포체의 한 가지 특징은 그것에 **리보솜**(ribosome)이 많이 박혀 있다는 것인데, 이것은 단백질 합성을 촉진하는 촉매 역할을 하는 단백질 구조물이다. mRNA 분자가 소포체에 도착하면 리보솜을 통과하고, 그곳에서 유전 암호가 읽힌다. 이 **번역**(translation) 과정에서 mRNA의 특정 뉴클레오티드 염기 서열이 아미노산의 특정 서열로 전환된다. 운반 RNA(transfer RNA, tRNA)가 뉴클레오티드 염기를 아미노산으로 번역하는 과정을 돕는다.

mRNA 분자를 따라 배열된 연속되는 3개의 뉴클레오티드 염기 집단이 하나의 특정 아미노산을 암호화한다(**그림 3.14**). 이러한 세 염기의 서열을 **코돈**(codon)이라 한다. 예를 들어 우라실, 구아닌, 구아닌의 염기 서열(UGG)은 아미노산 트립토판(Trp)에 대한 유전 암호이고,

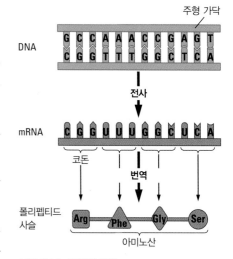

그림 3.14 전사와 번역

단백질 합성에서(그림 3.13 참조) 하나의 DNA 가닥(위)은 mRNA로 전사된다. mRNA 가닥(가운데)에서 세 염기 배열(코돈)은 하나의 아미노산을 암호화한다. 코돈의 지시에 따라 아미노산은 함께 붙어서 폴리펩티드 사슬을 형성한다(아래). 그림에 있는 아미노산은 아르기닌(arginine, Arg), 페닐알라닌(phenylalanine, Phe), 글리신(glycine, Gly), 세린(serine, Ser)이다.

(A) 아미노산 구조

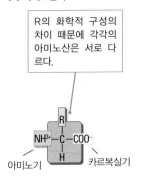

R의 화학적 구성의 차이 때문에 각각의 아미노산은 서로 다르다.

아미노기   카르복실기

(B) 폴리펩티드 사슬

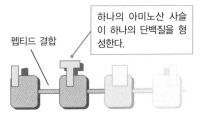

펩티드 결합

하나의 아미노산 사슬이 하나의 단백질을 형성한다.

그림 3.15 아미노산의 특성
(A) 각 아미노산은 탄소(C)를 중심으로 아미노기(NH^{3+})와 카르복실기(COO^-), 독특한 곁사슬(R)이 붙어 구성된다. **(B)** 아미노산들은 펩티드 결합으로 연결되어 하나의 폴리펩티드 사슬을 형성한다.

단백질 신체에서 특정 기능을 하는 접힌 폴리펩티드 연쇄

우라실, 우라실, 우라실의 염기 서열(UUU)은 아미노산 페닐알라닌(Phe)에 대한 유전 암호이다. mRNA 가닥에 있는 코돈의 서열이 결과물인 아미노산 사슬의 서열이다.

인체는 구조가 비슷한 20개의 아미노산을 이용한다(**그림 3.15A**). 각각은 하나의 수소(H) 원자에 결합된 중심의 탄소(C) 원자, 하나의 아미노기(amino group, NH^{3+}), 하나의 카르복실기(carboxyl group, COO^-), 하나의 곁사슬(side chain, R로 표시)로 구성된다. 이 곁사슬의 화학적 구성은 아미노산마다 다르다. 각 아미노기는 인접하는 아미노산의 카르복실기와 결합하는데, 이것이 펩티드 결합(peptide bond)이기 때문에 아미노산 사슬의 다른 명칭이 폴리펩티드 사슬이다 (그림 3.15B).

영어 알파벳 26개로 무수히 많은 단어를 만들 수 있듯이 20개의 아미노산으로 만들 수 있는 폴리펩티드('많은 펩티드'라는 뜻)의 수도 엄청나다. 펩티드 2개가 결합된 디펩티드(dipeptide)는 $400(20 \times 20)$개까지 만들어질 수 있고, 3개가 결합된 트리펩티드(tripeptide)는 $8,000(20 \times 20 \times 20)$개까지 가능하며, 폴리펩티드는 거의 무한대이다.

요약하면 유전 암호에 의한 단백질 생산은 개념적으로 아주 단순하다. DNA 가닥의 일부인 유전자가 mRNA 가닥으로 전사되고, 리보솜이 이 mRNA를 아미노산의 분자 사슬, 즉 단백질을 형성하는 폴리펩티드 사슬로 번역한다. 다음 절에서 단백질 형성의 다른 기제를 보겠지만 단백질을 만드는 이 순서는 다음과 같다.

$$DNA \rightarrow mRNA \rightarrow 단백질$$

단백질과 RNA : 세포의 생산품

폴리펩티드 사슬과 단백질은 관계가 있지만, 그들이 항상 같은 것은 아니다. 그 관계는 긴 리본과 그것으로 만들 수 있는 매듭의 관계와 유사하다. 긴 폴리펩티드 사슬은 쉽게 나선 모양으로 꼬이거나 주름이 잘 잡히기 때문에 **그림 3.16**에서 볼 수 있는 것과 같은 복잡한 모양으로 변형될 수 있다. **단백질**(protein)이란 접힌 폴리펩타이드 사슬이고, 그 모양이 기능에 중요하다.

단백질은 구조가 다소 바뀌어도 여전히 기능을 발휘할 수 있다. 세포에는 단백질이 올바르게 주름이 잡히고 접히게 하는 기제와 잘못 접힌 단백질을 제거하는 기제가 있다. 그러나 이들 기제가 항상 성공적으로 작동하지 않아서 잘못 접힌 단백질이 100가지 이상의 신경계 질환에서 큰

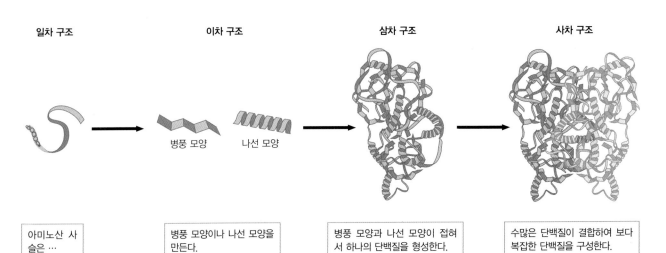

일차 구조	이차 구조	삼차 구조	사차 구조
	병풍 모양 나선 모양		
아미노산 사슬은 …	병풍 모양이나 나선 모양을 만든다.	병풍 모양과 나선 모양이 접혀서 하나의 단백질을 형성한다.	수많은 단백질이 결합하여 보다 복잡한 단백질을 구성한다.

그림 3.16 단백질 구조의 4단계
하나의 폴리펩티드 사슬이 병풍 모양이 되는지, 나선 모양이 되는지, 최종적으로 삼차원적 형태가 되는지는 일차 구조의 아미노산 배열에 의해 결정된다.

혼란을 일으킨다. 프리온(prion, '감염성 단백질'을 뜻하는 용어에서 유래)은 잘못 접힌 단백질이며, 다른 단백질을 잘못 접히게 만든다. 이 단백질은 크로이츠펠트-야콥병(광우병이라고도 함), 양의 소모성 질환, 알츠하이머병 및 파킨슨병의 일부 유형을 포함하는 많은 퇴행성 뇌질환에 연루되어 있다.

모든 인체 세포와 마찬가지로 하나의 뉴런에 단백질로 번역되는 RNA를 만드는 20,000개 정도의 유전자와 다른 기능을 하는 RNA를 만드는 25,000개 정도의 유전자가 있다. 유전자 번역에 관여하는 RNA는 20,000개 미만이고, 이들 RNA는 단백질로 번역되지 않으므로 비암호 RNA(ncRNA)라 한다(Slazberg, 2018). 그러나 한 뉴런에서 만들어질 수 있는 단백질의 수는 유전자의 수보다 훨씬 많다. 각 유전자는 하나의 단백질을 암호화하지만 하나의 단백질이 효소에 의해 여러 개로 나누어져 둘 이상의 단백질을 만들거나 다양한 세포 과정에서 다른 단백질과 결합하여 또 다른 단백질을 만들 수도 있다.

단백질의 모양과, 모양을 바꾸는 능력, 그리고 다른 단백질과 결합하는 능력이 단백질 기능의 핵심이다. 단백질은 다른 단백질의 길이, 모양, 작용을 수정할 수 있는 효소로 작용하여 화학 반응을 촉진하기도 한다. 세포막에 박힌 단백질은 막을 경유하는 물질의 흐름을 조절할 수 있다. 또한 단백질은 한 세포에서 다른 세포로 이동할 수 있어서 전령(messenger) 분자로 작용하기도 한다.

골지체와 미세소관 : 단백질 포장과 수송

단백질을 해당 목적지로 제대로 보내기 위해 포장하고, 라벨을 붙이며, 배송하는 역할을 하는 세포 성분이 있다. 이 성분들의 기능은 우편 또는 배송 서비스와 비슷하다.

세포에서 합성된 단백질 분자를 해당 목적지로 보내기 위해서는 먼저 막으로 포장하여 수신처의 주소를 적어야 한다. 이 포장 및 주소 기입은 골지체라는 소기관에서 이루어진다. 포장된 단백질은 운동 분자에 적재되어 세포 전체로 뻗어가는 많은 미세소관을 따라 목적지로 운반된다. 단백질의 수송 과정을 **그림 3.17**에 제시하였다.

세포 안에 남아 있어야 할 단백질은 세포내액으로 들어간다. 세포막에 병합되어야 할 단백질은 세포막으로 옮겨져 그곳에 삽입된다. 특정 단백질이 세포 바깥으로 배출되어야 한다면 **세포외유출**(exocytosis)이라는 과정을 통해 이동한다. 단백질을 감싸는 막인 소낭(vesicle)이 세포의 막에 융합된 다음 단백질이 세포외액으로 방출된다.

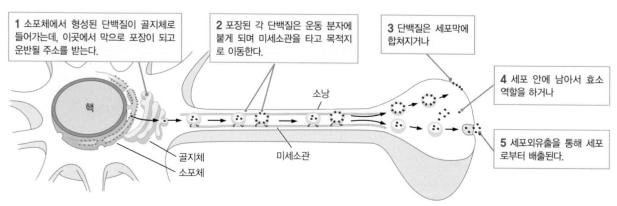

1 소포체에서 형성된 단백질이 골지체로 들어가는데, 이곳에서 막으로 포장이 되고 운반될 주소를 받는다.

2 포장된 각 단백질은 운동 분자에 붙게 되며 미세소관을 타고 목적지로 이동한다.

3 단백질은 세포막에 합쳐지거나

4 세포 안에 남아서 효소 역할을 하거나

5 세포외유출을 통해 세포로부터 배출된다.

핵

골지체

소포체

소낭

미세소관

그림 3.17   단백질 수송
단백질을 세포 바깥으로 내보내는 과정에는 포장, 수송, 최종 목적지에서의 기능 부여 등이 포함된다.

프리온병에 대해서는 16-3절에서 자세하게 다룬다.

채널 이온이 통과할 수 있는 세포막에 삽입된 단백질의 구멍

관문 세포막에 삽입된 단백질로, 상황에 따라 물질의 막 통과를 허용 또는 차단한다.

펌프 세포막에 있는 단백질로, 물질을 막 건너로 능동적으로 수송한다.

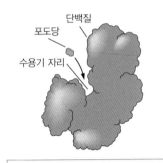

단백질에 포도당 수용기가 있다.

단백질 수용기에 결합된 포도당

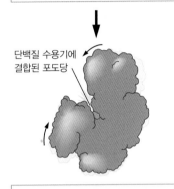

포도당이 수용기와 결합하면 단백질은 형태를 바꾼다.

그림 3.18 수용기 결합
어떤 화학물질이 단백질의 수용기에 결합하면 단백질이 형태를 바꾸는데, 그렇게 되면 그 단백질의 기능이 바뀐다.

신경전달 과정에서 막 단백질의 역할과 작용은 4장과 5장에서 살펴본다.

세포막 통과 : 채널, 관문, 펌프

일부 단백질은 세포막에 삽입된다. 이들 단백질은 여러 기능을 하는데, 여기에는 염, 당, 다른 화학물질과 같은 작은 분자를 막을 가로질러 수송하는 것이 포함된다. 세 가지 종류의 막 단백질인 채널, 관문, 펌프가 수송 기능을 하는 방식을 살펴볼 것이다. 각각의 경우 특정 단백질의 기능은 그 단백질의 구조에서 비롯되는 출현 속성(emergent property)이다.

단백질의 모양과 그 모양을 바꾸는 능력은 단백질 분자를 구성하는 아미노산의 서열에서 나온다. 어떤 단백질은 다른 화학물질이 그들과 결합할 때 모양을 바꾸고, 다른 것들은 온도에 따라 모양을 바꾸며, 또 다른 것들은 전하의 변화에 반응하여 모양을 바꾼다. 단백질 분자가 형태를 바꾸는 능력은 문의 자물쇠와 비슷하다. 딱 맞는 크기와 모양의 열쇠를 자물쇠 안에 넣고 돌리면 잠금 장치가 작동되어 형태가 바뀌고 문이 닫히거나 열릴 수 있다.

형태가 바뀌는 단백질의 한 예가 **그림 3.18**에 있다. 이 단백질 분자의 표면에 열쇠 구멍과 비슷한 홈이 있는데, 이것을 수용기(receptor)라 한다. 포도당과 같은 작은 분자나 다른 단백질이 단백질의 수용기에 결합하면 그 단백질의 모양이 바뀐다. 이렇게 모양이 바뀌면 그 단백질은 새로운 기능을 할 수 있다.

어떤 막 단백질은 물질이 통과할 수 있는 **채널**(channel)이 된다. 크기가 다른 채널이 다양한 크기의 물질 통과를 조절한다. **그림 3.19**A에 칼륨(K^+)은 통과시키지만 다른 이온은 차단할 수 있는 크기를 가진 채널을 형성하는 특정 구조의 단백질을 제시하였다. 다른 단백질 채널은 나트륨 이온이나 염소 이온의 세포막 통과를 조절한다. 이처럼 물질에 따라 통과를 조절하는 다양한 단백질 채널이 있다.

그림 3.19B는 물질 통과를 조절하는 **관문**(gate) 역할을 하는 단백질 분자를 보여준다. 그림 3.18에서 본 단백질과 마찬가지로 관문도 어떤 자극에 대한 반응으로 변형된다. 이 단백질의 모양이 채널을 형성할 때는 물질이 통과할 수 있고, 채널이 닫힌 모양을 취하고 있을 때는 물질이 통과하지 못한다.

형태가 바뀌면 **펌프**(pump)의 역할을 하는 단백질도 있다. 이런 단백질의 형태가 변하면 막의 한쪽에 있는 Na^+과 막의 다른 쪽에 있는 K^+을 교환하는 방식으로 Na^+과 K^+을 막 건너편으로 퍼 나른다.

채널, 관문, 펌프는 물질이 세포 안팎으로 이동하는 데 중요한 역할을 한다. 물질의 통과는 뉴런이 메시지를 전달하는 방식을 설명하는 데 중요하다. 4장에서 뉴런이 교신하기 위해서 전기적 활동을 이용하는 방식을 살펴볼 것이다.

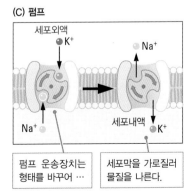

(A) 채널

K^+

이온은 해당 이온 채널을 통해 세포막을 지나갈 수 있다.

(B) 관문 채널

관문 열림 · 관문 닫힘

Na^+

관문 채널은 형태를 바꾸어 관문이 열릴 때 물질이 통과하며 …

하나 혹은 두 관문이 모두 닫혔을 때는 물질이 통과하지 못하게 된다.

(C) 펌프

세포외액 K^+ · Na^+

세포내액 K^+ · Na^+

펌프 운송장치는 형태를 바꾸어 …

세포막을 가로질러 물질을 나른다.

그림 3.19 막관통 단백질
채널, 관문, 펌프는 세포막에 삽입되어 있다.

3-2 복습

진도를 계속 나가기 전에 앞 절을 얼마나 이해했는지 확인해보자. 정답은 이 책의 뒷부분에 있다.

1. 세포를 구성하는 성분에는 _____, _____, _____, _____, _____, _____이/가 포함된다.

2. 세포막의 단백질은 많은 기능을 하는데, 여기에는 막에서 _____, _____, _____ (으)로 작용하여 막 건너로 물질 이동을 조절하는 것이 포함된다.

3. 단백질이 합성되는 기본적인 순서는 _____이/가 _____을/를 만들고, 이어서 이것이 _____을/를 만든다.

4. 일단 _____에서 단백질에 만들어지면 _____에 의해 막으로 둘러싸이고, _____에 의해 뉴런이나 막의 목적지로 보내지며, _____에 의해 세포로부터 방출된다.

5. 세포의 단백질 합성이 행동에 기여하는 방식을 설명하시오.

6. 비정상적 단백질 합성의 결과로 질병이 발생하는 방식을 기술하시오.

3-3

유전자, 세포, 그리고 행동

유전형(genotype, 유전적 구성)이 신체적 및 행동적 특질에 영향을 미치고, 이들 특질이 결합하여 **표현형**(phenotype, 개체 특성으로 행동적 특성도 포함)을 형성한다. 인간 유전체 프로젝트 (Human Genome Project)에서 수행된 유전자 분석에서 인간의 유전체가 약 30,000개 정도의 유전자로 이루어져 있음이 밝혀졌으며, 현재 개인의 유전체 서열을 분석하는 것은 일상적인 일이 되었다(연구 초점 3-1의 비어리 쌍둥이를 생각해보라). 최초로 자신의 유전체 서열을 분석한 사람은 유전체에 관한 공동 서술자인 Craig Venter였다(Check, 2007).

연구자들은 네안데르탈인을 포함하여 일부 공동 조상의 유전체 서열을 분석하였다. 유전체의 서열을 분석해보면 우리 자신과 네안데르탈인의 가능한 관계를 포함하여 유전체가 암호화하는 기능의 많은 측면을 알 수 있다. 유럽인을 조상으로 둔 사람들이 이 유전체를 가지고 있을 것이다. 여기에 소요되는 비용은 100달러 정도이다.

유전자가 우리의 특질에 영향을 미치는 방식을 연구하는 것이 멘델 유전학의 목적인데, 여기에서 멘델은 유전자라는 개념을 끌어낸 연구를 했던 그레고어 멘델의 이름을 딴 것이다. 환경이 유전자 발현에 미치는 영향을 연구하는 것은 후생유전학의 목적이다. 이 절에서는 두 요인이 표현형에 영향을 미치는 방식을 알아볼 것이다.

학습 목표

- 대립유전자 조합이 신체적 및 행동적 특질에 영향을 미치는 방식과 개인의 일생에서 유전적 돌연변이가 생기는 방식을 설명한다.

- 테이-삭스병 및 헌팅턴병과 같은 질병, 염색체 이상에서 우성 및 열성 대립유전자의 역할을 기술한다.

- 유전자 수정에 이용되는 다양한 기법을 기술한다.

- 후생유전학적 기제가 유전 암호 발현에 미치는 영향을 기술한다.

멘델 유전학과 유전 암호

인간의 체세포 핵에는 23쌍, 총 46개의 염색체가 있다. 각 쌍의 한쪽은 어머니, 반대쪽은 아버지에서 물려받은 것이다. 염색체 쌍에는 1~23번 사이의 숫자로 명칭을 붙이며, 1번이 제일 크고 번호와 크기의 순서가 거의 일치한다(**그림 3.20**).

염색체 쌍 1~22번을 **상염색체**(autosome)라

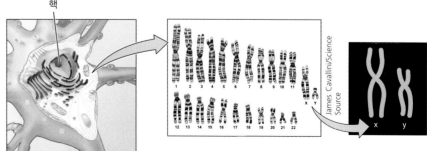

그림 3.20   인간 염색체
인간 세포의 핵은 아버지에게서 온 염색체 23개와 어머니에게서 온 염색체 23개를 가지고 있다. 성적 특징은 23번째 쌍, X와 Y 성염색체에 의해 결정된다.

대립유전자 한 유전자의 대립 형태. 한 유전자 쌍은 2개의 대립유전자를 포함한다.

동형접합 동일한 두 대립유전자가 하나의 특질을 나타내는 것

이형접합 상이한 두 대립유전자가 하나의 특질을 나타내는 것

야생형 전형적인(한 전집에서 가장 공통적인) 대립유전자

돌연변이 한 대립유전자의 변형으로 다른 형태의 단백질이 만들어지는 것

하고, 여기에 포함된 대부분의 유전자는 신체적 외형과 행동에 기여한다. 23번째 쌍은 성염색체(sex chromosome)로, 성과 관련된 신체적·행동적 특성에 기여한다. 포유동물의 두 가지 성염색체를 각기 X와 Y라 한다(그림 3.20). 정상적으로 포유동물 암컷은 2개의 X 염색체를 가지고, 수컷은 X와 Y를 하나씩 가진다. Y 염색체에는 성 결정 영역 Y 단백질을 만드는 성 결정 영역(sex-determining region Y, SRY) 유전자가 있고, 이 단백질이 고환 발달, 나아가 남성 표현형을 촉진한다.

성염색체를 제외한 모든 염색체가 쌍을 이루기 때문에 하나의 세포에 있는 각 유전자도 쌍으로 되어 있는데, 하나는 어머니, 다른 하나는 아버지에서 유래된 것이다. 한 유전자의 이 두 복제본을 **대립유전자**(allele)라 부른다. 여기서 짝지어진이라는 단어는 반드시 똑같다는 것을 의미하는 것이 아니다. 짝을 이루는 대립유전자의 뉴클레오티드 서열은 같을 수도 있고 다를 수도 있다. 그것들이 같으면 두 대립유전자는 **동형접합**(homozygous, *homo*는 '같은 것'을 의미)이다. 다르면 두 대립유전자는 **이형접합**(heterozygous, *hetero*는 '다른'을 의미)이다.

어떤 모집단에서 가장 일반적인 뉴클레오티드 서열을 **야생형**(wild-type) 대립유전자라 하고, 반면에 덜 빈번하게 나타나는 서열을 **돌연변이**(mutation)라고 한다. 어떤 야생형 대립유전자이든 많은 돌연변이를 가질 수 있는데, 그중 유익한 것도 있고, 중립적인 것도 있으며, 유해한 것도 있다.

우성 및 열성 대립유전자

한 유전자 쌍에 있는 두 대립유전자가 동형접합이면, 둘은 똑같은 단백질을 암호화하지만, 이형접합이면 그들은 다른 2개의 단백질을 암호화한다. 단백질이 신체적 또는 행동적 특성을 발현할 때 이형접합 조건에서는 (1) 어머니로부터 온 대립유전자만 발현, (2) 아버지로부터 온 대립유전자만 발현, 또는 (3) 두 대립유전자가 동시에 발현되는 세 가지 결과가 나올 수 있다.

유전자 쌍 중에서 항상 발현되어 특질을 나타내는 것을 **우성**(dominant) 대립유전자라 하고, 발현되지 않는 대립유전자를 **열성**(recessive)이라고 한다. 우성 대립유전자에도 다양한 유형이 있을 수 있다. 완전 우성에서는 우성 대립유전자가 가지고 있는 특성만 표현형으로 발현된다. 불완전 우성에서는 우성 대립유전자의 특성 중 일부만 발현된다. **공우성**(codominance)의 경우에는 그 유전자 쌍에 있는 두 대립유전자의 특성이 모두 완전하게 발현된다.

각 유전자는 독립적으로 자손의 유전에 기여하지만, 그 기여가 자손의 표현형으로 나타나지 않을 수도 있다. 우성 대립유전자와 짝일 때 열성 대립유전자는 종종 발현되지 않는다. 그렇더라도 열성 대립유전자는 다음 세대로 전달될 수 있으며, 우성적 특질의 영향에 의해 가려지지 않으면 자손의 표현형에 영향을 미칠 수 있다.

유전적 돌연변이

이 장의 2절에서 본 기제, 즉 유전자를 복제하여 자손에게 전달하는 과정에 오류가 생길 수 있다. 오류는 생식세포가 유전자를 복제할 때 뉴클레오티드 서열에서 일어날 수 있다. 그렇게 변경된 대립유전자가 **돌연변이**(또는 변이)이다.

돌연변이 중에는 뉴클레오티드 염기 하나에 변화가 일어나는 단일 뉴클레오티드 다형성(single nucleotide polymorphism, SNP)과 같이 규모가 작을 수도 있다. 단일 염기의 변화는 한 코돈에서 하나의 변화를 일으키고, 나아가 단백질에서도 하나의 아미노산에 변화를 일으킨다. 단일 아미

노산의 변화라도 해당 단백질의 기능을 바꾸는 돌연변이가 될 수 있다.

평균적으로 유전자는 수천 개 이상의 뉴클레오티드 염기를 가지기 때문에, 하나의 유전자에서 많은 SNP를 비롯하여 여러 염기에서의 복잡한 변화 또는 상실이 발생할 수 있다. 예를 들어 17번 염색체에 있는 *BRCA1*(BReast CAncer) 유전자는 여성과 남성에서 유방암과 다른 암의 방지에 관여하는 보호 유전자이다. 이 유전자에서 1,000개 이상의 돌연변이가 발견되었다. 따라서 이론적으로 이 유전자 하나로 인해 1,000가지 이상의 방식으로 암에 걸리거나 암에 대한 저항성이 높은 소인이 생길 수 있다.

어떤 유전자에서 뉴클레오티드 1개가 바뀌거나 뉴클레오티드 1개가 추가될 때, 그 결과는 유익할 수도, 파괴적일 수도, 또는 두 가지 모두일 수도 있다. 예컨대 11번 염색체의 *HBB*(헤모글로빈) 유전자에서 염기 A가 T로 대체되면 혈구가 낫 모양으로 변형되는 **겸상적혈구빈혈증**(sickle-cell anemia)이 나타난다. 이 낫 모양이 말라리아에 대해서는 보호 작용을 하지만, 산소 운반 능력을 떨어뜨려 사람을 허약하게 만든다. 이 빈혈증은 가장 흔한 혈액의 유전 질환이며, 미국의 8만 명을 포함하여 세계적으로 수백만 명의 환자가 있다. 이 절에서는 유전자 서열을 편집하여 겸상적혈구빈혈증과 같은 유전 질환을 잠재적으로 교정할 수 있는 다양한 과정을 살펴볼 것이다.

신경과학자들이 아직 인간 행동을 유전자와 관련하여 설명하지 못하지만, 신경계에 영향을 미치는 약 2,000가지의 유전적 비정상성으로 인해 심각한 행동적 결과가 나타난다는 것은 알고 있다. 예를 들어 단일 유전자의 오류가 있어도 이온 채널이 될 단백질은 합성되지만, 그 채널을 통해 해당 물질이 통과하지는 못한다. 그런 돌연변이로 인해 펌프가 만들어지되 물질을 퍼 나르지 못하거나, 세포의 수송체 단백질이 만들어지되 수송을 거부할 수 있다.

획득된 유전적 돌연변이   앞서 보았듯이 유전적 돌연변이는 부모에서 자손으로 유전될 것이다. 그러나 우리가 살아가는 동안 수많은 유전적 돌연변이를 획득하기도 한다. 이 획득된 돌연변이가 유전되는 것은 아니지만, 그것을 가진 개인의 행동에 영향을 미칠 가능성은 있다. 발달 중에 이루어지는 **유사분열**(세포 분열) 오류로 인해 발생하는 돌연변이도 있고, 세포의 DNA가 단백질을 만드는 통상적 활동에 참여할 때 발생하는 것도 있으며, 노화와 연관된 것도 있다.

다양한 돌연변이가 신체나 뇌의 여러 부위는 물론 개별 뇌세포에서도 생길 수 있다. 인간의 뇌에는 860억 개의 뉴런과 850억 개의 교세포가 있고, 이들이 모두 하나의 세포에서 세포 분열에 의해 생성되기 때문에 많은 돌연변이가 나타나는 것이 놀라운 일이 아니다. 단일 인간 세포의 돌연변이를 추정한 한 연구에서는 각 뉴런의 오류가 빠르게 축적된다고 하였다. 한 살이 되었을 때 하나의 뉴런이 300~900개 정도의 돌연변이를 가질 수 있고, 80세에는 2,000개의 돌연변이를 가질 수 있다. 다음을 계산해보자. 뇌세포 수 1,730억에 세포당 돌연변이 수 2,000을 곱하면 평생 어마어마한 수의 돌연변이가 생길 수 있는 것이다(Miller et al., 2021).

노화 뇌의 DNA 변화를 분석하는 것을 **노화 유전체**(genosenium) 연구라 한다. 이 분야의 한 이론에서는 노화가 모든 유전적 돌연변이의 결과라고 설명한다. 요컨대 우리는 유전체가 부모로부터 유전되는 것으로 알고 있지만, 실제로는 우리가 발달하고 나이를 먹어감에 따라 유전체는 많이 수정되는 것이다.

멘델의 법칙 적용

그레고어 멘델이 19세기에 완두를 연구하여 우성 및 열성 대립유전자의 개념을 제시하였다. 현

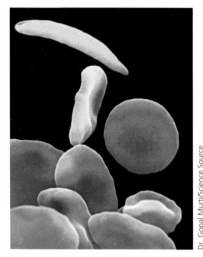

현미경 사진에서 하나의 겸상세포가 건강한(원형의) 혈구로 둘러싸여 있다.

Dr. Gopal Murti/Science Source

실험 1-1은 멘델의 실험을 보여준다.

Warren Tay와 Bernard Sachs라는 과학자가 이 병을 최초로 보고하였다.

테이-삭스병 특정 지방 물질을 분해하는 데 필요한 효소를 암호화하는 유전자의 손실로 발생하는 선천성 유전 질환으로, 생후 4~6개월에 시작되며, 지적장애 및 신체적 변화가 나타나고 5세경에 사망한다.

그림 3.21 유전 양식

(A) 열성 조건 : 부모 중 1명이 돌연변이 대립유전자를 가지고 있으면 병의 증상을 보이지는 않지만 보인자이다. 부모 2명 모두 돌연변이 유전자를 가지고 있으면, 그들의 자식에게 병이 발생할 확률은 25%이다. **(B)** 우성 조건 : 하나의 대립유전자를 가지고 있는 사람에게 병이 발생한다. 이 사람이 정상인 배우자와 결혼하면 자식은 50 대 50의 확률로 병이 발생한다. 부모 2명 모두 유전자 보유자이면, 둘 다 병이 발생하고, 자식에게 발병할 확률은 75%이다.

재 과학자들은 이런 형태의 유전을 멘델 유전학이라 부른다. 많은 종류의 뇌 질환이 이 유형의 유전과 관련이 있다.

뇌에 영향을 주는 대립유전자장애

두 가지 희귀한 뇌 질환을 통해 우성 및 열성 대립유전자에 대한 멘델의 법칙을 알아볼 것인데, 하나는 테이-삭스병이고 다른 하나는 파킨슨병이다. **테이-삭스병**(Tay-Sachs disease)은 HexA(hexosaminidase A)를 만드는 유전자의 기능장애가 원인이다. HexA가 기능을 하지 못하면 뇌세포에 지질이 축적되어 세포에 손상을 일으킨다.

증상은 보통 생후 몇 개월 후에 나타난다. 아기는 발작, 시력의 악화, 운동능력 및 정신능력 퇴화에 시달리기 시작하고, 몇 년 내에 사망한다. 테이-삭스 돌연변이는 중동부 유럽 출신의 유대인과 프랑스계 캐나다인을 포함하여 특정 인종 집단에서 빈번하게 나타나지만, 집단에 따라 돌연변이 발생은 다를 수 있다.

테이-삭스 HexA 효소의 기능장애는 15번 염색체에 있는 *HEXA* 유전자의 열성 대립유전자에 의해 생긴다. 이 병이 나타나려면 비기능적인 2개의 열성 대립유전자의 복제본(부와 모로부터 각기 하나씩)이 있어야 한다. 따라서 부모 모두 열성 테이-삭스 대립유전자를 물려줄 때만 아기에게 테이-삭스병이 발생할 수 있다.

부모 모두가 성인기까지 생존했기 때문에 틀림없이 그들은 그 특정 유전자 짝에 상응하는 우성의 야생형 *HEXA* 대립유전자도 가지고 있었을 것이다. 그러므로 그들에서 생산된 난자와 정자 세포 각각은 적어도 하나의 돌연변이 대립유전자를 가지고 있었을 것이다. 어떤 대립유전자가 자식에게 전달되느냐는 전적으로 우연히 결정된다.

두 명의 테이-삭스 보인자(carrier)에서 태어난 아이들이 가질 수 있는 세 가지 유전자 조합은 **그림 3.21A**와 같다. 아이는 2개의 정상 대립유전자를 가질 수 있는데, 이 경우 이 병이 나타나지 않고 그 병을 후세에게 전달하지도 않는다. 아이는 하나의 정상, 하나의 테이-삭스 대립유전자

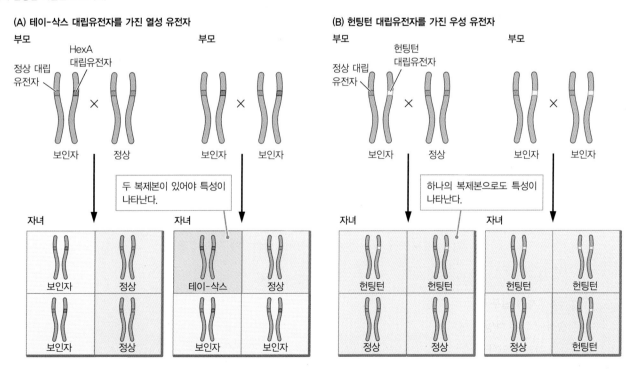

를 가질 수 있는데, 이 경우엔 자신의 부모가 그랬던 것처럼 보인자가 될 것이다. 또는 아이가 2개의 테이-삭스 대립유전자를 가질 수 있고, 이 경우 병이 발생한다.

　두 보인자의 아이가 정상일 확률 25%, 보인자가 될 확률 50%, 그리고 테이-삭스병을 가질 확률 25%이다. 만약 부모 중 1명이 테이-삭스 보인자고 다른 사람이 정상이면, 그들의 아이는 50 대 50의 확률로 정상이거나 보인자가 된다. 이런 부부에게 테이-삭스병을 가진 아이가 생길 일은 없다.

　테이-삭스 대립유전자는 우성 대립유전자와는 독립적으로 작용한다. 그 결과 열성 대립유전자는 여전히 결함이 있는 HexA 효소를 생산하기 때문에 보인자의 뇌에는 정상 이상의 지질이 축적된다. 그러나 보인자는 정상 대립유전자도 가지고 있고, 그것이 정상 기능을 가진 효소를 만들기 때문에 테이-삭스병이 생길 정도로 많은 정도의 지질이 축적되지는 않는다.

　다행히 혈액 검사로 열성 테이-삭스 대립유전자 보유 여부를 알아낼 수 있다. 보인자로 밝혀진 사람들은 아이를 갖는 것에 대해 결정을 내릴 수 있다. 보인자가 다른 보인자를 만나 아이를 갖지 않도록 주의한다면, 태어난 아이들은 보인자가 될 수는 있어도 이 병에 걸리지는 않을 것이다. 그러므로 유전 상담이 효과적으로 이루어진다면 이 병은 사라질 것이다.

　헌팅턴병(Huntington disease)에서는 비정상 *HTT*(huntingtin) 대립유전자는 우성이고 정상 대립유전자는 열성이며, 결함이 있는 대립유전자가 질병을 일으킨다. 이 병에서는 비정상적인 헌팅턴 단백질이 생성되어 기저핵과 피질의 세포를 죽인다. 이 병은 단일 유전자와 신경계의 관계에 대해서 많은 것을 알려주었고, 더 중요하게는 그 지식이 원론적으로 질병 치료의 단서를 제공하였기 때문에 신경과학 분야에서 획기적인 질환이 되었다.

　헌팅턴병의 증상은 유아기부터 노년기까지 어느 때에나 시작될 수 있지만 대부분 중년기에 시작되며, 비정상적 불수의 운동을 보이는데, 한때 이 병을 **무도병**(chorea, '춤'을 의미하는 그리스어에서 유래)이라 불렸던 이유가 바로 이것이다. 다른 증상은 기억 상실이며, 결국 행동이 완전히 와해되고 사망에 이른다.

　그림 3.21B는 헌팅턴병을 일으키는 4번 염색체에 있는 우성 대립유전자의 유전 양상을 보여준다. 만약 부모 중 1명이 결함 있는 대립유전자를 가지면 자식에게 이 병이 유전될 확률은 50%이다. 부모 모두 결함 있는 대립유전자를 가지고 있으면, 유전될 확률은 75%로 증가한다. '임상초점 3-3 : 헌팅턴병'에서 자세히 언급한 것처럼 비정상 *HTT* 대립유전자는 보통 중년기까지 발현되지 않으므로 이 대립유전자를 가진 사람이 이미 아이를 가졌다면 부지불식간에 이 치명적인 질병을 자식에게 전하게 된다.

　테이-삭스병을 유발하는 대립유전자와 마찬가지로 유전 검사를 하면 헌팅턴병을 유발하는 대립유전자 보유 여부를 판단할 수 있다. 이 유전자를 가지고 있는 것으로 밝혀진 사람은 아이를 낳지 않을 결정을 할 수 있다. 해당자가 그렇게 결정하면 인간 유전자 전집에서 비정상 *HTT* 대립유전자의 발생이 줄어들 것이다.

염색체 이상

유전 질환은 단 하나의 대립유전자 결함에 의해 생기지 않는다. 어떤 신경계 장애는 복제 횟수의 변이, 즉 한 염색체의 일부 또는 전체에서 일어난 이상으로 발생한다. 복제 횟수의 변이는 자폐, 조현병, 학습장애 같은 다양한 장애와 관련된다. 그러나 복제 횟수의 변이가 뚜렷한 결과를 일으키지 않거나 오히려 유익한 때도 있다. 예컨대 인간 *AMY1*(amylase) 유전자의 평균 복제 횟수는 6

헌팅턴병 유전 질환으로 무도증(끊임없는 불수의적인 움찔거림)과 진행성 치매가 특징적인 증상이고 사망으로 끝난다.

헌팅턴병

우디 거스리는 저항적인 노래로 1930년대 대공황 당시의 농장 노동자들을 대변하였으며, 미국 포크 음악의 아버지 중 한 사람으로 추앙받고 있다. 가장 잘 알려진 그의 노래는 'This Land Is Your Land'이다. 가수이자 작곡가였고, 최근 노벨상을 받은 밥 딜런의 영향으로 1960년대에 우디의 인기가 되살아나기도 하였다. 그러나 그의 삶은 헌팅턴병의 많은 역사를 보여주기도 한다.

그는 결국 헌팅턴병으로 진단된 병과 싸우다 1967년에 사망하였다. 그의 어머니는 그 병을 진단받은 적이 없었지만, 비슷한 질환으로 사망하였다. 두 번의 결혼으로 얻은 그의 다섯 아이 중 2명에게 이 병이 발생했고, 그의 두 번째 아내 마저리의 활발한 활동이 이 병의 연구를 촉진하였다.

헌팅턴병은 파괴적이며, 기억장애, 무도(통제 불가능한 운동 이상), 현저한 성격 변화가 특징인데, 결국은 정상적인 행동, 정서, 지적 기능을 완전히 잃게 된다. 운동 증상이 시작되기 전에도 이 질병은 타인의 행동을 평가하는 능력인 *마음이론*(theory of mind)에 장애를 일으킨다.

헌팅턴병의 증상은 기저핵과 피질의 뉴런이 퇴화함으로써 생긴다. 증상은 어느 연령대에서도 나타날 수 있지만 보통 중년기에 시작한다. 1983년에 유전학자인 Nancy Wexler가 헌팅턴병 환자의 혈액을 검사하여 4번 염색체에서 비정상적인 헌팅턴 단백질을 만드는 *HTT*(huntingtin) 유전자를 발견하였다.

HTT 유전자는 유전 질환이 전달되는 방식을 이해하는 중요한 계기가 되었다. 이 유전자의 일부에 염기 서열 CAG가 반복해서 나타난다. CAG 코돈은 아미노산 글루타민을 암호화한다. CAG가 약 40번 이상 반복되는 *HTT* 유전자를 가지면 단백질에서도 이 아미노산이 40개 이상 나타나고, 헌팅턴 증상이 나타날 가능성이 커진다.

CAG의 반복 횟수가 증가하면 일생에서 증상이 나타나는 시기도 빨라지고 증상도 더 빨리 진행된다. 일반적으로 비유럽인은 유럽인보다 반복 횟수가 적으며, 따라서 이 병은 유럽인에게 더 흔하다. 또한 반복 횟수가 많을수록 어머니보다는 아버지로부터 유전될 확률이 높아진다.

헌팅턴병에서 뇌세포가 변화되는 이유를 규명하고 효과적인 치료법을 찾으려는 연구에 형질전환 동물 모형이 사용된다. 생쥐, 쥐, 원숭이에게 *HTT* 유

우디 거스리의 죽음은 그의 명성과 미국 헌팅턴병협회의 설립을 도운 아내 마조리의 성원에 힘입어 헌팅턴병에 대한 인식이 높아졌다.

전자를 처치하면 비정상적인 헌팅틴 단백질이 만들어지고 헌팅턴병의 증상이 나타난다(Stricker-Shaver et al., 2018). 이론적으로는 이 장에서 논의한 CRISPR와 같은 현대의 유전공학을 이용하여 *HTT* 유전자를 수정하여 이 병을 치료할 수 있다(Bonnerjee & Bagh, 2021).

다운증후군 보통 21번 염색체의 잉여 염색체에 의해 유발되는 것으로, 지적장애를 비롯한 다양한 비정상성이 나타난다.

회이지만 15회나 되는 사람도 있다. 이 유전자는 녹말 음식에 대한 소화력을 향상시키는 일종의 적응이다(Yang & Ye, 2021).

인간에서 염색체 숫자의 변화로 생기는 질환 중 하나가 **다운증후군**(Down syndrome)이며, 이는 대략 700명의 아동 중 1명에게 발생한다. 다운증후군은 보통 21번 염색체가 하나 더 있어서 발생한다. 한 부모(보통 어머니)가 정상적인 하나의 염색체 대신 2개의 염색체를 아이에게 물려준다. 이 2개의 염색체와 다른 쪽 부모에게서 온 염색체 하나가 결합하여 21번 염색체는 비정상적으로 3개가 되는데, 이를 **삼염색체**(trisomy)라 부른다(**그림 3.22**).

21번 염색체는 가장 작은 인간 염색체지만, 이 염색체의 삼염색체는 개인의 표현형을 극적으로 변경한다. 다운증후군인 사람은 특징적인 얼굴과 작은 체구를 가진다. 그들은 심장 결함, 호흡기 감염, 지적 결함에 취약하다. 또한 백혈병과 알츠하이머병이 발생하기 쉽다. 다운증후군인 사람은 보통 일반인보다 단명하지만, 어떤 이들은 중년기 혹은 그 이후까지도 산다. 다운증후군 아동에게 향상된 교육 기회가 부여되면 그들의 삶이 풍요로워질 수 있다.

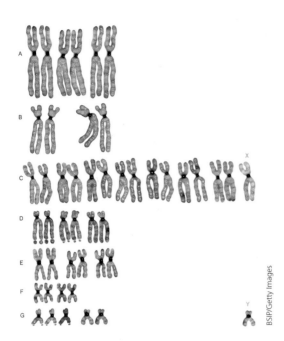

그림 3.22 염색체 이상

왼쪽 : 삼염색체 21이라고도 하는 다운증후군은 하나의 잉여 21번 염색체(맨 아래 왼쪽의 적색)에 의해 유발된다. *오른쪽* : 다운증후군을 가지고 1990년대에 《라이프고즈온(Life Goes On)》이라는 TV 연속물에서 주역을 맡은 최초 배우인 크리스 버크로, 현재 50대이며, 다운증후군을 가진 사람을 지원하는 활동을 하고 있다.

유전공학

유전자의 구조와 기능에 대한 이해가 향상됨에 따라 과학자들은 유전자가 발현하는 특질에 영향을 미치는 방법을 개발해왔다. 이러한 방법들을 총괄하여 유전공학(genetic engineering)이라 정의한다. 가장 단순한 형태의 유전공학에서는 유전체에서 특정 유전자를 제거하거나, 수정하거나, 유전체에 어떤 유전자를 추가하는 유전체 조작을 한다. 이를 위한 기법으로는 선택적 교배, 복제, 그리고 형질전환 등이 이용된다.

선택적 교배

유전적 특성에 영향을 주는 가장 오래된 수단은 동물과 식물의 선택적 교배(selective breeding)이다. 약 30,000년 이상 전에 늑대를 개로 가축화한 것을 시작으로 인간은 어떤 특성을 나타내는 암컷과 수컷을 선택적으로 교배시킴으로써 많은 동물종을 가축으로 만들어왔다. 개를 선택적으로 교배함으로써 여러 혈통을 생산해왔는데, 빠르게 달리거나, 무거운 짐을 끌거나, 사냥감을 찾아오거나, 땅속에 숨은 동물을 파내거나, 바닷새를 찾아 암벽을 오르거나, 양과 소를 몰거나, 주인의 무릎에 앉아서 귀여움을 떠는 개 등이 그 예이다. 선택적 교배는 개의 뇌를 늑대의 뇌보다 작게 만들면서도 이 육식동물이 가장 많은 수의 피질 뉴런을 가질 수 있게 하였고, 그로 인해 인간에 대한 개의 사교성이 발달했을 것이다(Jardim-Messeder et al., 2017).

자연적으로 일어난 돌연변이를 유지하는 것이 선택적 교배의 한 목적이다. 이 방법을 이용하여 연구자들은 원래 한 마리 또는 아주 적은 수의 동물에서 예기치 않게 발생한 돌연변이로 나타난 어떤 비범한 특성을 전체 집단의 구성원들이 갖도록 만든다. 실험실의 생쥐 집단에서 자연적 돌연변이가 발견되었고, 그들을 잘 키워 450가지 이상의 생쥐 혈통을 만든 것이 한 본보기이다.

어떤 혈통의 생쥐는 비틀거리고, 다리를 절거나, 뛰어오르는 것 같은 비정상적 운동을 보여준다. 면역계 질환이 있는 것도 있고, 보거나 듣지 못하는 혈통도 있다. 어떤 쥐는 똑똑하고, 어떤 쥐는 그렇지 않고, 어떤 것은 뇌가 크고, 어떤 것은 작은 등 독특한 행동 특성을 보여주는 많은 혈통이 있다. 뉴런이 특수 채널과 형광 단백질을 생성하는 단백질을 갖도록 설계된 생쥐도 있다.

다른 동물과 달리 인간은 실험 절차에 동의할 수 있다. 7-8절은 인간이 아닌 동물을 대상으로 하는 연구의 이점과 관련된 윤리적 문제를 다룬다.

이 형광 단백질 중 일부는 매우 밝아서 두개골을 관통하여 시각화될 수 있다. 단일 세포의 대사 변화에 의해 형광이 활성화된다면 두개골 안에서 일어난 세포의 활동을 관찰할 수 있게 되는 것이다(Rynes et al., 2021). 결과적으로 생쥐에서 발생한 변화된 행동의 신경 및 유전적 기초를 체계적으로 연구함으로써 인간 장애를 이해하고 치료할 수 있는 것이다.

7-1절과 7-5절은 신경과학 연구에 이용되는 유전학적 방법을 소개한다.

복제

유전 특성의 발현을 조작하는 더 직접적인 방법은 초기 배아 발달을 변경하는 것이다. 이를 위한 한 방법이 복제(cloning)인데, 이것은 어떤 동물과 유전적으로 동일한 자손을 만들어내는 것이다.

동물을 복제하기 위해 과학자들은 보통 살아 있는 동물에게서 얻은 DNA가 포함된 세포핵을 핵이 제거된 난자에 넣고, 분열이 일어나도록 난자를 자극한 다음 암컷의 자궁에 새 배아를 착상시키는데, 이 복제기법을 핵 전이(nuclear transfer)라고 한다. 이 세포에서 발달한 각 개체는 핵 제공동물과 유전적으로 동일하기 때문에 복제기법은 귀중한 특성을 보존하거나, 유전과 환경의 상대적 영향력을 연구하거나, 이식을 위한 새로운 조직 혹은 기관을 만드는 데 이용될 수 있다. 1996년에 태어난 암컷 양 돌리(Dolly)가 최초의 복제 포유동물이었다.

스코틀랜드의 한 연구진이 1996년에 돌리를 복제하였다. 돌리는 성숙하여 교배를 통해 새끼 양을 낳았다.

복제는 실험적 조작에서 시작하여 더 우수한 가축 혈통 개발, 희귀 동물 보존, 멸종된 동물 복원 등의 사업으로 성장하였다. 5만 달러 이하의 경비로 복제 반려동물을 가질 수 있다. 최초로 복제를 위해 핵을 제공한 말은 Charmayne James의 것이었고, 그녀는 스캠퍼라는 이 말을 타고 11번의 배럴경기 세계선수권대회에 출전하였다. 1999년에 스캠퍼로부터 크레이톤이라는 복제 말이 태어났다. 처음 복제된 고양이는 2001년에 태어난 카피캣이었다(그림 3.23). 지난 20년 동안 많은 소, 돼지, 염소, 낙타, 그리고 여러 종의 어류가 복제되었다. 핵전이기법으로 2017년에 복제된 최초의 영장류종은 짧은꼬리원숭이(macaque monkey)였다.

멸종동물 복원에 관심을 가진 연구자들은 멸종한 여행비둘기(passenger pigeon) 또는 멸종된 코끼리종인 마스토돈(mastodon)의 동결된 사체에서 채취하여 보존한 세포를 이용할 것을 제안한다. 2000년에 최초로 희귀종인 아시아 큰 들소(gaur)가 복제되었으나 이틀을 살지 못했다. 2009년에 최초로 멸종동물인 피레네 염소가 복제되었으나 수명은 수개월에 불과하였다. 복제는 위험에 처한 생태계에 유전적 다양성을 가져다주는 이점도 있다. 2020년에 쿠르트라는 이름을 가진 몽고말이, 2021년에는 엘리자베스 안이라는 검은발족제비가 복제되었는데, 이 둘은 멸종 위험에 처한 동물이다.

경제적 측면에서 복제와 선택적 교배 중 어느 것이 유리한가 하는 논란이 있다. 인간을 복제하려는 시도는 성공이 불확실하다는 벽에 직면하고, 많은 윤리적 문제도 따른다.

그림 3.23 복제동물과 그 어미
왼쪽이 카피캣이고 오른쪽이 복제를 위해 세포핵을 제공한 레인보우이다. 두 고양이의 유전체가 같지만 털의 색을 비롯한 그들의 표현형은 다르다. 각 세포의 X 염색체 중에서 임의로 하나의 복제본이 불활성화되어 털의 색이 다르게 나타났다. 또한 복제는 표현형적 가소성을 잘 나타낸다. 즉 복제동물은 한 가지 이상의 표현형을 발달시키는 능력을 가진다.

형질전환기법

형질전환기법을 사용하여 과학자들은 어떤 유전자를 배아에 넣을 수도 있고, 배아로부터 제거할 수도 있다. 유전자 삽입 기술(knock-in technology)로 한 종의 유전자를 다른 종의 유전체에 추가하면 그것이 유전되고, 그 후 여러 세대의 **형질전환 동물**(transgenic animal)에서 삽입된 유전자

형질전환 동물 한 종의 유전체에 다른 종의 유전자를 삽입하여 다음 세대에서 발현되게 하는 유전공학의 산물

가 발현된다. 예를 들면 연구자들은 헌팅턴병을 일으키는 인간 *HTT* 유전자를 생쥐, 쥐, 레서스 원숭이에게 삽입하였다(Stricker-Shaver et al., 2018). 동물들은 비정상적인 대립유전자를 가졌고, 인간의 헌팅턴 증상과 유사한 행동을 나타내었으므로 연구자들은 이 병에 대한 가능한 치료법을 검증할 수 있게 되었다(임상 초점 3-3 참조).

유전자 억제 기술(knockout technology)을 이용하여 특정 유전자를 비활성화시키면 이 계열의 생쥐에서는 그 유전자가 발현되지 않는다. 그러므로 이 계열의 생쥐를 연구하면 표적 유전자가 특정 기능 또는 인간의 질병에 관여하는지, 그리고 어떤 치료법이 가능한 것인지를 탐구할 수 있다. 과거에 이 기법이 인간의 주의력결핍 과잉행동장애 치료법을 찾기 위한 노력의 일환으로 이 질병이 있는 아동이 나타내는 정서적 및 인지적 증상을 가진 생쥐 계열을 만들기 위해 이용되었다(Meng et al., 2021).

유전자 수정

유전자를 수정하는 새로운 방법은 유전 암호, 즉 염기쌍을 변경하는 것이다. 미국의 Jennifer Doudna와 프랑스의 Emmanuelle Charpentier가 CRISPR/Cas9 유전자 가위(*Cas*는 'CRISPR-associate gene'을 가리킴)를 발견한 공로로 2020년에 노벨상을 받았다. CRISPR('crisper'로 발음) 장치는 박테리아 면역계의 일부로 발견되었다. 그림 3.14에 제시한 전사 과정에서 RNA의 역할을 떠올려보라. 박테리아의 CRISPR RNA 염기 서열은 침입한 바이러스에서 짝을 맞는 DNA 서열을 찾아서 절단함으로써 그 바이러스를 비활성화한다.

그림 3.24는 CRISPR 장치의 주요 특징을 보여준다. CRISPR는 규칙적 간격이 있는 회문적 반복 군집(clustered regularly interspaced short palindromic repeat)을 의미한다. '반복'이란 보통 20~40개로 이루어진 일련의 염기쌍을 포함하는 DNA 서열을 의미하는 것으로, 스페이서(spacer)로 작용하는 짧은 DNA 서열에 의해 분리된다. 반복은 하나의 반복 가닥을 구성하는 염기 서열이 거꾸로 읽으면 인접하는 다른 반복의 서열과 같으므로 회문적이다. 두 반복 사이에 있는 각 스페이서는 서로 다르고, 박테리아를 공격했던 바이러스의 DNA 서열과 일치한다.

Cas9은 CRISPR 연관 단백질로, CRISPR DNA 서열에 인접한 DNA에 의해 암호화된다. Cas9 단백질을 이용하여 표적 DNA를 식별하고, 그것을 해제하며, 가위와 같은 방식으로 그 단백질을 절단할 수 있다. 근본적으로 CRISPR DNA가 Cas9에게 절단할 단백질이 어떤 것인지 알려주는 것이다. 박테리아에서 Cas9 단백질은 그 바이러스와 일치하는 스페이서 분절을 포함하는 DNA를 찾아낸다. 그다음 그곳에서 박테리아 DNA를 절단하여 비활성화한다.

박테리아의 스페이서 DNA는 Cas9이 침입한 바이러스를 식별하는 데 사용될 수 있는 RNA를 생산한다. 실험실에서는 어떤 유전자에서든 DNA의 특수한 부분을 식별하기 위해 특정 RNA 서열을 이용할 수 있다. 그다음 식별된 유전자가 절단되고, DNA의 해당 부분이 제거된다. 정상의 전사 및 번역 과정에서 손상된 DNA는 그 세포에 의해 복구되지만, 이 새로운 DNA 조각은 CRISPR를 통해 그 세포로 들어가고, 그 DNA의 절단된 분절로 병합될 수 있다. 이 삽입이 성공적으로 일어나면 그 유전자는 수정된다. 이런 유형으로 유전자가 편집되는 것은 우리가 워드프로세서로 단어를 삭제 또는 추가하거나 틀린 철자를 교정하여 문장을 편집하는 것과 유사하다.

바이러스 또는 박테리아 감염에 대한 저항성이 있는 식물이나 동물 생산, 생명체를 죽이는 암세포(뇌암 포함) 식별, 그리고 정서, 기억, 운동을 포함하는 행동의 많은 측면을 연구하기 위한 동물 모형 확립에 이 CRISPR 기술을 응용할 수 있다. 예컨대 CRISPR 기술이 모기와 개미의 후

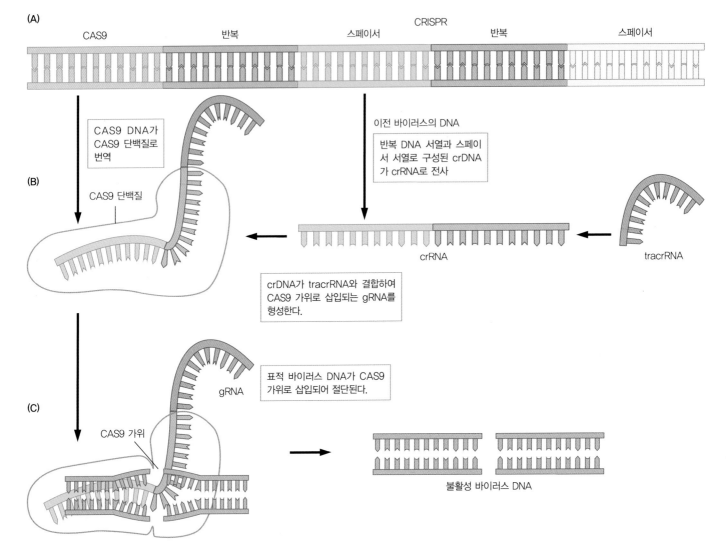

그림 3.24 CRISPR

(A) CAS9과 CRISPR RNA(crRNA)를 만드는 유전자를 가진 박테리아의 일부. (B) tracrRNA (Tracer RNA)가 crRNA와 결합하여 CAS9 단백질에 삽입될 gRNA를 만든다. (C) 바이러스 DNA가 CAS9 가위로 들어가면 gRNA의 스페이서 부위가 바이러스 DNA의 상보적 부위로 그 바이러스의 정체를 확인한 후 절단하여 불활성화시킨다.

CRISPR 방법에 관한 자세한 정보는 7-1절을 참조하라.

후생유전 환경 및 경험과 관련된 유전자 발현의 차이

각 기능을 연구하는 데 적용되었는데, 연구의 목적은 이들 곤충의 유전자를 수정하여 표적인 사람을 식별하지 못하게 하는 것이었다. CRISPR 기술은 또한 유전자 드라이브를 촉진하는 데 사용되는데, 유전자 드라이브란 편집된 유전자가 세대를 거듭하면서 모집단 전체로 퍼져나가도록 하는 기술이다. 예를 들어 딸이 없는 자손(daughterless offspring)만을 생산하는 유전자 변경을 이용하면 여러 세대를 거치면서 질병을 옮기는 모기, 과일 작물을 파괴하는 초파리, 호주의 토끼처럼 생태계를 파괴하는 침습적인 동물종의 모집단을 제거할 수 있다.

CRISPR 기술은 여러 질병에 연루된 유전자를 식별하여 바로잡는 데에도 활용할 수 있다. 최초로 인간의 질병에 이 기술을 성공적으로 적용한 것은 겸상적혈구빈혈증이 있는 사람의 유전자를 편집하는 것이었다. 이미 논의하였듯이 이 질병은 적혈구 생산에 관여하는 유전자에 발생한 하나의 염기쌍 돌연변이로 생기는 혈액 질병이다(Urnov, 2021).

후생유전의 암호

유전형으로 표현형을 충분히 설명할 수 없다. 실제로 각 개체는 하나 이상의 표현형을 만드는 능력을 보여준다. 우리 몸을 구성하는 248가지 유형의 세포는 단일 유형의 세포에서 유래되었다. 20세기 전반 영국의 발달생물학자였던 Conrad Waddington이 발달 중에 발생하여 마침내 단일 유전체로부터 모든 유형의 세포를 만드는 변이(variation)를 기술하기 위해 **후생유전**(epigenetic,

'유전에 더하여'라는 의미)이라는 신조어를 만들었다. 그는 이웃하는 세포에서 외부 환경에 이르는 다양한 환경적 영향이 이 발달에 관여한다는 것을 알았다. 예를 들어 발달 중 온도의 변이가 초파리의 표현형을 수정할 수 있다는 것이다(Waddington, 1956).

뇌 해부학에서 표현형의 변경을 보여주는 한 예는 유전적으로 동일한 생쥐 혈통에서 일부에서만 뇌량이 없는 뇌가 발달하는 것이다(**그림 3.25**). 뇌반구를 연결하는 이 구조가 없는 것은 특정 생쥐에서 그 특질의 발현 여부를 결정하는 후생유전적 영향 때문이다. 그 영향이 뇌량이 형성되어야 하는 시기에 배아에서 나타나는 것이다.

유전체가 똑같은 일란성 쌍둥이에서 질병 발생 유형에서도 그와 같이 일치(concordance, 유사한 행동적 특질의 발생)되지 않는 현상이 나타난다. 조현병, 알츠하이머병, 다발성 경화증, 크론병(염증성 대장병의 한 유형), 천식, 전립선암 등의 여러 질병에서 일란성 쌍둥이 간의 일치율은 30~60% 정도이다. 구개 파열과 유방암의 경우 일란성 쌍둥이의 일치율은 약 10%이다. 멘델 유전학으로 추정되는 일치율은 100%이다. 이 완전치 않은 일치율이 개체에서 특질이 발현되는 방식을 바꾸는 후생유전적 요인의 힘을 잘 보여준다.

후생유전적 기제는 유전자의 염기쌍 뉴클레오티드 서열 변화 없이 표현형의 변이를 일으킨다. 이 기제가 있기에 경험과 환경이 유전자의 발현 여부에 관여할 수 있다. 유전체가 첫 번째 유전 암호라면, 후생유전학은 두 번째 암호라 할 수 있다. 후생유전학은 단일 유전 암호에서 다양한 유형의 체세포가 생성되는 방식, 단일 유전체에서 많은 표현형이 나오는 방식, 세포가 정상 기능에서 벗어나 암에서부터 뇌의 기능장애에 이르는 질병을 일으키는 방식을 설명해준다. 또한 후생유전학은 일생을 통해 경험이 행동에 변화를 일으키는 방식도 설명해준다.

후생유전적 암호 적용

한 세포에서 발현되는 유전자는 세포 내부 요인과 세포 외부의 환경적 요인의 영향을 모두 받는다. 일단 수정란이 분열하기 시작하면 각각의 새로운 세포가 처한 환경은 이전 세대의 세포가 처한 것과는 달라진다. 주변 환경이 세포에서 어느 유전자가 발현되고, 나아가 그 세포가 신경계 세포의 유형을 포함하여 어떤 조직이 될 것인지를 결정할 것이다. 당연히 환경적 영향은 출생 시에 종료되지 않는다. 우리가 처한 환경은 일생을 통해 변하고, 그것이 유전자에 미치는 영향 또한 그렇다.

후생유전적 기제는 유전자를 차단하여 전사되지 못하게 하거나 유전자를 풀어서 전사될 수 있게 하는 방식으로 유전자 기능에 영향을 미친다. 바로 여기에서 경험적 및 환경적 영향이 작용한다. 정리하면 각 염색체는 DNA를 형성하는 긴 이중 나선형의 뉴클레오티드 염기 사슬로 이루어진다. 염색체에 있는 각 유전자는 DNA의 한 분절로 특정 단백질 합성을 암호화한다(그림 3.13 참조).

염색체 둘레를 감싸는 히스톤(histone)이라는 단백질 분자가 있다. 이처럼 히스톤으로 감겨 있어서 몇 야드나 되는 염색체가 작게 압축되는데, 이는 긴 실이 실패에 감겨 있는 것과 유사하다. 어떤 유전자든 mRNA로 전사되려면 DNA가 히스톤으로부터 풀려나야 한다. 풀려난 각 유전자는 mRNA를 전사하라는 지시를 받는다. 그다음 mRNA가 단백질을 형성하는 아미노산 사슬로 번역된다. **그림 3.26**은 이런 단계가 진행 또는 차단되는 방식을 보여준다.

1. 히스톤 변형. DNA가 히스톤으로부터 풀릴 수도 있고, 풀리는 과정이 차단될 수도 있다. 그림

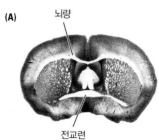

(A) 뇌량 / 전교련

(B)

Republished with permission of Springer Science+Business Media, Plenum Press, New York, from Douglas Wahlsten, Hiroki S. Ozaki, "Defects of the Fetal Forebrain in Acallosal Mice," Advances in Behavioral Biology Volume 42, pp. 125–133: ©1994, Figure 1. Permission conveyed through Copyright Clearance Center, Inc.

그림 3.25　유전자 발현
유전적으로 동일한 생쥐 두 마리의 뇌 관상면을 보면 머리 앞부분에서 뚜렷하게 다른 표현형을 볼 수 있다. **(A)** 쥐의 뇌는 뇌량이 있지만, **(B)** 의 쥐는 뇌량이 없다.

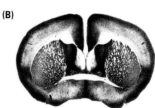

그림 2.1의 복제 생쥐는 표현형적 가소성의 실례이다.

IHEC(International Human Epigenome Consortium)는 인간 유전체 프로젝트가 유전자 암호를 밝혔듯이 후생유전학의 암호를 규명하고자 한다.

그림 3.26   후생유전학적 기제

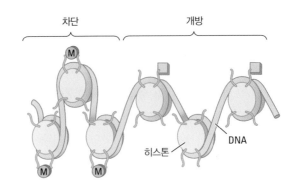

1 히스톤 변형
메틸기(CH₃, 주황색 원) 또는 다른 분자(녹색 사각형)가 히스톤의 꼬리에 결합하면 히스톤이 차단되어 개방되지 못하거나 개방되어 전사될 수 있다.

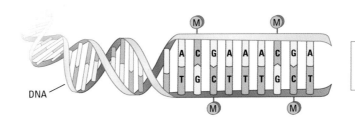

2 유전자(DNA) 메틸화
메틸기(M)가 염기쌍 CG에 결합하여 전사를 차단한다.

3 mRNA 변형
ncRNA가 mRNA에 결합하여 번역을 차단한다.

유전자 메틸화 하나의 메틸기가 DNA 사슬에 결합하여 유전자 발현을 억제 또는 촉진하는 후생유전학적 과정

메틸화는 뇌가 발달하는 동안 유전자 발현을 크게 바꾸어 놓을 수 있고(8-2절 및 12-5절 참조), 기억과 뇌 가소성에도 영향을 줄 수 있다(14-4절 참조).

3.26의 맨 위를 보면 메틸기(CH₃) 또는 다른 분자가 히스톤의 꼬리와 결합하여 DNA의 풀림을 막고 있다. 그림의 왼쪽은 유전자가 차단되어 전사를 위해 노출될 수 없는 상황이고, 오른쪽은 차단이 해제되어 유전자가 전사될 수 있는 모습이다.

2. **유전자 메틸화**[gene (DNA) methylation]. DNA에서 mRNA으로의 전사가 일어날 수도 차단될 수도 있다. 그림 3.26의 중앙은 1개 또는 그 이상의 메틸기가 염기쌍 CG에 결합하여 전사를 차단하고 있는 모습이다.

3. **mRNA 변형**. mRNA의 번역도 진행되거나 차단될 수 있다. 그림 3.26의 아래는 비암호화 RNA(ncRNA)가 mRNA에 결합하여 번역을 막고 있는 모습이다.

환경적 영향은 하나 또는 그 이상의 과정을 차단하거나 차단을 제거하는 방식으로 유전자 발현을 조절하고, 행동에 영향을 미친다. 스트레스나 환경 오염에 노출되면 후생유전적 변화가 일어나고, 그 결과 질병이 생길 수 있다. 이와 대조적으로 스트레스 감소와 환경의 향상은 이런 후생유전적 변화를 역전시킨다. 이런 후생유전적 기제의 지시를 받아 세포들은 다양한 신체 조직으로 분화하고, 우리의 고유한 경험과 환경이 우리의 뇌에 변화를 일으켜 우리 자신을 독특한 개체가 되게 한다.

경험이 유전된 사례

유전체가 획득한 대부분 후생유전적 변화는 정자와 난자가 만나 수정란이 되는 성적 생식 과정에서 사라진다. 리프로그래밍(reprogramming)이라는 이 과정을 거쳐 태아의 세포는 처음부터

다시 시작하여 자체의 유전적 및 후생유전적 미래를 만든다. 그러나 어떤 후생유전적 변화는 한 세대에서 다음 세대로 전해질 수 있다. 이 **초세대 후생유전적 유전**(transgenerational epigenetic inheritance)은 조상의 어떤 경험이 적어도 몇 세대의 자손들에게로 유전될 수 있음을 보여준다.

Lars Olov Bygren과 동료들이 인간 모집단에서 나타난 초세대 후생유전적 유전을 기술하였다 (Kaati et al., 2007). 이들은 인구 밀도가 낮은 스웨덴의 북부 지역인 노르보텐에 초점을 맞추었다. 19세기에 이 지역은 사실상 바깥 세상과 단절되어 있었다. 그래서 지역의 곡물 수확이 나쁘면 사람들은 굶주렸다. 역사 기록에 의하면 1800년, 1812년, 1821년, 1836년, 1856년에는 곡물 수확을 전혀 하지 못했다. 1801년, 1822년, 1828년, 1844년, 1863년에는 수확이 풍성하였다.

역사적 기록을 이용하여 Bygren과 동료들은 사춘기에 들어가기 전 몇 년 동안 풍족 또는 궁핍했던 표본을 만들었다. 그다음 연구자들은 그들의 자식과 손주의 건강 기록과 수명을 조사하였다.

연구 결과는 논리적이지 않았다. 풍부한 집단의 자손들에서 심혈관 질환과 당뇨병이 더 많이 발생하였고, 기대 수명도 굶주린 집단에 비해 7년 이상 짧았던 것이었다. 놀랍게도 이런 현상은 남성의 남자 후손과 여성의 여자 후손에게서만 나타났다.

Bygren과 동료들은 결정적 시기 동안의 식이가 성염색체(여성에서는 X, 남성에서는 Y)의 유전자 발현을 바꿀 수 있다는 견해를 제시하였다. 더구나 이런 변화가 다음 세대로 전달될 수 있다고도 하였다. 성적 성숙이 시작되기 직전인 사춘기 이전의 식이 경험이 중요한데, 이 시기에 성염색체의 유전자 발현이 시작되기 때문이다.

초세대 후생유전적 유전을 지지하는 증거가 기아와 전쟁 스트레스를 받은 다른 인간 집단 연구는 물론 동물을 대상으로 한 실험 연구에서도 발견되었다. 아직 답하지 못한 몇 가지 중요한 의문이 있다. 그런 영향이 어떻게 한 세대에서 다음 세대로 전해질까? 어떤 영향이 가장 잘 유전될까? 작은 원형동물인 예쁜꼬마선충을 대상으로 한 연구를 통해 Natalya Frolows와 Alyson Ashe(2021)는 초세대 유전의 배후 기제가 세포질의 ncRNA일 것이라고 제안하였다. 이 RNA는 난자 또는 정자에서 수정란으로 들어갈 수 있고, 추후 신체 발달에 영향을 줄 수 있으며, 학습된 행동이 한 세대에서 다음 세대로 전해질 수 있게도 해준다.

8-4절에서 어떤 사건이 발달에 장기적으로 영향을 미치는 제한된 시기, 즉 결정적 시기를 기술한다.

7-5절에서 경험이 어떻게 유전자 발현에 변화를 일으킬 수 있는지를 보여주는 다른 실험을 기술한다.

3-3 복습

진도를 계속 나가기 전에 앞 절을 얼마나 이해했는지 확인해보자. 정답은 이 책의 뒷부분에 있다.

1. 우리가 가진 _____개의 염색체 쌍은 각기 수천 개의 유전자를 포함하고, 각 유전자는 하나의 _____에 대한 암호를 가지고 있다.

2. 부모로부터 물려받은 유전자는 특정 유전자의 약간 다른 _____을/를 포함할 수 있다.

3. 한 유전자의 비정상성은 _____에 의해 발생하고, 비정상적인 단백질 합성, 나아가 비정상적인 세포 기능을 일으킨다.

4. 염색체 비정상성은 많은 유전자의 기능에 비정상성을 일으킨다. 예컨대 _____은/는 21번 염색체의 잉여 염색체, 즉 _____에 의해 발생한다.

5. 테이-삭스병은 _____대립유전자가 발현됨으로써 발생하고, 헌팅턴병은 _____대립유전자의 발현에 의해 생긴다.

6. _____은/는 유전자 수정을 빠르게 쉽게 해주는 최신의 기법이다. 이 방법에서 _____은/는 절단될 유전자를 식별하고, _____은/는 절단을 한다.

7. _____은/는 전사를 일으키거나 막는 후생유전적 기제이다.

8. 멘델의 유전학과 후생유전학은 어떻게 다른가?

9. 일생에서 뇌세포의 유전체가 변화하는 방식을 서술하시오.

요약

3-1 신경계의 세포

신경계는 두 종류의 세포로 구성되는데, 하나는 정보를 전달하는 뉴런이고 다른 하나는 뉴런의 기능을 지원하는 교세포이다. 감각뉴런은 신체의 정보를 뇌로 전달하는 감각 수용기로 작용하고, 운동 뉴런은 근육이 움직이도록 명령을 내리며, 개재뉴런은 감각뉴런과 운동 뉴런의 활동을 연결한다.

뉴런처럼 교세포도 구조와 기능에 따라 나눌 수 있다. 뇌실막세포는 뇌척수액을 만든다. 성상세포는 뉴런을 구조적으로 지지하고, 혈뇌장벽 형성을 도우며, 손상된 뇌 조직을 봉쇄한다. 미세교세포는 뇌세포의 복구와 노폐물 제거를 돕는다. 핍돌기교세포와 슈반세포는 각기 중추신경계와 말초신경계의 체성 영역에서 수초를 만든다.

뉴런은 3개의 기본적 부분인 세포체, 가지처럼 뻗은 여러 개의 수상돌기, 다른 세포로 정보를 전달하는 축색으로 구성된다. 많은 수상돌기가시가 있어서 수상돌기의 표면적이 크게 증가한다. 하나의 축색은 축색 측부지라는 가지들을 낼 수 있는데, 이들은 다시 여러 작은 가지로 나누어지며, 각각은 종말단추(종족)에서 끝난다. 시냅스란 종말단추와 다른 세포의 막 사이의 근접 부분이다.

3-2 세포의 내부 구조

세포를 둘러싼 막은 세포를 보호하며 세포를 드나드는 물질을 조절한다. 세포 안에는 많은 소기관이 있고, 이들도 막으로 둘러싸여 있다. 이러한 구획에는 핵(세포의 염색체와 유전자 포함), 소포체(단백질 생성), 미토콘드리아(에너지가 모이고 저장됨), 골지체(단백질 분자가 운반을 위해 포장되는 곳), 리소좀(노폐물 분해) 등이 있다. 세포에는 미세섬유와 같은 미세소관 체계도 있는데, 이는 세포 이동을 돕고, 세포를 구조적으로 지지하며, 물질 수송을 위한 도로 역할을 한다.

세포의 작용은 주로 단백질에 의해 이루어진다. 핵 안에는 염색체라는 긴 유전자 사슬이 있으며, 각 유전자는 세포에 필요한 단백질을 암호화한다. 단백질은 형태에 따라 다양한 작용을 한다. 어떤 것은 화학적 반응을 촉진하는 효소 역할을 하고, 다른 것은 막 채널, 관문, 펌프로서 작용한다. 또한 단백질은 신체의 다른 부분에서 사용되기 위해 세포 밖으로 운반된다.

유전자는 뉴클레오티드 염기의 서열로 구성된 DNA의 분절이다. 전사라는 과정을 통해 한 유전자의 복제본이 한 가닥의 mRNA로 만들어진다. 그다음 mRNA는 소포체로 가고, 리보솜이 mRNA 분자를 따라 이동하며 번역하면 아미노산 사슬이 형성된다. 그 결과 나온 아미노산 사슬이 폴리펩티드이다. 폴리펩티드는 접히고 결합하여 독특한 형태의 단백질 분자를 만드는데, 이들은 몸에서 특정 목적으로 사용된다.

3-3 유전자, 세포, 그리고 행동

인간의 유전형을 구성하는 23개의 염색체 쌍이 있고, 각 부모로부터 그 염색체 쌍 중에서 하나를 물려받는다. 성염색체를 제외한 모든 염색체는 일치된 짝이기 때문에, 하나의 세포는 유전자마다 2개의 대립유전자를 가진다. 한 쌍을 이루는 두 대립유전자는 동형접합일 수도 있고(같음), 이형접합일 수도 있다(다름).

하나의 대립유전자는 우성이면 어떤 특성으로 발현되고, 열성이면 특성이 발현되지 않는다. 공우성이면 다른 대립유전자와 함께 발현되어 유기체의 표현형을 형성한다. 어떤 유전자의 대립유전자는 야생형(모집단에서 가장 일반적인 것)일 수도 있고, 돌연변이일 수도 있다. 개인은 부모로부터 그 부모의 유전형에 따라 이들 대립유전자 가운데 어느 것이든 물려받을 것이다.

유전자에는 많은 돌연변이가 생길 수 있으며, 그것은 단일 염기 쌍, 염색체의 일부, 또는 전체 염색체에서 일어날 수 있다. 돌연변이는 부모로부터 유전될 수도 있고, 우리가 발달하고 살아가는 동안 획득될 수도 있다. 획득된 돌연변이는 신체의 특정 부위, 기관(뇌 포함), 또는 개별 세포에서 발생할 수 있다. 돌연변이가 신경계 구조와 행동적 기능에 미치는 영향은 유익할 수도, 유해할 수도, 또는 중성적일 수도 있다. 유전 연구에서는 유전자 또는 염색체의 비정상적 발현을 방지하고, 비정상성이 발현될 때 그에 대한 치료법를 찾고자 한다.

선택적 교배는 가장 오래된 형태의 유전자 조작이다. 유전공학에서는 동물의 유전체를 인위적으로 변경한다. 복제된 동물의 유전자 구성은 어미 또는 동기와 같다. 형질전환 동물에서는 새로운 유전자 또는 변경된 유전자가 추가되거나 특정 유전자가 제거된다. 유전자 편집 기술인 CRISPR는 신속하고 손쉽게 시행할 수 있고, 이를 통해 연구자들은 유전체에서 특정 DNA 서열을 식별, 절단, 대체할 수 있다.

유전체는 광범위한 표현형을 발현한다. 최종적으로 나타나는 표현형은 후생유전학에 의해 결정되고, 경험과 환경의 영향을 받는다. 후생유전적 기제는 유전 암호 자체를 변화시키지 않으면서도 어떤 유전자의 전사 또는 전사 억제에 영향을 미칠 수 있다.

핵심 용어

감각뉴런	마비	야생형	축색
개재뉴런	미세교세포	양극세포	축색소구
관문	성상세포	운동뉴런	축색 측부지
교세포	세포체	유전자	테이-삭스병
근실조증	수두증	유전자 메틸화	퍼킨지세포
뇌실막세포	수상돌기	이형접합	펌프
다운증후군	수상돌기가시	종말단추(종족)	핍돌기교세포
단백질	수초	종양	헌팅턴병
대립유전자	슈반세포	채널	혈뇌장벽
돌연변이	시냅스	체감각뉴런	형질전환 동물
동형접합	신경망	추체세포	후생유전

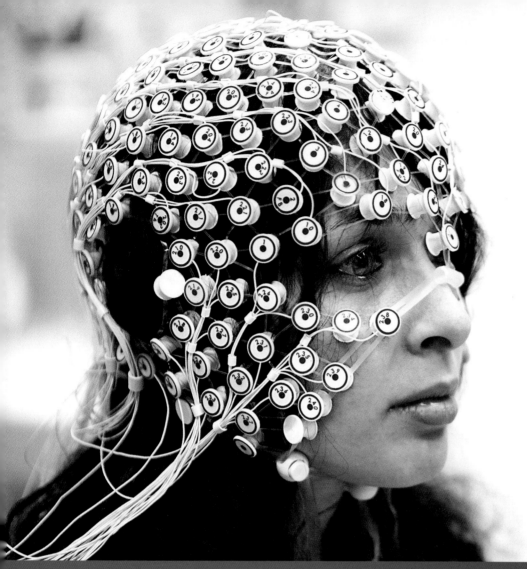

뉴런은 정보를 전달하기 위해 전기적 신호를 어떻게 이용하는가?

4

4-1 신경계의 전기적 활동 탐구

임상 초점 4-1 뇌전증

전기와 신경 활동을 연결한 초기의 단서

기본 지식 전기와 전기적 자극

뉴런의 전기적 활동을 측정하는 도구

이온 이동이 전하를 일으키는 방식

4-2 수상돌기와 세포막에서 일어나는 전기적 활동

안정전위

안정전위의 유지

등급전위

뉴런이 정보를 통합하는 방식

흥분성 및 억제성 시냅스후 전위

실험 4-1 질문 : 자극이 뉴런의 흥분성에 어떻게 영향을 미칠까?

입력 정보의 통합

4-3 활동전위의 생성과 전파

활동전위의 촉발

전압-활성화 이온 채널의 역할

다양한 뉴런

활동전위와 불응기

연구 초점 4-2 광유전학과 광-민감성 이온 채널

신경 충동

불응기와 신경 작용

도약전도와 수초

임상 초점 4-3 다발성 경화증

4-4 신경계 살펴보기

감각 자극이 활동전위를 일으키는 방식

신경 충동이 운동을 일으키는 방식

임상 초점 4-4 근위축성 측색경화증

◉ 임상 초점 4-1

뇌전증

J. D.는 라디오 방송국의 DJ로 일하면서 시간적 여유가 생기면 파티를 진행하였다. 어느 날 저녁, 그는 흥겨운 럭비 파티를 진행하기 위해 럭비 구장에서 트럭 뒤에 장비를 설치하였다. 그는 음악 공연 사이사이에 농담을 하거나 사람들을 소개하였으며 건배를 주고받기도 하였다.

새벽 1시쯤 갑자기 J. D.가 쓰러지더니 경련을 보이다가 의식을 잃었다. 그는 응급실로 급히 옮겨졌고 서서히 회복되었다. 담당 의사는 당시 그가 만취한 상태가 아니었음을 확인하고 친구들에게 돌려보내면서 다음날 일련의 신경학적 검사를 받으라고 권고하였다. 뇌의 비정상성을 밝힐 수 있는 최첨단 뇌 스캔 장비를 사용한 신경영상검사(Cendes et al., 2016)에서 어떤 비정상성도 발견되지 않았다.

J. D.의 눈에 섬광을 제시하고 뇌의 전기적 활동을 기록한 결과 그의 뇌전도(electroencephalogram, EEG)는 일련의 비정상적인 전기적 활동 양상을 보여주었는데, 그것은 뇌전증(epilepsy)에서 특징적으로 나타나는 것이었다. 의사는 항경련제인 다일란틴을 처방하였고, 음주를 삼가라고 하였다. 운전 중의 발작 가능성 때문에 J. D.는 운전면허증을 포기해야 했다. 그리고 라디오 방송국의 일자리도 잃었다.

특별한 증상이 나타나지 않아 3개월 후 약물치료가 종료되었고, 운전면허증도 복구되었다. 그는 방송국을 설득하여 다시 일하였으며 그 후에도 발작은 나타나지 않았다.

뇌전증은 **전기기록성 발작**(electrographic seizure)이라는 한동안 동기화된 신경 활동이 과도하게 나타나는 것이 특징인 일반적인 신경학적 질병이다. 이 질병의 속성은 전기적이다. 뇌는 정상적으로 전기적 활동을 한다. 이 전기적 활동이 비정상적이거나 너무 느릴 때 의식을 잃는 등 심각한 결과가 나타날 수 있다.

전기기록성 발작은 뇌전증이 없는 사람에게는 발작을 일으키지 않는 무해한

뇌전도 측정으로 다양한 의식 수준에서 뇌가 일으키는 전기적 신호를 탐지할 수 있다. 7-2절, 13-3절, 16-3절에서 뇌전증의 진단과 치료에 대해 자세히 설명한다.

자극에 의해 유발되기도 한다. 핵심적 개념은 뇌전증이 있는 사람의 뇌는 만성적으로 발작의 역치가 낮아서 자가-생성 및 재발하기 쉽다는 것이다. 뇌전증 사례의 절반 정도에서 감염, 외상, 종양, 구조적 비정상, 이온 채널을 구성하는 단백질과 관련된 유전적 돌연변이와 같은 신경적 원인이 발견된다(Beghi, 2020). 그러나 나머지 50%의 사례에서는 분명한 원인이 드러나지 않는다.

발작이 반복되고 약물치료로 통제되지 않는 30~40% 정도의 사례에 대해서는 다른 방법이 적용된다. 여기에는 고지방-저탄수화물 키톤생성 식이, 뇌심부자극, 발작 부위의 수술적 제거 등이 포함된다(Rho st al., 2010). 뇌에서 이 작은 초점 영역을 제거하면 발작이 방지되고, 발작이 다른 뇌 영역으로 확산하는 것도 막을 수 있다.

전기기록성 발작 뇌전도기법으로 기록할 수 있는 비정상적인 리듬을 가진 신경 활동

데카르트는 행동에 관한 기계적 이론을 최초로 제안하였다(1-2절 참조).

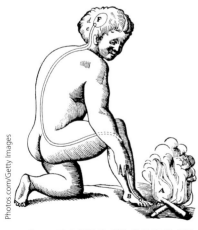

그림 4.1 정보 흐름에 대한 데카르트의 이론

행동신경과학에서 가장 많이 인용되는 그림은 거의 350년 전에 그려진 것이고, 그로부터 수 세기가 지나서야 뇌전증의 전기적 기초를 이해할 수 있게 되었다. 그것은 데카르트의 저서 *Treatise on Man*(1664)에서 발췌한 것으로, 정보가 신경계를 통해 이동하는 방식을 설명하려는 최초의 진지한 시도였다(**그림 4.1**). 데카르트는 정보를 전달하는 운반체가 신경관(nerve tube)을 따라 흐르는 뇌척수액(CSF)이라고 주장하였다.

데카르트는 발가락이 불에 닿아 화상을 입으면 피부가 늘어나고, 그로 인해 뇌와 연결된 신경관이 당겨진다고 생각하였다. 이 당겨짐에 대한 반응으로 뇌실의 밸브가 열리고, 뇌척수액이 신경관을 따라 아래로 흘러 다리 근육을 채우면, 그 근육이 수축하여 발가락을 당겨서 불에서 멀어지게 한다. 또 다른 신경관을 따라 다른 부위의 근육으로 흐르는 뇌척수액은 고통을 주는 자극인 불이 있는 쪽으로 머리를 돌리도록 하고(그림 4.1에 그려져 있지는 않음), 손은 화상 부위를 문지르도록 한다.

데카르트의 이론이 옳지는 않지만, 그가 도출한 세 가지 물음은 자극에 대한 행동적 반응의 기초가 되는 것으로 주목할 만하다.

1. 신경이 어떻게 감각 자극을 감지하고, 이를 뇌에 알리는가?

2. 뇌는 어떤 반응을 일으킬지 어떻게 결정하는가?

3. 뇌가 어떻게 근육으로 움직이라는 명령을 내리는가?

　이전 수 세기 동안 과학자들이 규명하고자 했던 것이 데카르트가 설명하고자 했던 것이
었다. 늘어난 피부에 의해 메시지를 개시하는 신경관이 당겨지는 것이 아닐지라도 그 메시
지는 어떻게든 개시되었을 것이다. 밸브가 열림으로써 정보를 전달하는 뇌척수액의 흐름
이 개시되는 것이 아니더라도 여전히 그 정보는 전달되었을 것이다. 운동을 일으키는 체액
으로 근육을 채우는 것이 아니더라도 다른 기제에 의해 여전히 근육은 수축했을 것이다.

　이들 기제가 이 장에서 다룰 주제이다. 먼저 신경계의 전기적 활동을 설명하는 데 사용
되었던 단서와 도구를 살펴볼 것이다. 이어서 수상돌기와 세포에서 발생한 전기적 활동이
정보 충동, 즉 **활동전위**를 일으키는 기회를 증가 또는 감소시키는 방식을 탐구할 것이다.
그다음 활동전위가 개시 분절(축색과 세포체가 만나는 곳)에서 생성되어 축색을 따라 전
파되는 방식을 알아볼 것이다(**그림 4.2**). 마지막으로 뉴런이 환경으로부터 받은 정보를 신
경계로 전달하고 최종적으로 동작을 일으킬 근육을 활성화하는 방식을 알아볼 것이다.

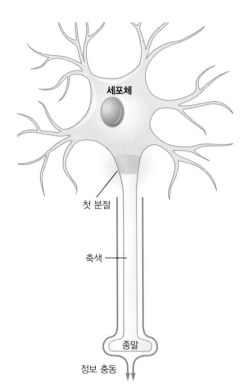

그림 4.2　활동전위
4-2절에서는 수상돌기와 세포체에서 등급전위
(EPSP, IPSP)가 공간적 및 시간적으로 통합되
는 방식을 다룬다. 첫 분절에서 통합된 전압이
역치를 초과하면 활동전위가 발생하고, 그것이
축색을 따라 전파된다. 이 전파 과정은 4-3절
에서 설명한다.

4-1

신경계의 전기적 활동 탐구

신경계가 메시지를 전달하는 방식에 대한 첫 번째 단서는 전기가 발견된 이후인 18세기에 나타
났다. 전기의 성질에 관한 초기의 발견에서 전기가 신경계에서의 정보 전달에 어떤 역할을 한다
는 주장이 재빠르게 등장하였다. 이러한 초기의 발상부터 실제로 신경계가 정보를 전달하는 방
식을 이해하기까지 전개되었던 몇 가지 획기적인 사건을 살펴볼 것이다. 이미 전기의 특성에 대
한 기초적인 지식이 있고 전기가 어떻게 신경 조직을 자극하는지 알고 있다면 계속 이 장을 읽어
나가도 좋다. 만약 전기와 전기적 자극에 대한 지식을 얻고 싶다면 '기본 지식 : 전기와 전기적
자극'을 읽는 것이 좋다.

학습 목표
• 오징어의 축색, 오실로스코프, 미세 전극
  이 어떻게 뉴런의 활동에 관한 이해를 획
  기적으로 증진하였는지 설명한다.
• 이온이 농도 및 전압 기울기에 따라 이동하
  는 방식을 기술한다.

전기와 신경 활동을 연결한 초기의 단서

1731년에 한 놀라운 실험에서 영국의 아마추어 과학자 Stephen Gray는 나무 막대에 전자를 축적
하기 위해 천 조각으로 나무 막대를 문질렀다. 그런 다음 그 대전된 나무 막대를 공중에 매달린
소년의 발에 갖다 댔더니 소년의 얼굴 아래에 있던 금속 박편이 소년의 코로 올라갔다. 금속 박
편이 올라가면서 휘어져 소년의 코에 닿는 순간 전기는 막대와 소년을 거쳐 금속 박편으로 전달
된 것이었다.

　Gray는 전기가 신경계로 정보를 확산시키는 전령이라고 생각하였다. 또한 전기적 자극 및 전기
적 기록 연구에서 나온 두 부류의 증거가 전기적 활동을 신경계에서의 정보 흐름과 연관시켰다.

전기적 자극 연구

Gray와 동시대에 이탈리아 과학자 Luigi Galvani는 폭풍우 속에서 번개가 칠 때 상점의 철사에 매
달린 개구리 다리가 움찔거리는 것을 보고서 폭풍우 때 발생한 전기 스파크가 다리 근육을 움직
이게 했다고 추측하였다. 이 가능성을 탐색한 연구에서 그는 노출된 신경에 전류를 가하면 그 신
경과 연결된 근육이 수축한다는 것을 발견하였다. 이런 현상이 어떻게 일어나는지는 몰랐지만,
Galvani는 **전기적 자극**(electrical stimulation)기법, 즉 행동 또는 근육 수축을 일으키기 위해 전극

Gray의 실험은 빗으로 머리를 빗을 때 전자가
축적되는 것과 유사하다. 그 빗을 종이에 갖다
대면 종이가 빗 쪽으로 휘어진다. 빗의 음전하
가 종이의 음전하를 종이 뒷면으로 밀어냄에 따
라 종이의 앞면은 양전하를 띠게 된다. 반대 전
하는 서로 끌어당기기 때문에 종이가 빗 쪽으로
휘어진다.

전기적 자극　조직에 끝이 절연되지 않은 전극
을 삽입하여 전류를 흘림으로써 그 조직의 전기
적 활동을 변화시키는 절차

◎ 기본 지식

전기와 전기적 자극

전기로 집 안의 전구를 켜고, 전지로 휴대전화에서 전기자동차까지 여러 가지 전자제품을 작동시킨다. 전기(electricity)는 고전하(전자가 많은) 물체로부터 저전하(전자가 적은) 물체로 전자가 이동하는 것이다. 이러한 전자의 흐름은 전구에 불을 켜는 것과 같은 일을 한다. 생물의 조직이 전하를 가지고 있다면 그 전하도 측정이 가능하고, 생물 조직이 전하에 민감하다면 그것을 전기적으로 자극할 수 있다.

전기의 작용 방식

'전원' 그림에서 볼 수 있는 바와 같이 음으로 대전된 전자는 반대 전하가 끌어당기기 때문에 양극으로 이끌린다. 음극의 전자는 양극으로 흐르는 힘을 가진다. 이 전위(electrical potential) 혹은 전하(electrical charge)는 저장된 전기 에너지를 이용하여 일하는 능력이다.

　전위는 볼트(volt) 단위로 측정된다. 전지에서 양극과 음극은 절연체로 분리되어 있다. 그러므로 연결되지 않은 전지의 양극과 음극은 가정의 벽에 설치된 소켓의 극과 마찬가지로 두 극 사이에 전압을 간직하고 있다.

세포의 전기적 활동

절연체의 끝을 벗겨낸 전선 또는 전극을 전지의 양극과 음극에 연결하고, 이를 생물의 조직에 접촉하면 전류가 전지의 음극과 연결된 전극에서 생물의 조직으로, 다시 조직에서 양극과 연결된 전극으로 흐른다. 자극은 전극의 절연되지 않은 끝에서 나온다. 미세 전극을 이용하면 살아 있는 단일 세포만큼 작은 조직의 전기적 활동을 기록하거나 그 조직을 전기적으로 자극할 수 있다.

　'동물 조직에서의 전기적 활동 연구' 그림 A에서처럼 전기적 자극은 매우 짧은 펄스로 가할 때 가장 효과적이다. 자극기의 타이머로 전류를 켰다 끄면 펄스가 발생한다. 전기적 기록 그림에서 전압은 전지나 생물 조직의 전압을 측정하는 전압계(voltmeter)의 계기판에 표시된다(그림 B).

전원

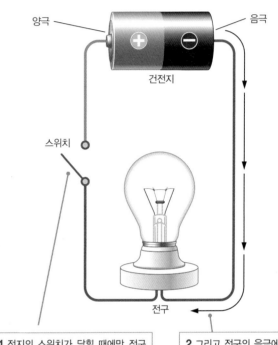

전자는 음전하를 가지기 때문에 음극은 양극에 비해 고전하(더 많은 전자)이다.

양극　　　　　음극

건전지

스위치

전구

1 전지의 스위치가 닫힐 때에만 전구의 불이 켜진다. 절연되지 않은 전선과 같은 도체가 두 극 사이를 연결한다.

2 그리고 전구의 음극에서 양극으로 전자가 흐르면, 즉 전류가 발생하면 전구가 켜진다.

동물 조직에서의 전기적 활동 연구

(A) 전기적 자극

전류는 자극기를 떠나 전극과 연결된 전선(적색)으로 흐른다. 전류는 전극의 절연되지 않은 끝에서 조직으로 들어가 조직을 자극한다. 전류는 참조 전극과 연결된 두 번째 전선(녹색)을 거쳐 자극기로 돌아간다.

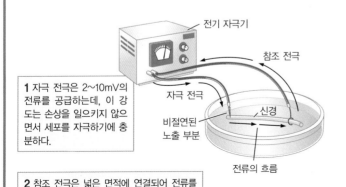

전기 자극기

참조 전극

자극 전극

신경

1 자극 전극은 2~10mV의 전류를 공급하는데, 이 강도는 손상을 일으키지 않으면서 세포를 자극하기에 충분하다.

비절연된 노출 부분

전류의 흐름

2 참조 전극은 넓은 면적에 연결되어 전류를 확산시킬 뿐 조직을 흥분시키지는 않는다.

(B) 전기적 기록

기록 전극과 참조 전극 사이의 전압 차이는 계기판의 바늘이 표시하는 전압으로 나타난다.

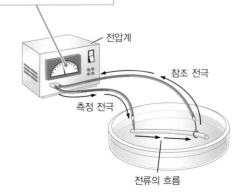

전압계

참조 전극

측정 전극

전류의 흐름

의 절연되지 않는 끝을 통해 신경으로 전류를 보내는 방법을 발견하였다.

Galvani의 기법을 이용하여 근육 수축을 연구한 많은 연구자 중 19세기 중반 프로이센의 과학자 Gustav Theodor Fritsch와 Eduard Hitzig는 신피질에 전기적 자극을 가하면 운동이 일어난다는 것을 입증하였다. 그들은 토끼와 개를 포함하는 여러 종을 대상으로 연구하였고, 심지어 프로이센의 전쟁터에서 머리를 다친 환자를 치료하면서 신피질을 자극하였다. 그들은 피험자의 대뇌피질의 특정 부위에 자극을 가하면 그에 대한 반응으로 팔과 다리가 움직인다는 것을 관찰하였다.

1874년에 Roberts Bartholow는 인간 뇌 자극의 효과를 최초로 기술하였다. 그의 환자였던 Mary Rafferty는 대뇌피질의 일부가 드러나는 두개골 손상을 입었다. Bartholow는 그녀의 노출된 뇌 조직을 자극하여 어떤 효과가 나타나는지 알아보았다. 다음은 그의 관찰 기록 중 일부이다.

> 절연된 바늘을 좌측 후두엽에 삽입하여 바늘의 절연되지 않은 끝부분이 뇌 조직에 닿게 하였고, 참조 전극은 경막에 연결하였다. 바늘에 전류를 흘렸을 때 우측 팔과 다리에 근육 수축이 일어났다. 또한 약하지만 좌측 눈꺼풀의 수축과 동공의 확장도 관찰할 수 있었다. Mary는 오른쪽 팔다리, 특히 오른쪽 팔이 얼얼해지는 강한 불쾌감을 호소하였고, 왼손으로 오른팔을 쥐고 세게 문질렀다. 고통을 겪는 것이 분명하였지만 그녀는 즐겁기라도 한 듯이 미소를 지었다(Bartholow, 1874).

상상할 수 있겠지만 Bartholow의 보고서는 받아들여지지 않았다. 윤리적 및 기술적 문제에 대한 강한 비판이 제기되어 그 연구의 출판은 벽에 부딪혔다. Bartholow의 연구는 너무 대담하고 비윤리적이었으나, 인간 피질지도의 기본 원리를 밝혔다(Patra et al., 2019). 중요한 점은 우리가 의학의 역사에서 기억되어야 할 희생을 인정하고 Mary Rafferty에게 진심으로 경의를 표하는 것이다.

전기적 기록 연구

뇌에서 일어나는 정보의 흐름이 부분적으로 전기적인 속성을 띤다는 것을 보여준 증거는 덜 침습적인 전기적 기록 실험에서도 나왔다. 약 1세기 전을 살았던 의사 Richard Caton이 신체의 두 지점 사이의 전류를 기록하는 민감한 장치를 이용하여 최초로 뇌의 전류를 측정하였다. Caton은 인간 피험자의 두개골에 전극을 부착하여 기록에서 나타나는 변동을 보고하였다. 뇌에서 전위차를 기록하는 한 유형인 **뇌전도**(electroencephalogram, EEG)는 수면의 단계를 확인하고, '임상 초점 4-1 : 뇌전증'에서 기술되는 전기기록성 발작을 일으키는 과도한 뉴런의 동기성을 탐지하는 등 여러 목적으로 사용하는 표준 도구의 하나이다.

이런 선구적인 연구들은 뉴런이 전기적 메시지를 보낸다는 증거를 제공하였지만, 신경과 신경로가 자동차 배터리나 가정의 전등을 켜는 것과 같은 종류의 전류를 보낸다는 결론은 틀린 것이다. 19세기 과학자인 Hermann von Helmholtz는 근육과 연결된 신경을 자극하고, 근육이 수축할 때까지 소요된 시간을 측정하였다. 신경이 정보를 보내는 속도는 초당 30~40m에 불과하였지만, 전선에서는 이보다 약 100만 배나 빠른 속도로 전기가 흐른다.

따라서 신경계의 정보 전달은 너무 느려서 전기의 흐름(전자 기반)과 같을 수 없다. 뉴런에서 일어나는 전기적 신호를 설명하기 위해서 1886년에 Julius Bernstein은 뉴런에서 일어나는 화학적 사건(이온 기반)이 전위를 일으킨다고 하였다. 또한 그는 전위가 변화할 수 있고, 그래서 신호

뇌전도(EEG) 뇌의 전기적 활동을 기록한 그래프로, 많은 뉴런에서 발생한 등급전위를 반영한다.

1960년대에 학회에서 인간 및 동물 연구를 위한 윤리 기준을 제정하였다(7-8절 참조). 현재 저강도의 손상을 일으키지 않는 뇌 자극은 많은 신경수술에서 표준적 절차이다(16-3절 참조).

EEG 응용에 관한 구체적인 사항은 7-2절, 13-3절, 16-3절에서 언급한다.

그림 4.3 파동 효과
잔잔한 수면에 돌을 던져 발생하는 파동은 물 자체가 이동하는 것이 아니라 물 표면의 높낮이를 변화시키는 압력의 차이가 이동하는 것이다.

전압계 두 지점의 전위차를 기록하여 전압의 강도를 측정하는 장치

그림 4.4 정보의 파동
뉴런의 세포체에 자극을 주면 파동이 일어나는데, 이 파동이 축색종말까지 전달되는 것이 한 뉴런에서 일어나는 정보의 전달이다. 전압계를 사용하면 이 파동의 전달을 관찰할 수 있다.

로 작용할 수 있다고 주장하였다. 그의 생각은 이온의 움직임이 뉴런에서 전달되는 메시지가 된다는 것이었다.

더구나 축색을 따라 이동하는 것은 이온 자체가 아니라 이온성 전위의 파동이다. 그 차이를 이해하기 위해 다른 형태의 파동을 생각해보자. 잔잔한 연못에 돌을 던지면 돌이 떨어진 곳에서 퍼져나가는 파동이 생긴다(**그림 4.3**). 물 자체는 위아래로 움직이는 것이지 돌이 떨어진 곳에서 멀리 이동하는 것이 아니다. 단지 압력의 **변화**가 이동하고, 그에 따라 수면의 높이가 바뀜에 따라 파동 효과가 생기는 것이다.

이와 유사하게 우리가 말을 하면 공기 중에 압력파가 생기고, 이 파동이 음성을 듣는 사람에게 보낸다. 수건을 털 때 파동이 수건의 한쪽 끝에서 반대편까지 전달되는 것과도 유사하다. 공기 중의 파동이 말의 메시지를 전달하듯 화학적 변화의 파동이 축색을 따라 이동하면서 뉴런의 메시지를 전달한다는 것이 Bernstein의 생각이었다.

뉴런의 전기적 활동을 측정하는 도구

신경계의 메시지를 전달하는 파동은 매우 작고, 뉴런의 표면에만 존재한다. 이런 제한점이 있지만 일반의 전기 자극기를 이용하여 그 파동을 발생시킬 수 있고, 전기적 기록법을 이용하여 파동이 어떻게 발생하는지를 밝혀낼 수 있다. 단일 축색이 자극되면 흥분성 파동이 일어난다. 이때 **전압계**(voltmeter)에 연결된 전극을 단일 축색에 갖다 대면(**그림 4.4**) 파동이 이동할 때 축색의 막에서 일어나는 전위의 변화를 탐지할 수 있다.

이 절차는 단순해 보이지만 파동을 기록하고 이러한 파동이 어떻게 발생하는지를 설명하기 위해서는 기록할 뉴런이 충분히 커야 하고, 미세한 전기적 파동을 탐지할 수 있을 정도로 민감한 기록 장치가 있어야 하며, 단일 뉴런 표면에 위치시킬 수 있을 정도로 매우 작은 전극이 있어야 한다. 오징어의 거대 축색을 우연히 발견한 것, 오실로스코프의 발명, 미세 전극의 제작으로 이들 요구 사항이 모두 충족되었다.

오징어의 거대 축색

사람을 포함한 대다수 동물의 뉴런은 직경이 1~20μm(micrometer)에 불과할 정도로 너무 작아서 맨눈으로는 볼 수가 없다. 동물학자 J. Z. Young이 북대서양오징어(North Atlantic squid, *Loligo vulgaris*)를 해부하였을 때 직경이 1mm(1,000μm)나 되는 거대 축색을 발견하였다. **그림 4.5**에 그 오징어와 그것의 체벽 또는 물에서 추진력을 제공하는 외투로 뻗어 있는 거대 축색이 제시되어 있다.

*Loligo*는 거대 오징어가 아니다. 길이는 단지 30cm 정도밖에 안 된다. 하지만 *Loligo*의 축색은 거대하고, 멀리까지 뻗어나간다. 각각의 거대 축색은 여러 개의 작은 축색이 합쳐져서 만들어진

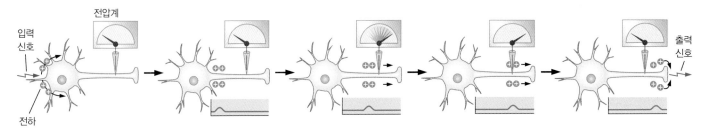

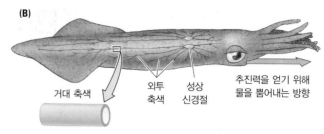

그림 4.5 실험실 표본
(A) 북대서양오징어는 지느러미와 외투 수축으로 물을 밀어내어 추진력을 얻는다.
(B) 성상 신경절에서 나온 축색들이 오징어의 외투를 수축시킨다.

다. 큰 축색이 작은 축색보다 메시지를 빨리 전달하기 때문에 이러한 거대 축색을 가진 오징어는 포식자로부터 재빨리 벗어날 수 있다.

1936년에 Young이 영국 케임브리지대학교의 신경과학자인 Alan Hodgkin과 Andrew Huxley에게 *Loligo*의 축색이 전기적 기록 연구에 이용할 정도로 충분히 크다는 사실을 알려주었다. 그들은 거대 축색을 적출하여 체액과 거의 같은 소금물에 넣어 그 기능이 유지되게 하였다. 이 방법으로 Hodgkin과 Huxley(1939)는 뉴런의 전기적 활동을 설명하였고, 그 공로로 1963년에 노벨상을 받았다.

오실로스코프

Hodgkin과 Huxley의 실험은 정밀한 전압계인 **오실로스코프**(oscilloscope)가 발명되었기에 가능했다. 이 장비는 하나의 신경 또는 뉴런에서 나오는 미세한 전기적 신호를 시간 경과에 따라 표시해줄 정도로 정밀한 화면을 가진 전압측정기이다(**그림 4.6**A). 그림 4.6B처럼 뉴런에서 나온 전기적 신호를 기록할 때 사용하는 단위는 밀리볼트(mV, 1mV는 1/1,000V)와 밀리초(ms, 1ms는 1/1,000초)이다. 기록 장치를 컴퓨터와 연결하면 오실로스코프가 없어도 된다.

미세 전극

뉴런의 전기적 활동을 측정하기 위한 마지막 도구는 축색 표면 또는 내부에 위치시킬 수 있을 정도로 작은 **미세 전극**(microelectrode)이다. 미세 전극을 사용하여 단일 뉴런으로 전류를 흘릴 수

1미크론(μm)은 100만 분의 1m 또는 1,000분의 1mm이다.

오실로스코프 시간 경과에 따른 전압의 변화를 기록하여 그래프로 보여주는 정밀한 전압계
미세 전극 절연된 매우 가는 전선 또는 생리식염수를 채운 미세한 유리관으로, 끝 부분은 절연되지 않아 뉴런에 전기적 자극을 가하거나 뉴런의 전기적 활동을 측정하는 데 사용된다.

그림 4.6 오실로스코프 기록
(A) 변화하는 전기적 신호를 시각화하고 측정할 때 이용하는 다목적 전자장치인 디지털 오실로스코프 화면에 기본 파형이 나타나 있다. (B) 오실로스코프에 생성된 궤적 그래프, S는 자극을 나타낸다. 수평축은 시간을 나타내고, 수직축은 전압을 표시한다. 편의상 축색 전압은 밀리볼트 단위(mV)의 음전기로 제시하였다. 오른쪽 디지털 오실로스코프 화면에 표시된 2개의 활동전위로 이루어진 파형은 단일 뉴런에서 기록한 것이다.

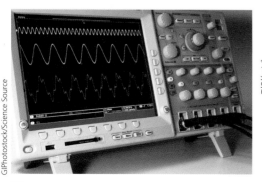

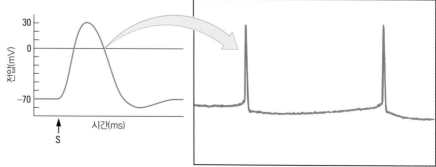

(A)   (B)

(A)

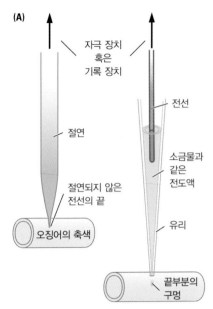

자극 장치 혹은 기록 장치

절연

절연되지 않은 전선의 끝

오징어의 축색

전선

소금물과 같은 전도액

유리

끝부분의 구멍

그림 4.7 미세 전극의 사용법
(A) 금속선(왼쪽) 혹은 유리(오른쪽)로 만들어진 미세 전극의 끝은 오징어의 축색보다 작다. 두 종류의 미세 전극 모두 축색의 표면이나 내부에서 전기적 활동을 측정할 수 있다. (B) 미세유리 전극의 끝으로 막을 빨아들이면 축색의 매우 작은 영역에 국한하여 기록할 수 있다.

3장의 '기본 지식: 화학에 대한 개관'은 이온에 대한 설명이다. 소금물 그림은 물 분자가 소금 결정을 녹이는 방식을 보여준다.

확산 임의의 운동을 통해 높은 농도 영역에서 낮은 농도 영역으로 이온이 이동하는 현상

(B)

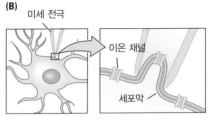

미세 전극

이온 채널

세포막

도 있고, 뉴런의 활동을 기록할 수도 있다. 미세 전극을 만드는 한 가지 방법은 전선의 끝 $1\mu m$ 정도가 뾰족하게 되도록 부식시키고, 나머지 부분은 플라스틱과 유사한 합성 폴리머로 절연하는 것이다. 이 전선의 끝부분을 뉴런의 표면이나 내부에 위치시킨다(**그림 4.7A**, 왼쪽).

미세 전극은 가는 유리관을 사용하여 끝에 경사를 주어 아주 가늘게 만들 수도 있다(그림 4.7A, 오른쪽). 속이 빈 유리 미세 전극의 끝은 $1\mu m$ 정도로 아주 작다. 유리관을 전류가 잘 흐르는 소금물과 같은 전해질로 채우면 전극으로 사용할 수 있다. 소금물 속에 전선을 삽입하고, 이를 자극 또는 기록 장치와 연결한다.

미세 전극을 사용하여 축색의 전기적 활동을 기록하는 방법은 다양하다. 미세 전극의 끝을 축색의 표면에 위치시키면 축색의 매우 작은 부분에서 발생하는 전류를 세포 외부에서 측정할 수 있다. 한 미세 전극의 끝을 축색의 표면에 위치시키고, 다른 미세 전극의 끝을 축색 내부에 삽입할 수도 있다. 이 방식으로 세포막 안팎의 전압을 측정할 수 있다.

유리 미세 전극을 사용하는 더 정교한 방법에서는 유리 미세 전극의 끝을 세포막 위에 위치시키고, 약간 위로 빨아들여서 세포막의 일부로 유리 전극의 끝을 밀봉한다(그림 4.7B). 빨대의 끝을 플라스틱 랩에 대고 빨아들이는 것에 비유할 수 있는 이 방법으로 유리 미세 전극을 막고 있는 세포막의 작은 부분에서 나오는 신호만을 기록할 수 있다.

Hodgkin과 Huxley는 오징어의 거대 축색과 오실로스코프, 그리고 미세 전극을 이용하여 축색의 막에서 전압을 측정하였고, 세포막 안팎의 특정 이온 농도의 변화가 **신경 충동**(nerve impulse)이라는 것을 알게 되었다. 신경에서 발생하는 전기적 활동의 근원은 세포막을 가로질러 양전하와 음전하를 운반하는 세포 내 및 세포 외 이온의 이동이다. 다음 절에서 세포의 기능에서 전기적 활동의 역할을 살펴볼 것이다. Hodgkin과 Huxley의 결과를 이해하기 위해서는 먼저 이온의 이동과 관련된 원리를 이해해야 한다.

이온 이동이 전하를 일으키는 방식

뉴런 안의 세포내액과 그것을 둘러싸고 있는 세포외액에는 양으로 대전된 Na^+(sodium), K^+(potassium)과 음으로 대전된 Cl^-(chloride)와 같은 여러 이온이 존재한다. 또한 체액에는 음으로 대전된 단백질 분자(A^-)도 포함되어 있다. 양으로 대전된 이온을 **양이온**(cation), 음으로 대전된 이온과 단백질은 **음이온**(anion)이라고 한다. 양이온과 음이온이 세포 안팎으로 이동하는 데 영향을 주는 세 가지 요인은 확산, 농도 기울기, 전압 기울기이다.

분자들은 늘 움직이기 때문에 고농도 지점으로부터 퍼져나간다. 이런 현상을 **확산**(diffusion)이라 한다. 확산은 어떤 추가적인 에너지도 필요로 하지 않으며, 용액 속에서 분자들이 움직이고 서로 밀어내는 무작위 운동의 결과로 일어난다. 확산의 결과 용액 속 어느 곳이든 같은 수의 분자들이 분포되는 동적 평형(dynamic equilibrium)이 이루어진다.

예컨대 연기는 방의 어느 곳에서든 연기 분자의 수가 거의 같아질 때까지 공기 속으로 점차 확산한다. 물에 염료를 부어도 염료가 떨어진 곳부터 용기 속 물의 다른 모든 곳으로 같은 방식으로 확산한다. 소금을 물에 넣으면 이온으로 용해되어 물 분자로 둘러싸이게 된다. 이온 및 그와 연관된 물 분자는 용액에서 확산하여 물의 어떤 부분이든 이온의 농도가 같아지는 평형 상태에

(A) 농도 기울기

1 물에 잉크를 떨어뜨리면 최초 지점에서 확산되어 나가고 …

2 물 전체의 농도가 균일해질 때까지 확산된다.

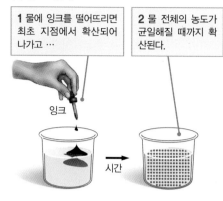

잉크

시간

(B) 전압 기울기

3 소금용액을 물에 부으면,

4 모든 곳에서 양전하와 음전하가 같아질 때까지 양이온과 음이온의 정전기 기울기는 감소된다.

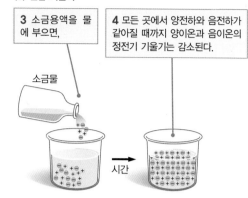

소금물

시간

그림 4.8 평형 상태로의 변화

이른다.

　농도 기울기(concentration gradient)는 어떤 곳에서 물질의 상대적인 양을 의미한다. **그림 4.8**에 나타나 있듯이 물이 든 비커에 이온을 놓으면 처음 이온이 들어간 표면이 바닥에 비해 높은 농도를 나타낸다. 시간이 지나면서 확산이 일어나 농도 기울기가 낮아진다.

　이온이 전하를 띠고 같은 전하는 서로 밀어내기 때문에 이온의 움직임은 두 영역 간 이온 수의 차이인 농도 기울기 그리고 두 영역 간 전하의 차이인 **전압 기울기**(voltage gradient)로 설명할 수 있다. 이온은 고전하 영역에서 저전하 영역으로 이동하여 전압 기울기를 낮추고, 또한 고농도 영역에서 저농도 영역으로 이동하여 농도 기울기를 낮춘다.

　그림 4.8B는 이 과정을 보여준다. 소금이 물에 녹을 때 일어나는 이온의 확산은 농도 기울기(나트륨과 염소 이온)를 낮추는 이동 또는 전압 기울기(양이온과 음이온)를 낮추는 이동으로 설명할 수 있다. 이온의 움직임을 방해하지 않는 용기에서는 양전하와 음전하는 균일하게 균형을 이루게 된다.

　하나의 모의 실험을 통해 세포막이 어떻게 이온의 움직임에 영향을 미치는지 알아보자. **그림 4.9A**는 물과 이온이 통과하지 못하는 고체의 불투과성 막으로 나뉜 용기를 보여준다. 용기의 왼쪽에 약간의 소금(NaCl)을 넣으면 그 소금이 용해된다. 왼쪽 구획의 물이 평형에 이를 때까지 이온이 퍼져나가며 농도 기울기와 전압 기울기를 낮춘다.

　용기의 왼쪽에는 모든 부분에서 나트륨과 염소 이온의 분포가 같으므로 이 두 이온의 기울기는 존재하지 않는다. 불투과성 막이 이온의 이동을 차단하고 있어서 소금을 넣지 않은 용기의 오른쪽에도 이 이온들에 대한 기울기가 없다. 그러나 소금물과 맹물을 나누는 막 사이에는 나트륨

농도 기울기　한 용기 내의 영역에 녹아 있는 어떤 물질의 상대적 양의 차이. 이 기울기로 인해 물질은 고농도 영역에서 저농도 영역으로 확산한다.

전압 기울기　두 영역 간의 전하 차이. 이 차이 때문에 두 영역을 연결하면 전류가 흐른다.

세포막은 소금물이 통과할 수 없는 비투과성 차단막이다. 즉 용액에서 물 분자로 둘러싸인 이온은 세포막의 소수성 꼬리를 통과할 수 없다 (그림 3.11 참조).

(A) 불투과성 막

1 장벽으로 나뉜 용기의 한쪽에 소금을 넣어 녹인다.

2 양이온과 음이온은 장벽을 건너지는 못하지만 균등하게 분포된다.

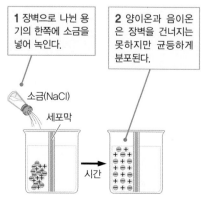

소금(NaCl)

세포막

시간

(B) 반투과성 막

3 장벽에 Cl⁻만 통과할 수 있는 채널을 설치하면, 그 구멍을 통해서 Cl⁻이 고농도 쪽에서 확산되어 나갈 것이다.

4 전압 기울기가 Cl⁻을 나트륨 양이온 쪽으로 끌어당기기 때문에 Cl⁻은 양쪽에 균등하게 분포되지 않을 것이다.

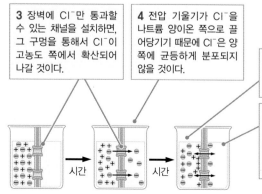

시간　시간

5 동적 평형 상태에서 시험관의 한쪽은 양으로 대전되고 …

6 시험관의 다른 한쪽은 음으로 대전되어 있다. 전압의 차이는 막의 표면의 가까운 부분에서 가장 크게 나타날 것이다.

그림 4.9 모형 세포막

이온과 염소 이온에 대한 농도 기울기와 전압 기울기가 존재한다.

세포막에 박혀 있는 막관통(transmembrane) 단백질 분자가 채널, 관문, 펌프를 형성하여 특정 이온이 막을 통과할 수 있게 해준다. 모의실험으로 돌아가서 그림 4.9B 왼쪽의 도식처럼 물의 구획을 나누고 있는 막에 몇 개의 염소 채널을 설치하여 염소는 통과하지만 나트륨은 통과하지 못하는 반투과성 막으로 만들어보자. 이제 채널을 통해 염소 이온이 막 너머로 확산하여 이전에는 염소 이온이 없던 용기에서도 농도 기울기를 낮추게 된다(그림 4.9B, 중간). 반면에 나트륨 이온은 염소 채널을 통과할 수 없어서 막의 한쪽에 머문다.

염소 이온의 이동에 영향을 미치는 유일한 요인이 염소의 농도 기울기라면 두 구획의 염소 이온이 평형을 이룰 때까지 소금물 구획에서 맹물 구획으로 염소 이온이 계속 유출될 것이다. 그러나 이런 일은 일어나지 않는다. 반대 전하가 끌어당기기 때문에 음전하를 띤 염소 이온은 소금물 구획에 남아 있는 양전하의 나트륨 이온으로 끌려간다. 이처럼 나트륨으로 끌려가기 때문에 염소 이온은 완전하게 확산하지 못한다. 결론적으로 그림 4.9B의 오른쪽 도식에 나와 있듯이 염소 이온의 농도는 오른쪽보다 왼쪽 소금물 구획에서 다소 높게 유지된다.

다시 말해 농도 기울기에 의한 염소 이온의 유출은 전압 기울기에 의한 염소 이온의 유입과 상쇄된다. 이 상황에서는 화학적 구동력과 전기적 구동력이 반대 방향으로 작용한다. 따라서 확산을 통해 염소 이온을 용기의 오른쪽으로 미는 힘은 염소 이온을 오른쪽으로 끌어당기는 전기적 힘(양전하와 음전하 간의 인력)과 어느 점에서 균형을 이룬다. 이를 다음과 같이 요약할 수 있다.

농도 기울기 = 전압 기울기

막을 사이에 두고 이온의 움직임이 균형을 이루는 상태를 **평형전위**(equilibrium potential)라 하는데, 이 개념은 다음 절에서 다시 공부할 것이다.

평형 상태에서는 막 양쪽의 염소 이온의 농도가 다르고, 이에 따라 전위, 즉 전압의 차이가 생긴다. 용기의 왼쪽은 염소 이온이 빠져나갔기 때문에 양(나트륨)이온이 우세하여 양으로 대전된다. 용기의 오른쪽은 이온이 없는 상태에서 일부 염소 이온이 유입되었으므로 음으로 대전된다. 전압의 차이는 양이온과 음이온이 모여 있는 반투과성 막의 표면에서 가장 높게 나타난다. 이와 매우 유사한 과정이 세포의 반투과성 막에서 일어난다.

4-1 복습

진도를 계속 나가기 전에 앞 절을 얼마나 이해했는지 확인해보자. 정답은 이 책의 뒷부분에 있다.

1. 대전된 막대를 이용한 실험을 근거로 Stephen Gray는 _____이/가 신경계에서 정보를 보내는 전령일 것이라고 생각하였다.

2. 수백 년에 걸쳐 수행된 전기적 _____와/과 더 최근의 전기적 _____ 실험에서 나온 결과는 신경계에서의 정보 흐름을 전기적 활동과 관련짓는다.

3. 뉴런 축색의 전기적 활동은 이온의 확산을 수반한다. 이온은 _____와/과 _____을/를 낮춘다.

4. 파동처럼 축색의 막을 따라 이동하는 전위의 변화를 측정하기 위해 19세기 중엽 과학자들이 해결한 세 가지 기술적인 문제는 무엇인가?

5. 반투과성 세포막이 신경계에서 이온의 이동에 영향을 미치는 세 가지 방식은 무엇인가?

용해된 나트륨 이온이 염소 이온보다 크기는 작지만 물 분자와 결합을 잘하여 부피가 커지기 때문에 좁은 염소 채널을 통과할 수 없다.

수상돌기와 세포막에서 일어나는 전기적 활동

일반적으로 뉴런은 세포체와 수상돌기에서 입력을 받아들인다. 이 절에서는 막을 가로지르는 이온 흐름의 변화를 살펴볼 것이고, 세포체와 수상돌기를 구분하지 않고 단순히 막으로 칭할 것이다. 대부분 생물체의 막은 이온 채널을 가지고 있어서 반투과성이다. 뉴런의 전기적 활동은 채널을 거쳐 뉴런의 막을 통과하는 특정 이온의 움직임이다. 이 과정이 있기에 파장의 형태로 막을 따라 이동하는 전기적 활동이 신경계 곳곳으로 전달될 수 있다. 그렇다면 막을 건너가는 이온의 움직임은 어떻게 변화할까?

안정전위

그림 4.10은 축색의 세포막 바깥 표면과 세포 안에 위치된 2개의 미세 전극으로 전압차를 기록하는 방법을 보여준다. 자극이 없을 때 차이는 약 70mV이다. 실제로 세포막의 외부가 양전하를 띠지만 편의상 그 전하를 '0'이라고 가정한다. 그러므로 안정 상태에서 막의 내부는 세포 외부에 비해 -70mV 정도의 전압을 띤다.

오랫동안 측정을 계속해도 자극받지 않은 막 안팎의 전하는 거의 일정하게 유지될 것이다. 막에 어떤 변화가 생기면 전하가 바뀔 수 있지만, 안정 상태에서 세포 안과 밖의 전하의 차이가 전위(electrical potential)를 만들어낸다. 여기에서 전위란 충전된 전지와 같이 저장된 힘을 사용할 수 있는 능력을 가리킨다. 따라서 이 상태의 전하는 저장된 잠재 에너지이고, 이를 막의 **안정전위**(resting potential)라고 한다.

은행에 저축하여 미래에 사용할 수 있는 돈을 예금주의 재정적 잠재력이라고 하는데, 전위라는 용어도 바로 이런 의미로 사용할 것이다. 고로 안정전위란 미래에 사용될 수 있는 저장 에너지이다. 우리 몸을 구성하는 대부분 세포는 안정전위를 가지고 있지만 그것이 모든 축색에서 똑같지는 않다. 뉴런의 유형과 동물의 종에 따라 안정전위는 다르고 그 범위는 -40∼-90mV이다.

나트륨 이온(Na^+), 칼륨 이온(K^+), 염소 이온(Cl^-), 큰 단백질 분자(A^-)와 같은 네 가지 대전된 입자가 안정전위 생성에 관여한다. 이들 양으로 대전된 양이온 또는 음으로 대전된 음이온은 이 장의 1절에서 정의하였다. **그림 4.11**에서 보듯이 이 대전된 입자들은 축색의 세포막을 사이에 두고 불균등하게 분포되어 있는데, 세포내액에는 단백질 음이온과 칼륨 이온이 더 많고 세포외액에는 염소 이온과 나트륨 이온이 더 많다. 어떻게 이러한 농도의 불균등이 생기고, 그것이 안정전위에 어떻게 기여하는지 알아보자.

안정전위의 유지

세포막의 채널, 관문, 펌프가 함께 안정전위를 유지한다. 안정 상태의 세포막을 확대한 **그림 4.12**는 이들 세 가지 장치가 세포막의 안정 전하에 기여하는 방식을 자세히 보여준다.

1. 막이 큰 분자에 대해서는 상대적으로 불투과성이기 때문에 음전하를 띤 단백질(A^-)은 세포 내부에 머문다.

2. 칼륨 이온은 누설 채널(leak channel)이라고도 하는 관문이 없는 칼륨 채널을 통해 막을 자유롭

안정전위　자극이 없을 때 절연성 막 안팎의 전위. 즉 세포 외부에 비해 세포 내부가 더 큰 음전하로 대전됨으로써 발생하는 저장 상태의 전위 에너지

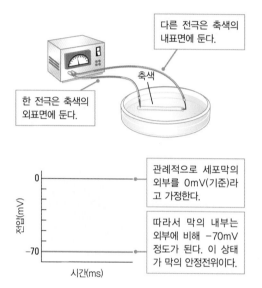

그림 4.10 안정전위
안정 상태에서 세포막 안팎의 전하는 위치 에너지를 가진다.

왜 '0'인가? 우리가 관심을 두는 것은 실제 전위가 아니라 상대적 차이이다.

어느 이온이 어느 쪽에 있는지 기억하는 한 가지 방법은 우리가 식염(염화나트륨)을 음식물 바깥에 둔다는 사실을 염두에 두는 것이다.

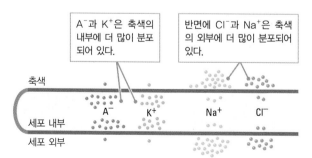

그림 4.11 막이 안정되어 있을 때 이온의 분포
안정전위 상태에서 이온은 세포 안팎에 균등하게 분포되어 있지 않다. A^-은 단백질 이온을 의미한다.

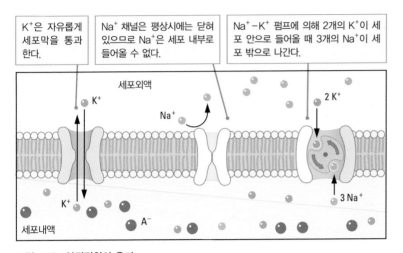

K⁺은 자유롭게 세포막을 통과한다.

Na⁺ 채널은 평상시에는 닫혀 있으므로 Na⁺은 세포 내부로 들어올 수 없다.

Na⁺-K⁺ 펌프에 의해 2개의 K⁺이 세포 안으로 들어올 때 3개의 Na⁺이 세포 밖으로 나간다.

세포외액

K^+

Na^+

$2 K^+$

K^+

A^-

$3 Na^+$

세포내액

그림 4.12　안정전위의 유지
세포막의 채널, 관문, 펌프가 안정전위 유지에 기여하고 있다.

게 건너갈 수 있다. 염소 이온도 관문이 없는 염소 채널을 통과할 수 있다. 그러나 나트륨 채널의 관문은 양전하를 띤 나트륨 이온이 통과하지 못하게 차단한다.

3. Na^+-K^+ 펌프가 세포내액의 Na^+을 내보내고 K^+을 받아들인다.

세포 내부

큰 단백질 음이온은 세포 내에서 만들어진다. 이 단백질이 세포 바깥으로 나갈 수 있는 정도로 큰 채널은 없으므로 단백질의 평균적 음전하만으로도 충분히 막 전압 또는 안정전위를 생성할 수 있다. 몸을 이루는 대부분의 세포가 이 음전하의 큰 단백질 분자를 만들기 때문에 대부분 세포는 막 전하를 띠게 된다.

　세포내액에서 큰 단백질 음이온에 의해 생성되는 음전하에 대한 균형을 맞추기 위해 세포 내에는 양전하를 띤 칼륨 이온이 외부에 비해 20배나 많이 축적된다. 그림 4.12에서 보듯이 칼륨 이온은 열린 칼륨 채널을 통해 세포를 통과한다. 그러나 세포 내부의 칼륨 농도가 높으면 막 안팎에 칼륨 농도 기울기가 형성되어 세포 안으로 들어갈 수 있는 칼륨 이온의 수가 제한된다. 즉 모든 칼륨 이온이 세포 안으로 들어갈 수는 없는 것이다. 세포 외부에 비해 내부의 칼륨 이온 농도가 높으므로 칼륨 농도 기울기가 작용하여 이 이온이 바깥으로 밀려난다.

　세포 외부에 머무는 약간의 칼륨 이온도 막 안팎의 전하에 기여할 수 있다. 세포 바깥에 있는 이 약간의 칼륨 이온이 세포 바깥에 대한 세포 안의 상대적 음전하를 높이는 것이다. 이 말이 정말 맞는지 의문을 가질 수 있다. 세포 내부에는 세포 외부에 비해서 20배가 많은 칼륨 이온이 있는데 왜 세포 내부는 음전하를 띠어야 하는가? 오히려 이 세포내액의 칼륨 이온으로 인해 세포 내부가 양전하를 띠어야 하지 않을까? 그렇지 않다. 왜냐하면 세포로 들어갈 수 있는 칼륨 이온의 양이 단백질 음이온의 음전하에 대해 균형을 맞출 정도로 충분하지 않기 때문이다.

　달리 생각해보자. 만약 세포 내에 축적될 수 있는 칼륨 이온의 수에 제한이 없다면 양전하를 띤 칼륨 이온은 세포 내부의 단백질 음이온의 음전하와 정확하게 같아질 것이다. 그렇게 되면 세포 안팎의 전하도 없어질 것이다. 그러나 세포 내의 K^+ 농도가 바깥에 비해 높을 때 더 이상의 칼륨 이온 유입이 농도 기울기에 의해 차단되기 때문에 세포 내부에 축적되는 칼륨 이온의 수는 제한된다.

세포 외부

칼륨 전압 및 농도의 기울기가 평형을 이룸에 따라 일부 칼륨 이온은 세포 외부에 남게 된다. 세포 내부를 음전하로 유지하려면 세포 외부에 양전하를 띤 칼륨 이온이 조금만 있으면 된다. 결과적으로 이 약간의 칼륨 이온이 세포 안팎의 전하에 기여한다.

　Na^+과 Cl^-도 안정전위의 생성에 관여한다. 만약에 양전하를 띤 나트륨 이온이 자유롭게 세포막을 통과한다면 이 이온들이 세포 내로 확산하여 세포 안과 밖의 불균등한 칼륨 이온에 의해 생성된 막전하를 없앨 것이다. 그러나 세포막에 있는 나트륨 이온 채널의 관문이 평상시에는 닫혀 있으므로(그림 4.12의 가운데 참조) 대부분 나트륨 이온은 세포 안으로 들어가지 못하고, 그와 같은 확산은 일어나지 않는다.

충분한 시간이 주어진다면 막전위를 없앨 수 있는 충분한 양의 나트륨 이온이 세포 내로 들어갈 수 있다. 그러나 세포막에는 이를 막기 위한 다른 기제, 즉 세포막에 삽입된 단백질의 일종인 **나트륨-칼륨 펌프**가 있다. 나트륨 이온이 뉴런으로 들어갈 때 즉각적으로 이 펌프에 의해 세포 바깥으로 밀려난다. 그림 4.12의 오른쪽에서 볼 수 있는 것처럼 세포막에 있는 많은 펌프를 통해 세포 내의 나트륨 이온 3개와 외부의 칼륨 이온 2개의 교환이 늘 일어난다. 칼륨 이온은 열린 칼륨 채널을 통해 자유롭게 세포 바깥으로 나갈 수 있지만, 닫힌 나트륨 채널 때문에 나트륨 이온이 세포로 다시 들어가는 재유입은 느려진다. 이런 과정 때문에 세포 외부에 존재하는 나트륨 이온의 양이 축색 내에 존재하는 것에 비해 10배나 높게 유지된다. 이런 나트륨 농도의 차이 역시 막의 안정전위에 기여한다.

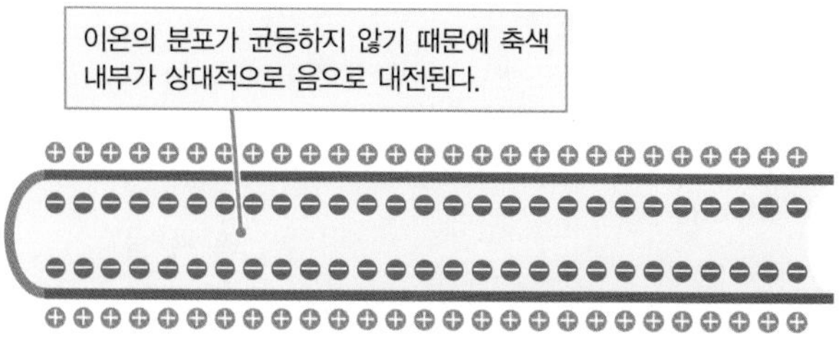

이제 염소 이온에 대해 생각해보자. 나트륨 이온과는 달리 염소 이온은 막의 열려 있는 염소 이온 채널을 통해 세포 안팎으로 이동한다. 염소의 농도 기울기와 전압 기울기가 같아지는 평형점이 막의 안정전위와 거의 같아서 일반적으로 염소 이온은 안정전위에 별로 관여하지 않는다. 이 평형 상태에서 세포외 염소 이온 수준이 세포 내에 비해 12배 정도 높다.

세포막의 반투과성과 채널, 관문, 펌프의 작용이 세포막 안팎의 전압, 즉 안정전위를 만들어낸다 (**그림 4.13**). 막의 안정전위는 Na^+, K^+, Cl^-, 그리고 막을 통과하지 못하는 A^-의 균형에 의해 만들어진다. 이들 요인은 각기 다른 막 안팎의 농도 차이와 **평형전위**(equilibrium potential) 또는 **역전전위**(reversal potential)를 가지고 있다(**표 4.1**). 각 이온의 평형전위는 이온의 전하와 농도 기울기를 고려하는 **네른스트 방정식**(Nernst equation)으로 계산된다.

주목할 점은 Na^+과 Cl^-이 상반된 전하를 가지며, 세포막 바깥에 존재하는 두 이온의 비율이 거의 같아서 두 이온의 조합으로 생성되는 전체 전하가 거의 '0'이라는 것이다. 네른스트 방정식에 관한 구체적 논의는 이 책의 범위를 벗어나지만 세포막의 안정전위가 Cl^-의 평형전위와 거의 같다는 점을 이해하는 것은 중요하다.

등급전위

안정전위는 일종의 에너지 저장이라 할 수 있는데, 이는 물을 담고 있으면서 관개농업 또는 발전을 위해 수문을 통해 소량의 물을 흘려보내는 댐과 유사하다. 세포막이 자극되지 않더라도 어떤 이온의 농도가 바뀌면 막전위도 변한다. 이렇게 세포막 안팎의 전압이 미세하게 변동하는 것이 **등급전위**(graded potential)이다.

미세 전극으로 막을 전기적으로 자극하는 것으로 살아 있는 세포에서 등급전위를 일으키기 위해 막의 전압이 변화되는 방식을 흉내 낼 수 있다. 세포 내에 음전압을 가하면 막전위가 수 mV 정도 더 음전하를 띠게 된다. **그림 4.14A**에 제시된 것처럼 막전위는 −70mV의 안정전위에서 −73mV 정도로 약간 커지는 변화가 일어난다.

이런 변화를 **과분극화**(hyperpolarization)라고 하는데, 그것은 막의 극성이 증가하기 때문이다. 이와 반대로 세포 내에 양전압이 가해지면 막전위의 크기는 수 mV 정도 감소한다. 그림 4.14B에서 볼 수 있듯이 −70mV의 안정 막전위가 −65mV 정도로 약간 낮아지는 변화가 일어난다. 막의 전하가 감소하는 이런 변화를 **탈분극화**(depolarization)라고 한다. 통상 등급전위가 유지되

이온의 분포가 균등하지 않기 때문에 축색 내부가 상대적으로 음으로 대전된다.

그림 4.13 안정 상태에서 막 안팎의 전하

표 4.1 각 이온에 대한 네른스트 전위

이온의 종류	세포 내 농도	세포 외 농도	평형전위
나트륨(Na^+)	15mM	145mM	+60.6mV
칼륨(K^+)	150mM	4mM	−96.8mV
염소(Cl^-)	10mM	110mM	−64.0mV

mM = 밀리몰(밀리는 1,000분의 1). 이 단위는 용액 1리터당 화학물질(여기에서는 이온)의 농도를 가리킨다.

평형전위 특정 이온이 세포 안팎으로 이동하지 않을 때의 막전위. 역전전위라고도 한다.

네른스트 방정식 이온의 전하와 막 안팎의 농도 기울기를 근거로 하여 그 이온에 대한 평형전위(네른스트 전위라고도 함)를 계산하는 방정식

등급전위 세포막 안팎에 생성되는 작은 전압의 변동

과분극화 보통 염소 이온의 유입 또는 칼륨 이온의 유출에 의해 발생하는 막전위의 증가

탈분극화 보통 나트륨 이온의 유입으로 생성되는 막전위의 감소

그림 4.14 등급전위

(A) 자극(S)이 세포 안팎의 전압차를 증가시켜 과분극화를 일으키고 있다. **(B)** 자극(S)이 세포 안팎의 전압차를 감소시켜 탈분극화를 일으키고 있다.

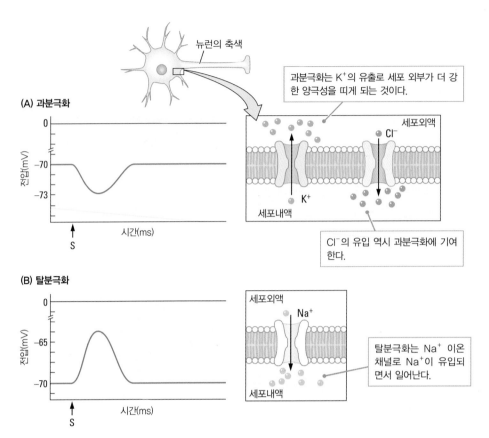

뉴런의 축색

(A) 과분극화

전압(mV)

0
-70
-73

시간(ms)

S

과분극화는 K^+의 유출로 세포 외부가 더 강한 양극성을 띠게 되는 것이다.

세포외액

Cl^-

K^+

세포내액

Cl^-의 유입 역시 과분극화에 기여한다.

(B) 탈분극화

전압(mV)

0
-65
-70

시간(ms)

S

세포외액

Na^+

세포내액

탈분극화는 Na^+ 이온 채널로 Na^+이 유입되면서 일어난다.

는 기간은 수 ms 정도에 불과하다.

과극화와 탈분극화는 보통 뉴런의 수상돌기와 세포체에서 발생한다. 이들 영역에는 그림 4.14처럼 관문 채널(gated channel)이 있고, 이것이 열리거나 닫히면서 막전위에 변화가 생긴다. 나트륨, 칼륨, 염소 이온에 대한 채널이 등급전위의 기초이다.

1. **칼륨 채널.** 막이 과분극화되려면 세포 외부가 더 양전기라야 하는데, 이 조건은 칼륨 이온의 유출로 충족된다. 통상적으로 칼륨 채널이 열려 있다면 어떻게 칼륨 이온의 유출이 증가할 수 있을까? 칼륨 채널이 열려 있더라도 이 이온의 유출을 방해하는 요인도 존재한다. 따라서 이 저항을 줄이면 과분극화가 일어날 수 있다.

2. **염소 채널.** 염소 이온이 막을 통과할 수 있을지라도 세포 안보다는 바깥에 염소 이온이 더 많이 남아 있으므로 Cl^- 흐름에 대한 저항이 감소한다. 그로 인해 염소 이온이 유입되어 세포 내의 Cl^-이 잠시 증가할 수 있다. Cl^-에 대한 네른스트 전위 64mV는 안정 막전위에 근접하기 때문에 증가한 Cl^- 전도도가 막전압을 안정화(또는 고정, clamping)하여 큰 탈분극화를 효과적으로 방지한다.

3. **나트륨 채널.** 정상적으로는 닫힌 나트륨 채널의 관문이 열려 나트륨 이온이 유입되면 탈분극화가 일어날 수 있다.

칼륨 이온이 과분극화에 어떤 역할을 한다는 증거는 칼륨 채널을 차단하는 테트라에틸암모늄(TEA)이라는 화학물질에 의해 과분극화도 차단된다는 사실에서 나왔다. 탈분극화에 나트륨 이온이 관여한다는 것은 나트륨 채널을 막는 테트로도톡신(tetrodotoxin, TTX)이라는 화학물질에 의해 탈분극이 차단된다는 사실을 통해 밝혀졌다. 어떤 나라, 특히 일본에서 별미로 여겨지는 복어는 이 치명적인 독을 분비하여 잠재적인 포식자로부터 스스로를 방어한다. 그래서 요리를 위

복어

해 복어를 손질하는 데는 기술이 필요하다. 이 독이 뉴런의 전기적 활동을 방해하기 때문에 부주의한 요리사는 고객을 치명적인 위험에 빠뜨릴 수 있다.

뉴런이 정보를 통합하는 방식

뉴런의 방대한 수상돌기는 가시로 덮여 있고, 그것을 통해 다른 뉴런들과 5만 개 이상의 연결을 이룬다. 또한 뉴런의 수상돌기와 축색 사이에 있는 세포체에서도 많은 연결이 만들어진다. 다른 뉴런에서 이들 각 시냅스 부위로 전달되는 신경 충동이 그 정보를 받아들이는 뉴런으로 엄청난 양의 탈분극화(또는 **흥분성 입력**) 및 과분극화(또는 **억제성 입력**)를 보낸다.

1950~1960년대에 John C. Eccles(1965)와 그의 제자들은 뉴런이 그렇게 다양하고 방대한 입력을 하나의 신경 충동으로 통합하는 방식을 밝히기 위한 실험을 하였다. 이 실험을 위해 Eccles는 오징어 거대 축색이 아니라 척추동물의 척수에 있는 큰 운동뉴런의 세포체에서 전기적 활동을 기록하였다. 또한 Eccles는 오징어 축색 연구에서 최초로 사용되었던 전기적 자극과 기록 기법(4-1절 참조)을 개선하였다. 이 업적을 인정받아 1963년에 그는 노벨 생리의학상을 받았다.

척수의 운동뉴런으로 유입되는 입력은 다양하다. 하나의 척수 운동뉴런에는 20개 정도의 분지를 가진 큰 하나의 수상돌기가 있고, 각 분지에서 다시 여러 차례 가지가 뻗어나가며, 각 가지는 많은 수상돌기가시로 덮힌다. 피부, 관절, 근육, 척수, 뇌에서 나온 다양한 정보가 입력되는 운동뉴런은 하나의 뉴런이 다양한 입력에 반응하는 방식을 연구하기에 이상적이다. 각각의 운동뉴런에서 뻗어나온 축색이 근육으로 직접 연결된다. 운동뉴런은 신경계가 행동을 일으키기 위해 선택하는 최종의 공통 신경로이다.

흥분성 및 억제성 시냅스후 전위

운동뉴런의 활동을 연구하기 위해 Eccles는 미세 전극의 끝이 척추동물 척수의 세포체 내부 혹은 세포체 바로 옆에 위치하도록 미세 전극을 삽입하였다. 그다음 그는 척수로 들어가는 감각신경섬유의 축색에 자극전극을 위치시켰다. Eccles는 척수로 들어가는 감각신경섬유들을 하나하나 분리함으로써 한 번에 하나의 감각신경섬유만 자극할 수 있었다.

실험 4-1은 Eccles의 실험 장면을 도식적으로 보여준다. 절차 부분의 왼쪽에서 볼 수 있듯이 들어오는 감각섬유를 자극하면 그와 연결된 운동뉴런의 세포막에서 탈분극화 등급전위(전하의 감소)가 발생한다. Eccles는 이 등급전위에 **흥분성 시냅스후 전위**(excitatory postsynaptic potential, EPSP)라는 명칭을 붙였다. 결과 부분 왼쪽 그래프처럼 EPSP가 막의 전하를 낮춘다(탈분극화). 4-3절에서 자세히 설명하겠지만 막의 탈분극화는 막 전압에 변화를 일으켜 **활동전위**가 일어나는 역치 수준에 이르도록 한다.

절차 부분 오른쪽을 보면 Eccles가 유입되는 다른 감각신경섬유를 자극하였을 때 그 입력을 받아들이는 운동뉴런의 막에서 과분극화 등급전위(전하의 증가)가 발생한다는 것을 알 수 있다. Eccles는 이 등급전위를 **억제성 시냅스후 전위**(inhibitory postsynaptic potential, IPSP)라 하였다. 결과 부분의 오른쪽에서 볼 수 있는 것처럼 IPSP는 막의 음전하를 역치 수준에서 멀어지게 높여 활동전위가 일어날 확률을 낮춘다.

EPSP와 IPSP 모두 수 밀리초 정도 유지되었다가 사라지며 뉴런은 곧 안정전위 상태로 돌아간다. EPSP는 나트륨 이온을 유입시키는 나트륨 채널의 개방과 연관되고, IPSP는 칼륨 이온을 유출시키는 칼륨 채널의 개방과 연관된다. 또한 IPSP는 염소 이온을 유입시키는 염소 채널의 개방

표 6.2는 여러 신경독의 근원과 효과를 정리한 것이다.

그림 2.31A는 인간 척수의 단면을 보여준다.

흥분성 시냅스후 전위(EPSP) 자극에 대한 반응으로 뉴런 막에서 발생하는 순간적 탈분극화로, 뉴런에서 활동전위가 잘 발생하게 해준다.

억제성 시냅스후 전위(IPSP) 자극에 대한 반응으로 뉴런 막에서 발생하는 순간적 과분극화로, 뉴런에서 활동전위가 발생하지 않게 한다.

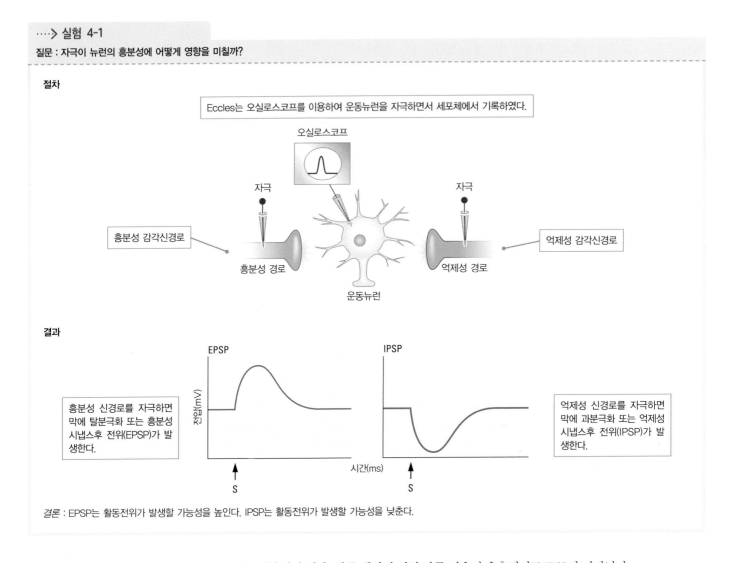

····> 실험 4-1

질문 : 자극이 뉴런의 흥분성에 어떻게 영향을 미칠까?

절차

Eccles는 오실로스코프를 이용하여 운동뉴런을 자극하면서 세포체에서 기록하였다.

오실로스코프

자극

자극

흥분성 감각신경로

억제성 감각신경로

흥분성 경로

억제성 경로

운동뉴런

결과

EPSP

IPSP

흥분성 신경로를 자극하면 막에 탈분극화 또는 흥분성 시냅스후 전위(EPSP)가 발생한다.

억제성 신경로를 자극하면 막에 과분극화 또는 억제성 시냅스후 전위(IPSP)가 발생한다.

전압(mV)

시간(ms)

S

S

결론 : EPSP는 활동전위가 발생할 가능성을 높인다. IPSP는 활동전위가 발생할 가능성을 낮춘다.

첫 분절 축색과 세포체가 만나는 곳에 인접한 부위로, 활동전위를 일으키는 전압-개폐 채널이 풍부하다.

첫 분절에서 활동전위가 발생하는 과정을 보여 주는 여러 동영상을 온라인에서 쉽게 찾을 수 있다.

과도 연관되어 있다. 칼륨 채널이 열려 칼륨 이온이 유출되어도 IPSP가 나타난다.

등급전위의 크기는 자극의 강도에 비례하고, 하나의 EPSP가 강한 흥분성일 때조차도 운동뉴런의 세포체 막에서 활동전위는 발생하지 않는다. 그 이유는 간단하다. 대부분 뉴런의 세포체 막에는 전압-활성화 채널(voltage-activated channel)이 없다. 활동전위가 시작되려면 자극이 축색의 **첫 분절**(initial segment)에 도달해야 하는데, 이곳은 축색소구와 가깝거나 그와 중복되는 부위로 전압-개폐 채널(voltage-gated channel)이 풍부하다(Bender & Trussel, 2012). 4-3절에서 활동전위를 공부할 때 이를 다시 언급할 것이다.

입력 정보의 통합

운동뉴런이 가진 수많은 수상돌기가시는 각기 EPSP 또는 IPSP를 통해 막 전압에 기여할 수 있다. 유입된 이들 등급전위는 뉴런의 막에서 어떻게 상호작용하는 것일까? 2개의 EPSP가 연속되면 어떤 일이 일어날까? 2개의 EPSP 사이의 시간 간격이 증가 또는 감소하면 어떤 결과가 나타날까? EPSP와 IPSP가 함께 도착하면 무슨 일이 생길까?

시간적 통합

하나의 흥분성 자극이 가해진 조금 후에 두 번째 흥분성 자극이 가해지면 하나의 EPSP가 기록되

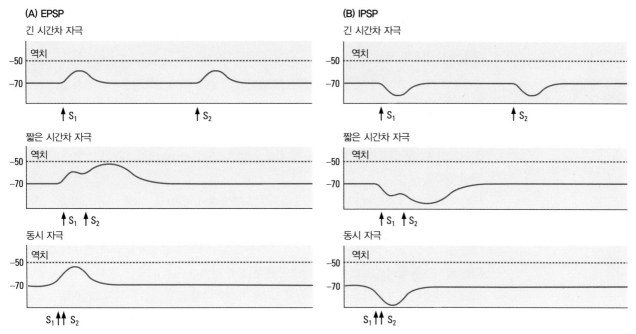

그림 4.15 시간적 통합
(A) 시간차를 두고 탈분극을 유도하는 두 자극(S_1과 S_2)을 가하면 2개의 EPSP가 비슷한 크기로 발생한다. 자극들 사이의 시간차가 짧아지면 각 자극으로 인해 발생하는 EPSP들이 부분적으로 합쳐진다. 두 자극을 동시에 가하면 크기가 큰 EPSP 하나만 발생한다. **(B)** 마찬가지로 시간차를 두고 과분극을 유도하는 두 자극(S_1과 S_2)을 가하면 2개의 IPSP가 비슷한 크기로 발생한다. 자극들 사이의 시간차가 짧아지면 각 자극으로 인해 발생하는 IPSP들이 부분적으로 합쳐진다. 두 자극을 동시에 가하면 크기가 큰 IPSP 하나만 발생한다.

고 조금 지난 후 같은 크기의 두 번째 EPSP가 기록된다(**그림 4.15**, 왼쪽 위). 이렇게 시간 간격이 긴 EPSP들은 서로 독립적이며 상호작용하지 않는다. 그러나 두 자극 간의 간격이 아주 짧으면 2개의 EPSP가 연이어 나타나서 하나의 큰 EPSP가 생성된다(그림 4.15 왼쪽 가운데).

이 경우에는 같은 지점에 주어진 2개의 흥분성 자극이 합쳐져 어느 하나의 자극에 의한 것보다 더 큰 탈분극화가 세포막에서 일어난다. 짧은 시간 간격으로 연속되거나 동시에 발생하는 두 EPSP 간의 관계를 **시간적 통합**(temporal summation)이라고 한다(그림 4.15, 왼쪽 아래). 그림 4.15의 오른쪽은 IPSP에 의해서도 그에 상당하는 결과가 나타남을 보여준다. 그러므로 시간적 통합은 EPSP와 IPSP 모두에서 나타나는 속성이다.

공간적 통합

세포체로 들어가는 입력들이 공간적으로 떨어져 있으면 어떤 결과가 나타날까? 1개의 기록전극을 사용하여 공간 관계가 입력 정보의 통합에 미치는 효과를 알 수 있다.

만약 세포막의 멀리 떨어진 부위에서 2개의 EPSP가 동시에 발생하면 이 둘은 서로 영향을 미치지 못한다(**그림 4.16A**). 그러나 세포막의 아주 가까운 곳에서 2개의 EPSP가 거의 동시에 발생하면 둘이 결합되어 하나의 큰 EPSP를 만들어낸다(그림 4.16B). 이 **공간적 통합**(spatial summation)은 분리된 두 정보가 세포막의 아주 가까운 부위에 거의 동시에 입력될 때 나타난다. 이와 유사하게 2개의 IPSP 역시 동시에 근접한 위치의 세포막에서 발생할 때는 서로 통합되지만

뉴런은 일반적으로 흥분성 및 억제성 입력을 동시에 받아들이고, 순간순간 그 정보를 통합한다.

시간적 통합 시간적으로 근접하여 일어나는 등급전위를 합하는 것
공간적 통합 공간적으로 인접한 곳에서 일어나는 등급전위를 합하는 것

(A)
두 EPSP가 시간적으로는 동시에 발생하나 세포막의 위치상 멀리 떨어진 곳에서 발생하면 서로 영향을 미치지 않는다.

(B)
두 EPSP가 시간적으로 동시에 발생하면서 세포막의 위치상으로도 가까이에 있으면 결합되어 크기가 큰 하나의 EPSP가 발생한다.

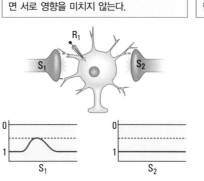
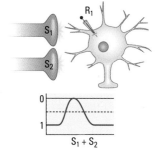

그림 4.16 공간적 통합
IPSP가 일어나는 과정은 EPSP가 일어나는 과정과 같다.

활동전위 축색 막의 극성이 순간적으로 크게 역전된 상태

거리가 멀어지면 서로 영향을 미치지 않는다.

통합에서 이온의 역할

통합은 EPSP와 IPSP가 어떤 방식으로든 조합되는 속성이다. 이 상호작용은 이온의 유입과 유출이 결합된다고 생각할 때 의미가 있다. 2개의 EPSP가 시공간적으로 근접해서 발생한다면 하나의 EPSP를 일으키는 나트륨 이온의 유입이 두 번째 EPSP를 수반하는 나트륨 이온의 유입에 결합된다. 만약 두 차례의 유입이 시간적 또는 공간적으로 또는 두 차원 모두에서 멀리 떨어져 있다면 결합될 수 없다.

칼륨 이온의 유출도 이와 같다. 시공간적으로 근접해서 일어나는 칼륨 이온의 유출은 결합될 수 있지만, 시간적 또는 공간적으로 또는 두 차원 모두에서 분리되면 그렇게 되지 못한다. 이런 양상은 EPSP와 IPSP에 공히 나타난다. EPSP와 연관된 나트륨 유입과 IPSP와 연관된 칼륨 유출 또는 염소의 유입이 시공간적으로 가깝다면 두 전위 간의 차이가 기록된다. 그러나 시공간적 근접 조건이 충족되지 않으면 이들 간의 상호작용은 일어나지 않고 통합도 되지 않는다.

많은 입력을 받아들이는 뉴런과 소수의 입력을 받는 뉴런의 반응에서는 차이가 없다. 뉴런은 시공간적으로 근접한 모든 정보를 통합한다. 세포체의 막은 항상 다양한 시공간적 입력들이 통합된 영향을 보여준다. 그래서 뉴런은 무엇을 할지 결정하기에 앞서 입력 정보를 분석한다고 볼 수 있다. 최종 결정은 활동전위를 개시하는 축색의 첫 분절에서 내려진다.

`4-2` 복습

진도를 계속 나가기 전에 앞 절을 얼마나 이해했는지 확인해보자. 정답은 이 책의 뒷부분에 있다.

1. 세포막의 안과 바깥에 존재하는 _____ 분포의 불균등이 _____을/를 만든다.

2. 세포외액에 비해 세포내액을 약간 _____ 전하로 유지하기 위해 큰 단백질 음이온의 유출을 막고, 나트륨 이온을 세포 밖으로 내보내는 것은 _____(이)라는 세포막의 속성 때문이다.

3. 등급전위를 높이려면 막전하가 약간 높아져서 _____을/를 일으키거나, 약간 낮아져서 _____을/를 일으킬 정도까지 막이 자극되어야 한다.

4. 활동전위가 일어날 가능성을 높이므로 세포막을 탈극화하는 등급전위를 _____(이)라고 한다. 세포막을 과분극화하여 활동전위가 일어날 가능성을 낮추는 등급전위를 _____(이)라고 한다.

5. 세포막에서 일어나는 공간적 및 시간적 통합을 간단히 설명하시오.

학습 목표
- 막의 첫 분절에서 생긴 전압 변화가 활동전위를 일으키는 방식을 기술한다.
- 활동전위가 발생하는 단계를 자세히 알아본다.
- 신경 충동의 전파에서 수초의 역할을 설명한다.

`4-3`

활동전위의 생성과 전파

안정전위 상태의 세포막에 전기적 자극을 가하면 국소적 등급전위(EPSP와 IPSP)가 발생한다. 이와 달리 **활동전위**(action potential)는 지속 시간은 1ms 정도로 매우 짧지만, 축색세포막의 극성이 크게 역전되는 현상이다(**그림 4.17A**). 막 안팎의 전압이 갑자기 역전되어 세포 내부가 세포 외부에 비해 양전기를 띠었다가 곧 안정전위 상태로 돌아간다. 시간 축이 압축된 그림 4.17의 B와 C에서 볼 수 있는 것처럼 활동전위는 매우 짧아서 초당 수백 번 발생할 수 있다.

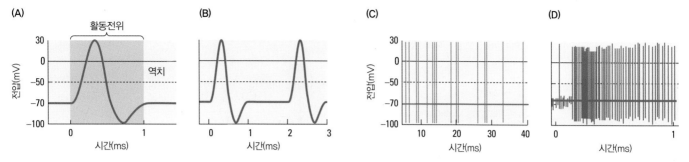

그림 4.17 활동전위 측정

(A) 단일 활동전위의 모습. (B) 수평축의 시간 척도가 압축되어 있고, 각 활동전위가 별개의 사건으로 그려져 있다. (C) 막에서 짧은 시간 동안 많은 활동전위를 생성될 수 있음을 보여준다. (D) 1초 동안 일어난 일련의 활동전위

활동전위의 촉발

활동전위는 처음에는 많은 양의 Na^+이, 그다음 K^+이 막을 신속하게 통과할 때 발생한다. 활동전위의 탈분극 단계는 Na^+의 유입에 기인하고, 과분극 단계는 K^+의 유출에 기인한다. 즉 나트륨이 급격히 유입된 다음 칼륨이 급격히 유출된다. **그림 4.18**에 나타나 있는 것처럼 나트륨과 칼륨 이온의 **복합적인 흐름**이 활동전위의 기초이다.

활동전위는 세포막이 −50mV 정도로 탈분극되었을 때 촉발된다. 막의 전하가 이 **역치전위**(threshold potential)에 도달하면 더 이상의 자극이 없어도 큰 변화가 일어난다. 막의 상대적 전압이 0으로 떨어지고 나트륨에 대한 네른스트 전위가 될 때까지 계속 탈분극이 진행되어 막의 내부가 +30mV에 이르기 때문에 전체 전압의 변화는 100mV가 된다. 이후에 막전위는 약간 과분극화될 정도로 역전되므로 100mV 이상의 변화가 일어나는 것이다. 이 두 번째 역전이 일어난 다음 막은 서서히 −70mV의 안정전위로 돌아간다.

활동전위는 먼저 축색으로 나트륨이 유입되었다가 그다음에 칼륨이 유출됨으로써 생기는 전류 변화의 합으로 구성된다. 칼륨 채널을 차단하는 화학물질인 TEA가 포함된 용액에 넣은 축색을 전기적으로 자극한 실험에서 관찰된 이온의 흐름은 전적으로 Na^+에 의한 정상의 이온 흐름보다 작았다. 이와 유사하게 축색을 나트륨 채널을 차단하는 테트로도톡신이 포함된 용액에 넣고 전기적으로 자극하면 전적으로 K^+의 유출에 의해 발생하는 이온의 흐름과는 약간 다른 결과가 기록된다. **그림 4.19**가 이 실험 결과를 보여주는데, 이 그림의 그래프는 전압 변화를 보여준다.

전압-활성화 이온 채널의 역할

활동전위를 발생시키는 나트륨과 칼륨 이온의 이동은 어떤 세포 기제를 통해 일어날까? 그에 대

> **역치전위** 나트륨 및 칼륨 전압-활성화 채널이 열림으로써 촉발되는 뉴런 막의 전압으로, 세포 외부에 비해 −50mV 정도이다. 역치한계(threshold limit)라고도 한다.

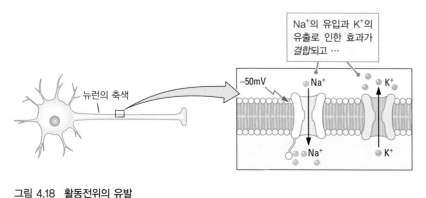
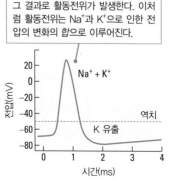

그림 4.18 활동전위의 유발

그림 4.19 활동전위 차단

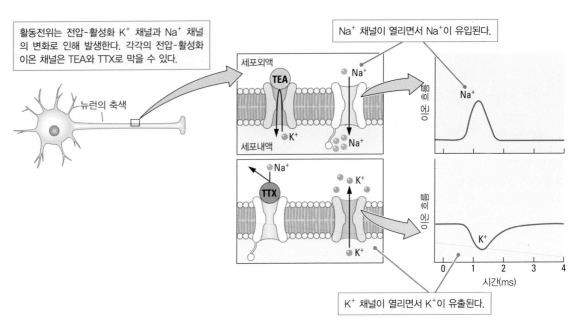

활동전위는 전압-활성화 K⁺ 채널과 Na⁺ 채널의 변화로 인해 발생한다. 각각의 전압-활성화 이온 채널은 TEA와 TTX로 막을 수 있다.

Na⁺ 채널이 열리면서 Na⁺이 유입된다.

K⁺ 채널이 열리면서 K⁺이 유출된다.

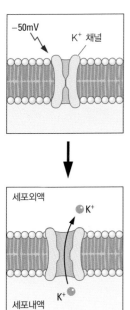

그림 4.20 전압-활성화 칼륨 채널

한 답은 막의 전압에 민감한 관문을 가진 나트륨 및 칼륨 채널의 작용이다(**그림 4.20**). 이 **전압-활성화 채널**(voltage-activated channel)은 축색의 막이 안정전위일 때에는 닫혀 있어서 이온이 통과할 수 없다. 그러나 막전압이 역치에 도달하면 전압-활성화 채널의 형태가 바뀌고, 순간적으로 그 채널이 열려 이온을 통과시켰다가 바로 닫혀 이온 흐름을 차단한다. 이들 채널은 오징어 축색의 채널과 마찬가지로 특정 막 전압에서 열린다. 실제의 역치 전압은 뉴런의 유형에 따라 다르지만 상황을 단순화하기 위해 역치 수준이 −50mV라고 가정할 것이다. 채널들의 작동 순서는 다음과 같다.

1. 나트륨 및 칼륨 전압-활성화 채널이 약 −50mV의 역치 전압에 맞추어진다. 이 전압에 도달할 정도로 세포막에 변화가 일어나면 두 가지 채널이 열리고 이온이 통과할 수 있게 된다.
2. 전압-활성화 나트륨 채널은 칼륨 채널보다 더 신속하게 반응한다. 그 결과 Na⁺ 유입에 의한 전압 변화가 먼저 일어나고, 뒤이어 K⁺ 유출에 의한 전압의 변화가 일어나기 시작한다.
3. 나트륨 채널에는 2개의 관문이 있다. 일단 막이 +30mV까지 탈분극하면 두 번째 관문이 닫히고, 그에 따라 채널이 불활성화되어 Na⁺ 흐름이 차단된다. 따라서 나트륨 이온의 유입은 빨리 시작되고 빨리 종료된다.
4. 칼륨 채널은 나트륨 채널보다 늦게 열리고, 열린 상태가 더 오래 유지된다. 따라서 칼륨의 유출은 나트륨 유입에 의한 탈분극화를 역전시키고, 나아가 막의 과분극화를 일으킨다.

전압-활성화 채널과 활동전위

세포체의 막과는 다르게 첫 분절에서 시작하는 축색에는 전압-활성화 채널이 풍부하다(**그림 4.21**). 활동전위가 일어나기 위해서는 세포체의 막에서 발생한 EPSP와 IPSP가 결합된 등급전위가 축색 첫 분절의 막을 −50mV까지 탈분극시켜야 한다. 역치 전압이 아주 짧은 시간만 유지되더라도 전압-활성화 채널이 열리고 하나 또는 소수의 활동전위가 발생할 수 있다. 역치 수준이 더 오래 지속된다면 전압-활성화 채널의 관문이 원래 상태로 재설정되는 빠르기만큼 연속적으로 활동전위가 발생할 것이다. 각 활동전위는 첫 분절에서부터 축색의 길이를 따라 아래로 전파된다.

전압-활성화 채널 특정 막전위에서만 열리거나 닫히는 단백질 채널

많은 뉴런에는 수상돌기가 광범위하지만, 이들 수상돌기와 그 가지에는 전압-활성화 채널이 많지 않아서 정상적으로는 활동전위가 발생하지는 않는다. 그리고 수상돌기 가지 중에서도 먼 거리에 위치하는 것은 가까이에 있는 것보다 첫 분절에서 활동전위가 생성되는 데 영향을 덜 미친다. 결과적으로 첫 분절에 가까운 입력이 멀리에서 생기는 것보다 더 큰 영향을 미치며, 첫 분절에 가까운 입력은 보통 억제성이어서 IPSP를 일으킨다. 모든 정부에서 그런 것처럼 어떤 입력은 다른 것보다 더 많은 말을 하는 것이다(Höfflin et al., 2017).

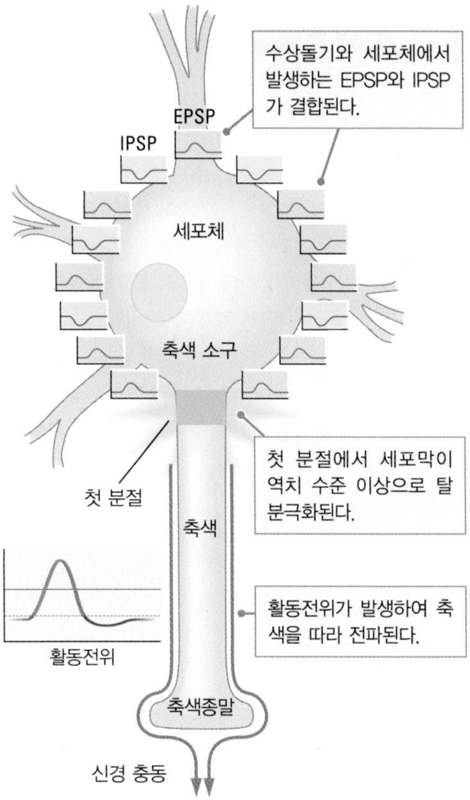

다양한 뉴런

앞에서 수상돌기가 정보, 즉 등급전위(EPSP와 IPSP)를 수집하는 방식과 첫 분절에서 독립적인 활동전위가 발생하여 축색을 통해 다른 표적 세포로 전달되는 방식을 살펴보았다. 그러나 이런 뉴런의 작용 방식과 다른 예외도 있다. 예컨대 발달 중인 해마에 있는 어떤 세포들은 정상적으로 불응기에 있을 때 거대 **탈분극 전위**(giant depolarizing potential)라는 추가적인 활동전위를 생성한다. 이 전위는 뇌의 신경회로 발달에 도움을 주는 것으로 생각된다(Khalilov et al., 2015).

세포체의 막에는 전압-활성화 채널이 없으므로 전형적인 뉴런의 수상돌기에서는 활동전위가 만들어지지 않는다. 그러나 어떤 뉴런의 수상돌기에 있는 전압-활성화 채널은 활동전위를 생성하기도 한다. **역전파**(back propagation)라는 현상도 있는데, 이는 첫 분절에서 발생한 활동전위가 역방향인 그 뉴런의 수상돌기 영역으로 이동하는 것이다. 수상돌기 영역으로 신호를 보내는 이 역전파는 학습의 근간이 되는 뉴런의 가소적 변화에 기여할 것으로 추측된다. 역전파는 수상돌기가 입력신호에 반응하지 못하게 만들거나, 수상돌기 영역을 전기적으로 중립인 기저 상태로 설정하거나, 특정 수상돌기로 유입되는 신호를 강화할 것이다(Schiess et al., 2016).

포유동물이 아닌 어떤 종의 뉴런에는 수상돌기 가지가 없다. 그리고 어떤 이온 채널은 전압이 아닌 빛에 대한 반응으로 열려서 이온을 통과시킨다. 이처럼 뉴런에 따라 차이가 있다는 것은 각 동물종에서 적응적 행동을 창출하기 위해 신경계의 구조적 및 기능적 수정이 일어난다는 것을 시사한다. 뉴런의 특수한 기능을 알아보기 위해 신경과학자들은 특정 유형의 뉴런으로 빛에 반응하는 이온 채널을 병합시키기도 하는데, 이 문제는 '연구 초점 4-2 : 광유전학과 광-민감성 이온 채널'에서 다룬다.

활동전위와 불응기

활동전위가 발생하는 빈도에는 상한선이 있고, 나트륨과 칼륨 채널이 여기에 관여한다. 활동전위의 탈분극 단계에 있는 동안에는 첫 분절의 막에 전기 자극이 가해져도 또 다른 활동전위가 발

그림 4.21 통합된 등급전위가 활동전위를 일으키는 방식　뉴런의 수상돌기와 세포체에서 가합된 등급전위(EPSP와 IPSP)에 의해 막이 첫 분절에서 역치 수준으로 대전되면 활동전위가 발생되어 축색 막을 따라 이동한다.

도표 내 설명:
- 수상돌기와 세포체에서 발생하는 EPSP와 IPSP가 결합된다.
- EPSP
- IPSP
- 세포체
- 축색 소구
- 첫 분절
- 축색
- 활동전위
- 축색종말
- 신경 충동
- 첫 분절에서 세포막이 역치 수준 이상으로 탈분극화된다.
- 활동전위가 발생하여 축색을 따라 전파된다.

원리 10. 신경가소성은 신경계의 특징적인 기능이다.

학습의 신경적 기초는 14-4절에서 탐구한다.

역전파　활동전위가 역방향, 즉 뉴런의 세포체와 수상돌기 영역으로 전파되는 것이며, 학습의 기저가 되는 뉴런의 가소성에 어떤 역할을 할 것으로 추측된다.

◎ 연구 초점 4-2

광유전학과 광-민감성 이온 채널

빛에 반응하는 막 채널이 포유류가 아닌 동물종에서 발견되었다. **광유전학** (optogenetics)의 형질전환기법을 이용하여 연구자들이 벌레, 초파리, 생쥐로 광-민감성 채널을 성공적으로 삽입하였다.

광유전학에서는 유전학과 빛을 조합하여 살아 있는 조직의 표적세포를 통제한다. 여기에서는 특정 종의 동물에게 서로 다른 광-민감성 채널을 삽입하여, 한 파장으로는 유기체의 운동을 변화시키고 다른 파장으로는 그것을 역전시키는 방법을 알아보고자 한다.

녹조 *Chlamydomonas reinhardtii*에는 채널로돕신(channelrhodopsins-2, ChR2)라는 일종의 광-활성화 이온 채널이 있다. ChR2 광-활성화 채널이 청색광을 흡수하면 잠시 열리고, 나트륨 및 칼륨 이온이 통과할 수 있다. 그 결과 발생한 탈분극이 활동전위를 일으킬 정도로 세포를 흥분시킨다.

할로로돕신(halorhodopsin, NpHR)은 광-추진 이온 펌프(light-driven ion pump)로 염소 이온 특이성을 가지고 있으며, 계통발생적으로 고대 박테리아 (archaea)인 헤일로박테리아(halobacteria)에서 발견되었다. 녹황색광에 노출될 때 NpHR 펌프는 염소 음이온을 세포 내로 유입시켜 과분극화를 일으킴으로써 그 세포의 활동을 억제한다.

여러 연구에서 연구자들이 신경계의 세포에 특정 파장의 빛을 비추어 유전학적 기법으로 광-민감성 채널이 삽입된 동물의 행동을 통제하였다. 광유전학적 기법을 적용하면 광-민감성 채널을 특정 신경회로에 삽입하여 빛 자극으로 특정 뉴런 집단만을 통제하는 것이 가능하다.

스트레스는 개체의 행동과 호르몬에 영향을 미치고, 이 영향은 사회적으로 다른 개체에게 전달될 수 있다. 생쥐에 광유전학적 기법을 적용하여 Sterley와 동료들(2018)은 스트레스를 받는 동안 시상하부의 특정 뉴런 집단을 억제하여 정상적으로는 스트레스 후에 나타났을 뇌의 변화를 *차단*하였다. 그다음 그들은 이 연구를 한 단계 진전시켜 스트레스를 받은 동물과 짝지어진 상대 생쥐의 뉴런을 억제한 결과 그 스트레스가 상대 동물에게 전이되지 않음을 확인하였다. 그들은 다음 연구에서 반대 실험을 수행하였는데, 스트레스가 없는 조건에서 시상하부의 동일 뉴런을 광유전학적으로 *활성화*한 결과 뇌에서 실제 스트레스에 의해 유발된 것과 같은 변화가 일어났다. 또한 상대 생쥐는 광유전학적 스트레스를 받은 동물과 상호작용하였고, 그 행동 양식이 실제 스트레스를 받은 생쥐로 접근할 때 나타나는 것과 같았다(Sterley et al., 2018). 그 상호작용 양식이 수록된 사진에 나와 있다.

광유전학 연구는 행동 또는 질병 상태에 대한 특정 신경 유형의 기여에 대한 우리의 이해를 바꾸어 놓을 수 있는 잠재력을 가지고 있다. 그렇다면 광유전학이 우울증과 같은 중추신경계 질환이 있는 사람들에게 적용할 임상 도구가 될 수 있을까? 한 가지 주요 장애물은 광-활성화 채널을 국소 뇌 영역의 뉴런으로 전달하는 수단으로 특정 바이러스가 이용되는데, 이 바이러스를 인간에게 사용하는 것이 여전히 어렵다는 점이다. 일부 연구에서는 눈의 광-민감성 세포의 상실로 인한 시각장애가 살아남은 망막 뉴런의 광-활성화 채널을 통해 회복될 수 있다고 제안한다(Pan et al., 2015). (광유전학과 다른 실험기법에 대해서는 7장 참조)

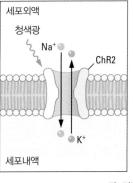
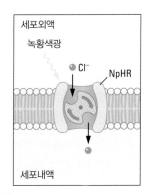

Courtesy of Toni-Lee Sterley and Jaideep Bains

광-민감성 채널

예외도 있다. 일부 중추신경계 뉴런은 재분극 단계에서 발사한다.

광유전학 살아 있는 조직의 표적세포를 흥분 또는 억제하기 위해 유전학과 빛을 결합하는 형질전환기법

절대적 불응 재분극이 진행되는 동안 새로운 활동전위가 일어날 수 없는 축색의 상태(예외도 있음)를 가리키는 것으로, 나트륨 채널에 있는 전압에 민감하지 않은 관문 2가 닫혀 있기 때문에 발생한다.

상대적 불응 활동전위의 늦은 단계에 새로운 활동전위를 일으키려면 고강도의 전류가 필요한 축색의 상태. 이 상태가 유지되는 동안에 칼륨 채널은 여전히 열려 있다.

생지지 않는다. 또한 재분극 단계에 있을 때도 축색은 다른 활동전위를 일으킬 수 없다. 막이 이런 기간에 있을 때 **절대적 불응**(absolutely refractory) 상태에 있다고 기술한다.

반면에 과분극화 상태에서는 축색의 막이 자극받으면 활동전위가 발생할 수 있는데, 이 경우 두 번째 자극은 첫 자극보다 더 강해야 한다. 이 단계의 막은 **상대적 불응**(relatively refractory) 상태이다.

불응기(refractory period)는 전압에 민감한 나트륨 및 칼륨 채널의 관문이 열리고 닫히는 방식에 의해 나타난다. 나트륨 채널에는 2개의 관문, 칼륨 채널에는 1개의 관문이 있다. **그림 4.22**는 활동전위 발생 전, 발생 중, 발생 후 이들 관문의 위치를 보여준다. 먼저 나트륨 채널의 변화를 살펴본 후에 칼륨 채널에 대해 알아볼 것이다.

안정전위 동안 그림 4.22에 그려져 있는 나트륨 채널의 관문 1은 닫혀 있고 관문 2는 열려 있

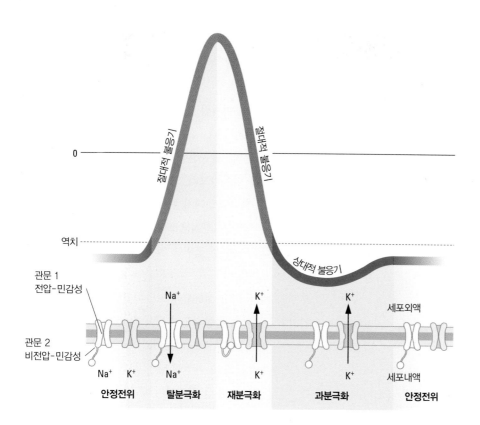

다. 자극이 역치 수준에 이르면 관문 1도 열린다. 그러나 관문 2는 관문 1이 열린 직후에 신속하게 닫히고, 채널은 불활성화된다. 이 과정에서 짧은 기간 동안 2개의 관문이 모두 열리는 시기가 있다. 2개의 관문이 모두 열릴 때와 관문 2가 닫힐 때 막은 절대적 불응 상태가 된다.

　칼륨 채널이 열림으로써 막은 재분극되고, 결국 과분극 상태에 이른다. 칼륨 채널은 나트륨 채널보다 천천히 열리고 닫힌다. 칼륨 이온의 계속적인 유출에 의해 과분극화가 일어나면 역치 수준으로 막이 탈분극되기 어려워져서 활동전위의 기초가 되는 관문은 다시 열리지 못하게 된다. 이처럼 과분극화되어 있을 때 막은 상대적 불응 상태가 된다.

　활동전위 동안 일어나는 극성의 변화는 레버로 작동되는 변기에 비유될 수 있다. 레버를 살짝 누르면 물이 조금 흐르고, 레버를 놓으면 물이 멈춘다. 이 현상은 등급전위에 비유될 수 있다. 레버를 더 강하게 누르면 변기가 역치 수준에 도달하고 물 내림이 시작되는데, 이 반응은 레버를 누르는 힘에 비례하지 않는다. 이 현상은 활동전위에 비유될 수 있다.

　물이 내려가는 동안 변기는 절대적 불응 상태에 있는 것이고, 이 동안에는 새로운 물 내림이 일어날 수 없다. 반면에 수조에 다시 물이 차는 동안은 변기는 상대적 불응 상태여서 새로운 물 내림이 가능하지만, 그것이 일어나기는 더 어렵다. 하나의 작동 주기가 완료되고 변기가 다시 안정되었을 때만 물 내림이 다시 일어날 수 있다.

신경 충동

2개의 기록전극을 약간의 거리를 두고 축색 막에 위치시키고 어느 한 전극 옆 부분에 전기 자극을 주는 상황을 상상해보자. 그 전극에서는 즉각 활동전위가 기록될 것이다. 그리고 조금 후에는 두 번째 전극에서도 그와 유사한 기록이 이루어질 것이다. 원래의 자극 지점에서 어느 정도 떨어져 있음에도 불구하고 두 번째 전극 부근에서도 활동전위가 발생한 것이다.

　두 번째로 측정된 활동전위는 축색을 따라 내려간 첫 활동전위의 반향(echo)에 불과한 것인

두 번째 나트륨 관문은 공-사슬(ball and chain) 기제로 작동한다(그림 4.22 참조). 공이 채널의 미세공으로 이동하여 순간적으로 그 채널을 불활성화시켜 나트륨 이온의 유입을 막는다.

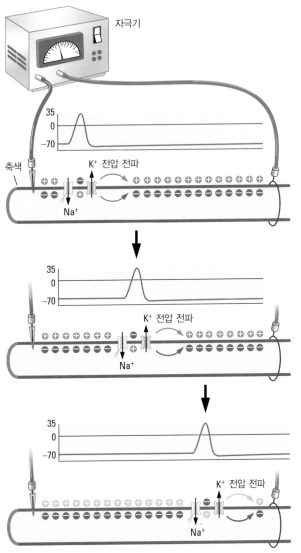

그림 4.23 활동전위의 전파
Na⁺ 채널과 K⁺ 채널을 열기에 충분한 전압이
축색을 따라 퍼져나가면 주변의 전압-활성화
채널이 열린다. 여기서는 세포막의 한쪽 면에서
일어나는 전압의 변화만 묘사하였다.

가? 그렇지 않다. 두 전극에서 기록된 활동전위의 모양과 크기가 정확하게 일치하기 때문에 그럴 수 없다. 두 번째 활동전위는 첫 번째 것이 희미하게 약해진 것이 아니라 크기가 똑같다. 어떤 방식으로든 활동전위가 축색을 따라 온전하게 이동한 것이다. 이처럼 축색을 따라 활동전위가 전파되는 것을 **신경 충동**(nerve impulse)이라 한다.

활동전위는 왜 이동하는가? 활동전위가 일어나는 동안 발생하는 전압차가 100mV나 된다는 것을 떠올려보라. 그것은 −70mV인 안정전위에서 활동전위의 역치 수준인 −50mV가 되기 위해 막에서 일어나야 하는 전압 변화인 20mV를 훨씬 초과한다. 결과적으로 최초로 활동전위가 발생한 막 부위의 전압 변화가 인접 막 부위의 전위를 역치 수준인 −50mV까지 변화시킬 정도로 충분히 큰 것이다.

축색 인접 부위의 막전위가 −50mV에 도달하면 그곳의 전압-활성화 채널이 갑자기 열리고 그곳에서 활동전위가 발생한다. 이 두 번째 활동전위의 발생은 또 그 주변의 활동전위를 유도하는 방식으로 활동전위는 축색을 따라 멀리 전파된다. **그림 4.23**에 그 과정이 나와 있다. 각 활동전위가 축색 막의 인접 부위에서 다른 활동전위를 일으키기 때문에 신경 충동이 발생한다. **전파한다**(propagate)라는 단어는 '번식시키다(to give birth)'라는 의미도 있는데, 실제로 그런 현상이 일어난다. 연속적으로 일어나는 각 활동전위가 축색을 따라 가면서 다른 활동전위를 낳는 것이다.

활동전위는 인접 부위에 있는 관문 이온 채널에 의해 만들어지기 때문에 하나의 신경 또는 신경로 어디에서 발생하든 크기가 동일하다. 하나의 활동전위가 그것이 일어나는 곳에서 소비된 에너지에 의존하고, 신경 충동이 전파되는 막의 곳곳에서도 같은 양의 에너지가 사용된다.

결과적으로 활동전위는 소실되는 것이 아니며, 완전하게 발생하거나 전혀 발생하지 않는 것이다. 따라서 활동전위는 온전하거나 없는 실무율(all-or-none) 사건이다. 신경 충동 또는 메시지인 활동전위는 일정한 크기로 유지되고, 그것을 받아들이는 신경의 모든 종말까지 변화 없이 같은 크기로 도달한다.

축색을 따라 분포하는 전압-활성화 채널을 도미노에 비유해보자. 하나의 도미노 블록이 쓰러지면 그것이 주변의 도미노 블록을 쓰러뜨리고, 그 도미노 블록은 다시 주변의 도미노 블록을 쓰러뜨린다. 이렇게 진행되면서 블록이 쓰러지는 정도가 줄어들지 않는다. 마지막 도미노 블록은 첫째 블록이 쓰러졌던 것과 똑같은 거리와 강도로 쓰러진다.

근본적으로 이런 도미노 현상은 전압-활성화 채널이 열릴 때 생긴다. 하나의 채널이 열리면 전압 변화가 일어나고, 이것이 마치 한 도미노 블록이 다음 도미노 블록을 쓰러뜨리듯 이웃 채널을 열리게 한다. 또한 채널이 열리는 반응은 축색을 따라 이동하면서도 약해지지 않고, 첫 도미노 블록의 작용이 마지막 것과 같듯이 마지막 채널은 첫 번째 채널이 열리는 것과 똑같이 열린다.

불응기와 신경 작용

불응기는 전압-활성화 채널에서 이온의 흐름을 조정하는 관문의 위치에 의해 결정된다. 이것이 활동전위의 빈도를 약 5ms당 1개로 제한한다. 결과적으로 활동전위의 불응기는 정보를 전달하

신경 충동 축색 막을 통한 활동전위의 전파

는 신경에 두 가지 실용적 용도를 제공한다.

첫째, 활동전위가 일어나는 최대 비율은 초당 200회 정도(1,000ms/5ms = 초당 200회의 활동전위)이다. 전압-활성화 채널의 민감성은 뉴런의 종류에 따라 다르고, 그것이 발화 빈도에 영향을 미친다.

둘째, 활동전위는 축색에서 어느 방향으로나 이동할 수 있지만 불응기가 역방향 전파, 즉 원래의 위치로 되돌아가는 것을 막는다. 불응기가 존재하기 때문에 원래의 자극 지점에서 멀어지는 쪽으로 이동하는 분리된 단일 충동이 생성된다. 세포체 부근에서 시작된 활동전위는 축색을 따라서 종말까지 이동하는 것이 보통이다.

도미노 비유로 돌아가면 하나의 도미노 블록이 쓰러지면 그것을 일으키는 데 시간이 소요된다. 이 시간이 바로 불응기이다. 각 블록이 쓰러져 다음의 것을 때리기 때문에 그 블록이 다시 세워질 때까지 순서가 역전될 수 없으며, 블록은 한 방향으로만 쓰러진다. 이와 동일한 원리가 활동전위의 방향을 결정한다.

뉴런에 따라서 정보를 전달하는 역할도 다소 달라지는데, 이런 차이를 일으키는 기제 중 하나가 칼륨 채널의 민감성이 뉴런에 따라 다를 수 있다는 것이다. 칼륨 채널의 민감성 차이는 불응기의 기간에 영향을 미치고, 나아가 한 뉴런이 활동전위를 만들어내는 신속성에도 영향을 줄 수 있다. 예컨대 칼륨 채널이 빨리 열리면 불응기가 짧고, 천천히 열리면 불응기가 길어진다. 그러므로 뉴런에 있는 칼륨 채널의 조합에 따라 발생하는 활동전위의 빈도는 높을 수도, 낮을 수도 있다.

뉴런에서 생성되는 활동전위의 다양성 이면에는 칼륨 채널의 다양한 변이가 존재한다. 이는 중요한 사실인데, 그 이유는 전달되는 정보가 다양할 때 달라지는 것이 활동전위의 크기가 아니라 발생 시기와 빈도이기 때문이다. 예를 들면 피부에 작은 상처가 나면 상처를 탐지한 뉴런에서 몇 개의 활동전위가 발생하고 약한 통증 감각이 일어난다. 그러나 큰 상처는 더 많은 활동전위와 더 심한 통증을 일으킨다. 발생한 활동전위의 수가 상처의 정도에 대한 신호를 전달해주기 때문에 우리는 통증의 심각성을 지각할 수 있는 것이다.

도약전도와 수초

오징어의 거대 축색은 아주 크기 때문에 신경 충동을 신속하게 전달할 수 있다. 이는 지름이 큰 관을 이용하면 많은 양의 물을 빨리 운반할 수 있는 것과 같다. 그러나 축색이 크면 공간도 많이 차지하므로 오징어는 많은 축색을 가질 수 없거나, 그렇게 하려면 덩치도 커져야 할 것이다. 많은 근육으로 많은 축색이 분포되어야 하는 포유동물은 거대 축색을 가질 수 없다. 인간의 복잡한 운동을 통제하려면 많은 수의 축색이 있어야 하므로 그것은 매우 가늘어야 한다.

인간의 축색 중 가장 큰 것이라 해도 직경이 $30\mu m$에 불과하여 이를 통한 정보 전달 속도가 아주 빠를 수 없다. 그러나 대부분 척추동물종처럼 우리 인간은 그렇게 느린 존재가 아니다. 우리는 꽤 빠른 속도로 정보를 처리하고 반응한다. 아주 가느다란 축색을 가진 우리가 어떻게 그렇게 빠른 속도로 정보를 처리할 수 있을까? 척추동물의 신경계에는 축색의 크기와 무관한 하나의 해결책이 진화하였다.

척추동물의 신경계에서는 교세포가 신경 충동의 속도를 높이는 역할을 한다. 인간의 슈반세포는 말초신경계에서, 핍돌기교세포는 중추신경계에서 축색을 둘러싸서 절연하는 수초를 만든다(**그림 4.24**). 수초가 둘러싸는 축색 부분에서는 활동전위가 발생할 수 없다. 한 가지 이유는 수

도미노 효과

칼륨 채널에는 여러 유형이 있고, 각 유형은 민감성이 서로 다르며 약간 다른 유전자에 의해 암호화되어 있다. 뉴런의 표현형은 칼륨 채널의 유형을 결정하는 후생유전적 발현에 의해 조절되고, 그에 따라 뉴런 전체의 칼륨 이온 민감성, 나아가 불응기의 기간이 영향을 받는다.

통증 지각과 체성감각계의 다른 과정은 11-4절에서 다룬다.

(A)

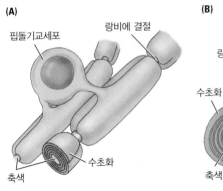

핍돌기교세포

랑비에 결절

수초화

축색

그림 4.24 수초화

(A) 중추신경계(CNS)에서는 핍돌기교세포가 축색을 절연시키고 있고, **(B)** 말초신경계(PNS)에서는 슈반세포가 축색을 절연시키고 있다. 각 교세포들 사이사이에는 랑비에 결절이라 불리는 틈이 존재한다.

(B)

랑비에 결절

수초화

축색

슈반세포

초가 이온성 전류를 막는 절연체라는 것이다. 또 다른 이유는 수초가 감싸는 축색 부분에는 이온을 통과시킴으로써 활동전위 발생에 핵심적인 역할을 하는 이온 채널이 없다는 것이다.

그러나 축색 전체가 수초로 둘러싸여 있는 것은 아니다. 교세포들 사이사이의 수초화되지 않은 틈에는 전압-활성화 채널이 많다. 수초 사이의 이 작은 틈을 **랑비에 결절**(nodes of Ranvier)이라고 하며, 이 결절들이 아주 가까이 있어서 한 결절에서 발생한 활동전위가 인접하는 결절에서 전압-활성화 관문을 열 수 있다. 이런 방식으로 비교적 느린 활동전위가 결절과 결절 사이를 빠르게 도약한다(**그림 4.25**). 이런 에너지의 흐름을 **도약전도**(saltatory conduction, *saltare*는 라틴어로 '도약하다'를 의미)라고 한다.

수초는 활동전위 전파에서 두 가지 중요한 결과를 낳는다. 첫째, 활동전위가 축색 전체가 아닌 랑비에 결절에서만 다시 생성되기 때문에 에너지 사용이라는 측면에서 경제적이다. 이와 대조적으로 무수축색에서의 활동전위 전도는 대사 에너지 소모가 훨씬 많다(Crotty et al., 2006). 둘째, 결과는 수초가 활동전위 전도 속도를 높인다는 것이다.

결절에서 결절로의 도약 축색을 따라 이동하는 활동전위의 속도를 높여주는데, 이는 수초 아래의 축색에서 전류의 흐름이 아주 빠르기 때문이다. 전류의 흐름이 빠르면 거리에 따라 전압도 빠르게 떨어진다. 그러나 랑비에 결절은 이상적으로 배열되어 있어서 하나의 수초를 통과한 전압이 다음 결절에서 역치전위를 넘어서서 활동전위를 일으키기에 충분할 정도로 유지된다. 포유류의 큰 유수축색에서 신경 충동은 초당 120m의 속도로 전도된다. 작은 무수축색의 경우 전도 속도는 초당 30m 정도로 낮다.

스포츠 경기에서 때때로 관중들이 스타디움을 따라 돌아가는 파도를 일으킨다. 한 사람이 일어나고 바로 이어서 그 옆 사람이 일어날 때 파도 효과가 나타난다. 이 사람 파도는 무수축색에서의 전도와 유사하다. 이제 경기장의 모퉁이에 있는 관중들만 파도를 일으키기 위해 일어선다면 파도가 얼마나 빨리 경기장을 한 바퀴 돌 것인지 생각해보자. 이 상황은 신경 충동이 랑비에 결절 사이를 도약하면서 이동하는 것과 유사하다. 인간과 다른 포유동물이 신속한 반응을 할 수

랑비에 결절 축색에서 수초로 덮이지 않은 부분

도약전도 연속된 랑비에 결절에서 일어나는 활동전위의 전파. *saltatory*은 '뜀뛰기'를 의미한다.

그림 4.25 도약전도

축색의 수초화는 전압-활성화 채널이 많은 랑비에 결절에 의해 차단된다. 도약전도란 활동전위가 결절에서 결절로 급속히 건너뛰는 것이다.

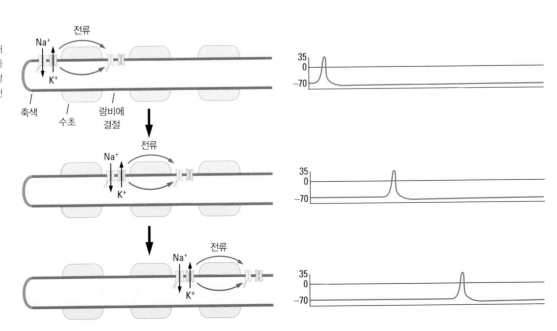

◎ **임상 초점 4-3**

다발성 경화증

간호학 학위 요건을 마친 20세 학생 C. O.는 어느 날 왼쪽 눈이 약간 흐릿해지는 것을 느꼈다. 3일 후 그녀는 시각을 완전히 잃었다. 그녀에게 *시신경염*(optic neuritis)이 생겼고, 이것은 다발성 경화증(MS)의 한 지표였기에 신경과 전문의에게 의뢰되었다.

다발성 경화증은 중추신경계에서 핍돌기교세포에 의해 생성되는 수초가 상실됨으로써 발생한다(그림 참조). 이 질병은 도약전도를 통해 활동전위를 전파하는 뉴런의 기능에 영향을 미친다. 수초는 군데군데 상실되고, 흔히 손상된 영역에 상처가 생긴다. 결국 손상 영역에 딱딱한 흉터 혹은 플라크(plaque)가 형성되는데(그리스어 *sclerosis*는 '딱딱함'을 의미), 이는 자기공명영상(MRI)을 통해 시각적으로 확인할 수 있다. 수초 손실로 뉴런의 기능에 결함이 생기고, 다발성 경화증의 특징적인 증상인 감각 상실과 운동장애가 나타난다. 피로, 통증, 우울증이 다발성 경화증에 수반되는 일반적인 증상이다. 방광기능장애, 변비, 성기능장애 등의 합병증도 나타난다. 또한 질병은 환자의 정서적, 사회적, 직업적 기능을 크게 해친다.

면역계가 자신의 몸에 대한 항체를 만드는 80여 가지의 **자가면역 질환**(autoimmune disease) 중 가장 흔하게 나타나는 것이 다발성 경화증이다(Rezania et al., 2012). 미국 식약청(FDA)이 이 병의 진전을 완화할 목적으로 15가지의 약을 승인하였으나, 현재의 치료로 이 병의 진전을 완전히 차단할 수 있는지는 의문이다(Reich et al., 2018).

몇 달이 지나자 그녀의 시야는 깨끗해졌으나 발바닥이 저리고 따끔거리는 증상이 생겼다. MRI에서 척수의 흉터가 확인되었고, 완화치료를 위해 인터페론 베타-1a(레비프)가 처치되었는데, 이 약은 특정 면역세포가 중추신경계로 들어가는 것을 조정한다. C. O.는 감기와 유사한 부작용을 경험하였다고 하였는데, 그녀는 이를 '레비프 숙취'라고 하였다. 학생일 때 그녀는 이 치료의 단점을 극복하기 어렵다는 것을 알았지만, 부작용은 몇 달 후에 완화되었다(C. O., 2021).

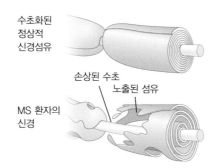

수초화된 정상적 신경섬유

손상된 수초
노출된 섬유

MS 환자의 신경

그녀가 경험한 이런 증상이 다발성 경화증에서 가장 흔한 유형인 재발-감퇴성(relapsing-remitting, RR) 다발성 경화증인데, 증상이 나타나서 몇 달에 걸쳐 약해지다가 나중에 다시 재발하는 양상을 보인다. 처음 진단을 받은 지 4년 후 고용량의 소염 스테로이드 치료를 받고 있음에도 불구하고 그녀는 다리의 감각 마비와 허약으로 병가를 내야 했다. 그 해 후반 그녀는 다리의 감각과 운동 기능을 완전히 잃었고, 휠체어를 타고서야 외출할 수 있게 되었다. 물리치료사의 대체완화치료를 열심히 받은 덕분에 그녀는 지팡이를 짚으며 걷고, 자동차 운전도 할 수 있었다. 추가적인 손상은 계속 나타났지만, 그녀는 신경과전문의가 병세에 적응할 수 있게 자신에게 적합한 치료를 계속해주리라 생각하였다.

다발성 경화증은 진단이 어려운 질병이다. 증상은 보통 성인기에 나타나고, 갑자기 시작하며, 영향은 빠를 수 있다. 초기 증상으로 얼굴, 사지, 혹은 몸의 감각 또는 운동 통제가 상실되지만, 감각과 운동 통제 모두가 상실될 수도 있다. 운동 증상은 보통 손이나 발에서 처음 나타나며, 증상이 급속히 진행되어 몇 년 이내에 환자는 몸져눕게 된다.

다발성 경화증은 최북단 및 최남단 위도 지역에서 많이 발생하기 때문에 피부가 햇볕에 노출될 때 생성되는 비타민 D 결핍과 관련될 것으로 추측된다. 많은 다발성 경화증 환자들은 비타민 D_3와 B_{12}를 보조제로 복용한다. 또한 이 질병은 유전적 취약성과도 관련이 있을 수 있다. C. O.의 어머니와 두 이모도 남성보다 여성에서 2배 정도 더 많이 발생하는 이 병의 진단을 받았다.

다발성 경화증은 가장 흔한 중추신경계의 염증성 질병이고, 세계적으로 200만 명 이상이 고통을 받고 있지만(Reich et al., 2018), 이 질병의 특징인 염증과 수초 상실의 근본 원인은 아직 밝혀지지 않았다. 다발성 경화증은 일차적으로는 퇴행성 질환이고, 이차적으로 자가면역 반응이 나타난다는 견해도 있다(Stys, 2013). 이 견해를 해결하려는 연구는 그 답이 치료에도 영향을 줄 것이므로 중요하다.

있는 것은 부분적으로 신경계에서 일어나는 도약전도 때문이다.

감각 및 운동 뉴런을 포함하여 메시지를 멀리까지 신속하게 보내는 뉴런들은 수초화가 잘되어 있다. 수초가 손상을 입으면 뉴런은 축색을 따라 어떤 메시지도 보낼 수 없다. **다발성 경화증**(multiple sclerosis, MS)의 경우 핍돌기교세포에 의해 만들어지는 수초가 손상되고, 수초가 손상된 축색을 가진 뉴런의 기능이 와해된다. '임상 초점 4-3 : 다발성 경화증'은 이 질병이 일어나는 과정을 설명하고 있다.

자가면역 질환 신체에 정상적으로 존재하는 물질이나 조직에 대한 비정상적 면역 반응에 의해 나타나는 질환

다발성 경화증(MS) 중추신경계에서 축색을 둘러싸는 수초가 상실되어 발생하는 신경계 질환

4-3 복습

진도를 계속 나가기 전에 앞 절을 얼마나 이해했는지 확인해보자. 정답은 이 책의 뒷부분에 있다.

1. _____의 막에는 전압-활성화 이온 채널이 없지만, 통합된 입력이 _____을/를 역치 수준까지 흥분시키면 활동전위가 일어나서 그 세포의 _____을/를 따라 이동하면서 전파되는 신경 충동이 된다.

2. ________와/과 연관된 전압 변화는 크기가 충분히 커서 축색의 길이를 따라 전파되는 ________의 역치에 도달할 정도로 축색 막의 인접 부위를 자극한다.
3. 축색이 재분극화하는 동안에는 활동전위가 생성될 수 없는데, 이때의 막은 ________ 상태이다. 그러나 과분극화된 축색에서는 활동전위가 발생할 수 있는데, 이때의 막은 ________ 상태이다.
4. 신경 충동이 무수축색에 비해 유수축색에서 더 빨리 전달될 수 있는 이유를 간략히 설명하시오.
5. 역전파 동안 일어나는 과정을 설명하시오.

학습 목표

- 활동전위의 전파가 뉴런 간의 감각 정보 교신을 촉진하는 방식을 설명한다.
- 감각 정보의 교신과 운동 생성의 유사성을 설명한다.

4-4

신경계 살펴보기

신경계는 구심성 감각 자극을 탐지하고 그에 대한 정보를 뇌로 보냄으로써 우리가 그 입력에 대해 반응을 할 수 있게 한다. 뇌는 정보를 해석하고 그에 대한 원심성 반응을 촉발하여 근육을 수축시키고 행동을 일으킨다. 지금까지는 이러한 과정 중 중간 단계, 즉 뉴런이 다른 뉴런으로 정보를 보내고, 통합하며, 활동전위를 발생시키는 방식만을 다루었다. 이제 그 과정의 시작과 끝을 알아보자.

빠진 부분을 채우기 위해 감각 자극이 어떻게 신경 충동을 일으키고, 그 신경 충동이 근육을 수축시키는 방식을 살펴볼 것이다. 이 과정에서도 이온 채널은 여전히 중요하지만 근육의 이온 채널은 지금까지 살펴본 것과는 다르다.

감각 수용기가 외부 에너지를 활동전위로 변환하는 방식으로서 청각은 10-1절, 감각 및 지각은 9-1절, 후각과 미각은 12-3절, 촉각, 통증 및 균형은 11-4절, 시각은 9-2절에서 자세하게 살펴본다.

감각 자극이 활동전위를 일으키는 방식

우리는 신체 감각(촉각과 균형), 청각적 감각(듣기), 시각적 감각(보기), 화학적 감각(맛보기와 냄새 맡기)을 통해 세상에 관한 정보를 얻는다. 각각의 감각 양상에는 하나 또는 그 이상의 분리된 기능이 있다. 예를 들면 체감각에는 촉각뿐 아니라 압력, 관절 감각, 통증, 온도, 가려움도 포함된다. 청각과 균형을 담당하는 수용기는 촉각 수용기가 변형된 것이다. 시각계에는 빛과 색에 반응하는 수용기가 있다. 미각과 후각은 다양한 화합물에 반응한다.

이렇게 다양한 종류의 감각 정보를 처리하기 위해서는 다양한 종류의 감각 수용기가 필요하다. 감각계의 다양한 수용기는 한 가지 공통점을 가진 뉴런과 연관되는데, 그것은 정보 전달이 이온 채널에서 시작한다는 것이다. 즉 신경 충동을 일으키는 연쇄적 과정이 이온 채널에서 시작되는 것이다.

촉각이 한 예이다. 몸에 털이 있어서 우리는 아주 미세한 변위(displacement)도 탐지할 수 있다. 팔에 난 털을 하나 구부려보면 그 민감성이 얼마나 되는지 알 수 있다. 인내심을 가지고 실험을 정확하게 한다면 털에 따라 민감하게 반응하는 변위의 방향이 다르다는 것을 알 수 있을 것이다. 무엇이 이처럼 미세한 민감성을 가능하게 할까?

촉각뉴런의 수상돌기가 각 털의 모근을 감싸

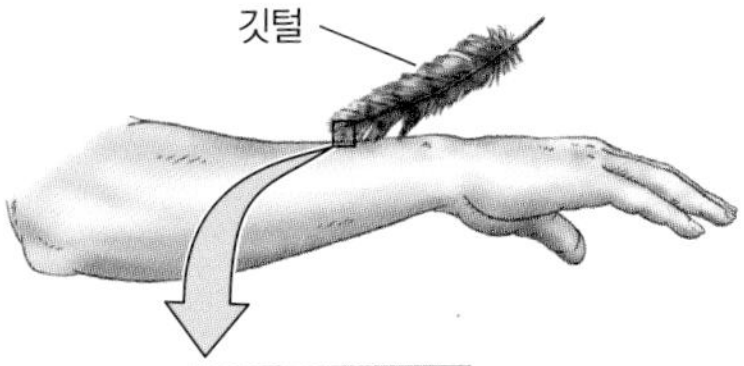

깃털

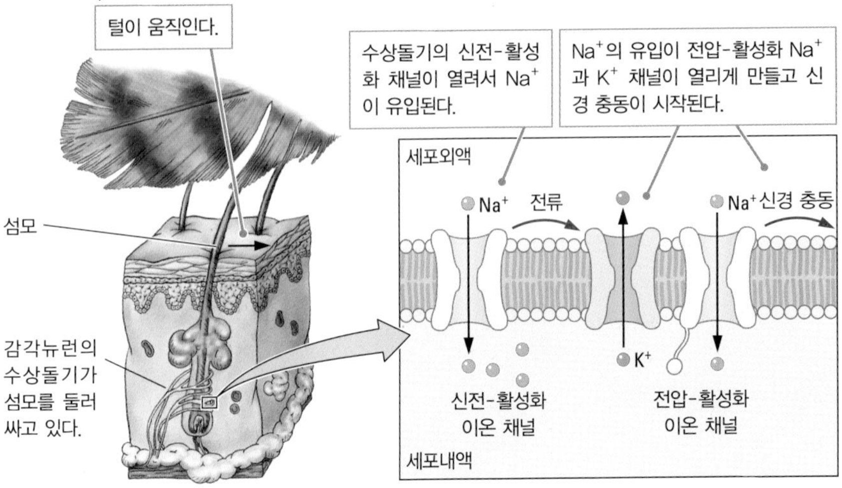

털이 움직인다.
섬모
감각뉴런의 수상돌기가 섬모를 둘러 싸고 있다.
수상돌기의 신전-활성화 채널이 열려서 Na+이 유입된다.
Na+의 유입이 전압-활성화 Na+과 K+ 채널이 열리게 만들고 신경 충동이 시작된다.
세포외액
Na+
전류
Na+
신경 충동
K+
신전-활성화 이온 채널
전압-활성화 이온 채널
세포내액

그림 4.26 촉각 자극
깃털로 털을 건드리면 수용기가 활성화되어 뇌로 전달되는 신경 충동이 발생한다.

고 있다. 하나의 털을 구부리거나 기계적인 변위를 가하면 그것을 감싸고 있는 수상돌기가 늘어난다(**그림 4.26**).

　이 변위로 수상돌기 막의 **신전-활성화 채널**(stretch-activated channel)이 열린다. 열린 채널을 통해 나트륨 이온이 충분히 유입되면 막은 탈분극의 역치에 도달한다. 역치 수준에 도달하면 전압-활성화 나트륨 채널과 칼륨 채널이 열리고 신경 충동이 시작되어 촉각 정보가 뇌로 전달된다.

　다른 감각 수용기들 역시 감각 자극의 에너지를 신경계 활동으로 **변환**시키는 유사한 기제를 가지고 있다. 청각과 균형에 관한 정보를 제공하는 내이의 **유모세포 수용기**(hair cell receptor)에 변위가 일어날 때도 신전-활성화 채널이 열린다. 시각계에서는 빛 입자인 광자가 옵신 단백질에 작용하면 눈의 특수한 광 수용기에 있는 이온 채널을 여는 화학적 변화가 일어난다. 공기 중의 냄새 분자는 후각 수용기에 도달하면 특정 형태를 띤 구획에 딱 맞게 결합하여 화학물질-활성화 이온 채널을 연다. 조직이 손상되면 손상된 세포에서 방출된 화학물질이 통각 신경의 채널을 활성화한다. 여기에서 강조할 점은 모든 감각계에서 정보 전달을 개시하는 것이 이온 채널이라는 것이다.

신전-활성화 채널 막이 신전할 때 그에 대한 반응으로 활성화되어 신경 충동을 개시하는 촉각뉴런의 이온 채널

신경 충동이 운동을 일으키는 방식

뉴런 여정의 마지막에는 어떤 일이 일어날까? 감각 정보가 뇌로 전달되어 해석되고 나면 뇌는

◉ 임상 초점 4-4

근위축성 측색경화증

근위축성 측색경화증(amyotrophic lateral sclerosis, ALS)은 1869년에 프랑스의 의사 Jean-Martin Charcot가 최초로 보고하였다. *amyotrophic*은 '근육 약화'를 의미하고, *lateral sclerosis*는 '외측 척수의 경화'를 의미한다.

북미에서는 이 병이 루게릭병(Lou Gehrig disease)으로도 알려져 있다. 루게릭은 1923년부터 1939년까지 뉴욕 양키스에서 활약했던 전설적인 야구 선수로, 많은 개인 기록을 수립하였다. 그는 뛰어난 타자였으며, 탁월한 체력을 가졌기에 철마(Iron Horse), 즉 기관차라는 별명을 얻기도 하였다. 게릭은 여러 차례 월드시리즈 우승 팀에서 선수 생활을 하였으나 ALS로 힘을 잃어갔고 36세의 나이로 은퇴할 수밖에 없었다. 게릭의 병은 급속도로 나빠져 불과 2년 후에 사망하였다.

ALS는 주로 척수 운동뉴런의 사멸에 기인하지만 일부 사례에서는 뇌의 뉴런이 영향을 받기도 한다. 이 병은 훨씬 이른 10대에 시작될 수 있으나 50~75세 사이에 가장 많이 발생한다. 미국의 경우 매년 거의 5,000명의 환자가 발생하고, 환자 중 10%는 가족력이 있다.

흔히 진단 5년 이내에 사망하지만 전형적인 예외는 세계적인 이론물리학자이자 우주학자인 스티븐 호킹이다. 호킹은 드물게 이른 나이인 21세에 진단받았고, 병의 진전도 느렸다. 옥스퍼드대학교 박사과정 학생 시절 그의 행동은 점차 어색해졌고 말씨도 어눌해졌다. 20대 후반에는 목발을 사용하기 시작하였다. 30대에 들어 그의 말은 황폐해져 가족과 가까운 사람들만이 이해할 수 있었다. 70대에는 휠체어에 의존하였으며(사진 참조), 발성 장치와 연결된 단 하나의 볼 근육으로 의사소통하였다.

이 병의 시작은 전신 약화인데, 첫 증상은 목이나 흉부 상부, 그리고 팔과 다리에서 나타난다. 점차 걷기 힘들어지고 자주 넘어진다. 이 병은 보통 감각계, 인지 기능, 장 또는 방광 조절, 성 기능에는 별 영향을 미치지 않는다. 운동뉴런은 계속 죽어갔지만 그가 이룬 놀라운 성과는 계속해서 우주에 대한 우리의 이해를 더 높였다. 애석하게도 2018년 3월에 세계는 스티븐 호킹을 잃었다.

현재까지 ALS를 치료할 방법은 없지만 인지신경보철학(cognitive neural prosthetics) 분야의 임상 시험에 사람들이 참여하고 있다. 뇌-기계 인터페이스를 사용하여 피질에 심은 다중 미세 전극에서 기록한 신호를 무선으로 로봇 팔과 같은 외부 장치로 보낼 수 있다. 또한 이 다중 미세 전극은 마비된 사지, 휠체어 작동, 컴퓨터-조력 소통 장치, 환경 통제(텔레비전이나 컴퓨터) 등을 위한 기능적 전기 자극에도 이용될 수 있다. 원래의 인터페이스는 뇌에 심은 전극을 이용하는 침습적인 것이었다. 오늘날 두피 전극(EEG) 및 근적외선 분광술(near-infrared spectroscopy, NIRS)과 같은 비침습적 인터페이스를 개발하기 위한 시험이 진행 중이다.

Tom Dymond/REX/Shutterstock

원리 9. 신경계는 뇌가 구성하는 지각 세계에서 움직임을 생성한다.

일부 동물(예 : 가재, 초파리 등)에서 이 과정은 아세틸콜린이 아니라 글루타메이트라는 화학적 전달물질에 의해 매개된다.

5-2절과 5-3절에서 다양한 화학적 전달물질과 그 기능을 알아본다.

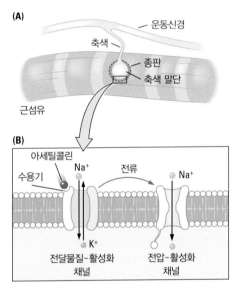

그림 4.27 근수축
(A) 운동뉴런의 축색 부측지가 근섬유의 종판과 접촉할 때, **(B)** 아세틸콜린이 종판의 수용기 부위와 결합하여 그곳의 전달물질-활성화 채널을 연다. 이들 큰 막 채널은 Na⁺과 K⁺을 동시에 통과시킴으로써 전압-활성화 채널을 활성화시키기에 충분한 전류를 발생시켜 활동전위를 일으키고, 그 결과 근육이 수축된다.

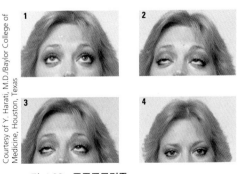

그림 4.28 중증근무력증
위를 쳐다보라고 하면(1), 환자의 눈꺼풀이 빠르게 피로해져 아래로 내려온다(2, 3). 몇 분 정도 휴식을 취하면 정상적으로 눈을 뜰 수 있다(4).

출력, 즉 근육 수축을 포함한 행동적 반응을 어떻게 일으킬까? 행동은 결국 운동이고, 운동이 일어나기 위해서는 근육이 수축해야 한다. 척수의 운동뉴런이 근육 활성화를 담당한다. 운동뉴런이 존재하지 않으면 운동할 수 없으며, '임상 초점 4-4 : 근위축성 측색경화증'에서 다루는 근위축(muscles atrophy)이 일어난다.

운동뉴런이 신경 충동을 근육세포의 시냅스로 보낸다. 이들 시냅스는 근육을 수축시키는 도구이다. 각 운동뉴런은 표적 근육과 하나 또는 소수의 시냅스를 형성한다(그림 4.27A). 축색종말은 **종판**(end plate)이라는 근육 막의 특수한 영역과 접촉하는데, 이곳은 많은 동물에서 축색종말이 아세틸콜린(acetylcholine)이라는 화학적 전달물질을 방출하는 부위이다.

아세틸콜린은 근육 내로 들어가는 것이 아니라 종판에 있는 **전달물질-활성화 채널**(transmitter-activated channel)과 결합한다(그림 4.27B). 아세틸콜린 결합에 대한 반응으로 채널이 열리면 나트륨 및 칼륨 이온이 근육의 막을 통과하여 활동전위의 역치 수준까지 근육에 탈분극을 일으킨다. 그렇게 되면 당연히 근육은 활동전위를 생성한다. 역치 수준에 이르면 부근의 전압-활성화 채널이 열린다. 즉 역치 수준에 도달했을 때 주변의 전압-활성화 채널이 열리고, 뉴런에서 그랬듯이 근섬유에서 활동전위가 발생한다.

신경근 연접에서 시냅스 교신을 가능하게 해주는 세 가지 장치가 있다. (1) 운동뉴런에는 아세틸콜린을 담는 많은 소낭이 있고, (2) 근육에는 아세틸콜린과의 접촉면을 넓혀주는 주름(infolding)이 있으며, (3) 종판에는 고밀도로 분포하는 아세틸콜린 수용기가 있다.

근육 종판의 아세틸콜린 수용기가 차단되면 운동뉴런에서 방출된 아세틸콜린이 탈분극 효과를 내지 못한다. 바로 이런 상황이 **중증근무력증**(myathenia gravis)이라는 자가면역 질환에서 근육 수축을 방해한다. 이 질환이 있는 사람에서는 바이러스와 같은 외래 물질에 대한 항체를 만드는 흉선(thymus)이라는 면역계의 분비선이 근육에 있는 아세틸콜린 수용기에 결합하는 항체를 생산하고, 그로 인해 근육이 허약해지고 쉽게 피로해진다(**그림 4.28**).

또 다른 자가면역 질환인 다발성 경화증과 달리 중증근무력증은 치료로 통제가 잘되는 편이다. 치료 방법에는 면역계를 억압하는 약물 또는 아세틸콜린의 분해를 억제하여 전달물질이 작용할 시간을 늘려주는 약물이 포함된다. 흉선을 제거하는 흉선절제술도 또 다른 치료법이다.

막 채널의 작용으로 광범위한 뉴런의 현상을 설명할 수 있다. 어떤 채널은 막 전하를 만든다. 다른 채널은 등급전위를 조절한다. 활동전위를 촉발하는 채널도 있다. 감각 자극이 뉴런의 채널을 활성화하여 신경 충동을 일으키고, 이 충동이 운동뉴런의 채널을 활성화하여 근육 수축을 일으킨다.

새로운 동물종과 행동이 진화한 것처럼 다양한 채널과 그것들의 서로 다른 기능도 오랜 시간을 거쳐 진화하였다. 뉴런의 막에 존재하는 모든 채널을 살펴본 것은 아니며 이 책의 다른 장에서 추가적인 학습을 할 것이다.

4-4 복습

진도를 계속 나가기 전에 앞 절을 얼마나 이해했는지 확인해보자. 정답은 이 책의 뒷부분에 있다.

1. 모든 감각계를 망라하여 뉴런에서 감각 정보의 전도는 _____에서 시작한다.

2. _____ 막에는 감각 에너지를 이온 채널에서의 변화로 변환시키는 기제가 있다. 그다음에는 이 채널을 통한 이온의 흐름이 _____ 채널이 열리는 수준까지 막전위의 변화를 일으켜 신경 충동을 일으킨다.

3. 감각 자극에 의해 _____ 뉴런의 채널이 활성화되어 신경 충동이 일어나고, 그로 인해 _____이/가 수축된다.

4. 일종의 _____ 질환인 중증근무력증에서는 흉선이 근육에 있는 _____ 수용기에 대한 항체를 생산하여 근육을 허약하게 하고 쉽게 피로하게 만든다.

5. 세포막에 왜 그렇게 다양한 이온 채널이 진화하였을까?

종판 근육에 존재하며 운동뉴런의 축색종말에서 아세틸콜린이 분비될 때 활성화되는 있는 수용기-이온 복합체

전달물질-활성화 채널 화학물질에 대한 수용기 부위와 이온이 통과할 수 있는 미세공을 모두 가진 수용기 복합체

요약

4-1 신경계의 전기적 활동 탐구

18세기에 시작된 전기적 자극 연구는 신경에 전류를 흘려 자극하면 근육이 수축한다는 것을 보여주었다. 오실로스코프를 이용한 그 후의 기록 연구에서 측정된 뇌의 전류는 신경계의 전기적 활동이 계속해서 일어나고 있음을 보여주었다.

20세기에 들어와서 연구자들은 단일 뉴런의 전기적 활동을 측정하기 위해 오징어의 거대 축색을 사용하였다. 그들은 미세 전극을 세포 내 또는 표면에 위치시키고 오실로스코프로 작고 빠른 전기적 변화를 기록하였다. 오늘날 기록 연구에는 디지털 오실로스코프와 컴퓨터가 이용된다.

뉴런의 전기적 활동은 세포막을 건너 흐르는 이온에 의해 유발된다. 이온은 농도 기울기(고농도 영역에서 저농도 영역으로)와 전압 기울기(고전압 영역에서 저전압 영역으로)를 따라 이동한다. 뉴런 막에 있는 이온 채널의 개폐와 펌프 작용 또한 이온의 분포에 영향을 미친다.

4-2 수상돌기와 세포막에서 일어나는 전기적 활동

세포막 안팎의 이온 분포가 다르기 때문에 안정전위가 발생한다. 안정 상태에서 세포 내막은 외막에 비해 −70mV로 대전되어 있다. 단백질 음이온은 너무 커서 뉴런 밖으로 나갈 수 없고, 세포막은 능동적으로 양으로 대전된 나트륨 이온을 세포 바깥으로 내보낸다. 또한 칼륨 및 염소 이온의 불균등 분포 또한 안정전위에 기여한다.

등급전위는 뉴런이 자극받을 때 순간적으로 막전압이 약간 증가 또는 감소하는 것을 말한다. 전압의 변화가 막의 이온 채널에 영향을 미치고, 나아가 막 안팎의 이온 분포를 변화시킨다. 막전압의 증가는 탈분극을 일으키고, 감소는 과분극을 일으킨다.

한 뉴런에서 다른 세포로 전달되는 입력은 흥분성 시냅스후 전위와 억제성 시냅스후 전위 모두 일으킬 수 있다. 막은 유입되는 정보를 통합하기 위해서 각 전압을 시간적 및 공간적으로 합친다. 가합된 EPSP와 IPSP가 첫 분절의 막 전압을 역치 수준까지 변화시키면 축색에서 활동전위가 발생한다.

4-3 활동전위의 생성과 전파

활동전위는 막을 사이에 둔 전압이 역치 수준인 −50mV로 떨어졌을 때 축색 막의 극성이 짧은 시간 동안 크게 바뀐 것이다. 활동전위 동안 막전압이 갑자기 역전되어 안쪽이 바깥쪽에 비해 양전기를 띠었다가 다시 신속하게 역전된다. 이와 같은 막전위의 변화는 전압-활성화 채널, 즉 막 전압에 민감한 나트륨 및 칼륨 채널에서 비롯되는 것이다.

축색의 첫 분절에서 발생한 활동전위는 축색을 따라 전파되는데, 이를 신경 충동이라 한다. 신경 충동은 도약전도가 일어나는 유수 축색에서 더 빨리 전파되는데, 이는 활동전위가 축색의 수초를 만드는 교세포를 분리하는 결절 사이를 빠르게 건너뛰는 현상이다.

뉴런의 종류는 다양하다. 어떤 동물종의 이온 채널은 전압 변화가 아닌 빛에 반응하는데, 유전공학자들은 이런 특성을 활용한다. 대부분 뉴런에서 활동전위가 수상돌기에서 일어나지 않는데, 이는 세포체의 막에는 전압-활성화 채널이 없기 때문이다. 그러나 수상돌기에 있는 일부 전압-활성화 채널은 활동전위를 일으킬 수 있다. 활동전위가 첫 분절에서 뉴런의 수상돌기 영역으로 이동하는 역전파는 학습의 근간이 되는 가소적 변화에서 중요한 역할을 한다.

4-4 신경계 살펴보기

감각 수용기 세포는 감각 에너지를 등급전위로 변환한다. 이 변화가 막전압을 변경하여 활동전위를 촉발하고, 감각 정보를 신경계의 관련 부위로 전달하는 신경 충동을 전파한다.

이온 채널은 근육을 활성화하는 역할도 한다. 운동뉴런의 축색종

말에서 분비되는 신경전달물질인 아세틸콜린이 근세포막의 종판에서 채널을 활성화한다. 그다음 이온이 이동하여 활동전위의 역치 수준까지 근세포막에서 탈분극을 일으킨다. 결국 이 탈분극이 전압-활성화 채널을 활성화하여 근섬유의 활동전위를 일으키고, 그에 따라 근육이 수축하고 운동이 발생한다. 중증근무력증의 경우 아세틸콜린 수용기에 대한 항체가 만들어져 근육의 탈분극화를 차단하며, 그 결과 근육이 약해지고 쉽게 피로해진다.

핵심 용어

공간적 통합

과분극화

광유전학

네른스트 방정식

농도 기울기

뇌전도(EEG)

다발성 경화증(MS)

도약전도

등급전위

랑비에 결절

미세 전극

상대적 불응

시간적 통합

신경 충동

신전-활성화 채널

안정전위

억제성 시냅스후 전위(IPSP)

역전파

역치전위

오실로스코프

자가면역 질환

전기기록성 발작

전기적 자극

전달물질-활성화 채널

전압 기울기

전압계

전압-활성화 채널

절대적 불응

종판

첫 분절

탈분극화

평형전위

확산

활동전위

흥분성 시냅스후 전위(EPSP)

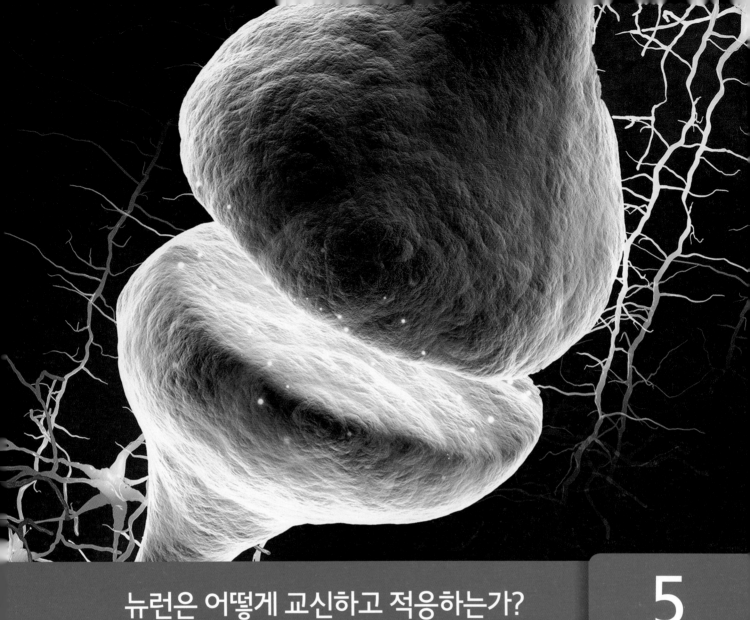

뉴런은 어떻게 교신하고 적응하는가?

5

5-1 화학적 메시지

연구 초점 5-1 심장박동에서 신경 교신의 기초
실험 5-1 질문 : 뉴런은 어떻게 정보를 전달
하는가?
시냅스의 구조
임상 초점 5-2 파킨슨병
신경전달의 5단계
시냅스의 다양성
흥분성 및 억제성 메시지
연구 초점 5-3 수상돌기가시 : 작지만 강하다
복잡한 신경전달계의 진화

5-2 신경전달물질과 수용기의 다양성

신경전달물질임을 확인하는 네 가지 기준
신경전달물질의 분류
임상 초점 5-4 놀라운 L-도파
수용기의 다양성

5-3 신경전달물질 체계와 행동

체성신경계에서의 신경전달
자율신경계의 이중 활성 체계
장신경계의 자율성
중추신경계의 네 가지 활성 체계
임상 초점 5-5 경직된 중독자 사례

5-4 호르몬

호르몬의 위계적 통제
호르몬의 분류와 기능
항상성호르몬
아나볼릭-남성화 스테로이드
글루코코르티코이드와 스트레스

◎ 연구 초점 5-1

심장박동에서 신경 교신의 기초

뉴런이 교신하는 방식은 동물의 심장박동률을 제어하는 것이 무엇인지를 밝히려는 실험을 통해 발견되었다. 다른 동물처럼 인간의 심장박동도 흥분하거나 운동할 때 빨라지고, 쉴 때는 느려진다. 심장박동은 에너지 소모, 즉 신체에 필요한 영양소와 산소에 맞춰 변화한다.

심장박동은 우리가 잠수할 때 거의 정지에 가까울 정도로 뚜렷하게 변화한다. 극단적으로 심장박동이 느려지는 이 잠수서맥(diving bradycardia) 현상은 호흡을 하지 않을 때 체내의 산소를 보존하기 위한 것이다. 즉 이 서맥(brady머는 '느린'을 뜻하고, cardia는 '심장'을 의미)은 유용한 생존 전략이다. 수중에서의 에너지 보존 반응은 많은 동물에게 공통적이다. 그렇다면 무엇이 심장박동을 조절할까?

뛰어난 스토리텔러인 Otto Loewi는 1936년에 그에게 노벨상을 안겨준 실험이자 꿈에서 영감을 받은 자신의 고전적인 실험에 관해 이야기하였다. 실험 5-1의 절차에 나타나 있듯이 Loewi는 한 개구리의 심장을 소금물에 넣고 뇌에서 심장으로 연결되는 10번 뇌신경인 미주신경을 전기적으로 자극하였다. 동시에 자극받은 심장이 담긴 용기의 액체를 연결된 관을 통해 자극받지 않은 다른 심장이 담긴 용기로 보냈다.

Loewi는 그 두 심장의 박동을 기록하였다. 그의 발견이 실험 5-1의 결과에 제시되어 있다. 전기 자극은 첫 번째 심장의 박동 수를 감소시켰고, 더 중요한 점은 두 번째 심장의 박동 또한 느려졌다는 것이다. 이 발견은 첫 번째 용기에서 두 번째 용기로 옮겨진 액체가 감속하라는 지시를 보냈음을 시사한다.

그 메시지는 애초에 어디에서 왔을까? Loewi는 자극된 미주신경에서 방출된 화학물질이 확산하여 두 번째 심장에 영향을 주었을 것이라고 추론하였다. 따라서 그의 실험은 미주신경이 심장박동을 느리게 하는 화학물질을 함유하고 있음을 입증한 것이었다.

Loewi는 나중에 그 전령 화학물질을 찾았다. 또한 심장박동을 높이는 다른 화학물질도 규명하였다. 심장은 적어도 두 가지 다른 메시지, 즉 가속하라는 흥분성 메시지와 감속하라는 억제성 메시지에 대한 반응으로 박동을 조절한다.

Chris Gomersall/Alamy

바다오리의 일종인 퍼핀(puffin)은 잠수하여 새들이 나는 것처럼 짧고 뭉툭한 날개를 퍼덕이며 추진력을 얻어 물고기를 잡는다. 잠수하는 동안 퍼핀의 심장도 인간의 심장처럼 잠수서맥 반응을 보인다.

미주신경은 심장과 다른 내부 신체 과정에 영향을 미친다(그림 2.29 참조).

4장에서는 활동전위가 발생하고, 그 충동이 축색을 따라 시냅스까지 전도되는 전기적 신호, 즉 정보를 뉴런이 어떻게 전달하는지 알아보았다. 이 장에서는 먼저 흥분성 및 억제성 신호를 이용하여 뉴런들이 교신하는 방식을 설명한다. 그다음에 한 뉴런에서 나온 화학물질이 그것을 받아들이는 뉴런의 수용기에 신호를 보내어 반응하도록 하는 방식도 알아본다. 마지막으로 호르몬이 신체 내에서 조절되는 방식, 호르몬의 종류, 호르몬의 기능을 알아볼 것이다.

학습 목표

- Loewi의 실험이 중추신경계에서 메시지를 화학적으로 전달하는 과정에 대한 이해에 기여한 바를 설명한다.
- 신경전달 과정과 그에 관련된 주요 시냅스 구조를 정리한다.
- 화학적 시냅스와 전기적 시냅스의 차이점을 알아본다.

5-1

화학적 메시지

'연구 초점 5-1 : 심장박동에서 신경 교신의 기초'에서 살펴본 Loewi의 성공적인 심장박동 실험은 신경계에서 화학물질을 통해 뉴런 간에 정보가 전달되는 방식을 탐구하는 연구의 서막을 열었다. Loewi는 화학적 전령(messenger)을 규명한 최초의 사람이었다. 우리는 그 화학물질이 4-4절에서 골격근을 활성화한다고 설명한 전달물질인 **아세틸콜린**(acetylcholine, ACh)임을 알고 있다. 그의 실험에서 ACh는 심장박동을 억제하여 심장이 천천히 뛰게 하였다. 실제로 ACh는 체성신경계에서는 골격근을 활성화하여 수축하게 하고, 자율신경계에서는 여러 내장기를 흥분하게도 억제하기도 한다. 하나의 화학적 전령이 어떻게 두 가지 작용을 하는 것일까? 분자 자체보다는 그와 연관된 수용기와 채널이 그 전령이 흥분성으로 또는 억제성으로 작용할지 결정하며, 이 과정에 대해서는 이 장의 2절에서 설명한다. 그렇다. 잠수서맥에서 심장을 천천히 뛰게 하는 것

아세틸콜린(ACh) 말초신경계와 중추신경계에서 최초로 발견된 신경전달물질로, 체성신경계에서는 골격근을 활성화시키고 자율신경계에서는 내장기를 흥분 또는 억제시킨다.

에피네프린(EP) 중추신경계에서는 화학적 전령으로 작용하고, 스트레스 상황에서 신체의 싸움 혹은 도주 반응을 일으키기 위한 호르몬으로 작용한다. *아드레날린*이라고도 한다.

노르에피네프린(NE) 포유동물의 심장박동을 증가시키는 신경전달물질로 뇌와 자율신경계의 교감부에서 발견된다. *노르아드레날린*이라고도 한다.

신경전달물질 뉴런에서 방출되어 표적 뉴런에 대해 흥분성 혹은 억제성 효과를 내는 화학물질

····> 실험 5-1

질문 : 뉴런은 어떻게 정보를 전달하는가?

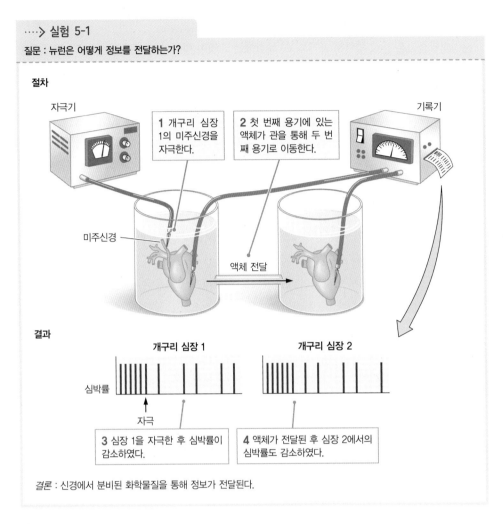

절차

자극기

1 개구리 심장 1의 미주신경을 자극한다.

2 첫 번째 용기에 있는 액체가 관을 통해 두 번째 용기로 이동한다.

기록기

미주신경

액체 전달

결과

개구리 심장 1

개구리 심장 2

심박률

자극

3 심장 1을 자극한 후 심박률이 감소하였다.

4 액체가 전달된 후 심장 2에서의 심박률도 감소하였다.

결론 : 신경에서 분비된 화학물질을 통해 정보가 전달된다.

이 바로 아세틸콜린이라는 화학적 전령이다.

실험 5-1의 절차를 적용한 다른 실험에서 Loewi는 심장으로 가는 다른 신경인 가속신경을 자극하였고, 심장박동은 빨라졌다. 이전 실험에서처럼 심장박동이 가속된 심장을 담고 있던 액은 전기 자극을 받지 않은 두 번째 심장의 박동 수를 증가시켰다. 나중에 Jōkichi Takamine이 개구리의 심장박동을 높이라는 메시지를 전달하는 화학물질인 **에피네프린**(epinephrine, EP)을 분리 및 정제하였으며(*epi-*는 '위'를 의미하고, *nephron*은 '신장'을 의미), 이를 아드레날린(adrenaline)이라고도 한다. 아드레날린(라틴어)과 에피네프린(그리스어)은 같은 물질이고 신장 위에 있는 부신에서 만들어진다. 아드레날린이라는 명칭이 사람들에게 더 많이 알려졌는데, 그 이유는 제약회사가 이를 상품명으로 사용했기 때문이다. 그러나 과학계에서는 에피네프린이라는 용어가 널리 사용된다.

Loewi는 보충 실험에서 미주신경의 아세틸콜린이 심장박동을 억제하고, 가속신경의 에피네프린이 심장박동을 촉진한다는 것을 보여주었다. 추가로 수행된 실험을 통해 포유류에서 심장박동을 촉진하는 화학물질은 에피네프린과 관련이 있는 **노르에피네프린**(norepinephrine, NE) 또는 노르아드레날린(noradrenaline)이라는 사실이 밝혀졌다.

이들 실험을 통해 Loewi는 이 새로운 종류의 화학적 전령의 역할을 규명하였고, 나중에 시냅스 전달에서 밝혀진 이들 화학물질의 기능을 반영하여 **신경전달물질**(neurotransmitter)이라는 명칭이 붙여졌다. 신경전달물질은 뉴런 사이에서 흥분성 또는 억제성 메시지를 전달하지만, 기관

Jōkichi Takamine

아세틸콜린(ACh)

에피네프린(EP)

노르에피네프린(NE)

그림 5.1 ACh, EP, NE
삼차원 공간-채움 모형에서 개구리와 인간의 심장박동을 억제하는 ACh와 그것을 흥분시키는 EP와 NE의 구조가 대조적이다.

및 근육과도 상호작용할 수 있다.

신경전달물질은 흔히 약어로 표기되고, 뉴런에는 그것이 방출하는 신경전달물질의 종류에 따라 명칭이 붙여진다. 예컨대 아세틸콜린을 방출하는 뉴런은 **콜린성 뉴런**(cholinergic neuron)이고, 에피네프린을 방출하는 뉴런은 **아드레날린성 뉴런**(adrenergic neuron)이며, 노르에피네프린을 방출하는 뉴런은 **노르아드레날린성 뉴런**(noradrenergic neuron)이다. ACh, EP, NE 분자는 구조가 서로 다르고(**그림 5.1**), 그 구조에 따라 각기 특정 수용기와 상호작용한다.

똑같은 여러 전령이 중추신경계 바깥에서는 혈류를 따라 순환하는 호르몬이 된다. 시상하부의 통제를 받은 뇌하수체가 혈류로 호르몬을 방출하여 자율신경계와 장신경계의 기관이나 분비선과 같은 표적을 흥분 또는 억제한다. 호르몬은 몸 전체를 순환하여 먼 거리의 표적에 도달하기 때문에 그 작용이 번개같이 빠른 신경 충동에 의해 생성되는 중추신경계의 신경전달물질에 비해 느리다.

신경전달물질은 뉴런에서 방출되어 국소적으로 작용하고 호르몬은 뉴런이나 다른 조직에서 방출되어 몸 안에서 먼 거리를 이동하지만, 이 둘은 화학적으로 동일하다. 예를 들어 에피네프린이 뉴런에서 생성되면 다른 뉴런에 영향을 미치기에 신경전달물질이라고 하지만 부신에서 합성되면 심장박동을 높이기에 호르몬이라고 한다. 신경전달물질과 호르몬의 차이는 방출된 곳에서부터 상호작용할 수용기에 도달하기까지의 이동 거리에 있다. 호르몬과 그 기능에 관해서는 5-4절에서 살펴볼 것이다.

Loewi의 발견은 더 많은 신경전달물질과 그 기능에 관한 연구로 이어졌다. 실제로 신경전달물질이 몇 개인지는 모르며, 최대 200개 정도로 추측된다. 확정된 신경전달물질은 60개 정도이고, 많은 연구는 그중 10개 정도를 대상으로 한다. 어떤 화학물질을 신경전달물질로 수용할 것인지는 특정 준거를 충족하는 정도에 따라 결정된다. 이 책을 읽으면서 많은 신경전달물질의 명칭 및 기능과 더불어 준거도 알게 될 것이다. 뉴런 집단이 뇌에서 신경전달물질 체계를 형성하여 행동 양상을 조절하는 방식도 알아볼 것이다. 이 장에서 소개하는 3개의 임상 초점에서는 도파민이라는 신경전달물질이 뇌 기능에 대한 깊은 통찰을 제공해주는 방식을 잘 보여주는 흥미로운 이야기를 소개한다. 특정 뇌 영역에서 도파민이 고갈되는 것이 특정 신경학적 질환과 관련된다. 이 이야기는 '임상 초점 5-2 : 파킨슨병'으로 시작한다.

시냅스의 구조

심장박동을 조절하는 화학적 전령에 관한 Loewi의 발견이 뉴런들이 교신하는 방식에 대한 이해에 기초가 된 두 가지 중요한 발견 중 먼저 나온 것이었다. 거의 30년을 더 기다린 후에 나타난 두 번째 발견은 전자현미경(electron microscope)의 발명이었는데, 연구자들은 이를 이용하여 축색의 종말에서 소낭에 밀집된 신경전달물질을 볼 수 있다. 전자를 반사하는 물질로 생체 조직을 염색하면 미세 구조가 상세하게 드러난다.

화학적 시냅스

전자현미경의 도움으로 1950년대에 최초로 시냅스의 구조가 밝혀졌다. **그림 5.2A** 현미경 사진의 가운데에 있는 시냅스의 상부는 축색종말 또는 종판이고, 하부는 신호를 받아들이는 수상돌기이다. 종말 안에 있는 원형의 과립물질이 신경전달물질 분자를 담고 있는 **시냅스 소낭**(synaptic vesicle)이다.

시냅스 소낭 양자 단위의 신경전달물질 분자를 담고 있는 막 구조물

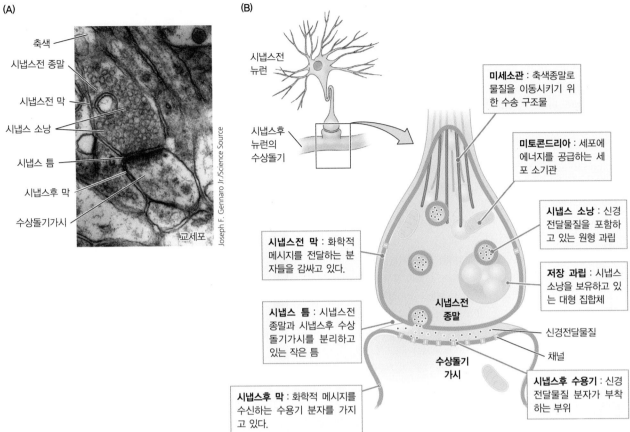

(A)

축색
시냅스전 종말
시냅스전 막
시냅스 소낭
시냅스 틈
시냅스후 막
수상돌기가시
교세포

Joseph F. Gennaro Jr./Science Source

(B)

시냅스전 뉴런

시냅스후 뉴런의 수상돌기

미세소관 : 축색종말로 물질을 이동시키기 위한 수송 구조물

미토콘드리아 : 세포에 에너지를 공급하는 세포 소기관

시냅스 소낭 : 신경 전달물질을 포함하고 있는 원형 과립

저장 과립 : 시냅스 소낭을 보유하고 있는 대형 집합체

시냅스전 막 : 화학적 메시지를 전달하는 분자들을 감싸고 있다.

시냅스 틈 : 시냅스전 종말과 시냅스후 수상돌기가시를 분리하고 있는 작은 틈

시냅스후 막 : 화학적 메시지를 수신하는 수용기 분자를 가지고 있다.

시냅스전 종말

수상돌기 가시

신경전달물질

채널

시냅스후 수용기 : 신경 전달물질 분자가 부착하는 부위

그림 5.2 화학적 시냅스

(A) 전자현미경 사진에서 중앙의 시냅스 주변에 교세포, 축색, 수상돌기, 다른 시냅스, 시냅스 틈이 보인다. **(B)** 화학적 시냅스 내부의 저장 과립에는 신경전달물질을 함유한 소낭이 있는데, 이들 소낭은 전달물질 방출을 대비하여 시냅스전 막으로 이동한다. 신경전달물질은 세포 외 유출에 의해 시냅스 틈으로 밀려나가 시냅스후 막의 수용기 단백질과 결합한다.

축색종말의 막에 있는 검은 부분은 주로 신경전달물질을 방출하도록 신호를 보내는 이온 채널 단백질이거나 방출 이후에 전달물질을 재흡수하는 펌프이다. 수상돌기의 검은 부분은 주로 화학적 메시지를 받는 단백질 분자들로 이루어져 있다. 종말과 수상돌기 사이에는 이 둘을 분리하는 **시냅스 틈**(synaptic cleft)이라는 작은 공간이 있다. 시냅스 틈은 시냅스 기능의 중심인데, 왜냐하면 한 뉴런에서 다음 뉴런으로 정보를 전달하기 위해서는 신경전달물질이 이 틈을 건너가야 하기 때문이다.

현미경 사진에서 성상세포, 다른 뉴런의 축색과 수상돌기, 다른 시냅스들과 같은 주변의 여러 구조물로 둘러싸인 시냅스를 볼 수 있다. 주변의 성상세포는 화학적 전달에 여러 방식으로 기여하는데, 신경전달물질의 합성을 위한 재료를 제공하거나, 신경전달물질의 움직임을 시냅스로 제한하거나, 과도하게 분비된 신경전달물질 분자를 제거하는 것이 그 예이다. 시냅스전 막, 시냅스후 막, 주변 성상세포와의 긴밀한 연관성과 같은 기능적 통합 및 물리적 근접성이 **세 부분 시냅스**(tripartite synapse)를 형성한다.

그림 5.2B는 한 뉴런에서 방출된 전령 분자가 다음 뉴런과 접촉하는 접합부인 **화학적 시냅스**(chemical synapse)에서 일어나는 신경전달 과정을 상세하게 보여준다. 여기에서 **시냅스전 막**(presynaptic membrane)은 축색종말이며, **시냅스후 막**(postsynaptic membrane)은 수상돌기가시이고, 이 둘 사이의 공간이 시냅스 틈이다. 축색종말 안에는 특수한 구조물들이 있는데, 세포에 필요한 에너지를 공급하는 세포 소기관인 미토콘드리아, 여러 개의 시냅스 소낭을 유지하는 큰 구획인 **저장 과립**(storage granule), 신경전달물질을 포함하여 여러 물질을 종말로 운반하는 미세소관 등이 그것이다.

전달물질은 크게 소분자, 펩티드, 지질, 가스, 그리고 이온 전달물질로 구분된다. 5-2절에서 이에 대해 기술한다.

시냅스 틈 시냅스후 막과 시냅스전 막을 분리하는 틈

세 부분 시냅스 물리적으로 근접한 시냅스전 막, 시냅스후 막, 주변의 성상세포가 기능적으로 통합된 시냅스

화학적 시냅스 활동전위에 의해 자극될 때 전령 분자가 방출되는 연접부

시냅스전 막 시냅스의 출력부로 전달물질을 방출하는 축색종말의 막

시냅스후 막 시냅스의 입력부로 전달물질을 받아들이는 막

저장 과립 신경전달물질을 담고 있는 여러 개의 소낭을 함께 유지하는 막 구획

◎ 임상 초점 5-2

파킨슨병

사례 4 : 남자는 72세이다. 약 11~12년 전 즈음에 그는 처음으로 왼쪽 손과 팔에 힘이 없어졌음을 알았고, 곧 진전이 시작되었다. 그리고 3년 정도 지나서는 오른쪽 팔에도 비슷한 증상이 나타났다. 그 후 곧 전신에 경련성 운동이 나타났고, 말하는 것이 어려워지기 시작하였다. 또 3년이 지나자 증상이 다리에도 나타났다(James Parkinson, 1817).

1817년에 영국인 의사 James Parkinson은 이 사례 연구가 수록된 논문에서 비슷한 증상을 가진 여섯 사례를 보고했는데, 그중 몇 사례는 그의 진료소 부근의 길에서만 관찰된 것이었다. 대개는 떨림이 첫 번째 증상이었고, 전형적으로 그 증상은 손에서 시작되었다. 몇 년 뒤에는 떨림이 팔과 다른 신체 부위로 퍼져나갔다.

병이 진행되면서 환자들은 구부정해지고 발가락 앞부분으로 걸음을 걷게 된다. 또한 넘어지지 않으려고 앞으로 내닫는 경향도 나타난다. 병이 말기에 이르면 환자들은 먹고 삼키기도 어렵다. 침을 흘리고, 장의 활동도 느려진다. 결국에는 근육을 전혀 통제할 수 없게 되고, 심한 진전으로 잠을 잘 수 없게 된다.

James Parkinson의 보고 이후 50여 년 지났을 때 프랑스인 신경학자 Jean-Martin Charcot가 이를 **파킨슨병**(Parkinson disease)이라고 명명했고, 현재도 그렇게 부른다. 다음은 연구자들이 파킨슨병의 신경학적 기초를 이해하는 데 도움을 준 세 가지 발견이다.

1. Constantin Tréatikoff(1974)는 1919년에 파킨슨병 환자 9명의 뇌를 부검하여 중뇌의 작은 핵인 흑질에서 변성을 발견하였다. 신체의 한쪽에서만 파킨슨병의 증상을 경험한 한 환자의 뇌에서는 증상이 나타난 신체의 반대쪽 흑질이 변성되었다.
2. 파킨슨병 환자의 뇌를 화학적으로 검사한 소견에 따르면 기저핵의 **도파민**(dopamine, DA)이 정상 수준의 10% 이하로 감소했을 때 병의 증상이 나타났다고 한다(Ehringer & Hornykiewicz, 1960/1974).
3. 1971년에 Urban Ungerstedt가 쥐에게 6-하이드록시도파민이라는 신경독을 주사하면 도파민을 함유하는 뉴런이 선택적으로 파괴되고, 파킨슨병의 증상이 유발되는 것을 확인함으로써 흑질에서 기저핵으로 이어지는 신경로의 도파민이 이 병에 관여한다는 것을 확증하였다.

연구자들은 흑질 도파민 뉴런의 상실을 살충제, 제초제, 살진균제, 독감 바이러스, 독성 약물과 같은 환경 요인과 관련지었다. 파킨슨병 환자 중 약 10%에서 몇 가지 특정 유전자 중 하나에 돌연변이가 있고, 환경적 영향에 취약한 사람들이 이 병에 대한 유전적 소인도 가질 수 있다.

다른 뇌 영역의 도파민은 운동행동뿐 아니라 특정 형태의 학습, 보상과 중독을 중재하는 신경 구조와도 관련된다. 도파민성 약물로 치료받은 일부 파킨슨병 환자가 치료 이전에는 그런 성향이 없었음에도 쇼핑중독자 또는 충동적 도

chris watt/Alamy Stock Photo

조이 밀른

박중독자가 되었다.

신경과 질환의 치료는 조기에 시작할수록 효과도 더 크기 때문에 조기 탐지가 중요하다. 간호사 조이 밀른(Joy Milne)은 놀라운 후각을 가지고 있어서 파킨슨병 환자를 냄새로 인식할 수 있었다(Morgan, 2016). 그녀는 당시 31세였던 남편 레스에게서 '강력한 효모균'과 비슷한 냄새를 맡았다. 14년 후 레스는 파킨슨병 진단을 받았다. 그들이 파킨슨병 환자 지원모임에 참석하였을 때 조이는 방에 들어서자마자 동일한 냄새를 맡았다.

조이와 레스는 그녀의 능력을 검사하기 위해서 파킨슨병 연구자를 찾아갔다. 무선 맹목 실험에서 그녀는 파킨슨병 환자와 통제군의 사람이 입었던 티셔츠의 냄새를 맡았다. 그녀의 평가는 놀라울 정도로 정확하였고, 통제군에 속한 한 사람을 파킨슨병 환자라고 잘못 평가한 단 한 번의 실수만 범하였다. 그러나 한참 후에 그 사람도 파킨슨병 진단을 받아 그녀의 평가는 완벽한 것이 되었다.

조이의 탁월한 후각으로 인해 냄새를 파킨슨병 진단 도구로 사용하는 것에 관한 연구가 수행되었고, 몇 가지 파킨슨병 관련 혼합물도 확인되었다(Trivedi et al., 2019). 이 강력한 도구와 잠재적인 치료를 잘 조합하면 파킨슨병을 완화하거나 예방하는 데 도움이 될 것이다.

파킨슨병 흑질의 도파민 상실과 연관되는 운동계 장애로 주요 증상은 진전, 근 강직, 수의적 운동의 감소 등이다.

도파민(DA) 아민 신경전달물질로 운동, 주의 및 학습을 조절하고 행동 강화에도 관여한다.

순행성 시냅스 전달 시냅스전 뉴런에서 전달물질이 방출되어 시냅스후 뉴런의 수용기에 결합하는 과정

신경전달의 5단계

순행성 시냅스 전달(anterograde synaptic transmission)은 화학적 시냅스를 통해 시냅스전 쪽에서 시냅스후 쪽으로 정보를 전달하는 5단계 과정이다. 이를 간략하게 살펴보자(**그림 5.3**).

1. 신경전달물질이 뉴런 내부 어느 곳에서 합성된다.
2. 신경전달물질이 축색종말에서 소낭으로 포장 및 저장된다.

3. 신경전달물질이 시냅스전 막으로 이동하여 활동전위에 대한 반응으로 시냅스 틈으로 방출된다.

4. 신경전달물질이 시냅스후 막의 수용기와 결합하여 그것을 활성화한다.

5. 계속해서 수용기에 결합하여 무한정 작용할 수 없도록 신경전달물질이 분해 또는 제거된다.

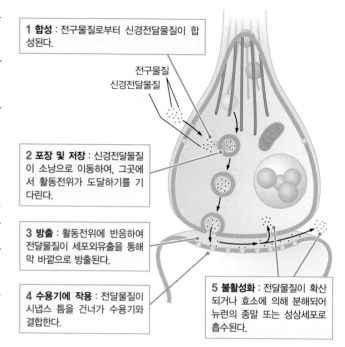

1 합성 : 전구물질로부터 신경전달물질이 합성된다.

전구물질
신경전달물질

2 포장 및 저장 : 신경전달물질이 소낭으로 이동하여, 그곳에서 활동전위가 도달하기를 기다린다.

3 방출 : 활동전위에 반응하여 전달물질이 세포외유출을 통해 막 바깥으로 방출된다.

4 수용기에 작용 : 전달물질이 시냅스 틈을 건너가 수용기와 결합한다.

5 불활성화 : 전달물질이 확산되거나 효소에 의해 분해되어 뉴런의 종말 또는 성상세포로 흡수된다.

그림 5.3 순행성 시냅스 전달

1~2단계 : 신경전달물질의 합성, 포장, 저장

전달물질에는 몇 가지 주요 유형이 있고, 각각은 다른 경로로 합성된다. 소분자 전달물질은 음식물에서 유래된 재료를 이용하여 축색종말에서 합성된다. 세포막을 가로질러서 물질을 이동시키는 단백질 분자인 **수송체**(transporter)가 일부 신경전달물질을 소낭으로 포장하는 데관여한다. 축색종말에 있는 미토콘드리아는 전구 화학물질을 전달물질로 합성하고 수송체를 가동하는 데 필요한 에너지를 공급한다.

펩티드(peptide) 전달물질은 뉴런의 DNA 지시에 따라 세포체에서 합성되고, 골지체의 막으로 포장되어, 미세소관을 따라 축색종말로 수송된다. 펩티드 전달물질은 종말로 수송된 mRNA를 기반으로 리보솜에 의해 시냅스전 종말에서 만들어지기도 한다.

지질(lipid) 전달물질은 지질로 이루어진 소낭에 포장 및 저장될 수 없다. 이 전달물질은 활동전위가 축색종말에 도달할 때 수요에 따라 합성된다.

기체(gaseous) 전달물질도 세포 안에서 효소에 의해 생성되지만, 고전적인 신호물질과는 여러 면에서 다르다. 생산은 규제되지만 기체 전달물질은 세포막을 통과할 수 있다. 이 투과성 때문에 기체 전달물질은 세포 안에 저장되지 않는다.

이온(ion) 전달물질은 생화학적으로 합성되지 않는다. 헬륨보다 무거운 다른 모든 원자처럼 이온은 소멸하는 별의 중심에서 만들어진 것이다. 몸에서 이온 전달물질은 종종 다른 유형의 전달물질과 함께 소낭에 포장되고 저장되며, 그 후 시냅스 틈으로 방출될 수 있다.

어떤 경로로 만들어졌든 소낭에 포장된 신경전달물질은 축색종말의 3곳에서 발견된다. 어떤 소낭은 과립의 창고에 저장되고, 어떤 소낭은 종말의 미세섬유에 부착되어 있으며(미세소관의 한 유형, 그림 5.2B 참조), 또 다른 것은 시냅스전 막에 부착되어 있다. 이 부위들은 전달물질이 과립에서 막으로 이동하여 시냅스 틈으로 방출되는 단계와 관련이 있다.

3단계 : 신경전달물질의 방출

신경전달물질을 담고 있는 시냅스 소낭은 시냅스전 막의 방출 부위 가까운 곳에 자리를 잡아야 한다. 그다음에 소낭은 Ca^{2+} 유입에 대한 반응으로 시냅스전 막과 신속하게 융합할 준비 상태에 돌입한다. 활동전위가 시냅스전 막에 도달하면 막의 전압이 바뀌고 방출 과정이 가동된다. 칼슘 양이온이 핵심적인 역할을 한다. 시냅스전 막에는 전압-활성화 칼슘 채널이 많고, 주변의 세포외액에는 칼슘 이온이 풍부하다. **그림 5.4**에 기술된 바와 같이 활동전위가 도달하면 칼슘 채널이 열리고 칼슘 이온이 축색종말로 유입된다.

칼슘 유입에 대한 반응으로 신속하게 시냅스전 막과 융합된 소낭은 담고 있던 내용물을 시냅스 틈으로 비워내는데, 이 과정을 **세포외유출**(exocytosis)이라 한다. 그다음 저장 과립과 미세섬유

단백질 방출 과정이 떠오르지 않으면 그림 3.17을 살펴보라.

수송체 물질을 막 너머로 퍼 나르는 단백질 분자

세포외유출 화학물질이 소낭에 담기고, 소낭이 세포막으로 이동하여 융합되고, 소낭의 내용물이 방출되는 능동적 과정

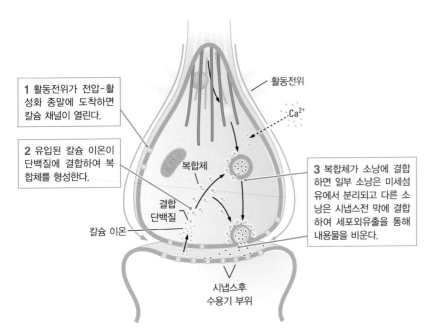

1 활동전위가 전압-활성화 종말에 도착하면 칼슘 채널이 열린다.

2 유입된 칼슘 이온이 단백질에 결합하여 복합체를 형성한다.

활동전위

Ca²⁺

복합체

결합 단백질

칼슘 이온

3 복합체가 소낭에 결합하면 일부 소낭은 미세섬유에서 분리되고 다른 소낭은 시냅스전 막에 결합하여 세포외유출을 통해 내용물을 비운다.

시냅스후 수용기 부위

그림 5.4 신경전달물질의 방출

전압-활성화 채널의 작용은 4-3절에 기술되어 있다.

에 부착된 소낭이 이동하여 이미 내용물을 비운 소낭을 대체한다.

4단계 : 수용 부위의 활성화

시냅스전 막의 소낭에서 방출된 신경전달물질은 시냅스 공간으로 확산되어 시냅스후 막에 있는 특정 단백질 분자에 결합한다. 이 **전달물질-활성화 수용기**(transmitter-activated receptor)에는 신경전달물질이 결합할 수 있는 결합 부위(binding site)가 있는데, 이에 대해서는 5-3절에서 자세하게 살필 것이다. 시냅스후 막에 있는 수용기의 특성에 따라 시냅스후 세포는 다른 영향을 받는다.

이온성 수용기(ionotropic receptor)에는 미세공(pore)이 있고, 이것이 열리면 이온이 막을 통과하여 막 전압을 신속하게 두 가지 중 한 가지 방식으로 변화시킨다. 이들 이온 채널을 통해 나트륨 이온이 뉴런으로 들어가서 시냅스후 막에 탈분극을 일으키면, 그로 인해 시냅스후 막에 흥분성 작용이 일어난다. 이와 달리 이온 채널을 통해 뉴런에서 칼륨 이온이 유출되거나 뉴런으로 염소 이온이 유입되면 시냅스후 뉴런에서 억제성 작용이 일어난다.

전달물질이 결합할 때 두 번째 유형의 수용기인 **대사성 수용기**(metabotropic receptor)는 세포 내 전령 체계를 활성화한다. 그렇게 되면 이온 채널이 열리고 수신 뉴런의 흥분성, 억제성, 또는 다른 기능이 조정된다(이 과정에 대한 자세한 논의는 5-2절 참조).

시냅스후 막의 수용기와 상호작용하는 것에 더하여 신경전달물질은 시냅스전 막에 있는 수용기와도 상호작용한다. 이를 통해 신경전달물질은 직전에 그것을 방출한 바로 그 뉴런에 영향을 미친다. 즉 신경전달물질은 **자가 수용기**(autoreceptor)라는 시냅스전 수용기를 활성화하여 자체의 축색종말에서 나온 메시지를 받아들이게 한다. 자가 수용기는 부적 피드백 회로의 일부로 중요한 기능을 담당하는데, 그것은 시냅스 교신이 이루어져야 하는지에 대한 정보를 제공하는 것이다.

하나의 메시지를 보내는 데 얼마나 많은 신경전달물질이 필요할까? Bernard Katz는 이에 대한 답을 밝힌 공로로 1970년에 노벨상을 받았다. 근육에 있는 시냅스후 막에서 전기적 활동을 기록하여 소형 **시냅스후 전위**(miniature postsynaptic potential)라는 작은 자발적 탈분극화를 탐지하였다. 전위의 크기는 다양했지만, 각각의 크기는 가장 작은 전위의 배수 크기였다.

Katz는 가장 작은 하나의 시냅스후 전위가 하나의 시냅스 소낭에서 방출된 내용물에 의해서 생성된다는 결론을 내렸다. 하나의 소낭에 담긴 신경전달물질 분자의 수를 **양자**(quantum, 복수형은 quanta)라 한다. 시냅스후 뉴런에서 활동전위가 일어날 정도로 충분히 큰 시냅스후 전위가 발생하려면 시냅스전 세포에서 동시에 많은 양자가 방출되어야 한다.

후속 실험에서는 한 번의 활동전위에 반응하여 시냅스전 막에서 방출되는 양자 수가 두 가지 요인에 의해 결정된다는 사실이 발견되었다. (1) 활동전위에 반응하여 축색종말로 유입되는 칼슘 이온의 양과, (2) 막에 도달하여 방출을 기다리는 소낭의 수이다. 이 두 요인은 모두 학습을 촉진하는 시냅스 활동과 관련되며, 이 문제는 14-4절에서 알아볼 것이다.

전달물질-활성화 수용기 특정 신경전달물질에 대한 결합 부위를 가진 단백질로, 세포막에 삽입되어 있다.

이온성 수용기 막에 삽입된 단백질로 (1) 신경전달물질에 대한 결합 부위이며, (2) 이온의 흐름을 조절하여 직접적이고 신속하게 막전압을 변화시키는 작용을 한다.

대사성 수용기 신경전달물질에 대한 결합 부위를 가진 막에 삽입된 단백질로, G 단백질과 연결되어 있으며, 다른 수용기에 영향을 미치고, 미세공을 여는 것과 같은 다른 세포 과정에 영향을 주는 이차전령으로 작용한다.

자가 수용기 뉴런의 막에 있는 자체 수용기로, 바로 그 뉴런에서 방출된 신경전달물질에 반응한다.

양자 시냅스후 종말의 탈분극화에 관찰 가능한 최소의 변화를 일으키는 신경전달물질의 양으로, 단일 시냅스 소낭에 담긴 내용물의 양과 같다.

5단계 : 신경전달물질의 불활성화

신경전달물질이 시냅스 틈에 오래 머물면서 계속 수용기와 결합하여 자극한다면 그 화학적 전달은 효율적인 전령 체계가 될 수 없을 것이다. 그렇게 될 경우 시냅스후 세포는 시냅스전 뉴런이 보내는 다른 메시지에 반응할 수 없다. 따라서 한 신경전달물질이 해야 할 일을 모두 마치고 난 뒤에는 수용기 부위와 시냅스 틈에서 신속하게 제거되어야 한다. 이런 불활성화는 최소한 네 가지 방식으로 일어난다.

1. **확산**. 일부 신경전달물질은 시냅스 틈으로부터 빠져나가 더 이상 수용기에 결합할 수 없게 된다.

2. **분해**. 전달물질이 시냅스 틈에서 효소에 의해 분해된다.

3. **재흡수**(reuptake). 해당 전달물질에 작용하는 수송체라는 막 단백질이 전달물질을 시냅스전 축색종말로 되돌려 그곳에서 재사용되게 한다. 효소에 의한 분해로 생긴 부산물 역시 축색종말로 회수되어 재사용된다.

4. **성상세포로 재흡수**. 일부 신경전달물질은 주변의 성상세포로 회수된다. 성상세포가 전달물질을 저장하였다가 그 축색종말로 다시 보낼 수 있다.

표 3.1은 성상세포를 비롯한 다른 유형의 교세포와 그 기능을 보여준다.

축색종말은 그 자체의 사용 빈도에 반응하는 화학적 기제를 가지고 있는데, 이는 시냅스 기능의 유연성을 보여주는 증거이다. 축색종말이 아주 활동적이라면, 그곳에서 더 많은 신경전달물질이 만들어지고 저장되고, 전달물질 방출을 자극할 칼슘 이온이 더 많아야 할 것이며, 칼슘 이온이 통과할 칼슘 채널도 더 많아야 할 것이다. 반대로 축색종말이 자주 사용되지 않으면 축색단추에 있는 효소가 잉여 전달물질을 분해할 것이다. 그다음 분해 산물은 재사용되거나 뉴런 외부로 배출된다. 심지어 축색종말은 뉴런의 세포체로 메시지를 보내어 신경전달물질 또는 그것을 만들기 위한 분자를 더 많이 공급하라고 자극할 것이다.

시냅스의 다양성

지금까지는 대부분 시냅스에서 나타나는 속성을 가진 일반적인 화학적 시냅스에 대해서 살펴보았다. 사실 신경계에 있는 시냅스는 아주 다양하다. 각 유형의 시냅스는 위치, 구조, 기능, 표적에 있어서 특수하다. **그림 5.5**는 하나의 가설적 뉴런에서 이런 다양성을 보여준다.

이미 두 가지 종류의 시냅스를 보았다. 하나는 **축색근 시냅스**(axomuscular synapse)로, 축색이 근육 종판과 시냅스를 맺고 아세틸콜린을 방출한다. 다른 하나는 그림 5.2B에서 보았던 **축색수상돌기 시냅스**(axodendritic synapse)로, 뉴런의 축색종말이 다른 뉴런의 수상돌기 혹은 수상돌기 가시와 시냅스를 형성한다.

그림 4.27은 축색근 시냅스를 도식적으로 보여준다.

그림 5.5에는 축색수상돌기 시냅스뿐만 아니라 축색종말이 세포체에 종지하는 **축색세포체 시냅스**(axosomatic synapse), 축색종말이 다른 축색에 종지하는 **축색간 시냅스**(axoaxonic synapse), 그리고 축색종말이 다른 시냅스전 종말, 즉 다른 축색과 그것의 표적 사이의 시냅스에 종지하는 **축색시냅스 시냅스**(axosynaptic synapse)가 제시되어 있다. **축색세포외 시냅스**(axoextracellular synapse)는 전달물질을 특정 표적이 아니라 세포외액으로 분비한다. **축색분비 시냅스**(axosecretory synapse)에서는 종말이 작은 모세혈관과 시냅스를 형성하여 전달물질을 혈액으로 직접 분비한다. 마지막으로 시냅스는 축색종말에 한정되지 않는다. 수상돌기도 **수상돌기간 시냅스**(dendrodendritic synapse)를 통해 다른 수상돌기로 정보를 전달할 수 있다.

그림 5.5 여러 가지 시냅스

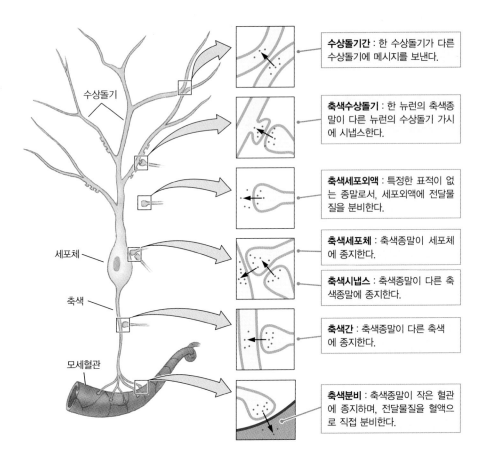

수상돌기간 : 한 수상돌기가 다른 수상돌기에 메시지를 보낸다.

축색수상돌기 : 한 뉴런의 축색종말이 다른 뉴런의 수상돌기 가시에 시냅스한다.

축색세포외액 : 특정한 표적이 없는 종말로서, 세포외액에 전달물질을 분비한다.

축색세포체 : 축색종말이 세포체에 종지한다.

축색시냅스 : 축색종말이 다른 축색종말에 종지한다.

축색간 : 축색종말이 다른 축색에 종지한다.

축색분비 : 축색종말이 작은 혈관에 종지하며, 전달물질을 혈액으로 직접 분비한다.

수상돌기

세포체

축색

모세혈관

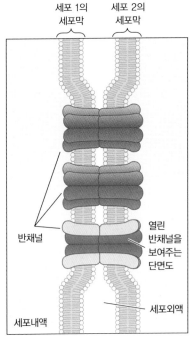

세포 1의 세포막

세포 2의 세포막

반채널

열린 반채널을 보여주는 단면도

세포내액

세포외액

그림 5.6 틈새이음

인접하는 세포막의 코넥신 단백질이 연결하여 반채널을 형성하고, 이곳을 통해 이온이 두 뉴런 사이를 통과한다.

틈새이음 인접한 세포들 사이의 접촉부로 각 세포의 코넥신 단백질이 각기 반채널을 형성한다. 반채널이 열리면 이온이 두 세포 사이를 통과할 수 있다. *전기적 시냅스*라고도 한다.

이처럼 다양한 연결이 있기에 시냅스는 다양한 목적을 가진 화학적 전달 체계가 될 수 있다. 시냅스는 전달물질을 아주 특수한 부위로 보내거나 근처로 확산시킬 수 있다. 뉴런의 수상돌기, 세포체, 축색과의 연결을 통해 전달물질은 여러 방식으로 그 뉴런의 작용을 조절하여 수많은 유형의 행동과 기능을 일으키는 것이다.

축색시냅스 연결(axosynaptic connection)을 통해 시냅스는 한 세포로 들어가는 다른 뉴런의 입력을 아주 정교하게 통제할 수 있다. 축색세포외액 및 축색분비 시냅스는 각기 전달물질을 세포외액 또는 혈액으로 분비함으로써 광범위한 조직, 나아가 신체 전반의 기능을 조절할 수 있다. 뉴런에서 분비되는 많은 신경전달물질은 혈액을 순환하면서 신체에 광범위한 영향을 미치는 호르몬으로도 작용할 수 있는데, 이 경우 혈류를 따라 순환하면서 뇌와 신체에 광범위한 영향을 미친다(5-4절 참조).

전기적 시냅스

포유류의 신경계에는 화학적 시냅스가 가장 흔하지만, 그것이 유일한 것은 아니다. 어떤 뉴런은 **틈새이음**(gap junction) 또는 **전기적 시냅스**(electrical synapse)를 통해 상호 전기적 영향을 미치는데, 이 경우 두 뉴런의 세포내액 혹은 세포질이 직접 접촉한다(**그림 5.6**). 한 세포의 막에서 코넥신이라는 단백질이 **반채널**(hemichannel)을 만들고, 그것이 인접 세포막의 반채널과 연결되면 틈새이음이 만들어지며, 이를 통해 이온이 두 뉴런 사이를 양방향으로 드나들 수 있다.

이 틈새이음에서는 화학적 전달에서 발생하는 5ms 정도의 짧은 지연도 발생하지 않는다(그림 5.2B의 시냅스전 종말과 수상돌기가시 사이의 공간을 그림 5.6과 비교해보라). 예를 들어 가재의 틈새이음은 꼬리를 빨리 움직이게 함으로써 포식자로부터 재빨리 도망갈 수 있도록 해준다.

포유동물의 뇌에도 틈새이음이 있어서 개재뉴런들이 동시에 발화할 수 있게 해준다. 또한 틈새이음은 교세포와 뉴런 사이에 물질 교환이 이루어지는 통로가 되기도 한다(Dere & Zlomuzica, 2012).

틈새이음에는 다른 특징도 있다. 코넥신의 하위단위(subunit)가 달라지면 미세공의 크기가 달라지고, 그것을 통과할 수 있는 소분자의 종류도 달라지는 선택성이 나타난다. 핵산 및 단백질과 같이 크기가 큰 생체 분자는 틈새이음을 통과하지 못한다.

주목할 점은 틈새이음은 뉴런 사이에서 이루어지는 신호의 다양성을 증가시킨다는 것이다. 그와 같이 다양한 뉴런 간의 교신은 수상돌기 간 및 축색 간 틈새이음을 통해 이루어질 수 있다. 수상돌기 및 세포체와 시냅스를 형성하는 축색종말의 틈새이음에서는 화학적 및 전기적 시냅스 교신이 모두 가능하다. 이 혼합 시냅스는 최근에야 발견되었고, 포유동물의 중추신경계에서 무슨 기능을 하는지는 아직 모른다(Nagy et al., 2017).

화학적 시냅스의 정보 전달이 더 느린데 왜 포유류는 틈새이음이 아닌 화학적 시냅스에 훨씬 더 의존할까? 이에 대한 답은 화학적 시냅스가 가소성을 가지고 있어서 한 뉴런에서 다음 뉴런으로 전달되는 신호를 증폭시키거나 감소시킬 수 있고, 그렇게 신호를 변경한 경험에 따라 자체가 변화함으로써 학습을 매개할 수 있다는 것이다. 이와 달리 틈새이음에서는 그런 가소적 변화가 일어나지는 않지만, 신속하고 효율적인 교신을 하도록 만들어져 뉴런을 기능적으로 결합하는 데 도움을 줄 수 있고, 이 기능적 결합은 기억 및 다른 기능에 필요할 수 있다(Totland et al., 2019).

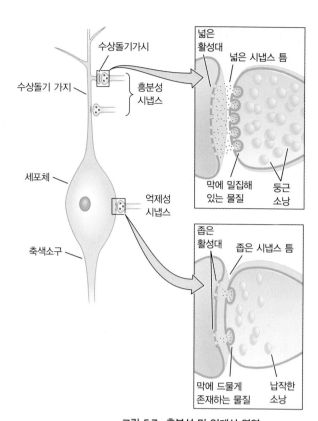

그림 5.7 흥분성 및 억제성 영역
일반적으로 흥분성 시냅스는 뉴런에서 수상돌기의 가시와 가지에 위치한다. 억제성 시냅스는 보통 세포체에 위치한다.

흥분성 및 억제성 메시지

지금까지 보았듯이 신경전달물질은 다양한 기제를 통해 뉴런의 기능에 영향을 줄 수 있다. 그러나 뉴런의 전기적 활동에 영향을 주는 직접적인 작용에서 수용기를 통해 작용하는 신경전달물질의 효과는 두 가지 즉각적인 효과 중 하나이다. 신경전달물질은 그것이 접촉하는 세포 안팎의 이온 흐름에 영향을 미쳐 그 세포가 활동전위를 일으킬 확률을 증가 또는 감소시킨다. 따라서 시냅스는 다양하지만, 모두가 흥분성 또는 억제성 메시지 중 하나를 전달한다. 정확하게 말하면 신경전달물질 그 자체가 흥분성 또는 억제성을 결정하지 않는다. 이 절의 초반에 보았듯이 수용기와 연관된 이온 채널이 그 결정을 내린다.

흥분성 또는 억제성 시냅스는 모양이 서로 다르고, 일반적으로 뉴런의 다른 부위에 위치한다. **그림 5.7**에서 볼 수 있는 것처럼 흥분성 시냅스는 일반적으로 수상돌기의 몸통이나 가시에 위치하는 반면, 억제성 시냅스는 세포체에 위치한다. 시냅스 소낭의 모양도 흥분성에서는 둥글지만 억제성에서는 납작하다. 시냅스전 및 시냅스후 막을 구성하는 물질도 억제성보다는 흥분성에서 더 조밀하고, 흥분성 시냅스의 틈이 더 넓다. 마지막으로 흥분성 시냅스의 활성대(active zone)가 억제성의 그것보다 크다.

흥분성 및 억제성 시냅스가 존재하는 위치에 따라서 뉴런은 흥분성 수상돌기 영역과 억제성 세포체 영역으로 구분된다. 흥분성 및 억제성 메시지를 서로 다른 두 관점이 상호작용하는 것으로 이해할 수 있다. 흥분성 입력은 수상돌기로 들어와 축색소구를 거쳐 축색의 첫 분절에서 활동전위를 일으킨다. 억제성 관점에서 그 메시지를 중지시키려면 첫 분절에 가까운 세포체를 억제

각 뉴런은 초당 수천 개의 흥분성 및 억제성 신호를 받는다. **원리 7**에서 언급하였듯이 신경계의 작용에는 흥분과 억제가 공존한다.

수상돌기가시 : 작지만 강하다

수상돌기가시는 수상돌기의 가지에서 뻗어나온 것으로 크기는 길이가 1~3μm, 지름이 1μm 정도이다. 각 뉴런은 수많은 가시를 가질 수 있다. 대뇌피질에 있는 수상돌기가시의 수는 10^{14}(100조)개로 추정된다.

수상돌기가시는 뉴런의 수상돌기에서 뻗어나온 가는 실처럼 생긴 사족(filopodia, 라틴어 *file*은 '실'을 의미하고, 그리스어 *podium*은 '발'을 의미)에서 발달한다. 수상돌기를 현미경으로 관찰하면 사족이 초 단위로 생기고 사라지는 것을 볼 수 있다.

사족의 발아는 발달 중인 뉴런과 뇌에서 더 많이 일어난다(그림 8.13의 성장 과정 참조). 사족이 수상돌기가시로 성장하기 때문에 이 발아는 시냅스를 만들기 위해 축색종말과 접촉을 시도하는 것으로 볼 수 있다. 접촉할 때 만들어지는 새로운 시냅스 가운데 일부는 곧 사라지고, 일부는 오래 유지된다.

영구적인 수상돌기가시의 머리 부분은 일반적으로 크기가 크고 버섯처럼 생겼기 때문에 종말단추와 넓은 접촉면을 형성할 수 있고, 가지 부분은 길쭉하여 수상돌기와 쉽게 구별된다. 가시의 머리 부분과 시냅스전 축색의 종말이 기능적 구획을 형성하여 큰 전위를 발생시켜 뉴런의 전기적 메시지에 영향을 준다.

신경계의 수상돌기가시를 살펴보면 단순한 것도 있고 복잡한 것도 있다. 가시에서 시냅스를 형성하고 그 모양을 바꾸는 세포 기제에는 미세섬유가 포함되는데, 이 세포 소기관은 막의 수용기, 세포체로부터의 단백질 수송,

세포외액으로부터의 영양 공급과 관련된 역할을 한다. 이 모든 활동이 시냅스전 및 시냅스후 구조물의 모양에 변화를 일으킨다. 왜 그럴까? 수상돌기가시는 학습을 매개하고, 학습을 매개하기 위해 각 가시는 독립적으로 작용할 수 있어야 하며, 그렇게 되면 인접하는 가시에서는 일어나지 않는 변화가 일어나게 된다. 그림에는 학습과 행동에 관련되어 있고, 학습을 뒷받침하는 구조적 변화와 관련될 수 있는 시냅스 구조물이 요약되어 있다.

수상돌기가시는 우리의 행동, 기술, 기억의 구조적 기초를 제공한다(Chidambaram et al., 2019). 가시 형성의 결함이 여러 유형의 지적장애의 특징이고, 가시의 손실은 알츠하이머병의 치매와 연관이 있다.

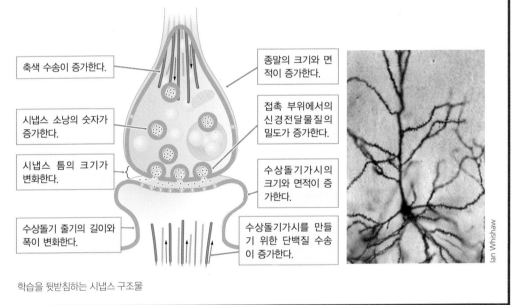

축색 수송이 증가한다.

시냅스 소낭의 숫자가 증가한다.

시냅스 틈의 크기가 변화한다.

수상돌기 줄기의 길이와 폭이 변화한다.

종말의 크기와 면적이 증가한다.

접촉 부위에서의 신경전달물질의 밀도가 증가한다.

수상돌기가시의 크기와 면적이 증가한다.

수상돌기가시를 만들기 위한 단백질 수송이 증가한다.

학습을 뒷받침하는 시냅스 구조물

Ian Whishaw

그림 4.2는 활동전위 생성에 관여하는 뉴런의 주요 성분을 보여준다.

질병으로 흥분성 지시가 차단되면 행동이 상실되고, 억제성 지시가 차단되면 행동이 통제 불가능한 방식으로 표출된다.

하는 것이 최선일 것이다. 이러한 흥분성-억제성 상호작용 모델에서는 억제가 '길목 차단' 전략으로 흥분을 차단한다고 볼 수 있다.

흥분성-억제성 상호작용을 개념화하는 다른 방법은 흥분이 억제를 극복한다고 생각하는 것이다. 실제로 세포체에서 멀어질수록 흥분성 시냅스 입력이 더 큰데, 그것은 이동 거리에 의한 신호 상실을 보상하기 위한 것이다(Magee & Cook, 2000). 세포체가 억제 상태일 때 활동전위를 일으키는 유일한 방법은 세포체 영역의 억제를 줄이는 것이다. 이 '문 열기' 전략에서의 흥분성 메시지는 준비되어 있지만, 억제성 출발문이 제거되어야만 트랙으로 내달릴 수 있는 경주마와 유사하다.

복잡한 신경전달계의 진화

메시지가 하나의 시냅스를 건너가는 데 필요한 모든 생화학적 단계와 시냅스의 다양성을 생각할 때, 왜 그리고 어떻게 그렇게 복잡한 전달계가 진화되었을지 의문이 생길 것이다. 화학적 전달물질이 어떻게 생겨났을까?

신경교신을 위한 화학적 분비의 기원을 쉽게 상상하기 위해 단세포 생명체의 섭식행동에 대해

생각해보자. 최초의 단세포 생물은 박테리아를 움직이지 못하게 만들고, 소화시키려고 분비물을 방출했을 것이다. 이 소화액은 아마도 세포막에 부착된 액포 또는 소낭이 열림으로써 내용물이 세포 바깥으로 퍼져나가는 세포외유출을 통해 방출되었을 것이다. 이와 반대로 움직이지 못하게 된 먹잇감은 세포내유입(endocytosis)에 의해 잡아먹혔을 것이다.

단세포 생명체의 소화에 유용했던 세포외유출 기제가 훨씬 더 복잡한 생명체에서는 교신을 위한 신경전달물질 방출과 유사하다. 이처럼 원시적인 소화 과정이 복잡한 유기체의 신경교신 과정으로 적응한 것은 오랜 진화의 결과일 것이다.

5-1 복습

진도를 계속 나가기 전에 앞 절을 얼마나 이해했는지 확인해보자. 정답은 이 책의 뒷부분에 있다.

1. 포유동물에서 뉴런 간 교신의 기본 유형은 _____을/를 통한 것인데, 이 구조는 융합된 _____에 비해 느리고 더 복잡하다.

2. 전기적 시냅스와 비교할 때 화학적 시냅스의 장점은 신호를 변경시키는 _____에 따라 변화할 수 있고, 그로 인해 _____을/를 매개할 수 있는 것이다.

3. 신경계에는 다양한 시냅스가 존재한다.

   축색종말과 수상돌기 간의 _____,

   축색종말과 세포체 간의 _____,

   축색종말과 근육 간의 _____,

   축색종말과 다른 축색 간의 _____,

   축색종말과 다른 시냅스 간의 _____.

   _____ 시냅스는 화학적 전달물질을 세포외액으로 방출하고, _____ 시냅스는 전달물질을 혈류로 방출하여 호르몬으로 작용하게 하며, 또 다른 유형인 _____ 시냅스는 수상돌기와 다른 수상돌기를 연결한다.

4. 흥분성 시냅스는 일반적으로 _____에 위치하는 반면에 억제성 시냅스는 _____에 위치한다.

5. 화학적 신경전달의 5단계를 기술하시오.

5-2

신경전달물질과 수용기의 다양성

1921년에 Otto Loewi가 흥분성 및 억제성 화학물질이 심장박동을 통제한다는 것을 발견하자 많은 연구자가 뇌도 동일한 이중 통제 방식에 따라 작용할 것으로 생각하였다. 특히 그들은 흥분성 및 억제성 뇌세포가 작용할 때 이용되는 전달물질이 노르에피네프린과 아세틸콜린일 것이라고 추론하였다. 당시의 사람들은 현재 우리와는 달리 인간의 뇌가 많은 신경전달물질과 수용기를 이용할 것이라고는 상상하지 못했을 것이다. 신경전달물질은 매우 다양한 방식으로 작용하는데, 어떤 것은 특정 위치에서는 흥분성이고 다른 위치에서는 억제성일 수 있고, 둘 또는 그 이상의 화학물질이 협력해서 하나의 시냅스에서 하나가 다른 것을 강하게 만들 수도 있다. 또한 각 신경전달물질은 기능이 서로 다른 다양한 수용기와 상호작용할 수도 있다.

이 절에서는 신경전달물질임을 확인하는 기준과 화학 구조에 따라 그것들을 네 가지 큰 범주로 나누는 방식을 알아볼 것이다. 신경전달물질의 기능적 측면은 상호 관련되고 난해하기 때문

학습 목표

• 신경전달물질임을 확인하는 기준을 요약한다.

• 다섯 가지 종류의 신경전달물질 주요 특징을 기술한다.

• 대사성과 이온성 수용기를 비교한다.

에 하나의 신경전달물질과 하나의 행동 사이에 단순한 일대일 대응 관계는 가정하기 어렵다. 게다가 하나의 기능적 수용기를 만들기 위해 여러 단백질 분자가 독특한 조합을 이루기 때문에 그 조합에 따라 다양한 수용기가 만들어질 수 있다.

신경전달물질임을 확인하는 네 가지 기준

신경계에 존재하는 수많은 화학물질 중에 어떤 것이 신경전달물질일까? **그림 5.8**에서 네 가지의 주요한 준거를 제시하고 있다.

1. 전달물질은 뉴런 안에서 합성되거나 그렇지 않더라도 뉴런 안에 존재해야 한다.
2. 전달물질은 뉴런이 흥분할 때 방출되어야 하고, 특정 표적에서 반응을 일으켜야 한다.
3. 실험적으로 전달물질을 표적에 처치할 때 동일한 반응이 나타나야 한다.
4. 작용이 끝났을 때 전달물질을 작용 영역으로부터 제거하는 기제가 있어야 한다.

그림 4.7은 유리 미세 전극을 보여준다.

체성신경계, 특히 아세틸콜린이라는 한 가지 신경전달물질만 관련되어 있고 접근하기 좋은 신경-근 연접을 연구할 때 이러한 네 가지 기준이 잘 적용된다. 그러나 중추신경계에서 화학적 전달물질을 식별하는 것은 쉽지 않다. 뇌와 척수에서는 수천 개의 시냅스가 각각의 뉴런을 둘러싸고 있어서 단일 시냅스와 그 활동을 밝히기 어렵다. 그러므로 연구자들은 중추신경계에서 신경전달물질이라고 생각되는 물질을 확인하기 위해 염색, 자극, 표본 수집과 같은 다양한 기법을 이용한다. 이 네 가지 준거를 모두 충족시키지 못하는 의심 물질은 **잠정적(추정) 전달물질**로 간주한다.

새로운 중추신경계 신경전달물질을 확인하고자 하는 연구자들은 단일 뉴런을 대상으로 자극하고 기록하기 위해 미세 전극을 사용한다. 유리 미세 전극은 뉴런의 특정 표적에 위치시킬 수 있을 정도로 아주 작다. 연구자가 관심을 가진 화학물질을 채운 유리 미세 전극에 전류를 흘리면 화학물질이 그 뉴런의 안이나 표면으로 방출되어 신경전달물질 방출을 흉내 낼 수 있다.

다양한 염색기법을 사용하면 세포 내에 있는 특정 화학물질을 식별할 수 있다. 조직의 뉴런들이 교신하는 방식을 알아보기 위한 실험이 진행되는 동안 식염수가 든 용기에 신경계 조직을 온전하게 유지하는 방법도 개발되었다. 이렇게 조직 절편을 활용하면 연구가 단순화되어 연구자들이 현미경으로 단일 뉴런을 관찰하면서 자극을 주고 신호를 기록할 수 있다.

아세틸콜린은 신경전달물질로 분류된 최초의 물질이자 중추신경계 신경전달물질로 분리된 최초의 물질이기도 하며, 실험 증거가 축적되기 이전부터 아세틸콜린의 존재를 예측했던 논리적 논쟁이 이 물질의 발견을 크게 촉진하였다. 척수를 떠나는 모든 운동뉴런의 축색은 아세틸콜린을 신경전달물질로 사용한다. 이들 축색 각각은 척수 내에서 인접한 중추신경계의 개재뉴런과 시냅스를 맺는 축색 측부지를 가지고 있다. 그 개재뉴런은 다시 그 운동뉴런의 세포체와 시냅스를 맺는다. 이런 순환성 연결을 최초로 발견한 연구자의 이름을 따서 **렌쇼 회로(Renshaw loop)**라 한다(**그림 5.9**).

근육으로 가는 주된 축색이 아세틸콜린을 분비하기 때문에 연구자들은 축색 측부지 역시 아세틸콜린을 분비할 것으로 생각했다. 그 이유는 동일 축색에 있는 2개의 종말이 서로 다른 전달물질을 분비할 것 같지 않았기 때문이었

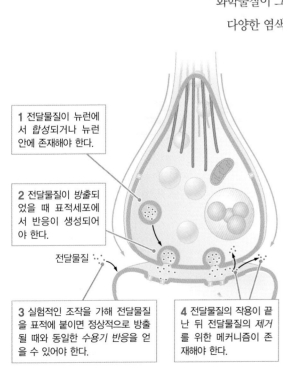

1 전달물질이 뉴런에서 합성되거나 뉴런 안에 존재해야 한다.

2 전달물질이 *방출*되었을 때 표적세포에서 반응이 생성되어야 한다.

전달물질

3 실험적인 조작을 가해 전달물질을 표적에 붙이면 정상적으로 방출될 때와 동일한 수용기 *반응*을 얻을 수 있어야 한다.

4 전달물질의 작용이 끝난 뒤 전달물질의 *제거*를 위한 메커니즘이 존재해야 한다.

그림 5.8 신경전달물질 식별 기준

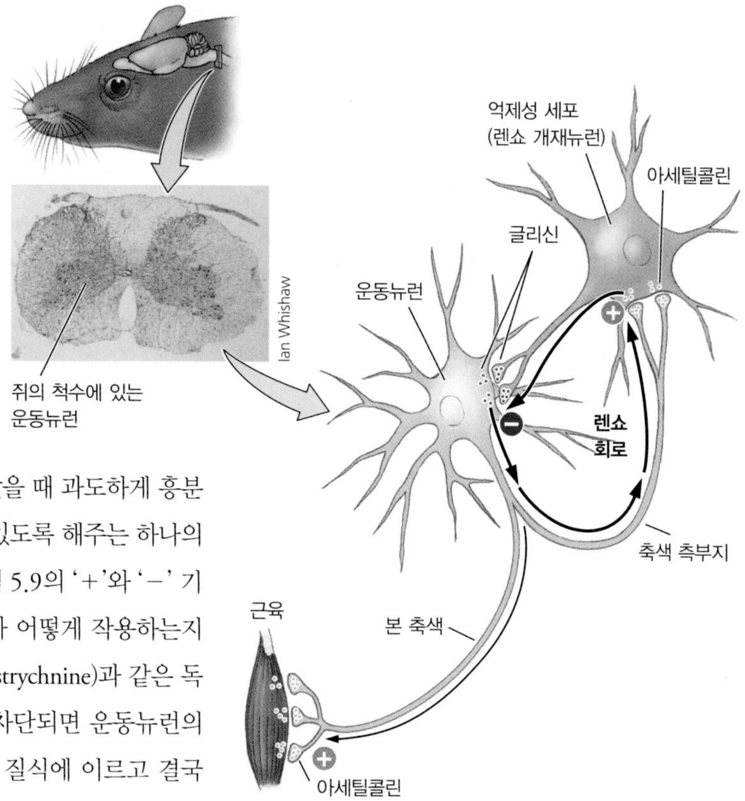

다. 이 경우처럼 찾을 화학 물질이 무엇인지 알면 아세틸콜린이 실제로 두 부위에서 사용되는 신경전달물질이라는 것을 입증하는 것이 쉬워진다.

척수에서 축색 측부지와 개재뉴런으로 구성되는 회로는 운동뉴런이 중추신경계의 다른 영역으로부터 너무 많은 흥분성 입력을 받았을 때 과도하게 흥분되는 것을 스스로 억제할 수 있도록 해주는 하나의 피드백 회로를 형성한다. 그림 5.9의 '+'와 '−' 기호를 따라가 보면 렌쇼 회로가 어떻게 작용하는지 알 수 있다. 만일 스트리크닌(strychnine)과 같은 독성물질에 의해 렌쇼 회로가 차단되면 운동뉴런의 과잉활동으로 경련이 일어나 질식에 이르고 결국 사망한다.

Ian Whishaw

쥐의 척수에 있는 운동뉴런

그림 5.9 렌쇼 회로
왼쪽 : 척수의 일부 운동뉴런은 쥐의 앞다리 근육으로 투사된다. 오른쪽 : 렌쇼 회로에서 주요 운동축색(녹색)은 근육으로 투사되고, 축색 측부지는 척수에 남아 렌쇼 개재뉴런(적색)과 시냅스를 형성한다. 렌쇼 개재뉴런에 있는 억제성 전달물질인 글리신이 운동뉴런의 과잉흥분을 막는다. 주요 운동뉴런과 그것의 측부지종말은 아세틸콜린을 가지고 있다. 운동뉴런이 고도로 흥분하게 되면 렌쇼 회로를 통해 그 활동 수준이 조정된다(+ 및 − 부호).

신경전달물질이라는 용어는 연구자들이 그 화학물질을 식별하기 시작했을 때보다 더 광범위하게 사용된다. 오늘날 이 용어는 다음과 같은 기능을 하는 화학물질에 붙여진다.

- 시냅스후 막의 전압에 영향을 미치는 방식으로 한 뉴런의 시냅스전 막의 메시지를 다른 뉴런으로 전달하는 물질
- 시냅스의 구조를 변화시키는 물질
- 반대 방향으로 메시지를 보내는 방식으로 교신하는 물질. 이 **역행성**(retrograde) 메시지는 시냅스전 세포의 전달물질 방출 또는 **재흡수**(reuptake)에 영향을 미친다.

신경전달물질의 분류

화학적 성분에 따라 신경전달물질을 네 가지 집단으로 분류하면 다양한 신경전달물질을 체계적으로 정리할 수 있다. 그 네 가지는 (1) 소분자 전달물질, (2) 펩티드 전달물질, (3) 지질 전달물질, (4) 가스 전달물질이다.

소분자 전달물질

아세틸콜린과 같이 신속하게 작용하는 **소분자 전달물질**(small-molecule transmitter)은 통상적으로 축색종말에서 음식물의 영양분에서 합성되고 사용을 위해 포장된다. 종말단추에서 방출된 소분자 전달물질은 시냅스전 막에서 후속 방출되는 새로운 전달물질로 신속하게 대체된다.

소분자 전달물질 혹은 그 주요 성분은 우리가 먹는 음식에서 나오기 때문에 음식물 섭취가 이 물질의 체내 수준과 활동에 영향을 줄 수 있다. 이 사실은 신경계에 작용하는 약물 설계에 중요하다. 많은 신경 자극성 약물(neuroactive drug)은 소분자 전달물질 혹은 그 전구물질과 동일한 경로, 즉 소화관을 통해 뇌에 도달하도록 만들어진다.

약물을 경구 투여하는 것은 편하고 비교적 안전하지만, 모든 약물이 소화관을 통과할 수 있는 것은 아니다. 여러 약물 투여 경로를 6-1절에서 설명한다.

재흡수 막의 수송체 단백질에 의해 전달물질이 시냅스전 축색으로 되돌려지는 과정. 이 과정에 의해 전달물질은 불활성화되고 재흡수된 전달물질은 재사용된다.

소분자 전달물질 빠르게 작용하는 신경전달물질이며, 음식물에서 유래된 산물로부터 축색종말에서 합성된다.

표 5.1 연구가 많이 되어 잘 알려진 소분자 신경전달물질

아세틸콜린(ACh)

아민

도파민(DA)

히스타민(H)

노르에피네프린[NE, 또는 노르아드레날린(NA)]

에피네프린(EP, 또는 아드레날린)

세로토닌(5-HT)

아미노산

감마-아미노뷰티르산(GABA)

글루타메이트(Glu)

글리신(Gly)

퓨린

아데노신

아데노신 삼인산염(ATP)

표 5.1에는 가장 잘 알려져 있고 광범위하게 연구된 소분자 전달물질이 열거되어 있다. 이 목록에는 아세틸콜린과 더불어 5개의 아민계(하나의 NH기 또는 아민을 포함하는 화학적 구조 관련) 전달물질과 3개의 아미노산계, 2개의 퓨린계 전달물질이 포함되어 있다.

아세틸콜린 합성   아세틸콜린은 중추신경계는 물론 심장을 포함하여 뉴런과 근육의 접합부에 존재한다. 아세틸콜린 분자가 두 가지 효소에 의해 콜린(choline)과 아세테이트(acetate)로부터 합성되고 분해되는 과정이 **그림 5.10**에 나와 있다. 콜린은 달걀의 노른자, 아보카도, 연어, 올리브 오일과 같은 음식에 들어 있는 지방 분해 산물 중 하나이고, 아세테이트는 식초나 레몬즙과 같은 산성 식품에 있는 화합물이다.

그림 5.10에 묘사된 바와 같이 세포 내에서 아세틸 조효소 A(acetyl coenzyme A, acetyl CoA)가 아세테이트를 합성 부위로 운반하고, 콜린아세틸 전이효소(choline acetyltransferase, ChAT)라는 효소가 아세틸콜린을 합성하기 위해 아세테이트를 콜린이 있는 곳으로 옮긴다. 아세틸콜린이 시냅스 틈으로 방출되고 시냅스후 막의 수용 부위로 확산된 후 아세틸콜린 분해효소(acetylcholinesterase, AChE)라는 세 번째 효소가 콜린과 아세테이트로 분리시킴으로써 이 전달물질은 분해된다. 분해 산물은 시냅스전 종말로 회수되어 재사용될 수 있다.

아민 합성   표 5.1에 분류된 몇 가지 전달물질은 합성될 때 공통적 생화학적 경로를 거치므로 이들은 서로 관련되어 있다. 도파민, 노르에피네프린, 그리고 에피네프린과 같은 아민계 전달물질에 익숙할 것이다. 개관하자면 도파민 상실은 파킨슨병을 일으키고, 에피네프린은 양서류의 심장에서 흥분성 전달물질이며, 노르에피네프린은 포유류의 심장에서 흥분성 전달물질이다.

그림 5.11에 이러한 아민계 전달물질이 합성되는 생화학적 과정이 도표화되어 있다. 전구물질은 음식(경질 치즈나 바나나에 많음)에 풍부하게 존재하는 아미노산인 티로신(tyrosine)이다. 티로신 수산화효소(tyrosine hydroxylase, 그림 5.11의 효소 1)가 티로신을 L-도파로 바꾸고, 다른 효소들에 의해서 연속적으로 도파민, 노르에피네프린, 그리고 마지막으로는 에피네프린으로 전환된다.

흥미로운 점은 티로신 수산화효소의 공급이 제한적이라는 것이다. 즉 티로신이 얼마나 있느냐 또는 얼마나 섭취하느냐와 관계없이 도파민, 노르에피네프린, 에피네프린이 생산될 수 있는 정도에 제한이 있는 것이다. L-도파를 경구 투여하면 이 **속도-제한 인자**(rate-limiting factor)를 우회할 수 있으므로 이 물질이 파킨슨병 치료에 사용될 수 있다('임상 초점 5-4 : 놀라운 L-도파' 참조).

히스티딘(histidine)은 아미노산의 일종으로 **히스타민**(histamine, H)이라는 전달물질의 주요 원천이다. 히스티딘은 히스티딘 탈탄산효소(histidine decarboxylase)에 의해 히스타민으로 전환된다. 히스타민은 뇌에서는 각성 조절을 포함한 다양한 기능을 하고, 평활근 수축에 관여하기도 한다. 이 화학물질은 면역계에서 일어나는 여러 주요 과정을 조절하는 작용도 한다. 그러나 알레르기 반응에서 활성화될 때 이 화학물질은 기도가 수축되는 천식을 일으킨다. 알레르기 치료에 항히스타민제가 사용된다는 것은 여러분도 알고 있을 것이다.

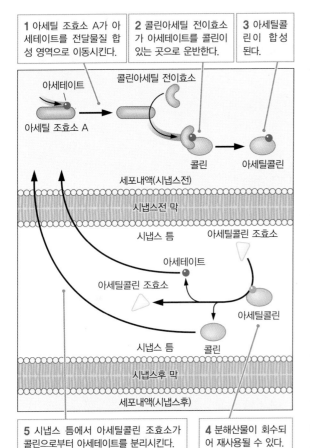

1 아세틸 조효소 A가 아세테이트를 전달물질 합성 영역으로 이동시킨다.

2 콜린아세틸 전이효소가 아세테이트를 콜린이 있는 곳으로 운반한다.

3 아세틸콜린이 합성된다.

5 시냅스 틈에서 아세틸콜린 조효소가 콜린으로부터 아세테이트를 분리시킨다.

4 분해산물이 회수되어 재사용될 수 있다.

그림 5.10 아세틸콜린의 화학작용
2개의 효소가 음식물로부터 온 아세틸콜린 전구물질을 세포 내에서 결합시키고, 세 번째 효소는 재흡수를 위해서 시냅스에서 이들을 분해시킨다.

| 티로신 | 효소 1 → | L-도파 | 효소 2 → | 도파민 | 효소 3 → | 노르에피네프린 | 효소 4 → | 에피네프린 |

그림 5.11   세 가지 아민계 전달물질의 순차적 합성
생화학적 과정에서 여러 가지 효소가 연속적인 분자 변형 과정에 관여한다.

세로토닌 합성   아민계 전달물질인 **세로토닌**(serotonin, 5-hydroxytryptamine, 5-HT)은 L-트립토판(L-tryptophan)이라는 아미노산으로부터 합성된다. 트립토판은 돼지고기, 칠면조 고기, 우유, 바나나와 같은 음식에 많이 함유되어 있다. 세로토닌은 기분과 공격성, 식욕과 각성, 호흡, 통증 지각을 조절하는 역할을 한다.

아미노산 합성   두 종류의 아미노산계 전달물질인 **글루타메이트**(glutamate, Glu)와 **감마-아미노뷰티르산**(gamma-aminobutyric acid, GABA)은 밀접하게 관련되어 있다. **그림 5.12**에 제시된 바와 같이 GABA는 글루타메이트 분자가 약간 변형된 것이다. 많은 시냅스에서 사용되기 때문에 이 둘을 뇌의 주요 전달물질로 간주한다.

전뇌와 소뇌에서 글루타메이트는 주요 흥분성 전달물질이고, GABA는 주요 억제성 전달물질이다. 다시 말해 글루타메이트는 흥분성 시냅스의 신경전달물질이고, GABA는 억제성 시냅스의 신경전달물질이다. 흥미롭게도 글루타메이트는 중추신경계 뉴런에 광범위하게 분포되어 있지만 신경전달물질로 사용되기 위해서는 축색종말의 소낭에 적절하게 포장되어야 한다. 아미노산

세로토닌 재흡수를 차단하는 약물로 선택적 세로토닌 재흡수 억제제(SSRI)가 있으며, 우울증 치료에 사용된다. 6-2절에서 이에 대해 논의한다.

속도-제한 인자   공급이 제한되어 있어서 다른 화학물질이 합성되는 속도를 제한하는 화학물질

히스타민(H)   각성과 깨어남을 통제하는 신경전달물질로, 평활근을 수축시킨다. 따라서 알레르기 반응으로 활성화될 때 기도를 수축시켜서 천식을 유발한다.

세로토닌(5-HT)   기분, 공격성, 식욕, 각성, 통증 지각, 호흡을 조절하는 아민 신경전달물질

글루타메이트(Glu)   전형적으로 나트륨 및 칼슘 채널을 열어 뉴런을 흥분시키는 아미노산 신경전달물질

감마-아미노뷰티르산(GABA)   전형적으로 염소 채널을 열어 뉴런을 억제하는 아미노산 신경전달물질

◉ 임상 초점 5-4

놀라운 L-도파

그에게 L-도파 투여가 시작된 것은 1969년 3월이었다. 어떠한 효과도 보지 못한 채 3주에 걸쳐 투여량은 하루 4.0mg까지 서서히 증가되었다. 나는 처음에 E 씨가 L-도파에 반응을 보인 것을 우연히 알게 되었는데, 평소와 다른 시간대에 그의 방을 지나가다가 방에서 나오는 규칙적인 발소리를 듣게 된 것이었다. 나는 그의 방에 들어갔고, 1966년부터 의자 신세를 졌던 그가 바로 선 자세로 이전에 볼 수 없었던 밝은 표정으로 방 안을 왔다 갔다 하고 상당히 활기차게 팔을 흔드는 것을 목격하였다. 약의 효과에 관해 물었을 때 그는 약간 당황한 듯 말했다. "그래요! 나는 L-도파가 3일 전부터 효과를 내기 시작한 것을 느꼈어요. 마치 나를 휩쓸고 지나가는 힘과 에너지의 파동과 같았어요. 혼자서 일어서고 걸을 수 있고, 저에게 필요한 모든 것을 할 수 있다는 걸 알았지요. 하지만 이렇게 좋아진 것을 선생님이 보고 퇴원시킬까 봐 걱정했어요."(Sacks, 1976)

이 사례에서 신경학자인 저자 Oliver Sacks는 1920년대 극심한 인플루엔자의 후유증으로 파킨슨병에 걸린 환자에게 L-도파를 투여한 것을 이야기하고 있다. 인플루엔자에 의해 파킨슨병 증상이 유발되었다는 것은 인플루엔자 바이러스가 뇌로 들어가 흑질의 도파민 뉴런을 선택적으로 공격했음을 의미한다. L-도파가 남아 있는 시냅스에서 도파민의 양을 증가시킴으로써 환자의 증상을 완화시킨 것이었다.

1961년에 독립적인 두 연구진이 파킨슨병 환자들에게 L-도파를 투여하기 시작하였다(Barbeau et al., 1961; Birkmayer & Hornykiewicz, 1961). 두 연구진 모두 이 화학물질이 도파민 시냅스에서 도파민으로 변환된다는 것을 알고 있었다(그림 5.11 참조). L-도파가 환자들의 근육강직을 감소시킨 것으로 밝혀졌다.

이 연구는 신경전달물질의 양을 증가시키는 데 도움을 주는 약물에 의해 신경학적 질환이 경감될 수 있다는 것을 최초로 보여주었다. 이후 L-도파는 파킨슨병에 대한 표준 처치가 되었다. 또한 L-도파가 혈뇌장벽을 통과하여 뇌의 도파민 뉴런에 도착하기 전에 체내에서 도파민으로 전환되는 것을 막았을 때 이 약물의 효과가 향상되었다.

그러나 L-도파는 치유 약이 아니다. 처치 중에도 파킨슨병은 계속 진행되며, 도파민 시냅스가 없어질수록 약물의 효과도 점차 감소한다. 결국 L-도파는 탄도적 또는 무용 동작과 비슷한 불수의적이고 원하지 않는 운동을 나타내는 운동이상증(dyskinesias)을 일으킬 수 있다. 이런 부작용이 심각해지면 처치를 중단해야 한다.

Oliver Sacks

그림 5.12 아미노산 전달물질
위 : 글루타메이트 분자의 아래에 위치한 카르복실기를 제거하면 GABA가 생성된다. *아래* : 두 가지 아미노산계 전달물질은 모양이 서로 다르므로 서로 다른 수용기에 부착된다.

3-2절은 DNA, RNA, 단백질 합성 과정을 자세히 기술한다. 그림 3.15는 단백질 결합, 그림 3.17은 단백질 방출을 보여준다.

계 전달물질인 글리신(glycine, Gly)은 주로 뇌간과 척수에서 사용되는 억제성 전달물질로 렌쇼 회로에 작용한다(그림 5.9 참조).

퓨린 퓨린(purine)은 DNA와 RNA를 구성하는 분자인 뉴클레오티드로 합성된다. 아데노신 삼인산(adenosine triphosphate, ATP)이라는 퓨린은 리보스 당 분자에 부착된 아데닌 분자와 3개의 인산기로 구성된다(역주 : ATP는 세포 내에서는 에너지 대사에 관여하고, 세포 바깥으로 방출되어 전달물질의 역할을 한다). 이것에서 인산기 3개를 제거하면 아데노신이 되는데, 이 신경전달물질은 수면 촉진, 각성 억압, 혈관 확장을 통한 여러 장기의 혈류 조절에 중요한 역할을 한다.

펩티드 전달물질

표 5.2에 열거된 바와 같이 펩티드 전달물질 또는 **신경펩티드**(neuropeptide)는 50가지 이상이고, 짧은 아미노산 사슬(100개 미만)이며, 그 길이는 다양하다. 신경펩티드는 뉴런의 DNA에 포함된 정보를 전사한 mRNA로부터 번역되어 합성되는 아미노산 사슬로 다양한 기능을 가진 신경전달물질로 작용한다.

표 5.2 펩티드계 신경전달물질

물질류	예
오피오이드 물질류	엔케팔린, 다이놀핀, 베타엔도르핀
신경하수체성 물질류	바소프레신, 옥시토신
세크레틴성 물질류	세크레틴, 모틸린, 글루카곤, 성장호르몬 방출인자
인슐린성 물질류	인슐린, 인슐린 성장인자
가스트린성 물질류	가스트린, 콜레시스토키닌
소마토스타틴성 물질류	소마토스타틴
타키키닌	뉴로키닌 A, 뉴로키닌 B, P 물질

메트엔케팔린

류엔케팔린

그림 5.13 오피오이드 펩티드계 전달물질
뇌의 쾌락과 통증 중추에 작용하는 신경 펩티드에서의 아미노산 연쇄의 일부는 구조적으로 서로 닮아 있으며, 이들의 기능을 모사하는 오피오이드나 모르핀도 유사한 아미노산 연쇄를 가지고 있다(6-2절 참조).

신경펩티드 다기능의 짧은(100개 미만) 아미노산 사슬로, 신경전달물질로도 호르몬으로도 작용할 수 있고 학습에도 기여한다.

일부 뉴런에서는 펩티드 전달물질이 축색종말에서 만들어지지만, 대부분 뉴런에서는 리보솜에서 조립되고 골지체에 의해 막으로 포장되며 미세소관을 따라 축색종말로 수송된다. 신경펩티드가 합성되고 수송되는 전체 과정은 축색종말에 거의 완성 상태로 존재하는 소분자 신경전달물질에 비해 상대적으로 느리다. 그 결과 펩티드 전달물질은 느리게 작용하고 신속하게 대체되지 않는다.

신경계에 존재하는 신경펩티드는 그 종류만큼이나 기능도 매우 광범위하다. 이들은 호르몬으로 작용하여 스트레스 반응, 어미와 새끼 간의 유대 관계 형성, 먹기, 마시기, 쾌락 및 통증의 조절, 학습에도 관여한다.

오피오이드, 모르핀, 그리고 그와 관련이 있는 헤로인 같은 합성물질은 오래전부터 행복감을 일으키고 통증을 감소시키는 것으로 알려졌는데, 이들은 뇌에서 만들어지는 오피오이드성 신경펩티드인 엔케팔린(enkephalin), 다이놀핀(dynorphin), 엔도르핀(endorphine)의 작용을 흉내 낸다(*enkephalin*은 '뇌' 또는 '머릿속'을 뜻하는 'in the cephalon'에서 유래되었고, *endorphin*은 'endogenous morphine'의 줄임말이다). **그림 5.13**에서 볼 수 있듯이 자연적으로 생성되는 여러 오피오이드 펩티드(opioid peptide)는 아미노산 사슬의 일부 구조가 서로 비슷하다. 사슬 부분이 모르핀에도 있다. 펜타닐과 같은 합성 오피오이드도 작용은 유사하지만 강력하고 빨라서 사람들을 과용량 사용의 위험에 빠뜨릴 가능성이 훨씬 더 크다.

모르핀과 유사한 천연 신경펩티드가 존재한다는 사실은 그것 중 일부에 진통 성분이 있어서 통증 지각에 관여할 수 있음을 시사한다. 운동에 대한 반응으로 방출되어 '러너스하이(runner's high)'를 일으킬 것으로 생각되는 신경전달물질인 베타-엔도르핀의 진통 효과가 모르핀의 몇 배나 되는 것으로 밝혀졌다.

일부 중추신경계 펩티드는 매월 혹은 매해 나타나는 주기적 행동에 관여한다. 예를 들어 암사슴의 신경펩티드 전달물질은 가을 교미기를 준비하는 호르몬(황체형성호르몬)으로 작용한다. 겨울이 되면 일련의 다른 생화학물질이 사슴 태아의 발달을 촉진한다. 봄에 새끼를 낳으면 어미가 자신의 새끼를 돌보도록 하는 옥시토신(oxytocin)과 양육을 위한 젖 분비에 필요한 프로락틴(prolactin) 같은 또 다른 신경펩티드호르몬이 작용한다. 성장을 조절하는 더 일반적인 기능을 하는 성장호르몬은 또 다른 신경펩티드이다.

이온 채널과 연관된 수용기에 결합하는 많은 전달물질과 다르게 신경펩티드는 시냅스후 막의 전압에 직접적인 영향을 미치지 않는다. 대신 펩티드 전달물질은 세포의 구조와 기능에 간접적으로 영향을 주는 시냅스 수용기를 활성화한다. 펩티드의 아미노산 사슬은 소화 과정에서 분해되기 때문에 소분자 전달물질처럼 경구 투여 약물로 사용될 수 없다.

지질 전달물질

지질 전달물질 가운데 대표적인 것은 **엔도칸나비노이드**(endocannabinoid, 내인성 대마초제재)인데, 이것은 시냅스후 막에서 합성되어 시냅스전 막의 수용기에 작용하는 지질 신경전달물질의 한 종류이다. 여기에는 아난다마이드(anandamide, AEA)와 2-AG(2-arachidonoylglycerol)가 포함되는데, 두 가지 모두 불포화지방산인 아라키돈산(arachidonic acid)의 파생물이다. 아라키돈산은 가금류와 계란에 특히 풍부하다. 엔도칸나비노이드는 식욕, 통증, 수면, 기분, 기억, 불안, 스트레스 반응에 영향을 미치는 다양한 생리적 및 심리적 과정에 관여한다. 이 물질에 대한 과학적 연구는 역사가 길지는 않지만 과학이 신속하게 발전하는 모습을 잘 보여준다.

엔도칸나비노이드는 친지질성 분자이기 때문에 물에 녹지 않으며 소낭에 저장되지도 않는다. 따라서 연구자들은 이 전달물질이 뉴런에 탈분극이 일어나고 칼슘이 유입된 다음 필요에 따라 합성된다고 생각하였다. 칼슘은 아난다마이드 생성의 첫 단계인 아실전이효소(transacylase)를 활성화한다. 일단 아난다마이드 또는 2-AG가 합성되면 시냅스를 건너 확산되어 시냅스전 막의 수용기와 상호작용한다. 그러므로 이 두 가지 분자는 역행성 전달물질로 작용하여 일시적으로 소분자 전달물질의 분비량을 감소시킨다. 이런 방식으로 시냅스후 뉴런은 그 자체로 유입되는 신경 신호의 양을 조절한다.

체내에서 만들어졌든(엔도칸나비노이드), 식물에서 유래되었든(파이토칸나비노이드), 또는 합성된 것이든 모든 종류의 칸나비노이드의 표적은 CB$_1$ 수용기이다. **그림 5.14**는 아난다마이드와 테트라히드로칸나비놀(tetrahydrocannabinol, THC)의 구조적 유사성을 보여주는데, 이 유사성 때문에 두 물질 모두 CB$_1$ 수용기와 상호작용할 수 있다. 그렇다. 우리 몸에는 잡초 수용기가 많다(Scudellari, 2017). CB$_1$ 수용기는 글루타메이트 및 GABA 시냅스에서 발견되기 때문에 칸나비노이드가 이 두 가지 전달물질의 방출을 억제하는 신경조절물질(neuromodulator)로 작용한다는 것을 알 수 있다. 결과적으로 칸나비노이드는 흥분성과 억제성 모두를 약화시킨다.

파이토칸나비노이드(phytocannabinoid)는 두 종류의 대마(*Cannabis sativa*와 *Cannabis indica*)에

엔도칸나비노이드 아난다마이드와 2-AG를 포함하는 지질 신경전달물질이며, 시냅스후 막에서 합성되어 시냅스전 막의 수용기에 작용하여 식욕, 통증, 수면, 기분, 기억, 불안, 스트레스 반응에 영향을 미친다.

12-2절과 12-6절은 호르몬이 인간의 정서와 동기화된 행동에 미치는 영향을 설명한다.

아난다마이드라는 명칭은 산스크리트 단어 *anada*에서 유래되었고, 그 의미는 '즐거움' 또는 '행복'이다. 이 물질은 *대마*라는 식물에서 발견되는 주요 향정신성 화합물인 테트라히드로칸나비놀(THC)의 작용을 흉내 낸다.

세포막 형성에 관여하는 지방산 분자도 소수성이다. 그림 3.11를 참조하라.

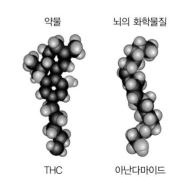

약물   뇌의 화학물질

THC   아난다마이드

그림 5.14 아난다마이드 및 THC 분자
구조가 유사하기 때문에 아난다마이드와 THC는 CB$_1$ 수용기와 상호작용한다.

산화질소(NO) 가스 신경전달물질로 혈관을 확장하고, 소화를 촉진하며, 세포의 대사를 활성화시킨다.

일산화탄소(CO) 가스 신경전달물질로 세포의 대사를 활성화시킨다.

황화수소(H₂S) 가스 신경전달물질로 세포의 대사를 느리게 한다.

아연 소낭에 포장되고 저장되는 이온 전달물질로 방출되면 여러 수용기와 상호작용한다.

서 얻는다. 이들 식물은 수천 년 동안 의학 및 기분전환 용도로 이용되었지만 대마 추출물이 만들어진 것은 최근의 일이다. 20세기 초에 칸나비디올(cannabidiol, CBD)과 THC를 포함하는 많은 성분이 분리되었고, 화학 구조도 밝혀졌다. 1967년에 Raphael Mechoulam과 Yehiel Gaoni가 대마의 주요 정신자극 성분인 THC 분자의 구조를 보고하였다. 그 후 연구자들은 THC의 대사 과정을 규명하였다(대사 과정이 아주 느리기 때문에 대마를 사용한 몇 주 후까지 소변에서 THC가 검출될 수 있다).

THC가 분리되고 정제된 후에 동물과 인간을 대상으로 하여 이 물질의 생리적 및 심리적 효과를 밝히려는 연구가 시작되었고 지금도 진행되고 있다. THC 분자의 구조가 밝혀진 지 24년이 지난 다음에야 최초의 칸나비노이드 수용기(CB₁)가 발견되었다. 일반적으로 수용기는 내인성 분자에 의해 활성화되기 때문에 내인성 칸나비노이드를 찾기 위한 많은 연구가 수행되었다. 1992년에 아난다마이드가 분리되고 구조가 규명되었으나, 내인성 칸나비노이드가 역행성 전달물질로 작용한다는 사실이 밝혀지기까지 또 20여 년이 소요되었다(Mechoulam et al., 2014).

가스 전달물질

가스 전달물질이 추가됨에 따라 전달물질에 의해 이루어지는 생화학적 전략의 목록이 더 확장되었다. 수용성 가스인 이들 전달물질은 소낭에 저장되지도 그것에서 방출되지도 않으며, 필요에 따라 세포에서 합성된다. 합성 후에 이들 가스는 확산되고 쉽게 세포막을 통과하여 바로 작용한다. **산화질소**(nitric oxide, NO)와 **일산화탄소**(carbon monoxide, CO)는 모두 다른 신경전달물질의 생산을 조절하는 것과 같은 세포 대사 과정(에너지를 소모하는 과정)을 활성화한다. **황화수소**(hydrogen sulfide, H₂S)는 산소가 미토콘드리아에 결합하지 못하게 함으로써 대사 속도를 늦춘다.

이들 세 가지 가스 전달물질은 신체의 여러 곳에서 화학적 전령 역할을 한다. 산화질소와 황화수소는 내장벽의 근육을 통제하고, 활동하는 뇌 영역의 혈관을 확장하여 더 많은 혈액이 공급되게 한다. 또한 이 둘은 생식기의 혈관도 확장하여 음경의 발기에서 적극적 역할을 한다. 남성의 발기 부전을 치료하는 약물인 비아그라(실데나필)와 시알리스(타다라필)는 산화질소의 영향을 받는 화학적 경로를 향상함으로써 효과를 낸다. 황화수소는 스트레스로부터 뉴런 보호, 신경 막의 칼슘 수송체 증가, 평활근 이완과 같은 여러 기능을 한다.

이온 전달물질

최근에 나온 증거를 근거로 연구자들이 **아연**(zinc, Zn²⁺)을 전달물질로 분류하였다. 전하를 띤 원자인 아연은 생물학적으로 합성되지 않고, 다른 모든 원자와 마찬가지로 별의 융합 반응으로 생성된다. 아연은 능동적으로 수송되어 소낭으로 포장되며(통상 글루타메이트와 같은 다른 전달물질과 함께), 시냅스 틈으로 방출된다(Upmanyu et al., 2021). 그곳에서 여러 수용기와 상호작용하여 생물학적 변화를 일으킨다. 소낭의 아연 수준에 불균형이 생기면 노화 및 알츠하이머병과 연관된 인지적 결함이 나타난다. 이와 대조적으로 불균형을 바로잡아 아연의 항상성이 유지되도록 하는 약물 처치는 인지능력을 보호한다.

수용기의 다양성

두 부류의 수용기 단백질은 각기 다른 효과를 낸다. 하나는 시냅스후 막의 전위를 직접 변화시키는 반면, 다른 하나는 간접적으로 세포의 변화를 유도한다. 수용기의 아형(subtype)이 많고, 그에 따라 수용기에도 미묘한 차이가 생긴다.

수용기의 두 유형

그림 5.6에서 보았듯이 다양한 시냅스로부터 다양한 표적으로 방출된 신경전달물질은 시냅스 틈을 건너가 수용기와 결합한다. 그다음에 일어나는 일은 수용기의 유형에 따라 달라진다.

이온성 수용기(ionotropic receptor)는 나트륨, 칼륨, 염소, 칼슘과 같은 이온이 막을 통과하도록 해준다(-*tropic*이라고 하는 접미사의 의미는 '향해 움직이는'을 의미). 그림 5.15에 설명된 바와 같이 이온성 수용기는 두 부분으로 이루어지는데, (1) 신경전달물질에 대한 결합 부위와, (2) 미세공(pore) 또는 채널이 그것이다. 신경전달물질이 결합 부위에 부착되면 수용기의 모양이 재빨리 바뀌어 미세공이 열려 이온이 이동할 수 있고, 닫히면 이동할 수 없게 된다. 이온성 수용기는 막 전압을 매우 빠르게 변화시키고, 그것이 흥분성이면 활동전위를 일으킨다.

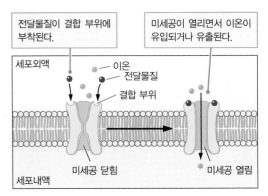

그림 5.15 이온성 수용기

막에 박혀 있는 단백질로서, 활성화되면 직접적이고 빠르게 막 전압이 변화된다.

구조적으로 이온성 수용기는 활동전위를 전파하는 전압-활성화 수용기와 비슷하다. 그림 4.20을 참조하라.

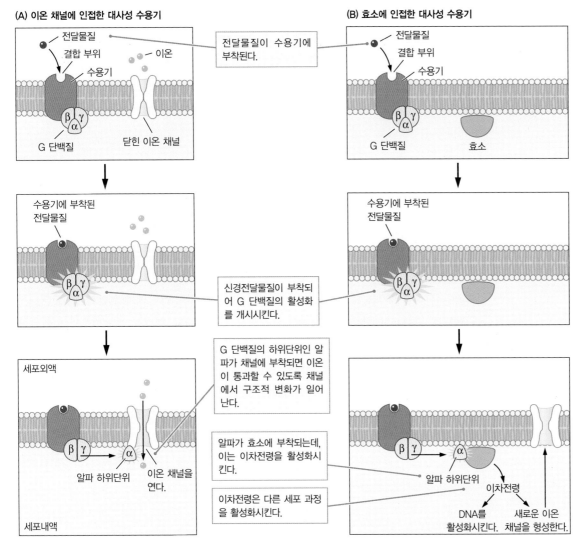

그림 5.16 대사성 수용기

대사성 수용기는 막에 박혀 있는 단백질로서, 활성화되면 G 단백질의 활동을 개시시키고, G 단백질의 활동은 이웃한 이온 채널에 직접적인 영향을 발휘하거나(**A**), 세포의 대사활동에 영향을 준다(**B**).

G 단백질 대사성 수용기에 접속되어 있는 구아닐뉴클레오티드 결합 단백질이고, 활성화되면 다른 단백질에 결합한다.

하위단위 다른 단백질 분자와 조합되는 단백질 분자

이차전령 신경전달물질(일차전령)에 의해 활성화되어 생화학적 과정을 개시하는 화학물질

이와 대조적으로 대사성 수용기(metabotropic receptor)에도 신경전달물질에 대한 결합 부위는 있지만, 이온이 통과할 수 있는 미세공은 없다. 대사성 수용기가 활성화되면 일련의 단계를 거쳐 간접적으로 인근 막의 이온 채널이나 세포의 대사활동에 변화가 일어난다. **그림 5.16A**는 두 가지의 간접 효과 중 첫 번째 것을 보여준다. 대사성 수용기는 세포막에 삽입된 단일 단백질로 구성되며, 결합 부위는 시냅스 틈을 향한다. 각 수용기는 그림 5.16A에서 볼 수 있는 것처럼 세포막의 내면에 있는 **G 단백질**(G protein) 또는 구아닐뉴클레오티드 결합 단백질(guanyl nucleotide-binding protein)이라는 단백질 계열 중 하나와 연결되어 있다. G 단백질이 활성화되면 다른 단백질과 결합한다.

G 단백질은 세 가지의 **하위단위**(subunit)인 알파, 베타, 감마로 구성되어 있다(하위 단위는 다른 단백질과 결합한다). 신경전달물질이 G 단백질과 연관된 대사성 수용기에 결합하면 하위단위 알파가 분리된다. 이렇게 분리된 알파 하위단위는 세포막이나 세포질에 있는 다른 단백질에 결합할 수 있다. 만일 알파 하위단위가 그림 5.16A 하단의 그림과 같이 막에 있는 가까운 이온 채널에 결합하면 채널의 구조가 바뀌고, 그에 따라 채널을 통한 이온의 흐름에도 변화가 생긴다. 채널이 열려 있었다면 알파 하위단위에 의해 닫힐 것이고, 닫혀 있던 채널은 열릴 것이다. 채널의 변화와 막을 통과하는 이온 흐름의 변화는 막의 전위에 영향을 미친다.

그림 5.16B에 요약된 바와 같이 신경전달물질이 대사성 수용기에 결합하면 더 복잡한 세포 반응이 일어날 수도 있다. 모든 반응은 분리된 알파 하위단위가 효소와 결합함으로써 시작된다. 효소는 다시 **이차전령**(second messenger, 일차전령은 신경전달물질임)을 활성화하여 다른 세포 구조물로 지시를 내린다. 그림 5.16B의 하단에 제시한 것처럼 이차전령은 다음과 같은 여러 작용 중 하나를 수행한다.

- 막에 있는 채널에 결합하여 그 구조에 변화를 일으키고, 나아가 막을 통과하는 이온의 흐름을 바꾼다.
- 세포 내 단백질 분자를 세포막에 병합시키는 반응을 개시하고, 그 결과 새로운 이온 채널이 형성되게 한다.
- 세포 DNA의 특정 부위와 결합하여 특정 단백질의 합성을 일으키거나 끝낸다.

또한 대사성 수용기는 그곳에 결합한 하나의 신경전달물질이 어떤 사건을 단계적으로 확대하는 **증폭연쇄 반응**(amplification cascade)이 일어날 수 있게 해준다. 이러한 연쇄 반응의 효과는 그 후에 작용하는 하류 단백질(downstream protein, 이차전령이나 채널 혹은 둘 모두)의 활성화 또는 불활성화이다. 이온성 수용기는 이러한 광범위한 증폭 효과를 일으키지 않는다.

아세틸콜린이 골격근에 대해 흥분성 효과를 내고, 그곳에서 이온성 수용기를 활성화한다는 점을 상기하라. 반대로 아세틸콜린이 심장박동에서는 억제성 효과를 내는데, 이 경우에는 대사성 수용기를 활성화한다. 게다가 각 전달물질은 여러 종류의 서로 다른 이온성 및 대사성 수용기에 결합할 수 있다. 예를 들어 신경계의 다른 곳에서 아세틸콜린은 다양한 종류의 이온성 수용기와 대사성 수용기를 활성화한다.

수용기 아형

수용기에는 이온성과 대사성이라는 두 가지 범주가 있지만 각 신경전달물질은 많은 수용기 아형과 상호작용한다. 예컨대 세로토닌(5-HT)에는 하나의 이온성 수용기 아형(5-HT₃)과 12가지의

표 5.3 소분자 전달물질 수용기

신경전달물질	이온성 수용기	대사성 수용기
아세틸콜린(ACh)	니코틴성	5가지 무스카린성*
도파민(DA)	—	5가지 도파민성
GABA	GABA$_A$	GABA$_B$
글루타메이트(Glu)	NMDA, AMPA, 카이네이트	7가지 mGluR, NMDA
글리신(Gly)	글리신, NMDA	—
히스타민(H)	—	3가지 히스타민
노르에피네프린(NE)	—	8가지 NE 알파와 3가지 NE 베타
세로토닌(5-HT)	5-HT$_3$	12가지 5-HT

펩티드 신경전달물질과 지질 신경전달물질인 아난다마이드와 2-AG는 특수한 대사성 유형의 수용기를 가진다. 가스 신경전달물질에 대한 특수한 수용기는 없다. 이온 신경전달물질인 아연이 결합하는 부위는 여러 유형의 수용기에 있다.

* 콜린성 수용기 중 대사성은 모두 무스카린성이다.

대사성 수용기 아형이 있다. **표 5.3**은 다양한 소분자 신경전달물질 수용기의 아형을 보여준다.

이런 다양성이 어떻게 생겨났을까? 하위단위의 독특한 조합으로 구성된 아형은 서로 다른 구조를 가진 기능적 수용기로 작용한다. 예를 들어 글루타메이트에 대한 이온성 수용기인 기능적 NMDA 수용기는 항상 4개의 하위단위로 구성되지만, 하나의 기능적 수용기를 만들기 위해 조합을 이루는 데 사용되는 하위단위는 12가지나 된다. NMDA 수용기는 대사성 수용기로 작용하기도 하며, 기능이 매우 광범위하다(Weilinger et al., 2016).

뇌에는 왜 하나의 신경전달물질에 대해 그렇게 많은 수용기 아형이 있어야 할까? 아마도 각 아형의 특성이 조금씩 다르고, 수행하는 활동 또한 다를 것이다. 다른 분자와 결합하는 부위의 유무, 채널이 열리거나 닫힌 채 유지되는 기간, 세포 내 신호전달 분자와 상호작용하는 능력 등이 아형에 따라 달라진다.

엄청나게 복잡한 인간의 뇌가 풍부한 신경전달물질, 그리고 그보다 더 다양한 유형의 수용기와 같은 방대한 단위로 이루어져 있다는 것은 당연한 일이다. 이 모든 것, 어쩌면 더 많은 것이 있기에 인간의 뇌가 성공적으로 작용할 수 있을 것이다.

그림 14.17은 연합학습에서 글루타메이트 및 NMDA 수용기의 작용을 보여준다.

5-2 복습

진도를 계속 나가기 전에 앞 절을 얼마나 이해했는지 확인해보자. 정답은 이 책의 뒷부분에 있다.

1. 신경전달물질인지의 여부는 네 가지 실험적 기준에 따라 결정되는데, 그것은 _____, _____, _____, _____이다.

2. 화학적으로 관련되어 있는 신경전달물질의 분류는 _____, _____, _____, _____, _____이다.

3. 아세틸콜린은 _____와/과 _____(으)로 구성된다. 시냅스 틈으로 방출된 다음 아세틸콜린은 _____에 의해 분해되고, 그 산물은 재활용될 수 있다.

4. 엔도칸나비노이드는 _____ 신경전달물질이고, 수요에 따라 _____ 막에서 만들어지고 방출된다.

5. 이온성 및 대사성 수용기의 주요 특징을 비교하시오.

학습 목표

- 체성, 자율, 장신경계에서 행동을 매개하는 신경전달물질의 역할을 요약한다.
- 중추신경계의 네 가지 활성 체계와 각 체계와 연관된 행동을 기술한다.

5-3

신경전달물질 체계와 행동

신경전달 연구를 시작했을 때 연구자들은 특정 뉴런의 모든 축색종말에는 한 가지의 전달물질만 있을 것으로 생각하였다. 새로운 분석 방법이 개발되면서 이 가설이 정확하지 않다는 것이 밝혀졌다. 단일 뉴런 내에서도 시냅스에 따라 다른 전달물질이 사용된다. 게다가 서로 다른 전달물질이 같은 종말 또는 시냅스에 공존할 수도 있다. 신경펩티드가 소분자 전달물질과 종말에 공존함이 알려졌고, 여러 소분자 전달물질이 단일 시냅스에서 발견되기도 하였다. 심지어 여러 전달물질이 하나의 소낭으로 포장되는 경우도 있다.

이런 발견은 신경전달물질과 그에 대한 수용기의 다양한 조합이 가능함을 보여준다. 또한 연구자들은 특정 신경전달물질과 특정 행동 간의 단순한 인과성 가정을 경계한다. 그렇게 많은 조합이 무슨 기능을 할까? 조합에 의해 통제되는 행동이 무엇이냐에 따라 답도 달라질 것이다. 역사적으로 살펴보면 연구자들은 특정 축색종말에 가장 풍부한 신경전달물질에 초점을 두고, 그것과 행동 또는 기능을 관련시킨다.

이제 신경전달물질과 행동의 관계를 알아볼 것이다. 먼저 말초신경계의 세 부분, 즉 체성신경계, 자율신경계, 장신경계를 살펴볼 것이다. 그다음 중추신경계의 신경전달을 공부할 것이다.

체성신경계에서의 신경전달

뇌와 척수에 있는 운동뉴런에서 나온 축색은 눈과 얼굴, 몸통, 사지, 손가락, 발가락 등의 신체 골격근으로 연결된다. 이들 체성신경계의 뉴런이 없다면 당연히 운동도 불가능할 것이다. 운동뉴런을 **콜린성 뉴런**(cholinergic neuron)이라 부르기도 하는데, 이는 아세틸콜린이 이들 뉴런의 주요 신경전달물질이기 때문이다. 골격근에서 콜린성 뉴런은 흥분성이며 근수축을 일으킨다.

체성신경계에서는 한 가지 주요 신경전달물질만 사용되기 때문에 주요 수용기도 한 종류인데, 그것은 니코틴성 아세틸콜린 수용기(nicotinic acetylcholine receptor, nAChr)라는 전달물질-활성화 이온성 수용기이다. 아세틸콜린이 이 수용기에 결합하면 미세공이 열려 이온이 통과하고 근섬유에 탈분극이 일어난다(**그림 5.17**). 니코틴성 수용기의 미세공은 칼륨 이온의 유출과 나트륨 이온의 유입이 동시에 일어날 수 있을 정도로 크다. 담배에서 발견되는 화학물질인 니코틴 분자의 구조가 아세틸콜린과 동일한 방식으로 니코틴성 아세틸콜린 수용기를 활성화하기 때문에 니코틴성 수용기라는 명칭을 갖게 되었다. 니코틴의 분자 구조는 아세틸콜린과 매우 비슷하여 아세틸콜린 수용기의 결합 부위에 효과적으로 결합하여 아세틸콜린과 유사한 효과를 낸다.

아세틸콜린이 골격근의 주요 신경전달물질이지만 다른 신경전달물질도 콜린성 축색종말에서 있으며 아세틸콜린과 함께 근육으로 분비된다. 그중 하나가 칼시토닌 유전자 관련 펩티드(calcitonin gene-related peptide, CGRP)라고 하는 신경펩티드인데, 이는 CGRP 대사성 수용기를 통해 작용하며 근육 수축력을 증가시킨다.

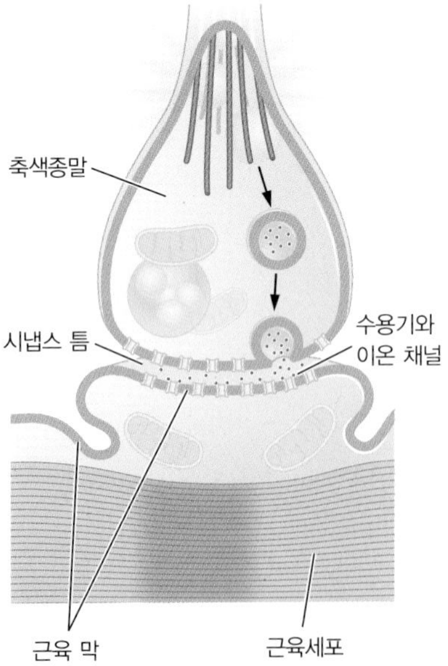
축색종말
시냅스 틈
수용기와
이온 채널
근육 막
근육세포

그림 5.17 니코틴성 아세틸콜린 수용기

콜린성 뉴런 주요 신경전달물질로 아세틸콜린을 사용하는 뉴런. *콜린성*이라는 용어는 주요 전달물질로 아세틸콜린을 사용하는 모든 뉴런에 적용된다.

자율신경계의 이중 활성 체계

자율신경계의 상호보완적 부문인 교감부와 부교감부가 신체의 내적 환경을 조절한다. 교감부는 신체가 활동하도록 하여 싸움 혹은 도주 반응을 일으킨다. 이때 심장박동은 증가하고 소화 기능은 떨어진다. 부교감부는 신체를 진정시켜 휴식과 소화 반응이 일어나도록 해준다. 이때 소화 기

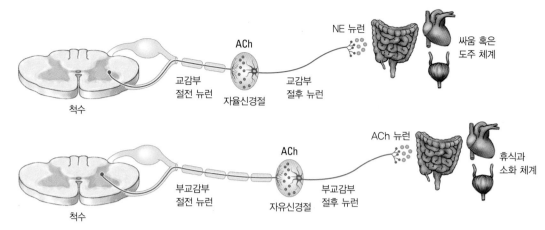

그림 5.18 자율신경계의 생물학적 기능 통제
척수를 떠나는 모든 절전 뉴런이 사용하는 신경전달물질은 아세틸콜린(ACh)이다. *위* : 교감부에서 ACh 뉴런은 교감부 절후 NE 뉴런을 활성화시킨다. NE는 싸움 혹은 도주 반응에 필요한 기관을 자극하는 반면, 휴식과 소화에 필요한 기관을 억제한다. *아래* : 부교감부의 경우 척수에서 나오는 절전 ACh 뉴런이 표적 기관과 부근에 있는 부교감부의 절후 ACh 뉴런을 활성화시킴으로써 싸움 혹은 도주 반응에 필요한 기관의 활동을 억제하는 반면, 휴식과 소화에 필요한 기관을 자극한다. 자율신경계와 그 연결에 대해서는 그림 2.32를 참조하라.

능이 높아지고 심장박동은 감소하며 신체는 이완에 이른다.

　그림 5.18은 자율신경계의 신경화학적 구성을 보여준다. 교감부와 부교감부 모두 중추신경계의 척수 두 수준에서 나오는 절전 콜린성 뉴런에 의해서 통제된다. 중추신경계 뉴런은 아세틸콜린을 함유한 부교감부 뉴런 및 노르에피네프린을 함유한 교감부 뉴런과 시냅스를 형성한다. 다시 말해 중추신경계의 절전 콜린성 뉴런이 교감부의 절후 NE 뉴런과 시냅스를 형성하여 신체 기관이 싸움 혹은 도주 반응을 준비하게 한다. 또한 중추신경계의 절전 콜린성 뉴런은 부교감부의 절후 ACh 뉴런과도 시냅스를 형성하여 신체 기관의 휴식이나 소화를 가능하게 해준다.

　어떤 시냅스 유형이 흥분성인지 또는 억제성인지는 그 신체 기관의 수용기에 달려 있다. 심장에서의 NE 수용기는 흥분성이나 장의 NE 수용기는 억제성이기 때문에 교감부가 각성되는 동안 노르에피네프린은 심장박동은 높이지만 소화 기능은 낮춘다. 이와 유사하게 아세틸콜린은 심장박동을 감소시키고 소화 기관의 기능은 증가시키는데, 이는 심장에 있는 아세틸콜린 수용기는 억제성이지만 장에 있는 아세틸콜린 수용기는 흥분성이기 때문이다. 신체 부위에 따라 흥분성과 억제성이 달라지는 신경전달물질의 활동이 교감부와 부교감부를 조절하여 변화하는 환경에서 신체의 내부 환경을 유지하는 보완적 자율 조절 체계를 형성한다.

장신경계의 자율성

장신경계는 중추에서 들어오는 입력이 없어도 작용할 수 있기에 제2의 뇌로 불린다. 이곳에서 사용되는 전달물질의 수는 30가지 이상이며, 대부분 중추신경계에서 이용되는 것과 같다. 장신경계에서 사용되는 주요 소분자 신경전달물질은 세로토닌과 도파민이다.

　장신경계의 감각뉴런은 위장계에서 발생하는 기계적 및 화학적 상황을 탐지한다. 장신경계의 운동뉴런은 내장 근육을 통하여 내장 속의 내용물이 혼합되도록 통제한다. 소화 효소의 분비 또한 장신경계의 통제를 받는다.

중추신경계의 네 가지 활성 체계

말초신경계에서와 마찬가지로 중추신경계의 신경화학적 체계도 조직화되어 있다. 이들 체계는

절전이라는 용어는 중추신경계에서 신경절로 연결되는 신경섬유를 가리킨다. 모든 절전 섬유는 콜린성이고 수초화되어 있다. 절후는 신경절에서 효과기로 나가는 신경섬유를 가리킨다. 부교감부의 신경섬유는 아세틸콜린을 사용하고, 교감부의 신경섬유는 노르에피네프린을 사용한다.

2-5절에서 장신경계를 자세히 다룬다.

원리 2. 감각부와 운동부는 신경계 전체에 퍼져 있다.

다양한 동물종에서 매우 유사한데, 이 사실은 쥐와 인간의 뇌에서 최초로 확인되었다(Hamilton et al., 2010).

여기에서 설명하려는 네 가지 **활성 체계**(activating system)의 경우 하나 또는 몇 가지 뇌간의 핵에 함께 모여 있는 비교적 소수의 뉴런이 축색을 중추신경계의 여러 영역으로 보내는데, 이것은 이들 핵과 그 종말이 뇌와 척수 전반의 활동을 동기화하는 데 관여한다는 것을 의미한다. 활성 체계가 가정의 전력 공급과 비슷하다고 볼 수 있다. 퓨즈 또는 차단 상자가 전력원이고, 그곳에서 나온 전선이 각 방으로 들어간다.

자율신경계에서와 마찬가지로 중추신경계 전달물질의 정확한 작용은 분포된 뇌 영역과 전달물질이 작용하는 수용기 유형에 달려 있다. 전력이 공급됨으로써 나타나는 효과는 그 방에 있는 전기 제품이 무엇인가에 따라 달라지는 것에 비유된다.

네 가지 신경활성 체계가 확인되었고, 그 체계에 있는 소분자 전달물질의 유형에 따라 콜린성, 도파민성, 노르아드레날린성, 세로토닌성이라는 명칭이 붙여졌다. **그림 5.19**는 이들 각 체계의 신경핵 위치를 보여주는데, 화살표의 끝과 선은 각기 축색종말의 위치와 축색 경로를 나타낸다.

그림 5.19의 오른쪽에 요약되어 있듯이 중추신경계의 각 활성 체계는 많은 행동과 연관되어 있다. 활성 체계, 행동, 뇌 질환 사이의 일대일 관련성은 잘 모른다. 이 관련성을 밝히기 위한 연구가 진행 중이다. 활성 체계와 행동 또는 활성 체계와 질병의 상관을 규명하기 어려운 이유는 이들 활성 체계의 축색이 뇌와 척수의 대부분 영역과 연결되어 있기 때문이다. 각 체계는 특수 기능과 조절 기능을 모두 담당하는 것 같다. 이 장과 후속 장들에서 활성 체계와 행동 그리고 질병 간의 관계에 대해 지금까지 밝혀진 사실을 자세하게 설명할 것이다.

콜린계

그림 5.20은 시냅스에서 아세틸콜린을 분해하는 효소인 아세틸콜린 분해효소(AChE)를 염색한 쥐의 뇌 횡단면을 보여준다(그림 5.10 참조). 진하게 염색된 영역은 AChE 농도가 높은 곳으로, 그곳에 콜린성 종말이 존재한다는 것을 의미한다. AChE는 피질에 퍼져 있고, 특히 기저핵에서 그 밀도가 높다. 이들 콜린성 시냅스 중 많은 것이 뇌간의 아세틸콜린 핵과 연결되어 있다(그림 5.19의 상단).

콜린계는 각성행동, 주의, 기억에 관여한다. 예를 들어 콜린성 뉴런은 특정 유형의 각성과 관련된 EEG 활동 생성에 관여한다. 퇴행성 **알츠하이머병**(Alzheimer disease)은 처음에는 사소한 망각으로 시작해서 주요 기억장애로 진행되고 나중에는 전반적인 치매로 발전하는데, 이 질병으로 고통받은 사람들을 부검한 결과 콜린성 뉴런의 심한 상실이 관찰되었다. 현재 알츠하이머병의 두 가지 치료 전략은 아세틸콜린 분해효소를 억제하여 아세틸콜린 수준을 높이거나 니코틴성 수용기의 수를 높이는 것이다(Anand et al., 2017). 아세틸콜린이 식품에 있는 영양소로부터 합성된다는 사실을 상기하라. 따라서 아세틸콜린 수준 유지에서 식이의 역할에 관한 연구도 진행되고 있다.

그러나 알츠하이머병과 관련된 뇌의 이상이 콜린성 뉴런에 한정된 것은 아니다. 부검 결과 이들 뇌의 신피질과 다른 뇌 영역에서 광범위한 손상이 나타났다. 결론적으로 콜린성 뉴런이 알츠하이머병의 진행에 어떤 역할을 하는지는 아직 명확하지 않다. 아마도 콜린성 뉴런의 파괴가 피질의 변성을 일으킬 수도 있고, 이와 반대로 피질 변성이 콜린성 뉴런의 사멸을 일으킬 수도 있다. 따라서 콜린성 뉴런의 상실은 알츠하이머병에 의해 나타나는 많은 신경적 증상 중의 하나일 뿐이

뇌전도(EEG)기법은 다양한 의식 상태에서 뇌가 방출하는 전기적 신호를 탐지한다. 7-2절과 13-3절을 참조하라.

임상 초점 14-3은 알츠하이머병에 관한 연구를 자세히 설명한다. 16-3절에서는 신경인지 질환의 여러 원인과 치료를 살펴본다.

활성 체계 단일 신경전달물질을 통해 뇌 활동을 조절하는 신경로. 세포체는 특정 뇌간 신경핵에 위치하고 축색은 중추신경계 전체에 광범위하게 분포된다.

알츠하이머병 노화에 따른 퇴행성 뇌 질환으로, 처음에는 진행성 기억상실이 나타나다가 나중에 전반적인 치매 상태로 발전한다.

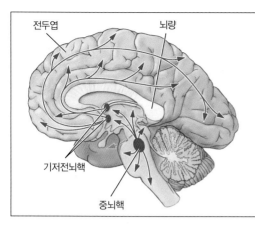

콜린계(아세틸콜린)

- 피질이 각성 EEG 패턴을 유지하도록 활성화된다.
- 뉴런의 흥분을 지속시킴으로써 기억에 기여한다고 생각된다.
- 신피질에서 콜린성 뉴런의 소실과 아세틸콜린의 감소가 알츠하이머병과 관련되어 있다.

그림 5.19 주요 활성 체계

각 활성 체계의 세포체는 뇌간에 핵군으로 모여 있다(타원형으로 표현). 축색은 뇌 전체에 걸쳐 광범위하게 투사하고 목표 기관에서 시냅스한다. 각각의 활성 체계는 하나 혹은 그 이상의 행동 혹은 질병과 관련되어 있다.

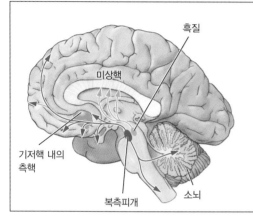

도파민계(도파민)

흑질선조로(주황색)

- 정상적인 운동행동을 유지하도록 활성화된다.
- 도파민의 상실은 파킨슨병에서 나타나는 근 강직 및 운동장애와 관련되어 있다.

중뇌/변연로(보라색)

- 도파민 방출은 보상과 쾌락을 유발한다.
- 습관성 약물에 의해 가장 많은 영향을 받는 신경전달계이다.
- 도파민 활동 증가는 조현병과 관련되어 있다.
- 도파민 활동 감소는 주의력 감소와 관련되어 있다.

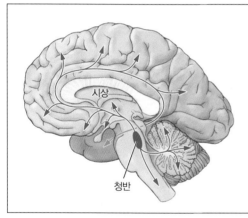

노르아드레날린계(노르에피네프린)

- 정서를 유지하도록 활성화된다.
- 노르에피네프린 활동의 감소는 우울증과 관련되어 있다.
- 노르에피네프린 증가는 조증(과활성화된 행동)과 관련되어 있다.
- 감소된 노르에피네프린 활동은 과잉활동 및 주의력결핍 과잉행동장애와 관련되어 있다.

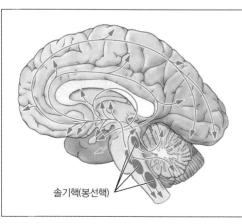

세로토닌계(세로토닌)

- 각성 EEG 패턴을 유지하도록 활성화된다.
- 세로토닌 활동 변화는 강박장애, 틱장애, 조현병과 관련되어 있다.
- 세로토닌 활동 감소는 우울증과 관련되어 있다.
- 뇌간의 5-HT 뉴런의 이상은 수면무호흡증이나 영아돌연사증후군과 관련되어 있다.

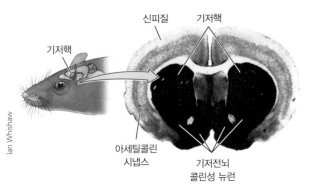

신피질　　기저핵

기저핵

아세틸콜린
시냅스

기저전뇌
콜린성 뉴런

Ian Whishaw

그림 5.20　콜린계 활성화

이 그림은 아세틸콜린 분해효소의 위치를 나타
내기 위해 염색한 현미경 사진을 보여주고 있
다. 기저전뇌(basal forebrain)의 콜린성 뉴런은
신피질로 투사하는데, 어둡게 염색된 신피질의
영역이 콜린성 시냅스가 풍부하게 위치한 영역
이다. 단면의 중간에 더 어둡게 나타난 부분 역
시 콜린성 뉴런이 풍부한 곳으로, 기저핵이다.

Joanne Rathe/Boston Globe/Getty Images

율동적인 운동은 파킨슨병 환자의 신경 흥분과 억제, 즉 행동의 상실과 방출의 균형 회복에 도움을 준다. 몇
명의 환자가 가족과 함께 파킨슨병 환자를 위해 특별히 고안된 춤을 추고 있다. 참여자들이 이런 활동을 즐기
는 것은 여러 가지로 도움이 된다고 보고한다.

중뇌변연 도파민계에 대한 약물의 영향은 6-3
절, 6-4절, 12-1절에서 설명한다. 조현병의 가
능한 원인에 대해서는 6-2절과 7-4절에서 논
의하고, 그와 관련된 신경생물학은 16-2절에서
다룬다.

조현병 망상, 환각, 언어 와해, 정서 둔마, 초
조, 자세 고정, 그리고 관련된 다양한 증상이 나
타나는 행동장애

노르아드레날린성 뉴런 노르에피네프린을 가
지고 있는 뉴런을 뜻하고, 에피네프린의 라틴식
표기인 *아드레날린*에서 유래된 용어이다.

다. 따라서 알츠하이머병의 진행을 완화하기 위한 노력 중 하나는 세포사멸
을 막는 치료약을 개발하는 것이다(Anand et al., 2017).

도파민계

그림 5.19는 도파민 활성 체계에 속하는 두 가지 별개의 경로를 보여준다.
흑질선조 도파민계(nigrostriatal dopaminergic system)는 운동 조직화에 중요한
역할을 한다. 이 장에서 파킨슨병과 관련하여 설명한 바와 같이 흑질의 도파
민 뉴런이 손실되면 심한 근육 강직이 나타난다. 두 길항근이 동시에 수축되
므로 파킨슨병 환자는 움직이기 어렵다.

파킨슨병은 특히 사지에서 주기적인 진전(tremor)을 보이는데, 이는 정상적으로는 억제되어야
할 운동이 표출되는 것이다. 파킨슨병의 원인이 아직 밝혀지지 않았으나 '임상 초점 5-5 : 경직
된 중독자 사례'에 기술된 것처럼 어떤 독성 약물에 의해 촉발될 수 있다. 그런 약물은 흑질에 있
는 도파민 뉴런을 선택적으로 죽이는 신경독으로 작용할 수 있다.

중뇌변연 도파민계(mesolimbic dopaminergic
system)의 도파민은 약물, 음식, 그리고 다른 행동
에 대한 충동이 조절되지 않는 중독과 관련성이 가
장 높은 신경전달물질이다. 중독행동의 공통 특성
은 중뇌변연계를 자극하여 환경 자극에 대한 반응
을 증진함으로써 그 자극을 매력적이고 보상적인
것으로 만드는 것이다. 실제로 파킨슨병 치료를 위
해 도파민 수용기 효능제 처치를 받은 사람 중 일
부에서 충동이 통제되지 않아 병리적 도박, 성욕
과잉, 충동적 쇼핑과 같은 행동이 나타난다(Moore
et al., 2014).

중뇌변연계 도파민의 과도한 활동이 망상, 환각,
언어 와해, 정서 둔마, 초조와 자세 부동성 등이 특
징적 행동장애로 나타나는 **조현병**(schizophrenia)에서도 어떤 역할을 한다는 주장이 제기되었다.
도파민계를 차단하면 조현병 증상이 감소하지만 글루타메이트와 GABA를 포함하는 다른 신경
전달물질 활동에도 변화가 일어난다. 조현병은 100명 중 1명꼴로 걸리는 가장 흔하고도 파괴적
인 정신장애 중 하나이다.

노르아드레날린계

노르에피네프린(노르아드레날린)은 뉴런을 자극하여 구조를 변경시키는 방식으로 학습에 관여
할 수 있다. 노르에피네프린은 또한 뇌의 정상적인 발달을 촉진하고 운동 조직화에도 관여한다.
노르에피네프린을 전달물질로 사용하는 뉴런을 **노르아드레날린성 뉴런**(noradrenergic neuron)이
라고 한다(epinephrine에 대한 라틴어 명칭이 *adrenaline*이다).

노르아드레날린계와 관련된 행동과 질병은 정서와 관련이 있다. 지속적인 무가치감과 죄책
감, 정상적인 식습관의 와해, 수면장애, 전반적으로 느려진 행동, 빈번한 자살 생각 등이 특징으
로 나타나는 기분장애인 **주요우울장애**(major depression)의 증상은 노르아드레날린성 뉴런의 활

◉ 임상 초점 5-5

경직된 중독자 사례

환자 1 : 1982년 7월 첫 4일 동안 42세의 한 남성이 4.5g의 '새로운 합성 헤로인'을 … 매일 서너 번 정맥주사하였다. … 즉각적 효과는 헤로인과 달랐는데, '꿈 같은(spacey)' 도취감과 일시적인 시각적 왜곡 및 환각이 나타났었다(Ballard et al., 1985, p. 949).

환자 1은 캘리포니아에서 비슷한 시기에 입원한 7명의 청년 중 한 사람이었다. 그들 모두 약물 주사를 맞은 뒤 갑자기 심각한 파킨슨병 증상을 보였다. 그들은 자신이 경직되어 '느린 동작'으로만 움직일 수 있다는 것을 알았을 것이다. 환자 1은 움직임 하나하나를 의도적으로 생각해야 했고, 자신이 뻣뻣하고 느리고 거의 말을 못하고 긴장했다고 말했다. 이들 증상은 그 연령대에서는 극히 드문 것이었다. 증상을 보인 그들 모두는 1982년 여름에 거리에서 구매한 합성 헤로인을 반복적으로 투여한 사람들이었다.

J. William Langston과 Jon Palfreman(2014)은 저급한 합성 기술 때문에 MPTP(1-methyl-4-phenyl-1,2,3,6-tetrahydropyridine)라고 하는 오염물질이 합성 헤로인에 함유되어 있음을 발견했다고 하였다. 설치류를 대상으로 한 실험 결과 MPTP 자체가 그 증상의 원인이 아니라 대사 과정에서 생기는 MPP$^+$(1-methyl-4-phenylpyridinium)가 신경독이라는 것이 밝혀졌다.

MPTP 중독으로 사망한 것으로 추정된 한 환자의 뇌를 부검한 결과 흑질의 도파민 뉴런이 선택적으로 상실된 것으로 밝혀졌다. 뇌의 나머지 부분은 건강해 보였다. 원숭이, 쥐, 생쥐에게 MPTP 주사를 한 실험에서도 유사한 증상이 나타났고, 흑질의 도파민 뉴런도 선택적으로 상실되었다. 따라서 임상적 증거와 실험실 증거를 종합해보면 한 독소가 도파민 뉴런을 선택적으로 죽이고, 그 결과 파킨슨병이 발생할 수 있음을 알 수 있다.

환자 1은 1988년 스웨덴의 룬트대학병원에서 실험적 치료를 받았다. 인간 태아를 부검할 때 뇌에서 채취한 살아 있는 도파민 뉴런이 미상핵과 피각에 이식되었다(Widner et al., 1992). 여러 연구실에서 수행된 설치류와 기타 영장류에 대한 광범위한 연구를 통해 수상돌기와 축색이 발달하기 전에 태아 뉴런이 이식되면 생존하고 성숙하여 신경전달물질을 분비할 수 있다는 사실이 확인되었다.

환자 1은 수술 후 어떤 심각한 합병증도 보이지 않았고 24개월 후 상당히 호전되었다. 그는 스스로 옷을 입고 식사를 할 수 있게 되었고, 도움을 받아 욕실에도 갈 수 있었으며, 집 밖을 돌아다닐 수도 있었다. 또한 약물치료에 좋은 반응을 보여주었다. 여기에 수록된 그림은 수술 전 파킨슨병 환자의 뇌(왼쪽)와 수술 후 2년 4개월이 지났을 때의 뇌(오른쪽)에서의 도파민 수준을 비교하여 보여준다.

파킨슨병 치료를 위해 태아 뉴런을 이식하는 방법은 일반적으로 효과적이지 않다. 경직된 중독의 사례와는 달리 파킨슨병의 경우 이식된 뉴런을 포함한 흑질의 도파민 뉴런 파괴가 계속해서 능동적으로 일어난다. 파킨슨병이 10만 명당 20명꼴로 발병하기 때문에 효과적인 치료가 시급하다. 새로운 기법이 지향하는 것은 부분적으로 도파민 뉴런을 포함하는 전체 흑질선조로를 공학적으로 구성하여 기존의 회로에 이식하는 방법이다(Harris et al., 2020). *재생의학이라는 이 새로운 분야에서는 재생과 기능의 회복을 촉진하기 위해 세포 대체 전략과 조직공학을 이용한다.*

주석을 붙이자면 환자 1 사례를 연구하였던 사람 중 하나인 Palfreman은 나중에 파킨슨병에 걸렸고, 개인적, 역사적, 임상적 견해를 자신의 책에 자세하게 묘사하였다(Palfreman, 2015).

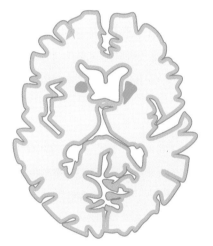
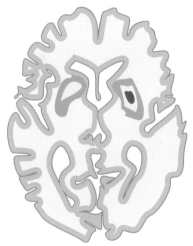

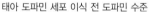

태아 도파민 세포 이식 전 도파민 수준   이식 2년 4개월 후 도파민 수준

이 그림은 이식 전 파킨슨병 환자의 뇌와 이식 28개월 후 뇌의 도파민 수준을 비교하여 보여주는 PET 영상이다.

출처 : Widner et al. (1992).

동 감소와 관련이 있다. 반대로 **조증**(mania, 과도한 흥분성)의 특정 증상은 노르아드레날린성 뉴런의 활동 증가와 관련이 있을 것이다. 감소된 노르에피네프린 활동은 과잉활동과 주의력결핍 과잉행동장애(attention-deficit/hyperactivity disorder, ADHD)와도 연관이 있다.

세로토닌계

세로토닌 활성 체계는 우리가 움직일 때나 깨어 있을 때 전뇌의 각성 활동(EEG로 측정할 수 있음)이 유지되게 하는데, 이는 세로토닌계도 콜린계와 유사하게 각성에 관여한다는 것을 보여주는 것이다. 노르에피네프린처럼 세로토닌도 학습에 관여한다. 우울증의 특정 증상은 세로토닌

주요우울장애 무가치함과 죄책감이 지속적으로 나타나는 기분장애로, 섭식 습관 및 수면의 장애, 전반적으로 느린 행동, 빈번한 자살 생각 등이 특징적인 증상이다.

조증 극단적인 흥분이 나타나는 정신장애

세로토닌의 역할을 포함하여 기억과 학습의 구조적 기초는 14-4절에서 자세히 다룬다.

우울, 불안, 조현병을 포함하는 다양한 질환에서 노르에피네프린과 세로토닌의 영향에 대해서는 16-2절에서 살펴본다.

주요우울장애, ADHD, OCD, 수면무호흡, SIDS에 대한 자세한 정보는 이 책의 앞표지 안쪽에 있는 장애 목록을 참조하라.

강박장애(OCD) 충동적으로 반복적인 행동(손 씻기 등)을 하고 종종 반복해서 불쾌한 사고(강박)를 하는 행동장애

신경조절물질 다른 뉴런의 발화와 시냅스 특성이 오래 유지되도록 변화시키는 신경전달물질

대사성 수용기를 이해하기 어려우면 그림 5.16을 참조하라.

성 뉴런의 활동 감소와 관련이 있으며, 우울증 치료제로 흔히 쓰이는 약물은 세로토닌성 뉴런에 작용한다. 결과적으로 두 가지 유형의 우울증이 존재할 수 있는데, 하나는 노르에피네프린과 관련되고 다른 하나는 세로토닌과 관련되는 것이다.

몇몇 연구 결과는 조현병의 다양한 증상 역시 세로토닌 활동의 증가와 관련되어 있음을 보여주었는데, 이는 다른 유형의 조현병이 존재할 수 있다는 것을 의미한다. 세로토닌 활동의 감소는 강박적으로 행동을 반복하고(손 씻기 등), 반복적이면서 종종 불쾌한 사고(강박 사고)를 경험하는 상태인 **강박장애**(obsessive-compulsive disorder, OCD)에서 나타나는 증상과도 관련이 있다. 세로토닌성 핵의 비정상이 **수면무호흡증**(sleep apnea) 및 **영아돌연사증후군**(sudden infant death syndrome, SIDS)과 관련된다는 증거도 있다.

신경조절

이들 네 가지 활성 체계를 촉진하는 신경전달물질을 총칭하여 **신경조절물질**(neuromodulator)이라 하고, 여기에는 히스타민, 여러 신경펩티드, 엔도칸나비노이드가 포함된다. 이 화학적 전령은 뉴런에서 방출되어 뇌의 여러 영역에 분포된 수용기에 작용하는데, 이는 인접 시냅스후 수용기에 작용하는 신경전달물질과 대조적이다. 신경전달물질과 호르몬의 구분에서와 같이 신경전달물질과 신경조절물질의 구분도 그것이 방출되는 곳에서 이동하는 거리를 반영한다.

글루타메이트성과 GABA성 뉴런이 뇌의 시냅스 연결 대부분을 차지한다는 사실을 회상해보라. 신경조절물질이 대사성(G 단백질 연결) 수용기와 상호작용하여 이차전령 신호 체계를 작동시키면 오래 지속되는 신호가 생성된다. 이 신호는 수백 밀리초에서 수 분까지 유지되며 글루타메이트성, GABA성 및 다른 뉴런의 발화 특성과 가소성을 변경할 수 있다.

5-3 복습

진도를 계속 나가기 전에 앞 절을 얼마나 이해했는지 확인해보자. 정답은 이 책의 뒷부분에 있다.

1. 말초신경계에서 신체의 근육에 있는 신경전달물질은 _____이고, 자율신경계에서 척수에서 나온 절전 _____뉴런은 부교감부의 활동과 관련해서는 절후 _____뉴런과 연결되고 교감부의 활동과 관련해서는 절후_____뉴런과 연결된다.

2. 장신경계에서 이용되는 두 가지 주요 소분자 전달물질은 _____와/과 _____이다.

3. 중추신경계의 네 가지 주요 활성 체계는 _____, _____, _____, _____이다.

4. 하나의 행동이 뇌의 한 가지 화학적 불균형에 의해서만 발생한다는 주장에 대한 여러분의 생각은 무엇인가?

학습 목표
- 행동을 매개하고 기능을 조절하는 호르몬의 역할을 설명한다.
- 네 가지 분류의 호르몬을 기술한다.
- 항상성을 정의하고, 그 과정에서 호르몬의 기능을 기술한다.
- 신체의 스트레스 반응을 요약하고, 호르몬이 이 과정을 자극하고 종결하는 방식을 설명한다.

5-4

호르몬

신경전달물질과 관련된 많은 원칙은 뉴런의 수용기에 작용하는 호르몬에도 적용된다. 호르몬은 신체와 뇌의 분비선에서 분비된다. 상호작용하는 뇌와 신체 호르몬이 피드백 회로를 형성하여 그 활동을 조절한다. 호르몬의 영향은 일생을 통해 변화하며 발달과 신체 및 뇌 기능에 영향을 미친다(McEwen, 2019). 많은 면에서 호르몬 체계는 원거리 신경전달물질-활성 체계와 유사한

데, 한 가지 다른 점은 호르몬이 혈류를 수송 수단으로 이용한다는 것이다. 실제로 많은 호르몬이 신경전달물질로 작용하고, 많은 신경전달물질이 호르몬으로 작용한다.

호르몬의 위계적 통제

많은 호르몬이 뇌와 신체를 포함하는 피드백 체계로 작용한다. **그림 5.21**은 시상하부가 신경호르몬(neurohormone)을 분비하여 뇌하수체를 자극하고, 뇌하수체가 방출호르몬(releasing hormone)을 순환계로 분비하는 과정을 보여준다. 그다음 뇌하수체호르몬은 나머지 내분비선에 영향을 주어 적절한 호르몬을 혈류로 분비하게 한다. 이렇게 분비된 호르몬은 신체 내의 다양한 목표 기관에 작용하며, 호르몬 분비가 더 혹은 덜 필요한가에 관한 피드백이 뇌로 전달된다.

호르몬은 신체 기관뿐 아니라 실제로 뇌 기능의 모든 면에도 영향을 미친다. 뇌에 있는 거의 모든 뉴런은 다양한 호르몬이 작용하는 수용기를 가진다. 호르몬이 성 기관과 외모에 영향을 미치는 것에 더하여 호르몬은 신경전달물질, 특히 성적 발달 및 행동에 영향을 미치는 뉴런에서 신경전달물질의 기능에도 영향을 미친다(Barth et al., 2015). 호르몬은 세포의 특정 수용기와 결합하여 핵으로 전달되어 유전자 전사에 영향을 미치는 방식으로 유전자 발현에 영향을 준다. 그다음 전사는 다양한 세포 활동에 필요한 단백질 합성에 영향을 미친다. 따라서 호르몬은 뇌와 신체 구조, 행동에 영향을 미친다.

중추신경계 활성 체계의 신경전달물질에서와 마찬가지로 호르몬이 복잡한 행동을 일으키거나 그에 관여하는 방식에 대해서는 많은 의문이 있다. 호르몬이 가진 기능의 다양성이 신체가 호르몬을 전령으로 사용하는 이유를 잘 보여준다. 호르몬의 표적 기관이 매우 넓게 분포되어 있으므로 호르몬이 이들 모든 기관에 도달할 수 있는 최상의 방법은 신체 곳곳으로 흐르는 혈류를 따라가는 것이다.

호르몬의 분류와 기능

호르몬은 질병을 치료하고 예방하는 약물로 사용될 수 있다. 예컨대 사람들은 호르몬을 생산하는 분비선이 제거되거나 적절하게 기능하지 못할 때 이에 대한 대체치료로 합성호르몬을 복용한다. 또한 노화 효과에 대처하기 위해 호르몬, 특히 성호르몬을 복용하고, 신체 강도와 지구력을 증가시키거나 운동 시합에서 이기기 위해 호르몬을 복용하기도 한다. 인간 신체 내에는 100가지나 되는 호르몬이 있는데, 이들은 화학적으로 스테로이드, 아미노산, 지질, 펩티드로 분류된다.

인슐린, 성장호르몬, 엔도르핀과 같은 **펩티드호르몬**(peptide hormone)은 단백질이 생산되는 것과 동일한 방법으로 세포의 DNA에 의해 만들어진다. 이 호르몬은 세포막의 대사성 수용기와 결합하여 세포의 생리 기능 혹은 유전자 전사에 영향을 미치는 이차전령의 생성을 통해 표적세포의 활동에 영향을 미친다.

멜라토닌 및 티록신과 같은 **아미노산호르몬**(amino acid hormone)은 아미노산에서 만들어진다. 멜라토닌은 주로 밤에 송과선에서 분비되며 수면-각성 주기와 관련이 있다. 갑상선에서 만들어지는 티록신은 대사 조절에 관여한다.

아이코사노이드(eicosanoid)로 알려진 **지질호르몬**(lipid hormone)은 소수성(물을 싫어함)이면서

펩티드호르몬 세포의 RNA로부터 번역되는 짧은 아미노산 사슬로, 화학적 전령으로 작용한다.

아미노산호르몬 아미노산에서 유래되는 화학적 전령으로, 가장 일반적인 것은 티로신이다.

지질호르몬 아라키돈산과 같은 지질에서 유래된 화학적 전령으로, 막의 수용기에 작용한다. *아이코사노이드*라고도 한다.

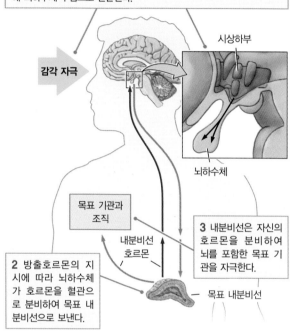

1 감각 자극과 인지 활동에 대한 반응으로 시상하부가 신경호르몬을 생산하고 신경호르몬이 정맥을 통해 뇌하수체 전엽으로 그리고 축색을 통해 뇌하수체 후엽으로 전달된다.

시상하부

감각 자극

뇌하수체

목표 기관과 조직

내분비선 호르몬

2 방출호르몬의 지시에 따라 뇌하수체가 호르몬을 혈관으로 분비하여 목표 내분비선으로 보낸다.

3 내분비선은 자신의 호르몬을 분비하여 뇌를 포함한 목표 기관을 자극한다.

목표 내분비선

그림 5.21 호르몬 위계

호르몬의 행동 조절 기능은 12-4절에서 살펴본다.

13-2절에서 신체의 생물학적 시계를 조절하는 멜라토닌의 역할을 자세히 설명한다.

스테로이드호르몬 콜레스테롤로부터 합성되는 지용성 화학 전령
항상성호르몬 유기체의 내적 신진대사 균형을 유지하고 생리 체계를 조절하는 호르몬군에 속하는 호르몬
성호르몬 생식 기능을 통제하고 남성과 여성으로서의 성적 외양에 강한 영향을 주는 호르몬군에 속하는 호르몬(예 : 테스토스테론)
글루코코르티코이드 스트레스에 대한 반응으로 분비되는 스테로이드호르몬군에 속하며 단백질과 탄수화물 신진대사에 중요한 역할을 한다(예 : 코르티솔)

친지질성(지방을 좋아함)이다. 프로스타글란딘(prostaglandin)과 트롬복산(thromboxane)이 여기에 속한다. 프로스타글란딘은 혈액 응고 억제, 혈류 조절, 염증 생성 및 억제 등에서 중요한 역할을 한다. 트롬복산은 프로스타글란딘과 반대로 혈액 응고를 촉진한다.

테스토스테론과 코르티솔과 같은 **스테로이드호르몬**(steroid hormone)은 콜레스테롤로부터 합성되며 지용성이다. 스테로이드는 생식선, 부신피질과 갑상샘을 비롯한 내분비선에서 합성되어 확산된다. 이 호르몬들은 세포막 또는 세포 안에 있는 스테로이드 수용기와 결합하고 흔히 세포의 DNA에 작용하여 유전자 전사에 영향을 미친다.

스테로이드와 펩티드 호르몬은 행동과 관련하여 세 가지 주요 기능 집단 중 하나에 속하고, 하나 이상의 기능 집단에 속하는 것으로 분류될 수도 있다.

1. **항상성호르몬**(homeostatic hormone)은 내적 신진대사 균형을 유지하고 생리 체계를 조절한다. 미네랄로코르티코이드(예 : 알도스테론)는 혈액과 세포 내의 수분 농도와 신체의 나트륨, 칼륨 및 칼슘 수준을 통제하며 소화 기능을 촉진한다.

2. **성호르몬**(gonadal hormone 또는 sex hormone)은 생식 기능을 통제한다. 이 호르몬은 신체로 하여금 남성(테스토스테론)과 여성(에스트로겐)으로 발달하게 지시하고, 성행동과 임신에 영향을 미치며, 여성에서 월경 주기(에스트로겐과 프로게스테론)와 출산 및 모유의 분비(프로락틴, 옥시토신)를 통제한다. 이 호르몬들, 특히 옥시토신은 어머니와 유아의 유대에 영향을 미치고 양을 포함한 일부 종에서는 유대 형성에 필수적이다.

3. **글루코코르티코이드**(glucocorticoid)는 스트레스 시에 분비되는 일군의 스테로이드호르몬이며 (예 : 코르티솔과 코르티코스테론), 단백질과 탄수화물 신진대사와 혈당 수준 및 세포의 당 흡수 조절에 중요하다. 심리적으로 도전적인 사건 혹은 위급 상황에서 활성화되는 호르몬은 신체로 하여금 싸움 혹은 도주 반응으로 이에 대처하도록 준비하게 한다.

항상성호르몬

항상성이라는 단어는 그리스 단어 *stasis*(머묾)와 *homeo*(같은 장소)에서 유래되었다. 행동을 조절하는 항상성 기제는 12-3절에서 다룬다.

항상성호르몬은 생명 유지에 필수적이다. 나이, 활동, 또는 의식 상태와 무관하게 우리가 기능하기 위해서는 신체의 내적 환경이 비교적 일정한 수준을 유지해야 한다. 아동이든 성인이든, 쉬든 힘들게 일하든, 과식을 하든 배가 고프든 우리가 생존하려면 비교적 일정한 내적 환경이 유지될 필요가 있다. 혈액, 근육의 세포외 구획, 뇌, 다른 신체 구조, 그리고 모든 세포 내에서 당, 단백질, 탄수화물, 염분 및 수분의 적절한 균형이 요구된다.

혈류의 정상적인 포도당 농도는 혈액 100㎖당 80~130㎎이다.

전형적인 항상성 기능이 혈당 수준의 통제이다. 식사 후 소화 과정이 혈당 수준을 높인다. 췌장의 일부 세포가 인슐린을 분비하는데, 이 항상성호르몬이 간과 근육 세포의 글리코겐 합성효소에 지시를 내려 포도당을 글리코겐의 형태로 저장하게 한다. 그 결과 포도당 수준이 낮아지면 췌장세포에 대한 자극이 감소하고, 이에 따라 췌장세포의 인슐린 생산과 글리코겐 저장이 중단된다. 만약 신체가 에너지로 포도당을 필요로 하면 간에서 분비되는 또 다른 호르몬인 글루카곤이 인슐린의 역신호(countersignal)로 작용한다. 글루카곤은 또 다른 효소인 글리코겐 인산화효소를 자극하여 글리코겐 저장 부위에서 포도당이 분비되게 한다.

'호르몬장애'는 이 책의 앞표지 안쪽의 장애 색인을 참조하라.

당뇨병은 췌장세포가 충분한 인슐린을 분비하지 못하거나 전혀 분비하지 못할 때 발생한다. 그 결과 혈당 수준이 낮아지거나(저혈당증) 높아진다(고혈당증). 고혈당증의 경우 혈당 수준이 증가하는데, 이는 인슐린이 부족하여 체세포에게 포도당을 흡수하라는 지시를 하지 못하기 때

문이다. 그 결과 혈당 수준은 높지만 뉴런을 포함한 세포는 포도당이 부족하여 제 기능을 하지 못하게 된다. 혈당 수준이 만성적으로 높으면 눈, 신장, 신경, 심장, 혈관에 손상이 생긴다. 저혈당증의 경우 부적절한 다이어트가 혈당 수준을 낮추며, 심하면 실신이 초래된다. 뇌세포의 인슐린 저항이 알츠하이머병과 관련될 수도 있다(Kellar & Craft, 2020).

배고픔과 섭식은 렙틴과 그렐린을 포함한 많은 항상성호르몬의 영향을 받는다. 렙틴(leptin, 그리스어로 '얇은'을 의미)은 지방 조직에서 분비되고 배고픔을 억제하는 까닭에 **포만호르몬**으로 불린다. 그렐린(ghrelin, 인도-유럽어의 *gher*로, '성장'을 의미)은 위장관에서 분비되어 성장호르몬과 에너지 사용을 조절한다. 그렐린은 배고픔을 일으키기도 한다. 이 호르몬은 위가 비어 있을 때 분비되고, 위가 채워지면 분비가 중단된다. 렙틴과 그렐린은 시상하부의 궁상핵에 있는 동일 뉴런의 수용기들에 작용한다. 이 둘은 함께 섭식을 조절함으로써 에너지 항상성에 관여한다.

아나볼릭-남성화 스테로이드

고환과 난소에서 분비되어 남성의 성징에 관여하는 테스토스테론이라는 성호르몬과 관련된 합성호르몬 부류에 속하는 호르몬에는 근육 형성(아나볼릭) 및 남성화(안드로제닉) 효과가 있다. 간단히 **아나볼릭 스테로이드**(anabolic steroid)로 불리는 아나볼릭–남성화 스테로이드(anabolic-androgenic steroid)는 원래 체질량과 지구력 향상을 위해 합성되었다. 러시아의 역도선수들이 경기 실적을 올리고 국제 경기에서 이기기 위해 1952년에 처음으로 사용하였다.

이후 합성 스테로이드는 급속히 다른 스포츠 종목으로 확산되었고, 결국 트랙과 필드를 비롯한 다른 스포츠에서도 사용이 금지되었으며, 약물 검사가 강제되었다. 아나볼릭 스테로이드는 1990~2000년대 메이저리그 야구에서 스캔들의 핵심이었고, 많은 아마추어 및 프로 스포츠리그에서 '경기력 향상 약물'을 배척하려는 노력의 초점이 되었다. 부도덕한 사람이 계속 새로운 아나볼릭 스테로이드를 만들고 검사를 피할 수 있는 새로운 사용 및 은폐 방법을 추구하였기 때문에 스포츠 기구들이 실시한 검사 정책은 고양이와 쥐 게임이 되었다.

오늘날 아나볼릭 스테로이드는 운동선수와 일반인에서 비슷한 비율로 사용되고 있다. 미국 내에서 100만 명 이상의 사람이 경기력 향상뿐 아니라 체격과 외모를 위해 이 호르몬을 사용한다. 남자 고등학생의 7%와 여자 고등학생의 3% 정도가 이 호르몬을 사용하고 있을 것이다.

아나볼릭 스테로이드 사용에는 건강상 위험이 뒤따른다. 투여 후에 자체 테스토스테론의 생산이 감소하고, 나아가 남성 생식력과 정자 생산도 줄어든다. 근육 부피와 공격성도 증가한다. 심혈관계에도 영향을 미쳐 심장발작과 뇌졸중의 위험이 증가한다. 간과 신장의 기능도 손상되고, 종양의 위험이 커진다. 남성 탈모가 증가하고, 여성에서 음핵이 확장되고 여드름이 생기며 체모가 많아지고 목소리가 낮아진다.

아나볼릭 스테로이드는 임상에서 사용될 수도 있다. 성기능이 저하된 남성의 치료에 테스토스테론 대체요법이 사용된다. 또한 외상 후에 나타나는 근육 상실 치료와 영양 결핍으로 인해 감소된 근육량 회복에 유용하다. 여성에서는 아나볼릭 스테로이드가 자궁내막증(endometriosis)과 유선섬유낭포증(fibrocystic disease) 치료에 사용된다.

글루코코르티코이드와 스트레스

스트레스(stress)는 공학에서 채용한 것으로 어떤 대상에 힘을 가하는 과정을 서술하기 위해 사용하는 용어이다. 인간과 다른 동물에 적용될 때 스트레스원(stressor)은 신체의 항상성에 저항하고

아나볼릭 스테로이드 테스토르테론과 관련된 합성호르몬 부류에 속하며 근육 형성(아나볼릭)과 남성화(안드로제닉) 효과 모두를 가진다. *아나볼릭-남성화 스테로이드*라고도 불린다.

성호르몬이 뇌에 미치는 효과는 12-5절에 상세하게 설명되어 있다.

각성을 일으키는 자극을 가리킨다. 스트레스 반응은 생리적 및 행동적 변화를 포괄하며, 여기에는 각성과 스트레스를 감소시키려는 시도가 포함된다. 스트레스 반응은 스트레스를 일으키는 사건보다 더 오래 지속될 수 있으며, 명백한 스트레스원이 없어도 일어날 수 있다. 지속적인 스트레스를 받으며 사는 삶은 사람을 허약하게 만든다.

스트레스 반응의 활성화

놀랍게도 스트레스원이 신나는 것이든, 우울한 것이든, 위협적인 것이든 그에 대한 신체의 반응이 동일하다. Robert Sapolsky(2004)는 스트레스 반응을 설명하기 위해 굶주린 사자가 얼룩말을 추적하는 생생한 영상을 사용하였다. 이 추적은 두 동물에게 이질적인 행동을 일으키지만, 그들의 생리적 스트레스 반응은 같다. 스트레스 반응은 신체가 스트레스원에 노출될 때, 특히 뇌가 스트레스원을 지각하고 시상하부를 통해 각성으로 반응할 때 시작된다. 반응은 2개의 분리된 연쇄 반응으로 구성되는데, 하나는 신속하게 다른 하나는 천천히 일어난다.

빠른 반응　그림 5.22의 왼쪽은 자율신경계의 교감부가 활성화되고, 신체와 신체 기관이 '싸움 혹은 도주' 반응을 준비하는 과정을 보여준다. 빠른 반응이 일어나는 동안 '안정과 소화' 기능을 담당하는 부교감부는 활동하지 않는다. 교감부가 부신 안쪽의 수질을 자극하면 그곳에서 에피네프린이 분비된다. 그 후 에피네프린 급증(epinephrine surge, 에피네프린의 원래 이름을 따라 아드레날린 급증이라고도 함)이 일어나 신체의 갑작스러운 활동 증가에 대비한다. 에피네프린의 많은 기능 중 하나가 세포의 신진대사를 자극하여 신체세포가 행동을 준비하게 하는 것이다.

느린 반응　그림 5.22의 오른쪽에 제시되어 있듯이 느린 스트레스 반응은 부신의 바깥 층인 부신피질에서 분비되는 스테로이드 코르티솔인 글루코코르티코이드에 의해 통제된다. 코르티솔 경로는 몇 분에서 몇 시간에 걸쳐 천천히 활성화된다. 코르티솔의 기능은 다양한데, 여기에는 스트

그림 5.22　스트레스 반응의 활성화
부신으로 향하는 두 가지 경로가 신체의 스트레스 반응을 통제한다. 신속하게 활성화하는 경로는 싸움 혹은 도주 반응을 위해 즉각적으로 신체를 준비시킨다. 천천히 활성화하는 경로는 신체로 하여금 자원을 동원하여 스트레스원에 당면하게 하고 스트레스로 인한 손상을 회복하게 한다. CRH는 피질자극 방출호르몬이고, ACTH는 부신피질자극호르몬이다.

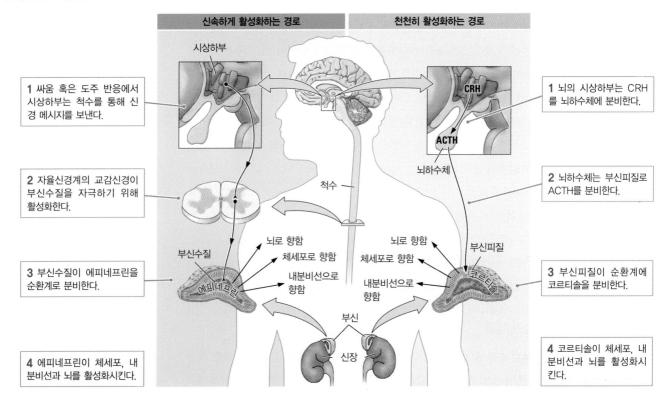

레스원에 대처하는 데 당장 필요하지 않은 모든 신체 체계의 작동을 멈추게 하는 것도 포함된다. 예를 들어 코르티솔이 인슐린 분비를 차단하면 간은 포도당을 분비하기 시작하고, 이에 따라 신체의 에너지 공급이 일시적으로 증가한다. 코르티솔은 생식 기능을 차단하고, 성장호르몬의 생산을 억제한다. 이런 방식으로 코르티솔은 신체 에너지를 스트레스 대처로 집중시킨다.

원리 3. 중추신경계는 다양한 수준에서 기능하며 위계적이고 병렬적으로 조직화되어 있다.

스트레스 반응의 종결

정상적으로 스트레스 반응은 짧게 일어난다. 신체는 자원을 동원하여 생리적으로, 행동적으로 스트레스에 대처하며 그런 후 스트레스 반응을 종결한다. 뇌가 스트레스 반응을 일어나게 하였듯이 그 반응을 종결하는 것도 뇌이다. 만약 스트레스 반응이 종결되지 않으면 어떤 일이 일어날지 생각해보자.

- 신체가 에너지를 계속 동원하여 저장 에너지가 고갈된다.
- 단백질이 소모된 결과 근육이 상실되고 피로해진다.
- 성장호르몬의 생산이 억제되어 신체가 성장할 수 없게 된다.
- 위장계가 작동하지 못하여 사용한 자원을 대체할 음식 섭취와 소화 과정이 저하된다.
- 생식 기능이 억제된다.
- 면역계가 억압되어 감염 또는 질병의 가능성이 커진다.

Sapolsky(2005)는 해마가 스트레스 반응 차단에 중요한 역할을 한다고 주장하였다. 해마에는 매우 많은 코르티솔 수용기가 있고, 그곳에서 나온 축색은 시상하부와 연결된다. 결과적으로 해마는 혈액 내의 코르티솔을 탐지하여 시상하부에 혈중 코르티솔 수준을 낮추도록 지시하기 좋은 곳에 있는 것이다.

그러나 해마와 혈중 코르티솔 수준 사이에는 많은 밝혀지지 않은 관련성이 있을 수 있다. Sapolsky는 케냐에서 야생의 버빗원숭이가 농작물을 해치는 바람에 원숭이들을 포획하여 우리에 가두는 것을 보았다. 일부 원숭이는 병이 들었고 스트레스와 관련될 것으로 보이는 증후군으로 사망하는 것이 관찰되었다. 사망한 원숭이들은 특히 공격적 원숭이들과 같은 우리에 있던 사회적으로 복종적인 개체였다. 부검에서 위궤양, 부신의 확장, 해마의 심각한 변성이 발견되었다. 공격적인 원숭이와 함께 있는 무제한적 스트레스에 의해 만성적으로 코르티솔 수준이 높아졌고, 그로 인해 해마가 손상되었을 것이다.

코르티솔 수준은 대개 해마에 의해 통제된다. 그러나 스트레스를 유발하는 상황이 지속되어 코르티솔 수준이 높게 유지되면 결국 해마가 손상되어 크기가 작아진다. 손상된 해마는 코르티솔 수준을 감소시키지 못하게 된다. 따라서 해마의 변성이 점진적으로 진행됨에 따라 코르티솔 수준이 통제되지 못하는 악순환이 일어난다(**그림 5.23**). 흥미롭게도 쥐를 대상으로 한 또 다른 연구는 이와 유사한 스트레스 후 편도체의 크기가 증가하는 것을 관찰하였다(Bourgin et al., 2015).

쥐와 원숭이의 스트레스 반응 회로가 인간의 회로와 유사하므로 인간에게서도 지나친 스트레스는 해마 뉴런을 손상할 수 있다. 해마가 기억에 중요한 역할을 하므로 스트레스로 인한 해마 손상이 기억장애를 초래할 것이다. 또한 편도체가 정서에 중요한 역할을 하는 것으로 알려져 있으므로 스트레스로 인한 편도체의 변화는 정서 반응을 증가시킬 수 있을 것이다. 이런 행동 변화 양상은 외상후스트레스장애(PTSD)와 유사하다. PTSD를 앓는 사람들은 자신이 외상을 재경험

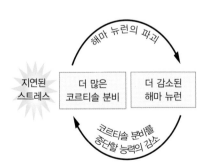

그림 5.23　악순환
종결되지 않은 스트레스가 코르티솔을 지나치게 많이 분비하게 하며, 이로 인해 해마 뉴런이 손상된다. 손상된 뉴런은 코르티솔을 탐지하지 못하고 이를 따라 코르티솔 생산을 중단하라는 신호를 부신에 보내지 못하게 된다. 피드백 고리가 코르티솔 분비를 증가시키고 이에 따라 해마 뉴런이 더 손상된다.

PTSD는 12-6절에 기술되어 있는 불안장애 중 하나이다. PTSD의 치료에 관해서는 연구 초점 16-1과 16-2절에 기술되어 있다.

하고 있는 것처럼 느끼고, 그에 수반되는 생리적 각성은 위험이 임박했다는 믿음을 강화한다.

축적된 스트레스가 인간의 해마를 손상하는지를 밝힌 연구는 없다. 예를 들어 아동기에 성적 학대를 경험하고 PTSD 진단을 받은 여성을 대상으로 한 어떤 연구에서 뇌영상기법으로 측정한 해마 부피와 기억의 변화가 나타났다. 그러나 다른 연구에서는 학대 경험 유무에 따른 어떤 차이도 나타나지 않았다(Landré et al., 2010). 유사해 보이는 연구들에서 서로 다른 결과가 나온 것은 여러 방식으로 설명할 수 있다.

첫째, 해마가 어느 정도 손상되어야 스트레스증후군이 나타나는지 확실하지 않다. 둘째, 뇌영상기법으로 해마 세포 기능의 미세한 변화 또는 중간 정도의 세포 상실을 민감하게 측정하지 못할 수 있다. 셋째, 광범위한 개인 및 환경 차이가 사람들의 스트레스 반응 방식에 영향을 줄 수 있다. 넷째, 신생아의 스트레스가 해마의 신경 생성에 영향을 미칠 수 있다(Lajud & Torner, 2015). 스트레스의 장기적 결과는 해마 부피의 감소와 스트레스에 대한 취약성의 증가이다. 마지막으로 인간은 오래 살면서 다양한 경험을 하므로 단일 스트레스 사건을 근거로 간단하게 추론하기 어렵다.

그럼에도 불구하고 Patrick McGowan과 동료들(2009)은 아동기에 성적 학대를 경험한 자살자의 해마 글루코코르티코이드 수용기 밀도가 학대 경험이 없는 자살자와 통제군에 비해 낮다고 보고하였다. 수용기와 글루코코르티코이드 mRNA의 감소는 아동 학대가 글루코코르티코이드 유전자의 발현에서 후생유전적 변화를 일으켰음을 시사한다. 글루코코르티코이드 수용기가 감소한 결과 해마가 스트레스 반응을 완화하지 못할 수 있다. McGowan의 연구 결과는 스트레스가 해마 부피의 감소와 무관하게 해마 기능에 영향을 미칠 수 있는 기제를 밝힌 점에서 중요하다. 나아가 이 연구는 스트레스가 뇌의 많은 영역에 변화를 일으킬 수 있음을 강조하였다. 아직 이들 변화의 모든 측면을 설명하고 이해할 수 있는 것은 아니다(Clauss et al., 2015).

5-4 복습

진도를 계속 나가기 전에 앞 절을 얼마나 이해했는지 확인해보자. 정답은 이 책의 뒷부분에 있다.

1. 시상하부가 _____을/를 생산하고, 이는 _____을/를 자극하여 순환계로 _____ 을/를 분비하게 한다. 혈류를 따라 순환하는 호르몬 수준이 _____(으)로 피드백을 제공한다.

2. 호르몬은 화학적으로 _____, _____, _____, _____(으)로 분류된다.

3. 대략적으로 말하면 _____ 호르몬은 신진대사의 균형을 조절하고, _____ 호르몬은 생식을 조절하며, _____은/는 스트레스를 조절한다.

4. 한 유형의 합성호르몬인 _____은/는 _____을/를 증가시키고 _____ 효과를 가진다.

5. 스트레스 반응 경로 중 신속하게 작용하는 경로는 _____의 분비로 매개되고, 천천히 작용하는 경로는 _____의 분비로 매개된다.

6. 스트레스, 코르티솔, 해마 사이의 관련성을 기술하시오.

7. 신경전달물질, 신경조절물질, 호르몬을 구별하는 핵심적 특성은 무엇인가?

요약

5-1 화학적 메시지

Otto Loewi는 1920년대에 심장과 연결된 신경이 심장박동률을 조절하는 화학물질을 분비한다고 생각하였다. 개구리를 이용한 후속 실험에서 심장박동이 아세틸콜린에 의해서는 느려지고, 에피네프린에 의해서는 빨라진다는 사실이 관찰되었다. 이 발견은 화학적 신경전달의 기초를 이해하는 데 핵심이 되었다.

흥분성 및 억제성 신경전달물질을 합성하는 체계는 시냅스전 뉴런의 축색종말 또는 세포체에 있지만, 신경전달물질을 저장하는 체계는 축색종말에 있다. 신경전달물질이 작용하는 수용기 체계는 시냅스후 막에 존재한다. 순행성 화학적 신경전달이 인간 신경계의 지배적 기제이다. 그럼에도 불구하고 뉴런들은 이온이나 영양소를 공유할 수 있는 채널 형성 단백질인 틈새이음을 통해 직접 연결되기도 한다.

신경전달물질이 거치는 다섯 가지 주요 단계는 (1) 합성, (2) 포장과 저장, (3) 축색종말에서 방출, (4) 시냅스후 수용기에서 작용, (5) 불활성화이다. 합성된 신경전달물질은 시냅스 소낭에 담겨 축색종말에 저장된다. 시냅스전 막에서 활동전위가 전파되면 그 전압 변화에 의해서 시냅스 소낭이 이동하여 시냅스전 막과 융합되고 세포외유출에 의해 신경전달물질이 방출된다.

하나의 시냅스 소낭에서 1양자의 신경전달물질이 시냅스 틈으로 방출되면 시냅스후 막에서 소형 전위가 발생한다. 시냅스후 뉴런에서 활동전위를 발생시키기 위해서는 많은 양자의 전달물질이 동시에 방출되어야 한다. 작용을 마친 전달물질은 시냅스 틈으로 확산하거나 효소에 의해 분해되고, 신경전달물질 자체 또는 구성 성분은 축색종말로 재흡수(간혹 교세포로도 흡수)됨으로써 불활성화된다.

5-2 신경전달물질과 수용기의 다양성

과학자들은 대략 100가지의 신경전달물질이 있을 것으로 생각하며, 그것들은 크게 소분자 전달물질, 펩티드 전달물질, 지질 전달물질, 가스 전달물질, 이온 전달물질로 분류된다. 이러한 전달물질을 가진 뉴런은 다른 뉴런, 근육, 혈관, 세포외액과 다양한 연결을 형성한다.

기능적으로 뉴런은 흥분성 또는 억제성일 수 있으며, 뇌의 국소 회로 또는 뇌 전체 신경망에 관여할 수 있다. 일반적으로 흥분성 시냅스는 수상돌기가시에 위치하고, 억제성 시냅스는 세포체에 위치한다.

일부 신경전달물질은 이온성 및 대사성 수용기 모두와 연관되어 있다. 이온성 수용기는 빠르고 직접적으로 시냅스후 세포막의 전압을 변화시킨다. 느리게 작용하는 대사성 수용기는 세포의 기능과 구조를 간접적으로 변화시키기 위해서 이차전령을 활성화한다.

5-3 신경전달물질의 체계와 행동

신경전달물질은 다기능 화학물질이기 때문에 과학자들은 단일 신경전달물질과 단일 행동의 관계를 구분하는 것이 불가능하다는 것을 잘 알고 있다. 오히려 동일한 주요 신경전달물질을 이용하는 뉴런으로 구성된 활성 체계는 행동의 여러 일반적인 측면에 영향을 미친다. 예컨대 체성신경계의 주요 신경전달물질인 아세틸콜린은 골격근의 운동을 조절하고, 자율신경계의 주요 전달물질인 아세틸콜린과 노르에피네프린은 신체의 내장기를 통제한다. 장신경계의 주요 전달물질은 도파민과 세로토닌이고 장의 기능을 조절한다.

중추신경계에는 광범위하게 분포된 글루타메이트와 GABA 뉴런뿐 아니라 아세틸콜린, 노르에피네프린, 도파민, 세로토닌을 사용하는 신경활성 체계도 있다. 이들 활성 체계는 뇌의 광범위한 영역이 조화롭게 작용하도록 해주며, 각 활성 체계는 다양한 부류의 행동 및 장애와 관련되어 있다.

5-4 호르몬

내분비선에 의해 생산되는 호르몬은 혈관을 따라 순환하면서 다양한 목표 기관에 영향을 미친다. 호르몬 수준을 조절하기 위해 감각자극과 뇌의 인지 활동 체계가 시상하부를 거쳐 뇌하수체를 자극한다. 뇌하수체는 내분비선을 자극 또는 억제하며, 내분비선은 다른 호르몬을 통해 뇌로 피드백을 보낸다.

항상성호르몬은 신체 내의 당, 단백질, 탄수화물, 염분 및 다른 물질의 균형을 조절한다. 글루코코르티코이드는 스트레스, 즉 자극적이고 도전적 상황에 대처하는 신체능력을 조절하는 스테로이드 호르몬이다.

해마가 스트레스 반응의 종결에 중요한 역할을 한다. 스트레스원이 사라진 후에도 스트레스 반응이 종결되지 않으면 PTSD와 다른 심리 및 신체 질병에 대한 취약성이 높아질 수 있다. 스트레스는 스트레스에 대한 호르몬 반응을 조절하는 유전자의 발현을 수정하는 후생유전적 변화를 활성화하고, 스트레스를 야기하는 사건이 종결된 후에도 오랫동안 뇌 변화를 일으킨다.

합성 아나볼릭 스테로이드는 운동선수와 일반인이 사용하는 물질이다. 이 호르몬은 테스토스테론과 유사하게 근육량, 체력, 공격성을 증가시키는 효과를 내지만, 유해한 부작용을 일으키기도 한다.

핵심 용어

감마-아미노뷰티르산(GABA)

강박장애(OCD)

글루코코르티코이드

글루타메이트(Glu)

노르아드레날린성 뉴런

노르에피네프린(NE)

대사성 수용기

도파민(DA)

산화질소(NO)

성호르몬

세로토닌(5-HT)

세 부분 시냅스

세포외유출

소분자 전달물질

속도-제한 인자

수송체

순행성 시냅스 전달

시냅스 소낭

시냅스전 막

시냅스 틈

시냅스후 막

신경전달물질

신경조절물질

신경펩티드

스테로이드호르몬

아나볼릭 스테로이드

아미노산호르몬

아세틸콜린(ACh)

아연

알츠하이머병

양자

에피네프린(EP)

엔도칸나비노이드

이온성 수용기

이차전령

일산화탄소(CO)

자가 수용기

재흡수

저장 과립

전달물질-활성화 수용기

조증

조현병

주요우울장애

지질호르몬

콜린성 뉴런

틈새이음

파킨슨병

펩티드호르몬

하위단위

항상성호르몬

화학적 시냅스

활성 체계

황화수소(H_2S)

히스타민(H)

G 단백질

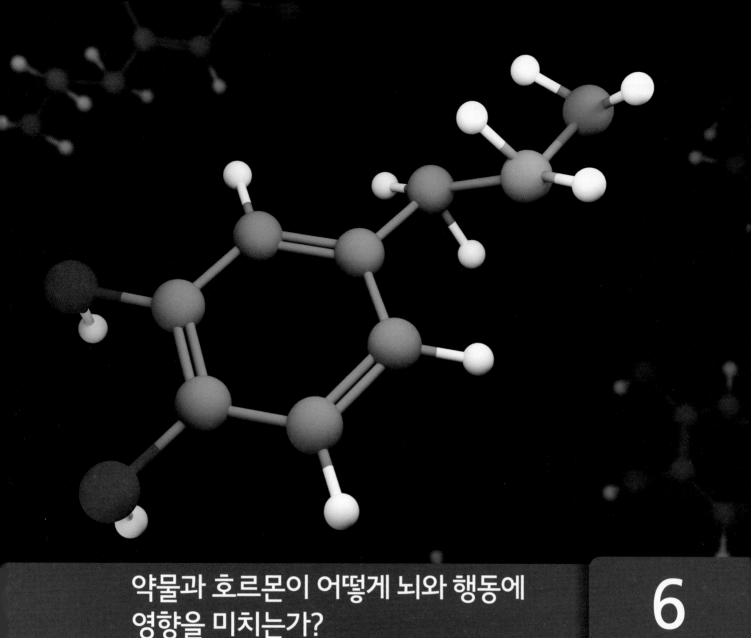

약물과 호르몬이 어떻게 뇌와 행동에 영향을 미치는가?

6

6-1 정신약물학의 원리

임상 초점 6-1 인지 향상?

약물의 신경계 경로

시냅스에서의 약물 작용 : 효능제와 길항제

아세틸콜린 시냅스 : 약물 작용의 예

내성

실험 6-1 질문 : 지속적인 알코올 섭취가 내성을 초래하는가?

민감화

실험 6-2 질문 : 약물 주사가 항상 동일한 행동을 일으키는가?

6-2 향정신성 약물

아데노신계(Adenosinergic)

아세틸콜린계(cholinergic)

GABA계(GABAergic)

글루타메이트계(Glutamatergic)

임상 초점 6-2 태아 알코올 스펙트럼 장애

도파민계(dopaminergic)

연구 초점 6-3 주의력결핍 과잉행동장애

세로토닌계

오피오이드계(opioidergic)

임상 초점 6-4 주요우울장애

칸나빈계(cannabinergic)

임상 초점 6-5 오피오이드 과다 복용으로 인한 급속한 사망 확산

6-3 약물에 대한 개인 반응에 영향을 미치는 요인

알코올에 대한 행동

물질사용장애, 금단, 중독

물질사용장애의 위험 요인

물질사용장애의 개인차와 성차

6-4 약물 사용과 남용에 관한 설명

원함과 좋아함 이론

왜 모든 사람이 물질사용장애로 발전하지 않는가

물질사용장애의 치료와 관련된 이슈

약물이 뇌 손상을 초래하는가

임상 초점 6-6 약물 유도 정신병

◎ 임상 초점 6-1

인지 향상?

일부 대학생이 처방전 없이 향정신성 약물, 예를 들어 애더럴(Adderall)을 친구나 가족을 통해 구하거나 처방 외의 다른 목적, 즉 시험을 준비하기 위해 오랫동안 깨어 있거나 집중하기 위해 사용한다. 실제 애더럴 처방 횟수는 감소하였지만 애더럴 남용과 관련한 의료 문제는 증가하고 있는데, 이는 이 약물이 합법적으로 처방된 목적과 다르게 사용되고 있기 때문이다. 많은 대학생이 애더럴, 리탈린(Ritalin) 등의 자극제를 무해한 학습 도움 약물로 여기지만 이 약물들을 남용할 경우 정신건강문제, 우울증, 양극성장애, 공격적이거나 적대적인 행동과 중독을 포함한 심각한 건강 위기를 경험할 수 있다(Han et al., 2016). 최근 들어 학생들이 인지 기능의 향상을 위해 모다피닐[modafinil, 프로비질(provigil)이라는 상호로 판매되고 있음]을 사용하는데, 이 약물은 다양한 신경전달물질 체계를 조절하는 효과가 있고 수면장애 치료를 위해 주로 처방되는 비암페타민(nonamphetamine)계이다(Sousa & Dinis-Oliveira, 2020).

애더럴(주로 덱스트로암페타민)과 리탈린(메틸페니데이트)은 **주의력결핍 과잉행동장애**(attention-deficit/hyperactivity disorder, ADHD) 치료를 위해 처방되는데, ADHD는 충동성, 과잉행동과 부주의가 주된 증상인 발달장애이다. 메틸페니데이트와 덱스트로암페타민은 스케줄 II 약물, 즉 남용 가능성이 있고 의료 목적으로 사용하기 위해서는 처방전이 필요한 약물이다. 이 약물들의 불법 사용은 주로 가짜 처방전이나 다른 사람의 처방전을 구매하는 것을 통해 일어난다. 두 약물 모두 암페타민의 약물 속성을 공유하는데, 즉 도파민을 재흡수하는 수송기를 방해하여 도파민이 시냅스에 더 오래 머물게 하고 도파민 수준을 증가시킨다(이 상호작용에 관한 자세한 기술은 6-2절 참조).

인지 향상 약물의 사용이 새로운 것은 아니다. 정신분석가인 Sigmund Freud는 1884년에 발표한 코카인에 관한 논문에서 "몇 세기 동안 [페루의] 인디언들이 체력 증진을 위해 코캐[코카인]를 사용하여 왔다"고 기술하였다. 프로이트는 코카인이 중독성을 띠는 것을 알고 난 후 코카인 사용의 지지를 철회하였다.

1937년 *American Journal of Psychiatry*에 발표된 한 논문은 암페타민의 유형인 벤제드린이 정신능력 검사의 수행을 향상시킨다고 보고하였다(Bradley, 1937). 이 정보가 학생들 사이에 급속하게 전파되어 학생들이 이 약물을 시험에 대비하기 위한 학습 도움 약물로 사용하기 시작하였다. 1950년대에 덱세드린이라는 제품명으로 판매된 덱스트로암페타민이 수면장애인 기면증

치료약으로 처방되고 학습 도움 목적으로 학생들 사이에 불법으로 사용되었다.

암페타민과 기타 자극제의 복잡한 신경학적 효과는 내성(자극에 대한 반응 감소)과 민감화(자극에 대한 반응 증가)를 통해 시냅스에서 일어난다. 이 약물을 비의료적 목적을 위해 반복해서 사용할 경우 수면장애, 식욕 상실, 두통을 포함한 부작용이 일어나기 시작한다. 어떤 사람은 심혈관 이상을 보이기도 하고 암페타민에 중독되기도 한다.

현재 ADHD를 주로 약물로 치료하고 있지만 이 약물의 장기적 효과는 여전히 논란이 되고 있다(Cortese, 2019). 전 세계를 통해 1억 5,000만 명 이상의 사람들로부터 얻은 자료는 비록 조사에 포함된 나라마다 큰 차이는 있지만 모든 나라에서 지난 15년 동안 ADHD 약물의 사용이 증가하고 있음을 보여준다(Raman et al., 2018). 오늘날 American Academy of Pediatrics를 포함한 단체들이 5세 미만 아동에게는 ADHD 치료에 약물을 사용하기 전에 행동 치료를 먼저 실시하고 6세 이상 아동에게는 공식적인 ADHD 진단이 내려진 후에만 약물치료를 시작하도록 권하고 있다.

자극제가 건강한 사람의 뇌 기능을 향상시킴으로써 학업과 직무 수행을 향상시킨다는 주장에도 불구하고, 일시적으로 동기 수준을 증가시킨다는 것 외에는 이 약물의 효과에 관한 증거가 거의 없다.

Robert Stolarik/The New York Times/Redux Pictures

정신약물학(psychopharmacology), 즉 약물이 어떻게 신경계와 행동에 영향을 미치는지 연구하는 분야가 이 장의 주제이다. 먼저 가장 공통적인 투약 방법, 약물이 중추신경계에 도달하는 경로와 약물이 어떻게 신체에서 제거되는지 살펴보자. 이후 향정신성 약물이 작용하는 주된 신경전달물질 체계에 근거하여 향정신성 약물을 살펴보겠다. 그다음으로는 왜 사람들이 동일한 양의 약물에 서로 다르게 반응하는가와 왜 일부 사람들이 **물질사용장애**(substance use disorder, SUD)를 경험하는가를 살펴볼 것이다. 또한 중독의 신경학적 근거도 살펴볼 것이다. 중독이라는 용어가 비록 널리 사용되고 있지만 중독은 일상에서 부정확하게 사용되는 것과는 매우 다른 과학적 정의가 있다(6-3절 참조).

약물이 좋든 혹은 나쁘든 간에 뇌에 어떤 영향을 미치는지 살펴보기 전에 우리는 다음 사항, 즉 신경전달물질, 수용기와 약물이 작용하는 부위가 엄청나게 많다는 것을 명심해야 한다. 모든 약물이 신체와 뇌의 많은 부위에 작용하고 하나 이상의 신경전달물질에 영향을 미친다. 다시 말

주의력결핍 과잉행동장애(ADHD) 충동성, 과잉행동과 부주의 등의 행동 증상이 특징인 발달장애

정신약물학 어떻게 약물이 신경계와 행동에 영향을 미치는지 연구하는 분야

물질사용장애(SUD) 만성적으로 지나치게 약물에 의존하여 약물이 생활의 주된 부위를 차지하는 약물 사용 패턴을 가진 사람에게 주어지는 진단 용어

하면 모든 약물은 일차적 혹은 의도된 작용뿐만 아니라 이차적 혹은 의도하지 않은 작용도 한다. 더욱이 유전적 구성, 부정적인 아동기 경험, 성, 연령, 키, 체중 등에서의 개인차가 약물 효과에 영향을 미친다. 이러한 점을 고려해보면 비록 정신약물학 연구가 약물 작용의 이해에 중요한 공헌을 하고 있지만 아직까지 신경과학자들이 어떤 약물도 완벽하게 알지 못한다고 여길 수 있다.

정신약물학의 원리

물질(substance)이라고도 알려진 약물은 투여할 경우 신체 및 뇌에 원하는 변화를 일으키는 화학 합성물이다. 약물은 질병을 진단, 치료, 예방하기 위해, 정신적 혹은 신체적 통증과 고통을 경감하기 위해, 해로운 생리적 상태를 완화하기 위해 주로 사용된다. 이 장에서 우리는 **향정신성 약물**(psychoactive drug), 즉 기분, 사고, 행동을 변화시키는 물질에 초점을 맞춘다. 향정신성 약물은 신경심리 질환을 치료하기 위해 혹은 레크리에이션의 목적으로도 사용된다. 이에 덧붙여 용량과 반복 사용에 따라 향정신성 약물이 행동 변화, 뇌 손상, 심지어 사망을 초래하는 독성물질로 작용할 수 있다는 것도 살펴보겠다.

약물의 신경계 경로

향정신성 약물이 효과를 내기 위해서는 약물이 신경계 내의 목표물에 도달해야만 한다. 약물이 신체로 들어가서 신체를 통과하여 목표물에 도달하는 방법을 **투약 경로**(route of administration)라고 한다. 투약은 구강, 폐 흡입, 직장 좌약, 피부 및 점막에 부착한 패치, 혈관이나 근육, 심지어 뇌로 직접 주사함으로써 이루어진다. **그림 6.1**은 투약의 일부 경로와 다양한 방해물을 통과하여 목표물에 도달하는 것을 가능하게 하는 약물 특성을 요약하여 기술하고 있다.

약물의 경구투여(oral administration)가 쉽고 편리하지만 복잡한 경로를 거쳐야 한다. 복용한 약물이 혈관에 도달하기 위해서는 먼저 위와 소장의 내막(lining)을 통해 흡수되어야 한다. 약물이 액체이면 쉽게 흡수된다. 이와 상반되게 고체 형태일 경우 위액에 의해 용해되지 않는 한 흡수되지 않는다. 일부 약물은 위장관의 마이크로바이옴(micorbiome) 혹은 미생물군에 있는 효소에 의해 파괴되거나 변하게 된다. 약물은 또한 산(acid) 혹은 염기(base)인가에 따라 흡수율이 영향을 받는다.

위와 장에 의해 흡수된 약물은 혈관 내로 들어가야만 한다. 약물 경로 중 이 부분에는 약물의 부가적인 속성이 필요하다. 혈액이 수분을 많이 함유하고 있기 때문에 약물이 수용성이어야 한다. 약물이 혈액 내로 들어가면 성인 신체를 순환하는 약 6리터의 혈액에 의해 희석된다. 약물이 혈관을 통과하면 약 35리터의 세포외액이 약물을 또 희석한다.

신체의 가장 큰 기관인 피부에는 신체 표면을 보호하는 3개의 세포층이 있다. 일부 소분자 약물(예 : 니코틴 패치)은 피부 장벽을 쉽게 통과한다.

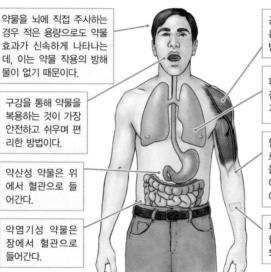

약물을 뇌에 직접 주사하는 경우 적은 용량으로도 약물 효과가 신속하게 나타나는데, 이는 약물 작용의 방해물이 없기 때문이다.

구강을 통해 약물을 복용하는 것이 가장 안전하고 쉬우며 편리한 방법이다.

약산성 약물은 위에서 혈관으로 들어간다.

약염기성 약물은 장에서 혈관으로 들어간다.

근육으로 주사된 약물이 흡입 약물보다 더 많은 방해물을 만난다.

폐로 흡입된 약물은 뇌로 전달되는 도중 방해물을 거의 만나지 않는다.

혈관에 주사된 약물은 뇌로 전달되는 동안 방해물을 가장 적게 만나지만 이 약물은 반드시 친수성이어야 한다.

피부에 붙이는 패치에 포함된 약물은 피부에 흡수되고 혈관으로 들어간다.

그림 6.1 투약 경로

향정신성 약물 기분, 사고, 행동을 변화시키고 신경심리 질환의 치료에 사용되거나 레크리에이션 목적으로 사용되는 약물

가스 혹은 에어로졸의 형태로 투여된 약물은 호흡관의 세포층을 매우 쉽게 통과하고, 흡입하자마자 즉시 세포막을 건너 혈관으로 흡수된다. 따라서 이 약물들은 소화계 혹은 피부의 방해를 받지 않고 혈관에 도달한다. 니코틴, 코카인, 테트라히드로칸나비놀(tetrahydrocannabinol, THC) 등과 같이 가스 혹은 흡입의 형태로 투여되는 약물은 이와 유사한 방법으로 흡수된다.

약물을 혈관으로 직접 주사하는 경우 약물이 뇌에 도달하는 동안 방해물이 거의 없다. 그리고 만약 향정신성 약물이 뇌로 직접 주사될 경우 방해물이 가장 적다. 이 약물 투여는 살균 상태에서 의료 전문가에 의해서만 실시되는 경우가 대부분이다.

뇌에 도달하는 도중 만나는 각각의 방해물을 제거하면 약물 용량이 1/10로 감소할 수 있다. 예를 들어 정신운동성 자극제이고 '임상 초점 6-1 : 인지 향상?'에 기술되어 있는 약물의 주요 성분인 암페타민 1mg 혹은 1,000μg(1μg은 1/1,000mg과 동일)을 구강으로 투여하면 눈에 띄는 행동 변화가 발생한다. 만약 암페타민을 폐로 흡입하거나 혈액 내로 주사하면 이 약물이 위로 가는 경로를 피하게 되며, 이 경우 단지 100μg만으로도 동일한 효과를 가져올 수 있다. 만약 암페타민을 뇌척수액으로 주사하여 이 약물이 위와 혈액으로 가는 경로를 우회하게 하면 10μg으로도 동일한 효과를 낼 수 있고, 만약 암페타민을 목표 뉴런에 직접 주사하여 이 약물이 뇌척수액에서 희석되는 것을 피하게 하면 단지 1μg만으로도 동일한 행동 변화가 나타날 수 있다.

한편 흡입 혹은 정맥주사로 투여되는 약물은 가격이 매우 낮은데 이는 약물 효과에 필요한 용량이 경구투여보다 훨씬 적기 때문이다. 반면 주삿바늘을 여러 사람이 공유하는 경우처럼 비위생적인 상태에서 정맥 혹은 뇌에 직접 주사하면 위험이 증가하는데, 이는 바이러스와 미생물에 오염된 소량의 혈액이 한 사람에게서 다른 사람으로 전달될 수 있기 때문이다. 보호 역할을 하는 각 장애물이 제거되면 과다 복용(동일한 효과를 얻기 위해 소량의 약물이 점차 더 필요하다)의 위험에 당면할 수도 있는데 이는 비의료적 상황에서는 약물의 양과 순도를 측정하는 것이 거의 불가능하기 때문이다.

혈뇌장벽의 재논의

세포막, 모세혈관의 벽, 태반 등의 신체 부위가 약물이 신체 내에서 이동하는 것을 방해한다. 약물이 뇌의 모세혈관을 통과하는 것이 매우 어려운데, 이는 **혈뇌장벽**(blood-brain barrier), 즉 대부분의 수용성 물질 통과를 막는 뇌혈관 세포들 사이의 단단한 결합 때문이다. 혈뇌장벽은 뇌의 이온 균형을 보호하고 많은 신경화학물질이 뇌로 들어가는 것을 막는데, 이는 이 화학물질들이 뉴런들 사이의 소통을 방해할 수 있기 때문이다. 혈뇌장벽은 순환하는 많은 호르몬, 독성물질, 감염성 물질로부터 뇌를 보호한다. 손상 혹은 질병이 때로 혈뇌장벽을 파괴할 수 있으며, 이 경우 병원균이 뇌로 들어가게 된다. 그러나 대부분의 경우 뇌는 해로운 물질이 들어오지 못하도록 잘 보호받고 있다.

뇌에는 매우 풍부한 모세혈관 네트워크가 있으며, 네트워크를 구성하는 뉴런 중 어느 것도 모세혈관으로부터 50μm(100만 분의 1m)보다 멀리 떨어져 있지 않다. **그림 6.2**의 왼쪽 그림에서 볼 수 있듯이 뇌의 모세혈관(다른 모든 모세혈관처럼)은 **내피세포**의 단일 층으로 구성되어 있다. 대다수 신체 기관의 모세혈관 벽에 있는 내피세포는 융합되어 있지 않기 때문에 세포들 사이에 있는 틈을 통해 물질이 통과할 수 있다. 이와 상반되게 뇌의 대부분에서는 내피세포들이 서로 융합되어 단단한 결합을 형성하기 때문에 대부분의 물질 분자가 이들 사이를 비집고 통과할 수 없다.

1000 μg=1 mg

그림 4.7과 4.8은 이온 확산과 농도 및 전압기울기를 설명한다.

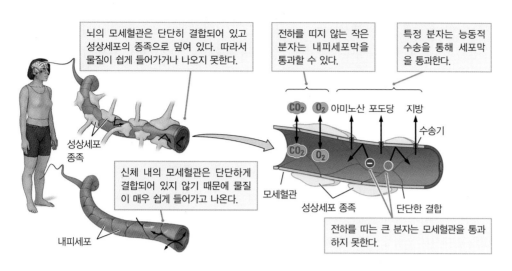

뇌의 모세혈관은 단단히 결합되어 있고 성상세포의 종족으로 덮여 있다. 따라서 물질이 쉽게 들어가거나 나오지 못한다.

전하를 띠지 않는 작은 분자는 내피세포막을 통과할 수 있다.

특정 분자는 능동적 수송을 통해 세포막을 통과한다.

신체 내의 모세혈관은 단단하게 결합되어 있지 않기 때문에 물질이 매우 쉽게 들어가고 나온다.

성상세포 종족

내피세포

CO_2 O_2 아미노산 포도당 지방 수송기

CO_2 O_2

모세혈관 성상세포 종족 단단한 결합

전하를 띠는 큰 분자는 모세혈관을 통과하지 못한다.

그림 6.2 혈뇌장벽

신체 내 모세혈관 대부분은 모세혈관 세포막을 통해 물질이 통과하는 것을 허용하지만 뇌의 모세혈관은 매우 단단히 결합되어 있는 혈뇌장벽을 형성한다.

그림 6.2는 뇌 모세혈관의 내피세포들이 모세혈관 벽에 붙어 벽을 뒤덮고 있는 성상세포의 종족(end feet)으로 둘러싸여 있는 것도 보여준다. 성상세포는 모세혈관과 뇌의 세포외액 및 다른 세포들 사이에 영양분과 배설물을 서로 교환할 수 있는 길을 제공하는데, 이에 대한 것이 그림 6.2의 오른쪽 부분에 제시되어 있다.

그림 6.3에서 볼 수 있듯이 3개 뇌 영역의 모세혈관 벽에 있는 세포들에는 혈뇌장벽이 부족하다. 뇌하수체(pituitary)는 혈액 내로 분비되는 많은 호르몬을 생산하고, 이 호르몬 생산이 혈액에 의해 뇌하수체로 전달되는 다른 호르몬에 의해 유발된다. 뇌간에 위치하는 최후 영역(area postrema)에도 혈뇌장벽이 존재하지 않으며 이로 말미암아 혈액 내에 있는 독성물질이 이 영역으로 들어와서 이 영역의 뉴런들에 의해 탐지되고 위에 남아 있는 독성물질을 배출하기 위한 구토 반응이 일어나게 된다. 송과선(pineal gland) 역시 혈뇌장벽이 부족한데, 이로 인하여 호르몬이 송과선에 도달하여 낮과 밤의 주기를 조율하게 된다.

뇌가 작동하기 위해서는 다른 어떤 물질보다도 산소와 포도당이 필요한데, 이는 에너지와 단백질 합성에 필요한 아미노산 때문이다. 이산화탄소와 기타 배설물이 뇌세포로부터 배출되어 혈액에 의해 이동하듯이 에너지 분자(fuel molecule)들도 혈액으로부터 뇌세포에 도달해야만 한다. 이 중요한 물질들의 분자는 다음 두 가지 방법으로 혈뇌장벽을 통과한다.

1. 산소, 이산화탄소 등과 같은 소분자와 지용성 분자는 내피세포막을 통과할 수 있다.
2. 포도당, 아미노산 및 다른 영양분과 같은 복잡한 분자는 능동 수송 시스템 혹은 이온 펌프(특정 물질의 수송을 담당하는 수송기 단백질)에 의해 세포막을 통과한다.

단 몇 가지 향정신성 약물만이 CNS에 접근 가능할 만큼 매우 작거나 통과 가능한 화학 구조를 가지고 있다. CNS에 영향을 미칠 수 있는 약물들이 가지는 중요한 속성이 혈뇌장벽을 통과할 수 있다는 것이다.

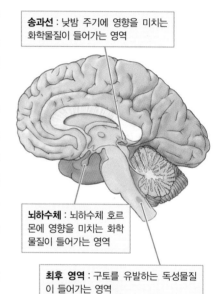

송과선 : 낮밤 주기에 영향을 미치는 화학물질이 들어가는 영역

뇌하수체 : 뇌하수체 호르몬에 영향을 미치는 화학물질이 들어가는 영역

최후 영역 : 구토를 유발하는 독성물질이 들어가는 영역

그림 6.3 혈뇌장벽이 없는 뇌 영역

뇌하수체는 많은 호르몬의 목표 지점이고 송과선은 일주기 리듬에 영향을 미치는 호르몬의 목표 지점이며 최후 영역은 독성물질에 대한 반응으로 구토를 일으킨다.

13-2절은 송과선의 페이스메이킹 기능을 기술한다.

어떻게 신체가 약물을 제거하는가

치료 목적으로 개발된 약물은 목표물에 도달하는 기회를 증가시킬 뿐만 아니라 신체 내에 더 오랫동안 머물 수 있도록 고안된다. 약물이 혈류에서 희석되면 전 신체에 분산된다. 경우에 따라 약물이 지방 세포에 격리되어 그곳에서 천천히 분비된다. 투약 후 신체는 이화작용(catabolism)을 통해 약물을 분해하기 시작하는데, 이 과정이 신체의 여러 부위, 즉 신장, 간과 장 등에서 일어난

다. 신체는 약물과 약물의 대사물을 소변, 대변, 땀, 모유와 내뿜는 숨을 통하여 배출한다.

간의 기능은 특정 지용성 분자를 수용성 형태로 전환하는 것이다. 이를 위해 간은 일군의 약물 이화 효소, 즉 **시토크롬 P450 효소군**(cytochrome P450 enzyme family)(일부는 위장관 마이크로바이옴에도 존재한다)을 가지고 있는데, 이 효소는 서로 다른 많은 약물을 신체로부터 더 쉽게 배설되는 형태로 분해한다. 이화되지 않거나 배설되지 않는 약물은 신체 내에 축적되어 독성을 띨 수 있다. 예를 들어 수은 금속은 쉽게 제거되지 않으며 신체 내에 축적되면 심각한 신경학적 문제를 초래할 수 있다. 따라서 수은 독성의 치료에 관한 최근 연구는 수은의 해로운 효과를 최소화하는 동시에 수은 제거에 도움이 되는 방법을 찾는 데 초점을 둔다(Bjørklund et al., 2017).

이화작용은 분해하고 동화작용은 흡수한다.

현대의 산업화 사회에 사는 우리는 다양하고도 많은 양의 약물을 복용하는데, 이 약물들은 자신들의 대사물과 함께 신체로부터 제거되어 환경, 주로 물로 방출된다. 이 상황이 매우 심각한 문제를 야기하는데, 왜냐하면 인간을 포함한 많은 다른 동물이 이 물질들을 재섭취하기 때문이다(Brown et al., 2015). 재섭취한 일부 물질이 생식능력과 고위험군의 발달(배아와 청소년 포함) 심지어 성숙한 유기체의 생리와 행동에조차 부정적인 영향을 미칠 수 있다. 최근 몇 년 동안의 산업 및 토목 공학의 주요 관심이 인간과 다른 동물들에서 배출되는 부산물을 제거하는 폐기물 관리 체계를 재고안하는 것이다(Meyer et al., 2019).

시냅스에서의 약물 작용 : 효능제와 길항제

대부분의 약물은 시냅스에서 일어나는 화학 작용에 영향을 미침으로써 향정신성 효과를 낸다. 약물이 어떻게 작용하는지 이해하려면 약물이 시냅스 작용을 수정하는 방법을 알아야 한다. **그림 6.4**는 시냅스에서 일어나는 신경전달의 주요 단계를 요약하고 있으며, 약물 작용은 각 단계에서 일어날 수 있다.

1. 세포체, 축색, 축색종말에서 신경전달물질이 **합성**됨
2. 신경전달물질이 소낭에 **포장**되고 **저장**됨
3. 축색종말의 시냅스전 세포막에서 시냅스로 전달물질이 **분비**됨
4. 시냅스후 세포막에서 수용기와 상호작용, 즉 전달물질이 시냅스후 세포막에 박혀 있는 수용기에 **작용**함
5a. 재사용을 위해 시냅스전 종말로 **재흡수**되어 불활성화됨 혹은
 b. 잉여 신경전달물질이 효소에 의해 **퇴화**되어 불활성화됨

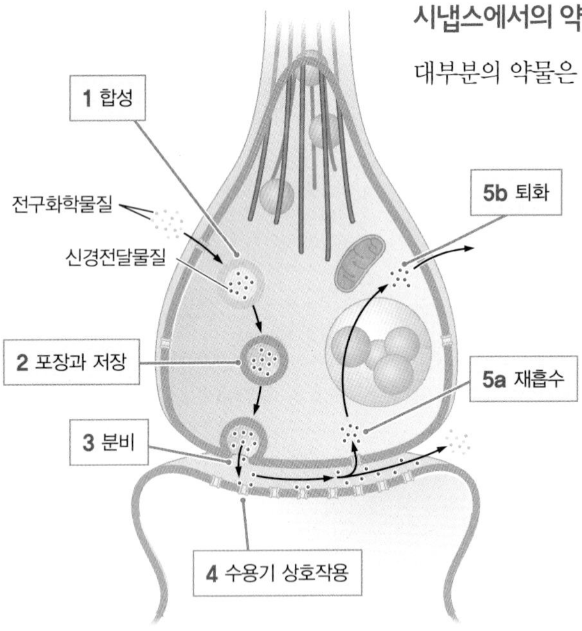

궁극적으로 약물은 신경전달을 증가 혹은 감소시키는 방법 중 하나를 통하여 시냅스 기능에 영향을 미친다. 신경전달을 증가시키는 약물은 **효능제**(agonists)로 분류되고 감소시키는 약물은 **길항제**(antagonists)로 분류된다. 이를 설명하기 위해 전형적인 시냅스, 즉 운동뉴런과 근육 사이의 아세틸콜린 시냅스를 예로 들어보자.

아세틸콜린 시냅스 : 약물 작용의 예

근육에서의 시냅스는 모두 콜린성, 즉 아세틸콜린(Acetylcholine, ACh)이 신경전달물질로 사용된다. 심장에서의 시냅스는 억제성인 반면 체근에서의 시냅스는 흥분성이다. **그림 6.5**는 특정 약물과 독성물질이 골격근의 ACh 시냅스에서 어떻게 효능제와 길항제로 작용하는지 보여준다. ACh 효능제는 근육을 흥분시켜 근긴장을 증가시키는 반면 ACh 길항제는 근육을 억제하여 근긴

그림 6.4 약물의 작용 부위
원칙적으로 약물은 주요 화학적 과정에 작용할 수 있으며 어느 과정에 작용하든 약물이 효능제 혹은 길항제로 작용하는가에 따라 시냅스 전달을 증가 혹은 감소시킨다.

효능제 신경전달 기능을 향상하는 물질
길항제 신경전달 기능을 봉쇄하는 물질

[그림 6.4 도해]
1 합성
전구화학물질
신경전달물질
2 포장과 저장
3 분비
4 수용기 상호작용
5b 퇴화
5a 재흡수

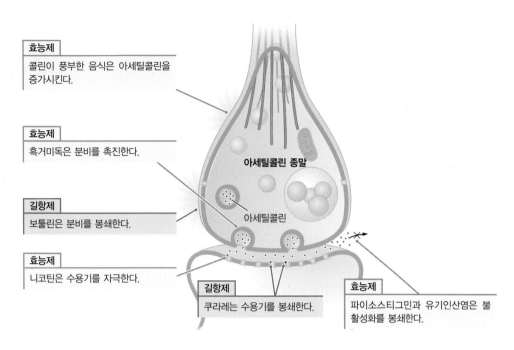

그림 4.27은 신경근 시냅스에서의 ACh 구조와 작용을 설명한다.

효능제
콜린이 풍부한 음식은 아세틸콜린을 증가시킨다.

효능제
흑거미독은 분비를 촉진한다.

길항제
보툴린은 분비를 봉쇄한다.

효능제
니코틴은 수용기를 자극한다.

길항제
쿠라레는 수용기를 봉쇄한다.

효능제
파이소스티그민과 유기인산염은 불활성화를 봉쇄한다.

그림 6.5 아세틸콜린 효능제와 길항제
약물과 영양분은 아세틸콜린의 합성, 분비, 시냅스후 수용기와의 결합, 분해 혹은 불활성화 과정에서의 작용을 통해 아세틸콜린의 전달에 영향을 미친다.

아세틸콜린 종말

아세틸콜린

장을 감소시킨다. 이 약물 중 일부는 잘 알려져 있지 않지만 일부 약물은 잘 알려져 있다. 약물이 ACh 시냅스에 미치는 효과를 알면 약물의 신경화학적 작용과 행동 효과 사이의 관련성을 이해할 수 있다.

그림 6.5는 축색종말에서 ACh 분비에 영향을 미치는 두 가지 독성물질을 보여준다. 흑거미독은 효능제인데, 이는 이 독이 ACh을 과도하게 분비시키기 때문이다. 과도한 ACh으로 인한 흥분 때문에 곤충이 흑거미에 물리면 마비와 사망에 이르지만 인간이 흑거미에 물릴 경우 마비되지는 않지만 근육이 약해지는 것을 느끼게 된다.

보툴리눔 독소(botulinum toxin) 혹은 보툴린(botulin)은 부적절하게 처리된 통조림 음식에 들어 있는 독성물질이다. ACh 길항제로서 ACh의 분비를 봉쇄하고 보툴리눔 독소의 효과는 몇 주에서 몇 달까지 지속될 수 있다. 심한 경우 움직임과 호흡 마비가 초래되고 이로 인해 사망할 수 있다. 그러나 보툴린은 의료 목적으로 사용되는데, 즉 근육에 주사하면 근육이 선택적으로 마비된다. 이 선택적 작용이 뇌성마비 환자의 움직임을 어렵게 하는 경련을 포함한 지나치고 지속적인 근육 씰룩거림 혹은 수축을 막는다. 보툴린은 보톡스라는 상표로 성형 목적으로도 사용되는데, 즉 안면 근육을 마비시켜 얼굴 주름을 막는 데 사용된다. 이에 덧붙여 보톡스는 편두통의 예방에도 사용되고 있다(Herd et al., 2018).

임상 초점 11-2는 뇌성마비의 원인과 증상 범위를 기술한다.

또한 그림 6.5는 아세틸콜린 수용기에 작용하는 두 약물을 보여준다. 담배 연기에 있는 화학물질인 니코틴은 콜린성 수용기를 자극하는 효능제이다. 니코틴의 분자 구조가 ACh의 구조와 매우 유사하기 때문에 니코틴이 ACh 수용기와 결합하여 이온 채널을 열리게 한다. 니코틴은 매우 흔하게 물질사용장애를 초래하게 하며 흡연은 많은 부정적 효과와 관련되어 있다. 이에 관해서는 6-2절에 기술되어 있다. 쿠라레(curare)는 ACh 길항제로 작용한다. 즉 콜린성 수용기를 차지하지만 이온 채널을 열리지 않게 하여 ACh가 수용기와 결합하는 것을 방해한다. 쿠라레가 신체 내로 들어오면 매우 빨리 작용하고 몇 분 내에 신체로부터 제거된다. 그러나 많은 양의 쿠라레는 사망에 이르게 할 정도로 움직임과 호흡을 멈추게 할 수 있다.

5-3절에 기술되어 있듯이 단일 주요 수용기, 즉 니코틴 Ach 수용기(nAChR)가 교감신경계에 작용한다.

남미를 탐험한 초기 유럽 탐험가들은 아마존강을 따라 거주하던 원주민들이 식물의 씨로부터 추출한 쿠라레를 입힌 화살촉을 사용하여 작은 동물을 사냥하는 것을 발견하였다. 사냥꾼들은 사냥한 동물을 먹어도 해를 입지 않았는데, 이는 섭취된 쿠라레가 장을 통과하여 다른 신체 기관으로 갈 수 없기 때문이다. 이후 쿠라레와 유사한 많은 약물이 합성되었다. 일부 약물은 큰 동물을 일시적으로 마비시켜 조사 또는 추후 확인을 위한 꼬리표를 붙이기 위해 사용된다. 약물을 이렇게 사용하는 것을 야생동물에 관한 TV 프로그램에서 볼 수 있다. 골격근이 호흡근보다 쿠라레와 같은 약물에 더 민감하기 때문에 적절한 양의 쿠라레는 동물을 일시적으로 움직이지 못하게 하지만 호흡은 가능하게 한다.

그림 6.5에 제시되어 있는 마지막 약물이 파이소스티그민과 유기인산염인데 이 약물들은 ACh 효능제이다. 즉 ACh을 분해하는 효소인 아세틸콜린에스트라제(AChE)의 작용을 억제하여 시냅스에서 아세틸콜린의 양을 증가하게 한다. 파이소스티그민은 아프리카산 콩에서 추출되며 사냥꾼들은 이 약물을 독성물질로 사용한다.

많은 양의 파이소스티그민은 독성이 있는데, 이는 이 약물이 신경근 시냅스에서 지나친 흥분을 야기하여 움직임과 호흡을 방해하기 때문이다. 그러나 적은 양의 파이소스티그민은 **중증근무력증**(myasthenia gravis)의 치료에 사용되는데, 이 질환은 개인의 항체가 ACh이 수용기에 접근하는 것을 제한하기 때문에 근육 수용기가 ACh에 덜 반응하여 근육이 약해지는 경우이다.

유기인산염(organophosphates)은 AChE와 일단 결합하면 뒤집을 수 없을 만큼 강하게 결합하기 때문에 시냅스 틈에 ACh가 독성 수준으로 증가하게 된다. 많은 살충제와 화학무기가 유기인산염이다. 곤충은 신경근 접합에서 글루타메이트를 신경전달물질로 사용하지만 신경계의 다른 부위에 많은 니코틴 수용기를 가지고 있다. 따라서 유기인산염은 곤충의 경우에는 중추신경계에 작용함으로써 독성을 띠지만 척색 동물의 경우에는 말초신경계에 작용함으로써 독성을 띤다. 1993년에 체결된 화학무기협정은 독성 유기인산염 중 하나인 치명적인 신경가스 사린의 사용을 금지하였다. 그러나 이 국제적 금지에도 불구하고 시리아 정부는 2013년과 2017년에 사린을 자국민에게 사용하였다.

신경근 시냅스에 영향을 미치는 약물 혹은 독성물질이 뇌의 ACh 시냅스에도 영향을 미치는가? 이는 물질이 혈뇌장벽을 통과하는가에 달려 있다. 파이소스티그민과 니코틴은 쉽게 혈뇌장벽을 통과하지만 쿠라레는 통과하지 못한다. 뇌에서의 니코틴 작용이 니코틴의 중독 속성을 설명한다(6-4절 참조). 파이소스티그민과 같은 약물이 기억장애의 치료에 어느 정도 효과적이라는 연구 결과가 있다.

내성

내성(tolerance)은 약물을 반복해서 사용할 경우 약물에 대한 반응이 감소하는 것을 의미한다. Harris Isbell과 동료들(1955)은 어떻게 내성이 발생하는지 보여주는 실험을 실시하였는데, 이 실험은 오늘날의 연구 윤리 기준에 벗어나 있다. 이들은 교도소 수감자 중 연구에 자원한 이들에게 먼저 충분한 양의 알코올을 제공하여 취하게 한 다음 13주 동안 매일 추가 양의 알코올을 제공하였다. 그러나 참여자들이 그 기간 동안 줄곧 취해 있지 않았고 동일 수준의 취한 상태를 유지하기 위해서는 더 많은 알코올을 섭취해야만 하였다.

실험이 시작될 당시에는 **실험 6-1**의 결과란에 기술되어 있는 것처럼 모든 참여자의 혈중 알코올 수준이 급격하게 상승하였고 술에 취한 행동 징후를 보였다. 그러나 알코올 섭취를 시작한 지 12일과 20일 사이에는 비록 참여자들이 더 많은 알코올을 섭취하였음에도 불구하고 혈중 알코올 수준과 술 취한 행동 징후가 감소하였다. 20일 이후부터는 혈중 알코올 수준과 술 취한 행

그림 5.10은 ACh 합성과 ACh가 AChE에 의해 분해되는 것을 설명한다.

중증근무력증의 경우 근육 수용기가 운동뉴런의 메시지에 반응하지 못하는데, 이에 관한 것이 4-4절에 기술되어 있다

1-3절의 '기본 지식'에 동물계에서의 신경계 진화에 관한 도표가 제시되어 있다.

*내성*의 개념은 약물학 분야에서 왔고 학습 분야에서 온 습관화 개념과 유사하다. 두 용어는 반복적인 제시로 약물 혹은 자극에 대한 반응이 약해지는 것을 의미한다(실험 14-2 참조).

내성 시간이 지남에 따라 약물에 대한 반응이 감소하는 것

동 징후가 변동을 보였고 혈중 알코올 수준과 행동 징후가 항상 일치하지 않았다. 때로 혈중 알코올 수준이 비교적 높음에도 불구하고 취한 행동 징후는 낮았다. 그 이유는 무엇일까?

이 결과는 세 가지 서로 다른 유형의 내성 때문인데, 각 내성은 반복적으로 약물을 사용할 경우 발달하기 쉽다.

1. 신진대사 내성(metabolic tolerance)이 발달하는 동안 간, 혈액과 뇌에서 알코올을 분해하는 데 필요한 효소의 수가 증가한다. 그 결과 섭취된 알코올이 더 빨리 신진대사되고 이로 인해 혈중 알코올 수준이 감소한다.

2. 세포 내성(cellular tolerance)의 경우 혈액 내에 존재하는 알코올 효과를 최소화하기 위해 뇌세포의 활성화가 조정된다. 세포 내성은 혈중 알코올 수준이 비교적 높은데도 불구하고 왜 술 취한 행동 징후가 낮은지 설명하는 데 도움이 된다.

3. 학습된 내성(learned tolerance)은 술 취한 행동 징후가 감소하는 것을 설명하는 데 도움이 된다. 사람들이 알코올의 영향을 받으면서도 일상생활의 요구에 대처하는 것을 학습할수록 더 이상 술 취한 것처럼 보이지 않는다.

학습이 알코올 내성에 중요한 역할을 한다는 것이 놀랍지 않은가? 이 사실은 이 효과를 처음으로 보고한 John Wenger와 동료들(1981)의 연구를 포함한 많은 연구에서 확인되었다. 이들은 전기가 통하는 격자판 위의 좁은 컨베이어 벨트를 걷는 동안 발에 전달되는 전기쇼크를 피하도록 쥐들을 훈련하였다. 한 집단의 쥐들은 벨트를 걷는 훈련을 받은 후에 알코올을 제공받은 반면 다른 집단은 훈련 전에 제공받았다. 세 번째 집단은 훈련만 받았고 네 번째 집단은 알코올만 제공받았다.

각각의 실험 조건에 노출된 며칠 후 모든 집단의 쥐들에게 걷기 검사 전에 알코올을 제공하였다. 실험 결과 훈련 전에 알코올을 제공받았던 쥐들의 수행이 좋았던 반면 훈련 후 알코올을 제공받은 쥐들의 수행은 알코올을 전혀 제공받지 않았던 쥐와 훈련을 전혀 받지 않았던 쥐의 수행처럼 낮았다. 명백한 점은 쥐들이 알코올에 취해 있음에도 불구하고 좁은 벨트 위에서 균형을 잡는 데 필요한 운동 기술을 습득할 수 있다는 것이다. 운동 경험과 더불어 이 쥐들은 술 취함을 보상하는 것을 학습할 수 있었다.

반복적으로 사용할 경우 많은 향정신성 약물의 효과가 내성 때문에 점진적으로 감소한다. 모르핀을 처음 사용하는 사람에게는 100mg의 모르핀이 확실한 진정 효과, 심지어 사망에 이르게 할 만큼 충분한 양이지만 모르핀 내성을 가지고 있는 사람에게는 4,000mg의 모르핀을 사용해도 부작용이 일어나지 않는다. 이와 유사하게, 오랫동안 암페타민을 사용해 온 사람은 암페타민을 처음 복용할 당시의 행동 효과를 얻기 위해서는 양을 100배 이상 더 늘려야 한다.

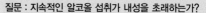

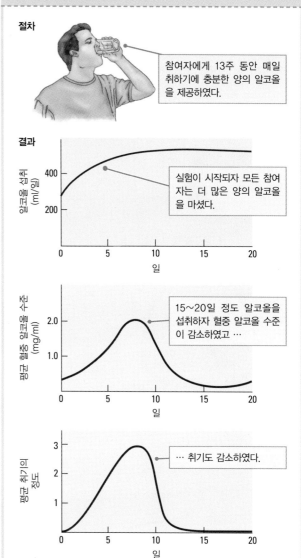

> **실험 6-1**
> **질문 : 지속적인 알코올 섭취가 내성을 초래하는가?**
>
> **절차**
> 참여자에게 13주 동안 매일 취하기에 충분한 양의 알코올을 제공하였다.
>
> **결과**
> 실험이 시작되자 모든 참여자는 더 많은 양의 알코올을 마셨다.
>
> 15~20일 정도 알코올을 섭취하자 혈중 알코올 수준이 감소하였고 …
>
> … 취기도 감소하였다.
>
> **결론 :** 실험이 진행될수록 내성으로 인해 실험 시작 당시의 취기 정도를 얻기 위해서는 더 많은 양의 알코올이 필요하였다.

····> 실험 6-2

질문 : 약물 주사가 항상 동일한 행동을 일으키는가?

절차

Robinson과 Becker 연구에서 동일한 양의 암페타민을 주기적으로 쥐에게 주사하였다. 그 후 연구자들은 쥐가 케이지에서 뒷발로 서는 횟수를 측정하였다.

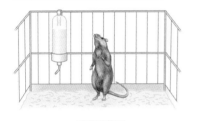

효능제
암페타민

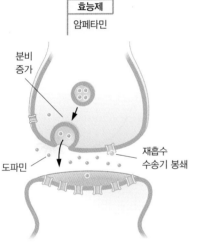

분비 증가

도파민

재흡수 수송기 봉쇄

결과

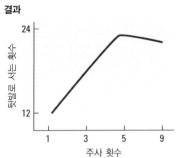

결론 : 뒷발로 서는 횟수의 증가는 민감화를 시사하며 민감화는 주기적으로 반복된 주사로 인해 발생한다.

출처 : Robinson & Becker, 1986.

실험 14-3은 뉴런과 시냅스 수준에서의 민감화에 관해 기술하고 있다. 14-4절에 민감화와 신경가소성 및 학습된 중독 사이의 관련성이 기술되어 있다.

민감화 자극의 반복적 시행이 반응의 점진적인 증가를 가져오는 과정

민감화

약물을 간헐적으로 사용하는 것보다 반복적으로 사용할 경우 약물 내성이 발달할 가능성이 크지만 반복적인 약물 사용이 항상 내성을 발달시키지는 않는다. 실제로 약물이 이와 반대되는 반응인 **민감화**(sensitization), 즉 동일한 용량에 대해 반응이 증가하는 것을 경험할 수 있다. 일반적으로 내성은 반복적인 약물 사용에 대해 발달하는 한편 민감화는 간헐적으로 약물을 사용하는 경우 훨씬 더 발달하기 쉽다.

약물 민감화를 연구하기 위해 Terry Robinson과 Jill Becker(1986)는 쥐를 관찰 상자 속에 넣은 다음 도파민 효능제인 암페타민을 주사하였고 쥐들이 암페타민에 대해 보이는 반응을 기록하였다. 3~4일마다 연구자들이 쥐에게 암페타민을 주사하였고 동일한 양을 주사할 때마다 쥐의 행동, 즉 코를 킁킁대는 것, 뒷다리로 서는 것과 걸어다니는 반응이 더 격렬해지는 것을 발견하였는데, 이 결과가 **실험 6-2**의 '결과 1'에 그래프로 제시되어 있다.

연속적으로 실시된 검사에서 행동 반응이 증가하는 것이 실험 상황에 쥐들이 익숙해졌기 때문은 아니었다. 약물이 제공되지 않았던 통제 동물들에서는 이러한 반응이 증가하지 않았다. 쥐의 홈 케이지에서 약물을 주사하는 것이 추후 검사에서 조사한 행동에 영향을 미치지 않았다. 더욱이 암페타민에 대한 민감화가 지속적이었는데, 즉 암페타민을 몇 달 간격으로 주사하여도 동물들은 이 약물에 대해 여전히 증가한 반응을 보였다. 심지어 암페타민에 한 번만 노출된 경우에도 민감화가 발생하였다.

민감화의 신경학적 근거는 부분적으로 시냅스에서의 변화이다. 암페타민에 대한 민감화가 일어난 후 도파민 시냅스를 조사한 연구들은 민감화 반응을 보이는 동물의 시냅스 틈에 더 많은 도파민이 존재하는 것을 관찰하였다. 또한 민감화는 시냅스후 세포막 수용기 수의 증가, 시냅스 공간에서 일어나는 신경전달물질의 신진대사율 감소, 시냅스전 세포막에 의한 전달물질의 재흡수 감소, 시냅스 숫자 및 크기의 증가와도 관련되어 있다.

민감화는 오랫동안 지속되는데 이는 민감화가 장기간의 뇌 구조 변화를 동반하기 때문이다. **그림 6.6**은 쥐를 대상으로 한 일련의 연구 결과를 요약한 것인데, 이 연구들은 몇 주 동안 쥐들을 암페타민과 소금물에 노출시킨 후 피질하 기저핵의 일부인 중격핵(nucleus accumbens)의 세포에 각각의 효과가 어떻게 나타나는가를 비교하였다. 소금물보다 암페타민에 노출된 뇌세포들에서 더 많은 수상돌기 가지와 수상돌기 가시가 관찰되었다. 이러한 가소적 변화가 뇌 전체에서 관찰되지 않고 대신 도파민을 많이 수용하는 영역들에서만 관찰되었다. 약물 사용을 오랫동안 중단한 후에도 약물 사용이 뉴런의 구조에 영향을 미친다는 것을 명확하게 보여준다는 점에서 이 결과는 중요하다.

민감화는 약물뿐만 아니라 스트레스에 대해서도 일어난다. 스트레스에 노출될 때마다 심박률, 호흡과 발한의 증가를 포함한 신체 반응이 증가한다. 민감화가 진행되는 동안 경미한 스트레스원(stressor)이 강한 스트레스 반응과 연합될 수 있다. 스트레스와 자극제에 대한 민감화가 호환 가능하다는 증거가 제시되고 있는데, 즉 스트레스를 경험하는 사람이 자극제에 대해 더 강한 반응을 보이거나 그 반대의 경우도 일어날 수 있다. 더욱이 스트레스에 대한 민감화가 우울증과 다른 임상적 장애를 야기한다고 제안되고 있다(Stroud et al., 2011).

또 다른 민감화 기제가 학습이다. 민감화가 진행되어 감에 따라 동물이 환경 단서에 대해 보이는 학습 반응에 변화가 있다. 결과적으로 민감화는 홈 케이지에서 검사를 받는 동물에서는 일어나기가 어렵다. Sabina Fraioli와 동료들(1999)은 두 집단의 쥐들에게 암페타민을 연속적으로 주

사한 후 쥐들의 행동 반응을 기록하였다. 한 집단의 쥐들은 홈 케이지에서 검사를 받았고, 다른 집단은 매일 홈 케이지에서 다른 케이지로 옮겨져서 검사를 받았다. '홈' 집단은 암페타민에 대해 민감화를 보이지 않은 반면 '홈 밖' 집단은 매우 강한 민감화를 보였다.

'홈 밖' 효과는 부분적으로 다음과 같이 설명된다. 즉 동물이 자신의 홈 환경에서 특정 행동을 하는 것에 익숙해져 있기 때문에 비록 약물을 주사하여도 '홈' 단서에 대한 반응을 바꾸게 하기 어렵다는 것이다. 이와 상반되게 홈을 벗어나서 새로운 단서를 경험하게 되면 새로운 반응을 조건화할 수 있다.

민감화는 약물의 일부 정신약물학적 효과를 이해하는 데 도움이 된다.

1. 조현병을 포함한 정신장애의 약물 치료에서 약물이 증상 완화를 가져오기 위해서는 몇 주가 소요된다. 아마도 민감화가 증상 완화가 일어나게 하는 것으로 여겨진다.
2. 민감화는 물질사용장애와 관련된다. 이 경우 개인이 홈 환경에서 벗어나 약물을 여러 번 복용한 결과 약물에 대한 민감화를 가져야만 한다.
3. 스트레스와 같은 생의 경험이 민감화와 유사한 효과를 내서 중독에 취약하게 한다(Roberts et al., 2015).

6-1 복습

진도를 계속 나가기 전에 앞 절을 얼마나 이해했는지 확인해보자. 정답은 이 책의 뒷부분에 있다.

1. 신경계에 작용하여 행동 변화를 초래하는 물질이 _____이고 이것이 _____, 즉 어떻게 약물이 신경계와 행동에 영향을 미치는가를 연구하는 분야의 한 주제이다.
2. 향정신성 약물이 신체에 들어가서 목표물에 작용할 때까지 방해를 받는다. 아마도 가장 중요한 방해물이 _____인데, 이는 일반적으로 영양에 필요한 물질만을 모세혈관에서 _____안으로 통과하게 한다.
3. 향정신성 효과가 있는 대부분의 약물은 뉴런의 _____에서 일어나는 화학 작용에 영향을 미친다. 뉴런들 사이의 소통에 영향을 미치는 약물은 _____(신경전달의 효과를 증가시킴) 혹은 _____(신경전달의 효과를 감소시킴)로 작용함으로써 이러한 효과를 낸다.
4. 향정신성 약물을 반복적으로 사용하면 행동이 변화한다. 이 변화에는 _____와/과 _____, 즉 반복적 약물 사용에 따라 약물 효과가 감소 혹은 증가하는 것이 포함된다.
5. 신체는 _____, _____, _____, _____, _____을/를 통하여 약물을 제거한다.
6. 인지 향상 약물을 (a) 집 혹은 (b) 직장에서 간헐적으로 복용하는 사람들에게 내성과 민감화가 어떻게 영향을 미칠 것인지 간략하게 기술하시오.

6-2

향정신성 약물

인류의 역사와 함께 인간은 치료 혹은 레크리에이션을 위해 약물을 사용하여 왔다. 실제 인간의 가장 가까운 친척인 침팬지, 보노보, 고릴라 등이 병원균과 독소의 해로운 효과를 예방하거나 감소시키는 물질을 선택하여 섭취하는 것으로 여겨지는데, 이러한 행동이 **동물생약학**(zoopharmacognosy, '동물' + '약물' + '앎'의 합성어)이라고 알려져 있다(Kapadia et al., 2014). 인간은 여기서 한 걸음 더 나아가 특정 식물과 균류를 재배한 후 이들로부터 향정신성 성분을 추

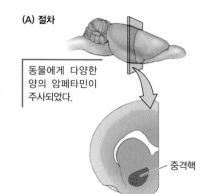

(A) 절차

동물에게 다양한 양의 암페타민이 주사되었다.

중격핵

(B) 결과

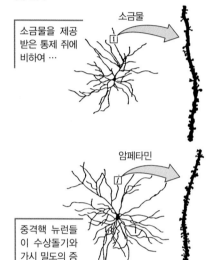

소금물

소금물을 제공받은 통제 쥐에 비하여 …

암페타민

중격핵 뉴런들이 수상돌기와 가시 밀도의 증가를 보였다.

결론

암페타민에 반복적으로 노출됨을 통하여 유도된 민감화가 뉴런의 구조를 변화시킨다.

그림 6.6 향정신성 약물과 가소성
암페타민(혹은 코카인)에 민감화를 보이는 쥐는 소금물을 제공받은 통제 쥐보다 수상돌기와 가시 밀도가 증가하였다.
출처 : Robinson & Kolb, 1997.

임상 초점 8-5는 조현병의 가능한 발병원인과 병의 경과를 기술한다.

학습 목표

• 향정신성 약물이 작용하는 주요 신경전달물질 체계에 근거하는 향정신성 약물의 목록을 분류한다.
• 다양한 효능제와 길항제에 대한 각 전달 체계의 반응을 기술한다.
• 조현병의 도파민 가설을 요약한다.
• 선택적 세로토닌 재흡수 억제제가 어떻게 주요우울장애의 치료에 사용되는지 설명한다.

동물생약학 비인간 동물이 자신을 스스로 치료하는 행동

장애 분류에 사용되는 DSM과 다른 체계가 16-1절에 기술되어 있다.

출, 정제, 조사, 합성하고 이를 상업화하여 큰 이익을 얻는다. 오랜 기간 동안 우리는 엄청난 향정신성 약물을 축적하였으며 이러한 약물들의 원재료가 자연으로부터 왔다는 것은 의심할 여지가 없다(Campbell, 1996).

모두가 수용하는 향정신성 약물의 분류 체계를 발견하는 것은 사실상 불가능하다. 어떠한 분류 체계도 나름의 제한점이 있는데 이는 화학 구조가 유사한 약물이 매우 다른 효과를 나타낼 수 있는 한편 서로 다른 구조의 약물이 매우 유사한 효과를 나타낼 수 있기 때문이다. 더욱이 단일 약물이 많은 신경화학적 체계에 작용하고 다양한 효과를 가진다.

어떤 약물의 작용을 완전히 이해하기 위해서는 의학 개요서(medical compendia)에서처럼 다양한 측면에서의 기술(description)이 요구된다. 행동 기술이 끊임없이 재검토되고 있는데, 이는 정신장애의 진단 및 통계 편람(Diagnostic and Statistical Manual of Mental Disorders, DSM)이 지속적으로 개정되는 것으로 알 수 있다. 미국정신의학회가 출판하고 현재 5번째 개정된 DSM은 신경 및 행동장애의 진단을 위한 분류 체계인데 여기에 약물 사용으로 인한 물질사용장애도 포함되어 있다. 우리가 5장에서 전달물질 체계를 분류한 것과 동일한 방법으로 향정신성 약물이 영향을 미치는 주요 신경전달물질 체계에 근거하여 향정신성 약물을 분류하고자 한다. 물론 우리의 분류 체계도 제한점이 있다. 대부분의 처방 약물이 특정 신경전달물질 체계에의 작용에 근거하여 개발된 것이 아니라 서로 다른 환자군을 대상으로 효과 검증을 한 후 치료에 사용되고 있다.

표 6.1은 작용하는 주요 신경전달물질 체계에 근거하여 향정신성 약물을 분류한 것이다. 각 범주의 하위 범주에는 몇 개에서 몇천 가지 화학물이 포함된다. 다음 절에서 뇌의 신경화학 체계와 시냅스 기능에서의 약물 작용을 몇 가지 예를 들어 살펴보겠다. 많은 처방 약물이 레크리에이션 목적으로도 사용되거나 남용되고 있다는 것을 주목하기를 바란다.

대부분의 향정신성 약물은 세 가지 이름, 즉 화학명, 일반약명(generic name)과 제품명을 가진다. 화학명은 약물의 구조를 기술하고, 일반약명은 비전매명을 의미하고 소문자로 표시된다. 제품명은 그 약물을 판매하는 제약회사의 등록 상표명이고 대문자로 표시된다. 일부 향정신성 약물은 속칭 혹은 클럽 이름을 가지고 있다.

아데노신계(Adenosinergic)

세계에서 가장 널리 사용되고 있는 향정신성 약물인 카페인부터 살펴보자. 미국 성인의 약 85%가 매일 카페인이 함유된 음료, 즉 커피, 차, 청량음료와 '에너지 음료'를 마신다. 커피 한 잔에는 약 100mg의 카페인이 함유되어 있고 많은 청량음료에도 이와 유사한 양이 함유되어 있으며 일부 에너지 음료에는 500mg이나 함유되어 있다. 많은 양의 카페인이 초콜릿과 같은 식품에도 포함되어 있고 심박률을 증가시켜 약물이 목표물에 더 빨리 도달하게 한다. 이 향정신성 약물이 많은 물질 속에서 발견되는 것을 고려하면 여러분이 인식하는 것보다 더 많은 카페인을 섭취하고 있을 수 있다.

카페인은 아데노신과 매우 유사한 구조를 가지고 있

표 6.1 향정신성 약물

주요 신경전달 체계	레크리에이션 목적으로 사용	의료적 처방 (향정신성 상태를 위한)
아데노신계 길항제	카페인	
아세틸콜린계 효능제	니코틴	타크린(코그넥스)
GABA계 효능제	알코올	디아제팜(바리움), 알프라졸람 (자낙스), 클로나제팜(클로노핀)
글루타메이트계 길항제	펜시클리딘/PCP(에인절 더스트), 케타민(스페셜 K)	메만틴(나멘다)
도파민계 효능제	코카인, 암페타민, 메스암페타민	덱스트로암페타민(애더럴), 메틸페니데이트(리탈린), L-도파
도파민계 길항제		페노타이아진 : 클로르프로마진(소라진), 부티로페논 : 할로페리돌(할돌), 클로자핀(클로자릴), 아리피프라졸 (아빌리파이, 아리피프렉스)
세로토닌계 효능제	메스칼린(페요테), DMT, 실로시빈, 리세르그산 디에틸아미드(LSD), MDMA(엑스터시)	설트랄린(졸로프트), 플루옥세틴 (프로작), 이미프라민(토프라닐)
오피오이드계 효능제	아편, 모르핀, 헤로인	모르핀, 코데인, 옥시코돈(퍼코세트), 펜타닐, 메타돈
칸나빈계 효능제	테트라하이드로칸나비놀(THC)	THC(사티벡스)

다. 카페인은 아데노신 수용기와 결합하지만 수용기를 활성화하지 않기 때문에 아데노신의 효과를 봉쇄한다. 즉 카페인이 아데노신 길항제로 작용한다. 내인성 아데노신은 졸음을 초래하지만 카페인이 이와 반대되는 효과를 내어 사용자를 더 각성시키고 원기 왕성하게 한다. 지나친 카페인 섭취는 신경과민을 일으킬 수 있다.

그러나 카페인은 다른 작용 기제도 가지고 있다. 예를 들어 카페인이 이차전령인 사이클릭 아데노신 모노포스페이트(cyclic adenosine monophosphate, cAMP)를 분해하는 효소를 억제한다. 이 결과 cAMP가 증가하고 이로 인하여 포도당 생산이 증가하게 되어 더 많은 에너지가 생기고 세포 활동이 증가하게 된다. 카페인은 도파민과 아세틸콜린 같

Dirk Eisermann/laif/Redux

코스타리카 산카를로스 지역의 라티그라(La Tigra) 우림 산장 근처에 있는 이 땅은 재조림된 이전 커피농장들 중 하나이다.

은 다른 신경전달물질의 분비를 촉진하기도 하는데 이로 인하여 카페인이 반응시간, 깨어 있음, 주의집중과 운동 협응을 향상하는 자극 효과를 가지게 된다(Nehlig, 2010).

카페인을 매일 반복적으로 섭취하면 내성이 생기고 섭취를 중단할 경우 불면, 두통과 안절부절못함 등의 금단 증상이 일어난다. 카페인을 매일 섭취하면 금단 증상을 피할 수 있지만 섭취를 중단하더라도 시간이 지나면 금단 증상이 완화된다(약 4~7일).

가장 잘 알려진 카페인 공급원이 커피나무의 씨(콩이 아님)이다. 그러나 카페인은 동아시아와 남미가 원산지인 다른 식물들의 씨, 열매, 잎과 꿀에서도 발견된다.

왜 일부 식물이 카페인을 자신의 조직에 받아들이는가? 이 질문에 적절하게 답하기 위해서는 식물의 관점에서 생을 보는 것이 필요하다. 식물은 초식 동물, 균류와 같은 병원균과 매력적인 꽃가루매개자 등과 같은 도전에 당면한다. 이러한 도전에 대해 식물이 적응을 하는데, 이 중 하나가 카페인과 같은 독소를 자신의 조직으로 받아들이는 것이다. 카페인이 자연산 살충제의 역할을 하여 초식 곤충을 방해하거나 죽이고 병원균이 침입하거나 서식하는 것을 억제한다. 카페인을 함유하는 꿀은 특히 꿀벌과 같은 꽃가루매개자로 하여금 식물의 꽃가루를 널리 퍼뜨리게 한다(Wright et al., 2013). 우리 인간이 토착 동식물과 지역 생태계를 희생하면서 커피와 차나무를 전 세계에 널리 퍼뜨려 이 식물들의 성공을 도왔다.

아세틸콜린계(cholinergic)

니코틴은 담배(nicotiana tabacum) 잎에서 발견된다. 카페인처럼 니코틴은 항초식성(antiherbivore) 화학물질이며 한때 살충제로 사용되기도 하였다. 니코틴은 감자, 토마토, 가지에서도 소량 발견된다.

대부분의 약물에 비해 니코틴이 기분 변화에 미치는 효과는 색다르다. 즉 낮은 용량의 니코틴은 자극제로 작용하지만 매우 높은 용량의 니코틴은 신경원의 활동을 약화한다(Wadgave & Nagesh, 2016). 흡연자들은 이완, 예리함, 진정과 각성을 경험한다고 보고한다. 담배 연기를 흡입하면 몇 초 내에 니코틴이 아세틸콜린 니코틴 수용기(acetylcholine nicotinic receptors, nAChr)를 자극하여 간접적으로 아세틸콜린과 다른 신경전달물질, 즉 노르에피네프린, 에피네프린, 아르기닌, 바소프레신, 세로토닌, 엔도르핀, 도파민을 분비하게 한다. 도파민의 분비가 니코틴으로 하여금 강화 속성을 가지게 한다. 니코틴은 흡연자에게 심리적·신체적 변화가 일어나게 한

전자담배는 화학전달 체계이다. 흡연자가 흡입하면 히터가 액체 일부를 에어로졸로 바꾸고 에어로졸이 폐로 들어간다.

다. 흡연 중단은 불안, 안절부절못함, 갈망, 쾌감 상실과 떨림을 초래한다.

니코틴은 잠재적인 치명적 독이다. 즉 담배에 포함된 니코틴 총량을 비흡연자에게 주사하면 사망에 이르게 할 수 있다. 그러나 내성이 빨리 발달하기 때문에 흡연자들은 훨씬 높은 수준의 니코틴을 견뎌낸다. 호흡기 질환, 폐암과 니코틴 관련 부정적 효과는 니코틴 자체보다는 담배 연기에 있는 해로운 화학물질에 의해 발생한다. 이 사실이 담배 연기 없이 니코틴을 흡입하는 베이핑(vaping)의 인기를 촉진하였다. 그러나 베이핑 역시 오염물질과 베이핑 용액 때문에 심각한 건강 문제를 초래할 수 있다(Cherian et al., 2020).

흡연이 알츠하이머병의 위험 요인이므로 알츠하이머병의 치료에 아세틸콜린 효능제가 처방된다. 타크린(Cognex)과 같은 아세틸콜린에스트라제 억제제가 ACh 수준을 높이기 때문에 알츠하이머병 환자에게 어느 정도 도움이 된다(Birks et al., 2015). 그럼에도 불구하고 알츠하이머병의 진행을 확실하게 지연 혹은 중단시키는 약물은 아직 없다.

GABA계(GABAergic)

낮은 용량의 GABA 효능제는 불안을 낮추고 중등도의 용량은 진정 효과를 나타내며 높은 용량은 마취 혹은 혼수상태를 유발한다. 매우 높은 용량의 약물은 사망을 초래할 수도 있다(그림 6.7).

GABA 효능제가 어떻게 작용하는지 이해하려면 GABA$_A$ 수용기 복합체와 관련된 결합 부위와 채널을 알아야 한다. 그림 6.8에 제시되어 있듯이 GABA$_A$ 수용기는 염소 이온(Cl^-) 채널뿐만 아니라 GABA와 결합하는 부위, 알코올과 결합하는 부위와 벤조디아제핀과 결합하는 부위를 가지고 있다.

GABA$_A$ 수용기가 흥분하면 Cl^- 채널을 통하여 Cl^-이 유입된다. Cl^-의 유입은 세포막 내부에 음전하의 농도를 증가시켜 과분극화를 야기하고 이에 따라 활동전위가 전파될 가능성이 낮아진다. 따라서 GABA의 억제적 효과는 뉴런의 발화율 감소를 통하여 일어난다. 광범위한 뉴런의 발화율 감소가 GABA$_A$ 시냅스에 영향을 미치는 이 약물들이 가져오는 행동적 효과의 근거가 된다.

벤조디아제핀은 다이아제팜(바리움), 알프라졸람(자낙스), 클로나제팜(클로노핀)을 포함하는 일군의 화학물질이며 불안 감소를 위해 처방된다. 벤조디아제핀은 주요 신체적 스트레스 혹은 외상성 사건이나 가족의 사망 등과 같은 정신적 스트레스의 대처에 어려움을 겪는 사람들이 자주 사용한다. 이 약물은 수술 전 이완을 유도하거나 발작 중단을 위해서도 사용된다.

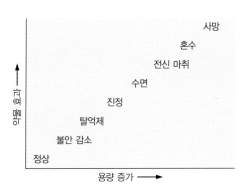

그림 6.7 진정 단계
가바계 효능제의 용량 증가는 행동에 영향을 미친다 : 적은 용량은 불안을 감소시키고 매우 많은 용량은 사망에 이르게 한다.

원리 7. 신경계의 작용에는 흥분과 억제가 공존한다.

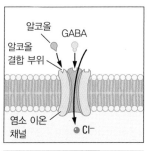 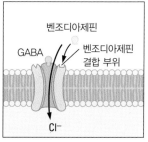 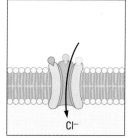

그림 6.8 GABA$_A$ 수용기에서의 약물 효과
이 수용기들은 알코올과 결합하는 부위(왼쪽)와 벤조디아제핀과 결합하는 부위(가운데)를 가지고 있다. 두 약물을 동시에 복용하면(오른쪽) 치명적이다.

진정제(알코올)는 GABA 수용기에 결합하여 미세공이 열리는 시간을 최대화한다.

항불안제(벤조디아제핀)은 미세공이 열리는 빈도에 영향을 미친다.

두 약물의 작용이 서로 합해지기 때문에 두 약물을 동시에 복용해서는 안 된다.

GABA_A 수용기가 GABA, 알코올, 벤조디아제핀과 결합하는 서로 다른 결합 부위를 가지고 있기 때문에 각 결합 부위의 활성화가 서로 다른 방법으로 Cl^-의 유입을 촉진한다. 이 세 수용기에서의 작용 효과가 서로 합해지기 때문에 알코올과 벤조디아제핀계 약물을 같이 복용해서는 안 된다. 이 약물들을 같이 복용하여 발생하는 미국 내의 1년 사망률이 교통사고로 인한 사망률만큼 높다고 한다(Cho et al., 2020).

벤조디아제핀계 약물의 특징적 양상이 반복적으로 사용할 경우 내성이 발생하는 것이다. 따라서 약물의 초기 효과를 유지하기 위해 더 많은 용량의 약물이 요구된다. 한 약물, 예를 들어 벤조디아제핀에 대해 내성이 발달하면 같은 분류 집단에 속하는 다른 약물에 대해서도 내성이 생기는 교차 내성(cross-tolerance)이 발생한다. 교차 내성은 벤조디아제핀과 알코올이 동일한 방법으로 신경계에 작용한다는 것을 시사한다.

알코올(에틸알코올 혹은 에탄올)은 알코올 음료에 포함되어 있고 매우 인기 많은, 특히 대학생에게 인기가 많은 향정신성 및 레크리에이션 약물이다(6-3절 참조). 설탕이 알코올로 발효하는 것이 가장 최초의 인류 생명공학 중 하나인데, 그 역사는 적어도 9,000년 전으로 거슬러 올라간다. 알코올 섭취는 단기적인 심리적·생리적 효과를 가지는데, 이 효과는 다음의 여러 요인, 즉 알코올의 양과 농도, 섭취 기간, 알코올과 함께 섭취한 음식의 양, 음주자의 몸무게와 알코올 경험 등에 따라 다르다. 소량의 알코올은 기분을 좋게 하고 행복감을 가져다주며 자신감과 사회성을 증가시키고 불안을 감소시키며 판단력과 미세한 협업운동을 손상시키고 얼굴에 홍조가 일어나게 한다. 중간 양의 알코올은 무기력, 진정, 균형문제와 몽롱한 상태를 야기한다. 높은 용량은 엄청난 혼란, 불분명한 발음, 비틀거림, 현기증과 독소에 대한 적응적 반응인 구토를 야기한다. 매우 많은 양은 인사불성, 기억상실, 의식상실, 생명을 위협하는 호흡 억제와 토사물 흡입이 일어나게 한다.

알코올을 장기간, 자주 섭취할 경우 알코올중독의 위험이 높아지는데, 이는 음주자와 가족의 파멸을 가져오고 엄청난 경제적 손실을 초래하며, 미국에서만 매년 알코올중독으로 인하여 2,490억 달러가 소요된다(Sacks et al., 2015). 2015년 조사에 의하면 미국 남성의 약 8%와 여성의 약 4%가 알코올중독 진단 준거에 부합한다(Substance Abuse and Mental Health Services Administration, 2015). 알코올사용장애 환자는 영양 상태가 좋지 않고 만성 췌장염, 간질환과 암을 앓을 가능성이 높다. 알코올중독이 신체의 거의 모든 체계와 기관뿐만 아니라 중추신경계와 말초신경계의 손상을 초래한다.

GABA 수용기에 작용하는 약물이 뇌 발달에도 영향을 미치는데 이는 GABA가 뇌 발달을 조절하는 물질 중 하나이기 때문이다. '임상 초점 6-2 : 태아알코올스펙트럼장애'에서 알코올이 발달 중인 태아에 미치는 엄청나게 충격적인 효과를 살펴볼 것이다.

글루타메이트계(Glutamatergic)

글루타메이트계는 NMDA, AMPA, 카이네이트 등을 포함한 다양한 수용기를 가지고 있다(표 5.3 참조). 펜시클리딘(PCP 혹은 에인절 더스트)과 케타민(스페셜 K) 같은 NMDA 수용기의 길항제는 환각과 유체이탈 체험을 야기한다. PCP는 도파민 재흡수뿐만 아니라 니코틴성 아세틸콜린 수용기를 억제한다. 따라서 PCP는 도파민 효능제로 작용하며 이것이 PCP가 가지는 일부 향정신성 효과를 설명한다. PCP와 케타민 모두 해리성 마취제(dissociative anesthetics)로도 알려져 있는데, 이는 이 약물 사용자들이 왜곡된 시지각과 청지각으로 말미암아 환경과 자신으로부터

GABA는 아미노산이며 그림 5.12에 GABA의 화학 구조가 제시되어 있다.

임신전 경험이 출생전 발달에 미치는 효과가 8-5절에 기술되어 있다.

글루타메이트는 전뇌와 소뇌의 주요 흥분성 신경전달물질이다. 6-4절은 다양한 약물의 사용으로 인한 뇌 손상에 관해 기술한다. 14-4절은 글루타메이트와 NMDA 수용기가 장기 학습에 어떻게 영향을 미치는지 기술한다.

태아알코올스펙트럼장애(FASD) 잉태 기간 중 심하게 알코올에 노출된 일부 아동에서 관찰되는 신체 기형과 지적장애의 범위

분리(해리)되어 있다는 느낌을 가지기 때문이다.

현재 케타민이 마취를 시작하고 유지하는 데 처방되고 있다. 케타민은 최면같은 상태를 유발하여 통증의 완화, 진정과 기억 상실을 유발한다. 약한 마취를 일으키는 정도의 케타민을 주사하면 항우울제에 반응하지 않는 우울증 환자에서 우울증상이 완화되는 것이 알려지면서 케타민이 우울증 치료에 사용되고 있고 부작용도 거의 없는 것으로 알려져 있다. 10편의 체계적 리뷰논문과 무선화 통제 실험 결과는 케타민을 투여받은 사람들에서 우울증의 심각도가 하루 내에 감소하여 몇 주 동안 지속되는 것을 보여주었다. 케타민 투여의 장기적 효과, 내성과 중독 가능성을 알기 위해서는 대규모의 무선화 통제 실험을 실시하는 것이 필요하다(Lent et al., 2019). 글루타

◎ 임상 초점 6-2

태아알코올스펙트럼장애

태아알코올증후군(fetal alcohol syndrome, FAS)이라는 용어는 출생 전 높은 수준의 알코올에 노출된 일부 아동에서 관찰되는 신체 기형과 지적장애를 기술하기 위해 1973년에 처음으로 사용되었다. 알코올의 효과가 다양하기 때문에 현재는 **태아알코올스펙트럼장애**(fetal alcohol spectrum disorder, FASD)라고 한다. FASD를 앓는 아동은 비정상적인 얼굴 특징, 예를 들어 두 눈 사이의 간격이 정상 아동보다 넓은 특징이 있다. 이 아동들에서 비정상적인 회(gyri)를 가지는 작은 뇌에서부터 비정상적으로 모여 있고 배열이 잘못된 피질세포에 이르기까지 다양한 범위의 뇌 이상이 관찰된다.

이러한 뇌의 이상과 관련하여 FASD 아동들에서 특정 행동 증상이 공통적으로 관찰된다. 즉 이 아동들은 다양한 정도의 학습장애와 낮은 지능지수, 과잉행동과 다른 사회적 문제를 보인다. FASD를 가진 사람들이 FASD를 가지고 있지 않은 사람들보다 19배나 더 많이 구속된다(Popova et al., 2011).

미국에서 태어나는 신생아 100명 중 약 1명이 FSAD를 가지고 있다(Mead & Sarkar, 2014). 소외 집단과 수감자들에서 특히 발생률이 높은데, 이는 이들이 고위험군이라는 것을 시사하지만 이를 모든 지역사회에 일반화하기는 어렵다.

FASD를 가진 갓난아이를 출산할 위험이 가장 높은 여성이 가난하고 교육 수준이 낮으며 임신 전에 알코올 문제가 있었고 임신 중 건강 관리를 거의 받지 않는다. 적절한 산전 건강 관리를 받지 않기 때문에 이 여성들에게 알코올이 태아에게 미치는 위험을 알리고 임신 전과 임신 중 금주를 하는 것의 중요성을 알리는 것이 어렵다.

FASD 아동들이 가지는 알코올로 인한 이상은 눈에 띄지 않을 정도의 신체적·심리적 증상에서부터 두드러지게 눈에 띄는 증상에 이르기까지 다양하다. 심각성은 임신 중 언제, 얼마나 많이, 얼마나 자주 알코올을 섭취하는가와 관련되어 있다고 여겨진다. 만약 기관 형성과 DNA 합성이 가장 많이 일어나는 임신 첫 3개월 동안 음주를 하면 알코올의 부정적 효과가 훨씬 크다. 특히 이 임신 단계에서 많은 여성이 자신들이 임신한 것을 인식하지 못하기 때문에 위험이 훨씬 더 높아진다.

심각한 FASD는 높은 혈중 알코올 수준을 야기하는 폭음과도 관련된다. 심각한 증상과 관련된 또 다른 요인이 임산부의 영양 결핍과 니코틴을 포함한 다른 약물의 사용이다. 이에 덧붙여서 임신 전 부모의 음주가 일부 유전자의 메틸화를 변화시켜 스펙트럼장애에서 관찰되는 장애를 초래하게 한다(Lee et al., 2015).

FASD에 관한 주된 의문은 임신 동안 얼마나 많은 알코올을 섭취해야 FASD가 발병하는지다. FASD가 발병하지 않기 위해서는 임신 전 몇 달 동안

과 임신 중 알코올을 전혀 섭취하지 않아야 한다. 이 결론은 임신 중 매일 한 잔의 알코올을 섭취하여도 출생 후 아동의 지능지수가 낮다는 연구 결과에 의해 지지를 받는다. 이 충고는 여성뿐만 아니라 남성에게도 적용되는데 이는 만약 남성이 음주를 하면 파트너 역시 음주를 할 가능성이 높기 때문이다. 이에 덧붙여서 남성의 음주가 정자의 후생유전적 변화를 야기하여 태아 발달에 영향을 미친다(Day et al., 2016).

알코올이 FASD에 영향을 미치는 기제에는 후생유전적 효과뿐만 아니라 세포 분열과 성숙에 미치는 일반적 효과도 포함된다. 알코올이 칼륨 채널을 억제하는 효과를 가지는데 이는 칼륨 채널의 조절 실패가 FASD를 발달시키는 한편 태아 발달 동안 혹은 출생 직후 칼륨 채널이 복원되면 증상이 경미해진다는 것을 시사한다(Mohammad et al., 2020).

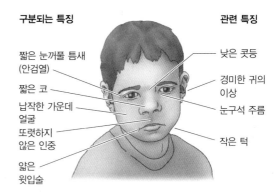

구분되는 특징
- 짧은 눈꺼풀 틈새 (안검열)
- 짧은 코
- 납작한 가운데 얼굴
- 또렷하지 않은 인중
- 얇은 윗입술

관련 특징
- 낮은 콧등
- 경미한 귀의 이상
- 눈구석 주름
- 작은 턱

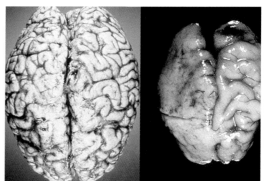

Courtesy of Sterling K. Clarren, M.D., Professor of Pediatrics, University of British Columbia Faculty of Medicine.

(위) FASD의 얼굴 특징. FASD는 신체적으로만 나타나는 것이 아니라 많은 FASD 아동이 심각한 지적장애가 있다. (아래) 생후 6주 된 건강한 아동의 뇌에서 관찰되는 주름(왼쪽)이 FASD 아동의 뇌(오른쪽)에서는 거의 발달하지 않는다.

메이트의 길항제로서 케타민 작용 기제가 오늘날 사용되고 있는 항우울제의 기제와 매우 다른 데, 항우울제는 세로토닌과 노르에피네프린계에 작용한다(이 장의 '세로토닌계' 참조).

NMDA 길항제인 메마틴(mematine)은 알츠하이머병의 치료에 사용되며 신경원의 상실을 막는 것으로 알려져 있다.

도파민계(dopaminergic)

먼저 코카인, 암페타민, 메스암페타민과 같이 레크리에이션 목적으로 사용되는 도파민 효능제와 치료 목적으로 사용되는 도파민 효능제, 즉 주의력결핍 과잉행동장애(ADHD)의 치료에 사용되는 텍스트로암페타민(애더럴), 메틸페니데이트(리탈린)와 파킨슨병 치료에 사용되는 L-도파를 살펴보겠다. 그런 다음 조현병과 약물 유도 정신병의 치료에 사용되는 도파민 길항제, 즉 클로르프로마진(소라진), 할로페리돌(할돌), 클로자핀(클로자릴)과 아리피프라졸(아빌리파이, 아리피프렉스)를 살펴보겠다.

도파민 효능제

레크리에이션 목적으로 사용되는 도파민 효능제에 코카인, 암페타민과 메스암페타민이 포함된다. 코카인은 코카나무의 잎에서 정제되는 한편(**그림 6.9**) 암페타민과 메스암페타민은 합성 물질이다.

페루 원주민들은 척박한 고산 환경에서 원기를 얻기 위해 몇 세대에 걸쳐 코카 잎을 씹어 왔다. 정제된 코카 분말은 코로 냄새를 맡거나 주사로 투여된다. **크랙**(crack)으로 불리는 고농도 형태의 코카인은 코로 냄새 맡거나 피운다. 크랙(그림 6.9의 맨아래)은 화학적으로 변화되기 때문에 낮은 온도에서 증발하고 이 증기를 흡입한다.

1800년대 말 Sigmund Freud(1974)는 코카인을 항우울제로 널리 사용하였다. 코카인이 음료수와 와인 제조에 널리 사용되어 원기를 북돋는 강장제로 선전되었다. 이것이 코카콜라라는 상표의 근원인데, 왜냐하면 한때 이 음료에 코카인이 함유되었기 때문이다(**그림 6.10**). 그러나 코카인이 중독성을 가지고 있다는 것이 곧 밝혀졌고 코카인이 카페인으로 대체되었다. 카페인도 심리 및 신체 변화를 일으키지만 코카인보다 덜 심각한 부정적 효과를 일으킨다.

Freud는 코카인이 국소 마취제로도 사용될 수 있다고 추천하였다. 코카인이 국소 마취제로 유용하다는 것이 입증되었으며 자일로카인(간혹 노보카인이라고도 함) 등과 같은 많은 코카인 파생 약물이 오늘날 이 목적으로 사용되고 있다. 국소 마취제는 나트륨 이온이 세포 안으로 들어오는 것을 감소시킴으로써 신경전달을 감소시킨다.

그림 6.11에 제시되어 있듯이 합성물인 **암페타민**(amphetamine)은 코카인처럼 도파민 효능제이며 도파민이 시냅스후 D_2 수용기와 지속적으로 상호작용하게 한다. 도파민의 재흡수 수송기(transporter)를 봉쇄하는 코카인과 달리 암페타민은 도파민을 소낭에 포장하는 수송기의 방향을

암페타민 도파민 수송체를 후진시켜 시냅스 틈에 신경전달물질인 도파민을 증가시키는 합성 화합물

그림 6.9 행동 자극제

코카인(위)은 코카나무 잎(가운데)에서 얻는다. 크랙 코카인(아래)이 화학적으로 변형되어 록(rock)이 만들어지는데 록은 낮은 온도의 열을 가하면 증발한다.

그림 6.10 경고 라벨

코카인은 한때 코카콜라와 같은 에너지 음료의 성분이었다.

바꾸게 하여 도파민이 재흡수되는 것을 방해하는데 이 결과 이미 포장된 도파민을 제거하고 시냅스 종말에 도파민이 더 많이 존재하게 한다. 시냅스 종말에서 발견되는 수송기는 이전에 소낭에 포장되어 있던 도파민을 시냅스 틈으로 쏟아낸다. 따라서 암페타민은 두 가지 서로 다른 방법으로 시냅스의 도파민 양을 증가시켜 도파민 수용기를 자극한다.

암페타민은 CNS 신경전달물질인 에피네프린의 합성을 시도하는 동안 발견되었는데 에피네프린은 스트레스에 당면할 때 싸움 혹은 도주 반응을 위해 신체를 준비시키는 호르몬으로도 작용한다(5-3절의 그림 5.18 참조). 임상 초점 6-1에 기술되어 있듯이 암페타민에 기반한 약물이 ADHD의 치료에 널리 사용되고 있다.

암페타민의 한 유형인 벤제드린은 원래 천식 치료에 사용되었고 1940년대에 흡입 형태의 비처방 약물로 판매되었다. 곧 사람들이 원기를 얻기 위해 이 약물을 흡입하기 시작하였다. 암페타민은 제2차 세계대전 동안 군인과 조종사의 각성 수준을 유지하고 자신감, 공격성과 사기를 증진하기 위해 널리 사용되었으며, 오늘날에도 이 목적으로 사용되고 있다. 암페타민이 전쟁 동안 전시노동자의 생산성을 높이기 위해 일반인에게도 사용되었다. 오늘날 암페타민은 체중 감소 목적으로도 사용된다. 처방 없이 구입 가능한 많은 자극제 혹은 다이어트 약이 암페타민과 유사한 약물 작용을 한다.

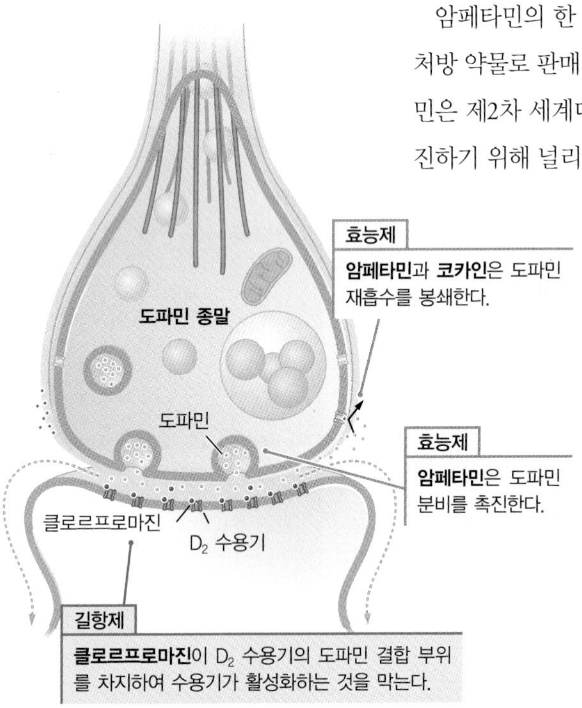

불법적인 암페타민의 파생물인 메스암페타민(meth, speed, crank, smoke, crystal ice 등으로도 알려져 있다)이 널리 사용되고 있다. 미국인의 이 약물의 평생 유병률(일생 동안 약물을 적어도 한 번 사용하는 사람의 전체 인구에 대한 비율)이 약 6.5% 정도일 만큼 높은데(Durell et al., 2008), 이는 메스암페타민의 불법 제조가 쉽고 효능이 강하며 비교적 가격이 저렴한 것과 관련이 있다. 불법적인 제조 과정이 메스암페타민의 효과를 합법적 합성물인 암페타민의 효과와 비교하는 것을 어렵게 한다.

암페타민(애더럴)과 메틸페니데이트(리탈린)은 ADHD 치료약으로 처방된다. ADHD는 지나친 활동과 행동 통제 혹은 주의력의 어려움으로 특징되지만 많은 ADHD 환자들은 자신들이 흥미를 느끼는 과제에는 매우 긴 시간 동안 주의를 유지한다. ADHD와 치료의 신경생물학적 근거는 '연구 초점 6-3 : 주의력결핍 과잉행동장애'에 자세하게 기술되어 있다.

레크리에이션 목적으로 사용되는 암페타민과 메틸페니데이트의 양이 의료 목적으로 처방되는 양보다 거의 50배나 더 많다. 이 약물들을 레크리에이션 목적으로 장기간 사용하면 **정신병**을 초래할 수 있는데, 정신병은 많은 증상 중에서도 환각(잘못된 감각의 지각), 망상(잘못된 신념), 편집증과 와해된 사고로 특징되는 행동장애를 칭하는 포괄적 용어이다. 이 증상들이 조현병 환자에서도 관찰된다.

도파민 길항제(dopamine antagonists)

조현병의 도파민 가설(dopamine hypothesis of schizophrenia)은 조현병의 일부 유형이 과도한 도파민 활성화, 특히 전두엽에서의 과도한 활성화와 관련된다고 제안한다. 만약 지나친 도파민이 약물 유도 정신병과 자연적으로 발병하는 조현병의 일부 유형을 초래한다면 도파민 길항제가 증상을 완화해야 한다(그림 6.11 참조). 실제로 D_2 수용기와 결합하는 도파민 길항제의 사용이 조현병 환자의 기능을 향상시켰다. 1955년 이후 도파민 길항제(항정신병 약물 혹은 항정신병제)가

5-1절에 Otto Loewi가 에피네프린 혹은 아드레날린을 발견한 실험이 소개되어 있다. 7-8절은 ADHD의 증상 및 예후와 ADHD의 동물 모델을 설명한다.

효능제
암페타민과 **코카인**은 도파민 재흡수를 봉쇄한다.

도파민 종말

도파민

클로르프로마진

D_2 수용기

효능제
암페타민은 도파민 분비를 촉진한다.

길항제
클로르프로마진이 D_2 수용기의 도파민 결합 부위를 차지하여 수용기가 활성화하는 것을 막는다.

그림 6.11 D_2 수용기에서의 약물 효과
항정신병 약물인 클로르프로마진(소라진)은 조현병 증상을 완화하는 반면 암페타민 혹은 코카인은 조현병을 유발할 수 있다. 이 사실은 D_2 수용기의 과활성화가 조현병과 관련되어 있는 것을 시사한다.

조현병의 도파민 가설 도파민 과활성화가 조현병 증상을 초래한다는 가설

◎ 연구 초점 6-3

주의력결핍 과잉행동장애

주의력결핍 과잉행동장애(attention-deficit/hyperactivity disorder, ADHD)와 주의력결핍장애(attention-deficit disorder, ADD) 모두 아동에서 관찰되는 가장 흔한 뇌와 행동 장애이고 미국 학령 아동의 발생률이 약 9.4%이다. ADHD 아동의 약 50%가 성인이 되어서도 증상을 보이고 이 증상들이 가족와해, 물질사용장애, 교통사고 등과 관련된다.

ADHD와 ADD의 신경생물학적 근거가 특히 전전두엽 피질과 기저핵 회로의 노르아드레날린과 도파민 활성화 체계의 기능이상이라고 여겨지고 있다. 리탈린(메틸페니데이트)과 애더럴(주로 덱스트로암페타민)과 같은 정신운동 자극제가 뇌의 노르아드레날린과 도파민 수준을 증가시키고 ADHD의 치료에 널리 사용되고 있다. 약 70%의 아동이 치료 후 주의력 향상과 과잉행동 증상의 완화를 보이지만 이 약물들이 직접적으로 학업 성취를 향상시킨다는 증거는 거의 없다. 이 사실이 중요한데, 이는 많은 ADHD 아동이 특수교육을 받음에도 불구하고 ADHD 아동의 약 40%가 고등학교를 졸업하지 못하기 때문이다.

Stephen Faraone과 동료들(Lecendreux et al., 2015)은 ADHD가 아동 행동에 대한 부모와 교사의 편협성을 반영하는 문화적 현상이라는 견해에 이의를 제기하였다. 이들은 동일한 ADHD의 진단 준거를 사용할 경우 ADHD의 유병률이 전 세계적으로 매우 유사하다고 결론내렸다. 그러나 개발도상국의 ADHD 발생률은 거의 알려져 있지 않다. 실제 개발도상국의 발생률이 더 높을 가능성이 있는데, 이는 아동의 학습 환경이 선진국보다 덜 조직화되어 있기 때문이다.

ADHD의 원인은 알려져 있지 않지만 전뇌의 도파민 수용기가 관여하는 것으로 여겨진다. ADHD의 영향을 가장 많이 받는 영역이 전두엽과 피질하 기저핵이다. ADHD 환자들에서 이 영역들의 부피가 감소해 있는 것이 점차 많이 보고되는데, 이는 도파민 수송기 단백질 수준이 증가해 있다는 것을 시사한다. 도파민 수송기의 증가는 ADHD를 앓지 않는 사람의 뇌에서보다 ADHD 환자의 뇌에서 시냅스전 뉴런으로의 도파민 재흡수가 더 빨리 일어나고 이로 인하여 도파민 수준이 상대적으로 감소하는 것을 의미한다. 리탈린이 도파민 재흡수를 봉쇄한다.

ADHD가 유전된다고 여겨지는데, 이는 일란성 쌍생아의 일치율이 약 75%라는 연구 결과에 의해 지지를 받고 있다. 분자 유전학 연구에 의해 적어도 7개의 후보 유전자가 확인되었고 이 중 여러 유전자가 도파민 시냅스, 특히 D_4 수용기 유전자와 관련되어 있다.

치료 목적으로 널리 사용됨에 따라 미국 주립 및 시립 정신병원에 입원한 조현병 환자의 수가 엄청나게 감소하였다.

정신병과 조현병은 16-2절에 상세하게 기술되어 있다.

조현병의 발병률은 1,000명당 약 7명이고 여성보다 남성의 발병률이 약간 더 높다(Charlson et al., 2018). 비교적 높은 발병률을 고려하면 도파민 길항제의 성공이 중요한 치료 성과를 반영한다. 비록 도파민 길항제가 정신병의 증상을 완화하지만 완치시키지는 않는다. 실제로 선진국과 개발도상국 노숙자들의 조현병과 정신병 유병률에 관한 최근의 메타분석 연구에 의하면 21% 이상이 정신병으로, 16% 이상이 조현병 혹은 조현병 관련 장애로, 9%가 불특정 정신병으로 진단되었다고 한다(Ayano et al., 2019).

도파민 길항제는 1세대 항정신병 약물(first-generation antipsychotics, FGAs)이라고 하는 약물이 개발되기 시작한 1950년대 중반부터 널리 사용되어 왔다. FGAs에는 페노티아진계에 속하는 약물[예 : 클로르프로마진(소라진)]과 부티로페논계에 속하는 약물[예 : 할로페리돌(할돌)]들이 포함된다. FGAs는 주로 D_2 도파민 수용기를 봉쇄함으로써 작용하는데, 이 작용의 즉각적인 효과는 조현병 환자가 보이는 움직임을 감소시키고 지나친 흥분을 완화하는 것이다. 그러나 조현병에 D_2 수용기만이 관여하지 않기 때문에 도파민 시냅스의 변화가 조현병 혹은 도파민 길항제의 효과를 완벽하게 설명하지 못한다. 1980년대부터 새로운 약물, 예를 들어 클로자핀(클로자릴)과 다수의 다른 약물이 개발되었으며 이 약물들을 2세대 항정신병 약물(second-generation antipsychotics, SGAs)이라고 한다. SGAs는 D_2 수용기뿐만 아니라 5-HT_2 세로토닌 수용기도 봉쇄한다.

D_2 길항제의 치료 작용이 완전히 이해되지 않고 있고 이 약물들을 장기간 사용할 경우 원하지 않는 부작용, 예를 들어 지연성 운동이상(tardive dyskinesia, TD)이 발생할 수 있다. TD는 찡그리거나 혀를 내밀거나 입술을 때리거나 빠르게 획 움직이거나 천천히 비트는 등의 불수의적이고 반복적인 신체 움직임이 나타나는 운동장애이다. L-도파와 같은 도파민 효능제가 도파민 수준을

지연성 운동이상은 16-3절에 기술되어 있다.

증가시켜 파킨슨병 환자의 움직임을 회복시키므로 도파민은 정상적인 움직임과 6-3절에 기술되어 있는 정신건강에 중추적인 역할을 한다.

세로토닌계

이제 세로토닌 효능제를 살펴볼 것인데, 대부분의 세로토닌 효능제는 아드레날린 작용도 한다는 것을 염두에 두기 바란다.

세로토닌 효능제는 개인의 주위 환경, 느낌, 감각과 이미지(환시)에 대한 지각을 변화시켜 '환각(trips)'을 초래하는 것으로 잘 알려져 있다. 이 약물은 1960년대에 일어난 반체제문화의 일부로 사용되었고 이후에도 레크리에이션과 기분전환 목적으로 지속적으로 사용되고 있다. 메스칼린(페요테; 3,4,5-트리메톡시페네틸아민), DMT(*N*,*N*-디메틸트립타민), 사일로시빈 등과 같은 세로토닌 효능제는 식물과 버섯에서 발견된다. 리세르그산디에틸아미드(LSD)와 MDMA(엑스터시, XTC; 3,4-메틸렌디옥시메스암페타민) 등과 같은 다른 효능제는 합성물이다.

20세기부터 미국에서 세로토닌 효능제에 대한 강한 지지가 있었고 이 약물을 '정신 확대(mind expansion)와 개인적 진실(personal truth)'의 목적으로 사용하고 있다. 페요테 선인장으로부터 얻는 메스칼린은 북미 원주민이 종교적 관례로 사용할 경우 합법적이다. 세로토닌 효능제는 유쾌함과 즐거움을 동반하는 환각('러쉬'라고도 함), 현실로부터의 이탈, 억제 감소와 극도의 맑은 정신력 혹은 초능력감 등을 일으킬 수 있다. 그러나 부정적인 효과, 즉 비합리적인 공포, 공황발작, 편집증, 빠른 기분 변화, 절망감, 다른 사람을 해치고자 하는 욕망과 자살 생각 등을 초래할 수도 있다. 반복적으로 사용할 경우 수면, 기분, 기억 및 주의 결함을 경험할 수 있다.

비록 이 약물들이 현재는 치료나 레크리에이션 목적으로 사용되는 것이 불법이지만, 심각한 정신건강 부담이 충족되지 못하고 획기적인 치료법이 부족하다는 것이 점차 인식되면서 우울증과 중독을 포함한 다양한 심각한 장애의 치료에 환각제를 사용하는 것을 다시 고려하고 있다(Nutt et al., 2020 참조). 많은 연구가 환각제가 안전하고 효과적이며 중독될 만큼 남용될 가능성이 낮다는 것을 지지하는 결과를 보고하고 있다. 환각제가 생리적으로 새롭고 다양한 수준의 작용 기제를 가지고 있는 것을 최근 연구가 보여주고 있고 이는 환각제가 증상을 빠르고 지속적으로 완화하는 것을 시사한다(Nutt, 2019).

세로토닌 2A 수용기(5-HT$_{2A}$)의 길항제가 환각제의 효과를 충분하게 막는다는 연구 결과는 환각제가 이 수용기의 효능제이고 환각제의 주요 목표물이 이 수용기라는 것을 이해하게 하였다(Preller et al., 2018). 사일로시빈이 신피질의 5층에 있는 추체세포(pyramidal cell)의 5-HT$_{2A}$ 수용기를 자극하고 이 결과 엄청난 뉴런의 탈분극화가 일어나고 뉴런이 빨리 그리고 반복적으로 발화한다. 이 뉴런들이 피질 영역들의 통합에 중요한 역할을 하기 때문에 이 활동이 피질 신호의 큰 변화를 가져온다. 사일로시빈 투여 후 전형적인 리드미컬 활동이 비동기화로 전환하는 것을 뇌전도(EEG)가 보여주는데, 이러한 변화가 환각제를 자주 사용하는 사람들이 과거 행동, 기억, 활동, 느낌 및 신념에 관한 새로운 통찰을 경험한다고 여길 수 있다. 환각제의 기제와 효과에 관한 연구가 새로운 치료법의 개척을 반영하지만 환각제의 안정성과 효과에 관한 신중하게 통제된 연구가 실시되어야 한다.

다른 세로토닌 효능제는 현재 **주요우울장애**(major depression)의 치료에 사용되고 있는데, 이 장애는 무가치감과 죄책감을 장기간 느끼고 정상적인 섭식행동의 와해, 불면증과 같은 수면장애, 느린 행동과 잦은 자살 사고 등이 특징인 기분장애이다. 어떤 시점이든 미국 성인의 약 6%가

주요우울장애 무가치감과 죄의식을 장기간 느끼고 정상적으로 식사를 하지 못하며 수면장애, 느린 행동과 자살 생각 등을 자주 하는 것을 특징으로 하는 기분장애

주요우울장애를 앓고 있고 약 30%가 생애 동안 몇 개월 이상 지속되는 우울 삽화를 적어도 한 번 경험한다. 주요우울장애는 남성보다 여성에서 2배 정도 더 많이 발병한다.

부적절한 다이어트, 힘든 일상에서 오는 스트레스, 뉴런 기능의 갑작스러운 변화, 뇌세포 손상 등이 우울증의 발병 원인에 포함된다. 이러한 요인들은 서로 관련되어 있는데, 즉 영양 결핍이 스트레스에 대한 취약성을 증가시키고 스트레스는 뉴런 기능의 변화, 나아가 뉴런의 손상을 초래한다. 우울증의 치료에 몇 가지 약물 치료가 적용되는데 여기에는 스트레스 호르몬을 정상화하거나 뉴런 반응을 수정하거나 뉴런의 회복을 자극하는 것이 포함된다.

우울증 치료에 사용되는 약물

세 가지 서로 다른 유형의 세로토닌 효능제가 우울증 치료에 사용되고 있는데, **모노아민 산화효소 억제제**[monoamine oxidase(MAO) inhibitors], 3개의 고리로 된 화학 구조를 갖는 **삼환계**(tricyclics)와 **선택적 세로토닌 재흡수 억제제**(selective serotonin reuptake inhibitors, SSRIs)가 그것이다. SSRIs는 3개의 고리 구조를 가지고 있지 않지만 작용 기제는 삼환계 항우울제와 유사하다.

항우울제는 세로토닌, 노르아드레날린(노르에피네프린), 히스타민, 아세틸콜린과 도파민 시냅스에서의 화학적 신경전달을 증가시키는 작용을 하는 것으로 여겨진다. **그림 6.12**는 대부분의 연구가 초점을 맞추는 5-HT 시냅스에서 일어나는 MAO 억제제, 삼환계와 SSRIs 작용을 보여준다. 이 세 부류의 항우울제는 모두 세로토닌 효능제로 작용하지만 서로 다른 기제를 통하여 세로토닌을 증가시킨다.

MAO 억제제는 축색종말에서 세로토닌을 분해하는 효소인 모노아민 산화효소를 억제함으로써 각 활동전위가 도달할 때마다 더 많은 세로토닌이 분비되게 한다. 이와 달리 삼환계와 SSRIs는 세로토닌을 축색종말로 되돌아가게 하는 재흡수 수송기를 봉쇄한다. 재흡수 수송기가 봉쇄되기 때문에 세로토닌이 시냅스 틈에 머물게 되고 이에 따라 시냅스후 수용기에 더 오랫동안 작용하게 된다.

비록 이 약물들이 매우 빨리 시냅스에 영향을 미치기 시작하지만 이 약물들이 갖는 항우울 작용이 일어나기 위해서는 몇 주가 소요된다. 지연된 작용에 대한 한 가지 설명이 항우울제, 특히 SSRIs가 뉴런의 이차전령을 자극하여 스트레스에 의해 손상된 뉴런을 회복시킨다는 것이다. 이와 관련된 한 가지 흥미로운 사실은 SSRIs 중 하나인 플루옥세틴(프로작)이 측두엽에 위치하는 변연계 구조인 해마에서 새로운 뉴런들의 생성을 증가시킨다는 것이다. 5-4절에 상세하게 기술되어 있는 것처럼 해마는 스트레스에 의해 초래되는 손상에 취약하며 플루옥세틴에 의한 손상 회복이 이 약물의 항우울 효과의 근거가 되는 것으로 제안되고 있다(Yamada et al., 2020).

대부분의 사람들은 우울증 발병 후 1년 내에 회복된다. 그러나 우울증을 치료하지 않으면 '임상 초점 6-4 : 주요우울장애'에 기술되어 있듯이 자살할 가능성이 높아진다. 모든 심리장애 중에서 주요우울장애가 가장 치료가 잘되는 장애 중 하나이다. 약물치료와 인지행동치료를 병행하면 효과가 가장 높다(Comer & Comer, 2021).

그럼에도 불구하고 우울장애 환자의 약 20%가 항우울제에 반응하지 않는다. 우울장애가 다양한 원인에 의해 발병하는데, 즉 다른 전달 체계의 이상과 전두엽 손상을 포함한 뇌 손상 등으

5-4절에 스트레스와 스트레스 호르몬에 관한 더 많은 정보가 기술되어 있다. 12-4절은 정서, 우울증과 같은 정서장애의 신경 통제에 관해 기술하고 16-2절은 이러한 장애의 신경생물학과 치료에 초점을 맞추고 있다.

모노아민 산화효소 억제제 모노아민 산화효소가 세로토닌, 노르아드레날린, 도파민 등과 같은 신경전달물질을 분해하는 것을 봉쇄하는 항우울제

삼환계 항우울제 3개의 고리를 특징으로 하는 화학적 구조를 가지는 항우울제로 세로토닌 재흡수 수송기 단백질을 봉쇄한다.

선택적 세로토닌 재흡수 억제제(SSRI) 세로토닌이 시냅스전 종말로 재흡수되는 것을 봉쇄하는 항우울제로 우울증 치료에 가장 널리 사용된다.

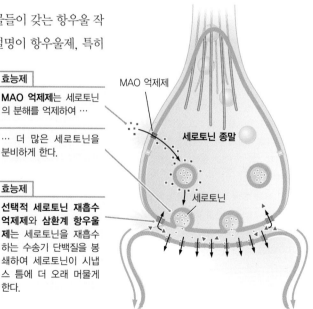

그림 6.12 5-HT 수용기에서의 약물 효과
서로 다른 항우울제는 다른 방식으로 세로토닌 시냅스에 작용하여 세로토닌의 활성화를 증가시킨다.

재흡수는 전달물질 불활성화의 일부이고 신경전달의 5단계 중 마지막 단계이다(그림 5.3 참조).

로 우울증이 발생할 경우 세로토닌 효능제에 반응하지 않을 수 있다. 이에 덧붙여 일부 환자는 항우울제의 부작용, 즉 불안 증가, 성기능장애, 진정, 입 마름, 몽롱, 기억 결함 등을 견디기 어려워한다.

오피오이드계(opioidergic)

오피오이드(opioid, 아편유사제)는 오피오이드 수용기에 결합하여 모르핀과 같은 효과를 내는 내인성 혹은 외인성 화합물이다. 이 향정신성 약물은 수면 유도(마취)와 통증 완화(진통) 속성이 있다. 오피오이드는 세 가지 공급원 — 추출(모르핀, 코데인), 변형(헤로인, 옥시코돈), 합성(펜타닐, 메타돈) — 이 있다.

연구에 의해 다섯 부류의 오피오이드 펩티드, 즉 다이놀핀, 엔케팔린, 엔도르핀, 엔도르모르핀, 노시셉틴이 밝혀졌다. 그리고 각 오피오이드 펩티드는 델타, 카파, 뮤, 노시셉틴의 네 가지 유형 수용기와 결합한다. 모든 오피오이드 펩티드와 그들의 수용기들이 장신경계(enteric nervous system, ENS)를 포함한 신체 부위뿐만 아니라 CNS의 많은 영역에서 발견된다. 모르핀이 엔도모르핀과 가장 유사하며 뮤 수용기와 가장 선택적으로 결합한다.

흰색을 띠고 우유같은 유액인 아편(opium)은 그림 6.13의 가장 위에 제시되어 있는 양귀비 씨에서 추출한다. 주요 유효성분이 모르핀인 아편은 수천 년 동안 행복감, 무통, 수면, 설사 및 기침 완화를 위해 사용되었다. 1805년 화학자인 Friedrich Sertürner가 아편으로부터 2개의 화학물(코데인과 모르핀)을 추출하였다. 코데인은 기침약과 진통제 처방에 포함되는 성분이다. 코데인을 모르핀으로 전환하는 효소가 간에 있지만 금발과 파란 눈의 표현형을 가진 일부 사람은 이 효소가 부족하다. 그림 6.13의 가운데에 제시되어 있는 모르핀은 그리스의 꿈의 신인 모르페우스의 이름을 붙인 것으로 통증 완화제이다.

자연적으로 발생하는 오피오이드에 덧붙여서 헤로인과 옥시코돈 등은 반합성(semi-synthetic) 오피오이드이고 뮤 수용기에 영향을 미친다. 그림 6.13의 가장 아래에 보이는 헤로인은 모르핀

◎ 임상 초점 6-4

주요우울장애

53세의 고등학교 교사인 P. H.는 학생들 사이에 인기가 있었지만 점차 자신의 직업에 만족감을 잃어가고 있었다. 결혼 생활도 위태로웠는데, 이는 그가 점차 무감동해지고 더 이상 사람들과 어울리거나 휴가 가는 것을 원하지 않았기 때문이다. 그는 아침에 일어나는 것과 정시에 학교에 출근하는 것을 매우 힘들어하였다.

P. H.는 결국 심한 가슴 통증 때문에 의사를 찾았는데, 그는 자신이 곧 심장마비를 경험할 것으로 여겨 이를 두려워하였다. 그는 의사에게 차라리 심장마비를 앓았으면 좋겠다고 얘기하였는데, 이는 심장마비가 자신의 문제를 끝낼 것이라고 생각하였기 때문이다. 의사는 P. H.가 우울증을 앓고 있다고 결론을 내리고 그를 정신과 의사에게 의뢰하였다.

1950년대부터 우울증 치료에 세로토닌 효능제와 다양한 인지행동치료(cognitive-behavioral therapy, CBT)가 적용되어 왔고 만약 약물치료가 실패하면 뇌의 한 대뇌반구에 짧은 시간 전류를 흐르게 하는 전기충격치료(ECT)가 사용되고 있다. 자살과 자해 행동의 위험이 주요우울장애 환자, 특히 SSRIs에 반응하지 않는 청소년 우울증 환자들에서 높다(Asarnow et al., 2011).

SSRIs에 긍정적으로 반응하는 환자에서조차 약물의 효과가 약물 복용 후 몇 주 내에 나타나지 않는다.

글루타메이트 길항제인 케타민을 마취를 일으키는 용량보다 적게 투여하면 SSRI 약물에 반응을 보이지 않는 환자에서조차 신속하게 치료 효과가 나타나고 이 효과가 몇 주 동안 지속된다(Reinstatler & Youssef, 2015). 따라서 케타민이 자살 위험이 높은 주요우울장애 환자 혹은 양극성장애 환자에서 빠른 치료 효과를 보는 데 유용한 것으로 여겨지고 있다.

항우울제가 특히 아동에서 자살 시도를 일으킨다는 가족의 불평에 따라 미국식품의약국(FDA)은 플루옥세틴(프로작), 설트랄린(졸로프트), 파록세틴(팍실, 세로자트)을 포함한 SSRI의 부작용을 모니터하도록 의사들에게 권하고 있다. 여러 연구가 SSRI를 사용하는 아동 및 청소년과 위약을 제공받은 아동 및 청소년이 자살률에서 유의한 차이를 보이지 않는다고 보고하고 있다. 이에 덧붙여 FDA의 경고에 따라 SSRI의 처방이 감소한 후 자살률이 실제로 증가하였다(Isacsson & Rich, 2014).

으로부터 변형된 것으로, 모르핀보다 더 강력하고 지용성이며 혈뇌장벽을 더 빨리 통과하여 매우 빨리 통증 완화 효과를 내지만 효과가 짧은 시간 동안만 지속된다. 헤로인이 일부 국가에서는 합법적 약물이지만 미국을 포함한 다른 나라들에서는 불법이다.

펜타닐과 같은 합성 오피오이드는 통증 관리를 위해 처방된다. 펜타닐은 모르핀보다 100배 정도 더 강력하기 때문에 과다 복용할 경우 사망에 이를 가능성이 높다. 모든 오피오이드는 중독성을 띠고 처방 오피오이드의 남용이 전 세계적으로 문제가 되고 있는데, 여기에 대해서는 '임상 초점 6-5 : 오피오이드 과다 복용으로 인한 급속한 사망 확산'에 상세하게 기술되어 있다. 오피오이드는 불법으로 수정, 제조되고 배급된다. 오피오이드를 사용하는 사람들이 오피오이드사용장애(opioid use disorder, OUD)를 경험할 수 있고 일부는 처방을 여러 번 받고 처방전을 불법으로 판매한다.

오피오이드 복용은 통증 지각의 변화뿐만 아니라 다양한 생리적 변화, 즉 이완, 수면, 즐거움과 변비를 유발한다(변비 치료를 위해 완하제를 사용하는 것도 오피오이드 유행과 함께 증가하고 있다). 또 다른 효과에는 OUD 환자의 주요 사망 원인인 호흡 억제와 혈압 저하, 동공 수축, 저체온증, 분비 억제(예 : 입 마름), 성욕 감소, 붉고 열이 나는 피부 등이 포함된다.

오피오이드를 반복적으로 사용할 경우 몇 주 내에 내성이 생기며 이로 인하여 복용량이 10배 정도 증가한다. 이후 개인이 원하는 효과가 더 이상 일어나지 않는다. OUD 환자는 부정적인 효과 없이 약물 사용을 중단할 수 없는데, 이는 약물을 갑자기 중단할 경우 심각한 금단 증상, 즉 약물이 제공하는 효과와는 정반대의 생리 및 행동 효과가 발생하기 때문이다.

날록손(naloxone) 등과 같은 약물이 오피오이드 수용기의 길항제로 작용한다. 날록손은 **경쟁적 억제제**(competitive inhibitors)로, 뉴런 수용기에서 오피오이드와 경쟁한다. 이 약물들이 뇌에 빨리 들어가 오피오이드의 작용을 빨리 봉쇄하기 때문에 오피오이드의 과다 복용을 치료하는 데 유용하다. 오피오이드를 남용하거나 남용 고위험군과 같이 일하는 많은 사람이 과다 복용의 치료를 위해 경쟁적 억제제를 사용한다. 또한 이 약물들이 장기간 작용할 수 있기 때문에 오피오이드에 중독된 사람들이 금단 증상으로부터 회복된 후 오피오이드 중독을 치료하는 데 경쟁적 억제제가 사용될 수 있다.

뇌에서 생산되는 오피오이드 펩티드가 중독 효과 없이 통증 완화제로 사용될 수 있는지가 집중적으로 연구되어 왔다. 이제까지의 연구 결과는 확실하지 않다. 통증 연구의 목적 중 하나인 중독을 유발하지 않는 진통제의 개발이 실현되기 어려울 수 있다. 비오피오이드(non-opioid) 통증 치료제의 개발이 중요한 연구 과제로 남아 있다.

칸나빈계(cannabinergic)

테트라히드로칸나비놀(tetrahydrocannabinoll, THC)은 84개의 칸나비노이드 중 하나로 칸나비스(부적절하게 마리화나로 언급되고 있음)의 주된 성분이며 **그림 6.14**에 있는 삼나무의 여러 종으로부터 얻는 물질이다. THC가 뉴런에서 발견되는 칸나비디올 1(CB1) 수용기와 주로 작용하여 기분을 변화시키고, 교세포와 다른 신체 조직에서 발견되는 CB2 수용기와도 결합한다. 칸나비스는 독성을 거의 가지고 있지 않아 과다 복용으로 사망한 사례는 없지만 기분이나 기억에 부정적 효과를 일으키거나 정신적 과부하에 긍정적 효과를 낸다.

인체는 CB1과 CB2 수용기와 결합하는 2개의 내인성 분자, 즉 아난다미드와 2-AG를 생산한다. 여러 연구에 의하면 아난다미드는 불안을 감소시키고 망각을 증진한다고 한다. 아난다미드

그림 6.13 양귀비
아편은 양귀비 씨에서 얻는다(위). 모르핀(가운데)은 아편으로부터 추출되고 헤로인(아래)은 모르핀으로부터 합성된다.

'콜드 터키'라는 용어는 오피오이드 금단과 동반하여 나타나는 차가운 피부를 의미하는데, 즉 털이 서서 칠면조 피부처럼 보이기 때문이다. 이 효과는 오이피오드 사용 후 경험하는 따뜻한 피부의 반대이다.

경쟁적 억제제 약물의 과다 복용과 오피오이드사용장애의 치료에 사용되는 약물. 예를 들어 날록손은 결합 부위를 두고 오피오이드와 경쟁하여 오피오이드의 작용을 재빨리 봉쇄한다.

임상 초점 6-5

오피오이드 과다 복용으로 인한 급속한 사망 확산

COVID-19가 일어나기 전까지 약물 과다 복용이 오랫동안 미국과 캐나다의 50세 이하 성인의 주요 사망 원인이었고 COVID-19 백신의 개발로 사망자 수가 감소하면서 약물 과다 복용이 다시 주요 사망 원인이 될 것이다. 불행하게도 COVID-19 펜데믹이 중독 위기를 더 악화시켰는데, 2020년 북미의 오피오이드 과다 복용으로 인한 사망자 수는 2019년보다 약 74% 증가하였다 (United Nations, 2021).

미국 내 오피오이드 과다 복용 유행은 세 가지 급증으로 나눌 수 있다. 첫 번째 급증은 오피오이드 처방 수의 증가와 관련하여 1990년대에 일어났다. 두 번째 급증이 2010년에 시작되었는데, 이 당시 헤로인 사용으로 인한 사망이 급증하였고 이는 특히 헤로인의 순도(purity)에 관한 잘못된 정보와 관련되었다. 약물의 불법 제조와 펜타닐 같은 매우 강력하고 치명적인 합성 오피오이드의 사용이 크게 증가하면서 세 번째 급증이 2013년에 시작되었다(O'Donnell et al., 2017). 오피오이드 과다 복용으로 인한 사망 사례의 대부분이 오피오이드를 코카인, 메스암페타민 등과 같은 다른 약물과 함께 사용한 결과 일어났다.

오피오이드 관련 과다 복용으로 사망한 대부분의 사람이 처음에는 외상 혹은 수술로 인한 만성 통증의 치료를 위해 의사가 처방한 오피오이드(예: 데메롤, 옥시코돈, 바이코딘)의 사용으로 중독되었다. 오피오이드는 비교적 저렴하고 물리치료 등과 같은 대체치료보다 비용이 훨씬 적게 든다. 실제 오피오이드 유행의 책임 대부분은 의사가 오피오이드 처방을 지나치게 많이 하는 것과 제약회사들이 자신들이 생산하는 오피오이드 약물의 위험성을 적절하게 알리지 않고 오피오이드 약물을 처방하라는 압력을 의사에게 가한 공공 정책 전략을 사용한 것에 있다(McGreal, 2018).

미국 내 여러 주요 법정 소송이 최근의 오피오이드 유행과 관련하여 상당한 재정적 합의를 이끌어냈다. 첫 번째 합의는 2015년의 퍼듀파마(Purdue Pharma)가 자사 제품인 옥시콘틴의 중독성을 대중에게 잘못 전달한 것에 대해 유죄판결을 받고 켄터키주에 2,400만 달러를 지급하기로 동의한 것이다. 이후 많은 제약회사와 판매자가 미국 사법부, 주, 행정자치도시와 합의하여 수십억 달러를 지불하는 것에 동의하고 있다. 2021년 7월 주(state) 검찰총장 집단이 오피오이드 유행에 연루된 세 제약회사가 210억 달러를 지불하는 것에 합의한 것을 밝혔는데, 이는 미국 역사상 두 번째로 큰 합의이다. 합의금은 중

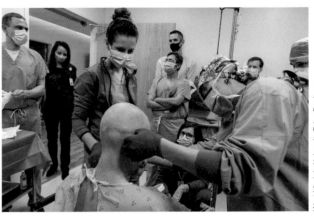

의료진이 오피오이드사용장애 환자에게 약물 사용에 관한 시각 이미지와 약물 용품으로 약물에 대한 갈망을 유도하는 동안 환자의 중격핵에 초음파를 집중하려고 준비하고 있다. 이를 통해 약물갈망과 약물단서 사이의 연합이 약화된다.

독치료, 가족 지원, 교육 및 기타 사회적 프로그램에 사용될 것이다.

호주와 일본을 포함한 일부 국가는 만성 통증을 오피오이드로 치료하지 못하게 함으로써 오피오이드와 관련된 대중 이슈를 회피한다. 이러한 나라들에서 만성 통증은 주로 이부프로펜, 나프록센 등의 소염제로 치료된다. 칸나비스와 칸나비노이드를 포함하는 비오피오이드 약물이 수면 유도를 통한 통증 관리에 자주 사용되고 있다.

오피오이드사용장애에 관한 혁신적인 치료법도 오피오이드 위기에 희망을 주고 있다. 2021년 웨스트버지니아대학교의 록펠러신경과학연구소가 집중 초음파(focused ultrasound)를 사용할 수 있는지를 조사하기 위해 임상실험에 착수하였다. 30분 동안 진행되는 절차에는 오피오이드사용장애 환자에게 약물 사용에 관한 그림과 약물 용품으로 약물에 대한 갈망을 유도하는 동안 환자의 중격핵에 초음파를 집중하는 것이 포함되었다. 예비실험 결과에 의하면 이 치료가 약물에 대한 갈망과 중독행동을 감소시킨다고 하지만 실험이 현재 진행 중이다. 다른 혁신적인 중독치료에 착용기기, 인공지능, 경두개 자기자극법과 뇌심부 자극의 사용이 포함된다.

그림 6.14 삼나무

삼나무는 다양한 고도, 기후와 토양에서 자라는 일년생 허브이며 밧줄, 의복, 종이 제조를 포함해 다양한 용도로 사용된다. 테트라히드로칸나비놀(THC)이 칸나비스의 주요 성분이다.

는 우리가 매일 접하는 모든 정보에 의해 뇌의 기억 체계가 과부하되는 것을 막아준다.

칸나비스는 항암 치료를 받는 환자들이 경험하는 메스꺼움과 구토를 완화하는 데 도움이 된다. 또한 식욕감퇴-쇠약 증후군(anorexia-cachexia syndrome)을 앓는 환자들의 식욕을 자극하는 데도 유용하다. 칸나비스는 오피오이드와는 다른 기제를 통해 만성 통증을 치료하는 데도 도움이 된다. 실제로 칸나비스가 통증 치료에 필요한 오피오이드의 용량을 감소시킨다.

칸나비스는 녹내장(안압의 증가), 다발성 경화증과 같은 경련장애, 척수 손상과 관련된 장애의 치료에도 효과적인 것으로 입증되었다. 또한 칸나비스는 신경보호적 속성이 있다. 많은 사람이 PTSD를 포함한 다양한 질병을 치료하기 위해 칸나비스를 사용하고 있다(Roitman et al., 2014).

모든 칸나비노이드가 향정신성 효과를 내는 것은 아닌데, 이는 모든 칸나비노이드가 CB1 수용기와 작용하지 않기 때문이다. 예를 들어 일부 연구는 칸나비디올 화합물(compound cannabidiol, CBD)이 염증을 감소시키기 때문에 신경보호적 속성을 갖지만 다른 칸나비노이드가 가지는 기분 변화 효과는 내지 못하는 것을 보고하였다. CBD가 다양한 신경정신과 장애, 즉

자폐스펙트럼장애, 불안장애, 정신병, 신경병적 통증, 암으로 인한 통증, 인간 면역결핍 바이러스(HIV) 감염, 편두통, 다발성 경화증, 알츠하이머병, 파킨슨병, 헌팅턴병, 허혈-저산소 손상, 뇌전증 등에도 효과적인가에 대한 연구들이 진행 중이다(Cristino et al., 2020). 많은 연구가 CBD를 포함한 칸나비스의 일부 성분이 뇌전증 발작의 빈도와 심각성을 감소시킨다는 결과를 보고하고 있다. 이를 처음으로 사용한 아동의 이름을 따서 Charlotte's Web이라고 불리는 오일을 포함한 CBD가 특정 아동 뇌전증 증후군의 치료에 효과적이라고 보고되고 있다(Robson, 2014).

합성 THC 혹은 THC 파생물이 개발되었는데, 이는 THC 사용에 대한 법적 금지를 일부 피하기 위해서였다. 칸나비스에 대한 법적 금지를 캐나다와 미국의 여러 주에서 풀고 있기 때문에 몇 년 내에 칸나비스의 유용한 의료적 효과에 관한 과학적 연구가 가능할 것으로 희망하고 있다.

6-2 복습

진도를 계속 나가기 전에 앞 절을 얼마나 이해했는지 확인해보자. 정답은 이 책의 뒷부분에 있다.

1. 세계에서 가장 널리 사용되는 향정신성 약물인 _____은/는 _____수용기와 결합하지만 다른 작용 기제도 가지고 있다.

2. 불안을 감소시키고 진정 효과를 내는 약물은 주로 _____ 수용기에 작용하는데, 즉 _____의 유입을 통해 뉴런을 과분극화한다.

3. 우울증 치료를 위해 처방되는 약물은 주로 _____계에 작용한다.

4. 오피오이드는 _____의 작용을 모방하는데, 이는 동일한 수용기에 결합함으로써 일어난다.

5. 암페타민은 도파민 _____을/를 자극하고 코카인은 _____시냅스에서 도파민 _____을/를 봉쇄한다.

6. 향정신성 효과를 가져오는 약물은 어떤 신경전달물질 체계에 작용하는가?

6-3

약물에 대한 개인 반응에 영향을 미치는 요인

많은 행동이 예상되는 결과를 낳는다. 여러분이 동일한 피아노 건반을 반복적으로 두드리면 매번 동일한 소리를 듣는다. 여러분이 오늘 전등 스위치를 켜면 어제와 동일한 밝기로 전구가 밝아진다. 이 인과(cause-and-effect) 일관성이 향정신성 약물의 효과에는 적용되지 않는다. 즉 개인은 매번 약물에 매우 다르게 반응한다.

모든 향정신성 약물은 투여 조건에 따라 다양한 효과를 가진다. 체중, 성, 연령, 유전적 구성 등과 같은 신체적 차이뿐만 아니라 학습된 행동과 문화 및 환경 맥락이 개인에게 미치는 약물 효과에 영향을 준다. 더욱이 어느 누구나 주어진 약물에 대해 물질사용장애를 경험할 수 있는데 이는 우리 모두가 동기와 행동에 영향을 미치는 신경전달물질과 호르몬에 반응하는 수용기를 가지고 있고 약물이 이 수용기들과 상호작용하기 때문이다. 물질사용장애, 중독과 금단에 관해 살펴보기 전에 알코올을 먼저 살펴보자.

알코올에 대한 행동

왜 사람들은 음주를 하지 않을 때는 전혀 하지 않는 행동을 음주 상태에서는 하는가? 알코올 섭취와 관련된 위험한 행동은 개인과 사회 모두에 큰 대가를 치르게 한다. 지나친 음주는 다양한

마리화나는 멕시코에서 사용되는 스페인어 용어지만 어원은 잘 알려져 있지 않으며 1900년대 초부터 인기가 있었다. 이 용어가 그 당시 백인에게 무섭고 이상하게 들렸고 이로 말미암아 멕시코인에 대한 인종차별과 혐오증이 증가하였다.

아난다미드(산스크리트어로 '기쁨' 혹은 '행복'을 의미)는 민감화에 작용하는 이차전령 체계의 일부인 아데닐 시클라아제(adenyl cyclase)를 억제하는 CB1 수용기에 작용한다(14-4절 참조).

학습 목표
• 학습 개념이 향정신성 약물에 대한 개인의 반응에 어떻게 적용되는지 설명한다.
• 내성, 금단, 중독 사이의 관련성을 설명한다.
• 부정적인 아동기 경험, 개인차와 성차가 약물에 대한 개개인의 반응 차이에 어떻게 영향을 미치는지 설명한다.

부정적 행동과 관련되는데, 이에는 안전하지 못한 성행동뿐만 아니라 음주운전, 데이트 성폭행, 배우자 혹은 아동 학대와 다른 유형의 공격 행동, 범죄 등이 포함된다.

이 절에서 우리는 알코올 효과에 관한 주요 이론, 즉 탈억제, 학습과 행동 근시 이론을 살펴보겠다. 더불어 약물 사용 및 남용과 관련된 위험 요인도 살펴볼 것이다.

탈억제 이론 알코올이 판단을 통제하는 뇌의 전두피질을 선택적으로 억압하는 반면 욕망과 같은 더 원시적 본능에 관여하는 피질하 구조에는 영향을 미치지 않는다고 주장하는 이론

탈억제와 충동 통제

알코올의 효과에 관한 초기 이론이지만 오늘날에도 널리 받아들여지고 있는 이론이 **탈억제 이론**(disinhibition theory)이다. 이 이론에 의하면 알코올이 판단의 통제에 관여하는 피질 영역을 선택적으로 억압하는 효과를 가지는 반면 욕망 등 더 본능적(비학습적)인 행동에 관여하는 피질하 구조들은 억압하지 않는다고 한다. 달리 말하면 알코올이 이성과 판단에 근거하는 학습된 억제를 억압하는 반면 동물적인 측면은 풀어놓는다는 것이다. 탈억제 이론을 수정한 이론은 전두엽이 충동행동을 확인한다고 주장한다. 이 이론에 의하면 음주 후 충동 통제가 손상되는데, 이는 전두엽이 알코올에 상대적으로 민감하기 때문이라고 한다. 따라서 음주 후 위험한 행동을 하게 된다 (Hardee et al., 2014).

탈억제 이론을 지지하는 사람들은 간혹 음주와 관련된 행동을 "그들이 너무 취해서 그런 행동을 할 수밖에 없었다." 혹은 "그들이 너무 취해서 자제력을 잃었다." 같은 표현들로 변명한다.

학습

만약 탈억제 이론이 정확하면 음주를 할 때마다 개인이 동일한 행동을 해야 하지만 반드시 그렇지는 않다. Craig MacAndrew와 Robert Edgerton(1969)은 자신들의 저서 *Drunken Comportment*에서 탈억제 이론에 관한 의문을 제기하였다. 이들은 음주행동이 맥락에 따라 변하는 것을 보여주는 많은 예를 인용하였다. 예를 들어 집에서 술을 마시면 예의 바른 사회적 행동을 보이는 사람이 바에서 술을 마실 경우 제멋대로 행동하고 공격적이 된다.

바에서 술을 마실 때 보이는 행동조차 일관되지 않다. 어느 날 밤 바에서 술을 마신 여러분의 지인이 불쾌한 행동을 보이고 다른 사람들과 싸움을 하였다. 그러나 다른 날에는 그가 예의 바르고 재치 있게 행동하였으며 심지어 같이 있던 두 친구가 싸우는 것을 막기까지 했다. 또 다른 날에는 우울하고 자신이 가지고 있는 문제를 지나치게 걱정하였다. MacAndrew와 Edgerton은 음주행동의 문화적 차이에 관해서도 언급했다. 즉 일부 문화에서는 사람들이 술에 취하지 않은 상태에서는 억제되지 않지만 음주 후에는 억제되고 일부 문화에서는 술에 취하지 않은 상태에서 억제되지만 음주 후에는 더 억제되는 경향이 관찰된다. 사회적 상호작용을 용이하게 하기 위해 음주를 하는 문화에서는 음주 시 나타나는 행동이 좀 더 보수적인 사회적 규칙으로부터 벗어난 '학습된 타임아웃'으로 여겨질 수 있다.

약물 사용과 약물의 불특정적인 강화 효과와 관련된 맥락적 단서가 음주와 관련된 일부 행동, 예를 들어 폭력적이고 위험한 행동을 설명한다. 약물이 강화 효과를 가지면 개인에게 익숙한 다양한 자극(약물과 직접적으로 관련된 것보다)이 더 두드러지게 된다. 개인은 긍정적 유인가를 가지는 단서들에 더 반응을 보이게 된다. 이에 따라 단서의 증가한 유인가가 음주를 하는 사람으로 하여금 폭력적이고 위험한 행동, 예를 들어 음주운전 혹은 안전하지 않은 성행위 등을 하게 할 가능성을 높인다.

혐오, 공포 등 부정적 유인가를 가지는 단서에도 증가된 반응을 보일 수 있다. 예를 들어 음주

후 개인이 평소에는 중등도의 불안만을 야기하는 자극 혹은 사건을 매우 두려워할 수 있다. 혹은 매력과 두려움을 동시에 경험하는 등 고조된 엇갈린 반응을 보이기조차 한다(Berridge, 2018).

행동 근시

알코올과 관련된 판단 오류를 설명하는 세 번째 이론이 **행동 근시**(behavioral myopia)이다. 행동 근시는 특정 약물의 영향을 받는 사람이 즉각적이고 두드러진 제한된 단서에 반응하는 반면, 관계가 더 적은 단서나 잠재적 결과를 무시하는 경향을 의미한다. 즉각적이고 두드러진 단서들은 매우 강하고 명확하며 바로 가까이에 있다(Griffin et al., 2010). 언쟁을 할 경우 행동 근시인 사람은 평상시보다 더 빨리 주먹을 날리는데, 이는 싸움의 단서가 매우 강하고 즉각적이기 때문이다. 소란한 파티에서 근시적인 음주자는 술을 마시지 않은 경우보다 더 파티를 즐기는데, 이는 북적이는 파티에서의 즐거움이라는 즉각적 단서가 그 사람을 지배하기 때문이다.

행동 근시는 폭력, 데이트 성폭행, 무모한 음주운전 등과 같은 위험한 행동으로 이끄는 많은 판단 오류를 설명할 수 있다. 음주자는 자신이 얼마나 취했는가에 관한 인식이 부족하고 실제보다 훨씬 덜 취했다고 여긴다(Sevincer & Oettingen, 2014).

물질사용장애, 금단, 중독

B. G.는 13세 때부터 흡연을 하였고, 여러 차례 금연을 시도하였지만 성공하지 못하였다. 니코틴 패치를 사용하여 6개월 이상 금연에 성공하였지만 B. G.는 다시 흡연을 시작하였다. 그녀가 재직하고 있는 대학이 금연 정책을 실시하기 때문에, 흡연을 하려면 길을 건너 캠퍼스 밖으로 나와야 한다. 그녀는 목소리가 쉬기 시작하였고 거의 만성적으로 '감기'에 걸려 있다. 그녀는 이전에는 흡연을 즐겼지만 이제 더는 즐기지 않는다. 금연에 관한 생각이 그녀를 떠나지 않고 있다.

B. G.는 북미 인구의 약 15%를 차지하는 흡연자들처럼 **물질사용장애**(substance use disorder, SUD)가 있다. SUD는 개인이 만성적으로 지나치게 약물에 의존하여 약물 사용이 자신의 생활에서 주된 자리를 차지하는 약물 사용 패턴을 의미한다. B. G.처럼 SUD가 있는 흡연자 대부분은 흡연이 건강에 나쁘다는 것을 알고 있고 흡연의 불쾌한 부작용을 경험하며 금연을 시도하지만 성공하지 못한다.

물질사용장애는 네 가지 범주, 즉 통제 손상, 사회적 손상, 위험한 물질 사용, 약리학적 지표(pharmacological indicator)를 아우르는 진단 용어이다(표 6.2 참조). 개인이 2개 혹은 3개 증상을 가지면 경미한 SUD로, 4~5개 증상을 가지면 중등도 SUD로, 6개 이상을 가질 경우에는 심각한 SUD로 진단된다. 이 용어를 이 장의 처음 부분에 소개하였지만 여기서는 행동 증상의 맥락에서 이 용어를 정의하고자 한다.

앞서 살펴본 바와 같이 약물을 반복적으로 사용할 경우 내성이 생기고 이로 말미암아 동일한 효과를 얻기 위해 용량이 증가한다. 만약 약물 사용을 중단할 경우 어떤 일이 일어나는가? 사용 중단 후 SUD가 있는 사람은 심리적 혹은 신체적 **금단 증상**(withdrawal symptoms)을 경험한다. 금단과 관련된 심리적 증상에는 갈망, 피로, 불안과 우울 증상, 불면증, 식욕 변화와 안절부절못함이 포함된다. 신체적 증상은 위험할 수 있는데, 여기에는 근육통과 경련, 두통, 땀, 메스꺼움이 포함되고 일부 약물에 대한 금단 증상에는 경련과 사망이 포함되기도 한다. 예를 들어 알코올과 모르핀 금단 증상은 이 약물들을 마지막으로 사용한 지 몇 시간 내에 시작되고 며칠 동안 점점 심해지다가 완화된다. SUD 환자는 그저 이러한 불쾌한 금단 증상을 단지 피하기 위해 약물 복

행동 근시 알코올의 영향하에 있을 때 나타나는 근시안적 행동. 지엽적이고 즉각적인 단서에 의존하는 반면 멀리 있는 단서와 결과는 무시하는 경향

금단 증상 약물 사용을 중단할 경우 나타나는 신체적·심리적 행동

표 6.2 DSM의 물질사용장애 진단 준거

통제 손상
A. 약물을 의도한 것보다 더 오랫동안 사용하거나 더 많이 사용
B. 약물 사용을 줄이는 데 실패
C. 약물을 얻거나 사용하거나 영향으로부터 회복하는 데 과도한 시간을 사용
D. 약물에 대한 강한 갈망이 생각을 지배

사회적 손상
E. 약물이 직장, 학교, 가족과 사회적 의무에 부정적인 영향을 미침에도 불구하고 지속적으로 약물 사용
F. 약물 사용으로 인한 대인관계의 문제에도 불구하고 지속적으로 약물 사용
G. 물질 사용 때문에 주요 사회적 활동이나 여가 활동을 중단하거나 줄임

위험한 물질 사용
H. 신체적으로 위험한 상황에서 반복적으로 물질 사용
I. 약물 사용이 신체적·심리적 손상을 야기하는 것을 알면서도 지속적으로 물질 사용

약리학적 지표
J. 내성: 효과를 내기 위해 더 많은 양의 물질 필요
K. 금단: 약물의 갑작스러운 중단에 대한 신체적 반응

중독 상승, 강박적 약물 사용과 재발로 특징되는 복잡한 뇌장애

정신운동 활성화 행동과 인지 활동의 증가. 특정 수준의 약물을 복용하면 약물사용자는 에너지가 넘치고 통제감을 경험한다.

용을 계속한다.

더 발전된 SUD 관련 상태가 **중독**(addiction)인데, 중독된 사람은 상승, 강박적 약물 사용과 재발의 세 가지 특징을 더 보인다. **상승**(escalation)은 복용량과 복용 빈도 증가를 통한 약물 사용의 증가를 의미한다(Kenny, 2007). 약물의 향정신성 효과에 대한 내성이 상승 현상을 설명하지 못한다. 대신 상승은 약물 사용에 대한 병적인 동기 증가를 반영한다(Oleson & Roberts, 2009). 약물 사용의 상승이 약물을 이따금 사용하는 것에서 중독의 특징적인 강박적이고 반복적인 약물 사용으로 전환하게 하는 중요한 요인이다.

강박적 약물 사용(compulsive drug taking)은 부정적인 결과에도 불구하고 반복적이고 지속적으로 약물을 사용하는 것으로 정의된다. 이는 약물 사용을 완전히 중단할 수 없는 것과 관련된다. **재발**(relapse)은 절제 후 강박적인 약물 사용을 다시 하는 것을 의미한다. 중독적인 약물 사용은 수많은 절제 실패뿐만 아니라 일상생활의 책임을 희생하면서까지 많은 시간을 약물을 찾고 마련하여 사용하는 것으로 특징된다(Koob et al., 2014). 약물에 중독된 사람은 매우 강한 금단 증상을 경험하는데 이는 약물에 중독되면 약물을 더 많이 그리고 더 자주 사용하기 때문이다.

많은 중독성 약물, 특히 도파민계, GABA계와 오피오이드계 약물은 공통된 속성이 있는데, 이는 용량의 일부 범위 내에서 **정신운동 활성화**(psychomotor activation)를 일으키는 것이다. 다시 말하면 이 약물들을 특정 용량 수준에서 사용하는 사람으로 하여금 에너지와 통제감을 느끼게 한다는 것이다. 이 공통된 효과로 말미암아 모든 중독성 약물이 뇌에서 동일한 목표물, 즉 복측 피개 영역에서 중격핵에 이르는 도파민 경로에 작용한다는 가설이 제안되었다. 이 약물들이 직간접적으로 중격핵의 도파민 활성화를 증가시키는 반면 약물 사용과 중독을 둔화시키는 약물은 중격핵의 도파민 활성화를 감소시킨다.

물질사용장애의 위험 요인

부정적 아동기 경험(adverse childhood experience, ACE)이라고 하는 다수의 환경 요인이 약물 사용의 시작과 SUD의 위험을 증가시킨다. ACE에는 정서적·신체적·성적 학대, 정서적·신체적 방임, 가족의 정신 질환, 어머니에 대한 폭력 목격, 가족의 SUD, 부모 별거 혹은 이혼, 가족의 구속 등이 포함된다. 각 ACE는 약물 사용을 빨리 시작할 가능성을 2~4배 높인다. 5개 이상의 ACE가 있는 사람은 ACE가 전혀 없는 사람보다 물질사용장애를 경험할 가능성이 7~10배 높은 것으로 관찰되었다(**그림 6.15** 참조).

4세대에 걸쳐 수집된 자료에 의하면 ACE의 효과는 사용 가능한 약물의 증가, 약물에 대한 사회적 태도의 변화 혹은 약물 사용을 예방하는 캠페인에 관한 최근의 엄청난 지출과 공공의 정보로 설명될 수 없다고 한다(Dube et al., 2003). 좋은 뉴스가 있는데, 즉 그림 6.15를 살펴보면 5개 이상의 ACE를 경험한 사람 대부분(90%)이 심각한 SUD로 발전하지 않는다는 것을 알 수 있다.

물질사용장애는 성인의 생의 경험, 즉 중독 물질의 가용성과 특정 약물의 사용으로 이끄는 개인적 상황 등의 영향도 받는다. 예를 들어 임상 초점 6-5에 기술되어 있듯이 오피오이드의 처방이 쉬운 점이 오피오이드 사용장애의 최근 급증을 불러왔다.

물질사용장애의 개인차와 성차

약물에 대한 개인 반응에서의 다양한 차이는 연령, 신체 크기, 신진대사와 특정 물질에 대한 민감성 차이 때문이다. 예를 들어 신체가 큰 사람이 작은 사람보다 일반적으로 대부분의 약물에 덜

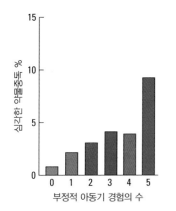

그림 6.15 부정적 아동기 경험과 심각한 물질사용장애
심각한 물질사용장애를 가진 사람의 비율이 부정적 아동기 경험을 많이 할수록 증가한다.

민감한데, 이는 신체가 큰 사람이 가지는 많은 양의 체액이 약물을 더 희석하기 때문이다. 여성이 남성보다 약물에 대해 평균적으로 2배 정도 더 민감한데, 이는 부분적으로는 남성에 비해 신체 크기가 더 작기 때문이다. 지방조직이 더 많은 사람이 지방친화성 약물을 더 흡수하고 보유한다. 나이가 많은 사람(주로 60세 이상)이 젊은 사람에 비해 약물에 2배 정도 더 민감한데, 이는 노인들에서 약물 흡수 및 신진대사와 신체로부터의 약물 제거 등의 과정이 덜 효과적이기 때문이다.

과거에는 여성보다 남성이 SUD로 발전할 가능성이 더 높다고 일반적으로 가정하였는데, 이 가정 때문에 여성의 약물 사용과 남용에 관한 연구가 소홀하였다. 최근 연구들은 여성이 남성보다 SUD를 덜 경험하지만 일부 약물에 대해서는 남성만큼 혹은 남성보다 더 SUD를 보인다는 결과를 보고하고 있다(Becker & Chartoff, 2019).

비록 남성과 여성의 약물 사용에 관한 일반적 패턴은 유사하지만 여성이 남성에 비해 니코틴, 알코올, 코카인, 암페타민, 오피오이드, 칸나비노이드, 카페인, 펜시클리딘에 SUD를 보일 가능성이 더 많다. 여성이 남성보다 합법적이거나 불법인 약물을 낮은 용량에서 정기적으로 스스로 복용할 가능성이 더 높으며 더 빨리 중독되고, 복용 중단 후 다시 사용할 위험이 더 높다.

6-3 복습

진도를 계속 나가기 전에 앞 절을 얼마나 이해했는지 확인해보자. 정답은 이 책의 뒷부분에 있다.

1. 약물의 영향을 받는 사람이 즉각적이고 두드러진 제한된 단서에 반응하는 반면, 관계가 더 적은 단서나 잠재적 결과를 무시하는 경향을 _____라고 한다.

2. 약물 사용의 결과로 다양한 행동 및 신체 증상이 경미한 수준에서 중등도, 나아가 심각한 수준으로 나타나는 경우 _____로 진단된다. 이보다 더 발전하여 상승, 강박적 약물 사용과 재발의 특징을 보이는 상태를 _____라고 한다.

3. 많은 중독 약물이 사용자로 하여금 에너지와 통제감을 느끼게 하는 _____을/를 유발한다는 사실은 _____의 활성화가 약물 남용과 중독에 중요한 역할을 하는 것을 시사한다.

4. _____이/가 _____보다 약물을 덜 남용한다는 일반적인 생각은 정확하지 않다.

5. 왜 동일한 사람이 때에 따라 매우 다른 알코올 관련 행동을 보이는가?

6-4

약물 사용과 남용에 관한 설명

왜 사람들은 약물사용장애로 발전하는가? 초기 신경심리학 이론들은 향정신성 약물이 제공하는 즐거움뿐만 아니라 섹스, 초콜릿, 낚시 등의 자연적인 경험과 관련된 즐거움에도 초점을 맞추었다. 즐거운 '러쉬'는 과식, 도박, 반복적인 약물 사용 등 다양한 충동통제장애를 야기한다고 가정하였다. 그러나 쾌감 가설(hedonia hypothesis)이라고 알려진 이 이론은 주요한 문제가 있는데, 즉 반복적으로 약물을 사용하면 약물이 제공하는 초기의 즐거운 경험이 감소하고 결국에는 혐오감을 느끼지만 그럼에도 불구하고 개인이 약물 사용을 계속한다는 것이다. (우리 대부분은 바람 불고 추운 날씨에도 밖에서 흡연하는 습관적인 흡연자들을 본다.) 달리 말하면 약물에 반복적으로 노출되면 즐거운 혹은 쾌락적 경험이 약물 사용과 관련이 없어진다. 최근 연구는 즐거움(좋아함)과 반복적 행동(원함)에 대한 뇌 회로가 서로 분리되어 있음을 보고하고 있다.

학습 목표
- 원함과 좋아함 이론이 설명하는 중독의 단계를 요약한다.
- 물질사용장애 치료에서의 일부 법적·사회적 도전과제를 기술한다.
- 약물 사용이 뇌를 손상시키는 일부 방법을 기술한다.

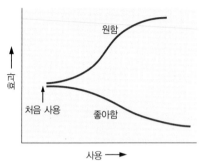

그림 6.16 원함과 좋아함 이론
약물을 반복적으로 사용할 경우 약물을 원하는 것은 증가하는(민감화) 한편 약물을 좋아하는 것은 감소한다(내성). 원함(갈망)이 담배에 불을 붙이는 것과 같은 약물 단서와 더 강하게 연합한다.

고전적(파블로프) 조건화에서 중립자극(벨소리)이 자극(먹이)과 연합하면 불수의적 반응(침분비)이 일어난다.

원함과 좋아함 이론 약물이 특정 단서와 연합하면 단서 자체가 약물에 대한 갈망을 일으킨다는 주장. *유인가 민감화 이론*이라고도 한다.

원함과 좋아함 이론

중독에 관한 인기있던 초기 이론이 **중독의 쾌감 이론**(즐거움 이론이라고도 함)이었는데, 이 이론은 개인이 약물을 사용하는 것은 그 약물을 좋아하기 때문이라고 가정한다. 그러나 6-3절에서 살펴본 B. G.처럼 심각한 SUD가 있는 사람에게 자신이 취하는 약물이 즐거움을 주는가를 물어보면 그렇지 않다고 답한다. SUD를 연구하는 연구자들이 이러한 모순 때문에 다른 이론을 찾았다.

중독의 세 요소, 즉 상승, 강박적 약물 사용과 재발을 설명하기 위해 Terry Robinson과 Kent Berridge(2008)는 유인가 민감화 이론(incentive sensitization theory)을 제안하였다. 이 이론은 **원함과 좋아함 이론**(wanting-and-liking theory)이라고도 하는데, 이는 원함과 좋아함이 서로 다른 뇌 체계에 의해 일어나기 때문이다. Robinson과 Berridge는 원함을 갈망(craving)으로 정의하는 한편 좋아함을 약물이 가져다주는 즐거움으로 정의한다. 약물을 반복적으로 사용하면 좋아함에 대한 내성이 발달하고, 그 결과 즐거움의 표현이 감소한다(**그림 6.16**). 이와 상반되게 원함을 매개하는 체계는 민감화되어 그 약물에 대한 갈망이 증가한다.

SUD로 가는 첫 번째 단계가 약물이 즐거움에 관여하는 신경 체계에 영향을 미치는 초기 경험이다. 이 단계에서 약물 사용자는 사회적 맥락 내에서 약물 사용을 좋아하는 것을 포함하여 약물을 좋아한다. 약물을 반복적으로 사용하면 그 약물을 좋아하는 정도가 처음보다 감소한다. 이 단계에서 사용자는 약물 효과에 대한 내성을 보이기 시작하며 이에 따라 좋아함의 수준을 증가시키기 위해 용량을 늘리는 것이 시작된다. 따라서 원함과 좋아함 이론에 의하면 약물이 주는 즐거움 효과가 처음에는 약물 사용을 매개하지만 SUD가 점차 심각해질수록 즐거움이 감소하기 때문에 즐거움 효과가 물질 사용의 원인이 아니라고 한다.

약물을 사용할 때마다 사용자는 점차 약물 사용과 관련되어 있는 단서, 즉 약물 사용에 필요한 용품(예 : 피하주사 바늘), 투약하는 방, 투약하는 방, 약물을 같이 투여하는 사람 등의 단서와 약물 사용 경험을 연합한다(Hodebourg et al., 2019). 약물 사용자는 이 연합을 사용하는데, 이는 약물이 약물 사용과 관련되어 있는 단서들과 고전적 조건화되기 때문이다. 결국 이 단서들이 두드러진 유인가가 되어 약물을 사용하고자 하는 갈망을 유도한다.

심각한 SUD에 다양한 뇌 체계가 관여하는 것으로 이해되고 있다. 약물 사용의 결정은 일상에서 일어나는 대부분의 결정에 중요한 역할을 하는 전전두피질에서 일어난다. 약물을 사용하면 즐거움에 관여하는 내인성 오피오이드 체계가 활성화한다. 이와 상반되게 약물에 대한 갈망은 도파민성 활성화 체계의 중격핵 활성화로부터 일어난다.

그림 6.17은 원함과 좋아함에 관여하는 신경계가 어떻게 서로 관련되어 있는지 해부학적 모델로 설명하고 있다. 원함에 관여하는 신경계는 중뇌 도파민 뉴런에서 중격핵, 전전두피질, 편도체와 일부 뇌간 및 전뇌 영역으로 뻗어 있는 도파민 경로이다. 좋아함에 관여하는 신경계는 도파민 뉴런들로부터 도파민을 전달받는 영역들 안에 있는 여러 개의 작은 '핫스팟(hot spot)'으로 구성되고 이 핫스팟은 내인성 오피오이드를 신경전달물질로 사용하는 뉴런들로 구성된다. 원함과 좋아함 이론은 최초의 약물 사용과 더불어 오피오이드 핫스팟과 도파민이 활성화한다고 제안한다. 약물 사용자가 약물 사용과 연합된 단서에 당면하면 이 체계가 활성화되어 도파민이 분비된다. 약물을 반복적으로 사용하면 도파민계의 활성화가 민감해지는(강해지고) 한편 약물로 인한 오피오이드 핫스팟의 활성화는 내성을 초래한다(약해진다).

약물 관련 단서와 약물 사용 사이의 조건화에 관여하는 또 다른 뇌 체계가 있다. Barry Everitt(2014)은 약물 관련 단서와 약물 사용이 반복적으로 짝지어지면 배측 선조체, 즉 기저핵의 미상핵과 피각에서 신경 연합 혹은 학습이 형성된다고 제안한다. 약물을 반복적으로 사용하면 수의적 통제가 무의식적 과정, 즉 습관으로 변하게 된다. 그 결과 습관적으로 약물을 사용하는 사람은 약물 사용에 관한 결정을 통제하지 못하게 되고, 즉 약물 사용에 관한 수의적 통제가 사라지고 약물에 중독된다.

많은 연구 결과가 심각한 SUD에 관한 원함과 좋아함 이론을 지지한다. 약물들과 이 약물들이 사용되는 맥락이 처음에는 즐거움을 경험하게 한다는 증거는 많다. 또한 습관적으로 약물을 사용하는 사람들이 약물 사용 후 더 이상 즐거움을 경험하지 않게 되어도 지속적으로 약물을 사용한다는 것에 관한 증거도 많다. 헤로인 중독자들은 자신이 불쌍하고 자신의 삶이 파괴되었으며 약물이 더 이상 즐거움을 주지 못함에도 불구하고 자신이 여전히 헤로인을 원하고 사용한다고 보고한다. 더욱이 약물에 대한 갈망이 가장 클 때가 개인이 약물 복용을 중단할 때보다는 최대한의 약물 효과를 경험할 때이기도 하다. 마지막으로 약물 사용과 관련된 단서들, 즉 사회적 상황, 약물이 눈에 띄는 것, 약물 용품 등이 약물 사용의 결정 혹은 지속적인 약물 사용에 큰 영향을 미친다.

도파민이 SUD의 근거가 된다는 여러 증거에도 불구하고 최근 연구는 다양한 신경계가 SUD에 중요한 역할을 한다고 보고하고 있다. 일부 쥐들은 강화 단서, 예를 들어 누르면 보상이 주어지는 막대 등과 같은 단서에 쉽게 조건화를 보인다. 다른 쥐들은 막대가 가지는 유인가를 무시하고 자신이 강화를 받은 위치에 더 집착한다. 전자의 행동을 보이는 쥐들을 **사인 추적자**(sign trackers)라고 하고 후자를 **목표 추적자**(goal trackers)라고 한다. 중독 약물에 노출된 사인 추적자는 유인가를 약물 관련 단서로 여긴다. 이들의 약물 갈망은 뇌의 도파민 체계에 근거한다. 목표 추적자도 중독될 수 있지만 이 중독이 다른 체계를 통해 일어나는 것으로 여겨진다. 이러한 결과는 적어도 두 가지 유형의 중독이 존재하는 것을 시사한다(Yager et al., 2015).

원함과 좋아함 이론은 다양한 생활 상황에 확대 적용할 수 있다. 성 행동, 음식, 심지어 스포츠와 관련된 단서들이 때로 좋아하지 않음에도 불구하고 원하는 상태를 유도할 수 있다. 우리가 배고프지 않거나 섭식행동으로부터 거의 즐거움을 경험하지 못하더라도 다른 사람이 음식을 먹고 있는 단서만으로도 섭식행동이 일어날 수 있다. 정상적인 행동들이 지나친 것과 물질 사용 행동이 유사하다는 사실은 이들이 동일한 학습과 뇌 기제에 의존하는 것을 시사한다. 이 이유 때문에 어떤 물질 사용도 치료하기 매우 어렵다.

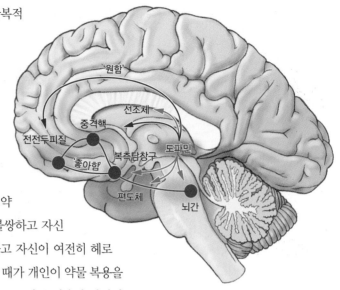

그림 6.17 원함 대 좋아함에 관여하는 뇌 체계

중뇌에서 전뇌로 가는 도파민 체계(파란색)가 원함을 매개하는 한편 오피오이드 수용기 뉴런으로 여겨지는 작지만 널리 분포해 있는 핫스팟(빨간색)이 좋아함에 관여한다.

쥐를 좋아하는 먹이 혹은 성 행동이 예상되는 환경 속에 놓으면 선조체에서 도파민 수준이 증가하는 것이 관찰된다(7-5절 참조).

왜 모든 사람이 물질사용장애로 발전하지 않는가

일부 사람들이 다른 사람들보다 강박적인 약물 사용에 더 취약한 것을 관찰함으로써 과학자들은 약물 사용의 차이에 유전적 요인이 작용하는 것을 시사하는 세 라인의 증거를 발견하였다. 첫째, 쌍생아 중 한 사람이 알코올사용장애를 앓을 경우 나머지 한 사람도 알코올 남용을 할 가능성이 이란성 쌍생아(일부 유전자만 공유)보다 일란성 쌍생아(동일한 유전 구성을 가짐)에서 더 높다. 둘째, 출생 직후 입양된 사람은 생물학적 부모와 거의 접촉을 하지 않더라도 생물학적 부모가 알코올을 남용할 경우 자신도 알코올을 남용할 가능성이 높다. 셋째, 대부분의 동물이 알코올을 좋아하지 않지만 생쥐, 쥐, 원숭이를 선택적으로 개량할 경우 많은 양의 알코올을 섭취하는 종을 생산할 수 있다.

사진 속의 베이스 점퍼들처럼 위험한 모험을 즐기는 사람들은 선천적으로 약물을 사용하는 경향이 있지만 모험을 즐기지 않는 사람들도 약물을 사용한다.

조현병에서 천식에 이르기까지 일란성 쌍생아의 일치율이 100% 미만인 것은 행동의 후생유전적 기제가 다음 세대로 전달됨을 시사한다(3-3절 참조).

그러나 각 라인의 증거는 문제점이 있다. 아마 일란성 쌍생아가 이란성 쌍생아보다 더 유사한 환경에 노출되기 때문에 알코올 남용의 일치율이 더 높을 수 있다. 그리고 입양아와 생물학적 부모 사이의 관련성은 약물에 대한 출생 전 노출 때문에 신경계가 변화한 것과 연관이 있을 수 있다. 마지막으로 동물이 알코올 섭취를 선호하도록 선택적으로 개량할 수 있다는 사실이 인간 알코올 사용 장애자들과 유사한 유전적 구성을 가지고 있는 것을 의미하지는 않는다. 알코올 중독에 관한 유전적 근거에 관한 증거는 알코올 중독과 관련된 단일 유전자 혹은 일련의 유전자들이 발견될 때에만 가능하다.

후생유전학(epigenetics)이 SUD 취약성에 관한 또 다른 설명을 제공한다(Hillemacher et al., 2015). 즉 중독 약물이 수의적 통제와 관련된 유전자의 전사 능력을 감소시키고 중독에 취약한 행동과 관련된 유전자의 전사 능력을 증가시킨다는 것이다. 개인의 유전자 발현에서의 후생유전적 변화가 비교적 영구적이고 다음 세대로 전달될 수 있다. 이러한 이유 때문에 후생유전학이 SUD에서 관찰되는 행동과 SUD의 유전 경향 모두를 설명할 수 있다.

물질사용장애의 치료와 관련된 이슈

그림 6.18에 제시되어 있는 차트는 미국 국립약물남용연구소(National Institute on Drug abuse, 2016)가 실시한 전국 약물 사용과 건강에 관한 조사에서 지난해에 적어도 한 가지 이상의 향정신성 약물을 사용하였다고 보고한 12세 이상의 미국인이 사용하는 약물 사용의 상대적 발생률을 보여준다. 가장 많이 사용되는 합법적 약물 두 가지가 알코올과 담배이다. 가장 엄하게 처벌되는 불법 약물인 코카인과 헤로인은 상대적으로 훨씬 덜 사용되고 있다. 그럼에도 불구하고 특정 약물을 불법화하는 것이 약물 사용 혹은 남용의 해결책이 아닌 것이 명백한데, 이는 마리화나가 세 번째로 가장 많이 사용되는 약물이라는 점을 통하여 알 수 있다. 마리화나가 널리 사용됨에 따라 일부 미국 주와 캐나다는 마리화나 사용을 어느 정도 합법화하고 있지만 미 연방법에서는 여전히 불법이다.

SUD의 치료는 어려운데, 이는 약물 사용과 관련된 법적 금지가 비합리적이라는 점 때문이다. 미국의 경우 1914년 발표된 해리슨 마약법(Harrison Narcotics Act)으로 말미암아 헤로인을 비롯한 다양한 약물의 사용이 불법이 되었으며 의사가 SUD 환자를 자신의 병원에서 치료하는 것도 불법이다. 2000년에 발표된 약물중독 치료법(The Drug Addiction Treatment Act)은 이 금지 사항을 부분적으로 바꾸었는데, 환자의 치료를 허용하였지만 치료에 상당한 제약을 두었다. 게다가 사용 약물이 무엇인가와 관할권에 따라 약물 사용의 법적 결과가 상당히 다르다.

2021년 세계 약물 보고서에서 UN은 전 세계적으로 15~64세 사람 중 약 5.5%가 이전 해에 적어도 한 번 이상 불법 약물을 사용하거나 처방 약물을 남용하였고 13% 정도나 되는 많은 사람이 SUD가 있다고 추정하였다(United Nations, 2021). 2020년과 2021년에 약물 사용이 매우 증가하였지만 COVID-19 팬데믹에 자극을 받은 적응적이고 융통성 있는 의료 서비스의 혁신이 앞으로 SUD의 예방과 치료에 영향을 미칠 것이다.

약물 사용의 합법화가 성분을 알 수 없는 길거리 약물의 사용을 감소시키고 더 안전한 약물 사용을 촉진할 것이다. 또한 오피오이드 과다 복용의 효과를 빨리 없애 주는 약물인 날록손 등과 같은 해독제의 사용도 권장된다. 마지막으로 SUD와 중독에 대한 사회적 오명 등과 같이 치료 접근을 방해하는 요인들을 제거하면 약물치료에의 접근이 증가할 것이다.

건강의 관점에서 보면 담배가 칸나비스보다 훨씬 더 건강에 해롭다. 알코올을 적당히 마시는 것은 오히려 건강에 도움이 된다. 오피오이드를 적당히 복용하는 것은 불가능하다. 사회적 강압과 공중 정책이 흡연 감소에 유용한데, 즉 공공장소에서 흡연을 금지한 결과 흡연이 두드러지게 감소하였다. 의료적 개입이 도파민계 약물, GABA계 약물과 오피오이드 남용의 치료에 필요하다.

SUD의 치료는 약물에 따라 달라진다. 자조적(self-help) 혹은 전문가 집단과 관련된 온라인 및 대면 커뮤니티들이 특정 약물의 중독치료를 다룬다. 중요한 점은 중독이 약물 관련 단서들에 대한 무의식적 조건화와 다양한 뇌 변화와 관련되어 있기 때문에 '습관을 버린' 사람들에게 재발의 위험이 항상 있다는 것이다.

약물 사용의 신경학적 근거를 더 잘 이해하고 더 나은 치료를 위해 앞으로도 신경과학 연구들이 계속될 것이다. 약물치료에 관한 가장 좋은 접근은 다수 사람에게 SUD가 일생 동안 지속되는 문제라는 것을 인식하게 하는 것이다. 따라서 SUD는 만성적인 행동 중독과 질환을 치료하는 것과 동일한 방법으로 치료되어야 하는데, 예를 들어 적절한 다이어트와 운동으로 체중을 통제하기 위해 많은 사람이 일생 동안 지속적으로 노력하는 것과 같다.

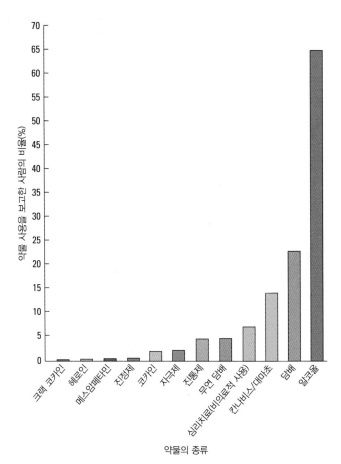

그림 6.18 미국 내의 약물 사용(2016)
지난해에 적어도 하나 이상의 향정신성 약물을 사용하였다고 보고한 12세 이상의 미국인을 대상으로 한 전국연례조사 결과 알코올, 담배와 칸나비스/대마초의 사용이 거의 전체를 차지하였다.
출처 : National Institute on Drug Abuse, 2016.

약물이 뇌 손상을 초래하는가

많은 자연물질이 신경독성물질로 작용할 수 있는데, 이들 중 일부가 표 6.3에 제시되어 있다. 이러한 물질과 기타 약물이 가지는 신경독성을 동물 모델을 사용하여 조사하는 연구들은 많은 물질과 약물이 뇌 손상을 일으키는 것을 보여준다. 남용 약물이 인간에서도 뇌 손상을 일으키는가를 결론짓는 것은 다음 두 가지 이유로 어렵다. 첫째, 약물 사용의 효과로부터 생의 경험 효과를 구분하는 것과 둘째, 부검을 위해 SUD 환자의 뇌를 구하는 것이 어렵기 때문이다. 그럼에도 불구하고 발달 중인 뇌, 특히 실험적으로 약물을 사용하는 것이 흔한 시기인 청소년의 뇌가 약물 효과에 매우 민감한 것을 보여주는 증거가 있다(Teixeira-Gomes et al., 2015).

1960년대 말 짠맛이 나면서 음식 맛을 좋게 하는 글루탐산모노나트륨(monosodium glutamate), 즉 MSG가 일부 사람들에게 두통을 일으킨다는 보고가 있었다. 이를 조사하는 과정 중 과학자들이 많은 양의 MSG를 배양 뉴런에 투입한 결과 뉴런이 죽는 것을 관찰하였다. 추후 그들은 MSG를 실험 동물의 뇌에 주사하였는데, 그 결과 뉴런이 죽는 것을 관찰하였다. 이러한 결과는 해초에 들어 있는 독성물질인 도모산과 카인산 혹은 일부 독버섯에서 발견되는 이보텐산을 포함한 글루타메이트와 유사한 물질들이 뉴런을 죽게 한다는 것을 발견하게 하였다(그림 6.19).

최근 연구자, 임상가와 이 책의 저자들이 약물 사용 및 남용에 관한 오명을 없애거나 혹은 적어도 감소시키는 표현을 채택하였다. 표현을 다르게 하는 이유는 오명 그 자체가 개인에게 해가 되고 약물 사용 사이클을 유지하게 하는 데 중요한 역할을 할 수 있기 때문이다.

(A)

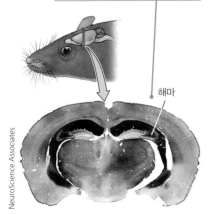

도모산이 해마 손상을 일으키는데, 어두운 회색 자국이 퇴화된 부위를 보여준다.

해마

NeuroScience Associates

(B)

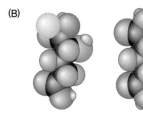

글루탐산모노나트륨
(MSG)　　글루타메이트

그림 6.19　신경독성
(A) 도모산이 쥐의 해마를 손상하고, 이보다 덜 심각한 손상이 다른 많은 뇌 영역에서 관찰된다 (손상 영역이 어둡게 표시되어 있다). 글루타메이트 효능제인 도모산은 어패류 중독을 일으키는 물질로 영구적인 단기기억 상실과 뇌 손상을 일으키고 심한 경우 사망에 이르게 한다. (B) 그림에 제시되어 있듯이 글루탐산모노나트륨(MSG)과 글루타메이트는 거의 동일하고, 거의 동일한 속성을 가지고 있다.

표 6.3　신경독성물질의 근원과 작용

물질	근원	작용
아파민	꿀벌과 말벌	칼슘 이온 채널 봉쇄
보툴린	부패된 음식	아세틸콜린 분비 봉쇄
카페인	커피 씨	아데노신 수용기와 칼슘 이온 채널 봉쇄
콜히친	크로커스 나무	미세소관 봉쇄
쿠라레	베리	아세틸콜린 수용기 봉쇄
도모산	해초, 조개류	글루타메이트 모방
이보텐산	버섯	글루타메이트 모방
마그네슘	금속원소	칼슘 이온 채널 봉쇄
수은	금속원소	많은 뇌 효소 봉쇄
광견병 바이러스	감염된 동물	아세틸콜린 수용기 봉쇄
레세르핀	관목	저장과립 파괴
거미독	흑거미	아세틸콜린 분비 자극
스트리크닌	식물	글리신 봉쇄
테트로도톡신	복어	나트륨 이온의 세포막 투과 봉쇄

글루타메이트와 유사한 약물들이 독성을 띠는데, 이는 이 약물들이 글루타메이트 수용기에 작용하기 때문이다. 글루타메이트 수용기의 활성화는 Ca^{2+}을 세포 내로 유입하게 하고 이는 이차전령을 통해 세포의 '자살 유전자'를 활성화하며 이 결과 **세포자살**(세포 죽음)이 일어나게 된다. 이는 약물이 독성을 띠는 것은 약물이 세포 기능에 영향을 미칠 뿐만 아니라 세포자살과 관련되는 정상적인 세포 과정을 활성화하는 후생유전적 물질로 작용하기 때문이라는 것을 보여준다. 뇌진탕과 뇌졸중을 포함하는 다양한 유형의 뇌 손상이 지나치게 많은 글루타메이트를 시냅스에 분비하게 하여 뉴런을 죽게 한다는 것이 알려졌다. 그러나 MSG를 적당하게 사용하는 것이 해롭다는 것을 보여주는 증거가 없다.

신경계에 영향을 미치는 많은 레크리에이션 약물들은 어떠한가? 이 약물 중 일부가 신경독성 물질인가? 약물 자체의 효과를 약물 사용과 관련된 다른 요인들의 효과로부터 구분하는 것이 주된 문제이다. 예를 들어 만성적인 음주는 시상과 피질 영역의 손상을 일으키고 이로 인하여 심각한 기억장애가 초래된다. 그러나 알코올이 직접적으로 이 손상을 일으키지 않는다. 알코올사용 장애 환자는 전형적으로 티아민(비타민 B_1)이 부족한 식사를 하며 알코올은 티아민이 장에 흡수되는 것을 방해한다. 티아민은 세포막 구조를 유지하는 데 매우 중요한 역할을 하고 티아민 결핍은 코르사코프 증후군(Korsakoff syndrome)과 같은 심각한 기억 결함을 초래한다(임상 초점 14-4 참조).

이와 유사하게 특정 레크리에이션 약물을 남용한 후 심각한 정신장애를 앓는 사람들에 대한 보고가 많지만 대부분의 경우 약물이 정신장애를 일으키는지 혹은 이미 존재하던 정신장애를 악화하는지를 결정하는 것이 어렵다. 이와 유사하게 약물 그 자체 혹은 약물에 포함된 일부 오염물질이 해로운 결과를 초래하는지를 정확하게 결정하는 것 역시 어렵다. 그러나 뇌영상 연구 기법들이 점차 발달하면서 레크리에이션 목적으로 사용되는 글루타민계와 도파민계 약물이 뇌 손상과 인지 결함을 일으킬 수 있다는 것을 보여주는 증거가 점차 증가하고 있다('임상 초점 6-6 : 약물 유도 정신병' 참조).

일부 중독 약물은 뇌에 해롭다(Urban et al., 2012). 가장 강력한 증거는 엑스터시라고도 하는 암페타민과 유사한 합성 약물인 MDMA와 순수 분말 형태인 몰리(Molly)에 관한 연구로부터 제공된다(Parrot, 2013). MDMA는 파티의 흥을 높이기 위해, 예를 들어 광란의 파티(조명과 시끄러운 음악이 특징인 밤샘 파티) 등에서 사용된다. MDMA는 구조적으로 암페타민과 유사하지만 이 약물이 환각 효과를 일으키기 때문에 '환각성 암페타민'이라 한다. 동물 연구 결과에 의하면 인간이 취하는 용량만큼 MDMA를 취한 동물에서 세로토닌성 뉴런의 매우 미세한 신경 종말이 퇴행한다고 한다. MDMA 사용자들에서 기억장애가 보고되고 있고 이들의 MRI 영상에서 뇌 손상이 관찰되는데, 이는 동물에서 관찰되는 것과 유사한 뉴런이 손상된 결과로 초래되는 것으로 보인다(Cowan et al., 2008). MDMA는 PMMA(paramethoxymethamphetamine)라는 오염물질도 함유하고 있다. PMMA는 매우 독성이 강한 암페타민으로 'Dr. Death'라고도 불리는데, 이는 행동 효과를 일으키는 용량과 사망에 이르게 하는 용량이 거의 차이가 없기 때문이다(Nicol et al., 2015). 알려지지 않은 화합물에 의한 오염은 거리에서 구입하는 어떤 약물에서도 일어날 수 있다.

코카인의 향정신성 속성이 암페타민이 갖는 속성과 유사하기 때문에 코카인도 뇌 손상을 초래할 수 있다. 특히 코카인 사용은 대뇌 혈류의 봉쇄와 다른 혈액 순환의 변화와 관련되어 있다. 뇌 영상 연구들은 코카인이 뉴런에 독성물질로 작용할 수 있다고 제안하는데, 이는 코카인 사용자들에서 여러 뇌 영역의 크기가 감소해 있기 때문이다(Reese et al., 2019).

THC가 일부 취약한 사람들에서 정신병을 야기하지만 이 정신병이 뇌 손상의 결과라는 증거가 없다. 6-2절에 기술한 THC의 치료적 적용을 넘어 최근 연구들은 THC가 신경 보호적 속성이 있음을 보고하고 있다. THC는 외상성 뇌 손상 후 뇌가 회복되는 것을 돕고 알츠하이머병, 헌팅턴병 등과 같은 뇌 퇴행과 관련된 질병의 진행을 지연시킨다(Nguyen et al., 2014).

임상 초점 5-5는 합성 헤로인 사용 후 파킨슨병 증상을 보인 사례를 기술하고 있다. 이는 약물에 포함된 오염물질(MPTP)로 인해 초래되었다.

◎ **임상 초점 6-6**

약물 유도 정신병

22세의 L. V.는 거의 1년 동안 재활병원의 홀을 돌아다니고 있다. 어느 순간 그는 혼돈을 보이거나 적대적이 되고, 의식이 명료한 순간이 거의 없다. L. V.는 학부 시절 크리스털 메스(crystal meth)를 복용하였다. 대학 3학년 기말시험 직전에 그는 정신병 발작을 경험하였고 그 후로 병원에 계속 입원해 있다.

L. V.는 아버지로부터 학대를 받고 성장하였고 그의 어머니는 알코올 중독자였다. 어린 시절 그는 그림에 소질이 있었고 예민하였으며 이후 꽤 성숙한 모습을 보였다. 그는 공상 과학과 수학에 상당한 관심이 있었고 친구들과 잘 어울렸다. 그가 고등학교에 재학하는 동안 가족이 그가 사회적 관계에서 철수하여 장기간 반복적으로 말을 하지 않는 것을 발견하였다. L. V.는 감기약, 리탈린, 비료, 청소제, 부동액, 황산마그네슘을 결합하여 크리스털 메스를 만들기 전에는 알코올, 담배, 칸나비스, 버섯과 코카인을 실험적으로 사용하였다.

크리스털 메스의 주성분인 메스암페타민을 낮은 용량 사용하면 기분이 좋아지고 각성, 주의력 및 에너지가 증가하며 식욕과 체중이 감소한다. 좀 더 많은 용량은 취약한 사람들에서 정신병이 발병하게 하고 발작과 뇌출혈을 초래할 수 있다. L. V.처럼 메스암페타민을 강박적으로 사용하면 예기치 않은 빠른 기분 변화, 편집증, 환각, 섬망, 망상을 경험하고 이 증상들이 자주 폭력적 행동과 동반되어 나타난다.

메스암페타민이 도파민 효능제이기 때문에 이 약물은 중격핵과 직접적으로 상호작용하여 강박적인 약물 사용이 일어나게 한다. 사용 중단 후 처음에는 금단 증상이 몇 달 동안 지속되는데 이는 다른 약물에서 관찰되는 금단 기간보다 훨씬 더 길다. 만성적인 메스암페타민 사용은 인간의 중뇌 도파민 뉴런과 세로토닌 뉴런에 독성작용을 일으키고 이로 인하여 여러 뇌 영역의 회백질이 감소하고 대사지표에 부정적인 변화가 나타난다(Krasnova & Cadet, 2009).

L. V.가 정신병 삽화를 경험하기 일주일 전, 그는 지난 2주 동안 잠을 자지 않았고 망상이 악화했다고 보고하였다. 그의 어둡고 눅눅한 아파트에는 약물용품이 흩뜨려져 있었고 침대 시트는 더러웠으며 악취가 진동하였다. 집에 음식이 없었던 기간이 꽤 되는 것으로 보였다.

도파민 길항제가 정신병 치료에 사용되지만 이 약물이 치유제는 아니다. 치료에도 불구하고 L. V.는 지속적으로 자신의 얼굴을 스스로 때리고 대중 앞에서 자위행위를 하며 외설을 말하고 동물 소리를 낸다. 의료진은 그가 회복될 희망이 거의 없다고 여기고 있다. 불행하게도 의료 전문가는 크리스털 메스 때문에 공격적이고 폭력적이 되는 젊은이들을 계속 보고 있다.

6-4 복습

진도를 계속 나가기 전에 앞 절을 얼마나 이해했는지 확인해보자. 정답은 이 책의 뒷부분에 있다.

1. 중독의 원함과 좋아함 이론은 약물을 반복적으로 사용하면 _____의 결과로 인해 약물에 대한 _____은/는 감소하는 반면 _____의 결과로 _____은/는 증가한다고 제안한다.

2. 신경 수준에서 약물 사용의 결정은 뇌의 _____에서 일어난다. 일단 약물을 사용하면 약물이 _____에 있는 즐거움과 관련된 오피오이드 체계를 활성화한다. 약물에 대한 갈망은 원래 _____에서 일어나지만 약물 관련 단서와 약물 사용이 반복적으로 짝지어지면 약물 사용을 수의적으로 통제하는 것을 어렵게 하는 신경 연합이 _____에서 형성된다.

3. 유전에 근거하여 중독 취약성을 설명하는 것 대신 _____은/는 물질사용장애를 유지하게 하는 행동과 물질사용장애의 경향이 유전된다는 것 모두를 설명할 수 있다.

4. 레크리에이션 약물이 인간에서 뇌 손상을 일으키는지 결정하기는 어려운데, 이는 _____의 효과를 _____의 효과로부터 분리하는 것이 어렵기 때문이다.

5. 물질사용장애의 합리적인 치료법의 근거를 간략하게 기술하시오.

요약

6-1 정신약물학의 원리

기분, 사고, 행동을 변화시키는 물질인 향정신성 약물은 신경계의 뉴런 수용기 혹은 화학적 과정, 특히 시냅스에서의 신경전달 과정에 작용함으로써 약물 효과를 낸다. 약물은 뉴런의 활동을 자극하는 효능제 혹은 활동을 억제하는 길항제로 작용한다. 정신약물학은 약물이 뇌와 행동에 미치는 효과를 연구하는 분야이다.

약물은 구강, 흡입, 피부 흡수, 직장 좌약, 주사를 통해 투여된다. 신경계에 있는 목표물에 도달하기 위해 향정신성 약물은 소화 작용, 희석, 혈뇌장벽과 세포막 등에 의한 다양한 방해물을 통과해야 한다. 약물이 방해물을 통과할 때마다 체액에 의해 희석되고 신체 내에서 신진대사되며 땀, 대변, 소변, 모유 등을 통해 배출된다.

향정신성 약물에 관한 흔한 오해가 약물이 특정적으로 또 일관되게 작용한다는 것이지만 실제로 경험과 학습 역시 약물에 대한 개인 반응에 영향을 미친다. 신체와 뇌는 많은 약물에 대해 빨리 내성(습관화)을 발달시키기 때문에 일정한 약물 효과를 얻기 위해서는 용량을 늘려야 한다. 이와 달리 사람들이 약물에 대해 민감해지기도 하는데, 이 경우 동일한 용량이 점차 더 강한 효과를 낸다. 이러한 유형의 학습이 약물 사용 시 개인 행동에 영향을 미친다.

6-2 향정신성 약물

비록 모든 향정신성 약물이 다양한 수용기 체계와 작용하지만 향정신성 약물들을 이들이 작용하는 주요 신경전달물질 체계에 따라 분류할 수 있다. 202쪽의 표 6.1에 요약되어 있듯이 각 범주에는 레크리에이션 약물과 처방 약물이 포함되는데, 이 모든 약물이 남용될 수 있다.

6-3 약물에 대한 개인 반응에 영향을 미치는 요인

한 약물이 모든 사람에게 동일하게 작용하지 않는다. 몸무게, 성, 연령, 유전적 배경 등과 같은 신체적 차이와 학습, 문화, 환경 맥락 등과 같은 행동에 따라 약물이 개인에게 미치는 효과가 다르다.

약물이 행동에 미치는 영향은 상황에 따라 매우 다르며 개인이 약물 관련 행동을 학습함에 따라 달라진다. 예를 들어 행동 근시는 개인으로 하여금 두드러진 환경 단서에 주로 주목하게 한다. 이러한 단서들이 개인으로 하여금 평상시와 다르게 행동하게 한다.

물질사용장애는 개인의 약물 사용과 관련된 여러 행동적·신체적 요인을 고려하여 진단된다. 물질사용장애와 중독의 위험 요인에 정서적·신체적·성적 학대, 정서적·신체적 방임, 가족의 정신 질환, 어머니에 대한 폭력 목격, 가족의 SUD, 부모 별거 혹은 이혼, 가족의 구속 등이 포함된다. 여성이 남성보다 약물에 더 민감하며, 남성보다 낮은 용량의 약물에 더 빨리 중독된다. 많은 유형의 약물에 대해 여성이 남성과 동일하게 혹은 더 많이 중독된다.

6-4 약물 사용과 남용에 관한 설명

중독은 상승, 강박적인 약물 사용, 재발의 세 가지 주요 요소를 포함한다. 중독의 신경 기제는 원함과 좋아함의 신경 체계와 동일하다. 따라서 어느 누구도 물질사용장애자 혹은 중독자가 될 수 있다.

처음에는 약물 사용이 즐거움(좋아함)을 가져다주지만 약물을 반복적으로 사용할 경우 약물 사용과 관련된 대상, 사건, 장소와 조건화된다. 결국 조건화된 단서들이 약물 사용자로 하여금 단서를 찾게 하고(원함) 약물을 더 사용하게 한다. 이러한 주관적 경험이 두드러진 단서와 연합되어 약물에 대한 갈망이 일어나게 한다. 중독이 진행될수록 좋아한다는 주관적 경험은 감소하고 원함은 증가한다.

중독치료는 약물에 따라 다르다. 어떤 치료법을 사용하든지 간에 성공적인 치료는 생활양식을 영구적으로 변화시키는 것에 달려 있다. 얼마나 많은 사람이 흡연, 음주, 레크리에이션 약물, 처방 약물을 남용하는가를 고려하면 약물을 사용하지 않는 사람이 매우 드물다. 그러나 일부 사람들은 유전적 혹은 후생유전적 영향으로 말미암아 특히 약물 남용과 중독에 취약한 것으로 보인다.

지나친 음주는 시상과 시상하부의 손상을 초래할 수 있지만 이 손상이 알코올의 직접적인 작용보다는 영양 결핍으로 일어난다. 코카인은 뇌혈류량의 감소 혹은 신경 조직 내에 출혈을 일으키게 함으로써 뇌 손상을 야기할 수 있다. MDMA(엑스터시)는 세로토닌성 뉴런의 미세한 축색 측부지(axon collaterals)를 상실하게 하고 이와 관련된 인지 기능의 장애를 초래한다.

메스암페타민, LSD 등의 환각제는 정신병적 행동과 관련된다. 이 행동이 약물의 직접적 효과 때문에 일어나는지 혹은 이미 존재하는 상태를 약물이 악화하는지는 아직 명확하지 않다.

핵심 용어

경쟁적 억제제

금단 증상

길항제

내성

동물생약학

모노아민 산화효소(MAO) 억제제

물질사용장애(SUD)

민감화

삼환계

선택적 세로토닌 재흡수 억제제
　(SSRI)

암페타민

원함과 좋아함 이론

정신약물학

정신운동 활성화

조현병의 도파민 가설

주요우울장애

주의력결핍 과잉행동장애(ADHD)

중독

탈억제 이론

태아알코올스펙트럼장애(FASD)

행동 근시

향정신성 약물

효능제

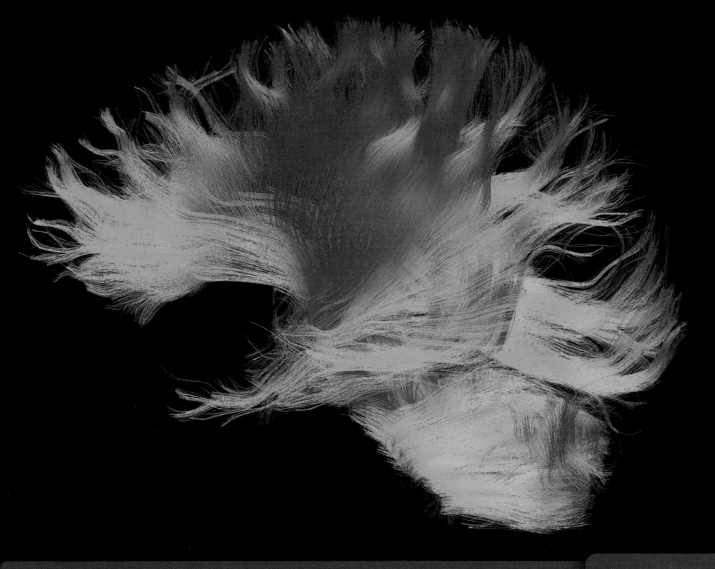

NEIL M. BORDEN/Science Source

뇌의 구조와 기능을 어떻게 연구하는가?

7

7-1 뇌와 행동의 측정과 조작

연구 초점 7-1 언어에 맞추어져 있다

행동신경과학의 초기 기원

연구 초점 7-2 뇌무지개 : 무지개 뉴런

실험 7-1 질문 : 해마 뉴런이 기억 형성에 관여하는가?

행동신경과학의 연구 방법

뇌-행동 상호작용의 조작

임상 초점 7-3 뇌 오르가노이드와 개인맞춤형 의료

7-2 뇌의 전기적 활동 측정

단일 세포의 활동전위 기록

EEG : 수많은 세포의 등급전위 측정

사건관련전위를 사용한 뇌 기능 매핑

뇌자도

7-3 해부학적 영상 기법 : CT와 MRI

7-4 기능 뇌영상

기능자기공명영상법

광단층촬영술

양전자방출단층촬영술

7-5 뇌의 화학적·유전적 측정과 행동

뇌의 화학물질 측정

뇌의 유전자 측정과 행동

후생유전학 : 유전자 발현의 측정

7-6 신경과학 연구 방법 비교

7-7 계산 신경과학과 딥러닝

7-8 윤리적 고려

신경윤리학

뇌-행동 연구에서의 비인간 종의 사용

연구 초점 7-1

언어에 맞추어져 있다

인간 뇌가 어떻게 조직화되어 있고 기능하는지 이해하고자 하는 연구가 주로 새로이 개발되는 기법들에 의해 이루어지고 있는데, 이 기법들이 이전에는 불가능하고 비현실적이며 (오래된 도구를 사용하는 것이) 비윤리적이어서 연구하기 어려웠던 문제에 대한 답을 가능하게 한다. 지난 수십 년 동안 신경과학자들은 의식이 있는 사람의 뇌 활성화를 영상화하기 위해 좀 더 편하고 해상도가 높으며 비침습적인 기법을 개발하여 왔다. 이 기법 중 하나인 **기능근적외선 분광기록법**(functional near-infrared spectroscopy, fNIRS)은 피질 조직을 투과한 빛을 모아 뇌의 산소 소모량을 영상화한다. 광단층촬영의 형태인 fNIRS에 관해서는 7-4절에 자세하게 기술했다.

fNIRS는 비교적 제한된 피질 영역의 뉴런 활동의 지표로 산소 소모량의 측정에 사용되며, 심지어 신생아에게도 적용 가능하다. 연구자들은 fNIRS를 사용하여 다음의 질문, 즉 '출생 시 청력을 가지는 영아가 자궁 안에 있을 때 들은 언어에 우선적으로 반응을 하는가?'에 답할 수 있다. Ramírez와 동료들(2020)은 신생아가 자신에게 친숙하지 않거나 자신의 말을 거꾸로 들려줄 때보다 자신에게 친숙한 언어를 들려주면 뇌의 산화헤모글로빈이 증가하는 것을 관찰하였다. 신생아가 소리들 사이의 관련성을 구분하거나('바다다' 대 '바다가') 소리 관련성이 순서의 처음 혹은 끝에 나타나는지를 구분할 수 있다('바바다' 대 '다바바'). 이들은 소리를 구분하고 두 언어를 동시에 학습하는 데 도움이 되는 운율(목소리 톤)도 사용할 수 있다. 이 사실은 우리가 태어날 때부터 언어를 학습할 준비가 되어 있고 부모의 도움을 받으면서 적극적으로 언어를 학습한다는 것을 시사한다.

빛 분사기와 탐지기가 유아의 머리에 배열되어 있다.

fNIRS로부터 얻은 자료는 다른 기법으로는 알 수 없는 뇌를 이해할 수 있는 창문의 역할을 하지만 이 기법도 제한점이 있다. 예를 들어 피질 표면의 활성화만을 모을 수 있다. 게다가 해상도가 비교적 낮은데, 이는 탐지기가 약 1cm로 크기 때문이다. 그럼에도 불구하고 fNIRS는 다른 영상화 기법보다 비교적 저렴하고 이동 가능하며 뇌 손상의 효과 등을 포함한 많은 근본적인 신경심리학적 퍼즐을 푸는 데 사용할 수 있다.

'연구 초점 7-1 : 언어에 맞추어져 있다'에 기술되어 있는 fNIRS의 간단하고도 비침습적 특성은 뇌 발달뿐만 아니라 성인의 뇌 기능에 관한 새로운 정보를 제공할 수 있을 것으로 보인다. 새롭고 더 나은 기법의 도입과 현존하는 기법의 향상으로 말미암아 뇌와 행동 사이의 관련성에 관한 우리의 이해가 앞으로 수십 년 동안 지속적으로 증가할 것으로 보인다.

가장 기초적인 영상화 기법조차 발달되기 전에 뇌를 연구한 과학자들은 2개의 명확한 방법을 가지고 있었다. 하나는 상당한 뇌 손상 혹은 신경학적 결함이 있는 사람들의 행동을 조사하고 이들이 사망한 후 어느 부위가 결함을 일으켰는지를 연구하는 것이다. 또 다른 방법은 의도적으로 동물의 뇌에 병변을 준 후 행동이 어떻게 변하는지 조사하는 것이다. 실제로 20세기에 이를 때까지 이 방법들이 뇌와 행동 사이의 관련성을 연구하는 데 사용되었다. 오늘날에도 우리는 신경학적 결함이 있는 사람과 다양한 동물 모델의 행동과 뇌 기능을 관찰하고 수량화하는 것을 계속하고 있다. 이뿐 아니라 매우 명확하고 통제된 방식으로 뇌 활성화를 증가 혹은 감소시켜 뇌 기능을 조작한 후 활성화의 변화가 행동에 미치는 영향을 조사한다. 오늘날의 연구자들은 다양한 도구를 사용하여 뇌를 조작하고 측정하는데, 이 도구 중 많은 것이 비침습적이고 분자 수준까지 정확하게 연구 가능하다.

오늘날 뇌-행동의 분석은 해부학자, 유전학자, 심리학자, 생리학자, 화학자, 물리학자, 내분비학자, 신경학자, 약리학자, 정신의학자, 컴퓨터공학자 및 프로그래머, 공학자, 생물학자의 상호 노력에 근거하고 있다. 뇌 연구자가 사용 가능한 연구 방법이 엄청나게 많다.

우리는 연구자들이 인간과 비인간 동물 연구대상의 행동을 어떻게 측정하는지와 신경과학

기능근적외선 분광기록법(fNIRS) 피질 조직을 투과한 빛을 모아 산소 소모량을 영상화하는 비침습적 기법(광단층촬영법)

자들이 어떻게 뇌를 교란시켜 행동을 조작하는지를 먼저 살펴볼 것이다. 그다음으로는 뇌전도(EEG)를 포함하여 뇌 활동을 기록하는 전기적 기법, fNIRS와 같은 비침습적 뇌영상 기법과 뇌와 행동의 조작과 측정에 사용되는 화학 및 유전 기법을 살펴볼 것이다. 이 장의 마지막 부분에서는 계산 신경과학과 딥러닝을 살펴본 후 비인간 동물을 연구에 사용할 경우 발생하는 여러 이슈를 포함한 신경윤리학(neuroethics)에 관해 살펴보겠다.

신경심리학 인간의 뇌 기능과 행동 사이의 관련성을 연구하는 분야

4-1절은 EEG가 어떻게 신경계의 전기적 활동에 관한 설명을 가능하게 하는지 기술하고 있다.

7-1

뇌와 행동의 측정과 조작

1861년 파리에서 개최된 인류학회에서 의사였던 Ernest Auburtin은 언어 기능이 뇌의 전두엽에 위치한다고 주장하였다. 5일 후 동료 의사였던 Paul Broca가 뇌 손상으로 말미암아 언어능력을 상실하여 단지 'tan'이라는 단어와 욕설 몇 마디만을 말할 수 있었던 한 환자를 진찰하였다. 이 환자는 곧 사망하였다. Broca와 Auburtin이 이 남성 환자의 뇌를 부검한 결과 좌반구 전두엽이 손상을 입었음을 발견하였다.

1863년까지 Broca는 이와 유사한 8개 사례를 더 모았으며 이에 근거하여 언어가 좌반구 전두엽의 세 번째 회, 즉 오늘날 브로카 영역(Broca's area)이라고 불리는 영역에 위치한다고 결론을 내렸다. Broca의 발견은 환자를 대상으로 뇌와 행동 사이의 관련성을 연구하던 다른 이들의 관심을 끌었다. 이러한 연구 노력으로 오늘날 **신경심리학**(neuropsychology), 특히 인간의 뇌 기능과 행동 사이의 관련성을 연구하는 분야가 발달하게 되었다. 오늘날 뇌와 행동의 측정에는 비침습적 영상, 복잡한 신경해부학적 측정, 세련된 행동 분석 등 많은 기법이 사용되고 있다.

학습 목표
- 행동신경과학 분야의 정의와 이 분야의 주된 목적을 기술한다.
- 신경심리학적 평가에 공통으로 사용되는 일부 검사를 설명한다.
- 설치류와 다른 비인간 동물을 행동 연구에 사용하는 목적을 설명한다.
- 뇌 조작 기법, 즉 병변, 자극, 약물투여와 유전적 조작의 과정과 목적을 요약한다.

10-4절은 언어와 음악의 해부학과 이에 관한 Broca의 공헌을 기술하고 있다.

Brodmann의 피질지도와 그림 2.26의 염색법에 기초한 지도를 서로 비교해보라.

행동신경과학의 초기 기원

20세기 초 신경해부학에서 사용되던 주된 기법은 조직학, 즉 사후 뇌를 절개하고 다양한 염색법으로 뇌 조직을 염색하는 것이었다. **그림 7.1**에 제시되어 있듯이 현미경이 더 좋은 해상도와 명확성을 가지게 되었고 죽은 조직보다 살아 있는 조직을 시각화하는 움직임이 있었다. 과학자들은 염색된 뇌 조직 절편을 광현미경을 통해 관찰하여 세포체를 확인하거나(패널 A), 개개 뉴런을 선택적으로 염색하여 뉴런 전체 구조를 밝힌다(패널 B). 전자현미경(패널 C)은 시냅스를 상세하게 보여준다. 다광자 영상(패널 D)은 살아 있는 조직의 3차원 이미지를 만들 수 있다.

20세기 초에 이를 때까지 광현미경이 Korbinian Brodmann과 같은 연구자들로 하여금 대뇌피질에 위치하는 뉴런들의 특성에

(A) 광현미경(저배율)

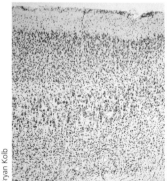

Bryan Kolb

(B) 광현미경(고배율)

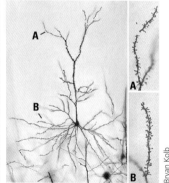

Bryan Kolb

(C) 전자현미경

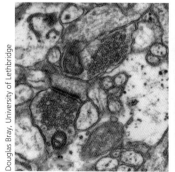

Douglas Bray, University of Lethbridge

(D) 다광자현미경

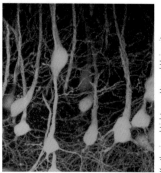

Kasthuri and Lichtman, Harvard University

그림 7.1 대뇌 뉴런의 염색

광현미경으로 본 뉴런. **(A)** Nissl 염색법으로 염색된 두정피질의 단면으로 세포체는 관찰되지만 세포 돌기(축색과 수상돌기)는 관찰되지 않는다. **(B)** 확대하면 Golgi 염색법으로 염색된 두정피질의 추체세포가 관찰된다. 세포체(중앙의 어두운 삼각형)와 가시가 있는 수상돌기(A와 B)가 오른쪽에 상세하게 보인다. **(C)** 전자현미경은 시냅스를 자세하게 보여준다. **(D)** 다광자현미경의 다양한 영상에 근거하여 살아 있는 조직의 3차원 영상을 만들 수 있다.

연구 초점 7-2

뇌무지개 : 무지개 뉴런

뇌세포의 특징을 드러나게 해주는 염료가 발견되지 않았다면 뉴런의 복잡성과 연결은 밝혀지지 않았을 것이다. 하버드대학교의 Jean Livet과 동료들(2007)은 특유의 색으로 서로 다른 뉴런을 표지하는 형질전환기법(transgenic technique)을 개발하였는데, '무지개'라는 단어를 익살스럽게 표현하여 이 기법을 '뇌무지개(Brainbow)'라고 한다(형질전환기법은 이 책의 3-3절에서 논의한 유전공학의 한 유형임).

단지 빨강, 초록, 파랑을 혼합하여 인간의 눈이 볼 수 있는 모든 색을 LCD 혹은 LED 모니터가 구현하는 것과 동일한 방식으로 뇌무지개 과학자들은 파랑, 초록, 빨강 형광 단백질을 만드는 유전자를 생쥐의 세포에 넣는다. 빨강 유전자는 산호에서 얻고, 파랑과 초록 유전자는 해파리에서 얻는다(2008년 노벨 화학상은 산호와 해파리의 형광 단백질을 발견하고 개발한 공로로 Roger Tsien, Osamu Shimomura와 Martin Chalfie가 수상하였다).

그 생쥐에게 Cre라는 박테리아 유전자도 집어넣었다. Cre는 각 세포 안에 있는 색채 유전자를 활성화하지만 각 유전자가 활성화되는 정도는 어느 정도 달라진다. 생쥐가 발달함에 따라 색-암호화 유전자들이 다양하게 발현되고 이에 따라 최소 100개의 형광을 발하는 세포들이 생긴다. 파장에 민감한 형광현미경으로 보면 서로 다른 색조를 띤 각각의 뇌세포와 세포들의 연결을 여기에 제시되어 있는 현미경 사진처럼 시각화할 수 있다.

각각의 세포를 시각화할 수 있기 때문에 뇌무지개는 각 뉴런의 돌기가 어디로 가며, 다른 뉴런들과 어떻게 연결되는지를 설명할

수 있다. 여러분은 아마도 여러 색깔(검은색, 흰색, 빨간색)의 전선을 본 적이 있을 텐데, 이런 전선의 색깔은 그 전선의 기능과 연결 방식을 나타낸다. 뇌무지개 기법을 이용하여 접시에서 살아 있는 뇌조직을 시각화하면 시간 경과에 따라 신경 연결들이 변화하는 양상도 알 수 있다.

장차 뇌무지개 기법이 특정 뇌 질환과 관련이 있는 세포 집단과 그들의 연결을 연구하는 데 유용하게 사용될 것이다. 이론적으로 뇌무지개는 개인이 나이가 들거나 혹은 어떤 문제를 풀 때처럼 구체적인 시간에 켜질 수 있다(Rojczyk-Gołębiewska et al., 2015). 최근 조직-클리어링(tissue-clearing) 기법, 즉 쥐의 뇌 전체를 투명하게 만드는 기법이 조직 절편에 의존하지 않고서도 뇌 깊숙이 위치하는 구조들을 시각화하는 것을 가능하게 한다. 뇌무지개 기법, 조직-클리어링 기법 및 쥐의 뇌 전체를 3차원 이미지로 제작할 수 있는 단면광(light-sheet) 현미경을 사용하면 시간의 경과에 따른 뉴런 연결의 변화를 추적할 수 있다. 그리고 이 기법을 신경퇴행성 질환이 있는 쥐 모델에도 적용할 수 있다(Parra-Damas & Saura, 2020).

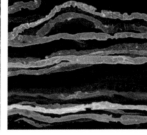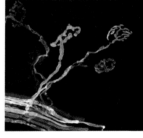

세포체   축색   종말

해마와 치상회는 그림 2.23에 제시되어 있다.

그림 7.2 미니현미경

근거하여 대뇌피질을 여러 영역으로 구분하는 것을 가능하게 하였다. 연구자들은 피질 영역들이 특정 기능을 가지고 있다고 추측하였다. 21세기 초에 이를 때까지 교세포(색채로 되어 있는 예는 '연구 초점 7-2 : 뇌무지개 : 무지개 뉴런' 참조)뿐만 아니라 뉴런 및 연결을 분류하는 수십 개의 기법이 개발되었다. 오늘날에는 해상도가 매우 우수한 현미경이 세포막에 있는 서로 다른 수용기의 위치를 확인하기 위해 사용되고 있다.

이러한 현대 기법 덕분에 여러 유형의 뉴런들의 분자, 신경화학적 · 형태(구조)적 차이를 확인하고, 이러한 특성이 어떻게 행동과 관련되는지를 발견할 수 있게 되었다. 심지어 쥐의 머리의 한 위치에 놓을 수 있을 정도로 작은 현미경도 개발되었다. **그림 7.2**에 제시되어 있는 미니현미경은 뉴런의 칼슘 수준에 의해 활성화되는 형광 신호를 이미지화함으로써 수십 개에서 수백 개의 뉴런을 동시에 탐지할 수 있는데, 이는 쥐가 주위 환경을 이동하는 동안 뉴런이 발화하는 것을 시사한다(Ghosh et al., 2011).

뉴런을 시각화하는 이러한 기법들이 뇌 구조와 행동의 관련성을 연구하는 데 주요 역할을 하는데, 이러한 관련성은 공간 미로와 같은 학습 과제로 훈련을 받은 동물들에서 관찰할 수 있다. 이와 같은 학습은 다양한 신경해부적 변화, 예를 들어 시각 단서를 사용하는 미로에서 훈련받은 동물의 시각피질 세포 시냅스 변화 혹은 해마의 하위 영역인 치상회(dentate gyrus)에서 새로이 생성된 세포의 수와 관련될 수 있다. 포유동물의 경우 이

해마 구조가 정보를 받은 맥락을 기억하는 데 중요한 역할을 한다.

실험 결과는 치상회의 새로운 뉴런의 성장을 방해하면 특정 유형의 기억 결함이 초래되는 것을 보여준다. 치상회 뉴런들이 맥락 내의 기억 형성에 중요한 역할을 하는지 조사하기 위해 건강한 쥐와 ADX 쥐, 즉 부신이 제거되어 코르티코스테론 호르몬이 분비되지 않는 쥐를 대상으로 실험한 결과, 코르티코스테론이 분비되지 않는 경우 치상회 뉴런이 죽는 것을 발견하였다.

실험 7-1의 '절차 1'은 건강한 쥐의 치상회(왼쪽)와 수술 후 ADX 쥐에서 신경 퇴행(오른쪽)이

스트레스에 대한 반응으로 분비되는 스테로이드 호르몬인 코르티코스테론은 단백질과 탄수화물 신진대사에 중요하다(5-4절 참조).

···> 실험 7-1

질문 : 해마 뉴런이 기억 형성에 관여하는가?

절차 1
부신을 수술로 제거하기 전(왼쪽)과 후(오른쪽)의 쥐 해마. 수술 후 코르티코스테론의 부족으로 해마 뉴런이 거의 없는 것에 주목하라.

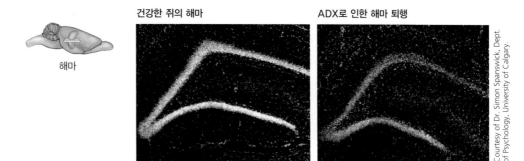

해마   건강한 쥐의 해마   ADX로 인한 해마 퇴행

Courtesy of Dr. Simon Spanswick, Dept. of Psychology, University of Calgary.

절차 2
건강한 쥐, 훈련을 받지 않은 ADX 쥐와 치상회의 뉴런 생성을 증가시킨다고 알려진 훈련(풍부한 주거 환경과 쳇바퀴를 갖춘)을 받은 ADX 쥐의 행동을 대상-맥락 불일치 과제를 사용하여 조사하였는데, 이 과제는 서로 다른 물체가 있는 두 맥락으로 구성되어 있다.

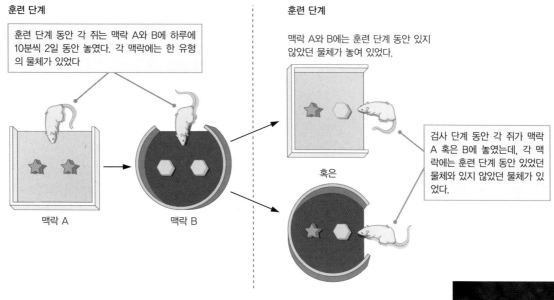

훈련 단계
훈련 단계 동안 각 쥐는 맥락 A와 B에 하루에 10분씩 2일 동안 놓였다. 각 맥락에는 한 유형의 물체가 있었다

맥락 A   맥락 B

훈련 단계
맥락 A와 B에는 훈련 단계 동안 있지 않았던 물체가 놓여 있었다.

혹은

검사 단계 동안 각 쥐가 맥락 A 혹은 B에 놓였는데, 각 맥락에는 훈련 단계 동안 있었던 물체와 있지 않았던 물체가 있었다.

결과
건강한 쥐는 훈련 단계 동안 각 맥락에 있지 않았던 물체를 더 많이 탐색하였지만 훈련을 받지 않은 ADX 쥐의 수행은 우연 수준에 불과하였다. 풍부한 주거 환경에 있고 쳇바퀴 운동을 한 ADX 쥐는 치상회 세포의 재생과 건강한 쥐의 수행 수준을 보였다.

오른쪽 사진이 쥐의 해마를 보여준다. 치상회의 새로운 뉴런을 확인하기 위해 특별한 염색법이 사용되었고 새로운 뉴런은 노란색으로 보인다.

결론 : 치상회 뉴런은 맥락 학습에 필요하다.

출처 : Spanswick & Sutherland(2010) and Spanswick et al. (2011).

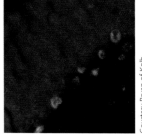

Courtesy Bryan of Kolb

일어나는 것을 보여준다. 건강한 쥐와 ADX 쥐의 행동을 절차 2에 제시되어 있는 대상-맥락 불일치 과제를 사용하여 비교하였다. 훈련 단계 동안 쥐들을 2개의 서로 다른 맥락인 A와 B에 매일 10분씩 이틀 동안 놓았다. 각 환경에는 서로 다른 물체가 놓여 있었다. 검사일에 쥐들을 맥락 A 혹은 B에 놓았는데, 이때 각 환경에 2개의 서로 다른 물체가 있었다. 한 물체는 그 환경에서 훈련을 받을 때 있었던 것이고 다른 물체는 다른 환경에서 훈련을 받을 때 있었던 것이었다.

실험 7-1의 결과에 기술되어 있듯이 건강한 쥐는 훈련 단계에 있었던 물체를 보았을 때 이를 거의 탐색하지 않았는데, 이는 이 물체가 익숙한 것이었기 때문이다. 그러나 다른 환경에서 훈련을 받을 때 보았던 물체를 보면 쥐들이 호기심을 보이고 자신의 시간 중 약 3/4을 탐색에 보냈는데, 즉 환경과 불일치하는 물체를 새로운 물체로 인식하였다. 이와 상반되게 치상회 뉴런이 거의 상실된 ADX 쥐들은 환경과 불일치 혹은 일치하는 물체를 거의 동일하게 다루었고 각 대상의 탐색에 동일한 시간을 보냈다.

치상회의 뉴런 생성을 증가시키는 것으로 알려져 있는 치료, 예를 들어 풍부한 환경과 쳇바퀴 달리기 운동이 제공된 또 다른 ADX 쥐들은 대상-맥락 불일치 과제에서 수행 저하를 보이지 않았다. 실험 7-1은 치상회의 세포 변화와 행동 변화가 밀접하게 관련되어 있음을 보여준다. 즉 치상회의 뉴런이 맥락 학습에 필요하다는 것을 보여준다.

행동신경과학의 연구 방법

행동의 생물학적 근거를 연구하는 **행동신경과학**(behavioral neuroscience)은 인간과 동물을 대상으로 뇌와 행동 사이의 관련성을 이해하고자 한다. 실험 7-1에 기술되어 있는 대상-맥락 불일치 과제는 이 영역에서 일하는 신경과학자들이 사용하는 수백 가지 행동검사 중 하나이다. 이 절에서 우리는 인간을 대상으로 하는 연구에서 사용되는 신경심리검사와 설치류를 대상으로 하는 연구에서 사용되는 자동화 터치스크린 도구를 포함하여 공간 이동 과제와 숙련된 뻗기 과제들을 살펴보겠다.

이 절의 서두에서 언급한 신경심리학 분야는 주로 인간에 초점을 맞추는 행동신경과학의 하위 분야이다.

행동신경과학자가 당면한 주된 과제는 전형적인 행동과 비전형적인 행동 모두를 연구하는 방법을 개발하는 것이다. 인간과 실험실 동물의 행동을 측정하는 것이 서로 다른데, 가장 주된 이유가 인간이 말을 하기 때문이다. 즉 연구자는 개인이 가지고 있는 증상들을 직접적으로 물어보거나 지필 검사와 전산화 검사를 실시하여 개인의 특정 증상을 확인할 수 있다. 이에 비해 실험실 동물의 행동을 측정하는 것은 더 복잡하다. 연구자는 쥐에게 말하기 위해 쥐처럼 말하는 것을 배워야 하고 원숭이에게 말하기 위해 원숭이처럼 말하는 것을 배워야 한다. 간단하게 말하면 연구자들은 동물로 하여금 자신들에게 말을 하는 것과 자신의 증상을 드러내게 하는 방법을 개발해야만 한다. 동물 학습 분야와 자연적 조건에서의 동물 행동을 연구하는 **동물행동학**(ethology)의 발달은 현대 행동신경과학의 근거를 제공하였다(Whishaw & Kolb, 2005 참조).

표 7.3은 일부 뇌 측정 기법, 기법의 목적과 예를 제시하고 있다.

인간을 대상으로 하는 신경심리검사

신경심리검사는 특정 뇌 구조 혹은 경로와 관련되어 있다고 알려져 있는 뇌 기능을 측정하기 위해 고안된 검사이며 뇌 손상을 입은 사람들에게 주로 적용된다. 신경심리학자는 의료 현장에서 개인을 직접 평가하는 등의 의료 서비스에 종사하는 사람이다.

뇌는 움직임 통제와 감각 지각에서부터 기억, 정서와 언어에 이르기까지 놀랄 만큼 다양한 기능을 통제한다. 따라서 행동 분석은 연구하고자 하는 특정 기능에 따라 이루어져야 한다. 기억의

(A) Corsi 블록검사

검사자가 블록을 일련의 순서로 가볍게 두드린다.

검사자 시점

검사자는 블록에 적혀 있는 번호를 볼 수 있지만 참여자 쪽에서는 보이지 않는다.

(B) 거울 보고 그리기 과제

참여자의 과제는 거울 속에 비친 자신의 손을 보면서 별 도형의 2개 윤곽선 사이를 추적하는 것이다.

윤곽선을 가로지르면 오류이다.

(C) 최신 기억 과제

참여자의 과제는 가장 최근에 본 그림을 인식하는 것이다.

그림 7.3 기억 측정에 사용되는 신경심리검사

분석을 예로 들어보자.

측두엽에 손상을 입은 사람은 자주 기억장애를 호소한다. 그러나 기억은 단일 기능이 아니라 독립적인 다양한 기억 체계로 구성된 다중 체계이다. 우리는 사건, 색채, 이름, 장소와 운동 기술 등에 관한 기억을 가지고 있으며, 이 각각은 분리되어 측정되어야만 한다. 한 개인이 모든 유형의 기억을 상실하는 경우는 매우 드물다.

그림 7.3에 세 가지 기억 유형의 측정에 사용되는 신경심리검사가 소개되어 있다. 그림 7.3A의 Corsi 블록검사(Corsi block-tapping test)는 실험자가 일련의 블록, 예를 들어 4, 6, 1, 8, 3번 블록을 순서대로 만지는 것을 참여자가 관찰하는 것을 요구한다. 참여자의 과제는 실험자가 한 순서대로 블록을 정확하게 만지는 것이다. 참여자는 블록에 쓰여 있는 번호를 볼 수 없는 대신 실험자가 만진 블록의 위치를 기억해야만 한다.

Corsi 검사는 공간 위치에 관한 단기 회상, 즉 **블록 폭**(block span)을 측정한다. 참여자의 최대 블록 폭(예 : 6블록)을 결정한 다음 여기에 한 블록을 더 첨가하여(폭+1) 과제를 좀 더 어렵게 만들 수 있다. 물론 참여자는 첫 번째 시행을 실패하지만 폭+1을 반복적으로 제시하면 결국 이를 학습하게 된다.

폭+1은 블록 폭과 다른 유형의 기억이다. 서로 다른 유형의 신경학적 이상이 겉으로 보기에 매우 유사하게 보이는 두 과제(즉 블록 폭과 폭+1)의 수행을 서로 다르게 방해한다. 블록 폭은 정보의 단기 회상을 측정하는 한편 폭+1은 학습과 정보의 장기기억 저장을 측정한다.

그림 7.3B의 거울 보고 그리기 과제(mirror-drawing task)는 개인으로 하여금 거울을 통해 특정 윤곽, 예를 들어 별 모양의 윤곽을 추적하게 한다. 처음에는 이 운동 과제가 어려운데, 이는 움직임이 거울에서 역행하기 때문이다. 그러나 참여자가 연습을 거듭하면 이 과제를 정확하게 학습하고 며칠 후 실시된 재검사에서도 이 기술을 상당한 정도로 회상한다. 흥미롭게도 특정 유형의 기억장애가 있는 사람은 이 과제를 이전에 학습한 것을 회상하지 못함에도 불구하고 실수 없이 과제를 수행한다.

그림 7.3C의 최신 기억 과제(recency memory task)는 참여자에게 한 카드에 2개의 단어 혹은 그림이 있는 일련의 카드를 제시한다. 일부 시행에는 두 자극 사이에 의문 표시(?)가 제시된다. 참여자의 과제는 이 자극들을 이전에 본 적이 있는지, 만약 본 적이 있다면 둘 중 어느 것을 더 최

기억은 14-1절부터 14-3에 자세하게 기술되어 있다. 14-2절은 기억회로의 분리에 관해 기술하고 있다.

이 책에서는 연구에 참여한 사람 중 건강한 자원자를 연구 *참여자*(participant)라고 명명하고, 뇌 손상 혹은 행동장애를 가진 사람을 환자 혹은 *피검자*(subject)라고 명명하였다.

임상 초점 15-3은 신경심리평가에 사용되는 검사가 어떻게 발달되었는지 기술하고 있다.

표 7.1 쥐의 행동 목록

학습과 기억

회피

숨김

감각 자극의 구분

선호하는 장소

물체 인식

공간 이동

종 특유 행동

공격성

새끼 돌봄

일주기 활동

탐색과 코로 찌르는 행동

먹이 저장

먹이 선택과 먹이 찾기

털 손질과 손발톱 다듬기

둥지 짓기

정향

놀기

성행동

사회적 행동

발성

운동

기어오르기

점프하기

뒷발로 서기

헤엄치기

몸 돌리기

걷기, 빨리 걷기, 뛰기

숙련된 움직임

먹이 건네기

줄 당기기

빔, 골대, 회전막대와 사다리 위 걷기

반사

놓기와 지탱

자세와 지지

복원

정서

불안과 두려움

우울

스트레스에 대한 반응

근에 보았는지 반응하는 것이다. 일부 사람은 자극을 이전에 본 적이 있다고 정확하게 회상할 수 있지만 어느 자극을 더 최근에 보았는지를 회상하지 못한다. 이와 상반되게 일부 사람들은 이전에 본 자극을 정확하게 회상하지 못하지만 만약 두 자극 중 어느 것을 더 최근에 보았는지에 반응하게 할 경우 더 최근에 본 것을 정확하게 회상한다.

후자의 경우는 직관에 반대되는 경우로서 행동연구자들로 하여금 기억능력을 측정하는 매우 독창적인 방법을 개발해야 할 필요성을 느끼게 한다. 비록 참여자가 정보를 말로 회상하게 하는 간단한 방법이 기억의 측정에 사용되지만, 이 방법만으로는 기억능력을 측정하는 데 충분하지 않다.

설치류의 행동 분석

150만 종 이상의 동물종이 존재하고 이들 중 대다수가 신경계에 의존하는 행동을 보인다. 연구자들은 모든 주요 분류군에 포함되는 종의 행동을 연구하여 왔고 이는 뇌와 행동 사이의 관련성에 관한 이해를 높이는 데 중추적인 역할을 하고 있다(Miller et al., 2019). 물론 다양한 선택이 가능하지만 대부분의 연구가 소수의 종, 주로 쥐와 생쥐를 대상으로 수행된다. 이 종을 주로 연구하는 데는 현실적인 이유가 있다. 쥐와 생쥐는 다산을 하고 1년 내내 가두어 기를 수 있다. 더욱이 생쥐는 가장 진보된 유전자 편집 기법까지 적용 가능하기 때문에 21세기에 수행되는 연구에 가장 자주 사용되고 있다.

감각, 인지, 기억, 정서와 움직임의 신경학적 근거에 관심이 있는 연구자들은 다양한 미로 및 기타 검사들과 실험실 동물이 보이는 특정 행동에 관여하는 신경회로를 조사할 수 있는 과제들을 개발하였다. 쥐와 생쥐는 매우 다양한 **행동 레퍼토리**를 가지는데, 이는 이들이 다양한 능력을 가지고 있고 각각의 능력을 독립적으로 조사하여 행동의 기능적 근거를 이해할 수 있다는 것을 의미한다. 이 능력 중 일부가 **표 7.1**에 분류되어 있다.

그림 7.4는 Richard Morris(1981)가 고안한 내비게이션 과제에 근거한 세 가지 과제를 보여준다. 이 과제에서는 쥐들을 큰 수영장에 놓는데, 이 수영장은 벽이 매우 미끄러워 쥐들이 도망가지 못한다. 플랫폼이 수면 바로 밑에 숨겨져 있다. 쥐는 수영을 매우 잘하고 플랫폼에 닿을 때까지 수영장 주위를 수영한다. 쥐는 자신이 플랫폼 위로 올라가면 수영장 밖으로 내보내지고 자신이 좋아하는 홈 케이지로 돌아온다는 것을 학습한다.

이 과제의 한 버전이 **장소 학습**(place learning)인데, 이 과제에서 쥐는 수영장 안의 서로 다른 출발점에서부터 시작하여 플랫폼을 찾아야 한다(그림 7.4A). 단서들이 수영장의 바깥쪽에만 위치하기 때문에 쥐는 방 안에 있는 여러 단서와 플랫폼 위치 사이의 관련성을 학습해야만 한다.

이 과제의 두 번째 버전이 **장소 대응 학습**(matching-to-place learning)이다. 이 과제에서 쥐는 플랫폼이 수영장의 어딘가에 항상 있다는 것을 이미 학습하였지만, 매일 서로 다른 출발점에서 수영장으로 들어간다. 쥐가 수영장에 놓이면 플랫폼을 찾는다(그림 7.4B). 쥐가 플랫폼을 찾으면 수영장 밖으로 내보내지고 짧은 지연(예 : 10초)이 있은 후 또다시 수영장에 놓이게 된다. 이때 쥐의 과제는 플랫폼으로 즉시 수영해 가는 것이다. 장소 대응 과제에서 쥐가 당면하는 과제는 플랫폼을 찾는 전략을 끊임없이 개발하는 것이다. 플랫폼이 하루에 실시되는 시행들에는 동일한 위치에 있지만 새로운 날에는 새로운 장소로 옮겨진다.

과제의 **랜드마크**(landmark) 버전에서는 플랫폼 위치가 수영장 벽에 있는 단서에 의해 확인된다(그림 7.4C). 매 시행 시 플랫폼의 위치가 바뀌지만 플랫폼과 단서 사이의 관련성은 일정하다.

그림 7.4 수영장 과제
쥐를 대상으로 하는 세 가지 시공간 학습 과제에서 사용하는 수영장의 일반적 배치. A, B, C의 빨간색 선은 각 시행(T)에서 관찰된 쥐의 수영 경로이다.

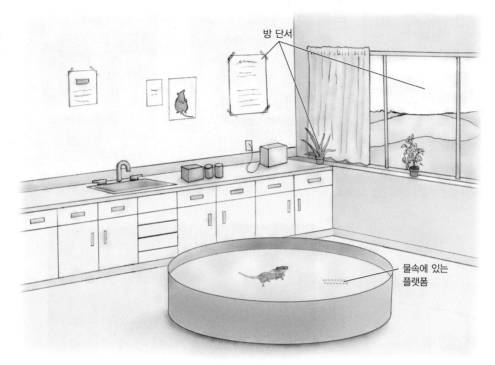

방 단서

물속에 있는
플랫폼

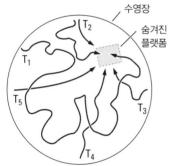

(A) 장소 학습 과제

수영장

숨겨진
플랫폼

T_1 T_2 T_3 T_4 T_5

수영장의 여러 출발점에 놓인 쥐는 숨겨진 플랫폼을 찾는 것을 학습해야 한다. 쥐가 방 안에 있는 시각 단서, 예를 들어 창문, 벽 장식, 화초 등의 배열을 고려해야 이를 학습할 수 있다.

(B) 장소 대응 과제

T_1 T_2

쥐를 여러 출발점 중 한 지점에서 다시 수영장 속으로 놓으며 숨겨진 플랫폼의 위치가 검사일마다 바뀐다. 쥐는 검사 당일 첫 시행에서 플랫폼을 발견한 위치가 그날 실시되는 모든 시행에 동일하다는 것을 학습해야 한다.

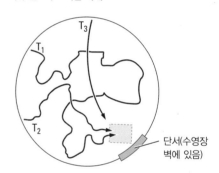

(C) 랜드마크 학습 과제

T_1 T_2 T_3

단서(수영장 벽에 있음)

쥐는 플랫폼 위치를 알려주는 수영장 벽에 있는 단서를 제외한 모든 방 안에 있는 단서를 무시해야 한다. 매 시행 시 플랫폼과 단서가 이동하기 때문에, 문제를 해결하기 위해 방 안의 단서를 사용하면 문제 해결에 실패한다.

이 과제에서 쥐는 수영장 밖 멀리 있는 단서는 과제 수행과 무관하고 단지 수영장 벽의 단서만이 과제 수행에 적합한 단서라는 것을 학습한다. 서로 다른 신경학적 손상이 있는 쥐들은 수영장 과제의 세 가지 버전에서 선택적으로 수행 저하를 보인다.

쥐의 또 다른 행동 분석은 움직임과 관련되어 있다. 뇌졸중 환자가 당면하는 주된 문제가 손과 사지 움직임의 통제를 상실하는 것이다. 뇌졸중 회복에 도움이 되는 새로운 치료법의 효과를 검증하기 위해 이러한 운동행동을 분석하는 기법 개발에 많은 관심이 주어졌다. 한 과제에서 쥐가 슬롯을 통해 한 조각의 단 먹이를 획득하도록 훈련하였다. 쥐의 움직임은 동일한 과제에서 사람이 행하는 움직임과 매우 유사하며, 이 움직임을 일련의 단편적 움직임들로 나눌 수 있다. 연구자들은 단편적 움직임을 분리해서 채점하는데 이는 서로 다른 신경학적 장애에 의해 단편적 움직임이 선택적으로 영향을 받기 때문이다.

그림 7.5에 있는 일련의 사진은 쥐가 어떻게 자신의 몸을 슬롯의 방향으로 향하고(패널 A), 손

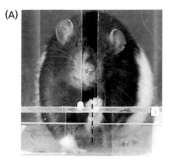 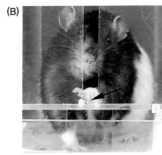 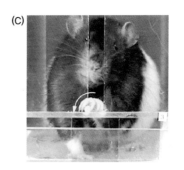 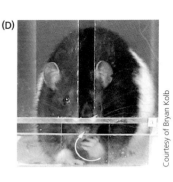

그림 7.5 쥐의 숙련된 뻗기 행동
좁고 긴 슬롯을 통해 먹이를 얻는 것을 훈련받은 쥐가 보이는 일련의 행동 : (A) 손을 조준하고, (B) 먹이에 손을 뻗고, (C) 먹이를 집고, (D) 손을 빼서 먹이를 입으로 가져간다.

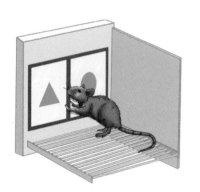

그림 7.6 설치류 검사를 위한 자동 터치스크린 플랫폼
생쥐와 쥐를 도구에 놓고 이들이 스크린을 터치하여 정확한 시각 이미지를 선택할 때 딸기 밀크세이크를 보상으로 제공한다.

을 슬롯으로 넣고(패널 B), 먹이를 집기 위해 손을 수평으로 회전하고(패널 C), 그 후 먹이를 얻기 위해 손을 수직으로 회전하여 빼는지(패널 D) 상세하게 보여준다. 영장류만이 섬세한 손가락 움직임을 할 수 있는 유일한 동물이 아니지만 쥐의 손이 작고 매우 빨리 움직이기 때문에 쥐의 손가락 민첩성은 슬로모션 비디오 재생을 통해서만 적절하게 관찰할 수 있다.

Tim Bussey, Lisa Saksida와 동료들이 설치류의 인지 및 동기를 측정하는 자동 터치스크린 플랫폼을 개발하였다(**그림 7.6**). 이 혁신적인 개발로 동물을 대상으로 측정할 때 발생하는 오차와 인간이 경험하는 스트레스가 사라지게 되었다. 더욱이 인간의 인지능력을 측정할 때 사용하는 터치스크린 과제와 매우 유사하게 검사할 수 있도록 플랫폼을 프로그램하는 것이 가능하다 (Oomen et al., 2013; Phillips et al., 2018).

뇌-행동 상호작용의 조작

뇌와 행동 사이의 관련성을 연구하는 두드러진 전략이 뇌 기능의 일부를 조작(manipulate)한 후 행동이 어떻게 변하는지 보는 것이다. 연구자들이 이 방법을 사용하는 이유는 뇌가 어떻게 행동에 영향을 미치는지에 관한 가설을 세우고 이 가설을 검증하기 위해서이다.

뇌를 조작하는 두 번째 이유는 신경 질환과 정신 질환의 동물 모델을 개발하기 위해서이다. 신경학과 정신의학의 일반적 가정은 약물, 행동 혹은 다른 치료가 주어지면 적어도 일부 기능이 정상적으로 회복되어야 한다는 것이다. 그러나 이러한 치료법을 개발하는 데 있어 주된 장해물은 의학 분야에서 개발되는 대부분의 새로운 치료법처럼 동물을 대상으로 먼저 검증되어야만 한다는 것이다(7-8절에 동물을 연구에 사용하는 것을 둘러싼 과학적·윤리적 이슈를 기술했다).

표 7.2에 뇌 조작 기법, 기법의 목표와 예를 요약 제시했다.

다양한 방법으로 뇌를 조작할 수 있으며 조작 방법은 연구 목적에 따라 달라진다. 연구자들은 동물을 서로 다른 식이요법, 사회적 상호작용, 운동, 감각 자극과 다른 경험 등의 조건에 놓이게 한다. 뇌 조작의 경우 병변 혹은 약물을 통해 뇌를 활성화하지 못하게 하거나 전기적 자극, 약물 혹은 빛을 통해 활성화하게 하는 것이 주로 사용되는 직접적인 기법이다.

행동신경과학자는 조작을 한 후 뇌 기능과 행동 수행을 측정한다. 연구자들이 매우 다양한 조작 기법과 측정 기법을 사용할 수 있기 때문에 이 두 범주의 기법들이 자주 혼합되고 매칭된다.

뇌 병변

가장 최초로 사용되었고 동시에 가장 단순한 뇌 조작 기법이 조직을 절제(ablation, 제거 혹은 파괴)하는 것이다. 선구적인 신경과학자였던 Karl Lashley가 1920년대부터 절제법을 사용하기 시작하였으며, 이후 30여 년 동안 이 방법을 사용하여 기억이 위치하는 뇌 부위를 찾으려고 노력하였다. 그는 다양한 미로와 운동 과제를 사용하여 원숭이와 쥐를 훈련한 다음 기억상실증을 유발하기 위해 대뇌피질의 일부를 제거하였다.

유감스럽게도 Lashley는 기억상실증을 유발하는 데는 실패하였지만 대신 기억상실이 제거된 뇌 조직의 양과 관련되어 있는 것을 발견하였다. Lashley가 내린 결론은 기억이 단일 뇌 영역에 위치하지 않고 뇌 전체에 분포해 있다는 것이었다. 그러나 추후 연구들은 특정 뇌 기능이 존재하고 기억이 실제로 특정 뇌 영역에 위치하는 것을 강하게 시사하였다.

아이러니하게도 Lashley가 은퇴할 무렵 William Scoville과 Brenda Milner(1957)가 뇌전증 치료를 위해 양반구의 해마를 제거한 환자를 보고하였다. 이 수술로 환자는 기억상실증을 앓게 되었다. Lashley는 자신의 절제 연구 동안 결코 해마를 제거하지 않았는데, 이는 해마가 기억에 어떤 역할을 할 것이라고 믿지 않았기 때문이다. 그리고 해마가 뇌 표면(대뇌피질)에 위치하지 않기 때문에 피질하 병변을 일으키기 위해서는 다른 기법이 개발되어야만 하였다.

피질하 영역에 접근할 수 있는 방법이 **그림 7.7**의 **입체정위 수술기구**(stereotaxic apparatus), 즉 연구자 혹은 신경외과 의사가 뇌의 특정 영역을 파괴하는 것을 가능하게 하는 도구를 사용하는 것이다. 머리를 고정 위치에 놓는데, 이는 뇌 구조들이 두개골 접합 부위와 고정된 관계를 유지하기 때문이다. 이를 통해 뇌의 3차원 지도를 시각화하는 것이 가능해진다. 사후 부검 조직과 영상 기법으로부터 얻은 자료에 근거하여 인간과 실험실 동물의 뇌 지도가 제작되고 이로 인해 어떤 뇌 구조의 위치도 3차원의 공간에서 정확하게 알 수 있다.

파킨슨병의 떨림(tremor), 즉 손이 매우 심하게 떨려 물 한 잔조차 손에 쥘 수 없는 경우를 생각해보자. 오늘날 가장 널리 사용되는 수술 치료가 자기공명영상법[magnetic resonance imaging(MRI), 7-3절에 기술되어 있음]을 통하여 환자에서 얻은 입체정위 좌표를 사용하여 담창구 목표물을 향해 두개골에 구멍을 내는 것이다. 이 구멍을 통해 전극을 담창구로 내려보내고 이 전극을 통해 전류를 흘려보내 뇌 구조를 파괴하여 떨림 증상을 완화한다.

고강도 집중 초음파(high-intensity focused ultrasound, HIFU)라고 하는 새로운 기법이 침습적 수술 대신 사용되어 수술과 동일한 효과를 보인다(Quadri et al., 2018). 집중 초음파는 많은 개개 초음파 빔을 사용하는데, 이 빔들 모두가 뇌의 동일한 위치로 향한다. 각각의 빔은 거의 아무런 효과 없이 조직을 통과하지만 이 빔들이 모두 만나는 수렴 지점에는 에너지가 조직에 열을 가한다. 일시적으로 조직에 가벼운 열을 가하는 것이 뇌가 기능하는 것을 일부 방해하고 이를 통해 외과 의사는 목표물에 정확하게 맞추었다는 것을 알게 된다. 목표물이 영구히 파괴되고 떨림이 비침습적으로 제거될 때까지 조직에 열

입체정위 수술기구 연구자 혹은 신경외과 의사가 목표로 하는 뇌의 특정 부위 수술을 가능하게 하는 수술 기구

Lashley의 실험과 Scoville과 Milner의 상징적 환자인 H. M.에 관해서는 14-2절에 더 기술되어 있다.

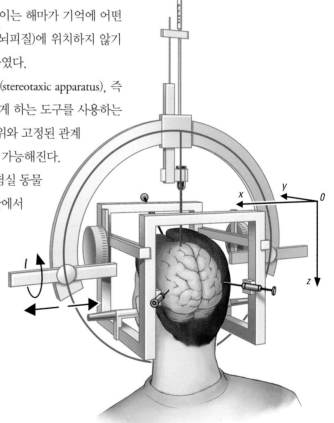

그림 7.7 입체정위 수술기구
이 기구는 모든 뇌 영역의 서로에 대한 그리고 두개골의 랜드마크에 대한 상대적 위치를 정확하게 알려준다. 문측-미측(앞쪽에서 뒤쪽으로) 측정이 y축과 일치하고 배측-복측(위에서 아래로) 측정, 즉 z축은 뇌 표면을 따라 작성되고 내측-외측 측정, 즉 x축은 머리뼈의 정중선 접합을 따라 작성된다.

보상 뇌 손상 후 손상 전에 사용한 행동을 수정하기 위한 가소 능력

뇌심부자극 목표 영역을 자극하기 위해 뇌에 전극을 이식한 후 낮은 전압의 전류를 흘려 보내 행동을 생산 혹은 용이하게 하거나 정신과적 상태를 향상하게 하는 신경외과 기법

뇌의 해부학적 위치와 정위를 2-1절의 기본지식에서 검토하라.

원리 10. 신경가소성은 신경계의 특징적인 기능이다.

원리 7. 신경계의 작용에는 흥분과 억제가 공존한다.

10-4절과 11-2절에 기술되어 있는 Penfield의 놀랄 만한 발견에 대해 더 읽어보라.

그림 12.7에 시상하부의 구조를 설명했다. 12장은 동기행동, 제어행동, 성행동, 정서행동에서의 시상하부 역할을 기술한다.

그림 1.3은 DBS를 보여준다.

이 가해진다.

이제까지 살펴본 침습적 기법들은 영구적인 뇌 손상을 초래한다. 시간이 지나면 연구 피험자들이 **보상**(compensation), 즉 손상 이전에 보였던 행동을 조정하는 신경가소적 능력을 보인다. 영구적인 병변 후 보상이 일어나는 것을 막기 위해 연구자들은 시냅스 전달을 방해하는 **국소 냉각**(regional cooling)과 같이 일시적으로 병변을 원 상태로 되돌릴 수 있는 기법도 개발하였다. 빈 금속 코일을 신경 구조 옆에 놓은 후 차가운 액체를 코일을 통해 부어 뇌 구조를 약 18°C 정도로 냉각시킨다(Lomber & Payne, 1996). 찬 액체를 코일로부터 제거하면 뇌 구조가 재빨리 따뜻해지고 시냅스 전달이 재개된다.

또 다른 기법은 GABA 효능제를 투입하는 것인데, 이 기법은 지역적 억제(local inhibition)를 증가시켜 뇌 구조가 다른 구조와 소통하는 것을 막는다. GABA 효능제의 분해는 지역적 억제를 풀어 뇌 기능을 회복시킨다.

뇌 자극

뇌가 전기적·화학적 에너지에 의해 작용하기 때문에 전기적·화학적 자극을 통해 뇌 영역을 선택적으로 활성화하거나 활성화를 중단하게 할 수 있다. 20세기 중반 Wilder Penfield가 처음으로 신경외과 수술 동안 인간의 대뇌피질 표면을 직접 전기적으로 자극하였다. 추후 연구자들은 입체정위 기구를 사용하여 전극 혹은 캐뉼라를 특정 뇌 영역에 놓았고, 이를 통해 뉴런의 활동을 증가시키거나 봉쇄한 후 이에 따른 행동 변화를 관찰하였다.

아마도 가장 극적인 예가 시상하부의 특정 영역을 자극하는 것일 것이다. 외측 시상하부(lateral hypothalamus)에 전극이 삽입된 쥐는 자극을 받을 때마다 섭식행동을 보였다. 만약 동물에게 짧은 시간 동안 전류를 흐르게 하는 바를 누르는 기회를 부여하면 그 동물은 전류를 얻기 위해 바를 누르는 것을 재빨리 학습하게 되는데, 이 행동은 **전기적 자기자극**(electrical self-stimulation)으로 알려져 있다. 자극이 섭식행동과 즐거움에 관여하는 신경회로에 영향을 미치는 것으로 보인다.

뇌 자극은 치료를 위해 사용될 수 있다. 예를 들어 뇌졸중으로 손상된 피질 옆의 손상되지 않은 피질을 전기적으로 자극하면 그림 7.5에 제시되어 있듯이 운동행동이 증가한다. Cam Teskey와 동료들(Brown et al., 2011)은 특정 뇌 핵을 전기적으로 자극한 결과 파킨슨병 쥐의 운동 결함을 성공적으로 회복시킬 수 있었다.

뇌심부자극(deep-brain stimulation, DBS)은 신경외과적 기법이다. 뇌에 이식된 전극이 약한 전류로 목표 영역을 지속적으로 자극하여 행동을 용이하게 한다. 자극은 떨림 등과 같은 개인이 가지고 있는 임상 상태와 병리생리적 근거에 따라 적용된다. 이러한 연구들이 가지는 가정은 DBS가 비정상적인 회로를 더 전형적이거나 건강한 상태로 조율한다는 것이다. DBS는 피질하 구조들에 가장 널리 적용되고 있다. 예를 들어 파킨슨병 환자의 기저핵 일부인 담창구에 DBS를 적용하면 환자의 움직임이 더 유연해지고 인지와 기분이 향상되며 때로는 환자의 약 복용을 극적으로 감소시키기도 한다(Little & Brown, 2020).

여러 뇌 구조를 목표로 하는 DBS가 떨림, 근긴장이상증, 강박장애, 뇌전증의 치료에 유용하다(Lee et al., 2019). 주요우울장애, 조현병과 같은 난치성 정신장애의 치료에 DBS를 사용하기 위해 DBS에 가장 적합한 뇌 영역을 확인하는 실험 연구들이 진행 중이다. 이 치료법이 투렛증후군, 비만, 거식증, 중독과 통증 치료, 외상성 뇌 손상(TBI)으로부터의 회복을 돕는 데도 사용될 수 있다(Lee et al., 2019).

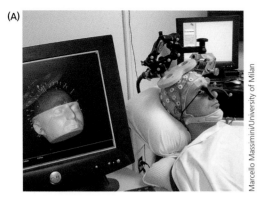
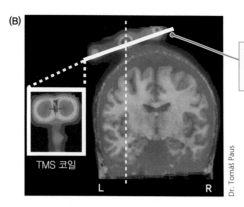

MRI와 PET 스캔 합성 사진 안에 제시되어 있는 TMS 코일이 인접한 뇌 영역의 기능을 방해한다.

그림 7.8　경두개자기자극
(A) 우울증 치료를 위해 적용된 TMS가 제한된 뇌 영역의 신경 활동에 영향을 미친다. (B) TMS의 작용을 설명하는 합성 영상 그림

　뇌를 전기적으로 자극하는 기법은 침습적이다. 즉 두개골에 구멍을 내고 전극을 뇌에 넣는 것이 요구된다. 연구자들은 자기와 전기가 서로 관련되어 있는 것을 이용하여 비침습적 기법인 **경두개자기자극**(transcranial magnetic stimulation, TMS)을 개발하였다. **그림 7.8A**에 제시되어 있듯이 치료 기간 동안 작은 전선 코일이 두개골 가까이에 위치한다. 코일을 통해 고압 전류를 흘리면 코일 주위에 있는 자기장에서 빠른 증감이 일어난다. 자기장이 쉽게 두개골을 통과하여 대뇌피질의 뉴런들을 탈분극화하고 발화하게 한다(그림 7.8B).

　만약 운동피질을 자극하면 움직임이 유발되고, 반대로 만약 움직임이 일어나고 있는 동안 운동피질을 자극하면 운동의 와해가 일어난다. 이와 유사하게 만약 시각피질을 자극하면 참여자들이 빛점(섬광)을 본다. 짧은 시간 주어진 TMS의 효과는 자극보다 오래가지 않지만 TMS를 반복적으로 제시하거나(rTMS) 몇 분 이상 지속적으로 제시하면 더 오래 지속되는 효과, 즉 기능 변화 혹은 일시적인 조직 불활성화가 발생한다. TMS와 rTMS는 정상인을 대상으로 뇌-행동 사이의 관련성을 조사하는 연구에도 사용될 수 있고 rTMS가 통증, 뇌졸중으로 인한 손상, 운동장애와 우울증 등을 포함한 다양한 행동장애를 치료할 수 있는지에 관해서도 연구되고 있다(Iglesias, 2020).

16-5절의 연구 초점은 우울증과 다른 행동장애의 치료에 rTMS가 어떻게 사용되는지 설명한다.

약물 조작

　혈관에서 뇌로 들어가는 약물 혹은 삽입된 캐뉼라를 통해 약물을 특정 뇌 구조에 직접적으로 투여함으로써 뇌 활성화를 자극할 수 있다(그림 7.23 참조). 약물은 뇌의 특정 영역에 위치하는 특정 뉴런의 활동에 영향을 미친다. 예를 들어 조현병 치료약인 할로페리돌(haloperidol)은 도파민성 뉴런의 기능을 감소시키고 정상적인 쥐를 멍하고 비활동적(운동감소증)으로 만든다. 이와 상반되게 암페타민과 같이 도파민성 뉴런의 활동을 증가시키는 약물은 쥐를 **운동과도증**(hyperkinetic), 즉 지나치게 활동적이 되도록 한다. 연구 조작의 한 방법인 약물 투여의 이점은 약물이 신진대사되는 동안 약물의 효과가 감소하는 것이다. 따라서 연구자들은 약물이 숙련된 뻗기 행동(skilled reaching, 그림 7.5 참조)과 같은 학습된 행동에 미치는 효과와 약물의 효과가 사라진 후 그 행동을 재조사하는 것이 가능하다.

　Claudia Gonzalez와 동료들(2006)은 쥐가 뻗기 과제를 학습하는 동안 니코틴을 쥐에게 투여한 후 쥐가 새로운 뻗기 과제를 획득하는 것을 조사하였다. 연구자들은 니코틴에 의해 향상된 처음의 운동 학습이 추후 운동 학습을 방해하는 것을 발견하였다. 이 발견은 연구자들을 놀라게 하였

6장은 약물이 행동에 미치는 영향을 기술하고 있고 6-2절은 다른 것보다 여기에 기술되어 있는 약물 효과를 자세하게 기술하고 있다.

경두개자기자극(TMS)　자극하고자 하는 뇌 영역 위의 두개골에 전선 코일을 놓는다. TMS는 행동을 유발하거나 진행 중인 행동을 방해하기 위해 사용된다.

합성생물학 자연에서 발견되지 않는 생물학적 도구, 체계와 기계를 고안하고 만드는 분야

광유전학 살아 있는 조직의 목표세포를 통제하기 위해 유전학과 빛을 결합하는 이식 기법

CRISPR-Cas9 기법은 3-3절에 자세하게 기술되어 있고 그림 3.24에 제시되어 있다.

3-3절은 유전 및 유전자 이식 공학에 사용되는 일부 기법을 소개하고 있다.

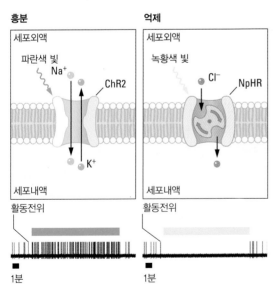

그림 7.9 뉴런 밝히기

광유전학은 세포 발화의 정확한 시간적 통제와 빠른 원상회복을 가능하게 한다. 특정 파장의 빛이 뉴런의 빛에 민감한 단백질을 활성화한다. 아래 왼쪽은 파란색 빛이 ChR2가 포함된 세포를 비추면 이 세포의 발화율이 매우 증가하는 것을 보여준다. 오른쪽 그림은 녹황색 빛이 NpHR이 포함된 세포를 비추면 발화율이 크게 감소하는 것을 보여준다.

지만 오늘날 암페타민, 코카인, 니코틴 같은 정신운동 자극제에 반복적으로 노출되면 추후 특정 과제의 학습을 포함하여 뇌 가소성(경험에 대한 반응으로 뇌가 변하는 능력)이 장기적으로 영향을 받는 것으로 여겨지고 있다.

유전 조작과 빛/약물의 결합

지난 20년 동안 **합성생물학**(synthetic biology), 즉 자연에서 발견되지 않는 생물학적 도구, 체계와 기계를 고안하고 개발하는 분야가 신경과학자들이 뇌세포를 조작하는 방법을 변화시키고 있다. 여기에는 생존하는 유기체의 게놈에 유전자 배열을 삽입하거나 삭제하는 기법이 포함된다.

CRISPR-Cas9(clustered regularly interspaced short palindromic repeats)라고 하는 새로운 기법은 많은 CRISPR 중 하나로, 바이러스와 싸우는 박테리아를 연구하는 도중 발견되었다. 이 기법은 세포의 DNA를 자르는 데 사용되는 만능도구이다. 과학자들은 자신이 제거하고자 하는 DNA 길이와 상응하는 RNA 배열을 가진 박테리아의 Cas9 단백질을 제공하기만 하면 된다. 이런 방법으로 사용될 경우 CRISPR 체계를 하나 혹은 많은 유전자를 자신 혹은 자신의 DNA 위치에서 제거하는 데 사용할 수 있다. 이후 DNA의 수리 기구(repair machinery)가 제거된 유전자를 대신하여 새로운 배열을 삽입하는 데 활용될 수 있다.

신경과학에 미칠 CRISPR의 잠재적 영향을 과대추정하는 것은 어렵다. 실험 도구로서 이 기법은 다음의 핵심적인 질문, 즉 '이 유전자 혹은 유전자들이 행동에 어떤 역할을 하는가?'에 답을 제공할 수 있다. 치료 개입으로 사용될 경우 이 기법이 결국에는 많은 유형의 유전 질환을 없앨 수 있다. 또한 이 기법이 항생제 내성 미생물, 장애를 일으키는 기생충과 대응하고 식량안전보장을 향상할 수 있다.

또 다른 유전자 이식 기법인 **광유전학**(optogenetics)은 유전학과 빛을 결합하여 살아 있는 조직의 목표세포를 통제한다. 이온 채널에 관여하는 빛 민감 단백질을 부호화하는 유전자 배열은 연구자로 하여금 빛을 사용하여 채널의 모양을 바꾸게 하는 것을 가능하게 한다.

광유전학은 빛이 자연적으로 발생하는 특정 단백질을 활성화할 수 있고 이 단백질을 모델 유기체의 세포 속으로 삽입할 수 있다는 발견에 근거한다. 예를 들어 미생물에서 추출되는 단백질인 옵신(opsins)이 이온 채널의 빛 민감 부위와 결합한다(그림 7.9 참조). 광유전학 기법에 처음으로 사용된 옵신이 채널로돕신-2(channelrhodopsin-2, ChR2)였다. ChR2가 뉴런에서 발현되고 푸른 빛에 노출되면 이온 채널이 열려 뉴런이 즉시 탈분극화하고 흥분한다. 이와 상반되게 할로로돕신(halorhodopsin, NpHR)을 녹황색으로 자극하면 염소 펌프가 활성화하여 뉴런이 과분극화하고 억제한다. 광섬유 빛을 뇌 영역들에 선택적으로 전달할 수 있으며 빛에 노출된 유전적으로 수정된 뉴런이 즉시 반응한다(Haubensak et al., 2010).

광유전학은 상당한 잠재력을 가지고 있는 연구 도구이다. 연구자들은 빛에 민감한 단백질을 해마의 CA1 영역에 있는 추체세포 등과 같은 특정 유형의 뉴런으로 삽입할 수 있고 빛을 사용하여 특정 세포 유형을 선택적으로 활성화할 수 있다. 연구자들은 광유전학이 가지는 높은 공간 및 시간 해상도에 만족한다. 이온 채널을 특정 세포 라인에 놓아 밀리초 동안 이온 채널을 열고 닫게 할 수 있다. 광유전학은 행동 연구에도 적용된다. 예를 들어 편도체는 동물에서 두려움을 생산하는 주요 구조이다. 만약 편도체에 옵신이 적용된 후 억제성 빛에 노출되는 즉시

쥐는 두려움을 보이지 않고 자신에게 익숙하지 않은 개방된 장소를 돌아다닌다. 그러나 빛이 꺼지자마자 쥐는 다시 안전하게 숨을 수 있는 장소로 되돌아온다.

화학유전학(chemogenetics)이라고 하는 유전자 이식 기법은 G 단백질 연결 수용기(G protein-coupled receptor)에 대한 합성 유전자 배열 코드를 이식하여 특정 소분자 '변조 약물(designer drug)'에만 반응하게 한다. 화학유전학은 DREADD(designer receptor exclusively activated by designer drugs)라는 약어로 가장 잘 알려져 있다. 주된 이점은 약물이 유전적으로 변형된 수용기에만 작용하고 수용기가 단지 변조 약물에만 반응하지 내인성 분자에는 반응하지 않는다는 것이다(Wess et al., 2013). 따라서 특이성이 높지만 시간 해상도는 광유전학보다 훨씬 낮은데, 이는 수용기가 빛이 아니라 약물에 의해 활성화되기 때문이다.

만약 신경전달물질이 수용기와 상호작용하는 것을 시각화하여 수량화하기를 원하면 무엇을 해야 하는가? 과거에는 신경전달물질의 역동적 상호작용을 기술하는 능력이 제한되었는데 이는 사용되었던 기법이 공간 및 시간 해상도가 낮았고 동물을 희생하여 뇌 구조를 제거한 후 생화학적 분석이 시행되었기 때문이다. 현재 GRAB 기법이 살아 있는 생쥐를 대상으로 높은 공간 및 시간 해상도를 가지고 분석하는 것을 가능하게 하는데, 이는 형광 단백질로 표시된 G 단백질 연결 수용기와 상호작용하는 신경전달물질을 탐지하는 유전자 부호화 도구를 사용하기 때문이다(Dong et al., 2020). 이 과정이 **그림 7.10**에 제시되어 있다.

최근에 개발된 GPCR 활성화 기반(GRAB) 엔도칸나비노이드 센서가 생리적·병리적 활성화 동안 해마의 엔도칸나비노이드 분비 속도를 추적하는 데 활용되고 있다. Farrell과 동료들(2021)이 생쥐를 트레드밀에서 달리도록 훈련한 다음 엔도칸나비노이드 2-AG를 측정한 결과 CB1 수용기와 상호작용하는 2-AG가 개개 해마 뉴런의 활성화와 역동적으로 연결되어 있음을 발견하였다. 게다가 발작이 2-AG 수준을 생리적 수준보다 훨씬 높다는 것을 관찰하였다. 증가한 2-AG 수준은 2개의 분리된 파형으로 표현되었다. 첫 번째 파형은 발작 동안 관찰되었고 발작의 종결과 관련되는 것으로 보였다. 첫 번째 파형보다 더 크고 오래 지속되는 두 번째 파형은 첫 번째 파형 직후에 나타났고 발작에 관여하는 뇌 영역들에서 뇌졸중과 유사한 사건이 일어나게 하였다(Farrell et al., 2016). 따라서 새로운 GRAB 기법이 2-AG가 뇌전증의 병리적 발생에 두 가지, 즉 하나는 긍정적이고 다른 하나는 부정적인 역할을 한다는 것을 최초로 밝혔으며 이 발견은 발작에 따른 해로운 효과를 예방하는 데 효과적인 치료법을 개발하게 한다. GRAB 기법은 많은 신경전달물질 체계에 적용되고 있으며 이를 통해 다양한 실험 조건에서 일어나는 전달물질–수용기 상호작용에 관한 전례없는 정보를 얻고 있다.

또 다른 혁신적이고 전도유망한 유전 기법을 '임상 초점 7-3: 뇌 오르가노이드와 개인맞춤형 의료'에 소개했다.

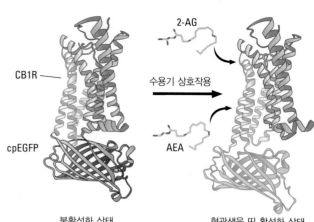

그림 7.10 GRAB 기법
칸나비노이드 1 수용기(CB1R)는 원형의 교환되는 형광 단백질(cpEGFP)를 가지고 있는데 이 단백질은 엔도칸나비노이드(2-AG와 AEA)가 수용기와 상호작용하여 원형의 교환되는 단백질이 형광색을 낼 때까지 활성화하지 않는다. 엔도칸나비노이드가 CB1R과 상호작용할 때 나오는 형광 신호를 현미경으로 관찰한다.

그림 2.21은 편도체의 상대적 위치를 보여준다.

7-1 복습

진도를 계속 나가기 전에 앞 절을 얼마나 이해했는지 확인해보자. 정답은 이 책의 뒷부분에 있다.

1. 행동신경과학은 _____와/과 _____ 사이의 관련성을 연구한다. _____은/는 주로 인간에 초점을 맞추는 행동신경과학의 하위 분야이다.

화학유전학 살아 있는 조직의 목표세포를 활성화하기 위해 유전학과 합성생물학을 결합한 유전자 이식 기법

◎ 임상 초점 7-3

뇌 오르가노이드와 개인맞춤형 의료

만약 실험에 사용하기 위해 인간 조직을 성장하게 하는 능력을 가진다면 어떨까? 이것이 가능하다고 드러났다. **오르가노이드**(organoids)는 인공적으로 성장시킨 뇌를 포함한 신체 일부를 3차원의 작고 단순하게 만든 버전이다. 중뇌, 시상하부와 신피질의 뇌 오르가노이드가 실제 인간 뇌의 기능에 영향을 미치는 병리적 조건의 모델 체계로 사용될 수 있다(Agboola et al., 2021).

오르가노이드 생산의 첫 번째 단계는 기증자의 모발, 혈액, 소변 샘플로부터 세포를 채취하는 것이다. 이후 4개의 특정 유전자가 세포 속으로 삽입되면 세포가 **유도다능성 줄기세포**(induced pluripotent stem cells, iPSCs)로 전환되며, 적절한 조건이 주어지면 iPSCs는 신체에서 발견되는 거의 모든 세포 유형으로 분화한다. iPSCs는 생물반응장치(bioreactor)에서 성장하는데, 이 반응장치에 액체 매체와 특정 성장 요인, 즉 자궁 내에서 발달하는 동안 전형적으로 일어나는 것처럼 세포들을 스스로 조직화하여 세련된 조직 구조로 만들게 하는 성장 요인이 들어 있다.

뇌 오르가노이드가 발달하는 동안 성상세포, 핍돌기세포, 미세교세포, 혈관세포를 포함한 다양한 세포 유형과 등급전위와 활동전위를 생산하는 흥분성 및 억제성 뉴런이 나타난다. 더욱이 신피질의 발달과 같은 방식으로 발달 중인 피질 오르가노이드는 깊은 층 및 표면층에 위치하는 뉴런들을 순서 있게 다층으로 군집화한다. 이 과정이 그림에 제시되어 있다.

세포들이 분화하면 오르가노이드는 세포 대 세포의 상호작용 연구, 질병 모델 혹은 기관 회복에 필요한 조직 채취 등에 사용된다. 만약 개인이 유전장애가 있고 의사는 여러 약물 중에서 어느 것이 그 개인에게 가장 좋은 것인지를 결정해야 할 경우는 어떠한가? 개인에게 가장 효과적인 약물을 찾기 위해 여러 약물을 시행착오적으로 투여하는 것은 비효율적이고 환자에게 스트레스가 될 수 있다(혹은 비윤리적일 수 있다). 그러나 약물을 환자에게 사용하기 전에 최대한의 효력을 가지는 약물을 선별하기 위해 환자 자신의 세포로부터 성장한 오르가노이드에게 사용할 수 있다. 따라서 오르가노이드가 **개인맞춤형 의료**(personalized medicine)의 한 수단이 될 수 있다. 즉 환자 자신의 세포로부터 만들어진 오르가노이드의 반응에 근거하여 치료를 개인에게 맞출 수 있다.

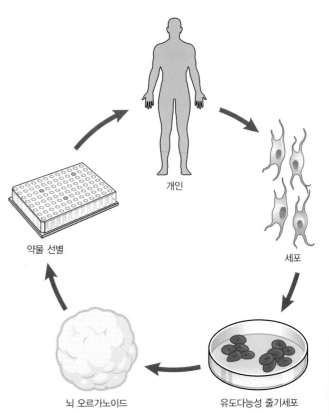

개인

세포

유도다능성 줄기세포

뇌 오르가노이드

약물 선별

오르가노이드를 생산하여 개인맞춤형 의료에 사용한다.

뇌 오르가노이드의 사용은 자폐스펙트럼장애, 여러 증후군과 알츠하이머병, 파킨슨병 같은 신경퇴행성 질환을 포함한 다양한 신경발달장애의 치료 가능성을 가져다준다.

오르가노이드 인위적으로 성장하고 단순화한 삼차원의 뇌 조직을 포함한 신체 기관의 축소형

유도다능성 줄기세포(iPSCs) 신체 조직으로부터 만들어진 세포로 신체에서 발견되는 거의 모든 세포 유형으로 분화될 수 있다.

개인맞춤형 의료 개인에게 맞춘 치료를 제공하는 의료모델

2. 해부학적 연구는 _____와/과 사후 조직을 _____하거나 살아 있는 조직을 _____을/를 사용하여 시각화하는 기법들을 사용한다.

3. 설치류의 행동 측정에 관한 최근의 혁신이 자동화 _____을/를 사용하는 것인데, 이 기법은 변이성과 동물을 검사할 때 인간이 제공하는 스트레스를 없게 한다.

4. 최근의 혁신적인 GRAB 기법은 연구자로 하여금 신경전달물질과 수용기 사이의 상호작용을 실제로 관찰하는 것을 가능하게 하는데, 이는 형광 단백질이 부착된 유전 부호화 _____에 의해 가능하다.

5. 신경 활동을 활성화 혹은 억제하는 다양한 뇌 자극 방법을 기술하시오.

학습 목표

- 신경조직의 전기적 활동 기록이 행동에 관해 무엇을 말해주는지 설명한다.
- EEG, ERP, MEG로부터 얻는 정보를 서로 비교한다.

7-2

뇌의 전기적 활동 측정

뇌는 항상, 심지어 우리가 잠을 자는 동안에도, 전기적으로 활동한다. 뇌의 전기적 활동 측정이 뇌 기능의 연구, 의학적 진단 혹은 뇌 질환 치료를 위해 사용된 치료법의 효과를 모니터하

는 데 중요하다. 뇌의 전기적 활동을 조사하는 데 사용되는 네 가지 주요 기법은 단일 세포 기록법, 뇌전도(electroencephalography, EEG), 사건관련전위(event-related potentials, ERPs)와 뇌자도(magnetoencephalography, MEG)이다.

　이 기법들은 뉴런의 서로 다른 부위의 전기적 활동을 측정하기 위해 사용된다. 세포체와 수상돌기의 전기적 활동, 즉 등급전위는 활동전위를 전달하는 축색의 활동보다 훨씬 더 다양하고 속도가 느린 경향이 있다.

단일 세포의 활동전위 기록

1950년대 초에 이르러 뇌에 미세한 전극을 삽입하여 단일 뉴런의 활동전위를 측정하고 단일 세포의 활동을 기록하는 것이 가능해졌다. 미세 전극을 세포 바깥[세포외 기록(extracellular recording)] 혹은 세포 안[세포내 기록(intracellular recording)]에 놓는다. 오늘날의 세포외 기록법은 40개나 되는 뉴런의 활동을 동시에 구분하는 것을 가능하게 한다. 세포내 기록은 단일 뉴런의 전기적 활동을 직접적으로 조사하고 기록하게 한다. 미세 전극을 세포 안으로 삽입하는 것의 단점은 (1) 세포를 죽게 할 수 있고 (2) 깨어 있어 자유롭게 움직이는 동물에게는 적용하지 못한다는 것이다. 따라서 단일 세포 기록법은 접시에서 자라는 뉴런 혹은 살아 있는 뇌 절편의 뉴런을 짧은 기간(몇 시간) 측정하는 것에 제한된다.

　세포외 측정을 통해 뇌의 다양한 감각 영역에 위치하는 세포들이 특정 자극에 매우 민감하다는 것이 알려지게 되었다. 시각계에 위치하는 일부 세포는 특정 파장의 광선(색채) 혹은 특정 방향(예 : 수직 방향)의 빛 막대에 매우 민감하게 반응한다. 이 영역의 일부 세포는 얼굴이나 손 등과 같은 더 복잡한 패턴에 반응한다. 이와 유사하게 청각계에 있는 세포들은 특정 주파수의 소리(저음 혹은 고음) 혹은 말소리(예를 들어 'ba'와 같은 음절)와 같이 몇 가지 소리가 결합되어 있는 복잡한 소리에 반응한다.

　그러나 특정 세포는 정보를 많이 내포하고 있는 자극에 반응하여 뇌-행동 사이의 관련성에 관해 훨씬 많은 것을 알려준다. John O'Keefe와 동료들(O'Keefe & Dostrovsky, 1971)은 쥐와 생쥐가 환경 내 특정 위치에 있을 경우 이들의 해마에 있는 일부 뉴런이 매우 강하게 반응하는 것을 관찰하였다. **그림 7.11**에 제시되어 있는 이 **장소세포**(place cell)들은 동물의 공간 위치를 부호화하고 뇌에 세상에 관한 공간 지도를 형성하게 한다. O'Keefe, May-Britt Moser와 Edvard I. Moser는 '뇌의 위치 체계에 관여하는 세포 발견'으로 2014년 노벨 생리학/의학상을 수상하였다.

장소세포　환경의 특정 위치에 최대한으로 반응하는 뉴런

그림 4.10과 4.11은 안정전위 때의 세포막을 보여주고 그림 4.14는 등급전위, 그림 4.18은 활동전위가 생성되는 동안을 보여준다.

그림 4.7은 미세 전극의 구조와 사용을 보여준다.

예를 들어 '형태 보기'와 '색채 보기'에 관해서는 9-4절을 참조하고 '언어 처리'는 10-4절을 참조하라.

장소세포는 뇌 이동 체계의 일부이며 동물은 장소세포를 사용하여 자신들의 위치를 알고 환경을 이동한다. 장소세포는 14-3절에 기술되어 있고 잠을 자는 동안 신경 재생과 기억 저장 과정에 관여하는 것에 관해서는 13-4절에 자세하게 기술되어 있다.

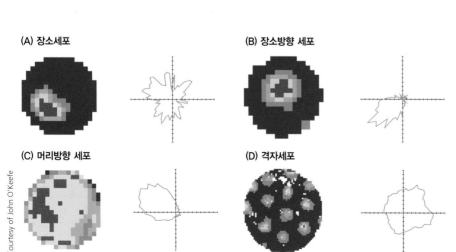

(A) 장소세포

(B) 장소방향 세포

(C) 머리방향 세포

(D) 격자세포

Courtesy of John O'Keefe

그림 7.11　해마 형성에 위치하는 공간 관련 세포 분류

(A와 B) 장소세포는 쥐가 어느 방향에 있던 간에 공간 내에 위치하면 발화한다. **(C)** 머리방향 세포는 쥐의 위치와는 무관하게 쥐의 머리가 어디로 향하는가에 따라 발화한다. **(D)** 격자세포는 쥐가 여러 위치에 있어도 발화한다. 즉 쥐의 방향, 움직임 혹은 속도의 변화에도 항상 일정한 가상격자를 형성한다. 각 그림의 오른쪽 xy축은 그림 왼쪽에서 기록한 세포의 방향 선택을 나타낸다.

피질뇌전도(ECoG) 뇌 표면에 직접적으로 놓인 전극으로 측정한 등급전위

임상 초점 4-1은 뇌전증 진단을 설명하고 16-3절은 치료에 관해 기술하고 있다.

O'Keefe 연구진(Cacucci et al., 2008)은 공간기억의 결함을 초래하는 유전적 돌연변이를 갖는 생쥐의 장소세포가 특정 장소를 탐지하는 능력이 결핍되어 있는 것을 보여주었다. 즉 장소세포가 광범위한 공간 영역에 반응하는 것을 관찰하였다. 그 결과 이 생쥐들은 주위 환경에서 자신들의 길을 찾는 데 어려움을 보이는데, 이는 마치 치매 환자들이 길을 잃는 현상과 유사하다. 생쥐에서처럼 돌연변이가 인간 뇌세포에서도 일어나는 것으로 보인다.

EEG : 수많은 세포의 등급전위 측정

1930년대 초 Hans Berger는 두피에 전극을 부착함으로써 뇌의 전기적 활동을 측정할 수 있다는 것을 발견하였다. Berger는 이를 '뇌파(brain wave)'라고 명명했으며, 뇌파의 기록이 '머리로부터의 전기적 기록' 혹은 'EEG(electroencephalogram)'를 생산한다. 수천 개 뉴런의 등급전위를 모두 합한 것이 EEG 측정이다. **그림 7.12**에 제시되어 있는 EEG파는 컴퓨터로 기록된다. **피질뇌전도**(electrocorticography) 혹은 ECoG는 신경외과 수술 동안 전극을 대뇌피질에 직접 부착하는 방법이다. 국소장 전위(local field potentials)를 측정하기 위해 전극을 인간 뇌 조직 깊숙이 부착할 수도 있다. 이 절차는 전형적으로 뇌전증 조직을 절제하는 수술을 받는 환자들에게 적용되는데, 발작이 시작되는 곳, 즉 발작 병소(seizure focus)가 뇌의 어디에 위치하는지 확인하기 위해 시행된다.

EEG는 뇌의 전기적 활동에 관한 매우 중요한 특성들을 제공한다. **그림 7.13**에 제시되어 있는 EEG 기록은 다음 세 가지를 설명한다.

1. 행동이 변하면 EEG가 변한다.
2. 피질에서 측정한 EEG는 일련의 패턴을 보이는데, 그중 일부는 리드미컬하다.
3. 생존하는 뇌의 전기적 활동은 결코 중단되지 않으며, 심지어 개인이 잠을 자거나 혼수상태에 있어도 전기적 활동이 지속된다.

한 개인이 각성되어 있거나 흥분하거나 혹은 단지 방심하지 않더라도 낮은 진폭과 빠른 주파수의 EEG 패턴이 관찰된다(그림 7.13A). 이

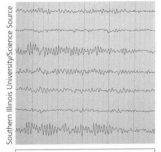

1 뇌의 특정 영역과 상응하는 두피에 전극을 부착한다.

2 전극을 통해 뇌의 전기적 활동을 측정한다. 이 EEG는 이완 상태를 보여준다.

그림 7.12 EEG파 기록
EEG는 뇌의 전기적 활동을 기록하는 간단하면서도 비침습적인 방법이다. 컴퓨터로 기록한 EEG파(그림 4-6 참조)는 특정 뇌 영역의 활동을 반영한다.

(A) 깨어 있거나 흥분 상태

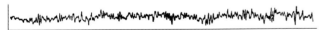

(C) 졸린 상태 — 주파수가 낮아지고 진폭이 증가한 파

(E) 깊은 수면 상태 — 주파수가 더 낮아지고 진폭이 더 높아진 파

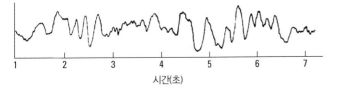

(B) 이완되어 있고 눈을 감은 상태, 알파파 생성

(D) 수면 상태 — 주파수가 더 낮아지고 진폭이 더 높아진 파

(F) 혼수상태 — 주파수가 매우 낮은 파

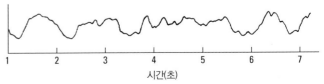

시간(초)

그림 7.13 특징적인 EEG 기록
뇌파 패턴이 인간의 서로 다른 의식 상태를 반영한다. 출처 : Penfield & Jasper(1954).

패턴은 깨어 있는 사람 혹은 동물의 두개골 어디에서 뇌파를 측정하여도 관찰되는 전형적인 패턴이다. 이와 상반되게 개인이 진정되고 매우 이완되어 있을 경우, 특히 눈을 감고 있을 경우 그림 7.13B와 같은 매우 리드미컬한 뇌파가 관찰된다. 이 **알파파**(alpha rhythm)는 매우 규칙적이고 1초에 약 11사이클의 주파수를 가지며 뇌파가 기록되는 동안 진폭은 커졌다 작아졌다 한다(**진폭**은 기록된 뇌파의 높이고 **주파수**는 초당 기록된 뇌파 수를 의미한다). 인간에서 알파파는 뇌의 뒤쪽에 위치하는 시각피질 영역에서 생성된다. 만약 이완되어 있는 사람이 방해를 받거나 암산을 하거나 눈을 뜰 경우 알파파가 갑자기 중단된다.

EEG는 단순한 각성/이완 그 이상의 행동에 대한 민감한 지표이기도 하다. 그림 7.13의 C, D, E는 한 개인이 졸린 상태에서 잠이 막 드는 상태, 나아가 깊은 잠에 빠지는 동안 뇌파가 어떻게 변화되는지 보여준다. EEG 리듬이 점차적으로 느려지고 진폭은 커진다. 마취 상태, 뇌 외상 후 혹은 혼수상태에서도 서파(slow wave)가 관찰된다(그림 7.13F). 뇌사의 경우에만 EEG는 편평한 선이 된다.

뇌파 패턴이 뚜렷이 구분되기 때문에 EEG는 수면 단계의 모니터, 마취 깊이의 평가, 두부 손상의 심각성 평가와 뇌의 비정상적 상태의 진단 등에 유용하게 사용되고 있다. 예를 들어 뇌전증 환자의 경우 짧은 기간 동안의 무의식 상태와 불수의적 움직임과 관련된 EEG의 스파이크 패턴이 발작을 반영한다. EEG는 뇌전증의 진단과 뇌전증 및 발작 유형을 확인하는 데 필수적이다.

여기서 중요한 점은 EEG 기록이 연구와 비정상적인 뇌 기능 진단 모두에 유용하게 사용된다는 것이다. EEG를 7-3절과 7-4절에 소개한 뇌영상 기법과 병행해서 사용하면 뇌전증에서 관찰되는 크고 매우 동기화되어 있는 EEG파가 뇌의 어디에서 생성되는지를 더 정확하게 알 수 있다.

사건관련전위를 사용한 뇌 기능 매핑

감각 자극에 대한 반응으로 EEG 신호가 짧은 시간 동안 변하는 것을 **사건관련전위**(event-related potential, ERP)라고 한다. ERP는 주로 감각 자극에 의해 수상돌기에서 생성되는 등급전위이다. 여러분은 ERP를 쉽게 탐지할 수 있을 것으로 여기겠지만 사실 그렇지 않다.

ERP가 뇌에서 일어나는 다른 많은 전기적 신호와 섞여 있어 EEG 기록을 눈으로 조사해서 ERP를 찾아내는 것은 어렵다. ERP를 탐지하는 한 방법이 자극을 반복적으로 제시하여 그 자극에 대한 반응들을 평균하는 것이다. 평균화 과정을 통해 불규칙한 전기적 활동과 자극 제시와 관련 없는 전기적 활동을 제거할 수 있고, 그 결과 자극에 의해 생성된 전위만이 EEG 기록에 남게 된다.

그림 7.14는 개인이 소리를 들을 때 발생한 ERP 기록(위)이다. 소리가 처음 제시된 경우 EEG 기록이 매우 불규칙한 것을 볼 수 있다. 그러나 소리를 100번 이상 제시하고 이를 평균할 경우 그림 7.14의 맨 아래 패널에서처럼 분명한 파형이 나타난다. 이 ERP에는 다수의 부파(negative wave, N)와 정파(positive wave, P)가 포함되는데, 이 전위들은 자극 제시 후 수백 밀리초(millisecond, ms) 동안 나타난다.

나타난 순서대로 파(wave)에 번호가 부여된다. 예를 들어 그림 7.14에서 N_1은 자극 제시 후 100ms 정도에서 나타나는 부파를 의미하는 한편 P_2는 자극 제시 후 약 200ms에서 나타나는 정파를 의미한다(이 파들은 N100과 P200으로 표시되기도 한다). 이 모든 파가 특정 자극에만 국한되어 나타나지 않는다. 일부 파는 어떤 청각 자극을 제시하여도 공통적으로 나타난다. 그러나 일

알파파 규칙적인 뇌파 패턴. 개인이 눈을 감고 이완되어 있을 경우 관찰된다.

사건관련전위(ERP) 특정 감각 사건과 관련하여 순차적으로 나타나는 복잡한 뇌파 파형

13-3절은 어떻게 EEG가 수면과 꿈을 측정하는지 설명한다.

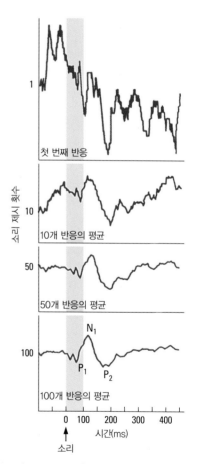

그림 7.14 ERP 측정

청각 ERP의 평균화 과정은 다음과 같다. 하나의 음이 시간대 0에 제시되고 이 음에 대한 반응인 EEG가 기록된다. 음을 여러 번 반복 제시한 후 이 음들에 대한 EEG를 평균하는데, 대략 100개의 반응을 평균하면 매우 명확하고 독특한 형태가 나타난다(맨 아래 패널). 자극 제시 후 서로 다른 시간에 나타나는 정파와 부파를 분석한다.

연구 참여자의 두피에 부착된 전극은 …

Geodesic
센서 네트의 전극

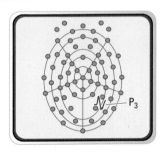

… 컴퓨터와 연결된다. 컴퓨터는 전기적 활동, 즉 머리의 오른쪽 후측에 큰 정파(P₃)를 보여준다.

P_3

이 전기적 활동을 색채로 표시할 수 있는데, 즉 시각 자극에 대해 가장 많은 활동을 보인 부위를 확인할 수 있다.

휴지 상태   자극 제시
300ms 후

그림 7.15   ERP를 사용한 뇌 활성화 영상

부 다른 파들은 특정 소리의 중요한 차이에 반응하여 나타난다. cat과 rat처럼 발음이 유사한 단어들을 들려줄 경우 ERP에서 서로 다른 정점(peak)과 파형이 관찰된다.

뇌 연구에 ERP가 사용되는 많은 현실적 이유 중 하나가 EEG 기법이 비침습적이고 비용이 적게 든다는 것이다. 전극을 뇌에 삽입하는 대신 두피에 놓는다. 따라서 ERP는 연구 참여자로 가장 자주 참여하는 대학생을 포함한 인간 연구에 사용될 수 있다.

그림 7.15는 128개의 전극을 사용하여 많은 피질 부위에서 발생하는 ERP를 동시에 측정하는 다채널 기록 기법을 보여준다. 전산화 평균 기법이 대량의 정보를 감소시켜 간단하게 전극 부위들 사이를 비교하게 한다. 예를 들어 만약 연구의 관심이 P₃, 자극 제시 후 약 300ms에서 관찰되는 정파일 경우 컴퓨터가 P₃ 진폭만을 보여주는 두개골 그래프를 보여준다. 컴퓨터는 서로 다른 부위의 평균 진폭을 색채 코드로 전환하여 자극에 대해 가장 큰 반응을 보인 뇌 영역이 어디인지 보여주는 그래프를 제시하기도 한다. ERP는 어느 뇌 영역들이 특정 자극을 처리하는 데 관여하는지를 탐지하는 데뿐만 아니라 어떤 뇌 영역들이 어떤 순서로 관여하는지 연구하는 데도 사용될 수 있다. 이 목적으로 ERP를 사용하는 것이 매우 중요한데, 이는 정보가 뇌에서 어떤 경로로 처리되는지 알 수 있게 하기 때문이다.

뇌자도

전선을 둘러싸서 통과하는 자기장은 전선에 전류를 생성한다. 역으로 전선을 따라 전류가 흐르면 전선 둘레에 자기장이 생기게 된다. 이와 동일한 현상이 뇌에서도 일어난다. 뉴런의 활동 역시 전기장 생성을 통해 자기장을 생산한다. 비록 단일 뉴런에 의해 생성되는 자기장은 매우 작지만 수많은 뉴런에 의해 생성되는 자기장은 두피에서 기록될 수 있을 만큼 충분히 강하다. 이와 같은 기록을 **뇌자도**(magnetoencephalogram, MEG)라고 하며 이는 EEG 혹은 ERP의 자기적 대응물(magnetic counterpart)이다.

뇌자도는 뉴런 집단의 전기적 활동에 관한 정보뿐만 아니라 자기장을 생성한 뉴런 집단의 위치를 3차원으로 제공한다. 생존하는 조직을 통해 전도되는 자기파(magnetic wave)는 전기적 신호보다 덜 왜곡되기 때문에 MEG가 ERP보다 해상도가 더 우수하다. 따라서 MEG가 EEG 및 ERP보다 더 우수한 점은 기록된 활동의 생성지(source)를 더 자세하게 확인하게 한다는 것이다. 예를 들어 MEG는 뇌전증의 병소를 밝히는 데 유용하다. MEG의 단점은 EEG 혹은 ERP 측정 도구보다 훨씬 더 비싸다는 것이다.

7-2 복습

진도를 계속 나가기 전에 앞 절을 얼마나 이해했는지 확인해보자. 정답은 이 책의 뒷부분에 있다.

1. 뇌의 전기적 활동을 측정하는 네 가지 주요 기법은 _____, _____, _____, _____이다.

2. 단일 세포 기록법은 단일 세포의 _____을/를 측정한다.

3. EEG는 매우 많은 뉴런의 _____전위를 측정한다.

4. 뇌자도는 많은 뉴런의 _____활동을 측정하는 동시에 장을 생성하는 _____의 3차원 위치를 제공한다.

5. EEG가 MEG보다 더 나은 점은 무엇인가?

뇌자도(MEG) 두개골 바깥에 위치한 탐지기로부터 기록된 자기 전위

7-3

해부학적 영상 기법 : CT와 MRI

학습 목표
• 해부학적 영상기법인 CT, MRI, DTI, MRS
의 장단점을 비교, 대조한다.

20세기 중반을 넘을 때까지 생존하는 뇌를 영상화할 수 있는 유일한 방법은 한 각도에서 뇌의 해부에 관한 정적 영상을 생산하는 엑스레이였다. 현대적 뇌영상 시대가 1970년대 초부터 시작되었는데, 즉 이 당시 Allan Cormack과 Godfrey Hounsfield가 독자적으로 엑스레이 기법에 근거하여 오늘날의 **컴퓨터단층촬영술**(computed tomography, CT) 혹은 CT 스캔을 개발하였다. Cormack과 Hounsfield 모두 좁은 엑스레이 빔이 다양한 각도에서 동일한 물체를 통과하여 많은 영상을 만들 수 있고, 이 영상들을 컴퓨터와 수리적 기법을 사용하여 결합하면 3차원의 뇌영상을 만들 수 있다는 것을 발견하였다. Tomo는 그리스어로 '절편'을 의미하며, 단층촬영(tomography)은 단일 뇌 절편을 통한 그림을 의미한다.

CT 기법은 공간에 위치하는 물체의 깊이와 거리를 지각하기 위해 두 눈(그리고 뇌)이 상호작용하는 것과 유사하다. 그러나 CT 스캔은 한 사물에 대한 다양한 뷰(view)를 얻기 위해 2개의 영상보다 훨씬 더 많은 영상의 상호작용을 필요로 하는데, 이는 마치 한 물체를 다양한 각도에서 보기 위해 여러 위치로 옮겨 걷는 것과 유사하다. 조직 밀도에 따라 엑스레이의 흡수량이 달라진다. 뼈와 같은 고밀도 조직은 많은 방사선을 흡수한다. 뇌척수액, 혈액 등과 같은 저밀도 물질은 적게 흡수한다. 신경 조직의 방사선 흡수량은 이 둘 사이다. CT 스캐닝 소프트웨어는 이러한 방사선 흡수량 차이를 근거로 뇌영상을 제작하는데, 즉 어두운 부분은 저밀도 영역을 반영하는 반면 밝은 부분은 고밀도 영역을 반영한다.

그림 7.16A는 전형적인 CT 스캔을 보여준다. 고밀도 두개골은 흰색 경계로 나타난다. 뇌의 회백질과 백질의 밀도가 크게 다르지 않기 때문에 CT 스캔에서는 둘을 명확하게 구분하기 어렵다. 따라서 피질과 피질 밑의 백질이 다소 동일한 회색으로 보인다. 그러나 뇌실은 명확하게 보이는데, 이는 뇌실에 있는 액체의 밀도가 매우 낮기 때문이다. 또한 피질의 주요 열(fissure)들은 CT 스캔에 어둡게 나타난다. 그림 7.16A 영상의 각 지점은 직경 1mm 조직 범위를 나타내며, 이 수준의 해상도는 5mm 정도 떨어져 있는 두 영역을 구분하고 뇌종양과 병변의 위치를 탐지하기에 충분하다.

그림 7.16A의 병변은 뉴런이 적고 액체가 많은 손상된 뇌 영역으로 CT 스캔에서 어두운 영역으로 나타난다. 이 환자는 **브로카 실어증**(Broca's aphasia) 증상, 즉 평균적인 언어 이해 능력과 손상되지 않은 성대 기제를 가지고 있음에도 불구하고 말을 유창하게 하지 못하는 증상이 있었다. 좌반구 전두엽(나비 모양의 측뇌실 가까이에 위치)의 병변 위치가 이 진단을 확증한다. 그림

컴퓨터단층촬영술(CT) 3차원의 정적 뇌 횡단면 영상(CT 스캔이라고 함)을 생산하는 엑스레이 기법

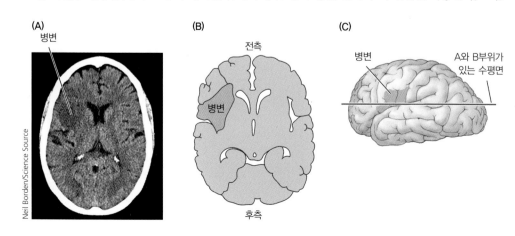

(A)
병변

(B)
전측

병변

후측

(C)
병변

A와 B부위가 있는 수평면

그림 7.16 CT 스캔과 뇌의 재구성

(A) 브로카 실어증 환자의 수평 CT 스캔을 배측에서 본 사진. 왼쪽 전측의 검은 영역이 병변 위치이다. **(B)** 수평면의 도식으로 병변 부위가 파란색으로 표시되어 있다. **(C)** 뇌를 재구성한 것으로 파란색으로 표시된 병변이 있는 좌반구를 외측에서 그린 그림.
출처 : Damasio & Damasio(1989).

Neil Borden/Science Source

10-4절은 언어영역의 손상으로 말미암아 초래되는 실어증을 설명하고 있다.

7.16B는 A와 동일한 수평면의 그림인데 병변 위치를 묘사하기 위해 색깔을 사용하였다. 그림 7.16C는 일련의 수평 CT 스캔을 근거로 재구성한 좌반구의 외측면으로 병변의 정도(크기)를 보여준다.

CT 스캔을 대신하여 사용되는 **자기공명영상법**(magnetic resonance imaging, MRI)은 수소 원자가 자기장에서 마치 회전하는 막대자석처럼 되는 원리에 근거한다. MRI 절차가 **그림 7.17**에 제시되어 있다. 뇌를 배측에서 본 그림은 뇌 영역들에서의 수소 원자 밀도 차이를 수평 절편에 밀도에 따라 밝거나 어두운 색으로 표시한 것이다.

수소 원자는 보통 무작위로 서로 다른 방향을 향하지만 큰 정자기장(static magnetic field)에 놓이면 정자기장의 자력선(line of force)에 대해 같은 방향으로 정렬한다. MRI 스캐너에서 원자가 이러한 방식으로 정렬되어 있는 뇌에 무선 펄스가 주어지며 각 무선 펄스가 두 번째 자기장을 형성한다. 두 번째 장이 정자기장에 의해 같은 방향으로 회전하는 원자들을 새로운 방향으로 향하게 한다.

무선 펄스가 끝나고 정자기장에 다시 재정비하는 수소 원자들이 작은 양의 에너지를 방출하고 코일이 이 재정비를 탐지한다. 코일로부터 오는 신호에 근거하여 컴퓨터가 수소핵의 위치를 확인하여 영상을 제작한다. 따라서 자기공명영상은 서로 다른 뇌 영역의 수소 원자 밀도에 근거하여 제작된다. 예를 들어 수분을 많이 함유하는 영역(세포체가 풍부한 영역)이 수분을 덜 함유하는 영역(축색이 풍부한 영역)보다 두드러지게 보인다. 그림 7.17C가 이러한 영상을 보여준다.

확산텐서영상술(diffusion tensor imaging, DTI)은 물 분자의 움직임 방향을 탐지하여 뇌 신경 섬유의 경로를 영상화하는 MRI 기법이다. 물은 축색을 따라 비교적 자유롭게 이동하지만 세포

자기공명영상법(MRI) 강한 자기장과 전파를 차례로 뇌를 통과하게 한 후 수소 원자가 방출한 무선주파수 신호를 측정하여 3차원의 정적 뇌영상을 만드는 기법

확산텐서영상술(DTI) 물 분자의 움직임 방향을 추적하여 뇌의 섬유 경로를 영상화하는 자기공명영상기법

(A)

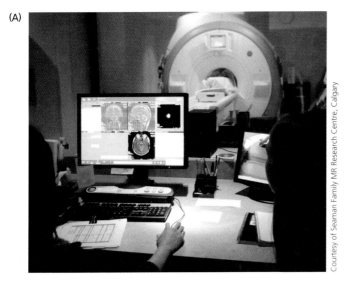

(B)

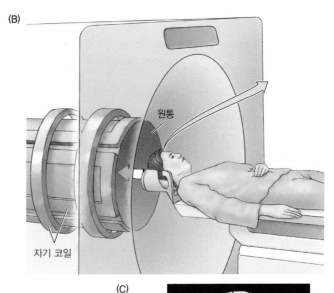

원통

자기 코일

(C)

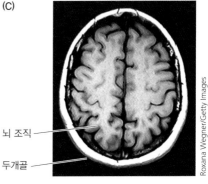

뇌 조직

두개골

그림 7.17 자기공명영상

(A와 B) 피험자가 긴 금속 원통에 놓이며, 원통 속에는 직각으로 배열된 두 세트의 자기 코일이 위치한다. (그림에 제시되어 있지 않은) 또 다른 무선주파수 코일이 머리를 둘러싼다. 이 무선주파수 코일이 수평면의 MRI 뇌영상을 생산하기 위해 정자기장을 교란한다. 동요하는 원자에서 방출되는 전류를 MRI가 측정하여 서로 다른 유형의 뇌 조직, 예를 들어 뇌척수액, 뇌실질, 뼈 등을 수소 원자의 밀도에 따라 밝거나 어둡게 나타낸다**(C)**.

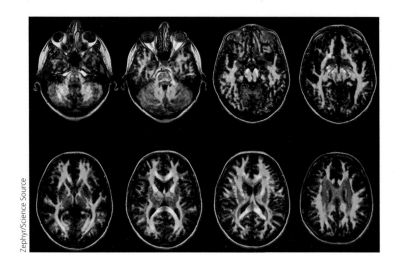

Zephyr/Science Source

그림 7.18 확산텐서영상술
DTI는 백질에서의 물 분자 확산을 측정하여 신경섬유 경로를 영상화할 수 있다. 건강한 뇌의 스캔을 보여주는 이 그림에서 뇌의 전측이 윗방향이다. 축색은 방향에 따라 다른 색으로 표시되는데, 즉 좌우 방향의 섬유는 빨간색, 전후 방향은 파란색, 위아래 방향은 초록색으로 표시되어 있다. 15-3절에 살아 있는 뇌의 기능연결성을 지도화하는 *뇌 커넥톰*에 DTI가 어떻게 사용되는지 기술했다.

막을 자유롭게 건너지는 못한다. 이러한 물 움직임의 방향을 코일이 탐지하고 컴퓨터가 해석한다. DTI는 신경 경로의 이상을 밝힐 수 있다. 또한 DTI는 다발성 경화증에서처럼 수초가 상실되는 경우 섬유의 수초화 변화를 확인하기 위해서도 사용된다.

그림 7.18에 제시되어 있는 일련의 DTI에서 각 스캔은 점차 더 깊은 곳에 위치하는 뇌 영역들을 배측에서 본 것이다. 비록 영상이 실제 섬유를 보여주는 것처럼 보이지만 DTI는 축색을 따라 일어나는 물 움직임을 컴퓨터가 재구성한 것에 근거한 가상의 이미지이다. 그럼에도 불구하고 DTI는 다발성 경화증, 뇌졸중, 뇌진탕에서 발생하는 섬유 경로 및 수초의 이상을 쉽게 확인하게 한다.

임상 초점 4-3은 다발성 경화증의 수초 상실이 뉴런의 기능을 어떻게 방해하는지 기술한다.

최근 환자와 신경외과 의사가 360도 VR 모델로 직접 상호작용할 수 있는 가상현실 클리닉에 CT와 DTI가 결합되어 사용되고 있다. 혁신적인 VR 기법으로 외과 의사와 환자 모두 가상으로 재구성한 환자의 뇌에 들어갈 수 있는데, 환자의 뇌는 어떤 각도에서도 볼 수 있게 재구성된다. 수술실의 경우 외과 의사가 수술하는 동안 의사가 보는 방향과 일치하게 현실 시각화 허브가 해부 및 혈관 구조, 병적 측면을 보여주고, DTI는 백질관을 보여준다. VR 기술의 적용은 만성 통증, 뇌졸중, 알츠하이머병과 중독 및 물질사용장애를 포함한 다양한 질환의 진단과 치료를 향상할 수 있다.

MediaNews Group/Orange County Register via Getty Images/Getty Images

자기공명분광술(magnetic resonance spectroscopy, MRS)은 수소 양성자 신호를 사용하여 뇌 조직에서의 N-아세틸아스파타이트산염(N-acetylaspartate, NAA)과 같은 뇌 신진대사의 농축물을 측정하는 MRI 기법이다. 이 측정은 경미한 TBI, 즉 **뇌진탕**처럼 지속적인 뇌 신진대사 이상을 보이는 경우를 확인하는 데 특히 유용하다.

사진 속 신경외과 의사는 가상현실에서 복잡한 뇌 수술을 실시하기 위해 병원 수술실을 사용하고 있다.

7-3 복습

진도를 계속 나가기 전에 앞 절을 얼마나 이해했는지 확인해보자. 정답은 이 책의 뒷부분에 있다.

1. 주요 해부학적 뇌영상법은 _____와/과 _____이다.

2. 확산텐서영상술은 _____을/를 확인하는 한편 자기공명분광술은 _____을/를 확인한다.

3. 서로 다른 뇌 영역의 밀도를 영상화하는 것에 덧붙여 CT와 MRI는 _____을/를 측정하는 데도 사용할 수 있다.

4. 뇌영상 기법인 컴퓨터단층촬영술(CT)을 간략하게 설명하시오.

자기공명분광술(MRS) 수소 양성자 신호를 사용하여 뇌의 대사물 농도를 확인하는 자기공명영상기법

7-4

기능 뇌영상

MRI와 전산 기술의 발달로 뇌 조직의 정적 이미지를 제공하는 해부적 영상에서 기능 뇌영상 기법이 가능해졌으며, 이 기법은 개인이 인지 과제를 수행하는 동안 뇌가 사용하는 혈류, 산소와 포도당의 양을 측정한다. 뇌의 한 영역이 활성화하면 그 영역으로 가는 혈액, 산소와 포도당 양이 증가한다. 따라서 혈류 혹은 산소, 포도당, 철 등과 같은 혈액 구성 성분의 수준을 측정함으로써 뇌 활성화의 변화를 추론하는 것이 가능하다. 이 논리에 따라 세 가지 기법, 즉 기능자기공명영상법(fMRI), 광단층촬영술과 양전자방출단층촬영술이 발달했다.

기능자기공명영상법

뉴런이 활성화하면 더 많은 산소를 필요로 하고 이에 따라 혈액 내 산소 수준이 일시적으로 내려간다. 이와 동시에 활성화한 뉴런은 혈중 이산화탄소 수준을 증가시키는데 이는 혈관을 확대해 그 영역으로 더 많은 혈류와 산소가 향하도록 하는 신호이다. Peter Fox와 동료들(Fox & Raichle, 1986)은 인간 뇌의 활성화가 증가하면 증가한 혈류에 의해 만들어진 여분의 산소량이 조직이 실제로 필요로 하는 양을 초과하는 것을 발견하였다. 그 결과 활성화된 뇌 영역에서 산소량이 증가한다.

신체에서 산소는 적혈구 내 헤모글로빈 분자에 의해 전달된다. 산소가 풍부한 헤모글로빈과 산소가 부족한 헤모글로빈의 비율 변화가 혈액의 자기 속성을 변화시키는데, 이는 산소가 풍부한 헤모글로빈이 산소가 부족한 헤모글로빈보다 자성을 덜 띠기 때문이다. 1990년 Segi Ogawa와 동료들은 MRI가 이러한 자기 속성의 변화를 뇌의 특정 영역과 정확하게 일치시킬 수 있음을 보여주었다(Ogawa et al., 1990). **기능자기공명영상법**(functional magnetic resonance imaging, fMRI)이라고 하는 이 과정은 어느 영역이 활성화 변화를 보이는가를 밝혀준다.

그림 7.19는 개인이 빛 자극을 받는 동안 시각피질에서 일어나는 fMRI 신호 변화를 보여준다. 빛이 들어오면 시각피질(뇌영상의 아래)이 기저선보다(빛이 없는 동안) 더 활성화한다. 다시 말해 산소 수준의 변화에 의해 생성되는 MRI 신호의 증감에 근거하여 뇌의 기능 변화를 추론한다.

MRI에 의해 만들어진 뇌영상에 겹쳐 놓으면 fMRI 변화가 어느 특정 뇌 영역의 활성화 변화로 발생했는지 알 수 있다. 대뇌피질로 향하는 혈관이 매우 풍부하기 때문에 fMRI의 공간 해상도는 1mm 정도이며, 이에 따라 뇌 활성화의 생성지에 관한 공간 해상도가 우수하다. 불행하게도 혈류가 변화하는 데는 1/3초 정도 소요되기 때문에 fMRI의 시간 해상도는 EEG와 ERP보다 낮다.

fMRI의 또 다른 단점은 피험자가 길고 시끄러운 통(tube) 속에 움직이지 않고 누워 있어야만 하고 이로 인해 피험자가 폐쇄공포증을 경험할 수 있다는 것이다. 제한된 공간과 움직이지 못하는 단점은 수행할 수 있는 행동 실험의 범위를 제한하기도 한다. 이러한 단점에도 불구하고 fMRI는 인지신경과학의 주된 연구 방법이다.

살아 있는 뇌는 항상 활동하며, 연구자들은 참여자가 어떤 과제도 수행하지 않고 휴식을 취하는 동안 측정한 fMRI 신호를 연구함으로써 뇌 기능과 연결성을 추론하는 것에 성공하였다. 이 신호, 즉 **휴지기 fMRI**(resting-state fMRI, rs-fMRI) 신호는 참여자가 눈을 감고 있거나 눈을 뜬 채 고정점을 바라보는 동안 측정된다.

그러나 휴지기 동안 뇌는 획일적으로 활성화하는 것이 아니라 다양한 뇌 영역이 때때로 상호

그림 2.7은 주요 뇌동맥을 설명한다.

기능자기공명영상법(fMRI) 산화 혈액과 탈산화 혈액의 비율과 관련된 변화를 탐지하여 간접적으로 뇌 활성화를 측정하는 자기공명영상기법. 인지검사 혹은 휴식을 취하는 동안 뇌 혈류를 측정하기 위해 사용된다.

휴지기 fMRI(rs-fMRI) 개인이 휴식을 취하는 동안(특정 과제를 수행하지 않는 동안) 일어나는 산화 변화를 측정하는 자기공명영상기법

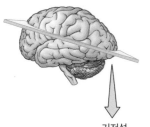

그림 7.19 뇌 활성화 변화에 관한 영상
정상인이 시각 자극을 받는 동안 중후두엽(각 영상의 아래)의 활성화를 순차적으로 보여주는 기능자기공명영상. 빛이 없는 어두운 상태에서 얻은 기저선(맨 왼쪽)을 추후에 얻은 영상에서 감한다. 270초 동안 일련의 스캔이 빨리 이루어지는 동안 피검자는 켜고 꺼지는 빛 방출 다이오드(diode)가 포함된 보안경을 착용하였다. 빛이 켜질 때 시각피질이 두드러지게 활성화하고 빛이 꺼지면 활성화가 재빨리 중단된다. 이에 관한 것이 영상 아래의 신호 강도 그래프에 제시되어 있다.

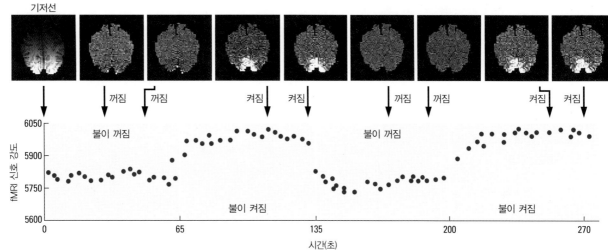

"Dynamic Magnetic Resonance Imaging of Human Brain Activity During Primary Sensory Stimulation," by K. K. Kwong et al., 1992, Proceedings of the National Academy of Sciences (USA), 89, 5678.

관련된 활동을 공유한다. 이 발견으로 여러 뇌 네트워크에 대한 제안이 있게 되었고 이 중 하나가 디폴트 모드 네트워크(default mode network, DMN)이다. fMRI 신호에 근거하여 제작된 영상은 뇌가 휴식을 취하는 동안, 즉 개인이 공상을 하거나 몽상에 잠기는 동안 일부 뇌 영역은 비교적 활발하게 활동하는 한편 일부 영역은 덜 활동하는 것을 보여준다. 개인이 인지 과제를 수행하면 활성화 양상이 변한다. 이 정보는 '휴식' 동안 DMN이 뇌가 계속 깨어 있도록 하는 한편 인지 과제의 수행 동안에는 이 과제에 관여하는 다른 신경 네트워크가 활성화한다는 것을 보여준다.

MRI 스캐너가 적어도 4분 정도의 블록으로 뇌 활성화에 관한 자료를 모은다. 연구자들은 정자기장의 강도를 증가시키고 더 민감한 코일을 개발함으로써 이 기간을 짧게 하려 하고 있다. 데이터의 통계적 분석이 시간이 지남에 따라 서로 다른 뇌 영역의 활성화가 서로 상관되어 있음을 보여준다. 비록 rs-fMRI가 아직 성장 단계에 있지만 많은 뇌 활성화 네트워크가 존재하고 조현병과 같은 질환에서는 이러한 네트워크가 비정상적이라는 것이 이미 확인되었다(Forlim et al., 2020).

디폴트 모드 네트워크가 그림 8.19에 제시되어 있다.

광단층촬영술

'연구 초점 7-1 : 언어에 맞추어져 있다'는 기능근적외선 분광기록법(fNIRS)을 사용하여 신생아의 언어 반응을 조사한 뇌영상 연구를 소개하고 있다. fNIRS는 일종의 **광단층촬영술**인데, 이는 물체를 통과한 빛을 모아 물체를 재구성할 수 있다는 원리에 근거하는 기능 영상 기법이다. 이 기법은 물체가 적어도 부분적으로나마 빛을 통과시켜야 하는 것을 필요로 한다. 따라서 광단층촬영술을 사용하여 유방 혹은 뇌 조직과 같은 부드러운 신체 조직을 영상화할 수 있다.

fNIRS는 반사된 적외선을 사용하여 혈류를 확인하는데, 이는 산소가 풍부한 헤모글로빈과 산소가 부족한 헤모글로빈의 흡수 스펙트럼이 다르기 때문이다. 혈액의 빛 흡수를 측정함으로써 뇌의 평균 산소 소모량을 측정하는 것이 가능하다. 따라서 fNIRS와 fMRI는 동일한 것을 서로

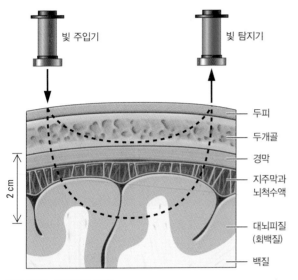

빛 주입기

빛 탐지기

2 cm

두피

두개골

경막

지주막과
뇌척수액

대뇌피질
(회백질)

백질

그림 7.20 NIRS의 작용
두피와 두개골을 통해 주입된 빛이 2cm 정도까지 뇌를 관통한다. 소량의 빛이 반사되고 이 반사된 빛을 두피 표면에 있는 탐지기가 탐지한다. 빛은 2cm 깊이에서뿐만 아니라 그 위의 조직으로부터도 반사되는데, 이에 관한 것이 바나나 모양의 곡선으로 표시되어 있다. 연구 초점 7-1의 사진이 신생아에게 부착된 fNIRS를 보여준다.
출처 : Spinney(2005).

양전자방출단층촬영술(PET) 산소 혹은 포도당 등과 같은 합성물의 소비량 변화 측정을 통해 혈류의 변화를 탐지하는 영상 기법. 뉴런의 신진대사 활동을 분석하는 데 사용된다.

다른 도구로 측정한다. **그림 7.20**과 같이 fNIRS는 일련의 시각 송신/수신 쌍이 두피에 부착된다.

fNIRS의 두드러진 장점은 휴대 가능하고 움직임이 허용되며 안전하다는 것으로, 이 덕분에 유아에서 노인에 이르기까지 모든 사람의 뇌 활성화를 짧은 시간 동안 반복적으로 측정 가능하다. 단점은 빛이 뇌 깊숙이 침투하지 못하기 때문에 피질 활성화만을 측정할 수 있다는 것이다. 공간 해상도도 다른 비침습적 기법에 비해 좋지 않지만 오늘날에는 두피에 100개 이상의 빛 탐지기를 부착할 수 있기 때문에 영상의 공간 해상도가 증가하였다. fNIRS 기법은 사물, 얼굴과 언어 과정이 뇌에서 어떻게 발달하는가와 시각, 청각과 감각운동계의 어느 영역이 어떤 기능을 가지고 있는지 이해하는 데 도움이 된다. 더욱이 fNIRS를 사용하여 비정상적인 발달, 예를 들어 자폐증과 주의력결핍 과잉행동장애와 같은 신경발달장애에서 관찰되는 집행 기능의 이상에 주로 초점을 맞추는 연구들이 이러한 장애를 가진 사람의 신경인지 기능에 관한 정보를 제공하고 있다(Pinti et al., 2020).

양전자방출단층촬영술

연구자들은 **양전자방출단층촬영술**(positron emission tomography, PET)을 사용하여 언어 등과 같은 뇌 기능에 관여하는 뇌세포의 신진대사 활동을 연구한다. PET 영상은 산소, 포도당 등과 같은 합성물의 소모량 변화를 측정함으로써 뇌 혈류의 변화를 탐지한다(Posner & Raichle, 1997). **그림 7.21**에 제시되어 있듯이 일련의 방사선 탐지기가 부착되어 있는 도넛 모양의 PET 카메라가 개인의 머리를 회전한다. 방사성 분자가 표시된 소량의 수분이 혈관으로 주사된다. 방사성 동위원소 산소-15(^{15}O)를 포함하여 이 분자들은 매우 불안정하기 때문에 이러한 분자를 개인에게 주사하여도 위험하지 않다. 이 분자들은 주사한 지 몇 분 안에 분해되어 신체에서 제거된다(우리가 호흡하는 공기 중의 산소 대부분이 안정된 ^{16}O 분자이다).

방사성 ^{15}O 분자는 양전하(positive charge)를 띠는 원자보다 작은 입자인 양전자(positron), 즉

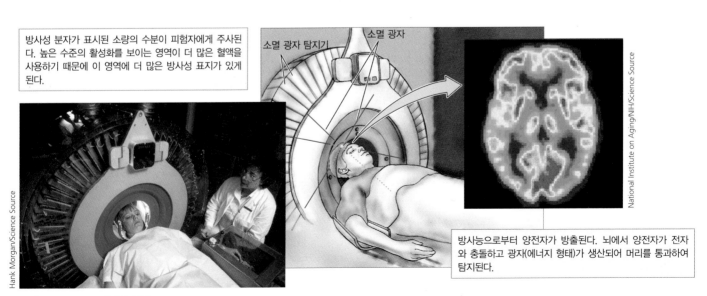

방사성 분자가 표시된 소량의 수분이 피험자에게 주사된다. 높은 수준의 활성화를 보이는 영역이 더 많은 혈액을 사용하기 때문에 이 영역에 더 많은 방사성 표지가 있게 된다.

소멸 광자 탐지기

소멸 광자

방사능으로부터 양전자가 방출된다. 뇌에서 양전자가 전자와 충돌하고 광자(에너지 형태)가 생산되어 머리를 통과하여 탐지된다.

그림 7.21 PET 스캐너와 영상
왼쪽 사진은 참여자가 그림에 설명되어 있는 PET 스캐너에 누워 있는 것을 보여준다. 오른쪽 스캔 영상에서 밝은 빨간색과 노란색으로 표시된 부위가 혈류량이 많은 영역이다.

Hank Morgan/Science Source

National Institute on Aging/NIH/Science Source

양전하를 띠는 전자를 방출한다. 중성자(뉴트론)가 부족하여 불안정한 원자로부터 양전자가 방출된다. 뇌에서 양전자는 음전하를 띠는 전자(negatively charged electron)에 끌리며 추후 두 입자가 충돌하여 두 입자 모두 소멸하면서 에너지가 생성된다.

2개의 광자(광자는 빛에너지의 단위이다) 형태를 띠는 이 에너지는 머리를 빛의 속도로 통과하고, 이를 PET 카메라가 탐지한다. 광자가 양전자-전자 소멸 부위로부터 정확하게 정반대 방향으로 머리를 통과하기 때문에 소멸 광자 탐지기에 의해 생성지가 확인된다(그림 7.21 참조). 컴퓨터가 동시에 발생하는 광자를 확인하고 소멸 부위를 찾아 PET 영상을 제작한다.

PET은 뇌 혈류 측정을 가능하게 하는데, 이는 불안정한 방사성 분자가 지엽적 혈류량과 직접적으로 비례하여 뇌에 축적되기 때문이다. 지엽적 혈류는 뉴런 활성화와 관련되는데, 이는 자극을 받은 뉴런들로부터 분비되는 칼륨 이온이 인접한 혈관을 확대하기 때문이다. 혈류량이 많을수록 PET 카메라에 의해 기록되는 방사선이 더 많다.

혈류와 정신 활동 사이의 관련성을 조사하는 연구자들은 감산 절차(subtraction procedure)를 사용한다. 참여자가 실험 과제를 수행하는 동안 측정된 혈류 패턴에서 신중하게 선택된 통제 상태에서 측정된 혈류 패턴을 빼는데, 이 절차에 관한 설명이 **그림 7.22**의 윗부분에 제시되어 있다. 이 감산 과정이 두 상태에서의 혈류 변화를 영상화한다. 모든 참여자에서 측정된 혈류 변화를 평균하여(가운데) 하나의 대표적인 평균 영상을 만들며, 이 대표적인 영상을 통해 과제의 수행 동안 선택적으로 활성화를 보인 뇌 영역을 알 수 있게 된다(아래). PET은 지엽적 뉴런 활성화를 직접적으로 측정하는 것이 아니라 뉴런 활성화가 증가하면 이에 따라 혈류도 증가한다는 가정하에 뉴런 활성화를 추론한다.

PET 기법의 중요한 제한점은 환자의 진단에 사용되는 소위 방사성 의약품을 포함한 방사화학물질이 스캐너 옆에 위치하는 사이클로트론(cyclotron)에 준비되어 있어야만 하는데, 이는 방사화학물질의 반감기가 매우 짧아 이송 시간이 매우 제한을 받는다. 이러한 물질을 만드는 데는 엄청난 비용이 든다. 그러나 높은 비용에도 불구하고 PET은 다른 영상 기법에 비해 다음과 같은 중요한 장점이 있다.

- PET은 수백 가지 방사화학물질의 쇠퇴를 탐지할 수 있기 때문에 pH, 포도당, 산소, 아미노산, 신경전달물질, 단백질 등의 변화를 포함하는 다양한 뇌 변화와 상태에 관한 지도를 만드는 것이 가능하다.
- PET은 특정 신경전달물질의 상대적 양, 신경전달물질 수용기의 밀도, 학습과 관련된 신진대사 활동, 뇌 독성, 노화와 관련되어 일어나는 퇴행 과정 등을 탐지할 수 있다.
- PET은 인지 기능의 연구에 매우 유용하게 사용되고 있다. 예를 들어 PET은 다양한 뇌 영역들이 서로 다른 기능을 하는 것을 보여준다.

진단 영상을 위해 다양한 하이브리드 스캐너(hybrid scanner)가 사용되고 있는데, 하이브리드 스캐너는 PET과 CT, PET과 MRI, PET, MRI와 EEG 기법을 서로 결합해 영상을 제공한다. 이

포도당 분자에 붙여지면 불소-18(^{18}F)이 신진대사의 지표로 활동한다. ^{18}F와 ^{15}O 방법은 근본적으로 동일하다.

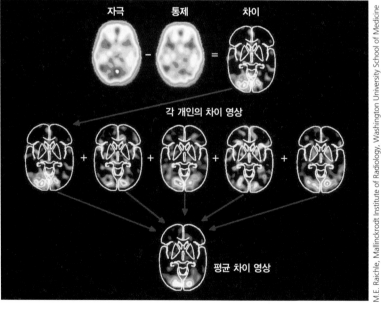

그림 7.22 감산 절차

맨 위 스캔은 깜빡거리는 체크보드(자극)를 보는 실험 조건에서 움직이지 않는 고정점(통제)을 보는 통제 조건을 빼는 과정을 보여준다. 감산은 실험 참여자 5명 각각에 대해 서로 다른 스캔을 생산하지만(가운데) 모두에서 후두엽의 혈류량이 증가한 것을 관찰할 수 있다. 차이 스캔을 평균하여 하나의 대표 영상으로 만드는데 이 영상이 맨 아래에 제시되어 있다.

러한 하이브리드 스캐너는 질 높은 해부학적 영상을 얻을 수 있고, 이 영상을 기능/신진대사 영상 위에 겹쳐 놓으면 이전에는 확인하기 어려웠던 위치를 정확하게 확인할 수 있으며, 한 번의 검사로 모든 것을 얻을 수 있다는 장점이 있다.

뇌영상에 근거한 신진대사 및 기능 과정의 연구는 상세한 뇌 지도 제작과 광범위한 데이터 세트를 가능하게 하였다. 뇌영상 지도는 신경 구조와 경로, 신경화학과 활동하는 유전자를 보여준다. 오늘날 뇌영상 연구로부터 축적된 수백 개의 데이터 세트가 참조 혹은 연구 자료로 사용된다.

7-4 복습

진도를 계속 나가기 전에 앞 절을 얼마나 이해했는지 확인해보자. 정답은 이 책의 뒷부분에 있다.

1. 주요 기능 뇌영상 기법은 _____, _____, _____이다.
2. PET은 뇌 과정을 측정하고 뇌의 _____ 변화를 확인하기 위해 _____을/를 사용한다.
3. fMRI와 광단층촬영술은 _____의 변화를 측정한다.
4. 휴지기 상태의 측정이 왜 연구자들에게 유용한가?

학습 목표

- 미세투석과 대뇌 전압전류기법의 장점을 설명한다.
- 유전적 요소의 이해에 쌍생아 연구의 역할을 설명한다.
- 후생유전학의 정의와 후생유전학의 효과 연구가 행동 이해에 공헌하는지를 설명한다.

3-1절은 뉴런의 기능을 설명하고 3-3절은 유전자와 세포 기능의 관련성, 유전공학과 후생유전적 기제를 설명한다.

12-7절은 보상행동의 신경 기제에 관해 기술하고 있다.

미세투석 자유롭게 활동하는 동물을 대상으로 세포외액의 화학 성분을 분석하기 위해 사용되는 기법

7-5

뇌의 화학적 · 유전적 측정과 행동

이제까지 우리는 어떻게 신경과학자들이 개개 뉴런 혹은 뉴런 집단의 활동을 연구하는지와 어떻게 뉴런의 활동이 행동과 관련되는지를 주로 살펴보았다. 뉴런은 세포 내의 특정 단백질 합성을 부호화하는 DNA 조각인 유전자에 의해 통제된다. 유전자가 세포의 화학물질 생산을 통제하기 때문에 행동을 유전자와 세포 안팎의 화학물질과 관련지을 수 있다. 화학적·유전적 접근에는 매우 세련된 기법이 필요하며, 지난 20년 동안 이러한 기법이 놀랄 만큼 발달하였다.

뇌의 화학물질 측정

뇌에는 신경전달물질과 호르몬에서부터 포도당과 가스에 이르기까지 다양한 화학물질이 존재한다. 이러한 화학물질의 양에 이상이 있을 경우 심각한 행동장애가 초래된다. 가장 좋은 예로는 흑질의 낮은 도파민 수준으로 특징되는 파킨슨병과 낮은 세로토닌/노르아드레날린 생산과 관련된 우울증이 있다. 이러한 질병들에서 뇌 화학물질을 간단하게 측정하는 방법이 이 질병을 앓은 인간 혹은 실험실 동물이 사망한 후 뇌 조직을 추출하여 특정 화학물질 수준을 측정하는 전통적인 생화학 기법, 예를 들어 고성능 액체 크로마토그래피(high-performance liquid chromatography, HPLC)를 적용하는 것이다.

뇌 화학물질의 변화는 비정상적 행동뿐만 아니라 진행 중인 정상 행동과도 관련된다. 예를 들어 적어도 지난 몇십 년 동안 진행되어 온 연구들은 중격핵(nucleus accumbens, 피질하 기저핵에 포함되는 구조)에서의 도파민 수준 변화가 음식, 성행동 등과 같은 보상행동 자극과 관련이 있다고 보고하고 있다. 자유롭게 움직이는 동물 뇌의 화학물질 변화는 2개의 서로 다른 기법, 즉 대뇌 **미세투석**과 대뇌 전압전류(voltammetry)를 사용하여 측정한다.

미세투석(microdialysis)은 세포외액의 화학적 구성물을 확인하기 위해 실험실에서 널리 사용되고 있고 지난 20년 동안 임상적으로도 적용되기 시작하였다. **그림 7.23**에 제시되어 있듯이 끝

에 반투과성 막이 있는 카테터를 뇌에 삽입한다. 캐뉼라를 통해 액체를 흘리면 이 액체가 세포막을 따라 통과한다. 단순한 확산이 농도 기울기를 따라 세포외 분자로 하여금 세포막을 건너게 한다.

분자가 함유되어 있는 액체가 관을 통해 뇌로부터 흘러나와 모이게 되면 이 액체를 분석한다. 액체는 일정한 비율로 뇌에서 흘러나오기 때문에 뇌의 화학적 환경의 변화를 행동과 연관지을 수 있다. 예를 들어 성행동 혹은 좋아하는 먹이가 기대되는 환경 속에 쥐를 놓으면 **선조체**(striatum)라고 알려져 있는 미상핵과 피각의 기저핵 영역에서 도파민이 증가하는 것을 미세투석을 통해 알 수 있다.

일부 병원에서는 손상된 뇌의 화학물질을 모니터하기 위해 미세투석을 사용한다. 예를 들어 TBI 혹은 뇌졸중의 효과는 신경전달물질인 글루타메이트의 급증 등과 같은 이차적 사건에 의해 더 악화할 수 있다. 이와 같은 생화학적 변화는 돌이킬 수 없는 세포 손상 혹은 죽음을 초래한다. 의사는 미세투석을 사용하여 이러한 변화를 모니터한 후 치료한다.

대뇌 전압전류(cerebral voltammetry)는 미세투석과 다른 원리에 근거한다. 작은 탄소 섬유 전극과 금속 전극을 뇌에 심은 후 금속 전극을 통해 약한 전류를 흘려 보낸다. 전류는 주위 화학물질에 전자를 첨부하거나 제거하는 효과를 가지며 이를 통해 특정 신경전달물질의 세포외 수준 변화를 측정한다.

서로 다른 전류가 서로 다른 합성물의 변화를 가져오기 때문에 세로토닌 혹은 도파민 등과 같은 서로 다른 신경전달물질 수준과 관련 화학물질 수준을 확인하는 것이 가능하다. 전압전류계는 미세투석처럼 뇌로부터 흘러나온 액체의 화학적 분석을 할 필요가 없는 장점이 있지만 파괴적이라는 단점도 있다. 다시 말하면 화학물질의 측정은 한 화학물질이 다른 화학물질로 퇴화하는 것을 필요로 한다. 따라서 이 기법은 비인간 동물을 대상으로 하는 과학적 연구에만 적합하다. 예를 들어 Wheeler와 동료들은 전압전류계를 사용하여 스트레스 호르몬인 코르티코스테론이 중격핵에 도파민 양을 증가시키는지와 얼마나 도파민이 탐지되는지를 조사하였다(Wheeler et al., 2017). 스트레스가 강화제의 효과를 증가시키는 것을 증명하였다는 점에서 이 발견은 중요하다.

뇌의 유전자 측정과 행동

대부분의 인간 행동을 유전만으로 설명할 수 없지만 유전자 배열의 변화가 뇌 조직화에 상당한 영향을 미친다. 250명의 출생아 중 1명 정도가 일란성 쌍생아인데, 이들의 게놈은 동일하다. 일란성 쌍생아는 때로 매우 유사한 행동 특성을 보인다. 예를 들어 쌍생아 연구에서 강한 일치율이 관찰되는데, 이는 약물 중독과 다른 정신 질환에 유전적 영향이 매우 크게 작용하는 것을 시사한다. 그러나 쌍생아 연구들은 환경적 요인과 생의 경험 역시 영향을 미친다고 보고하는데, 이는 대부분의 행동장애, 예를 들어 조현병과 우울증의 일치율이 100%보다 훨씬 낮기 때문이다. 생의 경험은 후성적으로 작용하여 유전자 발현을 변화시킨다.

유전적 요인은 아주 어린 시기에 입양된 사람을 비교함으로써도 연구되는데, 이들이 양부모와 밀접한 유전적 관련성을 가지고 있지 않기 때문에 행동 특성에서의 높은 일치율은 환경이 행동에 큰 영향을 미치는 것을 시사한다. 이상적인 것은 양부모와 친부모 모두를 조사하여 행동 특

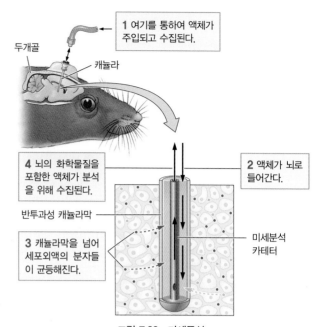

1 여기를 통하여 액체가 주입되고 수집된다.

두개골

캐뉼라

4 뇌의 화학물질을 포함한 액체가 분석을 위해 수집된다.

2 액체가 뇌로 들어간다.

반투과성 캐뉼라막

3 캐뉼라막을 넘어 세포외액의 분자들이 균등해진다.

미세분석 카테터

그림 7.23 미세투석

출처 : Tisdall & Smith(2006).

4-1절에 확산과 농도 기울기가 상세하게 기술되어 있다.

6-4절은 글루타메이트와 이 신경전달물질과 유사한 화학물질이 왜 신경독성물질로 작용하는지 기술하고 있다.

선조체 기저핵의 미상핵과 피각
대뇌 전압전류 동물 뇌에 있는 특정 화학물질의 농도를 확인하는 데 사용하는 기법

8-2절은 신경영양인자(영양가 있는 화학합성물)가 어떻게 발달 중인 뉴런의 성장과 분화를 지지하는지 설명하고 있다.

원리 10. 신경가소성은 신경계의 특징적인 기능이다.

연구 초점 6-3은 유전적 요소를 가지고 있는 흔한 뇌-행동 장애인 ADHD의 예를 기술하고 있다.

2-6절과 5-3절은 신경인지장애의 발병 요인을 소개하고 있다. 임상 초점 14-3은 이에 대한 연구를, 16-3절은 치료를 기술하고 있다.

경험 유전에 관한 사례가 3-3절에 기술되어 있다.

성에 미치는 유전의 상대적 중요성을 알아보는 것이다.

비교적 적은 비용으로 특정 유전자를 확인하는 기법이 개발됨에 따라 특정 유전자의 **대립유전자**(alleles, 다른 형태)와 행동을 관련짓는 것이 가능해졌다. 뇌 파생 신경영양인자(brain-derived neurotrophic factor, BDNF)라 하는 합성물의 생산에 관여하는 유전자가 대표적인 예다. BDNF는 신경가소성을 자극하는 데 중요한 역할을 하며 낮은 수준의 BDNF는 우울증과 같은 기분장애와 관련되어 있는 것으로 밝혀지고 있다. 이 유전자의 두 가지 대립유전자가 BDNF Val 66Met와 BDNF Val 66Val이다.

Joshua Bueller와 동료들(2006)은 Met 대립유전자가 건강한 사람들에서 해마 부피가 11% 감소하는 것과 관련되어 있다고 보고하였다. 다른 연구들은 Met 대립유전자가 특정 사건에 관한 기억[일화 기억(episodic memory)] 결함과 노년기의 높은 치매 발생률과 관련되어 있다고 보고하였다. 그러나 Val 대립유전자가 결코 '더 좋은' 변이가 아닌데, 이는 비록 Val 대립유전자를 가지고 있는 사람들이 가지고 있지 않은 사람들에 비해 더 우수한 일화 기억을 보이지만, 이와 동시에 이들이 더 높은 신경증 및 불안장애 발병률을 보이기 때문이다. 2개의 대립유전자가 서로 다른 표현형(phenotype)을 가지는데, 이는 두 대립유전자가 뇌 구조와 기능에 서로 다른 영향을 미치기 때문이다. Bueller의 연구 참여자들에서 측정되지 않은 다른 유전자들 역시 Bueller의 연구에서 관찰된 차이에 영향을 미칠 수 있다.

후생유전학 : 유전자 발현의 측정

한 개인의 **유전자형**(genotype)은 환경 맥락 속에 존재하는데, 이 맥락이 **유전자 발현**(gene expression), 즉 유전자가 활성화되는 데(혹은 되지 않는 데) 근본적인 역할을 한다. 후생유전적(epigenetic) 요인들이 DNA 배열을 바꾸지 않지만 유전자 발현은 환경과 경험의 영향을 상당히 받는다. 후생유전적 변화는 평생 지속되고 다음 몇 세대로 전달된다.

유전자 발현의 변화는 다양한 경험, 예를 들어 만성 스트레스, 외상 사건, 약물, 문화, 질병 등에 의해 초래될 수 있다. Mario Fraga와 동료들(2005)은 유전자-환경 상호작용에 관한 예를 제시하였다. 이들은 유전자 발현과 관련되는 2개 분자 지표의 측정을 통해 일란성 쌍생아 40쌍의 후생유전적 패턴을 조사하였다.

비록 쌍생아의 유전자 발현 패턴이 아동기에는 동일하였지만 50세 때에는 젊은 비쌍생아 형제자매들만큼 유전자 발현에서 두드러진 차이를 보였다. 이와 같은 차이가 생기는 특정 원인은 아직 알려져 있지 않지만 흡연과 운동 습관, 다이어트, 스트레스원, 약물 사용, 교육과 같은 생활양식 요인과 결혼 및 자녀 양육을 포함한 사회적 경험 때문인 것으로 여겨지고 있다. 쌍생아들에서 관찰된 이 '후생유전적 표류(epigenetic drift)'가 일란성 쌍생아들이 특정 질병의 발병에 100% 일치율을 보이지 않는 사실을 지지한다.

후생유전적 차이의 효과는 전집(population)에서도 관찰된다. 예를 들어 Moshe Szyf, Michael Meaney와 동료들은 어미 쥐가 새끼 쥐에게 보이는 관심의 정도가 성숙한 쥐의 해마의 특정 유전자 발현에 영향을 미치는 것을 관찰하였다(Szyf et al., 2008). 이 유전자들은 쥐가 성장하였을 때 보이는 스트레스 반응과 관련되어 있다(어미 쥐의 관심은 어미 쥐와 새끼 쥐의 접촉 유형과 시간을 통해 측정되며 관심을 주는 어미 쥐와 관심을 주지 않는 어미 쥐 사이의 접촉 시간 차이는 하루에 6시간 정도이다).

추후 이 연구진(McGowan et al., 2009)은 두 인간 집단으로부터 얻은 해마 조직의 후생유전적

차이를 조사하였다 : (1) 아동 학대의 경험이 있는 자살자와 (2) 아동 학대의 경험이 없는 자살자 혹은 다른 원인에 의해 사망한 통제 집단. 아동 학대 경험이 있는 자살자의 후생유전적 변화는 어미 쥐의 관심을 받지 못하고 자란 쥐에서 발견된 변화와 유사하였는데, 이 결과 역시 어린 시절의 경험이 유전자 발현의 변화를 통해 해마 조직과 기능을 변화시킬 수 있다는 것을 지지한다.

경험에 의해 유전자 발현이 영향을 받는 것이 해마뿐만 아니라 뇌 전체에서 관찰된다. 예를 들어 Richelle Mychasiuk와 동료들(2011)은 임신한 쥐가 스트레스를 받으면 이 쥐에서 태어난 쥐들의 전두피질과 해마에서 다양한 유전자 발현의 변화가 생기는 것을 발견하였다. 그러나 연구자들은 두 뇌 영역에서 발견된 유전자 변화가 동일하지 않다는 것, 즉 동일한 경험이 이 뇌 영역들을 서로 다르게 변화시켰음을 발견하였다.

후생유전학 연구는 정상적인 뇌 발달과 뇌 기능에서 일어나는 유전자-뇌 상호작용에 관한 이해를 증진시킬 것이다. 또한 이 연구는 신경 질환에 대한 새로운 치료법을 개발하는 것에 도움이 될 것이다. 예를 들어 특정 후생유전적 변화가 뇌졸중 후 기능 회복이 일어나는 것과 관련되어 있는 것으로 보인다.

16-3절에 뇌졸중의 증상과 치료법에 관해 기술되어 있다.

7-5 복습

진도를 계속 나가기 전에 앞 절을 얼마나 이해했는지 확인해보자. 정답은 이 책의 뒷부분에 있다.

1. 뇌에 존재하는 서로 다른 화학물질의 농도는 _____을/를 사용하여 사후 조직을 검사하거나 _____ 혹은 _____을/를 사용하여 생존하는 뇌 조직을 검사함으로써 측정된다.

2. 유전자–환경 상호작용은 인간을 대상으로 연구될 수 있는데, 즉 일란성 쌍생아와 입양 아동의 행동 특성 _____을/를 비교함으로써 연구될 수 있다.

3. 유전자와 행동의 연구는 _____에서의 개인차에 초점을 맞추는 반면 후생유전학과 행동의 연구는 _____의 차이를 조사한다.

4. 후생유전학 연구가 어떻게 생의 경험과 환경이 뇌 기능을 변화시킬 수 있다는 인식을 가져오게 하였는지 간략하게 기술하시오.

7-6

신경과학 연구 방법 비교

이제까지 뇌와 행동의 상호작용을 조작하고 측정하는 다양한 연구 방법을 살펴보았다. 표 7.2와 7.3에 이 방법들의 목적과 예가 제시되어 있다. 연구자들은 이 다양한 방법 중 어떤 것을 어떻게 선택하는가? 선택에서 가장 고려해야 할 것이 연구 문제이다. 궁극적으로 연구 문제가 행동이지만 행동을 이해하려면 많은 단계를 거쳐야 한다.

일부 연구자는 사후 조직의 **구조**에 초점을 맞춘다. 이 접근은 선택한 방법에 따라 거시와 미시 수준에서 뇌 구조를 상세하게 분석하는 것을 가능하게 한다. 예를 들어 파킨슨병의 뇌 병리를 확인하면 이 병의 원인과 특성을 이해할 수 있다.

다른 연구자들은 행동과 관련된 뉴런의 활동 혹은 특정 인지 과정 동안에 일어나는 뇌 활성화의 기능적 변화에 더 관심을 가진다. 두 접근의 목적은 뇌와 행동 사이의 관련성을 이해하는 것이다.

그러나 연구자들은 현실적인 문제들을 고려해야 한다. 시간 해상도(얼마나 빨리 측정 혹은 영

학습 목표
• 인간 뇌 연구의 어려움과 이러한 어려움의 극복에 도움이 되는 다양한 뇌 조작 기법과 영상법을 요약한다.

표 7.2 뇌와 행동의 조작

방법	실험 목적	예
동물 전체를 조작(7-1절)	환경 조건이 어떻게 뇌와 행동에 영향을 미치는지 알아봄	다이어트, 운동, 사회적 상호작용, 감각 자극, 약물 사용
영구적인 뇌병변(7-1절)	신경 조직을 제거 혹은 파괴한 후 행동 변화를 관찰함	나이프 절제, 전해질 병변, 신경독성 병변, 고강도 집중 초음파
일시적이고 원상회복 가능한 뇌병변(7-1절)	단기적으로 신경 조직을 활성화하지 못하게 한 후 행동 변화를 관찰함	신경전달을 막기 위해 일부 영역을 냉각, 캐뉼라를 통해 GABA 효능제를 투여하여 일부 영역의 활성화 억제를 증가
유전자 병변(3-3절, 7-1절)	유전물질의 제거	녹아웃 기법, CRISPR
유전자 자극(3-3절)	유전물질의 첨가	녹인 기법
약물조작(7-1절)	중추신경계에서의 수용기 체계 역할을 알아봄	약물을 사용하여 수용기 체계를 흥분(효능제) 혹은 억제(길항제)
전기 및 자기 자극(7-1절)	뇌 조직 활성화 자극	DBS, TMS
광유전학(7-1절)	빛으로 특정 이온 채널을 자극한 후 행동 변화를 관찰함	빛 민감 단백질 삽입(예 : GRAB 기법)
화학유전학(7-1절)	특정 합성약물을 사용하여 변조 수용기를 활성화함	수용기와 결합하는 특정 G 단백질 삽입

상을 얻을 수 있는가), 공간 해상도(얼마나 정확하게 뇌에서의 위치를 확인하는가), 침습 정도를 고려해야 한다. 이에 덧붙여 아주 어린 아동을 대상으로 MRI 측정을 하는 것이 용이하지 않은데, 이는 아동이 긴 시간 동안 움직이지 않는 것이 어렵기 때문이다.

이와 유사하게, 뇌 손상 환자를 대상으로 하는 연구들은 환자가 신경심리검사 혹은 영상 촬영에 필요한 긴 시간 동안 주의력을 유지할 수 있는가 등을 고려해야 한다. 운동장애 혹은 언어장애와 같은 현실적 문제도 연구자가 사용할 수 있는 방법 유형을 제한한다.

물론 비용은 항상 존재하는 현실적 문제이다. 뇌 기능을 방해하여 뇌와 행동 사이의 관련성을 연구하는 것이 비싼 장비를 요구하는 영상 기법보다 비용이 덜 든다. EEG, ERP와 fNIRS는 비침습적이고 장비 설치에 비교적 비용이 덜 든다(각각 10만 달러 미만). MRI 기반 기법, MEG와 PET은 매우 비싸기 때문에(각각 200만 달러 이상) 주로 큰 연구센터 혹은 병원에 설치된다. 이와 유사하게 만약 연구자가 많은 연구대상자들의 전체 게놈을 사용할 것을 고려한다면 후생유전적 연구에 많은 비용이 소요된다.

표 7.3 뇌와 행동의 측정

방법	실험 목적	예
행동 분석(7-1절)	행동 관찰, 사람과 실험실 동물의 행동능력을 측정하는 검사 개발	자연 관찰, 검사, 미로, 자동 터치스크린 플랫폼
조직 분석(7-1절)	세포 유형과 연결성 확인, 질병 상태 확인	염색법
전기 및 자기활동 측정(7-2절)	개개 뉴런의 활동전위 측정, 수천 개 뉴런의 활동을 평가하기 위해 등급전위 측정, 자기장 측정	단일세포 측정, EEG, ERP, MEG
해부학적 뇌영상(7-3절)	비침습적 뇌 구조 측정	엑스레이, CT, MRI, DTI
기능 뇌영상(7-4절)	특정 행동의 수행 동안 뇌 활성화 측정	미니현미경, fMRI, fNIRS, MRS, PET
생체 내 화학(7-5절)	전달물질의 분비 변화에 따른 행동 변화	HPLC, 미세투석, 전압전류계
유전학(7-5절)	유전자와 부산물 존재 확인	DNA, RNA, 단백질 분석
후생유전학(7-5절)	경험이 유전자 발현, 뇌와 행동에 미치는 효과	유전자 발현 분석

7-6 복습

진도를 계속 나가기 전에 앞 절을 얼마나 이해했는지 확인해보자. 정답은 이 책의 뒷부분에 있다.

1. 신경과학 측정과 영상법은 _____, _____, _____의 차원에 따라 다르다.

2. fMRI와 PET 영상법의 비싼 경비에 비해 뇌 기능을 비침습적으로 방해하는 _____와/과 신경 심리검사의 실시에 드는 경비는 비교적 저렴하다.

3. 연구자가 중격핵의 도파민 수준과 약물 사용 사이의 관련성에 관심이 있다. 이 관련성을 확인하는 데 어떤 방법(들)이 사용될 수 있는가?

7-7

계산 신경과학과 딥러닝

계산 신경과학 분야의 실무자는 생물학적으로 그럴듯한 수리적 모델을 사용하여 뇌 조직화의 서로 다른 수준, 즉 단일 채널과 뉴런에서 단순하고 복잡한 회로와 전체 구조를 걸쳐 인지능력에 이르기까지를 이해하고자 한다. **계산 신경과학**(computational neuroscience)은 수리적 모델과 분석법을 사용하여 신경계의 구성을 모방하고 이를 통해 신경계의 발달, 구조, 생리, 인지능력을 통제하는 원리를 이해하고자 한다. 이 분야의 양적 특성을 강조하기 위해 **수리 신경과학**(mathematical neuroscience)이 계산 신경과학과 같은 뜻으로 사용되기도 한다.

계산 신경과학은 지난 세기 동안 발표된 주요 인물들의 중요한 발견을 통합한다. 20세 초 Louis Lapicque는 뉴런의 '통합과 발화 모델'을 소개하였는데, 즉 한 뉴런이 여러 다른 뉴런으로부터 입력을 받아 출력을 만들어낸다고 하였다. 1950년대 Hodgkin과 Huxley는 이 출력(활동전위)을 수리적 용어로 기술하는 생물물리학 모델(biophysical model)을 제안하였다. 10년 후 Hubel과 Wiesel이 각 피질뉴런은 자신이 선호하는 특징(자극)이 역치를 넘으면 발화하는 일종의 특징 탐지기로 여길 수 있다고 제안하였다. 각 뉴런에 의해 탐지되는 특징의 세부는 회로에 포함되는 뉴런들의 연결에 의해 결정된다. Hubel과 Wiesel이 시각피질세포들로부터 나오는 신호를 기록한 결과 망막에서부터 더 멀리 시냅스될수록 탐지된 특징이 더 복잡해지는 것을 발견하였다. 이 발견에 근거하여 그들은 할머니의 특정 시각 특징에만 발화하는 세포가 뇌의 어디엔가 있을 것이라고 가정하였고 이 세포를 '할머니 세포'라고 별명을 붙였다.

Hubel과 Wiesel이 신경회로 내에 있는 뉴런들의 활동에 관한 혁신적인 모델을 소개한 직후 David Marr가 어떻게 해마와 신피질의 기능뉴런군(functional groups of neuron)이 상호작용하여 정보를 저장, 처리, 전달하는가를 결정하는 데 새로운 계산방법을 제안하였다. 계산 모델은 생물학적·심리학적 실험으로 직접 검증할 수 있는 가설을 세우는 데 사용되며 이를 통해 계산 신경과학과 신경과학이 서로 정보를 주고받으면서 성장할 수 있다.

계산 신경과학의 하위 분야인 **딥러닝**(deep learning)은 훈련에 의해 학습 가능한 인공 신경 네트워크(artificial neural networks)에 근거한다. 지능 에이전트(intelligent agent)가 목표 달성의 기회를 최대화하기 위해 환경을 지각하고 움직이거나 의사소통(즉 행동)한다. 타고난 **지능**(natural intelligence)은 감각, 신경회로, 운동계, 가소성에 근거하여 표현된다. 이와 상반되게 인공지능(artificial intelligence, AI)은 기계에 의해 보여진다. **그림 7.24**가 이 분야(discipline)의 위계를 보여준다.

단순하고 고전적인 지능 구조가 **그림 7.25**에 제시되어 있다. 이 구조의 세 층, 즉 입력층(원

학습 목표

- 계산 신경과학을 정의하고 계산 기법에서 나온 모델이 신경계의 연구에 어떻게 사용되는지 설명한다.
- 딥러닝 및 인공지능의 적용과 이와 관련된 관심을 기술한다.

원리 1. 신경회로는 신경계의 기능 단위이다.

Hodgkin과 Huxley의 연구는 4-1절에 기술되어 있다. Hubel과 Wiesel의 연구는 9-6절에 기술되어 있다.

계산 신경과학 신경계의 발달, 구조, 생리, 인지능력을 더 잘 이해하기 위해 이들을 모방하는 생물학적으로 그럴듯한 수리적 모델을 사용하는 양적 접근법. 수리 신경과학이라고도 한다.

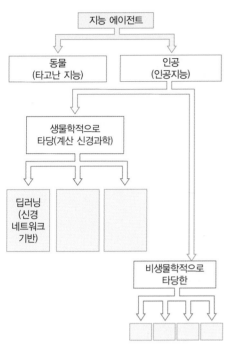

그림 7.24 인공지능의 도식

두 범주의 지능 에이전트가 있다. 인공지능은 생물학적으로 타당하거나 타당하지 못한다. 딥러닝은 인공적이지만 신경 네트워크에 기반하고 있기 때문에 생물학적으로 그럴듯하다. 생물학적으로 타당한 인공지능보다 비생물학적으로 타당한 인공지능이 더 많다.

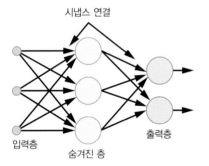

그림 7.25 딥러닝 지능의 구조

완전하게 연결된 딥러닝 회로의 기본 구조에는 최소한 입력층, 숨겨진 층과 출력층이 있다. 네트워크를 학습하면 연결 가중치(화살촉으로 표시)가 변한다.

쪽), 뉴런의 숨겨진 층(중간)과 출력층(오른쪽)이 뉴런을 모델로 한다. 입력층이 숨겨진 층과 시냅스 연결을 하고 네트워크가 학습하면 이 시냅스 연결의 가중치가 변하고 학습은 자료에 의해 촉진된다. 딥러닝 네트워크는 유아가 주위를 학습하는 것과 매우 유사한 방법으로 주위 세계로부터 학습하고 새로운 환경을 처리하는 데 필요한 기술을 점진적으로 획득한다.

딥러닝의 적용이 자율주행차, 언어 번역, 얼굴 인식, 법률 발견, 암 진단 등에서의 혁신을 가능하게 하였다. 딥러닝 모델이 Go, 체스, 포커 등과 같은 게임에서 챔피언들을 이기기도 하였다. 다양한 수준의 신경 네트워크를 사용하여 컴퓨터가 인간만큼 혹은 인간보다 복잡한 상황을 더 잘 인식하고 학습하며 반응한다. 많은 비즈니스가 벌써 딥러닝과 이와 관련된 기술에 근거하여 새로운 제품을 배달 및 서비스하고 있고 대부분의 산업이 몇 년 내에 딥러닝의 영향을 받을 것이다.

Terrence J. Sejnowski(2018)는 자신의 저서 딥러닝 레볼루션(*The Deep Learning Revolution*)에서 뇌를 역설계하고 싶은 자신의 소망을 기술하였는데, 즉 "자연이 우리 각 개인보다 더 현명할 수 있지만 나는 왜 우리 인간이 한 종으로서 지능의 수수께끼를 풀 수 없는 이유를 모르겠다"(p. 267)고 기술하였다. 최초의 유기 화합물에서 지적인 인간으로의 진화에 35억 년이 걸렸지만 딥러닝은 불과 몇십 년 안에 측정되고 있다. 그러나 이러한 발전에 대한 위험이 있다. 즉 인공 신경망이 지나치게 복잡하여 이들의 결정을 우리가 이해할 수 없고 이에 따라 이들을 통제하는 우리의 능력이 제한된다. 만약 편향된 자료에 근거하여 훈련을 받으면 AI 기계가 차별을 범하게 되거나 AI가 자율적으로 군사적 목적으로 사용될 수도 있다.

과학역사학자인 Adrienne Mayor(2018)는 자신의 책 *Gods and Robots : Myths, Machines, and Ancient Dreams of Technology*에서 지난 2,500년 동안 인간이 노동, 오락, 살상, 유혹 등을 자율적으로 행하는 기계에 관한 상상을 해왔다고 설명하였다. 〈터미네이터〉, 〈블레이드 러너〉, 〈매트릭스〉, 〈엑스 마키나〉 등과 같은 영화는 인간 존재를 위협하는 인공적 삶을 극적으로 그리고 있다. 물론 우리 인간은 오랫동안 인공적인 도움 없이도 우리 자신에게 해를 가해왔지만 적어도 지금까지는 딥러닝이 위험보다는 이점을 더 많이 가지고 있는 것으로 보인다.

7-7 복습

진도를 계속 나가기 전에 앞 절을 얼마나 이해했는지 확인해보자. 정답은 이 책의 뒷부분에 있다.

1. 두 가지 유형의 지능 에이전트, 즉 _____와 _____가 있다.

2. 계산 신경과학은 신경계를 더 잘 이해하기 위해 신경계의 _____, _____, _____, _____를 모방하는 _____ 그럴듯한 모델과 함께 양적 접근 방법을 사용한다.

3. 딥러닝은 잠재적으로 어떻게 적용되는가? 이 적용과 관련하여 고려할 점은 무엇인가?

학습 목표

- 신경윤리학의 목적과 신경윤리학이 답하고자 하는 질문의 예를 요약한다.
- 비인간 동물을 신경과학 연구에 사용할 때의 장점을 설명한다.
- 미국과 캐나다에서 실시되는 동물연구의 관리 규제를 기술한다.

7-8

윤리적 고려

신경과학자가 뇌와 행동을 연구하는 데 사용하는 도구들에 관한 결론을 내리기 전에 어떻게 도구를 사용해야 하는가를 일깨워주는 두 연구 영역, 즉 신경윤리학과 연구에 사용되는 비인간 동물에 대한 윤리적 대우에 관해 살펴보자.

신경윤리학

이 장에서 뇌와 행동을 연구하기 위해 개발된 매우 효과적인 기법들을 살펴보았다. 기술이 발달하면서 점차 상세하고 예측 가능한 모델로 집단 혹은 개체를 설명하게 됨에 따라 중요한 윤리적 문제, 예를 들어 "자폐증을 앓을 사람, 범죄를 저지를 사람, 거짓말 하는 사람을 예견해야 하는가?", "우리가 개인의 행동에 영향을 주거나 행동을 향상시켜야 하는가, 아니면 행동을 통제해야 하는가?", "사회성, 도덕성과 가치관의 신경학적 근거는 무엇인가?" 등의 질문에 당면한다.

신경윤리학(neuroethics)은 이러한 종류의 질문을 고려하고 연구하는 신경과학의 한 분야이다. 이는 우리가 기술적으로 혹은 임상적으로 뇌에 어떤 것을 행할 수 있는가와 우리가 뇌에 관해 배우고 알고 있는 것을 어떻게 사용해야 하는가와 관련된 윤리적 문제를 연구하는 분야로 정의된다.

신경윤리학에서 언급되는 근본적인 질문 중 많은 것이 새로운 것이 아니지만 신경윤리학에서 공식적으로 연구되고 출판된 문헌이 지난 15년 동안 상당히 증가하였다. 오늘날 많은 대학과 전문가 집단에서 신경윤리학 강의가 실시되고 있다. 신경윤리학이 신경과학의 중추적인 측면으로 인식되고 있는데 이는 신경윤리학이 신경과학의 발달과 더불어 야기되는 윤리적 질문을 예견하고 이에 답하기 때문이다. 따라서 신경윤리학이 기본적인 연구를 가이드하고 이 연구를 임상 장면에 적용하는 데 사용할 수 있다.

뇌-행동 연구에서 비인간종의 사용

뇌와 행동 사이의 관련성을 완전히 이해하는 것이 제한을 받는데, 이는 인간과 비인간종을 대상으로 하는 실험에 윤리적 제약이 있기 때문이다. 대부분의 나라가 인간, 척추동물과 비척추동물을 대상으로 하는 실험의 허용 여부를 독립적으로 판단한다. 일반적으로 우리의 가장 가까운 친척인 영장류보다 인간을 대상으로 하는 경우 허용되는 실험 방법이 더 적다. 따라서 의학 분야에서 개발되는 대부분의 새로운 치료법처럼 인간이 앓는 신경 질환 혹은 정신 질환의 치료법 개발과 검증은 인간보다 비인간종을 대상으로 먼저 이루어진다.

비록 언어에 관해서는 인간 뇌와 비인간 뇌가 서로 분명한 차이가 있지만 포유동물의 일반적인 뇌 조직화는 상당히 유사하고 포유동물의 기본적인 신경회로가 가지는 기능이 인간에도 일반화될 수 있는 것으로 보인다. 따라서 신경과학자들은 다양한 동물 종을 사용하여 인간 뇌 질환 모델을 개발하였고 인간 뇌의 기능에 관해 추론해 왔다.

동물 모델을 사용하여 뇌 질환 및 행동장애 치료법을 개발하는 데 두 가지 중요한 이슈가 있다. 하나는 동물이 인간이 경험하는 신경 질환을 실제로 경험하는가이고 두 번째는 동물을 연구에 사용하는 것에 대한 윤리적 이슈이다. 이 두 이슈를 각각 살펴보자.

질환의 동물 모델이 갖는 이점

일부 질환(예 : 뇌졸중)에 관한 모델을 실험실 동물을 대상으로 쉽게 만들 수 있는데, 이는 뇌로 향하는 혈액 공급을 방해하여 손상과 이로 인한 행동 변화를 야기하는 것이 가능하기 때문이다. 그러나 실험실 동물에게 인간이 경험하는 행동장애를 발병하게 하는 것은 명백하게 이보다 더 어렵다. 충동성, 과잉행동, 부주의 같은 행동 증상을 특징으로 하는 발달장애인 **주의력결핍 과잉**

신경윤리학 철학, 심리학, 신학, 법학의 관점에서 인간다움의 의미를 통합하여 의학 및 생물학적 연구의 윤리에 관심을 두는 분야

미국국립건강연구소의 BRAIN 법안은 다수의 상호 보완적인 신경윤리학 연구 프로젝트를 포함하여 수백 개의 신경과학 연구 프로젝트를 지원하는 야심 찬 기금 프로젝트이다.

행동장애(ADHD)를 예로 들어보자. ADHD 아동들에서 가장 공통적인 이슈는 이들이 학교에서 문제를 일으킨다는 것이다. 쥐, 생쥐와 같은 실험실 동물들은 학교에 가지 않으며, 따라서 이 동물들을 대상으로 어떻게 ADHD 모델을 개발할 수 있는가?

ADHD 아동에 대한 치료가 어려우며 ADHD 동물 모델의 개발에 관한 관심이 높아지고 있다. 한 가지 방법이 작업기억과 인지 기능에 관한 다양한 검사, 즉 주의력을 요구하는 검사들에서 쥐들이 보이는 수행의 정규분산을 이용하는 것이다. 이는 ADHD 아동과 쥐에서 관찰되는 행동이 정상군 행동의 정상분포에서 한 극에 있을 것이라는 아이디어에 근거한다. 많은 연구가 ADHD 아동의 치료에 널리 사용되고 있는 도파민 효능제인 메틸페니데이트[methylphenidate, 리탈린(ritalin)]로 쥐를 치료할 경우 치료 전에는 주의 과정이 요구되는 과제에서 저하된 수행을 보이던 쥐의 수행이 증가하는 것을 관찰하였다.

쥐의 한 종인 Kyoto SHR 쥐는 특히 ADHD의 좋은 모델로 여겨지고 있고 실험실에서 널리 사용되고 있다. 이 종은 과잉행동과 같은 비정상적인 행동과 관련되는 전전두엽 도파민 체계에 이상을 가지고 있는 것으로 알려져 있다. 비정상적인 도파민 수준이 아동 ADHD의 한 증상과 관련되어 있다고 여겨지고 있다. 메틸페니데이트는 ADHD 아동과 SHR 쥐에서 관찰되는 비정상적 행동을 호전시킬 수 있다.

동물 복지와 과학적 실험

오래전부터 비인간 동물이 과학적 연구에 사용되어 왔지만 동물 연구를 둘러싼 윤리적 이슈가 관심을 받고 이러한 연구에 제한을 가하는 법이 만들어진 것은 불과 100여 년 전부터이다. 과학계가 인간을 대상으로 하는 연구에 관한 윤리적 지침을 만든 것처럼 동물을 대상으로 하는 실험에 관한 지침도 개발하였다. 대다수 선진국은 동물을 연구에 사용하는 것을 규제한다. 한 국가에 속한 대부분의 주, 지역과 지방이 동물 연구에 관한 법을 통과시켰다. 연구를 수행하는 대학, 과학자의 전문학회 및 학회가 출판하는 저널들도 동물 사용에 관한 나름대로의 규칙을 가지고 있다.

캐나다는 동물을 사용하는 실험 및 교육 제안서를 검토하는 가이드라인으로 다음 네 가지 원칙을 사용한다.

1. 연구, 교육, 검사에서의 동물 사용은 다음의 경우에만 허락된다. 즉 동물 연구를 통해 환경 원리 혹은 이슈, 근본적인 생물학적 원리를 이해하거나 인간, 동물 및 환경에 도움을 줄 수 있는 정보를 얻을 수 있어야 한다.
2. 동물의 건강과 보호에 관한 최적의 기준이 실험 결과의 신빙성과 재현(reproducibility)을 높이는 결과를 가져온다.
3. 과학에서 동물 사용을 허용하는 것은 필연적이고 인도적이며 정당한 동물 사용을 확신할 수 있는 기제와 절차에 대한 대중의 확신이 있는 경우에 한한다.
4. 연구자가 동물 사용을 대체할 수 있는 다른 방법을 찾지 못할 경우에만 동물 사용이 이루어져야 한다. 연구자는 타당한 정보를 얻는 데 필요한 최소한의 동물만을 가장 인도적인 방법으로 사용해야 한다.

미국에서 실험실 동물의 보호와 사용에 관한 법률 제정은 동물복지법령(Animal Welfare Act)으로 시작하였으며 1966년, 1970년, 1976년, 1985년 국회에서 통과되었다. 다른 국가 법령도

임상 초점 6-1은 학교와 직장에서의 수행 향상을 위해 ADHD 약물 처방전을 불법적으로 사용하는 것에 관해 기술하고 있다. 15-2절은 주의력의 특성과 주의력결핍으로 인한 장애를 기술하고 있다.

이 책에 소개한 많은 실험이 현재의 윤리적 기준이 제정되기 전에 실시되었다. Bartholow의 뇌 자극(4-1절)과 교도소 연구의 자원자(실험 6-1)들이 그 예다.

이와 유사하며 일부 유럽 국가에서는 훨씬 더 엄격하다. 미국 법령은 쥐, 생쥐, 고양이, 개를 포함하는 포유류와 영장류, 새에 적용되지만 연구에 사용되지 않는 농장 동물은 제외한다. 이 법은 동물 및 식물건강 조사서비스, 동물보호회(Animal & Plant Health Inspection Service, Animal Care)에 소속되어 있는 조사관을 통해 농무부(Department of Agriculture, USDA)에서 실시하고 있다.

아울러 미국국립보건원(National Institutes of Health, NIH)의 인간연구보호실(Office of Human Research Protections)이 건강 연구 관련 법령을 실시하고 있으며, 이 법령은 1986년 통과되었다. 이 법령은 미국 공중보건서비스에 의해 실시되거나 지지받는 모든 동물 사용에 적용되고 연구, 훈련, 검사에 사용되는 살아 있는 어떤 척추동물에도 적용된다. 각 기관이 동물을 사용하기 전에 **실험실 동물의 복지와 사용에 관한 가이드라인**(The Guide for the Care and Use of Laboratory Animals)(National Reseach Council, 2011)을 준수한다는 서약서를 제출해야만 한다. 가이드라인을 준수하였다는 것을 보여주는 전형적인 방법이 실험동물관리 국제평가 및 인증협회(Association for Assessment and Accreditation of Laboratory Animal Care International)로부터 승인을 받는 것인데, 이 협회는 사적 비영리 단체이다.

정부로부터 연구비를 지원받는 모든 미국과 캐나다 대학들에게 모든 척추동물을 적절하게 대우하는 것이 요구된다. 어류, 양서류, 파충류, 새와 포유류를 포함하여 연구, 교육, 검사에 사용되는 척추동물에 대한 실험계획서를 검토받는 것이 요구된다. 미국과 캐나다 대학에서 동물을 사용하는 어느 누구라도 대학과 지역 사회에 거주하는 연구자, 수의사 및 과학 지식을 어느 정도 갖춘 일반인들로 구성된 대학의 동물 복지와 사용위원회에 실험계획서를 제출해야 한다.

연구를 위해 동물을 사용하는 회사에게는 이러한 절차를 밟는 것이 요구되지 않는다. 그러나 만약 이러한 절차를 밟지 않을 경우 연구 결과를 저널에 발표할 수 없는데, 이는 저널들이 연구가 동물 복지에 대한 가이드라인을 따라 행해졌는가를 밝히는 것을 요구하기 때문이다. 이에 덧붙여서 만약 동물 연구가 이러한 과정을 따르지 않았을 경우 환자를 대상으로 약물 시행을 승인하는 정부 기관이 이 연구 결과를 인정하지 않는다. 따라서 이러한 문제들을 피하기 위해 회사들은 정부 기관이 요구하는 기준만큼 엄격한 GLP(Good Laboratory Practice)에 기술된 기준을 사용한다.

동물들에게 일시적이거나 경미한 통증 및 고통 이상의 것을 초래하는 절차에 대해서는 대안을 사용하도록 규제한다. 대안에 대한 대부분의 관심은 약품, 특히 독성 물질의 검사에 동물을 사용하는 것에 대한 대중의 인식이 높아지면서 비롯되었다. 미국에서 이러한 약물의 검사는 국립환경건강과학연구소(National Institute of Environmental Health Sciences)에서 규제하고 있다.

동물 사용에 대한 입법에도 불구하고 과학적 연구에 동물을 사용하는 것에 관한 상당한 논란이 여전히 존재한다. 일부 사람들은 동물 사용을 전적으로 찬성하는 반면 일부 사람들은 어떤 연구에도 동물이 사용되어서는 안 된다고 주장한다. 일부 사람들은 중립적 입장을 취한다. 논쟁은 철학, 법, 도덕, 관습과 생물학 이슈를 중심으로 이루어진다.

다양한 과학 분야의 연구자들이 인간과 비인간의 신체, 뇌와 행동의 기능을 이해하기 위해 동물을 대상으로 실험하기 때문에 이러한 논쟁이 그들에게 중요하다. 신경계 질환이나 손상이 있는 사람과 동물이 이러한 연구로부터 혜택을 받기 때문에 이 논쟁은 의학과 수의학에도 중요하다. 또한 많은 이들이 철학적인 이유로 동물을 연구 혹은 먹이로 사용하는 것을 반대하기 때문에 이러한 논쟁이 이들에게도 중요하다. 그리고 학생인 여러분이 이 책에서 많은 동물 실험을 접하기 때문에 이 이슈들은 여러분에게도 중요하다.

7-8 복습

진도를 계속 나가기 전에 앞 절을 얼마나 이해했는지 확인해보자. 정답은 이 책의 뒷부분에 있다.

1. _____은/는 연구 기법, 임상 실무 혹은 신경과학으로부터 나온 자료와 지식의 사용과 관련된 윤리적 이슈를 연구하는 신경과학의 한 하위 분야이다.

2. 실험실 동물을 사용하여 뇌졸중과 같은 일부 질환의 모델을 개발할 수 있으나 ADHD와 같은 대부분의 _____ 장애 모델은 개발할 수 없는데, 이는 이러한 장애의 인간 특유의 조건을 재창조하기 어렵기 때문이다.

3. 미국에서 실험실 동물의 복지와 사용에 관한 법이 _____에서 시작되었다.

4. 동물을 대상으로 과학적 연구를 실시하는 이유를 기술하시오.

5. 신경윤리학에서 어떤 유형의 질문이 신경과학과 관련되어 언급되는가?

요약

7-1 뇌와 행동의 측정과 조작

뇌의 주된 기능이 행동을 생산하는 것이기 때문에 행동신경과학에서 사용되는 근본적인 연구 방법은 뇌와 행동 사이의 관련성을 직접적으로 연구하는 것이다. 연구자는 신경학적 문제가 있는 환자와 실험실 동물뿐만 아니라 건강한 사람과 동물을 대상으로 연구한다.

처음에는 과학자들이 단순하게 행동을 관찰하였으나 추후 미세한 움직임, 기억, 정서 등과 같은 특정 기능을 조사하도록 고안된 신경심리검사를 개발하였다. 오늘날에는 이 방법으로 얻은 행동 결과를 뇌 조직화에 관한 해부학적, 생리학적, 화학적, 유전적 및 다른 분자 측정과 관련짓는다.

영구적 혹은 일시적으로 뇌 기능을 변화시킴으로써 뇌와 행동 사이의 관련성을 조작할 수 있다. 영구적 손상에는 절제 혹은 독성물질을 사용하여 뇌 조직을 제거하거나 파괴하는 방법이 포함된다. 뇌 활성화의 일시적 변화에는 DBS와 TMS처럼 경미한 전기 및 자기류 사용이나 약물 사용이 포함된다. 합성생물학 기법인 CRISPR-Cas9는 박테리아에 있는 Cas9 단백질을 사용하여 세포의 DNA 배열을 절단하거나 대체한다. 유전자 이식 기법인 광유전학은 빛에 의해 활성화되는 이온 채널에 작용하여 살아 있는 조직의 목표세포를 흥분 혹은 억제시킨다. 화학유전적 자극은 변형된 수용기와 합성 약물을 결합하여 살아 있는 조직의 목표 세포를 흥분시킨다.

7-2 뇌의 전기적 활동 측정

단일 혹은 여러 세포의 활동 기록은 뉴런들이 특정 패턴으로 발화하고 피질뉴런들이 통합된 네트워크처럼 기능적 그룹으로 조직되어 있는 것을 보여준다. 감각 영역의 뉴런들은 자극의 특징, 예를 들어 색채 혹은 피치(음의 고저) 등에 반응한다. 다른 뉴런, 예를 들어 해마 형성의 장소 세포는 공간 내 물체의 위치 등과 같은 더 복잡한 정보를 부호화한다.

뇌전도와 뇌자도는 동시에 수천 개 뉴런의 전기 및 자기 활동을 측정한다. EEG는 뇌와 행동 사이의 관련성을 대략적으로 밝히는데, 예를 들어 개인이 각성해 있는 경우에는 베타파가 관찰되는 한편 개인이 휴식을 취하거나 잠을 자는 동안에는 느린 알파파가 관찰된다. 사건관련전위는 비록 깨어 있는 동안에는 뇌 전체가 활성화하지만 다른 뇌 영역에 비해 일부 뇌 영역이 순간적으로 훨씬 더 많이 활성화하는 것을 보여준다. ERP 기록은 정보가 한 뇌 영역에서 다른 뇌 영역으로 이동할 때 증가한 활성화를 보이는 영역들의 위치가 어떻게 변화하는지 보여준다.

EEG와 ERP는 두피에 부착된 전극을 사용하고 MEG는 머리 위의 자기 탐지기를 사용하는 비침습적 기법이다. 이와 상반되게 피질뇌전도(ECoG)는 피질에 직접 부착된 전극을 통하여 정보를 기록한다. ECoG와 단일 세포 기록법은 침습적이다.

7-3 해부학적 영상 기법 : CT와 MRI

컴퓨터단층촬영술(CT)과 자기공명영상법(MRI)은 뇌 구조, 뇌실, 핵과 경로의 밀도에 민감하다. CT는 3차원 엑스레이 형태인 한편 MRI는 수소 원자들이 자기장에서 회전하는 막대자석처럼 행동한다는 원리에 근거한다.

비록 CT 스캔이 MRI보다 비용이 적게 들고 더 빨리 실시된다는 장점이 있지만 MRI는 뇌에 위치하는 핵과 섬유 경로에 관한 더 명확한 영상을 제공한다. MRI는 사람마다 뇌 구조가 크게 다르다는 것을 보여준다. CT와 MRI 모두 신경 질환 혹은 부상으로 인한 뇌 손상을 평가하는 데 사용될 수 있으나 MRI가 CT보다 더 유용한 연구 기법이다.

확산텐서영상술(DTI)은 뇌의 정상 혹은 비정상적인 섬유로와 수초를 확인하게 하는 MRI의 한 유형이다. 또 다른 MRI 유형인 자기공명분광술(MRS)은 뇌진탕 후에 발생하는 뇌의 대사물질을 탐지하는 것을 가능하게 한다.

7-4 기능 뇌영상

신진대사 영상 기법은 어떤 행동에도 뇌의 광범위한 회로의 상호작용이 요구된다는 것을 보여준다. 양전자방출단층촬영술은 몇 분 동안 일어나는 혈류와 다른 신진대사 변화를 측정하며, 복잡한 감산 절차와 여러 피험자의 반응을 평균하는 것이 요구된다. 기능자기공명영상법에 의한 혈류 측정을 해부학적 MRI 영상과 결합해 혈류변화를 보인 뇌 영역의 위치를 확인하고 ERP 결과를 보완한다. 휴지기 fMRI는 뇌 영역들 사이의 연결성을 측정한다.

기능근적외선 분광기록법은 기능 뇌영상 연구에 주로 사용되는 광단층촬영술의 한 유형이다. 이 기법은 뇌 조직을 포함해 물체를 통과한 빛을 모아 물체를 재구성할 수 있다는 원리에 근거한다. fNIRS는 PET이나 fMRI에 비해 사용하기 간편하지만 빛이 뇌 깊숙이 통과하지 않기 때문에 피질 기능의 연구에만 사용할 수 있다.

7-5 뇌의 화학적·유전적 측정과 행동

유전자와 신경화학물질의 변화 분석을 통해 행동의 분자학적 근거를 이해하게 된다. 비록 유전자가 세포를 구성하고 규제하는 데 필요한 모든 정보를 부호화하지만 후생유전적 연구는 환경과 생의 경험이 유전자 발현을 변화시킬 수 있음을 보여준다. 출생 시 동일한 계놈을 가진 일란성 쌍생아가 성인이 되었을 때 매우 다른 유전자 발현과 뇌 구조를 가질 수 있다.

7-6 신경과학 연구 방법 비교

신경과학 연구의 주된 고려 사항은 연구 문제와 이 문제에 대해 가장 좋은 답을 제공하는 연구 방법을 매칭하는 것이다. 어떤 연구 방법을 사용하든지 간에 연구 목적은 뇌와 행동 사이의 관련성을 이해하는 것이다. 260쪽에 제시되어 있는 표 7.2와 7.3은 행동신경과학에서 사용되는 조작 및 측정 방법을 요약, 기술하고 있다. 측정에서 고려해야 할 모든 현실적 이슈 중에서 해상도, 비침습, 비용이 가장 먼저 고려되어야 한다.

7-7 계산 신경과학과 딥러닝

계산 신경과학은 신경계의 발달, 구조, 생리, 인지능력을 더 잘 이해하기 위해 이들을 모방하는 생물학적으로 그럴듯한 모델과 함께 양적 방법을 사용한다. 딥러닝은 훈련과 함께 학습 가능한 인공 신경 네트워크에 기초하는 계산 신경과학의 한 하위 분야이다. 딥러닝은 자율주행차, 언어 번역, 얼굴 인식, 암 진단에 적용되고 Go, 체스, 포커와 같은 전략 게임에 적용되어 이 게임의 챔피언을 이기기도 하였다.

7-8 윤리적 고려

신경윤리학은 의학 및 생물학 연구의 윤리 문제에 관심을 가지는 분야로서 정신 철학, 심리학, 신학, 법학의 관점에서 제시되는 '인간다움'을 중시한다. 건강한 뇌와 손상된 뇌 모두의 기능을 더 잘 이해하는 것을 목표로 하는 연구는 동물 모델을 사용하여 목적을 달성한다. 연구자는 뇌를 조작하기 위해 동물 모델을 개발하고 이를 통해 경험과 신경학적 치료가 뇌 기능에 어떻게 영향을 미치는가를 발견한다.

동물 스스로 학대로부터 자신을 보호할 능력이 없기 때문에 정부와 연구자들은 실험실 동물의 사용에 관한 윤리적 가이드라인을 개발하였다. 이 가이드라인은 동물에게 가해지는 고통을 최소화하고 침습적 절차에 사용되는 동물 수를 제한한다.

핵심 용어

개인 맞춤형 의료	대뇌 전압전류계	양전자방출단층촬영술(PET)	피질뇌전도(ECoG)
경두개자기자극(TMS)	미세투석	오르가노이드	합성생물학
계산 신경과학	보상	유도만능줄기세포(iPSCs)	행동신경과학
광유전학	사건관련전위(ERP)	입체정위 수술기구	화학유전학
기능근적외선 분광기록법(fNIRS)	선조체	자기공명분광술(MRS)	확산텐서영상술(DTI)
기능자기공명영상법(fMRI)	신경심리학	자기공명영상법(MRI)	휴지기 fMRI(rs-fMRI)
뇌심부자극(DBS)	신경윤리학	장소세포	
뇌자도(MEG)	알파파	컴퓨터단층촬영술(CT)	

Aynur_sib/Getty Images

신경계는 어떻게 발달하고 적응하는가?

8

8-1 뇌 발달에 관한 세 가지 견해

연구 초점 8-1 사회경제적 지위와 피질 발달의 관계

뇌 구조 출현과 행동 출현 사이의 상관

행동 출현과 신경 성숙 사이의 상관

뇌와 행동에 영향을 미치는 요인

8-2 발달의 신경생물학

인간 신경계의 발달

뉴런과 교세포의 기원

뉴런의 성장과 발달

임상 초점 8-2 자폐스펙트럼장애

교세포의 발달

전두엽 발달의 독특한 특징

8-3 행동 발달로부터 신경계 성숙 추론

운동행동

언어 발달

문제 해결 능력 발달

실험 8-1 질문 : 학습과 기억의 성숙에 필요한 전뇌 구조들이 어떤 순서로 발달하는가?

상관을 인과로 관련짓는 것에 관한 주의

8-4 뇌 발달과 환경

경험과 피질 조직화

연구 초점 8-3 음악 훈련이 뇌를 젊게 유지하게 한다

환경이 뇌 발달 속도에 미치는 영향

경험과 신경 연결

경험과 뇌 발달의 결정적 시기

장박테리아와 뇌 발달

8-5 비정상적인 경험과 뇌 발달

부정적 경험과 뇌 발달

임상 초점 8-4 루마니아 고아들

손상과 뇌 발달

기타 비정상적 뇌 발달의 원인

임상 초점 8-5 조현병

발달 장애

어떻게 뇌가 정상적으로 발달하는가?

◎ 연구 초점 8-1

사회경제적 지위와 피질 발달의 관계

노벨상을 수상한 미국 경제학자 James Heckman이 경제 성장을 이룰 수 있는 한 가지 효과적인 전략을 제안하였다. 즉 낮은 수입 등급에 속하는 가족에게 가능한 한 빨리 투자하는 것이 위기 아동을 최적의 수준으로 발달하게 한다는 것이다. Heckman은 사회경제적 지위(socioeconomic status, SES)가 낮은 가정의 아동이 높은 SES 가정의 아동보다 상대적으로 낮은 지식과 능력을 가지는 성인으로 발달하는 것을 관찰하였다.

이 차이는 건강과 수입에 영향을 미치며, 이 영향이 평생 지속된다. 아동기의 SES가 인지 발달, 언어, 기억, 사회 및 정서 과정과 관련되고 궁극적으로는 성인기의 수입, 건강과도 관련된다. 이러한 현상이 일어나는 한 이유가 SES와 관련된 생의 초기 경험이 아동의 대뇌 발달에 영향을 미치기 때문이다.

대뇌 발달을 조사하기 위해 신경 영상 연구들이 서로 다른 환경에서 자라는 아동들의 뇌 발달 차이를 시각화하였다. 아동기와 청소년기에 뇌가 성장하는 동안 피질 표면이 확장하고 성인기에는 감소한다(Schnack et al., 2014; 그림 8.14 참조). 피질 표면적은 서로 다른 행동의 생산에 필요한 신경 조직의 양을 반영하고 인지 발달과 정적 상관을 보인다. 낮은 SES 가정과 높은 SES 가정에서 자란 사람들의 피질 표면적과 인지능력을 비교해봄으로써 초기 경험이 뇌와 행동의 발달에 미치는 효과를 추정할 수 있다.

Kimberly Noble과 동료들(2015)이 신경 영상법을 사용하여 1,000명 이상의 3~20세 참여자들을 대상으로 SES와 피질 표면적 사이의 관련성을 조사하였다. 그림에서 볼 수 있듯이 인종과 성에 무관하게 낮은 가족 수입이 전두엽, 측두엽, 두정엽의 광범위한 영역에서의 피질 표면적 감소와 관련이 있었다(감소 영역은 빨간색으로 표시되어 있음). 이 연구진이 수행한 추후 연구에서 SES가 연령 관련 피질 두께 감소, 특히 언어와 관련 피질 영역의 두께 감소를 조절하는 것이 관찰되었다(Piccolo et al., 2016).

연구자들은 연구 참여자의 주의, 기억, 어휘와 읽기 검사의 수행을 측정하였다. 피질 표면적이 넓을수록 검사 수행이 더 우수하였다. 낮은 SES의 부정적 효과는 수입이 낮을수록, 특히 연봉이 3만 달러 이하인 경우 컸다. Noble 연구진의 추후 연구는 낮은 SES가 연령 관련 피질 두께의 차이뿐만 아니라 백

질 부피 및 인지적 융통성의 감소와도 관련이 있음을 보여주었다(Noble & Giebler, 2020 리뷰논문 참조).

Patricia Kuhl(2011)은 SES 자체가 언어와 뇌 발달에 영향을 미치는 변인이 아니라 SES가 언어 학습의 기회를 반영한다는 것을 지적하였다.

낮은 SES는 영양 결핍, 높은 스트레스 수준과 출생 전 및 유아기의 불충분한 양육 등과 관련되어 있다. Heckman의 가설에 따르면 낮은 SES 가정의 아동에게 교육 기회를 부여하는 것이 사회적 건강과 번영을 증가시키는데, 이는 이 아동들의 뇌 발달을 증가시키고 발달 잠재력을 인식하게 하기 때문이라고 한다. 빈곤의 감소와 부모에게 자녀의 언어 기술을 향상시키는 방법을 교육하는 것을 목적으로 하는 정책이 아동의 인지 및 뇌 발달을 증가시킬 수 있다(이에 관해서는 8-4절 참조).

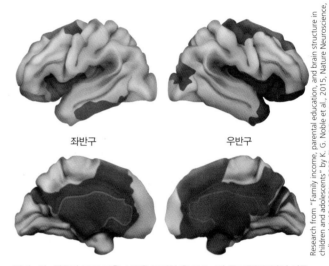

좌반구   우반구

Research from "Family income, parental education, and brain structure in children and adolescents" by K. G. Noble et al., 2015, Nature Neuroscience, online doi: 10.1038/nn.3983, Figure 2C, p. 4.

연령, 성, 인종과 부모 교육 수준을 통제한 후 Nobel과 동료들(2015)이 가족 수입과 피질 표면적의 관련성을 조사하였다. 그 결과 낮은 SES 가정의 아동에서 빨간색으로 보이는 뇌 영역이 유의하게 작았다.

과학자들이 어떻게 복잡하게 연결되어 있는 뇌와 행동 발달 과정을 연구하는지 이해하기 위해 뇌가 구성되는 것을 집을 짓는 과정에 비유해보자. 집을 짓는 계획이 설계도의 형태로 그려지는 한편 뇌 구성에 관한 계획은 유전자에 부호화된다. 건축가가 설계도에 모든 것을 상세하게 기술하지 않듯이 유전자도 뇌의 조립과 연결에 관한 모든 지시를 담고 있지 않다.

유전자에 완전히 그리고 상세하게 부호화되기에는 뇌가 지나치게 복잡하다. 이러한 이유로 수십억 개의 뇌세포의 운명, 특히 세포들이 어떻게 적절하게 연결되는지는 완전히 결정되어 있지 않다.

만약 각 뇌세포의 구조와 운명이 미리 정해져 있지 않다면 무엇이 뇌 발달을 통제하는가? 많은 요인이 작용하는데, 즉 집 짓기와 마찬가지로 뇌 발달은 발달 단계 동안에 경험하는 환경과 사용되는 재료의 질에 영향을 받는다. 예를 들어 '연구 초점 8-1 : 사회경제적 지위와 피질 발달의 관계'에서 보았듯이 빈곤이 아동의 뇌 발달을 방해할 수 있다.

신경계의 발달을 서로 다른 관점, 예를 들어 구조적·기능적·환경적 관점에서 볼 수 있다. 이 장에서는 발달의 신경생물학을 먼저 살펴본 후, 뇌 기능 발달과 행동 발달의 관련성을 살펴볼 것

이며, 마지막으로 경험과 환경이 전 생애 동안 신경가소성에 어떻게 영향을 미치는지 살펴볼 것이다.

8-1

뇌 발달에 관한 세 가지 견해

뇌와 행동은 빠른 속도로 발달한다. 따라서 과학자들은 이 두 발달이 매우 밀접하게 관련되어 있다고 추론한다. 행동 발달을 변화시키는 사건들은 뇌의 구조적 발달을 변화시켜야만 하고 뇌의 구조적 발달을 변화시키는 사건은 행동 발달을 변화시켜야만 한다. 뇌가 발달함에 따라 뉴런들이 점점 더 밀접하게 연결되고 이러한 복잡한 연결의 증가가 점차 복잡한 행동을 가능하게 한다. 이러한 발견들은 신경과학자가 세 가지 서로 다른 관점에서 뇌와 행동 발달 사이의 관련성을 연구하는 것을 가능하게 한다.

1. 구조의 발달을 행동 출현과 관련지을 수 있다.
2. 새로이 발달하는 신경회로를 통해 행동 발달을 예견할 수 있다.
3. 뇌 구조와 행동 발달 모두에 영향을 미치는 요인, 즉 호르몬, 손상, 사회경제적 지위(SES)와 관련된 변인을 연구할 수 있다.

뇌 구조 출현과 행동 출현 사이의 상관

신경계의 구조적 발달을 조사하고 이를 특정 행동의 출현과 관련지을 수 있다. 예를 들어 특정 뇌 구조의 발달과 운동 발달, 즉 유아가 붙잡거나 기는 행동과 관련지을 수 있다. 뇌 구조들이 성숙할수록 이 구조들의 기능이 관찰 가능한 행동에 반영된다.

빨리 발달하는 신경 구조, 이를테면 시각계는 언어 체계처럼 비교적 천천히 발달하는 구조에 비해 기능을 더 빨리 나타낸다. 인간의 뇌는 성인기까지 지속적으로 발달하기 때문에 일부 능력은 늦게 나타나거나 늦게 성숙한다. 전두엽에 의해 통제되는 일부 인지적 행동이 가장 나중에 발달한다. 이 행동 중 하나가 효율적으로 계획을 세우는 능력인데, 이 능력은 일상 활동을 조직하거나 여행 계획을 세우는 것 등을 포함한 생의 복잡한 일에 매우 중요하다.

그림 8.1에 소개되어 있는 하노이 탑 검사(Tower of Hanoi test)는 계획능력을 어떻게 실험실에서 측정할 수 있는지 보여준다. 이 검사에는 색채 원반을 한 위치에서 다른 위치로 하나씩 최소한의 시행 동안 이동하는 것을 계획하는 것이 요구된다. 단순한 검사는 10세 아동도 풀 수 있지만 그림 8.1에 제시되어 있는 것과 같은 더 어려운 버전은 15~17세에 이르기 전에는 풀기 어렵다. 따라서 청소년이 자주 혼란되어 있는 것처럼 보이는 것이 놀랍지 않은데, 이는 계획능력이 아직 성숙하지 않았기 때문이다.

전두엽에 손상을 입은 성인 역시 하노이 탑 검사에서 저하된 수행을 보인다. 이러한 사실은 아동이 성인 행동의 '규칙'을 단순히 학습하는 성인의 축소물이 아니라는 의견을 지지한다. 아동의 뇌는 성인 뇌와 매우 다르며 서로 다른 연령의 아동들의 뇌도 서로 다르다.

행동 출현과 신경 성숙 사이의 상관

새로운 능력이 출현할 경우 그 행동을 자세히 조사하면 그 행동의 출현과 관련되어 있는 신경계 성숙을 추론할 수 있다. 예를 들어 어린 아동에서 언어가 발달하면 이에 따라 언어를 통제하는

목표

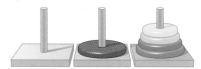

제시된 목표와 맞게 원반을 하나씩 옮긴다.

그림 8.1 인지 발달 검사
하노이 탑은 3개의 막대와 서로 다른 크기의 원반 여러 개로 구성되어 있는 수리적 퍼즐 검사이다. 이 검사는 다음 두 가지 규칙에 따라 최소한의 시행으로 원반을 옮기는 것이 요구된다 : (1) 한 번에 1개의 원반만을 옮김, (2) 더 큰 원반이 작은 원반 위에 놓일 수 없음.

신경 구조에도 변화가 있을 것이라고 추측한다. 실제 신경과학자가 발견하는 것이 이러한 변화들이다.

출생 시 아동은 말을 하지 못하고 이때에는 집중적인 언어 훈련을 제공하여도 말을 하지 못하는데 이는 언어를 통제하는 신경 구조들이 아직 충분히 성숙하지 못했기 때문이다. 따라서 아동이 말을 하게 되면 우리는 뇌에 위치하는 언어 관련 구조들이 언어행동을 지지할 만큼 성숙하고 있다고 추론한다.

이와 같은 추론을 전두엽 발달에도 적용할 수 있다. 청소년과 성인 초기 동안 전두엽 구조들이 성숙하면 이와 관련하여 행동의 변화가 일어날 것으로 기대한다. 혹은 역으로 10대 혹은 그 이후에 새로운 능력이 출현하는 것을 관찰하면 이러한 능력이 늦게 성숙하는 신경 구조 및 연결에 의해 통제된다고 추론할 수도 있다.

언어 발달은 8-3절에 자세하게 기술되어 있고 언어와 관련된 해부학적 구조는 10-4절에 기술되어 있다.

뇌와 행동에 영향을 미치는 요인

뇌와 행동 사이의 발달 관련성을 연구하는 세 번째 방법은 뇌와 행동 모두에 영향을 미치는 요인을 확인하고 조사하는 것이다. 이 관점은 특정 뇌 구조가 완전히 발달하는 것만으로는 행동이 충분하게 설명되지 않는다고 여긴다. 즉 뇌 구조의 기능을 가능하게 하고 특정 행동을 생산하게 하는 사건에 관해서도 알아야만 한다고 여긴다. 뇌 기능에 영향을 미치는 사건 중 일부가 감각 경험, 손상, 호르몬, 유전자의 활동 및 SES와 관련된 요인이다.

만약 이러한 요인 중 하나가 행동에 영향을 미친다면, 이 요인에 의해 변화되는 뇌 구조들이 행동 결과에 관여한다고 논리적으로 여길 수 있다. 예를 들어 비정상적인 호르몬 분비가 어떻게 특정 뇌 구조와 행동에 영향을 미치는지 연구할 수 있다. 관찰된 행동이 뇌 구조의 기능 변화에 의해 발생했기 때문에 이 구조가 정상적인 조건에서는 그 행동의 통제에 어떤 역할을 한다고 추론할 수 있다. 예를 들어 발달 초기에 테스토스테론은 전형적으로 남성에서만 분비되고 이로 인해 특정 시상하부핵의 구조와 기능의 변화가 생긴다. 그러나 만약 테스토스테론의 분비량이 적거나 다른 발달 시기 동안에 분비되거나 혹은 여성에서 분비된다면 시상하부의 구조가 변화되어야만 한다. 결과적으로 성적 기호와 성정체감도 변할 수 있다.

12-5절은 성행동을 포함한 비제어적 행동의 통제 기제를 기술하고 있다.

8-1 복습

진도를 계속 나가기 전에 앞 절을 얼마나 이해했는지 확인해보자. 정답은 이 책의 뒷부분에 있다.

1. 뇌 구조의 발달은 _____의 출현과 관련이 있다.
2. 행동 발달이 _____의 성숙을 예견한다.
3. 뇌 기능에 영향을 미치는 세 가지 요인을 기술하시오.
4. 행동 출현의 시기를 결정하는 중요한 제약 조건은 무엇인가?

학습 목표

- 인간 신경계 발달의 주요 사건을 요약한다.
- 발달 동안 뉴런과 교세포가 분화하는 단계를 확인한다.
- 뇌 성장과 발달의 일곱 가지 주요 단계를 기술한다.
- 전두엽 발달이 비교적 느린 것의 중요점을 설명한다.

8-2

발달의 신경생물학

약 2,000년 전에 로마 철학자 세네카는 인간의 배아가 성인의 축소물이기 때문에 발달 과제는 단순히 점점 더 커지는 것이라고 주장하였다. **전성설**(preformation)이라고 알려진 이 아이디어는 당시 매우 인상적이어서 이후 수백 년 동안 널리 받아들여졌다. 현미경이 발달할 당시까지 전성

설의 매력은 매우 강하여 생물학자들조차 말
의 정액에서 매우 작은 말을 보았다고 주장
하였다.

　1800년대 중반에 이르러 사람들이 배아가
성인과 전혀 닮지 않았다는 것을 인식하면서
부터 전성설의 인기가 사라졌다. 실제로 서
로 다른 종의 배아들은 각각의 부모보다 더
많이 서로 닮아 있다. **그림 8.2**의 상단은 불
도마뱀, 병아리와 인간 배아가 놀라울 정도
로 서로 닮은 것을 보여주며, 하단은 각각의
태아 형태를 보여준다.

　모든 척추동물의 배아는 유사하게 보이는
원시적 형태의 머리, 혹 또는 주름 잡힌 영역

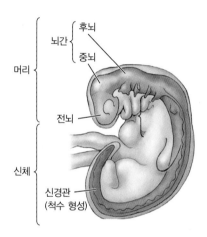

과 꼬리를 가지고 있다. 배아가 발달하는 동안 종 특유의 두드러진 특징을 갖게 된다. 19세기의
많은 생물학자가 어린 배아들이 매우 유사하다는 사실은 수백만 년 전 모든 척추동물이 공통된
조상으로부터 진화했다는 다윈의 견해를 입증한다고 믿었다.

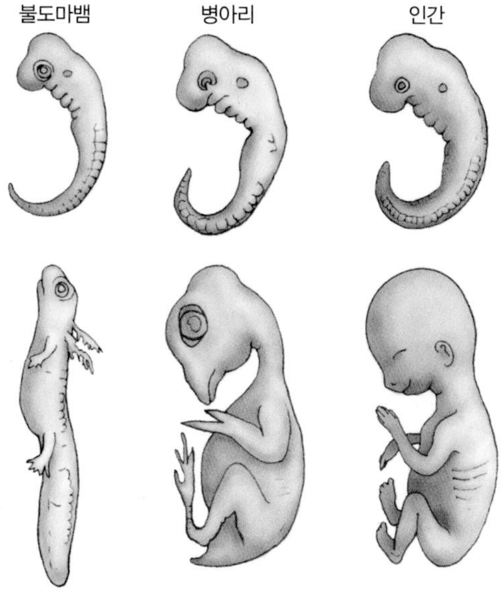

　척추동물 배아의 신경계 구조들도 신체처럼 서로 유사하다. **그림 8.3**은 어린 척추동물 배아의
3개의 방(전뇌, 중뇌, 후뇌)으로 구성된 뇌를 보여준다. 신경관의 나머지 부분이 척수를 형성한
다. 이 세 영역이 어떻게 발달하는가? 배아가 성숙하는 동안 일어나는 사건들을 추적할 수 있다.

인간 신경계의 발달

정자가 난자를 수정시킨 결과 형성되는 인간 접합자는 단지 하나의 세포이다. 그러나 이 세포는
곧 분열한다. 수정 후 15일 정도에 이르면 달걀 프라이처럼 보이는 배아가 생성된다(**그림 8.4**).
이 구조는 여러 세포층으로 구성되며 중앙에 **배아 디스크**(embryonic disc)라고 하는 도드라진 부
위가 있는데, 이 영역이 원시적 신체 부위이다.

　수정 후 3주 정도에 이르면 **신경판**(neural plate)이라고 알려진 원시적인 신경 조직이 배아세포
의 가장 바깥층 일부를 차지한다. **그림 8.5**에 제시되어 있듯이 신경판이 접어져서 **신경홈**(neural
groove)이 형성된다. 이후 신경홈이 말리면서 **신경관**(neural tube)이 형성되는데, 이 과정은 마치
종이를 말아 원통을 만드는 것과 같다.

　신경관을 형성하는 세포들을 중추신경계의 나머지 부분들을 위한 양성소처럼 여길 수 있다.
관의 중앙에 있는 열린 부위는 계속 열려 있으며 추후 뇌실(ventricle)과 척수관(spinal canal)으로

그림 8.2　배아와 진화

발달의 가장 초기 단계에서는 서로 다른 종의
배아 모습이 놀랄 만큼 유사한데, 상단 그림에
는 각각 불도마뱀, 병아리, 인간 배아가 제시되
어 있다. 이러한 유사한 모습 때문에 배아가 단
순히 성인의 축소물이 아니라는 주장이 있다.

그림 8.3　척추동물 배아의 신경계

28일 된 인간 배아에서 전뇌, 중뇌, 후뇌가 분
명하게 관찰되며 나머지 신경관은 척수로 발달
한다.

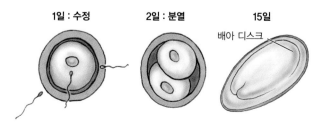

그림 8.4　수정에서부터 배아까지

발달은 수정된 순간(1일)부터 시작되어 접합자가 형성된다. 2일에는 접합자가 분열된다. 15일에는 도드라진 배아 디스크가
형성되기 시작한다.

신경판 추후 신경관이 되는 원시적인 신경 조직

신경관 뇌 발달의 초기 단계 구조로 여기서 뇌
와 척수가 발달한다.

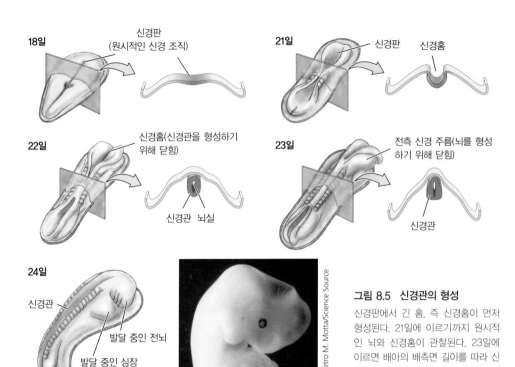

18일   신경판
(원시적인 신경 조직)

21일   신경판   신경홈

22일   신경홈(신경관을 형성하기
위해 닫힘)

신경관 뇌실

23일   전측 신경 주름(뇌를 형성
하기 위해 닫힘)

신경관

24일
신경관
발달 중인 전뇌
발달 중인 심장

Professor Pietro M. Motta/Science Source

그림 8.5 신경관의 형성

신경판에서 긴 홈, 즉 신경홈이 먼저 형성된다. 21일에 이르기까지 원시적인 뇌와 신경홈이 관찰된다. 23일에 이르면 배아의 배측면 길이를 따라 신경판이 안쪽으로 서로 합쳐지면서 신경관이 형성된다. 사진에 24일 된 배아가 제시되어 있다.

성숙한다. 생쥐 배아의 신경관이 닫히는 과정을 현미경으로 관찰한 것이 **그림 8.6**에 제시되어 있다.

인간 신체와 신경계는 다음 3주 동안 급격하게 변한다(**그림 8.7**). 7주(49일)에 이르면 배아가 사람처럼 보이기 시작한다. 수정 후 100일 정도에 이르면 뇌는 인간 뇌처럼 보이지만 7개월에 이를 때까지 회와 열의 형성이 시작되지 않는다. 9개월 말쯤에는 태아의 뇌가 성인 뇌와 유사하게 보이지만 세포 구조는 성인 뇌와 다르다.

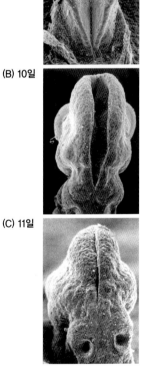

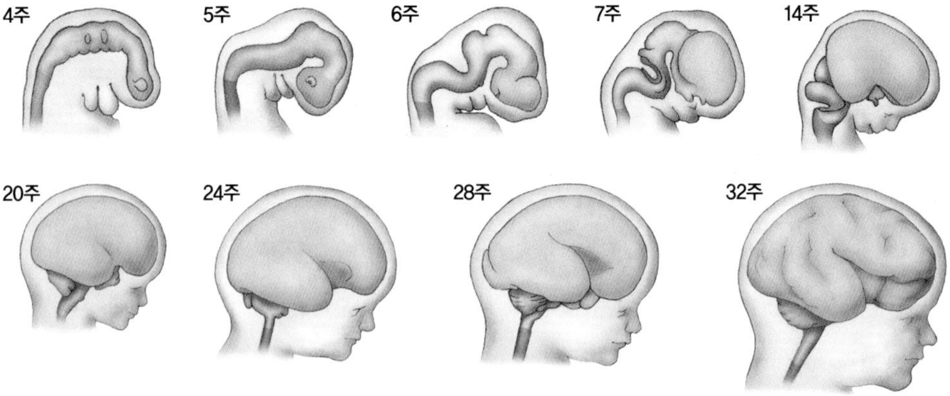

(A) 9일

(B) 10일

(C) 11일

그림 8.6 신경관 발달

생쥐 배아의 신경관이 닫히는 것을 보여주는 전자현미경 스캔

출처 : Dr. R. E. Poelmann, Department of Cardiology, Leiden University Medical Center, Institute of Biology, University of Leiden, Leiden, the Netherlands.

4주   5주   6주   7주   14주

20주   24주   28주   32주

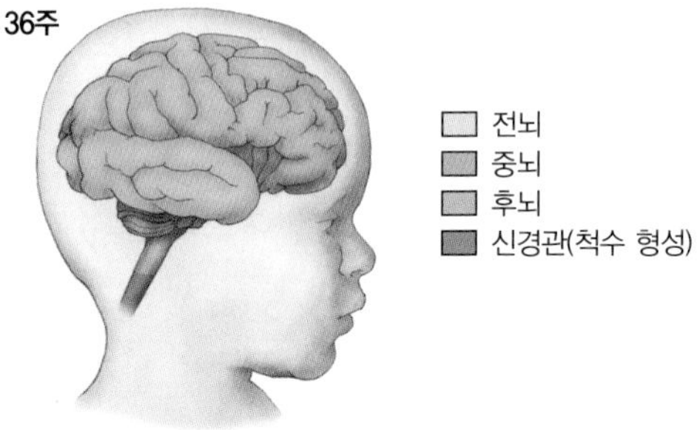

36주

□ 전뇌
■ 중뇌
■ 후뇌
■ 신경관(척수 형성)

그림 8.7 출생전 뇌 발달

인간 뇌는 일련의 배아와 태아 단계를 거쳐 발달한다. 임신 동안 발달하는 전뇌, 중뇌, 후뇌가 색으로 구분되어 있다(그림 8.3 참조). 6개월에 이르면 전뇌가 발달해 중뇌 구조를 둘러싼다.

출처 : Cowan, 1979.

뉴런과 교세포의 기원

앞서 언급하였듯이 신경관은 뇌의 양성소다. 신경관을 따라 정렬되어 있는 **신경 줄기세포**(neural stem cell)는 놀랄 만한 자기 재생 능력을 가지고 있다. 하나의 줄기세포가 분열하여 2개의 줄기세포가 생성되고 한 세포가 죽으면 다른 세포가 생존하여 다시 분열한다. 이 과정이 한 개인의 평생 반복된다. 성인의 경우 신경 줄기세포가 뇌실을 따라 정렬되어 **뇌실하 영역**(subventricular zone)을 형성한다.

　만약 신경 줄기세포의 기능이 인간 생의 수십 년 동안 단지 뇌실을 따라 정렬해 있는 것이라면 이 세포들이 매우 이상하게 여겨질 것이다. 그러나 신경 줄기세포는 자기 재생 이외의 기능도 있다. 즉 **전구세포**(progenitor cell)를 생성하며, 전구세포 역시 분열한다. **그림 8.8**에 제시되어 있듯이 전구세포들이 결국에는 **신경아세포**(neuroblast)와 **교아세포**(glioblast)로 알려져 있는 분열하지 않는 세포들을 생산한다. 신경아세포와 교아세포는 추후 각각 뉴런과 교세포로 성숙한다. 따라서 신경 줄기세포는 **다능성** 세포로서 CNS 내에 있는 많은 전문화된 세포들의 근원이다.

　Sam Weiss와 동료들(1996)은 줄기세포가 성인 초기까지만이 아니라 노화된 뇌에서도 뉴런과 교세포를 생산할 수 있다는 것을 발견하였다. 이 중요한 발견이 성인 뇌에서 죽은 뉴런들이 교체될 수 있다는 것을 시사한다. 실제로 발달 초기 이후의 신경발생은 성장 요인, 약물치료와 환경 노출 등에 의해서 변할 수 있기 때문에 미래에는 신경 질환을 관리할 수 있을 것으로 여겨진다(Jurkowski et al., 2020 리뷰 참조).

　이 질환을 관리하는 한 가지 가능한 방법이 성인 뇌에서 줄기세포 생산을 통제하기 위해 뇌가 주로 사용하는 신호를 이용하는 것이다. 예를 들어 암컷 생쥐가 임신을 하면 프로락틴(prolactin)이라는 신경펩티드의 수준이 증가하고 이는 태아 뇌를 자극하여 더 많은 뉴런을 생산하게 한다. 이처럼 자연적으로 일어나는 호르몬 신호가 뇌 손상을 입은 실험실 쥐에서 상실된 뉴런을 교체하는 것이 관찰되었다(Bond et al., 2015와 Faiz & Morshead, 2018 리뷰 참조).

　줄기세포가 체세포가 아닌 뉴런이 될 것을 어떻게 알 수 있는가? 각 세포에서 특정 유전자가

출생전 단계	
접합자	수정 후 2주까지
배아	2~8주
태아	9주에서 출생까지

회와 구는 2-1절에 소개되어 있다.

성숙한 줄기세포가 뇌실하 영역을 따라 배열되어 있다. 줄기세포는 해마, 척수와 망막에도 위치한다.

신경 줄기세포　자기 재생 능력을 가지는 다능성 세포로서 이 세포로부터 신경계의 뉴런과 교세포가 형성된다.

뇌실하 영역　성인에서 신경 줄기세포가 뇌실을 둘러싸면서 배열되어 있다.

전구세포　줄기세포로부터 파생된 세포로서 이동하여 뉴런 혹은 교세포를 생산한다.

신경아세포　다양한 유형의 뉴런으로 성숙하는 전구세포

교아세포　다양한 유형의 교세포로 성숙하는 전구세포

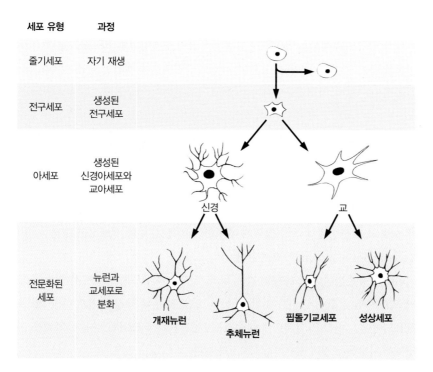

그림 8.8　뇌세포의 원천
뇌세포는 다능성 줄기세포가 전구세포로 발달하고, 전구세포는 전문화된 뉴런 혹은 교세포로 발달하는 아세포를 생산한다.

단백질 합성은 3-2절에 더 자세하게 기술되어 있고 유전자 발현에 영향을 미치는 후생유전적 요인은 3-3절에 기술되어 있다.

유전자 메틸화를 보여주는 그림 3.26(여기에 발췌)은 히스톤과 mRNA 수정 기제를 DNA 메틸화와 비교한다.

메틸기(M)가 염기쌍 CG에 결합하여 전사를 차단한다.

DNA

성인 뇌에서 신경발생을 자극하기 위해 성장인자를 사용하는 것을 포함하여 뇌 손상 치료에 관한 내용은 14-5절에 기술되어 있다.

신경영양인자 발달 중인 뉴런의 성장과 분화를 지지하고 성숙한 특정 뉴런의 생존을 유지하게 하는 화학합성물

신호에 의해 발현되면 이 유전자들이 특정 유형의 세포를 생산한다. 유전자 발현은 유전자로부터 나온 정보가 유전자 산물, 즉 단백질 합성에 사용되는 과정이다. 특정 단백질이 체세포를 생산하는 한편 다른 단백질이 뉴런을 생산하는 것을 쉽게 상상할 수 있다. 이와 유사하게 특정 단백질이 추체세포와 같은 한 유형의 뉴런을 생산하는 한편 다른 단백질이 과립세포를 생산한다.

유전자 발현에 관한 특정 신호는 아직 널리 알려져 있지 않지만 아마도 신호가 화학적으로 일어나서 후생유전의 근거가 되는 것으로 여겨진다. 발달 동안 유전자 발현을 억제하는 흔한 후생유전적 기제가 유전자 메틸화(gene methylation) 혹은 DNA 메틸화이다. 이 과정에서 메틸기(CH_3)가 DNA 배열의 구아닌(guanine) 다음에 놓여 있는 뉴클레오티드 염기 시토신에 부착한다. 서로 다른 표현형에서 유전자 메틸화를 수량화, 즉 전반적인 유전자 발현이 증가 혹은 감소하는가를 반영하는 것이 비교적 단순하다.

발달 과정 동안 메틸화가 유전자 발현을 크게 변화시킨다. 예를 들어 출생 전 스트레스가 유전자 메틸화를 약 10% 감소시키는데, 이는 출생 전에 스트레스를 받은 유아가 스트레스를 받지 않은 유아보다 2,000개 이상의 유전자(인간 게놈에 있는 2만 개 이상 중에서)를 더 발현한다는 것을 의미한다(Mychasiuk et al., 2011). 히스톤 수정과 mRNA 수정 같은 다른 후생유전적 기제가 유전자 발현을 조율할 수 있지만 이 효과는 수량화하기 더 어렵다.

따라서 뇌세포의 화학적 환경이 신체의 다른 부위에서 발견되는 세포의 화학적 환경과 다르며, 뇌세포들에서 서로 다른 유전자들이 활성화되어 서로 다른 단백질과 서로 다른 유형의 세포가 생산된다. 세포 분화를 유발하는 데 필요한 화학적 환경이 이웃한 다른 세포의 활성화 혹은 혈액을 통해 수송되는 호르몬 등과 같은 화학물질의 활성화에 의해 일어난다.

줄기세포가 뉴런으로 분화하는 데는 일련의 유전자 활성 신호가 필요하다. 화학 신호는 줄기세포로 하여금 전구세포를 생산하게 하고, 또 다른 화학 신호가 전구세포로 하여금 신경아세포 혹은 교아세포를 생산하게 한다. 마침내 하나 혹은 일련의 화학 신호들이 신경아세포 유전자로 하여금 특정 유형의 뉴런을 만들게 한다.

특정 방식으로 세포를 발달하게 하는 합성물이 **신경영양인자**(neurotrophic factor, trophic은 '영양분을 주는'을 의미함)이다. 동물의 뇌에서 줄기세포를 채취한 다음 이 세포를 용액에 담아 생존하게 함으로써 신경영양인자가 어떻게 기능하는지 연구한다. **상피성장인자**(epidermal growth factor, EGF)라고 알려져 있는 한 합성물을 줄기세포 배양에 첨가할 경우 이 합성물이 전구세포의 생산을 자극한다. **기본 섬유아세포 성장요소**(basic fibroblast growth factor, bFGF 혹은 FGF-2)라는 또 다른 합성물은 전구세포가 신경아세포를 생산하는 것을 자극한다.

현재로는 신경아세포의 운명이 미리 정해져 있는 것이 아니라고 여겨지고 있다. 아세포가 정확한 화학 신호를 받으면 어떤 유형의 뉴런도 될 수 있다. 따라서 신체는 특정 신경영양인자에 노출되면 신경계의 특정 영역에 위치하는 특정 유형의 세포로 성숙하는 '일반적 목적 뉴런(general-purpose neuron)'에 의존한다.

이러한 융통성이 세포 유형과 각 유형의 세포 수가 유전자에 상세하게 정해져 있는 경우에 비해 뇌의 발달을 훨씬 단순하게 한다. 마치 집을 짓는 데 특정 크기의 목재 몇 개가 특정 위치에 사용되어야만 한다고 설계도에 기술하는 것보다 2×4 크기의 다용도 목재를 필요한 길이만큼 잘라서 사용하는 것이 훨씬 더 쉬운 것과 같다.

뉴런의 성장과 발달

인간 뇌에서 한 대뇌반구를 덮고 있는 피질을 형성하는 데 대략 100억(10^{10}) 개 정도의 세포가 필요하다. 이는 출생전 뇌 발달의 정점 시기에 1분당 대략 25만 개의 뉴런이 생산되어야 하는 것을 의미한다. 그러나 **표 8.1**에 제시되어 있듯이 이렇게 빠른 뉴런(신경발생) 및 교세포(교발생)의 형성은 뇌 성장의 첫 번째 단계에 불과하다. 이 새로운 세포들은 자신들이 있어야 할 정확한 위치로 떠나야 하고(이동) 정확한 유형의 뉴런 혹은 교세포로 분화해야만 하며, 뉴런들은 수상돌기와 축색을 성장시켜 시냅스를 형성해야 한다.

뇌는 불필요한 세포와 연결을 제거하여 특정 개인의 경험과 요구에 따라 자신을 정비해야 한다. 우리는 뇌 발달의 이러한 단계들을 살펴볼 것이다. 특히 피질의 발달에 초점을 맞출 것인데, 이는 인간 뇌의 피질 발달이 다른 뇌 영역의 발달보다 더 잘 알려져 있기 때문이다. 그러나 피질 발달에 관한 연구로부터 얻은 원리는 다른 뇌 영역의 성장과 발달에도 적용된다.

뉴런의 생성, 이동, 분화

그림 8.9는 신경발생(neurogenesis)이 주로 임신 25주 후에 완료됨을 보여준다(일부는 생후 5세까지 성장한다). 예외가 해마인데, 해마에는 새로운 뉴런이 평생 지속적으로 발달한다.

만기 출생 이후까지 태아의 뇌는 특히 민감하고 손상, **기형발생물질**(기형을 야기하는 화학물질)과 외상에 매우 취약하다. 명백한 점은 발달 중인 뇌가 세포의 성숙이 시작되는 세포 이동 단계 혹은 세포 분화 단계보다 더 이른 단계, 즉 세포 발생 단계 동안 뇌 손상에 더 쉽게 대처한다는 것이다(표 8.1 참조). 이에 대한 한 가지 이유는 신경발생이 일단 느려지면 이 과정이 다시 시작되기 어렵기 때문이다. 만약 신경발생이 높은 비율로 여전히 진행 중이면 더 많은 뉴런이 만들어져 손상된 뉴런을 교체할 수 있거나 이미 존재하는 뉴런들이 다르게 할당될 수 있다.

세포 이동은 첫 번째 뉴런들이 발생한 직후부터 시작되며 대뇌피질에서는 대략 6주 동안 지속된다(해마에서는 평생 지속된다). 이동 후 세포 분화 과정, 즉 신경아세포가 특정 유형의 뉴런으로 성장하는 과정이 시작된다. 세포 분화는 근본적으로 출생 시에 완료되지만 수상돌기, 축색과 시냅스의 성장을 포함하는 뉴런 성숙은 뇌의 일부 영역에서 몇 년, 그리고 다른 일부 영역에서는 성인기에도 지속된다.

대뇌피질은 세포 구성에서 두드러지게 구분되는 층들로 구성되어 있다. 발달 과정 동안 어떻

연구 초점 8-1에서 연구자들은 SES의 효과 측정에 피질 발달을 사용하였다.

표 8.1 뇌 발달 단계

1. 세포 발생(신경발생, 교발생)
2. 세포 이동
3. 세포 분화
4. 세포 성숙(수상돌기와 축색 성장)
5. 시냅스 발생(시냅스 형성)
6. 세포 죽음과 시냅스 제거
7. 수초발생(수초 형성)

임상 초점 11-2는 출생시의 뇌 외상으로 야기되는 뇌성마비에 관해 기술하고 있다.

해마(그림 2.23 참조)는 기억에 중요하고(14-3절) 스트레스에 취약하다(5-4절).

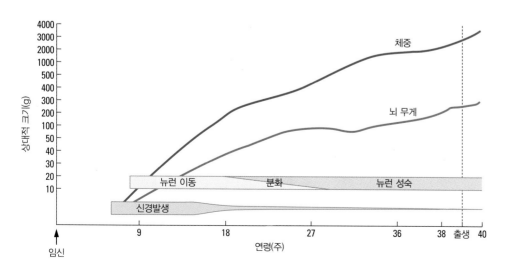

그림 8.9 인간 대뇌피질의 출생전 발달

뇌 무게와 체중이 동시에 급격하게 증가한다. 피질은 대략 임신 6주에 형성되기 시작하고 신경발생이 대개 25주 정도에 이르면 완료된다. 뉴런 이동과 세포 분화가 약 8주에 시작되고 29주 정도에 이르면 대부분 완료된다. 축색과 수상돌기 성장을 포함하는 뉴런 성숙이 약 20주 정도에 시작되고 출생 후까지 지속된다.

출처 : Marin-Padilla, 1993.

방사형 교세포 이동 중인 뉴런이 목적지에 도달할 수 있도록 경로를 만드는 세포

2-3절은 신피질 층과 엽들을 포함한 뇌의 구조적 조직화를 기술하고 있다.

게 서로 다른 영역이 서로 다른 세포 구성을 갖게 되는가? 신경과학자인 Pasko Rakic과 동료들(예 : Geschwind & Rakic, 2013)은 40년 이상 동안 이 질문에 대한 답을 찾고자 하였다. 이들의 연구는 뇌실하 영역이 기초적인 피질 지도, 즉 특정 뇌실 영역에서 형성된 세포가 피질의 특정 위치로 이동하게 될 것이라는 것에 관한 지도를 가지고 있는 것을 보여준다. 예를 들어 뇌실하의 한 영역은 시각피질로 이동하게 될 세포를 생산하는 한편 다른 영역은 전두엽으로 이동하게 될 세포를 생산한다.

이동하는 세포들이 어떻게 피질의 서로 다른 영역들의 위치를 알 수 있는가? 세포들은 **방사형 교세포**(radial glial cell)에 의해 만들어진 경로를 따라 이동한다. **그림 8.10A**에 제시되어 있듯이 경로를 만드는 이 세포들의 섬유는 뇌실하 영역에서부터 피질 표면까지 뻗어 있다. 그림 8.10B와 C는 특정 뇌실하 영역에서 출발한 신경세포가 교세포에 의해 만들어진 길을 따라 정확한 피질 영역에 도달하는 것을 자세하게 묘사하고 있다.

뇌가 성숙함에 따라 교세포의 섬유가 확장하지만 여전히 동일한 장소로 향한다. 그림 8.10B는 방사형 교세포 섬유를 건너 세포가 이동하는 것도 보여준다. 비록 대부분의 피질뉴런이 방사형 교세포 섬유를 따라 이동하지만 소수의 뉴런은 일종의 화학 신호를 따라 이동하는 것으로 여겨진다.

피질층들은 마치 집을 지을 때 새로운 층이 첨가되는 것처럼 안쪽에서 바깥쪽으로 발달한다. 가장 안쪽 층(VI)의 뉴런들이 먼저 자신들의 장소로 이동하고 그다음으로는 V층 등의 순서로 이동하는데, 즉 뉴런들이 먼저 도착한 뉴런들을 잇달아 통과하여 피질의 더 바깥쪽으로 이동한다. 마치 집을 땅에서부터 위로 지을 때 위층을 짓는 데 필요한 재료가 저층을 통과해야만 하듯이 새로운 세포가 낮은 층들을 통과하여 이동해야만 한다.

그림 2.25는 감각피질과 운동피질의 6개 층과 층들의 기능을 서로 대조한다.

집 짓기를 용이하게 하기 위해 각 층의 높이, 예를 들어 3m 높이에 관한 것이 설계도에 명시되어 있다. 그러면 뉴런들은 각 피질층의 두께가 얼마여야 된다는 것을 어떻게 결정하는가? 피질의 각 층이 동일한 두께를 가지고 있지 않은 것을 고려하면 이 질문에 쉽게 답하기 어렵다.

일부 환경 신호(다른 세포에 의해 생산되는 화학물질들)가 피질층을 형성하는 세포들에 영향을 미칠 수 있다. 이러한 세포 간 신호들이 한 세포가 표현할 수 있는 특성을 점진적으로 제한하

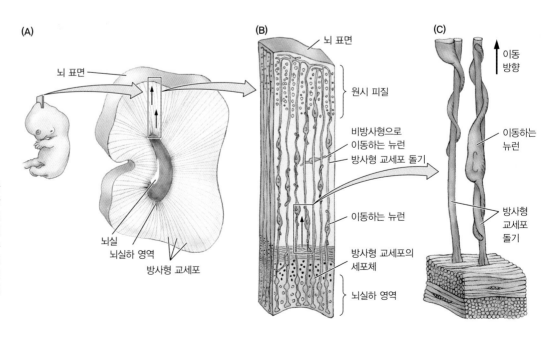

그림 8.10 뉴런의 이동

(A) 신경과학자들은 피질 지도가 뇌실하 영역에 표상된다고 가정한다. **(B)** 방사형 교세포 섬유가 뇌실하 영역에서 피질 표면으로 확대된다. **(C)** 뉴런은 방사형 교세포 섬유를 따라 이동하며 이 섬유는 뉴런이 뇌실하 영역에 있는 원시적 지도에서 이에 상응하는 피질 영역으로 이동하게 한다.

출처 : Rakic, 1974.

는데, 이에 관한 설명이 **그림 8.11**에 제시되어 있다. 따라서 뇌에 특정 유형의 세포가 출현하는 것은 특정 유전 프로그램이 드러나기 때문이 아니라 유전 지시, 타이밍과 다른 세포들로부터 오는 신호 사이의 상호작용 때문이다.

뉴런 성숙

뉴런이 자신의 최종 위치로 이동하고 특정 유형의 뉴런으로 분화한 후 성숙하기 시작하는데, 즉 처음에는 다른 세포들과 시냅스하는 영역을 제공하기 위해 수상돌기가 자란다. 그런 다음에는 시냅스 형성을 시작하기 위해 적절한 목표물로 축색이 확장한다.

수상돌기가 발달하는 동안 두 가지 사건, 즉 수상돌기의 가지 뻗기(branching)와 수상돌기가시의 성장이 일어난다. **그림 8.12**에 제시되어 있듯이 신생아의 수상돌기가 세포체로부터 나오기 시작한다. 생후 2년 동안 수상돌기가 가지 뻗기를 하는데, 즉 마치 잎이 없는 나뭇가지처럼 보일 만큼 복잡한 가지 뻗기를 시작한다. 이때 수상돌기는 대부분의 수상돌기 시냅스가 위치하는 가시를 형성하기 시작한다.

비록 인간의 경우 수상돌기의 발달이 출생 전에 이미 시작되지만 그림 8.12에서 볼 수 있듯이 발달은 출생 후에도 오랫동안 지속된다. 수상돌기의 성장은 하루에 몇 마이크로미터(마이크로미터는 100만분의 1미터) 정도로 천천히 일어난다. 그러나 축색은 하루에 1mm 정도, 즉 수상돌기보다 1,000배 정도 더 빨리 성장한다.

축색과 수상돌기의 성장률이 서로 다른 것이 중요한데, 이는 수상돌기보다 더 빨리 자라는 축색이 목표세포의 수상돌기가 완전히 형성되기 전에 목표세포와 접촉할 수 있기 때문이다. 이러한 방식을 통해 축색이 수상돌기 분화, 그리고 궁극적으로는 뉴런의 기능, 예를 들어 뇌의 시각, 운동, 언어 회로에 중요한 역할을 하게 된다. 뉴런의 비정상적인 성장률이 신경 연결 패턴의 이상을 초래할 수 있으며 이에 대한 것이 '임상 초점 8-2 : 자폐스펙트럼장애'에 기술되어 있다.

축색 연결이 발달 중인 뇌에 상당한 기술적 문제를 가한다. 성장 중인 뇌에서 축색이 몇 mm 혹은 1m 정도나 떨어져 있는 세포와 연결되어 있는데, 축색은 복잡한 세포 영역을 통과하여 이

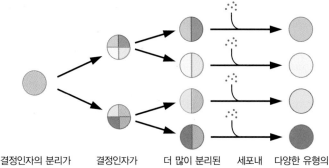

그림 8.11 세포의 발달
그림 8.8에 제시되어 있듯이 전구세포는 세포의 장래 운명에 대해 무한정의 잠재력을 가지고 있다. 그러나 전구세포가 발달하는 동안 유전자, 성숙, 환경 영향 등과의 상호작용을 통해 특정 세포 유형으로 발달한다.

결정인자의 분리가 없는 전구세포 / 결정인자가 일부 분리된 세포 / 더 많이 분리된 결정인자를 가진 세포 / 세포내 환경 / 다양한 유형의 세포

3-1절에서 수상돌기가 정보를 모으고 축색이 이 정보를 다른 뉴런으로 전달하는 것을 살펴보았다.

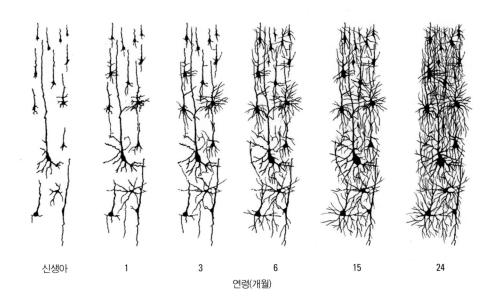

신생아   1   3   6   15   24
연령(개월)

그림 8.12 피질 언어 영역에서의 뉴런 성숙
출생후 인간 대뇌피질이 분화하는 과정 동안 단순한 수상돌기를 가진 뉴런이 생후 2년이 될 때까지 점차적으로 수상돌기가 발달한다(그림에는 언어에 관여하는 브로카 영역에 위치하는 뉴런의 분화 과정이 제시되어 있다). 따라서 뇌의 성숙은 행동 발달(언어의 출현)과 같이 이루어진다.
출처 : Book: Eric H. Lenneberg, Biological Foundations of Language, New York: Wiley, 1967, pp. 160－161.

임상 초점 8-2

자폐스펙트럼장애

1940년대에 Leo Kanner와 Hans Asperger가 자신의 세상 속에서만 사는 것처럼 보이는 아동을 기술하기 위해 *자폐증*(autism, '자신'을 의미하는 그리스어인 autos로부터 유래)이라는 용어를 처음으로 사용하였다. 이 아동 중 일부는 지적장애로 분류되었고 일부는 지적 기능을 유지하는 것으로 보였다.

오늘날에는 경미한 증상부터 심각한 증상 모두를 기술하기 위해 **자폐스펙트럼장애**(autism spectrum disorder, ASD)라는 용어가 사용된다. 심각한 증상에는 매우 손상된 사회적 상호작용, 기이하고 제한된 흥미, 언어 및 의사소통의 두드러진 이상과 고정되고 반복적인 움직임이 포함된다.

자폐스펙트럼에는 전형적인 자폐증과 이와 관련된 장애가 포함된다. 예를 들어 *아스퍼거 증후군*(Asperger syndrome)은 다른 주제 혹은 대상에 전혀 혹은 거의 관심을 가지지 않고 오직 단일 주제 혹은 대상에 강박적인 관심을 가지는 것을 특징으로 한다. 아스퍼거 증후군 아동은 사회적으로 미숙하고 운동 기술의 발달이 지체된다. *레트 증후군*(Rett syndrome)은 비록 자폐증으로 인식되지 않았지만 자폐증과 유사한 증상, 즉 빈약한 표현성 언어와 서투른 손 사용이 특징이며 거의 절대적으로 여아에서 발병한다.

ASD의 발병률이 지난 40년 동안 증가하고 있다. 미국질병통제예방센터(CDC)의 추정에 의하면 1980년에는 2,000명 중 1명 이하가 발병하였으나 2020년에는 54명의 아동 중 1명이 ASD가 있다고 추정한다. 발병률이 증가하는 원인은 확실하지 않다. 일부는 진단 준거의 변화, 더 어린 연령 아동에 대한 진단과 후생유전적 영향이 원인이라고 주장한다. 인종, 국가, 사회적 지위와 무관하게 여아보다 남아의 유병률이 4배나 더 높다.

많은 ASD 아동의 행동이 출생 시부터 눈에 띈다. 양육자와의 신체적 접촉을 피하기 위해 이 유아들은 등을 구부리고 양육자를 밀치고 안기지 않으려고 한다. 아동의 약 1/3이 자폐 증상이 나타나기 전, 즉 생후 1~3세까지는 정상적으로 발달한다.

ASD의 가장 두드러진 특징이 사회적 상호작용을 하지 못하고 반복적으로 몸과 손을 흔들며 언어가 발달하지 못하고 일상에서의 변화에 저항하는 것이다. 자폐스펙트럼 아동 중 일부는 매우 심한 장애를 보이고 일부는 기능을 패 잘 학습한다. 또 다른 일부 아동들은 *서번트 증후군*(savant syndrome), 즉 심각한 인지 결함을 가지고 있는 동시에 음악, 예술, 수학 등을 포함한 제한된 영역에서 놀랄 만한 능력을 보인다.

ASD로 진단된 아동의 뇌는 놀랍게도 정상적으로 보이지만 2~13세의 대규모 아동을 대상으로 한 MRI 연구들은 ASD 아동의 회백질 부피가 더 크며 여아보다 남아의 회백질이 더 큰 것을 관찰하였다(Lee et al., 2020). 동일한 연구진의 다른 연구에서도 ASD 아동의 백질 발달 경로가 비정상적이라는 것이 관찰되었다(Andrews et al., 2021).

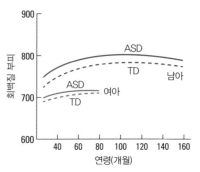

아동기 초기에 있는 여아(빨강)와 남아(파랑) ASD 아동 대 정상 발달 아동(TD)의 회백질 부피의 종적 변화 과정. 여아의 곡선이 80개월(약 7세)에 수렴되는 한편 남아의 곡선은 180개월(약 15세)까지 수렴되지 않는다.

지나친 뇌 부피는 ASD 아동의 편도체에서도 관찰된다(Hessl et al., 2021). 피질하 편도체가 공포 및 불안의 생성과 ASD의 사회적 철수에 중요한 역할을 하며, ASD 아동의 불안 심각도 차이가 편도체 크기 차이와 관련된다.

뇌의 급성장과 큰 뇌 영역들은 대뇌 영역들 사이의 연결이 비정상적이라는 것을 시사하고 이는 나아가 비정상적인 기능을 초래한다. 뇌가 무엇 때문에 이렇게 발달하는가? ASD 아동들에서 100개 이상의 유전적 차이가 관찰되었고 따라서 단일의 '자폐 유전자'가 작용하지 않는 것이 명백하다.

유전적 이상을 자폐 뇌로 바꾸는 기제는 알려져 있지 않지만 출생 전, 출생 후 혹은 두 시기 모두에서 경험한 후생유전적 요인들이 이와 관련되어 있을 가능성이 높다. 임산부가 임신 첫 3개월 동안 풍진을 앓을 경우 태어나는 자녀에게서 ASD가 발병할 위험이 높다. 연구자들은 산업 독성물질이 자폐증을 초래할 수 있다고 제안하지만 무엇이 원인이고 무엇이 결과인지는 아직 확실하지 않다.

ASD의 의학적 치료법은 아직 없다. 집중적인(일주일에 20~40시간) 행동치료가 훈련된 치료자에 의해 제공될 경우 치료 효과가 가장 높다. 빨리 치료를 시작할수록 예후가 더 좋다. 응용행동분석(applied behavior analysis, ABA)은 긍정적인 행동은 강화하고 부정적 행동은 무시함으로써 행동 기술을 향상하는 치료법이다. ABA가 단일 프로그램은 아니지만 언어, 의사소통 기술과 기억을 향상시키기 위해 다양한 개입을 사용한다.

자폐 증상이 한 가지를 제외하고는 어떤 진화적 이점을 제공하지 않기 때문에 자폐증은 연구자에게 수수께끼이다. ASD 아동은 특정 과제 혹은 정보에 지나치게 주의를 준다. 복잡한 문제에 장시간 주의 집중하는 능력이 인간 발달과 문화적 발달의 기초이다. 그러나 이러한 진화적 적응이 ASD와 같은 상태에서는 극단적으로 표현된다.

자폐스펙트럼장애(ASD) 자폐증은 경미한 수준부터 심각한 수준의 인지증상을 가지고 있는 것이 특징이다. 심각한 증상에는 매우 심하게 손상된 사회적 상호작용, 기이하고 제한된 흥미, 언어 및 의사소통의 두드러진 비정상, 고정되고 반복적인 움직임이 포함된다.

성장 원뿔 축색의 성장하는 끝

사상위족 성장 중인 축색의 한 끝에 있는 돌기로 잠재적 목표를 찾거나 세포 사이의 환경을 모으는 역할을 한다.

연결을 이루어야만 한다. 유전-환경의 상호작용이 축색 연결에 중요하며, 다양한 분자가 접근하는 축색의 끝을 받아들이거나 혹은 배척함을 통해 축색 연결이 이루어진다.

100년 전에 Santiago Ramón y Cajal이 이러한 발달 과정을 처음으로 기술하였다. 그는 성장하는 축색 끝을 **성장 원뿔**(growth cone)이라고 불렀다. **그림 8.13A**는 마치 어질러져 있는 책상에서 펜을 찾기 위해 손가락을 뻗는 것처럼 성장 원뿔이 확장하면서 가지를 내보내는 것을 보여준다. **사상위족**(filopod, 복수형은 filopodia)이라고 하는 하나의 가지가 적절한 목표에 도달하면 다른 가지들이 뒤따라 도달한다.

(A)

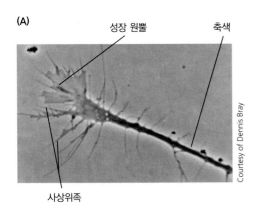

성장 원뿔   축색

사상위족

Courtesy of Dennis Bray

(B)

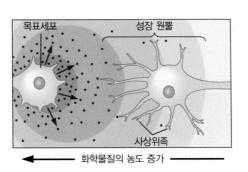

목표세포   성장 원뿔

사상위족

← 화학물질의 농도 증가 →

그림 8.13 경로 찾기
(A) 이 축색의 끝에서 성장 원뿔이 축색이 성장해야 할 방향을 안내할 특정 분자를 찾기 위해 사상위족을 보낸다. **(B)** 사상위족이 성장 원뿔을 세포 유착과 향성 분자(그림에 빨간색 점으로 표시)를 분비하는 목표세포로 안내한다.

성장 원뿔은 두 유형의 분자에 반응한다(그림 8.13B).

- **세포 유착 분자**(cell adhesion molecules, CAMs)는 세포에서 만들어지는 분자로서 목표세포의 표면에 놓여 있거나 세포 사이의 공간에 분비된다. 일부 CAMs는 이름이 의미하듯이 성장 원뿔이 부착하는 표면을 제공하는 한편 일부 CAMs는 성장 원뿔을 받아들이거나 배척한다.
- **향성 분자**(tropic molecules)는 축색의 성장 원뿔이 찾고 있는 목표세포에서 생산되고(향성은 '어디를 향하여 움직인다'는 의미), 근본적으로 성장 원뿔에게 '이리로 오라'고 말한다(화학적 끌림). 또한 이 분자들은 다른 목표세포를 찾는 축색들에게 '다른 곳으로 가라'고 말하기도 한다(화학적 배척).

비록 100여 년 전에 Cajal이 향성 분자의 존재를 예견하였지만 이를 발견하기가 어려웠다. 가장 잘 알려진 화학적 끌림 분자가 **네트린**(netrin, 산스크리트어로 '안내하다'를 의미함)이다. 그러나 축색 성장의 안내자는 축색에게 어디로 가면 안 된다고 말하기도 한다. 이러한 화학적 배척 분자군이 **세마포린**(semaphorine, 그리스어로 '신호'를 의미함)인데 자신의 주변에 축색이 확장하는 것을 막는 역할을 한다.

향성(가이드) 분자를 신경원의 성장을 지지하는 성장(영양 제공) 분자와 혼동하지 말라.

시냅스 발달

인간 대뇌피질의 시냅스 수는 대략 10^{14}, 혹은 10만 조 개인 것으로 추정된다. 각 시냅스를 특정 위치로 할당하는 유전자 프로그램이 이 엄청난 수의 시냅스를 결정하는 것은 불가능하다. 뇌 발달의 모든 단계처럼 뇌의 신경 연결에 관한 전반적인 개요만이 유전적으로 미리 결정되어 있는 것으로 여겨진다. 특정 시냅스 연결의 대부분은 다양한 환경 단서와 신호에 의해 이루어진다.

임신 5개월 정도에 이르면 단순한 시냅스 연결이 인간 태아에게서 관찰된다. 임신 7개월 정도에 이르면 피질의 가장 깊은 층에 위치하는 뉴런의 시냅스 발달이 활발해진다. 출생 후 시냅스 수는 급속히 증가한다. 시각피질의 시냅스 밀도는 생후 2~4개월 사이에 거의 2배가 되며, 생후 1년이 될 때까지 지속적으로 증가한다. 그러나 시각피질이 발달하는 동안 모든 시냅스가 시각적으로 이루어지지 않는데 이를 **공감각**(synesthesia)이라고 한다. 공감각은 한 감각을 다른 감각으로 지각하는, 예를 들어 소리를 색채감각으로 지각하는 현상이다(이 현상에 대한 자세한 논의는 15-5절 참조).

세포 죽음과 시냅스 제거

조각상을 만들기 위해 조각가는 돌덩어리를 가지고 시작하면서 원하지 않는 부위를 끌로 깎아

세포 유착 분자(CAM) 특정 세포들이 유착하는 화학 분자로서 세포의 이동을 돕는 역할을 한다.

향성 분자 성장 원뿔을 끌어들이거나 배척하는 신호 분자

네트린 축색의 성장을 가이드하는 화학적 끌림 향성 분자

세마포린 부적절한 영역에서 축색의 방향을 바꾸게 하는 화학적 배척 분자

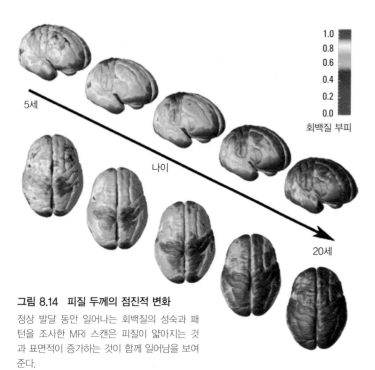

1.0
0.8
0.6
0.4
0.2
0.0

회백질 부피

5세

나이

20세

그림 8.14　피질 두께의 점진적 변화
정상 발달 동안 일어나는 회백질의 성숙과 패턴을 조사한 MRI 스캔은 피질이 얇아지는 것과 표면적이 증가하는 것이 함께 일어남을 보여준다.

낸다. 뇌도 세포 죽음과 시냅스 제거를 통해 이와 유사한 과정을 거친다. 뇌의 '끌'은 유전 신호, 경험, 생식 호르몬, 스트레스, SES 등이다. 뇌의 '끌' 효과는 시간이 지남에 따라 피질 두께가 변하는 것을 통해 볼 수 있는데, 이에 관한 것이 **그림 8.14**의 뇌영상 지도에 제시되어 있다. 실제 피질 두께가 미측에서 문측(후측에서 전측으로)으로 갈수록 점차 얇아지는데, 이는 주로 시냅스가 제거되고 백질이 확장하기 때문이다. 이로 인해 피질의 표면적이 증가하며, 연구 초점 8-1에 이에 관해 기술되어 있다.

그림 8.15의 그래프는 시냅스 밀도의 증감을 보여준다. Pasko Rakic(1974)은 인간에서 시냅스 상실이 정점에 달하는 경우 매 1초에 10만 개의 시냅스가 상실된다고 추정하였다. 시냅스 제거는 광범위하게 그리고 지속적으로 일어난다. Peter Huttenlocher (1994)는 이 과정이 인간 피질에 있는 모든 시냅스의 42%에 영향을 미치고 전전두피질에서는 30대에 이를 때까지 지속된다고 추정하였다. 이렇게 급속하게 일어나는 시냅스 상실에 따르는 행동 결과가 어떤 것인지 궁금할 뿐이다. 아동, 특히 아장아장 걷는 유아와 청소년의 기분과 행동이 빨리 변하는 것은 우연히 일어나는 일이 아닐 것이다.

뇌가 어떻게 여분의 뉴런을 제거하는가? 이에 대한 가장 단순한 설명이 때로 **신경 다원주의** (neural Darwinism)라고 하는 경쟁(competition)이다. 찰스 다윈은 진화의 중요한 점이 종이 소유하고 있는 특성의 변화를 가져오는 것이라고 믿었다. 유기체의 특성이 지역 환경에 가장 잘 맞다면 그 유기체가 생존할 가능성이 가장 높다. 다원주의 관점에 의하면 성인기까지 생존할 동물보다 더 많은 동물이 태어나며 환경 압력이 덜 적합한 동물을 '제거'한다. 이와 유사한 압력이 신경 다원주의를 일으킨다.

정확하게 무엇이 뇌에서 세포의 제거를 일으키는가? 뉴런이 시냅스를 형성하면 뉴런의 생존은 목표세포에 달려 있다고 밝혀지고 있다. 실제로 시냅스를 맺는 목표 세포가 결핍되면 결국 뉴런이 죽는다. 목표세포가 뉴런의 생존을 조절하는 신경영양인자를 분비하기 때문에 뉴런들이 죽게 된다. 예를 들어 **신경성장인자** (nerve growth factor, NGF)가 피질세포들에 의해 만들어지고 기저전뇌의 콜린성

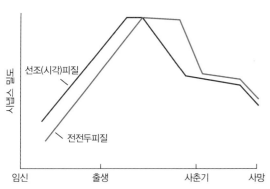

선조(시각)피질

전전두피질

시냅스밀도

임신　　출생　　사춘기　　사망

그림 8.15　시냅스 형성과 제거
연령에 따른 인간 시각피질과 전전두피질의 상대적 시냅스 밀도 변화
출처 : Bourgeois, 2001.

뉴런들에 의해 흡수된다.

만약 많은 뉴런이 제한된 양의 신경영양인자를 두고 서로 경쟁하면 결국 이 세포 중 일부만이 생존하게 된다. 신경영양인자의 결핍으로 초래되는 뉴런의 죽음은 손상이나 질환으로 초래되는 뉴런의 죽음과 다르다. 뉴런에게 필요한 신경영양인자가 부족하면 특정 유전자가 발현되고, 이로 인해 세포에게 죽음에 관한 메시지가 일어난다. 이 프로그램된 과정을 **세포자살**(apoptosis)이라고 한다.

세포자살은 과잉 뉴런의 죽음을 설명할 수 있지만 생존하는 세포들의 시냅스 제거는 설명하지 못한다. 1976년 프랑스의 신경생물학자인 Jean-Pierre Changeux는 시냅스 상실에 관한 이론을 제안하였는데, 이 이론 역시 경쟁에 근거한다(Changeux & Danchin, 1976). Changeux에 의하면 시냅스가 기능적 신경 네트워크(functional neural network)의 멤버가 될 때만 성인기까지 유지된다고 한다. 만약 멤버가 되지 못하면 결국 뇌에서 제거된다. 호르몬, 약물, 경험 등과 같은 환경

신경 다원주의　세포의 죽음과 시냅스 제거 과정이 종의 자연적 선택처럼 연결과 신경 환경에서의 신진대사 자원을 위한 뉴런들 간의 경쟁의 결과라고 설명하는 가설

세포자살　유전적으로 계획된 세포 죽음

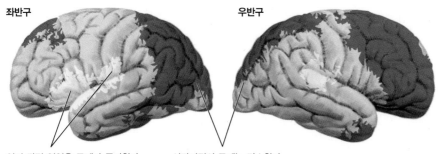

좌반구　　　　　　　　　　　　　　**우반구**

언어 관련 영역은 두께가 증가한다.　　시각피질의 두께는 감소한다.

그림 8.16　회백질 두께
매년 통계적으로 유의한 수준으로 피질 두께가
변하는 영역을 보여주는 뇌 지도(MRI 스캔). 두
께가 증가하는 영역은 흰색으로 표시되고, 감소
하는 부위는 빨간색으로 표시되어 있다.
출처 : Sowell, Thompson, & Toga, 2004.

적 요인이 신경회로의 형성에 영향을 미치고, 이에 따라 시냅스 안정화와 제거 과정에 영향을 미친다고 추측할 수 있다.

시냅스 제거를 통해 시냅스 형성의 오류를 바로잡는 것과 더불어 신경회로의 경미한 변화가 동일한 과정을 일어나게 한다. 이러한 변화가 Janet Werker와 Richard Tees(1992)의 발견을 설명할 수 있는데, 이들은 유아가 매우 다양한 언어, 예를 들어 영어, 힌두어(인도), 샐리시(북미 원주민 언어)의 말소리를 구분할 수 있는지를 연구하였다. 연구 결과 어린 유아들이 경험한 적이 없는 서로 다른 언어의 말소리를 구분할 수 있지만 생후 1년 무렵이 되면 이러한 능력이 감소하는 것을 발견하였다. 말소리를 구분하는 능력이 감소하는 것은 유아의 일상적인 환경에서 접하지 않는 말소리를 부호화하는 시냅스가 다른 언어 관련 시냅스와 동시에 활성화하지 않기 때문이다. 이 결과 시냅스가 제거된다.

또한 시냅스 제거는 뇌로 하여금 환경의 요구에 더 융통성 있게 적응하게 한다. 인간의 문화는 인간이 대처하기에 지나치게 다양하고 복잡하다. 선택적인 시냅스 제거 기제에 의해 이루어진 피질 조직화의 융통성이 이러한 문화적 환경에서 성공적으로 발달할 수 있는 필요 선행 조건일 수 있다.

시냅스 제거는 사람들이 세상을 서로 다르게 지각하는 것에 대한 예비 조건일 수도 있다. 삶, 종교, 문화에 관한 '동양'과 '서양' 철학이 명백하게 다른 것을 예로 들어보자. 뇌가 발달하는 동안 동양인과 서양인이 서로 다른 문화에 노출되는 것을 고려하면 이들의 지각과 인지가 얼마나 다른지 상상할 수 있다. 그러나 동서양인을 하나의 종(인간)으로 고려하면 서로 다른 것보다 유사한 점이 훨씬 더 많다.

모든 인간에게 공통적인 중요하고 독특한 특성이 언어이다. 그림 8.14에 제시되어 있듯이 피질은 일반적으로 2~5세부터 20세에 이를 때까지 얇아진다. 그러나 예외가 하나 있는데, 즉 피질의 주요 언어 영역의 회백질은 증가한다. **그림 8.16**은 두꺼운 언어 관련 영역에 비해 다른 피질 영역들이 얼마나 얇은가를 비교하여 제시하고 있다(O'Hare & Sowell, 2008). 언어가 인지에서 고유의 역할을 가지는 것과 언어 학습 과정이 매우 길다는 점을 고려하면 언어 처리에 중요한 뇌 영역들이 다른 발달 패턴을 보이는 것이 의외가 아니다.

교세포의 발달

대부분의 신경발생이 완료된 후 **성상세포**와 **핍돌기세포**가 발달하기 시작하며 이 발달은 평생 지속된다. 배아 발달 동안 방사형 교세포들이 형성되고 신경원 이동이 끝나면 이 세포들 대부분이 성상세포로 분화한다. 나머지는 뇌실하 영역에 남으며 이후 뉴런, 핍돌기세포와 성상세포로 분화한다(Arai & Lo, 2017 참조). 성상세포는 발달 동안에 일어나는 시냅스 제거와 평생 일어나는

성상세포는 뉴런에게 영양분을 제공하고 지지하며 핍돌기교세포는 CNS에서 수초를 형성한다(표 3.1 참조).

그림 8.17 수초화 과정

Flechsig는 밝은색으로 표시된 영역들에서 수초화가 매우 늦게 나타난다는 사실에 근거하여 이 영역들이 빨리 성숙하는 영역과 질적으로 기능이 다르다고 제안하였다.

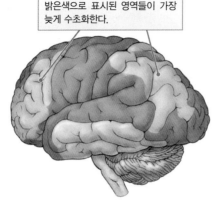

밝은색으로 표시된 영역들이 가장 늦게 수초화한다.

가소성에 중요한 역할을 한다(Zuchero & Barres, 2015 참조). 핍돌기세포는 축색 수초화에 관여하며 수초화는 축색 기능의 효율성을 증가시킨다. 결과적으로 수초화가 대뇌 성숙의 유용한 지표이다.

1920년대 초 Paul Flechsig는 피질의 수초화가 출생 직후부터 시작되어 적어도 18세까지 계속되는 것을 발견하였다. 또한 그는 일부 피질 영역이 3~4세 사이에 수초화되는 반면 일부 영역은 이 시기에 수초화가 전혀 되지 않는 것을 발견하였다. **그림 8.17**은 Flechsig가 개발한 수초화 시기에 따른 피질 지도이다.

Flechsig는 가장 먼저 수초화하는 영역들이 단순한 운동 혹은 감각 분석을 통제하는 반면 가장 늦게 수초화하는 영역들이 가장 상위의 정신 기능을 통제한다고 가정하였다. 피질의 수초화 발달에 관한 MRI 분석은 백질 두께가 수초화 과정과 많이 일치하는 것을 보여주며, 이는 Flechsig의 가설을 지지한다. 수초화는 적어도 20세까지 지속되며 **그림 8.18**은 여성과 남성의 뇌 발달 동안의 전체 뇌 부피, 회백질 부피와 백질 부피를 비교한 것이다.

성인 뇌의 신경발생

20세기의 대부분 동안 인간에서의 신경발생이 유아기에 끝난다고 믿었지만 지난 50여 년 동안 성숙한 포유류의 뇌가 새로운 뉴런을 생산하는 능력을 가지고 있다는 증거가 점차 증가하고 있다(Jurkowski et al., 2020). 그러나 성숙한 뇌의 신경발생이 뇌의 어느 곳에서나 일어나지는 않는다. 지금까지의 동물 연구들은 새로운 뉴런이 단지 해마, 뇌실하 영역, 시상하부, 선조체, 흑질, 신피질과 편도체에서만 성장한다고 보고하고 있다. 인간의 경우 가장 논란이 되는 동시에 가장 많이 연구된 영역이 해마이다. Peter Eriksson과 동료들(1998)이 암 치료 동안 종양세포의 증식을 추정하기 위해 뉴런의 생성 지표인 Bromo-D-oxy Uridine(BrdU) 주사를 맞은 암 환자의 부검 뇌를 조사하였다. 이들은 해마의 치상회에서 BrdU가 부착된 세포를 확인하였는데, 이 기대하지 않은 발견은 비록 성숙한 쥐보다는 느리지만 성인 해마에서 신경발생이 지속된다는 것을 시사한다(Snyder, 2019). 이 발견이 전 세계의 수많은 추후 연구가 일어나게 하였지만 신경발생에 관한 논란은 계속되고 있다.

2021년에 동시에 발표된 두 논문이 오늘날까지의 연구 자료를 조사한 결과 서로 다른 결론을 내렸다. Moreno-Jimenez와 동료들(2021)은 해마에 상당한 성인 신경발생이 있다고 주장한 반면 Sorrells와 동료들(2021)은 신경발생이 거의 없다고 주장하였다. 이 논문들의 차이는 연구자들이 사후 뇌 조직을 보존하는 데[이 과정을 고정(fixation)이라고 함] 사용한 방법과 '고정된' 조직의 염색에 항체를 사용하는 기술 등의 차이와 관련이 있다. 아직까지 이러한 방법 차이에 대한 해결책이 없지만 성숙한 뇌의 신경발생이 다른 많은 종들에서 일어나는 것과 기억에서의 해마 역할을 고려하면 이러한 신경발생이 인간에서 일어나지 않는 것이 오히려 이상하다.

동물 연구에서 관찰된 바와 같이 중요한 점이 치상회의 새로운 뉴런의 속성이 연령에 따라 변한다는 것이다. 즉 생의 초기에 생긴 뉴런보다 성인기에 형성된 뉴런이 더 천천히 성

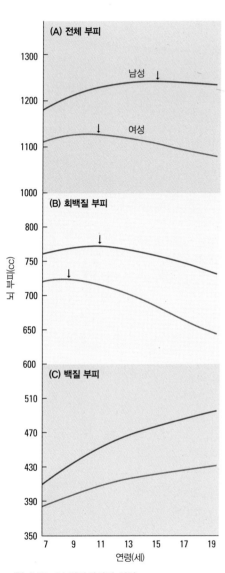

그림 8.18 뇌 발달에서의 성차

연령에 따른 남성(초록색)과 여성(갈색)의 평균 뇌 부피. 곡선 위에 있는 화살표는 여성이 남성에 비해 더 빠른 성장을 보여 남성보다 최대 전체 뇌 부피(**A**)와 회백질 부피(**B**)에 더 빨리 도달하는 것을 시사한다. 회백질 감소는 세포 상실 및 시냅스 상실과 일치한다. 백질 부피의 증가(**C**)는 주로 수초 발달과 일치한다.

출처 : Lenroot et al., 2007.

숙하고 더 천천히 새로운 시냅스를 형성한다는 것이다. 성인기에 형성된 뉴런이 독특한 기능을 가지고 있고 새로운 뉴런에 대한 요구가 생의 후반부로 갈수록 감소하며 나이 든 사람의 뇌에서 는 이 뉴런들을 확인하는 것이 더 어려울 것이라고 추측할 수 있다(Seki, 2020). 성인 뇌에서 신 경발생이 일어나고 이 신경발생이 기억에 어떤 역할을 하는지 결정하는 것이 중요하므로 앞으로 신경발생이 중요한 연구 영역으로 남게 될 것이라고 확신할 수 있다.

전두엽 발달의 독특한 특징

그림 8.14의 영상 지도는 전두엽이 가장 나중에 성숙하는 뇌 영역이라는 것을 보여준다. 뇌 지도 가 개발된 후 신경과학자들은 **배외측 전전두피질**(dorsolateral prefrontal cortex, dlPFC)을 포함한 전두엽이 20세보다 훨씬 이후까지 지속적으로 성숙하는 것을 확인하였다. 브로드만 지도의 9번 과 46번을 포함하는 dlPFC는 후측 두정피질 및 상측두구와 상호 연결되어 있고 일시적 기억에 근거하여 행동과 움직임을 선택한다.

Zdravko Petanjek와 동료들(2011)은 신생아부터 91세에 이르는 대규모 사망자들의 dlPFC 시 냅스 가시 밀도를 분석하였다. 분석 결과 흥분성 시냅스 수를 반영하는 수상돌기가시 밀도가 성 인보다 아동의 뇌에서 2~3배 더 높고 가시 밀도가 사춘기 동안 감소하기 시작하는 것을 확인하 였다. 또한 분석 결과는 수상돌기가시가 20세 이후에도 지속적으로 감소하여 약 30세에 성인 수 준으로 되는 것을 보여주었다.

다음의 두 가지 중요한 사실이 전두엽의 느린 발달과 관련된다.

1. **전두엽은 특히 후생유전적 영향에 민감하다**(Kolb et al., 2012). 17만 명 이상을 대상으로 한 연구 에서 Robert Anda와 동료들(Anda et al., 2006)은 언어 및 신체 학대와 같은 부정적 아동기 경 험(aversive childhood experience, ACE), 가족 구성원의 중독, 부모의 사망 등이 중년의 신체 및 정신 건강을 예견하는 것을 관찰하였다. 예를 들어 두 가지 혹은 그 이상의 ACE가 있는 사람 들은 중독이 되거나 자살 시도를 할 위험이 50배나 더 높고 성폭행의 희생자가 될 가능성이 더 높다. 생의 초기에 부정적인 경험을 할 경우 전두엽의 발달이 지연되어 ACE 관련 취약성 을 가지게 된다고 가정할 수 있다.

2. **전두엽 발달 과정이 성인 지능과 높은 상관을 보인다.** 전두엽 발달의 두 가지 중요한 특징은 (a) 피질 두께의 감소와 (b) 전두엽 내측 영역, 대상피질의 후측 영역과 두정엽의 외측 영역 사 이 연결성인 **디폴트 네트워크**(default network)의 증가이다(그림 8.19). 청소년기 후반까지 지 속되는 피질 두께의 변화와 약 13세에 성인 모습을 갖추게 되는 디폴트 네트워크의 연결성 증 가가 지능검사 점수와 관련된다. 따라서 지능검사에서 가장 높은 점수를 받은 아동이 시간이 지남에 따라 가장 큰 전두엽의 가소(plastic) 변화를 보인다.

배외측 전전두피질(dlPFC) 브로드만 지도의 9번과 46번 영역으로 후측 두정피질, 상측두구 와 상호 연결되어 있고 일시적 기억에 의한 행 동 및 움직임 선택에 관여한다.

디폴트 네트워크 상당히 관련된 활동을 하는 전두엽과 두정엽 영역들이 상호작용하는 뇌 네 트워크

3차원 뇌 지도는 여러 뇌 영역의 정확한 위치를 확인하는 데 유용하다(7-1절). 배외측 전전두피 질의 기능은 12-4절과 15-3절을 참조하라.

부정적 아동기 경험(ACE) 질문지를 온라인으로 이용할 수 있다. 즉 온라인으로 질문을 보고 답 할 수 있다.

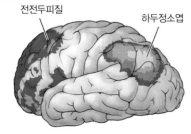

좌반구 외측면
전전두피질   하두정소엽

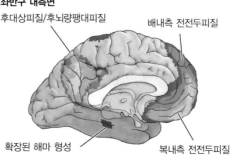

좌반구 내측면
후대상피질/후뇌량팽대피질   배내측 전전두피질
확장된 해마 형성   복내측 전전두피질

그림 8.19 디폴트 네트워크
지능과 관련하여 연결성 증가를 보이는 대뇌피 질 영역들이 디폴트 네트워크를 형성한다.
출처 : Sherman et al., 2014.

8-2 복습

진도를 계속 나가기 전에 앞 절을 얼마나 이해했는지 확인해보자. 정답은 이 책의 뒷부분에 있다.

1. 중추신경계는 하나의 얇은 세포층으로 시작되고 이 세포층이 안쪽으로 접히면서 _____이/가 형성된다.

2. 뉴런의 성장은 _____(으)로 언급되는 한편 교세포의 형성은 _____(으)로 알려져 있다.

3. 성장 원뿔은 두 유형의 단서, 즉 _____와/과 _____에 반응한다.

4. Erickson과 동료들이 수행한 사망한 암 환자 연구는 성인기의 신경발생이 _____에서 지속되는 것을 보여준다.

5. 전두엽의 발달 지연이 기능에 미치는 중요점은 무엇인가?

8-3

학습 목표

- 특정 운동행동의 발달과 뇌 발달의 관련성을 설명한다.
- 언어능력의 발달과 뇌 발달의 상관관계를 보여준다.
- Piaget의 인지 발달 단계를 기술한다.

행동 발달로부터 신경계 성숙 추론

특정 뇌 영역이 성숙하면 그 영역에 의해 통제되는 행동이 나타난다. 다르게 표현하면 행동 발달에 필요한 신경계가 발달하지 않으면 행동이 나타나지 못한다. 그러나 신경 기제가 성숙하면 이와 관련된 행동이 여러 단계를 통해 빨리 발달하고 후생적 요인들의 상당한 영향을 받아 형성된다.

연구자들은 이러한 뇌와 행동 사이의 상호작용적인 변화를 연구해왔다. 이 상호작용적 변화가 다양한 행동, 특히 아동의 운동 기술, 언어와 문제 해결 능력의 출현에 명백하게 나타난다. 이 세 영역의 발달을 살펴보자.

운동행동

유아에서 운동 기술의 발달이 쉽게 관찰된다. 처음에는 유아들이 독립적으로 움직이지 못하지만 점차 구르고 기고 걷는다.

다른 운동 기술도 비록 덜 명확하기는 하지만 체계적인 방법으로 발달한다. 출생 직후 유아는 팔 관절을 구부려서 물체를 자신의 몸 쪽으로 가지고 올 수 있고 모유를 먹기 위해 자신의 손을 엄마의 가슴으로 향하게 할 수 있다. 생후 1~3개월 사이에 유아는 성인이 행하는 거의 모든 숙련된 손가락 움직임을 포함한 자발적인 손과 손가락 움직임, 즉 일종의 '운동 옹알이(motor babbling)'를 보이기 시작한다.

처음에는 이러한 움직임이 자신의 신체 혹은 의복 일부를 다루는 것으로 발달하게 된다(Wallace & Whishaw, 2003). 이러한 운동 발달이 있은 후에야 공간 내에 위치하는 특정 물체로 손을 내뻗는 움직임이 일어날 수 있다. Tom Twitchell(1965)은 손을 물체에 뻗어 집는 능력이 어떻게 일련의 단계를 거쳐 점진적으로 일어나는가를 연구하여 기술하였는데, 이에 관한 것이 **그림 8.20**에 제시되어 있다.

생후 8~11개월 사이에 유아의 집기 행동(grasping)이 더 세련되어 집게손가락과 엄지손가락을 사용하는 집게 잡기(pincer grasp)가 발달하게 된다. 집게 잡기는

2개월	4개월	10개월

손을 물체 방향으로 향하고 물체를 집기 위해 더듬는다.	손 전체를 사용하여 물체를 집는다.	엄지와 집게손가락을 맞대어 집게 잡기를 한다.

그림 8.20 유아의 집기 반응 발달

출처 : Twitchell, 1965.

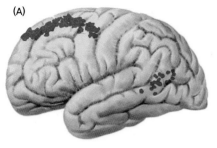
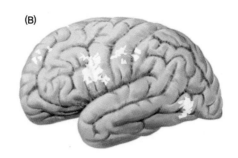
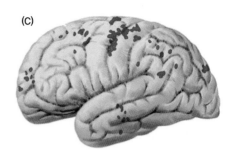

그림 8.21　회백질 두께와 행동의 상관관계
(A) 빨간색 점이 운동기술의 향상과 관련하여 두께가 얇아지는 영역을 나타낸다. **(B)** 흰색 점은 언어기술의 향상과 관련하여 두께가 두꺼워지는 영역을 나타낸다. **(C)** 빨간색 점은 어휘 점수가 향상됨에 따라 두께가 얇아지는 영역을 나타낸다.
출처 : (A)와 (B) : Lu et al., 2007, (C) : Sowell et al., 2004.

상당히 발달된 움직임인데, 이는 유아로 하여금 작은 물체를 조작하는 데 필요한 미세한 손가락 움직임을 가능하게 하기 때문이다. 이후 일련의 집기 행동의 발달이 일어나는데, 즉 처음에는 가지고 오기가 일어나고 이후 모든 손가락을 사용한 집는 행동이 일어나며, 마지막으로 독립적인 손가락 움직임을 사용한 집는 행동이 일어난다.

만약 통합된 집기 행동의 점진적인 발달이 특정 신경 기제의 성숙에 의존한다면 뇌의 해부적 변화가 이 운동행동(motor behavior)의 출현과 더불어 일어나야 한다. 이러한 변화가 특히 수상돌기의 가지 내기와 신피질과 척수 사이의 섬유 연결 발달에서 일어난다. 그리고 수초 형성과 집기 행동의 발달이 서로 관련되어 있는 것이 관찰되었다(Yakovlev & Lecours, 1967).

특히 손 전체를 사용한 뻗는 행동(reaching)과 집기 행동이 발달함과 동시에 한 집단의 운동피질 뉴런 축색들이 수초화하기 시작한다. 손가락 움직임을 통제하는 것으로 알려진 다른 집단의 운동피질 뉴런들은 집게 잡기가 발달하는 시기쯤에 수초화한다. MRI를 사용하여 피질 두께 변화를 조사한 연구들은 오른손을 사용하는 사람의 좌반구 운동피질에서 손 움직임을 담당하는 영역의 피질 두께가 감소함에 따라 운동 기민성이 증가함을 보고하고 있다(**그림 8.21A**). 피질 두께의 증감이 수행 향상과 관련된다는 것이 이상하게 여겨질 수 있지만 이유는 간단하다. 즉 두께가 얇아지는 것이 발달 과정 동안에 일어나는 뉴런과 시냅스의 제거를 일부 반영하는 한편 두꺼워지는 것은 학습과 관련되어 성상세포와 혈관이 증가하는 것과 더불어 시냅스가 추가되는 것을 반영한다.

우리는 단순한 예상을 할 수 있다. 즉 만약 특정 운동피질 뉴런들이 성인 수준의 집기 행동 출현에 필요하다면 이러한 뉴런들을 제거하면 성인의 집기 행동 능력이 어린 유아의 능력과 유사할 것이라고 예상할 수 있으며 실제로 그러하다.

언어 발달

Eric Lenneberg(1967)에 의하면 아동은 고정된 순서에 따라 일정 연령에 언어 발달의 주요 시점에 도달한다고 한다. 아동은 생후 12개월 무렵에 어휘를 형성하기 시작하여 5~10개 단어를 사용하며 추후 6개월 사이에 사용하는 어휘 수는 2배가 된다. 2세경에 이르면 어휘는 200~300개 단어에 달하게 되고, 이 단어들은 대부분 일상생활에서 접하는 대상들에 관한 것이다. 추후 1년 동안 어휘는 1,000단어에 이르며 간단한 문장을 사용하기 시작한다. 6세 아동은 대략 2,500단어 정도의 어휘능력을 가지고 2만 단어 이상을 이해할 수 있으며 성인에 이르면 5만 단어 이상의 어휘능력을 가지게 된다. 언어 발달의 속도는 다양한 환경 변인의 영향을 받는데 여기에 연구

운동피질 손상으로 초래되는 전형적인 증상, 즉 집게 잡기의 영구적 상실에 관한 내용이 11-1절에 기술되어 있다.

원리 3. 중추신경계는 다양한 수준에서 기능하며 위계적이고 병렬적으로 조직화되어 있다.

초점 8-1에 기술되어 있는 사회경제적 지위도 포함되며 이에 관해서는 8-4절에서 다시 살펴보겠다.

비록 언어기술과 운동기술이 서로 병행하여 발달하지만 언어능력은 입, 입술 및 혀를 움직이는 능력 이상의 것에 의존한다. 이러한 신체 일부를 통제하는 근육의 정확한 움직임은 아동이 말을 할 수 있기 훨씬 전에 발달한다. 더욱이 아동이 대부분의 단어를 발음하는 데 필요한 운동기술을 충분히 가지고 있더라도 어휘능력이 급속하게 발달하기보다는 점진적으로 발달한다.

소수의 아동(대략 1%)에서 정상적인 지능과 운동기술의 발달에도 불구하고 언어 습득이 지나치게 지체된다. 이러한 아동들은 건강한 환경에서 지내고 뇌 손상을 시사하는 신경학적 징후가 없음에도 불구하고 4세에 이를 때까지 구를 사용하여 말을 하지 못한다. 나머지 99%의 아동에서 언어 시작의 시기가 모든 문화권에서 보편적이기 때문에 언어 습득이 늦은 아동과 그렇지 않은 아동이 뇌 성숙 과정에서 차이가 있을 가능성이 있다. 그러나 이 차이가 무엇인지는 이해되지 못하고 있다.

언어가 시작되는 시기가 대개 1~2세 사이이고 언어 습득이 대부분 12세에 완료되기 때문에 이 두 주요 시기 전과 후에 피질이 어떻게 다른지 조사하는 것이 가장 좋은 전략이다. 2세경까지 대뇌피질의 언어 영역에서 세포 분열과 이동이 완료된다. 2~12세 사이에 일어나는 주요 변화들이 언어 영역에 위치하는 뉴런들의 상호 연결과 수초화이다.

언어 영역들에서의 수상돌기 복잡성 변화가 뇌에서 일어나는 가장 인상적인 변화 중 하나이다. 그림 8.12에서 보았듯이 브로카 영역이라는 언어 영역의 축색과 수상돌기는 출생 시에는 단순하지만 생후 15~24개월 사이에 급격하게 성장하여 밀도가 높아진다. 이 뉴런 발달이 언어능력의 변화, 즉 유아의 어휘력이 2세경에 급속하게 증가하기 시작하는 것과 관련된다.

따라서 언어 발달이 적어도 부분적으로는 피질 언어 영역의 성숙에 달려 있다고 추론할 수 있다. 언어 습득의 속도에서 나타나는 개인차는 이 신경 발달의 차이로 설명될 수 있다. 언어능력을 빨리 보이는 아동은 언어 영역의 성숙이 빨리 일어나는 반면 언어 발달이 지체되는 아동에서는 언어 영역의 성숙이 늦게 일어난다.

언어 관련 피질에 관한 MRI 연구들은 그림 8.21A에서처럼 운동피질이 얇아지는 것이 기민한 움직임의 증가와 관련되는 것과 상반되게 좌반구 하전두피질이 **두꺼워지는** 것이 음운 과정(말소리의 이해)의 발달과 관련이 있다고 한다(그림 8.21B). 그러나 피질이 두꺼워지는 것과 음운 과정 사이에 이러한 독특한 관련성이 있다고 하여 모든 언어 기능이 피질 두께의 증가와 관련이 있다고 여겨서는 안 된다. 그림 8.21C는 어휘가 증가함에 따라 광범위한 피질 영역들(언어 영역 이외의 영역들)의 두께가 얇아지는 것을 보여주며, 어휘가 일반 지능을 가장 잘 예측하는 것 중 하나이다.

연구 초점 7-1은 신생아의 언어 반응에 관한 연구를 기술하고 있다.

문제 해결 능력 발달

인지 발달의 단계를 밝히고자 노력한 첫 번째 인물이 심리학자인 Jean Piaget(1952)이다. 그는 아동의 행동 관찰을 통해 아동이 얼마나 세상을 이해하는가를 추론할 수 있다고 인식하였다. 예를 들어 유아가 숨겨진 장난감을 찾기 위해 옷을 들추어 보는 것은 이 유아가 눈에 보이지 않아도 장난감이 여전히 존재함을 이해하는 것을 보여준다. 이 이해, 즉 **대상 영속성**(object permanence)의 개념이 **그림 8.22**의 상단 사진에 제시되어 있는 유아의 행동을 통해 밝혀진다.

그림 8.22의 하단 사진 속 5세 여아의 행동에서 볼 수 있듯이 이해의 부재 역시 아동의 행동을

그림 8.22 인지 발달의 두 단계
유아가 대상 영속성, 즉 물체가 보이지 않아도 여전히 존재한다는 것을 이해하는 것을 보여준다(위). 이 소녀는 액체 부피의 보존 원리를 이해하지 못하는 것으로 보인다. 동일한 부피를 갖지만 모양이 서로 다른 비커에 담겨 있으면 부피가 서로 다른 것으로 이해한다(아래).

통해 알 수 있다. 아이에게 동일한 양의 액체가 담겨 있는 2개의 동일한 비커를 보여준 후, 아이가 보는 앞에서 한 비커 속에 담겨 있는 액체를 더 크고 좁은 비커에 붓는다. 그런 후 어느 비커에 더 많은 액체가 담겨 있는지 물으면 아이는 키가 더 큰 비커를 지적하는데, 이는 아이가 비커의 모양과 상관없이 그 속에 담겨 있는 액체의 양이 일정하다는 것을 이해하지 못함을 시사한다. 아동은 7세경에 이르러서야 이 원리, 즉 액체 부피의 보존(conservation of liquid volume)을 이해하게 된다.

이러한 과제를 수행하는 아동의 행동 관찰을 통해 Piaget는 인지 발달이 연속적인 과정이라고 결론 내렸다. 아동이 세상의 탐색에 사용하는 전략과 세상에 관한 이해는 끊임없이 변한다. 이러한 변화가 단지 새로운 정보를 얻기 때문에 일어나는 것은 아니다. 대신 발달의 특정 시기에 이르면 아동의 세상에 관한 학습 및 문제 해결에 사용하는 전략 구성에 근본적인 변화가 일어난다. 이렇게 발달하는 전략과 더불어 새로운 이해가 일어나게 된다.

Piaget는 인지 발달의 주요 4단계를 구분하였는데, 이에 관한 것이 **표 8.2**에 요약되어 있다.

표 8.2 Piaget의 인지 발달 단계

전형적인 연령 범위	단계의 기술	발달 현상
0~2세	I단계 : 감각운동 단계 감각과 운동을 통하여 세상을 경험함(보고, 만지고, 입에 넣음)	대상 영속성, 낯가림
2~6세	II단계 : 전조작 단계 사물을 단어와 이미지로 표상하지만 논리적 추론이 부족함	흉내내기 놀이, 자기중심적, 언어 발달
7~11세	III단계 : 구체적 조작 단계 구체적 사건에 대해 논리적으로 사고함, 구체적 비유를 이해하고 수리적 조작을 수행함	보존, 수리적 변환
12세 이상	IV단계 : 형식적 조작 단계 추상적 추론	추상적 논리, 도덕적 추론의 성숙 가능

출처 : Myers, 2015.

성장 급등 제한된 시간 동안 성장이 갑작스럽게 일어나는 시기

- I단계는 감각운동 단계(sensorimotor period)이며 출생에서부터 생후 18~24개월 사이다. 이 시기 동안 유아는 자신과 외부 세계를 구분하는 것을 학습하고 대상이 당장 눈에 보이지 않아도 여전히 존재한다는 것을 인식하며 인과관계를 어느 정도 이해하게 된다.
- II단계는 전조작 단계(preoperational period)로서 생후 2~6세 사이다. 아동은 자신의 세계에서 접하는 사물의 심적 표상을 형성할 수 있고, 이 표상을 단어와 그림으로 표현할 수 있다.
- III단계는 구체적 조작 단계(period of concrete operations)로서 전형적으로 7~11세 사이다. 아동은 물체(구체적 사물), 예를 들어 액체의 부피, 사물의 차원과 수리적 문제 등에 관한 심적 조작을 학습할 수 있다.
- IV단계는 형식적 조작 단계(period of formal operations)이며 11세 이후에 달성된다. 아동은 구체적 용어뿐만 아니라 추상적 용어로 추론할 수 있다.

Piaget의 단계 이론이 처음 제안된 후 거의 70년 동안 이 이론의 다른 버전이 많이 나왔지만 성장 중인 아동에서 일어나는 사고능력의 질적 변화를 추정하는 데 여전히 Piaget가 제안한 단계가 사용되고 있고, 이 단계들의 근거가 되는 신경학적 변화가 궁금할 것이다. 뇌에서 일어나는 변화 중 하나가 뇌 성장의 상대적 비율이다.

출생 후 뇌와 신체는 균일하게 성장하지 않고 대신 **성장 급등**(growth spurts)이라고 하는 불규칙적으로 일어나는 시기에 급성장하는 경향이 있다. 뇌 무게 대 몸무게 비율을 분석한 결과 Herman Epstein(1979)은 생후 3~10개월 사이(18개월에 이를 때까지 뇌 무게의 30%가 증가), 2~4세, 6~8세, 10~12세, 14~16세 사이에 뇌가 급성장하는 것을 발견하였다. 2년 주기마다 뇌 무게가 약 5~10%까지 증가한다.

뇌 성장은 뉴런 수의 증가가 아니라 대부분 교세포, 혈관, 수초와 시냅스의 성장 때문에 일어난다. 비록 시냅스 자체는 뇌 무게에 크게 보탬이 되지 않지만 시냅스가 성장함에 따라 신진대사 요구가 증가하게 되고 이로 인해 뉴런이 더 커지고 새로운 혈관이 형성되며 뉴런을 지지하고 영양분을 공급하기 위해 새로운 성상세포가 생산된다.

이러한 피질 복잡성의 증가가 더 복잡한 행동을 가능하게 하며 이로 인해 각 성장 급등 동안 인지 기능의 중요한 질적 변화가 일어나는 것으로 추측할 수 있다. Epstein이 주장한 뇌가 급성장하는 처음 네 번의 시기는 Piaget가 기술한 인지 발달의 네 가지 주요 단계와 일치한다. 이와 같은 일치는 각 인지 단계의 시작과 더불어 신경계 기능에 중요한 변화가 있다는 것을 시사한다.

이와 동시에 뇌 발달률의 차이 혹은 특정 뉴런 집단의 성숙률 차이는 Piaget가 주장한 다양한 인지 기능이 출현하는 시기의 개인차를 설명한다. 비록 Piaget는 청소년 후기에 나타나는 다섯 번째 인지 발달에 관해서는 언급하지 않았지만 이 시기에 일어나는 성장 급등은 이 시기에 중요한 인지 발달이 있음을 시사한다.

성장 급등은 뇌에서 일어나는 변화의 피상적인 측정이다. 성장 급등을 인지 발달과 연관시키기 위해서는 뇌 성장에 기여하는 신경학적 사건이 무엇이고 이러한 신경학적 사건이 어디에서 일어나는가를 더 깊이 조사할 필요가 있다. 한 방법은 성인에서 특정 뇌 영역의 손상을 진단하는 데 사용되는 특정 과제를 아동이 해결하는지 관찰하는 것이다. 만약 아동이 특정 과제를 수행하는 데 어려움을 보이면 그 과제의 수행을 통제하는 뇌 영역이 아직 성숙하지 않았다고 여길 수 있다. 이와 유사하게, 만약 아동이 한 과제는 수행하지만 다른 과제를 수행하지 못할 경우 이 과제들이 서로 다른 뇌 구조들에 의존하며 이 뇌 구조들이 서로 다른 비율로 발달한다고 여길 수

있다.

William Overman과 Jocelyne Bachevalier(Overman et al., 1996)는 이 논리에 근거하여 어린 아동과 원숭이의 학습과 기억에 필요한 전뇌 구조들이 어떻게 발달하는지 연구하였다. **실험 8-1**의 절차를 보면 참여자에게 3개의 검사 항목이 제시된다. 첫 번째 과제는 음식 보상을 받기 위해 한 물체의 위치를 옮기는 것을 학습하는 것이다. 참여자가 이 위치 옮김(displacement) 과제를 학습하면 다른 두 과제로 훈련을 받는데, 이 과제들은 각각 측두엽과 기저핵의 기능을 측정하는 것으로 여겨진다.

표본 비대응(nonmatching-to-sample) 과제의 경우 참여자에게 한 물체를 제시하며 이 물체의 위치를 옮길 경우 보상으로 음식을 제공한다. 짧은 지연(15초) 후 2개의 물체, 즉 원래 제시되었던 물체와 새로운 물체가 제시된다. 이때 참여자가 새로운 물체를 옮길 경우 음식을 보상으로 받을 수 있다. 표본 비대응 과제는 측두엽의 기능인 물체 재인(object recognition)을 측정하는 것으로 여겨진다. 참여자는 원래 물체를 인식할 뿐만 아니라 이 물체를 선택하지 않아야만 음식을 보상으로 받을 수 있다.

세 번째 과제는 동시 구분(concurrent discrimination)인데, 참여자에게 한 쌍의 물체가 제시되며, 이 중 한 물체는 항상 음식 보상을 받게 하는 반면 다른 물체는 보상을 받지 못한다는 것을 참여자가 학습해야 한다. 참여자에게 서로 다른 20쌍의 물체를 순차적으로 제시해서 이 과제를 더 어렵게 만들 수 있다. 매일 참여자에게 한 시행에 한 쌍을 제시한다. 동시 구분 과제는 특정 물체에 관한 정보를 시행착오를 거쳐 학습하는 것을 측정하며, 이는 기저핵의 기능으로 알려져 있다.

건강한 성인은 표본 비대응 과제와 동시 구분 과제 모두를 쉽게 풀지만 비대응 과제보다 동시 구분 과제가 좀 더 어렵다고 보고하는데, 이는 동시 과제가 더 많은 정보의 기억을 요구하기 때문이다. 이 두 과제를 풀 수 있는 아동(혹은 원숭이)의 연령이 서로 다른지가 주요 질문이다.

아동이 동시 과제를 생후 12개월 정도에 풀 수 있지만 대부분의 성인이 동시 과제보다 더 쉽다고 여기는 비대응 과제는 생후 18개월에 이를 때까지 풀 수 없다고 밝혀지고 있다. 이 결과는 동시 구분 과제에 중요한 역할을 하는 기저핵이 표본 비대응 과제에 중요한 역할을 하는 측두엽보다 더 빨리 성숙한다는 것을 시사한다.

····〉 **실험 8-1**

질문 : 학습과 기억의 성숙에 필요한 전뇌 구조들이 어떤 순서로 발달하는가?

절차

I. 위치 옮김 과제

II. 표본 비대응 학습 과제

참여자에게 한 대상을 보여주며 이 대상의 위치를 옮길 경우 먹이로 보상받는다(+).

앞서 제시된 대상과 새로운 대상이 제시된다.

새로 제시된 대상의 위치를 옮길 경우 먹이를 보상으로 받을 수 있다.

III. 동시 구분 학습 과제

시행착오를 거쳐 참여자는 제시된 각 20쌍 중 어느 대상의 위치를 바꿔야 먹이 보상을 받게 되는지 결정해야 한다.

추후 시행에서 동일한 참여자에게 과제 첫날에 제시했던 20쌍의 대상을 보여준다. 참여자는 각 쌍 중 어느 대상의 위치가 바뀌어야 먹이 보상이 주어지는지를 학습하고 기억해야 한다.

결과
유아와 어린 원숭이 모두 표본 비대응 과제보다 동시 구분 과제를 더 어린 나이에 학습한다.

결론 : 동시 구분 과제에 관여하는 신경 구조들이 표본 비대응 과제에 관여하는 신경 구조들보다 더 빨리 성숙한다.

출처 : Overman et al., 1992.

상관을 인과로 관련짓는 것에 관한 주의

이 절에서 뇌 변화가 행동 변화를 유발하는 것을 시사하는 연구 결과를 살펴보았다. 신경과학자들은 행동 발달과 뇌 발달을 동시에 조사함으로써 행동의 원인에 관한 추론을 한다. 그러나 명심해야 할 점은 두 사건이 서로 관련되어 있다는(같이 일어남) 것이 한 사건이 다른 사건의 원인이라는 것을 입증하는 것은 아니라는 점이다.

행동과 뇌의 변화가 상호작용하지만 한 변화가 직접적으로 다른 변화의 원인이 되지 않는다. Fengji와 동료들(2021)의 연구를 예로 들어보자. 이들은 4~6세 아동을 대상으로 3년 동안 **출처 기억**(source memory, 기억의 근원을 기억하는 능력, 즉 어떤 것을 어떻게 기억하게 되었는가를 기억하는 능력)의 발달을 조사하였다. 기억검사를 실시한 후 각 아동의 뇌를 휴지기 fMRI (rs-fMRI)를 사용하여 촬영하였다. 해마를 출처 기억의 통제에 중요한 구조로 여겼기 때문에 이들은 기억의 발달과 해마 발달이 서로 관련될 것이라고 예측하였다. 구체적으로 연구자들은 다음의 연구 질문을 가졌다 : (1) 시간이 지남에 따라 기억 발달이 해마 연결성의 변화를 자극하는가? (2) 해마 회로의 형성이 미래의 기억 향상을 예측하는가? 결과는 이 두 질문에 대해 '예'라는 답을 시사하였다. 즉 시간이 지남에 따라 향상된 기억이 추후 기능 연결성의 변화를 예견하였고 해마의 기능 연결성의 변화가 추후 기억 향상을 예견하였다.

종합하여 Geng과 동료들은 행동 경험(이 경우 기억검사)이 뇌를 변화시킬 뿐만 아니라 뇌 변화 역시 행동 변화(추후의 기억 변화)를 형성한다고 결론내렸다. 다시 말하면 인지 기능의 발달이 뇌 연결성의 발달과 양방향으로, 즉 경험이 추후 뇌의 변화를 형성하고 뇌가 추후 행동 변화를 형성하는 것으로 상호작용한다. 이 결론이 중요한데 이는 행동과 뇌 발달 사이에 단순하고 직접적인 인과관계가 없다는 것을 시사하기 때문이다.

8-3 복습

진도를 계속 나가기 전에 앞 절을 얼마나 이해했는지 확인해보자. 정답은 이 책의 뒷부분에 있다.

1. 유아의 운동 발달 단계 중 마지막 단계가 _____을/를 만드는 능력이다.

2. 언어 발달은 _____와/과 관련되는 피질이 얇아지는 것과 _____와/과 관련되는 피질이 두꺼워지는 것과 관련이 있다.

3. _____은/는 뇌의 성장이 불규칙적으로 일어나는 시기이며 이는 발달의 주요 단계와 관련된다.

4. 표본 비대응 과제는 _____의 기능을 측정하고 동시 구분 학습 과제는 _____의 기능을 측정하는 것으로 여겨지고 있다.

5. 행동 출현으로부터 뇌 발달의 변화를 추론하는 경우 주된 문제가 무엇인지 기술하시오.

8-4

학습 목표

• 어떻게 경험이 피질 조직화, 신경 연결과 신경 구조에 영향을 미치는지 설명한다.

• 환경 조건이 뇌 성숙과 가소성에 미치는 영향을 기술한다.

• 뇌 발달에서 결정적 시기의 역할을 설명한다.

• 뇌 발달에서 성호르몬의 역할을 기술한다.

• 장박테리아와 뇌 발달의 역할을 기술한다.

뇌 발달과 환경

행동 발달은 뇌 구조의 성숙뿐만 아니라 개인의 환경과 경험의 영향을 받는다. 신경가소성은 뇌가 적어도 미시적 수준에서는 서로 다른 형태로 형성될 수 있다고 제안한다. 서로 다른 환경 경험에 노출된 뇌는 서로 다르게 형성된다. 예를 들어 문화가 인간 환경의 주요한 측면이기 때문에 문화가 인간 뇌의 형성에 중요한 영향을 미친다. 따라서 서로 다른 문화권에서 자란 사람들이 뇌 구조의 차이를 보일 것이며, 이러한 차이가 평생 행동에 영향을 미칠 것으로 예상할 수 있다.

뇌는 외적 사건에 대해서만 가소성을 보이는 것이 아니라 호르몬, 손상, 유전자의 돌연변이 등을 포함하는 개인의 신체 내 사건에도 가소성을 보인다. 생의 초기 동안 발달하는 뇌는 이러한 내적 요인들에 특히 민감하게 반응하며, 이는 나아가 뇌가 외적 경험에 반응하는 양식을 변화시킨다. 이 절에서 우리는 뇌 발달에 영향을 미치는 다양한 내·외적 환경 요인을 살펴볼 것이다. 먼저 경험이 어떻게 뇌 구조를 변화시키는지 살펴보자.

경험과 피질 조직화

실험실 동물에게 서로 다른 환경을 제공한 후 이로 인해 어떤 결과가 생기는지 살펴봄으로써 경험이 뇌와 행동에 미치는 효과를 연구할 수 있다. 초기에 이루어진 연구 중 하나가 Donald Hebb(1947)의 연구인데, 그는 어린 실험실 쥐들을 자신의 집으로 데려가서 부엌에서 자라게 하였다. 통제 집단의 쥐들은 맥길대학교의 표준 실험실 우리에서 자랐다.

'집에서 자란 쥐'는 실험실 우리에서 자란 쥐가 결코 경험할 수 없는 것들을 경험하였는데, 여기에는 Hebb의 아내가 휘두르는 빗자루에 쫓겼던 경험이 포함된다. 추후 Hebb은 두 집단에게 '지능검사'를 실시하였고, 이 검사는 Hebb-Williams 미로라고 알려져 있는 일련의 미로 학습 과제로 구성되어 있다. **그림 8.23**에 미로의 한 예가 제시되어 있다. 집에서 자란 쥐들이 우리에서 자란 쥐들보다 이 과제들에서 훨씬 우수한 수행을 보였다. 따라서 Hebb은 경험이 지능에 영향을 미친다고 결론 내렸다.

Hebb은 자신의 연구에 기초하여 '자극적인' 환경에서 자란 사람은 최대한으로 지적 발달을 하는 반면 '결핍된' 환경, 즉 연구 초점 8-1의 SES 연구에 기술되어 있는 환경에서 자란 사람은 자신이 가지고 있는 지적 잠재력을 최대한으로 발달시키지 못한다고 주장하였다. 비록 Hebb의 주장이 논리적인 것으로 보이지만 문제는 환경이 자극적인가 혹은 결핍되어 있는가를 어떻게 정의하는가에 있다.

한편으로 가난한 사람이 정규적인 교육 자원이 거의 없지만, 즉 소위 우리가 말하는 풍부한 환경에 살고 있지는 않지만 이러한 환경이 전혀 인지적 자극 혹은 도전을 제공하지 않는 것을 의미하지 않는다. 반대로 이러한 환경에서 자란 사람이 상위층 가정에서 자란 사람보다 빈민가의 생활에 더 잘 적응한다. 이 적응이 그들로 하여금 어떤 면에서는 더 지적으로 만드는가? 혹은 그들을 더 강인하게 하는가?

그러나 가난과 관련된 변인들이 발달에 부정적으로 영향을 미쳐 추후 학업 성취에 도전이 될 수 있다. 아마도 이는 Hebb의 주장처럼 이러한 환경이 지적 잠재력을 제한하기 때문일 것이다. 실제로 Hebb의 논리는 '세서미 스트리트'와 같은 학령전 아동을 위한 TV 프로그램의 제작에 영향을 미쳤고 이 프로그램은 취학 전 읽기 학습의 기회가 거의 없는 학령전 아동들에게 풍부한 교육 환경을 제공한다.

낮은 SES 환경에서 자라는 36개월 아동의 평균 어휘 수가 높은 SES 환경에서 자라는 아동의 어휘 수의 1/3보다 적다(400단어 대 1,200단어). 아동이 발달하면서 이 차이는 더 커진다. 이는 아마 양육자와의 직접적인 대화가 더 적고 양육자가 아동에게 책을 덜 읽어주기 때문에 초래된 것이라고 여겨진다. 4세까지 낮은 SES 가정의 아동이 높은 SES 가정의 아동보다 약 3,000만 단어에 덜 노출되는 것으로 추정된다.

SES/언어능력 관련성은 아동이 노출된 단어 수보다는 '대화 주고받기'(아동과 성인이 주고받는 대화)에 의해 중재되는 것으로 보인다. Rachel Romeo와 동료들(2018a)의 fMRI 연구에서 대

원리 10. 신경가소성은 신경계의 특징적인 기능이다.

1-5절에 인간의 문화 습득에 관해 요약했다. 15-3절은 최근의 부각되는 영역인 사회신경과학에 관해 기술하고 있다.

15-1절에 기술되어 있는 Hebb 시냅스는 시냅스 가소성에 관한 Hebb의 예상을 설명한다. 14-4절에 Hebb의 학습이론이 기술되어 있다.

그림 8.23 Hebb-Williams 미로
이 미로 과제의 경우 쥐를 출발 상자(S)에 놓은 후 목표 상자(G)에 있는 먹이를 찾는 것을 학습하게 한다. 연구자는 새로운 과제를 만들기 위해 미로의 벽을 재구성할 수 있다. 복잡한 환경에서 자란 쥐는 표준 실험실 우리에서 자란 쥐보다 미로 과제를 훨씬 빨리 학습한다.

화 주고받기를 더 많이 경험한 4~6세 아동이 언어 처리 동안 좌반구 하전두 영역(즉 브로카 영역)에서 더 큰 활성화를 보임이 관찰되었다. Romeo와 다른 연구팀에 의해 수행된 연구(2018b)에서도 대화 주고받기의 횟수가 브로카 영역으로부터 혹은 이 영역으로 향하는 백질의 연결성 양과 관련되지만 다른 백질로(white-matter tracts)와는 관련되지 않는 것이 관찰되었다. 대화 주고받기가 아동에게 언어를 연습할 기회를 증가시키는 것으로 여겨진다. 따라서 아동의 대화 노출을 증가시키는 것을 목적으로 하는 개입이 낮은 SES 환경과 관련된 일부 불이익을 개선할 수 있는데, 이는 인지 발달의 근거가 되는 뇌 가소성을 활용할 수 있기 때문이다.

70년 전에 실시된 Hebb의 연구에서는 복잡한 자극 환경을 사용하였지만 이보다 훨씬 단순한 경험도 뇌 발달에 영향을 미친다. 유아에게 촉각 자극, 예를 들어 가까이 안아주거나 만져주거나 쓰다듬어주는 것이 중요한데, 이는 촉각 자극이 양육자와 유대감을 형성하게 할 뿐만 아니라 뇌 발달을 자극하기 때문이다. 예를 들어 인큐베이터에 있는 미숙아에게 촉각 자극을 제공하면 성장이 빨리 일어나고 퇴원을 빨리하게 된다. 실험실 연구들은 쥐가 태어난 후 처음 3주 동안 매일 15분씩 세 번 털을 쓰다듬으면 빨리 성장하고 발달하는 것을 보여준다. 또한 성장한 후에도 우수한 운동 및 인지 기술을 보인다. 촉각 자극은 발달 초기에 입은 뇌 손상으로부터 빨리 회복하게 한다.

초기 경험이 추후의 행동에 영향을 줄 수 있다는 생각이 매우 그럴듯해 보이지만 경험이 왜 이러한 변화를 일으키는지에 대해서는 여전히 의문이다. 한 이유는 Romeo의 연구에서 보았듯이 경험이 뉴런, 특히 피질뉴런의 구조를 변화시키기 때문이다. **그림 8.24A**처럼 복잡한 환경에서 자란 동물의 뇌에 있는 뉴런들이 빈약한 우리에서 자란 동물의 뉴런들보다 더 크고 더 많은 시냅스를 가진다. 그림 8.24B에 제시되어 있는 뉴런들을 비교해보라. 이와 유사하게 3주 동안 촉각 자극을 제공하면 추후 성숙되었을 때 피질 전체에서 시냅스 수가 증가한다.

복잡하고 자극적인 환경에서는 감각 처리 과정이 증가하기 때문에 시냅스 수가 증가하는 것으로 추측되고 있다.

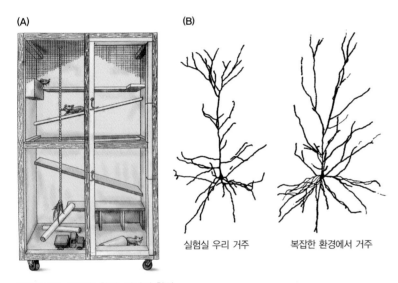

(A) (B)

실험실 우리 거주   복잡한 환경에서 거주

그림 8.24 풍부한 환경, 발달의 향상
(A) 대략 여섯 마리의 쥐를 위한 복잡한 거주 환경은 동물이 움직일 수 있고 다른 쥐들과 상호 작용하며 매주 바뀌는 장난감을 가지고 놀 수 있는 기회를 제공한다. (B) 실험실 우리에 거주한 쥐와 복잡한 환경에서 거주한 쥐의 두정피질 뉴런. 복잡한 환경에서 거주한 쥐의 피질이 시냅스를 위한 수상돌기 공간을 약 25% 더 많이 가지고 있다.

연구 초점 5-3은 학습의 결과로 뉴런의 구조적 변화가 일어나는 것을 기술하고 있다.

그림 15.12는 절대 음감을 가진 사람의 신경로 연결이 증가해 있는 것을 보여준다.

복잡한 환경에서 자란 동물 뇌에서 더 많은(그리고 더 큰) 성상세포가 관찰된다. 비록 복잡한 환경에서의 양육에 관한 연구들이 인간 문화의 효과를 직접적으로 조사하지 않지만 이 연구들의 결과에 근거하여 인간 발달에 관한 예상을 쉽게 할 수 있다. 우리는 경험이 뇌에 영향을 미치는 것을 알고 있으므로 서로 다른 경험이 서로 다르게 뇌에 영향을 미치는 것을 예상할 수 있다. '연구 초점 8-3 : 음악 훈련이 뇌를 젊게 유지하게 한다'에 설명되어 있듯이 음악 훈련이 한 예이다.

발달 초기에 언어에 노출되는 것과 마찬가지로 발달 초기에 음악에 노출되는 것 역시 뇌를 변화시킨다. 절대 음감, 즉 외적 참조(external reference) 없이 음을 만들어내는 능력이 발달하기 위해서는 생의 초기 동안에 음악 훈련이 제공되어야 한다고 여겨지는데, 이 시기에 뇌 발달이 이러한 경험에 가장 민감하기 때문이다. 이와 유사하게 아동기부터 서양 음악에 노출된 사람은 동양 음악을 처음으로 접하면 동양 음악을 독특한 것으로, 심지어는 비음악적인 것으로 여긴다. 생의 초기에 외국어를 학습하는 것과 매우 유사하게 발달 초기의 음악 훈련은 뇌 발달을 변화시킬 뿐

◎ **연구 초점 8-3**

음악 훈련이 뇌를 젊게 유지하게 한다

널리 알려진 여가 활동인 음악은 뇌의 가소성을 증가시키고 특히 음악 훈련을 아동기에 시작하면 다양한 이점을 제공하는데, 예를 들어 운동기술, 지능과 언어기술을 향상시킨다. 또한 음악이 뇌졸중 환자와 파킨슨병 환자의 재활에 도움이 되는 것으로 알려져 있다. 이에 덧붙여 음악 훈련이 노화가 뇌에 미치는 효과를 미연에 방지하는 데도 도움이 된다고 보고되고 있다(Herholz & Zatorre, 2012 리뷰 참조). 예를 들어 음악 연습이 노화에 따른 비언어적 기억과 전두엽 기능을 포함한 다양한 인지 기능의 쇠퇴를 감소시킨다.

Lars Rogenmoser와 동료들(2018)이 뇌 연령(BrainAGE)이라고 알려진 새로운 MRI 기반 절차를 사용하여 음악 훈련이 뇌 성숙에 미치는 영향을 조사하였다. 뇌 연령은 구조 MRI의 데이터베이스에 근거하여 뇌 전체 구조들을 모두 모아 하나의 값, 즉 추정 뇌 연령을 제시한다. Rogenmoser와 동료들은 아마추어 음악가, 전문 음악가와 비교하여 비음악가, 심지어 비교적 젊은 참여자(평균 연령이 약 25세)들이 더 높은 뇌 연령 점수를 보이는 것을 발견하였다. 따라서 생의 초기 음악 훈련이 노화가 뇌에 미치는 효과를 조절하는 것으로 보인다.

뇌 연령 절차가 음악 이외에도 적용된다. 이 절차를 사용하여 Katje Franke와 동료들은 일련의 논문에서 추정 뇌 연령이 높은 것이 치매를 예견한다고 보고하였다(Franke et al., 2014; Franke & Gaser, 2019). 또한 조산아로 태어난 성인이 더 높은 뇌 연령 점수를 보이는데 이는 조산이 노화를 촉진할 위험을 높이는 것을 시사한다.

이른 연령에 시작하는 음악 훈련이 뇌를 젊게 유지하게 할 뿐만 아니라 음악은 노화된 뇌를 젊은 뇌처럼 행동하게 하는 치료에도 사용될 수 있다. 여러분

은 아동이 음악을 들으면 자발적으로 춤을 추기 시작하는 것을 보았을 것이다. 음악이 움직임을 자극하는 능력이 파킨슨병 환자의 걸음걸이와 같은 행동을 회복하는 치료로 사용된다. 노래를 듣거나 마음속에서 기억함을 통하여 환자들이 한 장소에 얼어붙어 움직이지 못하는 대신 음악과 함께 움직일 수 있다.

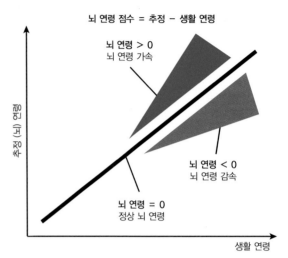

뇌 연령 개념의 묘사　서로 다른 연령의 건강한 사람의 뇌 MRI 스캔이 정상적인 연령 관련 변화에 관한 모델을 제공한다. 이 그래프는 개인의 뇌 연령을 추정하기 위해 새로운 뇌와 자료로 보관되어 있는 뇌를 비교한 것이다.

만 아니라 건강한 뇌 노화를 증진한다.

이러한 가소성의 상실이 성인 뇌가 고정되고 변하지 않는 것을 의미하지 않는다. 성인의 뇌도 새로운 환경과 경험의 영향을 받지만 아동의 뇌에 비해 더 천천히 혹은 덜 영향을 받는다. 실제 노년기에 이를 때까지 경험이 뇌에 영향을 미친다는 증거가 있는데, 이는 더 이상 아동이 아닌 사람에게 좋은 소식이다(Kolb et al., 2003). 경험과 환경이 비정상적인 뇌 발달에 미치는 영향은 8-5절에서 살펴보겠다.

환경이 뇌 발달 속도에 미치는 영향

Hebb과 Romero의 연구(그리고 연구 초점 8-1에 언급된 Heckman과 Noble의 연구)에 제시되어 있듯이 SES와 관련된 변인들이 뇌 발달에 중요한 영향을 미친다. 그러나 SES는 뇌 발달의 결과에만 관련된 것이 아니라 뇌 발달의 속도와도 관련된다(Tooley et al., 2021 리뷰 참조). 8-2절에서 살펴보았듯이 피질 두께가 2세까지 증가한 후 2~5세 사이에 광범위한 피질 영역의 두께가 얇아지기 시작하여 청소년기와 성인 초기까지 지속적으로 얇아진다.

낮은 SES 환경에서 자라는 아동보다 높은 SES 환경에서 자라는 아동이 약 4세 이후에는 피질 두께가 더 두껍지만 이 차이는 뇌 영역과 연령에 따라 변한다. 연구 초점 8-1에 자세하게 기술되어 있듯이 낮은 SES와 전두엽 피질 두께 사이에는 부적 상관이 있고 높은 SES와 후측 피질의 두께 사이에는 정적 상관이 있다. **그림 8.25**에 제시되어 있듯이 일차감각피질과 연합피질은 유사한 패턴을 보이는데, 즉 높은 SES 환경의 아동보다 낮은 SES 환경의 아동 뇌에서 피질 두께의 정점이 더 일찍 도달하고 제거가 더 일찍 시작된다. 더욱이 높은 SES 환경의 아동의 뇌가 전반적으

그림 8.25   사회경제적 지위(SES)와 피질 두께

그래프에 제시된 궤도는 다양한 연구 결과에 근거하여 제작된 것이다. 초록색으로 표시된 뇌 영역은 SES와 피질 두께 사이에 부적 상관이 관찰된 영역이고 자주색으로 표시된 영역은 SES와 피질 두께 사이에 정적 상관이 관찰된 영역이다.

출처 : Tooley et al., 2021.

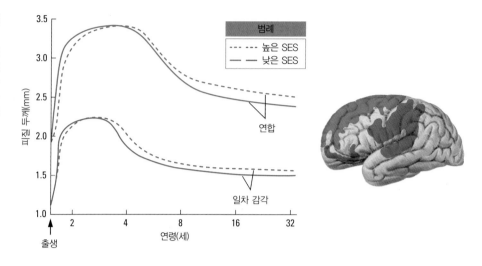

원리 1. 신경회로는 신경계의 기능 단위이다.

로 덜 위축한다. 이러한 연구 결과는 높은 SES가 뇌 발달을 연장하는 것을 시사한다.

영상 연구들도 디폴트 네트워크와 같은 기능적 네트워크의 성숙에서 차이가 있음을 보여준다. 발달 초기에는 모든 아동이 광범위한 연결을 보여준다. 그러나 뇌가 발달하는 동안 이 연결이 성인 뇌의 특징적인 네트워크로 분리하기 시작한다. 높은 SES 배경을 가진 아동에서는 분리가 천천히 일어나고 이 결과 뇌 가소성이 더 오랫동안 유지된다. 낮은 SES 배경을 가진 아동에서 관찰되는 빠른 발달이 뇌에서만 관찰되는 것이 아니라 사춘기 시작 등과 같은 발달의 다른 면에서도 관찰되며 이러한 효과가 발달 초기에 경험하는 스트레스원에 의해 나타난다고 가정된다.

스트레스가 왜 뇌 발달을 가속화하는지에 관해 여러 설명이 제안되었다(Tooley et al., 2021). 스트레스 탐지 및 스트레스 조절 뇌 회로를 반복적으로 사용하는 것이 회로의 빠른 성숙을 초래한다는 것이다. 또 다른 설명은 스트레스원이 글루코코르티코이드 수준을 증가시키고(14-4절 참조) 이로 인해 염증 과정이 촉진되며 뇌를 포함한 신체 전체의 노화가 빨라진다는 것이다. 세 번째 가능성은 아동이 양육자가 자신을 보호하는 것이 부족하다고 여기고 이에 대해 민감하게 반응한다는 것이다. 덜 안정적인 환경에서 자라는 아동이 더 자주 이런 경험을 하게 되고 이로 인해 자기 보호와 보존의 수단으로 발달이 가속화되는 반면 높은 SES 가정에서 부모가 양육에 더 많이 투자하는 것이 천천히 성숙하는 것과 관련된다는 것이다.

쥐를 대상으로 한 Hebb의 실험이 풍부한 환경이 뇌 발달에 이점이 된다는 것을 보여주었다. 인간을 대상으로 한 연구의 경우 이 결과가 자주 인지적 풍요(cognitive enrichment)로 언급되는데, 즉 아동이 더 복잡하고 자극적인 환경에 노출되면 더 많은 학습 기회를 제공받는다. 스트레스가 뇌 발달을 가속화하고 발달 가소성의 시기를

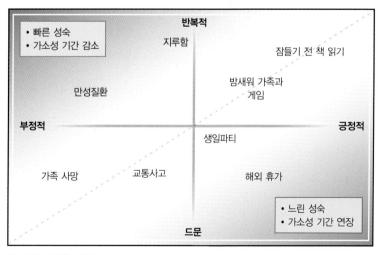

그림 8.26   통합 이론

이 모델은 반복적이고 부정적인 경험이 가속화된 성숙 및 짧은 가소성 기간과 관련되고(사분면의 왼쪽 위) 드물고 긍정적인 경험이 느린 성숙 및 연장된 가소성과 관련된다고 한다(사분면의 오른쪽 아래). 다른 두 사분면은 뇌 성숙에 유의한 영향을 미치지 않는 것으로 예상된다.

출처 : Tooley et al., 2021.

단축하는 것과 같이 인지적 풍요는 발달이 천천히 일어나게 하고 가소성의 시기를 연장하며 나아가 더 복잡한 피질 네트워크의 발달을 가능하게 한다. Tooley와 동료들(2021)이 이 관련성을 기술하기 위해 통합 이론(integrative theory)을 제안하였는데, 이에 관한 것이 **그림 8.26**에 제시되어 있다. 이 모델은 부정적이고 반복적인 경험은 더 빠른 성숙이 일어나게 하여 가소성을 제한하는 반면 드물고 긍정적인 경험은 지연된 성숙 및 가소성의 향상과 관련된다고 제안한다. 드물

고 부정적 혹은 반복적이고 긍정적인 경험은 성숙 속도에 영향을 덜 미치는 것으로 여겨진다. 이 새롭고 고무적인 모델이 가까운 미래에 많은 연구를 낳게 할 것이다.

원리 10. 신경가소성은 신경계의 특징적인 기능이다.

경험과 신경 연결

아동 초기에 환경이 어떻게 뇌 발달에 영향을 미칠 수 있는가를 방금 살펴보았지만 실제 출생 전 경험이 뇌에 영향을 미치는 것이 시각계의 발달을 조사한 연구 결과에 명확히 드러난다. 눈에 있는 시각 수용기가 시각계의 나머지 영역들과 연결되는 것을 단순한 비유를 통해 살펴보겠다. 대형 강의실에 있는 학생들이 판지로 만든 조그만 관, 예를 들어 휴지심을 통해 방의 정면(시야)을 보고 있는 것을 상상해보라. 만약 각 학생이 정면을 바라보면 단지 전체 시야의 작은 부분만을 볼 수 있다.

이 비유는 눈에 위치하는 광수용기가 어떻게 작용하는가를 설명한다. 각각의 세포는 단지 시야의 매우 작은 영역만을 본다. 어떻게 이 작은 영역들을 통합하여 완벽한 장면을 형성하는지가 문제이다. 그렇게 하기 위해서는 마치 학생들이 서로 나란히 앉는 것처럼 시야의 인접한 영역들을 보는 수용기들이 다양한 시각계 영역, 예를 들어 중뇌의 인접한 영역들에 이 정보를 보내야만 한다. 어떻게 이 과정이 일어날 수 있는가?

9-2절은 시각계의 구조를 기술하고 있다. 그림 2.18은 중뇌 구조를 기술하고 있다.

Roger Sperry(1963)는 **화학친화 가설**(chemoaffinity hypothesis)을 제안하였는데, 이는 중뇌의 다양한 영역에 있는 서로 다른 세포들에 존재하는 특정 분자들이 각 세포에게 특유의 화학적 정체감을 준다고 주장하였다. 다시 말하면 각 세포가 구분되는 생화학적 라벨을 갖는다는 것이다. 정보를 전달하는 축색이 이 특정 화학물질, 예를 들어 8-2절에서 언급한 향성 인자(tropic factor)를 찾게 되며, 이 결과 중뇌의 정확한 영역에 정보를 전달하게 된다.

많은 실험이 이 과정이 출생 전 눈과 뇌가 발달하는 도중 일어나는 것을 보여준다. 그러나 문제는 화학적 친화가 정보를 전달하는 축색을 단지 일반적인(general) 장소로만 '안내'한다는 것이다. 앞서 언급한 인접한 두 망막세포의 경우 어떻게 이 세포들이 매우 정확한 위치에 있게 되는가?

출생 후 경험이 여기에 작용하는데, 즉 신경 위치의 미세한 조정이 뉴런의 활동에 달려 있다고 여겨진다. 서로 인접하는 수용기들은 동시에 활성화하는 경향이 있기 때문에 화학친화에 의해 중뇌의 일반적 위치로 인도된 후 중뇌에 있는 동일한 뉴런들과 시냅스를 맺게 된다. 이 과정이 **그림 8.27**에 제시되어 있다. 뉴런 A와 G는 동일한 자극에 의해 활성화되지 않으므로 동시에 발화하지 않는다. 반면 뉴런 A와 B, B와 C는 동일한 자극에 의해 활성화된다. 동시적 활성화(동기화)를 통해 뉴런들이 정확한 곳과 연결하게 된다.

서로 다른 눈에서 오는 축색에게 어떤 일이 일어나는지 살펴보자. 비록 두 눈으로부터 오는 신경 입력이 동시에 활성화하지만 동일한 눈의 세포들이 다른 눈에 있는 세포들보다 같이 활성화하는 경향이 있다. 최종적인 효과가 두 눈에서 오는 입력이 **기둥**(columns)이라고 하는 신경 밴드(neural band)로 조직화되는 것인데, **그림 8.28**의 왼쪽에서 볼 수 있듯이 기둥은 각 눈의 동일한 공간 영역을 표상한다. 따라서 이 분리된 피질 기둥의 형성은 정보를 가지고 오는 축색에서 동시에 발생하는 전기적 활동 패턴에 달려 있다.

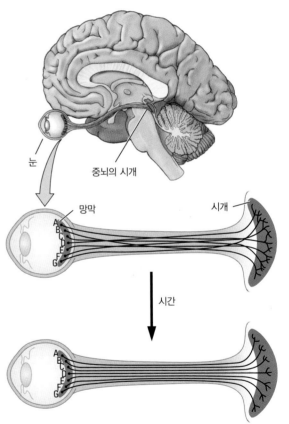

그림 8.27 시각계의 화학친화

뉴런 A에서 G까지는 망막에서 중뇌의 시개로 투사한다. (A와 G처럼) 서로 떨어져 있는 뉴런들의 활성화보다 서로 인접한 뉴런들(C와 D)의 활성화는 동시에 일어날 가능성이 높다. 그 결과 서로 인접한 망막 뉴런들이 동일한 시개 뉴런들과 영구적인 시냅스를 할 가능성이 높다. 화학적 신호를 사용하여 축색이 시개의 비슷한 위치로 성장한다(위). 시간이 지남에 따라더 상세한 연결이 일어난다(아래).

화학친화 가설 뉴런 혹은 뉴런의 축색이나 수상돌기가 정확한 경로를 표시하는 신호 화학물질로 향한다는 가설

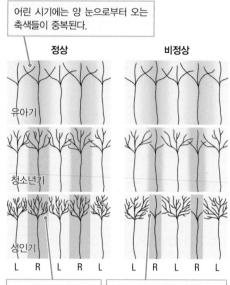

어린 시기에는 양 눈으로부터 오는 축색들이 중복된다.

정상 　　　 비정상

유아기

청소년기

성인기

L R L 　 L R R L 　　 L R L 　 L R R L

성숙이 이루어진 후에는 각 눈에서부터 오는 종말 가지가 중복되지 않는 것이 정상이다.

만약 새끼 고양이의 한 눈을 결정적인 발달 시기에 가리면 그 눈에서 오는 축색종말이 수축되고 다른 눈에서 오는 축색종말은 확장된다.

그림 8.28 시각 우세 기둥
출생 후 고양이 뇌가 발달하는 동안 각 눈에서 오는 축색이 피질로 들어가며 그곳에서 종말 가지치기로 성장한다. (L : 왼쪽 눈, R : 오른쪽 눈)

만약 경험이 비정상적이면, 예를 들어 발달의 결정적 시기에 한 눈이 가려져 있으면 적절한 신경 연결이 일어나지 못하게 된다. 그림 8.28의 오른쪽에 제시되어 있듯이 출생 후 30~60일 사이에 새끼 고양이의 한 눈을 가리면 피질 조직화가 가장 심각한 영향을 받는 결과가 초래된다. 실제 '약시(lazy eye)'를 가진 아동에서 이러한 일이 일어난다. 약시인 눈으로부터 오는 시각 입력이 신경 연결을 미세하게 조정하지 못하고 이에 따라 눈이 가려져 있는 경우처럼 연결의 미세한 부분들이 정상적으로 발달하지 못하게 된다. 이로 인해 **약시(amblyopia)**라고 알려져 있는 시력의 감소가 초래된다.

요약하면 유기체의 유전 청사진이 모호하여 뇌의 어느 연결이 정확하게 어떤 뉴런으로 가야 하는지 명확하지 않다. 경험이 신경 연결을 정확하게 조율한다.

경험과 뇌 발달의 결정적 시기

앞서 예로 제시된 절대 음감, 가소성과 시각 연결은 뇌가 정상적으로 발달하기 위해서는 뇌 발달 과정의 특정 시기에 특정 감각 경험을 하는 것이 반드시 필요하다는 것을 보여준다. 뇌 발달이 특정 경험의 영향을 가장 민감하게 받는 시기를 **결정적 시기**(critical period) 혹은 민감기(sensitive period)라고 한다.

결정적 시기 동안 적절한 감각 경험이 주어지지 않으면 비정상적인 뇌 발달이 초래되고 나아가 성인에 이를 때까지 비정상적 행동이 지속된다. Richard Tees는 다음의 비유를 통해 결정적 시기의 개념을 설명하였다. 그는 발달 중인 뇌를 특정 지역, 예를 들어 로키산맥을 지나는 작은 열차로 비유하였다. 열차가 달리기 시작할 때에는(출생 전 발달) 모든 창문이 닫혀 있지만 여행의 어느 단계에 도달하면 열차의 특정 칸의 창문들이 열리게 되어 열차 안에 있는 사람(뇌의 서로 다른 영역)이 외부 세계에 노출된다. 일부 창문은 뇌로 하여금 특정 소리, 특정 냄새, 특정 광경 등에 노출되게 한다.

이 노출은 뇌 발달에 영향을 미치며 만약 창문을 여는 것을 통한 노출이 없으면 발달이 심각한 방해를 받게 된다. 열차 여행이 계속될수록 창문은 점차 열기 어렵게 되고 결국에는 영구히 닫혀 버린다. 창문이 영구히 닫힌다는 것은 뇌가 더 이상 변화할 수 없다는 것을 의미하는 것이 아니라 변화가 일어나는 것이 훨씬 더 어려워진다는 것을 의미한다.

이제 2개의 서로 다른 열차를 상상해보자. 한 열차는 로키산맥을 지나고 다른 열차는 동유럽을 지나고 있다고 상상해보자. 두 열차의 창문을 통해 보는 광경이 서로 다르며, 이에 따라 뇌에 미치는 효과도 서로 다르다. 다시 말해 뇌는 결정적 시기에 일어나는 경험뿐만 아니라 어떤 유형의 경험에 노출되는지에 따라 변화한다.

결정적 시기와 관련하여 많이 연구된 행동이 **각인**(imprinting)인데, 이는 동물이 자신이 선호하는 대상을 특정 대상, 주로 자신과 동일한 종 구성원으로 제한하는 것을 학습하는 것을 의미한다. 병아리, 물새 등과 같은 새의 경우 각인의 결정적 시기가 부화 직후이다. 대개 막 부화되어 나온 새끼가 처음으로 보는 움직이는 대상이 부모 혹은 형제이기 때문에 부화된 새끼의 뇌는 이 움직이는 대상을 자신의 종으로 각인한다.

그러나 적절한 각인만 일어나는 것이 아니다. Konrad Lorenz(1970)는 만약 어린 새끼 거위가 처음으로 본 것이 사람이면 새끼 거위는 그 사람을 자신의 어미로 각인하는 것을 관찰하였다. **그림 8.29**는 Lorenz에게 각인된 한 무리의 새끼 거위들이 그가 어디로 가든지 간에 그를 뒤따르는 것을 보여준다. 부정확한 각인은 새끼들에게 장기적인 영향을 미친다. 새끼들은 자주 인간에게

약시 한 눈을 사용하지 못한 결과로 한 눈의 시력이 감소하는 경우이며 주로 두 눈이 동일한 방향으로 향하지 못한 결과로 발생한다.

결정적 시기 뇌에 장기간의 영향을 미치는 사건이 일어나는 발달 단계. 민감기라고도 한다.

각인 발달의 결정적 시기에 동물이 하나 혹은 그 이상의 대상 혹은 동물에 대해 애착을 형성하는 과정

성적 행동을 보인다. 예를 들어 Lorenz에게 각인된 염주 비둘기는 그의 손을 좋아하였으며 손이 특정 방향으로 놓여 있을 때에는 교미를 시도하기까지 하였다.

각인이 빨리 일어나고 행동에 영구적인 영향을 미치는 것으로 미루어 각인 동안 뇌가 급속하게 변화하는 것으로 추측되는데, 새로운 행동이 영구적으로 일어나는 것으로 볼 때 뇌 구조의 변화가 일어나는 것으로 추측된다. 케임브리지대학교의 Gabriel Horn과 동료들(1985)은 각인과 더불어 전뇌의 특정 부위 시냅스가 증가하는 것을 관찰하였다. 따라서 각인이 발달 동안 일어나는 뇌 가소성을 연구하는 데 좋은 모델인데, 이는 변화가 빨리 일어나고 특정 경험과 관련되며 뇌의 특정 영역에 위치하기 때문이다.

그러나 왜 결정적 시기가 끝나는가? Takao Hensch(2018)는 두 유형의 분자 제동장치가 동시에 작용하여 결정적 시기를 끝낸다고 가정하였다. 한 유형의 브레이크는 후생유전적이어서 발달 동안 특정 유전자의 발현을 증가시키고 가소성을 제한한다. 두 번째 유형의 브레이크는 **뉴런 주변망**(perineuronal net)을 포함하는데, 이는 세포외 망(extracellular matrix)에 있는 구조로서 마치 칼슘과 결합하는 단백질인 **파브알부민**(parvalbumin, PV 세포로 알려져 있음)을 내포하고 있는 GABA성 개재뉴런처럼 뉴런에 대해 분자 격자 구조처럼 작용한다(뉴런의 세포체를 둘러싸고 있는 망과 유사). 뉴런 주변망이 결정적 시기가 끝날 때 성숙하고 새로운 시냅스의 생성을 막는 것을 통하여 형태적 가소성에 대한 물리적 장벽처럼 작용한다. 성인의 경우 뉴런 주변망의 붕괴가 결정적 시기를 재개하게 한다는 것을 보여주는 많은 증거가 있다. PV 세포의 뉴런 주변망을 일시적으로 제거하는 것이 뇌 치료법의 발달 가능성을 제공한다.

앞서 살펴본 SES가 언어 발달에 미치는 효과는 결정적 시기와 매우 관련이 있다. 출생 후 처음 3년 동안 SES가 언어와 뇌 발달에 특히 중요하므로 이 시기가 언어 발달의 결정적 시기이다. Lorenz의 새끼 거위처럼 결정적 시기 이후의 유사한 경험이 동일한 영향을 미치지 않는다. 결정적 시기의 폐쇄에 관한 Hensch의 기제는 SES와 언어 발달 사이의 관련성에 잘 적용되는데 이는 생의 초기 경험이 유전자 발현에 큰 영향을 미칠 수 있기 때문이다.

그림 8.29 각인의 힘
동물행동학자인 Konrad Lorenz에 각인된 새끼 거위들이 그를 뒤따르고 있다. 그가 거위들이 부화한 후 만난 첫 번째 대상이었기 때문에 그는 거위들의 '어머니'가 되었다.

결정적 시기로서 청소년의 뇌

청소년기가 아동 및 성인기에 비하여 신경가소성이 매우 높은 시기라고 여겨진다(예 : Fuhrmann et al., 2015). 가소성이 증가하기 시작하는 시기가 성호르몬의 분비와 일치하지만(이에 관해서는 추후 살펴볼 것임) 청소년기 말에 일어나는 가소성의 감소에 관해서는 잘 연구되지 않았다. 청소년기 동안 여러 뇌 변화, 즉 성상세포와 수초 생산의 증가, 피질 두께의 감소, 그리고 가장 중요한 연결성의 적극적인 변화가 일어난다. 이 시기 동안 편도체, 선조체, 해마, 전전두피질 사이의 연결이 변한다. Casey와 동료들(2015)이 전전두-피질하 회로의 변화 유형에 관해 매우 단순한 이론을 제안하였는데(**그림 8.30**에 제시), 발달과 더불어 일어나는 상호 연결과 상대적 힘의 변화가 청소년의 정서적, 사회적 및 기타 비정서적 행동에 관한 통찰을 제공한다는 것이다. 이러한 연구들이 연결성의 변화가 정보를 서로 다르게 처리하고 변화된(혹은 새로운) 기능을 수행하기에 충분할 만큼 정확해야 한다는 중요한 원리를 지지한다.

청소년기를 특징짓는 극적인 변화가 높은 수준의 적응을 가능하게 하는데, 이는 청소년이 자신을 근본적으로 만들어야 하는 시기에 매우 중요하다(Blakemore, 2018). 그러나 높아진 가소성이 뇌로 하여금 스트레스, 향정신성 약물, 뇌 외상(예 : 뇌진탕), 해로운 친구관계 등과 같은

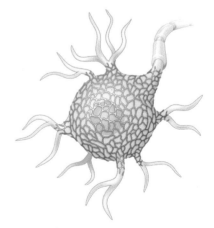

여기에 제시된 뉴런 주변망이 PV 뉴런을 막고 가소성을 제한한다.

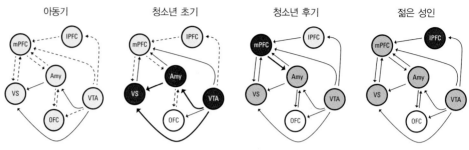

아동기   청소년 초기   청소년 후기   젊은 성인

그림 8.30 전전두-피질하 회로의 변화

피질하-피질하 회로에서부터 피질-피질하 회로 연결성에 이르기까지의 연령 관련 위계적 변화를 단순하게 설명하고 있다. 연결성에 포함되는 영역 변화는 점선과 굵은 선으로 표시되어 있다. 연결성의 상대적 강도는 점선(약함), 실선(강함)과 굵은 실선(아주 강함)으로 표시되어 있다. 색채는 각 단계에서 더 강한 변화를 보인 영역을 표시하는데 노란색은 덜 강한 변화를, 빨간색은 더 강한 변화를 표시한다. 약어는 다음과 같다. Amy : 편도체, lPFC : 외측 전전두피질, mPFC : 내측 전전두피질, OFC : 안와전두피질, VS : 복측 선조체, VTA : 복측 피개 영역.
출처 : Casey et al., 2015.

안드로겐 남성 특징을 자극하고 통제하는 호르몬

테스토스테론 고환에서 분비되어 전형적인 남성 특징이 나타나게 하는 성호르몬

남성화 안드로겐(남성 호르몬)에의 노출로 인하여 뇌가 변화되고 남성 생식기와 이차 성징(예 : 얼굴 수염과 저음)이 발달하도록 자극을 받는 과정

에스트로겐 여성 특징을 형성하는 데 중요한 역할을 하는 다양한 성호르몬

12-5절은 성호르몬이 뇌, 성과 인지행동에 미치는 작용을 상세하게 기술한다.

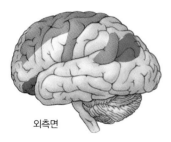

외측면   내측면

그림 8.31 뇌 부피에서의 성차

발달 중인 뇌에서 에스트로겐(오렌지색)과 안드로겐(초록색) 수용기 분포의 성차를 보이는 피질 영역들이 성인 여성과 남성에서 상대적으로 더 큰 대뇌 부피를 보이는 영역과 일치한다.

광범위한 경험에 취약하게 만들 수도 있으며, 이 경험들이 성인과 청소년의 뇌 구조와 기능에 서로 다르게 영향을 미친다. 많은 정신장애가 청소년기에 발생하는 것이 우연이 아니다(예 : Tottenham & Galvan, 2016).

성호르몬과 뇌 발달

성호르몬, 특히 테스토스테론과 에스트로겐이 청소년기 동안의 뇌 변화뿐만 아니라 출생 전의 뇌 발달에도 중심적인 역할을 한다. 인간의 경우 임신 7주에 생식기가 형성되기 시작하지만 이 단계에서는 두 성의 생식기가 동일하게 보인다. 배아 발달의 이 시기에는 성 이형(sexual dimorphism), 즉 성호르몬의 영향과 관련된 구조적 차이가 아직까지 존재하지 않는다. 남성의 Y염색체가 분화되지 않은 원시적 생식선을 고환으로 발달하게 하는 과정을 통제한다. 이후 고환이 성호르몬 **안드로겐**(androgen, 남성 특징을 자극하거나 통제하는 호르몬 부류)으로 가장 잘 알려져 있는 **테스토스테론**(testosterone)을 분비하여 남성 생식기관의 발달을 자극하고 사춘기 동안 남성의 이차 성징, 예를 들어 얼굴 수염과 저음 등이 나타나게 한다. 이 과정을 **남성화**(masculinization)라고 한다. 여성의 구분되는 특징에 관여하는 성호르몬인 **에스트로겐**(estrogen)이 여성의 생식기관 발달에 유사한 역할을 한다.

테스토스테론과 에스트로겐을 포함한 성호르몬이 특정 세포의 유전적 활동을 변화시킨다. 가장 두드러진 것은 이 호르몬들이 생식기를 형성하는 세포에 영향을 미치지만 신경세포도 이 호르몬들에 반응한다는 것이다. 예를 들어 테스토스테론의 분비가 시작되면(임신 후 약 60일) 배아 뇌 영역들이 성 이형을 보이기 시작한다. 출생전 발달 동안 테스토스테론이 무엇보다도 특정 뇌 영역에 형성된 뉴런의 수에 영향을 미치고 죽는 뉴런의 수를 감소시키며 세포 성장을 증가시키고 수상돌기의 가지 뻗기 및 시냅스 성장을 증감시키며 시냅스 활동을 조절한다.

Jill Goldstein과 동료들이 피질 영역들의 부피에서의 성차가 각각 테스토스테론 수용기(안드로겐 수용기)와 에스트로겐 수용기의 수준 차이라는 것을 관찰하였으며 이에 관한 것이 **그림 8.31**에 제시되어 있다(Goldstein et al., 2001). 그림에서 오렌지색으로 표시된 영역이 여성에서 더 크고 한편 초록색 영역은 남성에서 더 크다. 남성과 여성의 뇌가 동일

하지 않은 것이 명확하다. 호르몬이 뇌 발달을 변화시키고 뇌 발달률에서 명백한 성차가 나타난 다(그림 8.18 참조).

출생후 경험이 뇌에서의 성차에 영향을 미치지만 신생아의 뇌를 MRI로 조사한 Douglas Dean 과 동료들(2018)의 연구는 뇌 구조의 성차가 생의 첫 한 달에 존재한다는 것을 보여주었다. 이 결과는 성차가 출생전 기간과 생후 첫 한 달에 나타난다는 것을 시사한다.

최근 성호르몬과 발달에서 이 호르몬들의 역할에 관한 많은 가정이 뒤집혔다. 예를 들어 한때 테스토스테론이 뇌 발달에 중요한 역할을 하지 않는다고 여겼다. 최근에 뒤집힌 또 다른 가정은 테스토스테론이 뇌에 미치는 주요 효과가 단지 남성에서만 발견된다는 것이다. Tiffany Ho와 동 료들(2020)은 청소년의 뇌를 확산텐서영상술(DTI)로 조사한 연구에서 남성이 아닌 여성의 테스 토스테론 수준이 뇌량과 다른 피질로들의 백질 변화와 정적 상관을 보임을 관찰하였다.

뇌 조직화에서의 성차는 12-5절에 더 기술되어 있다.

장박테리아와 뇌 발달

이제까지 CNS 발달에 직접적으로 영향을 미치는 요인들에 초점을 맞추어왔지만 장신경계 (enteric nervous system, ENS)는 덜 직접적으로 뇌 발달에 영향을 미친다. ENS는 정신 상태에 영 향을 미치는 뇌로 정보를 보내고 뇌는 차례로 장 기능을 수정할 수 있다.

2-5절에 장신경계와 마이크로바이옴을 소개 했다.

ENS의 중요한 요소가 **마이크로바이옴**(microbiome)인데, 이는 ENS와 상호작용하는 장에 있는 박테리아다. 약 10^{14}개의 마이크로바이옴이 성인 장에 존재하며 이는 마이크로바이옴의 수가 체 세포보다 10배 정도 더 많다는 것을 의미한다. 그러나 자궁에 있는 태아의 장은 살균되어 있다. 출생 시에 모친의 질과 항문액, 추후에는 모친의 피부로부터 수조 개의 미생물이 신생아의 몸으 로 들어가서 자라기 시작한다. 분만(자연 대 제왕절개 분만), 수유(분유 대 모유) 유형과 항생제 사용 등이 마이크로바이옴의 성장에 영향을 미친다. 그러나 이에 덧붙여 임신 기간(만삭 분만 대 조산 분만), 영양 상태, 유전 등의 다른 많은 요인이 마이크로바이옴의 서식을 변화시킨다. 장 마 이크로바이옴의 성숙이 뇌 발달과 병행하여 일어난다는 사실이 일부 연구자들로 하여금 출생후 초기 기간이 마이크로바이옴과 뇌의 상호작용에 중요한 기간이고 추후 건강을 결정한다고 제안 하게 하였다(Cussotto et al., 2019, Gonzalez-Santana & Diaz-Heijtz, 2020의 리뷰 참조).

장-뇌 상호작용에 관한 자세한 기제는 아직 명확하게 알려져 있지 않지만 상호작용이 일어나 는 다양한 직접 및 간접 경로는 알려져 있다. 예를 들어 펩티도글리칸(peptidoglycan, PGN)과 같 은 박테리아의 파생물이 면역계의 패턴 인식 수용기(pattern-recognition receptor, PRR)를 활성 화하여 직접적으로 뇌에 영향을 미치는 것으로 여겨지며 이에 관해 **그림 8.32**에 제시되어 있다. PGN은 박테리아의 혈장 세포막으로부터 파생되며 순환하는 혈액 내에 존재하고 혈뇌장벽을 건 너 패턴 인식 수용기에 영향을 미친다.

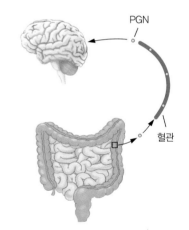

그림 8.32 뇌로 향하는 PGN 경로
장박테리아는 혈액 순환을 통해 뇌로 접근할 수 있다. 박테리아 펩티도글리칸(PGN)이 장을 떠 나 혈관으로 들어가서 혈뇌장벽을 건너 뉴런과 상호작용한다.
출처 : Gonzalez-Santana & Diaz-Heijtz, 2020.

실제로 자폐증을 포함한 많은 신경발달장애가 생의 초기 동안의 비전형적인 마이크로바이옴 과 관련되어 있다(예 : Gonzalez-Santana & Diaz-Heijtz, 2020; Kelly et al., 2017). 한 예방책이 마 이크로바이옴을 변화시키는 것이다. 이러한 개입이 **사이코바이오틱스**(psychobiotics)로 알려져 있는데, 즉 정신 건강을 위해 장박테리아(프리바이오틱스)의 성장을 향상시키는 살아 있는 박테 리아(프로바이오틱스) 혹은 화합물을 사용하는 것을 의미한다. 비록 인간을 대상으로 한 사이코 바이오틱스 임상 실험은 비교적 제한적이지만 실험실 동물을 대상으로 한 연구들의 결과는 긍정 적이다(Bastiaanssen & Cryan, 2021). 예를 들어 생의 초기 스트레스에 관한 설치류 모델을 사용 한 일련의 연구들은 치료받지 않은 스트레스 동물이 성숙 후 인지 결함을 보이는 반면 새끼들을

사이코바이오틱스 살아 있는 박테리아(프로바 이오틱스) 혹은 장박테리아의 성장을 향상하는 화합물(프리바이오틱스)을 사용하는 치료법

양육하는 동안 프로바이오틱스가 포함된 물을 마신 어미를 가진 동물은 성숙 후 이러한 결함을 보이지 않았다(예 : Cowan et al., 2016). 다른 연구들은 특정 박테리아가 정서 학습을 향상시키고 불안과 스트레스 효과를 감소시키는 것을 보고하였다. 이러한 동일한 박테리아가 여러 동물 종의 신경발달과 사회적 행동의 프로그래밍에 중요한 역할을 한다(Sherwin et al., 2019).

8-4 복습

진도를 계속 나가기 전에 앞 절을 얼마나 이해했는지 확인해보자. 정답은 이 책의 뒷부분에 있다.

1. 중뇌의 여러 영역에 있는 서로 다른 세포의 특정 분자가 각 세포에게 특유의 화학적 정체감을 제공한다는 생각은 _____로 알려져 있다.

2. 생의 초기에 환경 스트레스에 노출되면 뇌 발달이 _____되고 발달 가소성 시기가 _____된다.

3. 뇌가 발달하는 동안 호르몬 _____이/가 남성 특징의 발달에 영향을 미치고 _____이/가 여성 특징의 발달에 영향을 미친다.

4. 경험에 대한 뇌의 민감성이 _____동안 가장 높다.

5. 왜 많은 정신장애가 청소년기에 발병하는가?

학습 목표
• 출생전과 출생후의 부정적 경험이 뇌 발달에 어떻게 영향을 미치는지 설명한다.
• 시간의존적 효과를 정의하고 이 효과와 뇌 손상 및 추후 발달 사이의 관련성 설명한다.
• 뇌 발달 중의 경미한 일탈을 극복하는 신경 가소성의 역할을 설명한다.

8-5

비정상적인 경험과 뇌 발달

살펴본 바와 같이 출생전 및 출생후 경험과 환경이 뇌 발달을 수정하는 데 중요한 역할을 한다. 이 절에서 우리는 부정적인 경험, 손상과 다른 요인들이 어떻게 비정상적인 뇌 발달과 신경발달 장애를 초래하는지 살펴보겠다.

부정적 경험과 뇌 발달

8-4절에서 뇌 발달이 다양한 환경 자극의 영향을 받지만 모든 경험이 뇌 발달에 긍정적인 영향을 미치지 않는다는 것을 살펴보았다. 만약 생의 초기의 복잡하거나 풍부한 경험이 뇌 성장을 자극하고 추후 행동에 영향을 미친다면 심각한 경험 결핍은 뇌 성장과 행동 발달을 지연시킬 것이다. 이러한 결핍의 효과를 연구하기 위해 Donald Hebb과 동료들(Clarke et al., 1951)은 어린 스코틀랜드산 테리어 개를 자극이 거의 없는 어두운 곳에서 자라게 한 후 이 개의 행동을 일반적인 환경에서 자란 개의 행동과 비교하였다.

7-8절은 뇌-행동 연구에서 사용되는 비인간 동물의 윤리적 처우에 대한 오늘날의 가이드라인을 기술한다.

척박한 환경(오늘날의 연구 윤리 기준에서 보면 비윤리적인)에서 자란 개는 이후 그 환경에서 벗어나더라도 비정상적인 행동을 보였다. 개는 사람 혹은 다른 개에게 반응을 거의 보이지 않았으며 통각을 상실한 것처럼 보였다. 즉 핀으로 찔러도(역시 비윤리적인) 아무런 반응을 보이지 않았다. 쥐를 대상으로 개발된 Hebb-Williams 지능검사를 개 버전으로 실시한 결과 더 자극적인 환경에서 자란 개가 쉽게 학습할 수 있는 과제들에 대한 수행이 매우 낮았고 과제를 학습하지 못하였다.

추후 연구 결과에 의하면 결핍된 환경, 특히 시각 입력이나 어미와의 접촉이 결핍된 환경에서 자란 어린 동물들이 행동 발달과 뇌 발달에 심각한 부정적 결과를 보인다고 한다. Austin Riesen과 동료들(Riesen, 1982)이 어두운 곳에서 자란 동물들을 연구하였는데, 생의 초기에 시각 입력이 결핍될 경우 눈이 정상적으로 기능함에도 불구하고 마치 기능적으로 보지 못하는 것처럼 행동하는 것을 관찰하였다. 시각 자극의 부재가 피질 뉴런의 수상돌기를 위축시키고 복잡하고 자극적인 환경에서 자란 동물의 뇌에서는 이와 정반대의 현상이 관찰된다.

특정 감각 입력의 부재뿐만 아니라 복잡한 전형적 경험의 부재 역시 뇌 발달에 부정적인 영향을 미친다. 1950년대 Harry Harlow(1971)가 실험실 동물을 대상으로 결핍된 환경의 효과에 관한 체계적인 연구를 처음으로 실시하였다. Harlow는 어미(혹은 애비)와의 접촉이 단절된 채 양육된 새끼 원숭이가 성숙한 후에도 매우 비전형적인 지적·사회적 행동을 보임을 관찰하였다.

고아를 대상으로 한 연구들의 잘못된 결론, 즉 영아와 모친과의 접촉을 최소화하면 발달에 도움이 되고 영아 사망률이 감소한다는 결론에 일부 근거하여 Harlow는 원숭이가 태어나자마자 어미로부터 분리해 개인 우리에서 자라게 하였다(고아 연구에 관해서는 Blum, 2002 참조). 결과는 Harlow의 기대와는 매우 달랐다. 가장 놀라운 결과는 이 원숭이들이 다 자란 후에도 다른 동물과 정상적인 관계를 전혀 맺지 못하는 것이었다. 불행하게도 Harlow는 이 원숭이들의 뇌를 조사하지 않았다. 사회적 행동을 통제하는 전두엽에 위치하는 뉴런들의 위축이 있었을 것으로 추측된다. Harlow의 제자였던 Stephen Suomi가 어미와의 접촉이 완전히 단절된 채 양육된 원숭이들에서 후생유전적 변화를 포함하는 다양한 호르몬 및 신경학적 이상을 관찰하였다(Dettmer & Suomi, 2014 리뷰 참조).

결핍된 환경에서 자라거나 학대 및 무시에 노출된 경험이 있는 아동은 추후 심각한 부작용을 경험한다. 8-4절에서 결핍된 환경이 아동의 뇌 발달에 어떤 영향을 미치는지 살펴보았다. '임상초점 8-4 : 루마니아 고아들'에 기술되어 있는 것처럼 무서운 환경에서 양육된 아동에게서 지적 발달과 운동 발달이 지체되는 것이 관찰된다. 발달 과정 동안 부정적인 경험, 특히 심각하거나 극도의 부정적인 경험을 하면 뇌가 되돌릴 수 없을 만큼 변화된다. 장차 학업과 인생에서 성공하는 것은 단지 개인의 의지 문제가 아니라 효과적인 개입에 달려 있다. 사회의 일원인 우리는 우리의 아동이 노출되는 환경의 효과를 무시할 수 없다.

출생 전을 포함하여 발달 초기 동안 스트레스에 노출될 경우 이는 추후 아동의 행동에 영향을 미친다. 스트레스는 특정 유전자, 예를 들어 세로토닌(5-hydroxytryptamin, 5-HT) 재흡수와 관련된 유전자 등의 발현을 변화시킬 수 있다. 어린 시절에 일어난 세로토닌 활성화의 변화가 추후 스트레스 경험에 대한 뇌의 반응을 심하게 변화시킬 수 있다.

생의 초기에 스트레스를 경험한 사람은 우울증과 같은 행동장애에 취약하다(Tottenham, 2014). Michelle VanTieghem과 동료들(2021)이 생후 첫 3년 동안 시설에서 자란 경험이 있는 4~20세 아동을 대상으로 MRI를 반복적으로 실시한 결과 이 경험이 뇌 구조에 지속적인 각인을 남기는 것을 관찰하였다. 시설에서 자란 경험이 없는 집단과 비교하여 이들의 편도체가 생의 초기에 커지지만 9세경에 이르면 평균 크기보다 감소하였다. 이에 덧붙여 비록 시설 아동이 3세 무렵 안정된 가정으로 입양되었음에도 불구하고 비교 집단에 비해 해마가 일생 동안 작았다. 또 다른 연구들은 입양 아동의 경우 전두엽 구조의 변화가 우울장애 및 불안장애의 발병과 관련되어 있음을 관찰하였고 이는 8-2절에 기술된 후생유전적 효과와도 관련되어 있다.

5-4절은 스트레스 반응의 신경생물학을 설명하고, 16-2절은 기분과 스트레스에 대한 반응 사이의 관련성을 설명한다.

부정적 경험이 출생전 발달에 미치는 효과

8-4절에 언급된 바와 같이 임신 전의 부모 경험 혹은 임신 동안의 모친 혹은 태아의 경험이 뇌 발달에 영향을 미칠 수 있다. 자궁 내에서 발달적 사건이 매우 빨리 극적으로 변하기 때문에 태

◉ 임상 초점 8-4

루마니아 고아들

1970년대 루마니아를 통치하였던 공산 정권은 어떤 유형의 피임이나 임신 중절도 금지하였다. 그 결과 10만 명 이상의 원치 않는 아동이 국가가 운영하는 고아원에서 양육되었다.

고아원 시설은 매우 열악하였다. 아동들에게 숙소와 의복은 제공되었으나 환경적 자극은 전혀 제공되지 않았다. 대부분의 경우 아동들은 간이침대에서만 지냈다. 한 번에 20~25명의 아동을 돌보는 양육인과 아동 사이에는 사적인 상호작용이 거의 없었다. 아동의 목욕은 호스를 통해 냉수를 끼얹는 것에 불과하였다.

공산 정권이 무너지고 외부 세계가 개입하면서 수백 명의 아동이 전 세계, 특히 미국, 캐나다, 영국 등의 가정에 입양되었다. 심한 결핍 상태에 있었던 이 아동들을 조사한 여러 연구에 따르면 이 아동들은 입양된 새로운 가정에 도착할 당시 영양 상태가 좋지 않았고 만성적인 호흡기 감염 및 장염을 앓고 있었으며 심각한 발달 지체를 보였다고 한다.

Michael Rutter(1998)와 동료들이 영국에 입양된 아동들을 대상으로 실시한 연구에 의하면 고아들이 동일 연령 아동들의 평균 몸무게, 키와 머리 둘레(머리 둘레의 측정을 통해 대략적인 뇌 크기를 측정한다)에서 2표준편차 아래에 있었다고 한다. 운동 발달과 인지 발달 척도에서 대부분의 아동이 지체 범위에 속하였다.

입양 가정에서 생활한 지 처음 2년 동안 이 아동들은 놀랄 만한 호전을 보였다. 이들의 평균 키와 몸무게는 거의 정상 수준에 도달하였으나 머리 둘레는 여전히 정상보다 작았다. 많은 아동이 운동 발달과 인지 발달에서도 정상 수준을 보였다. 그러나 상당 수의 아동이 여전히 지적 지체를 보였다. 과거 결핍으로부터의 회복에 왜 개인차가 존재하는가?

가장 중요한 요인이 입양될 당시 아동의 연령이었다. 입양될 당시의 연령이 생후 6개월 미만일 경우가 6개월 이상일 경우에 비해 훨씬 더 빨리 회복되었다. 캐나다에 입양된 아동들을 조사한 Elinor Ames(1997)에 의하면 생후 4개월 이전에 입양된 루마니아 고아들이 4.5세에 실시된 스탠퍼드-비네 검사에서 평균 IQ 98을 보였다고 한다. 통제군에 속한 같은 연령의 캐나다 아동들은 평균 IQ 109를 보였다. 뇌영상 연구들은 늦은 나이에 입양된 루마니아 고아들이 정상보다 작은 뇌를 가지고 있다고 보고하였다.

Charles Nelson과 동료들(Berens & Nelson, 2015; Nelson et al., 2007; Nelson et al., 2019)은 루마니아에 남아 있던 아동들의 인지 및 사회 발달과 사건관련전위 측정 결과를 분석하였다. 이 아동들이 루마니아 내 가정

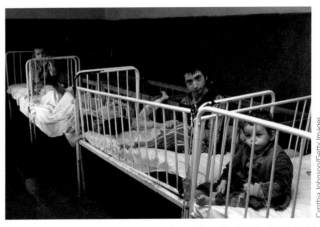

1970년대와 1980년대의 루마니아 고아들은 사진에 보이는 열악한 환경을 견뎌야 했다. 자극의 완전한 결핍이 정상적인 뇌 발달을 방해하였다.

에 입양되었거나 시설에 남아 있었는지와는 무관하게 아동들이 4세경에 매우 심각한 이상을 가지고 있음이 관찰되었다. 입양 연령이 중요하지만 Nelson의 연구는 결정적 연령이 이전 연구들이 주장한 6개월보다 24개월 이전이라는 것을 보여준다.

생의 초기 결핍 정도가 루마니아 고아의 경우 매우 심각하였지만 이보다 덜 심각한 기간 동안 시설에 있다가 입양된 아동들에서도 대뇌 구조, 특히 전두엽, 해마, 편도체의 심각한 부피 변화가 관찰된다. 예를 들어 Hodel 등(2015)은 중국, 동유럽/러시아, 인도 등의 고아원에 거주하다가 미국에 입양된 아동들(12~14세)을 조사하였다. 이 아동들이 입양 가족과 평균 12년 정도 거주하였지만 여전히 전전두피질의 비정상적인 발달을 보였다. Hodel의 연구는 전전두피질이 특히 생의 초기 역경에 취약하다는 것을 보여준다.

인간의 뇌는 아주 어린 유아기에 짧은 기간 동안 결핍을 경험하면 회복될 수 있으나 24개월 이상 결핍을 경험하면 뇌 발달에 심각한 이상이 초래되고 이 이상이 완전히 회복될 수 없다. 루마니아와 다른 나라의 고아원에 거주한 아동들에 관한 연구들은 발달 중인 뇌가 정상적으로 발달하기 위해서는 자극이 필요하다는 것을 분명하게 보여준다. 아주 짧은 기간 동안의 결핍 후 뇌는 회복되지만 수개월 이상 결핍이 지속될 경우 뇌가 정상보다 작고 이에 따라 행동 이상, 특히 인지와 사회적 기술의 이상이 초래된다.

아 경험의 효과가 발달 단계에 따라 정확하게 변한다는 사실이 놀랍지 않다. 대체로 CNS는 임신 4~8주, 즉 신경관이 형성되는 시기에 특히 민감하고 대뇌 뉴런발생 기간을 거쳐 임신 6개월이 끝날 무렵까지 지속적으로 민감하다. 앞의 절에서 우리는 환경이 어떻게 동물의 뉴런 구조에 영향을 미칠 수 있는지를 보여주는 연구 결과를 살펴보았다. Robbin Gibb과 동료들(2014) 역시 그림 8.24A에 제시된 것과 같은 복잡한 환경에 임신한 쥐를 살게 할 경우 태어나는 새끼들의 피질에서 수상돌기 가시 밀도가 증가하는 것을 관찰하였다.

앞서 살펴보았듯이 출생전 경험이 아동과 성인에서 비정상적 행동도 초래할 수 있다. 출산 동안 혹은 출산 무렵의 스트레스와 같은 주산기의 부정적 경험이 추후 행동장애의 중요한 위험 요소이다(Bock et al., 2014). 임신 전에 경험한 스트레스 혹은 약물 사용 등과 같은 사건조차 자

녀에게 후생유전적 영향을 미칠 수 있다. 비록 이러한 효과가 주로 산모가 임신 전에 경험한 것으로부터 온다고 여겨지지만 임신 전 부친의 경험 역시 태아알코올스펙트럼장애(fetal alcohol spectrum disorder, FASD)의 발병을 포함하여 아동의 뇌 발달을 수정한다는 연구 결과가 증가하고 있다(예 : Zuccolo et al., 2016). 이와 유사하게, 실험실 동물을 사용한 연구들도 암컷 혹은 수컷이 임신 전에 경험한 스트레스가 태어나는 새끼의 뇌와 행동을 변화시킨다는 것을 보고한다(예 : Harker et al., 2015; Jenkins et al., 2018).

실제로 실험실 동물을 대상으로 한 연구 결과는 암컷보다 수컷의 임신전 경험이 더 큰 영향을 미친다는 것을 보여준다(예 : Dias & Ressler, 2014). 이에 대한 한 해석이 수컷의 임신전 경험이 **생식세포계열**(germline), 즉 여러 세대로 전달되는 세포의 유전물질을 변화시킨다는 것이다. 예를 들어 정자 혹은 난자의 유전물질이 생식세포계열의 일부이다. 성숙한 개체의 난자(난세포)들은 경험에 의해 쉽게 변하지 않는데 이는 이 세포들이 암컷의 초기 신체 발달 동안 형성되기 때문이다. 이와 상반되게 정자는 끊임없이 갱신되기 때문에 정자의 유전자 발현이 수컷의 경험에 의해 더 변화될 가능성이 있다. 한편 임신전 어미의 경험이 새끼에게 직접적으로 영향을 미칠 수 있는데 이는 어미의 스트레스 반응을 변화시키거나 새끼에 대한 어미의 행동을 변화시킴으로써 새끼의 뇌 발달을 변화시킨다.

손상과 뇌 발달

1800년대 말까지는 일반적으로 성인보다 유아와 아동이 뇌 손상으로부터 더 잘 회복된다고 믿었다. 1930년대에 Donald Hebb이 출생 시 전두엽에 심각한 손상을 입은 아동들을 조사한 결과 이들은 성인이 되어서도 심각하고 영구적인 비정상적 행동을 보이는 것을 관찰하였다. 그는 생의 초기에 입은 뇌 손상이 추후 뇌의 발달을 변화시키며, 생의 후반기에 손상을 입을 때보다 더 심각한 결과를 초래한다고 결론 내렸다.

그러면 다른 연구들이 Hebb의 결론을 어느 정도 지지하는가? 생의 초기에 손상을 입은 사람을 대상으로 하는 해부학적 연구가 거의 존재하지 않지만 실험실 동물을 대상으로 한 연구들로부터 일부 추측할 수 있다. 일반적으로 생의 초기, 특히 발달 과정의 특정 결정적 시기 동안에 입은 뇌 손상은 뇌를 비정상적으로 만든다.

인간의 경우 마지막 절반의 임신 기간과 출생 후 첫 2개월 동안 입은 뇌 손상이 가장 최악이다. 이 시기 동안 손상을 입은 쥐와 고양이는 평균보다 훨씬 작은 뇌를 가지며 건강한 뇌에 비하여 피질 뉴런들이 위축되어 있다(**그림 8.33**의 왼쪽). 이 동물들은 다양한 인지 영역에서 지체를 보인다.

그러나 발달 중에 있는 뇌가 손상을 입을 경우 항상 부정적인 결과만 일어나는 것은 아니다. 예를 들어 생후 첫 2년 내에 뇌 손상을 입은 아동은 동일한 손상을 입은 성인이 보이는 심각한 언어장애를 거의 보이지 않는다는 것이 100여 년 전부터 알려져 왔다. 동물 연구들이 이러한 결과가 왜 생기는지 설명해준다.

인간의 임신 마지막 몇 달과 비교될 만한 시기에 쥐가 뇌 손상을 입을 경우 광범위한 피질 위축이 관찰되며, 인간의 생후 6개월에서 2년과 비교될 만한 시기에 쥐의 뇌에 손상이 있을 경우 수상돌기가 더 발달한다(그림 8.33의 오른쪽 그림). 더욱이 이 쥐들은 극적인 기능 회복을 보이는데, 이는 발달 동안 뇌가 손상을 보상할 만한 능력을 가지고 있는 것을 시사한다. 고양이를 대상으로 유사한 실험을 한 결과 발달 초기에 시각피질에 손상을 입은 후 피질과 피질 사이의 연

임상 초점 6-2는 태아알코올스펙트럼장애를 기술하고 있다.

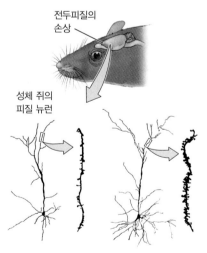

전두피질의
손상

성체 쥐의
피질 뉴런

출생 당일 손상   출생 10일 후 손상

그림 8.33 시간 의존 효과
쥐가 출생 당일에 전두피질에 손상을 입으면 성숙되어도 피질 뉴런의 수상돌기가 단순하고 가시의 성장도 빈약하다(왼쪽). 이와 상반되게 생후 10일에 전두피질에 손상을 입으면 성숙한 후 손상을 입지 않은 정상 쥐에 비해 대뇌피질 뉴런의 수상돌기와 가시가 더 풍부하다(오른쪽).
출처 : Kolb & Gibb, 1993.

결이 광범위하게 재조직화되는 것이 관찰되었다(Payne & Lomber, 2001 리뷰 참조, 발달 동안에 입은 뇌 손상으로부터 회복의 결정적 시기에 관한 리뷰는 Kolb, 2021 참조).

기타 비정상적 뇌 발달의 원인

신경계가 비정상적으로 발달하는 데 외적 힘에 의해 신경계가 손상받을 필요가 없다. 많은 유전적 일탈이 비정상적인 뇌 발달을 초래하고 궁극적으로는 비정상적인 뇌 구조를 초래한다. **척추피열증**(spina bifida)은 유전 청사진의 오류로 말미암아 신경관이 완전히 폐쇄되지 않고 이로 인해 척수가 불완전하게 형성되는 경우이다. 출생 후 엽산으로 치료를 받지 않으면 척추피열증을 앓는 아동 대부분이 심각한 운동장애를 가지게 된다.

만약 일부 유전적 일탈로 인해 신경관의 전측 끝이 적절하게 닫히지 못한다면 어떤 일이 발생할 것인지 상상해보라. 신경관의 전측 끝이 뇌를 형성하기 때문에(그림 8.5 참조) 이러한 오류는 심각한 비정상적 뇌 발달, 즉 **무뇌증**(anencephaly)을 초래하며 무뇌증을 앓는 유아는 출생 직후 사망한다.

비정상적인 뇌 발달이 무뇌증보다 훨씬 더 포착하기 힘들 수 있다. 예를 들어 만약 세포들이 자신들의 정확한 위치로 이동하지 않고 잘못된 위치에서 계속 생존한다면 뇌 기능이 방해를 받거나 발작부터 조현병에 이르기까지 다양한 장애가 초래된다(Guerrini et al., 2007 리뷰 참조). 뉴런들이 다양한 조건에서 정상적으로 분화하지 못하는데, 특정 경우 뉴런들이 긴 수상돌기 혹은 수상돌기가시를 생산하지 못하고, 그 결과 뇌 연결이 비정상적이 되고 발달장애가 초래된다.

반대 상황 역시 가능하다. 즉 뉴런들이 지나치게 커질 때까지 지속적으로 수상돌기를 생산하고 다른 세포들과 연결하기도 한다. 새로 형성된 모든 연결의 기능이 파괴적인 결과를 초래할 수 있다. 잘못된 위치에서 일어나는 흥분성 시냅스가 뉴런의 기능을 방해한다.

임신 말기에 일어난 경미한 비정상적 사건도 심각한 결과를 초래한다. 1세 미만의 건강한 영아가 잠을 자는 동안 뚜렷한 원인 없이 사망하는 **영아돌연사증후군**(sudden infant death syndrome, SIDS)으로 미국에서만 매년 2,500명의 영아가 사망한다. 사후 부검 결과에 의해 SIDS 희생자들이 다른 영아들보다 특정 유전자의 변이, 즉 세로토닌 수송체를 지나치게 작용하게 하는 유전자 변이를 더 많이 가지고 있는 것이 밝혀지고 있다. 정상적으로 세로토닌계는 호흡기제를 자극하여 혈액 내의 높은 이산화탄소 수준에 반응하고 가스를 배출하게 한다.

SIDS로 사망한 영아들의 경우 세로토닌이 정상보다 더 빨리 시냅스에서 제거된다. 이 작용은 수면 동안 이산화탄소가 만들어지는 것과 같은 생명위협적 사건을 5-HT가 덜 효과적으로 조율하게 만든다. 예를 들어 잠자리에 이산화탄소가 가두어지면 영아는 지나치게 높은 수준의 이산화탄소를 들이마시고 질식사한다.

비정상적인 세로토닌 수송체에 덧붙여 David Paterson과 동료들(2006)은 SIDS 희생자들의 뇌에서 비정상적으로 적은 $5-HT_{1A}$ 수용기를 발견하였다. 연구자들은 여아보다 남아에서 더 적은 $5-HT_{1A}$ 수용기를 발견하였으며, 이는 SIDS 사망률이 남아에서 더 높은 것과 일치한다. Hannah Kinney(2009)는 주된 결함이 태아 발달 동안 일어나는 5-HT 세포 수의 증가이며, 이 증가의 원인은 잘 알려져 있지 않지만 아마 출생 전에 알코올, 니코틴 혹은 다른 물질에의 노출이 원인일 수 있다고 제안하였다. 이 결함이 $5-HT_{1A}$ 수용기의 변화를 초래한다.

뇌가 성숙하고, 성숙한 뇌 영역들이 행동에 중요한 역할을 하기 시작해야만 비정상적인 뇌 발달의 행동 효과가 나타나기 시작한다는 점이 흥미를 끈다. 특히 전두엽에 손상을 입을 경우 그러

무뇌증 전뇌가 발달되지 못한 경우

영아돌연사증후군(SIDS) 1세 미만의 건강한 영아가 수면 중 알 수 없는 원인으로 사망하는 경우

하다. 전두엽은 성인 초기에 이를 때까지 계속 발달하고 때로 청소년기에 이를 때까지 비정상적인 전두엽 발달의 효과가 눈에 띄지 않는다.

조현병은 서서히 진행되고 청소년기 후반에 이를 때까지 증상이 눈에 띄지 않는 특징이 있다. '임상 초점 8-5 : 조현병'에는 이 질환의 경과와 가능한 발병 원인을 설명한다.

> 조현병 환자의 뇌는 16-2절에 기술되어 있고 조현병과 뇌의 지나친 도파민 혹은 세로토닌 활성화와의 관련성이 5-3절에 기술되어 있다.

발달장애

인지 기능의 장애가 비정상적인 뇌 발달과 동반되어 초래된다. 장애는 대부분의 정상적인 라이프스타일을 가능하게 하는 경미한 수준에서부터 지속적인 돌봄이 요구되는 심각한 수준까지의 범위에서 발생한다. **표 8.3**에 요약되어 있듯이 이러한 발달장애는 만성적 영양 결핍, 다운증후군과 같은 비정상적인 유전자, 비정상적인 호르몬 수준, 뇌 손상 혹은 신경 질환으로 초래된다.

> 그림 3.22는 삼염색체성, 즉 다운증후군을 초래하는 염색체 이상을 설명한다.

◎ 임상 초점 8-5

조현병

T여사가 16세였을 때 처음으로 조현병 증상, 즉 사람들이 자신을 노려본다는 확실한 느낌을 경험하기 시작하였다. 이 증상으로 인하여 그녀는 대중 앞에서의 피아노 연주를 중단하였다. 그녀는 사회적 관계에서 철수하였고 이후 사람들이 뒤에서 자신에 관한 이야기를 한다는 망상을 갖기 시작하였으며 마침내 사람들이 자신을 해치려 한다는 망상을 갖게 되었다.

처음에는 T여사의 증상이 간헐적으로 나타났으며 증상이 없을 때 그녀는 지적이고 온화했고 야심 찼다. 증상이 없는 동안 대학을 마치고 결혼하여 세 자녀를 양육하였다. 그녀는 28세에 처음으로 병원에 입원하였는데 당시 그녀는 세 번째 자녀를 출산한 직후였고 환각을 경험하기 시작하였다.

현재 45세인 T여사는 완전히 회복되지 않았다. 그녀는 거리에서 공룡을 보았고 자신의 냉장고에 동물이 살고 있다고 믿는다. 환각을 경험하는 동안 그녀는 기이하고 일관성 없이 말을 하고 글을 썼다. 제정신일 경우도 있었지만 이런 경우에도 그녀는 환청 때문에 위험한 행동, 예를 들어 한밤중에 잠옷만 입은 채 고속도로에서 과속으로 운전을 하는 등의 행동을 보였다. 또 어떤 경우에는 명백하게 자극이 없는데도 불구하고 기이한 시환각을 경험하였다. 예를 들어 그녀는 마트에서 천사를 보았다고 보고하였다. 그녀는 이러한 경험들에 빠져들어 혼란과 두려움을 느끼며 요리 혹은 피아노 연주 등과 같이 그녀가 매일 하는 일을 수행하지 못하였다(Gershon & Rieder, 1992, p. 127).

조현병을 정의하는 것보다 조현병적 행동을 확인하는 것이 항상 더 쉽다. 조현병의 진단에 보편적으로 사용되는 준거가 개인으로 하여금 현실감을 상실하게 하는 다른 신경학적 장애 혹은 정서(기분)장애의 부재이다.

조현병은 일반적으로 발달장애로 여겨지는데 이는 증상이 대개 청소년기와 성인 초기에 나타나기 때문이다. 이 증상들이 발달 초기에 일어난 사건의 결과로 여겨지고 뇌 발달에 미치는 유전적·환경적 효과가 결합된 것을 반영하는 것으로 여겨지고 있다. 다양한 유전자가 일련의 신경병리적 사건들을 촉발한다고 제안되는데, 이 사건들은 임신 동안 일어나기 시작하고 환경 요인의 영향을 받는 청소년기와 성인기 동안 진행되는 것으로 여겨지고 있다(Rapoport et al., 2012의 리뷰 참조).

조현병 증상은 매우 다양하며 이는 생물학적 이상이 환자에 따라 다르다는

것을 시사한다. 대부분의 환자는 조현병 증상을 보이기 시작한 첫 몇 년을 제외하고는 신경심리적 기능의 저하 없이 비교적 안정된 수준을 유지하는 것으로 보인다. T여사의 경우처럼 증상은 있다 없다를 반복하지만 첫 몇 삽화 이후 병의 심각성은 비교적 일정하다.

많은 연구가 사후 부검과 MRI 혹은 CT를 사용하여 조현병 환자의 뇌를 조사하였다. 비록 연구 결과는 일관되지 않지만 대부분의 신경과학자들은 조현병 환자의 뇌가 정상보다 가볍고 뇌실이 더 확대되어 있다는 사실에 동의한다. 연구 결과는 조현병 환자가 더 작은 전두엽(혹은 적어도 전전두피질의 뉴런 감소)과 더 얇은 해마곁회(parahippocampal gyri)를 가지고 있다는 것도 보여준다. 더욱이 증상의 시작이 특히 질병의 초기 단계 동안의 점진적인 회백질 이상과 관련되어 있는 것으로 여겨진다(Dietsche et al., 2017 리뷰 참조).

Joyce Kovelman과 Arnold Scheibel(1984)은 조현병 환자의 해마 뉴런들이 비정상적인 방향으로 놓여 있는 것을 관찰하였다. 정상 뇌에서는 이 영역의 뉴런들이 같은 방향으로 정렬되어 있는 것에 비해 조현병 환자의 뇌에서는 그림에 제시되어 있듯이 뉴런들이 아무렇게나 조직되어 있는 것으로 보인다.

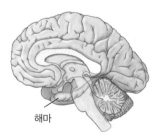

해마

건강한 뇌**(A)**와 조현병 환자 뇌**(B)** 해마의 추체세포 방향

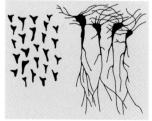

(A)

조직화된(건강한) 추체 뉴런

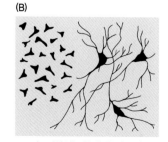

(B)

비조직화된(조현병) 추체 뉴런

표 8.3 발달장애의 원인

원인	기제의 예	상태의 예
비정상적 배아 발달	독성물질에의 노출	태아알코올스펙트럼장애 (FASD)
출생 외상	무산소증(산소 결핍)	뇌성마비
만성 영양결핍	비정상적인 뇌 발달	콰시오르코르
약물(예 : 발프로에이트)	신경관 결함	척추피열증 자폐스펙트럼장애(ASD)
비정상적인 환경	감각 결핍	성장 및 발달 결핍
유전적 이상	신진대사 오류	페닐케톤뇨증(PKU) 다운증후군
출생전 질병	감염(예 : 풍진 혹은 독일 홍역)	자폐스펙트럼장애(ASD) 발달 지연

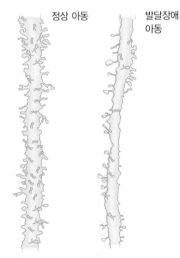

그림 8.34 뉴런 대조
정상적인 지능을 가진 아동(왼쪽)과 발달장애 아동(오른쪽)의 피질 뉴런 수상돌기가시를 비교한 결과 발달장애 아동의 뉴런이 정상 아동의 뉴런보다 더 얇고 더 적은 가시를 가지고 있다.
출처 : Purpura, 1974.

서로 다른 발병 원인이 서로 다른 비정상적인 뇌 조직화를 야기하지만 모든 유형의 발달장애가 보이는 중요한 공통점은 뇌가 정상적이지 않다는 것이다.

Dominique Purpura(1974)의 연구는 발달장애 아동들의 뇌를 체계적으로 조사한 몇 안 되는 연구 중 하나이다. Purpura는 골지 염색법을 사용하여 사고 혹은 신경계와 관련 없는 질환으로 사망한 아동들의 뉴런을 조사하였다. 다양한 유형의 지적장애가 있는 아동들의 뇌를 조사한 결과 정상적인 지능을 가진 아동에 비해 수상돌기의 성장이 방해를 받은 것과 수상돌기가시가 매우 빈약한 것을 발견하였다(그림 8.34).

뉴런의 구조가 빈약하다는 것은 뇌 연결이 매우 감소해 있고, 이 결과와 발달장애가 초래되었을 것임을 시사한다. 서로 다른 아동들에서 관찰되는 뉴런 비정상의 특성 및 정도의 차이 때문에 이 아동들에서 서로 다른 행동 증후군이 초래된 것으로 여겨진다. 또한 발달 동안 한 체계의 이상이 다른 체계와 상호작용하고 이로 인해 새로운 비정상이 초래된다. 예를 들어 반복적으로 귀의 감염을 앓는 아동이 청각 발달의 지연, 나아가 언어 발달의 지연을 보인다. 이와 유사하게 생의 초기에 경험하는 스트레스가 뇌 발달을 변화시키고 나아가 청소년기에 뇌가 스트레스원에 민감하게 반응하게 한다.

어떻게 뇌가 정상적으로 발달하는가?

뇌의 복잡함, 뇌 발달의 정확한 과정, SES부터 장박테리아에 이르는 뇌 발달에 영향을 미치는 수많은 요인을 고려하면 많은 사람이 정상적인 뇌를 가지고 있다는 것이 경이롭다. 우리 모두는 잘못된 위치로 이동하였거나 잘못된 연결을 맺었거나 바이러스 혹은 다른 해로운 물질에 노출된 뉴런을 가지고 있을 것이다. 만약 뇌가 보기처럼 연약하다면 정상적인 뇌를 가지는 경우가 드물 것이다.

명백하게 동물은 뇌가 발달하는 동안 발생한 경미한 비정상을 바로 잡을 수 있는 상당한 능력을 진화시켰다. 대부분의 사람은 정상이라고 부르는 범위 내에서 발달하는데 이는 인간의 뇌가 경미한 발달 이탈을 극복하는 가소성과 재생능력을 가지고 있기 때문이다. 처음부터 뉴런과 시냅스를 과잉 생산함으로써 뇌는 우연히 일어난 오류를 바로잡는 능력을 가진다.

이와 동일한 가소적 속성이 추후 노화에 대처하게 한다. 뉴런은 평생 지속적으로 죽는다. 60세에 이르면 이러한 세포 상실이 환경 내 독성물질, 약물, 외상성 뇌 손상 및 기타 신경 변화와 더불어 매우 심각한 효과를 발휘해야 한다. 그러나 이런 일이 일어나지 않는다.

비록 일부 십대들은 믿지 않겠지만 60세에 치매가 발병하는 경우는 비교적 드물다. 대부분의 기준에 의하면 성인기 동안 지적으로 활발한 60세 사람이 비교적 세포 상실이 적은 뇌를 가진 18세 사람보다 훨씬 더 현명하다. 예를 들어 60세 체스 선수가 18세 선수보다 훨씬 많은 체스게임을 하였고 또 게임 전략을 더 많이 사용하였다. 발달 초기의 음악 혹은 외국어 경험이 치매와 같은 퇴행성 신경 질환으로부터 뇌를 일부 보호하는 것으로 보인다.

확실이 일부 기제가 뇌세포의 상실 혹은 경미한 뇌 손상을 보상하게 한다. 가소성과 변화 능력, 학습과 적응능력이 발달 과정 동안 그리고 전 생애를 통해 인간 뇌가 가지는 가장 중요한 특성이다.

14장에서 학습, 기억과 신경가소성에 관해 더 살펴볼 것이다.

8-5 복습

진도를 계속 나가기 전에 앞 절을 얼마나 이해했는지 확인해보자. 정답은 이 책의 뒷부분에 있다.

1. 뇌손상이 발달의 _____ 시기 동안 일어나면 뇌가 비정상적이 될 가능성이 증가한다.

2. 사후부검 연구는 영아가 잠을 자는 동안 사망하는 경우인 _____이/가 세로토닌 수송체를 비 효율적으로 만드는 유전자 변이와 관련된다고 밝혔다.

3. 동물을 어두운 곳에서 자라게 한 Riesen의 연구는 _____ 자극의 부재가 뇌 발달에 영향을 미칠 수 있음을 보여준다.

4. 평생 뉴런이 죽는 것에도 불구하고 50대와 60대 사람의 뇌에서 세포 상실의 중요한 효과가 관찰되지 않는 이유를 설명하시오.

5. 모친보다 부친의 임신전 경험이 태어나는 자녀에게 더 큰 영향을 미치는 이유를 설명하시오.

요약

8-1 뇌 발달에 관한 세 가지 견해

신경계의 발달은 유전 청사진을 단순하게 펼치는 것 이상이다. 발달은 유전과 환경 사건들이 상호작용하여 뇌를 특정 문화와 환경 맥락에 맞추는 과정이다. 이 과정을 다음 세 가지 관점에서 연구할 수 있다 : (1) 뇌 구조의 출현과 행동 출현을 서로 관련짓는 것, (2) 새로운 행동 및 신경 성숙과 관련짓는 것, (3) 뇌와 행동에 영향을 미치는 요인들을 확인하는 것.

8-2 발달의 신경생물학

인간 뇌의 성숙은 긴 과정으로 30세까지 지속된다. 뇌 기능의 단위인 뉴런은 출생 전에 표현형을 발달시키고 이동하며 돌기를 분화하고, 다른 뉴런과의 연결을 형성한다. 발달 중인 뇌는 필요 이상으로 뉴런과 연결들을 생산하고 유아기, 청소년기와 성인 초기에 불필요한 뉴런 및 연결이 제거되며 평생 신경 발생을 통해 안정된 수준을 유지한다. 발달 동안의 경험이 유전자 메틸화와 같은 후생유전적 기제가 일어나게 하여 유전자 발현을 변화시킨다.

8-3 행동 발달로부터 신경계 성숙 추론

전 세계, 즉 전 문화를 통해 인간은 신생아에서부터 성인에 이를 때까지 유사한 행동 단계를 거쳐 발달한다. 유아가 신체적으로 발달함에 따라 운동행동이 일정 순서, 즉 물체에 서툴게 향하는 것에서부터 생후 11개월에 이르면 연필 등과 같은 작은 물체를 정교하게 집는 행동까지 발달한다. 인지행동 역시 일련의 논리 및 문제 해결 단계를 거쳐 발달한다. Jean Piaget를 선두로 연구자들이 인지 발달의 네 가지 혹은 그 이상의 단계를 구분하였으며, 특정 행동검사를

통해 각 단계를 확인할 수 있다.

행동은 행동을 생산하는 신경계가 발달함에 따라 출현한다. 신경 발달의 시간표를 관찰한 행동과 서로 매칭시킴으로써 뇌 구조와 뇌 기능의 위계적 관계를 추론할 수 있다. 대뇌피질, 기저핵과 소뇌의 성숙 그리고 이 영역들과 척수 사이의 연결이 발달함과 더불어 운동행동이 출현한다. 출현하는 행동과 신경 발달 사이의 관련성과 유사한 관련성이 인지행동의 성숙과 성인 초기의 전두엽 및 측두엽의 성숙 사이에 존재한다.

8-4 뇌 발달과 환경

뇌는 발달 과정 동안 가장 유연하며 뉴런의 구조와 연결이 발달 과정 동안 다양한 요인에 의해 형성될 수 있다. 외적 사건, 환경의 질, 촉각 자극, 약물, 성호르몬, 스트레스, 손상 등과 같은 요인들에 대한 뇌의 민감성은 시간이 지남에 따라 변한다. 발달의 결정적 시기는 출생 전부터 시작하는데 이 시기 동안 뇌의 서로 다른 영역들이 서로 다른 사건들에 특히 민감하다.

8-5 비정상적인 경험과 뇌 발달

출생전과 아동기 초기의 부정적 경험이 뇌 발달과 행동에 엄청난 영향을 미칠 수 있다. 출생전과 생의 초기에 경험한 스트레스가 뇌 구조에 지속적인 각인을 남길 뿐 아니라 행동장애의 발병 가능성을 높인다. 임신 전의 부모 스트레스조차 태아에게 후생유전적 영향을 미친다.

뇌가 발달하는 동안 무산소증, 외상 혹은 독성물질 등에 노출될 경우 뇌 발달이 상당한 정도로 변화되고 이로 인해 지적장애를 포

함한 심각한 비정상적 행동이 초래된다. 또한 ASD나 SIDS 등과 같은 장애가 초래된다. 청소년기에 다른 행동장애가 나타나는데, 이는 전두엽 변화의 효과가 지연되어 이 시기에 나타나기 때문이다. 발달 동안 뇌의 한 체계에 영향을 미치는 이상이 다른 체계와 상호 작용하여 새로운 이상을 만들어낼 수 있다.

뇌는 경미한 비정상을 회복시키거나 바로잡을 수 있는 능력을 상당히 가지고 있으며, 이로 인해 대부분의 사람이 정상적인 행동을 발달시키고 평생 뇌 기능을 유지한다.

핵심 용어

각인

결정적 시기

교아세포

남성화

네트린

뇌실하 영역

디폴트 네트워크

무뇌증

방사형 교세포

배외측 전전두피질(DLPFC)

사상위족

사이코바이오틱스

성장 급등

성장 원뿔

세마포린

세포 유착 분자(CAM)

세포자살

신경관

신경 다원주의

신경아세포

신경영양인자

신경 줄기세포

신경판

안드로겐

약시

에스트로겐

영아돌연사증후군(SIDS)

자폐스펙트럼장애(ASD)

전구세포

테스토스테론

향성 분자

화학친화 가설

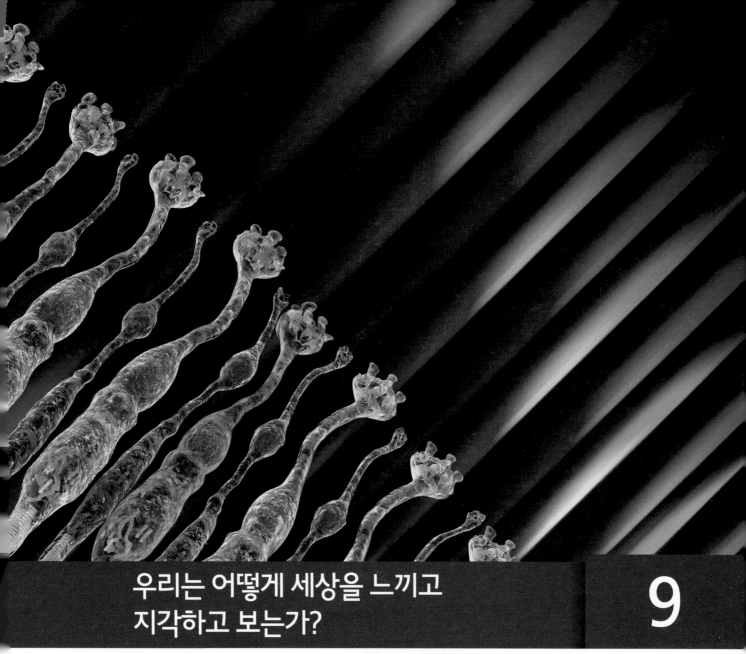

우리는 어떻게 세상을 느끼고 지각하고 보는가?

9

9-1 감각과 지각의 본질

임상 초점 9-1 편두통과 맹시 사례
감각 수용기
신경 연결
감각 부호화와 표상
지각

9-2 시각계의 기능적 해부

망막의 구조
기본 지식 가시광선과 눈의 구조
광수용기
임상 초점 9-2 시 조도
망막 뉴런 유형
임상 초점 9-3 녹내장
시각 경로
배측과 복측 시각 흐름

9-3 시각 세계에서의 위치

망막에서의 위치 부호화
외측슬상핵과 V1에서의 위치
시각 뇌량

9-4 뉴런 활동

형태 보기
색채 보기
연구 초점 9-4 색채 결핍 시각
배측 흐름에서의 뉴런 활동

9-5 활동하는 시각 뇌

피질에 이르는 시각 경로의 손상
무엇 경로의 손상
어떻게 경로의 손상

9-6 시각 경로의 가소성

임상 초점 9-1

편두통과 맹시 사례

D. B.는 14세 때부터 반복적으로 두통을 앓았다. 두통이 일어나기 전 시각적 전조가 D. B.에게 두통을 경고하였는데, 즉 타원형의 번쩍이는 불빛(섬광)이 시야 중앙의 왼쪽에 나타났다. 그런 후 몇 분 동안 타원형이 확대된다. 대략 15분 후 섬광이 사라지면 D. B.는 타원형이 있던 부위를 일시적으로 볼 수 없었다.

D. B.는 타원형을 가장자리가 색채를 띠는 불투명한 흰색 영역으로 묘사하였다. 전조가 나타난 후 머리 오른쪽 면에 두통이 시작되어 48시간 동안이나 지속되었다. D. B.는 이렇게 긴 시간이 경과하기 전에 대부분 잠이 들었다. 깨어나면 두통이 없어지고 시력이 정상으로 돌아와 있었다.

D. B.에게 고통을 주는 반복적인 두통을 편두통(migraines)이라고 하는데, 이는 전조 동안 일어나는 대뇌 혈관의 확장이 원인이다. 전조는 청각, 촉각, 시각으로 나타날 수 있으며 그 결과 움직이지 못하거나 말을 하지 못하게 된다. D. B.에게 전조가 대개 시야의 한 면에만 제한되어 나타나는 것처럼 편두통도 대개 머리의 한 면에만 제한되어 나타난다.

편두통은 심각한 정도, 빈도와 지속 시간이 다양하며 만약 치료를 하지 않으면 몇 시간 심지어는 며칠 동안 지속된다. 편두통은 자주 메스꺼움, 구토와 심한 머리 통증을 동반한다. 아마도 편두통이 가장 흔한 신경 질환일 것이며 전체 인구의 5~20%가 생의 어느 시기에라도 편두통을 앓는다.

D. B.의 경우 발작이 10년 동안 대략 6주 간격으로 지속되었다. 한 번의 발작이 끝나면 작은 맹점, 혹은 암점(scotoma)이 생겼는데, 이에 관한 것이 사진에 설명되어 있다. D. B.가 26세가 되었을 때 신경과 의사는 그의 우반구 후두엽 뒤쪽에 비정상적인 혈관이 모여 있는 것을 발견하였고, 이 비정상적인 혈관이 편두통 발작을 야기한 것으로 보였다. 이는 지극히 드문 경우인데 왜냐하면 뚜렷한 혈관 이상이 편두통 환자에서 매우 드물게 관찰되기 때문이다.

D. B.가 30세가 되었을 무렵 편두통은 그의 가정생활, 사회생활과 직업에 방해가 되기 시작하였다. 어떠한 약물치료도 효과적이지 않았기 때문에 D. B.는 기형적인 혈관을 수술로 제거하였다. 수술은 그가 경험하는 고통을 완화해주었고 그의 생활을 전반적으로 호전시켰으나 혈액 부족으로 우반구 후두엽의 일부가 손상되었다. D. B.는 시야의 왼쪽 반을 보지 못하게 되었다. 그가 한 눈으로 세상을 바라보면 중앙으로부터 왼쪽 면에 위치하는 어떤 것도 보지 못하였다.

Lawrence Weizkrantz(1986)는 D. B.의 시력 상실에 관한 놀랄 만한 발견을 하였다. D. B.는 자신이 보지 못하는 영역에 위치하는 어떤 사물도 인식할 수 없었지만 불빛이 그 부위에서 깜빡거리는 것과 심지어 불빛이 어디에 위치하는지에 매우 정확하게 반응하였다. 명백히 D. B.의 뇌는 언제 불빛이 깜박거리고 어디에 나타났는가를 알았는데, 이 현상을 맹시(blindsight)라고 한다. D. B.의 뇌는 그가 의식적으로 인식하는 것보다 더 많이 알고 있었다. D. B.의 사례는 피질의 여러 체계에 의해 시각 처리가 일어나는 것을 보여주는 매우 좋은 예다. 즉 사물을 처리하는 체계는 손상되었지만 사물의 공간 내 위치에 관여하는 체계는 손상되지 않았다.

이와 유사한 결론이 T. N.의 사례에서도 내려졌는데, 그는 각 시각피질에 뇌졸중을 앓은 결과 시야 전체를 보지 못하였다(de Gelder et al., 2008). D. B.처럼 그는 일부 무의식적인 시각능력을 가지고 있었고 그중 가장 인상적인 것은 T. N.이 사물들이 진로를 방해하는 긴 복도를 성공적으로 걸어 내려갈 수 있었던 것이다(de Gelder 논문에 제시된 영상자료가 이를 보여준다). 그는 사물을 인식하지 못하였지만 복도를 따라 곧장 걸어갔다고 믿었다.

심각한 두통의 원인이 오랫동안 미스터리였지만 Lars Edvinsson, Peter Goadsby, Jes Olesen, Michael Moskowitz가 편두통의 통증이 칼시토닌 유전자 관련 펩티드(calcitonin gene-related peptide, CGRP)에 의해 초래된다는 것을 발견한 공로로 2021년 Brain Prize(신경과학에 뛰어난 공헌을 한 사람에게 수여하는 상)를 받았다. CGRP는 뇌 신경 혈관을 둘러싸고 있는 3차 신경섬유에 있는 수용기를 자극한다. 제약 회사들이 유브로게판트(ubrogepant)와 같은 약물을 현재 개발하고 있는데, 이 약물은 CGRP 수용기를 봉쇄하여 급성 편두통을 치료한다.

X = 고정점

전형적인 편두통 암점이 발달하는 동안 가장 왼쪽의 처음 사진에 있는 작은 흰색 X를 보고 있는 사람은 선들로 구성된 작은 부분을 본다. 이 줄무늬 영역이 점차 바깥쪽으로 확대되어 줄무늬가 있는 영역이 불투명하게 되고(암점), 15~20분 내에 시야를 거의 완전히 막는다. 잠시 후 시력이 정상으로 돌아온다.

'임상 초점 9-1 : 편두통과 맹시 사례'의 그림을 보면 세 사람, 즉 두 여성과 한 남성이 더운 여름날 서로 얘기하면서 걸어가고 있는 것을 볼 수 있다. 사람들 뒤로 나무가 보인다. 우리가 보고 있는 이 시각 이미지 전체가 뇌로 전달되는 것으로 믿게 된다.

그러나 어떻게 신경계가 이를 행하는가? 뇌에는 뷰잉 스크린(viewing screen)이 존재하지 않는다. 실제로 신경계는 형태 혹은 색채 등과 같은 정보 조각으로부터 이미지를 구성해야만 한다. 이후 뇌는 우리가 지각한 것을 완벽한 이미지로 형성하기 위해 이 모든 조각을 결합해야만 한다.

신경계에서 이루어지는 재구성은 TV 스크린 프로젝트처럼 수동적 이미지가 아니다. 대신 뇌는 순간순간의 정보를 해석하고 즉각적으로 미래를 예상하기 위해 기억을 끊임없이 사용한다.

D. B.의 사례는 우리 뇌가 처리하는 시각 정보 중 단지 일부만을 우리가 의식적으로 인식하는 것을 보여준다. 이러한 **선택적 인식**(selective awareness)이 인간의 감각과 지각에 작용하는 중요한 작용 원리이다. 옥스퍼드대학교에 재직하는 세계적인 시각신경과학자인 Weizkrantz는 D. B.의 손상을 통해 시각계의 이 원리를 발견할 수 있었다.

D. B.처럼 의식적인 시지각은 상실하지만 무의식적 시각을 유지하는 능력이 우리를 이 장의 핵심 주제인 '우리가 어떻게 세상을 보는가'로 이끈다. 우리는 시각, 청각, 촉각, 미각과 후각 경로에서 일어나는 감각 과정 중 많은 것을 인식하지 못한다. 우리의 모든 감각 기능은 에너지를 신경 활동으로 전환하여 우리에게 의미를 준다. 따라서 어떻게 이 에너지 전환이 일어나는가에 관한 탐색으로 이 장을 시작하겠다. 그다음 시각계의 해부에 관한 개관을 먼저 살펴본 후 눈과 시각 정보를 처리하는 뇌 영역 사이의 연결에 관해 살펴보자.

다음으로는 시각 경험으로 주의를 돌려 뉴런이 어떻게 시각 입력에 반응하고 뇌로 하여금 색채, 형태, 움직임과 같은 특징을 지각하게 하는가에 초점을 맞출 것이다. 이 장의 마지막 부분에서는 시각에서 가장 중요한 점, 즉 우리가 무엇을 보는가를 이해하고자 한다. 인쇄된 단어의 내용을 이해하기 위해 혹은 그림 속의 아름다움을 보기 위해 어떻게 우리는 빛 에너지에 의미를 부여하는가?

> 이 장의 주제는 시각이고 청각은 10장에 기술되어 있다. 11-4절은 체감각과 균형을 다루고 12-3절은 후각과 미각을 기술하고 있다.

9-1

감각과 지각의 본질

학습 목표
- 신경계 감각 수용기의 역할을 설명한다.
- 감각 수용기의 밀도와 민감성이 어떻게 감각 수용기의 기능과 관련되는지 설명한다.
- 감각과 지각 과정을 비교한다.

우리는 우리의 감각 경험이 환경에 '실제로' 존재하는 것을 말해준다고 여기지만, 우리의 감각 경험이 우리를 속일 수 있다. 동일한 이미지를 보는 두 사람이 매우 다른 것을 볼 수 있다. 우리는 현실에 존재하는 실제적인 것을 보고, 듣고, 만지고, 냄새 맡고, 맛을 경험한다고 믿는다. 실제로 뇌가 '실제' 세상으로부터 받는 유일한 입력은 일련의 활동전위인데, 이 전위는 감각 수용기에 의해 에너지로부터 변환된 것으로 다양한 감각 경로에 위치하는 뉴런을 따라 전달된다.

비록 우리가 시각과 체감각이 근본적으로 서로 다른 것으로 경험하지만 이 두 감각계의 뉴런들은 동일할 뿐만 아니라 이 감각계들에서 만들어지는 활동전위도 매우 유사하다. 신경과학자는 어떻게 뉴런이 광파(light wave)와 같은 에너지를 신경 충동(nerve impulse)으로 바꾸는지를 이해한다. 이들은 이러한 신경 충동을 뇌로 전달하는 경로들도 알고 있다. 그러나 이들은 어떻게 우리가 일련의 신경 충동을 무엇처럼 보인다고 지각하고 일련의 또 다른 신경 충동을 우리가 무엇을 듣는 것으로 지각하는지는 모른다.

우리의 감각계는 매우 다양하고 얼핏 보면 시각, 청각, 촉각, 미각, 후각이 공통점을 거의 가지고 있지 않은 것으로 여겨진다. 비록 이러한 감각들과 관련되어 일어나는 지각과 행동은 매우 다르지만 각 감각계는 유사한 위계로 조직되어 있다. 이제 수용기, 수용기와 신피질 사이의 신경 연결, 감각 부호화와 표상 및 지각을 포함하는 감각계의 공통적인 특징들을 살펴보겠다.

감각 수용기

감각 수용기(sensory receptor)는 환경 에너지, 예를 들어 빛을 신경 활동으로 변환하는 기능을 가

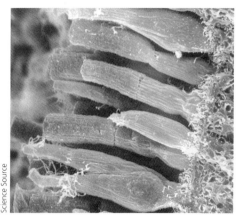

그림 9.1 광수용기 세포
시각은 광수용기, 즉 간상체와 추상체에서 시작된다. 9-2절에 이 광수용기들이 어떻게 작용하는지 기술되어 있다.

감각계의 기능해부학

시각	9-2절
청각	10-2절
체감각	11-4절
미각과 후각	12-3절

세계에 대한 동물의 지각은 동물신경계의 복잡성과 조직화에 달려 있다. 1-3절은 동물종에 걸쳐 신경계의 복잡성이 어떻게 발달하는가를 기술한다.

원리 9. 신경계는 뇌가 구성하는 지각 세계에서 움직임을 생성한다.

수용장 감각공간 영역(예 : 피부면)으로 그곳에 있는 자극이 수용기의 활동을 변경함

진 특수한 뉴런이다. 만약 밀가루를 체에 넣고 흔들면 고운 입자는 체의 구멍을 통해 아래로 떨어지지만 굵은 입자나 덩어리진 것은 체에 남는다. 감각 수용기는 마치 특정 크기의 입자와 유사하게 좁은 에너지 대역에만 반응하는데, 예를 들어 전자기 에너지의 특정 파장에만 반응하여 시각을 형성한다. 각 감각계의 수용기들은 서로 다른 유형의 에너지를 여과하도록 특화되어 있다.

- 시각의 경우 망막의 광수용기(photoreceptor, **그림 9.1**)에서 광 에너지가 화학적 에너지로 전환되고, 나아가 이 화학적 에너지가 활동전위로 전환된다.
- 청각계에서는 공기 압력파(air pressure wave)가 먼저 기계적 에너지로 전환되고, 이 기계적 에너지가 활동전위를 생산하는 청각 수용기를 활성화한다.
- 체감각계의 경우 기계적 에너지가 촉각, 압각, 통각에 민감한 수용기들을 활성화한다. 나아가 체감각 수용기가 활동전위를 생산한다.
- 미각과 후각의 경우 공기에 실려 오거나 음식에 포함된 다양한 화학 분자가 자신과 맞는 형태의 수용기와 결합하여 수용기 뉴런에서 활동전위를 활성화한다.

만약 우리의 시각 수용기가 현재의 시각 수용기와 다르다면 우리는 전자기 스펙트럼 중 가시광선뿐만 아니라 벌꿀과 나비처럼 자외선도 볼 수 있을 것이다. 다른 감각 수용기도 마찬가지인데, 즉 인간 귀에 위치하는 수용기들이 다양한 범위의 음파에 반응하지만 코끼리와 박쥐는 인간이 들을 수 있는 범위보다 훨씬 아래와 위 범위에 속하는 소리를 들을 수 있거나 그런 소리를 낼 수 있다. 서로 다른 종은 감각 입력의 서로 다른 측면에 반응하도록 특화되어 있다.

어떤 면에서 애완견이 '초인간(superhuman)' 능력을 가진다. 개는 냄새를 탐지할 수 있고 코끼리처럼 낮은 범위의 소리를 들을 수 있으며 어두운 곳에서도 볼 수 있다. 개를 포함한 다른 동물종과 비교하여 우리 인간도 '초(super)' 능력을 가지고 있다. 즉 대부분의 다른 영장류처럼 우리는 우수한 색각(color vision)을 가지고 있다. 개의 세상은 후각이고 인간의 세계는 색각이다. 따라서 각 종과 개개 구성원 특유의 현실 표상을 만들기 위해 감각계는 감각 정보를 여과한다.

수용장

모든 감각 수용 기관과 세포는 **수용장**(receptive field)이 있는데, 수용장은 각 기관과 세포가 반응하는 세상의 특정 부위를 의미한다. 예를 들어 여러분 바로 앞에 있는 한 지점에 눈을 고정할 때 여러분이 볼 수 있는 것이 여러분 두 눈의 수용장이다. 만약 한 눈을 감으면 시각 세상이 줄어들고 나머지 눈으로 보이는 것이 그 눈의 수용장이다.

눈에 위치하는 각각의 광수용기 세포(약 1억 2,000만 개 중)는 약간 다른 방향으로 향하기 때문에 독자적인 수용장을 갖는다. 뇌가 각 감각 수용기의 수용장에서 오는 정보를 사용하는 것이 감각 정보를 확인하기 위해서뿐만 아니라 각 수용장이 제공하는 정보를 서로 비교하기 위해서라는 것을 고려하면 수용장의 개념이 유용하다는 것을 이해할 수 있다.

수용장은 감각 정보를 수집할 뿐만 아니라 감각 사건의 공간 내 위치를 인식하는 데도 도움이 된다. 서로 인접해 있는 감각 수용기들의 수용장들이 서로 중복되기 때문에 사건에 대한 이들의 반응을 대조하면 감각의 위치를 알 수 있다. 감각 정보의 공간적 차원이 특정 피질 활성화 패턴과 감각 세상의 지도를 생산하며 이로 인해 우리는 감각적 현실을 알게 된다.

수용기 밀도와 민감성

감각 수용기들은 신체 혹은 기관에 균등하게 분포되어 있지 않다. 예를 들어 시각 수용기는 시야의 가장자리보다 중앙에 훨씬 더 많이 존재한다. 이와 유사하게 촉각 수용기는 팔보다 손가락에 훨씬 더 많은데, 이 결과 팔보다 손가락이 촉각을 훨씬 더 잘 구분한다. 따라서 수용기 밀도가 감각 민감성, 즉 예민함(acuity)과 관련된다.

수용기 밀도에 더해 감각계는 지각 경험을 높이기 위해 서로 다른 유형의 수용기를 사용한다. 예를 들어 시각계는 서로 다른 수용기를 사용하여 빛과 색채에 반응한다. 색채 광수용기는 작고 조밀하게 모여 있는데 이는 밝은 빛에서 색채 구분에 대한 민감성을 높이기 위해서이다. 흑백 시각에 관여하는 수용기는 더 크고 덜 조밀하지만 빛에 대한 민감성(예를 들어 어두운 밤에 2km 정도 떨어진 곳에 있는 불이 켜진 성냥)은 놀랄 만큼 높다. (시각 수용기와 수용장에 관해서는 9-4절에서 살펴볼 것이다.)

감각 수용기의 밀도와 민감성 차이가 많은 동물이 가지는 특이한 능력, 예를 들어 개의 우수한 후각능력과 너구리의 우수한 촉각능력을 결정한다. 인간의 청각 기관에서의 수용기 밀도 차이가 일부 음악가가 보이는 절대 음감 등과 같은 능력을 설명한다.

Craig Lovell/Eagle Visions Photography/Alamy

10-4절에 우리가 어떻게 음악을 지각하는지 기술했다.

신경 연결

모든 수용기는 일련의 개재 뉴런을 통해 피질과 연결된다. 이러한 신경 연결의 수는 감각계마다 서로 다르다. 예를 들어 시각 경로 중 하나는 망막에서 시상, 시각피질의 일차 영역(V1)을 거쳐 다른 시각피질 영역으로 간다. 청각의 경우 귀에 있는 청각 수용기로부터의 정보가 후뇌, 중뇌, 시상을 거쳐 마침내 피질에 도달한다. **그림 9.2**가 세 가지 주요 감각계의 경로를 단순한 차트로 보여준다.

연결 과정의 각 단계에서 감각 정보가 수정되고 이에 따라 각 영역이 감각 경험의 서로 다른 특징을 만들어낸다. 시각계의 경우 각 눈이 주위 환경을 서로 다르게 본다. 이 두 눈으로부터의 정보가 시상에서 서로 결합하여 각 시야의 왼쪽 혹은 오른쪽에서 오는 입력이 겹쳐지게 되고 이로 인해 두 시야, 즉 좌시야와 우시야가 만들어진다. 연결의 다음 단계(V1)에서 뇌는 형태와 색채 등 시각 입력의 서로 다른 특징을 분리하기 시작한다. 망막에서 상구, 시상을 거쳐 피질로 가는 두 번째 시각 경로도 있다. 이 경로는 움직임의 지각에 관여한다(9-2절에서 시각 경로와 V1의 역할을 자세히 살펴볼 것이다).

신경 연결은 감각계들이 상호작용하게 한다. 감각계 상호작용의 극적인 효과가 소리가 시각 정보에 의해 수정되는 것이다. 만약 리코더로 음절 'ba'를 들려주는 동시에 음절 'ga'를 발음하는 어떤 사람의 입술을 보여주면 리코더 소리를 듣는 사람은 실제로 들은 'ba'보다 혼합된 소리 'da'를 듣는다. 입술 움직임을 본 것이 듣는 사람의 청지각을 수정한 것이다.

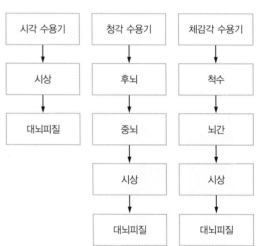

시각 수용기	청각 수용기	체감각 수용기
↓	↓	↓
시상	후뇌	척수
↓	↓	↓
대뇌피질	중뇌	뇌간
	↓	↓
	시상	시상
	↓	↓
	대뇌피질	대뇌피질

그림 9.2 대뇌피질로 향하는 감각 경로의 단순 차트

감각 부호화와 표상

감각 정보가 변환된 후 모든 감각계로부터 오는 모든 정보는 활동전위로 부호화되며, 척수와 뇌에 도달할 때까지는 신경(nerve)을 따라 전달된다. 그리고 척수와 뇌에 도달한 후에는 중추신경계에 포함되는 신경 로(nerve tract)를 따라 이동한다. 모든 신경 혹은 로는 동일한 유형의 신호를 전달한다. 그러나 어떻게 활동전위가 서로 다른 유형의 감각을 부호화하고(어떻게 시각이 촉각과 구분되는가) 어떻게 활동전위가 특정 감각의 서로 다른 특징들을 부호화하는가(어떻게 자주

원리 3. 중추신경계는 다양한 수준에서 기능하며 위계적이고 병렬적으로 조직화되어 있다.

감각 정보가 활동전위를 생산하는 과정을 4-4절에 기술했다.

15-5절에 공감각에 관해 기술했다.

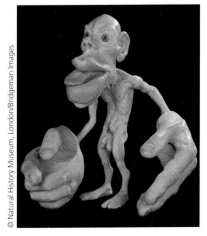

그림 9.3 지형 모델

이 이상한 그림(호문쿨루스라고 함)은 감각운동 피질의 지형도를 나타낸다. 가장 숙련된 움직임에 사용되는 신체 부위를 통제하는 영역이 지형도에서 큰 영역을 차지한다. 11-2절과 11-5절 참조.

(A)

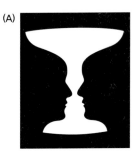

(B)

그림 9.4 지각 착시

(A) Edgar Rubin의 애매모호하면서 뒤바뀔 수 있는 이미지는 화병 혹은 2개의 얼굴로 지각될 수 있다. (B) 이 그림에서 한 치타의 머리가 다른 치타의 몸에 속하는 것처럼 지각될 수 있다.

색이 파란색과 구분되는가)?

이러한 질문 중 일부는 쉽게 답할 수 있지만 일부 질문은 신경과학이 해결해야 하는 근본적인 도전이다. 자극의 존재는 뉴런 발화율의 증감에 의해 부호화될 수 있으며, 증감량은 자극 강도를 부호화할 수 있다. 9-4절에 상세하게 기술되어 있듯이 빨간색과 초록색의 구분과 같은 시각의 질적 구분은 서로 다른 뉴런들의 활동 혹은 동일한 뉴런이 서로 다른 수준으로 발화됨을 통해 부호화될 수 있다. 예를 들어 더 많은 활동은 빨간색을 신호하는 한편 적은 활동은 초록색을 신호한다.

이보다 덜 명확한 것이 우리가 어떻게 시각, 촉각, 소리와 냄새가 서로 다르다는 것을 지각하는가이다. 이에 대한 설명 중 일부는 각 감각이 피질의 고유 영역에서 처리된다는 것이다. 또 다른 설명은 우리가 경험을 통해 서로 다른 감각을 구분하는 것을 학습한다는 것이다. 이에 덧붙여 각 감각계가 신경 조직화의 모든 수준에서 특정 유형의 운동과 더 우선적으로 연결되고 이로 인해 신경 조직화의 모든 수준에서 각 감각계가 구분된다는 것이다. 예를 들어 공과 같은 물체가 갑자기 나타나면 공에 맞는 것을 피하기 위해 철수 반응이 일어나는데, 이 반응은 다른 뇌 영역들이 세부 사항을 분석하기 전까지 우리가 무엇을 피하고 있는지 모를 경우에도 일어난다.

그러나 감각계들 사이의 구분이 항상 명확하지 않다. 즉 어떤 사람은 색채를 듣기도 하고 특정 냄새가 자신에게 어떻게 들리는지에 의해 냄새를 구분한다. 이와 같은 감각의 혼합을 **공감각**(synesthesia)이라고 한다. 음악을 듣거나 손톱이 칠판을 긁을 때 나는 소음을 듣고 몸을 떠는 사람은 소리를 '느낀다'.

대부분의 포유동물은 각 자극 유형, 즉 시각, 청각, 촉각, 후각, 미각의 감각장(sensory field)을 신피질에 가지고 있는데, 이 감각장은 외부 세계에 관한 신경 표상을 공간적으로 조직화한다. 이와 같은 **지형도**(topographic map)는 신체 혹은 감각 기관에 의해 지각된 감각 세계의 영역들에 관한 신경-공간 표상(neural-spatial representation)이다. 이러한 지도에 근거한 모델이 **그림 9.3**에 제시되어 있다. 모든 포유동물은 각 감각계에 대해 적어도 하나의 일차피질영역을 가진다(예 : 시각계의 V1). 추가 영역들을 대개 이차 영역(secondary areas)이라고 하는데, 이는 이 영역들에 도달하는 대부분의 정보가 일차 영역을 통해 연결되기 때문이다. 이차 영역에 의해 추가되는 각 표상은 감각 유형의 특정 특징을 부호화하는 것으로 여겨진다. 시각의 경우 서로 다른 이차 영역들이 색채, 움직임과 형태 지각에 관여한다.

지각

실제로 우리가 얼마나 풍부한 감각을 경험하는가를 고려하면 감각의 신경 해부와 기능에 대한 기술이 오히려 빈약한 것처럼 여겨진다. **감각**(sensation)은 감각 기관이 환경으로부터 오는 물리적 자극을 단순히 부호화하는 것 이상이다. 우리의 감각 인상(sensory impression)은 감각이 일어나는 맥락, 우리의 정서적 상태와 과거 경험 등에 영향을 받는다. 이 모든 요인이 **지각**(perception), 즉 감각의 주관적 경험 혹은 개인이 감각을 어떻게 해석하는가에 영향을 미친다.

지각이 감각 이상이라는 것에 대한 명확한 증거로 동일한 감각 자극이 사람에 따라 완전히 다른 지각으로 바뀌는 것을 들 수 있다. 이에 대한 고전적 예가 **그림 9.4A**에 제시되어 있는 Rubin의 화병으로 잘 알려져 있는 애매모호한 이미지이다. 이 이미지는 화병 혹은 두 얼굴로 지각될 수 있다. 만약 여러분의 눈을 그림의 중앙에 고정하면 비록 감각 자극이 변하지 않더라도 두 지각이 교대로 나타날 것이다.

이와 유사하게 그림 9.4B에 제시되어 있는 두 마리의 치타도 애매모호하다. 어느 머리가 어느 치타의 것인가? Rubin의 화병처럼 두 지각이 서로 변한다. 이와 같은 애매모호한 이미지와 착시는 지각 현상이 복잡하다는 것을 보여주며 인지 과정에 관한 통찰을 제공한다.

9-1 복습

진도를 계속 나가기 전에 앞 절을 얼마나 이해했는지 확인해보자. 정답은 이 책의 뒷부분에 있다.

1. _____은/는 유입되는 물리적 에너지를 신경 활동으로 변환하는 에너지 여과기이다.

2. _____은/는 감각 사건의 위치를 보여준다. 수용기의 _____이/가 감각 자극에 대한 민감성을 결정한다.

3. 우리는 _____과 뇌의 _____을/를 통해 한 감각 유형을 다른 감각 유형과 구분한다.

4. 감각은 감각 기관이 받아들이는 환경으로부터의 물리적 자극을 부호화한다. 지각은 감각의 _____ 경험이다.

5. 각 감각 유형의 해부학적 조직화가 어떻게 유사한가?

9-2

시각계의 기능적 해부

시각은 우리의 주요 감각 경험이다. 실제로 다른 어떤 감각보다 시각에 훨씬 더 많은 인간 뇌 영역이 관여한다. 따라서 시각계의 조직화를 이해하는 것이 인간의 뇌 기능을 이해하는 데 주요 열쇠가 된다. 이를 위해 시각 정보가 어떤 경로를 통해 뇌로 들어가는지와 뇌 안에서 어떤 경로를 취하는지를 먼저 살펴보자. 이 방법은 길이 어디로 가는지 알아보기 위해 길을 따라가는 것과 유사하다.

망막의 구조

빛 에너지는 외부 세계에서 동공을 통해 눈으로 들어와 눈의 뒤쪽에 위치하면서 빛에 민감하게 반응하는 **망막**(retina)에 도달한다(**그림 9.5**). 망막에 위치하는 **광수용기**(photoreceptor) 세포가 자극을 받으면서부터 시각 세계가 생성되기 시작한다. (광수용기를 제외한 모든 망막 뉴런이 빛에 민감하지 않기 때문에 자신들을 통과하여 빛에 민감한 광수용기로 가는 빛의 영향을 받지 않는다.) 만약 여러분이 전자기 스펙트럼 속성과 눈의 구조에 관해 이미 알고 있다면 계속해서 이 책을 읽으면 된다. 만약 이 주제에 관해 여러분이 알고 있는 정보를 상기시키고 싶다면 계속 진도를 나가기 전에 318~319쪽의 '기본 지식 : 가시광선과 눈의 구조'를 먼저 읽는 것이 좋을 것이다.

그림 9.6은 망막 사진인데, 망막은 광수용기들로 구성되며 광수용기들은 앞에 있는 뉴런 층과 연결되어 있다. 비록 다른 뉴런들이 광수용기 세포 앞에 위치하지만 이 뉴런들이 눈으로 들어오는 빛을 수용기가 흡수하는 것을 방해하지 않는데, 이는 뉴런들이 투명하고 광수용기들이 빛에 매우 민감하기 때문이다.

망막의 광수용기 세포와 망막 뉴런이 함께 놀랄 만한 기능을 수행한다. 즉 이들은 빛을 활동전위로 변환하고, 파장을 구분하여 우리로 하여금 색채를 구분하게 하며 매우 밝은 빛에서 매우 어두운 빛에 이르기까지 다양한 빛 강도에서 작용한다. 이 세포들은 이 책에 놓여 있는 머리카락을

지형도 공간적으로 조직화된 외부 세계에 관한 신경 표상

감각 환경으로부터 오는 물리적 자극이 감각 기관에 의해 등록되는 것

지각 뇌에 의해 감각이 주관적으로 해석되는 것

망막 눈 뒤에 위치하는 빛에 민감한 부위로 뉴런과 광수용기 세포로 구성되어 있음

광수용기 빛을 신경 활동으로 변환하는 특수한 망막 뉴런

학습 목표

• 중심와와 망막 구조를 기술하고, 시각 정보의 뇌 전달에서 광수용기와 망막신경절 세포의 서로 다른 기능을 설명한다.

• 눈에서 피질로 시각 정보를 전달하는 세 경로를 추적한다.

• 시각 입력의 처리에 있어 배측 및 복측 흐름의 서로 다른 역할과 두 흐름의 정보가 후두피질에서 어떻게 모이는지 설명한다.

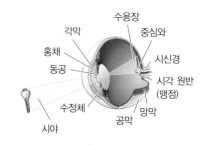

그림 9.5 눈의 해부

사물에서 반사된 빛이 수정체에 의해 망막의 중심와에 집중된다.

◎ **기본 지식**

가시광선과 눈의 구조

뇌의 시각계는 가시광선, 즉 전자기(electromagnetic, EM) 스펙트럼의 일부분으로 인간의 눈이 받아들이고 익숙해지도록 진화되어 온 광선을 분석한다.

빛 : 시각 자극

빛은 빛이 생산된 근원지(예를 들어 램프 혹은 태양)로부터 직접 눈으로 들어오거나 표면(예를 들어 책의 페이지나 수면)에 반사된 후 간접적으로 눈에 들어온다. '전자기 스펙트럼' 도표에 기술되어 있듯이 모든 빛이 동일한 파장을 가지고 있지 않으며 단지 EM 스펙트럼의 한 부분만을 우리가 볼 수 있다. 만약 우리의 광수용기가 가시광선보다 파장이 더 짧은 자외선이나 더 긴 적외선을 탐지할 수 있으면 우리는 현재 우리가 볼 수 있는 색채 이외의 색채를 볼 수 있다.

눈의 구조

인간이 볼 수 있는 빛의 범위는 파장뿐만 아니라 우리의 시각 수용기 속성에 의해 제한된다. 망막에 있는 광수용기 세포가 어떻게 빛 에너지를 흡수하여 시각이 일어나게 하는가? '눈은 어떻게 작용하는가' 도표는 눈의 구조와 눈이 어떻게 빛을 수용하고 빛에 초점을 맞추는가를 설명한다.

굴절의 시각 오류

일련의 근육이 눈의 수정체 모양을 조절하여 빛을 구부려 망막에 상이 맺히게 한다. 상이 적절하게 맺히지 못할 경우 교정 렌즈가 필요하게 된다.

눈은 마치 카메라처럼 충분한 빛이 렌즈를 통과하여 수용기 표면, 즉 눈의 망막 혹은 카메라의 빛 민감 기구에 맺힐 때에만 정확하게 작용한다. 만약 빛의 초점 부위가 수용기 표면보다 약간 앞에 혹은 뒤에 있을 경우 굴절 오류가 발생하여 물체가 흐릿하게 보인다. 눈의 굴절 오류(refractive error)에는 두 가지 기본 유형이 있는데, 이에 관한 것이 '굴절 오류' 도표에 있다.

선진국 젊은이 중 대략 50%가 근시(myopia)이다. 원시(hyperopia)는 덜 흔하게 발생하는 굴절 오류지만 나이가 들어 감에 따라 수정체의 탄력성이 감소하고 그 결과 가까이에 있는 물체로부터 오는 빛을 정확하게 굴절시키지 못하게 된다. 이러한 유형의 원시를 노안(presbyopia)이라고 하는데, 노안은 매우 흔하기 때문에 50세 이상에서 가까운 것을 보기 위해, 특히 글을 읽을 때 안경을 필요로 하지 않는 사람을 찾기 어렵다.

어린 아동이 교정 렌즈를 착용하는 것 역시 흔하게 볼 수 있다. 미국에서 근시의 발생률이 지난 40년 동안 약 42% 증가하였다. 북유럽(50%)과 아시아(50~80%)에서의 발생률 증가는 이보다 더 높다. 두 가지 요인이 이 증가 현상을 설명한다. 첫째, 젊은이들의 수학 기간이 더 길어졌고 이에 따라 눈근육을 긴장시키는 근접 활동, 특히 읽기를 더 많이 한다. 오늘날의 근접 활동에는 컴퓨터 모니터 혹은 LED 빛을 오랫동안 사용하는 것이 포함되는데 둘 다 밝다. 둘째, 사람들이 자연의 밝은 빛이 비치는 야외에서 보내는 시간이 점차 줄어들고 있다. 밝은 빛은 동공을 수축시키고 이로 인해 시야 깊이를 향상시켜 초점을 더 잘 맞추게 한다. 아동들은 매일 적어도 2시간은 밝은 빛이 있는 야외에서 지내야 한다. 호주(17%) 등과 같이 밝은 빛이 풍부한 나라에서는 근시가 훨씬 적다.

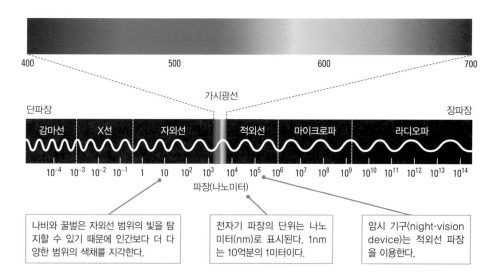

전자기 스펙트럼

인간이 볼 수 있는 전자기 에너지의 파장은 대략 400~700nm이다. 가장 짧은 파장의 가시광선은 짙은 자주색으로 지각된다. 파장이 길어질수록 보라색에서 파란색, 초록색, 노란색, 주황색과 빨간색으로 지각되는데 이는 무지개 색채이다.

400   500   600   700

가시광선

단파장   장파장

| 감마선 | X선 | 자외선 | 적외선 | 마이크로파 | 라디오파 |

10^{-4} 10^{-3} 10^{-2} 10^{-1} 1   10 10^{2} 10^{3} 10^{4} 10^{5} 10^{6} 10^{7} 10^{8} 10^{9} 10^{10} 10^{11} 10^{12} 10^{13} 10^{14}

파장(나노미터)

나비와 꿀벌은 자외선 범위의 빛을 탐지할 수 있기 때문에 인간보다 더 다양한 범위의 색채를 지각한다.

전자기 파장의 단위는 나노미터(nm)로 표시된다. 1nm는 10억분의 1미터이다.

암시 기구(night-vision device)는 적외선 파장을 이용한다.

눈은 어떻게 작용하는가

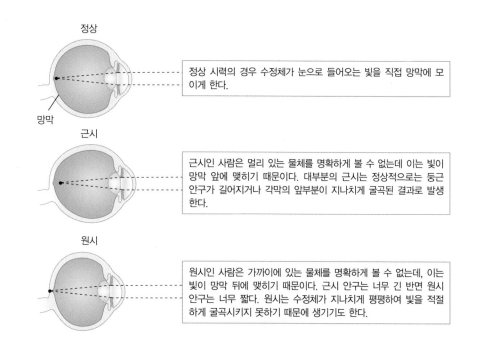

망막의 표면 사진은 맹점으로부터 혈관이 나오고 중심와 근처에는 혈관이 거의 없는 것을 보여준다.

중심와　맹점

망막

Ralph C. Eagle, Jr./Science Source

공막이 안구, 즉 눈의 '흰 부위'를 형성한다. *각막*이 눈의 투명한 바깥 덮개이다. 색채를 띠는 홍채의 개폐가 동공을 통해 더 많은 혹은 더 적은 빛이 들어오게 한다. 수정체는 빛을 모은다.

망막에서 빛 에너지가 신경 활성화를 개시한다. 망막의 중심에 있는 중심와는 시력이 가장 좋은 영역이고 색채 지각에 전문화되어 있는 광수용기들이 가장 많이 분포되어 있다.

망막
공막
각막
홍채
동공
수정체
중심와
시각 원반
(맹점)
혈관
시신경

혈관이 눈으로 들어오고 시신경을 형성하는 축색이 눈을 빠져 나가는 부위인 *시각 원반*에는 수용기가 존재하지 않기 때문에 이 부위가 맹점이 된다. 시신경은 정보를 눈에서부터 뇌로 전달한다.

Chetty Thomas/Shutterstock.com

눈의 각막과 수정체가 마치 카메라의 렌즈처럼 광선이 거꾸로 투사되게 하며 상이 빛 민감 영역에 거꾸로 맺히게 된다.

렌즈

빛이 눈으로 들어오면 먼저 각막에 의해 굴절되고 동공을 통과하며 다시 수정체에 의해 굴절된다. 각막의 곡률이 고정되어 있지만 작은 근육이 수정체의 곡률을 조절하여 초점이 맞추어진다.

굴절 오류

정상

망막

정상 시력의 경우 수정체가 눈으로 들어오는 빛을 직접 망막에 모이게 한다.

근시

근시인 사람은 멀리 있는 물체를 명확하게 볼 수 없는데 이는 빛이 망막 앞에 맺히기 때문이다. 대부분의 근시는 정상적으로는 둥근 안구가 길어지거나 각막의 앞부분이 지나치게 굴곡된 결과로 발생한다.

원시

원시인 사람은 가까이에 있는 물체를 명확하게 볼 수 없는데, 이는 빛이 망막 뒤에 맺히기 때문이다. 근시 안구는 너무 긴 반면 원시 안구는 너무 짧다. 원시는 수정체가 지나치게 평평하여 빛을 적절하게 굴곡시키지 못하기 때문에 생기기도 한다.

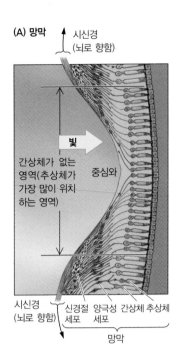

(A) 망막

시신경
(뇌로 향함)

빛

간상체가 없는
영역(추상체가
가장 많이 위치
하는 영역)

중심와

시신경
(뇌로 향함)   신경절   양극성   간상체 추상체
세포   세포

망막

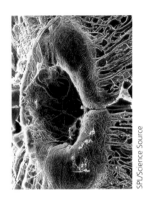

(B) 중심와의 전자현미경 사진

SPL/Science Source

그림 9.6   중심와

이 망막의 횡단면은 **(A)** 중심와(추상체가 밀집해 있음)가 함몰된 것을 보여주며, **(B)** 이는 전자현미경 사진에서도 관찰된다. 중심와에는 광수용기가 가장 많이 위치하고 가장 시력이 좋은 곳이다.

중심와 망막의 중앙 부위로 시력이 좋으며 중심와의 수용장이 눈 시야의 중앙이다.

약 45cm나 떨어져 있는 데서도 볼 수 있을 정도의 시각적 정확성을 가능하게 한다.

카메라처럼 사물의 상이 거꾸로 망막에 맺힌다. 거꾸로 상이 맺히는 것이 뇌에게는 전혀 문제가 되지 않는다. 뇌가 외부 세계를 만들어내며 이 과정에서 뇌는 상이 처음에 어떤 방향으로 맺히는가에 상관하지 않는다. 실제로 뇌는 유입되는 상의 방향과는 상관없이 조절할 수 있다.

만약 여러분이 시각 이미지를 뒤집는 안경을 여러 날 착용하면 처음에는 세상이 거꾸로 보이지만 곧 세상이 정확한 방향으로 존재한다고 여기게 되는데, 이는 여러분의 뇌가 왜곡을 교정하기 때문이다(Held, 1968). 흥미롭게도 만약 여러분이 안경을 벗으면 세상이 다시 한 번 일시적으로 거꾸로 보이게 되는데, 이는 여러분이 다시 한 번 뇌를 속이는 것을 뇌가 처음에는 모르기 때문이다. 결국 여러분의 뇌가 이 문제를 해결하고 세상을 정확한 방향으로 뒤집는다.

중심와

한 가지 실험을 해보자. 이 페이지의 왼쪽 가장자리에 인쇄되어 있는 것에 초점을 맞추어보라(만약 여러분이 이 책의 온라인 버전을 사용한다면 본문이 인쇄된 어떤 페이지라도 사용할 수 있다). 단어들을 명확하게 읽을 수 있을 것이다. 이제 여러분의 눈을 고정한 채 이 페이지의 오른쪽에 있는 단어들을 읽어보라. 여러분이 단어가 그곳에 있는 것을 볼 수 있음에도 불구하고 단어를 읽는 것이 매우 어렵고 심지어 불가능하게 여겨질 것이다.

이는 시야의 가장자리 혹은 주변(periphery)보다 중앙에서 시력이 더 좋기 때문이다. 주변에 있는 철자를 중앙에 있는 철자만큼 잘 보기 위해서는 훨씬 더 커야 한다. **그림 9.7**이 얼마나 더 커야 하는가를 보여준다. 이 차이는 광수용기가 **중심와**(fovea)로 알려져 있는 망막의

그림 9.7   시야의 시력

시각의 중앙 부위와 주변 부위에서 읽을 수 있는 철자의 상대적 크기를 비교하기 위해 차트의 중앙에 있는 ★에 초점을 맞추어보라.

중앙 부위에 더 밀집되어 있기 때문이다. 그림 9.6에서 볼 수 있듯이 망막의 표면이 중심와 부위에서 함몰되어 있다. 이는 빛이 수용기에 접근하는 것을 용이하게 하기 위해 많은 시신경 섬유가 중심와를 비켜 가기 때문이다.

맹점

이제 다른 실험을 해보자. 손에 연필을 쥐고 여러분의 머리를 테이블 윗면에 기울이면서 서 있어 보라. 한 눈을 감은 다음 여러분으로부터 가장 가까이에 있는 테이블 윗면의 가장자리를 응시해보라. 이제 연필을 테이블 위에 있는 지우개와 수평이 되도록 쥐어보라. 여러분의 코 아래에 올즈음 뜨고 있는 눈의 방향으로 테이블을 따라 연필을 천천히 움직여보라.

여러분이 연필을 약 15cm 정도 움직였을 때 테이블 위에 있는 지우개가 사라질 것이다. 여러분은 **시각 원반**(optic disc)이라고도 알려져 있는 망막의 작은 영역인 **맹점**(blind spot)을 발견한 것이다. 맹점은 혈관이 눈으로 들어오고 나가는 부위이고 또 망막 뉴런들의 축색이 뇌로 들어가는 시신경을 형성하는 부위이다. 따라서 망막의 이 부위에는 광수용기가 존재하지 않는다. **그림 9.8**은 맹점을 발견할 수 있는 다른 방법을 보여준다.

다행히도 시각 원반이 각 눈의 서로 다른 부위에 위치하기 때문에 시각계가 맹점 문제를 해결할 수 있다. 시각 원반은 각 눈의 중심와 옆에 위치하는데, 즉 왼쪽 눈의 중심와 왼쪽에 위치하고 오른쪽 눈의 중심와 오른쪽에 위치한다. 두 눈의 시야가 중복되기 때문에 왼쪽 눈의 맹점을 오른쪽 눈을 통해 볼 수 있고 오른쪽 눈의 맹점을 왼쪽 눈을 통해 볼 수 있다.

따라서 두 눈을 함께 사용하면 시각 세상 전체를 볼 수 있다. 그러나 한 눈의 시력을 상실한 사람들의 경우 시력을 상실한 눈이 정상적으로 기능하는 눈의 맹점을 보상할 수 없다. 이러한 경우 시각계가 다른 여러 방법을 사용하여 맹점을 보상하기 때문에 이들이 시야의 어느 부위에 구멍이 난 것 같은 경험을 하지 않는다.

맹점은 신경학에서 특히 중요하다. 신경과 의사들은 시신경의 상태와 뇌에서 일어나는 사건들을 맹점을 통해 간접적으로 알 수 있다. 뇌종양 혹은 뇌농양(감염)의 경우처럼 뇌압이 상승하면 시각 원반이 팽창하고 이로 인해 **유두부종**(papilledema, 부어오른 원반)이 초래된다. 부종이 일어나는 이유 중 하나는 다른 신경 조직과 마찬가지로 시신경이 뇌척수액(CSF)으로 둘러싸여 있기 때문이다. 두개골 내 압력이 시신경을 둘러싸고 있는 CSF를 바꾸어 놓을 수 있으며 이로 인하여 시각 원반이 부풀게 된다.

유두부종의 또 다른 이유는 시신경 자체에 염증이 일어나기 때문인데, 이 상태는 **시신경염**(optic neuritis)으로 알려져 있다. 원인이 무엇이든 간에 시각 원반이 부풀면 시신경이 압박을 받게 되고 이로 인해 대부분 시력을 상실하게 된다. 시신경염으로 인해 부종이 발생하는 경우가 가장 흔한 신경학적 시각장애인데 이 경우 회복에 대한 예후가 좋다.

광수용기

망막의 광수용기 세포는 빛 에너지를 먼저 화학적 에너지로 변환하고 이후 신경 활동으로 변환한다. 빛이 광수용기에 도달하면 일련의 화학적 반응이 일어나고 이로 인해 막전위(전하)의 변화

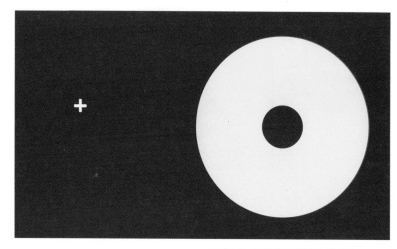

그림 9.8　여러분의 맹점을 찾아라

이 책(혹은 다른 책)을 여러분의 얼굴에서 30cm 정도 떨어져 잡으라. 왼쪽 눈을 감고 오른쪽 눈으로만 십자 표시를 보라. 노란색 원반의 중심에 있는 빨간색 점이 사라지고 원반 전체가 노란색으로 보일 때까지 천천히 책을 여러분 앞으로 가져오라. 빨간색 점은 지금 여러분의 맹점 안에 있다. 뇌가 이 부위를 채우기 위해 주위의 노란색으로 대체한다. 책을 위아래로 뒤집은 후 왼쪽 눈으로 다시 한 번 시도해보라.

맹점　시신경을 형성하는 축색이 눈을 빠져나가고 혈관이 들어오고 나가는 망막 영역. 광수용기가 존재하지 않기 때문에 '보지 못한다'.

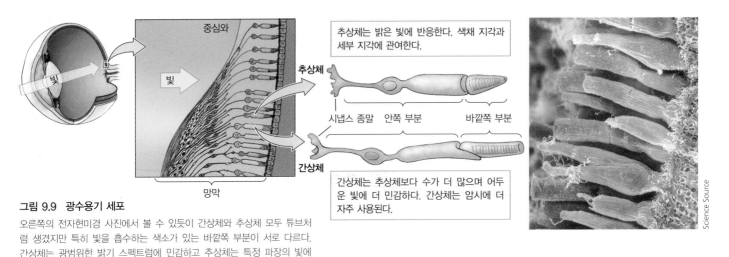

그림 9.9　광수용기 세포

오른쪽의 전자현미경 사진에서 볼 수 있듯이 간상체와 추상체 모두 튜브처럼 생겼지만 특히 빛을 흡수하는 색소가 있는 바깥쪽 부분이 서로 다르다. 간상체는 광범위한 밝기 스펙트럼에 민감하고 추상체는 특정 파장의 빛에 민감하다.

추상체는 밝은 빛에 반응한다. 색채 지각과 세부 지각에 관여한다.

시냅스 종말　안쪽 부분　바깥쪽 부분

간상체는 추상체보다 수가 더 많으며 어두운 빛에 더 민감하다. 간상체는 암시에 더 자주 사용된다.

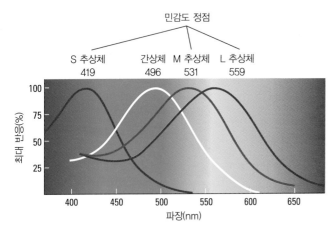

그림 9.10　포유동물의 평균 민감도 범위와 정점

색채 지각은 세 유형의 추상체, 즉 S 추상체, M 추상체와 L 추상체(각각 단파장, 중파장과 장파장에 민감) 활성화의 합과 일치한다. 각 유형의 추상체는 시각 스펙트럼의 제한된 범위에 가장 민감하다. (흰 곡선으로 표시된) 간상체는 496nm를 중심으로 하는 파장 범위에 민감하지만 색채 지각에 관여하지 않는다. 따라서 색채 지각에서 간상체의 활성화가 추상체의 활성화와 합해지지 않는다.

1nm(나노미터)는 10억 분의 1m이다.

가 일어나며 나아가 인접한 뉴런들에게 작용하는 신경전달물질 분비의 변화가 일어난다.

눈에는 이미지를 형성하는 두 유형의 광수용기, 즉 **간상체**(rod)와 **추상체**(cone)가 있다(**그림 9.9**). 이 두 유형의 세포는 많은 면에서 서로 다르다. 구조적으로 간상체가 추상체보다 더 길고 한쪽 끝이 원통형인 한편 추상체는 더 뾰족한 끝 모양을 가지고 있다. 간상체가 추상체보다 더 많고 낮은 수준의 밝기, 특히 희미한 빛에 민감하게 반응한다. 따라서 간상체는 주로 암시(night vision)에 중요하게 기능한다('임상 초점 9-2 : 시 조도' 참조). 추상체는 희미한 빛에 반응하지 않지만 밝은 빛에는 매우 민감하게 반응한다. 추상체가 색각과 미세한 세부 지각(시력)을 매개한다.

간상체와 추상체는 망막에 균등하게 분포해 있지 않다. 중심와에는 단지 추상체만이 존재하지만 중심와에서 멀어지면 추상체의 밀도가 급격하게 감소하면서 간상체와 추상체가 서로 섞여 있게 된다(그림 9.6과 9.9 참조). 이 이유 때문에 시력이 시야의 가장자리에서 낮아지며, 이에 대한 설명이 그림 9.7에 제시되어 있다.

마지막으로 간상체와 추상체는 빛 흡수 색소에서도 차이를 보인다. 모든 간상체는 동일한 색소를 가지는 한편 각 추상체는 세 가지 색소 중 하나를 가진다. 네 가지 서로 다른 색소, 즉 간상체가 가지는 한 가지 색소와 추상체가 가지는 세 가지 색소로 말미암아 우리의 시각이 일어난다.

그림 9.10의 스펙트럼에서 볼 수 있듯이 비록 세 추상체 색소가 넓은 범위의 가시 파장을 가지는 빛을 흡수하지만 각 색소는 특정 범위의 파장, 즉 단파장(파란색 빛), 중파장(초록색 빛)과 장파장(빨간색 빛)에 가장 잘 반응한다. 그러나 그림 9.10의 배경 스펙트럼에서 볼 수 있듯이 만약 여러분이 419, 531, 559nm 파장을 가지는 빛을 볼 경우 이 빛을 파랑, 초록, 빨강으로 지각하는 대신 청록색, 황록색, 주황색으로 지각한다. 이는 여러분이 빛을 볼 때 세 유형의 추상체 모두가 작용하고 각 추상체 색소는 자신이 최대로 흡수하는 파장에만 반응하기보다는 일정 범위의 파장에 반응하기 때문이다.

세 가지 서로 다른 추상체 수용기 유형이 존재하고 이들이 중심와 영역에 상대적으로 서로 다른 비율로 존재하기 때문에 우리는 색채를 지각할 수 있다. **그림 9.11**에서 볼 수 있듯이 세 유형

간상체　낮은 빛 수준에서 기능하는 광수용기
추상체　색채와 좋은 시력에 관여하는 광수용기

◉ 임상 초점 9-2

시 조도

카메라처럼 눈은 충분한 양의 빛이 수정체를 통과하고 수용기 표면, 즉 눈의 망막 혹은 카메라의 빛 민감 부위에 도달할 때에만 정확하게 작용한다. 너무 적은 양의 빛이 눈이나 카메라에 들어오면 *시 조도*(visual illuminance) 문제가 발생하는데, 즉 물체가 흐릿하게 보여서 어떤 이미지도 보기 어렵게 된다. 낮은 조도에서 물체가 흐릿하게 보이는 이유는 덜 예리한 이미지를 제공하는 간상체에 우리의 눈이 대부분이 의존하기 때문이다.

시 조도는 교정 렌즈로 치료할 수 없는 노안의 전형적인 합병증이다. 나이가

들면 눈의 수정체와 각막이 빛을 덜 통과시키고 이 결과 망막에 도달하는 빛의 양이 감소한다. Don Kline(1994)은 20~40세 사이에 희미한 빛에서 볼 수 있는 능력이 50% 정도 감소하고 추후 20년마다 50%씩 더 감소한다고 추정하였다. 그 결과 희미한 빛, 특히 밤에 볼 수 있는 능력이 점차 감소하게 된다.

시 조도를 보상할 수 있는 유일한 방법이 빛을 증가시키는 것이다. 특히 나이 든 성인에게는 암시가 문제가 된다. 40세 이후 10년마다 야간 운전을 하는 사람의 수가 두드러지게 감소하는 것은 놀라운 일이 아니다.

Photo Courtesy of Dr. Donald Kline, University of Calgary

이 사진들은 20세(왼쪽)와 60세(오른쪽) 사이에 빛의 밝기(휘도)가 감소하는 것을 보여준다.

의 추상체들이 망막에 다소 무작위로 분포해 있으며, 이로 인해 서로 다른 색채를 상당히 일정하게 지각하게 된다. 빨강과 초록 추상체 수는 거의 동일하지만 파랑 추상체의 수는 더 적다. 그 결과 가시광선 스펙트럼에서 빨강과 초록 파장보다 파랑 범위에 포함되는 파장에 대해 덜 민감하다.

인간과 유사한 색각을 가지는 다른 종들도 세 가지 색채 색소를 가지는 세 유형의 추상체를 가지고 있다. 세 색소에 다소 차이가 있기 때문에 각 색소가 가장 잘 흡수하는 파장은 종에 따라 서로 다르다. 인간의 경우 세 추상체가 가장 잘 반응하는 파장이 앞서 언급한 파장과 정확하게 동일하지 않으며 앞서 언급한 파장은 포유류에서 관찰되는 평균 파장이다. 실제 파랑과 초록 추상체가 가장 잘 흡수하는 파장이 각각 426과 530nm이며 빨강 추상체는 552 혹은 557nm이다. 빨강 추상체가 가장 잘 반응하는 파장이 2개인 것은 인간이 진화하는 동안 빨강 추상체의 두 가지 변형을 가지게 되었다는 것을 시사한다. 두 빨강 추상체가 단지 미세한 차이를 가지고 있는 것으로 보이지만 일부 여성의 색각에 차이가 나게 한다.

빨강 추상체의 유전자는 X염색체로 전달된다. 남성은 단지 하나의 X염색체만을 가지기 때문에 하나의 유전자만을 가지고 이로 인해 단지 한 유형의 빨강 추상체를 가진다. 2개의 X염색체를 가지는 여성의 경우 상황이 좀 더 복잡하다. 비록 대부분의 여성이 단지 한 유형의 빨강 추상체를 가지지만 일부 여성은 2개의 추상체를 가진다. 그 결과 이 여성들이 다른 사람들에 비해 가시광선 스펙트럼의 빨강 파장 범위의 색채 차이에 더 민감하다. 두 유형의 빨강 추상체를 가지는 여성이 다른 이들에 비해 세상을 약간 더 핑크색으로 지각하는 경향이 있다고 여길 수 있다. 즉 이들의 색채 수용기가 빨간색이 더 풍부한 세상을 만들어낸다. 그러나 이들은 다른 사람에게는

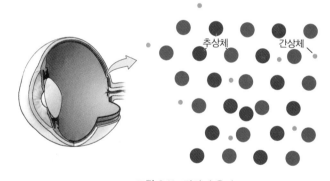

추상체　　간상체

그림 9.11 망막 수용기

망막 수용기, 즉 간상체와 세 유형의 추상체가 망막에 분포해 있다. 이 그림은 중심와와 가까운 부분의 수용기 분포를 나타내는데, 추상체가 간상체보다 더 많다. 빨강과 초록 추상체보다 파랑 추상체가 더 적다.

망막 신경절 세포(RGC) 망막에 위치하는 뉴런들 중 하나이고 이 뉴런의 축색이 시신경을 형성한다.

독특하게 보이는 색채 조합 문제도 가지고 있다.

망막 뉴런 유형

광수용기는 두 층의 망막 뉴런과 연결되어 있다. **그림 9.12**에서 볼 수 있듯이 간상체와 추상체에서부터 뇌로 향하는 경로 중 첫 번째 층에는 세 유형의 세포, 즉 **양극세포, 수평세포와 무축색세포**가 위치한다. 수평세포는 광수용기와 양극세포를 연결하는 한편 무축색세포는 양극세포를 두 번째 층에 있는 세포, 즉 **망막 신경절 세포**(retinal ganglion cell, RGC)와 연결한다. 시각 원반에서 RGC 축색들이 다발로 묶여 시신경을 형성하여 눈을 빠져나간다. RGC는 시력 상실을 초래하는 안압 증가에 특히 민감하게 반응한다('임상 초점 9-3 : 녹내장' 참조).

◎ 임상 초점 9-3

녹내장

녹내장(glaucoma)은 시신경을 손상시키는 안질환군으로 회복할 수 없는 시력 상실의 가장 흔한 원인이고 시력 회복을 위한 연구의 주된 목표이다. 정보를 눈에서 뇌로 전달하는 시신경은 망막 신경절 세포(RGC)의 축색에서 시작한다. 만약 RGC가 죽거나 정상적으로 기능하지 못할 경우 시각은 불가능하다. 따라서 녹내장의 임상 목표가 손상 후 RGC를 고치거나 대체하는 것이다. 제안된 한 가지 전략이 최근 사망한 기증자의 건강한 RGC를 녹내장 환자에게 이식하거나 발달 중인 망막에서 떼어낸 RGC 전구체를 이식하는 것인데, 이에 관해서는 현재 실험실에서 생쥐를 대상으로 시험 중에 있다(Oswald et al., 2021 참조). 다른 전략은 비인간 배아 줄기세포를 자극하여 생체 내에서 RGC를 생성하게 하는 것이다. 이러한 전략은 복잡한데 이는 약 40개의 서로 다른 유형의 RGC가 존재하고 이들이 생리적 기능과 재생능력에서 서로 다르기 때문이다.

일단 RGC가 생성되면 다음 과제는 축색을 재생하는 것이다. 손상된 RGC 축색들은 자발적으로 재생하지 않기 때문에 이들의 복원에는 전사 요인(transcription factor)의 유전적 발현 혹은 신호 경로를 자극하는 것이 필요하다(Yuan et al., 2021의 리뷰 참조). Andrew Huberman과 동료들(Lim et al., 2016)은 절단된 RGC 축색을 가진 생쥐의 RGC 신경 활동을 향상시키기 위해 유전적 및 시각 자극 모두를 사용하였다. 이 연구자들은 생쥐의 눈을 고대비(high-contrast)의 흑백 이미지에 반복적으로 노출하는 동안 *mTOR* 신호 경로라고 하는 세포의 성장 유도 기제를 활성화하였다. 이 절차는 RGC로 하여금 상실된 정확한 목표와 다시 연결을 맺도록 자극하였는데 그 결과 시력이 일부 회복되었다. 연구자들은 다음 단계가 RGC의 신경 활동을 더 향상시켜 재생을 증가시키고 더 많은 시력을 회복하는 것이라고 믿는다. 실제 녹내장과 같은 장애의 시력 상실 회복의 중요성을 고려하면 연구자들은 RGC와 축색을 재생하는 이러한 전략이 다른 유형의 시력 상실을 가지는 환자의 시력도 회복하게 할 것이라고 낙관하고 있다.

그러나 눈에서 시작된 시력 상실이 모두 RGC의 상실 혹은 손상과 직접 관련된 것이 아니다. 만약 색소성 망막염(retinitis pigmentosa, RP)에서처럼 광수용기가 정상적으로 기능하지 않거나 죽을 경우에도 시력 상실이 초래된다. 여러 가능한 치료가 현재 연구 중에 있다. 한 방법이 인공 기구를 눈에 이식하여 빛을 전기적 신호로 전환하고 이 신호를 RGC에 통과하게 하는 것이다. 다른 옵션은 빛에 민감한 이온채널을 사용하여 수용기를 회복시키는 것이다. 인간과 비인간 영장류를 대상으로 한 예비 실험 결과는 이 전략이 단어 읽는 능력의 회복을 자극할 수 있음을 보여준다.

다른 가능성은 RP의 생쥐 모델에 관한 두 연구진의 독립적인 연구에 근거한다. 이 경우 실험자들이 CRISPR을 사용하여 간상체에서 유전자 발현을 재프로그램하였고 이 결과 추상체 같은 세포가 증가하고 시각 기능이 회복되었다(Quinn et al., 2021). 종합하면 이러한 개개의 회복전략 혹은 전략들의 결합이 시력 회복의 가능성을 보여준다(Laha et al., 2017의 리뷰 참조).

동종 이식
건강한 눈에서 채취한 RGC를 호스트의 눈에 이식하는 것이 회복 가능하지 않은 시력 상실을 치료하는 성공 가능한 전략이다.

시신경 손상 부위

기증자의 RGC 이식 → 내재적 신호가 초기 신경돌기와 축색 파생물이 일어나게 한다 → 망막에 완전히 통합되고 축색이 시신경에 성장한다

시력 회복의 가능한 치료 건강한 RGC를 손상된 눈에 주사하여 상실된 시력을 잠재적으로 회복할 수 있다.

출처 : American Association for the Advancement of Science, from Bireswar Laha, Ben K. Stafford, Andrew D. Huberman, "Regenerating optic pathways from the eye to the brain." Science, 2017, June 9:356(6342):1031–1034, Figure 3. Permission conveyed through Copyright Clearance Center, Inc.

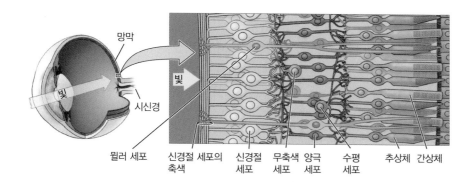

그림 9.12 망막세포

망막에는 네 가지 유형의 뉴런—양극, 수평, 무
축색과 신경절 세포—이 망막 표면에 있는 간
상체와 추상체로부터 바깥 방향으로 2층으로
배열되어 있다. 빛이 투명한 뉴런 층을 통과해
야만 광수용기에 도달할 수 있다. 뮐러 세포
는 망막의 앞쪽에서 뒤쪽으로 간다.

망막 신경절 세포는 2개의 주요 범주로 나뉘며 영장류의 망막에서 M세포와 P세포로 불린다.
두 유형의 RGC는 시상 내의 서로 다른 세포 집단으로 축색을 보낸다. **그림 9.13**에 제시되어 있
듯이 한 집단은 **대세포성 세포**(magnocellular cells, M세포)로 이루어져 있고 다른 집단은 **소세포
성 세포**(parvocellular cells, P세포)로 이루어져 있다. 큰 M세포는 주로 간상체로부터 입력을 받기
때문에 빛에는 민감하지만 색채에는 민감하지 않다. 작은 P세포는 주로 추상체로부터 입력을 받
으며 이로 인해 색채에 민감하다.

M세포는 움직임에는 민감하지만 색채 혹은 세부적인 것에는 민감하게 반응하지 않는 망막 주
변부를 포함하여 망막 전체에 분포해 있다. P세포는 색채와 세부적인 것에 민감하게 반응하는
중심와에 주로 위치한다. 뇌로 들어가는 신경절 세포의 축색을 따라가면 이 두 범주의 RGC가
시각 경로 전체에서 구분된다.

망막은 **뮐러 세포**(Müller cell)라는 특수한 교세포도 가지고 있는데 이 세포는 망막의 앞에 있는
내부 세포막에서부터 망막의 뒤에 있는 광수용기들에까지 걸쳐 있고 빛이 묻혀 있는 광수용기에
맺히도록 하는 시각 섬유와 같은 작용을 한다(그림 9.12 참조).

비록 눈의 주요 기능이 상을 형성하는 것이지만 주변의 빛 강도에 관한 정보를 수집하는 기능
도 있다. 망막 신경절 세포의 극히 일부(약 1%)가 빛에 민감한 단백질인 멜라놉신을 함유하고 따
라서 세 번째 유형의 광수용기를 형성한다. 이 광수용기는 일주기 리듬을 동조하고 동공의 크기
를 조절하며 수면–깸 주기를 조절하는 호르몬인 멜라토닌의 분비를 조절한다.

대세포성 세포(M세포) 움직이는 자극에 민감
한 시각계의 큰 뉴런

소세포성 세포(P세포) 형태와 색채 차이에 민
감한 시각계의 작은 뉴런

라틴어에서 *magno*는 '크다'를 의미하고 *parvo*
는 '작다'를 의미한다.

하루 및 계절 바이오리듬을 조율하는 멜라토닌
의 역할은 13-2절에 기술되어 있다.

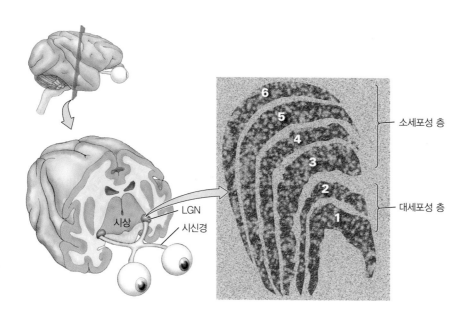

그림 9.13 시각에 관여하는 시상

시신경은 시상의 외측슬상핵(LGN)과 연결된다.
LGN은 6층을 가지고 있는데, 이 중 두 층은 주
로 간상체로부터 정보를 받는 대세포성 층이고
네 층은 주로 추상체로부터 정보를 받는 소세포
성 층이다.

시교차 각 눈에서 오는 시신경이 교차하는 부위. 망막의 비측 반의 축색이 여기서 교차하여 반대편 뇌로 간다.

슬상선조계 망막에서부터 온 축색이 외측슬상핵을 거쳐 시각피질로 가는 경로

시교차라는 이름은 그리스어의 철자 χ의 모양으로부터 왔다(χ는 kai로 발음된다).

두 눈이 두 대뇌반구에 연결되기 때문에 우리의 시각계는 두 눈으로 본 세상을 하나의 지각으로 나타낸다.

원리 4. 많은 뇌 회로는 교차한다.

시각 경로

망막 신경절 세포가 시신경을 형성하고, 시신경이 뇌로 들어가는 길의 역할을 한다. 이 길은 하나의 직선 경로가 아니고 여러 장소를 거친다. 경로의 목적지를 알면 뇌가 시각 입력으로 무엇을 하는지와 어떻게 시각 세계를 생산하는지에 관한 단서를 얻는다.

시교차 건너기

각 눈을 빠져나가는 시신경부터 살펴보자. 시신경이 뇌로 들어가기 직전 시신경 일부가 교차하여 **시교차**(optic chiasm)를 형성한다.

  한쪽 눈에서 나온 섬유 중 대략 절반이 교차한다. 즉 각 시신경의 왼쪽 절반이 좌반구로 가는 반면 오른쪽 절반이 우반구로 가며, 이에 대한 설명이 **그림 9.14**에 제시되어 있다. 각 망막의 내측 경로(medial path), 즉 비측 망막(nasal retina)이 교차하여 반대편으로 간다. 외측 경로(lateral path), 즉 측두 망막(temporal retina)은 교차하지 않고 같은 편으로 간다. 망막의 오른쪽 절반에 맺힌 빛은 시야의 왼쪽 면에서 오기 때문에 좌시야에서 온 정보는 우반구로 전달되는 반면 우시야에서 온 정보는 좌반구로 전달된다. 따라서 각 망막 시야의 절반이 각 대뇌반구에 표상된다.

시각 뇌로 가는 세 경로

뇌로 들어가면서 RGC 축색이 분리되어 2개의 서로 독립된 경로를 형성하게 되며, 이에 대한 내용이 **그림 9.15**에 제시되어 있다. 2개의 주요 경로가 시각피질로 간다. 즉 슬상선조 경로는 물체 상을 처리하고 시개시상침 경로는 빠른 눈 운동이 일어나게 하여 움직임과 위치를 탐색한다. 세 번째 작은 경로는 시상하부로 향한다.

슬상선조계 P 신경절 세포의 모든 축색과 M 신경절 세포의 일부 축색이 **슬상선조계**(genicu-

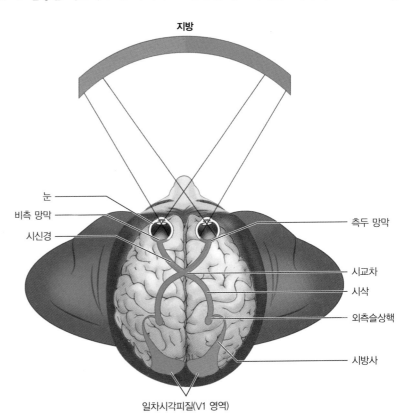

그림 9.14 시교차에서의 교차
이 배측면은 각 눈에서부터 각 반구의 일차시각피질에 이르는 시각 경로를 보여준다. 시야의 오른쪽 면(파란색)에서 오는 정보는 두 망막의 왼쪽 절반으로 간 후 좌반구에 전달된다. 시야의 왼쪽 면(빨간색)에서 오는 정보는 두 망막의 오른쪽 절반으로 간 다음 우반구에 도달한다.

지방

눈
비측 망막
시신경
측두 망막
시교차
시삭
외측슬상핵
시방사
일차시각피질(V1 영역)

lostriate system)라 하는 경로를 형성한다. 이 경로는 망막에서 시상의 외측슬상핵(lateral geniculate nucleus, LGN)으로 가고 이후 후두엽 일차시각피질의 IV층으로 간다.

일차시각피질을 염색하면 IV층에 넓은 줄무늬가 관찰되는데, 이 때문에 일차시각피질이 **선조피질**(striate cortex)이라고 알려져 있다(**그림 9.16**). 따라서 슬상선조계는 시상(슬상)과 선조피질을 연결한다. 선조피질에서 축색 경로가 분리되어 한 경로는 두정엽의 시각 관련 영역으로 향하고 다른 경로는 측두엽의 시각 관련 영역으로 향한다.

시개시상침계 눈으로부터 시작되는 두 번째 경로는 M 신경절 세포의 나머지 축색으로 형성된다. 이 세포들은 중뇌의 상구로 축색을 보내는데, 여기에서 다시 시상의 시상침(pulvinar) 영역으로 연결된다. 따라서 이 경로는 **시개시상침계**(tectopulvinar system)로 알려져 있는데, 이는 눈에서부터 중뇌의 시개를 거쳐 시상침으로 연결되기 때문이다(그림 9.15 참조). 이후 시상침에서 후두엽의 시각 영역을 거치지 않고 두정엽과 측두엽으로 분리되어 연결된다.

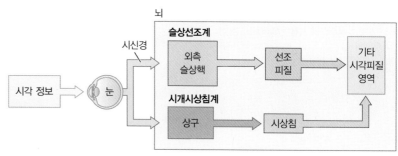

그림 9.15 뇌로 향하는 주요 시각 경로

시신경은 (1) 슬상선조 경로를 따라 일차시각피질로 가거나 (2) 시개시상침 경로를 따라 측두엽과 두정엽으로 간다.(그림 2.19에 제시되어 있는 시상의 LGN은 간뇌의 일부이고 그림 2.18에 제시되어 있는 시개의 상구는 중뇌의 일부이다).

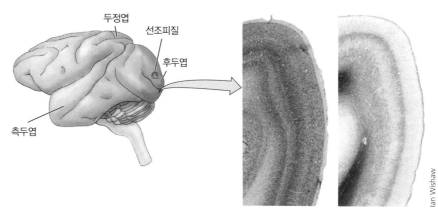

그림 9.16 선조피질

V1은 *선조피질*이라고도 하는데 이는 이 부위에 위치하는 뉴런의 세포체(왼쪽) 혹은 수초(오른쪽)를 염색하면 줄무늬가 관찰되기 때문이다. 그림에 제시되어 있는 것은 붉은털원숭이의 뇌 절편이다.

망막시상하부로 RGC의 1~3%는 광민감성(photosensitive), 즉 광수용기처럼 작용한다는 점에서 독특하다. 이 pRGC는 멜라놉신 색소를 함유하고 있고 간상체와 추상체가 흡수하는 파장(그림 9.9 참조)과는 다른 파장의 파란 빛(460~480nm)을 흡수한다. pRGC의 축색이 세 번째 작은 경로인 **망막시상하부로**(retinohypothalamic tract)를 형성한다.

망막시상하부로는 시교차 옆에 위치하는 시상하부의 시교차상핵(suprachiasmatic nucleus, SCN)에서 시냅스한다. 광민감성 RGC는 일주기 리듬과 망막에 맺히는 빛의 양에 따라 동공을 확장하고 수축하는 동공 반사를 조율한다.

배측과 복측 시각 흐름

슬상선조 경로와 시개시상침 경로는 시각 뇌로 연결된다. 분리된 각 경로는 결국 두정엽 혹은 측두엽으로 연결된다. 이 엽들이 시각 세상의 형성에 어떤 역할을 하는지 살펴보자. 임상 초점 9-1의 사진을 보면 우리는 사진 속의 대상을 확인할 수 있고 그 대상을 지적(point)할 수도 있다. 확인과 지적은 서로 다른 기능이다.

측두엽과 두정엽에 시각 경로가 존재하는 것을 확인한 후 연구자들은 이들의 기능이 무엇인지 조사하기 시작했다. 진화 과정 동안 왜 뇌에 목적지가 서로 다른 2개의 시각 경로가 생성되었는가? 각 경로가 서로 다른 목적을 가지고 시각 지식을 생산해야만 한다.

David Milner와 Mel Goodale(2006)은 이 두 목적이 자극이 무엇인가를 확인하는 것(무엇 기능)

선조피질 후두엽의 일차시각피질(V1)로서 염색을 하면 줄무늬가 보인다.

시개시상침계 망막에서 온 축색이 상구, 시상침(시상)을 거쳐 두정엽과 측두엽의 시각 영역으로 가는 경로

망막시상하부로 빛에 민감한 망막의 신경절세포(pRGC)에서 시교차상핵으로 가는 경로로서 빛을 시교차상핵의 리듬 활동에 동조하게 한다.

그림 9.17 시각 흐름
시각 정보는 후두엽의 시각 영역에서 두정엽과 측두엽으로 전달되어 각각 배측 흐름(어떻게)과 복측 흐름(무엇)을 형성한다.

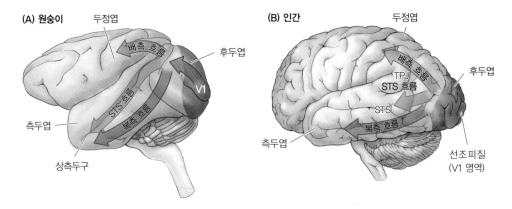

복측 흐름 V1에서 측두엽으로 가는 시각 경로로서 대상 인식과 움직임 지각에 관여한다.

배측 흐름 V1에서 두정엽으로 가는 시각 경로로서 시각 정보에 근거한 움직임을 가이드한다.

과 움직임을 통제하기 위해 혹은 자극으로부터 멀어지기 위한 것(어떻게 기능)이라고 제안하였다. 무엇과 어떻게 기능의 구분은 시각 정보가 선조피질을 떠난 후 이 정보가 어디로 가는가를 분석함으로써 이루어졌다. **그림 9.17A**는 선조피질에서 시작된 2개의 분리된 시각 경로를 보여주는데, 한 경로는 측두엽으로 향하고 다른 경로는 두정엽으로 향한다. 측두엽으로 향하는 경로가 **복측 흐름**(ventral stream)인 한편 두정엽으로 향하는 경로가 **배측 흐름**(dorsal stream)이다.

인간의 경우 복측 흐름이 세 번째 흐름을 형성하기 위해 확장되는데, 이 흐름은 측두-두정 접합부(temporal-parietal junction, TPJ)와 상측두구(superior temporal sulcus, STS)로 향한다(Haak & Beckmann, 2018; Patel et al., 2019). 이 세 번째 흐름이 언어(예: 읽기), 도구 사용, 얼굴정서 처리와 '마음이론'(다른 사람의 정신상태를 이해하는 능력)에 관여하는 것으로 여겨진다.

슬상선조 경로와 시개시상침 경로 모두 배측 흐름 및 복측 흐름과 관련된다. 이 두 흐름이 어떻게 기능하는지 이해하기 위해 눈으로부터 오는 시각 입력이 이 두 흐름에 어떻게 전달되는가를 다시 한 번 상세히 살펴보자.

슬상선조 경로

두 눈으로부터 나온 RGC 축색은 시상의 두 외측슬상핵(좌우)과 연결되는데, 이 연결이 얼핏 보면 기이하게 보인다. 그림 9.14에 제시되어 있듯이 각 망막의 좌측 절반으로부터 시작한 축색은 좌반구 LGN으로 가는 한편 각 망막의 우측 절반으로부터 나온 축색은 우반구 LGN으로 간다. 그러나 각 눈으로부터 나온 축색이 LGN 내에서 정확히 동일한 장소로 가지 않는다.

각 LGN은 6층으로 구성되어 있고 두 눈에서 나온 축색이 서로 다른 층으로 가는데, 이에 관한 것이 그림 9.13에 제시되어 있고 또 **그림 9.18**에 도표로 기술되어 있다. 2, 3, 5층은 동측 눈(동일한 면의 눈)으로부터 축색을 받는 반면 1, 4, 6층은 대측 눈(반대편의 눈)으로부터 축색을 받는다. 이 배열이 두 눈으로부터 오는 정보를 결합하는 동시에 P 신경절 세포와 M 신경절 세포로부터 오는 정보를 분리하는 역할을 한다.

P세포의 축색은 3층부터 6층(소세포성 층)에만 가는 반면 M세포의 축색은 1층과 2층(대세포성 층)에만 간다. P세포가 색채와 상세한 정보에 반응하기 때문에 LGN의 3층부터 6층은 색채와 형태에 관한 정보를 처리한다. 이와 상반되게 M세포는 대부분 움직임에 관한 정보를 처리하기 때문에 1층과 2층은 움직임에 관여한다.

그림 9.19에 제시되어 있듯이 두 눈으로부터 오는 입력은 피질에서도 여전히 분리된다. LGN 세포와 동측 및 대측으로 연결된 입력은 인접한 후두엽의 줄무늬(strip) 영

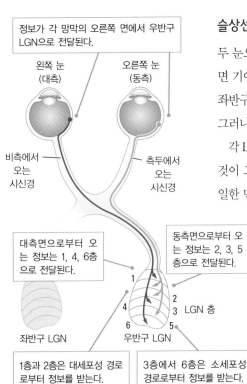

그림 9.18 슬상선조 경로

역으로 간다. 대략 0.5mm 정도로 가로질러 있는 줄무늬는 피질 기둥 혹은 **피질 원주**(cortical column)로 알려져 있다.

요약하면 P와 M 망막 신경절 세포는 분리된 경로를 통해 시상과 연결되며 이 분리가 선조피질에서도 지속된다. 왼쪽과 오른쪽 눈 역시 분리된 경로를 통해 시상과 연결되며 이 경로 역시 선조피질에서도 분리를 유지한다.

시개시상침 경로

앞서 살펴본 바와 같이 대세포성 RGC는 망막 전체에 분포해 있고 주로 간상체로부터 정보를 받기 때문에 빛에는 민감하지만 색채에는 민감하지 않다. 망막 주변 부위에 있는 M세포는 움직임에는 민감하지만 색채 혹은 상세한 세부 정보에는 민감하지 않다. 뇌에서 일부 M세포가 P세포와 결합하여 슬상선조 경로를 형성한다. 나머지 M세포의 축색이 시개시상침 경로를 형성한다.

이 M세포들은 축색을 중뇌의 시개에 있는 상구로 보낸다. 상구의 기능 중 하나가 자극의 위치를 탐지하여 눈이 그 자극으로 향하게 하는 정향 반응에 관여하는 것이다. 상구는 시상침이라고 알려져 있는 시상 영역과 연결된다. 내측 시상침은 두정엽과 연결되고(눈 운동과 관련) 외측 시상침은 측두엽과 연결된다(움직임 탐지와 관련). 이 연결을 통해 전달되는 정보 중 한 유형이 '어디에'와 관련되어 있는데, 이 정보는 '무엇'과 '어떻게' 시각 흐름 모두에 중요하다.

시개시상침계의 어디에 기능이 임상 초점 9-1에 기술되어 있는 D. B.의 맹시를 이해하는 데 유용하다. 그의 슬상선조계는 수술로 인해 손상되었지만 시개시상침계가 정상적으로 기능하였고, 그 결과 자신이 인식하지(무엇) 못하는 자극의 위치(어디에)를 알 수 있었다.

후두엽

시각 경로가 망막에서 후두엽, 나아가 두정엽과 측두엽에 이르는 것을 살펴보았다. 이제부터 어떻게 시각 정보가 선조피질에서 후두엽의 나머지 시각 영역을 거쳐 배측 및 복측 흐름으로 전달되는지 살펴보자.

그림 9.20에 제시되어 있듯이 후두엽은 적어도 6개의 시각 영역으로 구성되어 있고, 이 영역이 V1, V2, V3, V3A, V4와 V5이다. 앞서 살펴보았듯이 선조피질이 V1 영역이며 **일차시각피질**

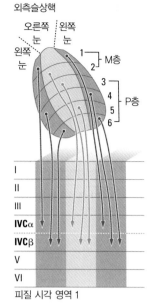

그림 9.19 분리된 시각 입력의 유지
(왼쪽) 두 눈으로부터 오는 정보는 외측슬상핵의 서로 다른 층에 분리되어 도달하고 이 시각 정보가 시상에서 일차시각피질에 전달될 때까지 이 분리된 상태가 유지된다. 각 눈으로부터 오는 정보는 피질의 4층에 있는 인접한 영역에 전달된다. (오른쪽) 선조피질의 수평면이 이 영역의 시각 우세 기둥이 얼룩 무늬로 나타나는 것을 보여준다.

많은 교재에서 '어떻게' 경로의 기능 중 '어디에' 기능을 강조한다. '어디에'는 한 자극이 '무엇'인지뿐만 아니라 '어떻게' 움직임을 통제하는지에 대한 단서 속성을 가지고 있다. 따라서 우리는 Milner와 Goodale이 제안한 '무엇-어떻게' 경로 구분을 사용한다.

피질 원주(기둥) 6층의 깊이와 대략 0.5mm²의 기능 단위로서 피질 표면과 수직을 이룬다.

일차시각피질(V1) 외측슬상핵으로부터 입력을 받는 후두엽의 선조피질

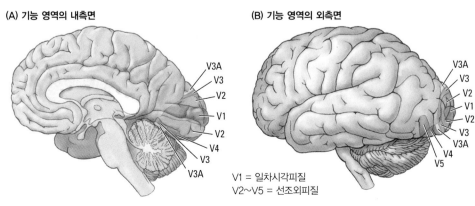

(A) 기능 영역의 내측면

V3A
V3
V2
V1
V2
V4
V3
V3A

(B) 기능 영역의 외측면

V3A
V3
V2
V1
V2
V3
V3A
V5

V1 = 일차시각피질
V2~V5 = 선조외피질

그림 9.20 후두엽의 시각 영역

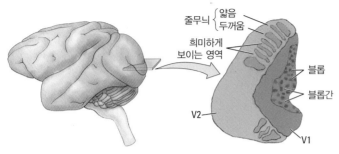

그림 9.21 이질적인 층
원숭이의 시각피질에서 관찰된 V1 영역의 블롭과 V2 영역의 줄무늬가 제시되어 있다. 블롭과 줄무늬는 에너지를 모으고 저장하며 분비하는 세포 내 소기관인 미토콘드리아의 표지인 시토크롬 옥시다아제 염색 결과로 관찰되었다.

(primary visual cortex)이다. 이 영역을 제외한 후두엽의 나머지 시각영역이 **선조외피질**(extrastriate cortex)이며 각 영역은 시각 정보의 특정 특징을 처리한다. 각 후두엽 영역이 특유의 세포구축(세포 구조)과 독특한 입력과 출력을 가지고 있기 때문에 각 영역이 다른 영역들과 다른 기능을 가지고 있다고 추측할 수 있다.

그림 9.16과 9.19에서 볼 수 있듯이 V1 영역의 놀랄 만한 특징은 분명히 구분되는 층을 가지고 있는 것이다. Margaret Wong-Riley와 동료들(1993)이 세포 신진대사에 중요한 역할을 하는 시토크롬 산화효소의 위치를 확인하기 위해 V1 영역을 염색한 결과, 놀랍게도 V1 영역이 매우 이질적으로 구성되어 있는 것을 발견하였다. 이들은 각 피질층이 한 면에 드러날 수 있게 하기 위해, 마치 양파의 층들을 벗겨 테이블 위에 평평하게 펼쳐 놓듯이 V1 층들을 분리하였다. 이렇게 하면 평평해진 각 층의 표면을 위에서 관찰할 수 있게 된다. 이러한 방법으로 층들을 관찰하면 염색된 이질적인 시토크롬 염색이 V1 층들에서 블롭으로 보이는데 이에 관한 것이 **그림 9.21**에 제시되어 있다. 이 어두운 영역들이 **블롭**(blob)으로 알려지게 되었고 블롭들 사이에 보이는 덜 어두운 영역들은 **블롭간**(interblob)으로 알려지게 되었다. 블롭과 블롭간은 서로 다른 기능을 가지고 있다. 블롭에 있는 뉴런들은 색채 지각에 관여하는 한편 블롭간에 위치하는 뉴런들은 형태와 움직임 지각에 관여한다. 따라서 슬상선조계의 P세포 및 M세포 경로를 따라 V1에 도달한 정보는 세 유형의 정보(색채, 형태, 움직임)로 분리된다.

세 유형의 정보 모두 V1 영역에서 인접한 V2 영역으로 전달된다. 여기서도 색채, 형태와 움직임 정보가 여전히 분리되는데, 이 현상 역시 시토크롬 산화효소 염색 패턴을 통해 관찰된다. 그러나 그림 9.21에서 볼 수 있듯이 V2에서의 염색 패턴이 V1의 패턴과 다르다. V2 영역은 두껍고 얇은 줄무늬가 희미하게 보이는 영역(pale zone)과 서로 뒤섞여 있다. 두꺼운 줄무늬(thick stripe)는 V1의 움직임에 민감한 뉴런들로부터 정보를 받고 얇은 줄무늬는 색채에 민감한 뉴런들로부터 정보를 받으며 희미한 영역은 V1의 형태에 민감한 뉴런들로부터 정보를 받는다.

선조외(이차시각)피질(V2~V5) 선조피질 바깥에 위치하는 후두엽의 시각피질영역

블롭 시토크롬 산화효소제 염색으로 드러나는 색채 민감 뉴런이 위치하는 V1 영역

그림 9.22의 차트에서 볼 수 있듯이 시각 경로는 V2 영역에서 다른 후두엽 영역을 거쳐 두정엽과 측두엽으로 계속되어 배측과 복측 흐름이 형성된다. 비록 두정엽과 측두엽의 많은 영역이

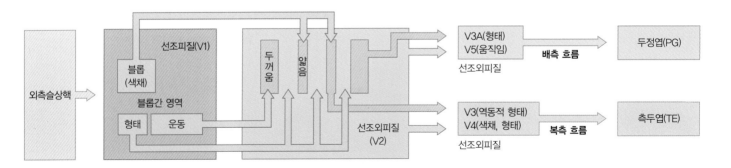

그림 9.22 시각 흐름의 도표
시각적 행동을 통제하는 배측 흐름(위은 V1 영역에서 V2와 다른 후두엽 영역을 거쳐 마침내 두정엽의 PG영역에 이른다. 대상 인식을 통제하는 복측 흐름(아래)은 V1 영역에서 시작하여 V2와 다른 후두엽 영역을 거쳐 마침내 측두엽의 TE영역에 이른다. V1 영역의 블롭과 블롭간 영역의 정보는 V2의 두꺼운, 얇은 및 희미한 영역으로 전달된 후 V3와 V4 영역으로 전달되어 복측 흐름을 형성한다. 두꺼운 줄무늬와 희미한 영역의 정보는 V3A와 V5로 전달되어 배측 흐름을 형성한다.

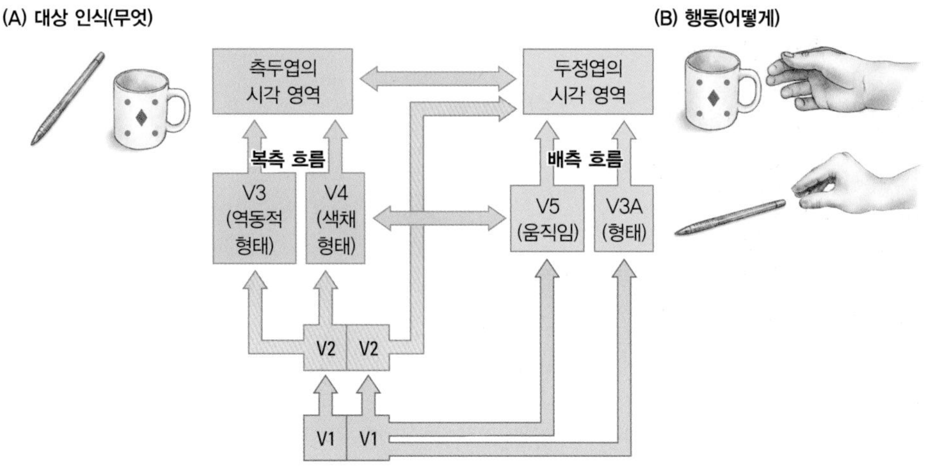

(A) 대상 인식(무엇)

(B) 행동(어떻게)

그림 9.23 시각계의 기능적 해부

시각 경로에 포함되지만 그중에서도 주된 영역이 두정엽의 G영역(따라서 PG영역으로 불림)과 측두엽의 E영역(따라서 TE영역으로 불림)이다.

후두 영역으로부터 오는 색채, 형태, 움직임에 관한 단순한 정보가 배측과 복측 흐름에서 조합되어 얼굴 및 그림과 같은 복잡한 사물과 자전거를 타거나 공을 잡는 것과 같은 복잡한 기술로 구성된 풍부하고 통합된 시각 세계가 생산된다. 배측과 복측 흐름의 복잡한 표상이 '어떻게' 기능과 '무엇' 기능으로 구성된다고 여길 수 있다. '어떻게'는 숟가락 같은 물체를 바라보거나 손을 뻗어 집는 것인 한편 '무엇'은 물체가 무엇인지 인식하는 것이다.

시각계의 기능적 해부가 **그림 9.23**에 요약되어 있으며, 이 그림은 배측과 복측 경로가 어떻게 2개의 구분되는 서로 다른 방법으로 시각을 사용하기 위해서 진화되었는지 보여준다. 즉 배측 흐름은 움직임을 가이드하기 위해, 복측 흐름은 사물을 확인하기 위해서 진화되었다. 이 두 흐름 중 하나가 손상을 입을 경우 서로 다른 시각 증후군이 초래되는데 이에 관해서는 9-5절에서 살펴보겠다.

후두엽 이후의 시각

후두엽에서 시작되는 시각 정보의 처리는 복측과 배측 흐름을 통해 측두엽과 두정엽의 시각 영역으로 계속된다. 각 영역은 특정 시각 기능에 전문화되어 있는 부위들이 있다. 예를 들어 **그림 9.24A**는 측두엽의 복측면에 있는 두 영역을 보여준다. 한 영역은 얼굴 인식에 전문화되어 있고 [방추 얼굴 영역(fusiform face area, FFA)] 다른 영역은 빌딩, 나무 등과 같은 랜드마크의 분석에 관여한다[해마옆 장소 영역(parahippocampal place area, PPA)]. 임상 초점 9-1의 사진을 응시하면 사진 속의 세 얼굴이 FFA를 활성화하는 한편 나무는 PPA를 활성화한다. 그림 9.24B는 두정엽의 세 영역, 즉 눈 운동[외측 두정내구 영역(lateral intraparietal area, LIP)], 집기 행동의 시각적 통제[전측 두정내구 영역(anterior intraparietal area, AIP)], 시각 정보에 근거하여 뻗기 행동을 가이드하는[두정 뻗침 영역(parietal reach region, PRR)] 데 관련되는 영역들을 보여준다.

이 영역들에 손상을 입으면 매우 특이한 결함이 초래된다. 예를 들어 FFA의 손상은 친숙한 사람의 얼굴을 인식하지 못하는 **얼굴 실인증**(facial agnosia) 혹은 **안면실인증**(prosopagnosia)을 초래한다. 저자들은 안면실인증이 너무 심각하여 자신의 일란성 쌍둥이 여동생의 얼굴을 인식하지 못하는 환자를 본 적 있다. 이 환자는 거울 속의 자신의 얼굴은 인식하였는데, 이는 자신이라는 것을 알고 있었기 때문이다(그녀의 다른 시각 기능은 정상이었다). 흥미롭게도 안면실인증을 가

실인증은 '알지 못한다'를 의미한다. 15-7절은 실인증을 의식의 신경기제와 관련지어 설명한다.

얼굴 실인증 얼굴맹, 즉 얼굴을 인식하지 못하는 경우. 안면실인증이라고도 한다.

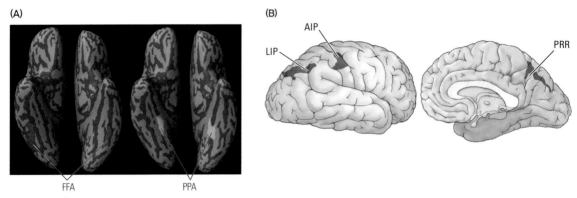

그림 9.24 후두피질 이후의 시각

(A) 측두엽의 방추 얼굴 영역(FFA)이 얼굴 정보를 처리하고 해마엽 장소 영역(PPA)이 장면에 관한 정보를 처리한다. (B) 두정엽의 외측 두정내구 영역(LIP)이 눈 운동에 관여하고 전측 두정내구 영역(AIP)은 집기 행동의 시각적 통제에 관여하며 두정 뻗침 영역(PPR)이 시각 정보에 근거한 뻗기 행동에 관여한다.

출처 : American Association for the Advancement of Science, from Hasson, U., Y. Nir, I. Levy, G. Fuhrmann, and R. Malach, "Intersubject synchronization of cortical activity during natural vision." Science 303, 5664 (2004): pp.1634–1640, Figure 3. Permission conveyed through Copyright Clearance Center, Inc.

진 대부분의 사람이 인간의 얼굴 표정을 구분할 수 있고 인간의 얼굴과 비인간의 얼굴을 구분할 수 있다. 이들은 얼굴을 인식할 때 모반, 얼굴 수염 혹은 독특한 헤어스타일 등과 같은 구분할 수 있는 정보를 사용한다.

9-2 복습

진도를 계속 나가기 전에 앞 절을 얼마나 이해했는지 확인해보자. 정답은 이 책의 뒷부분에 있다.

1. 망막에서 시신경을 형성하여 시각 정보를 뇌로 전달하는 세포는 _____이다.

2. _____망막 신경절 세포는 정보를 주로 추상체로부터 받고 색채와 세부 사항에 관한 정보를 전달하는 한편 _____망막 신경절 세포는 간상체로부터 대부분 정보를 받고 색채가 아닌 빛에 대한 정보를 전달한다.

3. 망막에서 뇌로 가는 2개의 주요 경로는 _____와/과 _____이다.

4. 측두엽의 방추 얼굴 영역에 손상을 입으면 _____이/가 초래된다.

5. 배측과 복측 흐름의 경로와 기능을 비교 기술하시오.

학습 목표
• 위치가 망막에 어떻게 부호화하고 피질의 시각 영역에 이르기까지 어떻게 처리되는지 설명한다.
• 시각정보의 처리에 뇌량이 중요한 점을 기술한다.

원리 9. 신경계는 뇌가 구성하는 지각 세계에서 움직임을 생성한다.

9-3

시각 세계에서의 위치

우리가 한 장소에서 다른 장소로 움직이면 특정 위치에 있는 대상들과 만나게 된다. 만약 우리가 위치 감각을 가지고 있지 않다면 세상은 단지 시각 정보들이 현란하게 집합되어 있는 것으로만 지각될 것이다. 이제 어떻게 뇌가 공간 지도를 만들어내는지 살펴보자. 임상 초점 9-1에 제시되어 있는 사진은 좌우, 위아래를 가지고 있다. 이 모든 요소가 뇌에서 서로 분리되어 부호화된다.

위치의 부호화는 망막에서 시작되며 이 부호화가 시각 경로 전반에 걸쳐 유지된다. 어떻게 공간 부호화가 일어나는지 이해하기 위해 여러분의 두 눈으로 보이는 시각 세계를 상상해보자. **그림 9.25**에 있는 큰 빨간색 사각형과 파란색 사각형을 벽으로 상상해보라. 벽의 중앙에 있는 검은색 십자에 눈을 고정해보라.

여러분이 머리를 움직이지 않은 채로 볼 수 있는 모든 벽이 여러분의 **시야**(visual field)이다. 시

시야 눈으로 볼 수 있는 시각 세계 영역

야는 검은색 십자 중앙을 통과하는 수직선을 그려 넣음으로써 좌시야와 우시야로 분리할 수 있다. 그림 9.14를 통해 우리는 각 망막의 좌측 반은 시야의 우측면을 보고 각 망막의 우측 반은 시야의 좌측면을 본다는 것을 알았다. 따라서 우시야로부터 오는 입력은 좌반구로 전달되는 반면 좌시야에서 오는 입력은 우반구로 전달된다.

따라서 뇌는 시각 정보가 중앙으로부터 좌측 혹은 우측에 위치하는가를 쉽게 결정할 수 있다. 만약 입력이 좌반구로 가면 출처가 우시야에 존재해야만 하고 만약 입력이 우반구로 가면 출처는 좌시야여야 한다. 그러나 이러한 배열은 대상이 정확히 좌시야 혹은 우시야의 어디에 위치하는가에 관해서는 아무런 정보를 제공하지 않는다. 정확한 공간 위치를 어떻게 알 수 있는지 이해하기 위해서는 망막 신경절 세포를 다시 살펴보아야만 한다.

망막에서의 위치 부호화

그림 9.12를 보면 각 RGC가 양극세포를 통해 여러 개의 광수용기로부터 입력을 받는 것을 알 수 있다. 1950년대 시각계의 생리학에 관한 선구적인 연구를 한 Stephen Kuffler가 광수용기와 망막 신경절 세포가 어떻게 연결되어 있는가에 관한 중요한 발견을 하였다(Kuffler, 1952). 그는 수용기에 작은 빛점을 비추면 각 신경절 세포가 망막의 작은 원형 반점에 가해진 자극에 반응하고 이 반점이 신경절 세포의 수용장이라는 것을 발견하였다.

따라서 신경절 세포의 수용장이 망막의 한 영역이며, 이 영역이 신경절 세포의 발화에 영향을 미칠 수 있다. 달리 말하면 수용장은 단일 세포가 보는 바깥 세상을 의미한다. 마치 여러분이 판지로 만든 좁은 관을 통해 세상을 보는 것처럼 각 RGC는 세상의 지극히 작은 부위만을 본다. 시야는 수천 개의 이러한 수용장으로 구성된다.

수용장이 어떻게 시각계로 하여금 대상의 위치를 알 수 있게 하는지 살펴보자. 망막이 종잇장처럼 평평하다고 가정해보자. 약한 빛을 망막의 서로 다른 부위에 비추면 서로 다른 신경절 세포가 반응한다. 예를 들어 빛을 평평한 망막의 왼쪽 위 모퉁이에 비추면 특정 신경절 세포가 반응하는데 이는 그 빛이 그 신경절 세포의 수용장 내에 있기 때문이다. 이와 유사하게 빛을 오른쪽 위 모퉁이에 비추면 다른 RGC가 반응한다.

빛이 어떤 신경절 세포를 활성화하게 하는지 알면 망막에 비추어진 빛의 위치를 알 수 있다. 또 망막의 특정 부위에 맺힌 빛이 외부 세계의 어느 위치에서 왔는지 알 수 있는데, 이는 특정 위치에서 온 빛이 망막의 특정 부위에 맺히기 때문이다. 예를 들어 세상의 윗부분에서 오는 빛은 눈의 수정체를 통과한 후 망막의 아랫부분에 맺히는 반면 아랫부분에서 온 빛은 망막의 윗부분에 맺힌다. 시야의 윗부분에서 온 정보는 망막의 아랫부분에 있는 신경절 세포를 자극하는 반면 시야의 아랫부분에서 온 정보는 망막의 위에 위치하는 신경절 세포를 자극한다.

외측슬상핵과 V1에서의 위치

이제 망막 신경절 세포와 외측슬상핵의 연결을 살펴보자. 망막과는 상반되게 LGN은 얇은 판이 아니고 소시지에 가까운 모양을 가지고 있다. LGN을 한 무더기의 소시지 조각으로 여길 수 있고 각 조각은 한 세포층을 나타낸다.

그림 9.26은 망막과 LGN의 연결이 어떻게 위치를 알 수 있게 하는지 보여준다. 망막의 왼쪽 위 모퉁이에 맺힌 빛에 반응하는 망막 신경절 세포는 첫 번째 조각의 왼쪽 면과 연결된

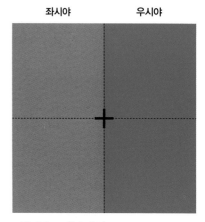

그림 9.25 시야 제시

여러분이 중앙에 있는 +에 초점을 맞추면 이 고정점의 왼쪽에 있는 정보가 좌시야(빨간색)을 형성하고 이 정보는 우반구로 전달된다. 고정점의 오른쪽에 있는 정보가 우시야(파란색)을 형성하고 좌반구로 전달된다. 시야는 수평으로도 분리된다. 즉 고정점의 위에 있는 정보는 위 시야를 형성하고 고정점 아래에 있는 정보는 아래 시야를 형성한다.

카메라처럼 눈의 수정체는 빛을 빛 민감 표면에 거꾸로, 뒤집어 맺히게 한다('기본 지식 : 가시광선과 눈의 구조' 안에 있는 '눈은 어떻게 작용하는가' 도표 참조).

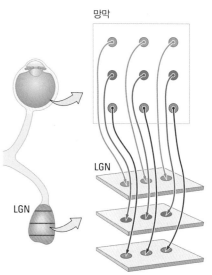

그림 9.26 수용장 투사

망막의 수용장에서 오는 정보가 외측슬상핵으로 전달될 때 공간 관계에 관한 정보를 포함한다. 즉 시야 윗부분에서 오는 정보는 LGN의 윗부분으로 전달되고 시야의 아랫부분에서 오는 정보는 LGN의 아랫부분로 전달되며 시야의 좌/우측에서 오는 정보는 각각 LGN의 좌/우측으로 전달된다.

그림 9.27 V1 영역의 지형적 조직화
중심와가 보내는 정보를 처리하는 후두엽 부위가 매우 큰데, 이는 왜 시야의 중앙 부위가 가장 시력이 좋은지 설명한다.

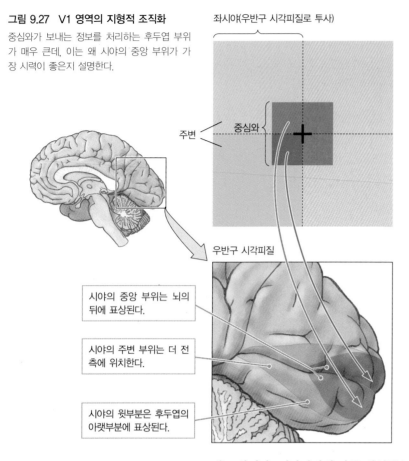

좌시야(우반구 시각피질로 투사)

주변

중심와

우반구 시각피질

시야의 중앙 부위는 뇌의 뒤에 표상된다.

시야의 주변 부위는 더 전측에 위치한다.

시야의 윗부분은 후두엽의 아랫부분에 표상된다.

그림 1.14는 포유동물들의 전반적 뇌 크기의 상대적 차이에 Jerison의 제안을 적용한 것을 보여준다.

많은 망막 신경절 세포의 수용장이 …

합해져서 단일 LGN 세포의 수용장을 형성한다.

많은 LGN 세포의 수용장이 합해져서 단일 V1 세포의 수용장을 형성한다.

그림 9.28 수용장 위계

다. 망막의 오른쪽 아래 모퉁이에 맺힌 빛에 반응하는 망막 신경절 세포는 마지막 조각의 오른쪽 면과 연결된다. 이러한 방식을 통해 좌우측과 위아래 정보의 위치가 LGN에서도 유지된다.

신경절 세포처럼 각 LGN 세포는 수용장(LGN 세포의 활동에 영향을 미치는 망막 영역)을 가지고 있다. 만약 2개의 인접한 망막 신경절 세포가 하나의 LGN 세포와 시냅스하면 두 신경절 세포 수용장의 합이 그 LGN 세포의 수용장이 된다. 그 결과 LGN 세포의 수용장은 망막 신경절 세포의 수용장보다 더 커진다.

LGN은 선조피질(V1 영역)과 연결되며 이때에도 공간 정보가 유지된다. 특정 위치를 반영하는 각 LGN 세포가 V1 영역으로 정보를 보내면 피질에서 공간적으로 조직화된 신경 표상 혹은 지형도(topographic map)가 생산된다. **그림 9.27**에 설명되어 있듯이 이 표상이 근본적으로 시각 세계에 관한 지도이다.

시야의 중앙 부위는 뇌의 뒤에 표상되는 한편 주변 부위는 좀 더 앞쪽으로 표상된다. 시야의 위쪽 부위는 V1 영역의 아래에 표상되고 시야의 아래쪽 부위는 V1의 위에 표상된다. 시각피질의 다른 영역들(V3, V4, V5) 역시 V1의 지형도와 유사한 지형도를 가진다. 따라서 LGN 뉴런들이 정연한 방식(orderly manner)으로 V1에 정보를 전달하는 것처럼 V1 뉴런들도 정연하게 다른 영역으로 정보를 전달해야만 한다.

각 시각피질 영역 내에서 각 뉴런의 수용장은 그 뉴런이 연결되어 있는 망막 부위와 일치한다. 대략적으로 피질 내 뉴런은 망막 신경절 세포보다 훨씬 더 큰 수용장을 가진다. 수용장 크기의 증가는 각 피질 뉴런의 수용장이 많은 RGC의 수용장들이 합해진 것을 의미하며 이에 관한 설명이 **그림 9.28**에 제시되어 있다.

지형도의 조직에 하나가 첨부된다. Harry Jerison(1973)이 **적정 양의 원리**(principle of proper mass), 즉 특정 기능에 관여하는 신경 조직의 양은 그 기능에서 요구되는 신경 처리의 양에 비례한다고 제안하였다. 기능이 복잡하면 그 기능을 수행하는 특정 영역이 더 커진다. 시각피질이 좋은 예다.

그림 9.27에서 볼 수 있듯이 시야의 모든 부위가 V1에 동등하게 표상되지 않는다. 중심와가 보는 시야의 작은 중앙 부위가 이보다 더 큰 주변 부위보다 피질에서 더 큰 영역을 차지한다. Jerison의 원리에 따르면 시야의 주변 부위에서 오는 정보보다 중심와의 정보가 V1 영역에서 더 많이 처리된다고 예상할 수 있다. 우리가 시야의 주변 부위보다 중앙 부위를 더 명확하게 보기 때문에 이 예상은 그럴듯하다(그림 9.7 참조). 다시 말하면 더 많은 피질 표상을 가지는 감각 영역이 외부 세계에 관해 더 상세한 정보를 제공한다.

시각 뇌량

뉴런의 수용장에 근거하여 지형도를 생산하는 것이 뇌가 대상의 위치를 부호화하는 효과적인 방법이다. 그러나 만약 좌시야가 우반구에 표상되고 우시야가 좌반구에 표상된다면 어떻게 두 시야가 궁극적으로 결합하여 세상에 관한 통합된 표상을 만들어내는가? 우리는 2개의 독립된 시야보다는 연속적인 단일 시야에 관한 주관적 인상을 갖는다.

어떻게 이러한 통합이 이루어지는가에 관한 답은 뇌량에 있는데(**그림 9.29A**), 뇌량은 좌우 시야를 정중선에서 결합하는 기능이 있다. 1950년대까지 뇌량의 기능에 관해서는 거의 알려져 있지 않았다. 의사들은 매우 심각한 뇌전증을 치료하거나 뇌 깊숙한 곳에 위치한 종양을 제거하기 위해 간혹 뇌량을 절제하였지만 절제 후에도 환자들이 거의 정상적으로 기능하는 것처럼 보였다. 뇌량이 뇌의 두 반구를 연결하지만 어느 부위를 서로 연결하는가에 대해서는 잘 알려져 있지 않았다.

현재는 뇌량이 단지 특정 뇌 구조들만을 연결하는 것으로 이해되고 있다. 그림 9.29B에서 볼 수 있듯이 전두엽의 많은 부위는 뇌량에 의해 서로 연결되지만 후두엽은 거의 연결되지 않는다. 이 사실을 고려하면 시야의 한 위치를 '바라보는' 시각피질 내의 한 뉴런이 다른 편 반구에 있는 뉴런이 시야의 다른 부위를 '바라보는' 것에 관심을 가질 이유가 없다.

그러나 시야의 정중선을 따라 위치하는 세포들의 경우는 다르다. 이 세포들은 시야의 인접한 부위들을 '바라본다'. 한 세포는 중앙에서 약간 왼쪽을 바라보고 다른 세포는 약간 오른쪽 지점을 바라본다. 뇌량에 의한 이 세포들 사이의 연결이 두 시야를 결합하여 정중선에서 중복되게 한다. 이에 따라 두 시야가 하나가 된다.

9-3 복습

진도를 계속 나가기 전에 앞 절을 얼마나 이해했는지 확인해보자. 정답은 이 책의 뒷부분에 있다.

1. 시야는 망막 신경절 세포의 수천 개의 작은 _____으로 구성된다.

2. 빛이 망막에 있는 _____세포를 자극하고 이는 _____세포를 자극하는데, 이 세포의 축색이 시신경을 형성한다. 시신경은 _____의 세포와 연결되는데, 이 세포는 위치를 표상하기 위해 시각 정보를 처리한다.

3. 망막의 서로 다른 부위로부터 V1의 서로 다른 영역으로 전달되는 입력은 뇌에서 시각 세계의 _____을/를 형성한다.

4. 시각 세계의 두 면은 _____에 의해 합해져서 하나의 지각을 생성한다.

5. Jerison의 적정 양의 원리가 시각계에 어떻게 적용되는가?

9-4

뉴런 활동

시각계의 경로는 개개 뉴런들로 구성된다. 이 뉴런들이 자신들의 수용장이 자극을 받으면 어떻게 행동하는지 조사함으로써 뇌가 빛의 위치뿐만 아니라 시각 세계의 다른 특징들을 어떻게 처리하는지 이해할 수 있다. 먼저 복측 흐름에 위치하는 뉴런들이 어떻게 사물의 형태와 색채에 반응하는지 살펴본 후 배측 흐름의 뉴런들이 행동에 필요한 시각 정보를 어떻게 처리하는지 살펴보겠다.

15-4절에 뇌량이 절제된 분리 뇌 환자의 연구 결과가 소개되어 있다.

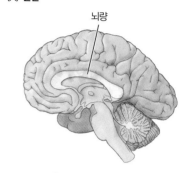

(A) 인간

뇌량

(B) 붉은털원숭이

좌우 전두엽 대부분은 뇌량으로 연결되어 있다.

반면에 좌우 후두엽 대부분은 뇌량으로 연결되어 있지 않다.

두정엽

전두엽

후두엽

측두엽

그림 9.29　뇌량 연결
(A) 인간 뇌의 뇌량, (B) 어두운 영역은 붉은털원숭이의 피질에서 뇌량을 통해 반대편 대뇌반구로부터 정보를 받는 영역을 나타낸다. 이와 유사한 투사 패턴이 인간 뇌의 두 대뇌반구를 연결한다.

학습 목표
- 망막 신경절 세포와 V1 세포의 흥분-억제 수용장을 비교, 대조하고 이 활성화가 어떻게 시각 정보의 처리를 용이하게 하는지 설명한다.
- 색각의 이해에 삼원색 이론이 중요함을 설명한다.
- 망막 신경절 세포와 V1 세포의 대립-과정 쌍이 어떻게 색채를 구분하게 하는지 설명한다.

미세전극이 한 뉴런으로부터 오는 정보를 기록하는 데 사용되는 과정이 4-1절에 기술되어 있다. 그림 4.4는 뉴런의 전기적 활동의 흐름을 어떻게 측정하는지 보여주고 그림 4.7은 어떻게 미세전극이 작용하는지 보여준다.

원리 7. 신경계의 작용에는 흥분과 억제가 공존한다.

형태 보기

망막에서 피질에 이르는 시각 경로 중 어느 부위에 있는 뉴런 옆에 미세전극을 삽입하여 뉴런의 발화율 변화를 기록한다고 가정하자. 이 뉴런이 간혹 자발적으로 발화하고 발화 때마다 활동전위가 생산된다. 뉴런이 평균 0.08초마다 한 번씩 발화한다고 가정하자. 각 활동전위는 매우 짧은 시간, 즉 거의 1밀리초(millisecond) 동안 지속된다.

만약 1초 동안 활동전위를 측정하면 우리는 단지 스파이크들만을 볼 수 있는데, 이는 활동전위가 매우 짧은 시간 동안만 일어나기 때문이다. **그림 9.30A**는 단일 세포에서 1초 동안에 걸쳐 12개의 스파이크를 기록한 것이다. 만약 이 세포의 발화율이 증가하면 더 많은 스파이크를 볼 수 있게 된다(그림 9.30B). 만약 발화율이 감소하면 스파이크의 수가 감소한다(그림 9.30C). 발화율의 증가는 세포의 흥분을 반영하는 한편 발화율의 감소는 억제를 반영한다. 물론 흥분과 억제가 신경계에서 정보가 전달되는 근본적인 기제이다.

이제 뉴런에 자극을 가하는 것, 즉 망막에 있는 뉴런의 수용장에 불빛을 비춘다고 가정하자. 눈앞에 45°로 기울어진 선을 놓는다고 가정하자. 세포는 발화율의 증가 혹은 감소를 통해 이 자극에 반응한다. 둘 중 어떤 경우라도 우리는 이 세포가 이 선에 관한 정보를 만들어내고 있다고 결론 내린다.

동일한 세포가 한 자극에 대해서는 흥분을 하고, 다른 자극에 대해서는 억제를 하고, 또 다른 자극에 대해서는 전혀 반응을 하지 않을 수 있다. 세포가 왼쪽으로 45° 기울어진 선에 대해서는 흥분하고 오른쪽으로 45° 기울어진 선에 대해서는 억제할 수 있다. 이와 유사하게 세포는 자신의 수용장 한 부위(예 : 중앙)에 있는 자극에 대해서는 흥분하고 다른 부위(예 : 주변)에 있는 자극에 대해서는 억제할 수 있다.

마지막으로 특정 자극에 대한 세포의 반응이 선택적이라는 것이 관찰된다. 이러한 세포의 반응은 그 자극이 동물에게 중요하다는 것을 시사한다. 예를 들어 자극이 먹이와 함께 제시되면 세포가 흥분하고 동일한 자극이 먹이 없이 제시되면 세포가 억제한다. 이 경우 세포는 시각 세계의 특징에 대해 선택적으로 반응한다.

시각계의 각 수준에 위치하는 뉴런들은 서로 다른 특성과 기능을 가진다. 우리의 목표는 각 뉴런 유형을 살펴보는 것이 아니라 각 수준에 있는 일부 뉴런이 다른 뉴런들과 형태 처리에서 어떻게 서로 다른가를 살펴보는 것이다. 세 영역, 즉 망막의 신경절 세포층, 일차시각피질과 측두피질에 있는 뉴런들을 중심으로 살펴보자.

망막 신경절 세포에서의 처리

망막에 있는 신경절 세포의 수용장은 매우 작은 점이다. 각 망막 신경절 세포는 자신의 수용장에 빛이 있는지 없는지에 대해서만 반응하지 형태에 대해서는 반응하지 않는다. 따라서 이 세포들은 형태를 탐지하지 않는다. 대신 신경절 세포가 자신의 수용장 사건에 관한 정보를 피질에 전달하면 피질이 형태를 구성한다.

한 신경절 세포의 수용장은 **그림 9.31A**에 제시되어 있듯이 동심원 배열(concentric circle arrangement)이다. 빛을 수용장의 중앙에 비추면 일부 세포가 흥분하는 반면 빛을 수용장의 주변부에 비추면 세포가 억제한다. 수용장 전체에 걸쳐 빛을 비추면 세포의 발화율이 다소 증가한다.

이러한 유형의 뉴런을 중앙-흥분 세포(on-center cell)라고 한다. 중앙-억제 세포(off-center

(A) 기본 발화율(초당 12개)

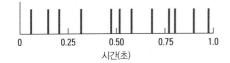

(B) 흥분

(C) 억제

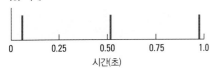

그림 9.30 뉴런 자극의 기록

각 활동전위가 스파이크로 표시된다. **(A)** 1초 동안 이 뉴런의 기본 발화율이 12개의 스파이크로 기록된다. **(B)** 기본 발화율보다 발화율이 증가하면 뉴런이 흥분함을 나타낸다. **(C)** 기본율보다 발화율이 감소하면 억제됨을 나타낸다.

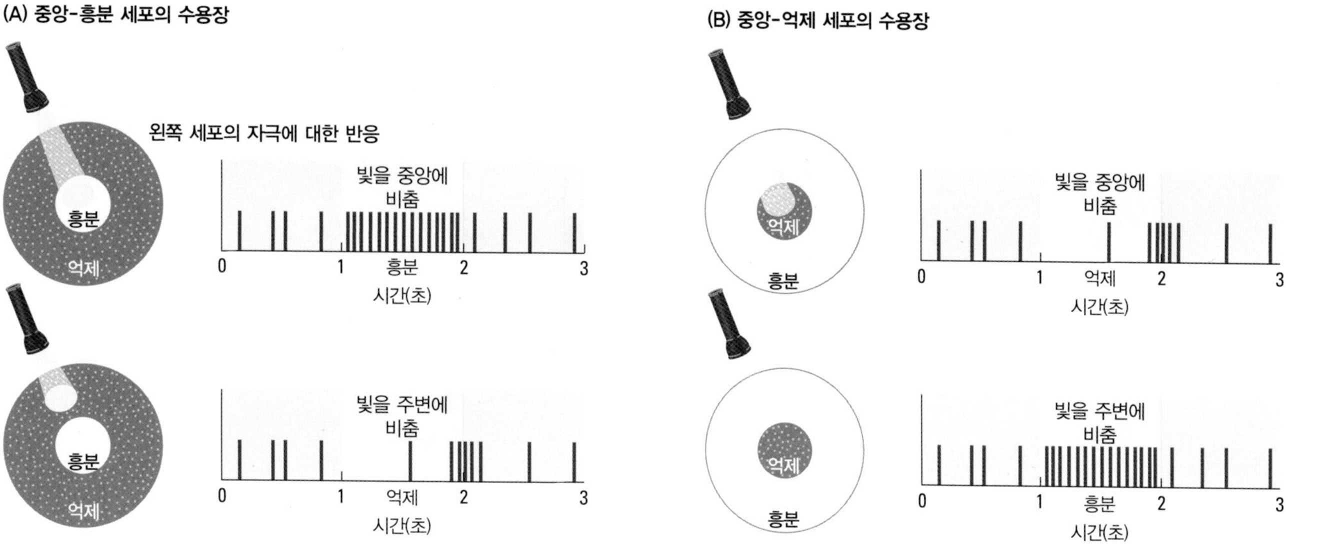

(A) 중앙-흥분 세포의 수용장

왼쪽 세포의 자극에 대한 반응

빛을 중앙에
비춤

0　　　　1　　흥분　　2　　　　3
시간(초)

빛을 주변에
비춤

0　　　　1　　억제　　2　　　　3
시간(초)

(B) 중앙-억제 세포의 수용장

빛을 중앙에
비춤

0　　　　1　　억제　　2　　　　3
시간(초)

빛을 주변에
비춤

0　　　　1　　흥분　　2　　　　3
시간(초)

cell)라고 하는 다른 RGC는 상반되는 배열을 가지는데, 즉 수용장의 중앙에 빛을 비추면 억제하고 주변부에 비추면 흥분하며 수용장 전체에 빛을 비추면 다소 억제한다(그림 9.31B). RGC 수용장의 흥분-억제 배열은 이 세포들로 하여금 매우 작은 영역에 비치는 빛에 대해 특히 민감하게 반응하게 한다.

신경절 세포의 수용장에 관해 기술한 것이 여러분으로 하여금 수용장들이 분리된 작은 원들의 모자이크를 망막에 형성한다고 오해하게 할 수 있다. 실제 인접한 망막 신경절 세포들은 중복되는 광수용기들로부터 정보를 받는다. 그 결과 그들의 수용장이 중복되는데 이에 관한 것이 **그림 9.32**에 제시되어 있다. 이러한 방식으로 망막에 비추어진 작은 빛이 중앙-흥분과 중앙-억제 신경절 세포 모두의 활성화를 일으킨다.

어떻게 중앙-흥분과 중앙-억제 신경절 세포가 형태에 관한 정보를 뇌에 전달할 수 있는가? 이에 대한 답은 다음과 같다. 한 신경절 세포는 특정 망막 부위에 도달한 빛의 양을 주위 망막 영역에 도달한 빛의 평균량과 비교하며 이를 뇌에 전달한다. 이 비교가 **밝기(휘도) 대비**(luminance contrast)라고 알려져 있다. 밝기는 표면에서 눈으로 반사된 가시광선의 양을 의미하고 대비는 표면의 인접한 부위들 사이의 밝기 차이를 의미한다. 임상 초점 9-1의 사진은 밝기 대비의 분명한 차이를 보여준다. 왼쪽 여성의 핑크색 상의가 검은색 바지와 대비를 보여주지만 오른쪽 소매는 배경과 대비가 훨씬 적다. 즉 밝게 보이지 않는다.

어떻게 밝기 대비가 뇌에 형태에 관한 것을 알려주는지 이해하기 위해 **그림 9.33**에 제시되어 있는 가상의 중앙-흥분 신경절 세포 집단을 예로 들어보자. 이 세포들의 수용장이 밝고 어두운 테두리의 이미지로 망막 전체에 걸쳐 분포해 있다. 일부 신경절 세포의 수용장은 어두운 부위에 있고 일부는 밝은 영역에 수용장을 가지고 있으며 또 일부는 밝은 영역의 가장자리에 걸친 수용장을 갖는다.

어두운 영역 혹은 밝은 영역에 수용장을 가지는 신경절 세포가 자극의 영향을 가장 적게 받는데, 이는 이 세포들의 수용장 흥분성과 억제성 영역이 전혀 자극을 받지 않거나 두 영역 모두가 자극을 받기 때문이다. 자극의 영향을 가장 많이 받는 신경절 세포가 가장자리에 위치하는 세포이다. 신경절 세포 B는 억제되는데 왜냐하면 빛이 수용장의 억제성 영역에 대부분 비추기 때문이다. 또한 신경절 세포 D는 흥분

그림 9.31 흥분-억제 수용성

(A) 중앙-흥분/주변-억제의 수용장을 가지는 망막 신경절 세포의 경우 빛점을 중앙에 비추면 뉴런이 흥분하고 주변에 비추면 억제한다. 주변 영역에 빛을 비추는 것을 중단하면 발화율이 짧은 시간 동안 증가한다(오프셋 반응이라고 부른다). 중앙과 주변 모두에 빛을 비추면 세포의 발화율이 약간 증가한다. **(B)** 중앙-억제/주변-흥분의 수용장을 가지는 망막 신경절 세포의 경우 중앙에 빛을 비추면 억제하는 반면 주변에 비추면 흥분하고 수용장 전체에 빛을 비추면 억제가 약하게 나타난다.

밝기(휘도) 대비 주변에 비해 한 물체가 반사하는 빛의 양

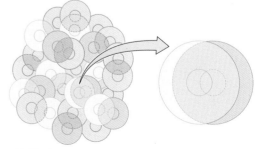

망막 신경절 세포의 수용장은 상당히 중복되어 있다.

··· 따라서 2개의 인접한 수용장은 세상의 거의 동일한 부분을 본다.

인접한 신경절 세포의 수용장　　　중복된 2개의 수용장

그림 9.32 수용장의 중복

그림 9.33 가장자리에서의 뉴런 활동
밝고 어두운 가장자리에 걸쳐 분포해 있는 수용장(A-E)을 가지는 가상적인 중앙-흥분 신경절 세포 집단의 반응. 가장자리에서 떨어져 있는 세포에 비해 가장자리에 있는 세포의 활동이 가장 많이 영향을 받는다.
출처 : Purves et al., 1997.

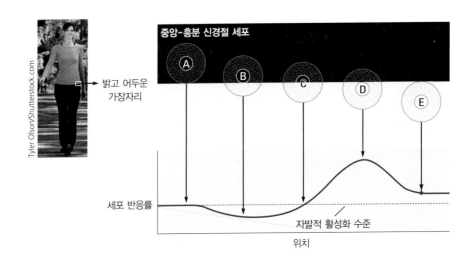

되는데, 이는 빛이 수용장의 흥분성 영역 전체와 일부 억제성 영역에 비추기 때문이다.

결과적으로 시야의 모든 영역에서 일어난 정보들이 동등하게 망막 신경절 세포에서 뇌의 시각 영역으로 전달되지 않는다. 그 대신 밝기 차이를 가지는 영역들, 즉 가장자리를 따라 있는 영역들이 더 많이 전달된다. 실제로 망막 신경절 세포는 가장자리에 관한 신호를 보내며 가장자리가 형태를 형성한다.

일차시각피질에서의 형태 처리

이제는 망막 신경절 세포로부터 정보를 받은 LGN 세포로부터 다시 시각 입력을 받는 V1 영역에 관해 살펴보자. 임상 초점 9-1의 그림에 대해 피질 세포들이 어떻게 반응하는지 상기해보라. 하나의 V1 세포가 여러 개의 RGC로부터 입력을 받기 때문에 V1 뉴런의 수용장은 망막 뉴런의 수용장보다 훨씬 더 크다. 결과적으로 V1 세포들은 '빛이 켜짐' 혹은 '빛이 꺼짐'보다 훨씬 더 복잡한 자극에 반응한다. 특히 이 세포들은 빛점(spots of light)보다는 특정 방향으로 향하는 빛막대에 최대한으로 흥분한다. 따라서 이 세포들을 **방향탐지기**(orientation detectors)라고 한다.

신경절 세포처럼 일부 방향탐지기는 자신들의 수용장에 흥분-억제 배열을 가지지만 이 배열이 원형보다는 사각형으로 이루어져 있다. 이 속성을 가지는 시각피질세포를 **단순세포**(simple cell)라고 한다. 일차시각피질에 있는 단순세포의 전형적인 수용장이 **그림 9.34**에 묘사되어 있다.

단순세포들이 일차시각피질에 있는 유일한 방향탐지기가 아니다. V1 영역에 서로 다른 기능을 가지는 세포 유형이 있다. 예를 들어 **그림 9.35**에 묘사되어 있는 **복합세포**(complex cell)의 수용장은 시야 내에서 특정 방향으로 움직이는 빛막대에 최대한 흥분한다. 초복합세포(hypercomplex cell)는 복합세포처럼 움직이는 빛막대에 최대한 반응하지만 이에 더해 수용장의 한 끝에 강한 억제 영역을 가지고 있다. **그림 9.36**에 설명되어 있듯이 한 빛막대가 초복합세포의 수용장 오른쪽 면에 있을 경우 이 세포의 수용장이 흥분하지만 만약 막대가 주로 왼쪽의 억제 영역에 있다면 세포의 발화가 억제된다.

V1에 위치하는 각 뉴런 유형이 어떤 방식으로든 빛막대에 반응하는데, 이 반응은 막대가 아닌 빛점에 대해 최대한으로 반응하는 망막 신경절 세포로부터 전달되는 정보에서 비롯된다는 점을 주목하라. 어떻게 점에 대한 반응이 막대에 대한 반응으로 전환될 수 있는가? 한 예가 이 과정을 설명하는 데 도움이 될 것이다.

(A) 수평이 선호 방향

자극 없음
단순세포의
수용장

| 억제 |
| 흥분 |
| 억제 |

기본 반응

빛

| 억제 |
| 흥분 |
| 억제 |

강한 반응

| 억제 |
| 흥분 |
| 억제 |

반응 없음

빛

(B) 사선이 선호 방향

자극 없음

억제 / 흥분 / 억제

기본 반응

빛

억제 / 흥분 / 억제

반응 없음

억제 / 흥분 / 억제

강한 반응

빛

그림 9.34　일차시각피질 단순세포의 전형적인 수용장

단순세포는 특정 방향, 즉 **(A)** 수평 혹은 **(B)** 사선 방향의 빛막대에 반응한다. 시야의 막대 위치가 중요한데 왜냐하면 세포는 시야의 인접 영역에 있는 빛에 반응하거나(흥분) 반응하지 않기 때문이다(억제).

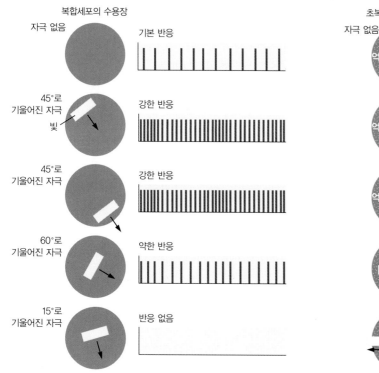

그림 9.35　복합세포의 수용장

단순세포의 흥분-억제 반응 패턴과는 달리 V1의 복합세포는 원형의 수용장 전체에 걸쳐 동일한 반응을 보이고 특정 각도로 움직이는 빛막대에 가장 강한 반응을 보인다. 빛막대가 다른 방향일 경우 반응이 감소하거나 반응을 보이지 않는다.

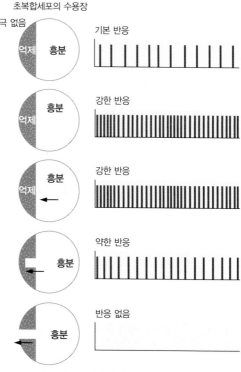

그림 9.36　초복합세포의 수용장

V1의 초복합세포는 빛막대가 수용장의 흥분 영역 내 어느 곳이든 특정 방향(예 : 수평)으로 움직일 때 반응한다. 그러나 만약 막대가 수용장의 억제 영역으로 들어갈 경우 반응이 억제된다.

　하나의 얇은 빛막대가 망막의 광수용기에 도달하여 아마 수십 개의 망막 신경절 세포의 수용장을 자극한다고 상상해 보라. 한 V1 뉴런으로 전달되는 입력은 **그림 9.37**에서처럼 일렬로 배열

그림 9.37 V1 수용성

한 V1 세포는 특정 방향으로 망막에 있는 일련의 신경절 세포에 반응한다. LGN을 통해 V1 뉴런과 연결되어 있는 일련의 신경절 세포는 빛막대에 강하게 활성화한다. 이 V1 뉴런의 활성화는 빛막대가 45° 각도를 가질 때 가장 크다.

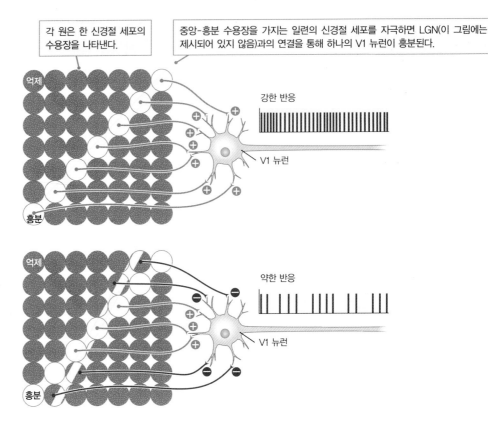

각 원은 한 신경절 세포의 수용장을 나타낸다.

중앙-흥분 수용장을 가지는 일련의 신경절 세포를 자극하면 LGN(이 그림에는 제시되어 있지 않음)과의 연결을 통해 하나의 V1 뉴런이 흥분된다.

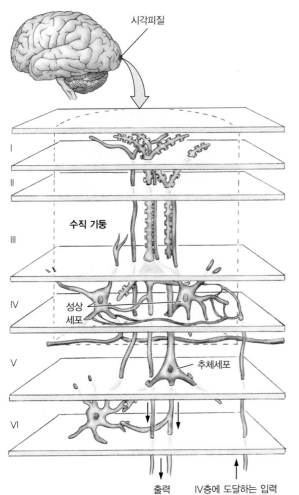

된 한 집단의 신경절 세포들로부터 온다. 이 V1 뉴런은 빛막대가 망막에 도달하여 특정 열의 신경절 세포를 자극할 때에만 흥분(혹은 억제)될 것이다. 만약 빛막대가 다소 다른 각도로 비치면 그 열에 포함된 일부 망막 신경절 세포만이 활성화되고 이에 따라 V1 뉴런들도 단지 경미하게 흥분된다.

그림 9.37은 특정 패턴으로 망막에 도달한 빛과 특정 방향의 빛막대에 반응하는 일차시각피질의 단순세포 활성화 사이의 관련성을 설명한다. 이와 동일한 논리를 활용하여 우리는 V1의 복합세포 혹은 초복합세포의 망막 수용장도 도표화할 수 있다.

피질 구조가 가지는 한 가지 특징은 뉴런들이 **기능적 기둥**(원주)에 따라 조직화되어 있다는 것이다. 한 기둥 내에서의 연결 패턴은 수직으로 이루어진다. 즉 IV층에 입력이 도달한 후 다른 층의 세포들과 연결된다. **그림 9.38**은 직경이 0.5mm인 한 기둥에 포함되어 있는 뉴런들과 그들이 어떻게 서로 연결되어 있는지를 보여준다.

한 피질 기둥 내의 뉴런들은 유사한 기능을 한다. 예를 들어 **그림 9.39A**는 동일한 기둥 내에 있는 뉴런들이 동일한 방향으로 향하는 선에 반응하는 것

그림 9.38 시각피질 기둥의 신경 회로

이 3차원 그림에서 감각 정보는 VI층(맨 아래)에서 피질 기둥으로 들어와서 IV층의 성상세포에 도달한다. 이 성상세포는 III층과 V층의 추체세포와 시냅스한다. 따라서 정보의 흐름은 수직 방향으로 일어난다. 추체세포의 축색이 다른 기둥 혹은 구조와 연결되기 위해 이 기둥을 빠져나간다.

출처 : Szentagothai, 1975.

을 보여준다. 인접한 기둥은 이와 다른 방향의 선에 반응하는 세포들을 포함하고 있다. 그림 9.39B는 각 눈으로부터 오는 입력이 들어가는 기둥, 즉 **시각 우세 기둥**(ocular dominance column)을 보여준다. 따라서 V1에는 특정 방향에 동일하게 민감한 뉴런들을 포함하는 방향 기둥과 한 눈 혹은 다른 눈으로부터 오는 입력을 처리하는 시각 우세 기둥 모두가 위치한다.

측두엽에서의 형태 처리

측두엽 영역 TE에 있는 복측 흐름을 따라 위치하는 뉴런들에 관해 살펴보자. TE 뉴런들은 얼굴(그림 9.24A 참조) 혹은 손 등과 같은 복잡한 시자극에 최대한 흥분하며 매우 독특한 반응을 한다. 이 뉴런들은 정면 얼굴, 측면 얼굴, 머리 자세 혹은 특정 표정에 반응한다.

　얼마나 많은 전문화된 반응들이 존재하는가? 측두엽의 시각 뉴런들이 대상의 모든 특징에 각각 반응하도록 전문화되어 있는가? Keiji Tanaka(1993)는 이 의문을 풀기 위해 원숭이에게 많은 동식물의 3차원 그림을 보여준 후 어느 자극이 하측두엽의 특정 뉴런들을 활성화하는 데 효과적인가를 조사하였다.

　얼굴과 손 등을 포함한 효과적인 자극들을 발견한 후, 그는 이 자극들의 어떤 특징이 뉴런들을 자극하는 데 중요한지 조사하였다. Tanaka는 TE 영역의 신경 활동을 기록하기 위해 전극을 이 영역으로 삽입한 결과 TE 영역에 있는 대부분의 뉴런이 활성화하기 위해서는 다소 복잡한 특징들이 요구되는 것을 발견하였다. 이 특징에는 방향, 크기, 색채, 질감 등과 같은 특징의 조합이 포함된다. 더욱이 특정 특징에 대해 비록 유사하지만 동일하게 반응하지 않는 뉴런들이 **그림 9.40**처럼 기둥에 함께 모여 있다.

　Tanaka 및 추후 연구들의 결과에 의하면 한 뉴런의 활동에 의해 한 사물이 표상되지 않고 대신 사물은 한 기둥에 함께 모여 있으면서 다소 다른 자극 특징에 반응하는 많은 뉴런의 활동에 의해 표상된다. 이 발견은 매우 중요한데, 왜냐하면 이 발견이 **자극 등가성**(stimulus equivalence), 즉 한 대상을 여러 방향에서 보아도 동일한 대상으로 인식하는 현상을 설명하기 때문이다.

　한 기둥에 위치하는 여러 뉴런에 의한 사물의 표상이 어떻게 자극 등가성을 만들어내는지 생각해보자. 기둥 내의 각 뉴런이 다소 다른 특징들에 반응하지만 실제 자극들이 크게 중복되기 때문에 유입되는 시각 이미지의 작은 변화의 영향이 최소화되며 우리는 한 대상을 동일한 것으로 계속해서 지각하게 된다.

　원숭이의 하측두피질에 있는 뉴런들의 자극 특이성은 상당한 정도의 신경가소성을 보여준다. 만약 원숭이가 특정 형태를 구분하면 먹이를 보상으로 주는 방법을 통해 훈련하면 원숭이의 구분능력이 향상될 뿐만 아니라 측두엽 뉴런들 역시 자신들이 선호하는 자극, 즉 훈련 동안 사용된 자극 중 일부에 대해 최대한 발화되도록 수정된다. 이 결과는 시각 처리 과정에서 측두엽의 역할이 유전적으로 결정되는 것이 아니라 성인이 되어서도 경험에 의해 결정될 수 있음을 보여준다.

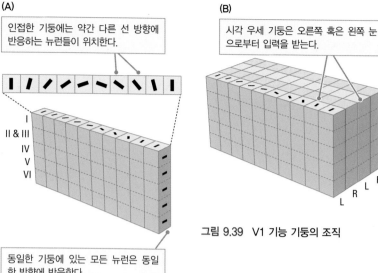

(A) 인접한 기둥에는 약간 다른 선 방향에 반응하는 뉴런들이 위치한다.

I
II & III
IV
V
VI

동일한 기둥에 있는 모든 뉴런은 동일한 방향에 반응한다.

(B) 시각 우세 기둥은 오른쪽 혹은 왼쪽 눈으로부터 입력을 받는다.

R
L
R
L

그림 9.39　V1 기능 기둥의 조직

시각 우세 기둥　한 눈으로부터 오는 정보에 최대한으로 반응하는 시각피질의 기능 기둥

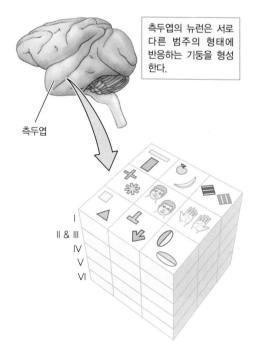

측두엽의 뉴런은 서로 다른 범주의 형태에 반응하는 기둥을 형성한다.

측두엽

I
II & III
IV
V
VI

그림 9.40　TE 영역의 기둥 조직
유사하지만 약간 다른 패턴의 뉴런들이 피질 표면과 직각이 되는 수직 기둥에 선택적으로 모여 있다.

삼원색 이론 세 가지 기본색, 즉 빨강, 초록과 파랑의 부호화에 근거하여 색채 지각을 설명하는 이론

이 신경가소적 특징이 진화되어 온 것으로 추측할 수 있는데, 이 특징이 변화하는 시각 환경의 요구에 시각계가 적응하는 것을 가능하게 하기 때문이다. 여러분이 울창한 숲에서부터 나무가 없는 평원을 거쳐 복잡한 도시 거리로 이동하는 동안 주위 환경의 인식에 얼마나 서로 다른 요구를 가지게 되는가를 상상해보라. 여러분의 측두엽에 있는 시각 뉴런들은 이러한 차이에 적응할 수 있다(Tanaka, 1993). 아울러 경험에 의존하는 시각 뉴런들은 인간 뇌가 진화하는 동안 사람들이 전혀 경험하지 못한 시자극도 인식할 수 있게 한다. 시각 과정의 신경가소성을 9-6절에서 다시 살펴볼 것이다.

일차시각피질의 뉴런들이 선호하는 자극들이 경험에 의해 수정되지 않는다는 사실은 V1 뉴런들의 자극 선호가 유전적으로 프로그램되어 있는 것을 시사한다. 어쨌든 V1 뉴런들의 기능이 하측두엽 뉴런들이 가지는 더 복잡하고 융통성 있는 특성들의 기초가 된다.

원리 10. 신경가소성은 신경계의 특징적인 기능이다.

1-4절에 다이어트를 포함한 영장류의 생활양식이 어떻게 복잡한 신경계의 진화에 영향을 미쳤는지 설명하는 여러 가설이 기술되어 있다.

색채 보기

오래전부터 과학자들은 어떻게 그리고 왜 사람들이 색채가 풍부한 세상을 보게 되는가를 궁금해하였다. 왜 색채를 지각하는가에 관한 한 가설은 색각이 유인원, 특히 과일을 먹는 유인원에서 처음 진화되었다고 한다. 침팬지와 인간이 여기에 속한다. 진화 과정 동안 이 두 종은 잘 익은 과일을 두고 다른 동물, 곤충들과 많은 경쟁을 하였다. 과학자들은 색각이 유인원에게 경쟁적 이점을 제공하기 때문에 진화했다고 추측한다.

뉴런의 선호 자극이 변하는 것은 뉴런이 특정 특징에 대한 민감성이 변하는 것을 반영한다.

색각에 대한 또 다른 설명은 600년 전 이탈리아의 르네상스 시대, 즉 풍부한 문화 발달이 이루어졌던 시기에 뿌리를 둔다. 즉 그 당시 화가들이 단지 세 가지 색채(빨강, 파랑, 노랑)만을 혼합하면 시각 세계에서 지각되는 모든 색채를 만들 수 있다는 것을 발견하였다. 이 과정이 그림 **9.41**A에 있는 **감법 색채 혼합**(subtractive color mixing)이다.

(A)

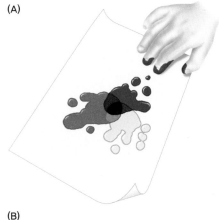

오늘날에는 세 가지 색 혼합이 망막의 추상체에 의해 일어나는 것으로 알려져 있다. 감법 색채 혼합은 혼합물에서 빛을 제거함으로써 일어나는데, 이는 검정 표면이 빛을 반사하지 않는 것을 설명한다. 색채가 어두울수록 빛이 덜 포함된다.

이와 상반되게 **가법 색채 혼합**(additive color mixing)은 색채를 만들기 위해 빛을 증가시키는 과정이다(그림 9.41B). 색채가 밝을수록 빛을 더 많이 포함하며 이는 흰색 표면이 가시 스펙트럼 전체를 반사하는 것을 설명한다. 기본적인 물감 색채가 빨강, 파랑, 노랑인 것과 달리 빛의 기본 색채는 빨강, 파랑, 초록이다. 서로 다른 파장의 빛이 세 유형의 추상체를 서로 다른 방식으로 자극하며 이 세 추상체의 상대적인 활성화 비율에 의해 우리는 서로 다른 색채를 지각한다.

(B)

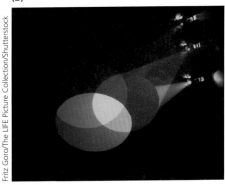

그림 9.41 색채 혼합

(A) 감법 색채 혼합은 빨강, 파랑, 노랑으로 지각되는 빛을 흡수한다. 모든 가시광선이 흡수될 경우 검은색으로 지각된다. (B) 가법 색채 혼합은 빨강, 파랑, 초록으로 지각되는 빛을 반사한다. 모든 가시광선이 반사될 경우 흰색으로 지각된다.

삼원색 이론

삼원색 이론(trichromatic theory)에 의하면 우리가 지각하는 색채, 예를 들어 400nm의 단파장을 파랑으로, 500nm의 중파장을 초록으로, 600nm의 장파장을 빨강으로 지각하는 것이 서로 다른 유형의 추상체들의 상대적 반응에 의해 결정된다고 한다(그림 9.9 참조). 만약 세 유형의 추상체가 동일한 비율로 반응하면 우리는 흰색을 지각한다.

삼원색 이론은 추상체 수용기 중 한 유형이 부족하면 세 유형의 추상체 모두를 가지고 있는 경우보다 지각하는 색채의 수가 적다고 예상한다. 만약 개인이 단지 두 유형의 추상체만을 가지고 태어날 경우 지각할 수 있는 색채의 수가 감소한다. 이 개인이 지각하지 못하

◉ **연구 초점 9-4**

색채 결핍 시각

대부분의 사람은 망막에 세 가지 유형의 추상체를 가지고 있기 때문에 삼원색 시각을 갖는다. 그러나 일부 사람에게는 하나 혹은 그 이상의 추상체가 상실되어 있다. 이 사람을 '색맹(color-blind)'이라고 간혹 잘못 말하는데, 이는 비록 세 유형의 추상체를 가지는 사람들보다는 적지만 두 가지 유형의 추상체를 가지고 있는 사람들도 많은 색채를 구분할 수 있기 때문이다.

색채 지각을 전혀 못하려면 단 하나의 광수용기, 즉 간상체만을 가지고 있어야 하는데, 이런 경우는 드물다. 저자들의 지인 중에 색채 개념을 전혀 가지고 있지 않은 사람이 있다. 따라서 그를 위해 타인(특히 그의 아내)이 적절하게 색채가 조화되어 있는 옷을 평생 선택해 주어야 한다.

빨간색 추상체, 초록색 추상체, 파란색 추상체를 전혀 가지고 있지 않은 경우 각각 적색맹(protanopia), 녹색맹(deuteranopia), 청색맹(tritanopia)이 초래된다. 각 색맹의 발생률은 남성과 여성에서 각각 1%와 0.01%이다. 한 유형의 추상체, 대부분의 경우 초록색 추상체만이 충분하지 않을 경우도 가능하다. 이 색채 결함의 발생률은 남성과 여성에서 각각 5%와 0.4%이다.

제시되어 있는 그림은 삼색자(왼쪽)에 비해 적색맹(가운데)과 녹색맹(오른쪽)인 사람들이 색채를 어떻게 지각하는가를 보여준다. 적색맹과 녹색맹인 사람들은 여전히 많은 색채를 볼 수 있지만 삼색자가 보는 것과 다르게 지각한다. 많은 애완동물(개, 고양이, 말)이 녹색맹인데 이로 인해 삼색자에게 위장한 것처럼 보이는 물체를 볼 수 있는 이점이 있다. 실제로 군에서는 위장한 것을 보기 위해 녹색맹인 사람들을 고용한다.

삼색자가 본 이미지   적색맹 : 빨간색 추상체가 부족한 사람이 본 이미지   녹색맹 : 초록색 추상체가 부족한 사람이 본 이미지

Dr. Terrace L. Waggoner/www.ColorVisionTesting.com

는 색채는 어떤 유형의 수용기가 없는가에 달려 있는데, 이에 관한 것이 '연구 초점 9-4 : 색채 결핍 시각'에 설명되어 있다.

동물의 망막에 추상체가 존재한다는 사실만으로 그 동물이 색채를 지각한다고 여길 수 없다. 대신 이는 동물이 빛에 특히 민감한 광수용기를 가지고 있다는 것을 의미할 뿐이다. 우리가 알고 있듯이 많은 동물이 색채를 충분히 지각하지 못하지만 눈이 있는 동물 중 추상체를 전혀 가지고 있지 않은 유일한 동물이 홍어이다. 영장류 색각의 주요 특징은 색채를 V1과 V4에서 처리하는 것이다.

대립과정이론

추상체에서 일어나는 색 지각의 시작은 삼원색 이론이 유용하지만 색채 처리의 추후 수준에는 다른 전략이 사용된다. **그림 9.42**에 제시되어 있는 빨간색과 파란색 상자를 30초 정도 먼저 응시한 후 그 옆에 있는 흰색 상자를 응시해보라. 여러분이 흰 면으로 시선을 돌리면 빨강과 파랑의 보색, 즉 초록과 노랑의 잔상을 경험할 것이다. 이와 반대로 만약 여러분이 초록과 노란 상자를 응시한 후 흰색 상자를 보면 이번에는 빨강과 파랑 잔상을 경험할 것이다. 이러한 현상은 실제로 네 가지 기본 색채(빨강, 초록, 노랑, 파랑)가 존재하는 것을 알게 한다.

RGC의 특성이 네 가지 기본색의 두 보색 쌍을 설명한다. 망막 신경절 세포가 흥분-억제와 중

그림 9.42 보색 쌍의 예
왼쪽에 있는 사각형을 약 30초 동안 응시한 후 오른쪽의 흰 상자를 응시하라. 빨간 면에서는 초록의 잔상을 경험하고 파란 면에서는 노랑의 잔상을 경험할 것이다.

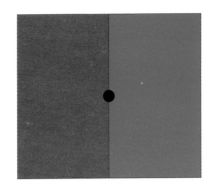
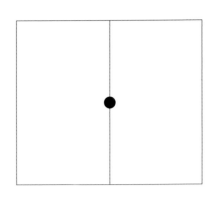

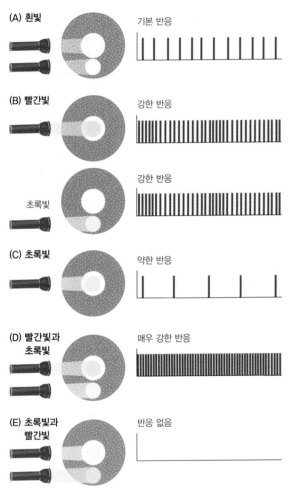

(A) 흰빛 기본 반응

(B) 빨간빛 강한 반응

초록빛 강한 반응

(C) 초록빛 약한 반응

(D) 빨간빛과 초록빛 매우 강한 반응

(E) 초록빛과 빨간빛 반응 없음

그림 9.43 보색 대비 반응
(A) 빨강-초록에 민감한 망막 신경절 세포는 수용장의 중앙과 주변에 비친 흰빛에 약하게 반응하는데 이는 빨간색과 초록색 추상체가 유사한 정도로 흰빛을 흡수하며 이로 인해 두 추상체의 입력이 상쇄되기 때문이다. **(B)** 만약 세포의 중앙에 빨간색 빛점이 비치고 주변에 빨간색의 보색인 초록빛이 비치면 세포는 강하게 반응한다. **(C)** 만약 중앙에 초록빛이 비치면 강하게 억제한다. **(D)** 중앙에 빨간빛, 주변에 초록빛이 동시에 비치면 세포는 매우 강하게 반응하고 **(E)** 중앙에 초록빛, 주변에 빨간빛이 동시에 비치면 세포는 완전히 억제한다.

대립과정 보색 쌍, 즉 빨강 대 초록과 파랑 대 노랑의 중요성을 강조하는 색채 시각에 관한 설명
색채 항상성 빛의 변화에도 불구하고 한 물체의 색채를 여전히 동일한 색채로 지각하는 현상

앙-주변으로 조직화되어 있는 것을 이미 살펴보았다. 즉 뉴런의 수용장 중앙을 자극하면 흥분(일부 세포에서) 혹은 억제(다른 세포에서) 반응이 일어나는 반면 수용장의 주변부를 자극하면 이와 상반되는 효과가 일어난다(그림 9.31 참조).

이 배열이 색채 대립과정 세포의 생성에 적용될 수 있는 것을 추측하게 한다. 만약 한 파장의 빛에 의해 흥분이 일어나고 다른 파장의 빛에 의해 억제가 일어나면 세포는 빨강에 의해 흥분되고 초록에 의해 억제되도록(혹은 이와 반대로) 혹은 파랑에 의해 흥분되고 노랑에 의해 억제되도록(혹은 이와 반대로) 진화될 것이다. 따라서 빨강-초록과 파랑-노랑은 보색으로 서로 연결될 것이다.

실제 인간의 망막 신경절 세포 중 대략 60%는 이러한 방식, 즉 중앙 부위는 한 파장에 반응하고 주변 부위는 다른 파장에 반응하는 방식으로 색채에 민감하다. **그림 9.43**에 제시되어 있듯이 가장 흔한 **대립과정**(opponent-process) 쌍이 중파장(초록) 대 장파장(빨강)이지만 파랑 대 노랑 신경절 세포도 존재한다. 대립과정 세포들이 진화된 이유 중 가장 그럴듯한 것이 세 유형의 추상체들이 갖는 비교적 작은 스펙트럼 흡수 차이를 높이기 위해서이다.

V1 영역의 피질 뉴런들 역시 망막 신경절 세포처럼 대립과정 기제를 통해 색채에 반응한다. 일차시각피질로 전달되는 색채 입력은 시토크롬 산화효소 염색에서 보이는 블롭으로 간다(그림 9.21 참조). 이 블롭에서 색채에 민감하게 반응하는 세포들이 발견된다.

그림 9.44는 블롭에 위치하는 색채 민감 세포들이 방향 민감 세포와 시각 우세 기둥 사이에 끼어 있는 것을 보여준다. 이러한 방식으로 일차시각피질이 시각 우세와 방향 민감 기둥과 블롭을 포함하는 모듈로 조직화되어 있는 것으로 여겨진다. 일차시각피질이 수천 개의 모듈로 구성되어 각 모듈이 시각 세계의 특정 영역의 색채와 윤곽을 분석하는 것으로 여길 수 있다. 이런 조직화를 통해 일차시각피질이 동시에 여러 기능을 수행한다.

V1 영역 다음의 시각계에 있는 뉴런들은 어떻게 색채를 처리하는가? V4 영역의 세포들이 색채에 반응하는 것을 앞서 언급하였지만 V1 영역의 세포들과 상반되게 V4 세포들은 특정 파장에 반응하지 않는다. 대신 서로 다르게 지각된 색채에 반응하는데, 즉 특정 색채에 의해 중앙 부위가 흥분되면 주변 부위는 억제된다.

V4 세포의 기능에 관한 많은 추측이 있다. 그중 하나가 이 세포들이 **색채 항상성**(color constancy), 즉 빛의 변화가 있음에도 불구하고 그 색채를 다른 색채에 비해 여전히 동일한 색채로 지각하는 것에 중요하다는 것이다. 예를 들어 접시에 담겨 있는 과일을 초록빛이 도는 유리

를 통해 보면 과일에 초록빛이 감도는 것에도 불구하고 바나나는 빨간색 사과에 비해 여전히 노란색을 띠는 것으로 보인다. 만약 다른 과일들을 치우고 바나나만을 접시에 남겨두고 바나나를 초록색을 띠는 유리를 통해 보면 바나나가 초록으로 보이는데, 이는 바나나의 색채를 비교할 다른 색채가 없기 때문이다. V4 영역에 손상을 입은 원숭이는 비록 서로 다른 파장을 구분할 수 있는 능력이 있음에도 불구하고 색채 항상성을 상실하는 사실을 통해 V4 세포의 기능에 관한 이 이론이 지지를 받는다.

2015년 2월 Celia Bleasdale은 딸의 결혼식에 입을 검푸른 드레스를 휴대전화로 사진을 찍었다. '드레스'로 널리 알려진 이 이미지는 온라인에 게시하자마자 빠르게 퍼졌는데 이는 이 사진을 본 사람들이 드레스의 색을 매우 다르게 보았기 때문이다(**그림 9.45** 참조). Pascal Wallisch(2017)가 이 드레스 이미지를 온라인으로 본 약 13,000명을 대상으로 이 현상을 연구하였다. 그는 목격자들이 드레스를 어떤 조명 아래서 촬영하였는가에 관한 무의식적 가정이 색채 지각에 영향을 미쳤다는 것을 발견하였다. 드레스를 백열등 아래서 촬영하였다고 믿는 사람은 그 드레스를 파란색으로 지각한 한편 자연광에서 촬영했다고 믿은 사람은 금색으로 지각하였다. 우리의 가정이 인간 시각계의 색채 항상성에 필요한 요소이다. '드레스'는 색채 항상성의 예를 제공할 뿐 아니라 우리의 색각이 얼마나 특이한지 보여준다.

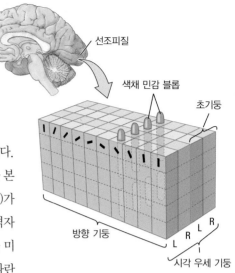

그림 9.44 V1 모듈

방향 민감 기둥, 시각 우세 기둥과 색채 민감 블롭을 보여주는 선조피질의 모듈은 2개의 초기둥으로 구성되어 있다. 각 초기둥은 한 쌍의 블롭과 180° 범위의 선호 각도를 가지는 방향 민감 기둥을 가지고 있다(빨강과 파랑으로 표시되어 있음). 초기둥에 있는 모든 세포는 동일한 수용장을 공유한다.

배측 흐름에서의 뉴런 활동

두정엽의 시각 영역에 위치하는 많은 세포들의 놀랄 만한 특성은 개인이 마취 상태에 있을 경우 이 세포들이 시자극에 반응하지 않는다는 것이다. 이 특성은 배측 흐름의 후측 두정엽에 위치하는 뉴런들에서 실제로 관찰된다. 이와 상반되게 측두엽의 시각 영역에 있는 세포들은 마취 상태에서도 시자극에 반응한다.

후측 두정엽의 일부 뉴런이 마취 상태에서 반응하지 않는 것은 이 세포들이 행동에 필요한 시각 정보를 처리하는 역할을 가지고 있다는 것을 고려하면 납득이 된다. 개인이 무의식 상태에 있을 때는 행동을 취하지 못하므로 뉴런들이 시각 정보를 처리할 필요가 없다. 따라서 이 세포들이 반응하지 않는다.

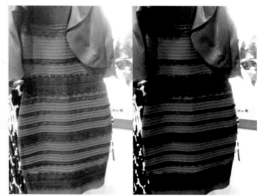

그림 9.45   색채 항상성

관찰자에 따라 가운데 사진의 옷을 흰색/금색 혹은 파란색/검은색으로 지각한다. 왼쪽 사진은 옷이 흰색/금색으로 보이도록, 오른쪽 사진은 파란색/검은색으로 보이도록 컬러밸런스를 한 것이다. 어느 것이 원래의 것인가?

배측 흐름의 세포에는 많은 유형이 있으며 한 특정 세포가 관여하는 행동의 특성에 따라 유형이 변화한다. 흥미로운 한 세포 유형은 집으려고 하는 사물의 시각적 모습을 처리한다. 예를 들어 원숭이가 사과를 집으려고 할 경우, 원숭이가 사과를 쳐다보기만 해도 이 세포들이 반응한다. 원숭이가 사과를 집으려고 하지 않을 경우에는 원숭이가 동일한 사과를 보더라도 이 세포들이 반응하지 않는다.

이 원숭이가 다른 원숭이가 사과를 집기 위해 움직이는 것을 보고만 있어도 배측 흐름의 세포들이 반응한다. 분명한 것은 세포들이 외부 세계에서 무엇이 일어나고 있는가를 일부 이해한다는 것이다. 그러나 그 이해는 시각적으로 지각된 사물을 향해 일어나는 움직임과 항상 관련된다. 이 세포들의 발견을 통하여 David Milner와 Mel Goodale(2006)은 배측 흐름을 '어떻게' 시각계라고 결론 내렸다(9-3절 참조).

오른쪽의 파란색/검은색 옷이 원래 옷이다.

그러나 배측 흐름은 이전에 여겼던 것보다 형태 지각에 실제로 더 큰 역할을 한다. 최근의 기능자기공명영상법(fMRI) 연구는 배측 경로가 사물을 지각하고 처리할 수 있다는 것을 보여주지만 환자를 대상으로 한 연구는 이 기능이 복측 흐름이 없으면 가능하지 않다는 것을 보여준다(Freud et al., 2017). 배측 흐름이 사물의 지각에 어떤 역할을 하는지는 아직 정확하게 모르지만 연구 결과는 형태 처리가 이전에 여겼던 것보다는 더 광범위한 시각 네트워크에 의해 이루어지는 것을 시사한다(Garcea et al., 2018).

9-4 복습

진도를 계속 나가기 전에 앞 절을 얼마나 이해했는지 확인해보자. 정답은 이 책의 뒷부분에 있다.

1. 일차시각피질의 뉴런들은 형태, 특히 특정 방향으로 향하는 _____에 반응한다.
2. 얼굴과 같은 복잡한 시자극의 인식은 _____엽에서 이루어진다.
3. 우리가 보는 색채가 망막에 있는 세 유형 추상체의 상대적 반응에 의해 결정된다는 이론을 _____(이)라고 부른다.
4. 망막 신경절 세포는 _____과정을 통해 색각(색채 지각)을 매개한다.
5. 망막 신경절 세포의 대립과정을 기술하라.
6. '드레스'에 대해 사람들이 서로 다르게 반응하는 현상은 우리가 색채를 지각하는 방법에 관해 무엇을 알려주는가?

9-5

활동하는 시각 뇌

뇌 체계에 관한 해부학 및 생리학 연구는 한 가지 핵심적인 질문, 즉 뇌세포들이 어떻게 함께 작용하여 특정 기능을 행하는가에 관한 답을 제공하지 못하고 있다. 이 질문에 답하는 한 가지 방법이 시각계의 일부가 기능하지 못할 경우 어떤 일이 일어나는가를 평가하는 것이다. 이를 통해 이 부위들이 어떻게 전체로서 작용하는 데 공헌하는지 알 수 있다. 이 전략을 시각의 신경심리학, 즉 활동하는 시각 뇌의 연구에 활용해보자.

피질에 이르는 시각 경로의 손상

눈에서부터 피질에 이르는 시각 경로의 일부 부위가 손상을 입을 경우 어떤 일이 일어나는가? 예를 들어 한 눈의 망막 혹은 시신경이 완전히 파괴될 경우 그 눈의 시력이 상실되는 단안맹(monocular blindness)이 초래된다. 만약 망막 혹은 시신경의 일부가 손상되면 한 눈의 시력이 부분적으로 상실되는데, 즉 뇌와의 연결이 단절된 시야 부위에서만 시력이 상실된다.

　시각 경로 중 눈을 벗어난 부위에 손상을 입을 경우에도 맹이 초래된다. 예를 들어 시삭, LGN, 피질의 V1 영역이 완전히 절단되면 **동측 반맹증**(homonymous hemianopia)이 초래되는데, 이는 **그림 9.46A**에 제시되어 있듯이 시야의 한 면이 전혀 보이지 않는 경우이다. 이 증후군을 임상 초점 9-1에 기술되어 있는 V1 영역에 손상을 입은 D. B. 사례를 통해 살펴보았다. 이 영역들 중 한 영역의 일부에 병변이 있는 경우가 대부분인데, 이 경우 시야의 일부만이 보이지 않는 **사분맹**(quadrantanopia)이 초래된다. 이 상태에 관한 것이 그림 9.46B에 제시되어 있다. 시각에 영향을 미치는 손상이 회백질에만 위치하는 경우는 매우 드물고 대부분 백질을 포함하기 때문에

동측 반맹증 좌시야 혹은 우시야 전체를 보지 못함

사분맹 시야의 1/4을 보지 못함

서로 다른 뇌 영역들이 연결되지 못한다.

그림 9.46C는 V1에 작은 병변이 있을 경우 간혹 작은 맹점 혹은 **암점**(scotoma)이 시야에 생기는 것을 보여준다. 임상 초점 9-1에서 살펴본 바와 같이 편두통 환자들에게 암점은 경고 증상이다. 그러나 뇌 손상 환자들은 자주 암점을 전혀 인식하지 못한다. 이런 현상이 일어나는 이유 중 하나가 눈이 대부분 움직이기 때문이다.

우리는 거의 항상 경미하고 불수의적으로 눈을 움직인다. 안진증(nystagmus)이라고 하는 이러한 끊임없는 눈 움직임 때문에 암점이 시야에서 움직이게 되며, 이로 인해 뇌의 손상되지 않은 영역이 암점에 있는 모든 정보를 지각하게 된다. 만약 눈을 일시적으로 움직이지 않으면 시각계는 소위 구멍을 채우는 패턴 완결(pattern completion)을 통하여 암점을 보상하기 때문에 시각 세계에 있는 사람과 사물 전체를 지각하게 된다. 즉 정상적으로 지각하게 된다.

시각계가 암점을 매우 성공적으로 덮어 버리기 때문에 시각계를 '속이는' 방법을 통해 환자에게 자신이 암점을 가지고 있다는 것을 보여줄 수 있다. 이 속임은 한 물체를 완전히 암점 내에 놓은 후 환자로 하여금 시선을 바꾸지 못하게 한 채 그 물체가 무엇인가를 물어보는 것이다. 만약 환자가 아무것도 보이지 않는다고 보고하면 검사자가 그 물체를 암점 바깥에 놓아 그 물체가 시야의 손상되지 않은 영역에 갑자기 '나타나게' 함으로써 보이지 않는 영역이 존재하는지를 조사할 수 있다.

이 기법은 시각 원반으로 인한 맹점이 존재하는가를 보여주기 위해 (그림 9.8에서처럼) 사용된 기법과 유사하다. 개인이 단지 한 눈으로만 사물을 보면 뇌가 시각 원반의 맹점을 보상하기 위해 사용하는 동일한 방법으로 암점을 보상한다. 그 결과 개인은 암점을 인식하지 못한다.

따라서 개인이 경험하는 시력 상실의 유형이 시각 경로 중 어느 부위의 손상으로 인해 장애가 초래되었는지에 관한 단서를 제공한다. 만약 한 눈의 시력만이 상실되면 문제는 그 눈 혹은 그 눈에서 출발하는 시신경에 있다. 만약 두 눈의 시력이 모두 상실되면 문제는 대부분 뇌에 있다. 많은 사람이 왜 시각피질에 손상을 입으면 두 눈 모두에 장애가 발생하는지를 잘 이해하지 못한다. 이는 뇌에 표상되는 것이 눈이 아니라 시야라는 것을 이해하지 못하기 때문이다.

V1 이후의 영역에 손상을 입을 경우 초래되는 시력 상실의 본질은 매우 복잡하다. 또한 복측과 배측 흐름에 손상을 입을 경우 초래되는 장애도 매우 다르다. 따라서 각 경로를 분리해서 살펴보자.

'무엇' 경로의 손상

무엇 경로에 손상을 입은 한 환자, 즉 임상 초점 9-1의 D. B.를 이미 만나 보았다. 그는 손상의 영향을 받은 시야를 보지 못하였지만 그 시야에서 깜빡이는 빛의 위치는 인식하였는데 이는 그

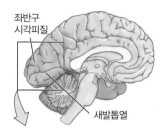

좌반구
시각피질

새발톱열

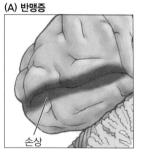
(A) 반맹증

손상

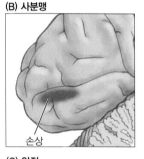
(B) 사분맹

손상

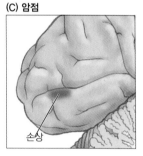
(C) 암점

손상

좌시야　　우시야

Glowimages/Getty Images

그림 9.46　V1 영역의 병변 효과
어두운 부분이 시력이 상실된 영역이다. **(A)** 좌반구 V1이 완전히 손상될 경우 우시야를 보지 못하는 반맹증이 초래된다. **(B)** 새발톱열 (calcarine fissure) 아래 일부의 큰 병변은 시야를 4등분할 경우 시야 윗부분의 오른쪽이 가장 영향을 받는 사분맹이 초래된다. **(C)** 새발톱열 아래 일부의 작은 병변은 작은 암점을 초래한다.

──────────

암점 편두통 혹은 시각피질의 작은 병변으로 초래되는 시야의 작은 맹점

시각형태 실인증 사물 혹은 사물의 그림을 인식하지 못함

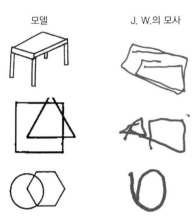

모델 　　　　 J. W.의 모사

그림 9.47　복측 흐름의 손상
J. W.는 운동 도중 심한 심장발작을 일으켜 산소무호흡증을 경험하였다. 그 결과 그는 왼쪽에 제시된 간단한 선그림을 인식하지 못하고 이 그림을 모사하지 못하였다(오른쪽). *Marlene Behrmann, Director Cognitive Neuroscience Lab, Carnegie Mellon University.*

그림 9.48　시각적 가이던스
여러분이 의식적으로 펜이나 머그잔 등과 같은 사물에 손을 뻗어 집으려고 할 때, 의식하지 못하는 동안 여러분의 손이 자동적으로 집기에 적절한 자세를 취한다. 그림 11.1은 이러한 유형의 순차적으로 조직화된 움직임들에 대해 기술하고 있다.

의 시각계 일부가 기능하고 있음을 시사한다. 복측 흐름의 손상에 관한 더 극적인 예가 D. F.인데, 35세 여성인 D. F.는 샤워 도중 고장 난 가스히터에서 새어 나온 일산화탄소에 중독되었다. 얼마나 오랫동안 일산화탄소에 노출되었는지는 확실하지 않지만 그녀의 룸메이트가 그녀를 발견하였을 때 샤워기의 물이 이미 식어 있었다. 일산화탄소 중독이 다양한 유형의 심각한 신경학적 장애를 초래할 수 있지만 D. F.는 복측 시각 경로를 포함한 광범위한 외측 후두엽의 손상을 입었다.

　D. F.의 주요 장애는 실제 혹은 그림으로 제시된 사물을 인식하지 못하는 것이었는데, 이는 **시각형태 실인증**(visual-form agnosia)이라고 알려져 있다(Farah, 1990 참조). D. F.는 사물, 특히 그림으로 제시된 사물을 인식하지 못하였을 뿐만 아니라 사물의 크기와 방향도 추정하지 못하였고 사물의 그림도 모사하지 못하였다. **그림 9.47**에서 볼 수 있듯이 D. F.처럼 후두엽 손상을 입은 환자 J. W.도 단순한 그림을 인식 혹은 모사하지 못하였다.

　D. F.가 복측 흐름인 '무엇' 경로의 기능을 방해하는 뇌병변을 가지고 있는 것이 분명하였다. 놀랍게도 사물을 인식하지 못하고 사물의 크기와 방향을 추정하지 못함에도 불구하고 D. F.는 **그림 9.48**에 기술되어 있듯이 손을 뻗어 무엇인가를 집으려고 할 때 이에 맞는 손 모양을 취하는 능력을 유지하였다. Goodale, Milner와 동료들(1991)이 몇 년 동안 D. F.를 집중적으로 연구하였고, D. F.가 손을 뻗어 사물을 집을 수 있는 것을 보여주는 방법을 개발하였다.

　그림 9.49의 중간 열은 정상인(S. H.)이 불규칙적으로 생긴 무언가를 집는 패턴을 보여준다. S. H.는 쉽게 집을 수 있는 2개의 축을 따라 사물을 집었다. D. F.가 동일한 과제를 수행할 때 보인 패턴이 왼쪽 열에 제시되어 있는데, 그녀는 S. H.처럼 집게손가락과 엄지손가락 각각을 적절하게 '집는' 부위에 놓았다.

　명백히 D. F.는 비록 사물의 특징을 '지각'하지 못함에도 불구하고 사물의 구조적 특징을 활용하여 그 사물을 집는 동작을 통제할 수 있다. 이 결과는 우리가 뇌로 전달되는 감각 처리의 단지 일부분만 의식적으로 인식하는 것을 다시 한 번 보여준다. 더욱이 D. F.가 사물의 형태를 지각하

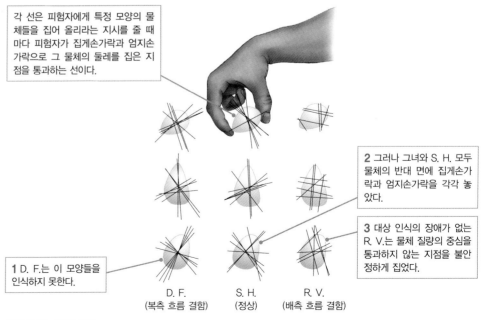

각 선은 피험자에게 특정 모양의 물체들을 집어 올리라는 지시를 줄 때마다 피험자가 집게손가락과 엄지손가락으로 그 물체의 둘레를 집은 지점을 통과하는 선이다.

2 그러나 그녀와 S. H. 모두 물체의 반대 면에 집게손가락과 엄지손가락을 각각 놓았다.

3 대상 인식의 장애가 없는 R. V.는 물체 질량의 중심을 통과하지 않는 지점을 불안정하게 집었다.

1 D. F.는 이 모양들을 인식하지 못한다.

D. F.　　　　 S. H.　　　　 R. V.
(복측 흐름 결함)　(정상)　(배측 흐름 결함)

그림 9.49　집기 패턴
Milner-Goodale의 실험은 시각적 사물 인식과 움직임의 시각적 가이던스에 서로 다른 뇌 체계가 관여하는 것을 확인하였다.

지 못함에도 불구하고 사물의 구조적 특징에 근거하여 어떤 행동을 취할 수 있다는 것은 뇌가 이
두 유형의 시각 작용을 분리해서 처리하는 것을 다시 보여준다.

　D. F.의 병변은 복측 시각 경로의 매우 후측에 위치한다. 만약 병변이 좀 더 전측에 위치할
경우 정확한 병변 위치에 따라 다른 유형의 결함이 초래된다. 예를 들어 Oliver Sacks와 Robert
Wasserman(1987)이 기술한 J. I.는 화가였는데, 아마도 V4 영역의 피질 병변으로 말미암아 색채
결함(color deficiency)을 보였다. 그의 주된 증상은 **색채 실인증**(achromatopsia)이었다. 그는 세상
을 흑백으로만 보았고 색채를 전혀 구분하지 못함에도 불구하고 J. I.의 시력은 정상적인 것으로
보였다.

　이와 유사하게 Josef Zihl과 동료들(1983)이 소개한 여성 환자인 L. M.은 좌우반구 V5 영역에
입은 병변으로 인해 움직임을 탐지하는 능력을 상실하였다. 그녀의 경우 사물이 움직이면 그녀
의 시야에서 사라지거나 얼어붙은 것으로 보였다. L. M.은 컵에 차를 따르는 것을 특히 어려워
하였는데, 이는 액체가 공기 중에 얼어붙어 있는 것처럼 보였기 때문이다. 그럼에도 불구하고 그
녀는 읽고, 쓰고, 사물을 인식하였으며 사물이 움직이지 않는 한 정상적인 시력을 가지고 있는
것처럼 보였다.

　이러한 다양한 사례는 복측 흐름에 손상을 입을 경우 사물이 무엇인지, 어떻게 보이는지, 무엇
을 하는지를 인식하는 것이 방해받는다는 것을 보여준다. 그러나 사례마다 증상이 다소 다르며
이는 복측 시각 흐름의 서로 다른 하위 영역들에 병변이 있음을 시사한다.

'어떻게' 경로의 손상

20세기 초 R. Bálint(1909)는 좌우반구 두정엽의 병변과 관련하여 다소 특이한 일련의 시각 증상
을 소개하였다. 환자는 시야의 장애를 가지고 있지 않았으며 사물을 인식하거나 사용하거나 사
물의 이름을 말하는 것과 색채를 구분하는 것의 장애도 보이지 않았다. 그러나 환자는 비록 자신
의 신체로 향하는 움직임은 정확하였음에도 불구하고(아마도 이 움직임은 촉각 혹은 관절로부터
의 피드백에 의해 가이드됨) 사물의 시각적 정보에 근거하여 사물에 어떤 행동을 취하는 것에는
매우 심각한 장애를 보였다. Bálint는 이 증후군을 **시각 운동실조증**(optic ataxia)이라고 불렀다.

　Bálint 이후 두정엽의 손상으로 초래되는 시각 운동실조증에 관한 많은 사례가 보고되었다.
Goodale은 이 증후군을 앓는 여러 환자를 연구하였고, 그중 한 명이 R. V.라고 알려진 여성이다
(Milner & Goodale, 2006). 시각 형태 실인증을 앓는 D. F.와는 상반되게 R. V.는 그림과 사물은
정상적으로 지각하였지만 이 사물을 집기 위해 손을 뻗지 못하였다.

　그림 9.49의 가장 오른쪽 열은 불규칙하게 생긴 사물을 집으라고 요구할 경우 D. F.는 이 사물
을 정상적으로 집었지만 R. V.는 비록 사물을 쉽게 구분함에도 불구하고 자신의 손가락을 집는
위치에 적절하게 놓지 못하였다. 다시 말하면 R. V.는 비록 그 사물을 기술하는 과제에서는 사물
의 특징을 정상적으로 지각하였음에도 불구하고 그 사물을 집기 위해 손을 그 사물로 가져가는
과제에서는 정상적으로 지각하지 못하였다.

　요약하면, 배측 시각 흐름의 두정엽에 손상을 입은 사람은 정상적으로 '볼' 수 있지만 시각 정
보에 근거한 행동을 정확하게 하지 못한다. 행동의 가이드는 배측 흐름의 기능이다. 이와 상반되
게, 복측 흐름에 손상을 입은 사람은 사물을 '보지' 못하는데 이는 사물의 지각이 복측 흐름의 기
능이기 때문이다. 그러나 이 사람은 시각 정보에 근거하여 사물을 향한 행동을 할 수 있다.

　R. V.와 같이 배측 흐름에 손상을 입은 환자는 사물의 시각적 특징을 분석하는 복측 흐름이 정

9-2절은 얼굴 실인증을 초래하는 측두엽 병변
을 기술한다.

11-4절은 자기수용감각 혹은 신체 인식을 포함
한 체감각을 설명한다.

시각 운동실조증 손을 뻗는 행동 혹은 다른 움
직임에 관한 시각적 통제의 결함

상적으로 기능한다. D. F.와 같이 복측 흐름에 손상을 입은 환자는 움직임을 시각적으로 가이드 하는 배측 흐름이 정상적으로 기능한다. 두 유형의 사례를 서로 비교함으로써 우리는 배측과 복측 흐름의 시각 기능을 추론할 수 있다.

9-5 복습

진도를 계속 나가기 전에 앞 절을 얼마나 이해했는지 확인해보자. 정답은 이 책의 뒷부분에 있다.

1. 시삭, LGN, V1이 완전히 절단될 경우 _____이/가 초래된다.

2. V1에 작은 병변이 있을 경우 _____(이)라고 하는 작은 맹점이 초래된다.

3. 한 눈의 망막 혹은 시신경이 파괴되면 _____이/가 초래된다.

4. 시각 정보에 근거한 손 뻗음이 심각하게 장애를 받는 것을 _____라고 한다.

5. 복측 흐름과 배측 흐름에 손상을 입을 경우 초래되는 효과를 비교, 기술하시오.

학습 목표

• 시각계가 어떻게 경험과 손상에 적응하는지 설명한다.

9-6

시각 경로의 가소성

Torsten Wiesel과 David Hubel(1965)의 선구적 연구는 어린 고양이의 한 눈의 시각 정보를 박탈하면 그 눈으로부터 입력을 받는 피질 영역이 위축되고 그 결과 정보가 박탈된 눈의 시력이 약해지는(약시라고 알려져 있다) 것을 보여주었다. 그러나 이 박탈이 정보가 박탈되지 않은 눈으로부터 입력을 받는 피질 영역을 확장시키기도 한다. Wiesel과 Hubel의 연구는 쥐, 고양이와 원숭이를 대상으로 한 수많은 연구로 이어졌고 이 연구들은 어린 뇌의 시각 경험 조작이 만성적인 시지각의 변화를 가져오는 것을 보여주었다. 예를 들어 어린 고양이에게 한 방향의 선만을 볼 수 있게 하는 고글을 씌우면 다른 방향의 선을 지각하지 못하는 결과가 초래된다(이에 관한 상세한 예는 Tanaka et al., 2020 참조).

손상은 감각계에 더 심각한 변화를 일으키기도 한다. 후두엽을 포함하는 뇌졸중을 경험한 사람들이 뇌졸중 직후 심각한 시각장애를 경험하지만 몇 주 혹은 몇 달이 지나면 증상이 상당히 호전되는데 이는 뇌가 손상에 적응하기 위해 변하기 때문이다. 이들은 손상을 입은 지 꽤 오랜 시간이 지난 후에 재활을 시작하여도 재활에 잘 반응한다(Shibuki et al., 2020).

생의 초기에 후두엽에 손상을 입으면 Inaki-Carril Mundinano와 동료들(2019)이 소개한 B. I.의 경우처럼 시각 경로에 광범위한 변화가 일어날 수 있다. 선천적인 효소 장애로 B. I.는 생후 2주 만에 양반구 후두엽에 손상을 입게 되었다. 6세에 이루어진 검사에서 광범위한 후두엽 손상에도 불구하고 B. I.가 놀랄만큼 좋은 의식적 시각능력을 가지고 있음이 밝혀졌는데, 즉 그는 얼굴 표정과 색채를 인식할 수 있었고 주위 환경을 이동할 수 있었다. 자기공명영상에서 시상침-V5 경로와 LGN-V5 경로가 확장된 것이 관찰되었으며 이 확장이 그의 시각능력을 지지해 주는 것으로 보였다(그림 9.50 참조).

시각계의 가소성에 관한 또 다른 예가 반향정위(echolocation, 사물로부터 반사된 소리에 의해 사물을 지각하는 능력)를 사용

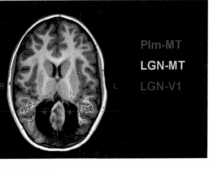

통제군   환자 B. I.

Plm-MT
LGN-MT
LGN-V1

그림 9.50   확산텐서 신경다발 추적기법 결과

LGN과 V1의 연결은 파란색으로 표시되는데, 이 연결이 B. I.의 뇌에서 관찰되지 않는다. 시상침과 중앙 측두(MT) 영역 그리고 LGN과 MT 사이의 연결이 각각 빨간색과 노란색으로 표시되어 있다.

하여 주위 환경을 안전하게 이동하는 것을 학습한 시각장애인에서 관찰된다. Liam Norman과 Lore Thaler(2019)는 MRI를 사용하여 이들이 가까이에 위치하는 사물에 대해 반향정위를 사용할 때 활성화를 보이는 후두엽 영역을 조사하였다. 놀랍게도 MRI 결과는 청각 입력에 근거한 공간 지도가 시각 피질에 존재하는 것을 보여주었다(**그림 9.51**).

경험이 '정상적인' 시각에 어떤 역할을 하는가? 발달하기 시작하는 순간부터 시각계는 환경 내에 있는 많은 사물을 알아야 한다. 복측 흐름의 뉴런들이 우리가 만나는 모든 독특한 자극에 대해 선택적으로 반응하지 못하지만 경험에 의해 새로운 사물을 선택적으로 확인하는 능력은 향상될 수 있으며 이는 우리의 시각능력을 향상시킨다. 9-4절에서 살펴본 원숭이의 복측 흐름(TE 영역)에서의 형태 처리에 관한 Tanaka의 연구(1993)에서 원숭이에게 형태 구분에 관해 훈련을 실시하였다. 훈련을 받은 원숭이 중 TE 뉴런의 39%가 훈련에 사용된 특정 자극들에 대해 최대한의 반응을 보인 반면 훈련받지 않은 원숭이의 경우 단지 9%만이 이 자극들에 최대한으로 반응하였다. 따라서 경험이 TE 뉴런을 조율, 즉 자극을 구분하는 능력을 조율하는 것으로 여겨진다. 변화가 TE 뉴런뿐만 아니라 전두엽과 측두엽의 상호작용에도 영향을 미쳤는데(Lehky & Tanaka, 2016 리뷰 참조), 이는 사물이 TE와 TE 외의 영역에 위치하는 많은 세포의 네트워크에 의해 표상되는 것을 시사한다. 요약하면 우리의 시각능력은 단지 유전적으로만 결정되는 것이 아니라 경험에 의해 수정될 수 있다. 이 사실이 시각계뿐만 아니라 다른 감각계에도 적용된다.

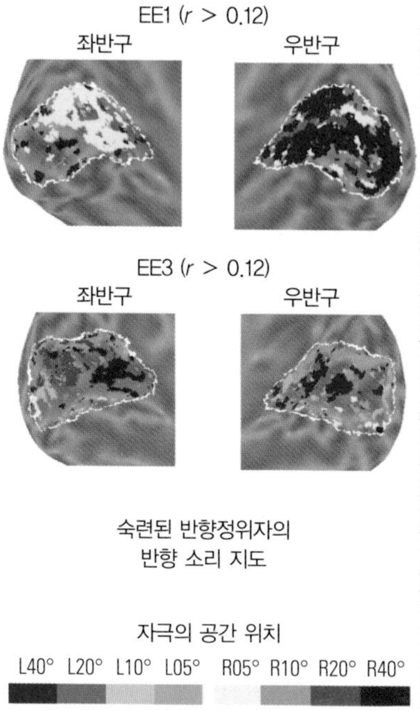

그림 9.51 시각피질에서의 청각
반향정위에 숙련된 시각장애인의 일차 '시각' 피질의 반향 소리에 대한 반응을 MRI로 작성한 지도. 이미지 쌍들은 참여자의 좌반구와 우반구 시각피질을 보여준다. 색으로 표시된 공간 위치는 맨 아래에 제시되어 있다.

Norman, L.J., & Thaler, L. (2019) Retinotopiclike maps of spatial sound in primary 'visual' cortex of blind human echolocators. Proceedings of the Royal Society, Biological Sciences, 286, 10.1098/rspb.2019.1910.

9-6 복습

진도를 계속 나가기 전에 앞 절을 얼마나 이해했는지 확인해보자. 정답은 이 책의 뒷부분에 있다.

1. 발달 동안 한 눈의 시각 입력을 봉쇄하면 ________이/가 초래된다.
2. 원숭이의 ________엽에 있는 뉴런들이 시각 특이성을 변화하도록 훈련받을 수 있다.
3. 청각 단서를 사용하여 주위 환경을 이동하는 과정인 ________는/은 시각피질에 존재하는 ________입력에 근거한 공간 지도를 사용한다.
4. 손상과 같은 경험이 어떻게 시각계의 발달을 변화시키는지 설명하시오.

요약

9-1 감각과 지각의 본질

감각계의 기능은 인간을 포함한 동물이 적응하도록 하는 것이다. 서로 다른 환경에 적응하는 동물들은 매우 다른 감각능력을 가지고 있다. 인간만이 가지는 독특한 능력은 언어, 음악과 문화의 많은 측면을 매개하기 위해 감각 정보를 지각 정보로 변환하는 것이다. 포유동물은 각 감각 세상을 지형도로 표상하는데, 이는 피질에 형성된 신경-공간 표상이다.

9-2 시각계의 기능적 해부

다른 모든 감각계처럼 시각은 수용기 뉴런으로부터 비롯된다. 눈의 뒤에 있는 망막에 위치하는 시각 광수용기(간상체와 추상체)는 빛 파장의 물리적 에너지를 신경 활동으로 변환한다.

간상체는 어두운 빛에 민감하다. 추상체는 밝은 빛에 민감하고 색각을 매개한다. 세 유형의 추상체 각각은 서로 다른 파장, 즉 단파장, 중파장, 장파장에 최대한으로 민감하게 반응한다. 우리는 이 파장을 각각 파랑, 초록, 빨강으로 지각한다. 따라서 단파장, 중파장과 장파장 추상체는 자주 파랑, 초록, 빨강 추상체로 불린다.

망막 신경절 세포는 양극세포를 통해 광수용기로부터 입력을 받으며 이 세포의 축색이 시신경을 형성하여 눈을 빠져나간다. P 신경절 세포는 대부분 추상체로부터 입력을 받으며 색채와 세부 사항에 대한 정보를 전달한다. M세포는 간상체로부터 입력을 받아 밝기와 움직임에 대한 정보를 전달하지만 색채 정보는 전달하지 않는다.

시신경은 2개의 경로를 형성하면서 뇌로 간다. 슬상선조 경로는 시상의 외측슬상핵과 첫 번째 시냅스를 한 후 일차시각피질(V1)로 향한다. 시개시상침 경로는 중뇌의 시개(상구)와 먼저 시냅스한 후 시상의 시상침을 거쳐 마침내 측두엽과 두정엽의 시각피질로 간다. 소수의 시신경이 망막시상하부로를 형성하는데, 이 경로는 일주기 리듬을 통제한다.

후두엽의 시각 영역 중 V1과 V2 영역은 다양한 기능을 수행하는 반면 나머지 시각 영역(V3, V3A, V4, V5)은 더 전문화된 기능을 가지고 있다. 시각 정보는 시상에서 V1과 V2를 거친 후 시각 흐름 경로로 나뉜다. 무의식적 배측 흐름은 시각 정보에 근거한 행동에 관여하는 한편 의식적 복측 경로는 대상의 시지각에 관여한다.

9-3 시각 세계에서의 위치

시각 경로의 각 단계마다 뉴런들은 매우 다른 유형의 활동을 보인다. 모든 영역에서 일어나는 뉴런 활동이 합해진 것이 우리의 시각 경험이다. 피질시각영역의 각 기능 기둥은 피질 깊숙이까지 확장된 직경 0.5mm의 단위이다. 시각계의 피질 기둥은 특정 방향의 선을 분석하는 것 혹은 얼굴과 같이 복잡하지만 유사한 형태를 서로 비교하는 것에 전문화되어 있다.

9-4 뉴런 활동

복측 흐름의 뉴런들은 형태의 서로 다른 특징들에 선택적으로 반응한다. 예를 들어 시각피질의 세포들은 서로 다른 방향의 선들에 최대한 반응하고, 하측두피질의 세포들은 서로 다른 형태, 즉 어떤 경우에는 추상적인 형태 혹은 또 다른 경우에는 손이나 얼굴과 같은 형태에 반응한다.

망막의 추상체는 빛의 서로 다른 파장, 대략 초록, 파랑, 빨강으로 지각되는 파장에 최대한으로 반응한다. 다음 수준에서 RGCs의

중앙-주변부 조직화가 대립과정의 기능을 용이하게 한다. 세포들이 한 색채에는 흥분하고 다른 색채에는 억제한다(예 : 빨강 대 초록, 파랑 대 노랑).

일차시각피질의 색채에 민감한 세포들이 블롭에 위치하고, 이 세포들 역시 대립과정 속성을 가지고 있다. V4 영역의 세포들은 특정 가시광선 파장보다는 우리가 지각하는 색채에 반응한다. 색채 지각은 밝기와 인접한 사물들의 색채 모두의 영향을 받는다.

9-5 활동하는 시각 뇌

시각 정보가 뇌로 들어갈 때 좌시야와 우시야의 정보는 각각 우반구와 좌반구로 들어간다. 이러한 대측 연결의 결과로 한 대뇌반구의 시각 영역에 손상을 입으면 두 눈 모두에 시각장애가 초래되는데, 이는 각 망막의 시야 절반이 각 대뇌반구에 표상되기 때문이다.

뇌의 서로 다른 시각 영역들이 특정한 시각 기능을 가지고 있기 때문에 특정 영역에 손상을 입을 경우 특정 기능의 상실이 초래된다. 예를 들어 V4 영역에 손상을 입으면 색채 항상성의 상실이 초래되는 한편 두정피질에 손상을 입으면 대측 손의 집기 능력이 억제된다.

9-6 시각 경로의 가소성

시각 경로의 해부학적 구성이 유전적 청사진의 전개를 반영하지만 시각계는 매우 가소적이다. 출생전과 발달 초기 동안 혹은 이후의 경험을 조작하면 시지각이 엄청난 영향을 받는다. 사람들은 시각 경로의 손상 후 혹은 시각 경로를 완전히 상실한 후에도 놀랄 만한 가소성을 보인다. 한 예가 시각장애인이 반향정위를 사용하는 능력인데, 이는 후두엽에 청각 공간 지도가 형성되는 것과 관련된다.

핵심 용어

간상체	맹점	선조피질	시야
감각	밝기(휘도) 대비	소세포성 세포(P세포)	암점
광수용기	배측 흐름	수용장	얼굴 실인증
대립과정	복측 흐름	슬상선조계	일차시각피질(V1)
대세포성 세포(M세포)	블롭	시각 우세 기둥	중심와
동측 반맹증	사분맹	시각 운동실조증	지각
망막	삼원색 이론	시각형태 실인증	지형도
망막 신경절 세포(RGC)	색채 항상성	시개시상침계	추상체
망막시상하부로	선조외(이차시각)피질(V2~V5)	시교차	피질 원주(기둥)

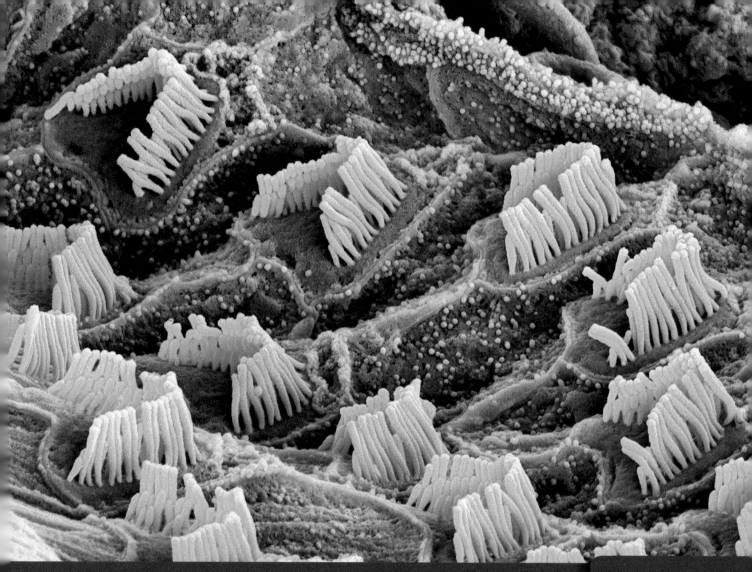

우리는 어떻게 듣고 말하며 음악을 만드는가?

10

10-1 음파 : 청자극

연구 초점 10-1 음악과 언어의 진화
음파의 물리적 속성
임상 초점 10-2 이명
소리 지각
소리로서 구어와 음악 속성

10-2 청각계의 기능적 해부

귀의 구조
청각 수용기
연구 초점 10-3 귀음향 방사
청각피질까지의 경로
청각피질
연구 초점 10-4 소리로 보기

10-3 신경 활동과 듣기

음고 듣기
임상 초점 10-5 청각장애 아동의 와우관 이식
음강 탐지
음원 탐지
소리 패턴 탐지

10-4 언어와 음악의 해부

언어 처리
음악 처리
연구 초점 10-6 뇌의 음악 체계

10-5 청각을 사용한 비인간종의 의사소통

새 지저귐
고래 노래

◉ 연구 초점 10-1

음악과 언어의 진화

약 40,000년 전에 근대인(호모사피엔스)이 악기를 만들었고 악기를 만드는 데 많은 시간, 에너지, 기술과 자원이 요구되었다는 확실한 증거가 있다(초기에 만들어진 플루트가 예로 제시되어 있다). 이 시기에 인간이 악기를 사용하여 음악을 만들었다는 사실은 음악이 이들에게 중요하였다는 것을 시사한다. 다른 동물을 대상으로 한 연구들은 리드미컬하고 음악같은 발성이 악기가 사용되기 훨씬 전에 진화되었다는 것을 보여준다.

근대 인간과 그들의 조상과 영장류 조상들이 생물학적으로 연관되어 있는 것을 고려하면 음악이 초기 의사소통 체계에서 진화되었을 것으로 여겨진다. 비인간 동물은 인간의 음악과 유사한 의사소통 체계를 가지고 있는데, 이에 대한 예가 새와 고래, 물개와 같은 포유류와 다른 영장류의 지저귐이다. Thomas Geissmann(2001)은 26종의 지저귀는 영장류 대부분에서 수컷과 암컷이 듀엣으로 지저귀는 것을 발견하였다. 더욱이 지저귀는 모든 영장류가 일부일처인 점은 지저귐이 성행동과 양육행동의 어떤 역할과 관련되어 있음을 시사한다. 음악에 관한 선천적이고 유전적인 성향에 관한 추가 증거는 매우 어린 유아가 음악에 강하게 반응하고 양육자가 아직 말을 못하는 유아와 정서적으로 의사소통하기 위해 음악과 언어 모두를 사용한다는 것이다.

지난 수백년 동안 인류 조상의 뇌 크기가 매우 증가하였고 후두의 위치가 목에서 더 낮은 곳으로 이동하면서 발성 범위와 이와 동반되는 소리의 다양성이 증가하였다. 그 결과 우리 인간의 조상이 말로 더 의사소통을 하게 되었다. 시간이 지남에 따라 청지각, 특히 인류 조상의 목소리를 듣는 것의 근거가 되는 신경 및 해부적 기제가 더 정교하게 조율되었다(Purves, 2017). 이 맥락에서 음악이 인류 조상의 조어(protolanguage)로 작용하여 사회적 응집을 강화하는 데 도움이 되었다. 인류 조상의 친족집단이 저녁에 불 가장자리에 모여 춤을 추고 제스처를 하며 발성하는 것을 쉽게 상상할 수 있다.

청각과 정서적 바탕 위에 만들어진 인류 조상의 발성을 다른 영장류와 공유하는 동안 근대 인간의 발성 학습 산물이 노래(음악), 말(언어)과 이 둘의 결합을 포함하는 복잡한 신호에 대한 신경계의 구조이다. 인간 뇌의 우반구 측두엽이 음악의 특정 측면을 분석하는 데 전문화되어 있고 이는 좌반구 측두엽이 언어의 특정 측면을 분석하는 데 전문화되어 있는 것을 보완한다.

리드미컬한 발성과 노래 생산의 토대가 되는 인지 기제는 언어보다는 음악과 더 닮은 것으로 여겨지기 때문에 이러한 기제가 더 일찍 진화되었다. 구어에 비해 음악이 더 오랫동안 음미되고 인간 경험의 다른 면을 의사소통할 뿐 아니라 정서에 기반 한 사회적 상호작용을 유지하고 조성하기 위해 출현하였다. 언어는 짧은 시간 동안의 효과를 가지고 정의, 지시 혹은 문제 해결 기능을 이루기 위해 음악보다 더 늦게 나타났다.

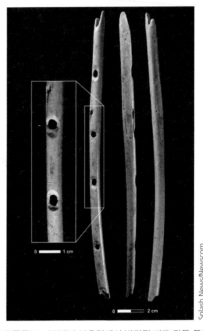

구석기 시대의 플루트　2008년 북유럽에서 발견된 뼈로 만든 플루트는 약 35,000년 전에 만들어진 것으로 여겨지며 이는 우리 인간의 조상이 음악을 만들기 위해 악기를 생산하였다는 것에 관한 증거이다.

그림 1.11은 가장 최근의 인류 조상에서부터 오늘날의 인간에 이르기까지 뇌 크기가 꾸준하게 증가한 것을 보여준다.

언어와 음악 모두 인간에게 보편적이다. 알려진 모든 문화권의 구어(oral language)는 유사한 기본 구조적 규칙을 가지며, 모든 문화권의 사람들은 음악을 만들고 즐긴다. 음악과 언어는 우리로 하여금 조직을 구성하고 사회적으로 상호작용하게 한다. 음악처럼 언어도 자녀 양육을 향상시킨다(음악과 자녀 양육 사이의 관련성은 '연구 초점 10-1 : 음악과 언어의 진화'에 기술되어 있다). 자신의 의도를 다른 사람 혹은 자녀에게 전할 수 있는 사람이 아마 더 좋은 부모일 것이다.

언어는 의사소통의 복잡한 체계를 사용하고 통사(본질적 문법)를 포함한다. 특정 언어 유형을 처리하고 생산하는 것이 입력과 출력을 위한 특정 감각 및 운동계를 포함하지만 언어 그 자체는 감각 입력 경로와 운동 출력 구조와 무관하다. 예를 들어 수화는 손과 팔을 사용한 시각 입력과 운동 출력을 사용하는 한편 구어는 성대를 사용하여 청각 입력과 운동 출력을 사용한다. 이 장에서 우리는 말하기(vocalization)와 듣기(audition)에 초점을 맞출 것이다.

구어와 음악에 대한 인간 능력은 개념적으로 서로 연결되는데, 이는 둘 다 소리에 근거하기 때문이다. 어떻게 그리고 왜 우리가 언어와 음악을 사용하는지 이해하는 것이 이 장의 목적이다. 먼저 우리가 소리로 지각하는 에너지의 물리적 속성을 살펴본 후 인간의 귀와 신경계가 어떻게 소리를 탐지하고 해석하는지 살펴보자. 그다음으로는 인간의 언어와 음악 처리에 관여하는 상호 보완적이고 전문화되어 있는 신경해부에 관해 살펴보자. 마지막으로 다른 두 종, 즉 새와 고래가 어떻게 지저귐을 생산하고 듣는지 살펴보자.

음파 압력 변화로 인해 분자가 기계적으로 이동하는 것으로 주파수, 진폭의 물리적 속성과 이 둘의 복잡한 상호작용을 가진다. *압축파*라고도 한다.

10-1

음파 : 청자극

우리가 소리로 경험하는 것은 보는 것과 마찬가지로 뇌에서 일어난다. 뇌가 없으면 시각과 청각이 가능하지 않다. 소리굽쇠를 때리면 진동하는 소리굽쇠 갈퀴의 에너지가 가까이에 있는 공기 분자를 바꾸어 놓는다. **그림 10.1**은 한 갈퀴가 왼쪽으로 이동하면 왼쪽의 공기 분자가 압축하고 (밀도가 더 높아짐) 오른쪽의 공기 분자가 더 희박해지는 것(밀도가 더 낮아짐)을 보여준다. 만약 갈퀴가 오른쪽으로 이동하면 이와 반대되는 현상이 일어난다. 이러한 분자 이동으로 인해 발생하는 물결 모양의 에너지가 압축파, 즉 소리굽쇠로부터 발산하는 공기 압력의 변화를 일으킨다. 이 **음파**(sound wave)는 공기, 물, 지면 등과 같은 압축 매체를 통해 이동할 수 있으나 공기가 없는 곳은 이동하지 못한다.

　그림 10.2의 맨 위 그래프는 소리굽쇠에서 발생하는 공기 압력의 변화로 인한 파를 특정 시간에서의 공기 분자 밀도로 나타낸 것이다. 맨 아래 그래프는 소리굽쇠의 오른쪽 갈퀴로부터 발생한 에너지가 단일 사이클과 관련된 공기 압력 변화를 만들기 위해 어떻게 이동하는지 보여준다. 한 사이클은 그래프의 한 정점(peak)과 골(valley), 즉 음파의 최대 혹은 최소 공기 압력 수준에서 다음의 최대 혹은 최소 수준의 변화를 의미한다.

음파의 물리적 속성

빛은 우리가 보는 전자기 에너지이고 소리는 우리가 듣는 기계적 에너지이다. 공기 분자가 바뀜으로써 발생하는 음파 에너지는 두 가지 물리적 속성인 **주파수**와 **진폭**을 가지며 이 둘의 결합이 **복합성**을 만든다. 이 세 속성에 관한 것이 **그림 10.3**에 요약되어 있다. 세 가지 지각, 즉 음고, 음강과 음색을 제공하기 위해 청각계는 각 속성을 분리해서 분석하는데, 이는 마치 시각계가 색채와 형태를 분리해서 분석하는 것과 같다.

학습 목표

• 소리의 물리적 속성인 주파수와 진폭을 설명하고 어떻게 이 둘이 상호작용하여 복합성을 생산하는지를 설명한다.

• 언어와 음악에서 소리의 속성이 어떻게 기능하는지 설명한다.

원리 9. 신경계는 뇌가 구성하는 지각 세계에서 움직임을 생성한다.

9-4절은 우리가 어떻게 형태와 색채를 보는지 기술한다.

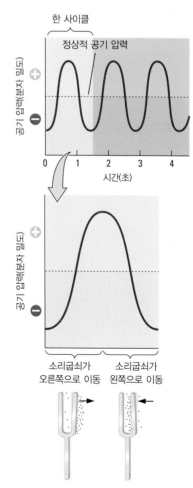

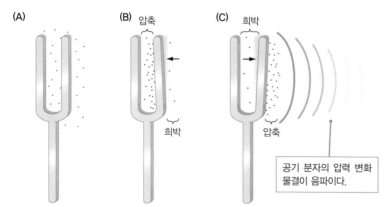

그림 10.1 어떻게 소리굽쇠가 음파를 생산하는가
(A) 소리굽쇠가 움직이지 않으면 공기 분자가 임의로 분포한다. **(B)** 소리굽쇠를 때리면 소리굽쇠의 오른쪽 갈퀴가 왼쪽으로 이동하여 왼쪽 공기가 압축되고 오른쪽 공기가 희박해진다. **(C)** 갈퀴가 오른쪽으로 이동하면 오른쪽 공기가 압축되고 왼쪽 공기가 희박해진다.

그림 10.2 음파의 시각화
소리굽쇠 오른쪽 갈퀴의 특정 지점의 시간에 따른 공기 분자 밀도. 물리학자는 이 주기적 파를 *사인*파라고 한다.

그림 10.3 음파의 물리적 차원

음파의 주파수, 진폭과 복합성은 각각 음고, 음강과 음색의 지각적 차원에 해당한다.

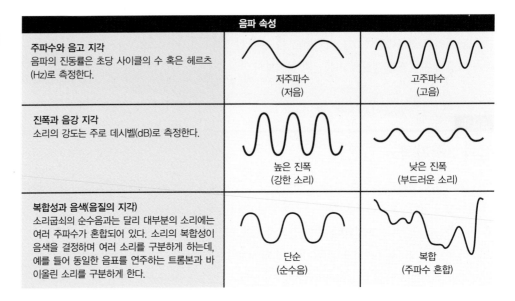

음파 속성		
주파수와 음고 지각 음파의 진동률은 초당 사이클의 수 혹은 헤르츠(Hz)로 측정한다.	저주파수 (저음)	고주파수 (고음)
진폭과 음강 지각 소리의 강도는 주로 데시벨(dB)로 측정한다.	높은 진폭 (강한 소리)	낮은 진폭 (부드러운 소리)
복합성과 음색(음질의 지각) 소리굽쇠의 순수음과는 달리 대부분의 소리에는 여러 주파수가 혼합되어 있다. 소리의 복합성이 음색을 결정하며 여러 소리를 구분하게 하는데, 예를 들어 동일한 음표를 연주하는 트롬본과 바이올린 소리를 구분하게 한다.	단순 (순수음)	복합 (주파수 혼합)

음파 주파수

음파가 초당 1,100피트(343m)의 고정된 속도로 공기 내에서 이동하고 물속에서는 4배 더 빠르게 이동하지만 소리 에너지는 파장에서 서로 다르다. **주파수**(frequency)는 주어진 시간 안에 한 파(wave)가 완료되는 사이클의 수를 의미한다. 음파의 주파수는 초당 사이클의 수로 측정되는데, 주파수는 물리학자 Heinrich Rudolph Hertz의 이름을 따 **헤르츠**(hertz, Hz) 단위로 표시된다. 1Hz는 초당 1사이클을 의미하며, 50Hz는 초당 50사이클, 6,000Hz는 초당 6,000사이클 등을 의미한다. 저음으로 지각되는 소리는 저주파수(초당 적은 수의 사이클)인 반면 고음으로 지각되는 소리는 고주파수(초당 많은 수의 사이클)이며 그림 10.3의 맨 위 패널에 제시되어 있다.

우리가 특정 범위의 파장을 가지는 빛만을 지각할 수 있듯이 특정 범위의 주파수를 갖는 음파만을 지각할 수 있다. 이 주파수가 **그림 10.4**에 제시되어 있다. 건강한 젊은 성인의 청력 범위는 대략 20~20,000Hz이다. 많은 동물이 소리로 소통하고 이들의 청각계가 종 특유의 소리를 해석할 수 있게 고안되어 있다. 만약 종의 다른 구성원들이 소리를 들을 수 없고 해석할 수 없다면 복잡한 지저귐이나 부르는 소리를 생산할 필요가 없지 않은가?

서로 다른 종들이 들을 수 있는 음파 주파수의 범위는 매우 다양하다. 일부 종(개구리와 새)은 비교적 좁은 범위의 주파수만 들을 수 있는 한편 다른 종(개, 코끼리, 고래, 인간)은 비교적 넓은 범위의 주파수를 들을 수 있다. 일부 종은 매우 높은 주파수(그림 10.4에 제시되어 있듯이 박쥐는 115kHz의 고주파수)를 사용하는 한편 다른 종(예 : 어류)은 낮은 주파수를 사용한다.

고래와 돌고래의 청각계가 광범위한 범위의 주파수에 반응하는 것은 매우 놀랍다. 바다에 사는 포유동물은 이러한 극단 범위의 주파수를 서로 다른 방법으로 사용한다. 매우 낮은 주파수의 음파는 물에서 긴 거리를 이동한다. 따라서 고래는 이러한 음파를 몇백 마일에 걸친 수중 의사소통의 형태로 사용한다. 고주파수의 음파는 메아리를 생산하고 수중 음파탐지기의 기초가 된다. 돌고래는 격발적으로 이러한 음을 내고, 이 음이 사물에 부딪쳐서 되돌아오는 메아리를 들으며 이를 이동 혹은 먹이 위치의 탐지에 활용한다.

음파의 주파수 차이가 음고의 차이를 생산한다. 음계의 각 음표는 서로 다른 주파수를 가지는데 이는 음고가 서로 다르기 때문이다. 예를 들어 피아노의 중앙 다(middle C)의 주파수는 264Hz이다.

주파수 주어진 시간 내의 한 파의 사이클 수

헤르츠(Hz) 음파의 주파수(반복률) 측정치로 1헤르츠는 초당 1사이클이다.

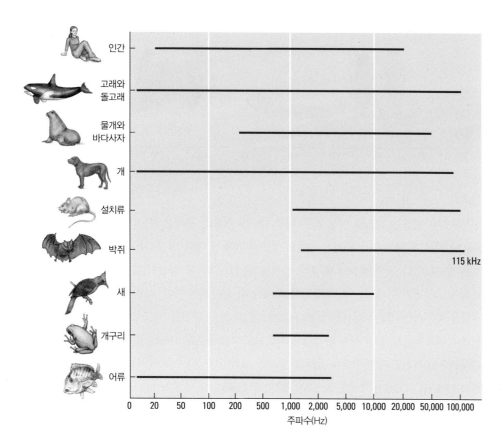

그림 10.4 동물의 청력 범위
개구리와 새는 비교적 좁은 범위의 주파수를 듣는다. 고래, 돌고래, 개는 매우 넓은 범위의 주파수를 듣는다. 비록 인간의 청력 범위가 비교적 넓지만 다른 동물이 내거나 듣는 매우 높거나 낮은 범위의 많은 소리 주파수를 지각하지 못한다.

대부분의 사람들이 한 음표를 다른 음표와 구분할 수 있지만 일부 사람은 자신이 듣는 어떤 음표도 정확하게 구분한다(A, B 플랫, C 샤프 등). 이 절대 음감(perfect pitch)은 가족력으로 유전적 영향을 받는다. 경험적 측면에서 보면 절대 음감이 발달한 대부분의 사람들이 음고를 음표와 일치시키는 음악 훈련을 어릴 때부터 받았다.

8-4절에 음악 훈련에 가장 민감한 뇌 발달의 결정적 시기가 기술되어 있다. 그림 15.12는 절대음감인 사람들에서 연결성이 증가한 것을 보여준다.

음파 진폭

음파는 주파수가 서로 달라 다른 음고를 지각하게 할 뿐만 아니라 **진폭**(amplitude, 강도)에서도 서로 달라 서로 다른 음강(intensity 또는 loudness)을 지각하게 한다. 만약 여러분이 소리굽쇠를 가볍게 때리면 대략 264Hz의 주파수 음(중앙 다)이 발생한다. 만약 조금 더 세게 때리면 여전히 264Hz의 주파수 음이 나지만 진동하는 갈퀴 쪽으로 더 많은 에너지가 이동되고 이에 따라 진폭이 증가한다. 즉 소리굽쇠가 좌우측으로 더 빠르게 움직이지만 주파수는 여전히 동일하다. 증가한 공기 분자 압축이 음파의 에너지, 즉 소리의 진폭을 더 강하게 하고 이로 인해 더 강한 소리로 지각된다. 그림 10.3의 중간 패널에 진폭의 차이가 음파의 높이 증가로 표시되어 있다.

음파의 진폭은 주로 **데시벨**(decibels, dB)로 측정하는데, 이는 인간 청력의 역치, 즉 0dB을 기준으로 하여 소리의 강도를 상대적으로 측정하는 방법이다(**그림 10.5**). 예를 들어 전형적인 말소리는 대략 40dB이다. 70dB 이상인 소리는 큰 소리로 지각되고 20dB 이하의 소리는 조용한 소리로 지각된다.

인간의 신경계는 부드러운 소리에 민감하도록 진화되었기 때문에 신경계는 매우 강한 소리에 압도된다. 매우 강한 소리(가까이에서 총 발사)에 노출되거나 단지 조금 강한 소리(라이브 콘서트)에 지속적으로 노출되어도 청력이 손상된다. 대개 100dB 이상의 소리에 오래 노출되면 청력이 손상된다. '임상 초점 10-2 : 이명'에 이러한 손상으로 인해 초래되는 흔한 상태가 기술되어

진폭 자극의 강도를 의미하며 청각의 경우 음파의 높이가 증가하면 음강도 어느 정도 증가한다.

데시벨(dB) 소리의 상대적인 물리적 강도의 측정 단위

그림 10.5 소리 강도

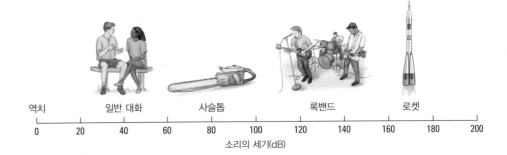

역치   일반 대화   사슬톱   록밴드   로켓

| 0 | 20 | 40 | 60 | 80 | 100 | 120 | 140 | 160 | 180 | 200 |

소리의 세기(dB)

있다.

시끄러운 밴드는 120dB 이상 혹은 때로 135dB 정도의 음악을 주로 연주한다. Adrian Drake-Lee(1992)는 록 음악가가 특히 6,000Hz 정도의 음파에 대한 민감성을 상당한 정도로 상실하는 것을 발견하였다. 전형적으로 90분의 콘서트 후 일시적으로 상실이 더 큰데, 즉 음악가의 청력 역치에 도달하기 위해서는 소리 압력이 40배나 더 증가해야 한다. 그러나 록 콘서트만이 청력의 손상을 야기하는 것은 아니다. 심포니 오케스트라 역시 위험할 정도로 높은 소리를 내며, 많은 심포니 연주자들도 청력 상실을 경험한다고 보고되었다(Teie, 1998). 이와 유사하게 헤드폰 혹은 이어폰으로 시끄럽게 연주되는 음악을 장시간 청취하는 젊은이들에서도 상당한 정도의 청력 상실이 관찰된다(Daniel, 2007). 2018년 세계보건기구는 전 세계적으로 오늘날 청력 상실을 경험하는 사람보다 93% 더 많은 약 9억 명이 2050년까지 청력 상실을 경험할 것으로 추정하였는데 이는 개인 오디오기에서 나오는 소리 강도가 청력에 손상을 입힐 수준이기 때문이다. 소음을 제거하는 헤드폰이 외부 소음을 최소화하여 청자로 하여금 낮은 강도에서 음악을 듣게 하면 청력을 유지하는 데 도움이 된다.

음파 복합성

단일 주파수의 소리가 순수음(pure tone)인데, 즉 소리굽쇠 혹은 피치 파이프에서 나오는 소리가 순수음이다. 그러나 여러 주파수의 파가 서로 뒤섞여 결합하는 대부분의 소리는 복합음(complex

---

◎ 임상 초점 10-2

이명

J. E.는 젊은 시절 많은 시간을 사격연습장에서 보냈다. 실제로 그는 몇 년 동안 한 달에 200발씩 총을 쏘았다. 그는 소리를 약화시키는 소음감쇠기를 착용하지 않았다. 현재 70대인 J. E.는 *이명*(tinnitus), 즉 귀가 울리는 증상을 15년 동안 경험하고 있다.

이명은 울리거나, 끼익끼익거리나, 호루라기 소리가 나거나, 딸깍거리거나, 쉭익하는 소리가 나거나, 웅웅거리는 소리로 묘사되고 부드럽거나 강한 혹은 저음이거나 고음으로 들린다. 이명은 간헐적이거나 혹은 J. E.의 경우처럼 지속적으로 발생하기도 한다. 전 세계적으로 40세 이하의 사람 중 약 10~15%가 이명을 경험하고 있는 것으로 추정되며 나이가 들어 가면서 유병률이 2배 정도 증가한다.

이명은 크게 2개의 범주, 즉 객관적 이명과 주관적 이명으로 구분된다. *객관적 이명*은 귀에서 생산되는 실제 소리의 결과로 일어난다. 예를 들어 중이를 둘러싸고 있는 근육 경련 혹은 혈류가 개인이 탐지할 수 있는 소리를 만들고 이 소리를 들은 개인이 성가신 이명으로 보고한다.

*주관적 이명*은 객관적 이명보다 더 흔한데, 이는 외적인 청자극이 없음에도 불구하고 소리를 듣는 경우이다. 주관적 이명의 원인은 다양하다. 가장 흔한 원인이 소음으로 인한 내이의 유모세포 손상이며 이는 전쟁 지역, 특정 중공업과 음악 제작 등과 같이 강한 소리가 나는 환경에서 일하는 사람 가운데 왜 이명 발병률이 높은가를 설명한다. 또 다른 원인에는 귀의 감염, 머리/목 부상과 특정 약물에의 노출 등이 포함된다. 아스피린을 포함한 260개 이상의 약이 부작용으로 간헐적인 이명을 야기하는 것으로 보고되고 있다.

현재로는 이명에 효과적인 치료약이 없고 예방이 최선이다. 이명을 예방하는 가장 좋은 방법이 70dB 혹은 그 이상의 고강도 소리에 장시간 노출되는 것을 피하고(다시 말하면 음악 소리를 줄여라) 이러한 상황이 불가피할 경우 귀마개를 사용하는 것이다.

J. E.는 클래식 음악을 듣는 것을 즐기고 청각적으로 주의를 분산하는 것이 이명의 성가신 영향을 피하는 가장 좋은 방법이라는 것을 발견하였다.

tone)이다. 복합음이 어떻게 혼합되어 있는가를 더 잘 이해하기 위해 **그림 10.6**의 Don Byron과 같은 클라리넷 연주자가 스태디 노트를 연주하는 것을 상상해보자. 그림 10.6의 위 그래프가 클라리넷이 내는 음파를 나타낸다.

클라리넷 파형은 그림 10.2와 10.3의 단순하고 규칙적인 파보다 더 복잡한 패턴을 보인다. 음악가가 단일 음표를 연주하더라도 악기는 복합음을 낸다. 푸리에 분석이라고 알려져 있는 수리적 기법을 사용하여 이 복합음을 여러 개의 순수음으로 나눌 수 있는데, 이렇게 나누어진 순수음들에 번호를 매기면 그림 10.6의 아래에 제시된 바와 같아진다.

기본 주파수(fundamental frequency, 제1파)는 복잡한 파형 패턴이 반복되는 율을 의미한다. 제2파에서 20파까지는 상음(overtone), 즉 기본 주파수의 정배수로 진동하는 일련의 고주파수 음파를 의미한다. 서로 다른 악기는 독특한 소리를 내는데, 이는 악기들이 서로 다른 진폭의 상음을 내기 때문이다. 그림 10.6의 파란색 파의 높이로 표시되는 클라리넷 상음 중 제5파가 낮은 진폭인 반면 제2파는 진폭이 높다.

기본색이 서로 혼합되어 거의 무한정한 종류의 색을 만들어낼 수 있듯이 순수음도 서로 혼합되어 복합음을 형성한다. 복합음은 악기뿐만 아니라 사람의 목소리, 새의 지저귐, 기계 혹은 리드미컬하게 윙윙거리거나 허밍 소리를 만드는 반복적 기제로부터도 나온다. 2개 혹은 그 이상의 순수음으로 구성된다는 것 외에 복합음의 주요 특징은 일종의 주기성(periodicity)을 가진다는 것이다. 기본 주파수가 규칙적인 간격으로 반복된다. 주기성이 없거나 무작위적인 소리를 소음(noise)이라고 한다.

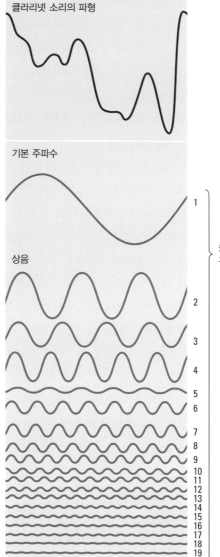

클라리넷 소리의 파형

기본 주파수

상음

1
2
3
4
5
6
7
8
9
10
11
12
13
14
15
16
17
18
19
20

클라리넷 소리를 구성하는 단순파

그림 10.6 복합음의 분석

Don Byron의 클라리넷 연주에서의 단일 음표의 파형(위)과 복합음을 구성하는 주파수들, 즉 기본 주파수(가운데)와 상음(아래).

소리 지각

조약돌을 연못에 던지면 어떤 일이 일어나는지 생각해보자. 조약돌이 물속으로 들어가는 지점에서부터 물결이 일어난다. 이 물결은 들을 수 있는 소리를 내지 않는다. 그러나 만약 여러분의 피부가 물결 에너지(감각)를 청각계를 자극하는 신경 활동으로 전환할 수 있다면 물결이 일어나는 물속으로 손을 넣으면 물결을 '듣게' 될 것이다(지각). 여러분의 손을 물에서 떼면 '소리'가 멈출 것이다.

조약돌이 물을 때리는 것은 나무가 땅에 쓰러지는 것과 같으며 조약돌이 물속으로 들어간 지점에서 발생하는 물결은 나무가 땅과 부딪치는 곳에서 생기는 공기 압력의 파와 같다. 파의 주파수가 뇌가 듣는 음고를 결정하는 반면 파의 높이(진폭)가 음강을 결정한다.

음파에 대한 우리의 민감성은 상당하다. 인간 청력의 역치에서 우리는 대략 10pm(picometer)

1피코미터＝1조 분의 1미터

의 공기 분자 이동을 탐지할 수 있다. 우리가 이와 같이 작은 공기 압력의 변화를 탐지할 수 있는 환경에 놓이는 경우는 드문데, 이는 대개 배경 소음이 굉장히 많기 때문이다. 청력을 검사할 수 있는 가장 적합한 장소가 매우 조용한 시골일 것이다. 다음에 시골에 가면 여러분이 어느 정도 소리를 들을 수 있는가를 알아보라. 경쟁하는 소리가 없다면 몇 마일 떨어진 곳에서 나는 자동차 엔진 소리도 들을 수 있을 것이다.

공기 압력의 매우 작은 변화를 탐지하는 것에 덧붙여서 청각계는 동시에 지각되는 서로 다른 소리에도 정확하게 반응한다. 여러분이 이 책을 읽고 있는 중에도 여러분 주위에서 들리는 모든 종류의 소리, 예를 들어 거리에서 들리는 자동차 소리, 옆방에서 사람들이 얘기하는 소리, 에어 컨 소리, 복도의 발자국 소리 등을 구분할 수 있다. 만약 여러분이 음악을 듣고 있으면 서로 다른 악기 소리와 목소리를 구분할 수 있다.

한 가지 이상의 소리를 동시에 지각할 수 있는 것은 공기 압력 변화의 서로 다른 주파수(각각 다른 음파)가 청각계에 있는 서로 다른 뉴런을 자극하기 때문이다. 소리의 지각은 단지 청각 경험의 시작에 불과하다. 뇌는 환경에서 일어나는 사건에 관한 정보를 얻기 위해 소리를 해석하고 소리의 의미를 분석한다. 구어와 음악을 통해 소리를 다른 사람과 소통하는 데 사용하는 것이 이 과정을 명확하게 설명한다.

소리로서 구어와 음악 속성

언어와 음악은 다른 청감각과 근본적으로 다르다. 예를 들어 둘 다 의미를 전달하고 감정을 불러 일으킨다. 소리에 포함된 의미를 분석하는 것이 단순히 소리를 탐지하고 확인하는 것보다 훨씬 더 복잡한 행동이다. 뇌에는 소리의 의미를 분석하는 체계가 진화되어 왔다. 즉 언어의 의미 분석은 좌반구 측두엽에서 일어나고 음악의 의미 분석은 우반구에서 일어난다.

유아는 언어와 음악을 사용하기 전에 이미 언어 및 음악 단서에 반응하는데, 이는 이러한 능력이 선천적으로 존재하고 출생 전 경험의 영향을 받는 것을 시사한다(연구 초점 10-1 참조). 인간은 언어와 음악 정보를 학습하고 기억하는 데 놀라운 능력이 있다. 실제 일부 문화권에서는 쓰기가 발달하기 1,000년 전부터 상당한 내용의 구술 역사가 노래로 표현되어 왔으나 이 전통이 현대 기술로 말미암아 사라지고 있다. 우리는 수만 개의 단어, 심지어 많은 다른 언어의 단어들을 학습할 수 있고 수천 개의 노래를 인식할 수 있다.

언어는 의사소통을 용이하게 하고 확대한다. 우리는 단어를 사용하여 복잡한 세상을 분류할 수 있다. 우리가 생각하는 것, 알고 있는 것과 상상하는 것을 다른 사람에게 말할 수 있다. 초기 인간에게 제스처와 언어가 상호 협조를 필요로 하는 먹이 사냥과 집단행동에 얼마나 효율적이었 는지 상상해보라.

언어의 이점은 명백하지만 음악의 이점은 다소 덜 명확하다. 실제로 음악은 우리의 감정 조절에 도움이 되고 다른 사람의 감정에 영향을 준다. 그렇다면 사람들은 언제 가장 흔하게 음악을 사용하는가? 우리는 유아와 소통하기 위해 혹은 아동을 잠재우기 위해 노래를 부르고 음악을 들려준다. 사회적 상호작용 및 모임을 향상시키고 사랑하는 사람을 위해 음악을 연주한다. 우리를 위로하기 위해 혹은 갈등을 겪을 때 복잡한 감정을 표현하기 위해 음악을 사용한다. 또한 집단 동질감을 고양하기 위해 음악을 사용하는데, 이에 관한 예가 교가 혹은 국가이다. 음악은 인간 특유의 것이다.

언어와 음악이 다른 청각 입력과 구분되는 또 다른 특성이 전달 속도이다. 초당 대략 5분절

유아를 위한 음악 수업은 발달에 도움이 된다.

(segment)의 율로 생산되는 비언어적 및 비음악적 소음은 윙윙거리는 소리로 지각된다(소리 분절은 소리의 구분되는 단위를 의미한다). 언어의 정상적 속도는 초당 8~10분절이며 초당 거의 30분절에 가까운 말소리조차도 이해될 수 있다. 이렇게 높은 율의 말소리 지각은 매우 놀라운데, 이는 입력 속도가 모든 소리 분절을 분리된 정보로 전달할 수 있는 청각계의 능력을 훨씬 초과하기 때문이다.

　　이제 언어와 음악의 독특한 속성을 살펴보자. 10-4절에서는 이러한 소리를 처리하는 데 관여하는 신경 구조를 살펴볼 것이다.

언어의 속성

특정 언어를 듣는 경험이 뇌가 빠른 속도의 언어를 분석하는 데 도움을 주는데, 이는 여러분에게 친숙하지 않은 언어를 사용하는 사람들이 매우 빨리 말을 하는 것처럼 여기는 이유 중 하나이다. 여러분의 뇌가 외국어 단어가 어디에서 끝나고 어디에서 시작하는지를 모르기 때문에 외국어 단어들이 매우 빨리 말해지는 것으로 여긴다.

　　말소리 지각의 독특한 특성은 말소리가 맥락에 따라 상당히 변해도 그 변화된 말소리를 원래 말소리와 동일한 것으로 듣는 경향이다. 예를 들어 영어 철자 d는 deep, deck, duck에서 서로 다르게 발음되지만, 청자(listener)는 이를 동일한 d 소리로 지각한다.

　　따라서 청각계는 발음에서 약간 차이가 있는 소리를 동일한 것으로 분류하는 기제를 가지고 있어야만 한다. 경험이 이 기제에 영향을 주어야 하는데, 이는 서로 다른 언어가 말소리를 서로 다르게 분류하기 때문이다. 10세 이후부터 외국어를 숙달하는 것이 어려운 큰 이유는 동일한 것으로 취급되는 소리 범주를 학습하는 것이 어렵기 때문이다.

청각 항상성은 시각계의 색채 항상성 능력을 연상시킨다. 9-4절을 참조하라.

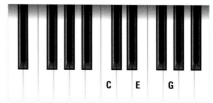

음악의 속성

다른 소리와 마찬가지로 음악 소리는 사람들이 지각하는 주관적 속성에서 서로 다르다. 한 가지 주관적 속성이 음강(loudness), 즉 개인이 판단한 소리의 크기이다. 음강은 음파의 진폭과 관련되고 데시벨로 측정되지만 주관적이기도 하다. 한 개인에게 '매우 큰' 음악 소리로 지각되는 것이 다른 사람에게는 '어느 정도 큰' 소리로 지각되는 한편 한 청자에게 '부드러운' 것으로 지각되는 음악이 다른 사람에게는 전혀 부드럽지 않은 것으로 지각된다. 음강 지각은 맥락에 따라 변하기도 한다. 예를 들어 고속도로에서 운전 속도를 낮추면 차 안에 틀어 놓은 음악 소리가 더 크게 들린다. 도로의 소음 감소가 음악의 음강 지각을 변하게 한다.

　　음악 소리의 또 다른 주관적 속성이 음고(pitch), 즉 청자가 판단하는 음계상의 각 음표 위치이다. 비록 음고가 명백히 음파의 주파수와 관련되지만 음고 지각은 그 이상이다. 예를 들어 피아노로 연주되는 '중앙 다' 음표를 예로 들어보자. 그림 10.6의 클라리넷 음표에서처럼 이 음표는 특정 패턴의 주파수로 기술될 수 있다.

　　피아노로 연주되는 음표와 마찬가지로 어떤 음표라도 기본 주파수로 정의되는데, 기본 주파수는 음파 패턴의 가장 낮은 주파수 혹은 패턴이 반복되는 비율을 의미한다. 중앙 다는 기본 주파수가 264Hz이다. 스펙트로그래프(spectrograph)로 측정한 C, E, G 음표의 음파가 **그림 10.7**에 제시되어 있다. 음파 스펙트로그래프는 헤르츠의 1,000배 단위인 킬로헤르츠(kHz)로 측정되는 것이 관례이다. 따라서 중앙 다의 기본 주파수를 보면 왼쪽에 주파수가 0.264kHz인 첫 번째 큰 파가 있다. E와 G의 기본 주파수는 각각 0.330kHz와 0.392kHz이다.

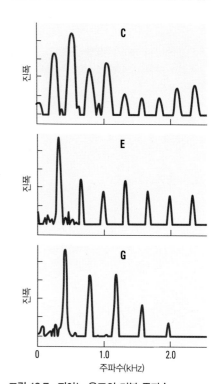

그림 10.7　피아노 음표의 기본 주파수

피아노로 연주되는 C, E, G 음표의 파형과 스펙트로그래프의 기록. 각 그래프의 첫 번째 파는 기본 주파수이고 두 번째 파는 상음이다.

운율 말하는 목소리의 멜로디 톤

인간 뇌가 행하는 음악 분석에 관한 중요한 특징이 피아노와 기타가 내는 소리가 매우 다름에도 불구하고 중앙 다를 피아노 혹은 기타로 연주되는 것과 무관하게 동일한 음으로 지각하는 것이다. 우반구 측두엽은 말소리든 혹은 음악 소리이든 간에 소리에서 음고를 추출하는 특별한 기능을 가지고 있다. 언어의 경우 음고는 목소리의 멜로디 톤, 즉 **운율**(prosody)의 지각에 영향을 미친다.

음악 소리의 마지막 속성이 **음질**(quality)인데, 음질은 특정 소리를 유사한 음고와 음강을 가지는 다른 소리와 구분하게 한다. 바이올린과 트롬본이 동일한 음강으로 동일한 음표를 연주하여도 두 악기 소리가 쉽게 구분된다. 두 악기가 내는 음질이 다르기 때문이다.

10-1 복습

진도를 계속 나가기 전에 앞 절을 얼마나 이해했는지 확인해보자. 정답은 이 책의 뒷부분에 있다.

1. _____의 변화에 의해 발생하는 청각의 물리적 자극인 기계적 에너지는 귀에서 신경 활동으로 변환된다.

2. 음파의 두 가지 물리적 속성은 _____와/과 _____이다. 이 두 속성이 상호작용하여 _____을/를 생산한다.

3. 음악 소리의 네 가지 속성은 _____, _____, _____, _____이다.

4. 소리는 _____엽에서 처리된다.

5. 언어와 음악 소리를 다른 청각 입력과 구분하는 것은 무엇인가?

학습 목표

- 음파가 어떻게 신경 충동으로 바뀌게 되는지 설명한다.
- 인간 귀의 주요 해부적 특징을 기술한다.
- 소리가 귀에서 청각피질로 전달되는 경로를 기술한다.
- 청각피질의 비대칭적 조직화와 기능을 기술한다.

10-2

청각계의 기능적 해부

신경계가 어떻게 음파를 분석하는지 이해하기 위해 소리 에너지를 뇌로 전달하는 경로를 먼저 살펴보자. 귀는 주위 공기로부터 음파를 모아 이 기계적 에너지를 전기화학적 신경 에너지로 전환하고 이 신경 에너지를 뇌간을 거쳐 청각피질로 전달하는 긴 경로의 출발점이다.

귀에서부터 피질까지의 경로를 살펴보기 전에 청각계가 어떤 일을 하기 위해 고안되었는가를 먼저 살펴볼 필요가 있다. 음파가 주파수와 진폭의 물리적 속성을 가지고 있기 때문에 청각계가 이러한 속성을 해독할 수 있게 구성되어 있을 것이라고 추측할 수 있다. 이에 덧붙여 대부분의 동물은 소리가 어디서부터 오는지 인식할 수 있으며 따라서 음파의 공간 내 위치를 알 수 있는 기제를 가지고 있어야만 한다. 마지막으로 인간을 포함한 많은 동물은 자신들이 듣는 소리의 의미를 분석할 뿐만 아니라 자신들의 소리를 생산한다. 동물이 생산하는 소리가 자신이 듣는 소리의 범위 내에 있기 때문에 소리 생산과 분석에 관여하는 신경계가 밀접하게 관련되어 있을 것으로 추측된다.

인간의 경우 언어와 음악에 관한 소리 처리 체계의 진화가 전문화된 피질 영역, 특히 측두엽을 발달시켰다. 실제 인간 피질과 원숭이 피질의 주된 차이는 청각 영역이 원숭이보다 인간 피질에서 훨씬 더 크다는 점이다.

귀의 구조

귀는 외이, 중이, 내이로 구성된 생물학적 걸작이며, 귀의 구조가 **그림 10.8**에 제시되어 있다.

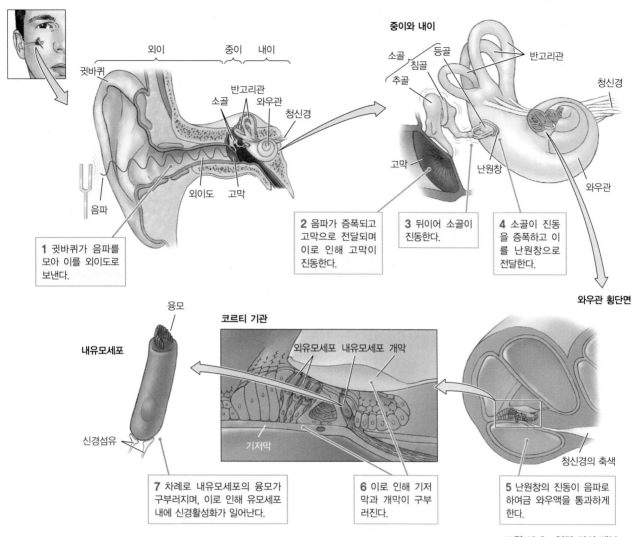

중이와 내이

1 귓바퀴가 음파를 모아 이를 외이도로 보낸다.

2 음파가 증폭되고 고막으로 전달되며 이로 인해 고막이 진동한다.

3 뒤이어 소골이 진동한다.

4 소골이 진동을 증폭하고 이를 난원창으로 전달한다.

와우관 횡단면

코르티 기관

내유모세포   융모   외유모세포 내유모세포 개막

신경섬유   기저막

7 차례로 내유모세포의 융모가 구부러지며, 이로 인해 유모세포 내에 신경활성화가 일어난다.

6 이로 인해 기저막과 개막이 구부러진다.

5 난원창의 진동이 음파로 하여금 와우액을 통과하게 한다.

청신경의 축색

음파의 처리

외이의 깔때기 모양 구조인 **귓바퀴**(pinna)와 귓바퀴에서부터 머리 안쪽으로 짧게 확장되어 있는 **외이도**(external ear canal) 모두 연골과 살로 구성되어 있다. 귓바퀴는 주위 환경으로부터 오는 음파를 모아 이를 외이도로 향하게 한다. 이는 청력에 의존하는 동물이 머리의 나머지 부분에 비해 상대적으로 큰 귀를 가지고 있는 것과 듣고자 하는 소리를 더 잘 듣기 위해 귓바퀴 주위로 손을 오므리는 것을 설명한다.

외이도가 귓바퀴에서부터 좁아지기 때문에 외이도는 음파를 증폭시켜 외이도 안쪽 끝에 위치하는 **고막**(eardrum)으로 향하게 한다. 음파가 고막과 부딪히면 고막이 진동하는데, 진동률이 음파의 주파수에 따라 변한다. 그림 10.8에 제시되어 있듯이 고막의 안쪽이 **중이**(middle ear)이고, 중이는 공기로 가득한 공간으로 여기에 인간 신체에서 가장 작고 서로 연결되어 있는 3개의 뼈가 위치한다.

이 세 **소골**(ossicles)은 생김새에 따라 **추골**(hammer), **침골**(anvil), **등골**(stirrup)로 불린다. 소골에 의해 고막이 **난원창**(oval window)과 연결되는데, 난원창은 뼈로 둘러싸인 **와우관**(cochlea)의 입구이고 와우관은 청각 수용기 세포가 위치하는 **내이**(inner ear) 구조이다.

음파에 의해 고막이 진동하면 이 진동이 소골에 전달된다. 소골은 지렛대와 같은 작용을 통해 진동을 증폭하고 이를 와우관의 난원창을 덮고 있는 세포막으로 전달한다. 그림 10.8에서 볼 수

그림 10.8 인간 귀의 해부

외이에서 모아진 음파는 중이의 소골에서 공기 압력에서 기계적 에너지로 전환되며 이 기계적 에너지가 내이의 와우관에서 전기화학적 활동으로 전환된다. 기저막(코르티 기관)에 묻혀 있는 유모세포의 끝에 융모가 있다. 기저막과 개막의 움직임으로 융모가 움직이게 되고 이로 인해 내유모세포의 막전위 변화가 일어나 결국에는 청각 양극뉴런의 활성화가 일어난다.

와우관은 라틴어로 '달팽이 껍질'을 의미한다.

소골 중이에 있는 뼈로서 추골, 침골, 등골로 구성된다.

와우관 청각 수용기 세포를 내포하는 내이 구조

기저막 음파를 신경 활동으로 변환하는 와우관 내의 수용기 표면

유모세포 끝에 융모가 달려 있는 와우관 내에 있는 특수 뉴런이다. 와우액 내의 음파에 의해 자극을 받으면 융모가 구부러지고 이로 인해 청각 수용기 세포인 내유모세포에 등급전위가 발생하게 한다.

있듯이 와우관은 자신을 둘둘 휘감고 있기 때문에 달팽이처럼 보인다. 와우관의 횡단면 그림을 보면 뼈로 둘러싸인 표면 안쪽이 비어 있다. 등골에서 난원창으로 전달되는 압력으로 인해 와우액이 움직이게 되는데 이는 등골이 난원창 안쪽으로 압력을 가하면 와우관의 두 번째 막창(정원창)이 바깥쪽으로 부풀기 때문이다.

코르티 기관(organ of Corti)이 청각의 수용기 기관이다. 이 기관은 **기저막**(basilar membrane, 'basilar'는 base에서 유래했다)에 있는 내피세포로 구성되며 그림 10.8에 제시되어 있듯이 한 열의 **내유모세포**(inner hair cell)와 세 열의 **외유모세포**(outer hair cell)를 포함하고 있다. 각 **유모세포**(hair cell)로부터 융모(cilia)가 돌출되어 있다. 융모는 개막(tectorial membrane, tectorial은 지붕이라는 의미임)과 느슨하게 붙어 있는데 개막은 융모 바로 위에 위치한다. 연쇄 반응으로 와우액을 통과한 파는 기저막과 개막을 구부린다. 이 두 막이 서로 다른 방향으로 움직이면 유모세포의 융모가 구부러진다. 융모가 구부러지면 차례로 내유모세포의 신축 민감성 이온 채널이 활성화하여 등급전위가 생산되어 청신경세포에서 활동전위가 일어나게 된다. 청신경으로부터의 전위가 궁극적으로 우리로 하여금 청각을 경험하게 하는 전기적 신호이다.

음파의 신경 충동으로의 변환

음파가 신경 활동으로 변환되는 것이 어떻게 우리가 지각하는 소리가 가지는 다양한 속성을 부호화하는가? 1800년대 말 Hermann von Helmholtz는 서로 다른 주파수를 가지는 음파가 기저막의 서로 다른 부위를 진동시킨다고 제안하였다. Von Helmholtz의 주장은 일부 정확하다. 실제 기저막의 모든 부위가 어떤 주파수의 음파에도 반응하여 구부러진다. 기저막의 어느 부위가 최대한으로 반응하는지가 열쇠이다(**그림 10.9**).

1960년에 George von Békésy가 기저막을 직접 관찰하면서 이에 대해 답할 수 있게 되었다. 그는 음파가 난원창에서부터 기저막의 첨단부(apex)에 이를 때까지 막을 따라 움직이는 것을 관찰하였다. 그림 10.9A의 감겨 있는 와우관은 기저막의 어느 부분이 최대한으로 반응하는지에 관한 지도이다. 그림 10.9B의 풀린 막의 옆에서 볼 수 있듯이 소골의 진동에 대한 반응으로 난원창이 진동하고, 그 결과 와우액을 따라 이동하는 음파가 생성된다. Békésy는 기저막을 따라 미량의 은을 놓은 후 유입하는 음파의 주파수에 따라 기저막의 서로 다른 부위의 은이 점프하는 것을 관찰하였다. 고주파수는 기저막의 기저부(base) 가까이에서 최대한의 반응이 일어나게 하고 낮은 주파수는 기저막의 첨단부 가까이에서 최대한의 반응이 일어나게 하였다.

이에 대한 비유로 만약 여러분이 로프를 흔들면 어떤 일이 발생하는지 상상해보자. 만약 로프를 매우 빨리 흔들면 로프의 웨이브가 매우 작고 짧으며 웨이브의 정점이 로프를 쥐고 있는 손 가까이에 머문다. 그러나 만약 로프를 큰 동작으로 천천히 흔들면 더 긴 웨이브가 로프를 따라

그림 10.9 와우관의 해부

(A) 둘둘 말려 있는 와우관을 펼 경우 기저막이 최대한으로 반응하는 주파수가 제시되어 있다. **(B)** 서로 다른 주파수의 음파는 서로 다른 기저막 부위를 최대한으로 움직인다.

(A) 풀리는 와우관

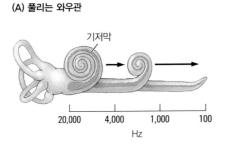

기저막

20,000 4,000 1,000 100
Hz

(B) 풀린 와우관

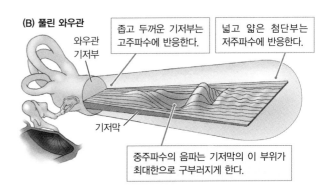

좁고 두꺼운 기저부는 고주파수에 반응한다.

넓고 얇은 첨단부는 저주파수에 반응한다.

와우관 기저부

기저막

중주파수의 음파는 기저막의 이 부위가 최대한으로 구부러지게 한다.

손에서 멀리 떨어진 부위에서 생긴다. 따라서 비록 로프를 빨리 혹은 천천히 흔들더라도 움직임이 로프의 전체 길이를 따라 생산되지만 웨이브 동작이 빠른가 혹은 느린가에 따라 최대한의 반응이 로프의 어디에서 일어나는지가 결정된다.

이와 동일한 반응 패턴이 음파의 주파수에 대한 기저막 반응에서도 일어난다. 모든 음파가 기저막의 어느 부위에서도 반응을 일으키지만 음파의 주파수에 따라 기저막 부위에서의 반응량이 달라진다. 그림 10.9A의 풀어 놓은 와우관에서 볼 수 있듯이 인간 와우관의 경우 난원창 근처의 기저막은 대략 20,000Hz, 즉 인간 청력 범위의 상한 고주파수에 최대한으로 반응한다. 기저막의 첨단부는 100Hz 이하, 즉 인간 청력 범위의 하한 저주파수인 20Hz와 가까운 저주파수에 최대한으로 반응한다(그림 10.4 참조).

중간 정도의 주파수에 대해서는 기저막의 두 끝점 사이에 있는 부위가 최대한으로 반응하는데, 이에 대한 것이 그림 10.9B에 제시되어 있다. 특정 주파수의 음파가 기저막을 따라 이동하면 이 주파수에 최대한으로 반응하는 기저막 부위의 유모세포가 흥분하고, 그 결과 이 세포들이 최대한의 신경 반응을 한다. 유입하는 음파가 다양한 주파수로 구성되어 있으면 기저막의 여러 부위가 진동하고 이 부위들에 위치하는 유모세포들이 흥분한다.

앞서 우리가 비유로 언급한 로프보다 기저막이 주파수 변화에 당연히 더 민감하다. 이는 기저막의 부위에 따라 넓이와 두께가 다르기 때문이다. 기저막의 기저부, 즉 난원창 가까운 부위는 좁고 두꺼운 반면 단단하게 감겨 있는 첨단부는 기저부보다 더 넓고 얇다. 기저막의 다양한 넓이와 두께는 주파수의 작은 변화가 기저막에 미치는 효과를 높인다. 그 결과 와우관 수용기들이 음파의 작은 주파수 변화를 신경 충동으로 부호화할 수 있다.

청각 수용기

서로 다른 기능이 있는 두 유형의 유모세포가 음파를 신경 활동으로 변환한다. 그림 10.8(아래 왼쪽)은 내유모세포의 구조를 보여주고 **그림 10.10**은 어떻게 음파가 내유모세포를 흥분하게 하는가를 설명한다. 젊은 성인의 와우관은 약 12,000개의 외유모세포와 3,500개의 내유모세포를 가지고 있다. 나이가 들수록 유모세포 수가 감소한다. 내유모세포만이 청각 수용기로 작용하며 우리가 얼마나 많은 서로 다른 소리를 들을 수 있는가에 비해 수용기 수가 적다. 그림 10.10에서 볼 수 있듯이 내/외유모세포 모두 기저막에 고정되어 있다. 외유모세포의 융모 끝은 위에 있는 개막에 붙어 있지만 내유모세포의 융모는 개막과 느슨하게 맞닿아 있다. 그럼에도 불구하고 기저막과 개막이 움직이면 와우액이 내유모세포의 융모를 스쳐 융모를 앞뒤로 구부러지게 한다.

정상적인 외유모세포를 가지고 있지만 내유모세포를 가지고 있지 않은 동물은 실제로 듣지 못한다. 즉 이들은 매우 강한 저주파수 음만을 체감각계를 통해 지각할 수 있다. 여러분은 서브우퍼(subwoofer) 혹은 지나가는 트럭이 여러분의 가슴을 진동하게 하는 것을 경험하였을 것이다. 내유모세포는 강한 소리에 지속적으로 노출되거나 감염, 질병

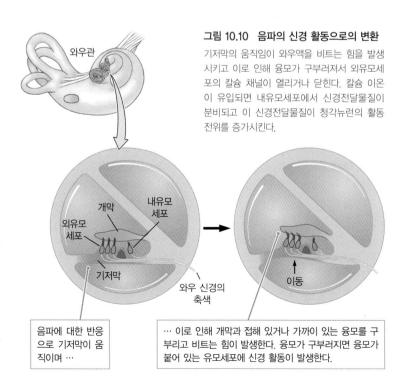

그림 10.10 음파의 신경 활동으로의 변환

기저막의 움직임이 와우액을 비트는 힘을 발생시키고 이로 인해 융모가 구부러져서 외유모세포의 칼슘 채널이 열리거나 닫힌다. 칼슘 이온이 유입되면 내유모세포에서 신경전달물질이 분비되고 이 신경전달물질이 청각뉴런의 활동전위를 증가시킨다.

음파에 대한 반응으로 기저막이 움직이며 …

… 이로 인해 개막과 접해 있거나 가까이 있는 융모를 구부리고 비트는 힘이 발생한다. 융모가 구부러지면 융모가 붙어 있는 유모세포에 신경 활동이 발생한다.

귀음향 방사 와우관에 의해 귀 안에서 자발적으로 혹은 유발되는 음파. 귀를 빠져나간다.

혹은 특정 화학물이나 약물에 의해 손상을 입을 수 있다. 포유동물의 내유모세포는 재생되지 않는다. 따라서 내유모세포가 죽으면 영구적인 청력 상실이 초래된다.

외유모세포는 수축과 이완을 통해 개막의 경직을 변화시킴으로써 와우관의 해상력(resolving power)을 높인다. 즉 외유모세포는 운동 기능을 가지고 있다. 우리는 감각 입력 후 운동 출력이 일어난다고 믿지만 실제로 운동계가 감각 입력에 영향을 미칠 수 있다. 망막에 맺히는 빛의 양의 변화에 따라 동공이 수축 혹은 확대되는 것처럼 외유모세포는 내유모세포가 탐지한 물리적 자극을 변화시키기 위해 수축 혹은 이완한다.

원리 2. 감각부와 운동부는 신경계 전체에 퍼져 있다.

외유모세포의 이 기능이 어떻게 통제되는지는 아직 알지 못한다. 무엇이 이 세포들을 수축 혹은 이완하도록 자극하는가? 외유모세포가 청신경 축색과의 연결을 통해 뇌간에 있는 청각 영역들에 메시지를 보내고 또 이 영역들로부터 메시지를 다시 전달받으며 이를 통해 외유모세포가 개막의 긴장을 변화시키는 것으로 여겨진다. 이러한 방식으로 뇌는 유모세포가 청각 세계를 생산하도록 돕는다. 외유모세포는 특히 강한 음파에 대한 반응으로 일어나는 청신경의 발화율 조율을 통하여 강한 소리로 인해 일어나는 손상 효과를 막기도 한다.

마지막 질문이 남아 있다. 즉 내유모세포 융모의 움직임이 어떻게 신경 활동을 변화시키는가? 청신경 뉴런들은 활동전위 발화에 관한 자발적인 기본율을 가지고 있으며, 이 율이 유모세포에서 분비되는 신경전달물질의 양에 따라 변한다. 내유모세포의 융모 움직임이 내유모세포의 분극화와 신경전달물질 분비의 변화를 일으킨다고 밝혀졌다. 내유모세포는 지속적으로 칼슘을 분비하고 이로 말미암아 신경전달물질이 소량이지만 지속적으로 시냅스에 분비된다. 융모가 한 방향으로 움직이면 탈분극화가 일어나서 칼슘 이온의 채널이 열리고 더 많은 신경전달물질이 청신경을 형성하는 세포의 수상돌기에 분비되며, 이에 따라 더 많은 신경 충동이 생산된다. 융모가 다른 방향으로 움직이면 세포막의 과분극화가 일어나고 신경전달물질의 분비가 감소하며 이에 따라 청각 뉴런의 활성화가 감소한다.

4-3절에 활동전위의 단계와 활동전위가 신경 충동의 형태로 전파하는 것이 기술되어 있다.

내유모세포는 자신의 융모 움직임에 매우 민감하다. 음파의 탐지가 가능할 정도의 움직임은 겨우 0.3nm, 즉 대략 큰 원자 하나의 직경 정도이다. 왜 우리의 청력이 놀라울 정도로 민감한지 이해할 수 있을 것이다. '연구 초점 10-3 : 귀음향 방사'에 와우관 기능의 중요함이 기술되어 있다.

⊚ **연구 초점 10-3**

귀음향 방사

비록 귀가 음파를 증폭하고 활동전위로 변환하도록 고안되어 있지만 귀는 감각 기관들 중에서 독특하다. 즉 귀는 자신이 탐지하는 물리적 자극을 생산할 수도 있다! 건강한 와우관이 이 **귀음향 방사**(otoacoustic emission)라고 하는 음파를 생산한다.

와우관은 증폭기 역할을 한다. 외유모세포가 음파를 증폭하여 와우관의 음파에 대한 민감성과 주파수의 선택을 향상시킨다. 와우관이 생성하는 모든 에너지가 와우관 내부에서 소멸되지 않는다. 일부 에너지는 중이로 이동, 즉 양방향으로 작용하여 고막을 움직이게 한다. 그러면 고막이 확성기처럼 작용하여 음파를 귀 밖으로 방사한다. 이를 귀음향 방사라고 한다.

민감한 마이크를 외이도에 놓으면 두 가지 유형, 즉 자발적 및 유발된 귀음향 방사 모두를 탐지할 수 있다. 이름에서 알 수 있듯이 *자발적인 귀음향 방사*는 외적 자극 없이 일어난다. 음파에 대한 반응으로 일어나는 *유발된*(evoked)

*귀음향 방사*가 중요한데, 이는 유발된 방사가 청력 손상의 평가에 사용되기 때문이다.

간단하고 비침습적인 방법으로 유발된 귀음향 방사를 탐지하고 측정할 수 있는데, 이 검사는 특히 관례적으로 사용되는 청력 검사를 수행하기 어려운 신생아와 아동에게 유용하다. 작은 스피커와 마이크를 귀 안으로 삽입한다. 스피커 클릭 소리를 내고 마이크가 내이의 미세한 작용을 방해하지 않으면서 유발된 방사를 탐지한다. 유발 방사가 상실되거나 비정상적일 경우 청력 결함을 의심할 수 있다. 많은 나라에서 귀음향 방사법을 사용하여 모든 신생아의 청력을 검사한다.

귀음향 방사가 유용하지만 청력에 직접적인 역할을 하지는 않는다. 즉 귀음향 방사는 일차 현상과 더불어 혹은 일차 현상에 덧붙여서 나타나는 이차 현상, 즉 부수 현상(epiphenomenon)으로 여겨진다.

청각피질까지의 경로

코르티 기관에 있는 내유모세포는 인접한 양극세포와 시냅스하며 양극세포의 축색이 청신경(와우신경)을 형성한다. 청신경은 다시 청각과 균형에 관여하는 청각 전정 신경(auditory vestibular nerve), 즉 제8뇌신경의 일부를 형성한다. 각 눈의 신경절 세포가 많은 수용기 세포로부터 입력을 받는 반면 귀의 양극세포는 단지 하나의 내유모세포 수용기로부터 입력을 받는다.

와우신경의 축색은 연수에서 뇌간으로 들어가며 그곳에서 복측과 배측으로 구분되어 있는 와우핵과 시냅스한다. 후뇌(뇌간)에 있는 다른 두 인접한 구조들이 상올리브(올리브 복합체의 핵)와 능형체(trapezoid body)인데, 이 두 구조는 **그림 10.11**에 제시되어 있듯이 와우핵과 연결되어 있다. 와우핵으로부터 나온 축색은 대측뿐만 아니라 동측에 있는 세포들과도 연결된다. 이러한 연결 배열이 두 귀로부터 오는 입력을 혼합하여 단일 소리로 지각하게 한다.

와우핵과 상올리브 모두 배측 중뇌에 있는 하구로 축색을 보낸다. 하구로부터 2개의 분리된 경로가 생기는데, 두 경로는 시상의 **내측슬상핵**(medial geniculate nucleus)으로 향한다. 내측슬상핵의 복측 영역은 **일차청각피질**(primary auditory cortex, **A1 영역**)과 연결되는 한편 배측 영역은 A1 가까이에 있는 청각피질 영역으로 축색을 보낸다.

2개의 분리된 시각 경로, 즉 대상 인식에 관여하는 복측 흐름, 시각 정보에 근거한 움직임에 관여하는 배측 흐름과 유사하게 청각피질에도 두 경로가 존재한다(Romanski et al., 1999). 소리 특성에 근거하여 대상을 확인할 수 있듯이 들은 소리에 근거하여 움직이기도 한다. 움직임을 가이드하는 소리의 역할은 시각장애인에 비해 정상 시력을 가진 사람에게는 덜 익숙하다. 그럼에도 불구하고 우리 모두는 이 능력을 가지고 있다. 잠에서 깨어 울리는 알람을 끄기 위해 어둠 속에서 휴대전화를 집는 것을 상상해보자. 들은 소리에 근거하여 여러분의 손은 이러한 움직임이 일어나는 것에 적절한 모양을 자동적으로 취한다. 시각 이미지가 움직임을 가이드하듯이 소리도 움직임을 가이드한다.

피질의 무엇-어떻게 청각 경로에 관해 알려져 있는 것이 비교적 적다. 한 청각 경로는 복측 시각 경로처럼 측두엽에 위치하여 청자극의 인식에 중요한 역할을 하는 것으로 보인다. 두 번째 청각 경로는 후측 두정엽으로 가서 배측 경로를 형성하여 청각 정보에 근거한 움직임이 일어나도록 한다. 청각 정보가 시각피질로도 전달될 수 있는 것으로 여겨지는데, 이에 관한 것이 '연구 초점 10-4 : 소리로 보기'에 기술되어 있다.

청각피질

인간의 경우 일차청각피질(A1)이 헤슐회(Heschl's gyrus) 안에 위치하고 이차청각피질(A2)에 둘러싸여 있다. 이에 관한 것이 **그림 10.12A**에 제시되어 있다. 헤슐회 뒤에 위치하는 이차피질은 **측두평면**(planum temporale)이라고 한다.

오른손을 사용하는 사람의 경우 우반구보다 좌반구의 측두평면이 더 큰 반면 헤슐회는 좌반구보다 우반구에서 더 크다. 좌반구 측두평면이 **베르니케 영역**(Wernicke's area, 후측 언어 영역)이라고 알려진 언어 영역을 형성하는 한편 더 큰 헤슐회가 위치하는 우반구 영역이 음악 분석의 역

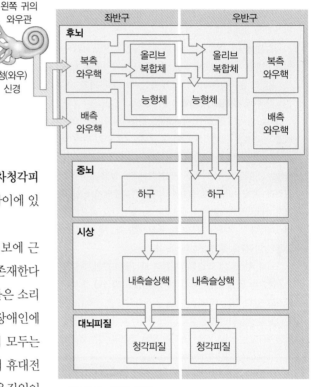

그림 2.29에는 뇌 신경 리스트와 뇌 신경을 순서대로 기억하는 데 도움이 되는 연상기호가 제시되어 있다.

그림 10.11 청각 경로
각 귀에서 오는 청각 정보가 후뇌와 중뇌에서 귀의 반대편 대뇌반구로 교차한 후 시상에서 다시 교차하여 각 귀로부터 오는 정보가 두 대뇌반구 모두에 도달한다. 청각피질에 이르는 동안 여러 핵이 입력 정보를 처리하는데 여기에는 왼쪽 귀로부터 청각피질에 도달하는 경로가 제시되어 있다.

그림 9.17은 피질 내의 '무엇'과 '어떻게' 시각 흐름를 보여준다.

내측슬상핵 청각에 관여하는 시상의 주된 영역
일차청각피질(A1 영역) 측두엽의 헤슐회 안에 위치하는 비대칭적 구조로서 내측슬상핵의 복측 영역으로부터 정보를 받는다.
베르니케 영역 좌반구 측두엽 후측의 헤슐회 뒤에 위치하는 이차청각피질(측두평면)로서 언어 이해에 관여한다. 후측 언어 영역이라고도 한다.

연구 초점 10-4

소리로 보기

반향정위(echolocation), 즉 소리를 사용하여 공간 내의 물체 위치를 확인하는 능력은 박쥐와 돌고래 등의 종들에서 집중적으로 연구되어 왔다. 50여 년 전부터 일부 시각장애인이 반향정위를 사용한다는 것도 보고되었다.

더 최근에 시각장애인이 자신의 혀와 입으로 찰칵 소리를 내고 이 소리가 되돌아오는 것을 들으면서 이동하는 사례들이 보고되고 있다. 선천적으로 시각장애를 가진 사람이 주차된 차와 같이 소리를 내지 않는 방해물이 있는 거리에서 자전거를 탈 수 있다. 그러나 이들이 어떻게 자전거를 탈 수 있고 뇌의 어느 부위가 이를 가능하게 하는가?

시각장애인을 대상으로 한 행동 연구들은 반향정위자들이 치아 바로 뒤에 있는 입천장 뒤와 밑으로 혀를 움직여서 찰칵 소리를 짧게 내는 것을 관찰하였다. 숙련된 반향정위자는 대상의 속성, 즉 위치, 거리, 크기, 형태와 질감 등을 인식할 수 있다(Teng & Whitney, 2011).

Thaler와 동료들(2011)이 fMRI를 사용하여 이 능력의 신경학적 근거를 조사하였다. 이들은 물체의 형태와 움직임을 지각하기 위해, 심지어 물체를 확인하기 위해 반향정위를 숙련되게 사용하는 2명의 시각장애인을 연구하였다. 연구자들은 2명의 시각장애인이 자신들이 내는 찰칵 소리와 이 소리가 되돌아오는 조건과, 통제 소리(찰칵 소리와 강도와 주파수에서 동일함)는 제시되지만 이 소리가 되돌아오지 않는 조건에서의 뇌 활성화를 비교하였다. 두 시각장애인의 청각피질에서 유사한 활성화를 관찰하였는데, 즉 예상한 바와 같이 이들은 자신들의 청각피질을 사용하여 소리를 들었다.

그러나 시각장애 반향정위자들이 자신들의 반향정위 찰칵 소리와 이 소리가 되돌아오는 것을 들을 때 일차시각피질도 활성화 증가를 보였다. 시각장애를 가지고 있지 않은 통제군에서는 시각피질의 활성화 증가는 관찰되지 않고 청각피질의 활성화만이 관찰되었다. 게다가 그림에 제시되어 있듯이 시각장애 반향정위자들은 되돌아오는 소리가 있는 조건과 없는 조건을 비교하였을 때에만

(감산 절차) 시각피질의 활성화를 보였다. 이 결과는 반향정위자가 되돌아오는 소리는 보는 것을 의미한다. 시각장애를 가지고 있지 않은 통제군(결과가 그림에 제시되어 있지 않음)은 이 두 조건의 비교에서 시각 혹은 청각피질의 활성화를 보이지 않았다.

이 결과는 숙련되게 반향정위를 사용하는 시각장애인이 전형적으로 시각 정보의 처리에 관여하는 뇌 영역들을 사용하여 찰칵-반향 정보를 처리하는 것을 시사한다. Thaler와 동료들은 청각피질로부터 오는 정보를 사용하여 일차시각피질이 공간 계산을 한다고 제안한다.

추후 연구에서 Thaler와 동료들(2018)은 반향정위자가 환경 조건에 근거하여 찰칵의 강도와 횟수를 조절하는 것을 발견하였는데 이는 반향정위를 사용하는 동물이 사용하는 전략과 유사하다. 이러한 연구들은 반향정위가 시각장애 혹은 시각결함이 있는 사람에게 일상생활에서 더 독립적으로 생활하게 할 수 있다는 희망을 제시한다(이러한 훈련 프로그램 결과에 관해서는 Norman et al., 2021 참조).

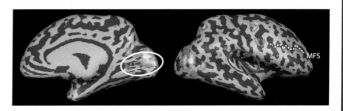

소리로 보기 되돌아오는 소리가 있는 혹은 없는 조건에서의 시각장애 반향정위자의 피질 활성화 영상은 청각피질(오른쪽)에 비해 시각피질(왼쪽)에서만 활성화가 있음을 보여준다.

출처 : Thaler, L., Arnott, S.R., & Goodale, M.A. (2011) Neural correlates of Natural Human echolocation in Early and Late Blind Echolocation Experts. PLoS ONE, 6, (5)e20162. doi:10.1371/journal.pone.0020162.

원리 5. 뇌는 대칭적인 동시에 비대칭적이다.

할을 한다.

이러한 피질 차이는 청각피질이 구조적 및 기능적인 측면에서 비대칭적이라는 것을 의미한다. 비록 대뇌 비대칭이 청각피질에 국한되는 것은 아니지만 청각피질의 비대칭이 가장 두드러지는데, 이는 언어의 청각적 분석이 오른손 사용자의 경우 좌반구에서만 일어나기 때문이다. 왼손 사용자 중 약 70%는 오른손 사용자와 동일한 구조적 비대칭을 가지는데, 이는 언어 조직화가 우세 손하고만 관련되어 있지 않은 것을 시사한다. 비록 우반구가 일부 관여하기는 하지만 말하기와 읽기 및 쓰기를 포함하는 다른 언어 기능도 비대칭이다.

왼손 사용자의 나머지 30%는 두 그룹으로 나뉜다. 즉 15% 정도는 오른손 사용자와 반대되는 현상을 보이고 나머지 15%는 양반구 모두가 언어에 관여한다. 다시 말하면 모든 왼손 사용자 중 대략 15%는 일부 언어 기능을 한 대뇌반구에 가지고 있고 일부 언어 기능을 다른 반구에 가지고 있다.

뇌의 한 대뇌반구에 언어 영역이 위치하는 것이 **편재화**(lateralization)의 한 예다. 대개 한 대뇌반구가 한 유형의 분석에 전문화되어 있으면 다른 대뇌반구는 상호 보완적 기능을 가진다. 예를 들어 좌반구가 언어 기능에 전문화되어 있으면 우반구는 음악에 편재화되어 있는 것으로 여겨진다.

측두엽의 구들은 청각피질보다 더 많은 크기의 피질 조직들을 포함한다(그림 10.12B). 외측열

반향정위 소리를 사용하여 공간 내의 물체 위치를 인식하는 능력

편재화 기능이 뇌의 한 면에 주로 위치하게 되는 과정

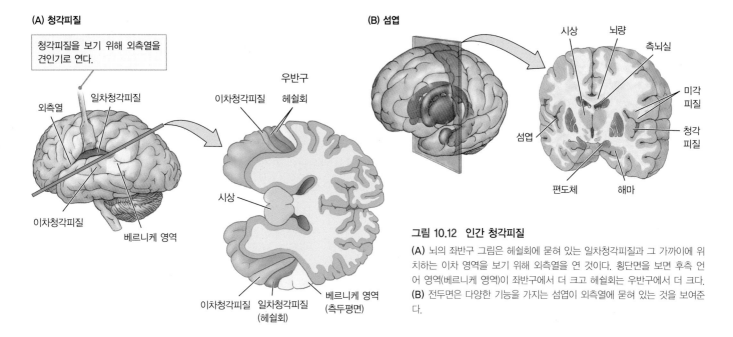

(A) 청각피질

청각피질을 보기 위해 외측열을 견인기로 연다.

외측열

일차청각피질

이차청각피질

베르니케 영역

이차청각피질

우반구

헤쉴회

시상

일차청각피질 (헤쉴회)

베르니케 영역 (측두평면)

(B) 섬엽

시상   뇌량

측뇌실

미각 피질

청각 피질

섬엽

편도체   해마

그림 10.12 인간 청각피질

(A) 뇌의 좌반구 그림은 헤쉴회에 묻혀 있는 일차청각피질과 그 가까이에 위치하는 이차 영역을 보기 위해 외측열을 연 것이다. 횡단면을 보면 후측 언어 영역(베르니케 영역)이 좌반구에서 더 크고 헤쉴회는 우반구에서 더 크다. (B) 전두면은 다양한 기능을 가지는 섬엽이 외측열에 묻혀 있는 것을 보여준다.

안에 묻혀 있는 피질 조직을 **섬엽**(insula)이라고 하는데 섬엽은 언어와 관련된 영역뿐만 아니라 미각을 통제하는 영역(미각피질)과 사회 인식에 관여하는 영역과도 연결되어 있다. 따라서 섬엽에 손상을 입으면 언어장애와 미각장애 등 다양한 결함이 초래된다.

섬엽 외측열 안에 위치하며 언어, 미각, 사회 인지 등 다양한 기능에 관여하는 피질 조직

음위상 표상 청각에서 낮은 주파수부터 높은 주파수의 음파를 처리하는 구조적 조직화

10-2 복습

진도를 계속 나가기 전에 앞 절을 얼마나 이해했는지 확인해보자. 정답은 이 책의 뒷부분에 있다.

1. 귀로 들어오는 음파 에너지는 고막을 진동하고 이후 _____을/를 진동한다.

2. 청각 수용기는 _____에서 발견되는 _____이다.

3. 와우액이 움직이면 _____와/과 _____이/가 움직인다.

4. 와우관의 양극세포 축색들이 _____ 신경을 형성하며, 이는 _____뇌신경의 일부이다.

5. 와우관에서 시작되는 청신경은 뇌간의 다양한 핵으로 축색을 보낸다. 이후 중뇌의 _____와/과 시상의 _____으로 축색을 보낸다.

6. 청각피질의 비대칭적 구조와 기능을 기술하시오.

10-3

신경 활동과 듣기

지금부터는 소리의 지각을 만들어내는 청각계의 뉴런 활동을 살펴보자. 청각계의 서로 다른 수준에 위치하는 뉴런들은 서로 다른 기능을 한다. 개개 유모세포와 피질뉴런들이 무엇을 하는지 이해하기 위해 청각계가 어떻게 음파 에너지를 부호화하여 음고, 음강, 음원과 패턴을 지각하게 하는지 살펴보자.

음고 듣기

음고 지각이 헤르츠(초당 사이클 수)로 측정되는 음파의 주파수(반복률)와 관련된다고 앞서 살펴보았다. 와우관의 유모세포들은 자신들의 기저막 위치에 따라 주파수를 부호화한다. 이 **음위상**

학습 목표

• 와우관의 해부 구조가 어떻게 주파수를 음고로 지각하게 하는지 설명한다.

• 음강과 음원을 탐지하게 하는 해부학적 특징과 신경 경로를 기술한다.

• 배측과 복측 청각 경로의 소리 패턴 인식에서의 역할을 요약한다.

그림 10.13 동조곡선
그래프는 2개의 서로 다른 와우신경 축색의 발화율을 증가시키는 데 필요한 음파 주파수와 진폭 에너지를 보여준다. 각 곡선의 가장 낮은 지점이 유모세포가 가장 민감하게 반응하는 주파수이다. 왼쪽의 곡선은 1,000 Hz의 인간 청력의 중주파수를 중심으로 하는 한편 오른쪽 곡선은 인간 청력 범위 중 고주파수 범위에 속하는 10,000 Hz의 주파수를 중심으로 한다.

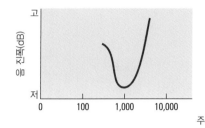
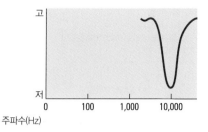

음위상은 말 그대로 '음의 위치'를 의미한다.

각 유모세포와 광수용기(그림 9.9 참조)는 자신이 선호하는 주파수에 최대한 반응하지만 자신의 감각 영역 안에 있는 주파수 범위에도 반응한다.

표상(tonotopic representation)에서 와우관의 기저부에 위치하는 유모세포의 융모는 고음으로 지각되는 고주파수의 음파에 최대한으로 반응하고 첨단부의 융모는 저음으로 지각되는 저주파수의 음파에 최대한으로 반응한다. 와우신경을 형성하는 각 양극세포 축색이 단지 하나의 내유모세포와 연결되기 때문에 양극세포는 첨단부에서 기저부에 이를 때까지 흥분되는 기저막의 위치에 관한 정보를 전달한다.

와우신경의 단일 섬유(축색) 활성화를 기록하면 비록 각 축색이 청각 스펙트럼의 작은 일부에 관한 정보만을 전달하지만 만약 음파가 충분히 큰 경우 세포들이 일정 범위의 음파 주파수에 반응하는 것을 관찰할 수 있다. 다시 말하면 각 유모세포가 특정 주파수에 최대한으로 반응할 뿐만 아니라 이와 가까운 주파수에도 반응하는데, 이 경우 인접 주파수가 수용기(유모세포)의 세포막 전위를 흥분시키기 위해서는 음파의 진폭이 더 커야(강해)만 한다.

서로 다른 진폭에서 유모세포가 서로 다른 주파수에 반응하는 범위를 동조곡선(tuning curve)으로 나타낼 수 있다. **그림 10.13**에서처럼 각 유모세포 수용기는 특정 주파수에 최대한 민감하게 반응하지만 인접한 주파수에도 어느 정도 반응한다.

와우관 양극세포의 축색은 질서정연한 방식으로 와우핵으로 연결된다(그림 10.11 참조). 와우관의 기저부에서 와우핵으로 들어가는 축색은 와우핵의 한 지점과 연결되고 중간 부위에서 들어가는 축색은 또 다른 지점과 연결되며 첨단부에서 들어가는 축색은 또 다른 와우핵 지점과 연결된다. 따라서 기저막의 음위상 표상이 후뇌의 와우핵에서도 재현된다.

이 체계적 표상이 청각 경로와 일차청각피질에서 유지된다. **그림 10.14**는 와우관의 기저부와 첨단부로부터 오는 축색이 A1에 어떻게 분포되는지 보여준다. 이와 유사한 음위상 지도가 청각계의 각 수준에서 작성될 수 있다.

체계적인 청각 조직화로 말미암아 **와우관 이식**(cochlear implants), 즉 수술을 통해 뇌 신경을 자극하는 전자 장비를 내이에 이식하여 청력을 상실한 사람이 듣는 것이 가능해졌다(Naples & Ruckenstein, 2020). 와우관 이식은 청각 상실을 치료하는 것이 아니라 청력 대체제이다. **그림 10.15**에서 볼 수 있듯이 자석으로 포트에 고정된 소형 마이크 처리기가 유입되는 음파의 주파수와 진폭을 탐지한다. 음파가 배터리로 작용하는 전기 자극으로 전환되어 포트를 통해 와우관

와우관 이식 수술을 통해 전선을 갖춘 전자 장비를 내이에 이식한다. 전선이 전달한 변환된 음파가 뇌 신경을 직접 흥분시켜 듣지 못하는 사람이 들을 수 있게 된다.

그림 10.14 A1 영역의 음위상 표상
외측열 아래에 위치하는 일차청각피질을 드러내기 위해 견인기로 외측열을 연다. 일차청각피질의 전측 끝이 와우관의 첨단부에서 정보를 받기 때문에 저주파수에 반응한다. 후측 끝은 와우관의 기저부로부터 정보를 받기 때문에 고주파수에 반응한다.

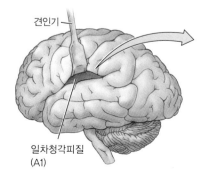

견인기

일차청각피질
(A1)

와우관의 첨단부로부터 정보를 받음

와우관의 기저부로부터 정보를 받음

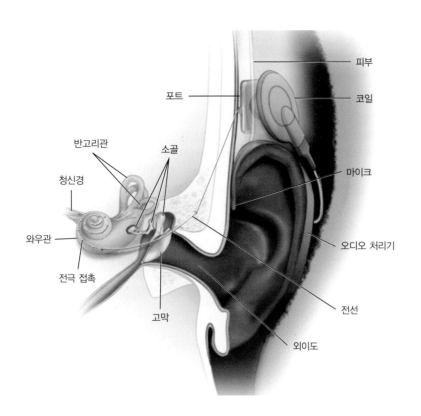

그림 10.15　음위상 기술

와우관 이식은 귀 뒤에 부착된 마이크를 통해 유입되는 음파 자극을 탐지한다. 오디오 처리기가 주파수와 진폭을 전류로 변환하고 와우관의 정확한 위치에 있는 와우신경을 자극한다.

의 적절한 부위와 연결된 전선으로 보내지고 전선과 연결된 와우관의 부위에서 와우신경을 직접적으로 흥분시킨다. 이식 절차가 코르티 기관을 손상시키기 때문에 뇌신경 자극기로부터 오는 소리 외의 다른 외부 소리는 더 이상 지각되지 않는다. 그러나 적절한 신호가 와우관 내의 정확한 부위(높은 주파수는 난원창 근처의 기저부, 낮은 주파수는 첨단부)에서 와우신경으로 전달되기만 하면 뇌는 '듣는다'. 와우관 이식은 매우 잘 작동하여 농아로 하여금 말의 음고 변화까지도 탐지하게 한다. 이 혁신적인 장비의 성공이 기저막의 음고에 관한 음위상 표상을 입증하고 의학 및 사회에 미친 영향은 결코 간과할 수 없다. 와우관 이식을 받은 한 아동에 관한 이야기가 '임상 초점 10-5 : 청각장애 아동의 와우관 이식'에 소개되어 있다.

　그러나 와우관 이식이 만들어내는 소리의 질은 자연적으로 듣는 소리에 비해 낮다. 청력을 상실한 후 와우관 이식을 한 성인은 자신이 듣는 소리를 '전산화된' 혹은 '이상한' 소리로 묘사하고 음악이 불쾌하게 들리고 듣기 어렵다고 보고한다. 그러나 청각장애를 가진 아동은 이러한 반응을 하지 않는데 이는 아동이 자연적으로 소리를 들은 경험이 제한되거나 없는 경우에는 두 소리를 비교하지 못하기 때문이다.

　Graeme Clark(2015)는 기저막 자극을 증가시키기 위해 50개(전형적으로 이 장비는 22개의 전극을 가지고 있다)의 전극을 가진 고품질 와우관 이식법을 개발하였다. 그의 목표는 더 나은 음악 지각과 시끄러운 방에서 특정 목소리를 식별하는 능력을 형상시키는 것이다. 연령과 무관하게 청력 상실과 치료 사이의 기간이 짧을수록 청력이 더 좋아지는데, 즉 개입이 빠를수록 더 나은 치료 결과를 기대할 수 있다.

　주파수 탐지에 관해 다소 어려운 점 하나가 20Hz의 저주파수 음을 들을 수 있음에도 불구하고 인간 와우관이 약 200Hz 이하의 저주파수에 대해서는 음위상 방식으로 반응하지 않는다는 것이다. 첨단부에 있는 모든 세포가 기저막의 움직임에 반응하지만 유입되는 음파의 주파수에 비례해서만 반응한다(그림 10.9B 참조). 양극세포의 발화율이 높으면 고주파를 신호하는 반면 발화

임상 초점 10-5

청각장애 아동의 와우관 이식

G. D.는 맏이로 건강하게 태어났다. 그녀의 부모는 G. D.가 애완견이 짖는 큰 소리에 반응하지 않는 것을 발견하고 그녀를 주치의에게 데려갔으며 주치의 역시 G. D.가 소리에 반응하지 않는 것을 관찰하였다. 가까운 병원에서 실시한 귀음향 방사 검사와 청각 유발반응 검사 결과 아이에게 청각 문제가 있는 것으로 여겨졌다(연구 초점 10-3에 기술된 귀음향 방사 참조). G. D.는 검사를 더 하기 위해 지역의 아동병원에 의뢰되었고 그 결과 그녀가 확실하게 청각장애를 가지고 있고 왼쪽보다 오른쪽의 청력이 더 좋지 않은 것으로 진단되었다. 그녀는 보청기를 착용하였고 이후 얼마 동안 단어를 불러 주거나 소리를 제시하면 이에 반응할 수 있었다. 그러나 그녀의 청력은 천천히 악화했다. G. D.의 가족은 그녀가 말로 의사소통을 하고 음악을 즐기며 일반학교에 다니기를 희망하였는데 와우관 이식이 이러한 목표를 달성 가능하게 하는 옵션이었다.

아동의 청각장애는 많은 원인, 즉 유전적 돌연변이(사례의 약 50%)와 톡소플라스마증, 매독, 풍진, 사이토메갈로바이러스, 헤르페스바이러스를 포함하는 다양한 감염 등에 의해 초래된다. G. D.와 같은 다수 청각장애 아동의 부모는 정상적인 청력을 가지고 있다.

G. D.는 유전자 검사를 받았고 SOX10 유전자의 돌연변이가 청각장애의 원인이라고 결론 내려졌다. 그녀는 *이형접합체*(heterozygote)였는데, 즉 유전자의 한 복사본은 정상이고 다른 한 복사본이 돌연변이다. SOX10 돌연변이가 우성이기 때문에 이 유전자가 부모로부터 유전되지는 않았다(만약 유전되었다면 그녀의 부모도 청각장애를 가지고 있었을 것이다). 따라서 G. D.의 경우 돌연변이가 *새로운*(자발적인) 것으로 여겨졌다.

첫 번째 생일을 맞이한 5일 후 그녀는 오른쪽 귀에 와우관 이식을 받았다. 코르티 기관 파괴 후에 따르는 약 한 달 동안의 회복 기간이 지난 후 이식이 처음으로 켜졌고 G. D.는 이에 잘 반응하였다. 실제로 다음날 그녀는 나무에서 새가 짹짹거리는 것과 머리 위로 비행기가 날아가는 것 등을 말하였고 그녀의 가족은 그녀가 이전에는 몰랐던 소리에 반응하는 것에 매우 기뻐하였다. 목

욕을 하거나 잠을 자거나 혹은 배터리 재충전을 할 경우 이식의 외부 처리기를 쉽게 제거할 수 있다.

G. D.는 언어치료를 받았고 정기적으로 이식 검사를 받았다. 그러나 그녀의 언어치료사는 그녀가 최소한의 수화만을 배우는 것을 추천하였는데 이는 G. D.가 습득하기에 훨씬 더 어려운 구어 학습이 방해를 받지 않기 위해서였다. 비록 그녀의 구어 이해력이 또래보다 더 우수하였지만 왼쪽의 청각이 지속적으로 악화했고 오른쪽 이식을 받은 지 2년 후 G. D.는 왼쪽 귀에도 와우관 이식을 받았다. 3개월 후 왼쪽 이식 장치가 작동되었을 때 G. D.는 환경에서 들리는 소리의 위치를 인식하기 시작했다(10-3절 참조). 이 능력은 대부분의 사람들은 당연한 것으로 여기지만 그녀에게는 새로운 기술이었다.

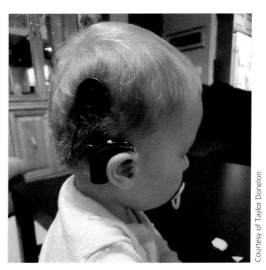

1세 아동의 외부 와우관 이식 장비

Courtesy of Taylor Donelon

율이 낮으면 저주파를 신호한다.

왜 와우관이 매우 낮은 주파수 범위 내의 음고를 구분하는 데 다른 체계를 사용하는가는 아직 정확하게 밝혀지지 않았다. 아마 기저막의 물리적 한계 때문일 것으로 보인다. 코끼리와 고래 같은 동물은 저주파수 음을 사용하여 소통하기 때문에 저주파수 음을 구분하는 것이 이 동물에게는 매우 중요하다. 이 종들은 인간보다 기저막의 첨단부에 더 많은 뉴런을 가지고 있다.

음강 탐지

와우(양극)세포들이 음파의 강도를 나타내는 가장 간단한 방법이 더 큰 진폭에 대해 더 높은 발화율을 보이는 것인데, 실제로 정확히 이 방법이 사용된다. 더 강한 공기 압력 변화는 기저막에 더 강한 진동을 가져오고 이에 따라 융모가 더 휘어진다. 이렇게 융모가 더 휘어지면 더 많은 신경전달물질이 양극세포에 분비된다. 그 결과 양극세포의 축색이 더 자주 발화하고 이를 통해 청각계는 소리가 더 크다는 것을 알게 된다.

음원 탐지

심리학자인 Albert Bregman은 청각계가 어떻게 음원을 탐지하는지 기술하기 위해 다음의 시각

비유를 들었다.

호숫가에서 게임을 한다고 가정하자. 호수로부터 2개의 통로가 옆으로 나란히 만들어지고, 호 숫물이 그 통로들을 채운다. 각 통로를 채우는 도중 파도에 따라 코르크가 통로의 위아래로 뜬다. 여러분이 호수를 등지고 서 있으며 2개의 떠 있는 코르크만을 바라본다. 이후 여러분에 게 호수에서 무슨 일이 일어나고 있는지 질문한다. 즉 "호수에 2개 혹은 단지 1개의 모터보트 가 있습니까?", "당신에게 더 가까이 있는 모터보트가 왼쪽에서 오른쪽으로 혹은 오른쪽에서 왼쪽으로 가고 있나요?", "바람이 불고 있습니까?", "무거운 것이 호수로 떨어졌나요?" 여러 분은 2개의 코르크를 바라보면서 이 질문들에 답해야 한다. 이 질문들에 답하는 것이 불가능 해 보인다. 이제 이와 정확히 유사한 문제를 생각해보자. 여러분이 방에 앉아 있고 공기가 여 러분을 둘러싸고 있다. 여러분 머리에 있는 2개의 통로, 즉 2개의 외이도로 공기가 흘러들어 온다. 각 외이도의 끝에 있는 막(고막)은 호숫물로 채워지는 통로에 떠 있는 코르크와 같이 작 용한다. 즉 도달하는 음파에 따라 안팎으로 움직인다. 호숫가에서의 게임이 코르크의 움직임 에 관한 정보 외에는 호수에서 어떤 일이 일어나고 있는가에 관한 정보를 제공하지 않는 것처 럼 소리에 의해 방에서 일어나는 사건은 두 고막의 진동만을 통해 여러분의 뇌만이 알고 있다 (Bregman, 2005, p. 35).

우리는 음원을 한 귀에서 받은 단서와 두 귀에서 받은 단서를 비교함을 통해 추정한다. 각 와 우신경이 뇌의 양측과 시냅스한다는 사실이 소리의 위치를 인식하는 기제를 제공한다. 한 기 제는 뇌간의 뉴런들이 각 귀에 도달하는 음파의 도착 시간의 차이, 즉 **두 귀의 시간 차**(interaural time difference, ITD)를 계산한다. 음원의 탐지에 도착 시간 차이가 클 필요가 없다. 만약 이어폰 을 통해 두 소리가 10μs 정도의 짧은 간격을 두고 제시되면 청자는 이 소리를 우세 귀를 통해 들 어온 단일 소리로 지각한다.

왼쪽 귀-오른쪽 귀 도착 시간의 계산은 상올리브 복합체의 내측 부위에서 일어난 다(그림 10.11 참조). 이후 뇌세포들이 각 귀로부터 입력을 받기 때문에 이 세포들은 언제 신호가 각 귀로부터 자신들에게 도달하는지를 정확하게 비교할 수 있다.

그림 10.16은 어떻게 왼쪽 방향에서 시작된 음파가 오른쪽 귀에 도달하기 약간 전에 왼쪽 귀에 도달하는가를 보여준다. 소리의 출처(음원)가 머리의 측면에서 중앙 부위로 이동하면 음원을 탐지하는 것이 점차 어려워진다. 즉 ITD가 점점 작아져서 결국 전혀 없어지기 때문이다. 도착 시간의 차이를 전혀 탐지하지 못하면 사람들은 그 소리가 자신들의 정면 혹은 바로 뒤에서 온다고 추론한다. 음원을 찾기 위해 머 리를 움직이면 음파가 한 귀에 더 빨리 도달한다. 우리 바로 위와 아래에서 오는 소 리를 구분하는데도 이와 유사한 문제가 생긴다. 이때에도 사람들은 자신들의 머리 를 기울여서, 즉 음파가 한 귀보다 다른 한 귀에 먼저 도달하게 함으로써 이 문제를 해결한다.

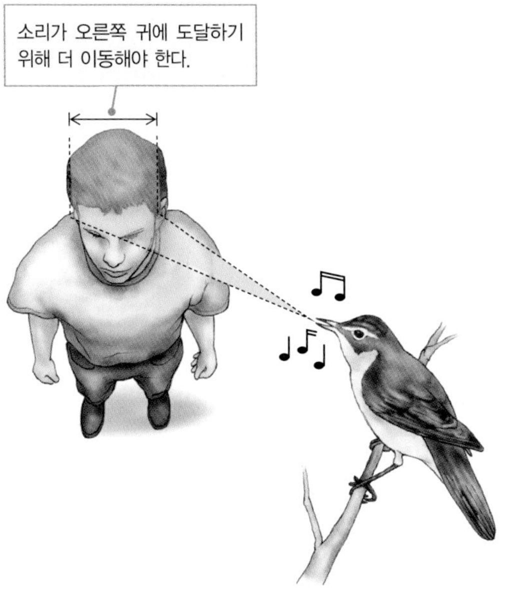

음원을 탐지하기 위해 청각계가 사용하는 또 다른 기제는 음파가 두 귀에 도달하는 소리의 상 대적 강도, 즉 **두 귀의 강도 차**(interaural intensity difference, IID)이다. 머리가 고주파수의 음파에 는 장애물인데 왜냐하면 고주파수의 음파가 머리 주위에서 쉽게 구부러지지 않기 때문이다. 그 결과 머리의 한 면에 도달한 고주파수의 음파가 다른 면보다 더 크게 들린다. 상올리브의 외측 부위와 능형체에서 이 차이가 탐지된다. 정면 혹은 바로 뒤에서 오는 음파나 바로 위 혹은 아래

소리가 오른쪽 귀에 도달하기 위해 더 이동해야 한다.

그림 10.16 소리의 위치

신체의 왼쪽 면에서 발생한 음파는 오른쪽 귀보 다 왼쪽 귀에 약간 더 일찍 도달한다. 두 귀에 도착하는 시간의 차이(ITD)가 작지만 청각계는 이를 구별할 수 있고, 두 소리를 융합하여 왼쪽 에서 오는 소리를 하나의 명확한 소리로 지각하 게 한다.

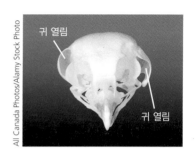

그림 10.17 귀로 하는 사냥

(왼쪽) 올빼미는 자신의 발톱을 쥐의 신체축에 맞추어 어둠 속에서 쥐를 잡으려고 한다. (가운데) 올빼미의 얼굴털이 음파를 모아 눈의 위와 아래에 있는 깃털로 덮인 골(trough)을 통해 좁은 이도(ear-cananl opening)로 보낸다. 올빼미의 왼쪽 귀는 왼쪽과 아래에서 오는 음파에 더 민감한데 이는 왼쪽 이도가 더 높고 골은 더 아래로 경사져 있기 때문이다. 오른쪽 이도는 낮고 골이 위로 치우쳐 있기 때문에 오른쪽 귀는 오른쪽과 위에서 오는 음파에 더 민감하다. (오른쪽) 올빼미의 비대칭적 두개골이 청각 비대칭이 일어나게 한다.
출처 : Knudsen(1981).

에서 오는 음파는 쉽게 구분하기 어려운데, 이 경우 머리를 기울이거나 돌림으로써 음원을 탐지할 수 있다.

머리를 기울이거나 돌리는 데 시간이 걸리며, 이것이 먹이 사냥에 소리를 사용하는 올빼미 같은 동물에게는 중요하다. 올빼미에게는 적어도 두 방향(오른쪽과 왼쪽, 위와 아래)의 음원을 동시에 인식하는 것이 요구된다. 인간처럼 올빼미는 ITD를 활용하여 수평 방향의 음원을 탐지할 수 있다. 이에 덧붙여서 올빼미의 귀는 수직 방향에서 오는 음파의 상대적 강도도 탐지하도록 진화되었다. **그림 10.17**에 제시되어 있는 것처럼 올빼미의 귀는 약간 수직으로 위치한다. 이로 인해 올빼미는 어두운 곳에서도 소리만을 사용하여 먹이 사냥을 한다. 이는 쥐에게 나쁜 소식이다.

소리 패턴 탐지

음악과 언어 단위처럼 음파 패턴을 의미 있는 단위로 지각하는 것이 우리의 근본적인 청각 분석이다. 음악 지각과 언어 지각이 각각 우반구 측두엽과 좌반구 측두엽에 편재화되어 있기 때문에 우반구 측두엽과 좌반구 측두엽의 뉴런들이 이 두 청각 경험에서의 패턴 인식과 분석에 관여하는 것으로 추측된다. 그러나 인간의 청각뉴런 활동을 연구하는 것이 쉽지 않은데 이는 비침습적 방법으로 연구할 수 없기 때문이다.

신경과학자들이 알고 있는 대부분의 정보는 비인간 영장류의 개개 뉴런이 어떻게 반응하는가를 연구한 것으로부터 제공되었다. 인간과 비인간 영장류 모두 복측과 배측 피질 청각 경로를 가지고 있다. 복측 경로의 뉴런들은 매우 복잡한 소리를 해독하는데, 이를 일부 연구자들은 **청각 대상 인식**(auditory object recognition)이라고 한다. 이 경로는 인간에서는 말소리의 의미, 원숭이에서는 종 특유의 소리가 가지는 의미를 해독하는 것을 용이하게 한다(Rauschecker, 2012 참조). 배측 청각 흐름의 뉴런들의 속성에 관해서는 덜 알려져 있지만 이 경로가 언어 산출을 통제하기 위해 청각과 체감각 정보를 통합하는 역할을 하는 것이 분명한데, 이 과정을 **행동을 위한 청각**(audition for action)이라고 한다.

청각 정보에 근거한 움직임은 배측 흐름에 의해 일어나는 시각 정보에 근거한 무의식적 움직임과 유사하다. 그림 9.22를 참조하라.

10-3 복습

진도를 계속 나가기 전에 앞 절을 얼마나 이해했는지 확인해보자. 정답은 이 책의 뒷부분에 있다.

1. 와우관의 양극 뉴런들이 음파의 주파수를 부호화하는 _____ 표상을 형성한다.

2. 음강은 _____에 있는 세포의 발화율로 나타난다.

3. 음원의 탐지는 뇌간의 _____와/과 _____에 있는 뉴런들의 기능이다.

4. 배측 청각 경로의 기능은 _____이다.

5. 뇌가 어떻게 음원을 탐지하는지 설명하시오.

6. 어떻게 와우관 이식이 코르티 기관 없이도 청력을 가능하게 하는지 설명하시오.

10-4

언어와 음악의 해부

학습 목표
- 언어 구조의 유사성이 언어의 유전적 근거를 이해하는 데 얼마나 영향을 미치는지 설명한다.
- 브로카 영역과 베르니케 영역의 언어 처리에서의 기능과 각 영역의 손상과 관련된 실어증을 기술한다.
- Penfield가 청각과 언어 영역의 지도를 작성하였던 과정을 요약한다.
- 음악 처리와 관련된 피질 구조를 기술한다.

35,000년 전에 우리의 조상이 만든 플루트의 발견과 그 진화적 의미가 무엇인지를 살펴봄으로써 이 장을 시작하였다(연구 초점 10-1 참조). 인간이 오래전에 플루트를 만들었다는 사실은 이들이 음악을 만들었을 뿐만 아니라 음악적 음파 패턴을 처리하였다는 것을 시사한다. 인간의 뇌에는 좌반구에 주로 위치하는 언어능력에 대한 상호 보완으로 음악능력이 우반구에 주로 전문화되어 있다.

인류 조상의 뇌에서도 이 상호 보완적 체계가 같이 진화하였는지는 아무도 모르지만 음악이 먼저 진화되었을 가능성이 있다. 언어능력과 음악능력 모두 현대 인간의 뇌에 매우 잘 발달되어 있다. 어떻게 언어와 음악이 세포 수준에서 처리되는지는 거의 알려져 있지 않지만 전기적 자극과 기록, 혈류 영상 연구들이 언어와 음악을 처리하는 피질 영역들에 관한 중요한 정보를 제공한다. 이 연구들을 살펴볼 것이며, 먼저 뇌가 어떻게 언어를 처리하는지 살펴보자.

언어 처리

오늘날 전 세계적으로 5,000~7,000개의 인간 언어가 존재하며 지난 1,000년 동안 이보다 더 많은 수의 언어가 사라졌다. 연구자들은 뇌가 단일 체계를 통해 어떤 언어라도 이해하고 산출하는지 혹은 영어와 일본어처럼 서로 다른 언어들이 서로 다르게 처리되는지 궁금해하였다. 이 질문에 답하기 위해서는 언어들이 명백하게 서로 다름에도 불구하고 근본적인 공통점을 가지고 있는가를 분석하는 것이 도움이 된다.

7-4절과 7-2절은 각각 기능적 뇌영상 기법과 뇌의 전기적 활동기록법에 관해 설명하고 있다.

언어 구조의 획일성

간혹 외국어가 지나치게 복잡한 것으로 여겨진다. 외국어 소리는 매우 이상하게 들리고 발음하기 어렵게 느껴진다. 예를 들어 여러분의 모국어가 영어라면 일본어와 같은 특정 언어가 여러분에게 독특한 멜로디로 들리고 자음이 거의 들리지 않는 한편 독일어는 많은 자음과 더불어 상당히 후두음(guttural)처럼 들릴 것이다.

스페인어, 이탈리아어, 프랑스어와 같이 서로 관련된 언어조차 개인이 이미 한 언어를 알고 있다고 해도 이 언어 중 하나를 배우는 것은 도전이다. 모든 언어가 차이를 가지고 있지만 이 차이는 피상적이다. 비록 즉각적으로 드러나지는 않지만 인간 언어들은 근본적으로 서로 다르기보다는 유사하다.

Noam Chomsky(1965)는 인간 언어 구조의 차이보다 유사점을 강조한 첫 번째 언어학자로 인정받으며 과학적 방법으로 언어를 연구하였다. 50년 이상 동안 출판한 일련의 책과 논문에서 Chomsky는 Steven Pinker(1997)와 같은 연구자처럼 급진적인(sweeping) 주장을 하였다. 즉 이들은 유전적으로 결정된 압박으로 인해 모든 언어가 공통된 구조적 특성을 가지고, 이 공통적 특징이 보편적인 문법 이론의 기초를 형성한다고 주장하였다. 명백히 인간은 직립 보행 능력처럼 언어를 학습하고 사용하는 선천적인 능력을 가지고 있다.

1960년대에 Chomsky가 이러한 견해를 처음으로 제안하였을 때 많은 비난을 받았으나 이후 인간 언어가 유전적 근거를 가지고 있는 것이 명확해졌다. 이를 입증하는 증거 중 하나가 인간에게 언어가 보편적이라는 것이다. 어느 곳에 사는 인간이라도 언어를 사용한다.

언어의 복잡성은 문화의 기술적 복잡성과 관련되어 있지 않다. 산업이 발달하지 못한 곳에 사는 사람들이 사용하는 언어가 산업이 발달한 문화권에서 사용하는 언어만큼 복잡하고 세련되어 있다. 셰익스피어 시대에 사용하던 영어가 오늘날의 영어보다 수준이 더 낮거나 높은 것이 아니라 단지 다를 뿐이다.

인간 언어가 유전적 근거를 가진다는 Chomsky의 주장을 지지하는 또 다른 증거는 인간은 언어를 아주 어린 시절에 쉽게 배운다는 것이다. 대략 생후 12개월 정도가 되면 세계 어느 곳에 사는 아동이라도 단어를 말하기 시작한다. 18개월 정도에 이르면 단어들을 결합해서 사용하고 대략 3세 정도에는 언어능력이 풍부해진다.

언어 발달에 관한 가장 놀라운 점은 아동이 모국어의 구조를 공식적으로 배우지 않는다는 것인데, 이는 기거나 걷는 것을 배우지 않고도 그냥 하는 것과 마찬가지이다. 유아는 문법 규칙을 고통스럽게 배우지 않는다. 실제로 'I goed to the zoo'와 같은 유아의 언어 오류를 어른이 고쳐주지도 않는다. 그럼에도 불구하고 아동은 빨리 언어를 습득한다. 아동은 일련의 단계를 거쳐 언어를 습득하는데, 이 단계가 전 문화권에서 매우 유사하다. 실제로 Chomsky의 언어 생득 이론에서 언어 습득 과정이 중요한 역할을 하는데, 이는 언어 발달이 경험의 영향을 받지 않는 것을 의미하지 않는다.

가장 기본적인 수준에서 아동은 자신이 들은 언어를 배운다. 영어권에 사는 아동은 영어를 배우고 일본에 사는 아동은 일본어를 배운다. 또한 아동은 자신의 주위에 있는 사람들의 언어 구조, 즉 어휘와 문법을 배우는데, 언어 구조가 사람들에 따라 매우 다를 수 있다. 아동은 언어 습득의 결정적 시기를 거치는데, 이 시기가 대략 생후 1~6년 사이이다. 만약 결정적 시기 동안 아동이 언어에 노출되지 않으면 언어 기술이 매우 심각하게 손상된다. 만약 아동이 두 언어를 동시에 배우면 두 언어 모두 브로카 영역의 동일한 부위에 표상된다. 실제로 두 언어의 신경 표상이 중복된다(Kim et al., 1997).

언어의 보편성과 자연적인 습득이 인간 언어의 유전적 근거를 지지한다. 세 번째 증거는 모든 언어가 공통적으로 많은 기본 구조를 가지고 있다는 것이다. 당연히 모든 언어는 특유의 문법 규칙을 가지고 있어 어떻게 언어의 다양한 요소가 한 문장 내에 정확히 위치해야 하는가(통사)와 서로 다른 의미를 전달하기 위해 어떻게 단어의 어형 변화가 일어나야 하는가 등을 규정하고 있다. 그럼에도 불구하고 모든 것에 우선하는 규칙들이 모든 인간 언어에 적용되는데, 첫 번째 규칙이 언어가 규칙을 가지고 있다는 것이다.

예를 들어 모든 언어는 주어, 동사, 목적어로 불리는 언어 요소를 가지고 있다. 문장 'Jane ate the apple'을 예로 들어보자. 'Jane'은 주어, 'ate'는 동사, 'apple'은 목적어이다. 통사는 보편적인 규칙으로 규정되지 않고 대신 특정 언어에 따라 특정 규칙을 가진다. 영어의 경우 통사 순서가 주어, 동사와 목적어의 순이고, 일본어는 주어, 목적어와 동사의 순이며, 게일어는 동사, 주어와 목적어의 순이다. 그러나 모든 언어는 통사와 문법 모두를 가지고 있다.

생후 1년 된 아동의 어휘는 5~10단어 정도이며 6개월 이후 단어 수는 2배가 되고, 생후 36개월에는 1,000개 정도의 단어를 안다. 8-3절을 참조하라.

15-1절은 언어와 인간의 사고의 관련성을 기술하고 15-4절은 언어 처리에 관여하는 뇌 영역을 기술하고 있다.

이러한 2개의 구조적 기둥(pillar)이 모든 인간 언어에 존재하는 것은 크리올 현상(creolization), 즉 기초적인 언어에서 새로운 언어가 발달하거나 2개 혹은 그 이상의 서로 관련없는 언어가 합해져서 혼합어(pidgin language)가 발달하는 것에서 볼 수 있다. 크리올 현상에 관한 한 예를 호주 북동부의 퀸즐랜드에서 찾을 수 있다. 서로 다른 언어를 사용하는 태평양 섬사람들이 농장에서 일하기 위해 보내졌는데, 이들은 주로 영어 단어들을 독일어, 말레이어, 포르투갈어와 자신들의 오스트로네시아어와 혼합하여 혼합어를 발달시키기 시작하였다.

이 영어에 기초한 혼합어가 톡 피진(Tok Pisin)으로 발달하여 파푸아뉴기니의 세 공식어 중 하나가 되었고 600만 명이 사용하고 있으며 이 지역에서 다른 언어를 밀어내고 있다. 원래의 혼합어는 조잡한 통사(단어 순서)를 가지고 있었으며 진정한 문법 구조가 부족하였다. 혼합어를 만든 노동자들의 자녀들은 자신들에게 단지 혼합어만을 사용하는 사람들에 의해 양육되었다. 결국 한 세대 내에서 이 아동들이 진정한 통사와 문법을 갖춘 자신들의 언어, 즉 크리올어를 만들었다.

명백히 어른들이 필요에 의해 만든 혼합어는 아동이 배울 만한 언어는 아니었다. 이들의 타고난 생물적 본성이 다른 인간 언어와 유사한 기본 구조를 가지는 새로운 언어를 만들었다. 비록 참조어와는 서로 다르지만 모든 크리올어가 이와 유사한 방식으로 발달한 것으로 보인다. 이 현상은 언어 발달에 대한 선천적인 생물학적 요인이 있을 경우에만 일어날 수 있다.

뇌에서의 언어 위치

1800년대 중반에 이르러 언어 기능이 좌반구에 위치하는 것뿐만 아니라 좌반구 내의 특정 부위에 위치한다는 것이 알려지게 되었다. 이 결론에 이를 수 있었던 단서들이 19세기 초부터 드러나기 시작하였는데, 즉 이 시기에 신경학자들이 언어장애를 가진 전두엽 손상 환자들을 보고하였다.

1861년 특정 언어 기능이 좌반구에 위치하는 것이 의사였던 Paul Broca에 의해 확인되었다. Broca는 여러 사후 부검 사례를 통해 언어 기능이 중심열 전측의 좌반구 전두엽에 위치한다고 결론 내렸다. 이 영역에 손상을 입은 한 환자는 정상적인 발성 구조와 언어 이해에도 불구하고 말을 하지 못하였다. **브로카 영역**(Broca's area)의 발견은 좌반구와 우반구가 서로 다른 기능을 하는 것을 처음으로 인식하게 한 점에서 의미가 크다.

이 시기에 다른 신경학자들은 브로카 영역이 언어를 통제하는 여러 좌반구 영역 중 단지 하나에 불과하다고 믿었다. 특히 신경학자들은 듣기와 말하기가 서로 관련되어 있을 것이라고 믿었다. 추후 Karl Wernicke가 좌반구 측두엽의 후측 영역에 손상을 입은 후 말을 이해하지 못하게 된 환자들을 보고하면서 이 믿음이 정확하다는 것이 입증되었는데 손상 영역이 **그림 10.18**의 베르니케 영역(Wernicke's area)이다.

10-2절에서 베르니케 영역을 언어 영역이라고 언급하였다(그림 10.12A 참조). 어떤 언어 영역이든 손상을 입으면 **실어증**(aphasia)이 초래되는데, 실어증이란 정상적인 이해 능력과 발성 기제에도 불구하고 언어 이해 혹은 언어 산출 능력에 장애가 있는 경우를 일컫는 일반적 용어이다. 베르니케 실어증(Wernicke's aphasia)을 앓는 사람은 말을 유창하게 하지만 말이 혼돈스럽고 의미가 거의 없는데, 마치 자신이 무엇을 말하는지 거의 모르고 있는 것처럼 보인다. 또 다른 실어증인 **브로카 실어증**(Broca's aphasia)을 앓는 사람은 정상적으로 말을 이해하고 정상적인 생리 기능을 가지고 있음에도 불구하고 말을 하지 못한다.

브로카 영역 좌반구 전측 언어 영역으로 말의 산출에 필요한 움직임을 생산하는 운동피질과 함께 기능한다.

실어증 정상적인 이해 능력과 발성 기제를 가지고 있음에도 불구하고 언어를 말하지 못하거나 이해하지 못하는 경우. 브로카 실어증은 말을 이해하는 능력을 유지하고 정상적인 발성 기제를 가지고 있음에도 불구하고 말을 유창하게 하지 못하는 경우이다. 베르니케 실어증은 단어를 말할 수 있음에도 불구하고 언어를 이해하지 못하거나 의미 있는 말을 하지 못하는 경우를 의미한다.

원리 5. 뇌 기능은 영역별로 분산되어 있다.

7-1절에 Broca가 신경심리학의 발달에 어떤 공헌을 하였는지 기술되어 있다.

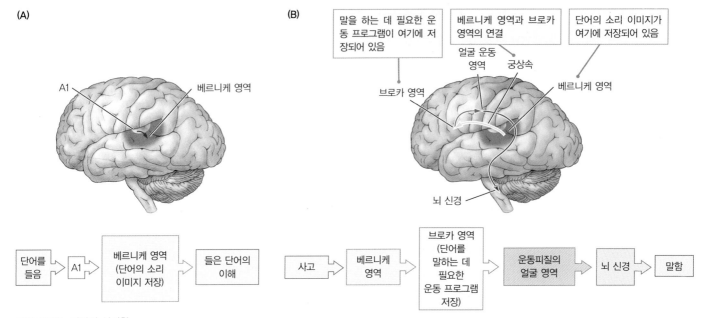

(A)

A1　　베르니케 영역

단어를 들음 → A1 → 베르니케 영역 (단어의 소리 이미지 저장) → 들은 단어의 이해

(B)

말을 하는 데 필요한 운동 프로그램이 여기에 저장되어 있음

베르니케 영역과 브로카 영역의 연결

단어의 소리 이미지가 여기에 저장되어 있음

얼굴 운동 영역　궁상속

브로카 영역　　베르니케 영역

뇌 신경

사고 → 베르니케 영역 → 브로카 영역 (단어를 말하는 데 필요한 운동 프로그램 저장) → 운동피질의 얼굴 영역 → 뇌 신경 → 말함

그림 10.18 언어의 신경학

(A) 언어 인식에 관한 베르니케 모델은 저장된 소리 이미지와 들은 단어가 매칭되는 것이 빨간색으로 표시된 좌반구 후측 측두엽에서 일어난다고 제안한다. (B) 말은 베르니케 영역과 브로카 영역을 연결하는 궁상속을 통해 생산된다.

Wernicke는 어떻게 좌반구에 위치하는 두 영역이 상호작용하여 말을 산출하는가에 관한 모델을 제안하였다. 그는 단어 이미지가 소리에 의해 부호화되어 좌반구 측두엽 후측에 저장된다고 주장하였다. 이 소리 이미지들 중 하나와 일치하는 단어를 들으면 그 단어가 인식되고, 이 과정을 통해 베르니케 영역이 언어 이해에 공헌한다는 것이다(그림 10.18A 참조).

단어를 말하기 위해서는 좌반구 전두엽에 위치하는 브로카 영역이 기능해야만 하는데, 이는 단어 산출에 필요한 운동 프로그램이 이 영역에 저장되어 있기 때문이다. 베르니케 영역과 브로카 영역을 연결하는 **궁상속**(arcuate fasciculus)이라는 경로를 통하여 메시지가 베르니케 영역에서 브로카 영역으로 전달된다. 이후 브로카 영역은 발성 기구를 통해 일어나는 단어의 발음을 통제하며, 이에 관한 것이 그림 10.18B에 제시되어 있다.

베르니케 모델은 뇌에 2개의 주요 언어 영역이 존재하는 것과 각 영역이 언어 통제에 관여하는 것을 간단하게 설명한다. 그러나 이 모델은 광범위한 뇌병변을 가진 환자의 사후 부검에 근거하였다. 신경외과 의사인 Wilder Penfield가 1930년대부터 시작한 선구적인 뇌 자극 연구에 의해 비로소 좌반구의 언어 영역들이 명확하고 정확하게 지도화되었다.

뇌 자극에 의한 청각 영역과 언어 영역의 지도

Penfield의 발견 중 하나가 브로카 영역과 베르니케 영역만이 각각 언어 산출과 언어 이해에 관여하는 것이 아니라는 것이다. 그는 각 영역을 전기적으로 자극하면 두 과정 모두가 장애를 받는 것을 발견하였다.

Penfield는 항경련 약물에 반응하지 않는 뇌전증을 치료하기 위해 환자들이 수술을 받는 동안 뇌의 청각 및 언어 영역에 관한 지도를 작성하는 기회를 얻었다. 이 수술의 목적은 언어능력 혹은 중요한 감각 및 운동 기능에 관여하는 영역들의 손상 없이 비정상적인 전기적 활동을 보이는 뇌 조직을 제거하는 것이다. 이 중요한 영역들의 위치를 확인하기 위해 Penfield는 약한 전류를 사용하여 뇌 표면을 자극하였다. 서로 다른 영역에 가해지는 전기적 자극에 대한 환자의 반응을 관찰함으로써 Penfield는 피질의 기능에 관한 지도를 작성할 수 있었다.

7-1절에 신경과학 연구에 사용되는 뇌 자극 기법이 기술되어 있다.

전형적으로 2명의 신경외과 의사가 환자의 피부, 두개골과 경막을 국소 마취한 후 수술을 실

(A)

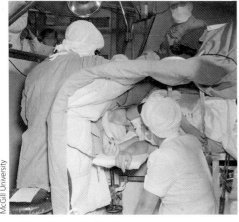

Courtesy Penfield Archive, Montreal Neurological Institute, McGill University

(B)

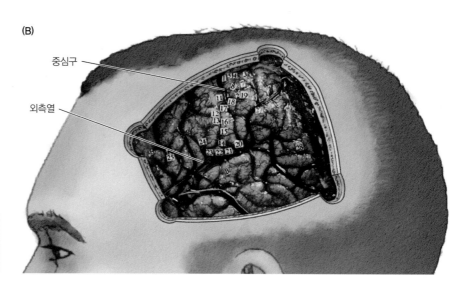

중심구

외측열

그림 10.19 피질 기능 지도
(A) 난치성 뇌전증으로 신경외과 수술을 받고 있는 환자는 의식이 뚜렷하고 오른쪽으로 돌아 누워 있으며 국소 마취로 인해 통증을 느끼지 않고 있다. 그의 좌반구가 노출되어 있고 Wilder Penfield가 노출된 피질 영역을 자극한다. 주위에 신경과 의사가 자극된 각 영역으로부터 기록된 뇌파를 살펴보고 있으며, 이를 통해 뇌전증의 병소를 찾고자 한다. 마취과 의사(앉아 있는 사람)는 피질 자극에 대한 환자의 반응을 관찰하고 있다. (B) 전체 두개골 그림이 수술 동안 노출된 환자의 뇌 사진 위에 겹쳐져 있다. 번호가 매겨진 표가 Penfiled가 피질 지도를 작성하기 위해 자극한 부위들을 나타낸다. 26, 27, 28번 부위가 자극을 받았을 때 언어가 방해되었다. 26번이 브로카 영역, 27번은 운동피질의 얼굴 통제 영역이고 28번이 베르니케 영역으로 추측된다.

시하고 1명의 신경과 의사가 옆방에서 뇌전도(EEG)를 분석한다. 환자가 수술 동안 깨어 있기 때문에 이 동안 환자가 특정 영역에 가해지는 뇌 자극의 효과를 상세히 기술하고 이에 근거하여 지도가 작성된다. Penfield(**그림 10.19**A에서 수술하는 모습을 볼 수 있음)는 자극에 대해 환자가 눈에 띄는 감각 혹은 효과를 보고한 뇌 표면의 부위들에 번호를 매긴 작은 표를 놓았으며, 이를 근거로 그림 10.19B에 제시되어 있는 피질 지도를 작성하였다.

Penfield가 청각피질을 자극하였을 때 환자들은 다양한 소리, 예를 들어 현관의 벨소리처럼 들리는 소리, 윙윙거리는 소음 혹은 새가 짹짹거리는 소리를 보고하였다. 이 결과는 비인간 영장류를 대상으로 청각피질의 단일세포 활동을 기록한 추후 연구 결과와 일치한다. 추후 연구들의 결과는 청각피질이 패턴 인식에 중요한 역할을 하는 것을 보여주었다.

Penfield는 A1 영역의 자극이 벨소리 등과 같은 단순음을 유발하는 반면 인접한 청각 영역(베르니케 영역)의 자극은 소리의 해석, 예를 들어 윙윙거리는 소리를 귀뚜라미 소리와 같은 친숙한 소리로 해석하는 데 관여하는 경향이 있다는 사실도 발견하였다. 좌반구와 우반구 청각피질의 자극 효과에 관한 차이는 없었으며, 뇌가 자극되었을 때 환자들이 단어를 듣는다고 보고하지 않았다.

그러나 청각피질의 자극이 때로 소리 지각 이외의 다른 효과를 만들어냈다. 예를 들어 한 영역을 자극하면 환자가 전혀 소리를 듣지 못하는 한편 다른 영역을 자극하면 환자는 자신이 실제 들은 소리를 왜곡되게 지각하였다. 한 환자는 특정 영역의 자극을 받은 후 "당신이 말하는 모든 것이 뒤죽박죽 들린다"라고 반응하였다.

Penfield가 가장 관심을 보인 것은 뇌 자극이 단순히 음파 처리에 미치는 효과가 아니라 언어에 미치는 효과였다. 그와 추후 연구자들은 전기적 자극을 사용하여 언어 산출과 언어 이해에 관여하는 4개의 주요 피질 영역을 확인하였다. 이미 알려진 두 영역, 즉 브로카 영역과 베르니케 영역은 좌반구에 위치한다. 두 대뇌반구 모두에 위치하는 다른 두 주요 언어 영역이 전두엽의 배

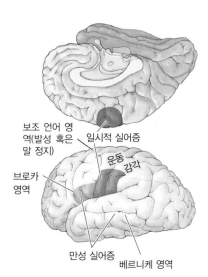

보조 언어 영역(발성 혹은 말 정지)

일시적 실어증

운동

감각

브로카 영역

만성 실어증

베르니케 영역

그림 10.20　언어 방해
전기적 자극이 주어졌을 때 언어에 영향을 미친 영역들이다. 브로카와 베르니케 영역 주위의 손상은 만성 실어증을 초래하는 한편 감각 및 운동 영역 손상은 일시적 실어증을 초래한다. 이 영역들 외의 손상은 실어증을 초래하지 않는다.

측 영역과 얼굴, 혀와 인후 근육과 감각을 통제하는 운동피질과 체감각피질이다. 비록 각 영역이 언어에 미치는 효과는 다양하지만 이 영역 중 어느 영역을 자극하여도 언어가 어느 정도 방해를 받는다.

명백히 좌반구의 많은 부위가 청각에 관여한다. **그림 10.20**은 Penfield가 언어 처리에 어느 정도 관여한다고 발견한 영역들이다. 실제 Penfield는 두 가지 방법을 통해 피질 언어 영역의 지도를 작성하였는데, 한 방법은 언어를 방해하는 것이고 다른 방법은 언어를 유발하는 것이다. 물론 어느 언어 영역이라도 손상을 입으면 실어증이 초래된다.

언어 방해　Penfield는 전류가 뇌에 합선을 일으켜서 진행 중인 말을 방해할 것이라고 기대하였다. 이를 검증하기 위해 그는 환자가 말을 하고 있는 동안 피질의 서로 다른 영역들을 자극하였다. 실제 언어 방해는 다양한 형태, 즉 분명하지 않은 발음, 단어의 혼동과 정확한 단어 찾기의 어려움 등으로 나타났다.

전두엽의 배측 표면에 위치하는 **보조 언어 영역**(supplementary speech area)(그림 10.20 참조)에 전기적 자극을 가하면 하던 말이 완전히 중단되기조차 하는데, 이를 Penfield는 말 정지(speech arrest)라고 불렀다. 측두엽과 전두엽 언어 영역 이외의 다른 피질영역에 가한 자극은 진행 중인 말에 아무런 영향을 미치지 않는데, 한 예외가 얼굴의 움직임을 통제하는 운동피질영역(그림 10.20 참조)에 가한 자극이다. 말을 하는 데는 얼굴, 혀와 인후 근육의 움직임이 요구되기 때문에 이 예외가 납득이 된다.

언어 유발　Penfield가 언어 영역의 지도 작성에 사용한 두 번째 방법이 환자가 말을 하지 않는 동안 피질을 자극하는 것이었다. 목적은 전기적 자극이 환자로 하여금 말소리를 발음하게 하는가를 관찰하는 것이었다. Penfiled는 이 자극이 말을 분명하게 하는 효과를 내지 못할 것으로 기대하였는데, 이는 피질의 전기적 자극이 정상적으로 일어나는 생리 작용이 아니기 때문에 실제 단어 혹은 단어 결합을 가져오지 못할 것으로 여겼기 때문이다. 그의 기대가 입증되었는데, 이는 아마도 자극이 너무 짧게 주어졌고 또 너무 많은 영역을 흥분시켰기 때문이다.

양반구의 특정 영역, 예를 들어 보조 언어 영역을 자극하면 환자는 'Oooh' 혹은 'Eee'와 같은 모음을 외쳤다. 운동피질과 체감각피질의 얼굴 영역을 자극하면 환자가 입과 혀의 움직임과 관련된 소리를 내었다. 언어 관련 영역들 이외의 영역을 자극하면 이와 같은 효과가 관찰되지 않는다.

양전자방출단층촬영술에 의한 청각피질 지도

PET 스캔을 얻는 데 사용되는 절차가 7-4절에 기술되어 있다.

언어 처리에 관여하는 뇌세포의 신진대사 활동을 연구하기 위해 연구자들이 뇌 혈류의 변화를 탐지하는 뇌영상 기법인 양전자방출단층촬영술(positron emission tomography, PET)을 사용한다. Robert Zatorre와 동료들(1992, 1994)은 소음과 같은 단순한 청각 자극은 A1 영역에 의해 분석되는 한편 음절과 같은 더 복잡한 청각 자극은 A1에 인접한 이차청각영역에 의해 분석될 것으로 가정하였다.

또한 Zatorre의 연구팀은 말소리 구분 과제를 수행하는 동안 좌반구 영역들이 선택적으로 활성화할 것으로 가정하였다. 이들은 선택적 활성화를 정확히 관찰하였다. **그림 10.21A**는 일련의 소음에 대한 반응으로 일차청각피질의 활성화가 증가하는 한편 음절에 대한 반응으로 이차청각영역들이 활성화하는 것을 보여준다(그림 10.21B와 C).

보조 언어 영역　좌반구 전두엽의 배측면에 위치하는 언어 산출 영역

(A) 소음 듣기

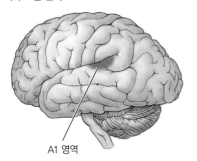

A1 영역

(B) 단어 듣기

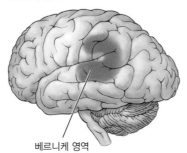

베르니케 영역

(C) 말소리 구분

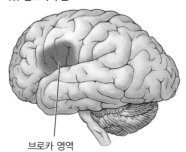

브로카 영역

그림 10.21 언어 관련 과제의 수행 동안 활성화를 보인 피질 영역

(A) 수동적으로 소음을 들을 경우 일차청각피질이 활성화한다. **(B)** 단어를 듣는 경우 베르니케 영역을 포함한 후측 언어 영역이 활성화한다. **(C)** 말소리 구분 과제를 수행하는 동안 브로카 영역을 포함하는 전두 영역이 활성화한다.

두 유형의 자극 모두 양반구의 활성화를 일으켰지만 음절에 대해서는 좌반구가 더 활성화하였다. 이 결과는 A1 영역이 언어적 신호이든 비언어적 신호이든 간에 유입되는 모든 청각 신호를 분석하는 한편 이차청각영역은 말소리 패턴의 분석에 필요한 다소 상위의 신호 과정에 관여하는 것을 시사한다.

그림 10.21C에 제시되어 있는 것처럼 말소리 구분 과제는 흥미로운 부가적 결과를 보여주었다. 즉 이 과제 동안 좌반구의 브로카 영역도 활성화하였다. 이 전두엽 영역이 청각 분석에 관여한다는 것은 놀라운 일이다. 베르니케가 제안한 모델에 의하면 브로카 영역에는 단어를 발음하는 데 필요한 운동 프로그램이 저장되어 있다. 대개 이 영역은 말소리 구분에 관여한다고 여겨지지 않는다.

이 결과에 대한 해석은 다음과 같다. 즉 'bag'과 'pig'의 'g'가 동일한 말소리인가를 결정하기 위해서는 그 소리가 실제로 어떻게 발음되는지가 고려되어야만 한다. 다시 말하면 말소리 지각은 그 말소리를 발음하는 것과 관련된 운동행동과의 매칭을 필요로 한다는 것이다.

브로카 영역이 언어 분석에서 가지는 역할은 제시되는 자극이 단어 혹은 비단어인가를 판단하는 것이 요구되는 과제(예를 들어 'tid' 대 'tin' 혹은 'gan' 대 'tan')에서 입증된다. 이러한 유형의 과제에서는 단어가 어떻게 발음되는가에 관한 정보는 필요하지 않으며 따라서 브로카 영역이 이 과제의 수행 동안 활성화할 필요가 없다. 영상 연구들이 실제로 이 과제 동안 브로카 영역이 활성화하지 않는 것을 보여준다.

음악 처리

비록 Penfield가 뇌 자극이 음악 분석에 미치는 효과에 관해서는 연구하지 않았지만 많은 연구자가 뇌 손상 환자들을 대상으로 음악 처리에 관해 연구하였다. 이 연구들의 결과는 언어 처리가 주로 좌반구에서 이루어지듯이 음악 처리가 주로 우반구에서 처리되는 것을 입증한다.

뇌에서의 음악 위치

우반구가 음악 처리에 우세한 것을 보여주는 한 훌륭한 예가 프랑스의 작곡가 Maurice Ravel (1875-1937)인데, 그의 가장 잘 알려진 작품은 '볼레로(Boléro)'이다. 경력의 절정기에 Ravel은 머리를 심하게 부딪치는 바람에 이전에 진단되지 않은 퇴행성 뇌 질환이 악화되었고 몇 달 후 좌반구 뇌졸중을 경험하였으며 이로 인해 실어증을 앓게 되었다. 뇌졸중 후에도 그의 음악적 재능은 유지되었는데, 이는 음악적 재능이 우반구에 위치하기 때문이다. Ravel은 여전히 멜로디를 인식하였고 다른 사람의 연주에서 경미한 오류를 발견하였으며 피아노를 조율하기까지 하였다. 그의 음악적 지각은 대체로 유지되었다.

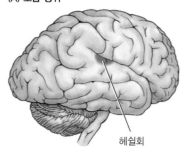

(A) 소음 청취

헤쉴회

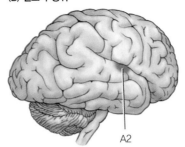

(B) 멜로디 청취

A2

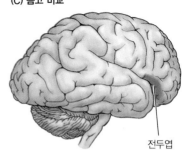

(C) 음고 비교

전두엽

그림 10.22 음악 관련 과제의 수행 동안 활성화를 보인 피질 영역

(A) 수동적으로 소음을 듣는 경우 헤쉴회가 활성화한다. (B) 멜로디를 들을 경우 이차청각피질이 활성화한다. (C) 각 멜로디의 두 음의 음고를 판단할 경우 우반구 전두 영역이 활성화한다.

Ravel의 좌반구 기능 이상이 그의 음악 재능뿐만 아니라 좌반구 손상 시 전형적으로 초래되는 언어와 쓰기에도 영향을 미쳤다. 실어증의 권위자인 신경학자 Théophil Alajouanine이 Ravel을 치료하였으며 그의 상태 진행을 추적하는 유명한 사례를 기술하였다.

실음악증 음치. 음표를 구분하지 못함

그러나 놀랍게도 음악 산출과 관련된 기술들이 가장 많이 손상되었다. Ravel은 더 이상 악보를 인식하지 못하였고 피아노 연주 혹은 작곡도 하지 못하였다. 음악 지각과 음악 산출의 해리는 언어 이해와 언어 산출의 해리와 같다. 분명한 점은 좌반구가 적어도 음악 처리의 특정 면, 특히 음악 산출에 중요한 역할을 한다는 것이다.

뇌가 어떻게 음악 지각에 관여하는가를 더 알아보기 위해 Zatorre와 동료들(1994)이 PET 연구를 실시하였다. 참여자들이 단지 일련의 소음을 들을 경우에는 헤쉴회가 활성화하였지만(**그림 10.22A**) 멜로디 지각에는 우반구 헤쉴회 앞에 위치한 청각피질이 주로 활성화하였고(그림 10.22B) 좌반구의 동일한 영역도 경미하게 활성화하였다(그림에 제시되지 않았음).

또 다른 과제에서 참여자들은 동일한 멜로디를 들었고 두 번째 음표가 첫 번째 음표보다 더 높은지 혹은 낮은지를 판단하였다. 방금 들은 음을 단기간 기억하는 것이 요구되는 이 과제 동안 우반구 전두엽의 혈류량이 증가하였다(그림 10.22C). 언어의 경우처럼 단기기억이 요구될 경우 전두엽이 청각 분석에 중요한 역할을 한다. 음악적 능력이 우수하거나 손상된 사람들은 전두엽 조직화의 차이를 보이는데, 이에 관한 것이 '연구 초점 10-6 : 뇌의 음악 체계'에 기술되어 있다.

앞서 언급한 바와 같이 언어능력은 선천적인 것으로 보인다. Sandra Trehub과 동료들(1999)은

◎ **연구 초점 10-6**

뇌의 음악 체계

비음악가도 음악을 즐기고 음악적 재능이 있다. 음악가는 상당한 범위의 능력을 보이는데, 예를 들어 일부 음악가는 절대 음감을 가지는 반면 일부 음악가는 가지고 있지 않다. 그러나 인구의 약 4%가 음치이다. 음을 구분하지 못하는 것을 **실음악증**(amusia)이라고 하며 이는 평생 지속된다.

Robert Zatorre와 동료들(Bermudez et al., 2009; Hyde et al., 2007)이 MRI를 사용하여 음악가, 비음악가와 실음악증을 경험하는 사람들의 뇌가 서로 다른지 조사하였다. 좌반구와 우반구의 MRI는 비음악가에 비해 음악가의 배외측 전두엽과 상측두 영역의 피질 두께가 더 두꺼운 것을 보여준다. 흥미로운 점은 절대 음감을 가지는 음악가의 배외측 전두엽의 후측 부위 피질 두께가 더 얇다는 것이다. 더 얇은 피질 두께가 일부 음악 기술에 더 유리한 것으로 보인다.

비음악가와 비교하여, 정상 피질보다 더 두꺼운 피질 두께를 가지는 음악가들은 음악 과제의 수행과 관련되어 있는 우반구 전두-측두의 신경 네트워크가 더 향상되어야만 한다. 그러나 정상 피질보다 더 두꺼운 피질이 이점과 손상 모두를 가져올 수 있다.

실음악증을 경험하는 참여자의 뇌를 분석한 결과 우반구 전두엽과 우반구 청각피질의 두께가 더 두꺼운 것으로 드러났다. 뇌 발달 동안 발생한 비정상적인 뉴런 이동으로 말미암아 실음악증을 경험하는 사람의 우반구 전두-측두 음악 경로에 지나치게 많은 뉴런이 있게 되었을 가능성이 있다. 그 결과 음악 인식이 장애를 받는다.

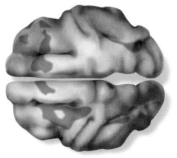

우반구

좌반구

비음악가 혹은 실음악증을 경험하는 사람들에 비해 음악가의 일부 피질 영역, 즉 초록, 노랑, 빨강으로 표시된 영역들의 두께가 더 두꺼운데, 이로 인해 음악적 수행을 더 잘하는 것으로 여겨진다. 연구 초점 14-5는 음악 연주가 어떻게 피질의 감각운동지도에 영향을 미칠 수 있는가를 기술하고 있다.

출처 : Bermudez et al. (2009).

이 장의 서두에서 가정한 바와 같이 음악적 능력도 선천적이라는 것을 보여주었다. Trehub은 유아들이 임의적인 음표보다 음계를 학습하는 것을 더 선호하는 것을 관찰하였다. 성인과 마찬가지로 아동들은 음악적 오류에 매우 민감한데 이는 아마도 리듬의 규칙성을 지각하는 데 편향되어 있기 때문인 것으로 여겨진다. 따라서 뇌는 태어날 때부터 음악과 언어 모두를 듣고 아마도 이러한 청각 신호에 선택적으로 주의를 줄 준비가 되어 있는 것으로 보인다.

출생 시 듣게 될 언어에 대해 뇌가 출생 전에 맞추어져 있는 것으로 여겨진다. 연구 초점 7-1을 참조하라.

음악치료

뇌가 음악에 적극적으로 관여하는 사실에 근거하여 음악을 뇌 기능 이상을 가진 환자의 치료 도구로 사용하게 되었다. 음악의 치료 효과에 관한 가장 좋은 증거는 뇌졸중, 파킨슨병과 같은 운동장애의 연구로부터 제공된다(Pereira et al., 2019). 리듬을 들으면 운동피질과 전운동피질이 활성화하고 뇌졸중 환자의 자세와 팔 훈련의 효과를 향상시킬 수 있다. 음악 경험이 실어증 환자들의 말소리를 구분하는 능력과 배경 소음으로부터 언어를 구분하는 능력을 향상시킨다.

파킨슨병 환자가 자세 유지를 더 오래 지속하고 걷는 속도를 향상하기 위해 음악에 맞추어 발걸음을 뗀다.

음악치료는 전통적인 치료를 보완하는 데도 유용한 것으로 보이는데, 특히 우울증 혹은 뇌 손상의 경우처럼 기분장애가 있을 경우에 유용하다. 우울증이 회복을 방해하는 뇌졸중과 외상성 뇌 손상의 치료에 음악치료가 중요하다. 음악치료는 성인과 아동 모두에게서 대수술 후 통증 지각과 진통제 복용을 감소시키는 등의 긍정적 효과도 있다(Sunitha Suresh et al., 2015). 음악치료가 가지는 이 모든 효과를 고려하면 음악치료가 어떤 뇌 영역들에 영향을 미치는가를 비침습적 영상 기법을 사용하여 조사할 필요가 있다.

16-1절과 16-3절에 음악치료가 다시 기술되어 있다.

10-4 복습

진도를 계속 나가기 전에 앞 절을 얼마나 이해했는지 확인해보자. 정답은 이 책의 뒷부분에 있다.

1. 인간의 청각계는 소리 지각에 관해 상호 보완적으로 전문화되어 있다. 즉 좌반구는 _____, 우반구는 _____에 관여한다.

2. 언어 산출에 관여하는 세 가지 전두엽 영역은 _____, _____, _____이다.

3. _____영역은 음절과 단어를 인식하고 이들의 표상을 저장한다.

4. _____영역은 말소리와 이 말소리를 발음하는 데 필요한 운동 프로그램을 일치시킨다.

5. 음악능력의 스펙트럼 중 한 극은 _____을/를 가지는 사람이고 다른 극은 _____인 사람이다.

6. 언어가 선천적이라는 주장을 지지하는 증거는 무엇인가?

10-5

청각을 사용한 비인간종의 의사소통

소리는 생존 가치를 가진다. 여러분이 음악을 듣거나 스마트폰을 보면서 복잡한 교차로를 건널 때 사고를 당할 뻔한 경험을 한 적이 있다면 이를 잘 알 것이다. 인간에게 시각이 중요한 만큼 많은 동물에게 청각이 중요하다. 이에 덧붙여 인간과 많은 동물이 소리를 사용하여 자신들의 종 구성원들과 소통한다.

비인간이 사용하는 두 유형의 청각 소통, 즉 새의 지저귐과 고래의 노래를 살펴보기로 하자. 이 둘은 청각계가 중요한 역할을 하는 뇌-행동 관련성의 서로 다른 측면을 이해하는 모델을 제

학습 목표
• 새 지저귐과 고래 노래가 인간 청각 처리의 생물학적·진화적 근거의 이해에 중요함을 설명한다.

공할 것이다.

새 지저귐

대략 8,500종류의 생존하는 새 종들 중 반 정도가 지저귄다. 새의 지저귐은 많은 기능을 가지는데, 즉 짝을 유혹하거나(주로 수컷이 사용함), 경계를 정하기 위하거나, 자신의 위치나 존재를 알리기 위한 등의 기능을 한다.

새 지저귐과 언어의 유사점

그림 10.23은 샌프란시스코 인근의 세 지역에 사는 수컷 흰머리참새의 지저귐에 대한 음파 스펙트럼을 보여준다. 인간 언어가 방언을 가지고 있듯이 새의 지저귐도 영역에 따라 매우 다르다. 이 차이는 어린 새의 지저귐 발달이 유전자뿐만 아니라 생의 초기 경험과 학습의 영향도 받기 때문이다. 어린 새가 좋은 훈련자를 가지면 종의 다른 구성원들보다 훨씬 더 정교한 지저귐을 할 수 있게 된다(Bertram et al., 2020).

이 유전자-경험 상호작용이 후생유전적 기제의 결과이다. 예를 들어 성숙한 참새의 지저귐을 통제하는 뇌 영역은 교배 시기가 시작되는 봄에 유전자 발현이 변화된다(Thompson et al., 2012).

새의 지저귐과 인간의 언어는 방언 외에도 유사점이 있다. 둘 다 선천적이지만 경험에 의해 다듬어진다. 인간은 뇌에 이미 프로그램된 언어의 기본 원형(template)을 가지고 있고 경험이 이 원형에 다양한 구조적 형태를 첨가한다. 만약 어린 새가 자라는 동안 다른 새의 지저귐에 노출되지 못하고 녹음된 다른 종의 지저귐을 듣더라도 일반적으로 자신의 종의 지저귐을 더 선호한다. 이 선호는 종 특유의 지저귐 원형이 각 종의 뇌에 존재하는 것을 시사한다. 인간의 언어처럼 새의 지저귐 원형의 세부적인 것도 경험에 의해 수정된다.

새의 지저귐과 인간의 언어 사이의 또 다른 유사점은 다양성이다. 새들 가운데 이 다양성은 한 종이 소유하는 지저귐의 수에서 찾을 수 있다. 흰머리참새와 같은 종은 단지 하나의 지저귐밖에 없지만 흰등굴뚝새의 지저귐은 150가지나 된다.

새의 지저귐에 있는 음절 수도 매우 다른데, 즉 카나리아의 경우에는 30개 정도인 반면 갈색앵무새는 2,000개 정도의 음절을 가진다. 이와 유사하게 현대 인간의 언어들도 언어가 사용하는 요소의 유형과 수에서 상당히 다르다. 인간 언어에서 발견되는 의미 있는 말소리 패턴의 수가 대략 15개(일부 폴리네시아 언어)에서 100개(카프카스 산맥에서 사용되는 일부 방언)에 이른다. 영어는 24개의 말소리 패턴을 가지고 있다.

그림 10.23   새의 지저귐의 방언
샌프란시스코만 인근의 세 지역에서 발견되는 흰머리참새 수컷의 지저귐은 매우 유사하지만 음파 스펙트럼은 지저귐이 다르다는 것을 보여준다. 인간처럼 새들도 방언을 습득한다.
출처 : Marler(1991).

흰머리참새

포인트러예스
버클리
샌프란시스코만
선셋비치

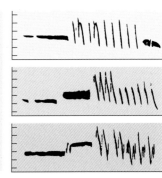

마지막으로 언급할 새의 지저귐과 인간 언어 사이의 유사점은 이들이 어떻게 발달하는가에 있다. 인간의 언어 발달처럼 많은 새의 종에서 지저귐의 발달이 결정적 시기 동안의 경험에 의해 많은 영향을 받는다. 인간에서 여러 단계를 거쳐 언어가 발달하듯이 새의 지저귐도 여러 단계를 거쳐 발달한다. 새가 부화하는 동안 주로 먹이를 위해 소음을 내 어미 새의 관심을 끌듯이 갓난아기 역시 무엇보다도 배고픔 때문에 운다(결정적 시기는 8-4절 참조).

찰스 다윈은 갓 태어난 어린 새가 내는 소음을 언어가 아직 발달하지 않은 유아가 내는 옹알이와 비교하였다. 이 소음, 즉 하위지저귐(subsong)은 구조가 다양하며 소리가 낮고 새가 꾸벅꾸벅 조는 듯이 보이는 동안 산출된다. 인간의 옹알이처럼 하위지저귐은 새가 둥지를 떠난 후 발달할 성숙한 새의 소통에 대한 일종의 연습인 것으로 여겨진다.

어린 새가 성숙하면 성숙한 새의 지저귐과 같은 음파 패턴을 내기 시작하고 마침내 성숙한 새의 지저귐이 나타난다. 대부분의 종에서 성숙한 새의 지저귐은 매우 안정적이지만 카나리아와 같은 일부 종에서는 매년 새로운 지저귐이 발달하여 이전 해에 사용된 지저귐과 대체된다.

새 지저귐의 신경생물학

새 지저귐의 신경생물학이 매우 많이 연구되어 왔는데, 이는 학습과 동반되어 나타나는 뇌 변화에 관한 훌륭한 모델을 제공하고 성호르몬이 어떻게 행동에 영향을 미치는가에 관한 정보를 제공하기 때문이다. 1970년대 Fernando Nottebohm과 동료들이 새 지저귐을 통제하는 주요 구조들을 처음으로 발견하였고 이 구조들이 **그림 10.24**에 제시되어 있다(Nottebohm & Arnold, 1976). 가장 큰 구조가 상위 발성통제 센터(higher vocal control center, HVC)와 원시선조체핵(nucleus robustus archistriatalis, RA)이다. HVC의 축색이 RA와 연결되어, 이후 12번 뇌 신경으로 축색을 보낸다. 이 신경이 실제로 지저귐을 산출하는 새의 울대(syrinx) 근육을 통제한다.

HVC와 RA는 몇 가지 중요한 특성이 있으며 이 중 일부 특성은 인간의 청각 기능과 유사하다.

- 일부 새의 종에서는 구조들이 비대칭적인데, 즉 좌반구 구조들이 우반구 구조들보다 더 크다. 많은 경우 이 비대칭이 인간에게서 관찰되는 언어의 편재화된 통제와 유사하다. 만약 좌반구 경로가 손상되면 새 지저귐이 중단되지만 우반구에 이와 유사한 손상을 입으면 지저귐이 영향을 받지 않는다.
- 새 지저귐 구조들이 성적 이형(sexually dimorphic)이다. 다시 말하면 이 구조들이 암컷보다 수컷에서 더 크다. 카나리아의 경우 암컷보다 수컷에서 5배 정도 더 크다. 이 성차는 수컷의 테스토스테론 호르몬 때문이다. 테스토스테론을 암컷 새에 주사하면 지저귐을 통제하는 핵의 크기가 증가한다.
- 새 지저귐을 통제하는 핵의 크기가 지저귐 기술과 관련된다. 지저귐에 유난히 큰 재능을 보이는 수컷 카나리아가 재능이 낮은 수컷에 비해 더 큰 HVC와 RA를 가진다.
- HVC와 RA는 지저귐을 생산하는 세포뿐만 아니라 지저귐에 반응하는, 특히 같은 종의 지저귐에 반응하는 세포도 가지고 있다.

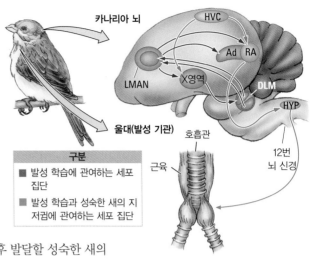

그림 10.24   새의 신경 해부

카나리아 뇌의 외측면은 지저귐 학습을 통제하는 여러 핵을 보여준다. 성숙한 새의 지저귐과 지저귐의 학습에 필요한 2개의 중요한 핵이 상위 발성통제 센터(HVC)와 원시선조체핵(RA)이다. 발달 과정 동안 지저귐의 학습에 필요하지만 성숙한 새의 지저귐에는 불필요한 영역에는 배측 원시선조체(dorsal archistriatum, Ad), 전측 신선조체의 외측대세포핵(lateral magnocellular nucleus of the anterior neostriatum, LMAN), 조류 선조체의 X영역과 시상의 내배외측핵(medial dorsolateral nucleus, DLM)이 포함된다.

카나리아(위)와 얼룩금화조(아래)의 행동 및 구조 해부에서의 성차 연구는 지저귐 학습과 산출의 신경학적 근거를 이해하는 데 반드시 필요하다. 두 종의 수컷과 암컷이 그림에 제시되어 있다.

따라서 동일한 구조들이 지저귐의 생산과 지각에 중요한 역할을 한다. 새의 이러한 신경 해부적 측면은 인간에서 브로카 영역과 베르니케 영역이 언어 지각과 산출에 서로 중복되는 역할과 유사하다.

고래 노래

아날로그 라디오 방송국은 두 가지 유형, 즉 진폭 변조(amplitude modulation, AM) 혹은 주파수 변조(frequency modulation, FM) 중 하나로 신호를 보낸다. 두 유형 모두 전자기 파형의 변화로 정보를 보내지만 AM은 신호의 진폭(강도) 변화로 작동하는 한편 FM은 주파수(음고)의 변화로 작동한다. 각 체계는 장단점이 있다. 1870년대 중반에 성공한 AM이 FM보다 비용이 덜 들고 더 먼 거리로 신호를 보낸다. 1930년대에 발달한 FM은 AM보다 전파방해를 덜 받는 경향이 있지만 산이나 빌딩과 같은 물리적 방해물의 영향을 받는다.

진폭과 주파수의 변화가 라디오 방송의 도구만으로 사용되지 않는다. 인간도 평상시의 말에 이를 사용하고 소리를 내는 동물도 사용한다. 고래목의 동물(고래, 돌고래, 알락돌고래)도 서로 다른 소통 목적으로 다양한 AM과 FM 소리를 사용하도록 진화하였다.

바다에서 사는 것에는 특별한 도전 과제가 있다. 예를 들어 시각과 후각이 제한되는데, 이는 부유 미립자가 빛을 분산시키고 냄새나는 분자는 공기보다 물에서 더 천천히 확산하기 때문이다. 그러나 물이 이점을 제공하기도 하는데, 즉 소리가 공기보다 물에서 4배 이상 더 빠르게 이동한다.

혹등고래의 노래는 일련의 예상되고 규칙적인 소리로 구성되며 인간의 음악 전통과 매우 유사하다. 이 노래가 동물 왕국에서 아마 가장 복잡한 노래로 알려져 있다. 고래 노래는 짝 선택, 사회적 유대, 이동과 개체 정체성에 도움이 된다. 연구자들은 고래가 단지 심미적 즐거움 때문에 노래를 부르는지 궁금해한다.

고래 노래는 마치 끼워 넣은 마트료시카 인형처럼 분명한 위계적 구조를 따른다. 기본 단위는

그림 10.25 혹등고래 노래의 스펙트럼

이 스펙토그램(소리의 스펙트럼 묘사)은 혹등고래(그림에 제시된) 노래의 주파수(위)와 진폭(아래)을 보여준다. 주파수와 진폭 모두 노래의 리듬 특성을 보여주는데, 즉 구가 여러 번 반복된다.

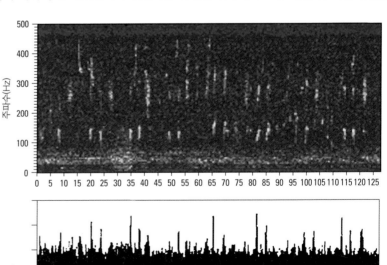

몇 초 동안 지속되고 주파수 혹은 진폭 변조를 포함한 단일의 연속된 방출로 구성된다. 주파수는 20Hz~24kHz 사이에서 변하고 **그림 10.25**에서 볼 수 있듯이 스펙트로그램이 FM 소리의 리듬 특성을 보여준다. 기본 단위군이 구를 구성하고 구가 여러 번 반복되면 주제가 된다. 일련의 주제가 노래를 구성하고 노래는 30분 정도까지 지속될 수 있다. 인상적인 이 노래 길이가 고래목 동물이 인간이 기억할 수 있는 평균 정보의 길이보다 약 10배 더 길게 이어지는 정보를 기억하는 놀라운 능력과 관련된다.

바다 유역 전체만큼 큰 영역을 공유하는 고래들은 실제로 동일한 노래를 부른다. 노래 자체는 시간이 지나는 동안 끊임없이 변화하고 오래된 노래는 재사용되지 않는다. 고래 노래는 이제 더 이상 이전처럼 멀리 전달되지 않는데, 이는 인간의 대규모 해운 사업으로 말미암아 주위의 소음 공해가 증가하기 때문이다. 이 방해가 동일한 노래를 통한 고래들의 소통을 분열하고 있다.

10-5 복습

진도를 계속 나가기 전에 앞 절을 얼마나 이해했는지 확인해보자. 정답은 이 책의 뒷부분에 있다.

1. 어린 새의 지저귐 발달은 유전자와 초기 경험 및 학습의 영향을 받는데, 이는 _____ 기제의 상호작용을 시사한다.

2. 많은 새 종에서 뇌의 지저귐 통제가 _____ 반구에 편재화되어 있다.

3. _____이 고래 노래의 리듬 특성을 보여준다.

4. 동일한 종에서 새 지저귐의 방언이 존재하는 것은 무엇을 시사하는가?

5. 고래가 즐거움을 위해 일부 노래를 하는 것이 구석기 시대의 우리 조상이 보여주었고 또 이 장 전체에서 살펴본 우리들의 음악 감상과 어떤 관련이 있는가?

요약

비록 우리는 언어와 음악을 당연한 것으로 여기지만 둘 다 우리의 정신생활과 사회생활에 중심적인 역할을 한다. 언어와 음악은 다른 사람 혹은 우리 자신과 소통하는 방법을 제공하고 사회적 인식, 양육과 문화 전달을 용이하게 한다.

10-1 음파 : 청자극

청각계의 자극은 공기 압력의 변화로 인해 발생하는 음파의 기계적 에너지이다. 귀는 음파 에너지의 두 가지 기초적인 물리적 속성, 즉 주파수(반복률)와 진폭(크기)을 변환하고 이 둘을 결합하여 복잡성을 생산한다. 이후 신경 네트워크가 이 에너지를 우리가 듣는 음고, 음강, 음색으로 지각하게 한다.

10-2 청각계의 기능적 해부

기계적 체계와 전기화학적 체계가 결합하여 음파를 우리가 듣는 청지각으로 변환하는 것이 귀에서부터 시작된다. 공기 압력의 변화가 기계적인 연쇄 반응의 형태로 고막에서 중이의 뼈를 거쳐 내이의 와

우관 난원창과 난원창 뒤에 있는 와우액으로 전달된다. 와우액의 움직임이 기저막의 특정 영역 움직임을 일으키고 이는 청각 수용기, 즉 기저막에 위치하는 내유모세포의 전기화학적 활동의 변화가 일어나게 한다. 내유모세포는 신경 충동을 청신경을 통해 뇌로 전달한다.

10-3 신경 활동과 듣기

기저막은 음위상으로 조직되어 있다. 고주파수의 음파는 기저막의 기저부에 위치하는 유모세포를 최대한으로 흥분시키는 반면 저주파수의 음파는 첨단부의 유모세포를 최대한 흥분시키며 이를 통해 와우관 뉴런들이 음파 주파수를 부호화한다.

음위상 조직은 청각계의 모든 수준에서 음파를 분석하고 진폭과 음원도 탐지한다. 소리 진폭은 와우관 뉴런의 발화율에 의해 부호화되는데, 강한 소리가 부드러운 소리보다 더 높은 발화율을 일으킨다. 소리의 위치(음원)는 뇌간 구조들에 의해 탐지되는데, 이 구조들은 두 귀에 도달하는 소리의 도착 시간 차이와 소리의 강도 차이를 계산한다.

와우관의 유모세포는 와우신경, 나아가서는 제8뇌신경의 일부를 형성하는 양극세포와 시냅스한다. 와우신경은 청각 정보를 후뇌의 세 구조, 즉 와우핵, 상올리브와 능형체로 전달한다. 이 영역들에 위치하는 세포들은 두 귀에 도달하는 음파의 강도 차이와 도착 시간의 차이 모두에 민감하다. 이를 통해 이 세포들이 뇌로 하여금 음원을 인식하게 한다. 와우관 이식은 환경에서 오는 소리를 와우신경을 직접적으로 자극하는 전기 충동으로 변환한다.

청각 경로는 후뇌 영역에서 중뇌의 하구와 시상의 내측슬상핵을 거쳐 마침내 청각피질로 지속된다. 시각과 마찬가지로 청각피질에도 배측과 복측 경로가 존재하는데, 한 경로는 패턴 인식에 관여하고 다른 경로는 청각적 공간에서의 움직임을 통제한다. 피질에 있는 세포들은 종 특유의 소통과 같은 특정 범주의 소리에 반응한다.

10-4 언어와 음악의 해부

말소리 패턴과 구조의 차이에도 불구하고 모든 인간 언어는 통사와 문법이라는 동일한 기초를 가지고 있다. 이 근본적인 유사점은 언어를 생산하는 선천적인 원형이 있는 것을 시사한다. 좌반구 청각 영역은 언어 관련 정보를 분석하는 특유의 역할을 가지는 한편 우반구의 청각 영역은 음악 관련 정보를 분석하는 역할을 한다. 우반구 측두엽은 운율, 즉 언어의 멜로디 특성을 분석하기도 한다.

좌반구에 있는 여러 언어 처리 영역 중에서 베르니케 영역은 음절과 단어를 인식하기 때문에 언어 이해에 매우 중요하다. 브로카 영역은 말소리 패턴과 말소리를 발음하는 데 필요한 운동행동을 일치시키기 때문에 언어 산출에 매우 중요한 역할을 한다. 브로카 영역은 매우 유사한 말소리의 구분에도 관여한다. 실어증은 정상적인 인지능력과 발성 기제를 가지고 있음에도 불구하고 말을 하지 못하거나(브로카 실어증) 이해하지 못하는(베르니케 실어증) 경우이다.

음악의 청각적 분석은 좌반구보다 우반구에서 더 많이 이루어진다. 이에 덧붙여 음악 산출은 우반구에 위치하지 않고 좌반구가 관여한다. 음악 지각에는 우반구 측두 및 전두 영역이 관여한다.

음악에 좌반구와 우반구가 모두 관여하기 때문에 음악이 뇌 손상 혹은 뇌 기능 이상의 치료에 사용된다. 이러한 상태의 치료에 음악 치료가 점차 중요한 역할을 하고 있다.

10-5 청각을 사용한 비인간종의 의사소통

비인간 동물은 전문화된 청각 구조와 행동을 진화시켜 왔다. 지저귀는 새의 뇌 영역이 지저귐을 산출하거나 이해하는 데 전문화되어 있다. 많은 종에서 이 영역들이 좌반구에 편재화되어 있는데, 이는 대부분의 인간에서 언어가 좌반구에 위치하는 것과 유사하다. 새의 지저귐 발달과 인간의 언어 및 음악 발달, 지저귐과 언어의 산출 및 지각에 관여하는 신경 기제는 놀랄 만큼 유사하다. 인간이 의사소통에 사용하는 것만큼 고래도 진폭과 주파수 모두를 변조하여 노래한다.

핵심 용어

귀음향 방사	베르니케 영역	와우관	일차청각피질(A1)
기저막	보조 언어 영역	와우관 이식	주파수
내측슬상핵	브로카 영역	운율	진폭
뇌 섬엽	소골	유모세포	편재화
데시벨(dB)	실어증	음위상 표상	헤르츠(Hz)
반향정위	실음악증	음파	

신경계가 어떻게 자극에 반응하고 운동을 산출하는가?

11

11-1 운동의 위계적·병렬적 통제

연구 초점 11-1 신경보철학

전뇌 : 행동의 조직

기본 지식 체감각계와 운동계의 관련성

뇌간 : 종 특유 행동

실험 11-1 질문 : 서로 다른 조건에서 일어나는 뇌간 자극의 효과는 무엇인가?

척수 : 움직임의 집행

임상 초점 11-2 뇌성마비

11-2 운동계의 조직

운동피질

실험 11-2 질문 : 운동피질이 어떻게 운동 통제에 관여하는가?

실험 11-3 뇌 손상 후 실시된 재활이 앞다리의 피질 표상에 어떤 효과를 내는가?

피질척수로

운동뉴런

근육의 통제

11-3 기저핵, 소뇌와 움직임

기저핵과 운동 힘

임상 초점 11-3 투렛증후군

소뇌와 운동기술

실험 11-4 질문 : 소뇌가 움직임이 정확하게 일어나도록 조율하는 것에 도움이 되는가?

11-4 체감각계의 수용기와 경로

체감각 수용기와 지각

후근신경절 뉴런

뇌까지의 체감각 경로

척수 반사

통증 느끼기와 치료

연구 초점 11-4 환상지통

전정계와 균형

11-5 체감각피질의 탐색

체감각 신체 지도

연구 초점 11-5 간지럼

이차체감각피질

체감각피질의 손상 효과

체감각피질과 움직임에 대한 위계적·병렬적 통제

◎ 연구 초점 11-1

신경보철학

우리 대부분은 우리의 신체를 움직이는 약 650개의 근육을 끊임없이 통제한다. 그러나 만약 근위축성 측색경화증(amyotrophic lateral sclerosis, ALS 혹은 루게릭병)처럼 이 근육들을 통제하는 운동뉴런들이 근육들과 연결되지 않으면 움직임, 나아가서는 호흡까지 불가능해진다.

신경과학자이자 마라톤 선수인 Scott Mackler에게 이러한 일이 30대 후반에 발생하였는데, 즉 그는 ALS를 앓게 되었다. 호흡기에 의존하던 그에게 잠김증후군(locked-in syndrome)이 발생하였고 그는 의사소통능력을 거의 상실하였다.

ALS는 치유되지 않으며 진단 후 5년 이내에 사망한다. Mackler는 이를 극복하였고 2013년 55세로 사망할 때까지 17년을 생존하였다. Mackler는 뇌-컴퓨터 인터페이스(brain-computer interface, BCI)의 개척자였는데, BCI는 뇌의 전기적 신호를 사용하여 컴퓨터가 통제하는 도구를 움직인다. Mackler는 자신의 정신 활동을 움직임으로 나타내는 것을 학습하였다. 그는 자신의 직장이었던 펜실베이니아대학교로 복직하였고 가족 및 친구들과 연락하였으며 심지어 2008년에는 CBS의 '60분' 프로그램에서 인터뷰도 하였다.

신경보철학(neuroprosthetics)은 상실된 생물적 기능을 대체하기 위해 세 유형의 컴퓨터 지원 도구를 개발하는데 중점을 두는 영역이다. BCI는 뇌 신호를 사용하여 컴퓨터에 지시하고 **컴퓨터-뇌 인터페이스**(computer-brain interface, CBI)는 컴퓨터에서 나오는 전기 신호를 사용하여 뇌를 움직인다. **뇌-컴퓨터-뇌 인터페이스**(brain-computer-brain interface, BCBI)는 BCI와 CBI 접근을 결합한 것으로 뇌가 감각 피드백을 자신에게 제공하는 로봇 장치에 명령하는 것을 가능하게 한다(Kawala-Sterniuk et al., 2021).

BCI는 신체의 어떤 신호, 즉 근육 활동, 말초신경의 신호 혹은 EEG, 혈류, 단일세포 활동을 포함하는 뇌로부터 오는 신호 등을 사용하여 만들 수 있다. BCI는 처음에는 느렸다. 즉 BCI의 도움으로 말을 하기 위해서는 단어의 철자를 하나하나씩 말하는 것이 요구되었다. 그러나 신호 처리의 발달과 인공지능

여기에 제시된 로봇 팔과 같은 뇌-컴퓨터-뇌 인터페이스는 감각 피드백을 제공하는 로봇에게 뇌가 명령하는 것이 가능하다.

의 사용을 통하여 말을 단어 하나하나씩 정상 속도로 하게 되었다. 앞으로 개발될 장치는 더 복잡한 지시도 처리할 수 있을 것이다.

이러한 발전에도 불구하고 BCBI 장치는 여전히 단점이 있다. 즉 신체/뇌 신호의 해상도가 비교적 낮고 매일 재교정이 요구되며 장치를 신체에 부착하기 위해서는 다른 사람의 도움이 필요하다. 그럼에도 불구하고 BCBI는 다양한 범위의 움직임과 통제를 가능하게 해주는데, 이러한 것이 불과 몇 년 전만 해도 가능하지 않았다. 예를 들어 BCBI는 로봇의 촉각 수용기가 촉각과 다른 감각 정보를 사용자에게 전달하는 동안 로봇 손으로 하여금 물체를 집도록 명령한다. BCBI는 뻗기, 걷기, 리턴 터치, 신체 위치 및 균형에 관한 정보를 제공하여 움직임을 가이드하는 외골격 장치를 통제하기도 한다. 아울러 BCBI는 디지털 게임을 포함한 거의 모든 일상 기능을 명령하도록 개발되고 있다.

신경보철학 상실된 생물적 기능을 대체하는 컴퓨터 기반 도구를 개발하는 영역

1-1절은 행동을 살아있는 유기체에서 일어나는 움직임으로 단순하게 정의하고 있다.

이 장은 움직임에 관한 것으로 시작해서 감각으로 끝맺는다. 4-4절은 감각으로 시작해서 움직임으로 끝난다.

움직임(movement)은 동물을 규정짓는 특징이고, 이 장은 신경계가 어떻게 움직임을 산출하는지 살펴본다. 미세한 촉각, 압각, 통각, 온각과 균형을 포함하는 체감각계가 움직임과 밀접하게 관련되어 있기 때문에 이 장에서 움직임과 신체 감각 모두를 살펴볼 것이다.

척수 수준에서 체감각 정보는 운동 반사에 기여하고 뇌간에서는 움직임이 일어나는 시간과 통제에 기여한다. 소뇌는 복잡한 수의적 움직임에 기여한다. 실제로 다른 감각이 체감각계를 통하여 움직임의 산출에 관여한다. 본질적으로 만약 운동계가 자동차이고 체감각계가 운전자이면 다른 감각계는 운전자에게 계속 잔소리를 하는 사람으로 여길 수 있다. 운동계와 체감각계가 어떻게 상호작용하는가에 관한 간략한 요약이 394~395쪽 '기본 지식 : 체감각계와 운동계의 관련성'에 기술되어 있다.

학습 목표

- 운동 연쇄의 시작 시 서로 다른 피질 영역들의 단계적 수행을 요약한다.
- 종 특유 행동에서 뇌간의 역할을 설명한다.
- 움직임 집행에서 척수의 역할을 설명하고 척수 손상으로 초래되는 상태를 기술한다.

11-1

운동의 위계적 · 병렬적 통제

움직임의 결정부터 생산에 이르기까지 신경계의 거의 대부분이 관여한다. **그림 11.1**은 여러분이 손을 뻗어 컵을 집을 때 중추신경계(central nervous system, CNS)에서 순차적으로 일어나는 여

러 단계를 보여준다. 컵을 집어야겠다는 여러분의 결정은 의식적이다. 여러분이 컵의 어느 부분을 잡아야 하는가를 결정하기 위해 먼저 컵을 시각적으로 살피고 이 정보가 체감각 영역을 통해 움직임을 개시하기 위해 운동피질로 전달되면 이 부위들이 척수 부위로 다음의 지시, 즉 팔과 손 근육을 움직여 컵을 잡으라는 지시를 보낸다.

여러분이 컵의 손잡이를 잡으면 신경계가 비교적 자동적으로 기능한다. 여러분의 손가락에 있는 감각 수용기로부터 전달된 정보가 컵을 잘 잡을 수 있도록 도와준다. 그 후 정보는 척수를 거쳐 여러 뇌 영역으로 전달되어 컵이 안전하다는 신호를 제공한다. 이 영역에는 다음의 영역들이 포함된다. 즉 피질하 영역인 기저핵은 컵의 손잡이를 잡는 데 필요한 적절한 양의 힘을 생산하는 데 영향을 미치고, 소뇌가 움직임의 타이밍을 조절하고 정확한 움직임이 일어나게 한다. 물론 피질도 포함되어 컵의 물을 마셔야 하는지를 의식적으로 결정하는 데 관여한다. 의식적 결정과 이러한 결정을 비교적 무의식적으로 수행하는 데는 모두 뇌가 관여하는데 이것이 연구 초점 11-1에 기술되어 있는 신경보철 장치의 주요 원리이다.

컵을 집는 행동을 통제하는 데 중요한 특징이 이 움직임을 통제하는 데 관여하는 뇌 영역들이 위계적으로 구성된다는 것이다. 컵을 집는 결정에 관여하는 전뇌 영역은 뇌간, 척수와 같은 하위 기능 영역을 통하여 기능해야 한다. 이 뇌 영역들은 병렬적으로도 조직되어 있는데, 이는 여러분이 컵을 집는 동시에 말을 하거나 노래를 부르는 등의 다른 행동도 할 수 있기 때문이다. 또한 이 뇌 영역들이 독립적으로 기능해야 한다. 여러분이 컵을 집겠다고 결정하면 대부분의 움직임이 의식적 통제 없이 자동적으로 일어난다. 수천 번이나 우리는 컵을 집었지만 컵을 실제로 집을 때 우리가 행하는 일련의 움직임을 설명하거나 이를 팬터마임으로 보여주는 것은 거의 불가능하다.

움직임의 위계적 통제를 Liu와 동료들(2020)이 한 실험을 통하여 설명하였다. 이 연구자들은 손을 사용하여 어떤 행동을 취하는 통제군의 뇌와 동일한 행동을 발가락을 사용하여 행하는―운동 등가성(motor equivalence)을 보이는(동일한 과제를 완수하기 위해 신체의 다른 부위를 사용하는 능력)―팔 없이 태어난 실험군(따라서 이들은 손을 사용한 경험이 없었음)의 뇌영상을 촬영하였다. 그 결과 두 집단 모두 운동피질의 동일한 영역에서 유사한 활성화가 관찰되었는데, 이

의식의 본질이 15-7절의 주제이다.

원리 9. 신경계는 뇌가 구성하는 지각 세계에서 움직임을 생성한다.

지금 여러분이 기억해야 할 것은 감각운동계가 위계적으로 조직되어 있다는 것이다. 이 장을 모두 살펴본 후 그림 11.1을 다시 보면 여러분이 무엇을 배웠는지 알 수 있을 것이다.

그림 11.1 순차적으로 조직화된 운동

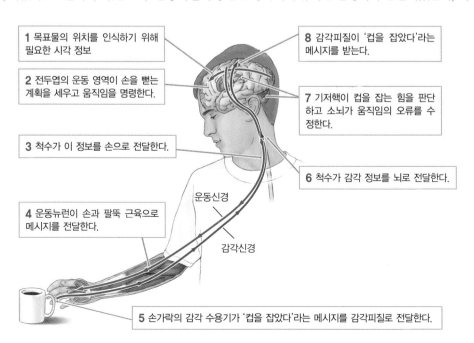

1 목표물의 위치를 인식하기 위해 필요한 시각 정보

2 전두엽의 운동 영역이 손을 뻗는 계획을 세우고 움직임을 명령한다.

3 척수가 이 정보를 손으로 전달한다.

4 운동뉴런이 손과 팔뚝 근육으로 메시지를 전달한다.

8 감각피질이 '컵을 잡았다'라는 메시지를 받는다.

7 기저핵이 컵을 잡는 힘을 판단하고 소뇌가 움직임의 오류를 수정한다.

6 척수가 감각 정보를 뇌로 전달한다.

운동신경

감각신경

5 손가락의 감각 수용기가 '컵을 잡았다'라는 메시지를 감각피질로 전달한다.

운동 연쇄 뇌에 의해 미리 계획되고 하나의 단위로 일어나는 운동 모듈

원리 3. 중추신경계는 다양한 수준에서 기능하며 위계적이고 병렬적으로 조직화되어 있다.

Lashley는 기억이 뇌의 어디에 위치하는가를 30여 년 동안 연구하였지만 결국 찾지 못하였다.

는 피질 조직화가 특정 행동의 수행에 필요한 뇌 부위의 활성화뿐만 아니라 추상적인 행동에 근거하는 것을 시사한다. 이 연구는 여러분의 이름을 사인하는 것과 같은 행동의 정신 표상이 뇌의 한 부위에 위치하는 것이 아니라 피질, 기저핵과 소뇌를 포함하는 회로에 위치하기 때문에 상황에 따라 손 혹은 발가락을 통해 행동이 수행될 수 있음을 보여준다.

전뇌 : 행동의 조직

복잡한 행동은 많은 움직임으로 구성되어 있다. 농구 경기를 예로 들어보자. 매 순간 선수들은 결정을 내려야 하고 어떤 행동을 취해야만 한다. 드리블, 패스, 던지기는 각각 다른 범주에 속하는 행동이며, 각 행동은 여러 방법을 통해 일어날 수 있다. 숙련된 선수는 힘들이지 않고 여러 범주에서 한 행동을 선택하고, 심사숙고하지 않고 이 행동을 행한다. 실제로 게임 중 슛을 놓치는 것이 불가능해 보이는 사람을 자주 '무의식적'이라고 기술한다.

이러한 복잡한 행동의 통제에 관한 초기 이론은 피드백에 초점을 맞추었다. 즉 우리가 어떤 행동을 수행한 후 이 행동이 얼마나 성공적이었나에 관한 피드백을 기다린 후 다음 행동을 이 피드백에 맞게 행한다는 것이다. 그러나 신경과학 연구의 선구자인 Karl Lashley(1951)는 '행동의 연속적 문제(The problem of Serial Order in Behavior)'라는 제목의 논문에서 이 이론이 정확하지 않다고 보고하였다. Lashley는 숙련된 행동이 앞 행동에 대한 피드백에 근거하여 일어나기에는 지나치게 빨리 일어난다고 주장하였다. 첫 번째 행동에 관한 피드백과 이 피드백에 근거하여 추후 행동에 관한 계획을 세운 후 근육에 메시지를 전달하는 데 걸리는 시간이 효과적인 행동이 일어나기에 지나치게 길다. Lashley는 움직임이 **운동 연쇄**(motor sequences)로 일어나야만 한다고 주장하였는데, 즉 현재 진행 중인 움직임이 거의 끝나갈 즈음 다음 순서의 움직임이 준비되어야만 한다는 것이다.

말하기, 피아노 연주, 농구 경기를 포함한 모든 복잡한 행동에는 다양한 움직임 순서를 선택하고 집행하는 것이 요구된다. 실제 대부분의 운동 학습이 행동 순서를 마스터하는 것이다. 한 행동이 집행되고 있는 동안 다음 순서의 행동이 준비 중일 경우에만 첫 번째 행동에 이어 두 번째 행동이 유연하게 일어날 수 있다. 말하기 행동이 좋은 예다. 사람들이 단순한 문장보다 복잡한 문장을 말할 때 말하기를 더 자주 중단하고 "음" 혹은 "아" 등의 소리를 내는데, 이는 평상시보다 말의 순서를 조직화하는 데 시간이 더 걸린다는 것을 의미한다.

피질 운동계의 해부

각 반구의 전두엽은 다수의 영역으로 나뉘는데, 이 중 세 영역이 **그림 11.2**에 제시되어 있다. 이 영역들은 다시 더 많은 영역으로 나뉜다. (전두엽의 전측에서 후측 방향으로) 이 영역들이 각각 전전두피질, 전운동피질과 일차운동피질이다. 처음에는 세 영역의 관련성을 전전두피질이 전운동피질로 지시를 보내고 전운동피질이 운동피질로 지시를 보내는 것으로 이해하였다. 이 장의 뒷부분에서 살펴보겠지만 이 영역들 각각이 자신만의 행동을 산출할 수 있고 후측의 피질, 특히 두정피질로부터 각각 지시를 받는다.

전전두피질 전전두피질(prefrontal cortex, PFC)은 행동을 계획하는데, 이 역할이 집행 기능(executive function)으로 기술된다. 정시에 회사에 출근하기 위해 몇 시에 일어나야 하는지를 결정하는 것, 책을 반납하기 위해 도서관 앞에서 정차하는 것을 결정하는 것 혹은 어떤 행동이 옳

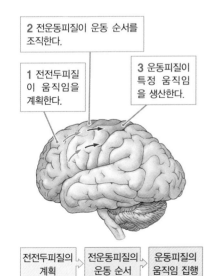

2 전운동피질이 운동 순서를 조직한다.

1 전전두피질이 움직임을 계획한다.

3 운동피질이 특정 움직임을 생산한다.

| 전전두피질의 계획 | 전운동피질의 운동 순서 | 운동피질의 움직임 집행 |

그림 11.2 운동 연쇄의 시작

정상 동물

병변 5개월 후

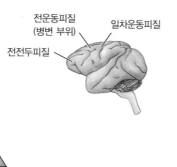
전운동피질
(병변 부위)   일차운동피질
전전두피질

그림 11.3 전운동피질의 통제
양손을 모두 필요로 하는 과제에서 정상 원숭이는 한 손으로 땅콩을 구멍을 통해 밀어내고 다른 손으로 그것을 받지만 전운동피질에 병변이 생긴 지 5개월이 되는 원숭이는 이 과제를 수행하지 못한다.

은지 그른지를 판단하여 이 행동을 해야 하는가를 결정하는 것 등과 같은 복잡한 행동의 계획이 PFC의 기능이다. PFC는 상세한 세부 행동의 결정에 관여하지 않고 단지 목적을 세우는 것에만 관여한다. PFC에 손상을 입은 사람들은 자주 사회적 규범이나 법을 위반하는 경향이 있는데, 이는 이들이 규범 혹은 위법의 결과를 몰라서가 아니라 잘못된 의사결정을 하기 때문이다.

15-2절은 집행 기능에 관해 기술하고 있다.

전운동피질   전운동피질(premotor cortex)은 걷기, 점프하기, 기어오르기 등과 같이 신체의 많은 부위의 협응이 관여하는 움직임을 생산한다. 만약 전운동피질이 손상을 입으면 많은 신체 부위가 관여하는 움직임이 일어나지 못한다. 예를 들어 **그림 11.3**의 오른쪽 원숭이는 배측 전운동피질에 병변이 있다. 이 원숭이에게 테이블 구멍에 끼어 있는 먹이 조각을 빼내는 과제를 주었다(Brinkman, 1984). 원숭이가 손가락으로 먹이를 밀어 움직이면 먹이가 바닥에 떨어지게 되고 원숭이는 먹이를 얻지 못하게 된다. 이 과제를 성공적으로 수행하기 위해서는 원숭이가 먹이를 밀어 움직이는 동안 손바닥을 구멍 아래에 받쳐 떨어지는 먹이를 받아야만 한다. 그러나 뇌 손상을 입은 원숭이는 두 상호 보완적인 행동을 같이 행하지 못한다. 손가락으로 먹이를 밀어 움직이거나 손바닥을 펼 수는 있지만 왼쪽의 정상 원숭이처럼 이 두 손의 행동을 조화롭게 통합하지 못한다.

12-6절과 15-2절은 전두엽 손상으로 초래되는 인지 결함을 기술하고 있다.

일차운동피질   일차운동피질(primary motor cortex 혹은 M1)은 팔, 손과 입을 사용하여 세부적인 숙련된 움직임이 일어나게 한다. 이 역할을 이해하기 위해 우리가 물체를 잡을 때 사용할 수 있는 많은 움직임을 예로 들어보자. 예를 들어 우리는 물체를 한 손 혹은 양손으로 혹은 한 손과 다른 신체 부위를 사용하여 잡을 수 있다.

집게 잡기의 경우(**그림 11.4A**) 우리는 엄지손가락과 집게손가락 사이에 물체를 잡는다. 우리는 엄지손가락과 다른 손가락을 사용해서도 정확하게 물체를 잡을 수 있다. 이 방식은 우리로 하여금 작은 물체를 쉽게 잡게 할 뿐만 아니라 물체를 숙련되게 사용하게 한다. 이와 상반되게 손 전체 잡기 혹은 파워 잡기(power grip)라고도 불리는 잡기는(그림 11.4B) 모든 손가락으로 힘 있게 그러나 덜 정확하게 물건을 잡는 경우이다.

M1에 손상을 입은 사람은 무엇을 잡기 위해 손을 뻗거나 자신의 손가락을 정확한 모양으로 만드는 데 어려움을 보인다. 이들은 또렷이 단어를 말하거나 무엇을 먹기 위해 손을 입으로 가져오기 등과 같이 손, 팔과 몸통을 숙련되게 움직이는 데도 어려움을 보인다.

(A) 집게 잡기

(B) 손 전체 잡기

Ian Whishaw

그림 11.4 잡기
집게 잡기(A)의 경우 엄지손가락과 집게손가락 사이에 물체를 잡는다. 파워 잡기 혹은 손 전체 잡기(B)는 손 전체로 물건을 잡는다. 그림 8.20은 유아의 잡기 반응의 발달, 즉 손 전체 잡기에서 집게 잡기로의 발달을 설명한다.

◎ 기본 지식

체감각계와 운동계의 관련성

운동계와 체감각계의 밀접한 관련성은 이 두 체계가 해부적으로 서로 인접해 있는 것으로 알 수 있다. 구심성 체감각 정보는 체성신경계를 통해 신체에서 뇌로 전달된다. 운동 정보는 원심성 운동계를 통해 중추신경계에서 근육으로 전달된다.

'정보의 전달'에 제시되어 있듯이 만약 여러분이 압정을 밟으면 구심성 감각 신호가 SNS를 따라 신체에서 척수를 거쳐 뇌로 전달된다. CNS로부터의 원심성 신호가 운동 반응, 즉 발을 들게 하는 반응을 하게 한다.

척수는 CNS 전체에서 체감각계와 운동계를 연결한다. '신경과 척수 사이의 연결'은 척수의 횡단면을 보여준다. 백질로 구성되는 바깥 부위에서 후측은 감각을 담당하고 전측은 운동을 담당하는데 물론 일부 예외가 있다. 나비 모양의 내측 부위는 회백질, 즉 주로 세포체로 구성되어 있다.

신체 감각 수용기로부터의 정보를 전달하는 SNS 신경이 척수의 후측 부위로 들어가면서 후근(posterior root)을 형성한다. 근육으로 정보를 전달하는 섬유는 척수의 전측에서 척수를 빠져나와 근육으로 가며, 이 섬유들도 척수를 빠져나가면서 전근(anterior root)을 형성한다[신경섬유 뭉치가 CNS에서는 로(tract)로 불리는 한편 CNS 밖에서는 신경으로 불린다. 전측과 후측은 서 있는 인간 신체 위치를 참조한 것이고 네발짐승에서는 배측과 복측으로 불린다].

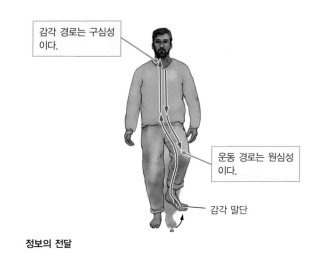

감각 경로는 구심성이다.

운동 경로는 원심성이다.

감각 말단

정보의 전달

척수는 척추뼈로 불리는 일련의 작은 뼈 안에 위치하며 '척수분절과 피부분절'에 제시되어 있는 것처럼 5개 영역으로 분류된다. 각 척수분절은 오른쪽에 제시되어 있는 피부분절이라고 불리는 신체 표면 영역과 상응한다. 척수의 위

신경과 척수 사이의 연결

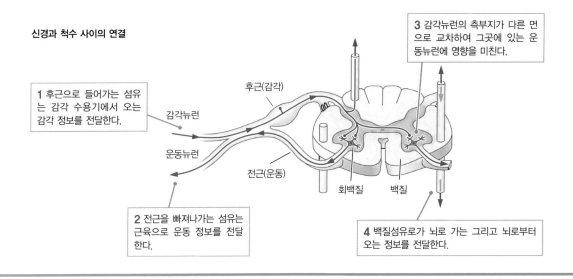

1 후근으로 들어가는 섬유는 감각 수용기에서 오는 감각 정보를 전달한다.

감각뉴런

운동뉴런

후근(감각)

전근(운동)

회백질   백질

2 전근을 빠져나가는 섬유는 근육으로 운동 정보를 전달한다.

3 감각뉴런의 측지가 다른 면으로 교차하여 그곳에 있는 운동뉴런에 영향을 미친다.

4 백질섬유로가 뇌로 가는 그리고 뇌로부터 오는 정보를 전달한다.

움직임에 대한 피질의 공헌

앞서 살펴본 바와 같이 움직임에 관여하는 각 반구의 전두엽 영역은 과제의 특성에 따라 독립적으로 기능할 수 있다. 전두피질의 다양한 영역이 가지는 주요 역할을 행동 수행 동안 일어나는 혈류 혹은 대사활동을 영상화하여 살펴볼 수 있다. **그림 11.5**는 한 연구에서 참여자들이 다양한 과제를 수행하는 동안 관찰된 뇌 영역의 활성화를 보여준다(Roland, 1993).

참여자들이 한 손가락을 사용하여 레버를 누르면 혈류량이 일차체감각피질과 일차운동피질에서 증가한다(그림 11.5A). 참여자들이 일련의 손가락 움직임을 수행하면 혈류량이 전운동피질에서도 증가한다(그림 11.5B). 그리고 참여자들이 손가락으로 미로를 따라 추적하는 과제, 즉 목표 달성을 위해 협응 운동이 요구되는 과제를 수행하는 동안 전전두피질에서 혈류량이 증가한다(그림 11.5C). 이 과제들을 수행하는 동안 전두엽의 모든 영역보다 과제들에서 요구되는 행동에

7-4절은 뇌 혈류를 기록하고 측정하는 영상 기법에 관해 기술하고 있다.

1-5절에 종 특유 행동이 소개되어 있다. 진화 원리가 서로 다른 종들에 적용되지만 한 종 내의 구성원에는 적용되지 않는다.

에서 아래쪽으로 경추, 흉추, 요추, 천추, 미추 영역이 척수분절의 번호로 구분된다. 예를 들어 C5(경추분절 5)는 목의 기저 부위이고 L2는 등의 아래쪽을 나타낸다.

'신피질의 층'에는 일차운동피질(파란색)과 인접한 감각(빨간색)피질 영역의 깊이를 보여준다. 현미경으로 관찰하면 피질의 6개 층이 모양, 특징과 기능에

서 서로 다르다. IV층은 감각피질에서는 비교적 두껍지만 운동피질에서는 비교적 얇다. V층은 운동피질에서는 비교적 두껍지만 감각피질에서는 비교적 얇다. 피질 IV층은 구심성이고 V층은 원심성이기 때문에 감각 영역은 큰 입력층을 가지는 반면 운동 영역은 큰 출력층을 가진다.

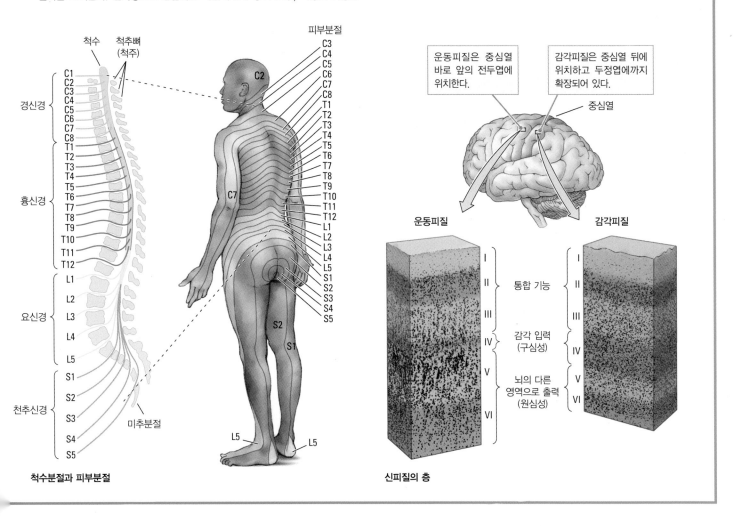

척수분절과 피부분절

신피질의 층

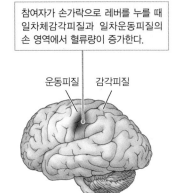

(A) 단순한 움직임
참여자가 손가락으로 레버를 누를 때 일차체감각피질과 일차운동피질의 손 영역에서 혈류량이 증가한다.

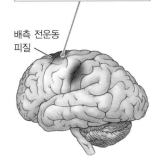

(B) 움직임 연쇄
참여자가 연쇄적으로 움직임을 수행할 때 전운동피질의 혈류량이 증가한다.

(C) 복잡한 움직임
참여자가 손가락으로 미로의 길을 찾을 때 전전두, 측두와 두정피질의 혈류량도 증가한다.

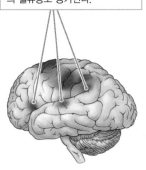

그림 11.5 뇌의 운동 통제
출처 : Roland(1993).

관여하는 영역들에서 혈류량이 상대적으로 증가하였다.

뇌간 : 종 특유 행동

Walter Hess(1957)는 뇌간을 자극하면 종 특유 행동(species-typical behavior)이 일어나는 것을 발견함으로써 1949년 노벨상을 수상하였다. 종 특유 행동, 즉 한 종의 모든 구성원이 보이는 특징적인 행동으로 예로는 개가 두려워 고양이가 등을 구부려 물러나는 행동 혹은 쥐를 사냥하는 고양이가 몸을 웅크리는 것 등을 들 수 있는데, 뇌간을 전기적으로 자극하면 이러한 행동이 일어난다. Hess는 고양이와 다른 동물의 뇌에 전극을 심은 후 접합하는 기법을 개발하였다. 이 전극을 전선과 연결한 후 자유롭게 움직이는 동물의 뇌를 자극하였으며 이 방법은 동물이 큰 불편을 느끼지 않게 하였다.

뇌간을 자극함으로써 Hess는 동물이 행할 것이라고 기대하였던 행동 거의 모두를 유발할 수 있었다. 예를 들어 쉬고 있는 고양이의 뇌간을 자극하면 놀랄 때처럼 갑자기 등을 구부린 채 뛰어오르며 털을 세우는 행동을 보인다. 전류가 흐르면 이러한 행동이 갑자기 나타나기 시작하였고 전류의 흐름을 중단하면 이러한 행동이 갑자기 중단되었다. 자극하는 전류량이 낮으면 종 특유 행동이 경미하게 나타나지만 전류량이 증가하면 행동의 강도도 증가하였다.

뇌간의 어느 부위를 자극하는가에 따라 나타나는 행동이 달랐다. 특정 영역을 자극하면 머리를 돌리는 행동이 나타나는 한편 다른 부위를 자극하면 걷거나 뛰는 행동이 나타났고 또 다른 부위를 자극하면 공격성 혹은 두려움을 보였다. 이에 따라 특정 자극에 대한 동물의 반응도 수정할 수 있었다. 예를 들어 봉제 장난감을 보여주면서 뇌간의 일부 영역을 자극하면 고양이가 장난감으로 살그머니 다가왔고 또 다른 영역을 자극하면 두려움을 보이면서 장난감으로부터 멀어졌다. Hess의 실험은 어떤 행동을 할 것인가에 관한 결정은 피질에서 이루어지지만 움직임의 산출에 뇌간도 요구된다는 것을 보여준다.

뇌간의 자극을 통해 적응적인 종 특유 행동을 생산하기 위해서는 피질과 척수를 포함한 운동계의 모든 영역이 기능해야 한다. **실험 11-1**은 다양한 조건에서 닭의 뇌간을 자극하였을 때 나타나는 행동을 보여준다(von Holst, 1973). 맥락의 효과에 주목해보자. 즉 자극을 받은 뇌간 영역이 닭에게 제시된 물체와 자극의 지속 시간과 어떻게 상호작용하는지에 주목해보자.

특정 부위만을 자극할 경우 닭은 단지 들떠 있는 행동만을

실험 11-1

질문 : 서로 다른 조건에서 일어나는 뇌간 자극의 효과는 무엇인가?

절차

전기적 자극만이 주어지면 들떠 있는 행동이 일어난다.

주먹과 함께 전기적 자극이 주어지면 경미한 위협감이 일어난다.

족제비 인형과 함께 전기적 자극이 주어지면 격한 위협감이 일어난다.

족제비 인형과 더불어 전기적 자극을 지속적으로 제시하면 비명을 지르고 달아난다.

결과

뇌간의 자극 전극

결론 : 뇌간의 일부 부위를 자극하면 맥락에 따라 서로 다른 행동이 나타나는데, 이는 뇌간의 중요한 기능이 적절한 종 특유 행동을 산출하는 것을 시사한다.

출처 : von Holst(1973).

보인다. 닭에게 주먹을 보여주면서 동일한 부위를 자극하면 경미한 위협적인 행동을 보인다. 제시되는 대상을 주먹에서 족제비 장난감으로 대체하면 닭은 매우 강한 위협적 행동을 보인다. 마지막으로 족제비 장난감을 보여주면서 지속적으로 자극하면 닭이 소리를 지르면서 달아난다.

　이와 같은 실험은 뇌간이 복잡한 적응적 행동을 생산하는 데 중요한 기능을 가지고 있음을 보여준다. 적응적 패턴에는 먹고 마시는 행동과 성행동에 사용되는 움직임이 포함된다. 뇌간의 특정 영역을 자극하면 동물은 생존과 관련된 행동을 보인다. 씹는 행동을 일으키는 뇌간의 특정 영역을 자극하면 동물은 나뭇조각과 같이 먹지 못하는 물체를 씹기도 한다.

　털 손질(grooming)은 뇌간이 어떻게 복잡한 행동 패턴을 조율하는지 보여주는 좋은 예다 (Kalueff et al., 2016). 쥐는 웅크리고 앉아 발을 핥으며 발로 코를 닦은 후 얼굴 전체를 닦다가 마침내 신체의 털을 핥는다. 이러한 동작들이 항상 동일한 순서로 일어나는데, 즉 얼굴에서 어깨와 신체의 후미 부위의 순으로 일어난다. 여러분이 샤워 혹은 수영을 한 다음 몸을 말릴 경우 여러분이 행하는 '몸단장 순서'를 잘 생각해보자. 인간의 몸단장 순서는 쥐가 행하는 순서와 매우 유사하다. 털손질의 통제에 덧붙여 뇌간은 자세를 유지하는 것, 똑바로 서는 것, 사지의 협응 운동, 헤엄과 걷기, 둥지 짓기 등과 같은 행동을 하는 데도 중요한 역할을 한다.

　뇌간 손상이 행동에 미치는 효과를 **뇌성마비**(cerebral palsy, CP)에서 관찰할 수 있는데, CP는 운동 기능의 장애가 주된 증상이다. 뇌성마비 환자의 경우 수의적 행동이 어렵지만 피질에 의해 통제되는 의식적 행동은 유지된다. CP는 출생 전 혹은 출생 직후에 일어난 뇌간 외상으로 인해 초래된다. '임상 초점 11-2 : 뇌성마비'에 기술되어 있듯이 뇌성마비를 초래하는 외상이 유아기 초기에도 일어날 수 있다.

척수 : 움직임의 집행

1980년대 세 편의 영화에서 슈퍼맨 역할을 맡았던 배우 고 Christopher Reeve는 1995년 경마 대회에서 낙마하였다. 머리를 움직이는 것과 어깨를 약간 움직이는 것을 제외하고 그의 신체는 완전히 마비되었다. 그는 보조 기구 없이는 숨조차 쉴 수 없었다. 미국에서 매년 17,800명 이상이 척수 손상을 입고 있다(National Spinal Cord Injury Statistics Center, 2020). 손상을 입은 사람 중 거의 80%가 남성이고 대부분의 손상은 교통사고(거의 39%), 낙상(32%), 폭력(14%)으로 초래된다. 대부분의 경우 손상은 '불완전(incomplete)'한데, 이는 척수를 통한 뇌와 신체 사이의 일부 소통이 지속적으로 일어나는 것을 의미하고 소통에는 부상 부위 아래의 일부 감각과 움직임을 포함하지만 움직임과 감각이 매우 손상된다.

　Reeve의 척수는 맨 윗부분, 즉 C1~C2 수준('기본 지식'의 '척수분절과 피부분절' 참조)에서 완전히 절단되었다. 이 부상으로 말미암아 팔과 다리의 감각 혹은 움직임이 상실되는 **사지마비**[quadriplegic 혹은 **완전마비**(tetraplegic)라고 함]를 앓게 되었다. 척수에 이 수준으로 부상을 입으면 뇌와 나머지 척수는 온전하게 기능하지만 뇌와 척수가 더 이상 연결되지 않는다. 만약 절단이 경신경 아래에서 일어나면 **하반신 마비**(paraplegia)가 초래되어 마비와 감각 상실이 다리와 신체 하부에 국한된다.

　척수 손상은 척수 절단과 더불어 병변의 크기를 증가시키는 이차 퇴행성 과정을 초래하는 외상이 주된 원인이다. 손상 후 흉터조직의 형성, 구멍, 낭종이 절단된 양면이 서로 소통하는 것을 막는다. 최근의 혁신적인 의료 개입이 발달하

뇌성마비　출생 시(혹은 출생 직전)에 입은 뇌 손상으로 초래되는 장애군

사지마비　척수 손상으로 인한 다리와 팔의 마비. *완전마비*라고도 함

하반신 마비　척수 손상으로 인한 다리의 마비

Phillip Chin/Getty Images

Rick Hansen은 1973년 그가 15세일 때 척수 손상을 입었다. 1985년 Hansen은 척수 손상 연구기금을 마련하기 위한 'Man in Motion Tour'에 참여하여 휠체어를 타고 전 세계를 다녔다. 추후 그는 Rick Hansen 재단을 출범시켰고 캐나다 밴쿠버에 Blusson Spinal Cord Center의 설립에 공헌하였다.

임상 초점 11-2

뇌성마비

E. S.는 생후 6개월 무렵에 감기와 감염을 앓았다. 추후 그는 자신의 움직임을 통합하고 조화시키는 데 매우 큰 어려움을 보였다. 성장하면서 그는 자신의 손과 다리를 거의 사용할 수 없게 되었으며 그의 말은 이해하기 매우 어렵게 되었다. 거의 대부분의 아동기 동안 E. S.는 지적장애아로 여겨졌고 특수학교에 다녔다.

그가 13세 되는 해에 학교에서 컴퓨터를 구입하였다. 한 교사가 E. S.에게 입에 문 연필로 컴퓨터의 자판을 두들기게 하면서 컴퓨터를 가르치는 것을 시도하였다. 컴퓨터 교육을 시작한 지 몇 주 안에 교사는 E. S.가 컴퓨터를 통해 의사소통하는 것과 학교 과제를 수행하는 것이 가능하다는 것을 인식하게 되었다. 마침내 그는 오른손가락을 사용하여 전동 휠체어를 사용할 수 있게 되었다.

컴퓨터와 휠체어의 도움으로 E. S.는 대학에 진학하여 학생 대표가 되었다. 심리학 학위를 받고 졸업한 후 그는 사회복지사가 되어 뇌성마비 아동들을 돌보았다.

1853년 영국의 의사인 William Little이 난산으로 태어난 아동들이 추후 운동장애를 가질 수 있음을 처음으로 보고하였다. Little이 기술한 장애가 뇌성마비(리틀병이라고도 불린다), 즉 출산 시(혹은 출산 가까이에) 경험한 뇌 손상으로 말미암아 초래되는 장애군이다. 뇌성마비는 비교적 흔한 장애로 발생률이 1,000명 중 1.5명 정도이며 2.5kg 이하의 몸무게로 태어난 아동들에서 발병률이 특히 높다(1,000명 중 약 10명).

뇌성마비의 가장 흔한 원인이 출산 시 경험하는 무산소증(anoxia) 혹은 산소 부족과 유전적 결함이다. 무산소증이 태반 결함으로 초래될 수 있는데, 태반은 자궁 내에서 산소와 영양분을 산모에게서 태아로 전달하는 기관이다. 혹은 출생 시 탯줄이 엉켜 태어나는 신생아에게 산소 공급이 감소할 때 발생하기도 한다. 또 다른 원인으로는 감염, 수두증, 발작, 조산 등이 포함된다. 이 모든 요인이 출생 전, 출생 시, 출생 직후 미성숙한 뇌의 결함이 일어나게 한다.

뇌성마비 아동은 출생 후 몇 달 동안은 건강하게 보이지만 신경계가 발달함에 따라 운동장애가 점차 두드러진다. 흔한 증상에는 강직, 스트레칭을 할 때 지나친 근육 수축, 운동장애, 떨림 및 통제되지 않는 뒤틀림 등과 같은 불수의적 움직임, 수동적 움직임에 대한 저항 등이 포함된다. 뇌성마비 환자들은 휠체어를 사용하는 경우가 많다.

MRI에 근거하여 발달 동안에 일어나는 뇌 연결성의 변화를 지도화한 베이비 커넥톰이 뇌 발달과 뇌 손상 취약성 사이의 관련성 연구에 사용된다. 커넥톰(connectome)은 아기 뇌의 구조적 연결성(신체 전선)에 관한 포괄적인 지도이다. 베이비 커넥톰은 아주 어린 영아의 뇌 연결성 발달 이상을 밝혀주기 때문에 치료를 빨리 시작할 수 있게 한다(Stewart et al., 2021).

Courtesy of The Medical University of South Carolina

뇌성마비를 경험하는 많은 사람이 성공적인 전문직 경력을 가지는데, 소아과 의사인 John Melville 박사는 자신의 오른손가락을 움직여 휠체어를 작동한다.

스크래치 반사 동물이 신체 표면에 있는 자극을 제거하기 위해 뒷발을 사용하는 자동적인 반응

기 전까지는 척수를 통과하는 완전한 절단이 치명적이었지만 오늘날에는 시기적절하게 치료를 받으면 많은 환자가 초기의 부상에서 생존하게 된다.

척수는 신체와 뇌를 단순히 연결하는 것이 아니라 복잡한 운동 프로그램을 가지고 있다. 실제 많은 척수 환자가 난간이나 수영장의 물에 의해 신체를 떠받치면 걸을 수 있다. 척수 손상 환자는 신체를 떠받치면 컨베이어 벨트 위에서 걸을 수 있다. 척수 환자의 다리가 컨베이어 벨트 위에서 거꾸로 움직이면 발이 지지를 잃게 되고 사지가 반사적으로 벨트 위로 들어 올려지며 신체 밑의 앞쪽으로 흔들린다. 발이 벨트의 표면에 다시 닿으면 촉각 수용기가 반사행동을 시작하여 발을 표면에서 밀어 움직이게 하고 체중을 지지한다. 이러한 방법으로 여러 척수 반사가 같이 작용하여 걷기의 복잡한 움직임을 용이하게 한다. 걸음이 반사적 행동이기 때문에 조산아 혹은 신생아조차도 정확한 위치로 잡아주면 걸을 수 있다. 인공사지 기술의 목적 중 하나가 이러한 반사적 움직임을 사지에 고정시켜 뇌로부터 사지를 움직이라는 명령이 움직임의 의도에만 관심이 있게 하는 것이다.

다른 척추동물에서 관찰되는 더 복잡한 반사행동 중 하나가 **스크래치 반사**(scartch reflex)인데, 이는 동물이 신체 표면에 주어진 자극에 대한 반응으로 신체 일부를 반사적으로 긁는 경우이다. 스크래치 반사의 복잡성은 정확한 움직임에서 드러난다. 뇌로부터의 지시 없이 사지의 끝(주로

스크래치 반사

네발짐승의 뒷다리)이 정확하게 자극을 받은 신체 부위로 향한다. 전형적으로 가려움이 긁는 행동을 유발하는 감각이다. 가려움을 초래하는 피부의 감각 수용기는 기생충 혹은 다른 이물질을 탐지하기 위해 진화되었다. 11-4절에서 가려움에 대해 다시 살펴볼 것이다.

척수가 절단된 사람과 동물의 경우 척수 반사가 여전히 기능한다. 그 결과 마비된 사지가 자발적인 움직임 혹은 경련을 보인다. 그러나 뇌가 더 이상 이러한 자발적 움직임의 타이밍을 가이드하지 못한다. 이에 덧붙여 환자를 돌보는 사람이 인위적인 자극을 사용하여 방광과 장의 통제와 관련된 반사가 일어나도록 해야 한다. 척수 손상의 한 치료법이 이식된 전극을 통해 척수의 감각과 운동 회로를 전기적으로 자극하는 것인데, 이는 방광과 장 통제를 돕고 걷는 것을 용이하게 한다(McHugh et al., 2021).

부상 부위 사이의 연결을 대체하여 기능을 회복하는 것이 연구자들에게 개념적으로는 단순하지만 다루기 힘든 문제를 제공하는데, 이에 대해 수많은 해결책이 제안되었다. 특히 분자 크기의 도구 제작과 사용의 과학인 나노기술이 척수 부상의 급성 효과 감소와 기능 회복의 가능성을 제공한다. 나노기술은 1~100나노미터(nm) 크기의 물질을 대상으로 한다(1나노미터는 100억분의 1미터, 즉 $1/10^9$미터이다).

나노관(nanotube) 혹은 나노소낭(nanovesicle)이 부상 부위로 약물, RNA 혹은 새로운 줄기세포를 수송하고 이로 말미암아 퇴행성 변화가 멈추고 부상 부위에 신경 다리를 형성하는 것을 도울 수 있다. 화학물을 전달하거나 전기 충동을 전도하는 나노관이 혈관을 통해 부상 부위로 들어가고 이후 척수 내의 매우 작은 모세혈관으로 들어갈 수 있다. 또한 목표 영역에 도달하면 비계(scaffolding) 혹은 관으로 자기조립하는 분자로 주사되기도 한다.

나노의료물질은 작은 크기 때문에 부상을 입은 양면의 척수세포와 상호작용할 수 있다(Shahsavani et al., 2021). 브리지를 형성하기 위해 부상 부위로 들어간 나노비계는 손상 부위 축색의 재성장을 돕는다. 나노축색을 부상 부위로 도입하여 부상 양면의 뉴런들과 시냅스하게 하여 메시지를 전달할 수 있다. 나노소낭, 즉 신경성장인자와 같은 약물을 담고 있는 작은 캡슐을 부상 부위로 주사하여 세포 성장을 촉진할 수 있다. 비록 적용 가능성은 아직도 시험 및 개선되고 있지만 나노의학의 발전은 척수 손상을 입은 환자에게는 혁신적인 치료와 재활의 가능성을, 그리고 다른 의학 분야와 신경학에 대해서는 진단, 영상, 약물 전달 등에서의 대변혁 가능성을 제공한다. 다가오는 몇 년 동안 주목할 흥미로운 영역이다.

11-1 복습

진도를 계속 나가기 전에 앞 절을 얼마나 이해했는지 확인해보자. 정답은 이 책의 뒷부분에 있다.

1. 운동 통제에 관여하는 CNS 영역과 경로는 _____와/과 _____ 배열을 보여준다.

2. 전두피질은 세 영역, 즉 _____, _____, _____(으)로 구성된다.

3. _____이/가 종 특유 움직임, 생존 관련 행동과 자세 및 걷기에 중요한 역할을 한다.

4. 뇌와 신체 나머지 부위를 연결하는 경로의 역할에 덧붙여 _____은/는 독립적으로 반사행동이 일어나게 한다.

5. 척수 단절이 서로 다른 수준에서 일어나는 것과 관련된 두 가지 유형의 손상을 기술하시오.

6. 전뇌, 뇌간과 척수 각각은 움직임에 어떤 공헌을 하는가?

운동계의 조직

앞 절에서 피질, 뇌간과 척수가 움직임에 어떻게 공헌하는지 살펴보았다. 이 절에서는 먼저 운동피질의 조직화를 살펴본 후 운동피질에서 뇌간, 척수를 거쳐 마침내 신체 근육과 연결하는 운동뉴런으로 구성되는 하행 경로를 살펴보겠다.

운동피질

1870년 의사인 Gustav Fritsch와 Eduard Hitzig는 마취 상태에 있는 개의 신피질을 전기적으로 자극하면 자극을 받은 뇌 반대편 신체의 입, 사지, 발을 움직일 수 있는 것을 발견하였다. 이들은 신피질이 운동을 통제하는 것에 관한 첫 번째 증거를 제공하였다. 추후 쥐, 원숭이, 유인원을 포함한 다양한 동물을 대상으로 한 연구들이 이 결과를 지지하였다. 추후 연구자들은 자신들의 연구 결과를 요약하는 두 유형의 지도, 즉 **신체 지도**(body map)와 **행동 지도**(action map)도 개발하였다. 신체 지도는 어느 신경 부위가 특정 신체 부위와 관련되는가를 보여주는 한편 행동 지도는 신경 영역이 매개하는 기능을 보여준다. 이어지는 절에서 이 두 유형의 지도가 어떻게 활용되는지 살펴볼 것이다.

운동피질의 지도화

1930년대부터 Wilder Penfield(Penfield & Boldrey, 1937)는 뇌 수술을 받을 예정인 의식이 있는 환자들의 피질 지도를 작성하기 위해 전기적 자극법을 사용하였다. Penfield는 전기적 자극 결과를 수술에 활용하였다. 그가 환자의 뇌를 자극하였기 때문에 그는 자극의 강도와 제시시간을 최소화하였고 그 결과 그의 환자는 주로 짧은 씰룩거림을 보였다. 10-4절에서 피질에서 청각 영역과 언어 영역을 확인한 Penfield의 업적을 살펴보았다.

Penfield는 신체 각 부위의 운동을 생산하는 운동피질 영역들을 재미있는 그림으로 요약하였다. 이전에는 호문쿨루스(*homunculus, homunculi*, 라틴어로 '작은 사람'을 의미함)라고 불렸던 **신체 지도**(body map)는 **그림 11.6**에 제시되어 있는 것처럼 일차운동피질에서 확인된다. 신체가 대칭적이기 때문에 동일한 신체 지도가 각 대뇌반구의 일차운동피질에 표상되며 각 운동피질은 반대편 신체의 운동을 주로 통제한다. Penfield는 각 전두엽의 배측 전운동영역, 즉 **보조운동피질**(supplementary motor cortex)이라고 하는 영역에서 또 다른 작은 신체 지도를 발견하였다.

신체 지도의 가장 두드러진 특징은 **그림 11.7**에서처럼 특정 신체 부위와 관련된 뇌 영역들의 상대적 크기가 실제 신체 부위들의 크기와 일치하지 않는다는 것이다. 신체 지도는 매우 큰 손, 특히 큰 엄지손가락과 큰 입술과 혀를 가지고 있다. 이와 상반되게 실제 신체의 거의 대부분을 차지하는 몸통, 팔과 다리는 상대적으로 작다. 이러한 왜곡은 운동피질의 넓

4-1절은 신경계가 정보를 전달하기 위해 어떻게 전하를 사용하는지 이해하게 된 계기를 기술한다.

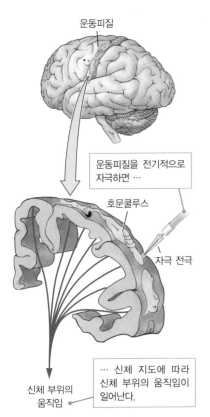

운동피질

운동피질을 전기적으로 자극하면 …

호문쿨루스

자극 전극

신체 부위의 움직임

… 신체 지도에 따라 신체 부위의 움직임이 일어난다.

그림 11.6 Penfield의 신체 지도
움직임이 운동피질에 지형적으로 조직되어 있다. 피질의 배내측 영역을 자극하면 아래쪽 사지의 움직임이 생산된다. 피질의 복측 영역을 자극하면 상체, 손과 얼굴의 움직임이 일어난다.

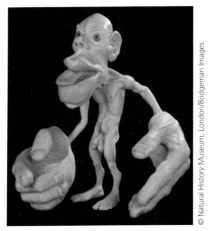

© Natural History Museum, London/Bridgeman Images

그림 11.7 호문쿨루스
신체의 서로 다른 부위들을 통제하는 감각과 운동피질의 영역이 불균형을 이루는 것을 보여주는 그림이다.

은 영역들이 손, 손가락, 입술과 혀의 정밀한 통제를 가능하게 한다는 것을 시사한다(그림 11.6 참조). 이에 비하여 몸통과 같이 운동 통제가 덜한 신체 부위는 운동피질에서 작은 영역을 차지한다.

운동피질의 신체 지도는 불연속적이다. 즉 실제 신체 배열과 다르게 배열되어 있다. 눈 운동을 생산하는 피질 영역이 운동피질의 머리 앞에 위치하고(그림 11.6의 위 그림 참조), 머리는 턱 위로 향하고 이마는 아래로 향하며 혀는 이마 아래에 위치한다. 이 지도를 흘끗 보아도 가장 숙련된 행동을 하는 신체 부위, 즉 손, 입, 눈 등을 통제하는 뇌 영역들이 비교적 더 크다는 것을 알 수 있으므로 이 지도가 M1의 **지형적 조직화**(topographic organization), 즉 기능 배치도를 이해하는 데 유용한 개념이다. 상당히 많은 연구가 Penfield의 신체 지도에 나타난 운동 영역들이 어떻게 움직임을 생산하는지 조사하였다.

초기 아이디어는 지도의 각 부위가 자신이 표상하는 신체 부위의 근육을 통제한다는 것이었다. 다른 피질 영역들로부터 오는 정보가 지도에 전달되고 지도의 적절한 부위에 있는 뉴런들이 신체 근육을 활성화하여 움직임을 생산한다. 예를 들어 만약 동전을 집고자 할 경우 전전두피질의 집행 영역이 M1의 손가락 영역으로 메시지를 보낸다. 따라서 움직임에 있어서의 뇌의 역할은 피아노 연주에 비유될 수 있다. 즉 뇌의 의사결정을 담당하는 영역이 신체 지도의 키 혹은 키들을 누르고 이로 인하여 움직임이 생산된다.

Michael Graziano와 동료들이 Penfield가 사용하였던 전기 자극보다 더 긴, 즉 대략 2초 정도 지속되는 전기 자극을 실시한 결과 운동피질이 움직임 범주를 형성하는 행동들도 표상할 수 있다는 것을 관찰하였다(Graziano, 2009). **그림 11.8**은 이러한 실험에 의해 만들어지는 **행동 지도**(action map)를 보여주는데, 즉 짧은꼬리원숭이의 운동피질에 조금 더 오래 전기 자극을 가하면 원숭이에서 여러 범주의 움직임이 나타나는 것을 보여준다. 일상 활동을 하는 원숭이를 대상으로 한 연구들은 자극에 의해 생산되는 행동이 원숭이가 자발적으로 종 특유 행동을 할 때 사용되는 움직임과 매우 유사하다는 것을 보여준다. 여기에는 (A) 올라가고, 내려가고, 점프함, (B) 움켜쥐기 위해 손을 뻗음, (C) 방어적 자세/표정, (D) 손을 입으로 가져감, (E) 씹거나 핥는 행동, (F) 신체 중앙 공간에서의 손 움직임, (G) 아래쪽 신체 공간에서의 손 움직임이 포함된다.

행동 지도는 몸 전체의 움직임은 전운동피질에서 일어나고 정밀한 손과 입 운동은 운동피질에서 일어나는 것을 보여준다(그림 11.2의 운동 연쇄 시작 참조). 관찰된 각 행동은 원숭이의 사지 위치가 어디든 혹은 원숭이가 당시 어떤 행동을 하고 있든 상관없이 일어난다. 손을 입으로 가져가는 행동을 유발하는 전기적 자극은 항상 손을 움직이는데 손의 출발점은 중요하지 않다. 만약 원숭이의 팔에 무거운 무엇인가를 부착하면 이 첨가된 무게를 보충한 행동이 유발된다.

자극에 의해 일어나는 움직임은 경직되어 있다. 만약 손이 입에 도달한 후에도 자극이 지속되면 자극이 주어지는 시간 동안 손이 입에 머문다. 손과 입 사이에 방해물이 있으면 손이 방해물을 친다. 이러한 결과는 **위치-점 이론**(position-point theory)으로 설명될 수 있는데, 이 이론은 행동 지도가 신체의 어느 부위가 신체 관련 공간에 있어야만 하는가를 표상한다고 제안한다. 즉 피질의 한 부위가 자극을 받으면 이 부위와 관련된 신체 부위가 어디에서 출발하는지와는 무관하게 적절한 공간 위치로 움직여야 한다는 것이다.

인간을 대상으로 한 MRI 연구들은 인간의 운동피질도 그림 11.8에 제시되어 있는 원숭이의 운동피질처럼 행동 지도에 따라 조직화되어 있음을 보여준다. 예를 들어 Huber와 동료들(2020)은 참여자들이 서로 다른 손가락으로 툭툭 두드리는 동안 Penfield의 운동피질 중 손 영역의 혈

신체 지도 감각피질과 운동피질에서 신체 각 부위를 담당하는 영역에 관한 표상. 신경계의 신체의 지형적 표상

지형적 조직화 신체 혹은 감각 기관에 의해 지각된 감각 세계 영역에 관한 신경-공간 표상

행동 지도 신체가 행하는 행동의 감각 혹은 운동피질 내의 표상. 행동하는 신체의 신경 영역의 지형적 표상

위치-점 이론 운동피질이 적절한 신체 부위를 공간 내의 한 지점으로 움직이게 한다는 아이디어

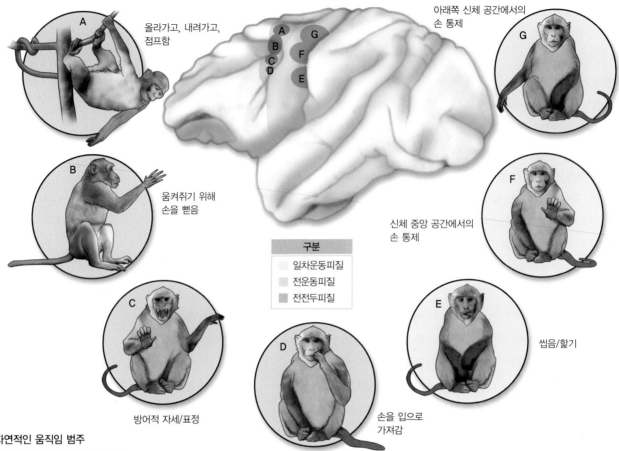

그림 11.8 자연적인 움직임 범주
원숭이의 피질, 일차운동피질과 전운동피질을
전기적으로 자극하면 일어나는 움직임 범주
출처 : Aflalo & Graziano(2007).

류를 기능 MRI(fMRI)를 사용하여 기록하였다. 이들은 각 손가락을 특징짓는 두 손의 표상을 발
견하였는데 이중의 손가락 표상이 감각과 운동피질 모두에서 나타났다. 참여자들이 모든 손가락
을 동시에 사용하는 복잡한 행동, 예를 들어 사물을 잡거나 놓는 행동을 할 경우 참여자가 사물을
잡을 때에는 두 손 표상 중 하나가 활성화하고 사물을 놓을 때에는 다른 표상이 활성화하였다. 이
실험 결과는 복잡한 손가락 사용을 표상하는 손가락의 행동 지도가 있을 가능성을 시사한다.

Huber의 실험은 운동피질이 근육의 씰룩거림만을 부호화하는 것이 아니라 움직임의 목록 혹
은 사전(dictionary)도 부호화하는 것을 시사한다. 단어들을 연결하여 문장을 만들듯이 단지 몇
가지 움직임을 서로 다르게 결합하여 우리가 행할 수 있는 모든 행동, 심지어 농구 시합처럼 복
잡한 행동이 일어난다.

운동피질과 숙련행동

운동피질의 뉴런들이 어떻게 움직임을 통제하는지 조사하기 위해 Edward Evarts(1968)는 **실험
11-2**에 제시되어 있는 단순한 절차를 사용하였다. 그는 막대를 움직이기 위해 손목을 구부리는
것을 원숭이에게 훈련시켰는데, 막대에는 서로 다른 무게가 부착되었다. 원숭이의 운동피질에
서 손목의 움직임을 담당하는 영역에 삽입된 전극을 통하여 이 영역에 있는 뉴런들의 활동을 측
정하였다.

실험 11-2의 결과에 제시되어 있듯이 Evarts는 원숭이가 손목을 움직이기 시작하기 전에 이
뉴런들이 발화하기 시작하는 것을 발견하였다. 다시 말하면 이 뉴런들이 행동의 개시뿐만 아니
라 계획에도 관여하였다. 손목을 움직이는 동안 이 뉴런들이 지속적으로 발화하였는데, 이는 이

뉴런들이 움직임을 생산하는 데도 관여함을 시사한다. 막대에 무게가 더해지면 이 뉴런들은 더 높은 비율로 발화하였다. 이는 실험의 결론(그림 11.5 참조)에 기술되어 있듯이 운동피질의 뉴런들이 움직임을 계획하고 집행하며 발화율과 발화 시간을 증가시킴으로써 움직임의 힘을 증가시킨다는 것을 시사한다.

Evarts의 연구 결과는 운동피질이 움직임의 종료점을 정하는 역할도 함을 보여준다. 운동피질의 손목 영역에 있는 뉴런들은 원숭이가 손을 안쪽으로 가져오기 위해 손목을 구부릴 때는 발화하지만 손을 출발점으로 되돌리기 위해 손목을 뻗을 때는 발화하지 않았다. 뉴런들의 흥분/억제 반응은 움직임의 원하는 종점을 부호화하는 단순한 방법이다. Evarts의 실험은 위치-점 이론을 지지할 뿐만 아니라 공간 내 한 지점으로 향하는 움직임은 환경의 우발적 사고, 예를 들어 사지가 원하는 곳에 도달하기 위해 환경 내에 있는 짐을 이동시켜야 하는 등과 같은 것도 고려해야 한다는 것을 보여준다.

자유롭게 움직이는 원숭이의 운동뉴런 활동을 측정한 결과 뉴런들의 위치에 따라 신체 혹은 신체 일부를 특정 위치로 움직이는 것을 관찰하였다(Aflalo & Graziano, 2007). 예를 들어 손이 특정 위치로 움직일 때 적극적인 활동을 보인 일부 뉴런들은 손이 그 위치에서 멀어지면 점차 감소된 활동을 보인다. 따라서 그림 11.8에 제시되어 있는 운동피질 영역의 뉴런들은 이 뉴런들을 전기적으로 자극할 때 얻어지는 동일한 종점을 달성하게 하는 움직임의 구성에 관여한다.

운동피질의 뉴런들이 움직임의 계획에 관여한다는 또 다른 증거는 운동뉴런이 역치하(subthreshold) 활성화, 즉 움직임 관련 활성화와 유사하지만 움직임을 생산할 만큼 강하지 않은 활성화를 보인다는 연구 결과이다. Schieber(2011)의 연구 결과는 이 역치하 활성화가 움직임을 계획하거나 움직임의 심상과 관련됨을 시사한다. 역치하 활성화는 환자에서 뚜렷한 움직임이 일어나지 않는 동안 운동피질의 뉴런들이 뇌-컴퓨터 인터페이스를 통제하는 데 활용되고 있다(연구 초점 11-1 참조).

운동피질의 가소성

운동피질 뉴런의 활동은 신체의 움직임과 매우 밀접하게 관련되어 있다. 앞서 소개한 연구들은 유연성이 이 관련성의 일부라는 것을 보여준다. 운동피질의 또 다른 속성은 유연성이다. 즉 가소성이 운동 학습과 운동피질 손상 후 회복 모두에 기여하며 다음의 예가 이를 설명한다.

Randy Nudo와 동료들(1996)의 연구가 피질 손상으로 인한 변화를 설명하는 **실험 11-3**의 절차에 요약되어 있다. 이들은 원숭이의 운동피질 지도를 작성하여 손과 손가락 영역을 확인하였다. 이후 손가락 움직임을 표상하는 피질의 작은 부위를 제거하였다. 이 전해질 병변 후 원숭이는 병변의 영향을 받는 손가락을 덜 사용하였고 영향을 받지 않는 손을 주로 사용하였다.

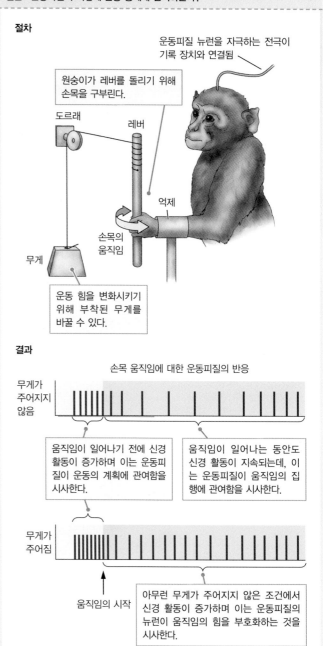

····> 실험 11-2

질문 : 운동피질이 어떻게 운동 통제에 관여하는가?

절차

운동피질 뉴런을 자극하는 전극이 기록 장치와 연결됨

원숭이가 레버를 돌리기 위해 손목을 구부린다.

도르래

레버

억제

손목의 움직임

무게

운동 힘을 변화시키기 위해 부착된 무게를 바꿀 수 있다.

결과

손목 움직임에 대한 운동피질의 반응

무게가 주어지지 않음

움직임이 일어나기 전에 신경 활동이 증가하며 이는 운동피질이 운동의 계획에 관여함을 시사한다.

움직임이 일어나는 동안도 신경 활동이 지속되는데, 이는 운동피질이 움직임의 집행에 관여함을 시사한다.

무게가 주어짐

움직임의 시작

아무런 무게가 주어지지 않은 조건에서 신경 활동이 증가하며 이는 운동피질의 뉴런이 움직임의 힘을 부호화하는 것을 시사한다.

결론 : 운동피질이 움직임의 계획, 집행, 힘과 지속기간의 조정에 관여한다.

출처 : Evarts(1968).

4-4절은 신경 활동이 움직임을 생산하는 과정을 자세하게 기술하고 있다.

학습에 대한 반응으로 어떻게 운동 지도가 변화되는가에 관한 기술이 14-4절에 제시되어 있다.

7-1절은 신경과학 연구자들이 뇌를 조작하기 위해 사용하는 절제 기법을 기술하고 있다.

강박유도치료 환자에게 건강한 사지의 사용을 제한하고 손상된 사지를 사용하게 함으로써 손상된 기능의 회복을 촉진하는 절차

피질척수로 대뇌피질과 척수를 직접적으로 연결하는 신경섬유다발로서 뇌간에서 사지와 손가락 및 발가락의 움직임에 관한 정보를 전달하는 대측 외측로와 몸통의 움직임에 관한 정보를 전달하는 동측 전측로로 갈라진다. 추체로라고도 한다.

임상 초점 2-3에 뇌졸중으로 인한 운동장애가 기술되어 있고 16-3절은 뇌졸중 치료에 관해 기술하고 있다.

16-3절은 뇌졸중의 치료법으로 강박유도치료를 기술하고 있다.

수술 3개월 후 연구자들이 원숭이의 피질을 자극하였고 원숭이는 병변 이전에는 움직였던 손목, 손과 손가락을 포함한 팔 아래쪽을 움직이지 못하였다. 손과 팔 아래쪽의 움직임을 담당하는 피질 영역 중 많은 부위가 피질 지도에서 사라졌다. 어깨, 팔 위쪽과 팔꿈치를 담당하는 영역들이 이전에 손과 손가락을 담당하던 영역까지 확장되었다. 실험 11-3의 결과가 이 지형적 변화를 보여준다.

실험자들은 만약 원숭이로 하여금 병변의 영향을 받는 손을 사용하게 하였다면 이러한 변화를 막을 수 있었는가에 관심을 가졌다. 이를 알아보기 위해 이들은 다른 원숭이들에게 동일한 실험 절차를 적용하였고 단지 수술 후 기간 동안 원숭이의 정상적인 손을 사용하지 못하게 묶고 병변의 영향을 받는 손만을 사용하게 하였다. 3개월 후 이 원숭이들의 운동 지도를 조사한 결과 손과 손가락을 담당하는 영역들의 크기가 변하지 않은 것이 관찰되었다. 병변 부위에 아무런 뉴런 활동이 없었음에도 불구하고 원숭이들은 병변 부위가 담당하는 손가락의 기능을 일부 유지하였다. 이는 손가락을 담당하는 손상되지 않은 피질 영역들이 이 손가락들의 움직임을 통제하는 것이 명백하다.

가소성은 신체 지도에 새로운 연결을 형성하게 하고 이미 존재하는 연결을 강화한다. 운동피질에 뇌졸중을 경험한 환자들도 가소성으로 인한 회복을 보인다. 뇌졸중 직후에는 병변의 대측 사지를 전혀 사용하지 못하지만 시간이 지나고 훈련을 통해 상당한 정도로 움직임을 회복한다.

Nudo의 원숭이 실험이 보여주듯이 회복을 촉진하는 한 방법이 정상적으로 기능하는 사지를 사용하지 못하게 하는 것이다. **강박유도치료**(constraint-induced therapy), 즉 손상의 영향을 받는 사지를 강제로 사용하게 하는 것이 뇌졸중으로 인한 사지마비의 주요 치료법이다. 이 치료의 효과는 얼마나 정상적인 사지를 사용하지 않는가에 있는데, 이는 손상된 사지를 사용하려는 노력을 높이고 신경가소성을 촉진한다(Rocha et al., 2021).

피질척수로

뉴런을 염색한 결과에 근거하는 운동피질에 관한 관례적 기술은 운동피질이 6개 층 중 가장 큰 층인 V층에서 **피질척수로**(corticospinal tract)를 통하여 척수의 운동뉴런과 연결되어 움직임을 생산한다는 것이다. BRAIN Initiative Cell Census Network(2021)의 연구, 즉 쥐, 마모셋과 인간 뇌에서 발견되는 1,000개 이상의 뉴런 유형에 관한 지도를 개발할 목적으로 미국에 기반을 둔 국제적 연구는 운동피질이 이러한 관례적 기술보다 더 복잡하다는 것을 보여주었다.

BRAIN 분석은 각 뉴런의 전기적 활동, 신경전달물질군, 다른 뉴런 및 뇌 영역과의 연결, RNA와 후생유전적 발현 등을 기술하고 있다. 초기의 결과는 쥐의 운동피질을 11개 층

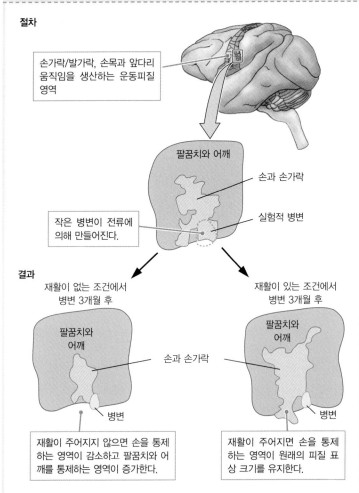

⋯⋯▶ 실험 11-3

질문 : 뇌 손상 후 실시된 재활이 앞다리의 피질 표상에 어떤 효과를 내는가?

절차

손가락/발가락, 손목과 앞다리 움직임을 생산하는 운동피질 영역

팔꿈치와 어깨

손과 손가락

실험적 병변

작은 병변이 전류에 의해 만들어진다.

결과

재활이 없는 조건에서 병변 3개월 후

팔꿈치와 어깨

손과 손가락

병변

재활이 주어지지 않으면 손을 통제하는 영역이 감소하고 팔꿈치와 어깨를 통제하는 영역이 증가한다.

재활이 있는 조건에서 병변 3개월 후

팔꿈치와 어깨

병변

재활이 주어지면 손을 통제하는 영역이 원래의 피질 표상 크기를 유지한다.

결론 : 재활이 손의 움직임 상실과 손을 통제하는 피질 영역의 감소를 막는다.

출처 : Nudo et al. (1996).

으로 구분할 수 있고 100개 이상의 서로 다른 유형의 뉴런들이 100개 이상의 목표 영역으로 축색을 보내는데, 목표 영역에는 동측성 반구, 대측성 반구, 시상과 기저핵, 뇌간과 척수가 포함된다. 각 뉴런은 다양한 목표 영역에 있는 많은 세포와 연결되어 있고 이 목표 영역으로부터 다시 정보를 받는다. 마모셋과 인간의 운동피질이 쥐의 운동피질과 유사하지만 훨씬 더 복잡하다.

이 분석은 운동피질이 척수로 지시를 보내는 것에 더하여 뇌의 많은 나머지 영역에도 메시지를 보내고 받는다는 것을 시사한다. 이 의사소통은 우리가 한 그룹의 많은 사람에게 디지털 메시지를 복사하여 보내고 그 그룹의 각 사람으로부터 메시지를 받는 것과 유사하다. 이러한 복잡함에도 불구하고 운동피질이 위계적으로 조직되어 있기 때문에 운동피질의 주요 목표인 뇌간과 척수의 기능에 초점을 맞출 수 있다.

운동피질에서 시작하는 2개의 주요 원심성 경로는 뇌간의 뇌신경핵(cranial nuclei)으로 축색을 보내어 머리 근육(눈 제외)의 움직임을 생산하는 **피질연수로**(corticobulbar tract)와 척수의 운동뉴런과 연결하여 나머지 신체 근육을 통제하는 피질척수로이다. 피질척수로를 형성하는 축색은 운동피질에서 시작하여 뇌간을 따라 하향하고 다수의 뇌간핵으로 측부지(collateral)를 보내며 마침내 뇌간의 복측면으로 나오면서 좌우면에 큰 융기(bump)를 형성한다. 융기 혹은 추체 때문에 피질척수로를 추체로(pyramidal tracts)라고도 한다.

일부 피질척수로의 축색은 추체에서 척수의 다른 면(대측)으로 교차한다. 좌반구 팔과 손 영역에서 내려오는 축색이 척수의 우측면으로 교차하고 우반구 팔과 손 영역에서 오는 축색은 척수의 좌측면으로 교차한다. 신체 몸통을 형성하는 나머지 축색은 원래(동측) 면에 남는다. 이러한 분리가 2개의 피질척수로, 즉 교차하는 외측 피질척수로(lateral corticospinal tract)와 교차하지 않는 복측 피질척수로(ventral corticospinal tract)를 만든다. 따라서 각 반구의 운동피질이 대측 팔과 손, 동측 몸통을 통제한다. **그림 11.9**는 좌반구 피질에서 시작하는 피질척수로가 척수로 하향하면서 뇌간에서 2개의 척수로로 분리되는 것을 보여준다.

운동뉴런

척수 내에서 피질척수로의 섬유는 개재뉴런과 운동뉴런 모두와 시냅스한다. 개재뉴런은 많은 관절이 관여하는 움직임과 같은 복잡한 움직임을 구성하는 데 관여한다. 운동뉴런은 걷기, 점프와 같이 몸 전체가 관여하는 움직임뿐만 아니라 손 혹은 손가락으로 사물을 잡는 것과 같은 분리된 움직임도 생산한다. 운동뉴런은 모든 신경계 명령을 근육으로 전달한다. **그림 11.10**의 척수 횡단면은 개재뉴런과 운동뉴런이 척수의 어디에 위치하는지 보여준다.

척수의 운동뉴런은 척수의 전측 부위 바로 밖에 있는 전측각(anterior horns)에 위치한다. 전측각에 개재뉴런과 운동뉴런이 있다. 개재뉴런은 운동뉴런의 내측에 위치하고 운동뉴런으로 축색을 보내고 운동뉴런은 축색을 신체 근육으로 보낸다. 피질척수로의 축색은 개재뉴런과 운동뉴런 모두와 시냅스하지만 근육으로 보내지는 신경계의 모든 명령은 운동뉴런이 전달한다.

그림 11.10은 척수의 신체 지도이다. 좀 더 외측에 위치하는 운동뉴런이 손가락과 손을 통제

피질연수로 대뇌피질과 얼굴 근육을 통제하는 뇌간핵을 직접적으로 연결하는 신경섬유다발

원리 3. 중추신경계는 다양한 수준에서 기능하며 위계적이고 병렬적으로 조직화되어 있다.

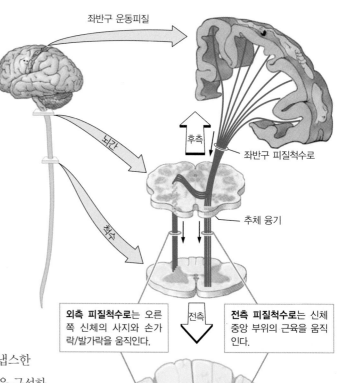

좌반구 운동피질

뇌간

척수

후측

좌반구 피질척수로

추체 융기

전측

외측 피질척수로는 오른쪽 신체의 사지와 손가락/발가락을 움직인다.

전측 피질척수로는 신체 중앙 부위의 근육을 움직인다.

그림 11.9 좌반구 피질척수로

신경섬유가 좌반구 운동피질에서 뇌간으로 하향하고 뇌간에서 척수로 들어간다. 외측로는 뇌간의 정중선에서 교차하여 척수의 오른쪽으로 하향하여 오른쪽 신체의 사지와 손가락/발가락 근육을 움직인다. 전측로는 교차하지 않고 왼쪽면으로 하향하여 신체의 정중선 근육을 움직인다.

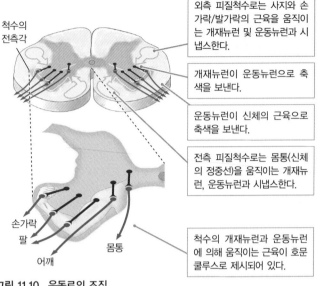

외측 피질척수로는 사지와 손가락/발가락의 근육을 움직이는 개재뉴런 및 운동뉴런과 시냅스한다.

개재뉴런이 운동뉴런으로 축색을 보낸다.

운동뉴런이 신체의 근육으로 축색을 보낸다.

전측 피질척수로는 몸통(신체의 정중선)을 움직이는 개재뉴런, 운동뉴런과 시냅스한다.

척수의 개재뉴런과 운동뉴런에 의해 움직이는 근육이 호문쿨루스로 제시되어 있다.

그림 11.10   운동로의 조직
척수의 좌우 전측 부위 개재뉴런과 운동뉴런은 지형적으로 조직되어 있다. 즉 외측에 위치하는 뉴런들은 사지의 원위 부위(손과 손가락)를 움직이는 한편 내측에 위치하는 뉴런들은 신체의 근위 부위(팔, 어깨와 몸통) 근육을 움직인다.

하는 근육으로 축색을 보내는 한편 중간에 위치하는 운동뉴런은 팔을 통제하는 근육으로 축색을 보내는 것을 보여준다. 가장 내측에 위치하는 운동뉴런은 어깨와 몸통을 통제하는 근육으로 축색을 보낸다. 외측 피질척수로의 축색은 주로 외측 개재뉴런 및 운동뉴런과 연결하고 전측 피질척수로의 축색은 주로 내측 개재뉴런 및 운동뉴런과 연결한다.

어떻게 피질의 신체 지도와 척수의 신체 지도가 서로 관련되는가를 이해하기 위해 그림 11.9를 다시 보자. 여러분의 손가락을 좌반구 피질 신체 지도의 집게손가락 영역에 놓아보라. 피질뉴런의 축색부터 따라 내려와서 뇌간의 중앙선에서 교차한 후 오른쪽 외측 피질척수로를 따라 내려오라. 결국 척수의 오른쪽 전측각, 즉 여러분이 시작한 신경계의 반대편 각의 가장 외측 영역에 있는 개재뉴런과 운동뉴런까지 내려올 것이다. 이 운동뉴런의 축색을 따라가면 이 뉴런들이 오른손 집게손가락을 움직이는 근육과 시냅스하는 것을 발견할 것이다.

만약 여러분이 좌반구 신체 지도의 몸통을 담당하는 영역에서부터 경로를 추적하는 것을 되풀이하면 뇌간의 윗부분에 이를 때까지 동일한 경로를 밟을 것이다. 그러나 이 경우 반대편 뇌간으로 교차하지 않고 대신 척수의 왼쪽, 즉 여러분이 추적을 시작한 뇌와 동측면으로 내려오고 결국에는 왼쪽 전측각의 가장 안쪽에 위치한 개재뉴런과 운동뉴런에 도달할 것이다(이 지점에서 일부 축색은 반대편 척수로 교차하기도 한다). 따라서 만약 여러분이 이 운동뉴런들의 축색을 따라가면 이 운동뉴런들이 신체 좌우면의 몸통을 움직이는 근육과 시냅스하는 것을 알 수 있다.

이러한 시각화가 운동계의 축색이 가는 경로를 기억하는 데 도움이 된다. 피질 신체 지도의 사지 영역들의 축색 대부분이 외측 피질척수로를 형성하고 이 축색들이 반대편 뇌간으로 교차하기 때문에 반대편 신체의 팔, 손, 다리와 발을 움직이는 운동 회로를 활성화한다. 이와 상반되게 피질 신체 지도의 몸통 영역 축색은 전측 피질척수로를 형성한다. 단지 소수의 축색이 척수에서 교차하지만 대부분의 축색은 동측 신체의 몸통과 사지를 통제한다.

운동피질이 손 뻗기와 오르기 등의 기능적 움직임 범주로 조직되어 있는 것을 기억하라(그림 11.8 참조). 운동피질로부터 오는 지시가 실행되기 위해서는 척수의 운동뉴런도 이와 유사한 행동 지도를 가지고 있어야 한다. 외측 개재뉴런이 손 뻗음 혹은 손을 입으로 가져가는 행동에 관여하는 한편 내측 개재뉴런과 운동뉴런이 걷기 등과 같은 몸 전체를 사용하는 행동에 관여하는 것으로 여겨진다. 절단으로 말미암아 척수가 뇌로부터 분리되어도 다양한 유형의 움직임이 일어나는 것이 가능한데, 이는 움직임이 척수의 개재뉴런과 운동뉴런에 의해 일어날 수 있기 때문이다. 이러한 해부적 조직화가 척수를 전기적으로 자극하면 척수 부상을 입은 사람의 움직임이 용이해지는 이유일 것이다(Inanici et al., 2021).

피질척수로 외에도 뇌간에서 척수로 가는 약 24개의 다른 경로가 존재하고 이 경로들은 자세와 균형에 관한 지시를 전달하는 것으로 여겨진다(11-4절 참조). 이 경로들이 자율신경계의 교감신경계 일부와 장신경계도 통제한다. 이 모든 기능에서 운동뉴런이 공통적인 최종 목적지이다.

근육의 통제

척수의 운동뉴런이 신체의 움직임을 통제하는 근육과 시냅스한다. 예를 들어 팔 윗부분의 이두근과 삼두근은 아래팔의 움직임을 통제한다. **그림 11.11**에서 볼 수 있듯이 신체의 거의 모든 근육처럼 이 근육은 쌍으로 이루어져 있다. 쌍 중 하나인 신근(extensor)은 사지를 몸통 바깥쪽으로 움직이게 하고 다른 하나인 굴근(flexor)은 사지를 몸통 쪽으로 움직이게 한다. 실험 11-2는 신근 혹은 굴근이 사용되는 것에 따라 피질 운동뉴런이 흥분/억제 반응을 하는 것을 보여준다.

척수의 개재뉴런과 운동뉴런 사이의 연결은 근육들이 같이 작용하는 것을 가능하게 하는데, 즉 한 근육이 수축하면 다른 근육은 이완한다. 따라서 척수의 개재뉴런과 운동뉴런은 뇌로부터 오는 지시를 전달할 뿐만 아니라 서로 연결됨을 통해 많은 근육이 함께 움직이게 한다. 이미 언급한 바와 같이 운동뉴런과 근육의 접합에서의 신경전달물질은 아세틸콜린(ACh)이다.

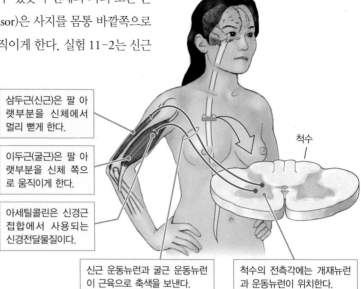

삼두근(신근)은 팔 아랫부분을 신체에서 멀리 뻗게 한다.

이두근(굴근)은 팔 아랫부분을 신체 쪽으로 움직이게 한다.

아세틸콜린은 신경근 접합에서 사용되는 신경전달물질이다.

척수

신근 운동뉴런과 굴근 운동뉴런이 근육으로 축색을 보낸다.

척수의 전측각에는 개재뉴런과 운동뉴런이 위치한다.

그림 11.11　근육의 협응 운동

그림 4.27은 운동신경-근육 접합에서의 ACh 작용을 보여준다.

11-2 복습

진도를 계속 나가기 전에 앞 절을 얼마나 이해했는지 확인해보자. 정답은 이 책의 뒷부분에 있다.

1. 운동피질의 조직은 ＿＿＿＿＿＿지도와 ＿＿＿＿＿＿지도로 기술된다.

2. ＿＿＿＿＿ 이론은 운동피질이 신체 부위가 공간 내의 어디에 있는지에 관한 지도를 가지고 있다고 제안한다. 즉 피질의 한 부위가 자극을 받으면 이와 관련된 신체 부위가 적절한 공간 내 위치로 움직인다고 한다.

3. 많은 피질척수로의 섬유는 ＿＿＿＿＿로를 형성하기 위해 척수의 반대편으로 교차하고 일부는 ＿＿＿＿＿로를 형성하기 위해 교차하지 않고 동측에 남는다.

4. 전측 피질척수로는 ＿＿＿＿＿의 움직임에 관한 지시를 전달하는 한편 외측 피질척수로는 ＿＿＿＿＿의 움직임에 관한 지시를 전달한다.

5. 척수 운동뉴런의 축색은 지시를 쌍으로 배열된 ＿＿＿＿＿(으)로 전달한다. 쌍 중 하나는 사지를 ＿＿＿＿＿ 다른 하나는 사지를 ＿＿＿＿＿.

6. 운동피질의 행동 지도와 신체 지도는 어떻게 다른가?

7. 척수를 전기적으로 자극하는 것이 왜 척수 부상 후의 회복에 도움이 되는가?

11-3

기저핵, 소뇌와 움직임

기저핵과 소뇌가 운동 기능을 가지고 있다는 주된 증거는 이 뇌 구조에 손상을 입을 경우 움직임이 방해를 받는다는 것이다. 두 구조 모두 운동피질과 매우 밀접하게 연결되어 있다. 이 절에서 기저핵과 소뇌의 구조를 살펴본 후 이 구조들에 손상을 입을 경우 발생하는 증상들을 살펴보자. 마지막으로 이 구조들이 움직임 통제에 어떤 역할을 하는지 살펴보겠다.

기저핵과 운동 힘

앞 절에서 살펴본 바와 같이 운동피질은 뇌의 다른 영역 및 척수와 매우 복잡한 네트워크로 연결되어 있다. 신피질은 기저핵, 즉 피질 바로 아래에 위치하는 핵들의 집합체와 밀접하게 연결되어

학습 목표

- 기저핵의 구조와 기저핵이 운동 힘에 기여하는 것을 설명한다.
- 운동과다증과 운동감소증을 비교하고 이와 관련된 질병을 예로 제시한다.
- 소뇌의 구조와 운동 가이드에서 소뇌의 역할을 기술한다.

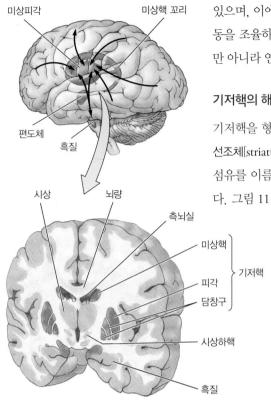

그림 11.12 기저핵 연결
기저핵의 미상피각이 미상핵 꼬리를 통해 편도체와 연결된다. 기저핵은 흑질과도 밀접하게 상호 연결되어 있다. 기저핵은 대부분의 피질 영역으로부터 정보를 받고 시상하핵을 통해 정보를 전두엽으로 보낸다.

운동과다증 투렛증후군에서 볼 수 있는 지나친 불수의적 움직임

운동감소증 파킨슨병에서 볼 수 있는 움직임의 감소

그림 5.19는 정상적인 운동행동의 유지에 중요한 도파민 활성화 체계의 흑질선조로를 보여준다.

임상 초점 3-3은 헌팅턴병의 유전적 근거를 기술하고 있다.

파킨슨병에 관한 상세한 기술이 5장, 6장, 16장에 제시되어 있다.

있으며, 이에 관한 것이 **그림 11.12**에 제시되어 있다. 기저핵의 기능 중 하나가 피질 운동계의 활동을 조율하는 것인데, 이렇게 함으로써 기저핵은 다양한 기능을 가지며 여기에는 운동 통제뿐만 아니라 연합 혹은 습관 학습, 동기와 정서도 포함된다.

기저핵의 해부

기저핵을 형성하는 핵들에는 **미상핵**(caudate nucleus)과 **피각**(putamen)이 있는데, 이 둘을 합쳐서 **선조체**[striatum, '줄무늬체(striped body)'를 의미하며 이를 통과하는 피질척수로 섬유를 포함한 섬유를 이름]라고 한다. 이외에도 시상하핵(subthalamic nucleus)와 담창구(globus pallidus)가 있다. 그림 11.12에 제시되어 있듯이 선조체가 꼬리처럼 측두엽과 편도체까지 확장되어 있다. 신피질의 기능과 관련하여 다음과 같은 세 가지 주요 기저핵 연결이 있다.

1. 신피질의 모든 영역이 기저핵으로 축색을 보낸다.
2. 기저핵은 시상을 거쳐 운동피질로 축색을 보낸다.
3. 기저핵은 흑질선조체 경로(nigrostriatal pathway)를 통해 중뇌의 흑질에 있는 도파민성 세포로부터 입력을 받고 기저핵도 흑질로 축색을 보낸다.

이러한 연결을 통해 기저핵은 모든 피질 영역과 운동피질을 연결하는 상호회로 혹은 루프를 형성한다. 다른 루프들이 기저핵과 흑질을 연결하며 이 연결을 통해 흑질이 피질하-운동피질 루프를 조율한다. 다른 루프들이 학습행동에 대한 숙련된 움직임의 선택 및 생산과 정서적 표현에 관여하는 것으로 보인다. 이 루프들의 일부 기능은 기저핵에 손상을 입은 후 초래되는 행동 결함을 통해 밝혀졌다.

기저핵이 어떻게 움직임의 힘을 통제하는가

기저핵에 손상을 입을 경우 여러 면에서 서로 상반되는 두 가지 서로 다른 운동장애가 초래된다. 미상피각의 세포가 손상되면 **운동이상증**(dyskinesias)이라는 원하지 않는 비틀고 씰룩거리는 움직임이 초래된다. 예를 들어 선조체의 세포가 파괴되는 헌팅턴병은 불수의적이고 과장되며 일관성 없는 움직임을 특징으로 한다. 선조체의 손상과 관련된 불수의적 움직임의 또 다른 예가 원하지 않는 틱(tics)과 발성(vocalization)이 특징인 투렛증후군이며, 이에 관해서는 '임상 초점 11-3: 투렛증후군'에 기술되어 있다.

기저핵에 손상을 입으면 불수의적 움직임 혹은 **운동과다증**(hyperkinetic symptom)이 초래되는 것에 덧붙여서 운동능력의 통제 감소, 즉 **운동감소증**(hypokinetic symptom)이 초래되기도 하는데, 이는 경직과 수의적 움직임의 개시 및 생산의 어려움이 특징이다. 예로 기저핵으로 축색을 보내는 흑질의 도파민성 세포가 상실됨으로써 초래되는 파킨슨병 환자가 운동감소증을 보인다.

기저핵의 손상으로 인해 초래되는 운동과다증과 운동감소증은 이 핵들의 주된 기능이 움직임의 힘을 조율하는 것임을 시사한다. 헌팅턴병에서 관찰되는 운동과다증은 너무 많은 힘이 생산되어 지나친 움직임이 일어난 결과로 초래된다. 반면 파킨슨병에서 관찰되는 운동감소증은 너무 적은 힘이 생산되어 불충분한 움직임이 일어난 결과로 초래되는 것으로 여겨지고 있다.

기저핵의 상호간 루프의 어떤 특징이 기저핵으로 하여금 움직임을 선택하게 하고 움직임의 힘을 조율하게 하는가? **볼륨 통제 이론**(volume control theory)은 기저핵이 움직임이 일어나는 것에 영향을 미칠 수 있다고 주장한다. **그림 11.13**에 제시되어 있듯이 시상에서 피질을 거쳐 척수로

◉ 임상 초점 11-3

투렛증후군

신경 질환인 투렛증후군(Tourette's syndrome, TS)은 1885년 프랑스의 신경과 의사인 Georges Gilles de la Tourette에 의해 처음 소개되었다. 그는 자신의 환자 중 한 명에게서 관찰된 증상을 기술하였다. D양은 7세부터 손과 팔의 발작적인 움직임을 경험하였다. 이 비정상적인 틱은 특히 그녀가 글을 쓰고자 할 때 나타났으며 이로 인해 그녀는 철자들을 서툴게 썼다. 틱이 일어난 후 다음 경련이 일어날 때까지는 그녀의 움직임이 잘 통제되었다. 처음에는 D양이 지나치게 흥분하고 장난을 치는 것으로 여겨져 비난과 꾸짖음을 받기도 하였다. 그러나 이러한 움직임이 불수의적이라는 것이 밝혀졌다. 움직임은 어깨, 목에서 나타났고 이로 인해 얼굴 찡그림이 생겼다. D양이 26세가 되었을 때 틱은 그녀의 말에도 나타나기 시작하였고 이로 인해 그녀는 이상한 외침과 의미 없는 단어들을 말하였다.

투렛증후군의 발병률은 1,000명당 약 1명이다. 이 증후군은 모든 인종에서 발병되고 유전성을 띠는 것으로 여겨진다. 발병 연령은 2~25세 사이다. 가장 흔한 증상이 불수의적인 틱과 복잡한 움직임, 예를 들어 때리거나, 웃거나, 점프하는 것이다. TS 환자들은 갑작스럽게 외치거나 다른 소리를 내거나 저속한 말과 욕설을 포함하여 맥락상 전혀 의미가 없고 알아들을 수 없는 단어들을 말하기도 한다.

투렛증후군은 기저핵, 특히 우반구 기저핵의 이상으로 초래되는 것으로 여겨진다. 증상은 기저핵의 도파민 시냅스를 차단하는 항정신병 약물인 할로페리돌로 통제할 수 있다. 그러나 TS의 신경학적 원인을 이해하는 것이 어려운데 이는 이 증후군이 틱과 과잉행동을 포함하는 장애군의 일부로 여겨지고 환자에 따라 증상이 다양하기 때문이다(Black et al., 2021).

불수의적 움직임과 발성을 하고자 하는 충동은 다른 사람이 하는 행동을 관찰한 후 동일한 행동을 하는, 즉 전염성을 띠는 하품이나 스트레칭 등과 같은 '행동충동(urge-to-action)' 특징을 가지는 행동과 유사하다. 많은 학습이 다른 사람을 모방한 결과로 일어난다. 즉 다른 사람의 말하는 습관, 매너리즘과 스타일 등을 재빨리 그리고 무의식적으로 모방한다. 따라서 연구자들은 TS와 관련된 충동이 정상적인 모방 학습에 관여하는 뇌 체계의 활성화로부터 일어난다고 제안한다(Quadrelli et al., 2021).

YinYang/E+/Getty Images

다른 사람이 하품하는 것을 보면 우리도 자주 하품을 한다. 전염성을 띠는 하품의 행동충동이 정상적인 모방 학습에 관여하는 신경계의 활성화를 반영한다. 투렛증후군과 관련된 행동충동이 기저핵을 포함하는 이 신경계의 비정상적 행동을 반영할 수 있다.

가는 경로(초록)가 움직임을 생산한다. 담창구(빨강)가 시상 수준에서 이 경로를 억제할 수 있다.

담창구 2개의 기저핵 경로, 즉 하나는 간접적이고 다른 하나는 직접적인 경로에 의해 통제된다. 만약 담창구가 흥분하면 차례로 시상을 억제하고 움직임을 봉쇄한다. 만약 담창구가 억제하면 시상을 포함하는 운동피질 회로가 움직임을 생산할 수 있다. 따라서 담창구가 마치 '볼륨 통제'와 같은 역할을 한다. 즉 볼륨이 낮으면 움직임이 일어나고 볼륨이 높으면 움직임이 봉쇄된다. 이 모델은 기저핵 질환이 '볼륨 통제' 기능에 영향을 미쳐 움직임이 지나치거나 혹은 느리게 한다고 제안한다. 이 모델은 볼륨 통제 기제를 조작함으로써 선택, 즉 덜 최적의 선택을 거부하고 우리에게 유익한 목표를 선택할 수 있다고 제안하기도 한다(Park et al., 2020).

담창구가 볼륨 통제의 역할을 한다는 생각이 여러 파킨슨병 치료법을 개발시켰다. 볼륨 통제 가설과 일치하게 파킨슨병 환자의 담창구 세포의 활동을 기록한 결과 담창구 세포 활동이 지나치면 파킨슨병 환자의 움직임이 억제된다. 만약 파킨슨병 환자의 담창구 혹은 시상하핵(간접 경로에서 중개 역할을 함) 일부를 수술로 제거하면 근육 경직이 감소하고 움직임이 향상된다. 이와 유사하게 뇌심부자극법(deep brain stimulation, DBS)을 사용하여 담창구의 활성화를 억제하면 움직임이 향상된다.

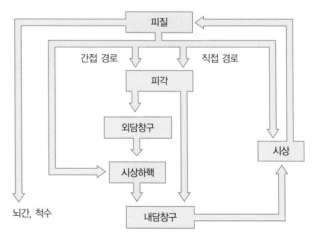

그림 11.13　움직임의 힘 통제

기저핵의 두 가지 경로가 피질에서 생산되는 움직임을 조율한다. 초록색 경로는 흥분성이고 빨간색 경로는 억제성이다. 간접 경로는 내담창구에 흥분성 영향을 미치는 반면 직접 경로는 억제성 영향을 미친다. 만약 간접 경로의 활성화가 우세하면 시상이 닫히고 피질이 움직임을 생산할 수 없다. 만약 직접 경로의 활성화가 우세하면 시상이 지나치게 활성화되고 이로 인해 움직임이 확대된다.

출처 : Alexander & Crutcher(1990).

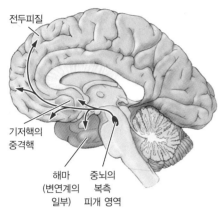

그림 11.14   중뇌변연 도파민 경로
중뇌변연 도파민 경로(복측 피개에서부터 시작하는 보라색 경로)는 보상뿐만 아니라 중독행동에도 관여한다. 6-4절을 참조하라.

임상 초점 6-5는 오피오이드 사용장애의 혁신적인 치료법을 기술하고 있는데, 이 치료법은 시각 단서로 인해 유발된 갈망을 경험하는 동안 중격핵을 초음파 자극한다.

흥미롭게도 힘 적용의 장애가 숙련된 움직임을 손상시키는데, 이에 관한 예가 작가, 드럼 연주자, 게이머가 경험하는 경련이다. **선택적 근육긴장이상**(selective dystonias)이라고 하는 이러한 종류의 손 움직임 장애는 반복적인 움직임 때문에 초래된다. 또 다른 예가 프로 선수들이 보이는 숙련된 움직임을 잘못 수행하는 **입스**(yips)이다. 예를 들어 입스 때문에 스윙을 못하게 되어 많은 프로 골퍼가 골프를 그만둔다.

행동 실수(action slips)라고 하는 매일매일의 실수는 우리가 의도한 목적지를 실수로 지나치거나 시리얼을 먹을 때 스푼 대신 포크를 잡는 것을 예로 들 수 있다. 이러한 장애는 담창구에 의해 중재되는 의사결정 통제의 오류와 관련된다(Mylopoulos, 2021).

기저핵의 또 다른 구조인 중격핵(nucleus accumbens)은 복측 선조체라고도 하는데 이는 이 핵이 기저핵의 가장 복측에 위치하기 때문이다. 중격핵은 중뇌의 흑질 바로 내측에 위치하는 복측 피개 영역의 도파민성 세포로부터 입력을 받는다. 중뇌변연(mesolimbic) 도파민 경로(**그림 11.14** 참조)라고 하는 이 경로는 보상을 신호하는 단서의 지각과 제6장에서 살펴본 약물 중독에 관여하는 루프의 일부이다. 단서를 정확하게 평가하는 것의 오류는 그 단서를 너무 많이 강조하게 하거나(예를 들어 단서가 약물에 대한 갈망을 일으킴) 우울증과 관련된 무감동처럼 전혀 강조하지 않게 한다.

소뇌와 운동기술

음악가들 사이에는 다음과 같은 말이 유행한다. "연습을 하루 쉬면 괜찮지만 이틀을 쉬면 자신이 알고 사흘을 쉬면 전 세계가 안다." 우리가 운동기술을 연습하거나 혹은 전혀 연습을 하지 않으면 뇌에 어떤 변화가 일어나는 것이 분명하다. 소뇌가 이 영향을 받는 운동계 중 하나일 것이다. 기술이 악기를 연주하는 것이든, 야구공을 던지는 것이든 혹은 문자를 보내는 것이든 간에 소뇌는 운동기술의 습득과 유지에 매우 중요하다.

소뇌의 해부

소뇌는 뇌간의 정점(atop)에 위치하고 눈으로 명확하게 볼 수 있으며 대뇌피질의 뒤에 위치한다. 소뇌는 대뇌처럼 2개의 반구로 나뉘어 있다(**그림 11.15**). 작은 엽, 즉 소엽(flocculus)이 소뇌의 복측면 혹은 하측면에 돌출되어 있다. 소뇌는 포유동물 뇌의 약 10%를 차지하고 영장류의 소뇌는 피질보다 약 4배 정도 더 많은 뉴런을 가지고 있으며 대뇌피질보다 더 많은 주름을 가지고 있다. 다른 영장류에 비해 인간의 뇌 크기가 증가할수록 신피질이 증가하듯이 소뇌도 동일한 비례로 증가한다. 이는 소뇌가 신피질의 모든 감각, 운동 및 인지 기능에 관여하는 것을 시사한다(Sereno et al., 2021).

영장류와 대조적으로 코끼리는 전체 뉴런 중 97.5%가 소뇌에 위치한다. 이에 관한 것이 비교 초점 1-3에 기술되어 있다.

그림 11.15에서 볼 수 있듯이 소뇌는 여러 영역으로 구분되며, 각 영역은 운동 통제에서 고유의 기능을 가진다. 소뇌의 기저부에 있는 소엽은 내이의 전정계로부터 정보를 받아(11-4절 참조) 균형의 통제에 관여한다. 소엽의 많은 축색이 척수와 눈 운동을 통제하는 운동핵으로 간다.

운동피질이 신체 지도로 조직되어 있듯이 소뇌의 반구들도 그림 11.15에서처럼 적어도 2개의 신체 지도를 가지고 있다. 각 지도의 내측 부위는 얼굴과 신체의 정중선을 통제한다. 각 지도에서 더 외측에 위치하는 부위는 사지, 손, 발과 손가락의 운동을 담당하는 운동피질 영역들과 연결되어 있다. 소뇌 반구로부터 시작되는 경로는 소뇌와 척수의 인터페이스에 있는 핵으로 가고 이후 운동피질을 포함한 다른 뇌 영역으로 축색을 보내며 이로써 피질 신체 지도와 소뇌의 신체

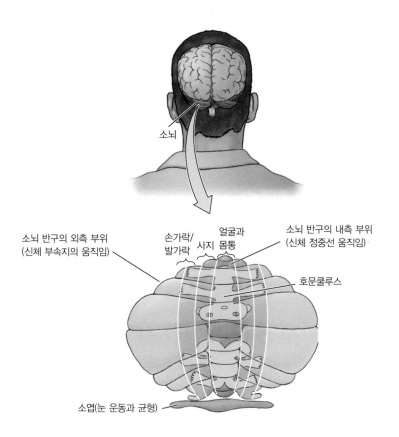

그림 11.15 소뇌의 신체 지도
소뇌 반구는 신체의 움직임을 통제하고 소엽은 눈 운동과 균형을 통제한다. 소뇌의 신체 지도에서 비교적 내측에 위치하는 부위는 신체의 정중선을 담당하고 외측 부위는 사지와 손가락/발가락을 담당한다.

지도가 서로 조정된다.

소뇌의 지형적 조직화를 요약하면 신체의 몸통은 신체 지도의 중앙 부위에 표상되고 사지와 손가락은 지도의 외측 부위에 표상된다. 소뇌의 정중선 영역에 종양이 생기거나 이 영역이 손상되면 균형, 눈 운동, 직립 자세와 걷기가 방해를 받지만 손을 뻗거나 물체를 집거나 손가락을 사용하는 것 등과 같은 움직임은 영향을 받지 않는다. 소뇌의 내측 부위에 손상을 입은 환자는 누워 있을 때는 거의 증상을 보이지 않는다. 소뇌의 외측 부위에 손상을 입으면 몸통의 움직임보다 팔, 손, 손가락 움직임이 훨씬 더 방해를 받는다.

소뇌의 배열과 연결은 일반적 계획에 따라 구성되어 있다. 소뇌 피질은 3개 층으로 구성되어 있고 푸르키네 세포(Purkinje cell)가 2층에 위치한다. 푸르키네 세포(옆에 제시되어 있음)는 소뇌의 출력세포이다. 이 구성은 소뇌의 모든 영역이 뇌의 다른 운동계 영역을 통제하는 것과 동일한 방법으로 정보를 처리한다는 것을 시사한다.

1900년경에 Ramón y Cajal이 그린 푸르키네 세포

소뇌는 어떻게 움직임을 통제하는가

소뇌가 어떻게 움직임을 통제하는지 이해하기 위해 움직임의 타이밍에 초점을 맞추어왔다. 소뇌는 신피질의 각 영역과의 연결을 통하여 정확한 시간에 움직임이 일어나게 하고 소뇌의 서로 다른 영역이 서로 다른 행동의 타이밍에 관여한다. 인간은 두 가지 행동, 예를 들어 한 손으로 머리를 두드리고 다른 손으로 가슴 부위에 원을 그리는 행동을 동시에 하는 것에 매우 큰 어려움을 보인다. 만약 두 움직임의 리듬을 동조하면 행동이 훨씬 쉬워진다. 움직임의 타이밍을 동조하는 것이 소뇌의 기능이다.

Tom Thach(2007)는 유익한 실험을 통해 소뇌가 어떻게 움직임이 정확한 시간에 일어나도록 하는지를 보여주었다. 통제군과 소뇌에 손상을 입은 환자군에게 목표물에 다트를 던지게 하였

질문 : 소뇌가 움직임이 정확하게 일어나도록 조율하는 것에 도움이 되는가?

(A) 절차

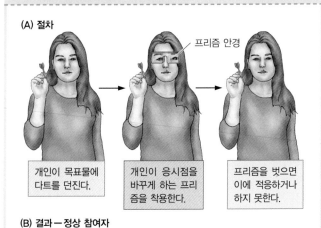

프리즘 안경

개인이 목표물에 다트를 던진다.

개인이 응시점을 바꾸게 하는 프리즘을 착용한다.

프리즘을 벗으면 이에 적응하거나 하지 못한다.

(B) 결과 — 정상 참여자

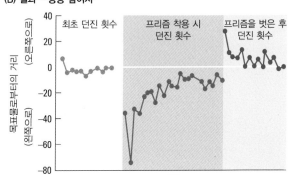

(C) 결과 — 소뇌에 손상을 입은 환자

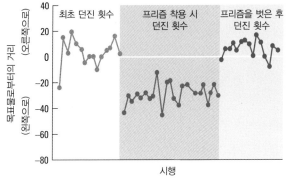

결론 : 많은 움직임이 소뇌에 의해 이루어지는 순간순간의 학습과 적응에 의존한다.

출처 : Thach et al. (1992).

는데 이 실험에 관한 설명이 **실험 11-4**의 절차에 기술되어 있다. 몇 차례의 시행 후 참여자들이 다트를 목표물에 정확하게 던지게 되면 이들에게 쐐기 모양의 프리즘이 있는 안경을 쓰게 하였는데, 이 안경은 목표물을 원래 위치에서 왼쪽으로 이동하는 효과를 내었다. 참여자들이 안경을 쓴 후 다트를 던지면 목표물의 왼쪽에 다트를 던졌다.

두 집단 모두 조준에서 이러한 왜곡을 보였다. 그러나 점차 중요한 수행 차이가 나타났으며 이 결과가 실험 11-4의 결과에 그래프로 제시되어 있다. 통제군은 다트가 목표물을 맞히지 못하는 것을 보면 목표물을 정확하게 맞힐 때까지 점차적으로 조절을 하였다. 이와 상반되게 소뇌에 손상을 입은 참여자들은 이 오류를 수정하지 못하였고 시행이 거듭되어도 목표물의 왼쪽으로 다트를 맞추었다.

다음으로 참여자들이 안경을 벗은 후 몇 차례 더 다트를 던졌다. 다시 중요한 차이가 나타났다. 각 통제군에 속한 참여자들이 첫 번째 다트를 목표물로부터 훨씬 오른쪽으로 던졌으나(학습해야만 했던 이전 적응 때문에) 곧 목표물에 정확하게 던질 때까지 다시 한 번 더 조절을 하였다. 이와 달리 소뇌에 손상을 입은 참여자는 프리즘 착용의 후유증을 보이지 않았는데, 즉 프리즘을 쓰고 난 후 목표물 조준에 관한 조절을 하지 않았다. 이 실험은 우리가 행하는 많은 행동, 예를 들어 다트를 던지거나 농구공을 넣기 위한 일련의 행동을 조직화하거나 심지어 사회적 · 정서적 행동의 타이밍 등이 소뇌에 의해 이루어지는 순간순간의 조절에 의존하는 것을 보여준다(Fleury et al., 2021).

소뇌가 어떻게 움직임 타이밍을 통해 운동기술을 향상시키는가를 더 잘 이해하기 위해 **그림 11.16**에 제시되어 있는 모델을 고려해보자. 여러분 자신이 다트를 던지는 것을 상상해보라. 목표물인 황소의 눈으로 다트를 던지지만 다트가 황소가 그려진 판을 완전히 빗나가는 것을 상상해보라. 그러면 여러분은 다시 목표물에 다트를 던지며 이번에는 앞의 오류를 수정하기 위해 던지는 것을 조절할 것이다. 여러분은 두 가지 행동을 할 것이다. (1) 여러분이 의도하는 행동이 있을 것이고 (2) 여러분의 팔과 어깨의 감각 수용기가 기록한 실제 움직임이 있을 것이다. 만약 의도하는 행동이 성공적으로 이루어지면 여러분은 다음 시행에서 행동을 수정할 필요가 없다. 그러나 여러분이 의도한 행동을 하지 못하면 조절이 요구된다.

이 모델은 피질이 목표물에 다트를 던지라는 지시를 척수로 보낸다고 제안한다. 동일한 지시의 복사본이 뇌간의 하올리브(inferior olive)를 통해 소뇌로 전달된다. 여러분이 다트를 던지면 여러분의 팔과 어깨에 있는 감각 수용기가 여러분이 실제 행한 행동을 부호화하고 이에 관한 메시지를 척수소뇌로(spinocerebellar tract)를 통해 소뇌로 다시 보낸다. 소뇌는 두 가지 행동 버전, 즉 여러분이 하고자 의도하였던 것과 여러분이 실제로 행한 것에 대한 정보를 가지고 있으며 이에 근거하여 오류를 계산하고 어떻게 행동을 수정할 것인가에 관한 것을 피질에 전한다. 여러분이 다시 다트를 던질 때 이 수정을 고려하게 된다. 만약 소뇌가 손상을 입으면 의도 행동과 실제 행동을 비교하여 오류를 수정하는 능력에 장애가 생긴다 (Morelli & Hoch, 2020).

예측 과정 이론(predictive process theory)은 사회적 행동을 포함한 모든 행동이 다트를 던지는 행동과 유사한 학습 과정을 가진다고 주장한다. 우리는 행동이 다른 사람에게 미치는 효과를 예측하고 행동의 결과에 근거하여 미래 행동을 수정한다. 이 이론을 자폐스펙트럼장애 환자들에게 실제 적용하면 이들에서 관찰되는 사회적 기술의 결함은 이들이 사회적 기술을 경험한 기회가 적은 것과 관련된다(Bukhari et al., 2021).

11-3 복습

진도를 계속 나가기 전에 앞 절을 얼마나 이해했는지 확인해보자. 정답은 이 책의 뒷부분에 있다.

1. _____은/는 움직임과 관련된 _____의 조절을 통해 운동 통제에 기여한다.
2. 기저핵에 손상을 입으면 원하지 않고 불수의적인 _____(너무 많은 힘이 주어짐) 혹은 행동의 수행을 어렵게 하는(지나치게 적은 힘이 주어짐) _____ 경직이 초래된다.
3. 소뇌는 움직임과 관련된 _____을/를 정확하게 함을 통해 운동 통제에 기여한다.
4. 헌팅턴병과 파킨슨병이 왜 정반대로 여겨지는가?
5. 인간의 신피질과 함께 왜 소뇌의 크기가 증가하는가?

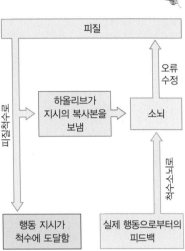

그림 11.16 의도, 행동, 피드백
의도한 행동에 관한 메시지와 실제 행한 행동을 서로 비교함으로써 소뇌는 피질에 오류 메시지를 전달하는데 이는 추후에 일어나는 움직임의 정확성을 높이기 위해서이다.

11-4

체감각계의 수용기와 경로

비록 운동계가 움직임의 생산을 담당하지만 감각이 없으면 통제되고 목적적인 움직임이 불가능하다. 체감각계는 움직임이 일어나는 데 필수적이다. 신체 감각은 신체 부위가 어디에 있는지, 무엇을 하는지와 주위 환경과 어떻게 상호작용하는지를 알려준다. 체감각을 통제하는 신경계는 지나간 움직임을 기억하고 앞으로 일어날 움직임을 계획하는 것을 도우며 다른 감각계에 움직임 관련 정보를 제공한다. 예를 들어 농구 선수는 몇 시간 동안 특정 슛을 연습하여 경기 동안 이를 시행하지만 경기 도중 슛을 하려고 할 때의 순간의 조건에 맞게 움직임을 조정할 수 있다.

체감각은 감각계 중에서도 특이하다. 체감각은 시각, 청각, 미각, 후각처럼 머리에 위치하는 것이 아니라 신체 전체에 걸쳐 분포해 있다. 단지 한 체감각계만이 단일 기관에 위치하는데, 내이에 있는 전정계는 균형 감각과 머리 움직임에 관한 감각에 관여한다.

운동계를 살펴볼 때 우리는 피질을 먼저 살펴본 후 피질에서 척수에 이르는 운동 경로를 살펴보았다(그림 11.9와 11.10 참조). 이 원심성 경로는 움직임에 관한 신경계 지시를 뇌에서부터 바깥으로 전달한다. 그러나 체감각계의 경우 반대 방향으로 살펴보겠는데, 이는 구심성 감각 정보가 신체의 여러 부위에 있는 감각 수용기에서부터 감각 경로를 따라 척수를 거쳐 피질로 전달되기 때문이다.

학습 목표
- 체감각 수용기의 세 가지 기능군을 기술한다.
- 천천히 그리고 신속하게 적응하는 수용기를 비교하고 각 수용기의 예를 제시한다.
- 후근신경절 뉴런이 체감각 정보를 신체에서 뇌로 전달하는 경로를 도표화한다.
- 중심통과 연관통을 구분하고, 통증 지각에 관한 통증 관문 이론을 요약한다.
- 전정계가 균형감각을 생산하는 기제를 기술한다.

원리 2. 감각부와 운동부는 신경계 전체에 퍼져 있다.

체감각 수용기와 지각

우리의 신체는 체감각 수용기로 덮여 있다. 예를 들어 각 체모가 감각뉴런의 수상돌기와 붙어 있다. 서로 다른 수용기 유형이 피부 표면층 혹은 표면 밑층이나 근육, 건과 관절에 묻혀 있다. 일부 수용기는 단순히 감각뉴런의 수상돌기로만 구성되어 있다. 다른 수용기는 특수 캡슐 혹은 수상돌기를 둘러싸고 있는 연결 조직이고 또 다른 수용기는 체모의 기저에 붙어 있는 수상돌기를 포함한다.

체감각 수용기 밀도는 신체 부위에 따라 매우 다르며 자극에 대한 민감성을 결정한다. 손, 발, 입술과 혀처럼 촉각에 매우 민감한 신체 부위는 팔, 등과 다리처럼 덜 민감한 신체 부위에 비해 훨씬 더 많은 감각 수용기를 가지고 있다.

인간은 두 종류의 피부, 즉 털을 가지고 있는 피부와 **털이 없는 피부**(glabrous skin)를 가지고 있다. 입술, 혀, 손바닥과 발바닥처럼 물체를 탐색할 때 사용되는 신체 부위에는 털이 없다. 이러한 피부는 다양한 범위의 자극에 극도로 민감하다.

피부의 촉각 민감도의 측정에 자주 두 점 민감도 검사(two-point sensitivity test)가 사용된다. 이 검사는 피부에 날카로운 2개의 점을 동시에 제시한 후 두 점을 얼마나 가까이 놓아도 한 점이 아니라 두 점으로 지각되는가를 관찰한다. 털이 없는 피부의 경우 두 점 사이의 간격이 3mm 정도로 가까울 때에도 두 점으로 지각된다.

털이 있는 피부에서는 두 점 민감도가 1/10 정도 더 약하다. 정확히 신체의 어느 부위를 조사하는가에 따라 두 점 사이의 간격이 2~5cm일 경우에도 두 점이 한 점으로 지각된다. 민감성에서의 이러한 차이를 여러분 스스로 자신의 신체를 대상으로 확인할 수 있다. 2개의 날카로운 연필 끝을 손바닥과 팔뚝에 놓은 다음 두 연필 끝의 간격을 다르게 해보자. 여러분이 각 피부 표면에 연필 끝을 놓을 때 이를 보지 않아야 한다.

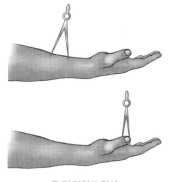

두 점 민감도 검사

체감각 수용기의 분류

인간의 신체에는 20개 이상의 서로 다른 체감각 수용기가 있지만 이 수용기들을 **그림 11.17**에 제시되어 있듯이 세 가지 지각적 범주, 즉 성가심[통각(nociception)], 압박[촉각(hapsis)], 움직임[자기수용 감각(proprioception)]으로 분류할 수 있다.

성가심 　통각(nociception)은 통증, 온도, 가려움의 지각을 의미한다. 대부분의 통각 수용기는 자유신경종말(free nerve ending), 즉 감각뉴런 수상돌기의 끝이다(그림 11.17의 맨 위). 이 종말들이 손상을 입거나 흥분되면 주로 펩티드 화학물질이 분비되는데, 이 화학물질이 신경을 자극하여 활동전위가 생산된다. 이후 활동전위는 중추신경계로 통증, 온도, 가려움에 관한 메시지를 전달한다.

압박 　촉각(hapsis, 그리스어로 '접촉'이라는 의미)은 접촉에 근거하여 사물을 구분하는 능력을 의미한다. 촉각 수용기는 미세한 촉각과 압각을 지각하게 하고 우리가 접촉하거나 집는 사물을 인식하게 한다. 촉각 수용기는 피부의 표면층 혹은 심부층(deep layers) 모두에서 발견되며 체모에 부착되어 있기도 한다.

그림 11.17의 중앙에 제시되어 있듯이 촉각 수용기는 털이나 연결 조직에 붙어 있거나 조직 캡슐에 싸여 있는 수상돌기에 붙어 있는 수상돌기이다. 털, 조직, 캡슐을 기계적으로 자극하면 수상돌기에 있는 촉각에 민감한 Na^+ 채널이 활성화하고 이 결과 활동전위가 생성된다. 캡슐을

털이 없는 피부　모낭이 없지만 다른 피부에 비해 더 많은 감각 수용기가 있는 피부

통각　통증, 온도, 가려움 지각

촉각　촉각 혹은 접촉에 근거하여 물체를 구별할 수 있는 지각능력

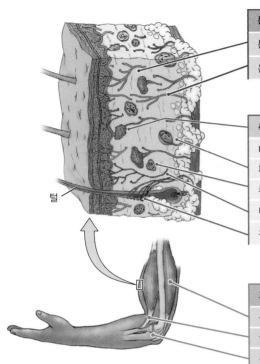

통각(통증, 온도, 가려움)	적응
통증의 자유신경종말(예리하고 둔한 통증)	천천히
온도의 자유신경종말(뜨거움과 차가움)	천천히

> 수상돌기나 주위 세포의 손상 혹은 자극이 수상돌기를 자극하는 화학물질을 분비하고 이로 인해 활동전위가 발생한다.

촉각(미세한 촉각과 압각)	적응
마이스너소체(촉각)	신속하게
파치니소체(두근거림)	신속하게
루피니소체(두근거림)	천천히
메르켈 수용기(지속적인 피부 자극)	천천히
유모 수용기(불규칙하거나 지속적인 피부 자극)	천천히

> 다양한 유형의 조직 캡슐을 기계적으로 압박하면 그 속에 있는 수상돌기가 자극되어 활동전위가 발생한다.

자기수용 감각(신체 인식)	적응
근방추(근육 신장)	신속하게
골지건기관(건 신장)	신속하게
관절 수용기(관절 움직임)	신속하게

> 기계적으로 수용기를 늘리는 움직임이 수용기의 수상돌기를 자극하여 활동전위가 발생한다.

그림 11.17 체감각 수용기
통각, 촉각, 자기수용 감각 등의 신체 감각 지각은 피부, 근육, 관절과 건에 위치하는 서로 다른 수용기에 의해 일어난다.

형성하는 조직의 차이가 촉각 수용기를 통해 신경으로 변환되는 기계적 에너지의 유형을 결정한다. 예를 들어 파치니소체의 캡슐을 죄는 압력이 이 정보를 전달하는 활동전위의 생성에 필요한 자극이다. 다른 유형의 촉각 정보를 전달하는 활동전위의 생성에는 털 위치의 이동이 필요 자극이다.

움직임 자기수용 감각(proprioception) 혹은 신체 인식은 신체의 위치와 움직임에 대한 지각을 의미한다. 자기감각 수용기(proprioceptors)는 캡슐에 싸여 있는 신경종말로, 근육과 건의 신장과 관절의 움직임에 민감하다. 예를 들어 그림 11.17의 아래에 제시되어 있는 골지건기관(Golgi tendon organ)에서는 건이 움직이면 건과 붙어 있는 수용기가 늘어나고 이에 따라 활동전위가 생성된다.

그림 4.26은 촉각 수용기가 활성화할 때 감각뉴런의 수상돌기에서 일어나는 과정을 보여준다.

수용기 반응의 지속 시간

체감각 수용기들은 감각 사건이 언제 일어나고 언제 멈추며 아직도 계속해서 일어나고 있는가를 전해준다. 언제 자극이 일어나는지에 관한 정보는 **신속하게 적응하는 수용기**(rapidly adapting receptors)에 의해 전달되는데, 이 수용기들은 자극이 시작하고 끝날 때 뉴런을 활성화한다. 이와 상반되게 **느리게 적응하는 수용기**(slowly adapting receptors)는 감각 사건이 존재하는 동안 뉴런을 활성화한다. 따라서 이 수용기는 자극이 여전히 일어나고 있는지를 탐지한다. 예를 들어 여러분이 옷을 입고 난 후 더 이상 입고 있는 옷에 대한 감각을 느끼지 않고 있을 때 느리게 적응하는 수용기들만 여전히 활동한다. 신속하게 적응하는 수용기와 느리게 적응하는 수용기 사이의 차이는 세 가지 요인, 즉 수용기의 구조, 수용기가 흥분하는 방식, 기계적 자극에 대해 수상돌기 세포막의 이온 채널이 반응하는 방식에 달려 있다.

그림 11.17에 제시되어 있듯이 네 가지 유형의 촉각 수용기가 촉각의 서로 다른 측면에 반응한다. 피부 표면 가까이에 위치하는 두 유형의 수용기, 즉 천천히 적응하는 메르켈 수용기(Merkel

자기수용 감각 신체, 사지와 머리의 위치 및 움직임에 관한 지각

신속하게 적응하는 수용기 신체 자극의 발생에 짧게 반응하는 신체 감각 수용기

느리게 적응하는 수용기 감각 자극이 신체에 있는 동안 이 자극에 반응하는 신체 감각 수용기

disc)는 털이 있는 피부에 가해진 가벼운 접촉에 반응하고 빠르게 적응하는 마이스너소체(Meissner corpuscles)는 털이 없는 피부에 가해진 빠른 진동에 반응한다. 피부 안 깊숙이 위치하는 다른 두 수용기, 즉 파치니소체(Pacinian corpuscles)는 빠른 진동과 심부 압력에 반응하고 루피니 종말 (Ruffini endings)은 천천히 늘어남에 반응한다. 수용기들의 기능이 말해주듯이 전자는 빠르게 적 응하는 수용기이고 후자는 천천히 적응하는 수용기이다. 수용기들의 위치가 말해주듯이 2개의 표면 수용기는 부드러운 촉각에 반응하여 미세한 구분에 사용되는 한편 피부 깊숙이 위치하는 2 개의 수용기는 세부적인 것에는 덜 민감하고 힘과 이동에 더 민감하다.

후근신경절 뉴런

체감각 정보를 CNS로 전달하는 수상돌기는 세포체를 척수 바깥의 후근신경절(posterior root ganglia) 내에 두고 있는 뉴런에 속한다. 이 뉴런들의 축색이 척수로 들어간다. **그림 11.18**에 제시 되어 있듯이 후근신경절 뉴런은 하나의 긴 수상돌기를 가지며, 이 수상돌기의 끝부분만이 감각 자극에 반응한다. 이 수상돌기가 척수로 들어가는 뉴런의 축색과 연결된다. 체감각세포의 세포 체는 이 긴 경로의 한 면에 위치한다.

척수의 각 분절(segment)은 많은 유형의 뉴런을 포함하고 있는 하나의 후근신경절 양 옆에 있 다. 각 뉴런은 특정 유형의 체감각 정보에 반응한다. 척수 안에서 후근신경절 뉴런의 축색이 다 른 뉴런과 시냅스하거나 뇌로 계속해서 연결되거나 혹은 두 가지 모두를 한다.

후근신경절 뉴런의 축색은 직경의 크기와 수초화에서 매우 다양하다. 이 구조적 특징이 뉴런 이 전달하는 정보의 유형과 관련되어 있다. 자기수용 감각(위치와 움직임) 정보와 촉각(촉각과 압각) 정보는 크고 수초화가 잘되어 있는 축색을 가지는 후근신경절 뉴런에 의해 전달된다. 통각 (통증, 온도, 가려움) 정보는 작고 수초화가 거의 혹은 전혀 되어 있지 않은 축색을 가지는 후근 신경절 뉴런에 의해 전달된다.

크기와 수초화 때문에 큰 뉴런들이 작은 뉴런들보다 정보를 더 신속하게 전달한다. 왜 자기수 용 감각과 촉각을 담당하는 뉴런들이 신속하게 메시지를 전달하도록 발달되었는가에 관한 한 설 명은 이들이 전하는 정보가 신속한 반응을 요구하기 때문이다. 예를 들어 여러분이 뜨거운 스토

축색 주위를 감싸는 지방질인 수초는 교세포의 의해 형성되고 신경전달의 속도를 높인다. 3-1 절을 참조하라.

그림 11.18 후근신경절의 촉각뉴런
이 후근신경절 뉴런의 수상돌기와 축색은 서로 연결되어 있고 감각 정보를 피부에서 중추신경 계로 전달한다. 크고 수초화된 후근 축색은 후 주를 따라 뇌로 상향하는 한편 작은 축색은 축 색이 척수에서 교차하는 뉴런과 시냅스한 후 대측면을 따라 상향한다(그림 11.19에 제시되어 있음).

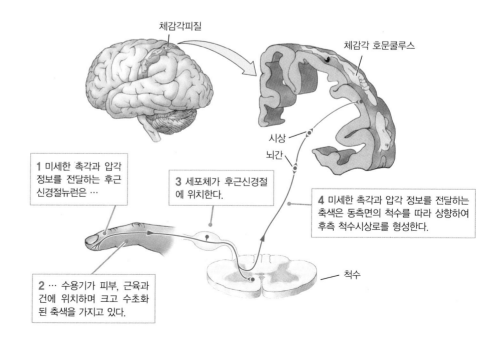

체감각피질

체감각 호문쿨루스

시상

뇌간

척수

1 미세한 촉각과 압각 정보를 전달하는 후근 신경절뉴런은 …

3 세포체가 후근신경절 에 위치한다.

4 미세한 촉각과 압각 정보를 전달하는 축색은 동측면의 척수를 따라 상향하여 후측 척수시상로를 형성한다.

2 … 수용기가 피부, 근육과 건에 위치하며 크고 수초화 된 축색을 가지고 있다.

브를 만졌다고 가정해보자. 수초화된 통증 섬유가 활성화하고 빨리 손을 스토브에서 떼라고 지시한다. 덜 신속하게 활성화하는 비수초화 통증 섬유는 여러분의 손가락이 화상을 입은 후에야 여러분에게 지시를 할 것이다.

후근신경절 기능의 장애

만약 후근신경절의 세포가 기능하지 못하면 어떤 일이 일어나는지 기술함으로써 감각 정보가 움직임에 반드시 필요하다는 주장을 지지할 수 있다. 치과 치료를 받는 것을 예로 들어보자. 만약 치아 치료를 위해 마취 주사를 맞으면 얼굴 한 면의 감각을 상실한 것과 같은 매우 이상한 경험을 하게 된다. 통증 지각을 상실할 뿐만 아니라 얼굴 근육을 적절하게 움직이는 능력도 상실한 것처럼 여기게 되어, 말하거나 미소를 지을 때 어색하게 움직이고 씹는 것이 위험하게 여겨진다. 이와 유사하게 만약 손이나 입이 심하게 얼면 수용기 기능이 방해를 받게 되어 말하거나 손을 움직이는 것이 어려워진다. 따라서 단지 감각 신경이 봉쇄되더라도 움직임이 영향을 받는다.

이와 매우 동일하게 감각 신경에 손상을 입으면 감각 지각과 운동능력 모두가 영향을 받게 된다. John Rothwell과 동료들(1982)은 G. O.라는 한 환자 사례를 보고하였는데, 그는 체감각 후근신경절 뉴런이 파괴되는 질병으로 인해 **구심로 차단**(deafferentation, 구심성 감각섬유의 상실)을 경험하였다. G. O.는 손으로부터의 체감각 입력을 받지 못하게 되었다. 예를 들어 그의 손이 무엇을 쥐고 있을 때 그는 이를 느끼지 못하였다.

그러나 G. O.는 손가락을 여전히 정확하게 움직였으며 눈을 감고도 특정 물체를 공중에 손가락으로 그릴 수 있었다. 그는 엄지손가락을 서로 다른 속도로 서로 다른 거리만큼 정확하게 움직일 수 있었고 무게를 판단할 수 있었으며 움직임의 힘을 매칭시킬 수도 있었다. 그럼에도 불구하고 그의 손이 일상생활의 영위에 비교적 도움이 되지 못하였다. 비록 G. O.가 자신의 낡은 자동차를 운전할 수 있었지만 새 자동차를 운전하는 것은 배우지 못하였다. 그는 글을 쓰거나 셔츠의 단추를 채우거나 컵을 잡지도 못하였다.

G. O.는 매우 정상적으로 움직이기 시작하지만 계속 움직이면 점차 움직임 패턴이 서로 맞지 않게 되고 결국 원하는 행동을 하지 못하였다. G. O.가 가지는 일부 어려움은 근육의 힘을 얼마 동안 유지하지 못하는 것이었다. 그가 서류 가방을 들고자 할 경우 자신이 서류 가방을 들고 있는 것을 확인하기 위해 계속해서 가방을 보지 않는 한 가방을 떨어뜨렸다. G. O.는 단지 체감각 뉴런의 손상만 있음에도 불구하고 새로운 운동기술을 학습하지 못하는 것을 포함한 심각한 운동장애를 경험하였다.

신체 인식의 장애

비정상적인 움직임은 신체의 위치와 움직임에 관한 자기수용 감각 정보를 전달하는 뉴런이 선택적으로 손상을 입을 경우에도 초래된다. 신경학자인 Oliver Sacks(1998)는 자신의 환자 크리스티나 사례를 통해 이를 설명하였는데, 크리스티나는 비타민 B_6를 과용한 후 전 신체의 자기수용 감각뉴런 축색이 손상되었다. 크리스티나는 자신의 행동을 통제하는 능력을 거의 상실하였고 거의 모든 시간을 엎드려 누운 채 보냈다. 자기수용 감각을 상실할 경우 어떤 일이 일어나는지를 그녀 스스로 기술한 내용이 아래에 있다.

"내가 이전에 자기수용 감각을 사용하던 모든 상황에서 나는 시각, 즉 나의 눈을 사용해야만 한다. 나는 내가 팔을 상실하였다는 것을 이미 알고 있는데, 즉 팔이 여기 혹은 저기에 있는 것

구심로 차단 감각섬유의 손상으로 인해 감각 입력이 상실되는 경우, 한 구조에 들어오는 구심성 입력이 상실되는 경우

Oliver Sacks의 연구는 파킨슨병(임상 초점 5-4와 16-3절)과 복측 시각 흐름의 손상(9-5절)을 포함한 다양한 상태의 과학적 이해를 제공하였다.

처럼 여겨진다. 자기수용 감각은 신체의 눈과 같은데, 즉 신체가 자신을 보는 눈이다. 만약 자기수용 감각을 상실하면 신체가 더 이상 볼 수 없게 된다. 내 신체는 자신의 눈을 잃었기 때문에 더 이상 자신을 볼 수 없는 것이 아닌가? 따라서 내가 내 신체를 바라보아야 한다. 마치 신체의 눈이 된 것처럼"(Sacks, 1998, p. 46).

비록 크리스티나의 운동계는 정상이지만 그녀는 자신의 신체가 공간 내 어디에 있고 무엇을 하고 있는지 느끼지 못한 채 거의 완전히 움직이지 못하였다.

Jonathan Cole(1995)은 이제는 고전적 사례가 된 이안 워터맨을 소개하였는데, 그는 19세 때 바이러스 감염을 앓은 후 자기수용 감각을 상실하였다. 그는 이 장애를 가진 사람 중 움직이는 것을 다시 배운 유일한 사람이며, 이 재학습은 몇 년에 걸쳐 일어났다. 그가 새로 얻은 모든 행동이 시각을 통해 일어났는데, 만약 그가 초점을 상실하거나 눈을 감으면 그는 움직이지 못하였다. 그는 '신체의 눈'을 눈으로 움직임을 통제하는 것으로 교체하였다.

뇌까지의 체감각 경로

체감각뉴런의 축색이 척수, 즉 CNS로 들어가면 분리되어 뇌로 가는 2개의 경로가 형성된다. 촉각과 신체 인식에 관한 정보를 전달하는 촉각-자기수용 감각 축색은 동측으로 척수를 상향하는 반면 통각(통증, 온도, 가려움) 신경 축색은 뇌로 올라가기 전에 척수의 뉴런과 시냅스하며, 이 뉴런의 축색은 척수의 대측면으로 교차한다. 동측 연결은 축색이 들어온 신체면에 있는 반면 대측 연결은 반대편에 있는 경우이다.

원리 4. 많은 뇌 회로는 교차한다.

그림 11.19는 척수를 통과하는 이 두 경로를 보여준다. 후측 촉각-자기수용 감각 경로는 빨간색 실선으로 표시되어 있고 전측 통각 경로는 빨간색 점선으로 표시되어 있다.

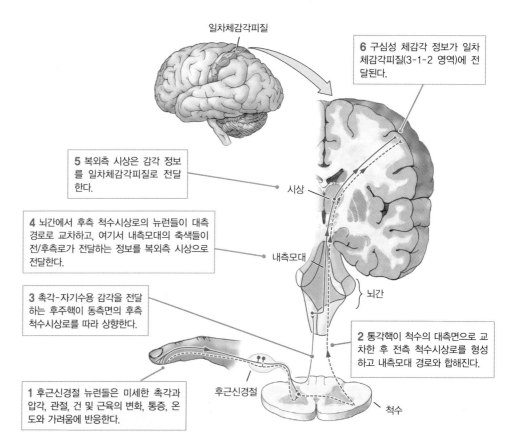

그림 11.19   뇌로 향하는 이중 체감각 경로
뉴런이 후근신경절에서 척수로 들어가면서부터 뇌로 향하는 2개의 체감각 경로가 분리된다.

후측 척수시상로

촉각-자기수용 감각 축색은 척수의 후측 부위에 위치하여 **후측 척수시상로**(posterior spino-thalamic tract)를 형성한다. 미세한 촉각과 압각 정보를 전달하는 이 축색은 뇌의 기저부에 위치하는 후주핵(posterior column nuclei)과 시냅스한다. 그림 11.19에서 볼 수 있듯이 후주핵의 뉴런 축색은 뇌간의 다른 면으로 교차하여 뇌간을 따라 올라가며 내측모대(medial lemniscus, lemniscus는 그리스어로 '리본' 혹은 '밴드'를 의미)라는 경로의 한 부분이 된다.

후주핵 축색은 신체 감각에 관한 구심성 정보를 체감각피질로 전달하는 시상의 한 부위인 **복외측 시상**(ventrolateral thalamus)에서 시냅스한다. 비록 복외측 시상 뉴런 대부분이 축색을 체감각피질로 보내지만 일부 축색은 운동피질로 보낸다.

따라서 촉각-자기수용 감각 정보를 수용기에서 피질로 전달하기 위해 세 유형의 뉴런, 즉 후근신경절 뉴런, 후주핵 뉴런, 시상 뉴런이 필요하다. 후주핵 뉴런들이 반대편 반구로 교차하기 때문에 각 반구는 반대편 체감각 세상을 지각한다.

전측 척수시상로

대부분의 통각 축색은 다른 경로를 따라 뇌로 간다. 그림 11.19에 제시되어 있듯이 이 축색은 척수의 회백질 전측 부위에 있는 뉴런들과 시냅스한다. 이후 이 뉴런들은 척수의 다른 면으로 축색을 보내어 **전측 척수시상로**(anterior spinothalamic tract)를 형성하는데, 전측 척수시상로는 통증, 온도, 가려움에 관한 구심성 정보를 시상으로 전달한다. 이 로는 뇌간에서 내측모대와 합해지고 복외측 시상으로 향한다. 시상 뉴런은 체감각피질로 축색을 보낸다. 따라서 통각 혹은 온도에 관한 정보를 수용기에서부터 피질로 전달하는 데도 세 유형의 뉴런, 즉 후근 뉴런, 척수의 회백질 뉴런과 복외측 시상 뉴런이 필요하다.

편측성 체감각계 손상의 효과

편측성 손상이 2개의 체감각 경로, 즉 촉각-자기수용 감각과 통각 경로의 기능을 해리한다. 이 두 경로가 같이 척수로 들어간 후 척수에서 분리되지만 뇌간에서 다시 합해지기 때문에 체감각계의 편측 손상은 손상 위치에 따라 확실하게 구분되는 감각 상실을 초래한다.

후근의 손상은 신체 특정 부위의 전반적인 체감각 결함을 초래한다. 이와 상반되게 **그림 11.20**에 제시되어 있듯이 편측 척수 손상이 생기면 손상이 일어난 부위 아래의 동측 신체면에 촉각과 자기수용 감각의 상실이 초래된다. 통각의 상실도 편측으로 나타나지만 손상이 일어난 부위 아래 대측 신체면에서 일어난다. 두 경로가 합해지는 뇌간, 시상, 피질의 편측 손상은 촉각, 자기수용 감각과 통각 모두에 영향을 미치는데, 이 영향이 신체의 반대면에서 일어난다.

척수 반사

체감각 신경섬유는 정보를 피질에 전달할 뿐만 아니라 척수와 뇌간에 의해 매개되는 행동에도 관여한다. 척수 체감각 축색과 후주 내의 상향 축색조차 축색 측부지(axon collaterals)를 내어 척수의 좌우면에 있는 개재뉴런 및 운동뉴런과 시냅스한다. 이 연결을 통해 형성되는 감각 수용기와 근육 사이의 회로가 척수 반사를 매개한다.

가장 단순한 척수 반사는 체감각뉴런과 운동뉴런 사이의 단일시냅스에 의해 형성된다.

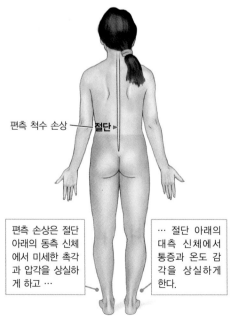

편측 척수 손상 — 절단

편측 손상은 절단 아래의 동측 신체에서 미세한 촉각과 압각을 상실하게 하고 …

… 절단 아래의 대측 신체에서 통증과 온도 감각을 상실하게 한다.

그림 11.20 편측 체감각계의 손상 효과

그림 11.21 단일시냅스 반사

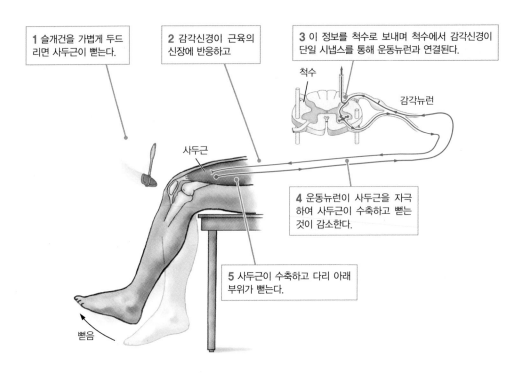

1 슬개건을 가볍게 두드리면 사두근이 뻗는다.

2 감각신경이 근육의 신장에 반응하고

3 이 정보를 척수로 보내며 척수에서 감각신경이 단일 시냅스를 통해 운동뉴런과 연결된다.

척수

감각뉴런

사두근

4 운동뉴런이 사두근을 자극하여 사두근이 수축하고 뻗는 것이 감소한다.

5 사두근이 수축하고 다리 아래 부위가 뻗는다.

뻗음

그림 11.21은 이러한 **단일시냅스 반사**(monosynaptic reflex)인 무릎 반사를 보여준다. 즉 슬개건 (patellar tendon)에 의해 다리뼈에 붙어 있는 넓적다리의 사두근에 영향을 미치는 무릎 반사를 보여준다.

다리 아래쪽을 자유롭게 흔드는 동안 작은 망치로 이 건을 가볍게 두드리면 사두근이 뻗고 (stretch) 이로 인해 사두근에 묻혀 있는 신장 민감(stretch-sensitive) 감각 수용기가 활성화한다. 이후 감각 수용기는 운동뉴런과 시냅스하는 감각뉴런을 통해 척수로 정보를 보내며 운동뉴런은 다시 넓적다리 근육으로 정보를 보낸다. 운동뉴런으로부터의 정보가 근육을 흥분시켜 그 결과 뻗음에 저항하여 수축이 일어난다. 짧은 시간 동안 가볍게 두드리기 때문에 운동 메시지가 도달하기 전에 자극이 멈추며, 근육이 더 이상 뻗지 않더라도 수축된다. 이 수축이 다리를 위로 들어 올리게 하고 무릎 반사행동이 일어난다.

이 가장 단순한 반사행동은 단일 감각뉴런과 단일 운동뉴런 사이에 일어나는 단일시냅스 연결을 필요로 한다. 이에 비해 피부로부터 오는 정보를 받는 체감각뉴런은 개재뉴런과 운동뉴런 모두와 훨씬 더 복잡한 연결을 한다. 이러한 다시냅스 연결(multisynaptic connection)을 통해 더 복잡한 척수의 움직임, 즉 서기와 걷기가 일어나는데, 여기에는 신체 좌우면에 있는 많은 근육이 포함된다.

그림 2.34는 다시냅스 회로를 보여준다.

통증 느끼기와 치료

병원을 찾는 환자 대부분이 통증과 관련된 질병을 앓고 있다. 많은 사람이 지속적으로 통증을 경험하고 통증 발생률은 나이가 들어 감에 따라 증가한다. 사람들은 골절과 같은 갑자기 경험하는 부상, 암이나 관절염 같은 만성 질환 혹은 내부 질병(위 혹은 가슴 통증)으로 인한 통증을 경험하고 여성들은 월경, 임신, 출산 동안 통증을 경험한다.

통증 지각

단일시냅스 반사 감각 입력과 움직임 사이에 단지 하나의 시냅스만이 요구되는 반사

통증의 기능 중 하나가 질병으로 고통 받고 있는 신체 부위를 알려주는 것이다. 뚜렷한 부상을

입지 않은 신체 부위에서 통증을 경험하기도 하는데, 예를 들어 **연관통**(referred pain)은 신체면의 통증이 신체 내부기관의 질병을 시사한다(예 : 신장 결석으로 등에 통증을 경험). 또 다른 통증 유형이 **중추 통증**(central pain)인데, 이는 신체 부위에 질병이 없음에도 불구하고 통증을 경험하는 경우이다. **환상지통**(phantom limb pain)이 중추 통증의 한 유형인데, 이는 상실된 사지에서 환상 감각을 경험하는 경우로 이에 관한 것이 '연구 초점 11-4 : 환상지통'에 기술되어 있다.

통증으로 고통 받는 사람들은 통증이 사라지면 행복해하지만 통증은 반드시 필요하다. 드물지만 통증 수용기 없이 태어난 사람들은 자세 조절을 하지 못해 신체 기형이 되거나 해로운 상황을 피하지 못해 불시에 부상을 입기도 한다.

통증 지각은 여러 유형의 체감각 정보가 결합한 결과로 발생한다. 여덟 가지나 되는 통증섬유가 신체에서 발견되며 이 신경들이 과민하거나 손상되면 펩티드와 기타 화학물질이 분비된다. 일부 화학물질은 주변 조직을 과민하게 하여 혈류와 통증섬유 자체를 자극하기 위해 다른 화학물질을 분비하게 한다. 이러한 반응이 통증을 경험하게 하고 손상된 부위가 빨갛게 부어오르게 한다.

가려움을 예로 들어보자. 우리는 이물질이 신체에 있으면 가려움을 느끼고 신체를 긁는다. 우

◉ **연구 초점 11-4**

환상지통

사지가 절단된 사람의 80% 정도가 환상지 현상을 경험한다. 환상지 현상에는 절단된 신체 부위에서 통증과 다른 감각을 경험하는 것과 환상적 움직임과 경련과 같은 운동 환상이 포함된다(Stankevicius et al., 2021). 환상 감각과 움직임은 뇌에서 일어나는 착각이다.

환상지통을 최소화하기 위해 다양한 기법이 사용되고 있는데, 여기에는 오피오이드로 통증을 관리하는 방법과 척수에 통증치료제를 주사하는 방법 등이 포함된다. V. S. Ramachandran과 D. Rogers-Ramachandran(1996)에 의해 개발된 한 획기적인 방법은 환자로 하여금 사지가 절단되지 않았고 정상적인 감각 입력이 뇌로 전달되고 있다고 여기게 하는 것이다.

Ramachandran은 한 팔이 절단된 사람이 정상적인 다른 팔을 거울 상자 속에 넣은 후 그 팔이 거울에 반사되는 것을 관찰하게 하였다. 그림에서 볼 수 있듯이 거울상 반사는 상실된 팔이 여전히 존재하고 통제될 수 있다는 착각을 들게 한다. (숨겨진 팔이 보이도록 그림의 상자 벽이 제거되어 있다.) 팔이 존재한다는 지각이 환상 통증과 경련을 완화한다.

Ramachandran의 거울 상자에 고무된 연구자들은 상실된 사지가 존재하고 통제될 수 있다는 착각이 일어날 수 있는 다른 방안을 개발하였다. 이 중 하나가 가상현실 고글을 사용하는 것이고 다른 방법이 소위 '고무사지(rubber limb)'를 사용하여 상실된 사지가 존재한다는 착각을 일으키는 것이다. 이 현상이 일어나기 위해 개인이 보철용 사지가 만져지는 것을 관찰하는 동안 상실된 사지 말단을 촉각으로 자극한다. 이와 유사한 논리를 사용하여 Granata와 동료들(2020)은 절단 후 신경보철사지를 사용하는 것이 절단된 사지의 환상 통증을 감소시키는 것을 보여주었다. 이 모든 착각, 즉 사지가 정상적으로 존재한다는 착각이 환상지통과 경련을 경감시킨다.

환상지통에 관해 적어도 두 가지 설명이 제안되었는데 둘 다 피질 지도와 환상지통을 관련짓는다. 첫 번째 설명은 사지가 절단되면 그 사지를 표상하는 피질 지도가 줄어들고 인접한 피질 영역이 그 영역으로 확대한다는 결과에 근거한다. 이 피질 조직의 비정상, 즉 아마도 손상되지 않은 인접한 신체 지도가 환

상 통증의 원인이라고 제안한다.

두 번째 설명은 상실된 사지를 표상하는 피질 지도가 손상 후에도 여전히 존재하고 상실된 사지와 인접한 근육을 재목표로 근육 활동을 활성화한다는 것이다. 그리고 이 신호가 환상 통증과 관련된다고 주장한다(Therrien et al., 2021). 두 설명 모두 뇌 혹은 말초신경계에서 일어나는 가소적 변화가 환상 통증과 관련된다고 제안하지만 두 설명 모두 이 가소적 변화로부터 통증 감각이 일어나는 이유를 제공하지 못한다. 앞으로의 연구를 통해 환상 통증의 퍼즐 조각이 맞추어질 것이다.

거울 상자 치료

리는 자극이 없음에도 불구하고 가려움을 자주 경험하기도 한다. 오피오이드를 포함한 일부 약물은 가려운 신체 부위에 물리적 자극이 없음에도 불구하고 가려움을 증가시킨다.

촉각 정보도 통증 지각이 일어나게 한다. 예를 들어 사람들은 다양한 유형의 통증 위치와 특징을 정확하게 보고할 수 있지만 정교한 촉각과 압각 정보가 없으면 통증과 통증의 위치를 인식하는 것이 어렵게 된다.

그림 11.19에서 볼 수 있듯이 전측 척수시상로가 뇌로 가는 주요 통증 경로지만 4개나 되는 다른 경로도 척수에서 뇌로 통증 정보를 전달한다. 이 경로들이 교차 혹은 교차하지 않으며, 중뇌의 망상계(reticular formation)로 축색을 보내어 각성을 일으키고, 또 편도체로 축색을 보내어 통증과 관련된 정서 반응이 일어나게 하며, 또 시상하부와 연결하여 통증 대처와 관련된 호르몬 및 심혈관 반응을 활성화한다.

각 통증 경로가 고유의 기능, 즉 감각, 각성, 정서적 반응 혹은 다른 생리적 반응에 관여하여 만성 통증의 치료를 복잡하게 만든다. 한 경로를 치료하는 것이 다른 경로에 효과적이지 않을 수 있다. 심신을 허약하게 하는 만성 통증을 통제하기 위해 사용되는 과격한 절차, 즉 통증섬유가 척수로 들어가기 전에 선택적으로 절단하는 경우조차 항상 효과적이지 않다.

통증 관문

사람에 따라 통증에 대한 반응이 서로 다른 것이 통증에 관한 포괄적인 이론을 세우는 것을 어렵게 한다. 예를 들어 맨발로 걷는 도중 뾰쪽한 물체를 밟으면 즉각적으로 통증을 느끼지만 전쟁 중이거나 힘든 운동 경기를 하는 동안은 심각한 신체 부상을 입더라도 훨씬 나중에 통증을 느끼기 시작한다.

저자들의 한 친구(F. V.)는 하이킹 도중 큰 회색곰의 습격을 받아 200군데를 꿰매는 상처를 입었다. 친구에게 곰한테 물렸을 때 얼마나 아팠는지 물었을 때 뜻밖에도 그는 아프지 않았다는 대답을 하면서 다음과 같이 덧붙였다. "곰의 습격을 받기 일주일 전에 나는 회색곰의 습격을 받아 사망한 사람에 관해 읽었어. 그래서 곰을 만났을 때 내가 도망치지 않는 한 이 곰이 나를 죽일 것이라고 생각했지. 나는 통증을 느낄 시간이 없었고 내 목숨을 구하기 위해 곰과 싸웠다네. 습격을 당한 다음날에야 비로소 통증을 느끼기 시작했어."

F. V.가 두려움 때문에 통증을 느끼지 못한 것은 그가 당면한 스트레스와 관련되어 있다. 친구의 사례처럼 싸움 혹은 도주 상황에서 통증을 경험하지 못하는 것이 적응적이며 내인성 오피오이드의 활성화와 관련된다. 통증치료에는 오피오이드(모르핀), 침술(바늘을 피부에 삽입하여 빠르게 진동시킴) 혹은 단순히 상처 부위를 문지르는 것 등이 포함된다. 심리적 요인이 통증치료에 영향을 미치고 통증 관리에 관한 많은 연구가 위약이 실제 치료만큼 효과적인 것을 발견하였다.

통증 지각과 통증이 어떻게 다양한 방법을 통해 완화되는지 설명하기 위해 Ronald Melzack와 Patrick Wall(1965)이 **통증의 관문 이론**(gate theory of pain)을 제안하였는데, 이 이론이 지속적으로 관심을 받고 있다. 이 이론에 의하면 서로 다른 감각 경로가 서로 경쟁하여 손상으로 인한 통증을 지각할 것인지, 어느 정도 지각할 것인지를 결정한다고 한다.

관문 이론에 의하면 촉각-자기수용 자극이 통증 지각을 감소시키는 한편 이러한 자극이 없을 경우에는 통증 관문에서의 상호작용을 통해 통증 지각이 증가한다고 한다. **그림 11.22**에 제시되어 있는 **통증 관문**(pain gate) 모델은 미세한 촉각과 압각 정보를 전달하는 촉각-자기수용 섬유와

뇌의 내인성 오피오이드와 오피오이드 진통제의 비교가 6-2절에 기술되어 있다.

통증 관문 미세한 촉각과 압각 경로의 활성화가 통증과 온도 경로의 활성화를 감소시키는 가상적인 신경회로

통증 정보를 전달하는 통각 섬유로 구성된다. 각 섬유는 동일한 개재뉴런과 시냅스한다. 촉각-자기수용 감각 경로로부터 나온 측부지가 개재뉴런을 활성화하는 반면 통각 경로로부터의 측부지는 개재뉴런을 억제한다. 차례로 개재뉴런은 통증 정보를 척수에서 뇌로 전달하는 뉴런을 억제한다. 결과적으로 촉각-자기수용 감각 경로가 활성화하면 개재뉴런이 자극을 받게 되어 이차 통증뉴런이 억제되며 개재뉴런이 관문처럼 작용하여 통증을 감소시킨다.

비록 이 이론이 제안하는 척수 내의 통증 관문 구조가 의문이지만 이 이론은 설명력을 인정받고 있다. 관문의 정확한 구조는 앞으로 밝혀져야 할 것이다.

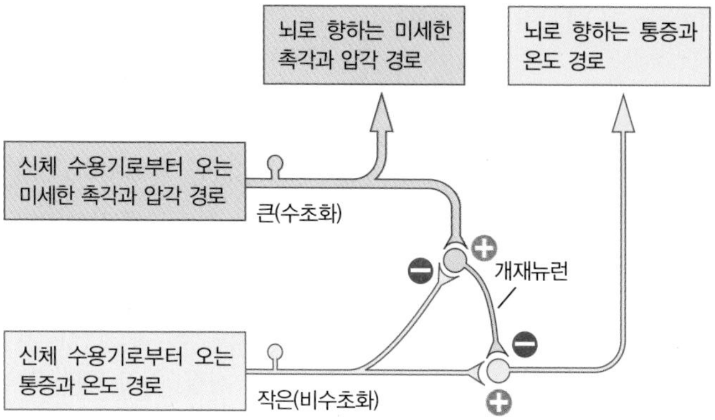

통증치료

관문 이론은 다양한 통증치료법이 어떻게 작용하는지 설명하는 데 도움이 된다(Foster et al., 2015). 예를 들어 여러분의 발가락이 돌에 차이면 통증을 경험하는데 이는 뇌로 가는 통증 경로가 열려 있기 때문이다. 만약 여러분이 발가락을 문지르면 촉각-자기수용 감각 경로가 활성화하고 통증 경로에서 일어나는 통증 정보의 전달이 감소하는데 이는 통증 관문이 일부 닫히기 때문이며 이로 인해 통증이 완화된다.

이와 유사하게 마사지, 따뜻한 물에 담그기와 침술을 포함한 다양한 통증치료는 선택적으로 통증 섬유보다 촉각과 자기수용 감각 섬유를 활성화하여 통증 관문을 닫게 함으로써 통증 완화 효과를 만든다. 침술의 경우 신체의 여러 부위에 놓은 침의 진동이 미세한 촉각 섬유와 압각 섬유를 활성화한다. 관문 이론은 오피오이드가 왜 통증에 영향을 미치는지를 설명하기도 한다. 통증 관문인 개재뉴런이 내인성 오피오이드를 억제성 신경전달물질로 사용한다. 따라서 오피오이드는 개재뉴런의 내인성 오피오이드 신경전달물질의 작용을 모방함을 통해 통증을 완화한다.

가장 성공적인 통증치료법 중 하나가 소량의 모르핀을 뇌척수막 중 가장 바깥쪽 막인 척수 경막 아래에 주사하는 것이다. 이 경막외 마취(epidural anesthesia)는 모르핀이 척수의 개재뉴런에 행하는 작용을 통해 일어난다. 비록 모르핀이 통증치료에 매우 효과적이지만 모르핀을 지속적으로 사용하면 효과가 감소한다. 이러한 내성은 척수와 뇌에 있는 통증 뉴런의 시냅스후 수용기에서 일어나는 변화와 관련이 있다.

관문 이론은 우리가 한 자세로 오랫동안 앉아 있은 후 경험하는 '핀과 바늘(pins-and-needles)' 현상을 설명하기도 한다. 감소한 혈류로 인한 산소 상실이 먼저 촉각과 압각 정보를 전달하는 큰 수초화된 축색의 활성화를 억제하지만 통증과 온도 메시지를 전달하는 작고 수초화되지 않은 축색의 활성화에는 영향을 미치지 않는다. 그 결과 감각 정보가 '문이 닫히지 않은' 통증과 온도 경로로 전달되고 이로 인해 핀과 바늘 감각을 경험하게 한다.

통증 관문과 유사한 신경 회로가 척수뿐만 아니라 뇌간과 피질에도 위치한다. 이러한 관문은 인지와 정서가 어떻게 통증에 영향을 미치고 통증 치료에 사용되는 다른 치료법들이 왜 통증 완화에 효과적인가를 설명한다. 예를 들어 연구자들은 사람들이 통증에 대한 주의를 다른 자극으로 전환할 경우 심한 통증이 완화될 수 있음을 관찰하였다. 치과의사들은 진료 도중 환자에게 특정한 것을 보게 하거나 듣게 하거나 말을 하는 것을 통해 이 방법을 오래전부터 사용했다.

뇌도 척수로부터 받는 통증 신호에 영향을 미칠 수 있다. **그림 11.23**에서 볼 수 있듯이 **중뇌수**

그림 11.22 통증 관문

척수의 개재뉴런이 미세한 촉각과 압각 경로로부터 흥분성 입력(+)을 받고 통증과 온도 경로로부터 억제성 입력(−)을 받는다. 개재뉴런의 상대적 활성화가 통증과 온도 정보를 뇌로 보낼 것인지 결정한다.

출처 : Melzack(1973).

그림 2.4에 뇌와 척수를 둘러싸고 있는 3층의 뇌척수막이 제시되어 있다.

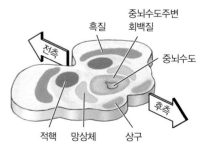

그림 11.23 중뇌수도주변 회백질

중뇌수도주변 회백질(PAG)은 중뇌의 피개(바닥)에 위치하는 핵이다. 그림에 중뇌 피개의 횡단면이 제시되어 있다.

그림 1.3은 뇌심부자극(DBS)을 보여준다.

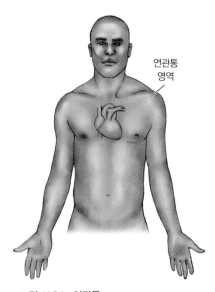

그림 11.24   연관통
심장발작이 일어나는 동안 심장의 수용기로부터 전달되는 통증이 남성의 경우 왼쪽 어깨와 팔 윗부분에서 느껴지고 여성의 경우에는 턱과 등에서 느껴진다.

전정 기관의 유모세포는 청각에 관여하는 와우관의 유모세포와 동일한 원리로 작용한다. 10-2절 참조하라.

제8뇌신경이 청각과 균형에 관한 정보 모두를 뇌로 전달한다. 그림 2.29를 참조하라.

중뇌수도주변 회백질(PAG) 제3뇌실과 제4뇌실을 연결하는 중뇌수도를 둘러싸는 중뇌에 위치하는 핵. PAG 뉴런은 종 특유 행동(예 : 암컷의 성행동)에 관여하는 회로를 포함하고 통증 조율에 중요한 역할을 한다.

연관통 실제로 신체 내부 기관의 통증이 신체 표면의 통증으로 느껴지는 통증

전정계 신체 위치와 머리 움직임에 반응하는 일련의 내이 수용기로 구성되어 있는 체감각계

도주변 회백질(periaqueductal gray matter, PAG) 뉴런의 세포체들이 제3뇌실과 제4뇌실을 연결하는 중뇌수도를 둘러싸고 있다. PAG를 전기적으로 자극하면 통증이 완화된다. PAG 뉴런들은 척수로 축색을 보내는 뇌간의 경로(세로토닌과 노르아드레날린 경로를 포함)를 활성화함을 통해 통증을 완화한다. 이 뉴런들이 상향 통증 경로를 형성하는 뉴런들을 억제한다. 이 억제 회로의 활성화가 왜 수면 동안 통증 감각과 지각이 감소하는지를 일부 설명한다. 삽입한 미세전극을 통한 PAG의 뇌심부자극(DBS)이 오피오이드 약물의 사용을 포함한 다른 모든 치료가 효과적이지 않을 경우 사용되는 통증치료법 중 하나이다.

심장, 신장, 혈관을 포함한 많은 신체 내부 기관이 통증 수용기를 가지고 있지만 이 수용기들로부터의 정보를 전달하는 신경절 뉴런들이 뇌로 향하는 자신들의 경로를 가지고 있지 않다. 그 대신 이 뉴런들은 신체 표면으로부터 오는 통증 정보를 수용하는 척수뉴런들과 시냅스한다. 그 결과 통증과 온도 메시지를 뇌로 전달하는 척수뉴런들이 두 가지 신호를 받는데, 하나는 신체 표면으로부터 오는 신호이고 다른 하나는 내부 기관으로부터 오는 신호이다.

척수뉴런은 이 두 유형의 신호를 구분하지 못하고 우리 자신도 구분하지 못한다. 그 결과 신체 내부 기관으로부터 오는 통증을 신체 표면에서 오는 **연관통**(referred pain)으로 여긴다. 예를 들어 심장발작과 관련해 초래되는 심장 통증을 왼쪽 어깨나 팔 윗부분의 통증으로 여긴다(**그림 11.24**). 위의 통증은 몸통의 정중앙 통증으로 여기고 신장 통증은 등 아래쪽 부위의 통증으로 여긴다. 뇌 혈관의 통증은 두통이라고 하는 확산된 통증(diffuse pain)으로 느낀다(뇌는 통증 수용기를 가지고 있지 않음을 기억하라).

더 복잡하게 통증 지각에는 성차가 있는데, 이는 사회문화적 요인, 호르몬 요인, 생물 및 신경 기제의 차이와 관련이 있다. 예를 들어 급성 심근경색을 경험할 때(흔히 심장발작이라고 부른다) 여성은 메스꺼움과 함께 목, 등과 턱의 통증을 호소하는 한편 남성은 어깨 통증과 발한을 보인다. 이 예는 이러한 성차를 인식하는 것이 통증의 진단과 치료에 중요하다는 것을 시사한다.

전정계와 균형

체감각계 중 유일하게 영역을 구분할 수 있는 것이 좌우 내이에 각각 위치하는 2개의 기관으로 구성된 **전정계**(vestibular system)이다. **그림 11.25A**에서 볼 수 있듯이 각 전정 기관은 두 가지 수용기 집단으로 구성되는데, 한 집단이 3개의 반고리관(semicircular canals)이고 다른 집단이 이석 기관(otolith organ)인 난형낭(utricle)과 구형낭(saccule)이다. 이 전정 수용기들은 두 가지 기능을 한다 : (1) 반고리관이 머리 회전 움직임을 탐지하고, (2) 이석 기관은 중력에 관한 신체의 위치와 선가속도를 감지한다.

그림 11.25A에서 볼 수 있듯이 반고리관은 우리가 공간 내에서 움직이는 세 차원에 상응하는 3개의 면으로 향한다. 각 반고리관은 특정 면에서 일어나는 움직임에 관한 정보를 제공한다. 반고리관은 내림프액(endolymph)이라고 하는 액체로 채워져 있고 내림프액 안에 일련의 유모세포가 들어 있다.

머리가 움직이면 내림프액도 따라 움직여서 유모세포를 밀어 유모세포의 끝에 있는 융모를 구부린다. 굽는 힘이 유모세포에서 수용기 전위로 변환되고 청각 전정신경 축색을 따라 뇌로 활동전위를 보낸다. 이 축색들이 매우 활동적인데, 즉 융모를 한 방향으로 구부리면 수용기 전위가 증가하고 이에 따라 전정신경 축색의 활동이 증가하게 된다. 또한 다른 방향으로 융모를 구부리면 전정 구심성 축색의 활동이 감소한다. 이 반응들이 그림 11.25B에 제시되어 있다. 전형적으

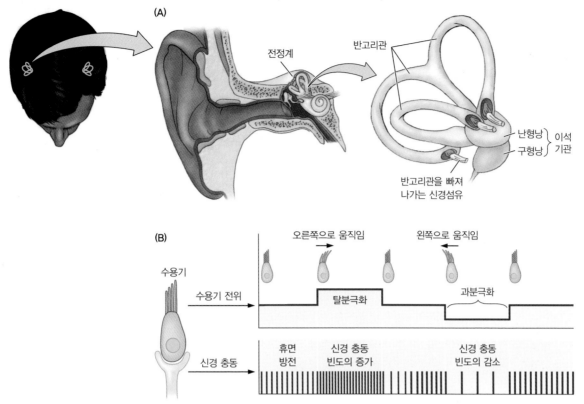

그림 11.25　전정계
(A) 내이에 위치하는 전정 기관에는 머리의 움직임과 중력에 민감하게 반응하는 유모세포가 위치한다. (B) 전정뉴런들이 자발적으로 활동한다. 유모세포 수용기의 끝에 있는 융모가 한 방향으로 구부러지면 전정뉴런의 활성화가 증가하지만 반대 방향으로 구부러지면 활성화가 감소한다.

로 머리를 한 방향으로 움직이면 그 신체 면의 수용기 메시지가 신경 발화율을 증가시키고 반대편 신체의 메시지는 발화율을 감소시킨다.

난형낭과 구형낭은 반고리관 바로 아래에 위치한다(그림 11.25A의 오른쪽). 여기에도 유모세포가 위치하지만 이 유모세포들은 청사(otoconia)라고 하는 작은 탄산칼슘 결정체들이 들어 있는 젤라틴 같은 물질에 묻혀 있다. 여러분이 머리를 한 방향으로 기울이면 젤라틴과 청사가 유모세포를 눌러 구부리게 한다. 유모세포를 구부리는 기계적 작용이 세 차원의 공간에서 머리 위치에 관한 메시지를 전달하는 전정 구심성 축색의 활동전위율을 조절한다.

전정계의 수용기들은 중력에 대한 신체의 위치, 움직임의 가속과 감속, 움직이는 방향의 변화를 알려준다. 이 수용기들은 우리의 움직임이 우리에게 주는 불안정한 영향을 무시하게 한다. 예를 들어 달리는 버스 안에 서 있을 때 버스가 약간만 움직여도 우리가 균형을 잃을 수 있지만 실제로 이런 일은 일어나지 않는다. 이와 유사하게 여러분이 움직일 때 여러분의 몸무게가 끊임없이 이동함에도 불구하고 쉽게 넘어지지 않는다. 여러분의 전정계가 안정감을 제공하기 때문이다.

전정 수용기가 여러분 자신의 움직임을 보상하는 것을 이해하기 위해 이 실험을 시도해보라. 손을 여러분 눈앞으로 올리고 흔들어 보라. 여러분의 손이 희미하게 보일 것이다. 이번에는 손 대신 머리를 흔들면서 손을 주목해보자. 여러분의 전정계로부터 오는 보상 신호로 인해 여러분이 움직이고 있음에도 불구하고 손을 안정되게 볼 수 있다.

움직이지 않음에도 불구하고 회전하는 느낌인 **현기증**(vertigo)은 내이의 기능 이상으로 초래된다. 현기증은 여러분이 걸어가는 동안 균형을 유지하는 것을 어렵게 할 뿐만 아니라 메스꺼움을 경험하게도 한다. 현기증을 유발하는 흔한 방법이 아동들이 놀 때 자주하는 회전이다. 현기증은 높은 곳에서 아래를 보거나 키 큰 대상을 올려다보거나 단순히 서 있거나 앉아 있을 때에도 발생할 수 있다. 알코올이 가지는 한 독성 효과가 현기증이다. 프랑스 의사의 이름을 딴 **메니에르병**

메니에르병　내이의 장애로 인해 초래되는 질병으로 현기증과 균형 상실이 주증상이다.

(Ménière disease)은 현기증과 균형 상실을 초래하는데 이는 내이에 있는 액체 압력의 변화와 관련된다(Xie et al., 2021).

11-4 복습

진도를 계속 나가기 전에 앞 절을 얼마나 이해했는지 확인해보자. 정답은 이 책의 뒷부분에 있다.

1. 체감각은 _____(촉각과 압력), _____(위치와 움직임)와/과 _____(온도, 통증, 가려움)의 지각에 관여한다.

2. 촉각-자기수용 감각 정보는 _____척수시상로를 통해 CNS로 전달되고 통각 정보는 _____ 척수시상로를 통해 전달된다.

3. 가상의 _____을/를 통해 통증 지각을 조율하기 위해 두 로가 척수 내에서 상호작용한다.

4. 중뇌의 _____은/는 통증 경로를 억제하는 신경조절 회로를 활성화하여 통증을 완화한다.

5. 체감각계 중 유일하게 특정 부위에 위치하는 _____계는 머리 위치와 공간 내에서의 신체 움직임에 관한 정보를 신호함으로써 _____을/를 유지하게 한다.

6. 환상지통의 가능한 근원이 무엇인가?

7. 자기수용 감각이 어떻게 '신체의 눈'으로 작용하는지 설명하시오.

학습 목표

- 이 절에서 다루는 두 이론에 근거하여 일차체감각피질의 기능을 요약한다.
- 어떻게 체감각 정보가 일차와 이차체감각피질을 통해 처리되는지 설명한다.

Korbinian Brodmann이 100여 년 전에 자신의 피질 지도 영역들에 번호를 매겼다(그림 2.26 참조).

11-5

체감각피질의 탐색

체감각뉴런들은 뇌로 감각을 전달하는 것 이상의 기능이 있다. 즉 이 뉴런들이 처리하는 정보를 통해 우리는 유쾌 혹은 불쾌하다고 지각하고, 사물의 형태 및 질감을 결정하며, 복잡한 과제에 요구되는 노력을 평가하고, 심지어 공간 세계를 이동한다. 또한 이들은 움직임에도 중요한 역할을 한다. **그림 11.26**은 피질에 있는 2개의 주요 체감각 영역을 보여준다.

일차체감각피질(primary somatosensory cortex)은 시상으로부터 축색을 받는 영역으로 브로드만 영역 3-1-2(그림 11.26에 빨간색으로 표시되어 있음)로 구성된다. 일차체감각피질은 체감각 정보에 근거하여 지각을 구성하는 과정을 시작한다. 일차체감각영역은 중심열 바로 뒤에 위치하는 두정엽의 중심후회로 주로 구성되어 있다. 따라서 일차체감각피질은 중심열의 다른 면에 있는 전두엽의 일차운동피질과 인접해 있다.

이차체감각피질(브로드만 영역 5번과 7번, 그림 11.26에서 초록색과 자주색으로 표시되어 있음)은 일차체감각영역 바로 뒤의 두정엽에 위치한다. 이차체감각피질은 일차체감각영역으로부터 오는 체감각 정보와 시각계와 청각계로부터 오는 정보를 서로 결합하는 데 관여하므로 움직임의 다감각 통제에 중요한 역할을 한다.

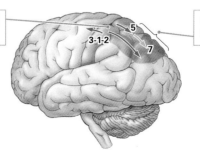

일차체감각피질(3-2-1)은 신체로부터 감각 정보를 받는다.

이차체감각피질(5, 7)은 일차체감각피질로부터 감각 정보를 받는다.

그림 11.26 체감각피질

두정엽의 일차체감각피질을 자극하면 자극 부위에 상응하는 신체 부위에서 감각이 발생한다. 정보는 더 깊은 지각적 분석을 위해 일차체감각피질에서 이차체감각피질로 전달된다.

체감각 신체 지도

뇌 수술을 받는 환자들을 대상으로 한 연구에서 Wilder Penfield는 체감각피질을 전기적으로 자극하여 환자의 반응을 기록하였다. 주로 일차체감각피질(S1) 일부 영역의 자극은 발의 감각을 일으킨 한편 다른 부위의 자극은 손, 몸통, 얼굴의 감각을 일으켰다. 이 반응들을 지도화하여 Penfiled는 **그림 11.27A**에 제시되어 있는 피질의 감각 신체 지도를 작성할 수 있었다. 감각 신체 지도는 가장 민감한 신체 영역이 피질에서 상대적으로 큰 영역을 차지한다는 점에서 그림 11.6에 제시되어 있는 Penfield의 운동 신체 지도와 매우 유사하다.

Penfield가 사용한 것보다 더 작은 전극과 더 상세한 기록법을 사용하여 원숭이를 대상으로 한 연구에서 Jon Kaas(1987)는 Penfield의 감각 신체 지도가 일련의 더 작은 신체 지도로 구분될 수 있는 것을 발견하였다. Kaas가 신체의 감각 수용기들을 자극하고 이에 따라 일어나는 감각피질 뉴런들의 활동을 기록한 결과 체감각피질이 실제 4개의 신체 지도로 구성되고 각 지도는 특정 유형의 감각 수용기와 관련되어 있었다.

일차체감각피질의 전측과 후측 방향에 걸쳐 위치하는 이 지도들이 그림 11.27B에 제시되어 있다. 3a영역의 세포들은 근육 수용기에 반응하고, 3b영역의 세포들은 느리게 반응하는 피부 수용기에 반응한다. 1영역의 세포들은 신속하게 적응하는 피부 수용기에 반응하고, 2영역의 세포들은 깊숙이 위치하는 조직의 압각과 관절 수용기에 반응한다. Hiroshi Asanuma와 동료들(1989)은 5번째 신체 지도를 운동피질(4영역)에서 발견하였는데, 이 영역의 세포들은 근육과 관절 수용기에 반응한다.

기초적인 감각에 근거하여 구성되는 지각은 감각들의 결합에 달려 있다. 이러한 정보의 결합이 3a영역과 3b영역에서 1영역으로 전달되고 다시 2영역으로 전달되는 형식으로 일어난다. 예를 들어 3a와 3b영역의 세포들은 특정 손가락의 특정 부위 활성화에만 반응하는 한편 1영역의 세포들은 다수의 손가락들로부터 온 정보에 반응한다.

수용장에 관한 정보는 9-1절을 참조하라.

다음 수준의 통합은 2영역에서 이루어지는데, 이 영역에 있는 뉴런들은 서로 다른 유형의 체감각 수용기로부터 오는 자극뿐만 아니라 서로 다른 손가락의 서로 다른 부위의 자극들에도 반응한다. 따라서 2영역은 운동의 힘, 정위와 방향에 반응하는 다감각뉴런(multimodal neuron)을 가지고 있다. 우리가 손에 무엇인가를 쥐

(A) Penfield의 단일 호문쿨루스 모델

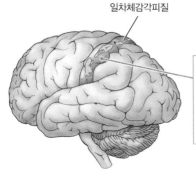

일차체감각피질

일차체감각피질(S1)이 단일 호문쿨루스로 조직되어 있으며 감각 자극에 매우 민감한 신체 부위를 표상하는 영역이 호문쿨루스에서 큰 영역을 차지한다.

(B) 4개 호문쿨루스 모델

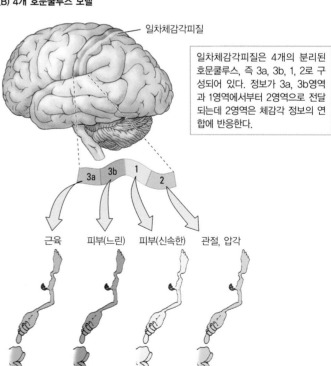

일차체감각피질

일차체감각피질은 4개의 분리된 호문쿨루스, 즉 3a, 3b, 1, 2로 구성되어 있다. 정보가 3a, 3b영역과 1영역에서부터 2영역으로 전달되는데 2영역은 체감각 정보의 연합에 반응한다.

3a 3b 1 2

근육   피부(느린)   피부(신속한)   관절, 압각

그림 11.27 일차체감각피질에 관한 두 모델

◉ 연구 초점 11-5

간지럼

간지럼(tickling)의 효과와 결과에 대해서는 모두 알고 있다. 간지럼의 지각은 유쾌하고 불쾌한 감각이 이상하게 서로 혼합되어 있다. 간지럼에는 가벼운 애정표현으로 인한 감각인 *kinismesis*와 규칙적인 강한 접촉으로 인한 즐거운 감각인 *gargalesis*의 두 유형이 있다.

간지럼은 인간뿐만 아니라 다른 영장류, 고양이, 쥐와 아마도 대부분의 포유동물이 경험한다. 쥐가 장난을 할 경우 50kHz의 소리를 내는데 쥐가 장난을 치는 신체 영역을 간질여도 50kHz의 소리를 낸다(LaFollette et al., 2017).

사람 혹은 동물이 다른 사람 혹은 동물에게 간지럼을 요구하기 때문에 간지럼은 보상적이다. 이들은 다른 사람 혹은 동물이 간지럼을 당하는 것을 관찰할 때에도 즐거워한다.

로봇과 뇌영상 기법을 사용하여 Sarah Blakemore와 동료들(1998)은 왜 우리가 우리 자신을 간지럽히지 못하는지 설명하였다. Blakemore는 참여자의 손바닥에 2개의 동일한 촉각 자극을 제시하였다. 한 조건에서는 참여자가 자극 제시를 예상할 수 있었고 또 다른 조건에서는 로봇이 자극을 지연하여 제시하였는데 이를 참여자가 예상하지 못하였다. 예상하지 못한 자극만이 간지럼으로 지각되었다. 따라서 간지럼의 지각은 자극 그 자체보다는 예상치 못함에 의해 일어난다. 우리가 우리 자신을 간지럽히지 못하는 이유가 바로 이것이다. Windt와 동료들(2015)은 자기보고 방법을 사용하여 자각몽(lucid dream) 동안, 즉 자신과 타인의 구분이 되지 않는 동안 사람들이 자신들을 간질이는 꿈을 꾸는 것을 관찰하였다.

간지럼의 흥미로운 특징은 간지럼이 유발하는 웃음이다. 이 웃음은 소노그램(소리 분석)을 통해서 확인되고 사람들은 간지럼과 관련된 웃음과 다른 유형의 웃음을 구분할 수 있다. 어머니와 아동의 상호작용에서 간지럼으로 인한 웃음이 사회적 유대를 강하게 한다. 종들을 비교한 연구는 침팬지와 인간의 웃음이 상당히 유사하다고 보고한다. 많은 동물종들이 간지럼, 장난과 웃음을 공유하고 이는 동물 의사소통의 한 유형으로 여겨진다.

fizkes/Shutterstock

그림 9.38은 V1의 기능 기둥의 조직화를 보여준다.

고 조작하는 경우 이 모든 속성을 지각한다.

연속적인 정보 연결 동안 수용장의 크기와 체감각 자극들의 결합 모두가 증가한다. 피질 수준에서 감각뉴런의 유형이 서로 분리되는 것이 서로 다른 출처에서 오는 서로 다른 유형의 감각 자극들을 구분할 수 있게 한다. 예를 들어 대부분 외부 물체에 의해 생기는 피부 표면의 촉각 자극과 우리 자신의 움직임에 의해 생기는 근육, 건과 관절로부터 오는 자극을 구분할 수 있다.

이와 동시에 우리는 한 자극의 여러 감각 속성이 결합한 것을 지각한다. 예를 들어 우리가 한 물체를 다룰 때 온도와 질감 등과 같은 물체의 감각 속성에 의해 그리고 우리가 물체를 다룰 때 행하는 동작을 통해 그 물체를 인식한다. 따라서 일차체감각피질은 체감각 정보의 통합을 제공하기도 한다. 간지럼 감각은 '타인 대 자신'의 체감각 구분에 뿌리를 두는데, 이에 관해서는 '연구 초점 11-5 : 간지럼'에 기술되어 있다.

Vernon Mountcastle(1978)의 연구는 일차체감각피질의 세포들이 시각피질에서 관찰되는 기능 기둥과 유사하게 I층에서 VI층에 이르는 기능 기둥(functional column)으로 배열되어 있는 것을 보여준다. 한 기능 체감각피질 기둥 내에 있는 각 세포는 단일 범주의 수용기에 반응한다. 일부 기둥은 신속하게 적응하는 피부 수용기에 의해 활성화하고 다른 기둥은 느리게 적응하는 수용기에 의해 활성화하며 또 다른 기둥은 압력 수용기에 의해 활성화한다. 한 기능 기둥 내의 모든 뉴런이 동일한 피부 부위로부터 오는 정보를 받는다. 이러한 방식으로 한 기둥 내의 뉴런들이 체감각피질의 기초적인 기능 단위로 작용하는 것으로 여겨진다.

이차체감각피질

이차체감각피질은 일차체감각피질로부터 체감각 정보뿐만 아니라 시각피질과 청각피질로부터

도 정보를 받는다. 원숭이를 대상으로 한 연구에서 이차체감각피질
을 전기적으로 자극하면 행동 움직임이 일어나는데, 이는 운동피질
의 전기적 자극이 생산하는 행동 움직임과 유사하다. 이차체감각피
질의 배측 영역을 자극하면 점프, 기어오르는 것과 같은 신체 전체를
사용하는 움직임이 생산되고 복측 영역을 자극하면 신체의 한 부위
혹은 입으로 손을 뻗는 것과 같은 움직임이 생산된다. 체감각피질의
행동 지도는 운동피질의 행동 지도와 유사할 뿐만 아니라 구조적으
로도 서로 관련되어 있는데, 이는 기능 영역들 사이의 신경 연결이 체
감각피질과 운동피질 모두에서 동일한 움직임 범주를 표상하는 것을
시사한다.

　체감각피질과 운동피질의 행동 지도 사이의 연결은 이 두 영역이
움직임의 통제를 공유함을 보여준다. 그러나 체감각피질은 정확하게
어떤 역할을 하는가? 한 설명은 시각과 청각피질 지도가 주위 환경 내
의 어디에 우리가 상호작용할 물체가 위치하는지를 확인해 준다고 한
다. 이 정보를 전달받은 체감각 두정피질이 그 위치에 있는 물체와 상
호작용하기 위해 신체의 어느 부위가 사용되어야 하는지를 확인한다
(예 : 그 물체를 잡기 위해 혹은 모기를 잡기 위해 팔과 손을 사용할 수 있다). 신체 부위의 위치
에 관한 정보가 다시 운동피질로 전달되면 움직임이 일어나게 된다.

　이러한 움직임 배열의 예가 **그림 11.28**에 제시되어 있다. 이 그림은 세 경로 혹은 채널을 보여
주는데, 즉 뻗기를 위한 배측 채널, 움켜잡기 위한 복측 채널과 두 채널 사이에 위치하는 손을 입
으로 가져가기 위한 채널을 보여준다. 뻗기와 움켜잡기를 위한 채널은 시각피질로부터 정보를
받지만 손을 입으로 가져가기 위한 채널은 정보를 받지 않는다. 우리가 포도와 같은 음식에 손을
뻗을 때 뻗기 채널이 우리의 손을 포도가 위치한 공간 지점으로 이동하게 하고 움켜잡기 채널은
포도를 잡기에 적절한 손가락의 모양을 취하게 하며 손을 입으로 가져가기 채널은 포도를 입으
로 가져가게 한다. 손을 입으로 가져가기 채널은 시각 정보를 필요로 하지 않는데 이는 체감각계
가 우리가 포도를 잡고 있고 입이 어디에 있는지를 알고 있고 포도를 입으로 이동하게 하기 때문
이다(Karl et al., 2018). 이 예가 보여주듯이 움직임은 그림 11.8에서처럼 소수의 빌딩 블록 움직
임을 사용하여 통합된다. 이 빌딩 블록은 서로 다른 방법으로 배열되어 서로 다른 문장을 만들어
내는 단어와 같다.

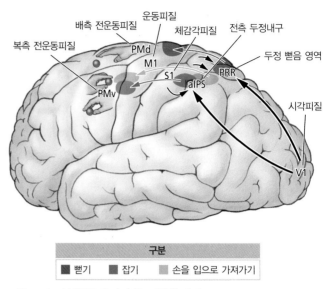

그림 11.28　섭식행동에 관여하는 다양한 채널
포도와 같은 음식을 먹을 경우 3개 채널이 필요하다. 즉 뻗기 채널(빨간색)은 손을
포도로 가져가고 잡기 채널(자주색)은 손가락이 포도를 잡을 수 있도록 하고 손에
서 입으로 채널(주황색)은 포도를 입으로 가져가게 한다. 뻗기와 잡기 행동이 시각
적 가이드하에 일어난다.

체감각피질의 손상 효과

일차체감각피질에 손상을 입으면 단순한 감각 구분 및 움직임조차 장애를 가지게 된다. Suzanne
Corkin과 동료들(1970)은 한 대뇌반구의 3-1-2영역 거의 대부분에 병변을 가진 환자들을 조사
한 후 이러한 손상 효과를 보고하였다. 이들은 환자들이 손 담당 영역을 포함한 일부 피질 영역
을 제거하는 수술을 받기 전에 환자들의 일차감각피질 지도를 작성하였다.

　환자들의 양손 감각과 운동능력을 세 시기, 즉 수술 전, 수술 직후, 수술 후 약 1년이 지난 다
음에 조사하였다. 검사에는 압각 민감성, 두 점 촉각 구분, 위치 감각(손가락이 움직이는 방향을
보고하게 함)과 촉각(연필, 동전, 안경 등과 같은 물체를 촉각으로 확인하게 함)이 포함되었다.
수술 후 수술받은 반대편 손에서 조사한 모든 감각능력이 심각하고 영구적인 결함을 보였다. 감

각 역치, 자기수용 감각과 촉각 모두 심각한 결함을 보였다.

그럼에도 불구하고 체감각피질은 운동피질처럼 가소성이 있다. 구심로 차단 후 체감각피질이 놀라울 정도로 재조직화하는 것을 통해 가소성을 설명할 수 있다. Tim Pons와 동료들(1991)이 몇 년 전에 한 팔의 체감각 정보를 전달하는 신경절 세포와 척수 사이의 연결이 절단된, 즉 구심로가 차단된 원숭이들의 체감각피질에서 상당한 변화가 일어난 것을 보고하였다. 연구자들은 감각신경 손상에 대한 동물 모델을 개발하여 이를 동일한 부상을 입은 환자들의 치료에 적용하려고 시도하였으나 이들의 연구는 동물보호단체의 법적 소송 때문에 중단되었다. 몇 년 후 수술을 받은 동물의 건강이 나빠지면서 법원이 피질 지도화를 위한 실험을 허락하였다.

Pons와 동료들은 이전에 팔을 담당하던 체감각피질의 영역이 더 이상 팔의 감각을 담당하지 않는 것을 발견하였다. 원숭이의 얼굴 아랫부분을 가볍게 만지면 이전에 팔을 담당하던 피질 영역의 세포들이 활성화하였다. **그림 11.29**에 제시되어 있듯이 피질의 얼굴 담당 영역이 팔을 담당하던 영역까지 10~14mm 정도까지 확장, 즉 원래 크기보다 거의 2배 정도까지 확장되었다.

이러한 엄청난 변화는 전혀 기대되지 않았다. 확장된 피질의 얼굴 담당 영역의 자극-반응 패턴이 원래 얼굴 영역의 패턴과 구분되지 않았다. 더욱이 피질의 팔 담당 영역의 다른 쪽 경계와 인접해 있는 몸통 영역은 팔 영역으로 확장되지 않았다. 얼굴 영역이 팔 영역으로까지 확장된 것에 관한 한 가지 가능한 설명은 이 원숭이가 구심로 차단 전에는 손으로 행하던 많은 움직임을 보상하기 위해 입을 사용하기 시작하였다는 것이다. 비록 Pons의 연구에 사용된 원숭이가 기록 연구가 실시되기 몇 년 전에 구심로 차단을 경험하였지만 최근의 연구는 피질 재조직화의 변화

뇌-행동 연구에 실험실 동물을 사용하는 것에 관한 논쟁이 7-8절에 기술되어 있다.

그림 14.22가 피질 재조직화 현상을 보여준다.

(A) 통제 원숭이

체감각피질의 이 영역은 팔과 얼굴의 감각을 담당한다.

이 정상적인 패턴은 정상적인 얼굴로 나타난다.

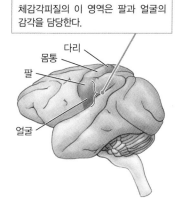
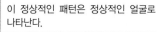

다리
몸통
팔
얼굴

(B) 구심로가 차단된 원숭이

얼굴의 감각을 담당하는 영역이 확장되어 이전에 팔의 감각을 담당하는 체감각 영역을 차지하였다.

이 확장은 길어진 얼굴로 설명된다.

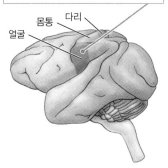

다리
몸통
얼굴

그림 11.29 체감각피질의 가소성

출처 : Pons et al. (1991).

가 손상 바로 직후에 시작된다고 제안한다(Bao et al., 2021)

체감각피질과 움직임에 대한 위계적·병렬적 통제

이 장을 시작하면서 운동계가 위계적인 동시에 병렬적으로 조직되어 있다고 기술하였다. 이차 체감각피질에 손상을 입으면 움직임 계획을 세우는 것은 방해를 받지 않지만 움직임을 어떻게 수행하는가는 방해를 받아 움직임이 단편적으로 또 혼돈스럽게 일어난다. 행동 계획을 정확하게 완수할 수 없는 것, 즉 수의적 움직임을 하지 못하는 것을 **실행증**(apraxia)이라고 한다. 다음의 사례가 실행증의 증상을 보여준다.

> 양반구 병변(양반구 이차체감각피질의 손상)이 있는 한 여성 환자는 수년 동안 생선가게에서 일하였다. 증상이 나타나면서부터 그녀는 자신의 일을 수행하는 데 어려움을 경험하기 시작하였다. 자신이 칼을 가지고 무엇을 해야 하는지 알지 못하는 것처럼 보였다. 칼을 생선 머리에 한 번 찌른 후 회를 한 번 뜬 다음 하던 일을 중단하였다. 자신은 생선회를 어떻게 뜨는지를 알고 있다고 여겼지만 이를 수행하지는 못하였다. 가게 주인은 그녀가 음주를 하였다고 비난한 후 해고하였다.
>
> 이 환자는 또 다른 실행증 증상을 보였는데, 즉 한 번 시작한 일을 결코 끝내지 못하였다. 그녀는 일을 시작한 후 중단하고 다시 시작하고 또 중단하였는데 짧은 시간 동안 마치지 못한 일이 네 가지 혹은 다섯 가지나 되었다. 그녀는 설탕통을 냉장고 안에 넣거나 커피 주전자를 오븐 안에 넣는 등의 부적절한 행동을 하였다(Critchley, 1953, pp. 158-159).

체감각피질은 배측과 복측 시각 흐름 모두에 관여함으로써 움직임에 기여한다. 배측 행동 흐름은 의식적 앎 없이 작용하여 컵을 잡고자 손을 뻗을 때 컵의 모양에 맞게 손 모양을 만드는 데 관여한다(그림 11.1 참조). 이 흐름에는 이차 두정피질의 행동 지도가 우리가 행할 수 있는 행동 범주를 가지고 있다. 우리는 움직임을 어떻게 수행하는가에 관해 거의 의식하지 않은 채 현재 상황에서 요구되는 특정 움직임을 행한다.

그림 11.30에 제시되어 있듯이 배측 흐름은 이차체감각피질로 축색을 보내고 이후 전두피질로 축색을 보낸다. 이러한 연결을 통해 시각 정보가 체감각 정보와 결합하여 컵에 손을 뻗는 것과 같은 목표에 적합한 움직임이 일어나게 한다.

이와 상반되게 복측 흐름은 의식적 앎과 더불어 작용하는데, 즉 물체가 컵이고 컵에 물이 있으며 목마를 때 사용할 수 있다는 것을 의식적으로 인식한다. 이차체감각영역이 복측 흐름으로 지각적 정보를 보내는데, 즉 체감각피질에 있는 행동 지도에서 선택할 수 있는 움직임 범주에 관한 정보를 제공한다. 이 정보가 다시 전두피질로 전달되어 이 정보에 근거하여 전두피질은 움직임의 결과를 예상하고 이미 수행된 움직임에 뒤이어 일어날 움직임, 예를 들어 손을 뻗을 것인가 혹은 뻗지 않을 것인가를 선택한다.

배측 흐름과 복측 흐름이 움직임에 서로 다르게 공헌하는 것은 사람이 음식에 손을 뻗는 행동을 실제로 행하는 것과 동일한 행동을 팬터마임으로 하는 것의 차이로 설명할 수 있다. 팬터마임은 실제 움직임만큼 정확하지 않지만 의사소통 가치는 정확하다. 즉 관찰자는 음식에 손을 뻗어 먹고자

실행증 마비와 운동 및 감각 장애가 없음에도 불구하고 수의적 움직임, 특히 사물을 적절하게 조작하지 못하는 경우

실행증(apraxia)이라는 단어는 그리스 단어인 '없음'과 '행동'에서 비롯하였다.

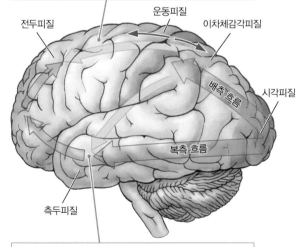

이차체감각피질로부터 전달된 정보는 배측 흐름으로 하여금 목표물을 잡는 데 사용되는 움직임을 정하게 한다.

전두피질 / 운동피질 / 이차체감각피질 / 시각피질 / 배측 흐름 / 복측 흐름 / 측두피질

이차체감각피질은 물체의 크기, 형태, 질감에 관한 정보를 복측 흐름에 전달한다.

그림 11.30 시각 도움
9-5질은 배측과 복측 흐름의 정보가 어떻게 움직임에 기여하는지 설명한다.

하는 움직임을 팬터마임하는 것이라고 이해한다(van Nispen et al., 2018).

11-5 복습

진도를 계속 나가기 전에 앞 절을 얼마나 이해했는지 확인해보자. 정답은 이 책의 뒷부분에 있다.

1. 일차체감각피질은 일련의 _____ 지도로 배열되어 있다.

2. 이차체감각피질은 _____ 지도로 배열되어 있다.

3. 이차체감각피질의 손상은 일련의 행동을 완수하지 못하는 _____을/를 초래한다.

4. 체감각피질이 _____ 흐름에 정보를 제공하여 무의식적 움직임이 일어나게 하고 _____흐름에 정보를 제공하여 사물의 의식적 인식이 일어나게 한다.

5. 우리가 우리 자신을 간지럽게 하지 못하는 이유를 간략하게 설명하시오.

6. 놀이, 간지럽힘과 웃음을 언어의 일부로 여길 수 있는가?

요약

체감각계와 운동계는 모든 수준에서 서로 밀접하게 관련되어 있다. 신체 전반에 걸쳐 한 신체 부위의 감각 수용기는 그 신체 부위의 근육과 관련된 신호를 얻는다. 척수에서 감각 정보는 신체의 운동 반사가 일어나게 하고 뇌간에서는 감각 정보가 복잡한 제어 움직임에 관여한다. 신피질에서 감각 정보는 움직임에 관련되는 대상의 크기, 형태, 위치와 가치를 표상한다. 감각 수용기의 활성화가 움직임을 생산하듯이 움직임은 차례로 감각 수용기의 활성화가 일어나게 한다.

11-1 운동의 위계적·병렬적 통제

신경계 전반에 걸쳐 움직임은 위계적·병렬적으로 조직되어 있다(그림 11.1 참조). 전뇌가 움직임을 계획하고 조직하며 개시하는 데 관여하는 한편 뇌간은 먹고 마시는 행동을 포함한 제어 기능을 조율하고 자세 유지와 이동에 관한 신경 기제를 통제한다. 척수의 뉴런은 뇌가 행동을 생산하는 최종 공통로로 작용한다. 이 위계적 조직에서 병렬적 경로가 서로 다른 움직임에 관여한다.

11-2 운동계의 조직

운동피질의 전기적 자극 결과는 두 유형의 지도로 요약된다. 짧은 전기적 자극은 운동피질과 전운동피질이 호문쿨루스처럼 지형적으로 조직되어 있는 것, 즉 신체의 가장 능란한 부위가 피질에서 가장 큰 영역을 차지하는 왜곡된 신체 지도로 조직되어 있는 것을 보여준다. 전기적 자극을 좀 더 길게 제시하면 운동피질이 행동 지도, 즉 운동피질의 각 영역이 적응적 행동 범주를 표상하도록 구성되어 있는 것을 알 수 있다. 운동피질 뉴런 각각의 활동을 기록한 결과

이 영역들이 움직임을 계획하고 개시하며 생산하고 움직임의 힘과 방향을 통제하는 것이 밝혀졌다. 운동피질의 손상으로 인해 사지를 사용하지 못하면 사지의 피질 표상이 감소된다. 그러나 강박유도치료법처럼 사용하지 못하는 사지를 강제적으로 사용하게 하면 이 감소를 예방할 수 있다.

운동피질에서 척수로 가는 2개의 피질척수 경로가 있다. 외측 피질척수로는 팔과 손/손가락의 움직임을 담당하는 피질 영역에서 시작하여 뇌간에서 교차한 후 대측의 팔과 손 움직임을 통제한다. 전측 피질척수로는 몸통과 어깨의 움직임을 담당하는 피질 운동 영역에서 시작하여 뇌간과 척수의 동측면을 유지하여 몸 전체를 사용하는 움직임을 생산한다. 외측 피질척수로는 척수의 외측에 위치하는 개재뉴런 및 운동뉴런과 시냅스하는 한편 전측 피질척수로는 척수의 내측과 동측에 위치하는 개재뉴런 및 운동뉴런과 시냅스한다. 외측에 위치하는 운동뉴런은 손가락, 손과 팔 근육과 연결하여 팔과 손의 움직임이 일어나게 하고 내측에 위치한 운동뉴런은 몸통 근육과 연결하여 이동을 포함한 몸 전체를 사용하는 움직임을 매개한다.

11-3 기저핵, 소뇌와 움직임

기저핵과 소뇌 모두는 피질에 의해 생산된 움직임을 조율함을 통하여 움직임의 통제에 관여한다. 기저핵은 움직임의 힘을 조율한다. 기저핵의 손상은 헌팅턴병처럼 원하지 않는 움직임이 일어나게 하거나 파킨슨병처럼 움직이는 것을 어렵게 한다. 소뇌의 크기는 신피질의 크기와 평행하여 진화하였다. 소뇌는 행동이 정확한 시점에 일어나고 원하는 움직임이 일어나게 함을 통하여 움직임, 동기와

인지 기능에 관여한다.

11-4 체감각계의 수용기와 경로

체감각계는 신체 전체에 걸쳐 분포해 있고 20개 이상의 특수 감각 뉴런과 수용기로 구성되어 있는데, 각 뉴런은 특정 형태의 기계적 혹은 화학적 에너지에 민감하다. 각 수용기는 후근신경절을 통하여 척수 및 뇌와 연결되어 있다.

　자기수용 감각(위치와 움직임)과 촉각(촉각과 압각) 정보를 전달하는 뉴런은 크고 수초화된 축색을 가지고 있으며 이 축색이 후측 척수시상로를 따라 척수에서 뇌로 올라간다. 이 섬유들은 뇌의 기저부에 있는 후주핵과 시냅스하며 여기서 뇌간의 반대편으로 교차하여 내측모대를 형성하고 복외측 시상으로 향한다. 복외측 시상의 뉴런 대부분은 체감각피질로 축색을 보낸다.

　통각(통증, 온도, 간지러움) 정보를 전달하는 후근신경절 뉴런은 작고 수초화되어 있지 않으며 척수 내로 들어오면서 시냅스한다. 이후 척수에서 교차하고 전측 척수시상로를 따라 시상으로 연결된다.

　2개의 체감각 경로가 다소 다르기 때문에 편측 척수 손상은 손상된 부위 아래 동측 신체의 자기수용 감각과 촉각을 방해하고 손상된 부위 아래 대측 신체의 통각을 방해한다.

11-5 체감각피질의 탐색

체감각계는 두정엽의 3-1-2영역에 여러 개의 신체 지도로 표상되고 서로 다른 지도는 서로 다른 감각 수용기 유형을 표상한다. 가장 민감한, 즉 가장 미세한 움직임을 담당하는 신체 부위가 이 신체 지도들에서 가장 큰 영역을 차지한다. 만약 감각섬유의 손상으로 신체의 어느 부위로부터 오는 감각 입력이 피질과 단절되면 신체 지도의 인접한 부위가 이 영역으로 확대된다.

　일차체감각피질의 신체 지도는 이차체감각피질로 축색을 보내는데 이차체감각피질은 행동 지도의 형태로 정보를 표상한다. 체감각 행동 지도의 움직임 범주는 운동피질 행동 지도의 동일한 부위로 축색을 보낸다.

　배측 흐름은 체감각피질을 통해 운동피질과 연결되어 온라인으로 수행되는 움직임을 표상한다. 복측 흐름은 체감각피질을 통해 측두피질과 연결되고 이후 전두피질과 다시 연결되어 지각 및 집행 통제와 관련된 의식적 움직임을 통제한다.

핵심 용어

강박유도치료	스크래치 반사	운동과다증	털이 없는 피부
구심로 차단	신경보철학	위치-점 이론	통각
뇌성마비	신속하게 적응하는 수용기	자기수용 감각	통증 관문
느리게 적응하는 수용기	신체 지도	전정계	피질연수로
단일시냅스 반사	실행증	전측 척수시상로	피질척수로
메니에르병	연관통	중뇌수도주변 회백질(PAG)	하반신 마비
복외측 시상	운동 연쇄	지형적 조직화	행동 지도
사지마비	운동감소증	촉각	후측 척수시상로

무엇이 정서적 행동과 동기적 행동을 일으키는가?

12

12-1 행동의 원인 알기

연구 초점 12-1 거절의 고통
뇌 유지를 위한 행동
신경회로와 행동
행동에 미치는 진화적 영향
행동에 대한 환경적 영향

12-2 동기적 행동의 신경해부학

제어행동과 비제어행동
시상하부 회로의 활동

12-3 동기적 행동에서 화학적 감각의 역할

후각
미각
화학적 감각의 손상과 행동

12-4 제어행동의 조절

섭식 조절
실험 12-1 질문 : 시상하부가 섭식에 역할을 하는가?
임상 초점 12-2 다이어트와 리듬
음수 조절

12-5 성차와 성행동

뇌의 성 분화
연구 초점 12-3 뇌 성별 연속체
성호르몬이 뇌에 미치는 효과
임상 초점 12-4 안드로겐 불감증후군과 부신성기증후군
성행동의 신경 조절
성적 지향, 성 정체성, 뇌 구성
성행동에 대한 인지적 영향

12-6 정서의 신경 조절

정서 이론
정서와 변연 회로
임상 초점 12-5 전두엽의 발육부전

12-7 보상

보상 체계
뇌에서 쾌감 매핑
쾌감 전극?

JGI/Jamie Grill/Getty Images

◎ 연구 초점 12-1

거절의 고통

우리는 흔히 상실감을 표현하기 위해 슬픔, 비통함, 가슴아픔 같은 단어를 사용한다. 상실감은 고통스러운 감정을 일으키고, 사회적 거절에 따른 상실감이나 연락 부재는 아픈 감정을 야기한다. 여러 연구자가 육체적으로 고통스러운 감정과 정서적으로 아픈 감정이 같은 뇌 영역에서 발현되는지 알아내려는 시도를 해왔다.

육체적 고통(소위 열자극이나 냉자극)은 가하기 쉬우나, 동등하게 심한 정서적 혹은 정동적 고통을 유발하기는 더 어렵다. Ethan Kross와 동료들(2011)은 성공적으로 피험자의 정서적·육체적 고통의 정도를 추적한 실험을 수행했다. 그들은 fMRI를 사용하여 최근에 원치 않은 이별을 겪은 40명의 뇌를 스캔했다. 뇌 활성을 비교할 목적으로 피험자들에게 2장의 사진을 보여주었다. 하나는 부정적 정서를 일으키는 전 배우자의 사진이었고, 다른 하나는 피험자가 헤어짐의 시기에 즐거운 시간을 나눈 동성 친구의 사진이었다. 사진의 순서는 피험자들을 통틀어 무작위였다.

피험자들은 각각의 사진과 연관된 정서적 신호 문구들을 통해 각각의 사람과 나누었던 특정한 경험에 집중했다. 별도의 회기에서 연구자들은 피험자의 팔목을 고통스럽게 뜨겁게 하는 자극 혹은 고통이 없는 따뜻한 자극의 형태로 육체적 자극을 이용했다.

육체적 고통과 사회적 고통이 공통의 신경해부학 기초를 갖는지가 연구의 질문이었다. Kross의 실험과 비슷한 다른 연구들의 결과는 특별히 두 영역, 즉 섬엽과 배측 전대상피질(dACC)이 두 유형의 고통 모두에 반응하는 것으로 나타났다(Eisenberger, 2012 참조)(예시 참조). 결론은 육체적 고통이 아픈 것과 똑같은 방식으로 사회적 거절도 아프다는 것이다. 이 결과가 사실이라면 소염제 사용과 같은 신체적 고통을 줄이는 치료가 사회적 고통도 줄일 수 있을 것으로 기대할 수 있다. 사실 그렇다. 사회적 고통을 경험하는 사람들은 아세트아미노펜(약한 통증과 발열 치료에 일반적으로 사용되는 진통제)을 복용했을 때 위약에 비해 고통 감각이 감소했다고 보고했으며, 이 결과는 전대상피질 및 섬엽의 활동 감소와 연관된다(De Wall et al., 2010; Eisenberger & Moieni, 2020도 참조).

사회적 고통과 육체적 고통이 뇌에서 겹치는 것처럼 보이지만 우리는 분명히 우리 자신의 경험인 사회적 고통과 육체적 고통을 구별할 수 있다. 이는

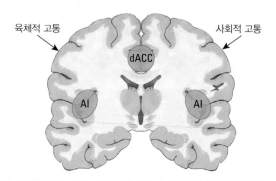

육체적 고통   사회적 고통

dACC

AI   AI

육체적·사회적 고통 전측 섬엽(AI)과 배측 전대상피질(dACC)이 육체적 고통 및 사회적 거절의 고통 모두에 대한 반응에 수반된다.
출처 : Kross et al., 2011.

두 경험이 서로 다른 시스템에 의해 매개됨을 시사한다. 두 고통의 현상학에도 차이가 있다. 그래서 우리는 고통스러운 사건이 오래 지난 후에도 사회적 고통의 느낌을 재체험 내지 '재생'할 수 있다. 이에 비해 육체적 고통의 느낌은 그리 쉽게 재생되지 않는다. Meghan Meyer와 동료들(2015)은 또한 사회적 고통의 완화가 배외측 전전두피질을 활성화하는 반면 신체적 고통의 완화는 체감각피질을 활성화함을 발견했다. 더 최근의 연구에 따르면 사회적 거부는 전대상피질 및 섬엽 영역을 멀리 넘어서는 디폴트 네트워크도 활성화한다(Mwilambwe-Tshilobo & Spreng, 2021).

Kross와 동료들에 의해 획득된 영상들은 사회적 거절에 대한 정서적 반응의 기반이 되는 뇌 체계가 육체적 고통의 정동적(정서적) 요소를 지지하는 뇌 회로에 의해 생길 수도 있음을 시사한다. 그러나 우리는 뇌 영역의 중복 활성이 정서적 경험의 독특한 신경요소를 배제하지 못한다는 것을 우선 지적한다. 확실히 우리의 주관적 경험들은 독특하다(예 : Kragel et al., 2018).

이 계통의 증거로부터의 또 다른 통찰은 아마도 이 뇌 영역들의 활성 정상화가 육체적·정신적 복원 과정을 위해 기초를 제공한다는 점이다. 사회적 고통과 육체적 고통 동안 뇌 활성화의 유사성을 봄으로써 우리는 사회적 지지가 정서적 고통을 진정시키듯이 왜 육체적 고통도 경감시킬 수 있는지 이해할 수 있다.

연구 초점 12-1에서 배운 것처럼 뇌가 마음의 **상처**나 **고통**이란 단순한 은유적 경험 이상으로 정서적 경험의 실제적 감각을 갖는다는 것을 알았으니, 이제 우리가 실제로 행동할 때 우리의 생각과 이성이 어떻게 작용하는지 알아보자. 분명히 주관적인 느낌과 생각은 행동에 영향을 준다. 주관적 경험에 대한 인지적 해석이 분노, 두려움, 슬픔, 질투, 부끄러움, 즐거움과 같은 **정서**(emotion)다. 이러한 해석이 밖으로 즉각 드러나는 의식을 조종할 수 있다.

이 장에서는 감각 자극, 신경회로, 호르몬, 보상 등을 포함하는 행동의 원인을 탐구해보겠다. 여기서는 정서와 목적적이고 목표 지향적(다른 말로 '동기가 부여된')인 것 같은 행동의 근본적인 이유 모두가 초점이다. 정서처럼 동기가 부여된 행동은 추측 가능하지만 주관적이며, 의식이나 의도와 상관없이 발생할 수 있다. 동기가 부여된 행동은 생존에 필요해서 하는 통제적 행동(예 : 섭식)과 동물의 기본적인 필요와 관계가 없는 비통제적 행동(예 : 호기심)이 있다.

정서적 행동과 동기적 행동에 관련된 신경해부학 연구는 시상하부, 전두엽, 변연계와 연관된 구조들에 의해 형성된 신경회로에 초점을 맞춘다. 그러나 행동은 유전형과 표현형에 의해 표시

정서 생각과 행동에 영향을 줄 수 있는 주관적 경험의 인지적 해석

되는 개별 생물학적 구성에 의해 영향을 받는 만큼이나 사회적·자연적 환경의 상호작용과 진화에 의해 많은 영향을 받는다. 이 모든 상호작용이 뇌의 행동 통제에 어떻게 영향을 주는지 설명하기 위해 섭식 행동과 성적 행동이라는 두 가지 특정 예에 집중하겠다. 이러한 탐색을 통해 정서 행동과 동기 행동의 설명에 핵심이 되는 보상의 개념을 다시 살펴볼 것이다.

우리는 6-4절에서 원함과 좋아함 이론에 대한 논의를 통해 보상이라는 개념을 처음 접했다.

12-1

행동의 원인 알기

우리 행동에 대한 가장 분명한 설명은 간단히 말해 우리가 하고 싶은 대로 하고, 항상 선택권을 갖고 있다는 의미의 자유의지 상태에서 행동하는 것으로 생각할지 모른다. 그러나 실제로 자유의지가 행동의 원인일 것 같지는 않다.

학습 목표
- 뇌 유지에 유용한 행동을 식별한다.
- 행동에 대한 신경회로가 어떻게 수정될 수 있는지 서술한다.
- 행동에 대한 진화적 영향을 요약한다.

로저에 대해 생각해보자. 저자가 25세의 로저를 어느 큰 정신병원의 입원실에서 처음 만났을 때, 그는 저자에게 다가와 과자를 갖고 있는지 물었다. 껌을 주자 그는 좋아하며 받았다. 10분 뒤, 그가 테이블에 있는 꽃병의 꽃을 먹고 있는 것을 알아채기 전까지는 그와의 만남에 대해 진지하게 생각하지 않았다. 한 간호사가 꽃을 뺏어갔지만, 로저에게 별 말을 하진 않았다.

잠시 후 저자는 병실을 돌아다니던 중 한 노무자가 리놀륨 꽃이 그려진 바닥 타일을 교체하는 작업을 목격했다. 로저는 그 노무자를 보고 있다가 예전 행동처럼 통 안에 손가락을 넣어서 접착제를 핥아 먹었다. 그는 마치 항아리 속 꿀을 먹는 것처럼 접착제를 먹었다. 로저에게 왜 그랬는지 물어보자, 그는 정말 배가 고팠고, 접착제가 먹기에 그리 나쁘지 않을 것으로 생각했다고 말했다. 접착제는 그에게 땅콩버터를 연상시켰던 것이다. 저자의 일행 중 한 명이 접착제 맛을 보았는데 땅콩버터 같은 맛이 아니라고 하였다. 그 맛은 끔찍했다. 로저는 단념하지 않았다. 저자는 즉시 간호사에게 알렸고, 간호사는 접착제를 회수해 갔다. 나중에 저자는 그가 또 꽃 한 다발을 먹고 있는 것을 목격했다.

신경학적 검사를 통해 그의 뇌 시상하부에는 종양이 있음이 밝혀진 상태였다. 그는 정말 항상 배가 고팠고 상황이 허락만 된다면 아마 2만 칼로리를 넘게 섭취했을 수도 있다.

로저가 그의 식욕과 음식 취향에 관하여 자유의지를 작동시키고 있었다고 말할 수 있을까? 아마도 아닐 것이다. 로저는 배가 고파 죽을 지경인 굶주림에 의하여 그가 찾을 수 있는 것은 무엇이든지 먹도록 강요당한 듯 보인다. 자유의지의 행동이라기보다는 그의 신경계가 이러한 행동을 생산했다. 의심의 여지없이, 신경계는 로저와 우리 모두의 많은 다른 행동을 생산한다.

왜 우리가 행동하는 것처럼 행동하는가에 대해 자유의지가 적절한 설명을 하지 못한다면 무엇이 해줄 수 있을까? 한 가지 분명한 답은 우리는 보상 추구의 방향으로 행동한다는 것이다. 즉 보상 경험은 우리로 하여금 좋게 느끼게 만드는 뇌 회로를 활성화함에 틀림없다. 먹이를 쫓아다니면서 죽이는 애완용 고양이들의 성향을 생각해보자.

고양이의 주인임에 좌절하게 되는 일 중 하나는 잘 훈련된 고양이도 새나 쥐 같은 작은 동물을 죽인다는 사실이다. 많은 사람이 자신의 고양이가 쥐를 죽일 때는 별로 신경을 쓰지 않는다. 그들에게 쥐는 귀찮은 존재이니까. 그러나 새는 다르다. 사람들은 마당과 정원에서 새를 보며 즐거워한다. 많은 고양이 주인이 그들의 반려묘가 왜 계속해서 새를 죽이는지 의아해한다.

답을 위해 신경회로의 활성에 대해 살펴보자. 고양이들은 먹이를 죽이도록 조종하는 뇌 회로를 갖고 있음에 틀림없다. 이 회로가 활성화될 때 고양이는 '적절한' 죽임 행동을 한다. 진화론적 많은 사람이 귀여운 고양이 비디오를 시청하고 공유하는 것이 보상을 주는 것임을 느낀다. 그것은 그들을 기분 좋게 만들고, 그래서 그들은 그것을 자주 한다. 이 행동을 진화적으로 어떻게 설명할 수 있을까?

관점에서 고양이가 그런 회로를 갖고 있음은 이치에 맞다. 맹목적인 인간들이 고양이를 애완동물로 여기지 않던 시절에는 고양이들에게 시간에 맞춰 채워지는 음식접시란 없었다.

고양이가 음식을 필요로 하지 않는 때에도 왜 이렇게 먹이를 죽이는 회로가 활성화될까? 하나의 설명은 동물의 생존을 보장하기 위해 먹이죽임 회로 같은 회로들의 활성 자체가 어떤 점에서 보상적이라는 것이다. 그 회로들은 고양이를 즐거워지게 한다. 결과적으로 고양이는 쾌락유발 행동을 자주 하게 된다. 이는 고양이가 대체로 배고파지지 않게 될 것임에 대한 보장에 도움이 된다.

야생에서 죽임을 좋아하지 않는 고양이는 아마도 결국 죽게 될 것이다. 1960년대에 Steve Glickman과 Bernard Schiff(1967)는 먹이죽임 같은 행동이 보상적이라는 개념을 처음 제안했다. 행동의 원인 이해에 중요하기 때문에 우리는 12-7절에서 보상에 대해 다시 다룰 것이다.

뇌 유지를 위한 행동

어떤 경험들은 보상적이다. 다른 경험들은 뇌 회로들이 혐오 경험을 줄이려는 행동을 유발하도록 활성화되기 때문에 혐오적이다. 한 예가 자극을 향한 뇌의 타고난 욕구이다.

심리학자 Robert Butler와 Harry Harlow(1954)는 옆방을 보고 싶을 때 열 수 있는 작은 문이 있는 어두운 방에 붉은털원숭이를 넣어 놓는 일련의 연구를 실행했다. **그림 12.1**에 예시된 바와 같이 옆방에는 다양한 자극을 바꿔 가며 놓을 수 있었기 때문에, 원숭이들은 문을 열 때마다 다른 물체나 동물을 볼 수 있었다.

그림 12.1 뇌 유지

원숭이들은 침침한 방에서 문을 열어 옆방을 내다볼 기회를 얻기 위해 신속하게 퍼즐 풀기를 학습하거나 다른 놀이를 수행한다. 장난감 기차는 문을 통해 엿보는 원숭이에게 강한 시각적 보상이다. 과일 한 접시는 덜 보상적이다.

출처 : University of Wisconsin; "Persistence of Visual Exploration in Monkeys," by R. A. Butler and H. F. Harlow, 1954, *Journal of Comparative and Physiological Psychology, 47*, p. 260.

이 연구들에서 원숭이들은 트랙을 도는 장난감 기차를 포함해 무엇이 있든 문을 열어서 보기에 많은 시간을 보냈다. 원숭이들은 문을 열어 볼 기회를 얻기 위해 다양한 과제를 기꺼이 수행했다. 옆방을 엿볼 기회를 오래 박탈당할수록 그들은 기회가 주어졌을 때 더 오랫동안 옆방을 보는 데 시간을 보냈다. 이 실험들은 자극 부재 상태에서 뇌가 자극을 찾아내려 할 것임을 보여준다.

신경회로와 행동

연구자들은 '보상' 감각과 연관된 뇌 회로를 밝혀냈고, 이 회로가 활동 증가나 감소를 조절할 수 있음도 발견했다. 예를 들어 남자에서 성적 활동의 보상적 특성을 연구하는 연구자들이 밝힌 바에 따르면, 남자의 성교 빈도는 그의 **안드로겐**(androgens, 남성성과 관련된 호르몬) 수치와 연관이 있다. 특이할 정도로 높은 안드로겐 수치는 극도로 고조되는 성적 흥미와 관련되고, 비정상적으로 낮은 안드로겐 수치는 낮은 성욕 또는 전혀 성욕 없음과 연계된다. 뇌 회로는 안드로겐 없이 활성화되기 어렵다.

보상회로를 조절하는 또 다른 방식으로 후각과 미각 같은 우리의 화학적 감각이 있다. 쥐 냄새는 고양이에게 사냥을 자극할 수 있다. 반면에 고양이 냄새는 쥐로 하여금 숨게 만들 것이다. 비슷하게 빵 냄새는 우리를 배고프게 만들 수 있는 반면에 악취는 좋아하는 음식의 보상적 가치마저 떨어뜨릴 수 있다. 비록 우리는 화학적 감각을 우리 생활에서 상대적으로 사소한 영향요소로

안드로겐 인간에서 남성다운 특성과 관련되고, 성적 흥미 수준에 역할을 하는 호르몬

보는 경향이 있지만, 화학적 감각은 동기적·정서적 행동의 중심이다.

동기적 행동의 신경 기반에 대한 이해는 여러모로 유용하다. 예를 들어 로저의 먹기 시작을 담당하는 뇌 회로가 극도로 활동적이었거나 먹기 끝냄을 담당하는 뇌 회로가 활동하지 않았다는 이유를 들어 그의 게걸스럽고 분별력 없는 식욕을 설명할 수 있다. 비슷하게 우리는 Harlow와 Butler의 원숭이들이 감각 입력에 반응하는 신경회로가 비정상적으로 활동 저하 상태였기 때문에 문 열기에 흥미를 두었다고 얘기할 수 있다. 따라서 특별한 생각, 느낌, 행동이 왜 생기는가에 대한 가장 큰 이유는 뇌 회로에서 무슨 일이 일어났느냐에 있다.

행동에 미치는 진화적 영향

뇌 회로에 대한 이해는 행동의 원인 이해에 도움이 될 수 있지만, 우리는 여전히 의문을 남겨두고 있다. 왜? 행동에 대한 진화론적 설명은 전적으로 **선천적 분출기제**(innate releasing mechanisms, IRMs)라는 개념에 달려 있는데, 이는 동물의 생존을 돕는 타고난 적응 반응의 활성제이다. 선천적 분출기제는 동물이 먹고, 생식하고, 포식자로부터 도망치는 것을 돕는다. 이 개념은 용어 자체를 부분적으로 나눠서 분석해보면 이해가 쉽다.

선천적이라는 용어가 암시하듯이, 선천적 분출기제는 경험을 통해 획득되기보다는 태어날 때부터 존재한다. 이러한 기제들은 적응에 반드시 필요하며, 그런 까닭에 종의 게놈 안에 유지된다. 분출이라는 용어는 내부 프로그램에 의해 움직임에 장착된 행동의 방아쇠 역할을 한다는 의미이다.

고양이에 의해 죽임을 당한 먹이로 다시 돌아가보자. 고양이의 뇌 안에는 새나 쥐와 같은 자극에 반응하여 쫓고 죽이는 행동을 유발하는 내재 기제가 있는 것이 틀림없다. 고양이는 이성 고양이가 출현했을 때 구애를 하도록 하는 내재 기제가 있다. 모든 고양이의 행동이 선천적 분출기제 때문은 아니겠지만, 위험을 느꼈을 때 몸을 구부리고 으르렁거리는 것과 같은 고양이의 행동 역시 다른 선천적 분출기제에 따른다고 쉽게 추정할 수 있다. 이 모든 선천적 분출기제에 대해 동물의 뇌는 어떤 자극에 어떤 식으로 적절하게 반응하는가와 관련된 여러 가지 기준을 갖고 있음에 틀림없다.

Bryan Kolb와 Arthur Nonneman(1975)의 실험은 이런 선천적 내재 규준의 존재를 시사한다. 이 연구자들은 방 안에서 6주 된 새끼 고양이와 놀며 친해졌다. 이런 적응 기간이 끝난 후에, 그들은 **그림 12.2A**처럼 핼러윈 자세를 취하고 있는 어른 고양이와 그림 12.2B에 보이는 것 같은 '피카소' 통제 버전의 2차원 이미지를 보여주었다.

새끼 고양이는 핼러윈 고양이 이미지에 대해 털을 세우고, 등을 구부리며, 이를 드러내는 반응을 보였다. 이런 징후들은 모두 어른 고양이 이미지에 의해 위협받음을 나타낸다. 심지어 으르렁거리기까지 했다. 이 새끼 고양이는 자신의 어미를 제외하고는 어떤 어른 고양이도 접해 본 적이 없었고, 그래서 그런 행동을 보일 기회가 전혀 없었다. 피카소 고양이는 아무런 반응을 일으키지 않았다. 핼러윈 자세의 모형이 이미 새끼 고양이의 뇌에 미리 배선되어 있었던 것으로 보는 게 정확하다. 이처럼 이미 존재하는 틀에 부합되는 모형을 보는 것이 자동적으로 위협에 대

(A)

(B)

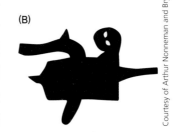

선천적 분출기제 특정한 감각 자극을 탐지하여 유기체로 하여금 특정 행위를 취하게 하는 가정적 기제

그림 12.2 고양이의 선천적 분출기제
(A) 핼러윈 고양이 이미지를 보여주면 고양이가 자극을 받아 털을 세우고, 등을 구부리며, 이를 드러내는 등의 방어적 반응을 한다. 이러한 행동은 그런 자세를 본 적이 없는 새끼 고양이에서도 6주가량의 나이가 되면 나타난다. (B) 변형된 '피카소 고양이'는 아무런 반응을 일으키지 않는다.

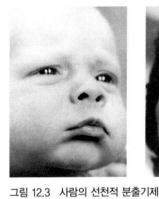

그림 12.3 사람의 선천적 분출기제

실험자의 표정에 반응하여 어린 영아가 지은 표정

출처 : American Association for the Advancement of Science, from M Field, R Woodson, R Greenberg, D Cohen, "Discrimination and imitation of facial expression by neonates", Science 8 October 1982: Vol. 218 no. 4568 pp.179–181, Figure 1. Permission conveyed through Copyright Clearance Center, Inc.

1-2절은 다윈의 이론, 물질주의, 뇌와 행동에 대한 현대적 관점을 돌아본다.

응하는 반응을 촉발했다. 이런 타고난 방아쇠가 선천적 분출기제이다.

선천적 분출기제 개념은 인간에게도 적용할 수 있다. Tiffany Field와 동료들(1982)은 성인에게 행복, 슬픔, 놀람과 같은 여러 가지 과장된 표정을 영아들에게 보여주도록 했다. **그림 12.3**에서 보는 바와 같이 아기는 성인이 짓는 표정과 매우 비슷한 표정으로 반응했다. 이 아기들은 성인의 표정을 의도적으로 따라 하기에는 너무 어렸다. 오히려, 아기들은 선천적으로 이런 표정을 내부의 틀에 맞춰서 자신의 얼굴에 표정을 복제하는 미리 배선된 프로그램을 구동시켰음에 틀림없다. 얼굴 표정과 관련된 미리 배선된 운동 프로그램에 대한 증거는 선천성 맹인 어린이 연구에서도 나온다. 이들은 다른 사람에게서 본 적이 없는데도 불구하고 정상인과 똑같은 표정을 자발적으로 짓는다. 얼굴 표정이 인간에게 중요한 사회적 신호 역할을 한다면, 이런 선천적 분출기제가 적응적 가치를 갖는다는 말이 된다.

선천적 분출기제가 뇌 안에 미리 배선되어 있기는 해도, 경험에 의해 수정될 수 있다. 예를 들어 고양이 사냥꾼의 쫓기 기술은 처음 태어났을 때는 완전하게 발달한 상태가 아니었지만, 자라나면서 기능적으로 상당히 성숙해졌다. 성적 자극을 받았을 때 반응하는 기제처럼 인간의 많은 선천적 분출기제도 같은 특성을 보인다. 사실 우리는 다른 문화들이 각성으로 다른 자극을 강조함을 발견한다. 같은 문화권이라고 하더라도 사람들이 성적 자극을 어디에서 찾는가는 다양하다. 그럼에도 불구하고, 어떤 인간 특성들은 보편적으로 성적 각성을 일으킨다. 한 예가 대부분의 남성에게는 여성의 엉덩이와 허리의 비율이다. 엉덩이-허리 비율이 .70인 여성은 곡선적이고 문화에 따라 이상적인 것으로 간주되지만, 이러한 선호도는 남성 간에 상당한 차이가 있다. 얼굴 매력에 대한 우리의 인식은 또 다른 예를 제공한다. 여성과 남성 모두 대칭적이고 평균적인 얼굴을 더 매력적으로 평가하며, 여기서 평균은 얼굴이 주어진 모집단의 대다수 얼굴과 얼마나 유사한지를 나타낸다(Little et al., 2011).

선천적 분출기제 개념은 신경계 진화에 대한 다윈의 관점과 관련될 수 있다. 자연선택은 생물에게 적응적이라고 판명된 행동을 지지하고, 이런 행동은 다음 세대로 이어진다. 행동 양식이 뇌 안에 있는 뉴런의 활동에 의해 생성되기 때문에, 특정 행동의 자연선택은 곧 특정 뇌 회로의 선택이다.

생식에 충분할 만큼 길게 살아 건강한 후손을 낳는 동물은 살아남아 성공적 생식을 할 것 같지 않게 만드는 특질을 가진 동물보다 자신의 뇌 회로 유전자를 물려줄 가능성이 크다. 그러므로 사냥감 추적이나 위협에 대한 격렬한 반응에 능숙한 도둑고양이가 살아남아서 많은 후손을 남길, 그래서 적응적 뇌 회로와 행동을 자식에게 물려줄 가능성이 더 크다. 인간의 경우, 여성의 이상적인 엉덩이-허리 비율은 건강과 생식력의 지표로 보이며 장수 및 다산과 관련될 가능성이 크다. 이런 방식으로, 진화는 시간이 지남에 따라 종 안에서 광범위해지는 특성들을 천천히 선택한다.

다윈주의자의 견해는 고양이가 사냥감 추적이나 위협에 대한 반응을 위해 어떻게 뇌 회로를 진화시키는지를 고려해볼 때 지나치게 간단한 것 같다. 비슷하게, 엉덩이-허리 비율과 성공적인 자녀 양육 사이의 연결이 인간에게 분별 있어 보이나, 진화적 영향은 복잡한 인간 행동에 적용될 때 덜 명확하다. 예를 들어 인간은 왜 살인행동을 진화시켜 왔는가? 언뜻 보기에 이런 행동은 인간이라는 종의 생존에 역행하는 것처럼 보인다. 왜 도태되지 않고 지속되었을까? 답을 위해 우리는 자연선택의 원리를 인간 행동의 설명에 적용하는 분야인 **진화심리학**(evolutionary psychology)에 의존한다.

진화심리학자들의 추정에 따르면 살인을 포함한 어떤 행동은 자연선택이 그런 행동을 생산하는 신경회로를 선호했기 때문에 일어난다. 두 사람이 결투를 벌이고 있을 때, 서로 불만이 있어서 싸우고 있다고 보는 것이 상식적인 설명이리라. 그러나 진화심리학자는 대신에 인간의 삶에 위험을 주는 행동 양식이 인구에서 왜 지속되는가를 묻는다. 싸움은 사회적 지위와 관련된다는 것이 그들의 답변이다.

역사적으로, 싸워서 이긴 사람은 그들의 유전자를 후세에 물려준다. 그러므로 시간이 흐르면 성공적인 싸움과 연관된 특성(힘, 공격성, 민첩성)은 점점 더 인간 사이에서 우세해진다. Martin Daly와 Margot Wilson(1988)은 살인을 설명하기 위해 이런 진화론적 분석을 확장했다. 즉 살인이 인간의 과거에서 적응적이었던 행동과 관련되기 때문에, 가혹한 처벌에도 불구하고 우리 사회에서 지속되고 있다는 것이다.

David Buss(2014)는 배우자 선택에 영향을 주는 초문화적 요소를 알아내기 위해 37개 문화권의 수천 명의 피험자를 대상으로 배우자 선택 양식을 조사했다. 30년에 가까운 연구 후에 그가 내린 결론은 여성은 남성보다 장기적 짝으로 의존 가능성, 안정성, 교육, 지성에 가치를 더 둔다는 것이었다. 대조적으로, 남성은 여성보다 외모, 건강, 가정과 아이들을 향한 열망에 가치를 더 두는 경향이 있다.

나이가 많은 남성과 적은 여성이 상호간 열망하는 특성 세트를 보여줄 가능성이 아주 크다. 이는 짝 사이 나이 차이의 보편적 경향으로 이어진다. 평균적으로, 나이가 많은 남성이 적은 남성보다 더 안정적, 신뢰적이고 교육을 받았으며, 나이가 적은 여성이 많은 여성보다 더 건강하고 더 많은 자녀를 가질 수 있다. 비록 이런 개념에는 논쟁의 여지가 있지만, Buss는 이러한 선호도가 여성과 남성이 다른 일상적 문제들에 맞닥뜨리며, 그래서 짝짓기와 관련된 별도의 적응을 발전시켜야만 했을 석기시대 환경에서 자연선택의 산물이라고 주장한다.

진화론이 모든 인간 행동을 설명할 수는 없다. 아마 살인이나 배우자 선택조차 그럴지도 모른다. 그렇기는 하지만, 행동의 신경 기반에 진화론적 전망을 채택함으로써 진화심리학자는 자연선택이 어떻게 뇌와 행동을 조성하였는가에 대한 흥미로운 가설을 만들 수 있다.

행동에 대한 환경적 영향

많은 심리학자가 행동의 원인으로 학습을 강조해왔다. 우리가 학습에 따라 행동을 수정한다는 사실에 아무도 의문을 갖지 않았으나, 유명한 행동주의 학자 B. F. Skinner(1938)는 좀 더 앞서 나가, 행동이 환경 요인에 의해 실질적으로 선택된다고 제안했다.

Skinner의 주장은 간단하다. 어떤 사건은 보상이나 **강화**(reinforcer)로 작용한다. 강화 사건 뒤에 특별한 반응이 따라올 때 비슷한 반응이 다시 일어날 가능성이 아주 크다. Skinner는 복잡한 행동을 드러냄이 진작되도록 강화가 조작될 수 있다고 주장했다.

자극과 보상을 짝지어 행동을 조성하는 경험의 힘은 Skinner의 실험 중 하나로 특징지어졌다. 비둘기 한 마리가 한쪽 벽면에 작은 원반(자극)이 있는 상자 안에 있다. 만약 비둘기가 원반을 쪼면(반응), 음식 쟁반이 열리고 비둘기는 먹이를 먹을 수 있다(강화 혹은 보상). 비둘기는 재빨리 자극과 반응 사이의 연합을 학습했는데, 특히 원반이 그 위에 작은 점을 갖고 있을 때 더 그랬다. 비둘기는 몇 분 내로 점을 쪼았고 보상을 받기 위해 필요한 반응을 숙달했다.

진화심리학 자연선택의 원리를 적용하여 인간 행동의 원인을 이해하려고 하는 학문

강화 조작적 조건화에서, 뒤따르는 행동을 강하게 하는 어떤 사건

15-5절은 성 관련 인지적 차이의 진화에 대한 유전적 설명을 상정한다.

Skinner 상자

이제 반응 요구는 좀 더 복잡해진다. 예를 들어 비둘기로 하여금 보상을 얻기 위해 원반을 쪼기 전에 360도 회전을 하게 한다. 비둘기는 이런 반응 역시 학습할 수 있다. 반응 요구를 더욱 복잡하게 만들도록 다른 상황이 이어서 더해질 수 있다. 예를 들어 비둘기로 하여금 원반이 초록색이면 시계 방향으로 돌고, 빨간색이면 반시계 방향으로 돌며, 노란색이면 바닥을 긁도록 훈련시킬 수 있다.

만약 여러분이 비둘기의 이런 복잡한 행동을 갑작스러운 기회에 봤다면 아마도 충격적이었을 것이다. 그러나 만약 여러분이 새의 행동을 조성하는 경험을 이해했다면 그런 원인을 이해했을 것이다. 비둘기에게 제공된 보상이 비둘기의 행동을 변경시켰다. 비둘기의 반응은 벽의 원반 색에 의해 조절되었다.

Skinner는 모든 종류의 행위를 포함하도록 행동 분석을 확장했다. 우선은 쉽게 설명되지 않는 행동이 대상이었다. 예를 들어 그는 사람의 강화 이력 이해가 여러 가지 공포증을 설명할 수 있다고 주장했다. 무서운 난기류를 지나는 비행기에 타서 겁먹었던 사람은 나중에 비행기 여행을 회피하려 하고, 결국 비행공포를 나타낸다. 비행 회피는 사람의 불안 정도를 낮추기 때문에 보상이고, 그래서 공포증적 행동은 유지된다.

Skinner는 또한 인간의 행동 대부분이 인간의 조종하에 있다는 상식적 견해에 대해서도 반대되는 주장을 했다. Skinner의 견해에 의하면, 행동이 유기체에 의해서가 아니라 경험을 통한 환경에 의해 통제되기 때문에 자유의지는 착각에 불과하다. 그러나 경험이 실제로 무엇을 하는가? 후생유전학적 변화가 기억회로의 변화를 조절한다는 증거가 늘고 있다. Skinner가 뇌를 직접 연구하지는 않았으나, 이어진 연구들은 후생유전학이 그의 시각을 지지함을 보여줘왔다. 우리는 신경회로의 변형에 작용하는 기억 관련 유전자의 변화를 통해 많은 복잡한 행동을 학습한다 (Collins et al., 2019의 종설 참조).

후생유전적 기제들이 특히 학습과 기억에서 시냅스의 가소성을 매개한다. 더 자세한 논의는 14-4절을 참조하라.

환경이 항상 뇌를 변화시키는 것은 아니다. 이런 경우는 다시 비둘기에서 볼 수 있다. Skinner의 상자 안에 들어 있는 비둘기는 일정분의 먹이를 받기 위해 원반 쪼기를 빠르게 학습할 수 있으나, 자신의 발에 있는 약한 전기충격으로부터 벗어나기 위해 원반 쪼기를 학습할 수는 없다. 왜 안될까? 비록 똑같은 간단한 쪼기 행동이 보상이 된다고 해도, 명백하게 비둘기의 뇌는 이런 두 번째 종류의 연합에 대해서는 사전 배선이 되어 있지 않다. 새는 먹이를 위해 첫 번째 연합을 만들도록 유전적으로 준비되어 있으나, 고통을 위해 두 번째 연합을 만들도록 준비되어 있지는 않다. 이는 적응적 감각을 만든다. 전형적으로 그것은 유독한 상황으로부터 날아서 멀어지는 것이다.

John Garcia와 R. A. Koelling(1966)은 동물이 학습할 수 있는 행동–결과 연합의 특별한 본질을 실증한 첫 번째 심리학자들이었다. Garcia는 미국 서부에 있는 농부들이 공격당하는 양을 위해 코요테를 향해 계속해서 총을 쏘는 모습을 관찰했다. 코요테들은 고통스러운 결과에도 불구하고 더 안전한 먹이를 찾아 양 사냥을 멈추는 학습을 절대 하지 못하는 것처럼 보였다. Garcia의 추측에 따르면, 그 이유는 코요테의 뇌가 그런 종류의 연합을 만들도록 사전 배선이 되어 있지 않아서이다.

코요테가 양을 죽이는 것을 막기 위해 Garcia는 대안을 제안했다. 코요테의 뇌가 만들도록 준비된 연합을 이용하는 것이었고, 그 연합은 병들게 만드는 먹이 먹기와 장래에 그 먹이 회피하기 사이를 연결하는 것이었다. Garcia는 코요테에게 독으로 오염된 양 시체를 주었고, 이를 먹은 코요테는 죽을 정도는 아니지만 병들어 힘들게 되었다. 양과 병이 짝을 이루는 것만으로, 대부분의 코요테들은 남은 삶 동안 양을 먹지 않도록 학습했다.

많은 사람들은 어떤 음식의 맛이, 특히 새로운 맛이 병과 짝을 이루었기 때문에 비슷하게 음식 혐오를 습득한다. 이러한 **학습된 맛 혐오**(learned taste aversion)는 먹은 음식이 나중에 생긴 병과 사실상 연관이 없을 때조차도 습득된다. 맛과 구역질이 시간에 맞춰 연합되기만 하면, 뇌는 그들을 연결하도록 사전 배선이 되어 있다.

저자들 중 한 명이 위염에 걸리기 전날 밤 처음으로 시저 샐러드를 먹었다. 1년 후, 그에게 또 다른 시저 샐러드가 제공되자 그 냄새만으로도 불편해했다. 그는 비록 샐러드가 예전의 병을 일으킨 것은 아님을 알고 있었음에도, 새로운 향미와 병 사이에 연합을 형성시켰던 것이다. 이런 강하고 빠른 연합 학습은 적응 감각을 만든다. 새로운 향미와 이어지는 병 사이에 연합을 만들 준비가 되어 있는 뇌를 가짐으로써 동물은 독성이 있는 음식을 피할 수 있고, 그래서 생존에 도움이 된다. 맛 혐오 학습의 신기한 면은 우리가 그 맛이나 냄새를 다시 접하기 전까지는 연합이 형성되어 있다는 것을 알아채지 못한다는 사실이다.

신경계가 어떤 연합은 만들도록 사전 배선이 되어 있으나 다른 연합에 대해서는 그렇지 않다는 사실은 학습 이론에서 준비성이라는 개념으로 이어졌다. **준비성**(preparedness)은 어떤 복잡한 행동을 설명하는 데 도움이 될 수 있다. 예를 들어 두 마리 쥐가 짝으로 작은 상자 안에 있으면서 경미한 전기 충격에 노출되면, 비록 둘 다 그 충격에 대해 책임이 없어도, 즉시 서로 싸우게 된다. 명백하게, 쥐의 뇌는 그의 상해를 주변 물체나 다른 동물과 연합하는 성향이 있다. 이런 관념을 확장해 심한 편견이나 인종차별 같은 인간 행동까지 설명할 수 있는가도 숙고할 만한 흥미로운 주제이다. 소수의 연구만이 이 관념을 직접적으로 다루었지만, 연구 결과는 학습(고정관념 및 이전 경험의 형태)을 포함한 사회적 요인이 인종적 내집단과 외집단 모두에 대한 우리의 인식에 역할을 한다는 것을 시사한다(예 : Dunsmoor et al., 2016). 추가 연구가 이러한 행동의 지속성을 설명하는 데 도움이 될 수 있다.

12-1 복습

진도를 계속 나가기 전에 앞 절을 얼마나 이해했는지 확인해보자. 정답은 이 책의 뒷부분에 있다.

1. Glickman과 Schiff는 고양이가 새를 죽이는 것과 같이 동물이 먹이를 죽이는 행동을 하는 이유는 이러한 행동이 _____ 때문이라는 이론을 제안했다.
2. Butler와 Harlow의 연구에 따르면 동물이 지루해하고 새로운 활동을 찾는 이유는 뇌가 _____ 을/를 유지하기 위함이다.
3. 남자의 성교 빈도는 그의 _____ 수준과 연관이 있다.
4. 종의 뇌는 사건 사이의 특정 연합을 가속하도록 진화에 의해 선택된 특정한 감각 자극에 _____을/를 생성하도록 사전 배선이 되어 있다.
5. 우리가 할 것을 하는 이유를 설명하기에 자유의지가 왜 부적절한가?

12-2

동기적 행동의 신경해부학

동기(motivation)는 행동을 시작하거나 활력을 주도록 작용하는 내적 상태를 지칭한다('움직이는 원인'을 의미하는 라틴어 *motivus*에서 유래함). 동기적 행동을 조절하는 신경회로는 뇌의 모든 수준에 있는 영역을 포함하지만, 동기적 행동의 생성에 결정적인 신경 구조는 시상하부이다. 시상 원리 3. 중추신경계는 다양한 수준에서 기능하며 위계적이고 병렬적으로 조직화되어 있다.

5-4절은 항상성 기제의 호르몬 제어를 탐색한다.

대뇌반구

시상하부

동기적 행동

그림 12.4 깔때기 신호
이 모델에 따르면 대뇌반구로부터의 많은 입력이 시상하부에 모이며, 시상하부는 동기적 행동을 생성하는 뇌간 회로를 조절하는 축색을 내보낸다.

표 12.1 동기적 행동의 범주

제어행동의 예
내부 체온 유지
섭식과 음수
소금 소비
노폐물 제거
비제어행동의 예
성행위
양육
공격적 행위
음식 선호(예 : 사탕 먹기)
호기심
읽기

제어행동 동물의 생존 필요성에 부합하도록 동기가 부여된 행동
항상성 기제 협소하고 고정된 범위 내에서 핵심적 신체 기능을 유지하는 과정

하부는 신경계의 모든 주요 부분으로부터 투사를 받고 다양한 적응 행동을 통합하는 기능을 한다. 시상하부는 개별적 뇌 영역이 아니며, 특정 기능을 맡은 작은 신경 단위들로 구성된다.

동기적 행동에 대한 서사적 종설에서 Larry Swanson(2000)은 시상하부가 대뇌반구에 의해 통제되는 더 큰 '행동 조절 기둥'(또는 네트워크)의 통합 센터라고 결론지었다. 이 행동적 기둥은 사회적(생식적 및 방어적 포함) 행동 및 섭취(섭식과 음수)를 담당하는 앞쪽 뇌간 영역과 흑질 및 복측피개처럼 탐사 및 채집 행동과 관련된 다른 뇌간 영역으로 확장되는 뒤쪽 영역으로 구성된다. 이러한 기능은 대뇌피질, 선조체(striatum), 담창구(pallidum) 등으로부터의 하행 경로를 통해 대뇌반구에 의해 조절된다. 시상하부는 이러한 대뇌 입력을 조직화하고 대뇌 정보를 제어하여 항상성과 동기적 행동을 조율하는 피드백 고리를 생성하는 작용을 한다. 또한 시상하부는 필요할 때 대뇌 영역이 각성화 및 온라인 상태가 되도록 한다. 덧붙여 시상하부로부터의 출력은 광범위한 호르몬의 방출을 조절하기 위해 뇌하수체로 투사된다.

그림 12.4에서 보듯이, 깔때기의 목이 시상하부를 나타내고, 대뇌반구는 깔때기의 테를 형성한다. 행동 생성을 위해, 시상하부는 다른 뇌간 회로로 축색을 내보낸다. 그러나 모든 행동이 시상하부라는 깔때기를 통해 조절되는 것은 아니다. 뇌간과 척수로 가는 많은 다른 경로가 시상하부를 우회한다. 그런 운동피질에서 시작해 뇌간과 척수로 가는 돌기가 그 예다. 그러므로 그것은 일차적으로 시상하부의 관여가 필요한 동기적 행동이다.

제어행동과 비제어행동

뇌 활동이 동물에게 친구, 음식 또는 다른 감각 자극을 찾도록 유도하나, 우리는 이런 행동을 동기가 있어서라고 말한다. 그러나 동기는 우리가 뇌에서 지목할 수 있는 요소나 과정이 아니다. 오히려 동기는 인간을 포함한 동물이 왜 특정 행동을 하는지에 대해 우리가 하는 추론이다. 동기적 행동의 두 가지 일반적 부류는 제어(regulatory)와 비제어(nonregulatory)이다. 이 장에서 우리는 동기의 신경해부학을 탐구하기 전에 두 범주를 알아볼 것이다.

제어행동

제어행동(regulatory behavior)은 유기체의 생존에 의해 동기화된 행동이며(**표 12.1** 참조), **항상성 기제**(homeostatic mechanism)에 의해 조절된다. 비유로, 온도가 18°C로 맞춰져 있는 집을 생각해 보자. 온도조절장치가 있어서, 기온이 일정 감당 수준(예 : 16°C까지) 아래로 내려가면 온도조절장치가 보일러를 켠다. 기온이 일정 감당 수준(예 : 20°C) 위로 올라가면 온도조절장치가 에어컨을 켠다.

사람의 체온도 설정값이라고 지칭되는 온도인 약 37°C로 내부 온도를 유지시키는 시상하부 안의 온도조절장치에 의해 어느 정도 비슷한 방식으로 조절된다. 내부 온도의 약간의 변화조차 우리로 하여금 설정값을 되찾기 위해 다양한 행동을 하게 한다. 예를 들어 체온이 약간 떨어지면 체온을 올리는 신경회로가 켜진다. 이 신경회로는 오한 같은 불수의적 반응이나 열 방출원 가까이 가려는 것과 같은 겉보기에 수의적인 행동을 일으킨다. 반대로, 체온이 살짝 올라도 우리는 땀을 흘리거나 시원한 곳을 찾아 나선다.

비슷한 기제가 몸 안의 수분량, 영양분 균형, 혈당 수준 등을 포함한 많은 다른 항상성 과정을 조절한다. 이런 많은 항상성 체계의 조절은 아주 복잡하여, 신경 기제와 호르몬 기제 둘 다를 필요로 한다. 그러나 어떤 방식으로든 모든 항상성 체계는 시상하부의 활동을 포함한다.

특정 세포들이 온도에 특별히 민감하다고 생각해보자. 이 세포들은 차가울 때 매우 활동적이게 되고, 따뜻할 때는 덜 활동적이게 된다. 언제 너무 차갑다 혹은 언제 너무 따뜻하다는 것을 신체에 알려준다는 점에서, 이 세포들은 온도조절장치로서 기능할 수 있다. 비슷한 세트의 세포들이 혈당 수준을 조절하는 포도당조절장치(glucostat) 역할이나, 체내 수분량을 조절하는 수분조절장치(waterstat) 역할을 할 수 있다. 비록 신체의 실제 항상성 기제들은 상상 이상으로 약간 더 복잡하기는 하지만, 같은 일반원칙으로 작동한다.

뇌를 포함한 신체는 항상 수천의 반응이 일어나고 있는 화학 수프이기 때문에, 체온 같은 여러 조건을 일정하게 유지시키는 기제들이 진화를 거듭해왔다. 일정한 체온 유지는 매우 중요하다. 체온이 단 2°C라도 변하면 화학 반응이 일어나는 비율이 변화한다. 그런 변화는 모든 반응이 똑같은 정도로 변하기만 하면 일정 한계 내에서는 감내할 만할 수도 있다. 그러나 그렇지 못하다. 결과를 보면, 2°C의 증가에 대해 어떤 반응은 10%나 증가하고, 어떤 반응은 불과 2%만 증가한다. 이런 비균질적 변화는 대사와 신경 활동 같은 미세조정의 신체 과정에 대혼란을 초래하게 한다.

비슷한 법칙이 다른 신체 체계의 항상성 유지에도 적용된다. 예를 들어 세포는 적절히 기능하기 위해 일정 농도의 물, 소금, 포도당 등을 필요로 한다. 그 농도의 지나친 변동은 대사 균형의 이상을 일으키고, 결국 생물학적 재앙을 초래한다.

비제어행동

섭식이나 음수 같은 제어행동과 달리, 비제어행동은 동물의 기본적인 생존 욕구를 충족하는 데 필요한 것도 아니고, 항상성 기제에 의해 조절되는 것도 아니다(표 12.1 참조). 그러므로 **비제어행동**(nonregulatory behavior)은 성교부터 육아까지 심리학 실험을 실행하도록 호기심을 유발하는 활동처럼 우리가 행하는 기타 모든 행동을 포함한다.

성교와 같은 일부 비제어행동은 시상하부를 수반하나, 대부분의 비제어행동은 아마도 그렇지 않다. 오히려 다양한 전뇌(forebrain) 구조, 특히 전두엽을 수반한다. 추정컨대 전뇌가 진화해 확대되었기에 우리의 비제어행동의 범위도 확대되었을 것이다.

시상하부 회로의 활동

시상하부는 우리 내부 환경을 제어하는 내분비계와 자율신경계에 작용하여 항상성을 유지한다. 시상하부는 또한 뇌의 나머지 부분, 특히 대뇌반구에 의해 선택된 행동에 영향을 미친다. 비록 시상하부는 인간 뇌 부피의 1%도 안 되지만, 심박수부터 섭식 및 성 활동에 이르기까지 놀라울 정도로 다양한 동기적 행동을 통제한다.

시상하부의 호르몬 분비 관여

시상하부의 기본 기능은 이 뇌 구조에 줄기로 붙어 있는 **뇌하수체**(pituitary gland)를 통제하는 것이다(**그림 12.5A**). 그림 12.5B의 도해는 각각의 반구에서 위에 시상이 있고, 바로 바깥쪽에 시삭(optic tract)이 있는 시상하부의 해부학적 위치를 보여준다.

시상하부는 외측, 내측, 뇌실주변 등 세 부분으로 나눌 수 있다(그림 12.5B의 전두 조망 참조). 외측 시상하부는 핵과 뇌 위아래를 가로지르는 신경관으로 구성되며, 밑의 뇌간을 전뇌로 연결한다. **그림 12.6**에서 보듯, 대표적 관은 **내측전뇌다발**(medial forebrain bundle, MFB)이다.

비제어행동 동물의 기본적 생존 욕구에 필수적이지 않은 행동

뇌하수체 시상하부의 바닥에 붙어 있는 내분비샘. 분비물질들이 다른 많은 내분비샘들의 활성을 조절하고, 이는 생물학적 리듬과 연관되는 것으로 알려짐

내측전뇌다발 뇌간 구조들을 변연계의 여러 부분과 연결하는 관. 뇌간으로부터 기저핵과 전두피질로 가는 활성 투사를 형성함

그림 2.32는 자율신경계의 경로 및 연결을 도식화한다.

6-2절과 6-4절은 약물 사용과 관련된 경험에서 도파민의 중요성을 자세히 설명한다.

그림 12.5 시상하부의 핵과 영역

(A) 시상하부의 핵과 뇌 나머지 부분 사이의 관계를 보여주는 내측 조망. **(B)** 좌반구와 우반구 중간에 있는 시상하부, 시상, 제3뇌실 사이의 관계를 보여주는 전두 절편. 3개의 시상하부 주요 영역은 뇌실주변, 외측, 내측이다.

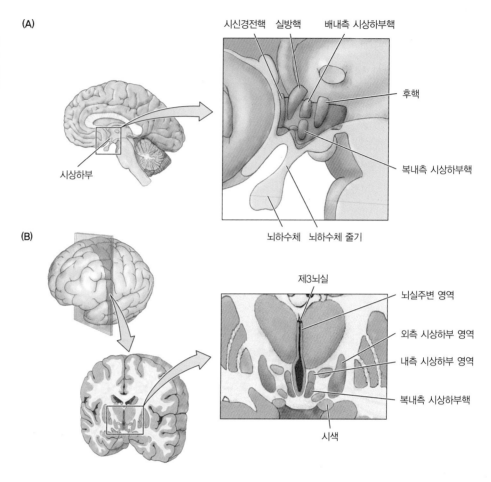

그림 12.6 내측전뇌다발

뇌간으로부터 기저핵과 전두피로 가는 활성 투사가 변연계의 여러 부분을 뇌간과 연결하는 신경섬유들의 주요 경로인 내측전뇌다발의 주요 구성요소이다.

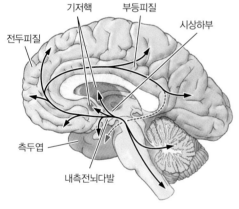

5-2절은 펩티드 신경전달물질의 구조와 기능을 살펴본다.

내측전뇌다발은 뇌간 구조들을 여러 변연계 부분과 연결하며, 뇌간으로부터 기저핵과 전두피질까지 이어지는 활성 투사를 형성한다. 아래쪽 뇌간의 도파민 및 노르아드레날린 함유 세포들에서 올라온 섬유들이 내측전뇌다발의 중요 부분을 형성한다. 내측전뇌다발의 도파민 함유 섬유들은 섭식과 성행위를 포함한 많은 동기행동의 조절에 기여하며, 중독과 충동성 같은 병적 행동에도 기여한다.

각각의 시상하부핵은 해부학적으로 구별되며, 각 핵 안의 세포들이 서로 다른 혼합의 펩티드 신경전달물질을 포함하고 있어서 이 요인이 부분적으로 작용하여 대부분 여러 기능을 한다. 각 펩티드는 서로 다른 행동에 관여한다. 예를 들어 실방핵(paraventricular nucleus) 안 세포의 전달물질은 바소프레신이나 옥시토신, 혹은 다른 펩티드의 다양한 조합(예 : 엔케팔린과 뉴로텐신)일 수 있다. 펩티드 신경전달물질이 작용할 때 우리는 행복감(엔도르핀)이나 애착감(옥시토신과 바소프레신) 같은 느낌을 다양하게 경험할 수 있다. 예를 들어 옥시토신은 양육행동, 포옹, 성행위 같은 친밀의 순간에 유리되며, 그래서 때로 결합호르몬으로 알려져 있기도 하다.

다양한 신경펩티드 생산은 시상하부와 뇌하수체 사이가 특별한 관계임을 내비친다. 뇌하수체는 **그림 12.7**에 보이듯 별도의 전엽과 후엽으로 이루어져 있다. 뇌하수체 후엽은 신경 조직으로 구성되고, 본질적으로 시상하부의 연장이다.

시상하부의 뉴런은 축색을 따라 내려가 뇌하수체 후엽에 있는 말단으로 이송되는 펩티드(예 : 옥시토신과 바소프레신)를 만든다. 이 뉴런들이 활성화할 때, 활동전위를 말단으로 보내서 저장되어 있는 펩티드를 방출한다. 그러나 이 펩티드들은 대부분의 시냅스에서처럼 다른 뉴런에게

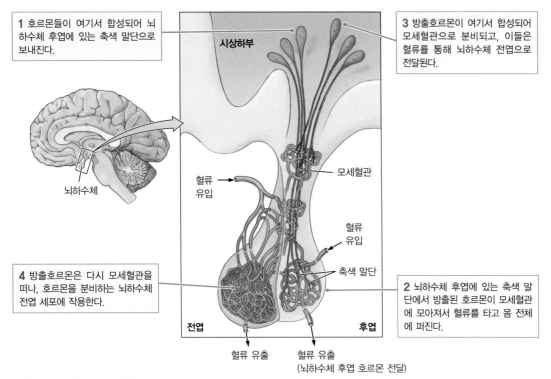

1 호르몬들이 여기서 합성되어 뇌하수체 후엽에 있는 축색 말단으로 보내진다.

시상하부

3 방출호르몬이 여기서 합성되어 모세혈관으로 분비되고, 이들은 혈류를 통해 뇌하수체 전엽으로 전달된다.

뇌하수체

혈류 유입

모세혈관

혈류 유입

4 방출호르몬은 다시 모세혈관을 떠나, 호르몬을 분비하는 뇌하수체 전엽 세포에 작용한다.

축색 말단

전엽

후엽

2 뇌하수체 후엽에 있는 축색 말단에서 방출된 호르몬이 모세혈관에 모아져서 혈류를 타고 몸 전체에 퍼진다.

혈류 유출

혈류 유출
(뇌하수체 후엽 호르몬 전달)

그림 12.7 시상하부와 뇌하수체
뇌하수체 전엽은 시상하부로부터 뇌하수체로 호르몬을 나르는 혈관 체계에 의해 시상하부와 연결된다. 뇌하수체 후엽은 뇌하수체 신경의 축색으로부터 입력을 받는다. 전엽과 후엽 모두 시상하부로부터의 입력에 반응해, 표적 기관 자극을 위해 혈류를 여행할 호르몬을 생성한다.

영향을 주기보다는 뇌하수체 후엽에 풍부한 혈관상의 모세혈관으로 들어간다. 이어서 펩티드는 혈류로 퍼지고, 그 피는 펩티드가 효력을 발휘할 먼 표적지로 펩티드를 실어 나른다. 예를 들어 바소프레신은 신장의 수분 재흡수에 영향을 주고, 옥시토신은 자궁 수축과 유선의 유즙 분비를 조절한다.

펩티드는 수용체의 위치에 따라 여러 가지 기능을 할 수 있다. 그래서 옥시토신은 여성에서 유즙 분비 조절이 주요한 역할이지만, 남성과 여성 모두에서 어버이양육, 몸치장, 성행동 등 여러 형태의 친화적 행동을 관장하는 좀 더 일반적인 역할도 있다(Insel & Fernald, 2004).

대조적으로, 뇌하수체 전엽의 샘 조직은 여러 종류의 호르몬을 합성한다. 중요한 호르몬과 그 기능을 **표 12.2**에 열거했다. 시상하부는 호르몬 방출을 증가시키거나 감소시키는 작용을 하는 펩티드인 방출호르몬을 생산하여 이러한 뇌하수체 전엽 호르몬들의 방출을 조절한다. 그림 12.7에 보이듯, 시상하부의 세포체에서 생성된 **방출호르몬**(releasing hormone)은 모세혈관으로 분비

방출호르몬 시상하부에서 방출된 펩티드로, 뇌하수체 전엽의 호르몬 방출을 증가 또는 감소시킴

표 12.2 뇌하수체 전엽에서 생성되는 주요 호르몬

호르몬	기능
부신피질자극호르몬(ACTH)	부신피질의 분비 조절
갑상선자극호르몬(TSH)	갑상선의 분비 조절
난포자극호르몬(FSH)	생식샘의 분비 조절
황체형성호르몬(LH)	생식샘의 분비 조절
프로락틴	유선의 분비 조절
성장호르몬(GH)	신체 성장 촉진

되어 뇌하수체 전엽으로 이송된다.

방출호르몬은 뇌하수체 전엽 호르몬의 방출을 자극할 수도 있고 억제할 수도 있다. 예를 들어 뇌하수체 전엽 호르몬인 프로락틴의 방출은 시상하부에서 합성되는 프로락틴 방출 인자와 프로락틴 방출 억제 인자에 의해 조절된다. 결국 뇌하수체 전엽에 의한 호르몬 방출은 뇌가 신체의 다른 많은 부분에서 일어나는 일을 조절할 수 있는 수단을 제공한다. 세 가지 요소가 시상하부의 호르몬 방출 활동을 조절하는데, 되먹임 고리, 신경 조절, 경험에 기초한 반응이 그것이다.

갑상선

되먹임 고리 갑상선호르몬의 수치가 낮을 때, 시상하부는 뇌하수체 전엽이 갑상선자극호르몬 (TSH)을 방출하도록 자극하는 갑상선자극호르몬 방출호르몬을 방출한다. 그러면 갑상선자극호르몬은 더 많은 갑상선호르몬을 분비하도록 갑상선에 작용한다.

시상하부의 수용체는 갑상선 호르몬의 수준을 탐지한다. 이 수준이 올라가면 시상하부는 갑상선자극호르몬 방출호르몬의 분비를 줄인다. 이러한 유형의 체계는 본질적으로 되먹임 기제로 작동하는 항상성 조절의 형태이다. 되먹임 기제는 **그림 12.8A**에 예시되어 있는 것처럼 신경 고리 혹은 호르몬 고리가 신경 활성이나 호르몬 방출의 개시를 제어하는 체계를 말한다.

시상하부는 호르몬의 분비로 이어지는 단계적 사건을 개시되게 하면서도, 호르몬이 방출되는 양에도 상당한 주의를 기울인다. 특정 수준에 도달하면 시상하부의 호르몬 자극 신호는 중단된다. 그러므로 시상하부의 되먹임 기제는 특정 호르몬의 아주 일정한 순환 수준을 유지시킨다.

신경 조절 시상하부의 호르몬 활동은 다른 뇌 구조, 특히 대뇌반구에 의해 제어된다. 그림 12.8B 는 실방핵에 의해 시상하부로부터 방출된 옥시토신의 효과와 관련하여 이러한 신경 조절을 도해한다. 실방핵은 그림 12.5에 예시된 바와 같이 뇌실주변 영역 내에 위치한다. 앞에 언급했듯이 옥시토신의 기능 중 하나는 유선의 세포를 자극하여 유즙을 분비하는 것이다. 그림 12.8B에 보이듯 영아가 엄마 젖을 빨 때 촉각 자극은 시상하부 세포가 유즙이 나오도록 하는 옥시토신을 방출하게 만든다. 이런 방식으로 옥시토신 세포는 신경 반사인 동시에 호르몬 반사이기도 한, 아주 단순한 반사작용에 관여한다.

그러나 다른 뇌 구조가 관여하는 다른 자극 또한 옥시토신 방출에 영향을 줄 수 있다. 예를 들어 아기를 보거나, 아기 소리를 듣거나, 혹은 아기에 대해 생각하는 것조차 수유 여성의 유방에서 유즙 분비를 촉발할 수 있다. 반대로, 그림 12.8B에 도해되어 있는 것처럼 수유 여성의 불안감은 유즙 분비를 억제할 수 있다. 인지 활동에 의해 생기는 이러한 흥분성, 억제성 영향은 피질

그림 12.8 시상하부 조절

(A) 시상하부의 방출호르몬은 뇌하수체 전엽이 호르몬을 방출하도록 자극한다. 뇌하수체 호르몬은 호르몬을 방출하여 갑상선과 부신피질 같은 표적 기관을 자극한다. 되먹임 고리에서 표적 기관의 호르몬은 거꾸로 시상하부에 영향을 주어 방출호르몬 분비를 감소시킨다. (B) 유즙 분비 반응에서, 시상하부로부터 방출되는 옥시토신은 유선을 자극하여 유즙을 분비시킨다. 유즙 분비는 영아 관련 자극에 의해 항진되고, 엄마의 불안에 의해 억제된다.

(A) 되먹임 고리

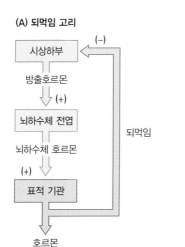

(B) 신경 조절

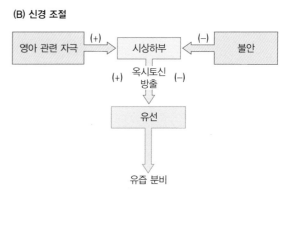

이 뇌실주변 영역의 뉴런에 영향을 줄 수 있음을 시사한다. 전두엽에서 시상하부로의 투사가 이러한 역할을 수행하는 것으로 보인다.

경험적 반응 시상하부의 호르몬 관련 활동에 대한 세 번째 조절은 경험에 대한 뇌의 반응이다. 시상하부의 뉴런은 뇌의 다른 부분에 있는 세포가 그렇듯이 구조적·생화학적 변화를 겪는다. 다시 말해 시상하부의 뉴런은 주어진 막대한 수요에 의해 변화될 수 있다는 점에서 뇌의 다른 부분의 뉴런과 마찬가지이다.

원리 10. 신경가소성은 신경계의 특징적인 기능이다.

시상하부 뉴런의 그런 변화는 호르몬 출력에 영향을 줄 수 있다. 예를 들어 한 여성이 수유 중일 때, 옥시토신 생산 세포는 성장하는 영아의 유즙 수요 증가에 맞춰 옥시토신 방출을 늘리기 위해 크기가 증가한다. 경험에 의해 중재되는 이런 조절을 통해, 엄마는 아기에게 시간이 흘러도 충분한 유즙을 제공한다. 그래서 우리는 신경 제어와 환경적 요구 모두 단일 체계(이 경우 옥시토신과 유즙 감소)에 서로 다른 방식으로 영향을 미칠 수 있음을 알 수 있다.

행동 생성에 대한 시상하부의 관여

시상하부는 호르몬 체계의 조절뿐 아니라 행동의 발생에도 중심적 역할을 한다. 이 기능은 닭에서부터 쥐와 고양이까지 다양한 동물의 시상하부에 전기 자극을 가하는 연구로 처음 증명되었다. 전극을 통해 적은 양의 전류가 전달될 때 동물은 갑자기 어떤 복잡한 행동을 보였다. 먹기, 마시기, 땅 파기, 공포 드러냄, 공격, 포식, 생식행동 등이었다. 시상하부의 어떤 부분이 자극을 받았느냐에 따라서 특정 행동이 나타났다. 모든 행동은 매끄럽고, 훌륭히 통합적이었으며, 전형적으로 나타내는 행동과 구분이 되지 않을 정도였다. 게다가 모두 목표 지향적이었다.

이러한 행동의 시작과 끝은 전적으로 시상하부 자극에 달려 있었다. 예를 들어 만약 특정 부위의 전극이 먹기 행동을 일으키는 위치였다면, 자극이 켜지면 동물은 바로 먹기 시작해 자극이 꺼질 때까지 먹기를 멈추지 않았다. 그러나 먹이가 제거되면 동물은 먹지 않았고, 마시기 같은 다른 행동도 하지 않았다. 12-1절에서 설명했듯이, 종양으로 유발된 시상하부의 지속된 활성 때문에 로저가 음식과 비슷한 물질이 있으면 계속해서 먹었던 것을 회상해보라.

그림 12.9는 땅 파기를 끌어내는 부분을 자극했을 때의 효과를 보여준다. 전류가 없을 때 동물은 조용하게 앉아 있다. 전류가 들어오면 톱밥을 격렬하게 판다. 전류가 꺼지면 파는 행동을 멈춘다. 만약 톱밥이 제거되면 파지 않는다.

시상하부 자극에 의해 생성되는 행동은 (1) 생존과 (2) 보상이라는 두 가지 특성과 관련된다. 제어행동이 생존을 위해 요구되나, 자극을 촉발하려고 막대 누르기 같은 노력을 기꺼이 한다는

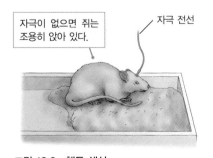
자극이 없으면 쥐는 조용히 앉아 있다.
자극 전선

자극을 받으면 쥐는 격렬하게 땅을 판다.

자극이 중단되면 쥐는 땅 파기를 중단한다.

그림 12.9 행동 생성
쥐가 시상하부에 전기 자극을 받으면 목표 지향적 행동을 나타낸다. 이 쥐는 전류가 켜질 때, 그리고 톱밥이 있을 때만 자극을 받아 땅 파기를 한다. 톱밥을 제거하면 (그림에는 없음) 땅 파기를 하지 않는다.

사실에서 알 수 있듯, 동물은 이 행동의 자극이 쾌락적임을 명백히 알고 있다. 고양이는 쫓아가기, 사냥하기 같은 행위가 보상적이기 때문에 새와 쥐를 죽이려고 한다는 사실을 회상해보라. 비슷하게, 우리가 추정할 수 있는 사실은 동물들은 먹기가 보상적이기 때문에 먹고, 마시기가 보상적이기 때문에 마시며, 짝짓기가 보상적이기 때문에 짝짓기를 한다는 것이다.

지금까지 우리는 행동 동기 부여에서 화학적 감각(후각 및 미각)의 역할을 무시했으나, 이러한 감각은 행동의 시상하부 통제를 조절할 수 있다. 다음으로 화학적 감각이 어떻게 기능하고 행동에 영향을 미치는지 탐구한다.

12-2 복습

진도를 계속 나가기 전에 앞 절을 얼마나 이해했는지 확인해보자. 정답은 이 책의 뒷부분에 있다.

1. 동기적 행동은 2개의 범주로 나뉠 수 있다 : 항상성을 유지시키는 _____ 행동과 기본적으로 다른 행동 모두를 아우르는 _____ 행동.

2. 많은 기능을 위한 뇌의 항상계는 _____에서 발견된다.

3. 시상하부는 몸 전체의 다른 내분비샘 활동을 통제하는 호르몬을 분비하는 내분비샘인 _____를 통제한다.

4. 시상하부가 어떻게 행동 조절 기둥의 통합 센터로 작용하는지 설명하시오.

학습 목표
- 후각과 미각에서 인지적 평가의 역할을 설명한다.
- 후각 체계의 구성과 기능을 서술한다.
- 미각 체계의 구성과 기능을 서술한다.

12-3

동기적 행동에서 화학적 감각의 역할

화학반응은 신경계 활성의 중심이 되며, **화학신호**(chemosignal)는 동기적·정서적 행동에 중심 역할을 한다. 예를 들어 포유류는 무리의 구성원을 냄새로 확인하고, 그들의 영역에 오줌과 다른 냄새나는 물질을 사용하여 흔적을 남긴다. 또 냄새를 맡아서 좋아하는 음식과 먹지 말아야 할 음식을 구분하고 냄새, 맛, 정서적 사건 등을 통해 유대감을 맺는다. 그러나 동물들은 또한 개가 미각 혐오감을 불러일으키거나 상한 냄새가 나는 음식을 거부할 때와 같이 화학적 감각과 관련된 인지적 평가를 한다.

인간은 나쁜 냄새나 맛을 언급하기 위해 '역겨운'과 같은 용어를 적용하지만, 또한 다른 사람들에 대한 부당한 취급 같은 복잡한 행위에 대한 인지적 평가에도 유사한 암시적 용어를 사용한다. 그런 까닭에 화학적 혐오, 사회적 혐오 및 혐오와 관련된 기타 인지적 평가에 섬피질을 포함한 뇌 구조에서 중복되는 신경 표상들이 관여한다는 사실의 발견은 놀라운 일이 아니다.

Paul Rozin과 동료들(2009)은 한 가지 목적을 위해 진화한 신경 체계가 나중에 다른 목적을 위해 사용될 수 있다고 언급했다. (우리는 사회적 고통 체계가 신체적 고통 체계를 가져다 쓴다는 주제의 연구 초점 12-1에서 이 예를 접한 바 있다.) Rozin의 생각은 진화가 사람들을 질병으로부터 보호하는 혐오행동 체계를 만들었으나, 이 체계에는 혐오 평가 요소가 없다는 것이다. 인간 진화의 어느 시점에서 혐오행동 체계는 처음에는 더 인지적으로 정교한 평가에 반응하는 혐오 평가 체계에 활용되었으나(예 : 음식 근처에서 바퀴벌레를 볼 때의 혐오감), 나중에는 특정한 사람, 사회적 집단, 문화와 같은 더 추상적인 것들로 확대되었다. 덧붙여서, 원래의 생리적 표현(예 : 메스꺼움)과 행동적 표현(예 : 위축)은 언어적, 비언어적 행동 모두를 포함하도록 확장되었다. Rozin과 다른 연구자들은 혐오 평가 체계가 더 나아가 공평과 정의에 대한 위반과 같은 다양한 도덕적 반칙뿐 아니라 음식 및 성 금기 위반 같은 '신성 위반'을 포함하도록 확장되었다고 제안하였다(Rozin et al., 2009).

Curtis와 de Barra(2018)는 가능한 감염원을 나타내는 사람들로부터 거리를 두게 만드는 체계인 **위생 혐오**(hygiene disgust)의 확장으로 도덕적 혐오가 발생했을 수 있다고 제안하였다. 예를 들어 이 체계는 누군가가 사회적 위반을 저지르는 사람들과 거리를 둘 때 활성화될 수 있다. 어떤 의미에서 맛과 냄새에 대한 혐오감은 도덕과 관련된 감각으로 진화되었다.

혐오 체계의 발달과 확장은 화학적 감각이 행동을 통제하는 데 직간접적인 역할을 어떻게 하는지 보여준다. 화학적 감각이 동기적 행동에 어떻게 영향을 미칠 수 있는지에 대해 더 폭넓게 이해하려면, 우리는 동기적 행동에서 화학적 감각의 역할을 고려하기 전에 우선 화학적 감각의 구성과 작동을 간략하게 기술할 필요가 있다.

후각

후각은 가장 수수께끼 같은 감각 기관이다. 우리는 수천 가지 냄새를 구별하여 방금 본 것처럼 평가를 붙일 수 있지만, 우리가 맡는 냄새가 무엇인지 말로 설명하는 데는 상당한 어려움을 느낀다. 어떤 냄새를 좋아할 수도 있고, 좋아하지 않을 수도 있으며, 다른 냄새와 비교할 수도 있지만, 후각에 대한 단어 자체는 부족하다.

와인 전문가는 와인을 설명하기 위해 후각에 의존하지만, 그러기 위해서는 먼저 냄새 이용법을 학습해야만 한다. 와인 감별을 위한 훈련 과정은 1년 동안 일주일에 한 번의 전일 교육이 전형적이다. 그런데 대부분의 수강생은 마지막 시험 통과를 매우 힘들어한다. 이러한 정도의 어려움은 시각 및 청각에 수반되는 어려움과 대조가 된다. 청각의 음고나 시각의 색깔처럼 두 감각은 감각 입력의 특정 성질을 분석하도록 고안되어 있다. 이에 비해 후각은 정보가 안전한지 혹은 익숙한지를 판단하도록(냄새가 먹을 수 있는 음식에서 나는가? 친구에게서 나는가, 아니면 낯선 이에게서 나는가?) 혹은 받아들일 만한 짝인지에 대한 신호를 알아내도록 고안되어 있다.

냄새 수용체

개념적으로 화학신호의 감별은 다른 감각 자극(빛, 소리, 접촉 등)의 감별과 유사하다. 그러나 빛이나 소리와 같은 물리적 에너지는 수용체 전위로 전환되지만, 냄새는 화학 수용체와 상호작용한다. 이러한 지속적인 화학적 상호작용은 수용체에 상당한 부담을 준다. 빛, 소리, 접촉 등에 대한 수용체와 달리 화학 수용체는 지속적으로 교체가 된다. 후각 수용체 뉴런의 수명은 약 60일 정도이다.

후각을 위한 수용체 표면은 **그림 12.10**에 예시된 바와 같이 콧구멍에 있는 **후각상피**(olfactory epithelium)이다. 이 상피는 수용세포와 지지세포로 구성되어 있다. 각각의 수용체 세포는 **후각점막**(olfactory mucosa)이라고 하는 점막층 내측으로 10~20개의 섬모를 내보낸다. 숨 쉴 때 들어오는 공기 안의 화학물질은 점막에 흡수되어 섬모와 상호작용한다. 후각 화학신호가 수용체에 영향을 주면, 특정한 G단백질의 대사성 활성이 나트륨 채널의 개통과 막전위 변화를 일으킨다.

상피 수용체 표면적은 종에 따라 아주 다양하다. 사람에서 이 영역은 2~4 cm^2로 추산된다. 개에서는 약 18 cm^2, 고양이에서는 약 21 cm^2이다. 이를 보면, 사람의 냄새 민감도가 개나 고양이에 비해 떨어지는 것은 놀랄 일이 아니다. 수용체 표면적이 10배 정도나 차이가 나니 말이다. 청각계 세포의 동조 특성과 비슷하게, 척추동물의 후각 수용체 뉴런은 특정 냄새에 반응하는 것이

그림 5.16A에 그러한 대사성 수용체의 활성이 예시되어 있다.

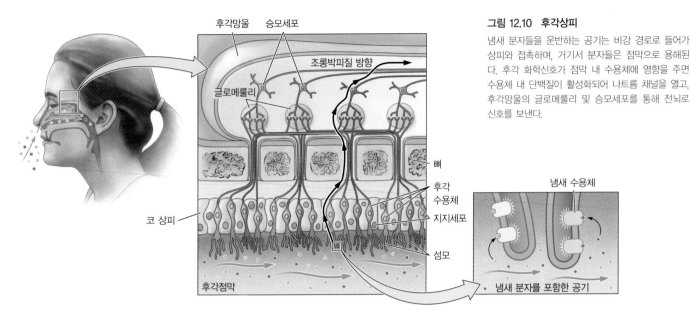

그림 12.10 후각상피

냄새 분자들을 운반하는 공기는 비강 경로로 들어가 상피와 접촉하며, 거기서 분자들은 점막으로 용해된다. 후각 화학신호가 점막 내 수용체에 영향을 주면 수용체 내 단백질이 활성화되어 나트륨 채널을 열고, 후각망울의 글로메룰리 및 승모세포를 통해 전뇌로 신호를 보낸다.

안와전두피질 눈 소켓(안와) 위에 위치한 전전두피질로, 시상의 배내측 핵으로부터 투사를 받으며, 섭식을 포함한 다양한 정서적·사회적 행동에 핵심적임

페로몬 한 동물에 의해 유리된 방향성 생화학물질로서, 화학신호로 작용해 다른 동물의 생리작용이나 행동에 영향을 줄 수 있음

시각 수용체의 활성이 색을 볼 수 있게 해주는 과정은 9-4절에서 자세히 설명한다.

12-6절에서 우리는 정서적 행동에서 안와전두피질의 중심적 역할을 설명한다.

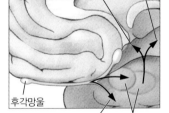

그림 12.11 후각 경로

아니라 일련의 냄새 집단에 반응한다.

적은 수의 수용체 유형에도 불구하고 우리는 어떻게 그렇게 많은 다양한 냄새를 감지할 수 있을까? 가장 간단한 설명은 어떤 냄새건 독특한 양상으로 수용체를 자극하고, 합쳐진 활성이 특정 냄새에 대한 인식을 만들어낸다는 것이다. 비슷하게, 시각계도 망막 안에 세 종류의 수용체밖에 없음에도 불구하고 수백만 가지 색을 인식하게 해준다. 세 가지 추상체의 합쳐진 활성이 우리의 풍부한 색깔의 삶을 가능하게 한다.

그러나 기본적으로 다른 것도 있는데, 시각계에서의 단지 네 유형(간상체와 추상체)과 비교가 되게 후각계는 약 400종의 수용체를 포함하는 것으로 추산된다. 어떤 연구자들은 인간이 1조 가지만큼이나 많은 냄새를 구별해낼 수 있다고 제안한다. 현 단계에서 실제 숫자는 불확실하나, 보통 믿고 있는 정도보다는 많으리라 추정된다(Gerkin & Castro, 2015).

후각 경로

후각 수용체 세포들은 후각망울(olfactory bulb) 안으로 줄기를 내서 공처럼 생긴 수상돌기 다발[그림 12.10에 보이는 글로메룰리(glomeruli)]에서 끝이 난다. 여기서 그들은 승모세포(mitral cell)의 수상돌기와 시냅스를 형성한다. 그림 12.11에 정리된 바와 같이 후각망울의 승모세포는 광범위한 전뇌 영역으로 축색을 내보낸다. 편도체나 조롱박피질(pyriform cortex)과 같은 후각 표적은 다른 감각계와 달리 시상을 관통하는 연결이 없다. 그러나 눈의 소켓(안와) 위쪽의 전전두 영역인 안와전두피질(orbitofrontal cortex, OFC)로의 투사를 통한 (배내측 핵으로의) 시상 연결은 있다.

부후각계

냄새물질 중 특별한 것으로 페로몬(pheromones)이 있다. 이는 동물로부터 방출되는 생화학물질로, 화학신호처럼 작용하여 동종의 다른 동물의 생리나 행동에 영향을 끼친다. 대부분의 포유류에서(인간에서는 아니지만) 페로몬은 보습코기관(vomeronasal organ)이라고 하는 특별한 후각 수용체 체계에 의해 탐지된다. 이 체계는 코 안 통로관에 의해 연결된 작은 감각 수용체 집단으로 이루어져 있다. 보습코기관에 있는 수용체 세포는 축색을 주요 후각망울 옆에 있는 부수 후각망

Courtesy Arthur Nonneman and
Bryan Kolb

그림 12.12　페로몬에 대한 반응
왼쪽 : 고양이가 오줌을 적신 탈지면에 코를 킁킁거린다. 가운데 : 윗입술을 올려 콧구멍을 막는다. 오른쪽 : 부후각계에 의해 매개되는 행동인 플레멘에서 특징적인 입을 딱 벌리는 반응이 이어진다.

울로 보낸다. 보습코기관은 우선적으로 편도체 및 시상하부와 연결되어 생식과 사회적 행동에 역할을 한다.

　보습코기관은 소변이나 땀에 있는 페로몬의 분석에 관여할 가능성도 있다. **그림 12.12**에 예시된 바와 같이, 말이나 고양이는 플레멘(flehmen)이라고 하는 행동을 한다. 고양이나 인간으로부터 나온 새로운 오줌에 노출되었을 때, 고양이는 콧구멍을 막기 위해 윗입술을 올리고 공기를 입 안으로 흡수한다. 공기는 입천장의 관을 거쳐 보습코기관으로 흘러 들어간다.

인간에서의 후각 과정

포유류에 비해 인간이 보잘것없는 냄새 감각을 갖고 있다고 흔히 오해하지만, 사실 인간은 놀랄 정도도 많은 수의 냄새를 구별할 수 있는 능력이 있다. 그러나 여전히 여러 냄새를 탐지하는 데 있어 우리의 역치는 애완용인 개, 고양이, 말 등의 역치보다 확실히 열등하다. 하지만 인간은 행동적으로 유의미한 냄새에 대해 놀라울 정도로 빠른 민감성을 갖고 있다. 이 절의 첫 부분에서 논의한 바와 같이, 다양한 출처의 증거가 인간의 후각이 많은 사회적·문화적 관련 행동 및 많은 냄새에 대한 인지적 평가와 생생하게 연결됨을 지적한다.

　인간 땀의 천연 성분인 델타 4,16-androstadien-3-one(안드로스타다이에논) 화합물은 인간 사이의 의사소통에서 독특한 역할을 한다. 점점 더 많은 증거가 인간은 자신의 냄새, 혈육 대 비혈육의 냄새, 친구 대 낯선 이의 냄새 등을 우연보다 유의미하게 높은 정확도로 구분해낼 수 있음을 지적한다(예 : Olsson et al., 2006). 그러나 인간은 기능적인 보습코기관을 가지고 있지 않다. 그렇다면 이러한 사회적 냄새는 어떻게 감지될까? Tom Hummer와 동료들(2017)은 기능자기공명영상법(fMRI)을 사용하여 냄새에 노출된 피험자와 노출되지 않은 피험자의 정서적 이미지(중립적 이미지와 비교하여)에 대한 뇌의 반응에 대한 안드로스타다이에논의 영향을 조사했다. 그들은 특히 이미지가 긍정적일 때 오른쪽 배외측 전전두 및 안와 전전두 영역에서 증가된 활성을 발견했다. 또 다른 연구는 낯선 이의 냄새가 무표정 혹은 공포스러운 표정의 얼굴 같은 공포감을 유발하는 시각 자극을 볼 때 관찰되는 활성화와 비슷하게 편도체와 섬피질을 활성화함을 발견했다(Lundstorm et al., 2008).

미각

맛에 대한 선호도가 종 사이뿐 아니라 종 안에서도 확연히 다르다는 사실이 연구를 통해 밝혀졌다. 인간과 쥐는 설탕과 사카린 용액을 좋아하지만 개는 사카린을 거부하고, 고양이는 단맛을 전혀 탐지하지 못하므로 둘 다에 무관심하다. 고양이가 단맛을 느끼지 못한다는 사실은 별로 놀랄 일이 아니다. 고양이는 순수한 육식동물이고, 정상적으로 먹는 어떤 것도 달지 않다.

　사람들 사이에서도 미각 역치와 선호도에 개인차가 있음은 아주 명백하다. 방울양배추 맛처럼 쓴맛에 대한 선호 혹은 혐오가 그 예다. 방울양배추를 좋아하는 사람도 있고, 싫어하는 사람

섬피질은 언어, 맛 지각, 사회 인지 등과 관련된 영역을 포함한다.

도 있다. 실제로 Linda Bartoshuk(2000)은 실험을 통해 성인들 사이의 절대적 차이를 실증하였는데, 일부는 매우 쓰다고 지각하는 반면에, 일부는 무덤덤하게 지각했다. 추정컨대, 후자의 집단은 방울양배추에 대한 내성이 좀 더 강하다.

쓴맛에 대한 민감도는 특정 화학물질(6-*n*-propylthiouracil, PROP)을 탐지하는 능력의 유전적 차이와 관련이 있다. PROP 쓴맛은 미각 수용체 유전자인 TAS2R38의 대립변이와 연관된다. PROP의 작은 양도 탐지해낼 수 있는 사람들은 극도의 쓴맛을 찾아낸다. 그들은 때로 **초특급감식가**(supertaster)로 불린다. PROP을 아주 쓴 것으로 지각하지 못하는 사람은 **비감식가**(nontaster)로 불린다. 초특급감식가일 때의 장점은 많은 쓴 '음식'이 유독하다는 점이다. 단점은 자몽 같은 많은 영양가 높은 과일이나 채소를 너무 쓰다고 느껴서 피하게 된다는 것이다.

미각 역치의 차이는 또한 나이가 들면서 드러난다. 아이들은 어른보다 훨씬 맛에 민감하고 더 많은 미각 수용체를 갖고 있기 때문에 종종 매운 맛을 견디지 못한다. 20세쯤 되면 인간은 적어도 미각 수용체의 50%를 잃는다고 추정된다. 아이와 어른이 음식에 대해 다른 선호도를 갖고 있다는 사실은 전혀 놀랄 일이 아니다.

미각 인식에는 인종적 차이도 존재한다. 한 연구에서 히스패닉 또는 아프리카계 미국인 피험자들은 비히스패닉 백인보다 미각을 더 강하게 평가했다. 연구자들은 그런 평가 차이가 음식의 종류나 매운맛에 대한 경험의 변이와 관련된 인종 집단 간의 식단 차이를 반영하거나, 미각 수용체의 밀도와 같은 생리적 차이를 반영할 수 있다고 제안했다(Williams et al., 2016).

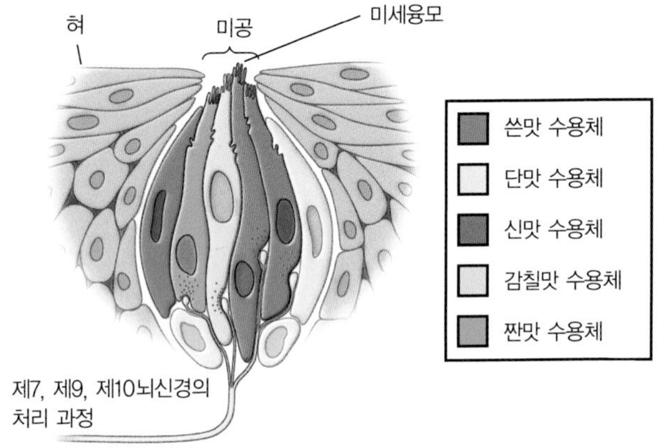

맛 수용체

미각 수용체는 혀 위와 아래, 입천장의 연구개, 입 옆, 입 뒤의 비인후 등에 위치한 미뢰에서 발견된다. 다섯 가지 다른 미각 수용체 유형이 존재하고, 이들 각각은 서로 다른 음식 화학 성분에 반응한다. 가장 친숙한 네 가지 유형은 단맛, 신맛, 짠맛, 쓴맛이다. 다섯 번째 유형은 우마미(일본어로 '감칠맛'을 의미함) 수용체라고 부르는데, 글루타메이트에 특별히 민감하다. 한때는 혀의 서로 다른 영역이 다섯 가지 기본 미각을 각각 담당한다고 널리 믿었지만, 이제 우리는 다섯 가지 미각 수용체가 혀 전체에서 발견된다는 사실을 알고 있다.

미각 수용체는 미뢰 안에 집단으로 존재하는데, **그림 12.13**에 예시되어 있듯이 각각은 전부는 아니지만 여러 수용체 유형을 내포한다. 미각 자극은 미세융모(microvilli)라 하는 수용체 끝과 상호작용하여 이온 통로를 열어서 막전위 변화를 일으킨다. 미뢰는 기저에서 제7뇌신경(안면신경), 제9뇌신경(설인신경), 제10뇌신경(미주신경) 등으로부터 온 구심성 신경의 가지들과 접촉한다.

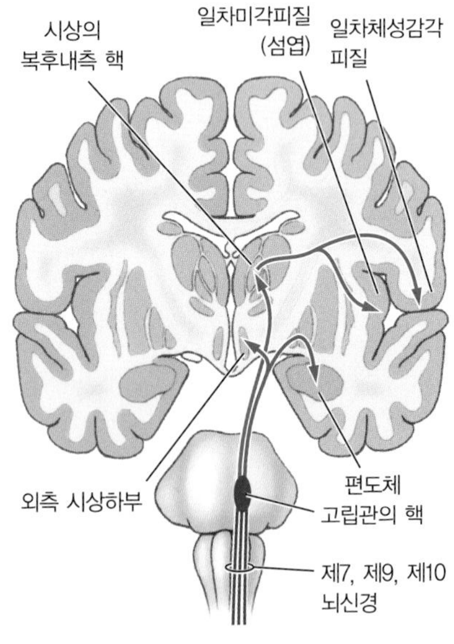

미각 경로

제7, 제9, 제10뇌신경들은 일단 중추신경계로 들어가면 고립관(solitary tract)이 되는 주 미각 신경을 형성한다. **그림 12.14**에 예시된 바와 같이 이 관은 뇌간으로 들어가 두 갈래로 나뉜다. 한 가지 경로(빨간색 화살표)는 연수 뒤쪽을 지나 시상의 복후내측 핵(ventroposterior medial nucleus)으로 향한다. 이 핵은 다시 두 갈래의 경로를 내보내는데, 하나는 일차체성감각피질(SI)로 향하고, 다른 하나는 이차체성감각피질(SII) 바로 앞쪽의 영역인 섬엽 일차미각피질로

혀 　미공 　미세융모

쓴맛 수용체
단맛 수용체
신맛 수용체
감칠맛 수용체
짠맛 수용체

제7, 제9, 제10뇌신경의 처리 과정

그림 12.13　미뢰의 구조

출처 : Smith & Shepherd(2003).

시상의 복후내측 핵　일차미각피질 (섬엽)　일차체성감각 피질

외측 시상하부　편도체 고립관의 핵

제7, 제9, 제10 뇌신경

그림 12.14　미각 경로

향한다.

섬엽의 미각 영역이 맛을 느끼는 데 기여하는 반면에, SI은 촉각 정보에도 반응하여 아마도 음식의 감촉에 대한 반응을 담당한다. 미각피질은 후각피질 유입부 근처의 안와전두피질로 돌기를 보낸다. 뇌영상 연구들에 따르면, 안와전두피질에서의 후각과 미각 입력의 혼합이 바로 우리의 향미 지각을 일으킨다. 섬엽이 맛의 성질과 강도를 식별하는 반면에, 안와전두피질은 맛의 정동적 특성을 평가하는 것으로 여겨진다. 음악이나 빛 같은 분위기 또한 안와전두피질의 이 영역에 영향을 주어, 혈류가 증가하고, 그래서 우리의 향미 경험이 향상된다. 안와전두피질의 관여는 이 절 서두에서 논의된 바와 같이 냄새에 대한 인지적 평가와 관련될 수 있다.

미각신경으로부터 나온 두 번째 경로(그림 12.14의 파란색 화살표)는 뇌간 고립관의 핵을 거쳐 시상하부와 편도체로 향한다. 연구자들은 이 입력 경로가 아마도 향미의 쾌감도와 강도에 대한 평가를 통해 섭식에 일부 역할을 하고 있다고 추정한다.

화학적 감각의 손상과 행동

시각과 청각 손상이 확실히 일상생활에 큰 혼란을 일으킬 수 있지만, 화학적 감각의 손상 역시 더 미묘하면서도 심오한 영향을 미칠 수 있다. 후각 기능의 이상은 우울증 발병 증가, 먹고 마시는 즐거움 감소, 남녀 모두의 성적 만족도 감소를 비롯한 많은 행동과 관련된다. 후각 상실은 체취와 같은 불쾌한 냄새가 감지되지 않기 때문에 개인 위생의 결함과도 관련된다. 덧붙여 후각 및 미각 기능의 상실(각각 **무취증** 및 **무미증**이라 지칭됨)은 종종 운동 또는 인지 증상의 출현에 앞서는 파킨슨병 및 치매의 초기 바이오마커이다(Adams et al., 2018; Eliyan et al., 2021; Melis et al., 2021; Siegel et al., 2021). 보다 최근에는 무취증과 무미증이 COVID-19 감염의 초기 두드러진 증상으로 확인되었으며, 흔히 이 질병과 연관된 호흡기 문제가 해소된 후에야 서서히 완화된다(Rouadi et al., 2021).

많은 장애에서 미각 및 후각의 상실은 음식에 대한 흥미 결여를 초래한다. 섭식이 보상 없는 경험일 때, 이는 음식 소비의 감소로 이어질 수 있다. 이러한 변화는 특히 노인들 사이에서 영양실조 같은 심각하게 해로운 건강 영향과 연관된다(Meunier et al., 2021). 덧붙여서, 이러한 화학적 감각의 결함은 안전하지 않거나 썩은 음식을 먹지 않도록 보호하는 혐오 체계를 활성화하지 못하여 잠재적으로 식중독으로 이어질 수 있다.

12-4절에서는 섭식과 음수의 조절과 관련된 일부 신경 구조를 살펴보고, 이러한 구조의 손상에 해당하는 일부 섭식장애를 검토한다.

12-3 복습

진도를 계속 나가기 전에 앞 절을 얼마나 이해했는지 확인해보자. 정답은 이 책의 뒷부분에 있다.

1. 후각에 대한 수용체 표면은 _____이다.

2. 후각 및 미각 경로는 시상을 거쳐 _____이라 하는 안구 소켓 위 영역에서 합쳐진다.

3. 쓴맛의 지각은 _____와/과 _____의 숫자 모두와 관련된다.

4. 후각 및 미각 상실과 연관된 세 가지 장애는 _____, _____, _____이다.

5. 공정성 및 도덕성과 관련된 경우와 같이 추상적인 평가를 수행하는 능력이 화학적 감각에 기반한 인지 평가를 수행하는 신경 체계에서 어떻게 생겨날 수 있었는지 설명하시오.

6. 후각 처리가 인간의 사회적 행동에서 무슨 역할을 하는가?

학습 목표
• 섭식을 조절하는 신경 기전을 파악한다.
• 갈증의 유형과 그 기전을 파악한다.

12-4

제어행동의 조절

12-2절에 기술된 서로 다른 유형의 두 가지 동기적 행동은 활력에 필수인 신체 체계의 균형 혹은 항상성을 유지하는 **제어행동**과 항상성 기제에 의해 조절되지 않으며 기본적으로 다른 모든 행동을 포함하는 **비제어행동**이다. 여기서 우리는 먹기, 물 마시기 같은 인간의 두 가지 제어행동의 조절에 초점을 둔다. 다음 절에서는 인간의 성적 행동의 조절을 탐색한다. 성적 행동은 인간에게 막대한 중요성을 지닌 비제어행동이다.

섭식 조절

섭식은 생명 유지 이상으로 훨씬 더 많은 것을 수반한다. 우리는 살기 위해 먹고 마셔야 하나, 이러한 행위에서 큰 즐거움을 얻기도 한다. 많은 사람에게 섭식은 단지 생존 때문뿐 아니라 가족과 친구와의 친목모임이나 사업상의 만남 같은 사회적 활동, 심지어 집단 식별(미식가, 채식주의자, 스낵 중독자, 다이어트인 등)의 중심이기 때문에 일상생활의 초점이다.

섭식 조절은 선진국의 많은 사람에게 좌절의 원천이며, 심지어 비탄의 원천이기도 하다. 세계보건기구(2021)에 따르면 체지방의 과도한 축적인 **비만**(obesity) 인구 비율이 1975년 이후 전 세계적으로 3배가량 증가했다. 이 상태는 이제 세계 성인 인구의 13% 이상과 5~19세 어린이의 6~8%에 영향을 미친다. 미국 질병통제예방센터에 따르면 미국에서 비만 인구의 비율은 1999~2000년 인구의 약 30%에서 2017~2018년에는 40% 이상으로 증가했다. 이러한 상승 추세는 2020년 팬데믹 동안 특히 5~11세 어린이 사이에서 가속화되었다(Woolford et al., 2021). 지난 수십 년과 달리, 어린이의 높은 비만과 과체중 비율은 이제 고소득 주민뿐 아니라 사회경제 계층 전반에 걸쳐 나타나고 있다. 이 비율은 진정 보편적인 관심사이다. 많은 저소득 주민들은 비만과 영양실조가 결합된 부담에 직면해 있는데, 이는 식품에 대한 접근이 특히 출산전, 영아, 유아 식단에서 지방, 설탕, 염분은 높지만 동시에 영양소는 부족한 것들에 대체로 제한되어 있기 때문이다.

미국인의 식단에서 지방 섭취가 상당히 감소했음에도 불구하고 과체중 혹은 비만인 아이와 어른의 수가 지속적으로 늘어나고 있다. 산업화 이후의 세계에서 무슨 행동이 지속적인 체중 증가를 일으키는 것일까? 역사에서 한 가지 단서를 찾을 수 있다. 20세기 중반까지 우리 음식의 대부분은 제철에만 구할 수 있었다. 불확실한 음식 가용성의 환경에서는 신체가 나중에 음식이 부족할 때 사용하기 위해 과도한 칼로리를 지방 형태로 저장하는 것이 이치에 맞다. 역사를 통틀어, 그리고 오늘날에도 많은 문화권에서 풍만함은 아름다움의 표준이자 건강과 부의 표시로 소망했고 소망한다.

산업화 이후의 사회에서 사람들은 음식을 지속적으로 쉽게 구할 수 있음에도 불구하고 흔히 음식이 부족해질 것처럼 먹는다. 운동을 통해 여분의 칼로리를 소모하지 못하면 체중 증가와 건강 위험이 초래된다. 문제가 더 복잡해지게, 지난 반세기에 걸쳐 디지털 미디어와 컴퓨터 기반 작업이 보편화함에 따라 앉아서 생활하는 생활방식이 이전 세대에서보다 더 흔해졌다.

인간의 섭식 조절 체계는 음식에 대한 생각 같은, 그리고 환경적 단서와 섭식행동 사이의 연관성 같은 인지적 요소를 포함한 다양한 신경생물학적 입력을 갖는다. 그런 단서를 섭식과 지속적으로 짝지으면, 예를 들어 공부나 TV 시청을 간식 먹기와 짝지으면, 단서만으로도 식사에 대한 동기 및 유인책이 될 수 있다. 우리는 12-7절의 보상과 중독에 대한 논의에서 이 현상으로 돌아간다.

섭식장애는 저체중 혹은 과체중을 수반한다. **거식증**(anorexia nervosa)은 거대한 인지적 요소, 즉 자기상(self-image)을 가진 섭식장애이다. 개인의 신체 이미지는 거식증에서 고도로 왜곡된다. 이런 오지각은 과체중에 대한 지나친 걱정으로 이어진다. 이러한 걱정의 회오리는 과도한 다이어트와 강박적 운동, 그리고 생명을 위협할 수도 있는 심한 체중 감량으로 모아진다. 거식증은 특히 청소년기 소녀에게서 흔하다.

인간의 섭식행동에 대한 신경생물학적 조절은 단순한 과정이 아니다. 인간의 섭식 조절 체계로 들어가는 다중의 입력은 3개의 주요 원천에서 나오는데, 이미 소개된 인지적 요소, 시상하부, 소화기 계통이 바로 그것이다.

소화기 계통과 섭식 조절

소화는 장신경계(enteric nervous system, ENS)에 의해 조절된다. **그림 12.15**에 예시된 바와 같이 소화관은 입에서 시작해 항문에서 끝난다. 음식이 소화관을 통과하는 동안, 소화기 계통은 지질(지방), 아미노산(단백질 구성요소), 포도당(당분) 등 세 가지 유형의 영양분을 추출한다. 각각의 영양분은 전문화된 에너지 비축재료이다. 어떤 주어진 순간에 우리가 무엇을 하느냐에 따라 다양한 양의 이 비축재료가 필요하기 때문에, 신체는 혈류 내 각 영양분 수준을 추적하는 탐지세포를 갖고 있다.

포도당은 신체의 일차 연료이고, 사실상 뇌에게는 유일한 에너지원이다. 뇌는 소화관이 비었을 때도 포도당이 필요하기 때문에, 간은 포도당의 비활성 형태로 작용하는 탄수화물인 글리코겐의 단기저장고 역할을 한다. 자고 있을 때처럼 혈당량이 떨어질 때, 탐지세포는 간에게 글리코겐을 포도당으로 전환하여 혈류로 방출하도록 알려준다.

그러므로 소화기 계통은 주로 음식을 분해하는 기능을 하고, 신체는 얼마나 이런 분해가 잘 진

거식증 과체중에 대한 과도한 걱정 때문에 심한 체중 감소와 심지어 기아 상태까지 이어질 수 있는 부적절한 음식 섭취와 흔히 과도한 운동에 빠지는 게 특징인 섭식장애

그림 2.33은 장신경계의 내부적 작동을 도식화하며, 5-3절은 장신경계가 사용하는 주요 신경전달물질을 다룬다.

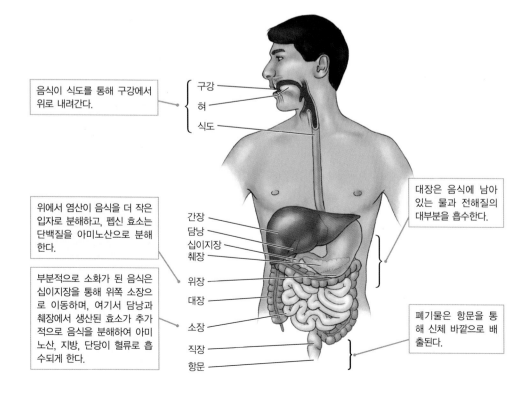

음식이 식도를 통해 구강에서 위로 내려간다.

구강
혀
식도

위에서 염산이 음식을 더 작은 입자로 분해하고, 펩신 효소는 단백질을 아미노산으로 분해한다.

부분적으로 소화가 된 음식은 십이지장을 통해 위쪽 소장으로 이동하며, 여기서 담낭과 췌장에서 생산된 효소가 추가적으로 음식을 분해하여 아미노산, 지방, 단당이 혈류로 흡수되게 한다.

간장
담낭
십이지장
췌장
위장
대장
소장
직장
항문

대장은 음식에 남아 있는 물과 전해질의 대부분을 흡수한다.

폐기물은 항문을 통해 신체 바깥으로 배출된다.

그림 12.15 소화기 계통

실식증 먹지 못함. 먹기를 꺼려서 혹은 운동곤란, 특히 연하곤란 때문일 수 있음

과식증 심한 체중 증가를 초래하도록 과도하게 먹음

5-4절은 호르몬의 주요 범주를 살펴보고, 호르몬이 어떻게 작동하는지 논의한다.

행되고 있는지에 대해 통지를 받을 필요가 있다. 되먹임 기제가 그런 정보를 제공한다. 음식이 장에 도달하면, 장신경계의 수용체와 상호작용하여 콜레시스토키닌(CCK), 글루카곤 모양 펩티드 1(GLP-1), 펩티드 YY(PYY) 등을 포함해 적어도 10가지 이상의 펩티드 호르몬의 방출을 촉발한다. 각각의 펩티드 호르몬은 음식이 흡수될 때 방출되는 덕분에 음식 섭취를 억제하는 포식(혹은 포만) 신호로 작용한다. 예를 들어 만약 CCK를 동물의 시상하부에 주입하면, 그 동물의 식욕은 줄어든다.

시상하부와 섭식 조절

섭식은 인슐린, 성장호르몬, 성 스테로이드를 포함한 여러 호르몬의 영향을 받는다. 이 호르몬들은 섭식을 자극 혹은 억제하며, 먼저 영양소를 지방으로, 이어서 지방을 포도당으로 전환하는 데도 일조한다. 호르몬 계통을 조절하는 시상하부는 포만뿐 아니라 섭식에서도 핵심 뇌 구조이다.

시상하부가 어떻게 섭식을 조절하는가에 대한 연구는 1950년대 초반에 시작되었다. 당시 연구자들은 쥐의 외측 시상하부에 손상을 입히면 섭식을 멈추는 **실식증**(aphagia, 그리스어로 *phagein*은 '먹다'의 의미임)이라는 증상이 유발됨을 발견하였다. 반대로, 복내측 시상하부의 손상은 쥐가 과도하게 먹는 **과식증**(hyperphagia)을 일으켰다. 비만이 될 때까지 과식하는 복내측 시상하부에 병변이 있는 쥐에 대한 설명이 **실험 12-1**의 절차 부분에 있다. 결과 부분은 복내측 시상하부에 병변이 있는 쥐가 1kg이 넘는 체중을 보여, 체중 340g의 정상적 자매보다 3배 이상 무거움을 보여준다.

연구자들은 또한 외측 시상하부에 전기 자극을 주면 섭식이 유도되는 반면에, 복내측 시상하부를 자극하면 섭식이 억제됨을 발견했다. 이 두 시상하부 영역의 손상과 자극이 상반된 효과를 보임에 따라 외측 시상하부의 신호가 섭식을 시작하게 하는 반면에, 복내측 시상하부의 신호는 섭식을 끝나게 한다는 아이디어가 나왔다. 그러나 이 모델은 너무 단순하다는 것이 빠르게 증명되었다. '임상 초점 12-2: 다이어트와 리듬'은 섭식 조절에서 외측 시상하부의 역할에 대한 보다 역동적인 모델을 제시한다.

외측 시상하부 뉴런의 몇몇 구별되는 유형들은 빠르고 느린 진동을 통해 상호작용하여 섭식을 자극하거나 억제한다(Kosse & Burdakov, 2018 참조). 덧붙여서, 외측 시상하부에는 몇몇 유형의 뉴런을 포함하는 세포체뿐 아니라 통과하는 섬유 다발도 있다. 세포체와 섬유 둘 중 어떤 구조가 손상되어도 실식증이 생길 수 있다. 비슷하게, 복내측 시상하부를 통과하는 섬유의 손상은 흔히 시상하부의 실방핵에도 손상을 일으킨다(그림 12.5A 참조). 그럼에도 불구하고 섭식 조절에 있어서 시상하부의 역할은 외측과 복내측 구조만의 활동 그 이상을 포함한다.

사실 또 다른 시상하부 영역인 궁상핵(arcuate nucleus)에는 두 가지 주요 부류의 뉴런이 있는데, 하나는 섭식을 시작시키는 것(예: 뉴로

⤳ 실험 12-1

질문 : 시상하부가 섭식에 역할을 하는가?

절차

오른쪽 쥐의 복내측 시상하부를 손상하고 체중을 1년간 측정했다. 왼쪽의 자매 쥐는 정상이다.

자매 쥐의 온전한 뇌　　　병변이 있는 쥐의 뇌

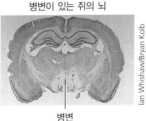

병변

결과

복내측 시상하부가 손상된 쥐는 음식 섭취와 체중의 급격한 증가를 보였다.

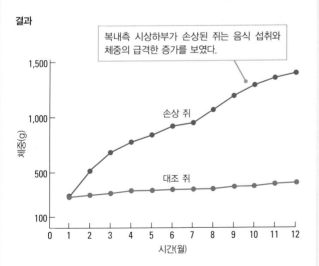

손상 쥐

대조 쥐

결론 : 복내측 시상하부는 섭식 중단의 조절에 역할을 한다. 복내측 시상하부의 손상은 지속적이고 급격한 체중 증가를 유발한다.

다이어트와 리듬

시장에 있는 광범위한 다이어트 식단과 체중 감량 전략에도 불구하고, 어떤 것도 선진국이 직면한 비만 유행을 막지 못하고 있다. 전체적으로, 다양한 다이어트 식단의 효과에 대한 연구들은 체중이 일반적으로 처음 몇 달 또는 첫해에는 감소하지만 대개 원래대로 되고, 많은 경우 시작 때보다 오히려 증가함을 보여준다(다이어트 식단들을 비교하려면 하버드 의대의 *The Diet Review*, 2020 참조). 체중 조절을 위한 다이어트 식단의 실패는 체중 조절에 대한 다른 접근 방식이 필요할 수 있음을 시사한다.

비만 중재술 개발에서 한 가지 문제는 섭식 관련 행동의 인지적 조절에 대해 알려진 바가 거의 없다는 것이다. 섭식 조절에서 분자, 세포, 심지어 뇌 영역의 역할에 대해 많은 것이 알려져 있지만, 이러한 요소들 모두가 어떻게 함께 작동하는지는 아직 명확하지 않다. 그러나 지난 10년 동안 연구자들은 뇌 활동의 리듬(진동으로 알려짐)이 다양한 뇌 영역을 통합하는 작용을 한다는 것을 보여주었다(예 : Buzaki, 2011 참조). 이러한 진동은 막전위부터 뇌전도(EEG) 추적까지 다양한 수준에서 측정될 수 있다. 미만성 뇌 회로는 함께 작동하여 단순히 같은 위상에 있으면서 동일한 리듬으로 진동함으로써 행동을 생성할 수 있다.

Marta Carus-Cadavieco와 동료들(2017)은 음식 추구 행동과 비만으로 이어지는 신진대사 요구 사이의 해리가 미만성 섭식 체계에서 뇌 진동과 관련되

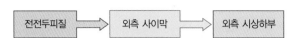

전전두피질은 외측 사이막으로 투사를 보내고, 외측 사이막은 외측 시상하부의 섭식 관련 뉴런에 억제성 입력을 보낸다. 이 경로는 감마 리듬을 통해 상호작용하여 섭식을 조절한다.
출처 : Narayanan & DiLeone, 2017.

는지에 의문을 가졌다. 생쥐에서 인상적인 범위의 전기생리적, 광유전적, 분자적 기술을 사용하여, 그들은 전전두피질에서 기원한 감마 리듬(30~80 Hz)이 외측 사이막 및 외측 시상하부와 강하게 결부되어 음식 추구와 섭식으로 향하게 됨을 보여줄 수 있었다. 광유전적 자극은 외측 시상하부의 뉴런에 대한 효과를 통해 음식 추구 행동을 유도하거나 감소시킬 수 있다(첨부 그림 참조).

이 작업은 인지 활동이 섭식을 조절할 수 있는 기전을 보여준다. 전전두 리듬이 인간에서 피질 네트워크들을 동기화하는 것으로 잘 알려져 있지만, 피질하 네트워크들에도 영향을 미칠 수 있다는 것은 알려지지 않았다. 감마 활동은 두피 뇌전도로 측정될 수 있기 때문에, 전전두 구동의 진동 리듬 변조가 어떻게 섭식 네트워크를 조정하는지에 대한 모니터링이 가능할 수 있으며, 이는 체중을 조절하는 직접적 중재술로 이어질 수 있다.

펩티드 Y에 대한 유전자를 발현하는 뉴런)이고, 다른 하나는 섭식행동을 감소시키는 것으로 주요 전달물질은 α-멜라노사이트-자극호르몬(α-MSH)이다. 혈중 포도당과 지질 수준을 반영하는 호르몬(각각 인슐린과 렙틴) 수준의 변화는 섭식을 시작시키는 첫 번째 뉴런 부류나 섭식 억제에 작용하는 두 번째 부류를 자극하는 작용을 한다. 궁상핵의 뉴런은 실방핵과도 연결된다. 이 영역의 손상은 로저가 경험하고 이 장의 시작부에서 설명한 것과 같은 과식증을 일으킨다.

이 모든 시상하부 뉴런들의 총체적 활동이 섭식을 조절하는 복잡한 항상계(homeostat)를 구성한다. **그림 12.16**에 보이듯, 이 항상계는 장신경계(예 : 혈당량에 관한 정보), 호르몬 체계(예 : 식욕을 떨어뜨리는 CCK 수준에 대한 정보), 인지적 요소를 처리하는 뇌의 부분 등 세 가지 원천으로부터 입력을 받는다. 다음은 이런 인지적 요소를 살펴본다.

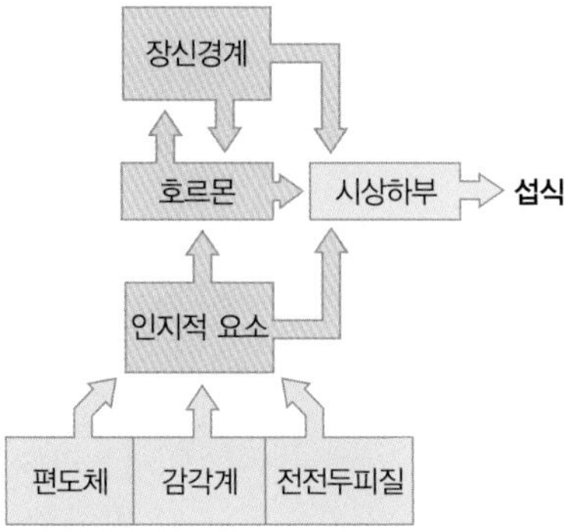

그림 12.16 섭식 조절 모델링

섭식의 인지적 조절

쾌감과 쾌감 부재가 섭식 조절의 인지적 요소이다. 좋아하는 음식에 대해 생각하는 것만으로도 많은 사람이 배고프다고 느낄 수 있다. 섭식의 인지적 측면에는 기억에서 끌어내는 음식의 이미지뿐 아니라 외적 감각, 특히 음식과 관련된 광경과 냄새도 포함된다. 12-1절에서 논의된 맛 혐오 같은 학습된 연합과 12-3절에서 논의된 인지 평가 역시 섭식과 관련된다.

인간에서 섭식 조절에 중요한 인지적 요소의 신경 조절은 아마도 다중의 뇌 영역들에서 유래한다. 2개의 구조, 즉 편도체와 안와전두피질이 확실히 중요하다. 편도체 손상은 음식 선호도를 바꾸고 맛 혐오 학습을 지운다. 이런 효과는 아마도 시상하부로 가는 편도체의 원심성 연결과 관련된다.

종 전형 행동(species-typical behavior)을 제어하는 편도체의 역할은 잘 정립되어 있으나, 안와전두피질의 역할은 정확히 밝히기가 더 어려운 것으로 판명되어 왔다. 안와전두피질이 손상된 쥐와 원숭이는 덜 먹어서 체중이 감소한다. 안와전두피질이 손상된 사람들은 예외 없이 마른 체

삼투성 갈증   체액 안의 용해 화학물질 혹은 용질의 농도 증가에 의해 유발된 갈증

저용적성 갈증   신체에서 체액의 부피가 전체적으로 줄어들어서 유발된 갈증

구이나, 그들의 식습관에 대한 공식적 연구는 없는 실정이다. 안와전두피질은 후각신경구로부터 투사를 받고, 이 영역의 세포들은 냄새에 반응한다. 냄새가 음식의 맛에 영향을 주기 때문에, 안와전두피질의 손상은 음식의 냄새와 맛에 대한 감각 반응의 감소로 이어져 섭식을 감소시킬 가능성이 있다.

섭식 조절에서 부가적인 인지적 요소는 섭식에서 파생된 쾌감이다. 특히 특정한 맛의 식품이라면 더욱 그렇다. 초콜릿을 생각해보라. 쾌감이 무엇인지, 그리고 뇌가 어떻게 쾌감을 일으키는지는 보상의 맥락으로 12-7절에서 논의한다.

Randy Seeley와 Stephen Woods(2003)는 오늘날의 체중 증가 문제에도 불구하고 다 자란 포유류는 일반적으로 칼로리 섭취를 칼로리 소비에 맞추는 능숙한 작업을 수행한다고 언급했다. 그렇다 해도, 장내 미생물 구성 및 유전적 구성과 함께, 개인의 대량영양소(예 : 탄수화물, 단백질, 지질) 특정 섭취가 신체의 체중 조절 능력 및 체중 증가를 유발하는 에너지 잉여분을 저장하는 능력을 변형시킬 수 있다는 증거가 늘어나고 있다(San-Cristobal et al., 2020의 종설 참조). 그러므로 개인의 식이 전략에 대한 조언은 각 개인 자신의 정확한 영양 기준에 기초해야 한다.

음수 조절

인간 신체는 70%가 물이며, 이 물에는 신체 기능에 필요한 수백 가지 반응에 관여하는 화학물질들이 용해되어 있다. 필수적 항상성 기제들은 아주 좁은 범위 내에서 물의 양(과 결과적인 화학물질 농도)을 조절한다. 화학 반응의 비율은 부분적으로 관여 화학물질의 농도에 의해 결정된다.

섭식과 더불어 우리는 여러 이유로 음수를 한다. 커피, 포도주, 맥주, 주스와 같은 음료를 마시는데, 그 이유는 에너지 신장을 위해, 편안해지려고, 사회 활동의 하나로서, 또는 단지 맛이 좋아서 등일 수 있다. 또 건강에 유익해서, 먹은 음식을 원활하게 넘어가게 하려고, 마른 음식의 향을 강화하기 위해서도 물을 마신다. 더운 날, 땀과 증발로 상당량의 수분을 잃었기 때문에 갈증이 나서 물을 마신다.

이 예들은 두 가지 종류의 갈증을 예시한다. **삼투성 갈증**(osmotic thirst)은 체액 안에 용질(solute)이라는 용해된 화학물질의 농도가 증가해서 생긴다. **저용적성 갈증**(hypovolemic thirst)은 신체에서 전체적 용액의 부피가 줄어들어서 생긴다.

삼투성 갈증

세포 내측과 바깥쪽의 용질은 신체의 화학 반응을 위해 이상적 농도로 맞춰져 있다. 이런 농도를 유지하기 위해서는 체온을 조절하는 내부 온도조절장치와 같은 일종의 항상계를 필요로 한다. 이상적인 용질 농도로부터의 일탈은 농도를 되돌리기 위한 체계를 활성화한다.

우리가 감자칩 같은 짠 음식을 먹었을 때, 염분은 혈액을 통해 퍼져 세포 사이의 공간을 채우고 있는 세포외액으로 들어간다. 이는 용질 농도를 이상적 수준에서 멀어지게 한다. 제3뇌실을 따라 있는 시상하부 내의 수용체들은 변화된 용질 농도를 탐지하여, '너무 짜다'는 메시지를 다양한 시상하부 영역에 전달하며, 결국 우리로 하여금 삼투성 갈증에 반응해 물을 마시도록 자극한다. 다른 메시지들은 신장으로 보내져서 물 배출을 감소시킨다.

짠 음식을 먹어서 생긴 갈증을 풀기 위해 설탕이 든 음료에 의존하면 체중 증가 가능성이 높아진다.

물 중독   너무 많이 먹으면 비만이 된다. 물을 너무 많이 마시면 무슨 일이 일어날까? 우리의 신장은 물을 처리하기에 충분하나, 너무 많은 양을 한꺼번에 마시면 신장은 계속 처리할 수 없다. 결과는 물 중독이라 불리는 상태이다. 신체 조직은 용액 과다로 부풀어, 어쩔 수 없이 세포들

이 민물에 빠진 꼴이 된다. 동시에 나트륨의 상대적 농도가 떨어져서 전해질 불균형이 초래된다.

물 중독은 불규칙적인 맥박부터 두통까지 넓은 범위의 증상을 일으킬 수 있다. 심한 경우에는 사람들이 술에 취한 것처럼 운동 혼란을 보이기도 한다. 성인이 물 중독 상태가 될 가능성이 가장 큰 방법은 (예를 들어 더운 날씨에 마라톤을 하는 동안) 심하게 땀을 흘린 다음, 추가 전해질 없이 물을 너무 많이 마시는 것이다.

저용적성 갈증

삼투성 갈증과 달리 저용적성 갈증은 체액의 전체적인 부피가 감소할 때 발생하여, 우리로 하여금 더 마셔서 체액을 보충하도록 동기를 부여한다. 그러나 삼투성 갈증과 달리 저용적성 갈증은 우리로 하여금 물 이외의 다른 음료를 선택하도록 독려하는데, 그 이유는 물이 혈액의 용질 농도를 희석시키기 때문이다. 그래서 이 경우 우리는 과일 주스나 우유와 같이 염분과 기타 영양소가 포함된 향이 첨가된 음료를 마시는 것을 더 선호한다.

저용적성 갈증과 그 갈증의 해결은 삼투성 갈증을 조절하는 곳과는 다른 시상하부 회로에서 조절된다. 체액의 부피가 떨어질 때, 신장은 호르몬 신호(안지오텐신)를 보내 중간 시상하부 뉴런을 자극한다. 차례로, 이 뉴런은 음수를 자극한다.

12-4 복습

진도를 계속 나가기 전에 앞 절을 얼마나 이해했는지 확인해보자. 정답은 이 책의 뒷부분에 있다.

1. 섭식을 조절하는 3개의 주요 시상하부 영역은 _____, _____, _____이다.

2. 소화는 _____신경계에 의해 조절된다.

3. _____ 갈증은 용해 화학물질 농도의 증가에 기인하고, _____ 갈증은 체액 전체 용적의 감소에 기인한다.

4. 섭식 조절의 인지적 요소에 대하여 기술하시오.

12-5

성차와 성행동

사람은 생존을 위해 계속해서 먹고 마셔야 한다. 이는 제어행동의 필수이다. 그러나 생식이 분명히 종의 생존에 필수적이지만, 성행동은 비제어적이다. 즉 개개 유기체의 생존을 위해 필수적이지 않다. 그 사실이 우리 대부분에게 성이 중요하지 않음을 납득시키는 것은 전혀 아니다. 이 사실이 성행동의 중요성을 감소시키는 것은 전혀 아니다. 그러나 성행동을 논의하기 전에 먼저 성 분화를 살펴보자.

Margaret McCarthy와 동료들(2017)은 확립된 증거와 일치하고 성 분화에 대한 이해의 기초를 형성하는 10가지 개념을 확인했다(**표 12.3** 참조). 다음에 우리는 이 10가지 개념을 요약할 것이며, 심도 있는 논의를 위해서는 McCarthy 등(2017)의 종설을 권장한다.

뇌의 성 분화

Charles Phoenix와 동료들(1959)은 처음으로 뇌 조직화에 대한 호르몬의 두 가지 일반적 효과를 보여주었다. 즉 생식호르몬은 발달 중에는 뇌를 **조직화**하고, 성인기에는 짝짓기 행동과 같은 많

학습 목표
- 뇌의 성 분화를 서술한다.
- 성호르몬이 뇌에 미치는 효과를 파악한다.
- 성행동의 신경 조절과 성행동에 대한 인지적 영향을 요약한다.
- 성적 지향의 신경 상관체를 서술한다.

표 12.3 성 분화에 대해 우리가 알고 있는 10가지 사실

1. 호르몬은 성장기뿐만 아니라 성인기에도 작용하여 성차를 유발한다.
2. 행동에 성차가 있다.
3. 생리작용에 성차가 있다.
4. 질병 감수성에 성차가 있다.
5. 신경 및 아교 구조와 신경 연결성에 성차가 있다.
6. 신경화학에 성차가 있다.
7. 안드로겐과 에스트로겐은 뇌의 성 분화에 역할을 한다.
8. 성염색체 보체는 성 분화에 기여한다.
9. 성차는 맥락 의존적이다.
10. 성 분화는 신경 발생, 세포 이동, 세포 사멸, 신경회로 분화라는 네 가지 핵심 과정에 달려 있다.

출처 : McCarthy et al., 2017.

은 성별 특이적 행동을 **활성화**한다. 나중에 이 개념을 더 자세히 설명하지만, 먼저 우리는 다른 많은 행동 역시 성차를 보인다는 점에 주목한다(더 광범위한 논의는 Kolb & Whishaw, 2021 참조). 아마도 인간에서 가장 잘 알려진 성차는 언어 유창성에서 여성의 이점일 것인데, 이는 어린 아이들에서 명백하다. 5분 동안 특정 문자로 시작하는 단어를 적어보라고 하면, 일반적으로 여성이 남성보다 최소 10% 이상 더 많은 단어를 적어 낸다. Karson Kung과 동료들(2016)은 1~3개월에 타액의 테스토스테론 수치가 높을수록 18~30개월에 측정된 표현 어휘가 더 적다는 것을 발견했다.

아마도 성차의 가장 명확한 예는 공간적 행동에 있을 것이다(보다 광범위한 논의는 15-5절 참조). 공간 내비게이션에서 남성의 이점은 인간뿐만 아니라 연구된 대부분의 다른 포유류에서도 발견된다. 수컷 설치류는 일반적으로 더 넓은 영역을 돌아다닐 수 있으며, Morris의 수영장 과제(그림 7.4A 참조)와 같은 문제 해결에 더 능숙하다. 그러나 랜드마크 과제에서처럼(그림 7.4C 참조) 방 단서가 무시되어야 하는 경우 암컷이 더 잘 수행한다. 그런 까닭에, 과제 수행의 차이는 성 각각의 공간 인지 **능력**보다는 각각의 성이 사용하는 **전략**에 뿌리가 있다. 이 전략 차이는 성차가 맥락 의존적이라는 사실을 알려준다. 시험에서 지시문의 단어 선정이 한 성 또는 다른 성에 의해 전형적으로 사용되는 전략을 변경시켜 결과에 영향을 줄 수 있다는 또 다른 예도 있다.

행동의 성차는 절대적이지 않다. 그 차이는 약 1표준편차 차이가 나는 경향이다. 따라서 수컷 쥐가 암컷보다 더 빨리 Morris 수영장 과제를 해결한다고 해서 그 이유가 암컷이 과제를 할 수 없기 때문은 아니다. 오히려 암컷은 올바른 전략을 더 천천히 배우며, 랜드마크 과제의 경우 그 반대이다.

생리의 성차는 신경학적 질환, 특히 남아에게 더 흔한 신경발달장애에 대한 통계에서도 볼 수 있다. 이러한 남성 편향은 이러한 조기 발병 장애들이 경험적 원인을 가질 가능성이 적고, 오히려 출생 전 또는 출생 후 뇌 발달의 차이를 반영하는 경향이 있기 때문에 두드러진다. 성인기 발병 장애의 경우 성차는 병에 따라 다르다. 예를 들어 기대 수명의 성차를 고려하면 여성이 더 높은 알츠하이머병 발병률(1.5~3배)을 갖는 반면에, 남성은 더 높은 파킨슨병 발병률(1.5배)을 갖는다.

행동, 생리, 신경학적 장애의 성차는 뇌의 성차를 반영하는 것 같다. 광범위한 문헌은 뇌 구조(서로 다른 뇌 영역의 크기 및 뉴런, 아교, 연결의 구조)와 신경화학적 세부들에서의 성차를 강조

인지적 구성의 성차에 대한 추가적 논의를 위해서는 15-5절을 참조하라.

한다(Kolb & Whishaw, 2021; McCarthy et al., 2017; Ritchie et al., 2018). 예를 들어 편도체는 남성에서 더 크고, 언어 영역은 여성에서 더 크다. 연결성 차이는 여성이 더 큰 반구 간 연결을, 남성이 더 큰 반구 내 연결을 갖는다는 관찰에 반영된다. 마지막으로, 신경전달물질과 신경전달 물질 수용체 발현의 성차가 뇌 전체에 나타난다. 우리는 여성과 남성을 이분법으로 보는 경향이 있지만, '연구 초점 12-3: 뇌 성별 연속체'는 여성과 남성의 뇌에서 식별할 수 있는 차이에도 불구하고 상황이 좀 더 복잡하다는 것을 예시한다.

성 분화는 또한 성염색체와 직접적인 관련이 있다. 이는 전형적으로 2개의 X염색체를 가진 여성에서 가장 분명하게 보일 수 있다. 정상적으로 X염색체 중 하나는 대체로 고요 상태지만, 약 15%의 유전자는 불활성화에서 벗어난다. 따라서 여성 세포는 유전자 발현에 영향을 주는 후생유전학적 효과를 생성하는 2배 용량의 일부 유전자를 갖는다(복습을 위해 Arnold et al., 2016 참조).

마지막으로 McCarthy와 동료들은 신경발생, 세포 이동, 세포 사멸, 신경 분화 및 성숙에 의한 신경회로의 분화 등 어느 특성이든 성 분화는 뇌 발달의 기본 과정(표 8.1 참조)에 대한 효과 때문임이 틀림없다고 지적한다. 우리가 여성 뇌 또는 남성 뇌라고 여기는 것에서 호르몬 요인 또는 유전적 요인이 이러한 과정에 어떻게 차등적으로 영향을 미치는지 결정하는 것은 관여된 복

◎ 연구 초점 12-3

뇌 성별 연속체

생물학적 성기는 '여성'과 '남성'이라는 이진법적 용어를 사용하여 설명할 수 있지만, '여성' 또는 '남성' 뇌를 식별하기는 어렵다. 해부학적 연구와 MRI 연구들이 뇌 구조의 성차를 보여주었지만, 이러한 차이가 뇌의 여성성 또는 남성성과 어떻게 관련되는지는 명확하지 않다. Zhiguo Luo와 동료들(2019)의 연구는 기계학습을 사용하여 인간 커넥톰 프로젝트로부터의 1,000개 이상의 뇌에서 피질 형태의 성차를 조사했다. 그들의 시스템은 형태학적 특징을 사용한 성별 분류에서 96.77%의 정확도를 보였다. 그러나 이러한 해부학적 차이가 반드시 여성과 남성 뇌 사이의 기능적 차이를 시사하는 것일까?

Susanne Weis와 동료들(2020)은 다른 기계학습 시스템을 사용하여 휴지기 MRI(rsMRI)가 커넥톰 프로젝트의 다른 1,000개 뇌 표본에서 성별을 얼마나 정확하게 예측할 수 있는지 확인했다. 그들의 프로그램은 대략 75% 정확했는데, 이는 우연보다 훨씬 높으나 뇌의 25%는 여성도 남성도 아닌 것으로 식별되었다. 이 결과에 뒤이어, Yi Zhang과 동료들(2021)은 rsMRI를 사용하여 17세에서 78세에 이르는 거의 10,000개의 뇌를 비교했다. Luo 연구에서와 비슷하게 이 저자들은 그들의 프로그램에 대해 거의 77.75%의 정확도를 발견했다. 그러나 Zhang 시스템은 또한 여성 뇌가 연속체의 한쪽 끝(0)을 향하고, 남성 뇌가 다른 쪽 끝(1)을 향하는 연속체에서 뇌를 평가했다. 첨부된 그래프에서 볼 수 있듯이, 뇌의 약 25%를 차지하는 큰 집단을 특정 성별에 할당할 수 없었기 때문에(보라색으로 보이는 것), 저자들은 양성의 신경영상 개념에 대한 새로운 가설을 제안했다.

이전 연구를 기반으로 Zhang 집단은 양성으로 식별되는 사람들은 성별 적합성의 문화적 제약 없이 남성스러운 방식과 여성스러운 방식 둘 다 자유롭게 행동할 것이기 때문에, 상응하는 양성적 성역할이 더 높은 자존감과 더 나은 정신건강으로 이어질 것이라는 가설을 세웠다. 저자들이 내면화 문제(예: 우울증, 불안, 신체적 불편, 금단)에 대한 피험자의 자기 보고를 얻었을 때, 양

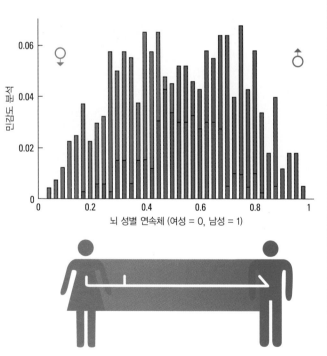

rsMRI 데이터 분류기로 네 가지 분석이 있었던 연구의 개요. 1에 가까운 값을 남성 뇌로, 0에 가까운 값을 여성 뇌로 분류하는 뇌 성별 연속체가 구축되었다.
출처: Zhang et al., 2021.

성의 집단에서 내면화 증상이 적음을 발견했다(이전 연구에서 발견된 것과 유사한 결과). 그들은 이 상태를 더 양호한 정신건강으로 해석했으며, 특히 남성에서 그렇다고 하였다.

잡성 때문에 어려운 것으로 입증되어왔다(광범위한 논의는 McCarthy et al., 2017 참조). 이러한 복잡성에도 불구하고, 단순함을 위해 우리는 '여성' 또는 '남성'의 측면에서 뇌의 차이를 논의할 것이다.

성호르몬이 뇌에 미치는 효과

McCarthy와 동료들의 기본 개념을 염두에 두고 이제 우리는 호르몬과 성 관련 행동 사이의 관계를 고려한다. 출생전 발달의 태아기 동안, 남성의 Y염색체는 배아의 생식샘 조직이 고환으로 분화하도록 조종하고, 분화된 고환은 테스토스테론을 분비한다. 이 과정은 생식호르몬의 구성 효과이다. 테스토스테론은 발달 동안 성 기관과 뇌 모두를 남성화한다. 생식호르몬이 뇌에 미치는 주요 구성 효과는 시상하부, 특히 내측 시상하부의 시삭전영역(preoptic area)에서 일어난다. 구성 효과는 편도체, 전전두피질, 척수 등 다른 신경계 영역에서도 작동한다.

생식호르몬은 유전자 메틸화 같은 후생유전적 변화에 필수적인 효소를 생산한다. 스테로이드 호르몬의 작용 중 하나는 뇌 영역들을 메틸화하는 것이다. 예를 들어 에스트로겐은 여성의 시삭전영역을 메틸화하여 남성적 특징의 억제로 이어진다. 농업용 살충제 같은 화합물의 환경적 수준 증가는 호르몬 활성을 저해하여 다세대의 후생유전적 효과를 초래할 수 있다(예 : McCarthy et al., 2009 참조). 이러한 효과들은 불안 수준 및 비만과 연계될 수 있고, 생식호르몬의 구성 효과와 연계될 가능성도 있다.

신경계의 성 관련 차이는 행동 관점에서도 의미가 있다. 결국, 수컷은 올라타고 암컷은 받아들이는 교미행동에서처럼, 동물의 구애의식은 성별에 따라 다르다. 이러한 행동의 성차 생성은 발달기이든 성인기이든 생식호르몬의 뇌에 대한 작용에 달려 있다.

발달상의 **구성 효과**(organizing effects)와 대비하여, 성인 뇌에 대한 호르몬의 작용은 **활성 효과**(activating effects)라 한다. 다음에는 양 유형의 효과를 살펴본다.

성호르몬의 구성 효과

태아기 발달 동안 남성의 고환은 **안드로겐**(androgen)이라고 하는 남성호르몬을 생산한다. 발달 중인 쥐에서, 안드로겐은 태아기 발달 마지막 주와 생후 첫 주에 생산된다. 이 시기에 생산된 안드로겐은 신경 구조나 나중의 행동을 크게 바꾼다. 예를 들어 수컷 쥐의 시상하부와 전전두피질은 암컷 쥐와 구조적으로 다르고, 발달 동안 안드로겐에 노출되지 않은 수컷 쥐와도 다르다.

발달 동안 안드로겐 테스토스테론에 거의 노출되지 않은 수컷은 성인기에 들어 유전적으로 암컷인 것처럼 행동한다. 만약 에스트로겐과 프로게스테론이 주어진다면, 수컷 쥐는 성적으로 수용적이 되어 수컷이 올라탔을 때 전형적인 암컷 쥐의 행동을 보인다. 성인기에 거세된 수컷 쥐는 이런 식으로 행동하지 않는다.

두 가지 성으로 뇌 영역들의 분화 발달, 즉 **성적 이형**(sexual dimorphism)은 복잡한 연속적 단계를 거쳐 생겨난다. 뇌 안의 세포들은 **아로마타제**(aromatase)를 생산하는데, 이 효소는 테스토스테론을 에스트라디올[에스트로겐(estrogen)이라는 여성호르몬 중 하나]로 전환한다. 즉 남성이 테스토스테론을 생산할 때, 뇌는 그것을 에스트로겐으로 전환한다. 그러므로 여성호르몬인 에스트라디올이 남성 뇌를 실질적으로 남성화되게 한다.

여성은 에스트로겐이 있어서 남성화되지 않는다. 왜냐하면 남녀의 태아 모두 에스트로겐과 결합하는 간 효소(알파태아단백)를 생산하는데, 이것이 에스트로겐을 뉴런으로 들어가지 못하

3-3절의 사례연구는 그런 후생유전적 상속을 서술한다.

8-4절은 생식호르몬의 구성적 영향과 뇌 발달의 핵심 시기를 설명한다.

구성 효과 태아 뇌의 구성적 발달에 영향을 주는 호르몬 작용

활성 효과 성인 뇌의 활성에 영향을 주는 호르몬 작용

성적 이형 두 가지 성별로 뇌 영역들의 분화 발달

게 하기 때문이다. 테스토스테론은 알파태아단백의 영향을 받지 않는다. 즉 뉴런으로 들어가 에스트라디올로 전환된다.

테스토스테론의 구성 효과는 시상하부의 시삭전영역에서 확실하게 예시되며(그림 12.5A 참조), 이 영역은 수컷 쥐의 교미행동에 핵심적 역할을 한다. Roger Gorski(1984)와 그의 동료들은 수컷과 암컷에서 이 영역을 비교하여, 수컷이 암컷보다 5배가량이나 큰 핵을 갖고 있음을 발견하였다. 확실히, 발달 중 생식호르몬 조작은 시삭전영역의 성적 이형을 변화시킬 수 있다. 수컷 쥐를 태어나자마자 거세하면 시삭전영역이 작아진다. 반면에 어린 암컷 쥐에게 테스토스테론을 주입하면 시삭전영역이 커진다.

생식호르몬의 구성 효과를 사람에서 연구하기는 더 어렵다. 태아 단백질인 알파태아단백은 인간에서 에스트로겐 차단에 덜 효과적인 것으로 알려져 있어서, 남녀 모두 인간 태아들은 에스트로겐에 노출된다. 이 소견은 안드로겐이 인간의 성 분화에서 보다 중심적인 역할을 할 수 있음을 시사한다. 안드로겐의 직접적인 역할은 John Money와 Anke Ehrhardt(1972)의 연구에서 볼 수 있다. '임상 초점 12-4 : 안드로겐 불감증후군과 부신성기증후군'은 이 역할을 설명한다.

성호르몬의 활성 효과

남성과 여성의 성행동은 성인 뇌에 대한 생식호르몬의 작용에 달려 있다. 대부분의 척추동물에서 암컷의 성행동은 난소호르몬 수준의 변동에 따른 발정주기의 경과를 따라 변화한다. 쥐의 발

◎ **임상 초점 12-4**

안드로겐 불감증후군과 부신성기증후군

고환이 남성 태아에서 형성된 후, 성적 발달은 정소호르몬(testicular hormone)의 작용에 달려 있다. *안드로겐 불감증후군*(androgen insensitivity syndrome)인 사람들을 대상으로 한 연구는 이러한 의존성을 아주 확실하게 만든다. 이 증후군에서 XY(유전적 남성) 태아는 안드로겐을 생성하나, 신체는 안드로겐에 반응하지 않을 수 있다.

안드로겐 불감증후군은 에스트로겐 수용체에 영향을 주지 않기 때문에, 영향을 받은 사람들은 부신과 고환에서 생성되는 에스트로겐에 대한 반응성을 여전히 유지한다. 그 결과, 그들은 부가적 호르몬 치료 없이도 사춘기 동안 여성의 이차성징이 발달한다. 따라서 왼쪽 사진에 보이듯, 안드로겐 불감증후군인 사람은 여성 표현형이 발달한, 즉 여성으로 보이는 유전적 남성이다.

고환 성장을 유도하는 Y염색체가 없으면, XX(유전적 여성) 태아는 난소를 발달시켜 여성이 된다. 그러나 엄마나 태아, 어느 쪽이든 부신이 과도한 양의 안드로겐을 생성하면, 여성 태아의 안드로겐 노출은 *부신성기증후군*(androgenital syndrome) 혹은 *선천성 부신 과형성*(congenital adrenal hyperplasia)을 유발한다.

안드로겐의 생성 시기나 노출 수준에 따라 그 영향은 다르다. 극단적인 경우, 오른쪽 사진처럼 작은 음경으로 오인될 정도로 클리토리스가 커진다.

덜 심한 사례들에서는 생식기 구조에 큰 이상은 없으나 행동적인 영향이 있다. 즉 초기 아동기에 여자아이들이 자신을 남자라 생각하여 남자아이 옷, 장난감, 게임을 좋아한다. 이러한 행동적 효과는 발달기의 뇌가 남성화되어, 뒤에 행동까지 변하게 된 것으로 설명될 수 있다.

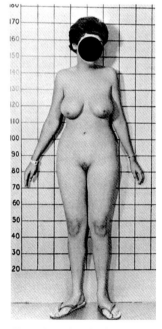
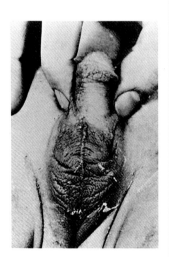

왼쪽 : 안드로겐 불감증후군에서 유전적 남성(XY)이 생식샘에서 분비된 안드로겐에는 민감하지 않으나 에스트로겐에 민감성은 유지하여 여성 표현형 발달로 이어진다. *오른쪽* : 선천성 부신 과형성에서는 유전적 여성(XX)이 배아 단계에서 부신에서 생산된 안드로겐에 노출되면서 남성 외부 성기의 부분적 발달로 이어진다.

출처 : Man and Woman, Boy and Girl by John Money and Anke A. Ehrhardt (1972)/John's Hopkin's University Press, Baltimore

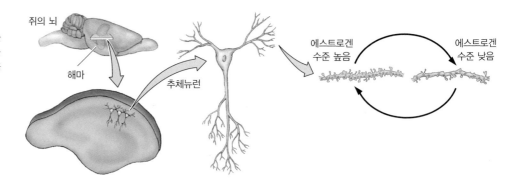

그림 12.17 호르몬 효과

쥐의 발정주기(4일)에서 에스트로겐 수준이 높을 때와 낮을 때 해마 추체뉴런의 수상돌기를 비교하면, 낮은 기간에 돌기 가시가 훨씬 적음이 드러난다.

출처 : Woolley and colleagues(1990).

정주기는 4일가량인데, 그중 성적 수용성을 보이는 시기는 난소호르몬인 에스트로겐과 프로게스테론의 생산이 정점에 달하는 몇 시간밖에 되지 않는다. 이 난소호르몬이 뇌의 활성을 변화시키고, 차례로 행동도 변화시킨다. 암컷 쥐에서 짝짓기 후 방출되는 여러 화학물질은 더 이상의 짝짓기 행동을 억제한다.

난소호르몬의 활성 효과는 해마 세포에서 명확하게 볼 수 있다. **그림 12.17**은 에스트로겐 수준이 높을 때와 낮을 때의 발정주기 두 시점에서 암컷 쥐의 해마 추체뉴런을 뽑아 비교한 것이다. 에스트로겐 수준이 높을 때 수상돌기가 더 많이 생겨나고, 결국 시냅스가 더 많이 생겨난다. 발정주기 동안 이러한 뉴런의 차이는 암컷 해마의 세포들이 성인기 내내 4일마다 다른 세포들과의 연결을 계속해서 변화시킨다는 점을 고려할 때 훨씬 더 의미가 있다.

수컷에서는 테스토스테론이 두 가지 다른 방식으로 성행동을 활성화한다. 첫째로, 편도체에 대한 테스토스테론의 작용은 성 활성을 찾으려는 동기와 관련된다. 둘째로, 시상하부에 대한 테스토스테론의 작용은 교미행동을 일으키기에 필요하다. 이어서 이 두 과정을 살펴보자.

전형적 자세

척추전만

성행동의 신경 조절

시상하부는 수컷과 암컷 모두에서 교미행동 조절에 관여하는 결정적 구조이다. 복내측 시상하부는 암컷의 짝짓기 자세를 조절하는데, 네 발로 걷는 동물에서는 이 자세를 **척추전만(lordosis)**이라 한다. 즉 가만히 정지해서 등을 활처럼 굽히고 엉덩이를 들어 올리는 자세이다. 복내측 시상하부에 손상을 입으면 척추전만이 사라진다. 복내측 시상하부의 역할은 이중적이어서, 척추전만을 일으키는 신경회로를 조절하고, 교미 동안 암컷의 호르몬 변화에 영향을 준다.

수컷에서 성행동의 신경 조절은 다소 더 복잡하다. 암컷보다 수컷에서 훨씬 큰 내측 시삭전영역이 교미를 조절한다. 내측 시삭전영역의 손상은 짝짓기 수행을 아주 기피하게 만드는 반면, 전기적 자극을 가할 경우 테스토스테론이 수컷의 혈류에 순환하고 있다면 짝짓기가 자극된다. 신기하게도 비록 내측 시삭전영역이 파괴된 수컷은 짝짓기 행동을 멈추지만, 그 수컷은 계속해서 수용적인 암컷에 관심을 보인다. 예를 들어 내측 시삭전영역 병변이 있는 원숭이는 수용적인 암컷과 짝짓기를 하지는 않지만, 방 건너의 암컷을 바라보며 자위를 한다.

Barry Everitt(1990)은 수컷 쥐가 막대를 눌러야 수용적인 암컷에 대한 접근권을 얻는 기발한 장치를 고안하였다. **그림 12.18**처럼 수컷 쥐에게 이 장치의 사용법을 훈련시킨 후, 내측 시삭전영역에 병변을 만들었다. 즉각적으로 그들의 성행동은 변화했다. 암컷 쥐에 대한 접근권을 얻기 위해 여전히 막대를 눌렀지만, 더 이상 암컷과 교미하지는 않았다.

분명히, 내측 시삭전영역은 짝짓기를 조절한다. 그러나 성적 동기를 조절하지는 않는다. 동기를 담당하고 있는 뇌 구조는 편도체로 보인다. Everitt이 장치를 이용해 수컷 쥐들을 훈련시킨 후

그림 12.18 성적 동기 및 짝짓기 연구

이 실험에서 수컷 쥐가 막대를 열 번 누르면 올가미 문이 열리며 수용적 암컷 쥐가 떨어져서 서로 만나게 된다. 수컷 쥐의 교미행동이 짝짓기 행동을 예시하는 데 반해, 암컷 쥐를 만나기 위한 막대 누르기는 성적 동기를 예시한다.

출처 : Barry J. Everitt, Department of Experimental Psychology and the MRC-Wellcome Behavioural and Clinical Neuroscience Institute, University of Cambridge

편도체에 병변을 만들었을 때, 그들은 더 이상 수용적인 암컷에 대한 접근권을 얻기 위해 막대를 누르지 않았다. 그러나 그들은 수용적인 암컷 쥐가 옆에 있기만 하면 짝짓기는 하였다.

인간을 대상으로 한 fMRI 연구에서 작은 시상하부핵을 구별해내는 것은 실제적이지 않다. 연구들은 시상하부 활성의 양측성 증가가 남성들이 성애 동영상을 볼 때는 일어나지만, 스포츠 경기 동영상을 볼 때는 일어나지 않음을 보고해왔다. 성적 각성의 정도는 시상하부 활성의 증가와 관련된다(예 : Brunetti et al., 2008).

정리하자면, 시상하부는 수컷과 암컷 포유동물 모두에서 교미행동을 조절한다. 남성에서 편도체는 성적 동기에 영향을 준다. 마찬가지로 편도체는 아마 여성의 성적 동기에도 핵심 역할을 하는데, 성 활동이 난소호르몬 변동에 매여 있지 않은 인간 같은 종의 여성에서 특히 그렇다.

성적 지향, 성 정체성, 뇌 구성

이성이나 동성, 혹은 양성에 끌림을 의미하는 성적 지향에 신경적 기초가 있을까? **성적 지향**(sexual orientation)은 발달 초기에 결정되며, 유전에 의해서, 그리고 출생전 뇌 발달 동안의 후생유전적 요소에 의해서 영향을 받는 것으로 보인다. 성적 지향을 결정할 만한 어떤 출생후 경험이 있는지에 대해 아무런 견고한 증거가 없다.

인간의 성적 지향을 변화시키기는 사실상 불가능한 것 같다. 레즈비언과 게이 커플 모두 흔히 이성 신분의 아이들을 양육한다. 어떤 증거도 동성애가 생활방식의 선택이라거나 사회적 학습으로 생겨났다는 개념을 지지하지 않는다(Bao & Swaab, 2011). 그러므로 차이를 찾을 장소는 이성애자와 동성애자의 신분을 증명하는 뇌 안에 있다.

쥐와 같이, 인간도 성에 따라 시상하부와 편도체의 구조가 다르다. 몇몇 시상하부핵은 여성보다 남성에서 2~3배 더 크다(복습을 위해 McCarthy et al., 2017 참조). 뇌의 성적 분화는 테스토스테론의 효과로 일어나고, 출생 전까지 완성된다.

그러나 뇌의 성차가 단순히 호르몬의 문제는 아니다. 후생유전 역시 역할을 하며, 발달 초기에 시작한다. 예를 들어 여성에서 2개의 X염색체 중 하나는 대체로 고요 상태이나, 그것의 유전자 모두가 다 고요 상태인 것은 아니며, 그래서 성차의 기초를 제공한다. 더구나 시상하부의 성차가 유전자 메틸화의 차이에 기인한다는 증거가 나타나고 있다(다시 McCarthy et al., 2017 참조).

게이와 레즈비언들 사이에서 후생유전 효과의 변이가 시상하부의 구조와 기능의 차이로 이어질 수 있다. 이성애 남성과 동성애 남성 간의 시상하부 차이는 동성애 남성들이 사실상 제3의 성을 형성한다고 제시한다. 왜냐하면 그들의 시상하부가 여성 및 이성애 남성의 시상하부와 다르기 때문이다.

연구자들은 또한 이성애자와 동성애자의 뇌 사이 대뇌 두께와 연결성의 차이를 확인했다. Amirhossein Manzouri와 Ivanka Savic(2018)은 이성애자 뇌의 디폴트 네트워크에서 기능적 연결의 성차를 보여주었지만(남성에서 더 큰 연결성이 관찰됨), 동성애자 남성과 여성의 뇌에서는 그렇지 않아서 이성애자 남성과 여성 사이의 값을 나타냈음을 보여주었다. 피질 두께와 관련하여, 동성애자 남성은 이성애자 남성, 이성애자 여성 및 동성애자 여성에 비해 더 두꺼운 중앙 피질층을 가졌다. 따라서 동성애자의 뇌는 이성애자의 뇌와 다르지만, 동성애자 남성과 여성의 뇌는 이성애자의 뇌와 비교하는 방식이 다르다.

시상하부의 건축 및 기능 차이가 **성별 정체성**(gender identity)(어떤 사람의 남성, 여성, 둘 다, 혹은 둘 다 아님으로서의 자기에 대한 개념) 스펙트럼의 기초를 형성할 수 있다. 성별 정

성적 지향 이성이나 동성, 혹은 양쪽 모두에 성적 끌림에 대한 개인의 양식

성별 정체성 남성, 여성, 둘 다 아님, 또는 둘 다로서의 개인의 자기 개념

트랜스젠더 전통적 성 경계와 해당 성적 표준을 초월하는 개인적 특성을 소유함. 출생 시 지정된 성에 따라 예상되는 것과 다른 성별로 식별

임상 초점 12-4에 서술된 간성(intersex)인 사람들을 특징짓는 이분법적이지 않은 해부학적 차이와 트랜스젠더 사람들을 특징짓는 성별 정체성 차이를 구별하는 것이 중요하다.

접두사 *cis*는 '…의 이쪽'을 의미한다.

디폴트 네트워크는 그림 8.19에 예시된다.

체성은 자기 정체성의 핵심 측면이며, 대개 출생 시 지정된 성과 일치한다. 자신을 **트랜스젠더**(transgender)로 보는 사람들은 개인적 특성이 전통적인 성별 경계와 이에 상응하는 성적 규범을 초월하며, 출생 시 지정된 성에 기초해 예상되는 것과 다른 성별로 식별한다. 트랜스젠더 상태의 주요 특징은 자아감과 신체 사이의 부조화에 대한 강한 인식과 신체적 성에 대한 소외감이다(Cohen-Kettenis & Pfafflin, 2010). 트랜스젠더 개인은 사회적 관행(예 : 다른 이름이나 대명사 사용, 의복 변경) 또는 의학적 중재를 통해 자신을 자신의 내적 성별감에 더 가깝게 맞추기 위해 성전환 이행을 선택할 수 있다.

염색체 차이, 에스트로겐 및 안드로겐 수용체 유전자의 다형성, 비정형 생식호르몬 수준, 출생 전 특정 항경련제에 노출, Y염색체를 향한 면역 체계 활동 등 여러 생물학적 요인이 트랜스젠더 정체성의 가능성에 영향을 미칠 수 있다. 이러한 요인들이 특정 뇌 구조의 건축 및 기능의 차이로 이어진다고 추정되고 있다.

시스젠더(자신의 출생 시 지정된 성과 일치하는 성별 정체성을 가짐)와 트랜스젠더 개인 간에는 시스젠더 여성에서 더 큰 해마 및 미상핵 용적, 시스젠더 남성에서 더 큰 피각 및 편도체 용적, 시스젠더 여성에서 더 큰 피질 두께를 포함하여 많은 구조적 차이가 지적되어 왔다. 보다 최근의 fMRI 데이터는 트랜스젠더 개인이 시스젠더 개인과 자기 신체 지각을 매개하는 대뇌 네트워크의 양상이 다름을 보여주었다(Manzouri & Savic, 2019). 이러한 네트워크는 전전두피질, 내측 측두피질, 후두정피질, 후대상피질 등의 고도로 연관되어 상호작용하는 영역들의 네트워크인 **디폴트 네트워크**(default network)에 통합된다. '디폴트 네트워크'라는 이름은 이 네트워크가 뇌의 휴식 상태를 반영한다는 애초의 믿음에서 파생되었지만, 잘못된 이름임이 입증되었다. 이제 이 네트워크는 활성 상태이며, 자신의 과거에 대한 생각(자서전적 기억), 미래에 대한 생각, 자신의 몸에 대한 지각 같은 다양한 인지 활동에 관여하는 것으로 알려져 있다.

Behzad Khorashad와 동료(2021)는 시스젠더 개인과 비교해 트랜스젠더 여성과 남성 모두에서 자신의 신체 처리 네트워크에 대뇌적 차이가 있으며, 이러한 차이가 개인의 신체 일치 감각과 관련될 수 있다고 제안했다. 이 연구자들은 MRI를 사용하여 호르몬 치료 전후에 피험자들을 스캔했다. 그들은 '이전' 스캔에서 시스젠더와 트랜스젠더 개인 간의 차이를 발견했지만, '이후' 스캔에서는 디폴트 네트워크 및 관련 구조의 기능적 처리 차이가 트랜스젠더 여성과 남성 모두에서 사라졌다. 이러한 기능적 변화는 신체적 자기 지각에서 지각 정확도의 증가와 연관되었다. 이 결과는 성전환이 자기 신체 지각의 기저를 이루는 대뇌 네트워크와 관련됨을 강력하게 시사한다.

성행동에 대한 인지적 영향

사람들은 성에 대해 생각하고, 성에 대해 꿈꾸며, 성에 대해 계획한다. 이런 행동은 편도체 혹은 시상하부의 활성을 반영할 수 있으나, 확실히 피질에도 의존적임이 틀림없다. 예를 들어 성 활동에 대한 상상은 피질의 복측 시각경로 활성을 포함해야 한다. 대조적으로, 성 활동에 대한 생각을 하고 그것에 대해 계획을 하는 데는 전두엽의 관여가 반드시 필요하다.

예상하겠지만, 쥐 실험으로 성행동의 이러한 면을 연구하기는 쉽지 않고, 사람을 대상으로 한 연구에서도 미지의 영역으로 남아 있다. 그러나 전두엽 손상을 입은 사람들의 성행동에 변화가 있음은 이미 잘 알려져 있다. 예를 들어 한 남자가 내측 전두엽 부위에서 작은 종양을 제거하는 수술을 받았는데, 5년 후 그의 아내는 수술 이후 남편과의 사이에 어떠한 성적인 접촉도 없었다고 보고했다. 둘 다 아직 20대였음에도 불구하고, 그는 단순히 관심이 없었다. 남편은 더 이상 성

적 환상을 갖거나 성적인 꿈을 꾸지 않는다고 말했고, 비록 자신이 여전히 아내를 사랑하지만, 그녀나 다른 어떤 여자를 향해서도 성 충동을 느끼지 못한다고 하였다. 이런 사례는 인간의 피질이 성행동 조절에 중요한 역할을 하고 있음을 분명히 보여준다. 다만 그 역할의 정확한 본질은 아직 잘 이해되지 않고 있다.

12-5 복습

진도를 계속 나가기 전에 앞 절을 얼마나 이해했는지 확인해보자. 정답은 이 책의 뒷부분에 있다.

1. 성행동 조절의 핵심적 뇌 구조는 _____와/과 _____이다.
2. 뇌에 호르몬이 작용하는 두 가지 유형의 효과는 _____와/과 _____이다.
3. 수컷의 짝짓기를 담당하는 뇌 구조는 _____인 반면에, 성적 동기를 담당하는 구조는 _____이다.
4. MRI 연구는 트랜스젠더와 시스젠더 개인 모두에서 자신의 신체 지각에서 _____ 네트워크가 관여됨을 보여준다.
5. 뇌의 성차가 왜 단순히 호르몬 문제가 아닌지 기술하시오.

12-6

정서의 신경 조절

학습 목표
• 정서 이론 세 가지를 파악한다.
• 정서와 변연 회로를 요약한다.

정서에 대한 임상적 연구는 19세기 후반으로 거슬러 올라가지만, 정서를 정확히 정의하는 방법에 대한 합의는 거의 이루어지지 않았다(Kringelbach & Phillips, 2014; Levenson et al., 2017의 종설 참조). 반대되는 이론적 입장이 정서가 이산적인지(분노, 사랑, 슬픔 등) 또는 차원적인지(긍정적, 부정적)와 같은 기본 개념조차 합의를 방해한다. 대부분의 사람들은 정서가 인간 삶의 중심이라는 데 동의할 수 있지만, 정서가 인간에게만 국한되지 않는다는 점을 인정해야 한다(Anderson & Adolphs, 2014의 종설 참조). 저녁 식사로 알팔파를 기대하는 말은 건초 더미에 코를 올리고, 앞발을 구르고, 머리를 젖힐 수 있다. 주의를 끌기 위해 경쟁하는 두 마리의 개는 서로 찰싹 때릴 수 있다. 사실 파리가 정서를 보인다는 제안조차 있었다.

많은 신경과학자가 합리적인 의사결정이 정확한 정서 처리에 달려 있다는 입장으로 이동하고 있다. 정서 정보를 처리할 수 없게 만드는 신경학적 상태인 환자는 다양한 상황에서 판단력이 떨어지는 것이 특징이다(Bechara, 2017 참조). 정서 통제는 뇌간 이상의 것을 포함함이 분명해지고 있다. 구체적으로, 피질 및 피질하 영역 모두의 활동이 정서 처리에 역할을 한다.

정서는 동기처럼 형태가 없다. 추론적 상태이다. 그러나 우리의 일상생활에서 정서의 중요성은 아무리 강조해도 지나치지 않다. 정서는 우리에게 동기를 부여할 수 있다. 어떤 사람들에게 정서는 시부터 영화와 그림에 이르기까지 예술적 표현에 영감을 준다. 많은 사람이 예술이 정서를 자극한다는 간단한 이유로 그것을 즐긴다. 그리고 사람들은 특정한 정서에서 즐거움을 느끼는 반면에, 심각하고 지속적인 부정 정서, 특히 불안과 우울 같은 것은 임상적 장애를 일으킬 수 있다.

정서의 신경적 기초를 탐색하기 위해, 우리는 설명하고자 하는 행동의 유형을 먼저 특정화해야 한다. 최근의 정서적 경험을 생각해보라. 어쩌면 여러분은 친한 친구와 심각한 의견 차이가 있었거나, 최근에 연애를 시작했을 수 있다. 이런 경험들은 흔히 숨 가쁨, 땀 흘림, 입 마름과 같은 자율신경 반응을 포함한다. 정서는 또한 사람들에 대한 분노, 공포, 사랑이라 일컫는 강한 주관적 느낌을 수반할 수 있다. 마지막으로 정서는 전형적으로 경험 자체와 관련된 사고나 계획을 포함하며, 미래에 다르게 말하거나 행동할 것을 예상하면서 마음속에서 대화와 사건을 재연하는 형태를 취할 수 있다.

이러한 세 가지 형태의 정서적 경험은 서로 다른 신경계의 영향을 시사한다. 자율신경적 요소는 시상하부 및 연관 구조와 장신경계(내장의 뉴런)를 포함한다. 주관적 느낌에 영향을 주는 요소는 국재화하기가 더 어려우나, 분명히 편도체와 전두엽 일부를 포함한다. 한편, 사고와 계획은 피질이 원천일 가능성이 크다.

정서의 신경상관체를 밝히는 데 있어 주요한 도전과제는 **분노** 또는 **사랑** 같은 정서 단어가 정서가 아니라는 문제에 있다. 세심한 종설에서 Kagan(2018)은 많은 언어가 **행복, 놀람, 분노, 공포, 혐오, 슬픔** 등과 같은 용어의 대략적 동의어인 단어들을 포함한다고 해서 이러한 명명된 상태가 특정 뇌 활동과 관련됨을 의미하지 않는다는 것을 지적한다. 정서는 맥락으로 발생하며, 뇌 활동은 맥락에 의해 강하게 영향을 받는다. 우리의 이해를 더욱 복잡하게 하는 것은, 정서와 관련된 뇌 활동의 측정은 전형적으로 fMRI를 이용하여 수행되며, 확실히 이는 정서적 경험을 하는 정상적 맥락은 아니다. 결과적으로 정서의 개별 범주가 특정 뇌 영역에 일관되게 국재화될 수 있다는 증거는 거의 없다(Barrett et al., 2019 참조). 그러나 연구에 따르면 정서는 미만성 네트워크와 관련될 가능성이 크다(이 관계에 대한 더 많은 내용은 Dubois et al., 2017 참조). 이러한 네트워크가 어디서 발견될 수 있을지를 고려하기 전에 정서 이론을 먼저 간략하게 살펴보겠다.

fMRI와 기타 뇌 스캔 기술이 실행되는 설정에 대한 서술은 7-4절을 참조하라.

정서 이론

지난 세기 동안 세 가지 일반적인 이론적 모델이 등장했다. **구성주의 이론**이라는 표식이 붙은 첫 번째 모델은 뇌가 생리적 변화(예 : 떨림, 빠른 심박)를 정서로 해석한다고 제시한다. 이러한 시각이 뜻하는 바는 뇌(대부분 피질 쪽)가 자율신경적 정보에 대해 인지적 반응을 생성한다는 점이다. 이 반응은 자율신경적 각성이 일어난 맥락에 따라 다르며, 장신경계를 통한 장에 대한 효과를 포함한다. 극도의 자율신경 활성의 경우, 세로토닌 방출이 장에서 급증하여 설사와 경련을 유발할 수 있다. 영화를 보고 느끼는 무서움은 실제로 강도를 만나서 느끼는 무서움에 비해 더 약하고 더 짧은 정서 경험이다. 19세기 창시자의 이름을 딴 **James-Lange 이론**을 시작으로, 이러한 시각의 여러 변형 이론이 여러 이름으로 제안되어왔다. 그러나 이들 모두 뇌가 신체 반응을 설명하기 위해 이야기를 창작한다고 가정한다.

Christopher Reeve의 척수가 경추 수준(높음)에서 절단된 후, 그의 정서는 무뎌졌을지 모르지만, 그 동기는 분명히 온전하게 남아 있었다. 11-1절을 참조하라.

구성된 정서에 대한 현대적 견해는 정서적 행동에서 뇌의 주요 역할은 단기적으로는 행동에 대한, 장기적으로는 성장, 생존 및 번식에 대한 유기체의 절박한 욕구를 충족시키기 위해 신체의 모든 자원을 통합하는 것이라고 가정한다(Friedman et al., 2019 참조). 이러한 다양한 욕구를 충족시키기 위해 뇌는 이를 예측해야 한다. 그렇게 하려고 뇌는 세계와 신체의 내부적 예측 모델을 구성한다. 포유류 및 조류와 같은 특정 동물들은 놀람을 좋아하지 않으므로 미래 결과의 불확실성을 줄이기 위해 노력한다. 실제 또는 지각된 위협에 직면했을 때, 신체는 결과적인 스트레스를 줄이기 위해 행동적 반응과 생리적 반응 두 가지 모두를 생성한다. 구성주의 연구자들은 전대상피질, 복내측 전전두피질, 섬엽, 편도체, 복측 선조체 등의 뇌 구조들이 말초(예 : 피부, 자율신경계, 기타 신체 기관)로부터 입력을 받아 정동적(즉 정서적) 느낌들을 생성한다고 제안한다.

정서 이론의 두 번째 유형은 **평가 이론**이다(복습을 위해 Scherer & Moors, 2019 참조). 평가

이론의 일반적인 생각은 정서적 삽화들이 상황에 대한 평가, 정신적·신체적 반응에 대한 준비, 생리적 반응, 표현 행동, 주관적 느낌 등의 여러 요소로 이루어진다는 것이다(**그림 12.19** 참조). 정서는 외적 사건이나 대상 또는 상상이나 기억 같은 내적 과정에 의해 유발된다. 우리의 평가는 행동 경향(정신적 및 신체적 행동 모두에 대한 준비), 생리적 반응(예 : 혈압 또는 심박수 변화), 운동 표현(예 : 얼굴 표정)을 포함하는 **분화**의 과정으로 이어진다. 이러한 사건들은 비언어적 느낌을 유발하기 위해 뇌에서 상호작용하는 것으로 이론화되며, 그런 다음 정서적 용어(예 : 좋은 느낌 또는 나쁜 느낌)로 범주화되고 표식이 붙여진다. 이러한 구성요소들은 이어서 정서적 사건의 표상을 형성한다.

마지막으로, 일부 정서 이론은 비공식적으로 함께 집단화되어 신경심리학적 이론이라는 표식이 붙여진다. 1930년대에 임상의들은 좌뇌와 우뇌에 큰 손상을 입은 환자들이 정서적 행동에서 완전히 다른 변화를 겪는다는 사실을 알아차렸다. 전형적으로 좌반구 병변은 두려움과 우울증을 일으키고, 우반구 병변은 정서적 무관심과 연관된다. 좌반구에 큰 손상을 입은 환자는 아마도 온전한 우반구를 가질 것이라는 점을 감안할 때, 연구자들은 그런 사람의 관찰된 행동이 우반구의 활동을 반영해야 한다고 추론했다. 이 관찰은 우반구가 강한 정서, 특히 두려움, 분노와 같이 부정적으로 간주되는 정서를 생성하는 데 주도적 역할을 한다는 결론으로 이어졌다. 좌반구는 언어에서 주도적 역할을 하기 때문에, 인지 평가에는 좌반구가 관여하는 반면, 우반구의 역할은 좀 더 자동적이라고 제안되어 왔다. 다시 말해 우뇌는 정서적 느낌을 **생성**하고, 좌뇌는 그 느낌을 **해석**한다.

상당한 증거가 정서적 행동의 비대칭적 통제라는 이 이론을 뒷받침하지만, 전전두피질, 전대상피질, 편도체 같은 영역들의 양측성 역할을 감소시키는 대가로 편측성을 지나치게 강조하는 것은 위험하다(광범위한 복습을 위해 Kolb & Whishaw, 2021 참조). 여러 면에서 대뇌 부위(예 : 전전두피질)의 역할은 대뇌 쪽의 역할보다 훨씬 더 크다. 불행하게도 대중적 심리학은 이러한 비대칭성을 지나치게 일반화하고 단순화하여 '우뇌'와 '좌뇌' 사고의 존재를 함의하는 경향이다.

정서와 변연 회로

20세기 초가 되어서야 생리학자들은 자율신경계, 내분비계, 호르몬 요인과 추론된 정서적 상태 사이의 관계를 연구하기 시작했다. 양서류와 파충류에서 뇌간 주위에 고리를 형성하는 것 같은 뇌 구조의 발달에 깊은 인상을 받은 Paul Broca는 이 구조들을 **변연엽**(limbic lobe)이라고 기술했다.

변연엽 개념은 모호하지만, 그 생각은 계속해서 발견적 가치를 갖고 있다. 오늘날에는 **변연계**(limbic system)라 하지만, 실제로 단일 체계는 아니다. 구조는 6개 층의 신피질에 인접해 있는 3개 층 및 4개 층의 피질(부등피질로 알려짐)로 형성된다. 포유류에서 부등피질은 **그림 12.20**에 보이듯 대상('테두리'를 의미함)이랑과 해마를 포함한다. **해마**(hippocampus)는 종 특유의 행동, 기억, 공간 내비게이션 등에 중요하고 스트레스의 영향에 취약한 부등피질 구조인 해마와 이 해마에 인접한 해마곁피질을 포함한다.

변연 회로의 구성

해부학자들이 변연 구조를 연구하기 시작함에 따라 시상하부로의 연결이 명백해졌다. 또한 변

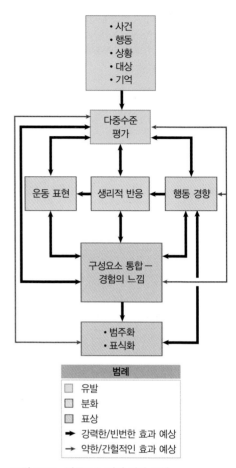

그림 12.19 다중요소 정서 처리 모델

이 모델은 정서 삽화가 정서 체계의 몇몇 구성요소의 동기화된 변화를 일으키는 인지적 평가 또는 사건에 대한 평가에 의해 유발된다는 널리 알려진 견해를 반영한다. 이 모델은 정서적 반응의 범주화 및 표식화(표상)로 이어지는 분화 요소와 경험 느낌 사이의 상당한 피드백을 포함한다.

출처 : Scherer & Moors(2019) .

인지 기능의 대뇌 비대칭은 15-4절에서 논의된다.

변연(limbic) 회로는 '가장자리'를 뜻하는 라틴어인 *limbu*에서 그 이름이 유래했다.

부등피질은 포유류와 기타 척색동물, 특히 새와 파충류의 뇌에서 발견된다. 더 자세한 내용은 2-3절을 참조하라.

해마 그리스어의 *해마*(seahorse)에서 이름이 유래했음. 내측 측두엽에 위치하는 특징적인 이종피질 구조임. 종 특유의 행동, 기억 공간 내비게이션 등에 관여하며, 스트레스의 영향에 취약함

그림 12.20　Broca의 변연계 개념
뇌간을 에워싸는 변연계는 Broca에 의해 기술되었으며 대상이랑, 해마체(해마와 해마곁피질), 편도체, 유두시상관, 전측 시상 등으로 구성된다.

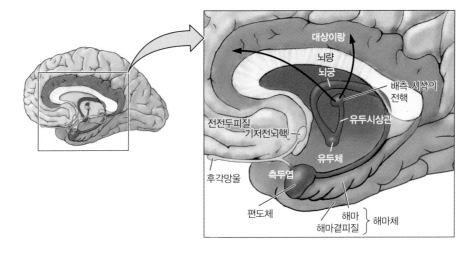

연계가 정서에 역할을 갖고 있음도 분명해졌다. 예를 들어 1930년대에 James Papez는 광견병에 걸린 사람들이 극도로 비정상적인 정서적 행동을 나타냄을 관찰했으며, 사후평가들은 광견병 바이러스가 해마를 선택적으로 공격했음을 보여주었다(오늘날에도 광견병의 확실한 증거 획득을 위해서는 여전히 사후의 해마 평가가 필요하다).

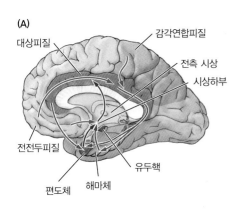

(A)

(C)

Papez는 이 관찰을 근거로 변연엽과 연관 피질하 구조가 정서의 신경적 기초를 제공한다고 결론지었다. 그는 **그림 12.21A**처럼 Papez 회로라고 알려진 신경회로를 제안하였고, 이에 의해 정서가 당시 대뇌피질의 작용으로 여겨졌던 의식에 도달할 수 있었다. 1949년에 Paul MacLean은 Papez의 변연 회로 개념을 확장하여 편도체와 전전두피질을 포함시켰다. 그림 12.20과 12.21A는 측두엽에서 해마에 인접해 위치하는 편도체와 그 바로 앞에 위치하는 전전두피질을 보여준다.

그림 12.21B는 변연 회로를 도식적으로 보여준다. 해마, 편도체, 전전두피질 등이 모두 시상하부와 연결된다. 시상하부의 유두핵은 전측 시상으로 연결되고, 이는 다시 대상피질과 연결된다. 대상피질이 해마체, 편도체, 전전두피질과 연결됨으로써 회로가 완성된다. 이러한 해부학적 배열은 시상하부라는 주둥이를 통해 동기적 행동과 정서적 행동이 유도됨을 보여주는 그림 12.21C의 깔때기에 비유될 수 있다.

과학자들은 이제 변연계 개념과 연관된 대부분의 구조물, 특히 편도체와 시상하부가 이 절의 뒷부분에서 자세히 다룰 정서적 행동에 관여한다는 사실을 거의 의심하지 않는다. 그러나 대부분의 변연 구조들은 다양한 동기적 행동에도, 특히 섭식 및 성 활동 같은 종 특유의 행동에 동기를 부여하는 데 중요한 역할을 수행한다.

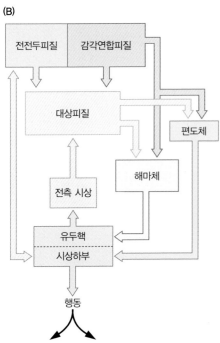

(B)

그림 12.21　변연계
(A) 변연계에 대한 이 현대적 개념에서, Papez 회로라 하는 신경 구조들의 상호 연결 네트워크는 정서 표현을 조절한다. (B) A에 표시된 뇌 영역에 색상으로 코딩된 도식적 표현은 변연계의 주요 연결을 차트로 보여준다. (C) A와 B는 시상하부를 통해 정서적·동기적 행동을 생성하는 출력의 깔때기 테두리의 일부로 개념화될 수 있다.

편도체

편도체(amygdala)는 그 모양 때문에 '아몬드'에 해당하는 그리스어 단어가 어원이 되었으며, 피내측 영역, 기저외측 영역, 중앙 영역의 3개 주요 하위부로 구성된다. 시상하부처럼 편도체는 모든 감각 체계로부터 입력을 받는다. 하지만 시상하부의 뉴런과 달리 편도체의 뉴런을 흥분시키려면 더 복잡한 자극이 필요하다. 사실 많은 편도체 뉴런은 **다중양식성**(multimodal)이어서 한 가지 이상의 감각 양식에 반응한다. 실제로 일부는 광경, 소리, 접촉, 맛, 냄새 등 감각 행렬 모두에 반응한다. 이런 편도체 세포들은 감각 세계를 보다 복잡한 이미지로 창출해냄에 틀림없다.

편도체는 일차적으로 시상하부와 뇌간에 연결선을 보내 정서 및 종 특유의 행동과 연관된 신경 활동에 영향을 미친다. 예를 들어 뇌전증 환자의 편도체를 뇌 수술 전에 전기적으로 자극하면 환자는 공포와 불안을 느끼게 된다. 우리는 실제로 같은 상황에서 한 여성이 호흡과 맥박의 증가로 반응하는 것을 목격하였는데, 그녀는 비록 뭐라고 특정할 수는 없지만, 뭔가 나쁜 일이 생길 것만 같은 느낌이 든다고 말했다.

편도체 자극은 또한 섭식과 음수를 유도할 수 있다. 우리는 위와 같은 상황에서 전기 자극이 켜질 때마다 물을 마시는 남성을 목격하였다. (우연히 그의 옆 탁자 위에 물주전자가 놓여 있었다.) 20분 안에 그는 2리터가량의 물을 마셨다. 그렇게 목이 마르냐고 묻자, 그는 "아니요, 그렇진 않은데. 그냥 마시고 싶어요"라고 대답했다.

정서에서 편도체의 역할은 편도체가 제거된 원숭이에서 가장 확실하게 볼 수 있다. 1939년에 Heinrich Klüver와 Paul Bucy는 원숭이의 편도체와 앞쪽 측두피질을 제거한 뒤에 나타난 기이한 결과를 보고하였다. 오늘날 이는 **Klüver-Bucy 증후군**(Klüver-Bucy syndrome)으로 알려져 있는데, 주요 증상은 다음과 같다.

1. 온순해짐과 공포감 상실
2. 무분별한 식탐 행동(전에는 거부했던 많은 종류의 음식을 먹음)
3. 자위행위 및 성 활동의 과도한 증가, 부적절한 상대 선택(예 : 의자에 올라타는 성행위)
4. 모든 시각 자극에 관심을 보이고 반응하는 경향
5. 입으로 모든 사물을 시험해보는 경향
6. 시각실인증, 사물이나 사물 그림을 인식하지 못함

시각실인증은 측두엽의 복측 시각 흐름이 손상되어 나타나지만, 다른 증상들은 편도체 손상과 관련이 있다. 온순해짐과 공포감 상실이 특히 현저하다. 원숭이들은 뱀 같은 자극에 강한 혐오감을 보이는 게 보통인데, 편도체가 제거되면 뱀을 전혀 무서워하지 않는다. 실제로 편도체가 절제된 원숭이들은 살아 있는 뱀을 들어 올리기도 하고, 심지어 입 안에 넣기까지 한다.

양쪽 측두엽 절제술의 시행이 드물기 때문에 Klüver-Bucy 증후군이 인간에게 흔하지는 않지만, 이 증후군의 증상은 특정 형태의 뇌염에 걸린 사람들에서 나타날 수 있다. 일부 경우이기는 하지만, 뇌염이 뇌 기저부를 침범하여 측두엽 양쪽 모두에 손상을 주면 무분별한 성행동과 입으로 사물을 시험해보는 경향을 포함한 많은 Klüver-Bucy 증상을 보인다.

Klüver-Bucy 증후군에서 편도체의 역할은 정서에서 편도체의 중심적 역할을 가리킨다. 전기 자극으로 나타나는 효과도 마찬가지다. 이러한 자극은 자율 반응(예 : 혈압 상승과 각성)과 두려운 느낌을 유발한다. 비록 뚜렷한 위협이 없는데도 이처럼 공포심이 생산되어 이상하게 보일 수 있지만, 공포는 종의 생존에 중요하다. 생존 기회를 높이기 위해 대부분의 유기체는 공포를 자

편도체 종 특유의 행동, 정서, 정서적 기억에 관여하는 뇌 부위. 내측 측두엽에 있는 모양을 반영하여 그리스어의 아몬드에서 유래.
Klüver-Bucy 증후군 측두엽의 양측성 손상으로 유발된, 특히 성욕과다를 특징으로 하는 행동 증후군

15-2절은 다중감각 통합과 결합 문제를 자세히 설명한다.

9장은 여러 사례 연구에서 다양한 시각 형태의 실인증을 서술한다.

임상 초점 2-2는 뇌염의 몇 가지 원인과 증상을 조사한다.

극으로 사용하여 위험한 동물, 물체, 장소와의 접촉을 최소화하고, 안전한 것과의 접촉은 최대화한다.

위험과 안전에 대한 의식은 타고난 요소이기도 하고 학습된 요소이기도 하다. 12-1절에 기술된 선천적 분출기제에서처럼, 선천적 요소는 종에 합당한 감각 정보, 즉 시각계, 청각계 및 후각계로부터 입력의 자동적 처리 과정이다. 우리의 감각이 시각에 의해 지배되는 데 비해, 후각 입력의 중요성은 인간에게 명확하지 않다. 그런데도 인간의 뇌에서 후각 정보는 편도체로 바로 연결된다(그림 12.20 참조). 다른 동물의 경우에는 후각 신호가 지배적이다. 담비를 한 번도 마주친 적 없는 쥐가 담비의 냄새에 즉각적인 공포 반응을 보인다. 다른 처음 맡는 냄새(예 : 박하 또는 커피)는 쥐에게 타고난 공포 반응을 일으키지 않는다. 타고난 반응은 쥐에서 위험에 대한 의식적 인식을 자극하는 자율신경 활성을 촉발한다.

대조적으로, 공포의 학습된 요소를 구성하는 것은 유기체가 위험과 연합시킨 특별한 동물, 장소, 물체 등의 회피이다. 유기체는 이런 회피행동을 갖고 태어나지 않는다. 비슷한 방식으로, 동물들은 음식, 성행동, 실험실에서의 약물과 같이 긍정적인 결과와 연합된 환경 자극과 접촉을 늘리는 방향으로 학습한다. 편도체 손상은 이런 모든 행동을 방해한다. 그런 손상으로 동물은 타고난 공포뿐 아니라 특정 환경 자극에 대한 습득된 공포와 선호까지 잃는다.

요약하면, 종의 생존을 위해서는 기능하는 편도체가 필요하다. 편도체는 시상하부와의 연결을 통해 자율신경 반응과 호르몬 반응에 영향을 준다. 편도체는 또한 전전두피질과의 연결을 통해 사건과 개체의 긍정적, 부정적 결과에 대한 의식적 인식에 영향을 준다.

전전두피질

전전두피질은 **그림 12.22A**에 지도화된 것처럼 기능적으로 구별되는 여러 부위로 구성된 뇌의 큰 영역이다. 전전두피질의 일반 영역에는 배외측 부위, 그림 12.22B에서 복측에 보이는 안와전두피질, 복내측 전전두피질이 있다. 그림 12.22C에 보이는 전대상피질은 엄밀히 말해 전전두피질의 일부는 아니지만, 전전두피질과 밀접하게 연관된다.

편도체처럼 전두엽은 모든 감각 영역으로부터 고도로 처리된 정보를 받으며, 전전두피질의 많은 뉴런은 편도체의 뉴런처럼 다중양식성이다. **그림 12.23**에 보이듯, 전전두피질은 편도체, 배내측 시상, 감각연합피질, 후두정피질, 복측피개영역의 도파민 세포 등으로부터의 연결을 통

전전두는 글자 그대로 '전두의 앞'을 의미한다.

그림 11.2는 운동과 관련하여 전두엽 영역의 계층구조를 도식화한다.
11-2절은 운동 영역과 전운동 영역의 기능을 논의한다.

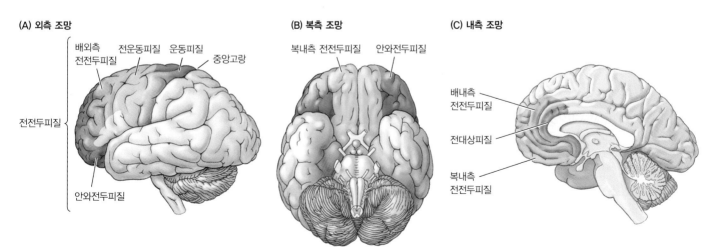

(A) 외측 조망
배외측 전전두피질 · 전운동피질 · 운동피질 · 중앙고랑
전전두피질
안와전두피질

(B) 복측 조망
복내측 전전두피질 · 안와전두피질

(C) 내측 조망
배내측 전전두피질
전대상피질
복내측 전전두피질

그림 12.22 전두엽과 전전두피질의 거시적 분할

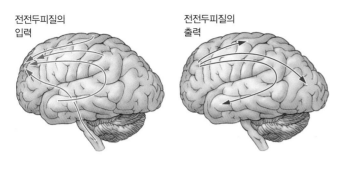

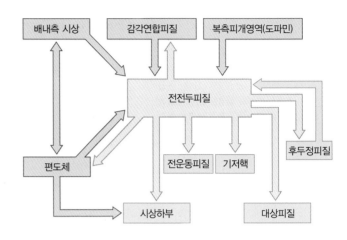

그림 12.23 전전두 연결
왼쪽 그림의 전전두피질은 입력을 받아(빨간색 화살표), 오른쪽 그림의 영역들로
출력을 보낸다(파란색 화살표).

해 입력을 받는다. 도파민성 입력은 전전두 뉴런이 정서적 자극을 포함한 여러 자극에 반응하는
방식을 제어하는 데 중요하다. 이러한 도파민성 투사의 이상은 조현병을 포함한 일부 장애를 설
명할 수 있는데, 이런 장애를 가진 사람들은 전형적으로 각성을 일으키는 자극에 좀처럼 정서적
인 반응을 보이지 못한다.

그림 12.23은 또한 전전두피질이 연결을 내보내는 영역, 즉 출력을 보여준다. 아래쪽 전전두
부위는 특별히 축색을 편도체와 시상하부로 투사한다. 이 전전두피질 축색들은 자율신경계와
장신경계에 영향을 줄 경로를 제공하여, 혈압과 호흡 및 기타 내적 과정의 변화를 조절한다. 배
외측 전전두 부위는 일차적으로 후두정피질, 대상피질, 기저핵, 전운동피질 등으로 연결을 내보
낸다. 이 부위는 정서적 행동보다는 인지적 행동에서 더 큰 역할을 한다.

전전두피질의 전반적 기능 중 하나는 내부 정보나 환경적 맥락에 의해 단서화된 특정 시간과
장소에 적절한 행동을 선택하는 것이다. 이러한 선택 기능의 붕괴가 배외측 전두엽(그림 12.22A
참조)에 상해를 경험한 사람들에서 보일 수 있다. 이 사람들은 행동을 결정할 때 환경적 단서에
지나치게 의존적이 된다. 즉 어린아이처럼 보고 듣는 것에 의해 쉽게 산만해질 수 있다. 우리 모
두 어느 정도는 집중력 상실을 경험해오고 있기는 하나, 전두엽 상해 환자의 경우 문제는 과도하
고 지속적이다. 상관없는 자극에 지나치게 빨려들기 때문에 대부분의 시간을 내재화된 정보에
따라 행동하지 못한다.

종양 제거에 따라 배외측 전전두피질 양쪽에 상해를 입은 J. C.가 좋은 예다. J. C.는 하루 대
부분의 시간을 침대에 누워서 TV 프로그램을 보며 지냈다. 그는 이런 행동에 대한 아내의 의견
을 알고 있었지만, 저녁에 아내가 퇴근해 차고 문을 여는 소리만이 그를 움직이도록 자극했을 뿐
이다. 침대에서 나오기는 이런 특정한 환경 단서에 의해 조절되었고, 그런 단서 없이는 동기가
결여된 것 같았다. TV가 완전히 그를 산란하게 만들어, 그가 할 수 있는 혹은 해야 하는 것에 대
한 내적 지식에 따라 행동하기를 할 수 없었다.

환경적 맥락에 적절하게 행동을 적응시키는 것도 전전두피질의 기능이다. 대부분의 사람은
닥친 상황에 맞춰 바로 행동을 변화시킨다. 우리는 우리 부모에 대해 한 가지 방식으로 대했다
면, 친구에게는 다른 방식으로, 아이에 대해서는 또 다른 방식으로, 직장 동료에 대해서는 또
다른 방식으로 대한다. 각 사람들 무리는 서로 다른 맥락을 창출하고, 우리는 그에 따라 행동을
변경한다. 맥락이 다름에 따라 음성 어조, 속어나 욕설 사용, 대화 내용 등도 아주 달라진다. 심
지어 또래 사이에서도 그가 누구냐에 따라 다르게 행동한다. 누구와 같이 있으면 편한데, 누구
와 같이 있으면 불편하다. 그런 까닭에 전두엽의 크기가 종 행동의 사회성과 연관되어 있다는

16-2절은 조현병의 원인과 치료를 자세히 설명
한다.

15-2절은 인지에서 전전두 영역의 역할을 확장
한다.
전전두피질 출력은 운동(11-1절), 기억(14-1절),
인지(15-2절)에 영향을 준다.

임상 초점 1-1 및 1-1절은 외상성 뇌 손상의 행동 효과를 설명한다. 14-5절은 그러한 손상으로부터의 회복을 자세히 설명한다. 16-3절에서는 외상성 뇌 손상의 증상 및 치료법을 살펴본다.

것이 우연은 아니다. 사회적 행동은 맥락 정보가 아주 풍부하며, 그래서 인간은 고도로 사회적이다.

맥락적으로 행동을 조절하려면 신체의 모든 감각 영역으로부터 전두엽으로 옮겨지는 상세한 감각 정보가 필요하다. 이 감각 정보는 외부 세계로부터의 정보뿐 아니라 자율신경계로부터의 내부 정보까지도 포함한다. 외상성 뇌 손상에서 흔한 안와전두피질 상해를 입은 환자들은 맥락에, 특히 사회적 맥락에 그들의 행동을 적응시키기 어려워한다. 결과적으로 그들은 흔히 사회적 실수를 저지른다.

종합하자면, 행동을 선택하는 데 있어 전두엽의 역할은 행동의 원인 고려에 중요하다. 전두엽은 작곡가처럼 행동하지만, 음표와 악기 대신 우리의 행동을 선택한다. 놀랄 것 없이, 전두엽은 때때로 뇌의 집행 기능을 수용하는 것으로 묘사된다. '임상 초점 12-5 : 전두엽의 발육 부전'을 참고하면 전두엽의 행동 조절을 좀 더 완벽하게 이해할 수 있을 것이다.

15-2절에서는 전두엽과 계획 집행 기능을 고려한다.

전전두피질과 정서적 행동

Klüver와 Bucy가 원숭이 연구를 시작했던 때와 같은 시기에, Carlyle Jacobsen은 전두엽 절리술이 두 마리 침팬지의 인지능력에 어떤 영향을 주는지 조사하고 있었다. 전두엽 절리술은 예리한 도구를 전두엽에 삽입한 후 앞뒤로 움직여서 전두엽을 뇌의 나머지와 단절시킴으로써 상당한 양의 뇌 조직을 파괴하는 시술이다.

1936년에 Jacobsen은 이 시술을 받기 전에 아주 불안해하던 침팬지 한 마리에 대해 보고했다. 침팬지는 시술 후에 아주 편안해졌다. 놀랍게도, 당시 선도적인 신경과 의사였던 Egas Moniz는 이런 관찰을 인간의 행동장애치료의 기초로 삼아 그의 환자들에게 전두엽 절리술을 시행하기 시

◎ 임상 초점 12-5

전두엽의 발육부전

동기 행동에서 전두엽의 역할은 Stafford Ackerly(1964)가 자세히 기술한 J. P.의 사례를 보면 아마도 가장 잘 이해할 수 있을 것이다. J. P.는 1914년 12월에 태어난 문제아였다. 초기에 J. P.는 배회자였다. 길을 잃는 것에 별 두려움이 없었기에, 경찰관이 집으로부터 몇 마일 떨어진 곳에서 그를 찾아내기도 했다. 아버지의 심한 매질도 그를 막지 못했다.

J. P.의 행동 문제는 성장하면서 계속되며 확장되었고, 청소년기에도 계속해서 문제를 일으켰다. 그러나 J. P.도 좋은 면이 있었다. 학교 생활을 시작했을 당시, 1학년 교사는 그의 예의 바른 태도에 깊은 인상을 받아 J. P.의 부모에게 학급에 좋은 영향을 주는 훌륭한 태도의 아이를 키워주신 데 대해 경의를 표하는 편지를 쓰기도 했다.

교사가 편지를 쓰다가 올려 보았더니, J. P.는 드러내 놓고 자위행위를 하고 있었다. 이처럼 예의 바른 태도와는 정반대의 이상한 행동들이 J. P.의 삶 전체에 걸쳐 계속 일어났다. J. P.는 한순간 매력적이었다가, 다음 순간에는 사회적으로 용인될 수 없는 행동을 하였다.

J. P.는 남녀 친구 모두 사귀지 못했다. 보는 앞에서 자위행위, 도둑질, 과도한 자랑, 배회 등을 반복했기 때문이었다. J. P.는 보통의 지능을 가졌지만, 자신이 한 행동의 결과에 개의치 않는 사람처럼 보였다. 경찰관, 교사, 이웃들은 J. P.가 의도적으로 반사회적 행동을 한다고 생각했고, 충분히 엄격한 훈련을 하지 않는다고 부모를 비난했다.

19세가 되어서야 J. P.의 진짜 상황이 밝혀졌다. 빈번한 자동차 절도 때문에 철창 신세를 지지 않게 하기 위해서 변호사는 J. P.에게 정신과적 평가를 받아보라고 제안했다. 그를 평가한 정신과 의사는 엑스레이를 주문했다(당시에 가능한 유일한 뇌 스캔이었음). 그 결과 J. P.는 우측 전두엽이 없는 것으로 드러났다. 게다가 좌측 전두엽은 정상 크기의 절반에 불과했다. 전두엽이 제대로 발달하지 않았음이 거의 확실했다.

한 구조가 발달하지 못한 현상을 발육부전(agenesis)이라고 한다. J. P.의 상태는 전두엽 발육 부전이었다. J. P.의 사례는 동기 행동에서 전두엽의 역할을 연구하는 이례적인 기회를 제공한다.

확실히 J. P.는 대부분의 사람이 세계와 타협하기 위해 사용하는 소위 온갖 정신적 수단(bag of mental tricks)이 없었다. 정상적으로 행동은 행동의 과거 결과 및 현재의 환경적 입력 둘 다에 의해 영향을 받는다. J. P.는 어떤 요인으로부터도 별 영향을 받지 않는 듯했다. 그 결과 이 세상은 그에게 너무나 버거웠다. 그는 언제나 어린애처럼 행동했고, 계획을 세우거나 행동을 억제할 수 없었다. 충동적으로 행동했다. 집에서는 작은 일에도 공격적인 과민반응을 보였고, 특히 어머니에게 심했다.

흥미롭게도, J. P.는 자신의 상황을 전혀 인식하지 못하는 것처럼 보였다. 그의 IQ가 정상이었고 언어 기술도 아주 양호했던 점을 보면, 그의 뇌의 다른 부분이 아주 잘 작동하고 있기는 하지만, 전두엽 결손을 보상할 수는 없었다.

작했다. 전두엽 절리술은 행동을 변화시키고자 하는 신경수술, 일명 **정신수술**(psychosurgery)의 첫 기법이었다. 전두엽 절리술은 나중에 Walter Freeman에 의해 정제되어 **그림 12.24**에 예시된 경안와 백질절리술(transorbital leukotomy)이 되었다.

1950년대에 정신수술의 사용이 급격히 증가했다. 북미에서만 거의 4만 명이 정신장애치료법으로 전두엽 절리술을 받았다. 1960년대 이전까지는 전두엽 절리술이 사회적·정서적 행동에 미치는 영향에 대한 어떠한 체계적인 연구도 이루어지지 않았다. 이 시기가 되어서야 전두엽 절리술은 사실상 '치료'에서 퇴출되었다. 우리는 이제 인간을 포함한 다양한 종에서 전전두 병변이 사회적·정서적 행동에 심각한 영향을 준다는 사실을 알고 있다.

아그네스가 적절한 사례이다. 우리는 12-1절에 기술한, 무분별한 식습관을 가진 로저를 만났던 정신병원에서 아그네스를 만났다. 그때 57세의 여인이었던 아그네스는 한 간호사를 방문하고 있었다. 과거에 그녀는 거기 환자였다.

우리가 아그네스에 대해 첫 번째로 알아차린 점은 그녀가 정서의 징후를 밖으로 드러내지 않는다는 것이었다. 그녀는 사실상 표정을 보이지 않았다. 아그네스는 석유업계 거물이었던 남편이 그녀가 너무 남과 어울리기 좋아한다고 느꼈기 때문에 전두엽 백질절리술로 알려진 시술을 받게 되었다. 분명히, 그는 그녀의 '가벼운 입'이 사업 거래에 손해를 입힐 것이라고 느꼈다. 그는 그녀가 정신수술로 도움을 받을 것이라고 2명의 정신건강의학과 의사를 설득했고, 그녀의 삶은 영원히 바뀌게 되었다.

그림 12.24에 예시된 바와 같이, 절리술을 실행하기 위해 외과 의사는 백질절리도(leukotome)라고 하는 특별한 칼을 사용하여 안와전두피질(그림 12.22 참조) 영역의 신경 연결을 절단하였다. 우리가 아그네스에 대해 목격한 첫 번째 사항은 그녀가 정서를 밖으로 표출하지 않았다는 점이다. 그녀는 사실상 아무런 표정도 짓지 않았다. 그러나 그녀와의 대화에서 우리는 금세 그녀가 백질절리술에 따른 변화에 대해 상당한 통찰력을 갖고 있다는 것을 발견하였다. 특히 그녀는 자신이 상황이나 사람들에 대해 더는 어떤 느낌도 갖고 있지 않다고 하면서도, 흥미롭게도 자신의 개에게는 애착을 갖는다고 하였다. 그녀는 자신이 종종 텅 빈 듯이, 마치 좀비처럼 느껴진다고 말했다.

아그네스가 수술 후 30년간 진짜 행복했던 단 한 순간은 그녀의 인생을 망쳐 놓았다고 비난하던 남편의 갑작스러운 죽음이었다. 불행하게도 아그네스는 계획 혹은 구성 능력이 떨어졌기 때문에 죽은 남편의 상당한 재산을 날리고 말았다. 우리가 본 이러한 능력 부재는 전두엽 손상의 또 다른 증상이다.

안와전두 영역은 편도체 및 시상하부와 직접적 연결을 갖는다. 이 부분의 자극은 자율신경 반응을 일으킬 수 있으며, 이 부분의 손상은 아그네스에서 보았듯이 무감동과 자발성 상실 혹은 추동 상실을 특징으로 하는 심각한 성격 변화를 일으킬 수 있다. 안와전두피질은 아마도 나머지 변연계, 특히 편도체에서 생성되는 정서적 상태에 대한 의식적 인식을 담당한다.

아그네스의 표정 상실 또한 전두엽 손상에서 아주 전형적이다. 사실 전두엽이 손상된 사람들과 조현병 또는 자폐스펙트럼장애가 있는 사람들은 대개 표정 생성과 지각 둘 다에 이상이 있다. 표정은 모든 인류 문화에서 발견되는 행복, 슬픔, 공포, 분노, 역겨움, 놀라움 등 광범위한 표현들을 포함한다. 임상 초점 12-5에서 다룬 J. P.의 전두엽 발육 부전에서와 본 바와 같이, 그런 사람들이 자신의 정서를 표현하지 못하고, 타인의 정서를 인식하지 못하면서 이 고도로 사회화된 세상에서 어떻게 효율적으로 기능할 수 있을지 상상하기 어렵다.

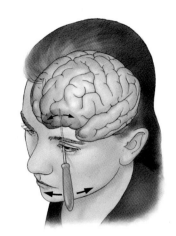

그림 12.24　경안와 백질절리술
이 시술은 눈 소켓의 뼈를 통해 백질절리도를 삽입하여, 안와전두피질과 뇌의 나머지 부분의 연결을 끊는 것이다.

자폐스펙트럼장애는 임상 초점 8-2의 주제이고, 조현병은 임상 초점 8-5의 주제이다.

정신수술　행동을 변화시키기 위한 의도로 행하는 신경외과적 기법의 총칭

비록 표정이 정서 인식의 열쇠지만, 어조나 운율 역시 그렇다. 전두엽 손상 환자는 말할 때 운율이 없고, 타인의 운율을 이해하지도 못한다. 얼굴과 언어 양쪽 모두에서 정서 표현의 이해와 생성 능력의 상실은 부분적으로 그 환자들의 무감동을 설명해준다. 어떤 면에서 그들은 자율신경 되먹임을 잃어서 더는 정서와 관련된 각성을 느끼지 못하는 척수 손상 환자와 비슷하다. 그 환자들은 더는 타인의 얼굴과 목소리에서 정서를 읽어내기 힘들고, 그들 자신의 표정과 목소리로 정서를 표현하지도 못한다.

복내측 전전두피질은 그림 12.22B에 예시된다.

앞서 언급한 바와 같이 정서가 의사결정과 연결되어 있고, 복내측 전전두피질이 그 과정에 핵심적인 역할을 한다는 증거가 늘어나고 있다. 복내측 전전두피질에 상해를 입은 환자들은 대체로 보존된 지적 능력을 갖고 있음에도 불구하고 개인적·사회적 의사결정에 심각한 결함이 발생한다(Bechara, 2017 참조). 복내측 전전두피질은 세계에서 객체의 가치(예 : 유쾌함 대 불쾌함)와 관련된 내장(내적) 정보 접근에 역할을 하는 것으로 추정된다. 비침습적 영상 연구(fMRI)는 또한

섬피질은 10.12B에 도식화된다.

복내측 전전두피질 활동의 변화가 음식, 약물, 음악, 성 활동 등에 관여하는 경험의 주관적 즐거움의 변화를 가져온다는 것을 보여주었다(Berridge & Kringelbach, 2015 참조). 그러나 특히 영상 연구들은 또한 전대상피질, 섬피질, 편도체, 선조체 같은 피질하 부위들을 포함하여, 증가된 활동의 보다 광범위한 네트워크의 존재를 보여준다. 12-7절의 보상에 대한 논의에서 이 부위들로 돌아간다.

12-6 복습

진도를 계속 나가기 전에 앞 절을 얼마나 이해했는지 확인해보자. 정답은 이 책의 뒷부분에 있다.

1. 정서 이론의 세 가지 유형은 _____, _____, _____이다.

2. 정서에 관여하는 핵심 뇌 영역 3개를 열거하시오 : _____, _____, _____.

3. 어떤 요소들이 인간 정서의 해부학적 상관체 연구를 복잡하게 만드는가?

4. Klüver-Bucy 증후군의 증상을 기술하시오.

학습 목표

- 보상 체계를 파악하고 이와 관련된 주요 구조를 설명한다.
- 뇌에서 쾌감을 지도화한다.

12-7

보상

이 장 전반에 걸쳐 우리는 동물들이 넓은 범위의 자발적 행동에 빠져드는 이유는 그 행동이 보상을 주기 때문이며, 동물들은 보상을 주지 않는 행동은 회피한다고 반복해서 결론을 내려왔다. 즉 이 행동들은 현재든 미래든 특정한 환경적 자극과 접촉을 유지하도록 기능하는 신경회로의 활성을 증가시킨다. 짐작컨대 동물은 이 회로의 활성을 유쾌한 것으로 지각한다. 이런 결론은 보상이 왜 섭식과 성 활동 같은 적응적 행동뿐 아니라 약물중독 같은 잠재적으로 비적응적인 행동을 계속하기를 도울 수 있는지 설명할 것이다. 어쨌거나, 진화가 향정신성 약물의 궁극적 개발을 대비해 특별히 뇌를 준비시키지는 않았을 것이다.

원리 1. 신경회로는 신경계의 기능 단위이다.

보상 체계

쾌감과 보상의 신경회로를 이해하려면 우리는 보상이 단일한 것이 아니라 여러 가지 다른 구성요소가 관여된다는 점을 인식해야 한다. '쾌감'을 뜻하는 그리스어에서 파생된 영단어 hedonic(쾌락적)은 감각적, 인지적, 사회적, 미적, 도덕적 등 많은 유형의 쾌감을 지칭할 수 있다.

그래서 anhedonia, 즉 무쾌감증은 보상 체계의 붕괴로 인해 발생할 수 있는 쾌감 결여를 지칭한다. Kent Berridge와 Terry Robinson(2003)은 보상에 세 가지 주요 구성요소가 있음을 강조하는데, 그것은 (1) 보상 및 보상의 가용성을 예측할 단서에 대한 **학습**, (2) 이러한 보상 및 보상과 연관된 단서에 대한 **동기**(보상을 '원함'), (3) 보상의 실제적 쾌감에 대한 **정동적**(쾌락적) 반응(보상을 '좋아함')이다. 신경과학의 과제는 뇌 기전이 이러한 구성요소 각각을 생성하는 방법을 이해하는 것이다. 우리가 왜 초콜릿과 같은 자극에 대한 접촉을 증가시키는지 생각해보라. 3개의 독립적 요인이 작용한다. 그것은 바로 초콜릿이 어디에 있을 수 있는지에 대한 지식, 초콜릿을 먹고 싶은 욕구(원함), 초콜릿을 먹을 때의 즐거운 효과(좋아함)이다. 이런 사건들은 뇌의 어디에서 일어날까?

뇌에 있는 보상 체계의 존재에 대한 첫 번째 단서는 1954년 James Olds와 Peter Milner에 의한 우연한 발견으로 찾아왔다. 이 연구자들은 쥐가 뇌의 특정 위치에 짧게 터지는 전기 자극을 받기 위해 막대 누르기 같은 행동을 수행한다는 것을 발견했다. 이런 현상은 두개내 **자기자극**(intracranial self-stimulation) 또는 뇌 자극 보상(brain stimulation reward)이라 한다.

전형적으로 쥐들은 이러한 뇌 자극을 받기 위해 시간당 수백 번 또는 심지어 수천 번 막대를 누를 것이고, 기진맥진해야만 멈춘다. 동물들은 그들이나 그들의 종에게 생존 가치가 전혀 없는데 왜 그런 행동에 빠져들까? 가장 간단한 설명은 뇌 자극이 보상의 근원이 되는 체계를 활성화한다는 것이다. 내측전뇌다발 관을 따라 자극하면 **그림 12.25**에 보이듯 중뇌 피개의 도파민 생성 세포로부터 상행 경로를 형성하는 섬유가 활성화된다. 이 중뇌변연(mesolimbic) 도파민 경로는 특히 기저핵 내의 측좌핵(nucleus accumbens)과 전전두피질을 포함하는 위치로 말단을 보낸다.

많은 연구자가 처음에 뇌 자극이 기저핵 내의 측좌핵과 전전두피질을 포함하는 위치로 말단을 보내는 중뇌변연 도파민 경로를 활성화한다고 가정했다. 신경이완제와 같은 약물로 도파민을 차단하면 자기자극 및 암페타민과 같은 정상적으로 보상을 주는 사건에서 쾌감을 빼앗는 것으로 보인다. 이에 따라 Roy Wise(1980)는 감각 입력이 우리가 쾌감으로 경험하는 쾌락적 메시지로 변환되는 장소가 도파민 시냅스라고 제안했다. 그리하여 도파민이 쾌감 전달자라는 잘 알려진 관념이 탄생했다. 불행히도 이 관념은 틀렸다. Wise 자신 그 이후로 많은 것을 인정했지만, 이 관념은 대중의 상상 속에 여전히 남아 있다.

아마도 도파민이 쾌감 분자가 아니라는 첫 번째 분명한 징후는 Berridge와 Robinson(1998)의 초기 연구에서 나왔다. Berridge는 맛이 얼마나 유쾌한지 혹은 불쾌한지 측정하기 위해 쥐와 사람의 표정을 사용했다. **그림 12.26**에 보이듯이 맛있는 맛(초콜릿)에 대한 노출은 손가락과 입술을 핥는 것과 같은 인간의 쾌락적 반응을 유발한다. 반대로 지나치게 짠 것과 같은 불쾌한 맛에 대한 노출은 얼굴을 찡그림, 침 뱉음, 손등으로 입을 닦음 등의 부정적인 반응을 이끌어낸다. 쥐 역시 유쾌한 맛과 불쾌한 맛에 각각 뚜렷한 긍정적인 반응과 부정적인 반응을 보인다.

이제 전뇌로 올라가는 상행 도파민 경로에 병변이 있는 쥐에 대해 생각해보자. 이 쥐들은 먹지 않는다. 이는 먹을 욕구가 없어서(원함의 상실) 그런가, 아니면 먹이가 혐오스러워져서(좋아함의 상실) 그런가? 먹기를 거부하는 쥐의 입 안으로 먹이를 분사한 후 표정과 몸 동작을 관찰하면, 먹이에 대한 좋아함의 상실이 얼마나 동물의 먹이 거절 요인이 되는 것인지 알아볼 수 있다. 흥미롭게도, 도파민 경로에 병변이 만들어진 후에 먹이를 먹지 않던 쥐는 여전히 먹이를 좋아하

중독에서 Robinson과 Berridge의 원함-좋아함 이론은 여러 부분의 보상 체계를 포함한다. 6-4절을 참조하라.

7-1절은 전기 자극이 치료 및 연구 수단으로 어떻게 사용되는지 서술한다.

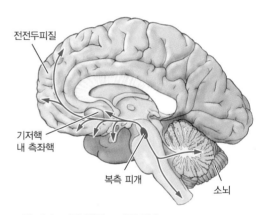

그림 12.25 중뇌변연 도파민 체계
복측 피개에서 방사된 축색(파란색 화살표)은 미만성으로 뇌를 통해 투사된다. 이 중뇌변연 경로에서 도파민 방출은 보상의 느낌과 쾌감에 역할을 한다. 측좌핵은 이 보상 체계에서 결정적인 구조이다.

그림 12.26 맛에 대한 인간의 반응
설탕과 다른 입맛에 맞는 맛은 손가락 핥기와 입술 핥기를 포함한 긍정적(쾌락적) 반응을 일으킨다. 키니네와 다른 불쾌한 맛은 침 뱉기, 얼굴 찡그리기, 손등으로 입 닦기 등의 부정적(회피적) 반응을 일으킨다.
출처 : Berridge(1996).

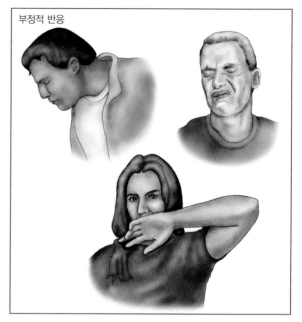

는 것처럼 행동한다.

다음으로 외측 시상하부에 자기자극용 전극이 꽂힌 쥐에 대해 생각해보라. 이 쥐는 자극이 켜져 있는 동안에는 흔히 먹이를 실컷 먹는다. 한 가지 분명한 추론은 먹이가 맛있음이 틀림없다 내지 아마 보통보다 훨씬 더 맛있음이 틀림없다는 것이다. 그러나 만약 우리가 쥐의 입에 먹이를 분사하고, 자극이 켜졌을 때와 꺼졌을 때의 행동을 관찰한다면 어떻게 될까?

뇌 자극이 즐거운 감각을 유발함으로써 섭식을 점화한다면, 우리는 자극이 켜져 있을 때 동물이 먹이에 대한 얼굴과 몸의 반응에서 더 긍정적일 것이라고 예상할 것이다. 사실 정반대 현상이 일어난다. 자극 동안에 쥐는 자극이 꺼져 있을 때보다 설탕과 소금 같은 맛에 더욱 혐오스럽게 반응한다. 분명히, 자극은 좋아함이 아니라 원함을 증가시킨다.

이런 실험들은 단일 사건으로 보이는 보상이 실제로는 최소한 2개의 독립적 과정으로 구성된다는 것을 보여준다. 우리의 시각 체계가 두 가지 별도의 경로로 무엇과 어떻게에 관한 정보를 독립적으로 처리하는 것처럼, 우리의 보상 체계도 원함과 좋아함을 독립적으로 처리한다. 보상은 지각이나 기억과 같은 과정과 달리 단일 현상이 아니다.

뇌에서 쾌감 매핑

서로 다른 쾌감의 경험(예 : 맛있는 음식, 낭만적인 몸짓, 음악 감상)은 서로 매우 다르게 보일 수 있지만, 신경영상 연구들은 그들 모두가 측좌핵, 복측 창백핵, 편도체 같은 피질하 변연 구조뿐 아니라 전전두피질, 전대상피질, 섬엽 등의 부위에서 놀랍도록 유사한 뇌 회로를 활성화함을 시사한다(자세한 내용은 Berridge & Kringelbach, 2015 참조). 원함 체계와 좋아함 체계가 어느 정도 중복되기는 하지만, 원함은 특히 선조체와 전전두피질로의 도파민 투사에 의해 지배되는 대규모 미만성 뇌 체계에 의해 생성된다. 대조적으로, 좋아함은 **그림 12.27**에 보이듯 변연 회로 내 더 작은 묶음의 쾌락 영역들에 의해 생성된다.

이러한 시각에서 우리는 도파민이 원함과 관련되는 신경전달물질임을 알 수 있다. 그러나 어

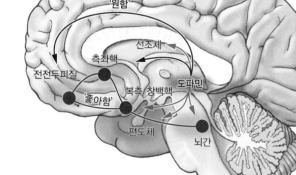

그림 12.27 좋아함 체계와 원함 체계
원함은 도파민 투사(파란색 화살표)을 포함한 광범위한 뇌 체계에 의해 매개되는 반면, 좋아함은 작은 쾌락 영역(빨간색)의 보다 제한된 뇌 체계에 의해 매개된다.
출처 : Berridge & Robinson(2016).

떤 신경전달물질(들)이 좋아함과 관련될까? Berridge와 그의 동료들은 감각 기능에 기여하고 미각과 통증에 기여하는 것으로 알려진 후뇌의 교뇌 부위뿐만 아니라 측좌핵과 연관 복측 창백핵의 작은 영역들, 복내측 안와전두피질과 섬엽 등을 확인했다. 이 영역들 각각은 좋아함(쾌감) 반응을 증폭시키기 위해 오피오이드(천연 헤로인 유사) 신경전달물질과 엔도카나비노이드(천연 마리화나형) 신경전달물질을 사용하지만 도파민은 절대 사용하지 않는다. 이러한 쾌락 영역은 각각의 부위에서 상대적으로 작지만, 쾌감 향상을 위해 통합된 체계로 함께 작용하는 것으로 보인다. 쾌감의 강도는 동시에 활성화되는 부위의 수와 관련되는 것으로 여겨진다.

쾌감 전극?

쾌감은 단순한 감각이나 생각이 아니라, 쾌 대 불쾌 감정을 생성하는 추가적인 '쾌락적 광택(hedonic gloss)'으로 가장 잘 이해된다(Kringelbach & Berridge, 2017의 종설 참조). 사물이나 사건의 쾌락적 광택은 쾌락적 온점(쾌) 또는 냉점(불쾌)의 네트워크 활성에 의해 뇌에서 생성된다. Berridge와 그의 동료들은 맛에 대한 '좋아함' 반응에서 긍정적 또는 부정적 변화를 일으키는 직접적인 신경화학적 또는 광유전학적 조작을 통해 설치류의 측좌핵과 복측 창백핵, 피질의 인접 섬엽, 안와전두피질에서 이러한 영역을 확인했다(자세한 내용은 Berridge & Kringelbach, 2015 참조).

쥐가 뇌에 전류를 공급하기 위해 막대를 누를 것이라는 Olds와 Milner의 발견에 의해 적어도 부분적으로는 뇌의 쾌감 센터에 대한 능동적 탐색이 시작되었음을 상기해보라. 우리는 이제 그 전류가 쾌감이 아니라 원함을 불러일으킨다는 것을 알고 있지만, 의문은 남아 있다. 쾌락적 온점 자극이 실제로 쾌감을 유발할 수 있을까? 더 중요하게, 우울증과 같은 무쾌감 상태를 역전시키기 위해 자극이 사용될 수 있을까? 1970년대 연구들에 따르면 인간에서 뇌심부자극이 피험자들에게 쾌감의 느낌을 불러일으키는 것으로 알려졌지만, Berridge와 Kringelbach(2015)의 이에 대한 종설은 환자들이 실제로 이런 효과를 인정했다는 증거가 없음을 시사한다.

그럼에도 불구하고 지난 10년 동안 뇌심부자극술은 만성 통증, 우울증, 파킨슨병 등의 광범위한 상태에 대한 치료 기술로 이용되었다. 인간의 측좌핵 자극이 무언가 하기를 '원함'의 갑작스러운 느낌을 유발한다고 보고되어왔으나, 그런 자극이 '좋아함'(쾌감)을 생성할 수 있다는 확실한 증거는 아직 없다. 아울러 해결되어야 할 기술적 쟁점이 분명히 있다. 즉 전극은 온점을 목표로 해야 하는데, 인접한 냉점도 자극하면 혼합된 반응이 생성될 것이라는 점이다. 그럼에도 불구하고 측좌핵 또는 전전두피질의 자극이 사람들의 삶에 상당히 긍정적인 영향을 줄 수 있는 불안이나 우울 완화를 제공할 수 있다는 증거가 있다.

임상 초점 6-4에서 설명한 주요우울장애는 가장 치료 가능한 심리적 장애 중 하나이다. 인지 및 개인내 치료는 약물만큼 효과적이다. 16-2절, 16-3절을 참조하라.

12-7 복습

진도를 계속 나가기 전에 앞 절을 얼마나 이해했는지 확인해보자. 정답은 이 책의 뒷부분에 있다.

1. 동물들은 행동이 _____ 때문에 많은 자발적 행동에 빠져들기를 선호한다.

2. 신경회로는 현재 혹은 미래에 _____와/과 _____ 하위체계를 통하여 보상을 주는 환경적 자극과의 접촉을 유지한다.

3. 보상과 관련된다고 추정되는 신경전달물질은 _____이며, 좋아함과 관련된다고 추정되는 신경전달물질은 _____와/과 _____이다.

4. 두개내 자기자극이 무엇이며, 그것은 뇌의 보상 체계에 대하여 우리에게 무엇을 말해주는가?

요약

12-1 행동의 원인 알기

우리 내부의 주관적 느낌(정서)과 목표 지향적 사고(동기)는 우리가 개인으로서, 또 종으로서 어떻게 행동하고 적응하는가에 영향을 준다. 정서와 동기는 의식적 인식이나 의도에서 벗어날 수 있는, 그리고 자유의지에 대한 옹호론을 주장하기 어렵게 만드는 유추된 상태이다.

생물학적으로 보상은 동물이 행동에 빠지도록 동기를 부여한다. 혐오적 상황은 뇌 회로를 자극하여 그런 상황을 줄일 행동을 생성한다. 뇌는 선천적으로 자극을 필요로 한다. 자극이 없으면 뇌는 자극을 찾아 나설 것이다.

감각 자극은 호르몬 활성과 뇌간의 도파민 활성으로 이어진다. 뇌간에 구성된 신경회로들은 고양이의 먹이 사냥과 새의 지저귐 같은 종 전형의 행동을 조절한다. 이러한 뇌간 회로들은 진화적 이득을 나타낸다. 즉 보상적이다. 보상적 행동은 생명체에 동기를 부여한다. 동물이 그 종에게 동기를 부여하는 행동에서 벗어나면 멸종한다.

행동은 행동의 생물학적 기반뿐 아니라 행동의 결과들에 의해 조절된다. 결과들은 종의 진화나 개체의 행동에 영향을 줄 수 있다. 진화에 의해 선택된 행동은 흔히 선천적 분출기제에 의해 촉발된다. 개별 동물에서만 선택된 행동은 그 동물의 환경에 의해 조성되어 학습된다.

12-2 동기적 행동의 신경해부학

정서적·동기적 행동을 개시하는 신경 구조는 시상하부, 뇌하수체, 편도체, 아래쪽 뇌간의 핵에서 올라오는 도파민과 노르아드레날린 활성경로, 전두엽 등이다.

정서와 동기의 경험은 둘 다 자율신경계, 시상하부, 전뇌, 특히 편도체와 전두엽의 활성에 의해 조절된다. 정서적·동기적 행동은 내적 또는 외적 자극에 대한 무의식적인 반응일 수 있으며, 이 반응은 선천적 분출기제의 활성에 의해 혹은 사건이나 생각에 대한 인지적 반응에 의해 조절된다.

12-3 동기적 행동에서 화학적 감각의 역할

동물들은 그들의 화학적 감각과 관련된 인지적 평가를 한다. 연구자들은 인지 평가를 위한 체계가 사람, 집단, 행위 같은 보다 추상적인 것들에 대한 평가뿐 아니라 다른 사람들에 대한 취급 및 도덕성 문제에 대한 평가에도 적합하다고 제안한다.

후각과 미각 감각에서, 코와 혀 각각에 있는 화학적 신경수용체들은 화학신호와 상호작용하여 후각을 위해 제1뇌신경, 미각을 위해 제7, 제9, 제10뇌신경의 신경 활성으로 이어진다. 뇌신경들은 뇌간으로 들어가 일련의 시냅스를 거쳐 전뇌로 향한다. 냄새와 맛 입력은 안와전두피질에서 합쳐져서 향미 지각을 일으킨다. 화학적 감각의 손상은 미묘하더라도 심각한 영향을 미칠 수 있으며, 우울증, 음식과 음료 즐김 감소, 성적 만족도 감소와 같은 상태와 연결되어 왔다.

12-4 제어행동의 조절

동기적 행동에서 별도로 구분되는 두 가지 유형은 (1) 활력성 신체 계통의 균형을 유지하는 제어(항상성)행동과 (2) 기본적으로 반사적이지 않은 행동과 항상성 기제에 의해 조절되지 않는 행동 모두를 총칭하는 비제어행동이다. 섭식과 음수는 소화기 및 호르몬 계통, 장신경계, 그리고 시상하부 및 피질 회로의 상호작용에 의해 조절되는 제어행동이다. 삼투성 갈증은 체액에서 용질로 알려진 용해된 화학물질의 농도 증가의 결과이다. 저용적성 갈증은 신체 전반의 체액 용적이 손실된 결과이다.

12-5 성차와 성행동

성 분화는 태아 발달 동안 생식호르몬과 성염색체의 구성 효과로 인해 발생한다. 성 분화는 성적으로 이형적인 뇌 구조와 행동으로 이어지지만, 인간의 경우 뇌의 남성/여성 구분이 흐려질 수 있다. 생식호르몬은 또한 삶의 훗날에 활성화 효과를 통해 뇌와 행동에 영향을 미친다. 동성애와 트랜스젠더를 포함한 성적 지향은 뇌 구성의 차이와 관련이 있다.

성행위는 시상하부(여성은 복내측 시상하부, 남성은 시삭전영역)에 의해 조절된다. 성 활동은 편도체에 의해 동기를 부여받는 비제어행동이다. 성적 지향(반대 성이나 같은 성, 혹은 둘 다에 끌림)와 성 정체성(남성, 여성, 둘 다, 혹은 둘 다 아님의 느낌)은 시상하부의 구성과 관련이 있다. 시상하부 구성의 차이는 발달 초기 후생유전적 효과와 관련될 가능성이 크다.

12-6 정서의 신경 조절

정서는 정의하기 어려운 추론된 상태이다. 우리는 정서의 세 가지 모델을 고려한다. 구성주의 이론은 뇌가 자율 상태에 대한 인지 반응을 생성한다고 주장한다. 평가 이론은 정서적 삽화를 상태가 아닌 처리 과정으로 정의한다. 이 이론들에 따르면 정서는 주관적인 느낌으로 이어지는 신체적 구성요소를 포함한 맥락 평가의 결과이다. 신경심리학 이론은 정서의 비대칭적 대뇌 조절을 강조한다.

정서는 뇌의 한 곳에서 발견되는 것이 아니라, 변연계와 전두엽 구조, 특히 편도체와 전전두피질에 분포한다.

12-7 보상

생존은 어떤 환경 자극과는 접촉을 최대화하고, 다른 환경 자극과는 접촉을 최소화하는 데 달려 있다. 보상 기제는 이러한 상이함을 조절한다. 보상의 두 가지 독립적 특색은 원함과 좋아함이다. 원함 요소는 도파민 활성계에 의해 조절되는 것으로 생각되고, 좋아함 요소는 오피오이드 및 엔도카나비노이드 계통에 의해 조절되는 것으로 생각된다. 원함 체계는 특히 선조체와 전전두 영역에서 발견되는 도파민 투사에 의해 지배되는 대규모 미만성 뇌 체계에 의해 생성된다. 좋아함 체계는 선조체와 뇌간에 더 작은 국재화된 묶음의 쾌락 영역으로 분포된다.

핵심 용어

강화제	비만	안드로겐	트랜스젠더
거식증	비제어행동	안와전두피질	페로몬
과식증	삼투성 갈증	저용적성 갈증	편도체
구성 효과	선천적 분출기제	정서	학습된 맛 혐오
내측전뇌다발	성적 이형	정신수술	항상성 기제
뇌하수체	성적 지향	제어행동	해마
동기	성 정체성	준비성	활성 효과
방출호르몬	실식증	진화심리학	Klüver-Bucy 증후군

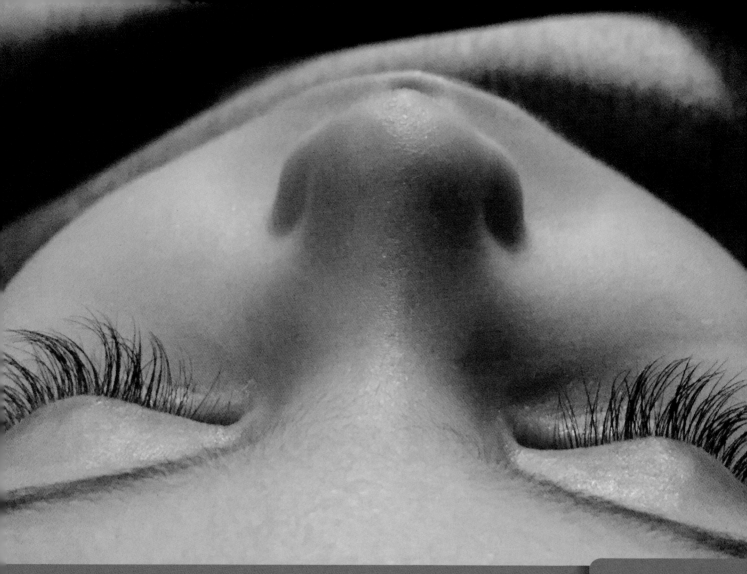

우리는 왜 잠을 자고 꿈을 꾸는가?　13

13-1 모든 계절을 위한 시계

임상 초점 13-1 올바른 시간에 올바른 것 하기
생체 리듬
바이오리듬의 기원
실험 13-1 질문 : 식물의 움직임이 외인성인가, 아니면 내인성인가?
자유진행 리듬
시간 부여자
임상 초점 13-2 계절성 정동장애

13-2 시교차상 생체시계

시교차상 리듬
시간 지키기
일주기 리듬의 박동조율
연구 초점 13-3 분자 수준의 바이오리듬 동기화
연주기 리듬의 박동조율

시간형
인지적 · 정서적 행동의 리듬

13-3 수면 단계와 꿈꾸기

얼마나 오래 자는지 측정하기
수면 측정
각성과 수면의 단계
전형적인 밤잠
N-수면과 R-수면의 비교
꿈
무엇에 대해 꿈을 꾸는가

13-4 수면은 무엇을 성취하는가?

생물학적 적응으로서 수면
회복 과정으로서 수면
기억 저장을 위한 수면
수면 기억 저장 동안의 뇌 사건

13-5 수면의 신경 기반

망상활성계와 수면
R-수면의 신경 기반

13-6 수면장애

불면증 : 잠을 잘 수 없음
과다수면증 : 깨어 있을 수 없음
호흡장애
사건수면증
탈력발작
연구 초점 13-4 오렉신
수면 관련 운동장애

13-7 수면은 뇌에 대해 우리에게 무엇을 말해주는가?

Marcus Chung /Getty Images

연구 초점 13-1

올바른 시간에 올바른 것 하기

우리 모두는 이런 충고를 들어 왔다. "규칙적인 수면과 식사 습관 유지가 건강에 좋다." 과학적인 증거가 이 훌륭한 충고를 지지한다.

우리 인간은 **주행성 동물**(diurnal animals, 라틴어에서 *dies*는 day를 의미함)이다. 우리는 햇빛이 있는 동안 활동과 식사를 하고, 어두울 때 잔다. 이러한 낮-밤 리듬이 우리의 **일주기 리듬**(circadian rhythm)이며, 이는 우리의 수면뿐 아니라 식사 시간과 같은 다른 행동도 제어한다. 대부분의 유기체는 일주기 리듬을 갖고 있다.

오늘날 우리는 환경 때문에 두 가지 방식으로 일주기 리듬을 침해당하고 있다. 첫째, 인공조명이 우리의 각성 시간을 밤으로, 수면 시간으로 확장하게 하였다. 둘째, 흔히 쉽게 대사되는 고칼로리 음식 중심의 간편한 음식 원천은 우리로 하여금 원하면 언제든 먹게 한다. 자연적 일주기 리듬에 대한 이러한 침해는 수면장애, 심혈관질환, 당뇨병 등이 생길 위험성을 총체적으로 증가시키는 **대사증후군**(metabolic syndrome)이라 알려진 의학적 장애들의 조합에 기여한다(Spiesshoefer et al., 2019).

대사증후군의 뿌리는 우리의 일주기 행동을 제어하는 신경 체계인 **생체시계**(biological clocks)의 붕괴에 있을 수 있다. 아마도 우리는 2개의 시계를 갖고 있는 것 같다. 하나는 수면-각성을 조절하고, 다른 하나는 간, 췌장, 소화관 같은 섭식과 관련된 신체 기관의 기능을 조절한다. 수면-각성을 조절하는 시계는 빛에 반응하는 반면에, 섭식을 조절하는 시계는 음식 섭취에 반응한다.

이 두 시계의 활동은 상호적이어서, 하나가 붕괴하면 다른 하나도 붕괴한다.

불규칙한 수면과 식사 스케줄은 생체시계의 공시성을 변화시킨다. 대사율, 혈장 포도당, 췌장 인슐린 분비가 부적절하게 하락하거나 상승하여 비만과 당뇨병이 생기게 할 수 있다. 비만과 당뇨병의 예방과 치료에 포함될 수 있는 것으로 잘 시간과 먹을 시간을 알아차려서 올바른 시간에 올바른 것 하기가 있다.

주행성 동물 주로 낮 동안에 활동적인 유기체

일주기 리듬 낮-밤 리듬

대사증후군 비만과 인슐린 이상을 포함하는 의학적 장애들의 조합으로, 심혈관계 질환과 당뇨병 발병 위험을 총괄적으로 증가시킴

생체시계 바이오리듬을 생성하여 행동의 시간을 정하는 신경계

바이오리듬 행동이나 신체적 과정의 자연적 리듬

기간 활동 순환의 완료에 걸리는 시간

학습 목표

- 자유진행 리듬을 포함하여 다양한 바이오리듬을 서술한다.
- 자이트게버가 생물학적 시계를 설정하기 위해 어떻게 작동하는지 설명한다.
- 동조가 빛 공해 및 기타 교란 요소의 영향에 대응하기 위해 어떻게 작용할 수 있는지 설명한다.

수면과 각성, 섭식, 운동, 사회적 상호작용 등의 일상적 리듬은 며칠과 몇 년에 걸쳐 주기적이다. 다른 동물들은 이러한 일상적 활동들을 공유하며, 또한 계절 변화에 따라 이주, 동면, 털갈이, 발달 등을 한다. 이 장에서 우리는 일상적 리듬 및 계절성 리듬과 관련된 질문에 대답한다. 질문에는 뇌가 바이오리듬을 어떻게 생성하는지, 수면은 왜 진화했는지, 어떤 신경 기전이 수면, 각성, 수면관련장애 등을 제어하는지 등이 포함된다.

13-1

모든 계절을 위한 시계

우리는 먼저 생체 리듬을 고려한 다음, 일부 리듬이 생체시계에 의해 생성된다는 증거를 제시한다. 환경적 단서들이 항상 일관적이지는 않기 때문에, 우리는 어떻게 생체시계가 적응 방식으로 환경적 단서를 해석하도록 돕는지 조사한다. 또한 우리는 행동이 생체시계와 충돌할 때 발생하는 건강 결과에 대한 증거도 고려한다.

생체 리듬

바이오리듬(Biorhythm)은 행동 또는 신체 기능의 주기적인 변화이다. 바이오리듬은 최초의 단세포 유기체에 기원을 두고 있으며, 오늘날 모든 살아 있는 유기체의 특징이다. 모든 주기적 활동에는 한 주기의 활동을 완료하는 데 필요한 시간인 **기간**(period)이 있다. 바이오리듬은 그 기간으로 정의된다. 바이오리듬과 기간은 유전자에 의해 제어되므로, 유전적 제어도 생체 리듬에 대한 우리 논의에 포함된다.

표 13.1 바이오리듬의 유형

생체 리듬	시간 틀	예
연주기	1년 단위로	철새의 이동 주기
일초과	하루보다 길게	인간의 월경 주기
일주기	하루 단위로	인간의 수면-각성 주기
일미달	하루보다 짧게	인간의 섭식 주기

다양한 바이오리듬이 유기체의 행동과 기능을 제어한다. 연주기 리듬(circannual rhythm)은 약 1년의 기간을 갖는다. 많은 동물의 이동 및 짝짓기 주기는 연주기이다. 일초과 리듬(infradian rhythm)은 1일 이상 1년 미만의 월간 또는 계절적 기간을 갖는다. 평균 약 28일의 기간을 갖는 인간 여성의 월경 주기 및 연관 호르몬 변화는 일초과 바이오리듬이다. 월경주기는 달의 주기와 연결되어 있어 월주기 순환(circalunar cycle)이라고도 한다(Helfrich-Förster et al., 2021). 일주기 리듬은 인간의 수면-각성 주기에서 알 수 있듯이 하루의 기간을 갖는다. 다른 많은 생물학적 기능은 이 리듬을 공유한다. 일미달 리듬(ultradian rhythm)은 하루 미만의 기간을 갖는다. 간식을 포함하여 약 90분에서 2시간마다 일어나는 섭식행동이 한 예다. 이러한 다양한 바이오리듬을 **표 13.1**에 요약했다.

일주기 의미의 circadian은 쯤(around)이라는 의미의 라틴어 *circa*와 일(day)이라는 의미의 라틴어 *diem*에서 유래했다.

바이오리듬의 기원

바이오리듬은 생물이 지구의 자전과 태양에 대한 공전의 결과로 환경에서 발생하는 주기적인 변화에 적응하도록 돕는다. 태양이 제공하는 에너지는 대다수 동물종의 생체 작용에 필수적이며, 바이오리듬을 제어하는 유전자는 태양이 제공하는 에너지를 최적화하도록 진화했다.

지구의 축이 약간 기울어져 있고, 지구가 태양 주위를 1년에 한 번 회전하기 때문에, 북극과 남극은 1년 중 일부 동안은 태양 쪽으로 약간 기울고, 나머지 부분 동안은 태양으로부터 약간 멀어진다(**그림 13.1** 참조). 적도 근처 지역은 1년 내내 낮과 밤의 길이에 변화가 거의 없지만, 적도에서 멀어질수록 낮과 밤의 변화가 커진다. 남반구가 태양 쪽으로 기울어질 때, 그 주민들은 더 긴 낮과 더 짧은 밤을 경험하며, 반대로 북반구의 주민들은 더 짧은 낮과 더 긴 밤을 경험한다.

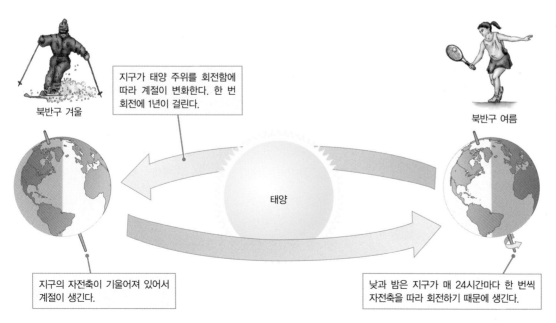

북반구 겨울

지구가 태양 주위를 회전함에 따라 계절이 변화한다. 한 번 회전에 1년이 걸린다.

태양

북반구 여름

지구의 자전축이 기울어져 있어서 계절이 생긴다.

낮과 밤은 지구가 매 24시간마다 한 번씩 자전축을 따라 회전하기 때문에 생긴다.

그림 13.1 바이오리듬의 기원
지구상의 어떤 점이 일 회전 주기에서 태양에 면하면 낮 시간이고, 그 반대이면 밤이 된다. 기온과 일조량의 계절적 변화는 지구의 태양 주위 공전과 자전축의 기울어짐에 따른 결과이다.

이 관계는 한 해의 진행에 따라 역전된다.

일주기 바이오리듬은 유기체가 낮과 밤의 변화에, 그리고 자신이 사는 위도에서 낮밤의 길어지고 짧아짐에 적응할 수 있게 해준다. 연주기 바이오리듬은 동물이 1년 동안 발생하는 환경 변화에 적응하도록 도와준다. 특히 북부 및 남부 기후에 사는 경우 더욱 그렇다. 이주를 통해 유기체는 빛, 기후, 먹이 가용성을 최적화할 수 있다. 다음 절에서 우리는 먼저 일부 바이오리듬이 매일의 변화에 적응하는 데 어떻게 도움이 되는지 서술하고, 이어서 동일한 바이오리듬이 다른 짧고 긴 바이오리듬과 어떻게 상호작용하는지 고려한다.

일주기 리듬

각성과 수면행동이 일주기 리듬을 갖듯이 맥박, 혈압, 체온, 세포분화율, 혈구 수, 각성도, 소변 성분, 신진대사율, 성적 욕구, 섭식행동, 치료 약물에 대한 반응성, 인지능력, 정서 등도 그러하다.

일주기 리듬이 동물들에게만 고유한 것은 아니다. 식물도 리듬성 행동을 나타내는데, 예를 들면 나뭇잎과 꽃 중에서 낮에는 열렸다가 밤에는 닫히는 종들이 있다. 심지어는 단세포의 해조류와 곰팡이류도 하루의 경과와 관련된 리듬성 행동을 나타낸다. 악어와 게를 포함한 일부 동물은 리듬 양식으로 색깔이 변하기도 한다. 예를 들어 플로리다 카멜레온은 밤에는 녹색이 되는 반면에, 낮에는 주위환경과 색깔이 같아진다. 요컨대 거의 모든 살아 있는 유기체와 모든 살아 있는 세포는 일주기 리듬을 나타낸다.

일주기 리듬의 내인성 기원 일주기 리듬은 생체시계라 지칭되는 내인성(내부적) 기전에 의해 생성된다. 생체시계의 존재는 1729년에 지질학자 Jean Jacques d'Ortous de Mairan에 의해 처음으로 알려졌다(Raven et al., 1992 참조). **실험 13-1**의 절차 부분에 예시된 것과 유사한 실험에서, de Mairan은 한 식물을 일중 빛, 어둠, 온도 단서로부터 분리했다. 실험 결과 부분의 그래프와 같이, 그는 낮밤 주기에 따라 보이는 잎의 리듬성 움직임이 식물이 분리되었을 때에도 지속된다는 것을 알아냈다.

de Mairan의 보고 이후에 등장한 연구자들의 주목을 끈 것은, 몇몇 탐지되지 않은 외부 단서가 그 식물의 리듬성 행동을 자극할 가능성이었다. 그런 단서에는 기온, 전자기장, 그리고 심지어 외계로부터의 광선 강도 변화가 포함될 수 있다. 그러나 추가 실험 결과, 일중 등락은 내인성, 즉 식물 내부에서 비롯되는 것으로 나타났다. 그래서 식물이 생체시계를 갖고 있음이 틀림없다.

비슷한 실험들에서 거의 모든 유기체가 실제 하루의 시간적 경과에 행동을 동기화하고, 내일에 대해 예측하는 일주기 시계를 가지고 있음이 드러났다. 일주기 시계는 오늘 햇빛이 주어진 시간 동안 지

····▶ 실험 13-1

질문 : 식물의 움직임이 외인성인가, 아니면 내인성인가?

절차

식물 잎의 움직임이 지속적으로 희미한 불빛에서 기록된다.

잎이 움직이면, 잎에 부착된 펜도 움직인다.

회전 드럼

펜

결과

움직임 기록이 생성됨

잎 아래로

잎 위로

1 2 3 4

지속적으로 희미한 불빛의 날짜

잎 위로

잎 아래로

Bryan Kolb/Ian Whishaw

결론 : 식물의 움직임은 내인성이다. 움직임은 실제 날짜의 시간 경과에 따라 내부 시계에 의해 생겨난다.

속되면, 내일도 같은 시간 동안 지속될 것이라는 신호를 준다. 일주기 시계는 우리가 사건을 예상하여 생리적·인지적으로 사건에 준비할 수 있게 해준다. 그리고 외부요소가 방해하지 않으면 일주기 시계는 섭식 시간, 수면 시간, 대사 활동을 적절한 낮밤 주기로 제어한다. 스트레스, 기타 후생유전적 효과 같은 외부 요인이 이러한 주기를 방해할 때 일주기 시계에 의해 제어되는 기능이 중단될 수 있다(Agorastos et al., 2020).

일주기 리듬 측정 비록 내인성 일주기 시계의 존재가 거의 300년 전에 입증되었지만, 바이오리듬 연구에 수반되는 막대한 양의 데이터 수집 및 분석은 전기 및 컴퓨터 기반의 타이밍 장치가 발달한 이후에야 가능하게 되었다. 행동 분석에는 행동적 사건을 계산할 방법과 그 사건을 의미있는 방식으로 나타낼 방법이 필요하다.

예를 들어 쥐의 행동은 운동할 수 있도록 돌아가는 바퀴 안에 넣어 둠으로써 우선 측정 가능하다(**그림 13.2A**). 컴퓨터가 바퀴의 회전을 기록하고 그 결과를 나타내 준다(그림 13.2B). 대부분의 쥐는 야행성이어서 빛이 있는 시간에는 잠을 자고, 어두운 시간에 활동적이 되기 때문에, 그들의 바퀴 돌리기는 어두운 곳에서 일어난다. 만약 날짜별 활동을 전날의 활동 아래에 세로로 배치해 기록하면, 동물이 언제 활동적인지의 기록(그림 13.2C)과 같은 시간 경과에 따른 활동 주기가 드러난다. 스마트워치와 스마트폰에 움직임 센서를 장착하는 전자 혁신은 이제 인간 피험자의 일주기 활동 측정에 사용된다.

자유진행 리듬

한 행동이 리듬성인 것 같다는 사실이 그 행동이 생체시계에 의해서만 지배된다는 것을 의미하지는 않는다. 실제로 동물들은 먹이의 가용성, 포식자의 존재, 같은 종의 다른 구성원과의 경쟁 등에 반응하여 일주기 활동을 적응시킨다. 예를 들어 동물들은 먹이 공급이 지속되는 한 이주를 연기할 수 있다. 우리 인간들은 확실히 계절적 변화, 업무 일정, 놀이 기회 등에 반응하여 일상적 활동을 변화시킨다.

리듬성 행동이 생체시계에 의해 생성되는지와 생체시계에 의해 조절되는 정도는 실험적으로 입증할 수 있다. 이러한 의문을 조사할 때 연구자들은 시험 조건을 조작하는 여러 가지 시험을 수행한다. 시험은 (1) 지속적 빛에서, (2) 다양한 밝기의 빛에서, (3) 지속적 어둠에서, (4) 피험자의 빛 선택에 의해서, (5) 식사, 활동 및 수면 시간과 함께 주어질 수 있다. 각 치료는 생체시계의 기간에 대해 약간 다른 통찰을 산출한다.

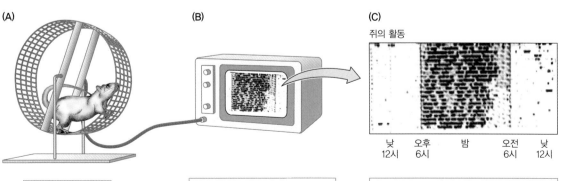

(A)

(B)

(C)

쥐의 활동

낮 12시 / 오후 6시 / 밤 / 오전 6시 / 낮 12시

그림 13.2 쥐의 일중 활동 주기의 기록

출처 : Richter(1965).

쥐가 회전 바퀴에서 달린다.

바퀴의 회전 수가 회전당 점 하나로 차트에 기록된다. 각각의 선은 하루의 활동을 나타낸다.

오후 6시와 오전 6시 사이에는 빛이 없는 상태로, 한 달간 활동을 기록하면 낮-밤 주기의 밤 시간에 쥐가 활동적이었음이 드러난다.

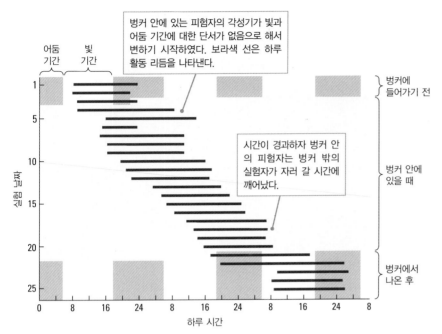

그림 13.3   한 사람의 자유진행 리듬
첫날부터 3일째 날까지의 기록은 수면기가 매일 전형적 낮-밤 상태 아래에 있음을 보여준다. 4일째부터 20일째까지의 기록은 피험자가 벙커에 격리되어 낮밤 길이를 스스로 조절하도록 하는 동안에 생긴 자유진행 리듬을 보여준다. 하루 활동 기간은 24시간에서 25.9시간으로 변환되었다. 피험자가 다시 자연적 빛-어둠 주기에 노출된 21일째부터 25일째까지의 기록은 기간이 24시간으로 회복되었음을 보여준다.
출처 : Hobson(1989).

Aschoff(1978)는 인간의 수면-각성 리듬이 선호하는 기간을 갖는 생체시계에 의해 지배된다는 사실을 처음으로 입증했다. 그와 그의 동료들은 피험자들이 스스로 빛-어둠 주기를 선택하도록 하면서, 하루의 시작과 끝에 대한 단서가 전혀 없는 지하 벙커에 있게 했다. 피험자들은 활동적일 때와 잘 때의 기간을 선택했고, 자기 의지로 불을 켜고 껐다. 즉 자신의 낮과 밤의 길이를 스스로 선택했다.

침대에 부착된 센서를 통한 계속적 행동 측정과 수면 기간의 기록으로 피험자들이 계속해서 일중 수면-활동 리듬을 보인다는 사실이 드러났다. 이러한 소견은 인간이 수면-각성 행동을 지배하는 내인성 생체시계를 갖고 있음을 입증한다. 그러나 **그림 13.3**에서 볼 수 있듯이, 실험조건 아래 그들의 바이오리듬이 격리되기 전후의 바이오리듬과 비교하여 달랐다. 특히 피험자들의 수면-각성 주기의 기간은 시험 전과 후에 24시간 정도였다. 시험 동안에는 사람에 따라 다르게 약 25~27시간으로 길어졌다. 피험자들은 매일 '밤' 한두 시간 늦은 취침을 선택하였다. 곧 그들은 벙커 밖의 실험자들이 잠자러 갈 때쯤 일어났다. 피험자들의 개별적 주기는 **자유진행 리듬**(free-running rhythm)이라고 한다. 각 개인마다 자유진행 리듬은 신체 자체가 고안한 기간을 갖는다.

후속 연구에 따르면 인간의 자유진행 리듬은 Aschoff가 서술한 리듬만큼 길지 않다. 피험자들이 환경에서 조명을 조절했기 때문에, 그들이 매일 깨어 있는 시간의 길이를 늘림으로써 조명이 리듬의 분명한 단계에 영향을 미쳤다. 조명, 식사 시간, 온도 및 수면 시간을 실험에 추가하여 행동을 보다 면밀하게 제어하면, 인간의 평균 자유진행 기간은 약 24.1~24.2시간이다(Phillips et al., 2011).

자유진행 리듬의 기간은 또한 종의 빛 관련 생물학에 달려 있다. 야행성 종인 햄스터가 지속적인 어둠에서 시험받을 때, 자유진행 기간은 24시간보다 약간 더 짧다. 반면에 지속적 빛에서 시험받으면 자유진행 기간은 24시간보다 약간 더 길다. 밀접하게 관련되는 두 종에 대한 지속적 암흑 시험에서, 쥐가 약간 확장되는 주기를 갖는 반면, 생쥐는 약간 수축하는 주기를 갖는다. **그림 13.4**에 보이듯이, 정반대의 자유진행 기간은 일부 주행성 동물에서 발견될 수 있다(Binkley, 1990). 참새(주행성 새)가 지속적 어둠에서 시험받으면 자유진행 기간은 24시간보다 약간 더 길고, 지속적 빛에서 시험받으면 자유진행 기간은 24시간보다 약간 더 짧다. 따라서 어떤 종 또는 조건에 대한 기간의 길이는 명시적인 실험 검증이 필요하다(An et al., 2021).

시간 부여자

빛과 어둠의 일일 주기는 위도와 계절에 따라 달라지기 때문에, 생체시계는 낮-밤 주기의 실제적 변화를 예측하는 시간을 유지해야 한다. 자유진행 리듬이 정확히 24시간이 아니라면, 생체시계가 어떻게 정확한 시간을 유지할까? 자유진행 기간은 생체시계가 약간 결함이 있는 시계와 같아서, 시간이 지남에 따라 쓸모없게 된다는 것을 시사한다.

자유진행 리듬   모든 외부 단서 없이 신체 요인만으로 생성되는 리듬

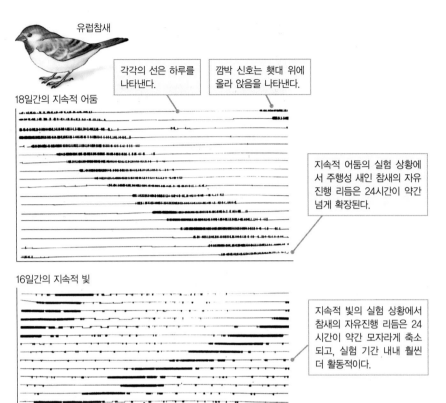

그림 13.4   주행성 동물의 자유진행 리듬
출처 : Binkley(1990).

유럽참새

18일간의 지속적 어둠

각각의 선은 하루를 나타낸다.

깜박 신호는 횃대 위에 올라 앉음을 나타낸다.

지속적 어둠의 실험 상황에 서 주행성 새인 참새의 자유 진행 리듬은 24시간이 약간 넘게 확장된다.

16일간의 지속적 빛

지속적 빛의 실험 상황에서 참새의 자유진행 리듬은 24 시간이 약간 모자라게 축소 되고, 실험 기간 내내 훨씬 더 활동적이다.

그러나 부정확한 시계라도 매일, 이를테면 아침에 일어날 때마다 다시 맞춘다면 유용한 정보를 제공한다. Aschoff는 벙커의 피험자들이 규칙적 빛 단서에 다시 노출되었을 때 그들의 일주기 기간이 재설정된다는 것을 깨달았다. 이 시계 설정 단서를 **자이트게버**(zeitgeber)라고 한다(독일어 zeitgeber는 '시간 부여자'를 의미한다).

일주기 리듬에 동조

자이트게버가 바이오리듬을 재설정하면, 리듬이 **동조**(entrainment)된 것이라 말한다. '임상 초점 13-2 : 계절성 정동장애'는 일주기 리듬을 동조시키는 데 있어 빛의 중요성을 설명한다. 생체시계가 동조되면 동물은 먹고, 운동하고, 잘 때를 포함하여 하루 일정을 구성할 수 있다. 극지방에 사는 일부 동물의 경우, 여름의 지속적인 빛과 겨울의 지속적인 어둠은 시계의 적응능력을 초과한다. 그 동물들에서 시계는 꺼진다. 인간에게 가장 효과적인 빛 자이트게버는 일출이다 (Khodasevich et al., 2021). 그러나 인간은 주변 온도, 활동, 식사 시간, 일, 사회적 이벤트 등의 많은 다른 자이트게버에 반응하는데, 이들은 매일 같은 시간에 발생하는 경우 일부 상황에서 일주기 리듬을 동조시킬 수 있다.

일주기 리듬의 교란   우리가 인공조명 아래에서 늦게까지 깨어 있고, 어떤 날에는 늦잠을 자고, 어떤 날에는 알람 시계를 사용하여 일찍 일어나면, 일주기 리듬은 교란된다. 인간에 의해 발생하는 빛인 인위적 조명이 직장, 가정, 환경에 만연하여 **빛 공해**(light pollution)를 초래하여 일주기 리듬을 교란시킬 수 있다.

일주기 리듬의 교란은 사고, 주간 피로, 정서 상태의 변화, 비만, 당뇨병, 그리고 '임상 초점 13-1 : 올바른 시간에 올바른 것 하기'에서 이야기한 **대사증후군**을 특징으로 하는 기타 장애와 연

자이트게버 생물학적 리듬을 동조시키는 환경적 사건. 독일어로 '시간 부여자'를 의미함
동조 바이오리듬 기간의 결정 혹은 변형
빛 공해 활동 양식을 변화시켜 일주기 리듬을 교란하는 인공조명에의 노출

임상 초점 13-2

계절성 정동장애

많은 정신과적 질환의 증상은 계절적 발생을 나타낼 수 있다(Zhang et al., 2021). 한 가지 예는 북위도에 사는 사람들의 10% 정도에서 겨울에 발생하는 우울증의 계절성 형태인 *계절성 정동장애*(seasonal affective disorder, SAD) 이다. 여성이 남성에 비해 계절성 정동장애에 이환될 가능성이 5배 더 크다.

계절성 정동장애 발병에 대한 한 가지 설명은 겨울에 낮은 수준의 햇빛이 일주기 리듬을 동조시키지 못한다는 것이다. 사람들은 자유진행 리듬의 지속시간이 서로 다르기 때문에, 동조 결여는 사람들에게 서로 다른 영향을 준다. 어떤 사람은 위상이 지체되어 날마다 원하는 수면시간이 점점 빨라지고, 어떤 사람은 위상이 전진하여 원하는 수면시간이 점점 늦어진다.

*멜라놉신*이라는 빛에 예민한 색소를 발현하는 한 부류의 망막 신경절 세포가 파란 빛에 반응성이기 때문에(13-2절 참조), 이러한 파랑 주파수를 포함하는 밝은 하얀 빛에 노출되는 것이 일주기 시계를 재설정하고 우울증을 개선할 수 있다는 제안이 있어 왔다. *광선치료*(phototherapy 또는 light therapy)라 하는 이 치료법에서 아이디어는 아침에 또는 조석으로 환한 인공조명에 노출시킴으로써 겨울의 짧은 광주기(photoperiod)를 늘려주는 것이다(Bais et al., 2021). 전형적인 실내조명은 충분히 환하지 않다.

그러나 한 가지 주의사항이 있다. 겨울에 햇빛 노출 감소는 비타민 D 결핍을 초래할 수 있고, 이 또한 우울증에 기여할 수 있다. 식이요법, 운동, 사교 행사의 변화를 포함하여 겨울과 연관된 다른 변화들이 기분에 영향을 줄 수 있는데, 이는 계절성 정동장애 연구를 더욱 복잡하게 만든다.

기분과 계절 사이의 인과관계는 인간에서 연구하기 어렵기 때문에 연구자들은 흔히 동물모델을 개발하지만(Shankar & Williams, 2021), 이는 몇 가지

북유럽 극지방의 밤 동안에, 사람들은 계절성 정동장애와 싸우기 위해 광선치료를 받는다.

연구 과제를 제시한다. 연구자는 주행성(몽골 저빌, 데구, 나일 풀쥐 등이 전형적으로 사용되는 설치류 종에 속함)이면서 인간의 우울증과 유사한 행동(사회적 시험, 열린 공간에 대한 반응, 달콤한 물질에 대한 수용성이 흔히 사용됨)을 보이는 동물을 찾아야 한다. 연구자의 과제는 유전자 발현, 뇌 영역 및 신경화학 체계의 변화를 포함하여 많은 뇌 변화 중 어느 것이 계절성 정동장애에 중요하게 기여하는지 식별하는 것이다.

관되는 일부 일관성 없는 행동을 설명한다. 북반구와 남반구의 위도가 더 높은 지역에서 발견되는 극단적인 낮-밤 주기로 인해 발생하는 생체시계의 변화에 대처하는 데 있어서 인간이 이러한 동일한 증상 중 많은 부분을 나타내는 정도는 활발한 연구 분야이다(Sivertsen et al., 2021).

동조는 생체시계에 부과된 적응도가 너무 크지 않을 경우에 가장 잘 작동한다. 밤낮 교대근무를 하는 사람들은 종종 엄청난 적응이 필요한데, 정상적으로는 잠을 잘 시간에 근무하는 야간근무조(오후 11시~오전 7시)에 있을 때 특히 그러하다. 그런 변화는 적응하기가 어렵고 스트레스를 주며, 면역계의 리듬을 변화시켜 질병에 대한 감수성을 증가시킨다(Hulsegge et al., 2021). 정기적으로 낮 시간에만 근무하는 사람들에 비해 밤낮 교대근무를 하고 업무와 휴무 일정을 전환하는 사람들은 대사증후군 발병률이 더 높다. 그러므로 교대근무자들은 수면습관과 식습관을 양호하게 유지하고, 대사증후군의 위험요인을 최소화하기 위해 운동을 하게 되면 애쓴 만큼 덕을 본다. 특히 근무교대에 적응해야 할 사람들은 야간근무조를 시작하기 전에 먼저 얼마 동안 저녁근무조(전형적으로 오후 3시~오후 11시)에서 일하는 게 훨씬 낫다.

북미에서 유럽이나 아시아로의 장거리 비행 또한 대규모의 어려운 시간 조정을 필요로 한다. 예를 들어 뉴욕에서 파리까지 동쪽으로 날아가는 여행객들은 그들의 생체시계가 잠잘 시간이라는 것을 알릴 때에 유럽에서의 첫날을 시작하게 된다(**그림 13.5**). 일주기 리듬과 새로운 환경에서 낮밤 순환주기 사이의 차이는 **비행시차증**(jet lag)과 연관된 지남력 혼란과 피로감을 초래할 수 있다.

서쪽에서 동쪽으로 가는 여행객이 보통 때보다 약간 더 오래 깨어 있기만 하면 되는 동쪽에서

비행시차증 시간 영역을 넘는 빠른 여행에 따라 변화된 빛-어둠 주기에 노출됨으로써 발생하는 피로감과 지남력 이상

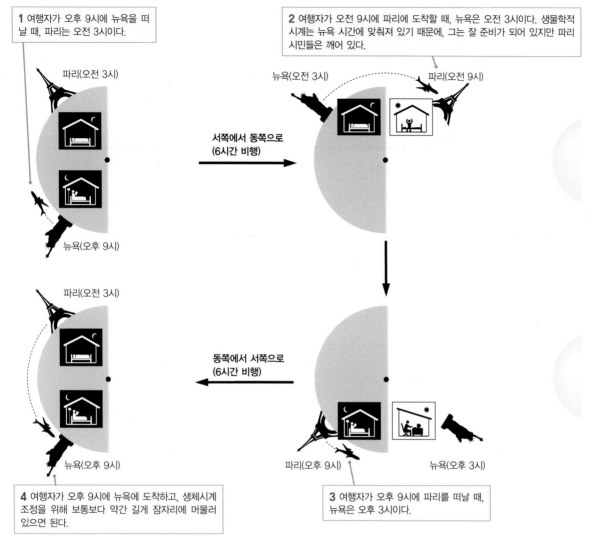

1 여행자가 오후 9시에 뉴욕을 떠날 때, 파리는 오전 3시이다.

파리(오전 3시)

뉴욕(오후 9시)

2 여행자가 오전 9시에 파리에 도착할 때, 뉴욕은 오전 3시이다. 생물학적 시계는 뉴욕 시간에 맞춰져 있기 때문에, 그는 잘 준비가 되어 있지만 파리 시민들은 깨어 있다.

뉴욕(오전 3시)　　파리(오전 9시)

서쪽에서 동쪽으로 (6시간 비행)

파리(오전 3시)

뉴욕(오후 9시)

동쪽에서 서쪽으로 (6시간 비행)

파리(오후 9시)　　뉴욕(오후 3시)

4 여행자가 오후 9시에 뉴욕에 도착하고, 생체시계 조정을 위해 보통보다 약간 길게 잠자리에 머물러 있으면 된다.

3 여행자가 오후 9시에 파리를 떠날 때, 뉴욕은 오후 3시이다.

그림 13.5 비행시차증
사람의 생체시계 동조의 교란은 서쪽에서 동쪽으로 여행할 때 더욱 확연한데, 이는 사람의 일주기 리듬 교란이 더욱 극적이기 때문이다. 여행에서 돌아오면 여행자의 생체시계는 훨씬 쉽게 적응이 이루어진다.

서쪽으로의 여행객에 비해 적응이 더 어렵다. 간헐적인 여행자는 도착 즉시 혹은 잠시 뒤에 수면으로 비행시차증을 이겨내는 방법으로 시차로 인한 피로에 잘 대처할 수 있다. 뇌의 생체시계는 하루 만에 재설정되고, 다른 신체 기관들은 약 일주일 후에 뒤따른다. 빈번한 여행자와 비행 승무원에서 내부 시계의 재설정은 그리 쉽지 않다. 비행시차증에 의해 발생한 지속적인 비동기화 리듬은 수면과 체온 리듬의 변화, 피로감, 스트레스 등과 연관되고, 심지어 스포츠 팀의 성공도 감소와도 연관된다. 한 연구는 NBA(National Basketball Association) 팀이 500마일을 이동할 때마다 경기에서 승리할 확률이 4% 감소한다고 추정한다(Charest et al., 2021).

13-1 복습

진도를 계속 나가기 전에 앞 절을 얼마나 이해했는지 확인해보자. 정답은 이 책의 뒷부분에 있다.

1. 많은 행동이 시간 관련의 리듬 양식으로 일어난다. 일중 순환을 나타내는 바이오리듬은 _____ 이고, 연중 순환을 나타내는 바이오리듬은 _____이다.

2. 비록 생체시계가 시간을 잘 지키더라도, 생체시계의 _____ 리듬은 24시간보다 약간 더 짧거

나 길 수 있다.

3. 생체시계를 재설정하는 사건을 _____ (이)라고 한다.

4. 뇌의 주요 생체시계는 주로 _____ (으)로부터 빛 정보를 받는다.

5. 인간의 생체시계 재설정에 가장 효과적인 영향은 무엇이며, 그 이유는 무엇인가?

학습 목표

• 망막-시상하부관과 시교차상핵의 해부학적 구성요소를 요약한다.

• 우리의 일주기 및 연주기 리듬 유지에서 시교차상핵이 하는 역할을 서술한다.

• 일주기 리듬과 우리의 인지 및 정서적 행동 사이의 관계를 설명한다.

13-2

시교차상 생체시계

1930년대에 수행된 일련의 연구에서 Curt Richter는 뇌에서 생체시계의 위치를 찾았다. 그가 야생 쥐를 잡아 관찰한 결과, 쥐들은 불이 꺼져 있을 때 먹고, 마시고, 활동바퀴에서 달리며, 불이 켜져 있으면 조용하다는 것을 발견했다. 전류를 사용하여 시상하부를 손상시킨 후에는 동물이 일주기 리듬을 잃어버렸다(Richter, 1965). 그 후 훨씬 더 많은 개별 병변을 만듦으로써 실험자들은 시상하부의 영역인 시교차상핵(suprachiasmatic nucleus, SCN)이 대장 생체시계로 작용한다는 것을 발견했다(Buijs et al., 2021). **그림 13.6**에서 볼 수 있듯이 시교차상핵은 시교차(optic chiasm) 바로 위에 위치하고 있어서 붙여진 이름이며, 시교차는 시삭(optic tract)이 시상하부의 기저부에서 교차하는 영역이다.

시교차상 리듬

시간 지키기에서 시교차상핵의 역할에 대한 Richter의 발견은 뇌의 특수한 체계가 어떻게 특정 행동을 조절하는지를 밝힌 일련의 발견 중 첫 번째였다.

중추신경계의 대장 생체시계로서 시교차상핵의 역할에 대한 증거는 많은 출처에서 나오지만, 슬상간엽(intergeniculate leaflet) 및 송과선(pineal gland)을 포함한 다른 뇌 구조들도 행동을 조절하는 시계 같은 역할을 한다.

시교차상핵 이외의 것이 시계로 작용할 수 있다는 생각을 지지하는 증거로 쥐의 섭식행동이 시교차상핵을 제거한 후에도 시간적 양상을 따른다는 관찰이 있다. 시교차상핵이 없는 동물이 여전히 예정된 식사 시간과 관련하여 활성화되는 예상 행동을 나타낼 수 있으며, 식사 시간과의 관계에서 음식 위치에 대한 기억을 포함한 관련 행동을 구성할 수 있다. 덧붙여, 예정된 섭식 활동은 주요 시교차상핵 시계의 자이트게버로 작용할 수 있다. 즉 규칙적인 섭식 일정은 시교차상핵 시계와 다른 많은 신체 기관 및 세포를 동조시킬 수 있으며, 불규칙한 섭식 일정은 리듬에 지장을 줄 수 있다. 이 음식 관련 리듬은 간에 있는 시계에 의해 측정될 수 있다(McCommis & Butler, 2021). 다른 모든 측면에서 시교차상핵은 다른 모든 시계의 시간을 설정하는 대장 시계로 작용한다.

시간 지키기

시교차상핵의 뉴런들은 서로로부터 고립되어도, 신체의 모든 세포와 마찬가지로 각각은 리듬성을 유지한다. 그러므로 리듬 활동이 시교차상핵 세포들의 속성이기는 하지만, 그 리듬의 타이밍은 세포들이 서로 연계되어 활동을 동기화하는 세포 집단에 따라 달라져야 한다. 이들의 동조는 외부 입력에 달려 있으며, 그중 가장 중요한 것은 빛이다.

시교차상핵은 망막부터 시교차상핵까지 이어지는 전용 경로인 망막-시상하부관(retino-hypothalamic tract)을 통해 빛에 대한 정보를 받아들인다(**그림 13.7**). 망막-시상하부관 신호는 간상체와 추상체로부터의 입력이 아니라, 본질적으로 감광성인 망막 신경절 세포(intrinsically

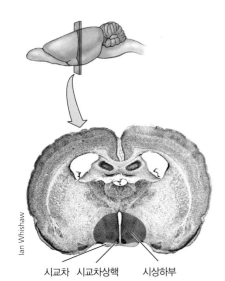

Ian Whishaw

시교차   시교차상핵   시상하부

그림 13.6 쥐의 뇌에서 시교차상핵

photosensitive retinal ganglion cells, ipRGCs)라고 하는 특수
한 망막 신경절 세포로부터의 입력에 의존한다. 이 ipRGCs
는 청색광의 파장(약 460~480nm)에 민감한 옵신(감광성 색
소)인 **멜라놉신**을 함유한다. ipRGCs의 이러한 특정 민감도는
청색광이 일주기 리듬을 동조시키고, 또 교란시키기도 하는
중심적 자극인 이유를 설명한다.

일주기 리듬의 동조에 관여하는 ipRGCs의 존재는 간상체
와 추상체를 파괴하는 망막 변성의 결과로 시각을 잃은 사
람들에서 동조 리듬이 계속 존재하는 것을 설명한다(Zaidi et
al., 2007). 덧붙여서, ipRGCs는 추상체와 간상체로부터 입
력을 받는다. 추상체는 밝은 대낮에, 간상체는 희미한 빛에
서 ipRGCs의 활동에 영향을 줄 수 있다.

ipRGCs는 망막 전체에 분포하며, 인간의 경우 모든 망
막 신경절 세포의 1~3%를 차지한다. 그들의 축색은 시교
차상핵에 양측성으로 연결된다. 멜라놉신 함유 신경절 세
포는 일차적 신경전달물질로 글루타메이트를 사용하나, P물질(Substance P)과 PACAP(pituitary
adenylate cyclase-activating polypeptide) 같은 2개의 보조전달물질도 함유한다. 빛에 의해 자극될
때 ipRGCs는 흥분되며, 차례로 시교차상핵의 세포들을 흥분시킨다.

그림 13.7에 예시되어 있듯이 시교차상핵은 2개의 부분, 즉 복측에 위치한 **중심부**와 배측에 위
치한 **껍질부**로 구성된다. 망막–시상하부관은 중심부 세포들을 활성화한다. 중심부 뉴런들은 리
듬성이 아니나, 리듬성인 껍질부 뉴런들을 동조시킨다.

망막–시상하부 입력을 받음에 더하여, 시교차상핵은 시상의 슬상간엽과 뇌간의 비특정 세로
토닌 활성계에 속하는 적핵을 포함한 여러 다른 뇌 영역으로부터 투사를 받는다. 시교차상핵으
로의 이러한 입력들의 말단 영역은 변이를 나타내며, 이는 껍질부와 중심부의 다른 부분들이 얼
마간 다른 기능을 갖고 있음을 시사한다.

앞에 서술된 바와 같이 시교차상핵의 일주기 리듬은 대개 아침과 저녁의 빛에 의해 동조되
나, 조명의 갑작스러운 변화, 각성, 돌아다님, 섭식 등에 의해서도 동조되거나 교란될 수 있다.
이들의 영향은 망막–시상하부관을 통해 제공된 빛 동조와 다르다. 슬상간엽과 적핵은 비광성
(nonphotic) 사건이 시교차상핵의 리듬에 영향을 주는 경로이다(Cain et al., 2007).

그럼에도 불구하고 빛은 시교차상핵에 대한 주요 영향요소이다. 인위적인 빛은 시교차상핵
의 활동을 교란할 수 있다. 발광다이오드(light-emitting diode, LED) 빛의 인공 조명은 구형 조
명(예 : 백열등)보다 청색광 성분이 더 강하기 때문에 광공해의 강력한 원천이다. 상대적으로 저
렴하기 때문에 LED 빛은 전 세계적으로 인기가 높아지고 있다. 이에 따라 약 80~90%의 사람들
이 현재 주로 LED 사용 증가로 인해 빛에 오염된 환경에서 살고 있으며, 빛에 오염된 땅의 양이
증가하고 있다. 빛 공해는 인간의 건강에 영향을 줄 뿐만 아니라 다른 많은 동물종의 성, 이주 및
기타 행동을 교란시킨다. 빛 공해에 대한 해결책으로는 청색광을 제거하는 필터가 있는 LED 전
구 장착, LED 빛에 조광 시스템 부착, 빛 공해의 악영향과 이를 방지하는 방법에 대한 인식을 높
이기 위한 대중교육 제공이 있다(Pothukuchi, 2021). 국제밤하늘협회는 밤하늘을 보호하기 위해
노력하고, 조명을 수정하는 프로젝트에 상을 수여한다.

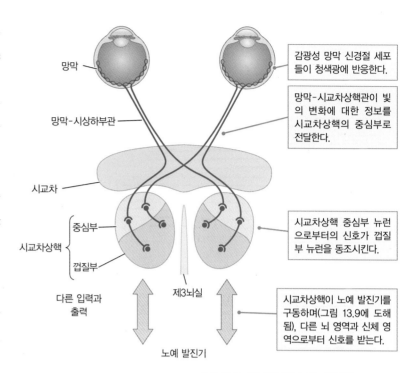

망막

망막–시상하부관

시교차

시교차상핵 { 중심부 / 껍질부

다른 입력과
출력

제3뇌실

노예 발진기

감광성 망막 신경절 세포
들이 청색광에 반응한다.

망막–시교차상핵관이 빛
의 변화에 대한 정보를
시교차상핵의 중심부로
전달한다.

시교차상핵 중심부 뉴런
으로부터의 신호가 껍질
부 뉴런을 동조시킨다.

시교차상핵이 노예 발진기를
구동하며(그림 13.9에 도해
됨), 다른 뇌 영역과 신체 영
역으로부터 신호를 받는다.

그림 13.7 시상하부관과 시교차상핵

9-2절은 망막부터 시각 뇌까지 세 가지 주요
경로를 추적하며, 간상체와 추상체, 망막 신경
절 세포의 역할을 자세히 설명한다. 그림 9.9와
9.12는 망막의 세포 구조를 도해한다.

글루타메이트는 중추신경계에서 주요 흥분성
신경전달물질이다.

불멸의 시간

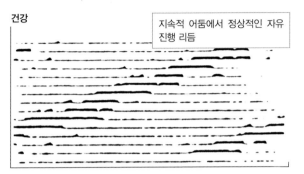

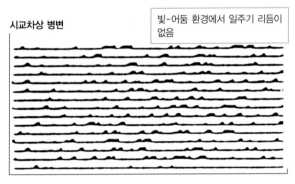

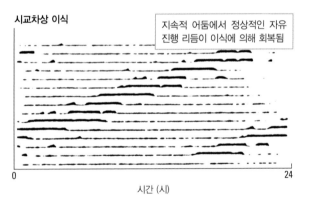

그림 13.8 신경 이식에 의해 회복된 일주기 리듬

출처 : Ralph & Lehman(1991).

그림 3.13은 단백질 합성의 과정을 도해한다.

시교차상핵 세포의 내인성 리듬은 학습되지 않는다. 실제로 지속적인 어둠에서 동물을 기르는 실험에서, 동물의 행동은 여전히 리듬을 띤다. 수 세대에 걸쳐 동조 단서 없이 동물을 키우는 실험에서도 각 세대는 계속해서 리듬성 행동을 나타낸다. 행동의 리듬을 없애기 위해 시교차상핵에 병변을 만든 어미에게서 태어난 새끼조차도 리듬성 행동을 나타낸다.

시교차상 세포들이 리듬성을 위해 유전적으로 프로그램화된다는 아이디어를 지지하는 증거는 Martin Ralph와 그의 동료들이 이식 기법을 사용하여 수행한 연구에서 찾을 수 있다(Ralph & Lehman, 1991). **그림 13.8**은 이 실험을 예시한다.

맨 위의 차트에 반영되었듯이, 이 실험에서 햄스터가 자유진행 리듬 구축을 위해 지속적인 희미한 빛 또는 지속적인 어둠에서 시험되었다. 그런 후 시교차상 병변을 만들어, 병변이 시교차상 리듬성을 제거했는지 알아보기 위한 또 다른 시험이 이어졌다(중간 차트). 마지막으로, 햄스터는 햄스터 배아로부터 얻은 새로운 시교차상 세포들을 이식받았다. 약 60일 후 햄스터는 다시 리듬 활동을 보였으며, 이는 이식된 세포가 햄스터의 뇌에 통합되어 리듬성 행동을 재구축했음을 증명한다(아래 차트). 전부는 아니지만 많은 신체 기관들의 리듬 또한 시교차상핵 이식 후에 회복된 리듬 활동을 나타낸다는 것을 추적 연구들이 보여주었다.

무엇이 째깍거리나?

분자 연구는 일주기 리듬이 피드백 고리에 관여한다는 것을 보여준다. 첫째, 두 가지 다른 단백질이 DNA 명령으로 만들어진다. 다음으로, 이 단백질들이 결합한다. 그다음, **이분자체**(dimer, 2개 단백질의 '두 부분'을 의미)라 하는 이 결합 단백질이 원래의 구성 단백질을 만드는 유전자를 억제한다. 마지막으로, 이분자체는 분해되고 과정은 새로 시작된다. '연구 초점 13-3 : 분자 수준의 바이오리듬 동기화'는 포유동물에서 이 되먹임 고리를 서술한다. 시계추의 진자운동이 할아버지 시계의 째깍거림을 만들 듯, 하루에 한 번 단백질 합성의 증가와 감소가 세포 리듬을 생성한다.

일주기 리듬의 박동조율

시교차상핵은 그 자체가 행동 생성을 직접 담당하는 것은 아니다. 시교차상핵이 손상되어도 먹고 마시고, 자고 깨기는 여전히 일어난다. 다만 그 행동들이 더는 적절한 시간에 일어나지 않는다.

시교차상핵이 어떻게 생체 리듬을 조절하는지에 대한 설명은 **그림 13.9**에 예시되어 있다. 빛이 시교차상핵을 동조시키고, 이어서 시교차상핵은 많은 노예 발진기를 구동한다. 각각의 노예 발진기는 한 가지 활동의 리듬성 발생을 담당한다. 즉 음수, 섭식, 체온, 수면 등은 별도의 노예 발진기에 의해 각각 영향을 받는다.

시교차상핵 시계는 상당한 수의 경로들을 통해 노예 발진기를 동조시킨다. 예를 들어 시교차상핵 뉴런들은 시상하부와 시상에 있는 인근의 핵들에 축색 연결을 보낸다. 덧붙여서, 시교차상

이분자체 하나로 결합된 2개의 단백질

멜라토닌 낮-밤 주기의 어둠 단계 동안에 송과선에서 분비된 호르몬. 일일 및 계절적 바이오리듬에 영향을 줌.

◉ 연구 초점 13-3

분자 수준의 바이오리듬 동기화

2017년, Jeffrey C. Hall, Michael Rosbash, Michael W. Young은 인간의 생체시계에 대한 이해와 시계가 시간을 유지하고 일주기 리듬을 제어하는 분자적 변화 서술에 기여한 공로로 노벨 생리의학상을 수상했다.

뇌의 대장 시계인 시교차상핵(SCN)의 시간 기전은 일주기 리듬을 가진 각 개별 세포에 상주한다. 세포의 주요 시계 기전은 24시간의 기간에 걸쳐 시계의 속도를 조절하는 *전사-번역-억제-되먹임* 고리이다. 되먹임 고리의 완전한 시계 장치에는 10개나 되는 유전자와 그 단백질 산물이 수반된다. 예시에 지도화된 그 고리의 수순은 다음과 같다.

단계 1 : 전사　세포핵에서 3개의 *Period* 유전자(*Per1**, *Per2*, *Per3*) 중 하나와 2개의 *Cryptochrome* 유전자(*Cry1*, *Cry2*) 중 하나가 적절한 *Per* 또는 *Cry* mRNA로 전사된다.

단계 2 : 번역　소포체의 리보솜이 이 mRNA들을 적절한 PER† 및 CRY 단백질로 번역한다. 핵외액에서 두 단백질이 함께 모여 이분자체 또는 PERCRY의 이중 단백질 조합을 형성한다.

단계 3 : 억제　PERCRY 이분자체는 세포핵에 들어가 *Period*와 *Cryptochrome* 유전자의 전사를 활성화하는 DNA의 일부인 Enhancer box(Ebox)와 결합하여 이를 억제한다. 이 억제의 결과 *Per*와 *Cry*가 더 이상 생성되지 않는다.

단계 4 : 붕괴　PERCRY 이분자체는 억제 역할을 한 후에 붕괴된다. 그다음, *Per* 유전자와 *Cry* 유전자가 발현을 다시 시작하고, 24시간 주기가 새롭게 시작한다.

* 유전자와 *mRNA* 이름은 이탤릭체로 표기되었다.
† 단백질 이름은 대문자로 표기되었다.

이러한 유전자 켬과 유전자 끔의 연쇄적 수순은 멈출 수 없는 일중 고리로 일어난다.

시교차상핵의 시계 기전은 여러 시교차상핵 생화학적 경로를 통하여 빛의 영향을 받으며, 동물종에 따라 일출 및 일몰 같은 어둠 기간의 시작이나 끝 무렵에 나타나는 빛에 특히 민감하다(Alzate-Correa et al., 2021). 일주기 유전자의 돌연변이는 바이오리듬의 부재 혹은 바이오리듬 변화 같은 일주기 변화를 유발할 수 있다. 예를 들어 *Per1* 유전자와 *Per2* 유전자의 대립형질들은 사람이 일찍 자고 일찍 일어나는가, 혹은 늦게 자고 늦게 일어나는가를, 즉 시간형을 결정한다. 시계 장애의 치료 찾기는 비행시차, 교대근무, 후생유전 및 상속 유전자 불규칙성 등에 의해 파괴된 바이오리듬을 다시 맞추는 약으로 작용할 수 있는 작은 분자를 찾는 일이다.

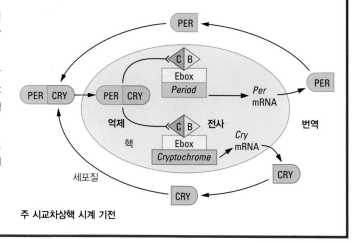

주 시교차상핵 시계 기전

핵은 뇌하수체 내분비 뉴런과 연결된다. 시교차상핵은 또한 척수의 자율뉴런에 간접적인 메시지를 전하여, 일일 및 계절적 바이오리듬에 영향을 주는 **멜라토닌**(melatonin) 호르몬을 송과선이 생산하는 것을 억제한다. 시교차상핵 세포 자체도 호르몬을 방출한다. 따라서 여러 경로를 통해 시교차상핵은 몸 전체에 통제력을 발휘한다. 이 광범위한 배포 체계는 시교차상핵 시계의 교란이 많은 행동에 광범위한 교란 효과를 나타낼 수 있고, 심지어 세대를 초월한 결과를 초래할 수도 있는 이유를 설명한다(Nesan et al., 2021).

시교차상핵의 광범위한 효과는 2개의 호르몬, 즉 멜라토닌과 글루코코르티코이드 조절에서 볼 수 있다. 시교차상핵은 송과선의 멜라토닌 방출을 조절하여, 이 호르몬이 일주기 순환의 어둠

그림 12.7은 뇌하수체가 어떻게 작동하는지 도해한다.

그림 13.9　일주기 타이밍 체계의 구성

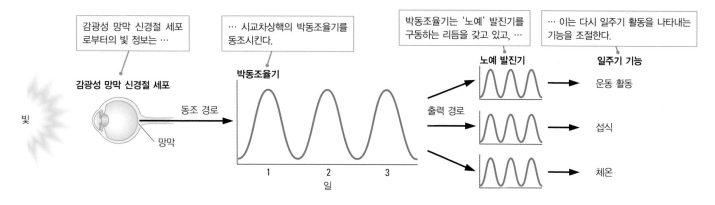

단계 동안 순환하게 한다. 또한 시교차상핵은 부신의 글루코코르티코이드 방출을 조절하여 이 호르몬이 일주기 순환의 밝음 단계 동안 순환하도록 한다.

멜라토닌은 수면을 촉진하고, 부교감신경의 휴식-소화 체계를 활성화하며, 신체의 다른 생리적 사건들을 억제한다. 글루코코르티코이드는 세포 활동이 교감신경계의 각성 반응을 지지하도록 포도당을 동원한다. 이 두 호르몬은 수용체가 있는 신체 기관들을 동조시킬 것이며, 대부분의 기관들이 그렇다. 그래서 일주기 순환의 어둠 부분 동안에 멜라토닌은 휴식 활동을 촉진하며, 글루코코르티코이드는 일주기 순환의 밝음 부분 동안에 각성 활동을 촉진한다. 두 호르몬의 작용은 왜 낮에 자고 밤에 깨어 있기가 어려운지 부분적으로 설명한다. 노예 발진기로서 멜라토닌의 역할은 수면 제어를 위한 약으로 멜라토닌 사용하기를 부분적으로 설명한다(Fatemeh et al., 2021).

그림 2.32는 자율신경계를 도해한다. 5-4절은 글루코코르티코이드가 어떻게 신체와 뇌에 영향을 주는지 서술한다.

연주기 리듬의 박동조율

시교차상핵은 연주기 리듬도 조절한다. Russel Reiter(1980)는 햄스터에서 이러한 형식의 박동조율을 처음으로 예시하였다. 햄스터는 날이 긴 여름철에 새끼를 낳는 동물이다. 봄철에 낮이 길어짐에 따라 햄스터 수컷의 생식샘이 자라서 성적 행동을 자극하는 호르몬을 방출한다. 나중에 겨울이 되어 낮이 짧아지면 생식샘은 수축되고, 생식샘에 의해 생성되는 호르몬의 양이 줄어들어 수컷은 성에 대한 관심이 없어진다.

낮밤 순환의 어둠 단계에서 햄스터의 송과선은 멜라토닌을 분비하며, 밝음 단계에서는 그렇지 않다. **그림 13.10**은 수컷 햄스터의 멜라토닌 수준이 낮으면 생식샘이 팽창하고, 높으면 생식샘이 수축됨을 보여준다. 그러므로 시교차상핵은 송과선의 생식샘 지배를 조절한다.

일주기 순환의 긴 햇빛 기간 동안, 시교차상핵은 송과선에 의한 멜라토닌 분비를 억제한다. 낮이 짧아지면 멜라토닌 방출이 길어진다. 햇빛 기간이 12시간보다 짧아지면 멜라토닌 방출이 햄스터의 생식샘을 억제하기에 충분해지고, 생식샘은 수축된다.

멜라토닌은 또한 가을과 초겨울에 짝짓기를 하는 양과 사슴처럼 낮이 짧을 때 새끼를 낳는 동물들의 정소에도 영향을 준다. 이러한 종들의 생식 활동에 대한 멜라토닌의 영향은 햄스터의 그것과는 정반대이다. 이들의 생식 활동은 멜라토닌 방출이 증가할 때 시작된다. 멜라토닌 주기가 인간 남성의 생식샘에 영향을 준다는 증거는 없다.

Curt Richter(1965)는 그의 고전적인 책 *Biological Clocks in Medicine and Psychiatry*에서 많은 신

그림 13.10 햄스터의 연주기 조율기

출처 : Reiter(1980).

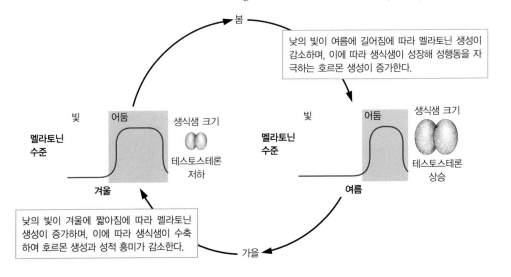

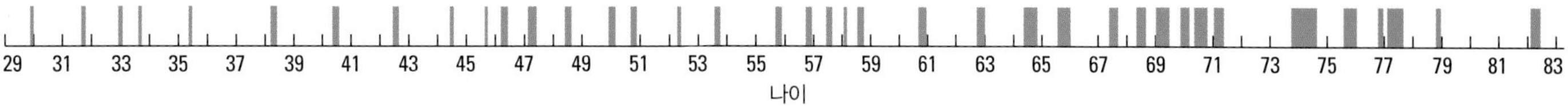

그림 13.11　기능이상 시계?
영국의 작가 Mary Lamb이 성인기에 드러낸 정신질환 발작들은 주기적 요소를 갖는 것처럼 보인다. 정신과적 장애의 치료에 사용되는 약물이 비정상적 바이오리듬을 억제하기 때문에 오늘날에는 이러한 현상을 관찰하기 어렵다.

체적·행동적 장애는 생체시계의 시간을 흩트리는 신체적 혹은 환경적 충격에 의해 야기될 수 있다는 가설을 세웠다. 예를 들면 **그림 13.11**에 예시된 영국의 작가 Mary Lamb(1764-1847)이 겪은 정신병적 삽화의 기록은 비정상적으로 기능하는 생체시계의 작용을 대변하는 것이라고 Richter가 생각한 많은 리듬 기록 중 하나이다. Richter는 이제 많은 장애가 약물로 치료되는 경우가 많아 리듬 양상이 소거되어 감지하기가 더 어렵다고 말했다.

시간형

인구 전체에 걸쳐 사람들은 일주기 활동에 변이를 보인다. 다른 동물종 내에서도 그렇다. 이러한 독특한 행동 양상을 **시간형**(chronotype)이라고 한다. 어떤 사람들은 일찍 자고 일찍 일어나며, 아침에 활력이 넘친다. 다른 사람들은 늦게 일어나고 늦게 잠자리에 들며, 저녁에 활력이 넘친다. 이러한 '종달새' 및 '올빼미' 시간형은 시교차상핵 뉴런의 차이와 해당 뉴런의 시계에 영향을 주는 유전자에 의해 생성된다. 많은 수의 유전자가 포유류의 생체시계 기능에 기여하며, 이러한 유전자의 대립형질이 시간형과 연관된다. 햄스터와 생쥐에서 유전자 돌연변이는 24, 20 또는 17시간으로 다양한 일주기 기간을 가진 시간형을 생성한다(Monecke et al., 2011).

아프리카계 미국인과 유럽계 미국인의 자유진행 리듬에 대한 비교 연구는 전자가 자유진행 기간이 더 짧다는 것을 보여준다. 유전학 연구는 약 10개 유전자의 작은 변화가 이러한 집단의 시간형에 영향을 준다는 것을 시사한다(Putilov et al., 2017). 아마도 이러한 유전적 차이로 인해 적도에 더 가깝게 살았던 조상 아프리카 사람들의 시계가 좀 더 동등한 낮-밤 길이와 동기화될 수 있었다. 유사한 유전적 힘으로 인해 북위도의 조상 유럽 사람들이 좀 더 다양한 낮-밤 길이와 동기화할 수 있었다. 유전자 분석 비용이 저렴해짐에 따라 시간형 기반 유전자에 대한 연구가 생체시계의 개인차에 대한, 그리고 시간형과 질병 사이의 관계에 대한 새로운 통찰을 제공하고 있다.

시간형도 나이에 따라 변한다. 예를 들어 젊은 사람들은 올빼미일 가능성이 더 큰 반면, 노인들은 종달새일 가능성이 더 크다. 시간형은 또한 정서 상태와 질병에 따라 달라질 수 있다. 이러한 변화는 생체시계의 유전자 발현에 의해 매개될 가능성이 크며, 이는 뇌에 광범위한 영향을 미친다. 예를 들어 한 추정치는 시간형과 관련된 1,000개 이상의 유전자 차이가 전두피질에서 발견될 수 있음을 시사한다(Chen et al., 2016).

인지적·정서적 행동의 리듬

일주기 리듬은 정서적 경험, 학습 및 기억 보존, 의사결정, 동기 등에 영향을 줄 수 있다. 많은 연구가 하루 중 배우고 일하기 가장 좋은 시간 같은 하루 중 시간 질문을 다루어왔다. 불행하게도, 이러한 연구 중 많은 수가 시간형의 발견보다, 그리고 피험자 모집단에 상당한 수의 종달새와 올빼미가 포함될 수 있다는 이해보다 앞서 있었다.

이제 질문은 시간형이 개인의 하루 중 시간 수행에 영향을 미치는지다. Gale과 Martyn (1998)은 Benjamin Franklin의 "일찍 자고 일찍 일어나는 것이 사람을 건강하고, 부유하며, 현명하게 만든다"는 격언을 65세 이상의 영국인 피험자 다수를 대상으로 시험했다. 그들은 한 집단이 다른 집단보다 더 건강하거나, 더 부유하거나, 더 현명하다는 것을 발견하지 못했다.

시간형　일주기 활동의 개인차

Schmidt와 동료들(2012)은 다수의 인지 및 수행 측정에 대한 종설에서 수행과 하루 중 시간에 대하여 몇 가지 결론에 도달했다. 첫째, 하루 중 시간과 시간형 사이의 동기화가 지배적인 효과이다. 즉 아침형 인간은 아침에 더 잘하고, 저녁형 인간은 저녁에 더 잘한다. 둘째, 고도로 훈련된 행동은 하루 중 시간 효과에 크게 영향을 받지 않는다. 셋째, 수행 및 하루 중 시간과 관련된 젊은 사람과 노인 간의 일부 큰 차이는 시간형과 관련이 있을 가능성이 있다. 넷째, 하루 중 시간 효과에 대한 연구들의 약점은 연구가 시간형의 자가 보고에 의존한다는 것이다. 보다 엄격한 연구는 시간유전형(chronogenotype)을 결정하는데, 즉 사람들이 어떤 시간형 대립형질을 갖고 있는지에 달려 있을 것이다.

하루 중 시간 및 학습과 관련된 또 다른 질문은 시간 도장찍기이다. 시험–재시험 평가가 일주기 순환의 같은 시간에 이루어질 때 학습된 항목에 대한 기억이 더 좋은가? 일상적 행동의 대부분은 일주기 기간과 동기화된다. 동물들은 음식, 물, 수면에 대한 다양한 욕구를 갖고 있으며, 동물들이 이러한 자원들이 언제 가용적이 될지 아는 것은 적응성이다. 일정에 따라 음식이 가용적이면 동물들은 예측행동을 보인다. 예를 들어 먹이 주는 시간이 되면 활동적으로 된다. 다른 예상 사건으로는 타액 분비, 장 활동 및 배고픔이 포함된다. 예상 활동에는 급식 시간 및 먹이 위치와 관련된 사건을 회상하는 것도 포함될 수 있다.

운동 경기를 보면, 강력한 홈 이점이 많은 스포츠에서 잘 알려져 있으며, 이러한 이점은 경기가 선수들의 원정경기 일정보다 홈 일정에 더 잘 맞는 하루 중 시간 효과에서 비롯된 것 같다. 또한 연구들은 일주기 기간이 정서적 행동에 영향을 준다는 것도 발견했다. 하루 중 시간 효과는 일상적 사건 자체와는 별개로, 그 사건에 대한 우리의 정서적 반응 중 일부를 설명할 수 있다 (Bolsius et al., 2021).

13-2 복습

진도를 계속 나가기 전에 앞 절을 얼마나 이해했는지 확인해보자. 정답은 이 책의 뒷부분에 있다.

1. 생체 리듬은 내부의 생체시계에 의해 시간이 맞춰진다. 대장 시계는 _____이다.

2. 빛 단서는 시교차상핵을 동조시켜서, _____ 관을 통해 일중 리듬을 조절한다.

3. 망막에서 청색광 정보를 받는 세포를 _____(이)라 한다.

4. 박동조율은 시교차상핵 발진기에 의해 생성되며, 이는 이어서 _____발진기를 구동한다.

5. 왜 식사 시간이 매일 하루 중 같은 시간이어야 하는가?

6. 왜 늦잠이 일주기 동조에 해로울 수 있는가?

13-3

수면 단계와 꿈꾸기

우리 모두는 수면이 무엇인지 직관적으로 이해하지만, 수면은 정의하기 어려운 개념이다. 재치 있는 정의는 깨어 있지 않음, 혹은 의식이 없음처럼 잠이 아닌 것에 초점을 맞춘다. 수면을 정의하는 데 있어서의 난관은 수면의 사건들이 각성기의 사건들만큼이나 복잡하다는 것이다.

두 과정 이론은 수면을 두 가지 구성 과정, 즉 수면–각성에 종속적인 과정 S(수면을 생성)와 일주기의 과정 C(수면 타이밍을 생성)로 정의한다. 우리는 13-2절에서 일주기 과정을 설명했다. 이 절에서는 수면 생성과 연관되는 뇌 사건들을 서술한다.

얼마나 오래 자는지 측정하기

대중적인 격언에 따르면 최적의 수면 시간은 하룻밤에 7~8시간이지만, 이러한 경험 법칙에는 많은 예외가 존재한다. 사람들은 젊을 때, 신체 활동을 한 후에, 임신 때 더 많이 잔다. 어떤 사람은 길게 자고, 어떤 사람은 짧게 잔다. 심지어 1시간 정도밖에 안 될 정도로 매우 짧은 잠을 자는 사람들에서 수많은 유전적 변이가 확인되어 왔다. 누구는 짧은 낮잠을 자는데, 누구는 전혀 낮잠을 자지 않는다. 수면 시간의 변이는 정상적이다. 그러나 낮잠은 잠자는 시간이 짧고(20분 미만), 야간 수면의 교란을 피하기 위해 낮 이른 시간에 자며, 정해진 시간에 자기만 한다면 정상적으로 최상이다. **표 13.2**에 다양한 연령대에 대한 권장 수면 시간이 나열되어 있으나, 나열된 시간이 방금 서술한 많은 변이를 설명하지 않는다는 점을 주목할 필요가 있다.

수면 측정

수면을 측정하는 표준 방법은 뇌 활동(EEG), 근육 활동(EMG), 눈 또는 안구 활동(EOG)을 포함한 여러 수면 사건을 동시에 그래프로 나타내는 **수면다원검사**(polysomnography, PSG)이다. 수면다원검사 측정은 대개 한 번에 한 사람씩 검사실에서 기록된다. 이 방법은 검사자의 시간 요구와 적절한 검사실 유지 비용 측면에서 돈이 많이 든다.

　수면다원검사는 뇌 활동, 근육 활동, 안구 운동의 최소 세 가지 전기적 신체 신호를 기록해야 한다. 이러한 측정은 신체의 표준 위치에서 이루어지며, 표준 정의를 사용하여 해석된다. 두개골 표면의 표준 위치에 부착된 전극은 뇌 파동 활성의 기록인 뇌전도(electroencephalogram, EEG)를 생성한다. 목 근육에 부착된 전극은 근육 활동 기록인 근전도(electromyogram, EMG)를 제공해 준다. 눈 가까이에 부착된 전극은 눈 움직임의 기록인 안전도(electrooculogram, EOG)를 제공해 준다. 체온, 순환 호르몬, 혈중 포도당 수준이 수면의 추가적 측정변인을 제공한다. 종합하면 이러한 측정은 수면을 정의하는 데 사용된다. **그림 13.12**는 수면검사실의 전형적인 장치를 보여준다. 기록할 수 있는 다른 측정에는 심박수, 체온, 피부 전도도, 순환 호르몬, 혈당 수준, 기타 생

수면다원검사　개인의 수면 양식을 나타내기 위해 뇌 활동, 근육 활동, 안구 활동을 포함한 여러 수면 사건의 측정을 결합하는 수면 측정법

표 13.2　나이에 따른 권장 수면 시간

나이	수면 시간(시간)
신생아~3개월	14~17
1세 이하의 영아	12~15
3세까지의 걸음마기	11~14
학령전기(3~5세)	10~13
초등학생 연령(6~13세)	9~11
청소년기(14~17세)	8~10
성인(18~64세)	7~9
65세 이상의 성인	7~8

출처 : Sleep Foundation.

그림 13.12　수면다원검사 장치

전자 장비가 수면자에 부착된 전극을 통해 얻은 정보를 기록한다. **(A)** 귀 위의 중성점과 비교해 두개골의 정점에서 얻는 뇌전도. **(B)** 턱과 인후처럼 2개의 근육 사이에서 만들어진 근전도. **(C)** 눈과 귀 위의 중성점 사이에서 만들어진 안전도.

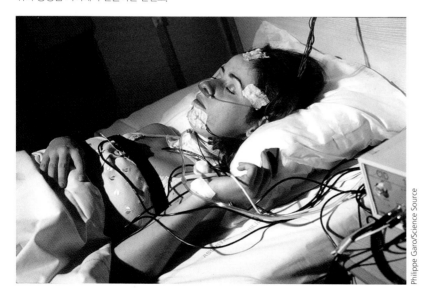

Philippe Garo/Science Source

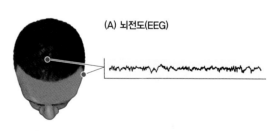

(A) 뇌전도(EEG)

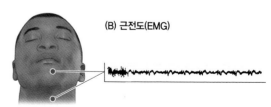

(B) 근전도(EMG)

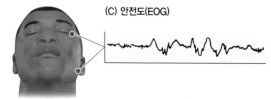

(C) 안전도(EOG)

REM 수면(R-수면) 신피질 뇌전도 기록에 빠른 뇌 파동 양식을 드러내는 수면

NREM 수면(N-수면) 느린 파동과 큰 진폭의 리듬과 연관된 서파 수면

베타 리듬 각성 뇌전도와 연관된 빠른 뇌 파동 활성 양식

리적 사건들이 있다. 수면다원검사를 사용한 검사실 수면 조사를 통해 검사자는 수면을 정확하게 측정하고, 수면과 연관된 생리적 변화를 기록할 수 있다.

웨어러블 기술의 출현으로 수면 측정에 대한 몇 가지 새로운 접근 방식이 가능해졌다. 웨어러블 장치는 상업적으로 이용 가능하고, 상대적으로 저렴하며, 많은 DIY(소비자가 직접 하기) 가능성을 제공한다. 1세대 웨어러블 장치는 손목에 착용한 센서에서 얻은 활동처럼 단일 대상을 측정했다. 2세대 웨어러블 장치는 검사실 수면다원검사의 유용성을 근사화할 목표로 여러 대상을 측정할 수 있다.

신뢰도(측정이 얼마나 정확하게 이루어졌는지) 및 타당도(측정이 측정하도록 설계된 것을 기록하는지 여부)에 대한 상용 웨어러블 기술과 비교할 때, 검사실 기반의 수면다원검사는 수면 평가의 황금 표준으로 남아 있다. 웨어러블 기술이 개인 수면 평가에 분명한 이점을 제공하지만, 전문가 검토에 따르면 여전히 성장통이 있는 것으로 나타났다. 수면은 복잡한 현상이며, 웨어러블 기술은 흔히 그러한 복잡성에 둔감하다. 더 나아가, 수면 측정은 많은 데이터를 생성하고, 이를 해석하기 위해서는 일반인이 접근할 수 없는 정교한 빅데이터 방법이 필요하다. Hannah Scott과 동료들(2020)은 검사실 수면다원검사 및 웨어러블 기술 사용과 관련된 많은 쟁점에 대한 유용하고 접근 가능한 비평을 제공한다.

각성과 수면의 단계

각성과 마찬가지로 수면은 단일한 상태가 아니라 여러 단계로 구성된다. 뇌전도 기록은 깨어 있음, 이완됨, 졸림, 수면, 깊은 수면, 꿈꾸기 등으로 범주화된 상태들에 대한 뇌 파동 활성의 독특한 양식을 보여준다(**그림 13.13** 참조). 수면은 잠자는 사람이 상대적으로 가만히 있는 기간과 입, 손가락 및 발가락을 씰룩거리는 기간으로 구성된다. 씰룩거림은 애완동물과 침대 파트너에게서 쉽게 관찰할 수 있다. 1955년 Eugene Aserinsky와 Nathaniel Kleitman(Lamberg, 2003)은 이러한 씰룩거림이 주기적이며, 빠른 안구 운동(rapid eye movement, REM) 및 뇌전도 기록에서의 각성 양식과도 연관됨을 관찰했다. 그들의 보고 이후 이러한 안구 운동의 존재를 인식하여, 전통적 분류는 이 수면 상태를 **REM 수면**(REM sleep, R-수면)으로 지칭하고, 다른 수면 상태를 **NREM 수면**(non-REM sleep, N-수면)으로 지칭했다. 이 명칭과 일관되게 미국 수면의학회는 뇌전도 양식을 기반으로 R-수면/N-수면 구별을 포함하는 수면의 5단계 분류를 제공한다.

- W — 각성(waking)
- N1 — NREM 1단계
- N2 — NREM 2단계
- N3 — NREM 3단계
- R — REM

W 상태

W 상태, 즉 각성 상태는 깨어 있음에서 졸음에 이르기까지 다양한 행동을 나타낸다. 사람이 깨어 있을 때, 뇌전도 양식은 빠른 주파수(반복 기간)를 가진 작은 진폭(높이)의 파동들로 구성된다. **베타 리듬**(beta rhythm)이라고 하는 이 양식은 15~30Hz(초당 횟수)의 주파수로 정의된다. 이 양식은 또한 속파 활동 자극성의 뇌전도, 혹은 각성 뇌전도라고도 한다. 각성 상태에서 근전도는 활동적이고, 안전도는 눈이 움직임을 나타낸다.

그림 7.12는 인간의 수면-각성 상태 범위를 반영하는 뇌전도 양식을 보여준다.

흥분 — 베타 리듬

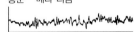

이완, 눈을 감음 — 알파 리듬

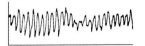

깊은 수면 — 델타 리듬

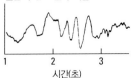

시간(초)

W-각성

50 μV

1초

그림 13.13 뇌전도 수면 양식
신피질의 뇌전도 양식은 각성과 수면의 단계를
정의하는 데 기초가 된다.
출처 : Kelley(1991).

N1-수면
세타파
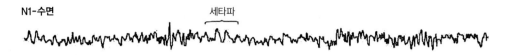

N2-수면
수면 방추
K-복합체
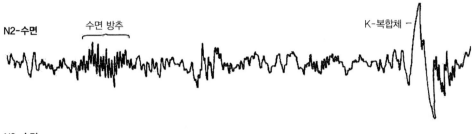

N3-수면

R-수면
톱니파   톱니파
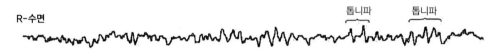

　깨어 있는 사람이 이완하면서 눈을 감으면 **알파 리듬**(alpha rhythm)을 생성할 수 있다(연관 주변 흔적 참조). 이 크고 규칙적인 뇌 파동은 7~11Hz의 주파수 범위를 갖는다. 알파 리듬은 뇌 뒷부분의 시각피질 부위에서 발생하고, 이완 중인 사람이 방해를 받거나 눈을 뜨면 갑자기 중단된다. 모든 사람이 알파 리듬을 보이는 것은 아니며, 일부 사람들은 다른 사람들보다 훨씬 더 강하게 알파 리듬을 나타내기도 한다.

N1 수면

N1에 있는 사람의 행동 상태는 수면 개시이다. 뇌전도는 베타파 활동이 **세타파**(theta-wave) 활동이라고 하는 더 느린 4~11Hz 파동을 포함하여 낮은 진폭의 혼합 주파수 활동으로 대체됨을 나타낸다. 동시에 근전도는 근육이 긴장성을 유지하기 때문에 얼마간 활성을 유지하며, 안전도는 전형적으로 눈이 구를 수 있음을 나타낸다.

N2 수면

N2에 있는 사람은 자고 있다. 이 행동 상태에서 사람은 계속해서 세타파를 생성하지만, 주기적인 수면 방추(11~16Hz 리듬파의 짧은 실행) 및 K-복합체(잘 정의된 날카로운 파동에 이어 느린 파동이 뒤따르며, 약 0.5초 지속됨)도 생성한다. 건강하고 성숙한 피질의 신호로 제안되는 수면 방추는 수면 중 기억 형성에 기여할 수 있다(Farhadian et al., 2021). K-복합체는 피질에서 생성되는 가장 큰 느린 파동 중 하나로 서술되며 수면 유지, 수면에서 각성, 피질 전반에 걸친 활동의

알파 리듬 주파수 범위가 7~11Hz인 뇌 파동
세타파 주파수 범위가 4~11Hz인 뇌 파동

델타 리듬 1~3Hz의 뇌 파동 활성 양식

무긴장 근육 긴장성 감소. 운동뉴런의 억제에 의해 발생하는 최대로 낮아진 근육 비활성 상태

균형 등에 역할을 하는 것으로 제안된다(Gandhi & Emmady, 2021).

N3 수면

N3는 깊은 잠이다. 이 행동 상태에 있는 사람은 깨우기 어렵고, 깨웠을 때 비틀거리며, 방해받지 않으면 빨리 다시 잠이 든다. 뇌전도는 **델타 리듬**(delta rhythm)이라 하는 더 큰 진폭의 느린 (1~3Hz) 파동이 특징이다. 근전도는 여전히 근육이 긴장성을 유지하고 있음을 뜻하는 근육 활성을 나타내지만, 안전도는 눈이 움직이지 않음을 나타낸다.

R-수면(REM)

R-수면은 잠자는 사람이 근육 활성 없이 상대적으로 가만히 있으면서, 동시에 이 정지 상태가 안전도에 표시되는 것처럼 REM을 포함한 폭발적인 활성에 의해 방해를 받는 기간으로 구성된다. 요컨대 R-수면 중에는 입, 손가락, 발가락이 씰룩거리고, 눈이 움직인다. 이러한 움직임 외에 근전도는 근육이 **무긴장**(atonia, '긴장성이 없음'을 의미하는 라틴어를 통한 그리스어)이라 불리는 상태로 활성이 없음을 나타낸다. 뇌전도는 W 단계 및 N1 단계에서 보이는 것과 유사한 베타 리듬을 보인다.

요약하면, W는 활성 뇌전도 기록, 근긴장 있음, 안구 운동 있음과 연관된다. N-수면의 3단계는 느린 뇌전도 기록, 근긴장 있음, 안구 운동 없음과 연관된다. R-수면은 활성 뇌전도 기록, 근긴장 없음(예외 : 주기적인 씰룩거림), 안구 운동 있음과 연관된다. 결합된 수면다원검사 측정의 유용성은 각성 및 수면 상태의 객관적 측정을 제공한다는 점이다. 잠든 척하는 사람은 관찰자를 속일 수 있지만, 수면다원검사는 속일 수 없다. 이것이 수면다원검사가 각성/수면 측정의 황금 표준인 이유이다.

기타 수면 관련 및 각성 관련 활동

수면다원검사가 수면 단계를 정의하지만, 다른 많은 신체 및 생리적 사건들이 각성 및 수면 단계와 연관된다. 체온, 호흡, 심박수 같은 신진대사 활동의 측정변인은 수면 중에 감소한다. 뒤척임, 신음, 웃음 같은 수면자의 행동들 역시 특정한 수면 단계에서 발생한다. 종합하면, 이러한 측정변인들은 정상적 수면과 교란된 수면의 많은 원인과 증상에 대한 통찰을 얻게 한다.

전형적인 밤잠

그림 13.14는 밤의 수면 과정에서 다양한 수면 단계를 순환하는 한 피험자의 수면 그래프 (hypnogram 또는 somnogram)를 예시한다. N1부터 N3까지의 진행으로 표시되듯, 수면의 깊이는 밤 동안 여러 번 변경되며, 이러한 각 진행 후에 R-수면 단계가 이어진다. 이 N-R 연쇄 과정은 약 90분간 지속되며, 피험자의 수면 기간 동안 약 5번 일어난다. 그림 13.14에서 R-수면을 나타내는 표식은 수면 단계 지속시간이 수면을 대략 두 부분으로 나눈다는 것을 알려준다. 첫째는 N-수면에 의해 지배되고, 둘째는 R-수면에 의해 지배된다.

사람의 R-수면 지속시간은 일생 동안 극적으로 달라진다. R-수면 기간은 영아기에 길며, 급성장기 동안에, 신체 활동으로, 그리고 임신 중에 증가한다. **그림 13.15**는 대부분의 사람이 나이가 들수록 잠을 적게 잔다는 것을 보여준다. 생후 첫 2년 동안 R-수면은 수면

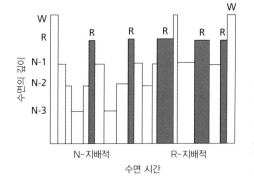

그림 13.14   수면 그래프

전형적인 야간 수면 동안, 사람은 약 90분의 기간에 몇 가지 수면 상태 변화를 겪는다. N-수면이 초기 수면 기간을 지배하며, R-수면은 이후 수면을 지배한다. 각 수면 단계의 지속시간은 각 막대의 두께에 반영되며, 해당 단계에 색상으로 구분된다. 각 단계의 깊이는 막대의 상대적 높이로 그래프에 표시된다.

출처 : Kelley(1991).

시간의 거의 절반을 차지하나, 중년에 이르면 수면 시간의 10%를 조금 넘을 때까지 비례적으로 감소한다.

N-수면과 R-수면의 비교

비록 수면이 비활동적인 기간인 것처럼 보이지만, 상당량의 활동이 잠자는 동안 일어난다. N-수면 및 R-수면은 생리적 측정뿐 아니라 인지, 기억 저장, 수면장애 같은 행동적 사건의 발생에서도 다르다.

N-수면 동안 체온은 내려가고, 심장 박동과 혈류가 감소하며, 땀으로 수분이 소실되어 체중이 감소하고, 성장호르몬 수준이 증가한다. N-수면은 또한 침대에서 뒤척이며 이불을 잡아당기고, 다른 움직임에 빠지는 시간이다. 우리가 자면서 말을 하거나 이를 갈면 대개 N-수면 동안에 그런 것이다. 팔로 치거나 다리를 차는 것과 같이 사지를 마구 움직이는 현상도 대개 N-수면에서 나타난다. 수면 중에 일어나서 걷는 사람도 있는데, 이러한 몽유도 N-수면 동안 발생한다. 우리는 N-수면 동안에 근육 긴장성을 유지하며, 서서, 앉아서(강의시간에 졸 때처럼), 비스듬하게 등 다양한 자세로 잠을 잘 수 있다.

R-수면 역시 N-수면만큼이나 다사다난하다. R-수면 중에는 체온을 제어하는 기전이 작동을 멈춘다. R-수면 기간 동안 몸이 실내 온도를 향해 가기 때문에, 방의 온도에 따라 춥거나 더운 느낌이 들어 R-수면에서 깨어날 수 있다. R-수면 중에는 눈이 움직이며, 발가락, 손가락 및 입을 씰룩거리고, 생식기는 성적 흥분의 징후를 보인다(동반하는 꿈에 성적인 내용이 있는지 여부에 상관없이). 그럼에도, 우리는 무긴장이 나타내는 것처럼 마비된다. 이러한 근육 긴장성의 부재는 뇌간으로부터 움직임을 명령하는 척수의 운동뉴런으로 보내진 억제 신호의 결과이다. 수면 검사실에서 무긴장은 근육 활성의 부재로 근전도에 기록된다(그림 13.12B 참조).

자세는 R-수면 동안 상실되지 않는다. R-수면에 들어가면 동물은 근육마비가 시작됨에 따라 축 늘어져 누운 자세를 취한다. **그림 13.16**은 말의 수면 자세를 예시한다. 말은 무릎관절을 잠금으로써 N-수면에서 선 자세를 유지하거나, 머리를 약간 든 채 엎드린 자세로 잔다. 완전히 축 늘어지면, 말은 R-수면에 있는 것이다.

R-수면에서 눈, 얼굴, 사지 말단의 씰룩거림에 대한 하나의 설명은, 그러한 움직임이 신체 그 부분의 혈류 유지를 도와준다는 것이다. 또 다른 설명은 뇌가 협응운동을 발달시키고, 그 운동을 지지할 신경회로를 조율하고 있다는 것이며, 이는 아직 운동조절이 완전히 발달하지 않은 영아기에 특히 중요한 활동이다(Blumberg, 2015).

꿈

1957년 William Dement와 Nathaniel Kleitman은 R-수면 중에 생생한 꿈을 꾼다는 사실을 발견했다(Dement, 1972). 수면검사실에서 잠을 잔 피험자로부터 취한 수면다원검사 측정을 통해 수면 상태 및 연관된 꿈의 식별이 가능해졌다. 피험자들이 R-수면에서 깨어났을 때, 그들은 생생한 꿈을 꾸었다고 보고했다. 대조적으로, N-수면에서 깨어난 피험자들은 꿈을 꾸었다는 보고의 가능성이 작았고, 그들이 보고한 꿈은 덜 생생했다.

한때 꿈에 대한 사람들의 보고는 누구는 꿈을 꾸고, 다른 누구는 꿈을 꾸지 않음을 시사

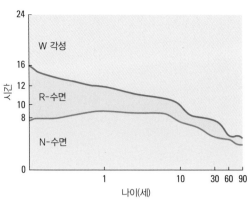

그림 13.15 일생에 걸친 수면과 각성
사람이 잠에 보내는 시간은 나이에 따라 감소한다. R-수면의 비율은 태어나 첫 몇 년 동안 특히 높다.
출처 : Roffward et al. (1966).

그림 13.16 낮잠 시간
말은 대개 짧은 수면을 위해 탁 트인, 양지바른 곳을 찾는다. I. Q. W.의 말인 Lady Jones가 세 가지 수면 자세를 예시한다. (위) N-수면, 다리를 고정해서 서서 고개를 떨군다. (가운데) N-수면, 엎드려서 고개를 든다. (아래) R-수면, 모든 자세와 근육 긴장성이 상실된다.

했다. 그러나 피험자들을 R-수면 기간 동안 깨운 연구들은 모든 사람이 매일 밤 여러 번 꿈을 꾸며, 수면 단계가 진행됨에 따라 꿈이 더 오래 지속됨을 보여주었다. 꿈을 꾸지 않는다고 주장하는 사람들은 깨어날 때쯤 꿈을 잊어버린 것일 뿐이다. 꿈을 꾸는 동안이나 그 직후에 깨어나지 않기 때문에 N-수면 활동이 꿈의 기억을 지울 수 있기 때문일 것이다. 기억을 저장하는 신경계가 R-수면 동안 완전히 활성화되지 않을 수도 있다. 또는 우리가 매일의 각성 사건들 상당수가 중요하지 않으니 기억하지 못하는 것처럼, 어떤 꿈은 기억할 가치가 없다고 결론을 내린다. 누구나 말할 수 있는 한, 꿈을 기억하지 못한다고 해서 해로운 결과는 없다.

꿈은 짧은 순간만 지속된다는 것이 상식적인 생각인 때가 있었다. R-수면이 시작된 후 다른 시간 간격으로 사람을 깨우고, 보고된 꿈의 내용을 이전의 R-수면 기간에 맞춰보는 방법으로 연구자들은 꿈이 실제의 시간으로 일어난다는 사실을 실증하였다. 한 사람이 꿈에서 수행한 행위는 깨어 있는 동안 수행할 때 걸리는 시간만큼 지속된다. 그렇다면 왜 꿈이 한순간에 일어나는 것처럼 보일까? 시간 수축이 다른 기억에 대한 재생의 특성인 것처럼, 시간 수축은 꿈 기억하기의 산물일 가능성이 크다.

무엇에 대해 꿈을 꾸는가

과거에 꿈에 대한 설명은 신의 계시로부터 소화불량에 이르기까지 다양하였다. 꿈에 대한 최초의 현대적 취급은 정신분석의 창시자 Sigmund Freud에 의해 1900년에 발간된 **꿈의 해석**(*Interpretation of Dreams*)에서였다. Freud의 보고서와 그와 유사한 다른 보고서에서, 꿈은 흥미로운 특징을 가지고 있기 때문에 토론을 위해 선택되었다. 그러나 꿈을 선택하는 이 방법이 사람이 가질 수 있는 꿈의 범위를 대표한다는 것을 알 방법이 없다.

우리는 Freud의 이론이 정신분석학 및 예술 분야에서 여전히 대중적이며, 다른 정신분석학적 꿈 이론을 대표하기 때문에 고려한다. Freud는 꿈의 기능을 무의식적 소망, 특히 성적 소망의 상징적 성취라고 제안하였다. 그는 추가적으로 꿈이 두 가지 수준의 의미를 갖는다고 제안하였다. 꿈의 **표출내용**은 일련의 기괴하고 느슨하게 연결된 이미지와 행동이다. 꿈의 **잠재내용**은 꿈의 진정한 의미를 담고 있다. 남근 상징이라고 하는 직사각형 및 둥근 물체 같은 특정 이미지와 그 행위는 성적인 사건을 반영한다. 정신분석가에 의해 해석될 때, 꿈의 상징적 사건은 꿈을 꾸는 사람의 무의식적 소망에 대한 합리적인 설명을 제공해준다.

Freud는 표출 상징을 해석하고 꿈의 잠재내용을 재구성하는 방법을 제공하였다. 예를 들어 그는 꿈이 대개 전날의 사건으로부터 시작하고, 유아기의 경험을 포함하며, 성취되지 않은 채 지속되는 소망을 포함한다고 지적하였다. 그는 또한 아동기의 사건, 불안, 소망 달성과 같은 몇 가지 유형의 꿈을 찾아냈다. 꿈의 잠재내용은 Freud뿐 아니라 임상 현장의 다른 정신분석가들에게도 중요했는데, 왜냐하면 꿈의 해석이 환자의 문제에 대한 통찰을 제공한다고 제안되었기 때문이었다.

성을 강조한 Freud에 반대하는 다른 정신분석가들은 자신만의 꿈 해석 체계를 발달시켰다. Freud와 동시대 정신분석가였던 Carl Jung은 꿈의 상징 체계는 뇌에 입력되었으나 의식적 인식에서는 멀어진 이후 오래된 인간의 기억을 의미한다고 주장하였다. Jung은 꿈이 꿈꾸는 사람으로 하여금 인류의 역사, 우리의 '집단 무의식'을 다시 체험할 수 있도록 해준다고 주장하였다. 이후에도 새로운 이론들이 개발되었지만, 공유되는 핵심적 취약성도 분명해졌다. 즉 어느 해석이 옳은지 알 방법이 없다.

Calvin Hall과 그의 동료들(1982)은 건강한 사람의 10,000개 이상의 꿈을 정리하여, 64% 이상이 슬픔이나 걱정, 혹은 분노와 연관됨을 발견했다. 단지 18%가량만이 행복한 내용이었다. 꿈꾼 사람에 대한 적대적 행위가 우호적 행위보다 2배 이상 많았다. Freud의 이론에도 불구하고, 꿈의 약 1%만이 성적인 느낌이나 행위와 관련된 것으로 보이는 내용을 포함하였다. 꿈의 내용에 관한 후속 연구에 따르면, 약 80%가 최근의 과거에 대한 꿈이며, 20%만이 1년 이상 된 사건에 관한 것이다. 꿈은 또한 연령 적합성이 있다. 예를 들어 청소년기 남성은 나이 든 남성보다 공격성을 더 많이 포함하는 꿈을 꾸는 경향이 있다. 이는 청소년기 남성의 호르몬 활동 증가와 관련되는 경향이다.

꿈의 내용에 대한 두 가지 현대적 설명은 극과 극이다. 하나는 꿈에서 의미를 보지 않는 반면, 다른 하나는 꿈의 내용을 생물학적으로 적응하는 대처 기전을 반영하는 것으로 본다. 첫째 접근법은 상향식이다. 사람이 꿈을 꾸고, 꿈꾼 자든 꿈 해석자든 꿈을 분석한다. 둘째 접근법은 하향식이다. 꿈꾸는 자가 꿈을 창조한다.

의미 없는 뇌 활성으로서 꿈

상향식 접근은 J. Allan Hobson(2004)의 **활성화-합성 이론**이 대표적이며, 이 이론에 따르면 꿈을 꾸는 동안 뇌간으로부터의 신호들이 대뇌피질에 쏟아 부어지고, 이러한 신호들이 각성 뇌전도 양식을 생성한다. 이 흥분에 반응하여 대뇌피질의 일부는 개인적 기억 창고로부터 이미지, 활동, 정서를 발생시킨다. 외부적 검증의 부재로, 이러한 꿈 사건은 파편화되고 기괴해지며, 대뇌피질이 활성화되었다는 것 이상의 무엇도 나타내주지 않는다.

Hobson은 PET 영상 결과를 근거로 전두피질 일부가 각성 상태보다 꿈꾸는 상태에서 덜 활성화된다고 주장하였다. 전두피질은 최근 사건에 대한 작업기억과 주의를 조절한다. 전두피질 감시가 이러한 기능들을 위해 요구되기 때문에, 꿈을 꾼 사람은 그래서 꿈 사건들을 일어난 대로 기억하고 연결할 수 없다. 각성 상태에서, 꿈을 꾼 사람은 이러한 조각난 의미 없는 이미지에 대하여 이야기 줄거리를 만들려고 시도한다. Hobson의 이론에 의하면, 꿈은 기억과 경험이 활성화된다는 점에서 개인적이지만, 무슨 본질적인 의미를 갖고 있는 것은 아니다.

14장은 기억에서 전두피질 관여의 정도를 서술한다. 주의는 15-2절에서 상세하게 논의한다.

대처 전략으로서 꿈

Anttio Revonsuo는 내용 분석을 사용하여 꿈은 위협적 인생사건에 대한 향상된 대처 전략을 이끈다는 점에서 생물학적으로 적응적이라고 주장한다(Valli & Revonsuo, 2009). 이러한 하향식 접근(**대처 이론**이라고도 함)의 진화적 측면은 생식 성공에 대한 극도의 위협을 구축하는 위험 사건들로 가득 찬 환경에 놓인 사람들에게 향상된 수행이 특히 중요하다는 것이다. 꿈은 꿈꾸는 사람이 꿈을 기억하지 않아도 문제를 해결하기 위한 전략을 제공한다. Revonsuo는 사람들이 읽기, 쓰기, 계산하기에 대한 꿈을 좀처럼 꾸지 않는 점에 주목한다. 꿈에서의 위협은 깨어 있는 삶에서도 위협을 주는 것과 똑같은 사건이다(**그림 13.17**). 예를 들어 적으로 특징지을 수 있는 동물과 낯선 사람들이 꿈에 두드러지게 등장한다. COVID-19 대유행으로 인해 고립된 피험자들의 꿈에 관한 연구는 그들이 바이러스에 걸릴 수 있는 혼잡한 장소에 있는 것과 관련된 더 생생한 꿈을 꾼다는 것을 발견했으며, 이는 꿈이 어떻게 그들의 대처 전략의 일부인지를 예시한다(Scarpelli et al., 2021).

Malcolm-Smith와 동료들(2012)은 접근행동이 회피행동보다 꿈에서 더 자주 일어난다고 보고

그림 13.17 꿈 내용
스위스 화가 Ferdinand Hodler(1853-1918)의 〈밤〉이라는 작품으로, 무서운 꿈에서 깬 후에도 지속되는 무시무시한 광경을 표현한 것이다.

한다. 그런 이유로 그들은 보상추구행동이 회피행동만큼이나 꿈의 잠재내용을 대표할 가능성이 있다고 제안한다.

꿈 해석에 대한 하향식 접근 방식의 요약은 사람들이 깨어 있을 때 문제 해결사이며, 문제 해결은 잠자는 동안에도 계속된다는 것이다. '그냥 자'라는 충고를 들어 본 적이 있는가? 그리고 그것이 좋은 충고로 판명되었는가?

자각몽

N-수면 동안에도 생기는 꿈은 R-수면에서처럼 생생하지 않다. 우리는 잠들자마자 진행 중인 사고가 해체되어 환각에 들어가는 것 같은 꿈과 유사한 경험을 할 수 있다. 때때로 우리는 우리가 꿈꾸는 대로 우리의 꿈을 인식하는데, 이런 현상을 **자각몽**(lucid dreaming)이라 한다. 자각몽을 꾸는 사람은 꿈의 내용을 의식할 뿐만 아니라 실제로 꿈을 지배할 수도 있다. 많은 사람에게 자각몽은 흔하지 않다. 대조적으로, 소수의 사람들은 일주일에 여러 번 자각몽을 경험할 수 있다.

자각몽에 대한 한 가지 설명은 면역 체계에 대한 연구로, 1972년 노벨상을 수상한 Gerald Edelman(1989)이 제안한 의식의 이중 체계 이론에서 비롯된다. 핵심 의식 체계는 대부분의 척추동물(예 : 고양이, 말, 우리 자신)의 많은 의식적 행동을 매개한다. 그러나 인간의 경우 언어와 장기 기억 체계는 추가적인 전반적 의식을 제공하며, 이는 핵심 의식을 감시할 수 있다. 두 의식 체계는 함께 잠을 자는 게 보통이지만, 경우에 따라 **글로벌** 의식 체계가 깨어나 핵심 의식 체계가 생성한 꿈의 관찰자가 된다. 이 두 가지 의식 체계의 대조되는 상태가 자각몽으로 경험된다.

의식에 관한 이론은 15-7절에서 더 논의된다.

깨어 있을 때 생생한 꿈 같은 경험을 하는 사람을 두고 환각이 있다고 말한다. 그리고 물론 우리는 깨어 있을 때 몽상에 빠진다. Eric Klinger(1990)는 백일몽이 평범하고, 간혹 재미 있으며, 그래서 수면 꿈에서 마주치는 혼란이 거의 없다고 주장한다.

13-3 복습

진도를 계속 나가기 전에 앞 절을 얼마나 이해했는지 확인해보자. 정답은 이 책의 뒷부분에 있다.

1. 수면 평가의 황금 표준 역할을 하는 다각적 수면 측정을 _____(이)라고 한다.

2. 뇌전도에 기반한 수면의 분류는 수면을 _____와/과 _____으로 나눈다.

3. 수면다원검사는 세 가지 일반적인 수면 측정을 기록하는 데 사용할 수 있다. 이는 _____, _____, _____이다.

4. 수면자는 하룻밤에 대략 _____의 R-수면 기간을 경험하며, 각 기간의 지속시간은 수면이 진행됨에 따라 _____진다.

5. 무슨 요소가 꿈 해석을 어렵게 만드는가?

6. 수면 측정을 위한 웨어러블 기기의 장점과 단점은 무엇인가?

수면은 무엇을 성취하는가?

우리는 모두 잠을 자지만 수면 방식과 지속시간에서 차이가 현저하다. 어떤 사람들은 매트리스가 깔린 침대에서 자고, 어떤 사람들은 팔레트에서, 어떤 사람들은 해먹에서 잔다. 옷을 입고 자는 사람도 있고, 벌거벗고 자는 사람도 있다. 이불을 덮고 자는 사람도 있고, 이불 없이 자는 사람도 있다. 아기, 어린이, 반려동물과 함께 자는 사람도 있고, 혼자 자는 사람도 있다. 하루에 한 번만 자는 사람이 있고, 낮잠도 자는 사람이 있다. 잠을 소중하게 여기는 사람도 있고, 잠을 다른 활동에 방해로 보는 사람도 있다.

수면행동의 다양성은 개인적인 것일 뿐만 아니라 문화적인 것이기도 하다. 북미에서는 수면 시간 감소가 대사 질환 및 수명 감소와 연관되는 반면, 일본에서는 수면 시간 감소가 건강 및 장수와 연관된다(Cheung et al., 2021).

이 모든 변이는 어리둥절할 정도이다. 여기에서 우리는 수면의 필요성에 대한 세 가지 설명, 즉 적응, 회복, 뇌 건강과 기억 지원을 고려하여 수면 변이에 접근한다.

생물학적 적응으로서 수면

수면은 에너지 보존 전략의 기능을 한다. 뇌는 신체 에너지 공급의 주요 사용자이다. 그러므로 수면 중, 특히 N-수면 중 뇌 활동의 감소는 에너지를 보존한다. 겨울잠의 특징인 극도의 체온 감소를 보이는 동물의 예처럼, 수면 중 체온 감소는 신체의 신진대사를 감소시킨다.

만약 동물이 먹는 음식의 영양가가 높으면, 그 동물은 먹이를 찾는 데 시간을 덜 쓰고 잠자기에 더 많은 시간을 쓴다. 종이 포식자인지 피식자인지 또한 수면에 영향을 미친다. 포식자는 편안히 잠을 잘 수 있지만, 피식자는 경계를 유지해야 하고 불시에 싸우거나 도망갈 준비를 해야 하기 때문에 수면 시간이 감소한다(**그림 13.18**). 전적으로 야행성이거나 주행성인 동물은 쉽게 돌아다닐 수 없을 때 수면을 취할 가능성이 크다. 회화체 표현으로 Dement(1972)는 주장한다. "우리는 어둠 속에서 뭔가에 부딪히지 않으려고 잠을 잔다."

그림 13.19는 보통의 포유류 중 일부의 평균 수면 시간을 도표화한 것이다. 당나귀, 말, 소 등을 포함하는 초식동물은 생존을 위해 충분한 음식 모으기에 많은 시간을 보낸다. 이들에게는 긴 각성 시간과 비교적 짧은 수면 시간이 적응적이다. 또한 그들은 피식자이기에 포식자를 조심하려면 길게 깨어 있고 덜 자는 것이 적응적이다. 고양이와 개를 포함한 육식동물은 영양이 풍부한 음식을 먹고, 대개 한 끼에 하루의 양을 먹고, 심지어 일주일의 양 대부분을 한 번에 먹기도 한다. 이 동물들은 계속 먹을 필요가 없기 때문에, 휴식함으로써 에너지를 절약할 수 있기 때문에, 포식의 위험에 있지 않기 때문에 잠을 많이 자는 생활방식이 그들에게는 적응적이다.

그러나 일부 동물의 행동은 이상하게 보여서, 그 동물의 수면행동을 이해하려면 그 동물의 자연사를 이해할 필요가 있다. 하루 중 대부분을 자면서 보내는 주머니쥐는 생존 전략으로 에너지 절약에 특화되어 있다.

학습 목표

- 생물학적 적응이 어떻게 수면의 이유가 되는지 설명한다.
- 수면과 박탈 연구가 수면을 회복 과정으로 이해하는 데 어떻게 기여하는지 설명한다.
- 명시적 기억과 암묵적 기억의 저장에서 수면의 역할을 설명한다.
- 수면 기억 저장 이론과 시냅스 항상성 기억 이론을 요약한다.

Lynn Hoffman/Science Source

그림 13.18 깨우지 마세요

수면의 생물학적 이론에 의하면, 수면은 밤 동안 안전 유지 같은 다른 기능도 하는 에너지 보존 전략이다.

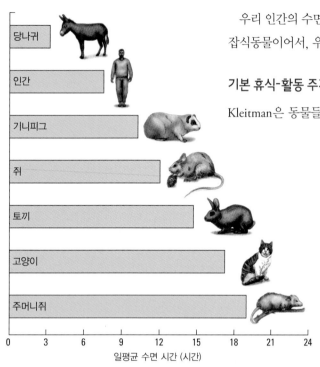

그림 13.19 평균 수면 시간
수면 시간은 먹이 획득에 필요한 시간과 포식
위험에 의해 영향을 받는다.

우리 인간의 수면 시간은 동물종들의 평균 정도이다. 우리는 압도적인 포식의 대상이 아닌 잡식동물이어서, 우리의 수면은 초식동물의 수면과 육식동물의 수면 중간에 있다.

기본 휴식-활동 주기

Kleitman은 동물들이 **기본 휴식-활동 주기**(basic rest-activity cycle, BRAC)를 갖고 있으며, 인간에서 이 주기는 약 90분이라고 주장하였다(Dement, 1972 참조). Kleitman은 그의 이론을 아기가 자는 시간 사이에 빈번한 섭식 기간이 있다는 관찰에 근거하였다.

그림 13.20에 예시되어 있듯이, 성인의 행동 역시 활동과 휴식이 90분의 시간적 꾸러미로 구성되어 있음을 보여준다. 학교 수업, 근무 기간, 운동 시간, 식사 시간, 커피 휴식, 간식 시간 등은 90분가량의 간격으로 나뉘어 있는 것으로 나타난다. R-수면이 약 90분 간격으로 일어난다는 발견은 R-수면 또한 90분 BRAC 리듬 수면의 연장선으로 고려될 수 있음을 시사한다.

Kleitman의 제안에 따르면, BRAC 리듬은 너무 근본적이어서 꺼질 수 없다. 따라서 밤잠이 주기적 각성(과 간식 먹기)에 의해 방해되지 않기 위해, 신체는 마비되고 뇌만 활동적이다. 비유를 하자면, 빨간색 신호등에 멈추어 있을 때 차의 엔진을 끄기보다는 시동이 걸려 있는 채로 브레이크를 밟아 움직이지 않게 한다. R-수면에서 움직임이 마비된 무긴장은 브레이크이다.

회복 과정으로서 수면

잠에 대한 멕베스의 묘사로, 셰익스피어는 수면이 회복적 속성을 갖는다는 아이디어를 말로 예시한다.

> 걱정으로 헝클어진 것들을 바로잡아 주는 잠
> 쓰라린 노동의 욕조인 일상적 삶의 죽음
> 상처 난 마음의 위안, 위대한 자연의 둘째 항로
> 인생 향연의 최고 영양 공급자.
>
> —2막, 2장

기본 휴식-활동 주기(BRAC) 시간 꾸러미의
반복적 순환으로 사람에서는 약 90분 주기이
며, 그 주기에 따라 각성 수준이 오르락내리락
한다.

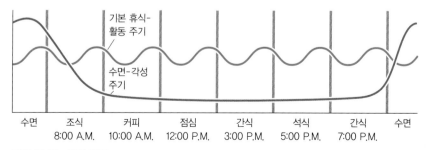

그림 13.20 행동 리듬
우리의 행동은 하루 내내 변화하는 기본 휴식-활동 주기(빨간색)와 밤 동안의 N-수면/R-수면 주기(보라
색)에 의해 지배된다.

수면박탈 연구

수면이 신체 과정에 필수적인지 평가하기 위해 연구자들은 수면박탈 연구를 수행했다. 이러한 연구들이 수면의 필수 기능을 명확하게 판별하지는 못했으나, 다양한 정도의 수면박탈에 의해 변화된 여러 생리적·인지적 기능을 지적한다(Hanson & Huecker, 2021).

　수면 연구자 William Dement가 관찰자로 참여한 수면박탈 사례 연구가 이러한 점을 예시한다. 1965년에 과학 박람회 프로젝트의 일환으로 Randy Gardner라는 고등학생이 자신을 계속 깨우는 친구 두 명의 도움을 받아, 연속으로 깨어 있기 기네스 세계기록 260시간(거의 11일)을 깰 계획을 세웠다. 그는 실제로 기록을 깼고, 그 후 14시간을 자고 나서 아무런 이상도 보고하지 않았다. Dement는 Gardner가 수면박탈의 기간 동안 환각을 경험하고, 인지 및 기억 실수를 했다고 보고하였다. 이러한 부정적 영향이 지속되지는 않았다. 수면박탈 연구들을 종합해 얻은 일관된 결론은 최소한 제한된 기간의 수면박탈이 지속적인 생리 변화를 일으키지 않는다는 것이다. 그럼에도 불구하고, 수면박탈의 단기적인 부정적 결과의 개인차에 대한 우려 때문에 기네스 세계기록은 더 이상 깨어 있기 기록을 기록하지 않는다.

　그러나 짧은 수면박탈과 불규칙한 수면 기간의 반복은 건강 및 인지 수행도 불량과 연관된다는 점에서 생리적 부작용을 초래한다. 주의집중을 요하는 과제의 수행도가 몇 시간 수면박탈의 기능으로 떨어진다. 수면박탈은 업무상 재해나 교통사고의 원인이 되기도 한다. 수면박탈 피험자는 매우 복잡한 과제도 수행할 수 있기 때문에, 수면박탈에 따른 결핍이 그 자체로 과제 수행 불가를 나타내는 것은 아니다. 오히려 결핍은 지속적 주의를 유지하는 능력에 영향을 준다. 불규칙한 수면도 임상 초점 13-1에 서술된 대사증후군에 기여할 수 있다.

　수면박탈을 평가하는 데 있어 교란인자는 사람들이 초단기 수면, 즉 몇 초간의 짧은 잠을 잔다는 것이다. **초단기 수면**(microsleep) 동안에 피험자는 계속해서 앉아 있거나 서 있기는 하나, 눈꺼풀이 잠시 내려오고, 외부 자극에 대한 반응성이 떨어진다. 피곤할 때 차를 몰아 본 사람이라면 초단기 수면과 길을 벗어나지 않을 정도의 시간만 깨어 있는, 혹은 그보다 더 악성의 경험을 해 보았을 것이다.

R-수면박탈

어떤 연구들은 R-수면의 선택적 혜택에 초점을 맞추어 왔다. 피험자의 R-수면을 박탈하기 위해 연구자들은 수면을 허용하면서도 R-수면에 빠져들기 시작하면 깨우는 방법을 사용했다. R-수면의 박탈은 두 가지 효과가 있다. 첫째, 피험자들은 이어지는 잠에서 R-수면으로 빠져드는 경향이 증가했다. 그래서 점점 더 자주 깨워야만 하게 되었다. 둘째, 피험자들은 R-수면의 박탈 이후 첫 수면 가능 기간에 R-수면의 양이 보통보다 더 많아지는 R-수면 반동을 경험한다.

　대부분의 수면 연구가 비교적 짧은 지속기간의 조사이기에, 수면박탈 동안 혹은 이후에 일어날 수 있는 잠재적인 장기 생리적 변화를 포착하기는 여전히 어렵다. 그럼에도 불구하고, 인간의 경우 수면박탈이 많은 기능을 손상하지만, 수면 재개 후 회복은 상당하다(Yamazaki et al., 2021).

기억 저장을 위한 수면

수면이 기억에 중요한 역할을 한다는 제안은 100년 이상 거슬러 올라간다. 연습 사이에 간격을 두고 반복 연습을 한 후에야 기억이 가장 잘 습득되기 때문에, 우리는 기억 저장에 시간이 걸린다는 것을 알고 있다. 우리는 또한 기억을 자주 회상하여 되뇐다. 따라서 수면에 보내는 시간이

초단기 수면　수 초간 지속되는 짧은 잠

그림 13.21 뉴런의 재생?
해마 세포의 활성은 쥐들이 이전의 경험에 대한 꿈을 꾸고 있음을 시사한다. 원 테두리의 점들은 동시에 기록된 42개 해마 세포의 활성을 나타낸다. 기록은 먹이 찾기 과제 전에 N-수면 동안(왼쪽), 먹이 찾기 과제 동안(가운데), 과제 후 N-수면 동안(오른쪽) 이루어졌다. 먹이 찾기 과제 전의 N-수면 동안에는 세포 사이에 강한 상관성이 나타나지 않았으나, 먹이를 찾는 동안과 이어지는 서파 수면 동안에는 세포 사이에 상관성이 강했다.
출처 : Wilson and McNaughton(1994).

14-1절은 기억의 부호화와 회상의 과정에 대해 부연한다.

그림 7.11은 장소세포의 부류와 방향 선택성을 보여준다. 14-3절은 장소 선택의 역할을 포함하여 해마와 공간적 기억 사이의 관계를 서술한다.

14장에 암묵적 기억과 외현적 기억의 이해와 해부학적 상관체에 대한 자세한 설명이 있다.

장소세포 세상의 특정 위치에 최대로 반응하는 해마 뉴런

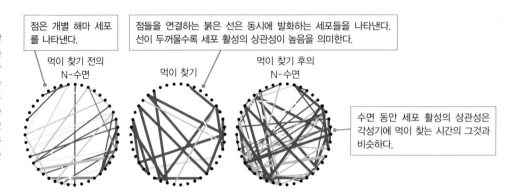

점은 개별 해마 세포를 나타낸다.

점들을 연결하는 붉은 선은 동시에 발화하는 세포들을 나타낸다. 선이 두꺼울수록 세포 활성의 상관성이 높음을 의미한다.

먹이 찾기 전의 N-수면

먹이 찾기

먹이 찾기 후의 N-수면

수면 동안 세포 활성의 상관성은 각성기에 먹이 찾는 시간의 그것과 비슷하다.

되뇜의 기회를 제공하여 기억 유지에 기여한다는 것은 이치에 맞다. 여기서 우리는 하루의 사건이 수면 중에 재생된다는 것을 보여주는 두 가지 형성 연구를 서술한다.

N-수면과 외현적 기억

해마 **장소세포**(place cell)는 공간적 외현기억, 즉 쉽게 회상되어 사용할 수 있는 위치에 대한 외현적 기억의 기초가 되는 것으로 제안된다. 쥐가 특정 위치에서 먹이를 찾고 있을 때 많은 해마 장소세포가 발화한다. 이 세포는 쥐가 그 장소를 다시 통과할 때까지 상대적으로 비활성 상태이며, 다시 활성화되면 쥐가 그 위치를 기억한다는 것을 나타낸다.

이러한 이해를 바탕으로 Gerrard와 동료들(2008)은 먹이 찾기 전 N-수면 동안, 먹이 찾기 과제 중, 먹이 찾기 후 N-수면 동안의 세 가지 조건에서 최대 100개의 세포에서 기록을 수행했다. 그들의 연구 결과는 먹이 찾기 중 일부 장소세포의 활성이 상관성을 보여, 이 세포가 특정한 공간적 위치의 표상을 형성함을 시사한다는 것을 보여주었다. 이어지는 N-수면 기간 동안에도 상관성은 반복된다(**그림 13.21**). 이 결과는 N-수면 동안 이전 먹이 찾기 경험의 기억이 재생되고, 그래서 저장됨을 시사한다.

R-수면과 암묵적 기억

인간의 꿈이 기억과 관련되는지 알아보기 위해 벨기에의 Pierre Maquet와 동료들(2000)은 피험자들에게 연속적 반응 과제를 훈련시켰다. 이 암묵적(또는 무의식적) 운동 기억 과제에서 피험자는 반복을 통해 단서에 빠르게 반응하는 법을 배운다. 연구자들은 훈련하는 동안과 이어지는 밤에 R-수면 동안에 PET 스캔으로 뇌의 국소 혈류를 관찰했다. 피험자들은 6개의 위치 표시를 보여주는 컴퓨터 화면을 마주하였고, 위치 표시 하나가 반짝이면, 6개의 단추 중 해당 단추를 누르도록 지시를 받았다. 그들은 반짝거림의 순서가 사전에 결정되어 있었다는 사실을 알지 못했다.

훈련이 진행됨에 따라 연구자들은 하나의 위치 표시가 바로 앞의 위치 표시와 상관되는 시도에서 반응시간이 개선되었다는 사실에 의해 피험자들이 학습하고 있다고 말할 수 있었다. 뇌 활성화에 대한 PET 스캔 측정에서, 유사한 양식의 신피질 활성화가 과제 습득 및 R-수면 동안에 나타났다(**그림 13.22**). 이 결과를 근거로 Maquet와 동료들은 피험자들이 학습 경험에 대해 꿈을 꾸고 있으며, R-수면 동안의 재생이 그 과제 기억을 강력하게 한다고 제안하였다. 그래서 결론은 운동과 인지 영역 모두에서 규칙 학습이 R-수면을 포함한 수면 동안에 강력해진다는 것이다.

수면 기억 저장 동안의 뇌 사건

두 가지 이론이 수면 중에 기억이 어떻게 재활성화되고 저장되는지 서술한다. 수면 기억 저장 이

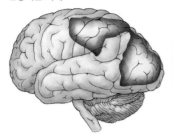

반응시간 과제

피험자들은 반응시간 과제 훈련을 받고, 뇌 활성은 PET 로 기록된다.

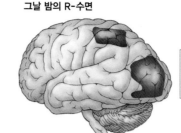

그날 밤의 R-수면

피험자들은 연이은 R-수면 동 안 비슷한 양상의 뇌 활성을 보 인다.

그림 13.22　R-수면 동안 암묵적 기억이 저장되는가?
출처 : Maquet et al. (2000).

론은 뇌가 수면 중에 재생되는 기억을 변환한다고 제안한다. 이 이론에 따르면 뇌의 전기적 사건 기록이 기억 재생이 언제 일어나고 있는지를 드러내게 될 것이다. 수면의 시냅스 항상성 기억 이론은 기억 저장과 연관된 생화학적 사건이 발생하도록 수면 중에 뇌가 전체적인 변화를 겪는다고 제안한다. 우리는 이러한 각 이론을 차례로 서술하지만, 재생과 항상성이 함께 발생할 수 있으므로 두 이론이 상호 배타적이지 않다는 점에 유의할 필요가 있다.

수면 기억 저장 이론

수면 기억 저장 이론은 수면 중 기억 재생이 기억이 저장되는 방식에 기여한다고 제안한다. 재생은 학교 공부, 스포츠 기술 훈련, 또는 어떤 사건을 계속해서 생각하는 것 같은 때의 반복과 유사한 효과가 있다. 재생은 기억을 저장할 뿐만 아니라 이전에 획득한 정보와 통합되는 관련 뇌 구조에 그 기억을 분배하기도 한다.

뇌전도 기록은 **그림 13.23**에 보이는 특정한 양상의 활성이 학습 시간 이후의 수면 중에 더 빈번해진다는 것을 보여준다(Schreiner et al., 2021). 해마는 80~100Hz 파장의 짧은 파열로 구성된 단기의 물결을 보이고, 신피질은 0.75Hz의 최대 주파수에서 상하 양상의 느린 진동을 보이며, 시상은 12~16Hz로 오르락내리락하는 양상의 방추를 보인다.

수천 개의 뉴런이 이러한 각각의 느린 파장의 전기적 사건 동안 활성화될 수 있다. 따라서 이러한 뇌전도 양상은 신경 활성에 부호화된 기억의 재생, 전송 및 저장을 나타낼 수 있다. 예를 들어 해마의 물결은 짧아서 1초 미만으로 지속되며, 빨리 감기로 재생되는 비디오와 유사하게 압

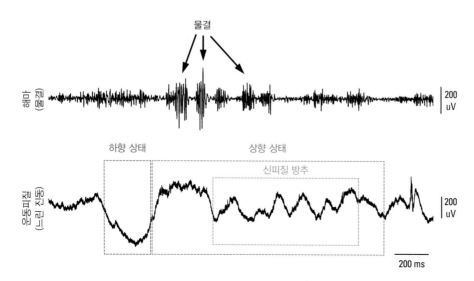

물결

하향 상태　　　상향 상태

신피질 방추

200 uV

200 uV

200 ms

뇌파 (물결)

운동피질 (느린 진동)

그림 13.23　N-수면 활성

뇌전도 물결은 해마에서 발생하고, 느린 진동은 신피질에서 발생한다. 이러한 파형 동안 뉴런의 활성은 압축된 형태로 기억을 부호화할 수 있다. 파동의 반복은 기억 재생의 특징 및 전뇌 구조 사이의 기억 전달일 수 있다.
출처 : Javad Karimi Abadchi.

축된 형태로 재생되는 기억의 전기 신호라고 제안된다. 해마 물결에 부호화된 기억은 시상 방추에서 재부호화되어 시상의 돌기를 통해 기억이 다른 기억과 통합되는 신피질로 분배될 수 있다. 신피질의 뉴런은 느린 진동의 상향(탈분극) 단계 동안 활성화되고, 하향(과분극) 단계 동안 비활성화된다. 시상의 방추와 신피질의 느린 파장이 함께 발생하면 기억이 통합되어 다양한 신피질 위치에 저장될 수 있다(그림 13.23 참조).

수면의 시냅스 항상성 이론과 기억

수면의 시냅스 항상성 기억 이론은 우리가 왜 잠을 자는지에 대한 이론이자 기억을 어떻게 저장시키는지에 대한 이론이다. 수면은 시냅스가 각성기 동안에는 활성화되고, 수면 중에는 휴식 상태로 되돌아갈 수 있게 한다는 생각에 기반한다(Tononi & Cirelli, 2016). 시냅스 활성은 뇌 에너지의 주요 소비처이다. 시냅스 활성(발화율)은 각성기 활동 동안에 높다(Lucas et al., 2018). 낮 시간의 사건들은 많은 시냅스 활성을 요구할 뿐만 아니라, 이 모든 활성은 시냅스를 변화시키고 시냅스의 가소성(더 많은 변화를 일구어내는 능력)을 소진하기 시작한다. 수면 중에 느린 전기파, 특히 N1-수면 및 N2-수면의 4~7Hz 세타파는 시냅스 활성이 휴식 상태 또는 항상성 에너지 보존 상태로 전환되도록 한다. 그래서 시냅스는 보다 가소적 상태로 되돌아가 다음 각성기 동안 활동 가능할 수 있다.

비유로 여러분 자신의 작업 공간을 생각해보라. 낮에는 책을 꺼내 놓고, 종이를 옮겨 두고, 접시나 과자 포장지를 쌓아 두기도 한다. 매일 이 상태로 방치하면 작업 공간은 빠르게 사용할 수 없게 될 것이다. 그러나 매일 작업 후 청소하면 다음 날 사용할 준비가 된다. 시냅스 항상성 기억 이론에 따르면 이것이 수면 중에 뇌가 하고 있는 일이며, 그것은 바로 청소이다.

발화율과 가소성이 기억 저장과 어떻게 관계될까? 항상성 이론은 일부 시냅스, 특히 최근에 새로운 학습 경험에 관여한 시냅스가 다른 시냅스보다 대사적으로 더 활성화되어 있으며 휴식 상태로 되돌아가는 데 더 오래 걸린다고 제안한다. 이러한 시냅스는 N-수면에서 주변 시냅스보다 더 활성화되어 있기에 간섭 없이 구조적 변화를 겪을 수 있는 최적의 상태에 있다. 이것이 새로운 기억을 표상하는 구조적 변화이다.

수면이 뉴런을 최적의 발화율로 되돌린다는 생각을 조사하기 위해, Pacheco와 동료들(2021)은 패치를 사용해 쥐의 한쪽 눈을 가려서 못 보게 했다. 시력 박탈은 시각피질 세포의 발화율을 증가시키는 원인이 되었다. 그러나 쥐가 잠든 후에 시각피질 세포의 발화율은 정상으로 돌아왔다.

수면 및 기억 연구의 과제

수면 관련 기억 연구의 핵심적 과제는 기억의 복잡성을 뇌 신경 활성의 복잡성과 연관시키는 데 있다. 어느 하루의 사건이건 기억은 상당할 수 있으며, 수면 없이도 많은 것을 기억할 수 있으므로, 수면의 추가 기여는 감지하기 어려울 수 있다. 이러한 복잡성에 더해, 기억에서 다양한 뇌 영역의 역할도 해결된 문제가 아니다. 마지막으로, 수면과 기억에 대한 실험은 흔히 복제되지 않는다(Cordi & Rasch, 2021). 수면 기억 분야는 영아기에 있다고 생각하는 것이 가장 좋다.

13-4 복습

진도를 계속 나가기 전에 앞 절을 얼마나 이해했는지 확인해보자. 정답은 이 책의 뒷부분에 있다.

1. 이 절에서 논의되는 수면의 세 가지 가능한 목적은 _____, _____, _____이다.

원리 10. 신경가소성은 신경계의 특징적인 기능이다.

2. 시냅스를 기능적 균형으로 회복시키는 것에 기초한 수면 기능과 연관된 이론을 _____(이)라
고 한다.

3. 공간 과제를 수행하는 쥐에서, 해마 _____세포의 발화와 _____수면 중에 위치 기억의
재생 사이에 상관성이 생긴다.

4. 수면이 박탈되면 몇 초 동안 _____에 빠질 가능성이 더 크다.

5. 압축된 형태로 기억을 재생하는 뇌전도 양식을 _____이라 한다.

6. 다중 과정 이론은 수면과 기억의 관계에 대해 무엇을 제안하는가?

7. Randy Gardner의 기록적인 수면박탈 실험의 중요성은 무엇이었는가?

망상활성계(RAS) 뇌간 중앙에 길게 뻗은 커다란 망상구조(세포핵과 신경섬유의 혼합). 수면-각성 행동 및 행동적 각성과 연관되며, 흔히 망상체라고도 함

13-5

수면의 신경 기반

수면에 대한 그럴듯한 설명 중 하나는 뇌에 피질을 잠들게 하는 수면유도물질이 내포되어 있다는 것이다. 결국 수면유도약물을 포함한 많은 화학물질이 우리를 잠들게 할 수 있고, 각성제는 우리를 깨어 있게 할 수 있다. 호르몬인 멜라토닌은 명암 주기의 어둠 단계 동안 송과선에서 분비되어 졸음을 촉진하고 잠드는 데 기여할 수 있다. 심지어 이 호르몬의 합성 형태는 수면 보조제로 사용될 수도 있다. 그럼에도 불구하고, 송과선이 제거된 후에도 수면이 지속되기 때문에, 멜라토닌은 신체의 수면 생성 화학물질이 아니다. 보다 최근의 생각은 DNA 복구에 수면이 필요하며, 단백질 Parp1이 DNA 손상을 감지하여 DNA가 복구될 수 있도록 수면을 촉진한다는 것이다(Zada et al., 2021). 그럼에도 불구하고, Parp1은 멜라토닌과 마찬가지로 수면을 촉진할 수는 있으나 유발하는 것은 아니다.

일주기 리듬과 뇌 기전에 대한 우리의 이해는 인간의 수면-각성 주기가 많은 신경 영역, 신경화학물질 및 호르몬, 신체 세포 대부분의 대사 활동에 의해 이루어진 기여의 결과임을 시사한다. 이 절에서 우리는 수면을 제어하는 신경 기전을 고려한다. 우리는 뇌간 핵이 N-수면과 R-수면에 연계된 다른 핵들과 함께 수면과 연관된 다양한 사건을 조절한다는 증거를 살펴본다.

학습 목표
- 망상활성계의 해부학적 구성요소를 서술한다.
- 망상활성계가 수면 및 각성 상태의 생성과 유지에 하는 역할을 요약한다.
- 완주위영역과 내측 뇌교망상체가 R-수면 활성에 어떻게 기여하는지 설명한다.

망상활성계와 수면

Giuseppe Moruzzi와 Horace Magoun(1949)에 의한 선구적 실험은 어느 뇌 영역이 수면을 제어하는지에 대한 대답의 시작이었다. 그들의 연구는 뒤쪽 시상하부부터 중뇌를 거쳐 후뇌까지 뇌간의 핵심을 형성하는 광범위한 영역이 수면-각성 체계를 구성할 수 있다고 제안했다. 그들은 이 뇌간 영역을 **그림 13.24**에 도해된 바와 같이 **망상활성계**(reticular activating system, RAS)라고 명명했다.

Moruzzi와 Magoun(1949)이 수행한 실험은 마취된 고양이에서 뇌간을 전기적으로 자극하는 동안 얻은 피질 뇌전도 기록이 포함되었다. 연구자들은 마취와 수면에서 전형적인 커다란 서파가 전기 자극에 반응하여 각성에서 전형적인 낮은 전압과 빠른 파동의 베타파로 대체되는 것을 발견하고 놀라워했다. 각성 뇌전도 활성은 자극 기간보다 오래 지속되었는데, 이는 그 효과가 단순히 자극 전극 부위 뉴런의 온라인 활성 때문이 아니라, 자극과 독립적인 이 뉴런들에 의해 유지될 수 있음을 실증한다. '각성기' 동안, 마취된 고양이가 행동적으로 각성되지는 않았으나, 피질 뇌전도는 깨어 있음을 지적하는 것으로 나타났다. 정상적으로

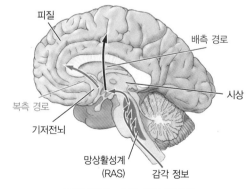

그림 13.24 수면-각성 조절기

뇌간의 중앙에 위치한 망상활성계(RAS)는 세포체와 여러 피질 영역으로 확장되는 섬유 경로의 혼합을 내포한다. 망상활성계는 피질에 영향을 주어 배측 경로를 통해 각성을 생성하고, 복측 경로를 통해 인식을 생성한다.

혼수상태 수면을 닮은 깊은 무의식 상태가 지속되는 것

자는 고양이에서 같은 자극이 각성을 유발했다. 망상활성계가 신체와 머리로부터의 감각 입력에서 분리되었을 때에도 전기 자극은 여전히 각성 피질 뇌전도를 생성했으며, 이는 망상활성계가 단순히 신체로부터 각성적 감각 정보를 전달하는 것이 아님을 나타낸다.

후속 연구에 따르면 망상활성계는 복잡해, 100여 개의 서로 다른 영역이나 핵을 특징으로 한다. 망상활성계의 활성화 특성을 설명하기 위해 연구자들은 처음에 뇌의 비특이적 노르아드레날린성(NE), 콜린성(ACh) 및 세로토닌성(5-HT) 체계에 주목했다(5-3절에 서술됨). 이 체계들은 직간접적으로 신피질로 투사되는 망상활성계의 핵으로 구성된다. 이러한 투사들이 처음에는 망상활성계가 피질을 활성화할 수 있는 경로라고 제안되었으나, 이후 연구는 이 활성화 과정에서 다른 비특이적 체계를 연루시켰다. 예를 들어 히스타민 및 오렉신 체계가 피질에 영향을 주는 세포체가 비슷하게 망상활성계에 있다. 일주기적 영향(예 : 햇빛), 전기 자극, 약물 작용을 통해 이 체계들 중 하나 또는 다른 하나의 세포체를 활성화하면 피질에서 전기적 사건과 각성 연관의 행동을 생성할 수 있다.

망상활성계에서 피질로의 이러한 상향 투사에 대한 연구들은 이 투사들이 두 가지 일반적인 경로, 즉 배측 경로와 복측 경로를 형성한다고 제안한다(그림 13.24에 표시됨). 배측 경로는 시상의 내측 핵을 통해 투사되며 각성을 담당하는 것으로 제안된다. 복측 경로는 시상하부와 기저 전뇌를 통해 투사되며 인식을 담당하는 것으로 제안된다. 여러 가지 증거가 각성과 인식에서 이 경로들의 서로 다른 역할을 지지한다.

1장은 의식에서 각성과 인식의 역할을 논의한다.

망상활성계 배측 경로

혼수상태(coma)는 여러 종류의 뇌 손상으로 인해 발생할 수 있으며, 대개 여러 뇌 영역의 세포 및 섬유에 대한 광범위한 뇌 손상과 연관된다. 이 영역 중 하나는 소뇌 바로 아래 망상활성계의 뒷부분에 위치하며, 뇌간의 왼쪽이 오른쪽보다 혼수상태에 더 크게 기여한다(Fischer et al., 2016). 혼수상태는 망상활성계 자체가 손상되지 않은 경우에도 망상활성계의 배측 시상 투사의 손상으로 인해 발생할 수도 있다.

아주 잘 알려진 사례로, Karen Ann Quinlan이라는 21세 여성이 생일 파티에서 진정제 복용 후 술 몇 잔을 마셨다가 뇌 손상을 입어 혼수상태에 빠졌다(Quinlan & Quinlan, 1977). 병원에 입원한 Karen Ann에게 호흡 지원을 위해 인공호흡기가 부착되었고, 튜브로 급식이 이루어졌다. 그녀의 가족은 생명연장장치를 제거해달라는 법정투쟁을 장기간 벌였고, 마침내 뉴저지 대법원에서 승소하였다. 그러나 생명연장 장치를 제거한 후에도 Karen Ann은 끝없는 혼수상태에서 인공 급식의 도움으로 10년 이상 더 살았다. 그녀의 뇌에 대한 사후 검사는 피질이나 망상활성계 모두 큰 손상을 입지 않았으나 시상, 특히 정중선 핵이 광범위하게 손상되었음을 보여주었다. 그러므로 시상을 통한 망상활성계의 투사는 그녀의 혼수상태를 특징짓는 각성의 거의 완전한 부재에 기여했을 수 있다(Kinney et al., 1994).

망상활성계 복측 경로

또 다른 조사 방향은 기저전뇌를 통한 망상활성계 복측 경로를 혼수상태가 없는 인식 상실과 연관시키는 것이다. Vanderwolf(2002)는 쥐의 뇌전도 기록을 사용하여 적어도 2개의 뇌간 체계가 복측 경로를 통해 투사되어 피질 활성화에 영향을 준다는 것을 보여주었다(그림 13.25 참조). 각각의 경로는 인식의 서로 다른 측면과 연관된다.

그림 5.19는 주요 신경활성계와 그 기능을 요약한다.
그림 6.5는 아세틸콜린 시냅스에서 효능제의 작용을 보여준다.

기저전뇌는 망상활성계의 콜린성 세포 집단뿐 아니라 다른 망상활성
계 핵으로부터 광범위한 투사를 받는 커다란 콜린성 세포들을 내포한다.
이 기저전뇌 콜린성 세포들은 피질로 투사하여, 말단에서 피질 뉴런으
로 아세틸콜린을 분비함으로써 각성 베타 리듬 뇌전도를 자극한다. 이러
한 콜린성 세포의 베타 뇌전도 활성은 주의가 무언가에 쏠릴 때처럼 기민
하지만 움직이지 않는 행동과 연관된다. 중뇌 망상활성계의 정중솔기핵
(median raphe nuclei)은 세로토닌 뉴런을 내포하며, 이 뉴런의 축색도 피
질에 미만성으로 투사한다. 이들 역시 피질 세포를 자극하여 베타 뇌전도
를 생성한다. 이 세로토닌성 베타 뇌전도는 걷기처럼 명백한 움직임과 연관된다.

콜린성 투사의 활성이 약물로 차단되거나 기저전뇌 콜린성 세포의 병변에 의해 교란되면, 움
직이지 않는 쥐에서 정상적으로 기록되는 각성 뇌전도는 행동적으로 잠들지 않았는데도 N-수
면에서 발생하는 것과 유사한 뇌전도 활성으로 대체된다. 쥐가 걷거나 다른 활동을 하는 경우,
세로토닌성 활성으로 인한 각성 뇌전도가 피질에서 획득된다. 그림 13.25에 그래프로 표시된 이
러한 소견은 콜린성 뇌전도가 가만히 깨어 있음과 연관된 각성을 담당하는 반면, 세로토닌성 활
성화는 움직임과 연관된 각성 뇌전도를 담당함을 시사한다.

기저전뇌 체계나 정중솔기 체계 어느 것도 명백한 행동을 담당하지는 않는다. 사실, 두 구조가
약물이나 수술로 파괴되더라도 쥐는 여전히 서서 걸어 다닐 수 있다. 그러나 그 쥐의 뇌전도는
잠자는 동물의 뇌전도와 영구적으로 유사하다. 덧붙여, 하나의 활성 체계가 각성 뇌전도를 생성
하고 있는 한 쥐는 간단한 과제를 학습할 수 있다. 그러나 두 체계가 모두 파괴되면, 동물은 여전
히 걸어 다닐 수 있지만, 더 이상 지능적인 행동을 학습하거나 드러낼 수 없다. 어떤 의미에서 피
질은 조명이 2개의 별도 전원에 의해 구동되는 집과 같다. 둘 다 정전이 되어야 집이 어두워지지
만, 적어도 하나의 전원만 작동하면 적어도 일부 조명은 켜져 있다.

종합하면, 혼수상태의 사람들에 대한 증례 연구와 뇌전도를 이용한 동물 실험은 망상활성계
의 투사가 피질에 대한 서로 다른 신경 경로를 통해 각성과 인식에 기여함을 시사한다. 아마도 N
-수면에서는 두 경로가 모두 꺼지고, 우리는 각성과 인식을 모두 잃는다. 이제 R-수면에 대한
망상활성계의 기여를 살펴보겠다.

R-수면의 신경 기반

N-수면은 각성과 인식 둘 다의 상실을 특징으로 한다. 그러나 R-수면에 있는 사람의 피질은 각
성 상태가 아닌데도 각성 베타 활성을 나타낸다. 이 상태를 생성하는 신경 기전은 무엇일까?

Barbara Jones와 동료들(1993)은 R-수면에 기여하는 **완주위영역**(peribrachial area)이라 알려진
콜린성 뉴런 집단에 대해 서술하였다. 이 부위는 망상활성계의 한 부분으로서, 소뇌 바로 앞의
배측 뇌간에 위치해 있다(**그림 13.26**). Jones는 신경독소인 카인산을 분사하여 쥐의 완주위 세포
들을 선택적으로 파괴하였다. 그녀는 R-수면이 대폭 감소함을 발견하였다. 이 결과는 완주위영
역이 R-수면과 R-수면 관련 행동에 기여함을 시사한다.

그림 13.26에서 볼 수 있듯이 완주위영역은 **내측 뇌교망상체**(medial pontine reticular
formation, MPRF)라 하는, 보다 복측에 위치한 핵으로 투사한다. 내측 뇌교망상체의 병변 또한
R-수면을 박탈하고, 콜린성 효능제(아세틸콜린처럼 작용하는 약물)를 내측 뇌교망상체에 주사
하면 R-수면이 유도된다.

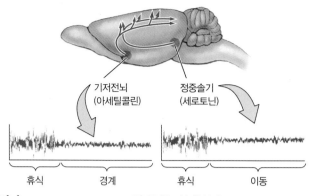

그림 13.25 뇌 활성기

기저전뇌의 아세틸콜린 뉴런은 쥐가 경계 상태
지만 꼼작 않고 있을 때의 활성화 뇌전도 양식
을 생성한다. 중뇌의 세로토닌 솔기핵 뉴런은
쥐가 움직일 때의 활성화 뇌전도 양식을 생성
한다.

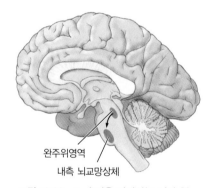

그림 13.26 R-수면을 담당하는 뇌간 핵

완주위영역 혹은 내측 뇌교망상체가 손상되면
R-수면이 줄어들거나 없어진다.

원리 7. 신경계의 작용에는 흥분과 억제가 공존
한다.

완주위영역 R-수면 행동에 역할을 하는 배측
뇌간의 콜린성 핵. 망상활성계의 한 부분이며,
내측 뇌교망상체로 투사한다.

내측 뇌교망상체 R-수면에 관여하는 뇌교의 핵

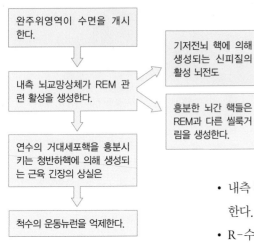

완주위영역이 수면을 개시한다.

↓

내측 뇌교망상체가 REM 관련 활성을 생성한다.

→ 기저전뇌 핵에 의해 생성되는 신피질의 활성 뇌전도

→ 흥분된 뇌간 핵들은 REM과 다른 씰룩거림을 생성한다.

↓

연수의 거대세포핵을 흥분시키는 청반하핵에 의해 생성되는 근육 긴장의 상실은

↓

척수의 운동뉴런을 억제한다.

그림 13.27 R-수면의 신경 조절

완주위영역과 내측 뇌교망상체가 모두 R-수면 생성에 관여한다면 각성 뇌전도, 빠른 안구 운동(REM), 무긴장 같은 R-수면과 관련된 다른 사건들은 어떻게 일어날까? **그림 13.27**의 차트는 다른 R-수면 관련 활성이 어떻게 유도되는지 보여주는 설명이다.

- 완주위영역은 내측 뇌교망상체를 활성화함으로써 R-수면을 개시한다.
- 내측 뇌교망상체는 투사를 보내 기저전뇌 콜린성 뉴런을 흥분시키며, 이는 이어서 피질에서 기록되는 뇌전도에서 보이는 활성을 생성한다.
- 내측 뇌교망상체는 또한 뇌간 운동핵을 흥분시켜, 빠른 안구 운동 또는 다른 씰룩거림을 생성한다.
- R-수면의 무긴장은 내측 뇌교망상체에 의해 생성되며, 이는 바로 뒤에 위치한 청반하핵(subcoerulear nucleus)으로 입력을 보내는 경로를 통해 이루어진다.
- 청반하핵은 연수의 거대세포핵을 흥분시키며, 이는 척수의 운동뉴런에 투사를 보내 억제시킴으로써 R-수면 기간 동안 마비가 생기게 된다. Uchida와 동료들(2021)은 청반하핵에서 척수의 운동뉴런으로의 글리신 투사를 차단하면 이 뉴런이 억제되어 움직임이 차단된다는 것을 보여주었다.

13-5 복습

진도를 계속 나가기 전에 앞 절을 얼마나 이해했는지 확인해보자. 정답은 이 책의 뒷부분에 있다.

1. 뇌간 중앙부에 있는 _____은/는 수면 각성 행동과 연관된다.
2. 수면 기전은 의식의 두 가지 측면을 제어한다. 하나는 시상의 내측 핵이 관여하는 _____이고, 다른 하나는 기저전뇌가 관여하는 _____이다.
3. _____의 세포 파괴는 R-수면의 급격한 감소를 일으킨다.
4. 여러분이 부적절하거나 불편한 시간에 꾸벅꾸벅 졸면, 왜 움직임이 여러분을 깨우는가?
5. 단일 뇌 시스템과 관련하여 수면을 설명하려는 시도가 실패한 이유는 무엇인가?

학습 목표
- 불면증, 과다수면증, 호흡장애, 사건수면증, 탈력발작, 운동장애 등 다양한 수면장애와 연관된 행동을 요약한다.

13-6

수면장애

간헐적 수면 교란은 괴로움을 주고, 다음 날 수행에 지장을 줄 수 있다. 이에 비해 지속적 수면 문제는 장기적 건강 문제를 초래할 수 있다. 수면장애는 또한 불안증, 우울증, 조현병, 치매 같은 다른 많은 상태의 증상이기도 하다.

수면장애 국제 분류는 수면장애를 여섯 가지 범주로 나열한다(Sateia, 2014). 다음 절에서는 이 범주 중에서 불면증, 과다수면증, 호흡장애, 사건수면증(parasomnia) 및 수면 관련 운동장애의 다섯 가지를 서술한다. 여섯 번째 범주인 일주기 리듬 수면장애에는 수면 시간, 교대 근무 및 시차와 관련된 장애들이 포함되는데, 이들은 13-1절에 이미 서술되었다.

불면증 : 잠을 잘 수 없음

불면증 잠들지 못하거나, 잠을 유지하지 못하거나, 만족스러운 잠을 경험하지 못하는 것을 특징으로 하는 많은 장애의 증상

불면증(insomnia)은 잠들지 못하거나, 잠을 유지하지 못하거나, 만족스러운 잠을 경험하지 못함을 서술하는 용어이다. 불면증에 대한 우리의 이해는 수면에 보내는 시간이 사람마다 매우 다양

하기 때문에 복잡해진다(Kay & Buysse, 2017). 불면증은 최소 3개월 동안 일주일에 최소 3일 밤 동안 어려운 수면을 경험할 때 진단된다. 이는 가장 흔한 수면장애이며, 약 14%의 사람들에게 영향을 준다(Dopheide, 2020). 불안과 우울이 불면증 사례의 약 35%에서 함께 발생한다. 불면증의 가장 위험 집단은 60세 이상의 여성이며, 위험 요인으로는 기존 건강 장애, 만성 스트레스, 불규칙한 일정 등이 있다. 이러한 위험 요소 중 하나를 나타내는 사람은 누구나 불면증에 시달릴 수 있다.

불면증은 바르비투르산염, 소디움 아미탈 및 기타 여러 진정제를 포함한 진정-수면 약물로 치료될 수 있다. '수면제'라는 용어는 진정-수면 특성이 있는 모든 약물에 전형적으로 적용된다. 수면치료약물을 정기적으로 복용하는 것의 한 가지 단점은 다음 날 정신이 몽롱해져서 약물 복용의 목적을 무산시킬 수 있다는 것이다. 두 번째로 더 중요한 단점은 사람들이 약물에 대한 내성이 생기고, 약물에 의존하게 되며, 약물 복용을 중단할 때 반동 불면증을 보일 수 있다는 것이다. 그렇게 되면 원하는 효과를 내기 위해 약물이 실패할 때마다 용량을 늘릴 수 있다. 환자가 약물 복용량을 늘려도 잠을 자지 못하는 증후군을 **약물 의존성 불면증**이라고 한다. 마지막으로, 수면제는 N-수면을 촉진하지만, R-수면을 박탈한다. 불면증의 가장 성공적인 비약물적 치료는 수면위생 훈련과 행동요법으로 구성된다.

치명적 가족성 불면증은 거의 완전한 수면 불능이다. 이름에서 알 수 있듯이 이 상태는 몇 개월 안에 사망에 이르게 한다. 이 희귀병은 중년에 발병한다. 원인이 되는 프리온 혹은 그 프리온이 되는 단백질을 발현하는 20번 염색체에 있는 PrP 유전자의 돌연변이로 인해 발생한다. 정상적인 PrP 유전자는 세포막을 보호하는 역할을 할 수 있지만, 돌연변이는 단백질의 잘못 접힘을 일으켜 뇌세포 사멸을 포함한 계단식 효과를 일으킨다. 치명적 가족성 불면증은 공황 발작, 편집증, 공포증, 체중 감소 및 궁극적 치매와 연관된다. 비록 치료법은 없지만, 질병을 연구하고 치료법을 찾기 위해 이 상태의 생쥐 모델이 만들어졌다.

과다수면증 : 깨어 있을 수 없음

이따금 우리 모두는 낮에 졸음에 시달리며, 종종 낮잠에 빠지기도 할 것이다. **과다수면증**(hypersomnia)은 사람이 밤에 9시간 이상 자면서도 여전히 피곤하고, 자주 졸리고 나른하며, 낮잠에 빠지는 경향의 상태가 최소 3개월 동안 지속되는 경우에 진단된다. 드물다고 생각되지만, 수면과다증의 발병률은 다음에 서술되는 수면 관련 호흡 문제와 같은 다른 수면 관련 문제와 연관되기 때문에 결정하기 어렵다.

클라인-레빈 증후군이라고도 하는 **잠자는 미녀 증후군**(sleeping beauty syndrome)은 반복적으로 과도한 수면을 취하는 매우 드문 상태이다. 단일 수면 삽화는 15시간부터 20시간 이상까지 지속될 수 있다. 과도한 수면의 기간이 1주일 이상 지속될 수 있으며, 중간에 더 정상적인 지속시간을 가진 수면의 기간이 섞여 있다. 일부 사람들은 깨어 있을 때 섭식 충동의 증가와 성욕 과다를 경험할 수 있다. 잠자는 미녀 증후군은 대개 사춘기 남성에게 영향을 준다. 이 상태에 대한 명확한 원인과 효과적인 치료법은 없다.

호흡장애

과도한 낮시간 졸음이 있는 사람들에 대한 수면 클리닉 연구들은 이러한 상태의 한 가지 원인에 관해 놀라운 발견을 했다. 그것은 수면 중에 숨을 쉬지 않는 **수면 무호흡증**(sleep apnea)이다. 비

과다수면증 부적절한 시간에 잠에 빠지는 장애 또는 계속 깨어 있기 어려움

잠자는 미녀 증후군 이환된 사람이 반복적으로 과도한 수면을 취하는 드문 상태

수면 무호흡증 수면자가 숨 쉬기 위해 깨어야 할 정도로 수면 동안 호흡하지 못함

6-1절은 약물 내성에 대한 이론을 소개한다.

프리온 장애에 대한 더 많은 사항은 16-3절을 참조하라.

Apnea(무호흡증)이란 말은 라틴어의 *a*(없음)와 *pnea*(호흡)에서 유래했다.

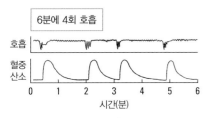

그림 13.28 수면 무호흡증
수면 무호흡증이 있는 사람의 근육 긴장도가 일반적으로 낮은 R-수면 동안 기록된 호흡 수 및 혈중 산소 수준. 혈중 산소는 숨을 쉴 때마다 증가한 다음 다시 숨을 쉴 때까지 계속 떨어졌다. 이 사람은 6분 동안 네 번만 숨을 쉬었다. 건강한 수면자는 같은 간격에서 60회 이상 호흡할 것이다.

록 만성 코골이 및 신음소리(비정상적 호흡 및 발성)를 비롯한 다른 호흡 관련 수면장애가 존재하지만, 수면 무호흡증은 수면에 대한 영향과 혈중 산소 및 이산화탄소 수준에 미치는 영향으로 인해 더 흔하면서 잠재적으로 유해하다. 과체중이 수면 무호흡증에 기여하는 한 가지 요인인데, 그러한 사람들의 경우 호흡 경로가 수축될 수 있기 때문이다. 수면 무호흡증은 또한 호흡을 제어하는 신경회로에 중심적 원인이 있을 수 있다.

수면 무호흡증은 호흡 근육에 대한 미약한 신경 명령과 같은 중추신경계 문제로 인해 생기거나(**중추성 수면 무호흡증**), 상기도의 붕괴 또는 폐색에 의해 생길 수 있다(**폐쇄성 수면 무호흡증**). 수면 무호흡증이 있는 사람이 호흡을 멈추면, 완전히 깨서 다시 잠들기 어렵거나 숨을 헐떡이느라 밤새 부분적으로 깨게 된다. **그림 13.28**은 수면 무호흡증이 있는 사람의 불규칙한 호흡 수와 혈중 산소 수준의 기록을 보여준다.

수면 무호흡증은 남녀노소 모두에게 영향을 미치며, 65세 이상의 사람 중 30% 정도가 어떤 형태이든 수면 무호흡증을 갖고 있을 수 있다. 수면 무호흡증은 어린이에게도 발생할 수 있으며, **영아돌연사증후군(SIDS)** 또는 건강한 영아가 수면 중에 설명할 수 없는 이유로 사망하는 유아용 침대 죽음의 일부 사례와 관련될 수 있다. 폐쇄성 수면 무호흡증은 기류가 제한되는 상태를 가진 과체중인 사람과 코를 고는 사람 사이에서 더 흔하다.

수면 무호흡증 치료에는 체중 줄이기, 음압을 전달해 기도를 여는 안면 마스크, 상기도를 확장하는 기구, 최후의 수단으로 수술이 포함된다. 수면 무호흡증을 치료하지 않으면 고혈압 및 기타 심혈관질환, 기억력 문제, 체중 증가, 발기부전, 두통, 산소 부족으로 인한 뇌 손상이 발생할 수 있다(Corrêa et al., 2015).

사건수면증

사건수면증(parasomnia)은 수면을 방해하는 특이하고 원치 않는 행동이다. 사건수면증은 잠들기 직전, N-수면이나 R-수면 동안, 또는 자다가 막 깨어날 때 같은 수면 주기의 어느 시점에서든 발생할 수 있다. 이들은 수면 시작을 지연시키고 잠자는 사람을 깨우게 하여 수면을 방해한다. 또한 같이 자는 사람의 수면을 방해할 수도 있다.

사건수면증은 각각의 방해 증상에 따라 N-사건수면증과 R-사건수면증으로 분류된다. N-수면이 수면의 첫 번째 단계이기 때문에, N-사건수면증은 수면 시작을 훼방 놓거나, 수면 기간의 초기에 발생한다. R-사건수면증은 R-수면의 요소들로 나타나며, 이들은 단독으로 또는 다른 시간에 발생할 수 있으나, 함께 발생할 수도 있다.

야경증

어린이 100명 중 6명 정도가 **야경증**(sleep terrors 혹은 night terrors)이라고 하는 짧은 시간 동안 무서운 꿈을 꾸는 증상을 경험한다. 야경증은 연속되는 밤의 수면 과정에서 반복적으로 발생하는 격렬한 비명, 울음, 몸부림, 두려움을 수반할 수 있는 N-사건수면증이다. 일반적으로 그 경험은 깨어난 후에 기억나지 않는다. 야경증에 시달리는 소아는 흔히 몽유병, 하지불안증후군, 수면 관련 호흡장애도 보인다. 이 사건수면은 가족력이 있는 경향이며, 이는 이 장애에 유전적 근거가 있을 수 있음을 시사한다.

사건수면증 수면을 방해하는 특이하고 원치 않는 행동

몽유병

몽유병(sleepwalking, somnambulism)은 일어나서 걸어 다님을 수반하는 N-사건수면증이다. 소아에서 더 흔하게 발생하지만 성인에서도 발생할 수 있다. 몽유병자는 일어나서 걷거나, 명한 상태로 침대에 앉아 있을 수 있다. 그들은 다른 사람들에게 반응하지 않을 수 있으며, 깨우기가 어려울 수 있다. 그래도 깨어나면 혼란스러워할 것이고, 삽화에 대해 기억하지 못한다. 극단적인 사례에서 개인은 요리, 집 떠남, 심지어 자동차 운전 같은 다양한 활동에 참여할 수 있다. 몽유병은 자주 재발하거나, 성인기로 연장되거나, 위험해지지 않는 한 치료하지 않는다.

수면 관련 섭식장애

사람들이 잠자다가 일어나 음식을 먹는 몇몇 수면 관련 섭식장애가 있다. 결과적으로 그런 사람은 낮 동안 전형적인 식습관을 보임에도 불구하고 체중이 증가한다. 이런 행동이 흔하지는 않으나, 영향을 받는 사람들은 전형적으로 여성이며, 발병 연령의 중앙값은 40세 미만이다. 대부분의 사람들은 야간 과식증(과도한 배고픔과 섭식), 불면증, 아침 식욕부진의 3대 증상을 보인다. 사람들은 대개 고칼로리 음식을 소비하며, 일일 칼로리 섭취량의 25%는 수면 관련 폭식 중에 발생한다. 삽화의 빈도는 다양하지만, 수면 관련 섭식은 스트레스가 많은 생활 사건과 연관된다. 사람들은 자주 우울하고 불안에 시달린다. 이 N-사건수면 장애는 수면위생 교육 및 인지치료로 치료된다.

악몽장애

악몽은 사람을 잠에서 깨우는 강렬한 느낌의 두려움이나 공포감으로 특징지어지는 생생한 꿈이다. 이러한 잘 기억된 꿈은 대개 생존, 안전 또는 신체적 온전함에 대한 위협을 수반한다. 악몽에서 깨어났을 때 사람은 빠르게 정신을 차리며, 삽화 재발의 두려움 때문에 다시 잠들기를 원하지 않을 수 있다. 이 현상에 대해 물었을 때 약 86%의 사람들이 지난 1년 동안 최소 한 번 이상 겪었음을 보고했을 정도로 악몽장애는 가장 흔한 사건수면증이다. 그러나 2~6%의 사람들이 매주 악몽을 꾼다고 보고한다. 악몽을 반복적으로 꾸는 사람들은 악몽 고통, 즉 악몽과 관련된 낮시간의 걱정 및 불안도 가질 수 있다(Allen et al., 2021).

악몽은 특히 어린이에게 흔하지만 성인에게도 발생할 수 있다. 한번은 네 살짜리 여아가 갑자기 잠에서 깨어나 자기가 개미로 뒤덮였다고 비명을 질렀다. 아이의 아버지는 아이의 경험이 실제가 아니라고 아이를 설득하는 데 몇 시간이 걸렸다. 나중에 수면 전문가의 안심시킴으로 아버지는 딸에게 잘못된 것이 없으며, 악몽이 어린이들에게 흔한 일이라고 확신하게 되었다(Carter et al., 2014).

악몽은 R-수면 중에, 특히 깊은 수면이라 불리는 기간인 R-수면 후반기에 발생한다. 악몽의 발생률은 수면 박탈, 불안, 또는 최근의 충격적인 사건의 결과로 증가하는 경향이 있다. 권장되는 치료에는 규칙적인 수면습관 들이기와 인지행동치료가 포함된다.

수면마비

수면마비(sleep paralysis)로 알려진 R-사건수면증에서 사람은 의식이 있지만, 근육 긴장도 상실로 마비가 된다. 이 상태는 잠들기 직전 또는 밤잠에서 깬 직후의 각성 동안에 가장 자주 발생한다. 비공식 학급 설문조사에서 거의 1/3의 학생들이 그런 경험을 했다고 보고한다. 가능성 있는

몽유병 앉거나, 걸어 다니거나, 일부 극단적인 경우에는 요리나 운전 같은 복잡한 활동을 수행할 수 있는 N-사건수면증

수면마비 깨어 있을 때 일어나는 무긴장과 꿈꾸기이며, 대개 잠들려고 할 때나 잠에서 깨어날 때 생김.

탈력발작 깨어서 활동적인 동안에 일어나는 R-수면에서와 같은 무긴장의 상태로서, 강한 정서적 자극과 연결됨

설명은 그 사람이 잠에서 깨어나거나 잠들 때 R-수면의 무긴장을 경험하고 있다는 것이다.

수면 관련 환각

수면 관련 환각을 경험하는 사람은 의식이 있는 동안 및 무긴장 또는 수면마비 상태에서 상상의 생물을 보거나 상상의 목소리를 듣는다. 환각은 흔히 공포와 두려움을 포함하는 정서적 경험을 동반한다. 수면 관련 환각을 경험하는 사람들은 또한 수면마비 또는 탈력발작 상태에 있을 수도 있다. 수면 관련 환각은 의식 상실 같은 R-수면의 다른 특징이 없더라도 R-수면 꿈의 모든 모습을 보여준다.

R-수면 행동장애

Michel Jouvet(1972)은 청반하핵에 병변이 있는 고양이가 R-수면에 들어갈 때 놀라운 행동을 보인다는 것을 관찰했다. 전형적으로 R-수면에 수반되는 무긴장 상태에서 늘어짐 대신, 고양이는 일어서서, 주위를 둘러보고, 가상의 쥐를 잡거나 가상의 위협으로부터 도망치는 동작을 한다. 분명히, 이 뇌 영역에 손상을 입은 고양이들은 쥐를 잡거나 위협에서 도망치는 꿈을 꾸면, 그들은 그 꿈을 실행한다.

인간은 Jouvet이 고양이에서 관찰했던 것과 유사한 상태, 즉 R-수면 **행동장애**(무긴장이 없는 R-수면)라 하는 상태를 보인다. 이 장애가 있는 사람들은 마치 꿈을 실행하고 있는 것처럼 행동한다(Matar et al., 2021). 예를 들어 어떤 사람은 자신이 총을 맞고 있는 꿈을 꾸다가 잠에서 깨어나 침대 뒤에 웅크려 소총을 겨누는 팔 동작을 할 수 있다(Schenck et al., 1986). 원인은 유전적이거나 노화와 관련되어 신경학적일 수 있다. R-수면 행동장애는 흔히 파킨슨병의 초기 증상과 연관되며, 파킨슨병과 관련된 동일한 α-시누클레인 프리온에 의해 유발될 수 있다.

탈력발작

탈력발작(cataplexy)은 사람이 각성 상태로 활동적일 때 발생하는 무긴장이다. 사람은 근육 긴장도를 상실하고 쓰러져 무긴장 상태지만, 여전히 의식은 있다. 삽화는 점차적으로 또는 갑작스럽게 발생하여 부상 위험이 있으며, 수면 관련 환각이 동반될 수 있다. 탈력발작은 흥분이나 웃음에 의해 유발될 수 있다.

cataplexy(탈력발작)의 어원은 그리스어로 '쓰러트린다'는 의미의 kataplessein에서 유래했다.

그림 3.21은 유전장애의 대물림 양상을 설명한다.

탈력발작은 유전적 기초를 가질 수 있다. 1970년, William Dement는 도베르만 핀셔 강아지 몇 마리를 얻었는데, 이들이 모두 탈력발작을 나타냈다. 이 병은 열성형질로 전이된다. 즉 병이 발생하기 위해서는 부모 양쪽에서 모두 유전자를 물려받아야만 한다. 그 개들의 후손들과 그 병을 가진 것으로 발견된 다른 개들은 병의 신경 기반과 치료법 연구를 위한 동물모델을 제공해주고 있다.

Jerome Siegel(2004)은 개에서 탈력발작의 원인을 조사하여, R-수면 중에서처럼 탈력발작의 침습 동안 뇌간 청반하핵의 뉴런은 비활동적이 되고, 연수 거대세포핵의 뉴런은 활동적이 된다는 사실을 발견하였다. 이환된 개의 뇌에 대한 해부학적 검사를 근거로, Siegel은 시상하부와 편도체의 뉴런 소실도 밝혀냈다.

이런 계열의 연구는 이렇게 이환된 뉴런의 일부가 각성 상태 유지를 위한 신호 분자로 작용하는 **오렉신**(또는 **히포크레틴**이라고도 함)이라 하는 펩티드 신경전달물질을 생성한다는 발견으로 이어졌다('연구 초점 13-4 : 오렉신' 참조). 오렉신 세포들은 시상하부에 위치하며, 다른 많은 뇌

◉ 연구 초점 13-4

오렉신

1998년에 한 연구팀이 시상하부에서 새로운 신경전달물질로 보이는 2개의 신경펩티드를 식별했다(Azeez et al., 2021). 두 신경펩티드가 모두 시상하부에서 발견되었고, 신경펩티드 *세크레틴*과 구조적으로 유사해 보였기 때문에 연구팀은 이들을 *히포크레틴*(히포크레틴-1 및 히포크레틴-2)이라고 명명했다. 거의 동시에 별도의 연구팀에서 동일한 물질을 확인했으며 시상하부에 주입했을 때 섭식을 유도함을 발견했다. 이 두 번째 연구팀은 이 물질을 '식욕'을 뜻하는 그리스어인 오렉신(오렉신-A 및 오렉신-B)이라고 불렀다.

오렉신을 생성하는 뉴런들은 외측 시상하부에서 발견된다. 그들의 축색은 광범위한 분포를 가지며, 많은 뇌간과 기저전뇌 영역으로의 신경 연결이 있다(그림 참조). 여러 방면의 증거가 오렉신이 수면에도 역할을 함을 시사하는데, 예를 들어 후측 시상하부 손상은 일시적인 혼수상태를 유발하고, 오렉신 축색은 각성 뇌전도를 생성하는 뇌간의 세로토닌성 및 콜린성 핵과 신경 연결이 있으며, 탈력발작을 보이는 개들은 오렉신 뉴런의 소실이 특징이다(Tisdale et al., 2021).

오렉신계의 활성이 각성과 연관되기 때문에 오렉신은 '각성' 신경전달물질이며 인지 기능, 감각 과정 및 동기부여에 기여한다고 제안되고 있다. 오렉신은 섭식과도 연관되기 때문에 보상, 중독 및 대사 질환에서도 역할을 한다고 제안되고 있다. 오렉신계의 활성은 일주기 박동조율기에 의해 시간이 맞추어질 수 있다(de Lecea, 2021).

오렉신은 다양한 수면장애와 연관된다. 예를 들어 불면증과 과다수면증은 각

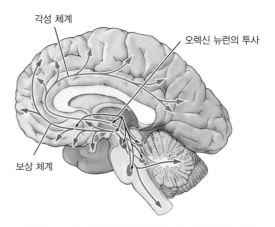

오렉신 생성 뉴런의 투사는 시상하부와 아세틸콜린 및 세로토닌 경로에 영향을 주며 각성, 식욕, 보상 등과 관련된 다양한 활동에서 역할을 한다.

각 오렉신의 활성 감소 및 증가와 관련될 수 있다. 수면 관련 섭식장애의 특징인 불면증과 섭식 사이의 연관성은 각성 및 섭식을 조절하는 공통된 오렉신 기능을 반영할 수 있다. 오렉신 뉴런의 소실은 특정 유전 계통 개의 탈력발작 및 생쥐의 탈력발작 유전 모델과 연관된다. 또한 오렉신 뉴런의 소실은 R-수면 행동장애와 관련될 가능성이 있다.

영역으로 투사를 보내는데, 이 투사에는 비특이적 활성을 일으키는 아세틸콜린과 세로토닌 계통이 포함된다. 그래서 오렉신 세포들은 각성 유지에 역할을 한다.

오렉신 소실이 탈력발작과 관련된다는 생각을 시험하기 위해, 연구자들은 오렉신 생성과 관련된 유전자가 결여된 생쥐를 키웠다. 이 생쥐들은 섭식시간에서처럼 활동적이 될 때 탈력발작에 빠져들었는데, 이는 오렉신 체계가 각성행동 유지에 기여한다는 생각을 지지한다(Rosenberg et al., 2021).

3-3절은 유전자 조작 기술과 다른 유전공학 기법을 조사한다.

수면 관련 운동장애

사람들은 이갈이(이빨을 악물거나 갈기), 팔이나 다리를 휘저음, 주기적인 다리 움직임, 주기적인 다리 경련, 하지 불안 등의 다양한 **수면 관련 운동장애**를 나타낼 수 있다. 사람들은 또한 전신 또는 얼굴 같은 신체 일부의 **수면격동**(hypnic jerk)이라고 하는 갑작스러운 경련성 운동을 나타낼 수 있다. 이러한 움직임은 수면 시작을 방해하고, 각성을 유도하며, 같이 자는 사람의 수면을 방해할 수 있다.

하지불안증후군(restless legs syndrome, RLS)은 사람들이 다리에 불쾌한 감각을 겪는 운동장애로, 그 감각은 기어 다님, 우글거림, 저림, 당김, 아픔 등으로 묘사되며, 흔히 주기적인 다리 움직임을 동반한다. 한쪽 또는 양쪽 다리가 영향을 받을 수 있으며, 때로는 팔도 영향을 받을 수 있다. 하지불안증후군은 인구의 2~5%에 영향을 주며, 남성보다 여성에서 더 흔하다. 경미한 경우에는 마사지, 운동, 스트레칭, 온욕 등이 도움이 될 수 있다. 더 심한 경우 환자들은 카페인 섭취를 제한하고 벤조디아제핀을 복용하여 잠을 잘 수 있다. 파킨슨병 치료에 사용되는 약물인

임상 초점 5-4는 L-도파를 이용한 파킨슨병 환자의 치료에 관해 서술한다.

L-도파와 칼슘 채널의 기능을 향상시키는 알파$_2$-델타 리간드는 다른 약물치료법이다. 하지불안증후군은 특히 흑질에서 철분 흡수 불량과 연관되며, 그래서 일부 사람들은 철분 보충제로 도움을 받는다. (하지불안증후군 치료에 대한 요약은 Silber et al., 2021 참조.)

13-6 복습

진도를 계속 나가기 전에 앞 절을 얼마나 이해했는지 확인해보자. 정답은 이 책의 뒷부분에 있다.

1. 수면장애에는 밤에 잠들기가 어려운 _____와/과 낮시간에 불수의적으로 잠에 빠져드는 _____이/가 포함된다.

2. 대개 진정수면제인 수면유도제로 불면증을 치료하면 잠을 자기 위해 점점 더 높은 용량을 복용해야 하는 _____이/가 초래될 수 있다.

3. 사건수면증에는 _____ 및 _____와/과 관련된 장애들이 포함된다.

4. 꿈을 행동화하는 사람들은 _____(으)로 지칭되는 상태를 가진 것이며, _____핵에 손상이 있을 수 있다.

5. 깨어 있는 동안의 활동 유지에서 오렉신 세포의 역할을 설명하시오.

6. 특정 수면장애가 있는 사람의 정확한 수를 파악하는 것은 매우 어렵다. 수면장애에 대한 여러분의 이해를 바탕으로 이유를 설명하시오.

학습 목표

• 수면과 각성 상태에 대한 연구가 의식에 대해 우리에게 무엇을 말해줄 수 있는지 설명한다.

13-7

수면은 뇌에 대해 우리에게 무엇을 말해주는가?

수면은 우리에게 뇌 조직화에 대한 놀라운 통찰을 제공한다. 서두에 서술된 두 과정 이론은 수면의 다양한 측면을 생성하는 수면-각성 과정인 과정 S와 수면 타이밍을 생성하는 일주기 과정인 과정 C로 구성되는 것으로 수면을 정의한다. 두 과정 모두 상호작용하는 많은 뇌 영역에 의해 조절된다.

이 장 전체에 걸쳐 설명되었듯이 우리의 수면-각성 주기는 낮과 밤의 리듬에 의해 타이밍이 영향을 받는 일주기 과정으로 조절된다. 우리가 구어체로 '깨어 있음'이라고 부르는 것은 최소 세 가지 상태로 구성되며, 이 상태 각각은 다른 신경전달물질 체계와 연관된다. 첫째, 움직임 동반 없이 초롱초롱한 의식은 콜린계 활성과 연관된다. 둘째, 움직임이 있는 의식은 추가적인 세로토닌계 활성과 연관된다. 셋째, 펩티드 오렉신은 일주기 영향에 반응하여 각성 활성 유지에 역할을 한다.

비슷하게, 수면은 N-수면 및 R-수면 단계로 구성된다. N-수면은 뇌전도에 특유의 특징으로 나타나는 3단계를 수반한다(그림 13.12A 참조). R-수면 기간은 최소 두 단계로 구성되는데, 작은 씰룩거림 움직임과 빠른 안구 운동이 일어나는 단계와 그런 움직임과 운동이 없는 사이 기간이다.

R-수면 신경행동적 사건은 비교적 독립적으로 일어날 수 있다. 잠 자는 사람들은 깨어나 수면마비 상태에 있는 자신을 발견할 수 있으며, 그동안 꿈에서 흔한 환각과 공포를 경험하기도 한다. 깨어 있는 사람들이 탈력발작 상태에 빠져들기도 한다. 그들은 무기장 동안에 깨어 있음을 자각함과 동시에 꿈의 시각적·정서적 특성들을 자각한다. 이 두 상태 모두에서 뇌간의 신경 센터는 수면 상태가 아님에도 근육 긴장도 상실을 생성한다.

수면 연구자 J. Allan Hobson(2002)은 뇌간 뇌졸중을 경험한 후 그가 겪은 특이한 증상을 보고하였다. 뇌졸중 후 처음 10일 동안 그는 N-수면도 R-수면도 경험하지 않는 완전한 불면증을 겪었다. 그러나 그는 눈을 감을 때마다 꿈같은 성질의 환시를 경험하였다. 이러한 경험은 눈 감음이 의식 상실이나 무긴장 없이 R-수면의 시각적 요소를 생성하기에 충분하다는 것을 시사한다. Hobson은 결국 전형적 양식의 수면을 회복하였고, 환각은 멈췄다.

의식의 신경 기반이 극도로 복잡함을 우리에게 가르쳐주는 것을 넘어서, 수면 상태와 꿈에 대한 연구는 일부 정신과적 상태 및 약물유도 상태에 대한 설명에 도움이 될 수 있다. 일주기 리듬의 교란은 많은 건강에 해로운 습관과 대사 질환을 초래할 수 있다. 수면의 맥락 밖에서 꿈과 연관된 환시 및 환청은 조현병의 증상이다. 실제로 이러한 환각들이 깨어 있는 동안 예기치 않게 일어나는 꿈 사건일까? LSD 같은 환각제를 남용하는 많은 사람이 환시 경험을 보고한다. 이 약물이 꿈의 시각적 특성을 촉발하는 것일까? 공황 발작을 가진 사람들은 분명한 원인을 알 수 없는 아주 실제적인 두려움을 겪는다. 그들이 R-수면과 관련된 수면마비 및 탈력발작 중에 흔히 일어나는 공포 발작을 경험하고 있는 것일까?

수면 연구가 우리에게 말해주는 것은 수면 각성 상태에 상당한 수의 변이가 존재한다는 것이다. René Descartes는 자각몽(lucid dream)을 통해 마음에 대한 그의 생각을 구상해냈다. 자각몽에서 사람은 약간의 의식을 갖고 꿈의 사건에 대해 보고하거나 지시까지도 할 수 있다. Descartes는 꿈이 일어난 그대로 해석하는 꿈을 꾸었다. 뒤에 깨어나서, 그는 자는 동안 꿈을 생각하고 분석할 수 있다면, 마음은 각성기와 수면기 모두에서 기능할 수 있음에 틀림없다고 추론하였다. 그런 까닭에 그는 마음이 수면과 각성의 전환을 겪는 신체와 독립적임에 틀림없다고 제안했으며, 이는 13-3장에 서술된 의식의 이중 체계 이론에서 Endelman이 채택한 아이디어이기도 하다. 일부 상태는 우리가 대개 깨어 있음 및 자고 있음이라고 하는 것과 연관되며, 이러한 변형들은 특이한 방식으로 함께 혼합되어 다양한 이상 상태를 생성할 수 있다. 그냥 잠과 깸보다 잠과 깸에는 훨씬 더 많은 것이 있는 게 분명하다.

1-2절은 마음의 자리에 대한 Descartes의 탐구를 이야기한다.

요약

13-1 모든 계절을 위한 시계

바이오리듬은 동물과 식물, 심지어 단세포 유기체도 나타내는 다양한 길이의 주기적 행동 양식이다. 포유류가 나타내는 바이오리듬에는 일주기(일일) 리듬과 연주기(연간) 리듬이 있다. 환경적 단서가 없으면 일주기 리듬은 자유진행을 하여 24시간의 통상적 기간보다 약간 더 길거나 짧게 지속되며, 그 기간은 개별 유기체나 환경 조건에 따라 달라진다. 생체시계를 24시간 리듬으로 재조정하는 단서를 자이트게버 혹은 시간 부여자라고 한다. 일주기 리듬은 우리가 행동을 신체의 대사과정에 동기화하게 한다. 그래서 우리는 적절한 시간에 배가 고프다. 인공조명이나 비행시차 같은 자연적 일주기 리듬으로의 환경적 침습은 대사증후군에 기여한다. 생체시계는 후생유전적 효과를 유발한다. 즉 신체의 모든 세포에서 유전자 발현을 제어한다.

13-2 시교차상 생체시계

생체시계는 리듬성 행동 생성을 담당하는 신경 구조이다. 뇌의 대장 생체시계가 시교차상핵이다. 시교차상핵은 일주기 리듬을 담당하며, 24시간보다 약간 더 긴 기간의 자체적 자유진행 리듬을 갖는다. 일출과 일몰, 식사, 운동 같은 환경 자극은 자유진행 리듬을 동조시켜서 그 기간이 대략 24시간이 되게 한다. 인구 전체에 걸쳐 사람들은, 그리고 다른 동물종 내에서 동물들은 일주기 활동에 변이를 보인다. 이러한 독특한 양식을 시간형이라고 한다.

시교차상핵의 뉴런들은 낮에는 활동적이고 밤에는 비활동적이다. 이 뉴런들은 다른 뇌 구조와 연결이 단절되었을 때에도, 뇌에서 제거되어 실험접시에서 배양될 때에도, 그리고 수 세대에 걸쳐 실험접시에서 배양된 후에도 리듬성을 나타낸다. 시교차상핵이 없는 뇌에 재이식되면, 동물의 일주기 리듬이 회복된다. 기간을 포함한 뉴런의 일주기 리듬의 서로 다른 측면들은 유전자와 후생유전의 통제하에 있다.

13-3 수면 단계와 꿈꾸기

수면 사건은 뇌전도를 생성하는 뇌 활성, 근전도를 생성하는 근육 활성, 그리고 안전도를 생성하는 안구 움직임을 기록함으로써 측정된다.

생리적 측정에 의해 나타나듯이, 전형적인 밤잠은 하룻밤 사이에 순환적으로 일어나는 여러 단계로 구성된다. R-수면['R'은 빠른 안구 운동(REM)을 의미함] 동안 뇌전도는 각성 양상을 나타내고, 수면자는 빠른 안구 운동을 나타낸다. 뇌전도가 보다 느린 리듬을 갖는 수면 단계는 N-수면('N'은 non-REM을 의미함) 단계라 한다. N-수면과 R-수면의 간격은 밤마다 4~5번 바뀐다. N-수면 기간의 지속시간이 수면 전반부에 더 긴 반면, R-수면 기간의 지속시간은 수면 후반부에서 더 길다. 이 간격은 또한 나이에 따라 변한다. N-수면의 수면자는 근육 긴장성을 갖고 있어 뒤척이기도 하며, 별로 생생하지 않은 꿈을 꾼다. R-수면의 수면자는 생생한 꿈을 실시간으로 꾸나, 근육 긴장성이 없어 마비가 된다. 꿈 지속시간은 R-기간의 지속시간과 일치한다.

활성화-합성 가설에 따르면, 꿈은 별 의미를 갖고 있지 않으며, R-수면 동안 뇌의 흥분 상태의 부산물일 뿐이다. 대처 가설에 따르면 꿈은 살면서 제기되는 도전과 공포에 대처하기 위한 기전으로 진화했다.

13-4 수면은 무엇을 성취하는가?

수면에 대한 여러 이론이 전개되어 왔으나, 주요 제안은 수면이 에너지를 보존하려는 생물학적 적응이라는 것이다. 수면은 시냅스를 포함하고 있는 뇌와 신체의 소모를 개선해주며, 기억의 조직화와 저장도 하는 회복 과정으로 작용하는 것으로 제안되고 있다.

13-5 수면의 신경 기반

별도의 뇌 영역이 N-수면과 R-수면을 담당한다. 뇌간 중심부에 위치한 망상활성계(RAS)는 N-수면을 담당한다. 망상활성계가 자극을 받으면 수면자는 깨어난다. 망상활성계가 손상되면 혼수상태로 들어간다. 뇌간의 완주위영역과 내측 뇌교망상체는 R-수면을 담당한다. 이 부위가 손상되면 R-수면은 더 이상 일어나지 않는다. 이 부위로부터 피질로 투사되는 경로는 R-수면의 피질 활성화를 일으키고, 뇌간으로 투사되는 경로는 R-수면의 근육 마비를 일으킨다.

13-6 수면장애

수면장애에 포함되는 것으로 불면증, 과다수면증, 호흡장애, 사건수면증, 수면 관련 운동장애, 일주기 리듬 수면장애가 있다. 수면장애는 또한 불안증과 우울증, 조현병, 치매, 뇌 외상 및 손상 같은 다른 많은 상태의 증상이기도 하다. 수면장애는 각성을 향상하는 자극제와 수면을 시작시키는 수면제로 치료될 수 있다. 수면위생과 인지치료는 가장 효과적인 비약물적 치료이다.

13-7 수면은 뇌에 대해 우리에게 무엇을 말해주는가?

수면 연구는 많은 종류의 각성과 수면을 파헤침으로써 의식에 대한 통찰을 제공한다. 각성의 사건들이 수면을 침습하듯이, 수면의 사건들이 각성을 침습할 수 있다. 수면 연구는 또한 얼마나 다른 상호작용하는 신경 구조들이 일주기 리듬과 N-수면 및 R-수면의 질서 있는 진행에 의해 제공되는 수면 시간을 담당하는지 보여준다.

핵심 용어

과다수면증	무긴장	수면마비	장소세포
기간	바이오리듬	수면 무호흡	주행성 동물
기본 휴식-활동 주기	베타 리듬	시간형	초단기 수면
내측 뇌교망상체	불면증	알파 리듬	탈력발작
대사증후군	비행시차증	완주위영역	혼수상태
델타 리듬	빛 공해	이분자체	N-수면
동조	사건수면증	일주기 리듬	R-수면
망상활성계	생체시계	자유진행 리듬	
멜라토닌	세타파	자이트게버	
몽유병	수면다원검사	잠자는 미녀 증후군	

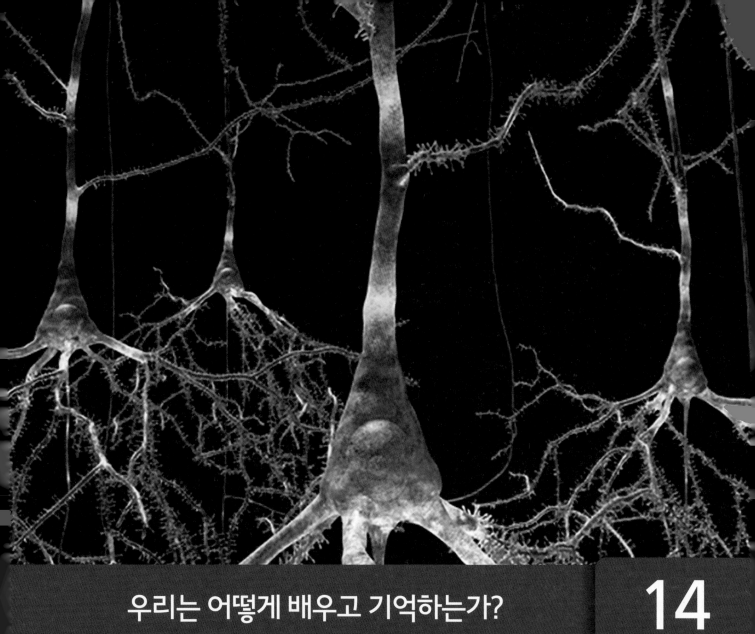

Russell Kightley/Science Source

우리는 어떻게 배우고 기억하는가?

14

14-1 학습과 기억의 연결

임상 초점 14-1 닌독증 교성

실험실에서 학습과 기억 연구

실험 14-1 질문 : 동물이 정서 경험과 환경 자극 사이의 연합을 학습할 수 있는가?

기억의 두 가지 범주

무엇이 외현적 기억과 암묵적 기억을 다르게 만드는가?

개인적 기억의 무엇이 특별한가?

14-2 기억 회로의 분리

외현적 기억의 붕괴

암묵적 기억의 붕괴

임상 초점 14-2 환자 보즈웰의 기억상실증

14-3 외현적 기억과 암묵적 기억 기반의 신경 체계

외현적 기억의 신경회로

임상 초점 14-3 알츠하이머병

임상 초점 14-4 코르사코프증후군

외현적 기억의 공고화

암묵적 기억의 신경회로

정서적 기억의 신경회로

기억 체계의 진화

14-4 뇌 가소성의 구조적 기초

군소의 습관화 및 민감화

실험 14-2 질문 : 반복적 자극 후에 아가미 반응에 무엇이 일어나는가?

실험 14-3 질문 : 민감화에서 아가미 반응에

무엇이 일어나는가?

상기강화

시냅스 변화의 측정

풍요로워진 경험과 가소성

감각 혹은 운동 훈련과 가소성

실험 14-4 질문 : 미세 운동기술 학습이 피질의 운동 지도를 변화시킬까?

연구 초점 14-5 운동, 학습, 신경가소성

기억의 후생유전학

가소성, 호르몬, 영양인자, 약물

실험 14-5 질문 : 정신운동 자극제인 암페타민을 반복 주입하면 뉴런에 어떤 영향을 주는가?

뇌 가소성에 대한 몇 가지 길잡이 원칙

14-5 뇌 손상으로부터의 회복

외상성 뇌 손상이 있는 도나의 경험

난독증 교정

읽고 쓰는 학습능력이 손상된 것인 **난독증**(dyslexia)은 가장 흔한 학습장애일 수 있다. 난독증('나쁜'과 '읽기'를 뜻하는 그리스어 단어에서 유래) 아동은 읽기, 쓰기, 철자 및 언어의 음소(소리의 단위)를 구별하는 음운 처리에 어려움을 겪는다. 이러한 학습장애는 정신 연령, 시력 결함 또는 불충분한 교육으로 설명되지 않는다. 미국에서 난독증은 흔한 문제여서 유병률 추정치가 5~17% 범위에 있다.

난독증은 단일 장애가 아니라 언어 철자법, 즉 서면 언어에 대한 철자 규범을 포함한 일련의 관습에 따라 다르다. 일부 언어(특히 영어)는 소리(음소)를 쓰여진 단어(문자소)에 매핑하는 데 내재된 어려움 때문에 심층 철자 체계를 갖는 것으로 간주된다. 다른 언어(예: 이탈리아어, 네덜란드어, 독일어, 스웨덴어)의 음소/문자소 일치는 더 분명하며(즉 단어는 일반적으로 들리는 대로 철자가 지정된다), 그래서 이 언어들은 표면 철자 체계를 갖는다. 난독증이 있는 사람들의 경우 지속적으로 느린 단어 인식이 모든 철자 체계에서 나타나는 반면, 문자소에 대한 음소의 부정확한 매핑은 심층 철자 체계에서만 관찰된다. 언어에 따른 행동 징후의 차이는 다른 인지기능장애가 다른 형태의 난독증과 연관됨을 시사한다(Richlan, 2020).

수년 동안 일반적인 합의는 난독증이 주로 음운론적 결함이라는 것이었으며, 이로 인해 연구자들은 청각 처리 및 청각 체계, 특히 시상 및 청각피질에 집중하게 되었다. 그러나 지난 10년 동안 발달장애를 다차원으로 보는 방향으로 전환되면서 확장된 피질 네트워크와 피질 연결의 역할에 대한 관심이 높아졌다(예를 들어 Kronbichler & Kronbichler, 2018 참조).

뇌영상 연구들은 건강한 피험자의 뇌에 비해 난독증이 있는 사람들의 뇌 활성이 그림처럼 왼쪽 측두-두정, 후두-측두 및 하전두피질에서 감소함을 보여주었다(Martin et al., 2016의 종설 참조). 감소된 측두-두정 활성은 청각 처리의 결함과 연관된다. 감소된 후두-측두 활성은 빠른 단어 인식을 담당하는 것으로 여겨지는 시각 단어 형태 영역에서 주로 발생한다. 감소된 하전두 활성은 브로카 영역으로 알려진 전방 언어 영역을 포함하는 넓은 부위인 하전두이랑에서 발생한다.

그림 예시에서 볼 수 있듯이, 뇌 활성 양상은 다른 행동 징후를 반영하는 심층 대 표면 철자 체계와 연관된 난독증에서 서로 다르다. 난독증이 있는 사람들의 회백질 양을 다룬 연구의 메타 검토에서 Fabio Richlan(2020)은 철자법 전체에서 왼쪽 상측두고랑과 오른쪽 상두이

랑의 회백질 양이 감소했으며, 이는 공식적인 읽기 교육의 시작 이전에 존재했을 수도 있다고 결론지었다. 언어가 주로 좌반구에서 조절되고, 모든 연구에서 우반구 이상이 보이지 않았기 때문에 오른쪽 측두 이상은 예상되지 않았다. 왼쪽 측두 이상은 예상되었으며, 1980년대에 실행된 사후 연구와 일치한다(예: Galaburda et al., 1985). 최근의 fMRI 연구들은 또한 난독증이 있는 사람들의 내측슬상핵과 청각피질 사이의 기능 연결성 감소를 보여준다(Tschentscher et al., 2019).

이러한 뇌 영역 활성 감소는 소리의 일관되지 않은 신경 처리를 초래하며, 이는 난독증이 있는 아동에서 흔한 청각 처리의 큰 가변성을 반영하는 것으로 가정된다(Tallal, 2012). 청각 변별 과제에서 가장 잘 수행하지 못하는 아이들은 읽기 능력이 떨어지는 경향이 있다. 읽기와 관련된 뇌 체계의 가소성을 자극하기 위해 다양한 훈련 프로그램이 고안되어 왔으며, 많은 프로그램이 주의력, 듣기 및 읽기능력을 향상하는 데 효과적인 것으로 입증되었다. 이 프로그램들은 역동적 청각 처리를 향상하기 위해 고안된 음악 훈련 및 신경가소성 기반 청각 훈련에서부터 진행 중인 말의 빠르게 변화하는 음향 요소의 다양한 측면을 향상하기 위해 컴퓨터로 변형시킨 음성의 사용에 이르기까지 다양하다. 예를 들어 Jane Hornickel과 동료들(2012)은 난독증이 있는 연구 피험자들의 청각적 선명도와 주의력을 향상하기 위해 1년 동안 보조 청취 장치를 사용했다. 그들의 프로그램은 소리에 대한 신경생리학적 반응의 가변성을 줄였고, 그 결과 읽기 및 음운 인식이 향상되었다.

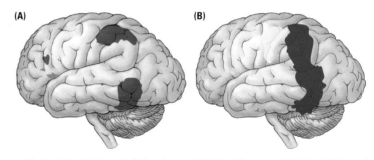

(A)   **(B)**

3차원 뇌 그림은 심층 철자 체계(**A**)에서 과소 활성화(빨간색) 및 과대 활성화(초록색)를, 표면 철자 체계(**B**)에서 과소 활성화(파란색) 및 과대 활성화(노란색)를 예시한다.
출처 : Martin et al. (2016).

원리 10. 신경가소성은 신경계의 특징적인 기능이다.

뇌는 가소성이 있다. 뇌는 일생을 통해 변한다. 그래서 우리는 우리의 행동을 수정하고, 적응 및 학습하며, 기억할 수 있다. 우리 자신의 삶을 되돌아보면 우리는 뇌를 변화시켰음이 틀림없는 경험의 목록을 쉽게 작성할 수 있다. 즉 발달기에 엄청난 변화, 문화 습득, 새로운 언어나 새로운 게임 학습, 노화의 신경퇴행에 대처하는 능력과 어떤 나이에서든 신경적 손상이나 질환을 수용하는 능력 등이다.

학습이 이 모든 경험에서 공통적이다. 뇌가 어떻게 학습을 지원하는지에 대한 이해는 신경과학의 기초이다. 뉴런 수준에서 시냅스는 경험에 따라 변화하는데, 경험의 예로는 새로운 정보 학습을 들 수 있다. 그러나 기억을 지원하기 위해 뇌에서 학습 관련 변화가 어떻게 조직화될까? 연구 전략 중 하나는 특정 감각 경험에 노출된 세포의 변화를 서술함으로써 특정 유형의 정보 학습을 지원하는 신경 변화를 조사하는 것이다. 또 다른 전략은 학습 및 기억, 전기 뇌 자극, 화학적

난독증 읽기와 쓰기 학습의 장애. 가장 흔한 학습장애

영향, 뇌 손상을 포함한 다양한 경험과 관련된 신경 변화를 조사하는 것이다. 이 장에서는 두 가지 유형의 연구를 검토한다. 그러나 먼저 우리는 학습과 기억이 무엇을 의미하는지, 그리고 이 둘이 어떻게 시험되는지를 확고히 한다.

학습과 기억의 연결

학습 목표
- 학습이 실험실에서 어떻게 연구되는지 서술한다.
- 기억의 두 범주를 서술한다.
- 외현적, 암묵적, 정서적 기억이 어떻게 다른지 식별한다.
- 삽화적 기억의 고유한 역할을 설명한다.

학습(learning)은 새로운 이해, 행동, 지식, 태도, 기술의 습득으로 이어지는 경험의 결과로 생기는 유기체 행동의 비교적 영구적인 변화이다. **기억**(memory)은 이전의 경험을 재생해내거나 인식하는 능력이다. 그러므로 기억은 이전 경험의 정신적 표상을 의미한다. 이런 표상은 뇌에 있는 기억의 물리적 흔적 또는 **엔그램**(engram)의 산물인 것으로 생각된다(엔그램이라는 용어의 역사는 Josselyn et al., 2017 참조). 신경과학자들은 엔그램이 뇌의 시냅스와 뉴런 핵의 물리적 변화에서 비롯된다는 사실을 보여주었다.

거시적 수준에서 우리는 학습과 기억의 형성에 대한 지식을 뇌에 대한 직접적 관찰보다는 행동 변화로부터 유추한다. 그러므로 학습과 기억 연구를 위해서는 이런 변화가 어떻게 오게 되는지를 평가하는 행동적 측정이 필요하다. 여기서 학습과 기억 연구자들이 실험실에서 동물을 어떻게 연구했는지 살펴보는 것으로 시작한다. 결과들은 대체로 뇌가 학습과 기억 체계를 어떻게 조직화하는지 시사한다.

실험실에서 학습과 기억 연구

실험실 동물(또는 사람)에서 기억을 연구하는 데 있어 행동과학자에게 주어진 도전 과제는 실험 대상 또는 피험자로 하여금 기억하는 것을 드러내도록 하는 방법이다. 사람의 경우, 연구자들은 지필검사나 컴퓨터 기반의 검사를 사용하는 경향이 있다. 그러나 사람이 아닌 실험실 동물은 말하거나 글을 쓰지 못하므로, 연구자들은 이런 대상이 지식을 보여줄 다른 방법을 고안해내야만 한다. 다른 종은 다른 방식으로 우리에게 '말'하므로, 검사 선택은 각 종의 능력에 맞춰져야 한다.

전형적으로 미로나 헤엄칠 물통이 쥐 연구에 사용되는데, 그 이유는 쥐가 굴과 물 근처에서 살기 때문이다. 원숭이 연구는 그들의 예리한 시력과 열렬한 호기심을 이용해, 먹이를 찾게 물체를 들춰보거나 텔레비전 모니터를 보게 한다. 새의 경우 지저귐 같은 자연적 행동이 활용된다.

연구자에게 '말'하도록 동물을 훈련하는 두 가지 고전적 전통이 한 세기 전에 나타났다. 이러한 다양한 접근방식은 미국의 Edward Thorndike(1898)의 작업과 러시아의 Ivan Pavlov가 1890년대 초에 실행한 실험에 기초한다.

그림 7.4는 쥐의 수영장 검사를 묘사하고, 실험 15-1은 원숭이들의 지각 역치를, 임상 초점 15-3은 인간의 인지수행능력에 대한 뇌 손상의 효과를 평가하는 데 사용되는 도구들을 묘사한다.

파블로프 조건화

20세기 초에 러시아의 생리학자 Ivan Pavlov는 먹이 보상이 종소리 같은 어떤 자극과 동반될 때 개가 자극과 먹이의 연합을 학습한다는 사실을 발견했다. 나중에 개들은 종소리를 들을 때마다, 아무런 먹이가 없을 때조차도 침을 흘렸다. 이런 학습 유형은 **파블로프 조건화**(Pavlovian conditioning), 반응성 조건화, 고전적 조건화 등 많은 이름을 갖고 있으며, 많은 연구가 그 특성을 문서화한다.

파블로프 조건화의 핵심적인 특징은 동물이 두 가지 자극(종소리와 먹이 제시)의 연합을 학습

학습 경험의 결과에 따른 유기체 행동의 비교적 영구적인 변화이며, 새로운 이해, 행동, 지식, 태도, 기술의 습득으로 이어짐

기억 이전 경험을 재생 또는 인식하는 능력

파블로프 조건화 어떤 사건(예: 음식 공급)과 반복적으로 짝을 이룬 이후에 신경 자극(예: 종소리)이 반응을 끌어낼 때 성취되는 학습이며, 고전적 조건화 혹은 반응성 조건화라고도 함

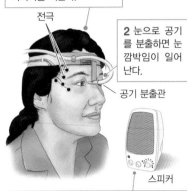

1 눈 깜박임 조건화를 위해 머리띠를 씌운다.

전극

2 눈으로 공기를 분출하면 눈 깜박임이 일어난다.

공기 분출관

스피커

3 공기 분출과 버저 소리가 짝을 이루면, 버저 소리만으로도 눈 깜박임이 유도된다.

그림 14.1 눈 깜박임 조건화
소뇌의 신경회로가 이러한 형태의 자극-반응 학습을 매개한다.

소뇌에서는 소엽(flocculus)이 안구 운동을 조절한다. 그림 11.15를 참조하라.

눈 깜박임 조건화 피험자가 이전의 중성자극을 방어적 눈 깜박임 반응과 짝 이룸을 학습하게 하는 실험 기법

조건자극(CS) 파블로프 조건화에서 무조건자극과 연합된 후에 조건반응을 촉발하는 원래의 중성자극

무조건자극(UCS) 자연적, 자동적으로(무조건적으로) 무조건반응을 촉발하는 자극

무조건반응(UCR) 음식이 입에 있을 때 침 흘림처럼 무조건자극에 반응하여 일어나는 학습되지 않은 자연적 반응

조건반응(CR) 파블로프 조건화에서 전에는 중성이었던 조건자극에 대한 학습된 반응

공포 조건화 중성자극과 불쾌 사건(예 : 쇼크) 사이의 조건화된 정서 반응이며, 학습된 연합을 일으킴

조작적 조건화 특정 행동(예 : 막대 누르기)의 결과(예 : 보상 획득)가 다시 일어나는 행동의 가능성을 증가시키거나 감소시키는 학습 과정이며, 도구적 조건화라고도 함

한다는 것, 그리고 두 자극에 같은 반응(침 흘림)을 보임으로써 그들이 학습했다는 사실을 알린다는 것이다. 애완동물을 키우는 사람들은 고양이나 개에게 통조림 따는 소리가 먹이를 위한 확실한 자극임을 알고 있다. 오늘날 두 가지 형태의 파블로프 조건화가 보통이다. 하나는 눈 깜박임 조건화이고, 다른 하나는 공포 조건화이다. 각각은 별개의 뇌 영역에 있는 신경회로와 연관되고, 그래서 둘 다 특별히 유용하다.

눈 깜박임 조건화(eyeblink conditioning)는 토끼와 사람에서 파블로프 학습 연구에 이용되어 왔다(**그림 14.1**). 이 연구에서는 소리(또는 다른 자극)가 피험자의 눈에 무통의 공기 분출과 연합된다. 여기서 소리가 **조건자극**(conditioned stimulus, CS)으로, 애초에는 공기 분출에 의해 유발된 눈 깜박임을 이 소리가 이끌어내게 된다. 공기 분출이 **무조건자극**(unconditioned stimulus, UCS)인데, 그 이유는 눈 깜박임이 공기 분출에 대한 정상적 반응, 즉 **무조건반응**(unconditioned response, UCR)이기 때문이다. 신호(CS)만 있는데도 반응하여 눈을 깜박임[**조건반응**(conditioned response, CR)]으로써, 피험자가 신호 자극의 공기 분출 예고를 학습했음을 알 수 있다. 이런 파블로프 학습을 매개하는 소뇌의 회로는 운동 반응을 환경적 사건과 짝을 이루도록 고안된다. 눈 깜박임 조건화 실험은 이런 생물학적 성질을 이용한다.

공포 조건화(fear conditioning)에서는 불쾌하지만 무해한 자극을 사용해 정서적 반응인 공포를 이끌어낸다. 쥐 또는 다른 동물을 상자 안에 넣어둔다. 약하지만 불쾌한 전류가 격자 바닥을 통해 가해질 수 있다. **실험 14-1**에 보이는 바와 같이, 소리(CS)가 예기치 않은 짧고 약한 전기 충격 바로 전에 제시된다. 나중에 소리가 충격 없이 주어져도 쥐는 두려운 듯 행동한다. 즉 충격을 예상해 꼼짝하지 않기도 하고, 오줌을 지리기도 한다. 같은 환경에서 제시되는 빛 같은 새로운 자극은 별 영향을 주지 않는다. 그러므로 쥐가 소리와 충격의 연합을 학습했음이 확실해진다.

이 실험에서 조건반응이 정서적이기 때문에, 그리고 소뇌보다는 편도체의 회로가 공포 조건화를 매개하기 때문에, 편도체가 이러한 조건반응에 관여한다는 것이 결론이다. 비록 눈 깜박임 조건화와 공포 조건화가 모두 파블로프 조건화 과정이지만, 뇌의 다른 영역들이 학습을 매개한다.

조작적 조건화

미국에서 일하던 Edward Thorndike(1898)는 학습과 기억을 연구하는 두 번째 전통을 창시했다. Thorndike는 동물의 문제 해결 방식에 관심이 있었다. 일련의 실험에서 그는 고양이를 상자 안에 가두고 생선 접시를 바깥에 놓았다(**그림 14.2**). 굶주린 고양이가 생선을 얻을 수 있는 유일한 방법은 상자 탈출법을 알아내는 것이었다.

해법은 막대를 눌러서 상자 문을 여는 도르래 장치를 활성화하는 것이었다. 고양이는 점차적으로 자신의 행동에 결과가 따라온다는 것을 배웠다. 처음 시도에서, 고양이는 쉴 새 없이 상자 안을 돌아다니다가 그저 우연히 막대를 건드렸다. 고양이는 그가 한 무엇인가가 문을 열리게 했음을 분명히 학습했고, 문이 열리기 바로 전의 행동을 반복하는 경향을 보였다. 몇 번의 시도 후에 고양이는 단 몇 초 만에 문이 열리게 했고, 생선을 먹을 수 있었다.

B. F. Skinner에 의한 후속 연구(예 : 1938년)는 비슷한 강화 전략을 이용해, 쥐가 막대를 눌러서 혹은 비둘기가 열쇠를 쪼아서 먹이를 얻도록 훈련시켰다. Thorndike의 고양이가 퍼즐 상자 탈출법을 학습했듯이, 많은 동물들은 단순히 기구 안에 놓여 보상 획득에 필요한 반응을 발견해내는 것이 허락된다면, 막대 누르기나 열쇠 쪼기를 학습한다. Thorndike는 이런 유형의 학습을 도구적 조건화(instrumental conditioning)라고 불렀으나, 보통 **조작적 조건화**(operant conditioning)

····> 실험 14-1
질문 : 동물이 정서 경험과 환경 자극 사이의 연합을 학습할 수 있는가?

절차 및 결과

| 쥐에게 버저 소리와 함께 약한 전기 충격을 가한다. | 뒤에 빛만 제시되면, 쥐는 빛을 무시한다. | 버저 소리만 주어져도 쥐는 공포에 얼어붙는다. |

버저 소리 + 충격   빛 제시 − 버저 소리 없음   버저 소리만

결론 : 쥐는 버저 소리와 충격 사이의 연합을 학습하여 공포반응을 나타낸다. 편도체를 포함하는 회로가 이러한 학습 과정에 관여한다.

로 더 잘 알려져 있다. 실험대상은 과제를 더 빈번하게, 그리고 때때로 더 빨리 수행함으로써 자신의 행동과 결과 사이의 연합을 학습했음을 실증한다.

조작적 연합의 다양성은 믿기 어려울 정도이다. 우리는 지속적으로 우리의 행동과 그 결과 사이의 연합을 학습하고 있다. 그러므로 조작적 학습이 어떤 특정 뇌 회로에 국재화되지 않는다는 사실은 놀랄 일이 아니다. 그 대신에, 필요로 되는 회로는 과제의 실제 요구에 맞춰 변한다. 예를 들어 후각과제는 안와전두피질과 편도체 같은 후각 관련 구조를 수반하고, 공간 과제는 해마를 끌어들이며, 운동과제는 기저핵을 필요로 한다.

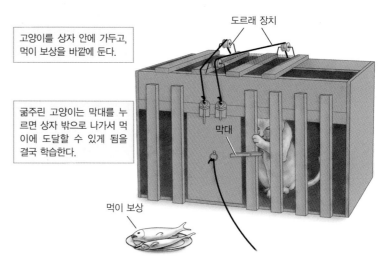

| 고양이를 상자 안에 가두고, 먹이 보상을 바깥에 둔다. | 도르래 장치 |
| 굶주린 고양이는 막대를 누르면 상자 밖으로 나가서 먹이에 도달할 수 있게 됨을 결국 학습한다. | 막대 |

먹이 보상

그림 14.2 Thorndike의 퍼즐 상자

기억의 두 가지 범주

학습 대부분이 언어적으로 이루어지다 보니 인간은 기억을 연구하는 연구자들에게 뚜렷한 도전 과제를 제시한다. 심리학자들은 1800년대 중반 이래로 인간의 기억을 연구해왔으나, 지난 수십 년 동안 인지심리학자들은 신경심리학적 조사를 위해 정교한 학습과 기억 측정법을 개발해왔다. 두 가지 측정법이 인간의 기억을 2개의 범주로 구분하는 데 도움을 준다.

한 종류의 과제에서, 한 피험자 집단은 신문, 잡지, 장난감, 배 등의 단어 목록을 읽는다. 다른 집단은 운전, 건축, 말, 해 등으로 구성된 목록을 읽는다. 그리고 나서 모든 피험자에게 일련의 단어를 정의하라고 한다. 이런 단어 중 하나가 기사이다.

기사라는 단어는 다중의 의미가 있는데, 어떤 사실을 알리는 글이라는 의미도 있고, 기술을 가진 사람이라는 의미도 있다. 출판물의 이름을 포함한 단어 목록을 방금 읽은 사람들은 출판물에 실린 글이라는 뜻을 말할 가능성이 크다. 기술을 요하는 행위를 포함한 두 번째 목록을 읽은 사람들은 전형적으로 기술자의 의미를 말한다. 피험자들이 단어 목록을 읽음에 따라 일종의 무의식적 (그리고 무의도적) 학습이 일어난다. **점화**(priming)로 알려진 이 무의식적 학습은 자극에 대한 노출이 이후 자극에 대한 반응에 영향을 미칠 때 발생한다.

이 과제는 **암묵적 기억**(implicit memory)을 측정한다. 즉 피험자는 기술, 조건반응, 또는 의도

점화 똑같거나 비슷한 자극이 나중에 제시될 때 신경계를 민감하게 만드는 자극의 사용

암묵적 기억 무의식적 기억이며, 피험자는 지식을 기술, 조건반응, 의도적이지 않은 즉각적 사건 재생 같은 것으로 드러낼 수 있음

그림 14.3 Gollin 그림검사
피험자에게 불분명한 그림부터 분명한 그림까지 단계적으로 구성된 일련의 그림을 보여주고, 그림에 보이는 것이 무엇이냐고 물어본다. 대부분의 사람들은 그림 몇 장을 본 후에 그것이 무엇인지 알아낸다. 그러나 나중에 다시 보여주면, 피험자들은 처음에 알아냈던 것보다 더 빨리 알아낸다. 이는 그 이미지가 어떤 형태의 기억을 형성했음을 나타낸다. 기억상실증이 있는 사람 역시 전에 같은 검사를 했었음을 기억하지 못해도 반복검사에서 향상된 결과를 보인다.

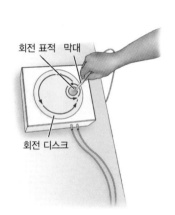

그림 14.4 회전판 추적 과제
피험자는 돌고 있는 회전판 위에서 역시 돌고 있는 금속 디스크에 붙어 있는 막대를 잡아야 한다. 과제가 어렵기는 하지만, 대부분의 사람은 짧은 기간의 훈련 후에 상당한 향상을 나타낸다. 얼마 뒤에 다시 검사하게 되면, 정상 피험자와 기억상실증이 있는 사람들 모두 향상된 과제 수행을 그대로 보인다. 그러나 기억상실증이 있는 사람들은 보통 전에 과제를 학습했음을 재생해내지 못한다.

기억상실증 부분 혹은 전체를 기억하지 못함
외현적 기억 의식적 기억이며, 피험자는 항목을 인출할 수 있고, 인출된 항목이 옳은 것임을 알고 있음을 나타낼 수 있음
선언적 기억 사건의 시간, 장소, 상황에 관한 세부 사항에 대해 아는 것을 말할 수 있는 능력이며, 흔히 기억상실증에서 상실됨
절차적 기억 움직임 순서 또는 어떤 행위나 행동을 수행하는 방법을 재생해내는 능력

적이거나 사전에 계획되지 않은 즉각적 사건 재생 같은 지식을 실증한다. 부분적이든, 전체적이든 **기억상실증**(amnesia)이 있는 사람들은 암묵적 기억의 검사에서 정상 수준의 수행능력을 보인다. 기억상실증이 있는 사람은 단어 목록을 읽었음을 떠올리지는 못하지만, 일부 신경회로가 그 단어 목록에 의해 영향을 받은 것처럼 행동한다. 기억상실증에서는 무의식적(혹은 암묵적) 학습의 기억과 훈련 담당자의 이름 또는 훈련실의 배치 같은 훈련에 관한 의식적 회상인 **외현적 기억**(explicit memory) 사이에 해리(연결 분리)가 일어난다. 기억상실증이 없는 사람들은 외현적 기억을 인출할 수 있고, 또 그 인출한 정보가 옳음을 안다고 말한다.

이런 암묵과 외현의 구별은 언어적 학습에 제한되지 않는다. 시각 학습 과제 또는 운동 학습 과제에서도 마찬가지다. 예를 들어 사람들에게 **그림 14.3**에 있는 Gollin 그림검사의 제일 왼쪽 그림을 보여주고 뭐가 보이냐고 물어볼 때, 그들은 뭔지 알아낼 가능성이 별로 없다. 그러고 나서 점차 완성도가 높은 스케치들을 차례로 보여주면, 어느 단계에 이르러 이미지가 무엇인지 맞힌다. 나중에 대조군 피험자들과 기억상실증이 있는 피험자들에게 같은 스케치를 보여주면, 두 집단 모두 처음보다 이른 단계에서 그림이 뭔지 알아차린다. 기억상실증이 있는 피험자들은 그 스케치들을 전에 봤다는 사실조차 재생해내지 못하지만, 봤던 것처럼 행동한다.

암묵적 운동기술 학습을 측정하기 위해 피험자에게 **그림 14.4**에 있는 회전판 추적 과제(pursuit rotor task) 기술을 가르친다. 이 과제에서는 작은 금속 디스크가 회전판 위에서 회전하고 있다. 과제는 작은 디스크 위에 있어 같이 돌고 있는 막대를 잡는 것이다. 이 과제는 회전판이 빠르게 움직이고 있어서 보기와 달리 쉽지 않다. 그럼에도 불구하고, 한 시간 정도 연습하면 대부분의 사람은 상당히 능숙해진다. 일주일 뒤에 같은 과제를 사람들에게 하게 하면, 대조군과 기억상실증이 있는 피험자 모두 더 적은 시간에 과제를 성공적으로 수행한다. 여기서도 역시 기억상실증이 있는 사람은 이전에 그 과제를 수행했었다는 사실을 재생해내지 못한다.

암묵적 기억검사와 외현적 기억검사 사이의 차이는 실험적 연구들에서 일관되게 관찰되며, 그래서 뇌의 정보 저장 방식 이해에 열쇠를 제공한다. 어떤 이론가들은 우리가 사용하는 암묵-외현 이분법과 무의식적, 의식적 기억의 범주화를 위한 다른 전문용어 사이에 미세한 구별을 한다. 예를 들어 많은 연구자가 말로 재생할 수 있는 특정 경험의 특정 내용(시간, 장소, 상황)을 담고 있는 **선언적 기억**(declarative memory)과 과제 수행의 능력인 **절차적 기억**(procedural memory)을 구별하기를 선호한다. 사람들에게 적용할 때 이러한 분류 사이에 실질적인 차이는 별로 없다.

표 14.1은 흔히 쓰이는 이분법을 열거하는데, 이 이분법은 하나의 기억 범주는 특정 정보의 재생을 요구하는 데 반해, 다른 하나는 의식적으로 인식하지 못하는 지식을 지칭한다는 일반적 구별이다. Pavlov 조건화, Thorndike와 Skinner의 조작적 학습도 이 분석에 포함될 수 있다. 이것은

모두 암묵적 학습의 형태이다.

말을 할 수 없는 동물들이 사람처럼 외현적 기억을 보일 수 있다. 저자 중 한 사람이 작은 공을 갖고 놀기 좋아하는 고양이를 키우고 있었다. 어느 날, 고양이가 보고 있을 때 일시적으로 공을 높은 선반에 놔서 탐구심 많은 고양이로부터 멀찍이 떼어 놓았다. 몇 주 후, 고양이는 공이 보이지 않는데도 불구하고 앉아서 공이 놓였던 선반을 응시했다. 이것이 바로 외현적 기억의 예다.

동물들은 또한 심리학적 과제를 학습할 때 외현적 기억을 나타낸다. 쥐는 아주 맛있는 먹이를 매일 큰 우리의 새로운 곳에 놓아도 찾을 수 있게 훈련될 수 있다. 과제는 가장 최근의 위치를 찾아가는 것이다. 이러한 정보 조각은 외현적이어서 명백히 잊힐 수 있다. 작은 우리의 특정 위치에서 먹이를 찾도록 훈련된 쥐에게 새로운 장소의 먹이로 몇 번의 시도를 하게 하고, 한 시간, 하루, 3일, 일주일 뒤에 재실험을 실시했다. 쥐는 지연 한 시간째에 어려움이 없고, 지연 하루째에도 어려움이 없는 것 같다. 3일째에는 일부 쥐들이 과제를 잘 하나, 일주일이 지난 시간에는 대부분의 쥐들이 위치를 잊어버린다. 대신에 쥐들은 먹이를 찾으러 돌아다닌다. 이러한 행동은 게임의 법칙이라는 **학습 세트**(learning set)의 암묵적 기억을 예시한다. 이는 많은 상황에서 적용될 수 있는 법칙으로 문제가 해결될 수 있는 방법에 대한 암묵적 이해를 일컫는 용어로서, 여기서는 특정한 탐색 전략으로 원하는 먹이를 발견할 수 있다.

표 14.1 두 가지 기억 범주의 분류

의식적 기억을 묘사하는 용어	무의식적 기억을 묘사하는 용어
외현적(explicit)	암묵적(implicit)
선언적(declarative)	비선언적(nondeclarative)
사실(fact)	기술(skill)
기억(memory)	습관(habit)
내용 지식(knowing that)	방법 지식(knowing how)
부위(locale)	분류(taxon)
의식적 회상 (conscious recollection)	능력(skills)
정교화(elaboration)	통합(integration)
기록 있는 기억 (memory with record)	기록 없는 기억 (memory without record)
자서전적(autobiographical)	지각의(perceptual)
표상적(representational)	성향적(dispositional)
삽화적(episodic)	절차적(procedural)
의미성(semantic)	비연합성(nonassociative)
작업(working)	참고(reference)

주 : 이렇게 짝을 맞춘 용어 목록은 기억의 의식적 형태와 무의식적 형태를 구분한다. 이 목록은 다른 기억 고찰들을 외현-암묵 구분을 선호하는 이 책의 그것과 관련짓는 데 도움이 될 것이다.

무엇이 외현적 기억과 암묵적 기억을 다르게 만드는가?

외현적 기억과 암묵적 기억이 다른 이유 하나는 각각을 담당하는 신경구조 묶음이 서로 다르다는 것이다. 그들이 다른 또 하나의 이유는 뇌가 외현적 정보와 암묵적 정보를 서로 다르게 처리한다는 것이다.

기억의 부호화 및 처리

정보는 처리되기 전에 뇌에 저장될 수 있는 형태로 변환되어야 하는데, 이 과정을 **부호화**라고 한다. 많은 유형의 부호화가 일어날 수 있다. 예를 들어 시각 부호화는 방에 있는 물체의 위치와 같은 시각적 감각 정보의 저장이다. **의미 부호화**(semantic encoding)는 특정 의미를 가지며 도쿄가 일본에 있다는 것을 아는 것과 같이 세상에 대한 지식의 일부가 되는 입력의 저장이다. 부호화 과정은 아직 잘 이해되고 있지 않으나 시냅스 변형, 새로운 시냅스 생성, 유전자 발현의 변화, 단백질의 변형 또는 생성을 포함하는 것으로 보인다.

암묵적 정보는 지각된 방식과 아주 같은 방식으로 부호화되는데, 이런 유형을 두고 데이터 기반의 처리 혹은 상향식 처리라 한다. 이 개념은 정보가 감각 수용체를 통해 뇌로 들어와, 일련의 피질하 및 피질 영역에서 처리된다는 것이다. 예를 들어 사물에 대한 시각 정보는 시각 수용체(바닥)로부터 시상과 후두피질로 이동하며, 최종적으로 복측 흐름을 통해 사물이 인식되는 측두엽(꼭대기)으로 이동한다.

대조적으로, 외현적 기억은 개념 중심의 처리 혹은 하향식 처리에 의존한다. 즉 사람이 데이터를 재구성한다. 예를 들어 여러분이 특정 사물(말하자면, 열쇠)을 찾을 경우, 다른 사물들은 무시할 것이다. 이 과정은 하향식이다. 그 이유는 측두엽의 회로(꼭대기)가 이미지(열쇠)를 형성하여

학습 세트 게임의 법칙이며, 여러 다른 상황에 적용될 수 있는 법칙으로 문제를 해결할 수 있는 방법에 대한 암묵적 이해

들어오는 시각 정보(바닥)가 처리되는 방식에 영향을 주고, 이어서 그 정보의 재생에도 상당한 영향을 주기 때문이다.

사람들은 암묵적 기억의 부호화에 상대적으로 수동적인 역할을 하기 때문에 자발적으로 기억을 재생해내기에는 어려움이 있으나, 원래 자극이나 자극의 일부 특성에 의한 점화로 좀 더 쉽게 기억을 재생할 것이다. 대조적으로 사람들은 외현적 정보 처리에 능동적인 역할을 하기 때문에 처리에 사용되는 (관련된 기억 같은) 내부 단서는 자발적 재생의 개시에 사용될 수도 있다.

목격자 증언 연구의 결과는 외현적 기억 재생의 능동적 본성뿐 아니라 잠재적 불완전성을 실증한다(예 : Loftus, 1997). 전형적인 실험에서 피험자는 한 차가 교차로에 정지해 있는 다른 차를 추돌하는 사고 영상을 본다. 한 집단은 추돌 차가 다른 차에 '돌진했을' 때 얼마나 빨리 가고 있었는지 질문을 받는다. 두 번째 집단은 추돌 차가 다른 차에 '부딪쳤을' 때 얼마나 빨리 가고 있었는지 질문을 받는다.

나중에 질문을 해보면 추돌 차의 속도에 관한 기억이 지시에 의해 편향되어 있었음을 알게 된다. '돌진하는' 차량을 본 피험자는 '부딪치는' 차량을 본 피험자에 의해 추정된 속도보다 더 빠른 속도를 추정한다. 지시가 실제로 정보가 다르게 처리되게 만든다. 두 경우 모두에서, 피험자들은 자신의 기억이 정확하다고 확신했다.

다른 실험은 암묵적 기억 역시 틀리기 쉬움을 보여준다. 예를 들어 피험자들에게 달콤, 초콜릿, 신발, 탁자, 사탕, 말, 자동차, 케이크, 커피, 벽, 책, 쿠키, 모자 등의 단어 목록을 읽어준다. 몇 분의 지연 후, 피험자들에게 처음 목록에 포함된 단어 일부와 새로운 단어들이 섞인 다른 단어 목록을 들려준다. 피험자들은 어떤 단어가 처음 목록에 있었는지 식별하도록, 그리고 그 식별에 대해 얼마나 확신하는지를 표시하도록 요구를 받는다. 이 과제는 피험자가 두 번째 목록에 포함될 원래의 단어를 모르기 때문에 암묵적 기억을 시험한다. 그들의 기억은 관리자에 의해 즉각적이어야 한다.

두 번째 목록의 새로운 단어 중 하나는 설탕이다. 대부분의 피험자는 설탕이 처음 목록에 있었음을 확신한다. 비록 다른 달콤한 먹을거리들이 있긴 했지만, 설탕은 아니었다. 이런 증명은 우리가 쉽게 거짓기억을 형성하고 확신으로 거짓기억의 진실성을 방어할 수 있음을 보여주기 때문에 아주 흥미롭다.

우리는 일반적으로 기억을 암묵적인 것 또는 외현적인 것으로 구분할 수 있지만, 뇌는 모든 암묵적 또는 모든 외현적 기억을 동일한 방식으로 처리하지는 않는다. 기억은 표 14.1에 나열된 것과는 다른 범주에 따라 나눌 수 있다. 예를 들어 우리는 다른 유형의 감각 정보에 대한 기억들을 구분할 수 있다.

다른 신경 영역이 시각 및 청각 정보를 처리하므로, 청각 기억은 시각 기억이 부호화되는 영역과는 다른 뇌 영역에서 부호화된다고 가정하는 게 합리적이다. 그림 14.5에 예시된 것처럼 우리는 또한 단기기억에 저장된 정보와 장기기억에 유지된 정보를 구별할 수 있다. 플레이오프 게임의 최종 점수 혹은 친구 자전거 자물쇠의 번호처럼, 단기기억(때때로 작업기억 또는 일시적 기억이라고도 함)에서는 정보가 아주 짧게, 길어야 몇 분만 기억에 유지되다가 곧 폐기된다. 장기기억에서는 자기 자전거 자물쇠 번호처럼 정보가 무기한으로, 아마도 평생 기억에 유지된다. 장기기억은 더 복잡하며, 다양한 유형의 외현적 기억뿐 아니라 암묵적 기억과 정서적 기

그림 14.5 다중 기억 체계

가장 광범위한 기억 분류는 최근의 감각, 운동, 인지 정보에 대한 일시적인 *단기기억*과 상대적으로 영구적인 *장기기억*을 구분한다. 의식적, 장기적 기억은 자발적으로 기억할 수 있는 사건과 사실처럼 *외현적*일 수 있으며, 개인적인 경험(학교에서의 첫날)처럼 삽화적이거나, 하나의 사실(케냐는 아프리카에 있다)처럼 *의미적*일 수 있다. *암묵적, 무의식적 기억*(예 : 자전거 타기)은 학습된 기술, 조건화된 반응 및 진행 중인 경험의 의도하지 않은 저장으로 구성된다. 자극이나 사건(첫 키스)의 정동적 속성에 대한 *정서적 기억*은 생성되며, 암묵적 기억과 외현적 기억의 특성들을 갖는다.

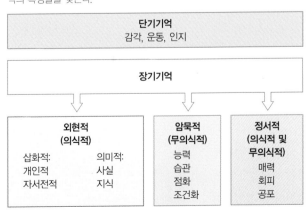

억도 포함한다.

전두엽이 단기기억에 핵심적인 데 반해, 측두엽은 언어적 정보의 장기 저장에 핵심적이다. 중요한 점은 신경계의 어떤 단일 부위도 기억 또는 학습의 영역이라고 간주될 수 없다는 것이다. 사실상 신경계 전체가 경험에 의해 변할 수 있으나, 한 경험의 서로 다른 부분들은 서로 다른 신경계 부분을 변화시킨다. 실험자들에게 한 가지 도전 과제는 뇌의 다른 부분의 변화를 실증하기 위해 경험 조작법을 고안하는 것이다.

기억의 저장

지난 20년 동안 수백 건의 비침습적 영상 연구가 세상에 대한 우리의 지식을 포함하는 의미적 기억의 엔그램을 찾아왔다. Jeffrey Binder와 동료들(2009)은 120개의 fMRI 의미적 기억 연구에 대한 메타분석을 수행했다. 그들은 두정엽, 측두엽, 전전두피질, 후대상피질을 포함하여 7개의 다른 좌반구 영역으로 구성된 뚜렷한 네트워크를 발견했다(**그림 14.6** 참조). 의미적 기억이 저장될 때 모든 영역이 한꺼번에 활성화되는 것은 아니지만, 하위 영역들이 특정 객체 특성(예 : 색상 또는 모양) 또는 지식 유형(예 : 이름 또는 장소)에 대해 상대적으로 전문화될 가능성이 있다.

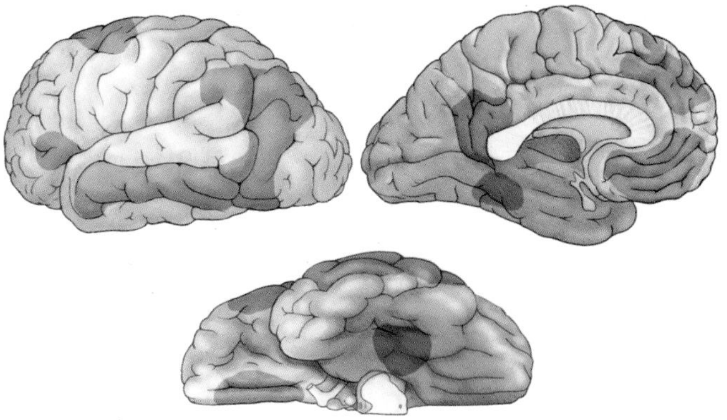

이 광범위한 네트워크는 **디폴트 네트워크**, 즉 피험자가 특정한 인지 과제에 참여하지 않고 쉬고 있을 때 활성화되는 영역들의 네트워크와 유사하다. 의미적 기억과 디폴트 네트워크의 유사성을 고려할 때 의미적 처리가 수동 상태에서 일어나는 인지 활성의 상당한 요소를 구성하는 것으로 보인다. 휴식 상태에서 의미 체계는 모든 새로운 정보를 '이해'하기 위해 지식의 내부 저장소에서 작동한다. Binder와 동료들(2009)은 이러한 영역들이 비인간 영장류에서 서술된 영역들보다 더 광범위하며, 언어를 생산적으로 사용하고, 계획하고, 문제를 해결하고, 기술적 인공물과 문화적 인공물을 생성하는 고유한 인간 능력을 설명할 수 있음을 지적한다.

개인적 기억의 무엇이 특별한가?

우리 각각에게 독특한 기억의 한 측면이 바로 개인적 혹은 자서전적 기억이다. 이 **삽화적 기억**(episodic memory)은 일어난 사건(삽화)의 기록뿐 아니라, 그 사건에서 우리의 존재와 역할의 기록도 포함한다. 우리의 개인적 경험은 우리가 누구인지에 대한 기초와 우리가 사는 법칙을 형성한다. 즉 우리는 사건뿐 아니라 특정 장소에서 특정 시간에 그 사건의 맥락에 대해서도 기억을 갖는다. 우리의 경험에 의미를 부여함으로써 우리는 변화하는 세상에서 시간 개념과 우리의 개인적인 역할에 대한 감각을 얻는다.

자서전적 기억이 뇌에 저장되는 방법과 위치에 대한 질문은 오랫동안 제기되어 왔다. 현재의 합의는 이 과정에 관여하는 핵심 영역이 복내측 전전두피질과 해마, 그리고 이들 사이의 경로라는 것이다. Heidi Bonnici와 Eleanor Maguire는 이러한 가정을 검증하기 위해 일련의 영리한 fMRI 연구를 수행했다. 초기 fMRI 연구에서 Bonnici와 동료들(2012)은 피험자들에게 2주가 지난 개인적 삽화 3개와 10년이 지난 개인적 삽화 3개를 재생하도록 요청했다. 목표는 뇌 활성 양상을 어떤 기억이 피험자에 의해 재생되고 있는가를 예측하는 데 사용할 수 있는지 결정하는 것이었다. 그 결과, 해마의 식별력은 오래된 기억과 새로운 기억에 대해 비슷했으나, 전전두피질의 식별력은 새로운 기억에 대해 훨씬 더 불량했다. 이는 기억이 아직 거기에서 강하게 표상화되지

그림 14.6 의미적 기억 체계
좌반구에서 발견되는 의미적 기억 체계의 다양한 구성요소가 붉은색으로 보인다.
출처 : Binder et al. (2009).

디폴트 네트워크는 성적 정체성 및 기호의 맥락으로 12-5절에서 서술된다.

삽화적 기억 특정 장소와 시간 맥락에 연결된 사건들에 대한 자서전적 기억

않았다는 것을 암시했다.

2년 후 실행된 두 번째 연구에서 저자들은 이제 2년과 12년이 된 동일한 기억에 대해 동일한 피험자를 시험했다(Bonnici & Maguire, 2018). 해마 결과에는 변화가 없었으나, 전전두 활성의 식별력은 더 새로운 기억과 더 오래된 기억에 대해 이제 비슷하여, 기억 표상이 이제 둘 모두에 대해 동등하게 강함을 시사했다. 그러므로 2년에 걸쳐 전전두피질의 엔그램에 변화가 있었다. 그러나 해마는 안정적으로 유지되었다.

Maguire 팀의 후속 연구들(예 : McCormick et al., 2020)은 해마와 복내측 전전두피질 모두 개인적 기억의 인출에 핵심적이라는 것을 보여주었다. 연구자들은 공고화 과정에서 복내측 전전두피질이 해마와 협력하여 새로운 개인적 기억을 기존 스키마에 통합한다고 제안한다. 시간이 지남에 따라 해마는 복내측 전전두피질에 저장된 기억을 재구축하여 더욱 독특하게 만든다. 이러한 공고화가 일어나는 데 필요한 시간의 양은 미지로 남아 있으나, Maguire 팀에 의해 수행된 첫 번째 연구와 두 번째 연구를 분리한 2년의 기간보다 짧을 가능성이 크다.

개인적 기억의 상실

여러분이 자신의 개인적 기억을 상실한다면 무슨 일이 일어날지 상상해보라. 여러분은 여전히 사건을 재생해내겠지만, 그 사건에서 여러분의 역할을 알지 못할 수 있을 것이다. Endel Tulving(2002)에 의해 서술된 사례에 예시된 것처럼, 전두엽 손상이 있는 사람들이 때때로 그런 증상을 보인다.

K. C.는 오토바이 사고로 심각한 외상성 뇌 손상을 입어 다발성의 피질 및 피질하 병변을 갖게 되었다. 놀랍게도 K. C.의 인지능력은 온전하여, 대부분의 전형적인 건강한 성인과 구별할 수 없을 정도였다. 그는 사고 전에 습득했던 기술을 유지하여 체스를 두고 오르간을 연주하였으며, 그의 단기기억은 온전했다. 자신이 누구인지, 생일이 언제인지, 다닌 학교 이름이 무엇인지, 가족 별장의 위치가 어디인지 등을 다 알았다. 사실, 수치, 날짜, 시간 등의 재생은 K. C.에게 어렵지 않았다.

K. C.가 할 수 없었던 것은 개인적으로 경험한 사건을 재생하는 것이었다. 이 삽화성 기억상실은 출생부터 그의 모든 일생을 침범했다. 그는 그 자신에 대한 사실은 알았으나, 자신이 개인적으로 포함된 사건에 대해서는 기억하지 못했다. 예를 들어 K. C.는 학교에 다닌 것과 그곳에서 얻은 지식을 재생할 수 있었지만, 학교에서 일어난 사건 중 자신이 구체적으로 포함된 사건은 서술할 수 없었다.

해마 손상은 또한 불량한 삽화적 기억과 연관된다. Cornelia McCormick과 동료들(2018)은 측두엽 뇌전증(일측성 해마 손상 포함)이 있는 사람들과 대조군에서 자서전적 기억과 뇌 활성을 비교했다. 뇌전증이 있는 사람들은 삽화적 기억을 인출하는 동안 감소된 해마 활성을 보였으며, 이는 삽화적 기억의 이상과 연관되었다. 흥미롭게도 그들은 또한 기억 인출 동안 증가된 배내측 전전두피질 활성을 보였는데, 이는 아마도 해마 기능부전에 대한 부분적 보상의 결과이다.

고도의 자서전적 기억

어떤 사람은 불량한 자서전적 기억을 드러내 보이는 반면에, 드물지만 일부 사람들은 초고도의 자서전적 기억을 보인다(LePort et al., 2012). 이 사람들은 대략 10세 이후 삶에서 겪은 사건들을 거의 완벽하게 재생해내며, 흔히 어떤 삽화든 일어난 요일과 날짜를 포함해 묘사할 수 있다. 심지어 그날 날씨와 사회적, 공공적 사건들까지 재생할 수 있다. 초고도 자서전적 기억을 보이는 사람들의 뇌영상은 측두엽과 두정엽의 회백질 증가와 측두엽과 전두엽 사이의 섬유투사 증가를 보인다.

　Lawrence Patihis와 동료들(2013)은 초고도 자서전적 기억을 가진 사람들이 앞에 서술된 거짓 기억 같은 기억 왜곡에도 영향을 받을지 궁금해했다. 그러나 연구자들은 이 사람들이 다른 피험 자들과 마찬가지로 거짓기억을 생성시킬 가능성이 있음을 발견했다. 그들의 비상한 자서전적 기억의 원천이 무엇이든, 그들도 우리가 경험하는 일종의 기억 왜곡을 예방하지 못한다. 초고도 자서전적 기억의 원천은 이제 막 탐구되기 시작했으나, 우수한 인지 기능을 반영하는 것으로 보 이지는 않는다. 그리고 초고도 자서전적 기억을 가진 사람들은 뛰어난 개인적 기억을 보이지만, 다른 사람들이 묘사한 개인적 기억에 대한 그들의 기억의 측면에서는 향상된 수행도의 징후를 전혀 보이지 않는다. 즉 초고도 자서전적 기억은 개인의 개인적인 이야기의 일부인 경험을 요구 하는 것으로 보인다(LePort et al., 2017).

▐14-1▌ 복습

진도를 계속 나가기 전에 앞 절을 얼마나 이해했는지 확인해보자. 정답은 이 책의 뒷부분에 있다.

1. 유기체는 어떤 자극이 보상과 짝을 이룸을 학습한다. 이는 _____ 조건화이다.
2. 결과가 행동을 뒤따름을 학습한 후에, 유기체는 그 행동을 수정한다. 이는 _____ 조건화이다.
3. 무의식적으로 학습된 정보는 _____ 기억을 형성하는 반면에, 특정한 사실에 기반을 둔 정보 는 _____ 기억을 형성한다.
4. _____ 기억은 자서전적이며, 각각의 사람에게 유일무이하다.
5. 기억은 뇌에서 어디에 저장되는가?

▐14-2▌

기억 회로의 분리

1920년대부터 시작하여 1950년대 초까지, 미국의 심리학자 Karl Lashley는 기억의 기반이 되는 신경회로를 찾고자 계속 노력하였지만 성과를 얻지 못했다. Lashley의 작업 가설은 기억이 문제 해결에 사용되는 지각회로와 운동회로에 표상화되어야 한다는 것이었다. 이 회로를 찾기 위해 그는 실험실 쥐와 원숭이가 특정한 과제를 학습하여 먹이 보상을 획득하는 방식을 조사했다. 그 는 만약 이 회로의 일부를 없애거나 뇌의 다른 부위와 연결을 끊으면 기억상실증이 생겨야 한다 고 믿었다.

　사실, 두 제거 시술 모두 기억상실증을 일으키지 않았다. Lashley는 대신에 기억 교란의 심각도 가 손상 위치보다는 손상 크기와 관련이 있음을 발견했다. 30년 동안의 연구 후, Lashley는 기억 흔적의 위치를 찾는 데 실패했다는 결론을 내렸다(Lashley, 1960).

외현적 기억의 붕괴

신경외과 의사 William Scoville은 Lashley의 연구가 예측하지 못했던 뜻밖의 재미있는 발견을 했 다. Scoville은 경련을 일으키는 비정상적 뇌 조직을 제거하는 방법으로 뇌전증을 치료하려고 시 도 중이었다. 1953년 8월에, Scoville은 약물치료로 조절되지 않는 심한 뇌전증을 가진 Henry

학습 목표
- 외현적 기억 붕괴의 효과를 서술한다.
- 암묵적 기억 붕괴의 효과를 서술한다.

원리 1. 신경회로는 신경계의 기능 단위이다.

뇌병변은 첫째이자 가장 간단한 뇌 조작인 제거 기법이다. 7-1절을 참조하라.

이 책 전체에서 보았듯이 이름 첫 글자는 일반적으로 사례 연구에서 환자의 신원을 보호하기 위해 사용된다. 생전에 공표된 문헌에는 H. M.으로만 식별되었고, Henry Molaison이라는 이름은 그의 사망 이후에 공개되었다.

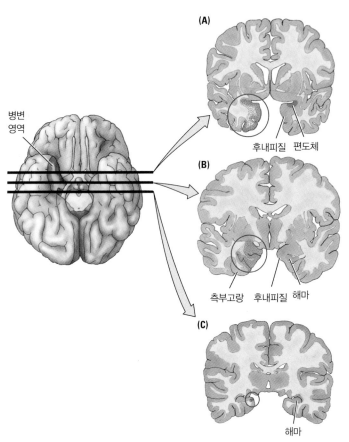

병변
영역

(A)

후내피질   편도체

(B)

측부고랑   후내피질 해마

(C)

해마

그림 14.7 H. M.의 수술 범위
우반구 병변이 강조된 H. M. 뇌의 복측 조망. 병변은 내측 측두엽 벽을 따라 위치한다. 뇌의 왼쪽은 내측 측두 구조의 상대적 위치를 보듯이 온전한 편이다. MRI 스캔에 기초한 A, B, C부분은 H. M. 뇌의 관상면 시리즈를 나타낸다.
출처 : Corkin et al. (1997).

Molaison(H. M.)이라는 젊은 남자에게 양쪽 내측 측두엽 절제술을 시행했다. H. M.의 뇌전증이 내측 측두엽 영역에서 유래했기에, Scoville은 양쪽 반구 모두에서 해마체의 상당 부분과 편도체 일부 및 주변 신피질 구조까지 제거하였다. 이 시술에서 온전한 더 바깥쪽의 측두엽 조직은 그대로 두었다. **그림 14.7**에 보이듯, 제거된 조직에는 특별히 해마의 앞쪽 부분과 편도체, 그리고 인접 피질이 포함되었다.

수술 후 Scoville이 지적한 행동 증상은 전혀 예상치 못한 것이었다. 그는 H. M.을 연구하기 위해 Brenda Milner(Milner et al., 1968)를 초청했다. Milner는 뇌전증 치료를 위해 한쪽 측두엽이 제거된 환자들에서 기억 곤란을 연구해 왔었다. 그녀와 동료들은 H.M.에 관하여 50년 이상 연구하였고, 그 결과 H. M.은 신경과학 역사에서 가장 많이 연구된 사례가 되었다(예 : Corkin, 2002). H. M.은 2008년에 사망했다. (H. M. 사례의 관심을 끄는 병력은 Dittrich, 2016을 참조하라.)

H. M.의 가장 확연한 증상은 심한 기억상실증이었다. 그는 1953년 수술 이후에 일어난 일은 전혀 재생해내지 못했다. 그는 평균 이상의 지능지수(웩슬러 성인지능검사에서 I.Q. 118, 평균은 100임)를 유지했고, 지각검사를 정상으로 수행했다. 또한 자신의 아동기와 학창 시절에 있었던 일에 대한 회상은 온전하였다. 사회적으로 그는 예의 바른 태도를 보였고, 세련된 대화에도 참여했다. 그러나 그는 최근 사건들을 재생해내지 못했다. 그는 외현적 기억이 결여되어 있었다.

Suzanne Corkin(2002)의 한 연구에서, H. M.은 병원 식사 한 접시를 받아 들고 다 먹었다. 몇 분 후, 그는 다른 접시를 받아 들었다. 첫 식사를 했음을 기억하지 못해 두 번째 식사를 하게 된 것이었다. 세 번째 접시가 나오자, 이번에는 아주 배고픈 것 같지는 않다면서 후식만 먹었다.

H. M.의 상태에 대한 의미와 심각도 이해는 수술 후 인생의 몇몇 사건만 봐도 가능하다. 그의 아버지는 사망했으나, 그는 아버지가 어디 계신지 계속 물었고 돌아가셨다는 얘기를 들을 때마다 다시 슬픔을 겪어야 했다. (마침내 H. M.은 아버지에 대한 질문을 멈추었는데, 이는 어떤 유형의 학습이 일어났음을 시사한다.)

이와 비슷하게 그가 병원에 있을 때 계속 미안해하면서 간호사에게 자신이 어디에 있는지, 왜 거기에 왔는지에 대한 질문을 반복했다. 그는 어느 날 다음과 같은 말을 했다. "내가 뭘 즐거워했건, 뭘 슬퍼했건 간에, 매일이 하루 그 자체일 뿐이에요." 그는 그를 둘러싼 것들을 지각했으나, 지난 일을 기억하지 못했기 때문에 그가 처해 있는 상황을 이해할 수 없었다.

H. M.은 기억력에 관한 공식적 검사에서 예상대로 방금 전에 제시된 특정 정보를 재생해내지 못했다. 대조적으로, 그의 암묵적 기억 수행도는 거의 온전했다. 그는 그림 14.3과 14.4에 예시된 불완전 그림이나 회전판 추적 같은 검사를 정상적으로 수행했다. 그러므로 암묵적 기억 체계는 확실히 온전했지만, 외현적 기억에 핵심적인 체계는 상실되었거나 기능부전 상태였다. 흥미롭게도, H. M.은 자기를 포함해 얼굴을 제대로 인식했고, 자신이 나이가 들어 간다는 것도 인식했다. 얼굴 인식은 해마곁이랑에 달려 있는데, 그의 오른쪽 해마곁이랑 일부가 그대로 남아 있었

다. '임상 초점 14-2 : 환자 보즈웰의 기억상실증'은 H. M.의 기억상실증과 비슷한 사례를 서술한다.

얼굴을 인식하지 못하는 안면실인증과 다른 시각형태의 실인증들은 9장에서 논의된다.

암묵적 기억의 붕괴

Lashley의 연구가 H. M.이 보인 것 같은 증후군을 발견하지 못했던 이유로 두 가지가 특별히 중요하게 눈에 띈다. 첫째, Lashley는 실험동물의 내측 측두 영역에 손상을 주지 않았다. 둘째, 그는 외현적 기억에 대한 시험을 사용하지 않았기 때문에, 그의 실험동물들은 H. M.의 결함을 드러내 보이지 않았다. 오히려 Lashley의 시험은 주로 H. M.에게 문제가 아니었던 암묵적 기억에 대한 측정이었다.

J. K.의 사례는 Lashley가 암묵적 기억 검사에서 드러난 결함을 기저핵에서 찾았어야 했다는 것을 예시한다. 기저핵은 운동 조절에 중심적 역할을 담당한다. 암묵적 기억의 전형적 예로 운전, 악기 연주, 온라인게임 등과 같은 운동 학습이 있다.

J. K.는 지능이 평균 이상이었고, 45년 동안 석유 엔지니어로 근무했다. 그는 70대 중반에 뇌간의 도파민 세포에서 기저핵으로 가는 투사경로가 사라지는 파킨슨병 증상을 보이기 시작했다. 그의 기억 곤란은 약 78세에 시작되었다.

임상 초점 5-2, 5-4, 5-5와 7-1절에 파킨슨병의 자세한 양상이 있다. 16-3절은 이 병의 치료에 대해 살펴본다.

흥미롭게도, 그의 기억 교란은 그의 전 인생에 걸쳐서 그가 수행했던 과제와 관련되었다. 어느 날 그는 침실 문 앞에 서서 어떻게 불을 켜는지 기억해내지 못해 좌절했다. 그는 "내가 미친 게 분명해"라고 말했다. "평생 해온 일인데, 이제 어떻게 하는지 기억이 안 나!" 다른 날, 그는 텔레

◎ **임상 초점 14-2**

환자 보즈웰의 기억상실증

보즈웰은 48세에 뇌 감염병인 헤르페스성 뇌염에 걸렸다. 그는 13년간의 학교 정규교육을 마치고, 30년가량 신문광고 업계에서 일했다. 사람들의 말을 종합하면, 그는 정상적이고, 적응을 잘하며, 직업적으로도 성공한 사람이었다.

보즈웰은 경련과 3일간의 혼수상태를 포함한 급성 증상을 겪은 후에 회복되었다. 병을 앓은 후 그의 지능은 '평균 아래'로 낮아졌는데, 이는 감염으로 인한 신경손상 때문으로 보였다. 그럼에도 불구하고 그의 언어능력은 거의 모든 면에서 정상으로 유지되었고, 지각이나 운동 결함도 보이지 않았다. 하지만 보즈웰은 심각한 기억상실증에 걸렸다. 짧은 한 단락 분량의 내용을 들려주고 요점을 말해보라고 하면, 그의 점수는 매번 0점이었다. 겨우 그날의 날짜만 알아맞힐 수 있었지, 어느 해인지마저도 알아맞힐 수 없었다. 지금 어느 도시에 있냐고 물으면, 그냥 간단히 추측해버렸다.

그러나 보즈웰은 자신의 출생지는 알고 있었으며, 자신의 생일 날짜를 절반 정도 정확하게 기억해낼 수 있었다. 종합해보면, 그는 뇌염 전후의 사건들에 대해서 중증 기억상실증에 걸렸다. 그는 회전판 추적 과제 같은 검사에서 H. M.과 같은 암묵적 기억을 보였다.

Antonio Damasio와 동료들(1989)은 보즈웰의 기억상실증을 광범위하게 조사하였고, 그의 뇌 병리는 이제 잘 문서화되어 있다. 핵심적 손상은 오른쪽 그림에 도해된 것처럼 내측 측두 영역의 양측성 파괴와 기저전뇌 및 안와전두피질 뒤쪽의 소실로 구성되었다. 덧붙여 외측 열구 안쪽의 섬피질(그림에는 보이지 않음)도 소실되었다.

보즈웰의 감각피질과 운동피질은 기저핵처럼 온전하나, 그의 손상은 H. M.의 손상보다 더 광범위하다. H. M.처럼 그는 새로운 기억을 갖지 못한다. 하

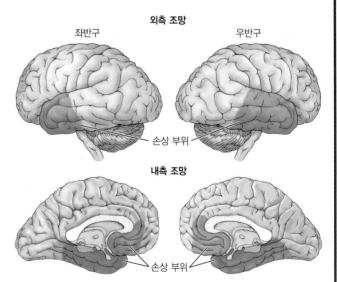

외측 조망

좌반구   우반구

손상 부위

내측 조망

손상 부위

헤르페스성 뇌염에서 회복된 후, 보즈웰은 병 전후의 사건을 기억해내는 데 상당한 어려움을 겪는다. 내측 측두 영역, 기저전뇌, 뒤쪽 안와전두피질에 있는 손상 부위가 빨간색으로 표시되어 있다. 그림 14.6의 위쪽 그림과 비교해보라.

지만 H. M.과 달리 오래된 정보에 대한 접근도 심하게 소실된 양상이다. 아마도 이는 섬엽과 전전두 손상 때문일 것이다. 그럼에도 불구하고, 역시 H. M.처럼 그의 절차적 기억은 온전하며, 이는 외현적 기억과 암묵적 기억 기저의 신경회로 분리를 예증한다.

후내피질 측두엽의 내측에 위치하여 해마체에 신피질 입력을 위한 주요 경로를 제공하며, 알츠하이머병에서 흔히 퇴화되는 피질

해마곁피질 측두엽의 배내측 표면을 따라 위치한 피질

비주위피질 뇌 복측면의 후각고랑 옆에 위치한 피질

비전 리모컨으로 라디오를 끄려고 하였다. 이번에는 다음과 같이 설명했다. "라디오 끄는 법이 기억이 안 나니, 이렇게라도 해보려고 생각했지!"

J. K.의 분명한 암묵적 기억 결함은 그의 일상적 일들에 대한 인식과 예리하게 대조가 된다. 그는 그 나이의 남자들 대부분이 그러듯이 외현적 사건을 재생해냈고, 막 읽은 그날의 화제에 대해 지성적으로 말하였다. 한번은 저자 중 둘이 그를 방문했을 때, 우리 중 한 사람이 먼저 방에 들어가자, 그는 바로 다른 사람은 어디에 있냐고 물었다. 그때는 우리가 방문하러 갈 것이라고 그에게 말한 지 2주가 지난 뒤였다.

J. K.가 보인 이런 온전한 장기기억은 H. M.의 상황과 매우 다르다. H. M.은 누군가 온다는 말을 듣고 5분만 지나도 기억하지 못했을 것이다. 파킨슨병은 일차적으로 기저핵에 영향을 미치기 때문에, J. K.의 암묵적 기억 결함은 아마도 기저핵 기능부전과 관련되었을 가능성이 크다.

14-2 복습

진도를 계속 나가기 전에 앞 절을 얼마나 이해했는지 확인해보자. 정답은 이 책의 뒷부분에 있다.

1. H. M.의 사례를 기초로, 우리는 외현적 기억에 관여하는 구조에 _____와/과 _____, 그리고 인접 피질이 포함된다고 결론내릴 수 있다.

2. 파킨슨병 환자에서 암묵적 기억 결함은 암묵적 기억의 주요 구조가 _____임을 실증한다.

3. Lashley 연구와 Milner 연구 사이에 무엇이 주요한 차이인가?

14-3

외현적 기억과 암묵적 기억 기반의 신경 체계

주로 쥐와 원숭이를 대상으로 실행한 실험실 연구들은 그 동물들의 내측 측두 영역과 기저핵에 각각 손상을 가해 H. M.과 J. K. 같은 환자의 증상을 재현했다. 전두엽과 측두엽을 포함한 그 밖의 구조 역시 특정 유형의 외현적 기억에 관여한다. 이제 우리는 외현적 기억과 암묵적 기억을 위한 체계들을 구분해서 살펴보겠다.

학습 목표

• 외현적 및 암묵적 기억에 대한 신경회로를 서술한다.

• 외현적 기억의 공고화 과정을 요약한다.

• 정서적 기억의 신경회로를 서술한다.

외현적 기억의 신경회로

1950년대에 H. M.에서 발견된 인상적인 기억상실증후군으로 인해 연구자들은 당시에 기능이 밝혀지지 않았던 대형 뇌 구조인 해마에 초점을 맞추게 되었다. 그러나 H. M.은 다른 손상된 구조도 갖고 있었고, 외현적 기억 처리의 위치로서 해마에 대한 초기 초점은 옳지 않음이 밝혀졌다.

해마는 종 특유의 행동, 공간적 내비게이션, 기억에 관여하며, 스트레스에 취약하다. 그림 2.23이 이 구조를 보여준다.

몇십 년간의 해부학적·행동적 연구들을 통해 복잡성이 정리됨에 따라, 1990년대 중반에 이르러 외현적 기억의 해부학에 대한 의견일치가 이루어지게 되었다. 외현적 기억의 주요 구조는 내측 측두 영역과 전전두피질, 그리고 이들과 밀접한 관련이 있는 구조들이다.

1995년 이전에 출간된 자료들을 살펴보면 기억에 대한 설명이 이 장에 기록된 설명과 아주 다름을 알 수 있다(Gazzaniga, 2000 참조).

짧은꼬리원숭이의 내측 측두 영역은 인간 뇌의 동일 영역과 해부학적으로 유사한 점이 많다. 해마와 편도체에 더하여, **그림 14.8**에 예시된 세 가지 내측 측두 영역이 외현적 기억에 관여한다. 해마에 인접해 위치한 **후내피질**(entorhinal cortex), **해마곁피질**(parahippocampal cortex), **비주위피질**(perirhinal cortex)이 바로 그것이다. 그림 14.8의 흐름도처럼 양방향 연결의 연속적인 배치가 주요 피질 영역부터 비주위피질과 부해마피질로 투사되고, 이는 다시 후내피질로 투사되며, 최종적으로는 해마로 연결된다.

그리스어로 *para*는 '옆', *rhino*는 '코'를 의미한다. 비주위피질은 뇌 바닥 쪽에 있는 후각고랑 옆에 위치한다.

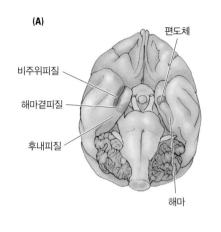

(A)

편도체

비주위피질

해마곁피질

후내피질

해마

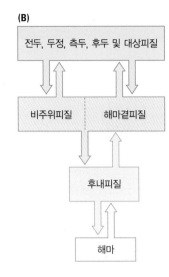

(B)

전두, 두정, 측두, 후두 및 대상피질

비주위피질 ┊ 해마곁피질

후내피질

해마

그림 14.8　원숭이에서 기억에 관여하는 내측 측두 구조

(A) 붉은털원숭이 뇌의 복측 조망. 왼쪽 : 내측 측두 영역. 각각은 기억 저장을 위해 감각 정보 처리에 뚜렷이 다른 역할을 담당한다. 오른쪽 : 해마와 편도체는 뇌 표면에서는 바로 보이지 않는다. 왼쪽에 예시된 것처럼 피질 영역 내측에 위치해 있다. 이 모든 구조는 뇌의 양쪽에 다 있다. (B) 감각피질로부터의 입력이 먼저 해마곁 및 비주위 영역으로, 그다음 후내피질로, 최종적으로 해마로의 흐름으로 전달된다. 해마는 내측 측두 영역으로, 이어서 신피질 감각 영역으로 피드백을 보낸다.

　비주위 영역으로 들어가는 두드러진 피질 입력은 측두엽을 관통하는 복측 시각 흐름에서부터 온다. 비주위 영역은 그래서 시각적 사물 기억의 제일 후보이다. 비슷하게, 해마곁피질은 시공간 처리에 관여하는 것으로 여겨지는 두정 영역들로부터 강력한 입력을 받으며, 그래서 시각 정보를 이용해 공간에서 사물의 위치를 회상하는 **시공간 기억**(visuospatial memory)에 관여할 가능성이 크다.

9-2절은 시각 경로를 자세히 추적한다.

　비주위 영역과 해마곁 영역 모두 후내피질로 투사하기 때문에, 후내피질은 아마도 좀 더 통합적인 기억 기능에 관여한다. 사실 후내피질은 심한 외현적 기억 결함을 특징으로 하는 신경인지장애인 알츠하이머병에서 세포 괴사를 보이는 첫 번째 영역이다('임상 초점 14-3 : 알츠하이머병' 참조).

16-3절은 알츠하이머병과 기타 신경인지장애, 그리고 프리온 이론을 자세히 알아본다.

　그림 14.8B에 보이는 해부학적 조직화의 의미 한 가지는 해마곁피질과 비주위피질이 함께 후내피질과 해마로 들어가는 관문 역할을 한다는 것이다. 이는 널리 받아들여지는 관점이지만, 전전두피질과 해마 사이의 광범위한 연결을 무시한다(광범위한 논의는 Murray et al., 2017 참조). 우리는 곧 기억 속의 전전두-해마 상호작용으로 돌아간다.

해마와 공간 기억

우리에겐 수수께끼로 남아 있는 것이 있다. 만약 해마가 외현적 기억의 핵심적인 구조가 아니고 후내 연결의 수신부라면, 해마는 무엇을 하는 것일까? 해마가 아마도 사물의 위치 재생 같은 장소와 관련된 기억에 요구되는 시공간 기억 과정에 관여한다는 개념은 1978년에 John O'Keefe와 Lynn Nadel의 의해 처음 제기되었다.

　확실히 선택적 해마 손상이 있는 실험실 동물과 사람 환자 모두 다양한 형태의 공간 기억에 심한 결함이 있다. 비슷하게, 해마 병변이 있는 원숭이는 **그림 14.9**에 예시된 것과 같은 과제를 통해 실증될 수 있듯이, 사물의 위치 학습(시공간 학습)을 어려워한다.

　이러한 유형의 실험에서 먹이 보상을 얻기 위해 사물을 옮겨놓도록 원숭이를 훈련(그림 14.9A)한 후, 두 과제 중 하나를 준다. 시각 인식 과제(그림 14.9B)에서, 원숭이는 먹이 보상을 위해 견본 사물을 옮겨놓는다. 짧은 지연 후에 원숭이에게 2개의 사물을 보여주는데, 그중 하나는 새로운 것이다. 과제는 먹이 보상을 위해 새로운 사물을 옮겨야 함을 학습하는 것이다. 이 과제는 외현적 시각 사물 기억을 시험한다. 비주위 병변이 있는 원숭이는 이 과제를 성공적으로 완수

시공간 기억　공간에서 사물의 위치를 재생하기 위한 시각 정보 사용

◎ 임상 초점 14-3

알츠하이머병

1880년대에 이미 노화에 따라 뇌가 위축된다고 알려져 있었으나, 1906년에 독일 의사 Alois Alzheimer가 획기적인 연구 발표를 하기 전까지는 그 이유가 제대로 이해되지 않았다. Alzheimer는 치매 증상을 보이는 51세 여성의 여러 행동 증상과 연관 신경병리를 기술하였다. 그 여성의 신피질과 부등피질(allocortex)의 세포 구조는 다양한 이상을 보였다.

유일한 확진 검사는 아직까지도 뇌 조직의 사후평가이기는 하지만, 현재 미국에서 알츠하이머병에 걸린 사람의 수는 약 570만 명 정도로 추산된다. 병의 진행은 느리며, 알츠하이머병이 있는 많은 사람이 인지 증상이 심해져 무능력해지기 전에 다른 원인에 의해 사망한다.

80세가량까지 일을 계속하다가 심장마비로 사망한 물리학 교수가 있었다. 그 교수의 뇌를 사후평가한 결과 알츠하이머병의 병리가 현저한 것으로 드러났다. 그 교수의 동료들은 기억력 감퇴를 놓고 '노인병' 탓이라고 했다.

알츠하이머병의 원인은 아직 미상이나 유전적 소인, 비정상 수준의 미량원소(예 : 알루미늄), 면역 반작용, 만발성 바이러스, *프리온*(감염성의 비정상적 단백질 형태) 등과 같은 다양한 원인이 제기되고 있다. 두 가지 주요 신경 변화가 알츠하이머병에서 일어난다.

1. *기저전뇌에서 콜린성 세포의 소실.* 따라서 알츠하이머병의 제안된 치료법은 기저전뇌에서 아세틸콜린 수치를 올리는 약이다. 그런 치료 약물 중 하나가 엑셀론(Exelon, 리바스티그민의 상품명)이다. 이 약은 알츠하이머병의 진행을 일시적으로 완화해주는 콜린성 효능제이며, 경구용과 피부 부착용이 다 있다.

2. *대뇌피질에서 신경반 및 신경섬유다발의 발달.* 알츠하이머병은 아밀로이드-β(Aβ)와 타우 같은 두 가지 잘못 접힌 단백질이 특징이다. Aβ 단편들은 세포 바깥에 축적되어 **신경반**(neuritic plaque)을 형성하며, 병리적 타우 침전물은 세포 안에 *신경섬유다발*(neurofibrillary tangle, NFT)로 축적된다. 신경반은 피질 전체에 골고루 분산되어 있지는 않고, 기억과 연관이 있는 측두엽 영역, 특히 후내피질에 주로 집중된다(첨부된 그래프 참조). 신경반이 먼저 나타난 다음, 주로 미세아교세포 활성화에 의해 매개되는 염증 과정이 뒤따르며, 이 활성화는 이어서 타우 병리 생성을 촉진하는 것으로 여겨진다(Avila & Perry, 2021). 연구자들이 Aβ/NFT 수준 사이의 연관성을 확립해 왔지만, 놀랍게도 인지 증상을 거의 보이지 않으면서도 사후 Aβ/NFT 수준이 높은 것으로 밝혀진 일부 사람들이 있다.

콜린성 소실, 신경반, 신경섬유다발 등이 생기면서 피질의 뉴런은 퇴화하기 시작한다. 처음 죽는 세포들은 후내피질에 위치한다(그림 14.8A 참조). 중대한 기억장애가 뒤를 잇는다.

뇌졸중 치료를 전문으로 하는 신경과 의사들이 제기하는 논란의 개념으로 치매가 약간 높은 혈압의 만성적 뇌 혈관 상태를 반영할 수 있다는 것이 있다. 약간의 혈압 상승이 대뇌 미세출혈로 이어질 수 있고, 특히 백질에서 그렇다. 이 미세한 출혈이 수년간 혹은 수십 년간 누적되면 결국에는 점진적 인지 손상으로 이어질 수 있다. 이러한 효과는 먼저 *경도인지장애*(mild cognitive impairment, MCI)로 나타나며, 미세출혈 누적에 따라 천천히 진행한다(Arvanitakis et al., 2018 참조).

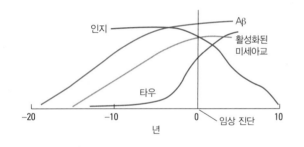

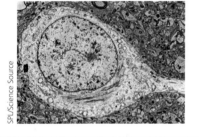

알츠하이머 발병 중 인지 및 바이오마커. 그래프에서 볼 수 있듯이, 인지 증상이 진단되기 약 20년 전에 Aβ 응집체들이 감지될 수 있다. Aβ는 염증을 자극하는 미세아교세포를 활성화하여 타우 단백질 생성을 유도한다. 왼쪽 사진에서, 알츠하이머병이 있는 사람의 이러한 색깔 입힌 뇌세포에서 세포핵 근처의 빨간색 영역(오른쪽 아래)은 잘못 접힌 타우 단백질의 신경섬유다발을 나타낸다.

출처 : Avila, J., & Perry, G. (2021). A multilevel view of the development of Alzheimer's disease, *Neuroscience, 457*, 283–293.

신경반 중앙의 단백질 핵(아밀로이드)과 이를 둘러싼 퇴화된 세포 파편들로 구성된 불완전 괴사(죽은 조직) 영역으로, 흔히 알츠하이머병 같은 신경인지장애가 있는 사람들의 피질에서 관찰됨

1-4절은 뇌와 몸 크기 비율의 지수인 뇌화 지수(EQ)를 설명한다. 뇌화 지수는 다른 종들의 상대적 뇌 크기 비교를 가능하게 해준다.

하기를 어려워한다.

사물 위치 과제(그림 14.9C)에서는, 원숭이에게 먹이 보상을 위해 옮겨야 할 사물 하나를 보여준다. 다음으로 원숭이에게 똑같이 생긴 두 번째 사물을 나란히 보여준다. 과제는 처음 보여주었던 곳과 같은 위치에 있는 사물을 옮겨 놓아야 함을 학습하는 것이다. 해마 병변이 있는 원숭이는 이 과제에서 선택적으로 어려움을 나타낸다.

이러한 연구 결과로부터 우리는 특별히 양호한 공간 기억을 가진 동물은 불량한 공간 기억을 갖고 있는 동물보다 더 큰 해마를 가질 것이라는 예측을 해볼 수 있다. David Sherry와 동료들(1992)은 조류에서 이 가설을 시험했다.

많은 종의 새들은 은닉자이다. 그들은 해바라기 씨앗 및 기타 선호 먹이를 모아서 나중에 먹기 위해 숨겨둔다. 어떤 새들은 자신들이 숨겨둔 수백 개의 먹이를 나중에 찾아낼 수 있다. 이런 활

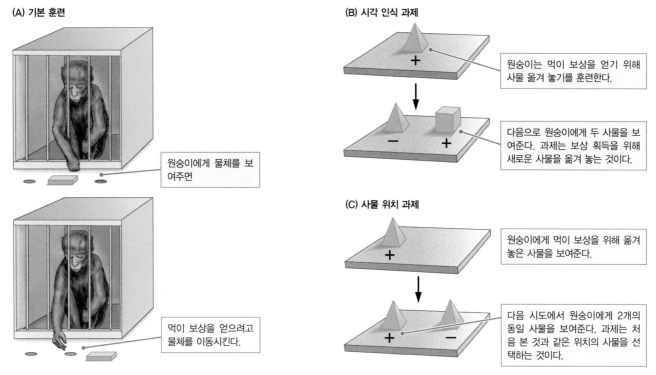

(A) 기본 훈련

원숭이에게 물체를 보여주면

먹이 보상을 얻으려고 물체를 이동시킨다.

(B) 시각 인식 과제

원숭이는 먹이 보상을 얻기 위해 사물 옮겨 놓기를 훈련한다.

다음으로 원숭이에게 두 사물을 보여준다. 과제는 보상 획득을 위해 새로운 사물을 옮겨 놓는 것이다.

(C) 사물 위치 과제

원숭이에게 먹이 보상을 위해 옮겨 놓은 사물을 보여준다.

다음 시도에서 원숭이에게 2개의 동일 사물을 보여준다. 과제는 처음 본 것과 같은 위치의 사물을 선택하는 것이다.

그림 14.9 두 가지 원숭이용 기억 과제
(A) '기본 훈련'에서 원숭이는 먹이 보상을 획득하기 위해 사물 옮기기를 학습한다. **(B)**와 **(C)** 더하기와 빼기 기호는 사물이 먹이와 연관되는지(1) 아닌지(2)를 가리킨다.

동에 해마가 역할을 맡고 있는지 평가하기 위해, Sherry와 그의 동료들은 밀접하게 관련되는 새의 종들에서 해마의 크기를 측정해 비교하였는데, 그 종들 중에 한 종만 먹이 은닉자였다. **그림 14.10**에 보이듯, 해마체의 크기는 먹이를 은닉하는 새가 그렇지 않은 새보다 더 컸다. 사실, 먹이 저장 새의 해마는 비슷한 뇌 크기와 몸무게를 가진 새들의 평균보다 2배 이상 더 크다.

Sherry는 다른 종의 먹이 저장 쥐를 비교하여 비슷한 관계를 발견했다. 사는 구역 전체에 걸쳐 먹이를 저장하는 메리엄캥거루쥐는 사는 굴속에만 먹이를 저장하는 배너테일캥거루쥐보다 더 큰 해마를 갖는다. 조류와 포유류 모두에서 해마의 크기는 두 가지 고도의 공간적 활동, 즉 먹이 찾기와 먹이 비축의 인지적 요구와 관련되는 것으로 보인다.

Sherry 실험을 기반으로 한 예측 한 가지는 공간 인지를 많이 필요로 하는 직업을 가진 사람이 큰 해마를 갖는다는 것이다. 런던의 택시기사가 이런 범주에 적합하다. 런던에서 택시 운전 면허를 가지려면, 이 거대한 오래된 도시의 모든 거리 위치를 알고 있다는 사실을 입증해야 한다. Eleanor Maguire와 동료들(2000)은 MRI를 이용하여 런던 택시기사의 해마 뒤쪽 부분이 대조 집단의 같은 부분보다 유의미하게 더 크다는 사실을 발견했다. 이러한 소견은 아마도 우리 대부분이 처절하게 실패하는 공간 기억 검사에서 선택된 몇 명만이 왜 통과하는지 그 이유를 설명해 준다.

해마체의 공간세포

공간적 행동에서 해마의 역할에 비추어, 우리는 개별 세포들이 공간 정보를 부호화할 것으로 예측해볼 수 있다. 그들은 정말 그렇다. 세 가지 부류의 공간적으로 관계가 있는 세포들이 쥐와 생쥐의 해마와 내측 후내피질에서 식별되었다(**그림 14.11**). 즉 한 동물이 환경의 특정 장소에 있을 때 뉴런이 격렬하게 발화한다. 2014년에 John O'Keefe와 Edvard Moser, May-Britt Moser는 이

박새

보통 참새

먹이 저장함   먹이 저장 안 함

그림 14.10 공간 기억 추론
이 그래프는 새 중에서 먹이 저장 부류(왼쪽)와 먹이 비저장 부류(오른쪽)에서 해마 용적을 전 뇌 용적과 관련짓는다. 검은머리박새처럼 먹이를 은닉하는 새들은 참새처럼 은닉하지 않는 새들보다 2배가량 더 큰 해마를 갖는다.
출처 : Sherry et al. (1992).

그림 14.11 **해마체에서 공간 관련 세포의 유형**

각각에서 오른편의 X–Y 좌표는 왼편에 기록된 세포의 방향적 선택성을 가리킨다. **(A와 B)** 장소세포는 쥐가 방향에 무관하게 특정 장소에 있을 때 방전한다. **(C)** 머리방향세포는 위치와 무관하게 쥐의 머리가 주어진 방향을 가리킬 때 방전한다. **(D)** 격자세포는 많은 위치에서 방전하여 쥐의 방향, 운동, 속도 변화에 직면해 불변하는 가상의 격자를 형성한다.

출처 : O'Keefe(2006).

(A) 장소세포

(B) 방향별 장소세포

(C) 머리방향세포

(D) 격자세포

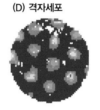 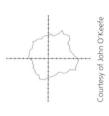

Courtesy of John O'Keefe

발견의 공로로 노벨 생리의학상을 받았다.

그림 14.11A와 B에 보이듯이, 장소세포는 쥐들이 방향과 관계없이 어떤 공간 위치에 있을 때 방전한다. 머리방향세포(그림 14.11C)는 쥐의 머리가 특정한 방향을 가리킬 때마다 방전한다. 격자세포(그림 14.11D)는 여러 위치에서 방전하여 쥐의 방향이나 운동, 혹은 속도의 변화에 대해 가상의 격자 불변식을 형성한다.

이 세포들은 해마에 국재화되는 것이 아니라, 핵심 구조인 해마를 포함한 신경망 내에서 발견된다. 장소세포와 머리방향세포는 해마와 인접 관련 구조들에 위치한다. 격자세포는 해마로의 주요 구심성 경로인 후내피질(그림 14.8B 참조)에서 발견된다. 종합하면, 장소세포 체계는 사물들이 세상 어디에 있는지 가리키고, 격자 체계는 우리가 현재 다니는 환경이 얼마나 큰지 가리키며, 머리방향과 격자 체계는 우리 자신이 환경 어디에 있는지 우리에게 말해준다고 상상해볼 수 있다.

이 통합적 공간 체계는 일종의 뇌 GPS(Global Positioning System)처럼 작동하지만, 이 뇌 GPS는 스마트폰이나 자동차에서 사용하는 것보다 조금 더 흥미롭다. Jorgen Sugar와 May-Britt Moser(2019)는 뇌 GPS가 '어디'뿐만 아니라 '언제'와 '무엇'도 부호화하는 더 큰 네트워크에 통합된다고 제안했다. 언제는 특정 사건의 기간과 순서를 부호화하는 해마 뉴런에 의해 기록된다. 무엇은 동물이 사물에 가까이 있을 때 우선적으로 활성화되는 후내피질의 세포 활성에서 파생된다. 어디 체계는 언제 및 무엇 뉴런과 결합하여 우리의 삽화에 대한 기억, 즉 삽화적 기억(14-1절에서 논의됨)의 기초를 제공하는 큰 앙상블을 형성한다.

외현적 기억의 상호 연결

암묵적 기억에 관여하는 기저핵 체계는 피질로 되먹임을 보내지 않는다. 이는 암묵적 기억의 무의식적 특성을 설명하는 데 도움을 준다.

외현적 기억의 측두엽 경로는 상호적이어서, 신피질로부터 연결이 후내피질로 들어갔다가 다시 나와 신피질로 되돌아간다(그림 14.8B 참조). 상호 연결에는 두 가지 장점이 있다.

1. 내측 측두 영역으로부터 피질의 감각 영역으로 되돌아가는 신호가 감각 경험이 뇌 안에 살아 있도록 유지해준다. 경험의 신경 기록은 실제 경험보다 오래 간다.
2. 신피질로 되돌아가는 경로는 신피질로 하여금 내측 측두 영역에서 처리되는 정보에 대해 계속해서 알게 한다.

지금까지 내측 측두 영역에 초점이 있었지만, 다른 구조도 역시 외현적 기억에 중요하다. 전두엽에 손상을 입은 사람들은 H. M.이나 J. K. 같은 기억상실증에 걸리지는 않으나, 사건의 시간

순서 기억에 어려움을 겪는다. 일련의 사진들을 보여준 뒤 기억하라고 한다. 몇 분 후에, 사진 두 장을 보여주고 앞에 본 것인지 묻는다. 둘 다 봤다고 하면, 둘 중에 뭐가 먼저 본 것인지 묻는다. H. M.은 사진을 기억하지 못할 것이다. 전두엽 손상이 있는 사람들은 사진을 봤다는 것을 기억하나, 뭘 더 최근에 봤는지 재생하기는 어려워한다. 외현적 기억에서 전두엽의 역할은 내측 측두엽의 역할보다 확실히 더 미묘하다.

전두엽과 단기기억 뇌의 모든 감각계는 내측 측두 영역이 그러는 것처럼 전두엽으로 정보를 보낸다. 이 정보는 직접적 감각 분석에 이용되지는 않는다. 그래서 어떤 다른 목적을 갖고 있음에 틀림없다. 일반적으로 전두엽은 많은 형태의 단기기억에 관여하는 것으로 보인다.

Joaquin Fuster는 단기기억 과제 동안 전두엽의 단일세포 활성을 연구했다 (예 : Fuster et al., 2000). 예를 들어 원숭이에게 짧은 시간 동안 기억해야 하는 물체를 보여준 후에 반응을 하게 하면, 전전두피질의 뉴런은 지연 기간 동안 지속적인 발화를 보인다. **그림 14.12**에 예시된 시험을 살펴보자.

- 각각의 시험을 위한 일반적 설계로, 원숭이에게 빛(단서)을 보여주며, 원숭이는 잠시의 지연 후에 보상을 얻기 위해 반응해야 한다.
- 지연-반응 과제에서, 원숭이는 선택시험에서 2개의 빛을 보게 되며, 단서와 같은 위치에 있는 것을 선택해야 한다.
- 지연-교대 과제에서, 원숭이는 선택시험에서 다시 2개의 빛을 보게 되며, 이번에는 단서와 같은 위치에 있지 않은 것을 선택해야 한다.
- 지연-대응표본 과제에서, 원숭이는 빨간 빛을 보게 되며, 잠시의 지연 후에 빨간 빛과 초록 빛을 같이 보게 된다. 과제는 새로운 위치와 상관없이 빨간 빛을 선택하는 것이다.

Fuster는 각각의 과제에서 전두엽의 특정 세포가 지연 내내 발화함을 발견했다. 과제를 학습하지 못한 원숭이들은 그런 세포 활성을 전혀 보이지 않았다. 흥미롭게도 훈련된 원숭이가 실수를 하면, 세포 활성도 상응한다. 즉 세포는 실수가 일어나기 전의 반응을 중지한다. 세포가 단서를 '망각'한 것이다.

외현적 기억 회로 추적 만성적으로 알코올을 남용하는 사람들은 **코르사코프증후군**(Korsakoff syndrome)이라고 하는 외현적 기억의 교란이 생길 수 있다. 어떤 경우에는 심한 외현적 기억 결함이 암묵적 기억의 결함까지 확장될 수도 있다. 코르사코프증후군은 티아민(비타민 B_1) 결핍에 의해 초래되며, 티아민 결핍은 뇌간의 꼭대기에 위치한 내측 시상을 포함한 간뇌의 내측 부위와 시상하부의 유두체에서 세포들을 죽게 한다. 코르사코프증후군 환자의 80%에서 전두엽이 위축(세포 소실)을 보인다. 손상이 전뇌뿐 아니라 뇌간 구조도 침범하기 때문에 기억 교란이 매우 심하다('임상 초점 14-4 : 코르사코프증후군' 참조).

Mortimer Mishkin과 동료들(Mishkin, 1982; Murray, 2000)은 측두엽과 전두엽에 손상이 있는 사람과 실험실 동물 모두에서 모은 증거를 통합하여 외현적 기억의 신경회로를 제안했다. **그림 14.13**은 Mishkin 모델의 수정 버전을 보여준다. 해부학적으로(그림 14.13A) 이는 전두엽과 측두엽뿐 아니라 코르사코프증후군에서 수반되는 내측 시상과 알츠하이머병에서 수반되는 기저전

그림 14.12 단기기억 시험
단기기억 과제를 수행하는 원숭이가 과일주스 보상을 얻기 위해 디스크를 누름으로 반응한다 (위). 올바른 디스크는 과제의 요구에 따라 변한다(아래). (각각의 과제에서 화살표 머리로 가리킨 것이 올바른 선택이다.)
출처 : Fuster(1995).

코르사코프증후군 만성 알코올중독 혹은 비타민 B_1 결핍을 유발하는 영양실조의 결과로 간뇌가 손상되어 발생하며, 새로운 정보 학습능력의 상실(전향성 기억상실)과 오래된 정보 인출능력의 상실(후향성 기억상실)을 영구적으로 나타냄.

◎ 임상 초점 14-4

코르사코프증후군

장기적으로, 알코올사용장애는 특히 영양 결핍을 동반할 때 기억을 말살한다. 62세의 조 R.이 입원했을 당시, 가족들은 그의 기억력이 최악의 상태가 되었다고 호소했다. 그의 지능은 평균 수준이었고, 뚜렷한 감각이나 운동의 어려움도 없었다. 그럼에도 그는 왜 병원에 왔는지 이야기하지 못했고, 현재 자신이 호텔에 와 있다고 말했다.

전날 밤에 뭘 했느냐고 묻자 조는 "친구들과 맥주 몇 잔 하러 레종에 갔다"고 대답했다. 사실 병원에 오긴 했지만, 그의 대답은 합리적 반응이었다. 레종에 가는 것이 바로 지난 30년 동안 거의 매일 저녁 그가 해오던 일이었기 때문이다.

조는 직업에 대해 묻자 확실하지는 않지만 아마 정육점에서 일했을 것이라고 말했다. 사실 그는 지역 운송회사의 트럭 운전수였다. 그러나 그의 아들이 정육점에서 일하고 있었다. 그의 이야기는 또다시 삶의 무언가와 관련되었던 것이다.

방금 일어난 일에 대한 조의 기억력은 다소 나은 편이었다. 한번은 우리가 그에게 우리와 만났음을 기억하라고 요구하고, 그런 다음 방을 떠났다. 2~3분

후에 돌아왔을 때 그는 우리를 만난 사실도, 혹은 우리가 시행했던 심리검사를 받았던 사실도 전혀 기억하지 못했다.

조는 코르사코프증후군을 앓고 있었다. 1880년대에 러시아 의사 Sergei Korsakoff는 만성 알코올중독에 따른 증후군에 처음으로 관심을 기울인 연구자였다. 가장 두드러진 증상은 심한 기억력 감퇴인데, 과거에 학습된 정보에 대한 기억상실[**후향성 기억상실**(retrograde amnesia)]과 기억력 감퇴 발현 이후에 학습된 정보에 대한 기억상실[**전향성 기억상실**(anterograde amnesia)]이 모두 여기에 포함된다.

코르사코프증후군이 있는 사람들에서 기억상실의 한 가지 독특한 특징은 자신들이 기억 못한다는 사실을 인정하기보다 과거 사건에 대한 이야기를 지어내는 경향이 있다는 것이다. 조가 대답했던 것처럼, 이 이야기들은 실제 경험을 바탕으로 하고 있어서 일반적으로 그럴듯하다.

흥미롭게도 코르사코프증후군이 있는 사람들은 자신들의 기억력 감퇴에 대해 잘 알지 못하고, 기억 문제를 갖고 있다는 충고에 일반적으로 무관심하다. 그런 환자들은 자신들 주변에서 일어나는 일에 대해 흔히 냉담하다. 예를 들어 조는 흔히 TV가 꺼졌는데도 마치 TV를 보고 있는 것처럼 보이기도 했다.

코르사코프증후군의 원인은 장기간의 알코올 과다 섭취와 영양불량으로부터 오는 티아민(비타민 B_1) 결핍이다. (조는 '친구들과 맥주 몇 잔'에 더해, 매일 26온스의 럼주를 장기간 마신 기록이 있다.) 티아민 결핍은 중앙 간뇌(midline diencephalon), 특히 내측 시상과 시상하부 유두체에서 세포 괴사를 일으킨다.

코르사코프증후군이 있는 사람들 대부분은 피질 위축도이며, 이는 특히 전두엽에서 잘 나타난다. 일단 갑작스럽게 발생할 수 있는 코르사코프증후군이 나타나면, 예후는 좋지 않다. 코르사코프증후군이 있는 사람들의 약 20%만이 비타민 B_1 강화 식단을 1년간 시행한 후에 상당한 회복을 보인다. 조 역시 수년이 지나고도 전혀 차도를 보이지 않았고, 인생의 마지막 15년을 병원에서 보냈다.

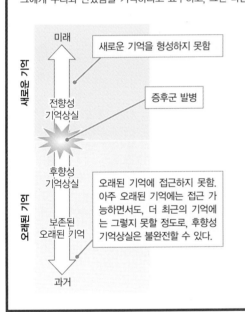

새로운 기억을 형성하지 못함

증후군 발병

전향성 기억상실

후향성 기억상실

오래된 기억에 접근하지 못함. 아주 오래된 기억에는 접근 가능하면서도, 더 최근의 기억에는 그렇지 못할 정도로, 후향성 기억상실은 불완전할 수 있다.

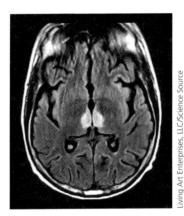

간뇌의 중간 영역(밝은 영역)을 따라 퇴행을 보이는 코르사코프증후군 환자의 MRI 스캔. 왼쪽 그림은 연관된 기억 이상을 보여준다.

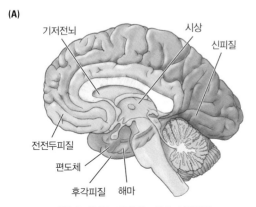

(A)

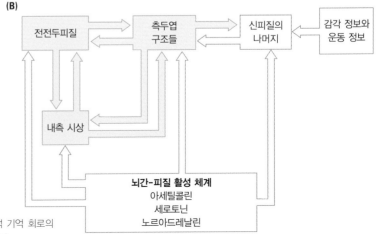

(B)

그림 14.13 외현적 기억을 담당하는 상호 신경회로
(A) 외현적 기억을 조절하는 일반 신경해부학적 영역. (B) 정보 흐름이 외현적 기억 회로의 부분으로 고려되지 않는 감각계와 운동계로부터의 입력으로 오른쪽에서 시작한다.

뇌 활성계를 포함한다. 그림 14.13B는 정보 흐름을 도식화한다.

- 감각과 운동 신피질 영역은 내측 측두 영역으로 연결을 보내고, 이는 다시 내측 시상과 전전 두피질로 연결된다.
- 기저전뇌 구조는 다른 전뇌 구조가 정보를 처리할 수 있도록 그 구조들의 적절한 활성 수준을 유지시키는 데 역할을 한다고 가정된다.
- 측두엽 구조와 전전두피질은 장기 외현적 기억의 형성에 핵심적이라고 가정된다.
- 전전두피질은 일시적인(단기) 외현적 기억의 유지와 외현적 사건의 최근성(시간적 순서)에 대한 기억에 핵심적이다.

외현적 기억의 공고화

기억상실증은 흔히 시간 의존적인 것 같다. H. M.은 새로운 외현적 기억을 형성할 수 없었으나, 아동기를 포함해 수술 전 오랜 기간의 사실과 사건을 잘 재생해내는 것으로 보였다. 그런 소견은 내측 측두 영역이 장기기억의 궁극적 저장소일 수 없으며, 신피질이 더욱 가능성 있는 장소라는 생각으로 이어졌다(검토를 위해 Squire et al., 2015 참조).

이러한 생각은 해마가 새로운 기억을 공고화한다는 가설로 이어졌다. **공고화**(consolidation)는 새로운 기억을 영구적으로 만드는 과정이다. 공고화에서, 즉 학습 후 기억 흔적의 안정화 과정에서 기억은 해마로부터 분산적 신피질 영역들로 이동한다. 일단 기억이 이러한 영역으로 이동하면 해마의 관여는 더 이상 필요하지 않다.

그러나 기억이 어떻게 이동되는지 혹은 얼마나 걸리는지는 불명확하다. Robert Sutherland와 동료들(2010)은 **분산복원 이론**이라는 공고화의 모델을 제안했다. 이 모델에서 학습 삽화는 해마에서는 강하나 다른 곳에서는 약한, 저장된 기억 표상을 빠르게 생산한다. 기억은 학습 후에 몇 시간 혹은 며칠의 시간 눈금으로 재연되어, 해마 바깥에 향상된 표상으로 이어진다. 앞서 논의한 공간 기억에 대한 Maguire 연구에서 본 것처럼 학습의 반복, 즉 연습은 점진적으로 비해마성 기억 표상을 향상한다.

분산복원 모델의 확장은 사건의 지각 특성이 뒤쪽 해마에서 풍부하게 표상화된다고 제안하는 **추적변환 이론**이다. 시간이 지남에 따라 이러한 세부사항들은 기억의 요지(일반적 개요)를 표상화하는 앞쪽 해마로 이동한다. 그런 다음 기억은 내측 전전두피질에서 부호화되며, 여기에서 유사한 기억들이 함께 집단화된다(Sekeres et al., 2018). 뇌 전체에 걸친 기억 흔적의 이동은 사건에 대한 우리의 기억이 시간이 지남에 따라 일정한 것이 아니라, 한 영역에서 다른 영역으로 이동하면서 변형된다는 것을 시사한다.

또 다른 이론은 우리가 특정 기억을 재생할 때마다(연관된 기억 흔적이 당시에 활성화되지 않았더라도), 추가적 공고화 혹은 재공고화에 열려 있다고 제안한다. **재공고화**(reconsolidation)는 기억이 다시 찾아온 후에 기억 흔적을 재안정화하는 과정이다. 연구자들은 이런 생각에 강한 관심을 보여 왔다. 비록 마지막 이야기가 아직 써지지는 않았지만, 최소한 일부 유형의 기억들은 재공고화가 일어남이 확실해 보인다. 그럼에도 불구하고, 재공고화 과정은 주목할 만한 문제를 야기한다. 즉 재공고화의 맥락이 변경되면 기억이 변할 수 있다. 공부할 때 항상 같은 공간을 사용하는 기법은 아마도 재공고화에서 기억 변화의 가능성을 줄여, 나중에 재생을 향상할 수 있을 것이다.

후향성 기억상실 기억상실증 발생 이전에 일어났던 사건을 기억하지 못함

전향성 기억상실 두부 외상, 전기경련요법, 신경퇴행질환 등과 같은 뇌의 문제 이후에 이어지는 사건들을 기억하지 못함

공고화 학습 후에 기억 흔적을 안정화하는 과정

재공고화 기억이 다시 찾아온 후에 기억 흔적을 재안정화하는 과정

그림 14.13에 보이는 뇌 활성 체계는 13-5절에서 자세히 서술된다.

정서적 기억 자극 혹은 사건의 정동적 속성에 대한 기억

5-4절은 스트레스 관련 해마 활성을 PTSD에 연결하며, 연구 초점 16-1은 치료를 다룬다.

재공고화 과정에 대해 생각하는 한 가지 방법은 기억 공고화를 끝없음으로 보는 것이다. 새로운 정보는 존재하는 기억망으로 일정하게 통합되어 간다. 결국 우리는 빈번하게 기억을 재생하고, 기억을 되풀이하며, 기억을 새로운 사건과 통합한다. 우리의 기억은 백지상태 위에 놓이는 것이 아니라 평생의 기억들 안으로 얽혀 섞인다.

재공고화의 함의 중 하나는 기억이 다시 찾아올 때 기억상실 유도제를 사용하여 부정적 기억을 지울 가능성을 시사한다는 점이다. 이는 외상후스트레스장애(PTSD)에서 보이는 것처럼 강력한 정서 경험의 효과를 경감 내지 제거하는 데 중요한 함의를 갖는다. 유망한 유도제가 불활성 기체인 제논(xenon)이다. 이는 인간에서 속효성 마취제로 사용되어 왔으며, PTSD의 쥐 모델에서 재공고화 동안 기억을 지우는 것으로 나타났고(Meloni et al., 2014), 이는 PTSD가 있는 사람의 증례보고에서도 확인되었다(Dobrovolsky et al., 2019).

암묵적 기억의 신경회로

기저핵이 암묵적 기억에 핵심적이라는 가정과 더불어, Mishkin과 동료들은 암묵적 기억의 신경회로를 제안했다(Mishkin, 1982; Mishkin et al., 1997). **그림 14.14**가 보여주듯, 기저핵은 신피질 전체로부터 입력을 받으며, 먼저 복측 시상으로, 이어서 전운동피질로 투사를 내보낸다. 기저핵은 또한 흑질의 도파민 생성 세포로부터 넓고 빽빽하게 분포된 투사를 받는다. 도파민은 기저핵의 회로가 기능하기 위해 필요하고, 암묵적 기억의 형성에 간접적으로 관여한다.

암묵적 기억 체계에서 피질로부터 기저핵으로 가는 연결은 오직 한 방향의 흐름이다. 신피질의 대부분은 기저핵의 활성에 대한 직접적인 정보를 받지 않는다. Mishkin은 이런 단방향 흐름이 암묵적 기억의 무의식적 성격에 대한 설명이 된다고 믿는다. 기억이 의식적이려면, Mishkin과 동료들이 제안했던 외현적 기억 체계(그림 14.13 참조)에서처럼 관여되는 신피질 영역이 되먹임을 받아야 한다.

Mishkin의 모델은 파킨슨병 같은 기저핵 기능부전이 있는 사람들이 왜 암묵적 기억의 결함을 갖는지 보여준다. 대조적으로, 전두엽이나 측두엽 손상이 있는 사람들은 외현적 기억의 심각한 교란에도 불구하고 비교적 양호한 암묵적 기억을 갖는다. 알츠하이머병이 있는 일부의 사람들은 자신이 예전에 게임을 즐겼다는 사실을 재생하지는 못하지만, 능숙하게 게임을 할 수 있다. Daniel Schacter(1983)는 알츠하이머병이 있는 골프 선수에 대해 기술한 적이 있다. 그의 내측 측두 체계는 병으로 심각하게 손상을 입었지만, 기저핵은 영향을 받지 않았다. 그는 친 공을 찾지 못하거나 각각의 홀에서 몇 타를 쳤는지 기억하지 못하는 것처럼 외현적 지식의 장애를 분명히 갖고 있었으나, 골프를 칠 수 있는 능력은 유지하고 있었다.

정서적 기억의 신경회로

자극 또는 사건의 정서적인 속성에 대한 **정서적 기억**(emotional memory)이 암묵적인지 외현적인지는 대체로 명확하지 않다. 둘 다일 수도 있다. 확실히 사람들은 식별할 수 있는 특정 자극에 공포로 반응할 수 있다. 그리고 사람들이 특정한 기억을 갖고 있지 않을 것 같은 상황도 무서워할 수 있음을 우리는 봤다. 공황장애는 정서적 기억의 일반적 병리 현상이며, 사람들은 극심한 불안을 보이지만, 특정 원인을 확인할 수는 없다.

정서적 기억은 발에 가해진 쇼크 같은 불쾌 자극을 버저 소리와 짝을 짓는 방법으로 공포 조건

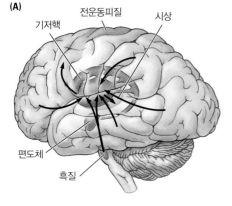

그림 14.14 암묵적 기억을 담당하는 단방향 신경회로
(A) 암묵적 기억을 조절하는 해부학적 영역.
(B) 기억회로의 부분이라고 할 수 없는 감각계와 운동계로부터의 입력으로 시작하는 암묵적 정보의 단방향 흐름을 보여주는 회로 도표.

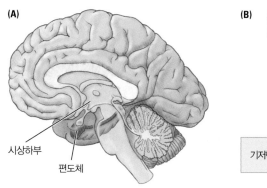

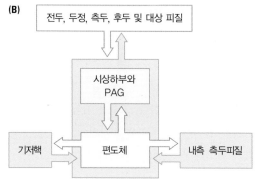

그림 14.15 정서적 기억을 담당하는 신경 회로
(A) 편도체는 정서적 기억의 핵심 구조이다.
(B) 정서적 기억에서 정보의 흐름을 보여주는 회로 도표.

화에서 가장 철저하게 연구되어왔다. 사실 많은 연구가 공포 조건화를 사용하여 정서적 기억이 편도체라는 독특한 해부학적 구성요소를 갖고 있음을 확립했다. 편도체는 공포 조건화를 매개하고(실험 14-1 참조), 전형적으로는 공포를 유발하지 않을 자극에 대해 불안감을 불러일으킨다(예 : Davis, 1992). 편도체 손상은 정서적 기억을 없애지만 암묵적 또는 외현적 기억에는 별 영향을 미치지 않기 때문에, 정서적 기억과 암묵적 및 외현적 기억 사이의 관계를 확립하는 데 있어 편도체는 복잡한 요소를 제시한다.

편도체는 내측 측두피질 구조뿐 아니라 피질의 나머지와도 밀접한 연결을 갖고 있다. 또한 혈압과 심장박동 같은 자율신경 반응을 제어하는 뇌간 구조, 호르몬 체계를 제어하는 시상하부, 통증 지각에 영향을 주는 중뇌수도주변 회백질(periaqueductal gray matter, PAG), 장신경계(enteric nervous system, ENS)로도 투사를 보낸다. 편도체는 기저핵과의 연결을 통해 암묵적 기억 체계와 연관된다(**그림 14.15**).

공포만이 편도체가 처리하는 정서적 기억의 유일한 측면인 것은 아니다. Bob Sainsbury와 Marjorie Coristine(1986)에 의해 수행된 심한 치매가 있는 사람들에 관한 연구가 이를 예시한다. 연구 피험자들은 심한 대뇌피질 이상을 보였으나, 편도체 기능은 온전한 것으로 믿어졌다. 연구자들은 먼저 가까운 가족의 사진을 인식하는 그들의 능력이 심각하게 손상됐다는 것을 확인했다. 그런 다음 피험자들에게 4개의 사진을 보여줬는데, 그중 하나는 2주 전에 방문했던 가족(형제 또는 자녀)의 사진이었다. 과제는 다른 셋보다 더 좋아하는 사람을 고르는 것이었다. 피험자들은 사진의 누구를 알고 있는지 깨닫지 못했지만, 일관되게 가족의 사진을 선호했다. 이 결과는 비록 가족에 대한 외현적 기억이, 그리고 아마도 암묵적 기억까지, 사라졌지만 각 피험자의 정서적 기억이 가족 선호를 유도했음을 시사한다.

우리는 정서적으로 각성된 경험을 생생하게 기억하는 경향이 있는데, 이는 동물과 인간 연구 모두에서 실험적으로 확인된 사실이다. James McGaugh(2004)는 정서적으로 중요한 경험은, 유쾌한 쪽이든 불쾌한 쪽이든, 우리 뇌에서 생생한 기억의 도장으로 작용하는 호르몬 체계와 뇌 체계를 활성화함이 분명하다고 결론지었다. McGaugh는 아마도 많은 신경 체계가 관여하지만, 편도체의 기저외측 부분이 핵심적 역할을 한다고 언급하였다. 정서적으로 촉발된 호르몬 및 신경화학 활성 체계(아마 콜린성 및 노르아드레날린성)가 편도체를 자극한다는 것이 일반적인 개념이다. 다음으로 편도체는 뇌의 나머지 부분, 특히 내측 측두 영역과 전전두 영역, 그리고 기저핵에 있는 기억회로를 조절한다. 우리는 편도체 손상이 있는 사람들이 정서가 실린 사건에 대해 생생한 기억을 가질 것이라고 예상하지 않을 것이며, 실제로 그들은 그렇게 못한다(Cahill et al., 1995).

자율신경계(ANS)는 생명지지 기능을 감시하고 조절한다(그림 2.32). 장신경계(ENS)는 장을 조절한다(그림 2.33). 11-4절은 통증 감각에서 중뇌수도주변 회백질(PAG)의 역할을 살펴본다.

12-6절은 정서행동에 대한 편도체의 영향을 자세히 설명한다.

그림 5.19는 신경활성 체계의 연결을 추적한다. 5-4절은 호르몬이 어떻게 작용하는지 설명한다.

기억 체계의 진화

Elizabeth Murray, Steven Wise, Kim Graham(2017)은 기억 체계의 조직화에 대한 제안을 발표했는데, 그들은 이를 기억의 **진화부착 모델**이라고 했으며, 이는 앞에 서술된 것들과 아주 다르다. 이 연구자들은 특정 시간과 장소에서 특정 기회를 이용하기 위해 진화 중에 여러 기억 체계가 발생했다고 제안한다. 그들은 이러한 이용이 대뇌 구조와 기능에 급진적 변화로 이어졌다고 주장한다. 더 나아가 그들은 거의 모든 피질 영역이 특화된 신경망을 사용하는 다른 영역들과 함께 기억에 관여한다고 주장한다. 그들의 생각이 우리가 이전에 논의한 이론과 근본적으로 다르지 않지만(예를 들어 그림 14.8A 참조), 일반적으로 제안되는 것보다 더 많은 영역을 포함한다. Murray와 동료들의 보다 급진적인 제안은 인간의 뇌, 특히 전전두 영역 및 해마 영역과의 관련 연결이 크게 확장되었기 때문에, 인간의 외현적 기억 체계가 경험을 부호화할 뿐만 아니라 경험을 시간 및 자기 개념 속에 박아 넣는다는 것이다. 따라서 우리는 자신이 진행 중인 일련의 사건에 참여하고 있다고 인식하고, 기억을 인출할 때 참여자 또는 관찰자의 관점에서 경험한다. Murray, Wise, Graham은 기억을 경험하고 부호화하는 이러한 방식이 **진정한 외현적 기억**이며 인간에게만 고유한 것이라고 주장한다.

인간 진화의 과정에서 대뇌 구조의 이러한 중대한 변화는 언어를 포함하여 인간이 소유한 많은 고유한 인지능력의 출현을 가져왔다. 이 제안에 대한 완전한 설명은 이 장의 범위를 벗어나지만, 향후 10년에 걸친 상당한 학술적 토론과 연구를 생성할 것이라고 예측할 수 있다. 저자들은 다음과 같은 진술에서 이를 예견한다. "다른 포유류의 피질을 영장류 영역의 축소모형 복제품 또는 아말감으로 보는 독자들은 아무리 좋게 말해도 우리의 주 논문이 마음에 들지 않을 것이다"(Murray et al., 2017, pp. vii‒viii).

그림 14.13과 14.14에는 외현적 및 암묵적 기억을 위한 제안된 신경회로의 '신피질의 나머지'에 대한 상자가 포함되어 있다.

14-3 복습

진도를 계속 나가기 전에 앞 절을 얼마나 이해했는지 확인해보자. 정답은 이 책의 뒷부분에 있다.

1. 외현적 기억의 두 핵심 구조는 _____와/과 _____이다.
2. 기저핵, 흑질, 신피질로 구성된 체계는 _____ 기억 체계의 신경 기반을 형성한다.
3. _____와/과 연관 구조들은 정서적 기억의 신경 기반을 형성한다.
4. 기억의 점진적 안정화는 _____(으)로 알려져 있다.
5. 우리는 왜 정서적으로 각성된 경험을 아주 생생하게 기억하는가?
6. Murray, Wise, Graham이 제안한 기억에 대한 진화론적 설명이 이 절에 제시된 기존 견해에서 단절된 이유를 설명하시오.

14-4

학습 목표

- 군소의 습관화 및 민감화 연구를 요약한다.
- 장기강화를 서술한다.
- 경험이 어떻게 뇌를 변화시키는지 설명한다.
- 호르몬, 약물 및 영양 요인이 뇌를 어떻게 변화시키는지 서술한다.
- 뇌 가소성의 기본 원칙을 요약한다.

뇌 가소성의 구조적 기초

앞에서 세 가지 기억 범주(외현적, 암묵적, 정서적)와 이들의 기초가 되는 서로 다른 두뇌 회로를 알아보았다. 다음으로 고려할 것은 이 회로의 뉴런이 우리로 하여금 기억을 공고화하고 저장할 수 있게 하기 위해 어떻게 변화하는지다. 신경과학자들은 이러한 변화가 시냅스에서 일어난다는 것에 의견 일치를 보이는데, 그 이유 중 하나는 시냅스가 뉴런들이 서로 간에 영향을 주는 곳이기 때문이다. 이 개념의 시작은 1928년으로 거슬러 올라가는데, 스페인 해부학자인 Santiago

Ramón y Cajal은 학습이 학습 과정에서 활성화되는 시냅스의 효율에 지속성의 구조 변화를 유발할 것이라고 제안했다. Cajal의 개념은 제안하기는 쉽지만 연구하기는 어려운 것으로 밝혀졌다.

연구자들은 Cajal의 제안을 규명하면서 여전히 주요 문제에 봉착하고 있는데, 이는 특정 자극에 대한 기억과 연관되는 시냅스 변화를 뇌 어디에서 찾을지가 불분명하기 때문이다. 과제가 만만치 않다. 할머니 이름의 저장을 담당하는 뉴런의 정확한 위치를 찾으려 한다고 상상해보라. 여러분은 원숭이로 하여금 그림 14.9B에서 예시된 시각 인식 과제를 수행하게 하여, 원숭이 뇌에서 사물에 관한 기억을 담당하는 뉴런을 정확히 찾아내려는 시도에서 비슷한 도전에 직면하게 될 것이다.

기억의 신경상관체를 찾는 한 가지 접근법은 첫째로 시냅스 변화가 실험동물에서 기억과 상관성을 보인다는 것을 결정하고, 둘째로 시냅스 변화를 특정 신경경로에 국재화하고, 셋째로 시냅스 변화 자체를 분석하는 것이다. 이 절에서는 경험이 기억과 관련된 시냅스 변화와 어떻게 상관되는지를 보여주기 시작한 연구들을 살펴본다. 우리는 먼저 약 20,000개의 뉴런을 가진 비교적 단순한 바다민달팽이인 군소(Aplysia)의 신경생리와 경험에 기초한 전략에 대해 알아본다. 이어서 우리는 장기강화(long-term potentiation, LTP)라 하는 패러다임에서 해마와 관련된 생리적, 행동적 변화를 살펴본다. 그런 다음 선택 경험과 상관되는 거시적 신경 변화에 대해 알아본다. 이 경험들은 강화된 환경에서 살기와 특정 과제 학습하기 같은 잠재적으로 이로운 것들부터 영양 요소, 호르몬, 중독성 약물의 만성적 투여처럼 개연적으로 해로운 것들까지 다양하다. 이러한 다양한 경험은 아주 비슷한 방식으로 뇌의 일반적 시냅스 조직화를 변형한다.

군소의 습관화 및 민감화

군소는 파도가 계속해서 몸에 부딪히는 얕은 조수대에 살지만, 파도가 일상생활의 배경 감각에 불과하다는 것을 배운다. 반복 노출로 자극에 대한 반응이 약해지는 과정을 **습관화**(habituation)라고 한다. 군소는 파도의 흐름을 습관화하지만, 다른 새로운 촉각에는 여전히 민감하다. 새로운 물체로 찌르면 군소는 처음에 흡인관과 아가미를 움츠리는 반응을 한다. 그러나 찌르기를 반복하면 다시 습관화된다. 그래서 **실험 14-2**에서 예시된 것처럼 유용한 학습 모델을 제공한다.

실험 14-2의 절차 부분은 반복 자극 후 군소의 아가미 움츠림 반응에 어떤 일이 발생하는지 연구하기 위한 설정을 보여준다. 아가미 움직임이 기록되는 동안 물을 부드럽게 흡인관에 분사한다. 물이 군소의 흡인관에 10번 정도 분사되면, 몇 분 후에 다시 시험할 때 아가미 움츠림 반응이 약해진다. 움츠림 강도의 감소는 습관화에 기인하며, 이 경우 30분 정도까지 지속될 수 있다.

뉴런이 신경계의 기능 단위라는 Cajal의 신경 이론은 이제 보편적으로 받아들여지고 있으며, 이 개별 세포들의 상호작용이 행동을 가능하게 한다는 관념을 포함한다. Cajal의 작업은 3-1절에서 자세하게 논의된다.

습관화 자극에 대한 반응이 반복적 제시로 약화되는 학습 행동

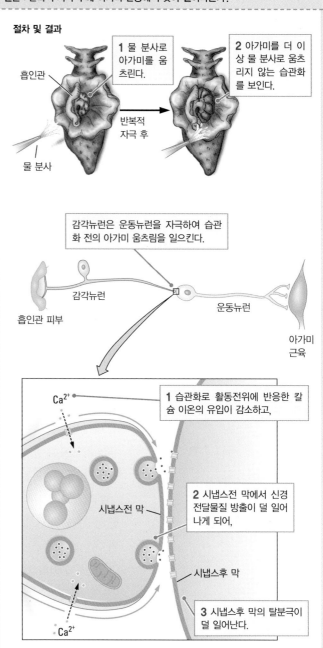

⋯▶ **실험 14-2**

질문 : 반복적 자극 후에 아가미 반응에 무엇이 일어나는가?

절차 및 결과

흡인관

1 물 분사로 아가미를 움츠린다.

2 아가미를 더 이상 물 분사로 움츠리지 않는 습관화를 보인다.

반복적 자극 후

물 분사

감각뉴런은 운동뉴런을 자극하여 습관화 전의 아가미 움츠림을 일으킨다.

감각뉴런

흡인관 피부

운동뉴런

아가미 근육

Ca^{2+}

1 습관화로 활동전위에 반응한 칼슘 이온의 유입이 감소하고,

2 시냅스전 막에서 신경전달물질 방출이 덜 일어나게 되어,

시냅스전 막

시냅스후 막

Ca^{2+}

3 시냅스후 막의 탈분극이 덜 일어난다.

결론 : 물 분사의 반복은 Ca^{2+} 유입 감소와 이어지는 시냅스전 축색 말단의 신경전달물질 방출 감소를 일으켜 움츠림 반응이 약화(습관화)된다.

민감화 자극에 대한 반응이 반복적 제시로 강화되는 학습 행동

실험 14-2의 결과 부분은 군소의 아가미 움츠림 반응을 매개하는 경로를 간단하게 보여준다. 예시 목적으로 단지 하나의 감각뉴런, 하나의 운동뉴런 및 하나의 시냅스만 표시된다. 실제로는 거의 300개의 뉴런이 이 반응에 관여할 수 있다. 물 분사는 감각뉴런을 자극하며, 이어서 감각뉴런은 아가미 움츠림을 담당하는 운동뉴런을 자극한다. 그러나 습관화와 연관된 변화는 정확히 어디에서 발생할까? 감각뉴런에서? 운동뉴런에서? 둘 사이의 시냅스에서?

습관화는 감각뉴런이나 운동뉴런이 활동전위를 생성하지 못해서 생긴 결과가 아니다. 감각뉴런과 운동뉴런 모두 습관화 후 직접적 전기 자극에 대한 반응으로 활동전위 생성 능력을 유지한다. 그러나 운동뉴런의 전기적 기록은 습관화가 생김에 따라 운동뉴런의 흥분성 시냅스후 전위(excitatory postsynaptic potential, EPSP)가 작아진다는 것을 보여준다. EPSP의 크기 감소에 대한 가장 유력한 설명은 운동뉴런이 시냅스를 가로질러 감각뉴런으로부터 오는 신경전달물질을 덜 받고 있다는 것이며, 이는 습관화에 수반되는 변화가 감각뉴런의 시냅스전 축색 말단에서 일어나야 함을 시사한다.

습관화 기저의 칼슘 채널 민감도 감소

Eric Kandel과 동료들은 감각뉴런에서 나오는 신경전달물질 출력을 측정했고, 실제로 습관화되지 않은 뉴런보다 습관화된 뉴런에서 더 적은 신경전달물질이 방출된다는 것을 확인했다(Bailey et al., 2015). 그림 5.4에서 활동전위에 대한 반응으로 신경전달물질이 방출되기 위해서는 시냅스전 막을 통한 칼슘 이온의 유입이 필요하다는 것을 상기해보라. 습관화가 일어남에 따라 활동전위와 관련된 전압 변화에 대한 반응으로 Ca^{2+} 유입이 감소한다. 아마도 반복적 사용으로 전압 활성화 칼슘 채널이 전압 변화에 덜 반응하게 되고, 칼슘 이온의 통과에 더 저항하게 된다.

습관화의 신경 기반은 시냅스전 칼슘 채널의 변화에 있다. 실험 14-2의 결과 부분에 요약된 기본적 기전은 칼슘 채널의 민감도 감소와 그에 따른 신경전달물질 방출 감소이다. 따라서 습관화는 실험의 결론에 요약된 대로 특정 분자 변화와 연결될 수 있다.

민감화 반응

일부 자극에 대한 향상된 반응으로 정의되는 **민감화**(sensitization)는 습관화의 반대이다. 이 과정에서 유기체는 자극에 익숙해지기보다는 자극에 과민하게 반응하게 된다. 민감화는 특정한 맥락 내에서 발생한다. 갑작스럽고 새로운 자극은 우리의 일반적인 인식을 고조하고, 흔히 모든 종류의 자극에 대해 전형 이상의 더 강한 반응을 일으킨다. 예를 들어 시끄러운 소리에 깜짝 놀라면, 이전에 습관화된 자극을 포함하여 주변의 다른 자극에 훨씬 더 반응적으로 된다.

우리는 군소에서 이러한 행동을 관찰할 수 있다. 갑작스럽고 새로운 자극은 익숙한 자극에 대한 민달팽이의 반응성을 높일 수 있다. 예를 들어 포식자의 공격을 받으면 민달팽이는 주변 환경의 다른 많은 자극에 대해 고조된 반응성을 보인다. **실험 14-3**의 절차 부분에 예시된 것처럼, 실험실에서 군소의 꼬리에 작은 전기 충격을 가하면 포식 공격의 모사가 되어 민감화를 일으킨다. 민달팽이 꼬리에 대한 한 번의 전기 충격은 몇 분에서 몇 시간 지속되는 기간 동안 아가미 움츠림 반응을 향상시킨다.

민감화에 관여하는 신경회로는 습관화 반응에 관여하는 신경회로와 다르다. 실험 14-3의 결과 부분은 아가미 움츠림 반응을 생성하는 감각뉴런 및 운동뉴런을 보여주고, 민감화를 담당하는 개재뉴런(interneuron)을 추가한다. 군소의 꼬리에 있는 감각뉴런으로부터 입력을 받는(그래

서 충격에 대한 정보를 전달받는) 개재뉴런은 흡인관에 있는 감각뉴런과 축색-축색 시냅스(두 뉴런의 축색 사이 시냅스)를 만든다. 개재뉴런의 축색 말단은 세로토닌을 내포한다. 결과적으로, 꼬리 충격에 반응하여 꼬리의 감각뉴런은 개재뉴런을 활성화하며, 이는 이어서 흡인관 감각뉴런의 축색에 세로토닌을 방출한다. 흡인관 감각뉴런에서 나오는 정보는 아가미 근육으로 이어지는 운동뉴런을 계속 활성화하지만, 개재뉴런에서 감각뉴런의 시냅스전 막으로 세로토닌 방출은 아가미 움츠림 반응을 증폭시킨다.

분자 수준에서(실험 14-3의 결과 부분에 자세히 표시됨), 개재뉴런에서 방출된 세로토닌은 흡인관의 감각뉴런 축색에 있는 대사영양 세로토닌 수용체에 결합한다. 이 결합은 감각뉴런에서 이차전령 cAMP(cyclic adenosine monophosphate)를 활성화한다.

여러 화학 반응을 통해 cAMP는 인산 분자(PO₄)를 칼륨 채널에 부착하여 덜 반응하게 만든다. 실험 14-3의 확대 보기는 이를 요약한다. 흡인관 감각뉴런의 축색을 따라 이동하는 활동전위(예 : 흡인관 접촉으로 생성된 활동전위)에 대한 반응으로 그 뉴런의 칼륨(K^+) 채널이 더 느리게 열린다. 결과적으로 K^+은 정상처럼 빠르게 막을 재분극시킬 수 없고, 그래서 활동전위는 평소보다 더 오래 지속된다.

민감화 기저의 덜 반응하는 칼륨 채널

K^+ 채널이 더 느리게 열리기 때문에 발생하는 더 오래 지속되는 활동전위는 Ca^{2+} 유입을 연장한다. Ca^{2+} 유입은 신경전달물질 방출에 필요하다. 따라서 더 많은 Ca^{2+} 유입은 더 많은 신경전달물질이 감각 시냅스에서 운동뉴런으로 방출되도록 한다. 이 증가된 신경전달물질 방출은 운동뉴런의 더 큰 활성화를, 그래서 정상 이상의 더 강한 아가미 움츠림 반응을 일으킨다. 이 과정에서 감각뉴런의 더 많은 시냅스 소포가 동원되어 감각운동 시냅스로 더 많은 신경전달물질을 방출할 준비가 됨으로써 아가미 움츠림 반응을 더욱 향상시킬 수 있다.

그렇다면 민감화는 행동 수준뿐만 아니라 분자 수준에서도 습관화의 반대이다. 민감화에서 더 많은 Ca^{2+} 유입은 더 많은 전달물질 방출로 이어지는 반면, 습관화에서는 더 적은 Ca^{2+} 유입이 더 적은 신경전달물질 방출로 이어진다. 그러나 이 두 가지 형태의 학습에서 세포 기억의 구조적 기반은 다르다. 민감화에서는 칼륨 채널에 변화가 일어나는 반면, 습관화에서는 칼슘 채널에 변화가 일어난다.

장기강화

군소에서 습관화와 민감화의 실증은 시냅스의 물리적 변화가 학습의 기저를 이룬다는 사실을 보여준다. 포유동물의 뇌에서 적응적 시냅스는 연합학습에 관여한다. **연합학습**(associative learning)이란 관련 없는 자극들을 서로 연결함으로써, 즉 A와 B가 동행함을 학습함으로써 유발되는 반응

····> 실험 14-3

질문 : 민감화에서 아가미 반응에 무엇이 일어나는가?

절차

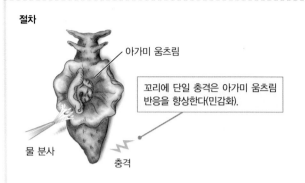

아가미 움츠림

꼬리에 단일 충격은 아가미 움츠림 반응을 향상한다(민감화).

물 분사
충격

결과

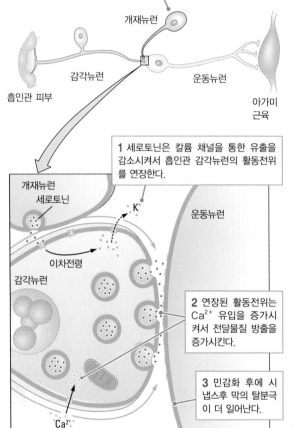

개재뉴런은 꼬리에서 충격을 받은 감각뉴런으로부터 입력을 받아 흡인관 감각뉴런으로 세로토닌을 방출한다.

개재뉴런
감각뉴런　　운동뉴런
흡인관 피부
아가미 근육

개재뉴런
세로토닌
K^+
이차전령
감각뉴런
운동뉴런
Ca^{2+}

1 세로토닌은 칼륨 채널을 통한 유출을 감소시켜서 흡인관 감각뉴런의 활동전위를 연장한다.

2 연장된 활동전위는 Ca^{2+} 유입을 증가시켜서 전달물질 방출을 증가시킨다.

3 민감화 후에 시냅스후 막의 탈분극이 더 일어난다.

결론: 충격 후에 움츠림 반응의 향상(민감화)은 Ca^{2+} 유입 증가와 이어지는 시냅스전 축색 말단의 신경전달물질 방출 증가 때문이다. 충격 자극에의 반복적 노출은 움츠림 반응을 강화한다.

그림 5.16은 대사영양 수용체를 요약한다. Kandel은 기억의 생리학적 기초를 보여주는 군소 연구로 2000년에 노벨 생리의학상을 받았다.

연합학습 행동 반응을 끌어내는 둘 이상의 관련 없는 자극들의 결합

장기강화(LTP) 고빈도 자극 후에 시냅스 효율성의 장기지속성 증가

장기억압(LTD) 저빈도 전기 자극 후에 시냅스 효율성의 장기지속성 감소

시냅스후 전위는 활동전위가 일어날 가능성을 증가시키거나(흥분성/EPSP) 감소시킨다(억제성/IPSP). 실험 4-1을 참조하라.

심한 우울증이 있는 사람들의 치료에 사용되는 뇌심부자극은 뇌 가소성을 증가시키는 장기강화와 비슷한 변화를 유도한다. 16-3절을 참조하라.

이다.

학습된 연합은 외현적 기억의 보편적 유형이다. 예로는 얼굴을 사람과, 냄새를 음식과, 소리를 악기와 연합함이 있다. 연합학습의 기저를 이루는 현상은 시냅스전 세포로부터의 EPSP가 시냅스 간극을 통과한 후에 시냅스후 세포에서의 신경 변화를 수반한다.

해마의 회로가 비교적 단순하고 해마에서 시냅스후 전위를 쉽게 기록할 수 있어서, 해마는 연합학습의 신경적 기초를 연구하는 데 이상적인 뇌 구조이다. 1973년에 Timothy Bliss와 Terje Lømø는 해마로 들어가는 경로에 반복적인 전기 자극을 주면 해마세포에서 기록되는 EPSP의 크기가 점차적으로 증가한다는 것을 실증했다. 이러한 단계별 영역 전위 크기의 상승은 몇 시간부터 몇 주, 때로는 그 이상까지도 지속된다. 고빈도의 자극 후 시냅스 효율성의 이러한 장기 지속성 증가를 두고 Bliss와 Lømø는 **장기강화**(long-term potentiation, LTP)라 불렀다.

그림 14.16A는 장기강화를 획득하기 위한 실험절차를 예시한다. 시냅스전 뉴런이 전기적으로 자극되고, 이 자극에 의해 생성된 전기 활성이 시냅스후 뉴런에서 기록된다. 그림 14.16A의 기록지는 단일 펄스의 전기자극에 의해 생성된 EPSP를 보여준다. 전형적인 실험에서 많은 시험 자극들이 유도되는 EPSP의 크기를 측정하기 위해 주어진다. 그런 다음, 초당 몇백 펄스의 전류로 구성된 강한 폭발의 자극이 주어진다(그림 14.16B). 이어서 시험 펄스가 다시 주어진다. EPSP의 증가된 진폭이 고빈도의 폭발 후에 90분까지 지속된다. 장기강화가 일어난 것이다. 크기가 증가하는 EPSP를 위해, 더 많은 신경전달물질이 시냅스전 세포막으로부터 방출되거나, 시냅스후 세포막이 똑같은 양의 신경전달물질에 더 민감해지거나, 혹은 두 변화 모두 일어난다.

증가된 전달체 방출은 향상된 글루타메이트 방출로 이어지는 일련의 사건을 시작시키는 시냅스전 말단으로의 향상된 Ca^{2+} 유입으로 인해 발생할 수 있다. 또한 전달체 방출을 변형하는 확산 가능한 시냅스후 역행성 전령의 생성에 의해서도 증가될 수 있다. 역행성 전령의 정확한 메커니즘은 명확하지 않으나, 일산화탄소 및 산화질소 같은 가스가 이 과정의 행위자로 제안되어 왔다. 덧붙여서 시냅스전 말단의 이온성 및 대사성 수용체 모두 장기강화를 조절할 수 있다.

장기강화의 발견은 기억 저장 방식에 대한 생각의 혁신으로 이어졌다. 연구자들은 장기강화를 생성하는 자극을 변화시켜 그 반대를 발견했다. 다시 말해 고주파 자극(예 : 100Hz)을 사용하는 대신에 그들은 저주파 자극(예 : 5Hz)을 사용해 EPSP 크기의 감소, 즉 **장기억압**(long-term depression, LTD)을 기록했다. 장기강화가 기억을 만들어내는 기전이라면, 장기억압은 아마도 오래된 기억을 지워 없애는 기전이다.

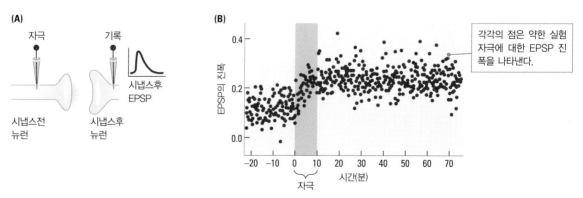

그림 14.16 장기강화의 기록
(A) 실험은 시험 펄스로 시냅스전 뉴런을 자극하고, 시냅스후 뉴런에서 EPSP를 기록한다. (B) 강렬한 자극기간 후 시험 펄스에 의해 생성된 EPSP의 진폭이 증가한다. 장기강화가 일어난 것이다.

장기강화와 장기억압이 기억의 기저가 되는 시냅스 변화 이해에 기초를 형성한다면 두 가지 예측이 뒤따른다. 첫째, 동물들이 문제를 학습할 때, 관여된 경로에서 장기강화의 향상을 보아야 한다. 둘째, 장기강화는 기억에서 보이는 것과 닮은 시냅스 구조의 영속적 변화를 생성해야 한다. 두 예측 모두 진실인 것 같다.

장기강화에 대한 시초 연구는 흥분성 글루타메이트 시냅스에 집중되었다. 글루타메이트는 시냅스전 뉴런에서 방출되며, 시냅스후 세포막에 있는 두 가지 다른 유형의 수용체에 작용한다. 이는 **그림 14.17A**에서 볼 수 있듯이 NMDA와 AMPA 수용체이다. AMPA 수용체는 통상적으로 글루타메이트가 시냅스전 세포막에서 방출될 때 생성되는 반응을 매개한다. 이 수용체는 나트륨 이온(Na^+)을 들어가게 하여, 시냅스후 세포막을 탈분극해서 흥분시킨다. 그림 14.16A의 EPSP의 처음 진폭은 이러한 AMPA 수용체 활동에 의해 생성된다.

NMDA 수용체는 대개 글루타메이트에 반응하지 않는다. 그 이유는 수용체 구멍이 마그네슘 이온(Mg^{2+})에 의해 막혀 있기 때문이다. NMDA 수용체는 2개의 사건이 거의 동시에 일어나면 Ca^{2+}의 통과를 허용하도록 열릴 수 있는 접수문의 이온 채널이다.

1. 시냅스후 세포막이 탈분극되어 마그네슘 이온이 NMDA 수용체 구멍에서 떨어져 나간다(그림 14.17B). 실험자가 가한 강한 전기 자극이 마그네슘을 떨어뜨리는 방법으로 이용된다.
2. NMDA 수용체는 시냅스전 세포막으로부터의 글루타메이트에 의해 활성화된다(그림 14.17C).

접수문의 NMDA 채널이 열리면 칼슘 이온이 시냅스후 뉴런으로 들어가며, 이차전령을 통해 장기강화와 연관된 일련의 사건을 일으키는 작용을 한다. 이 사건들은 글루타메이트에 대한 AMPA 수용체의 반응성 증가와 새로운 AMPA 수용체 형성을 포함하고, 심지어 글루타메이트 방출을 증진하기 위한 시냅스전 말단으로의 역행성 메시지까지 포함한다. 한 가지 혹은 그 이상의 이러한 행위가 그림 14.16B의 최종적 EPSP 진폭을 생성한다.

Bliss와 Lømø의 발견에 의해 촉발된 연구들이 흥분성 시냅스에 초점을 맞춰 왔지만, 억제성

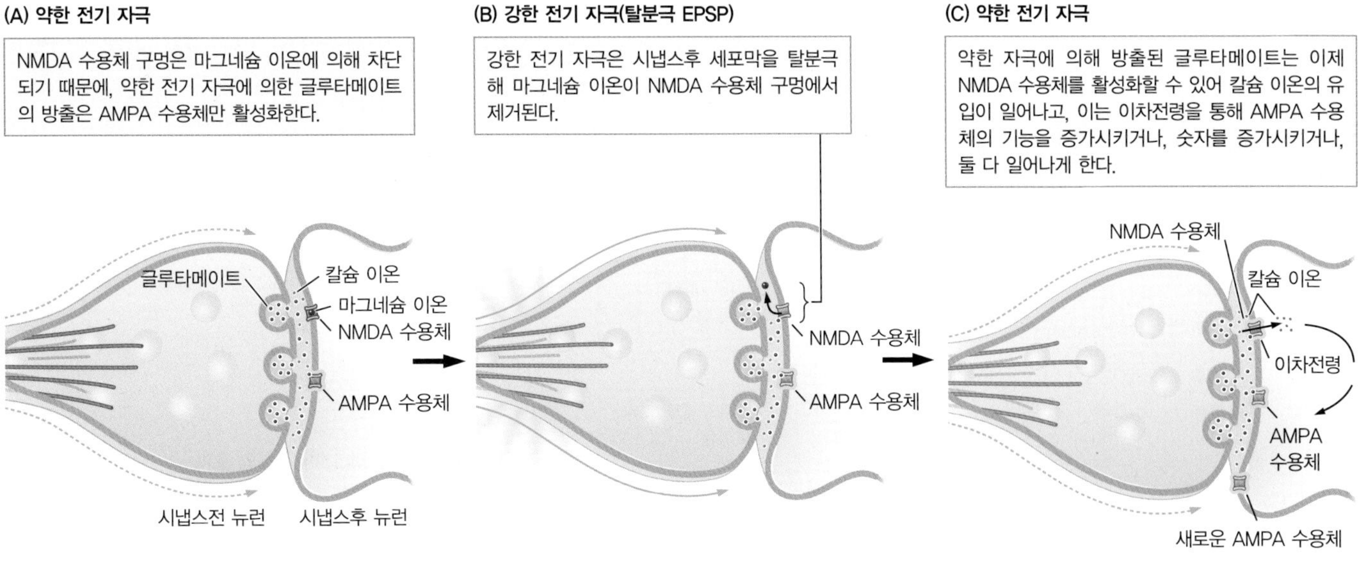

NMDA는 *N*-methyl-D-aspartate의 약자이며, AMPA는 alpha-amino-3-hydroxy-5-methylisoxazole-4-propionic acid를 나타낸다.

(A) 약한 전기 자극

NMDA 수용체 구멍은 마그네슘 이온에 의해 차단되기 때문에, 약한 전기 자극에 의한 글루타메이트의 방출은 AMPA 수용체만 활성화한다.

(B) 강한 전기 자극(탈분극 EPSP)

강한 전기 자극은 시냅스후 세포막을 탈분극해 마그네슘 이온이 NMDA 수용체 구멍에서 제거된다.

(C) 약한 전기 자극

약한 자극에 의해 방출된 글루타메이트는 이제 NMDA 수용체를 활성화할 수 있어 칼슘 이온의 유입이 일어나고, 이는 이차전령을 통해 AMPA 수용체의 기능을 증가시키거나, 숫자를 증가시키거나, 둘 다 일어나게 한다.

글루타메이트   칼슘 이온   마그네슘 이온   NMDA 수용체   AMPA 수용체   NMDA 수용체   AMPA 수용체   NMDA 수용체   칼슘 이온   이차전령   AMPA 수용체   새로운 AMPA 수용체

시냅스전 뉴런   시냅스후 뉴런

그림 14.17 글루타메이트의 지속 효과

증대된 글루타메이트는 시냅스 변화와 장기강화의 기저가 되는 신경화학적 연쇄 반응을 촉발한다.

GABA 개재뉴런(interneuron)에 대한 실험들은 iLTP와 iLTD라 표지된, 장기강화 및 장기억압과 비슷한 현상을 실증한다. 이 발견은 놀랍다. 그 시기만 해도 억제성 뉴런들은 가소성이 없다는 것이 일반적인 믿음이었으나, 이제 우리는 그것들이 확실하게 가소성이 있음을 안다. GABA성 (억제성) 시냅스의 가소성은 흥분성 뉴런의 신경망 조절에 어떤 근본적 역할을 맡고 있는 것으로 보인다.

장기강화 기전에 대한 연구는 가소성에 따른 변화가 어디에 위치하는지에 대한 신경과학자들의 불확정성을 강조한다. 우리의 고찰은 시냅스후 변화를 강조하나, 핵심적 시냅스전 변화 역시 작동 중에 있다는 강력한 주장이 나올 수 있다(예 : MacDougall & Fine, 2014). 일반적으로 가소성은 시냅스 양쪽에서의 변화를 요구한다. 시냅스전 측면이 먼저 활성화됨에 의해 시냅스 변화의 초기 단계에서 핵심임이 입증될 수 있다.

시냅스 변화의 측정

원칙적으로, 경험은 두 가지 방식 중 하나로 뇌를 변화시킬 수 있다. 하나는 기존 회로를 변형하는 것이고, 다른 하나는 새로운 회로를 만들어내는 것이다. 실제로, 가소성이 있는 뇌는 두 전략을 다 사용한다.

기존 회로의 변형

시냅스 변화를 발견하는 가장 간단한 방법은 수상돌기 모양의 거시적 변화를 조사하는 것이다. 수상돌기의 가시는 본질적으로 시냅스에 더 많은 공간을 제공하는 신경막의 확장이며, 더 많은 수상돌기는 더 많은 연결을 의미한다. 수상돌기가 별로 없거나 아주 없는 세포는 입력을 위한 공간이 제한된다. 복잡한 수상돌기 구조가 있는 세포는 수만 개의 입력도 가능한 공간을 가질 수 있는데, 예를 들어 추체세포에서 흥분성 시냅스의 95%가 수상돌기에 있다. 그러므로 수상돌기 구조의 변화는 시냅스 조직화의 변화를 의미한다. 수상돌기 변화의 정도를 측정하면 시냅스 변화를 추정할 수 있다.

돌기 형태의 변화는 무엇을 드러내는 것일까? 더 많은 시냅스 공간을 발생시키는 주어진 뉴런에 대해 생각해보자. 새로운 시냅스는 그 뉴런과 이미 연결되어 있는 뉴런들과의 추가적 접점 혹은 전에 연결되어 있지 않던 뉴런들 사이의 새로운 접촉을 제공할 수 있다. **그림 14.18**은 이렇게 확연히 다른 시냅스 유형의 예를 예시한다.

(A) 경험 전	(B) 경험 후	(C) 새로운 수상돌기 가시의 여러 가지로 관찰된 모양

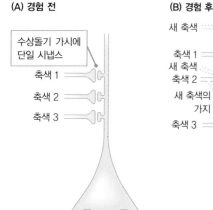

수상돌기 가시에
단일 시냅스

축색 1
축색 2
축색 3

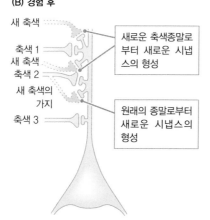

새 축색

축색 1
새 축색
축색 2
새 축색의
가지
축색 3

새로운 축색종말로부터 새로운 시냅스의 형성

원래의 종말로부터 새로운 시냅스의 형성

그림 14.18　수상돌기에 대한 경험의 효과

(A) 추체세포의 수상돌기로 들어오는 세 가지 입력. 각각의 축색은 서로 다른 수상돌기 가시와 시냅스를 형성한다. (B) 다중 가시 머리의 형성. 원래의 축색이 갈라져서 2개의 가시 머리와 연결되거나, 새로운 축색 혹은 축색 가지들(점선의 윤곽)이 새로운 가시 머리와 연결되기도 한다. (C) 하나의 수상돌기 가시가 다수의 시냅스를 형성할 수 있다.

새로운 시냅스는 새로운 축색종말의 성장 결과일 수도 있고, 수상돌기 옆을 통과하는 축색을 따라 시냅스가 형성되어서 생길 수도 있다(그림 14.18A,B). 두 경우 모두 새로운 시냅스는 국소적 회로 변화에 해당하는 것이지, 뇌에서 멀리 떨어진 영역들 사이에 새로운 연결이 발달하는 것은 아니다. 멀리 떨어진 영역 간 새로운 연결 형성은 완전히 발달된 뇌에서는 어려운 일인데, 이유는 세포, 섬유, 혈관 등의 빽빽한 망이 그 길을 가로막기 때문이다.

뉴런은 군소에 의해 다시 예시되듯, 변화하는 경험에 반응하여 시냅스 구조를 변경한다. Eric Kandel과 함께 작업하는 연구자들(Bailey et al., 2015)은 잘 훈련되고, 습관화되고, 민감화된 군소에서 감각 시냅스의 수와 크기가 변한다는 사실을 발견했다. 대조 뉴런과 비교해, 시냅스의 수와 크기는 **그림 14.19**에 표시된 것처럼 습관화된 동물에서 감소하고, 민감화된 동물에서 증가한다. 분명히, 습관화 및 민감화와 연관된 시냅스 사건은 또한 새로운 시냅스의 소실 또는 형성을 유발하는 감각세포의 과정을 촉발할 수 있다.

Tammy Ivanco와 동료들(2000)은 체성감각피질의 장기강화가 피질 추체뉴런의 수상돌기 길이와 가시 밀도 증가로 이어짐을 유사하게 보여주었다. 따라서 우리는 군소와 같은 단순한 동물이든, 쥐와 같은 더 복잡한 동물이든, 학습이 시냅스 수의 변화와 일관되게 연관되어 있음을 알 수 있다(Kolb et al., 2008 참조).

새로운 회로 생성

50년 전까지만 해도 포유류의 뇌는 성인기에 새로운 뉴런을 만들어내지 못한다는 것이 일반적 이론이었다. 카나리아 같은 노래하는 새의 뇌는 짝짓기 시기가 되면 노래를 부르기 위해 새로운 뉴런을 성장시킨다는 1970년대의 예기치 않은 발견으로 연구자들은 이러한 가정에 대해 다시 생각하게 되었다. 궁극적으로 연구자들은 성인 포유류의 뇌도 새로운 뉴런을 생성할 수 있음을 발견했다.

이러한 발견은 세포가 뉴런을 포함한 새로운 세포들로 분화할 때 세포에 가담되는 화합물인 bromodeoxyuridine(BrdU)를 동물에게 직접 주입함으로써 이루어졌다. 이 화합물을 성인 쥐에 주입하면, 분화하는 세포들은 이 화합물을 자신의 DNA에 합체시킨다. 나중의 분석에서 특정 염색은 새로 만들어진 뉴런들을 식별할 수 있다.

BrdU 기술은 영장류 뇌를 포함한 포유류의 뇌가 후각망울과 해마체가 될 뉴런을, 또 전두엽과 측두엽의 신피질까지도 될 가능성이 있는 뉴런을 생성할 수 있다는 상당한 증거를 배출했다 (Eriksson et al., 1998; Gould et al., 1999). 이러한 과정이 일어나는 기전은 아직 분명하지 않으나, 성인의 신경발생은 뇌 가소성을 향상시킨다. 학습과 기억 기저의 과정에서 특히 그렇다. 예를 들어 Elizabeth Gould와 동료들(1999)은 동물이 외현적 기억 과제를 학습할 때 해마의 새로운 뉴런 생성이 증진됨을 보여주었다.

경험은 이러한 새로운 뉴런 생성을 증가시키는 것으로 보인다. 경험 주도의 신경발생에 대한 매혹적인 실증은 Katherine Woollett과 Eleanor Maguire(2011)가 진행한 연구에서 이루어졌다. 우리는 14-3절에서 대략 25,000개의 불규칙한 거리로 이루어진 런던 중심가의 위치를 학습하고 시험에 통과해야 하는 런던 택시기사들의 해마 뒤쪽 영역이 정상 크기 이상으로 증가해 있음을 밝힌 바 있다. 연구자들은 이러한 용적 증가가 시험 통과를 위한 4년 과정의 결과인지, 아니면 예비 기사들이 과정을 시작했을 때 이미 존재했던 것인지를 결정하고자 했다.

Woollett과 Maguire는 훈련 전후에 택시기사 지망생들에서 구조적 MRI를 촬영하여, 합격 훈

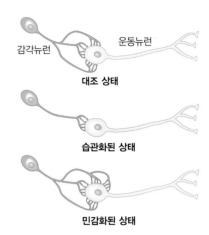

그림 14.19 기억의 물리적 기초

대조 뉴런 연결(위)과 비교해, 군소의 감각뉴런과 운동뉴런 사이의 시냅스 수는 습관화의 결과로 감소하고(가운데) 민감화의 결과로 증가한다(아래). 이러한 구조적 변화는 지속적인 기억의 기초가 될 수 있다.

10-5절은 새 소리의 신경생물학을 논의한다.

실험 7-1은 해마 뉴런이 기억 형성에 기여한다는 가설을 확인해준다.

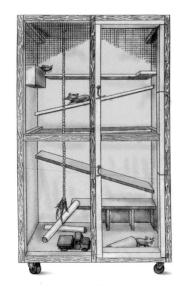

그림 14.20　풍요로워진 쥐 울타리

8-4절은 Hebb의 첫 번째 풍요 훈련과 그의 부인의 반응을 자세히 알아본다.

련생($n=39$)과 불합격 훈련생($n=20$) 간의 비교를 시행하였다. MRI 결과는 해마 용적이 합격 훈련생에서 과정 전 측정치에 비해 증가했으나, 불합격 훈련생에서는 아무런 변화가 없음을 보여주었다. Woollett과 Maguire는 나중에 택시기사가 은퇴했을 때 해마 용적이 감소했음을 보여주었으며, 이는 변화가 사용과 관련됨을 나타낸다.

풍요로워진 경험과 가소성

동물의 뇌를 자극하는 한 가지 방법은 감각 경험이나 운동 경험을 제공하는 환경에 동물을 두는 것이다. Donald Hebb(1947, 1949)은 실험실 쥐를 집에 데려가 부엌을 자유롭게 다닐 수 있도록 하였다. 일정 시간 후, Hebb은 여러 가지 미로 시험을 이용해 이 '풍요로워진' 쥐를 그의 맥길 대학교 실험실 사육장에 남아 있던 쥐와 비교했다. 풍요로워진 쥐가 더 나은 수행을 보였고, 그래서 Hebb은 풍요로워진 경험의 효과는 훗날의 학습을 향상하는 것이라는 결론을 내렸다. 이 중요한 결론은 어려운 형편의 환경에서 사는 취학전 아동들에게 건강하고 풍요로워진 학습 경험을 제공하는 미국의 Head Start 프로그램의 기초가 되었다.

후속연구자들은 더 강제적이고 풍요로워진 울타리를 선택해왔다. 예를 들어 우리 자신의 연구에서, 우리는 약 여섯 마리의 쥐를 한 울타리에 둔다(그림 14.20 참조). 울타리는 쥐에게 풍부한 사회 경험뿐 아니라 광범위한 감각 경험과 운동 경험을 제공한다. 가장 명백한 결과는 '풍요로워진' 쥐가 더 많은 운동을 하다 보니 체중이 적게 나갔음에도 불구하고 우리에서 사육된 쥐에 비해 10%가량 뇌의 무게가 증가한다는 것이다.

핵심적 의문은 "뇌 중량 증가의 기전은 무엇인가?"이다. Anita Sirevaag와 William Greenough (1988)에 의해 진행된 포괄적인 연쇄적 연구들은 광학현미경과 전자현미경 기술을 이용해, 우리 혹은 복잡한 환경 각각에서 사육된 쥐에서 피질의 시냅스, 세포, 혈관 형태의 36가지 측면을 분석하였다. 간단한 결론은 각기 다른 경험에 반응하여 협응적 변화가 수상돌기의 규모뿐 아니라 교질, 혈관, 신진대사 과정에서도 일어났다는 것이다(그림 14.21).

풍요로워진 경험이 있는 동물들은 뉴런당 더 많은 시냅스를 가질 뿐만 아니라 더 많은 성상세포, 더 많은 모세혈관, 더 큰 부피의 미토콘드리아를 갖는다. 확실히 뇌가 경험에 반응하여 변화할 때, 예상되는 신경 변화가 더 커진 뉴런의 신진대사적 요구에 맞추어 일어난다.

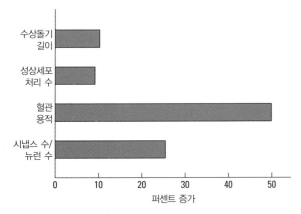

그림 14.21　풍요의 결과

경험에 반응하여 일어난 피질 변화는 뉴런뿐 아니라 성상세포와 혈관계에서도 발견된다(출처 : Kolb et al., 2003; Sirevaag & Greenough, 1987; Turner & Greenough, 1985).

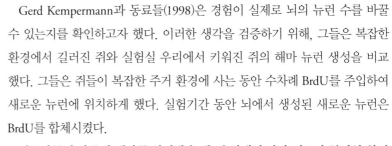

Gerd Kempermann과 동료들(1998)은 경험이 실제로 뇌의 뉴런 수를 바꿀 수 있는지를 확인하고자 했다. 이러한 생각을 검증하기 위해, 그들은 복잡한 환경에서 길러진 쥐와 실험실 우리에서 키워진 쥐의 해마 뉴런 생성을 비교했다. 그들은 쥐들이 복잡한 주거 환경에 사는 동안 수차례 BrdU를 주입하여 새로운 뉴런에 위치하게 했다. 실험기간 동안 뇌에서 생성된 새로운 뉴런은 BrdU를 합체시켰다.

연구자들이 나중에 해마를 살펴봤을 때, 우리에서 자란 쥐보다 복잡한 환경에서 자란 쥐에 새로운 뉴런이 더 많은 것을 발견했다. 이 결과는 이후에도 반복적으로 확인되었다(Kempermann, 2019의 종설 참조). 비록 연구자들은 후각망울 같은 뇌의 다른 부분에서 같은 현상을 보지는 못했지만, 유사한 변화가 다른 신경구조에서도 일어나리라는 기대가 무리는 아닐 수 있게 되었다. 이 결과는 경험이 기존의 회로를 변경할 수 있을 뿐만 아니라 신경발생에, 그래서 새로운 회로의 생성에 영향을 줄 수 있음을 의미하기 때문에 흥미롭다.

감각 혹은 운동 훈련과 가소성

복잡한 환경에서 자란 동물에서 뉴런의 변화를 보인다는 연구들은 뇌의 많은 영역이 그런 경험을 통해 변화할 수 있음을 실증한다. 이러한 소견은 특정 경험이 국소적 뇌 영역에서 시냅스 변화를 일으킬 수 있는지에 관해 의문을 일으킨다. 이 의문에 다가가는 한 가지 방법은 동물에게 특정한 경험을 제공하고 뇌가 어떻게 변하는지 보는 것이다. 또 다른 방법은 평생 어떤 특별한 경험을 해온 사람의 뇌를 들여다보는 것이다. 다음 절에서 우리는 이러한 연구 전략의 각각을 별도로 살펴본다.

실험적 경험 조작

Fen-Lei Chang과 William Greenough(1982)는 가장 설득력 있는 경험 조작 연구를 실시했다. 그렇게 하는 데 있어 그들은 실험실 쥐의 시각경로의 약 90%가 교차한다는 사실을 이용했다. 즉 왼쪽 눈에서 대뇌피질로 가는 연결의 약 90%가 오른쪽 시상을 거쳐서 오른쪽 반구로 향하며, 오른쪽 눈도 반대로 마찬가지이다. (인간에서는 시각 섬유의 절반가량만 교차한다. 그림 9.14 참조.)

Chang과 Greenough는 쥐의 한쪽 눈에 패치를 붙인 후 미로에서 훈련을 시켰다. 한쪽 눈의 시각피질만 미로에 대한 입력을 받았으나, 양쪽 반구의 청각, 후각, 촉각, 운동 영역은 쥐가 탐험함에 따라 동등하게 활성화되었다. 양쪽 반구의 뉴런 비교를 통해 훈련된 반구의 시각피질 뉴런이 더 광범위한 수상돌기를 갖고 있음이 드러났다. 양쪽 반구가 다른 측면에서는 다르지 않았기 때문에, 연구자들은 훈련에 따른 시각 입력의 부호화, 처리, 저장 등과 연관된 어떤 특성이 새로운 시냅스 형성을 유도했다고 결론지었다.

Randy Nudo와 동료들(1997)은 원숭이의 운동피질을 매핑하는 보완 연구를 실시했다. 그들은 뇌의 모양에 현저한 개인차가 있다고 하였다. 연구자들은 개별적 가변성은 피질 지도가 유래된 시간까지 각 원숭이의 경험 때문일 수 있다고 추측했다. 이 생각을 직접 시험하기 위해, 그들은 두 집단의 다람쥐원숭이를 훈련시켜 작은 먹이구멍 혹은 큰 먹이구멍에서 바나나 향의 먹이 알갱이를 꺼내게 하였다. **실험 14-4**의 절차 부분에 예시되어 있듯이, 원숭이는 큰 구멍에는 손 전체를 넣을 수 있었지만, 작은 구멍에는 한두 손가락만 넣을 수 있었다.

연구자들은 각 집단의 원숭이들이 먹이를 회수하기 위해 동일한 수의 손가락 굴곡을 하도록 허용했다. 그들은 2주에 걸쳐 (총 약 12,000회의 굴곡 후에) 각 집단의 성공을 도표화했다. 작은 구멍으로 훈련한 원숭이는 훈련이 진행됨에 따라 실력이 늘어 먹이 꺼내기당 손가락 구부림의

····> 실험 14-4

질문 : 미세 운동기술 학습이 피질의 운동 지도를 변화시킬까?

절차

어려운 과제

한 집단의 원숭이들은 작은 구멍에서 먹이를 꺼내도록 훈련을 받았다.

간단한 과제

다른 집단의 원숭이들은 큰 구멍에서 먹이를 꺼내도록 훈련을 받았다.

양쪽 집단 모두 12,000회 손가락 굽히기가 허용되었다. 작은 구멍 과제가 더 어려웠고, 그래서 쉬운 과제만큼의 성과를 얻으려면 미세 운동기술의 학습이 필요했다.

y축: 하루에 꺼낸 수 *x축: 훈련일*

결과

손가락, 손목, 팔의 운동 표상이 지도화되었다.

구분

■ 손가락   ■ 손목/팔뚝   □ 손가락, 손목, 팔뚝

결론 : 더 어려운 과제를 한 원숭이의 뇌에서 손가락 표상이 더 컸고, 이는 기술 습득에 필요한 뉴런 변화를 반영한다.

출처 : Nudo et al. (1997).

(A)

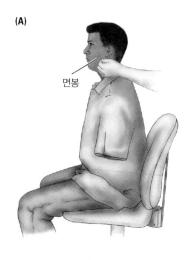

면봉

(B)

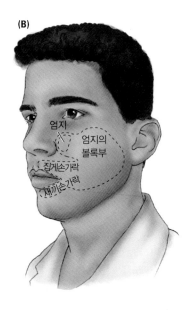

엄지
엄지의
볼록부
집게손가락
새끼손가락

그림 14.22 피질 재조직화
팔 절단자의 얼굴을 면봉으로 가볍게 두드릴 때
(A), 그는 얼굴의 촉감뿐 아니라 절단되고 없는
손에 가볍게 닿는 듯한 촉감을 경험한다**(B)**. 구
심신경을 잃은 피질은 얼굴에 절단된 손의 표상
을 형성한다. 체성감각피질의 정상 지도에서처
럼 엄지가 불균형적으로 크다.
출처 : Ramachandran(1993).

횟수가 점차 줄어들었다. 연구자들이 피질의 미세전극 자
극을 사용해 원숭이의 팔 운동 지도를 생성했을 때(결과
부분에 보임), 지도는 작은 구멍으로 훈련된 원숭이에서
체계적 변화를 보여주나, 큰 구멍으로 훈련된 원숭이에서
는 그렇지 않음을 보여준다. 아마도 이런 변화는 작은 구
멍 조건에서 운동 필요성이 더 많았기 때문일 것이다. 이
실험의 결과는 단순히 반복적인 운동 사용이 아니라, 새
로운 운동기술 학습이 운동피질의 기능적 지형을 만들어
낸다는 것을 실증한다.

운동피질의 가소성을 증명하는 연구의 대부분은 실험
실 동물에서 미세전극 자극을 이용해 피질을 지도화하
는 방법으로 수행되어 왔다. 더 최근에, 경두개자기자극
(TMS)과 기능자기공명영상법(fMRI) 같은 영상 기술을 이
용하면 특별한 운동능력을 갖고 있는 인간에서 유사한 결과를 보여주는 것이 가능하다. 예를 들
어 현악기를 연주하는 오른손잡이 음악가에서는 왼쪽 손가락들의 피질 표상이 증가하고, 점자
를 읽는 사람에서는 읽는 손가락의 피질 표상이 증가한다.

그러므로 운동피질의 기능 구성은 인간에서 숙련된 사용에 의해 변화된다. 또한 인간과 실험
실 동물에서 만성적 손상에 의해서도 변화될 수 있다. Jon Kaas(2000)는 원숭이의 한쪽 팔 감각
신경을 절단하면 체성감각 지도에 대규모 변화가 뒤따름을 보여주었다. 특히 입력이 없으니 해
당 피질 부분은 팔에 주어진 자극에 더 이상 반응하지 않으며, 이는 놀랄 일도 아니다. 하지만 이
피질이 비활성 상태로 남아 있지는 않는다. 오히려 입력이 차단된 피질은 신체 다른 부분으로부
터의 입력에 반응하기 시작한다. 예를 들어 이전에 손의 자극에 반응하던 영역이 이제 인접 영역
의 기능인 얼굴의 자극에 반응한다.

사지 절단 환자의 대뇌피질 지도에서도 비슷한 결과가 발견된다. 예를 들어 Vilayanur
Ramachandran(1993)은 팔 절단 환자의 얼굴을 면봉으로 살짝 문지를 때, 그 환자가 절단된 팔에
서 촉감을 느낌을 발견했다. **그림 14.22**는 Ramachandran이 실제로 얼굴 위에 도식화한 손의 대
략적 지도를 보여준다. 이 소견에 대한 가장 가능성 있는 설명은 운동피질의 얼굴 영역이 확장되
어 입력이 차단된 팔 담당 피질을 차지했으나, 뇌 회로는 여전히 팔로부터의 입력을 나타내듯이
피질 활동에 반응한다는 것이다. 이러한 변화는 절단 환자들이 흔히 겪는 환상지통과 관련될 수
있다. 연구자들은 환상발이 움직일 때 다리에 남아 있는 온전한 근육에서도 비정상적인 활성이
발생하며, 이 감각이 환상지통과 관련됨을 보여주었다(Therrien et al., 2021).

연구 초점 11-4는 환상지통을 최소화하기 위한
Ramachandran의 치료에 대해 이야기하며,
신경보철 및 기타 기법을 사용하는 일부 혁신적
인 치료법을 서술한다.

경험이 피질 지도를 변화시킬 수 있다는 생각은 다른 유형의 경험으로도 증명될 수 있다. 예를
들어 동물을 훈련시켜 특정 손가락을 쉴 새 없이 움직이도록 하면, 그 손가락의 피질 표상은 다
른 운동 영역을 침범하여 확장된다. 마찬가지로, 동물이 여러 가지 소리를 구별하도록 훈련되면,
그런 자극에 반응하는 청각피질 영역의 크기가 증가한다.

'연구 초점 14-5 : 운동, 학습, 신경가소성'에 나와 있는 것처럼 음악 훈련의 한 가지 효과는
서로 다른 악기 연주에 사용되는 손가락의 운동 표상을 변화시킨다는 것이다. 음악 훈련은 아마
특정 음향주파수의 청각적 표상까지도 변화시킬 것으로 추정된다. 두 가지 변화 모두 본질적으
로 기억의 형태이고, 기초가 되는 시냅스 변화는 적절한 감각 또는 운동피질 지도에서 일어날 가

10-4절은 뇌에 대한 음악의 혜택을 논의한다.
15-3절은 절대 음감의 신경 기반을 조사한다.
16-1절은 파킨슨병 같은 신경학적 장애 치료로
서 음악을 서술한다.

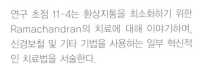

운동, 학습, 신경가소성

많은 계열의 연구가 악기 연주 같은 운동기술 연습이 피질의 체성감각지도와 운동지도의 변화를 유발한다는 것을 보여준다. 마음지도는 일반적으로 더 커지는데, 최소한 손가락과 손의 표상의 경우에는 특히 그렇다.

　추측하건대 음악적 기술은 연습으로 향상되는데, 다른 능력도 향상될까? Patrick Ragert와 동료들(2003)은 전문 피아니스트들이 훌륭한 손가락 운동기술뿐 아니라 뛰어난 체성감각 지각도 갖고 있다는 것을 보여주었다. 이 연구자들은 손가락 끝으로 미세한 감각 자극을 탐지하는 능력을 측정하였고, 그 결과 피아니스트들이 대조군보다 더 민감하다는 것을 발견했다. 그들은 또한 이러한 촉각 민감도의 향상이 피아니스트들의 하루 연습 시간과 관련이 있다는 것도 발견했다.

　다음으로 연구자들은 피아니스트들에서 이미 향상된 지각능력이 추가적 향상을 저해하는지에 대해 의문을 품었다. 놀랍게도 피아니스트들과 대조군이 3시간에 걸친 촉각 지각력 향상 훈련을 받은 후, 피아니스트들은 대조군보다 뛰어난 향상을 보여주었다. 역시 향상 정도는 하루 연습 시간과 상관성을 보였다. 이러한 결과는 연습을 많이 한 피아니스트들이 곡 연주 능력을 배양할 뿐 아니라 학습능력도 더 크게 발전시킨다는 점을 시사한다. 가용한 시냅스를 다 사용해버리는 것이 아니라, 더 많이 사용할 능력을 획득한다.

　그러나 모든 운동 학습이 좋은 것만은 아니다. 많은 연주자에게서 국소적 손 *근긴장이상*(focal hand dystonia)이 나타난다. 이는 비정상적 손가락과 손 위

emreogan/Getty Images

치, 근육 경련, 손과 손가락 동작의 협응 곤란 등의 증상을 말한다. 근긴장이상이 너무 심각해서 자신의 직업을 포기해야만 하는 연주가도 있다.

　전형적으로 근긴장이상은 악기에 손가락 동작을 완벽하게 맞추고자 연습하는 연주자들에게서 나타난다. 위험성이 큰 연주자들에 손가락 끝으로 진동 자극을 느껴야 하는 현악기 연주자들이 포함된다. 그래서 지속적 연습이 음악적 능력의 향상뿐 아니라 피질운동지도의 왜곡 내지 교란으로 이어질 수 있다. 진동에 의한 손가락들의 동기적(synchronous) 활성화가 이러한 원하지 않는 부작용을 일으킨다.

　Victor Candia와 동료들(2003)은 연주자들의 근긴장이상이 교란된 학습의 한 예이며, 운동지도를 되돌림으로써 치료될 수 있을 것이라고 생각했다. 연구자들은 자기뇌파(MEG)를 이용해 피질의 감각 유발 자기장 변화를 측정해보았다. 연구 초반에 근긴장이상이 있는 연주자들은 손가락 영역이 다른 영역과 중복된 교란된 운동지도를 지니고 있었다. 훈련 동안 각 피험자는 맞춤 제작된 손 부목을 착용하였다. 부목은 한 손가락을 움직이는 동안 다른 손가락을 움직이지 못하게 고정하는 역할을 했다. 하루 2시간가량의 훈련을 8일째 받고 난 후, 연주자들은 근긴장이상이 현저하게 완화되었고, 뇌영상 촬영 결과 피질지도가 별개의 손가락 영역으로 정상화되었다. 따라서 훈련이 운동지도의 학습된 변화를 되돌렸고, 근긴장이상을 치료했다. 연주자들은 장애를 실제로 학습했으며, 장애를 잊는 학습을 할 수 있었다.

능성이 크다.

인간 뇌의 경험 의존적 변화

Ramachandran의 절단 환자 연구에 따르면, 인간의 뇌는 변화된 경험에 따라 같이 변화한다. 하지만 이 연구는 직접적으로 뉴런의 변화를 조사한 것이 아니라, 행동으로 뉴런의 변화를 추론한 것이었다. 시냅스 변화를 직접 조사하는 유일한 방법은 뇌 조직을 직접 보는 것이다. 살아 있는 사람에서 이는 선택 가능한 방법이 못 된다. 그 대신, 신경학적 원인이 아닌 다른 이유로 사망한 사람의 뇌를 조사하여 피질 뉴런의 구조가 경험과 관련될 수 있는지 알아볼 수 있다.

　이러한 생각을 다룰 한 가지 방법은 뉴런의 구조와 교육 사이의 관계를 조사하는 것이다. Arnold Scheibel과 동료들은 1990년대에 그런 연구를 많이 했다(예 : Jacobs & Scheibel, 1993; Jacobs et al., 1993). 한 연구에서 그들은 베르니케 영역에서 수상돌기 크기와 교육수준 사이의 관계를 발견했다. 이 언어 영역의 피질 뉴런은 고졸 사망자의 뇌에서보다 대졸 사망자의 뇌에서 수상돌기 가지가 더 많았고, 그래서 수상돌기 물질도 더 많았다. 일반적인 결론은 교육이 뉴런의 복잡성을 증가시킨다는 것이나, 수상돌기를 더 많이 갖고 있는 사람이 대학에 갈 가능성이 더 클 수 있다는 것도 가능해, 가설 검증은 쉽지 않다.

베르니케 영역은 말하기와 언어 이해에 기여한다. 그림 10.18을 참조하라.

그림 15.20은 평균적으로 여성의 언어 유창도가 남성의 그것을 능가하며, 남성은 공간추론 과제에서 여성을 능가한다는 것을 일관되게 보여주는 과제들을 도식화한다.

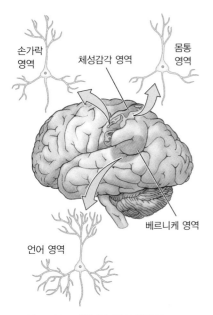

그림 14.23 경험과 뉴런의 복잡성
세포 복잡성이 세포에 요구되는 계산적 수요와 관련된다는 Scheibel 이론의 확인. 신체의 몸통을 표상하는 뉴런들은 손가락 부분을 표상하는 세포들보다 계산적 수요가 상대적으로 덜하다. 마찬가지로, 베르니케 영역의 언어처럼 훨씬 인지적인 기능에 관여하는 세포들은 손가락 기능에 관여하는 세포들보다 훨씬 큰 계산적 수요를 요구한다.

그림 3.26은 메틸화의 두 측면, 즉 히스톤과 DNA 변형을 예시한다.

베르니케 영역의 뉴런과 행동 사이의 관계를 보는 또 다른 방법은 평균적으로 여성의 언어능력이 남성의 언어능력보다 우수하다는 잘 문서화된 관찰을 이용하는 것이다. Scheibel과 동료들은 베르니케 영역의 뉴런 구조를 조사하여, 여성이 남성보다 더 광범위한 수상돌기 가지를 갖고 있음을 발견했다.

마지막으로, 이 연구자들은 경험과 신경 구조 사이의 연결에 대해 약간 다른 접근법을 취했다. 그들은 두 가설과 함께 시작했다.

첫째로 그들은 수상돌기 가지의 복잡성과 뇌 영역에 의해 수행되는 계산과제 특성 사이의 관련성을 제안했다. 이 가설을 검증하기 위해 그들은 서로 다른 계산과제를 수행하는 각기 다른 피질 영역에 있는 뉴런의 수상돌기 구조를 조사했다. 예를 들어 그들은 몸통의 체성감각 표상에 상응하는 뉴런의 구조를 손가락의 그것과 비교하여, 후자가 더 복잡한 세포들을 갖고 있음을 발견했다(**그림 14.23**). 그들은 가슴벽의 수용 영역으로부터 오는 체성감각 입력이 손가락으로부터 오는 것보다 피질 뉴런에 대하여 덜 계산적인 도전이 될 것이고, 그러므로 가슴을 표상하는 뉴런이 덜 복잡할 것이라고 추론했다.

연구진의 둘째 가설은 모든 영역의 수상돌기 가지는 경험 의존성 변화의 대상이라는 것이었다(앞에 언급된 택시기사의 해마 용적 변화를 상기해보라). 연구자들은 지배적 삶의 경험(예 : 직업)이 결과적으로 수상돌기 구조를 변화시킬 것이라고 가정했다. 비록 그들은 이 가설을 직접 검증하진 않았지만, 대신 흥미로운 관찰을 했다. 몸통 영역, 손가락 영역, 모서리위이랑[고등인지 과정(사고)과 연관되는 두정엽 부위] 등 세 영역의 세포를 비교하는 연구에서 그들은 흥미로운 개인차를 발견했다.

예를 들어 몸통 뉴런과 손가락 뉴런 사이의 특별히 큰 차이가 오랜 기간에 걸쳐 높은 수준의 손가락 재주를 유지해야 하는 사람(예 : 컴퓨터 프로그래머 또는 타자수)의 뇌에서 발견되었다. 대조적으로, 판매 외판원에서는 몸통 뉴런과 손가락 뉴런 사이에 차이가 없었다. 휴대용 전자장비가 업무에 도입되기 전에 Scheibel과 동료들의 연구가 이루어졌음을 기억하라. 그 시대에 영업 사원들 사이에서 전문적인 손가락 사용은 그리 기대하지 않았을 것이고, 그래서 손가락 뉴런에 대한 복잡한 요구도 덜했을 것이다.

요약하면, 비록 인간의 경험과 신경 구조 사이의 관계를 보여주는 연구들이 실제 실험보다는 상관관계에 의존하지만, 그 소견은 다른 종에서의 실험적 연구에서 관찰된 소견과 일치한다. 따라서 우리는 특정 경험이 뇌의 시냅스 구성에 국소적 변화를 일으킬 수 있고, 그런 변화가 기억의 구조적 기초를 형성한다는 일반적 결론에 도달한다.

기억의 후생유전학

기억의 기저를 이루는 신경 기전을 찾는 데 있어 수수께끼는 기억이 시간을 넘어 안정적으로 유지되는 반면에, 모든 세포는 계속적으로 분자 순환을 겪고 있다는 사실이다. 이에 대한 가장 간단한 설명은 후생유전학적이다. 즉 특정한 기억에 관여되는 뉴런의 DNA에서 특정한 장소가 메틸화 상태로 존재할 수도 있고, 비메틸화 상태로 존재할 수도 있다.

Courtney Miller와 동료들(2010)은 맥락상 공포 조건화를 경험한 쥐의 해마에서 메틸화를 측정함으로써 이러한 생각을 직접 시험했다(실험 14-1 참조). 그들은 공포 조건화가 급속 메틸화와 연관됨을 보여주었다. 대조적으로, 약물로 메틸화를 차단하면 공포 자극에 대한 기억이 없었다. 연구자들은 후생유전학적 기전이 광범위하게 시냅스 가소성을 매개하나, 특히 학습과 기억에서 그렇다고 결론지었다. 이러한 결과의 함의점 하나는 기억 결함을 포함한 인지장애가 변종의 후생유전학적 변형에 기인할 수 있다는 것이다(Day et al., 2015 참조).

일부 증거는 또한 기억과 관련된 후생유전학적 변화가 후대에 전달될 수 있음을 나타낸다. Brian Dias와 동료들(2015)은 특정 냄새가 발에 가해지는 가벼운 충격과 짝을 이루는 후각적 공포 조건화 패러다임에서 수컷 생쥐를 훈련시켰다. 이 훈련을 받은 생쥐는 냄새에 반응하는 더 많은 후각뉴런과 후각 사구체로 더 많은 축색을 발달시켰다. 생쥐들은 조건화 후에 짝짓기를 했고, 미래의 자식과 손자에서 후각망울의 변화가 관찰되었는데, 이 어린 생쥐들은 절대 조건화되지 않았음에도 그랬다. 유전은 원래 수컷의 정자와 그 자손에 있는 특정 후각 수용체 유전자 주변의 DNA 메틸화 감소와 연관되었다. 후속연구에서 Dias와 동료들이 반복적 냄새 제시만으로 수컷 아비 생쥐의 학습을 소거시켰을 때, 후속 자손은 이전 세대에서 관찰된 후각망울의 변화나 감소된 메틸화를 보이지 않았다(Aoued et al., 2019).

다른 연구에서는 초기 외상성 스트레스가 정자에서 작은 비암호화 RNA를 변화시키고, 이 효과가 자손의 행동 및 대사 변화와 관련됨을 보여주었다(예를 들어 Gapp et al., 2014 참조). 종합하면, 이러한 연구들은 경험과 관련된 후생유전학적 변화가 세대를 걸치는 표현형 유전에 기여할 수 있음을 시사한다.

가소성, 호르몬, 영양인자, 약물

역사적으로 언론 보도는 향정신성 약물 사용으로 인한 뇌 손상의 위험을 강조하는 경향이나, 현실은 광범위한 발표가 시사하는 것보다 약간 더 복잡하다. 일부 약물이 확실히 독소로 작용하여 뇌 영역을 선택적으로 죽일 수 있으나, 약물의 작용에 대한 보다 정확한 서술은 뇌를 변화시킨다는 것이다. 비록 많지 않은 연구가 약물 유도의 형태 변화를 보기는 했지만, 일부 화합물이 뇌의 시냅스 조직화를 상당히 변화시킬 수 있음이 증거로 증명된다. 이러한 화합물에는 호르몬, 신경 영양인자, 향정신성 약물이 포함된다. 우리는 각각의 범주를 간단히 살펴본다.

호르몬과 가소성

순환 호르몬의 수준은 성인에서 뇌 구조의 결정과 특정 행동의 유발에 핵심적이다. 비록 호르몬의 구조 효과가 한때는 발달 과정에서만 표현된다고 믿었으나, 성인 뉴런도 극적인 구조 변화로 호르몬 조작에 반응할 수 있다는 것이 현재의 믿음이다. 여기서 우리는 생식호르몬과 스트레스 호르몬의 작용을 알아본다.

숫쥐와 암쥐의 피질 뉴런 구조의 차이가 생식호르몬에 달려 있다는 사실은 연구 결과를 통해 확립되었다. 더 놀라운 사실은, 데이터가 일관성이 없고 논란의 여지가 있지만, 아마도 생식호르몬이 월경 주기 전반에 걸쳐 인간 여성의 세포 구조와 행동에 영향을 줄 수 있다는 것이다(예 : Le et al., 2020).

에스트로겐 수준의 변화는 신피질과 해마에서 뉴런과 성상세포의 구조를 변화시키는 것으로 보이고, 이 변화가 월경 주기에 걸친 행동의 변동을 예측할 것이다. **그림 14.24**는 암쥐의 4일 에스트로겐 주기의 다른 단계에서 해마세포 수상돌기 가시의 변화를 예시한다. 에스트로겐 수준이 높아짐에 따라 시냅스 수가 늘어나며, 에스트로겐 수준이 낮아짐에 따라 시냅스 수는 줄어든다.

흥미롭게도 세포 구조에 대한 에스트로겐의 영향은 해마와 신피질에서 서로 다를 수 있다. 예

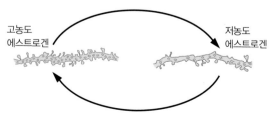

고농도 에스트로겐   저농도 에스트로겐

그림 14.24 호르몬과 신경가소성

쥐의 4일간의 에스트로겐 주기 동안 고농도 및 저농도 에스트로겐 시기에 해마세포의 수상돌기 단면을 보면, 에스트로겐 농도가 높을 때 수상돌기 가시가 훨씬 많음을 알 수 있다.

출처 : Woolley et al. (1990).

그림 12.10은 후각과 관련된 구조에 대한 재교육을 제공한다.

임상 초점 6-2에 서술된 바와 같이, 태아 발달에 잠재적으로 부정적인 영향을 미치는 임신 전 아버지의 알코올 사용 맥락에서도 후생유전학적 변화가 자손에게 전달되는 것을 관찰할 수 있다.

6장에서는 다양한 신경전달물질 체계에 미치는 여러 약물의 영향을 자세히 설명한다.

5-4절은 호르몬의 종류, 기능 및 호르몬이 발휘하는 조절을, 8-4절은 발달 중 호르몬의 조직화 효과를, 12-5절은 성인기의 호르몬 활성화 효과를 설명한다.

신경성장인자(NGF) 수상돌기와 시냅스를 성장시키도록 뉴런을 자극하고, 때로 뉴런의 생존을 촉진하기도 하는 신경영양인자

를 들어 Jane Stewart는 중년 암쥐의 난소를 제거하면 에스트로겐 수치가 급격히 떨어지고, 추체세포의 가시 수가 신피질 전체에 걸쳐서 증가하지만, 해마의 가시 밀도는 감소함을 발견했다(Stewart & Kolb, 1994). 이러한 시냅스 변화가 기억과 같은 과정에 어떤 영향을 주는지는 명확하지 않지만, 이 의문은 합리적이다. 갱년기 여성 또한 에스트로겐 수준의 급락과 언어기억 능력의 상응한 쇠퇴를 경험하기 때문에 특히 그렇다.

이 의문은 또한 중년 남성과도 관련이 있다. 중년 남성들은 테스토스테론 수준의 완만한 감소를 보이는데, 이는 공간적 능력의 하락과 상관성을 나타낸다. 성인기에 생식샘이 절제된 숫쥐는 난소가 절제된 암쥐처럼 피질 가시 밀도의 증가를 보인다. 비록 우리는 이러한 변화가 공간적 행동과 어떻게 관련되는지 알지 못하지만, 테스토스테론 수준이 생활 전반에 걸쳐 공간기억에 영향을 미칠 수 있다고 보는 것이 합리적인 가정이다.

신체가 스트레스를 받으면 뇌하수체는 부신피질자극호르몬(ACTH)을 생성하고, 이는 부신피질을 자극하여 **글루코코르티코이드**로 알려진 스테로이드호르몬 생성을 자극한다. 글루코코르티코이드는 뇌를 포함한 신체에 많은 작용을 하는데, 단백질과 탄수화물 대사, 혈당 조절, 세포의 당 흡수 등에 중요하다. Robert Sapolsky(1992)는 글루코코르티코이드가 때로는 신경독성으로 작용할 수 있다고 제안했다. 특히 그는 스트레스가 장기간 지속되면 글루코코르티코이드가 해마 세포를 죽일 수도 있다는 사실을 발견했다.

그림 5.22는 신체의 스트레스 반응을 예시한다.

Elizabeth Gould와 동료들(1998)은 짧은 기간의 스트레스도 원숭이의 해마에서 생산되는 새로운 과립세포의 수를 줄일 수 있는데, 이는 스트레스호르몬의 작용을 통해 일어날 가능성이 크다고 하였다. 해마에서 뉴런 괴사와 뉴런 발생 감소가 동물의 행동에, 특히 공간기억과 같은 과정에 명백한 함의를 갖는다. 더구나 Richelle Mychasiuk과 동료들(2016)은 스트레스가 쥐의 해마와 전전두피질에서 대조적인 후생유전학적 효과를 나타내며, 이 영역의 유전자 발현에서 수컷과 암컷 사이에 중첩이 거의 없음을 보여주었다.

요컨대, 호르몬은 뇌의 시냅스 구성을 변화시킬 수 있고, 심지어 뇌에서 뉴런의 수까지도 변화시킬 수 있다. 아직도 이러한 변화의 행동적 결과에 대해 알려진 것이 별로 없다. 호르몬이 뇌의 가소성 변화 과정을 변화시킬 가능성이 크며, 이는 후생유전학적 기전을 통해서 이루어질 가능성이 크다.

신경영양인자와 가소성

8-2절은 신경영양인자들이 이런 신호들을 어떻게 보내는지 설명한다.

줄기세포가 뉴런이나 교질로 발달하도록 신호를 주는 화합물인 **신경영양인자**는 신경회로를 재조직화하는 작용도 한다. **표 14.2**에 신경영양인자로 작용하는 분자들을 나열했다. 첫 번째인 **신경성장인자**(nerve growth factor, **NGF**)는 한 세대 이전에 말초신경계에서 발견되었다. NGF는 뉴런을 자극하여 수상돌기와 시냅스 성장을 시킨다는 의미에서 영양성이며, 어떤 경우에는 뉴런의 생존을 촉진하기도 한다.

뉴런과 교질에 의해 뇌에서 생성된 영양인자는 세포막 수용체를 통하여, 그리고 뉴런에 실제로 들어가 내부 기전을 작동함으로써 뉴런에 영향을 줄 수 있다. 예를 들어 영양인자는 시냅스전 세포에 영향을 주는 신호로 작용하기 위해 시냅스후 세포에서 방출될 수 있다. 경험이 신경영양인자의 생성을 자극하는데, 그래서 신경영양인자가 시냅스 변화의 촉진제라고 제안되어 왔다. 예를 들어 동물이 미로와 같은 특별한 문제를 해결할 때, 뇌유래신경영양인자(BDNF) 수준이 증가한다. 이러한 소견으로 인해 BDNF 방출이 수상돌기와 시냅스 성장 같은 가소적 변화를 촉진

할 수 있다는 추정이 가능해진다.

비록 많은 연구자가 BDNF가 학습에 역할을 한다고 결론짓고 싶어 했지만, 안타깝게도 그런 결론이 이어지지는 않았다. 동물들이 미로를 해결할 때, 그들의 행동은 우리에게 남아 있을 때의 행동과 다르다. 그래서 우리는 먼저 BDNF, NGF, 기타 영양인자의 변화가 실제로 새로운 시냅스의 형성과 관련된다는 것을 입증해야 한다. 그럼에도 불구하고, 영양인자가 시냅스 변화의 촉진제로 작용한다고 가정하면, 학습 및 기억과 연관되어 변화된 시냅스를 어디서 찾아야 하는지에 대한 표지자로 학습 동안 증가된 영양인자 활동을 사용할 수 있어야 한다.

향정신성 약물 및 가소성

많은 사람이 자극제인 카페인을 정기적으로 사용하고, 일부 사람들은 니코틴, 암페타민, 코카인 같은 더 자극적인 향정신성 약물을 사용한다. 향정신성 약물 남용의 장기적 결과가 이제 잘 정리되어 있지만, 이러한 약물들이 왜 문제를 일으키는지에 대한 의문은 아직 남아 있다. 만성적 향정신성 약물 남용과 연관된 행동적 변화에 대한 하나의 설명은 약물이 뇌를 변화시킨다는 것이다.

이러한 변화에 대한 실험적 증명의 하나가 **약물 유도 행동민감화**인데, 흔히 줄여서 **행동민감화**(behavioral sensitization)라고 하며, 이는 반복적 약물 복용에 반응하여 행동 작용이 점차 증가하는 것을 일컫는다. 복용마다의 용량이 일정해도 행동은 증가한다. 행동민감화는 암페타민, 코카인, 모르핀, 니코틴 등을 포함한 대부분의 향정신성 약물에서 일어난다.

실험 14-3에서 보았듯, 바다 민달팽이인 군소는 반복 노출 후 자극에 더 민감해진다. 향정신성 약물은 평행적 작용을 갖고 있어, 자신의 작용에 대해 증가된 행동민감화를 일으킨다. 예를 들어 소량의 암페타민을 투여받은 쥐는 활동 증가를 보인다. 이어서 같은 양의 암페타민을 반복 투여하면 활동 증가의 정도가 점차 더 커진다. 몇 주 또는 몇 달 동안 암페타민을 투여하지 않았다가 전과 동일한 양을 투여할 경우, 행동민감화는 중단된 지점부터 시작해 계속해서 진전된다. 이는 어떤 장기 지속성 변화가 약에 반응해 뇌에서 일어났음을 시사한다. 따라서 약물 유도 행동민감화는 특정 약물에 대한 기억이라고 볼 수 있다.

약물 유도 행동민감화와 다른 형태의 기억 사이의 유사성은 행동민감화 이후의 뇌 변화가 학습 이후의 뇌 변화와 비슷한가에 대한 의문을 갖게 한다. 둘은 비슷하다. 예를 들어 민감화된 동물에서 시냅스 수용체 수와 시냅스 수 증가의 증거가 있다.

일련의 연구에서, Terry Robinson과 동료들은 식염수를 주입한 쥐와 비교해 암페타민이나 코카인, 혹은 니코틴에 민감화된 쥐에서 수상돌기 성장과 가시 밀도에 극적인 증가를 보인다는 사실을 발견했다(Robinson & Kolb, 2004). **실험 14-5**는 기저핵 구조인 측좌핵(nucleus

표 14.2 신경영양 활성을 나타내는 분자

신경영양인자가 일차적 기능인 단백질
Nerve growth factor (NGF)
Brain-derived neurotrophic factor (BDNF)
Neurotrophin 3 (NT-3)
Ciliary neurotrophic factor (CNTF)

신경영양 활성을 가진 성장인자
Fibroblast growth factor, acidic (aFGF or FGF-1)
Fibroblast growth factor, basic (bFGF or FGF-2)
Epidermal growth factor (EGF)
Insulinlike growth factor (ILGF)
Transforming growth factor (TGF)
Lymphokines (interleukin 1, 3, 6 or IL-1, IL-3, IL-6)
Protease nexin I, II
Cholinergic neuronal differentiation factor

특정 향정신성 약물의 잠재적 상해 효과는 6-4절에서 자세히 설명한다.

행동민감화 암페타민, 코카인, 니코틴 같은 정신활동 자극제의 반복적 투여로 행동 반응이 증가함. 약물유도 *행동민감화*라고도 하며, 때로 간단하게 *민감화*라고도 함

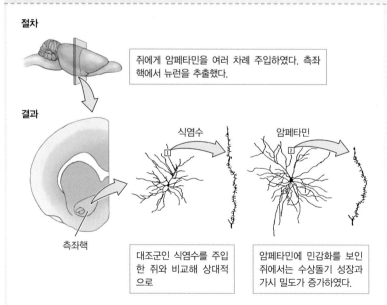

⋯⋯> 실험 14-5

질문 : 정신운동 자극제인 암페타민을 반복 주입하면 뉴런에 어떤 영향을 주는가?

절차

쥐에게 암페타민을 여러 차례 주입하였다. 측좌핵에서 뉴런을 추출했다.

결과

식염수   암페타민

측좌핵

대조군인 식염수를 주입한 쥐와 비교해 상대적으로

암페타민에 민감화를 보인 쥐에서는 수상돌기 성장과 가시 밀도가 증가하였다.

결론 : 암페타민 반복 노출에 의해 유도된 민감화는 특정 뇌 영역에서 뉴런의 구조를 변화시킨다.

출처 : Robinson & Kolb(1997).

6-1절은 약물에 대한 민감화와 내성의 대조적인 과정의 발달을 자세히 설명한다.

accumbens) 세포에 대한 암페타민과 식염수 치료의 효과를 비교한 것이다. 암페타민으로 치료된 뇌의 뉴런은 수상돌기 가지 증가와 가시 밀도 증가를 나타냈다. 그러므로 정신활성 자극제에의 반복 노출은 뇌 세포 구조를 변화시킨다. 이러한 변화는 다음으로 학습된 중독과 관련될 수 있다.

Robinson과 동료들의 연구에서 이러한 가소적 변화들이 뇌 전반에 걸쳐 발견된 것이 아니라, 오히려 상당한 도파민 투사를 받는 전전두피질과 측좌핵 같은 영역에 국재화되었다. (도파민이 약물 사용의 '원함' 측면에 유의미한 역할을 한다고 여겨진다는 6-4절을 상기해보라.) 다른 향정신성약물도 신경 구조를 변화시키는 것으로 보인다. 특히 THC(테트라히드로칸나비놀, 대마초의 활성 성분)와 모르핀, 그리고 특정 항우울제들은 자극제와 방식은 다르지만 수상돌기 길이와 가시 밀도를 변화시킨다. 예를 들어 모르핀은 측좌핵과 전전두피질에서 수상돌기 가지와 가시 밀도를 감소시킨다(Robinson & Kolb, 2004).

약물에 의해 유도된 시냅스 구성의 변화가 이후의 경험 의존적 가소성에 주는 의미는 무엇일까? 복잡한 환경에 두기 전에 2주 동안 쥐에게 암페타민이나 코카인, 니코틴 또는 THC를 투여하면, 피질의 수상돌기 길이와 가시 밀도의 증가는 예상처럼 일어나지 않는다(Kolb et al., 2003; Kolb et al., 2018 참조). 이는 뇌가 더 이상 변화할 수 없기 때문인 것은 아니다. 쥐에게 약물을 추가로 투여하면 여전히 구조 변화를 유발할 수 있다. 오히려 이전의 약물 노출에 대한 뭔가가 나중에 뇌가 경험에 반응하는 방식을 변경시킨다.

이전의 약물 노출이 왜 뇌가 경험에 따라 변화하는 방식을 변경시키는지는 아직 알려지지 않았으나, 약물 복용이 뇌 가소성에 장기적인 영향을 미칠 수 있음은 분명하다. 한 가지 가능한 설명이 후생유전이다. 주어진 동물에 반복적으로 암페타민이나 니코틴을 투여하면 전전두피질과 측좌핵에서 메틸화가 감소하며, 감소한 메틸화는 약물 및 영역 특정의 유전자 발현 증가와 관련된다(Mychasiuk et al., 2013). 이러한 후생유전적 변화가 시냅스로 하여금 훗날의 경험에 반응하여 덜 변화하도록 만들 수 있다.

뇌 가소성에 대한 몇 가지 길잡이 원칙

다가올 10년 동안 뇌 가소성은 뇌-행동 관계 연구의 바탕이 되는 기본 개념으로 계속될 것이다. 몇 가지 기본 규칙이 이러한 연구의 길잡이로 등장했다(더 자세한 사항은 Kolb & Gibb, 2014 참조). 여기에 일곱 가지 사항이 있다.

1. 행동 변화는 뇌 변화를 반영한다

뇌의 주요 기능이 행동을 생성하는 것이나, 행동은 정적이지 않다. 우리는 학습과 기억을 하고, 새로운 사고를 창출하거나 새로운 심상을 시각화하며, 일생을 통해 변화한다. 이 모든 과정은 신경망 변화를 필요로 한다. 신경망이 변할 때마다 행동도 변화한다. 물론 정신적 행동도 여기 포함된다. 신경과학자들이 뇌 손상 또는 행동적 장애에 대한 치료법을 찾는 데 있어 이 규칙에 대한 하나의 귀결이 특히 중요하다. 즉 행동을 변화시키려면 뇌를 변화시켜야 한다.

2. 모든 신경계는 똑같은 보편 방식으로 가소적이다

회충처럼 아주 단순한 동물도 뉴런의 가소성과 상관된 간단한 학습을 보일 수 있다. 분자 수준의 세부사항은 단순 체계와 복잡 체계 간에 다를 수 있으나, 신경가소성의 일반 원칙은 단순 동물과 복잡 동물 모두에 걸쳐 보존된다. 이 보존성은 신경과학의 대부분 영역보다 더 다양한 동물종 사

연구자들은 벌레와 곤충부터 물고기, 새, 포유동물에 이르기까지 다양한 종에서 신경가소성을 연구한다.

이에서 더 많은 신경가소성 연구를 할 수 있도록 해준다.

3. 가소적 변화는 나이 특이적이다

뇌는 같은 경험에 대해서도 연령대에 따라 다르게 반응하는데, 성장기가 특히 그렇다. 예를 들어 전전두피질은 성숙이 느려, 같은 경험도 청소년기나 성인기에서보다 유아기에서 이 영역에 다르게 영향을 미친다.

8-4절은 뇌 조직화의 세부사항들이 발달 동안에 어떻게 신속하게, 때로 결정적으로 변화하는지 추적한다.

4. 태아기 사건이 일생의 뇌 가소성에 영향을 미칠 수 있다

태아기 경험이 뇌 조직화를 변화시킬 수 있다. 향락성 약물이나 처방약에 대한 태아기 노출처럼 잠재적으로 부정적인 경험과 어머니 피부의 촉각 자극 같은 긍정적 경험이 유전자 발현을 변화시키거나 뇌 조직화에 지속적 효과를 유발하는 후생유전적 효과를 유도할 수 있다. 임신 전에 아버지 혹은 어머니의 경험까지도 훗날 자식의 뇌 발달 및 조직화를 변경할 수 있다.

8-4절은 촉각 자극의 혜택에 대해, 임상 초점 8-2는 자폐스펙트럼에서 후생유전 요소의 역할에 대해, 임상 초점 6-2는 태아알코올스펙트럼장애의 비극에 대해 이야기한다.

5. 가소적 변화는 뇌 영역에 따라 다르다

신경망의 가소적 변화가 매우 보편적일 것이라는 예상에도 불구하고, 많은 경험 의존적 변화들은 고도로 특이적임이 분명해지고 있다. 우리는 전전두피질에 대한 향정신성 약물의 효과에서 이 특이성을 보았다. 그러나 다른 피질 영역에서는 아니다. 약물이 선택적으로 전전두피질을 변화시킬 뿐만 아니라, 특정 약물의 경우 배외측과 안와측에서 서로 반대의 변화를 나타낸다. 예를 들어 암페타민 같은 자극제들은 배외측 영역에서 가시 밀도를 증가시키나, 안와 영역에서는 감소시킨다.

그림 12.23은 이러한 전전두 영역을 도식화한다.

6. 경험 의존적 변화들은 상호작용한다

메타가소성(metaplasticity)은 뇌의 다른 가소적 변화들 사이의 평생의 상호작용 속성을 가리킨다. 동물들이 평생을 돌아다님에 따라, 무한한 경험이 뇌 조직화를 변화시킬 수 있다. 때때로 이러한 경험은 상호작용한다. 복잡한 환경에서 동물 키우기는 신경망 조직화에 엄청난 변화를 생성시키나, 이전의 향정신성 약물 노출은 이런 풍요 효과를 완전히 차단한다. 반대로, 복잡한 환경에서의 성장이 약물 효과를 차단하지 못하지만, 풍요는 약물 효과를 확연히 약화시킨다. 태아기 사건은 나중에 약물 효과에 영향을 줄 수 있다. 예를 들어 태아기 어머니의 촉각 자극은 나중에 자손에게 향정신성 약물의 효과를 감소시킨다.

7. 가소성은 장단점이 있다

우리는 주로 향상된 운동과 인지 기능을 지원할 수 있는 가소적 변화를 강조해왔다. 그러나 향정신성 약물의 효과에서 지적되었듯이, 신경망의 가소적 변화가 행동을 저해할 수도 있다. 약물중독에 빠져 전전두피질이 변화된 사람들은 개인생활에서 잘못된 판단을 내리기 쉽다. 외상후스트레스장애를 가진 사람은 편도체와 대상피질에 혈류 변화를 보인다. 이는 나쁜 소식이다.

　좋은 소식은 이러한 전전두 변화를 되돌리는 가소적 변화를 진작시킴으로써 일부 전전두 장애를 치료하거나 완치까지도 할 수 있다는 것이다. 예를 들어 연령과 관련된 신경인지장애는 다양한 형태의 인지치료로 회복시킬 수 있는 시냅스 소실과 관련된다(예 : Mahncke et al., 2006).

메타가소성 뇌의 서로 다른 가소적 변화들 사이의 상호작용

14-4 복습

진도를 계속 나가기 전에 앞 절을 얼마나 이해했는지 확인해보자. 정답은 이 책의 뒷부분에 있다.

1. 군소의 시냅스 기능은 _____와/과 _____ 같은 두 가지 기본 형태의 학습을 매개한다.

2. 흥분성 뉴런에 반복적으로 고빈도 자극을 주면 _____의 현상이 일어나는 반면에, 반복적 저빈도 자극은 _____을/를 일으킨다.

3. iLTP와 iLTD는 _____ 뉴런에서 발견된다.

4. 기억의 기저를 이루는 구조적 변화는 _____와/과 _____의 변화를 포함한다.

5. 복잡한 공간 정보를 학습하게 되면 _____의 회백질 증가로 이어진다.

6. 반복적 약물 복용에 반응한 행동적 활성의 점진적 증가를 가리켜 _____(이)라 한다.

7. 뇌의 가소적 변화가 어떻게 부작용을 생성시킬 수 있는가?

학습 목표
• 뇌 손상으로부터의 회복을 자극할 수 있는 방법을 서술한다.

다양한 다른 신경학적 장애 및 치료와 함께 외상성 뇌 손상은 16-3절에서 논의된다.

14-5

뇌 손상으로부터의 회복

신경계는 행동 변화와 관련된 기전을 사용하는 데 있어 보수적인 것 같다. 신경과학자들이 손상이나 질병 후 뇌를 변화시키길 원하면, 학습과 기억, 그리고 다른 형태의 행동 변화와 관련된 가소적 변화를 일으킬 치료법을 찾아야 한다.

H. M.이 정보를 기억해내려는 55년의 노력에도 불구하고 상실된 기억능력을 회복하지 못했음을 상기해보라. 그는 필수 신경 구조를 상실했기 때문에, 간단히 말해 재학습이 H. M.에게는 가능하지 않았다. 그러나 다른 사람들은 뇌 손상에서 일정 부분의 회복을 보이기도 한다.

일반적 가정일 수 있지만, 뇌 외상 후 회복 과정에서 손상을 입은 사람이 걷기, 말하기, 손가락 사용하기 같은 상실한 능력을 다시 배워야 한다. 그러나 정확히 회복이라는 것이 무엇을 수반하는가? 기능의 부분적 회복이 뇌 손상 후에 일반적이기는 하나, 뇌 외상이나 뇌 질환이 있는 사람은 뉴런을 상실했다. 뇌가 재학습이나 기억에 핵심적인 구조를 잃었을 수 있다.

외상성 뇌 손상이 있는 도나의 경험

도나는 네 살 때 춤을 시작했고, 천부적이었다. 고등학교를 마칠 무렵까지 그녀는 훈련과 기술 습득을 계속하여, 유명 무용단에 견습생으로 들어가 나중에 단원이 되었다. 도나는 〈호두까기 인형〉의 주인공 역할로 춤추도록 선택받은 날을 생생하게 기억한다. 그녀는 어렸을 적 유명한 크리스마스 발레에서 봤던 의상을 동경해왔고, 이제 그런 의상을 입고 춤을 추게 되는 것이었다.

두 아이의 출산으로 댄서로서의 경력이 중단되었으나, 도나는 흥미를 절대 잃지 않았다. 1968년에 자녀들이 학교에 다니게 되자 그녀는 지역 무용단에 들어가 다시 댄스를 시작했다. 스스로 놀라울 정도로, 그녀는 대부분의 동작을 여전히 수행할 수 있었다. 그렇지만 예전에 아주 꼼꼼하게 기억했던 전통 춤의 안무가 녹슬기는 했다. 그럼에도 불구하고 그녀는 빠르게 다시 학습했다. 돌이켜보면, 그녀는 항상 우수한 기억을 갖고 있었기 때문에 별로 놀랄 일이 아니었다.

1990년 어느 저녁, 그녀는 자전거를 타는 중에 음주운전자의 차에 치이는 사고를 당했다. 안전모를 쓰고 있었으나, 머리에 충격을 받은 결과 뇌에 상해를 입는 **외상성 뇌 손상**을 입게 되었다. 도나는 몇 주 동안 혼수상태였다. 의식을 회복했을 때 그녀는 착란 상태였고, 다른 사람과 대화하고 말을 이해하기 어려워했다. 기억은 매우 불량했고, 공간지남력이 떨어졌으며, 다양한 운

임상 초점 1-1과 1-1절은 외상성 뇌 손상의 증상과 치료를 소개하며, 우리는 이를 여기와 16-3절에서 정교화한다.

동장애도 있었다. 가족과 친한 친구 말고는 사람을 제대로 알아보기도 어려워했다.

10개월이 지나, 도나는 운동능력과 언어기술의 대부분을 회복했고, 공간능력도 확연히 향상되었다. 그럼에도 불구하고, 참을성이 없고 느린 회복 속도에 쉽게 좌절하는 뇌 외상 환자들의 전형적 증상을 갖고 있었다. 한때 우울증을 겪기도 했다.

단순한 일에 쉽게 공황에 빠지기도 했다. 그녀는 재활 초기에 대형 슈퍼마켓에서 쇼핑하다가 샐러드 드레싱 종류에 압도되었다. 그녀는 가게에서 뛰쳐나왔고, 밖에 앉아 안정한 후에야 안으로 되돌아가 쇼핑을 마무리할 수 있었다.

2년 후 도나는 다시 한 번 춤을 시작했으나, 새로운 단계를 학습하고 기억하기가 어렵다는 것을 알게 되었다. 정서는 여전히 불안정해서 가족을 긴장시켰으나, 좌절과 짜증은 점점 줄어들었다. 1년 후에 그런 문제들은 사라졌고, 그녀의 인생은 다른 중년 여성의 삶과 그리 다르지 않았다.

그렇기는 해도, 일부 인지 변화는 지속되었다. 도나는 새로 만난 사람의 이름과 얼굴을 기억할 수 없는 것 같았다. 그녀는 텔레비전이나 라디오 같은 것들이 틀어져 있으면 집중력을 상실했다. 그녀는 열심히 하기는 했으나, 다치기 전처럼 춤을 출 수는 없었다. 갑작스러운 턴 동작에서 균형 유지가 가장 어려운 일이었다. 낙상의 위험 대신에, 그녀는 첫 번째 사랑에서 은퇴했다.

도나의 경험은 일생을 통한 뇌의 지속적 구조 변화와 궁극적 기능 변화의 능력을 보여준다. 이 장에서 배운 지식을 바탕으로 도나가 뇌 손상으로부터 회복할 수 있었던 세 가지 다른 방식을 다음과 같이 정리할 수 있다. 그녀는 새로운 문제 해결법을 학습할 수 있었고, 적은 것으로 더 많이 할 수 있도록 뇌를 재조직화할 수 있었으며, 새로운 신경회로를 생성하도록 새로운 뉴런을 발생시킬 수 있었다. 이제 각각의 가능성을 짧게 살펴보자.

세 다리 고양이 해법

다리 하나를 잃은 고양이는 없는 다리를 보상할 방법을 빨리 배워서 다시 이동성을 갖게 된다. 본질적으로 기능 회복을 보이는 것이다. 즉 다리는 사라졌으나 고양이의 행동은 손실을 보상하도록 변화한다. 그래서 뇌 손상으로부터 회복하는 이처럼 가장 간단한 해결책을 세 다리 고양이 해법이라고 부른다.

비슷한 설명이 외상성 뇌 손상 후 명백한 기능 회복의 많은 예에 해당될 수 있다. 오른쪽 손과 팔이 마비된 오른손잡이 뇌졸중 환자를 상상해보라. 마비된 팔을 쓸 수 없으니, 어쩔 수 없이 왼손잡이가 된다. 이런 유형의 행동적 보상은 신경계의 어떤 변화가 이런 새로운 기술의 바탕임을 전제로 한다.

새로운 회로 해법

뇌 손상으로부터 회복하는 두 번째 방법은 뇌로 하여금 적은 것으로 더 많이 하도록 새로운 신경 연결을 형성시키는 것이다. 이러한 변화는 다른 형태의 가소성에서와 비슷한 과정으로 가장 쉽게 성취된다. 이 경우에 뇌는 상실을 극복하기 위해 신경연결을 변화시킨다.

어떤 개입이 없을 경우, 대부분의 뇌 손상으로부터의 회복은 그다지 대단하지 않다. 뇌로 하여금 새로운 연결을 만들도록 진작하는 행동요법, 약물요법, 뇌자극요법 등을 받으면 회복이 상당히 향상될 수 있다.

언어치료, 물리치료, 음악치료 같은 행동치료는 아마도 뇌 활성을 증가시켜 신경 변화를 촉진

Scott T. Baxter/Getty Images

이 무용수들의 뇌는 새로운 경험과 능력에 반응해 변화한다. 사고 후에 도나의 뇌는 상실한 기능을 회복하도록 변화해야 했다. 그러나 그녀는 새로운 춤을 학습하는 능력을 되찾지 못했다.

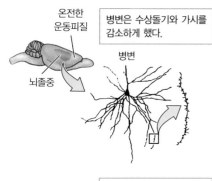

병변은 수상돌기와 가시를 감소하게 했다.

온전한 운동피질

뇌졸중

병변

뇌졸중 후 신경성장인자는 수상돌기와 그 가시의 소실을 역전시켰다.

신경성장인자 + 병변

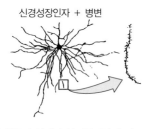

그림 14.25 수상돌기 성장과 신경성장인자 치료
뇌졸중으로 인한 병변은 수상돌기와 가시의 수를 감소시킨다(위). 신경성장인자를 사용한 치료는 이러한 감소를 역전시키고, 수상돌기 성장 및 가시 밀도를 촉진한다(아래).

임상 초점 5-5는 태아 줄기세포 이식의 성공 사례를 이야기한다.

기저핵 영역인 선조체는 미상핵과 피각을 포함한다.

Parmar, M., Grealish, S., & Henchcliffe, C. (2020). The future of stem cell therapies for Parkinson disease. *Nature Reviews Neuroscience*, 21(2), 103−115.

성인에서도 신경 줄기세포는 그림 8.10A의 도표처럼 뇌실 영역에 줄지어 있다.

상피성장인자(EGF) 선조체로 이동해 궁극적으로 뉴런과 교질로 분화하는 세포를 발생시키도록 뇌실밑 영역을 자극하는 신경영양인자

한다. 약물적 중재에서 환자는 뇌 가소성에 영향을 준다고 알려진 신경성장인자(NGF) 같은 약물을 복용한다. 운동피질이 손상된 뇌졸중 동물에게 NGF를 투여하면 운동 기능이 향상된다. 저자가 수행한 연구에서 피질 뇌졸중이 쥐에서 유발되었다(Kolb et al., 1997). 뇌졸중에 이환된 쥐 중 일부는 NGF 치료를 받았고, 기술적 도달하기 과제로 시험하여 비치료 집단 및 건강한 통제 집단과 비교되었다. 건강 집단과 NGF 치료 집단 모두 반복 시도에서 향상을 보였으나, 비치료 집단은 향상을 보이지 않았다. 사후 분석에서는 NGF가 수상돌기 성장을 자극하고, 이 두 집단 모두에서 가시 밀도를 증가시킨 것으로 나타났다(**그림 14.25** 참조).

쥐에서 보인 행동 변화는, 암페타민에 노출한 실험 14-5에서 보았듯, 온전히 남아 있는 운동 영역의 수상돌기 가지와 가시 밀도의 극적인 증가와 상관이 있다. 형태학적 변화는 실험 14-4에 예시된 앞발로 먹이 얻기 같은 향상된 운동 기능과 상관되었다(Kolb et al., 1997). 그러나 뇌 조직이 여전히 소실 상태였으니 회복은 절대 완전하지 않았다.

원칙적으로, 새로운 연결의 성장을 자극하는 어떤 약물이 뇌 손상으로부터 회복을 도와줄 것으로 기대가 된다. 그러나 신경 성장은 소실 기능에 영향을 줄 수 있는 뇌 부위에서 일어나야 한다. 예를 들어 시각피질세포에서 시냅스 성장을 자극하는 약물은 손 사용의 회복을 향상시키지 않을 것이다. 왜냐하면 시각뉴런은 손을 움직이는 데 있어서 직접적인 역할을 하지 않기 때문이다.

새로운 신경회로를 발생시키기 위한 세 번째 전략은 심부뇌자극이나 병변 주변에 직접적 전기자극을 사용하는 것이다. 뇌심부자극에서는 뇌를 더 가소적인(훈련 가능한) 상태로 만들어서 재활치료의 효과를 배가하는 데 목표가 있다. 전기자극은 특정한 상해 신경망 나머지 부분의 활성을 직접적으로 증가시킨다. 두 전략 모두 예비 임상시험 중에 있다.

상실 뉴런 대체 해법

도나 같은 환자가 추구할 수 있었던 세 번째 방법은 새로운 신경회로를 생성하도록 새로운 뉴런을 발생시키는 것이다. 뇌 조직을 한 동물에서 다른 동물로 이식할 수 있다는 생각은 한 세기를 거슬러 올라간다. 태아의 뇌로부터 이식된 조직이 새로운 뇌에서 자라나 어떤 연결을 형성할 것이지만, 이식된 뇌 조직은 이식된 심장이나 간과는 달리 기능이 불량하다. 이 기법은 파킨슨병에서 도파민 생성 세포 대체 또는 일주기 리듬 회복을 위한 시교차상 세포 대체의 예처럼 적은 수의 기능 세포가 요구되는 상태에 가장 적합한 것 같다.

오늘날, 도파민 생성 세포가 파킨슨병이 있는 많은 사람들의 선조체에 수술로 이식됐다. 비록 병이 회복되지는 않았지만, 이 사람들의 일부, 특히 젊은 사람들은 이 시술을 정당화할 만한 기능적 소득을 보여주었다. 그럼에도 불구하고, 조직이 유산된 인간 태아에서 얻어지는 한 윤리적 논란거리로 남을 것이다(Parmar et al., 2020).

성인 줄기세포가 상실된 뉴런을 대체하는 두 번째 방법을 제공한다. 연구자들은 뇌가 성인기에도 뉴런을 만들 수 있음을 알고 있다. 어려운 문제는 뇌가 손상된 이후에 그렇게 해야 한다는 것이다. 이러한 계열의 연구에서 첫 번째 돌파구는 Brent Reynolds와 Sam Weiss(1992)가 열었다. 그들의 연구에서 성인 쥐의 뇌실에 늘어선 세포들이 제거되어 배지에서 배양되었다. 연구자들은 올바른 영양인자가 더해지면 세포가 분화를 시작해 새로운 뉴런과 교질을 생산할 수 있다는 것을 증명했다. 덧붙여 영양인자, 특히 **상피성장인자**(epidermal growth factor, EGF)를 살아 있는 동물의 뇌실에 주입하면 뇌실하 부분이 세포를 발생시키고, 이 세포는 선조체로 이동해 궁극적

으로 뉴런과 교질로 분화한다.

원칙적으로, 손상된 뇌에서 새로운 세포를 발생시키려면 뇌실하 부분을 자극하기 위한 영양인자를 사용하는 것이 가능해야 한다. 만약 이렇게 새로 생긴 세포가 손상 위치로 이동하여 **그림 14.26**에 보이듯이 소실 영역이 재생한다면, 적어도 상실된 기능 일부는 회복할 수 있을지도 모른다. 그러나 소실된 뉴런이 애초에 갖고 있던 뇌 나머지 부분과의 연결과 똑같은 연결을 새로운 뉴런이 구축해야만 할 것이기 때문에, 상실된 행동 모두를 되찾을 것 같지는 않다.

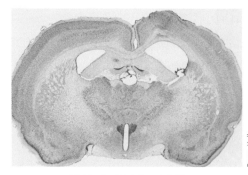

Bryan Kolb

그림 14.26 줄기세포의 효험

왼쪽 : 피질성 뇌졸중(우상부에 보이는 상해) 후에 쥐의 뇌측실에 상피성장인자를 주입하니, 뇌실하 영역에서 신경발생이 유도되었다. 오른쪽 : 줄기세포들이 손상 위치로 이동하여 상해 부위를 채웠다. 그러나 세포 구성은 비정상적이다.

이미 수십억 개의 연결이 성인 뇌에 있는 상태에서 연결이 형성되어야 하기에 이 과제는 벅찰 수밖에 없다. 그럼에도 불구하고, 이러한 치료가 언젠가는 실현 가능할 수 있으며, 전임상 실험실 시험은 유망한 결과를 낳아 왔다. 이전의 연구에서 영양인자의 칵테일이 뇌 손상 후 뇌실하 부분에서 신경발생을 자극함을 보여주었다. 예를 들어 그림 14.26의 왼쪽에서 동물은 먼저 허혈성 손상(뇌졸중)을 받았고, 이어서 14일 동안 영양인자를 뇌실 내로 주입받았다. 그림 14.26 오른쪽에 보이듯, 새로운 세포가 손상 위치로 이동하였고, 그들 중 많은 수가 미성숙 뉴런으로 분화하였다.

비록 새로운 세포들이 기존의 뇌 안으로 잘 통합되지는 않았지만, 행동에 영향을 주었고, 기능 호전으로 이어졌다(Kolb et al., 2007). 그러나 이러한 영향이 일어나는 기전은 아직 이해되지 않고 있다. 새로운 뉴런은 분명히 주변의 손상되지 않은 피질에 어떤 영양적 영향을 주었다. 인간을 대상으로 예비적 임상시험이 진행 중이며, 현재까지 자원자에서 별 부작용을 보이지 않고 있다.

줄기세포를 발생시키는 또 다른 방법은 **중간엽 줄기세포**(mesenchymal stem cell, MSC)를 이용하는 것이다. 이 광범위한 용어는 많은 유형의 세포를 포함하지만, 연구에서 가장 자주 사용되는 세포는 골수에서 파생된다. MSC는 뉴런 유사 세포 및 성상세포로 분화하도록 유도될 수 있기 때문에 파킨슨 유사 질환 치료에 대한 가능성을 보여준다. 지금까지 MSC의 적용은 실험실 동물 모델에서 가능성을 보여주었다(Liu & Cheung, 2020). 뉴런을 대체할 가능성이 있는 또 다른 유형의 줄기세포는 성체 체세포에서 직접 발생시킬 수 있고, 실험실 동물에서 도파민 뉴런을 생성할 수 있는 **다능성 줄기세포**(pluripotent stem cell)이다(Sonntag et al., 2018 참조).

14-5 복습

진도를 계속 나가기 전에 앞 절을 얼마나 이해했는지 확인해보자. 정답은 이 책의 뒷부분에 있다.

1. 뉴런 소실을 보상하기 위한 세 가지 방식은 _____, _____, _____이다.

2. 손상 후 회복을 향상시키기 위해 전기 자극을 사용하는 두 가지 방식은 _____와/과 _____이다.

3. _____인자를 사용함으로써, 내생 줄기세포가 기능 호전을 향상시키기 위해 모집될 수 있다.

4. 세 다리 고양이의 교훈은 무엇인가?

요약

14-1 학습과 기억의 연결

학습은 경험의 결과로서, 유기체의 행동 변화이다. 기억은 이전의 경험을 재생 내지 인식하는 능력이다. 한 세기 이전의 실험동물 연구에서 두 가지 다른 유형의 학습이 밝혀졌는데, 파블로프(또는 고전적) 조건화와 조작적(또는 도구적) 조건화가 그것이다.

기억의 두 가지 기본 유형은 암묵적 기억(무의식)과 외현적 기억(의식)이다. 삽화적 기억은 일어난 사건(삽화)에 대한 기록뿐 아니라 그 사건에서 개인의 존재와 역할까지 포함한다. 전두엽이 이런 자서전적 기억에 있어서 독특한 역할을 할 가능성이 크다.

14-2 기억 회로의 분리

외현적 및 암묵적 기억 체계 내 여러 하위 체계가 기억의 다양한 측면을 조절한다. 외현적 기억회로에 손상을 입은 사람들은 사실과 사건에 대한 재생에 이상을 보인다. 암묵적 기억회로에 손상을 입은 사람들은 기술과 습관을 재생하고 수행하는 데 이상을 보인다.

14-3 외현적 기억과 암묵적 기억 기반의 신경 체계

외현적 기억과 암묵적 기억의 기초가 되는 신경회로는 엄연히 다르다. 외현적 기억을 위한 양방향 체계는 내측 측두 구조를 포함하고, 암묵적 기억을 위한 단방향 체계는 기저핵을 포함한다. 정서적 기억은 외현적 기억과 암묵적 기억의 특성을 모두 갖고 있다. 정서적 기억을 위한 신경회로는 편도체를 포함한다는 점에서 독특하다. 그림 14.5에 이러한 다중 기억 체계 내의 다양한 범주가 정리되어 있다.

기억이 뇌에 구축되는 공고화 과정을 위해 경험은 신경 연결을 변화시켜야 하며, 이런 변화는 비교적 영구적이어야 한다. 기억이 다시 찾아올 때, 신경망이 변형되고 기억이 변형되도록 신경 연결은 덜 고정적으로 될 수 있고, 이를 재공고화라 한다.

14-4 뇌 가소성의 구조적 기초

뇌는 구조 변화의 능력을 갖고 있고, 구조 변화는 기능 변화의 기초가 되는 것으로 추정된다. 뇌의 구조는 경험에 반응하여 두 가지 기본 방식으로 변화한다.

첫째, 기존의 신경회로가 주로 시냅스 연결의 변형에 의해 변화한다. 시냅스 변화에 관해 제안되고 있는 기전 한 가지는 장기강화이며, 이는 학습에 이어지는 흥분성 시냅스후 전위의 변형에 반영된다.

둘째, 새로운 신경회로는 기존의 뉴런 사이에 새로운 연결이 생겨서 형성되기도 하고, 새로운 뉴런을 발생시킴으로써 형성되기도 한다. 해마에서 새로운 뉴런의 발생이 새로운 회로 구축의 하나의 기전이다. 시냅스의 변화를 유지하기 위한 가능성 있는 하나의 기전은 후생유전이다. 즉 변형된 회로의 신경 DNA의 특정 위치가 메틸화 혹은 비메틸화 상태로 존재할 수 있다.

신경 활성은 뇌 가소성의 핵심이다. 이를 통해 시냅스가 형성되고 변화한다. 신경 활성은 뇌의 전기적 또는 화학적 자극뿐 아니라 일반 또는 특정 경험에 의해서도 유도될 수 있다. 화학적 자극은 호르몬과 신경영양 화합물부터 향정신성 약물에 이르기까지 다양하다.

뇌의 대부분은 경험에 의한 가소적 변화가 가능하다. 다른 경험은 다른 신경계의 변화를 유발한다. 다음 표에 뇌 가소성과 행동에 대한 연구에 지침이 되는 일곱 가지 원칙을 정리했다.

뇌 가소성에 대한 몇 가지 길잡이 원칙

1	행동 변화는 뇌 변화를 반영한다.
2	모든 신경계는 똑같은 보편 방식으로 가소적이다.
3	가소적 변화는 나이 특이적이다.
4	태아기 사건이 일생의 뇌 가소성에 영향을 미칠 수 있다.
5	가소적 변화는 뇌 영역에 따라 다르다.
6	경험 의존적 변화들은 상호작용한다.
7	가소성은 장단점이 있다.

14-5 뇌 손상으로부터의 회복

뇌 손상 이후의 가소적 변화는 경험에 따른 뇌 변화와 유사하다. 회복 관련 변화가 항상 자발적으로 일어나는 것은 아니어서, 행동 훈련, 향정신성 약물이나 신경영양인자의 효과, 전기적 뇌 자극 등으로 자극해주어야 한다. 뇌 손상으로부터의 회복을 자극하는 열쇠는 회복의 기초가 되는 가소적 변화가 증가하도록 만드는 것이다.

핵심용어

공고화	비주위피질	외현적 기억	조작적 조건화
공포 조건화	삽화적 기억	장기강화	코르사코프증후군
기억	상피성장인자	장기억압	파블로프 조건화
기억상실증	선언적 기억	재공고화	학습
난독증	습관화	전향성 기억상실	학습 세트
눈 깜박임 조건화	시공간 기억	절차적 기억	해마곁피질
메타가소성	신경반	점화	행동민감화
무조건반응	신경성장인자	정서적 기억	후내피질
무조건자극	암묵적 기억	조건반응	후향성 기억상실
민감화	연합학습	조건자극	

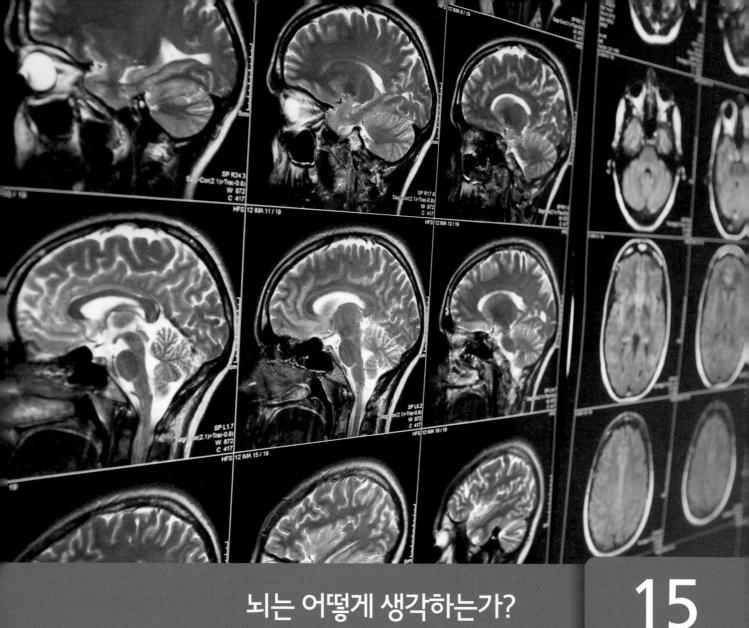

뇌는 어떻게 생각하는가? 15

15-1 사고의 본질

연구 초점 15-1 분리 뇌
인간 사고의 특성
사고의 신경 단위
비교 초점 15-2 동물 지능
실험 15-1 질문 : 어떻게 개별 뉴런이 인지 활동을 매개하는가?

15-2 인지와 연합피질

사물에 대한 지식
다감각 통합
공간 인지
주의
계획하기와 집행 기능
모방과 이해

15-3 인지신경과학의 경계 확장

임상 초점 15-3 신경심리평가

뇌 매핑
인지와 소뇌
사회신경과학
신경경제학

15-4 사고의 대뇌 비대칭

해부학적 비대칭
신경학적 환자에서 기능적 비대칭
건강한 뇌에서 기능적 비대칭
분리 뇌에서 기능적 비대칭
실험 15-2 질문 : 뇌량 절단이 뇌의 반응 양식에 영향을 미칠까?
실험 15-3 (A) 질문 : 분리 뇌 환자의 우반구가 정보를 알고 있음을 어떻게 드러낼 수 있는가? (B) 질문 : 양쪽 반구로 하여금 경쟁적 정보에 반응하게 하면 무슨 일이 일어날까?
뇌의 비대칭에 대한 설명
좌반구와 언어 및 사고

15-5 인지 조직화의 변이

인지 조직화의 성차
손잡이와 인지 조직화
임상 초점 15-4 소디움 아모바비탈 검사
공감각

15-6 지능

일반지능의 개념
확산적 지능과 수렴적 지능
지능, 유전, 후생유전, 시냅스
스마트 뇌가 어떻게 다른가

15-7 의식

우리는 왜 의식이 있을까?
실험 15-4 질문 : 사람이 의식적 인식 없이 자신의 동작을 변경할 수 있는가?
의식의 신경 기반은 무엇인가?

Movus/Getty Images

분리 뇌

뇌전증에서의 경련은 한쪽 뇌 반구의 제한된 영역에서 시작해, 뇌량(corpus callosum)의 섬유를 통해 반대편 반구의 상응 위치로 퍼져 나간다. 약물로 조절되지 않는 경련의 전파를 막기 위해 신경외과 의사들은 때로 뇌량의 2억 개 신경섬유를 절단한다. 이 시술은 많은 뇌전증 환자에게 의학적으로 유익하여, 일상적 행동에 최소한의 효과만 남고 사실상 경련에서 벗어나게 한다. 그러나 절단된 뇌량의 여파가 특별한 상황에서 더욱 쉽사리 드러나며, 이는 Roger Sperry 및 Michael Gazzaniga와 그들의 동료들 (Gazzaniga, 1970; Sperry, 1968)에 의한 광범위한 심리 검사가 실증해 왔다. 이 시술은 오늘날 거의 사용되지 않지만, 이 연구자들에 의한 환자 연구는 뇌 기능에 대한 독특하고 중요한 통찰을 제공했다.

면밀한 조사에서 그런 분리 뇌 환자들은 대뇌 비대칭의 본질에 대한 통찰을 제공하는 독특한 행동증후군을 드러낸다. 피질 비대칭은 언어와 신체 조절 같은 통합적 과제에 필수적이다.

한 명의 분리 뇌 환자에게 블록 몇 개를 보여주었다. 블록의 여섯 면은 예시된 것처럼 붉은색 둘, 흰색 둘, 붉은색 반과 흰색 반이 둘이었다. 과제는 블록을 배열해 카드에 보여준 모양과 동일한 형태를 만드는 것이었다.

환자가 오른손으로 과제를 수행할 때는 매우 어려워했다. 움직임은 느리고 망설임이 심했다. 대조적으로, 왼손으로 과제를 수행할 때는 답이 정확했을 뿐 아니라 빠르고 단호했다.

표본 카드

블록

오른손을 사용하면 환자는 형태를 복제하지 못한다.

그러나 왼손을 사용하면 분리 뇌 환자는 과제를 올바로 수행한다.

이 실험에서 분리 뇌 환자의 과제는 블록 세트를 배열해 카드에서 보여준 형태를 만드는 것이다.
출처 : Gazzaniga et al. (1999).

다른 분리 뇌 환자들에 대한 연구로부터의 소견은 이런 종류의 과제들이 더 어려워질수록 왼손 우월성이 증가함을 보여준다. 뇌가 온전한 피험자들은 어느 손으로 하든 동일하게 잘 수행하며, 이는 두 반구 사이의 온전한 연결을 지적한다. 그러나 분리 뇌 피험자들에서는 각각의 반구가 각자 일을 한다.

확실히, 왼손을 조절하는 우반구가 시공간적 능력을 갖추고 있으며, 좌반구는 그렇지 못하다.

분리 뇌 환자에 대한 연구들은 좌우 대뇌반구가 기본적으로 다른 방식으로 정보를 처리(사고 행위의 핵심 측면)함을 보여주었다. 그러나 우리는 대개 이러한 뇌 비대칭에 대해 알지 못한다. 이 장에서 우리는 생각을 조절하는 신경계와 그 하위 체계를 조사한다. 포유동물의 뇌에서 이 체계들은 피질에 있다.

우리의 첫 번째 과제는 "무엇이 사고의 본질인가?"라는 질문에 대한 답을 통해 우리가 공부하기를 원하는 정신 과정을 정의하는 것이다. 그다음, 생각에 주요 역할을 하는 시각, 청각, 운동, 연합 기능 등을 담당하는 피질 영역을 고찰한다. 우리는 이러한 피질 연결들이 어떻게 체계와 하위 체계로 조직화되는지, 그리고 신경과학자가 그것을 어떻게 연구하는지 조사한다.

다음으로 우리는 뇌의 비대칭적 구성을 탐색하고 분리 뇌 현상을 더 깊이 탐구한다. 인간 사고의 또 다른 구분되는 특성은 개개의 사람들이 생각하는 방식의 차이다. 우리는 생물학적 성에 관한 것과 지능이라고 부르는 것을 포함해 이러한 차이들의 여러 근원을 고찰한다. 마지막으로 우리는 의식에 대해 알아보고, 의식이 사고의 신경 조절과 어떻게 관련되는지도 알아볼 것이다.

학습 목표

• 인간 사고의 특징을 요약한다.
• 사고의 신경 단위를 서술한다.

15-1

사고의 본질

사고, 언어, 기억, 정서, 동기 같은 추상적 정신 과정을 연구하기는 까다로울 수 있다. 이 과정들은 보이지 않아 오직 행동을 통해 추론될 수 있다. 이들은 한 묶음의 인상(impression)에서 비롯된 관념인 **심리적 구성체**(psychological construct)로 생각하는 것이 가장 좋다. 비록 눈에 보이지 않는다고 할지라도, 마음은 관념을 실제의 것으로 구축한다.

우리가 뇌에서 사고나 기억 같은 구성체의 위치를 찾으려고 하면 난관에 부딪힌다. 우리가 이런 구성체들을 표현할 단어를 갖고 있다는 사실이 뇌가 그 구성체들을 중심으로 조직화되어 있다는 것을 의미하지는 않는다. 사실상 그렇지 않다. 예를 들어 14장에서 우리가 보았듯이, 사람들은 기억에 대해 일원적인 것으로 알고 말하지만, 뇌는 기억을 일원적으로 취급하지도 않고, 하나의 특정 위치에 기억을 놔두지도 않는다. 다양한 형태의 기억들은 광범위하게 산재된 뇌 회로들에 의해 각기 다르게 취급된다. 우리가 단일한 것이라고 생각하는 기억의 심리적 구성체가 전혀 일원적이지 않다고 판명되었다.

기억과 사고 같은 심리적 구성체의 신경학적 기초에 대해 가정을 하는 것은 위험하지만, 우리는 확실히 뇌가 그것들을 어디서, 어떻게 만들어내는지에 대한 탐구를 포기하지 말아야 한다. 어쨌거나 사고, 기억, 정서, 동기, 기타 구성체 모두 뇌가 수행하는 가장 흥미로운 활동이다.

심리학자는 생각의 과정, 즉 우리가 세상에 대해 알게 되는 과정을 묘사하기 위해 전형적으로 **인지**(cognition, 앎)라는 용어를 사용한다. 행동신경과학자에게 있어 인지는 대개 자극(외적이든, 내적이든)에 주의를 기울이는 능력, 자극을 감별하는 능력, 자극에 대해 유의미한 반응을 계획하는 능력을 수반한다. 외적 자극은 우리의 감각 수용체에서 신경활성의 단서가 된다. 내적 자극은 기억과 동기 같은 구성체와 연관된 신경 과정뿐 아니라 자율신경계로부터 비롯될 수 있다.

인간 사고의 특성

인간의 인지는 독특한 특성을 갖는다고 널리 믿어지고 있다. 하나는 인간의 사고가 언어적이기도 하고 비언어적이기도 한 반면, 동물의 사고는 단지 비언어적이라는 것이다. 언어는 다음과 같은 방식으로 사람들에게 생각에 유리함을 주는 것으로 추정된다.

- 언어는 뇌에게 정보를 범주화할 수단을 제공한다. 그래서 우리가 공통적 요인을 갖는 사물, 행위, 사건 등을 쉽게 짜 맞출 수 있게 해준다.
- 언어는 시간, 특히 미래의 시간을 조직화할 수단을 제공한다. 이는 특정 시간(예 : 월요일 오후 3시)의 행동 계획을 가능하게 해주며, 비언어적 동물에게는 가능하지 않은 일이다.
- 아마도 가장 중요한 것으로, 인간의 언어는 **구문**(syntax), 즉 유의미한 표현을 생성하기 위해 단어를 조합하는 규칙 모음을 갖고 있다.

일반적으로 신경과학자는 명시적 원칙과 규칙에 의해 인도되는 근대의 언어가 최근의 현상이며, 그 발달의 시작은 약 10만 년 전의 호모 사피엔스에 국한된다고 가정했다(Chomsky, 2010 참조). 최근 들어 네안데르탈인도 언어를 갖고 있었고, 현생인류와 네안데르탈인의 공통조상도 약 50만 년 전에 이 능력을 갖고 있었다는 증거가 나타났다(Dediu & Levinson, 2013). 이 견해가 맞다면, 오늘날 우리의 언어 다양성은 네안데르탈인 같은 다른 인간 형태가 사용하는 언어의 흔적을 내포할 수 있다.

언어학자의 주장에 의하면, 침팬지 같은 비인간 동물은 상당수의 소리(침팬지의 경우 약 36가지)를 사용하고 인식할 수 있지만, 새로운 의미를 생성하기 위해 이 소리들을 재정렬하지는 못한다고 한다. 언어학자는 이러한 구문의 결여로 인해 침팬지의 언어가 유연하지 못하여 소리 그대로의 의미만 전달한다고 주장하지만, 침팬지의 언어는 '비교 초점 1-2 : 말하는 뇌'에서 논의

심리적 구성체 어떤 정신능력이 독립 실체로 존재하는 관념 혹은 한 묶음의 인상. 그 예로 기억, 언어, 정서 등이 있음

인지 아는 혹은 알게 되는 행위 또는 과정. 심리학에서는 사고 과정을 지칭하고 행동신경과학에서는 자극에 대한 식별 및 계획된 반응을 지칭함

구문 단어를 조합하는 한 묶음의 규칙. 인간 언어의 고유 특성이라 여겨짐

원리 5. 뇌 기능은 영역별로 분산되어 있다.

14-1절은 기억의 유형을, 14-4절은 신경가소성이 어떻게 기억의 과정과 저장에 기여하는지를 서술한다.

여기의 논의에서, '언어적'이라는 용어는 구문론적으로 구조화된 것으로 간주되는 인간의 언어 체계를 지칭하는 것으로 사용된다.

인간 언어의 출현은 극적인 뇌 크기 증가와 관련이 있다. 2-2절을 참조하라. 10-4절은 모든 언어에 기초가 되는 토대를 설명한다.

된 침팬지 칸지에서 볼 수 있듯이 여전히 상당히 복잡할 수 있다. 대조적으로, 인간의 언어는 어떠한 주제도 말할 수 있도록 하는 거대한 유연성을 갖고 있어서, 심리적 구성체 같은 고도로 추상적인 것까지도 표현할 수 있게 한다. 이런 방법으로 우리의 사고는 경직된 현재를 넘어서 진행된다.

구문을 포함한 언어는 인간의 뇌가 보편적 문법의 형태로 단어를 사용하도록 프로그램화되어 있기 때문에 아이들에서 선천적으로 발달한다. 그러나 말이든 신호든 단어가 없으면 문법도 발달할 수 없다. 문법이 가능하게 하는 언어의 유연성이 없으면, '고등' 사고가 생겨나기 어렵다. 다시 말해 구문은 우리 생각의 바로 그 본성에 영향을 준다. 그렇더라도 침팬지가 상당한 인지능력을 발휘할 수 있음을 인정하지 않는다면, 그것은 우리의 태만일 것이다(예 : Dolins et al., 2014 참조).

구문적 양식으로 단어를 정렬하는 것에 더하여, 인간의 뇌는 사건, 동작, 생각 등을 함께 엮고 싶어 하는 열정을 갖는다. 우리는 음을 멜로디에, 움직임을 춤에, 이미지를 비디오에 넣는다. 게임과 정부를 위해 정교한 규칙을 고안한다. 인간의 뇌는 사건, 움직임, 생각 등을 엮어 정리하도록 조직화되어 있다는 결론이 합리적인 것 같다. 구문은 단순히 하나의 예에 불과하다.

우리는 이처럼 뭔가를 엮는 성향이 어떻게 진화했는지 알지 못하나, 하나의 가능성은 자연선택이다. 즉 동작을 순서에 맞게 엮으면 고도로 적응적이다. 집 짓기나 천 짜기가 그 예다.

그림 11.2는 운동 수순을 개시시키는 전두엽 위계구조를 도해한다.

William Calvin(1996)은 고대 인간들에게 가장 중요했던 운동 수순은 사냥에 쓰이는 것이었다고 주장했다. 움직이는 표적에 돌이나 창을 던지는 것은 상당한 계획을 필요로 하는 복잡한 행위이다. 던지기 같은 갑작스러운 탄도운동은 1/8초 이내로 아주 짧아 되먹임으로 수정될 수 없다. 뇌는 이런 동작의 세부사항을 계획해야 하고, 매끈한 흐름의 순서로 동작을 표출해야 한다.

오늘날 미식축구 쿼터백은 수비수를 피해 지그재그로 뛰는 리시버에게 공을 던질 때 이러한 동작을 보인다. 숙련된 쿼터백은 어떤 망설임이나 틈도 없이 연속된 순서로 빠르게 그의 동작을 엮어서, 매번 던질 때마다 표적을 맞힐 수 있다. 이 기술은 인간에서 독특하다. 침팬지는 던질 수는 있으나, 어떤 침팬지도 지그재그로 움직이는 표적을 맞히기 위해 공 던지는 법을 학습하지는 못한다.

동작을 연속화하는 인간의 성향이 언어 발달을 독려해왔는지도 모른다. 말로 되어 나오는 언어는 결국 인후, 혀, 입의 근육들이 관여하는 연속적 동작이다. 이런 관점에서 보자면, 언어는 동작과 사건 혹은 관념까지도 엮음으로써 작동하도록 이미 만들어진 뇌의 부산물이다.

인간 운동 수순의 핵심적 특징은 새로운 수순을 쉽게 창조하는 능력이다. 우리는 지속적으로 새로운 문장을 만들어낸다. 작곡가와 안무가는 음악과 춤에 새로운 수순을 만들어 생활비를 번다. 새로운 수순의 동작 혹은 사고는 전두엽의 산물이다. 전두엽이 손상된 사람은 문제에 대한 새로운 해법을 만들기 어려워한다. 이 때문에 그들은 상상력이 부족한 것으로 묘사된다. 전두엽은 행동의 조직화뿐 아니라 생각의 조직화에도 핵심적이다. 인간 뇌와 다른 영장류 뇌 사이의 두드러진 차이점이 바로 전두엽의 크기이다.

사고의 신경 단위

우리가 생각이라고 부르는 것을 생성하기 위해, 뇌 안에서 정확히 무엇이 진행되는 것일까? 사고가 인간의 독점적 속성일까? 이 질문에 대한 답을 논하기 전에, '대조 초점 15-2 : 동물 지능'에 소개된 두 마리 회색 앵무새 알렉스와 그리핀의 마음 재주를 고려해보자.

회색 앵무새들의 인지능력은 새에게는 예상되지 않는 것이다. 20세기 중반으로 거슬러 올라가면, 침팬지와 돌고래의 지적 능력이 상당히 흥미를 끌었다. 그러나 알렉스의 정신적 삶은 큰 뇌를 가진 두 포유동물의 정신적 삶만큼이나 풍요로워 보인다.

새에게 사고능력이 있다는 사실은 사고의 신경적 기초에 대한 실마리가 된다. 우선 논리적인 가정을 해보자면, 인간에서 아주 뛰어난 생각하기는 거대한 인간 신피질(neocortex)의 어떤 특별한 특성 때문임에 틀림없다. 그러나 새는 신피질을 갖고 있지 않다. 그 대신 피질층이 하는 것처럼 기능할 특정한 뇌 핵을 진화시켰다. 새와 포유류 간에

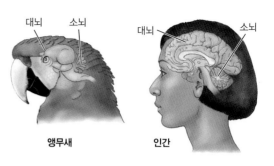

대뇌　소뇌　　대뇌　소뇌

앵무새　　　**인간**

◎ **비교 초점 15-2**

동물 지능

지능적인 동물은 생각한다. 우리 모두 앵무새가 말을 할 수 있다고 알고 있으나, 우리 대부분은 그 말 배후에 실질적인 사고는 없다고 생각한다. 알렉스란 이름의 아프리카 회색 앵무새는 그렇지 않음을 증명했다. 여기 사진에서 알렉스와 있는 Irene Pepperberg는 30년 넘게 알렉스의 사고력과 언어 사용 능력을 연구하였다(Pepperberg, 1990, 1999, 2006).

알렉스와 Pepperberg의 전형적 실험은 대강 다음과 같이 진행되었다 (Mukerjee, 1996). Pepperberg가 알렉스에게 코르크 4개가 담긴 쟁반을 보여주고, "몇 개야?"라고 질문한다. 알렉스가 "넷"이라고 대답하면, 다음으로 금속 열쇠와 초록색 플라스틱 열쇠를 보여준다.

"무슨 장난감?"

"열쇠."

"몇 개?"

"둘."

"뭐가 다르지?"

"색깔."

알렉스는 어휘만 가진 것이 아니라, 단어의 의미도 알고 있었다. 알렉스는 수많은 색깔(빨강, 초록, 파랑, 노랑, 회색, 자주, 오렌지), 모양(이각, 삼각, 사각, 오각, 육각), 소재(코르크, 나무, 가죽, 돌, 종이, 분필, 털)에 영어 단어를 제대로 적용했다. 또한 금속(사슬, 열쇠, 석쇠, 쟁반, 장난감 트럭), 나무(빨래 집게, 블록), 플라스틱 혹은 종이(컵, 상자)로 만든 다양한 품목의 명칭도 제대로 말했다.

대단히 놀랍게도, 알렉스는 단어를 사용해 품목들을 알아내고, 요구하고, 거부했다. 알렉스는 100개가 넘는 사물의 색깔, 모양, 재료, 상대적 크기, 양과 같은 추상적 생각에 관한 질문에도 대답했다.

알렉스의 생각은 흔히 아주 복잡했다. 알렉스에게 일곱 가지 품목(둥근 장밋빛 가죽 조각, 자주색 털 조각, 세모진 자주색 열쇠, 사각 노란색 가죽, 오각 오렌지색 가죽, 육각 자주색 가죽, 자주색 금속 상자)이 담긴 쟁반을 보여주고, "자주색 가죽은 어떤 모양이야?"하고 질문했다. 그러자 알렉스는 "육각"이라고 정확하게 대답했다.

이 질문에 답하기 위해 알렉스는 질문을 이해해야 하고, 옳은 색깔의 옳은 사물을 찾아내야 하고, 사물의 모양에 관한 질문에 답을 결정해야 하며, 답을 적절한 언어적 반응으로 부호화해야 한다. 이런 과제는 쉽지 않은 것이었다. 어쨌든 4개의 사물이 가죽이었고, 3개의 물건이 자주색이었다.

알렉스는 한 가지 특성에 대해서만 반응해야 하는 것이 아니었다. 가죽과 자주색의 개념을 정신적으로 결합해서, 그 둘을 모두 가진 물건을 찾아야 했다.

Jeff Topping/The New York Times/Redux

아프리카 회색앵무 알렉스. 함께 보이는 사람은 Irene Pepperberg이고, 물건은 알렉스가 계산, 묘사, 대답 등을 할 수 있는 물품들의 샘플이다. 알렉스는 31세이던 2007년에 죽었다.

그런 다음 물건의 모양을 파악해야 했다. 분명히 상당한 정신적 과정이 요구되는데도 알렉스는 이런 과제에 성공을 반복했다.

알렉스는 또한 자기가 말한 것을 이해하고 있음을 실증했다. 만약 알렉스가 한 물건을 요구했는데 다른 물건을 보여주면, 아니라고 대답하고 원래의 요구를 다시 했다. 실제로 다른 물건 집어주기를 반복하는 공식적 실험에서, '아니'라고 대답하고 다시 요구한 경우가 72%, 아니라고 대답은 했지만, 다시 요구하지 않은 경우가 18%, 새로운 물건을 요구한 경우가 나머지 10%였다. 이런 반응은 알렉스의 요구가 마음속 기대로 이어졌음을 시사한다. 알렉스는 자신이 무엇을 요청하고 있는지 알고 있었고, 요청이 받아들여지기를 기대했다.

다른 회색 앵무새는 아직 알렉스만큼 광범위한 어휘를 개발하지 못했지만, Pepperberg의 또 다른 아프리카 회색 앵무새인 그리핀은 30단어의 어휘를 구사하고 최소 40단어를 이해한다. 정신적 조작과 시각적 작업기억을 보여주는 과제에 대한 그리핀의 수행도는 정례적으로 6~8세의 인간을 능가한다. 사실 많은 과제에 대한 그의 수행도는 하버드대학교 학부생의 수행도와 동등하다(Pailian et al., 2020).

현재 21세인 그리핀은 약 8주령부터 Pepperberg와 함께했다. 더 많은 훈련으로 그의 어휘력은 앞으로 몇 년 동안 증가할 것 같다.

세포집합 공통적 감각 입력을 통해 기능적으로 연결된 뉴런의 가설적 집단. Hebb에 의해 지각, 기억, 사고의 기초라고 제안됨

전뇌의 구성적 차이가 의미하는 바는 생각이 뇌 안의 어떤 특정 부위만의 활동이 아니라, 복잡한 신경회로의 활동임에 틀림없다는 점이다.

Seweryn Olkowicz와 동료들(2016)은 앵무새와 까마귀의 뉴런 수와 밀도를 분석하여, 이 종들이 포유류(영장류 포함) 또는 다른 조류보다 종뇌(telencephalon)의 뇌 뉴런 비율이 더 높음을 발견했다. 더 작은 뇌 크기를 감안할 때, 이러한 소견은 앵무새와 까마귀의 뉴런들이 고도로 집중된 영역에 함께 밀집되어 있으며, 이것이 조류 지능의 기초일 가능성이 크다는 것을 나타낸다.

신경회로라는 아이디어는 **세포집합**(cell assembly, 뉴런의 네트워크)이 사물이나 관념의 표상이고, 네트워크 사이의 상호작용이 인지 같은 복잡한 정신활동을 일으킨다는 Donald Hebb(1949) 개념의 핵심이다. 뉴런 사이의 연결은 무작위라기보다는 체계와 하위체계로 구성된다. 생각은 이러한 복잡한 신경회로의 활동에 의해 일어나는 것임에 틀림없다. 신경회로의 역할을 찾아내기 위한 한 가지 방법은 인지 활동 동안 개별 뉴런의 반응을 알아보는 것이다.

William Newsome과 동료들(1995)이 이러한 접근을 하였는데, 원숭이로 하여금 TV 화면을 보고 점들의 이동을 식별하도록 훈련시켰다. **실험 15-1**의 절차 부분은 연구자들이 같은 방향으로 이동하는 점의 수를 조작함으로써 과제의 난이도를 얼마나 다양화하였는지 보여준다. 만약 모든 점이 같은 방향으로 이동한다면, 모든 줄이 이동하므로 지각하기가 아주 쉽다. 그러나 일부의 점만 같은 방향으로 움직인다면 그런 이동을 지각하기란 훨씬 더 어렵다.

사실상, 분명한 방향성 움직임을 만들어내기 위해서는 같이 이동하는 점의 수가 역치 이상이어야 한다. 같은 방향으로 움직이는 점의 수가 너무 적으면 보는 이는 무작위적 움직임이라는 인상을 갖는다. 확실히, 같은 방향으로 움직이는 점의 비율을 기초로 하여, 뇌는 점이 일정한 방향

····> **실험 15-1**

질문 : 어떻게 개별 뉴런이 인지 활동을 매개하는가?

절차

원숭이로 하여금 TV 화면의 움직이는 점 무리에서 눈에 띄는 움직임을 찾아내도록 훈련을 시켰다.

무작위 점 운동(눈에 띄는 움직임이 지각되지 않음)	무작위성 점 운동(여전히 눈에 띄는 움직임이 지각되지 않음)	협응성 점 운동(눈에 띄는 움직임을 지각하기 위한 역치 수준)	협응 점 운동(눈에 띄는 움직임이 강하게 지각됨)
	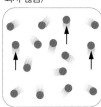	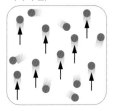	

결과

원숭이가 과제에 훈련된 이후, 연구자들은 선호 방향으로의 움직임에 민감한 세포들을 포함하는 시각 영역 V5의 단일 뉴런을 기록했다. 네 가지 다른 움직임 양상에 대한 뉴런의 반응은 아래와 같이 나타난다.

기본 반응	기본 반응	중등도 반응	강한 반응

결론 : 뉴런의 발화율 증가는 원숭이의 움직임 지각과 상관된다. 이는 여러 뉴런의 종합 활성이 아니라, 개별 뉴런이 지각에 영향을 줌을 시사한다.

으로 움직이는지 아닌지를 결정한다.

원숭이들에게 이 과제를 훈련시킨 후, 연구자들은 V5 시각 영역의 단일 뉴런으로부터 기록을 얻었다. V5는 선호하는 방향으로의 움직임에 민감한 세포들을 내포한다. 수용체 영역에 수직적 움직임이 있을 때, 수직 움직임에 민감한 뉴런은 격렬한 활동전위의 폭발로 반응한다. 그러나 관찰자가 한 방향으로 일관된 움직임을 지각하기 위한 역치를 갖고 있는 것처럼, 뉴런도 역시 그러하다. 만일 뉴런이 선호하는 방향으로의 움직임이 불분명해지는 수준까지 무작위로 활동하는 점들이 증가하면, 뉴런은 일정한 양상을 탐지하지 못해 반응을 멈출 것이다.

그렇다면 어떤 주어진 뉴런의 활동이 명백한 움직임에 대한 지각적 역치와 어떻게 상관될까? 한편으로, 만약 명백한 움직임에 대한 우리의 지각이 수십 개, 심지어는 수천 개 뉴런의 종합적 활동으로부터 생기는 것이라면, 어떤 하나의 뉴런의 활동과 지각 사이의 상관성은 거의 존재하지 않을 것이다. 다른 한편으로, 만약 개별 뉴런이 명백한 움직임에 대한 우리의 지각에 영향을 준다면, 그때에는 1개 세포의 활동과 지각 사이에 강력한 상관성이 존재할 것이다.

실험 15-1의 결과는 모호하지 않았다. 즉 개별 뉴런의 민감성이 명백한 움직임에 대한 원숭이의 지각 민감성과 아주 흡사했다. 결과 부분에 보이듯, 개별 뉴런이 자극에 대한 반응에 실패한 경우, 원숭이는 어떤 명백한 움직임도 지각하지 못하는 것처럼 행동했다.

이러한 소견은 흥미롭다. 혹자는 V5 뉴런의 수가 상당량임을 고려하여, 지각 결정이 풍부한 양의 뉴런 반응에 기초한다고 생각할 수도 있다. V5에서 몇몇 뉴런의 소실이 움직임 지각에 큰 영향을 미칠 것 같지 않지만, V5에 큰 부상을 입어 움직임 보기 능력을 상실한 9장의 L. M. 사례를 떠올려보라.

여전히, Hebb의 세포집합이라는 아이디어는 복잡한 개념을 나타내는 뉴런의 앙상블(**그림 15.1** 참조)이란 의미에서, 합의점에 이르게 하기 위해 개별 뉴런의 입력을 모으는 어떤 방식을 제안한다 (Hebb, 1949). 이 경우에 신경 앙상블은 앙상블의 활동이 탐지한 감각 사건(명백한 움직임)을 나타낸다. 세포집합은 뇌의 아주 많은 영역에 산재해 있을 수도 있고, 혹은 피질 기둥과 같은 작은 영역에 한정되어 있을 수 있다.

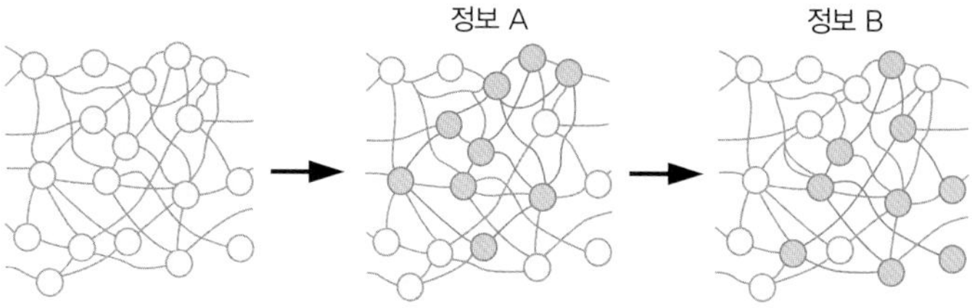

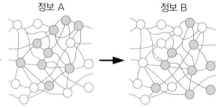

정보 A   정보 B

그림 15.1 Hebb의 세포집합
함께 발화함에 의해 기능적으로 연결되는 가설적 뉴런 집단.

컴퓨터 모델링을 통해 인지과학자들은 정교한 통계적 계산을 수행하는 세포집합 회로의 능력을 실증해왔다. 앵무새 알렉스의 물체 색깔 탐지 같은 복잡한 작업의 수행 또한 뉴런의 앙상블을 수반하는 것으로 믿어진다. 세포집합은 인지에 대한 기초를 제공한다. 언어로서의 단어들처럼, 다른 앙상블들은 함께 모여 일관된 사고를 생산해낸다.

개별 뉴런이 세포집합에 공헌하는 바는 무엇일까? 각각의 뉴런은 계산 단위처럼 행동한다. 실험 15-1에서 보는 바와 같이, 하나의 단독 뉴런조차도 총합의 입력이 움직임의 일어남을 지적할 경우 자신이 언제 점화할지 결정할 수 있다. 뉴런은 증거를 결합하여 지식을 생성하는 뇌 안의 유일한 요소이며, 인지 과정과 사고의 기초이다. 새로운 신경망 안으로의 개별 뉴런의 조합은 관념과 같은 복잡한 정신적 표상을 생성한다.

그림 9.20은 후두엽에 있는 시각영역 V1-V5의 위치를 보여준다.

그림 9.38부터 9.40은 후두피질과 측두피질의 기능적 기둥을 도해한다.

원리 1. 신경회로는 신경계의 기능 단위이다.

▐15-1▐ 복습

진도를 계속 나가기 전에 앞 절을 얼마나 이해했는지 확인해보자. 정답은 이 책의 뒷부분에 있다.

1. 인지 혹은 사고는 자극에 _____, _____, _____ 능력을 수반한다.

2. 다른 동물과 달리, 인간은 사고에 _____을/를 더하는 _____의 부가적 이득을 갖는다.

연합피질 일차감각피질 및 일차운동피질 바깥의 신피질로서, 인지를 생성하는 기능을 함

3. _____은/는 사고 생성의 기본 단위이다.

4. 인간의 사고가 다른 동물의 생각하기와 다른 가장 중요한 방식을 서술하시오.

학습 목표

• 연합피질의 위치를 파악하고, 그 기능을 서술한다.

• 감각 통합의 문제를 서술한다.

• 공간 인지의 유형을 서술한다.

• 주의의 유형과 주의 결핍을 식별한다.

• 집행 기능을 서술한다.

• 모방과 이해의 신경 기전을 식별한다.

15-2

인지와 연합피질

일차 감각 및 운동 피질 영역은 모두 합쳐 신피질의 약 1/3을 차지한다(그림 15.2). 나머지 2/3는 전두엽, 측두엽, 두정엽, 후두엽에 위치하며, 일반적으로 이를 **연합피질**(association cortex)이라 한다. 연합피질은 인지를 생성하는 기능을 한다.

연합피질과 일차감각 및 운동 영역 사이의 근본적인 차이점은 연합피질이 독특한 연결 양식을 갖고 있다는 점이다. 모든 피질 영역으로의 입력의 주요 원천은 뇌간의 꼭대기에 위치한 시상이다. 일차감각피질은 신체의 감각기관으로부터 정보를 받는 시상핵으로부터 입력을 받는다. 대조적으로, 연합피질로의 입력은 다른 시상 영역과 다른 피질의 영역으로부터 온다. 결과적으로, 연합피질로의 입력은 이미 고도로 처리되어 있다. 따라서 이 정보는 일차 감각 및 운동 피질에 도달하는 정보와는 근본적으로 다르다.

시각 및 청각 감각 영역과의 밀접한 관계 때문에, 측두 연합 영역은 시각 및 청각 처리과정과 관련된 인지를 생성하는 경향이다. 비슷하게, 측두피질은 체성 감각 및 운동 조절과 밀접하게 관련된다. 대조적으로, 전두피질은 피질하 영역에서 오는 정보를 받은 두정 및 측두 연합 영역에서 오는 정보를 조정한다.

그림 15.3에 도해되어 있듯이 전전두피질의 다중 하위분할에 배측, 외측, 안와측, 내측 영역이 포함된다. 각 전전두 영역의 활성은 우리가 이 장 전반에 걸쳐 서술하는 인지 과정의 유형들과 연관된다. 역시 그림 15.3에 보이는 추가적 전두엽 영역은 전대상피질(anterior cingulate cortex, ACC)이다. 비록 전대상피질은 한때 정서에 역할을 하는 것으로만 믿어졌지만, 정서와 인지 사이의 접속기로 기능함이 분명해지고 있다.

연합 영역이 담고 있는 지식의 유형을 이해하기 위하여, 다음으로 우리는 개별 인지적 행동들

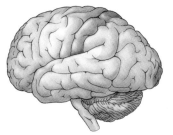

구분(피질 영역)		
■ 일차운동	■ 일차시각	■ 일차 후각과 미각
■ 일차체성감각	■ 일차청각	

그림 15.2 피질 기능

일차 운동 및 감각 영역을 보여주는 좌반구의 외측 면과 우반구의 내측 면. 다른 모든 피질 영역은 통틀어 연합피질로 불리며, 사고 기능을 담당한다.

그림 15.3 전전두 연합피질

뇌 좌반구의 외측 조망(A)과 우반구의 내측 조망(B). 이 그림은 (B)에 보이는 연관된 전대상피질과 관련하여 전전두피질 영역들을 나타낸다.

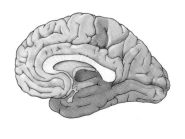

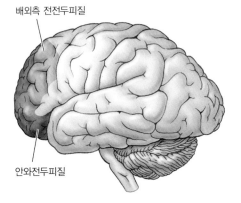

(A) 외측 조망

배외측 전전두피질

안와전두피질

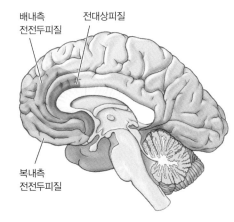

(B) 내측 조망

배내측 전전두피질

전대상피질

복내측 전전두피질

을 고찰하고, 이어서 연합피질의 서로 다른 부분에서 이런 행동들을 추적해볼 것이다.

사물에 대한 지식

여러분 바로 앞 탁자 위에 놓인 네모난 우유곽을 바라보고 있다고 상상해보라. 뭐가 보이나? 이 제 똑바로 계속 응시하면서 우유곽을 한쪽 옆으로 옮긴다고 상상해보라. 뭐가 보이나? 다음으로, 우유곽을 여러분 쪽으로 45도 기울여보라. 다시, 뭐가 보이나? 아마 여러분은 각각의 상황에서 똑같은 사물, 즉 글자가 적혀 있는 직사각형 상자를 봤다고 대답했을 것이다.

직감적으로, 여러분은 여러분이 사물을 지각한 대로 뇌가 그 사물을 보는 것임에 틀림없다고 느낀다. 하지만 뇌의 보기는 여러분의 지각보다 훨씬 더 구획화되어 있다. 구획화는 후두엽의 여러 영역에 손상을 입어 특정 측면의 시지각을 상실한 사람들에게서 잘 드러난다. 예를 들어 V4 시각 영역이 손상된 사람들은 색깔을 지각하지 못하는 반면, V5 시각 영역이 손상된 사람들은 더 이상 움직임을 보지 못한다(우유곽이 움직일 때 보이지 않는다).

더욱이, 우유곽의 일관된 직사각형 모양에 대한 여러분의 지각이 여러분의 시각 체계가 처리하는 형태와 항상 부합하는 것도 아니다. 우유곽이 여러분 쪽으로 기울어져 있을 때, 여러분 눈에는 더 이상 직사각형 모양으로 보이지 않지만, 여러분은 여전히 그것을 직사각형으로 지각한다. 여러분의 뇌가 망막에서 보낸 모양 정보의 변화를 어떻게든 무시하였고, 그 모양이 여전히 똑같은 우유곽이라고 결론지었다.

우유곽에 대한 여러분의 이해는 그것의 물리적 특성을 단순히 지각하고 처리하는 데 머무르지 않는다. 여러분은 또한 우유곽이 무엇인지, 안에 무엇이 들어 있는지, 어디에서 구할 수 있는지 알고 있다. 여러분이 습득해 온 우유곽에 대한 지식은 시각 처리의 복측 흐름을 형성하는 측두 연합피질에서 표상화된다. 만약 측두 연합 영역이 파괴되면, 사람은 우유곽뿐 아니라 모든 다른 사물에 대한 시각적 지식을 잃게 된다. 즉 그 사람은 **실인증**(agnosia)이 된다.

사물에 대한 지식은 사물의 모양과 사용 목적에만 국한되지 않는다. 그것은 정보로 무엇을 하게 될지에, 예를 들어 우유곽을 어떻게 집어들지에 달려 있다. 사물이 무엇인가에 대한 지식은 주로 측두엽에 저장되고, 사물을 어떻게 파악할 것인가에 대한 지식은 주로 두정엽에 저장된다(**그림 15.4**).

다감각 통합

세상에 대한 우리의 지식은 다감각 채널을 통해 들어온다. 예를 들어 우리가 사람의 얼굴을 볼 때 모양, 색상, 눈과 입 같은 다양한 특징에 대한 세부사항이 결합되어 일관된 이미지를 형성한다. 뇌는 어떻게 이것을 할까? 9-2절에서 보았듯이 뇌에는 많은 시각 영역이 있으며, 각 영역은 얼굴과 같은 물체의 서로 다른 구성요소를 분석하는 데 관여하지만, 이 영역 모두가 서로 연결되어 있는 것은 아니다.

이런 통합능력에 깊은 인상을 받은 철학자들은 결합문제를 발견했다. **결합문제**(binding problem)란 뇌가 어떻게 단일 및 다중 감각·운동 사건들을 통일된 지각 혹은 행동으로 묶는가에 대한 질문이었다. 뇌가 어떻게 우리의 지각들을 얽어매는지, 그리고 이런 능력이 생후에 어떻게 점차 습득되는지가 점점 분명해지고 있다(Stein & Rowland, 2011; Stein et al., 2020 참조).

결합문제의 감각통합 측면에 대한 해답은 연합피질의 다중양식성(multimodal) 영역에 놓여 있다. **그림 15.5**에 예시되듯, 이 영역들에는 한 가지 이상의 감각 양식으로부터 온 정보에 반응하

결합문제 뇌가 단일 및 다양한 감각·운동 사건을 어떻게 통일된 지각 혹은 행동으로 묶어내는가에 초점을 둔 철학적 질문

V5 영역 손상 후 동작 감지능력을 상실한 L. M.의 사례(9-5절에 서술됨)를 떠올려보라.

모양 보기와 연관된 신경 경로들은 9-4절에 서술된다.

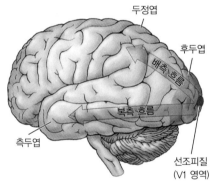

그림 15.4 시각 정보의 흐름
배측 시각 흐름은 행위에 대한 시각을 매개한다. 복측 흐름은 사물 인식에 대한 시각을 매개한다.

안면실인증의 상태는 9-2절에 서술된다. 9-5절은 다른 시각 형태 실인증을 예시하는 사례를 설명한다.
원리 8. 뇌는 감각 정보를 대상 인식 및 운동을 위한 것으로 구분한다.

냄새와 맛 감각은 향 경험 생성을 위해 통합된다. 12-3절을 참조하라.

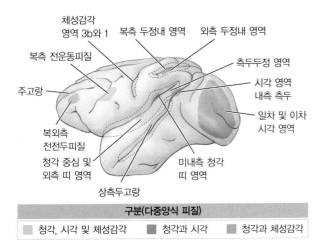

체성감각
영역 3b와 1
복측 두정내 영역
외측 두정내 영역
복측 전운동피질
측두두정 영역
주고랑
시각 영역
내측 측두
복외측
전전두피질
일차 및 이차
시각 영역
청각 중심 및
외측 띠 영역
미내측 청각
띠 영역
상측두고랑

구분(다중양식 피질)

▨ 청각, 시각 및 체성감각	■ 청각과 시각	▧ 청각과 체성감각

그림 15.5 원숭이 피질의 다중감각 영역
색으로 칠해진 부위들은 해부학적 데이터 그리고/혹은 전기적 자극을 통해 다중감각 상호작용이 증명된 영역을 나타낸다. 점선은 고랑이 열릴 때 드러나는 다중양식 영역을 나타낸다.
출처 : Ghanzantar & Schroeder(2006).

원리 4. 중추신경계는 다양한 수준에서 기능한다.

1-3절은 동물계를 통한 신경계 진화를 추적한다.

는 뉴런들이 모여 있다. 연구자들은 우리가 별개로 혹은 동시에 여러 자극에 접할 때 다중양식성 영역들이 서로 다른 감각을 가로질러 자극의 특성들을 결합시킨다고 추정한다. 예를 들어 우리가 단지 만지기만 했던 사물을 시각적으로 분별할 수 있다는 사실은 시각 회로와 체성 회로를 연결하는 공통 지각 체계가 존재함을 시사한다. 15-5절은 하나의 감각 양식(예 : 미각)의 자극이 동시에 다른 양식(예 : 촉각)의 경험을 유도한다는 공감각(synesthesia)으로 알려진 상태를 서술한다. 공감각은 결합 문제에 대한 과장된 해결책으로 볼 수 있다.

공간 인지

공간 인지는 환경에 대한 우리의 지식을 지칭하며, 이는 우리와 우리 환경에 있는 물체가 어디에 있는지, 한 장소에서 다른 장소로 어떻게 갈지, 우리의 공간 세계를 어떻게 해석할지, 공간에 대해 어떻게 소통할지를 결정할 수 있게 해준다(광범위한 논의는 Waller & Nadel, 2013 참조). 공간을 개념화하는 방법에는 신체 공간, 움켜쥐기 공간, 원위 공간 사이 구분(**그림 15.6A** 참조), 타자 중심(사물 대 사물) 및 자기 중심(자기 대 사물) 공간(그림 15.6B), 그리고 보다 추상적인 인지 공간(그림 15.6C) 등을 포함하여 여러 가지 방식이 있다.

낯선 공원에 산책을 하러 갔다고 상상해보라. 여러분은 원을 그리며 돌아다니기보다는 조직적, 체계적 방법으로 나아간다. 돌아오는 길도 알 필요가 있다. 이런 능력들은 여러분 마음의 눈에 물리적 환경에 대한 표상을 필요로 한다.

이제 산책 도중 어디에 와 있는지 모른다고 가정해보자. 이는 흔히 발생하는 문제다. 한 가지 해결책은 여러 지형지물과 갈림길을 포함하여 지나온 길에 대한 정신적 이미지를 만들어내는 것이다. 이는 이런 종류의 지형지물과 움직임에 대한 정신적 조작부터 마음속에 다른 종류의 이미지 조작까지 작은 걸음이다. 그러므로 시각적 이미지를 정신적으로 조작하는 능력은 공간을 누비고 다니는 능력과 병행하여 생겨나는 것으로 보인다.

정신적 조작능력의 진화 역시 물리적 움직임의 진화와 밀접하게 묶여 있다. 동물들은 먼저 몸 전체를 사용해서 움직이고(물고기의 헤엄치기 동작), 그런 다음 협응적 사지운동이 발달하고(네발 걷기), 마지막으로 개별 사지운동이 가능해진다(예 : 사람의 팔 뻗기). 움직임을 조절하는 유

(A)

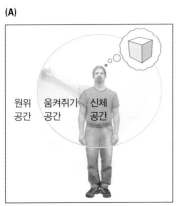

원위 공간 / 움켜쥐기 공간 / 신체 공간

(B) 공간 참조 틀

타자 중심 / 자기 중심

(C)

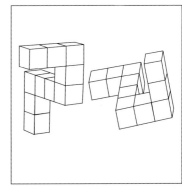

그림 15.6 공간 개념화 방법
(A) 외부 공간과 정신 공간 모두 신체와 관련될 수 있다(Kolb & Whishaw, 2021 참조). (B) 물체의 위치는 자기 중심 및 타자 중심의 공간 참조 틀로 나타낼 수 있다(Proulx et al., 2016 참조). (C) 동일한 그림이 공간에서 서로 다른 방향으로 배치될 수 있다.

도 전략이 더욱 정교해짐에 따라, 이런 유도 체제를 뒷받침하기 위한 인지능력도 진화한다.

더 정교한 인지능력이 혼자 진화한 것 같지는 않다. 물고기가 실제로 조작할 수 없는 사물을 마음속으로 왜 조작할 수 있겠는가? 대조적으로, 손으로 직접 사물을 조작할 수 있는 인간은 이런 조작을 상상할 수 있어야만 한다. 일단 뇌가 물리적으로 존재하는 사물을 조작할 수 있게 되면, 그것은 상상 속 사물 조작(예를 들어 **그림 15.7**에 묘사된 것 같은 문제 풀이)의 작은 걸음이다. 마음의 눈으로 사물을 조작하는 능력은 아마도 손으로 실재하는 사물을 조작하는 능력으로부터 나온다.

연구 결과는 공간 인지의 여러 측면에 관여하는 뇌 영역에 대한 단서를 제공한다. 예를 들면 두정엽의 배측 흐름은 행동에 대한 시각의 조절에 핵심적이다. 개별 팔다리 움직임은 공간에서 이루어지기 때문에, 배측 흐름의 진화적 발달이 사물의 마음속 회전 같은 공간 인지 기술에 대한 신경적 기초를 제공해주었다고 보는 게 합리적인 추측이다. 인간 뇌의 진화적 발달을 추적하여, 우리는 다른 영장류에 비해 인간의 두정 연합 영역이 상당히 확장되어 있음을 알고 있다. 이 확장된 뇌 영역의 기능 일부는 방금 논의된 복잡한 공간적 조작을 수행하는 것이다. 인간은 진화적으로 우리와 가장 가까운 동물인 침팬지보다 훨씬 뛰어난 건설능력을 갖추고 있다. 아마 사물을 건설하고 조작하는 능력의 향상은 인지적 공간능력의 발달에 중요한 역할을 했을 것이다.

공간 행동의 결함

1950년대 초부터 수집된 증거에서 오른쪽 후두정(posterior parietal) 병변이 있는 사람들이 다양한 공간적 결함을 보임에 따라, 후두정피질이 공간 행동에 특별한 역할을 하는 것으로 나타났다. 한 가지 예는 친숙한 환경에서도 돌출적 환경 단서와 연결해 길 찾기를 하지 못하는 **지형적 지남력 상실**이다. 여러 형태의 지형적 지남력 상실이 존재하는데, 자기 중심적 지남력 상실이 그중 하나이다. 이는 자신과 관련하여 물체의 상대적 위치를 지각하는 데 어려움이 있는 것이다. 제 2차 세계대전에 참전했다가 두정피질에 총상을 입은 러시아 군인에 대한 매혹적인 이야기에서, Alexander Luria(1972)는 그 남자가 어떻게 자신의 아파트 건물이 보이는 버스 정류장에서 내렸지만 그 건물로 가는 길을 물어야 했는지 서술한다. 이러한 결함을 가진 다른 사람들은 지형지물을 인식하고, 그 지형지물과의 관계에서 자신의 위치까지 인식할 수 있음에도 불구하고, 특정 위치로 경로를 설정하지 못한다고 보고되어 왔다. 본질적으로 그들은 '방향 감각 없음'의 상태이다. 공간적 결함의 추가적 예로는 그림 15.6C 및 15.7에 보이는 것처럼 물체를 정신적으로 조작하지 못하는 것이 있다.

공간 행동의 결함은 후두정 병변을 가진 사람들뿐 아니라 후대상피질과 내측 측두 영역에 손상이 있는 사람들에서도 보인다(자세한 내용은 Kolb & Whishaw, 2021 참조). 두정피질이 배측 흐름의 주요 구성요소를 형성한다는 점을 감안할 때, 배측 흐름이 공간 인식의 여러 측면에 관여한다는 사실의 발견은 그리 놀라운 일이 아니다. 후두정피질에 양쪽성 손상을 입은 사람들은 **발린트증후군**(Bálint syndrome)을 경험할 수 있는데, 이는 주변으로 시선의 방향을 잡아 친숙한 물체의 공간적 특징을 이해하는 능력에 결함을 보이는 공간 처리의 심각한 장애이다. 그러한 개인은 공간에서 물체의 위치를 판단하거나, 거리를 추정하거나, 길이와 크기를 구별하거나, 깊이와 두께를 평가하거나, 한 번에 하나 이상의 물체에 주의를 기울일 수 없다. 결과적으로 그들은 걸을 때 물체에 부딪치고, 흩어져 있는 물체들을 읽고 세는 데 어려움을 겪는다.

광범위한 문헌들은 측두피질, 특히 내측 측두 영역을 공간 행동에 연루시킨다. 배측 흐름과

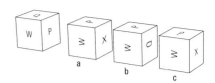

그림 15.7 정신적 조작
이 표본검사 항목은 공간 지남력 측정에 사용된다. 오른쪽의 정육면체 3개를 왼쪽의 정육면체와 비교해보라. 한 정육면체에서 한 글자는 한 번만 나온다. a, b, c 중에서 어떤 정육면체가 왼쪽 정육면체와 같은 것인가? 정답은 아래에 있다.

발린트증후군은 시각 실조증이라고도 하며, 9-5절에 자세한 설명이 있다.

그림 15.7 정신적 조작에서 정답은 a이다.

주의 감각 환경의 부분 혹은 한 부류의 자극에 대한 인식 협소화 또는 초점화

원리 10. 신경가소성은 신경계 기능의 특징이다.

복측 흐름은 모두 해마로 모이고, 14-3절에 서술되었듯 공간적으로 조정된 세포들의 여러 부류가 해마체에서 발견된다(그림 14.11 참조). 사람에서 뒤쪽 해마 영역의 크기와 공간 내비게이션 능력 사이에도 관계가 있다. 영국 런던의 택시기사들은 고정된 경로를 따라가는 버스기사들보다 더 큰 뒤쪽 해마 영역을 갖고 있으며, 기능자기공명영상법(fMRI) 연구는 런던을 가상으로 돌아다니는 비디오 게임을 할 때 택시기사들의 뒤쪽 해마 영역에서 더 큰 활성화를 보여준다(Woollett et al., 2009의 종설 참조). 흥미롭게도 택시기사들이 은퇴하면 시간이 지남에 따라 해마가 작아지며, 이는 내비게이션 전문 지식도 사용하지 않으면 역전되는 구조적 변화를 초래함을 시사한다.

주의

축구 경기장에서 친구들을 만난다고 상상해보라. 경기장에서 관중들 사이를 걸어 다니며 친구들을 찾는다. 갑자기 한 친구의 독특한 웃음소리를 듣고 소리가 들려오는 방향으로 몸을 돌린다. 여러 명의 친구가 보이고 그들에게 달려간다.

이런 일상의 경험이 감각 환경의 일부나 자극 부류에 대한 인식의 선택적 협소화 또는 집중으로 정의되는 **주의**(attention)의 본성을 잘 설명해준다. 여러분은 수많은 소리, 냄새, 감촉, 광경에 둘러싸여 있어도 여전히 낯익은 웃음소리를 감지하고 낯익은 얼굴을 알아볼 수 있다. 다시 말해 여러분은 주의를 돌릴 수 있다. 그래서 주의는 여러분의 친구와 연관된 시각적 및 청각적 단서 같은 특정 정보의 지각과 연관된 신경 활동을 향상시킬 수 있다. 반대로 주의는 빈 좌석이나 경기 중에 연주되는 밴드의 소리 같은 다른 관련없는 정보와 연관된 신경 활동을 감소시킬 수 있다. 우리는 감각 자극뿐 아니라 생각에도 선택적으로 주의를 기울일 수 있다. 언젠가 하나의 생각에 사로잡혀 마음에서 다른 모든 것을 배제해 본 적이 없는 사람이 어디 있겠는가?

선택적 주의

다른 많은 추론된 정신 과정과 마찬가지로, 주의의 신경적 기초에 대한 연구는 도전적이다. 그러나 특정 위치나 시각 자극에 주의를 기울이도록 훈련된 원숭이를 이용한 연구에서, 특정 위치나 시각 자극에 대해 발화율이 높아지는 뉴런이 피질과 중뇌에서 발견되었다. 중요한 점은, 똑같은 자극은 한 번에 한 뉴런만 활성화할 수 있으며, 이는 원숭이가 학습한 주의 초점에 달려 있다는 것이다.

James Moran과 Robert Desimone(1985)은 원숭이를 훈련시켜서 화면의 고정된 점을 바라보면서 막대를 들어 올리게 했다. 표본자극(예 : 빨간색 세로 막대)이 시야의 한 지점에 잠깐 나타났고, 약 0.5초 후 같은 지점에 시험자극이 나타났다(그림 15.8 참조). 시험자극이 처음 표본자극과 동일했을 때 원숭이가 즉각 막대를 내려놓는다면 동물은 보상을 받았다.

각각의 원숭이는 시야의 특정 지점에서 나타난 자극에는 주의를 기울이고, 다른 지점에서 나타난 자극은 무시하도록 훈련되었다. 이런 방법으로, 똑같은 시각 자극을 뉴런 수용부의 다른 영역에 제시하여, 세포 반응이 자극의 위치에 따라 달라지는지 여부를 시험할 수 있다.

원숭이가 과제를 수행하는 동안, 연구자들은 V4 시각 영역에서 발화하는 뉴런들을 기록했다. 이 뉴런들은 색깔과 형태에 민감하고, 서로 다른 뉴런들은 이 두 변인의 서로 다른 조합(예 : 빨간색 세로 막대 혹은 초록색 가로 막대)에 반응한다. 시각 자극은 보상이 따르는 옳은 지점에도, 보상이 없는 잘못된 지점에도 제시되었다.

고정점   자극

그림 15.8 선택적 주의

임상 초점 8-2는 자폐스펙트럼장애가 있는 사람들과 연관된 과도한 초점을 서술한다.

훈련 전에 뉴런은 위치와 관계없이 모든 자극에 반응했다. 실험 결과는 훈련 후 뉴런이 시각적 자극이 보상 위치에 있을 때만 반응했음을 보여주었다. 보상이 없는 위치에 동일한 자극이 제시되면 뉴런은 반응하지 않았다. 이 소견은 감각 세계의 특정 부분에 주의를 기울이는 것이 단일 뉴런의 속성임을 말해준다. 즉 뉴런이 인지의 계산 단위라는 증거이다.

주의 결핍

주의는 아마 뇌 전반에 걸친 뉴런의 특성이며, 일부 영역이 다른 영역보다 더 뚜렷한 역할을 맡는다. 예를 들어 전두엽은 주의에 핵심적이다. 전두엽이 손상된 사람들은 환경 자극에 지나칠 정도로 집중하게 되는 경향이 있다. 이들은 과도하게 선택적으로 주의를 돌리거나 주의 전환에 어려움을 겪는다. 이 사람들에 대한 연구 결과에 따르면, 전두 연합피질은 필요로 하는 곳으로 유연하게 주의를 돌리는 능력을 조절한다. 실제로, 핵심 전두엽 기능인 계획하기는 이런 능력을 필요로 한다.

두정 연합피질이 주의의 다른 측면의 열쇠라는 사실은 아마 무시(neglect)라고 하는 주의 결핍에 의해 가장 잘 예시된다. 무시는 뇌가 손상된 사람이 중요하게 고려해야 할 감각 정보를 무시할 때 발생한다. 대개 이 현상은 신체의 반쪽에만 영향을 미치는데, 이런 경우를 **대측성 무시**(contralateral neglect)라 한다. 우리는 우반구에 종양이 생겨 접시의 오른쪽에 담긴 먹이만 먹고, 왼쪽의 먹이는 무시하는 개를 관찰했다. 무시는 감각 경로에 손상이 없는데도 흔히 발생하기 때문에 아주 흥미로운 증상이다. 즉 무시는 주의의 실패이다.

우반구 두정 연합피질이 손상된 사람들은 그들 왼쪽의 사물이나 사건에 대해 특별히 심한 무시를 보인다. 예를 들어 한 남성은 몸 오른쪽만 옷을 입고, 얼굴 오른쪽만 면도하며, 문서 오른쪽만 읽는다. 왼팔을 자발적으로 움직일 수 있지만, 양팔을 다 들어보라고 하면 오른팔만 든다. 왼팔까지 들라고 하면 들기는 하지만, 바로 다시 내려놓고 만다. 몸의 왼쪽이나 시각 세계의 왼쪽 사용에 어려움이 있는지 질문을 받으면 괜찮다고 대답한다. 이런 반응은 질병불각증(anosognosia), 즉 질병에 대한 무시를 나타낸다.

대측성 무시가 있는 사람들은 회복하기 시작하면서 또 다른 흥미로운 증상을 보인다. 이들은 몸의 양쪽에 비슷한 정보가 주어지면 한쪽 부분의 정보를 무시한다. **그림 15.9**는 **소거**(extinction)라 하는 이러한 증상에 대한 통상적 임상검사를 보여준다.

소거 검사에서 사람은 눈을 검사자 얼굴에 고정시키고 시야 한쪽 혹은 양쪽에 제시되는 물건이 무엇인지 말해야 한다. 포크 같은 사물 하나를 어느 한쪽이나 다른 쪽에 보여줄 때, 사람은 보여준 쪽으로 고개를 돌린다. 그러면 사람이 양쪽 다 볼 수 있음을 알 수 있다. 이제 포크 두 개를 오른쪽과 왼쪽에 각각 하나씩 보여준다. 사람은 왼쪽 포크는 무시한 채, 오른쪽에 하나가 있다고 대답한다. 왼쪽에 대하여 물어보면 사람은 거기에 아무것도 보이지 않았으며, 오른쪽에 하나만 보였다고 아주 확신한다.

아마도 무시의 가장 흥미로운 측면은 무시가 있는 사람들이 그들 주변 물리적 세계의 한쪽뿐

대측성 무시 뇌 손상 위치 반대편의 신체 혹은 세계 부분을 무시하는 것

소거 신경학에서, 신체 한쪽 면 정보가 신체 다른 쪽 면에 비슷한 정보와 동시에 제시될 때 일어나는 무시

2개의 같은 물체가 제시될 때

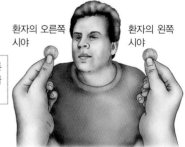
환자의 오른쪽 시야 / 환자의 왼쪽 시야
환자는 오른쪽 시야의 물체만 본다.

2개의 다른 물체가 제시될 때
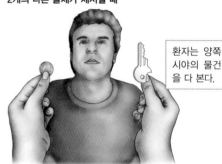
환자는 양쪽 시야의 물건을 다 본다.

2개의 같은 종류 물체가 제시될 때
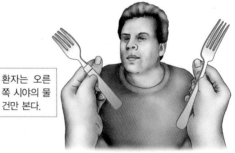
환자는 오른쪽 시야의 물건만 본다.

그림 15.9 소거 검사
뇌졸중을 겪어 왼쪽 시야에 제시되는 정보에 무시를 보이는 사람은 왼쪽과 오른쪽 시야의 물체가 같냐 다르냐에 따라 다르게 반응한다.

여기에 서술된 두정연합피질의 손상은 11-4절에 서술된 것처럼 피질에 감각 정보를 전달하는 뉴런의 손상에 따른 고유 감각의 소실과 다르다.

집행 기능 주의 통제, 계획, 추론, 작업기억, 문제 해결, 추상적 사고, 자기감시 등과 같은 인지 과정. 주로 전두엽과 연관되나, 후두정피질 같은 다른 피질 영역도 관여한다.

아니라, 마음 속 표상 세계의 한쪽에도 주의를 기울이지 못한다는 점이다. 우리는 왼쪽 모든 것에 완전 무시를 보이는 한 여성을 연구했다. 그녀는 왼쪽에 무엇을 두었는지 기억할 수 없기 때문에 부엌에서 일을 할 수 없다고 고충을 토로했다. 우리는 그녀에게 부엌문 앞에 서 있다고 상상하고, 오른쪽과 왼쪽 서랍에 무엇이 있는지 말해보라고 했다. 그녀는 왼쪽 서랍에 있는 것들은 아무것도 기억하지 못했다. 다음으로 그녀에게 부엌의 끝까지 걸어가서 돌아선다고 상상해보라 했다. 그리고 다시 부엌의 오른쪽(처음에는 왼쪽이었던 쪽)에 무엇이 있는지 물어봤다. 그녀는 환한 미소를 지었고, 얼굴에 눈물이 흘렀다. 바로 그 순간 처음 몰랐던 쪽에 무엇이 있는지 알게 되었음을 깨달았기 때문이었다. 그녀가 해야 할 것은 오로지 마음의 눈으로 몸의 방향 바꾸기였다. 나중에 그녀는 다시 요리를 할 수 있게 되었다고 자신의 인생 변화에 감사하는 편지를 보내 왔다. 확실히 무시는 물리적 세계에서뿐 아니라 마음속에도 존재할 수 있다.

완전한 대측성 무시가 보통 두정엽 손상과 연관되지만, 특정한 형태의 무시는 다른 부위의 손상에서 생길 수 있다. Ralph Adolphs와 동료들(2005)은 양쪽 편도체에 손상이 있어 다른 사람의 얼굴에서 공포를 인식할 수 없는 여성 S. M.의 사례를 서술한다. 후속연구에서 그 이유가 밝혀졌다. 즉 S. M.은 얼굴을 볼 때, 눈을 보지 못했다. 대신 코를 포함한 다른 부위만 봤다. 공포는 코가 아닌 눈을 통해 가장 분명하게 확인할 수 있기 때문에 그녀는 공포를 인식하지 못했던 것이다. 그녀에게 특별히 눈을 보라고 지시하자, 그녀의 공포 인식은 완전히 정상화되었다. 따라서 편도체는 표정을 알아채도록 눈에 주의를 돌리는 역할을 한다. 그러나 S. M.이 다른 사람의 얼굴에서 공포를 무시하는 것은 가정폭력으로 칼로 위협당하며 거의 죽을 뻔한 상황 같은 다른 사람에게 공포를 유발할 수 있는 상황을 보고도 공포를 경험하지 못하는 것과도 연관된다(S. M.의 삶에 대한 검토는 Feinstein et al., 2016 참조).

계획하기와 집행 기능

일상생활에서 우리는 새로운 행동을 계획하고 생성해야 하는 변화의 상황에 끊임없이 직면한다. 다음 예를 고려해보라. 금요일 정오에, 친구가 주말에 인근 도시에 콘서트를 같이 보러 가자고 제안한다. 친구는 오후 6시에 데리러 올 것이고, 콘서트장까지 함께 차를 타고 갈 것이다. 짧은 통지 때문에 오후 4시 수업을 마치고 집에 빨리 달려가 채비를 해야 한다. 운전하는 2시간 동안 배가 고프지 않도록, 집에 가는 도중에 패스트푸드 가게에 들른다. 또한 현금이 필요할 것이기에 가장 가까운 현금인출기에 찾아간다. 집에 도착하면, 콘서트와 여행에 입기 알맞은 옷을 여러 벌 챙긴다. 세면도구를 챙길 수도 있다. 친구가 도착하는 6시까지 어떻게든 부랴부랴 준비를 마친다.

계획과 새로운 행위를 수행하는 능력은 흔히 **집행 기능**(executive function)이라 지칭된다. 이 용어의 정의는 다소 모호하나, 집행 기능은 일반적으로 주의 통제, 계획, 추론, 작업기억, 문제 해결, 추상적 사고, 자기감시 같은 인지 과정을 포함하는 것으로 간주된다. 집행 기능은 흔히 전적으로 전두엽 활동이라 상상되지만, 여러 네트워크를 통해 전두피질과 연결된 두정피질 같은 다른 피질 영역도 관여한다.

전두엽 손상이 있는 사람들은 기억 및 언어와 관련된 인지능력이 정상이거나 훨씬 우수함에도 불구하고 자신의 행동을 조직화할 수 없는 경우가 흔하다. 위스콘신 카드분류검사가 전두엽 손상으로 인한 결손을 입증하는 데 사용될 수 있다. **그림 15.10**은 검사 재료를 보여준다. 피험자 앞에 다른 디자인의 4장의 자극카드를 배열해 놓는다. 카드 내용물은 색깔, 형태, 개수가 달라, 가

그림 15.10 위스콘신 카드분류검사
피험자는 여기 나타낸 것 같은 다중의 복사본을 포함하는 카드묶음을 받으며, 그중에 선택된 4장의 카드가 피험자 앞에 가로로 놓인다. 과제는 바닥에 쌓인 각각의 카드를 세 가지 가능 범주에 따라 분류하여, 가로로 놓인 적절한 카드 밑에 놓는 것이다. 피험자들에게 옳은 분류 범주가 무엇인지, 즉 색깔인지, 숫자인지, 형태인지 명시적으로 알려주지 않는다. 피험자들이 한 범주에 따라 분류를 제대로 하면, 검사자는 예고 없이 다른 범주로 변경한다.

능한 분류 범주는 세 가지이다. 피험자는 요구되는 분류 범주에 따라 카드 묶음을 자극카드 앞에 분류해 쌓아야 한다. 하지만 올바른 분류 범주가 무엇인지는 절대 알려주지 않는다. 다만 카드 한 장을 놓을 때마다, 그 선택이 옳았는지 틀렸는지에 대해서만 듣고, 그 피드백만을 기반으로 새로운 해결책을 파악해야 한다.

예를 들어 한 시도에서 첫 번째 분류 범주가 색깔이라고 하자. 피험자가 색깔로 카드들을 제대로 분류하면, 예고 없이 정답을 형태로 변경한다. 피험자가 형태로 카드를 제대로 분류하면, 정답은 다시 예고 없이 개수로 변경된다. 이어서 분류 규칙은 다시 색깔로 돌아오고, 뒤이어 안내 없이 규칙이 바뀌는 같은 절차가 반복된다.

반응 전략의 전환은 전두엽 병변이 있는 사람들에게 특히 어렵다. 이들은 검사가 끝날 때까지 100장이 되도록 계속해서 처음 자극(색깔)에 반응한다. 이런 양상을 **보속증**(perseveration)이라 하는데, 이는 변화하는 자극에 대해 똑같은 언어 반응 혹은 운동 반응을 반복적으로 표출하는 경향을 일컫는 것이다. 이러한 경향은 어린아이들에게서도 발견되는데, 이는 전두피질의 미성숙한 발달에 기인할 가능성이 크다.

전두엽 손상이 있는 사람들은 색깔이 더 이상 옳은 범주가 아님을 알고 있다고 말하기도 하지만, 그래도 계속해서 색깔대로 분류한다. 한 명이 말했다. "지금 아마 형태가 답일 테니, 이거(색깔로 분류) 틀리겠죠. 이거 틀릴 텐데, 또 틀렸네." 정답의 분류 범주를 알고 있음에도 불구하고, 전두엽 손상이 있는 사람은 새로운 외부 정보에 반응하여 행동을 전환하지 못한다.

모방과 이해

언어적이든 비언어적이든, 모든 의사소통에서 발신자와 수신자는 생각하는 것에 대한 이해를 공유해야 한다. 한 사람이 말이나 몸짓을 한다면, 다른 한 사람은 이를 올바로 해석해야만 이해할 것이다. 의사소통에서 이러한 협응을 성취하기 위해서는 메시지를 생산하고 지각하는 과정들이 발신자와 수신자의 뇌에서 공통의 표상을 공유해야 한다.

팔 들어 올림 혹은 희미한 미소 같은 모호한 몸짓에 대하여 발신자와 수신자가 모두 공통의 이해를 어떻게 성취할까? Giacomo Rizzolatti와 그의 동료들이 답을 제시했다(Rizzolatti & Sinigaglia, 2016; Umiltà et al., 2001 참조). 물체에 손을 뻗는 원숭이의 단일 뉴런을 기록하는 과정에서, 그들은 원숭이가 움직일 때뿐 아니라 다른 원숭이(또는 인간)의 같은 동작을 볼 때도 전운동피질 뉴런의 하위 집합이 방전한다는 뜻밖의 발견을 했다. Rizzolatti는 이 뉴런을 **거울뉴런**(mirror neurons)이라고 불렀고, 이름도 그렇게 붙였다. 후속 연구자들은 거울뉴런이 자신의 행위나 다른 사람의 행위를 표상한다고 제안했다. 이런 신경적 표상은 타인의 행위 모방과 그 의미 이해에 사용될 수 있으며, 그래서 적절한 반응을 가능하게 한다. 그런 까닭에, 거울뉴런은 의사소통의 발신자와 수신자 사이에서 연결 고리를 제공할 수 있다.

거울뉴런은 집중적 연구의 초점이 되어 왔다. 거울뉴런 체계(MNS)는 이제 일반적으로 뇌 내에 분포하며, 후두정피질, 전운동피질, 하전두이랑, 상측두고랑의 피질 영역을 포함하는 것으로 생각되고 있다. **그림 15.11**에 보이듯, 이 영역들은 다양한 유형의 동작과 관련된 영역으로 세분될 수 있다. 원래 거울뉴런은 단순히 행위를 인식하는 것이 아니라 행위를 이해하는 기반이 된다고 가정되었다. 이 가능성은 심오한 의미를 내포했고, 거울뉴런이 말과 언어, 공감, 사회인지, 마음이론 등의 기초를, 심지어 문명의 기초를 형성한다는 제안으로 이어졌다. 그러나 몇 년 안에 거울이론에 균열이 생기기 시작했다. Gregory Hickok(2014)

보속증 변하는 자극에 대하여 똑같은 언어 반응 혹은 운동 반응을 반복적으로 표출하는 경향

거울뉴런 한 개체가 다른 개체가 취하는 행위를 관찰할 때 발화하는 영장류 전운동피질 및 두정피질의 세포

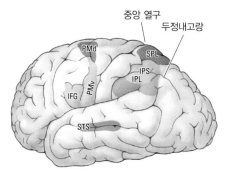

그림 15.11 거울뉴런 체계
핵심 거울뉴런 체계(노란색)는 전환성 움직임에 민감하며, 하전두이랑(IFG), 복측 전운동피질(PMV), 하두정소엽(IPL), 두정내고랑(IPS)으로 구성된다. 인간의 미만성 거울뉴런 체계는 배측 전운동피질(PMD)과 상두정소엽(SPL)에서 손 움직임에(보라색), 상측두고랑(STS)의 일부에서 상지 움직임에(파란색), 도구 사용에(주황색), 그리고 어떤 물체도 조작되지 않는 비전환적 움직임에(초록색) 반응한다.

출처 : Cattaneo & Rizzolatti(2009).

인지신경과학 인지의 신경 기반을 다루는 학문

은 거울뉴런이 행위를 이해하게 만드는 게 아니라, 동작 조절을 정제하는 것이라고 주장했다. Hickok과 다른 사람들은 거울뉴런이 행위를 '이해'하는 것이 아니라, 행위 집행과 행위의 자기 관찰 사이의 연관성에서 거울뉴런의 기능이 발생하는 것임을 시사한다.

보다 최근에는 기능자기공명영상법(fMRI), 양전자방출단층촬영술(PET), 경두개자기자극(TMS), 자기뇌전도(MEG), 뉴런 기록 등의 많은 뇌 매핑 방법으로 축적된 데이터가 MNS의 복잡성을 드러내 왔다. 이러한 영상 연구 결과는 행위를 관찰하는 동안 MNS의 신경 반응 강도가 여러 요인에 의해 조절됨을 분명히 보여준다. 광범위한 검토에서 David Kemmerer(2021)는 행위, 행위자, 관찰자, 행위자와 관찰자 사이의 관계, 그리고 맥락에 관여하는 22가지 뚜렷한 조절 요인을 식별했다. 예를 들어 행위자와 관찰자 사이의 관계와 관련되는 신경 활성의 강도는 대인 관계 기호 및 눈 맞춤에 의해서뿐 아니라 인종적, 민족적 일치에 의해서도 매개된다. 비록 MNS의 작용을 설명하기 위해 몇 가지 이론적 모델이 제안되었지만, Kemmerer는 아직 체계의 전체 복잡성을 설명할 수 있는 것은 없다고 결론지었다. 그럼에도 불구하고, MNS에 대한 연구들은 뇌가 행위를 이해하고 동작을 빠르고 정확하게 만드는 것을 촉진한다는 것을 실증한다.

MNS의 개념은 이미 재활 중재에 적용되고 있다. 행위관찰치료에서 환자들은 비디오를 세심하게 보고 본 행위를 모방하도록 요청받는다. Rizzolatti와 동료들(2021)은 행위관찰치료가 뇌졸중부터 파킨슨병 같은 신경퇴행성 질환에 이르는 다양한 임상 조건에서 손상된 운동능력의 회복을 도울 수 있다는 증거를 수집했다. 덧붙여서, 행위관찰치료는 신경학적으로 정상인 피험자의 정확한 운동 조절을 향상시키는 것으로 나타났다(Mancuso et al., 2021).

15-2 복습

진도를 계속 나가기 전에 앞 절을 얼마나 이해했는지 확인해보자. 정답은 이 책의 뒷부분에 있다.

1. 지식은 생성하는 기능을 하는 _____ 피질에 저장되며, 이는 _____ 를 생성하는 기능을 한다.
2. 일반적 규칙으로, _____ 엽은 사물에 대한 정보를 처리하는 반면, _____ 엽은 다양한 형태의 공간 인지를 생성한다.
3. 전두엽은 동작을 만드는 것뿐 아니라 동작을 _____ 하고 시간에 따라 행동을 _____ 하는 것에도 기능한다.
4. 전두엽과 두정엽에 있는 _____ 뉴런은 자신이나 타인의 행위를 표상한다.
5. 다중양식성 피질의 기능을 서술하시오.
6. 거울뉴런 체계의 적용이 재활의 맥락에서 어떻게 사용될 수 있는지 설명하시오.

학습 목표

- 피질 네트워크에 대해 밝혀낸 최근의 뇌 매핑 기술을 설명한다.
- 인지에서 소뇌의 역할을 식별한다.
- 사회신경과학 이론에 의한 설명대로 뇌가 사회적 상호작용을 어떻게 매개하는지 서술한다.
- 신경경제학 분야의 목표를 요약한다.

15-3

인지신경과학의 경계 확장

1970년대 후반부터 행동과 관련된 뇌의 전기적 활동[뇌전도(EEG), 사건관련전위(ERP)], 대사적 활동(PET) 및 혈관적 활동(MRI, fMRI)을 측정하기 위한 정교한 비침습적 자극 및 기록 기술이 개발되었다. 이러한 기술적 발전은 뇌와 행동을 연구하는 새로운 분야로 인지의 신경 기반에 초점을 맞춘 **인지신경과학**(cognitive neuroscience)의 등장으로 이어졌다. 이 절의 뒷부분에서 논의되듯, 이 새로운 영상 기술이 인지신경과학자가 인간의 뇌를 매핑하는 것을 돕고, 사회심리학자(사회신경과학)가 뇌가 어떻게 사회적 상호작용을 중재하는지 탐구할 수 있게 하며, 경제학자가

◎ 임상 초점 15-3

신경심리평가

*신경심리평가*는 신경학적 또는 심리적 손상을 겪고 있을 수 있는 개인의 인지 기능을 체계적으로 평가하는 것이다. 기능 영상의 출현으로 신경심리평가는 과거의 단순한 진단 도구를 넘어 이제 재활에서 중요한 역할을 한다. 특히 만성 질환(예 : 뇌졸중 및 외상성 뇌 손상)의 경우에 그러한데, 이런 질환에서 종종 신경 영상이 뇌의 변화를 식별하지 못하는 경우가 있다. 그러나 뇌의 병리가 명확하더라도 신경학적 질환의 인지 효과에는 큰 변동성이 있다. 이런 변동성의 부분적 이유로는 뇌가 동일하지 않다는 점과 뇌 기능이 진공 상태에서 발생한다는 점이 있다. 인지 기능은 뇌 병리 또는 기능부전의 본성에 의해서만 영향을 받는 것이 아니라 심리적 요인(예 : 병전 경험, 성격, 가치) 및 사회환경적 요인(예 : 생활 방식, 문화, 재정, 과거 및 현재 진행 중인 스트레스 요인, 가족 및 직장 관계의 안정성)에 의해 영향을 받는다. 따라서 평가는 개인의 삶의 전체적인 맥락에서 수행되어야 한다(자세한 내용은 Kolb & Whishaw, 2021 참조).

신경심리평가는 제2차 세계대전 이후 많은 조사자가 뇌 손상을 입은 군인들을 연구하기 시작하면서 발전했다. 이러한 조사는 지능, 기억력, 공간 및 지각력 검사를 포함하여 본질적으로 지필검사인 광범위하고 표준화된 검사집의 개발로 이어졌으며, 대개 신경심리학에 특별히 수련을 받은 심리학자에 의해 수행되었다. 이러한 검사집들이 매우 유용한 것으로 입증되었지만, 지난 30년 동안 다소 정체되어 있다. 이는 동일한 기간 동안 일어난 신경과학의 발전을 고려할 때 놀라운 사실이다(Bilder & Reise, 2019).

CANTAB(Cambridge Neuropsychological Test Battery)는 1990년대에 개발되었으며, 터치스크린 컴퓨터를 통해 검사가 진행된다. 이 검사집의 도입 이후 CANTAB의 성공은 약 20개의 다른 전산화 검사집의 개발로 이어졌는데, 이들은 곧 MRI, fMRI, EEG를 포함한 신경 영상 결과와 통합되어 뇌 손상과 인지 기능 사이의 관계에 대한 더 깊은 통찰을 제공할 것이다(Sternin et al., 2019 참조). 덧붙여, 온라인과 모바일 기기를 활용한 신기술이 음성, 표정 및 다른 3차원적 행위, 그리고 복잡한 행동을 습득할 수 있게 하여 지필검사로는 수집할 수 없는 정보를 제공한다.

지난 몇 년 동안 개발된 새로운 통계 방법도 신경심리평가의 본질을 변화시키고 있다. 전산화된 검사집의 주요 장점 중 하나는 개인의 점수를 다양한 심리사회적 배경(예 : 민족, 인종, 교육, 성별)을 가진 수천 명의 점수 데이터베이스와 비교할 수 있다는 것이다. 컴퓨터 생성 데이터 분석의 목표는 훈련된 신경심리학자의 작업을 대체하는 것이 아니라 보완하는 것이다. 신경심리학자들은 여전히 이러한 평가 및 인터뷰에서 얻은 질적 인상뿐만 아니라 생물심리사회적 요인을 고려해야 한다.

뇌가 어떻게 결정을 내리는지를 발견하는 데 도움을 줄 수 있다. '임상 초점 15-3 : 신경심리평가'는 신경영상 기술들이 보다 전통적인 평가들과 어떻게 통합될 수 있는지 서술한다.

뇌 커넥톰 살아 있는 인간의 뇌에서 완전한 구조적·기능적 섬유 경로의 지도

뇌 매핑

21세기의 거대한 과학적 도전들 중에서 인간의 **뇌 커넥톰**(brain connectome) 매핑이 가장 흥미롭다. 이를 위해 미국 국립보건원은 살아 있는 인간 뇌의 완벽한 구조적·기능적 섬유 경로 연결을 매핑하기 위해 총 4,000만 달러의 연구비를 지원했다. 이 인간 커넥톰 프로젝트(Human Connectome Project, HCP)에 참여하는 연구자들은 확산텐서영상술(DTI)과 기능연결자기공명영상법(functional connectivity MRI, fcMRI)을 결합하여 살아 있는 사람의 뇌에서 이러한 연결을 짜맞추고 있다. 2016년 말까지, HCP 연구자들은 1,200명의 건강한 성인들의 뇌에 대한 스캔을 완료했으며, 여기에는 300명의 쌍둥이가 포함되었다. HCP는 다양한 인구에 초점을 맞춘 다양한 연구 집단과 함께 계속되고 있다. 예를 들어 영국의 한 연구는 총 10만 명의 피험자 스캔을 목표로 한다(철저한 검토는 Elam et al., 2021 참조).

HCP 매핑에서 첫 번째 단계는 대뇌 피질의 정확한 구획을 식별하는 것이었다. 연구자들은 100년 이상 동안 뇌 지도를 구축해왔지만, 그 지도에 있는 별개 영역의 수는 분석 방법에 따라 약 50개에서 200개까지 다양하다. HCP 연구자들은 500개 이상의 뇌로 구성된 기계학습 분류기를 사용하여 피질을 180개 영역으로 구획했는데, HCP 연구의 새로운 피험자 중 약 97%에서 이 영역들의 존재를 감지할 수 있었다(Glasser et al., 2016). **그림 15.12A**에 보이는 이러한 구획은 그림 2.26에 보이는 Brodmann의 원래 세포구축 지도보다 더 복잡하지만, 여전히 Brodmann의 기본적 조직 구성에서 파생된다.

이러한 노력에 더하여, HCP 외부의 수많은 연구 역시 매핑 기술을 사용하여 특정 과정과 장애를 서술하려 하고 있다. 예를 들어 연령 관련 뇌 변화는 수명 증가와 노인 인구수의 증가로 인

커넥톰 영상을 포함하여 HCP를 더 알고 싶다면 www.humanconnectomeproject.org/에 들어가 보면 된다.

Glasser의 구획 작업과 그에 따른 뇌 기능 영역에 대한 FACT 정의는 2-3절에서 논의된다.

그림 15.12 **대뇌 피질 네트워크의 두 가지 구획화**

(A) FACT 기법을 기반으로 한 인간 커넥톰 프로젝트의 다중모드 구획 지도(Glasser et al., 2016). 이 기술은 180개의 개별 영역을 식별했다. (B) 1,000명의 참가자로부터 얻은 fcMRI 데이터를 기반으로 한 17개의 피질 네트워크 추정치. 각 색상은 네트워크를 나타낸다. 측두엽의 파란색 청각 영역 같은 일부 네트워크는 국재화되는 데 비해, 다른 것들은 전전두-후두정 연결성을 나타내는 노란색 영역 같이 널리 산재된다.

출처 : (A) Glasser et al. (2016). (B) American Physiological Society from B. T. T. Yeo, F. M. Krienen, J. Sepulcre, M. R. Sabuncu, D. Lashkari, et al., "The Organization of the Human Cerebral Cortex Estimated by Intrinsic Functional Connectivity," 2011, *Journal of Neurophysiology*, 106, pp. 1125–1165. Permission conveyed through Copyright Clearance Center, Inc.

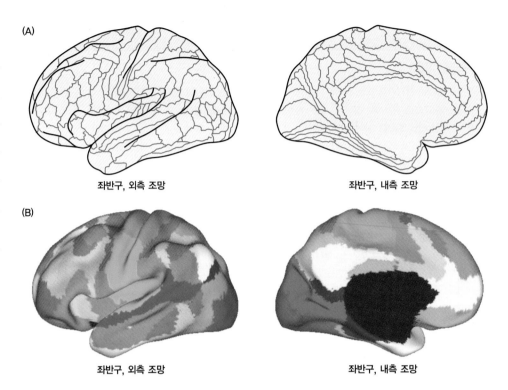

(A)

좌반구, 외측 조망 좌반구, 내측 조망

(B)

좌반구, 외측 조망 좌반구, 내측 조망

해 중요한 주제이다. 많은 보고서가 사람들이 나이가 듦에 따라 기능적 연결성에 감소가 있다고 제안해왔다(예 : Sala-Llonch et al., 2015). 그러나 일부 뇌 네트워크는 연결성 감소를 보이지만, 다른 네트워크(예 : 디폴트 네트워크)는 나이가 들수록 연결성 증가를 보인다는 증거가 늘고 있다. 이렇게 증가한 연결성은 우리가 나이 들어 감에 따라 건강한 인지 기능을 유지하기 위한 기전을 제공할 수 있다(Podgórski et al., 2021).

fMRI를 이용한 뇌 매핑

fcMRI 기술은 휴지기 기능자기공명영상법(resting-state fMRI, rs-fMRI)을 이용하여 뇌 영역들 사이에 내재된 기능적 상관성을 측정하는 것이다. 수천의 건강한 젊은 성인들에서 얻은 공동관리 fcMRI 데이터는 뇌에서 일정한 양식의 연결성 혹은 신경섬유 찾기를 가능하게 만든다. Thomas Yeo와 동료들(2011)은 피험자 1,000명의 fcMRI를 이용하여 인간의 대뇌 피질을 그림 15.12B에 예시된 것처럼 17개 네트워크로 구획했다.

대뇌 피질은 일차 감각 및 운동 네트워크뿐 아니라 연합피질을 형성하는 다중의 대규모 네트워크로 구성된다. 감각 및 운동 네트워크는 대체로 국소적이다. 즉 인접 영역들이 서로 간에 강한 기능적 결합을 보여주는 경향이 있다. 그림 15.12B에서 체성감각 및 운동피질의 청록색과 파란색/회색 영역, 시각피질의 보라색 영역이 이러한 결합을 예시한다.

대조적으로, 연합 네트워크는 전전두, 두정, 앞쪽 측두, 중앙선 영역들의 전반에 걸쳐 산재된 부위들을 포함한다. 그림 15.12B에서, 산재된 노란색 영역은 전전두-후두정 연결성을 보여준다. 약한 붉은색으로 보이는 산재된 네트워크는 측두, 후두정, 전전두 영역을 포함한다.

네트워크들의 또 다른 복잡한 세트는 사회적 뇌와 관련이 있다. **그림 15.13**에 예시되듯, 많은 수의 피질 영역이 4개의 별도 사회적 네트워크로 기능적으로 연결되어 있다. 또한 다른 많은 네트워크가 기억, 공간, 시각과 같은 기능과 관련된다(더 자세한 내용은 Kolb &

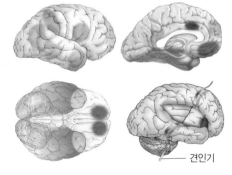

견인기

그림 15.13 **사회적 뇌의 네트워크**

4개의 제안된 사회적 뇌 네트워크. 빨간색 영역은 편도체 네트워크, 밝은 파란색은 정신화 네트워크, 진한 파란색은 공감 네트워크, 초록색은 거울/시뮬레이션/행동지각 네트워크를 나타낸다.

출처 : Kennedy & Adolphs(2012).

Whishaw, 2021 참조).

디폴트 네트워크는 전두엽과 두정엽 영역을 포함하는 뇌 네트워크이다(그림 8.19 참조). 연구자들은 고해상도 영상을 사용하여 디폴트 네트워크가 단일 네트워크가 아니라 인접한 배측 및 복측 구성요소를 포함하여 최소 2개의 병렬적 네트워크로 구성됨을 보여주었다(Braga et al., 2019). 이상일과 동료들(2021)이 입증한 것처럼 이러한 구성요소들은 기능적으로 분리될 수 있다. fMRI를 사용하여 이 연구자들은 피험자들이 생생함과 정서가(valence, 정서의 질)가 다양한 미래 사건을 상상하는 동안 뇌 활동을 측정했고, 복측 영역은 상상한 사건의 생생함에 반응하는 반면, 배측 영역은 정서가에 반응함을 보여주었다.

7장은 다양한 뇌 매핑 및 신경 영상 기법을 서술한다. 7-7절은 뇌 구성 조직을 이해하기 위해 수학적 모델을 사용하는 계산 신경과학 분야를 소개한다.

확산텐서영상을 이용한 트랙토그래피

DTI 연구는 흔히 트랙토그래피(tractography)라 불리며, fcMRI로 매핑된 네트워크를 보완하는 결과를 제공한다. 트랙토그래피는 특정한 특성과 관련될 수 있는 실제의 신경해부학적 경로를 측정한다. 전통적인 사후 경로 추적하기는 단일 뇌에서 수행된다. 오늘날 트랙토그래피는 많은 살아 있는 뇌에서 신속하게 수행될 수 있고, 뇌 전체가 동시에 측정될 수 있다. 이러한 진전 덕택에 연구자들은 특정한 행동적 특성을 특정한 양식의 연결성과 연관짓는다.

Psyche Loui와 동료들(2011)은 절대 음감, 즉 음들을 구별해내고, 동시에 들은 음을 맞추는 능력의 신경적 기초에 흥미를 가졌다. 절대 음감은 가진 사람이 드물지만, 놀랄 만한 음악적 재능을 가진 사람들에서 공유된다. (모차르트를 생각해보라.) 절대 음감의 발달은 음악 훈련과 일본어 같은 성조언어에의 노출 같은 초기의 경험에 민감하다.

Loui 팀은 절대 음감이 있는 음악가와 없는 음악가를 비교 연구했다. 두 집단 사이에 성별, 나이, 손잡이, 인종, IQ 점수, 음악훈련 기간 등은 차이가 없었다. 피험자들은 음감 시험을 받았고, 이에 따라 연구자들은 절대 음감을 가진 음악가들을 높은 정확성과 낮은 정확성의 두 범주로 나눌 수 있었다. 낮은 정확성 집단은 음을 제대로 알아내지 못하는 절대 음감 없는 피험자들보다는 우월하였다.

연구 초점 10-6은 절대 음감에 관한 추가적 연구를 서술한다.

연구자들은 절대 음감이 소리를 처리하는 뇌 영역의 연결성 증가와 관련될 수 있다고 가정했다. 그들은 DTI를 이용해 청각 과정에 관여하는 두 측두피질, 즉 상측두이랑 및 중측두이랑과 청각 과정에 관여하지 않는 영역을 연결하는 백질관, 즉 피질척수관(corticospinal tract)을 복원했다. 그림 15.14에 재현되듯, 결과는 절대 음감을 가진 사람들이 갖지 않은 사람들보다 음감 지각을 담당하는 측두엽 영역의 연결성이 더 큼을 보여준다. 그 효과는 정확성이 높은 절대 음감 집단의 사람들에서 가장 크다.

비록 연결성 증가가 음악가들의 양쪽 반구 모두에서 보이지만, 연구자들이 절대 음감 시험상

그림 15.14 측두엽 청각 회로의 트랙토그래피

DTI 영상 위에 덧칠해진 색깔은 세 사람에서 상측두이랑과 중측두이랑 사이의 트랙을 보여준다. 피험자 A와 B는 각각 더 정확한 절대 음감과 덜 정확한 절대 음감을 가졌다. 피험자 C는 절대 음감이 없다. 좌반구에서 영역을 연결하는 트랙(노란색)은 피험자 C보다 피험자 A와 B에서 더 크다. 보라색 트랙은 우반구에서 영역들을 연결한다.

출처 : Massachusetts Institute of Technology. Loui, P., Li, H. C., Hohmann, A., & Schlaug, G. (2011). Enhanced Connectivity in Absolute Pitch Musicians : A model for local hyperconnectivity. *Journal of Cognitive Neuroscience*, 23(4), 1015–1026. Permission conveyed through Copyright Clearance Center, Inc.

(A) 더 정확한 절대 음감

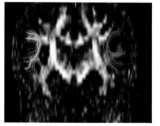

좌반구   우반구

(B) 덜 정확한 절대 음감

좌반구   우반구

(C) 절대 음감 없음

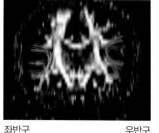

좌반구   우반구

의 성적을 피질척수관 용적과 상관성을 보았을 때, 좌반구의 용적만 성적을 예견했다. 좌반구에서 더 많은 국소적 연결 혹은 **초연결성**(hyperconnectivity)이 절대 음감을 담당한다.

　창의성 같은 다른 뛰어난 재능이 대뇌 영역의 초연결성과 관련된다는 짐작은 솔깃한 일이다. 예를 들어 Matthew Sachs와 동료들(2016)은 상측두이랑의 청각 영역과 내측 전전두피질 및 섬엽의 정서 처리 사이의 연결성이 음악에 대한 보상 민감도의 개인차를 설명할 수 있음을 보여주었다. 반대로, 우리는 구조적 및 기능적 연결성 감소가 뇌 손상 후 습득된 인지장애, 신경발달 및 정신과적 장애와 관련되며, 심지어 건강한 노화와 연관된 퇴화까지도 관련됨을 짐작할 수 있다.

인지와 소뇌

연구 초점 2-1은 소뇌 발육부전의 효과를 서술한다.

■ 체성운동 네트워크
■ 복측 주의 네트워크
■ 배측 주의 네트워크
□ 변연 네트워크
■ 전두두정 네트워크
■ 디폴트모드 네트워크
■ 시각 네트워크

그림 15.15 소뇌 휴지기 네트워크의 구획
네트워크들은 그림 15.12B의 대뇌 피질에 대한 것과 동일한 색상으로 식별된다.
출처 : Van Overwalle, F., Manto, M., Cattaneo, Z., et al. Consensus Paper: Cerebellum and Social Cognition. Cerebellum 19, 833-868 (2020), https://doi.org/10.1007/s12311-020-01155-1, Figure 2a, CC BY 4.0 license.

지금까지 우리는 인지 기능에서 신피질의 역할을 강조했다. 이는 부분적으로 영장류의 뇌에서 신피질의 크기와 뉴런 수의 현저한 팽창 때문이었다. 그러나 인간의 소뇌가 뇌 뉴런의 80%를 설명한다. 소뇌의 핵심 역할이 운동조절과 운동학습이라고 오랫동안 알려져 왔으나, 영장류에서 신피질, 소뇌, 인지 복합성의 동시적 진화가 시사하듯이, 소뇌는 연구자들이 평가해온 것보다 인지 과정에 더 큰 역할을 한다.

　광범위한 신피질-소뇌 상호작용은 전전두피질과 브로카 영역, 그리고 감각 혹은 지각 기능을 가진 신피질 영역들을 포함한다. 그러므로 소뇌는 미세 운동과 지각의 생성에 핵심적이나, 집행 기능 일부는 작업기억, 주의, 언어, 음악, 사회 및 정서 처리, 기분, 의사결정 과정들과 연관될 수 있다(예 : Adamaszek et al., 2017; Guell et al., 2018). 더 나아가, **그림 15.15**(Van Overwalle et al., 2020)에 보이듯, rs-fMRI는 유사한 피질 네트워크(그림 15.12B에서 같은 색깔의 범례로 표시됨)와 관련된 소뇌 네트워크를 식별해왔다. 이러한 소뇌 및 피질 네트워크가 어떻게 상호작용하는지 아직 명확하지 않으나, 향후 10년은 의심할 여지 없이 이 주제에 대한 풍부한 새로운 정보가 전해질 것이고, 연구자들이 인지에서 피질-소뇌 기능의 모델을 개발할 수 있게 할 것이다(Gatti et al., 2021).

사회신경과학

인지신경과학의 수단들, 특히 기능 뇌영상을 사회심리학의 추상적 구성체와 결합시킴으로써, **사회신경과학**(social neuroscience)은 뇌가 어떻게 사회적 상호작용을 매개하는지 이해하려고 한다. Matthew Lieberman(2007)은 타인의 이해와 타인과의 상호작용, 그리고 우리 자신의 이해에 관여하는 모든 인지 과정을 총망라하려는 광범위 주제들을 확인했다.

타인 이해

동물의 마음과 경험은 직접적 조사에 열려 있지 않다. 결과적으로 우리는 동물들의 행동을 관찰함으로써 동물들의 마음을 추론해야 하고, 사람의 경우에는 말을 들음으로써 마음을 추론한다. 그렇게 함으로써 우리는 **마음이론**(theory of mind, ToM), 즉 타인의 마음 상태 귀인을 발달시킬 수 있다. 마음이론은 우리 자신과 다른 느낌과 믿음을 다른 사람들이 가질 수 있다는 이해를 포함한다.

　다른 사람을 이해하는 능력은 공감의 존재로부터도 유추될 수 있다. 예를 들어 관찰자가 고통을 느끼는 타인을 볼 때, 이 경험은 그 타인의 감정과 유사한 감정을 관찰자에게 유발하며, 이는 그림 15.13에 서술된 공감 네트워크의 활성화와 상관성이 있는 현상이다. 공감 활성화의 강도는

초연결성 2개의 관련된 뇌 영역 사이에 국소적 연결성의 증가

사회신경과학 뇌가 사회적 상호작용을 어떻게 매개하는지 이해하려고 하는 학제간 분야

마음이론 타인의 마음 상태를 귀인하는 능력

관찰자와 타인 간의 관계를 포함하여 여러 요인에 따라 다르다. Silvio Ionta와 동료들(2020)은 인간 아기의 손, 인간 성인의 손, 강아지의 발, 로봇 손에 전달되는 고통 자극 또는 촉각 자극을 관찰한 피험자의 fMRI 데이터를 분석했다. 공감 네트워크의 활성화 강도는 다른 모델보다 성인 및 아기 모델에서 더 컸다.

마음이론과 관련된 fMRI 연구에서도 공감 네트워크와 분리할 수 없는 네트워크의 존재가 밝혀졌다. 이 작업은 정동 체계(공감)와 인지 체계(마음이론)가 타인의 이해에 별도의 경로임을 시사한다(Tholen et al., 2020).

마음이론에 대한 최초의 연구는 인간에 초점을 맞추었지만, 이 견해가 일부 회의론자를 끌어들였음에도 불구하고, 많은 다른 동물이 마음이론의 형태를 가질 수 있다는 점을 시사하는 문헌이 늘어나고 있다(예 : Heyes, 2015의 종설 참조). 그럼에도 불구하고, 한 동물이 다른 동물의 의도, 시선, 관점, 지식을 관찰함으로써 얻을 수 있는 이해의 정도를 조사하기 위한 실험 방법이 개발되었다. 일부 연구는 유인원과 일부 원숭이가 마음이론을 보이며, 개와 까마귀 및 앵무새도 마찬가지라고 주장한다(예 : Bugnar et al., 2016; Maginnity & Grace, 2014).

자신 이해

우리 인간은 타인의 의도를 알 뿐만 아니라, 자기감각(sense of self)도 갖고 있다. 인간뿐 아니라 일부 유인원, 돌고래, 코끼리, 돼지, 까치도 거울에 비친 자신을 알아보는 능력을 갖고 있다. 인간 영아는 이 능력을 생후 21개월쯤 되었을 때 나타낸다. fMRI 연구들은 우리가 우리 자신의 얼굴과 친근한 타인의 얼굴을 인식할 때, 뇌 활성이 오른쪽 외측 전전두피질과 외측 두정피질에서 증가한다는 것을 보여준다. 두정피질 활성은 그 자체가 어떤 느낌일지에 대한 신체의 인식을 반영한다고 생각된다.

그러나 자기인식은 자신에 대한 이해의 단지 시작일 뿐이다. 사람들은 또한 자신의 개인적 특성(예 : 친절함, 영리함)에 대한 믿음을 포함하는 자기개념을 갖고 있다. 피험자들에게 특성과 관련된 단어나 문장을 보여주고, 어떤 것이 자신을 묘사하는 것인지 결정하도록 하면, 내측 전전두 영역에서 뇌 활성이 증가한다.

자기제어

자기제어는 장기적 목표를 성취하기 위해 정서와 충동을 조절하는 능력이다. 시험이 불공정해서 교수를 향해 고함을 치고 싶을 때가 있으나, 우리 대부분은 그런 것이 생산적이지 못할 것임을 알고 있다. 역동적 영상 연구들은 다시 전전두 영역이 이러한 자기제어 사례와 같은 사회인지에 핵심적임을 보여준다.

아이들은 흔히 자기제어를 잘 하지 못하는데, 이는 아마 충동조절을 담당하는 전전두 영역의 느린 발달을 반영한다. 인간의 고유한 자기제어능력은 감정을 단어로 표현하는 능력이며, 이는 우리가 정서적 폭발을 통제할 수 있게 해주는 전략이다. 흥미롭게도, 이렇게 언어적으로 표지하기는 왼쪽 영역이 아닌 오른쪽 외측 전전두 영역의 활성 증가와 연관된다.

인간은 정서만 조절할 수 있는 것이 아니라 자극이 어떻게 느껴질 것인지(예 : 주사 맞기)에 대한 예상도 갖고 있다. 우리의 예상은 사건의 실제 느낌을 변경할 수 있다. 사람들은 발부리 채임 같은 어떤 것을 할 때, "아야" 소리를 내는 게 보통이며, 이는 그들이 실제로 통증을 느끼지 않을 때도 그럴 수 있다. Nobukatsu Sawamoto와 동료들(2000)은 자극이 통증을 일으키지 않았

8-2절은 아동기를 넘어 30세 정도까지 확장되는 전두엽 발달의 독특한 측면을 서술한다.

다고 판명되었을지라도, 피험자들이 통증을 기대할 때 통증 지각과 연관되는 영역인 전대상피질(그림 15.3B 참조)의 활성이 증가함을 발견했다. 10,000개 이상의 fMRI 연구를 검토한 결과, Matthew Lieberman과 Naomi Eisenberger(2015)는 전대상피질의 기능에 대한 가장 좋은 서술은 통증 처리와 관련이 있다고 결론지었다.

사회적 세계에서 살기 : 사회인지와 뇌 활성

우리들은 깨어 있는 시간 대부분을 타인들과의 사회적 상호작용에 보낸다. 어떤 점에서, 우리 자신과 우리의 사회적 상호작용에 대한 우리의 이해는 단일한 마음 작용으로 서로 결부된다. 이 행동의 중요한 측면 하나는 우리 자신과 타인에 대한 태도와 믿음의 형성을 포함한다. 우리가 사상이나 인간 집단을 향한 태도(예 : 편견)를 표현할 때, 뇌영상은 전전두, 전대상, 측두두정 접합부 영역의 활성화를 보여준다.

비슷하게, 우리 자신을 이해하는 것부터 다른 사람을 이해하는 것까지 전 범위를 실행하는 사회인지는 특정 뇌 영역, 특히 내측 전전두피질 및 측두두정 접합부 영역의 활성화와 명확하게 연관되어 있다. 명백한 결론은 시각 영역 활성이 우리의 시지각을 생성하는 것과 똑같이, 내측 전전두피질-측두두정 접합부 활성이 우리의 사회인지를 생성한다는 것이다. 휴식 중에 디폴트 네트워크의 다른 영역에서의 활성과 함께 내측 전전두피질-측두두정 접합부 관련 활성이 새로운 사회적 정보를 기억에 남기는 데 역할을 할 수 있다는 증거가 있다. 더 나아가, 높은 수준의 디폴트 네트워크 활성은 우수한 사회인지(사회적 인상 형성) 및 사회적 기억과 상관성이 있다(Meyer et al., 2019).

이러한 연구에서 도출된 결론은 논란의 여지가 있는 경향인데, 그 이유는 결과를 복제하는 능력이 과학적 방법의 핵심인 데 비해, fMRI 연구에서는 복제 실험이 거의 진행되지 않기 때문이다(Poldrack et al., 2017의 추가 논의 참조). 그러나 지난 몇 년 동안 많은 지역의 연구들을 결합한 여러 메타 분석이 이러한 결론의 타당성을 향상시켰다. 일례로 Lieberman과 Eisenberger가 검토한 10,000건의 통증 및 전대상 연구를 고려해보라.

신경경제학

역사적으로, 경제학은 '합리적 행위자', 즉 사람들이 합리적으로 결정한다는 믿음에 기초한 규율이었다. 실제 세계에서, 도박에서 보통 그런 것처럼, 사람들은 흔히 가정이나 직관을 기초로 결정을 내린다. 사람들은 왜 항상 합리적인 결정을 내리지 못할까?

인간의 의사결정에 기저를 이루는 대뇌 과정은 행동연구로 쉽게 추론되지 않는다. 그럼에도 불구하고 경제학과 심리학, 신경과학으로부터의 관념들을 결합한 **신경경제학**(neuroeconomics) 분야의 연구자들은 사람들이 실시간으로 결정을 내리는 동안 뇌 활성의 양식을 연구함으로써 그런 과정들을 설명하려 한다. 신경경제학자들 사이에서 일반적인 가정은 2개의 신경적 결정 경로가 우리의 선택에 영향을 미친다는 것이다. 하나는 신중하고, 느리며, 규칙 기반이고, 정서적으로 중립적이다. 즉 반영적 체계(reflective system)로 작용한다. 다른 하나는 빠르고, 자동적이며, 정서적으로 편향되어 있는 반사적 체계(reflexive system)를 형성한다.

만약 사람들이 즉각적 이득을 제공할 것이라고 믿는 빠른 결정을 내려야 한다면, 광범위 활성이 도파민계의 보상 체계에 나타난다. 이 체계는 복내측 전전두피질과 복측 선조체(측위핵)을 포함하는데, 이는 반사적 체계를 구성한다. 만일 더 천천히 신중한 결정이 가능하면, 활성은 반영적 경로를 형성하는 영역인 외측 전전두피질, 내측 측두피질, 후두정피질에서 더 크다.

신경경제학자들은 일상의 의사결정에서 신경활성의 양식, 즉 사람들이 재정적·사회적 관계와 기타 개인적 선택에 대해 어떻게 결정을 내리는지에 대한 설명에 도움이 되는 양식을 알아내는 것을 목표로 한다. 비록 지금까지의 신경경제학적 연구 대부분이 fMRI를 사용해 왔지만, 원칙적으로 이 연구들은 증거 수집을 위해 다른 비침습적 영상 기법들을 사용할 수도 있었다. 후생유전적 요인들이 아마도 사람들에서 반영적 체계와 반사적 체계 사이의 균형을 발달시키는 데 기여한다. 그러므로 후생유전적 연구들은 많은 사람들이 장기간의 최고 관심사항에 있지 않은 결정을 왜 내리는지에 대한 설명에 도움을 줄 수 있다.

모든 포유동물이 비슷한 반영적·반사적 결정 체계를 가질 것이라는 예측 때문에, 그리고 모든 동물은 결정을 내리기 때문에, 인간이 아닌 동물에서 결정 과정의 신경 기반은 의심할 바 없이 미래에 더 많이 연구될 것이다.

15-3 복습

진도를 계속 나가기 전에 앞 절을 얼마나 이해했는지 확인해보자. 정답은 이 책의 뒷부분에 있다.

1. 비침습적 영상 기술의 발전으로 인해 인지심리학자들이 '정상적' 뇌에서 사고의 신경적 기초를 조사할 수 있게 되었고, _____(이)라는 분야가 생겨났다.

2. DTI와 fcMRI 같은 영상법을 사용하여, 연구자들은 _____, 즉 살아 있는 사람의 뇌에서 완전한 구조적·기능적 섬유 경로 연결 지도를 개발하고 있다.

3. 인지에서 _____의 전에 인정받지 못한 역할이 이제 연구자들의 주의를 끌고 있다.

4. 사회신경과학은 뇌가 어떻게 _____을/를 매개하는지 이해하려 하는 학제간 분야이다.

5. 우리가 타인의 마음 상태를 귀인하는 것을 _____(이)라 한다.

6. 신경경제학은 _____의 신경 기반을 이해하려 한다.

7. 사회신경과학 연구의 네 가지 일반적 주제를 열거하시오.

15-4

사고의 대뇌 비대칭

행동신경과학의 기초는 뇌의 좌반구로 편재화된다는 1800년대 중반 Paul Broca와 동시대 과학자들의 발견이었다. 그러나 뇌 기능 편재화의 함의는 1960년대에 와서야 이해가 되기 시작했다. 그 당시 Roger Sperry와 동료들(1968)은 연구 초점 15-1에 서술된 바와 같이 난치성 뇌전증의 치료 수단으로 두 반구를 분리하는 외과적 수술을 받은 사람들을 연구하기 시작했다. 대뇌 반구는 연구자들이 이전에 생각했던 것보다 기능적으로 더 전문화되어 있음이 곧 분명해졌다. 뇌의 양쪽이 인지 활성의 생성에 어떻게 협력하는지 고찰하기 전에, 좌반구와 우반구 사이의 해부학적 차이점을 먼저 살펴본다. 대다수 왼손잡이의 대뇌 비대칭은 오른손잡이와 유사하지만, 약 1/3은 다소 다른 구성조직을 가지며, 이는 이 논의의 범위를 벗어난다(자세한 내용은 Kolb & Whishaw, 2021 참조).

해부학적 비대칭

Broca의 소견을 바탕으로 한 추가 연구들을 통해, 연구자들은 좌우 측두엽의 언어 및 음악 관련

학습 목표

- 대뇌 비대칭의 해부학적 특징을 식별한다.
- 건강한 피험자와 신경학적 및 분리 뇌 환자들에 대한 연구가 기능적 비대칭에 대한 우리의 이해에 어떻게 정보를 제공했는지 설명한다.
- 대뇌 비대칭에 대한 몇 가지 가능한 설명을 제시한다.
- 좌반구가 인지에서 하는 역할을 설명한다.

Sperry의 연구 결과에 힘입어 1980년대에는 '좌뇌형' 및 '우뇌형' 사람들에 대한 자기계발서가 쏟아져 나왔다. 이 책들에서 신봉하는 이론은 양쪽 반구가 공유하는 기능을 대체로 무시했고, 참신함은 결국 사라졌다. 그렇다 해도, 대뇌 비대칭의 개념은 인간의 뇌가 생각하는 방식을 이해하는 데 여전히 중요하다.

원리 6. 뇌는 대칭적이면서 비대칭적이다.

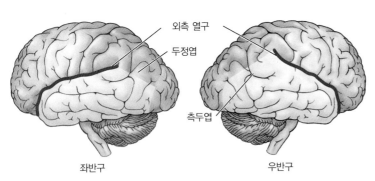

그림 15.16 대뇌 비대칭
외측 열구는 우반구보다 좌반구에서 더 평평한 경로를 취한다. 결과적으로 측두엽 뒷부분은 왼쪽보다 오른쪽에서 더 크고, 아래쪽 두정 영역은 오른쪽보다 왼쪽에서 더 크다.

영역들이 해부학적으로 어떻게 다른지 알게 되었다. 특히 대다수 사람에서 일차 청각 영역은 오른쪽이 더 큰 반면, 이차 청각 영역은 왼쪽이 더 크다. 다른 뇌 영역들도 비대칭적이다.

그림 15.16은 측두엽과 두정엽을 부분적으로 구분 짓는 외측 열구(lateral fissure)가 좌반구에 비해 우반구에서 더 가파르게 위로 올라가는 경로임을 보여준다. 그 결과, 오른쪽 측두엽의 뒤쪽 부분이 왼쪽의 같은 부분보다 더 크고, 왼쪽 두정엽은 오른쪽 두정엽에 비해 더 크다.

전두엽의 해부학적 비대칭성 중에서, 감각운동피질에서 얼굴을 표상하는 영역은 우반구보다 좌반구에서 더 크다. 이는 아마도 말하기에서 좌반구의 특별한 역할에 상응하는 차이일 수 있다.

브로카 영역은 좌반구와 우반구에서 각각 다르게 구성된다. 뇌 표면에 보이는 부분은 좌반구보다 우반구에서 1/3 정도 더 큰 반면, 브로카 영역의 고랑 안에 묻혀 있는 피질 부분은 우반구보다 좌반구에서 더 크다.

뇌는 이러한 거시 해부학적 차이를 보일 뿐 아니라 세포 구조와 신경화학적 구조의 미세 부분에도 반구상 차이의 증거를 드러낸다. 예를 들어 브로카 영역 뉴런의 수상돌기는 우반구보다 좌반구에서 더 크다. 구조적 비대칭성의 발견이 그런 차이가 존재하는 이유에 대해서는 별로 말해주지 않으나, 그 차이는 뇌 양쪽 인지 처리의 차이와 명백한 상관성이 있다.

인간 뇌의 해부학적 비대칭성이 대부분 언어와 관련되지만, 뇌의 비대칭성이 인간에게만 존재하는 것은 아니다. 전부는 아니더라도 포유류 대부분의 뇌는 비대칭적이며, 많은 새의 종 역시 그렇다. 그러므로 대뇌 비대칭의 기능이 언어 처리에 제한될 수 없다. 그 대신에, 뇌가 비대칭이 된 후에 인간의 언어가 진화했을 가능성이 크다. 언어는 단순히 인류 혈통의 초기 구성원들에서 자연선택에 의해 이미 편재화된 과정을 이용했을 뿐이며, 거울뉴런의 발달도 언어 이전에 편재화된 과정의 하나로 보인다.

신경학적 환자에서 기능적 비대칭

대뇌반구의 전문화된 기능은 흔히 뇌의 왼쪽 혹은 오른쪽에 손상을 입은 사람들에서 명백해진다. 기능적 차이를 분명히 알기 위해 G. H.와 M. M.의 사례를 비교해보자.

(A) 피험자 G. H.

우반구 이 부위의 손상은 그림 베끼기, 퍼즐 조립하기, 도심 길 찾기 등에 어려움을 일으킨다.

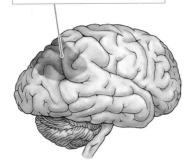

(B) 피험자 M. M.

좌반구 이 부위의 손상은 언어, 동작 따라 하기, 읽기, 물건이나 동물의 이름 말하기 등에 어려움을 일으킨다.

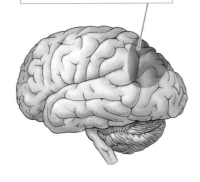

그림 15.17 두정엽 손상 대조

오른쪽 두정엽 손상

G. H.는 다섯 살 때 가족들과 함께 소풍을 갔다가 제방에서 굴러떨어진 큰 바위에 머리를 부딪쳤다. 그는 몇 분의 의식소실과 며칠의 심한 두통을 겪었으나 빠르게 회복되었다. 그러나 18세가량에 경련이 일어나기 시작했다. 신경외과적 조사 결과, G. H.는 바위 사건으로 인해 오른편 뒤쪽 두정 손상을 입었던 것으로 드러났다. **그림 15.17A**가 손상된 부위를 보여준다. 이 영역을 제거하는 수술을 받은 후 G. H.는 몸의 왼쪽 부분이 약해졌고, 대측성 무시 증상을 보였다. 그러나 이런 증상은 매우 빠른 속도로 줄어들었고, 수술 후 한 달이 지나자 완전히 사라졌다.

그럼에도 불구하고, G. H.는 그림 똑같이 따라 그리기 과제에 만성적인 어려움을 겪었다. 즉 수술 4년 후에도 여전히 과제 수행력이 6세 수준이었다. 그는 또한 수술 전에 취미삼아 즐겨하던 퍼즐 맞추기도 어려워했다. 그림 15.7에 있는 것 같은 정신적 조작의 수행을 요청받으면 매우 좌절하면서 계속하기를 거부했다. G. H.는 또한 익숙한 장소에서 길 찾기를 어려워했다. 수술 전에 길을 다니며 보았던 많은 표지물이 더 이상 그에게 도움이 되지 않는 것 같았다. G.H.는 이제 장소를 이동하려면 도로명을 외우고 직접 길을 물어봐야만 한다.

왼쪽 두정엽 손상

M. M.의 어려움은 G. H.가 겪었던 어려움과 아주 달랐다. 뇌수막종이 M. M. 뇌의 왼쪽 두정 영역에 상당한 압박을 가했다. 이 종양은 M. M.이 16세였을 때 수술을 통해 제거되었지만, 그림 15.17B에 보이는 영역을 손상시켰음이 발견되었다.

수술 후에 M. M.은 언어 사용 장애인 **실어증**(aphasia)을 포함한 다양한 문제를 겪었다. 실어증은 시간이 지나 줄어들었다. 즉 수술 1년 후에 유창하게 말을 하게 되었다. 하지만 안타깝게도 다른 어려움이 지속되었다. 산수 풀이, 읽기, 심지어 간단한 사물이나 동물의 이름 말하기에서도 M. M.은 6세 정도의 수준에 머물렀다. M. M.은 자발적으로 움직이는 데는 아무런 어려움을 겪지 않았으나, **그림 15.18**에 도해된 것처럼 일련의 팔 동작을 따라서 하라고 했을 때는 상당히 어려워했다. 그녀는 예시와 일치하는 팔 동작을 어떻게 만들어야 하는지 모르는 것 같았다. 행동 계획대로 정확하게 완수하지 못함을 일컬어 **실행증**(apraxia)이라 하며, M. M.처럼 마비나 근육 장애가 없는 수의적 운동의 일반적 손상이 실행증의 증상이다.

G. H.와 M. M. 사례의 교훈

G. H.와 M. M.을 비교함으로써 뇌 기능에 대해 무엇을 배울 수 있을까? 그들의 병변은 거의 같은 위치에 있었지만 반대의 반구에 있었고, 그들의 증상은 아주 달랐다.

G. H.가 겪은 어려움으로 볼 때, 우반구는 그림 그리기, 퍼즐 맞추기, 길 찾기와 같은 공간적 능력을 조절하는 역할을 한다. 대조적으로, M. M.의 상태는 좌반구가 언어 기능의 조절과 읽기

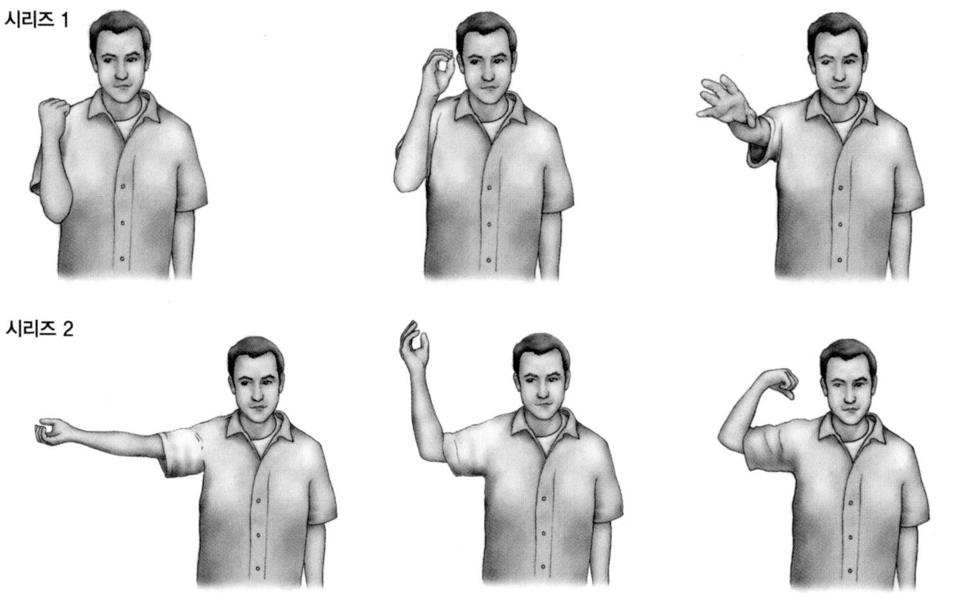

뇌수막종의 영상이 임상 초점 3-2에 있다.

10-4절은 좌반구 손상이 어떻게 실어증을 일으키는지 서술한다. 11-5절은 체성감각피질 손상이 실행증에 어떻게 기여하는지 설명한다.

그림 15.18 두 가지 팔 동작 시리즈
피험자들은 검사자의 연속 동작을 관찰한 후 정확하게 똑같이 따라 해야 한다. 좌반구 손상, 특히 뒤쪽 두정 영역에 손상이 있는 사람들은 그런 동작을 따라 하지 못한다.

시리즈 1

시리즈 2

나 산수 같은 학업 관련 인지 과제에 기여함을 보여준다. 또한 좌반구는 우반구와는 달리 일련의 수의적 운동을 조절하는 역할을 한다.

이제 얼마간은 좌우 반구가 각기 다른 유형의 정보를 처리함을 알았다. 의문은 이런 기능상의 차이가 건강한 뇌에서 관찰될 수 있는지다.

건강한 뇌에서 기능적 비대칭

측두엽 병변이 있는 사람들의 청각능력을 연구하는 과정에서, Doreen Kimura(1967)는 예기치 않은 어떤 것을 발견했다. 그녀는 통제집단의 피험자들에게 오른쪽 귀와 왼쪽 귀에 각각 서로 다른 숫자를 들려주었다. 이런 절차는 **이분청취법**(dichotic listening)이라고 한다. 과제는 가급적 많이 숫자를 기억해내는 것이었다.

Kimura는 사람들이 왼쪽 귀보다 오른쪽 귀에 들려준 숫자를 더 많이 기억해냄을 발견했다. 결과가 놀라웠던 것은 청각계가 중뇌에서 시작해 반복적으로 교차하기 때문이다. 그럼에도 불구하고, 오른쪽 귀를 통해 들어온 정보가 좌(말하기)반구에 우선적으로 도달하는 것 같다.

Kimura(1973)는 후속연구에서 양쪽 귀 각각에 두 가지 음악을 들려주었다. 그런 다음 피험자들에게 객관식 질문을 했다. 즉 4개의 단편적 음악을 들려주고, 피험자들로 하여금 전에 들었던 것을 골라내도록 했다. 이 실험에서 피험자들은 오른쪽 귀보다 왼쪽 귀로 들은 음악을 더 잘 기억해냈다. 이러한 연구 결과는 왼쪽 귀로 들은 정보가 우(음악적)반구에 우선적으로 도달함을 의미한다.

건강한 뇌에서 이런 기능적 비대칭성의 증명이 1970년대에 큰 관심을 불러일으켰고, 시각계와 촉각계의 기능적 비대칭성 증명으로도 이어졌다. 시각계를 생각해보자. 과녁으로 바로 앞에 놓인 점을 응시하는 경우, **그림 15.19**에 보이듯이 점 왼쪽의 모든 정보는 우반구로 가고, 점 오른쪽의 모든 정보는 좌반구로 간다.

만약 정보가 비교적 긴 시간(예 : 1초) 동안 제시되면, 우리는 각각의 시야에 뭐가 있는지 쉽게 대답할 수 있다. 그러나 제시 시간이 짧으면(예 : 0.04초) 과제는 상당히 어려워진다. 이런 상황은 뇌의 비대칭성을 드러낸다. 사람들은 오른쪽 시야에 짧게 제시되어 좌반구로 보내진 단어들을 왼쪽 시야에 짧게 제시된 단어들보다 더 쉽게 대답했다. 마찬가지로 복잡한 기하학적 도형이나 얼굴을 잠깐 보여주었을 때, 왼쪽 시야에 제시되어 우반구에 전달된 것이 오른쪽 시야에 제시된 것보다 더 정확하게 보고되었다.

확실히 좌반구와 우반구는 서로 다른 유형의 정보를 다룰 뿐 아니라, 정보를 다르게 처리하기도 한다. 좌반구는 언어와 관련된 정보를 처리하는 쪽에 치중된 것 같은 반면에, 우반구는 비언어적 정보, 특히 공간 정보를 처리하는 쪽에 치중된 것 같다.

비대칭이 평생 동일하게 유지될까? 아니면 발달 과정에서 변할까? 비록 이전의 해부학 및 fMRI 활성화 연구들이 출생 시 언어의 왼쪽 편재화를 시사했지만, Olumide Olulade와 동료들(2020)의 fMRI 연구는 아이들이 어린 시절을 통해 쇠퇴하는 언어에 대해 광범위한 우반구 활성화를 나타내었음을 보여주었다. 우리는 성인에서도 상당한 양측 활성화를 보이는 시공간 처리 같은 다른 기능들에서 유사한 양상이 존재할 수 있다고 추측할 수 있다(Seydell-Greenwald et al., 2017).

주의할 점 : 비록 비대칭성 연구가 흥미롭기는 하지만, 양 반구 사이의 차이에 대해 과연 뭘 말해줄지는 전적으로 확실하지 않다. 연구를 통해 뭔가 다르다는 점은 알 수 있지

이분청취법 스테레오 이어폰으로 양쪽 귀에 서로 다른 청각 입력을 동시에 제시하는 실험 절차

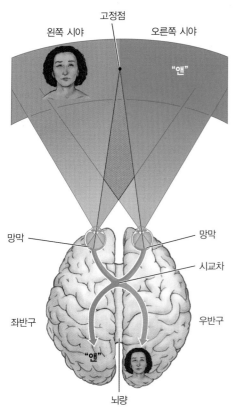

그림 15.19 양쪽 반구로의 시각 경로
한 점에 고정할 때, 각각의 눈은 양쪽 시야를 다 보지만, 우측 시야에 대한 정보는 좌반구로만 보내지고, 좌측 시야에 대한 정보는 우반구로만 보내진다. 건강한 피험자에서, 자극에 짧게 노출(1초 이하)하여 지각을 시킬 때, 좌반구는 단어 지각을 더 정확히 하는 반면에, 우반구는 얼굴 같은 사물 지각을 더 정확히 한다.

만, 양 반구가 전적으로 다른 종류의 기능을 한다는 결론은 비약이다. 대측성 손의 움직임 통제와 시상을 거친 감각 정보의 처리처럼 양 반구가 공통적으로 하는 기능도 많다. 그러나 양 반구의 인지적 작동에 차이는 존재한다. 이런 차이들은 치료 목적의 수술을 통해 대뇌 반구가 분리된 분리 뇌 환자들을 연구함으로써 더 잘 이해될 수 있다.

분리 뇌에서 기능적 비대칭

분리 뇌에 관한 연구의 세부사항에 대해 다루기 전에, 먼저 대뇌 비대칭에 대해 우리가 이미 알고 있는 사실을 상기해보자. 첫째, 좌반구는 말하기를 담당한다. 우반구는 그렇지 않다. 둘째, 연구 초점 15-1에 제시된 것처럼 우반구는 특정 비언어적 과제, 특히 시공간 능력과 관련된 과제 수행에 좌반구보다 더 뛰어나다. (손잡이와 관련된 조직 구성상의 차이는 15-5절에서 논의된다.)

그러나 뇌가 어떻게 사고하는가에 대해 절단된 뇌량이 어떻게 영향을 끼칠까? 뇌량이 절단된 후, 좌반구와 우반구는 서로 소통할 수 있는 방법이 없다. 따라서 좌반구와 우반구 각각은 자유롭게 서로 다른 것들에 대해 생각할 수 있다. 어떤 면에서 보면, 분리 뇌 환자는 2개의 뇌를 갖고 있는 것과 마찬가지다.

분리 뇌 환자에서 두 반구의 인지 기능을 시험하는 한 가지 방법은 건강한 뇌에서 왼쪽 시야의 정보는 우반구로 가고, 오른쪽 시야의 정보는 좌반구로 간다는 사실을 이용하는 것이다(그림 15.19 참조). 그러나 뇌량이 절단되면 뇌의 한쪽에 전달된 정보가 다른 쪽으로 건너갈 방법이 없다. 단지 정보를 받은 반구에서만 그 정보가 처리될 수 있다.

실험 15-2와 **15-3**은 이런 이분법에 기초한 일부 기본적 실험 절차를 보여준다. 분리 뇌 환자가 화면 한가운데에 있는 점을 응시한 상태에서 정보는 왼쪽 혹은 오른쪽 시야에 제시된다. 환자는 왼손(우반구가 통제)으로, 오른손(좌반구가 통제)으로, 혹은 말(역시 좌반구의 기능)로 반응해야 한다. 이런 방법으로, 연구자들은 각각의 반구가 무엇을 알고 무엇을 할 수 있는지 관찰할 수 있다.

예를 들어 실험 15-2에 예시된 것처럼, 숟가락 그림이 순식간에 지나간 뒤, 환자에게 무엇을 보았는지 물었다. 그림이 오른쪽 시야에 제시되면, 환자는 "숟가락"이라고 대답할 것이다. 그러나 왼쪽 시야에 그림이 제시되면 "아무것도 못봤다"고 대답할 것이다. 분리 뇌 환자가 이렇게 반응하는 이유는 두 가지이다.

1. 왼쪽 시야에 숟가락이 제시되어도, (시각 입력을 받아들인) 우반구는 말할 능력이 없어 말로 반응할 수 없다.
2. 좌반구는 말하는 능력이 있으나 숟가락은 보지 못해, 자신의 기준으로 아주 정확하게 아무것도 없었다고 대답한다.

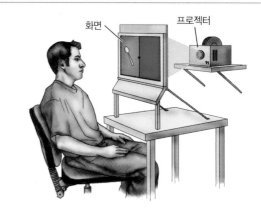

····▷ **실험 15-2**

질문 : 뇌량 절단이 뇌의 반응 양식에 영향을 미칠까?

절차

분리 뇌 환자가 화면 중앙의 점을 바라보고 있다. 그동안 그림이 왼쪽 혹은 오른쪽 시야에 나타난다. 환자는 보이는 것의 이름을 말해야 한다.

화면   프로젝터

결과

숟가락이 오른쪽 시야에 제시되면, 환자는 "숟가락"이라고 대답한다.

숟가락이 왼쪽 시야에 제시되면, 환자는 "아무것도 없어요"라고 대답한다.

왼쪽 시야   오른쪽 시야   왼쪽 시야   오른쪽 시야

절단된 뇌량

결론 : 말을 할 수 있는 좌반구가 오른쪽 시야의 숟가락을 볼 때, 환자는 올바르게 반응한다. 말을 할 수 없는 우반구가 왼쪽 시야의 숟가락을 볼 때, 환자는 반응하지 못한다.

이제 실험 15-3A에 보이는 것처럼 과제를 변경했다고 가정해보자. 숟가락 그림이 여전히 왼쪽 시야에 제시되나, 분리 뇌 환자가 해야 할 과제가 이제 화면에 보이는 물건을 왼손으로 집는 것이면, (숟가락을 보는 우반구에 의해 통제되는) 왼손은 바로 정답의 물건을 집어낸다. 오른손으로도 정확하게 선택할 수 있을까? 아니다. 왜냐하면 오른손은 숟가락을 볼 수 없는 좌반구에 의해 통제되기 때문이다. 만약 이런 상황에서 환자에게 오른손으로 물건을 고르라고 강제하면, 좌반구는 아무 물건이나 고른다.

이제 흥미를 좀 비틀어 생각해보자(실험 15-3B 참조). 각각의 반구에 서로 다른 물건을 보여

⋯> 실험 15-3

(A) 질문 : 분리 뇌 환자의 우반구가 정보를 알고 있음을 어떻게 드러낼 수 있는가?	(B) 질문 : 양쪽 반구로 하여금 경쟁적 정보에 반응하게 하면 무슨 일이 일어날까?

절차

분리 뇌 환자에게 좌측 시야(우반구)의 화면에 보이는 물체를 왼손으로 집으라고 한다.

절차

양쪽 시야에 서로 다른 물체를 제시한다. 즉 좌측 시야에는 숟가락, 우측 시야에는 연필을 제시한다. 분리 뇌 환자에게 양손을 사용해 보이는 물체를 집으라고 한다.

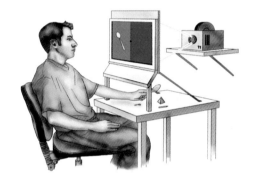

결과

환자는 우반구가 숟가락을 보고, 왼손을 통제하므로, 왼손으로 숟가락을 선택한다. 만약 오른손으로 집으라고 하면, 좌반구에 보이는 자극이 없으므로 아무것이나 집는다.

결과

이 경우에 양손은 서로 동의하지 않는다. 양손이 각각 서로 다른 물체를 집기도 하고, 오른손이 왼손이 하려는 일을 막기도 한다.

왼쪽 시야   오른쪽 시야

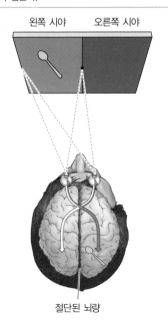

왼쪽 시야   오른쪽 시야

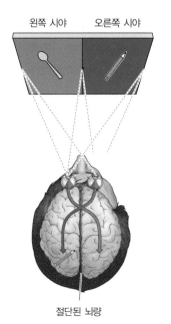

절단된 뇌량

절단된 뇌량

결론 : 각각의 반구는 독립적으로 반응할 수 있다. 반응이 언어적이지 않다고 해도, 좌반구가 임무 완수에 지배적이다.

준다. 즉 우반구에 숟가락, 좌반구에 연필이다. 분리 뇌 환자가 해야 할 것은 양손으로 '물건'을 집는 것이다. 여기서 문제는 오른손과 왼손이 일치하지 않는다는 것이다. 왼손은 숟가락을 집으려고 하는데, 오른손은 연필을 집으려고 하거나 왼손의 숟가락 집기를 방해하려 한다.

이러한 두 반구 사이의 갈등은 일부 분리 뇌 환자들의 일상적 행동에서 찾아볼 수 있다. P. O. V.라는 여성은 수술 후 적어도 3년 동안 잦은 반구 간 충돌을 보고했다. "옷장 문을 열죠. 뭘 입을지 알고 있어요. 하지만 오른손으로 옷을 꺼내려고 하면, 왼손이 올라와 다른 옷을 꺼냅니다. 옷이 왼손에 있으면 내려놓을 수 없어요. 그땐 딸아이를 불러야만 합니다."

우리는 실험 15-2를 통해 좌반구가 언어를 사용하는 능력이 있다는 것을 알고 있으며, 연구 초점 15-1은 우반구가 좌반구에는 없는 시공간능력을 갖고 있음을 보여준다. 비록 분리 뇌 환자들에 대한 지난 반세기의 연구들을 통해 양 반구가 서로 다르게 정보를 처리함이 밝혀졌지만, 또 다른 주의가 필요하다. 처음에 예상했던 것보다는 두 반구 사이의 기능 중복이 많다. 예를 들어 우반구도 일부 언어적 기능을 하고, 좌반구도 일부 공간적 능력을 갖는다. 그럼에도 불구하고, 둘은 의심의 여지 없이 서로 다르다.

대뇌 비대칭에 대한 설명

두 반구 간 차이를 설명하기 위해 여러 가설이 제기되고 있다. 그중 좌반구가 미세운동 조절에 중요한 역할을 한다는 이론은 1세기 전으로 거슬러 올라간다. 뇌수막종 제거가 왼쪽 두정엽 손상과 실행증을 남겼던 사람인 M. M.을 떠올려보자(그림 15.17B 참조). 비록 실행증이 결국 호전되기는 했지만, 동작 따라 하기의 만성적 곤란은 그녀에게 여전했다.

아마 좌반구가 언어에 역할을 하는 한 가지 이유는 입과 혀의 미세운동 동작이 말하기에 필요하기 때문이다. 의미심장하게, 좌반구의 언어 관련 영역이 손상되면, 말을 하건 몸짓을 하건 상관없이, 거의 항상 언어와 움직임 모두가 지장을 받는다. 하지만 작은 돌기들의 조합으로 글자를 제공하는 촉각적 쓰기 체계인 점자를 읽는 능력은 좌반구 병변에 그리 영향을 받지 않을 수 있다. 대다수 사람이 왼손으로 점자 읽기를 선호하는데, 그 이유는 점자가 본질적으로 공간적 양식으로 구성되므로, 점자 읽기와 관련된 과정들이 우반구에서 일어날 수 있기 때문이다.

좌반구의 언어 전문화가 좌반구의 세밀한 동작의 조절에 대한 특정 역할과 관련될 수 있다는 또 다른 단서는 언어의 여러 요소가 처리되는 뇌의 위치에 대한 조사에서 발견된다. 추상적 개념을 표상하는 인지 체계가 좀 더 구체적 행동을 만들어내는 체계와 관련될 가능성이 있다는 사실을 회상해보라. 결과적으로 우리는 좌반구가 세밀한 동작과 관련된 개념 형성에 관여할 것이라고 예상할 수 있다.

움직임을 기술하는 개념은 우리가 **동사**라고 부르는 언어의 부분이다. 좌반구와 우반구 언어 능력의 근본적 차이는 동사가 좌반구에서만 처리되는 반면에, 명사는 양 반구 모두에서 처리된다는 것이다. 다시 말해 좌반구가 행위 생산에 전문화되어 있을 뿐 아니라, 단어 형태로 행위의 정신적 표상도 생성한다.

만약 좌반구의 언어 기능이 우수한 이유가 세밀한 움직임을 더 잘 조절하기 때문이라면, 과연 우반구의 능력을 뒷받침해주는 것은 무엇일까? 우반구가 공간에서의 움직임 조절에 전문화되어 있다는 점이 한 가지 설명이 될 수 있다. 어떤 점에서 이 역할은 배측 시각경로(그림 15.4에 도해됨)의 기능을 구체화하는 것이다.

다시 한 번, 우리는 구체적 수준의 움직임과 좀 더 추상적인 수준의 움직임 사이의 관계를 생각해볼 수 있다. 우반구가 공간에서의 움직임을 생성한다면, 그런 움직임의 정신적 이미지 또한 생성할 가능성이 크다. 따라서 우리는 우반구 손상이 공간적으로 유도된 움직임에 대해 생각하기 능력과 만들어내기 능력 모두에 영향을 미칠 것이라고 예측할 수 있다. 사실 그런 환자들은 이러한 방식으로 손상을 입는다.

원리 9. 신경계는 뇌가 구성하는 지각 세계에서 운동을 생성한다.

염두에 두어야 할 점은, 반구 비대칭의 이유에 대한 이론들이 고도로 추측성이라는 것이다. 뇌는 움직임을 생성하고 감각 현실을 창출하도록 진화했기 때문에, 관찰된 비대칭성이 이러한 특히 중요한 기능들과 어떻게든 관련되어 있다는 것은 틀림없다. 대조적으로, 언어처럼 최근에 발달한 기능은 기존 기능의 확장일 가능성이 크다. 그러므로 언어가 비대칭적으로 표상화된다는 사실이 뇌가 언어 때문에 비대칭적이라는 것을 의미하지 않는다. 요컨대 말을 하지 못하는 다른 종들도 비대칭적 뇌를 갖고 있다.

좌반구와 언어 및 사고

다른 도발적인 아이디어 하나를 살펴보는 것으로 뇌 비대칭에 대한 설명을 마무리하겠다. Michael Gazzaniga(1992)는 좌반구의 우월한 언어 기술이 인간과 다른 동물들 간 사고의 차이를 이해하는 데 중요하다고 제안했다. 그는 언어를 담당하는 반구를 **통역사**라고 불렀다. 그가 의미를 둔 것이 무엇인지는 분리 뇌 환자를 대상으로 한 다음의 연구에 나타나 있다.

예를 들어 각각의 반구에 나무를 보여주고, 이어서 성냥을 보여준다. 그다음 다른 그림 여럿을 보여준다. 과제는 앞에 본 두 그림과 관련이 있다고 추정되는 제3의 그림을 고르는 것이다. 이 예에서 제3의 그림은 모닥불이다. 우반구가 성냥을 그어서 장작에 불을 붙이면 모닥불이 생길 수 있다는 추론을 하지 못하는 반면에, 좌반구는 쉽게 이런 해석에 도달한다.

유사한 과제는 단어를 사용한다. 어느 한쪽 반구에 핀과 손가락이라는 단어를 보여주고, 이 두 단어와 관련 있는 세 번째 단어를 고르도록 한다. 이 경우의 정답은 피이다. 우반구는 이러한 연결을 하지 못한다. 비록 우반구가 핀, 손가락과 유사한 단어(예 : 바늘, 엄지)를 고르는 언어능력은 충분하지만, 손가락이 바늘에 찔리면 피가 난다는 추론은 하지 못한다.

다시 말하지만, 이 과제에서도 좌반구는 전혀 어려움이 없다. 확실히 좌반구의 언어적 능력은 우반구에는 없는 해석능력을 제공한다. 한 가지 이유는 언어가 다른 인지 체계의 계산을 표지하고 표현하는 역할을 하기 때문이다.

Gazzaniga는 한 발 더 나아간다. 그는 좌반구에 언어능력이 추가됨으로써 인간은 '믿음'의 종이 되었다고 제안한다. 즉 인간은 감각 사건에 대해 추론할 수 있고, 믿음을 가질 수 있다. 대조적으로, 대조 초점 15-2에 소개된 아프리카 회색앵무 알렉스는 인간의 좌반구 언어 체계와 비슷한 체계를 갖고 있지 않기 때문에 추론을 할 수도, 믿음을 가질 수도 없을 것이다. 알렉스는 언어를 사용할 수 있으나, 언어로 감각 사건에 대한 추론을 할 수는 없다.

Gazzaniga의 생각은 분명 흥미롭다. 그의 생각은 인간 언어의 본성 때문에 인간과 다른 동물들 간에 존재하는 뇌 비대칭성의 본성, 그래서 인지의 본성에 근본적 차이를 함의한다. 우리는 15-7절에서 이러한 생각을 다시 살펴볼 것이다.

15-4 복습

진도를 계속 나가기 전에 앞 절을 얼마나 이해했는지 확인해보자. 정답은 이 책의 뒷부분에 있다.

1. 우반구는 _____와/과 _____에 역할을 한다.

2. 좌반구는 _____와/과 _____에 역할을 한다.

3. 분리 뇌는 _____을/를 절단하여 발생한다.

4. 두 대뇌 반구가 정보를 다르게 처리하는 것이 왜 문제가 되는가?

15-5

인지 조직화의 변이

2개의 뇌는 동일하지 않다. 어떤 차이는 유전적으로 결정된다. 다른 어떤 차이는 예를 들어 경험과 학습, 혹은 후생유전적 요인들에 의해 발생한 가소적 변화에 기인한다. 어떤 뇌 차이는 특유(특정인에 고유)하다. 다른 많은 뇌 차이는 체계적이고, 사람들의 전 범주에 공통적이다. 이 절에서 우리는 뇌 조직화의 두 가지 체계적 변이로 성별 및 손잡이와 관련된 것과 한 가지 특유한 변이로 공감각(synesthesia)이라는 흥미로운 감각 현상을 고찰한다.

인지 조직화의 성차

남성과 여성의 사고방식이 다르다는 생각은 아마도 인류 최초의 남성과 여성에서부터 비롯되었을 것이다. 과학은 이런 관점을 뒷받침해준다. Doreen Kimura(1999)의 저서를 비롯한 많은 책이 많은 인지검사에서 남성과 여성 간에 현저한 수행도 차이가 있다는 설득력 있는 증거들을 엮어 편찬되었다. **그림 15.20**에 예시된 바와 같이, 지필검사는 평균적으로 여성은 남성보다 언어 유

학습 목표

- 인지 기능의 성차를 서술한다.
- 성차의 일부 신경 기반을 식별한다.
- 손잡이가 인지에 대해 무엇을 지적할 수 있는지 설명한다.
- 공감각을 정의하고, 공감각이 인지에 대해 무엇을 드러낼 수 있는지 설명한다.

그림 15.20 성 관련 인지적 차이를 안정적으로 보여주는 과제

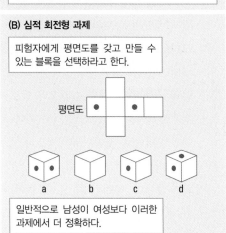

(A) 공간 관계형 과제

피험자에게 기울어진 유리컵에 수면을 그려보라고 한다.

수면 → 정반응
오반응

이 반응은 액체 수준의 수평성 개념에 대한 이해가 없음을 나타낸다. 일반적으로 남성이 여성보다 이러한 판단에 더 정확하다.

(B) 심적 회전형 과제

피험자에게 평면도를 갖고 만들 수 있는 블록을 선택하라고 한다.

평면도

a   b   c   d

일반적으로 남성이 여성보다 이러한 과제에서 더 정확하다.

(C) 단기기억형 과제

피험자에게 빈칸에 윗줄의 적절한 기호를 채워 넣으라고 한다.

1	2	3	4	5	6	7	8	9
○	/	□	△	×	>	∩	⬡	‖‖

2	8	3	2	1	4	2	3	5	9	2	1	7	3	6

9	7	2	3	1	4	6	1	9	7	4	3	1	6	8

채울 칸이 많고 시간 제한이 있으면, 여성이 남성보다 10~20% 더 많은 항목을 완성한다.

(D) 언어 유창도형 과제

피험자에게 주어진 글자로 시작하는 단어를 채워 넣어서 문장을 만들어보라고 한다.

1. F_____ M_____ A_____ J_____

2. C_____ B_____ E_____ S_____

3. D_____ I_____ J_____ K_____

일반적으로 여성이 남성보다 이러한 유형의 과제에서 더 빠르다.

창도가 더 양호한 반면에, 남성은 여성보다 공간추론 검사를 더 잘 수행함을 일관되게 보여준다. 여기서 우리의 초점은 이런 차이들이 뇌와 어떻게 관련되는지에 있다.

성차의 신경적 기초

상당한 증거를 통해 뇌의 거시적 대뇌 구조와 뉴런 수준 둘 다에서 성차의 존재가 증명된다. Jill Goldstein과 동료들(2001)은 인간의 뇌에서 성적 이형성에 대한 대규모 연구를 실행했다. 그들은 여성들에서 배측 전전두 영역과 연관 부변연 영역의 용적이 더 큰 반면에, 남성들에서 복측 전전두 영역 용적이 더 큰 것을 나타냄을 발견했다(그림 15.21). (뇌 크기는 신체 크기와 관련되며, 평균적으로 남성 뇌가 여성 뇌보다 더 크다. 그래서 연구자들은 크기를 보정했다.)

5,000개 이상의 뇌에 대한 보다 최근의 연구는 뇌 크기를 보정했을 때 상당히 유사한 양상의 차이를 보여주었다. 아울러 이 연구는 반구 내 연결 양상의 현저한 차이를 입증한다(Ritchie et al., 2018). 일반적인 양상이 다를 뿐만 아니라, 여성은 남성보다 백질 내에서 연결이 더 분산되어 있다. 마지막으로 연구원들은 모든 측정에서 성별 사이에 상당한 중복이 있었고(약 50%), 남성의 변동성이 훨씬 더 컸음을 발견했다.

성차를 측정하는 또 다른 방식은 용적과 독립적으로 피질 두께를 평가하는 것이다. **그림 15.22**는 남성에 비해 여성에서 많은 피질 영역의 회백질 농도가 증가해 있음을 보여준다. 대조적으로, 남성의 회백질 농도는 피질 전반에 걸쳐 더 균일하다. 총체적으로, 그림 15.21과 15.22에 소개된 MRI 연구들은 남녀 사이에 피질 조직화의 차이를 지적한다.

뉴런의 구조에도 성차는 존재한다. 생식호르몬은 쥐의 전전두피질 뉴런 구조에 영향을 끼친다(Kolb & Stewart, 1991). 정중선을 따라 위치한 전전두 영역 세포는 **그림 15.23**의 맨 윗줄에서처럼 암컷보다 수컷의 수지상 영역이 더 크다(그러므로 아마 시냅스가 더 많을 것임). 반대로 안와전두 영역 세포는 그림의 아래 줄과 같이 수컷보다 암컷의 수지상 영역이 더 크다(그러니 아마 시냅스가 더 많을 것임). 생후 정소나 난소가 제거된 쥐에서는 이런 성차가 발견되지 않는다. 추정컨대, 성호르몬이 어떤 식으로든 뇌 조직화를 변화시키고, 결국 인지 처리과정을 변화시킨다.

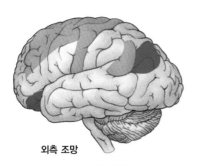
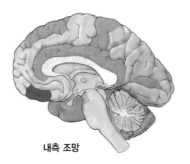

외측 조망　　　　　내측 조망

그림 15.21　뇌 용적의 성차

여성의 전전두 영역 및 내측 부변연 영역의 뇌 용적(주황색)은 남성보다 유의미하게 더 크다. 남성은 내측 및 안와측 전전두피질과 각이랑(초록색)에서 상대적 용적이 더 크다. 주황색 영역은 발달기에 높은 수준의 에스트로겐 수용체를 갖는 영역에 해당하며, 초록색 영역은 발달기에 안드로겐 수용체 수준이 높은 영역이다.

출처 : Goldstein et al. (2001).

연구 초점 12-3절은 뇌-성별 상관체를 탐구하는 몇몇 연구를 살펴본다.

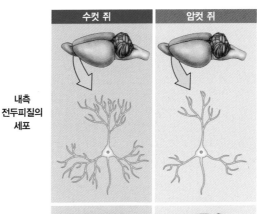

수컷 쥐　　　암컷 쥐

내측 전두피질의 세포

안와전두 영역의 세포

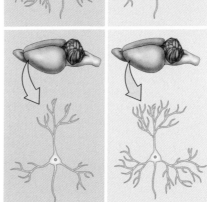

좌반구

그림 15.22　회백질 농도의 성차

여성들은 이 MRI 상에 색깔로 표시된 피질 영역에서 회백질 농도의 증가를 보인다. 회색 음영의 영역들은 남녀 간에 통계적으로 차이가 없다.

출처 : Dr. Arthur Toga, Laboratory of Neuro Imaging, University of Southern California.

그림 15.23　뉴런 구조의 성차

수컷 및 암컷 쥐의 전두피질에서, 중앙의 전두 영역 세포들(위의 두 그림)은 암컷보다 수컷에서 더 복잡한 반면에, 반대 현상이 안와전두 영역에서 나타난다(아래 두 그림).

Stewart와 Kolb(1994)는 생식호르몬의 유무가 초기 발달기뿐 아니라 성인기에도 뇌에 영향을 줌을 발견했다. 이 연구는 호르몬이 뇌 손상의 회복에 어떤 영향을 미치는지가 초점이었고, 연구 과정에서 중년 암컷 쥐의 난소가 제거되었다. 몇 달 후 이 쥐들과 통제집단 쥐들의 뇌를 검사했을 때, 연구자들은 난소가 제거된 쥐들의 피질 뉴런(특히 전전두 뉴런)이 구조적으로 변화했음을 관찰했다. 세포들의 수상돌기가 30% 이상 늘어났고, 수상돌기 가시의 밀도가 통제집단의 쥐들과 비교해 증가했다. 분명히, 생식호르몬은 동물의 일생 어느 한 시점에 뇌의 신경 구조에 영향을 끼칠 수 있다.

성차의 신경 기반을 살펴보는 추가적 방식은 남자와 여자에서 피질 손상의 효과를 보는 것이다. 성차가 인지 과정의 신경적 조직화에 존재한다면, 두 성 사이에 피질 손상의 효과 또한 달라야 한다. Doreen Kimura(1999)는 이런 종류의 연구를 실행했으며, 각각의 반구 내 대뇌 조직화 양식이 실제로 두 성 간에 서로 다름을 발견하였다.

성인기에 피질에 뇌졸중을 입은 사람들을 조사하여, Kimura는 남성 및 여성 연구피험자에서 손상의 위치와 정도를 맞춰보려 하였다. 그녀는 남성과 여성이 어떤 종류든 좌반구 병변의 결과로 실어증이 되는 것은 거의 엇비슷함을 발견했다. 그러나 남성들은 왼쪽 후방의 피질 손상 후에 실어증 및 실행증이 될 가능성이 컸던 반면, 여성들은 왼쪽 전두피질 병변 후에 실어증 및 실행증이 될 가능성이 컸다.

이러한 결과는 **그림 15.24**에 요약된 바와 같이 반구 내 조직화의 성차를 시사한다. 이 결론은 900명 이상의 피험자들에서 뇌 네트워크에 대한 확산텐서 분석을 이용한 후속연구(**그림 15.25**)에 의해 지지된다. 남녀가 거의 동수로 구성된 이 사람들에서, 여성이 더 큰 반구 간 연결성을 보였던 반면에, 남성은 더 큰 반구 내 연결성을 보였다(Ingalhalikar et al., 2014).

성 관련 인지적 차이의 진화

성호르몬의 역할이 인지 기능의 성차를 설명하는 데 각광을 받고 있지만, 이런 차이들이 애초에 어떻게 생겨났는지는 여전히 의문으로 남아 있다. 이 의문에 답하기 위해 우리는 인간의 진화를 뒤돌아봐야 한다. 어머니는 아들과 딸 모두에게 유전자를 물려주고, 아버지도 마찬가지다. 궁극적으로 어떤 종이든, 남성과 여성은 사실상 공통의 유전자를 갖고 있다.

한 유전자가 한쪽 성에만 우선적인 영향을 끼칠 수 있는 유일한 방법은 생식호르몬이 그 유전자의 활동에 영향을 주는 것이다. 생식호르몬의 생성은 Y염색체의 유무에 의해 결정되며, Y염색체는 **정소결정인자**(testes-determining factor, TDF)라는 유전자를 갖고 있다. 정소결정인자는 신체를 자극해 정소를 만들고, 그런 다음 정소는 안드로겐을 생산하며, 이어서 안드로겐은 다른 유전자의 활동에 영향을 끼친다.

다른 신체 장기와 마찬가지로, 뇌는 자연선택의 잠재적 표적이다. 따라서 우리는 종의 진화 역사에서 맞닥뜨린 적응 문제가 성별에 따라 다를 때마다 뇌에 성 관련 차이가 내재하게 될 것이라고 예상해야 한다. 공격적 행동이 좋은 예다. 대부분의 포유류는 수컷이 암컷보다 신체적으로 더 공격적이다. 짐작컨대, 공격성이 덜한 개체들을 도태시킴으로써 이런 특질이 수컷의 번식 성공률을 향상시켰다. 더 높은 수준의 공격성은 더 높은 수준의 남성호르몬과 연관된다. 동물연구에

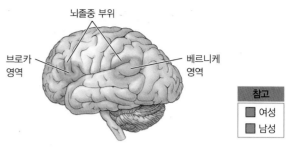

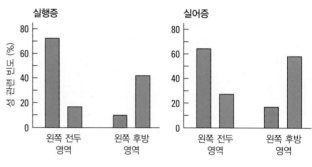

그림 15.24 피질 조직화의 성차에 대한 증거

실행증과 실어증은 여성에서 좌반구의 전두엽 손상과 남성에서 후방 손상과 연관된다.

출처 : Kimura(1999).

(A) 남성 뇌

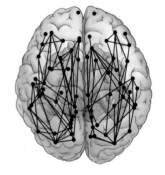

(B) 여성 뇌

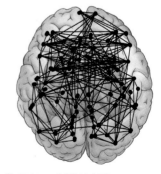

그림 15.25 커넥톰의 성차

배측 조망에서 뇌 네트워크 DTI 분석은 남성에서 반구 내 연결이 더 크고(A), 여성에서 반구 간 연결이 더 큼(B)을 보여준다.

출처 : Ingalhalikar et al. (2014).

따르면, 공격성은 뇌 발달기 동안 및 그 이후의 일생에서 안드로겐의 존재 및 유전자 발현에서 안드로겐의 효과와 직접적으로 관련된다. 그러므로 이 경우 자연선택은 남성에서 공격성이 선호되도록 생식호르몬 수치에 작용한다.

언어나 공간기술 같은 인지 과정의 성 관련 차이를 설명하는 일은 공격행동의 성 관련 차이를 설명하는 일보다 더욱 추측성이다. 그럼에도 불구하고 몇몇 이론이 생각에 떠오른다. 예를 들어 우리는 포유류 진화의 역사에서 수컷이 암컷보다 더 넓은 땅을 섭렵하는 경향이 있다는 점을 상상해볼 수 있다. 이 행동은 공간능력을 필요로 하고, 그래서 이 공간능력이 수컷에서 선호되게 되었다.

이 이론을 뒷받침하는 증거는 밀접하게 관련이 되는 포유류 종(수컷이 넓은 땅을 섭렵하는 종과 수컷의 영역이 광범위하지 않은 종)의 수컷들에서 공간적 문제 해결 능력을 비교하면 나타난다. 예를 들어 소나무 들쥐는 사는 범위가 제한되어 있어서, 사는 범위에 성 관련 차이가 없는 반면에, 목초지 들쥐는 소나무 들쥐보다 20배나 더 넓은 땅을 돌아다니며 살고, 수컷이 암컷보다 더 넓은 땅을 돌아다닌다.

목초지 들쥐가 소나무 들쥐보다 우월한 공간기술을 나타낸다. 목초지 들쥐들 사이에서도 공간능력의 성차는 수컷을 선호하나, 소나무 들쥐들 사이에는 성차가 존재하지 않는다. 해마는 공간 내비게이션 기술을 담당한다. 유의미하게, 해마는 소나무 들쥐보다 목초지 들쥐에서 더 크며, 목초지 들쥐의 암컷보다 수컷에서 더 크다(Gaulin, 1992). 비슷한 논리를 사람에 적용하면 남녀 간 공간능력의 성 관련 차이를 설명하는 데 도움이 될 수 있다(그림 15.20 참조).

언어기술의 성 관련 차이 설명도 추측성이다. 한 가지 이론에 따르면, 남성은 사냥꾼이어서 자주 집에서 떨어져 지내는 데 비해, 집 기반의 여성은 사회적 집단을 형성하여 사회적 교류 수단 개발을 선택적으로 선호하게 되었고, 그 수단 중 하나가 언어라고 한다. 먹이 찾기와 옷이나 바구니 만들기 같은 미세운동기술에서 우월성을 가진 여성들이 선택적인 이점을 갖고 있다는 주장도 있다. 언어와 미세운동기술 사이의 관련성 때문에 여성들에서 언어능력의 향상이 선호되었을 수 있다.

비록 이런 추측들이 흥미롭기는 하지만, 검증할 수는 없다. 앞으로도 아마 뇌 조직화에 성 관련 차이가 왜 발달했는지 확실하게 알지는 못할 것이다.

손잡이와 인지 조직화

거의 모든 사람은 글을 쓰거나 공을 던질 때, 한 손을 다른 손보다 선호한다. 대부분의 사람들에서 선호하는 손은 오른손이다. 사실, 역사적으로 왼손잡이가 이상하게 비쳐져 왔지만, 실제로 드물지 않다. 전 세계 인구의 약 10%가 왼손잡이인 것으로 추정된다. 이 비율은 왼손으로 글을 쓰는 인구수를 나타낸다. 왼손잡이 결정에 다른 기준을 사용하면, 전체 인구의 30%까지 왼손잡이 비율이 늘어날 수 있다.

좌반구가 오른손을 통제하기 때문에, 오른손잡이는 좌반구의 언어 존재와 어떤 식으로든 관련이 있을 것이라는 게 일반적인 가정이다. 만약 그렇다면, 왼손잡이에서는 우반구에 언어가 위치해야 한다. 이 가정은 쉽게 검증되어 잘못임이 드러났다.

경련을 일으키는 비정상 조직을 제거하는 수술을 위해 뇌전증 환자를 준비시키는 과정에서, Ted Rasmussen과 Brenda Milner(1997)는 소디움 아모바비탈을 좌반구 혹은 우반구에 주입했다. 이 약은 반구 전체를 단기적으로 마취시키고, 그래서 언어가 위치하는 반구가 어디인지 결정할 수 있게 해준다. '임상 초점 15-4 : 소디움 아모바비탈 검사'에 서술된 것처럼, 어떤 사람에게 약물을 좌반구에 주입하면 실어증이 되고, 우반구에 주입해 이상이 없을 경우, 그 사람에서 언어는 좌반구에 있음이 틀림없다.

Rasumussen과 Milner는 사실상 모든 오른손잡이에서 언어 기능이 좌반구에 있음을 발견했다. 그러나 왼손잡이에서 정반대는 아니었다. 약 70%의 왼손잡이에서 언어 기능이 역시 좌반구에 있었다. 나머지 30% 중 절반은 우반구에, 절반은 양쪽 반구 모두에 언어 기능이 있었다. 이어진 해부학적 연구들의 결과는 좌반구에 언어 기능이 있는 왼손잡이들이 오른손잡이와 비슷한 해부학적 비대칭성을 갖고 있음을 실증해왔다. 대조적으로, 우반구 혹은 양쪽 반구 모두에 언어 기능이 있는 [**변칙적 언어 표상**(anomalous speech representation)이라고 함] 왼손잡이들은 해부학적 대칭성이 정반대이거나, 분명한 해부학적 비대칭성이 존재하지 않는다.

Sandra Witelson과 Charlie Goldsmith(1991)는 왼손잡이와 오른손잡이의 뇌 구조에 다른 어떤 거시적 차이가 있는지에 의문을 가졌다. 하나의 가능성으로 대뇌 반구의 연결성이 다를 수 있다고 생각했다. 이를 검증하기 위해 연구자들은 죽음을 앞둔 말기 환자들을 대상으로 한 손으로 하

변칙적 언어 표상 어떤 사람의 언어 영역이 우반구 혹은 양쪽 반구 모두에 위치하는 상태

◉ 임상 초점 15-4

소디움 아모바비탈 검사

32세의 변호사인 가이는 뒤쪽 언어 영역에 해당하는 뇌 부위에 혈관 기형이 있었다. 기형은 경련을 포함해 신경학적 증상을 일으키기 시작하고 있었다. 이상적인 외과적 치료 방법은 비정상적 혈관의 제거였다.

이 수술의 합병증으로 뒤쪽 언어 영역에 있는 혈관 제거로 인한 영구적인 실어증의 심각한 위험성이 있다. 가이는 왼손잡이였기 때문에 우반구가 언어를 담당할 수 있었다. 만약 그럴 경우 수술 위험성은 현저히 줄어들 것이었다.

이런 의문의 사례에서 확실성을 확보하기 위해, Jun Wada와 Ted Rasmussen(1960)은 바르비투르산염 약물의 일종인 소디움 아모바비탈을 경동맥에 주입해 동측성 반구를 잠깐 동안 마취시키는 선구적 방법을 시도했다. (요즘 대퇴동맥에 삽입된 카테터는 치료약물을 전달하는 데 더 자주 사용된다.) 언어 반구로 약물이 주입되면 몇 분간 언어 마비가 초래되므로, 이 시술은 언어 반구가 어느 쪽인지 확실히 알 수 있게 해 준다. 언어가 다시 되돌아올 때에는 특징적인 실어증적 오류가 나타난다. 비언어 반구로 소디움 아모바비탈의 주입은 언어 마비를 일으키지 않거나, 일으켜도 아주 짧을 뿐이다.

이 시술은 마취된 반구의 기능 부재 상태에서 반대 반구를 별도로 연구할 수 있게 해준다. 마취 기간이 몇 분 정도 지속되기 때문에, 기억과 운동을 포함한 다양한 기능이 어느 반구의 담당인지를 결정하는 데 유용하다.

소디움 아모바비탈 검사는 항상 양측성으로 수행되며, 한쪽 반구에 약물을 주입한 후 약물의 잔류 효과가 없음을 확실히 하기 위해, 며칠 뒤에 나머지 대뇌 반구에 약물을 주입한다. 약효가 진행되는 짧은 기간 동안, 환자에게 언어, 기억, 사물 인식의 사용이 요구되는 일련의 단순 과제가 주어진다. 언어 시험은 환자로 하여금 빠른 속도로 이어서 보이는 사물들의 이름 말하기, 숫자세기, 순방향으로 혹은 역방향으로 요일 암송하기, 간단한 단어의 철자 말하기 등을 하게 한다.

약물이 주입된 반구가 언어를 담당하지 않으면, 환자는 언어과제 수행을 계속한다. 흔히 30초 정도 혼란스러워하고 조용해지는 경우가 있지만, 이 경우에도 재촉하면 다시 말을 시작할 수 있다. 약물 주입 반구가 언어를 담당한다면, 환자는 보통 말을 멈추고 마취가 풀릴 때까지 실어증 상태에 놓이는데, 그 기간은 약 4~10분 정도이다.

가이는 좌반구에 언어를 갖고 있는 것으로 확인되었다. 좌반구 시험 동안 그는 말을 할 수 없었다. 나중에 그는 특정 사물의 이름이 뭐냐는 질문을 받았을 때, 그 질문의 의미를 파악하지 못했다고 말했다. 마침내 희미하게나마 생각이 났을 때, 그는 답이 무엇인지, 어떻게 말을 해야 하는지 알 수 없었다. 그런 후에, 그는 자신이 반응하지 못했던 모든 종류의 다른 질문들에 대해 자신이 질문받았음을 깨달았다.

그에게 어떤 사물을 보았느냐고 물어봤을 때, 그는 잘 모르겠다고 말했다. 그러나 여러 가지 사물을 보여주고 왼손으로 고르도록 하자, 그는 봤던 사물을 정확히 골라냈다. 왜냐하면 그의 비언어 우반구가 왼손을 조절하기 때문이었다. 반대로 그의 언어 좌반구는 마취되어 있었기 때문에 사물에 대한 기억이 없었다. 좌반구는 잠자고 있었던 것이다.

왼쪽 경동맥 소디움 아모바비탈

뇌 수술을 받을 예정인 환자에서 언어 영역의 손상을 피하기 위해 외과의는 경동맥에 소디움 아모바비탈을 주입한다. 약물이 주입된 반구(초록색)는 마취가 되고, 그 반구가 언어 담당인지를 결정하기 위한 검사가 진행된다.

공감각 하나의 감각 자극을 다른 감각 양식으로 지각하는 능력. 예를 들어 소리가 색깔 감각을 일으킴. 글자 그대로 함께 느낌을 가리킴

는 여러 가지 일에 대하여 어느 손을 더 선호하는지 조사했다. 연구진은 환자들이 사망한 후 그들의 뇌를 연구하였고, 특히 뇌량의 크기에 주목했다. 연구진은 왼손잡이와 양손잡이의 뇌량 횡단면이 오른손잡이보다 11% 더 크다는 점을 발견했다.

Eileen Luders와 동료들(2010)은 왼손잡이가 오른손잡이보다 손의 우세에 있어서 덜 편재화되는 경향이 있다고 지적했다. 그들은 뇌량 크기가 손잡이 자체와 관련이 있는 것이 아니라, 손잡이 편재화 정도와 관련이 있다고 제안했다. 이 저자들은 MRI와 손잡이 설문지를 사용한 연구에서 뇌량 크기와 손잡이 편재성 사이에 음의 상관관계가 있음을 발견했다. 그래서 피험자의 편재화 정도가 더할수록, 뇌량은 손잡이와 상관없이 더 작았다.

공감각

뇌 조직화의 어떤 변이들은 체계적이라기보다는 특유하다. **공감각**(synesthesia)이란 감각 양식을 가로질러 감각 경험을 연결시키는 개인의 능력이다. 실례로 색깔을 듣거나, 모양을 맛보는 능력이 있다. Edward Hubbard(2007)는 공감각 발생률을 23명당 1명꼴로 추산했지만, 대부분의 사람들에서 이 능력의 범위가 한정적일 가능성이 크다. 공감각은 뇌 손상 후 더 두드러질 수 있으며, 이는 뇌가 손상을 보상함에 따라 감각 체계 사이의 새로운 연결이 발생할 수 있음을 시사한다 (Yong et al., 2017).

가수이자 작곡가인 Stevie Wonder는 공감각자이며, 음악의 전설 Duke Ellington과 Franz Liszt, 노벨상 수상 물리학자 Richard Feynman, 소설가 Vladimir Nabokov(와 그의 아들) 등도 그렇다. Billy Joel, Beyoncé, Billie Eilish를 비롯한 가수들은 공감각이 그들의 창의성에 영감을 준다고 말했다.

감각 혼합은 상상하기가 쉽지 않을 수 있다. 어떻게 소리나 글자가 색깔을 만들어낼 수 있을까? 공감각에 대한 연구들은 똑같은 자극이 항상 그 자극에 대한 똑같은 경험을 끌어냄을 보여준다. 공감각의 가장 흔한 형태는 색청이다. 많은 공감각자에게 색청이란 말과 음악을 색깔로 듣는 것을 의미하고, 그 경험은 색깔화된 모양, 움직임, 섬광 등의 시각적 혼합물을 지각하는 것이다. 색청이 다른 유형의 공감각보다 더 흔하다는 사실은 호기심을 불러일으킨다.

다섯 가지 일차감각(시각, 청각, 촉각, 미각, 후각) 모두 공감각적 짝을 발생시킬 수 있다. 그러나 대부분은 한 방향이다. 예를 들면 공감감자가 들을 때 색깔을 본다고 해서 색깔을 볼 때 소리를 듣지는 않는다. 덧붙여, 어떤 감각 결합은 있다 해도 아주 드물게 일어난다. 특히 미각이나 후각이 공감각 반응을 촉발하는 일은 아주 드물다.

공감각의 신경학적 기초는 각각의 사례가 특유하다 보니 연구하기 어렵다. 공감각을 뇌 기능 혹은 뇌 조직화와 직접적으로 관련지은 연구는 거의 없으며, 서로 다른 사람들은 서로 다른 이유로 공감각을 경험한다. 공감각을 설명하기 위해 여러 이론이 제기되어 왔는데, 특정한 공감각자에서 관련되는 다른 감각 영역 사이의 특별한 신경 연결, 하나 이상의 감각 영역에서 입력을 받는 전두엽의 다중양식 피질의 활성 증가, 또는 유별난 양식의 대뇌 활성을 이끌어내는 특정한 감각 입력 등이 그것이다. 이 상태는 적어도 부분적으로는 뇌 발달에 영향을 주는 유전자에 의해 결정될 수 있다. 설명이 무엇이든 간에, 일정한 유형의 감각 입력이 들어올 때, 공감각자의 뇌는 다른 사람들의 뇌와 분명히 다르게 작동한다.

15-5 복습

진도를 계속 나가기 전에 앞 절을 얼마나 이해했는지 확인해보자. 정답은 이 책의 뒷부분에 있다.

1. 개별 뇌에서 조직 구성 차이에 기여하는 두 가지 주요 요인은 _____와/과 _____이다.

2. 사고의 대뇌 조직화 차이는 아마도 서로 다른 유형의 인지처리의 바탕이 되는 _____의 차이와 관련된다.

3. 한 가지 이상의 감각양식으로 특정 감각을 경험하는 사람들을 두고 ＿＿＿＿＿을/를 갖고 있다고 말한다.

4. 뇌 조직화 및 기능에 성호르몬이 무슨 역할을 하는가?

15-6

지능

지능은 사고능력에 주요 영향요소이다. 지능은 사람에서 확인하기 쉽고, 다른 동물에서 관찰하기도 쉽다. 하지만 지능은 정의하기가 결코 쉽지 않다. 한 세기의 연구에도 불구하고, 연구자들은 지능이 무엇을 수반하는지에 대해 아직 합의에 도달하지 못했다. 따라서 우리는 지능에 대한 이론 몇 가지를 살펴보는 것으로 이 절을 시작한다.

일반지능의 개념

1920년대 Charles Spearman은 비록 여러 종류의 지능이 있지만, 근원적인 일반지능도 있다고 제안했으며, 이를 g요소라 불렀다. 일반지능 요소가 뇌에서 과연 무엇을 의미하는지 잠깐 생각해 보자. 추정컨대, g가 높은 뇌와 낮은 뇌는 이랑 양상, 세포구축, 혈관 양상, 신경화학 등의 뇌 구축에 어떤 일반적 차이를 나타낼 것이다.

이런 g의 차이는 뇌 크기처럼 단순한 어떤 것이 아닐 수 있다. 왜냐하면 약 1kg부터 2kg까지 다양한 인간의 뇌 크기는 지능과의 상관성이 약하기 때문이다. 다른 가능성은 g가 특정한 대뇌 연결성과 관련되거나, 뉴런과 교질 비율과 관련된다는 것이다. 또 다른 가능성은 g가 특정 뇌 영역의 활성화와 관련이 있다는 것인데, 아마 전두엽일 수도 있다(Duncan et al., 2000; Gray & Thompson, 2004).

Albert Einstein의 뇌에 대한 예비연구 결과에 따르면, 대뇌 연결성과 교질 대 뉴런 비율이 중요할 수 있다. Sandra Witelson과 동료들(1999)은 비록 Einstein의 뇌가 평균적 남성의 뇌와 같은 크기 및 무게지만, 외측 열구가 짧고, 좌우 외측 열구 모두 두드러지게 위쪽으로 꺾여 있다는 점을 발견했다(그림 15.26). 이런 배치는 필연적으로 하두정 영역과 후측두 영역을 결합시킨다.

하두정피질은 수학적 추론을 담당한다. 그러므로 Einstein의 수학적 능력이 이 영역의 신경적 재배열과 관련된다는 추정은 솔깃한 말이다. 그러나 Einstein의 뇌에는 또 다른 중요한 차별점이 있다. Marion Diamond와 동료들(1985)은 Einstein 뇌의 교질 대 뉴런 비율을 통제집단의 평균과 비교해보았다. 그 결과, Einstein의 하두정피질은 평균보다 더 높은 교질 대 뉴런 비율을 보였다. 이는 Einstein의 하두정피질 뉴런 각각이 그 뉴런을 지탱하는 교질세포를 아주 많이 갖고 있음을 의미한다.

연구자들이 측정한 Einstein 뇌의 다른 어떤 피질 영역에서도 교질 대 뉴런 비율은 그렇게 높지 않았다. 그러므로 특정한 유형의 지능은 뇌 국소 영역의 세포 구조 차이와 관련될 수 있음이 가능하다. 그러나 이 가설이 옳다고 판명된다 하더라도, 일반지능 요소를 지지하는 신경적 증거까지 되지는 못한다.

한 가지 가능성은 g요소가 뇌의 언어 처리와 관련될 가능성이 있다는 것이다. 왜냐하면 언어 능력은 인간에서 인지 처리의 본성을 질적으로 변화시키기 때문이다. 그런 점에서 아주 뛰어난

세포구축이란 뇌세포의 조직 구성, 구조, 분포 등을 지칭한다.

1-5절은 인간 뇌의 크기를 지능과 상관 지으려는 시도에 얽힌 오류에 대해 설명한다.

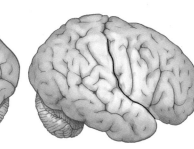

그림 15.26 Einstein의 뇌

Einstein 뇌의 외측 열구는 전형적 뇌에 비해 급격한 상승 경로를 취한다. 이에 따라 측두 영역 뒤쪽이 두정 영역 아래쪽과 결합된 양상이다 (그림 15.16에 보이는 전형적인 외측 열구의 이미지와 비교해보라).

수렴적 사고 하나의 질문에 하나의 답을 찾아내는 사고 형태(예 : 2+2=?). 확산적 사고와 대비가 됨

확산적 사고 하나의 문제에 여러 해답을 찾아내는 사고 형태(예 : 펜이 얼마나 많은 방식으로 사용될 수 있는가?). 수렴적 사고와 대비가 됨

언어기술을 가진 사람은 일반적 사고력에도 이점을 갖는다. 또는 g는 문화의 인공물일 수 있다.

Spearman의 일반지능 이론이 도입된 이후로 지능에 대한 다른 많은 가설이 제안되어 왔으며, 모두 지능의 뚜렷한 형태가 존재하고 분리될 수 있어야 한다는 일반적인 생각을 따른다. 인간의 뇌가 수행할 수 있는 다양한 인지작업을 고려할 때 다중 인간 지능에 대한 생각은 그리 놀라운 것이 아니다. 그러나 지금까지 지능 이론들은 뇌의 해부학과 기능을 직접 고려하지 않았다. 더구나 이들이 흔히 교육자들에 의해 선호되지만, 과학적으로 엄격하게 검증되지는 않았다.

확산적 지능과 수렴적 지능

두정엽과 측두엽 병변과 전두엽 병변은 표준지능검사 수행 성적에 영향을 주는 방식에 한 가지 명백한 차이를 나타낸다. 두정엽과 측두엽 병변은 지능검사 점수를 확실히 떨어뜨리고 흔히 그 감소 폭이 상당히 큰 반면, 전두엽 병변은 그렇지 않다. 이는 수수께끼 같다. 만약 전두엽 손상이 지능검사 점수를 떨어뜨리지 않는다면, 이런 손상을 입은 사람들이 왜 회사에 가지 않거나 약속을 지키지 않는 등의 불합리한 행동을 자주 하는 것일까? 대답은 두 종류 지능 사이의 차이에 놓여 있다.

J. P. Guilford(1967)에 따르면, 전통적 지능검사는 **수렴적 사고**(convergent thinking)를 측정한다. 이는 지식과 추론기술을 적용해 문제에 대한 가능한 해답의 범위를 좁혀가, 하나의 정답에 초점을 맞추는 것을 일컫는다. 어휘문제, 산수문제, 모양 맞추기, 토막 짜기 등과 같은 전형적인 지능검사 항목은 모두 수렴적 사고를 필요로 한다. 이 항목들은 쉬운 점수화를 위해 하나의 정답만을 요구한다.

대조적으로, **확산적 사고**(divergent thinking)는 통념적 지식 및 추론기술의 틀을 벗어나 새롭고 색다른 문제 해결책을 탐색한다. 확산적 사고는 여러 가능한 접근법을 가정하고, 질문에 대한 답으로 하나의 '정답'에만 얽매이지 않는다. 확산적 사고를 필요로 하는 과제의 예는 코트 걸이를 보여주고 상상할 수 있는 가능한 용도를 모두 나열하게 하는 것이다.

확실히, 확산적 사고를 매우 잘한다고 해서 수렴적 사고를 반드시 잘하는 것은 아니며, 반대의 경우도 마찬가지다. 확산지능과 수렴지능의 구분은 뇌 손상이 사고에 미치는 영향을 이해하는 데 도움을 주기 때문에 유용하다. 전두엽 손상은 확산적 사고에 지장을 주는 것으로 보인다. 표준 IQ 검사로 측정하는 수렴적 사고는 흔히 측두엽과 두정엽이 손상된 사람들에서 손상된다.

특히, 왼쪽 두정엽 손상은 학업과 관련된 인지 처리 수행능력에 치명적인 장애를 일으킨다. 이런 종류의 손상을 입은 사람들은 실어증, 실독증(쓰여진 글을 제대로 이해하고 처리하지 못함), 실행증 등을 나타낼 수 있다. 그들은 흔히 수리능력에 심한 결함도 나타낸다. 이런 장애들은 모두 학교나 직장에서의 공부나 업무 수행에 지장을 초래한다.

15-4절에서 토의된 환자 M. M.은 왼쪽 두정엽 손상을 입었고, 학교로 되돌아갈 수 없었다. M. M. 같은 사람들과는 대조적으로, 전두엽 손상을 입었으나 브로카 언어 영역이 보존된 사람들은 수렴적 사고와 연관되는 읽기나 쓰기 혹은 계산하기에 좀처럼 결함을 보이지 않는다. 마찬가지로 그들은 표준 IQ 검사 점수 하락도 보이지 않는다. C. C.의 사례가 좋은 예다.

C. C.는 양쪽 전두엽 사이 정중선을 따라 뇌수막종이 있었다. 이 종양을 절제해내려면 양쪽 반구의 뇌 조직을 제거해야만 했다. C. C.는 수술 전에 유명한 변호사였다. 수술 이후, 그는 여전히 높은 IQ와 뛰어난 기억력을 유지했지만, 일할 수는 없었다. 그 이유 중 하나는 더는 어떤 상상을 할 수 없었기 때문이다. 그는 수술 전 자기 일에서 가장 중요한 요소였던 법적 문제에 대

한 새로운 해결책 제시를 더 이상 할 수 없었다. 따라서 M.M.과 C.C.는 모두 일을 할 수 없게 만드는 문제로 고통 받았으나, 다른 종류의 사고가 영향을 받았기 때문에 문제도 달랐다.

지능, 유전, 후생유전, 시냅스

Donald Hebb은 인간의 지능을 범주화하는 또 다른 방법을 제안했다. Guilford처럼 Hebb은 사람들이 두 가지 형태의 지능을 갖고 있다고 생각했는데, 이를 지능 A와 지능 B라고 불렀다. Guilford의 수렴적-확산적 이분법과 달리, Hebb의 **지능 A**(intelligence A)는 타고난 지적 잠재력을 뜻하며, 고도로 유전적이다. 즉 강한 유전 요인을 갖고 있다. **지능 B**(intelligence B)는 관찰된 지능으로, 특히 발달기에 경험에 좌우되고 질병, 상해, 환경독소 노출 같은 다른 요인들에 의해서도 영향을 받는다.

Hebb(1980)은 경험이 뇌세포의 구조에 상당한 영향을 끼칠 수 있다고 이해했다. 그의 관점에서, 경험은 뇌의 시냅스 조직화를 변화시키기 때문에 뇌 발달에 영향을 주고, 따라서 관찰된 지능에도 영향을 준다. 지능 A가 평균 이하인 사람들은 생후의 적절한 경험을 통해 지능 B를 향상시킬 수 있는 반면에, 지능 A가 평균 이상인 사람들은 열악한 환경으로 인해 지능 B의 발달을 저해할 수 있다. 과제는 사람들의 잠재 지능을 최대치에 이르도록 자극하는 데 있어 풍부한 환경과 부족한 환경을 알아내는 것이다.

지능에 대한 Hebb의 견해의 한 가지 함의점은 뇌의 시냅스 조직화가 지능 생성에 핵심적 역할을 한다는 것이다. 시냅스 조직화는 부분적으로 한 사람의 유전자에 의해 좌우되나, 후생유전적 요인들에 의해서도 영향을 받는다. 사람들이 노출되는 경험 종류의 변이가 유전 양식의 변이와 짝을 이루어, 관찰되는 지능의 개인차가 형성된다. 개인차는 양적일 수도(IQ 검사로 측정) 있고, 질적일 수도(수학 같은 특정한 능력을 보임) 있다.

스마트 뇌가 어떻게 다른가

Rex Jung과 Richard Haier(2007)가 발표한 영향력이 컸던 종설에서, 그들은 지능에 대한 37개의 신경영상 연구를 비교하여 지능의 차이가 외측 전전두피질, 내측 전전두피질, 후두정피질, 그리고 후두엽과 측두엽 감각 영역의 구조적·기능적 변이와 연결된다고 결론지었다. 저자들은 이러한 영역이 백질 영역으로 연결되어 있음을 인식했고, 이러한 영역이 지능의 기초가 되는 네트워크를 형성한다고 제안했다. 이 이론을 그들은 지능의 두정-전두 통합이론, P-FIT(parieto-frontal integration theory) 모델이라고 했다. Jung과 Haier가 그들의 제안을 소개한 이후 15년 동안, 영상 기술에서 상당한 방법론적 개선이 이루어졌지만, 두정-전두 네트워크가 지능의 기초를 형성한다는 것과 지능의 개인차가 이 영역의 구조적·기능적 차이와 관련된다는 것은 일반적인 의견일치로 남아 있다(Haier, 2017 참조).

Ulrike Basten과 동료들(2015)은 P-FIT 모델을 수정하여 지능의 기능적(fMRI에서 뇌 활성화) 상관체와 구조적(MRI에서 회백질의 양) 상관체를 구별했다. 그들의 새로운 버전의 이론은 또한 지능과 뇌 활성화 사이의 양의 연관성과 음의 연관성을 모두 식별한다. 그래서 지능이 높을수록 일부 영역에서는 활성화가 증가하고 다른 영역에서는 활성화가 감소한다(**그림 15.27** 참조). 더 나아가, 이 저자들의 분석은 네트워크를 확장하여 섬피질, 후대상피질 및 피질하 구조를 포함한다. 그러나 우리는 지능의 차이가 어떻게 이러한 해부학적 차이에서 발생하는지 아직 알지 못하며, 뇌의 차이가 지능 차이의 원인이 아니라 결과인지

지능 A　타고난 지능 잠재력을 가리키는 Hebb의 용어로서, 고도로 유전적이고 직접 측정될 수 없다.

지능 B　관찰된 지능을 가리키는 Hebb의 용어로서, 발달 과정의 경험과 기타 요소들에 의해 영향을 받고, 지능검사로 측정된다.

연구 초점 8-1은 사회경제적 요소와 피질 발달 사이의 연결점을 탐구한다. 8-4절은 초기 아동기 교육에서 강화 환경의 중요성에 대한 Hebb의 선구적 작업을 이야기한다.

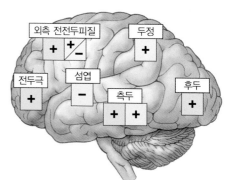

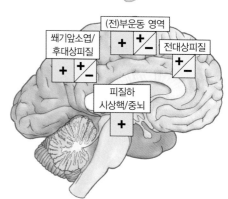

그림 15.27　지능의 뇌 기반
인지 과제 동안에 수집된 구조적 MRI(분홍색) 및 fMRI(회색/노란색)의 메타 분석은 지능과 뇌 활성화 사이에 양(+) 또는 음(−)의 연관성을 보이는 영역 집단을 발견했다.

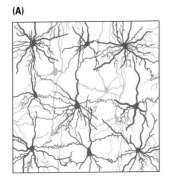

그림 15.28 신경돌기 밀도
(A)는 더 낮은 지능과 상관성이 있는 높은 신경돌기 밀도 및 수상돌기 가지내기를 보여준다. (B)는 더 높은 지능과 상관성이 있는 비교적 낮은 밀도와 가지내기를 보여준다. 지능이 높은 사람들은 점선으로 표시된 것처럼 더 큰 피질 부피와 더 많은 뉴런을 갖고 있다.

확신할 수 없다고 그들은 지적한다.

P-FIT 모델의 영역 차이는 미세 구조 수준에서도 볼 수 있다. 최근 연구에서 Erhan Genç와 동료들(2018)은 진보된 확산텐서영상 방법을 문화적으로 중립적인 추론 과제와 결합했다. 그들은 HCP 연구에서 식별된 180개 영역을 모두 측정했고, 지능과 대뇌 피질의 양 사이에 양의 연관성을 확인했다. 덧붙여, 그들은 특정한 미세 구조적 특성이 지능과 연관되며, 특히 이 연관성이 두정-전두 네트워크의 피질 영역에서 뚜렷함을 발견했다. 피질의 회백질은 대부분 신경돌기(수상돌기 및 축색)로 구성되는데, 이 신경돌기 구조는 물 분자의 움직임을 제한하기 때문에 밀도와 방향을 추정할 수 있다.

Genç와 동료들(2018)의 연구 결과는 신경돌기 밀도가 지능과 음의 상관관계가 있음을 보여주었다(**그림 15.28** 참조). 언뜻 보기에 이는 적을수록 좋다는 의미이기 때문에, 직관에 반하는 것처럼 보인다. 그러나 뇌가 성숙하는 동안 시냅스가 과잉 생성된 후 가지치기되어 뇌가 더 효율적으로 만들어짐을 회상해보라. 다운증후군처럼 가지치기가 감소된 조건은 덜 효율적인 대뇌 처리 및 낮은 지능을 초래한다. 그러므로 이 연구는 인간의 지능이 두 가지 서로 다른 방식으로 뇌 구조와 관련되어 있음을 보여준다. 첫째, 더 많은 뉴런을 가진 더 큰 뇌는 더 높은 지능과 연관된다. 둘째, 더 높은 지능은 처리 속도와 네트워크 효율성을 높이는 희소하고 잘 조직화된 수상돌기 나무와 연관된다.

Aron Barbey(2018)는 병렬 이론인 네트워크 신경과학 이론(network neuroscience theory, NNT)을 제안했는데, 이 이론은 **결정성 지능**(획득된 지식)과 **유동성 지능**(문제 해결)에 서로 다른 뇌 네트워크가 있다고 말한다. 일반지능(Spearman의 g)은 이 두 가지 형태의 지능이 결합된 것이다. NNT 모델에 따르면 결정성 지능은 통합 하위 체계인 디폴트 네트워크에 크게 의존한다. 대조적으로 유동성 지능은 2개의 네트워크, 즉 전두피질과 두정피질을 연결하는 네트워크와 전대상피질과 덮개피질(섬엽을 덮는 피질)을 연결하는 네트워크의 활성을 기반으로 한다. 이 두 네트워크는 분리된 하위체계로 간주된다.

휴식 중인 뇌는 통합 네트워크와 분리 네트워크 간에 균형 잡힌 상태를 보여, 뇌가 다양한 작업 요구에 맞게 작업 상태를 유연하게 전환할 수 있다(자세한 내용은 Wang et al., 2021 참조). 통합 네트워크는 일반적인 인지능력의 기초가 되는 반면, 분리 네트워크는 결정성 지능과 처리 속도의 기초가 된다고 제안되고 있다. 그러나 이 균형은 완벽하지 않다. 더욱 큰 분리를 지향하는 경향인 휴식 중 뇌는 더 강한 분리가 필요한 과제 상태를 전환하는 데 더 효율적일 수 있으며, 더 강한 통합이 필요한 과제의 경우 그 반대이다. 이러한 차이는 개인 간 인지능력의 차이에 대한 근거를 제공할 수 있다. 이러한 네트워크 상태 사이를 유연하게 전환할 수 있는 능력은 일반지능의 기초를 제공하며, 위에서 논의된 희박하고 잘 조직화된 수상돌기 나무와 관련될 수 있다.

15-6 복습

진도를 계속 나가기 전에 앞 절을 얼마나 이해했는지 확인해보자. 정답은 이 책의 뒷부분에 있다.

1. 여러 가지 서로 다른 지능 개념에 포함되는 것으로 Spearman의 _____, Guilford의 _____와/과 _____ 사고의 개념, Hebb의 _____와/과 _____, 지능의

_____이론, _____ 신경과학이론 등이 있다.

2. 지능은 뇌의 _____ 조직화뿐 아니라 _____효율성과 관련될 가능성이 크다.

3. Hebb의 지능 A가 경험에 의해 변화되어 지능 B를 생성할 수 있다는 증거는 뇌의 조직화에 _____의 영향을 실증한다.

4. 지능이 어떻게 뇌 조직화 및 기능과 관련될 수 있는가?

15-7

의식

우리의 의식 경험은 익숙하고 친근하나, 상당히 신비로운 뇌의 산물로 아직 남아 있다. 누구나 의식이 있다는 것이 뭘 의미하는지에 대한 관념이 있으나, 생각과 지능처럼 의식은 정의하기보다 식별하기가 더 쉽다. 의식에 대한 정의는 복잡한 사고 과정의 단순한 발현부터 깨달음 또는 '내면의 자신'에 대한 주관적 경험이라는 식의 보다 다루기 어려운 개념까지 다양하다.

의식 정의의 어려움에도 불구하고, 과학자들은 의식이 사물이 아니라 과정이며, 정보가 분류되면서 나타나는 것이라는 데 일반적으로 동의한다. 예를 들어 시각에는 감각 수용체에서의 상호작용, 뇌간 및 피질로의 경로, 그리고 여러 뇌 영역에서의 처리가 관여한다. 우리의 시각적 경험은 어떤 특정 영역의 결과가 아니라 통합된 지각을 제공하는 창발적 속성이다. 의식은 우리가 감각 지각, 정서, 사고 등과 연관된 체계와 같은 여러 뇌 체계의 통합 정보를 결합할 수 있게 해준다.

우리는 왜 의식이 있을까?

신경과학 연구자를 포함한 수많은 사람은 왜 우리가 **의식**(consciousness)을 경험하는지 의문을 품어왔다. 가장 간단한 설명은 의식이 적응적 이득을 제공한다는 것이다. 감각 세계 구축이든 행동 선택이든, 의식에 의해 향상된다. 시각적 의식에 대해 생각해보자.

Francis Crick과 Christof Koch(1998)에 따르면, 개구리 같은 동물은 시각 입력에 반응할 때 다소 좀비처럼 행동한다. 개구리는 작은 먹이 같은 사물에는 스냅을 가하듯 반응을 하고, 크게 떠오르는 사물에는 점프하는 반응을 한다. 이런 반응들은 서로 다른 시각 체계에 의해 조절되며, 의식이라기보다는 반사로 여겨진다. 이런 시각 체계들이 개구리에서는 잘 작동하는데, 사람은 왜 의식을 추가해야 할까? Crick과 Koch의 의견에 따르면, 반사 체계들은 그 수가 제한적일 때에 훌륭하나, 그 수가 증가하면 반사 배치가 비효율적이게 된다. 2개 이상의 반사 체계가 충돌할 때는 특히 그렇다. 사건에 대한 정보의 양이 증가할수록 단일의 복합 표상을 만들어, 여러 가능한 행동 계획 중에서 하나를 선택하는 뇌 영역(예 : 전두엽)에 그 복합 표상이 충분한 시간 동안 가용적이도록 만드는 것이 이득이 된다. 이런 지속적이고 복합적인 표상이 의식이다.

물론 생존을 위해, 우리는 필요할 때 재빨리 무의식적으로 반응하는 능력을 보유해야 한다. 이런 반사능력은 정보를 의식적으로 처리하는 능력과 병존한다. 복측 시각 흐름은 의식적이나, 더 빨리 작용하는 배측 흐름은 그렇지 않다. 운동선수들이 온라인성 배측 흐름의 무의식적 작용의 모델이다. 시속 100마일 이상으로 날아가는 야구공이나 테니스공을 치려면, 운동선수들은 공을 실제로 보는 의식적 인식 이전에 스윙을 해야 한다. 공에 대한 의식적 인식은 공을 친 다음에야 하게 된다.

학습 목표
• 무의식적 반사와 의식적 행위 사이의 차이를 설명한다.
• 의식, GNWT, IIT에 대한 진화 이론을 요약한다.

배측과 복측 시각 흐름에 대한 해부학적 서술은 9-2절에, 기능적 서술은 9-5절에 나와 있다.

의식 감각에 의해 만들어진 인상에 대한 마음의 반응 수준

····▷ 실험 15-4

질문 : 사람이 의식적 인식 없이 자신의 동작을 변경할 수 있는가?

절차

피험자에게 손을 움직여서 가능한 한 빨리 빛이 나는 막대를 쥐라고 한다.

이 시도에서 피험자는 불이 들어온 3번 막대로 손을 내민다.

결과

어떤 시도에서는 빛이 갑자기 옮겨 간다.

피험자는 올바르게 손 위치를 바꾼다. 대부분의 피험자는 표적이 이동되었음을 알기 이전에 새로운 표적을 실제로 쥐었다.

결론 : 행동과 의식적 인식의 해리가 가능하다.
출처 : Frith et al. (1999).

임상 초점 9-1은 맹시를 서술하고, 9-4절과 9-5절은 시각실인증을 논의하며, 14-2절은 기억상실에서 암묵적 학습을 탐구하고, 16-3절은 강박장애에 집중한다.

연구 초점 11-5는 환상통에 대해 설명하고, 그림 14.22는 사지 절단에서 피질 기능 지도가 어떻게 바뀌는지 보여주며, 임상 초점 8-5는 조현병에서 뇌 이상을 논의한다.

Marc Jeannerod와 동료들(Castiello et al., 1991)은 일련의 실험을 통해 건강한 자원자들이 움켜잡기 동작을 할 때 행동과 인식 사이에 비슷한 해리 현상을 발견했다. **실험 15-4**는 대표적인 실험을 예시한다. 피험자들로 하여금 가능한 빨리 막대 3개 중 하나를 움켜쥐도록 했다. 주어진 시도에서 움켜쥐어야 할 표적은 막대 끝에 불빛이 켜지는 것으로 표시되었다.

일부 시도에서, 피험자가 모르는 사이에 불빛이 한 표적에서 다른 표적으로 옮겨 갔다. 피험자들에게는 그런 불빛 이동이 있을 경우 말로 알리도록 요청했다. 실험 결과에서 볼 수 있는 것처럼, 비록 피험자들은 궤도 수정을 할 수 있었지만, 옳은 표적이 변경되었음을 깨닫기도 전에 때때로 옳은 표적을 실제로 움켜쥐고 있었다.

일부 시도에서는 운동과 언어 반응 간 해리의 정도가 너무 커서, 피험자들은 스스로 놀랄 정도로 언어 반응을 하기 0.3초 전에 이미 표적을 잡았다. 야구선수처럼, 자극 사건에 대한 그들의 의식적 인식은 동작을 취한 이후에야 일어났다. 개구리가 생각해야 함 없이 파리를 잡는 바로 그것처럼, 동작을 하기 위해 생각이 필요하지 않았다.

무의식적 동작은 특정 색깔의 사탕을 고르려고 젤리빈 그릇에 손을 넣을 때처럼 의식적으로 특정한 사물을 향하는 동작과 다르다. 이 경우 우리는 원하는 색깔 주변의 다른 색깔도 모두 인식해야 한다. 의식적인 복측 흐름이 특별한 자극들을 분별하고, 그 자극들에 대해 차별적으로 대응하기 위해 필요하다. 그러면 의식은 감각 입력의 미묘한 차이에 대한 이해에 상응한 행동을 선택하게 해준다.

의식의 신경 기반은 무엇인가?

의식은 뇌, 특히 전뇌의 신경계 활성과 어떤 식으로든 관련되어 있음에 틀림없다. 이런 체계를 조사하는 한 가지 방식은 두 가지 종류의 신경학적 상태를 비교하는 것이다. 첫 번째 상태에서, 사람은 정보의 일부가 무의식적으로 처리되었지만 그에 대한 의식적 인식은 결여되어 있다. 맹시, 시각실인증, 기억상실에서의 암묵적 학습, 시각적 무시(15-2절에서 논의됨) 등이 그 예다. 이미 여러 번 확인했음에도 불구하고 난로가 꺼졌는지, 문이 잠겼는지 확인행동을 반복하는 강박장애가 또 다른 예다.

이 모든 현상은 자극이 의식적으로 인식되지 않아도 뇌에 의해 고도로 처리될 수 있음을 보여준다. 이는 사람이 실제로 존재하지 않는 자극을 의식적으로 인식하는 두 번째 신경학적 상태와 아주 다르다. 그 예로 환상지통(phantom limbs)과 조현병에서의 환각이 있다. 두 경우 모두 절단되어 없는 사지의 통증 혹은 들리는 목소리처럼, 특정 사건에 대한 의식이 있으나, 이런 사건들이 분명히 '실제'는 아니다.

이처럼 대비되는 상태를 통해 우리는 두 가지 결론을 내릴 수 있다. 첫째, 시각적 사물이나 사건의 표상은 시각계의 여러 부위에, 그리고 아마 전두엽 부분에도 분산되어 있는 것 같다. 다른 영역이 손상되면, 실인증이나 무시 같은 다른 특정 증상이 생기고, 시각적 의식의 특정한 상실도 생긴다. 기능장애는 환각 같은 잘못된 의식을 유발할 수 있다. 둘째, 시각적 의식이 상실될 수 있기 때문에, 신경회로의 일부가 이러한 인식을 생성해야 한다. 그러나 이것이 어떻게 작동할까?

지난 10년 동안 의식의 신경 기반에 대한 몇 가지 이론이 제안되었다. 우리는 여기서 이들 이론 중 세 가지를 간략하게 살펴봄으로써 그 본성을 맛보게 할 것이다.

의식의 신경 기반이 두 가지 뚜렷한 특징을 갖는다는 것이 신경과학 연구자 사이의 일반적인 의견 일치 사항이다. 첫째는 뇌간 상향 활성계의 활성과 관련되는 의식 수준(각성/깨어 있음)이고, 둘째는 시상과 피질 사이의 연결(시상피질 체계)과 관련되는 의식의 내용이다. 여기에서 우리의 초점은 의식의 **내용**에 있다. 각성이 의식에 필요하지만 충분하지는 않기 때문이다. 예를 들어 '식물인간' 상태로 살아가는 뇌 손상 환자가 의식 내용의 명백한 징후 없이 수년 동안 무반응 각성을 보일 수 있다. 우리는 또한 여기서 논의를 포유류의 뇌로 제한할 것이지만, 다른 동물(특히 새)이 이러한 의식의 두 가지 특징을 갖고 있을 가능성이 있음을 안다.

우리가 논의할 첫 번째 이론은 Antonio Damasio(2012)가 제안한 **진화 이론**이다. Damasio는 초기 유기체는 실제 신경계가 없이 단순했다고 주장한다. 유기체가 점점 더 많은 세포로 복잡해짐에 따라 세포의 활동을 조정하기 위해 신경계가 발달했다. 뉴런이 출현하여 다른 세포들의 조직화를 담당하게 되었고, 그 뒤를 이어 내부 상태에 대한 감각(내부수용감각)과 외부 상태에 대한 감각(외부수용감각)이 출현했다. 점점 더 복잡해지는 유기체의 요구를 충족시키기 위해 신경계가 더욱 복잡해짐에 따라 인센티브, 즉 유리한 기회를 선택할 수 있는 능력이 생겼다. 경고 체계(망상활성계)가 다른 체계를 활성화하도록 진화했듯이, 보상 체계가 인센티브를 최대화하도록 진화했다.

이러한 발달은 다시 생존의 기회를 극대화하도록 정서의 진화로 이어졌다. 감각계는 더욱 복잡해졌고, 포유류에서 대뇌 피질이 진화하여 확장됨에 따라 외부 세계에 대한 대뇌 지도의 수가 확장되어 인센티브를 최대화했다. Damasio는 다시 이득이 되는 지도의 확장으로 인해 '마음'이 출현했으며, 지도는 개인이 거주하는 물리적·사회적 환경의 표상을 가진 무언가처럼 '느끼기' 시작했다고 상정한다. 이 마음은 '자기' 감각으로 이어졌으며, Damasio는 이를 의식의 출현으로 제안한다.

지난 10년 동안 두 가지 다른 이론이 등장했으며, 둘 다 독립적으로 상당한 실증적 지지를 얻었다(Melloni et al., 2021). 한 가지 문제는 이 두 이론이 동시에 참일 수 없는 서로 다른 주장과 예측을 한다는 것이다.

전반적 신경적 작업공간 이론(global neuronal workspace theory, GNWT)은 의식이 감각피질 영역과 전전두-두정 네트워크의 상호 연결된 네트워크를 통한 정보의 증폭이라고 제안한다(**그림 15.29** 참조). 정보는 캡슐화된 모듈의 감각 영역에서 수용 및 처리되어 무의식으로 남아 있다가, 전두-두정 네트워크의 집행 처리가 정보를 통합하고 뇌 전체에 널리 배포하면 의식으로 이어진다(Mashour et al., 2020).

반대로 **정보 통합 이론**(information integration theory, IIT)은 의식을 피질 감각 모듈에 의해 생성된 정보를 통합하는 능력으로 정의한다(Boly et al., 2017; Tonini, 2012). IIT는 의식이 뒤쪽 피질의 영역들에서 생성된 최대로 환원 불가능한 통합 정보의 양을 반영한다고 제안한다. 이 이론의 세부사항은 수학적으로 복잡하고 이번 논의를 넘어선다. 그러나 기본적인 생각은 경험이 존재하는 한, 의식이 자신을 영속시키는 신경망에서 나온다는 것이다.

그러므로, IIT에 따르면 의식은 뒤쪽 피질의 통합 정보로 표출된다. 이에 비해 GNWT는 의식이 전반적으로 전파되는 메시지로 표출된다고 주장한다. 더 나아가, IIT에 따르면 전전두피질은 이 과정에 관여하지 않지만, GNWT에 따르면 전전두피질이 필수적이다.

망상활성계를 포함하여 수면과 각성의 신경 기반은 13-5절에서 논의된다.

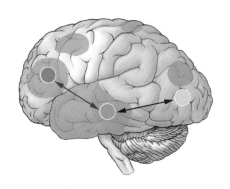

● 전전두피질
● 고등 수준 시각 영역
○ 초기 시각 영역
● GNWT
  IIT
— 동기화 GNWT
— 동기화 IIT

그림 15.29 GNWT 및 IIT

전반적 신경적 작업공간 이론(GNWT)과 정보 통합 이론(IIT)의 핵심 뇌 영역 비교. 측두엽에 중복되는 영역에 주목하라.

'GNW 및 IIT에서 협력 : 경험의 대체 이론 검증'이라 하는 컨소시엄이 현재 두 이론을 비교하기 위해 데이터를 수집하고 있다(https://osf.io/mbcfy 참조). IIT와 GNWT에 의한 예측을 시험하고 비교하기 위해 6개 실험실에서 다양한 실험이 독립적으로 수행되고 있다. 한 실험에서는 시각적 경험의 신경 상관체가 과제와 상관없이 존재하는지를 조사하기 위해, 피험자는 바탕에 보이는 자극과 보이지 않는 자극이 있는 비디오 게임에 참여한다. 또 다른 실험에서는 시각적 경험의 신경 상관체가 얼마나 오래 존재하는지를 조사하기 위해 가변적인 지속기간 동안 자극이 보인다. 두 경우 모두에서 인간 피험자의 신경 활성은 여러 비침습적 방법(예 : fMRI, MEG, EEG)을 사용하여 측정된다. 결과는 어느 이론도 완전히 정확하지 않으나, 결과에 상관없이 이러한 조사가 의식의 신경 기반을 이해하는 단계가 될 것임을 보여줄 가능성이 크다.

15-7 복습

진도를 계속 나가기 전에 앞 절을 얼마나 이해했는지 확인해보자. 정답은 이 책의 뒷부분에 있다.

1. _____(이)란 감각에 의해 만들어진 인상에 대한 마음의 반응 수준이다.

2. 느리게 작용하는 _____ 흐름은 의식적이나, 더 빠르게 작용하는 _____ 흐름은 그렇지 않다.

3. 이 절에서 다루는 의식의 신경 기반에 대한 세 가지 이론을 간략하게 서술하시오.

요약

15-1 사고의 본질

우리가 사고나 인지라 부르는 복잡한 과정은 인간이든 동물이든 뇌 활성의 산물이다. 우리는 인지적 조작을 묘사하기 위해 언어와 기억 같은 용어를 사용하나, 이러한 개념은 단순히 추론되는 것이며, 뇌의 개별 장소에서 발견되지 않는 추상적인 심리적 구성체이다. 그들은 존재하지만 물리적 형태를 갖지는 않는다.

뇌는 지각, 지각을 위한 작용, 상상, 계획, 공간 인지, 주의 같은 다중의 인지적 조작을 수행한다. 각각은 많은 피질 영역의 광범위한 활성을 필요로 한다. 그러나 인지의 단위는 뉴런이다.

15-2 인지와 연합피질

뇌의 연합피질은 전전두피질의 내측, 배측, 안와측 하위 영역과 후두정피질, 측두엽의 앞쪽 영역을 포함한다. 연합피질의 세포집합들이 특별히 대부분 형태의 인지에 관여한다.

전두엽은 움직임을 계획하고, 조직화하고, 개시할 뿐 아니라 행동을 시간적으로 조직화한다. 일반적 법칙에 따라 측두엽은 사물에 대한 지식을 발생시키는 반면에, 측두엽과 두정엽은 감각 정보에 선택적으로 주의를 기울이는 능력에 기여한다.

전두엽과 두정엽 영역들은 자기 자신과 타인의 행위를 표상하는 거울뉴런을 내포한다. 그런 신경적 표상은 다른 사람의 행위 모방

과 좀 더 빠르고 정확한 움직임을 위해 사용될 수 있다. 피질의 상당 부분이 다감각성이어서, 우리가 감각양식에 걸친 자극들을 묶음으로 받든, 개별적으로 받든 뇌로 하여금 자극의 특징을 결합하게 한다.

15-3 인지신경과학의 경계 확장

1800년대 말에 시작된 신경심리학적 연구들은 국소적 뇌 손상이 있는 사람 혹은 실험동물의 행동능력을 조사하는 것으로서, 연구자들로 하여금 '정상' 뇌를 연구하게 하지는 못하였다. 오늘날, 비침습적 뇌 기록 체계와 영상 기법은 건강한 피험자들이 인지과제를 수행하는 동안 뇌 활성을 측정하여 인지의 신경 기반을 연구하는 인지신경과학 분야를 진전시킨다.

인지의 신경 기반 알아내기의 중요한 단계는 뇌 커넥톰을 위한 피질 연결을 매핑하는 것이다. 2개의 유망한 영상 수단은 기능연결자기공명영상법과 확산텐서영상술을 이용한 트랙토그래피이다.

인간 뇌 뉴런의 80%를 차지하는 소뇌는 일차적으로 운동 기능을 한다고 오랫동안 믿어졌다. 그러나 대두되는 데이터는 광범위한 인지 기능에도 소뇌가 관여함을 드러낸다.

인지신경과학과 사회심리학이 결합된 분야인 사회신경과학은 마음이론을 구축함으로써 우리가 타인의 의도를 어떻게 이해해야 할

지 탐색한다. 사회신경과학은 또한 우리가 태도, 믿음, 자기감각을 어떻게 발달시키는지에 대해서도 연구한다. fMRI 같은 비침습적 영상 기법을 이용하여, 연구자들은 사회인지가 일차적으로 전전두피질의 활성을 수반함을 실증해왔다.

신경경제학은 심리학, 신경과학, 경제학이 결합된 것으로, 인간의 의사결정을 이해하려 한다. fMRI 연구들은 2개의 의사결정 경로가 존재함을 보여준다. 하나는 느리고, 반영적이며, 연합피질의 산재된 영역들을 수반한다. 다른 하나는 빠르고, 반사적이며, 도파민성 보상 체계를 수반한다.

15-4 사고의 대뇌 비대칭

인지적 조작은 대뇌 좌우 반구에서 비대칭적으로 구성된다. 두 반구는 상호 보완적 기능을 수행한다. 가장 분명한 기능적 차이는 전형적으로 좌반구가 담당하는 언어이다.

대뇌 비대칭은 두 반구 사이의 해부학적 차이에서 드러나며, 뇌 반대편 손상의 서로 다른 여파로부터 추론될 수 있다. 비대칭은 또한 건강한 뇌와 치료 저항성 뇌전증의 치료를 위해 수술로 분리된 뇌에서도 찾아볼 수 있다. 다양한 증후군이 연합피질 손상의 결과로 생기며 실인증, 실행증, 실어증, 기억상실 등이 여기에 해당한다. 각각은 인지 기능 일부의 상실이나 교란을 포함한다.

15-5 인지 조직화의 변이

독특한 뇌는 독특한 사고 양식을 만들어낸다. 사람들 사이에 존재하는 뇌 조직화의 현저한 변이는 공감각 같은 색다른 능력으로 드러난다. 인지에 체계적 차이도 존재해서, 특히 공간검사와 언어검사 같은 인지검사들에서 남녀의 수행력으로 나타난다.

인지에서 성차는 피질 조직화에 대한, 아마도 피질 뉴런의 구조에 대한, 그리고 궁극적으로 신경망에 대한 생식호르몬의 작용 때문에 발생한다. 여성과 남성의 대뇌 반구들은 해부학적 조직화에 현저한 차이가 있다.

오른손잡이와 왼손잡이 또한 반구 조직화에서 다르다. 왼손잡이

들은 적어도 3개의 구별되는 집단으로 이루어진다. 한 집단에서는 오른손잡이처럼 좌반구가 언어를 담당한다. 나머지 두 집단은 우반구 혹은 양쪽 반구 모두에 변칙적 언어 표상을 갖고 있다. 이런 조직화 차이의 이유는 아직 모른다.

15-6 지능

지능은 확인하기는 쉬우나 정의하기는 어렵다. 분명한 차이는 종 사이도 존재하고, 같은 종 내에서도 존재하며, 우리는 우리 자신의 문화권 내의 사람들 사이에, 그리고 다른 문화권들의 사람들 사이에 다양한 형태의 지능을 발견한다. 지능은 하나의 종 내에서 뇌 크기의 차이와 관련이 없고, 종 구성원 사이의 거시적 뇌 구조의 차이와도 관련이 없다. 지능은 시냅스 조직화 및 처리 효율성과 관련이 있을 수 있다. Jung과 Haier의 종설에서는 지능의 차이가 특정 피질 뇌 영역의 구조적·기능적 변이와 연결되어 있다고 결론지었다. 그들은 모델을 기반으로 지능의 두정-전두 통합이론(P-FIT)을 제안했다. 병렬적인 네트워크 신경과학 이론(NNT)은 결정성 지능과 유동성 지능을 위한 서로 다른 네트워크를 제안한다.

15-7 의식

의식은 감각에 의해 만들어진 인상에 대한 마음의 반응 수준이며, 신경계의 복잡성으로부터 생겨난다. 우리는 의식이 어떻게 생겨났는지와 그것의 신경 기반을 설명하고자 하는 세 가지 이론을 논의했다. **진화론**은 의식이 더 복잡한 신경계를 필요로 하는 복잡성 증가의 산물로서 발생했으며, 결국 자기감각을 매개할 수 있는 체계로 이어졌다고 제안한다. **전반적 신경적 작업공간 이론**은 의식이 전두-두정 네트워크에서 통합되고 뇌 전체에 분산되는 정보에서 나온다고 제안한다. **정보 통합 이론**은 의식이 뒤쪽 피질에서 생성된 정보를 통합하는 능력에서 나온다고 제안한다. 6개의 독립적인 실험실에서 진행 중인 병렬적 실험들은 의식의 신경 상관체를 더 잘 이해하기 위해 비침습적 영상 기술을 사용하고 있다.

핵심 용어

거울뉴런	변칙적 언어 표상	심리적 구성체	지능 A
결합문제	보속증	연합피질	지능 B
공감각	사회신경과학	의식	집행 기능
구문	세포집합	이분청취법	초연결성
뇌 커넥톰	소거	인지	확산적 사고
대측성 무시	수렴적 사고	인지신경과학	
마음이론	신경경제학	주의	

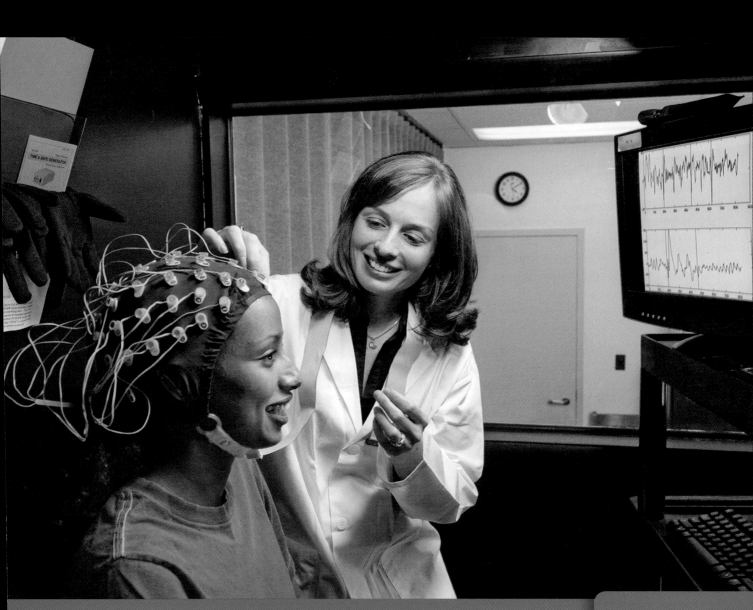

뇌가 잘못 행동하면 무슨 일이 일어나는가?

16

16-1 뇌와 행동에 대한 다분야적 기여

연구 초점 16-1 외상후스트레스장애

임상신경과학

행동장애

16-2 정신과적 장애

조현병 스펙트럼 및 기타 정신병적 장애

기분장애

불안장애

연구 초점 16-2 항우울제의 작용과 뇌 복구

16-3 신경학적 장애

외상성 뇌 손상

임상 초점 16-3 뇌진탕

뇌졸중

임상 초점 16-4 대뇌 동맥류

뇌전증

수초장애

신경인지장애

신경인지장애의 치료

연구 초점 16-5 경두개자기자극을 이용한 행동
장애 치료

16-4 연구 과제

구성의 복잡성

체계의 복잡성

신경가소성

보상적 가소성

기술적 해상도

모델 단순성

모델의 한계

16-5 외상후 성장과 둔마

William Taufic/Getty Images

621

◎ 연구 초점 16-1

외상후스트레스장애

인생은 스트레스로 가득 차 있다. 실제로 우리는 일상적으로 수많은 스트레스 요인에 대처한다. 하지만 어떤 사건들은 신체적으로 너무 위협적이고 정서적으로 충격적이어서 장기적인 후유증을 초래한다. 약 10%의 사람들은 장면회상 (flashback), 심란한 꿈, 지속적인 생각이 그러한 사건으로 인한 신체적 위험이 지나간 후에도 오랫동안 일상 활동을 방해할 수 있다. 이러한 증상은 정서적 마비와 **외상후스트레스장애**(posttraumatic stress disorder, PTSD) 진단으로 이어질 수 있다(Dyer & Corrigan, 2021).

PTSD를 유발할 수 있는 외상성 사건에는 폭력적 공격, 자연재해 또는 인재, 사고, 전쟁, 특정 유형의 업무 스트레스 등이 포함된다. 예를 들어 이라크 전쟁 (2003~2011년)과 아프가니스탄 전쟁(2001~2021년) 참전군인의 30%(다수는 전투에 직접 노출되지 않았음)가 스트레스 사건과 관련된 침입적이며 원치 않는 생각, 부정적인 기분, 변화된 각성 및 반작용 반응 등을 포함하는 PTSD 증상을 보였다. 이와 똑같은 효과들이 소방관, 경찰관, 의료 종사자와 같이 트라우마를 겪는 다른 사람들에서 발생할 수 있다.

PTSD 치료에는 모든 경우의 약 절반에서 효과적인 인지행동치료, 평생 스트레스 평가 요법, 약물치료 등이 있다. 한 가지 접근 방식은 사람들에게 충격적 사건을 재현하게 하는 실제 거리 장면, 소리 및 냄새를 결합한 통제된 가상 몰입 환경을 이용하는 **가상현실 노출치료**[virtual reality(VR) exposure therapy]이다. 이를 통해 그들은 대처 전략을 개발하고, 트라우마에 대한 정서적 반응을 소멸시킬 수 있다. 가상 이라크와 아프가니스탄 시뮬레이션은 제대 군인들을 위한 맞춤형으로, 아이들 놀이처럼 평범한 장면들로 시작해 점차 스트레스 요소를 증가시켜서 오른쪽 사진과 같이 병력수송장갑차 주위 가상공간 도로에서의 폭탄 폭발 같은 외상적 사건에 도달할 수 있도록 구성되어 있다.

Courtesy Albert "Skip" Rizzo, Ph.D., USC-ICT

가상현실 노출치료는 군인, 경찰관, 소방관 및 기타 최초 대응자들의 PTSD 예방 수단으로 스트레스에 노출되기 전에 사용되기도 한다. 현재 가상현실 노출치료는 PTSD에 대한 다른 많은 치료적 접근과 마찬가지로 이중맹검 프로토콜을 사용하여 실험적으로 평가하기 어려운 형편이다(Meyerbröker & Morina, 2021).

많은 사람에서 극도의 스트레스 사건 이후에 PTSD가 발생하지 않는 이유와 PTSD가 이전의 스트레스 요인, 당뇨병 및 두부외상을 포함한 다른 건강 사건과 연관되는 정도 또한 관심이다. 즉 PTSD를 겪는 사람들의 다수에 대한 평가와 치료 옵션은 열악하다. 많은 사람이 치료 프로그램을 중단하고, 다른 많은 사람은 평가나 치료를 전혀 받지 않는다. 덧붙여 많은 치료적 접근과 연구는 성별 및 민족과 관련된 포함의 쟁점을 제대로 다루지 못하고 있다.

외상후스트레스장애(PTSD) 외상적 사건과 관련된 반복적 기억과 꿈으로 인한 생리적 각성이 사건 이후 수개월 내지 수년간 지속되는 것이 특징인 증후군

가상현실 노출치료 통제된 가상적 몰입 환경을 이용하여, 사람들로 하여금 외상적 사건을 재생하도록 함으로써 점차적으로 스트레스에 둔감하게 만드는 치료

페닐케톤뇨증(PKU) 혈중 아미노산인 페닐알라닌의 상승이 원인이 된 행동적 장애로, 페닐알라닌 수산화효소의 유전자 결핍의 결과로 생기며 주증상은 심한 발달장애임

'연구 초점 16-1 : 외상후스트레스장애'에 자세히 설명된 PTSD에 대한 이해는 건강에서 뇌의 역할에 대한 생각이 어떻게 진화하고 있는지를 예시한다. 1980년에 돌아온 베트남 전쟁 참전군인들이 나타내는 증상의 결과로, **정신질환의 진단 및 통계 편람, 제3판(DSM-III)**은 PTSD를 정신장애로 소개했다. 이어서 다른 연구자들은 전쟁 참전용사, 강간 피해자, 사고와 자연재앙을 겪은 사람, 직업으로 인해 트라우마를 입은 사람들 사이에 증상의 유사성을 지적했다.

이 책 전반에 걸쳐 제시된 행동장애 및 질병에 대한 많은 논의는 뇌 기능에 대한 지식이 뇌 장애 및 질병의 이해와 치료에 어떻게 기여하는지를 설명하는 역할을 한다. 이 장에서 우리의 초점은 진단과 치료에서 뇌의 중심적 역할이다.

학습 목표

- 임상신경과학의 분야를 정의한다.
- DSM 및 RDoC 분류 체계를 대조한다.
- 장애 행동의 일반적 원인을 요약한다.
- 장애 치료에 사용되는 몇 가지 방법을 서술한다.

16-1

뇌와 행동에 대한 다분야적 기여

신경과학자들은 이제 뇌가 많은 질병 상태에 영향을 준다는 사실을 인식하고 있다. 뇌 건강은 삶의 경험, 유전, 세대를 거쳐 전달되는 후생유전학적 효과 등의 영향을 받는다.

겉보기에 건강해 보이는 신생아에서 심각한 신체적·인지적 장애로 이어지는 일련의 수수께끼 같은 증상이 나타나기 시작하는 **페닐케톤뇨증**(phenylketonuria, PKU) 상태에 대해 생각해보라. 호흡, 피부 또는 소변에서 곰팡내 같은 냄새가 나고, 피부 발진과 경련이 시작된다. 시간이 지남

에 따라 발달이 지연되고, 과잉행동을 보이며, 정서적·사회적·지능적 문제와 정신장애가 발생한다.

상태가 복잡해 보일 수 있지만, 단일 뇌 이상이 PKU를 일으킬 수 있다. 매년 전 세계적으로 10,000명 이상의 신생아에게 영향을 미치는 상염색체 열성 장애인 PKU는 가장 흔한 유전성 대사질환이다. 이는 아미노산인 페닐알라닌을 분해하는 효소인 페닐알라닌 수산화효소(phenylalanine hydroxylase, PAH)의 유전자 결함의 결과이며, 이 결함은 페닐알라닌의 과도한 뇌 축적을 일으킨다. 페닐알라닌은 노르에피네프린과 도파민을 포함한 다른 많은 신경전달물질의 전구체 분자이다. PAH의 이상은 PAH 유전자에서 자연적으로 발생하는 1,000개 이상의 서로 다른 돌연변이로 인해 생길 수 있다. PKU를 물려받으려면 부모 모두 이 유전자의 결함 버전을 갖고 있어야 한다. 열성 상태는 어떤 상황에서는 특정 곰팡이 독소에 대한 저항성을 부여할 수 있다.

PKU는 식이요법, 즉 페닐알라닌의 식이 섭취를 제한함으로써 치료할 수 있다. 소고기, 생선, 치즈, 콩 등 단백질 함량이 높은 식품에는 이 아미노산이 다량 함유되어 있다. 유아기에 엄격한 식이요법을 따르면 뇌 손상을 예방할 수 있으며, 평생 통제된 식이요법을 유지하면 보호가 보장된다. PKU가 있는 임산부는 페닐알라닌 수치가 높은 자궁 내 환경을 제공할 수 있으며, 이 역시 어머니가 페닐알라닌의 식이 섭취를 제한하면 조절될 수 있다. 그럼에도 불구하고, PKU 치료를 완전히 이해하려면 식단과 단백질 대사의 문화, 성별 및 민족 차이에 대한 더 깊은 이해가 필요하다.

PTSD와 PKU의 예에서 알 수 있듯이, 행동 연구는 본질적으로 유전학, 유전공학 및 후생유전학적 기전을 포함하는 방법론적 접근 방식을 통해 전체 유기체를 조사한다. 그러나 전체 유기체를 이해하려면 다른 요인 중에 성별 차이와 민족, 문화적 관행, 가족력의 차이에 기반하여 사람들 사이의 막대한 개인차가 있음을 이해해야 한다. 비슷하게, 뇌의 구조와 기능에 대한 이해는 개인의 뇌가 자극과 경험에 대한 반응에서 다르다는 것에 대한 이해로 이어진다. 예를 들어 한 사람에서 PTSD가 생겨도 유사한 상황에 노출된 다른 사람은 그렇지 않을 수 있으며, 한 사람이 한 종류의 치료로 혜택을 받을 수 있는 반면에, 동일한 상태를 가진 다른 사람은 다른 종류의 치료로 혜택을 받을 수 있다.

3-3절은 유전학, 유전공학 및 후생유전학 기전을 검토한다.

7-5절은 유전적 및 후생유전적 영향을 측정하는 기법을 탐구한다.

임상신경과학

뇌 장애에 대해 논의하기 전에 먼저 이를 연구하고 치료하는 사람들의 전문적인 환경을 검토해 보자. 다양한 전문가가 행동장애의 진단과 치료 제공에 관여한다. 심리학자는 행동 수준에서 문제를 다루고, 정신건강의학과 의사는 뇌 기능 이상과 관련된 문제를 다루며, 신경과 의사는 신경계 손상과 관련된 문제를 다룬다. 심리학자는 대개 박사(PhD) 학위를 갖고, 정신건강의학과 및 신경과 의사는 의학박사(MD) 학위를 갖고 있다. 모두 치료의 어느 측면에서 특수 훈련을 받았고, 전문인 사회에 속해 있으며, 서비스를 제공할 수 있는 면허가 있다. 의료의 전문적 특성은 의료 종사자가 되기 위해 필요한 교육 기간, 의료 제공자가 수행하는 서비스의 복잡성, 의료 종사자가 보험회사나 정부기관으로부터 금전적 보수를 받기 위해 필요한 면허에 반영된다. 이 책의 많은 독자가 의료 전문직의 길을 걷기로 결정할 수 있다.

전통적으로 사회적, 심리적, 정신과적, 신경학적 장애로 분류되는 행동장애는 다양한 전문가 집단이 수행하는 평가 및 치료 역할을 반영한다. 뇌 기능에 대한 이해가 높아짐에 따라 행동장애

임상신경과학 뇌 및 중추신경계에 영향을 미치는 질병과 장애의 진단과 치료에 중점을 둔 신경과학의 전문분야

들 사이의 경계선이 흐려지고 있다. 점차적으로 실무자들은 행동과 뇌에 대한 통합된 이해에 대한 통찰을 합성하고 있는데, 이는 뇌를 행동의 궁극적 원천으로 보고, 뇌에 영향을 미치는 질병과 장애를 분석하는 **임상신경과학**(clinical neuroscience)에 기반한다.

그러나 전문적 의료 종사자는 뇌 건강을 위한 최후 방어선으로 간주되어야 한다. 1948년에 설립된 세계보건기구(WHO)는 정서적, 환경적, 재정적, 지적, 직업적, 신체적, 사회적, 영적 건강을 포함하는 건강의 정의를 제공한다. 이러한 설명은 질병과 기생충에 대한 백신 개발부터 사회적·경제적 복지 향상을 위한 노력까지 다양한 측면의 임무를 발생시킨다. 건강과 웰빙에 대한 이러한 다차원적 이해를 인식하여, 많은 회사와 조직은 구성원들이 지지적이며 공평한 작업 환경 내에서 균형 잡힌 생활방식을 추구할 수 있게 함을 포함하는 사명을 갖고 그들을 위한 웰빙 프로그램을 제공한다. 웰빙에 대한 이러한 폭넓은 관점의 또 다른 결과는 개인의 건강을 위해 실제 일선에서 일할 사람들이 그들의 가족, 친구 및 지역사회라는 이해이다. 사실 가족 구성원은 흔히 질병이나 장애가 있는 사람들의 일차 간병인이며, 이로 인해 가장 많이 영향을 받는다. 그런 식으로 그들은 치료 참여자로 전문가에 합류한다.

마음에서 뇌와 행동의 다분야적 특성에 대한 이러한 이해를 염두에 두고, 우리는 이제 다음 절에서 행동장애, 정신과적 장애 및 신경학적 장애에 대해 알아볼 것이다. 각 절에서 우리는 장애가 어떻게 분류되고 치료되며, 인구에 분포되는지 조사하고, 확립된 치료법과 새롭게 떠오르는 치료법을 검토한다.

행동장애

뇌는 복잡하다. 우리는 아직 뇌의 모든 부분과 기능을 이해하지 못하고 있으며, 뇌가 어떻게 의식, 웰빙감, 자아감을 생성하는지 정확히 알지 못한다. 하지만 상당한 발전으로 인해 뇌가 어떤 상황에서는 삶의 도전에 유능하게 대처하지만, 다른 상황에서는 그 일을 할 수 없음을 깨닫게 되었다.

우리는 이제 뇌가 수백 개의 상호작용 구조로 구성되어 있음을 인식하고 있다. 우리는 또한 이러한 뇌 부분들의 기능이 유전자의 지속적인 발현, 무수한 화학물질의 상호작용, 신경교와 뉴런의 기능과 연결 등에 달려 있음을 안다. 마지막으로 우리는 행동장애가 유전적 이상, 평생에 걸친 신경계 발달의 이상, 유전적·발달적 표현을 조절하는 환경적·후생유전적 효과 등에 의해 유발될 수 있음을 이해한다. 그럼에도 불구하고, 이전 장에서 충분히 설명했듯이, 우리 기능의 기본이 되는 많은 처리 과정은 무의식적이다. 즉 그들은 우리의 인식 밖에서 작동한다.

행동장애 진단

미국 국립정신건강기구(National Institute of Mental Health, NIMH)는 특정 연도에 미국에서 약 4명 중 1명이 진단 가능한 행동장애를 갖고 있으며, 평생으로 보면 인구의 거의 절반이 그런 장애를 갖는다고 추정한다. 소수만이 어떤 종류의 치료든 받고 있으며, 정신건강 전문가로부터 치료를 받는 사람은 더 적다. 신경학적 장애에 대한 대규모 조사는 유사한 유병률 양상을 보여준다. 행동장애, 정신과적 장애 및 신경학적 장애는 모두 15세 이후 장애의 주요 원인이다.

이 절의 시작 부분에 이야기한 PTSD와 PKU 간의 대조는 행동장애 이해의 어려움을 예시한다. 두 상태 모두 동등하게 복잡해 보이는 일련의 증상을 나타낸다. PTSD의 경우 복잡성이 남아 있다. 이에 비해 PKU의 경우 원인이 알려져 있고 효과적인 치료법이 있어서 설명은 더 간단

하다.

행동장애에 대한 지식은 행동의 주관적 특성에 의해 방해를 받는다. 환자의 행동에 대해 수집된 대부분의 진단 정보는 환자와 환자를 알고 있는 간병인 및 가족 구성원에게서 나온다. 그들은 흔히 환자와의 상호작용이 제한된 전문가보다 더 나은 진단가이다(Sacrey et al., 2015). 그럼에도 불구하고, 사람들은 흔히 자신의 행동이나 사랑하는 사람의 행동을 객관적으로 관찰하지 못한다. 그들은 증상을 인지하고 보고하는 데 선택적인 경향이 있다. 예를 들어 여러분이 누군가 기억 문제가 있다고 믿으면, 여러분은 평소에는 무시했을 깜박함에 관심을 기울일 가능성이 더 크다.

또 사람들은 흔히 증상 식별에 구체적이지 않다. 단순히 기억 문제를 식별하는 것만으로는 충분하지 않다. 치료를 위해서는 어떤 유형의 기억 결핍이 문제의 근간이 되는지 정확하게 알 필요가 있다. 단어, 장소, 습관에 대한 기억상실 각각은 근본적인 병리가 다르고, 다른 뇌 체계가 관여한다.

환자와 그들의 사랑하는 사람들이 진단을 어렵게 만들듯, 진단사 역시 마찬가지다. 환자에 대한 행동 정보는 일반 의사, 정신건강의학과 전문의, 신경과 전문의, 심리학자, 사회복지사 등에 의해 다르게 해석될 수 있다. 서로 다른 개념적 편향을 가진 평가자들은 묻는 질문과 수집한 정보를 만들고 여과한다.

행동장애 분류

분류 체계는 과학에서 오랜 역사를 갖고 있으며, 생물학적 과정에 대한 통찰을 얻고 그런 과정을 설명하는 이론을 생성하기 위해 적용된다. 심리적, 정신과적, 신경학적 장애를 설명하기 위해 많은 분류 체계가 개발되었다. 실제로 이러한 영역에 초점을 맞춘 전문가 집단 각각은 자체 분류 체계를 갖고 있으며, 그 분류 체계는 새로운 지식에 비추어 자주 수정된다. 덧붙여, 세계보건기구는 많은 국가에서 건강 관련 통계 데이터 수집에 사용되는 **국제질병분류**라는 질병의 광범위한 분류를 개발해왔다. 이 분류는 질병에 대한 광범위한 개요를 제공하지만, 일차적으로 질병의 진단 및 치료에 지향점을 둔 것은 아니다.

행동에 대한 진단기준의 첫 번째 세트는 1972년에 개발되었다. 그 이후로 2개의 병렬인 세트가 잘 알려지게 되었다. 가장 잘 알려지고 널리 사용되는 분류는 미국정신의학회의 **정신질환의 진단 및 통계 편람**(Diagnostic and Statistical Manual of Mental Disorders, DSM)이며, 현재 다섯 번째 개정판인 DSM-5-TR이 사용된다. 이 체계의 목적은 진단과 치료를 돕는 것이다. **표 16.1**은 DSM-5-TR의 행동장애에 대한 분류 책략을 요약한 것이다.

NIMH에서 시작한 다른 분류 체계는 연구영역기준[Research Domain Criteria(RDoC), 'R doc'으로 발음]이다. 이 분류 체계로 NIMH는 진단 지침을 제공하거나 현행 진단 체계를 대체하려고 하지 않는다. 대신, RDoC의 목표는 일반적인 심리학적/생물학적 체계에서 다양한 정도의 기능이상 측면으로 정신건강 및 질환의 본질을 이해하려는 것이다. 그래서 DSM이 상태에 대한 표식 붙이기가 그 상태와 치료 방법에 대한 이해로 이어질 것이라는 전제에서 시작하는 반면에, RDoC은 기본적인 생물학적 기능에 대한 이해가 기능 이상 및 치료에 대한 이해로 이어질 것이라고 가정한다.

표 16.2에는 RDoC 분석 단위, 즉 유전자, 분자, 세포, 회로 등을 사용하여 PKU에 대해 알려진 내용이 나열되어 있다. 근본적인 문제는 표의 항목 행렬에서 덜 명확해진다. 사실 가장 접근하기 쉬운 정보가 있는 곳인 신경학적, 행동적, 사회적 수준의 정보에서 특정 생화학적 이상을

정신질환의 진단 및 통계 편람(DSM) 정신질환에 대한 미국정신의학회의 분류 체계

14-2절 및 14-3절은 기억력 결핍의 범위를 설명한다.

표 16.1 DSM-5-TR 장애 진단 분류 요약

진단 범주
신경발달장애
조현병 스펙트럼 및 기타 정신병적 장애
양극성 및 관련 장애
우울장애
불안장애
강박-충동 및 관련 장애
외상 및 스트레스 관련 장애
해리장애
신체증상장애 및 관련 장애
급식 및 섭식 장애
배설장애
수면-각성장애
성기능부전
성별 불쾌감
파괴적, 충동조절 및 품행 장애
물질 관련 및 중독 장애
신경인지장애
성격장애

출처 : American Psychiatric Association(2022).

표 16.2 페닐케톤뇨증 : 행동적 장애의 RDoC 병리론

분석 수준	알려진 정보
유전	타고난 신진대사 오류, 약 1,000개의 변이가 있는 열성 결함 유전자(상염색체)
분자	페닐알라닌의 티로신으로의 전환 이상, 출생 전후에 일어나는 페닐알라닌과 그 대사물의 혈중 농도 상승
세포	뉴런 크기 및 수상돌기 길이의 감소, 수상돌기 가시 밀도 감소, 글루타민 활성 감소
회로	수초의 감소 또는 손상 및 피질의 양식 구성 감소
생리적 행동	효소 활성 감소, 유전자 이상에 따라 달라지는 발병의 지적 손상, 느린 성장, 경련, 비정상적 뇌전도
자가보고	IQ 50 이하(환자의 95%에서), 치료하지 않으면 뜻 있는 삶과 생산성의 상당한 상실
치료	페닐알라닌 제한의 식이 섭취, 효소 치환

1-3절의 기본 지식에서는 분류학에 대한 개요를 제공한다.

3-3절에서는 여러 장애의 유전적 기반과 후생유전적 기전 및 혁신적 유전공학 분야에 대해 논의한다.

임상 초점 3-3은 헌팅턴병의 유전적 기초를, 임상 초점 5-2는 파킨슨병에서 신경 변성을, 임상 초점 2-3은 뇌졸중의 증상 및 후유증을, 임상 초점 4-3은 다발성 경화증에서 수초 붕괴를 서술한다.

예측하기란 불가능하다.

분류학(유기체를 공통 특성과 관계에 따라 집단화하는 생물학 분야)과 같은 분류 체계는 뇌 구조와 기능에 대한 우리의 지식을 발전시켜 왔다. 마찬가지로, 행동과학에 의해 생성된 행동장애의 분류는 행동장애에서 뇌의 역할에 대한 우리의 이해를 발전시켰다. 그러나 모든 분류 체계는 한계가 있다. DSM-5-TR은 임의적이며, 지배적인 문화적 견해에 불가피하게 의존적이다. 장애나 체계의 명명도 문제다. 백치라는 용어는 한때 지능지수 점수가 낮은 사람을 지칭했다. 이 용어가 경멸적이 되자 정신지체라는 용어로 대체되었다. 이 용어 역시 이제 경멸적인 것으로 간주되며, DSM-5-TR은 대신에 지적장애라는 용어를 사용한다.

또 다른 비판은 "장애에 이름을 붙인다고 해서 그것이 존재함을 의미하는 것은 아니다"라는 말로 요약된다. 어떤 의미에서 Emily Dickinson은 자신의 시 '많은 광기(Much Madness)'의 첫 줄에서 '많은 광기는 신성한 감각이다 — 분별력 있는 눈으로'라는 문구로 이러한 생각을 표현한다.

예를 들어 모든 행동장애가 PKU만큼 쉽게 분석될 수 있다면, 신경과학연구가 장애 각각에 대한 치료법을 빠르게 산출해냈을 것이다. PKU의 경우, 한 어머니가 아기의 소변에서 감지한 독특한 냄새가 상승한 페닐알라닌을 식별하게 된 일련의 발견의 첫 번째 연결고리였다. 그러나 많은 장애가 단일 유전자 이상으로 인해 발생하는 것은 아니며, 대부분 장애의 원인은 추측에 불과하다. 주요 문제는 여전해서, 장애 진단은 주로 행동 증상에 기반하며, 행동 증상은 특정 신경화학적 또는 신경 구조적 원인에 대한 단서를 거의 제공하지 않는다.

장애 행동의 원인

신경과학자들은 비정상적 뇌 기능의 결과로 장애 행동이 생긴다고 간주한다. 일반적으로 비정상적 뇌 기능에는 적어도 여섯 가지 일반적인 원인이 있다.

1. **유전적 오류** : 염색체(다운증후군), 유전자 집합(조현병과 같이), 단일 유전자(헌팅턴병에서와 같이) 또는 단일 뉴클레오티드 다형성[BDNF(brain-derived neurotrophic factor) 변화에서처럼]에 영향을 주는.

2. **후생유전적 기제** : 생전, 생후, 심지어 다음 세대에도 작용하는. 우리 유전자의 대부분은 지속적으로 활성화되며, 우리의 행동과 환경은 유전자의 활동을 변형할 수 있다.

3. **진행성 세포사멸** : (파킨슨병 또는 알츠하이머병에서와 같은) 신경퇴행성 원인의 결과로. 어떤 경우에는 단일 비정상 단백질이 일련의 사건을 일으켜 진행성 세포사멸을 초래할 수 있다.

4. **급속 세포사멸** : (뇌졸중이나 외상성 뇌 손상에서처럼) 순환계 중단, 혹은 뇌진탕이나 뇌 관통상이 있을 때.

5. **신경 기능과 연결의 소실** : 개인 자신의 면역 체계가 신경 요소를 공격하는 다발성 경화증과 중증근무력증 같은 장애에서 보이듯이.

6. **생활 스트레스** : 부적절한 발달 기회, 불량한 영양, PTSD를 포함한.

미시적 수준에는 테이-삭스(Tay-Sachs)병과 헌팅턴병에서처럼 유전적 오류가 있다. 중간 범주에는 감염, 손상, 독소 같은 일회성 사건이 포함된다. 거시적 수준에서는 영양, 스트레스, 부정적 경험 등이 두드러진 행위자이다. 물론 이러한 요인의 많은 수가 상호작용을 한다. 스트레스, 감염, 오염에 대한 유전적 취약성이 어떤 장애의 즉각적 원인일 수 있다. 다른 경우에는 직접적 유전 소인이 반드시 필요하지 않을 수 있다. 즉 장애 행동이 순전히 스트레스와 부정적 경험처럼 유전자 표현과 기능에 영향을 주는 후생유전적 요인으로부터 초래될 수 있다.

표 16.3에는 행동장애의 근간으로 가능성이 큰 범주들이 열거되어 있다.

행동장애 치료

행동장애의 치료가 반드시 직접적인 생물학적 혹은 의학적 중재일 필요는 없다. 뇌가 행동을 변화시킬 수 있는 것과 마찬가지로 행동도 뇌를 변화시킬 수 있다. 행동치료는 사람이 행동하는 방식에 영향을 주는 핵심적인 개인적·환경적 요인에 초점을 둔다. 치료에 반응해 행동이 바뀌게 되면 뇌도 마찬가지로 영향을 받는다.

예를 들어 만성적 스트레스로 인한 **범불안장애**에 대한 치료를 생각해보라. 지속적으로 높은 수준의 불안감에 시달리는 사람들은 고통을 경감시킬 노력으로 흔히 비순응적 행동에 빠지기도 한다. 그들은 즉각적인 항불안제 치료가 필요하지만, 장기간의 치료는 행동 변화를 수반한다. 범불안장애는 비정상적 뇌 활동의 문제일 뿐 아니라, 개인의 세상 지각을 근본적으로 변화시키는 개인적·사회적 요인들의 산물이기도 하다.

아마 여러분은 행동치료가 뇌 기능장애의 치료에 얼마간 도움을 줄 수 있다고 생각하고 있을 것이다. 그러나 실제의 해법은 뇌 활성을 변경시키는 데 놓여 있다. 행동의 모든 측면은 뇌 활성의 산물이기 때문에, 행동치료는 뇌 기능을 변화시킴으로써 작용한다. 아이가 학교에서 읽기나 셈하기 같은 데 문제가 있다면, 방과후 교육이 접근 가능한 해결책이다. 만일 사람들이 그들 자신이나 그들 삶의 어떤 측면(예 : 셈하기 능력)에 대해 생각하고 느끼는 방식을 변화시킬 수 있다면, 그들의 문제에 대해 말하거나 문제를 해결하는 것이 그들의 뇌가 기능하는 방식을 변경한 것이기 때문에 그런 변화가 일어난 것이다. 그러므로 어떤 의미에서 행동치료는 생물학적 중재이다. 행동치료는 행동치료를 통한 변화에 뇌가 더 수용적이게 만드는 약물치료의 도움을 받을 수 있다. 이런 방식으로 약물치료와 행동치료는 각각이 서로를 더 효과적이도록 도움을 주는 시너지 효과를 가질 수 있다.

여러분의 행동은 여러분의 학습과 사회적 경험 모두의 산물이다. 치료법 개발에 분명한 접근 방식은 부적응적 행동을 적응적 행동으로 대치하는 학습 환경을 재창조하는 것이다. 그래서 행동치료에 대한 다양한 접근 방식은 경험 기반의 학습 이론에서 유래한 원칙을 사용한다. 이러한 접근 방식 중 몇 가지가 다음에 검토된다.

행동수정　행동수정(behavioral modification)은 잘 정립된 학습원칙을 적용하여 원치 않는 행동을 제거하는 것이다. 치료자는 실험실적 세팅에서 실행된 강화에 의한 학습에 대한 연구에서 개발된 원칙을 적용하며, 여기에는 조작적, 고전적 조건화가 포함된다. 예를 들어 한 사람이 곤충공포증에 사로잡혀 있다면, 행동치료사는 내부적 요인을 찾기보다 오히려 비순응적인 행동을 보다 건설적인 행동방식으로 대치시키려고 시도한다. 이런 시도에는 위협적이지 않은 곤충(예 : 나비)에 체계적 노출 동안, 이어서 위협적인 곤충(예 : 벌)에 점차적 노출 동안의 이완훈련이 포함될 수 있다. 이러한 형태의 습관화(반복적으로 제시되는 자극에 적응)를 체계적 탈감작

표지 안쪽에 있는 장애 지수에는 이 책에서 논의된 모든 행동장애가 나열되어 있지만, 알려진 장애의 총수에 비하면 그저 일부에 지나지 않는다.

표 16.3　선택된 행동장애의 일부 원인

원인	장애
유전적 오류	테이-삭스병
호르몬	안드로겐 생식기 증후군
발달	자폐증
감염	뇌염
상해	외상성 뇌 손상
독소	MPTP 중독
영양 불량	코르사코프증후군
스트레스	불안장애, 외상후스트레스장애
부정적 경험	발달지연

행동수정 원치 않는 행동을 제거하기 위해 조건화 같은 학습 원칙을 적용하는 치료

인지치료 사건과 정서 사이에 생각이 개입하며, 그래서 정서적 장애의 치료에는 부적응적인 사고 양식의 변화가 필요하다는 시각에 기초한 치료

정신치료 Freud의 정신분석 및 기타 심리적 개입에서 파생된 대화 요법

(systematic desensitization)이라 한다.

인지치료　인지치료(cognitive therapy)는 사건과 정서 사이에 사고가 개입한다는 관점에서 작동한다. 실직에 대하여 가능성 있는 반응을 생각해보자. 한 가지 반응은 "난 낙오자야. 인생이 절망적이야"일 수 있으나, 다른 사고로 "일이 막다른 골목이었어. 사장님은 나에게 호의를 베풀었지. 나는 더 잘할 수 있어"가 가능하다. 그리고 또 다른 하나는 "이 일 그만두고 공부를 더 할 생각이지"이다. 첫 번째 반응이 우울증을 유발할 수 있는 반면에, 다른 것들은 그렇지 않을 것이다. 인지치료는 사람의 자기파괴적인 태도에 도전한다. 이런 유형의 치료는 뇌 손상을 입은 사람들에게도 중요한데, 왜냐하면 그들을 두고 사람들이 뇌 손상을 겪은 후에 미쳤다거나 멍청해졌다고 생각하기 쉽기 때문이다. 인지행동치료는 16-2절에서 더 논의한다.

신경심리적 치료　친척이나 친구가 뇌졸중 때문에 실어증(말을 할 수 없음)이 있다면, 그 사람이 손상된 뇌에 대한 행동적 치료인 언어치료를 받을 것이라고 여러분은 예상할 것이다. 말과 언어의 기본 요소를 연습(재학습)함으로써 최소한 상실된 기능의 일부라도 회복할 수 있어야만 한다는 것이 언어치료의 논리이다. 같은 논리가 운동장애이건 인지장애이건, 다른 유형의 행동장애에도 적용될 수 있다.

　뇌 외상이나 기능이상으로 비롯된 인지장애에 대한 치료는 사람들이 상실한 기본적 인지 과정을 재훈련하고, 남아 있는 과정을 활용하는 것에 목표가 있다. 인지치료는 뇌졸중 후 언어치료만큼 논리적으로 보이지만, 뇌에 대한 존중 없이도 행동이 바뀔 수 있다고 가정한다. 신경심리학자들은 뇌를 이해하면 뇌 손상의 한계 내에서 기능적 결과를 개선할 수 있는 신경인지 프로그램으로 이어질 수 있다는 생각을 갖고 있다. 예를 들어 뇌 손상 후 특정 능력이 항상 제한될 것임을 이해하면 치료사는 보상행동을 개선하는 데 집중할 수 있다. 예를 들어 뇌졸중 후 손이나 다리 사용에 문제가 있는 경우 보철 보조를 사용하는 학습이 물리치료만 사용하는 것보다 더 유용할 수 있다.

정서적 치료　1920년대에, Sigmund Freud는 정서적 문제 말하기가 그 문제의 원인을 통찰하게 하고, 치료 역할도 할 수 있다는 아이디어를 발달시켰다. 말하기 치료와 다른 여러 형태의 심리적 개입은 개괄적으로 정신치료로 범주화될 수 있다.

　Freud 시대 이후로 정서적 장애에 대한 최상의 치료 유형에 대해 많은 아이디어가 발표되었다. 여기에서의 핵심적 깨달음은 신경학적 장애이든 정신과적 장애이든 많은 장애에서 환자들이 **정신치료**(psychotherapy)를 받지 않으면 의학적 치료가 효과적이지 못하다는 것이다. 실제로 많은 경우에서 유일한 효과적 치료는 원치 않는 행동을 직접 다루는 것에, 즉 약 복용보다는 오히려 능력 습득에 있다.

　음악가로서 유망한 경력을 추구하다가 교통사고로 외상성 뇌 손상을 입은 25세 여성에 대해 생각해보자. 사고 이후에 여성은 악보를 읽을 수 없다는 사실을 알게 되었다. 여성은 곧 우울해졌다. 이 여성에 대한 치료의 일부는 장애가 된 인지 상실에 맞서게 하는 것이었고, 그 방법은 인지 상실 때문에 속만 끓일 것이 아니라 그에 대해 말하게 하는 것이었다. 이 여성은 정신치료를 받고자 했을 때에야 심한 우울증으로부터의 회복이 시작되었다.

　뇌 질환이나 외상으로 인해 정서적 손상을 입은 많은 사람들에서 우울이나 불안을 치료하는 가장 효과적인 방법은 그들의 어려움에 대해 이야기하도록 격려함으로써 거기에 적응하도록 돕

는 것이다. 집단치료는 그런 격려를 제공하며, 뇌 손상 재활 센터의 표준적 치료이다.

치료로서의 육체적 운동과 음악　운동과 음악은 사람들의 태도와 정서적 웰빙, 뇌 기능에 긍정적인 효과를 미친다. 운동과 음악은 건강 유지에 중요하며, 일단 건강이 손상되면 치료법으로 유용하다. 신체적 운동은 움직임의 시각적 조절을 요구한다. 음악은 각성에 영향을 주고, 운동 및 전운동 피질을 활성화한다. 음악 감상은 파킨슨병 및 뇌졸중 환자들에서 보행능력을 향상시키며, 수술 후 통증을 완화할 수 있다. 마찬가지로, 악기 연주 학습도 유익한 치료이다. 재활적 언어치료에 유용한 보조수단인 노래하기는 발음 능력을 향상시킨다. 춤추기와 스포츠 활동을 포함한 신체적 활동은 컴퓨터 기반의 신체적 치료들과 결합하여 웰빙을 증진하고, 우울증의 영향을 상쇄한다.

10-4절은 실무자들이 치료 도구로서 음악의 힘을 이제 막 활용하기 시작했음을 관찰한다.

실시간 fMRI　실시간 기능자기공명영상법(real-time fMRI, rt-fMRI)을 사용해 사람들은 자신의 뇌 활성 양식을 조절함으로써 행동 변화시키기를 학습한다. rt-fMRI는 바이오피드백을 사용하는 행동수정 기법이며, 특징적 뇌 활성 양식을 생성하는 치료 저항성 통증의 치료에 처음 사용되었다. 예를 들어 사람들이 통증을 느낄 때 실시간으로 fMRI를 통해 뇌 활성을 볼 수 있다면, 그들은 그 신경 활성을 감소시키도록, 그래서 통증이 경감되도록 훈련될 수 있다. rt-fMRI는 사람의 행동을 점차적으로 수정하여 보상 확률을 증가시키는 조작적 조건화 형태를 사용한다. 개인이 뇌 활성 정보의 안내로 새로운

Peathegee Inc/Getty Images

운동은 도파민 수치를 상승시키기 때문에 기분을 향상시킨다.

전략을 학습하는 신경 가소성의 한 형태라고 rt-fMRI를 생각해보라. 예를 들어 사람들은 통증과 연관된 뇌 영역의 활성을 감소시킬 때 통증 지각이 감소한다고 보고한다.

　rt-fMRI의 잠재적 치료 적용은 행동치료의 맥락에서 뇌 활성을 모니터링하는 경우이다. 환자들은 치료 목표를 의식적으로 알 필요가 없다. 의식적이건 무의식적이건, 유도된 뇌의 변화 혹은 다른 생체 측정치들의 유익함이 증명될 수 있다.

　비싼 비용 때문에 rt-fMRI의 적용이 널리 평가되지는 않았지만, 뇌전도 활성 또는 기타 생리적 측정을 기반으로 하는 유사한 실시간 기법들이 유익하고 경제적일 수 있다. 더 나아가, 웨어러블 장치의 혁신은 가정에서 다양한 치료 및 모니터링에 바이오피드백 방법을 적용할 수 있게 만들고 있다(Bowman et al., 2021).

가상현실 치료　가상현실 치료 이면의 원칙은 피험자가 컴퓨터 스크린에 혹은 고글을 통해 디스플레이된 가상세계에 들어가 상호작용하는 것이다. 한 예가 연구 초점 16-1에 서술된 이라크와 아프가니스탄 가상 전쟁 시뮬레이션이다. 피험자는 행동적 장애(이 경우에서는 외상후스트레스 장애)의 습득과 관련된 상황을 재현하는 광경과 소리, 그리고 냄새까지도 경험할 수 있다. 변형된 가상현실 치료에서는 피험자가 컴퓨터게임의 캐릭터와 상호작용한다. 게임에서 승리하려면 적응적 선택이 필수이다. 부적응적 선택은 게임 패배로 이어진다. 가상현실 치료에 적용된 비디오 게임 기법은 공포증부터 뇌졸중 후 사지 사용 불능에 이르기까지 광범위한 장애들의 치료에 유용하다고 보고되었다(Vieira et al., 2021).

실시간 기능자기공명영상법(rt-fMRI) 사람들이 자신의 뇌 활성화 양식을 조절하여 자신의 행동을 변경하는 방법을 배우는 행동수정 기법

16-1 복습

진도를 계속 나가기 전에 앞 절을 얼마나 이해했는지 확인해보자. 정답은 이 책의 뒷부분에 있다.

1. 진단과 치료를 돕기 위해 의도된 가장 널리 사용되는 장애 분류는 _____(이)다.

2. 장애 행동의 원인에는 _____, _____, _____, _____, _____이/가 포함된다.

3. 대부분의 정신과적 장애의 경우, 원인은 미상이나 _____은/는 예외이다.

4. RDoC에서 채택된 분류 접근 방식은 DSM에서 채택된 접근 방식과 어떻게 대조되는가?

학습 목표
- 조현병과 연관된 증상과 원인을 서술한다.
- 주요 기분장애를 서술하고 스트레스와 기분의 관계를 요약한다.

16-2

정신과적 장애

뇌 기능부전에 의한 것으로 추정되는 **정신과적 장애**는 DSM-5-TR에 의해 요약된 광범위한 장애들을 포함한다. 우리는 여기서 가장 많이 연구되고 잘 이해되고 있는 정신증(psychosis), 기분장애, 불안장애 등 세 가지 일반 행동적 범주에 초점을 둔다. **그림 16.1**에 이들의 유병률이 요약되어 있다. 조현병, 양극성장애, 주요우울장애는 적은 수의 사람들에게 영향을 주지만, 사회적 관계 상실, 생산성, 의학적 치료 면에서 그 비용은 불균형적으로 엄청나다.

조현병 스펙트럼 및 기타 정신병적 장애

정신증은 사람이 현실감각을 상실하여 비이성적인 생각과 왜곡된 지각을 경험하게 되는 장애이다. 여러 정신증 중에서 조현병(schizophrenia)이 가장 흔하고 가장 잘 알려져 있다. 그럼에도 불구하고 조현병은 여러 가지 형태를 취하며, 이 병이 단일 장애인지 혹은 어떤 증상을 공유하는 몇 가지 장애의 집합인지는 불확실하다. 조현병은 특징이 되는 행동적·신경생물학적 요인의 복잡성 때문에 진단과 분류가 특히 어렵다. 조현병에 대한 이해는 진전되는 과정에 있으나, 완전에 이르기까지는 아직 멀었다.

조현병의 진단

DSM-5-TR은 조현병의 진단적 증상을 여섯 가지로 열거한다.

1. 망상 — 현실을 왜곡하여 믿음
2. 환각 — 목소리 듣기 같은 왜곡된 지각
3. 와해된 언어 — 지리멸렬 상태 혹은 무분별하게 운을 가진 말
4. 와해된 행동 혹은 과도한 초조
5. 긴장증적 행동 — 극도의 비활동성, 초조의 반대 극단
6. 음성증상 — 예 : 둔마된 정서 혹은 흥미 상실 및 의욕 상실. 모두 건강한 반응의 부재가 특징

　조현병이 넓은 범위의 증상을 생성할 수 있으며, 행동적 효과에 개인차도 존재한다. 조현병의 기원 및 원인과 관련된 방대한 양의 연구가 이루어져 왔으나, 이 장에서 요약되는 세 가지 계열의 연구가 유전, 발달, 연관 뇌 상관체에 대한 생각들을 변형해왔다.

유전　유전이 조현병에 기여한다는 사실은 환경이 그렇다는 것과 마찬가지로 인식되고 있다. 한

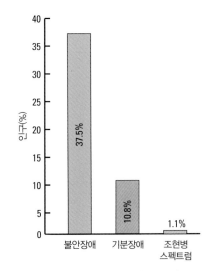

그림 16.1 일부 정신과적 질환의 유병률

출처 : National Institute of Mental Health, http://www.nimh.nih.gov/health/statistics/index.shtml.

사람이 조현병으로 진단된 어떤 사람과 유전적으로 더 가까울수록, 그 사람에서 조현병이 생길 가능성이 더 크다. 일란성 쌍둥이에서 조현병의 일치율이 가장 최근의 측정치가 80%였다고 할 정도로 높다. 조현병의 일치율이 100%가 아니라는 사실은 환경적 요인 또한 역할을 한다는 것이 틀림없음을 의미한다.

수천 명이 관여한 게놈 연구에서 사람을 조현병에 걸리게 하는 10가지 다른 유전자의 약 300가지의 다른 돌연변이를 확인했다. 그러나 적어도 두 가지 요인이 유전 연구의 해석을 복잡하게 만든다. 첫째, 한 민족 집단의 유전적 장애가 다른 집단에서는 발견되지 않을 수 있다. 둘째, 조현병에 대한 후보 유전적 이상이 주요우울장애, 양극성장애, 불안장애, 자폐증을 포함한 많은 다른 상태에서도 발견된다. 이러한 유전자들의 공통점은 이들 모두 뇌 발달에 기여하며, 그래서 이러한 유전자 돌연변이가 이후에 행동 증상을 일으키는 뇌 발달의 다양한 이상에 기여할 수 있다는 것이다(Priol et al., 2021).

발달 조현병은 대개 성인기 초기에 진단되지만 훨씬 더 일찍, 심지어 출생 전에 그 기원이 있다는 증거가 많다. 그러므로 성인기에 조현병의 표출은 성인기 인간의 뇌를 궁극적으로 주조하는 많은 발달 과정의 결론을 기다려야만 한다. 조현병이 발달적 기원을 갖는다는 사실은 많은 시사점을 갖는다.

첫째, 후생유전적 기전을 통해 작용하는 환경 요인들이 뇌 발달에 영향을 주어 위험성이 있는 사람들의 일부에서 성인기 조현병이 생기게 할 가능성이 있다. 둘째, 조현병에 기여하는 발달 요인의 확인은 조현병 발생의 위험성을 감소시킬 개입을 위한 가장 좋은 기회를 제공한다. 조현병의 어떤 잠재적 완치법도 조기 발견과 후생유전적 기전을 통한 교정에 달려 있을 것이다(Richetto et al., 2021).

뇌 상관체 전 세계적인 ENIGMA(Enhancing NeuroImaging Genetics through Meta-Analysis) 프로젝트는 조현병 및 그 유전적 변이와 연관된 뇌 변화를 설명하기 위한 것이다(Thompson et al., 2021). 이러한 노력을 통해 밝혀진 몇 가지 일반적 변화를 설명하기 전에, 우리는 조현병으로 진단된 사람들에서 다양한 뇌 변화가 발생한다는 점을 지적한다. 뇌와 뇌의 대사 활동에 대한 MRI 분석을 수행하면 어떤 개별 사례와 연관된 특정 변화와 관련된 질문에 답할 수 있다.

일반적으로 조현병과 연관된 뇌 특성은 특히 내측 측두 영역과 전두피질에서 뇌실 확대와 피질 두께 감소를 포함하며, 이는 이러한 영역에서 세포 소실이 일어남을 시사한다. **그림 16.2**의 양전자방출단층촬영술(PET) 영상은 성인 발병 조현병의 대사 변화를 예시한다. 왼쪽 스캔은 오른쪽 스캔(조현병이 없는 성인들의 것)과 비교하여 전전두피질 활성에 명백한 이상이 있음을 보여준다.

영상 기술은 광범위한 연령대에 걸쳐 조현병과 연관된 뇌 변화에 유사성이 있음을 시사한다. 측두엽과 전두엽의 신경 및 섬유 구성의 일부 측면은 MRI에서 볼 수 있는 밀도의 변화로 표시되는 것처럼 발달 과정에 따라 변화한다. Judith Rapoport와 동료들(2012)이 구축한 피질 지도에서 나중에 조현병이 발병한 아이들이 13~18세 사이에 대뇌피질의 회백질에 현저한 손실을 보였던 것으로 나타났다(**그림 16.3**). 아동기 발병 조현병이 있는 사람의 영상은 상태가 자궁에서 시작되

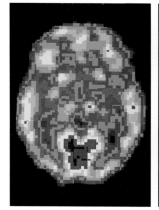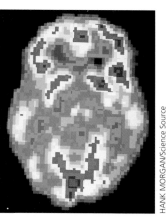

그림 16.2 성인기 발병 조현병

조현병이 없는 성인(오른쪽)의 뇌와 비교해, 조현병이 있는 성인(왼쪽)의 뇌에서 PET 스캔 위쪽 전전두피질의 비정상적인 혈류 감소에 주목하라.

연평균 소실(%)

0 −1 −2 −3 −4 −5

전형적 청소년   조현병이 있는 사람

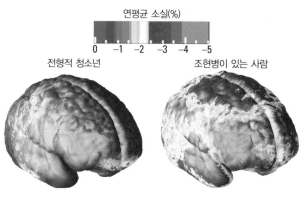

그림 16.3 아동기 발병 조현병

MRI 스캔에서 파생된 3차원 지도는 13~18세 사이의 건강한 10대(왼쪽)와 비교해, 아동기 발병 조현병이 있는 사람(오른쪽)은 대뇌반구 전체에 걸쳐 광범위한 회백질 소실이 있음을 보여준다.

출처 : Paul Thompson and Arthur W. Toga, Laboratory of Neuro Imaging, Keck School of Medicine of USC and Judith L. Rapoport, National Institute of Mental Health.

그림 16.4 기질적 기능장애
건강한 뇌에서 전형적인 해마 뉴런의 일관되게 평행한 방향(A)과 달리, 조현병이 있는 사람의 뇌에서 해마 뉴런의 방향은 무작위적이다(B).
출처 : Kovelman & Scheibel(1984).

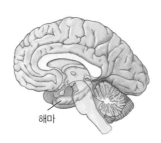
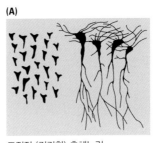
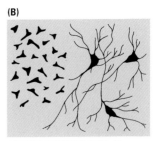

해마

조직적 (건강한) 추체뉴런

비조직적 (조현병의) 추체뉴런

고, 단거리 피질 연결의 과도한 가지치기가 특징임을 시사한다(Rao et al., 2015). Watsky와 동료들의 연구(2018)는 또한 아동기 발병 조현병과 성인기 발병 조현병의 뇌 변화에서 많은 유사점을 발견했으며, 이는 상태 사이에 연속성이 있음을 보여준다.

조현병과 연관된 추가적 뇌 변화에는 배측 전전두 영역, 해마(Cho et al., 2004) 및 후내피질(Arnold et al., 1997)의 세포에서 수상돌기 이상을 유발하는 신경 구조의 변화를 포함한다(**그림 16.4**).

요약하자면, 이러한 증거는 조현병이 측두 영역과 전두 피질의 변화와 연관됨을 시사한다. 배운 것처럼 뇌의 이러한 영역들은 기억, 언어 및 의사결정과 연관된다. 그 변화는 일상생활에 공통적인 기능에 관여하는 신경망의 변화를 가져온다(Wang et al., 2021).

표 16.4 조현병과 연관된 생화학적 변화

진단 범주
뇌척수액에서 도파민 대사물의 감소
선조체 D_2 수용체의 증가
특정한 피질 영역에서 D_3 및 D_4 mRNA 표현의 감소
피질 글루타메이트의 감소
피질 글루타메이트 수용체의 증가
대상피질에서 글루타메이트 흡수 부위의 감소
전전두피질에서 합성 GABA를 위한 mRNA의 감소
대상피질에서 $GABA_A$ 결합부위의 증가

출처 : Byne et al. (1999).

조현병의 도파민 가설은 6-2절에서 논의된다.

GABA는 뇌의 주요 억제성 신경전달물질이다. 6-2절은 GABA 수용체에서 GABA 효능제와 그 효과를 논의한다.

주요우울장애 지속적인 무가치감과 죄책감, 정상적 식습관 붕괴, 수면 교란, 전반적인 행동 둔화, 빈번한 자살사고 등이 특징인 기분장애

양극성장애 우울증의 기간이 정상의 기간과 강렬한 흥분의 조증 기간과 번갈아 나타나는 것이 특징인 기분장애

조증 과도한 흥분의 이상 정신 상태

불안장애 도움이 되지 않는 불안이 일상생활에 부정적인 영향을 미치는 여러 상태를 포함하는 장애

조현병의 신경화학적 상관체

신경과학자들은 또한 조현병에서 뇌-행동 관계의 신경화학적 상관체도 고려한다. 도파민 이상이 조현병과 연계된 첫 번째이며, 두 가지 계열의 증거가 있다. 첫째, 대부분의 신경이완 약물(즉 조현병 치료에 사용되는 약물)은 도파민 시냅스에 작용한다. 둘째, 도파민 시냅스 활성을 강화하는 암페타민과 같은 약물이 조현병을 연상시키는 정신병적 증상을 일으킬 수 있다.

그러나 조현병의 이러한 도파민 이론은 너무 단순해 보인다. 왜냐하면 **표 16.4**에 요약된 다른 많은 신경화학적 이상도 조현병과 연관되기 때문이다. 특히 도파민과 도파민 수용체, 그리고 GABA와 GABA결합부위의 이상이 중요하다. 증거는 또한 조현병에서 NMDA 글루타메이트 수용체의 변화가 조현병을 가진 일부 사람들에 있음을 시사한다. 이 소견은 새로운 부류의 글루타메이트 약물치료 개발로 이어지고 있다. 그러나 영향을 받은 사람들 간에 이상 정도에 상당한 가변성이 있다. 신경화학적 변이가 특정 증상의 유무와 어떻게 관련되는지는 아직 알려지지 않았다. 바이오마커와 조현병 사이의 관계에 대한 연구의 역사를 고려할 때, 일대일의 관계가 발견될 것 같지는 않다. 이 시점에, 네트워크 구조의 변화부터 뉴런 또는 아교의 일부 특색의 변화나 퇴화까지 조현병에 대해 설명해야 할 많은 것이 남아 있다(Cuttler et al., 2021).

기분장애

기분장애는 주요우울장애, 양극성장애, 불안장애를 포함한다. **주요우울장애**(major depression)의 주증상은 지속적인 무가치감과 죄책감, 정상적 식습관 붕괴, 수면 교란, 전반적인 행동 둔화, 빈번한 자살사고 등이다. **양극성장애**(bipolar disorder)는 기분이 한동안 (때때로 갑자기) 우울증으로 바뀌었다가 다시 조증으로 되돌아가는 상태이다. 우울증과 정반대의 기분 극단인 **조증**(mania)은 과도한 희열감이 특징이다. 영향을 받은 사람은 종종 과대한 계획을 세우고, 통제 불능의 과잉행동을 보인다. **불안장애**(anxiety disorders)는 도움이 되지 않는 불안이 일상생활에 부

정적인 영향을 미치는 여러 상태를 포함한다.

주요우울장애

뇌와 환경 둘 다 주요우울장애에 기여한다. 일부 사람들에서 뇌 구조 및 화학과 관련된 선행요인이 기분 변화에 더 기여할 수 있는 반면에, 다른 사람들에서는 인생 경험이 기분 변화에 주로 기여한다.

인생 경험이 뇌에 스트레스 요인으로 작용할 수 있으며, 그러면 뇌를 보호하기 위해 항스트레스 반응의 동원이 필요해진다. 인생 경험으로 인해 좌절할 때 어떤 개인이라도 느낄 수 있는 우울증은 항스트레스 반응의 부분일 수 있다. 스트레스가 지속되고 항스트레스 반응이 신속하게 효과적이지 않으면, 계속되는 우울증과 함께 뇌 염증이 뒤따를 수 있다. 신경 염증을 포함한 스트레스 반응이 알츠하이머병과 파킨슨병을 포함한 많은

뇌 질환에 기여할 수 있지만, 여기서는 우리는 우울증과의 연관성으로 논의를 제한할 것이다.

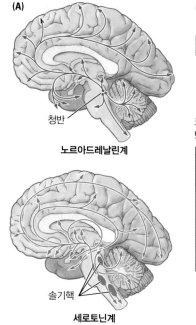

(A)

청반

노르아드레날린계

솔기핵

세로토닌계

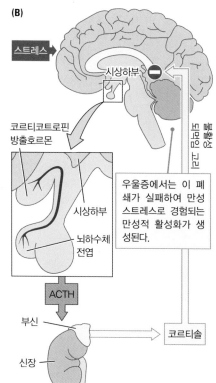

(B)

스트레스

시상하부

코르티코트로핀 방출호르몬

시상하부

뇌하수체 전엽

우울증에서는 이 폐쇄가 실패하여 만성 스트레스로 경험되는 만성적 활성화가 생성된다.

음성 되먹임

ACTH

부신

신장

코르티솔

그림 16.5 스트레스 활성 체계
(A) 뇌간에서 노르아드레날린(혹은 노르에피네프린) 뉴런의 세포체는 청반에서 나오고(위쪽), 세로토닌 활성계의 세포체는 솔기핵에서 나옴(아래쪽)을 보여주는 내측 조망. **(B)** 활성화될 때, HPA 체계는 기분과 사고 및 부신의 코르티솔 분비에도 영향을 준다. HPA 불활성화는 코르티솔이 시상하부 수용체와 결합하면 시작된다.

스트레스에 대한 반응성 우울증 이해에 중요한 심리적 요인은 스트레스에 대한 반응성이다. 당황스러울 정도로 많은 수의 생활, 건강 및 뇌 요인, 즉 경제적 혹은 사회적 실패, 일주기 리듬의 교란, 비타민 D 및 기타 영양소 결핍, 임신, 뇌 손상, 당뇨병, 심혈관 사건, 아동기 학대, 과체중을 포함한 대사장애 등이 스트레스 사건이다.

스트레스의 효과에 대한 한 가지 설명은 신경 기능이 먼저 동원되지만 압도될 수 있다는 가정이다. 예를 들어 단가아민들(**그림 16.5A**에 도식화된 노르아드레날린과 세로토닌 활성계)은 시상하부-뇌하수체-부신피질 체계[짧게 **HPA축**(HPA axis)이라 하며, 그림 16.5B에 예시됨]에 의한 호르몬 분비를 조절한다. 우리가 스트레스를 받으면 HPA축이 자극되어 코르티코트로핀 방출호르몬이 분비되고, 이는 다시 뇌하수체를 자극하여 부신피질 자극호르몬(adrenocorticotropic hormone, ACTH)을 분비시킨다. ACTH는 피를 통해 순환하다가 부신피질을 자극해 코르티솔을 분비시킨다. 정상적으로 코르티솔은 우리의 스트레스 처리를 돕는다. 만약 우리가 제대로 대처하지 못하거나 스트레스가 너무 강렬하면, 과잉의 코르티솔이 신경 염증과 같은 효과를 포함하여 뇌에 부정적 영향을 행사해, 스트레스 반응을 종료시킬 때 뇌가 사용하는 피드백 고리에 손상을 입힌다.

신경 염증 염증은 손상에 대한 신체의 복잡한 반응 결과 중 하나이다. 여러분은 의심할 여지없이 말초 염증의 징후를 인식하는데, 손상 부위로의 혈류 증가로 인한 발적 및 발열, 체액 축적으로 인한 부종, 통증 수용체를 활성화하는 화학물질의 방출로 인한 통증, 그리고 이러한 영향으로 인한 기능 저하가 그것이다. 급성 염증은 대개 조직의 보호 및 복구와 연관되지만, 복구 과정이 성공적이지 않으면 만성 염증이 초래될 수 있다. 천식과 관절염, 그리고 잠재적으로 우울증까지 포함하여 많은 다른 질병 상태가 만성 염증으로 거슬러 올라갈 수 있다.

스트레스와 광범위한 뇌 손상 및 감염은 뇌 손상과 급성 또는 만성 신경 염증의 조합을 초래할 수 있다. 미세아교(microglia)가 손상에 대한 뇌의 염증 반응에서 적극적 관여자이다. 미세아교는

14-4절에서 스트레스 반응과 가소성의 관계가 논의된다.

이 연구는 7-5절과 8-4절에 보고된 해마 기능에 대한 스트레스의 효과에 관한 연구들을 확증한다.

HPA축 스트레스와 관련된 호르몬의 생산과 방출을 조절하는 시상하부-뇌하수체-부신피질 회로

인지행동치료 역기능 사고와 비적응적 행동의 제거를 위한 문제 중심의, 활동 지향적, 구조화된 치료

우울증 치료 약물에 대한 더 자세한 논의는 6-2절을 참조하라. 임상 초점 6-4는 치료되지 않은 주요우울장애에 대한 수반되는 자살 위협을 설명한다.

후속 복구 과정에서 적극적인 역할을 하는 사이토카인이라 불리는 다양한 화학물질을 분비한다. 복구가 성공하면 다른 미세아교가 염증 반응을 끝내는 데 관여한다. 성공하지 못하면 만성 염증이 발생할 수 있다. 만성 염증은 기분 조절을 담당하는 노르아드레날린성 및 세로토닌성 신경계의 활동 감소를 포함하여 신경 기능의 감소로 이어질 수 있다. 결과는 지속적 우울증의 증상이다.

치료　선택적 세로토닌 재흡수 억제제(SSRI)와 같은 전통적인 항우울제는 우울증과 관련되는 것으로 제안된 세로토닌 및 기타 전달물질의 수준을 높이는 방향이다. 항우울제는 효과적으로 전달물질의 기능을 증가시키고 뇌 복구를 자극한다. 예를 들어 '연구 초점 16-2 : 항우울제의 작용과 뇌 복구'에서 서술된 바와 같이, 플루옥세틴(Prozac)은 해마의 BDNF 생산과 신경발생을 자극하여 과립세포의 순증가를 일으킨다.

신경 염증이 우울증에 수반된다고 제안되었기 때문에, 항염증 약물도 우울증의 잠재적 치료제로 제시되어 왔다(Roohi et al., 2021). 덧붙여서, 글루타메이트 길항제이자 소위 클럽 약물인 케타민이 우울증 증상을 신속하고 일시적으로 역전시킬 수 있다는 보고들이 있다. 이러한 소견은 우울증과 연관된 신경 염증 과정이 글루타메이트를 포함한 많은 신경전달물질의 기능에 영향을 미칠 수 있음을 시사한다.

비록 우리가 우울증 생물학적 상관체를 강조해오긴 했으나, 최고의 치료가 반드시 직접적인 생물학 개입이어야 한다는 것은 아니다. **인지행동치료**(cognitive-behavioral therapy, CBT)가 우울증에 훌륭한, 아마도 가장 좋은 치료일 것이다(Huibers et al., 2021). 이 치료는 사람의 믿음과 지각에 대한 도전에 초점을 둔다. 목적은 부정적 정서에 동반된 기능부전의 생각과 믿음을 찾아내어, 이들을 좀 더 현실적인 것으로 치환하는 데 있다.

원리 10. 신경가소성은 신경계의 특징적인 기능이다.

그러나 한 사람의 믿음을 잘못이라고 단순히 지적하는 것은 별로 효율적이지 못할 가능성이 크다. 왜냐하면 그 믿음의 발달에 수개월 내지 수년이 걸렸을 것이기 때문이다. 새로운 믿음을 발달시킬 전략이 변화되어야 하듯이, 잘못된 믿음 기저의 신경회로가 변화되어야 한다. 그러므로 진정한 의미에서 인지행동치료는 신경가소성을 유도하고 뇌 활성을 변화시켜야 효과적이며, 그 효과를 위해 다른 치료의 도움도 병행될 필요가 있다.

불안장애

불안이 흔히 우울증을 동반하지만, 불안장애 또한 별도의 상태로 발생할 수 있다. 불안장애에는 공포증, 공황장애, 광장공포증, 강박장애, 외상후스트레스장애, 범불안장애 등이 포함된다.

우리는 모두, 대개 스트레스에 반응하여 급성으로, 혹은 덜 흔하게 겉보기엔 약한 스트레스 요인에조차 만성적 반응성(증가된 불안 반응)으로 불안에 시달린다. 불안 반응이 확실히 병적인 것은 아니다. 오히려 유해한 상황에 대처하기 위한 진화적 적응이다. 그러나 불안은 병적으로 되어 삶을 비참하게 만들 수 있다. 불안장애는 가장 흔한 정신과적 장애이다. DSM-5-TR은 10개 부류의 불안장애를 열거하며, 인구의 15~35%는 평생의 어느 시점에 이들 중 하나에 이환된다(그림 16.1 참조).

다른 사람들이 더 약한 반응을 보이는 자극에 대해 어떤 사람들은 왜 병적인 불안을 보이는지가 중심적 질문이다. 앞의 우울증 부분에서도 다루었듯이, 생의 초기에 스트레스성 경험이 다양한 행동적 이상, 특히 불안장애에 대한 취약성을 증가시킨다는 비슷한 가설이 있다.

GABA 효능제가 불안을 감소시키는 기전은 6-2절에서 서술된다.

치료　불안장애 치료에 한때 바리움 같은 GABA 강화성 벤조디아제핀이 일차적으로 사용되었

◎ 연구 초점 16-2

항우울제의 작용과 뇌 복구

지속적인 스트레스와 불량한 대처기술은 뇌에서 과도한 코르티솔 수준과 우울 및 불안에 기여한다. 해마의 과립세포들은 코르티솔에 특히 민감하여, 코르티솔 수준이 과도하게 감소하거나 증가하면 죽어버릴 수 있다.

이러한 해마 세포들은 코르티솔 수준의 제어에 역할을 할 수 있다. 즉 그들은 뇌의 스트레스 반응을 종식하는 스위치일 수 있다. 그들이 없으면 HPA축은 점검되지 않는다. 이어서 코르티솔 수준의 증가는 더 많은 뉴런 괴사와 우울 및 불안에 기여한다. 이는 악순환이다.

항우울제가 행동에 긍정적인 효과를 나타내는 데 몇 주가 걸리며, 새로운 뉴런들이 해마로 이동해 통합되는 데 몇 주가 걸린다는 사실은 항우울제의 작용 기전이 해마 기능을 향상시키는 것, 그래서 본질적으로 스트레스 반응을 종식시키는 신경 스위치를 치환하는 것임을 시사한다.

선택적 세로토닌 재흡수 억제제(SSRI)가 어떻게 해마에 영향을 미치는지에 대한 연구에서 놀라운 발견을 했다. SSRI는 과립밑영역의 신경발생, 치아회로 세포 이동, 그리고 그곳에서 기능하는 세포의 수를 증가시켰다(Yohn et al., 2020).

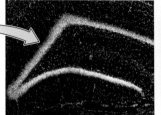
해마

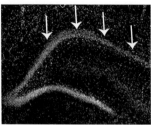
건강한 쥐의 해마   뉴런의 퇴화

Courtesy of Dr. Simon Spanswick, Dept. of Psychology, University of Calgary.

해마의 신경발생에 대한 문헌은 신경과학에서 가장 다작이어서 9,000개 이상이며, 과학자들은 인간에서 해마의 신경발생이 일어나는지에 대해 계속해서 논쟁하고 있다. 그럼에도 불구하고 신경발생 연구는 우리가 나쁘다고 지각하는 현상(영아기 박탈, 갈등, 스트레스, 부실한 식사, 대부분의 약물)이 신경발생을 감퇴시키고, 좋다고 지각하는 현상(운동, 강화 환경, 수면부족, 건강한 식사)은 신경발생을 향상시킨다는 것을 지적한다. 신경발생을 향상시키는 신호 경로를 알아냄으로써 변화된 인지, 기억, 우울, 항우울제의 효과 사이의 관계가 드러날 수 있다(Kornhuber & Gulbins, 2021).

지만, 이제 프로작, 팍실, 셀렉사, 졸로프트 같은 노르아드레날린과 세로토닌에 작용하는 SSRI로 치료된다. 항우울제는 즉각적으로 효과를 나타내지는 않는다. 이는 항우울제가 우울증 치료에서 그랬듯이, 뇌 구조에 어떤 점진적 변화를 자극함에 틀림없음을 시사한다.

우울증에 관한 논의에서 서술된 바와 같이, 인지행동치료는 불안의 치료에 효과적이다. 가장 효과적인 행동치료는 그렇지 않으면 양성의 사건에 대한 정서적 반응을 소멸시키기 위해 사람들을 그들의 공포에 노출과 재노출을 반복하는 것이다. 예를 들어 세균 공포의 치료는 환자를 공중화장실 같은 잠재적 세균 환경에 불편이 완화될 때까지 반복적으로 노출시키기를 요구한다.

재강조 사항 : 약이 실력은 아니다.

16-2 복습

진도를 계속 나가기 전에 앞 절을 얼마나 이해했는지 확인해보자. 정답은 이 책의 뒷부분에 있다.

1. 조현병은 _____, _____, _____ 수용체의 신경화학적 이상과 연관된 복잡한 장애이다.

2. 조현병은 _____ 피질과 _____ 피질의 두드러진 해부학적 변화와 연관된다.

3. 우울증 이해와 관련된 대부분의 연구에서 초점이 된 단가아민 활성 체계는 _____와/과 _____이다.

4. 우울증과 불안장애의 가장 효과적인 치료는 _____이다.

5. 신경 염증과 주요우울장애의 관계를 서술하시오.

6. 유전자를 조현병에 연계시킴에 있어 주요 난관을 서술하시오.

16-3

신경학적 장애

신경학적 장애는 뇌에 분명한 손상이 있는 장애들이다. 이들에 포함되는 것으로 외상성 뇌 손상, 뇌졸중, 뇌전증, 다발성 경화증, 신경인지장애 등이 있다.

외상성 뇌 손상

외상성 뇌 손상(traumatic brain injury, TBI)은 대개 머리에 가해진 충격으로 인한 뇌의 상해이며, 뇌진탕이라고도 한다. TBI는 40세 이하 사람들에서 뇌 상해의 가장 흔한 형태이다. TBI는 교통사고나 산업재해, 스포츠 경기 중 부상에서처럼 다른 물체의 충격이 머리에 가해진 결과로 발생한다. TBI는 또한 가슴에 가해진 충격으로 인해 발생할 수도 있다. 충격에 따른 급격한 혈압 상승이 간접적으로 뇌를 손상시킬 수 있기 때문이다.

어린이와 노인은 넘어짐으로 인해 두부손상을 입을 가능성이 상대적으로 높다. 마찬가지로, 15~30세 사이 남성은 특히 자동차 사고나 오토바이 사고로 뇌 손상을 잘 입는다(**그림 16.6**). 운전할 수 있을 만큼 나이가 들기 전의 어린이가 심각한 TBI를 입을 확률은 30분의 1이며, 모든 연령에서 남성이 여성보다 TBI를 겪을 가능성이 더 크다.

TBI는 풋볼, 아이스하키, 라크로스, 축구, 승마 등의 경기를 하는 프로와 아마추어 운동선수, 현역으로 복무 중인 군인에게 관심사이다. 스포츠 사고가 TBI의 약 20%를 차지하고, 미국 육군 외과학 연구소의 보고에 따르면 전쟁에서 부상을 입은 미군들 중 1/5 이상이 TBI를 겪는다. 뇌진탕의 증상 일부는 **표 16.5**에 열거되어 있다.

뇌진탕, 특히 반복되는 뇌진탕은 일련의 뇌 변화를 일으켜 초기 사건 이후 오랫동안 행동 변화와 치매를 유발할 수 있다. 이런 현상에 대한 대규모 종단연구가 이제 뇌진탕 병력이 있고 사후분석을 위해 뇌를 기증할 뜻을 밝힌 풋볼 및 아이스하키 선수들의 협력하에 진행되고 있다(Silverberg et al., 2021). 뇌진탕 병력과 심한 뇌진탕후 증상을 보였던 사망한 프로 풋볼 선수들의 뇌에 대한 조사 결과, '임상 초점 16-3 : 뇌진탕'에 서술된 것처럼 대뇌 조직의 광범위한 미만성 소실이 드러났다.

뇌 외상의 증상과 결과

TBI는 뇌에 직접적인 상해를 초래할 수 있다. 외상은 뇌 혈류 공급에 차질을 주고, 출혈을 일으켜 부종을 유발하고(뇌압 상승으로 이어짐), 뇌를 감염에 노출시키고, 뇌 조직에 상흔을 남긴다(상흔은 훗날 뇌전증성 경련의 진원지가 됨). 뇌 혈류 공급의 차질은 짧은 편이지만, 병행하는 뇌 미토콘드리아의 에너지 생산 차질은 수 주 동안 지속될 수 있고, 많은 뇌진탕후 행동적 증상과 관련된다.

TBI는 대개 의식 상실을 동반하는데, 의식 상실은 짧게는 몇 분, 길면 혼수상태로 오랜 시간 동안 지속될 수도 있다. 무의식 상태의 기간은 사망률, 지적 능력의 손상, 사회기술의 결함 등과 직접적인 상관성을 나타내기 때문에 상해 심각도의 척도 역할을 할 수 있다. 혼수상태가 길게 지

학습 목표

- TBI와 연관된 증상 및 결과를 설명한다.
- 서로 다른 유형의 뇌졸중을 정의하고, 각 유형과 연관된 효과 및 치료를 정의한다.
- 뇌전증의 경련 유형을 정의한다.
- 수초장애의 공통적 특징을 서술하고, 다발성 경화증의 증상을 요약한다.
- 신경인지장애를 정의하고, 알츠하이머 및 파킨슨병과 연관된 뇌 변화와 증상을 설명한다.
- 진행성 신경인지장애의 프리온 이론을 요약한다.

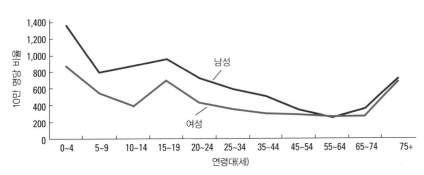

그림 16.6 두부 외상 발생률
응급실 방문, 입원, 사망 등의 종합적 기록을 기초로, 이 도표는 남녀에서 일생에 거친 외상성 뇌 손상의 추정 빈도를 그래프로 나타낸다.
출처 : Centers for Disease Control and Prevention (2010).

임상 초점 1-1은 외상성 뇌 손상을 입은 채 살아가는 한 심리학자의 경험을 설명한다. 14-5절은 한 무용가의 외상성 뇌 손상 회복기를 자세히 다룬다.

종단연구에서 연구자들은 연구의 변인과 관련하여 피험자를 시간에 걸쳐 반복적으로 관찰하거나 조사한다.

표 16.5 뇌진탕의 징후와 증상

두통 또는 머리에 압박감
일시적 의식 상실
혼란 또는 안개 속에 있는 듯한 느낌
외상성 사건을 둘러싼 기억 상실
현기증 또는 '눈에 별이 보임'
귀 울림
구역질
구토
불분명한 말투
질문에 대한 반응 지연
멍해 보임
피로

◎ 임상 초점 16-3

뇌진탕

2011년 초에 50세의 시카고 베어스 전직 수비수 데이브 듀어슨은 가슴에 총을 쏴 자살하였다. 그는 그의 뇌가 연구되기를 요청하는 유서를 남겼다. 듀어슨은 미국풋볼리그에서 11년을 뛰었고, 슈퍼볼을 두 차례 차지했으며, 수많은 상을 받았다.

　프로선수로서 듀어슨은 최소 10회의 뇌진탕을 당했으나, 경기장을 떠나야 할 정도로 심하지는 않았다. 은퇴 후 그는 하버드 대학교에 가서 경영학 학위를 받았다. 그는 성공적인 사업 경력을 쌓다가, 의사결정과 분노조절에 문제를 보이기 시작했다.

　결국 듀어슨의 사업과 결혼은 실패했다. 자살 후에 보스턴 외상성 뇌병증 연구센터는 그의 뇌를 조사했다. 센터는 장기종단연구의 일환으로 전직 프로선수의 뇌에

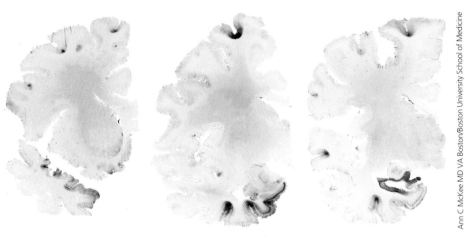

데이브 듀어슨의 뇌　타우단백질 염색이 듀어슨의 앞쪽 우반구 관상면 절편에서 전두피질과 내측 측두엽의 퇴행성 뇌 조직(짙은 갈색 영역)을 잘 보이게 한다. 절편의 중앙 부분에 있는 피질하 기저핵(노란색 영역)의 손상은 상대적으로 희박하다.

대한 사후 해부 분석을 실행하고 있다. 듀어슨의 진단인 **만성 외상성 뇌병증**(chronic traumatic encephalopathy, CTE)은 다중의 뇌진탕과 다른 폐쇄성 두부 손상의 병력을 가진 사람들에서 발견되는 점진적 퇴행성 질환이다. 권투와 연관된 변종으로 **권투선수치매**(dementia pugilistica, DP)가 있다.

　뇌진탕의 효과는 흔히 인식되지 않은 채 지나간다. 부상을 입은 사람에서도 비교적 짧은 휴식 기간(휴식이 보통의 치료다) 후에 분명한 병리를 별로 보이지 않는다. 그럼에도 불구하고, 뇌진탕은 알츠하이머병 같은 신경인지장애, 파킨슨병, 운동신경 질환, 만성 외상성 뇌병증처럼 만년에 생기는 다양한 퇴행성 질환과의 관계가 잘 정립되어 있다.

　젊은 시절의 뇌진탕과 만년의 퇴행성 뇌 질환 사이의 관계는 뇌진탕이 수년의 경과에 걸쳐 만성 외상성 뇌병증으로 발달하는 병리사건의 연쇄반응을 개시할 수 있음을 시사한다. 만성 외상성 뇌병증은 신경섬유다발, 신경반, 신경괴사 등이 특징이다. 세포 소실로 인한 뇌 위축과 뇌실 확장이 진전된 사례에서 전형적이다. 첨부된 그림에서 보이듯, 연구자들은 뉴런의 괴사와 연관되고, 그

래서 뇌 외상의 민감 표지자인 타우단백질의 축적을 염색하여 세포괴사에 대해 시험한다.

　만성 외상성 뇌병증에 대해 알려지지 않은 많은 것들이 지속되고 있다. 단 한 번의 뇌진탕이 뇌 퇴행을 초래하는 연쇄반응을 개시할 수 있을까? 아니면, 많은 뇌진탕이 요구될까? 만성 외상성 뇌병증에 특별히 취약한 사람이 있을까? 확연한 증상을 일으키지 않은 머리의 충격이 의식 상실을 일으키는 충격과 구별되어야 하는가?

　많은 유명 운동선수들에서 만성 외상성 뇌병증이 생겼다는 사실이 뇌진탕의 결과에 대한 대중의 인식을 불러일으켰다. 이러한 이해로 인해 일부 사람들은 어떤 스포츠에 대한 자신의 참여를 평가하게 되었고, 이는 뇌가 더 안전해지도록 하는 접촉 스포츠의 변화를 이끌고 있다(Van Pelt et al., 2021). 뇌진탕 및 만성 외상성 뇌병증의 현재 인식된 위험을 고려하여 규칙 변경, 보호 행동, 보호 장비 및 뇌진탕을 측정할 수 있는 웨어러블 장치 등이 스포츠에서 점점 더 널리 사용되고 있다.

속될수록 심각한 장애나 사망의 위험성도 그만큼 커진다.

　두 종류의 행동적 효과가 TBI의 결과로 생긴다. (1) 하나는 **그림 16.7**에 예시된 것처럼 충격을 받은 쪽 혹은 그 반대쪽의 병변으로 인해 상해 부위의 피질에서 담당하던 특정 기능이 손상될 수 있다. (2) 다른 하나는 뇌 전체에 걸친 광범위한 외상으로 인해 전반적 손상이 올 수 있다. 개별적 손상은 외상성 뇌 손상에 가장 취약한 뇌 영역인 전두엽과 측두엽의 상해와 가장 흔하게 연관된다(임상 초점 16-3의 조직 표본 이미지 참조).

　더 전반적인 손상은 뇌 전체에 걸친 작은 병변과 열상으로 인해 일어난다. 뇌의 좌우반구 서로의 움직임은 연결 섬유, 특히 뇌량 섬유 찢어짐의 원인이 된다. 그 결과, 정신속도, 집중력, 전체적 인지 효율성 등을 포함한 복합적 인지 기능이 감퇴된다.

　TBI를 입은 사람은 집중력 저하 또는 능력 결여를 호소하며, 성격과 사회적 행동이 영향을 받을 수 있다. 많은 사람이 손상 전에 할 수 있었던 일을 제대로 하지 못한다. 심각한 머리 부상을 입은 TBI 환자 중 일부는 학업을 재개하거나 유급 직장으로 복귀할 수 있다. 그들은 본업에 다시

만성 외상성 뇌병증(CTE)　다중의 뇌진탕과 다른 폐쇄성 두부 손상에 의해 유발된 점진적 퇴행성 질환으로, 세포 소실로 인한 신경섬유다발, 신경반, 피질 위축, 뇌실 확장 등이 특징임

그림 16.7 외상성 뇌 손상의 기제

폐쇄성 두부 손상에서 가장 빈번히 상해를 입는 뇌 영역들이 분홍색과 파란색으로 표시되어 있다. 타격은 충격 위치에, 그리고 반동의 눌림으로 인해 뇌 반대편의 위치에 좌상을 일으킬 수 있다.

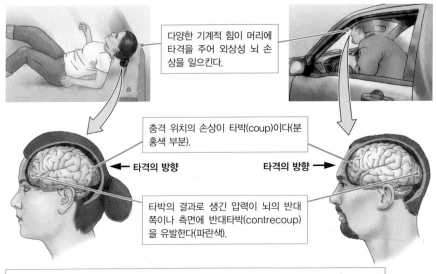

다양한 기계적 힘이 머리에 타격을 주어 외상성 뇌 손상을 일으킨다.

충격 위치의 손상이 타박(coup)이다(분홍색 부분).

← 타격의 방향   타격의 방향 →

타박의 결과로 생긴 압력이 뇌의 반대쪽이나 측면에 반대타박(contrecoup)을 유발한다(파란색).

뇌의 움직임은 신경섬유를 절단시켜 미세 병변이 생길 수 있고, 이는 특히 전두엽과 측두엽에서 잘 발생한다. 두개골 안에 고인 피(혈종)와 팽창(부종)이 뇌압 상승을 초래한다.

허혈성 뇌졸중 혈관이 막혀서 생긴 뇌졸중
출혈성 뇌졸중 혈관으로부터의 출혈로 인한 뇌졸중

들어가더라도 사고 전보다 낮은 수준에서 일을 한다. TBI의 한 가지 실망스러운 문제는 오진이다. 손상의 만성적 효과는 명백한 신경학적 징후나 이상을 동반하지 않기 때문에 흔히 눈에 띄지 않는다.

외상성 뇌 손상으로부터의 회복

두부 외상으로부터의 회복은 체계적인 연구가 없고, TBI에 대한 합의된 분류가 없어 측정하기 어렵다(Tenovuo et al., 2021). 즉 회복 과정은 첫 사건 이후 2~3년 동안 계속될 수 있지만, 대부분의 인지 회복은 손상 후 처음 6~9개월에 일어난다. 기억 기능의 회복은 일반 지능의 회복보다 더 느리게 나타나는 것으로 보이며, 기억 회복은 다른 인지 기능에 비해 더 불량하다.

인지 기능의 상당한 회복으로 예후가 좋아도, TBI로 상당한 변화를 흔히 보이는 영역인 사회 기술이나 성격 특성의 회복은 낙관의 정도가 덜하다. 사회적 상호작용, 지각된 스트레스 수준, 여가활동의 향유 등의 면에서 평가되는 삶의 질은 TBI 이후 상당히 저하되며, 이러한 저하는 만성적이라는 결론이 수많은 연구를 통해 지지되고 있다.

뇌졸중

뇌졸중은 혈관의 막힘 또는 출혈로 인한 혈류의 중단이다. **허혈성 뇌졸중**(ischemic stroke)은 혈관이 막힌 결과이며, **출혈성 뇌졸중**(hemorrhagic stroke)은 혈관 출혈의 결과이다. 출혈은 뇌동맥류, 즉 혈관의 약화로 인한 팽창의 결과로 생길 수 있다('임상 초점 16-4 : 대뇌 동맥류' 참조).

뇌졸중은 허혈성 뇌졸중 후 생길 수 있듯이, 혈류가 회복되더라도 진행되는 일련의 손상을 유발한다. 세포 수준의 변화는 뇌의 손상 부위뿐 아니라 다른 뇌 영역에도 심각한 위협을 가할 수 있다.

뇌졸중의 영향

뇌졸중이 뇌 일부에 혈액 공급을 차단한 후에 무슨 일이 벌어지는지 살펴보자. **그림 16.8**에 예시

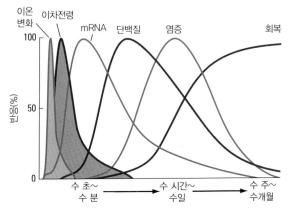

그림 16.8 허혈성 뇌졸중의 결과

뇌졸중의 결과로 혈류가 차단된 후에 사건의 연쇄반응이 일어난다. 수 초 내에 세포 수준에서 이온성 변화가 이차전령 분자의 변화와 RNA 생산을 자극한다. 단백질 생성의 변화와 염증이 뒤따르고, 몇 시간 내지 며칠에 걸쳐 서서히 해소된다. 회복은 몇 시간 내지 며칠 내에 시작해, 몇 주 내지 몇 개월 혹은 몇 년까지 지속된다.

◎ 임상 초점 16-4

대뇌 동맥류

C. N.은 Isabelle Peretz와 동료들(1994)이 서술한 35세의 간호사였다. 1986년 12월, C. N.은 갑자기 심한 목 통증과 두통이 생겼다. 신경학적 검사에서 그녀의 뇌 오른쪽 중간 대뇌동맥에 동맥류가 있음이 밝혀졌다.

동맥류는 조직의 약화로 인해 발생하는 혈관벽의 팽창으로, 자전거 타이어의 약해진 부분에 나타나는 팽창과 매우 유사하다(그림 참조). 대뇌동맥의 동맥류는 위험해서, 동맥류가 터지면 심각한 출혈과 그에 따른 뇌 손상이 발생한다.

1987년 2월에 C. N.의 동맥류는 수술을 통해 개선되었고, 부작용은 거의 없는 것처럼 보였다. 그러나 수술 후 뇌영상에서 반대쪽 뇌의 중간 대뇌동맥의 같은 위치에 새로운 동맥류가 형성되었음이 발견되었다. 이 두 번째 동맥류는 2주 후에 개선되었다.

수술 후 C. N.은 말할 때 적절한 단어를 찾는 데 일시적인 어려움을 겪었다. 그러나 더 중요하게도, 그녀의 음악에 대한 지각이 변화되었다. 그녀는 더 이상 노래를 부를 수 없었고, 익숙한 곡조도 인식할 수 없었다. 사실, 그녀에게는 가수들이 노래하는 게 아니라 말하는 것처럼 들렸다. 하지만 C. N.은 여전히 음악에 맞춰 춤을 출 수는 있었다.

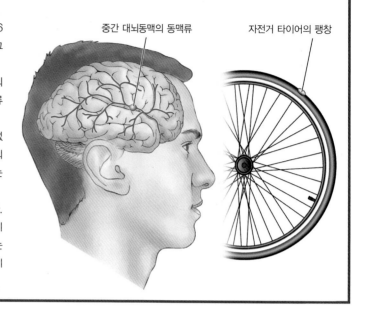

중간 대뇌동맥의 동맥류　　자전거 타이어의 팽창

된 바와 같이, 처음 몇 초 내지 몇 분 만에 pH와 세포막 성질의 변화를 포함한 침범 영역의 이온 균형에서 변화가 시작된다. 이러한 이온 변화는 여러 병리 사건을 유발한다.

1. 대량의 글루타메이트 방출은 세포막에서 칼슘 통로의 개방 연장을 일으킨다.
2. 칼슘 통로가 개방되면 유해 수준의 칼슘이 세포로 들어가게 되는데, 이는 직접적 독성 효과뿐 아니라 세포에 잠재적으로 유독할 수 있는 다양한 세포 변화를 부추긴다.
3. 뇌 조직에 염증과 부종이 생겨 뇌졸중 부위에서 멀리 떨어진 세포들의 온전성에도 위협을 가하게 된다. TBI와 마찬가지로, 미토콘드리아의 ATP 생산이 감소함에 따라 에너지 문제가 생겨 대뇌 에너지 결핍이 초래된다.
4. 한 가지 형태의 신경 쇼크가 일어난다. 이 **기능해리**(diaschisis) 동안, 손상에서 멀리 떨어진 부위들이 기능적으로 저하된다.
5. 뇌졸중은 또한 손상을 입은 뇌반구의 신진대사 혹은 포도당 활용성의 변화를 수반하기도 한다. 이러한 변화는 수일간 지속될 수 있다. 예를 들어 피질성 뇌졸중이 온 후 신진대사율은 뇌반구 전체에 걸쳐 25% 정도 저하된다.

뇌졸중의 치료

허혈성 뇌졸중의 이상적인 치료는 끔직한 사건의 연쇄반응이 시작되기 전에 차단된 혈관에 혈류를 다시 회복시키는 것이다. 조직 플라스미노겐 활성인자(tissue plasminogen activator, t-PA)가 혈전용해제이지만, 효과를 보려면 3~5시간 이내에 투여되어야 한다. 현재 뇌졸중을 겪는 사람들의 일부만이 t-PA 치료를 받을 만할 정도로 일찍 병원에 도착하는데, 이는 대체로 뇌졸중이 빨리 확인되지 않거나, 이송이 느리거나, 뇌졸중이 응급상황으로 고려되지 않기 때문이다. (오른쪽 표는 잠재적 뇌졸중 사건의 식별을 위한 몇 가지 암시 소견을 제공한다.)

t-PA 치료의 효과는 첫 검사에서 흔히 뇌졸중 유형(즉 허혈성 또는 출혈성)의 결정이 어렵다는 사실로 인해 더욱 복잡해진다. 예를 들어 뇌졸중이 낙상에 동반된 경우, 그 사람의 증상이 낙상

기능해리 뇌 상해를 뒤따르는 신경 쇼크로서, 상해 위치와 연결된 영역들이 일시적인 기능 마비를 보이는 현상

그림 5.4는 칼슘이 어떻게 신경전달물질 방출에 영향을 주는지 보여준다. 그림 5.16은 대사성 수용체가 어떻게 이차전령을 활성화할 수 있는지 예시한다.

임상 초점 2-3은 뇌졸중의 증상과 후유증을 서술한다.

뇌졸중을 알아차리기 위한 F.A.S.T 검사의 사용

Face 이해력과 근육 조절력을 점검하기 위해 웃어보라.

Arms 양팔을 올려 보라고 하여, 한쪽 팔이 약한지 점검하라.

Speech 불분명한 말투를 보이는지 들어보라.

Time 어떤 증상이 있다면, 즉시 119나 지역응급서비스번호로 전화하라.

그림 16.9 강박유도치료

오른손 동작에 장애를 일으킨 뇌졸중을 경험한 사람이 장애가 없는 손의 사용을 천 장갑으로 강박하게 되면, 강제적으로 장애가 있는 팔다리를 사용해야 한다.

실험 11-3은 사람용 강박유도치료의 개발에 기여한 원숭이 연구를 서술한다.

을 유발한 뇌졸중 때문인지, 아니면 TBI를 초래한 낙상 때문인지 명확하지 않을 수 있다. 전자의 경우, t-PA가 허혈성 뇌졸중에서의 혈전을 제거하는 데 적절한 치료일 것이다. 후자의 경우, t-PA는 출혈성 뇌졸중을 나타내는 뇌 출혈을 악화시켜 더 치명적인 손상을 초래할 수 있다.

신경보호제(neuroprotectants)로 불리는 다른 약물이 손상 후 사건의 연쇄반응을 차단할 목적으로 사용될 수 있으나, 아직 정말 효과적인 약물은 없다. 동물 연구에 기초한 임상시험들이 현재 효과적인 신경보호제를 찾는 중이다.

뇌졸중의 경과가 뇌 조직의 괴사로 이어질 때 유익할 수 있는 유일한 치료법은 연관된 보상적 행동으로 남아 있는 살아 있는 뇌에 가소적 변화를 촉진하는 것이다. 예는 언어치료, 물리치료, 가상현실, 컴퓨터 게임, 로봇 기계 등이다.

일부 간단한 행동적 치료가 놀라울 정도로 효과적이다. 하나는 1990년대에 Edward Taub가 개발한 **강박유도치료**(constraint-induced therapy)이다(Uswatte et al., 2018). 이 치료법의 논리는 학습된 비사용(learned nonuse)과 관련된 뇌졸중 후 회복의 문제를 정면으로 다룬다. 한쪽 팔다리에 운동 기능 결함이 생긴 사람들은 흔히 온전한 팔다리를 과도하게 사용하여 보상하는데, 이는 손상된 사지 사용의 동반적 감소로 이어져서 손상된 사지의 기능이 실제로 퇴행하게 만든다.

강박유도치료에서는 하루에 몇 시간 동안 온전한 팔다리를 묶어서 그 사람으로 하여금 장애가 있는 팔다리를 강제로 사용하게 한다(**그림 16.9** 참조). 사람들로 하여금 행동을 광범위하게 연습하도록 강제하는 어떠한 치료도 성공적이다. 그러나 이 치료에서 중요한 요소는 정규 치료가 끝나더라도 사람들이 계속해서 연습하겠다는 치료후 계약이다. 만일 환자들이 그렇게 하지 않으면, 학습된 비사용과 증상 회귀의 가능성이 높아진다(Hayward et al., 2021).

뇌졸중의 또 다른 흔한 효과는 언어 상실이다. 특정한 언어치료 프로그램이 언어의 회복에 도움이 될 수 있다. 우반구에 의해 부분적으로 매개되는 음악과 노래 부르기가 좌반구 뇌졸중 후에 언어치료를 증강시킬 수 있다.

뇌졸중 치료로서 행동치료와 병행하여 직접적 피질 자극 혹은 경두개자기자극(transcranial magnetic stimulation, TMS)을 이용하려는 시도가 많다. 이는 괴사 조직의 인접 영역에 가소성을 유도하여, 나머지 부분의 신경망 효율을 향상시키기 위한 것이 목표이다. 이 치료법은 남은 운동 통제능력이 양호한 사람들에서 유익하다고 증명되어 왔다. 하지만 손상 범위가 너무 큰 사람들은 아마도 남아 있는 신경망이 회복을 지지하기에 불충분하기 때문에 훨씬 적은 이득을 보인다(Breining & Sebastian, 2020).

뇌전증

뇌전증(epilepsy)은 반복성 경련을 특징으로 하며, 경련은 다양한 비정상 파동에 의해 표시되는 고도로 동기화된 신경발화로서 뇌전도에 기록된다. 20명에 1명가량은 일생에 최소 한 번은 경련을 경험하며, 대개 아동기(6개월에서 5년 사이)에 감염, 발열, 과호흡 등과 연관된다. 경련을 경험하는 대부분의 아동이 뇌전증으로 발전하는 것은 아니며, 뇌전증은 인구의 0.2~4.1%가 이환된다.

신경보호제 뇌졸중 후 신경 사건의 연쇄반응을 차단하기 위해 사용되는 약물

경련의 분류

뇌전증 경련의 원인은 유전, 구조/대사, 원인불명 등으로 범주화되고 있다. 유전적 뇌전증은 알려진 유전적 결함에 직접적으로 기인한다. 구조/대사적 뇌전증의 원인은 뇌 기형과 종양, 뇌졸중과 외상 같은 후천성 장애, 감염 등을 포함한다(하나의 예를 위해 **그림 16.10** 참조). 원인불명 범주는 아직 밝혀지지 않은 원인들을 포괄한다.

표 16.6에는 경련을 유발하는 다양한 상황이 요약되어 있다. 이러한 상황의 범위가 현저하게 광범위하기는 하나, 그래도 경련에는 일관된 특성이 있다. 즉 사람이 자고 있을 때 경련이 일어날 가능성이 가장 높다.

ILAE(International League Against Epilepsy)는 뇌에서 경련이 시작되는 위치, 경련 중 인식 수준, 기타 연관 경련 요인을 기반으로 뇌전증의 분류 체계를 개발했다. **부분경련**(focal seizure)은 동기화된, 과활성의 국소적 뇌 영역에서 발생한다. 그러므로 부분경련은 그 위치에 따라 운동, 감각, 자율신경, 심인성 특성을 가질 수 있다. 더 나아가 부분경련은 인식이 유지되느냐 변화되느냐(무인지 경련)에 따라 분류된다. 예를 들어 부분경련이 뇌의 기억 영역과 관련된 경우, 기억과 인식이 변화될 수 있다(인식 손상 경련). **전신경련**(generalized seizure)은 부분적 위치에서 시작해, 빠르게 양측성으로 양쪽 반구의 미만성 신경망으로 퍼진다. 원발성 전신경련에서, 경련은 더 광범위한 신경망에서 시작한다. 경련의 진단은 경련의 시간, 지속기간, 위치 등을 기록하는 웨어러블 뇌전도 기록 장치의 사용으로 향상되고 있다(Bruno et al., 2021).

전신경련이 있는 사람들은 **그림 16.11**에 차트화된 4단계 과정을 거칠 수 있다. 즉 (1) 발생전 정상적 뇌전도 기록, (2) 발생과 몸이 경직되는 강직(tonic) 단계, (3) 리듬성의 몸 운동과 고도로 동기화된 커다란 방전이 나타나는 간대성(clonic) 단계, (4) 경련이 끝난 후 하락된 뇌전도 활성의 기간이다.

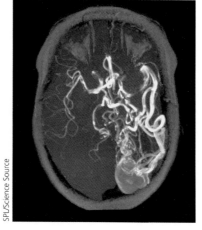

SPL/Science Source

그림 16.10 혈관종을 보여주는 MRI

구조적 또는 대사성 뇌전증은, 배측 조망의 MRI에 보이듯이, 혈관종 또는 동정맥기형 같은 뇌 기형으로 인해 발생할 수 있다. 비정상적 뇌혈관(흰색)은 오른쪽 후두피질에서 주변 뇌 조직의 괴사를 초래한 풍선 같은 구조(오른쪽 아래의 파란색 영역)를 포함하여 복잡한 패턴을 형성한다.

표 16.6 민감한 사람들에서 경련을 촉발할 수 있는 요인

정서적 스트레스
수면 박탈
피로
술
발열
깜빡이는 불빛
약물복용 비준수
월경
육체적 운동
건강

출처 : Ferlisi & Shorvon(2014).

임상 초점 4-1은 뇌전증 진단을 서술하고, 기록된 뇌전도를 보여준다.

부분경련 동기화된, 과활성의, 국재화된 뇌 영역에서 일어나는 경련

전신경련 국소 위치에서 시작해 양쪽 반구의 미만성 신경망으로 빠르게 양쪽성으로 전파되는 경련

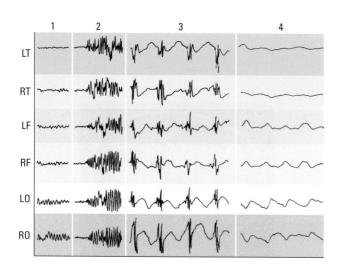

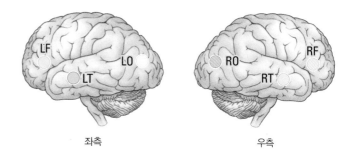

그림 16.11 전신경련 양상

전신경련 동안 기록된 뇌전도 양상의 예. 반구 위의 점은 근사적 기록 위치를 가리킨다. 열의 숫자는 경련의 단계를 나타낸다 : (1) 발작 전 정상 기록, (2) 경련의 시작과 강직 단계, (3) 간대성 기간, (4) 경련이 끝난 후, 하락된 뇌전도 활성의 기간. LT/RT : 좌측두/우측두, LF/RF : 좌전두/우전두, LO/RO : 좌후두/우후두.

좌측   우측

뇌전증 치료

대부분의 경련은 스스로 멈춘다. **경련중첩증**(status epilepticus)이라 하는 상태에서는 경련의 원동력이 약화되지 않는데, 흔히 뇌 충격이나 약물금단 때문에 발생한다. 경련중첩증은 생명에 위협이 될 수 있는데, 속효성 GABA 효능제 혹은 글루타메이트 길항제를 이용한 약물 개입이 경련의 종식을 위해 필요하다. 권장되는 개입 전 한계시간은 5분이다. 더 길게 지속되는 경련은 스스로 멈출 가능성이 별로 없다.

뇌전증의 우선적 치료는 경련의 발생과 전파를 억제하는 약물이다. 다양한 범위의 기전이 있지만, 약물이 억제성 신경전달물질인 GABA의 활성을 증진하고, 나트륨 채널의 비활성 상태를 안정화함으로써 경련의 역치를 올려준다는 것이 대표적이다. 뇌전증이 있는 사람들 대부분은 부작용이 적은 약과 그 용량을 찾기 위해 임상의사와 협력한다. 그러나 뇌전증이 있는 사람들의 30~40%에서 항경련제가 상태를 완전히 통제하지 못하는 난치성 뇌전증이 있다. 성인에서 난치성 뇌전증의 가장 보편적 치료는 경련을 일으키는 조직을 수술적으로 도려내는 것이며, 약 70%의 성공률을 나타낸다. 뇌심부자극(DBS)도 난치성 뇌전증에 유용한 것으로 증명되고 있다. 즉 전측 시상에 대한 양측성 자극이 경련의 빈도를 성공적으로 감소시킨다. 그러나 뇌심부자극이 유망함을 보이기는 하지만, 더 많은 연구가 필요하다(Foutz & Wong, 2021).

수초장애

수초 및 다른 유형의 아교세포와 뉴런은 3-1절에서 자세하게 서술된다.

수초(myelin)는 말초신경계(PNS)의 희소돌기아교(oligodendroglia)와 중추신경계의 슈반세포(Schwann cell)에 의해 만들어진 아교 피막이다. 가장 흔한 장애인 다발성 경화증부터 몇몇 희귀성 유전적 장애에 이르기까지 많은 후천적·선천적 장애가 수초와 연관된다. 수초장애는 국소적일 수 있다. 예를 들어 **시신경염**은 한쪽 눈에만 영향을 미칠 수 있고, **횡단성 척수염**은 하나의 척수 분절에만 영향을 줄 수 있다. 다른 수초장애는 더 전반적이다. 예를 들어 다발성 경화증은 신경계의 거의 모든 부분에서 수초에 영향을 미칠 수 있다. 그 빈도 때문에 우리는 수초장애에 대한 논의를 다발성 경화증에 집중할 것이다.

다발성 경화증

다발성 경화증은 운동 및 감각 경로와 신경들의 수초 소실이 특징이다. **그림 16.12**를 보면 MRI 뇌영상에서 뇌와 척수에서 경화 영역이 확인된다. 세계적으로 약 200만 명이 다발성 경화증을 앓고 있으며, 이 인구에서 여성이 남성보다 약 2배 정도 많다. 다발성 경화증은 북유럽과 북아메리카 북부에서 유병률이 가장 높고, 일본과 적도에 가까운 국가들에서는 드물다. 다발성 경화증

그림 16.12   다발성 경화증의 진단
MRI 영상에서 다발성 경화증 병변들이 측뇌실 주변과 뇌 백질에 띄엄띄엄 어두운 조각으로 나타난다.

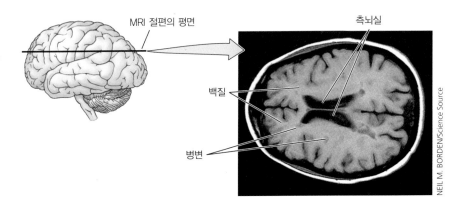

의 발병률은 지역에 따라 10만 명당 2~150명으로 다르게 나타나며, 가장 흔한 신경계의 구조적 질환 중 하나이다.

재발과 완화가 다발성 경화증의 현저한 특징이다. 많은 경우에 초기 증상 이후 바로 호전 증세를 보인다. 경과는 매우 다양해서, 몇 년에서 50년까지 지속되기도 한다. 다발성 경화증이 있는 사람은 결국에는 하반신 마비가 되어 휠체어나 침상에 갇힐 수 있다.

다발성 경화증의 원인으로 제안된 것들로 세균감염, 바이러스, 살충제 노출을 포함한 환경적 요인, 중추신경계의 면역 반응, 잘못 접힌 단백질, 비타민 D 결핍 등이 있다. 종종 단일 가족 내에 여러 환자가 발생하기도 한다. 많은 유전자가 다발성 경화증과 연관되어 왔으나, 다발성 경화증이 유전된다거나 사람에서 사람으로 전파된다는 명확한 증거는 없다.

다발성 경화증과 면역 체계 사이의 관계에 초점을 둔 연구들은 다발성 경화증이 **자가면역성 질환**(autoimmune disease)임을 시사한다. 체내 외인성 병원(foreign pathogen)과 신체 자체를 구분하는 능력은 면역 체계 기능의 핵심이다. 만일 이런 구분이 실패하면, 면역 체계는 자기 자신의 신체에 대항하는 항체를 만든다. 다발성 경화증의 경우, 면역 체계는 수초에 대항하는 항체를 만든다.

다양한 유기체의 유전자 서열이 밝혀지면서, 모든 유기체가 많은 유전자를 공통적으로 갖고 있음이 분명해졌다. 그래서 다른 유기체에서 발견된 단백질들이 놀라운 정도로 유사하다. 그리고 여기에 인간 면역 체계에 관한 문제점이 있다. 즉 외인성 미생물이 신체 자체의 단백질과 거의 동일한 단백질을 내포할 수 있다. 만일 이 미생물과 인간이 공통적 유전자 서열을 공유한다면, 그 미생물을 공격해야 할 면역 체계가 결국 자기 자신을 공격할 수 있다. 이러한 과정은 **자가 독성 공포**(horror autotoxicus)라 알려지고 있다. 아이디어는 **그림 16.13**에 예시된 것처럼 일부 미생물 단백질 서열이 수초에서 발견되는 구조와 같으며, 이는 미생물과 사람 자신의 수초에 대한 공격으로 이어진다는 것이다. 따라서 2020~2022년 대유행의 원인인 COVID-19를 포함한 다양한 질병 상태에 대한 면역 반응이 우연히 신경 염증의 원인이, 그리고 잠재적으로 탈수초화의 원인이 된다고 보고되어 왔다(Sriwastava et al., 2021).

다발성 경화증이 북반구이든 남반구이든 극단적인 위도 지역에서 더 흔하다는 사실은 신체가 비타민 D를 합성할 때 필요한 직접적 햇빛의 불충분이 다발성 경화증의 촉발 요소일 가능성을 제기한다. 비타민 D의 급성 결핍과 지속성 결핍 중 어떤 것이 이 관계에 합당한지는 여전히 의문이다. 아마도 비타민 D 결핍이 다발성 경화증에 걸리기 쉽게 만드는 다른 요소와 상호작용할 가능성이 있다. 예를 들어 수많은 유전자가 비타민 D의 수송과 흡수에 관여하고, 이 유전자들의 변종이 적절한 양의 비타민 D가 포함된 식단을 섭취하거나 적절한 양의 햇빛에 노출된 개인에서도 낮은 수준의 비타민 D와 관련된다(Boltjes et al., 2021).

신경인지장애

신경인지장애(neurocognitive disorders)는 주로 인지 기능의 저하로 인해 전반적 기능 수준에 저하가 있는 질환이다. 이러한 장애는 개인이 독립적으로 생활할 수 있는 정도에 따라 주요 또는 경도로 분류된다. 일반 인구에서 노인의 비율이 지난 수십 년 동안 꾸준히 증가했다. 신경인지장애는 65세 이상 인구의 1~6%, 80세 이상 인구의 10~20%에 영향을 미치므로, 전체 인구의 고령화와 함께 신경인지장애의 발생률도 증가했다.

신경인지장애는 후천적이며 지속적인 지능 손상의 증후군이다. 신경인지장애의 두 가지 공통

자가면역성 질환 면역 체계가 신체 내 외인성 병원과 신체 자체를 구별하지 못해 발생하는 질환

신경인지장애 기억 결핍 및 다른 인지 결핍과 사회적, 직업적 기능의 손상을 특징으로 하는 지적 이상이 후천적으로 생겨서 지속되는 증후군

정상적으로 수초에 싸인 신경섬유

노출된 신경   손상된 수초

다발성 경화증에 이환된 신경

그림 16.13 다발성 경화증으로 인한 수초 손상

sclerosis(경화증)는 그리스어에서 유래한 것으로 '딱딱함'을 의미한다.

4-3절은 수초의 기능을 논의하고, 임상 초점 4-3은 자가면역 질환으로서의 다발성 경화증을 자세히 설명한다.

표 16.7 퇴행성 및 비퇴행성 신경인지장애

퇴행성	비퇴행성
알츠하이머병	혈관성 치매(예 : 다중경색 치매)
추체외로증후군(예 : 진행성 핵상마비)	감염성 치매(예 : AIDS 치매)
윌슨병	신경매독
헌팅턴병	외상후 치매
파킨슨병	탈수초성 치매(예 : 다발성 경화증)
전두측두 치매	독성 또는 대사성 장애(예 : 비타민 B_{12}와 니아신 결핍)
피질기저 퇴행	만성 알코올 혹은 약물 남용(예 : 코르사코프증후군)
백질이영양증(예 : 부신백질이영양증)	
프리온 관련 치매(예 : 크로이츠펠트-야콥병)	
만성 외상성 병증	

출처 : Charney et al. (2017).

적, 필수적 특성은 (1) 기억 상실 및 기타 인지적 결함과 (2) 사회적, 직업적 기능의 손상이다. 원인은 퇴행성과 비퇴행성의 두 가지 넓은 범주로 나눌 수 있다(표 16.7). 다음 절에서는 매우 다른 궤적을 가진 두 가지 퇴행성 신경인지장애인 알츠하이머병과 파킨슨병으로 논의를 제한할 것이다.

알츠하이머병

주요 신경인지장애이며 퇴행성 신경인지장애의 가장 흔한 원인 중 하나인 알츠하이머병은 수명을 단축시키는 것으로 알려져 있다. 연령, 성별, 유전이라는 세 가지 요소가 알츠하이머병의 선행요인으로 확인되었다. 알츠하이머병은 65세 이상의 사람들에게서 가장 흔하게 시작된다. 여성이 알츠하이머병에 걸릴 가능성과 더 심각한 증상을 나타낼 가능성이 더 크며, 이는 호르몬의 영향을 시사한다. 알츠하이머병의 발병률이 일부 가족에서 높은데, 이는 사례의 40~70%에서 유전적 원인이 요인이 될 수 있음을 시사한다. 그럼에도 불구하고 개인의 생활양식, 환경적 독소, 혈중 알루미늄 같은 미량 요소의 고수준, 자가면역성 반응, 완동 바이러스, 대뇌 반구로의 혈류량 감소 등 다른 많은 요인이 알츠하이머병 감수성에 영향을 준다.

최근까지 알츠하이머병을 식별하고 연구하는 유일한 방법은 사후병리 검사를 통해서였으며, 이 방법은 여전히 확진을 제공하는 유일한 길이다. 질병 경과 중 또는 심지어 발병 전 조기 진단은 치료 및 예방에 도움이 되는 분명한 목표이다. 질병이 진행됨에 따라 피질 구조와 많은 신경전달물질 체계에서 광범위한 변화가 일어난다. 신경심리학적 검사와 뇌영상이 진단에 이용되고 있으나, 조기 진단은 약 25%의 사례에서만 이루어지며, 소외된 인구에서는 그 비율이 더 낮다(White et al., 2021).

알츠하이머병에서 주요 신경해부학적 변화는 아밀로이드반(비정상적 단백질의 찌꺼기)의 출현인데, 이는 주로 피질 영역에서 발견된다. 피질내 아밀로이드반 농도 증가는 인지 황폐화의 정도와 상관성을 보인다. 아밀로이드반은 일반적으로 비특이성 현상으로 여겨지는데, 이것들이 알츠하이머병이 없는 사람들과 다른 알려진 사건이 원인이 된 신경인지장애를 가진 사람들에서도 발견될 수 있기 때문이다.

알츠하이머병의 또 다른 해부학적 상관체는 신피질과 부등피질 양쪽에서 다 발견되는 신경섬유다발(죽은 세포에서 나온 미세소관의 축적물)이다. 신경섬유다발은 주로 인체 조직에서 서술되어 왔으며, 다운증후군과 파킨슨병을 가진 사람들에서 관찰되어 왔다.

마지막으로, 알츠하이머병과 상관있는 신피질 변화는 균일하지 않다. 그림 16.14가 보여주듯이 피질은 위축되어 병의 진행에 따라 용적의 1/3가량까지 소실될 수 있다. 그러나 현미경 수준의 세포 분석에 의하면, 일차 감각 및 운동 피질(특히 시각피

그림 16.14 알츠하이머병에서 피질 퇴행

건강한 노인의 뇌(A)와 알츠하이머병의 특징인 세포 수축 때문에 쪼그라든 모습을 보이는 노인의 뇌(B)가 대조된다. 평균적 알츠하이머병 사례의 퇴행 분포 및 심각도가 뇌의 외측(C) 및 내측(D)에서 도식화된다. 영역이 어두울수록 퇴행이 심한 것이다. 흰색 영역은 기본적 변화만 식별될 정도의 예외 구역이다.

출처 : (A와 B) Laura Hemmy/Nun Study, University of Minnesota.

(A) 건강한 뇌
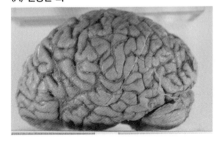

(B) 알츠하이머병이 있는 뇌
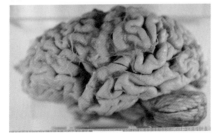

(C)
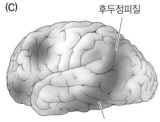
후두정피질
하측두피질

(D)
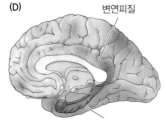
변연피질
후내피질

질과 감각운동피질) 같은 영역 일부는 상대적으로 보존되는 것으로 나타난다. 전두엽은 뒤쪽의 피질보다 영향을 덜 받는다. 피질 위축의 보다 광범위한 원인은 수상돌기 분지의 소실인 것 같다 **(그림 16.15)**.

　세포 소실과 수축에 더하여, 남아 있는 세포의 신경전달물질에 변화가 일어난다. 1970년대 연구자들은 신경전달물질 대체가 치료 옵션일 수 있다고 믿었다. 제일의 후보 신경전달물질은 아세틸콜린이었으며, 지금도 그렇다. 전뇌에서 아세틸콜린 수준을 증가시키는 치료약물이 바로 알츠하이머병을 위해 개발된 하나의 치료이다. 경구용 또는 피부 패치로 제공되는 콜린성 효능제는 질병 초기에 도움이 될 수 있다. 안타깝게도 알츠하이머병은 광범위한 세포 손상이 일어나고, 아세틸콜린 이외의 다른 신경전달물질 또한 변화하기 때문에 훨씬 더 복잡한 것으로 입증되어 왔다. 노르아드레날린, 도파민, 세로토닌이 줄어들고, 글루타메이트의 NMDA 수용체와 AMPA 수용체 역시 줄어든다. 알츠하이머병 치료에 대한 임상시험은 수백 건에 이르지만, 완치 또는 치료에 다다르는 데는 제한된 성공만을 보여주고 있다.

파킨슨병

파킨슨병은 운동이 느려지는 상태지만, 운동, 정서, 인지의 다른 많은 변화와도 연관된다. 파킨슨병은 인구의 1% 정도가 앓고 있는 것으로 추정되며, 노년기에 발병률이 급격히 증가한다. 이병은 흑질(substantia nigra)의 퇴행 및 선조체(striatum)에서 방출되는 신경전달물질인 도파민의 수반된 소실과 주로 관련된다. 그러므로 파킨슨병은 운동조절에서 흑질과 도파민의 역할에 대한 통찰을 제공한다.

　파킨슨병의 증상이 상당히 다양하다는 것은 신경학적 장애의 이해에 내재하는 복잡성을 예시한다. 잘 정의된 묶음의 세포들의 퇴행이 이 병의 핵심이지만, 많은 다른 뇌 영역도 영향을 받기 때문에 증상이 모든 사람에게 동일하지 않다.

　증상은 흔히 한쪽 손의 떨림이나 팔다리 끝부분의 완만한 경직으로 눈에 보이지 않게 시작한다. 움직임이 서서히 느려지고 얼굴이 가면처럼 되며, 종국에 가서는 눈 깜박거림과 얼굴의 정서 표현을 상실한다. 그다음에는 몸이 굽어지게 되고, 양쪽 팔을 전혀 흔들지 않은 채 발을 질질 끌며 걷게 된다. 말은 느려지고, 어조가 단조로워지며, 삼킴 곤란으로 침을 흘리게 된다. 증상이 시작될 때 변화를 인식하지 못하는 무시 증상을 보일 수 있다.

　파킨슨병은 진행성이지만, 증상이 악화하는 비율은 사람마다 다르다. 5년 안에 장애인이 될 정도로 진행이 빠른 경우는 아주 드물다. 증상이 무능력을 초래할 정도까지 가려면 보통은 10년 내지 20년이 걸린다.

　순간적인 부분적 호전이 흥미로운 혹은 자극적인 상황에 반응하여 일어나기도 한다. 신경과 의사 Oliver Sacks(1998)는 움직임이 둔한 파킨슨병 환자가 해변에서 별안간 휠체어에서 뛰어내려 물에 빠진 사람을 구하고, 곧바로 휠체어로 돌아가 다시 활력이 없어졌다는 이야기를 전했다. 활성화 상태에서 일부 증상의 완화가 보통이나, 대개 이 사례처럼 극적이지는 않다. 예를 들어 친숙한 음악을 단순히 듣기만 하는 것도 웬만하면 비활동적인 사람이 일어나 춤을 추게 하는 데 도움이 될 수 있다. 혹은 걷기 어려워하는 사람이 힘들지 않고 자전거나 스케이트를 타기도 한다. 움직일 수 없는 것처럼 보이는 사람이 던져진 공을 재빨리 잡을 수 있다. 이러한 활성화 자극에 반응하는 능력은 물리치료에 유용하며, 물리치료는 병의 진행을 늦출 수 있기 때문에

임상 초점 14-3은 알츠하이머병의 원인을 다루며, 아밀로이드반의 현미경 사진을 포함한다.

신경섬유는 세포 구조를 강화하고, 세포 구조의 운동을 도우며, 단백질을 이동시키는 세관의 한 유형이다.

그림 14.17은 글루타메이트가 어떻게 NMDA 및 AMPA 수용체에 영향을 주어 연합에 의한 학습을 촉진하는지 보여준다.

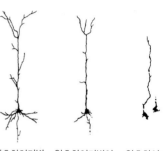

|정상적 성인의 양상|알츠하이머병 초기|알츠하이머병이 진행된 후|알츠하이머병 말기|

그림 16.15　분지의 퇴화
수상돌기가 퇴화하고 뉴런이 위축됨에 따라 알츠하이머병이 있는 사람들은 기억상실과 성격 변화 등의 증상 악화를 경험하게 된다.

5-2절에서는 도파민과 연관되는 신경전달물질을 논의한다. 임상 초점 5-2는 연구자들이 파킨슨병과 도파민 사이의 연결점을 이해하도록 이끈 발견을 논의하고, 파킨슨병의 독특한 후각 능력으로 인해 장애 진단 방법을 변화시킨 의료 종사자 조이 밀른의 이야기를 자세히 설명한다.

임상 초점 5-4는 파킨슨병 환자에게 L-도파를 투여한 Sacks의 사례 병력을 설명한다. 저작으로 신경학 문헌을 풍부하게 만든 Sacks는 2015년에 사망했다.

양성증상은 사람들에서 전형적으로 나타나지 않는 행동이다. 음성증상은 전형적인 행동의 부재, 혹은 활동에 참여하지 못함이다.

중요하다.

파킨슨병의 일부 증상은 비정상적 행동이 나타나는 것(양성증상)이고, 다른 증상은 정상적 행동이 없어지는 것(음성증상)이기 때문에, 이 두 가지 주요 범주를 살펴보겠다.

양성증상 양성증상은 질병 영향이 없는 사람에서 억제(즉 저지)되나 질병 과정에서 억제가 해제되는 것으로 생각되는 움직임으로 표출된다. 양성증상은 다음과 같다.

1. **휴식 시 떨림.** 이 떨림은 사지의 교대성 운동과 엄지와 검지로 마치 알약을 굴리는 것 같은 알약 굴림(pill-rolling) 성질의 손떨림으로 표출된다.
2. **근육경직.** 신근과 굴근 모두에서 동시에 근긴장도 증가가 사지를 관절에서 수동적으로 움직일 때 특히 뚜렷해진다. **톱니바퀴형 경직**(cogwheel rigidity)에서 움직임은 저항을 받지만, 충분히 힘을 주면 근육은 잠깐 저항을 포기했다가, 이내 다시 저항한다.
3. **불수의적 운동.** 때로 **정좌불능**(akathisia) 혹은 잔인한 안절부절못함이라고도 지칭되는 작은 움직임이나 자세 변경이 일반적인 비활동성을 동반할 수 있으나, 이러한 운동이 흔히 분명한 이유 없이 일어난다.

음성증상 음성증상은 더는 생성될 수 없는 움직임을 포함한다.

1. **자세의 장애.** 고개 떨굼, 나쁜 자세, 또는 앉거나 서 있을 때 균형을 유지하지 못함 같이 신체 일부를 다른 부분과의 관계에서 정상 위치로 유지하기가 불가능하거나 어려움.
2. **정위의 장애.** 누운 자세에서 서거나 옆구르기가 어려움.
3. **보행의 장애.** 걸음 시작에 어려움을 겪고, 걸을 때 짧은 발걸음으로 질질 끌며, 걸음걸이가 점점 빨라져 달리기로 이어지는 **가속보행**(festination)을 보임.
4. **운동저하증.** 느린 움직임, 무표정, 눈 깜박임 또는 걸을 때 팔 흔들기 부족, 자발적인 말 부족 등.

인지 증상 파킨슨병은 대개 운동장애로 간주되지만, 인지 변화도 일어난다. 파킨슨병을 가진 사람들에서 심리적 증상은 운동 증상만큼이나 매우 다양하다. 그럼에도 불구하고 그들 중 상당한 비율이 정서, 기억, 사고의 과정에서 인지 증상을 보인다. 사람들은 어떠한 활동도 시작하거나 계속할 의지를 전혀 보이지 않은 채 몇 시간이고 앉아만 있곤 한다. 파킨슨병은 흔히 신경인지장애로 간주되는데, 이는 이 병이 있는 사람들이 대화 내용을 처리하고 있지 않은 것으로 보이기 때문이다. 실제로 그들은 대화 내용을 매우 느리게 처리하고 있을 수도 있다. 파킨슨병이 있는 사람들에서 인지 둔화는 알츠하이머병과 일부 유사점이 있다.

임상 초점 5-5는 MPTP가 포함된 합성 헤로인을 사용한 후 파킨슨병과 유사한 증상을 경험한 사람의 사례를 서술한다.

파킨슨병의 원인 파킨슨병의 궁극적인 원인(흑질 세포의 소실)은 (뇌염이나 매독 같은) 질병, [합성 헤로인에서 발견되어 도파민 세포를 손상시키는 오염물질인 MPTP(1-methyl-4-phenylpyridinium) 같은] 약물, 혹은 알려지지 않은 원인에 기인할 수 있다. 개인과 관련된 원발성 원인으로는 환경오염물질, 살충제, 제초제, 뇌진탕, 유전적 소인 등이 포함될 수 있다. 상대적으로 어린 나이에 이 병에 걸린 사람들에 대한 인구학적 연구는 MPTP와 유사한 방식으로 작용하는 환경 독소가 물과 공기에 퍼져 있을 가능성 제기를 촉발시켰다.

정좌불능 작은 불수의적 움직임 혹은 자세 변화, 가만히 있지 못하고 계속 움직임.

가속보행 점차 더 빠른 속도로 걸으려는 행동의 경향성

파킨슨병의 치료 파킨슨병의 치료는 흑질 세포의 퇴행을 멈추게 하는 것 또는 흑질 세포를 대체하는 것이다. 어떤 목표도 현재 성취 가능하지 않다. 그래서 현재의 치료는 약물적이고 행동적이

며, 지지와 안정을 지향한다.

물리치료에는 고통스러운 근육 경련을 경감시키기 위한 온열과 마사지 같은 간단한 조치와 쇠약하는 움직임 변화에 대처하는 훈련과 운동이 있을 수 있다. 치료적으로 사용되는 것 중에 음악과 운동이 균형 잡기와 걷기를 포함한 다른 행동 측면을 향상시킬 수 있으며, 실제로 병의 경과를 늦추기도 한다.

약물치료의 목적은 잔존하는 모든 도파민 시냅스의 활성을 증가시키는 것이다. 도파민 전구물질인 L-도파는 뇌에서 도파민으로 전환되어, 도파민 전달 효율성을 향상시킴으로써 병의 증상을 경감시킨다. 아만타딘, 암페타민, 단가아민 산화효소 억제제, 삼환계 항우울제 같은 약물도 남아 있는 도파민 뉴런을 자극하여 증상을 경감시킬 수 있다. 아트로핀, 스코폴라민, 벤즈트로핀(코젠틴), 트리헥시페니딜(아탄) 같은 항콜린제는 적절한 도파민 활성이 없는데도 과잉활성을 보이는 뇌의 콜린계를 차단한다.

그러나 병이 진행됨에 따라 자극받을 도파민 뉴런이 더 없어지기 때문에, 약물치료는 덜 효과적으로 된다. 사용 가능한 도파민 감소의 한 가지 효과는 도파민 수용체의 수가 증가한다는 것이다. 결과적으로 증가된 수용체 수에 대한 나머지 도파민의 작용은 비정상적인 움직임을 포함하는 부작용을 일으키기 시작한다. 부작용이 심해지면 도파민 방출을 자극하는 치료법은 더는 유용하지 않다. 도파민 수용체를 직접적으로 자극하는 일부 약물치료는 성욕 증가와 강박적 도박의 발생률 증가를 유발하는 것으로 보고되어 왔다.

이 절 뒷부분에 서술된 두 가지 수술적 치료법은 담창구(globus pallidus, GPi) 뉴런의 활성이 증가하면 운동 기능이 억제될 것이라는 아이디어에 기초한다. GPi 내부의 병변은 경직과 진전을 줄일 수 있다. GPi 신경의 과잉활동 또한 뇌심부자극술을 통해 전기적으로 뉴런을 자극함으로써 신경수술적으로 감소시킬 수 있다(이 절 뒷부분의 그림 16.19 참조). 자극용 전극이 GPi에 혹은 인접 영역인 시상하핵에 영구적으로 삽입된다. 이 치료를 받은 사람들은 작은 전기자극기를 들고 다니다가, 뇌심부자극을 일으키게 스위치를 켜서 경직과 진전 증상을 줄일 수 있다. 이 두 가지 치료법은 순차적으로 사용될 수 있다. 즉 병이 진행되어 뇌심부자극의 효능이 떨어질 때, GPi 병변이 유도될 수 있다.

여전히 실험 진행 중인 파킨슨병 치료법으로 도파민 생성 세포의 수 증가시키기가 있다. 한 가지 방법은 배아 도파민 세포를 기저핵에 이식하는 것이다. 1980년대와 1990년대에 이 치료법은 다양한 성공률로 보고되었다. 그러나 부적절한 사전 평가 및 사후 평가의 절차로 실행된 많은 불량 연구로 인해 결과가 흐려졌다. 새로운 치료법들이 이식편과 뇌의 통합을 개선하고, 소실된 뉴런의 대체를 위해 줄기세포를 자극하는 방향으로 진행된다(Silva et al., 2022).

진행성 신경인지장애의 프리온 이론

알츠하이머병과 파킨슨병은 일부 유사성을 갖는다. 두 병 사이에 가장 잘 연구된 유사성으로 **루이체**(Lewy body)가 있다. 이는 비정상적 신경섬유 대사에 상응하여 뉴런의 세포질 내에 형성되는 섬유 고리이다(**그림 16.16**). 최근까지 루이체는 중뇌 흑질 영역에서 가장

Joanne Rathe/Boston Globe/Getty Images

리듬 운동은 파킨슨병이 있는 사람들이 양성증상과 음성증상 사이의 균형을 회복하는 데 도움을 준다. 여기 사진처럼 Mark Morris Dance Center에서 파킨슨병 집단을 위해 특별히 고안된 춤 교실에 참여하는 사람들은 음악에 맞춘 운동이 근육 통제력을 다시 얻는 데 도움이 된다고 보고한다. 태극권과 권투 같은 운동 역시 결핍 도파민의 대체를 지향하는 치료를 강화한다.

7-1절은 파킨슨병 치료에 병변과 뇌심부자극의 사용을 서술한다.

그림 11.13은 기저핵 구조인 담창구가 어떻게 움직임의 힘을 제어하는지 도표화한다.

루이체 몇몇 신경퇴행성 장애에서 발견되는 원형 섬유 구조. 뉴런의 세포질 내에서 형성되며, 비정상적 신경섬유 대사의 결과인 것으로 생각되고 있음

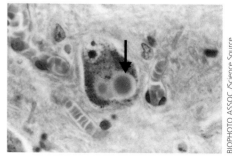

BIOPHOTO ASSOC./Science Source

그림 16.16 중뇌 루이체
파킨슨병의 특징인 루이체(화살표)는 다른 장애를 가진 사람들의 뇌에서도 발견된다.

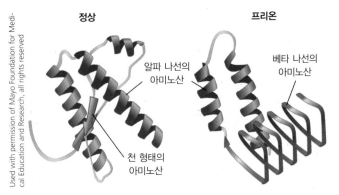

정상　　　　　　프리온

알파 나선의
아미노산

베타 나선의
아미노산

천 형태의
아미노산

그림 16.17 질병 과정

왼쪽 : 프리온 단백질은 전형적으로 나선과 주름천으로 접힌 구조이다. 오른쪽 : 잘못 접힘에서 정상적 단백질의 일부가 베타 나선으로 변한다. 결과는 전염병 유발 프리온이다.

프리온의 정의에서 지칭된 감염은 우연한 접촉에 의해 야기된 것이 아니다.

빈번히 발견되었으며, 아밀로이드반이 알츠하이머병의 표지자로 여겨지듯, 루이체는 파킨슨병의 특징이라고 믿어졌다. 사실 루이체는 알츠하이머병을 비롯한 몇몇 신경인지장애에서 발견된다. 아밀로이드반과 신경섬유다발은 없으나 피질에 광범위한 루이체를 가진 루이체 치매 같은 알츠하이머병 유사 신경인지장애를 가진 사람들에 대한 보고도 있다.

사실 뇌 퇴행으로 특징지어지는 몇몇 질환이 비슷한 원천을 가질 수 있다는 생각이 프리온 이론(prion theory)의 핵심이다. **프리온**(prion)이란 용어는 'proteinaceous infectious particle(단백질성 감염성 입자)'을 짧게 한 것이다. 이 이론은 Stanley B. Prusiner에 의해 1982년 제기되었고, 그는 그 업적으로 1997년에 노벨상을 받았다. 프리온은 다른 유사한 단백질의 비정상적 접힘을 일으키는 비정상적으로 접힌 단백질이다(**그림 16.17**). 비정상적 접힘은 단백질의 기능을 떨어뜨린다.

프리온은 서로 뭉치는 경향이 있어, 세포 사멸에 기여하는 단백질 응집체를 형성한다. 프리온은 또한 인접한 뇌 및 신체 세포를 감염시켜, 전반적인 뇌 퇴행 및 근육 소모를 유발할 수 있다. 이 점진적인 감염이 진행됨에 따라 진행성 신경 퇴행을 유발한다. 프리온은 유전적 기원을 가질 수 있고, 자생적 기원을 가질 수 있으며, 외상 및 기타 원인의 결과이거나, 프리온이 포함된 음식을 섭취하여 생길 수 있다.

프리온은 인간과 다른 동물들에서 여러 퇴행성 뇌 질환을 조사하는 과정에서 확인되었다. 크로이츠펠트-야콥병은 급속히 진행하는 인간의 희귀 퇴행성 질환이며, 1990년대에 대중에 알려졌다. 당시에 일부 사람들이 광우병 증상을 보인 소의 쇠고기를 먹은 후에 비슷한 상태에 걸렸다. 광우병은 근육 소모를 동반하는 퇴행성 뇌 상태이다. 차례로 광우병은 뇌와 신체의 소모가 특징인 스크래피(scrapie)라 불리는 양의 상태와 비슷하다. **만성 소모병**은 사슴과 엘크에서 발견되는 비슷한 상태이다.

그런 감염의 전염성이 1950년대에 파푸아뉴기니의 포레족에서 관찰되었다. 많은 수의 포레족이 쿠루(kuru, 포레족의 말로 흔들림을 의미함)라 불리는 근육 소모성 상태로 죽어가고 있었다. 포레족은 식인 의식을 실행함으로써 쿠루에 걸렸음이 판명되었다. 즉 그들은 죽은 친척(쿠루로 죽은 사람들의 일부)의 뇌를 먹었으며, 포레족들은 그것이 영혼을 보존하는 것이라 믿었다. 그 상태를 조사하는 실험에서 쿠루에 걸렸던 사람들의 신체 부분을 침팬지에게 먹게 하자, 침팬지도 그 병에 걸렸다. 이 상태들에서 감염원은 프리온이다.

파킨슨병에서 잘못 접힌 단백질이 **알파 시누클레인**(alpha synuclein)이라 제안되고 있다. 이것의 축적물이 주로 흑질 세포에 있는 루이체이다. 알츠하이머병에서 잘못 접힌 단백질이 **아밀로이드 베타와 타우 단백질**이며, 이들이 아밀로이드반을 형성하고 주로 피질 세포에 영향을 준다. 한 설명에 따르면 프리온 단백질은 장내 세균에 의해 생성될 수 있다(Brás & Outeiro, 2020). 일단 형성되면 프리온은 미주신경을 통해 뇌로 이동한다(**그림 16.18**). 이러한 프리온은 병의 증상이 시작되기 수년 전에 뇌에 도달할 수 있다.

프리온 이론은 프리온을 제거하는 약물, 프리온 형성을 차단하는 약물, 또는 잘못 접히는 경향이 있는 단백질을 변경하는 약물을 포함한 퇴행성 질환 치료의 조사에 새로운 길을 열어준다(Brás & Outeiro, 2020). 또한 퇴행성 질환에 대한 저항력을 부여하는 것으로 보이는 건강한 식단, 운동 및 교육을 포함한 많은 생활방식의 속성들이 신체가 프리온의 형성과 효과에 저항하도록 돕기 때문에 효과적일 수 있다. 잘못 접힘을 유발하지 않는 단백질 대립형질을 위한 선택적

프리온 단백질과 감염의 특성을 가지며, 점진적 퇴행성 신경인지장애를 일으키는 비정상적으로 접힌 단백질

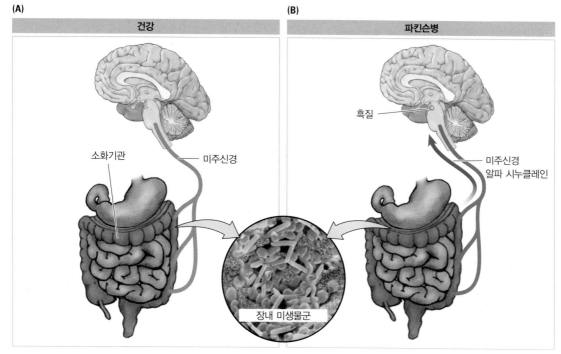

(A)
건강

소화기관

미주신경

장내 미생물군

(B)
파킨슨병

흑질

미주신경
알파 시누클레인

장내 미생물군

그림 16.18　장 프리온 원천
(A) 신경이 장 활동을 제어하는, 미주신경과 유익한 세균을 포함하는 장 사이의 정상적 관계. **(B)** 유해한 장내 세균은 미주 신경을 통해 뇌로 이동하는 프리온을 생성한다.

소 사육이 광우병을 예방한다. 잘못 접힘에 저항성인 인간 단백질 대립형질을 생쥐에게 주입하면, 쥐가 프리온 질환에 저항성이 된다. 인간용으로 개발된 어떤 치료도 잠재적으로 소의 광우병, 양의 스크래피, 사슴과 엘크의 소모병을 치료할 수 있었으며, 이러한 동물들에 대한 어떠한 치료도 인간에게 도움이 될 수 있었다.

나이 관련 인지 상실

늙는다고 다 신경인지장애가 생기는 것은 아니지만, 사실상 모든 사람이 일정 수준의 나이 관련 인지 상실을 경험한다. 이는 활발하고, 건강하고, 생산적인 삶을 살고 있을 때에도 그렇다. 노화는 지각(특히 시각, 청각, 후각) 기능의 쇠퇴와 연관되고, 운동, 인지, 집행(계획) 기능의 쇠퇴와도 연관된다. 노인은 학습 속도가 느린 경향이 있으며, 새로운 기술 습득에 있어 젊은 성인만큼의 숙달을 달성하지 못한다.

비침습적 영상 연구를 통해 노화가 수초 소실과 관련된 백질 용적의 감소와 상관성을 나타냄이 드러났다. 이 상태는 회복 가능하다. 전형적 노화에서 해마의 신경 발생 감소가 일어나기는 하지만 신경 소실의 증거는 별로 없다. 인지 및 집행 과제를 수행할 때, 노인들은 젊은이들에 비해 주의 및 집행 신경망(두정피질과 전전두피질)의 더 큰 영역을 활성화하는 경향이다. 이러한 증가된 활성화는 주의 및 집행 과제뿐 아니라 작업기억 검사상의 수행도 감소와 상관성을 보인다.

두 가지 계열의 증거가 나이 관련 기능 쇠퇴가 완화될 수 있다고 시사한다. 첫째는 전반적 건강을 향상시키고, 신경발생, 교질 생성, 영양인자 지지 등의 증가를 통해 뇌의 가소성을 증대시키기 위한 유산소운동에 집중한다. 둘째는 신경가소성을 향상시키고, 학습된 무사용을 역전시키는 훈련 전략을 이용하는 뇌 운동이다.

우리 대부분은 연습하지 않아서 삼각법이나 테니스 같은 어떤 기술을 잃어버리는 좌절감을 알

뇌 단련　인지적으로 자극하는 활동에의 참여는 나이에 따른 쇠퇴로부터 신경망과 전반적 인지 기능을 지킬 수 있다.

뇌심부자극(DBS) 신경수술을 통해 뇌에 심은 전극으로 낮은 전압의 전류를 넣어 표적 영역을 자극함으로써 행동을 촉진하는 치료법

https://www.youtube.com/watch?v=J3fb0CaDpEk에서 이러한 미세출혈의 진행 혹은 고요 뇌졸중을 살펴보라.

고 있다. 기술 상실은 신경인지장애를 반영하는 것이 아니라, 단순히 사용하지 않으면 잃게 되는 효과를 반영한다. 적절한 뇌 회로의 가소성을 자극하도록 고안된 훈련 프로그램들은 운동계, 청각계, 시각계 등에 기초한 인지 및 주의 훈련을 포함한다. 뇌 훈련은 특정한 상실을 재활하기보다는 가소성을 자극하도록 고안된다.

뇌의 노화성 변화는 신체 전체의 노화와 맥락을 같이해서 일어난다. 예를 들어 신경인지장애는 경계선적 고혈압의 만성 뇌혈관 장애의 효과를 반영할 수 있다. 혈압의 경계선적 상승은 대뇌 미세출혈(특히 백질에서)로 이어질 수 있다. 수년 혹은 수십 년의 작은 출혈이 축적된 효과로 결국에 가서는 인지 교란의 증가로 이어질 수 있다. 이런 상태가 처음에는 미세출혈의 축적으로 신경인지장애를 향해 느리게 진행하는 **경도인지장애**(mild cognitive impairment, MCI)로 나타날 수 있다.

신경인지장애의 치료

행동신경과학자들에게 궁극적 목표는 그들의 지식을 적용하여 잘못된 뇌를 일정 범위의 건강한 기능상태로 회복시킬 수 있는 치료법을 만들어내는 것이다. 이러한 목표는 벅찬 일인데, 왜냐하면 첫 번째 과제인 특정한 행동적 장애의 원인 알아내기가 너무 어렵기 때문이다. 페닐케톤뇨증처럼 단순한 원인을 갖고 있는 행동적 장애는 거의 없다. 조현병처럼 대부분은 복잡하다. 더 성취 가능한 목표는 현재의 치료를 향상시킴으로써 작은 진전을 이루고, 새로운 치료법을 개발하며, 병의 원인을 분석하는 것이다. 가능한 치료법들은 광범위하기는 하지만, 네 가지의 일반적 범주로 나뉜다.

1. 신경수술적. 두개골이 열리고, 뇌에 어떤 중재가 가해진다.
2. 전기생리적. 뇌 기능이 두개골을 통과하는 자극에 의해 변형된다.
3. 약물적. 뇌에 영향을 주는 화학약품이 섭취되거나 주입된다.
4. 행동적. 치료가 신체 또는 경험을 조작하며, 이는 결국 뇌에 영향을 준다.

신경수술적 치료

종양 제거나 동정맥 기형 교정처럼 신경계에 대한 신경수술적 조작은 상당히 치유적이다. 전형적으로 그런 신경수술적 중재는 성공적이다. 수술할 목표를 촬영하는 기법과 두개골을 열지 않고 이상 조직을 파괴하는 방법의 향상으로 진전이 이루어졌다. 예를 들어 방사선수술은 다른 원천에서 유도된 엑스선 같은 에너지를 이용해 목표에 집중시켜서 비정상 세포를 파괴한다. 개별적 엑스선은 통과 위치에 있는 건강한 세포를 손상시킬 에너지가 없다. 다중의 빔이 집중되는 곳에서만 조직이 파괴된다.

뇌종양은 임상 초점의 주제이다. 동정맥기형 또는 혈관종은 그림 16.10에 이미지화되어 있다.

파킨슨병의 치료에는 떨림을 유발하는 뇌 영역과 움직임을 어렵게 하는 근육경직의 유발에 관여하는 뇌 영역을 불활성화하는 방법이 포함된다. 전극을 운동 시상에 꽂은 후 전류를 흘려 불필요한 효과의 유발을 책임진 뉴런을 파괴한다. 다른 방법으로 **뇌심부자극**(deep brain stimulation, DBS)에서는 담창구 또는 시상하핵(subthalamic nucleus)에 꽂아 고정된 전극이 사람이 작동시킬 수 있는 외부의 전기자극기에 연결된다(**그림 16.19**). 자극은 불필요한 효과를 책임진 세포들을 불활성화할 수 있고, 그래서 좀 더 정상적인 움직임이 회복된다(Knight et al., 2015).

뇌심부자극은 또한 외상성 뇌 손상과 강박장애 및 주요우울장애 같은 행동적 장애를 치료하는 데 실험적으로 이용된다(De Jesus et al., 2021). 뇌에 심어진 전극은 수년간 잘 견디고 효과를 유

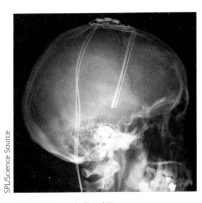

SPL/Science Source

그림 16.19 뇌심부자극
사람 뇌의 엑스선에서 뇌심부자극을 위해 시상에 심어진 전극이 보인다.

지한다. 전기 자극은 활성효과를 가질 수 있으며, 그래서 우울 혹은 강박적 행동을 완화한다. 자극은 또한 뇌 조직을 좀 더 가소적으로, 그래서 다른 치료에 더 수용적으로 만드는 것 같다. 자극 동안 사람들은 좀 더 효과적인 생각과 행동 양식을 학습할 수 있다. 많은 상태에서, 뇌심부자극은 최후 수단의 실험적 옵션으로 남아 있다. 뇌심부자극은 영구적인 치유가 아니다. 자극이 중단되면 유익한 효과도 줄어든다. 그러므로 뇌심부자극과 더불어 인지행동치료를 함께 시행하는 것이 중요하다.

또 다른 고도로 실험적인 신경수술 전략은 세포 분열과 세포 분화부터 세포 이동과 시냅스 발생까지 출생 전 뇌 발달의 정해진 순서에 의지한다. 외상성 뇌 손상에서나 뇌졸중 후에서처럼 어떤 뇌 영역이 비정상적으로 기능하거나 혹은 병들거나 괴사하게 되면, 이 부분을 배아기의 상태로 되돌려 놓고 건강한 영역으로 다시 자라나게 하는 것이 가능해야 한다. 유도된 신경발생의 이용은 공상 과학 소설 같은 면이 있으나, 언젠가는 실현 가능할 것이다. 예를 들어 손상 위치로 이동할 수 있는 새로운 세포를 발생시키기 위해, 실험실 쥐에서 줄기세포가 신경영양인자에 의해 유도될 수 있다.

그림 14.26은 피질성 뇌졸중의 개선을 위해 쥐의 뇌에서 유도된 신경발생을 보여준다.

1980년대에 신경외과 의사들은 태아의 줄기세포를 성인 뇌에 이식하는 실험을 했다. 세포의 배치 및 연결 어려움과 이식 수여자의 면역 체계에 의한 거부반응 때문에 이러한 접근법으로 성취한 성공은 제한적이었다. 또 다른 복원 아이디어는 골수, 피부 같은 다른 신체 부위에 있는 다중분화 줄기세포가 신경 줄기세포를 제조할 수 있다는 발견에서 왔다. 사실 적절히 조작하면, 어떤 세포든 잠재적으로 줄기세포 상태로 되돌아갈 수 있다. 장점은 환자 자신의 세포여서 면역체계에 의해 거부되지 않는다는 것이다.

그림 8.8은 다중분화성 신경 줄기세포로부터 전문화된 뇌세포의 기원에 대한 도해이다.

만약 사람들 자신의 다중분화 줄기세포가 신경 줄기세포를 생성할 수 있음이 입증된다면, 줄기세포를 추출해서, 특별한 배지에 배치해 수천 또는 수만 개의 세포를 발생시킨 후, 이 줄기세포들을 손상된 뇌 안으로 주입하는 것이 가능해진다. 세포가 적절히 분화해서 올바른 연결을 발달시키느냐가 관건이다. 줄기세포 이식이 오늘날 파킨슨병, TBI, 뇌졸중을 포함한 많은 신경학적 상태에 대한 잠재적 치료법으로 진지하게 받아들여지고 있지만, 아직은 조사 단계에 머물러 있다(Zhao et al., 2021).

전기생리적 치료

신체를 치료해 정신을 치료한다는 개념은 오래전부터 존재했다. 1930년대에 연구자들은 인슐린을 이용해 혈당을 낮춤으로써 발작을 유발해 우울증을 치료하려 했다. 1950년대에 이르러 인슐린 요법은 첫 번째 전기적 뇌 자극 치료인 전기충격 치료(ECT)로 대체되었다.

ECT는 달리 치료가 되지 않는 우울증의 치료법으로 개발되었으며, 비록 정확한 작용기전은 불확실하지만 유용함이 입증되었다. 오늘날 덜 흔하게 사용되지만, ECT는 때때로 일부 심한 우울증을 가진 사람들을 위한 유일한 치료법으로 남아 있다. 하나의 이유는 이 치료법이 수많은 신경영양인자, 특히 BDNF의 생성을 자극하여 비활성 세포를 좀 더 활성 모드로 복원시키는 것일 수 있다.

신경영양인자는 영양이 되는 화학적 화합물로서 뉴런의 성장과 발달, 생존성을 지지한다.

ECT의 문제는 전기 자극으로 인해 대대적인 발작이 일어난다는 것이다. 이를 방지하기 위해 보통 대용량의 치료약물이 필요하다. ECT는 또한 반복 치료로 골칫거리가 될 수 있는 기억상실을 야기한다. 경두개자기자극이라 불리는 비침습적 기술은 전기 자극 대신에 자기 자극을 이용한다. 자기 자극이 국재화된 뇌 영역에 적용될 수 있으며 마취가 필요 없다. 현재까지 경두개자기

임상 초점 6-4는 ECT가 주요우울장애 치료에 사용된 사례를 서술한다.

그림 7.8은 경두개자기자극이 어떻게 작동하는지 도해한다.

임상 초점 5-4는 파킨슨병을 치료하기 위한 L-도파 사용 사례 연구를 서술한다.

6-2절은 항정신성 약물과 그 치료 효과를 분류한다.

자극은 우울증 치료법으로 미국 식약처의 승인을 받았다. '연구 초점 16-5 : 경두개자기자극을 이용한 행동장애 치료'에서 복습되듯이, 임상적 적용이 점점 증가하고 있다.

약물적 치료

1950대에 있었던 두 가지 사건으로 인해 행동장애의 치료에 약물학적 혁명이 일어났다.

1. 조현병 치료를 위한 페노사이아진계 약물(신경이완제)의 개발이 수술 환자의 전처치에 사용되던 약물에서 비롯되었다. 이후 수십 년에 걸쳐 새로운 신경이완약물들이 점차 더욱 선택적으로 되었고, 오늘날에도 여전히 효과적이다.

2. 새로운 부류의 항불안제가 개발되었다. 바리움(Valium) 같은 치료약물들은 미국에서 가장 널리 처방되는 약이 되었고, 지금도 그렇다.

3. L-도파(L-Dopa)가 파킨슨병에서 심한 운동장애를 치료하기 위한 첫 번째 약물로 제공되었다. 일단 복용하면 L-도파는 도파민으로 전환되어 파킨슨병 때문에 상실된 도파민을 대체한다.

장애 행동을 변화시키는 이런 약물의 힘은 제약업에 일대 변혁을 일으켰다.

핵심목표는 여러 장애에서 발견되는 화학적 불균형을 교정하는 '마법의 탄환'으로 작용할 수 있고, 현재 사용 가능한 약보다 부작용이 적은 약을 개발하는 것이다. 두 목표 모두 성취하기가 어려움이 증명되어왔다.

약물적 치료에는 심각한 단점이 있다. 급성, 만성 부작용이 대표적이고, 장기 사용이 새로운 문제를 야기하기도 한다. 항우울제를 복용하는 사람을 생각해보자. 약물이 우울을 경감시키기는 하지만 성욕감퇴, 피로감, 수면교란, 인지 기능 저하 등을 유발할 수 있다. 그러므로 약물이 우울 상태에서 벗어나게 하는 데는 유용하지만, 스스로를 교란시키는 다른 증상을 일으킬 수 있

◉ 연구 초점 16-5

경두개자기자극을 이용한 행동장애 치료

경두개자기자극(TMS)에서는 두피 위에 놓인 자기 코일이 아래쪽의 뇌 영역에 전류를 유도한다. TMS는 특정 장애에 연루된다고 여겨지는 국재화된 뇌 영역

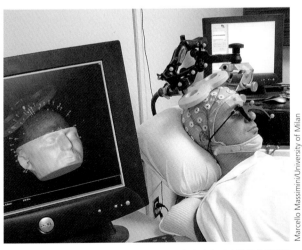

Marcello Massimini/University of Milan

우울증의 임상적 치료에서, TMS는 국재화된 뇌 영역의 신경 활성에 영향을 준다.

에 적용될 수 있다. 자기장의 조작은 25센트 동전만큼 작은 피질 부분을 피질 표면만 혹은 좀 더 깊은 뇌 조직층까지 자극할 수 있다.

TMS의 일차적 임상 사용은 우울증에 대해서였으며, 2008년 미국 식품의약국은 이를 공식적으로 승인하였다. 수많은 연구가 TMS를 사용해 긍정적 효과를 보고한다. 그러나 요구되는 치료 기간과 이로운 효과의 지속기간은 여전히 연구 중이다.

TMS의 짧은 펄스의 효과는 자극보다 오래 지속되지 않는다. 그러나 *반복적 TMS*(rTMS)는 몇 분의 지속적 자극으로 TMS보다 더 길게 지속하는 효과를 만들어낸다. 또한 작지만 유망한 연구들이 TMS의 가능한 혜택을 조현병의 환청, 불안장애, 신경인지장애, 반신마비, 통증 증후군 등으로 확장해 왔다.

모든 TMS 연구에서 문제는 자극의 기간과 강도, 그리고 자극할 영역과 관련된 의문들이다. 개개인의 뇌는 조금씩 달라, 적절한 구조가 자극되고 있음을 담보하려면 각 사람에서 MRI가 수행되어야 한다.

TMS 자극이 뇌를 좀 더 가소적으로 만들까? 만약 그렇다면 학습이 향상될 수 있을까? 핵심적 아이디어는 TMS가 가해지면 피질의 흥분성에 변화가 일어난다는 것이다. 그러면 이러한 변화는 학습을 촉진한다. 실제로 운동 또는 인지 훈련의 치료 효과가 TMS와 결합할 때 향상될 수 있다(Bhattacharya et al., 2021).

다. 더구나 개인의 인생사와 관련된 우울 사례들에서 약물이 유해상황 대처에 필요한 행동적 도구를 제공하지는 못한다. 마지막으로, "약이 실력은 아니다."

약물치료의 부작용은 신경이완제 치료를 받는 조현병이 있는 사람들 다수에서 볼 수 있다. 향정신성 약물은 중뇌-변연 도파민 체계에 작용하고, 이 체계는 다른 기능들 사이에, 특히 동기에 영향을 준다. 부작용이 나오는 이유는 이 약물이 움직임을 조절하는 흑질-선조체 도파민 체계에도 작용하기 때문이다. 신경이완제를 복용하는 사람들은 결국 운동장애가 생긴다. 예를 들어 혀, 손, 혹은 다른 신체 부위의 움직임을 멈추지 못하는 **지연성 운동이상**(tardive dyskinesia)은 신경이완제 복용의 운동증상이다. 운동장애 부작용은 향정신성 약물을 사용한 치료가 중단된 이후에도 지속될 수 있다. 행동장애 치료를 위한 약물 복용은 그래서 위험을 내포한다. 마법의 탄환이라기보다 탄환이 의도한 표적보다 더 넓게 흩어지는 샷건 포탄처럼 작용하는 경우가 흔하다.

이러한 단점에도 불구하고, 약물은 많은 사람들에게 유익함이 증명된다. 표적 체계로만 약물이 이송되고, 다른 체계에는 최소한의 영향만 미치게 배달 양식이 개선됨에 따라 향상된 약물 화학이 부작용 감소를 약속한다. 향상된 배달 체계 하나는, **그림 16.20**에 예시되듯이, 리포솜이라 하는 나노입자를 사용한다. 리포솜은 1 내지 100 nm(나노미터, 10억분의 1미터) 크기의 생합성 분자이다. 자연적인 생물학적 나노입자 중 하나가 반경이 약 40nm인 시냅스 소포이며, 이는 세포외 공간으로 배달할 신경전달물질을 담고 있다. 표면에 귀소펩티드를 가진 합성 소포로 구성되는 리포솜은 원칙적으로 혈액-뇌 장벽을 넘어 약물을 날라, 신경계 내 뉴런이나 아교세포의 특정화된 유형에 약물을 배달하도록 구축될 수 있다.

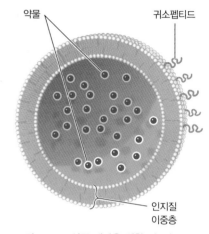

약물

귀소펩티드

인지질 이중층

그림 16.20   약물 배달을 위한 리포솜
생합성 소포는 미시적 약물이나 DNA를 몸의 세포로 배달할 수 있다. 합성생물학은 7-1절에서 논의한다.

16-3 복습

진도를 계속 나가기 전에 앞 절을 얼마나 이해했는지 확인해보자. 정답은 이 책의 뒷부분에 있다.

1. 머리 타격으로 인해 뇌에 입은 부상인 _____은/는 40세 미만의 사람들에게 가장 흔한 형태의 뇌 상해이다.

2. 뇌로 가는 혈액의 중단은 _____(이)라 하며, 장기간 지속되면 _____이/가 초래될 수 있다.

3. 수초장애에서 가장 흔한 형태는 _____이다.

4. 표면적으로는 매우 다른 질환으로 보이지만, 파킨슨병과 알츠하이머병은 _____에 의해 유발되는 것으로 제안되었으며, 이는 두 질환이 공통의 질병 스펙트럼의 일부일 수 있음을 시사한다.

5. 노화에 따른 신경학적, 인지적 쇠퇴를 경감 혹은 역전할 수 있는 두 가지 전략의 이름을 말해보시오.

16-4

연구 과제

진단의 문제가 해결된다 해도, 미국 국립보건원의 BRAIN Initiative에서 인정한 바와 같이 행동장애 연구에 상당한 장애물이 여전히 존재할 것이다. 다음이 그 부분적 목록이다. 이 Initiative는 다음의 문제들을 표적으로 하는 연구에 자금을 제공한다.

구성의 복잡성

신경계는 복잡성의 측면에서 다른 신체 체계를 훨씬 능가한다. 뇌는 다른 어떤 기관보다도 더욱 다양한 세포 유형을 갖고 있으며, 신경계 세포와 그 세포 간 연결은 가소성이 있어 경험에 따라 변화한다. 이러한 특성은 정상 기능과 비정상 기능의 이해에 복잡한 과제를 제시한다.

체계의 복잡성

뇌와 행동에 관한 이해가 진전을 보이면서, 다양한 수용체 체계가 많은 다른 기능을 제공한다는 것이 명백해졌다. 예를 들어 뇌의 주요 활성 체계들은 아세틸콜린, 도파민, 노르에피네프린, 세로토닌, GABA 등을 이용하는 체계들인데, 생화학과 행동 사이에 특정함이 별로 없이 분산되어 있다. 신경전달물질 GABA는 뇌 시냅스의 30%에 영향을 미친다. 불안을 치료하는 (벤조디아제핀 같은) GABA 효능제를 사람들에게 투여하면 행동에 대한 다중 효과가 명백해진다. 약물치료 대부분이 마찬가지이다.

그림 5.19는 주요 신경 활성체계를 요약한다. 그림 6.8은 향정신성 약물이 GABAA 수용체에 어떻게 영향을 미치는지 보여준다.

신경가소성

신경계는 극도의 스트레스나 손상에 적응할 수 있다. 심지어 흑질-선조(nigrostriatal) 도파민 체계와 파킨슨병의 밀접한 관련성도 수수께끼이다(**그림 16.21**은 이 체계의 범위를 예시한다). 도파민 결핍을 일관된 행동 증후군과 묶는 것이 불가능하다. 파킨슨병은 병의 공통 기반이 흑질의 뉴런 소실이기는 해도, 병을 가진 두 사람이 대단히 다른 증상을 나타낼 수 있다. 더 나아가 도파민 뉴런의 소실이 60~80% 이상 진행되어야만 조사자는 파킨슨병의 임상적 징후를 보게 된다. 그 도파민 세포들이 모두 필요한 것은 아니라는 말인가? 그럴 가능성은 없는 듯하나, 이런 결과는 뇌의 보상적 가소성이 상당함을 보여준다. 병이 천천히 진행될 때, 뇌는 놀라운 적응능력을 갖고 있다.

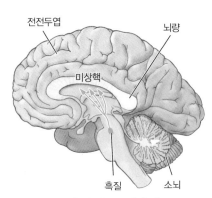

그림 16.21 흑질-선조 도파민 경로
기저핵으로 투사되는 중뇌 흑질에 있는 뉴런의 축색으로, 건강한 운동행동을 유지하기 위해 도파민을 공급한다. 도파민 소실은 파킨슨병에서 근육 경직 및 운동이상에 기여한다.

보상적 가소성

최고의 기술도 불확실한 관련성을 만들어낸다. 다발성 경화중 환자가 MRI 상에는 많은 신경계 병변을 보이지만, 행동적으로 밖에 드러나는 증세는 매우 적을 수 있다. 뇌 병변이 항상 행동 증상을 일으키는 것은 아니듯이, 행동 증상도 항상 분명한 신경병리와 연결되는 것은 아니다. 확실하게, 사람들은 보상적 가소성을 보인다. 그래서 그들은 분명한 뇌 병리 없이 비정상 행동을 보일 수 있듯이 신경 변화에 적응하도록 행동을 바꿀 수 있다.

기술적 해상도

어떤 사람들은 뇌의 외상 후에 현저한 행동 문제를 보이지만, MRI 상에는 분명한 뇌 손상의 징후가 나타나지 않는다. 영아의 뇌는 처음에는 건강해 보이다가, 나중에 가서야 심한 뇌성마비를 나타낼 수 있다. 영상 기술의 해상도가 충분하지 못해서, 수상돌기 가시의 밀도 하락처럼 미세한 신경 변화나 식별하기 어렵게 너무 미만성인 손상은 탐지하기 어려울 수 있다. 행동장애와 신경병리의 현행 진단법을 고려할 때, 장애를 알아내고 그 원인을 밝히는 작업은 좀처럼 쉽지 않다.

7장은 많은 영상 기술의 장점과 단점을 요약한다.

모델 단순성

장애의 원인을 규명하는 대표적 방법은 동물모델을 개발하여 연구하는 것이다. 흑질-선조 도파민 체계에 특정 병변을 갖고 있는 원숭이, 쥐, 생쥐 등이 파킨슨병의 모델로 쓰인다. 동물모델은 신경 상태의 이해와 치료에 상당한 진전으로 이어진다. 그러나 행동장애 배후의 신경생물학에

7-8절은 장애에 대한 동물모델 생성의 이점을 검토한다.

관하여 동물모델이 제공하는 통찰이 지나친 단순화일 수 있다.

약물이 증세를 완화한다는 사실이 그 약물이 병리의 핵심적인 생화학적 측면에 작용했음을 반드시 의미하지는 않는다. 아스피린이 두통을 없앨 수 있으나, 그렇다고 해서 아스피린이 작용하는 수용체에 의해 두통이 유발되었음을 의미하는 것은 아니다. 비슷하게 항정신병 약물이 도파민 D_2 수용체를 차단하지만, 그 사실이 비정상적 D_2 수용체가 조현병의 원인임을 의미하는 것은 아니다. 조현병은 글루타메이트성 체계의 교란 때문에 일어날 가능성이 있고, 어떤 이유로 도파민 길항제가 그런 이상을 바로잡거나, 그렇지 않으면 조현병의 행동 효과에 대응하는 행동에 영향을 줄 수 있다.

모델의 한계

인간 장애의 모델화는 복잡하며, 그렇기에 인간의 행동적 질환들에 대한 치료 가능성을 서술하는 연구에 대한 언론보도에 접하게 될 때 비판적인 생각이 긴요하다. 원인이 아직 알려지지 않은 정신과적 장애에 대해서는 특히 주의해야 한다. 덧붙여, 조현병이나 불안증 같은 장애들의 많은 증상이 상당히 인지적이다. 실험적 모델에 의해 모사된 인지 처리를 객관적으로 확인하기란 정말 어려운 과제이다.

16-5

외상후 성장과 둔마

우리는 이 책을 TBI에서 회복하는 데 도움이 되는 믿음, 희망, 사랑의 비전통적인 치료법을 서술한 Fred Linge의 사례로 시작했다. 사람들은 목표를 변경하는 놀라운 능력과 질병 및 뇌 손상에 대응하여 보상하는 놀라운 능력을 갖추고 있다. 이러한 대처 방법을 배우는 능력을 **외상후 성장**(posttraumatic growth)이라고 한다. 외상후 성장을 촉진하는 요소에는 사회적 지지, 높은 수준의 활동, 많은 수의 삶의 사건, 유급 작업의 가용성, 부상 후 안정적 관계, 종교적 믿음 및/또는 높은 수준의 목적의 존재 등이 포함된다(Grace et al., 2015; Powell et al., 2012). 요컨대 외상후 성장은 Linge가 서술한 비전통적 치료의 많은 부분을 포함한다.

외상후 성장은 또한 다른 방법으로는 이용되지 않았을 행동과 기술의 표현으로 이어질 수 있다. 이 영화 줄거리를 생각해보라. 한 사람이 머리에 타격을 입은 다음 더 나은 사람이 된다. 뇌와 행동의 병리적 변화가 실생활에서 행동 개선으로 이어지는 경우가 있을까? 토미 맥휴(Tommy McHugh)의 사례에 대한 Jim Giles(2004)의 보고는 생각을 자극한다.

헤로인 중독자였던 맥휴(1949-2012)는 많은 중범죄를 저질렀고, 수많은 나날을 감옥에서 보냈다. 뒤에 그는 동맥류 파열로 인한 뇌출혈을 겪었다. 동맥의 누출부를 금속 클립으로 잡는 수술로 출혈은 치료되었다. 손상에서 회복된 후에 그의 성격은 극적으로 변했다. 그는 전에 절대 하지 않던 그림 그리기를 시작하더니, 성공적인 화가가 되었다.

사람이 손상 후에 새로운 기술을 습득하는 현상을 **후천성 서번트 증후군**(acquired savant syndrome)이라 하며, 이는 외상후 성장이 진행될 수 있는 정도를 반영한다. 다른 많은 보고가 부상 후 새로운 음악적 또는 미술적 재능을 개발한 사람들을 서술해왔으며, 그러한 사례를 문서화하기 위해 등록부가 만들어져 있다(Treffert & Treffert, 2021).

뇌 손상에 대한 대처가 외상후 성장에 의해 도움을 받을 수 있는 것처럼, **외상후 둔마**

외상후 성장 뇌 손상 및 질병으로 인한 결함에 대처하고 보상하는 능력

외상후 둔마 뇌 손상 또는 질병에 따른 동기 및 의도적 행동의 감소가 특징인 상태

학습 목표
• 뇌 손상 후 회복 또는 보상을 촉진하는 몇 가지 요인을 서술한다.

자신의 사암 조각 중 하나를 들고 있는 맥휴. 자세한 내용을 알아보고 맥휴의 작품을 보려면 http://www.tommymchugh.co.uk로 가보면 된다.

Photography by David Price/Alamy Stock Photo

(posttraumatic apathy)에 의해 방해를 받을 수 있다(Green et al., 2021). 둔마는 동기와 의도적 행동의 감소를 특징으로 하는 상태이다. 뇌에 의해 매개되는 행동으로서의 성장과 둔마의 관여는 뇌 손상의 결과로 인식되어야 한다.

우리가 문서화한 바와 같이 뇌 질환에 대한 공식적 치료와 약물치료는 분명히 도움이 된다. 그럼에도 불구하고, 외상후 성장은 구식이지만 쉽게 사용할 수 있는 방법, 사회적 지지, 고용, 그리고 목적 의식을 통해 향상될 수도 있다. 외상후 성장의 향상은 또한 외상후 둔마에 대한 대책이 될 수 있다.

요약

16-1 뇌와 행동에 대한 다분야적 기여

뇌와 행동에 대한 현대적 이해는 뇌 장애에 대한 새로운 통찰, 설명 및 치료법을 제공한다. 행동장애를 치료하는 건강 전문가들은 마음과 뇌에 대한 통일된 이해를 구축하고 있다. 임상신경과학은 뇌와 중추신경계에 영향을 미치는 질병과 장애의 진단 및 치료에 초점을 맞춘 전문 분야이다.

장애는 추정되는 병인(원인), 증상 또는 병리에 따라 분류될 수 있다. 심리학자, 정신건강의학과 전문의, 신경과 전문의가 개발한 분류 체계는 중복되며, 각각 수시로 개정된다. 분명히, 장애의 원인을 더 잘 이해하면 더 나은 분류 체계로 이어질 것이다. 유전학 및 뇌영상 기술의 발전이 이러한 노력에 도움이 될 것이다. 오른쪽 표는 고도로 침습적인 신경수술부터 비침습적인 전기생리학까지, 그리고 중등도로 침습적인 약물학부터 행동적 치료에 이르기까지 사용 가능한 치료 범위를 요약한다.

일반적 치료 범주

신경수술적	행동적
직접적 중재	경험 조작
뇌심부자극	행동 수정
줄기세포 이식	인지치료, 인지행동치료
조직 제거 혹은 복구	신경심리적
전기생리적	정서치료, 정신치료
비침습적 조작	신체적 활동, 음악
전기경련치료	실시간 기능자기공명영상
경두개자기자극, 반복적 경두개자기자극	가상현실 노출 및 기타 컴퓨터 기반의 시뮬레이션
약물적	
화학약품 복용	
항생제 혹은 항바이러스제	
향정신성 약물	
신경영양인자	
영양	

16-2 정신과적 장애

정신증, 기분장애(예 : 주요우울장애), 불안장애를 포함하는 정신과적 장애는 뇌 기능 오류로 인해 발생하는 것으로 추정된다. 정신증은 현실과의 접촉 상실을 특징으로 하며, 정신증 중에 조현병이 가장 흔하고 가장 잘 이해되고 있다. 조현병은 개인차에 의해 영향을 받는 광범위한 증상을 유발할 수 있으며, 그 원인에는 유전적, 발달적, 해부학적 및 신경화학적 상관체가 있다. 기분장애에는 주요우울장애와 불안장애가 포함된다. 우울증을 이해하는 심리적 요인은 스트레스에 대한 뇌의 반응성과 관련이 있다. 불안장애는 흔히 우울증을 동반하지만 별도로 발생할 수도 있다.

16-3 신경학적 장애

신경학적 장애는 뇌 손상의 결과이다. 외상성 뇌 손상은 머리나 몸에 타격이 가해져 뇌에 상처를 입은 것이다. 뇌진탕을 포함한 가벼운 외상성 뇌 손상은 현재 대규모 종단연구의 대상이다. 뇌졸중은 혈관의 막힘(허혈성) 또는 출혈(출혈성)로 인한 혈류의 중단이며, 이는 일련의 병리적 사건을 유발할 수 있다. 뇌전증은 뇌전도에 기록될 수 있는 재발성 경련을 특징으로 한다. 경련은 국소적이거나 전신적일 수 있으며, 치료는 약물적이거나 난치성 뇌전증의 경우 수술적일 수 있다. 다발성 경화증은 축색을 둘러싸는 수초에 상해를 입히고 결국 하반신 마비로 이어지는 자가면역성 질환이다.

신경인지장애는 뉴런의 점진적인 기능 상실 또는 뉴런 자체의 소실을 포함한다. 기억상실과 지적 이상의 후천적/지속적 증후군은 알츠하이머병과 파킨슨병을 비롯한 많은 신경인지장애의 특징이다. 진행성 신경인지장애의 프리온 이론은 이러한 장애가 비정상적으로 접힌 단백질에 의해 유발될 수 있음을 시사한다. 신경인지장애 치료에는 신경외과적, 전기생리학적 및 약물적 치료가 포함된다.

16-4 연구 과제

대부분의 행동장애에는 유전적, 후생유전적, 생화학적, 해부학적, 사회환경적 변인을 포함하여 여러 가지 원인이 있으며, 이들 모두는 상호작용한다. 연구 방법, 영상 기술, 유전 및 후생유전적 발견의 혁신으로 장애를 진단하고 치료하는 능력이 크게 향상되었지만, 연구자들은 행동을 조사할 때 구성의 복잡성, 체계의 복잡성, 신경 가소성, 보상적 가소성, 기술적 해상도, 모델 단순성, 모델의 한계와 같은 몇 가지 주요 방해요소에 직면한다.

16-5 외상후 성장과 둔마

행동장애가 있는 사람들은 그들의 장애를 다루면서 놀라운 회복을 성취할 수 있는데, 그 장애가 곧 외상후 성장이라 하는 능력일 때 그렇다. 그들은 또한 회복에 대한 관심이 거의 없는 상태인 외상후 둔마를 보일 수 있다. 외상후 성장을 촉진하는 요소에는 사회적 지지, 높은 활동 수준, 많은 수의 생활 사건, 유급 직업, 부상 후 새로운 안정적 관계, 더 가벼운 장애, 종교적 신념 및/또는 높은 수준의 목적 등이 포함된다.

핵심 용어

가상현실 노출치료

가속보행

기능해리

뇌심부자극

루이체

만성 외상성 뇌병증

부분경련

불안장애

신경보호제

신경인지장애

실시간 기능자기공명영상법

양극성장애

외상후 둔마

외상후 성장

외상후스트레스장애

인지치료

인지행동치료

임상신경과학

자가면역성 질환

전신경련

정신질환의 진단 및 통계 편람

정신치료

정좌불능

조증

주요우울장애

지연성 운동이상

출혈성 뇌졸중

페닐케톤뇨증

프리온

행동 수정

허혈성 뇌졸중

HPA축

해답

제 1 장

복습 1-1

1. 외상성 뇌 손상
2. 중추신경계(CNS), 말초신경계(PNS)
3. 전뇌, 소뇌
4. 선천적(유전적), 학습 또는 경험
5. 체화된 행동에 관한 연구에서 제안하는 바는 우리는 말을 들음으로써 이해하는 것뿐만 아니라 몸짓이나 신체언어를 관찰함으로써 서로를 이해하며, 내면의 목소리로 생각할 뿐만 아니라 외현적인 몸짓이나 신체언어로 생각한다는 것이다.
6. 물음에 대한 답을 얻기 위해서 우리의 행동이 로봇과 유사한 많은 무의식적 기능과 AI와 유사한 학습 의존적인 의식적 기능으로 구성된다는 관점을 탐구해야 한다.

복습 1-2

1. 정신론, 이원론, 물질론
2. 자연선택
3. 최소의식상태(MCS)
4. (순서 무관) 멘델 유전학, 후생유전학
5. 데카르트는 의식을 검사하기 위해 고안된 Turing의 모방게임에서 나온 개념, 즉 마음의 존재를 판단하는 데 핵심적인 것이 언어와 기억의 존재를 입증하는 것이라고 하였다.
6. 자연선택 이론에서 다윈은 관찰을 통해 생명체들이 관련되어 있고, 특질이 한 세대에서 다음 세대로 전달된다는 결론을 내렸다. 멘델은 실험을 통해 유전되는 요인들이 기반이 되어 종 간의 표현형적 변이가 나타난다는 것을 보여주었다.

복습 1-3

1. 근육
2. 신경망, 뇌
3. 진화계통도
4. 뇌의 크기는 새로운 형태의 이동 및 움직임과 관련이 있는데, 뇌 구조물의 크기 증가가 더 복잡한 움직임을 가능하게 한다.
5. 인류는 동물계에 속하고, 우리의 공통조상 및 다른 동물과의 관계에 관한 이해가 인간의 뇌와 행동 발달에 관한 통찰을 제공할 수 있다.

복습 1-4

1. 침팬지, 공통조상
2. 사람족
3. 밀도
4. 에너지
5. 뉴런의 에너지 소비는 종 간에 비교적 일정하고, 에너지 소비를 지원하는 어떤 적응이라도 유익하다. 따뜻한 요리와 찬 요리를 통해 음식을 준비하는 능력으로 음식에서 얻을 수 있는 에너지를 극대화할 수 있다. 그로 인해 우리는 음식을 채집하는 것 이상의 다른 활동을 할 수 있게 되었고, 힘을 쓰는 운동을 기술을 이용한 운동으로 바꾸는 유전적 돌연변이가 촉진되었다.
6. 뇌세포 수 세기, 뉴런의 크기, 그리고 특정 뇌 영역의 뉴런 밀도가 뇌의 복잡성과 행동 능력을 기술하는 데 이용될 수 있고, 종 간의 비교에도 이용될 수 있다. 예컨대 유인원과 코끼리에서 대뇌피질의 뉴런 수가 유사하다는 것은 이들의 인지적 능력이 대등했어야 함을 시사하지만 실제로 그렇지 않다.

복습 1-5

1. 종 특유 행동
2. g
3. 플린 효과
4. 다중지능
5. 밈
6. 여러 종을 비교해보면 큰 뇌는 복잡한 행동과 상관이 있다. 한 종에 속한 개체들을 비교해보면 뇌의 크기와 지능 간에 별 관계가 없다. 뇌의 크기보다는 여러 뇌 영역의 복잡성이 행동적 능력과 관련된다. 예를 들어 각 개인은 몸과 뇌의 크기는 물론 그들이 가진 지능의 유형에서도 매우 다양하다. 이런 요인 때문에 뇌의 크기와 지능을 단순하게 비교하는 것이 불가능하다.
7. 연구자들은 인간이 많은 지능을 가지고 있다고 제안했다. 다른 특성과 마찬가지로 지능의 유전적 및 표현형 변이는 집단이 환경 변화와 질병에 저항할 수 있게 만들고 혁신을 촉진할 수 있도록 돕는 적응적 가치이다.

제 2 장

복습 2-1

1. 뇌, 행동
2. (순서 무관) 전두엽, 측두엽, 두정엽, 후두엽
3. 신경가소성(또는 가소성)
4. 백질, 회백질
5. 신경로, 신경
6. 여러분이 그린 것을 그림 2.2B와 비교해보시오.

복습 2-2

1. (순서 무관) 전뇌, 중뇌, 후뇌
2. 이들 연구는 지능에 다양한 진화적 경로가 있음을 보여준다.
3. 전뇌는 척추동물 진화 과정에서 획기적으로 성장하였다. 그러나 보다 복잡한 신경계가 출현함에 따라 원시적인 형태가 없어지거나 대체된 것은 아니다. 전뇌의 성장은 다른 뇌 영역에서 이루어지던 기능이 정교해진 것이며, 나아가 다양한 수준에서 그 기능이 수행되게 된 것이다.

복습 2-3

1. 척수
2. 후뇌, 중뇌, 간뇌
3. 소뇌
4. 부등피질, 신피질, (순서 무관) 감각, 운동, 통합(또는 인지)
5. Function(기능), Anatomy(해부학), Connection(연결), Topography(국소해부도)
6. 특정 뇌 부위와만 연결되는 뇌의 다른 부분들과 달리 신피질은 뇌의 거의 모든 영역과 연결되어 광범위한 기능에 관여한다.

복습 2-4

1. (순서 무관) 뇌신경, 척수신경
2. 왼
3. (순서 무관) 머리, 내부 기관과 분비선
4. 벨-마장디 법칙은 감각(구심성) 척수신경섬유는 배측(인간에서는 후측), 운동(원심성) 척수신경섬유는 복측(인간에서는 전측)에 위치한다고 설명한다. 이 법칙은 신경학자들이 감각 또는 운동에서 나타난 변화로 척수가 손상된 위치를 정확하게 예측할 수 있게 해준다.

복습 2-5

1. 신경절
2. 교감부, 부교감부
3. 자율신경계는 우리가 잠을 자든 깨어 있든 의식적 자각 없이 작용하며 생명에 필수적인 자율 기능을 조절한다.
4. 뇌와 마찬가지로 장신경계에는 다양한 뉴런, 화학적 전달물질, 교세포, 및 복잡한 신경회로가 있다.
5. 사이코바이오틱스란 충분히 섭취되었을 때 행동 장애가 있는 사람들에게 도움이 되는 살아 있는 유기체를 가리킨다.

복습 2-6

1. 신경회로는 일련의 뉴런들이 시냅스로 연결된 것이다. 신경회로는 기능적 단위로 여겨지는데, 이는 신경계가 세상을 감각적으로 받아들이고 운동을 통제할 때 회로를 필요로 하기 때문이다.
2. (순서 무관) 후각계, 체성신경계, 자율신경계, 장신경계
3. (순서 무관) 흥분, 억제
4. 한 개인이 지각한 현실은 실제 세계의 근사치일 뿐이다. 세상에 대해 어떤 동물이 갖는 표상은 감지된 정보 및 동물 뇌의 회로와 신경망의 속성에

따라 결정된다.

제 3 장

복습 3-1

1. (순서 무관) 뉴런, 교세포
2. (순서 무관) 흥분, 억제
3. (순서 무관) 감각뉴런, 운동뉴런, 3가지 유형의 개재뉴런, 성상세포, 추체세포, 퍼킨지세포
4. (순서 무관) 뇌실막세포, 성상세포, 미세교세포, 핍돌기교세포, 슈반세포
5. 성상세포
6. 동물이 그럴듯이 로봇도 목표지향적 행위를 하고 주변 세상을 감지하여 그에 대한 반응을 조정할 수 있다. 그래서 연구자들은 뉴런의 흥분 및 억제와 같은 신경계 기능에 대한 가설을 확증하기 위한 로봇 모형을 만든다. 이 연구에서 나온 정보는 동물의 신경계와 더 비슷하게 작용하는 더 정교한 로봇 모형을 개발하는 데 이용된다.
7. 뉴로모픽 컴퓨팅과 다른 인공지능 기법을 연구하는 과학자들은 뇌의 구조와 기능을 파악하여 자연계의 불확실하고 모호한 상황에 반응하고 적응하는 과정, 즉 기계 학습을 하는 더 정교한 컴퓨터를 개발할 수 있다.

복습 3-2

1. (순서 무관) 세포막, 핵, 소포체(ER), 골지체, 미세소관(또는 세관), 소낭
2. (순서 무관) 채널, 관문, 펌프
3. DNA, RNA, 단백질
4. 소포체, 골지체, 미세소관, 세포외유출
5. 세포는 스스로 만들어낸 단백질을 통해 다른 세포들과 상호작용하고 그 세포들의 작용을 수정한다. 세포들의 집합적인 작용은 행동을 매개하는 것이다.
6. 단백질의 모양과 그 모양을 바꾸는 능력이 그 단백질의 기능에 중요하다. 단백질이 구조에 어떤 변화를 일으키고 기능을 유지할 수 있지만, 잘못 접힌 단백질(프리온)은 다른 단백질도 잘못 접히게 하여 100가지 이상의 신경계 질환에서 큰 혼란을 일으킨다.

복습 3-3

1. 23, 단백질
2. 대립유전자
3. 돌연변이
4. 다운증후군, 삼염색체
5. 열성, 우성
6. CRISPR 또는 CRISPR/Cas9, 스페이서, RNA(또는 gRNA)
7. 유전자 메틸화 또는 DNA 메틸화
8. 멘델의 유전학은 유전자가 한 세대에서 다음 세대로 전해지는 유전 형태를 강조한다. 후생유전학은 환경과 경험이 유전되는 유전체에 영향을

미치는 방식을 연구하는 분야이다.
9. 세포의 유전자 발현은 세포 내 및 세포 외 환경 요인들의 영향을 받는다. 히스톤 수정, 유전자 메틸화, mRNA 수정과 같은 후생유전적 기제가 유전자 전사를 차단하거나 돕는 방식으로 유전자 기능에 영향을 미친다. 스트레스 및 스트레스 감소와 같은 환경적, 실험적 요인이 뇌에 변화를 일으켜 각 개체는 고유한 특성을 갖게 된다.

제 4 장

복습 4-1

1. 전기
2. 자극, 기록
3. (순서 무관) 농도 기울기, 전압 기울기
4. 과학자들이 북대서양오징어의 거대 축색에서 기록하는 방법, 작은 전압 변화를 측정하기 위해 오실로스코프를 사용하는 방법, 하나의 축색 표면 또는 내부에 위치시킬 정도로 매우 작은 미세전극을 제작하는 방법을 알아냈다.
5. 세포막의 이온 채널이나 이온 펌프가 열리면 이온의 이동이 촉진되고 닫히면 그 이동이 차단된다.

복습 4-2

1. 이온, 안정전위
2. 반투과성, 음
3. 과분극, 탈분극
4. 흥분성 시냅스후 전위, 억제성 시냅스후 전위
5. 다수의 EPSP 또는 IPSP가 빠르게 연속해서 일어날 때 이들이 합쳐져서 막에 탈분극 또는 과분극을 일으키는데, 이를 시간적 통합이라 한다. 이와 유사하게 다수의 EPSP 또는 IPSP가 막의 인접한 곳에서 함께 일어나면 이들이 합쳐져서 막에 탈분극 또는 과분극을 일으키는데, 이를 공간적 통합이라 한다.

복습 4-3

1. 세포체, 첫 분절, 축색
2. 활동전위, 신경 충동
3. 절대적 불응, 상대적 불응
4. 유수축색에서는 신경충동이 더 빨리 전도되는데, 이는 활동전위가 축색의 수초 사이의 작은 틈인 결절 사이를 도약하는 도약전도 때문이다.
5. 어떤 뉴런의 수상돌기에는 전압-활성화 채널이 있는데, 이것이 활동전위의 역방향, 즉 그 뉴런의 수상돌기 영역으로 이동하게 해준다.

복습 4-4

1. 이온 채널
2. 감각 수용기 세포, 전압-활성화
3. 운동, 근육
4. 자가면역, 아세틸콜린
5. 각기 다양한 막 채널이 막전위를 일으키고, 등급

전위를 매개하며, 활동전위를 촉발하는 등의 다양한 기능을 한다. 새로운 동물종과 행동이 진화함에 따라 채널의 다양성도 진화하였다.

제 5 장

복습 5-1

1. 화학적 시냅스, 틈새이음(또는 전기적 시냅스)
2. 경험, 학습
3. 축색수상돌기 시냅스, 축색세포체 시냅스, 축색근 시냅스, 축색간 시냅스, 축색시냅스 시냅스, 축색세포외, 축색분비, 수상돌기간
4. 수상돌기, 세포체
5. 활동전위가 축색종말에 도달하면, (1) 뉴런 내에서 화학적 전달물질이 합성되고, (2) 축색종말에 포장되어 저장된다. 그다음 (3) 시냅스전 막으로 이동하여 시냅스 틈으로 방출된다. 방출된 전달물질은 (4) 시냅스후 막의 수용기와 결합하고, (5) 전달물질이 분해 또는 제거된다.

복습 5-2

1. (순서 무관) 합성, 방출, 수용기 작용, 불활성화
2. (순서 무관) 소분자 전달물질, 펩티드 전달물질, 가스 전달물질, 지질 전달물질, 이온 전달물질
3. (순서 무관) 아세테이트, 콜린, 아세틸콜린 분해효소
4. 지질, 시냅스후
5. 이온성 수용기의 미세공 또는 채널이 열리거나 닫힐 수 있고, 그에 따라 이온의 흐름이 조절된 결과 세포막의 전압이 직접적이고 신속하게 변하는데, 이 전압 변화는 보통 흥분성이다. 대사성 수용기는 일반적으로 억제성이고 작용이 느리며, 이차전령을 활성화하여 간접적으로 세포의 기능과 구조에 변화를 일으킨다.

복습 5-3

1. 아세틸콜린, 콜린성, 콜린성, 노르아드레날린성
2. (순서 무관) 세로토닌, 도파민
3. (순서 무관) 콜린성, 도파민성, 노르아드레날린성, 세로토닌성
4. 이런 생각은 오랫동안 매력적인 것으로 보였는데, 그 이유는 흑질의 도파민 상실과 파킨슨병 간의 관련성이 분명하였고 아세틸콜린과 노르에피네프린이 체성 및 자율 반응과 명확하게 관련되기 때문이었다. 그러나 뇌의 다른 신경전달물질 체계에 있어서는 명확한 일대일 대응 관계를 입증하기 어렵다.

복습 5-4

1. 신경호르몬, 뇌하수체, 방출호르몬, 뇌
2. (순서 무관) 펩티드, 아미노산, 지질, 스테로이드
3. 항상성, 성, 글루코코르티코이드
4. 아나볼릭 스테로이드, 근육량, 남성화
5. 에피네프린, 코르티솔

6. 해마는 코르티솔 수준을 조절하여 스트레스 반응을 종결하는 데 중요하다. 스트레스가 지속되어 코르티솔 수준이 높게 유지되면 해마가 손상될 것이다.

7. 신경전달물질은 시냅스전 뉴런에서 방출되어 인접 시냅스후 뉴런에 영향을 준다. 신경조절물질은 한 뉴런에서 퍼져나가 전체 뇌 영역의 수용기에서 효과를 낸다. 뉴런 및 다른 조직에서 분비된 호르몬은 혈류를 통해 신체와 뇌 곳곳으로 이동한다. 이들 세 가지는 화학적으로 동일하지만 방출된 곳에서 이동하는 거리에서는 구분이 된다.

제 6 장

복습 6-1
1. 향정신성 약물, 정신약물학
2. 혈뇌장벽, 뇌
3. 시냅스, 효능제, 길항제
4. 내성, 민감화
5. (순서 상관없이) 대변, 소변, 땀, 호흡, 모유
6. (a) 집 단서가 친숙하므로 집에서의 약물 사용은 약물 복용 행동을 조건화하지 않는다. 따라서 내성이 일어난다.
   (b) 친숙하지 않은 새로운 단서는 조건화를 촉진하므로 간헐적으로 약물을 사용하는 사람을 민감화시킨다.

복습 6-2
1. 카페인, 아데노신
2. GABA$_A$, Cl$^-$ 혹은 염소 이온
3. 세로토닌
4. 엔도르핀
5. 분비, 재흡수, D$_2$
6. 향정신성 약물은 아세틸콜린, 아난다미드, 도파민, 에피네프린, 글루타메이트, 노르에피네프린과 세로토닌을 포함한 많은 신경전달 체계에 작용한다.

복습 6-3
1. 행동 근시
2. 물질사용장애(혹은 SUD), 중독
3. 정신운동 활성화, 중뇌변연 도파민계
4. 여성, 남성
5. 행동 근시 이론은 술에 취한 사람이 평소와 달리 지엽적이고 즉각적인 단서에 반응하고 행동의 결과를 무시하기 때문에 환경이 지나치게 그들의 행동에 영향을 미친다고 제안한다.

복습 6-4
1. 좋아함(즐거움), 내성, 원함(갈망), 민감화
2. 전두피질, 뇌간, 중뇌변연 도파민계(경로), 기저핵
3. 후성유전학
4. 약물, 기타 생의 경험
5. 합리적인 치료 접근은 약물사용장애를 만성적 행동 중독과 의학적 문제와 동일하게 보는 것이다.

대부분 사람에게는 일생의 도전이다.

제 7 장

복습 7-1
1. (순서 상관없이) 뇌 기능, 행동, 신경심리학
2. 절편, 염색, 다광자 이미징
3. 터치스크린 플랫폼
4. G 단백질 연결수용기(혹은 GPCR)
5. 뇌 자극 방법에는 DBS처럼 전기 리듬을 사용하거나, TMS처럼 자기장을 사용하거나, HIFU처럼 초음파 빔을 사용하거나, 약물 주입처럼 화학물을 사용하거나, 광유전학(빛 이용), 화학유전학(목표 수용기와 상호작용하기 위해 합성 약물 사용) 혹은 유전공학(CRISPR-Cas9의 경우)의 유전자 이식 기법을 사용하는 것이 포함된다. GRAB 기법은 신경전달물질과 수용기의 상호작용을 시각화하기 위해 수용기에 형광 단백질을 사용한다.

복습 7-2
1. (순서 상관없이) 단일세포 기록, EEG, ERP, MEG
2. 활동
3. 등급
4. 자기, 세포(혹은 뉴런)군
5. EEG가 MEG보다 훨씬 덜 비싸다.

복습 7-3
1. (순서 상관없이) 컴퓨터단층촬영술(혹은 CT 스캔), 자기공명영상법(혹은 MRI)
2. 신경 연결(혹은 섬유 경로), 뇌 신진대사물
3. 뇌 손상
4. CT는 뇌를 여러 각도에서 찍은 엑스레이 영상을 만든 후 이 영상을 스캔 프로그램을 사용해서 결합하여 뇌의 3차원 이미지를 만든다.

복습 7-4
1. (순서 상관없이) 기능자기공명영상법(혹은 fMRI), 기능근적외선 분광기록법(혹은 fNIRS), 양전자방출단층촬영술(혹은 PET)
2. 신경화학적, 방사선 라벨이 붙은 분자
3. 대뇌 혈류
4. PET과 re-fMRI의 휴지기 이미지는 뇌 기능의 이상을 밝혀줄 수 있다. re-fMRI는 휴지기 뇌의 기능 연결성도 보여준다.

복습 7-5
1. 생화학, (순서 상관없이) 미세투석, 대뇌 전압전류
2. 일치율
3. DNA, 유전자 발현
4. 후성유전학 연구는 생의 경험이 유전자 발현을 변화시킬 수 있고 이 변화가 뉴런의 구조 및 연결성 변화와 관련되는 것을 보여준다. 뉴런 구조 변화는 나아가 행동 변화와 관련된다.

복습 7-6
1. (순서 상관없이) 시간 해상도, 공간 해상도, 비침습적
2. (다음 중 하나 혹은 하나 이상) EEG, ERP, fNIRS
3. 답은 다양하지만 표 7.2에 기술된 기법 중 하나 혹은 하나 이상이어야 한다. 예를 들어 Wheeler와 동료들이 수행한 것처럼 대뇌 전압전류는 코르티코스테론 주입 후 중격핵의 도파민 농도 변화를 측정하는 데 사용될 수 있다.

복습 7-7
1. (순서 상관없이) 타고난 지능, 인공지능
2. 생물학적으로, (순서 상관없이) 발달, 구조, 생리, 인지능력
3. 잠재적으로 의학, 법, 상업과 교육 등을 포함한 많은 영역에 적용할 수 있다. 그리고 AI를 통제하고 AI 사용을 예측하는 우리 능력에 대한 위험도 있다.

복습 7-8
1. 신경윤리학
2. 행동
3. 동물복지법령
4. 동물 실험은 인간과 비인간 동물의 신체, 뇌와 행동 기능을 더 잘 이해하게 하고 인간과 동물을 위한 의학 및 치료법의 발달에 도움이 된다.
5. 신경윤리학은 과학 도구 사용에 대한 윤리적 시사점에 관심이 있다. 즉 특정 도구 적용이 개인과 사회에 어떤 잠재적 위험을 가지는가, 그로부터 어떤 정보를 얻는가와 위험을 피하려면 어떤 변수를 고려해야 하는가에 관심이 있다.

제 8 장

복습 8-1
1. 행동
2. 신경 회로
3. (다음 중 순서 상관없이 3개) 호르몬, 감각 경험, 부상, 유전자, SES 관련 요인
4. 필요한 신경 구조가 충분히 성숙하기 전에는 행동이 나타나지 않는다.

복습 8-2
1. 신경관
2. 신경발생, 교발생
3. (순서 상관없이) 세포 유착 분자(혹은 CAMs), 향성 분자
4. 해마
5. 전두엽 구조(형태)의 역동적 변화가 지능 발달과 관련이 있다.

복습 8-3
1. 독립적인 손가락 움직임, 집게 잡기

2. 어휘, 소리 처리
3. 성장 급등
4. 측두엽, 기저핵
5. 상관이 인과관계를 설명하지 못한다. 행동 혹은 뇌의 변화가 상호작용하지만 이 중 하나가 다른 하나의 직접적인 원인은 아니다.

복습 8-4

1. 화학친화 가설
2. 가속화, 감소
3. 테스토스테론, 에스트로겐
4. 결정적 시기 혹은 민감 시기
5. 청소년기는 뇌 변화가 급격히 일어나는 시기이고 이 변화는 장애에 대한 뇌의 취약성을 높이는 사춘기 호르몬과 심리사회적 스트레스원과 관련이 있다.

복습 8-5

1. 결정적
2. SIDS 혹은 영아돌연사증후군
3. 시각 혹은 감각
4. 뇌는 평생 가소성, 즉 변화, 적응과 학습능력을 유지한다.
5. 난자는 여성의 발달 초기에 형성되고 경험에 의해 쉽게 변하지 않는다. 정자는 끊임없이 갱신되기 때문에 남성의 유전자 발현이 경험에 의해 변화되고 생식 계열을 통해 전달된다.

제 9 장

복습 9-1

1. 감각 수용기
2. 수용장, 농도
3. (순서 상관없이) 시상, 피질
4. 주관적
5. 각 감각 유형은 많은 수용기를 가지고 정보를 피질로 보내어 지형도를 형성한다.

복습 9-2

1. 망막 신경절 세포 혹은 RGCs
2. P 혹은 소세포성, M 혹은 대세포성
3. (순서 상관없이) 슬상선조, 시개시상침
4. 얼굴 실인증 혹은 안면실인증
5. 두정엽으로 가는 배측 흐름은 움직임의 시각적 가이던스를 처리한다(어떻게). 측두엽으로 가는 복측 흐름은 대상의 시지각을 처리한다(무엇). '어디에'와 관련된 정보는 '어떻게'와 '무엇' 경로 모두를 통해 전달된다.

복습 9-3

1. 수용장
2. 광수용기, 망막 신경절, 외측 슬상핵
3. 지형도
4. 뇌량

5. 중심와는 시야의 주변보다 피질에서 더 넓은 영역에 표상된다. 따라서 주변 정보의 처리보다 중심와 정보가 V1 영역에서 더 많이 처리된다.

복습 9-4

1. 빛 막대
2. 측두
3. 삼원색 이론
4. 대립
5. RGCs는 한 빛 파장에는 흥분하고 다른 빛 파장에는 억제하여 보색처럼 보이는 두 쌍, 즉 빨강 대 초록과 파랑 대 노랑을 만든다.
6. 우리의 무의식적 가정이 시각계 색채 항상성의 필수 요소이다. '드레스'의 응답자들은 광원(햇빛 혹은 백열등)을 가정하고 그 가정이 드레스 색의 지각에 영향을 미쳤다.

복습 9-5

1. 반맹증
2. 암점
3. 단안맹
4. 시각 실조증
5. 배측 흐름의 손상은 움직임을 시각적으로 가이드하는 것의 결함을 초래한다. 복측 흐름의 손상은 물체 인식의 결함을 초래한다.

복습 9-6

1. 약시
2. 측두
3. 반향정위, 청각
4. 다른 감각계처럼 시각계는 경험에 의해 끊임없이 변화한다. 시각 경로에 있는 구조에 손상을 입은 환자가 상당한 회복을 보이는데, 이는 손상을 수용하기 위해 뇌가 경로를 재정비하여 적응하고 변하기 때문이다.

제 10 장

복습 10-1

1. 공기압력파 혹은 공기압축파 혹은 음파
2. (순서 상관없이) 주파수, 진폭, 복합성
3. (순서 상관없이) 음강, 음고, 운율, 음색
4. 측두
5. 초당 전달 속도 혹은 소리 분절의 수가 언어와 음악 소리를 다른 청각 입력과 구분한다. 초당 약 5분절인 비언어적 소리는 윙윙거리는 소리로 들리고 초당 거의 30분절로 전달되는 언어는 이해된다. 무작위 혹은 비주기적 소리는 소음으로 지각된다.

복습 10-2

1. 소골 혹은 (순서 상관없이) 추골, 침골, 등골
2. 내유모세포, 와우관 혹은 코르티 기관
3. (순서 상관없이) 기저막, 개막

4. 청 혹은 와우, 제8
5. 하구, 내측슬상핵
6. 측두평면은 좌반구에서 더 크고 헤쉴회는 우반구에서 더 크다. 대다수 사람에게는 이 해부적 비대칭이 기능적 비대칭과 관련된다. 좌반구 측두피질은 언어 관련 소리를 분석하는 한편 우반구 측두피질은 음악 관련 소리를 분석한다.

복습 10-3

1. 음위상
2. 와우관
3. (순서 상관없이) 상올리브, 능형체
4. 행동을 위한 청각
5. 뇌는 음원을 두 가지 기제를 통하여 탐지한다. 뇌간(후뇌)의 뉴런들이 음파가 각 귀에 도달하는 시간 차이인 ITD를 계산한다. 뇌간의 다른 뉴런은 각 귀의 소리 진폭(음강) 차이인 IID를 계산한다.
6. 이식 과정이 코르티 기관과 기저막을 파괴하는 것을 요구하기 때문에 뇌신경 자극기를 통한 소리를 제외한 외부 소리를 더는 지각할 수 없다. 그러나 와우관 이식은 마이크로폰 처리기를 통하여 전달되는 소리를 탐지하고 유입하는 음파의 진폭과 주파수를 와우 신경의 적절한 위치로 직접 보내는 전기적 자극으로 전달한다.

복습 10-4

1. 언어, 음악
2. (순서 상관없이) 브로카 영역, 보조언어 영역, 운동피질의 얼굴 영역
3. 베르니케
4. 브로카
5. 절대 음감, 실음악증 혹은 음치
6. 세 라인으로부터 나온 증거는 언어가 선천적이라는 생각을 지지한다 : 언어의 보편성, 아동의 자연적인 언어 습득과 모든 언어에 존재하는 통사

복습 10-5

1. 후생유전적
2. 좌
3. 스펙트로그램
4. 새 지저귐의 방언은 어린 새가 듣는 지저귐이 어떻게 지저귀어야 하는가에 영향을 미친다는 것을 보여준다.
5. 이 장의 서두에서 언급한 바와 같이 호미닌의 진화 역사에서 음악을 처리하고 산출하는 신경 기제와 음악을 산출하고 지각하는 능력이 언어보다 앞선 것으로 여겨진다. 다른 동물종이 음악 소리를 사회적 혹은 생물적 기능을 넘어 즐긴다는 사실은 우리 호미닌 조상으로 하여금 많은 시간을 들여 악기를 만들고 사용하게 한 음악 감상이 다른 동물에까지 확대되어 있고 나아가 음악 감상이 우리의 유전적 혈통에 매우 깊게 뿌리박혀 있음을 시사한다.

제 11 장

복습 11-1

1. (순서 상관없이) 위계적, 병렬적
2. (순서 상관없이) 전전두, 전운동, 운동(혹은 M1)
3. 뇌간
4. 척수
5. 사지마비는 C1-C2 수준에서 척수가 완전히 절단되어 팔과 다리의 감각 및 움직임이 멈춘 상태이다. 하반신마비는 경신경 아래의 절단으로 발생하고 다리와 신체 아래 부위가 마비되고 감각이 상실되는 경우이다.
6. 전뇌, 특히 전두엽은 계획, 선택과 숙련된 움직임의 조절에 관여한다. 뇌간은 적응적인 종 특유 움직임을 생산하고 서기, 걷기와 같은 복잡한 행동을 조율한다. 척수를 통과하는 신경은 움직임을 일으킨다. 척수는 뇌로부터 오는 정보를 신체로 전달할 뿐만 아니라 뇌의 가이드하에 일부 복잡한 운동 프로그램에 관여한다.

복습 11-2

1. (순서 상관없이) 신체, 행동
2. 위치-점
3. 외측 피질척수, 전측 피질척수
4. 몸통, (순서 상관없이) 사지(혹은 팔), 손가락
5. 근육, (순서 상관없이) 구부리고, 뻗는다
6. 일차운동피질에서 발견되는 신체 지도는 신체의 서로 다른 부위를 담당한다(신체 크기와 이 신체를 담당하는 뇌 영역의 크기가 일치하지 않는다). 행동 지도는 기능적 움직임 범주에 속하는 행동을 표상한다.
7. 연구자들은 척수의 운동뉴런이 운동 피질과 유사한 행동 지도를 가진다고 가정한다. 따라서 손상으로 인하여 척수가 뇌와 분리되어도 척수의 개재뉴런과 운동뉴런을 전기적으로 자극하면 움직임이 여전히 일어난다.

복습 11-3

1. 기저핵, 힘
2. 운동과다증, 운동감소증
3. 오류
4. 두 질환 모두 운동의 힘을 조율하는 데 중요한 역할을 하는 기저핵의 손상과 관련이 있다. 헌팅턴병과 같은 운동과다 질환은 너무 많은 힘과 지나친 움직임이 특징이다. 파킨슨병과 같은 운동감소 질환은 힘이 너무 적어 움직임이 불충분하게 일어난다.
5. 소뇌와 대뇌 모두 감각, 운동 및 인지 기능에 관여한다. 복잡한 행동을 하는 능력이 증가함에 따라 둘 다 인간종의 발달 동안 증가하였다.

복습 11-4

1. 촉각, 자기수용 감각, 통각
2. 후측, 전측
3. 통증관문
4. 중뇌수도주변 회백질(혹은 PAG)
5. 전정, 균형
6. 환상지통은 중추 통증으로 질병이 없음에도 불구하고 통증을 경험한다. 환상지통은 사지 절단 후 피질 지도의 재조직화 이상 혹은 절단된 사지와 관련되는 피질 지도의 지속적인 활성화와 관련이 있다.
7. 자기수용 감각이 없으면 신체 위치와 움직임에 관한 감각 정보가 상실되고 시각을 사용해야만 이 감각을 되찾을 수 있다.

복습 11-5

1. 신체
2. 행동
3. 실행증
4. 배측 시각, 복측 시각
5. 연구에 의하면 예상치 못함이 간지럼 지각에 중요한 역할을 한다고 한다. 우리는 우리 자신을 언제 간지럽힐 것인지 예측하기 때문에 간지럼 감각을 지각하지 못한다.
6. 이 질문에 대한 답은 간지럼의 공유 특성(즉 우리 자신을 간지럽히지 못한다)을 언급해야 하는데 이는 간지럼이 두 개인 간 의사소통 형태라는 것을 시사한다. 이에 덧붙여 간지럼이 유발하는 웃음은 다른 유형의 웃음과 구분되고 다른 장난처럼 개인들 사이의 유대를 강화하는 데 도움이 된다.

제 12 장

복습 12-1

1. 보상적이기
2. 자극
3. 안드로겐
4. 선천적 분출기제
5. 일반적으로 행동은 다양한 요인에 의해 조절되는 신경회로에 의해 조절된다.

복습 12-2

1. 제어, 비제어
2. 시상하부
3. 뇌하수체
4. 행동 기둥은 사회적 행동, 섭취, 탐색 및 채집 행동에 전념하는 뇌간 영역들로 구성된다. 이 기능들은 대뇌반구에 의해 조절된다. 시상하부는 이러한 대뇌 입력을 조직화하며, 항상성 조율과 행동 동기부여를 위해 대뇌 정보를 제어하는 되먹임 고리를 생성하는 역할을 한다.

복습 12-3

1. 후각상피
2. 안와전두피질
3. 미각 수용체 유전자 TAS2R38의 대립형질, 미뢰
4. (순서 상관없이) 파킨슨병, 치매, COVID-19
5. Rozin과 다른 사람들에 따르면, 화학적 감각의 입력을 통해 우리의 행동을 조절하는 신경 체계가 사람, 집단 및 행동과 같은 보다 추상적인 것에 반응할 수 있는 인지 평가 체계에 활용되었다. 이 평가 체계는 나중에 공정성 위반 및 금기 사항과 같은 도덕적 범죄를 포함하도록 확장되었다.
6. 인간의 후각과 사회적 행동 사이에는 중요한 연결 고리가 있다. 점점 더 많은 증거가 인간이 자신의 냄새, 친족과 친족이 아닌 사람의 냄새, 친구와 낯선 사람의 냄새를 식별할 수 있고, 이러한 다양한 냄새가 뇌의 다른 영역을 활성화한다는 것을 나타낸다.

복습 12-4

1. (순서 상관없이) 외측 시상하부, 복내측 시상하부, 실방핵
2. 장
3. 삼투성, 저용적성
4. 식사를 통제하는 인지적 요인에는 음식에 대한 생각과 환경 단서와 먹는 행위 사이의 연관성이 포함된다. 환경적 단서와 식사의 지속적인 결합은 단서만으로 식습관에 동기를 부여할 수 있다. 일부 섭식장애들은 인지적 요소를 갖는다.

복습 12-5

1. (순서 상관없이) 시상하부, 편도체
2. (순서 상관없이) 구성 효과, 활성 효과
3. 내측 시삭전영역, 편도체
4. 디폴트 (또는 디폴트 모드)
5. 후생유전적 효과의 변이는 이성애자, 동성애자, 트랜스젠더 개인 사이의 서로 다른 시상하부 구조와 기능으로 이어질 수 있다.

복습 12-6

1. (순서 상관없이) 구성주의 이론, 평가 이론, 신경심리학적 이론
2. (순서 상관없이) 시상하부, 편도체, 전전두피질
3. 정서는 광범위한 인간 행동 및 생리적 반응과 연관되며, 서로 다른 신경 체계의 영향을 시사하는 과거의 경험과 미래의 활동과 관련된 생각과 계획을 포함한다. 정서 경험은 주관적이기 때문에 구성요소가 뇌에서 국재화되기 어렵다. 정서 서술에 사용되는 언어는 문화마다 다르므로 한 언어에서 다른 언어로 번역될 수 있는 정서 단어가 반드시 동일한 뇌 활성을 서술하는 것은 아니며, 정서가 일어나는 맥락을 반드시 포착하는 것은 아니다. 마지막으로, 뇌 활성 측정에 전형적으로 사용되는 도구인 fMRI는 정서 경험을 갖기 위한 자연스러운 맥락을 제공하지 않는다.
4. (1) 온순함과 공포 상실, (2) 무분별한 식이 행동(이전에 거부되었던 많은 종류의 음식을 먹음), (3) 과도하게 증가된 자기성애, 동성애, 이성애 활동 및 부적절한 대상 선택(예: 의자에 성적으로 올라탐) (4) 모든 시각적 자극에 주의를 기울이고 반응하는 경향, (5) 입으로 모든 물건을 조사하는

경향, (6) 사물이나 사물의 그림을 인식하지 못하는 시각 실인증.

복습 12-7

1. 보상적이기
2. (순서 상관없이) 원함, 좋아함
3. 도파민, (순서 상관없이) 오피오이드, 엔도칸나비노이드
4. 두개내 자기자극은 동물이 자신의 뇌에 전해질 자극 전류 켜기를 학습하는 현상으로, 아마도 이것이 보상의 근간이 되는 신경계를 활성화하기 때문일 것이다.

제 13 장

복습 13-1

1. 일주기 리듬, 연주기 리듬
2. 자유진행
3. 자이트게버
4. 태양
5. 빛은 동물의 일주기 리듬 동조에 가장 효과적인 입력이며, 일출은 가장 효과적인 빛 자이트게버이다. 사실, 동물들이 몇 달 동안 일정한 빛과 어둠을 경험하는 위도에 살면 생체시계가 꺼진다.

복습 13-2

1. 시교차상핵
2. 망막-시상하부
3. 본질적으로 감광성인 망막 신경절 세포(ipRGCs)
4. 노예
5. 실험적 증거에 따르면, 일주기 리듬은 행동적 사건에 시간 도장을 표시하여, 이전에 발생했던 일주기 순환의 같은 시간에 그것을 더 쉽게 재생할 수 있도록 한다.
6. 일출은 우리의 일주기 리듬 동조에 가장 효과적인 자이트게버이다. 더 나아가, 멜라토닌은 부교감신경의 휴식과 소화 체계를 활성화하고 신체의 다른 생리적 사건을 억제하여, 일주기 순환의 어둠 부분 동안의 수면은 촉진하고 낮 동안에는 잠을 잘 수 없게 만든다. 아침 늦게까지 잠을 자면 일주기 순환에 의해 매개되는 이러한 생리적 과정들이 교란된다.

복습 13-3

1. 수면다원검사
2. (순서 상관없이) N-수면 (또는 NREM 수면), R-수면 (또는 REM 수면)
3. (순서 상관없이) 뇌 활성, 근육 긴장도, 눈 움직임
4. 5회, 길어
5. 꿈 해석은 해석하는 사람이 꿈에 자기 자신의 설명과 주관을 강요할 가능성이 있기 때문에 어렵다.
6. 웨어러블 장치들은 검사실 검사들에 대한 저렴한 대안이며, 수면다원검사와 동일한 많은 메트릭을 포착하여 개인에게 수면 양상에 대한 좋은 스냅샷을 제공할 수 있다. 그러나 웨어러블 장치에서 파생된 측정치는 수면 분석의 황금 표준으로 남아 있는 수면다원검사 기술로 얻은 것보다 훨씬 덜 민감하다.

복습 13-4

1. (순서 상관없이) 적응, 회복, 기억 지원
2. 수면의 시냅스 항상성 기억 이론
3. 장소, NREM (또는 N-수면)
4. 초단기 수면
5. 해마 물결
6. 이 이론은 서로 다른 수면 상태 동안 서로 다른 유형의 기억이 저장된다고 제안한다. 외현적 기억은 N-수면 동안 저장되고, 암묵적 운동 기억은 R-수면 동안 저장된다.
7. Gardner는 깨어 있는 시간 연속 기록을 경신했다. 그렇게 함으로써 그는 수면박탈의 부정적 효과들(예: 환각, 인지 및 기억 상실)이 심각하지만 일시적이며, 지속적인 장애로 이어지지 않는다는 것을 입증했다. 추가 연구에서는 제한된 기간의 수면박탈이 장기간의 생리적 변화를 일으키지 않는다는 결론을 내렸다.

복습 13-5

1. 망상활성계
2. 각성, 인식
3. 완주위영역
4. 우리는 가만히 있을 때(콜린성)와 움직일 때(세로토닌성) 깨어 있게 하는 별도의 신경 체계를 갖고 있다. 감각 사건들은 우리의 콜린성 뉴런을 활성화하여 주의력을 높이고, 운동은 세로토닌성 뉴런을 활성화하여 각성 수준을 유지시킨다.
5. 뇌간의 망상활성계는 수면-각성 행동 및 행동적 각성과 연관된다. 망상활성계의 투사는 배측 및 복측 경로를 따라 N-수면 및 R-수면 행동에 연루되는 수많은 피질 영역으로 확장된다. 이 영역들에 대한 자극이나 손상은 특정 수면-각성 행동에 영향을 줄 것이나, 단일 구조가 수면을 담당하지는 않는다.

복습 13-6

1. 불면증, 과다수면증
2. 약물 의존성 불면증
3. (순서 상관없이) R-수면, N-수면
4. R-수면 행동장애 또는 무긴장이 없는 R-수면, 청반핵
5. 오렉신은 각성 유지에 도움이 되는 펩타이드 신경전달물질이며, 오렉신 세포는 많은 뇌 영역에 연결되어 관련 체계들을 활성화한다. 기면증과 오렉신 감소가 있고 동물들이 깨어 있을 수는 있으나 바로 쓰러져 잠이 드는 것처럼, 오렉신은 아마도 각성 행동과 관련 많은 요인 중 하나일 것이다.
6. 수면장애의 다양한 증상은 흔히 다른 장애의 증상이며, 특정 장애를 진단하기 어렵게 같이 있는 경우가 많다. 더 나아가, 사람들은 흔히 수면 교란 또는 장애를 인식하지 못하거나 의학적 또는 임상적 도움을 구하기보다 경험하는 수면 교란을 간과하는 경향이 있다.

제 14 장

복습 14-1

1. 파블로프 또는 고전적
2. 조작적 또는 도구적
3. 암묵적, 외현적
4. 삽화적
5. 기억은 특정 뇌 회로나 영역에 국재화되지 않는다. 오히려 다중의 기억 회로들이 기억 과제의 요구 사항에 따라 달라진다.

복습 14-2

1. (순서 상관없이) 해마, 편도체
2. 기저핵
3. Lashley는 주로 암묵적 기억을 위해 설계된 침습적 시험을 사용하여 동물 대상의 지각 및 운동 체계에서 외현적 기억을 탐색했다. Milner는 내측 측두엽의 양측 제거를 받은 환자를 연구하고 외현적 기억과 암묵적 기억 모두에 대한 행동 시험을 사용했다.

복습 14-3

1. (순서 상관없이) 해마, 신피질 또는 피질
2. 암묵적
3. 편도체
4. 공고화
5. 정서적 경험은 편도체를 자극하는 호르몬 및 신경화학적 활성 체계들을 자극한다. 편도체는 이어서 뇌의 나머지 부분에 있는 기억 회로의 배치를 조절한다.
6. Murray, Wise 및 Graham의 진화부착 모델에는 모든 피질 영역이 특화된 신경 회로를 통해 기억에 관여한다는 제안이 포함되어 있으며, 이는 대부분의 다른 모델보다 뇌의 더 많은 영역을 포함하는 개념이다. 더 중요한 것은, 이 저자들은 인간 뇌의 확장 결과로 발생하는 인간 고유의 진정한 외현적 기억 체계를 제안하며, 이는 참여자의 관점에서 시간의 사건(우리가 재생하는 것을 포함하여)을 '관찰'할 수 있게 하여, 본질적으로 우리 경험에 대한 이야기를 구성하게 한다.

복습 14-4

1. (순서 상관없이) 습관화, 민감화
2. 장기강화, 장기억압
3. GABA성 또는 억제성
4. (순서 상관없이) 시냅스 수, 뉴런 수
5. 해마
6. 행동민감화

7. 신경망의 가소적 변화는 본질적으로 건강한 기능을 방해하는 행동을 학습함으로써 행동을 방해할 수 있다. 중독과 외상후스트레스장애가 그 예이다.

복습 14-5
1. (순서 상관없이) 문제 해결을 위한 새로운 방법 학습, 더 적은 것으로 더 많은 일을 할 수 있도록 뇌를 재조직화, 소실된 뉴런의 대체
2. (순서 상관없이) 직접적 피질 자극, 심부뇌자극
3. 신경영양
4. 뇌 손상 후 기능 향상은 회복보다는 보상을 반영한다.

제 15 장
복습 15-1
1. (순서 상관없이) 주의를 기울이고, 식별하고, 의미 있는 반응을 만들어내는
2. 언어, 유연성
3. 뉴런
4. 인간의 생각 대부분은 언어적이다. 언어는 우리가 정보를 분류할 수 있게 하고, 시간에 따라 우리의 행동을 조직화하는 방법을 제공한다.

복습 15-2
1. 연합, 인지
2. 측두, 두정
3. 계획, 조직화
4. 거울
5. 다중양식성 피질은 우리가 서로 다른 자극을 함께 또는 개별적으로 마주하는지 여부에 관계없이, 뇌가 다양한 감각 양식에 걸쳐 자극의 특성을 결합할 수 있도록 한다.
6. 거울뉴런 체계의 뉴런은 자신과 타인의 행위에 반응한다. 거울뉴런 체계는 뇌 전체에 널리 분포되어 있으며, 뇌의 행위 이해와 수행에 중요한 역할을 하는 것으로 나타났다. 환자가 비디오를 시청하고, 본 행위를 모방하려고 하는 행위관찰치료와 같은 거울뉴런 체계 개념에 기반한 치료들은 손상이나 질병에 따른 운동능력의 회복에 도움을 줄 수 있으며, 신경학적으로 정상인 피험자에서 정밀 기술의 발달에 도움을 줄 수 있다.

복습 15-3
1. 인지신경과학

2. 뇌 커넥톰
3. 소뇌
4. 사회적 상호작용
5. 마음이론
6. 의사결정
7. (순서 상관없이) 타인 이해, 자신 이해, 자기 제어, 사회적 생활

복습 15-4
1. (순서 상관없이) 공간적 행동, 음악
2. (순서 상관없이) 수의적 운동 단계 조절, 언어
3. 뇌량
4. 반구는 정보를 다르게 처리하기 때문에 다르게 생각한다. 좌반구에 있는 언어의 존재는 좌반구에 계산을 표지하게 하여, 우반구가 할 수 없는 추론을 할 수 있게 한다. 이 비대칭에 대한 우리의 이해는 특정 행동과 장애에 대한 우리의 연구에 의미를 준다.

복습 15-5
1. (순서 상관없이) 성, 손잡이
2. 신경 회로
3. 공감각
4. 성호르몬은 성인기에 뇌 발달에 영향을 주고, 신경 회로를 형성한다.

복습 15-6
1. g 요소 또는 일반지능, 수렴적, 확산적, 지능 A, 지능 B, 두정-전두 통합, 네트워크
2. 구조적, 기능적
3. 후생유전
4. 신경영상 연구들은 전전두-두정 회로의 효율성이 표준 지능 측정과 관련이 있고, 집행 기능이 전두엽의 회백질 부피와 관련이 있음을 보여준다. 두정-전두 통합 이론은 백질로 연결된 특정 피질 영역이 지능의 기초가 되며 지능의 개인차는 이 영역의 구조적 및 기능적 차이와 관련이 있다고 제안한다. 대조적으로, 네트워크 신경과학 이론은 결정성 지능과 유동성 지능을 위한 서로 다른 뇌 네트워크가 있으며, 이 두 네트워크는 분리된 하위 체계로 간주된다고 제안한다.

복습 15-7
1. 의식
2. 복측 시각(또는 복측), 배측 시각(또는 배측)
3. 진화론은 유기체가 더 복잡해짐에 따라 활동을 조정하기 위해 더 복잡한 신경계가 필요했고, 이로 인해 인센티브와 보상이 발달했고, 따라서 감정이 발달했으며, 결국 자아감이나 의식이 발달했다고 주장한다. 전반적 신경적 작업공간 이론은 전두-두정 네트워크에 통합되고 뇌 전체에 분산된 정보에서 의식이 나온다고 제안한다. 정보 통합 이론은 의식이 뒤쪽 피질에서 생성된 정보를 통합하는 능력에서 나온다고 제안한다.

제 16 장
복습 16-1
1. 정신질환의 진단 및 통계 편람 5판(DSM-5)
2. (순서 상관없이) 유전적 오류, 후생유전적 기제, 진행성 세포사멸, 급속 세포사멸, 신경 연결 소실
3. 페닐케톤뇨증
4. RDoC는 장애와 그 치료법을 이해하는 방법으로 생물학적 기능을 이해하고자 한다. DSM은 상태를 식별하는 것으로 시작한 다음, 해당 상태를 이해하고 치료하려고 한다.

복습 16-2
1. (순서 상관없이) 도파민, 글루타메이트, GABA
2. (순서 상관없이) 측두, 전두
3. (순서 상관없이) 노르아드레날린(또는 노르에피네프린), 세로토닌
4. 인지행동치료
5. 염증은 부상에 대한 신체의 반응 중 하나지만, 복구 과정이 성공적이지 않은 경우 만성 염증이 생길 수 있다. 뇌의 만성 염증 유사 효과는 기분을 조절하는 노르아드레날린 및 세로토닌 체계의 활동을 감소시켜 우울증을 유발할 수 있다.
6. 많은 유전적 및 후생유전적 영향이 조현병을 포함한 모든 행동에 기여한다.

복습 16-3
1. 외상성 뇌 손상
2. 허혈, 뇌졸중
3. 다발성 경화증
4. 흑질의 세포 소실
5. 유산소 운동과 뇌 훈련은 나이가 들어 감에 따라 신경가소성을 강화하거나 자극하는 전략이다.

가상현실 노출치료 통제된 가상적 몰입 환경을 이용하여, 사람들로 하여금 외상적 사건을 재생하도록 함으로써 점차적으로 스트레스에 둔감하게 만드는 치료

가소성 신체가 구조적 및 화학적 변화를 일으키는 능력으로, 환경 변화에 대한 적응성과 상해에 대한 보상능력을 촉진한다. (뇌와 신경계에서는 이 능력을 신경가소성이라 한다.)

가속보행 점차 더 빠른 속도로 걸으려는 행동의 경향성

각인 발달의 결정적 시기에 동물이 하나 혹은 그 이상의 대상 혹은 동물에 대해 애착을 형성하는 과정

간뇌 명칭은 사이에 있는 뇌(between brain)라는 의미이고, 대뇌피질로 향하는 감각 정보와 운동 정보를 통합한다.

간상체 낮은 빛 수준에서 기능하는 광수용기

감각 환경으로부터 오는 물리적 자극이 감각기관에 의해 등록되는 것

감각뉴런 감각 정보를 탐지하여 척수와 뇌로 전달하는 세포

감마-아미노뷰티르산(GABA) 전형적으로 염소 채널을 열어 뉴런을 억제하는 아미노산 신경전달물질

강박유도치료 환자에게 건강한 사지의 사용을 제한하고 손상된 사지를 사용하게 함으로써 손상된 기능의 회복을 촉진하는 절차

강박장애(OCD) 충동적으로 반복적인 행동(손씻기 등)을 하고 종종 반복해서 불쾌한 사고(강박)를 하는 행동장애

강화 조작적 조건화에서, 뒤따르는 행동을 강하게 하는 어떤 사건

개인맞춤형 의료 개인에게 맞춘 치료를 제공하는 의료모델

개재뉴런 감각뉴런과 운동뉴런 사이에 있는 연합세포로, 포유류 뇌의 대부분을 차지한다.

거식증 과체중에 대한 과도한 걱정 때문에 심한 체중 감소와 심지어 기아 상태까지 이어질 수 있는 부적절한 음식 섭취와 흔히 과도한 운동에 빠지는 게 특징인 섭식장애

거울뉴런 한 개체가 다른 개체가 취하는 행위를 관찰할 때 발화하는 영장류 전운동피질 및 두정피질의 세포

결정적 시기 뇌에 장기간의 영향을 미치는 사건이 일어나는 발달 단계. 민감기라고도 한다.

결합문제 뇌가 단일 및 다양한 감각 및 운동 사건을 어떻게 통일된 지각 혹은 행동으로 묶어내는가에 초점을 둔 철학적 질문

경두개자기자극(TMS) 자극하고자 하는 뇌 영역 위의 두개골에 전선 코일을 놓는다. TMS는 행동을 유발하거나 진행 중인 행동을 방해하기 위해 사용된다.

경쟁적 억제제 약물의 과다 복용과 오피오이드사용장애의 치료에 사용되는 약물. 예를 들어 날록손은 결합 부위를 두고 오피오이드와 경쟁하여 오피오이드의 작용을 재빨리 봉쇄한다.

계산 신경과학 신경계의 발달, 구조, 생리, 인지능력을 더 잘 이해하기 위해 이들을 모방하는 생물학적으로 그럴듯한 수리적 모델을 사용하는 양적 접근법. 수리 신경과학이라고도 한다.

공간적 통합 공간적으로 인접한 곳에서 일어나는 등급전위를 합하는 것

공감각 하나의 감각 자극을 다른 감각 양식으로 지각하는 능력. 예를 들어 소리가 색깔 감각을 일으킴. 글자 그대로 함께 느낌을 가리킴

공고화 학습 후에 기억 흔적을 안정화하는 과정

공통조상 둘 이상의 계통이나 가계 집단의 선조, 즉 해당되는 모든 집단에 대한 조상

공포 조건화 중성자극과 불쾌 사건(예 : 쇼크) 사이의 조건화된 정서 반응이며, 학습된 연합을 일으킴

과다수면증 부적절한 시간에 잠에 빠지는 장애 또는 계속 깨어 있기 어려움

과분극화 보통 염소 이온의 유입 또는 칼륨 이온의 유출에 의해 발생하는 막전위의 증가

과식증 심한 체중 증가를 초래하도록 과도하게 먹음

관문 세포막에 삽입된 단백질로, 상황에 따라 물질의 막 통과를 허용 또는 차단한다.

광수용기 빛을 신경 활동으로 변환하는 특수한 망막 뉴런

광유전학 살아 있는 조직의 표적세포를 흥분 또는 억제하기 위해 유전학과 빛을 결합하는 형질전환기법

교감부 자율신경계의 일부로 신체가 활동하도록 각성시킨다. 즉 비상시 심장박동률과 혈압을 높임으로써 불수의적인 '싸움 혹은 도주' 반응을 매개한다.

교세포 절연, 영양분 공급, 구조적 지지를 담당하고 뉴런의 회복을 돕고 폐기물을 제거하는 신경계 세포

교아세포 다양한 유형의 교세포로 성숙하는 전구세포

구 뇌 표면의 움푹 파인 홈으로 주로 신피질과 소뇌에서 발견된다.

구문 단어를 조합하는 한 묶음의 규칙. 인간 언어의 고유 특성이라 여겨짐

구성 효과 태아 뇌의 구성적 발달에 영향을 주는 호르몬 작용

구심로 차단 감각섬유의 손상으로 인해 감각 입력이 상실되는 경우, 한 구조에 들어오는 구심성 입력이 상실되는 경우

구심성 중추신경계 구조물로 들어가는 정보 전달

국소해부도 중추신경계의 다른 기능적 영역을 나타내는 그림

귀음향 방사 와우관에 의해 귀 안에서 자발적으로 혹은 유발되는 음파. 귀를 빠져나간다.

근실조증 근육이 불수의적으로 수축한 결과 반복적 또는 비틀림 운동이 나타나는 질병

글루코코르티코이드 스트레스에 대한 반응으로 분비되는 스테로이드호르몬군에 속하며 단백질과 탄수화물 신진대사에 중요한 역할을 한다(예 : 코르티솔).

글루타메이트(Glu) 전형적으로 나트륨 및 칼슘 채널을 열어 뉴런을 흥분시키는 아미노산 신경전달물질

금단 증상 약물 사용을 중단할 경우 나타나는 신체적·심리적 행동

기간 활동 순환의 완료에 걸리는 시간

기능근적외선 분광기록법(fNIRS) 피질 조직을 투과한 빛을 모아 산소 소모량을 영상화하는 비침습적 기법(광단층촬영법)

기능자기공명영상법(fMRI) 산화 혈액과 탈산화 혈액의 비율과 관련된 변화를 탐지하여 간접적으로 뇌 활성화를 측정하는 자기공명영상기법. 인지검사 혹은 휴식을 취하는 동안 뇌 혈류를 측정하기 위해 사용된다.

기능해리 뇌 상해를 뒤따르는 신경 쇼크로서, 상해 위치와 연결된 영역들이 일시적인 기능 마비를 보이는 현상

기본 휴식-활동 주기(BRAC) 시간 꾸러미의 반복적 순환으로 사람에서는 약 90분 주기이며, 그 주기에 따라 각성 수준이 오르락내리락 한다.

기억 이전 경험을 재생 또는 인식하는 능력

기억상실증 부분 혹은 전체를 기억하지 못함

기저막 음파를 신경 활동으로 변환하는 와우관 내의 수용기 표면

기저핵 사지와 몸통의 수의적 운동을 조절하는 피질하 전뇌 신경핵들로 시상및 중뇌와 연결되어 있다.

길항제 신경전달 기능을 봉쇄하는 물질

난독증 읽기와 쓰기 학습의 장애. 가장 흔한 학습장애

남성화 안드로겐(남성 호르몬)에의 노출로 인하여 뇌가 변화되고 남성 생식기와 이차 성징(예 : 얼굴 수염과 저음)이 발달하도록 자극을 받는 과정

내성 시간이 지남에 따라 약물에 대한 반응이 감소하는 것

내측 뇌교망상체 R-수면에 관여하는 뇌교의 핵

내측슬상핵 청각에 관여하는 시상의 주된 영역

내측전뇌다발 뇌간 구조들을 변연계의 여러 부분과 연결하는 관. 뇌간으로부터 기저핵과 전두피질로 가는 활성 투사를 형성함

네른스트 방정식 이온의 전하와 막 안팎의 농도 기울기를 근거로 하여 그 이온에 대한 평형 전위(네른스트 전위라고도 함)를 계산하는 방정식

네트린 축색의 성장을 가이드하는 화학적 끌림 향성 분자

노르아드레날린성 뉴런 노르에피네프린을 가지고 있는 뉴런을 뜻하고, 에피네프린의 라틴식 표기인 아드레날린에서 유래된 용어이다.

노르에피네프린(NE) 포유동물의 심장박동을 증가시키는 신경전달물질로 뇌와 자율신경계의 교감부에서 발견된다. 노르아드레날린이라고도 한다.

농도 기울기 한 용기 내의 영역에 녹아 있는 어떤 물질의 상대적 양의 차이. 이 기울기로 인해 물질은 고농도 영역에서 저농도 영역으로 확산한다.

뇌간 후뇌, 중뇌, 시상 및 시상하부를 포함하는 뇌의 주요 구조물로, 대부분의 무의식적 행동을 담당한다.

뇌량 두 대뇌반구를 직접 연결하여 그들이 교신하게 해주는 띠 모양의 백질 신경로이며, 2억개 정도의 신경섬유를 포함한다.

뇌반구 문자 그대로 구의 반쪽이나 대뇌의 한쪽 면을 가리킨다.

뇌성마비 출생 시(혹은 출생 직전)에 입은 뇌 손상으로 초래되는 장애군

뇌신경 머리와 목 및 내장기의 감각 및 운동 기능을 통제하는 12쌍의 신경

뇌실 뇌척수액을 만들고, 그것을 담고 있는 뇌 안의 공동

뇌실막세포 뇌실벽에 있는 교세포로, 뇌척수액을 만들고 분비한다.

뇌실하 영역 성인에서 신경 줄기세포가 뇌실을 둘러싸면서 배열되어 있다.

뇌심부자극(DBS) 신경수술을 통해 뇌에 심은 전극으로 낮은 전압의 전류를 넣어 표적 영역을 자극함으로써 행동을 촉진하는 치료법

뇌자도(MEG) 두개골 바깥에 위치한 탐지기로부터 기록된 자기 전위

뇌전도(EEG) 뇌의 전기적 활동을 기록한 그래프로, 많은 뉴런에서 발생한 등급전위를 반영한다.

뇌졸중 뇌 혈류가 심각하게 감소됨으로써 갑자기 나타나는 신경학적 증상

뇌진탕 머리에 갑자기 가해진 흔들림 또는 타격으로 일어난 뇌 기능의 변경으로, 특히 반복될 경우 심각한 뇌 손상이 일어날 수 있고, 증상은 일시적일 수 있으며 기억, 의식, 시각, 협응, 기분 등에 영향을 줄 수 있다.

뇌척수막 뇌와 척수를 감싸는 세 겹의 보호 조직으로 경막, 지주막, 유막으로 구성되어 있다.

뇌척수액(CSF) 뇌실에서 만들어지는 맑은 용액으로 나트륨, 염소 및 다른 이온을 함유하며, 뇌와 척수 둘레를 순환하다가 지주막하강의 지주막 밑에서 흡수된다.

뇌 커넥톰 살아 있는 인간의 뇌에서 완전한 구조적·기능적 섬유 경로의 지도

뇌하수체 시상하부의 바닥에 붙어 있는 내분비샘. 분비물질들이 다른 많은 내분비샘들의 활성을 조절하고, 이는 생물학적 리듬과 연관되는 것으로 알려짐

뇌화 지수(EQ) Jerison이 제안한 뇌 크기의 정량적 측정치로, 특정 신체 크기를 가진 동물에게 적정 질량의 법칙을 적용하여 추측된 신체 크기에 대한 실제 뇌 크기의 비율을 산출한 값이다.

눈 깜박임 조건화 피험자가 이전의 중성자극을 방어적 눈 깜박임 반응과 짝 이룸을 학습하게 하는 실험 기법

뉴런 정보처리에 관여하는 특수한 신경세포

느리게 적응하는 수용기 감각 자극이 신체에 있는 동안 이 자극에 반응하는 신체 감각 수용기

다발성 경화증(MS) 중추신경계에서 축색을 둘러싸는 수초가 상실되어 발생하는 신경계 질환

다운증후군 보통 21번 염색체의 잉여 염색체에 의해 유발되는 것으로, 지적장애를 비롯한 다양한 비정상성이 나타난다.

단백질 신체에서 특정 기능을 하는 접힌 폴리펩티드 연쇄

단일시냅스 반사 감각 입력과 움직임 사이에 단지 하나의 시냅스만이 요구되는 반사

대뇌(전뇌) 대칭인 좌반구, 우반구로 구성되어 의식적 행동 대부분을 담당하는 전뇌의 주요 구조물

대뇌 전압전류 동물 뇌에 있는 특정 화학물질의 농도를 확인하는 데 사용하는 기법

대뇌피질 전뇌의 바깥층을 형성하는 주름이 많고 층을 이루는 조직으로, 신피질과 부등피질로 구성되어 있다.

대립과정 보색 쌍, 즉 빨강 대 초록과 파랑 대 노랑의 중요성을 강조하는 색채 시각에 관한 설명

대립유전자 한 유전자의 대립 형태. 한 유전자 쌍은 2개의 대립유전자를 포함한다.

대사성 수용기 신경전달물질에 대한 결합 부위를 가진 막에 삽입된 단백질로, G 단백질과 연결되어 있으며, 다른 수용기에 영향을 미치고, 미세공을 여는 것과 같은 다른 세포 과정에 영향을 주는 이차전령으로 작용한다.

대사증후군 비만과 인슐린 이상을 포함하는 의학적 장애들의 조합으로, 심혈관계 질환과 당뇨병 발병 위험을 총괄적으로 증가시킴

대세포성 세포(M세포) 움직이는 자극에 민감한 시각계의 큰 뉴런

대측성 무시 뇌 손상 위치 반대편의 신체 혹은 세계 부분을 무시하는 것

데시벨(dB) 소리의 상대적인 물리적 강도의 측정 단위

델타 리듬 1~3Hz의 뇌 파동 활성 양식

도약전도 연속된 랑비에 결절에서 일어나는 활동전위의 전파. saltatory은 '뜀뛰기'를 의미한다.

도파민(DA) 아민 신경전달물질로 운동, 주의 및 학습을 조절하고 행동 강화에도 관여한다.

돌연변이 한 대립유전자의 변형으로 다른 형태의 단백질이 만들어지는 것

동기 행동을 시작하거나 활력을 주도록 작용하는 유기체의 내적 상태. '움직이는 원인'을 의미하는 라틴어 *motivus*에서 유래함

동물생약학 비인간 동물이 자신을 스스로 치료하는 행동

동조 바이오리듬 기간의 결정 혹은 변형

동측 반맹증 좌시야 혹은 우시야 전체를 보지 못함

동형접합 동일한 두 대립유전자가 하나의 특질을 나타내는 것

두정엽 어떤 물체를 거머쥐는 것과 같은 목표 지향적 운동이나 과제를 수행하는 대뇌피질 부위로, 중심구의 뒤쪽 영역이며 두개골의 꼭대기인 두정골 아래에 있다.

등급전위 세포막 안팎에 생성되는 작은 전압의 변동

디폴트 네트워크 상당히 관련된 활동을 하는 전두엽과 두정엽 영역들이 상호작용하는 뇌 네트워크

랑비에 결절 축색에서 수초로 덮이지 않은 부분

루이체 몇몇 신경퇴행성 장애에서 발견되는 원형 섬유 구조. 뉴런의 세포질 내에서 형성되며, 비정상적 신경섬유 대사의 결과인 것으로 생각되고 있음

마비 신경계 손상으로 인한 감각 및 운동의 상실

마음-신체 문제 비물질적 마음과 물질적 신체가 상호작용하는 방식을 설명하는 난해한 문제

마음이론 타인의 마음 상태를 귀인하는 능력

만성 외상성 뇌병증(CTE) 다중의 뇌진탕과 다른 폐쇄성 두부 손상에 의해 유발된 점진적 퇴행성 질환으로, 세포 소실로 인한 신경섬유다발, 신경반, 피질 위축, 뇌실 확장 등이 특징임

말초신경계(PNS) 뇌와 척수 바깥에 있는 신체의 모든 뉴런

망막 눈 뒤에 위치하는 빛에 민감한 부위로 뉴런과 광수용기 세포로 구성되어 있음

망막시상하부로 빛에 민감한 망막의 신경절 세포(pRGC)에서 시교차상핵으로 가는 경로로서 빛을 시교차상핵의 리듬 활동에 동조하게 한다.

망막 신경절 세포(RGC) 망막에 위치하는 뉴런들 중 하나이고 이 뉴런의 축색이 시신경을 형성한다.

망상체 신경핵과 섬유로가 혼재하여 그물처럼 보이는 중뇌 영역으로, 수면-각성 행동 및 행동적 각성과 관련이 있다.

망상활성계(RAS) 뇌간 중앙에 길게 뻗은 커다란 망상구조(세포핵과 신경섬유의 혼합). 수면-각성 행동 및 행동적 각성과 연관되며, 흔히 망상체라고도 함

맹점 시신경을 형성하는 축색이 눈을 빠져나가고 혈관이 들어오고 나가는 망막 영역. 광수용기가 존재하지 않기 때문에 '보지 못한다'.

메니에르병 내이의 장애로 인해 초래되는 질병으로 현기증과 균형 상실이 주증상이다.

메타가소성 뇌의 서로 다른 가소적 변화들 사이의 상호작용

멘델 유전학 멘델의 실험에서 밝혀진 유전 원리로, 유전 인자(유전자)가 한 세대에서 다음 세대로 전해진다는 관찰을 근거로 하였다.

멜라토닌 낮-밤 주기의 어둠 단계 동안에 송과선에서 분비된 호르몬. 일일 및 계절적 바이오리듬에 영향을 줌

모노아민 산화효소 억제제 모노아민 산화효소가 세로토닌, 노르아드레날린, 도파민 등과 같은 신경전달물질을 분해하는 것을 봉쇄하는 항우울제

몽유병 앉거나, 걸어 다니거나, 일부 극단적인 경우에는 요리나 운전 같은 복잡한 활동을 수행할 수 있는 N-사건수면증

무긴장 근육 긴장성 감소. 운동뉴런의 억제에 의해 발생하는 최대로 낮아진 근육 비활성 상태

무뇌증 전뇌가 발달되지 못한 경우

무조건반응(UCR) 음식이 입에 있을 때 침 흘림처럼 무조건자극에 반응하여 일어나는 학습되지 않은 자연적 반응

무조건자극(UCS) 자연적, 자동적으로(무조건적으로) 무조건반응을 촉발하는 자극

문화 가르침과 모방을 통해 한 세대에서 다음 세대로 계승되는 학습된 행동

물질론 마음이라는 수단을 사용하지 않고도 신경계의 작용만으로 행동을 설명할 수 있다는 철학적 견해

물질사용장애(SUD) 만성적으로 지나치게 약물에 의존하여 약물이 생활의 주된 부위를 차지하는 약물 사용 패턴을 가진 사람에게 주어지는 진단 용어

미세교세포 혈액에서 생성되는 교세포로, 세포의 복구를 돕고 신경계의 잔해물을 제거한다.

미세 전극 절연된 매우 가는 전선 또는 생리식염수를 채운 미세한 유리관으로, 끝 부분은 절연되지 않아 뉴런에 전기적 자극을 가하거나 뉴런의 전기적 활동을 측정하는 데 사용된다.

미세투석 자유롭게 활동하는 동물을 대상으로 세포외액의 화학 성분을 분석하기 위해 사용되는 기법

민감화 자극의 반복적 시행이 반응의 점진적인 증가를 가져오는 과정

밈 특정 문화 내에서 개인에서 개인으로 전파되는 생각, 행동, 양식

바이오리듬 행동이나 신체적 과정의 자연적 리듬

반향정위 소리를 사용하여 공간 내의 물체 위치를 인식하는 능력

밝기(휘도) 대비 주변에 비해 한 물체가 반사하는 빛의 양

방사형 교세포 이동 중인 뉴런이 목적지에 도달할 수 있도록 경로를 만드는 세포

방출호르몬 시상하부에서 방출된 펩티드로, 뇌하수체 전엽의 호르몬 방출을 증가 또는 감소시킴

배외측 전전두피질(dlPFC) 브로드만 지도의 9번과 46번 영역으로 후측 두정피질, 상측두구와 상호 연결되어 있고 일시적 기억에 의한 행동 및 움직임 선택에 관여한다.

배측 흐름 V1에서 두정엽으로 가는 시각 경로로서 시각 정보에 근거한 움직임을 가이드한다.

백질 지방이 풍부한 유수축색을 포함하는 신경계의 일부 영역으로, 뉴런 사이의 연결을 형성한다.

베르니케 영역 좌반구 측두엽 후측의 헤쉴회 뒤에 위치하는 이차청각피질(측두평면)로서 언어 이해에 관여한다. 후측 언어 영역이라고도 한다.

베타 리듬 각성 뇌전도와 연관된 빠른 뇌 파동 활성 양식

벨-마장디 법칙 한 가지 예외는 있지만 감각 섬유는 배측(후측)에 위치하고 운동섬유는 복측(전측)에 위치한다는 법칙

변연계 신피질과 뇌간 사이에 위치하는 여러 주요 부위를 지칭하는 개념적 체계로, 대상피질, 편도체, 해마 등 다양한 구조물을 포함하며, 정동, 동기 관련 행동, 특정 유형의 기억을 통제한다.

변칙적 언어 표상 어떤 사람의 언어 영역이 우반구 혹은 양쪽 반구 모두에 위치하는 상태

보상 뇌 손상 후 손상 전에 사용한 행동을 수정하기 위한 가소 능력

보속증 변하는 자극에 대하여 똑같은 언어 반응 혹은 운동 반응을 반복적으로 표출하는 경향

보습코기관(VNO) 페로몬을 탐지하는 뉴런으로 구성된 기관으로, 많은 포유동물에서 생식과 사회행동에 관여하지만, 인간에게는 그 특수 기능은 논란의 대상이다.

보조 언어 영역 좌반구 전두엽의 배측면에 위치하는 언어 산출 영역

복외측 시상 신체 감각에 관한 정보를 체감각피질로 전달하는 시상 부위

복측 흐름 V1에서 측두엽으로 가는 시각 경로로서 대상 인식과 움직임 지각에 관여한다.

부교감부 자율신경계의 일부로 교감부와 반대 작용을 한다. 예를 들어 경고 반응을 억제하고 소화를 자극함으로써 신체를 쉬게 하거나 소화를 촉진한다.

부등피질 3개 또는 4개의 층으로 구성된 피질 부분으로, 동기 및 정서 상태와 특정 유형의 기억을 통제한다.

부분경련 동기화된, 과활성의, 국재화된 뇌 영역에서 일어나는 경련

분절화 유사한 여러 부분으로 나뉘는 것. 척추동물을 포함해서 많은 동물이 유사하게 조직화된 신체 분절로 구성되어 있음을 가리키는 개념

불면증 잠들지 못하거나, 잠을 유지하지 못하거나, 만족스러운 잠을 경험하지 못하는 것을 특징으로 하는 많은 장애의 증상

불안장애 도움이 되지 않는 불안이 일상생활에 부정적인 영향을 미치는 여러 상태를 포함하는 장애

브로카 영역 좌반구 전측 언어 영역으로 말의

산출에 필요한 움직임을 생산하는 운동피질과 함께 기능한다.

블롭 시토크롬 산화효소제 염색으로 드러나는 색채민감 뉴런이 위치하는 V1 영역

비만 신체 지방의 과도한 축적

비제어행동 동물의 기본적 생존 욕구에 필수적이지 않은 행동

비주위피질 뇌 복측면의 후각고랑 옆에 위치한 피질

비행시차증 시간 영역을 넘는 빠른 여행에 따라 변화된 빛-어둠 주기에 노출됨으로써 발생하는 피로감과 지남력 이상

빛 공해 활동 양식을 변화시켜 일주기 리듬을 교란하는 인공조명에의 노출

사건관련전위(ERP) 특정 감각 사건과 관련하여 순차적으로 나타나는 복잡한 뇌파 파형

사건수면증 수면을 방해하는 특이하고 원치 않는 행동

사람족 직립 보행하는 유인원을 가리키는 일반명사로, 여기에는 현존하거나 멸종한 모든 유형의 인류가 포함된다.

사분맹 시야의 1/4을 보지 못함

사상위족 성장 중인 축색의 한 끝에 있는 돌기로 잠재적 목표를 찾거나 세포 사이의 환경을 모으는 역할을 한다.

사이코바이오틱스 살아 있는 박테리아(프로바이오틱스) 혹은 장박테리아의 성장을 향상하는 화학물질(프리바이오틱스)을 사용하는 치료법

사지마비 척수 손상으로 인한 다리와 팔의 마비. 완전마비라고도 함

사회신경과학 뇌가 사회적 상호작용을 어떻게 매개하는지 이해하려고 하는 학제간 분야

산화질소(NO) 가스 신경전달물질로 혈관을 확장하고, 소화를 촉진하며, 세포의 대사를 활성화시킨다.

삼원색 이론 세 가지 기본색, 즉 빨강, 초록과 파랑의 부호화에 근거하여 색채 지각을 설명하는 이론

삼투성 갈증 체액 안의 용해 화학물질 혹은 용질의 농도 증가에 의해 유발된 갈증

삼환계 항우울제 3개의 고리를 특징으로 하는 화학적 구조를 가지는 항우울제로 세로토닌 재흡수 수송기 단백질을 봉쇄한다.

삽화적 기억 특정 장소와 시간 맥락에 연결된 사건들에 대한 자서전적 기억

상대적 불응 활동전위의 늦은 단계에 새로운

활동전위를 일으키려면 고강도의 전류가 필요한 축색의 상태. 이 상태가 유지되는 동안에 칼륨 채널은 여전히 열려 있다.

상피성장인자(EGF) 선조체로 이동해 궁극적으로 뉴런과 교질로 분화하는 세포를 발생시키도록 뇌실밑 영역을 자극하는 신경영양인자

색채 항상성 빛의 변화에도 불구하고 한 물체의 색채를 여전히 동일한 색채로 지각하는 현상

생체시계 바이오리듬을 생성하여 행동의 시간을 정하는 신경계

선언적 기억 사건의 시간, 장소, 상황에 관한 세부 사항에 대해 아는 것을 말할 수 있는 능력이며, 흔히 기억상실증에서 상실됨

선조외(이차시각)피질(V2~V5) 선조피질 바깥에 위치하는 후두엽의 시각피질영역

선조체 기저핵의 미상핵과 피각

선조피질 후두엽의 일차시각피질(V1)로서 염색을 하면 줄무늬가 보인다.

선천적 분출기제 특정한 감각 자극을 탐지하여 유기체로 하여금 특정 행위를 취하게 하는 가정적 기제

선택적 세로토닌 재흡수 억제제(SSRI) 세로토닌이 시냅스전 종말로 재흡수되는 것을 봉쇄하는 항우울제로 우울증 치료에 가장 널리 사용된다.

섬엽 외측열 안에 위치하며 언어, 미각, 사회인지 등 다양한 기능에 관여하는 피질 조직

성별 정체성 남성, 여성, 둘 다 아님, 또는 둘 다로서의 개인의 자기 개념

성상세포 별 모양의 교세포로, 중추신경계 뉴런을 구조적으로 지지하고 뉴런과 모세혈관 사이에서 물질을 운반한다.

성장 급등 제한된 시간 동안 성장이 갑작스럽게 일어나는 시기

성장 원뿔 축색의 성장하는 끝

성적 이형 두 가지 성별로 뇌 영역들의 분화 발달

성적 지향 이성이나 동성, 혹은 양쪽 모두에 성적 끌림에 대한 개인의 양식

성호르몬 생식 기능을 통제하고 남성과 여성으로서의 성적 외양에 강한 영향을 주는 호르몬군에 속하는 호르몬(예 : 테스토스테론)

세로토닌(5-HT) 기분, 공격성, 식욕, 각성, 통증 지각, 호흡을 조절하는 아민 신경전달물질

세마포린 부적절한 영역에서 축색의 방향을 바꾸게 하는 화학적 배척 분자

세 부분 시냅스 물리적으로 근접한 시냅스전막, 시냅스후 막, 주변의 성상세포가 기능적으로 통합된 시냅스

세타파 주파수 범위가 4~11Hz인 뇌 파동

세포구축도 세포들의 구조화, 구조, 분포를 근거로 작성한 신피질지도

세포외유출 화학물질이 소낭에 담기고, 소낭이 세포막으로 이동하여 융합되고, 소낭의 내용물이 방출되는 능동적 과정

세포 유착 분자(CAM) 특정 세포들이 유착하는 화학 분자로서 세포의 이동을 돕는 역할을 한다.

세포자살 유전적으로 계획된 세포 죽음

세포집합 공통적 감각 입력을 통해 기능적으로 연결된 뉴런의 가설적 집단. Hebb에 의해 지각, 기억, 사고의 기초라고 제안됨

세포체 세포의 핵심 영역이며 단백질 합성을 위한 핵과 다른 소기관을 포함한다.

소거 신경학에서, 신체 한쪽 면 정보가 신체 다른 쪽 면에 비슷한 정보와 동시에 제시될 때 일어나는 무시

소골 중이에 있는 뼈로서 추골, 침골과 등골로 구성된다.

소뇌 뇌간의 주요 구조물로, 학습과 운동 통합에 관여하며, 뇌를 지원하여 많은 행동이 생성되게 한다.

소분자 전달물질 빠르게 작용하는 신경전달물질이며, 음식물에서 유래된 산물로부터 축색종말에서 합성된다.

소세포성 세포(P세포) 형태와 색채 차이에 민감한 시각계의 작은 뉴런

속도-제한 인자 공급이 제한되어 있어서 다른 화학물질이 합성되는 속도를 제한하는 화학물질

수두증 신생아에서 뇌척수액의 흐름이 막힘에 따라 뇌의 체액 압력이 높아져 머리가 부풀어 오르는 질환으로, 지적장애를 일으킬 수 있다.

수렴적 사고 하나의 질문에 하나의 답을 찾아내는 사고 형태(예 : 2+2=?). 확산적 사고와 대비가 됨

수면 무호흡증 수면자가 숨 쉬기 위해 깨야 할 정도로 수면 동안 호흡하지 못함

수면다원검사 개인의 수면 양식을 나타내기 위해 뇌 활동, 근육 활동, 안구 활동을 포함한 여러 수면 사건의 측정을 결합하는 수면 측정법

수면마비 깨어 있을 때 일어나는 무긴장과 꿈꾸기이며, 대개 잠들려고 할 때나 잠에서 깨어날 때 생김

수상돌기 뉴런의 세포막에서 뻗어나온 가지로, 세포의 표면적을 크게 넓히고, 다른 세포로부터 정보를 수집한다.

수상돌기가시 수상돌기의 표면적을 크게 넓히는 돌기로, 수상돌기가 다른 세포의 축색과 접촉하는 지점이 된다.

수송체 물질을 막 너머로 퍼 나르는 단백질 분자

수용장 감각공간 영역(예 : 피부면)으로 그곳에 있는 자극이 수용기의 활동을 변경함

수초 중추신경계와 말초신경계에서 축색을 감싸고 있는 교세포 피막으로 인접 뉴런과의 합선을 방지한다.

순행성 시냅스 전달 시냅스전 뉴런에서 전달물질이 방출되어 시냅스후 뉴런의 수용기에 결합하는 과정

슈반세포 말초신경계에서 감각뉴런 및 운동뉴런 축색을 수초화하는 교세포

스크래치 반사 동물이 신체 표면에 있는 자극을 제거하기 위해 뒷발을 사용하는 자동적인 반응

스테로이드호르몬 콜레스테롤로부터 합성되는 지용성 화학 전령

슬상선조계 망막에서부터 온 축색이 외측슬상핵을 거쳐 시각피질로 가는 경로

습관화 자극에 대한 반응이 반복적 제시로 약화되는 학습 행동

시각 우세 기둥 한 눈으로부터 오는 정보에 최대한으로 반응하는 시각피질의 기능 기둥

시각 운동실조증 손을 뻗는 행동 혹은 다른 움직임에 관한 시각적 통제의 결함

시각형태 실인증 사물 혹은 사물의 그림을 인식하지 못함

시간적 통합 시간적으로 근접하여 일어나는 등급전위를 합하는 것

시간형 일주기 활동의 개인차

시개시상침계 망막에서 온 축색이 상구, 시상침(시상)을 거쳐 두정엽과 측두엽의 시각 영역으로 가는 경로

시공간 기억 공간에서 사물의 위치를 재생하기 위한 시각 정보 사용

시교차 각 눈에서 오는 시신경이 교차하는 부위. 망막의 비측 반의 축색이 여기서 교차하여 반대편 뇌로 간다.

시냅스 한 뉴런과 다른 뉴런 간의 공간적 연접부로, 뉴런들 사이에서 정보가 전달되는 부위가 된다.

시냅스 소낭 양자 단위의 신경전달물질 분자를 담고 있는 막 구조물

시냅스전 막 시냅스의 출력부로 전달물질을 방출하는 축색종말의 막

시냅스 틈 시냅스후 막과 시냅스전 막을 분리하는 틈

시냅스후 막 시냅스의 입력부로 전달물질을 받아들이는 막

시상 모든 감각 정보를 조직화하고 통합하여 신피질의 해당 영역으로 투사하는 간뇌 구조물

시상하부 체온조절, 섭식, 물 마시기 및 성 행동과 관련이 있는 다양한 핵을 포함하는 간뇌 구조물

시야 눈으로 볼 수 있는 시각 세계 영역

식물인간 상태(PVS) 환자가 살아 있으나 의사소통이나 다른 최소한의 기본적 기능도 독립적으로 할 수 없는 상태

신경 다윈주의 세포의 죽음과 시냅스 제거 과정이 종의 자연적 선택처럼 연결과 신경 환경에서의 신진대사 자원을 위한 뉴런들 간의 경쟁의 결과라고 설명하는 가설

신경 줄기세포 자기 재생 능력을 가지는 다능성 세포로서 이 세포로부터 신경계의 뉴런과 교세포가 형성된다.

신경 중추신경계 외부에 있는 큰 축색 다발

신경가소성 환경의 변화에 적응하고 노화 관련 및 부상을 보상하기 위해 신경계가 자체에 구조적 및 화학적 변화를 일으키는 능력

신경경제학 뇌가 결정을 어떻게 내리는지 이해하려고 하는 학제간 분야

신경관 뇌 발달의 초기 단계 구조로 여기서 뇌와 척수가 발달한다.

신경로 중추신경계 내부의 큰 축색 다발

신경망 뇌와 척수의 광범위한 영역을 연결하는 뉴런들의 기능적 집단

신경반 중앙의 단백질 핵(아밀로이드)과 이를 둘러싼 퇴화된 세포 파편들로 구성된 불완전 괴사(죽은 조직) 영역으로, 흔히 알츠하이머병 같은 신경인지장애가 있는 사람들의 피질에서 관찰됨

신경보철학 상실된 생물적 기능을 대체하는 컴퓨터 기반 도구를 개발하는 영역

신경보호제 뇌졸중 후 신경 사건의 연쇄반응

을 차단하기 위해 사용되는 약물

신경성장인자(NGF) 수상돌기와 시냅스를 성장시키도록 뉴런을 자극하고, 때로 뉴런의 생존을 촉진하기도 하는 신경영양인자

신경심리학 인간의 뇌 기능과 행동 사이의 관련성을 연구하는 분야

신경아세포 다양한 유형의 뉴런으로 성숙하는 전구세포

신경영양인자 발달 중인 뉴런의 성장과 분화를 지지하고 성숙한 특정 뉴런의 생존을 유지하게 하는 화학합성물

신경윤리학 철학, 심리학, 신학, 법학의 관점에서 인간다움의 의미를 통합하여 의학 및 생물학적 연구의 윤리에 관심을 두는 분야

신경인지장애 기억 결핍 및 다른 인지 결핍과 사회적, 직업적 기능의 손상을 특징으로 하는 지적 이상이 후천적으로 생겨서 지속되는 증후군

신경전달물질 뉴런에서 방출되어 표적 뉴런에 대해 흥분성 혹은 억제성 효과를 내는 화학물질

신경절 어느 정도 뇌와 유사한 기능을 하는 신경세포의 집합

신경조절물질 다른 뉴런의 발화와 시냅스 특성이 오래 유지되도록 변화시키는 신경전달물질

신경 충동 축색 막을 통한 활동전위의 전파

신경판 추후 신경관이 되는 원시적인 신경 조직

신경펩티드 다기능의 짧은(100개 미만) 아미노산 사슬로, 신경전달물질로도 호르몬으로도 작용할 수 있고 학습에도 기여한다.

신경회로 시냅스로 상호 연결된 일련의 뉴런들로, 활성화될 때 주어진 기능을 한다.

신속하게 적응하는 수용기 신체 자극의 발생에 짧게 반응하는 신체 감각 수용기

신전–활성화 채널 막이 신전할 때 그에 대한 반응으로 활성화되어 신경 충동을 개시하는 촉각뉴런의 이온 채널

신체 지도 감각피질과 운동피질에서 신체 각 부위를 담당하는 영역에 관한 표상. 신경계의 신체의 지형적 표상

신피질 가장 최근에 발달한 전뇌의 바깥층으로 6개의 회백질 층으로 구성된다. 명칭이 잘못 붙여진 측면이 있는데, 실제로 같은 시기에 다른 유형의 피질도 진화하였다. 몇몇 예외가 있지만 거의 항상 6개의 층으로 이루어지기 때문에 등피질(isocortex)이라고도 한다.

실시간 기능자기공명영상법(rt-fMRI) 사람들이 자신의 뇌 활성화 양식을 조절하여 자신의 행동을 변경하는 방법을 배우는 행동수정 기법

실식증 먹지 못함. 먹기를 꺼려서 혹은 운동 곤란, 특히 연하곤란 때문일 수 있음

실어증 정상적인 이해 능력과 발성 기제를 가지고 있음에도 불구하고 언어를 말하지 못하거나 이해하지 못하는 경우. 브로카 실어증은 말을 이해하는 능력을 유지하고 정상적인 발성 기제를 가지고 있음에도 불구하고 말을 유창하게 하지 못하는 경우이다. 베르니케 실어증은 단어를 말할 수 있음에도 불구하고 언어를 이해하지 못하거나 의미 있는 말을 하지 못하는 경우를 의미한다.

실음악증 음치. 음표를 구분하지 못함

실행증 마비와 운동 및 감각 장애가 없음에도 불구하고 수의적 움직임, 특히 사물을 적절하게 조작하지 못하는 경우

심리적 구성체 어떤 정신능력이 독립 실체로 존재하는 관념 혹은 한 묶음의 인상. 그 예로 기억, 언어, 정서 등이 있음

아나볼릭 스테로이드 테스토르테론과 관련된 합성호르몬 부류에 속하며 근육 형성(아나볼릭)과 남성화(안드로제닉) 효과 모두를 가진다. 아나볼릭-남성화 스테로이드라고도 불린다.

아미노산호르몬 아미노산에서 유래되는 화학적 전령으로, 가장 일반적인 것은 티로신이다.

아세틸콜린(ACh) 말초신경계와 중추신경계에서 최초로 발견된 신경전달물질로, 체성신경계에서는 골격근을 활성화시키고 자율신경계에서는 내장기를 흥분 또는 억제시킨다.

아연 소낭에 포장되고 저장되는 이온 전달물질로 방출되면 여러 수용기와 상호작용한다.

안드로겐 남성 특징을 자극하고 통제하는 호르몬

안와전두피질 눈 소켓(안와) 위에 위치한 전전두피질로, 시상의 배내측 핵으로부터 투사를 받으며, 섭식을 포함한 다양한 정서적·사회적 행동에 핵심적임

안정전위 자극이 없을 때 절연성 막 안팎의 전위. 즉 세포 외부에 비해 세포 내부가 더 큰 음전하로 대전됨으로써 발생하는 저장 상태의 전위 에너지

알츠하이머병 노화에 따른 퇴행성 뇌 질환으로, 처음에는 진행성 기억상실이 나타나다가 나중에 전반적인 치매 상태로 발전한다.

알파 리듬 주파수 범위가 7~11Hz인 뇌 파동

알파파 규칙적인 뇌파 패턴. 개인이 눈을 감고 이완되어 있을 경우 관찰된다.

암묵적 기억 무의식적 기억이며, 피험자는 지식을 기술, 조건반응, 의도적이지 않은 즉각적 사건 재생 같은 것으로 드러낼 수 있음

암점 편두통 혹은 시각피질의 작은 병변으로 초래되는 시야의 작은 맹점

암페타민 도파민 수송체를 후진시켜 시냅스 틈에 신경전달물질인 도파민을 증가시키는 합성 화합물

야생형 전형적인(한 전집에서 가장 공통적인) 대립유전자

약시 한 눈을 사용하지 못한 결과로 한 눈의 시력이 감소하는 경우이며 주로 두 눈이 동일한 방향으로 향하지 못한 결과로 발생한다.

양극성장애 우울증의 기간이 정상의 기간과 강렬한 흥분의 조증 기간과 번갈아 나타나는 것이 특징인 기분장애

양극세포 하나의 축색과 하나의 수상돌기를 가진 감각뉴런

양자 시냅스후 종말의 탈분극화에 관찰 가능한 최소의 변화를 일으키는 신경전달물질의 양으로, 단일 시냅스 소낭에 담긴 내용물의 양과 같다.

양전자방출단층촬영술(PET) 산소 혹은 포도당 등과 같은 합성물의 소비량 변화 측정을 통해 혈류의 변화를 탐지하는 영상 기법. 뉴런의 신진대사 활동을 분석하는 데 사용된다.

양측 대칭 신체 양편에 있는 기관이나 부위가 외관상 같아 보이는 신체 구조. 예컨대 손은 좌우대칭이지만 심장은 그렇지 않다.

억제 뉴런 또는 뇌 영역의 활동 감소

억제성 시냅스후 전위(IPSP) 자극에 대한 반응으로 뉴런 막에서 발생하는 순간적 과분극화로, 뉴런에서 활동전위가 발생하지 않게 한다.

얼굴 실인증 얼굴맹, 즉 얼굴을 인식하지 못하는 경우. 안면실인증이라고도 한다.

에스트로겐 여성 특징을 형성하는 데 중요한 역할을 하는 다양한 성호르몬

에피네프린(EP) 중추신경계에서는 화학적 전령으로 작용하고, 스트레스 상황에서 신체의 싸움 혹은 도주 반응을 일으키기 위한 호르몬으로 작용한다. 아드레날린이라고도 한다.

엔도칸나비노이드 아난다마이드와 2-AG를 포함하는 지질 신경전달물질이며, 시냅스후 막에서 합성되어 시냅스전 막의 수용기에 작용하여

식욕, 통증, 수면, 기분, 기억, 불안, 스트레스 반응에 영향을 미친다.

역전파 활동전위가 역방향, 즉 뉴런의 세포체와 수상돌기 영역으로 전파되는 것이며, 학습의 기저가 되는 뉴런의 가소성에 어떤 역할을 할 것으로 추측된다.

역치전위 나트륨 및 칼륨 전압-활성화 채널이 열림으로써 촉발되는 뉴런 막의 전압으로, 세포 외부에 비해 −50mV 정도이다. **역치한계**(threshold limit)라고도 한다.

연관통 실제로 신체 내부 기관의 통증이 신체 표면의 통증으로 느껴지는 통증

연합피질 일차감각피질 및 일차운동피질 바깥의 신피질로서, 인지를 생성하는 기능을 함

연합학습 행동 반응을 끌어내는 둘 이상의 관련 없는 자극들의 결합

영아돌연사증후군(SIDS) 1세 미만의 건강한 영아가 수면 중 알 수 없는 원인으로 사망하는 경우

오르가노이드 인위적으로 성장하고 단순화한 삼차원의 뇌 조직을 포함한 신체 기관의 축소형

오실로스코프 시간 경과에 따른 전압의 변화를 기록하여 그래프로 보여주는 정밀한 전압계

와우관 청각 수용기 세포를 내포하는 내이 구조

와우관 이식 수술을 통해 전선을 갖춘 전자 장비를 내이에 이식한다. 전선이 전달한 변환된 음파가 뇌 신경을 직접 흥분시켜 듣지 못하는 사람이 들을 수 있게 된다.

완주위영역 R-수면 행동에 역할을 하는 배측 뇌간의 콜린성 핵. 망상활성계의 한 부분이며, 내측 뇌교망상체로 투사한다.

외상성 뇌 손상(TBI) 머리에 물리적 충격을 받아서 뇌에 생긴 손상

외상후 둔마 뇌 손상 또는 질병에 따른 동기 및 의도적 행동의 감소가 특징인 상태

외상후 성장 뇌 손상 및 질병으로 인한 결함에 대처하고 보상하는 능력

외상후스트레스장애(PTSD) 외상적 사건과 관련된 반복적 기억과 꿈으로 인한 생리적 각성이 사건 이후 수개월 내지 수년간 지속되는 것이 특징인 증후군

외현적 기억 의식적 기억이며, 피험자는 항목을 인출할 수 있고, 인출된 항목이 옳은 것임을 알고 있음을 나타낼 수 있음

운동 연쇄 뇌에 의해 미리 계획되고 하나의 단위로 일어나는 운동 모듈

운동감소증 파킨슨병에서 볼 수 있는 움직임의 감소

운동과다증 투렛증후군에서 볼 수 있는 지나친 불수의적 움직임

운동뉴런 근육을 수축시키기 위해 뇌와 척수에서 나온 정보를 전달하는 세포

운율 말하는 목소리의 멜로디 톤

원심성 중추신경계 구조물에서 밖으로 나가는 정보 전달

원함과 좋아함 이론 약물이 특정 단서와 연합하면 단서 자체가 약물에 대한 갈망을 일으킨다는 주장. 유인가 민감화 이론이라고도 한다.

위치-점 이론 운동피질이 적절한 신체 부위를 공간 내의 한 지점으로 움직이게 한다는 아이디어

유도다능성 줄기세포(iPSCs) 신체 조직으로부터 만들어진 세포로 신체에서 발견되는 거의 모든 세포 유형으로 분화될 수 있다.

유모세포 끝에 융모가 달려 있는 와우관 내에 있는 특수 뉴런이다. 와우액 내의 음파에 의해 자극을 받으면 융모가 구부러지고 이로 인해 청각 수용기 세포인 내유모세포에 등급전위가 발생하게 한다.

유전자 특성 단백질 합성을 암호화하는 DNA 분절

유전자 메틸화 하나의 메틸기가 DNA 사슬에 결합하여 유전자 발현을 억제 또는 촉진하는 후생유전학적 과정

유전형 한 개체가 가지는 고유한 유전적 구조

유형성숙 조상 세대에서는 어린이의 특성이었던 것이 후손에서는 성인의 특성이 되는 것으로, 이 개념은 최근에 진화된 종에서 공통조상의 어린이 특성과 닮은 점이 있다는 데에서 유래되었다.

음위상 표상 청각에서 낮은 주파수부터 높은 주파수의 음파를 처리하는 구조적 조직화

음파 압력 변화로 인해 분자가 기계적으로 이동하는 것으로 주파수, 진폭의 물리적 속성과 이 둘의 복잡한 상호작용을 가진다. **압축파**라고도 한다.

의식 감각에 의해 만들어진 인상에 대한 마음의 반응 수준

이분자체 하나로 결합된 2개의 단백질

이분청취법 스테레오 이어폰으로 양쪽 귀에서로 다른 청각 입력을 동시에 제시하는 실험 절차

이온성 수용기 막에 삽입된 단백질로 (1) 신경전달물질에 대한 결합 부위이며, (2) 이온의 흐름을 조절하여 직접적이고 신속하게 막전압을 변화시키는 작용을 한다.

이원론 비물질적인 마음과 물질적인 신체가 행동에 관여한다는 철학적 견해

이차전령 신경전달물질(일차전령)에 의해 활성화되어 생화학적 과정을 개시하는 화학물질

이형접합 상이한 두 대립유전자가 하나의 특질을 나타내는 것

인지 아는 혹은 알게 되는 행위 또는 과정. 심리학에서는 사고 과정을 지칭하고 행동신경과학에서는 자극에 대한 식별 및 계획된 반응을 지칭함

인지신경과학 인지의 신경 기반을 다루는 학문

인지치료 사건과 정서 사이에 생각이 개입하며, 그래서 정서적 장애의 치료에는 부적응적인 사고 양식의 변화가 필요하다는 시각에 기초한 치료

인지행동치료 역기능 사고와 비적응적 행동의 제거를 위한 문제 중심의, 활동 지향적, 구조화된 치료

일산화탄소(CO) 가스 신경전달물질로 세포의 대사를 활성화시킨다.

일주기 리듬 낮-밤 리듬

일차시각피질(V1) 외측슬상핵으로부터 입력을 받는 후두엽의 선조피질

일차청각피질(A1 영역) 측두엽의 헤쉴회 안에 위치하는 비대칭적 구조로서 내측슬상핵의 복측 영역으로부터 정보를 받는다.

임상시험 치료법 개발을 목적으로 합의된 실험

임상신경과학 뇌 및 중추신경계에 영향을 미치는 질병과 장애의 진단과 치료에 중점을 둔 신경과학의 전문분야

입체정위 수술기구 연구자 혹은 신경외과 의사가 목표로 하는 뇌의 특정 부위 수술을 가능하게 하는 수술 기구

자가면역 질환 신체에 정상적으로 존재하는 물질이나 조직에 대한 비정상적 면역 반응에 의해 나타나는 질환

자가면역성 질환 면역 체계가 신체 내 외인성 병원과 신체 자체를 구별하지 못해 발생하는 질환

자가 수용기 뉴런의 막에 있는 자체 수용기로,

바로 그 뉴런에서 방출된 신경전달물질에 반응한다.

자기공명분광술(MRS)　수소 양성자 신호를 사용하여 뇌의 대사물 농도를 확인하는 자기공명 영상기법

자기공명영상법(MRI)　강한 자기장과 전파를 차례로 뇌를 통과하게 한 후 수소 원자가 방출한 무선주파수 신호를 측정하여 3차원의 정적 뇌영상을 만드는 기법

자기수용 감각　신체, 사지와 머리의 위치 및 움직임에 관한 지각

자연선택　오랜 시간에 걸쳐서 새로운 종이 출현하고 기존의 종이 변화하는 방식을 설명하는 다윈의 이론. 이 이론에서는 어떤 특성(표현형)이 성공적으로 재생산되느냐 하는 것이 유기체와 환경 간 상호작용의 결과라고 본다.

자유진행 리듬　모든 외부 단서 없이 신체 요인만으로 생성되는 리듬

자율신경계(ANS)　말초신경계의 일부분으로 내장기와 분비선의 기능을 조절한다.

자이트게버　생물학적 리듬을 동조시키는 환경적 사건. 독일어로 '시간 부여자'를 의미함

자폐스펙트럼장애(ASD)　자폐증은 경미한 수준부터 심각한 수준의 인지증상을 가지고 있는 것이 특징이다. 심각한 증상에는 매우 심하게 손상된 사회적 상호작용, 기이하고 제한된 흥미, 언어 및 의사소통의 두드러진 비정상, 고정되고 반복적인 움직임이 포함된다.

잠김증후군　눈을 제외한 거의 모든 수의적 근육이 마비되어 깨어서 인식은 하지만 움직이거나 언어로 소통을 할 수 없는 상태

잠자는 미녀 증후군　이환된 사람이 반복적으로 과도한 수면을 취하는 드문 상태

장기강화(LTP)　고빈도 자극 후에 시냅스 효율성의 장기지속성 증가

장기억압(LTD)　저빈도 전기 자극 후에 시냅스 효율성의 장기지속성 감소

장소세포　세상의 특정 위치에 최대로 반응하는 해마 뉴런

장신경계(ENS)　식도에서 장을 통해 대장에 이르는 장의 내벽에 분포된 뉴런들로, 장을 통제한다.

재공고화　기억이 다시 찾아온 후에 기억 흔적을 재안정화하는 과정

재흡수　막의 수송체 단백질에 의해 전달물질이 시냅스전 축색으로 되돌려지는 과정. 이 과정에 의해 전달물질은 불활성화되고 재흡수된 전달물질은 재사용된다.

저용적성 갈증　신체에서 체액의 부피가 전체적으로 줄어들어서 유발된 갈증

저장 과립　신경전달물질을 담고 있는 여러 개의 소낭을 함께 유지하는 막 구획

전구세포　줄기세포로부터 파생된 세포로서 이동하여 뉴런 혹은 교세포를 생산한다.

전기기록성 발작　뇌전도기법으로 기록할 수 있는 비정상적인 리듬을 가진 신경 활동

전기적 자극　조직에 끝이 절연되지 않은 전극을 삽입하여 전류를 흘림으로써 그 조직의 전기적 활동을 변화시키는 절차

전뇌　진화적으로 가장 최근에 추가된 뇌 부위로 사고, 계획, 언어 등의 고등 인지 기능을 조율하며 부등피질, 신피질, 기저핵을 포함한다.

전달물질-활성화 수용기　특정 신경전달물질에 대한 결합 부위를 가진 단백질로, 세포막에 삽입되어 있다.

전달물질-활성화 채널　화학물질에 대한 수용기 부위와 이온이 통과할 수 있는 미세공을 모두 가진 수용기 복합체

전두엽　대뇌피질 중 중심구 앞쪽 부위로 전두골 아래에 위치하며, 결정하기 및 수의적 운동과 같은 뇌의 집행 기능을 담당한다.

전신경련　국소 위치에서 시작해 양쪽 반구의 미만성 신경망으로 빠르게 양쪽성으로 전파되는 경련

전압 기울기　두 영역 간의 전하 차이. 이 차이 때문에 두 영역을 연결하면 전류가 흐른다.

전압계　두 지점의 전위차를 기록하여 전압의 강도를 측정하는 장치

전압-활성화 채널　특정 막전위에서만 열리거나 닫히는 단백질 채널

전정계　신체 위치와 머리 움직임에 반응하는 일련의 내이 수용기로 구성되어 있는 체감각계

전측 척수시상로　통증과 온도 정보를 척수에서 시상, 뇌로 전달하는 경로

전향성 기억상실　두부 외상, 전기경련요법, 신경퇴행질환 등과 같은 뇌의 문제 이후에 이어지는 사건들을 기억하지 못함

절대적 불응　재분극이 진행되는 동안 새로운 활동전위가 일어날 수 없는 축색의 상태(예외도 있음)를 가리키는 것으로, 나트륨 채널에 있는 전압에 민감하지 않은 관문 2가 닫혀 있기 때문에 발생한다.

절차적 기억　움직임 순서 또는 어떤 행위나 행동을 수행하는 방법을 재생해내는 능력

점화　똑같거나 비슷한 자극이 나중에 제시될 때 신경계를 민감하게 만드는 자극의 사용

정서　생각과 행동에 영향을 줄 수 있는 주관적 경험의 인지적 해석

정서적 기억　자극 혹은 사건의 정동적 속성에 대한 기억

정신　마음과 동의어이며, 한때 인간 행동(특히 의식, 상상, 의견, 욕망, 즐거움, 통증, 기억, 이성)의 원천으로 가정된 실체

정신론　비물질적인 마음의 기능으로 행동을 설명하는 견해

정신수술　행동을 변화시키기 위한 의도로 행하는 신경외과적 기법의 총칭

정신약학　어떻게 약물이 신경계와 행동에 영향을 미치는지 연구하는 분야

정신운동 활성화　행동과 인지 활동의 증가. 특정 수준의 약물을 복용하면 약물 사용자는 에너지가 넘치고 통제감을 경험한다.

정신질환의 진단 및 통계 편람(DSM)　정신질환에 대한 미국정신의학회의 분류 체계

정신치료　Freud의 정신분석 및 기타 심리적 개입에서 파생된 대화 요법

정좌불능　작은 불수의적 움직임 혹은 자세 변화, 가만히 있지 못하고 계속 움직임

정향 운동　소리가 나는 쪽으로 머리를 돌리는 것과 같은 감각 입력과 관련된 운동

제어행동　동물의 생존 필요성에 부합하도록 동기가 부여된 행동

조건반응(CR)　파블로프 조건화에서 전에는 중성이었던 조건자극에 대한 학습된 반응

조건자극(CS)　파블로프 조건화에서 무조건자극과 연합된 후에 조건반응을 촉발하는 원래의 중성자극

조작적 조건화　특정 행동(예 : 막대 누르기)의 결과(예 : 보상 획득)가 다시 일어나는 행동의 가능성을 증가시키거나 감소시키는 학습 과정이며, 도구적 조건화라고도 함

조증　극단적인 흥분이 나타나는 정신장애

조현병　망상, 환각, 언어 와해, 정서 둔마, 초조, 자세 고정, 그리고 관련된 다양한 증상이 나타나는 행동장애

조현병의 도파민 가설　도파민 과활성화가 조현병 증상을 초래한다는 가설

종　교배할 수 있는 유기체들의 집단

종말단추 다른 뉴런으로 정보를 보내는 축색 끝의 둥근 부분. 종족이라고도 한다.

종양 주변 구조물과 무관하게 통제되지 않는 방식으로 자라는 새로운 조직 덩어리

종 특유 행동 양서류의 걷기처럼 한 종의 모든 구성원이 특징적으로 보여주는 행동

종판 근육에 존재하며 운동뉴런의 축색종말에서 아세틸콜린이 분비될 때 활성화되는 있는 수용기-이온 복합체

주요우울장애 무가치함과 죄책감이 지속적으로 나타나는 기분장애로, 섭식 습관 및 수면의 장애, 전반적으로 느린 행동, 빈번한 자살 생각 등이 특징적인 증상이다.

주의 감각 환경의 부분 혹은 한 부류의 자극에 대한 인식 협소화 또는 초점화

주의력결핍 과잉행동장애(ADHD) 충동성, 과잉행동과 부주의 등의 행동 증상이 특징인 발달장애

주파수 주어진 시간 내의 한 파의 사이클 수

주행성 동물 주로 낮 동안에 활동적인 유기체

준비성 다른 자극과 다르게 특정 자극에 반응하는 성질

중뇌 뇌의 중심부에 위치하며 청각, 시각, 정향 운동에 대한 신경회로를 포함한다.

중뇌개 뇌실 위쪽에 위치하는 중뇌의 지붕으로 감각, 특히 시각과 청각 정보를 처리하고 정향 운동을 일으킨다.

중뇌수도주변 회백질(PAG) 제3뇌실과 제4뇌실을 연결하는 중뇌수도를 둘러싸는 중뇌에 위치하는 핵. PAG 뉴런은 종 특유 행동(예 : 암컷의 성행동)에 관여하는 회로를 포함하고 통증 조율에 중요한 역할을 한다.

중뇌피개 뇌실의 아래에 위치하는 중뇌의 바닥으로, 운동과 관련된 기능, 종 특유 행동, 통증 지각 등을 담당하는 핵들의 집합체이다.

중독 상승, 강박적 약물 사용과 재발로 특징되는 복잡한 뇌 장애

중심와 망막의 중앙 부위로 시력이 좋으며 중심와의 수용장이 눈 시야의 중앙이다.

중추신경계(CNS) 뇌와 척수이고, 함께 행동을 매개한다.

지각 뇌에 의해 감각이 주관적으로 해석되는 것

지능 A 타고난 지능 잠재력을 가리키는 Hebb의 용어로서, 고도로 유전적이고 직접 측정될 수 없다.

지능 B 관찰된 지능을 가리키는 Hebb의 용어로서, 발달 과정의 경험과 기타 요소들에 의해 영향을 받고, 지능검사로 측정된다.

지연성 운동이상 혀 혹은 다른 신체 부분의 움직임을 멈추지 못함. 신경이완 약물의 운동성 부작용

지질호르몬 아라키돈산과 같은 지질에서 유래된 화학적 전령으로, 막의 수용기에 작용한다. 아이코사노이드라고도 한다.

지형도 공간적으로 조직화된 외부 세계에 관한 신경 표상

지형적 조직화 신체 혹은 감각 기관에 의해 지각된 감각 세계 영역에 관한 신경-공간 표상

진폭 자극의 강도를 의미하며 청각의 경우 음파의 높이가 증가하면 음강도 어느 정도 증가한다.

진화계통도 반복적으로 가지치기가 일어나는 계통발생학적 나무그림으로, 진화적 가지치기가 일어나는 시간적 순서에 따라 생명체가 분류되는 것을 보여준다.

진화심리학 자연선택의 원리를 적용하여 인간 행동의 원인을 이해하려고 하는 학문

집행 기능 주의 통제, 계획, 추론, 작업기억, 문제 해결, 추상적 사고, 자기감시 등과 같은 인지 과정. 주로 전두엽과 연관되나, 후두정피질 같은 다른 피질 영역도 관여한다.

채널 이온이 통과할 수 있는 세포막에 삽입된 단백질의 구멍

척색동물 뇌와 척수를 가지고 있는 동물

첫 분절 축색과 세포체가 만나는 곳에 인접한 부위로, 활동전위를 일으키는 전압-개폐 채널이 풍부하다.

체감각뉴런 신체에서 들어오는 감각 정보를 척수로 보내는 뇌세포

체성신경계(SNS) 말초신경계의 일부분으로 근육, 관절, 피부와 서로 정보를 주고받는 뇌신경과 척수신경을 포함한다. 체성신경계는 운동을 일으키고, 들어오는 감각 입력을 전달하며, 신체의 위치와 운동에 관한 정보를 중추신경계로 보낸다.

체화된 행동 우리가 수행하는 운동과 우리가 지각한 타인의 운동이 그들과의 소통에 핵심이라는 이론

초단기 수면 수 초간 지속되는 짧은 잠

초연결성 2개의 관련된 뇌 영역 사이에 국소적 연결성의 증가

촉각 촉각 혹은 접촉에 근거하여 물체를 구별할 수 있는 지각능력

최소의식상태(MCS) 미소 짓거나 몇 개의 단어를 구사하는 정도의 초보적인 행동을 보일 뿐 그 밖의 의식이 없는 상태

추골 척주를 구성하는 여러 개의 뼈

추상체 색채와 좋은 시력에 관여하는 광수용기

추체세포 대뇌피질에 있는 독특한 모양의 개재뉴런

축색 뉴런의 뿌리 또는 단일 섬유로, 다른 뉴런으로 메시지를 전달한다.

축색소구 세포체와 축색의 연접부

축색 측부지 축색의 가지

출혈성 뇌졸중 혈관으로부터의 출혈로 인한 뇌졸중

측두엽 듣기, 언어, 음악적 기능, 얼굴 재인, 기억, 및 정서 처리를 담당하는 대뇌피질의 일부로 외측열 아래이면서 두개골 옆부분인 측두골 밑에 위치한다.

커넥톰 중추신경계의 영역들을 연결하는 모든 신경로

컴퓨터단층촬영술(CT) 3차원의 정적 뇌 횡단면 영상(CT 스캔이라고 함)을 생산하는 엑스레이 기법

코르사코프증후군 만성 알코올중독 혹은 비타민 B_1 결핍을 유발하는 영양실조의 결과로 간뇌가 손상되어 발생하며, 새로운 정보 학습능력의 상실(전향성 기억상실)과 오래된 정보 인출능력의 상실(후향성 기억상실)을 영구적으로 나타냄

콜린성 뉴런 주요 신경전달물질로 아세틸콜린을 사용하는 뉴런. 콜린성이라는 용어는 주요 전달물질로 아세틸콜린을 사용하는 모든 뉴런에 적용된다.

탈력발작 깨어서 활동적인 동안에 일어나는 R-수면에서와 같은 무긴장의 상태로서, 강한 정서적 자극과 연결됨

탈분극화 보통 나트륨 이온의 유입으로 생성되는 막전위의 감소

탈억제 이론 알코올이 판단을 통제하는 뇌의 전두피질을 선택적으로 억압하는 반면 욕망과 같은 더 원시적 본능에 관여하는 피질하 구조에는 영향을 미치지 않는다고 주장하는 이론

태아알코올스펙트럼장애(FASD) 잉태 기간 중 심하게 알코올에 노출된 일부 아동에서 관찰되

는 신체 기형과 지적장애의 범위

털이 없는 피부　모낭이 없지만 다른 피부에 비해 더 많은 감각 수용기가 있는 피부

테스토스테론　고환에서 분비되어 전형적인 남성 특징이 나타나게 하는 성호르몬

테이-삭스병　특정 지방 물질을 분해하는 데 필요한 효소를 암호화하는 유전자의 손실로 발생하는 선천성 유전 질환으로, 생후 4~6개월에 시작되며, 지적장애 및 신체적 변화가 나타나고 5세경에 사망한다.

통각　통증, 온도, 가려움 지각

통증 관문　미세한 촉각과 압각 경로의 활성화가 통증과 온도 경로의 활성화를 감소시키는 가상적인 신경회로

투렛증후군　운동계 장애이며, 특징적 증상으로 틱, 불수의적 소리 지르기(욕이나 동물의 울부짖음), 신체 특히 얼굴과 목에 특이하고 불수의적인 운동이 나타난다.

트랜스젠더　전통적 성 경계와 해당 성적 표준을 초월하는 개인적 특성을 소유함. 출생 시 지정된 성에 따라 예상되는 것과 다른 성별로 식별

틈새이음　인접한 세포들 사이의 접촉부로 각 세포의 코넥신 단백질이 각기 반채널을 형성한다. 반채널이 열리면 이온이 두 세포 사이를 통과할 수 있다. 전기적 시냅스라고도 한다.

파블로프 조건화　어떤 사건(예 : 음식 공급)과 반복적으로 짝을 이룬 이후에 신경 자극(예 : 종소리)이 반응을 끌어낼 때 성취되는 학습이며, 고전적 조건화 혹은 반응성 조건화라고도 함

파킨슨병　흑질에서 방출되는 도파민 결핍과 관련된 운동계의 장애로 진전, 근 경직, 수의적 운동의 감소 등의 증상이 나타난다.

퍼킨지세포　소뇌에 있는 독특한 모양의 개재뉴런

펌프　세포막에 있는 단백질로, 물질을 막 건너로 능동적으로 수송한다.

페닐케톤뇨증(PKU)　혈중 아미노산인 페닐알라닌의 상승이 원인이 된 행동적 장애로, 페닐알라닌 수산화효소의 유전자 결핍의 결과로 생기며 주증상은 심한 발달장애임

페로몬　한 동물에 의해 유리된 방향성 생화학 물질로서, 화학신호로 작용해 다른 동물의 생리작용이나 행동에 영향을 줄 수 있음

펩티드호르몬　세포의 RNA로부터 번역되는 짧은 아미노산 사슬로, 화학적 전령으로 작용한다.

편도체　종 특유의 행동, 정서, 정서적 기억에 관여하는 뇌 부위. 내측 측두엽에 있는 모양을 반영하여 그리스어의 아몬드에서 유래

편재화　기능이 뇌의 한 면에 주로 위치하게 되는 과정

평형전위　특정 이온이 세포 안팎으로 이동하지 않을 때의 막전위. 역전전위라고도 한다.

표현형　나타나거나 측정될 수 있는 개체 특성(신체적 또는 행동적 특질)의 집합

표현형적 가소성　특정 범위의 표현형을 발달시키는 개체의 능력

프리온　단백질과 감염의 특성을 가지며, 점진적 퇴행성 신경인지장애를 일으키는 비정상적으로 접힌 단백질

피부 분절　척수의 분절에 상응하는 신체 분절

피질뇌전도(ECoG)　뇌 표면에 직접적으로 놓인 전극으로 측정한 등급전위

피질연수로　대뇌피질과 얼굴 근육을 통제하는 뇌간핵을 직접적으로 연결하는 신경섬유다발

피질 원주(기둥)　6층의 깊이와 대략 0.5mm^{2}의 기능 단위로서 피질 표면과 수직을 이룬다.

피질척수로　대뇌피질과 척수를 직접적으로 연결하는 신경섬유다발로서 뇌간에서 사지와 손가락 및 발가락의 움직임에 관한 정보를 전달하는 대측 외측로와 몸통의 움직임에 관한 정보를 전달하는 동측 전측로로 갈라진다. 추체로라고도 한다.

핍돌기교세포　중추신경계에서 축색을 수초화하는 교세포

하반신 마비　척수 손상으로 인한 다리의 마비

하위단위　다른 단백질 분자와 조합되는 단백질 분자

학습　경험의 결과에 따른 유기체 행동의 비교적 영구적인 변화이며, 새로운 이해, 행동, 지식, 태도, 기술의 습득으로 이어짐

학습된 맛 혐오　특정한 맛이나 향과 질병 사이에 습득된 연합. 맛이나 향을 가진 음식에 대한 혐오로 이어짐

학습 세트　게임의 법칙이며, 여러 다른 상황에 적용될 수 있는 법칙으로 문제를 해결할 수 있는 방법에 대한 암묵적 이해

합성생물학　자연에서 발견되지 않는 생물학적 도구, 체계와 기계를 고안하고 만드는 분야

항상성 기제　협소하고 고정된 범위 내에서 핵심적 신체 기능을 유지하는 과정

항상성호르몬　유기체의 내적 신진대사 균형을 유지하고 생리 체계를 조절하는 호르몬군에 속하는 호르몬

해마　그리스어의 해마(seahorse)에서 이름이 유래했음. 내측 측두엽에 위치하는 특징적인 이종피질 구조임. 종 특유의 행동, 기억 공간 내비게이션 등에 관여하며, 스트레스의 영향에 취약함

해마곁피질　측두엽의 배내측 표면을 따라 위치한 피질

핵　특정 기능을 수행하는 세포들의 집단으로 특수한 염색법으로 식별할 수 있다.

행동　내부에서 생성되고 조정된 움직임의 집합으로, 종종 자극에 대한 반응으로 나타난다.

행동 근시　알코올의 영향하에 있을 때 나타나는 근시안적 행동. 지엽적이고 즉각적인 단서에 의존하는 반면 멀리 있는 단서와 결과는 무시하는 경향

행동민감화　암페타민, 코카인, 니코틴 같은 정신활동 자극제의 반복적 투여로 행동 반응이 증가함. 약물유도 행동민감화라고도 하며, 때로 간단하게 민감화라고도 함

행동수정　원치 않는 행동을 제거하기 위해 조건화 같은 학습 원칙을 적용하는 치료

행동신경과학　인간을 포함한 동물 행동의 생물학적 근거를 연구하는 분야

행동 지도　신체가 행하는 행동의 감각 혹은 운동피질 내의 표상. 행동하는 신체의 신경 영역의 지형적 표상

향성 분자　성장 원뿔을 끌어들이거나 배척하는 신호 분자

향정신성 약물　기분, 사고, 행동을 변화시키고 신경심리 질환의 치료에 사용되거나 레크리에이션 목적으로 사용되는 약물

허혈성 뇌졸중　혈관이 막혀서 생긴 뇌졸중

헌팅턴병　유전 질환으로 무도증(끊임없는 불수의적인 움찔거림)과 진행성 치매가 특징적인 증상이고 사망으로 끝난다.

헤르츠(Hz)　음파의 주파수(반복률) 측정치로 1헤르츠는 초당 1사이클이다.

혈뇌장벽　뇌혈관을 구성하는 세포 간의 치밀한 이음부이고, 뇌와 혈관 사이의 보호 장치로 독소와 같은 물질이 뇌로 들어가는 것을 막는 장벽 역할을 한다.

형질전환 동물　한 종의 유전체에 다른 종의 유전자를 삽입하여 다음 세대에서 발현되게 하는 유전공학의 산물

혼수상태 수면을 닮은 깊은 무의식 상태가 지속되는 것

화학적 시냅스 활동전위에 의해 자극될 때 전령 분자가 방출되는 연접부

화학유전학 살아 있는 조직의 목표세포를 활성화하기 위해 유전학과 합성생물학을 결합한 유전자 이식 기법

화학친화 가설 뉴런 혹은 뉴런의 축색이나 수상돌기가 정확한 경로를 표시하는 신호 화학물질로 향한다는 가설

확산 임의의 운동을 통해 높은 농도 영역에서 낮은 농도 영역으로 이온이 이동하는 현상

확산적 사고 하나의 문제에 여러 해답을 찾아내는 사고 형태(예 : 펜이 얼마나 많은 방식으로 사용될 수 있는가?). 수렴적 사고와 대비가 됨

확산텐서영상술(DTI) 물 분자의 움직임 방향을 추적하여 뇌의 섬유 경로를 영상화하는 자기공명영상기법

활동전위 축색 막의 극성이 순간적으로 크게 역전된 상태

활성 체계 단일 신경전달물질을 통해 뇌 활동을 조절하는 신경로. 세포체는 특정 뇌간 신경핵에 위치하고 축색은 중추신경계 전체에 광범위하게 분포된다.

활성 효과 성인 뇌의 활성에 영향을 주는 호르몬 작용

황화수소(H_2S) 가스 신경전달물질로 세포의 대사를 느리게 한다.

회 대뇌피질이 접히면서 형성된 작은 돌출 부분

회백질 정보를 수집하고 변경하는 뉴런의 세포체와 이들 활동을 지원하는 모세혈관으로 이루어진 신경계의 일부 영역

효능제 신경전달 기능을 향상하는 물질

후내피질 측두엽의 내측에 위치하여 해마체에 신피질 입력을 위한 주요 경로를 제공하며, 알츠하이머병에서 흔히 퇴화되는 피질

후뇌 진화적으로 가장 오래된 뇌 영역으로 교, 연수, 망상체, 소뇌를 포함하며 대부분의 수의적 및 불수의적 운동을 조정한다.

후두엽 시각적 처리가 시작되는 대뇌피질 부위로, 뇌의 뒷부분이며 후두골 아래에 있다.

후생유전 환경 및 경험과 관련된 유전자 발현의 차이

후생유전학 환경 및 경험과 관련된 유전자 발현의 차이

후측 척수시상로 미세한 촉각과 압각 정보를 전달하는 신경섬유로 구성된 경로

후향성 기억상실 기억상실증 발생 이전에 일어났던 사건을 기억하지 못함

휴지기 fMRI(rs-fMRI) 개인이 휴식을 취하는 동안(특정 과제를 수행하지 않는 동안) 일어나는 산화 변화를 측정하는 자기공명영상기법

흥분 뉴런 또는 뇌 영역의 활동 증가

흥분성 시냅스후 전위(EPSP) 자극에 대한 반응으로 뉴런 막에서 발생하는 순간적 탈분극화로, 뉴런에서 활동전위가 잘 발생하게 해준다.

히스타민(H) 각성과 깨어남을 통제하는 신경전달물질로, 평활근을 수축시킨다. 따라서 알레르기 반응으로 활성화될 때 기도를 수축시켜서 천식을 유발한다.

G 단백질 대사성 수용기에 접속되어 있는 구아닐뉴클레오티드 결합 단백질이고, 활성화되면 다른 단백질에 결합한다.

HPA축 스트레스와 관련된 호르몬의 생산과 방출을 조절하는 시상하부-뇌하수체-부신피질 회로

Klüver-Bucy 증후군 측두엽의 양측성 손상으로 유발된, 특히 성욕과다를 특징으로 하는 행동 증후군

NREM 수면(N-수면) 느린 파동과 큰 진폭의 리듬과 연관된 서파 수면

REM 수면(R-수면) 신피질 뇌전도 기록에 빠른 뇌 파동 양식을 드러내는 수면

참고문헌

제 1 장

Berwick, R., & Chomsky, N. (2016). *Why only us: Language and evolution.* MIT Press.

Blum, M., & Blum, L. (2021). A theoretical computer science perspective on consciousness. *Journal of Artificial Intelligence and Consciousness, 8*(1), 1–42.

Challa, H. J., Bandlamudi, M., & Uppaluri, K. R. (2021, August). Paleolithic diet. *StatPearls.* https://www.statpearls.com/nursepractitioner/ce/activity/37317

Challenger, M. (2021). *How to be an animal: A new history of what it means to be human.* Penguin.

Changeux, J. P., Goulas, A., & Hilgetag, C. C. (2021). A connectomic hypothesis for the hominization of the brain. *Cerebral Cortex, 31,* 2425–2449.

Churchland, P. (1986). *Neurophilosophy: Toward a Unified Science of the Mind-Brain.* MIT Press.

Conca, F., Borsa, V. M., Cappa, S. F., & Catricalà, E. (2021). The multidimensionality of abstract concepts: A systematic review. *Neuroscience and Biobehavioural Reviews, 127,* 474–491.

Conroy, G. C., Lamont, R. W., Bridges, L., Stephens, D., Wardell-Johnson, A., & Ogbourne, S. M. (2021). Conservation concerns associated with low genetic diversity for K'gari-Fraser Island dingoes. *Scientific Reports, 11,* 9503.

Darwin, C. (1871). *The descent of man, and selection in relation to sex.* J. Murray.

Darwin, C. (1963). *On the origin of species by means of natural selection, or the preservation of favored races in the struggle for life.* New American Library. (Original work published 1859.)

Darwin, C. (1965). *The expression of the emotions in man and animals.* University of Chicago Press. (Original work published 1872.)

Deary, I. J. (2000). *Looking down on human intelligence: From psychometrics to the brain. Oxford Psychology Series, No. 34.* Oxford University Press.

Derex, M., & Mesoudi, A. (2020). Cumulative cultural evolution within evolving population structures. *Trends in Cognitive Science, 24*(8), 654–667.

Descartes, R. (1972). *Treatise on man* (T. S. Hall, Trans.). Harvard University Press. (Original work published 1664.)

Dunbar, R. (1998). *Grooming, gossip, and the evolution of language.* Harvard University Press.

Edlow, B. L., Claassen, J., Schiff, N. D., & Greer, D. M. (2021). Recovery from disorders of consciousness: Mechanisms, prognosis and emerging therapies. *Nature Reviews Neurology. 17*(3), 135–156.

Eibl-Eibesfeldt, I. (1970). *Ethology: The biology of behavior.* Holt, Rinehart and Winston.

Flynn, J. R. (2012). *Are we getting smarter? Rising IQ in the twenty-first century.* Cambridge University Press.

Fonseca-Azevedo, K., & Herculano-Houzel, S. (2012). Metabolic constraint imposes tradeoff between body size and number of brain neurons in human evolution. *Proceedings of the National Academy of Sciences of the United States of America, 109*(45), 18571–18576.

Gardner, H. (2006). *Multiple intelligences: New horizons.* Basic Books.

Gardner, R. A., & Gardner, B. T. (1969). Teaching sign language to a chimpanzee. *Science, 165*(3894), 664–672.

GBD 2016 Neurology Collaborators. (2019, May). Global, regional, and national burden of neurological disorders, 1990–2016: A systematic analysis for the Global Burden of Disease Study 2016. *Lancet Neurology, 18*(5), 459–480.

Gordon, A. D., Nevell, L., & Wood, B. (2008). The *Homo floresiensis* cranium (LB1): Size, scaling, and early *Homo* affinities. *Proceedings of the National Academy of Sciences of the United States of America, 105*(12), 4650–4655.

Gould, S. J. (1981). *The mismeasure of man.* Norton.

Gross, C. G. (1995). Aristotle on the brain. *The Neuroscientist, 1*(4), 245–250.

Gunz, P., Neubauer, S., Falk, D., Tafforeau, P., Le Cabec, A., Smith, T. M., Kimbel, W. H., Spoor, F., & Alemseged, Z. (2020). *Australopithecus afarensis* endocasts suggest ape-like brain organization and prolonged brain growth. *Science Advances, 6*(14), eaaz4729.

Hebb, D. O. (1949). *The organization of behavior: A neuropsychological theory.* Wiley.

Herculano-Houzel, S. (2018, April 1). The evolution of human capabilities and abilities. *Cerebrum,* cer-05-18.

Herculano-Houzel, S. (2019). Life history changes accompany increased numbers of cortical neurons: A new framework for understanding human brain evolution. *Progress in Brain Research, 26*(250), 179–216.

Herculano-Houzel, S., Avelino-de-Souza, K., Neves, K., Porfirio, J., Messeder, D., Mattos Feijó, L., Maldonado, J., & Manger, P. R. (2014). The elephant brain in numbers. *Frontiers in Neuroanatomy, 8,* 46.

Heron, W. (1957). The pathology of boredom. *Scientific American, 196*(1), 52–56.

Herringa, R. J., Birn, R. M., Ruttle, P. L., Burghy, C. A., Stodola, D. E., Davidson, R. J., & Essex, M. J. (2013). Childhood maltreatment is associated with altered fear circuitry and increased internalizing symptoms by late adolescence. *Proceedings of the National Academy of Sciences of the United States of America, 110*(47), 19119–19124.

Jacobson, E. (1932). Electrophysiology of mental activities. *American Journal of Psychology, 44*(4), 677–694.

Jerison, H. J. (1973). *The evolution of the brain and intelligence.* Academic Press.

Johanson, D., & Edey, M. (1981). *Lucy: The beginnings of humankind.* Warner Books.

Jones-London, M. (2020). NINDS strategies for enhancing the diversity of neuroscience researchers. *Neuron, 107*(2), 212–214.

Kunz, A. R., & Iliadis, C. (2007). Hominid evolution of the arteriovenous system through the cranial base and its relevance for craniosynostosis. *Child's Nervous System, 23,* 1367–1377.

Li, M. L., Tang, H., Shao, Y., Wang, M. S., Xu, H. B., Wang, S., Irwin. D. M., Adeola, A. C., Zeng, T., Chen, L., Li, Y., & Wu, D. D. (2020). Evolution and transition of expression trajectory during human brain development. *BMC Evolutionary Biology 20,* 72.

Linge, F. R. (1990). Faith, hope, and love: Nontraditional therapy in recovery from serious head injury, a personal account. *Canadian Journal of Psychology, 44*(2), 116–129.

Marcé-Nogué, J., Püschel, T. A., Daasch, A., & Kaiser, T. M. (2020). Broad-scale morpho-functional traits of the mandible suggest no hard food adaptation in the hominin lineage. *Scientific Reports, 10,* 6793.

Milton, K. (2003). The critical role played by animal source foods in human (*Homo*) evolution. *Journal of Nutrition, 133*(Suppl. 2), 3886S–3892S.

Natale, S. (2021). *Deceitful media: Artificial intelligence and life after the Turing test.* Oxford University Press.

Roberts, S. G. B., & Roberts, A. I. (2020). Social and ecological complexity is associated with gestural repertoire size of wild chimpanzees. *Integrative Zoology, 15*(4), 276–292.

Savage-Rumbaugh, S. (1999). Ape communication: Between a rock and a hard place in origins of language—What non-human primates can tell us. In B. J. King (Ed.), *Origins of language: What non-human primates can tell us* (pp. 115–188). School of American Research Press.

Schultz, A. K., Wu, J. N., Ha, S. Y. S., Kim, G., Slade, S. B., Rivera, S., Reidenberg, J. S., & Hu, D. L. (2021). Suction feeding by elephants. *Journal of the Royal Society Interface, 18*(179), 20210215.

Scolding, N., Owen, A. M., & Keown, J. (2021). Prolonged disorders of consciousness: A critical evaluation of the new UK guidelines. *Brain, 144*(6), awab063.

Shearer, C. B. (2020). A resting state functional connectivity analysis of human intelligence: Broad theoretical and practical implications for multiple intelligences theory. *Psychology & Neuroscience, 13*(2), 127–148.

Terkel, J. (1995). Cultural transmission in the black rat: Pinecone feeding. *Advances in the Study of Behavior, 24,* 119–154.

Tononi, G. (2012). *PHI: A voyage from the brain to the soul.* Pantheon Books.

Tooley, U. A., Bassett, D. S., & Mackey, A. P. (2021). Environmental influences on the pace of brain development. *Nature Review Neuroscience, 22,* 372–384. https://doi.org/10.1038/s41583-021-00457-5.

Villmoare, B., Kimbel, W. H., Seyoum, C., Campisano, C. J., DiMaggio, E. J., Rowan, J., Braun, D. R., Arrowsmith, J. R., & Reed, K. E. (2015). Early *Homo* at 2.8 Ma from Ledi-Geraru, Afar, Ethiopia. *Science, 347*(6228), 1352–1355.

Watson, S. K., Townsend, S. W., Schel, A. M., Wilke, C., Wallace, E. K., Cheng, L., West, V., & Slocombe, K. E., (2015). Vocal learning in the functionally referential food grunts of chimpanzees. *Current Biology, 25*(4), 495–499.

Weiner, J. (1995). *The beak of the finch.* Vintage.

Wilson, M. L. (2021). Insights into human evolution from 60 years of research on chimpanzees at Gombe. *Evolution and Human Science, 3,* e8.

Zeberg, H., & Pääbo, S. (2020). The major genetic risk factor for severe COVID-19 is inherited from Neanderthals. *Nature, 587,* 610–612.

Zwir, I., Del-Val, C., Hintsanen, M., Cloninger, K. M., Romero-Zaliz, R., Mesa, A., Arnedo, J., Salas, R., Poblete, G. F., Raitoharju, E., Raitakari, O., Keltikangas-Järvinen, L., de Erausquin, G. A., Tattersall, I., Lehtimäki, T., & Cloninger, C. R. (2021, April 21). Evolution of genetic networks for human creativity. *Molecular Psychiatry.* Epub ahead of print. https://doi.org/10.1038/s41380-021-01097-y

제 2 장

Avetisyan, M., Schill, E. M., & Heuchkeroth, R. O. (2015). Building a second brain in the bowel. *Journal of Clinical Investigation, 125*(3), 899–907.

Barton, R. A. (2012). Embodied cognitive evolution and the cerebellum. *Philosophical Transactions of the Royal Society B, 367*(1599), 2097–2107.

Baumann, O., Borra, R. J., Bower, J. M., Cullen, K. E., Habas, C., Ivry, R. B., et al. (2015).

Consensus paper: The role of the cerebellum in perceptual processes. *Cerebellum, 14,* 197–220.

Brodmann, K. (1909). *Vergleichende Lokalisationlehr der Grosshirnrinde in ihren Prinzipien dargestellt auf Grund des Zellenbaues.* J. A. Barth.

Fiorito, G., & Scotto, P. (1992). Observational learning in *Octopus vulgaris. Science, 256*(5056), 545–547.

Gilbert, S. F., & Epel, D. (2009). *Ecological developmental biology: Integrating epigenetics, medicine, and evolution.* Sinauer.

Glasser, M. F., Coalson, T. S., Robinson, E. C., Hacker, C. D., Harwell, J., Yacoub, E., Ugurbil, K., Andersson, J., Beckmann, C. F., Jenkinson, M., Smith, S. M., & van Essen, D. C. (2016). A multi-modal parcellation of human cerebral cortex. *Nature, 536*(7615), 171–178.

Goyal, M., Demchuk, A. M., Menon, B. K., Eesa, M., Rempel, J. L., Thornton, J., Roy, D., Jovin, T. G., Willinsky, R. A., Sapkota, B. L., Dowlatshahi, D., Frei, D. F., Kamal, N. R., Montanera, W. J., Poppe, A. Y., Ryckborst, K. J., Silver, F. L., Shuaib, A., Tampieri, D., Williams, D., … ESCAPE Trial Investigators. (2015). Randomized assessment of rapid endovascular treatment of ischemic stroke. *New England Journal of Medicine, 372*(11), 1019–1030.

Hatcher, M. A., & Starr, J. A. (2011). Role of tissue plasminogen activator in ischemic stroke. *Annals of Pharmacotherapy, 45*(3), 364–371.

Keyhanian, K., Umeton, R. P., Mohit, B., Davoudi, V., Hajighasemi, F., & Ghasemi, M. (2020). SARS-CoV-2 and nervous system: From pathogenesis to clinical manifestation. *Journal of Neuroimmunology, 350,* 577436.

Sender, R., Fuchs, S., & Milo, R. (2016). Are we really vastly outnumbered? Revisiting the ratio of bacterial to host cells in humans. *Cell, 164*(3), 337–340.

Sharma, N., Chakrabarti, S., & Grover, S. (2016). Gender differences in caregiving among family-caregivers of people with mental illness. *World Journal of Psychiatry, 6*(1), 7–17.

Sokolov, A. A., Miall, R. C., & Ivry, R. B. (2017). The cerebellum: Adaptive prediction for movement and cognition. *Trends in Cognitive Sciences, 21*(5), 313–332.

van Essen, D. C., & Glasser, M. F. (2018). Parcellating cerebral cortex: How invasive animal studies inform noninvasive mapmaking in humans. *Neurons, 99*(4), 640–663. https://doi.org/10.1016/j. neuron.2018.07.002

Zeiler, S. R. (2019). Should we care about early post-stroke rehabilitation? Not yet, but soon. *Current Neurology and Neuroscience Report, 19*(3), 13. https://doi.org/10.1007/s11910-019-0927-x.

제 3 장

Anirudh, K. V. S., Jasti, T., & Kandra, P. (2021, May 25). CRISPR/Cas9 in cancer: An attempt to the present trends and future prospects. *Biotechnology and Applied Biochemistry.* https://doi.org/10.1002/bab.2200.

Bainbridge, M. N., Wiszniewski, W., Murdock, D. R., Friedman, J., Gonzaga-Jauregui, C., Newsham, I., Reid, J. G., Fink, J. K., Morgan, M. B., Gingras, M. C., Muzny, D. M., Hoang, L. D., Yousaf, S., Lupski, J. R., & Gibbs, R. A. (2011). Whole-genome sequencing for optimized patient management. *Science and Translational Medicine, 3*(87), 87re3.

Bonnerjee, D., & Bagh, S. (2021). Application of CRISPR-Cas systems in neuroscience. *Progress in Molecular Biological Translation Science, 178,* 231–264.

Brooks, J. (2016, May 5). How many pages does it take to print out someone's genetic code? *KQED Science.*

Carulli, D., & Verhaagen, J. (2021). An extracellular perspective on CNS maturation: Perineuronal nets and the control of plasticity. *International Journal of Molecular Science, 22*(5), 2434.

Check, E. (2007, June 1). James Watson's genome sequenced. *Nature News.* https://doi.org/10.1038/news070528-10.

Frolows, N., & Ashe, A. (2021, June 7). Small RNAs and chromatin in the multigenerational epigenetic landscape of *Caenorhabditis elegans. Philosophical Transaction of the Royal Society of London B: Biological Science, 376*(1826), 20200112.

Herculano-Houzel, S., Manger, P. R., & Kaas, J. H. (2014). Brain scaling in mammalian evolution as a consequence of concerted and mosaic changes in numbers of neurons and average neuronal cell size. *Frontiers in Neuroanatomy, 8,* 77.

Hernaiz-Llorens, M., Martínez-Mármol, R., Roselló-Busquets, C., & Soriano, E. (2021). One raft to guide them all, and in axon regeneration inhibit them. *International Journal of Molecular Science, 22,* 5009.

Jardim-Messeder, D., Lambert, K., Noctor, S., Pestana, F. M., de Castro Leal, M. E., Bertelsen, M. F., Alagaili, A. N., Mohammad, O. B., Manger, P. R., & Herculano-Houzel, S. (2017). Dogs have the most neurons, though not the largest brain: Trade-off between body mass and number of neurons in the cerebral cortex of large carnivoran species. *Frontiers in Neuroanatomy, 11,* 118.

Kaati, G., Bygren, L. O., Pembrey, M., & Sjöström, M. (2007). Transgenerational response to nutrition, early life circumstances and longevity. *European Journal of Human Genetics, 15*(7), 784–790.

Kenny, A., Plank, M. J., & David, T. (2018). The role of astrocytic calcium and TRPV4 channels in neurovascular coupling. *Journal of Computer Neuroscience, 44,* 97–114.

Meng, H.-R., Suenaga, T., Edamura, M., Fukuda, A., Ishida, Y., Nakahara, D., & Murakami, G. (2021). Functional MHCI deficiency induces ADHD-like symptoms with increased dopamine D1 receptor expression. *Brain Behavior and Immunity, S0889-1591*(21), 00196-3.

Miller, M. B., Reed, H. C., & Walsh, C. A. (2021). Brain somatic mutation in aging and Alzheimer's disease. *Annual Review of Genomics and Human Genetics, 22,* 239–256.

Ostrom, Q. T., Patil, N., Cioffi, G., Waite, K., Kruchko, C., & Barnholtz-Sloan, J. S. (2020). CBTRUS statistical report: Primary brain and other central nervous system tumors diagnosed in the United States in 2013–2017. *Neuro-Oncology,* 22(12 Suppl 2), iv1–iv96.

Pérez-Rodríguez, D. R., Blanco-Luquin, I., & Mendioroz, M. (2021). The participation of microglia in neurogenesis: A review. *Brain Sciences, 11*(5), 658.

Ramón y Cajal, S. (1909–1911). *Histologie du systeme nerveux de l'homme et des vertebres.* Paris: Maloine.

Rynes, M. L., Surinach, D. A., Linn, S., Laroque, M., Rajendran, V., Dominguez, J., Hadjistamoulou, O., Navabi, Z. S., Ghanbari, L., Johnson, G. W., Nazari, M., Mohajerani, M. H., & Kodandaramaiah, S. B. (2021). Miniaturized head-mounted microscope for whole-cortex mesoscale imaging in freely behaving mice. *Nature Methods, 18*(4), 417–425.

Salzberg, S. L. (2018). Open questions: How many genes do we have? *BMC Biology, 16,* 94.

Sisodiya, S. M. (2021). Precision medicine and therapies of the future. *Epilepsia.* 62(Suppl. 2), S90–S105.

Stricker-Shaver, J., Novati, A., Yu-Taeger, L., & Nguyen, H. P. (2018). Genetic rodent model of Huntington disease. *Advances in Experimental Medicine and Biology, 1049,* 29–57.

Takano, T., & Soderling, S. H. (2021). Tripartite synaptomics: Cell-surface proximity labeling in vivo. *Neuroscience Research, S0168-0102*(21), 00099-7.

Urnov, F. D. (2021). The Cas9 hammer and sickle: A challenge for genome editors. *CRISPR Journal, 4*(1), 6–13.

Waddington, C. H. (1956). Genetic assimilation of the bithorax phenotype. *Evolution, 10*(1), 1–13.

Wang, J., Zhuge, X., & Zhuge, F. (2021). Hybrid oxide brain-inspired neuromorphic devices for hardware implementation of artificial intelligence. *Science and Technology of Advanced Materials, 22*(1), 326–344.

Webb, B. (2020). Robots with insect brains. *Science, 368*(6488), 244–245.

Yang, S., & Ye, K. (2021). Recent advances in understanding the adaptive evolution of metabolic genes and traits. *Current Opinion in Clinical Nutrition and Metabolic Care, 24*(4), 308–314.

제 4 장

Bartholow, R. (1874). Experimental investigation into the functions of the human brain. *British Medical Journal, 1*(700), 727.

Beghi, E. (2020). The epidemiology of epilepsy. *Neuroepidemiology, 54*(2), 185–191.

Bender, K. J., & Trussell, L. O. (2012). The physiology of the axon initial segment. *Annual Review of Neuroscience, 35,* 249–265.

Cendes, F., Theodore, W. H., Brinkmann, B. H., Sulc, V., & Cascino, G. D. (2016). Neuroimaging of epilepsy. *Handbook of Clinical Neurology, 136,* 985–1014.

C. O., Personal correspondence with author, July 14, 2021.

Crotty, P., Sangrey, T., & Levy, W. B. (2006). Metabolic energy cost of action potential velocity. *Journal of Neurophysiology, 96*(3), 1237–1246.

Descartes, R. (1972). *Treatise on man* (T. S. Hall, Trans.). Harvard University Press. (Original work published 1664.)

Eccles, J. (1965). The synapse. *Scientific American, 21*(1), 56–66.

Hodgkin, A. L., & Huxley, A. F. (1939). Action potentials recorded from inside nerve fiber. *Nature, 144,* 710–711.

Höfflin, F., Jack, A., Riedel, C., Mack-Bucher, J., Roos, J., Corcelli, C., Shultz, C., Wahle, P., & Engelhardt, M. (2017). Heterogeneity of the axon initial segment in interneurons and pyramidal cells of rodent visual cortex. *Front Cell Neuroscience, 11,* 332.

Khalilov, I., Minlebaev, M., Mukhtarov, M., & Khazipov, R. (2015). Dynamic changes from depolarizing to hyperpolarizing GABAergic actions during giant depolarizing potentials in the neonatal rat hippocampus. *Journal of Neuroscience, 35*(37), 12635–12642.

Pan, Z.-H., Lu, Q., Bi, A., Dizhoor, A. M., & Abrams, G. W. (2015). Optogenetic approaches to restoring vision. *Annual Reviews of Vision Science, 1,* 185–210.

Patra, D. P., Hess, R. A., Abi-Aad, K. R., Muzyka, I. M., & Bendok, B. R. (2019). Roberts Bartholow: The progenitor of human cortical stimulation and his contentious experiment. *Neurosurgery Focus, 47*(3), E6.

Reich, D. S., Lucchinetti, C. F., & Calabresi, P. A. (2018). Multiple sclerosis. *The New England Journal of Medicine, 378*(2), 169–180.

Rezania, K., Soliven, B., Baron, J., Lin, H., Penumalli, V., & van Besien, K. (2012). Myasthenia gravis, an autoimmune manifestation of lymphoma and lymphoproliferative disorders: Case reports and review of literature. *Leukemia & Lymphoma, 53*(3), 371–380.

Rho, J., Sankar, R., & Stafstrom, C. E. (Eds.). (2010). *Epilepsy: Mechanisms, models, and translational perspectives.* CRC.

Schiess, M., Urbanczik, R., & Senn, W. (2016). Somato-dendritic synaptic plasticity and error-backpropagation in active dendrites. *PLOS Computational Biology, 12*(2), e1004638.

Sterley, T.-L., Baimoukhametova, D., Füzesi, T., Zurek, A. A., Daviu, N., Rasiah, N. P., Rosenegger, D., & Bains, J. S. (2018). Social transmission and buffering of synaptic changes after stress. *Nature Neuroscience, 21*(3), 393–403.

Stys, P. K. (2013). Pathoetiology of multiple sclerosis: Are we barking up the wrong tree? *F1000Prime Reports, 5*, 20.

제 5 장

Anand, A., Patience, A. A., Sharma, N., & Khurana, N. (2017). The present and future of pharmacotherapy of Alzheimer's disease: A comprehensive review. *European Journal of Pharmacology, 815*, 364–375.

Ballard, A., Tetrud, J. W., & Langston, J. W. (1985). Permanent human parkinsonism due to 1-methyl-4-phenyl-1, 2, 3, 6-tetrahydropyridine (MPTP). *Neurology, 35*(7), 949–956.

Barbeau, A., Murphy, G. F., & Sourkes, T. L. (1961). Excretion of dopamine in diseases of basal ganglia. *Science, 133*(3465), 1706–1707.

Barth, C., Villringer, A., & Sacher, J. (2015). Sex hormones affect neurotransmitters and shape the adult female brain during hormonal transition periods. *Frontiers in Neuroscience, 20*, 9–37.

Birkmayer, W., & Hornykiewicz, O. (1961). Der L-3, 4-Dioxyphenylalanin (L-DOPA) Effekt bei der Parkinson A Kinase. *Wiener Klinische, 73*, 787–789.

Bourgin, J., Cachia, A., Boumezbeur, F., Djemai, B., Bottlaender, M., Duchesnay, E., Mériaux, S., & Jay, T. M. (2015). Hyper-responsivity to stress in rats is associated with a large increase in amygdala volume: A 7T MRI study. *European Journal of Neuropsychopharmacology, 25*(6), 828–835.

Chidambaram, S. B., Rathipriya, A. G., Bolla, S. R., Bhat, A., Ray, B., Mahalakshmi, A. M., Manivasagam, T., Thenmozhi, A. J., Essa, M. M., Guillemin, G. J., Chandra, R., & Sakharkar, M. K. (2019). Dendritic spines: Revisiting the physiological role. *Progress in Neuropsychopharmacology & Biological Psychiatry, 92*, 161–193. https://doi.org/10.1016/j.pnpbp.2019.01.005.

Clauss, J. A., Avery, S. N., & Blackford, J. U. (2015). The nature of individual differences in inhibited temperament and risk for psychiatric disease: A review and meta-analysis. *Progress in Neurobiology, 127–128*, 23–45.

Dere, E., & Zlomuzica, A. (2012). The role of gap junctions in the brain in health and disease. *Neuroscience & Biobehavioral Reviews, 36*(1), 206–217.

Ehringer, H., & Hornykiewicz, O. (1960/1974). Distribution of noradrenaline and dopamine (3-hydroxytyramine) in the human brain and their behavior in the presence of disease affecting the extrapyramidal system. In J. Marks (Ed.), *The treatment of Parkinsonism with L-dopa* (pp. 45–56). MTP Medical and Technical Publishing.

Hamilton, T. J., Wheatley, B. M., Sinclair, D. B., Bachmann, M., Larkum, M. E., & Colmers, W. F. (2010). Dopamine modulates synaptic plasticity in dendrites of rat and human dentate granule cells. *Proceedings of the National Academy of Sciences of the United States of America, 107*(42), 18185–18190.

Harris, J. P., Burrell, J. C., Struzyna, L. A., Chen, H. I., Serruya, M. D., Wolf, J. A., Duda, J. E., & Cullen, D. K. (2020). Emerging regenerative medicine and tissue engineering strategies for Parkinson's disease. *NPJ Parkinson's Disease, 8*(6), 4.

Kellar, D., & Craft, S. (2020). Brain insulin resistance in Alzheimer's disease and related disorders: mechanisms and therapeutic approaches. *The Lancet: Neurology, 19*(9), 758–766. https://doi.org/10.1016/S1474-4422(20)30231-3.

Lajud, N., & Torner, L. (2015). Early life stress and hippocampal neurogenesis in the neonate: Sexual dimorphism, long-term consequences and possible mediators. *Frontiers in Molecular Neuroscience, 8*, 3.

Landré, L., Destrieux, C., Baudry, M., Barantin, L., Cottier, J. P., Martineau, J., Hommet, C., Isingrini, M., Belzung, C., Gaillard, P., Camus, V., & El Hage, W. (2010). Preserved subcortical volumes and cortical thickness in women with sexual abuse-related PTSD. *Psychiatry Research, 183*(3), 181–186.

Langston, W. J., & Palfreman, J. (2014). *The case of the frozen addicts.* Pantheon.

Magee, J. C., & Cook, E. P. (2000). Somatic EPSP amplitude is independent of synapse location in hippocampal pyramidal neurons. *Nature Neuroscience, 3*(9), 895–903.

McAllister, B. B., & Dyck, R. H. (2017). Zinc transporter 3 (ZnT3) and vesicular zinc in central nervous system function. *Neurosciences & Biobehavioral Reviews, 80*, 329–350.

McEwen, B. S. (2019). Hormones and behavior and the integration of brain-body science. *Hormones and Behavior, 119*, 104619. https://doi.org/10.1016/j.yhbeh.2019.104619

McGowan, P. O., Sasaki, A., D'Alessio, A. C., Dymov, S., Labonté, B., Szyf, M., Turecki, G., & Meaney, M. J. (2009). Epigenetic regulation of the glucocorticoid receptor in human brain associates with childhood abuse. *Nature Neurosciences, 12*(3), 342–348.

Mechoulam, R., & Gaoni, Y. (1967). The absolute configuration of delta-1-tetrahydrocannabinol, the major active constituent of hashish. *Tetrahedron Letters, 12*, 1109–1111.

Mechoulam, R., Hanus, L. O., Pertwee, R., & Howlett, A. C. (2014). Early phytocannabinoid chemistry to endocannabinoids and beyond. *Nature Neuroscience Reviews, 15*(11), 757–764.

Moore, T. J., Glenmullen, J., & Mattison, D. R. (2014). Reports of pathological gambling, hypersexuality and compulsive shopping associated with dopamine receptor agonist drugs. *JAMA Internal Medicine, 174*(12), 1930–1933.

Morgan, J. (2016). Joy of super smeller: Sebum clues for PD diagnostics. *The Lancet: Neurology, 15*(2), 138–139. https://doi.org/10.1016/S1474-4422(15)00396-8

Nagy, J. I., Pereda, A. E., & Rash, J. E. (2017). On the occurrence and enigmatic functions of mixed (chemical plus electrical) synapses in the mammalian CNS. *Neuroscience Letters, S0304-3940*(17), 30755-3.

Palfreman, J. (2015). *Brain storms: The race to unlock the mystery of Parkinson's disease.* Scientific American/Farrar, Straus and Giroux.

Parkinson, J. (1989). An essay on the shaking palsy. In A. D. Morris & F. C. Rose (Eds.), *James Parkinson: His life and times* (pp. 151–175). Birkhauser. (Original work published 1817.)

Sacks, O. (1976). *Awakenings.* Doubleday.

Sapolsky, R. M. (2004). *Why zebras don't get ulcers* (3rd ed.). Henry Holt.

Sapolsky, R. M. (2005). The influence of social hierarchy on primate health. *Science, 308*(5722), 648–652.

Scudellari, M. (2017). Your body is teeming with weed receptors. *The Scientist.* https://www.the-scientist.com/?articles.view/articleNo/49810/title/Your-Body-Is-Teeming-with-Weed-Receptors/

Totland, M. Z., Rasmussen, N. L., Knudsen, L. M., & Leithe, E. (2019). Regulation of gap junction intercellular communication by connexin ubiquitination: Physiological and pathophysiological implications. *Cell and Molecular Life Sciences, 77*(4), 573–591. https://doi.org/10.1007/s00018-019-03285-0

Tréatikoff, C. (1974). Thesis for doctorate in medicine. In J. Marks (Ed.), *The treatment of Parkinsonism with L-dopa* (pp. 29–38). MTP Medical and Technical Publishing. (Original work published 1919.)

Trivedi, D. K., Sinclair, E., Xu, Y., Sarkar, D., Walton-Doyle, C., Liscio, C., Banks, P., Milne, J., Silverdale, M., Kunath, T., Goodacre, R., & Barran, P. (2019). Discovery of volatile biomarkers of Parkinson's disease from sebum. *ACS Central Science, 5*(4), 599–606. https://doi.org/10.1021/acscentsci.8b00879

Ungerstedt, U. (1971). Adipsia and aphagia after 6-hydroxydopamine induced degeneration of the nigrostriatal dopamine system in the rat brain. *Acta Physiologica (Scandinavia), 82*(Suppl. 367), 95–122.

Upmanyu, N., Jin, J., Ganzella, M., Bösche, L., Malviya, V. N., Zhuleku, E., Politi, A., Ninov, M., Silbern, I., Urlaub, H., Riedel, D., Preobraschenski, J., Milosevic, I., Jahn, R., & Sambandan, S. (2021). Co-localization of different neurotransmitter transporters on the same synaptic vesicle is bonafide yet sparse. *bioRxiv.* Epub ahead of print. https://doi.org/10.1101/2021.06.30.449903

Weilinger, N. L., Lohman, A. W., Rakai, B. D., Ma, E. M., Bialecki, J., Maslieieva, V., Rilea, T., Bandet, M. V., Ikuta, N. T., Scott, L., Colicos, M. A., Teskey, G. C., Winship, I. R., & Thompson, R. J. (2016). Metabotropic NMDA receptor signaling couples Src family kinases to pannexin-1 during excitotoxicity. *Nature Neuroscience, 19*, 432–442.

Widner, H., Tetrud, J., Rehngrona, S., Snow, B., Brundin, P., Gustavii, B., Björklund, A., Lindvall, O., & Langston, J. W. (1992). Bilateral fetal mesencephalic grafting in two patients with Parkinsonism induced by 1-methyl-4-phenyl-1, 2, 3, 6-tetrahydropyridine (MPTP). *New England Journal of Medicine, 327*, 1556–1563.

제 6 장

Asarnow, J. R., Porta, G., Spirito, A., Emslie, G., Clarke, G., Wagner, K. D., Vitiello, B., Keller, M., Birmaher, B., McCracken, J., Mayes, T., Berk, M., & Brent, D. A. (2011). Suicide attempts and nonsuicidal self-injury in the treatment of resistant depression in adolescents: Findings from the TORDIA study. *Journal of the American Academy of Child and Adolescent Psychiatry, 50*(8), 772–781.

Ayano, G., Tesfaw, G., & Shumet, S. (2019). The prevalence of schizophrenia and other psychotic disorders among homeless people: A systematic review and meta-analysis. *BMC Psychiatry, 19*(1), 370.

Becker, J. B., & Chartoff, E. (2019). Sex differences in neural mechanisms mediating reward and addiction. *Neuropsychopharmacology, 44*(1), 166–183.

Berridge, K. C. (2018). Evolving concepts of emotion and motivation. *Frontiers in Psychology, 9*, 1647.

Birks, J. S., Chong, L. Y., & Grimley Evans, J. (2015). Rivastigmine for Alzheimer's disease. *The Cochrane Database of Systematic Reviews, 10*(4), CD001191.

Bjørklund, G., Mutter, J., & Aaseth, J. (2017). Metal chelators and neurotoxicity: Lead, mercury, and arsenic. *Archives of Toxicology, 91*(21), 3787–3797.

Bradley, C. (1937). The behavior of children receiving benzedrine. *American Journal of Psychiatry, 94*(3), 577–581.

Brown, A. R., Owen, S. F., Peters, J., Zhang, Y., Soffker, M., Paull, G. C., Hosken, D. J., Wahab, M. A., & Tyler, C. R. (2015). Climate change and pollution speed declines in zebrafish populations. *Proceedings of the National Academy of Science of the United States of America, 112*(11), 1237–1246.

Campbell, N. A. (1996). An interview with Eloy Rodriguez. In *Biology* (4th ed., p. 23). Benjamin Cummings.

Charlson, F. J., Ferrari, A. J., Santomauro, D. F., Diminic, S., Stockings, E., Scott, J. G., McGrath, J. J., & Whiteford, H. A. (2018). Global epidemiology and burden of schizophrenia: Findings from the Global Burden of Disease Study 2016. *Schizophrenia Bulletin, 44*(6), 1195–1203.

Cherian, S. V., Kumar, A., & Estrada-Y-Martin, R. M. (2020). E-cigarette or vaping product–associated lung injury: A review. *American Journal of Medicine, 133*(6), 657–663.

Cho, J., Spence, M. M., Niu, F., Hui, R. L., Gray, P., & Steinberg, S. (2020). Risk of overdose with exposure to prescription opioids, benzodiazepines, and non-benzodiazepine sedative-hypnotics in adults: A retrospective cohort study. *Journal of General Internal Medicine, 35*(3), 696–703.

Comer, R. J., & Comer, J. S. (2021). *Fundamentals of abnormal psychology* (9th ed.). Worth.

Cortese, S. (2019). Debate: Are stimulant medications for attention-deficit/hyperactivity disorder effective in the long term? *Journal of the American Academy of Child and Adolescent Psychiatry, 58*(10), 936.

Cowan, R. L., Roberts, D. M., & Joers, J. M. (2008). Neuroimaging in human MDMA (Ecstasy) users. *Annals of the New York Academy of Sciences, 1139*(1), 291–298.

Cristino, L., Bisogno, T., & Di Marzo, V. (2020). Cannabinoids and the expanded endocannabinoid system in neurological disorders. *Nature Reviews in Neurology, 16*(1), 9–29.

Day, J., Savani, S., Krempley, B. D., Nguyen, M., & Kitlinska, J. B. (2016). Influence of paternal preconception exposures on their offspring: through epigenetics to phenotype. *American Journal of Stem Cells, 5*(1), 11–18.

Dube, S. R., Felitti, V. J., Dong, M., Chapman, D. P., Giles, W. H., & Anda, R. F. (2003). Childhood abuse, neglect, and household dysfunction and the risk of illicit drug use: The adverse childhood experiences study. *Pediatrics, 111*(3), 564–572.

Durell, T. M., Kroutil, L. A., Crits-Christoph, P., Barchha, N., & Van Brunt, D. E. (2008). Prevalence of nonmedical methamphetamine use in the United States. *Substance Abuse Treatment, Prevention, and Policy, 3*, 19.

Everitt, B. J. (2014). Neural and psychological mechanisms underlying compulsive drug seeking habits and drug memories: Indications for novel treatments of addiction. *European Journal of Neuroscience, 40*(1), 2163–2182.

Fraioli, S., Crombag, H. S., Badiani, A., & Robinson, T. E. (1999). Susceptibility to amphetamine-induced locomotor sensitization is modulated by environmental stimuli. *Neuropsychopharmacology, 20*, 533–541.

Freud, S. (1974). *Cocaine papers* (R. Byck, Ed.). Penguin. (Original work published 1884.)

Griffin, J. A., Umstattd, M. R., & Usdan, S. L. (2010). Alcohol use and high-risk sexual behavior among collegiate women: A review of research on alcohol myopia theory. *Journal of American College Health, 58*, 523–532.

Han, B., Compton, W. M., Mojtabai, R., Colpe, L., &

Hughes, A. (2016). Trends in receipt of mental health treatments among adults in the United States, 2008–2013. *Journal of Clinical Psychiatry, 77*(10), 1365–1371.

Hardee, J. E., Weiland, B. J., Nichols, T. E., Welsh, R. C., Soules, M. E., Steinberg, D. B., Zubieta, J.-K., Zucker, R. A., & Heitzeg, M. M. (2014). Development of impulse control circuitry in children of alcoholics. *Biological Psychiatry, 76*(9), 708–716.

Herd, C. P., Tomlinson, C. L., Rick, C., Scotton, W. J., Edwards, J., Ives, N., Clarke, C. E., & Sinclair, A. (2018). Botulinum toxins for the prevention of migraine in adults. *Cochrane Database of Systematic Reviews, 6*(6), CD011616.

Hillemacher, T., Weinland, C., Lenz, B., Kraus, T., Heberlein, A., Glahn, A., et al. (2015). DNA methylation of the LEP gene is associated with craving during alcohol withdrawal. *Psychoneuroendocrinology, 51*, 371–377.

Hodebourg, R., Murray, J. E., Fouyssac, M., Puaud, M., Everitt, B. J., & Belin, D. (2019). Heroin seeking becomes dependent on dorsal striatal dopaminergic mechanisms and can be decreased by N-acetylcysteine. *European Journal of Neuroscience, 50*(3), 2036–2044.

Isacsson, G., & Rich, C. L. (2014). Antidepressant drugs and the risk of suicide in children and adolescents. *Paediatric Drugs, 16*, 115–122.

Isbell, H., Fraser, H. F., Wikler, R. E., Belleville, R. E., & Eisenman, A. J. (1955). An experimental study of the etiology of "rum fits" and delirium tremens. *Quarterly Journal of Studies on Alcohol, 16*(1), 1–35.

Kapadia, M., Zhao, H., Ma, D., Hatkar, R., Marchese, M., & Sakic, B. (2014). Zoopharmacognosy in diseased laboratory mice: Conflicting evidence. *PLOS ONE, 9*(6), e100684.

Kenny, P. J. (2007). Brain reward systems and compulsive drug use. *Trends in Pharmacological Sciences, 28*(3), 135–141.

Koob, G. F., Buck, C. L., Cohen, A., Edwards, S., Park, P. E., Schlosburg, J. E., Schmeichel, B., Vendruscolo, L. F., Wade, C. L., Whitfield, T. W., Jr., & George, O. (2014). Addiction as a stress surfeit disorder. *Neuropharmacology, 76*(Part B), 370–382.

Krasnova, I. N., & Cadet, J. L. (2009). Methamphetamine toxicity and messengers of death. *Brain Research Reviews, 60*(2), 379–407.

Lecendreux, M., Konofal, E., Cortese, S., & Faraone, S. V. (2015). A 4-year follow-up of attention-deficit/hyperactivity disorder in a population sample. *Journal of Clinical Psychiatry, 76*, 712–719.

Lee, B. Y., Park, S. Y., Ryu, H. M., Shin, C. Y., Ko, K. N., Han, J. Y., Koren, G., & Cho, Y. H. (2015). Changes in the methylation status of DAT, SERT, and MeCP2 gene promoters in the blood cell in families exposed to alcohol during the periconceptional period. *Alcohol: Clinical and Experimental Research, 39*(2), 239–250.

Lent, J. K., Arredondo, A., Pugh, M. A., & Austin, P. N. (2019). Ketamine and treatment-resistant depression. *American Association of Nurse Anesthesiology Journal, 87*(5), 411–419.

MacAndrew, C., & Edgerton, R. B. (1969). *Drunken comportment: A social explanation*. Aldine.

McGreal, C. (2018). *American overdose: The opioid tragedy in three acts*. Public Affairs.

Mead, E. A., & Sarkar, D. K. (2014). Fetal alcohol spectrum disorders and their transmission through genetic and epigenetic mechanisms. *Frontiers in Genetics, 5*, 154.

Meyer, M. F., Powers, S. M., & Hampton, S. E. (2019). An evidence synthesis of pharmaceuticals and personal care products (PPCPs) in the environment: Imbalances among compounds, sewage treatment techniques, and ecosystem types. *Environmental*

Science and Technology, 53(22), 12961–12973.

Mohammad, S., Page, S. J., Wang, L., Ishii, S., Li, P., Sasaki, T., Basha, A., Salzberg, A., Quezado, Z., Imamura, F., Nishi, H., Isaka, K., Corbin, J. G., Liu, J. S., Kawasawa, Y. I., Torii, M., & Hashimoto-Torii, K. (2020). Kcnn2 blockade reverses learning deficits in a mouse model of fetal alcohol spectrum disorders. *Nature Neuroscience, 23*(4), 533–543.

National Institute on Drug Abuse, National Institutes of Health. (2016). *2015–2016 National Survey of Drug Use and Health*. https://www.drugabuse.gov/national-survey-drug-use-health.

Nehlig, A. (2010). Is caffeine a cognitive enhancer? *Journal of Alzheimer's Disease, 20*(Suppl. 1), S85–S94.

Nguyen, B. M., Kim, D., Bricker, S., Bongard, F., Neville, A., Putnam, B., Smith, J., & Plurad, D. (2014). Effect of marijuana use on outcomes in traumatic brain injury. *American Surgery, 80*(10), 979–983.

Nicol, J. J., Yarema, M. C., Jones, G. R., Martz, W., Purssell, R. A., MacDonald, J. C., Wishart, I., Durigon, M., Tzemis, D., & Buxton, J. A. (2015). Deaths from exposure to paramethoxymethamphetamine in Alberta and British Columbia, Canada: A case series. *CMAJ Open, 3*(1), E83–E90.

Nutt, D. (2019). Psychedelic drugs—a new era in psychiatry? *Dialogues in Clinical Neuroscience, 21*(2), 139–147.

Nutt, D., Erritzoe, D., & Carhart-Harris, R. (2020). Psychedelic psychiatry's brave new world. *Cell, 181*(1), 24–28.

O'Donnell, J. K., Halpin, J., Mattson, C. L., Goldberger, B. A., & Gladden, R. M. (2017). Deaths involving fentanyl, fentanyl analogs, and U-47700—10 states, July–December 2016. *CDC: Morbidity and Mortality Weekly Report (MMWR) Weekly, 66*(43), 1197–1202.

Oleson, E. B., & Roberts, D. C. (2009). Parsing the addiction phenomenon: Self-administration procedures modeling enhanced motivation for drug and escalation of drug intake. *Drug Discovery Today: Disease Models, 5*(4), 217–226.

Parrott, A. C. (2013). Human psychobiology of MDMA or "Ecstasy": An overview of 25 years of empirical research. *Human Psychopharmacology, 28*(4), 289–307.

Popova, S., Lange, S., Bekmuradov, D., Mihic, A., & Rehm, J. (2011). Fetal alcohol spectrum disorder prevalence estimates in correctional systems: A systematic literature review. *Canadian Journal of Public Health, 102*, 336–340.

Preller, K. H., Burt, J. B., Ji, J. L., Schleifer, C. H., Adkinson, B. D., Stämpfli, P., Seifritz, E., Repovs, G., Krystal, J. H., Murray, J. D., Vollenweider, F. X., & Anticevic, A. (2018). Changes in global and thalamic brain connectivity in LSD-induced altered states of consciousness are attributable to the 5-HT2A receptor. *eLife, 7*, e35082.

Raman, S. R., Man, K. K. C., Bahmanyar, S., Berard, A., Bilder, S., Boukhris, T., Bushnell, G., Crystal, S., Furu, K., KaoYang, Y.-H., Karlstad, Ø., Kieler, H., Kubota, K., Lai, E. C.-C., Martikainen, J. E., Maura, G., Moore, N., Montero, D., Nakamura, H., … Wong, I. C. K. (2018). Trends in attention-deficit hyperactivity disorder medication use: A retrospective observational study using population-based databases. *The Lancet: Psychiatry, 5*(10), 824–835.

Reese, E. D., Yi, J. Y., McKay, K. G., Stein, E. A., Ross, T. J., & Daughters, S. B. (2019). Resting state connectivity predicts distress tolerance and is associated with cocaine use. *Journal of Clinical Medicine, 8*(12), E2135.

Reinstatler, L., & Youssef, N. A. (2015). Ketamine as a potential treatment for suicidal ideation: A systematic review of the literature. *Drugs, 15*(1), 37–43.

Roberts, N. P., Roberts, P. A., Jones, N., & Bisson, J. I. (2015). Psychological interventions for post-traumatic stress disorder and comorbid substance use disorder: A systematic review and meta-analysis. *Clinical Psychological Reviews, 38*, 25–38.

Robinson, T. E., & Becker, J. B. (1986). Enduring changes in brain and behavior produced by chronic amphetamine administration: A review and evaluation of animal models of amphetamine psychosis. *Brain Research Reviews, 396*(2), 157–198.

Robinson, T. E., & Berridge, K. C. (2008). The incentive sensitization theory of addiction: Some current issues. *Philosophical Transactions of the Royal Society of London, 363*(1507), 3137–3146.

Robinson, T. E., & Kolb, B. (1997). Persistent structural adaptations in nucleus accumbens and prefrontal cortex neurons produced by prior experience with amphetamine. *Journal of Neuroscience, 17*(21), 8491–8498.

Robson, P. J. (2014). Therapeutic potential of cannabinoid medicines. *Drug Testing and Analysis, 6*(1–2), 24–30.

Roitman, P., Mechoulam, R., Cooper-Kazaz, R., & Shalev, A. (2014). Preliminary, open-label, pilot study of add-on oral Δ9-tetrahydrocannabinol in chronic post-traumatic stress disorder. *Clinical Drug Investigations, 34*(8), 587–591.

Sacks, J. J., Gonzales, K. R., Bouchery, E. E., Tomedi, L. E., & Brewer, R. D. (2015). 2010 national and state costs of excessive alcohol consumption. *American Journal of Preventive Medicine, 49*(5), e73–e79.

Sevincer, A. T., & Oettingen, G. (2014). Alcohol myopia and goal commitment. *Frontiers in Psychology, 4*, 169–175.

Sousa, A., & Dinis-Oliveira, R. J. (2020). Pharmacokinetic and pharmacodynamic of the cognitive enhancer modafinil: Relevant clinical and forensic aspects. *Substance Abuse, 41*(2), 155–173.

Stroud, C. B., Davila, J., Hammen, C., & Vrshek-Schallhorn, S. (2011). Severe and nonsevere events in first onsets versus recurrences of depression: Evidence for stress sensitization. *Journal of Abnormal Psychology, 120*(1), 142–154.

Substance Abuse and Mental Health Services Administration (SAMHSA). (2015). National Survey on Drug Use and Health (NSDUH). Table 5.6B—Substance use disorder in past year among persons aged 18 or older, by demographic characteristics: Percentages, 2014 and 2015.

Teixeira-Gomes, A., Costa, V. M., Feio-Azevedo, R., Bastos, M. L., Carvalho, F., & Capela, J. P. (2015). The neurotoxicity of amphetamines during the adolescent period. *International Journal of Developmental Neuroscience, 41*, 44–62.

United Nations. (2021). *World Drug Report 2021.* United Nations Office on Drugs and Crime.

Urban, N. B., Girgis, R. R., Talbot, P. S., Kegeles, L. S., Xu, X., Frankle, W. G., Hart, C. L., Slifstein, M., Abi-Dargham, A., & Laruelle, M. (2012). Sustained recreational use of ecstasy is associated with altered pre and postsynaptic markers of serotonin transmission in neocortical areas: A PET study with [¹¹C]DASB and [¹¹C]MDL 100907. *Neuropsychopharmacology, 37*(6), 1465–1473.

Wadgave, U., & Nagesh, L. (2016). Nicotine replacement therapy: An overview. *International Journal of Health Sciences, 10*(3), 425–435.

Wenger, J. R., Tiffany, T. M., Bombardier, C., Nicholls, K., & Woods, S. C. (1981). Ethanol tolerance in the rat is learned. *Science, 213*(4507), 575–577.

Wright, G. A., Baker, D. D., Palmer, M. J., Stabler, D., Mustard, J. A., Power, E. F., Borland, A. M., & Stevenson, P. C. (2013). Caffeine in floral nectar enhances a pollinator's memory of reward. *Science, 339*(6124), 1202–1204.

Yager, L. M., Pitchers, K. K., Flagel, S. B., & Robinson, T. E. (2015). Individual variation in the motivational and neurobiological effects of an opioid cue. *Neuropsychopharmacology, 40*(5), 1269–1277.

Yamada, J., Sato, C., Konno, K., Watanabe, M., & Jinno, S. (2020). PSA-NCAM colocalized with cholecystokinin-expressing cells in the hippocampus is involved in mediating antidepressant efficacy. *Journal of Neuroscience, 40*(4), 825–842.

제 7 장

Agboola, O. S., Hu, X., Shan, Z., Wu, Y., & Lei, L. (2021). Brain organoid: A 3D technology for investigating cellular composition and interactions in human neurological development and disease models in vitro. *Stem Cell Research & Therapy, 12*(1), 430–446.

Brown, A. R., Antle, M. C., Hu, B., & Teskey, G. C. (2011). High frequency stimulation of the subthalamic nucleus acutely rescues neocortical movement representations and motor deficits following 6-hydroxydopamine administration in rats. *Experimental Neurology, 231*(1), 82–90.

Bueller, J. A., Aftab, M., Sen, S., Gomez-Hassan, D., Burmeister, M., & Zubieta, J.-K. (2006). BDNF Val66Met allele is associated with reduced hippocampal volume in healthy subjects. *Biological Psychiatry, 59*(9), 812–815.

Cacucci, F., Yi, M., Wills, T. J., Chapmans, P., & O'Keefe, J. (2008). Place cell firing correlates with memory deficits and amyloid plaque burden in Tg2576 Alzheimer mouse model. *Proceedings of the National Academy of Sciences of the United States of America, 105*(22), 7863–7868.

Damasio, H., & Damasio, A. R. (1989). *Lesion analysis in neuropsychology.* Oxford University Press.

Dong, A., He, K., Dudok, B., Farrell, J. S., Guan, W., Liput, D. J., Puhl, H. L., Cai, R., Duan, J., Albarran, E., Ding, J., Lovinger, D. M., Li, B., Soltesz, I., & Li, Y. (2020). A fluorescent sensor for spatiotemporally resolved endocannabinoid dynamics *in vitro* and *in vivo*. *bioRxiv*. Cold Spring Harbor Laboratory. https://doi.org/10.1101/2020.10.08.329169

Farrell, J. S., Colangeli, R., Dong, A., George, A. G., Addo-Osafo, K., Kingsley, P. J., Morena, M., Wolff, M. D., Dudok, B., He, K., Patrick, T. A., Sharkey, K. A., Patel, S., Marnett, L. J., Hill, M. N., Li, Y., Teskey, G. C., & Soltesz, I. (2021). In vivo endocannabinoid dynamics at the timescale of physiological and pathological neural activity. *Neuron, 109*(15), 2398–2403.e4. https://doi.org/10.1016/j.neuron.2021.05.026

Farrell, J. S., Gaxiola-Valdez, I., Wolff, M. D., David, L. S., Dika, H. I., Geeraert, B. L., Wang, X. R., Singh, S., Spanswick, S. C., Dunn, J. F., Antle, M. C., Federico, P., & Teskey, G. C. (2016). Postictal behavioural impairments are due to a severe prolonged hypoperfusion/hypoxia event that is COX-2 dependent. *eLife, 5*, e19352.

Forlim, C. G., Klock, L., Bächler, J., Stoll, L., Giemsa, P., Fuchs, M., Schoofs, N., Montag, C., Gallinat, J., & Kühn, S. (2020). Reduced resting-state connectivity in the precuneus is correlated with apathy in patients with schizophrenia. *Scientific Reports, 10*(1), 2616.

Fox, P. T., & Raichle, M. E. (1986). Focal physiological uncoupling of cerebral blood flow and oxidative metabolism during somatosensory stimulation in human subjects. *Proceedings of the National Academy of Sciences of the United States of America, 83*(4), 1140–1144.

Fraga, M. F., Ballestar, E., Paz, M. F., Ropero, S., Setien, F., Ballestar, M. L., Heine-Suñer, D., Cigudosa, J.

C., Urioste, M., Benitez, J., Manuel, B.-C., Sanchez-Aguilera, A., Ling, C., Carlsson, E., Poulsen, P., Vaag, A., Stephan, Z., Spector, T. D., Wu, Y.-Z., Plass, C., & Esteller, M. (2005). Epigenetic differences arise during the lifetime of monozygotic twins. *Proceedings of the National Academy of Sciences of the United States of America, 102*(30), 10604–10609.

Ghosh, K. K., Burns, L. D., Cocker, E. D., Nimmerjahn, A., Ziv, Y., Gamal, A. E., & Schnitzer, M. J. (2011). Miniaturized integration of a fluorescence microscope. *Nature Methods, 8*(10), 871–878.

Gonzalez, C. L. R., Gharbawie, O. A., & Kolb, B. (2006). Chronic low-dose administration of nicotine facilitates recovery and synaptic change after focal ischemia in rats. *Neuropharmacology, 50*(7), 777–787.

Haubensak, W., Kunwar, P. S., Cai, H., Ciocchi, S., Wall, N. R., Ponnusamy, R., Biag, J., Dong, H.-W., Deisseroth, K., Callaway, E. M., Fanselow, M. S., Lüthi, A., & Anderson, D. J. (2010). Genetic dissection of an amygdala microcircuit that gates conditioned fear. *Nature, 468*(7321), 270–276.

Iglesias, A. H. (2020). Transcranial magnetic stimulation as treatment in multiple neurologic conditions. *Current Neurology and Neuroscience Reports, 20*(1), 1. https://doi.org/10.1007/s11910-020-1021-0

Kolb, B., & Walkey, J. (1987). Behavioural and anatomical studies of the posterior parietal cortex of the rat. *Behavioural Brain Research, 23*(2), 127–145.

Lee, D. J., Lozano, C. S., Dallapiazza, R. F., & Lozano, A. M. (2019). Current and future directions of deep brain stimulation for neurological and psychiatric disorders. *Journal of Neurosurgery, 131*(2), 333–342.

Little, S., & Brown, P. (2020). Debugging adaptive deep brain stimulation for Parkinson's disease. *Movement Disorders, 35*(4), 555–561.

Livet, J., Weissman, T. A., Kang, H., Draft, R. W., Lu, J., Bennis, R. A., Sanes, J. R., & Lichtman, J. W. (2007). Transgenic strategies for combinatorial expression of fluorescent proteins in the nervous system. *Nature, 450*(7166), 56–62.

Lomber, S. G., & Payne, B. R. (1996). Removal of two halves restores the whole: Reversal of visual hemineglect during bilateral cortical or collicular inactivation in the cat. *Visual Neuroscience, 13*(6), 1143–1156.

Mayor, A. (2018). *Gods and robots: Myths, machines, and ancient dreams of technology.* Princeton University Press.

McGowan, P. O., Sasaki, A., D'Alessio, A. C., Dymov, S., Labonté, B., Szyf, M., Turecki, G., & Meaney, M. J. (2009). Epigenetic regulation of the glucocorticoid receptor in human brain associates with childhood abuse. *Nature Neuroscience, 12*(3), 342–348.

Miller, C. T., Hale, M. E., Okano, H., Okabe, S., & Mitra, P. (2019). Comparative principles for next-generation neuroscience. *Frontiers in Behavioral Neuroscience, 13*, 12. https://doi.org/10.3389/fnbeh.2019.00012

Morris, R. G. M. (1981). Spatial localization does not require the presence of local cues. *Learning and Motivation, 12*(2), 239–260.

Mychasiuk, R., Schmold, N., Ilnytskyy, S., Kovalchuk, O., Kolb, B., & Gibb, R. (2011). Prenatal bystander stress alters brain, behavior, and the epigenome of developing rat offspring. *Developmental Neuroscience, 33*(2), 159–169.

National Research Council of the National Academies. (2011). *Guide for the care and use of laboratory animals* (8th ed.). The National Academies Press.

O'Keefe, J., & Dostrovsky, J. (1971). The hippocampus

as a spatial map. *Brain Research, 34*(1), 171–175.

Ogawa, S., Lee, T. M., Kay, A. R., & Tank, D. W. (1990). Brain magnetic resonance imaging with contrast dependent on blood oxygenation. *Proceedings of the National Academy of Sciences of the United States of America, 87*, 9868–9872.

Oomen, C. A., Hvoslef-Eidem, M., Heath, C. J., Mar, A. C., Horner, A. E., Bussey, T. J., & Saksida, L. M. (2013). The touchscreen operant platform for testing working memory and pattern separation in rats and mice. *Nature Protocols, 8*(10), 2006–2021.

Parra-Damas, A., & Saura, C. A. (2020). Tissue clearing and expansion methods for imaging brain pathology in neurodegeneration: From circuits to synapses and beyond. *Frontiers in Neuroscience, 14*, 914.

Penfield, W., & Jasper, H. H. (1954). *Epilepsy and the functional anatomy of the human brain.* Little, Brown.

Phillips, B. U., Lopez-Cruz, L., Hailwood, J., Heath, C. J., Saksida, L. M., & Bussey, T. J. (2018). Translational approaches to evaluating motivation in laboratory rodents: Conventional and touch-screen-based procedures. *Current Opinion in Behavioral Sciences, 22*, 21–27.

Pinti, P., Tachtsidis, I., Hamilton, A., Hirsch, J., Aichelburg, C., Gilbert, S., & Burgess, P. W. (2020). The present and future use of functional near-infrared spectroscopy (fNIRS) for cognitive neuroscience. *Annals of the New York Academy of Sciences, 1464*(1), 5–29.

Posner, M. I., & Raichle, M. E. (1997). *Images of mind.* W. H. Freeman.

Quadri, S. A., Waqas, M., Khan, I., Khan, M. A., Suriya, S. S., Farooqui, M., & Fiani, B. (2018). High-intensity focused ultrasound: Past, present, and future in neurosurgery. *Neurosurgery Focus, 44*(2), E16.

Ramírez, N. F., Lytle, S. R., & Kuhl, P. K. (2020). Parent coaching increases conversational turns and advances infant language development. *Proceedings of the National Academy of Sciences of the United States of America, 117*(7), 3484–3491.

Rojczyk-Gołębiewska, E., Pałasz, A., Worthington, J. J., Markowski, G., & Wiaderkiewicz, R. (2015). Neurolook: Astonishing advances in brain imaging. *International Journal of Neuroscience, 125*(2), 91–99.

Scoville, W. B., & Milner, B. (1957). Loss of recent memory after bilateral hippocampal lesions. *Journal of Neurology, Neurosurgery, and Psychiatry, 20*, 11–21.

Sejnowski, T. J. (2018). *The deep learning revolution.* MIT Press.

Spanswick, S., Lehmann, H., & Sutherland, R. J. (2011). A novel animal model of hippocampal cognitive deficits, slow neurodegeneration, and neuroregeneration. *Journal of Biomedicine and Biotechnology*, 527201. https://doi.org/10.1155/2011/527201

Spanswick, S., & Sutherland, R. J. (2010). Object/context-specific memory deficits associated with loss of hippocampal granule cells after adrenalectomy in rats. *Learning and Memory, 17*(5), 241–245.

Spinney, L. (2005). Optical topography and the color of blood. *The Scientist, 19*, 25–27.

Szyf, M., McGowan, P., & Meaney, M. J. (2008). The social environment and the epigenome. *Environmental Molecular Mutagenetics, 49*(1), 46–60.

Tisdall, M. M., & Smith, M. (2006). Cerebral microdialysis: Research technique or clinical tool? *British Journal of Anaesthesia, 97*(1), 18–25.

Wess, J., Nakajima, K., & Jain, S. (2013). Novel designer receptors to probe GPCR signaling and physiology. *Trends in Pharmacological Sciences, 34*(7), 385–392.

Wheeler, D. S., Ebben, A. L., Kurtoglu, B., Lovell, M. E., Bohn, A. T., Jasek, I. A., Baker, D. A., Mantsch, J. R., Gasser, P. J., Wheeler, R. A. (2017). Corticosterone regulates both naturally occurring and cocaine-induced dopamine signaling by selectively decreasing dopamine update. *European Journal of Neuroscience, 46*(10), 2638–2646.

Whishaw, I. Q. (1989). Dissociating performance and learning deficits in spatial navigation tasks in rats subjected to cholinergic muscarinic blockade. *Brain Research Bulletin, 23*(4–5), 347–358.

Whishaw, I. Q., & Kolb, B. (2005). *The behavior of the laboratory rat.* Oxford University Press.

제 8 장

Ames, E. W. (1997). *The development of Romanian orphanage children adopted to Canada.* Final report to Human Resources Development, Canada.

Anda, R. F., Felitti, V. J., Bremner, J. D., Walker, J. D., Whitfield, C., Perry, B. D., Dube, S. R., & Giles, W. H. (2006). The enduring effects of abuse and related adverse experiences in childhood: A convergence of evidence from neurobiology and epidemiology. *European Archives of Psychiatry and Clinical Neuroscience, 256*(3), 174–186.

Andrews, D. S., Lee, J. K., Harvey, D. J., Rogers, S. J., Nordahl, C. W., & Amaral, D. G. (2021). A longitudinal study of white matter development in relation to changes in autism severity across early childhood. *Biological Psychiatry, 89*(5), 424–432.

Arai, K., & Lo, E. H. (2017). Gliogenesis. In L. R. Caplan, J. Biller, M. C. Leary, E. H. Lo, A. Thomas, M. Yenari, & J. H. Zhang (Eds.), *Primer on cerebrovascular diseases* (2nd ed., pp. 91–95). Elsevier.

Bastiaanssen, T. F. S., & Cryan, J. F. (2021). The microbiota-gut-brain axis in mental health and medication response: Parsing directionality and causality. *International Journal of Neuropsychopharmacology, 24*(3), 216–220.

Berens, A. E., & Nelson, C. A. (2015). The science of early adversity: Is there a role for large institutions in the care of vulnerable children? *Lancet, 386*(9991), 388–398.

Blakemore, S. (2018). *Inventing ourselves: The secret life of the teenage brain.* Public Affairs Books.

Blum, D. (2002). *Love at Goon Park.* Perseus Books.

Bock, J., Rether, K., Grogerr, N., Xie, L., & Braun, K. (2014). Perinatal programming of emotional brain circuits: An integrative view from systems to molecules. *Frontiers in Neuroscience, 8*(8), 11.

Bond, A. M., Ming, G.-L., & Song, H. (2015). Adult mammalian neural stem cells and neurogenesis: Five decades later. *Cell Stem Cell, 17*(4), 385–395.

Bourgeois, J.-P. (2001). Synaptogenesis in the neocortex of the newborn: The ultimate frontier for individuation? In C. A. Nelson & M. Luciana (Eds.), *Handbook of developmental cognitive neuroscience* (pp. 23–34). MIT Press.

Casey, B. J., Galvan, A., & Somerville, L. H. (2015). Beyond simple models of adolescence to an integrated circuit-based account: A commentary. *Developmental Cognitive Neuroscience, 17*, 128–130.

Changeux, J.-P., & Danchin, A. (1976). Selective stabilization of developing synapses as a mechanism for the specification of neuronal networks. *Nature, 264*, 705–712.

Clarke, R. S., Heron, W., Fetherstonhaugh, M. L., Forgays, D. G., & Hebb, D. O. (1951). Individual differences in dogs: Preliminary report on the effects of early experience. *Canadian Journal of Psychology, 5*(4), 150–156.

Cowan, C. S. M., Callaghan, B. L., & Richardson, R. (2016). The effects of probiotic formulation (*Lactobacillus rhamnosus* and *L. helveticus*) on developmental trajectories of emotional learning in stressed infant rats. *Translational Psychiatry, 6*(5), e823.

Cowan, W. M. (1979). The development of the brain. *Scientific American, 241*(3), 116.

Cussotto, S., Clarke, G., Dinan, T. G., & Cryan, J. F. (2019). Psychotropics and the microbiome: A chamber of secrets… *Psychopharmacology, 236*(5), 1411–1432.

Dean, D. C., Planalp, E. M., Wooten, W., Schmidt, C. K., Kecskemeti, S. R., Frye, C., Schmidt, N. L., Goldsmith, H. H., Alexander, A. L., & Davidson, R. J. (2018). Investigation of brain structure in the 1-month infant. *Brain Structure and Function, 223*(4), 1953–1970.

Dettmer, A. M., & Suomi, S. J. (2014). Nonhuman primate models of neuropsychiatric disorders: Influences of early rearing, genetics, and epigenetics. *ILAR Journal, 55*(2), 361–370.

Dias, B. G., & Ressler, K. J. (2014). Parental olfactory experience influences behavior and neural structure in subsequent generations. *Nature Neuroscience, 17*(1), 89–96.

Dietsche, B., Kircher, T., & Falkenberg, I. (2017). Structural brain changes in schizophrenia at different stages of illness: A selective review of longitudinal magnetic resonance imaging studies. *Australia and New Zealand Journal of Psychiatry, 51*(5), 500–508.

Epstein, H. T. (1979). Correlated brain and intelligence development in humans. In M. E. Hahn, C. Jensen, & B. C. Dudek (Eds.), *Development and evolution of brain size: Behavioral implications* (pp. 111–131). Academic Press.

Eriksson, P. S., Perfilieva, E., Björk-Eriksson, T., Alborn, A. M., Nordborg, C., Peterson, D. A., & Gage, F. H. (1998). Neurogenesis in the adult human hippocampus. *Nature Medicine, 4*(11), 1313–1317.

Faiz, M., & Morshead, C. M. (2018). Stem cells to function. In R. Gibb & B. Kolb (Eds.), *The neurobiology of brain and behavioral development* (pp. 99–132). Elsevier.

Franke, K., & Gaser, C. (2019). Ten years of *BrainAGE* as a neuroimaging biomarker of brain aging: What insights have we gained? *Frontiers in Neurology, 10*, 789. https://doi.org/10.3380/fneur2019.00789.

Franke, K., Ristow, M., & Gaser, C. (2014). Gender-specific impact of personal health parameters on individual brain aging in cognitively unimpaired elderly subjects. *Frontiers in Aging Neuroscience, 6*, 94.

Fuhrmann, D., Knoll, L. J., & Blakemore, S.-J. (2015). Adolescence as a sensitive period of brain development. *Trends in Cognitive Sciences, 19*(10), 558–566.

Geng, F., Botdorf, M., & Riggins, T. (2021). How behavior shapes the brain and the brain shapes behavior: Insights from memory development. *Journal of Neuroscience, 41*(5), 981–990.

Gershon, E. S., & Rieder, R. O. (1992). Major disorders of mind and brain. *Scientific American, 267*(3), 126–133.

Geschwind, D. H., & Rakic, P. (2013). Cortical evolution: Judge the brain by its cover. *Neuron, 80*(3), 633–647.

Gibb, R., Gonzalez, C., & Kolb, B. (2014). Prenatal enrichment and recovery from perinatal cortical damage: Effects of maternal complex housing. *Frontiers in Behavioral Neuroscience, 8*, 223.

Goldstein, J. M., Seidman, L. J., Horton, N. J., Makris, N., Kennedy, D. N., Caviness, V. S., Jr., Faraone, S. V., & Tsuang, M. T. (2001). Normal sexual dimorphism of the adult human brain assessed by in vivo magnetic resonance imaging. *Cerebral Cortex*,

11(6), 490–497.

Gonzalez-Santana, A., & Diaz-Heijtz, R. (2020). Bacterial peptidoglycans from microbiota in neurodevelopment and behavior. *Trends in Molecular Medicine, 26*(8), 729–743.

Guerrini, R., Dobyns, W. B., & Barkovich, A. J. (2007). Abnormal development of the human cerebral cortex: Genetics, functional consequences and treatment options. *Trends in Neurosciences, 31*(3), 154–162.

Harker, A., Raza, S., Williamson, K., Kolb, B., & Gibb, R. (2015). Preconception paternal stress in rats alters dendritic morphology and connectivity in the brain of developing male and female offspring. *Neuroscience, 303*, 200–210.

Harlow, H. F. (1971). *Learning to love.* Albion.

Hebb, D. O. (1947). The effects of early experience on problem solving at maturity. *American Psychologist, 2*, 737–745.

Hedderich, D. M., Menegaux, A., Schmitz-Koep, B., Nuttall, R. Zimmerman, J., Schneider, S. C., Bäuml, J. G., Daamen, M., Boecker, H., Wilke, M., Zimmer, C., Wolke, D., Bartmann, P., Sorg, C., & Gaser, C. (2021). Increased brain age gap estimate (*BrainAGE*) in young adults after premature birth. *Frontiers in Aging Neuroscience, 13*, 158. https://doi.org/10.339/fnagi.2021.653365.

Hensch, T. K. (2018). Critical periods in cortical development. In R. Gibb & B. Kolb (Eds.), *The neurobiology of brain and behavioral development* (pp. 133–152). Academic Press.

Herholz, S. C., & Zatorre, R. J. (2012). Musical training as a framework for brain plasticity: Behavior, function, and structure. *Neuron, 76*(3), 486–502.

Hessl, D., Libero, L., Schneider, A., Kerns, C., Winder-Patel, B., Heath, B., Lee, J., Coleman, C., Sharma, N., Solomon, M., Nordahl, C. W., & Amaral, D. G. (2021). Fear potentiated startle in children with autism spectral disorder: Association with anxiety symptoms and amygdala volume. *Autism Research, 14*(3), 450–463.

Ho, T. C., Colich, N. L., Sisk, L. M., Oskirdo, K., Jo, B., & Gotlib, I. H. (2020). Sex differences in the effects of gonadal hormones on white matter microstructure development in adolescence. *Developmental Cognitive Neuroscience, 42*, 100773.

Hodel, A. S., Hunt, R. H., Cowell, R. A., van den Heuvel, S. E., Gunnar, M. R., & Thomas, K. M. (2015). Duration of early adversity and structural brain development in post-institutionalized adolescents. *Neuroimage, 105*, 112–119.

Horn, G., Bradley, P., & McCabe, B. J. (1985). Changes in the structure of synapses associated with learning. *Journal of Neuroscience, 5*(12), 3161–3168.

Huttenlocher, P. R. (1994). Synaptogenesis in human cerebral cortex. In G. Dawson & K. W. Fischer (Eds.), *Human behavior and the developing brain* (pp. 137–152). Guilford Press.

Jenkins, S., Harker, A., & Gibb, R. (2018). Maternal preconception stress alters prefrontal cortex development in Long-Evans rat pups without changing maternal care. *Neuroscience, 394*, 98–108.

Jurkowski, M. P., Bettio, L., Woo, E. K., Patten, A., Yau, S.-Y., & Gil-Mohapel, J. (2020). Beyond the hippocampus and the SVZ: Adult neurogenesis throughout the brain. *Frontiers in Cellular Neuroscience, 29*, 293. https://doi.org/10.3389/fncel.2020.576444.

Kelly, J. R., Minuto, C., Cryan, J. F., Clarke, G., & Dinan, T. G. (2017). Cross talk: The microbiota and neurodevelopmental disorders. *Frontiers in Neuroscience, 11*, 490.

Kinney, H. C. (2009). Brainstem mechanisms underlying the sudden infant death syndrome: Evidence from human pathologic studies. *Developmental Psychobiology, 51*(3), 223–233.

Kolb, B. (2021) Sensitive periods for recovery from early brain injury. In S. Andersen (Ed.), *Current topics in behavioral neuroscience: Sensitive periods of brain development.* Springer.

Kolb, B., & Gibb, R. (1993). Possible anatomical basis of recovery of function after neonatal frontal lesions in rats. *Behavioral Neuroscience, 107*(5), 799–811.

Kolb, B., Gibb, R., & Gorny, G. (2003). Experience-dependent changes in dendritic arbor and spine density in neocortex vary with age and sex. *Neurobiology of Learning and Memory, 79*(1), 1–10.

Kolb, B., Mychasiuk, R., Muhammad, A., Li, Y., Frost, D. O., & Gibb, R. (2012). Experience and the developing prefrontal cortex. *Proceedings of the National Academy of Sciences of the United States of America, 109*(Suppl. 2), 17186–17193.

Kovelman, J. A., & Scheibel, A. B. (1984). A neurohistologic correlate of schizophrenia. *Biological Psychiatry, 19*(12), 1601–1621.

Kuhl, P. K. (2011). Early language learning and literacy: Neuroscience implications for education. *Mind, Brain, and Education, 5*(3), 128–142.

Lee, J. K., Andrews, D. S., Ozonoff, S., Solomon, M., Rogers, S., Amaral, D. G., & Nordahl, C. W. (2020). Longitudinal evaluation of cerebral growth across childhood in boys and girls with autism spectrum disorder. *Biological Psychiatry, 90*(5), 286–294.

Lenneberg, E. H. (1967). *Biological foundations of language.* Wiley.

Lenroot, R. K., Gogtay, N., Greenstein, D. K., Wells, E. M., Wallace, G. L., Clasen, L. S., Blumenthal, J. D., Lerch, J., Zijdenbos, A. P., Evans, A. C., Thompson, P. M., & Giedd, J. N. (2007). Sexual dimorphism of brain development trajectories during childhood and adolescence. *NeuroImage, 36*(4), 1065–1073.

Lorenz, K. (1970). *Studies on animal and human behavior* (Vols. 1 and 2). Harvard University Press.

Lu, L. H., Leonard, C. M., Thompson, P. M., Kan, E., Jolley, J., Welcome, S. E., Toga, A. W., & Sowell, E. R. (2007). Normal developmental changes in inferior frontal gray matter are associated with improvement in phonological processing: A longitudinal MRI analysis. *Cerebral Cortex, 17*(5), 1092–1099.

Marin-Padilla, M. (1993). Pathogenesis of late-acquired leptomeningeal heterotopias and secondary cortical alterations: A Golgi study. In A. M. Galaburda (Ed.), *Dyslexia and development: Neurobiological aspects of extraordinary brains* (pp. 64–88). Harvard University Press.

Moore, K. L. (1988). *The developing human: Clinically oriented embryology* (4th ed.). Saunders.

Moreno-Jimenez, E. P., Terreros-Roncal, J., For-Garcia, M., Rabano, A., & Llorens-Martin, M. (2021). Evidences for adult hippocampal neurogenesis in humans. *Journal of Neuroscience, 41*(12), 2541–2553.

Mychasiuk, R., Gibb, R., & Kolb, B. (2011). Prenatal stress produces sexually dimorphic and regionally specific changes in gene expression in hippocampus and frontal cortex of developing rat offspring. *Developmental Neuroscience, 33*(6), 531–538.

Myers, D. G. (2015). *Psychology* (11th ed.). Worth Publishers.

Nelson, C. A., Zeanah C. H., & Fox, N. A. (2019). How early experience shapes human development: The case of social psychosocial deprivation. *Neural Plasticity, 2019*, 1676285.

Nelson, C. A., Zeanah, C. H., Fox, N. A., Marshall, P. J., Smyke, A. T., & Guthrie, D. (2007). Cognitive recovery in socially deprived young children: The Bucharest Early Intervention Project. *Science, 318*(5858), 1937–1940.

Noble, K. G., & Giebler, M. A. (2020). The neuroscience of socioeconomic inequality. *Current Opinion in Behavioral Sciences, 36*, 23–28.

Noble, K. G., Houston, S. M., Brito, N. H., Bartsch, H., Kan, E., Kuperman, J. M., Akshoomoff, N., Amaral, D. G., Bloss, C. S., Libiger, O., Schork, N. J., Murray, S. S., Casey, B. J., Chang, L., Ernst, T. M., Frazier, J. A., Gruen, J. R., Kennedy, D. N., Van Zijl, P., … Sowell. E. R. (2015). Family income, parental education and brain structure in children and adolescents. *Nature Neuroscience, 18*(5), 773–778.

O'Hare, E. D., & Sowell, E. R. (2008). Imaging developmental changes in gray and white matter in the human brain. In C. A. Nelson & M. Luciana (Eds.), *Handbook of developmental cognitive neuroscience* (pp. 23–38). MIT Press.

Overman, W., Bachevalier, J., Turner, M., & Peuster, A. (1992). Object recognition versus object discrimination: Comparison between human infants and infant monkeys. *Behavioral Neuroscience, 106*(1), 15–29.

Paterson, D. S., Trachtenberg, F. L., Thompson, E. G., Belliveau, R. A., Beggs, A. H., Darnall, R., Chadwick, A. E., Krous, H. F., & Kinney, H. C. (2006). Multiple serotonergic brainstem abnormalities in sudden infant death syndrome. *Journal of the American Medical Association, 296*(17), 2124–2132.

Payne, B. R., & Lomber, S. G. (2001). Reconstructing functional systems after lesions of cerebral cortex. *Nature Reviews Neuroscience, 2*, 911–919.

Petanjek, Z., Judaš, M., Šimić, G., Rašin, M. R., Uylings, H. B. M., Rakic, P., & Kostović, I. (2011). Extraordinary neoteny of synaptic spines in the human prefrontal cortex. *Proceedings of the National Academy of Sciences of the United States of America, 108*(32), 13281–13286.

Piaget, J. (1952). *The origins of intelligence in children.* Norton.

Piccolo, L. R., Merz, E. C., He, X., Sowell, E. R., & Noble, K. G. (2016). Age-related differences in cortical thickness vary by socioeconomic status. *PLOS ONE, 11*(9), e0162511.

Purpura, D. P. (1974). Dendritic spine "dysgenesis" and mental retardation. *Science, 186*(4169), 1126–1127.

Rakic, P. (1974). Neurons in rhesus monkey cerebral cortex: Systematic relation between time of origin and eventual disposition. *Science, 183*(4123), 425.

Rapoport, J. L., Giedd, J. N., & Gogtay, N. (2012). Neurodevelopmental model of schizophrenia: Update 2012. *Molecular Psychiatry, 17*(12), 1228–1238.

Riesen, A. H. (1982). Effects of environments on development in sensory systems. In W. D. Neff (Ed.), *Contributions to sensory physiology* (Vol. 6, pp. 45–77). Academic Press.

Rogenmoser, L., Kernbach, J., Schlaug, G., & Gaser, C. (2018). Keeping brains young with making music. *Brain Structure and Function, 223*(1), 297–305.

Romeo, R. R., Leonard, J. A., Robinson, S. T., West, M. R., Mackey, A. P., Rowe, M. L., & Gabrieli, J. D. E. (2018a). Beyond the 30-million-word gap: Children's conversational exposure is associated with language-related brain function. *Psychological Science, 29*(5), 700–710.

Romeo, R. R., Segaran, J., Leonard, J. A., Robinson, S. T., West, M. R., Mackey, A. P., Yendiki, A., Rowe, M. L., & Gabrieli, J. D. E. (2018b). Language exposure relates to structural neural connectivity in childhood. *Journal of Neuroscience, 38*(36), 7870–7877.

Rutter, M. (1998). Developmental catch-up, and deficit, following adoption after severe global early privation. *Journal of Child Psychology and Psychiatry, 39*(4), 465–476.

Schnack, H. G., van Haren, N. E., Brouwer, R. M., Evans, A., Durston, S., Boomsma, D. I., Kahn, R. S., & Hulshoff Pol, H. E. (2014). Changes in thickness and surface area of the human cortex and their relationship with intelligence. *Cerebral Cortex, 25*(6), 1608–1617.

Seki, T. (2020). Understanding the real state of human adult hippocampal neurogenesis from studies of rodents and non-human primates. *Frontiers in Neuroscience, 14*, 839. https://doi.org/10.3389/fnins.2020.00839.

Sherman, L. E., Rudie, J. D., Pfeifer, J. H., Masten, C. L., McNealy, K., & Dapretto, M. (2014). Development of the default mode and central executive networks across early adolescence: A longitudinal study. *Developmental Cognitive Neuroscience, 10*, 148–159.

Sherwin, E., Bordenstein, S. R., Quinn, J. L., Dinan, T. G., & Cryan, J. F. (2019). Microbiota and the social brain. *Science, 366*(6465), eaar2016.

Snyder, J. S. (2019). Recalibrating the relevance of adult neurogenesis. *Trends in Neurosciences, 42*(3), 164–178.

Sorrells, S. F., Paredes, M. F., Zhang, Z., Kang, G., Pastor-Alonso, O., Biagiotti, S., Page, C. E., Sandoval, K., Knox, A., Connolly, A., Huang, E. J., Garcia-Verdugo, J. M., Oldham, M. C., Yang, Z., & Alvarez-Buylla, A. (2021). Positive controls in adults and children support that very few, if any, new neurons are born in the adult human hippocampus. *Journal of Neuroscience, 41*(12), 2554–2565.

Sowell, E. R., Thompson, P. M., Leonard, C. M., Welcome, S. E., Kan, E., & Toga, A. W. (2004). Longitudinal mapping of cortical thickness and brain growth in normal children. *Journal of Neuroscience, 24*(38), 8223–8231.

Sowell, E. R., Thompson, P. M., & Toga, A. W. (2004). Mapping changes in the human cortex throughout the span of life. *The Neuroscientist, 10*(4), 372–392.

Sperry, R. W. (1963). Chemoaffinity in the orderly growth of nerve fiber patterns and connections. *Proceedings of the National Academy of Sciences of the United States of America, 50*(4), 703–710.

Tooley, U. A., Bassett, D. S., & Mackey, A. P. (2021). Environmental influences on the pace of brain development. *Nature Reviews Neuroscience, 22*, 372–384. https://doi.org/10.1038/s41583-021-00457-5.

Tottenham, N. (2014). The importance of early experiences for neuro-affective development. *Current Topics in Behavioral Neuroscience, 16*, 109–129.

Tottenham, N., & Galvan, A. (2016). Stress and the adolescent brain: Amygdala-prefrontal cortex circuitry and ventral striatum as developmental targets. *Neuroscience and Biobehavioral Reviews, 70*, 217–227.

Twitchell, T. E. (1965). The automatic grasping response of infants. *Neuropsychologia, 3*(3), 247–259.

VanTieghem, M., Korom, M., Flannery, J., Choy, T., Caldera, C., Humphreys, K. L., Gabard-Durnam, L., Goff, B., Gee, D. G., Telzer, E. H., Shapiro, M., Louie, J. Y., Fareri, D. S., Bolger, N., & Tottenham, N. (2021). Longitudinal changes in amygdala, hippocampus and cortisol development following early caregiving adversity. *Developmental Cognitive Neuroscience, 48*, 100916.

Wallace, P. S., & Whishaw, I. Q. (2003). Independent digit movements and precision grip patterns in 1–5-month-old human infants: Hand-babbling, including vacuous then self-directed hand and digit movements, precedes targeted reaching. *Neuropsychologia, 41*(124), 1912–1918.

Weiss, S., Reynolds, B. A., Vescovi, A. L., Morshead, C., Craig, C. G., & van der Kooy, D. (1996). Is there a neural stem cell in the mammalian forebrain? *Trends in Neurosciences, 19*(9), 387–393.

Werker, J. F., & Tees, R. C. (1992). The organization and reorganization of human speech perception. *Annual Review of Neuroscience, 15*, 377–402.

Yakovlev, P. E., & Lecours, A.-R. (1967). The myelogenetic cycles of regional maturation of the brain. In A. Minkowski (Ed.), *Regional development of the brain in early life* (pp. 3–70). Blackwell.

Zuccolo, L., DeRoo, L. A., Wills, A., Smith, G. D., Suren, P., Roth, C., Stoltenberg, C., & Magnus, P. (2016). Pre-conception and prenatal alcohol exposure from mothers and fathers drinking and head circumference: Results from the Norwegian Mother–Child Study (MoBa). *Scientific Reports, 6*, 39535.

Zuchero, J. B., & Barres, B. A. (2015). Glia in mammalian development and disease. *Development, 142*(22), 3805–3809.

제 9 장

Bálint, R. (1909). Seelenlähmung des "Schauens," optische Ataxie, räumliche Störung der Aufmerksamkeit. *Monatschrift für Psychiatrie und Neurologie, 25*, 51–81.

de Gelder, B., Tamietto, M., van Boxtel, G., Goebel, R., Sahraie, A., van den Stock, J., Stienen, B. M. C., Weiskrantz, L., & Pegna, A. (2008). Intact navigation skills after bilateral loss of striate cortex. *Current Biology, 18*(24), R1128–R1129.

Farah, M. J. (1990). *Visual agnosia.* MIT Press.

Freud, E., Culham, J. C., Plaut, D. C., & Behrmann, M. (2017). The large-scale organization of shape processing in the ventral and dorsal pathways. *eLife, 6*, e27576.

Garcea, F. E., Chen, Q., Vargas, R., Narayan, D. A., & Mahon, B. Z. (2018). Task- and domain-specific modulation of functional connectivity in the ventral and dorsal object-processing pathways. *Brain Structure and Function, 223*(6), 2589–2607.

Goodale, M. A., Milner, D. A., Jakobson, L. S., & Carey, J. D. P. (1991). A kinematic analysis of reaching and grasping movements in a patient recovering from optic ataxia. *Neuropsychologia, 29*(8), 803–809.

Haak, K. V., & Beckmann, C. F. (2018). Objective analysis of the topological organization of the human cortical visual connectome suggests three visual pathways. *Cortex, 98*, 73–83.

Hasson, U., Nir, Y., Levy, I., Fuhrmann, G., & Malach, R. (2004). Intersubject synchronization of cortical activity during natural vision. *Science, 303*(5664), 1634–1640.

Held, R. (1968). Dissociation of visual function by deprivation and rearrangement. *Psychologische Forschung, 31*, 338–348.

Jerison, H. J. (1973). *The evolution of the brain and intelligence.* Academic Press.

Kline, D. W. (1994). Optimizing the visibility of displays for older observers. *Experimental Aging Research, 20*(1), 11–23.

Kuffler, S. W. (1952). Neurons in the retina: Organization, inhibition and excitatory problems. *Cold Spring Harbor Symposia on Quantitative Biology, 17*, 281–292.

Laha, B., Stafford, B. K., & Huberman, A. D. (2017). Regenerating optic pathways from the eye to the brain. *Science, 356*(6342), 1031–1034.

Lehky, S. R., & Tanaka, K. (2016). Neural representation for object recognition in inferotemporal cortex. *Current Opinion in Neurobiology, 37*, 23–35.

Lim, J.-H. A., Stafford, B. K., Nguyen, P. L., Lien, B. V., Wang, C., Zukor, K., He, Z., & Huberman, A. D. (2016). Neural activity promotes long distance, target-specific regeneration of adult retinal axons.

Nature Neuroscience, 19, 1073–1084.

Milner, A. D., & Goodale, M. A. (2006). *The visual brain in action* (2nd ed.). Oxford University Press.

Mundinano, I.-C., Chen, J., de Souza, M., Sarossy, M. G., Joanisse, M. F., Goodale, M. A., & Bourne, J. A. (2019). More than blindsight: Case report of a child with extraordinary visual capacity following perinatal bilateral occipital lobe injury. *Neuropsychologia, 128*, 178–186.

Norman, L. J., & Thaler, L. (2019). Retinotopic-like maps of spatial sound in primary "visual" cortex of blind human echolocators. *Proceedings of the Royal Society: Biological Sciences, 286*(1912), 1–9.

Oswald, J., Kegeles, E., Minelli, T., Volchkov, P., & Baranov, P. (2021). Transplantation of miPSC/mESC-derived retinal ganglion cells into healthy and glaucomatous retinas. *Molecular Therapy Methods in Clinical Development, 21*, 180–198. https://doi.org/10.1016/j.omtm.2021.03.004

Patel, G. H., Sestieri, C., & Corbetta, M. (2019). The evolution of the temporoparietal junction and posterior superior temporal sulcus. *Cortex, 118*, 38–50.

Purves, D., Augustine, G. J., Fitzpatrick, D., Katz, L. C., LaMantia, A.-S., & McNamara, J. O. (Eds.). (1997). *Neuroscience.* Sinauer.

Quinn, J., Musa, A., Kantor, A., McClements, M. E., Cehajic-Kapetanovic, J., MacLaren, R. E., & Xue, K. (2021). Genome-editing strategies for treating human retinal degenerations. *Human Gene Therapy, 32*(5–6), 247–259. https://doi.org/10.1089/hum.2020.231

Sacks, O., & Wasserman, R. (1987, November 19). The case of the colorblind painter. *The New York Review of Books, 34*, 25–33.

Shibuki, K., Wakui, I., Fujimura, T., Tomikawa, M., & Hasegawa, S. (2020). Rapid recovery from cortical blindness caused by an old cerebral infarction. *Frontiers in Neurology, 11*, 69. https://doi.org/10.3389/fneur2020.00069

Szentagothai, J. (1975). The "module-concept" in cerebral cortex architecture. *Brain Research, 95*(2–3), 475–496.

Tanaka, K. (1993). Neuronal mechanisms of object recognition. *Science, 262*(5134), 685–688.

Tanaka, S., Miyashita, M., Wakabayashi, N., O'Hashi, K., Tani, T., & Ribot, J. (2020). Development and reorganization of orientation representation in the cat visual cortex: Experience-dependent synaptic rewiring in early life. *Frontiers in Neuroinformatics, 14*, 41. https://doi.org/01.3389/fninf.2020.00041

Wallisch, P. (2017). Illumination assumptions account for individual differences in the perceptual interpretation of a profoundly ambiguous stimulus in the color domain: "The dress." *Journal of Vision, 17*(4), 5.

Weizkrantz, L. (1986). *Blindsight: A case study and implications.* Oxford University Press.

Wiesel, T. N., & Hubel, D. H. (1965). Comparison of the effects of unilateral and bilateral eye closure on cortical unit responses in kittens. *Journal of Neurophysiology, 28*(6), 1029–1040.

Wong-Riley, M. T. T., Hevner, R. F., Cutlan, R., Earnest, M., Egan, R., Frost, J., & Nguyen, T. (1993). Cytochrome oxidase in the human visual cortex: Distribution in the developing and the adult brain. *Visual Neuroscience, 10*(1), 41–58.

Yuan, F., Wang, M., Jin, K., & Xiang, M. (2021). Advances in regeneration of retinal ganglion cells and optic nerves. *International Journal of Molecular Science, 22*(9), 4616. https://doi.org/3390/ijms22094616

Zihl, J., von Cramon, D., & Mai, N. (1983). Selective disturbance of movement vision after bilateral brain damage. *Brain, 106*(2), 313–340.

제 10 장

Bermudez, P., Lerch, J. P., Evans, A. C., & Zatorre, R. J. (2009). Neuroanatomical correlates of musicianship as revealed by cortical thickness and voxel-based morphometry. *Cerebral Cortex, 19*(7), 1583–1596.

Bertram, R., Hyson, R. L., Brunick, A. J., Flores, D., & Johnson, F. (2020). Network dynamics underlie learning and performance of birdsong. *Current Opinion in Neurobiology, 64,* 119–126.

Bregman, A. S. (2005). Auditory scene analysis and the role of phenomenology in experimental psychology. *Canadian Psychology, 46*(1), 32–40.

Chomsky, N. (1965). *Aspects of the theory of syntax.* MIT Press.

Clark, G. M. (2015). The multi-channel cochlear implant: Multi-disciplinary development of electrical stimulation of the cochlea and the resulting clinical benefit. *Hearing Research, 322,* 4–13.

Daniel, E. (2007). Noise and hearing loss: A review. *The Journal of School Health, 77*(5), 225–231.

Drake-Lee, A. B. (1992). Beyond music: Auditory temporary threshold shift in rock musicians after a heavy metal concert. *Journal of the Royal Society of Medicine, 85*(10), 617–619.

Geissmann, T. (2001). Gibbon songs and human music from an evolutionary perspective. In N. L. Wallin, B. Merker, & S. Brown (Eds.), *The origins of music* (pp. 103–124). MIT Press.

Hyde, K. L., Lerch, J. P., Zatorre, R. J., Griffiths, T. D., Evans, A. C., & Peretz, I. (2007). Cortical thickness in congenital amusia: When less is better than more. *Journal of Neuroscience, 27*(47), 13028–13032.

Kenna, M. A. (2015). Acquired hearing loss in children. *Otolaryngologic Clinics of North America, 48*(6), 933–953.

Kim, K. H. S., Relkin, N. R., Young-Min Lee, K., & Hirsch, J. (1997). Distinct cortical areas associated with native and second languages. *Nature, 388*(6638), 171–174.

Knudsen, E. I. (1981). The hearing of the barn owl. *Scientific American, 245*(6), 113–125.

Marler, P. (1991). The instinct to learn. In S. Carey and R. German (Eds.), *The epigenesis of mind: Essays on biology and cognition* (p. 39). Erlbaum.

Naples, J. G., & Ruckenstein, M. J. (2020). Cochlear implant. *Otolaryngologic Clinics of North America, 53*(1), 87–102.

Norman, L. J., Dodsworth, C., Foresteire, D., & Thaler, L. (2021). Human click-based echolocation: Effects of blindness and age, and real-life implications in a 10-week training program. *PLOS ONE, 16*(6), e0252330.

Nottebohm, F., & Arnold, A. P. (1976). Sexual dimorphism in vocal control areas of the songbird brain. *Science, 194*(4261), 211–213.

Pereira, A. P. S., Marinho, V., Gupta, D., Magalhães, F., Ayres, C., & Teixeira, S. (2019). Music therapy and dance as gait rehabilitation in patients with Parkinson disease: A review of evidence. *Journal of Geriatric Psychiatry and Neurology, 32*(1), 49–56.

Pinker, S. (1997). *How the mind works.* Norton.

Purves, D. (2017). *Music as biology: The tones we like and why.* Harvard University Press.

Rauschecker, J. P. (2012). Ventral and dorsal streams in the evolution of speech and language. *Frontiers in Evolutionary Neuroscience, 4,* 7.

Romanski, L. M., Tian, B., Fritz, J., Mishkin, M., Goldman-Rakic, P. S., & Rauschecker, J. P. (1999). Dual streams of auditory afferents target multiple domains in the primate prefrontal cortex. *Nature Neuroscience, 2*(12), 1131–1136.

Sunitha Suresh, B. S., De Oliveira, G. S., Jr., & Suresh, S. (2015). The effect of audio therapy to treat postoperative pain in children undergoing major surgery: A randomized controlled trial. *Pediatric Surgical International, 31*(2), 197–201.

Teie, P. U. (1998). Noise-induced hearing loss and symphony orchestra musicians: Risk factors, effects, and management. *Maryland Medical Journal, 47*(1), 13–18.

Teng, S., & Whitney, D. (2011). The acuity of echolocation: Spatial resolution in the sighted compared to expert performance. *Journal of Visual Impairment & Blindness, 105*(1), 20–32.

Thaler, L., Arnott, S. R., & Goodale, M. A. (2011). Neural correlates of natural human echolocation in early and late blind echolocation experts. *PLOS ONE, 6*(5), e20162.

Thaler, L., De Vos, R., Kish, D., Antoniou, M., Baker, C., & Hornikx, M. (2018). Human echolocators adjust loudness and number of clicks for detection of reflectors at various azimuth angles. *Proceedings of the Royal Society B: Biological Sciences, 285*(1873), 20172735.

Thompson, C. K., Meitzen, J., Replogle, K., Drnevich, J., Lent, K. L., Wissman, A. M., Farin, F. M., Bammler, T. K., Beyer, R. P., Clayton, D. F., Perkel, D. J., & Brenowitz, E. A. (2012). Seasonal changes in patterns of gene expression in avian song control brain regions. *PLOS ONE, 7*(4), e35119.

Trehub, S. E., Schellenberg, E. G., & Kamenetsky, G. B. (1999). Infants' and adults' perception of scale structures. *Journal of Experimental Psychology: Human Perception and Performance, 25*(4), 965–975.

Zatorre, R. J., Evans, A. C., & Meyer, E. (1994). Neural mechanisms underlying melodic perception and memory for pitch. *Journal of Neuroscience, 14*(4), 1908–1919.

Zatorre, R. J., Evans, A. C., Meyer, E., & Gjedde, A. (1992). Lateralization of phonetic and pitch discrimination in speech processing. *Science, 25*(5058), 846–849.

제 11 장

Aflalo, T. N., & Graziano, M. S. (2007). Relationship between unconstrained arm movements and single-neuron firing in the macaque motor cortex. *Journal of Neuroscience, 27*(11), 2760–2780.

Alexander, R. E., & Crutcher, M. D. (1990). Functional architecture of basal ganglia circuits: Neural substrates of parallel processing. *Trends in Neuroscience, 13*(7), 266–271.

Asanuma, H. (1989). *The motor cortex.* Raven Press.

Bao, B., Duan, L., Wei, H., Luo, P., Zhu, H., Gao, T., Wei, X., Li, J., Li, Y., Chai, Y., Zhang, C., & Zheng, X. (2021). Changes in temporal and spatial patterns of intrinsic brain activity and functional connectivity in upper-limb amputees: An fMRI study. *Neural Plasticity, 223,* 8831379. https://doi.org/10.1155/2021/8831379

Black, K. J., Kim, S., Yang, N. Y., & Greene, D. J. (2021). Course of tic disorders over the lifespan. *Current Development Disorders Reports, 8*(2), 121–132.

Blakemore, S. J., Wolpert, D. M., & Frith, C. D. (1998). Central cancellation of self-produced tickle sensation. *Nature Neuroscience, 1*(7), 635–640.

BRAIN Initiative Cell Census Network (BICCN). (2021). A multimodal cell census and atlas of the mammalian primary motor cortex. *Nature, 598,* 86–102.

Brinkman, C. (1984). Supplementary motor area of the monkey's cerebral cortex: Short- and long-term deficits after unilateral ablation and the effects of subsequent callosal section. *Journal of Neuroscience, 4*(4), 918–992.

Bukhari, Q., Ruf, S. F., Guell, X., Whitfield-Gabrieli, S., & Anteraper, S. (2021). Interaction between cerebellum and cerebral cortex, evidence from dynamic causal modeling. *Cerebellum.* ePub ahead of print. https://doi.org/10.1007/s12311-021-1284-1.

Cole, J. (1995). *Pride and a daily marathon.* MIT Press.

Corkin, S., Milner, B., & Rasmussen, T. (1970). Somatosensory thresholds: Contrasting effects of postcentral-gyrus and posterior parietal-lobe excisions. *Archives of Neurology, 23*(1), 41–58.

Critchley, M. (1953). *The parietal lobes.* Arnold.

Evarts, E. V. (1968). Relation of pyramidal tract activity to force exerted during voluntary movement. *Journal of Neurophysiology, 31*(1), 14–27.

Fleury, L., Panico, F., Foncelle, A., Revol, P., Delporte, L., Jacquin-Courtois, S., Collet, C., & Rossetti, Y. (2021). Non-invasive brain stimulation shows possible cerebellar contribution in transfer of prism adaptation after-effects from pointing to throwing movements. *Brain and Cognition, 151,* 105735.

Foster, E., Wildner, H., Tudeau, L., Haueter, S., Ralvenius, W. T., Jegen, M., Johannssen, H., Hösli, L., Haenraets, K., Ghanem, A., Conzelmann, K.-K., Bösl, M., & Zeilhofer, H. U. (2015). Targeted ablation, silencing, and activation establish glycinergic dorsal horn neurons as key components of a spinal gate for pain and itch. *Neuron, 85*(6), 1289–1304.

Granata, G., Valle, G., Di Iorio, R., Iodice, F., Petrini, F. M., Strauss, I., D'anna, E., Iberite, F., Lauretti, L., Fernandez, E., Romanello, R., Stieglitz, T., Raspopovic, S., Calabresi, P., Micera, S., & Rossini, P. M. (2020). Cortical plasticity after hand prostheses use: Is the hypothesis of deafferented cortex "invasion" always true? *Clinical Neurophysiology, 131*(10), 2341–2348.

Graziano, M. S. A. (2009). *The intelligent movement machine: An ethological perspective on the primate motor system.* Oxford University Press.

Hess, W. R. (1957). *The functional organization of the diencephalon.* Grune & Stratton.

Huber, L., Finn, E. S., Handwerker, D. A., Bönstrup, M., Glen, D. R., Kashyap, S., Ivanov, D., Petridou, N., Marrett, S., Goense, J., Poser, B. A., & Bandettini, P. A. (2020). Sub-millimeter fMRI reveals multiple topographical digit representations that form action maps in human motor cortex. *Neuroimage, 208,* 116463.

Inanici, F., Brighton, L. N., Samejima, S., Hofstetter, C. P., & Moritz C. T. (2021). Transcutaneous spinal cord stimulation restores hand and arm function after spinal cord injury. *IEEE Transactions on Neural Systems and Rehabilitation Engineering, 29,* 310–319.

Kaas, J. H. (1987). The organization and evolution of neocortex. In S. P. Wise (Ed.), *Higher brain functions* (pp. 237–298). Wiley.

Kalueff, A. V., Stewart, A. M., Song, C., Berridge, K. C., Graybiel, A. M., & Fentress, J. C. (2016). Neurobiology of rodent self-grooming and its value for translational neuroscience. *Nature Reviews Neuroscience, 17*(1), 45–59.

Karl, J. M., Kuntz, J. R., Lenhart, L. A., & Whishaw, I. Q. (2018). Frame-by-frame video analysis of idiosyncratic reach-to-grasp movements in humans. *Journal of Visualized Experiments, 2018*(131), 56733. https://doi.org/10.3791/56733

Kawala-Sterniuk, A., Browarska, N., Al-Bakri, A., Pelc, M., Zygarlicki, J., Sidikova, M., Martinek, R., & Gorzelanczyk, E. J. (2021). Summary of over fifty years with brain–computer interfaces: A review. *Brain Sciences, 11*(1), 43.

LaFollette, M. R., O'Haire, M. E., Cloutier, S., Blankenberger, W. B., & Gaskill, B. N. (2017). Rat tickling: A systematic review of applications, outcomes, and moderators. *PLOS ONE, 12*(4), e0175320.

Lashley, K. S. (1951). The problem of serial order in

behavior. In L. A. Jeffress (Ed.), *Cerebral mechanisms and behavior* (pp. 112–136). Wiley.

Liu, Y., Vannuscorps, G., Caramazza, A., & Striem-Amit, E. (2020). Evidence for an effector-independent action system from people born without hands. *Proceedings of the National Academy of Sciences U.S.A. 117*, 28433–28441.

McHugh, C., Taylor, C., Mockler, D., & Fleming, N. (2021, May 6). Epidural spinal cord stimulation for motor recovery in spinal cord injury: A systematic review. *NeuroRehabilitation, 49*(1), 1–22.

Melzack, R. (1973). *The puzzle of pain.* Basic Books.

Melzack, R., & Wall, P. D. (1965). Pain mechanisms: A new theory. *Science, 150*(3699), 971–979.

Morelli, N., & Hoch, M. A. (2020). A proposed postural control theory synthesizing optimal feedback control theory, postural motor learning, and cerebellar supervision learning. *Perceptual and Motor Skills, 127*(6), 1118–1133.

Mountcastle, V. B. (1978). An organizing principle for cerebral function: The unit module and the distributed system. In G. M. Edelman & V. B. Mountcastle (Eds.), *The mindful brain* (pp. 7–50). MIT Press.

Mylopoulos, M. (2021). Oops! I did it again: The psychology of everyday action slips. *Topics in Cognitive Science*, ePub ahead of print.

National Spinal Cord Injury Statistics Center. (2020). *Facts and figures at a glance.* University of Alabama at Birmingham. https://www.nscisc.uab.edu/Public/Facts%20and%20Figures%202020.pdf

Nudo, R. J., Wise, B. M., SiFuentes, F., & Milliken, G. W. (1996). Neural substrates for the effects of rehabilitative training on motor recovery after ischemic infarct. *Science, 272*(5269), 1791–1794.

Park, J., Coddington, L. T., & Dudman, J. T. (2020). Basal ganglia circuits for action specification. *Annual Review of Neuroscience, 43*, 485–507.

Penfield, W., & Boldrey, E. (1937). Somatic motor and sensory representation in the cerebral cortex as studied by electrical stimulation. *Brain, 60*, 389–443.

Pons, T. P., Garraghty, P. E., Ommaya, A. K., Kaas, J. H., Taum, E., & Mishkin, M. (1991). Massive cortical reorganization after sensory deafferentation in adult macaques. *Science, 252*(5014), 1857–1860.

Quadrelli, E., Bartoli, B., Bolognini, N., Cavanna, A. E., Zibordi, F., Nardocci, N., Turati, C., & Termine, C. (2021). Automatic imitation in youngsters with Gilles de la Tourette syndrome: A behavioral study. *Child Neuropsychology, 27*(6), 782–798.

Ramachandran, V. S., & Rogers-Ramachandran, D. (1996). Synaesthesia in phantom limbs induced with mirrors. *Proceedings of the Royal Society: Biological Science, 263*(1369), 377–386.

Rocha, L. S. O., Gama, G. C. B., Rocha, R. S. B., Rocha, L. B., Dias, C. P., Santos, L. L. S., Santos, M. C. S., Montebelo, M. I. L., & Teodori, R. M. (2021). Constraint induced movement therapy increases functionality and quality of life after stroke. *Journal of Stroke and Cerebrovascular Disease, 30*(6), 105774.

Roland, P. E. (1993). *Brain activation.* Wiley-Liss.

Rothwell, J. C., Taube, M. M., Day, B. L., Obeso, J. A., Thomas, P. K., & Marsden, C. D. (1982). Manual motor performance in a deafferented man. *Brain, 105*(3), 515–542.

Sacks, O. W. (1998). *The man who mistook his wife for a hat: And other clinical tales.* Touchstone Books.

Schieber, M. H. (2011). Dissociating motor cortex from the motor. *Journal of Physiology, 589*(Pt 23), 5613–5624.

Sereno, M. I., Diedrichsen, J., Tachrount, M., Testa-Silva, G., d'Arceuil, H., & De Zeeuw, C. (2021). The human cerebellum has almost 80% of the surface area of the neocortex. *Proceedings of the National Academy of Sciences of the United States of America, 117*(32), 19538–19543.

Shahsavani, N., Kataria, H., & Karimi-Abdolrezaee, S. (2021). Mechanisms and repair strategies for white matter degeneration in CNS injury and diseases. *BBA Molecular Basis of Disease, 1867*(6), 166117.

Stankevicius, A., Wallwork, S. B., Summers, S. J., Hordacre, B., & Stanton, T. R. (2021). Prevalence and incidence of phantom limb pain, phantom limb sensations and telescoping in amputees: A systematic rapid review. *European Journal of Pain, 25*(1), 23–38.

Stewart, K., Lewis, J., Wallen, M., Bear, N., & Harvey, A. (2021). The Dyskinetic Cerebral Palsy Functional Impact Scale: development and validation of a new tool. *Developmental Medicine and Child Neurology, 1867*(6), 166117.

Thach, W. T. (2007). On the mechanism of cerebellar contributions to cognition. *Cerebellum, 6*(3), 163–167.

Thach, W. T., Goodkin, H. P., & Keating, J. G. (1992). The cerebellum and the adaptive coordination of movement. *Annual Review of Neuroscience, 15*, 403–442.

Therrien, A. S., Howard, C., & Buxbaum, L. J. (2021). Aberrant activity in an intact residual muscle is associated with phantom limb pain in above-knee amputees. *Journal of Neurophysiology, 125*(6), 2135–2143.

van Nispen, K., Mieke, W. M. E., van de Sandt-Koenderman, E., & Krahmer, E. (2018). The comprehensibility of pantomimes produced by people with aphasia. *International Journal of Language and Communication Disorders, 53*(1), 85–100.

von Holst, E. (1973). *The collected papers of Erich von Holst* (R. Martin, Trans.). University of Miami Press.

Windt, J. M., Harkness, D. L., & Lenggenhager, B. (2015). Tickle me, I think I might be dreaming! Sensory attenuation, self–other distinction, and predictive processing in lucid dreams. *Frontiers in Human Neuroscience, 8*, 717.

Winkler, S. M., & Bryant, G. M. (2021). Play vocalizations and human laughter: A comparative review. *Bioacoustics, 30*(5), 499–526.

Xie, W., Shu, T., Liu, J., Peng, H., Karpeta, N., Marques, P., Liu, Y., & Duan, M. (2021). The relationship between clinical characteristics and magnetic resonance imaging results of Ménière disease: A prospective study. *Scientific Reports, 11*(1), 7212.

제 12 장

Ackerly, S. S. (1964). A case of paranatal bilateral frontal lobe defect observed for thirty years. In J. M. Warren & K. Akert (Eds.), *The frontal granular cortex and behavior* (pp. 192–218). McGraw-Hill.

Adams, D. R., Kern, D. W., Wroblewski, K. E., McClintock, M. K., Dale, W., & Pinto, J. M. (2018). Olfactory dysfunction predicts subsequent dementia in older U.S. adults. *Journal of the American Geriatric Society, 66*(1), 140–144.

Anderson, D. J., & Adolphs, R. (2014). A framework for studying emotions across species. *Cell, 157*(1), 187–200.

Arnold, A. P., Reue, K., Eghbali, M., Vilain, E., Chen, X., Ghahramani, N., Itoh, Y., Li, J., Link, J. C., Ngun, T., & Williams-Burris, S. M. (2016). The importance of having two X chromosomes. *Philosophical Transactions of the Royal Society of London B: Biological Sciences, 371*(1688), 20150113.

Bao, A.-M., & Swaab, D. F. (2011). Sexual differentiation of the human brain: Relation to gender identity, sexual orientation and neuropsychiatric disorders. *Frontiers in Neuroendocrinology, 32*(2), 214–226.

Barrett, L. F., Adolphs, R., Marsella, S., Martinez, A. M., & Pollak, S. D. (2019). Emotional expressions reconsidered: Challenges to inferring emotion from human facial movements. *Psychological Science, 20*(1), 1–68.

Bartoshuk, L. M. (2000). Comparing sensory experiences across individuals: Recent psychophysical advances illuminate genetic variation in taste perception. *Chemical Senses, 25*(4), 447–460.

Bechara, A. (2017). Revisiting Phineas Gage: Lessons we learned from damaged brains. In B. Kolb & I. Q. Whishaw (Eds.), *Brain & behaviour: Revisiting the classic studies* (pp. 113–129). Sage.

Berridge, K. C. (1996). Food reward: Brain substrates of wanting and liking. *Neuroscience and Biobehavioral Reviews, 20*(1), 1–25.

Berridge, K. C., & Kringelbach, M. L. (2015). Pleasure systems in the brain. *Neuron, 86*(3), 646–664.

Berridge, K. C., & Robinson, T. E. (1998). What is the role of dopamine in reward: Hedonic impact, reward learning, or incentive salience? *Brain Research Reviews, 28*(3), 309–369.

Berridge, K. C., & Robinson, T. E. (2003). Parsing reward. *Trends in Neuroscience, 26*(9), 507–513.

Berridge, K. C., & Robinson, T. E. (2016). Liking, wanting and the incentive-sensitization theory of addiction. *American Psychologist, 71*(8), 670–679.

Brunetti, M., Babiloni, C., Ferretti, A., Del Gratta, C., Merla, A., Olivetti Belardinelli, M., & Romani, G. L. (2008). Hypothalamus, sexual arousal and psychosexual identity in human males: A functional magnetic resonance imaging study. *European Journal of Neuroscience, 27*(11), 2922–2927.

Buss, D. (2014). *Evolutionary psychology: The new science of the mind* (5th ed.). Taylor & Francis.

Butler, R. A., & Harlow, H. F. (1954). Persistence of visual exploration in monkeys. *Journal of Comparative and Physiological Psychology, 47*, 257–263.

Buzaki, G. (2011). *Rhythms of the brain.* Oxford University Press.

Carus-Cadavieco, M., Gorbati, M., Ye, L., Bender, F., van der Veldt, S., Kosse, C., Börgers, C., Lee, S. Y., Ramakrishnan, C., Hu, Y., Denisova, N., Ramm, F., Volitaki, E., Burdakov, O., Deisseroth, K., Ponomarenko, A., & Korotkova, T. (2017). Gamma oscillations organize top-down signaling to hypothalamus and enable food seeking. *Nature, 542*(7640), 232–236.

Cohen-Kettenis, P. T., & Pfafflin, F. (2010). The DSM diagnostic criteria for gender identity disorder in adolescents and adults. *Archives of Sexual Behavior, 39*(2), 499–513.

Collins, B. E., Greer, C. B., Coleman, B. C., & Sweatt, J. D. (2019). Histone H3 lysine K4 methylation and its role in learning and memory. *Epigenetics & Chromatin, 12*, 7. https://doi.org/10.1186/s13072-018-0251-8

Curtis, V., & de Barra, M. (2018). The structure and function of pathogen disgust. *Philosophical Transactions of the Royal Society B, 373*(1751), 20170208. https://doi.org/10.1098/rstb.2017.0208.

Daly, M., & Wilson, M. (1988). *Homicide.* Aldine.

De Wall, C. N., MacDonald, G., Webster, G. D., Masten, C. L., Baumeister, R. F., Powell, C., Combs, D., Schurtz, D. R., Stillman, T. F., Tice, D. M., & Eisenberger, N. I. (2010). Acetaminophen reduces social pain: Behavioral and neural evidence. *Psychological Science, 21*(7), 931–937.

Dubois, J., Oya, H., Tyszka, J. M., Howard, M., Eberhardt, F., & Adolphs, R. (2017). Causal mapping of emotion networks in the human brain: Framework and initial findings. *Neuropsychologia, 145*, 106571. https://doi.org/10.1016/j.neuropsychologia.2017.11.015

Dunsmoor, J. E., Kubota, J. T., Li, J., Coelho, C. A. O., & Phelps, E. A. (2016). Racial stereotypes impair flexibility of emotional learning. *Social Cognitive and Affective Neuroscience, 11*(9), 1363–1373.

Eisenberger, N. I. (2012). The neural basis of social pain: Evidence for shared representations with physical pain. *Psychosomatic Medicine, 74*(2), 126–135.

Eisenberger, N. I., & Moieni, M. (2020). Inflammation affects social experience: Implications for mental health. *World Psychiatry, 19*(1), 109–110. https://doi.org/10.1002/wps.20724.

Eliyan, Y., Wroblewski, K. E., McClintock, M. K., & Pinto, J. M. (2021). Olfactory dysfunction predicts the development of depression in older U.S. adults. *Chemical Senses, 46*, bjaa075.

Everitt, B. J. (1990). Sexual motivation: A neural and behavioral analysis of the mechanisms underlying appetitive and copulatory responses of male rats. *Neuroscience and Biobehavioral Reviews, 14*(2), 217–232.

Field, T. M., Woodson, R., Greenberg, R., & Cohen, D. (1982). Discrimination and imitation of facial expression by neonates. *Science, 218*(4568), 179–181.

Friedman, J., Barrett, L. F., Wormwood, J. B., & Quigley, K. S. (2019). Applying the theory of constructed emotion to police decision making. *Frontiers in Psychology, 10*, 1946.

Garcia, J., & Koelling, R. A. (1966). Relation of cue to consequences in avoidance learning. *Psychonomic Science, 4*, 123–124.

Gerkin, R. C., & Castro, J. B. (2015). The number of olfactory stimuli that humans can discriminate is still unknown. *eLife, 4*, e08127.

Glickman, S. E., & Schiff, B. B. (1967). A biological theory of reinforcement. *Psychological Review, 74*(2), 81–109.

Gorski, R. A. (1984). Critical role for the medial pre-optic area in the sexual differentiation of the brain. *Progress in Brain Research, 61*, 129–146.

Harvard Medical School. (2020). *The diet review: Special health report.* Harvard Health Publishing.

Hummer, T. A., Phan, K. L., Kern, D. W., & McClintock, M. K. (2017). A human chemosignal modulates frontolimbic activity and connectivity in response to social stimuli. *Psychoneuroendocrinology, 75*, 15–25.

Insel, T. R., & Fernald, R. D. (2004). How the brain processes social information: Searching for the social brain. *Annual Review of Neuroscience, 27*, 697–722.

Jacobsen, C. F. (1936). Studies of cerebral function in primates. *Comparative Psychology Monographs, 13*(3), 1–68.

Kagan, J. (2018). Brain and emotion. *Emotion Review, 10*(1), 79–86.

Khorashad, B. S., Manzouri, A., Feusner, J. D., & Savic, I. (2021). Cross-sex hormone treatment and own-body perception: Behavioral and brain connectivity profiles. *Scientific Reports, 11*(1), 2799.

Klüver, H., & Bucy, P. C. (1939). Preliminary analysis of the temporal lobes in monkeys. *Archives of Neurology and Psychiatry, 42*, 979–1000.

Kolb, B., & Nonneman, A. J. (1975). The development of social responsiveness in kittens. *Animal Behavior, 23*(2), 368–374.

Kolb, B., & Whishaw, I. Q. (2021). *Fundamentals of human neuropsychology* (8th ed.). Macmillan Learning.

Kosse, C., & Burdakov, D. (2018). Fast and slow oscillations recruit molecularly distinct subnetworks of lateral hypothalamic neurons *in situ. eNeuro, 5*(1), 0012–0018.

Kragel, P. A., Kano, M., van Oudenhove, L., Ly, H. G., Dupont, P., Rubio, A., Delon-Martin, C., Bonaz, B. L., Manuck, S. B., Gianaros, P. J., Ceko, M., Reynolds Losin, E. A., Woo, C.-W., Nichols, T. E., &

Wager, T. D. (2018). Generalizable representations of pain, cognitive control, and negative emotion in medial frontal cortex. *Nature Neuroscience, 21*(2), 283–289.

Kringelbach, M. L., & Berridge, K. C. (2017). The affective core of emotion: Linking pleasure, subjective well-being, and optimal metastability in the brain. *Emotion Review, 9*(3), 191–199.

Kringelbach, M. L., & Phillips, H. (2014). *Emotion: Pleasure and pain in the brain.* Oxford University Press.

Kross, E., Berman, M. G., Mischel, W., Smith, E. E., & Water, T. D. (2011). Social rejection shares somatosensory representations with physical pain. *Proceedings of the National Academy of Sciences of the United States of America, 108*(15), 6270–6275.

Kung, K. T. F., Brown, W. V., Constantinescu, M., Noorderhaven, R. M., & Hines, M. (2016). Early postnatal testosterone predicts sex-related differences in early expressive vocabulary. *Psychoneuroendocrinology, 68*, 111–116.

Levenson, R. W., Lwi, S. J., Brown, C. L., Ford, B. Q., Otero, M. C., & Vertaen, A. (2017). Emotion. In J. T. Cacippo, L. G. Tassinary, & G. G. Berntson (Eds.), *Handbook of psychophysiology* (4th ed., pp. 444–464). Cambridge University Press.

Little, A. C., Jones, B. C., & DeBruine, L. M. (2011). Facial attractiveness: Evolutionary based research. *Philosophical Transactions of the Royal Society B: Biological Sciences, 366*(1571), 1638–1659.

Lundstrom, J. N., Boyle, J. A., Zatorre, R. J., & Jones-Gotman, M. (2008). Functional neuronal processing of body odors differs from that of similar common odors. *Cerebral Cortex, 18*(6), 1466–1474.

Luo, Z., Hou, C., Wang, L., & Hu, D. (2019). Gender identification of human cortical 3-D morphology using hierarchical sparsity. *Frontiers in Human Neuroscience, 13*, 29.

MacLean, P. D. (1949). Psychosomatic disease and the "visceral brain": Recent developments bearing on the Papez theory of emotion. *Psychosomatic Medicine, 11*(6), 338–353.

Manzouri, A., & Savic, I. (2018). Cerebral sex dimorphism and sexual orientation. *Human Brain Mapping, 39*(3), 1175–1186.

Manzouri, A., & Savic, I. (2019). Possible neurobiological underpinnings of homosexuality and gender dysphoria, *Cerebral Cortex, 29*(5), 2084–2101.

McCarthy, M. M., Auger, A. P., Bale, T. L., De Vries, G. J., Dunn, G. A., Forger, N. G., Murray, E. K., Nugent, B. M., Schwarz, J. M., & Wilson, M. E. (2009). The epigenetics of sex differences in the brain. *Journal of Neuroscience, 29*(41), 12815–12823.

McCarthy, M., de Vries, G. J., & Forger, N. G. (2017). Sexual differentiation of the brain: A fresh look at mode, mechanisms, and meaning. In D. W. Pfaff & M. Joels (Eds.), *Hormones, brain, and behavior* (3rd ed., pp. 3–32). Academic Press.

Melis, M., Haehner, A., Mastinu, M., Hummel, T., & Barbarossa, I. T. (2021). Molecular and genetic factors involved in olfactory and gustatory deficits and associations with microbiota in Parkinson's disease. *International Journal of Molecular Science, 22*(8), 4286.

Meunier, N., Briand, L., Jacquin-Piques, A., Brondel, L., & Penicaud, L. (2021). COVID 19-induced smell and taste impairments: Putative impact on physiology. *Frontiers in Physiology, 11,* 1882.

Meyer, M. L., Williams, K. D., & Eisenberger, N. I. (2015). Why social pain can live on: Different neural mechanisms are associated with reliving social and physical pain. *PLoS One, 10*(6), e0128294.

Money, J., & Ehrhardt, A. A. (1972). *Man and woman, boy and girl.* Johns Hopkins University Press.

Mwilambwe-Tshilobo, L., & Spreng, R. N. (2021). Social exclusion reliably engages the default network: A meta-analysis of Cyberball. *NeuroImage, 227*, 117666.

Narayanan, N. S., & DiLeone, R. J. (2017). Lip sync: Gamma rhythms orchestrate top-down control of feeding circuits. *Cell Metabolism, 25*(3), 497–498.

Olds, J., & Milner, P. (1954). Positive reinforcement produced by electrical stimulation of septal area and other regions of rat brain. *Journal of Comparative and Physiological Psychology, 47*(6), 419–427.

Olsson, S. B., Barnard, J., & Turri, L. (2006). Olfaction and identification of unrelated individuals: Examination of the mysteries of human odor recognition. *Journal of Chemical Ecology, 32*(8), 1635–1645.

Phoenix, C. H., Goy, R. W., Gerall, A. A., & Young, W. C. (1959). Organizing action of prenatally administered testosterone propionate on the tissues mediating mating behavior in the female guinea pig. *Endocrinology, 65*(3), 365–382.

Ritchie, S. J., Cox, S. R., Shen, X., Lombardo, M. V., Reus, L. M., Alloza, C., Harris, M. A., Alderson, H. L., Hunter, S., Neilson, E., Liewald, D. C. M., Auyeung, B., Whalley, H. C., Lawrie, S. M., Gale, C. R., Bastin, M. E., McIntosh, A. M., & Deary, I. J. (2018). Sex differences in the adult human brain: Evidence from 5216 UK biobank participants. *Cerebral Cortex, 28*(8), 2959–2975.

Rouadi, R. W., Idriss, S. A., & Bousquet, J. (2021). Olfactory and taste dysfunctions in COVID-19. *Current Opinion in Allergy and Clinical Immunology, 21*(3), 229–244.

Rozin, P., Haidt, J., & Fincher, K. (2009). From oral to moral. *Science, 323*(5918), 1179–1180.

San-Cristobal, R., Navas-Carretero, S., Martinez-Gonzalez, A., Ordovas, J., & Martinez, J. A. (2020). Contribution of macronutrients to obesity: Implications for precision nutrition. *Nature Reviews: Endocrinology, 16*(6), 305–320.

Scherer, K. R., & Moors, A. (2019). The emotion process: Event appraisal and component differentiation. *Annual Review of Psychology, 70*, 719–745.

Seeley, R. J., & Woods, S. C. (2003). Monitoring of stored and available fuel by the CNS: Implications for obesity. *Nature Reviews Neuroscience, 4*(11), 885–909.

Siegel, J. K., Kung, S. Y., Wroblewski, K. E., Kern, D. W., McClintock, M. K., & Pinto, J. M. (2021). Olfaction is associated with sexual motivation and satisfaction in older men and women. *Journal of Sex Medicine, 18*(2), 295–302.

Skinner, B. F. (1938). *The behavior of organisms.* Appleton-Century-Crofts.

Smith, D. V., & Shepherd, G. M. (2003). Chemical senses: Taste and olfaction. In L. R. Squiare, F. E. Bloom, S. K. McConnell, J. L. Roberts, N. C. Spitzer, & M. J. Zigmond (Eds.), *Fundamental neuroscience* (2nd ed., pp. 631–667). Academic Press.

Swanson, L. W. (2000). Cerebral hemisphere regulation of motivated behavior. *Brain Research Reviews, 886*(1–2), 113–164.

Weis, S., Patil, K. R., Hoffstaedter, F., Nostro, A., Yeo, B. T. T., & Eickhoff, S. B. (2020). Sex classification by resting state brain connectivity. *Cerebral Cortex, 30*(2), 824–835.

Williams, J. A., Bartoshuk, L. M., Fillingim, R. B., & Dotson, C. D. (2016). Exploring ethnic differences in taste perception. *Chemical Senses, 41*(5), 449–456.

Wise, R. A. (1980). The dopamine synapse and the notion of "pleasure centers" in the brain. *Trends in Neurosciences, 3*(4), 91–95.

Woolford, S. J., Sidell, M., Li, X., Else, V., Young, D. R., Resnicow, K., & Koebnick, C. (2021). Changes in body mass index among children and adolescents during the COVID-19 pandemic. JAMA, 326(14): 1434–1436. doi:10.1001/jama.2021.15036.

Woolley, C. S., Gould, E., Frankfurt, M., & McEwen, B. S. (1990). Naturally occurring fluctuation in dendritic spine density on adult hippocampal pyramidal neurons. *Journal of Neuroscience, 10*(12), 4035–4039.

World Health Organization. (2021). *Fact sheets: Obesity and overweight.* http://www.who.int/news-room/fact-sheets/detail/obesity-and-overweight.

Zhang, Y., Luo, Q., Huang, C.-C., Lo, C.-Y. Z., Langley, C., Desrivières, S., Quinlan, E. B., Banaschewski, T., Millenet, S., Bokde, A. L. W., Flor, H., Garavan, H., Gowland, P., Heinz, A., Ittermann, B., Martinot, J.-L., Artiges, E., Paillère-Martinot, M.-L., Nees, F., … & IMAGEN consortium. (2021). The human brain is best described as being on a female/male continuum: evidence from a neuro-imaging connectivity study. *Cerebral Cortex, 31*(6), 3021–3033.

제 13 장

Agorastos, A., Nicolaides, N. C., Bozikas, V. P., Chrousos, G. P., & Pervanidou, P. (2020). Multilevel interactions of stress and circadian system: Implications for traumatic stress. *Frontiers in Psychiatry, 10*, 1003.

Allen, S. F., Gardani, M., Akram, A., Irvine K. R., & Akram, U. (2021). Examining the factor structure, reliability, and validity of the Disturbing Dreams and Nightmare Severity Index (DDNSI) consequences sub-component. *Behavioral Sleep Medicine, 19*(6), 783–794.

Alzate-Correa, D., Aten, S., Campbell, M. J., Hoyt, K. R., & Obrietan, K. (2021). Light-induced changes in the suprachiasmatic nucleus transcriptome regulated by the ERK/MAPK pathway. *PLoS One, 16*(6), e0249430.

An, Z., Merrill, N. J., Lee, K., Robin, R., Hayat, A., Zapfe, O., & Piccoli, B. (2021). A two-step model of human entrainment: A quantitative study of circadian period and phase of entrainment. *Bulletin of Math and Biology, 83*(2), 12–24.

Aschoff, J. (1978). Circadian rhythms within and outside their ranges of entrainment. In I. Assenmacher & D. S. Farner (Eds.), *Environmental endocrinology* (pp. 171–181). Springer.

Azeez, I. A., Igado, O. O., & Olopade, J. O. (2021). An overview of the orexinergic system in different animal species. *Metabolism and Brain Disease, 36*(7), 1419–1444.

Bais, B., Hoogendijk, W. J. G., & Lambregtse-van den Berg, M. P. (2021). Light therapy for mood disorders. *Handbook of Clinical Neurology, 182*, 49–61.

Binkley, S. (1990). *The clockwork sparrow.* Prentice Hall.

Blumberg, M. S. (2015). Developing sensorimotor systems in our sleep. *Current Directions in Psychological Science, 24*(1), 32–37.

Bolsius, Y. G., Zurbriggen, M. D., Kim, J. K., Kas, M. J., Meerlo, P., Aton, S. J., & Havekes, R. (2021). The role of clock genes in sleep, stress, and memory. *Biochemical Pharmacology, 191*, 114493.

Buijs, R. M., Soto Tinoco, E. C., Hurtado Alvarado, G., & Escobar, C. (2021). The circadian system: From clocks to physiology. *Handbook of Clinical Neurology, 179*, 233–247.

Cain, S. W., Verwey, M., Szybowska, M., Ralph, M. R., & Yeomans, J. S. (2007). Carbachol injections into the intergeniculate leaflet induce nonphotic phase shifts. *Brain Research, 1177*, 59–65.

Carter, K. A., Hathaway, N. E., & Lettieri, C. F. (2014). Common sleep disorders in children. *American Family Physician, 89*(5), 368–377.

Charest, J., Samuels, C. H., Bastien, C. H., Lawson, D., & Grandner, M. A. (2021, June 21). Impacts of travel distance and travel direction on back-to-back games in the National Basketball Association. *Journal of Clinical Sleep Medicine.*

Chen, C.-Y., Logan, R. W., Ma, T., Lewis, D. A., Tseng, G. C., Sibille, E., & McClung, C. A. (2016). Effects of aging on circadian patterns of gene expression in the human prefrontal cortex. *Proceedings of the National Academy of Sciences of the United States of America, 113*(1), 206–211.

Cheung, B. Y., Takemura, K., Ou, C., Gale, A., & Heine, S. J. (2021). Considering cross-cultural differences in sleep duration between Japanese and Canadian university students. *PLoS One, 16*(4), e0250671.

Cordi, M. J., & Rasch, B. (2021). How robust are sleep-mediated memory benefits? *Current Opinion in Neurobiology, 67, 1–7.*

Corrêa C. C., Blasca, W. Q., & Berretin-Felix, G. (2015). Health promotion in obstructive sleep apnea syndrome. *International Archives of Otorhinolaryngology, 19*(2), 166–170.

de Lecea L. (2021). Twenty-three years of hypocretins: The "Rosetta stone" of sleep/arousal circuits. *Frontiers in Neurology and Neuroscience, 45, 1–10.*

Dement, W. C. (1972). *Some must watch while some must sleep.* Stanford Alumni Association.

Dopheide, J. A. (2020). Insomnia overview: epidemiology, pathophysiology, diagnosis and monitoring, and nonpharmacologic therapy. *American Journal of Management Care, 26*(4 Suppl), S76–S84.

Edelman, G. M. (1989). *The remembered present: A biological theory of consciousness.* Basic Books.

Farhadian, N., Khazaie, H., Nami, M., & Khazaie, S. (2021). The role of daytime napping in declarative memory performance: A systematic review. *Sleep Medicine, 84,* 134–141.

Fatemeh, G., Sajjad, M., Niloufar, R., Neda, S., Leila, S., & Khadijeh, M. (2021, January 8). Effect of melatonin supplementation on sleep quality: A systematic review and meta-analysis of randomized controlled trials. *Journal of Neurology.*

Fischer, D. B., Boes, A. D., Demertzi, A., Evrard, H. C., Laureys, S., Edlow, B. L., Liu, H., Saper, C. B., Pascual-Leone, A., Fox, M. D., & Geerling, J. C. (2016). A human brain network derived from coma-causing brainstem lesions. *Neurology, 87*(23), 2427–2434.

Freud, S. (1900). *The interpretation of dreams.* Franz Deuticke.

Gale, C., & Martyn, C. (1998). Larks and owls and health, wealth, and wisdom. *BMJ, 317*(7174), 1675–1677.

Gandhi, M. H., & Emmady, P. D. (2021). Physiology, K complex. StatPearls. https://www.statpearls.com/articlelibrary/viewarticle/31499/

Gerrard, J. L., Burke, S. N., McNaughton, B. L., & Barnes, C. A. (2008). Sequence reactivation in the hippocampus is impaired in aged rats. *Journal of Neuroscience, 28*(31), 7883–7890.

Hall, C. S., Domhoff, G. W., Blick, K. A., & Weesner, K. E. (1982). The dreams of college men and women in 1950 and 1980: A comparison of dream contents and sex differences. *Sleep, 5*(2), 188–194.

Hanson, J. A., & Huecker, M. R. (2021). Sleep deprivation. StatPearls. https://www.ncbi.nlm.nih.gov/books/NBK547676/

Helfrich-Förster, C., Monecke, S., Spiousas, I., Hovestadt, T., Mitesser, O., & Wehr, T. A. (2021). Women temporarily synchronize their menstrual cycles with the luminance and gravimetric cycles of the Moon. *Scientific Advances, 7*(5), eabe1358.

Hobson, J. A. (1989). *Sleep.* Scientific American Library.

Hobson, J. A. (2002). Sleep and dream suppression following a lateral medullary infarct: A first-person account. *Consciousness and Cognition, 11*(3), 377–390.

Hobson, J. A. (2004). *13 dreams Freud never had: A new mind science.* Pi Press.

Hulsegge, G., Proper, K. I., Loef, B., Paagman, H., Anema, J. R., & van Mechelen, W. (2021). The mediating role of lifestyle in the relationship between shift work, obesity and diabetes. *International Archives of Occupational and Environmental Health, 94*(6), 1287–1295.

Jones, B. E. (1993). The organization of central cholinergic systems and their functional importance in sleep–waking states. *Progress in Brain Research, 98,* 61–71.

Jouvet, M. (1972). The role of monoamines and acetylcholine-containing neurons in the regulation of the sleep–waking cycle. *Ergebnisse der Physiologie, 64,* 166–307.

Kay, D. B., & Buysse, D. J. (2017). Hyperarousal and beyond: New insights to the pathophysiology of insomnia disorder through functional neuroimaging studies. *Brain Sciences, 7*(23), 1–19.

Kelley, D. D. (1991). Sleep and dreaming. In E. R. Kandel, J. H. Schwartz, & T. M. Jessell (Eds.), *Principles of neuroscience* (pp. 741–777). Elsevier.

Khodasevich, D., Tsui, S., Keung, D., Skene, D. J., Revell, V., & Martinez, M. E. (2021). Characterizing the modern light environment and its influence on circadian rhythms. *Proceedings of Biological Sciences, 288*(1955), 20210721.

Kinney, H. C., Korein, J., Panigrahy, A., Dikkes, P., & Goode, R. (1994). Neuropathological findings in the brain of Karen Ann Quinlan. The role of the thalamus in the persistent vegetative state. *New England Journal of Medicine, 330*(21), 1469–1475.

Klinger, E. (1990). *Daydreaming.* Tarcher (Putnam).

Lamberg, L. (2003). Scientists never dreamed finding would shape half-century of sleep research. *Journal of the American Medical Association, 290*(20), 2652–2654.

Lucas, S. J., Michel, C. B., Marra, V., Smalley, J. L., Hennig, M. H., Graham, B. P., & Forsythe, I. D. (2018). Glucose and lactate as metabolic constraints on pre-synaptic transmission at an excitatory synapse. *The Journal of Physiology, 596*(9), 1699–1721.

Malcolm-Smith, S., Koopowitz, S., Pantelis, E., & Solms, M. (2012). Approach/avoidance in dreams. *Consciousness and Cognition, 21*(1), 408–412.

Maquet, P., Laureys, S., Peigneux, P., Fuchs, S., Petiau, C., Phillips, C., Aerts, J., Del Fiore, G., Degueldre, C., Meulemans, T., Luxen, A., Franck, G., Van Der Linden, M., Smith, C., & Cleeremans, A. (2000). Experience-dependent changes in cerebral activation during human REM sleep. *Nature Neuroscience, 3*(8), 831–836.

Matar, E., McCarter, S. J., St Louis, E. K., & Lewis, S. J. G. (2021). Current concepts and controversies in the management of REM sleep behavior disorder. *Neurotherapeutics, 18*(1), 107–123.

McCommis, K. S., & Butler, A. A. (2021). The importance of keeping time in the liver. *Endocrinology, 162*(2), bqaa230.

Monecke, S., Brewer, J. M., Krug, S., & Bittman, E. L. (2011). Duper: A mutation that shortens hamster circadian period. *Biological Rhythms, 26*(4), 283–292.

Moruzzi, G., & Magoun, H. W. (1949). Brain stem reticular formation and activation of the EEG. *Electroencephalography and Clinical Neurophysiology, 1*(4), 455–473.

Nesan, D., Feighan, K. M., Antle, M. C., & Kurrasch, D. M. (2021). Gestational low-dose BPA exposure impacts suprachiasmatic nucleus neurogenesis and circadian activity with transgenerational effects.

Scientific Advances, 7(22), eabd1159.

Pacheco, A. T., Bottorff, J., Gao, Y., & Turrigiano, G. G. (2021). Sleep promotes downward firing rate homeostasis. *Neuron, 109*(3), 530–544.e6.

Phillips, A. J., Czeisler, C. A., & Klerman, E. B. (2011). Revisiting spontaneous internal desynchrony using a quantitative model of sleep physiology. *Journal of Biological Rhythms, 26*(5), 441–453.

Pothukuchi, K. (2021). City light or star bright: A review of urban light pollution, impacts, and planning implications. *Journal of Planning Literature, 36*(2), 155–169.

Putilov, A. A., Dorokhov, V. B., & Poluektov, M. G. (2017). How have our clocks evolved? Adaptive and demographic history of the out-of-African dispersal told by polymorphic loci in circadian genes. *Chronobiology International, 35*(4), 511–532.

Quinlan, J., & Quinlan, J. (1977). *Karen Ann: The Quinlans tell their story.* Doubleday.

Ralph, M. R., & Lehman, M. N. (1991). Transplantation: A new tool in the analysis of the mammalian hypothalamic circadian pacemaker. *Trends in Neurosciences, 14*(8), 363–366.

Raven, P. H., Evert, R. F., & Eichorn, S. E. (1992). *Biology of plants.* Worth Publishers.

Reiter, R. J. (1980). The pineal and its hormones in the control of reproduction in mammals. *Endocrinology Review, 1*(2), 120.

Richter, C. P. (1965). *Biological clocks in medicine and psychiatry.* Charles C. Thomas.

Roffward, H. P., Muzio, J., & Dement, W. C. (1966). Ontogenetic development of the human sleep–dream cycle. *Science, 152*(3722), 604–619.

Rosenberg, R., Citrome, L., & Drake, C. L. (2021). Advances in the treatment of chronic insomnia: A narrative review of new nonpharmacologic and pharmacologic therapies. *Neuropsychiatric Disease and Treatment, 17*, 2549–2566.

Sateia, M. J. (2014). International Classification of Sleep Disorders, Third Edition. *Chest Journal, 146*(5), 1387–1394.

Scarpelli, S., Gorgoni, M., Alfonsi, V., Annarumma, L., Di Natale, V., Pezza, E., & De Gennaro, L. (2021). The impact of the end of COVID confinement on pandemic dreams, as assessed by a weekly sleep diary: A longitudinal investigation in Italy. *Journal of Sleep Research, 20*, e13429.

Schenck, C. H., Bundlie, S. R., Ettinger, M. G., & Mahowald, M. W. (1986). Chronic behavioral disorders of human REM sleep: A new category of parasomnia. *Sleep, 25*(2), 293–308.

Schmidt, C., Peigneux, P., Cajochen, C., & Collette, F. (2012). Adapting test timing to the sleep–wake schedule: Effects on diurnal neurobehavioral performance changes in young evening and older morning chronotypes. *Chronobiology International, 29*(4), 482–490.

Schreiner, T., Petzka, M., Staudigl, T., & Staresina, B. P. (2021). Endogenous memory reactivation during sleep in humans is clocked by slow oscillation-spindle complexes. *Nature Communications, 12*(1), 3112.

Scott, H., Lack, L., & Lovato, N. (2020). A systematic review of the accuracy of sleep wearable devices for estimating sleep onset. *Sleep Medicine Reviews, 49*, 101227.

Shankar, A., & Williams, C. T. (2021). The darkness and the light: Diurnal rodent models for seasonal affective disorder. *Disease Model Mechanisms, 14*(1), dmm047217.

Siegel, J. (2004). Brain mechanisms that control sleep and waking. *Naturwissenschaften, 91*(8), 355–365.

Silber, M. H., Buchfuhrer, M. J., Earley, C. J., Koo, B. B., Manconi, M., & Winkelman, J. W. (2021). The management of restless legs syndrome: An

updated algorithm. *Mayo Clinic Proceedings, 96*(7), 1921–1937.

Sivertsen, B., Friborg, O., Pallesen, S., Vedaa, Ø., & Hopstock, L. A. (2021). Sleep in the land of the midnight sun and polar night: The Tromsø study. *Chronobiology International, 38*(3), 334–342.

Spiesshoefer, J., Linz, D., Skobel, E., Arzt, M., Stadler, S., Schoebel, C., Fietze, I., Penzel, T., Sinha, A.-M., Fox, H., Oldenburg, O., & on Behalf of The German Cardiac Society Working Group on Sleep Disordered Breathing Ag-Deutsche Gesellschaft Für Kardiologie Herz Und Kreislaufforschung E V O. (2019). Sleep—The yet underappreciated player in cardiovascular diseases: A clinical review from the German Cardiac Society Working Group on Sleep Disordered Breathing. *European Journal of Preventative Cardiology, 28*(2), 189–200.

Tisdale, R. K., Yamanaka, A., & Kilduff, T. S. (2021). Animal models of narcolepsy and the hypocretin/orexin system: Past, present, and future. *Sleep, 44*(6), zsaa278.

Tononi, G., & Cirelli, C. (2016). Sleep and synaptic down-selection. In G. Buzsáki & Y. Christen (Eds.), *Micro-, meso-, and macro-dynamics of the brain* (pp. 99–106). Springer.

Uchida, S., Soya, S., Saito, Y. C., Hirano, A., Koga, K., Tsuda, M., Abe, M., Sakimura, K., & Sakurai, T. (2021). A discrete glycinergic neuronal population in the ventromedial medulla that induces muscle atonia during REM sleep and cataplexy in mice. *Journal of Neuroscience, 41*(7), 1582–1596.

Valli, K., & Revonsuo, A. (2009). The threat simulation theory in light of recent empirical evidence: A review. *American Journal of Psychology, 122*(1), 17–38.

Vanderwolf, C. H. (2002). *An odyssey through the brain, behavior and the mind.* Kluwer Academic.

Wilson, M. A., & McNaughton, B. L. (1994). Reactivation of hippocampal ensemble memories during sleep. *Science, 265*(5172), 676–679.

Yamazaki, E. M., Antler, C. A., Lasek, C. R., & Goel, N. (2021). Residual, differential neurobehavioral deficits linger after multiple recovery nights following chronic sleep restriction or acute total sleep deprivation. *Sleep, 44*(4), zsaa224.

Zada, D., Sela, Y., Matosevich, N., Monsonego, A., Lerer-Goldshtein, T., Nir, Y., & Appelbaum, L. (2021). Parp1 promotes sleep, which enhances DNA repair in neurons. *Molecular Cell, 81*(24), 4979–4993.

Zaidi, F. H., Hull, J. T., Peirson, S. N., Wulff, K., Aeschbach, D., Gooley, J. J., Brainard, G. C., Gregory-Evans, K., Rizzo, J. F. III, Czeisler, C. A., Foster, R. G., Moseley, M. J., & Lockley, S. W. (2007). Short-wavelength light sensitivity of circadian, pupillary, and visual awareness in humans lacking an outer retina. *Current Biology, 17*(24), 2122–2128.

Zhang, H., Khan, A., Chen, Q., Larsson, H., & Rzhetsky, A. (2021). Do psychiatric diseases follow annual cyclic seasonality? *PLoS Biology, 19*(7), e3001347.

제 14 장

Aoued, H. S., Sannigrahi, S., Doshi, N., Morrison, F. G., Linsenbaum, H., Hunter, S. C., Walum H., Baman, J., Yao, B., Jin, P., Ressler, K. J., & Dias, B. G. (2019). Reversing behavioral, neuroanatomical, and germline influences of intergenerational stress. *Biological Psychiatry, 85*(3), 248–256.

Arvanitakis, Z., Capuano, A. W., Lamar, M., Shah, R. C., Barnes, L. L., Bennett, D. A., & Schneider, J. A. (2018). Late-life blood pressure association with cerebrovascular and Alzheimer disease pathology. *Neurology, 91*(6), e517–e525.

Avila, J., & Perry, G. (2021). A multilevel view of the development of Alzheimer's disease. *Neuroscience, 457*, 283–293.

Bailey, C. H., Kandel, E. R., & Harris, K. M. (2015). Structural components of synaptic plasticity and memory consolidation. *Cold Spring Harbor Perspectives in Biology, 7*(7), a021758.

Binder, J. R., Desai, R. H., Graves, W. W., & Conant, L. L. (2009). Where is the semantic system? A critical review and meta-analysis of 120 functional neuroimaging systems. *Cerebral Cortex, 19*(12), 2767–2796.

Bliss, T. V., & Lømo, T. (1973). Long-lasting potentiation of synaptic transmission in the dentate are of the anaesthetized rabbit following stimulation of the perforant path. *Journal of Physiology, 232*(2), 331–356.

Bonnici, H. M., Chadwick, M. J., Lutti, A., Hassabis, D., Weiskopf, N., & Maguire, E. A. (2012). Detecting representations of recent and remote autobiographical memories in vmPFC and hippocampus. *Journal of Neuroscience, 32*(47), 16982–16991.

Bonnici, H. M., & Maguire, E. A. (2018). Two years later—Revisiting autobiographical memory representations in vmPFC and hippocampus. *Neuropsychologia, 110*, 159–169.

Cahill, L., Babinsky, R., Markowitsch, H. J., & McGaugh, J. L. (1995). The amygdala and emotional memory. *Nature, 377*, 295–296.

Candia, V., Wienbruch, C., Elbert, T., Rockstroh, B., & Ray, W. (2003). Effective behavioral treatment of focal hand dystonia in musicians alters somatosensory cortical organization. *Proceedings of the National Academy of Sciences of the United States of America, 100*(13), 7942–7946.

Chang, F.-L. F., & Greenough, W. T. (1982). Lateralized effects of monocular training on dendritic branching in adult split-brain rats. *Brain Research, 232*(2), 283–292.

Corkin, S. (2002). What's new with the amnesic patient H.M.? *Nature Reviews Neuroscience, 3*, 153–160.

Corkin, S., Amaral, D. G., Gonzalez, R. G., Johnson, K. A., & Hyman, B. T. (1997). H.M.'s medial temporal lobe lesion: Findings from magnetic resonance imaging. *Journal of Neuroscience, 17*(10), 3964–3979.

Damasio, A. R., Tranel, D., & Damasio, H. (1989). Amnesia caused by herpes simplex encephalitis, infarctions in basal forebrain, Alzheimer's disease and anoxia/ischemia. In F. Boller & J. Grafman (Eds.), *Handbook of neuropsychology* (Vol. 3, pp. 149–166). Elsevier.

Davis, M. (1992). The role of the amygdala in fear and anxiety. *Annual Review of Neuroscience, 15*, 353–375.

Day, J. J., Kennedy, A. J., & Sweatt, J. D. (2015). DNA methylation and its implications and accessibility for neuropsychiatric therapeutics. *Annual Review of Pharmacology and Toxicology, 55*, 591–611.

Dias, B. G., Maddox, S., Klengel, T., & Kessler, K. J. (2015). Epigenetic mechanisms underlying learning and the inheritance of learned behaviors. *Trends in Neuroscience, 38*(2), 96–107.

Dittrich, L. (2016). *Patient H.M.: A story of memory, madness, and family secrets.* Random House.

Dobrovolsky, A., Bogin, V., & Meloni, E. G. (2019). Combining xenon inhalation with trauma memory reactivation to reduce symptoms of posttraumatic stress disorder: Case report, justification of approach, and review of the literature. *The Primary Care Companion for CNS Disorders, 21*(5), 18nr02395.

Eriksson, P. S., Perfilieva, E., Björk-Eriksson, T., Alborn, A.-M., Nordborg, C., Peterson, D. A.,

& Gage, F. H. (1998). Neurogenesis in the adult human hippocampus. *Nature Medicine, 4*(11), 1313–1317.

Fuster, J. M. (1995). *Memory in the cerebral cortex.* MIT Press.

Fuster, J. M., Bodner, M., & Kroger, J. K. (2000). Cross-modal and cross-temporal association in neurons of frontal cortex. *Nature, 405,* 347–351.

Galaburda, A. M., Sherman, G. F., Rosen, G. D., Aboitiz, F., & Geschwind, N. (1985). Developmental dyslexia: Four consecutive patients with cortical anomalies. *Annals of Neurology, 18*(2), 222–233.

Gapp, K., Jawaid, A., Sarkies, P., Bohacek, J., Pelczar, P., Prados, J., Farinelli, L., Miska, E., & Mansuy, I. M. (2014). Implication of sperm RNAs in transgenerational inheritance of the effects of early trauma in mice. *Nature Neuroscience, 17*(5), 667–669.

Gazzaniga, M. S. (Ed.). (2000). *The new cognitive neurosciences.* MIT Press.

Gould, E., Tanapat, P., Hastings, N. B., & Shors, T. J. (1999). Neurogenesis in adulthood: A possible role in learning. *Trends in Cognitive Sciences, 3*(5), 186–191.

Gould, E., Tanapat, P., McEwen, B. S., Flugge, G., & Fuchs, E. (1998). Proliferation of granule cell precursors in the dentate gyrus of adult monkeys is diminished by stress. *Proceedings of the National Academy of Sciences of the United States of America, 95,* 3168–3171.

Hebb, D. O. (1947). The effects of early experience on problem solving at maturity. *American Psychologist, 2,* 737–745.

Hebb, D. O. (1949). *The organization of behavior: A neuropsychological theory.* Wiley.

Hornickel, J., Zecker, S. G., Bradlow, A. R., & Kraus, N. (2012). Assistive listening devices drive neuroplasticity in children with dyslexia. *Proceedings of the National Academy of Sciences of the United States of America, 109*(41), 16731–16736.

Ivanco, T., Racine, R. J., & Kolb, B. (2000). The morphology of layer III pyramidal neurons is altered following induction of LTP in somatomotor cortex of the freely moving rat. *Synapse, 37*(1), 16–22.

Jacobs, B., Schall, M., & Scheibel, A. B. (1993). A quantitative dendritic analysis of Wernicke's area in humans: II. Gender, hemispheric, and environmental factors. *Journal of Comparative Neurology, 327*(1), 97–111.

Jacobs, B., & Scheibel, A. B. (1993). A quantitative dendritic analysis of Wernicke's area in humans: I. Lifespan changes. *Journal of Comparative Neurology, 327*(1), 83–96.

Josselyn, S. A., Kohler, S., & Frankland, P. W. (2017). Heroes of the engram. *Journal of Neuroscience, 37*(18), 4647–4657.

Kaas, J. (2000). The reorganization of sensory and motor maps after injury in adult mammals. In M. S. Gazzaniga (Ed.), *The cognitive neurosciences* (pp. 223–236). MIT Press.

Kempermann, G. (2019). Environmental enrichment, new neurons and the neurobiology of individuality. *Nature Reviews Neuroscience, 20*(4), 235–245.

Kempermann, G., Kuhn, H. G., & Gage, F. H. (1998). Experience-induced neurogenesis in the senescent dentate gyrus. *Journal of Neuroscience, 18*(9), 3206–3212.

Kolb, B., Cioe, J., & Comeau, W. (2008). Contrasting effects of motor and visual learning tasks on dendritic arborization and spine density in rats. *Neurobiology of Learning and Memory, 90*(2), 295–300.

Kolb, B., Cote, S., Ribeiro-da-Silva, A., & Cuello, A. C. (1997). Nerve growth factor treatment prevents dendritic atrophy and promotes recovery of function after cortical injury. *Neuroscience, 76*(4), 1139–1151.

Kolb, B., & Gibb, R. (2014). Searching for the principles of brain plasticity and behavior. *Cortex, 58,* 251–260.

Kolb, B., Gibb, R., & Gorny, G. (2003). Experience-dependent changes in dendritic arbor and spine density in neocortex vary with age and sex. *Neurobiology of Learning and Memory, 79*(1), 1–10.

Kolb, B., Li, Y. Robinson, T. E., & Parker, L. A. (2018). THC alters morphology of neurons in medial prefrontal cortex, orbital prefrontal cortex, and nucleus accumbens and alters the ability of later experience to promote structural plasticity. *Synapse, 72*(3).

Kolb, B., Morshead, C., Gonzalez, C., Kim, N., Shingo, T., & Weiss, S. (2007). Growth factor–stimulated generation of new cortical tissue and functional recovery after stroke damage to the motor cortex of rats. *Journal of Cerebral Blood Flow and Metabolism, 27*(5), 983–397.

Kronbichler, L., & Kronbichler, M. (2018). The importance of the left occipitotemporal cortex in developmental dyslexia. *Current Developmental Disorders Reports, 5*(1), 1–8.

Lashley, K. S. (1960). In search of the engram. Symposium No. 4 of the Society of Experimental Biology. In F. A. Beach, D. O. Hebb, C. T. Morgan, & H. T. Nissen (Eds.), *The neuropsychology of Lashley* (pp. 478–505). McGraw-Hill. (Reprinted from R. Sutton (Ed.), 1951, *Physiological mechanisms of animal behavior* pp. 454–482. Cambridge University Press.)

Le, J., Thomas, N., & Gurvich, C. (2020). Cognition, the menstrual cycle, and premenstrual disorders: A review. *Brain Science, 10*(4), 198.

LePort, A. K. R., Mattfeld, A. T., Dickinson-Anson, H., Falon, J. H., Stark, C. E. L., Kruggel, F., Cahill, L., & McGaugh, J. L. (2012). Behavioral and neuroanatomical investigation of highly superior autobiographical memory (HSAM). *Neurobiology of Learning and Memory, 98*(1), 78–92.

LePort, A. K. R., Stark, S. M., McGaugh, J. L., & Stark, C. E. L. (2017). A cognitive assessment of highly superior autobiographical memory. *Memory, 25*(2), 276–288.

Liu, Z., & Cheung, H.-H. (2020). Stem cell-based therapies for Parkinson disease. *International Journal of Molecular Science, 21*(21), 8060.

Loftus, E. F. (1997). Creating false memories. *Scientific American, 277*(3), 70–75.

MacDougall, M., & Fine, A. (2014). The expression of long-term potentiation: Reconciling the priests and the positivists. *Philosophic Transactions of the Royal Society B: Biological Science, 369*(1633), 20130135.

Maguire, E. A., Gadian, D. G., Johnsrude, I. S., Good, C. D., Ashburner, J., Frackowiak, R. S., & Frith, C. D. (2000). Navigation-related structural change in the hippocampi of taxi drivers. *Proceedings of the National Academy of Sciences of the United States of America, 97*(8), 4398–4403.

Mahncke, H. W., Bronstone, A., & Merzenich, M. M. (2006). Brain plasticity and functional losses in the aged: Scientific bases for a novel intervention. *Progress in Brain Research, 157,* 81–109.

Martin, A., Kronbichler, M., & Richlan, F. (2016). Dyslexic brain activation abnormalities in deep and shallow orthographies: A meta-analysis of 28 functional neuroimaging studies. *Human Brain Mapping, 37*(7), 2676–2699.

McCormick, C., Barry, D. N., Jafarian, A., Barnes, G. R., & Maguire, E. A. (2020). vmPFC drives hippocampal processing during autobiographical memory recall regardless of remoteness. *Cerebral Cortex, 30*(11), 5972–5987.

McCormick, C., Moscovitch, M., Valiante, T. A., Cohn, M., & McAndrews, M. P. (2018). Different

neural routes to autobiographical memory recall in healthy people and individuals with left medical temporal lobe epilepsy. *Neuropsychologia, 110,* 26–36.

McGaugh, J. (2004). The amygdala modulates the consolidation of memories of emotionally arousing experiences. *Annual Review of Neuroscience, 27,* 1–28.

Meloni, E. G., Gillis, T. E., Manoukian, J., & Kaufman, M. J. (2014). Xenon impairs reconsolidation of fear memories in a rat model of post-traumatic stress disorder (PTSD). *PLOS ONE, 9*(8), e106189.

Miller, C. A., Gavin, C. F., White, J. A., Parrish, R. R., Honasoge, A., Yancey, C. R., Rivera, I. M., Rubio, M. D., Rumbaugh, G., & Sweatt, J. D. (2010). Cortical DNA methylation maintains remote memory. *Nature Neuroscience, 13*(6), 664–666.

Milner, B., Corkin, S., & Teuber, H. (1968). Further analysis of the hippocampal amnesic syndrome: 14-year follow-up study of H.M. *Neuropsychologia, 6*(3), 215–234.

Mishkin, M. (1982). A memory system in the brain. *Philosophical Transactions of the Royal Society of London: Biological Sciences, 298,* 83–95.

Mishkin, M., Suzuki, W. A., Gadian, D. G., & Vargha-Khadem, F. (1997). Hierarchical organization of cognitive memory. *Philosophical Transactions of the Royal Society of London: Biological Sciences, 352*(1360), 1461–1467.

Murray, E. (2000). Memory for objects in nonhuman primates. In M. S. Gazzaniga (Ed.), *The new cognitive neurosciences* (pp. 753–763). MIT Press.

Murray, E. A., Wise, S. P., & Graham, K. S. (2017). *The evolution of memory systems.* Oxford University Press.

Mychasiuk, R., Muhammad, A., Ilnystskyy, S., & Kolb, B. (2013). Persistent gene expression changes in NAc, mPFC, and OFC associated with previous nicotine or amphetamine exposure. *Behavioural Brain Research, 256,* 655–661.

Mychasiuk, R., Muhammad, A., Ilnystskyy, S., Kovalchuk, O., & Kolb, B. (2016). Chronic stress induces persistent changes in global DNA methylation and gene expression in the medial prefrontal cortex, orbitofrontal cortex, and hippocampus. *Neuroscience, 322,* 489–499.

Nudo, R. J., Plautz, E. J., & Milliken, G. W. (1997). Adaptive plasticity in primate motor cortex as a consequence of behavioral experience and neuronal injury. *Seminars in Neuroscience, 9*(1–2), 13–23.

O'Keefe, J. (2006). Hippocampal neurophysiology in the behaving animal. In P. Andersen, R. Morris, D. Amaral, T. Bliss, & J. O'Keefe (Eds.), *The hippocampus book* (pp. 475–548). Oxford University Press.

O'Keefe, J., & Nadel, L. (1978). *The hippocampus as a spatial map.* Oxford University Press.

Parmar, M., Grealish, S., & Henchcliffe, C. (2020). The future of stem cell therapies for Parkinson disease. *Nature Reviews Neuroscience, 21*(2), 103–115.

Patihis, L., Frenda, S. J., LePort, A. K. R., Petersen, N., Nichols, R. M., Stark, C. E. L., McGaugh, J. L., & Loftus, E. F. (2013). False memories in highly superior autobiographical memory individuals. *Proceedings of the National Academy of Sciences of the United States of America, 110*(52), 20947–20952.

Ragert, P., Schmidt, A., Altenmuller, E., & Dinse, H. R. (2003). Superior tactile performance and learning in professional pianists: Evidence for meta-plasticity in musicians. *European Journal of Neuroscience, 19*(2), 473–478.

Ramachandran, V. S. (1993). Behavioral and magnetoencephalographic correlates of plasticity in the adult human brain. *Proceedings of the National Academy of Sciences of the United States of America, 90*(22), 10413–10420.

Ramón y Cajal, S. (1928). *Degeneration and regeneration of the nervous system.* Oxford University Press.

Reynolds, B., & Weiss, S. (1992). Generation of neurons and astrocytes from isolated cells of the adult mammalian central nervous system. *Science, 255*(5052), 1707–1710.

Richlan, F. (2020). The functional neuroanatomy of developmental dyslexia across languages and writing systems. *Frontiers in Psychology, 11,* 155.

Robinson, T. E., & Kolb, B. (1997). Persistent structural adaptations in nucleus accumbens and prefrontal cortex neurons produced by prior experience with amphetamine. *Journal of Neuroscience, 17*(21), 8491–8497.

Robinson, T. E., & Kolb, B. (2004). Structural plasticity associated with drugs of abuse. *Neuropharmacology, 47*(Suppl. 1), 33–46.

Sainsbury, R. S., & Coristine, M. (1986). Affective discrimination in moderately to severely demented patients. *Canadian Journal on Aging, 5,* 99–104.

Sapolsky, R. M. (1992). *Stress, the aging brain, and the mechanisms of neuron death.* MIT Press.

Schacter, D. L. (1983). Amnesia observed: Remembering and forgetting in a natural environment. *Journal of Abnormal Psychology, 92*(2), 236–242.

Sekeres, M. J., Winocur, G., Moscovitch, M., Anderson, J. A. E., Pishdadian, S., Martin Wojtowicz, J., St-Laurent, M., McAndrews, M. P., & Grady, C. L. (2018). Changes in patterns of neural activity underlie a time-dependent transformation of memory in rats and humans. *Hippocampus, 28*(10), 745–764.

Sherry, D. F., Jacobs, L. F., & Gaulin, S. J. C. (1992). Spatial memory and adaptive specialization of the hippocampus. *Trends in Neuroscience, 15*(8), 298–303.

Sirevaag, A. M., & Greenough, W. T. (1987). Differential rearing effects on rat visual cortex synapses: III. Neuronal and glial nuclei, boutons, dendrites, and capillaries. *Brain Research, 424*(2), 320–332.

Sirevaag, A. M., & Greenough, W. T. (1988). A multivariate statistical summary of synaptic plasticity measures in rats exposed to complex, social and individual environments. *Brain Research, 441*(1–2), 386–392.

Skinner, B. F. (1938). *The behavior of organisms.* Appleton-Century-Crofts.

Sonntag, K.-C., Song, B., Lee, N., Jung, J. H., Cha, Y., Leblanc, P., Neff, C., Kong, S. W., Carter, B. S., Schweitzer, J., & Kim, K.-S. (2018). Pluripotent stem cell-based therapy for Parkinson's disease: Current status and future prospects. *Progress in Neurobiology, 168,* 1–20.

Squire, L. R., Genzel, L., Wixted, J. T., & Morris, R. G. (2015). Memory consolidation. *Cold Spring Harbor Perspectives in Biology, 7*(8), a021766.

Stewart, J., & Kolb, B. (1994). Dendritic branching in cortical pyramidal cells in response to ovariectomy in adult female rats: Suppression by neonatal exposure to testosterone. *Brain Research, 654*(1), 149–154.

Sugar, J., & Moser, M. B. (2019). Episodic memory: Neuronal codes for what, where, and when. *Hippocampus, 29*(12), 1190–1205.

Sutherland, R. J., Sparks, F. T., & Lehmann, H. (2010). Hippocampus and retrograde amnesia in the rat model: A modest proposal for the situation of systems consolidation. *Neuropsychologia, 48*(8), 2357–2369.

Tallal, P. (2012). Improving neural response to sound improves reading. *Proceedings of the National Academy of Sciences of the United States of America, 109*(41), 16404–16407.

Therrien, A. S., Howard, C., & Buxbaum, L. J. (2021). Aberrant activity in an intact residual muscle is associated with phantom limb pain in above-knee amputees. *Journal of Neurophysiology, 125*(6), 2135–2143.

Thorndike, E. L. (1898). Animal intelligence: An experimental study of the associative processes in animals. *Psychological Review Monograph Supplements, 2,* 1–109.

Tschentscher, N., Ruisinger, A., Blank, H., Diaz, B., & von Kriegstein, K. (2019). Reduced structural connectivity between left auditory thalamus and the motion-sensitive planum temporale in developmental dyslexia. *Journal of Neuroscience, 39*(9), 1720–1732.

Tulving, E. (2002). Episodic memory: From mind to brain. *Annual Review of Psychology, 53,* 1–25.

Turner, A., & Greenough, W. T. (1985). Differential rearing effects on rat visual cortex synapses: I. Synaptic and neuronal density and synapses per neuron. *Brain Research, 329*(2), 195–203.

Woollett, K., & Maguire, E. A. (2011). Acquiring "the knowledge" of London's layout drives structural brain changes. *Current Biology, 21*(24), 2109–2114.

Woolley, C. S., Gould, E., Frankfurt, M., & McEwen, B. S. (1990). Naturally occurring fluctuation in dendritic spine density on adult hippocampal pyramidal neurons. *Journal of Neuroscience, 10*(12), 4035–4039.

제 15 장

Adamaszek, M., D'Agata, F., Ferrucci, R., Habas, C., Keulen, S., Kirkby, K. C., Leggio, M., Mariën, P., Molinari, M., Moulton, E., Orsi, L., Van Overwalle, F., Papadelis, C., Priori, A., Sacchetti, B., Schutter, D. J., Styliadis, C., & Verhoeven, J. (2017). Consensus paper: Cerebellum and emotion. *Cerebellum, 16*(2), 552–576.

Adolphs, R., Gosselin, F., Buchanan, T. W., Tranel, D., Schyns, P., & Damasio, A. R. (2005). A mechanism for impaired fear recognition after amygdala damage. *Nature, 433,* 68–72.

Barbey, A. K. (2018). Network neuroscience theory of human intelligence. *Trends in Cognitive Sciences, 22*(1), 9–20.

Basten, U., Hilger, K., & Fiebach, C. J. (2015). Where smart brains are different: A quantitative meta-analysis of functional and structural brain imaging studies on intelligence. *Intelligence, 51,* 10–27.

Bilder, R. M., & Reise, S. P. (2019). Neuropsychological tests of the future: How do we get there? *Clinical Neuropsychology, 33*(2), 222–245.

Boly, M., Massimini, M., Tsuchiya, N., Postle, B. R., Koch, C., & Tonini, G. (2017). Are the correlates of consciousness in the front or back of the cerebral cortex? *Journal of Neuroscience, 37*(40), 9603–9613.

Braga, R. M., Van Dijk, R. A., Polimeni, J. R., Eldaief, M. C., & Buckner, R. L. (2019). Parallel distributed networks resolved at high resolution reveal close juxtaposition of distinct regions. *Journal of Neurophysiology, 121*(4), 1513–1534.

Bugnar, T., Reber, S. A., & Buckner, C. (2016). Ravens attribute visual access to unseen competitors. *Nature Communications, 7,* 10506. https://doi.org/10.1038/ncomms10506

Calvin, W. H. (1996). *How brains think.* Basic Books.

Castiello, U., Paulignan, Y., & Jeannerod, M. (1991). Temporal dissociation of motor responses and subjective awareness. *Brain, 114*(6), 2639–2655.

Cattaneo, L., & Rizzolatti, G. (2009). The mirror neuron system. *Archives of Neurology, 66*(5), 557–660.

Chomsky, N. (2010). Some simple evo-devo theses: How true might they be for language? In Larson,

R., Deprez, V., & Yamakido, H. (Eds.). *The evolution of human language* (pp. 54–62). Cambridge University Press.

Crick, F., & Koch, C. (1998). Consciousness and neuroscience. *Cerebral Cortex, 8*(2), 97–107.

Damasio, A. (2012). *Self comes to mind: Constructing the conscious brain.* Vintage.

Dediu, D., & Levinson, S. C. (2013). On the antiquity of language: The reinterpretation of Neandertal linguistic capacities and its consequences. *Frontiers in Psychology, 4,* 397. https://doi.org/10.3389/fpsyg.2013.00397

Diamond, M. C., Scheibel, A. B., Murphy, G. M., Jr., & Harvey, T. (1985). On the brain of a scientist: Albert Einstein. *Experimental Neurology, 88*(1), 198–204.

Dolins, F. L., Klimowicz, C., Kelley, J., & Menzel, C. R. (2014). Using virtual reality to investigate comparative spatial cognitive abilities in chimpanzees and humans. *American Journal of Primatology, 76*(5), 496–513.

Duncan, J., Seitz, R. J., Kolodny, J., Bor, D., Herzog, H., Ahmed, A., Newell, F. N., & Emslie, H. (2000). A neural basis for general intelligence. *Science, 289*(5478), 457–459.

Elam, J. S., Glasser, M. F., Harms, M. P., Sotiropoulos, S. N., Andersson, J. L. R., Burgess, G. C., Curtiss, S. W., Oostenveld, R., Larson-Prior, L. J., Schoffelen, J.-M., Hodge, M. R., Cler, E. A., Marcus, D. M., Barch, D. M., Yacoub, E., Smith, S. M., Ugurbil, K., & Van Essen, D. C. (2021). The human connectome project: A retrospective. *NeuroImage, 244,* 118543.

Feinstein, J. S., Adolphs, R. M., & Tranel, D. (2016). A tale of survival from the world of patient S. M. In D. G. Amaral & R. Adolphs (Eds.), *Living without an amygdala* (pp. 1–38). Guilford.

Frith, C., Perry, R., & Lumer, E. (1999). The neural correlates of conscious experience. *Trends in Cognitive Sciences, 3*(3), 105–114.

Gatti, D., Rinaldi, L., Cristea, I., & Vecchi, T. (2021) Probing cerebellar involvement in cognition through a meta-analysis of TMS evidence. *Scientific Reports, 11,* 14777. https://doi.org/10.1038/s41598-021-94051-5

Gaulin, S. J. (1992). Evolution of sex differences in spatial ability. *Yearbook of Physical Anthropology, 35*(S15), 125–131.

Gazzaniga, M. S. (1970). *The bisected brain.* Appleton-Century-Crofts.

Gazzaniga, M. S. (1992). *Nature's mind.* Basic Books.

Gazzaniga, M. S., Ivry, R. B., & Mangun, G. R. (1999). *Cognitive science: The biology of the mind.* Norton.

Genç, E., Fraenz, C., Schlüter, C., Friedrich, P., Hossiep, R., Voelke, M. C., Ling, J. M., Güntürkün, O., & Jung, R. E. (2018). Diffusion markers of dendritic density and arborization in gray matter predict differences in intelligence. *Nature Communications, 9*(1), 1905.

Ghanzanfar, A. A., & Schroeder, C. E. (2006). Is neocortex essentially multisensory? *Trends in Cognitive Science, 10*(6), 278–285.

Glasser, M. F., Coalson, T. S., Robinson, E. C., Hacker, C. D., Harwell, J., Yacoub, E., Ugurbil, K., Andersson, J., Beckmann, C. F., Jenkinson, M., Smith, S. M., & Van Essen, D. C. (2016). A multi-modal parcellation of human cerebral cortex. *Nature, 536*(7615), 171–178.

Goldstein, J. M., Seidman, J. L., Horton, N. J., Makris, N., Kennedy, D. N., Caviness, Jr., V. S., Faraone, S. V., & Tsuang, M. T. (2001). Normal sexual dimorphism of the adult human brain assessed by in vivo magnetic resonance imaging. *Cerebral Cortex, 11*(6), 490–497.

Gray, J. R., & Thompson, P. M. (2004). Neurobiology of intelligence: Science and ethics. *Nature Reviews*

Neuroscience, 5, 471–482.

Guell, X., Gabrieli, J. D. E., & Schmahmann, J. D. (2018). Triple representation of language, working memory, social and emotion processing in the cerebellum: Convergent evidence from task and seed-based resting-state fMRI analyses in a single large cohort. *Neuroimage, 172,* 437–449.

Guilford, J. P. (1967). *The nature of human intelligence.* McGraw-Hill.

Haier, R. J. (2017). *The neuroscience of intelligence.* Cambridge University Press.

Hebb, D. O. (1949). *The organization of behavior.* McGraw-Hill.

Hebb, D. O. (1980). *Essay on mind.* Lawrence Erlbaum.

Heyes, C. (2015). Animal mindreading: What's the problem? *Psychonomic Bulletin and Review, 22*(2), 313–327.

Hickok, G. (2014). *The myth of motor neurons.* Norton.

Hubbard, E. W. (2007). Neurophysiology of synesthesia. *Current Psychiatry Reports, 9,* 193–199.

Ingalhalikar, M., Smith, A., Parker, D., Satterthwaite, T. D., Elliott, M. A., Ruparel, K., Hakonarson, H., Gur, R. E., Gur, R. C., & Verma, R. (2014). Sex differences in the structural connectome of the human brain. *Proceedings of the National Academy of Sciences of the United States of America, 111*(2), 823–828.

Ionta, S., Costantini, M., Ferretti, A., Galati, G., Romani, G. L., & Aglioti, S. M. (2020). Visual similarity and psychological closeness are neurally dissociable in the brain response to vicarious pain. *Cortex, 133,* 295–308.

Jung, R. E., & Haier, R. J. (2007). The parieto-frontal integration theory (P-FIT) of intelligence: Converging neuroimaging evidence. *The Behavioral and Brain Sciences, 30*(2), 135–154.

Kemmerer, D. (2021). What modulates the mirror neuron system during action observation? Multiple factors involving the action, the actor, the observer, the relationship between the actor and observer, and the context. *Progress in Neurobiology, 205,* 102128. https://doi.org/10.1016/j.pneurobio.2021.102128.

Kennedy, D. P., & Adolphs, R. (2012). The social brain in psychiatric and neurological disorders. *Trends in Cognitive Sciences, 16*(11), 559–572.

Kimura, D. (1967). Functional asymmetry of the brain in dichotic listening. *Cortex, 3*(2), 163–178.

Kimura, D. (1973). The asymmetry of the human brain. *Scientific American, 228*(3), 70–78.

Kimura, D. (1999). *Sex and cognition.* MIT Press.

Kolb, B., & Stewart, J. (1991). Sex-related differences in dendritic branching of cells in the prefrontal cortex of rats. *Journal of Neuroendocrinology, 3*(1), 95–99.

Kolb, B., & Whishaw, I. Q. (2021). *Fundamentals of human neuropsychology* (8th ed.). Macmillan Learning.

Lee, S., Parthasarathi, T., & Kable, J. W. (2021). The ventral and dorsal default mode networks are dissociably modulated by the vividness and valence of imagined events. *Journal of Neuroscience, 41*(24), 5243–5250.

Lieberman, M. D. (2007). Social cognitive neuroscience: A review of core processes. *Annual Review of Psychology, 58,* 259–289.

Lieberman, M. D., & Eisenberger, N. I. (2015). The dorsal anterior cingulate cortex is selective for pain: Results from large-scale reverse inference. *Proceedings of the National Academy of Sciences of the United States of America, 112*(49), 15250–15255.

Loui, P., Li, H. C., Hohmann, A., & Schlaug, G. (2011). Enhanced cortical connectivity in absolute pitch musicians: A model for local hyperconnectivity. *Journal of Cognitive Neuroscience, 23*(4), 1015–1026.

Luders, E., Cherbuin, N., Thompson, P. M., Gutman, B., Anstey, K. J., Sachdev, P., & Toga, A. W. (2010). When more is less: Association between corpus callosum size and handedness lateralization. *NeuroImage, 52*(1), 43–49.

Luria, A. R. (1972). *The man with a shattered world.* Basic Books.

Maginnity, M. E., & Grace, R. C. (2014). Visual perspective taking by dogs (*Canis familiaris*) in a Guesser–Knower task: Evidence for a canine theory of mind? *Animal Cognition, 17,* 1375–1392.

Mancuso, M., Di Tondo, S., Costantini, E., Damora, A., Sale, P., & Abbruzzese, L. (2021). Action Observation Therapy for upper limb recovery in patients with stroke: A randomized controlled pilot study. *Brain Science, 11*(3), 290. https://10.3390/brainsci11030290

Mashour, G. A., Roelfsema, P., Changeux, J.-P., & Dehaene, S. (2020). Conscious processing and the global neuronal workspace hypothesis. *Neuron, 105*(5), 776–798.

Melloni, L., Mudrik, L., Pitts, M., & Koch, C. (2021). Making the hard problem of consciousness easier. *Science, 372*(6545), 911–912.

Meyer, M. L., Davachi, L., Ochsner, K. N., & Lieberman, M. D. (2019). Evidence that default network connectivity during rest consolidates social information. *Cerebral Cortex, 29*(5), 1910–1920.

Mlodinow, L. (2009). *The drunkard's walk: How randomness rules our lives.* Vintage Books.

Moran, J., & Desimone, R. (1985). Selective attention gates visual processing in the extrastriate cortex. *Science, 229*(4715), 782–784.

Mukerjee, M. (1996). Interview with a parrot [field note]. *Scientific American, 274*(4), 24.

Newsome, W. T., Shadlen, M. N., Zohary, E., Britten, K. H., & Movshon, J. A. (1995). Visual motion: Linking neuronal activity to psychophysical performance. In M. Gazzaniga (Ed.), *The cognitive neurosciences* (pp. 401–414). MIT Press.

Olkowicz, S., Kocourek, M., Lucan, R. K., Portes, M., Fitch, W. T., & Herculano-Houzel, S. (2016). Birds have primate-like numbers of neurons in the forebrain. *Proceedings of the National Academy of Sciences, 113*(26), 7255–7260.

Olulade, O. A., Seydell-Greenwald, A., Chambers, C. E., Turkeltaub, P. E., Dromerick, A. W., Berl, M. M., Gaillard, W. D., & Newport, E. L. (2020). The neural basis of language development: Changes in lateralization over age. *Proceedings of the National Academy of Sciences (USA), 117*(38), 23477–23483.

Pailian, H., Carey, S. E., Halberda, J., & Pepperberg, I. M. (2020). Age and species comparisons of visual mental manipulation ability as evidence for its development and evolution. *Scientific Reports, 10*(1), 7689. https://doi.org/10.1038/s41598-020-64666-1

Pepperberg, I. M. (1990). Some cognitive capacities of an African grey parrot (*Psittacus erithacus*). In P. J. B. Slater, J. S. Rosenblatt, & C. Beer (Eds.), *Advances in the study of behavior* (Vol. 19, pp. 357–409). Academic Press.

Pepperberg, I. M. (1999). *The Alex studies.* Harvard University Press.

Pepperberg, I. M. (2006). Ordinality and inferential ability of a grey parrot (*Psittacus erithacus*). *Journal of Comparative Psychology, 120*(3), 205–216.

Podgórski, P., Waliszewska-Prosół, Zimny, A., Sasiadek, M., & Bladowska, J. (2021). Resting-state functional connectivity of the ageing female brain—differences between young and elderly female adults on multislice short TR rs-fMRI.

Frontiers in Neurology, 12, 1015. https://doi.org/10.3389/fneur.2021.645974.

Poldrack, R. A., Baker, C. I., Durnez, J., Gorgolewski, K. J., Matthews, P. M., Munafò, M. R., Nichols, T. E., Poline, J.-B., Vul, E., & Yarkoni, T. (2017). Scanning the horizon towards transparent and reproducible neuroimaging research. *Nature Reviews Neuroscience, 18*(2), 115–126.

Proulx, M. J., Todorov, O. S., Aiken, A. T. M., & deSousa, A. A. (2016). Where am I? Who am I? The relation between spatial cognition, social cognition, and individual differences in the built environment. *Frontiers of Psychology, 7,* 64.

Rasmussen, T., & Milner, B. (1977). The role of early left brain injury in determining lateralization of cerebral speech functions. *Annals of the New York Academy of Sciences, 299,* 355–369.

Ritchie, S. J., Cox, S. R., Shen, X., Lombardo, M. V., Reus, L. M., Alloza, C., Harris, M. A., Alderson, H. L., Hunter, S., Neilson, E., Liewald, D. C. M., Auyeung, B., Whalley, H. C., Lawrie, S. M., Gale, C. R., Bastin, M. E., McIntosh, A. M., & Deary, I. J. (2018). Sex differences in the adult human brain: Evidence from 5216 UK biobank participants. *Cerebral Cortex, 28*(8), 2959–2975.

Rizzolatti, G., & Sinigaglia, C. (2016). The mirror mechanism: A basic principle of brain function. *Nature Reviews Neuroscience, 17,* 757–765.

Rizzolatti, G., Fabbri-Destro, F., Nuara, A., Gatti, R., & Avanzini, P. (2021). The role of mirror mechanism in the recovery, maintenance, and acquisition of motor abilities. *Neuroscience and Biobehavioral Reviews, 127,* 404–423.

Sachs, M. E., Ellis, R. J., Schlaug, G., & Loui, P. (2016). Brain connectivity reflects human aesthetic responses to music. *Social Cognitive and Affective Neuroscience, 11*(6), 884–891.

Sala-Llonch, R., Bartres-Faz, D., & Junque, C. (2015). Reorganization of brain networks in aging: A review of functional connectivity studies. *Frontiers in Psychology, 6,* 553.

Sawamoto, N., Honda, M., Okada, T., Hanakawa, T., Kanda, M., Fukuyama, H., Konishi, J., & Shibasaki, H. (2000). Expectation of pain enhances responses to nonpainful somatosensory stimulation in the anterior cingulate cortex and parietal operculum/posterior insula: An event-related functional magnetic resonance imaging study. *Journal of Neuroscience, 20*(19), 7438–7445.

Seydell-Greenwald, A., Ferrara, K., Chambers, C. E., Newport, E. L., & Landau, B. (2017). Bilateral parietal activations for complex visual-spatial functions: Evidence from a visual-spatial construction task. *Neuropsychologia, 106,* 194–206.

Sperry, R. (1968). Mental unity following surgical disconnection of the cerebral hemispheres. *The Harvey Lectures, Series 62,* (pp. 293–323). Academic Press.

Stein, B. E., & Rowland, B. A. (2011). Organization and plasticity in multisensory integration: Early and late experience affects its governing principles. *Progress in Brain Research, 191,* 145–163.

Stein, B. E., Stanford, T. R., & Rowland, B. A. (2020). Multisensory integration and the Society for Neuroscience: Then and now. *Journal of Neuroscience, 40*(1), 3–11.

Sternin, A., Burns, A., & Owen, A. M. (2019). Thirty-five years of computerized cognitive assessment of aging—Where are we now? *Diagnostics, 9*(3), 114. https://doi.org/10.3390/diagnostics9030114

Stewart, J., & Kolb, B. (1994). Dendritic branching in cortical pyramidal cells in response to ovariectomy in adult female rats: Suppression by neonatal exposure to testosterone. *Brain Research, 654*(1), 149–154.

Tholen, M. G., Trautwein, F.-M., Böckler, A., Singer,

T., & Kanske, P. (2020). Functional magnetic resonance imaging (fMRI) item analysis of empathy and theory of mind. *Human Brain Mapping, 41*(10), 2611–2628. https://doi.org/10.1002/hbm.24966

Tonini, G. (2012). *Phi: A voyage from the brain to the soul.* Pantheon Books.

Umiltà, M. A., Kohler, E., Gallese, V., Fogassi, L., Fadiga, L., Keysers, C., & Rizzolatti, G. (2001). I know what you are doing: A neurophysiological study. *Neuron, 31*(1), 155–165.

Van Overwalle, F., Manto, M., Cattaneo, Z., Clausi, S., Ferrari, C., Gabrieli, J. D. E., Guell, X., Heleven, E., Lupo, M., Ma, Q., Michelutti, M., Olivito, G., Pu, M., Rice, L. C., Schmahmann, J. D., Siciliano, L., Sokolov, A. A., Stoodley, C. J., van Dun, K., … Leggio, M. (2020). Consensus paper: Cerebellum and social cognition. *Cerebellum, 19*(6), 833–868.

Wada, J., & Rasmussen, T. (1960). Intracarotid injection of sodium amytal for the lateralization of cerebral speech dominance: Experimental and clinical observations. *Journal of Neurosurgery, 17*(6), 266–282.

Waller, D., & Nadel, L. (Eds.). (2013). *Handbook of spatial cognition.* American Psychological Association.

Wang, R., Liu, M., Cheng, X., Wu, Y., Hildebrandt, A., & Zhou, C. (2021). Segregation, integration, and balance of large-scale resting brain networks configure different cognitive abilities. *Proceedings of the National Academy of Sciences (USA), 118*(23), e2022288118.

Witelson, S. F., & Goldsmith, C. H. (1991). The relationship of hand preference to anatomy of the corpus callosum in men. *Brain Research, 545*(1–2), 175–182.

Witelson, S. F., Kigar, D. L., & Harvey, T. (1999). The exceptional brain of Albert Einstein. *Lancet, 353*(9170), 2149–2153.

Woollett, K., Spiers, H. J., & Maguire, E. A. (2009). Talent in the taxi: A model system for exploring expertise. *Philosophical Transactions of the Royal Society B, 364*(1522), 1407–1414.

Yeo, B. T. T., Fienen, F. M., Sepulcre, J., Sabuncu, M. R., Lashkari, D., Hollinshead, M., Roffman, J. L., Smoller, J. W., Zöllei, L., Polimeni, J. R., Fischl, B., Liu, H., & Buckner, R. L. (2011). The organization of the human cerebral cortex estimated by intrinsic functional connectivity. *Journal of Neurophysiology, 106*(3), 1125–1165.

Yong, Z., Hsieh, P. J., & Milea, D. (2017). Seeing the sound after visual loss: Functional MRI in acquired auditory–visual synesthesia. *Experimental Brain Research, 235*(2), 415–420.

제 16 장

American Psychiatric Association. (2022). *Diagnostic and statistical manual of mental disorders* (5th ed., Text Revision). American Psychiatric Association.

Arnold, S. E., Rushinsky, D. D., & Han, L. Y. (1997). Further evidence of abnormal cytoarchitecture in the entorhinal cortex in schizophrenia using spatial point analyses. *Biological Psychiatry, 142*(8), 639–647.

Bhattacharya, A., Mrudula, K., Sreepada. S. S., Sathyaprabha, T. N., Pal, P. K., Chen, R., & Udupa, K. (2021, July 9). An overview of noninvasive brain stimulation: Basic principles and clinical applications. *Canadian Journal of Neurological Science/Journal Canadien Des Sciences Neurologiques*, 1–39.

Boltjes, R., Knippenberg, S., Gerlach, O., Hupperts, R., & Damoiseaux, J. (2021). Vitamin D supplementation in multiple sclerosis: An expert opinion based on the review of current evidence. *Expert Reviews*

in *Neurotherapy, 21*(6), 715–725.

Bowman, T., Gervasoni, E., Arienti, C., Lazzarini, S. G., Negrini, S., Crea, S., Cattaneo, D., & Carrozza, M. C. (2021). Wearable devices for biofeedback rehabilitation: A systematic review and meta-analysis to design application rules and estimate the effectiveness on balance and gait outcomes in neurological diseases. *Sensors (Basel), 21*(10), 3444.

Brás, I. C., & Outeiro, T. F. (2020). Alpha-synuclein: Mechanisms of release and pathology progression in synucleinopathies. *Cells, 10*(2), 375.

Breining, B. L., & Sebastian, R. (2020). Neuromodulation in post-stroke aphasia treatment. *Current Physical and Medical Rehabilitation Reports, 8*(2), 44–56.

Bruno, E., Böttcher, S., Viana, P. F., Amengual-Gual, M., Joseph, B., Epitashvili, N., Dümpelmann, M., Glasstetter, M., Biondi, A., Van Laerhoven, K., Loddenkemper, T., Richardson, M. P., Schulze-Bonhage, A., & Brinkmann, B. H. (2021). Wearable devices for seizure detection: Practical experiences and recommendations from the Wearables for Epilepsy And Research (WEAR) International Study Group. *Epilepsia, 62*(10), 2307–2321.

Byne, W., Kemegther, E., Jones, L., Harouthunian, V., & Davis, K. L. (1999). The neurochemistry of schizophrenia. In D. S. Charney, E. J. Nesthler, & B. S. Bunney (Eds.), *The neurobiology of mental illness* (p. 242). Oxford University Press.

Centers for Disease Control and Prevention. (2010). Traumatic brain injury in the United States: Emergency departments visits, hospitalizations, and deaths, 2002–2006. Centers for Disease Control and Prevention, U.S. Department of Health and Human Services.

Charney, D. S., Nestler, E. J., Sklar, P., & Buxbaum, D. (Eds.). (2017). *The neurobiology of mental illness.* Oxford University Press.

Cho, R. Y., Gilbert, H., & Lewis, D. A. (2004). The neurobiology of schizophrenia. In D. S. Charney & F. J. Nestler (Eds.), *The Neurobiology of Mental Illness* (2nd ed., pp. 299–310). Oxford University Press.

Cuttler, K., Hassan, M., Carr, J., Cloete, R., & Bardien, S. (2021). Emerging evidence implicating a role for neurexins in neurodegenerative and neuropsychiatric disorders. *Open Biology, 11*(10), 210091.

De Jesus, O., Fogwe, D. T., Mesfin, F. B., & Das, J. (2021, September 3). Neuromodulation surgery for psychiatric disorders. In *StatPearls* [Internet]. StatPearls Publishing.

Dyer, K. F. W., & Corrigan, J. P. (2021). Psychological treatments for complex PTSD: A commentary on the clinical and empirical impasse dividing unimodal and phase-oriented therapy positions. *Psychological Trauma, 13*(8), 869–876. https://doi.org/10.1037/tra0001080.

Ferlisi, M., & Shorvon, S. (2014). Seizure precipitants (triggering factors) in patients with epilepsy. *Epilepsy & Behavior, 33*, 101–105.

Foutz, T., & Wong, M. (2021, September 2). Brain stimulation treatments in epilepsy: Basic mechanisms and clinical advances. *Biomedical Journal*, S2319-4170(21)00110-4.

Giles J. (2004). Neuroscience: Change of mind. *Nature, 430*(6995), 14.

Grace, J. J., Kinsella, E. L., Muldoon, O. T., & Fortune, D. G. (2015, August 14). Post-traumatic growth following acquired brain injury: A systematic review and meta-analysis. *Frontiers in Psychology, 6*, 1162.

Green, S. L., Gignac, G. E., Watson, P. A., Brosnan, N., Becerra, R., Pestell, C., & Weinborn, M. (2021, April 26). Correction to: Apathy and depression as predictors of activities of daily living following stroke and traumatic brain injuries in adults:

A meta-analysis. *Neuropsychological Review,* Epub ahead of print. https://doi.org/10.1007/s11065-021-09509-0

Hayward, K. S., Kramer, S. F., Dalton, E. J., Hughes, G. R., Brodtmann, A., Churilov, L., Cloud, G., Corbett, D., Jolliffe, L., Kaffenberger, T., Rethnam, V., Thijs, V., Ward, N., Lannin, N., & Bernhardt, J. (2021). Timing and dose of upper limb motor intervention after stroke: A systematic review. *Stroke, 52*(11), 3706–3717.

Huibers, M. J. H., Lorenzo-Luaces, L., Cuijpers, P., & Kazantzis, N. (2021). On the road to personalized psychotherapy: A research agenda based on cognitive behavior therapy for depression. *Frontiers in Psychiatry, 11*, 1551.

Knight, E. J., Testini, P., Min, H.-K., Gibson, W. S., Gorny, K. R., Favazza, C. P., Felmlee, J. P., Kim, I., Welker, K. M., Clayton, D. A., Klassen, B. T., Chang S.-Y., & Lee, K. H. (2015). Motor and nonmotor circuitry activation induced by subthalamic nucleus deep brain stimulation in patients with Parkinson disease: Intraoperative functional magnetic resonance imaging for deep brain stimulation. *Mayo Clinic Proceedings, 90*(6), 773–785.

Kornhuber, J., & Gulbins, E. (2021). New molecular targets for antidepressant drugs. *Pharmaceuticals (Basel), 14*(9), 894.

Kovelman, J. A., & Scheibel, A. B. (1984). A neurohistologic correlate of schizophrenia. *Biological Psychiatry, 19*(12), 1601–1621.

Meyerbröker, K., & Morina, N. (2021). The use of virtual reality in assessment and treatment of anxiety and related disorders. *Clinical Psychology and Psychotherapy, 28*(3), 466–476.

Peretz, I., Kolinsky, R., Tramo, M., Labrecque, R., Hublet, C., Demeurisse, G., & Belleville, S. (1994). Functional dissociations following bilateral lesions of auditory cortex. *Brain, 117*(Pt 6), 1283–1301. https://doi.org/10.1093/brain/117.6.1283

Powell, T., Gilson, R., & Collin, C. (2012). TBI 13 years on: Factors associated with post-traumatic growth. *Disability Rehabilitation, 34*(17), 1461–1467.

Priol, A.-C., Denis, L., Boulanger, G., Thépaut, M., Geoffray, M.-M., & Tordjman, S. (2021). Detection of morphological abnormalities in schizophrenia: An important step to identify associated genetic disorders or etiologic subtypes. *International Journal of Molecular Science, 22*(17), 9464.

Rao, J., Chiappelli, J., Kochunov, P., Regenold, W. T., Rapoport, S. I., & Hong, L. E. (2015). Is schizophrenia a neurodegenerative disease? Evidence from age-related decline of brain-derived neurotrophic factor in the brains of schizophrenia patients and matched nonpsychiatric controls. *Neurodegenerative Diseases, 15*(1), 38–44.

Rapoport, J. L., Giedd, J. N., & Gogtay, N. (2012). Neurodevelopmental model of schizophrenia: Update 2012. *Molecular Psychiatry, 17*(12), 1228–1238.

Richetto, J., & Meyer, U. (2021). Epigenetic modifications in schizophrenia and related disorders: Molecular scars of environmental exposures and source of phenotypic variability. *Biological Psychiatry, 89*(3), 215–226.

Roohi, E., Jaafari, N., & Hashemian, F. (2021). On inflammatory hypothesis of depression: What is the role of IL-6 in the middle of the chaos? *Journal of Neuroinflammation, 18*, 45.

Sacks, O. W. (1998). *The man who mistook his wife for a hat: And other clinical tales.* Touchstone Books.

Sacrey, L.-A., Zwaigenbaum, L., Bryson, S., Brian, J., Smith, I. M., Roberts, W., Szatmari, P., Roncadin, C., Garon, N., Novak, C., Vaillancourt, T., McCormick, T., MacKinnon, B., Jilderda, S., & Armstrong, V. (2015). Can parents' concerns predict autism spectrum disorder? A prospective study of high-risk siblings from 6 to 36 months of age. *Journal of the American Academy of Child and Adolescent Psychiatry, 54*(6), 470–478.

Silva, R. C., Domingues, H. S., Salgado, A. J., & Teixeira, F. G. (2022). From regenerative strategies to pharmacological approaches: Can we fine-tune treatment for Parkinson's disease? *Neural Regeneration Research, 17*(5), 933–936.

Silverberg, N. D., Iverson, G. L., ACRM Mild TBI Definition Expert Consensus Group, and the ACRM Brain Injury Special Interest Group Mild TBI Task Force. (2021). Expert panel survey to update the American Congress of Rehabilitation Medicine definition of mild traumatic brain injury. *Archives in Physical Medical Rehabilitation, 102*(1), 76–86.

Sriwastava, S., Tandon, M., Podury, S., Prasad, A., Wen, S., Guthrie, G., Kakara, M., Jaiswal, S., Subedi, R., Elkhooly, M., & Lisak, R. P. (2021). COVID-19 and neuroinflammation: A literature review of relevant neuroimaging and CSF markers in central nervous system inflammatory disorders from SARS-CoV2. *Journal of Neurology, 268*(12), 1–31.

Tenovuo, O., Diaz-Arrastia, R., Goldstein, L. E., Sharp, D. J., van der Naalt, J., & Zasler, N. D. (2021). Assessing the severity of traumatic brain injury: Time for a change? *Journal of Clinical Medicine, 10*(1), 148.

Thompson, P. M., Jahanshad, N., Schmaal, L., Turner, J. A., Winkler, A. M., Thomopoulos, S. I., Egan, G. F., & Kochunov, P. (2021, October). The Enhancing NeuroImaging Genetics through Meta-Analysis Consortium: 10 years of global collaborations in human brain mapping. *Human Brain Mapping.* https://doi.org/10.1002/hbm.25672.

Treffert, D. A., & Treffert, D. A. (2021). The sudden savant: A new form of extraordinary abilities. *Wisconsin Medical Journal, 120*(1), 69–73.

Uswatte, G., Taub, E., Bowman, M. H., Delgado, A., Bryson, C., Morris, D. M., Mckay, S., Barman, J., & Mark, V. M. (2018). Rehabilitation of stroke patients with plegic hands: Randomized controlled trial of expanded constraint-induced movement therapy. *Restorative Neurology and Neuroscience, 36*(2), 225–244.

Van Pelt, K. L., Puetz, T., Swallow, J., Lapointe, A. P., & Broglio, S.P. (2021). Data-driven risk classification of concussion rates: A systematic review and meta-analysis. *Sports Medicine, 51*(6), 1227–1244.

Vieira, C., Ferreira da Silva Pais-Vieira, C., Novais, J., & Perrotta, A. (2021). Serious game design and clinical improvement in physical rehabilitation: Systematic review. *JMIR Serious Games, 9*(3), e20066.

Wang, X., Cheng, B., Roberts, N., Wang, S., Luo, Y., Tian, F., & Yue, S. (2021). Shared and distinct brain fMRI response during performance of working memory tasks in adult patients with schizophrenia and major depressive disorder. *Human Brain Mapping, 42*(16), 5458–5476.

Watsky, R. E., Gotts, S. J., Berman, R. A., McAdams, H. M., Zhou, X., Greenstein, D., Lalonde, F. M., Gochman, P., Clasen, L. S., Shora, L., Ordóñez, A. E., Gogtay, N., Martin, A., Barch, D. M., Rapoport, J. L., & Liu, S. (2018). Attenuated resting-state functional connectivity in patients with childhood- and adult-onset schizophrenia. *Schizophrenia Research, 197*, 219–225.

White, L., Ingraham, B., Larson, E., Fishman, P., Park, S., & Coe, N. B. (2021, October 13). Observational study of patient characteristics associated with a timely diagnosis of dementia and mild cognitive impairment without dementia. *Journal of General Internal Medicine.* https://doi.org/10.1007/s11606-021-07169-7.

Yohn, C. N., Shifman, S., Garino, A., Diethorn, E., Bokka, L., Ashamalla, S. A., & Samuels, B. A. (2020). Fluoxetine effects on behavior and adult hippocampal neurogenesis in female C57BL/6J mice across the estrous cycle. *Psychopharmacology (Berl), 237*(5), 1281–1290.

Zhao, L., Liu, J.-W., Shi, H.-Y., & Ma, Y.-M. (2021). Neural stem cell therapy for brain disease. *World Journal of Stem Cells, 13*(9), 1278–1292.

찾아보기

ㄱ

가소성 8
가속보행 646
가스 전달물질 172
가시광선 318
간뇌 53, 58
간상체 322
간지럼 428
감각 316
감각뉴런 85
감각 수용기 313
감마-아미노뷰티르산 169
강박유도치료 404
강박장애 182
강화 441
개막 364
개재뉴런 72, 86
거대 축색 127
거대 탈분극 전위 141
거식증 457
거울뉴런 589
결정적 시기 298
결합문제 583
결합 부위 160
겸상적혈구빈혈증 107
경두개자기자극 241
경막 44
경추 65
계산 신경과학 261
고강도 집중 초음파 239
고막 363
골지체 98, 103
공간적 방향성 43
공간적 통합 137
공감각 316, 610
공고화 547
공우성 106
공통조상 16
공포 조건화 530
과분극화 133
과식증 458
관문 104

관문 채널 134
관상 43
광-민감성 채널 142
광수용기 317
광유전학 142, 242
교 57
교감부 69
교감신경 41
교세포 4, 51, 88
교아세포 275
교차 조직화 74
구 46, 63
구문 577
구성 효과 464
구심로 차단 417
구심성 41, 55
국소해부도 27
국재화 74
궁상속 378
그렐린 185
근실조증 82
근위 43
근위축성 측색경화증 149
글루코코르티코이드 184
글루타메이트 169
글루타메이트계 205
글리신 170
금단 증상 217
기계 학습 88
기능근적외선 분광기록법(fNIRS) 253
기능자기공명영상 15
기능자기공명영상법 252
기능적 기둥(원주) 340
기능해리 639
기억 529
기억상실증 532
기저막 364
기저핵 63, 158, 408
길항제 196

ㄴ

나트륨-칼륨 펌프 133

난독증 528
내막 또는 유막 44
내성 198
내유모세포 364
내측 43
내측슬상핵 367
내측전뇌다발 445
네른스트 방정식 133
노르아드레날린성 뉴런 156, 180
노르에피네프린 155
노화 유전체 107
농도 기울기 129
뇌 가소성 31
뇌간 4, 47, 55
뇌량 50, 335
뇌-몸 방향성 43
뇌반구 4
뇌 병변 239
뇌신경 41, 47, 64
뇌실 49
뇌실막세포 90
뇌심부자극 7, 240, 650
뇌 자극 240
뇌자도 248
뇌전증 122
뇌졸중 47, 48
뇌종양 91
뇌진탕 2
뇌 진화 52
뇌척수막 44
뇌척수액 44, 49, 90
뇌 커넥톰 591
뇌파 246
뇌하수체 58, 445
뇌화 지수 24
누설 채널 131
눈 깜박임 조건화 530
뉴런 4
뉴런 이론 83
뉴런주위망 83
뉴로모픽 컴퓨팅 85, 88
뉴클레오티드 염기 100

느리게 적응하는 수용기 415
능뇌 52
니코틴성 아세틸콜린 수용기 176

ㄷ
다능성 세포 275
다발성 경화증 93
다시냅스 연결 420
다시냅스 회로 72
다운증후군 110
다이놀핀 170
다중지능 이론 32
단백질 102
단백질 포장과 수송 103
단백질 합성 100
단순세포 338
단안맹 346
단일 뉴클레오티드 다형성 106
단일시냅스 반사 420
단일시냅스 회로 72
담창구 63
대뇌 4
대뇌 전압전류 257
대뇌피질 45, 59
대립과정이론 343
대립유전자 106
대사성 수용기 160
대상피질 60
대세포성 세포 325
대측성 무시 587
도약전도 146
도파민 158
돌연변이 106
동기 443
동측 반맹증 346
동형접합 106
두꺼운 줄무늬 330
두정엽 46
등급전위 133
디폴트 네트워크 285
딥러닝 261

ㄹ
랑비에 결절 146
렌쇼 회로 166
렙틴 185

로봇지능 88
루게릭병 149
리보솜 101
리소좀 98

ㅁ
마비 93
마음-신체 문제 10
마음이론 594
마이크로바이옴 301
막의 신전-활성화 채널 149
만성 외상성 뇌병증 637
말초신경계 4
망막 317
망막시상하부로 327
망막 신경절 세포 324
망상체 57
매끈한(lissencephalic) 뇌 60
맥락총 49
맹점 321
메타가소성 567
멘델 유전학 12, 108
멜라토닌 183
모노아민 산화효소 억제제 211
무뇌증 306
무조건반응 530
무조건자극 530
문측 43
문화 32
물질론 11
물질사용장애 217
미상핵 63
미생물균총 70
미생물총 70
미세공 160
미세교세포 92
미세섬유 98
미세소관 98
미세 전극 127
미세투석(microdialysis) 256
미추 65
미측 43
미토콘드리아 98
민감화 200
밈 33

ㅂ
반고리관 424
반채널 162
반투과성막 98
밝기(휘도) 대비 337
방사형 교세포 278
방출호르몬 183, 447
방향탐지기 338
배내측시상핵 59
배외측 전전두피질 285
배측 43
배측 흐름 76, 328
백질 49
번역 101
베르니케 실어증 377
베르니케 영역 367
벨-마장디 법칙 67
변연계 60
변칙적 언어 표상 609
보속증 589
보습코기관 61
보조 언어 영역 380
보조운동피질 400
복제 112
복제 횟수의 변이 109
복측 43
복측 피질척수로 405
복측 흐름 76, 328
복합세포 338
복합음 358
볼륨 통제 이론 408
부교감부 69
부교감신경 41
부등피질 59, 60
부분경련 641
분절화 17
불안장애 632
브로드만 영역 62
브로카 실어증 377
브로카 영역 377
블롭 330
블롭간 330
비만 456
비제어행동 445
비주위피질 540

ㅅ

사건관련전위 247
사람족 21
사분맹 346
사이코바이오틱스 71, 301
사회신경과학 594
산화질소 172
삼염색체 110
삼원색 이론 342
삼투성 갈증 460
삼환계 211
삽화적 기억 535
상 43
상대적 불응 142
상소구 57
상염색체 105
상피성장인자 570
색채 실인증 349
선언적 기억 532
선조외피질 330
선조체 408
선조피질 327
선천적 439
선천적 분출기제 439
선택적 세로토닌 재흡수 억제제 211
성 결정 영역 106
성별 정체성 467
성상세포 90
성염색체 106
성장 원뿔 280
성적 이형 464
성적 지향 467
성호르몬 184
세관 98
세로토닌계 181, 210
세로토닌 합성 169
세 부분 시냅스 157
세 부분 시냅스학 92
세포구축도 62
세포내액 98
세포내유입 165
세포소기관 95
세포연합체 14
세포외액 98
세포외유출 103, 159
세포 유착 분자 281

세포자살 282
세포집합 580
세포체 83
소거 587
소골 363
소뇌 5, 410
소분자 전달물질 167
소세포성 세포 325
소포체 98
소형 시냅스후 전위 160
속도-제한 인자 168
수뇌 53
수두증 90
수렴적 사고 612
수면무호흡증 182
수상돌기 83
수상돌기가시 84, 164
수상돌기간 시냅스 161
수송체 159
수용기 104
수용장 314
수초 145
수평 43
순차적(위계적) 및 병렬적 회로 73
순행성 시냅스 전달 158
슈반세포 93, 145
스테로이드호르몬 184
스트레스 반응의 종결 187
스트레스 반응의 활성화 186
슬상선조계 326
습관화 551
시각 우세 기둥 341
시각 운동실조증 349
시개시상침계 327
시공간 기억 541
시교차 326
시냅스 85
시냅스 소낭 156
시냅스전 막 157
시냅스 틈 157
시냅스후 막 157
시삭 59
시상 43, 59
시상하부 58
식물인간 상태 7
식작용 92

신경 52
신경가소성 40, 77
신경경제학 596
신경계 기능의 열 가지 원리 71
신경관 273
신경 다윈주의 282
신경로 52
신경망 17, 84, 87
신경미세섬유 98
신경반 542
신경보철학 390
신경보호제 640
신경성장인자 564
신경심리학 231
신경아세포 275
신경 연결 315
신경영양인자 276
신경윤리학 263
신경인지장애 643
신경전달물질 155
신경절 17
신경조절물질 182
신경 줄기세포 275
신경 충동 128, 144
신경판 273
신경펩티드 170
신경호르몬 183
신경회로 72
신속하게 적응하는 수용기 415
신체 지도 400
신피질 4, 59
신피질의 층 61
실무율 144
실시간 기능자기공명영상법 629
실식증 458
실어증 377
실행증 431
심리적 구성체 577
'싸움 혹은 도주' 반응 69

ㅇ

아나볼릭 스테로이드 185
아데노신계(Adenosinergic) 202
아드레날린 155
아드레날린성 뉴런 156
아미노산 합성 169

아미노산호르몬 183
아민 합성 168
아세틸 조효소 A 168
아세틸콜린 150, 154
아세틸콜린계(cholinergic) 203
아세틸콜린 분해효소 168
아세틸콜린 합성 168
아연 172
안드로겐 438
안면신경마비 68
안면실인증 331
안와전두피질 452
알츠하이머병 75, 92, 178
암묵적 기억 531
암점 347
압박 414
야생형 106
약물 조작 241
얇은 줄무늬 330
양극성장애 632
양극세포 86
양이온 128
양자 160
양전자방출단층촬영술 254
양측 대칭 17
'어떻게' 경로 349
억제 75
억제성 시냅스후 전위 135
얼굴 실인증 331
에피네프린 155
엔도르핀 170
엔도칸나비노이드 171
엔케팔린 170
역전파 141
역행성 전달물질 171
연관통 424
연수 57
연합피질 582
연합학습 553
열 63
열성 106
염색체 100
염색체 이상 109
염소 이온 133
영아돌연사증후군 182, 306
오실로스코프 127

오피오이드계(opioidergic) 212
외상성 뇌 손상 2
외상후 둔마 655
외상후 성장 655
외상후스트레스장애 187, 622
외유모세포 364
외측 43
외측슬상핵 59
외측열 63
외측 피질척수 405
외현적 기억 532
요추 65
우성 106
운동감소증 408
운동과다증 408
운동뉴런 86
운동 연쇄 392
원심성 41, 55
원위 43
원함과 좋아함 이론 220
위치-점 이론 401
유인가 민감화 이론 220
유전공학 111
유전자 100
유전자 드라이브 114
유전자 메틸화 276
유전자 삽입 기술 112
유전자 억제 기술 113
유전체 분석 82
유전형 12, 105
유형성숙 28
융모 364
음고 356
음이온 128
음파 355
의식 615
이분청취법 600
이상피질 61
이석기관 424
이온성 수용기 160, 173
이원론 10
이차전령 174
이형접합 106
인간 유전체 프로젝트 105
인슐린 184
인지 577

인지신경정보철학 149
인지질 99
인지치료 628
인지행동치료 634
일반지능요인 32
일산화탄소 172
일차시각피질 329
일차운동피질 393
일차청각피질 367
임상시험 6
임상신경과학 624
입체정위 수술기구 239

ㅈ
자가면역성 질환 643
자가면역 질환 147
자가 수용기 160
자기공명분광술 251
자기공명영상법 250
자기수용 감각 414
자연선택 12
자율신경계 41, 69
자폐스펙트럼장애 31, 280
잠김증후군 6
잠정적(추정) 전달물질 166
장신경계 41, 69, 301
재공고화 547
재생의학 181
저용적성 갈증 460
저장 과립 157
적정 양의 원리 334
적핵 58
전구세포 275
전기기록성 발작 122
전기적 시냅스 162
전기적 자극 123
전뇌 4, 52, 59
전달물질-활성화 수용기 160
전달물질-활성화 채널 150
전대뇌동맥 47
전두 43
전두엽 45
전령 RNA 101
전사 101
전신경련 641
전압-개폐 채널 136

전압 기울기 129
전압-활성화 채널 136, 140, 144
전압-활성화 칼슘 채널 159
전운동피질 393
전전두피질 392
전정계 424
전측 43
전측 척수시상로 419
전향성 기억상실 546
절대적 불응 142
절차적 기억 532
점화 531
정서 436
정서적 기억 548
정신약물학 192
정신적 텅빔 6
정신질환의 진단 및 통계 편람 625
정신치료 628
정향 운동 57
제3뇌실 49
제4뇌실 49
제어행동 444
조건반응 530
조건자극 530
조증 181
조직 플라스미노겐 활성인자 48
조현병 180
조현병의 도파민 가설 208
종 12
종뇌 53
종말단추 84
종양 91
종열 46
종족 84
종 특유 행동 31
종판 150
주름진(gyrencephalic) 뇌 60
주요우울장애 180, 632
주의 586
주의력결핍 과잉행동장애 181
주파수 356
준비성 443
중뇌 52
중뇌개 57
중뇌수도 49
중뇌수도주변 회백질 58, 423

중뇌피개 57
중대뇌동맥 47
중독 218
중심구 46, 63
중심와 320
중증근무력증 150
중추신경계 4
지각 316
지능 A 613
지능 B 613
지연성 운동이상 653
지주막 44
지질호르몬 183
지형도 316
지형적 조직화 401
진화계통도 18
진화심리학 441
집행 기능 392, 588

ㅊ
채널 104
척삭 17
척색동물 17
척수 55, 397
척수 반사 419
척수신경 41, 65
척주 65
척추피열증 306
천추 65
첫 분절 136
청각 수용기 365
체감각뉴런 87
체성신경계 41
체화된 행동 5
초복합세포 338
초연결성 594
최소의식상태 6
추골 65
추상체 322
추체로 405
추체세포 87
축색 51, 83
축색간 시냅스 161
축색근 시냅스 161
축색분비 시냅스 161
축색세포외 시냅스 161

축색세포체 시냅스 161
축색소구 84
축색수상돌기 시냅스 161
축색시냅스 시냅스 161
축색시냅스 연결 162
출현 속성 104
출혈성 뇌졸중 48, 638
측뇌실 49
측두엽 46
치상회 60

ㅋ
칸나빈계(cannabinergic) 213
커넥톰 27, 84
컴퓨터단층촬영술 249
코르사코프증후군 545
코르티 기관 364
코르티솔 184, 186
콜린계 178
콜린성 뉴런 156, 176
콜린아세틸 전이효소 168

ㅌ
탈분극화 133
탈억제 이론 216
태아알코올스펙트럼장애 31, 206
테스토스테론 184
테이-삭스 HexA 효소 108
테이-삭스병 108
테트로도톡신 134
통각 414
통증 관문 422
통합적 척수 활동 67
투렛증후군 64, 409
트랜스젠더 468
틈새이음 162
티로신 168

ㅍ
파블로프 조건화 529
파킨슨병 63, 158, 169, 408
퍼킨지세포 87
펌프 104
페닐케톤뇨증 622
페로몬 452
펩티드호르몬 183

편도체 60, 473
편평 측두 50
평형전위 130, 133
표현형 12, 105
표현형적 가소성 40
퓨린 170
프로스타글란딘 184
플린 효과 32
피각 63
피부 분절 66
피질연수로 405
피질척수로 404
핍돌기교세포 93, 145

ㅎ

하 43
하소구 57
하위단위 174
하향처리 62
학습 529
학습된 맛 혐오 443
학습 세트 533
합성 헤로인 181
항상성 기제 444
항상성호르몬 184
해마 60, 471
해마곁피질 540
해마와 혈중 코르티솔 수준 187
해부학적 방향성 43
핵 51, 98
핵막 98
핵 전이 112
행동 39
행동 근시 217
행동민감화 565
행동수정 627

행동신경과학 234
행동 지도 400
향성 분자 281
향정신성 약물 201
허혈성 뇌졸중 48, 638
헌팅턴병 109, 408
헤쉴회 50
혈뇌장벽 90
형질전환 동물 112
화학유전학 243
화학적 시냅스 157
화학친화 가설 297
확산 128
확산적 사고 612
확산텐서영상술 250
환상지통 421
활동전위 138
활성 체계 178
활성 효과 464
황화수소 172
회 46
회백질 49
효능제 196
후구 61
후근신경절 416
후내피질 540
후뇌 53, 56
후대뇌동맥 47
후생유전 114
후생유전적 기제 115
후생유전적 유전 117
후생유전학 258
후측 43
후측 척수시상로 419
후향성 기억상실 546
휴지기 fMRI 252

흉추 65
흑질 58
흑질선조 도파민계 180
흑질선조체 경로 408
흥분 75
흥분성 시냅스후 전위 135
희미하게 보이는 영역 330
히스타민 168
히스톤 115
히스톤 변형 115

기타

CB1 수용기 171
Cl^- 128
CRISPR/Cas9 유전자 가위 113
EEG 246
ENS 41
EPSP 135
FACT 62
FAST 48
G 단백질 174
HPA축 633
HTT 유전자 110
IPSP 135
K^+ 128
Klüver-Bucy 증후군 473
L-트립토판 169
MPTP 181
mRNA 변형 116
Na^+ 128
Na^+-K^+ 132
NGF 564
prion 648
SNS 41
t-PA 치료 48

김명선

1993년 미국 아덴스의 조지아대학교에서 심리학으로 박사학위를 취득하고 서울대학교 BK21 인간생명과학연구단에서 박사후 과정을 마쳤다. 2003년부터 성신여자대학교 심리학과 교수로 재직하였고 2022년 8월 정년퇴임하였다. 전공은 신경심리학으로 조현병을 포함한 정신장애 환자군과 정신장애 고위험군에서 관찰되는 인지장애의 신경학적 기제를 신경심리검사, 사건관련전위를 사용하여 연구하고 있다. 이에 덧붙여 인지 기능의 향상을 목적으로 하는 인지 재활 프로그램을 개발하고 있다. 현재 관심을 가지는 연구 영역은 '폭음이 인지 및 뇌 기능에 미치는 효과'와 '성인 주의력결핍 과잉행동장애의 인지 및 뇌 기능'이다. 교육과학부의 뇌 프런티어 사업, 뇌인지과학 프로젝트에 참여하였고 한국심리학회, 한국임상심리학회, International Neuropsychological Society 정회원이며 한국임상심리학회 편집위원장을 역임하였다. 역서로는 인지신경학과 신경심리학, 임상 및 실험신경심리학 등이 있으며, 연구 결과를 국제학술지(SCI)와 국내학술지(KCI)에 약 90편 발표하였다.

김재진

1987년 서울대학교 의과대학을 졸업하고 서울대학교병원의 전공의 과정을 거쳐 1991년 정신과 전문의가 되었다. 2002년 연세대학교 의과대학 정신과 교수가 되어, 현재 연세대학교 강남세브란스병원의 정신건강의학과 교수로 재직 중이다. 1997년 미국 아이오와대학교 정신건강연구소에서 기능 뇌영상 연구를 시작하였으며, 이후 PET과 fMRI, 가상현실 기술을 이용하여 인간의 사회기능과 정신질환의 사회적 장애에 대한 병태생리를 규명하는 연구를 해오고 있다. 국내 저서는 뇌영상과 정신의 이해, 뇌를 경청하라 등을 포함한 7편이 있으며, 가상현실 분야의 신기술을 집대성한 국제편저로 2011년 출간된 *Virtual Reality*의 편집인 및 저자를 맡았다. 또한 기능 뇌영상 및 가상현실 분야의 연구로 150편 이상의 관련 논문을 국제학술지(SCI)에 발표하였으며, 사회기능 향상 치료기술 개발에도 매진하여 아바타 신기술을 도입한 사회공포증 및 조현병 환자들을 위한 가상현실 인지행동 치료프로그램도 개발, 이를 임상에 활용하여 좋은 치료성과를 얻고 있다.

박순권

1998년 고려대학교 심리학과에서 생리심리학을 전공하여 박사학위를 취득하였다. 박사후 과정을 위해 텍사스주립대학교 의과대학에서 2년간 연구원 생활을 하였다. 2000~2006년까지 고려대학교 의과대학에서 연구교수로 재직하였다. 행동신경과학 분야를 공부한 이 시기 동안 동물을 대상으로 스트레스성 질환, 신경병리성 통증, 그리고 학습과 기억과 같은 다양한 문제를 신경생물학적 및 분자생물학적으로 이해하기 위한 연구를 수행하였고, 실험동물의 행동분석에 남다른 관심을 가지고 탐구하였다. 그 후 전주대학교로 옮겨 대체의학대학의 교수로 심신의학 분야를 담당하였고(2007~2015), 지금은 전주대학교 상담심리학과 교수로 심리학의 기초 분야 학과목을 가르치고 있다. 현재 관심을 두고 있는 연구 영역은 심신의학 분야에서의 바이오피드백 적용과 신체적 중재가 심신의 건강에 미치는 영향이다.